LANGENSCHEIDTS
EUROWÖRTERBÜCHER

Eurosłownik Langenscheidta

polsko-niemiecki
niemiecko-polski

opracował

Stanisław Walewski

LANGENSCHEIDT
BERLIN · MONACHIUM · WIEDEŃ
ZURYCH · NOWY JORK

Zeich|nung *f* rysunek; (*Muster*) wzór, deseń *m*; *fin* subskrypcja; **°nungsberechtigt** uprawniony do podpisywania	Das Genus der deutschen Substantive wird immer angegeben, das der polnischen nur in Ausnahmefällen
Handel *m* (-*s*; *0*) handel; ***im ~ sein*** być w sprzedaży	Die Tilde ersetzt das ganze Stichwort,
be'deutungs|los bez znaczenia; **~voll** *Blick*: znaczący (-co)	den vor dem senkrechten Strich stehenden Teil des Stichwortes,
befremd|en (-*e*-; -) razić; **°en** *n* (-*s*; *0*) zdziwienie; ***mit ~*** ze zdziwieniem	ein Stichwort, das selbst schon mit Hilfe der Tilde gebildet worden ist
ver'abschied|en (-*e*-; -) ⟨po⟩żegnać (***sich*** się; ***von*** z *I*); *Gesetz*: uchwalać ⟨-lić⟩; **°ung** *f* pożegnanie; uchwalenie	Die Tilde mit dem Kreis zeigt den Wechsel von Groß- zu Kleinschreibung bzw. umgekehrt an
be'schäftig|en (-) zajmować ⟨zająć⟩ (***sich*** się); (*beruflich*) zatrudni(a)ć; *Frage*: ⟨za⟩absorbować	Perfektive Verben stehen in spitzen Klammern, in runden Klammern steht das Bildungsglied, das das Verb imperfektiv macht
Ball[1] *m* (-*es*; ˘*e*) piłka; ~ ***spielen*** grać w piłkę, bawić się piłką **Ball**[2] *m* (-*es*; ˘*e*) bal(owy *w zł.*)	Hochzahlen bei Stichwörtern mit gleicher Schreibung
stürzen (-*zt*) *v/i* (*sn*) upadać ⟨upaść⟩, runąć *pf* (*t. fig*); *Kurse itp.*: (gwałtownie) spadać ⟨spaść⟩; **(*in, auf A*)** wpadać ⟨wpaść⟩ (*do G, na A*); **(*aus*)** wylatywać ⟨-lecieć⟩ (*z G*)	Hinweise auf abweichende Rektion und den Gebrauch der Präpositionen in runden Klammern
Che'mie [çe-/ke-] *f* (*0*) chemia	Aussprachehilfen

Langenscheidts Eurowörterbuch Polnisch

Polnisch-Deutsch
Deutsch-Polnisch

von

Stanislaw Walewski

LANGENSCHEIDT
BERLIN · MÜNCHEN · WIEN
ZÜRICH · NEW YORK

Die Nennung von Waren erfolgt in diesem Werk, wie in Nachschlagewerken üblich, ohne Erwähnung etwa bestehender Patente, Gebrauchsmuster oder Warenzeichen. Das Fehlen eines solchen Hinweises begründet also nicht die Annahme, eine Ware oder ein Warenname sei frei.

Zgodnie z praktyką przyjętą w publikacjach encyklopedyczno-słownikowych nazwy handlowe wyrobów i produktów podaje się w niniejszym słowniku bez informacji dotyczącej możliwych ważnych patentów, zastrzeżonych wzorów użytkowych lub znaków towarowych. Brak odnośnych wskazówek nie uzasadnia więc przypuszczenia, że dana nazwa handlowa nie podlega ochronie.

Ergänzende Hinweise, für die wir jederzeit dankbar sind, bitten wir zu richten an:
Langenscheidt Verlag, Postfach 40 11 20, 80711 München

Auflage:	*5.*	*4.*	*3.*	*2.*	*1.*	*Letzte Zahlen*
Jahr:	*2000*	*1999*	*98*	*97*	*96*	*maßgeblich*

Druck: Graph. Betriebe Langenscheidt, Berchtesgaden/Obb.
Printed in Germany · ISBN 3-468-12260-8

Inhaltsverzeichnis – spis treści

Przedmowa

Znajdujemy się dziś u progu nowej Europy bez granic. A to wszak oznacza, że znajomość języków obcych będzie miała w przyszłości jeszcze większe znaczenie. Nie tylko dla turystów zagranicznych, lecz w równym stopniu też dla technika, biznesmenki, polityka, sportowca czy artystki.

W Redakcjach Języków Obcych Langenscheidta opracowano więc nowe koncepcje słowników dwujęzycznych, uwzględniających dzisiejsze potrzeby językowe Europejczyków. Wynikiem tych starań jest właśnie niniejsza nowo opracowana seria eurosłowników.

Charakterystyczną i najważniejszą cechą eurosłowników jest dobór haseł: do słownika włączono poza słownictwem ogólnym szczególnie wyrazy z zakresu gospodarki, biznesu, turystyki i biurowości, nie pomijając jednak wyrazów i z innych ważnych dziedzin, takich jak technika, polityka czy kultura. Takie np. wyrazy jak *porozumienie o uniknięciu podwójnego opodatkowania*, *wcześniejsza emerytura*, *przetępczość komputerowa*, *ochrona danych* (*osobistych*), *azylant*, *ochrona konsumentów* czy *plecakowy* albo *ćpun* odzwierciadlają w pewnym stopniu cel, któremu mają służyć eurosłowniki: mają one być praktyczną i pożyteczną pomocą w komunikowaniu się jak największej liczby osób w nowo powstałej Europie.

LANGENSCHEIDT

Vorwort

Wir befinden uns heute an der Schwelle zu einem Europa ohne Grenzen. Das bedeutet auch, daß Sprachkenntnisse an Bedeutung noch gewinnen werden. Dies gilt nicht nur für die Urlaubsreisenden, sondern im gleichen Maße auch für den Techniker, die Geschäftsfrau, den Politiker, den Sportler, die Künstlerin.

In den Fremdsprachenredaktionen von Langenscheidt wurden deshalb neue Konzepte für zweisprachige Wörterbücher entwickelt, die den heutigen sprachlichen Bedürfnissen der Europäer Rechnung tragen. Das Ergebnis dieser Bemühungen liegt jetzt in der neuentwickelten Reihe der Eurowörterbücher vor.

Charakteristisches und wichtigstes Merkmal der Eurowörterbücher ist der dargebotene Wortschatz: das Schwergewicht bei der Auswahl der über den allgemeinsprachlichen Wortschatz hinausgehenden Wörter und Wendungen liegt auf solchen Sachgebieten wie Wirtschaft, Handel, Reise und Büro, wobei aber auch so wichtige Gebiete wie Technik, Politik und Kultur gebührend berücksichtigt wurden. Begriffe wie *Doppelbesteuerungsabkommen*, *Vorruhestand*, *Computerkriminalität*, *Datenschutz*, *Asylant*, *Verbraucherschutz* oder *Rucksacktourist*, *Fixer* veranschaulichen beispielhaft die besondere Zielsetzung der Eurowörterbücher, möglichst vielen Menschen praktische und nützliche Hilfe bei der sprachlichen Kommunikation im neugestalteten Europa zu sein.

LANGENSCHEIDT

Hinweise für die Benutzung des Wörterbuchs
Jak korzystać z tego słownika

Wortauswahl und die alphabetische Reihenfolge. Der begrenzte Umfang bestimmt die Auswahl der Stichwörter dieses Wörterbuchs. Es mußten ausgelassen werden:

a) manche Internationalismen, deren Bedeutung (und in vielen Fällen auch die Schreibung) in beiden Sprachen gleich ist, sowie Fremdwörter auf **-ion** (bzw. **-tion, -sion, -xion**) und auf **-ismus, -ik,** die im Polnischen die Endungen **-ia** (bzw. **-cja, -sja, -zja**) oder **-yzm** (**-izm**), **-yka** haben;

b) viele substantivierte Infinitive, von Adjektiven abgeleitete Substantive und Substantive auf **-ung,** die im Polnischen meist durch Verbalsubstantive auf **-nie** bzw. **-cie** und **-ość** wiedergegeben werden;

c) viele Diminutive auf **-chen** und **-lein,** denen die polnischen Formen auf **-(ecz)ek, -czka, -unio/-unia** und **-ulo/ula, -uchna** entsprechen;

d) im polnisch-deutschen Teil die meisten von Adjektiven abgeleiteten Adverbien auf **-nie** (wenn das Adjektiv als Stichwort aufgenommen wurde) sowie in beiden Teilen die regelmäßigen Steigerungsformen der Adjektive und Adverbien.

Die Anordnung der Stichwörter erfolgt streng alphabetisch, wobei im deutsch-polnischen Teil die Umlaute (ä, ö, ü) sowie ß wie a, o, u und ss behandelt werden. Unregelmäßige Formen (sowie perfektive Verben, wenn sie nicht unmittelbar nach dem imperfektiven Verb gebracht werden können) erscheinen an ihrem alphabetischen Platz, in der Regel mit einem Verweis auf die Grundform (bzw. auf das imperfektive Verb). Die geographischen Namen und die wichtigsten polnischen und deutschen Abkürzungen sind in gesonderten Verzeichnissen zusammengefaßt.

Zasób wyrazów i porządek alfabetyczny. Ograniczona objętość determinuje zasób wyrazowy słownika. Zmuszeni byliśmy pominąć:

a) pewną liczbę internacjonalizmów o takim samym znaczeniu w obu językach (w wielu wypadkach z zachowaniem oryginalnej pisowni) oraz wyrazy obce na **-ia** (wzgl. **-cja, -sja, -zja**) lub **-yzm** (**-izm**), **-yka**, odpowiednikami których w języku niemieckim są wyrazy na **-ion** (wzgl. **-tion, -sion, -xion**) lub **-ismus, -ik;**

b) **wiele rzeczowników niemieckich odsłownych i odprzymiotnikowych oraz rzeczowników na -ung**, odpowiednikami których w języku polskim są przeważnie rzeczowniki odsłowne na **-nie** lub **-cie** oraz na **-ość**;

c) wiele wyrazów zdrobniałych na **-(ecz)ek, -czka, -unio/-unia** oraz **-ulo/-ula, -uchna**, niemieckimi odpowiednikami których są zdrobnienia na **-chen** i **-lein**;

d) w części polsko-niemieckiej większość przysłówków odprzymiotnikowych na **-nie** (jeżeli podaje się odpowiedni przymiotnik) oraz w obydwu częściach regularne formy stopnia wyższego i najwyższego przymiotników i przysłówków.

Wszystkie hasła w słowniku uszeregowane są w porządku ściśle alfabetycznym, przy czym przegłosy (ä, ö, ü) oraz ß traktowane są jak odpowiednie głoski i ss. W swoim miejscu alfabetycznym podane są również nieregularne formy fleksyjne (oraz czasowniki dokonane, jeżeli nie są umieszczone przy czasowniku niedokonanym), zwykle z odesłaniem do hasła formy podstawowej (wzgl. do formy czasownika niedokonanego). Nazwy geograficzne oraz najważniejsze polskie i niemieckie skróty i skrótowce podaje się w osobnych spisach na końcu słownika.

Die **Tilde** (~; beim jeweiligen Wechsel von Klein- zu Großschreibung oder umgekehrt: ~~) dient dazu, das Stichwort oder den vor einem senkrechten Strich (|) stehenden Teil des Stichworts zu ersetzen. In den Anwendungsbeispielen vertritt die Tilde auch ein bereits mit Hilfe der Tilde gebildetes Stichwort.

Aussprache und Betonung. Die Aussprachehinweise (in eckigen Klammern [ ]) sind nur in solchen Fällen gegeben, in denen sich Schwierigkeiten für den Benutzer ergeben könnten. Auf Seiten 15 und 18 finden sich die allgemeinen Regeln zur Aussprache des Deutschen bzw. des Polnischen sowie die Erklärung der verwendeten Lautschrift. Die Betonung wird durch das Zeichen (') vor der betonten Silbe angegeben. Dieses Zeichen fehlt, wenn beim deutschen Stichwort die erste Silbe betont ist.

Stichwörter mit mehreren Bedeutungen. Das Semikolon (;) trennt Übersetzungen mit wesentlich voneinander abweichender Bedeutung. Die Unterschiede in der Bedeutung bei mehreren Entsprechungen werden durch Abkürzungen (siehe Buchende), vorgesetzte Synonyme (in Klammern), Subjekte (mit Doppelpunkt), Objekte, andere sog. Stützwörter oder durch Verweise (→) auf andere Stichwörter kenntlich gemacht. Stichwörter mit gleicher Schreibung, aber abweichender Bedeutung (Homonyme) sind in der Regel als selbständige Stichwörter aufgeführt und mit hochstehenden Ziffern gekennzeichnet. Der Schrägstrich (/) zwischen zwei Wörtern bei den Übersetzungen und in den Beispielsätzen steht anstelle von *oder* und deutet auf mögliche Varianten.

Grammatische Angaben. a) Substantive: Das grammatische Geschlecht wird bei den Stichwörtern immer angegeben, bei den Übersetzungen im polnisch-deutschen Teil jedoch nur dann, wenn es vom Geschlecht des Stichworts abweicht, und im deutsch-polnischen Teil nur dann, wenn es sich anhand der Endung nicht bestimmen läßt. Keine

Tylda (~) zastępuje cały wyraz hasłowy lub jego część, znajdują się po lewej stronie kreski dzielącej (|). Jeśli utworzony przy pomocy tyldy wyraz pisze się z innej (dużej lub małej) litery niż pierwszy wyraz hasłowy gniazda, używa się tyldy z kółeczkiem (~~). W przykładach ilustrujących użycie wyrazu tylda może zastępować hasło już opatrzone tyldą.

Wymowa i akcent. Wskazówki wymowy podaje się (w nawiasach kwadratowych [ ]) jedynie w tych wypadkach, gdy wymowa wyrazu może nastręczać trudności. Na str. 15 i 18 podane są krótkie reguły wymowy języków polskiego i niemieckiego oraz objaśnienia zastosowanych symboli transkrypcji fonetycznej. Akcent zaznacza się kreseczką (') przed akcentowaną zgłoską. Znak akcentu opuszcza się, gdy w hasłach niemieckich akcentowana jest pierwsza zgłoska.

Hasła mające więcej niż jedno znaczenie. Odpowiedniki różniące się znaczeniowo oddziela się średnikiem (;). Różnice znaczeniowe uwidacznia się przez umieszczenie przed odpowiednikiem skrótu dziedzinowego (p. wykaz na końcu słownika), poprzedzający wyraz synonim (w nawiasach), podmiot (z dwukropkiem), dopełnienie, inną wskazówkę objaśniającą lub odsyłacz (→) do innego hasła. Wyrazy mające jednakową pisownię lecz odmienne znaczenie (homonimy) podane są jako samodzielne hasła i oznaczone wyniesionymi u góry cyframi. Kreska ukośna (/) między wyrazami w odpowiednikach dwu- lub wielowyrazowych i w przykładach użycia wyrazu oznacza *albo* i wskazuje na możliwe warianty połączeń.

Informacja gramatyczna. a) Rzeczowniki: hasła rzeczownikowe opatrzone są zawsze skrótem rodzaju gramatycznego; przy odpowiednikach w części polsko-niemieckiej kwalifikator ten podaje się jedynie wówczas, kiedy ich rodzaj różni się od rodzaju hasła, a w części niemiecko-polskiej w wypadkach gdy rodzaju rzeczownika nie daje się ustalić

Genusangabe erfolgt auch bei den Bezeichnungen für weibliche Personen, wenn sie aus Platzgründen als Endung in Klammern an die männliche Form angefügt werden: Absolvent(in = Absolventin), oskarżyciel(ka = oskarżycielka). Die Bildung der Flexionsformen wird durch Paradigmen (S. 604 ff und 613 f) in Verbindung mit den meist unmittelbar nach der Genusangabe stehenden Hinweisen (Formelementen) erleichtert. Keine Angaben erfolgen bei zusammengesetzten Substantiven, wenn die Glieder des Kompositums als selbständige Stichwörter verzeichnet sind.

na podstawie końcówki. Skrót rodzaju nie podaje się również przy osobowych nazwach żeńskich, tworzonych przez dołączenie odpowiedniej końcówki do formy męskiej: Absolvent(in = Absolventin), oskarżyciel(ka = oskarżycielka). Tworzenie form fleksyjnych ułatwiają paradygmaty (str. 604 i 613) w połączeniu z podaną przy haśle informacją (elementy fleksyjne). Wskazówek tych nie podaje się przy wyrazach złożonych, jeśli składniki złożenia włączono do słownika jako odrębne hasła.

b) Verben: Sowohl im polnisch-deutschen als auch im deutsch-polnischen Teil stehen die Hinweise auf die Konjugation nur bei den Grundverben (Verben ohne Präfix). Einige mit Hilfe eines Präfixes gebildeten Verben und die Grundform, auf die verwiesen wird, werden abgekürzt gegeben: poba- *pf* → ba-, poca- *pf* → ca- usw.
Die Bildung der Flexionsformen wird anhand der Paradigmen (S. 601 ff und 615 f) in Verbindung mit diesen Angaben erleichtert. Bei den schwachen (regelmäßigen) deutschen Verben stehen die Formelemente nur dann, wenn das Verb abweichend von dem auf S. 615 gegebenen Muster konjugiert, oder wenn das Partizip Perfekt mit sein verbunden bzw. ohne die Vorsilbe **ge-** gebildet wird (gekennzeichnet durch *sn* oder -). Starke deutsche und unregelmäßige polnische Verben sind mit einem * gekennzeichnet, das auf eine Liste der unregelmäßigen Verbformen im Anhang verweist.

b) Czasowniki: zarówno w części polsko-niemieckiej jak i niemiecko-polskiej informacją o formach fleksyjnych opatrzono jedynie czasowniki proste (bezprzedrostkowe). Niektóre czasowniki przedrostkowe i proste, do których się odsyła, podaje się w słowniku skrótowo: poba- *pf* → ba-, poca- *pf* → ca- itd.

Tworzenie form fleksyjnych ułatwiają paradygmaty (str. 601 i 615) w połączeniu z podaną przy haśle informacją. Elementy fleksyjne przy niemieckich czasownikach słabych (regularnych) podaje się jedynie wtedy, gdy odmiana czasownika różni się w jakimś stopniu od podanej we wzorze na str. 615, gdy czasownik tworzy formy czasów złożonych z sein lub formy imiesłowu czasu przeszłego bez przedrostka **ge-** (oznaczenia w słowniku: *sn* lub -). Niemieckie czasowniki silne i mieszane oraz polskie nieregularne oznacza się * wskazującą na spisy tych czasowników, umieszczone na końcu słownika.

Polnische Verben können imperfektiv und perfektiv sein. In der Regel wird deshalb ein sog. Aspektpaar als Entsprechung eines deutschen Verbs gegeben. Verben, die nur perfektiv sind, werden mit *pf* gekennzeichnet, Verben die sowohl perfektiv als auch imperfektiv sind – mit *(im)pf* (jedoch nicht in den Anwendungsbeispielen und idiomatischen Wendungen). Bei den Aspektpaaren steht der Teil, der das Verb perfektiv macht (Vorsilbe, Endung), in spitzwinkligen Klammern (⟨ ⟩). Der Teil des

Czasowniki polskie mogą być niedokonane lub dokonane. Z reguły podaje się więc jako odpowiednik niemieckiego czasownika t.zw. parę aspektową. Formy dokonane czasowników oznacza się kwalifikatorem *pf*, czasowniki dwuaspektowe – skrótem *(im)pf* (kwalifikatorów tych nie podaje się w przykładach użycia wyrazu i zwrotach frazeologicznych). W podanych formach aspektowych czasownika ujęto w nawiasy ostrokątne (⟨ ⟩) ten człon czasownika (przedrostek, przyrostek), przy pomocy

Verbs, mit dessen Hilfe aus einem perfektiven ein imperfektives Verb gebildet wird, steht in runden Klammern.

Wenn das Verb und seine Entsprechung den gleichen Kasus regieren, sind besondere Hinweise zur Rektion (Präposition + Kasus, *j-m*, *j-n*, *etw*, *k-o*, *k-u* usw.) nur in Ausnahmefällen vorhanden. In vielen Fällen zeigen auch Beispiele, in welchem Kasus die Ergänzung zum Stichwort steht. Wenn die deutsche Präposition nur einen Kasus regiert (z. B. bei, von), wird bei den Rektionsangaben der Kasus nicht angegeben. Diese Angabe ist jedoch unter dem betreffenden Stichwort (d. h. unter: bei, von) zu finden.

Stilistische Hinweise. Sowohl die Stichwörter als auch ihre Äquivalente in der jeweils anderen Sprache sind besonders gekennzeichnet, wenn sie verschiedenen Stilebenen zuzuordnen sind (F = familiär, umgangssprachlich, P = populär, salopp, derb und V = vulgär). Gehören das Stichwort und die Übersetzung einer Stilebene an, wurde auf die Kennzeichnung in vielen Fällen verzichtet.

którego tworzy się formę dokonaną. W nawiasy okrągłe ujęto tę część wyrazu, przy pomocy której tworzy się czasownik niedokonany.
W razie braku odchyleń w składni rządu między językiem niemieckim i polskim odpowiednie wskazówki (przyimek + skrót przypadku, *j-m*, *j-n*, *etw*, *k-o*, *k-u* itd.) podaje się jedynie w drodze wyjątku. W wielu wypadkach przykłady użycia wyrazu ilustrują, w jakim przypadku dopełnienie wiąże się z wyrazem do którego się odnosi. Jeśli niemiecki przyimek łączy się tylko z jednym przypadkiem (np. bei, von), skrótu przypadku nie podaje się. Informację o łączliwości przyimka można otrzymać przy odnośnym haśle (t.zn. przy bei, von).

Kwalifikatory stylistyczne. Zarówno wyrazy hasłowe jak i ich odpowiedniki w obu językach opatrzone są kwalifikatorami stylistycznymi, jeśli zalicza się je do różnych stylów (F = wyraz potoczny, poufały, P = wyraz pospolity, rubaszny, V = wyraz wulgarny, nieprzyzwoity). Kwalifikatorów w wielu wypadkach nie podaje się, jeżeli charakterystyka stylistyczna hasła i jego odpowiednika jest identyczna.

Erklärung der Abkürzungen und Zeichen
Objaśnienia skrótów i znaków

a.	albo *oder*
A	biernik *Akkusativ*
Ⓐ	wyraz austriacki *österreichisch*
adj	przymiotnik *Adjektiv*
adv	przysłówek *Adverb*
agr	rolnictwo *Landwirtschaft*
anat	anatomia *Anatomie*
arch	architektura *Architektur*
astr	astronomia *Astronomie*
attr	przydawkowo *attributiv*
b.	bei(m) -
betr.	odnośny, odnośne *betreffende(s)*
biol	biologia *Biologie*
bot	botanika *Botanik*
bud	budownictwo *Bauwesen*
ⒸⒽ	wyraz szwajcarski *schweizerisch*
chem	chemia *Chemie*
comp	stopień wyższy *Komparativ*
conj	spójnik *Konjunktion*
d.	der, dem, des, die -
D	celownik *Dativ*
dial	wyraz gwarowy *Dialektausdruck*
dim	zdrobniały *diminutiv*
drk	drukarstwo *Buchdruck*
EDV	przetwarzanie dannych *elektron. Datenverarbeitung*
ev.	ewangelicki *evangelisch*
e-e	eine -
ekon	ekonomia *Wirtschaft*
el	elektrotechnika *Elektrotechnik*
e-m, e-n,	
e-s	einem, einen, eines -
etw	coś, czegoś, czymś *etwas*
f	żeński (rodzaj) *Femininum*
F	wyraz potoczny, poufały *umgangssprachlich, familiär*
fig	w znaczeniu przenośnym *figürlich*
filoz	filozofia *Philosophie*
fin	finansowość, bankowość *Finanz- u. Bankwesen*
fiz	fizyka *Physik*
fot	fotografia, film *Fotografie, Film*

G	dopełniacz *Genitiv*
GDL	dopełniacz, celownik, miejscownik *Genitiv, Dativ, Lokativ*
geogr	geografia *Geographie*
geol	geologia *Geologie*
gór	górnictwo *Bergbau*
gr	gramatyka *Grammatik*
gr-orth	prawosławny *griechisch-orthodox*
gw	gwara *Argot, Jargon*
hdl	handel *Handel*
hist	historyczny *historisch*
I	narzędnik *Instrumental*
idkl	nieodmienny *indeklinabel*
impf	czasownik niedokonany *imperfektives Verb*
(im)pf	czasownik dokonany i niedokonany *imperfektives und perfektives Verb*
inf	bezokolicznik *Infinitiv*
inform	informatyka *Informatik*
int	wykrzyknik *Interjektion*
iron	ironicznie *ironisch*
itp.	i tym podobne *und ähnliche(s)*
itd.	i tak dalej *und so weiter*
j-d	ktoś *jemand*
j-n, j-m	kogoś, komuś, *jemanden, jemandem*
j-s	czyjś *jemandes*
jęz	językoznawstwo *Sprachwissenschaft*
jur	prawo, prawniczy *Rechtsprechung*
karc	wyrażenie karciane *Kartenspielausdruck*
k-o	kogoś *jemanden*
kolej	kolejnictwo *Eisenbahnwesen*
kosm	kosmonautyka *Raumfahrt*
kraw	krawiectwo *Schneiderei*
k-u	komuś *jemandem*
kulin	kucharstwo *Kochkunst*
L	miejscownik *Lokativ*
leśn	leśnictwo *Forstwirtschaft*
lit	wyraz książkowy *hochsprachlich*

lotn lotnictwo *Flugwesen*
łow łowiectwo *Jagdwesen*

m męski (rodzaj) *Maskulinum*
mal malarstwo *Malerei*
mar okrętownictwo, żegluga *Schiffahrt*
mat matematyka *Mathematik*
med medycyna *Medizin*
meteo meteorologia *Meteorologie*
mil wojskowość *Militärwesen*
min mineralogia *Mineralogie*
m-os forma męskoosobowa *Personalform*
mot motoryzacja *Kraftfahrzeuge*
muz muzyka *Musik*

n nijaki (rodzaj) *Neutrum*
N mianownik *Nominativ*
nieos nieosobowy *unpersönlich*
np. na przykład *zum Beispiel*
num liczebnik *Zahlwort*

og. w znaczeniu ogólnym *allgemein*
os. osoba (osoby) *Person(en)*

P wyraz pospolity, rubaszny *volkstümlich, derb*
part partykuła *Partikel*
pej pejoratywny *pejorativ, abwertend*
pf czasownik dokonany *perfektives Verb*
pl liczba mnoga *Plural*
poet poetycki *poetisch*
pol polityka *Politik*
por porównaj *vergleiche*
poss zaimek dzierżawczy *Possessivpronomen*
pp(f) imiesłów czasu przeszłego (dokonanego) *Perfektpartizip*
ppr imiesłów współczesny czynny *Partizip Präsens*
praed orzecznik(owy) *prädikativ*
praep przyimek *Präposition*
praes czas teraźniejszy *Präsens*
praet czas przeszły *Präteritum*
pron zaimek *Pronomen*
psych psychologia *Psychologie*

® chroniona nazwa towaru *eingetragenes Warenzeichen*
refl zwrotny *reflexiv*
rel religia *Religion*
RTV radio, telewizja *Rundfunk, Fernsehen*
ryb rybołówstwo *Fischerei, Angelsport*

s-e, s-n jego, swego *seine, seinen*
sg liczba pojedyncza *Singular*
sn być *sein*
sport wyraz sportowy *Sportausdruck*
str. strona *Seite*
su rzeczownik *Substantiv*
sup stopień najwyższy *Superlativ*
ściągn forma ściągnięta *Kurzform*

t. też, rownież *auch*
teatr teatr *Theater*
tech technika *Technik*
tel telekomunikacja *Fernmeldewesen*
t-ko tylko *nur*

u. i *und*

V wołacz *Vokativ*
V wulgarny, nieprzyzwoity *vulgär*
verb czasownik *Verb*
v/i czasownik nieprzechodni *intransitives Verb*
v/r czasownik zwrotny *rückbezügliches Verb*
v/s czasownik momentalny *semelfaktive Aktionsart (einmalige Handlung)*
v/t czasownik przechodni *transitives Verb*

wet weterynaria *Tiermedizin*
włók włókiennictwo *Textilindustrie*
w zł. w złożeniach *in Zusammensetzungen*
w.zn. w węższym znaczeniu *im engeren Sinn(e)*

zbior wyraz zbiorowy *kollektiv*
zoo zoologia *Zoologie*
zw. zwykle *gewöhnlich, meistens*

żart żartobliwie *scherzhaft*
ż-rzecz forma żeńsko-rzeczowa *Sachform*

* wykaz czasowników poza zestawem haseł *Liste der Verben im Anhang*
† przestarzały *veraltet*

Erklärung der Aussprache und der phonetischen Umschrift

Zur Darstellung der polnischen Laute werden die Zeichen der IPA (International Phonetic Association) verwendet. Die polnischen **Vokale** werden in der Regel **kurz** und **offen** ausgesprochen. Ausnahmen: **i** und **u**, die zwar kurz aber geschlossen sind, und **e**, das geschlossen ist, wenn es zwischen zwei erweichten Konsonanten oder vor *j* steht.

Die **Konsonanten b, d, f, j, k, l, m, n, p** und **t** bezeichnen Laute, die mit entsprechenden deutschen Lauten identisch sind; **k, p** und **t** werden jedoch ohne Behauchung (d. h. ohne den nachfolgenden flüchtigen h-Laut) gesprochen. Siehe auch weiter unten unter „Palatalisierung".

Vokale und Lautverbindungen

Buchstabe(n)	phon. Zeichen	Erklärung	Beispiel
a	a	helles, kurzes *a*	rada, sałata
ą	ɔ̃	nasaliertes *o* wie frz. in bon	wąsy ['vɔ̃sɨ]
e	ɛ	offenes *e* wie in Rest	deska
	e	geschlossenes kurzes *e*	mienie, dzień
ę	ɛ̃	nasaliertes *e* wie frz. in Cousin	kęs [kɛ̃s]
i	i	geschlossenes kurzes *i*	ile, minerał
	ĭ	jotiertes *i* etwa wie in Nation	magia
o	ɔ	offenes kurzes *o* wie in von	oko, promocja
ó	u	geschlossenes kurzes *u*	ósmy, ówdzie
u	u	geschlossenes kurzes *u*	ul, uwaga
y	ɨ	etwa wie *i* in bin, Tisch mit zurückgezogener Zunge gesprochen	syn, pytanie

Die **Nasalvokale ą** und **ę** unterliegen einer Angleichung an den darauffolgenden Konsonanten und verlieren oft völlig ihr nasales Element.

ą wird gesprochen: vor **b** und **p** wie *om* [ɔm],
vor **c (ć), cz, d, dz, dź** (**dzi**) und **t** wie *on* [ɔn, ɔŋ],
vor **g** und **k** wie *ong*, *onk* in K*ongo*, *Onk*el [ɔŋg, ɔŋk],

ę wird gesprochen: vor **b** und **p** wie *em* [ɛm],
vor **c (ć), cz, d, dz, dź** (**dzi**) und **t** wie *en* [ɛn, ɛŋ],
vor **g** und **k** wie *eng*, *enk* in *Eng*adin, *Enk*el [ɛŋg, ɛŋk].

Die Lautverbindungen **an (ań), en (eń), in (iń), yn (yń), on (oń)** und **un (uń)** werden dagegen, wenn ein **s, z, sz, ż, f, w** oder **ch** folgt, häufig nasal ausgesprochen: kwadrans ['kvadrãs], oranżada [ɔrã'ʒada], sens [sɛ̃s], państwo ['paĩstfɔ], konsul ['kɔ̃sul] usw. Die Lautverbindungen **au** und **eu** klingen wie deutsches *a* bzw. *e* mit nachfolgendem unsilbigem u: auto ['aŭtɔ], Europa [ɛŭ'rɔpa], **aj** [aĭ] wird wie deutsch *ei*, *ai* in sein, Mai und **oj** [ɔʏ] wie *eu* in Scheune gesprochen.

Konsonanten und Konsonantenverbindungen

Buchstabe(n)	phon. Zeichen	Erklärung	Beispiel
c	ts	wie deutsch *z* in Zorn	cud, cal
ch	x	wie *ch* in ach	chata, chęć
cz	tʃ	wie *tsch* in deutsch	Czech, czerwony
ć (ci*)	tɕ	etwa wie *tj* in tja	sieć, ciało ['tɕawɔ]
dz	dz	etwa wie *d* + stimmhaftes *s*	wiedza, sadza
dź (dzi*)	dʑ	etwa wie *d* + stimmhaftes *sj*	śledź, dziecko ['dʑɛtskɔ]
dż, drz	dʒ	etwa wie *dsch* in Dschunke	dżuma, drzewo
h	x	wie *ch* in ach	hak, huta
ł	w	wie englisches *w* in week (ein kurzes *u* mit gerundeten Lippen)	Bałtyk, ławka
ng, nk	ŋg, ŋk	s. Anmerkung zu den Vokalen	
ń (ni*)	ɲ	etwa wie *gn* in Champagner	koń, koniec ['kɔɲɛts]
r	r	Zungenspitzen-*r*, auch im Auslaut deutlich hörbar	rynek, szwagier
rz	ʃ	wie *sz* (nach *k*, *p*, *t* und im Auslaut)	krzak, przód, trzoda, tchórz
	ʒ	wie *ż*	morze, rzeka
s	s	immer stimmlos wie *ß* in groß	sól, kosa
sp, st	sp, st	immer wie *ß*+*p* bzw. *ß*+*t*	spółka, stacja
sz	ʃ	wie *sch* in Schule	szafa, szary
ś (si*)	ɕ	ähnelt dem dt. *ch* in Mär*ch*en, wenn das *ch* mit einem flüchtigen sch-Laut gesprochen wird	środek, ktoś, sierp [ɕɛrp]
w	v	wie *w* in *W*ald	woda, wiedza ['vɛdza]
z	z	wie stimmhaftes *s* in Sen*s*e	zupa, zaraz
ź (zi*)	ʑ	stimmhafte Entsprechung zu ś	źle, ziarno ['ʑarnɔ]
ż	ʒ	stimmhafte Entsprechung zu sz, wie dt. *j* in *J*ournal oder *g* in *G*enie	żaba, nożyce

*) Folgt nach **ć, dź, ń, ś** und **ź** ein Vokal, so wird **ci, dzi, ni, si** und **zi** geschrieben, die Aussprache bleibt jedoch die gleiche. Das *i* ist hier lediglich ein orthographisches Zeichen und besitzt keinen eigenen Lautwert (wenn der folgende Vokal nur ein *i* ist, hat das *i* eine doppelte Funktion und wird gesprochen: zima ['ʑima], cisza ['tɕiʃa]).

Doppelkonsonanten werden doppelt oder wie ein gelängter einfacher Konsonant gesprochen: wanna [vanːa], lekki [lɛkkʲi].

Palatalisierung. Außer den o.e. palatalisierten (erweichten) Konsonanten, die schon durch das diakritische Zeichen als solche zu erkennen sind, können im Polnischen eine Reihe weiterer Konsonanten vor Vokalen „erweicht" ausgesprochen werden. Diese „weiche" Aussprache wird dann durch ein *i* zwischen dem Konsonant und Vokal angezeigt. Das i bildet hier keine Silbe (außer wenn dem *i* kein anderer Vokal folgt), sondern ist ein flüchtiger *j*-Laut (gekennzeichnet in der Umschrift durch ein Häkchen: b̡, m̡, p̡ usw.), der zusammen mit dem davorstehenden Konsonanten gesprochen wird.

Betonung. Im Polnischen wird in der Regel die vorletzte Silbe betont. In den wenigen Ausnahmefällen steht das Betonungszeichen ['] vor der betonten Silbe.

Zusätzliche Zeichen. Der hochstehende Punkt zwischen zwei Konsonanten zeigt an, daß sie nicht zu einem Laut verschmelzen, sondern getrennt ausgesprochen werden.

Lautverbindungen/Endungen, die in der Regel nicht umschrieben sind

	Aussprache		Aussprache		Aussprache
bia	b̡a	gie	g̡ɛ	pió/piu	p̡u
bie	b̡ɛ	kie	k̡ɛ	sia	ɕa
bio	b̡ɔ	kiu	k̡u	sie, się	ɕɛ, ɕɛ̃
biu	b̡u	mia	m̡a	sio	ɕɔ
cia	tɕa	mie	m̡ɛ	sió/siu	ɕu
cie	tɕɛ	mio	m̡ɔ	wia	v̡a
cio	tɕɔ	mió/miu	m̡u	wie	v̡ɛ
ciu	tɕu	nia	n̡a	wio	v̡ɔ
dzia	dʑa	nie	n̡ɛ	wió/wiu	v̡u
dzie	dʑɛ	nio	n̡ɔ	zia	ʑa
dzio	dʑɔ	niu	n̡u	zie	ʑɛ
dzió/dziu	dʑu	pia	p̡a	zio	ʑɔ
fie	f̡ɛ	pie	p̡ɛ	zió/ziu	ʑu
fiu	f̡u	pio	p̡ɔ		

Beispiele: cierpieć ['tɕerp̡etɕ], kiedy ['k̡ɛdɨ], wieżowiec [v̡ɛ'ʒɔv̡ɛts].
Anmerkung: in Fremdwörtern wird das i in den Lautverbindungen bio-, dia-, pio-, -fia, -gia, -lia, -nia, -pia, -ria, -riu- usw. gesprochen: biologia [b̡iɔ'lɔg̡ĭa], fotografia [fɔtɔ'graf̡ĭa], pionier ['p̡ĭɔn̡ɛr].

Wskazówki dotyczące wymowy i transkrypcji

W słowniku zastosowano symbole ogólnie przyjętej transkrypcji fonetycznej IPA (International Phonetic Association). Znak (:) po samogłosce oznacza że samogłoska wymawia się długo. Znak (') oznacza że akcent leży na następującej po nim zgłosce. Por. t. „Jak korzystać ze słownika“, str. 9 i nast.

Samogłoski i dyftongi

litera, połączenie literowe	znak fonetyczny	objaśnienia	przykłady
a, aa, ah	ɑː	*a* tylnojęzykowe długie	Name, Haar, Bahn
au	au	jak polskie *au*	Haus, Auto
ä	ɛ	krótkie jak polskie *e*	Bäcker, Fächer
ä, äh	ɛː	bardziej przeciągłe niż polskie *e*	Träne, Fähre
ai, ay	aɪ	jak polskie *aj*	Mais, Saite, Bayern
äu	ɔʏ	jak polskie *oj*	Fräulein, Bäume
e	ɛ	*e* krótkie, zbliżone do polsk. *e*	Werk, kennen
e, ee, eh	eː	*e* długie, ścieśnione	Weg, See, fehlen
e	ə	*e* zredukowane, brzmi pośrednio między polsk. *a* i *y*	bitte, Bruder
ei	aɪ	jak polskie *aj*	nein, fein
eu	ɔʏ	jak polskie *oj*	neun, feucht
eu	øː	w zapożyczeniach z francuskiego	Ingenieur, Redakteur
i	ɪ	i krótkie, dźwięk pośredni między polsk. *i* i *y*	bin, eckig; Rind
i, ie, ih	iː	i długie	Titel, viel, ihm
o	ɔ	*o* krótkie, otwarte	Bord, Schock
o, oh, oo	oː	*o* długie, wymawiane z wysunięciem warg do przodu	loben, Sohn, Moor
ö	ø	samogłoska pośrednia między polsk. *o* i *e* (wymawiana z zaokrągleniem warg)	Zölibat, Ökonomie
ö	œ	*ö* szerokie, bardziej zbliżone do *e*	öfter, zwölf
ö, oe, öh	øː	*ö* długie, ścieśnione	böse, Goethe, Höhle
u, uh, ou	uː	*u* długie, ścieśnione	gut, Uhr, Route
u, ou	u	*u* krótkie	Bund, Klub, Bouillon
ü, üh, y	yː	samogłoska długa, pośrednia między *u* i *i*, wymawiana z zaokrągleniem warg	Blüte, Bühne, Analyse
ü, y	ʏ	*ü* krótkie	Mütze, Hygiene

Uwaga: znak [˜] oznacza samogłoski nosowe: ã, õ itd., znak [˘] samogłoski bardzo krótkie, niezgłoskotwórcze; ĭ, ŭ itd.

Spółgłoski

litera, połączenie literowe	znak fonetyczny	objaśnienia	przykłady
c	k, ts, tʃ	w wyrazach obcych	Computer, Celsius, Cello
ch	ç	po samogłoskach e, i, ä, ö, ü, y, po dyftongach ai, eu, ei, äu, po spółgłoskach l, m, n, r, w nagłosie przed e, i oraz w przyrostku -chen	richtig, leicht, Milch, China, Kindchen
ch	x	po samogłoskach a, o, u i po au	Macht, Sucht, fauchen
ch	ʃ	w wyrazach obcych	Champagner
chs	ks		sechs, wachsen
chs	xs	przed przyrostkiem *-sam* i końcówkami rozpoczynającymi się od *s*	wachsam, lachst, höchst
ck	k		backen, Decke, dick
g	ʒ	w zapożyczeniach z francuskiego	Gelee, Genie
h	h	na początku wyrazu dźwięczne *h*	Haus, haben
j	ʒ, dʒ	w wyrazach obcych	Jalousie, Jersey
ng	ŋ	przed spółgłoską i *e* zredukowanym, w wygłosie zgłoski	Gang, Ringe, länger
ph	f	jak polskie *f*	Physik, Philosoph
qu	kv	jak polskie *kw*	Quelle, Quark
r	r	*r* tylnojęzykowe w nagłosie i po spółgłoskach i prawie nie drżące w wygłosie i przed spółgloskami	rot, stark
r	ɐ	zwokalizowane *r* w nieakcentowanej końcówce *-er*	Lehr-er, bitt-er
s	z	w nagłosie przed samogłoską i w środku słowa między samogłoskami oraz po l, m, n, r jak polskie *z*	sofort, lesen, Reise, Ferse
s	s	w nagłosie przed spółgłoskami z wyjątkiem **p** i **t**, w środku słowa przed spółgloskami oraz w wygłosie jak polskie *s*	Skala, Espe, Haus, Gans
ß, ss	s	zawsze jak polskie *s*	Fluß, Flüsse
sch	ʃ	jak polskie *sz*	Schule, schwarz
sp, st	ʃp, ʃt	jak polskie *szp*, *szt*	Spiel, Stadt
tsch	tʃ	jak polskie *cz*	deutsch, Klatsch
tz	ts	zawsze jak polskie *c*	Witz, Katze

v, w	v	jak polskie *w*	Vulkan, Waage
v	f	w niemieckich wyrazach rodzimych jak *f*	vier, Volk, Vater
x	ks		Hexe, Xylophon
y	j	w wyrazach obcych jak polskie *j*	New York
z	ts	zawsze jak polskie *c*	Zwerg, Zimmer, Zoo

Samogłoski wymawia się długo

1. W zgłosce zakończonej na samogłoskę wzgl. na pojedynczą spółgłoskę: ragen [rɑːgən], devot [de'voːt];
2. W wypadkach gdy występują podwojone samogłoski, **e** po samogłosce **i** lub t.zw. „nieme" **h** po innych samogłoskach: Aal [ɑːl], Liebe ['liːbə], Hahn [hɑːn].

Samogłoski wymawia się krótko

1. Przed dwiema spółgłoskami lub przed podwojoną spółgłoską, przed **sch** i **x**: Mord [mɔrt], Mokka ['mɔka], rasch [raʃ], hexen ['hɛksən];
W zgłosce nieakcentowanej: amerikanisch [amerɪ'kɑːnɪʃ].

Spółgłoski **p, t, k** wymawia się z przydechem, dającym w wyniku słaby dźwięk *h* towarzyszący artykulacji danej spółgłoski. Spółgłoski dźwięczne **b, d, g** wymawia się jak **p, t, k** w wygłosie zgłoski lub gdy następuje po nich druga bezdźwięczna spółgłoska albo przyrostek, rozpoczynający się spółgłoską. **h** nie wymawia się po spółgłosce, jeśli odnosi się ono do tej samej zgłoski: Thron [troːn], Rheuma ['rɔʏma] (ale: Brat-huhn, Vorder-haus).

Wymowa niektórych przyrostków i końcówek

-bar	[-bɑːr]	-chen	[-çən]	-ei	[-aɪ]
-elnd*	[-əlnt]	-end*	[-ənt]	-er	[-ɐ]
-erl	[-ərl]	-ernd	[-ərnt]	-haftig*	[-haftɪç]
-heit	[-haɪt]	-ich	[-ɪç]	-ig*	[-ɪç]
-igt	[-ɪçt]	-innen	[-ɪnən]	-keit	[-kaɪt]
-lei	[-laɪ]	-ling	[-lɪŋ]	-lings	[-lɪŋs]
-los	[-loːs]	-nis	[-nɪs]	-sal	[-zɑːl]
-sam	[-zɑːm]	-tel	[-təl]	-tion	[-tsɪoːn]
-tiv	[-tiːf]	-tum	[-tuːm]	-ung	[-uŋ]

***Lecz:** -e(l)nde [-ə(l)ndə], -ernde [-ərndə], -(haft)ige [-(haft)ɪgə].

Das polnische Alphabet

Buchstabe	Name	Umschrift
A, a	a	a
ą	ɔ̃	ɔ̃
B, b	bɛ	b
C, c	tsɛ	ts
Ć, ć	tɕɛ	tɕ
D, d	dɛ	d
E, e	ɛ	ɛ, e
ę	ɛ̃	ɛ̃
F, f	ɛf	f
G, g	gɛ	g
H, h	xa	x
I, i	i	i
J, j	jɔt	j
K, k	ka	k
L, l	ɛl	l
Ł, ł	ɛw	w
M, m	ɛm	m
N, n	ɛn	n
ń	ɛɲ, ɲɛ	ɲ
O, o	ɔ	ɔ
Ó, ó	ɔ krɛskɔvanɛ[1]	u
P, p	pɛ	p
R, r	ɛr	r
S, s	ɛs	s
Ś, ś	ɛɕ	ɕ
T, t	tɛ	t
U, u	u	u
W, w	vu, vɛ	v
Y, y	i grɛk, ɨ	ɨ
Z, z	zɛt	z
Ź, ź	zɛt s krɛskɔ̃[1], ʑɛt	ʑ
Ż, ż	zɛt s krɔpkɔ̃[2], ʒɛt	ʒ

Buchstabengruppen

Buchstabe	Name	Umschrift
Ch, ch	xa	x
Cz, cz	tʃɛ	tʃ
Dz, dz	dɛzɛt, dzɛ	dz
Dź, dź	dɛzɛt s krɛskɔ̃	dʑ
Dż, dż	dɛzɛt s krɔpkɔ̃	dʒ
Rz, rz	ɛrzɛt	ʒ, ʃ
Sz, sz	ɛszɛt, ʃa	ʃ

[1]) kreskowane, z kreską *mit Strich*

[2]) z kropką *mit Punkt*

Niemiecki alfabet

		wymowa			wymowa
A,	**a**	[ɑː]	**O,**	**o**	[oː]
Ä,	**ä**	[ɛː]	**Ö,**	**ö**	[øː]
B,	**b**	[beː]	**P,**	**p**	[peː]
C,	**c**	[tseː]	**Q,**	**q**	[kuː]
D,	**d**	[deː]	**R,**	**r**	[ɛr]
E,	**e**	[eː]	**S,**	**s**	[ɛs]
F,	**f**	[ɛf]		**ß**	[ɛsˈtsɛt]
G,	**g**	[geː]	**T,**	**t**	[teː]
H,	**h**	[hɑː]	**U,**	**u**	[uː]
I,	**i**	[iː]	**Ü,**	**ü**	[yː]
J,	**j**	[jɔt]	**V,**	**v**	[faʊ]
K,	**k**	[kɑː]	**W,**	**w**	[veː]
L,	**l**	[ɛl]	**X,**	**x**	[ɪks]
M,	**m**	[ɛm]	**Y,**	**y**	[ˈʏpsiˑlɔn]
N,	**n**	[ɛn]	**Z,**	**z**	[tsɛt]

Wörterverzeichnis Polnisch-Deutsch

A

a *conj, part* und; aber; **~!** *int* ah!; **nic ~ nic** rein gar nichts
abażur *m* (*-u*/*-a*; *-y*) Lampenschirm
abdykacja *f* (*-i*; *-e*) Abdankung
abecadło *n* (*-a*; *G -deł*) Abc, Alphabet
abonament *m* (*-u*; *-y*) Abonnement *n*
abonent *m* (*-a*; *-ci*), **~ka** *f* (*-i*; *G -tek*) *tel* Teilnehmer(in); (*pisma*) Abonnent(in)
abonować (*-uję*) abonnieren, beziehen
aborcja *f* (*-i*; *-e*) *med* F Abtreibung
absencja *f* (*-i*; *-e*) Abwesenheit, Fernbleiben *n*, Fehlen *n*
absolutny absolut
absolutorium [-'tɔr̃ĭum-] *n* (*idkl*; *-ia*, *-ów*): **udzielić ~** (*D*) entlasten (*A*)
absolwent *m* (*-a*; *-ci*), **~ka** *f* (*-i*; *G -tek*) Absolvent(in)
absorbować ⟨**za-**⟩ (*-uję*) *fig* beanspruchen, (stark) in Anspruch nehmen
abstrahować (*-uję*): **~ od** (*G*) absehen (von)
absurd *m* (*-u*; *-y*) Absurdität *f*, Unsinn
absurdalny absurd, unsinnig
aby *conj* daß, damit, um ... zu; **~ tylko nie** *t.* wenn nur nicht
acetylen *m* (*-u*; *0*) Azetylen *n*
ach *int* ach, oh
aczkolwiek wenn auch; obwohl
adamaszek *m* (*-szku*; *-szki*) Damast
adaptacja *f* (*-i*; *-e*) Adap(ta)tion; (**sceniczna** Bühnen-)Bearbeitung; *bud* Umbau *m* (**na biuro** für Bürozwecke)
adapt|er *m* (*-a*/*-u*; *-y*) F Plattenspieler; **~ować** (*im*)*pf* (*-uję*) *dzieło* bearbeiten; *bud* umbauen, F umfunktionieren; **~ować się** sich anpassen
adidasy F *m*/*pl* (*-ów*) Sportschuhe *m*/*pl*
administra|cja *f* (*-i*; *-e*) Administration, Verwaltung; **~cyjny** Verwaltungs-; **kara ~cyjna** Ordnungsstrafe; **~tor** *m* (*-a*; *-rzy*), **-rka** *f* (*-i*; *G -rek*) Verwalter(in)
administrować (*-uję*) (*I*) verwalten (*A*)
adnotacja *f* (*-i*; *-e*) Vermerk *m*
adoptować ⟨**za-**⟩ (*-uję*) adoptieren
adorator *m* (*-a*; *-rzy*/*-owie*), **~ka** *f* (*-i*; *G -rek*) Verehrer(in)
adres *m* (*-u*; *-y*) Adresse *f*, Anschrft *f*; **pod jej ~em** an ihre Adresse (*t. fig*); **~at** *m* Adressat, Empfänger
adresować ⟨**za-**⟩ (*-uję*) mit einer Anschrift versehen; (**do** *G*) adressieren (an *D*); *fig* richten (an *A*)
adwent *m* (*-u*; *-y*) Advent; **~owy: okres ~owy** Adventszeit *f*
adwoka|cki Anwalts-; **zespół ~cki** Anwaltsbüro *n*; **~t** *m* (*-a*; *-ci*) (Rechts-)Anwalt; **~tka** *f* (*-i*; *G -tek*) (Rechts-)Anwältin; **~tura** *f* (*-y*; *0*) Anwaltschaft
aero|- aero-, Aero-; Flug-; Luft-; **~bus** *m* (*-u*; *-y*) Airbus; **~dynamiczny** aerodynamisch; **~zol** *m* (*-u*; *-e*) Spray *m*/*n*
afektowany affektiert
afera *f* (*-y*) Affäre; Skandal *m*
aferzyst|a *m* (*-y*; *-ści*, *-ów*), **~ka** *f* (*-i*; *G -tek*) Hochstapler(in), Betrüger(in)
afgański afghanisch
afisz *m* (*-a*; *-e*) Plakat *n*; **zejść z ~a** *teatr* abgesetzt werden; **~ować się** (*-uję*) (*I*, **z** *I*) zur Schau stellen (*A*), sich produzieren (mit)
Afrykan|in *m* (*-a*; *-anie*, *-ów*), **~ka** *f* (*-i*; *G -nek*) Afrikaner(in)
afrykański Afrika-, afrikanisch
agat *m* (*-u*; *-y*) Achat
agen|cja *f* (*-i*; *-e*) Agentur; **~cja pocztowa** Poststelle; **~cyjny** Agentur-; **~da** *f* (*-y*) Außenstelle, Filiale; (*terminarz*) Agenda, Terminkalender *m*; **~t** *m* (*-a*; *-ci*), **~tka** *f* (*-i*; *G -tek*) Agent(in); *hdl* Vertreter(in); **~tura** *f* (*-y*) → **agencja**; *zbior* Agenten *m*/*pl*, Spione *m*/*pl*
agitac|ja *f* (*-i*; *zw. 0*) Agitation; **~cja wyborcza** Wahlpropaganda; **~yjny** Werbe-, Propaganda-
aglomeracja *f* (*-i*; *-e*) Ballungsgebiet *n*
agonia [a'gɔɲĭa] *f* (*GDL -ii*; *0*) Agonie
agrafka *f* (*-i*; *G -fek*) Sicherheitsnadel
agrarny Agrar-, Landwirtschafts-
a'gresja *f* (*-i*; *-e*) Aggression
agresor *m* (*-a*; *-rzy*/*-owie*) Aggressor
agrest *m* (*-u*; *zw. 0*) Stachelbeere(n *pl*) *f*
agresywny aggressiv
agro|nom *m* (*-a*; *-owie*/*-i*) Agronom, Diplomlandwirt; **~technika** *f* Agrotech-

nik, Landwirtschaftstechnik

AIDS *m* (*idkl*) Aids *n*; ***chory na ~*** aidskrank; Aidskranke(r)

akacja *f* (*-i*; *-e*) Akazie

akademia [-ˈdɛmi̯a] *f* (*GDL -ii*; *-e*) Akademie; (*zebranie*) Feierstunde, Festakt *m*; ***~ żałobna*** Trauerfeier

akademick|i (**-ko**) akademisch; studentisch; Universitäts-; ***dom ~i*** Studenten(wohn)heim *n*; ***młodzież ~a*** Studentenschaft; ***rok ~i*** Studienjahr *n*

akademi|czka *f* (*-i*; *G -czek*) Studentin; **~k** *m* (*-a*; *-cy*) Akademiemitglied *n*; Student; F (*pl -i*) Studenten(wohn)heim *n*

akcent *m* (*-u*; *-y*) Akzent; F (*wymowa*) Aussprache *f*; **~ować** ⟨**za-**⟩ (*-uję*) akzentuieren, betonen

akcept *m* (*-u*; *-y*) *fin*, *hdl* Akzept *n*

akceptować ⟨**za-**⟩ (*-uję*) akzeptieren

akces *m* (*-u*; *zw. 0*) Beitritt (**do** *G* zu)

akcesoria [-ˈsɔri̯a] *n/pl* (*-ów*) Zubehör *n*

akcj|a *f* (*-i*; *-e*) Aktion; *hdl* Aktie; ***~a powieści*** Romanhandlung; ***~a wyborcza*** Wahlkampf *m*; ***~a policyjna*** Polizeieinsatz *m*; ***wprowadzić do ~i*** einsetzen; ***miejsce ~i*** Schauplatz *m*

akcjonariusz [-ˈnari̯uʃ] *m* (*-a*; *-e*), **~ka** *f* (*-i*; *G -szek*) Aktionär(in)

akcyjn|y Aktions-; aktionistisch; *hdl* ***spółka ~a*** Aktiengesellschaft; ***kapitał ~y*** Aktienkapital *n*

aklamacj|a *f* (*-i*; *0*): ***uchwalić przez ~ę*** per Akklamation beschließen

akompani|ament [-ˈni̯a-] *m* (*-u*; *zw. 0*) *muz* (***fortepianowy*** Klavier-)Begleitung *f*; **~ować** (*-uję*) *muz* begleiten

akord *m* (*-u*; *-y*) *muz*, *ekon* Akkord; ***pracować na ~*** im/auf Akkord arbeiten

akordeon [-ˈdɛ-] *m* (*-u*; *-y*) Akkordeon *n*

akordow|y Akkord-; ***robotnik ~y*** Akkordarbeiter; **~o** *adv* im Akkord

akredytować (*-uję*) akkreditieren

akredytywa *f* (*-y*) Akkreditiv *n*

akrobat|a *m* (*-y*; *-ci*), **~ka** *f* (*-i*; *G -tek*) Akrobat(in); ***~(k)a na trapezie*** Trapezkünstler(in *f*) *m*

akrylow|y: *żywica ~a* Acrylharz *n*

aksamit *m* (*-u*; *-y*) Samt; **~ka** *f* (*-i*; *G -tek*) *bot* Studentenblume; **~ny** Samt-

akt *m* (*-u*; *-y*) Akt; (*czyn t.*) Tat *f*; (*uroczystość*) Feier(stunde) *f*; (*pl t. -a*, *-/-ów*) Akte *f*; (*dokument*) Urkunde *f*; ***~ kupna*** Kaufbrief; ***~ oskarżenia*** Anklageschrift *f*; ***~ otwarcia*** Eröffnungsfeier *f*; ***~ zgonu*** Sterbeurkunde *f*; ***~a pl osobowe*** Personalakte *f*; ***do ~*** zu den Akten; ***w trzech ~ach*** in drei Akten

aktor *m* (*-a*; *-rzy*), **~ka** *f* (*-i*; *G -rek*) Schauspieler(in); **~ski** (**-ko**) schauspielerisch; **~stwo** *n* (*-a*; *0*) Schauspielkunst *f*; Schauspielerei *f* (*t. fig*)

aktówka *f* (*-i*; *G -wek*) Kollegmappe

aktual|izować (*-uję*) aktualisieren; **~nie** *adv* zur Zeit, gegenwärtig; **~ność** *f* (*-ści*) Aktualität; **~ny** aktuell

aktywizować (*-uję*) aktivieren

aktywn|ość *f* (*-ści*) Aktivität; **~y** aktiv

akumu|lacja *f* (*-i*; *0*) Akkumulation; **~lator** *m* (*-a*; *-y*) Akkumulator, F Akku; *mot t.* Batterie *f*; **~lować** ⟨**z-**⟩ (*-uję*) akkumulieren, (*w.zn.*) speichern

akupunktura *f* (*-y*; *0*) Akupunktur

akurat *adv* gerade (eben); (*dokładnie*, *właśnie*) genau

akustyczny akustisch, Schall-

akuszer *m* (*-a*; *-rzy*) Geburtshelfer; **~ka** *f* (*-i*; *G -rek*) Hebamme

akwa|rela *f* (*-i*; *-e*) (*obraz*) Aquarell *n*; (*farba*) Aquarellfarbe; **~rium** [-ri̯um] *n* (*idkl*; *-ia*, *-ów*) Aquarium

alarm *m* (*-u*; *-y*) Alarm; ***bić na ~*** Alarm schlagen; **~ować** ⟨**za-**⟩ (*-uję*) alarmieren; **~owy** Alarm-

Albanka *f* (*-i*; *G -nek*) Albanerin

Albań|czyk *m* (*-a*; *-cy*) Albaner; **⁀ński** (**po -ku**) albanisch

albatros *m* (*-a*; *-y*) Sturmvogel

albinos *m* (*-a*; *-y/m-os -i*) Albino

albo *conj* oder; ***~ ..., ~ ...*** entweder ... oder; **~-~** Entweder-Oder *n*; ***~ też*** oder aber; **~wiem** *conj* denn

album *m* (*-u*; *-y*) Album *n*

ale *conj* aber, (je)doch; *part* ***~ jaki!*** aber was für ein(er)!; ***~ gdzie tam!*** ach wo!, (aber) woher denn!; *su n* (*idkl*) Aber; ***bez żadnego ~*** ohne Wenn und Aber

alegoryczny allegorisch

aleja *f* (*-ei*; *-e*, *-ei/-ej*) Allee

alergi|a [aˈlɛrgi̯a] *f* (*GDL -ii*; *zw. 0*) Allergie; **~czny** allergisch

alert *m* (*-u*; *-y*) Alarmbereitschaft *f*

ależ *part* aber; ***~ tak!*** aber ja (doch)!

alfabet *m* (*-u*; *-y*) Alphabet *n*; ***~ dla niewidomych*** Blindenschrift *f*

alfabetyczny alphabetisch

alfons P *m* (*-a*; *-i/-y*) Zuhälter

algebra *f* (*-y*; *0*) Algebra

Algier|czyk *m* (*-y*; *-cy*), **~ka** *f* (*-i*; *G -rek*)

Algerier(in); **2ski** algerisch
alian|cki Alliierten-; **~t** ['aḷi̯ant] *m* (*-a*; *-ci*), **~tka** *f* (*-i*; *G -tek*) Alliierte(r)
alibi [a'ḷibi] *n* (*idkl*) Alibi
alienacja *f* (*-i*; *0*) Entfremdung
alimenty *pl* (*-ów*) Unterhaltsbeitrag *m*, Alimente *pl*
alkaliczny alkalisch
alkohol *m* (*-u*; *-e*) Alkohol; **~ik** *m* (*-a*; *-cy*), **~iczka** *f* (*-i*; *G -czek*) Alkoholiker(in); **~owy** alkoholisch, Alkohol-
alleluja *n* (*idkl*) Halleluja; ***Wesołego 2!*** Fröhliche Ostern!
alpejski Alpen-, (*t. sport*) alpin
alpinist|a *m* (*-y*; *-ści*, *-ów*), **~ka** *f* (*-i*; *G -tek*) Bergsteiger(in)
alt *m* (*-u*; *-y*) *muz* Alt
altan|a *f* (*-y*), **~ka** *f* (*-i*; *G -nek*) Laube
alternat|or *m* (*-a*; *-y*) *mot* Drehstromlichtmaschine *f*; **~ywa** *f* (*-y*) Alternative; **~ywny** alternativ
altówka *f* (*-i*; *G -wek*) *muz* Bratsche
altyst|a *m* (*-y*; *-ci*), **~ka** *f* (*-i*; *G -tek*) Bratschist(in)
aluminiowy [-'ṇi̯ɔvɨ] Aluminium-
aluzj|a *f* (*-i*; *-e*) Anspielung; ***czynić ~e*** (***do*** *G*) anspielen (auf *A*)
aluzyjnie *adv* andeutungsweise
alzacki elsässisch, Elsässer *adj*
ałun *m* (*-u*; *-y*) Alaun
amalgamat *m* (*-u*; *-y*) Amalgam *n*
amant *m* (*-a*; *-ci*) *żart* Galan; *teatr* → *t.* **~ka** *f* (*-i*; *G -tek*) Liebhaber(in)
amarantowy (**-wo**) amarantrot
amator *m* (*-a*; *-rzy*), **~ka** *f* (*-i*; *G -rek*) Amateur (*t. sport*); Liebhaber(in), Fan; (*reflektujący*) Interessent(in), Bewerber(in) (***na*** *A* für); **~ski** Amateur-; ***teatr ~ski*** Laienbühne *f*; **~sko** *adv* als Amateur; als Laie; aus Liebhaberei
ambasa|da *f* (*-y*) *pol* Botschaft; **~dor** *m* (*-a*; *-rzy*), **~dorka** *f* (*-i*; *G -rek*) Botschafter(in); **~dzki** Botschafts-
ambicja *f* (*-i*; *-e*) *t. pej* Ehrgeiz *m*; (*poczucie godności*) Ehrgefühl *n*
ambitny ehrgeizig, ambitiös
ambona *f* (*-y*) *rel* Kanzel
ambulans *m* (*-u*; *-e*) Ambulanz *f*; ***~ pocztowy*** Postkutsche *f*
ambula'to|rium [-ṛi̯um] *n* (*idkl*; *-ia*, *-ów*) Ambulatorium; **~ryjny** *med* ambulant
amen *n* (*idkl*) Amen; ***jak ~ w pacierzu*** wie das Amen in der Kirche; F ***na ~*** total, ganz und gar

Ameryka|nin *m* (*-a*; *-anie*, *-ów*) Amerikaner; **~nka** *f* (*-i*; *G -nek*) Amerikanerin; ***2nka*** Schlafcouch; *sport* Freistilringen *n*; **2ński** (**po -ku**) amerikanisch
ametyst *m* (*-u*; *-y*) Amethyst
amfibia *f* (*GDL -ii*; *-e*) *zoo* Amphibie; *tech w zł.* Amphibien-, Schwimm-
aminokwas *m* Aminosäure *f*
amne|stia [-'nɛsṭi̯a] *f* (*GDL -ii*; *-e*) Amnestie; **~zja** *f* (*-i*; *0*) Amnesie
amoniak [a'mɔṇak] *m* (*-u*; *0*) Ammoniak *n*; F (*roztwór wodny*) Salmiakgeist
amoralny amoralisch, unmoralisch
amorty|zacja *f* (*-i*; *0*) *fin* Amortisation; *tech* Stoßdämpfung; **~zator** *m* (*-a*; *-y*) Stoßdämpfer; **~zować** (*-uję*) *wstrząsy* dämpfen; *fin* amortisieren (**się** sich)
ampero|godzina *f* Amperestunde; **~mierz** *m* (*-a*; *-e*, *-y*) Amperemeter *n*
ampułka *f* (*-i*; *G -łek*) Ampulle
amputować (*im*)*pf* (*-uję*) amputieren
amunicja *f* (*-i*; *0*) Munition
anaboliczn|y: *środki* *m*/*pl* **~e** Anabolika *n*/*pl*
anachroniczny anachronistisch
analfabet|a *m* (*-y*; *-ci*), **~ka** *f* (*-i*; *G -tek*) Analphabet(in); **~yzm** *m* (*-u*; *0*) Analphabetentum *n*
analiz|a *f* (*-y*) Analyse; → ***badanie***; **~ować** ⟨***prze-***⟩ (*-uję*) analysieren
analogiczny analog
ananas *m* (*-a*;*-y*) Ananas *f*; F *fig* Früchtchen *n*; **~owy** Ananas-
anarchi|czny anarchisch; **~sta** *m* (*-y*; *-ści*, *-ów*), **~stka** *f* (*-i*; *G -tek*) Anarchist (-in); **~styczny** anarchistisch
anatomi|a [-'tɔmi̯a] *f* (*GDL -ii*; *0*) Anatomie; **~czny** anatomisch
androny *pl* (*-ów*) Quatsch *m*; ***pleść ~*** P Stuß reden
andrut *m* (*-a*; *-y*) Waffel *f*
anegdota *f* (*-y*) Anekdote
anek|s *m* (*-u*; *-y*) Anlage; Beilage *f*; *arch* Anbau, Nebengebäude *n*; **~tować** ⟨**za-**⟩ (*-uję*) annektieren
anemiczny anämisch
aneste|tyk *m* (*-a*; *-i*) Anästhetikum *n*; **~zja** *f* (*-i*; *0*) Anästhesie; **~zjolog** *m* (*-a*; *-dzy*/*-owie*) Anästhesist(in)
angażować ⟨**za-**⟩ (*-uję*) einstellen; *teatr* engagieren; → ***wplątywać***; ***~ się*** sich engagieren (***w*** *A*/*I* in *D*, für)
Angiel|ka [aŋ'gʲɛl-] *f* (*-i*; *G -lek*) Engländerin; **2ski** (**po -ku**) englisch; ***ziele***

℗skie Piment *n*/*m*, Gewürzkörner *n*/*pl*; **℗szczyzna** F *f* (*-y*; *0*) Englisch *n*
angina *f* (*-y*; *0*) Angina
Anglik *m* (*-a*; *-cy*) Engländer
anglikański anglikanisch
anglistyka [aŋg'li-] *f* (*-i*; *0*) Anglistik
anglo|języczny englischsprachig; **~saski** angelsächsisch
angorski *zoo*, *włók* Angora-
ani *conj*: **~ ... ~**, **nie ... ~ nie** weder ... noch; *part* nicht (einmal), kein; **~ myśleć** (es ist) nicht daran zu denken; **~ razu** kein einziges Mal; **~ rusz** überhaupt nicht; **~ kropli** keinen Tropfen; **~ odrobiny** kein bißchen; **~ śladu** (*G*) keine Spur (von)
anielski (**-ko**) engelhaft, Engels-
animowany: film ~ Zeichentrickfilm
anioł ['aŋɔw] *m* (*-a*, *aniele!*; *-owie*/*anieli*) Engel; **~ stróż** Schutzengel (*t. iron*)
aniżeli *conj* als, denn
ankiet|a *f* (*-y*) Fragebogen *m*; (*akcja*) Umfrage, Befragung; **~owany** *m* (*-ego*; *-i*), **~owana** *f* (*-ej*; *-e*) Befragte(r)
ano *part* nun so, nun denn, ja dann
anonim *m* (*-a*; *-owie*) Anonymus; (*-u*; *-y*) anonymer Brief; (*dzieło*) anonymes Werk; **~owy** (**-wo**) anonym
anons *m* (*-u*; *-y*/*-e*) Annonce *f*, Anzeige *f*; Ankündigung *f*; **~ować** ⟨**za-**⟩ (*-uję*) annoncieren, ankündigen
ans|a ['ãsa] *f* (*-y*; *t. -e*): **czuć ~ę** (**do** *G*) Groll hegen (gegen)
antagonistyczny antagonistisch
antałek *m* (*-łka*; *-łki*) Fäßchen *n*
antarktyczny antarktisch, Antarktis-
antena *f* (*-y*) Antenne
antenat *m* (*-a*; *-ci*), **~ka** *f* (*-i*; *G -tek*) Ahn(e), Vorfahr(in)
antenowy: **czas ~** Sendezeit *f*
antrakt *m* (*-u*; *-y*) Zwischenakt
antresola *f* (*-i*; *-e*) Zwischengeschoß *n*
antropologiczny anthropologisch
antrykot *m* (*-u*; *-y*) *kulin* Entrecote *n*
antyaborcyjn|y: ustawa ~a Abtreibungsgesetz *n*
anty|biotyk *m* (*-u*; *-i*) Antibiotikum *n*; **~cyklon** *m* Hochdruckgebiet *n*
antyczny antik
anty|datować (*-uję*) zurückdatieren; **~demokratyczny** antidemokratisch; **~dopingowy: kontrola ~dopingowa** Dopingkontrolle; **~hałasowy: osłona ~hałasowa** Lärmschutz *m*
antyk *m* (*-u*; *0*) Antike *f*; (*pl -i*) Antiquität *f*
antykoncepcyjny: środek ~ *med* Verhütungsmittel *n*
antykwa|riat [-'kvarĭat] *m* (*-u*; *-y*) Antiquariat *n*; (*z antykami*) Antiquitätenladen *m*; **~riusz** *m* (*-a*; *-e*) Antiquar; Antiquitätenhändler; **~rski** antiquarisch
antylopa *f* (*-y*) Antilope
anty|narkotyczny Drogenbekämpfungs-; **~naukowy** unwissenschaftlich; **~niemiecki** deutschfeindlich; **~patia** [-'patĭa] *f* (*GDL -ii*; *-e*) Abneigung; **~patyczny** antipathisch; **~polski** polenfeindlich; **~semicki** antisemitisch; **~septyczny** antiseptisch; **~wojenny** antimilitaristisch
anulowa|ć (*-uję*) annullieren, für ungültig erklären; **~nie** *n* (*-a*) Annullierung *f*
anyż *m* (*-u*; *-e*) Anis; **~owy** Anis-
aparat *m* (*-u*; *-y*) Apparat (*t. fig*), Gerät *n*; **~ura** *f* (*-y*) Apparatur, Anlage
apartament *m* (*-u*; *-y*) Appartement *n*
apaszka *f* (*-i*; *G -szek*) Halstuch *n*
apatyczny apathisch, teilnahmslos
apel *m* (*-u*; *-e*, *-i*/*-ów*) Appell
apelacj|a *f* (*-i*; *-e*) *jur* Appellation, Berufung; **wnieść ~ę** Berufung einlegen
apel|acyjny *jur* Appellations-; **~ować** ⟨**za-**⟩ (*-uję*) appellieren (**do** *G* an *A*)
apety|czny appetitlich; **~t** *m* (*-u*; *-y*) Appetit; **pobudzający ~t** appetitanregend
aplauz *m* (*-u*; *-y*) Applaus, Beifall
aplika|cja *f* (*-i*; *-e*) *jur* Referendariat *n*; **~nt** *m* (*-a*; *-ci*), **~ntka** *f* (*-i*; *G -tek*) *jur* Referendar(in)
aplikować ⟨**za-**⟩ (*-uję*) *med* verordnen
apoplektyczny: atak ~ Schlaganfall
aposto|lski apostolisch; Apostel-; **~ł** *m* (*-a*; *-owie*) Apostel (*t. fig*)
aprob|ata *f* (*-y*; *zw. 0*) Billigung, Zustimmung; **~ować** ⟨**za-**⟩ (*-uję*) billigen, gutheißen; genehmigen
aprowizac|ja *f* (*-i*; *0*) Lebensmittel *n*/*pl*; (*zaopatrzenie*) Lebensmittelversorgung *f*; **~yjny** Nahrungs(mittel)-; **trudności** *f*/*pl* **~yjne** Engpässe *m*/*pl* in der Lebensmittelversorgung
aptecz|ka *f* (*-i*; *G -czek*) (Haus-, Reise-) Apotheke; (*pierwszej pomocy*) Verband(s)kasten *m*; **~ny** Apotheken-
apteka *f* Apotheke; **~rka** *f* (*-i*; *G -rek*), **~rz** *m* (*-a*; *-e*, *-y*) Apotheker(in)
Arab *m* (*-a*; *-owie*) Araber; ℗ (*pl -y*) (*koń*)

Araber(hengst); **~ka** *f* (*-i*; *G -bek*) Araberin; **2ka** Araberstute; **2ski** (**po -ku**) arabisch; *su m* (*-ego*; *0*) Arabisch(e) *n*
aranż|er [a'rã-] *m* (*-a*; *-owie*/*-rzy*) Veranstalter; *mus* Arrangeur; **~ować** ⟨**za-**⟩ (*-uję*) organisieren, (*t. muz*) arrangieren
arbitraż *m* (*-u*; *-e*, *-y*/*-ów*) Schiedsgerichtsbarkeit *f*; *fin* Arbitrage *f*
arbitrażow|y: ***sąd ~y*** Schiedsgericht *n*; ***wyrok sądu ~ego*** Schiedsurteil *n*
arbuz *m* (*-a*; *-y*) Wassermelone *f*
archanioł [-'xa-] *m* Erzengel
archeologi|a [-'lɔgĭa] *f* (*GDL -ii*; *0*) Archäologie; **~czny** archäologisch
archipelag *m* (*-u*; *-i*) Archipel
architekt *m* (*-a*; *-ci*), **~ka** *f* (*-i*; *G -tek*) Architekt(in); **~oniczny** architektonisch; **~ura** *f* (*-y*, *0*) Architektur
archiwum *n* (*idkl*; *-wy*, *-ów*) Archiv
arcy|biskup *m* Erzbischof; **~ciekawy** hochinteressant; **~dzieło** *n* Meisterwerk; **~modny** ganz modisch, up to date; **~nudny** F stinklangweilig; **~zabawny** sehr drollig, urkomisch
areał *m* (*-u*; *-y*) Areal *n*, Fläche *f*
arena *f* (*-y*) Arena; (*cyrkowa*) Manege
areszt *m* (*-u*; *-y*) Arrest; (**śledczy** Untersuchungs-)Haft *f*; → *jur* ***zajęcie***
aresztowa|ć ⟨**za-**⟩ (*-uję*) verhaften; **~nie** *n* (*-a*) Verhaftung; **~ny** verhaftet; *su m* (*-ego*; *-i*), **~na** *f* (*-ej*; *-e*) Häftling *m*
argentyński argentinisch
argumentować (*-uję*) argumentieren; → ***uzasadniać***
aria ['arĭa] *f* (*GDL -ii*; *-e*) Arie
arka *f* (*-i*; *G ark*) Arche; ***~ przymierza*** *rel* Bundeslade
arkada *f* (*-y*) Arkade; *pl t.* Bogengang *m*
arktyczny arktisch
arkusz *m* (*-a*; *-e*, *-y*) (***papieru*** Papier-) Bogen, Blatt *n*; (***blachy*** Blech-)Tafel *f*
armat|a *f* (*-y*) Kanone; **~ni** Kanonen-
armator *m* (*-a*; *-rzy*) Reeder
armatura *f* (*-y*) Armatur
armeński (**po -ku**) armenisch
armia ['armĭa] *f* (*GDL -ii*; *-e*) Armee; ***2 Zbawienia*** Heilsarmee
arogancki (**-ko**) arrogant, überheblich
aromat *m* (*-u*; *-y*) Aroma *n*, Duft
aromatyczny aromatisch
arras *m* (*-u*, *-y*) Arazzo, Bildteppich
arsenał *m* (*-u*; *-y*) Arsenal *n*
arszenik *m* (*-u*; *0*) Arsenik *n*
arteri|a [-'tɛrĭa] *f* (*GDL -ii*; *-e*) Arterie; *fig* Ader; **~o-** *w zł.* Arterien-
artretyzm *m* (*-u*; *0*) Arthritis *f*
artykuł *m* (*-u*, *-y*) (***zbytku***, ***wstępny*** Luxus-, Leit-)Artikel; **~y** *pl* ***spożywcze*** Lebensmittel *n*/*pl*
artyle|ria [-'lɛrĭa] *f* (*GDL -ii*; *0*) Artillerie; **~ryjski** Artillerie-
artyst|a *m* (*-y*; *-ści*, *-ów*), **~ka** *f* (*-i*; *G -tek*) Künstler(in); ***~a malarz*** Kunstmaler
artystyczn|y künstlerisch; (*harmonijny*, *piękny*) kunstreich, kunstvoll; ***rzemiosło ~e*** Kunstgewerbe
artyzm *m* (*-u*; *0*) Können *n*
arystokratyczny aristokratisch
arytmety|czny arithmetisch; ***działanie ~czne*** Rechenart *f*; **~ka** *f* (*-i*; *0*) Arithmetik; (*w szkole*) Rechnen *n*
as *m* (*-a*; *-y*) As *n* (*t. fig*)
ascetyczny asketisch
asekurac|ja *f* (*-i*; *0*) (Ab-)Sicherung; **~yjny** Sicherungs-
asekurować się ⟨**za-**⟩ (*-uję*) sich absichern; *fig t.* sich rückversichern
asesor *m* (*-a*; *-rzy*,*-ów*), **~ka** *f* (*-i*; *G -rek*) Assessor(in)
asfaltowy Asphalt-; *droga*: asphaltiert
askorbinowy: ***kwas ~*** Askorbinsäure *f*
asocjacja *f* (*-i*; *-e*) Assoziation
asortyment *m* (*-u*; *-y*) Sortiment *n*
aspekt *m* (*-u*; *-y*) Aspekt
aspiracje *f*/*pl* (*-ji*/*-cyj*) Streben *n*, Bestrebungen *f*/*pl*; → ***ambicja***
aspołeczny asozial, unsozial
astma *f* (*-y*; *0*) Asthma *n*; **~tyczny** asthmatisch
astro|logia [-'lɔgĭa] *f* (*GDL -ii*; *0*) Astrologie; **~nauta** *m* (*-y*; *-ci*), **-tka** *f* (*-*; *G -tek*) Astronaut(in); **~nautyka** [-'naŭ-] *f* (*-i*; *0*) Raumfahrt; **~nomia** [-'nɔmĭa] *f* (*GDL -ii*; *0*) Astronomie; **~nomiczny** astronomisch
asygnować ⟨**wy-**⟩ (*-uję*) *sumę* anweisen; *środki* bewilligen (**na** *A* für)
asyst|a *f* (*-y*) Begleitung, Geleit *n*; **~ent** *m* (*-a*; *-ci*), **-tka** *f* (*-i*; *G -tek*) Assistent(in); **~ować** (*-uję*) assistieren (**przy** *L* bei)
atak *m* (*-u*; *-i*) Angriff; *sport t.* Sturm; *fig t.* Attake *f*; *med* Anfall
atakować ⟨**za-**⟩ (*-uję*) angreifen; stürmen; *fig t.* attakieren
ateistyczny atheistisch

atelier [-'ljɛ] *n* (*idkl*) Atelier; ~ ***filmowe*** Filmstudio
atest *m* (*-u*; *-y*) Attest *n*
atlantycki atlantisch, Atlantik-
atlas *m* (*-u*; *-y*) (*zbiór map*) Atlas
atlet|a *m* (*-y*; *-ci*), **~ka** *f* (*-i*; *G -tek*) Athlet(in); **~yczny** athletisch; **~yka** *f* (*-i*; *0*) (***lekka*** Leicht-)Athletik
atłas *m* (*-u*; *-y*) (*tkanina*) Atlas; ***jak*** ~ wie Samt; **~owy** Atlas-; *fig* samten
atmosfer|a *f* (*-y*) Atmosphäre (*t. fig*); **~yczny** atmosphärisch; Wetter-
atol *m* (*-u*; *-e*, *-i*/*-ów*) Atoll *n*
atom *m* (*-u*; *-y*) Atom *n*; **~owy** atomar; ***energia ~owa*** Atomenergie
atrakc|ja *f* (*-i*; *-e*) Attraktion, Anziehungspunkt *m*; **~yjny** attraktiv
atrament *m* (*-u*; *-y*) Tinte *f*; ~ ***do stempli*** Stempelfarbe *f*; **~owy** Tinten-
atut *m* (*-u*; *-y*) Trumpf (*t. fig*)
audiowizualny audiovisuell
audycj|a *f* (*-i*; *-y*) *RTV* Sendung; ***cykl ~i*** Sendereihe *f*
audytorium [-'tɔrĭum] *n* (*idkl*; *-ria*, *-ów*) Auditorium; (*słuchacze*) Zuhörer *m*/*pl*
aukcja ['aŭktsja] *f* (*-i*; *-je*) Auktion
aura *f* (*-y*; *0*) Wetter *n*; *fig* Stimmung *f*
auspicj|e *pl*: ***pod ~ami*** (*G*) unter der Schirmherrschaft (*G*, von)
Australij|czyk *m* (*-a*; *-cy*), **~ka** *f* (*-i*; *G -jek*) Australier(in); **♀ski** australisch
austria|cki [-ri'ja-] österreichisch, Österreich-; **♀czka** *f* (*-i*; *G -czek*), **♀k** ['aŭ-] *m* (*-a*; *-cy*) Österreicher(in)
autentyczny authentisch
auto *n* (*-a*; *G aut*) Auto; **~alarm** *m mot* Alarmvorrichtung *f*
autobiograficzny autobiographisch
autobus *m* (*-u*; *-y*) Autobus, Omnibus, F Bus; ***~em*** mit dem Bus
autocasko [-'kas-] (*idkl*) → ***casco***
autochton *m* (*-a*; *-ni*), **~ka** *f* (*-i*; *G -nek*) Autochthone *m*/*f*, Einheimische(r)
auto|geniczny: ***trening ~geniczny*** autogenes Training; **~graf** *m* (*-u*; *-y*) Autograph *n*; (*podpis*) Autogramm *n*; **~kar** *m* (*-u*; *-y*) Reise(omni)bus; **~kradzież** *f* Autodiebstahl *m*; **~mat** *m* (*-u*; *-y*) Automat; F *mil* Maschinenpistole *f*; ***~mat telefoniczny*** Münzfernsprecher; **~matyczny** automatisch
automatyz|acja *f* (*-i*; *0*) Automatisierung; **~ować** ⟨**z-**⟩ (*-uję*) (***całkowicie*** voll) automatisieren
autonomi|a [-'nɔmĭa] *f* (*GDL -ii*; *0*) Autonomie; **~czny** autonom
autoportret *m* Selbstbildnis *n*
autopsja *f* (*-i*; *-e*) Autopsie
autor *m* (*-a*; *-rzy*), **~ka** *f* (*-i*; *G -rek*) Autor(in), Verfasser(in); (*sprawca*) Urheber(in); **~ski** Autoren-, Verfasser-; *t. jur* Urheber-; **~stwo** *n* (*-a*; *0*) Autorschaft *f*; Urheberschaft *f*
autory|tatywny autoritativ; **~zowany** autorisiert
auto|sanie *pl* Motorschlitten *m*; **~serwis** *m* Kfz-Service(station *f*) *m*/*n*
autostop *m*: ***~em*** per Anhalter
autostopowicz F *m* (*-a*; *-e*), **~ka** *f* (*-i*; *G -czek*) Anhalter(in)
autostrada *f* (*-y*) Autobahn
autowy: ***sędzia*** ~ Linienrichter
awangarda *f* (*-y*) Avantgarde
awans *m* (*-u*; *-e*/*-y*) Beförderung *f*; (***społeczny*** sozialer) Aufstieg; ***otrzymać ~em*** im voraus/als Vorschuß erhalten; **~ować** (*im*)*pf* (*-uję*) *v*/*t* befördern; *v*/*i* befördert werden, avancieren, (*t. sport*) aufrücken
awantur|a *f* (*-y*) Streit *m*, F Krach *m*; † Abenteuer *n*; **~niczy** Abenteu(r)er-; (**-czo**) abenteuerlich; (*kłótliwy*) streitsüchtig; **~nica** *f* (*-y*; *-e*) zänkisches Weib; **~nik** *m* (*-a*; *-cy*) Krawallmacher, Krakeeler; **~ować się** (*-uję*) randalieren, krakeelen; Krach haben (**z** *I* mit)
awar|ia [a'varĭa] *f* (*GDL -ii*; *-e*) Störung; *mot t.* Panne; *mar* Havarie; **~yjny** Störungs-, Pannen-; ***wyjście ~yjne*** Notausgang *m*
awersja *f* (*-i*; *0*) Widerwille *m*
awizować ⟨**za-**⟩ (*-uję*) avisieren, ankündigen
azalia [a'zalĭa] *f* (*GDL -ii*; *-e*) Azalee
azbest *m* (*-u*; *0*) Asbest; **~owy** Asbest-
Azja|ta *m* (*-y*; *-ci*) Asiate; **~tka** *f* (*-i*; *G -tek*) Asiatin; **♀tycki** asiatisch, Asien-
azot *m* (*-u*; *0*) Stickstoff; **~owy** Stickstoff-; ***kwas ~owy*** Salpetersäure *f*
azyl *m* (*-u*; *-e*) Asyl *n*; ***prawo ~u*** Asylrecht; ***udzielić ~u*** Asyl gewähren
azylant *m* (*-a*; *-ci*), **~ka** *f* (*-i*; *G -tek*) Asylsuchende(r), Asylant(in)
aż *conj*, *part* (+*praep*) bis; ~ ***do*** (*G*) bis an/in (*A*), bis nach/zu (*D*); ~ ***do wczoraj*** bis gestern; ~ ***po kolana*** bis zu den

Knien; ~ ***pięć*** nicht weniger als fünf; ~ ***miło słuchać*** (es ist) eine Freude, es zu hören; ~ ***nadto*** allzu; ~ ***strach pomyśleć*** (es ist) nicht auszudenken
ażeby → ***aby***
ażurowy (**-wo**) durchbrochen

B

bab|a *f* (*-y*; *G* -) (altes) Weib; **~cia** ['bap-] *f* Großmutter, F Oma; **~i**: ***~ie lato*** Altweibersommer *m*; **~ka** *f* (*-i*; *G -bek*) → ***babcia***; *kulin* Napfkuchen *m*
babrać się (*-rzę*|*-am*) manschen
bab|ski Weiber-, Weibs-; **~unia** *f*, **~usia** *f* (*-i*, *-iu!*; *-e*) → ***babcia***
bachor *m* (*-a*; *-y*) Bengel, Balg
baczn|ość *f* (*-ści*; *0*): ***stać na ~ość*** strammstehen; ***mieć się na ~ości*** auf der Hut sein; **~y** aufmerksam, wachsam; **~yć**: ***nie ~ąc na*** (*A*) trotz, ungeachtet (*G*)
bać się* sich fürchten, Angst haben (*G* vor *D*; **o** *A* um *A*)
bada|cz *m* (*-a*; *-e*), **~czka** *f* (*-ki*; *G -czek*) Forscher(in); **~ć** ⟨**z-**⟩ (*-am*) (er)forschen; prüfen; *chorych*, *sprawę* untersuchen; *świadka* vernehmen; *puls* fühlen; **~nie** *n* (*-a*) (Er-)Forschung *f*; Untersuchung *f*; Prüfung *f*; Vernehmung *f*; (***opinii publicznej*** Meinungs-)Umfrage *f*; **~wczy** (**-czo**) forschend, prüfend; Forschungs-
bagatela *f* (*-i*; *-e*, *-i*) Kleinigkeit
bagaż *m* (*-u*; *-e*) (***ręczny*** Hand-)Gepäck *n*; **~nik** *m* (*-a*; *-i*) Gepäckhalter; *mot* Kofferraum; **~owy** *adj* Gepäck-; *su m* (*-ego*; *-i*) Gepäckträger
bagnet *m* (*-u*; *-y*) Bajonett *n*
bagnisty morastig, sumpfig
bagno *n* (*-a*; *G -gien*) Moor, Sumpf *m*
bajeczny märchenhaft, fabelhaft
bajka *f* (*-i*; *G -jek*) Märchen *n*
bajoro *n* (*-a*) Schlammtümpel *m*
bak *m* (*-u*; *-i*) Tank
bakier: ***na ~*** schief (aufgesetzt)
bakterio|bójczy (**-czo**) keimtötend; **~logiczny** bakteriologisch
bal[1] *m* (*-a*; *-e*, *-i*) Bohle *f*; Ballen
bal[2] *m* (*-u*; *-e*, *-ów*) (***maskowy*** Masken-)Ball
baleron *m* (*-u*; *-y*) Rollschinken
balet *m* (*-u*; *-y*) Ballett *n*; **~nica** *f* (*-y*; *-e*) Ballettänzerin; **~nik** *m* (*-a*; *-cy*) Ballettänzer; **~owy** Ballett-
balkon *m* (*-u*; *-y*) Balkon; *teatr* Rang
balon *m* (*-u*; *-y*) Ballon; **~ik** *m* (*-a*; *-i*) Luftballon
balowy Ball-, Tanz-
balustrada *f* (*-y*) Brüstung
bała|gan F *m* (*-u*; *-y*) Durcheinander *n*; ***narobić ~ganu*** (**w** *L*) durcheinanderbringen (*A*); **~mucić** ⟨**z-**⟩ (*-cę*) *v/t* den Kopf verdrehen (*D*)
bałkański Balkan-
bałtycki baltisch, Ostsee-
bałwan *m* (*-a*; *-y*) Götze; *pej* Schwachkopf; **~y** *pl t.* Wogen *f/pl*, Brecher *m/pl*
bambosz *m* (*a-*; *-y*|*-ów*) Pantoffel
bambusowy Bambus-
banan *m* (*-u*|*-a*; *-y*) Banane *f*
banda *f* (*-y*) Bande
bandaż *m* (*-a*; *-e*) *med* Binde *f*; **~ować** ⟨**o-**⟩ (*-uję*) *med* verbinden
bandera *f* (*-y*) *mar* Flagge
bandy|cki räuberisch, Banditen-; **~ta** *m* (*-y*; *-ci*, *-ów*) Bandit, Räuber; **~tyzm** *m* (*-u*; *0*) (***drogowy*** Straßen-)Räuberei *f*
bank *m* (*-u*; *-i*) *fin* Bank *f*
bankiet *m* (*-u*; *-y*) Bankett *n*; *bud* Bankette *f*
bank|not *m* (*-u*; *-y*) Geldschein, Banknote *f*; **~omat** *m* (*u*; *-y*) Geldautomat; **~owóz** *m* Geldtransporter; **~ructwo** *n* (*-a*) Bankrott *m*, F Pleite *f*; **~rutować** ⟨**z-**⟩ (*-uję*) in Konkurs gehen, F bankrott gehen
bańka *f* (*-i*; *G -niek*) Kanne; (***mydlana*** Seifen-)Blase; *med* Schröpfkopf *m*
bar[1] *m* (*-u*; *-y*) Bar *f*; ~ ***samoobsługowy*** Snackbar
bar[2] *m* (*-u*; *0*) *chem* Barium *n*
barak *m* (*-u*; *-i*) Baracke *f*

B

baran *m* (*-a*; *-y*) Widder; Hammel (*t. fig pej*); F **na ~a** huckepack; **~ek** *m* (*-nka*; *-nki*) Lamm *n*; **~i** Hammel-; Schaffell-; **~ina** *f* (*-y*; *0*) Hammelfleisch *n*
barbarzyńca *m* (*-y*; *G -ów*) Barbar
barczysty (**-ście**) breitschultrig
bardz|iej mehr; ***coraz ~iej*** immer mehr; ***tym ~iej*** um so mehr; ***tym ~iej nie*** um so weniger; **~o** *adv* sehr, F stark; ***nie ~o*** *t.* nicht besonders
bariera [-'ri̯ɛ-] *f* (*-y*) Barriere; Absperrung; ***~ dźwiękowa*** Schallmauer; ***~ ochronna*** (*przy drodze*) Leitplanke
bark *m* (*-u*; *-i*) *anat* Schulter *f*
barka *f* (*-i*; *G -rek*) Frachtkahn *m*
barłóg *m* (*-ogu*; *-ogi*) Strohlager *n*
barman *m* (*-a*; *-i*) Barkeeper; **~ka** *f* (*-i*; *G -nek*) Bardame
barokowy barock, Barock-
barometr *m* Barometer *n*
barowy Bar-; *chem* Barium-
barszcz *m* (*-u*; *-e*) Roterübensuppe *f*
barw|a *f* (*-y*) Farbe, Färbung; **~ić** ⟨**u-**, **za-**⟩ (*-ę*) (***na czerwono*** rot) färben; **~inek** *m* (*-nka*; *-nki*) Immergrün *n*; **~nik** *m* (*-a*; *-i*) Farbstoff; Pigment *n*; **~ny** Farb(en)-; farbig; (*kolorowy*) bunt
barykad|a *f* (*-y*) Barrikade; **~ować** ⟨**za-**⟩ (*-uję*) verbarrikadieren
baryłka *f* (*-i*; *G -łek*) (*Bier-*)Faß *n*
baryton *m* (*-u*/*os. -a*; *-y*) Bariton
bas *m* (*-u*/*os. -a*; *-y*) Baß
basen *m* (*-u*; *-y*) (***pływacki*** Schwimm-) Becken *n*; (*dla chorych*) Bettpfanne *f*, Schieber
baskij|ka *f* (*-i*; *G -jek*) Baskenmütze; **~ski** (**po -ku**) baskisch, Basken-
baszta *f* (*-y*) (Wehr-)Turm *m*
baśniowy Fabel-, märchenhaft
baśń *f* (*-ni*; *-nie*, *-ni*) Fabel
bat *m* (*-a*, *D -u*; *-y*) Peitsche *f*, Knute *f*; ***dostać ~y*** Prügel bekommen
bateria [-'tɛri̯a] *f* (*GDL -ii*; *-e*) Batterie
bateryjka *f* (*-i*; *G -jek*) *el* Batterie
batut|a *f* (*-y*) Taktstock *m*; ***pod ~ą*** (*G*) *muz* unter der Leitung (*G*, von)
batyst *m* (*-u*; *-y*) Batist
Bawar|czyk *m* (*-a*; *-cy*) Bayer; **~ka** *f* (*-i*; *G -rek*) Bayerin; **2ski** (**po -ku**) bay(e)-risch
baweł|na *f* Baumwolle; **~niany** baumwollen, Baumwoll-
bawić ⟨**po-**, **za-**⟩ (*-ę*) *v/i* (ver)weilen, sich aufhalten; *v/t* unterhalten; erheitern, belustigen; **~ się** sich amüsieren, sich vergnügen; **~ się** (***z dziećmi*** mit den Kindern; ***lalką*** mit e-r Puppe) spielen; *fig* ***nie bawić się w*** (*A*) sich nicht lange aufhalten (mit), F nicht lange fackeln
baw|oli Büffel-; **~ół** *m* (*-ołu*; *-oły*) Büffel
baza *f* (*-y*) Basis; Depot *n*; Stützpunkt *m* (*t. mil*); ***~ pływająca*** Mutterschiff *n*
bazar *m* (*-u*; *-y*) Basar; (*rynek*) Markt
bazgrać (*-rzę*; *-rz*/*-raj!*) ⟨**na-**⟩ kritzeln, schmieren; ⟨**po-**⟩ bekritzeln
bazgranina *f* (*-y*) Gekritzel *n*, Kritzelei
bazia *f* (*-i*; *-e*, *-i*) Weidenkätzchen *n*
bazować (*-uję*) basieren (**na** *L* auf *D*)
bazylia [-li̯a] *f* (*GDL -ii*; *-e*) Basilikum *n*
bazylika *f* (*-i*) *arch* Basilika
bażant *m* (*-a*; *-y*) Fasan
bąbe|l *m* (*-bla*; *-ble*) Blase *f*; **~lek** *m* (*-lka*; *-lki*) Bläschen *n*
bądź *conj* oder, mal; ***~ ... ~ ...*** entweder ... oder ..., sei es ... sei es ...; ***~ co ~*** wie dem auch sei, immerhin; *part* ***co ~*** irgend etwas; ***kto ~*** irgend jemand; → ***być***
bąk *m* (*-a*; *-i*) *zoo* Bremse *f*; (*zabawka*) Kreisel *m*; F (*dziecko*) Knirps *m*, Bengel *m*; F ***strzelić ~a*** e-n Bock schießen; ***zbijać ~i*** sich herumtreiben; **~ać** (*-am*) brumme(l)n, grunzen; (*czytać*) stokkend lesen; (*napomykać*) munkeln
beatyfikacja *f* (*-i*; *-e*) Seligsprechung
beczeć ⟨**za-**⟩ (*-ę*) *owca*: blöcken; *koza*: meckern; F (*płakać*) flennen, plärren
beczk|a *f* (*-i*; *G -czek*) Faß *n*, Tonne; *lotn* Rolle; ***~a na wino*** Weinfaß *n*; **~owy** Faß-; ***piwo ~owe*** Bier vom Faß
beczułka *f* (*-i*; *G -łek*) Fäßchen *n*
bedłka *f* (*-i*; *G -łek*) Blätterpilz *m*
bednarz *m* (*-a*; *-e*, *-y*) Böttcher, Küfer
befsztyk *m* (*-a*/*-u*; *-i*) Beefsteak *n*; ***~ po tatarsku*** Tatar(beefsteak) *n*
bejc|a *f* (*-y*; *-e*, *-y*) Beize; **~ować** (*-uję*) beizen
bek *m* (*-u*; *-i*) Blöken *n*; Meckern *n*; F (*płacz*) Geplärr(e) *n*; → ***beczeć***
bekas *m* (*-a*; *-y*) Bekassine *f*
bekhend *m* (*-u*; *-y*) *sport* Rückhand *f*
beknąć *v/s* (*-nę*) → ***beczeć***
bekon *m* (*-u*; *-y*) (*wędzonka*) Bacon
beksa F *f*/*m* (*-y*; *G -*/*-ów*) Heulsuse *f*, Heulpeter *m*
bela *f* (*-i*; *-e*) Ballen *m*
belfer *m* (*-fra*; *-frowie*/*-frzy*) Pauker
Belg *m* (*-a*; *-owie*, *-ów*) Belgier; **~ijka** *f* (*-i*; *G -jek*) Belgierin; **2ijski** belgisch

belka *f* (*-i*; *G -lek*) Balken *m*; F *mil* Streifen *m*; ~ **nośna** *bud* Träger *m*
bełkot *m* (*-u*; *-y*) Gestammel *n*, Lallen *n*; ~**ać** ⟨**wy-**⟩ (*-czę*/*-cę*) stammeln, lallen
bełtać ⟨**z-**⟩ (*-czę*/*-am*) (durch)schütteln
beniaminek [-ɲia-] *m* (*-nka*; *-nki*/*-nkowie*) Nesthäkchen *n*; Liebling *m*
benzoesowy: kwas ~ Benzoesäure *f*
benzyn|a *f* (*-y*) Benzin *n*; ~**owy** Benzin-; **stacja** ~**owa** Tankstelle
berbeć F *m* (*-cia*; *-cie*, *-ci*/*-ciów*) Knirps
beret *m* (*-u*;*-y*) Barett *n*; Baskenmütze *f*
berliński Berlin-, Berliner *adj*
berło *n* (*-ła*; *G -reł*) Zepter
bernardyn *m* (*-y*;*-y*) (*pies*) Bernhardiner
bessa *f* (*-y*) *hdl* Baisse
besti|a ['bɛstia] *f* (*GDL -ii*; *-e*) Bestie; P Biest *n*; ~**alski** (**-ko**, **po -ku**) bestialisch
besztać ⟨**z-**⟩ (*-am*) (aus)schimpfen
beton *m* (*-u*; *-y*) Beton; ~**ować** ⟨**za-**⟩ (*-uję*) betonieren; ~**owy** Beton-
bez[1] *m* (*bzu*; *bzy*) Flieder; **czarny** ~ Schwarzer Holunder
bez[2] *praep* ohne; ~ **potrzeby** unnötig; ~ **ustanku** ununterbrochen; ~ **wad** makellos, fehlerfrei
beza *f* (*-y*) *kulin* Baiser *n*
bez|alkoholowy alkoholfrei; ~**awaryjny** störungsfrei; ~**barwny** farblos; ~**błędny** fehlerfrei; ~**bolesny** schmerzlos; ~**bronny** wehrlos; ~**brzeżny** uferlos; *fig* unermeßlich; ~**celowość** *f* Zwecklosigkeit; ~**celowy** zwecklos
bezcen ['bɛstsɛn]: **za** ~ spottbillig; ~**ny** unschätzbar
bez|ceremonialny burschikos, hemdsärmelig; unsanft; ~**chmurny** wolkenlos; ~**czelność** *f* Frechheit, Unverschämtheit; ~**czelny** frech, dreist, unverschämt; ~**czynność** *f* Untätigkeit; ~**czynny** untätig, tatenlos; ~**darny** unbegabt; *robota*: stümperhaft; ~**denny** bodenlos, abgrundtief; ~**domny** (*m-os -ni*) obdachlos; *pies*: herrenlos, streunend; ~**droże** *n* (*-a*; *G -y*): *zw. pl* ~**droża** unwegsame Gegend, Wildnis *f*
bez|drzewny baumlos; *papier*: holzfrei; ~**duszny** seelenlos; ~**dzietność** *f* (*-i*; *0*) Kinderlosigkeit; ~**dzietny** kinderlos; ~**dźwięczny** *głos*: tonlos; *jęz* stimmlos
beze → **bez**; ~**cny** *lit* ruchlos
bez|gorączkowy fieberfrei; ~**gotówkowy** (**-wo**) bargeldlos; ~**graniczny** grenzenlos; ~**imienny** namenlos; ~**interesowny** uneigennützig, selbstlos; ~**karny** straflos, ungestraft; ~**kofeinowy** koffeinfrei; ~**kompromisowy** kompromißlos; ~**konkurencyjny** konkurrenzlos; ~**kresny** grenzenlos; ~**krwawy** (**-wo**) unblutig; ~**krwisty** blutleer; ~**krytyczny** kritiklos; ~**kształtny** gestaltlos; (*nieforemny*) unförmig; ~**leśny** unbewaldet
bez liku *adv* zahllos, unzählig
bez|litosny (**-śnie**) unbarmherzig, gnadenlos; ~**ludny** menschenleer; *wyspa*: unbewohnt; ~**ład** *m* Unordnung *f*, F Durcheinander *n*; ~**ładny** unordentlich, durcheinander; *mowa*, *myśli*: verworren, chaotisch
bez mała fast, beinahe
bez|miar *m* (*-u*; *-y*) Unermeßlichkeit *f*; ~**mierny** unermeßlich; ~**mięsny** *kulin* fleischlos; ~**miłosierny** → **bezlitosny**; ~**myślny** gedankenlos; sinnlos; *uśmiech*: dümmlich; ~**nadziejny** hoffnungslos; ~**namiętny** leidenschaftslos, gelassen; ~**nogi** beinlos, ohne Beine; beinamputiert; ~**objawowy** (**-wo**) *med* ohne Symptome; ~**oki** ohne Augen
bezokolicznik *m* (*-a*; *-i*) Infinitiv *n*
bez|ołowiowy bleifrei; ~**osobowy** (**-wo**) nicht personengebunden; unpersönlich; ~**owocny** fruchtlos, vergeblich; ~**pański** (**-ko**) herrenlos; ~**partyjny** parteilos; ~**pestkowy** *bot* kernlos
bezpieczeństw|o *n* (*-a*; *0*) Sicherheit *f*; ~**o i higiena pracy** Unfallverhütung und Arbeitsschutz; ~**o ruchu** Verkehrssicherheit *f*; **pas** ~**a** Sicherheitsgurt; **Rada** **Ꝍa** Sicherheitsrat *m*
bezpiecz|nik *m* (*-a*; *-i*) Sicherung *f*; ~**ny** sicher; ~**ny w użyciu** gefahrlos zu benutzen/gebrauchen; betriebssicher
bez|planowy (**-wo**) planlos; ~**płatny** unentgeltlich, kostenlos, frei; ~**płciowy** (**-wo**) geschlechtslos; ungeschlechtlich; ~**płodność** *f* Unfruchtbarkeit; ~**płodny** unfruchtbar; *fig* → **bezowocny**
bez|podstawny grundlos, haltlos; ~**pośredni** (**-nio**) unmittelbar, (*t. człowiek*, *pociąg*) direkt; *adv t.* gleich (**po** *L* nach); ~**powrotny** unwiederbringlich
bezpraw|ie *n* (*-a*; *0*) Gesetzlosigkeit *f*, Willkür *f*; Ungesetzlichkeit *f* (*t. czyn*); ~**ny** rechtswidrig, widerrechtlich
bez|precedensowy beispiellos; ~**problemowy** problemlos; ~**procentowy**

zinslos; **~przedmiotowy** (**-wo**) gegenstandslos; **~przewodowy** drahtlos; **~przykładny** beispiellos; **~radny** hilflos; *gest*, *uśmiech t*.: ratlos

bezręki einarmig, armamputiert; (*bez obu rąk*) armlos, ohne Arme/Hände

bezrobo|cie *n* (*-a*) Arbeitslosigkeit *f*; **~tny** arbeitslos; *su m* (*-ego*; *-ni*), **~tna** *f* (*-ej*; *-e*) Arbeitslose(r); ***zasiłek dla ~tnych*** Arbeitslosenunterstützung *f*

bezrolny landlos, ohne Land(besitz)

bezruch *m* (*0*) Unbeweglichkeit *f*, Bewegungslosigkeit *f*; ***w ~u*** bewegungslos

bez|senność *f* Schlaflosigkeit; **~senny** schlaflos; **~sens** *m* Unsinn; **~sensowny** absurd, unsinnig; **~silny** machtlos (***wobec*** *G* gegenüber *D*); *złość itp*.: ohnmächtig; (*chory*) schwach, kraftlos

bezskutecz|nie *adv* vergeblich; **~ny** ergebnislos, erfolglos

bez|słoneczny ohne Sonne, trübe; **~sporny** unstreitig, unbestritten; **~sprzeczny** zweifellos, unleugbar; **~stronny** unparteiisch; sachlich; **~śnieżny** schneelos; **~terminowy** (**-wo**) unbefristet; **~treściowy** inhaltslos

beztros|ka *f* (*-i*; *0*) Unbekümmertheit; **~ki** (**-ko**) unbekümmert, sorglos

bez|ustanny unaufhörlich; *adv* ***~ustannie*** *t*. in einem fort, immerfort; **~usterkowy** (**-wo**) einwandfrei; **~użyteczność** *f* Nutzlosigkeit; **~użyteczny** unnütz, nutzlos; (*zepsuty*) unbrauchbar

bez|wartościowy wertlos; **~warunkowy** (**-wo**) bedingungslos; *adv* (*koniecznie*) unbedingt; **~wiedny** unbewußt; *niechęć itp*.: gefühlsmäßig; **~wizowy** visafrei

bezwład *m* (*-u*; *0*) Lähmung *f* (*t. fig*); **~ność** *f* (*0*) Bewegungsunfähigkeit; *fiz* ***siła ~ności*** Trägheitswiderstand *m*; **~ny** gelähmt, bewegungsunfähig

bez|włosy haarlos, unbehaart; **~wodny** wasserlos; *chem* wasserfrei; **~wolny** willenlos; **~wonny** geruchlos

bezwstyd *m* Schamlosigkeit *f*; **~ny** schamlos; (*bezczelny*) unverschämt

bez|wyjściowy ausweglos; **~wyznaniowy** konfessionslos; **~względność** *f* (*-ści*; *0*) Rücksichtslosigkeit; **~względny** rücksichtslos; unbedingt, absolut; **~zakłóceniowy** störungsfrei; **~załogowy** unbemannt; **~zasadnie** *adv* grundlos; **~zębny** zahnlos; **~zwłoczny** unverzüglich; **~zwrotny** nicht rückzahlbar; **~żenny** ehelos, Junggesellen-

beż *idkl*, **~owy** (**-wo**) beige

bęb|en *m* (*-bna*; *-bny*) Trommel *f*; ***grać na ~nie*** die Trommel schlagen; **~enek** *m* (*-nka*; *-nki*) Trommel *f*; *anat* Trommelfell *n*; **~nić** (*-ę*; *-nij!*) trommeln

bęcwał *m* (*-a*; *-y*) → ***próżniak***

będę, będzie → ***być****

bękart *m* (*-a*; *-y*) *fig*, *pej* Balg *m/n*

biad|a! weh(e)!; **~ać** (*-am*), **~olić** (*-lę*) wehklagen, jammern (***nad*** *I* über *A*)

biała|czka *f* (*-i*; *0*) Leukämie; **~wy** (**-wo**) weißlich

białko *n* (*-a*; *G -łek*) Eiweiß; das Weiße im Auge; *biol*, *chem t*. Eiweißstoff *m*

biało *adv* weiß; ***ubrany na ~*** weiß gekleidet, in Weiß; **~-czerwony** weiß-rot; **2rusin** *m* (*-a*; *-i*) Weißrusse; **-nka** *f* (*-i*; *G -nek*) Weißrussin; **~ruski** (***po -ku***) weißrussisch; **~ść** *f* (*-i*; *0*) Weiß *n*

biał|y *adj* weiß, Weiß-; ***~a kawa*** Milchkaffee *m*; ***w ~y dzień*** am hellichten Tag; ***czarno na ~ym*** schwarz auf weiß

bibka F *f* (*-i*; *G -bek*) Party

biblia ['bi-] *f* (*GDL -ii*; *-e*) Bibel

biblijny biblisch, Bibel-

bibliotecz|ka *f* (*-i*; *G -czek*) Handbibliothek; **~ny** Bibliotheks-, Bücherei-

biblioteka *f* Bibliothek; (*publiczna*) Bücherei; (*szafa*) Bücherschrank *m*; **~rka** *f* (*-i*; *G -rek*), **~rz** *m* (*-a*; *-e*, *-y*) Bibliothekar(in); **~rski** bibliothekarisch

bibuł|a *f* (*-y*) Löschpapier *n*; ***~a filtracyjna*** Filterpapier *n*; → **~ka** *f* (*-i*; *G -łek*) Seidenpapier *n*; Zigarettenpapier *n*

bicie *n* (*-a*) Schlagen (***zegara*** der Uhr); Läuten (***w dzwony*** der Glocken); ***z ~m serca*** mit Herzklopfen

bicz *m* (*-a*; *-e*) Peitsche *f*; *fig* Geißel *f*; ***jak z ~a trzasł*** im Nu

bić (*-ję*, *bij!*) *v/t* schlagen (***po twarzy***, ***w twarz*** ins Gesicht), prügeln, F hauen; *fig rywala* schlagen, (*t. rekord*) brechen; *drób* schlachten; *kartę* stechen; *medal* prägen; ***~ brawo*** Beifall klatschen; *v/i zegar*: schlagen; *serce t*.: klopfen; *źródło*: sprudeln, (*t. działo*) schießen; ***~ w dzwony*** die Glocken läuten; ***to bije w oczy*** das sticht ins Auge; *v/r* ***~ się*** sich schlagen; sich prügeln; *fig. t*. kämpfen; ***~ się z myślami*** (immerfort) grübeln; → ***uderzać***

biec <**po-**> (→ *biegnąć*) laufen (*t. fig*), F

rennen; *droga, życie*: verlaufen
bied|a *f* (*-y*) Elend *n*, (*t. kłopot, tarapaty*) Not; (*nieszczęście*) Unglück *n*; **~a z nędzą** bittere Not; **klepać ~ę** Not leiden, F am Daumen lutschen; **z ~ą, od ~y** zur Not; **pół ~y** halb so schlimm; **mieć ~ę** s-e liebe Not haben (**z** *I* mit); **~actwo** *n* (*-a*) armes Ding; **~aczka** *f* (*-i*; *G -czek*) arme Frau, armes Mädchen, die Ärmste; **~aczysko** *m/n* (*-a*) armer Teufel; **~ak** *m* (*-a*; *-cy*) Arme(r); **~nieć** ⟨**z-**⟩ (*-eję*) arm werden, verarmen; **~ny** arm (*t. fig*); (*nędzny t.*) kümmerlich; *dom, ubranie t.*: ärmlich; *su* → **biedak**; **~ota** *f* (*-y*) *zbior* Habenichtse *m/pl*; F armer Teufel, arme Frau; **~ować** (*-uję*) Mangel/Not leiden, sein Leben fristen
biedronka *f* (*-i*; *G -nek*) Marienkäfer *m*
biedzić się ⟨**na-**⟩ (*-dzę*) sich (ab)plagen (**z, nad** *I* mit)
bieg *m* (*-u*; *-i*) Lauf (*t. fig, łow*); Gang (*t. mot*); *kolej* Fahrt *f*; *sport t.* Rennen *n*; **~ krótki** Kurzstreckenlauf; **~ zjazdowy** Abfahrtslauf; **~ płaski** (*ski*) Langlauf; **w pełnym ~u** in voller Fahrt; **dolny/górny ~** (*rzeki*) Unterlauf/Oberlauf; **z ~iem rzeki** flußabwärts; **z ~iem czasu/lat** im Lauf(e) der Zeit/Jahre; **zmiana ~ów** Gangschaltung; **~acz** *m* (*-a*; *-e*), **~aczka** *f* (*-i*; *G -czek*) Läufer(in)
biega|ć (*-am*) laufen, F rennen; **~ć po sklepach** die Geschäfte abklappern; **~ć za** (*D*) nachlaufen (*D*); **~nina** F *f* (*-y*) Lauferei, Rennerei
bieg|le *adv mówić*: fließend; *pisać itp.*: flott; **~ły** (*comp -lejszy*) geschickt, geübt (**w** *I* in *D*); *su m* (*-ego*; *-li*) Sachverständige(r); **~nąć** ⟨**po-**⟩ (*-nę, -ł*) laufen, F rennen (**do** in *A*, zu; **po** *L* auf *D*); **~owy** Lauf-; **~un** *m* (*-a*; *-y*) *fiz, geogr* Pol; **koń** *m* **na ~unach** Schaukelpferd *n*
biegunka *f* (*-i*; *G -nek*) *med* Durchfall *m*
biegunow|o *adv* diametral; **~y** polar, Pol-; **koło ~e** Polarkreis *m*
biel [bʲel] *f* (*-i*; *-e*) (**cynkowa** Zink-)Weiß *n*; **w ~i** in Weiß; **~eć** (*-eję*) ⟨**po-, z-**⟩ weiß werden; ⟨**za-**⟩ weiß schimmern; **~ej** *adv comp* → **biało**; **~ić** ⟨**po-, wy-**⟩ (*-lę*) weißen, weiß streichen; *płótno* bleichen; *garnek* verzinnen
bielizna *f* (*-y*) (**osobista, pościelowa, stołowa** Unter-, Bett-, Tisch-)Wäsche
bieliźnia|ny Wäsche-; **~rka** *f* (*-i*; *G -rek*) Wäscheschrank *m*, Wäschekommode
biel|mo *n* (*-a*) *med* (grauer) Star; **~ony** geweißt; verzinnt; **~szy** *comp* → **biały**
bielutki F (**-ko**) ganz weiß, schneeweiß
bier|nik *m* (*-a*; *-i*) *gr* Akkusativ; **~ność** *f* (*-ści*; *0*) Passivität; **~ny** passiv; *chem* inert; *gr* **strona ~na** Passiv *n*
bierzmowanie *n* (*-a*) *rel* Firmung *f*
bies *m* (*-a*; *-y*) Teufel
biesiada *f* (*-y*) (Gast-)Mahl *n*
bieżą|cy (**-co**) laufend; aktuell; *woda*: fließend; **rachunek ~ący** Kontokorrent *n*; **prowadzić na ~ąco** (*A*) auf dem laufenden sein (mit); **~nia** *f* (*-i*; *-e*) *sport* Bahn; **~nik** *m* (*-a*; *-i*) (*na stół*) Tischläufer; *tech* (Reifen-)Profil *n*
bigamista *m* (*-y*; *-ci*) Bigamist
bigos *m* (*-u*; *-y*) Bigos *m* (*Sauerkraut und Fleisch gedünstet*); F *fig* **narobić ~u** *iron* etwas Schönes anrichten
bijak *m* (*-a*; *-i*) *sport* Schläger
bijatyka *f* (*-i*) Schlägerei, Prügelei
bil *m* (*-a*; *-e*, *-ów*) Queue *n*
bila *f* (*-i*; *-e*, *-/-i*) Billardkugel
bilans *m* (*-u*; *-e*) Bilanz *f* (*t. fig*); **~ować** ⟨**z-**⟩ (*-uję*) bilanzieren
bilard *m* (*-u*; *0*) Billard *n*
bile|t *m* (*-u*; *-y*) Karte *f*, Schein; (**powrotny** Rück-)Fahrkarte *f*, Fahrschein; **~t lotniczy** Flugkarte *f*, **~t miesięczny** Monatskarte *f*; **~t wstępu** Eintrittskarte *f*; **~t do teatru** Theaterkarte *f*; **~ter** *m* (*-a*; *-rzy*), **-rka** *f* (*-i*; *G -rek*) Platzanweiser(in); Bahnsteigschaffner(in); **~owy**: **kasa ~owa** Fahrkartenschalter *m*
bilon *m* (*-u*; *0*) Hartgeld *n*, Münzen *f/pl*
bimber F *m* (*-bru*; *0*) schwarzgebrannter Schnaps, Fusel
biochemia *f* Biochemie
biodro *n* (*-a*) Hüfte *f*; **~wy** Hüft-
bio|'grafia [-ʄia] *f* (*GDL -ii*; *-e*) Biographie; **~'logia** [-gʲia] *f* (*GDL -ii*; *0*) Biologie; **~logiczny** biologisch; **~technologia** *f* Biotechnik, Biotechnologie
biorą(c), biorę → **brać***
biret *m* (*-u*; *-y*) Barett *n*; *rel* Birett *n*
bis *m* (*-u*; *-y*) *teatr* Zugabe *f*
biskup *m* (*-a*; *-i*) Bischof; **~i** bischöflich; **~stwo** *n* (*-a*) Bischofswürde *f*; Bistum
biskwit *m* (*-u*; *-y*) *kulin* Keks
biszkopt *m* (*-u*; *-y*) Biskuit *n*; **~owy** Biskuit-; **tort ~owy** Biskuittorte *f*
bitelsi *m/pl* (*-ów*) Beatles *pl*
bitka *f* (*-i*) Schlägerei; *karc* Stich *m*
bitki *f/pl* (*-tek*) (geklopfte) Koteletts *n/pl*

B

bit|ny tapfer; **~wa** *f* (*-y*) Schlacht; **~y** *droga*: befestigt; *drób*: geschlachtet; **~a** ***godzina*** geschlagene Stunde
biuletyn *m* (*-u*; *-y*) Bulletin *n*, Bericht
biurko *n* (*-a*; *G -rek*) Schreibtisch *m*
biuro *n* (*-a*) Büro; **~ *meldunkowe*** Einwohnermeldeamt; F ***po biurze*** nach Büroschluß; **~kracja** *f* (*-i*; *0*) Bürokratie; **~kratyczny** bürokratisch; **~wiec** *m* (*-wca*; *-wce*) Büro(hoch)haus *n*; **~wość** *f* (*-ści*; *0*) Bürotätigkeit; **~wy** Büro-
biust *m* (*-u*; *-y*) Busen; → ***popiersie***; **~onosz** *m* (*-a*; *-e*) Büstenhalter
biwak *m* (*-u*; *-i*) Lager *n*; **~ować** lagern
bizmut *m* (*-u*; *0*) *chem* Wismut *n*
biznes *m* (*-u*; *-y*) Geschäft *n*, Busineß *n*; **~men** *m* (*-a*; *-i*), **-nka** *f* (*-nki*; *G -nek*) Geschäftsmann (-frau)
biżu'teria [-ṛĭa] *f* (*GDL -ii*; *0*) (**sztuczna** Mode-)Schmuck *m*, Juwelen *n*/*pl*
blacha *f* (*-y*) Blech *n*; (*kuchenna*) Herdplatte; **~rski** Klempner-; **~rz** *m* (*-a*; *-e*) Klempner, Spengler
blad|ł(a, -o) → ***blednąć***; **~o** *adv* blaß; *w zł.* blaß-; **~ość** *f* (*-i*; *0*) Blässe
blady (***jak trup*** leichen)blaß, bleich
blag|a F *f* (*-i*) Flunkerei; Lügengeschichte; **~ier** *m* (*-a*; *-rzy*), **-rka** *f* (*-i*; *G -rek*) Schwindler(in), Lügner(in); **~ować** F (*-uję*) lügen, spinnen
blaknąć ⟨**wy-**⟩ (*-nę*; *-kł*/*-nął*) verblassen (*t. fig*), ausbleichen
blamować się ⟨**z-**⟩ (*-uję*) sich blamieren
blankiet *m* (*-u*; *-y*) Vordruck
blanszować (*-uję*) *kulin* blanchieren
blask *m* (*-u*; *-i*) Schein; Glanz
blaszan|ka *f* (*-i*; *G -nek*) Blechkanne; Blechkanister *m*; (*puszka*) Blechdose; **~y** Blech-, blechern
blaszka *f* (*-i*; *G -szek*) (Stück *n*) Blech *n*
blat *m* (*-u*; *-y*) (Tisch-)Platte *f*, Blatt *n*
blednąć ⟨**z-**⟩ (*-nę*; *-nął*/*bladł*) erblassen, blaß werden; *fig* verblassen
blef *m* (*-u*; *0*) Bluff; **~ować** (*-uję*) bluffen
blenda *f* (*-y*) *arch*, *min* Blende
blezer *m* (*-a*/*-u*; *-y*) Blazer, Klubjacke *f*
blichtr *m* (*-u*; *0*) Flitterglanz
blisk|i (*m-os -scy*) nah; *fig t.* eng; → ***pobliski***, ***bliższy***; **~a *przyjaźń*** enge Freundschaft; **~o** *adv* nahe (*G*, ***od*** *G* von, an *D*); (*w czasie*) kurz vor, bald; (*prawie*) annähernd; **z ~a** von nahem, aus der Nähe; → ***bliżej***
bliskość *f* (*-ści*; *0*) Nähe
blisko|wschodni nahöstlich, Nahost-; **~znaczny** sinnverwandt, synonym
blizna *f* (*-y*) Narbe
bliź|ni *m* (*-ego*; *-i*) Nächste(r); *pl t.* Mitmenschen *m*/*pl*; **~niaczka** *f* (*-i*; *G -czek*) Zwillingsschwester; **~niaczo: *być ~niaczo podobnym*** sich zum Verwechseln ähneln; **~niaczy** Zwillings-; **~niak** *m* (*-a*; *-i*) Zwilling; **~nięta** *n*/*pl* (*-niąt*) Zwillinge *m*/*pl*
bliż|ej *adv comp* näher; **~ej *nieznany*** nicht näher bekannt; → ***blisko***; **~szy** *comp* näher; enger; **~sze *dane*** *pl* nähere Angaben *pl*, Näheres; → ***najbliższy***
bloczek *m* (*-czka*; *-czki*) (Notiz-, Kassen-)Block; *tech* Blockrolle *f*
blok *m* (*-a*; *-i*) Block (*t. tech*, *fig*); **~ *rysunkowy*** Zeichenblock; **~ *mieszkalny*** Wohnblock; **~ *cylindrów*** Zylinderblock; **~ *czekolady*** Schoko(laden)riegel; **~ada** *f* (*-y*) Blockade; *tech t.* Sperrung; **~ować** ⟨**za-**⟩ (*-uję*) blockieren; **~owisko** *n* (*-a*) Wohnblocksiedlung *f*
blond *idkl* blond; ***włosy* ~** blondes Haar; **~yn** *m* (*-a*; *-i*) blonder Mann/Junge, der Blonde; **~ynka** *f* (*-i*; *G -nek*) Blondine
bluszcz *m* (*-u*; *-e*) Efeu *n*
bluza *f* (*-y*; *-e*), **~ka** *f* (*-i*; *G -zek*) Bluse
bluz|gać (*-am*) ⟨**~nąć**⟩ (*-nę*) spritzen *v*/*i*
bluźnierstwo *n* (*-a*) Schmähung *f*; (Gottes-)Lästerung *f*
błaga|ć (*-am*) (an)flehen; **~lny** flehentlich; **~nie** *n* (*-a*) Flehen
błah|ostka *f* (*-i*; *G -tek*) Kleinigkeit, Lappalie; **~y** gering(fügig), belanglos
bławatek *m* (*-tka*; *-tki*) Kornblume *f*
błaz|en *m* (*-zna*; *-zny*/*-źni*) Clown; *fig* Narr, Hanswurst; **~eński** (**-ko**) närrisch; **~eństwo** *n* (*-a*) Narretei *f*; *pl t.* Faxen *f*/*pl*; **~nować** (*-uję*) F blödeln
błaźnić się ⟨**z-**⟩ (*-ę*, *-nij!*) sich zum Narren machen
błą|d *m* (*błędu*; *błędy*) (***maszynowy***, ***w rachunku*** Tipp-, Rechen-)Fehler; (*pomyłka*) Irrtum; ***być w błędzie*** e-m Irrtum unterliegen, sich irren; ***wprowadzić w ~*** irreführen; **~dzić** (*-dzę*) (umher)irren (***po*** *L*,***wśród*** *G* in *D*, durch *A*); ⟨*t.* **po-**, **z-**⟩ (sich) irren (**w** *L* in *D*); *t-ko pf* sich verirren; **~kać się** (*-am*) umherirren, streunen
błęd|nie *adv* irrtümlich(erweise); **~ny** irreführend, irrig, Fehl-; *wzrok*: irr(e); **~ne *koło*** Teufelskreis *m*; **~y** *pl* → ***błąd***

błękit *m* (*-u*; *-y*) Blau *n*, Bläue *f*; **~nooki** blauäugig; **~ny** (himmel)blau
błocić ⟨***na-***, ***za-***⟩(*-cę*) F dreckig machen
błogi (***-go***) wohlig, behaglich; *uśmiech*: (glück)selig
błogosła|wić ⟨***po-***⟩ (*-ę*) segnen; **~wieństwo** *n* (*-a*) Segen *m*; *fig* Segnung *f*; **~wiony** gesegnet
błon|a *f* (*-y*) Häutchen *n*, Haut; Membran(e); Folie; *fot* Film *m*; ***~a śluzowa*** Schleimhaut; **~ica** *f* (*-y*; *0*) Diphtherie
błonka *f* (*-i*; *G -nek*) Häutchen *n*
błot|nik *m* (*-a*; *-i*) Kotflügel, Schutzblech *n*; **~nisty** (***-to***) schlammig, matschig; **~ny** Sumpf-, Moor-; **~o** *n* (*-a*) (*Straßen-*) Schmutz *m*, Schlamm *m*, F Dreck *m*; **~a** *pl* Sümpfe *m*/*pl*; ***zmieszać z ~em*** *fig* in den Dreck ziehen
błysk *m* (*-u*; *-i*) Aufblitzen *n*, (Licht-) Blitz; **~ać** (*-am*) aufblitzen, aufblinken; ***~a się*** es blitzt
błyskawi|ca *f* (*-y*; *-e*) Blitz(strahl) *m*; ***jak ~ca*** wie der Blitz; **~czny** blitzschnell, blitzartig; → ***zamek***
błyskot|ka *f* (*-i*; *G -tek*) F Glitzerding *n*; ***~ki*** *pl t.* Flitterkram *m*; **~liwy** (***-wie***) glitzernd; *fig* geistreich, sprühend
błys|kowy Blitz-; **~nąć** *v*/*s* (*-nę*) → ***błyskać***
błyszcz|ący (***-co***) glänzend, funkelnd; ***wypolerować na ~ąco*** blank putzen; **~eć** (*-ę*) glänzen (*t. fig*), funkeln; **~ka** *f* (*-i*; *G -czek*) *ryb* Blinker *m*
błyśnięcie *n* (*-a*) → ***błysk***
bo *conj* denn, weil, da; sonst
boazeria [-'zɛr̦ia] *f* (*GDL -ii*; *-e*) (Wand-) Täfelung, Lambris *m*, Paneel *n*
bobas F *m* (*-a*; *-y*) Baby *n*
bobkowy [bɔp-]: ***listek ~*** Lorbeerblatt *n*
bobslej *m* (*-a*; *-e*) Bob(sleigh); **~owy** Bob-; ***tor ~owy*** Bobbahn *f*
bochen *m* (*-chna*; *-chny*), **~ek** *m* (*-nka*; *-nki*) (Brot-)Laib
bocian *m* (*-a*; *-y*) Storch; **~i** Storch(en)-
bocz|ek *m* (*-czka*; *-czki*) *kulin* magerer Speck, Bauchspeck; **~nica** *f* (*-y*; *-e*) *kolej* Anschlußgleis *m*; Nebengleis *m*; (*ulica*) Seitenstraße; **~ny** Seiten-, Neben-
boczyć się (*-ę*) (***na*** *A*) grollen (*D*)
boćwina *f* (*-y*; *0*) → ***botwina***
bodaj, **~że** *part* mag auch; wenn doch; wenigstens; → ***chyba***, ***pewnie***
bodziec *m* (*-dźca*; *-dźce*) Reiz; *fig* Anstoß, Antrieb; (*materialny*) Anreiz
boga|cić ⟨***wz-***⟩ (*-cę*) bereichern (***się*** sich); **~ctwo** *n* (*-a*) Reichtum *m* (*t. fig*)
bogacz *m* (*-a*; *-e*), **~ka** *f* (*-i*; *G -czek*) Reiche *m*/*f*; ***stara ~ka*** die reiche Alte
Bogarodzica *f* (*-y*, *0*) Mutter Gottes
bogaty (***-to***) reich (*t. fig* ***w*** *A* an *D*)
bogini *f* (*GDL -ni*; *-e*, *-iń*) Göttin
boginka *f* (*-i*; *G -nek*) Nymphe
bogobojny gottesfürchtig
bohater *m* (*-a*; *-erzy*/*-owie*), **~ka** *f* (*-i*; *G -rek*) Held(in); **~ski** (***-ko***, ***po -ku***) heldenhaft, heldenmütig; Helden-; **~stwo** *n* (*-a*; *0*) Heldenmut *m*, Heldentum
bohomaz *m* (*-u*/*-a*; *-y*) *fig* F Schinken
boi się → ***bać się****
boisko *n* (*-a*) Sportplatz *m*; ***~ do piłki nożnej*** Fußballplatz *m*
boja *f* (*GDL boi*; *-e*) Boje
bojaź|liwy (***-wie***) furchtsam, ängstlich; **~ń** *f* (*-ni*; *0*) Furcht; ***z ~ni*** vor Angst
boj|ą, **~ę się** → ***bać się****
bojkot *m* (*-u*; *-y*) Boykott
bojkotować ⟨***z-***⟩ (*-uję*) boykottieren
bojow|niczka *f* (*-i*; *G -czek*), **~nik** *m* (*-a*; *-cy*) Kämpfer(in) (***o prawa ludzkie*** für die Menschenrechte); **~y** Gefechts-; Kampf-; (***-wo***) kämpferisch; ***organizacja ~a*** Kampforganisation
bojówka *f* (*-i*; *G -wek*) bewaffnete Bande, Schägertrupp *m*
bok *m* (*-u*; *-i*) Seite *f*, Flanke *f*; ***na ~*** zur Seite, beiseite; ***na ~u*** seitlich, abseits; ***przy***/***u ~u*** (*G*) an der Seite (*G*, von); ***w ~*** in die Flanke; zur Seite; ***z ~u*** Seiten-, von der Seite, seitlich; F ***pod ~iem*** ganz in der Nähe, e-n Katzensprung von hier; ***robić ~ami*** *fig* sich abstrampeln; ***zarabiać na ~u*** schwarz dazuverdienen; ***zrywać ~i ze śmiechu*** sich biegen vor Lachen; **~ami**, **~iem** *adv* seitlich; ***~iem*** (*G*) an (*D*) vorbei; **~obrody** *pl* (*-ów*) Koteletten *pl*; Backenbart *m*
boks¹ *m* (*-u*; *-y*) (*w garażu*) Box *f*
boks² *m* (*-u*; *0*) Boxen *n*; ***uprawiać ~*** Boxsport treiben; **~er** *m* (*-a*; *-rzy*) Boxer; (*pl -y*) Boxer (*pies*); **~erski** Box-; Boxer-; **~ować** (*-uję*) boxen (***się*** sich)
bolą|cy → ***bolesny***; **~czka** *f* (*-i*; *G -czek*) *fig* Übel *n*; wunder Punkt
bolec *m* (*-lca*; *-lce*) Bolzen
bole|ć¹* *t. fig* schmerzen, weh tun; ***boli mnie***/***go ząb*** der/ein Zahn tut mir/ihm weh; ***oczy bolą patrzeć na to*** *fig* ich/man kann es gar nicht sehen; **~ć²** (*-eję*)

B

(**nad** *I*) beklagen (*A*); **~sny** (**-śnie**) schmerzhaft, F weh; *fig. t.* schmerzlich; **~ści** *f/pl* (*G -ści*) Leibschmerzen *m/pl*
bolimuszka *f* Stechfliege
boliwijski bolivianisch
bom|ba *f* (*-y*) Bombe; (*piwa*) Maß *f*; F *fig* Bombenknüller *m*; **~bardować** (*-uję*) bomb(ardier)en; **~bastyczny** bombastisch; **~bka** *f* (*-i*; *G -bek*) Glaskugel
bombow|iec *m* (*-wca*; *-wce*) *lotn* Bomber; **~y** Bomben-
bon *m* (*-u*; *-y*) Gutschein; Bezugsschein
bonifikata *f* (*-y*) Preisnachlaß *m*; *sport* Vorgabe, (Zeit-)Gutschrift
boraks *m* (*-u*; *0*) Borax
bordo[1] *n* (*idkl*) Bordeaux(wein) *m*
bordo[2] *adj* (*idkl*), **~wy** (**-wo**) weinrot
borny: *kwas* ~ Borsäure *f*
borowik *m* (*-a*; *-i*) Steinpilz
borowin|a *f* (*-y*; *G -in*) (Heil-)Moor *n*; **~owy: *kąpiel ~owa*** Moorbad *n*
borowy *chem* Bor-; → ***borny***
borówka *f* (*-i*; *G -wek*) Preiselbeere; (*czernica*) Heidelbeere, Blaubeere
borsu|czy Dachs-; **~k** *m* (*-a*; *-i*) Dachs
borykać się (*-am*) kämpfen, ringen
bosak[1]**:** F ***na ~a*** barfuß
bosak[2] *m* (*-a*; *-i*) Bootshaken
bosk|i göttlich, Gottes; ***na litość ~ą*** um Gottes willen; ***rany ~e!*** großer Gott!
bosko *adv fig* göttlich
bosman *m* (*-a*; *-i*) Bootsmann
boso *adv* barfuß; **~nogi**, **bosy** barfüßig
bośniacki bosnisch
bot *m* (*-a*; *-y*) → ***boty***
botani|czny botanisch; **~ka** [-'ta-] *f* (*-i*; *0*) Botanik
botwin|a *f* (*-y*), **~ka** *f* (*-i*; *G -nek*) Rübenblätter *n/pl*; Rübchensuppe
boty *m/pl* (*-ów*) (*Gummi-*)Überschuhe; Stiefeletten *f/pl*
bowiem *conj* denn, nämlich; → ***bo***
boy *m* (*-a*; *-e*, *-ów*) (*w hotelu*) Page
Bozia F *f* (*-i*; *0*) der liebe Gott
Boż|e → ***bóg***; **ℒek** *m* (*-żka*; *-żki*) Gottheit *f*, Götze; **ℒonarodzeniowy** weihnachtlich; **ℒy** Gottes-, göttlich; ***Boże Narodzenie*** Weihnachten *n*; ***Boże ciało*** Fronleichnam *m*
bożyszcze *n* (*-a*) *fig* Idol *n*
bób *m* (*bobu*; *boby*) Saubohnen *f/pl*
bóbr *m* (*bobra*; *bobry*) Biber
bóg *m* (*boga*, *bogu*, *boże!*; *bogowie*/*bogi*, *rel* **Bóg**) Gott; ~ ***wojny*** Kriegsgott; ***jak Boga kocham!*** bei Gott!; ***broń Boże***, ***Boże uchowaj*** Gott behüte; ***jak ℒ da*** so Gott will; ***Bogu ducha winien/winna*** unschuldig wie ein Lamm; ***szczęść Boże*** Gott zum Gruß
bójka *f* (*-i*; *G -jek*) Schlägerei
ból *m* (*-u*; *-e*, *-ów*) (***gardła***, ***głowy*** Hals-, Kopf-)Schmerz; ***~e porodowe*** Wehen *pl*; ***z ~em serca*** schweren Herzens
bór *m* (*boru*, *bory*) *poet* Wald
bóstwo *n* (*-a*; *G -*) Gottheit *f*; *fig t.* Idol
bóść* *v/i* mit den Hörnern stoßen
bóżnica *f* (*-y*) *rel* Tempel *m*
brac|ia → ***brat***; (*firma*) Gebrüder *pl*; **~iszek** *m* (*-szka*; *-szkowie*) Brüderchen *n*; (*zakonny*) Bruder; **~two** *n* (*-a*) Bruderschaft *f*
brać* *v/t* (an-, ein)nehmen; ~ ***do wojska*** zum Wehrdienst einberufen; ~ ***na serio*** ernst nehmen; ~ ***na siebie*** auf sich nehmen; ~ ***ze sobą*** mitnehmen; → ***rachuba***, ***uwaga***, ***zły*** *itp.*; ~ ***się*** (***do*** *G*) herangehen (an *A*), beginnen (mit); *v/i ryba*: anbeißen
brak[1] *m* (*u*; *-i*) Mangel; (*wada t.*) Fehler; (*wyrób*) Ausschuß(ware *f*) *m*, Schund; ***z ~u czasu*** aus Zeitmangel; ***~i w wykształceniu*** Bildungslücken *f/pl*; ***~i w kasie*** Kassenfehlbetrag *m*; ***cierpieć na*** ~ (*G*) unter dem Mangel an ... leiden; ***odczuwać*** ~ (*G*) vermissen (*A*)
brak[2] *praed* (*G*) es fehlt, es mangelt (an); ~ ***mi ciebie*** du fehlst mir; ~ ***mi słów*** mir fehlen die Worte; ***nie ~ mu odwagi*** ihm fehlt es nicht an Mut; **~nąć** (*-nę*) → ***brakować***[1]; **~oróbstwo** *n* (*-a*; *0*) Ausschußproduktion *f*; F Schluderei *f*
brakow|ać[1] (*-uję*) (*G*) fehlen, mangeln (*A*, an); ***brakuje ...*** es fehlt (an) ...; ***tego tylko ~ało*** das fehlte gerade noch; → ***brak***[2]
brakować[2] (*-uję*) → ***wybrakowywać***
bram|a *f* (*-y*) Tor *n*; (*wjazdowa*) Toreinfahrt; **~ka** *f* (*-i*; *G -mek*) Tor *n* (*t. sport*); ***strzał w ~kę*** Torschuß; **~karz** *m* (*-a*; *-e*) Torwart; **~(k)owy** Tor-
bramofon *m* (*-u*; *-y*) Türsprechanlage *f*
brandenburski brandenburgisch
bransoletka *f* (*-i*; *G -tek*) Armband *n*
branż|a *f* (*-y*; *-e*) Branche, Zweig *m*, Sparte; **~owy** Branchen-; ***sklep ~owy*** Fachgeschäft *n*
brat *m* (*-a*, *D -tu*, *L -cie*; *-cia*, *-ci*, *I -ćmi*) Bruder; F ***być za pan ~*** dick befreundet

sein (**z** *I* mit); → ***cioteczny***
bratan|ek *m* (*-nka*; *-nki*/*-nkowie*) Neffe; **~ica** *f* (*-y*; *-e*), **~ka** *f* (*-i*; *G -nek*) Nichte
bratek *m* (*-tka*; *-tki*) Stiefmütterchen *n*
braters|ki (**-ko**, **po -ku**) brüderlich; **~two** *n* (*-a*; *0*) (***broni*** Waffen-)Brüderschaft *f*
bratni brüderlich, Bruder-
bratobój|czy: ***wojna ~cza*** Bruderkrieg *m*; **~stwo** *n* (*-a*) Brudermord *m*
bratowa *f* (*-wej*, *-wo!*; *-e*) Schwägerin
brawo *n* (*-a*) Bravo(ruf *m*) *n*; → ***bić***
brawurowy (**-wo**) bravourös
brazylijski brasilianisch, Brasilien-
brąz *m* (*-u*; *-y*) Bronze *f*; (*kolor*) Braun *n*; ***opalić się na ~*** braungebrannt sein; **~owy** (**-wo**) bronzen, Bronze-; braun
bre|dnie *f*/*pl* (*-i*) Unsinn *m*, F Quatsch *m*; **~dzić** (*-dzę*) (im Fieber) phantasieren; *fig pej* faseln, F spinnen
breja *f* (*brei*; *0*) Brei *m*, *dial* Pampe
brew *f* (*brwi*; *brwi*) (Augen-)Braue
brewerie [-ˈvɛrĭə] *f*/*pl* (*-ii*/*-yj*) Krach *m*, Spektakel *m*; ***wyprawiać ~*** randalieren
brewiarz *m* (*-a*; *-e*) Brevier *n*
brezent *m* (*-u*; *-y*) Zeltleinwand *f*
brnąć (*-nę*) stapfen (***przez błoto*** durch den Schlamm, ***w śniegu*** durch den Schnee); *fig* geraten, versinken
broczyć (*-czę*): ***~ krwią*** stark bluten
broda *f* (*-y*; *G bród*) Kinn *n*; (*zarost*) Bart *m*; ***zapuścić brodę*** sich e-n Bart wachsen lassen; **~ty** bärtig; **~wka** *f* (*-i*; *G -wek*) Warze; *bot* Knöllchen *n*
brodz|ić (*-dzę*) waten; **~ik** *m* (*-a*; *-i*): ***~ik dla dzieci*** (Kinder-)Planschbecken *n*
broić ⟨**na-**, **z-**⟩ (*-ję*, *-isz*, *brój!*) *v*/*t* anstellen, anrichten; *v*/*i impf* Unfug treiben
brona *f* (*-y*) Egge
bronchit *m* (*-u*; *-y*) Bronchitis *f*
bronić (*-ę*) ⟨**o-**⟩ (*G*) verteidigen (*A*; **się** sich); schützen (**przed** *I* vor *D*); ***~ się*** *t.* sich wehren (**przed** *I* gegen *A*); ⟨**za-**⟩ (*G*) verbieten, verwehren (*A*)
bronować ⟨**za-**⟩ (*-uję*) eggen
broń¹ → ***bronić***, ***bóg***
broń² *f* (*-ni*; *-ie*) Waffe(n *pl*); *fig t.* Rüstzeug *n*; ***~ krótka*** Handfeuerwaffe(n); ***~ masowego rażenia*** Massenvernichtungswaffe(n); ***~ biała*** Hiebwaffe(n); ***powołać pod ~*** zu den Waffen rufen; ***złożyć ~*** die Waffen niederlegen
broszka *f* (*-i*; *G -szek*) Brosche
broszura *f* (*-y*) Broschüre
browar *m* (*-u*; *-y*) (Bier-)Brauerei *f*
bród *m* (*-odu*; *-ody*) Furt *f*; ***przejść w ~*** durchwaten; *fig* ***w ~*** in Hülle und Fülle
bródka *f* (*-i*; *G -dek*) (*zarost*) Bärtchen *n*
brud *m* (*-u*; *-y*) Schmutz, F Dreck; → ***brudy***; ***... od ~u*** ... vor Schmutz/Dreck; **~as** F *m* (*-a*; *-y*) Schmutzfink; **~no** *adv* → ***brudny***; ***na ~*** ins unreine; **~nopis** *m* (*-u*; *-y*) Konzept *n*, Entwurf; **~ny** schmutzig, F dreckig; **~y** *m*/*pl* (*-ów*) schmutzige Wäsche (*t. fig*); → ***brud***
brudzić ⟨**po-**, **za-**⟩ (*-dzę*) beschmutzen, schmutzig/F dreckig machen (**się** sich)
bruk *m* (*-u*; *-i*) (Straßen-)Pflaster *n*; *fig* ***wyrzucić na ~*** auf die Straße setzen
brukać (*-am*) *lit* beschmutzen (*t. fig*)
brukiew *f* (*-kwi*; *-kwie*) Kohlrübe
brukow|ać ⟨**wy-**⟩ (*-uję*) pflastern; **~iec** *m* (*-wca*; *-wce*) Pflasterstein; *fig pej* Revolverblatt *n*; **~y** Pflaster-; ***prasa ~a*** Boulevardpresse
bruksel|ka *f* (*-i*) Rosenkohl *m*; **~ski** Brüsseler *adj*
brulion [ˈbrulĭɔn] *m* (*-u*; *-y*) Kladde *f*
brunatny (**-no**) braun, Braun-
brunet *m* (*-a*; *-ci*) ein brünetter Typ/Mann, Dunkelhaarige(r); **~ka** *f* (*-i*; *G -tek*) Brünette
brunszwicki Braunschweiger *adj*
brusznica *f* (*-y*; *-e*) Preiselbeere
brutal *m* (*-y*; *-e*, *-i*/*-ów*) brutaler Mensch, Rohling; **~ność** *f* (*-ści*; *0*) Brutalität; **~ny** brutal, (*t. sport*) roh
bruzda *f* (*-y*) Furche; (*rowek*) Rille
bruździć (*-żdzę*, *-isz*) zerfurchen; *fig* Hindernisse in den Weg legen (**w** *I* bei)
brwi *pl* → ***brew***; **~owy** Augenbrauen-
bryczesy *pl* (*-ów*) Reithose *f*
brydż *m* (*-a*; *0*) Bridge *n*
brygada *f* (*-y*) Brigade; (***montażowa*** Montage-)Kolonne, Gruppe
brygadzist|a *m* (*-y*; *-ści*) Vorarbeiter, Kolonnenführer; **~ka** *f* (*-i*; *G -tek*) Vorarbeiterin, Brigadeleiterin
bryk F *m* (*-a*; *-i*) Eselsbrücke *f*
brykać (*-am*) tollen, herumspringen
brykiet *m* (*-u*; *-y*) Brikett *n*; **~ownia** *f* (*-i*; *-e*) Brikettfabrik
bryknąć *pf* (*-nę*) F (*zwiać*) Reißaus nehmen, türmen
brylant *m* (*-u*; *-y*) Brillant
bryła *f* (*-y*) Klumpen *m*; *mat* Körper *m*
brył(k)owaty (**-to**) klumpig
bryndza *f* (*-y*; *0*) Schafkäse *m*
brytan *m* (*-a*; *-y*) Mastiff; F Hofhund

B

brytfanna *f* (*-y*) Bräter *m*
brytyjski britisch
bryza *f* (*-y*) Brise
bryz|g *m* (*-u*; *-i*) Spritzer; **~gać** (*-am*) ⟨**~nąć**⟩ (*-nę*) *v/i* spritzen; (ver)spritzen (**wodą** Wasser)
bryzol *m* (*-u*; *-e*, *-i*/*-ów*) *kulin* Lendchen *n*, Lendenschnitte *f*
brzask *m* (*-u*; *-i*) Morgengrauen *n*; ***o ~u***, ***z ~iem*** bei Tagesanbruch
brzdąc *m* (*-a*; *-e*) Knirps, Kleine(r)
brzd|ąkać, **~ękać** (*-am*) klimpern; **~ąkanie**, **~ękanie** *n* (*-a*) Geklimper
brzeg *m* (*-u*; *-i*) Rand; Kante *f*; (*rzeki*, *jeziora*) Ufer *n*; (*morski*) Küste *f*; ***na ~u*** am Rand; ***po ~i*** bis an den Rand, randvoll; ***nad ~iem*** am Ufer; an der Küste; ***wystąpić z ~ów*** über die Ufer treten
brzemienny: ***~ w skutki*** folgenschwer
brzemię *n* (*-ienia*; *-iona*) Bürde *f*
brzezina *f* (*-y*) Birkenholz *n*; (*las*) Birkenhain *m*
brzeżek *m* (*-żka*;*-żki*) Saum, Rand
brzę|czeć (*-ę*, *-y*) *mucha*: summen; *talerz*, *szyba*: klirren; *dzwonek*: rasseln; **~czyk** *m* (*-a*; *-i*) Summer; **~k** *m* (*-u*; *-i*) Summen *n*; Klirren *n*
brzmie|ć (*-ę*, *-mij!*) hallen; *głos*, *melodia*: klingen; *tekst*: lauten; **~nie** *n* (*-a*) Klang *m*; Wortlaut *m*
brzoskwinia *f* (*-i*; *-e*) Pfirsich *m*
brzoz|a *f* (*-y*) Birke; **~owy** Birken-
brzuch *m* (*-a*; *-y*) Bauch; ***na ~u*** auf dem Bauch, bäuchlings; ***taniec ~a*** Bauchtanz; **~acz** F *m* (*-a*; *-e*) Dickwanst; **~aty** dickbäuchig; *dzbanek*: bauchig
brzuchomówca *m* Bauchredner
brzuszny Bauch-; ***dur ~*** Typhus
brzyd|actwo *n* (*-a*) häßliches Ding; Scheusal; **~al** *m* (*-a*; *-e*) häßlicher Mann/Junge; **~ki** (*m-os -dsi*) (**-ko**) häßlich, scheußlich; **~nąć** ⟨**z-**⟩ (*-nę*, *-ł*/*-nął*) häßlich(er) werden; *fig* lästig fallen; **~ota** *f* (*-y*) Häßlichkeit; **~ula** *f* (*-i*; *-e*) häßliche Frau, häßliches Mädchen
brzydzić się (*-dzę*) (*I*) sich ekeln (vor *D*)
brzydziej *comp adv* → ***brzydki***
brzytwa *f* (*-y*; *G -tew*) Rasiermesser *n*
bubek F *m* (*-bka*; *-bki*) *pej* Fatzke
buble F *m/pl* (*-i*) Ladenhüter *m/pl*
buchać (*-am*) *ogień*, *zapach*: entgegenschlagen; *woda*, *krew*: strömen, sich ergießen; *dym*: hervorquellen; ***~ żarem*** Hitze ausströmen; *v/t* → ***buchnąć***
buchalteria [-ˈtɛr̦ĭa] *f* (*GDL -ii*; *-e*) Buchhaltung
buchnąć *v/s* (*-nę*) *v/i* → ***buchać***; *v/t* F klauen, mausen
buci|k *m* (*-a*; *-i*) Schuh; **~sko** *n* (*-a*) schwerer Stiefel, Riesenschuh *m*
bucze|ć (*-ę*) *syrena*: heulen; **~k** *m* (*-czka*; *-czki*) Sirene *f*; F *t.* Störsender
buczyna *f* (*-y*; *0*) Buchenholz *n*
buda *f* (*-y*) Bude; *mot* Verdeck *n*; F (*szkoła*) Penne; ***psia ~*** Hundehütte
buddyjski buddhistisch
budka *f* (*-i*; *G -dek*) kleine Hütte; Häuschen *n*; Kiosk *m*; *tel* Zelle
budow|a *f* (*-y*) Bau *m*; *fig* Aufbau *m*, Struktur; ***plac/teren ~y*** Baustelle *f*; **~ać** ⟨**po-**, **wy-**, **z-**⟩ (*-uję*) (er)bauen; *fig* aufbauen, schaffen; ***~ać się*** gebaut werden, im Bau sein; sich ein Haus bauen; **~la** *f* (*-i*; *-e*, *-i*) Bau(werk *n*) *m*; Gebäude *n*; **~lany** Bau-; *su zbior* ***~lani*** *pl* Bauarbeiter *m/pl*; **~nictwo** *n* (*-a*; *0*) Bauwesen; Bautätigkeit *f*; ***~nictwo mieszkaniowe*** Wohnungsbau *m*; **~niczy** *m* (*-ego*; *-czowie*) Baumeister
budu|jący (**-co**) erbaulich; **~lec** *m* (*-lca*; *0*) Baumaterial *n*, Baustoff
budynek *m* (*-nku*; *-nki*) Gebäude *n*, (***mieszkalny*** Wohn-)Haus *n*
budyń *m* (*-niu*; *-nie*, *-ni*/*-niów*) Pudding
budzi|ć ⟨**o-**, **z-**⟩ (*-dzę*) (auf)wecken; *fig* ⟨*t-ko* **o-**⟩ wecken; ***~ć się*** aufwachen, erwachen; **~k** *m* (*-a*; *-i*) Wecker
budżet *m* (*-u*; *-y*) Etat, Haushalt(splan); **~owy** Etat-, Haushalts-
bufet *m* (*-u*; *-y*) Büfett *n*; (*na dworcu*) Imbißstand; ***zimny ~*** kaltes Büfett
bufiasty (**-to**) *kraw* bauschig, Puff-
bufonada *f* (*-y*) Aufschneiderei
bufor *m* (*-a*; *-y*) *kolej* Puffer
buhaj *m* (*-a*; *-e*, *-ów*) (Zucht-)Bulle
buja|ć (*-am*) *v/i* fliegen, schwirren, (*t. fig*) schweben; sich tummeln (**po** *L* in *D*); *trawa*: wuchern; *v/t* ⟨**po-**⟩ schaukeln, wiegen (**się** *v/i*, sich); F ⟨**z-**⟩ beschwindeln; **~k** *m* (*-a*; *-i*) Schaukelstuhl
bujda F *f* (*-y*) Schwindel *m*, Humbug *m*
bujn|y üppig; *włosy t.*: voll; *życie*: bewegt; ***~a fantazja*** blühende Phantasie
buk *m* (*-u*; *-i*) Buche *f*
bukiet *m* (*-u*; *-y*) (*kwiaty*) Strauß; (*aromat wina*) Bukett *n*, Blume *f*
bukiew *f* (*-kwi*, *0*) Buchecker
bukinista *m* (*-y*; *-ści*, *-ów*) Antiquar

bukmacher *m* (*-a*; *-rzy*) Buchmacher
bukowy Buchen(holz)-
buksować (*-uję*) *v/i koło*: durchdrehen
bukszpan *m* (*-u*; *-y*) Buchsbaum
bulaj *m* (*-a*/*-u*; *-e*) *mar* Bullauge *n*
buldeneż *m* (*-a*/*-u*; *-e*) *bot* Schneeball
buldog *m* (*-a*; *-i*) Bulldogge *f*
buldożer *m* (*-a*; *-y*) Bulldozer
bulgotać (*-oczę*/*-ocę*) gluckern, gurgeln, F blubbern; (*w czajniku*) sprudeln
bulić P ⟨**wy-**⟩ (*-lę*) blechen
bulier ['bulʲiɛr] *m* (*-a*; *-y*) Boiler
bulion ['bulʲiɔn] *m* (*-u*; *-y*) (Fleisch-)Brühe *f*; ~ ***w kostkach*** Brühwürfel
bulwa *f* (*-y*) Knolle
bulwarowy Boulevard-
bulwersować ⟨**z-**⟩ (*-uję*) *fig* erregen
bulwiasty knollig, knollenartig
buława *f* (*-y*): ~ ***marszałkowska*** Marschallstab *m*
bułeczka *f* (*-i*; *G -czek*) → ***bułka***
Bułgar *m* (*-a*; *-rzy*) Bulgare; **~ka** *f* (*-i*; *G -rek*) Bulgarin; **2ski** (**po** *-***ku**) bulgarisch
bułka *f* (*-i*; *G -łek*) Brötchen *n*, Semmel
bumel|anctwo F *n* (*-a*; *0*) Bummelei *f*, Krankfeiern; **~ować** F (*-uję*) bummeln, sich von/vor der Arbeit drücken
bunkier *m* (*-kra*; *-kry*) *mil* Bunker
bunt *m* (*-u*; *-y*) Aufruhr, Rebellion *f*; (*na statku*) Meuterei *f*; *fig* Auflehnung *f*
buntow|ać ⟨**pod-**, **z-**⟩ (*-uję*) aufwiegeln; ***~ać się*** sich auflehnen, rebellieren, meutern; **~niczy** (**-czo**) aufrührerisch; **~nik** *m* (*-a*; *-cy*) Rebell; Meuterer
buńczuczny frech, F naßforsch
bura F *f* (*-y*) Anpfiff *m*, Rüffel *m*
bura|czany Rüben-; **~czki** *m/pl* (*-ów*) → ***ćwikła***; **~k** *m* (*-a*; *-i*) Rübe *f*
burczeć F (*-czę*) brummen, knurren
bur|da F *f* (*-y*) Krakeel *m*, Randale; **~dziarz** *m* (*-a*; *-y*) *pej* Krakeeler
burgund *m* (*-a*; *-y*) Burgunder(wein)
burkliwy (**-*wie***) F mürrisch
burmistrz *m* Bürgermeister(in)
buro *adv* → ***bury***
burszostwo *n* (*-a*) Burschenschaft *f*
bursztyn *m* (*-u*; *-y*) Bernstein; **~owy** bernsteinern, Bernstein-
burt|a *f* (*-y*) *mar* Bord(wand *f*) *m*; ***lewa ~a*** Backbord *n*; ***prawa ~a*** Steuerbord *n*; ***wyrzucić za ~ę*** *fig* ausstoßen, F kaltstellen
bury (**-*ro***) grau(braun)
burz|a *f* (*-y*; *-e*) Sturm *m* (*t. fig*); (*z piorunami*) Gewitter *n*; **~liwy** (**-*wie***) stürmisch (*t. fig*); **~yć** (*-ę*) ⟨**z-**⟩ zerstören; *dom, mur t.* niederreißen; ⟨**wz-**⟩ *wodę* aufwühlen; ***~yć się*** wallen, brodeln
burżuazyjny bourgeois
burżuj *m* (*-a*; *-e*) *pej* Kapitalist
busola *f* (*-i*; *-e*) Bussole, Kompaß *m*
buszować (*-uję*) (**po** *L*) durchstöbern (*A*), wüten (in *D*)
but *m* (*-a*; *-y*) Schuh; (*z cholewką*) Stiefel; F ***takie ~y*** so ist die Sache; ***głupi jak ~*** F dumm wie Bohnenstroh
butelk|a *f* (*-i*; *G -lek*) Flasche; ***~a od wina/po winie*** Weinflasche; ***~a eksplodująca*** Brandflasche; **~owy** Flaschen-; flaschengrün; ***piwo ~owe*** Flaschenbier
butik *m* (*-u*; *-i*) Boutique *f*
butla *f* (*-i*; *-e*) (Glas-)Ballon *m*; (Korb-, Stahl-)Flasche; ~ ***tlenowa*** Sauerstoffflasche
butny hochmütig, herrisch
butonierka [-'ɲiɛrka] *f* (*-i*; *G -rek*) Knopfloch (am Revers)
butwieć ⟨**z-**⟩ (*-eję*) (ver)modern
buzia F *f* (*-i*; *-e*, *-ź*/*-i*) Gesichtchen *n*; (*usta*) Mündchen *n*, F Schnute; **~k** *m* (*-a*; *-i*) (*całus*) Küßchen *n*, F Busserl *n*
by *conj* daß, damit, um ... zu; *part* (*trybu warunkowego*) würde, hätte, wäre; ***napisałbym*** ich würde schreiben, ich hätte geschrieben
bycz|ek *m* (*-czka*; *-czki*) Bullenkalb *n*; **~y** (**-czo**) P *fig* toll, stark; ***~y chłop*** Mordskerl
być* sein; (*być tu, istnieć*) dasein, vorhanden sein; ~ ***może*** kann sein; ***nie może ~!*** das kann (doch) nicht sein!; ***bądź zdrów!*** lebe wohl!; ***będę pamiętać*** ich werde daran denken; ***... był naprawiony*** ... wurde repariert; ***było już późno*** es war schon spät; ***niech i tak będzie*** von mir aus; ***co z nim będzie?*** was wird mit/aus ihm?; → ***jest***, ***są***
bydlę *n* (*-ęcia*; *-ęta*) (Horn-)Vieh; **~cy** Vieh-; *fig* viehisch, tierisch
bydło *n* (*-a*; *0*) *zbior* Vieh
byk *m* (*-a*; *-i*) Bulle, Stier; F (*gafa*) grober Fehler; ***strzelić ~a*** e-n Bock schießen
byle *adv* irgend; ~ ***co*** irgendwas; ~ ***gdzie*** irgendwo(hin); ~ ***jak*** irgendwie; notdürftig; ~ ***jaki*** irgendein, x-beliebig; (*lichy*) dürftig, F schwach; ~ ***kto*** jeder

beliebige, irgend jemand; **~by** *conj* damit nur, wenn nur
byli → **być**, **były**
bylina *f* (*-y*) *bot* Staude
były (*m-os byli*) ehemalig, F verflossen
bynajmniej (**nie**) durchaus nicht, keineswegs; **~!** keine Spur!
bystr|ość *f* (*-ści*; *0*) Schnelligkeit; **~ość umysłu** Scharfsinn *m*; **~ry** (*comp -rzejszy*) (**-ro**; *comp -rzej*) schnell, rasch; *nurt*: reißend; *fig* scharf; *uczeń*: aufgeweckt, gescheit
byt *m* (*-u*; *-y*) Existenz *f*, Dasein *n*; **~ność** *f* (*-ści*; *0*) Anwesenheit; Aufenthalt *m*; **~owy** Daseins-; **warunki** *m/pl* **~owe** Lebensbedingungen *f/pl*
bywa|ć (*-am*) (**u** *G*) besuchen (*A*), verkehren (bei); **bywa** es kommt vor; **~lczynia** *f* (*-i*; *-e*), **~lec** *m* (*-lca*; *-lcy*) Stammgast; **~ły** bewandert, erfahren
bzdet P *m* (*-u*; *-y*) *pej* Scheiß
bzdur|a F *f* (*-y*) Quatsch *m*, Blödsinn *m*; **~ny** F ungereimt, verrückt
bzik F *m* (*-a*; *0*) Macke *f*, Fimmel; **mieć ~a** e-n Knall haben; **~owaty** nicht ganz richtig (im Kopf)
bzów, bzu, bzy → **bez**[2]
bzykać (*-am*) summen; *kula*: pfeifen

C

cack|ać się F (*-am*) viel Umstände machen (**z** *I* mit); **~o** *n* (*-a*; *G -cek*) *fig* hübsches Ding, kleines Kunstwerk
cal *m* (*-a*; *-e*, *-i*) Zoll (*miara*)
calówka *f* (*-i*; *G -wek*) Zollstock *m*
całk|a *f* (*-i*; *G -łek*) *mat* Integral *n*; **~kiem** *adv* ganz, vollends, F total
całkow|ity (**-cie**) völlig, vollkommen, restlos; *suma*: gesamt; *zw. tech* Voll-, Ganz-; *adv t.* gänzlich, vollauf; **~y**: **rachunek ~y** Integralrechnung *f*
cało *adv* heil, unversehrt
cało|dobowy 24stündig, rund um die Uhr; **~dzienny** ganztägig, Ganztags-; *adv t.* den ganzen Tag; **~kształt** *m* Gesamtheit *f*; Gesamtbild *n*; **~nocny** nächtelang, die ganze Nacht (hindurch) dauernd; **~roczny** ganzjährig; *dochód itp.*: eines ganzen Jahres
całoś|ciowy (**-wo**) ganzheitlich; **~ć** *f* (*-ści*) Ganze(s) *n*; Gesamtheit; *pol* Integrität; **w ~ci** als Ganzes; im ganzen
całotygodniowy ganzwöchig; (von) der ganzen Woche; (für) die volle Woche
całować ⟨**po-**⟩ (*-uję*) küssen (**się** sich)
całus *m* (*-a*; *-y*) Kuß(hand *f*) *m*
cał|y *adj* ganz; (*kompletny*) vollständig; (*zdrów*) heil, unverletzt; → **cało**; **z ~ej siły** mit voller Kraft/Wucht; **~ymi godzinami** stundenlang
camping ['kεm-] → **kemping**
cap *m* (*-a*; *-y*) (Ziegen-)Bock
capstrzyk *m* (*-a*;*-i*) Zapfenstreich; (*przemarsz*) Festumzug am Vorabend (*G*)
car (*-a*; *-owie*) Zar; **~owa** *f* (*-wej*, *-wo!*; *-we*) Zarin; **~ski** zaristisch, Zaren-
casco ['kaskɔ] *n* (*idkl*) Kaskoversicherung *f*
cążki *pl* (*-ów*) (kleine) Zange *f*
ceb|er *m* (*-bra*; *-bry*) Zuber, Bottich; **leje jak z ~ra** es gießt (in Strömen)
cebul|a *f* (*-i*; *-e*), **~ka** *f* (*-i*; *G -lek*) Zwiebel; **~(k)owaty** zwiebelförmig; **~owy** Zwiebel-; **wzór ~owy** Zwiebelmuster *n*
cech *m* (*-u*; *-y*) Zunft *f*, Innung *f*
cecha *f* (*-y*) Merkmal *n*, Eigenschaft; (Fabrik-)Zeichen *n*; Stempel *m*; **~ charakteru** Charakterzug *m*
cechować (*-uję*) kennzeichnen; (*znaczyć t.*) markieren, stempeln; *przyrząd* eichen; **~ się** sich auszeichnen (*I* durch)
cedować ⟨**s-**⟩ (*-uję*) *jur* zedieren
ceduła *f* (*-y*) *fin* Börsenzettel *m*
cedz|ak *m* (*-a*; *-i*) Seiher, Durchschlag; **~ić** (*-dzę*) ⟨**prze-**⟩ (durch)seihen; ⟨**wy-**⟩ langsam trinken, schlürfen; *fig* gedehnt/schleppend sprechen
ceg|ielnia *f* (*-i*; *-e*) Ziegelei; **~iełka** *f* (*-i*; *G -łek*) (*mydła itp.*) Stück *n*; *fig* Baustein *m*, Beitrag *m*; **~lasty** (**-to**) ziegelrot; **~ła** *f* (*-y*; *G -gieł*) Ziegel *m*
cekaem *m* (*-u*; *-y*) Maschinengewehr *n*

cel *m* (*-u*; *-e*, *-ów*) Ziel *n* (*t. fig*); (*tarcza*, *obiekt*) Zielscheibe *f*; (*zamierzony skutek*) Zweck; ***bez ~u*** ziellos; zwecklos; ***do ~u*** ins/ans Ziel; ***u ~u*** am Ziel; ***na ten ~***, ***w tym ~u*** zu diesem Zweck; ***w ~u*** zwecks; ***wziąć na ~*** aufs Korn nehmen; ***mieć na ~u/za ~*** zum Ziel haben, bezwecken; → ***celem***

cela *f* (*-i*; *-e*) (***klasztorna***, ***więzienna*** Kloster-, Gefängnis-)Zelle

celibat *m* (*-u*; *0*) Zölibat *n*

celni|czka *f* (*-i*; *G -czek*), **~k** *m* (*-a*; *-cy*) Zöllner(in), Zollbeamte(r) (-tin *f*)

celn|ość *f* (*-ści*; *0*) Treffgenauigkeit; **~y**[1] *strzał*: genau; *strzelec*: treffsicher; *uwaga itp.*: treffend; **~y**[2] Zoll-, zollamtlich; ***opłata ~a*** Zoll(gebühr *f*) *m*; ***urząd ~y*** Zollamt *n*; **~y**[3] (vor)trefflich

celow|ać[1] ⟨**wy-**⟩ (*-uję*) zielen (*t. fig*), anlegen (***do** G*, ***w** A* auf *A*); **~ać**[2] (*-uję*) sich auszeichnen, der/die erste sein (***w** L* in *D*); **~nik** *m* (*-a*; *-i*) Visier *n*; *fot* Sucher; *gr* Dativ; ***~nik lunetowy*** Zielfernrohr *n*; **~ość** *f* (*-ści*; *0*) Zweckmäßigkeit; **~y** (**-wo**) absichtlich, gewollt; zweckgerichtet; zweckdienlich

celując|y ausgezeichnet, Best-; **~o** *adv* mit der Note „sehr gut"

celuloza *f* (*-y*; *0*) Zellulose

cement *m* (*-u*; *-y*) Zement; **~ownia** *f* (*-i*; *-e*) Zementfabrik; **~owy** Zement-

cen|a *f* (*-y*) Preis *m*; ***po tej ~ie*** zu diesem Preis; ***za wszelką ~ę*** um jeden Preis; **~ić** (*-ę*) *fig* schätzen; **~nik** *m* (*-a*; *-i*) Preisliste *f*; **~ny** kostbar; **~owy** Preis-

centnar *m* → ***cetnar***

central|a *f* (*-i*; *-e*) Zentrale; (*instytucja t.*) Hauptverwaltung; *tech t.* Leitstelle; *tel* Vermittlungsamt *n*; ***~a międzymiastowa*** Fernamt *n*; **~izacja** *f* (*-i*; *0*) Zentralisation; **~ny** zentral, Zentral-

centrum *n* (*idkl*; *-ra*, *-ów*) Zentrum; Mittelpunkt *m*; ***~ handlowe*** Einkaufszentrum; ***~ obliczeniowe*** Rechenzentrum

centymetr *m* Zentimeter *n*; (*taśma*) Zentimetermaß *n*

cenzur|a *f* (*-y*) Zensur; **~ować** (*-uję*) zensieren; (*ganić*) beanstanden

cep *m* (*-u/-a*; *-y*) Dreschflegel

cer|a[1] *f* (*-y*; *0*) Gesichtsfarbe, Teint *m*; ***nabrać ~y*** gesunde Farbe bekommen

cera[2] *f* (*-y*) (*w pończosze*) gestopfte Stelle

cerami|czny keramisch, Keramik-; **~ka** *f* (*-i*) (***szlachetna*** Fein-)Keramik

cerata *f* (*-y*) Wachstuch *n*

ceregiel|e F[-'gε-] *pl* (*-li*) Getue *n*; ***bez ~i*** ohne Umstände, ohne Aufhebens

cere'monia [-ŋ̍ia] *f* (*GDL -ii*; *-e*) Zeremonie; F *pl t.* Aufheben *n*

cerkiew *f* (*-kwi*; *-kwie*, *-kwi*) (orthodoxe) Kirche; **~ny** kirchlich, Kirchen-

cerować ⟨**za-**⟩ (*-uję*) *pończochę* stopfen

certować się (*-uję*) sich zieren; (viel) Umstände machen (**z** *I* mit)

certyfikat *m* (*-u*; *-y*) Zertifikat *n*; (***pochodzenia*** Ursprungs-)Zeugnis *n*

cesa|rski kaiserlich; **~rz** *m* (*-a*; *-e*) Kaiser; **~rzowa** *f* (*-wej*, *-wo!*; *-we*) Kaiserin

cesja *f* (*-i*; *-e*) *jur* Zession, Abtretung

cetnar *m* (*-a*; *-y*) Zentner

cewka *f* (*-i*; *G -wek*) *anat* (***moczowa*** Harn-)Röhre; *łow* (Reh-)Lauf *m*; *tech*, *el* Spule; ***~ zapłonowa*** Zündspule

cez *m* (*-u*; *0*) *chem* Cäsium *n*

cęgi *pl* (*-ów*) Zange *f*

cętk|a *f* (*-i*; *G -tek*) Tupfen *m*, Tüpfel *n*/*m*; **~owany** gesprenkelt, getüpfelt

chaber *m* (*-bra*; *-bry*) Kornblume *f*

chadec|ja *f* (*-i*; *0*) Christdemokraten *m*/*pl*; **~ki** christdemokratisch

chałka *f* (*-i*; *G -łek*) (*bułka*) Zopf *m*

chałupa *f* (*-y*) Haus *n*; Kate, Hütte

chałupni|ctwo *n* (*-a*; *0*) Hausgewerbe, Heimarbeit *f*; **~czka** *f* (*-i*; *G -czek*), **~k** *m* (*-a*; *-cy*) Heimarbeiter(in)

cham *m* (*-a*; *-y*) Rüpel; **~ka** *f* (*-i*; *G -mek*) *pej* ordinäres Weibsstück; **~ski** (**po -ku**) rüpelhaft, ordinär

chaotyczny chaotisch

charakte|r *m* (*-u*; *-y*) Charakter; ***~r pisma*** Handschrift *f*; ***bez ~ru*** charakterlos; ***w ~rze gościa*** als Gast; **~rystyczny** charakteristisch; **~'rystyka** *f* (*-i*) Charakteristik; **~ryzacja** *f* (*-i*; *-e*) *teatr* Maske; **~ryzator** *m* (*-a*; *-rzy*), **-rka** *f* (*-i*; *G -rek*) Maskenbildner(in)

charakteryzować (*-uję*) ⟨**o-**⟩ charakterisieren; ***~ się*** gekennzeichnet sein (*I* durch); ⟨**u-**⟩ *teatr* schminken (***się*** sich)

char|czeć (*-ę*, *-y*) röcheln; **~kać** (*-am*) ⟨**~knąć**⟩ (*-nę*) abhusten, speien

charkot *m* (*-u*; *-y*) Röcheln *n*

chart *m* (*-a*; *-y*) Windhund

charterowy [tʃ-] Charter-

charytatywny karitativ

chaszcze *pl* (*-y*/*-ów*) Dickicht *n*

chata *f* (*-y*) → ***chałupa***

chcieć* ⟨**ze-**⟩ wollen, mögen; ***chce mi***

C

się (*G, inf*) ich will/möchte (*A, inf*) ***nie chce mi się*** *t.* ich habe keine Lust; ***chciał(a)bym*** ich würde/hätte gern
chciw|ie *adv* → ***chciwy***; **~iec** *m* (*-wca; -wcy*) habgieriger Mensch, *pej* Raffzahn; **~ość** *f* (*-ści; 0*) (Hab-, Geld-) Gier; **~y** gierig; ***~y na pieniądze*** geldgierig; ***~y wiedzy*** wißbegierig
chełbia *f* (*-i; -e*) Qualle
chełp|ić się (*-ę*) prahlen, sich brüsten (*I* mit); **~liwość** *f* (*-ści, 0*) Prahlsucht; **~liwy** (***-wie***) prahlerisch, angeberisch
chemi|a ['xɛmʲa] *f* (*GDL -ii; 0*) Chemie; **~czka** *f* (*-i; G -czek*) Chemikerin; **~czny** chemisch; ***ołówek ~czny*** Tintenstift; **~k** *m* (*-a; -cy*) Chemiker
cherlawy (***-wo***) kränklich, F mickrig
cherubinek *m* (*-nka; -nki*) Putte *f*, Putto
chę|ć *f* (*-ci*) Lust, Verlangen *n*; (*zamiar*) Absicht; ***mieć ~ć*** Lust haben (***do*** *G*, ***na*** *A* auf *A*, zu); ***dobre ~ci*** guter Wille; ***z miłą ~cią*** sehr gern
chęt|ka *f* (*-i; G -tek*) Gelüst *n*; ***mieć ~kę*** F scharf sein (***na*** *A* auf *A*); **~nie** *adv* gern, bereitwillig; **~ny** willig, eifrig; ***on ~ny do nauki*** er lernt eifrig
chichotać (*-czę/-cę*) kichern
chilijski [tʃi-] chilenisch, Chile-
chimer|a *f* (*-y*) *fig* Schimäre, Trugbild *n*; **~y** *pl* Launen *f/pl*
chinina *f* (*-y; 0*) Chinin *n*
Chinka *f* (*-i; G -nek*) Chinesin
Chiń|czyk *m* (*-a; -cy*) Chinese; **⁓ski** (***po -ku***) chinesisch; **⁓szczyzna** *f* (*-y; 0*) Chinesisch(e) *n*; *fig* Kauderwelsch *n*; böhmische Dörfer *n/pl*
chiromancja *f* (*-i; 0*) Handlesekunst
chirurg *m* (*-a; -dzy/-owie*) Chirurg
chirurgiczny chirurgisch
chlap|a *f* (*-y*) Matschwetter *n*; **~ać** (*-ię*) *v/i* waten (***po*** *L* in *D*, durch); platschen; **~ie** (*deszcz*) F es pinkelt; *v/t* ⟨*t.* **~nąć**⟩ (*-nę*) (be)spritzen
chlas|tać (*-am/-szczę*) *v/i deszcz*: klatschen, platschen; *v/t* (*t. v/s* **~nąć**) (*-nę*) ein paar/*v/s* eins überziehen (*D*)
chleb *m* (*-a; -y*) Brot *n* (*t. fig*); ***~ z masłem*** Butterbrot *n*; ***zarabiać na ~*** sein Brot verdienen; **~owy** Brot-
chlew *m* (*-a/-u; -y*) Schweinestall; **~ny:** ***trzoda ~na*** *zbior* Schweine *n/pl*
chlipać F (*-ię*) schluchzen
chlor *m* (*-u; 0*) Chlor *n*; **~ek** *m* (*-rku; -rki*): ***~ (bielący)*** Chlorkalk; **~owodór** *m* Chlorwasserstoff; **~owy** Chlor-
chlub|a *f* (*-y; 0*) Ruhm *m*; (*pl -y*) Stolz *m*; **~ić się** (*-ę*) (*I*) sich rühmen (*G*); stolz sein (auf *A*); **~ny** ruhmvoll, glorreich; *świadectwo*: glänzend, prächtig
chlup|ać (*-ię*) *v/i* plätschern, gluckern; ***~ać się*** planschen; **~nąć** *v/s* (*-nę*) (*v/t* be)spritzen; plumpsen (***do*** *G* in *A*)
chlus|tać (*-am*) ⟨**~nąć**⟩ (*-nę*) schießen, spritzen, (hervor)sprudeln; → ***chlastać, chlupnąć***
chłam F *m* (*-u; 0*) Ramsch
chłeptać (*-czę/-cę*) *kot*: schlecken
chłod|ek *m* (*-dku; -dki*) Kühle *f*; **~nia** *f* (*-i; -e*) Kühlhaus *n*; ***wagon ~nia*** *kolej* Kühlwagen; **~nica** *f* (*-y; -e*) *mot* Kühler *m*; **~niczy** Kühl-; **~nieć** ⟨**po-**⟩ (*-eję*) kühl(er) werden, sich abkühlen; **~nik** *m* (*-a; -i*) Gemüsekaltschale *f*; **~ny** (***-no***) kühl (*t. fig*); ***jest ~no*** es ist kühl
chłodz|iarka *f* (*-i; G -rek*) Kühlschrank *m*; **~ić** ⟨**o-**⟩ (*-dzę*) kühlen, abkühlen (***się*** sich); ***~ony wodą*** wassergekühlt
chłon|ąć ⟨**w-**⟩ (*-nę*) absorbieren, aufsaugen, einsaugen; **~ka** *f* (*-i;0*) Lymphe; **~ny** absorptiv; *fig* aufnahmefähig; ***gruczoł ~ny*** Lymphknoten
chłop *m* (*-a, -u; -i*) Bauer; F (*pl -y*) Mann, Kerl; **~ak** *m* (*-a; -cy/-i*) Junge; Bursche; **~czyk** *m* (*-a; -i*) Junge, † Knabe
chłopiec *m* (*-pca; -pcy*) → ***chłopak***; (*adorator*) Freund; ***~ do wszystkiego***, ***~ na posyłki*** Laufbursche
chłop|ięcy (***-co***) jungenhaft; *odzież itp.*: Knaben-; **~ka** *f* (*-i; G -pek*) Bäuerin; **~ski** bäuerlich, Bauern-; (***po -ku***) bäurisch; **~stwo** *n* (*-a; 0*) *zbior* Bauern(schaft *f*) *m/pl*
chłost|a *f* (*-y*) Prügel *m/pl*; ***kara ~y*** Prügelstrafe; **~ać** (*-szczę*) peitschen; *fig* geißeln
chłód *m* (*-odu; -ody*) Kühle *f*, Kälte *f*
chmara *f* (*-y*) Schwarm *m*, Menge
chmiel *m* (*-u; 0*) Hopfen
chmur|a *f* (*-y*) Wolke; **~ka** *f* (*-i; G -rek*) Wölkchen *n*; **~ny** (***-no***) bewölkt, wolkig; *fig* (***-nie***) finster, düster
chmurzyć (*-ę*) ⟨**na-**⟩ *czoło* runzeln; *brwi* zusammenziehen; ***~ się*** ⟨**za-**⟩ sich bewölken; *fig* sich verdüstern
chochla *f* (*-i; -e, -i/-chel*) Suppenkelle
chochlik *m* (*-a; -i*) Kobold, Wichtel
cho|ciaż, **~ć** *conj* obgleich, obwohl;

wenn auch; → **~ćby** *conj* und wenn; *part* wenigstens

chod|ak *m* (*-a*; *-i*) Holzschuh; **~nik** *m* (*-a*; *-i*) Bürgersteig, Gehweg; (*dywan*) Läufer; (*korytarz*) Gang; **~y** *pl* → **chód**

chodzić (*-dzę*) gehen, F laufen; *karc* ausspielen; *pociąg*: verkehren; (**koło** *G*) pflegen (*A*); **~ do szkoły** die Schule besuchen; **~ o lasce** am Stock gehen; **~ w sukni** ein Kleid tragen; **chodzi o ...** es handelt sich/geht um ...; **nie chodzi o ...** *t.* es kommt nicht auf ... an; **o co chodzi?** worum geht es?; **o ile o mnie chodzi** was mich angeht; **mogący ~** gehfähig

choink|a [xɔ'in-] *f* (*-i*; *-nek*) Weihnachtsbaum *m*; (*zabawa*) Weihnachtsfeier; **dostać na ~ę** als Weihnachtsgeschenk bekommen; **~owy: zabawki** *f/pl* **~owe** Christbaumschmuck *m*

cholerny P verdammt, verflucht

cholesterol *m* (*-u*; *0*) Cholesterin *n*

cholewa *f* (*-y*) Stiefelschaft *m*; **buty** *m/pl* **z ~mi** Schaftstiefel *m/pl*

chomąto *n* (*-a*) Kum(me)t

chomik *m* (*-a*; *-i*) Hamster

chorą|giew *f* (*-gwi*; *-gwie*) (**kościelna** Kirchen-)Fahne; *hist* Reiterregiment *n*; **~giewka** *f* (*-i*; *G -wek*) Fähnchen *n*; (**na dachu** Wetter-)Fahne; **~ży** *m* (*-ego*; *-owie*) Fahnenträger; Fähnrich

choro|ba *f* (*-y*) (**morska**, **zawodowa** See-, Berufs-)Krankheit; **~ba Heinego-Medina** spinale Kinderlähmung; **~ba!** verdammt!; **~bliwy** (**-wie**) krankhaft; **~botwórczy** (**-czo**) krankheitserregend; **~bowy** Krankheits-; *su* **~owe** F *n* (*-ego*; *-owe*) Krankengeld; **~wać** (*-uję*) krank sein; (**na** *A*) leiden (an *D*); **~wać na serce** herzkrank sein

chorowity kränklich; krank(haft)

chorwa|cki (**po -ku**) kroatisch; **2t** *m* (*-a*; *-ci*) Kroate; **2tka** *f* (*-i*; *G -tek*) Kroatin

chor|y krank; **~y na wątrobę** leberkrank; **~y umysłowo** geisteskrank; *su m* (*-ego*; *-rzy*), **~a** *f* (*-ej*; *-e*) Kranke(r)

chować (*-am*) ⟨**s-**⟩ (*ukrywać*) verstekken, verbergen (**się** sich); → **wkładać**; ⟨**po-**⟩ beerdigen; ⟨**wy-**⟩ großziehen; *impf* (*hodować*) halten; **zdrowo się ~** gesund aufwachsen, gedeihen

chowan|y *podwozie*: einziehbar; **bawić się w ~ego** Versteck spielen

chód *m* (*-odu*; *-ody*) Gang; *sport* Gehen *n*; F **mieć chody** Beziehungen haben

chór *m* (*-u*; *-y*) Chor; **~em** *adv* im Chor

chórzyst|a *m* (*-y*; *-ści*), **~ka** *f* (*-i*; *G -tek*) Chorsänger(in), Chorist(in)

chów *m* (*-owu*; *0*) Haltung *f*, Zucht *f*

chrabąszcz *m* (*-a*; *-e*, *-y*/*-ów*) Maikäfer

chrapać (*-ię*) schnarchen; → **charczeć**

chrapliwy (**-wie**) krächzend, heiser

chrapy *f/pl* (*-[ów]*) Nüstern *f/pl*

chrobotać (*-czę*/*-cę*) *v/i* knirschen; *lód*: knistern; *myszy*: rascheln, rumoren

chrobry tapfer

chrom *m* (*-u*; *0*) *chem* Chrom *n*; (*pl -y*) Chromleder *n*; **~owy** Chrom-

chroniczny chronisch

chronić (*-ę*) ⟨**u-**⟩ schützen (**się** sich); (**od** *G*, **przed** *I*) bewahren (vor *D*); **~** ⟨**s-**⟩ **się** Schutz suchen (**przed** *I* vor *D*)

chroniony geschützt

chronometraż *m* Zeitnahme *f*

chrop|awy (**-wo**), **~owaty** (**-to**) rauh

chrup|ać (*-ię*) *śnieg*: knirschen; (*jeść*) knabbern, knuspern; **~ki** (**-ko**) knusprig, mürbe; **~ki chleb** Knäckebrot *n*

chrust *m* (*-u*; *0*) Reisig *n*

chryja P *f* (*-yi*; *-e*) Stunk *m*

chryp|ka *f* (*-i*; *G -pek*) Heiserkeit, F Frosch *m* im Hals; **~liwy** (**-wie**) heiser; **~nąć** ⟨**o-**⟩ (*-nę*) heiser werden

Chrystus *m* (*-a*, *-sie*/*Chryste!*; *0*) Christus; **przed ~em** vor Christo

chrzan *m* (*-u*; *0*) Meerrettich, Ⓐ Kren

chrząk|ać (*-am*) ⟨**~nąć**⟩ (*-nę*) sich räuspern, hüsteln; grunzen; **~anie** *n* (*-a*), **~nięcie** *n* (*-a*) Räuspern; Grunzen

chrząsnąć *v/s* (*-nę*) → **chrzęścić**

chrząstka *f* (*-i*; *G -tek*) Knorpel *m*

chrząszcz *m* (*-a*; *-e*) *zoo* Käfer

chrzcić ⟨**o-**⟩ (*-czę*) taufen

chrzcielnica *f* (*-y*; *-e*) Taufbecken *n*

chrzciny *pl* (*chrzcin*) Tauffeier *f*

chrzest *m* (*czrztu*; *chrzty*) Taufe *f*; **~ny** Tauf-; *su m* (*-ego*; *-i*) Taufpate; **~na** *f* (*-ej*; *-e*) Taufpatin; **rodzice** *m/pl* **~ni** Taufpaten *m/pl*; **~ny syn** Patensohn

chrześcijanin *m* (*-a*; *-anie*, -) Christ

chrześcijanka *f* (*-i*; *G -nek*) Christin

chrześcijańs|ki (**po -ku**) christlich; **~two** *n* (*-a*; *0*) Christentum

chrześnia|czka *f* (*-i*; *G -czek*), **~k** *m* (*-a*; *-cy*) Patenkind *n*

chrzę|snąć *v/s* (*-nę*) → **chrzęścić**; **~st** *m* (*-u*; *-y*) Knistern *n*; Knirschen *n*; Rasseln *n*, Gerassel *n*; Klirren *n*; **~ścić**

(*-szczę*) *słoma*: knistern; *żwir*: knirschen; *zbroja*: rasseln; *uprząż*: klirren
chuch|ać (*-am*) ⟨**~nąć**⟩ (*-nę*) hauchen; **~ać na** (*A*) anhauchen (*A*)
chu|derlawy schmächtig, F dünn; **~dnąć** ⟨**s-**⟩ (*-nę*, *-dł*) abmagern, abnehmen; **~dość** *f* (*-ści*; *0*) Magerkeit; **~dy** (**-do**) mager (*t. fig*), dürr; **~dzielec** F *m* (*-lca*; *-lcy*/*-lce*) Klappergestell *n*
chuligan *m* (*-a*; *-i*) Rowdy, Hooligan
chuligaństwo *n* (*-a*) Rowdytum; grober Unfug
chust|a *f* (*-y*) Umschlag(e)tuch *n*; **~eczka** *f* (*-i*; *G -czek*) Tüchlein *n*; → **~ka** *f* (*-i*; *G -tek*) (**do nosa** Taschen-; **na głowę** Kopf-)Tuch *n*
chwa|lebny lobenswert, löblich; **~lić** ⟨**po-**⟩ (*-lę*) loben, preisen; **~lić się** (*I*) prahlen (mit); sich rühmen (*G*); **~ła** *f* (*-y*; *0*) Ruhm *m*; **~ła Bogu** Gott sei Dank, gottlob
chwast[1] *m* (*-u*; *-y*) (*zielsko*) Unkraut *n*
chwast[2] *m* (*-u*/*-a*; *-y*) Quaste *f*
chwiać (*-eję*) (*I*) (hin und her) wiegen, biegen (*A*); **~ się** (sch)wanken; *ząb*: wackeln
chwiejn|ość *f* (*-ści*; *0*) *fig* Labilität, unsichere Lage; Unbeständigkeit; **~y** wack(e)lig, (sch)wankend; *fig t.* unbeständig; wankelmütig
chwil|a *f* (*-i*; *-e*) Augenblick *m*; Weile; **~e** *pl t.* Zeit *f*; **~a wytchnienia** Atempause; **~ami** zuweilen, manchmal; **co ~a** alle Augenblicke; **lada ~a** jeden Augenblick; **na ~ę** für e-n Moment; **od tej ~i** von jetzt an; **po ~i** nach e-r Weile; **przed ~ą** vor wenigen Augenblicken, soeben; (**przez**) **~ę** e-e Weile (lang), e-e Zeitlang; **w danej ~i** in diesem Moment; **w tej ~i** auf der Stelle, sofort; gerade jetzt, zur Stunde; **za ~ę** nach e-m Augenblick, nach (ganz) kurzer Zeit; **z ~ą** im Augenblick (*G*), mit (*D*)
chwilowy (**-wo**) momentan, vorübergehend; *adv t.* zur Zeit
chwy|cić *pf* (*-cę*) → **chwytać**; **~t** *m* (*-u*; *-y*) Griff; *fig* Kniff, F Dreh; → **uchwyt**; **~tać** (*-am*) *v/t* ergreifen, packen (**za** *A* bei, an *D*); schnappen (**powietrze** nach Luft); greifen (**za pióro** zur Feder); *piłkę* (auf)fangen; *żal*, *gniew*: erfassen; **mróz ~ta** es friert; **~tać się** greifen; sich fassen (**za głowę** an den Kopf)
chyba *part* wohl; *conj* **~ że** außer wenn, es sei denn, daß; **~ nie** wohl kaum
chybi|ać (*-am*) ⟨**~ć**⟩ (*-ę*) verfehlen (**celu** das Ziel), F danebengehen; **na ~ł trafił** aufs Geratewohl; **~ony** verfehlt
chylić ⟨**po-**, **s-**⟩ (*-lę*) neigen (**się** sich)
chyłkiem *adv* verstohlen, heimlich
chytro *adv* → **chytry**; **~ść** *f* (*-ści*) Schläue
chytry listig, (*t. fig*) schlau; → **chciwy**
chytrzej(**szy**) *comp* → **chytro**, **chytry**
ci *m-os* → **ten**
ciałko *n* (*-a*; *G -łek*) *biol* Körperchen
ciał|o *n* (*-a*) Körper *m*; (*tułów t.*) Leib *m*; (*zwłoki*) Leichnam *m*; **górna część ~a** Oberkörper *m*; **spaść z ~a** F vom Fleisch fallen; → **boży**
ciarki *f*/*pl* (*-rek*) Gänsehaut *f*; **przeszły mnie ~** es überlief mich kalt
ciasn|ota *f* (*-y*; *0*) Enge; **~y** (**-no**) eng
ciast|ko *n* (*-a*; *G -tek*) Kuchen *m*, Törtchen, Plätzchen; *pl t.* Gebäck; **~o** *n* (*-a*, *L cieście*; *-a*) (**francuskie** Blätter-)Teig *m*; (*wypiek*) Kuchen *m*
ciaśniej(**szy**) *comp* →**ciasno**, **ciasny**
ciąć* ⟨**po-**⟩ *v/t* schneiden; *impf t. drzewa* fällen; (*piłą*) sägen; *v/i deszcz*, *wiatr*: peitschen; *komary*: stechen
ciąg *m* (*-u*; *-i*) (**uliczny** Straßen-, **powietrza** Luft-)Zug; (*przebieg*) Verlauf; **~ dalszy** Fortsetzung *f*; **w ~u** (*G*) binnen, innerhalb (*G*); im Verlauf (*G*); **w dalszym ~u** weiterhin; **~le** *adv* ständig, (an)dauernd; **~łość** *f* (*-ści*; *0*) Kontinuität; **~ły** stetig; kontinuierlich; → **stały**, **ustawiczny**; **~nąć** (*-nę*) ziehen (*t.* **za** *A* an *D*, **do** *G* in *A*); (*wlec*) schleppen; → **pociągać**; *v/i* ziehen; **~nąć dalej** fortfahren; **tu ~nie** es zieht hier; **~nąć się** sich ziehen; (*w czasie t.*) sich hinziehen; **~nienie** *n* (*-a*) (*loterii*) Ziehung *f*; **~nik** *m* (*-a*; *-i*) *mot* Schlepper
ciąż|a *f* (*-y*) Schwangerschaft; **być w ~y** schwanger sein; **zajść w ~ę** schwanger werden; **~enie** *n* (*-a*; *0*) Gravitation *f*; **~yć** (*-ę*) *fig* lasten (**na** *L* auf *D*); neigen (**ku** *D* zu); (*być dokuczliwym*) lästig sein
cichaczem *adv* heimlich, verstohlen
cich|nąć ⟨**u-**⟩ (*-nę*; *t. -ł*) verstummen; *wiatr itp.*: abflauen, nachlassen; **~y** (**-cho**, **po -chu**, **z -cha**) leise, (*t. wspólnik itp.*) still; **bądź ~o!** sei still!
ciebie (*GA* → **ty**); dich; **u ~** bei dir
ciec* → **cieknąć**
ciecz *f* (*-y*; *-e*) Flüssigkeit
ciekaw|ić (*-ę*) interessieren; **~ie** *adv* →

ciekawy; **~ostka** *f* (*-i*; *G -tek*) interessante Sache/Neuigkeit; Kuriosität; **~ość** *f* (*-ści*; *0*) Neugier; **przez ~ość**, **z ~ości** aus Neugier; **~y** neugierig (*G* auf *A*); (**-wie**) interessant, spannend; **~(a) jestem, czy ...** ich bin gespannt, ob ...
ciek|ły flüssig; **~nąć** (*-nę*; *t. -ł*) fließen, rinnen; → **przeciekać**
cielesny (**-śnie**) körperlich
cielę *n* (*-ęcia*; *-ęta*) Kalb; **~cina** *f* (*-y*; *0*) Kalbfleisch *n*; **~cy** Kalb(s)-
cieliczka *f* (*-i*; *G -czek*) Kuhkalb *n*
cielić się ⟨**o-**⟩ (*-lę*) kalben
cielisty fleischfarben
ciem *G/pl* → **ćma**
ciemię *n* (*-enia*; *-iona*) *anat* Scheitel *m*
ciemku: po ~ im Dunkeln
ciemni|a *f* (*-i*; *-e*) Dunkelkammer; **~eć** ⟨**po-**⟩ (*-eję*) dunkel / dunkler werden; sich verdunkeln / verfinstern
ciemno *adv* → **ciemny**; **robi się ~** es wird dunkel; **~blond** dunkelblond; **~czerwony** dunkelrot; **~granatowy** dunkelblau; **~skóry** dunkelhäutig
ciemność *f* (*-ści*) Dunkelheit, Finsternis
ciemny (**-no**) dunkel; *noc*, *niebo itp. t.*: finster; (*zacofany*) rückständig
cieniej *comp* → **cienko**
cienisty (**-to**, **-ście**) schattig
cien|iutki (**-ko**) hauchdünn; **~ki** (**-ko**) dünn; (*chudy t.*) dürr; (*miałki*) fein; *herbata t.*: schwach; **~ko-** dünn-, fein-; **~kość** *f* (*-ści*; *0*) Dünnheit, Dünne
cień *m* (*-niu*; *-nie*) Schatten
cieńszy *comp* → **cienki**
ciepl|arnia *f* (*-i*; *-e*, *-i*/*-ń*) Treibhaus *n*; **~eć** ⟨**po-**⟩ (*-eję*) warm/wärmer werden; **~ej(szy)** *comp* → **ciepło**, **ciepły**; **~ica** *f* (*-y*; *-e*) Thermalquelle; **~ny** Wärme-; **pompa ~na** Wärmepumpe
ciep|ławy (**-wo**) lauwarm; **~ło¹** *n* (*-a*; *0*) Wärme *f*; **~ło²** *adv* warm; **robi się ~ło** es wird warm; **~łownia** *f* (*-i*; *-e*) Fernheizwerk *n*; **~ły** *adj* warm (*t. fig*)
cierni|owy, **~sty** dornig
cierń *m* (*-nia*; *-nie*, *-ni*) Dorn, Stachel
cierpiący leidend (**na** *A* an *D*)
cierpie|ć (*-ę*, *-i*) leiden (**głód** Hunger; **z powodu** *G* unter *D*; **na** *A* an *D*); (*znosić*) ertragen, dulden; **nie ~ć** (*G*) nicht ausstehen können (*A*); **~nie** *n* (*-a*) Leiden, Schmerz *m*
cierpki (**-ko**) herb; → **kwaśny**
cierpliw|ość *f* (*-ści*; *0*) Geduld; **uzbroić się w ~ość** sich in Geduld fassen; **~y** (**-wie**) geduldig; *os. t.*: duldsam
cierpn|ąć ⟨**ś-**⟩ (*-nę*; *t. -ł*) (*drętwieć*) taub werden, F einschlafen; **aż skóra ~ie** (so) daß man e-e Gänsehaut bekommt
ciesielski Zimmermanns-
cieszyć ⟨**u-**⟩ (*-ę*) erfreuen; **~ się** sich freuen (**z** *G* über *A*; **na** *A* auf *A*); sich erfreuen (**zdrowiem** guter Gesundheit)
cieśla *m* (*-i*; *-e*, *-i*/*-ów*) Zimmermann
cieśnina *f* (*-y*) Meerenge
cietrzew *m* (*-wia*; *-wie*) Birkhahn
cię *ściągn* (*A* → **ty**) dich; *por* **ciebie**
cię|cie *n* (*-a*) Schnitt *m*; (*cios*) Hieb *m*; (*czynność*) Schneiden; **~ciwa** *f* (*-y*) (**łuku** Bogen-)Sehne
cięgi F *pl* (*-ów*) Prügel *m/pl*
cięty geschnitten, Schnitt-; *fig* (*ostry*) scharf; (*bystry*) schlagfertig
ciężar *m* (*-u*; *-y*) Gewicht *n*; (*t. fig*) Last *f*; **być ~em** (**dla** *G*) zur Last fallen (*D*); **podnoszenie ~ów** Gewichtheben; **~ek** *m* (*-rka*; *-rki*) Gewicht *n*; **~na** schwanger; *su f* (*-nej*; *-ne*) Schwangere; **~owy** Gewicht-; Last-, Güter-
ciężarówka *f* (*-i*; *G -wek*) *mot* Laster *m*
cięż|ej *comp* → **ciężko**; **~ki** *adj* schwer, Schwer-; (*trudny*) schwierig
ciężko *adv* schwer; **~ chory** schwerkrank; **~ ranny** schwerverletzt
ciężkoś|ć *f* (*-ści*; *0*) Schwere; **punkt/środek ~ci** Schwerpunkt
ciocia *f* (*-i*; *-e*) Tante
cios *m* (*-u*; *-y*) Hieb, (*t. fig*) Schlag
ciosać ⟨**o-**⟩ (*-am*) behauen, zuhauen
ciota *f* (*-y*) *pej* Homo *m*, Tunte
cioteczn|y: brat ~y Vetter; **siostra ~a** Base, Kusine
ciotka *f* (*-i*; *G -tek*) Tante
cis *m* (*-u/a*; *-y*) Eibe *f*; Eibenholz *n*
ciskać (*-am*) werfen, schleudern
cisną|ć¹ *pf* (*-nę*) → **ciskać**; **~ć²** (*-nę*) drücken; **~ć się** sich drängen
cisz|a *f* (*-y*; *0*) Stille; *fig t.* Ruhe; **proszę o ~ę!** (ich) bitte um Ruhe!; **~ej** *comp* → **cicho**; **~kiem** → **cichaczem**
ciśnienie *n* (*-a*) (**powietrza** Luft-, **krwi** Blut-)Druck *m*
ciuchy F *m/pl* (*-ów*) Trödelmarkt *m*
ciuciubabk|a *f*: **bawić się w ~ę** Blindekuh spielen
ciułać ⟨**u-**⟩ (*-am*) (zusammen)sparen
ciupaga *f* (*-i*) Bergstock *m* (mit Haue)
ciurkiem *adv*: **płynąć ~** rinnen, fließen

C

ciż *m-os* → ***tenże***
ciżba *f* (*-y*) (Menschen-)Menge
ckliw|y (***-wie***) (*rzewny*) rührselig; ***robi mi się ~ie*** mir wird übel; → ***mdły***
clić ⟨**o-**⟩ (*-lę, clij!*) verzollen
cło *n* (*cła; G cel*) Zoll *m*; ***wolny od cła*** zollfrei; ***podlegający cłu*** zollpflichtig
cmenta|rny Friedhofs-; **~rz** *m* (*-a; -e*) Friedhof; (*przy kościele*) Kirchhof
cmentarzysko *n* (*-a*) Gräberfeld; ***~ starych samochodów*** Autofriedhof *m*
cmok|ać (*-am*) ⟨**~nąć**⟩ (*-nę*) schnalzen; (*t.* F *całować*) schmatzen
cnot|a *f* (*-y*) Tugend; **~liwy** (***-wie***) tugendhaft; (*niewinny*) keusch
co *pron* (*G czego, D czemu, I czym; 0*) was; (*który*) welche(r); (*jak*) wie; ***~ za*** was für (ein); ***~ innego*** etwas anderes; ***~ do*** bis auf; ***~ do mnie*** was mich betrifft; ***~ mu jest?*** was hat er (denn)?; ***~ to jest*** was ist das; ***czego chcesz*** was willst du; ***w razie czego*** falls etwas passiert, notfalls; ***czym mogę służyć?*** womit kann ich dienen?; ***o czym*** wovon; ***po czym*** danach; *part* (*idkl*): ***~ tydzień*** jede Woche; ***~ krok*** alle paar Schritte; → ***czas, bądź***
codzien|nie *adv* täglich, jeden Tag; **~ny** *adj* (all)täglich, Tages-
cof|ać (*-am*) ⟨**~nąć**⟩ (*-nę*) *rękę, wojsko* zurückziehen; *auto* zurücksetzen; *zegar* zurückstellen; *obietnicę, zlecenie* zurücknehmen, widerrufen; ***~nąć zamówienie*** (***na*** *A*) abbestellen (*A*); ***~ać*** ⟨***~nąć***⟩ ***się*** zurücktreten; zurückweichen (***przed*** *I* vor *D*)
co|godzinny stündlich; **~kolwiek** (*G czego-, D czemu-, I czymkolwiek; 0*) irgend etwas; was auch (immer); (*nieco*) etwas, ein bißchen
cokół *m* (*-ołu; -oły*) Sockel
comber *m* (*-bra; -bry*) *łow, kulin* Ziemer
conocny allnächtlich
coraz immer; ***~ cieplej / więcej*** immer wärmer / mehr; ***~ to*** immer wieder
coroczny alljährlich
coś *pron* (*G czegoś, D czemuś, I czymś; 0*) etwas, F was; ***~ takiego!*** (nein,) so etwas!; **~kolwiek** → ***cokolwiek***
cotygodniowy allwöchentlich
córka *f* (*-i; G -rek*) Tochter
cóż *pron* (*G czegoż, D czemuż, I czymże; 0*) → ***co***; ***no i ~?*** na und?; ***~ dopiero*** und erst (recht); geschweige denn
cuchnąć (*-nę*) übel riechen, F stinken
cucić ⟨**o-**⟩ (*-cę*) (wieder) zu sich bringen
cud *m* (*-u;-a/-y, -ów*) Wunder *n*; ***~em*** (wie) durch ein Wunder; **~aczny** → ***dziwaczny***; **~ny** wundervoll
cudo *n* (*-a*) Wunderwerk; **~twórca** *m* Wundertäter; **~wnie** *adv* → ***cudem***; *t.* → **~wny** wundertätig; (*piękny*) wunderbar, wundervoll, herrlich
cudzoziem|iec *m* (*-mca; -mcy*), **~ka** *f* (*-i; G -mek*) Ausländer(in); **~ski** (***po -ku, z -ka***) fremdländisch
cudzy fremd; **~słów** *m* (*-owu; -owy, -owów*) Anführungszeichen *n/pl*
cugle *pl* (*-i*) Zügel *m/pl*
cu'kinia *f* (*GDL -ii; -e*) Zucchini *m/pl*
cukier *m* (*-kru; -kry*) Zucker; **~ek** *m* (*-rka; -rki*) Bonbon *m/n*; **~nia** *f* (*-i; -e, -i*) Konditorei; **~nica** *f* (*-y; -e*) Zuckerdose; **~nik** *m* (*-a; -cy*) Konditor
cukrownia *f* (*-i; -e*) Zuckerfabrik
cukrzyca *f* (*-y; 0*) Zuckerkrankheit
cukrzyć ⟨**o-, po-**⟩ (*-ę*) zuckern
cumować (*-uję*) *mar* festmachen
cwał *m* (*-u; 0*) Galopp; **~em**, ***w ~*** im Galopp; **~ować** ⟨**po-**⟩ galoppieren
cwan|iaczka *f* (*-i; G -czek*) gerissene/ausgekochte Person; **~iak** *m* (*-a; -cy/-i*) Schlaufuchs, gerissener Bursche; **~y** F gewieft, gerissen, gerieben
cycek *m* (*-cka; -cki*) Zitze *f*; **cycki** *pl pej* Brüste *f/pl*
cyfr|a *f* (*-y*) Ziffer; **~owy** digital
Cygan *m* (*-a; -anie*), **~ka** *f* (*-i; G -nek*) Zigeuner(in); **𝔠ić** F (*-ę*) schummeln
cygański Zigeuner-; ***po -ku*** wie ein Zigeuner, auf Zigeunerart
cygar|niczka *f* (*-i; G -czek*) Zigarettenspitze; **~o** *n* (*-a*) Zigarre *f*
cyjanek *m* (*-nka; -nki*) Zyanid *n*
cykać (*-am*) *zegar*: ticken
cykata *f* (*-y; 0*) Zitronat *n*, Orangeat *n*
cykl *m* (*-u; -e*) Zyklus
cyklamen *m* (*-u; -y*) Alpenveilchen *n*
cykliczny zyklisch
cyklistówka *f* (*-i; G -wek*) Sportmütze
cyklon *m* (*-u; -y*) *meteo* Zyklon
cykuta *f* (*-y*) *bot* Schierling *m*
cylinder *m* (*-dra; -dry*) Zylinder
cymbał F *m* (*-a; -y*) *pej* Trottel
cyna *f* (*-y; 0*) Zinn *n*
cynaderki *f/pl* (*-rek*) *kulin* Nieren *f/pl*
cynamon *m* (*-u; 0*) Zimt
cynfolia *f* (*GDL -ii; 0*) Stanniol *n*

cyniczny zynisch
cynk *m* (*-u*; *0*) Zink *n*; P *fig* Tip; **~ować** ⟨**o-**⟩ (*-uję*) verzinken; **~owy** Zink-
cynować ⟨**o-**⟩ (*-uję*) verzinnen
cypel *m* (*-pla*; *-ple*) Landzunge *f*, Kap *n*
cypryjski zypriotisch, Zypern-
cyprys *m* (*-u*; *-y*) Zypresse *f*
cyrk *m* (*-u*; *-i*) Zirkus (*t. fig*)
cyrkiel *m* (*-kla*; *-kle*) Zirkel
cyrk|owiec *m* (*-wca*; *-wce*), **~ówka** *f* (*-i*; *G -wek*) Zirkusartist(in); **~owy** Zirkus-, zirzensisch
cyrkul|acja *f* (*-i*; *-e*) Zirkulation, Kreislauf *m*; **~ować** (*-uję*) zirkulieren
cysterna *f* (*-y*) Zisterne, Tank *m*
cysterski Zisterzienser-
cytadela *f* (*-i*; *-e*) Zitadelle
cytat *m* (*-u*; *-y*), **~a** *f* (*-y*) Zitat *n*
cytować ⟨**za-**⟩ (*-uję*) zitieren
cyt|rusowy: ***owoce*** *m/pl* ***~owe*** Zitrusfrüchte *f/pl*; **~ryna** *f* (*-y*) Zitrone; **~rynowy** Zitronen-; zitronengelb
cywil *m* (*-a*; *-e*, *-ów*) Zivilist; ***w ~u*** in Zivilkleidung; F im Zivilleben; **~izacja** *f* (*-i*; *-e*) Zivilisation; **~noprawny** zivilrechtlich; **~ny** zivil; bürgerlich; ***stan ~ny*** Familienstand; → ***urząd***
czad *m* (*-u*; *y*) Kohlenmonoxyd *n*; (*woń spalenizny*) Brandgeruch
czaić się ⟨***przy-***, **za-**⟩ (*-ję*) lauern
czajnik *m* (*-a*; *-i*) Teekessel
czambuł *m*: ***w ~*** in Bausch und Bogen
czap|eczka *f* (*-i*; *G -czek*) Käppchen *n*; **~ka** *f* (*-i*; *G -pek*) Mütze, Kappe
czapla *f* (*-i*; *-e*, *-i*/*-pel*) Reiher *m*
czaprak *m* (*-a*; *-i*) Satteldecke *f*
czar *m* (*-u*; *-y*) Zauber; (*urok*) Reiz; **~y** *pl* Zauberei *f*, Hexerei *f*
czarno *adv*, ***na ~*** schwarz; → ***biały***; **~-biały** schwarzweiß; **~księżnik** *m* (*-a*; *-cy*) Hexenmeister; **~oki** schwarzäugig; **~rynkowy** Schwarzmarkt-; **~skóry** schwarzhäutig; **~włosy** schwarzhaarig
czarn|y schwarz, Schwarz-; *fig t.*düster; ***~a jagoda*** Blaubeere; ***pół ~ej***, ***mała ~a*** ein Täßchen Kaffee schwarz; ***na ~ą godzinę*** für den Notfall
czarodziej *m* (*-a*; *-e*, *-i*/*-ów*) Zauberer; **~ka** *f* (*-i*; *G -jek*) Zauberin; **~ski** Zauber-, zauberkräftig; **~stwo** *n* (*-a*) Zauber(ei *f*) *m*
czarow|ać (*-uję*) zaubern, hexen; *fig* ⟨***o-***⟩ verzaubern, behexen; **~nica** *f* (*-y*; *-e*) Hexe; **~nik** *m* (*-a*, *-cy*) Zauberer, Medizinmann; **~ny** zauberhaft
czart *m* (*-a*, *D -u*/*-rcie*; *-ci*/*-y*) Teufel
czarter *m* (*-u*; *-y*) Charter; **~ować** (*-uję*) chartern; **~owy** Charter-
czar|ujący (**-co**) bezaubernd; **~y** → ***czar***
czas *m* (*-u*; *-y*) (***odjazdu***, ***pracy*** Abfahrts-, Arbeits-)Zeit *f*; **~** (+ *inf*) (es ist) Zeit zu ...; ***mieć ~ na*** (*A*) Zeit haben für (*A*); *gr* **~** ***przeszły*** Präteritum *n*; **~** ***przyszły*** Futur *n*; **~** ***teraźniejszy*** Präsens *n*; ***jakiś ~*** e-e Zeit lang; ***co jakiś ~***, ***od ~u do ~u*** von Zeit zu Zeit; ***do pewnego ~u*** einige Zeit (lang); ***na ~***, ***w ~*** rechtzeitig; ***na ~ie*** zeitgemäß, aktuell; ***od ~u*** (***jak***) seit (der Zeit als); ***od tego ~u*** seitdem, seit dieser Zeit; ***po ~ie*** zu spät; ***przed ~em*** verfrüht, vorzeitig; ***w ~ie*** (*G*) während; ***w krótkim ~ie*** in Kürze; ***swego ~u*** seinerzeit; ***w sam ~*** gerade zur richtigen Zeit; ***z ~em*** mit der Zeit; ***za moich ~ów*** zu meiner Zeit; **~ami** zuweilen, bisweilen; **~em** → ***czasami***; (*przypadkiem*) vielleicht
czaso|chłonny zeitraubend, zeitaufwendig; **~pismo** *n* Zeitschrift *f*; **~wnik** *m* (*-a*; *-i*) *gr* Verb *n*; **~wy** Zeit-, zeitlich; (***-wo***) vorläufig, zeitweilig
czaszka *f* (*-i*; *G -szek*) *anat* Schädel *m*; ***trupia ~*** Totenkopf *m*
czat|ować (*-uję*) lauern; (***na*** *A*) auflauern (*D*); **~y** *f/pl* (-) Horchposten *m*; ***stać na ~ach*** F Schmiere stehen
cząst|eczka *f* (*-i*; *G -czek*) *fiz* Molekül *n*; → **~ka** *f* (*-i*; *G -tek*) Teilchen *n*, Partikel *n/f*; kleiner Teil; **~kowy** partiell
czci → ***cześć***, ***czcić***; **~ciel** *m* (*-a*; *-e*), **-lka** *f* (*-i*; *G -lek*) Verehrer(in), Anbeter(in); **~ć*** verehren; **~godny** ehrwürdig, (hoch)verehrt
czcionka *f* (*-i*; *G -nek*) Letter, Type
czcz|ą, **~ę** → ***czcić***; **~o** *adv* → ***czczy***; ***na ~o*** auf nüchternen / mit nüchternem Magen; **~y** *żołądek*: nüchtern; (*płonny*, *pusty*) leer; nichtig, eitel
Czech *m* (*-a*; *-si*) Tscheche
czego, **~kolwiek**, **~ś**, **~ż** → ***co***(***kolwiek***), ***coś***, ***cóż***
czek *m* (*-u*; *-i*) (***gotówkowy***, ***podróżny*** Bar-, Reise-)Scheck; ***~iem*** mit Scheck
czekać ⟨***po-***, ***za-***⟩ (*-am*) warten; (*G*, ***na*** *A*; *impf t. być udziałem*) erwarten (*A*)
czekolad|a *f* (*-y*) Schokolade; **~ka** *f* (*-i*; *G -dek*) Praline; **~owy** Schokoladen-, Schoko-; (***-wo***) schokolade(n)braun

C

czekowy Scheck-
czeladnik *m* (*-a*; *-cy*) Geselle
czel|e → ***czoło***; **~ny** arrogant
czeluść *f* (*-ści*; *-ście*) Schlund *m*, gähnender Abgrund
czemu → **co**; (*dlaczego*) warum; F ***po*** ~ wie teuer; **~kolwiek**, **~ś**, **~ż** → ***cokolwiek***, ***coś***, ***cóż***
czepek *m* (*-pka*; *-pki*) Haube *f*; ~ ***kąpielowy*** Badekappe *f*
czepi|ać się (*-am*) ⟨**~ć się**⟩ (*-ę*) sich hängen, sich klammern (*G* an *A*); *fig* (*G*) bekritteln (*A*), mäkeln (an *D*)
czepiec *m* (*-pca*; *-pce*) Haube *f*
czeremcha *f* (*-y*) Faul(beer)baum *m*
czerep *m* (*-u*; *-y*) (Ton-)Scherbe *f*
czereśnia *f* (*-i*; *-e*) Süßkirsche
czerni|ak *m* (*-a*; *-i*) *med* Melanom *n*; **~ca** *f* (*-y*; *-e*) → ***borówka***; **~ć** (*-ę*, *-ń*/*-nij!*) schwärzen; **~eć** (*-eję*) schwarz schimmern; ⟨**po-**, **s-**⟩ schwarz werden
czernina *f* (*-y*) *kulin* Schwarzsauer *n*
czerń *f* (*-ni*; *0*) Schwarz *n*, Schwärze
czerp|ać (*-ię*) schöpfen (*t. fig*); **~ak** *m* (*-a*; *-i*) Schöpfbecher; Baggerkübel
czerstwy *chleb*: hart, altbacken; (**-wo**) *fig* (*krzepki*) rüstig
czerw *m* (*-wia*; *-wie*, *-wi*) Made *f*
czerw|cowy Juni-; **~iec** *m* (*-wca*; *-wce*) Juni; **~ienić się** ⟨**za-**⟩ (*-ę*), **~ienieć** ⟨**po-**⟩ (*-eję*) rot werden; rot schimmern
czerwonka *f* (*-i*; *0*) *med* Ruhr
czerwono *adv*, ***na*** ~ rot; **~skóry** rothäutig; **~ść** *f* (*-ści*; *0*) Röte, Rot *n*
czerwony *adj* rot, Rot-
czesać ⟨**u-**⟩ (*-szę*) kämmen (***się*** sich)
czesankow|y: ***wełna*** **~a** Kammgarn *n*
czeski ⟨**po -ku**⟩ böhmisch; tschechisch
Czeszka *f* (*-i*; *G -szek*) Tschechin
cześć *f* (*czci*, *czcią*; *0*) Ehre; ***otaczać czcią*** in Ehren halten, verehren; ***na*** ~, ***ku czci*** (*G*) zu Ehren (von, *G*); F ~*!* tschüs!, servus!
często *adv* oft; **~kroć** häufig, oftmals
częstotliwość *f* (*-ści*) Frequenz
częstować ⟨**po-**⟩ (*-uję*) (*I*) bewirten (mit), anbieten (*A*); ~ ***się*** zugreifen
częsty (*m-os części*, *comp -trzy*) häufig
częś|ciej *adv* öfter; **~ciowy** Teil-; (**-wo**) teilweise; **~ć** *f* (*-ści*) Teil *m*/*n*; ~***ć składowa*** Bestandteil *m*; ***większa*** **~ć** Großteil *m*; ***lwia*** **~ć** Löwenanteil *m*; **~*ć mowy*** Wortart *f*; ***po***/***w*** **~*ci*** zum Teil
czkawka *f* (*-i*; *G -wek*) Schluckauf *m*
człapać (*-ię*) sich schleppen; latschen
człek *m* (*-a*, *-owi*/*-u*, *-u*/*-ecze!*, *I -kiem*; *0*) Mensch; (*w funkcji zaimka*) man
człon *m* (*-a*/*-u*; *-y*) Glied *n*, Teil *n*; **~ek**[1] *m* (*-nka*; *-nki*) *anat* Glied *n*; **~ek**[2] *m* (*-nka*; *-owie*), **~kini** *f* (*-ni*; *G -ń*) (***partii*** Partei-) Mitglied *n*; **~kostwo** *n* (*-a*) Mitgliedschaft *f*; **~kowski** Mitglieds-
człowie|czeństwo *n* (*-a*; *0*) Menschlichkeit *f*; **~k** *m* (*-a*; *ludzie*) Mensch; ***młody*** **~*k*** junger Mann; **~*k interesu*** Geschäftsmann; → ***człek***, ***czyn***
czmychnąć F *pf* (*-nę*) das Weite suchen, Reißaus nehmen
czołg *m* (*-u*; *-i*) Panzer(wagen)
czołgać się (*-am*) kriechen; robben
czoł|o *n* (*-a*, *L czele*; *-a*, *czół*) Stirn *f*; (*przód*) Stirnseite *f*; Stirnfläche *f*; (*pochodu*) Spitze *f*; (*burzy*) Front *f*; ***stawić*** **~*o*** die Stirn bieten; ***na czele*** an die/der Spitze; F **~*em!*** hallo!, servus!
czołowy Stirn-; *fig* frontal; Spitzen-
czołówka *f* (*-i*; *G -wek*) Spitze; Avantgarde; (*artykuł*) F Aufmacher *m*
czop *m* (*-a*; *-y*) Zapfen, Spund; **~ek** *m* (*-pka*; *-pki*) Stöpsel; *med* Zäpfchen *n*
czosn|ek *m* (*-nku*; *0*) Knoblauch; **~kowy** Knoblauch-
czół|enka *n*/*pl* (*-nek*) (*pantofle*) Pumps *m*/*pl*; **~no** *n* (*-a*; *G -łen*) Kahn *m*
czterdzie|stka *f* (*-i*; *G -tek*) Vierzig(er *m*) *f*; **~stoletni** vierzigjährig; **~stu** *m-os*, **~sty**, **~ści**(**oro**) → *str. 610*
czter|ech (*t. w zł*), **~ej** vier; **~nastka** *f* (*-i*; *G -tek*) Vierzehn; **~nastu** *m-os*, **~nasty**, **~naście**, **~naścioro** → *str. 610*
cztero|- *w zł.* vier-, Vier-; **~krotny** viermalig; **~letni** vierjährig; **~motorowy** viermotorig; **~osobowy** Vierpersonen-; viersitzig; **~ścieżkowy** *zapis* (*na taśmę*): vierspurig, Vierspur-
cztery vier; **~sta**, **~stu** *m-os* vierhundert
czub *m* (*-a*; *-y*) (Haar-)Schopf; (Feder-) Haube *f*; ***z*** **~*em*** F mit Berg; **~aty** (**-to**) *zoo* Hauben-; **~ek** *m* (*-bka*; *-bki*) Häubchen *n*; (*szczyt*) Spitze *f*; **~*ek głowy*** Scheitel; **~*ek palca*** Fingerspitze *f*
czu|cie *n* (*-a*; *-a*) Gefühl; ***bez*** **~*cia*** gefühllos; (*nieprzytomny*) bewußtlos, leblos; **~ć** ⟨**po-**, **u-**⟩ (*-uję*) fühlen (***się*** sich; ***dobrze*** gut; ***Polakiem*** als Pole); empfinden, (ver)spüren (***ból*** Schmerz; ***miłość*** Liebe); *impf* (*I*) riechen (nach)
czuj|ka *f* (*-i*; *G -jek*) *tech* Warngerät *n*;

~nik *m* (*-a*; *-i*) *tech* Fühler, Geber; **~ny** wachsam; *sen*: leise
czule *adv* → **czuły**
czuło|stkowy (**-wo**) sentimental; **~ść** *f* (*-ści*) Zartgefühl *n*; Zärtlichkeit; (*wagi, przyrządu*) Empfindlichkeit
czuły zärtlich, liebevoll; (*uczulony*) empfindlich (*t. przyrząd itp.*); *słuch*: fein; **~ na światło** lichtempfindlich
czupiradło *n* (*-a*; *G -deł*) *fig* Vogelscheuche *f*
czupryna *f* (*-y*) Haarschopf *m*
czuwać (*-am*) wachen; (**nad** *I*) überwachen (*A*), aufpassen (auf *A*)
czwart|ek *m* (*-tku*; *-tki*) Donnerstag; **~kowy** Donnerstags-; **~y** vierte; **~a godzina** vier Uhr; **po ~e** viertens
czwora|czki *m/pl* (*-ów*) Vierlinge *m/pl*; **~ki** viererlei; **na ~kach** auf allen vieren
czworo vier; **we ~** zu viert; **złożyć we ~** vierfach falten; **~bok** *m*, **~kąt** *m* Viereck *n*; Karree *n*; **~nożny** vierbeinig
czwórk|a *f* (*-i*; *G -rek*) Vier(er *m*) *f*; **we ~ę** zu viert; **~ami** in Viererreihen
czy *part* ob; **~ to prawda?** ist das wahr?; **~ wierzysz w to?** glaubst du das?; *conj* oder; **tak ~ inaczej** so oder so
czyhać (*-am*) (**na** *A*) auflauern (*D*)
czyj, **~a**, **~e** wessen; **~kolwiek** wessen auch immer; **~ś** (irgend) jemandes
czyli oder, das heißt
czym → **co**; womit; **~ ... tym** je ... desto; **~ prędzej** so schnell es geht; **~kolwiek** → **cokolwiek**; **~ś** → **coś**; **~że** → **cóż**

czyn *m* (*-u*; *-y*) Tat *f*; **człowiek ~u** Tatmensch; **~ić** ⟨**u-**⟩ (*-ę*) tun; *postępy, ustępstwa* machen; (*wynosić*) ausmachen; **~nie** → **czynny**; **~nik** *m* (*-a*; *-i*) Faktor; (*zw. pl*) Organ *n*, Stelle *f*; **~ność** *f* (*-ści*) Tätigkeit; Verrichtung; Funktion; **~ny** aktiv; (*pracujący*) tätig; *mechanizm*: in Betrieb; *sklep itp.*: offen; *napad*: tätlich; **~ny zawodowo** berufstätig; *gr* **strona ~na** Aktiv *n*
czynsz *m* (*-u*; *-e*) Miete *f*; Pachtzins
czyrak *m* (*-a*; *-i*) Furunkel
czyst|a *f* (*-ej*; *-e*) Klare(r), Korn *m*; → **czysty**; **~o** *adv* rein (*t. fig*), sauber; **przepisać na ~o** ins reine schreiben; **wyjść na ~ o** auf s-e Kosten kommen
czystość *f* (*-ści*; *0*) Reinheit, Sauberkeit
czyst|y rein, Rein-; (*nie brudny t.*) sauber; *złoto itp.*: pur; *dochód*: Netto-; *niebo*: klar; **do ~a** gänzlich, völlig
czyszczenie *n* (*-a*) Reinigung *f*; Putzen
czyś|cibut *m* Schuhputzer; **~cić** ⟨**o-**, **wy-**⟩ (*-szczę*) reinigen, säubern, putzen; **~cić szczotką** bürsten; **~ciej(szy)** *comp* → **czysto**, **czysty**
czytać (*-am*) (**głośno** laut vor)lesen
czytan|ie *n* (*-a*) Lesen; **do ~ia** zum Lesen, Lese-
czytanka *f* (*-i*; *G -nek*) Lesebuch *n*
czyteln|ia *f* (*-i*; *-e*) Leseraum *m*; (*wypożyczalnia*) Leihbücherei; **~iczka** *f* (*-i*; *G -czek*), **~ik** *m* (*-a*; *-cy*) Leser(in); **~y** leserlich, (gut) lesbar
czyż → **czy**
czyżyk *m* (*-a*; *-i*) Zeisig

Ć

ćma *f* (*ćmy*; *G ciem*) Nachtfalter *m*
ćmić (*-ę*, *ćmij!*) *v/i* (*t.* **się**) schwach brennen, trübe leuchten; *v/t* F paffen, schmauchen; → **przyćmiewać**
ćpać P (*-am*) drogensüchtig sein
ćpun P *m* (*-a*; *-y*) Junkie
ćwiartka *f* (*-i*; *G -tek*) Viertel *n*; F Viertelkilo *n*; Viertelliter *m/n*; **~ papieru** Stück *n* Papier, Zettel *m*

ćwicze|bny Übungs-; Trainings-; **~nie** *n* (*-a*) Übung *f*; (**domowe** Haus-)Aufgabe *f*; **~nia** *pl mil* Exerzieren *n*; Praktikum *n*; **~nia** *pl* **polowe** Manöver *n*
ćwiczyć (*-ę*) ⟨**wy-**⟩ trainieren; → **~ się** (**w** *L*) (ein)üben (*A*); ⟨**o-**⟩ schlagen
ćwiek *m* (*-a*; *-i*) Nagel, Stift
ćwierć *f* (*-ci*; *-ci*) Viertel *n*; **~finałowy** Viertelfinale-; **~litrowy** Viertelliter-;

~nuta *f* Viertelnote; **~wiecze** *n* (*-a*) Vierteljahrhundert
ćwierkać (*-am*) (t)schilpen
ćwikł|a *f* (*-y*; *G -kieł*) eingemachte rote Bete, Rote-Rüben-Salat *m*; **~owy: *burak ~owy*** rote Bete *f*, rote Rübe *f*

D

D

da → ***dać***
dach *m* (*-u*; *-y*) Dach *n*; ***bez ~u nad głową*** obdachlos; **~ówka** *f* (*-i*; *G -wek*) Dachziegel *m*, Dachpfanne
dać *pf* (*dam, dadzą, daj!*) geben; → ***dawać***; **~ *się*** (*być możliwym*) gehen, zu ... sein; ***da się zrobić*** es ist/geht zu machen; ***co się da*** was nur (irgendwie) geht/möglich ist; ***gdzie się da(ło)*** irgendwo(hin); ***skąd się dało*** wo es nur ging; ***jak się da*** wenn es geht; irgendwie; ***dajmy na to*** angenommen (daß)
daktyl *m* (*-a*; *-e*) Dattel *f*
dal *f* (*-i*; *-e*) Ferne, Weite; ***w ~i*** in der Ferne; ***z ~a*** von fern; fern (***od*** *G* von)
dale|ce *adv*: ***jak ~ce*** inwieweit; ***tak ~ce*** dermaßen, derart; **~j** *comp* weiter, ferner; ***i tak ~j*** und so weiter; ***nie ~j jak tydzień temu*** gerade mal vor einer Woche; **~ki** fern, entfernt; ***z ~ka*** von weitem; **~ko** *adv* weit; ***~ko idący*** *fig* weitreichend; ***~ko lepiej*** viel/bei weitem besser; ***~ko więcej*** viel mehr
daleko|bieżny *kolej* Fern-; **~morski** Hochsee-; **~pis** *m* (*-u*; *-y*) Fernschreiber; (*wiadomość*) Fernschreiben *n*; **~siężny** weitreichend; **~wzroczność** *f* (*-ści*; *0*) Weitsichtigkeit; *fig* Weitsicht
dalia ['daljja] *f* (*GDL -ii*; *-e*) Dahlie
dal|mierz *m* (*-a*; *-e*) Entfernungsmesser; **~szy** *comp* weiter, Weiter-; ***~szy plan*** Hintergrund; → ***ciąg***
dam → ***dać***
dam|a *f* (*-y*) Dame; **~ski** Damen-
dan|e[1] → ***dany***; **~e**[2] *pl* (*-ych*) Angaben *f/pl*, Daten *n/pl*; (*szanse*) Voraussetzungen *f/pl*; ***baza ~ych*** Datenbank; **~ie** *n* (*-a*; *0*) Geben; (*pl -a*, *G -ń*) *kulin* Gang *m*, Gericht; ***bez ~ia racji*** ohne jeden Grund, ohne eine Erklärung
daniel *m* (*-a*; *-e*) Damhirsch
danina *f* (*-y*) *hist*, *fig* Tribut *m*
dansing *m* (*-u*; *-i*) Tanz(lokal *n*) *m*
dany gegeben; ***w ~m razie*** in diesem Fall; ***w ~ch warunkach*** unter den gegebenen Umständen
dar *m* (*-u*; *-y*) Gabe *f*, Geschenk *n*
daremny vergeblich, müßig
darmo *adv* umsonst; (*bezpłatnie t.*) gratis; ***za pół ~*** halb geschenkt; **~wy** F kostenlos, Frei-; **~zjad** *m* (*-a*; *-y*) Nassauer, Schmarotzer
dar|nina *f* (*-y*), **~ń** *f* (*-ni*; *-nie*) Rasen *m*
darow|ać *pf* (*-uję*) ⟨*t.* **po-**⟩ schenken; *karę* erlassen; *urazę*, *winę* verzeihen; **~izna** *f* (*-y*) Schenkung; ***akt ~izny*** Schenkungsurkunde *f*
da|rzyć ⟨**ob-**⟩ (*-ę*) (***k-o*** *I*) schenken (j-m *A*); **~sz** → ***dać***
daszek *m* (*-szka*; *-szki*) kleines (Schutz-)Dach; (Mützen-)Schirm
dat|a *f* (*-y*) Datum *n*; F ***pod dobrą ~ą*** ganz schön beschwipst
datek *m* (*-tku*; *-tki*) Spende *f*, Gabe *f*
datow|ać (*-uję*) datieren (***się*** sich); **~nik** *m* (*-a*; *-i*) Datum(s)stempel; ***~nik okolicznościowy*** Sonderstempel
dawać (*-ję*) geben; *dowód* liefern; *okazję* bieten; *zysk* abwerfen; *lekcje*, *informacje* erteilen; *wyraz* verleihen; *cień* spenden; ***~ do naprawy*** reparieren lassen; ***~ spokój*** (*D*) (in Ruhe) lassen (A); ***~ się słyszeć*** zu hören sein; ***nie ~ się otworzyć*** sich nicht öffnen lassen; → ***dać***
daw|ca *m* (*-y*; *G -ów*), **~czyni** *f* (*-i*; *-e*) Geber(in), (***krwi*** Blut-)Spender(in); **~ka** *f* (*-i*; *G -wek*) Gabe, Dosis; **~kować** (*-uję*) dosieren
dawn|iej *comp* früher; **~o** *adv* vor langem, längst, schon lange (her); ***jak ~o*** wie lange; **~y** (*były*) ehemalig, früher; (*stary*) alt; ***od ~a*** seit langem; ***po ~emu*** wie eh und je, beim alten

dąb *m* (*dębu*; *dęby*) Eiche *f*; ***stawać dęba*** *włosy*: zu Berge stehen
dąć (*dmę*) blasen; *wiatr*: wehen
dąs|ać się (*-am*) schmollen (***na*** *A* mit); **~y** *pl* (*-ów*) schlechte Laune *f*
dąż|enie *n* (*-a*) Streben; *pl* → **~ność** *f* (*-ści*) Bestrebungen *f*/*pl*, Bemühen *n*; Tendenz; **~yć** (*-ę*) (***do*** *G*) streben (nach), anstreben, verfolgen (*A*); ⟨*t.* ***po-***⟩ eilen (nach, zu)
dba|ć (*-am*) (***o*** *A*) sorgen (für), sich kümmern (um); (*o wygląd itp.*) pflegen (*A*); **~łość** *f* (*-ści*; *0*) Sorge (um); Sorgfalt; **~ły** (***-le***) fürsorglich, besorgt; sorgsam
dealer ['di-] *m* (*-a*; *-rzy*) Händler
debat|a *f* (*-y*) Debatte; **~ować** (*-uję*) debattieren (***nad*** *I* über *A*)
debel *m* (*-bla*; *-ble*) *sport* Doppel *n*
debetować (*-uję*) *konto* belasten
debil *m* (*-a*; *-e*), **~ka** *f* (*-i*; *G -lek*) Schwachsinnige(r); **~ny** debil
debiut ['dɛbut] *m* (*-u*; *-y*) Debüt *n*; **~ować** ⟨***za-***⟩ (*-uję*) debütieren
decentraliz|acja *f* (*-i*; *-e*) Dezentralisierung; **~ować** (*-uję*) dezentralisieren
dech *m* (*tchu*, *tchowi*, *dech*, *tchem*, *tchu*; *0*) Atem(zug); (*powiew*) Hauch; ***nabrać tchu*** Luft holen; ***bez tchu*** außer Atem; ***co***/***ile tchu*** F was das Zeug hält; ***jednym tchem*** in e-m Zug
decy- *w zł.* dezi-, Dezi-
decyd|ent *m* (*-a*; *-ci*) Entscheidungsträger; **~ować** (*-uję*) ⟨***za-***⟩ (***o*** *L*) entscheiden (über *A*); ***~ować*** ⟨***z-***⟩ ***się*** (***na*** *A*, *inf*) sich entschließen, beschließen (zu)
decy|dujący (***-co***) entscheidend; **~zja** *f* (*-i*; *-e*) Entscheidung; Entschluß *m*; (*orzeczenie*) Bescheid *m*; ***powziąć ~zję*** e-e Entscheidung treffen
dedyk|acja *f* (*-i*; *-e*) Widmung; **~ować** ⟨***za-***⟩ (*-uję*) widmen, zueignen
defekt *m* (*-u*; *-y*) Defekt; (*usterka*) Störung *f*, Panne *f*; ***z ~em*** fehlerhaft; **~ywny** (*upośledzony*) behindert
defensywa *f* (*-y*) Defensive
deficyt *m* (*-u*; *-y*) Defizit *n*; (*kasowy t.*) Fehlbetrag; **~owy** verlustbringend, defizitär; ***towar ~owy*** Mangelware *f*
defil|ada *f* (*-y*) Vorbeimarsch *m*, Defilee *n*, (*t. mar*, *lotn*) Parade; **~ować** ⟨***prze-***⟩ (*-uję*) vorbeimarschieren, defilieren
defini|cja *f* (*-i*; *-e*) Definition; **~tywny** definitiv, endgültig
de|formować ⟨***z-***⟩ (*-uję*) deformieren (***się*** sich); **~fraudacja** *f* (*-i*; *-e*) Veruntreuung; **~generacja** *f* (*-i*; *0*) Degeneration, Entartung; **~generować się** (*-uję*) entarten *v*/*i*; **~gradacja** *f* (*-i*; *0*) Degradierung; (***środowiska*** Umwelt-) Zerstörung; *med* Verfall *m*, Abbau *m*; *fig* Abstieg *m*
deka F *n* (*idkl*) Dekagramm; *w zł.* deka-, Deka-; **~da** *f* (*-y*) Dekade
dekarz *m* (*-a*; *-e*) Dachdecker
dekla|mator *m* (*-a*; *-rzy*) Vortragskünstler; *pej* Phrasendrescher; **~mować** (*-uję*) deklamieren, vortragen; **~racja** *f* (*-i*; *-e*) Deklaration; (***celna***, ***podatkowa*** Zoll-, Steuer-)Erklärung; **~rować** ⟨***za-***⟩ (*-uję*) deklarieren; erklären
deklinacja *f* (*-i*; *-e*) Deklination
dekolt *m* (*-u*; *-y*) Dekolleté *n*; **~ować się** (*-uję*) Kleider mit Dekolleté tragen
dekora|cja *f* (*-i*; *-e*) Dekoration; **~cyjny** dekorativ; Dekorations-; **~tor** *m* (*-a*; *-rzy*), **~torka** *f* (*-i*; *G -rek*) Dekorateur(in); **~tywny** dekorativ
dekorować ⟨***u-***⟩ (*-uję*) dekorieren
dekować F (*-uję*) decken, verstecken
dekret *m* (*-u*; *-y*) Verordnung *f*, Erlaß; **~ować** ⟨***za-***⟩ (*-uję*) verfügen
delega|cja *f* (*-i*; *-e*) Delegation; F (*wyjazd*) Dienstreise(auftrag *m*) *f*; **~t** *m* (*-a*; *-ci*), **~tka** *f* (*-i*; *G -tek*) Delegierte(r); **~tura** *f* (*-y*) Vertretung, Mission
delegować ⟨***wy-***⟩ (*-uję*) delegieren
delektować się (*-uję*) (*I*) sich gütlich tun (an *D*), genießen (*A*)
delfin *m* (*-a*; *-y*) Delphin (*sport n*)
delicje *f*/*pl* (*-i*/*-cyj*) Leckerbissen *m*/*pl*
delikatesy *m*/*pl* (*-ów*) Delikatessen *f*/*pl*; F (*sklep*) Delikateßgeschäft *n*
delikatn|ość *f* (*-ści*; *0*) Zartheit; (*takt*) Feingefühl *n*; **~y** zart; feinfühlig, rücksichtsvoll; *potrawa*, *misja*: delikat
delikwent *m* (*-a*; *-ci*), **~ka** *f* (*-i*; *G -tek*) Delinquent(in)
demaskować ⟨***z-***⟩ (*-uję*) entlarven; **~ *się*** sich verraten
de|mentować ⟨***z-***⟩ (*-uję*) dementieren; **~militaryzacja** *f* (*-i*; *0*) Entmilitarisierung; **~mobilizować** (*-uję*) demobilisieren; (*zwalniać*) entlassen
demokra|cja *f* (*-i*; *-e*) Demokratie; **~ta** *m* (*-y*; *-ci*), **~tka** *f* (*-i*; *G -tek*) Demokrat(in); **~tyczny** demokratisch
demolować ⟨***z-***⟩ (*-uję*) demolieren
demonstra|cja *f* (*-i*; *-e*) Demonstration;

(*manifestacja t.*) F Demo; **~cyjny** demonstrativ
demon|strować (*-uję*) demonstrieren; **~tować** ⟨**z-**⟩ (*-uję*) demontieren
demoralizować ⟨**z-**⟩ (*-uję*) sittlich verderben; **~ *się*** sittlich verkommen
D
den *G pl* → ***dno***
denat *m* (*-a*; *-ci*), **~ka** *f* (*-i*; *G -tek*) Opfer *n*; (*samobójca*) Selbstmörder(in)
denaturat *m* (*-u*; *0*) Brennspiritus
denerwować ⟨**z-**⟩ (*-uję*) nervös machen, (***się*** sich) aufregen
denerwująco *adv*: ***działać* ~** (***na*** *A*) auf die Nerven gehen (*D*)
den|ko *n* (*-a*) Boden *m*; **~ny** Grund-
dentyst|a *m* (*-y*; *-ci*) Zahnarzt; **~ka** *f* (*-i*; *G -tek*) Zahnärztin; **~yczny** zahnärztlich, Zahn(arzt)-; **~yka** [-'tis-] *f* (*-i*; *0*) Zahnmedizin
de|nuklearyzacja *f* (*-i*; *0*) atomare Abrüstung; **~nuncjator** *m* (*-a*; *-rzy*), **-rka** *f* (*-i*; *G -rek*) Denunziant(in)
denuncjować ⟨**za-**⟩ (*-uję*) denunzieren
departament *m* (*-u*; *-y*) Departement *n*; (Ministerial-)Abteilung *f*; **♀ *stanu*** Außenministerium *n* (*USA*)
depesza *f* (*-y*; *-e*) Telegramm *n*
deponować ⟨**z-**⟩ (*-uję*) deponieren
deportować (*-uję*) deportieren
depozyt *m* (*-u*; *-y*) Deponierung *f*; Deponat *n*; *fin* Depot *n*; ***oddać do ~u*** deponieren; (*pieniądze t.*) hinterlegen
de|prawować ⟨**z-**⟩ (*-uję*) sittlich verderben, demoralisieren; **~precjacja** *f* (*-i*; *0*) Entwertung; **~presja** *f* (*-i*; *-e*) Depression; **~prymować** ⟨**z-**⟩ (*-uję*) deprimieren; **~prymujący** (**-co**) deprimierend
depta|ć ⟨***po-***, ***roz-***⟩ (*-czę*/*-cę*) (*A*, **po** *L*) zertrampeln, zertreten (*A*); *fig* mit Füßen treten; *impf* ***~ć po piętach*** (*D*) *j-m* auf den Fersen sitzen; **~k** F *m* (*-a*; *-i*) Flaniermeile *f*, Promenade *f*
deput|at *m* (*-u*; *-y*) Deputat *n*, Sachleistung *f*; **~owany** *m* (*-ego*; *-ni*), **~owana** *f* (*-ej*; *-ne*) Deputierte(r)
derka *f* (*-i*; *G -rek*) (Pferde-)Decke
dermatolog *m* (*-a*; *-dzy*) Dermatologe (-gin *f*), Hautarzt (-ärztin *f*)
desant *m* (*-u*; *-y*) (***powietrzny*** Luft-) Landung *f*; **~owiec** *m* (*-wca*; *-wce*) Landungsfahrzeug *n*
deseń *m* (*-niu*/*-nia*; *-nie*) Muster *n*
deser *m* (*-u*; *-y*) Dessert *n*, Nachtisch; ***na ~*** als/zum Dessert; **~owy** Dessert-
desk|a *f* (*-i*; *G -sek*) Brett *n*; ***ostatnia ~a ratunku*** letzte Hoffnung; ***od ~i do ~i*** von Anfang bis Ende; → ***tablica***
desko|rolka *f* Skateboard *n*; **~wanie** *n* (*-a*) (Bretter-)Verschalung *f*
desperacki (**-*ko***) verzweifelt, desperat
despotyczny despotisch
destruk|cyjny, **~tywny** destruktiv
de|stylacja *f* (*-i*; *-e*) Destillation; **~stylować** ⟨***prze-***⟩ (*-uję*) destillieren; **~sygnować** (*-uję*) designieren (***na*** *A* zu)
deszcz *m* (*-u*/*dżdżu*; *-e*) (***drobny***, ***ulewny*** Sprüh-, Platz-)Regen; → ***padać***; **~ownia** *f* (*-i*; *-e*) Beregnungsanlage; **~owy** Regen-; (**-*wo***) regnerisch; **~ówka** F *f* (*-i*; *0*) Regenwasser *n*
deszczułka *f* (*-i*; *G -łek*) Brettchen
deszczyk *m* (*-u*; *-i*) leichter Regen
detal *m* (*-u*; *-e*) Einzelheit *f*, Detail *n*; (*pl 0*) Einzelhandel; ***nie wchodząc w ~e*** ohne auf Einzelheiten einzugehen; **~iczny** Einzel(handels)-; ***cena ~iczna*** *t.* Ladenpreis *m*
detektyw *m* (*-a*; *-i*) Detektiv; **~istyczny** Detektiv-, Kriminal-
deton|ator *m* (*-a*; *-y*) Sprengkapsel *f*; **~ować** (*-uję*) *v/i* detonieren; *v/t* ⟨**z-**⟩ verwirren, aus der Fassung bringen
dewaluacja *f* (*-i*; *-e*) Abwertung
dewast|acja *f* (*-i*; *-e*) Zerstörung, Verwüstung; **~ować** ⟨**z-**⟩ (*-uję*) verwüsten
dewiz|a *f* (*-y*) Devise, Motto *n*; → ***dewizy***; **~ka** *f* (*-i*; *G -zek*) Uhrkette; **~owy** Devisen-; **~y** *pl* (-) Devisen *pl*
dewocjonalia [-'nalja] *pl* (*-ów*) Devotionalien *pl*
dezaprobata *f* Mißbilligung
dezer|cja *f* (*-i*; *-e*) Fahnenflucht; **~terować** ⟨**z-**⟩ (*-uję*) desertieren
dezodor|ant *m* (*-a*; *-y*), **~yzator** *m* (*-a*; *-y*) Deodorant *n*, Deo(spray *m*/*n*) *n*
dezorganiz|acja *f* Desorganisation; **~ować** ⟨**z-**⟩ desorganisieren
dezorientować ⟨**z-**⟩ verwirren, desorientieren; **~ *się*** desorientiert sein
dezyderat *m* (*-u*; *-y*) Forderung *f*
dezynfekcja *f* (*-i*; *-e*) Desinfektion
dęb|ina *f* (*-y*) (*drewno*) Eichenholz *n*; **~owy** Eichen-; **~y** *pl* → ***dąb***
dęt|ka *f* (*-i*; *G -tek*) *mot* Schlauch *m*; **~y** Blas-; ***orkiestra ~a*** Blaskapelle
dia|belny F verteufelt, verflixt; **~belski** Teufels-; (**-*ko***) teuflisch; **~beł** *m* (*-bła*,

D -błu, -ble; -bły/-bli, -ów) Teufel; ***do ~bła!*** zum Teufel!; ***... ~bli wzięli*** ... ist / sind zum Teufel
diab|lica *f* (*-y; -e*) Satansweib *n*; **~oliczny** diabolisch
dia|gnoza *f* (*-y*) Diagnose; **~gnozować** (*-uję*) diagnostizieren; **~gonalny** diagonal; **~gram** *m* (*-u; -y*) Diagramm *n*; **~konisa** *f* (*-y*) Diakonisse; **~lekt** *m* (*-u; -y*) Dialekt; **~lektyczny** dialektisch
dializacyjny Dialyse-; ***ośrodek ~*** Dialysezentrum *n*
di'alog *m* (*-u; -i*) Dialog
di'ament *m* (*-u; -y*) Diamant; **~owy** Diamant-; (**-wo**) diamanten
diecezja *f* (*-i; -e*) Diözese
dieslow|ski, **~y** Diesel-
di'e|ta *f* (*-y*) Diät, Schonkost; ***~ty*** *pl* Diäten *f/pl*; (Reise-)Spesen *pl*; ***być na ~cie*** diät essen/leben; **~tetyczny** diätetisch; ***kuchnia ~tetyczna*** Diätküche
dla *praep* (*G*) für (*A*); zu (*D*); um zu (*inf*); ***~ dorosłych*** für Erwachsene; ***przyjazny ~ zwierząt*** lieb zu den Tieren, tierlieb; ***~ nabrania tchu*** um Luft zu schöpfen; **~czego(ż)** warum, weshalb; **~ń** = ***dla niego***; **~tego** darum, deshalb, deswegen; ***~tego, że*** weil, da
dławić ⟨**z-**⟩ (*-ę*) würgen; *fig* unterdrükken; *tech* drosseln; *impf* **~ się** (*I*) würgen, zu ersticken drohen (an *D*)
dławik *m* (*-a; -i*) *tech, el* Drossel *f*
dło|ń *f* (*-ni; -nie*) Handfläche; (flache) Hand; ***jasne jak na ~ni*** es liegt klar auf der Hand
dłubać (*-ię*) (aus)höhlen; stochern (**w** *L* in *D*); F (*w nosie*) bohren; *fig* tüfteln, basteln (**przy** *L* an *D*)
dług *m* (*-u; -i*) *fin, fig* Schuld *f*
dług|awy etwas zu lang; **~i** lang, Lang-; **~o** *adv* lang; (*o czasie*) lange; ***jak ~o?*** wie lange?; ***na ~o*** für lange Zeit; ***tak ~o aż*** solange bis
długo|dystansowiec *m* (*-wca; -wcy*) Langstreckenläufer; **~falowy** Langwellen-; *fig* langfristig; ***~falowo*** *adv* auf lange Sicht; **~letni** langjährig; **~pis** *m* (*-u; -y*) Kugelschreiber; **~ść** *f* (*-ści*) Länge; (*okres t.*) Dauer; **~terminowy** (**-wo**) langfristig; **~trwały** lang anhaltend; *choroba*: langwierig; **~wieczny** langlebig; **~włosy** langhaarig
dłuto *n* (*-a*) Meißel *m*; Beitel *m*
dłużej *adv comp* länger; → ***długo***; ***~ nie*** nicht länger
dłużn|iczka *f* (*-i; G -czek*), **~ik** *m* (*-a; -cy*) Schuldner(in); **~y: *być ~ym*** schulden
dłuż|szy *comp adj* länger; → ***długi***; ***na ~szy czas*** für längere Zeit; ***od ~szego czasu*** seit längerer Zeit; **~yć się** (*-ę*) sich in die Länge ziehen
dmą, **dmę** → ***dąć***
dmuch|ać (*-am*) blasen, F pusten; **~awa** *f* (*-y*) Gebläse *n*; **~awiec** *m* (*-wca; -wce*) *bot* Löwenzahn; **~nąć** *v/s* (*-nę*) → ***dmuchać***; F (*uciec*) verduften; (*ukraść*) stibitzen
dna, **dnem** → ***dno***
dni, **~a**, **~e** → ***dzień***; **~eć: *~eje*** es dämmert; ***~ało*** der Morgen dämmerte
dniówk|a *f* (*-i; G -wek*) Arbeitstag *m*; (*płaca*) Tagelohn *m*; ***pracować na ~ę*** als Tagelöhner(in) arbeiten
dniu → ***dzień***
dno *n* (*dna; G den*) Grund *m*, (*t. spód*) Boden *m*; ***pójść na ~*** untergehen; ***do góry dnem*** gekentert; umgestülpt
do *praep* (*G*) bis (zu) (*D*), (bis) an (*A*); in (*A*), nach (*D*); zu (*D*); ***~ piątku*** bis Freitag; (**aż**) ***~ rana*** bis zum Morgen; ***~ niego*** an ihn; zu ihm; ***~ szkoły*** in die/ zur Schule; ***od ... ~*** von ... nach / bis (zu, an); (*wartość przybliżona*) etwa ... bis ...; *w przydawkach przyimkowych i niektórych zwrotach nie tłumaczy się*: ***klucz ~ drzwi*** Türschlüssel; ***beczka ~ wina*** Weinfaß *n*; ***lekki ~ strawienia*** leichtverdaulich; ***pół ~ drugiej*** halb zwei
dob|a *f* (*-y; G dób*) Tag *m* (und Nacht), 24 Stunden; *fig* Epoche, Zeit; ***przez całą ~ę*** *t.* rund um die Uhr
dobić *pf* → ***dobijać***, ***targ***
dobie|gać ⟨**~c**, **~gnąć**⟩ (**do** *G*) laufen (bis an *A*, zu); (*do celu*) erreichen (*A*); (*o dźwiękach*) zu hören sein, dringen; ***~ga godzina ...*** es geht auf ... (Uhr); ***... ~ga końca*** ... nähert sich dem Ende
dobierać (*-am*) dazunehmen; (*wybierać*) aussuchen, auswählen, suchen (nach); **~ się** (**do** *G*) gelangen (in *A*, nach, zu)
dobijać (*-am*) *v/t* den Todesstoß versetzen (*t. fig*), den Todesschuß geben (*D*); *fig t.* zugrunde richten; *v/i* ***~ do celu*** das Ziel erreichen; ***~ do brzegu*** anlegen *v/i*; ***~ się do bramy*** ans Tor pochen
dobit|ek: *na ~ek*, **~ka: *na ~kę*** oben-

drein, zu allem Übel; **~ny** *głos*: kräftig, laut; *żądanie itp.*: nachdrücklich
doborowy erstklassig, vorzüglich, Elite-
dobosz *m* (*-a*; *-e*) Trommler; Paukist
dobowy Tages-; → ***doba***
dobór *m* (*-oru*; *0*) Auswahl *f* (*t. zbiór*), Auslese *f*
dobrać* *pf* → ***dobierać*** (***się***); ***~ się*** sich finden, gut zusammenpassen
dobranoc (*idkl*) gute Nacht; **~ka** F *f* (*-i*; *G -cek*) Gutenachtgeschichte
dobrany *adj* (gut zueinander) passend
dobre *n* (*-ego*; *0*) → ***dobro***, ***dobry***; ***na ~*** richtig, ernsthaft; ***po ~mu*** in Güte; ***wszystkiego ~go!*** alles Gute!
dobrnąć *pf* (**do** *G*) mit Mühe (und Not) erreichen (*A*)
dobr|o *n* (*-a*; *G dóbr*) Gute(s); Gut; (***społeczne*** Gemein-)Wohl; ***~a*** *pl* ***rodzinne*** Familiengüter; ***~a*** *pl* ***kulturalne*** Kulturgüter *n*/*pl*; ***dla ~a*** zum Wohle, zum Besten; ***na ~o*** *fin* zugunsten; ***zapisać na ~o*** (*G*) gutschreiben (*D*)
dobro|byt *m* Wohlstand; **~czynność** *f* Wohltätigkeit; **~czynny** wohltuend; *akcja*, *cel*: wohltätig, Wohltätigkeits-
dobro|ć *f* (*-ci*; *0*) Güte; F ***po ~ci*** in Güte; **~duszny** gutmütig; **~dziejstwo** *n* (*-a*) Wohltat *f*; *pl t.* Segnungen *f*/*pl*; **~tliwość** *f* (*-ści*; *0*) Güte; **~tliwy** (***-wie***) gütig; *med* gutartig; **~wolny** freiwillig
dob|ry gut; (***na*** *A*, ***do*** *G*) gut (für *A*); passend (zu); F ***~ra!*** fein!; ***a to ~re!*** das ist ja toll!; ***na ~rą sprawę*** eigentlich; ***na ~rej drodze*** auf dem richtigen Weg; ***przez ~re dwie godziny*** gute zwei Stunden; → ***dobre***
dobrze *adv* gut; wohl; ***~ ubrany*** gutgekleidet; ***~ wychowany*** wohlerzogen; ***czuć się ~*** sich wohlfühlen; ***on ma się ~*** es geht ihm gut; ***~ mu tak!*** geschieht ihm recht!
dobudow(yw)ać (*-[w]uję*) *dom* fertigstellen; *skrzydło* anbauen
dobudówka *f* (*-i*; *G -wek*) Anbau *m*
doby|ć* *pf* → ***dobywać***; **~tek** *m* (*-tku*; *0*) Habe *f*, Hab und Gut *n*; (*bydło*) Vieh *n*; ***~wać*** (*G*) ziehen (*A*); (*wytężyć*) aufbieten (*A*); ***~wać się*** hervordringen
docelowy Ziel-; ***port ~*** Zielhafen
doceni|ać (*-am*) ⟨**~ć**⟩ richtig einschätzen, würdigen; ***nie ~ć*** unterschätzen
docent *m* (*-a*; *-ci*) Dozent
dochodow|ość *f* (*-ści*; *0*) Rentabilität; **~y** gewinnbringend, rentabel; Einnahme-; → ***podatek***
dochodz|enie *n* (*-a*) Untersuchung *f*, Ermittlungen *f*/*pl*; *jur t.* Geltendmachung *f*; ***~enie sądowe*** Ermittlungsverfahren; **~ić** (***do*** *G*) sich nähern (*D*); erreichen (*A*), kommen (zu, nach); (*sięgać*) reichen (bis); zu sehen/hören sein; (*G*) ermitteln (*A*); (*o prawach*) geltend machen (*A*); F *kulin* gar werden; *owoce*: (nach)reifen; ***~ić swego*** sein Recht suchen; ***~ić do głosu*** zu Wort kommen; ***~i ósma*** es ist gleich acht; → ***dojść***
dochow|ywać (*-wuję*) ⟨**~ać**⟩ (*G*) bewahren (*A*); ***~ać słowa*** sein Wort halten; ***~(yw)ać się*** erhalten bleiben; ***~ać się*** (*G*) aufziehen, großziehen (*A*)
dochód *m* Einkommen *n*; (***czysty*** Rein-) Ertrag; ***dochody*** *pl* Einkünfte *pl*
dociąg|ć* *pf* → ***docinać***; **~gać** (*-am*) ⟨**~gnąć**⟩ ziehen (***do*** *G* bis, bis zu; ***się*** sich); *pas*, *śrubę* anziehen, festziehen
docie|kać (*-am*) ⟨**~c***⟩ *fig* (*G*) (*impf* suchen zu) ergründen (*A*); **~kliwy** (***-wie***) forschend; um Erkenntnis bemüht; **~rać** (*-am*) *v*/*i* (***do*** *G*) vordringen bis (zu); *fig* dringen bis; *v*/*t mot* einfahren
docin|ać (*-am*) *fig* (*D*) hänseln (*A*), sticheln (gegen); **~ek** *m* (*-nka*; *-nki*) Stichelei *f*, Spitze *f*
docis|kać ⟨**~nąć**⟩ (fest an)drücken; ***~kać*** ⟨**~nąć**⟩ ***się*** sich durchdrängen
do cna völlig, F total
doczekać (***się***) *pf* (*G*) erleben (*A*); erreichen (*A*); ***~ się*** ausharren (bis); endlich bekommen (*A*); ***nie móc się ~*** (es) kaum erwarten können
doczepi(a)ć anhängen, ankoppeln
doczesny vergänglich; *życie*: irdisch
dodać *pf* → ***dodawać***
dodat|ek *m* (*do pensji*) Zulage *f*, Zuschlag; (*do gazety*) Beilage *f*; (*do dzieła*) Nachtrag; Anhang; ***~ek mieszkaniowy*** Wohngeld *n*; ***~ek nadzwyczajny*** Extrablatt *n*; ***z ~kiem*** (*G*) unter Zusatz (von, *G*), mit (*D*); ***na ~ek***, ***w ~ku*** obendrein, (und) dazu; ***~ki*** *pl* Zutaten *f*/*pl*
dodatkow|y (***-wo***) zusätzlich, Zusatz-; Ergänzungs-; ***wartość ~a*** Mehrwert *m*
doda|tni (***-nio***) positiv; *fig t.* günstig; *bilans*: aktiv; **~(wa)ć** (***do*** *G*) (hin)zufügen (*D*); (*dołożyć*) (da)zugeben (*D*); (*k-u*) *siły itp.* verleihen (*D*); *mat* addieren; ***~ć otuchy*** (*D*) ermuntern, ermutigen (*A*);

F ***~ć gazu*** e-n Zahn zulegen; **~wanie** *n* (*-a*) *mat* Addition *f*

dodzwonić się *pf* (**do** *G*) (telefonisch) erreichen (*A*); herausklingeln (*A*)

doga|dać się *pf* (**z** *I*) sich verständigen (mit); einig werden (mit); **~dywać** (*-uję*) → ***docinać***; **~dzać** (*-am*) (*D*) zufriedenstellen (*A*), es recht machen (*D*); erfüllen (***zachciankom*** Wünsche); ***to mu*** (***nie***) ***~dza*** das sagt ihm (nicht) zu; **~niać** einholen; **~snąć** *pf* (v)erlöschen

dogląd *m* (*-u*; *0*) Aufsicht *f*; Betreuung *f*; **~ać** (*-am*) (*G*) beaufsichtigen (*A*); betreuen, pflegen (*A*)

dogmat *m* (*-u*; *-y*) Dogma *n*

dogo|dny bequem; handlich; *czas*: passend; ***na ~dnych warunkach*** zu günstigen Bedingungen; **~dzić** *pf* → ***dogadzać***; **~nić** *pf* → ***doganiać***; **~rywać** (*-am*) in den letzten Zügen liegen; **~towywać się** (*-wuję*) ⟨***~tować się***⟩ gar werden

do|grywać (*-am*) ⟨***~grać***⟩ zu Ende spielen; **~grywka** *f* (*-i*; *G -wek*) (Spiel-)Verlängerung; **~gryzać** (*-am*) ⟨***~gryźć****⟩ *fig* (*D*) (hart) zusetzen (*D*), hänseln (*A*); **~grzewać** (*-am*) *słońce*: wärmen

doić ⟨**wy-**⟩ (*-ję*, *dój!*) melken

dojadać zu Ende essen; *resztki* aufzehren; ***nie ~*** nicht satt werden (können)

dojarka *f* (*-i*; *G -rek*) Melkerin; ***~ mechaniczna*** Melkmaschine

dojazd *m* (*-u*; *-y*) Anfahrt *f*, Anreise *f*; (*droga*) Zufahrt *f*; **~owy** Zufahrts-, Zubringer-; ***kolejka ~owa*** Lokalbahn

do|jąć *pf* (*-jmę*) → ***dojmować***; **~jechać*** *pf* (**do** *G*) ankommen (in, an *D*), erreichen (*A*); **~jeść*** *pf* → ***dojadać***; **~jeżdżać** (*-am*) fahren, pendeln (***do pracy*** zur Arbeit)

dojm|ować (*-uję*) *v/t* durchdringen (*A*); zusetzen (*D*); **~ujący** durchdringend; *ból itp.*: unangenehm

dojn|y: ***krowa ~a*** Milchkuh

dojrzał|ość *f* (*-ści*; *0*) Reife; ***egzamin ~ości*** Reifeprüfung *f*; **~y** (**-le**) reif

dojrze|ć¹ *pf* (*-ę*, *-y*) erblicken; ***jak okiem ~ć*** so weit das Auge reicht; **~wać** (*-am*) ⟨***~ć²***⟩ (*-eję*) reifen, reif werden (*t. fig*)

dojście *n* (*-a*) Weg *m* (**do** *G* in *A*, zu); Zugang *m*; ***~ do skutku*** Zustandekommen; ***~ do władzy*** Machtergreifung *f*

dojść* *pf* (*-jść*) → ***dochodzić***; *fig* kommen (**do** *G* zu); ***~ do zdrowia*** gesund werden; ***~ do skutku*** zustande kommen

dok *m* (*-u*; *-i*) Dock *n*

doka|ńczać (*-am*) abschließen, zu Ende bringen; **~zywać¹** (*-uję*) ausgelassen sein, F herumtollen; **~zywać²** (*-uję*) ⟨***~zać***⟩ (*G*) vollbringen (*A*); ***~zać swego*** sich durchsetzen

dokąd wohin; solange (bis); ***~ bądź*** → **~kolwiek**, **~ś** irgendwohin

doker *m* (*-a*; *-rzy*) Hafenarbeiter

dokład|ać (*-am*) zulegen, hinzutun; *pieniądze* zusetzen, F zuschießen; **~ność** *f* (*-ści*; *0*) Genauigkeit; **~ny** genau

dokoła *adv* ringsum(her); *praep* (*G*) um (*A*) herum; ***~ siebie*** um sich (herum)

dokon|any vollendet; *gr t.* perfektiv; **~ywać** (*-uję*) ⟨***~ać***⟩ (*G*) vollbringen, machen (*A*); *zbrodni* begehen (*A*); *wyboru* treffen (*A*); ***~(yw)ać się*** stattfinden

dokończenie *n* (*-a*) Abschluß *m*; Schluß *m*; ***~ nastąpi*** Schluß folgt

dokończyć *pf* → ***dokańczać***

doksztalc|ać (*-am*) ⟨***~ić***⟩ fortbilden (***się*** sich); **~ający** Fortbildungs-

doktor *m* (*-a*; *-rzy*/*-owie*) Doktor; **~ski** Doktor-; **~yzować się** (*-uję*) promovieren (**z** *G* in *D*)

dokucz|ać (*-am*) ⟨***~yć***⟩ (*-ę*) (*D*) ärgern, belästigen (*A*); *ból, głód*: plagen, quälen (*A*); **~liwy** (***-wie***) lästig; quälend

dokument *m* (*-u*; *-y*) Urkunde *f*, Dokument *n*; **~y** *pl t.* F Papiere *n*/*pl*; **~acja** *f* (*-i*; *-e*) Dokumentation; Unterlagen *f*/*pl*; **~alny**, **~arny** dokumentarisch; **~ować** ⟨**u-**⟩ (*-uję*) dokumentieren

dokup|ywać (*-uję*) ⟨***~ić***⟩ (hin)zukaufen

dola *f* (*-i*; *zw. 0*) Los *n*, Schicksal *n*

do|lać *pf* → ***dolewać***; **~latywać** (*-uję*) ⟨***~lecieć***⟩ (**do** *G*) fliegen (bis zu), (fliegend) sich nähern (*D*), *pf t.* erreichen (*A*); *fig* dringen (**z** *G* aus, von)

doleg|ać (*-am*; *t-ko inf i 3.os.*) (*D*) weh tun (*D*), plagen (*A*); ***co ci/panu ~a?*** was fehlt dir/Ihnen?; **~liwość** *f* (*-ści*) Leiden *n*; *pl t.* Beschwerden *f*/*pl*

dolewać (*-am*) (*G*) (hin)zugießen; *wina itp. t.* nachschenken

dolicz|ać (*-am*) ⟨***~yć***⟩ (hin)zuzählen, dazurechnen; ***~yć się*** zählen; ***nie ~yć się*** (*G*) beim Zählen vermissen (*A*)

dolin|a *f* (*-y*) Tal *n*; ***dno ~y*** Talsohle *f*

doliniarz *m* (*-a*; *-e*) Taschendieb

dolno- *w zł.* Nieder-, Unter-

dolnoniemiecki niederdeutsch

D

doln|y untere; **~a część** Unterteil *m/n*
dołącz|ać (*-am*) ⟨**~yć**⟩ (**do** *G*) beifügen, beilegen (*D*); anschließen (**się** sich, *D*)
doł|ek *m* (*-łka*; *-łki*) (Erd-)Loch *n*, Vertiefung *f*; *anat* Grube *f*; (*na twarzy*) Grübchen *n*; *fig* F **być w ~ku** in e-r Krise stecken; **~em** unten entlang
do|łożyć *pf* → **dokładać**; **~ły** *pl* → **dół**
dom *m* (*-u*; *-y*) Haus *n*; (**dziecka** Kinder-)Heim *n*; *fig* Zuhause *n*; **do ~u** ins Haus; nach Hause; **w ~u** im Haus; zu Hause; **z ~u** *kobieta*: geborene; **czuć się jak u siebie w ~u** sich wie zu Hause fühlen; **pan**(**i**) **~u** Gastgeber(in)
domagać się (*-am*) (*G*) verlangen (*A*)
domek *m* (*-mku*; *-mki*) (**letniskowy** Sommer-)Häuschen *n*; **~ jednorodzinny** Einfamilienhaus *n*
domiar *m* (*-u*; *-y*) *fin* Steuernachzahlung(sbescheid *m*) *f*; **na ~ złego** zu allem Übel
domiesz|ać *pf* (*G* **do** *G*) beimischen, beimengen (*A* dem/der ...); **~ka** *f* (*-szki*; *G -szek*) Beimischung, Zusatz *m*
domięśniowy (**-wo**) *med* intramuskulär
domin|ować (*-uję*) (**nad** *I*) dominieren (*A*); **~ujący** dominierend
domisko *n* (*-a*) Riesenhaus
domknąć *pf* → **domykać**
domkowicz F *m* (*-a*; *-e*) Eigenheimbesitzer
domniemany mutmaßlich, vermeintlich
domo|fon *m* (*-u*; *-y*) Haussprechanlage *f*; **~krążca** *m* (*-y*; *G -ów*) Hausierer; **~stwo** *n* (*-a*) Gehöft, Haus; **~wnik** *m* (*-a*; *-cy*) Hausgenosse; **~wy** häuslich, Haus-; **porządki** *m/pl* **~we** Hausputz *m*; **~wej produkcji** selbstgemacht
domy|kać (*-am*) fest/ganz schließen; **nie ~kać się** schlecht schließen; **~sł** *m* (*-u*; *-y*) Vermutung *f*; **~ślać się** (*-am*) ⟨**~ślić się**⟩ (*-lę*) (*G*) vermuten (*A*); *pf t.* erraten (*A*), dahinterkommen (**że** daß); **~ślny** findig, scharfsinnig
doni|ca *f* (*-y*; *-e*) Blumenkübel *m*; **~czka** *f* (*-i*; *G -czek*) Blumentopf *m*; **~czkowy: kwiaty** *m/pl* **~czkowe** Topfblumen *f/pl*
donie|sienie *n* (*-a*; *G -ń*) Meldung *f*; → **donos**; **~ść*** *pf* → **donosić**
doniosł|ość *f* (*-ści*; *0*) Bedeutung, Tragweite; **~y** bedeutsam, bedeutend
donos *m* (*-u*; *-y*) Denunziation *f*, Anzeige *f*; **~iciel** *m* (*-a*; *-e*), **-lka** *f* (*-i*; *G -lek*) Denunziant(in); **~ić** (**na** *A*) denunzieren (*A*); (**o** *L*) melden (*A*)
donośny laut, vernehmlich
doń = **do niego**; → **on**
dookoła → **dokoła**
dopa|dać (**do** *G*) stürzen (in *A*, zu); (*G*) überfallen (*A*); → **dopaść**; **~lać** (*-am*) ⟨**~lić**⟩ *cygaro* aufrauchen; *węgiel* verfeuern; **~lać się** niederbrennen *v/i*
dopa|sow(yw)ać (*-[w]uję*) anpassen (**się** sich; **do** *G* an *A*); einpassen; **~ść***[1] *pf* → **dopadać**; (*dogonić*) erwischen, F kriegen; **~trywać się** (*-uję*) ⟨**~trzyć się**⟩ (**w kimś** *G*) sehen, erblicken (in j-m *A*)
dopełni|acz *m* (*-a*; *-e*) *gr* Genitiv; **~ać** (*-am*) ⟨**~ć**⟩ nachfüllen, auffüllen; (*uzupełnić*) ergänzen; (*G*) erfüllen (*A*); **~ający** ergänzend, Ergänzungs-; **~enie** *n* (*-a*) Ergänzung *f*; *gr t.* Objekt
dopędz|ać (*-am*) ⟨**~ić**⟩ einholen
dopiąć *pf fig* (*G*) erreichen (*A*); **~ swego** sein/ihr Ziel erreichen; → **dopinać**
do|pić *pf* → **dopijać**; **~piekać** (*-am*) ⟨**~piec***⟩ *v/i słońce*: stechen, brennen; *fig* (*D*) zusetzen (*D*), quälen (*A*)
dopiero erst; **~ co** gerade (eben); **a to ~ ...** das ist ja ...
dopi|jać (*-am*) austrinken; **~lnować** *pf* (*G*, **aby**) aufpassen (auf *A*, daß); **~nać** (*-am*) zuknöpfen; → **dopiąć**
dopingow|ać (*-uję*) anspornen, aufputschen; **~y** Doping-, Aufputsch-
dopis|ek *m* (*-sku*; *-ski*) (schriftlicher) Zusatz, (**na marginesie** Rand-)Bemerkung *f*; **~ywać** (*-uję*) ⟨**~ać**⟩ *v/t* zu Ende schreiben; dazuschreiben; *v/i* (*3. os.*) günstig sein, gut aussehen (mit); **pogoda ~uje** das Wetter ist günstig; **zdrowie nie ~uje** mit der Gesundheit sieht es nicht gut aus/hapert es; **szczęście mu nie ~ało** er hatte Pech/kein Glück
dopła|cać (*-am*) ⟨**~cić**⟩ (**do** *G*) zuzahlen (zu, bei); *porto* nachzahlen; **~ta** *f* (*-y*) Zuzahlung; Nachzahlung; (*do biletu*) Zuschlag *m*; (*do listu*) Strafporto *n*
dopły|nąć *pf* → **dopływać**; **~w** *m* (*-u*; *0*) Zuleitung *f*; (*t. fig*) Zustrom; (*pl -y*) Zufluß; (*rzeka*) Nebenfluß
dopływ|ać (**do** *G*) schwimmen bis (zu); *statek*, *łódź*: sich nähern (*D*), erreichen (*A*); **~owy** Zuleitungs-; Zufluß-
dopo|magać (**w** *L*) (aus)helfen, behilflich sein (bei); **~minać się** (*-am*) ⟨**~mnieć się**⟩ (*-nę*, *-nij!*) (**o** *A* **u k-o**) fordern (*A* von j-m); verlangen (nach)

dopó|ki *conj* solange; **~ki nie → ~ty: ~ty ... aż, ~ty ... dopóki** so lange ... bis
doprawdy *adv* wirklich, wahr
doprowadz|ać (*-am*) ⟨**~ić**⟩ (**do** *G*) führen (bis, zu), bringen (in *A*, zu); *tech* zuführen, zuleiten; *prąd, gaz* (ver)legen (bis), anschließen (an *A*); **~ić do końca** zu Ende führen; **~ić do ruiny** zugrunde richten; **~enie** *n* Zuleitung *f*; Verlegung *f*, Anschluß *m*
dopuszcza|ć (**do** *G*) lassen (zu); (*t. fig*) zulassen (zu); **do tego nie można ~ć** das darf/kann man nicht zulassen; **~ć się** (*G*) begehen (*A*); **~lny** zulässig
dopuścić *pf* → **dopuszczać**; **~ go głosu** zu Wort kommen lassen
dopyt|ywać się (*-uję*) ⟨**~ać się**⟩ (*G*, **o** *A*) sich erkundigen, fragen (nach)
dorabiać (*-am*) anfertigen, machen; *klucz* nachmachen; **~ sobie** (*I*) sich etwas dazuverdienen (mit); **~ się** (*G*) erlangen, erwerben (*A*)
dorad|ca *m* (*-y*), **~czyni** *f* (*-i*; *-e*, *-ń*) Berater(in); Ratgeber(in); **~czy** beratend, Berater-, konsultativ
doradz|ać (*-am*) ⟨**~ić**⟩ (an)raten; **~two** *n* (*-a*) Beratung(stätigkeit) *f*
dorasta|ć (*-am*) die Größe/Höhe/das Alter erreichen (**do** *G* von); groß werden, heranwachsen; → **dorównywać**; **~jący** heranwachsend
doraźn|ie *adv* sofort; (*na razie*) einstweilen, vorerst; **~y** *adj* sofortig; behelfsmäßig, einstweilig; **pomoc ~a** Soforthilfe; **sąd ~y** Schnellgericht *n*
doręcz|ać (*-am*) ⟨**~yć**⟩ aushändigen; *list* zustellen; **~enie** *n* (*-a*) Zustellung *f*
dorob|ek *m* (*-bku*; *0*) Erwerb, Vermögen *n*; Errungenschaft(en *pl*) *f*; *zbior* Werk *n*, (**kulturalny** Kultur-)Gut *n*; **być na ~ku** wirtschaftlich vorankommen; **~ić** *pf* → **dorabiać**
doroczny alljährlich
dorodny stattlich; *zboże*: gut geraten
doros|ły erwachsen; *su m* (*-ego*; *-śli*) Erwachsene(r); **~nąć*** *pf* → **dorastać**
do|rożka *f* (*-i*; *G -żek*) Droschke; **~róbka** F *f* (*-i*; *G -bek*) Nebenverdienst *m*; **~róść*** *pf* → **dorastać**
dorówn|ywać (*-uję*) ⟨**~ać**⟩ (*D*) ebenbürtig sein (*D*), heranreichen (an *A*)
dorsz *m* (*-a*; *-e*) Kabeljau, Dorsch
dorysow(yw)ać (*-[w]uję*) zu Ende zeichnen; (nachträglich) einzeichnen
dorywcz|o *adv* zeitweise, hin und wieder; **~y** zeitweilig, gelegentlich
dorzecze *n* (*-a*) *geogr* Stromgebiet
dorzeczny vernünftig
dorznąć *pf* → **dorzynać**
dorzuc|ać ⟨**~ić**⟩ (**do** *G*) werfen bis (zu); (*G*) dazutun (*A*); *węgla* nachlegen (*A*); *fig* hinzufügen, einwerfen
dorzynać (*-am*) notschlachten
dosadny deutlich; derb, deftig
do|salać (*-am*) nachsalzen; **~siadać** ⟨**~siąść***⟩ steigen (**konia** aufs Pferd); **~siąść się** (**do** *G*) sich dazusetzen (zu)
do siego: ~ roku! prost Neujahr!
dosięg|ać ⟨**~nąć**⟩ (*G*, **do** *G*) reichen bis (zu); (*t. fig*) erreichen (*A*)
doskona|le *adv* → **doskonały**; **~lenie (się)** *n* (*-a*; *0*) Vervollkommnung *f*; Fortbildung *f*; **~lić** ⟨**u-**⟩ (*-lę*) vervollkommnen (**się** sich); **~łość** *f* (*-ści*; *0*) Vollkommenheit; **~ły** *adj* vollkommen; vorzüglich, vortrefflich, exzellent
do|słać*[1] *pf* → **dosyłać**; **~słowny** wörtlich; **~słyszeć** *pf* hören; **on nie ~słyszy** er ist schwerhörig; **~solić** *pf* → **dosalać**; **~spać*** *pf* → **dosypiać**; **~stać***[2] *pf* → **dostawać**
dostarcz|ać ⟨**~yć**⟩ (*A*, *G*) liefern, bringen (*A*); *impf t.* beliefern (mit); *świadka, dowody* beschaffen, beibringen; *fig* (*dawać*) bieten, vermitteln
dostat|ecznie *adv* genug; → **~eczny** genügend, (*t. ocena*) ausreichend; **~ek** *m* (*-tku*; *0*) Wohlstand; **pod ~kiem** im Überfluß, in Hülle und Fülle; **~ni** (**-nio**) wohlhabend, begütert
dostaw|a *f* (*-y*) Lieferung; **termin ~y** Lieferfrist *f*; **~ać** bekommen, erhalten, F kriegen; (*wyjmować*) herausnehmen, herausholen; (*dosięgać*) reichen (**do** *G* bis); **~ać się** (**do** *G*) gelangen, kommen (nach, in *A*); geraten (**do** *G* in *A*); **~ać się w ... ręce** in die Hände von ... fallen; **nagroda dostała się** (*D*) den Preis hat (*A*) erhalten; **~ca** *m* (*-y*; *G -ów*) Lieferant; **~czy** Liefer-; **~i(a)ć** *stół itp.* beistellen; *więźnia* vorführen, bringen; → **przystawiać**, **dostarczać**
dostąpić *pf* (*-ę*) → **dostępować**; *fig* (*G*) erlangen (*A*), teilhaftig werden (*G*)
dostęp *m* (*-u*; *zw. 0*) Zutritt; (*t. fig*) Zugang; **~ny** zugänglich; *cena*: erschwinglich; *tekst*: (allgemein) verständlich; **~ować** (*-uję*) (**do** *G*) herangehen (an *A*),

sich nähern (*D*); *fig* → **dostąpić**
dostoj|eństwo *n* (*-a*) Würde *f*; **~nik** *m* (*-a*; *-cy*) Würdenträger; **~ny** würdevoll, würdig; → **czcigodny**
dostosow|anie *n* (*-a*; *0*) Anpassung *f*; **~(yw)ać** (*-*[*w*]*uję*) anpassen (**do** *G* an *A*, *D*; **się** sich); **~awczy** Anpassungs-
do|strajać (*-am*) ⟨**~stroić**⟩ *mus* nachstimmen; *RTV* abstimmen; *fig* anpassen (**się do** *G* sich *D*); **~strzegać** (*-am*) ⟨**~strzec***⟩ bemerken; **~strzegalny** (**ledwo** kaum) sichtbar; merklich
dosu|wać ⟨**~nąć**⟩ heranrücken, heranschieben (**do** *G* an *A*, bis zu)
dosyć *adv* genug; (*stosunkowo*) ziemlich; **~ dobrze** ziemlich gut, ganz gut
dosy|łać (*-am*) (nach)senden; **~piać** (*-am*): **nie ~piać** zu wenig schlafen; **~pywać** (*-uję*) ⟨**~pać**⟩ (*G* **do** *G*) nachschütten (*A* in *A*); auffüllen (mit)
do|szczętny (*adv t.* **do szczętu**) restlos, völlig, F total; **~szkalać** (*-am*) ⟨**~szkolić**⟩ → **dokształcać**; **~sztukow(yw)ać** (*-*[*w*]*uję*) anstückeln (**do** *G* an *A*)
doszuk|ać się *pf* (*G*) finden, entdecken (*A*); **~iwać się** (*-uję*) (*G*) suchen (nach)
dościg|ać ⟨**~nąć**⟩ (*-nę*) einholen
dość → **dosyć**; **~ na tym, że ...** kurz und gut ...; **od ~ dawna** seit geraumer Zeit
dośpiewać *pf* zu Enge singen
dośrodkowy (**-wo**) zentripetal
doświadcz|ać (*-am*) (*G*) erfahren (*A*); *bólu, przykrości* erleiden, erdulden (*A*); (**na** *L*) erproben (an *D*); **los go ciężko ~ył** das Schicksal hat ihn hart geprüft; **~alny** experimentell; Versuchs-, Test-; **~enie** *n* Erfahrung(en *pl*) *f*; Experiment; (**na zwierzętach** Tier-)Versuch *m*; **brak ~enia** Unerfahrenheit *f*; **z ~enia** aus Erfahrung; **~ony** erfahren; (*wypróbowany*) bewährt, erprobt; **~yć** *pf* → **doświadczać**
dotacja *f* (*-i*; *-e*) Subvention
dotąd bis hierher; (*do tej chwili*) bis jetzt, bisher; → **dopóty**
dotk|liwy (**-wie**) empfindlich; **~nąć** *pf* → **dotykać**; *fig* (*G*) verletzen, kränken (*A*); **~nięcie (się)** *n* (*-a*) Berührung *f*; **~nięty** (*I*) betroffen, befallen (von); (**w, na** *L*) verletzt, gekränkt (in *D*)
dotować (*-uję*) subventionieren
do|trwać *pf* (**do** *G*) ausharren (bis zu); erhalten bleiben (bis zu); **~trzeć*** *pf* → **docierać**; **~trzymywać** (*-uję*) ⟨**~trzymać**⟩ *słowa, kroku* halten; *tajemnicy* bewahren; *towarzystwa* leisten; *umowy itp.* einhalten
dotychczas *adv* bisher; **~owy** bisherig
doty|czyć (*G*) betreffen, angehen (*A*); **co ~czy ...** was ... betrifft; **to mnie nie ~czy** das geht mich nichts an; **~czące ciebie ...** dich betreffende ...; **~k** *m* (*-u*; *-i*) Gefühl *n*; **na ~k** dem Gefühl nach; **być szorstkim w ~ku** sich rauh anfühlen; **zmysł ~ku** Tastsinn; **~kać** (*-am*) (*G*) berühren (*A*; **się** sich, einander); **~kalny** fühlbar, tastbar; **~kowy** Tast-
doucz|ać (*-am*) ⟨**~yć**⟩ weiterbilden (**się** sich); **~yć się** auslernen
doustny *med* oral, Schluck-
doważać (*-am*) ⟨**doważyć**⟩: **nie ~** zu knapp (ab)wiegen
dowcip *m* (*-u*; *-y*) Witz; **~kować** (*-uję*) witzeln, Witze reißen; **~ny** witzig
dowiadywać się (*-uję*) (**o** *A*, *L*) sich erkundigen (nach); → **dowiedzieć się**
dowidzieć: nie ~ schlecht sehen
dowie|dzieć* się *pf* (**o** *L*) erfahren (*A*, von); **~dziony** erwiesen; **~rzać** (*-am*) trauen; **nie ~rzać** mißtrauen; **~ść*** *pf* → **dowodzić**; **~źć*** *pf* → **dowozić**
dowlec* *pf* schleppen (**się** sich)
dowodow|y: wartość ~a Beweiskraft; **postępowanie ~e** Beweisaufnahme *f*
dowodz|enie *n* (*-a*) Beweisführung *f*; (*I*) Befehl *m* (über *A*); **~ić** (**do** *G*) führen (bis zu); (*G*) beweisen (*A*); *mil* (*I*) befehligen, kommandieren (*A*)
dowoln|y beliebig; (*swobodny*) frei, nach Wahl; **ćwiczenia** *n*/*pl* **~e** Kür *f*
dowozić *v*/*t* fahren, bringen (**do** *G* bis); (**k-u** *A*) beliefern (j-n mit)
dowód *m* (*-odu*; *-ody*) Beweis; (*dokument t.*) Beleg; (**osobisty** Personal-)Ausweis; (**nadania** Einlieferungs-)Schein; **~ rzeczowy** Beweisstück *n*; **na**/**w ~** (*G*) als Beweis (für); **~ca** *m* (*-y*; *G -ów*) Kommandeur; **~ca plutonu** *mil* Zugführer
dowództwo *n* (*-a*) Kommando, Befehlsgewalt *f*; Kommandostelle *f*, Stab *m*
dowóz *m* Zufuhr *f*, Anlieferung *f*
doza *f* (*-y*) Dosis
dozbr|ajać (*-am*) ⟨**~oić**⟩ nachrüsten
dozgonny ewig, bis ans Grab
dozna|wać (*-ję*) ⟨**~ć**⟩ (*G*) empfinden (*A*); *dobrego, złego* erfahren (*A*); *straty, kontuzji* erleiden (*A*); **~ć zawodu** e-e Enttäuschung erleben

dozor|ca *m* (*-y*; *G -ów*), **~czyni** *f* (*-i*; *-e*, *-ń*) Aufseher(in), Wärter(in); (*domu*) Hausmeister(in); **~ować** (*-uję*) (*G*) beaufsichtigen (*A*); **~owy** Wach-
dozować (*-uję*) dosieren
dozór *m* (*-oru*; *0*) Aufsicht *f*; *jur t.* Sorgepflicht *f*; (**techniczny** technische) Überwachung *f*
dozw|alać (*-am*) ⟨**~olić**⟩ (*-lę*, *-wól!*) erlauben, gestatten; **~olony dla młodzieży** jugendfrei
dożyć *pf* (*G*) erleben (*A*); **~ stu lat** hundert Jahre alt werden; **~ późnego wieku** hohes Alter erreichen
dożylny *med* intravenös
dożynki *pl* (*-nek*) Erntedankfest *n*
dożyw|wać (*-am*) → **dożyć**; **~wać swoich dni** s-n Lebensabend verbringen; **~wiać** (*-am*) zusätzlich ernähren (**się** sich); **~wotni** (**-nio**) lebenslang; *jur* lebenslänglich
dójka *f* (*-i*; *G -jek*) Melkerin; Zitze
dób *G pl* → **doba**; **~r** *G pl* → **dobro**
dół *m* (*dołu*; *doły*) Grube *f*, Loch *n*; (*dolna część*) Unterteil *m*/*n*; unteres Ende; Unterseite *f*; Boden; **w**/**na ~** nach unten, abwärts, hinunter, herunter; **iść w ~** *fig* sinken; **w ~ rzeki** flußabwärts; **z**/**od dołu** von unten; **w**/**na dole**, **u dołu** unten; **płatny z dołu** zahlbar nach Lieferung/erbrachter Leistung
drab *m* (*-a*; *-y*) *pej* Kerl, Strolch
drabin|a *f* (*-y*) Leiter; **~iasty**: **wóz ~iasty** Leiterwagen; **~ka** *f* (**linowa**, **sznurowa** Strick-)Leiter; **~ka szwedzka** *sport* Sprossenwand
dragi *f*/*pl* (*-*) *gw* (*narkotyki*) Stoff *m*
drakoński drakonisch
dramat *m* (*-u*; *-y*) Drama *n* (*t. fig*)
drama|topisarz *m*, **-rka** *f* Dramatiker(in); **~tyczny** dramatisch
drań *m* (*-nia*; *-nie*, *-ni*[*ów*]) *pej* Schuft, Lump; **~stwo** F *n* (*-a*) Gemeinheit *f*
drapa|cz *m* (*-a*; *-e*): **~cz chmur** Wolkenkratzer; **~ć** ⟨**po-**⟩ (*-ię*) kratzen (**się** sich; **w** *A* an *D*); **~ć się pod górę** bergauf klettern; **~k** *m* (*-a*; *-i*) alter Besen, alte Bürste; F **dać ~ka** → **drapnąć**
drapieżn|ik *m* (*-a*; *-i*) *zoo* Räuber; **~ość** *f* (*-ści*; *0*) Raubgier; **~y** *zoo* Raub-, Greif-
drapn|ąć *v*/*s* (*-nę*) kratzen; F die Kurve kratzen; **~ięcie** *n* (*-a*; *G -ć*) Kratzer *m*
drapować ⟨**u-**⟩ (*-uję*) drapieren

drasnąć *v*/*s* (*-nę*) ritzen, kratzen; *kula*: streifen; *fig* kränken
drastyczny drastisch; derb
draśnięcie *n* (*-a*; *G -ć*) Kratzer *m*
drażetka *f* (*-i*; *G -tek*) Dragee *n*
draż|liwość *f* (*-ści*; *0*) Reizbarkeit; **~liwy** Reiz-; (**-wie**) heikel; reizbar; *sytuacja*: peinlich; **~niąco** *adv*: **działać ~niąco** → **~nić** (*-ę*, *-ń*/*-nij!*) reizen
drą → **drzeć**
drą|g *m* (*-a*; *-i*) Stange *f*; **~żek** *m* (*-żka*; *-żki*) Knüppel; Stab, Stange *f*; *sport* Reck *n*; **... na ~żkach** ... am Reck; **~żyć** ⟨**wy-**⟩ (*-ę*) aushöhlen; *tunel* graben
drelich *m* (*-u*; *-y*) Drillich(zeug *n*) *m*
dren *m* (*-u*; *-y*) Dränrohr *n*; *med* Drain; **~ować** (*-uję*) dränieren; drainieren
dreptać ⟨**po-**⟩ (*-czę*/*-cę*) trippeln
dres *m* (*-u*; *-y*) Trainingsanzug
dreszcz *m* (*-u*; *-e*) Schau(d)er; **~e** *pl* Schüttelfrost *m*; **~yk** *m* (*-u*; *-i*) Frösteln *n*; *fig* Nervenkitzel; **opowieść** *f* **z ~ykiem** Schauergeschichte
drew|niak *m* (*-a*; *-i*) Holzhaus *n*; (*but*) Holzschuh; **~niany** hölzern, Holz-; **~nieć** ⟨**z-**⟩ (*-eję*) *fig* steif werden; **~no** *n* (*-a*; *0*) Holz; (*kawałek*) (Holz-)Scheit
drezdeński Dresd(e)ner *adj*
drę → **drzeć**; **~czący** quälend; **~czyć** (*-ę*) quälen (**się** sich; *I* mit)
drętw|ieć ⟨**o-**, **z-**⟩ (*-eję*) steif werden (**z zimna** vor Kälte); *noga*, *ręka*: taub werden, F einschlafen; *fig* erstarren (**na myśl** bei dem Gedanken); **~y** (*ścierpnięty*) taub; *fig* (**-wo**) fad(e), F lahm
drg|ać (*-am*) zittern, beben; (*nerwowo*) zucken; **~ania** *n*/*pl* (*-ń*) *fiz* Schwingungen *f*/*pl*; **~awki** *f*/*pl* (*-wek*) Krämpfe *m*/*pl*; **~nąć** *v*/*s* (*-nę*) → **drgać**; **ani** (**nie**) **~nąć** sich nicht (von der Stelle) rühren
drobiazg *m* (*-u*; *-i*) Kleinigkeit *f*; *zbior* die Kleinen; **~owość** *f* (*-ści*; *0*) Pedanterie, Kleinlichkeit; **~owy** (**-wo**) peinlich genau, *pej* kleinlich
drobi|ć ⟨**roz-**⟩ (*-ę*) zerkleinern, zerkrümeln; **~na** *f* (*-y*) ein bißchen; Molekül *n*
drobn|e *pl* (*-ych*) Kleingeld *n*; **~ica** *f* (*-y*; *0*) *hdl* Stück(fracht)gut *n*
drobno *adv* → **drobny**; **~mieszczański** kleinbürgerlich; **~stka** *f* (*-i*; *G -tek*) Kleinigkeit; *fig t.* Lappalie; **~stkowy** kleinlich; **~ustrój** *m* Mikroorganismus; **~ziarnisty** feinkörnig
drobny klein, Klein-; *wydatek*, *suma*: ge-

ring; (*miałki*) fein, Fein-; (*błahy*) gering(fügig); → ***drobne, deszcz***
droczyć się F (-*ę*) (**z** *I*) necken (*A*)
droga[1] *adj* → ***drogi***
drog|a[2] *f* (-*i*; *G dróg*) Weg *m* (*t. fig*), (***szybkiego ruchu*** Schnell-)Straße; (***startowa*** Start-)Bahn; ***wybrać się w ~ę*** sich auf den Weg machen; ***zejść z ~i*** den Weg frei machen; ***~ą urzędową*** auf dem Dienstweg; ***swoją ~ą*** immerhin; ander(er)seits; ***po/w drodze*** unterwegs; ***szczęśliwej ~i!*** gute Reise!
dro'geria [-r̦ia] *f* (*GDL* -*ii*; -*e*) Drogerie
drogi teuer; *fig t.* lieb; *pl* → ***droga***[2]
drogo *adv* teuer; **~cenny** kostbar
drogo|wskaz *m* (-*u*; -*y*) Wegweiser; **~wy** Wege-, Straßen-; Verkehrs-; ***kodeks ~wy*** Straßenverkehrsordnung *f*
drogówka F *f* (-*i*; *0*) Verkehrspolizei
drozd *m* (-*a*; -*y*) *zoo* Drossel *f*
drożdż|e *pl* (-*y*) Hefe *f*; **~owy** Hefe-
droż|eć ⟨**po-, z-**⟩ (-*eję*) teurer werden, sich verteuern; **~ej** *adv comp*, **~szy** *adj comp* teurer; **~yzna** *f* (-*y*; *0*) Teu(e)rung
drób *m* (*drobiu*; *0*) Geflügel *n*
dró|g *G pl* → ***droga***[2]; **~żka** *f* (-*i*; *G* -*żek*) Pfad *m*; **~żnik** *m* (-*a*; -*cy*) Bahnwärter
druci|any Draht-; **~k** *m* (-*a*; -*i*) dünner Draht, Drähtchen *n*
druczek *m* (-*czka*; -*czki*) Vordruck
drugi zweite; Zweit-; (*inny*) andere; ***~e danie*** Hauptgericht; ***co ~*** jeder zweite; ***po ~e*** zweitens; ***~e tyle*** nochmal so viel; ***jeden po/za ~m*** einer nach dem anderen; hintereinander, nacheinander; ***po ~ej stronie*** auf der anderen Seite; ***z ~ej strony*** *fig* andererseits; ***z ~ej ręki*** *t.* gebraucht; ***druga*** (***godzina***) zwei (Uhr)
drugo|planowy (**-wo**) sekundär; Neben-; **~rzędny** zweitrangig; **~stronny** umseitig, ... auf der Rückseite
druh *m* (-*y*; -*owie*/-*y*) Kamerad; (*harcerz*) Pfadfinder; **~na** *f* (-*y*; *G* -*hen*) Brautjungfer; Pfadfinderin
druk *m* (-*u*; *0*) Druck(en *n*) *m*; (Druck-) Schrift *f*; (*pl* -*i*) Drucksache *f*; ***wyjść ~iem*** im Druck erscheinen
drukar|ka *f* (-*i*; *G* -*rek*) Druckmaschine; (***igłowa, laserowa*** Nadel-, Laser-) Drucker *m*; **~nia** *f* (-*i*; -*e*) Druckerei; **~ski** Druck-; ***błąd ~ski*** Druckfehler
druk|arz *m* (-*a*; -*e*) Drucker; **~ować** (-*uję*) (aus)drucken; *tkaninę* bedrucken
drut *m* (-*u*; -*y*) Draht; **~y** *pl t.* Stricknadeln *f/pl*; ***robić na ~ach*** stricken
druzgotać ⟨**z-**⟩ (-*czę*/-*cę*) zerschmettern
druż|ba *m* (-*y*; -*owie*, -*ów*) Brautführer; **~ka** *f* (-*i*; *G* -*żek*) Brautjungfer
drużyn|a *f* (-*y*) Mannschaft; Abteilung, Trupp *m*; *hist* Kriegsgefolge *n*; **~owo** *adv* als Mannschaft, in der Gruppe; **~owy** Mannschafts-; *su m* (-*ego*; -*i*), **~owa** *f* (-*ej*; -*e*) Gruppenführer(in)
drwa *pl* (*drew*) (Brenn-)Holz *n*
drwalnia *f* (-*i*; -*e*) Holzschuppen *m*
drwi|ący (**-co**) spöttisch; **~ć** (-*ę*, -*ij!*) (**z** *G*) verspotten (*A*), sich lustig machen (über *A*); **~ny** *f/pl* (-) Spott *m*
dryblas F *m* (-*a*; -*y*) schlaksiger Bursche
dryblować (-*uję*) *sport* dribbeln
dryfować (-*uję*) *v/i* driften, treiben
dryl *m* (-*u*; *0*) *mil*, *zw. pej* Drill
drylować (-*uję*) *wiśnie* entkernen
drzazg|a [d·ʒ-] *f* (-*i*) (Holz-)Span *m*; (*ostry odłamek*) Splitter *m*; ***rozbić na/w ~i*** kurz und klein schlagen
drzeć* [d·ʒ-] ⟨**po-**⟩ *v/t* zerreißen; zerren (***za włosy*** an den Haaren); ***~ się*** reißen *v/i*; F brüllen
drzem|ać [d·ʒ-] (-*ię*) schlummern; **~ka** *f* (-*i*; *G* -*mek*) Schlummer *m*; (***poobiednia*** Mittags-)Schläfchen *n*
drzew|ce [d·ʒ-] *n* (-*a*) Schaft *m*, Stiel *m*; (*Flag*-)Stock *m*; **~ko** *n* (-*a*; *G* -*wek*) Bäumchen; **~ny** Baum-; *tech*, *ekon* Holz-; **~o** *n* (-*a*) (***iglaste, owocowe*** Nadel-, Obst-)Baum *m*; (*materiał*) Holz; **~oryt** *m* (-*u*; -*y*) Holzschnitt
drzwi [dʒ-] *pl* (*drzwi*) (***rozsuwane, do pokoju*** Schiebe-, Zimmer-)Tür *f*; **~ami** durch die Tür; ***przy ~ach zamkniętych*** nichtöffentlich; **~czki** *pl* (-*czek*) Tür *f*; Türchen *n*, Klappe *f*; **~owy** Tür-
drże|ć (-*ę*) zittern; **~nie** *n* (-*a*; *zw. 0*) Zittern; *med* Tremor *m*
dubbing ['da-/'du-] *m* (-*u*; *0*) Synchronisation *f*; **~ować** (-*uję*) synchronisieren
dubeltówka *f* (-*i*; *G* -*wek*) Doppelflinte
dubl|er *m* (-*a*; -*rzy*), **-rka** *f* (-*i*; *G* -*rek*) Double *n*; **~ować** ⟨**z-**⟩ (-*uję*) verdoppeln; *rolę* doubeln; *sport* überrunden
duch *m* (-*a*; -*y*) Geist; (*odwaga*) Mut; ***~ czasu*** Zeitgeist; ***wiara w ~y*** Geisterglaube *m*; ***w ~u*** im Geiste; im stillen; ***nabrać ~a*** Mut fassen; ***podnieść na ~u*** (*A*) Mut machen (*D*)
duchow|ieństwo *n* (-*a*; *0*) Geistlichkeit *f*; **~ny** geistlich; *su m* (-*ego*; -*i*) Geistli-

che(r); **~y** Geistes-; (**-wo**) geistig
dud|ka *f* (*-i*; *G -dek*) → ***fujarka***; **~nić** (*-ę*) *deszcz*: trommeln; *ziemia itp.*: dröhnen; **~y** *f*/*pl* (*dud*) Dudelsack *m*
duet ['duɛt] *m* (*-u*; *-y*) Duett *n*
dum|a *f* (*-y*; *0*) Stolz *m*; **~ać** (*-am*) sinnen, grübeln; **~ka** *f* (*-i*; *G -mek*) (elegisches) Lied *n*; **~ny** stolz (**z** *G* auf *A*)
Du|nka *f* (*-i*; *G -nek*) Dänin; **~ńczyk** *m* (*-a*; *-cy*) Däne; **&ński** (**po -ku**) dänisch
dup|a V *f* (*-y*) Arsch *m*; Möse; ***... do ~y*** beschissen
dur[1] *m* (*-u*; *0*) Typhus; **~ *plamisty*** Fleckfieber *n*
dur[2] (*idkl*) *mus* Dur *n*
dur|eń *m* (*-rnia*; *-rnie*, *-rni*[*ów*]) Dummkopf; **~ny** P dumm, blöd(e)
durszlak *m* (*-a*; *-i*) → ***cedzak***
du|rzyć się (*-ę*) F vernarrt/verknallt sein (***w*** *L* in *A*); **~sić** (*-szę*) ⟨**u-**, ***za-*** er⟩würgen; *fig* ⟨**z-**⟩ ersticken, abwürgen; *kulin* ⟨**u-**⟩ dünsten; ***~sić się*** (drohen zu) ersticken *v*/*i*; *kulin* schmoren
dusz|a *f* (*-y*; *-e*) Seele (*t. fig*, *tech*); ***lekko na ~y*** leicht ums Herz; ***czego ~a zapragnie*** alles was das Herz begehrt; **~kiem** *adv* in e-m Zug, ex; **~nica** *f* (*-y*; *-e*): ***~nica bolesna*** Angina pectoris *f*; **~ność** *f* (*-ści*) Atemnot; **~ny** (*parny*) schwül; **~pasterski** seelsorgerisch; **~pasterz** *m* Seelsorger
duż|o *adv* viel; **~y** *adj* groß, Groß-; *deszcz, mróz, zachmurzenie*: stark
dwa zwei; **~ *słowa*** ein paar Worte; → *str. 610*; **~dzieścia** zwanzig; **~j** *m-os* zwei; **~naście** zwölf
dwie *f* zwei; **~ście** zweihundert
dwo|ić się (*-ję*, *dwój!*) → ***podwajać***; ***~i mi się w oczach*** ich sehe alles doppelt; **~isty** doppelt; dualistisch; **~jaczki** *m*/*pl* (*-ów*) Zwillinge *m*/*pl*; **~jaki** zweierlei; **~jako** *adv* auf zweierlei Weise; **~je** *m-os* zwei; ***jedno z ~jga*** eins von beiden; ***na ~je*** in zwei Hälften; ***za ~je*** für zwei
dwom *D* → ***dwa*** *i str. 610*
dwo|rcowy Bahnhofs-; **~rski** Guts-; höfisch, Hof-; **~ry**, ***~rze*** → ***dwór***; ***~rzec*** *m* (*-rca*; *-rce*) Bahnhof; ***~rzec lotniczy*** (Flughafen-)Terminal
dwóch *m-os* zwei
dwójk|a *f* (*-i*; *G -jek*) Zwei; (*łódź*, *tramwaj*) Zweier *m*; (*ocena*) ungenügend; ***we ~ę*** zu zweit; ***~ami*** zu zweien
dwójnasób: ***w ~*** doppelt, zweifach

dwóm *D* → ***dwa*** *i str. 610*
dwór *m* (*-oru*; *-ory*) Gutshaus *n*, Gutshof; (*królewski*) Hof; ***na ~*** hinaus, nach draußen; ***na dworze*** draußen
dwu *m-os* zwei; *w zł.* zwei-, Zwei-; doppel-, Doppel-; **~aktówka** *f* (*-i*; *G -wek*) Zweiakter *m*; **~bój** *m* Biathlon *n*; **~cyfrowy** *liczba*: zweistellig; **~częściowy** zweiteilig; **~daniowy** *obiad*: aus zwei Gängen; **~dniowy** zweitägig
dwudziest|ka *f* (*-i*; *G -tek*) Zwanzig(er *m*) *f*; **~o-** *w zł.* zwanzig-, Zwanzig-; **~y** zwanzigste; ***lata ~e*** zwanziger Jahre
dwu|głoska *f* Diphthong *m*; **~godzinny** zweistündig; **~języczny** zweisprachig; **~kierunkowy** in beiden Richtungen; **~kropek** *m* (*-pka*; *-pki*) Doppelpunkt
dwukrotn|ie *adv* zweimal; ***wzrosnąć ~ie*** auf das Doppelte steigen; **~y** zweimalig; doppelt
dwu|letni zweijährig; **~licowy** heuchlerisch; **~mian** *m* (*-u*; *-y*) *mat* Binom *n*; **~miejscowy** zweisitzig; **~miesięczny** zweimonatig
dwunast|ka *f* (*-i*; *G -tek*) Zwölf(er *m*) *f*; **~nica** *f* (*-y*; *-e*) Zwölffingerdarm *m*; **~o-** *w zł.* zwölf-, Zwölf-; **~y** zwölfte; **~a** zwölf (Uhr); → *str. 611*
dwu|nogi, ~nożny zweibeinig; **~osobowy** Zweipersonen-, Doppel-; **~piętrowy** zweistöckig; **~pokojowy** Zweizimmer-; **~roczny** zweijährig
dwu|rodzinny Zweifamilien-; **~rzędowy** zweireihig; **~rzędówka** F *f* (*-i*; *G -wek*) Zweireiher *m*; **~setny** zweihundertste; **~silnikowy** zweimotorig; **~stopniowy** (**-wo**) zweistufig; **~stronny** zweiseitig; *pol* bilateral; *med* doppelseitig; **~suwowy** *mot* Zweitakt-; **~szereg** *m* Zweierreihe *f*; **~tlenek** *m* Dioxid *n*; **~tomowy** zweibändig; **~torowy** zweigleisig; **~tygodniowy** zweiwöchig
dwuwęglan *m*: ***~ sodu*** doppeltkohlensaures Natrium
dwu|wymiarowy zweidimensional; **~zakresowy** *RTV* mit zwei Wellenbereichen; **~zmianowy** *praca*: in zwei Schichten; **~znaczny** zweideutig, doppelsinnig; **~żeństwo** *n* (*-a*; *0*) Bigamie *f*
dybel *m* (*-bla*; *-ble*) Dübel
dychawica *f* (*-y*; *0*) Asthma *n*
dydaktyczny didaktisch
dyfteryt *m* (*-u*; *0*) Diphtherie *f*
dygnitarz *m* (*-a*; *-e*) Würdenträger

D

D

dygotać (*-czę*/*-cę*) zittern (**z** *G* vor)
dykcja *f* (*-i*; *0*) Diktion
dykta *f* (*-y*) Sperrholz *n*
dykta|fon *m* (*-u*; *-y*) Diktiergerät *n*; **~ndo** *n* (*-a*; *G -nd*) Diktat; ***pisać pod ~ndo*** nach Diktat schreiben; **~tor** *m* (*-a*; *-rzy*/*-owie*) Diktator; **~tura** *f* (*-y*) Diktatur
dyktować (*-uję*) diktieren (*t. fig*)
dyl *m* (*-a*; *-e*, *-i*[*ów*]) Bohle *f*; Diele *f*
dyletancki (**po -ku**) dilettantisch
dym *m* (*-u*; *-y*) Rauch, Qualm; ***pójść z ~em*** in Rauch und Flammen aufgehen; ***puścić z ~em*** in Asche legen; ***rozwiać się jak ~*** sich in Rauch auflösen; **~ić** (**się**) (*-ę*) rauchen *v/i*; dampfen *v/i*
dymisj|a *f* (*-i*; *-e*) Rücktritt *m*; ***udzielić ~i*** (*D*) des Amtes entheben (*A*); ***podać się do ~i*** *s-n* Rücktritt einreichen; *s-n* Abschied nehmen; **~onować** (*-uję*) entlassen; **~onowany** im Ruhestand
dymny Rauch-; *mil t.* Nebel-
dynamiczny dynamisch
dy'nastia [-stĭa] *f* (*GDL -ii*; *-e*) Dynastie
dynia *f* (*-i*; *-e*) Kürbis *m*
dyplom *m* (*-u*; *-y*) Diplom *n*; **~acja** *f* (*-i*; *0*) Diplomatie; **~ata** *m* (*-y*; *-ci*, *-ów*), **~atka** *f* (*-i*; *G -tek*) Diplomat(in); **~atyczny** diplomatisch; **~owany** diplomiert, Diplom-; **~owy** Diplom-
dyrek|cja *f* (*-i*; *-e*) Direktion; **~tor** *m* (*-a*; *-rzy*/*-owie*), **~torka** F *f* (*-i*; *G -rek*) Direktor(in); **~torski** Direktor-; **~tywa** *f* (*-y*) Direktive, Richtlinie
dyrygent *m* (*-a*; *-ci*), **~ka** *f* (*-i*; *G -tek*) Dirigent(in)
dyrygować (*-uję*) (*I*) dirigieren (*A*)
dyscyplina *f* (*-y*) Disziplin; **~rny** Disziplinar-, disziplinarisch
dysertacja *f* (*-i*; *-e*) Dissertation
dysfunkcja *f* Funktionsstörung
dysk *m* (*-u*; *-i*) Diskus; Scheibe *f*; *med* Bandscheibe *f*; ***~ magnetyczny*** *EDV* Festplatte *f*; ***rzut ~iem*** Diskuswurf
dyskobol *m* (*-a*; *-e*), **~ka** *f* (*-i*; *G -lek*) Diskuswerfer(in)
dys|komfort *m* (*-u*; *0*) Unbehagen *n*; **~kontowy** Diskont(o)-
dyskotek|a *f* Diskothek, F Disko; **~owy:** ***muzyka ~owa*** Diskomusik
dyskre|cja *f* (*-i*; *0*) Diskretion; **~dytować** ⟨**z-**⟩ (*-uję*) diskreditieren
dyskrymin|acja *f* (*-i*; *0*) Diskriminierung; **~ować** (*-uję*) diskriminieren
dysku|sja *f* (*-i*; *-e*) Diskussion; ***poddać ~sji***/***pod ~się*** zur Diskussion stellen; **~syjny** Diskussions-; diskussionswürdig; **~tować** ⟨**prze-**⟩ (*-uję*) diskutieren
dyskwalifik|acja *f* (*-i*; *-e*) Disqualifikation; **~ować** ⟨**z-**⟩ (*-uję*) disqualifizieren
dysponować (*-uję*) verfügen (*I* über *A*)
dyspozy|cja *f* (*-i*; *-e*) Disposition; Order; ***mieć do ~cji*** zur Verfügung haben
dysproporcja *f* Mißverhältnis *n*
dystans *m* (*-u*; *-e*/*-y*) Distanz *f*
dystrybu|cja *f* (*-i*; *0*) Verteilung; **~tor** *m* (*-a*; *-y*) *mot* Zapfsäule *f*
dystynkcje *f*/*pl* (*-i*) Rangabzeichen *n*/*pl*
dysydent *m* (*a*; *-ci*), **~ka** *f* (*-i*; *G -tek*) Dissident(in)
dysz|a *f* (*-y*; *-e*) *tech* Düse; **~eć** (*-ę*, *-y*) schnaufen, (mühsam) atmen
dyszel *m* (*-szla*; *-szle*) Deichsel *f*
dywan *m* (*-u*; *-y*) Teppich
dywersja *f* (*-i*; *0*) subversive Tätigkeit, Sabotage; *mil* Ablenkung
dywidenda *f* (*-y*) Dividende
dywiz|ja *f* (*-i*; *-e*) *mil* Division; **~jon** *m* (*-u*; *-y*) *lotn*, *mar* Geschwader *n*
dyżur *m* (*-u*; *-y*) (Bereitschafts-)Dienst; ***~ nocny*** Nachtdienst, Nachtwache *f*; **~ny** diensthabend; ***~ny ruchu*** Fahrdienstleiter *m*; ***~na zupa*** Tagessuppe; ***~ny temat*** aktuelles Thema; **~ować** (*-uję*) Bereitschaftsdienst haben
dzban *m* (*-a*; *-y*) (***gliniany*** Ton-)Krug; **~ek** *m* (*-nka*; *-nki*) Kanne *f*; Becher
dziać[1] (*dzieję*, *dział*) stricken
dziać[2] **się** (*t-ko 3 os. dzieje*, *działo się*) vor sich gehen, sich abspielen; (**z** *I*) widerfahren (*D*), passieren (mit); ***co się tu dzieje?*** was ist los hier?
dziad *m* (*-a*, *-dzie*/*-du!*; *-y*) Bettler; (*starzec*) Alte(r); *pej* Kerl; (*pl -owie*) → **~ek** *m* (*-dka*, *-dkowie*) Großvater, F Opa; *pl* Großeltern *pl*; (*pl -dki*) ***~ek do orzechów*** Nußknacker; **~owski** Bettel-, Bettler-; (**po -ku**) (*nędzny*) jämmerlich; miserabel; **~y** *pl* (*-ów*) *hist* Totenfeier *f*
dział *m* (*-u*; *-y*) (***nauki*** Wissens-)Zweig; (***kadr*** Personal-)Abteilung *f*; (*część czasopisma*) Teil *m*/*n*; (*część własności*) Anteil; ***~ wód*** Wasserscheide *f*
działacz *m* (*-a*; *-e*) Mann der Tat, F Macher; ***~ partyjny*** Parteifunktionär; ***~ polityczny*** Politiker; ***~ rewolucyjny*** Berufsrevolutionär; ***~ ruchu robotniczego*** Arbeiterführer; **~ka** *f* (*-czki*; *G -czek*) → ***działacz***; ***~ka społeczna*** so-

zial engagierte Frau; **~ka** ***podziemia*** Untergrundkämpferin
działa|ć (*-am*) handeln; funktionieren, arbeiten; ⟨***po-***⟩ wirken; F **~ć** ***na nerwy*** auf die Nerven gehen; **~lność** *f* (*-ści*; *0*) Tätigkeit, Wirken *n*; **~nie** *n* (*-a*) Handeln, Tun; Wirkung *f*; Funktion *f*; *mil* Operation *f*; → ***arytmetyczny***
działk|a *f* (*-i*; *G -łek*) Parzelle; Kleingarten *m*, Schrebergarten *m*; **~owicz** *m* (*-a*; *-e*) Kleingärtner, Schrebergärtner
działo[1] *n* (*-a*) Geschütz, Kanone *f*
działo[2] **się** → ***dziać się***
działow|y: ***ścianka*** **~a** Trennwand
dzia|nina *f* (*-y*) Trikotage; **~ny** Strick-
dziarski rüstig; (**-ko**) forsch, munter
dziąsło *n* (*-a*; *G -seł*) Zahnfleisch
dzicz *f* (*-y*; *0*) Wildnis; *fig zbior* Mob *m*; **~eć** ⟨**z-**⟩ (*-eję*) verwildern; *fig t.* verrohen; **~yzna** *f* (*-y*; *0*) *kulin* Wild(bret) *n*
dzie|ci *pl* → ***dziecko***; **~ciak** *m* (*-a*; *-i*) Kind *n* (*t. fig*); **~ciarnia** *f* (*-i*; *0*) *zbior* Kinder *n/pl*; **~ciątko** *n* (*-a*; *G -tek*) Baby; ***Łciątko Jezus*** Christkind; **~cięcy** Kinder-, Kindes-, (**-co**) kindlich; **~cinnada** *f* (*-y*) Kinderei; **~cinny** → ***dziecięcy***; *fig* kindisch; ***po ~cinnemu*** wie ein Kind; **~ciństwo** *n* (*-a*; *0*) Kindheit *f*; **~ciobójstwo** *n* (*-a*) Kindesmord *m*; **~ciuch** *m* (*-a*; *-y*) Kind *n*, P Balg; *fig* Kindskopf; **~cko** *n* (*-a*; *dzieci*, *I dziećmi*) Kind; ***od ~cka*** von Kindheit an
dziedzi|c *m* (*-a*; *-e*) Gutsherr; (*sukcesor*) Erbe *m*; **~ctwo** *n* (*-a*) Erbe *n*; **~czka** *f* (*-i*; *G -czek*) Gutsherrin; Erbin; **~czny** erblich, Erb-; **~czyć** ⟨**o-**⟩ (*-ę*) (**po** *L*) erben (von); beerben (*A*)
dziedzina *f* (*-y*) Gebiet *n*, Bereich *m*
dziedziniec *m* (*-ńca*; *-ńce*) Hof
dziegieć *m* (*-gciu*; *0*) Teer
dzieje *pl* (*-jów*) Geschichte *f*; Erlebnisse *n/pl*; ~ ***się*** → ***dziać się***
dziejowy historisch
dziekan *m* (*-a*; *-i*) Dekan; (*dyplomata*) Doyen; *rel* Dechant
dziel|enie *n* (*-a*; *0*) (Auf-)Teilung *f*; *mat* Division *f*; **~ić** ⟨***po-***, ***roz-***⟩ (*-lę*) teilen (*t. mat* ***przez*** durch; ***się*** sich); aufteilen (***między*** *A* unter *A*); (*rozdzielać*) trennen; ***~ić się*** ⟨***po-***⟩ (*I*) miteinander teilen (*A*); mitteilen (***z kimś*** *I* j-m *A*); *mat* teilbar sein; **~na** *f* (*-ej*; *-e*) Dividend *m*
dziel|nica *f* (*-y*; *-e*) Region; Distrikt *m*; Stadtteil *m*, Stadtviertel *n*; **~nicowy** Distrikts-, Bezirks-; Revier-; **~nie** *adv* → ***dzielny***; **~nik** *m* (*-a*; *-i*) *mat* Divisor; **~ność** *f* (*-ści*; *0*) Tapferkeit; Tüchtigkeit; **~ny** tapfer; (*zaradny*) tüchtig
dzieł|o *n* (*-u*) Werk; ⟨***za***⟩***brać się/przystąpić do ~a*** ans Werk gehen
dzien|nie *adv* täglich; **~nik** *m* (*-a*; *-i*) (Tages-)Zeitung *f*, (***urzędowy*** Amts-) Blatt *n*; *RTV* Nachrichten(sendung *f*) *pl*; (***podróży*** Reise-)Tagebuch *n*; ***~nik klasowy*** Klassenbuch *n*; **~nikarka** *f* (*-i*; *G -rek*), **~nikarz** *m* (*-a*; *-e*, *-y*) Journalist(in); **~ny** täglich, Tages-
dzień *m* (*dnia*; *dni/dnie*, *G dni*) (***świąteczny*** Fest-)Tag; ~ ***dobry!*** guten Tag!; ~ ***w*** ~, ~ ***po dniu*** Tag für Tag, tagaus, tagein; ***za dnia*** bei Tageslicht; ***z dnia na*** ~ von einem Tag auf den anderen; von Tag zu Tag; ***w ciągu dnia*** im Laufe des Tages; ***co*** (***drugi***) ~ jeden (zweiten) Tag; ***na drugi*** ~ am nächsten Tag; ***do dziś dnia*** bis zum heutigen Tag
dzierżaw|a *f* (*-y*) Pacht; **~ca** *m* (*-y*; *G -ów*) Pächter; **~czy** Pacht-; *gr* possessiv; **~czyni** *f* (*-i*, *-e*) Pächterin; **~ić** ⟨**wy-**⟩ (*-ę*) pachten; *pf t.* verpachten; **~ne** *n* (*-ego*; *0*) Pachtzins *m*; **~ny** Pacht-
dzierżyć (*-ę*) *lit*, *żart* halten; innehaben
dziesiąt|ek *m* (*-tka*; *-tki*) Jahrzehnt *n*; *t.* → **~ka** *f* (*-tki*; *G -tek*) Zehn, F Zehner *m*; **~kować** ⟨**z-**⟩ (*-uję*) dezimieren; **~y** zehnte; ***jedna ~a*** ein Zehntel
dziesięcio|- *w zł.* Zehn-, zehn-; **~boista** *m* (*-y*; *-ści*, *-ów*) Zehnkämpfer; **~krotny** zehnfach; **~lecie** *n* (*-a*; *G -i*) Jahrzehnt; zehnter Jahrestag
dziesię|ć, *m-os* **~ciu** zehn; → *str. 610*; **~ćkroć** *adv* zehnfach; **~tnik** *m* (*-a*; *-cy*) Vorarbeiter
dziewczę *n* (*-ęcia*; *-ęta*) Mädel; **~ęcy** Mädchen-; (**-co**) mädchenhaft; **~yna** *f* (*-y*) (junges) Mädchen; **~czynka** *f* (*-i*; *G -nek*) (kleines) Mädchen
dziewiąt|ka *f* (*-i*; *G -tek*) Neun, F Neuner *m*; **~y** neunte; → *str. 611*
dziewica *f* (*-y*; *-e*) Jungfrau
dziewiczy (**-czo**) jungfräulich (*t. fig*)
dziewięcio|- *w zł.* Neun-, neun-; **~krotny** neunfach; **~letni** neunjährig
dziewię|ć, *m-os* **~ciu** neun; → *str. 610*; **~ćdziesiąt** neunzig; **~ćset** neunhundert; **~tnasto-** *w zł.* neunzehn-; **~tnaście** neunzehn; → *str. 610*
dziewucha *f* (*-y*) Mädel *n*, *żart* Maid

dzieża *f* (*-y*; *-e*) Backtrog *m*
dzięcioł *m* (*-a*; *-y*) Specht
dzięk|czynny Dank(es)-; **~i** *pl* (*-ów*) Dank *m* (**za** für); *praep* dank (*D*); **~i Bogu** Gott sei Dank; **~ować** ⟨**po-**⟩ (*-uję*) danken (**za** *A* für); sich bedanken (**k-u** bei *j-m*)
dzik *m* (*-a*; *-i*) Wildschwein *n*, (*odyniec*) Keiler; **~i** (**-ko**) wild; *fig* (*dziwny*) merkwürdig, seltsam; **~us** *m* (*-a*; *-i*), **-ska** *f* (*-i*; *G -sek*) Wilde(r)
dziob|ać (*-ię*) ⟨**~nąć**⟩ (*-nę*) picken; **~aty** pockennarbig; **~y** *pl* → **dziób**
dziób *m* (*-oba*/*-óba*; *-oby*) Schnabel (*t.* F *fig*); Spitze *f*; (*statku*) Bug; **dzioby** *pl* Pockennarben *f*/*pl*
dzi|siaj → **dziś**; **~siejszy** heutig (*t. fig*); **po dzień ~siejszy** bis zum heutigen Tage, bis heute; **~ś** *adv* heute; *su n* (*idkl*) Heute; **~ś rano** heute morgen/früh; **od ~ś** von heute an; **na ~ś** für heute
dziupla *f* (*-i*; *-e*) (*Nist-*)Höhle
dziura *f* (*-y*) Loch *n*; F *fig* Kaff *n*; **~wić** ⟨**prze-**⟩ (*-ę*) (durch)löchern; **~wy** löch(e)rig, durchlöchert, F kaputt
dziur|ka *f* (*-i*; *G -rek*) (**od klucza** Schlüssel-)Loch *n*; (*w klapie*) Knopfloch *n*; **~kacz** *m* (*-a*; *-e*) Locher; **~kować** (*-uję*) lochen; perforieren
dziw *m* (*-u*; *-y*) Wunderding *n*; Kuriosität *f*; **nie ~** kein Wunder; **~actwo** *n* (*-a*) Merkwürdigkeit *f*; Schrulle *f*; **~aczeć** ⟨**z-**⟩ (*-eję*) wunderlich werden; **~aczka** *f* (*-i*; *G -czek*) wunderliche Person, komische Frau; **~aczny** kurios, seltsam, F komisch; **~ak** *m* (*-a*; *-cy*) Sonderling, (komischer) Kauz; **~ić** ⟨**z-**, **za-**⟩ (*-ę*) verwundern, erstaunen; **~ić się** ⟨**z-**⟩ (*D*) sich wundern (über *A*)
dziwka *f* (*-i*; *G -wek*) *pej* Dirne, Nutte
dziwn|y seltsam, sonderbar; **~a rzecz** komischerweise; **nic ~ego, że** (es ist) nicht verwunderlich, daß/wenn
dziwo *n* (*-a*) → **dziw**; **~ląg** *m* (*-a*; *-i*) Wundertier *n*, seltsames Wesen; Kuriosität *f*; **~twór** *m* Monster *n*
dzwon *m* (*-u*; *-y*) Glocke *f*; Glockengeläut *n*; **~ek** *m* (*-nka*; *-nki*) Glocke *f*; Klingel *f*; Klingeln *n*; *bot* Glockenblume *f*; **~ić** ⟨**za-**⟩ (*-ę*) (die Glocken) läuten; klingeln; F (**do** *G*) anrufen (*A*); **~ko** *n* (*-a*; *G -nek*) (**śledzia** Herings-)Happen *m*; **~nica** *f* (*-y*; *-e*) Glockenturm *m*
dźwię|czeć (*-ę*, *-y*) klingen; **~czny** klangvoll; *gr* stimmhaft; **~k** *m* (*-u*; *-i*) Klang; *fiz* Schall; Ton; *jęz* Laut; **barwa ~ku** Klangfarbe; **zapis ~ku** Tonaufzeichnung *f*; **~koszczelny** schalldicht; **~kowy** *film*, *nagranie*: Ton-
dźwig *m* (*-u*; *-i*) *tech* Kran; (*winda*) Aufzug; **~ać** (*-am*) (hoch)heben; (*nosić*) schleppen; **~ar** *m* (*-a*/*-u*; *-y*) *bud* Träger; **~nąć** *pf* (*-nę*) (hoch)heben; **~nąć z gruzów** wiederaufbauen; **~nąć się** sich erheben; **~nia** *f* (*-i*; *-e*) *tech* Hebel *m*; **~owy** Kran-; *su m* (*-ego*; *-i*) Kranführer
dżdż|ownica *f* (*-y*; *-e*) Regenwurm *m*; **~u** → **deszcz**; **~ysty** (**-to**) regnerisch
dżem *m* (*-u*; *-y*) Jam *n*, Konfitüre *f*
dżersej *m* (*-u*; *-e*) Jersey
dżez *m* (*-u*; *0*) Jazz
dżins|owy Jeans-; **~y** *pl* (*-ów*) Jeans *pl*
dżoint *m* (*-u*; *-y*) *gw* Joint
dżokej *m* (*-a*; *-e*, *-ów*/*-ei*) Jockey
dżul *m* (*-a*; *-e*) *fiz* Joule *n*
dżuma *f* (*-y*; *0*) *med* Pest
dżungla *f* (*-i*; *-e*) Dschungel *m*

E

echo *n* (*-a*) Echo, Widerhall *m*; *fig t.* Resonanz *f*, Anklang *m*; **~sonda** *f* (*-y*) Echolot *n*
edukac|ja *f* (*-i*; *0*) Erziehung; **~cyjny** Erziehungs-, Bildungs-
edycja *f* (*-i*; *-e*) Edition, Ausgabe
efek|ciarstwo *n* (*-a*; *0*) Effekthascherei *f*; **~t** *m* (*-u*; *-y*) Effekt; (*skutek*) Wirkung *f*; **zrobić wielki ~t** großen Eindruck hinterlassen; **~towny** effektvoll; **~tywny** effektiv; effizient, wirksam
egida *f* (*-y*; *0*) Schirmherrschaft

Egipcjan|in *m* (*-a*; *-nie*, *-*), **~ka** *f* (*-i*; *G -nek*) Ägypter(in)
egipski (**po -ku**) ägyptisch
egoist|a *m* (*-y*; *-ci*), **~ka** *f* (*-i*; *G -tek*) Egoist(in); **~yczny** egoistisch
egzaltowany exaltiert, überspannt
egzamin *m* (*-u*; *-y*) (**z polskiego**, **na prawo jazdy**, **wstępny** in Polnisch, Fahr-, Aufnahme-)Prüfung *f*, Examen *n*; → **zda(wa)ć**; **~acyjny** Prüfungs-; **~ować** (*-uję*) prüfen (*t. fig*)
egzekuc|ja *f* (*-i*; *-e*) Vollstreckung; (*wykonanie kary śmierci*) Exekution, Hinrichtung; **~yjny** Vollstreckungs-; **pluton ~yjny** Erschießungskommando *n*
egzekutywa *f* (*-y*) Exekutive
egzekwować ⟨**wy-**⟩ (*-uję*) (*wymagać*) fordern; (*wykonać*) ausführen; *jur* eintreiben; *wyrok* vollstrecken
egzema *f* (*-y*; *0*) *med* Ekzem *n*
egzemplarz *m* (*-a*; *-e*, *-y*) Exemplar *n*; **w trzech ~ach** in dreifacher Ausfertigung
egzotyczny exotisch
egzys|tencja *f* (*-i*; *-e*) Existenz; (*życie t.*) Dasein *n*; **minimum** *n* **-tencji** Existenzminimum; **~tować** (*-uję*) existieren
ekipa *f* (*-y*) Equipe, Mannschaft
ekler F *m* (*-a*/*-u*; *-y*) Reißverschluß; *kulin* Eclair *n*
ekologi|a [-'lɔgʲĭa] *f* (*GDL -ii*; *0*) Ökologie; **~czny** ökologisch, Öko-
ekonomi|a [-'nɔmʲĭa] *f* (*GDL -ii*; *0*) Ökonomie; → **oszczędność**; **~czny** ökonomisch, wirtschaftlich; Wirtschafts-; **~ka** *f* (*-i*; *0*) Wirtschaft(lehre); **~ka przedsiębiorstwa** Betriebswirtschaft
ekonomist|a *m* (*-y*; *-ści*), **~ka** *f* (*-i*; *G -tek*) Volkswirt(in); Betriebswirt(in)
eko|system *m* Ökosystem *n*; **~turystyka** *f* sanfter Tourismus
ekran *m* (*-u*; *-y*) (**kinowy** Film-)Leinwand *f*, Projektionswand *f*; *RTV* Bildschirm; *el* Abschirmung *f*; **szeroki ~** Breitwand *f*; **~izacja** *f* (*-e*; *-e*) (**powieści** Roman-)Verfilmung
eks|- *w zł.* ex-, Ex-; **~centryczny** exzentrisch; **~cesy** *m/pl* (*-ów*) Ausschreitungen *f/pl*; **~humacja** *f* (*-i*; *-e*) Exhumierung; **~kluzywny** exklusiv; **~komunikować** (*im*)*pf* (*-uję*) exkommunizieren; **~misja** *f* Exmittierung, Zwangsräumung; **~mitować** (*im*)*pf* (*-uję*) exmittieren; **~pansja** *f* (*-i*; *0*) Expansion; **~patri'acja** *f* (*-i*; *0*) Ausbürgerung; **~patri'ować** (*im*)*pf* (*-uję*) ausbürgern
ekspedient [-'pɛd̜ĭɛnt] *m* (*-a*; *-ci*), **~ka** *f* (*-i*; *G -tek*) (Laden-)Verkäufer(in)
eksped|iować [-'d̜ĭɔ-] ⟨**wy-**⟩ (*-uję*) verschicken, versenden; **~ycja** *f* (*-i*; *-e*) Expedition; (**bagażowa** Gepäck-)Abfertigung; Versand(abteilung *f*) *m*; Spedition; **~ycyjny** Expeditions-; Versand-
ekspert *m* (*-a*; *-ci*), **~ka** *f* (*-i*; *G -tek*) Expert(in); (*biegły*) Gutachter(in); **~yza** *f* (*-y*) Expertise, Gutachten *n*
eksperyment|alny experimentell, Versuchs-; **~ować** (*-uję*) experimentieren
eksploat|acja *f* (*-i*; *0*) Nutzung; *gór* Abbau *m*, Förderung; (*wyzysk*) Ausbeutung; **być w ~acji** *t.* im Betrieb sein; **oddać do ~acji** in Dienst stellen; **~ować** (*-uję*) nutzen, betreiben; *gór* abbauen, fördern; *robotnika* ausbeuten
eksplozja *f* (*-i*; *-e*) Explosion
ekspon|at *m* (*-u*; *-y*) Ausstellungsstück *n*, Exponat *n*; **~ować** ⟨**wy-**⟩ (*-uję*) ausstellen, zeigen
eksport *m* (*-u*; *0*) Export; **na ~** für den Export; **~ować** (*im*)*pf* ⟨**wy-**⟩ (*-uję*) exportieren; **~owy** Export-
ekspozy|cja *f* (*-i*; *-e*) Schau, Ausstellung; (*usytuowanie*) Lage; **~tura** *f* (*-y*) Nebenstelle, Filiale; Zweiggeschäft *n*
ekspres *m* (*-u*; *-y*) (*list*) Eilbrief; *kolej* Expreß(zug); **~ do kawy** Kaffeeautomat; **~owy** Expreß-, Schnell-; **herbata ~owa** Teebeutel *m*
ekstaza *f* (*-y*; *0*) Extase
eksterminacja *f* (*-i*; *0*) Ausrottung
ekstra (*idkl*) extra; F *t.* prima; **~dycja** *f* (*-i*; *-e*) *jur* Auslieferung
ekstrakt *m* (*-u*; *-y*) Extrakt, Auszug
ekstrawagancki (**-ko**) extravagant
ekstrem|alny extrem; **~ista** *m* (*-y*; *-ści*), **-tka** *f* (*-i*; *G -tek*) Extremist(in)
ekwi|punek *m* (*-nku*; *0*) Ausrüstung *f*, Ausstattung *f*; **~walent** *m* (*-u*; *-y*) Äquivalent *n*
elastyczn|ość *f* (*-ści*; *0*) Elastizität; **~y** elastisch; *fig t.* flexibel
elegan|cki (**-ko**) elegant; **~tować się** ⟨**wy-**⟩ F (*-uję*) sich herausputzen
elektor *m* (*-y*; *-rzy*/*-owie*) Wahlmann; *hist* Kurfürst; **~at** *m* (*-u*; *zw. 0*) Wählerschaft *f*; **~ski** Wahlmänner-
elektro|ciepłownia *f* Heizkraftwerk *n*; **~da** *f* (*-y*) Elektrode; **~kardi'ogram** *m* Elektrokardiogramm *n*; **~liza** *f* (*-y*)

E

Elektrolyse; **~magnes** *m* Elektromagnet; **~mechanik** *m* Elektromechaniker; **~monter** *m* Elektriker; **~niczny** elektronisch; **~nowy** Elektronen-; **~technika** *f* Elektrotechnik
elektrownia *f* (*-i*; *-e*) (***cieplna***, ***wodna*** Wärme-, Wasser-)Kraftwerk *n*
elektrowóz *m* Elektrolok *f*
elektry|czność *f* (*-ści*; *0*) Elektrizität; F *t.* Strom *m*, elektrisches Licht; **~czny** elektrisch, Elektro-; **~k** *m* (*-a*; *-cy*) Elektriker; ***inżynier ~k*** Elektroingenieur(in *f*) *m*; **~zować** ⟨***na-***, *fig* **z-**⟩ (*-uję*) elektrisieren
element *m* (*-u*; *-y*) *tech* Einzelteil *n*, Bauteil *n*; *fig* Element *n*; **~y** *pl t.* Grundlagen *f*/*pl*, Anfangsgründe *m*/*pl*
elementarz *m* (*-a*; *-e*, *-y*/*-ów*) Fibel *f*
elewa|cja *f* (*-i*; *-e*) Fassade; **~tor** *m* (*-a*; *-y*) Getreidesilo *m*/*n*
eliminac|ja *f* (*-i*; *-e*) Eliminierung; *sport* Ausscheidung(skampf *m*, -sspiel *n*) *f*; **~yjny** Ausscheidungs-, Vor-
eliminować ⟨**wy-**⟩ (*-uję*) eliminieren, beseitigen; (*wyłączać*) ausschalten
elipsa *f* (*-y*) Ellipse
elita *f* (*-y*) Elite; **~rny** elitär, Elite-
emali|a [ɛ'mal̦ĭa-] *f* (*GDL -ii*; *-e*) Email *n*; **~owany** emailliert, Emaille-
emancyp|antka *f* (*-i*; *G -tek*) Frauenrechtlerin, *pej* Emanze; **~ować się** ⟨**wy-**⟩ (*-uję*) sich emanzipieren
emblemat *m* (*-u*; *-y*) Emblem *n*
embrion ['ɛm-] *m* (*-a*/*-u*; *-y*) Embryo
ementalski: *ser ~* Emmentaler
emeryt (*-a*; *-ci*), **~ka** *f* (*-i*; *G -tek*) Pensionär(in), Ruheständler(in); **~owany** im Ruhestand, pensioniert, emeritiert; **~ura** *f* (*-y*) Pension; ***wcześniejsza ~ura*** Vorruhestand *m*; ***przejść na ~urę*** in Pension gehen; ***pobierać ~urę*** Pension/Ruhegehalt beziehen
emigr|acja *f* (*-i*; *-e*) Emigration; ***na ~acji*** *t.* im Exil; **~acyjny** Emigrations-; Exil-; **~ować** (*im*)*pf* ⟨**wy-**⟩ (*-uję*) emigrieren, auswandern; ins Exil gehen
emi|sja *f* (*-i*; *-e*) *fin*, *fiz* Emission; *RTV* Übertragung, Sendung; **~tować** (*im*)*pf* (*-uję*) emittieren; übertragen, senden
emocja *f* (*-i*; *-e*) Emotion
emocjonalny emotional, emotionell
emocjonujący (**-co**) aufregend
emulsja *f* (*-i*; *-e*) Emulsion
encyklika [-'tsi-] *f* (*-i*) Enzyklika
encykloped|ia [-'pɛd̦ĭa-] *f* (*GDL -ii*; *-e*) Enzyklopädie; **~yczny** enzyklopädisch
energety|czny Energie-; ***surowce*** *m*/*pl* ***~czne*** Energieträger *m*/*pl*; **~ka** [-'gɛ-] *f* (*-i*; *0*) Energiewirtschaft
energi|a [ɛ'nɛrg̦ĭa] *f* (*GDL -ii*; *0*) Energie (*t. fiz*); **~czny** energisch
energo|chłonny energieintensiv; **~oszczędny** energiesparend
entuzja|styczny enthusiastisch, begeistert; **~zmować się** (*-uję*) sich begeistern (***piłką nożną*** für Fußball)
epatować (*-uję*) in Erstaunen versetzen
epi|cki (**-ko**), **~czny** episch
epi|demia [-'dɛm̦ĭa] *f* (*GDL -ii*; *-e*) Epidemie; **~lepsja** *f* (*-i*; *0*) Epilepsie
episkopat *m* (*-u*; *-y*) Episkopat *n*
epi|tafium [-'taf̦ĭum] *n* (*pl -fia*, *-fiów*) Epitaph, Grabschrift *f*; **~tet** *m* (*-u*; *-y*) Epitheton *n*; *pl t.* Schimpfwörter *n*/*pl*
epizod *m* (*-u*; *-y*) Episode *f*
epo|ka *f* (*-i*) Epoche, Zeitalter *n*; ***~ka kamienna*** Steinzeit; **~kowy** (**-wo**) epochal; **~peja** *f* (*-ei*; *-e*, *-ei*) Epos *n*
era *f* (*-y*) Ära; Zeitrechnung
erekcja *f* (*-i*; *-e*) Erektion
eremita *m* (*-y*; *-ci*, *-ów*) Einsiedler
erka F *f* (*-i*; *G erek*) Notarztwagen *m*
eroty|ka *f* (*-i*; *0*) Erotik; **~czny** erotisch
erudycja *f* (*-i*; *0*) Wissen *n*, Gelehrtheit
erupcja *f* (*-i*; *-e*) Eruption, Ausbruch *m*
esej *m* (*-u*; *-e*, *-ów*) Essay *m*/*n*
esencja *f* (*-i*; *-e*) Essenz
eskadra *f* (*-y*) *lotn* Staffel; *mar* Geschwader *n*
eskalacja *f* (*-i*; *0*) Eskalation
eskimoski Eskimo-
eskort|a *f* (*-y*) Eskorte; ***pod ~ą*** unter Bewachung; **~ować** (*-uję*) eskortieren
estetyczny ästhetisch
Esto|nka *f* (*-i*; *G -nek*) Estin; **~ńczyk** *m* (*-a*; *-cy*) Este; **2ński** (***po -ku***) estnisch
estrad|a *f* (*-y*) Podium *n*, Bühne; **~owy** Kleinkunst-, Kabarett-
etap *m* (*-u*; *-y*) Etappe *f*; **~owo** *adv* etappenweise
eta|t *m* (*-u*; *-y*) Planstelle *f*; Dauerstellung *f*; ***pracować na pół ~tu*** als Halbtagskraft arbeiten; ***być na ~cie*** fest angestellt sein, e-e Planstelle haben; **~towy** (**-wo**) etatmäßig
etażerka *f* (*-i*; *G -rek*) Regal *n*, Gestell *n*
eter *m* (*-u*; *0*) Äther; ***na falach ~u*** im Radio

etiopski [ɛ'ţĭɔpski] (**po -ku**) äthiopisch
etiuda [ɛ'ţu-] *f* (*-y*) *muz* Etüde
etniczny ethnisch
ety|czny ethisch; **~kieta** *f* (*-y*) Etikette; **~kietka** *f* (*-i*; *G -tek*) Etikett *n*
etylina *f* (*-y*) verbleites Benzin
eukaliptusowy [ɛŭ-] Eukalyptus-
euroczek ['ɛŭ-] *m* Eurocheque
Europej|czyk *m* (*-a*; *-cy*), **~ka** *f* (*-i*; *G -jek*) Europäer(in); **2ski** europäisch
ewakuac|ja *f* (*-i*; *-e*) Evakuierung, Räumung; **~yjny** Evakuierungs-
ewakuować (*im*)*pf* (*-uję*) evakuieren
ewan'geli|a [-lĭa] *f* (*GDL -ii*; *-e*) Evangelium *n*; **2a** die Bibel; **~cki** evangelisch
ewenement *m* (*-u*; *-y*) Sensation *f*
ewentual|ność *f* (*-ści*) Eventualität; **~ny** eventuell; **~nie** *adv t.* gegebenenfalls
ewidencja *f* (*-i*; *-e*) Registrierung, Erfassung; (*wykaz*) Verzeichnis *n*, Register *n*, Liste
ewidencjonować (*-uję*) *v/t* registrieren (*A*), Buch führen (über *A*)
ewolucja *f* (*-i*; *-e*) Evolution

F

fabry|czny Fabrik-, Werk-; fabrikmäßig; **~ka** ['fa-] *f* (*-i*) Fabrik; **~kować** (*-uję*) herstellen, (*t. fig*) fabrizieren
fabularny: ***film*** **~** Spielfilm
facet F *m* (*-a*; *-ci*) Kerl, *pej* Subjekt *n*; **~ka** F *f* (*-i*; *G -tek*) (*pej* Weibs-)Person
fach *m* (*-u*; *-y*) Fach *n*; ***kolega*** *m* ***po*** **~*u*** Berufskollege; **~owiec** *m* (*-wca*; *-wcy*) Fachmann; **~owy** Fach-; (**-wo**) fachmännisch, professionell
facjata *f* (*-y*) Dachstube; F *fig* Visage
faja F *f* (*GDL fai*; *-e*, -) Pfeife *f* (*t. fig*)
fajansowy [-jã'sɔ-] Fayence-
fajdać P (*-am*) ⟨**za-** voll⟩kacken
feierwerk *m* (*-u*; *-i*) Feuerwerk *n*
fajk|a *f* (*-i*; *G -jek*) (Tabaks-)Pfeife; F (*papieros*) Stäbchen *n*; (*znak*) Häkchen *n*; **~owy** Pfeifen-
fajny F (**-no**, **-nie**) fein, prima
fajtłapa *m* (*-y*; *G -ów*) *pej* Waschlappen
fak|t *m* (*-u*; *-y*) Tatsache *f*; **~*t*** **~*tem*** Fakt ist; ***po*** **~*cie*** nachträglich; **~tura** *f* (*-y*) *hdl* Rechnung, Faktura; **~tyczny** tatsächlich, faktisch; ***stan*** **~*tyczny*** Tatbestand, tatsächlicher Sachverhalt
fakultatywny fakultativ; optional
fakultet *m* (*-u*; *-y*) Fakultät *f*
fal|a *f* (*-i*; *-e*) Welle (*t. fiz, fig*), Woge (*t. fig*); *pl t.* Fluten *f/pl*; **~*a zimna*** Kältewelle; **~*e średnie*** Mittelwelle(n *pl*); **~*ami*** in Wellen, wellenartig
falban|a *f* (*-y*), **~ka** *f* (*-i*; *G -nek*) Rüsche, Volant *m*
falisty Wellen-; (**-ście**, **-to**) wellenförmig, wellenartig; *włosy*: wellig, gewellt
falo|chron *m* (*-u*; *-y*) Wellenbrecher; **~wać** (*-uję*) *v/i* wogen; **~wanie** *n* (*-a*) Wogen; Seegang *m*
falstart *m sport* Fehlstart
falsyfikat *m* (*-u*; *-y*) Fälschung *f*
fałd *m* (*-u*; *-y*), **~a** *f* (*-y*) Falte *f*; **~ować** ⟨**po-**, **s-**⟩ (*-uję*) falten, in Falten legen
fałsz *m* (*-u*; *-e*) (*kłamstwo*) Lüge *f*; (*obłuda*) Falschheit *f*; **~erka** *f* (*-i*; *G -rek*) Fälscherin; **~erstwo** *n* (*-a*) Fälschung *f*, Fälschen; **~erz** *m* (*-a*; *-e*) Fälscher
fałszowa|ć ⟨**s-**⟩ (*-uję*) fälschen; *melodię* falsch singen/spielen; **~ny** gefälscht
fałszyw|ość *f* (*-ści*; *0*) Falschheit; **~y** (**-wie**) falsch
fanaty|czny fanatisch; **~czka** *f* (*-i*; *G -czek*), **~k** *m* (*-a*; *-cy*) Fanatiker(in)
fanfara *f* (*-y*) Fanfare; Fanfarenstoß *m*
fant *m* (*-u*, *-y*) Pfand; ***gra w*** **~*y*** Pfänderspiel *n*; ***co z tym*** **~*em zrobić*** was nun
fantastyczny phantastisch (*t.* F *fig*)
fantaz|ja *f* (*-i*; *0*) Phantasie; Mut *m*; (*pl -e*) Laune, Einfall *m*; *muz* Fantasie; **~jować** (*-uję*) phantasieren, F spinnen; **~yjny** phantasievoll
fantow|y: ***loteria*** **~*a*** Sachlotterie
faraon *m* (*-a*; *-owie*/*-i*) Pharao
farb|a *f* (*-y*) (***kryjąca***, ***olejna*** Deck-, Öl-)Farbe; **~ować** ⟨**po-**, **u-**⟩ (*-uję*) färben; *impf v/i* abfärben
farma *f* (*-y*) Farm

farma|ceutyczny [-tsɛŭ-] pharmazeutisch; **~cja** *f* (*-i*; *0*) Pharmazie
farmerski Farm-; Farmer(s)-
farsa *f* (*-y*) Farce, Posse
farsz *m* (*-u*; *-e*) *kulin* Füllung *f*, Farce *f*
fartu|ch *m* (*-a*; *-y*) Schürze *f*; Kittel; **~szek** *m* (*-szka*; *-szki*) Schürze *f*
fasada *f* (*-y*) Fassade (*t. fig pej*)
fascyn|ować ⟨**za-**⟩ (*-uję*) faszinieren; **~ujący** (**-co**) faszinierend
fasol|a *f* (*-i*; *-e*) *zbior* Bohnen *f/pl*; **~owy** Bohnen-; ***zupa ~owa*** Bohnensuppe
fason *m* (*-u*; *-y*) Fasson *f*, Schnitt; *fig* Schneid; F ***trzymać ~*** forsch auftreten
fastryg|a *f* (*-i*) Heftfaden *m*; Heftnaht; **~ować** ⟨**s-**⟩ (*-uję*) heften, reihen
faszerowa|ć ⟨***na-***⟩ (*-uję*) P *fig* vollpumpen (*I* mit); **~ny** *kulin* gefüllt
faszystowski faschistisch, Faschisten-
fatalny fatal, verhängnisvoll; F *pogoda itp.*: gräßlich, schauderhaft
fatałaszki *m/pl* (*-ów*) Flitterkram *m*
fatyg|a *f* (*-i*) Mühe; ***nie żałować ~i*** keine Mühe scheuen; ***szkoda ~i*** das ist die/der Mühe nicht wert; **~ować** ⟨***po-***⟩ (*-uję*) bemühen (**się** sich)
faul *m* (*-a*; *-e*) *sport* Foul *n*
fawo|ryt *m* (*-a*; *-ci*), **-tka** *f* (*-i*; *G -tek*) Favorit(in); **~ryzować** (*-uję*) favorisieren, begünstigen
faza *f* (*-y*) Phase
febra *f* (*-y*; *0*) *med* Fieber *n*
federa|cja *f* (*-i*; *-e*) Föderation, Bund *m*; **~cyjny** föderativ; **~lny** Bundes-
feler F *m* (*-u*; *-y*) Fehler
felieton [-'l̦ĭɛ-] *m* (*-u*; *-y*) Feuilleton *n*
feministka *f* (*-i*; *G -tek*) Feministin
fen *m* (*-u*; *0*) *meteo* Föhn
fenig *m* (*-a*; *-i*) Pfennig
fenol *m* (*-u*; *-e*) *chem* Phänol *n*
fenomenalny phänomenal
feralny Pech-, Unglücks-
ferie ['fɛrĭɛ] *pl* (*-ii*) (Schul-)Ferien *pl*
ferma *f* (*-y*) Farm
fermentować (*-uję*) gären
fertyczny munter, flink
festiwal *m* (*-u*; *-e*, *-i*/*-ów*) Festival *n*
festyn *m* (*-u*; *-y*) (***ludowy***, ***strzelecki*** Volks-, Schützen-)Fest *n*, Gartenfest *n*
fetor *m* (*-u*; *-y*) Gestank
fetyszysta *m* (*-y*; *-ści*) Fetischist
feudalny [fɛŭ'da-] feudal(istisch)
fig|a *f* (*-i*) Feige; **~i** *pl* Slip *m*
fig|iel ['f̦i-] *m* (*-gla*; *-gle*) Streich; **~le** *pl t.* Unfug, Faxen *pl*; F ***o mały ~iel*** beinahe; **~larny** verspielt, kokett; **~larz** *m* (*-e*; *-y*) Spaßvogel, Schelm; **~lować** (*-uję*) (herum)tollen, sich katzbalgen
figow|iec *m* (*-wca*; *-wce*) Feigenbaum; **~y** Feigen-; ***listek ~y*** Feigenblatt *n*
figur|a *f* (*-y*) Figur; (*postać t.*) Gestalt, *iron* Type; **~ *myślowa*** Denkmodell *n*; F ***do ~y*** *ubranie*: nach Maß; **~ować** (*-uję*) figurieren; (*w spisie itp.*) verzeichnet sein, F stehen; **~owy**: ***jazda ~owa na lodzie*** Eiskunstlauf *m*
fikać (*-am*): **~ *nogami*** *dziecko*: strampeln; → ***koziołek***
fikcyjny fiktiv, Schein-
fikus *m* (*-a*; *-y*) Gummibaum
filar *m* (*-a*/*-u*; *-y*) Pfeiler; *fig* (*-a*) Stütze *f*
filatelistyka *f* (*-i*; *0*) Philatelie
filcowy Filz-
filet *m* (*-u*; *-y*) (***rybny*** Fisch-)Filet *n*
filharmoni|a [-'mɔn̦ĭa] (*GDL -ii*; *-e*) Philharmonie; **~czny** philharmonisch
filia ['f̦il̦ĭa] *f* (*GDL -ii*; *-e*) Filiale
filiżanka *f* (*-i*; *G -nek*) Tasse
film *m* (*-u*; *-y*) (***oświatowy*** Kultur-)Film; → ***animowany***, ***fabularny***, ***błona***; **~ować** ⟨**s-**⟩ (*-uję*) filmen; **~owy** Film-
filologi|a [-'l̦ɔg̦ĭa] *f* (*GDL -ii*; *-e*) Philologie; **~czny** philologisch
filozof *m* (*-a*; *-owie*) Philosoph; **~ia** [-'zɔf̦ĭa] *f* (*GDL -ii*; *-e*) Philosophie; **~iczny** philosophisch; **~ka** *f* (*-i*; *G -fek*) Philosophin; **~ować** (*-uję*) philosophieren
filtr *m* (*-u*/*-a*; *-y*) Filter *n*/*m*; **~ować** (*-uję*) filtrieren, filtern
filuterny schalkhaft, neckisch
Fin *m* (*-a*; *-owie*) Finne
finali|sta *m* (*-y*; *-ści*), **-tka** *f* (*-i*; *G -tek*) Finalist(in), Endrundenteilnehmer(in); **~zować** ⟨**s-**⟩ (*-uję*) *interes* abschließen
finał *m* (*-u*; *-y*) Finale *n*; *sport t.* Endrunde *f*, Endspiel *n*; **~owy** End-, Schluß-
finans|e *pl* (*-ów*) Finanzen *pl*, Gelder *n/pl*; **~ować** ⟨**s-**⟩ (*-uję*) finanzieren; **~owy** Finanz-; (**-wo**) finanziell
fingować ⟨**s-**⟩ (*-uję*) fingieren
Finka *f* (*-i*; *G -nek*) Finnin
fiński (**po -ku**) finnisch
fioletowy (**-wo**) violett
fioł|ek *m* (*-łka*; *-łki*) (***alpejski*** Alpen-) Veilchen *n*; **~kowy** (**-wo**) veilchenblau
firanka *f* (*-nki*; *G -nek*) Gardine
fircyk *m* (*-a*; *-i*) Geck, F *pej* Fatzke
firm|a *f* (*-y*) Firma; **~owy** Firmen-; ***da-***

nie* ~*owe Spezialität *f* des Hauses
fiskalny fiskal, Fiskus-
fistuła *f* (*-y*) *med* Fistel
filo- *w zł.* phyto-
fizjologi|a [-'lɔgʲia] *f* (*GDL -ii*; *0*) Physiologie; **~czny** physiologisch
fizjonomia [-'nɔmʲia] *f* (*GDL -ii*; *-e*) Gesicht *n*; Gesichtsausdruck *m*
fizyczn|y physikalisch; (*cielesny*) physisch, körperlich; ***wychowanie* ~*e*** Leibeserziehung *f*
fizyka ['fʲi-] *f* (*-i*; *0*) Physik
flaczki *m/pl* (*-ów*) *kulin* Kutteln *f/pl*
flag|a *f* (*-i*) Flagge; **~owy** Flaggen-
flaki *m/pl* (*-ów*) Gedärme *n*, Innereien *pl*; *kulin* Kaldaunen *f/pl*; → ***flaczki***
flakonik *m* (*-a*; *-i*) Fläschchen *n*
flamandzki (***po -ku***) flämisch
flamaster *m* (*-tra*; *-try*) Filzschreiber
flaming *m* (*-a*; *-i*) Flamingo
flanca *f* (*-y*; *-e*) *agr* Setzling *m*
flanelowy Flanell-
flanka *f* (*-i*; *G -*) *mil*, *sport* Flanke
flaszka *f* (*-i*; *G -szek*) Flasche
flądra *f* (*-y*; *G -der*) Flunder; *fig pej* Schlampe
flecist|a *m* (*-y*; *-ści*, *-ów*), **~ka** *f* (*-i*; *G -tek*) Flötist(in), Flötenspieler(in)
flegma *f* (*-y*; *0*) *med* Schleim *m*, Auswurf *m*; **~tyczny** phlegmatisch
flejtuchowaty (***-to***) F schmudd(e)lig
flesz *m* (*-a*/*-u*; *-e*) *fot* Blitzlicht(gerät) *n*
flet *m* (*-u*; *-y*) Flöte *f*
flirtować (*-uję*) flirten
flisak *m* (*-a*; *-cy*) (Holz-)Flößer
fliz|a *f* (*-y*) Fliese; **~owy** Fliesen-
florecist|a *m* (*-y*; *-ści*), **~ka** *f* (*-i*; *G -tek*) Florettfechter(in)
flota *f* (*-y*) (***morska*** Hochsee-)Flotte
flower *m* (*-u*; *-y*) Kleinkalibergewehr *n*
fluktuacja *f* (*-i*; *-e*) Fluktuation
fluor *m* (*-u*; *0*) *chem* Fluor *n*
fochy F *pl* (*-ów*) Mucken *pl*
fok|a *f* (*-i*) Seehund *m*, Robbe; **~*i*** *pl* (*futro*) Seal *m*/*n*; **~owy** Seal-
fokstrot *m* (*-u*; *-y*) Foxtrott
folgować (*-uję*) (*D*) nachsichtig sein (gegen), hinnehmen (*A*); frönen (*D*) ***~ sobie*** sich gehen lassen
foli|a ['fɔlʲia] *f* (*GDL -ii*; *-e*) Folie; **~owy** [-lʲi'ɔvi] Folien-
folwark *m* (*-u*; *-i*) Gut *n*, Gutshof
fon *m* (*-u*; *-y*) *fiz* Phon *n*; **~etyczny** phonetisch; **~o-** *w zł.* phono-, Phono-
fonoteka *f* Tonarchiv *n*
fontanna *f* (*-y*) Springbrunnen *m*, Fontäne (*t. fig*)
for *m* (*-a*; *-y*) Vorgabe *f*, Vorteil; ***mieć* ~*y*** (***u*** *G*) Protektion genießen (*G*, bei)
foremny wohlgeformt, ebenmäßig
form|a *f* (*-y*; *G form*) Form; (***nie***) ***być w* ~*ie*** (nicht) in Form sein; **~*y przyzwoitości*** Anstandsregeln *f/pl*; **~*y towarzyskie*** Umgangsformen *f/pl*
forma|cja *f* (*-i*; *-e*) Formation; **~listyczny** formalistisch; **~lność** *f* (*-ści*) Formalität; **~lny** formell, förmlich; ***w kwestii* ~*lnej*** zur Geschäftsordnung; **~t** *m* (*-u*; *-y*) Format *n*
formować (*-uję*) ⟨**u-**⟩ formen, bilden (***się*** sich); ⟨**s-**⟩ bilden, formieren
formu|larz *m* (*-a*; *-e*) Formular *n*; **~ła** *f* (*-y*), **~łka** *f* (*-i*; *G -łek*) Formel; **~łować** ⟨**s-**⟩ (*-uję*) formulieren
fornir *m* (*-u*; *-y*) Furnier *n*
forsa F *f* (*-y*; *0*) Moneten *pl*, Kohle(n *pl*)
forsow|ać (*-uję*) forcieren (*t. mil*), vorantreiben; ⟨**s-**⟩ anstrengen (***się*** sich; *I* mit); **~ny** forciert, Intensiv-
forteca *f* (*-y*) Festung
fortel *m* (*-u*; *-e*) List *f*, Trick
fortepian [-'tɛpʲian] *m* (*-u*; *-y*) Klavier *n*, Flügel; ***na* ~** → **~owy** Klavier-
fortun|a *f* (*-y*;*0*) Glück *n*; (*pl -y*) (*majątek*) Vermögen *n*; ***koło* ~*y*** Glücksrad
fortyfikacja *f* (*-i*; *-e*) *mil* Befestigung
fosa *f* (*-y*) Graben *m*
fosfor *m* (*-u*; *0*) Phosphor; **~yzować** (*-uję*) phosphoreszieren
fotel *m* (*-a*/*-u*; *-e*) Sessel, Lehnstuhl; ***~ wyrzucany*** Schleudersitz
fotogeniczny fotogen
fotogra|f *m* (*-a*; *-owie*), **~fka** F (*-i*; *G -fek*) Fotograf(in *f*) *m*; **~fija** [-'grafʲia] *f* (*GDL -ii*; *-e*) Fotografie; **~ficzny** fotografisch, Foto-; **~fować** ⟨**s-**⟩ (*-uję*) fotografieren
foto|komórka *f* Fotozelle; **~kopia** *f* Fotokopie; **~montaż** *m* Fotomontage *f*; **~reportaż** *m* Bildreportage *f*; **~reporter(ka** *f*) *m* Bildberichterstatter(in)
fotos *m* (*-u*; *-y*) Standfoto *n*, Werbefoto *n*
fotozestaw *m* (*książka*) Bildband
fracht *m* (*-u*; *-y*) Fracht *f*; **~owiec** *m* (*-wca*; *-wce*) Frachter; **~owy** Fracht-
fragment *m* (*-u*; *-y*) Fragment *n*
frajer P *m* (*-a*; *-erzy*/*-y*) Einfaltspinsel, Depp; ***zrobić* ~*a*** (***z*** *G*) hereinlegen (*A*);

F

~ka *f* (*-i*; *G -rek*) dumme Gans/Pute
frak *m* (*-a*; *-i*) Frack
frakcja *f* (*-i*; *-e*) Fraktion
francu|ski (**po -ku**) französisch; **~szczyzna** *f* (*-y*; *0*) Französisch *n*; **Ꝫz** *m* (*-a*; *-i*) Franzose; **Ꝫzka** *f* (*-i*; *G -zek*) Französin
frank *m* (*-a*; *-i*) Franc; Franken
frankować ⟨**o-**⟩ (*-uję*) frankieren
frapujący (**-co**) frappierend
fraszka *f* (*-i*; *G -szek*) Lappalie; (*wiersz*) Scherzgedicht *n*, Limerick *m*
frazes *m* (*-u*; *-y*) Phrase *f*, Floskel *f*
frekwencj|a *f* (*-i*; *0*) Besuch(erzahl *f*) *m*, Beteiligung; ***cieszyć się ~ą*** gut besucht sein, Zulauf haben
fresk *m* (*-a*; *-i*) Freske *f*
frez *m* (*-u*; *-y*) Fräser; **~arka** *f* (*-i*; *G -rek*) Fräsmaschine
frędzla *f* (*-i*; *-e*) Franse
fron|t *m* (*-u*; *-y*) Front *f*; ***na ~cie*** an der Front; **~towy** Front-; *bud t.* Vorder-
froterować ⟨***na-***, ***wy-***⟩ (*-uję*) bohnern
frotté [-'tɛ] (*idkl*) Frottee-, Frottier-
frunąć *pf* (*-nę*) → ***fruwać***
frustrować ⟨**s-**⟩ (*-uję*) frustrieren; **~ *się*** frustriert sein
fruwać (*-am*) flattern, fliegen
frycowe F *n* (*-ego*; *0*) Lehrgeld
frykasy *m*/*pl* (*-ów*) Leckereien *f*/*pl*
fryzjer *m* (*-a*; *-rzy*) Friseur; **~ka** *f* (*-i*; *G -rek*) Friseuse, Friseurin; **~ski** Friseur-; ***zakład ~ski*** Friseursalon
fryzura *f* (*-y*) Frisur
fujarka *f* (*-i*; *G -rek*) Hirtenflöte
fund|acja *f* (*-i*; *-e*) Stiftung; **~ować** ⟨***u-***, ***za-***⟩ (*-uję*) stiften; spenden, F spendieren; **~usz** *m* (*-u*; *-e*) Fonds; *pl t.* (Geld-) Mittel *n*/*pl*
funkc|ja *f* (*-i*; *-e*) Funktion; **~jonalny** funktionell; **~jonariusz** [-'nar̯ĭuʃ] *m* (*-a*; *-e*, *-y*) Amtsträger, Beamte(r)
funkcjonować (*-uję*) funktionieren
funt *m* (*-a*; *-y*) Pfund *n*
fura *f* (*-y*) Fuhrwerk *n*; Fuhre
furgonetka *f* (*-i*; *G -tek*) Kleinlaster *m*
furi|a ['fur̯ĭa] *f* (*GDL -ii*; *0*) *med* Raserei; ***wpaść w ~ę*** in Rage geraten
furkotać (*-czę*/*-cę*) surren, schwirren
furman *m* (*-a*; *-i*) Kutscher; **~ka** *f* (*-i*; *G -nek*) (Pferde-)Fuhrwerk *n*
furt|a *f* (*-y*), **~ka** *f* (*-i*; *G -tek*) Pforte
fusy *pl* (*-ów*) (Kaffee-, Boden-)Satz *m*
fuszer|ka F *f* (*-i*; *0*) Pfuscherei, Murks *m*; **~ować** F (*-uję*) → ***partaczyć***
futbolowy Fußball-
futerał *m* (*-u*; *-y*) Futteral *n*, Etui *n*
futerkow|y Pelz-; ***zwierzę ~e*** Pelztier
futro *n* (*-a*; *G -ter*) Fell, (*t. okrycie*) Pelz *m*
futryna *f* (*-y*) Fensterrahmen *m*, Zarge
futrzany Fell-, Pelz-
fuzja[1] *f* (*-i*; *-e*) (*strzelba*) Büchse, Flinte
fuzja[2] *f* (*-i*; *-e*) *ekon* Fusion

G

gabinet *m* (*-u*; *-y*) Arbeitszimmer *n*; *pol* Kabinett *n*; **~ *lekarski*** (*Arzt-*)Sprechzimmer *n*; **~ *kosmetyczny*** Schönheitssalon; **~owy** Kabinetts-
gablotka *f* (*-i*; *G -tek*) Vitrine
gad *m* (*-a*; *-y*) *zoo* Reptil *n*, Kriechtier *n*
gada|ć F (*-am*) reden, schwatzen; **~nie** *n* (*-a*), **~nina** *f* (*-y*) Gerede *n*, Geschwätz *n*; **~tliwy** (**-wie**) geschwätzig
gadzina *f* (*-y*) *fig pej* Schlange, Luder *n*
gaf|a *f* (*-y*) Fauxpas *m*; Schnitzer *m*; ***popełnić ~ę*** F e-n Bock schießen
gaj *m* (*-u*; *-e*, *-ów*) Hain, Wäldchen *n*
gajowy *m* (*-ego*; *-i*) Waldhüter
gala *f* (*-i*; *-e*) Gala(empfang *m*) *f*
galanteria [-'tɛr̯ĭa] *f* (*GDL -ii*; *0*) Galanterie; *zbior* Galanteriewaren *f*/*pl*
galaret|a *f* (*-y*) Gallerte; Sülze; **~ka** *f* (*-i*; *G -tek*) Gelee *n*; ***w ~ce*** *t.* in Aspik
galeria [-'lɛr̯ĭa] *f* (*GDL -ii*; *-e*) Galerie
gali'matias [-tjas] F *m* (*-u*; *0*) → ***bałagan***
galon[1] *m* (*-u*; *-y*) Litze *f*, Borte *f*
galon[2] *m* (*-u*; *-y*) Gallone *f*
galop *m* (*-u*; *-y*) Galopp; **~*em*** im Galopp; **~ować** (*-uję*) galoppieren
galowy Gala-, Fest-; (**-wo**) galamäßig
gałą|zka *f* (*-i*; *G -zek*) Zweig *m*; **~ź** *f*

(*gałęzi*; *-łęzie*, *-łęzi*, *I -łęziami*/*-łęźmi*) Ast *m*, (*t. fig*) Zweig *m*
gałgan *m* (*-a*; *-y*) Lappen, Lumpen; *fig* (*pl -i*/*-y*) Schuft; (*urwis*) Lausebengel
gałka *f* (*-i*; *G -łek*) Kugel, Knauf *m*; (Dreh-)Knopf *m*; ~ ***oczna*** Augapfel *m*
gama *f* (*-y*) Skala; *muz* Tonleiter
gamoń *m* (*-nia*; *-nie*) Tölpel, Depp
ganek *m* (*-nku*; *-nki*) überdachte Außentreppe, (offene) Veranda; *gór* Gang
gang *m* (*-u*; *-i*) (***samochodowy*** Autoschieber-)Bande *f*; **~sterski** Gangster-
gani|ać (*-am*) (herum)rennen; (**za** *I*) hinterherrennen (*D*); **~ć** ⟨**z-**⟩ (*-ę*) tadeln, rügen (**za** *A* wegen *G a*. F *D*)
gap *m* (*gapia*; *-pie*, *-piów*) Gaffer, Schaulustige(r); **~a** F *m*/*f* (*-y*) Schussel; → ***oferma***; ***jechać na ~ę*** schwarzfahren; **~ić się** ⟨**za-**⟩ (*-ę*) gaffen; (**na** *A*) angaffen (*A*); **~iostwo** *m* (*-a*; *0*) Zerstreutheit *f*; **~iowaty** (**-*to***) dümmlich
garaż *m* (*-u*; *-e*) Garage *f*; Parkhaus *n*
garb *m* (*-u*; *-y*) Buckel; Höcker (*t. zoo*)
garbarnia *f* (*-i*; *-e*) Gerberei
garb|aty (**-*to***) buck(e)lig; höckerig; **~ić się** (*-ę*) gebeugt gehen, krumm sitzen
garbować ⟨**wy-**⟩ (*-uję*) gerben (*t.* F *fig*)
garbus *m* (*-a*; *-i*/*-y*) Bucklige(r); F (*auto*) Käfer; **~ka** *f* (*-i*; *G -sek*) Bucklige
garderoba *f* (*-y*) Garderobe
gard|ło *n* (*-a*, *L -dle*; *G -deł*) Schlund *m*, Rachen *m*, F Kehle *f*, Gurgel *f*, Hals *m*; ***wąskie ~ło*** Engpaß *m*; ***ból ~ła*** Halsschmerzen *m*/*pl*; ***na całe ~ło*** aus voller Kehle; **~łować** (*-uję*) laut reden; **~łowy** Rachen-; *głos*: kehlig
gardzić ⟨**po-**, **wz-**⟩ (*-dzę*) (*I*) verachten (*A*); (*odtrącić*) verschmähen (*A*)
gardziel *f* (*-i*; *-e*) → ***gardło***; *fig* enge Einmündung; Engpaß *m*; Schlund *m*
garkuchnia *f* (billige) Suppenküche
garmaże|rnia *f* (*-i*; *-e*) Feinkostgeschäft *n*; **~ryjny** Feinkost-
garnąć ⟨**przy-**⟩ (*-nę*): ~ ***do siebie*** an sich drücken; *fig* um sich scharen; ~ ***się*** (***do*** *G*) sich schmiegen/kuscheln (an *A*); *fig* sich scharen (um); ~ ***się do nauki*** lernbegierig sein
garn|carnia *f* (*-i*; *-e*) Töpferwerkstatt, Töpferei; **~carz** *m* (*-a*; *-e*, *-y*) Töpfer
garnek *m* (*-nka*; *-nki*) Topf
garnirować (*-uję*) *kulin* garnieren
garnitur *m* (*-u*; *-y*) Anzug; (*komplet*) Garnitur *f*, Satz, Set *n*
garnuszek *m* (*-szka*; *-szki*) kleiner Topf, Töpfchen *n*; Becher, F *dial* Pott
garsonka *f* (*-i*; *G -nek*) Jackenkleid *n*; (*fryzura*) Pagenfrisur
gar|stka *f* (*-i*; *G -tek*) *fig* e-e Handvoll; **~ść** *f* (*-ści*; *-ście*) (hohle) Hand; e-e Handvoll (*t. fig*); F ***wziąć się w ~ść*** sich am Riemen reißen
gas|ić ⟨**wy-**, **z-**⟩ (*-szę*) löschen; *światło t.* ausmachen; *silnik* abstellen; *pragnienie* stillen; *zapał* dämpfen; **~nąć** ⟨**po-**, **z-**⟩ (*-nę*) (v)erlöschen, F ausgehen; *silnik*: stehenbleiben
gastro'nomi|a [-mi̯a] *f* (*GDL -ii*; *0*) Gastronomie; **~czny** gastronomisch
gaszenie *n* (*-a*; *0*) Löschen
gaśnica *f* (*-y*; *-e*) Feuerlöscher *m*
gatun|ek *m* (*-nku*; *-nki*) Sorte *f*; *biol* Art *f*, Spezies *f*; (*jakość*) Güte *f*; **~kowy** spezifisch; Qualitäts-, Marken-
gawęda *f* (*-y*) Unterhaltung, Plauderei
gawędzić ⟨**po-**⟩ (*-dzę*) plaudern
gaworzyć (*-ę*) *dziecko*: lallen
gawron *m* (*-a*; *-y*) Saatkrähe *f*
gaz *m* (*-u*; *-y*) (***łzawiący***, ***rozweselający***, ***ziemny*** Tränen-, Lach-, Erd-)Gas *n*; ***pełnym ~em***, ***na pełnym ~ie*** mit Vollgas; F ***pod ~em*** alkoholisiert, angetrunken; **~y** *pl t.* Blähungen *f*/*pl*
gaza *f* (*-y*; *-e*) Gaze
gazda *m* (*-y*; *-owie*) (Berg-)Bauer
gaze|ciarka *f* (*-i*; *G -rek*) Zeitungsfrau; **~ciarz** *m* (*-a*; *-e*) Zeitungsverkäufer; **~ta** *f* (*-y*) Zeitung; **~towy** Zeitungs-
gazo|ciąg *m* (Erd-)Gasleitung *f*, Pipeline *f*; **~mierz** *m* (*-a*; *-e*) Gaszähler; **~wnia** *f* (*-i*; *-e*) Gaswerk *n*; **~wy** Gas-; gasförmig; (*z gazy*) Gaze-
gaździna *f* (*-y*) (Berg-)Bäuerin
gaźnik *m* (*-a*; *-i*) *mot* Vergaser
gaża *f* (*-y*; *-e*) Gage
gąb|czasty (**-*to***) schwammartig; **~ka** *f* (*-i*; *G-bek*) Schwamm *m*
gąsienic|a *f* (*-y*) Raupe; **~owy** Raupen-
gąsior *m* (*-a*; *-y*) Gänserich; (*butla*) große (Korb-)Flasche *f*, Ballon
gąska *f* (*-i*; *G -sek*) Gans; (*grzyb*) Ritterling *m*; ***głupia*** ~ *pej* dumme Gans
gąszcz *m* (*-u*; *-e*) Dickicht *n*; (*osad*) dickflüssiger Rest/Satz; *fig* Gewirr *n*
gbur *m* (*-a*; *-y*) *pej* Flegel, Rüpel; **~owaty** (**-*to***) flegelhaft, rüpelhaft, ordinär
gdakać (*-czę*) *kura*: gackern
gdański Danziger *adj*

gderać (*-am*) nörgeln, F meckern
gdy *conj* wenn; als; **~ tylko** sobald; **podczas ~** während; **~by** *conj* wenn, falls
gdynki *f/pl* (*-nek*) Pantoletten *f/pl*
gdyż *conj* weil, denn, da
gdzie wo; (*dokąd*) wohin; **~ indziej** woanders(hin); → **bądź**; **~'kolwiek** irgendwo(hin); **~'niegdzie** hie(r) und da, da und dort; **~ś** irgendwo; **~ż** wo (denn); wohin (denn)
gej F *m* (*-a*; *-e*) Schwule(r), Homo
gem *m* (*-a*; *-y*) (*tenis*) Spiel *n*
gencjana *f* (*-y*) Enzian *m*
genealogiczn|y: **drzewo ~e** Stammbaum *m*
genera|cja *f* (*-i*; *-e*) Generation; **~lny** generell; General-, Haupt-; **~lne porządki** *m/pl* Großreinemachen *n*
generał *m* (*-a*; *-owie*) General
gene|tyczny genetisch; **~tyka** [-'nɛ-] *f* (*-i*; *0*) Genetik; **~za** *f* (*-y*; *0*) Genese
geni|alny genial; **~usz** *m* (*-a*; *-e*) Genie *n*
genowy *biol* Gen-
geo|'gra|fia [-fĭa] *f* (*GDL -ii*; *0*) Geographie; **~graficzny** geographisch; **~logiczny** geologisch; **~metryczny** geometrisch
germa'nistyka *f* (*-i*; *0*) Germanistik
gest *m* (*-u*; *-y*) Geste *f* (*t. fig*)
getto *n* (*-a*) Ghetto
gęb|a P *f* (*-y*; *G gąb/gęb*) Mund, Mundwerk *n*, P Schnauze *f*, (*t. zoo*) Maul *n*; **zamknij ~ę!** halt's Maul!; **dać w ~ę** in die Schnauze hauen; **~owy** Maul-
gę|gać (*-am*) schnattern; **~si** Gänse-; **~siego** im Gänsemarsch; **~sina** *f* (*-y*; *0*) Gänsefleisch *n*
gęst|nieć ⟨**z-**⟩ (*-eję*) dichter werden, sich verdichten; *ciecz*: dicker weden, eindicken *v/i*; **~ość** *f* (*-ści*; *0*) Dichte; (*o cieczy*) Dicke; **~wina** *f* (*-y*) Dickicht *n*; **~y** (**-to**) dicht; dick(flüssig)
gęś *f* (*-si*; *-sie*, *I -siami/-śmi*) Gans
giąć (*gnę*) (ver)biegen (**się** sich)
gibki (**-ko**) biegsam, geschmeidig
gieł|da *f* (*-y*) *fin*, *hdl* Börse; **~dowy** Börsen-; **~dziarz** *m* (*-a*; *-e*) Börsianer
giemza *f* (*-y*; *0*) Chevreau(leder) *n*
gier *G pl* → **gra**
giermek *m* (*-mka*; *-mkowie*) (*w szachach*) Läufer; *hist* (Schild-)Knappe
giętk|i (**-ko**) biegsam; *fig* flexibel; **~ość** *f* (*-ści*; *0*) Biegsamkeit; Flexibilität
gigantyczny gigantisch, Riesen-
gimnasty|czny gymnastisch, Turn-; **~k** *m* (*-a*; *-cy*), **~czka** *f* (*-i*; *G -czek*) Turner(in); Turnlehrer(in); **~ka** [-'na-] *f* (*-i*; *0*) Gymnastik, Turnen *n*; **~kować się** (*-uję*) turnen, Leibesübungen machen
gimna|zjalny Gymnasium-; **~zjum** *n* (*idkl*; *-a*; *-ów*) Gymnasium
ginąć ⟨**z-**⟩ (*-nę*) umkommen (*t. fig* **z** *G* vor); (*w walce*) fallen; *zwierzę*, *roślina*: eingehen; (*niknąć*) verschwinden; (*gubić się*) ⟨*t.* **za-**⟩ abhanden kommen, verloren gehen
ginekolog *m* (*-a*; *-owie/-dzy*) Gynäkologe (-in *f*), Frauenarzt (-ärztin *f*)
gicz *f* (*-y*; *-e*): **~ cielęca** Kalbshachse
gips *m* (*-u*; *-y*) Gips; **~owy** Gips-
girlsa *f* (*-y*) Revuegirl *n*
giro- *w zł.* → **żyro-**
gisernia *f* (*-i*; *-e*) *tech* Gießerei
gita|ra *f* (*-y*) Gitarre; **~rzysta** *m* (*-y*; *-ści*), **-tka** *f* (*-i*; *G -tek*) Gitarrist(in)
glansowany glänzend, Glanz-
glany *m/pl* (*-ów*) *gw* Springerstiefel *m/pl*
glazur|a *f* (*-y*) Glasur; **~ować** ⟨**po-**⟩ (*-uję*) glasieren
gleba *f* (*-y*) (Erd-)Boden *m*, Krume
ględzić F (*-dzę*) quatschen, quasseln
gliceryna *f* (*-y*; *0*) Glyzerin *n*
glin *m* (*-u*; *0*) *chem* Aluminium *n*
glina *f* (*-y*) Lehm *m*, Ton *m*
glinian|ka *f* (*-i*; *G -nek*) Lehmgrube, Tongrube; **~y** tönern, Ton-, Lehm-
glinka *f* (*-i*; *G -nek*) (*Töpfer-*)Ton *m*
glista *f* (*-y*) Spulwurm *m*; F *t.* Regenwurm *m*
glob *m* (*-u*; *-y*) (Erd-)Kugel *f*; **~alny** global; *dochód*, *suma*: gesamt, Gesamt-
glon *m* (*-u*; *-y*) Alge *f*
glosa *f* (*-y*) Glosse
gładk|i (**-ko**) glatt (*t. fig*); (*prosty*) einfach; **~o wygolony** glattrasiert; **~ość** *f* (*-ści*; *0*) Glätte, Glattheit; Einfachheit
gładzi|ca *f* (*-y*; *-e*) *zoo* Scholle; **~ć** (*-dzę*) ⟨**wy-**⟩ glätten; ⟨**po-**⟩ → **głaskać**
głaskać ⟨**po-**⟩ (*-szczę/-am*) streicheln; **~ się** sich streicheln (lassen)
głaz *m* (*-u*; *-y*) Fels(block), Stein
głąb¹ *m* (*-a*; *-y*) Strunk
głąb² *f* (*głębi*; *-ębie*) Tiefe; **~ kraju** Landesinnere(s)
głęb|ia *f* (*-i*; *-e*) Tiefe; *fot* **~ia ostrości** Tiefenschärfe; **w ~i** *t.* im Hintergrund; im Inneren; **do ~i** zutiefst; **z ~i serca** aus tiefstem Herzen; **~iej** *adv comp*

tiefer; **~inowy** Tief(en)-; *w.zn.* Tiefsee-; **~oki** tief (*t. fig*); (*dociekliwy*) tiefgründig; **~oko** *adv* tief; *fig t.* zutiefst; ***~oko idący*** tiefgehend, tiefgreifend; **~ość** *f* (*-ści*) Tiefe; **~szy** *comp* → ***głęboki***
głodny (**-no**) hungrig
głodow|ać (*-uję*) hungern; **~y** Hunger-; ***umrzeć śmiercią ~ą*** verhungern
głodówka *f* (*-i*; *G -wek*) Hungern *n*; Hungerstreik *m*; *med* Hungerkur
głodzić ⟨**wy-**⟩ (*-dzę*) hungern lassen; ***~ się*** hungern, fasten
głos *m* (*-u*; *-y*) Stimme *f* (*t. fig*); (*trąb itp.*) Klang; *fig t.* Wort *n*; ***prosić o ~*** ums Wort bitten, sich zu Wort melden; ***zabrać ~*** das Wort ergreifen; ***na*** (***cały***) ***~*** laut(stark); **~ić** (*-szę*) (ver)künden; **~ka** *f* (*-i*; *G -sek*) *jęz* Laut *m*
głosow|ać (*-uję*) abstimmen (***nad*** *I* über *A*); stimmen (***za*** *I*, ***na*** *A* für; ***przeciwko*** *D* gegen); **~anie** *n* (*-a*) Abstimmung *f*; Stimmabgabe *f*; **~y** (**-wo**) Stimm-; *jęz* Laut-
głoś|nik *m* (*-a*; *-i*) Lautsprecher; **~ność** *f* (*-ści*; *0*) Lautstärke; **~ny** (**-no**) laut; (*sławny*) bekannt, berühmt
głow|a *f* (*-y*; *G głów*) Kopf *m*, Haupt *n*; (***państwa***, ***rodziny*** Staats-, Familien-) Oberhaupt *n*; ***bez ~y*** kopflos; ***na ~ę***, ***od ~y*** pro Kopf; ***uderzyć do ~y*** zu Kopf steigen; ***strzelić do ~y*** (plötzlich) durch den Kopf schießen; ***nie wychodzić z ~y*** nicht aus dem Kopf wollen; ***łamać ~ę***, ***zachodzić w ~ę*** sich den Kopf zerbrechen; ***wbić sobie w ~ę*** sich in den Kopf setzen; ***mieć ~ę na karku*** nicht auf den Kopf gefallen sein; ***włos z ~y nie spadnie*** (*D*) *j-m* wird kein Haar gekrümmt; ***... stoi na ~ie*** ... steht kopf; ***~ą w dół*** kopfüber; ***~a do góry!*** Kopf hoch!; ***od stóp do głów*** von Kopf bis Fuß
głowiast|y: ***sałata ~a*** Kopfsalat *m*
głowi|ca *f* (*-y*; *-e*) *tech*, *mil* Kopf *m*; *arch* Kapitell *n*; **~ć się** (*-ę*, *-ów!*) grübeln, brüten (***nad*** *I* über *D*); **~zna** *f* (*-y*; *0*) Schweinskopf(sülze *f*) *m*
głód *m* (*-odu*; *0*) Hunger; (***mieszkaniowy*** Wohnungs-)Not *f*; ***klęska głodu*** Hungersnot
głóg *m* (*-ogu*; *-ogi*) *bot* Weißdorn
główka *f* (*-i*; *G -wek*) Köpfchen *n*; *tech*, *bot* Kopf *m*; *sport* Kopfstoß *m*; ***~ maku*** Mohnkapsel; ***~ czosnku*** Knoblauchzwiebel
główn|ie *adv* hauptsächlich; **~odowodzący** *m* (*-ego*; *-y*) Oberbefehlshaber; **~y** Haupt-; Grund-
głuchnąć (*-nę*) ⟨**o-**⟩ taub werden; (*cichnąć*) verhallen, verstummen
głucho *adv* hohl, dumpf; (*cicho*) still; ***zamknięty na ~*** fest verschlossen, F dichtgemacht; **~niemy** taubstumm; **~ta** *f* (*-y*; *0*) Gehörlosigkeit, Taubheit
głuchy taub (*t. fig* ***na*** *A* für, gegen), gehörlos; *dźwięki*: hohl, dumpf; *cisza*, *prowincja*: tief; *wieści*: vage; ***~ jak pień*** stocktaub; *su m* (*-ego*; *-si*) Gehörlose(r)
głupi dumm, F doof, blöd(e); ***udawać ~ego*** sich dumm stellen; **~ec** *m* (*-pca*; *-pcy*) Dummkopf, Narr; **~eć** ⟨**z-**⟩ (*-eję*) dumm werden, P verblöden
głup|io *adv* dumm, F blöd(e); albern; ***czuć się ~io*** sich unbehaglich fühlen; **~ota** *f* (*-y*; *0*) Einfalt, (*t. pl -y*) Dummheit; **~stwo** *n* (*-a*) Dummheit *f*, F Quatsch *m*; (*błahostka*) Lappalie *f*
głusz|a *f* (*-y*) Einöde; Wildnis; **~ec** *m* (*-szca*; *-szce*) Auerhahn; **~yć** (*-ę*) ⟨**o-**⟩ betäuben; ⟨**za-**⟩ übertönen; (*tłumić*) dämpfen; *chwasty*: überwuchern
gmach *m* (*-u*; *-y*) Gebäude *n*, Bau
gmatwać ⟨**po-**, **za-**⟩ (*-am*) verwirren (***się*** sich), F durcheinanderbringen
gmatwanina *f* (*-y*) Gewirr *n*
gmerać (*-am*/*-rzę*) (herum)kramen
gmin|a *f* (*-y*) Gemeinde; **~ny** Gemeinde-, kommunal
gnać (*-am*) *v/t* treiben; *v/i* rennen
gnat P *m* (*-y*) Knochen
gną, **gnę** → ***giąć***
gnębić (*-ę*) unterdrücken; *fig* bedrükken, quälen
gniazd|ko *n* (*-a*; *G -dek*) *el* Buchse *f*; → **~o** *n* (*-a*) Nest; → ***wtyczkowy***
gnicie *n* (*-a*; *0*) Fäulnis *f*
gnić ⟨**z-**⟩ (*-ję*) (ver)faulen, verwesen
gnida *f* (*-y*) Nisse; *pej* Giftzwerg *m*
gnie|sz → ***giąć***; **~ść*** drücken; *kulin* zerdrücken; *ciasto* kneten; *fig* bedrücken; → ***miąć***; ***~ść się*** sich drängen
gniew *m* (*-u*; *0*) Zorn; ***wpaść w ~*** in Zorn geraten; **~ać** (*-am*) erzürnen; ***~ać się*** (***na*** *A*) zürnen, F böse sein (*D*); **~ny** erbost, erzürnt; *gest itp.*: zornig, böse
gnieździć się (*-żdżę*) nisten; *fig* hausen
gnij → ***giąć***, ***gnić***
gno|ić (*-ję*) düngen; ***~ić się*** *med* eitern; **~jowisko** *n* (*-a*) Misthaufen *m*; *t.* →

G

~jownia *f* (*-i*; *-e*) Dunggrube; **~jówka** *f* (*-i*; *G -wek*) Jauche
gnój *m* (*-oju*; *0*) Dung, (Stall-)Mist
gnuśn|ieć ⟨**z-**⟩ (*-eję*) träge werden; **~y** träge, schwunglos
go *pron* (*ściągn jego*) → **on**
godło *n* (*-a*; *G -deł*) Emblem; ***~ państwowe*** Staatswappen
godn|ie *adv* gebührend; (*z godnością*) mit Würde; **~ość** *f* (*-ści*; *0*) Würde; (*t. pl -ści*) Rang *m*, (hohe) Stellung; ***jak pana/pani ~ość?*** wie ist der (werte) Name?; **~y** (***podziwu***, ***zaufania*** bewunderns-, vertrauens)würdig, (***pogardy***, ***polecenia*** verachtens-, empfehlens)-wert; *postawa*: würdevoll, würdig; ***nic ~ego uwagi*** nichts von Interesse
gody *pl* (*-ów*) (***weselne*** Hochzeits-)Fest *n*; ***złote ~*** goldene Hochzeit *f*
godzi|ć (*-dzę*, *gódź!*) *v/t* ⟨**po-**⟩ aussöhnen, versöhnen (**się** sich); (*łączyć*) vereinbaren, verbinden (**się** sich); *v/i* (**w** *A*) zielen (auf *A*); *v/r* ***~ć się*** ⟨**po-**⟩ (**z** *I*) sich fügen (in *A*); → ***zgadzać się***, ***przystawać***[1]; **~en** † *praed* → ***godny***
godzin|a *f* (*-y*) Stunde; ***która ~a?*** wie spät (ist es)?; ***o której ~ie?*** um wieviel Uhr?; ***za ~ę*** in/nach e-r Stunde; ***z ~y na ~ę*** von Stunde zu Stunde; ***~ami*** stundenlang; ***~y otwarcia*** Öffnungszeiten *f/pl*; → ***przyjęcie***, ***nadliczbowy***; **~ny** einstündig; **~owy** (**-wo**) Stunden-
gogle *pl* (*-i*) Schutzbrille *f*
goić ⟨**wy-**, **za-**⟩ (*-ję*, *gój!*) heilen; ***~się*** abheilen, zuheilen, vernarben
golarka F *f* (*-i*; *G -rek*) Rasierer *m*
goleni|e (**się**) *n* (*-a*) Rasieren, Rasur *f*; ***maszynka do ~a*** Rasierapparat *m*; ***płyn po ~u*** Rasierwasser *n*
goleń *f* (*-ni*; *-nie*) Unterschenkel *m*
golf[1] *m* (*-a*; *0*) *sport* Golf *m/n*
golf[2] *m* (*-a/-u*; *-y*) Rollkragenpullover; ***~y pl*** Pumphose *f*
golić ⟨**o-**⟩ (*-lę*) rasieren (**się** sich)
golonka *f* (*-i*; *G -nek*) *kulin* Eisbein *n*
gołąb *m* (*-ębia*; *-ębie*, *-bi*) Täuber, (***pocztowy*** Brief-)Taube *f*; **~ek** *m* (*-bka*; *-bki*) *kulin* Kohlroulade *f*
gołęb|i Tauben-; **~iarz** *m* (*-a*; *-e*) Taubenzüchter; **~ica** *f* (*-y*; *-e*) Taube; **~nik** *m* (*-a*; *-i*) Taubenschlag
goło *adv* → ***goły***; **~ledź** *f* (*-dzi*; *0*) Eisglätte, Glatteis *n*; **~słowny** unbegründet, haltlos; **~wąs** F *m* Milchbart

goły nackt, bloß; *drut*: blank; *pole*, *drzewo*: kahl; ***pod ~m niebem*** unter freiem Himmel; ***~mi rękoma*** mit bloßen Händen; ***~m okiem*** mit bloßem Auge
gondola *f* (*-i*; *-e*) Gondel
goni|ć (*-ę*) (*A*, **za** *I*) nachjagen, hinterherrennen (*D*), verfolgen (*A*); → ***poganiać***; *v/i* eilen, rennen; ***~ć się*** um die Wette rennen; **~ec** *m* (*-ńca*; *-ńcy*, *-ńców*) (Eil-)Bote; (*pl -ńce*) (*szachy*) Läufer; **~twa** *f* (*-y*; *G -*) Verfolgung, Jagd; Wettrennen *n*
gont *m* (*-u/-a*; *-y*) (Dach-)Schindel *f*
gończy Hetz-; ***list ~*** Steckbrief
gorąc|o[1] *n* (*-a*; *0*) Hitze *f*; **~o**[2] *adv* heiß; ***na ~o*** F *fig* sofort, gleich; ***parówki f/pl na ~o*** heiße Würstchen *n/pl*
gorącokrwisty heißblütig
gorący heiß; *fig t.* hitzig; ***na ~m uczynku*** auf frischer Tat
gorączk|a *f* (*-i*; *0*) Fieber *n*; *fig t.* Aufregung; F (*człowiek*) Hitzkopf *m*; ***biała ~a*** Säuferwahnsinn *m*; **~ować** (*-uję*) fiebern; ***~ować się*** sich ereifern; **~owy** (**-wo**) fiebrig; *fig* fieberhaft
gorczyca *f* (*-y*; *-e*) *bot* Senf *m*
gorę|cej *adv comp* → ***gorąco***; **~tszy** *comp* → ***gorący***
gorliw|iec *m* (*-wca*; *-wcy*) Eiferer; **~ość** *f* (*-ści*; *0*) Eifer *m*; **~y** (**-wie**) eifrig
gors *m* (*-u*; *-y*) Busen; (*koszuli*) Hemdbrust *f*; **~et** *m* (*-u*; *-y*) Korsett *n* (*t. med*), Mieder *n*
gorsz|ący (**-co**) anstößig, skandalös; **~y** *comp* → ***zły***; schlechter, schlimmer; ***co ~a*** was noch schlimmer ist; **~yć** ⟨**z-**⟩ (*-ę*) Anstoß erregen (***k-o*** *I* bei j-n mit); ***~yć się*** (*I*) Anstoß nehmen (an *D*)
gorycz *f* (*-y*; *0*) Bitterkeit; *fig t.* Bitternis; Bitterstoff *m*; **~ka** *f* (*-i*; *G -czek*) bitterer Beigeschmack; *bot* Enzian *m*
goryl *m* (*-a*; *-e*) Gorilla (*t.* F *fig*)
gorzej *adv comp* → ***źle***; schlechter; schlimmer, ärger
gorzelnia *f* (*-i*; *-e*) Brennerei
gorzk|i (**-ko**) bitter (*t. fig*); **~nąć** (*-nę*), **~nieć** ⟨**z-**⟩ (*-eję*) bitter werden; *fig* verbittern *v/i*
gospoda *f* (*-y*) Gaststätte, Gasthof *m*
gospodar|czy (**-czo**) wirtschaftlich; Wirtschafts-; **~ka** *f* (*-i*; *G -rek*) Wirtschaft; *agr* Hof *m*; ***zła ~ka*** Mißwirtschaft; **~ny** haushälterisch, sparsam; **~ować** (*-uję*) wirtschaften (*I* mit); (***na***

L) bewirtschaften *(A)*; **~ski** Wirtschafts-; Bauers-; Haushalts-; **~stwo** *n* *(-a) agr* Gut, Hof *m*; *(inwentarz)* Wirtschaft *f*; ***~stwo domowe*** Haushalt *m*
gospo|darz *m (-a; -e)* Landwirt; Wirt; *(pan domu)* Hausherr; Gastgeber; ***~darz schroniska*** Herbergsvater; **~dyni** *f (-i; -e, -ń)* Wirtin; *(pani domu)* Hausfrau; Gastgeberin; → **~sia** *f (-i; -e)* Haushälterin
gościć *(-szczę) v/t* bewirten; *v/i* zu Besuch/Gast sein (***u*** *G* bei, in *D*)
gościec *m (-śćca; 0)* Rheuma *n*
gościn|a *f (-y; 0)* Besuch *m*; (gastliche) Aufnahme; ***w ~ie/~ę*** zu Besuch; **~iec** *m (-ńca; -ńce)* Landstraße *f*; **~ność** *f (-ści; 0)* Gastfreundschaft; **~ny** gastfreundlich; ***pokój ~ny*** Gästezimmer *n*
goś|ć *m (-ścia; -ście, -ści, I -śćmi)* Gast; Besucher(in); F Mensch; → ***facet, klient***; ***mieć ~ci*** Besuch/Gäste haben
gotow|ać *(-uję)* ⟨**u-, z-, za-**⟩ kochen (***się*** *v/i*); → ***przygotowywać***; **~any** gekocht, Koch-; **~ość** *f (-ści; 0)* Bereitschaft; **~y** fertig; Fertig-; bereit (***do*** *G*, ***na*** *A* zu); ***~y do użycia*** gebrauchsfertig; ***~e ubranie*** Konfektionsanzug *m*
gotów *praed* → ***gotowy***; **~ka** *f (-i; 0)* Bargeld *n*; **~ką** (in) bar, cash; ***za ~kę*** gegen bar; **~kowy** Bar(geld)-
goty|cki gotisch; **~k** *m (-u; 0)* Gotik *f*
goździk *m (-a; -i)* Nelke *f*; *kulin* Gewürznelke *f*; **~owy** Nelken-
gór|a *f (-y)* Berg *m*; *(sukni itp.)* Oberteil *n/m*; **~y** *pl t.* Gebirge *n*; ***do ~y, na/w ~ę*** nach oben, empor, hinauf, hoch; ***na górze*** oben; ***od ~y do dołu*** von oben bis unten; ***pod ~ę*** bergan, bergauf; ***u ~y*** oben(an); ***z ~y*** von oben; *fig* von oben herab; *(naprzód)* von vornherein, *(t. płacić)* im voraus; ***z ~ą*** *(ponad)* mehr als, reichlich; ***iść w ~ę*** *fig* steigen; ***brać ~ę*** die Oberhand gewinnen
góral *m (-a; -e, -i)*, **~ka** *f (-i; G -lek)* Bergbewohner(in), Gorale *m* (-lin *f*)
górka *f (-i; G -rek)* kleiner Berg, Hügel *m*
górni|ctwo *n (-a; 0)* Bergbau *m*; **~czy** Bergbau-; bergmännisch, Bergmanns-; **~k** *m (-a; -cy)* Bergmann, Bergarbeiter
gór|nolotny hochtrabend; **~noniemiecki** oberdeutsch; **~ny** obere, Ober-; hoch, Hoch-; **~ować** *(-uję)* (***nad*** *I*) überragen *(A)*; (***siłą nad*** *I*) übertreffen *(j-n* an *Stärke)*; → ***dominować, przodować***; **~ski** Berg-, Gebirgs-; ***choroba ~ska*** Höhenkrankheit
górzysty bergig, gebirgig
gówno V *n (-a; G -wien)* P Scheiße *f*; *fig* P Scheißdreck *m*
gra *f (gry; G gier)* (***na fortepianie, w karty, w piłkę nożną*** Klavier-, Karten-, Fußball)Spiel *n (t. fig)*; ***nie wchodzić w grę*** nicht in Betracht kommen
grab *m (-a; -y)* Hainbuche *f*
grabarz *m (-a; -e)* Totengräber
grabi|ć *(-ę)* rechen, harken; *(łupić)* ⟨**o-**⟩ (be)rauben, (aus)plündern; **~e** *pl (-i)* Harke *f*, Rechen *m*; **~eć** ⟨**z-**⟩ *(-eję)* erstarren (***z zimna*** vor Kälte)
grabież *f (-y; -e)* Raub *m*, Plünderung; **~ca** *m (-y; G -ów)* Plünderer
grabina *f (-y)* Buchenholz *n*
graca *f (-y) agr* Hacke
gracj|a *f (-i; -e)* Grazie; ***z ~ą*** graziös
gracować *(-uję) agr* (ver)hacken
gracz *m (-a; -e)* Spieler(in *f*) *m*
grać *(-am)* ⟨**za-**⟩ (***w*** *A*, ***na*** *L*) spielen *(A*; → ***gra***); ***~ na nerwach*** auf die Nerven gehen; ***~ zucha*** den Helden spielen; ***~ na zwłokę*** verzögern, verschleppen
grad *m (-u; 0)* Hagel *(t. fig)*; ***pada ~*** es hagelt; **~obicie** *n* Hagelschlag *m*
gradzina *f (-y)* Hagelkorn *n*
grafi|czny graphisch; **~k** *m (-a; -cy)* Graphiker(in *f*) *m*; **~ka** *f (-i)* Grafik, Graphik; ***płyta ~ki*** *EDV* Grafikkarte
grafit *m (-u; -y)* Graphit
grafologiczny graphologisch
graham *m (-a; -y)* Vollkornbrot *n*
grajek *m (-jka; -jkowie)* Musikant
gram *m (-a; -y)* Gramm *n*
gramaty|czny grammati(kal)isch; **~ka** [-'ma-] *f (-i)* Grammatik
gramofon *m (-u; -y)* Plattenspieler
granat *m (-u; -y) bot* Granatapfel; *min* Granat; *(kolor)* Marineblau *n*; *mil* (***ręczny*** Hand-)Granate *f*; **~owy** (**-wo**) dunkelblau; *mil* Granaten-
grand|a P *f (-y)* Randale; *(oszustwo)* Beschiß *m*; ***na ~ę*** mit Gewalt
graniastosłup *m* Prisma *n*
graniasty (scharf)kantig
grani|ca *f (-y; -e)* Grenze *(t. fig)*; ***za ~cą*** im Ausland; ***za ~ę*** ins Ausland; ***na ~cy*** an der Grenze; **~czny** Grenz-; **~czyć** *(-ę)* grenzen (***z*** *I* an *A*)
granit *m (-u; -y)* Granit; **~owy** Granit-
granulowany granuliert

G

grań *f* (*-ni*; *-nie*, *-ni*) Kante; (*w górach*) Grat *m*
grasica *f* (*-y*; *-e*) Thymusdrüse
grasować (*-uję*) sein/ihr Unwesen treiben, (*t. choroba itp.*) wüten
grat F *m* (*-a*; *-y*) altes Möbel(stück); (*auto itp.*) Schrott; **~y** *pl* Gerümpel *n*
gratis(owy) F gratis, frei, kostenlos
gratka *f* (*-i*; *G -tek*) Glückstreffer *m*; ***to ci ~!*** das nenne ich Glück!
gratul|acja *f* (*-i*; *-e*) Glückwunsch *m*; **~ować** ⟨**po-**⟩ (*-uję*) (**k-u** *G*) gratulieren (j-m zu), beglückwünschen (j-n zu)
gratyfikacja *f* (*-i*; *-e*) Gratifikation
grawerować ⟨**wy-**⟩ (*-uję*) (ein)gravieren
grawerunek *m* (*-nku*; *-nki*) Gravur *f*
grążel *m* (*-a*; *-e*) Teichrose *f*
grdyka *f* (*-i*) Adamsapfel *m*
gre|cki (**po -ku**) griechisch; **&czynka** *f* (*-i*; *G -nek*) Griechin; **&k** *m* (*-a*; *-cy*) Grieche; **~ka** *f* (*-i*; *0*) (Alt-)Griechisch *n*
gremi|alnie *adv* (alle) zusammen, geschlossen; **~alny** gemeinsam; Massen-
grobla *f* (*-i*; *-e*, *-i*/*-bel*) Damm *m*
grobow|iec *m* (*-wca*; *-wce*) Grabmal *n*; (***rodzinny*** Familien-)Gruft *f*; **~wo** *adv* wie ein Grab; **~y** Grab(es)-; ***do ~ej deski*** bis in den Tod
groch *m* (*-u*; *0*) Erbse(n *pl*) *f*; F ***~ z kapustą*** Kraut und Rüben; **~owy** Erbsen-; **~ówka** *f* (*-i*; *G -wek*) Erbsensuppe
grodzi|ć (*-dzę*) → ***ogradzać***, ***zagradzać***; **~sko** *n* (*-a*) Burg(ruine) *f*
grodzki städtisch, Stadt-; Burg-
grom *m* (*-u*; *-y*) Donner(schlag); ***jak ~ z jasnego nieba*** wie ein Blitz aus heiterem Himmel
gromad|a *f* (*-y*) Haufen *m*, Schar; *pol* Gemeinde; **~nie** *adv* in Scharen; gesellig; **~ny** zahlreich, Massen-
gromadz|ić ⟨***na-***, **z-**⟩ (*-dzę*) anhäufen, ansammeln (**się** sich); (*o ludziach*) versammeln (**się** sich); **~ki** Gemeinde-
gromić ⟨**z-**⟩ (*-ę*) ausschelten, tadeln
gromki (**-ko**) laut, donnernd
gromni|ca *f* (*-y*) Weihkerze; **~czny:** (***dzień***) ***Matki Boskiej &cznej*** Mariä Lichtmeß
gron|kowce *m*/*pl* (*-ów*) Staphyllokokken *m*/*pl*; **~o** *n* (*-a*) Traube *f*; (*grupa*) Kreis *m*, Runde *f*
gronostaj *m* (*-a*; *-e*, *-ai*/*-jów*) Hermelin *n*
gronowy *bot*, *kulin* Trauben-
grosz *m* (*-a*; *-e*) Groschen; F *zbior* Geld *n*, Mäuse *f*/*pl*; ***bez ~a*** ohne einen Pfennig; ***co do ~a*** auf Heller und Pfennig
grosz|ek *m* (*-szku*; *-szki*) (grüne) Erbsen *f*/*pl*; (*deseń*) Tupfen; ***w ~ki*** getupft
groszowy Groschen-, Pfennig-
grot *m* (*-u*; *-y*) (***strzały*** Pfeil-)Spitze *f*
grota *f* (*-y*) Grotte
groteskowy (**-wo**) grotesk
grotołaz *m* (*-a*; *-i*/*-y*) Höhlenforscher
groz|a *f* (*-y*; *0*) Grauen *n*; ***zdjęty ~ą*** von Entsetzen gepackt; **~ić** (*-żę*) drohen (*I* mit, zu); bedrohen (*I* mit); ***za ... ~i więzienie*** auf ... steht Gefängnis
groź|ba *f* (*-y*; *G gróźb*) Drohung; (***pożaru*** Brand-)Gefahr; ***pod ~ą*** (*G*) unter Androhung (*G*, von); **~ny** drohend; *sytuacja itp.*: bedrohlich, gefährlich
grożący: ***~ śmiercią*** todbringend, tödlich; ***~ zawaleniem*** einsturzgefährdet
grób *m* (*-obu*; *-oby*) Grab(stätte *f*) *n*
gród *m* (*-odu*; *-ody*) Burg *f*; Stadt *f*
grub|as *m* (*-a*; *-y*), **~aska** *f* (*-i*; *G -sek*) Dicke(r), P Fettsack *m*; **~ieć** ⟨**po-**, **z-**⟩ (*-eję*) dick(er) werden; *głos*: tief(er) werden; **~iej** *adv comp* → ***grubo***
grubo *adv* dick; grob; (*bardzo*) arg, stark; → ***gruby***; **~skórny** *fig* dickfellig; **~ść** *f* (*-ści*; *0*) Dicke, Stärke; **~ziarnisty** grobkörnig
grub|y dick, stark; (*duży*) groß; *błąd*, *rysy*, *płótno*, *ziarno*, *skóra*: grob; *głos*: tief; F ***~e pieniądze*** e-e Menge Geld; ***z ~sza*** grob; ***w ~szych zarysach*** in groben Zügen
gruch|ać (*-am*) girren, turteln; **~nąć** *v*/*s* (*-nę*) krachen, knallen (*t. uderzyć*); *wieść*: sich plötzlich verbreiten; → ***grzmotnąć*** (**się**); **~ot** *m* (*-u*; *-y*) Gepolter *n*, Krachen *n*; F (*rzecz*) alter (Klapper-)Kasten; *pej* tatterige Alte, Tattergreis; **~otać** (*-czę*/*-cę*) *v*/*i* rasseln, poltern; *v*/*t* ⟨**po-**, **z-**⟩ zertrümmern
gruczoł *m* (*-u*; *-y*) Drüse *f* (***dokrewny*** mit innerer Sekretion); **~owy** Drüsen-
gru|da *f* (*-y*) Klumpen *m*; ***jak po ~dzie*** sehr mühsam; **~dka** *f* (*-i*; *G -dek*) Klümpchen *n*; Knötchen *n*; **~dniowy** Dezember-; **~dzień** *m* Dezember
grunt *m* (*-u*; *-y*/*-a*) Grund (*t. mal*), Boden; F ***~ to ...*** Hauptsache ...; ***do ~u*** ganz und gar; ***z ~u*** von Grund aus; ***w gruncie rzeczy*** im Grunde genommen
gruntow|ać ⟨**za-**⟩ (*-uję*) grundieren; **~ny** gründlich; *zmiany*: grundlegend; **~y**

Grund-, Boden-; *jarzyny*: Freiland-
grup|a *f* (*-y*) Gruppe; **~ować** ⟨**z-**⟩ (*-uję*) gruppieren (**się** sich); **~owo** *adv* gruppenweise, in Gruppen; **~owy** Gruppen-
grusz|a *f* (*-y*; *-e*) Birnbaum *m*; *t.* → **~ka** *f* (*-i*; *G -szek*) Birne; **~(k)owy** Birnen-
gruz *m* (*-u*; *-y*) Schutt; **~y** *pl* Trümmer *pl*; ***zamienić w ~y*** in Trümmer legen
gruzeł *m* (*-zła*; *-zły*) Klumpen; Knoten
Gruzi|n *m* (*-a*; *-i*), **~nka** *f* (*-i*; *G -nek*) Georgier(in); **2ński** (***po -ku***) georgisch
gruzowisko *n* (*-a*) Schutthaufen *m*
gruźli|ca *f* (*-y*; *0*) Tuberkulose; **~czy** tuberkulös; **~k** *m* (*-a*; *-cy*), **~czka** *f* (*-i*; *G -czek*) Tuberkulosekranke(r)
gry *G sg*, *N pl* → ***gra***
gryczany Buchweizen-
gryf *m* (*-u*; *-y*) *mus* Griffbrett *n*
gryka *f* (*-i*; *0*) Buchweizen *m*
gryma|s *m* (*-u*; *-y*) Grimasse *f*; **~sy** *pl* Launen *f/pl*; **~sić** (*-szę*) (F herum)nörgeln; *dziecko*: quengeln, bocken; **~śny** nörgelig; bockig; (*w jedzeniu*) mäkelig
gryp|a *f* (*-y*; *0*) Grippe; **~owy** Grippen-
gryps *m* (*-u*; *-y*) *gw* Kassiber
grysik *m* (*-u*; *0*) Grieß(brei)
grywać (*-am*) ab und zu spielen
gryzący beißend (*t. fig*)
gryzmolić (*-lę*) kritzeln, schmieren
gryzoń *m* (*-nia*; *-nie*) Nagetier *n*
gryźć* *chleb*, *paznokcie* kauen; *kość* nagen (an *D*); *orzechy* knacken, knabbern; *pchły*, *pies*, *dym*: beißen; *komary*, *osy*: stechen; *sumienie*: plagen; **~ się** sich beißen; *fig* sich grämen (*I* über *A*); F sich in den Haaren liegen (***z I*** mit)
grza|ć (*-eję*) (er)wärmen; P (*bić*) hauen; ***~ć się*** sich wärmen; warm werden; → ***ogrzewać***; **~łka** *f* (*-i*; *G -łek*) Wärmflasche; ***~łka nurkowa*** Tauchsieder *m*; **~nka** *f* (*-i*; *G -nek*) (*chleb*) Toast *m*
grządka *f* (*-i*; *G -dek*) Beet *n*
grząski (**-ko**) sumpfig, morastig
grzbiet *m* (*-u*; *-y*) Rücken
grzebać (*-ię*) (*t.* **się**) wühlen, (herum-)kramen; *kury*: scharren; F **~ się** (***z I***) trödeln (mit); → ***pogrzebać***
grzebień *m* (*-nia*; *-nie*) Kamm
grzebyk *m* (*-a*; *-i*) (Haar-)Kamm
grzech *m* (*-u*; *-y*) Sünde *f*
grzechot|ać (*-czę*/*-cę*) klappern; **~ka** *f* (*-i*; *G -tek*) Klapper; (*kołatka*) Knarre; **~nik** *m* (*-a*; *-i*) Klapperschlange *f*
grzeczn|ościowy Höflichkeits-; **~ość** *f* (*-ści*) Höflichkeit (***w stosunku do*** *G* gegenüber *D*); ***z ~ości***, ***przez ~ość*** aus Gefälligkeit; **~ny** höflich; *dziecko*: artig
grzej|nik *m* (*-a*; *-i*) Heizkörper; Heizgerät *n*; **~ny** Heiz-
grzesz|nica *f* (*-y*; *-e*), **~nik** *m* (*-a*; *-cy*) Sünder(in); **~ny** sündig, sündhaft; **~yć** ⟨**z-**⟩ (*-ę*) sündigen, sich versündigen
grzę|da *f* (*-y*) Beet *n*; (*dla kur*) Hühnerstange; **~znąć** ⟨**u-**⟩ (*-nę*, *grzązł*) einsinken, versinken; *pf t.* steckenbleiben
grzmi|ąco *adv* dröhnend; **~eć** (*-ę*, *-mij!*) donnern; *głos*: dröhnen; ***grzmi*** *nieos* es donnert
grzmo|cić (*-cę*) hauen; **~t** *m* (*-u*; *-y*) Donner; **~tnąć** *v/s* (*-nę*) *v/t* F e-e verpassen (*D*); (*rzucić*) schmettern; F ***~nąć się*** (***o*** *A*) sich stoßen (an *D*)
grzyb *m* (*-a*; *-y*) Pilz, Schwamm; **~ica** *f* (*-y*; *-e*) Pilzerkrankung, Mykose; **~owy** Pilz-, Schwamm-
grzywa *f* (*-y*) Mähne
grzywna *f* (*-y*; *G -wien*) (Geld-)Buße
gubern|ator *m* (*-a*; *-rzy*/*-owie*) Gouverneur; **~ia** *f* (*-i*; *-e*) Gouvernement *n*
gubić ⟨**z-**⟩ (*-ę*) verlieren; *fig* zugrunde richten; **~ *się*** verlorengehen; sich/einander verlieren
guma *f* (*-y*) Gummi *m*/*n*
gumiś F *m* (*-sia*; *-sie*) Gummibärchen *n*
gumka *f* (*-i*; *G -mek*) Gummiband *n*; Radiergummi *m*
gumowy Gummi-; F wie aus Gummi
gust *m* (*-u*; *-y*/*-a*) Geschmack; ***w tym guście*** (in) dieser Art; **~ować** (*-uję*) (***w*** *L*) lieben (*A*); **~owny** geschmackvoll
guz *m* (*-a*; *-y*) Beule *f*; *med* Knoten
guzdrać się F (*-am*) bummeln, trödeln
guzik *m* (*-a*; *-i*) Knopf
gwał|cić (*-cę*) ⟨**po-**⟩ *prawo* verletzen; ⟨**z-**⟩ *kobietę* vergewaltigen; **~t** *m* (*-u*; *-y*) Gewalt *f*; (*hałas*) Radau, Lärm; ***zadać ~t*** Gewalt antun; **~*tem*** gewaltsam; F → ***na ~t*** sofort; **~towny** gewalttätig; (*burzliwy*) heftig; (*nagły*) plötzlich
gwar *m* (*-u*; *0*) Stimmengewirr *n*; Lärm
gwara *f* (*-y*) Mundart; Jargon *m*
gwaran|cja *f* (*-i*; *-e*) Garantie; *ekon*, *hdl* Bürgschaft; **~cyjny** Garantie-; **~tować** ⟨**za-**⟩ (*-uję*) *v/t* garantieren (*A*, für)
gwardia [-dĭa] *f* (*GDL -ii*; *-e*) Garde
gwarny geräuschvoll, laut
gwiazd|a *f* (*-y*) Stern *m*; *fig* Star *m*; **~ka** *f*

G

(-*i*; *G* -*dek*) Stern(chen *n*) *m*; *fig* Starlet *n*; (**na** ~**kę** zu) Weihnachten *n*; ~**kowy: podarunek** ~**kowy** Weihnachtsgeschenk *n*; ~**or** *m* (-*a*; -*y*) (**filmowy** Film-) Star; ~**ozbiór** *m* Sternbild *n*
gwiaździsty (-**ście**) sternförmig; *niebo*: sternbesät, gestirnt
gwiezdny Stern-, stellar
gwint *m* (-*u*; -*y*) Gewinde *n*
gwizd *m* (-*u*; -*y*) Pfeifen *n*; Pfiff; ~**ać** (-*żdżę*) pfeifen; ~**ek** *m* (-*dka*; -*dki*) Pfeife *f*; (*gwizd*) Pfiff; ~**nąć** *v/s* (-*nę*) pfeifen; F (*ukraść*) klauen
gwóźdź *m* (*gwoździa*, -*oździe*, *I* -*oździami*/-*oźdźmi*) *tech* Nagel
gzyms *m* (-*u*, -*y*) Sims; → ***karnisz***

H

habit *m* (-*u*; -*y*) Kutte *f*; Ordenskleid *n*
haczyk *m* (-*a*; -*i*) Haken, Häkchen *n*
hafciarka *f* (-*i*; *G* -*rek*) Stickerin
haft *m* (-*u*; -*y*) Stickerei *f*; ~**ka** *f* (-*i*; *G* -*tek*) Haken *m* (und Öse); ~**ować** ⟨**wy-**⟩ (-*uję*) (be)sticken
hak *m* (-*a*; -*i*) Haken (*t. sport*)
hala[1] *f* (-*i*; -*e*) Halle
hala[2] *f* (-*i*; -*e*) Bergwiese, Matte
halibut *m* (-*a*; -*y*) *zoo* Heilbutt
halka *f* (-*i*; *G* -*lek*) Unterrock *m*
halogenowy Halogen-
halowy Hallen-
hałas *m* (-*u*; -*y*) Lärm, F Krach; ~**ować** (-*uję*) lärmen, Krach machen
hałaśliwy (-**wie**) laut, lärmend
hałda *f* (-*y*) Halde
hamak *m* (-*u*; -*i*) Hängematte *f*
hamować (-*uję*) ⟨**za-**⟩ (ab)bremsen; *fig t.* hemmen; ⟨**po-**⟩ *łzy itp.* unterdrücken; *gniew* zügeln; ~ **się** sich mäßigen
hamul|cowy Brems-; ~**ec** *m* (-*lca*; -*lce*, -*ów*) Bremse *f*; *fig t.* Hemmung *f*
hand|el *m* (-*dlu*; *0*) Handel; ***prowadzić*** ~***el***, ***zajmować się*** ~***lem*** Handel treiben; ~**larz** *m* (-*a*; -*e*), ~**larka** *f* (-*i*; *G* -*rek*) Händler(in)
handlow|ać (-*uję*) handeln (*I* mit); ~**iec** *m* (-*wca*; -*wcy*) Kaufmann (-frau *f*); ~**y** Handels-; (-**wo**) kommerziell, geschäftlich
hangar *m* (-*u*; -*y*) Flugzeughalle *f*
haniebny schändlich (*t. fig*)
hańb|a *f* (-*y*; *0*) Schande, Schmach; ~**ić** ⟨**po-**, **z-**⟩ (-*ę*) entehren, schänden
haracz *m* (-*u*; -*e*) → ***danina***; Schutzgeld *n*; Lösegeld *n*
haratać F ⟨**po-**⟩ (-*am*/-*czę*) kaputtmachen (**sobie** sich *etw*)
harce|rka *f* (-*i*; *G* -*rek*), ~**rz** *m* (-*a*; -*e*, -*y*) Pfadfinder(in); ~**rski** Pfadfinder-; ~**rstwo** *n* (-*a*; *0*) Pfadfinderbewegung *f*
hard|ość *f* (-*ści*; *0*) Hochmut *m*; ~**y** (-**do**) hochmütig; (*zuchwały*) trotzig, frech
harfa *f* (-*y*) Harfe
har'mo|nia [-ŋĭa] *f* (*GDL* -*ii*; *0*) Harmonie; (*pl* -*e*) (Zieh-)Harmonika; ~**nijka** *f* (-*i*; *G* -*jek*) Mundharmonika; ~**nijny** harmonisch; ~**nizować** (-*uję*) *v/t* ⟨**z-**⟩ in Einklang bringen, aufeinander abstimmen; *v/i* harmonieren (**z** *I* mit); ~**nogram** *m* (-*u*; -*y*) (graphischer) Zeitplan, Schaubild *n*
harować F (-*uję*) schuften, rackern
harówka F *f* (-*i*; *G* -*wek*) Schinderei
hart *m* (-*u*; *0*) (**woli** Willens-)Kraft *f*, (**fizyczny** körperliche) Ausdauer *f*; ~**ować** ⟨**za-**⟩ (-*uję*) härten; *fig* abhärten (**się** sich); ~**ow(a)ny** gehärtet, vergütet
haski Haager *adj*
hasło *n* (-*a*; *G* -*seł*) Losung *f*, Motto, (*t. mil*) Parole *f*; (*w słowniku*) Stichwort
haszysz *m* (-*u*; *0*) Haschisch
haust ['xaŭst] *m* (-*u*; -*y*) Schluck; ***jednym*** ~***em*** in einem Zug
hazardow|y (-**wo**) gewagt, riskant; ***gra*** ~***a*** Glücksspiel *n*; ***grać*** ~***o w karty*** sich am Glücksspiel(en) beteiligen
heban *m* (-*u*; *0*) Ebenholz *n*
heb|el *m* (-*bla*; -*ble*) Hobel; ~**lować** (-*uję*) hobeln
hebrajski (**po -ku**) hebräisch
hec|a F *f* (-*y*; -*e*) Affentheater *n*; ***na*** ~***ę*** aus Jux; ***urządzić*** ~***ę*** e-e Schau abzie-

hen; ***to ci ~a!*** das ist ja ein Ding!
hejnał *m* (*-u*; *-y*) Trompetensignal *n*; *w.zn.* Turmblasen *n*
hektar *m* (*-a*; *-y*) Hektar *n*
hel *m* (*-u*; *0*) *chem* Helium *n*
helikopter *m* (*-a*; *-y*) Hubschrauber
hełm *m* (*-u*; *-y*) Helm
hemo|filik *m* (*-a*; *-cy*) *med* Bluter; **~roidy** ['rɔĭdɨ] *pl* (*-ów*) Hämorrhoiden *pl*
hera *f* (*-y*; *0*) *gw* Heroin *n*, F Stoff *m*
herb *m* (*-u*; *-y*) (***rodowy*** Familien-)Wappen *n*; ***~u ...*** aus dem Geschlecht der ...
herba|ciany Tee-; **~ciarnia** *f* (*-i*; *-e*, *-i*/*-ń*) Teestube; **~ta** *f* (*-y*) Tee *m*; **~tniki** *m*/*pl* (*-ów*) Teegebäck *n*
herbowy Wappen-
herc *m* (*-a*; *-e*) *fiz* Hertz *n*
here|tycki ketzerisch; **~zja** *f* (*-i*; *-e*) Ketzerei (*t. fig*)
hermetyczny hermetisch; *fig t.* dicht
herod-baba F *f* Hausdrachen *m*
heroi|czny heroisch; **~na** *f* (*-y*; *0*) *chem* Heroin *n*; **~nowy** Heroin-
herszt *m* (*-a*; *-ci*/*-ty*) Anführer, Boß
heski hessisch, Hessen-
heteroseksualny heterosexuell
hetman *m* (*-a*; *-i*/*-owie*) *hist* Hetman; (*w szachach*) Königin *f*
hiena [xi'ɛna] *f* (*-y*) Hyäne
hieroglif *m* (*-u*; *-y*) Hieroglyphe *f*
higi'ena *f* (*-y*; *0*) Hygiene; ***~ osobista***, ***~ ciała*** Körperpflege
higieniczny hygienisch
higroskopijny hygroskopisch
Hindus *m* (*-a*; *-i*), **~ka** *f* (*-i*; *G -sek*) Inder(in); ♀(**ka**) *rel* Hindu *m*
hiobow|y: ***wieść ~a*** Hiobsbotschaft
hiper'tonia [-ŋ̦ĭa] *f* (*GDL -ii*; *0*) *med* Hypertonie; *w.zn.* Bluthochdruck *m*
hipiczny: ***konkurs ~*** Reitturnier *n*
hipis *m* (*-a*; *-i*), **~ka** *f* (*-i*; *G-sek*) Hippie *m*
hipno|tyzować ⟨**za-**⟩ (*-uję*) hypnotisieren; **~za** *f* (*-y*) Hypnose
hipo|teczny hypothekarisch, Hypotheken-; **~teka** *f* Hypothek; **~teza** *f* Hypothese; **~'tonia** [-ŋ̦ĭa] *f* (*GDL -ii*; *0*) *med* Hypotonie
histeryczny hysterisch
hi'stor|ia [-r̦ĭa] *f* (*GDL -ii*; *-e*) Geschichte (*t. fig*); **~yczny** geschichtlich, historisch
Hiszpan *m* (*-a*; *-ie*, *-ów*), **~ka** *f* (*-i*; *G -nek*) Spanier(in)
hiszpański (***po -ku***) spanisch
hodow|ać (*-uję*) züchten; ⟨**wy-**⟩ großziehen; ***~ać się*** großgezogen werden; **~ca** *m* (*-y*; *-y*, *-ów*), **~czyni** *f* (*-i*; *-e*) Züchter(in); **~la** *f* (*-i*; *-e*) Zucht; **~lany** Zucht-; züchterisch
hojn|ie *adv* reich(lich), großzügig; **~y** freigebig, nobel
hokej *m* (*-a*; *0*) (***na lodzie*** Eis-)Hockey *n*
hol¹ *m* (*-u*; *-e*, *-ów*/*-i*) Halle *f*; Foyer *n*
hol² *m* (*-u*; *-e*, *-ów*) Abschleppseil *n*; *mar* Schlepptau *n*; ***brać na ~*** abschleppen
Holender *m* (*-dra*; *-drzy*, *-rów*), **~ka** *f* (*-i*; *G -rek*) Holländer(in); ♀**ski** (***po -ku***) holländisch
holow|ać (*-uję*) ⟨**od-** ab⟩schleppen; **~niczy** Schlepp-; ***lina ~nicza*** Abschleppseil *n*; **~nik** *m* (*-a*; *-i*) *mar* Schlepper
hołd *m* (*-u*; *-y*) Huldigung *f*; ***złożyć ~ pamięci*** (*G*) gedenken (*G*); **~ować** (*-uję*) huldigen (*t. iron*)
hołota *f* (*-y*) *pej* Pack *n*, Gesocks *n*
homar *m* (*-a*; *-y*) Hummer
homeopatyczny homöopathisch
homoseksualny homosexuell, F schwul
honor *m* (*-u*; *0*) Ehre *f*; ***słowo ~u*** Ehrenwort; → ***honory***; **~ować** (*-uję*) honorieren; **~owy** Ehren-; (**-wo**) ehrenhaft; ehrenhalber; ehrenamtlich; **~y** *pl* (*-ów*) Ehrenbezeigung *f*; Ehrung(en *pl*) *f*
hormon *m* (*-u*; *-y*) Hormon *n*; **~alny** hormonell; **~owy** Hormon-
horyzont *m* (*-u*; *-y*) Horizont (*t. fig*)
hossa *f* (*-y*) *fin* Hausse
hostia ['xɔsţĭa] *f* (*GDL -ii*; *-e*) Hostie
hotel *m* (*-u*; *-e*) Hotel *n*; ***~ robotniczy*** Arbeiterwohnheim *n*; **~owy** Hotel-
hoży (**-żo**) stattlich, drall; *cera*: frisch
hrabi|a *m* (*G*, *A -iego*/*-i*, *D -iemu*/*-i*, *V -io!*, *I -ią*; *L -i*; *-iowie*, *G*, *A -iów*, *D -iom*, *I -iami*, *L -iach*) Graf; **~anka** *f* (*-i*; *G -nek*) Komtesse; **~na** *f* (*-y*) Gräfin; **~owski** gräflich, Grafen-
hreczka *f* (*-i*; *G -czek*) → ***gryka***
hucz|eć (*-ę*, *-y*) dröhnen; *burza*, *morze*: tosen, brausen; **~nie** *adv* laut, ausgelassen; → **~ny** *bal*: rauschend; *oklaski t.*: tosend, (*t. śmiech*) dröhnend
hufiec *m* (*-fca*; *-fce*, *-fców*): ***~ harcerski*** Pfadfinderstamm
huk *m* (*-u*; *-i*) Dröhnen *n*; Getöse *n*
hulać (*-am*) sich amüsieren, zechen
hulajnoga *f* (Kinder-)Roller *m*
hulanka *f* (*-i*; *G -nek*) (Sauf-)Gelage *n*
humanitarny humanitär

humo|r *m* (*-u*; *0*) Humor; (*nastrój*) Laune *f*; ***w złym ~rze*** schlechtgelaunt; **~rystyczny** humoristisch; Witz-
huragan *m* (*-u*; *-y*) Orkan; **~owy** orkanartig; *fig t.* stürmisch
hurt *m* (*-u*; *0*) Großhandel; **~em** F im ganzen, en bloc
hurtow|nia *f* (*-i*; *-e*, *-i*) Großhandlung; **~nik** *m* (*-a*; *-cy*) Großhändler; **~o** *adv* en gros; **~y** Groß(handels)-
huśtać ⟨**po-**⟩ (*-am*) schaukeln (**się** *v/i*)
huśtawka *f* (*-i*; *G -wek*) Schaukel
hut|a *f* (*-y*) (***stali, szkła*** Stahl-, Glas-) Hütte; **~nictwo** *n* (*-a*; *0*) Hüttenindustrie *f*; **~nik** *m* (*-a*; *-cy*) Hüttenarbeiter
hydrauli|czny hydraulisch; **~k** *m* (*-a*; *-cy*) Rohrinstallateur, Klempner
hydro|elektrownia *f* Wasserkraftwerk *n*; **~energia** *f* Wasserkraft; **~plan** *m* Wasserflugzeug *n*; **~terapia** *f* Hydrotherapie, Wasserheilkunde
hymn *m* (*-u*; *-y*) Hymne *f*

I

i *conj* und; auch; sogar; **~ ... ~ ...** sowohl ... als auch ...; ***~ tak*** ohnehin
ich *pron D* → **one**, *G*, *A* → **oni**; *poss* ***~ rzeczy*** ihre Sachen
idą *3.os. pl* → **iść**
ide|a *f* (*GDL idei*; *-ee*, *idei*, *-eom*) Idee; **~alny** ideal; **~ał** *m* (*-u*; *-y*) Ideal *n*
identy|czny identisch; **~fikować** ⟨**z-**⟩ (*-uję*) identifizieren
ideo|logiczny ideologisch; **~wy** (**-wo**) ideell; *os.* ideentreu
idę *1.os. sg* → **iść**
idiot|a *m* (*-y*; *-ci*), **~ka** *f* (*-i*; *G -tek*) Idiot(in); **~yczny** idiotisch; **~yzm** *m* (*-u*; *-y*) Idiotie *f* (*t.* F *fig*)
idyll|a *f* (*-i*; *-e*) Idylle; **~iczny** idyllisch
idzie|my, **~sz**, **idź** → **iść**
igie|lny Nadel-; **~łka** *f* (*-i*; *G -łek*) (kleine) Nadel; **~łkowy** Nadel-
iglast|y: ***drzewo ~e*** Nadelbaum *m*
ig|lica *f* (*-y*; *-e*) *tech* Nadel; *mil* Schlagbolzen *m*; **~liwie** *n* (*-a*; *0*) (Fichten-) Nadeln *f/pl*; **~ła** *f* (*-y*; *G -ieł*) (***do szycia*** Näh-)Nadel; ***jak z ~ły*** nagelneu; **~łowiec** *m* (*-wca*; *-wce*) Nadelfilz
ignorować ⟨**z-**⟩ (*-uję*) ignorieren
igra|ć (*-am*) (**z** *I*) spielen (mit); **~szka** *f* (*-i*; *G -szek*) Spiel(erei *f*) *n*
igrzyska *n/pl* (-) Spiele *n/pl*; ***2 olimpijskie*** Olympische Spiele
ikr|a *f* (*-y*; *0*) (*Fisch-*)Rogen *m*; ***składać ~ę*** laichen; *fig* ***z ~ą*** vital, energisch
ile (*m-os ilu*, *I iloma*) wieviel; ***~ razy*** wie viele Male; wie oft; sooft; ***~ masz lat*** wie alt bist du; ***o ~*** (***mniej***) um wieviel (weniger); soviel (***wiem*** ich weiß); soweit (***pamiętam*** ich mich erınnere); ***o ~ ... o tyle ...*** je ... um so ...; **~kroć** sooft; jedesmal/immer wenn; **~ś** (*m-os iluś*) mehrere, viele; ***~ lat temu*** vor Jahren
ilo|czyn *m mat* Produkt *n*; **~ma** → **ile**; **~raz** *m mat* Quotient; **~ściowy** (**-wo**) zahlenmäßig, mengenmäßig, quantitativ; **~ść** *f* (*-ści*) (An-)Zahl, Menge
ilu *m-os* → **ile**
ilumina|cja *f* (*-i*; *-e*) Illumination, Festbeleuchtung; **~tor** *m* (*-a*; *-y*) Bullauge *n*
ilustracja *f* (*-i*; *-e*) Illustration, Bild *n*
ilustrowany illustriert, bebildert; ***magazyn ~*** Illustrierte *f*
iluz|ja *f* (*-i*; *-e*) Illusion; **~jonista** *m* (*-y*; *-ci*), **-tka** *f* (*-i*; *G -tek*) Zauberkünstler(in); **~oryczny** illusorisch
ił *m* (*iłu*; *iły*) *min* Ton; **~owaty** tonig
im *pron* (*D* → **one**, **oni**) ihnen; *adv* je; ***~ prędzej tym lepiej*** je eher desto besser
imadło *n* (*-a*; *G -deł*) Schraubstock *m*
imaginac|ja *f* (*-i*; *0*) Einbildungskraft; **~yjny** imaginär, eingebildet
imbir *m* (*-u*; *0*) Ingwer; **~owy** Ingwer-
imbryk *m* (*-a*; *-i*) Teekessel
imien|iny *pl* (-) Namenstag *m*; **~niczka** *f* (*-i*; *G -czek*) Namensschwester; **~nik** *m* (*-a*; *-cy*) Namensvetter; **~ny** Namens-; *gr* nominal; (**-nie**) namentlich
imiesłów *m* (*-owu*; *-owy*) *gr* Partizip *n*
imię *n* (→ *str. 608*) Name *m*; *gr* Nomen; *fig t.* (***dobre*** guter) Ruf; ***mieć na***

~ heißen, den Namen tragen; ***jak ci na ~?*** wie ist dein Name?; ***po imieniu*** beim (Vor-)Namen; ***w ~*** *(G)* um ... willen; *t.* → ***w imieniu*** *(G)* im Namen (von, *G*); ***szkoła imienia NN*** NN-Schule
imigracja *f (-i; -e)* Einwanderung
imiona *pl* → ***imię***
imit|acja *f (-i; -e)* Imitation; **~ować** *(-uję)* imitieren, nachahmen
im|matrykulacja *f (-i; -e)* Immatrikulation; **~munizować** *(-uję)* immunisieren
impas *m (-u; -y) fig* Sackgasse *f*
imperialistyczny imperialistisch
impertynen|cja *f (-i; -e)* Unverschämtheit; **~cki** (**-ko**) unverschämt, frech; **~t** *m (-a; -ci)* Flegel, Schnösel; **~tka** *f (-i; G -tek)* unverschämte Person
impet *m (-u; 0)* Schwung, Wucht *f*
impon|ować ⟨**za-**⟩ *(-uję)* imponieren; **~ujący** (**-co**) imponierend; imposant
import *m (-u; 0)* Import; **~ować** *(im)pf (-uję)* importieren; **~owy** Import-
impotencj|a *f (-i; 0)* Impotenz; ***cierpieć na ~ę*** impotent sein
im|pregnować *(-uję)* imprägnieren; **~preza** *f (-y)* (***sportowa*** Sport-)Veranstaltung; **~prowizować** *(-uję)* improvisieren; **~pulsywny** impulsiv
inaczej anders (***niż*** als); *(w przeciwnym razie)* sonst, andernfalls; ***tak czy ~*** so oder so; ***jakże ~*** wie denn sonst
inaugur|acja *f (-i; -e)* (feierliche) Eröffnung; **~acyjny** Eröffnungs-; **~ować** *(im)pf* ⟨**za-**⟩ *(-uję)* (feierlich) eröffnen
incydent *m (-u; -y)* Zwischenfall
indagować *(-uję)* (aus)fragen (***o*** *A* über *A*, nach)
indeks *m (-u; -y)* Index; *(studenta)* Studienbuch *n*; ***~ rzeczowy*** Sachregister *n*
indeksacja *f (-i; -e) ekon* Angleichung, Indexierung
Indi'a|nin *m (-a; -anie)*, **~nka** *f (-i; G -nek)* Indianer(in); **♀ński** indianisch, Indianer-, Indio-
indonezyjski (**po -ku**) indonesisch
indor *m (-a; -y)* Truthahn, Puter
indos *m (-u; -y) fin* Indossament *n*
indosować *(im)pf (-uję)* indossieren
indukc|ja *f (-i; -e)* Induktion; **~yjny** induktiv, Induktions-
indycz|ka *f (-i; G -czek)* Truthenne, Pute; **~y** Puten-; **~yć się** F *(-ę) fig* sich ärgern, (sich) giften
indyjski (**po -ku**) indisch
indyk *m (-a; -i)* Truthahn, Puter
indywidu|alność *f (-ści; 0)* Individualität; **~alny** individuell; getrennt, extra; persönlich, privat; **~um** *n (idkl; -dua, -duów)* Individuum
indziej → ***gdzie***, ***kiedy***, ***nigdzie***
inercj|a *f (-i; 0)* Beharrungsvermögen *n*; ***siła ~i*** Trägheitskraft
infekcja *f (-i; -e)* Infektion
inflacja *f (-i; -e)* Inflation
informa|cja *f (-i; -e)* Information; Auskunft *(t. tel)*; **~cyjny** Informations-, Auskunfts-; **~tor** *m (-a; -ry) (książka)* Führer; **~tyka** *f (-i; 0)* Informatik
informować ⟨**po-**⟩ *(-uję)* informieren; ***~ się*** sich erkundigen (***o*** *L*, ***w sprawie*** *G* über *A*, nach; ***u*** *G*, ***w*** *L* bei, in *D*)
infuła *f (-y)* Bischofshut *m*
ingerować ⟨**za-**⟩ *(-uję)* sich einmischen
inhalować *(-uję)* inhalieren
inicjator *m (-a; -rzy)*, **~ka** *f (-i; G -rek)* Initiator(in), Urheber(in), Anstifter(in)
inicjatyw|a *f (-y)* Initiative; **z ~y** *(G)* auf Anregung (von, *G*)
inicjować ⟨**za-**⟩ *(-uję)* initiieren
iniekcja [in'jɛk-] *f (-i; -e)* Injektion
inkas|ent *m (-a; -ci)* Kassierer; ***~ent gazowni*** Gasableser; **~o** *n (-a)* Inkasso
inkrustowany mit Intarsien (verziert)
inkubacyjny: *okres ~* *med* Inkubationszeit *f*
inkubator *m (-a; -y) agr* Brutapparat
in|na, **~ne**, **~ni** → ***inny***; **~no-** *w zł.* anders-, Anders-
innowacja *f (-i; -e)* Innovation
inny and(e)re; sonstig; anders; ***co innego*** etwas anderes; ***kto ~*** ein anderer, jemand anders; → ***między***
inscenizacja *f (-i; -e)* Bühnenbearbeitung; Inszenierung
inspek|cja *f (-i; -e)* Inspektion; **~tor** *m (-a; -rzy)*, **-rka** *f (-i; G -rek)* Inspektor(in), Prüfer(in); ***~tor szkolny*** Schulrat; **~torat** *m (-u; -y)* Aufsichtsbehörde *f*; Schulamt *n*; **~towy** Treibhaus-; **~ty** *m/pl (-ów)* Frühbeet(e *pl*) *n*
instal|acja *f (-i; -e)* Installation; *(zakładanie t.)* Einbau *m*, Verlegung; *(zespół urządzeń t.)* Anlage; **~ować** ⟨**za-**⟩ *(-uję)* installieren; *w.zn.* aufstellen, einbauen, (ver)legen; einrichten (***się*** sich)
instruk|cja *f (-i; -e)* Instruktion; (***obsługi*** Bedienungs-)Anleitung; **~tor** *m (-a; -rzy)*, **-rka** *f (-i; G -rek)* (***jazdy***,

I

pilotażu Fahr-, Flug-)Lehrer(in), Ausbilder(in); **~tywny** instruktiv
instrument *m* (*-u*; *-y*) Instrument *n*
instynktowny instinktiv
instytucja *f* (*-i*; *-e*) Institution; (*zakład*) Anstalt; (*urząd*) Behörde
instytut *m* (*-u*; *-y*) Institut *n*
insynuacja *f* (*-i*; *-e*) Unterstellung
insynuować (*-uję*) unterstellen (***k-u*** *A* j-m *A*)
integra|cja *f* (*-i*; *0*) Integration; **~lny** integral, integrierend
integrować ⟨**z-**⟩ (*-uję*) integrieren
intelektual|ista *m* (*-y*; *-ści*), **-tka** *f* (*-i*; *G -tek*) Intellektuelle(r); **~ny** intellektuell
inteligen|cja *f* (*-i*; *0*) Intelligenz; **~cki** Intelligenz-; **~tny** intelligent
intencj|a *f* (*-i*; *-e*) Absicht, Intention; ***na ~ę*** (*G*) zugunsten (von, *G*), für (*A*)
intencyjny: ***list ~*** Absichtserklärung *f*
intensyfikować ⟨**z-**⟩ (*-uję*) intensivieren
intensywn|ość *f* (*-ści*; *0*) Intensität; **~y** intensiv; *światło, kolor t.*: grell; ***oddział opieki ~ej*** *med* Intensivstation *f*
interes *m* (*-u*; *-y*) (*sprawa*) Angelegenheit *f*, Anliegen *n*; *zw. pl* Interesse(n *pl*) *n*; *hdl* Geschäft *n*; ***nie twój ~*** es ist nicht deine Sache; F ***ładny ~!*** e-e schöne Bescherung!
interesant *m* (*-a*; *-ci*), **~ka** *f* (*-i*; *G -tek*) Interessent(in), Kunde *m* (-din *f*)
interesow|ać ⟨**za-**⟩ (*-uję*) interessieren (**się** sich; *I* für); **~ny** eigennützig
interesujący (**-co**) interessant
inter|na F *f* (*-y*; *0*) innere Medizin; **~nat** *m* (*-u*; *-y*) Internat *n*; **~nować** (*im*)*pf* (*-uję*) internieren; **~pretować** (*-uję*) interpretieren; **~punkcja** *f* (*-i*; *0*) Interpunktion, Zeichensetzung
interwen|cja *f* (*-i*; *-e*) Intervention; **~cyjny:** ***prace*** *f*/*pl* ***~cyjne*** Arbeitsbeschaffungsmaßnahmen *f*/*pl*; **~iować** (*-uję*) intervenieren, eingreifen
intonować ⟨**za-**⟩ (*-uję*) *pieśń* anstimmen
intratny einträglich, lukrativ
introligatornia *f* (*-i*; *-e*) Buchbinderei
intruz *m* (*-y*; *-i*/*-y*) Eindringling
intry|ga *f* (*-i*) Intrige; **~gancki** intrigant; **~gować** (*-uję*) intrigieren; ⟨**za-**⟩ neugierig machen, fesseln; **~gujący** spannend, fesselnd
intymn|ość *f* (*-ści*; *0*) Intimität; Intimsphäre; **~y** intim

inwali|da *m* (*-y*; *-dzi*), **~dka** *f* (*-i*; *G -dek*) Invalide *m*/*f*; ***~da wojenny*** Kriegsversehrte(r); **~dzki** Invaliden-; ***wózek ~dzki*** Rollstuhl
in|wazja *f* (*-i*; *-e*) Invasion; **~wentaryzacja** *f* (*-i*; *-e*) Inventur; **~wentarz** *m* (*-a*; *-e*) Inventar(verzeichnis) *n*
inwersyjny: ***film ~*** Umkehrfilm
inwestor *m* (*-a*; *-rzy*) Investor(in)
inwestować ⟨**za-**⟩ (*-uję*) investieren
inwestyc|ja *f* (*-i*; *-e*) Investition; **~yjny** Investitions-, Anlage-
inwigilacja *f* (*-i*; *-e*) Observierung
inżynie|r [in'ʒy-/ ĩ'ʒi-] *m* (*-a*; *-owie*) Ingenieur(in); **~ria** *f* [-'n̦er̦ja] (*GDL -ii*; *0*): ***~ria genetyczna*** Gentechnologie; ***~ria lądowa*** Hoch- und Tiefbau *m*
ira|cki irakisch; **~ński** iranisch
Irlan|dczyk *m* (*-a*; *-cy*) Ire; **~dka** *f* (*-i*; *G -dek*) Irin; **˜dzki** irisch
ironiczny ironisch
irygacyjny Bewässerungs-
irys *m* (*-a*; *-y*) *bot* Schwertlilie *f*
iryt|acja *f* (*-i*; *0*) Verärgerung, Ärger *m*; **~ować** ⟨**po-**, **z-**⟩ (*-uję*) ärgern (**się** sich)
isk|ra *f* (*-y*; *G -kier*) Funke(n) *m*; **~rzyć** (*-ę*) Funken sprühen; ***~rzyć się*** funkeln
islamski islamisch, Islam-
Islan|dczyk *m* (*-a*; *-cy*), **~dka** *f* (*-i*; *G -dek*) Isländer(in); **˜dzki** isländisch
istnie|ć (*-eję*) existieren; → ***być***, ***trwać***; **~nie** *n* (*-a*) Existenz *f*, Dasein
istny wahr, richtig, echt
isto|ta *f* (*-y*) Wesen *n*; das Wesentliche, Kern *m*; ***w ~cie*** in Wirklichkeit; in der Tat; **~tny** wesentlich; tatsächlich
iść* gehen (***do*** *G* in *A*, zu, nach); (*pieszo*) F *t.* laufen; kommen (***od*** *G* von, aus); ***~ po*** (*A*) holen (gehen) (*A*); ***~ za*** (*I*) folgen (*D*); ***~ za mąż*** (***za*** *A*) heiraten (*A*); ***~ dalej*** weitergehen; ***idzie o ...*** es geht um ...; ***co za tym idzie*** daraus folgt; → (***przy***)***chodzić***, ***pójść***
izba *f* (*-y*) Stube, Zimmer *n*; *fig*, *pol* Kammer; **˜ *Gmin*** *pol* Unterhaus *n*; ***~ przyjęć*** (*w szpitalu*) Aufnahme
izola|cja *f* (*-i*; *-e*) Isolation; Isolierung; **~cyjny** Isolier-; **~tka** *f* (*-i*; *G -tek*) Einzelzelle; (*w szpitalu*) Isolierstation
izolować ⟨***za-***, ***od-***⟩ (*-uję*) isolieren
Izrael|czyk *m* (*-a*; *-cy*), **~ka** *f* (*-i*; *G -lek*) Israeli *m*/*f*; **˜ski** israelisch, Israel-
iż *conj* daß; → ***że***

J

ja *pron* ich; ***własne*** ~ das eigene Ich
jabłeczn|ik *m* (*-a*; *-i*) Apfelwein; Apfelkuchen; **~y** Apfel-
jabłko *n* (*-a*; *G -łek*) Apfel *m*
jabło|ń *f* (*-ni*; *-nie*, *-ni*) Apfelbaum *m*; ***kwiat ~ni*** Apfelblüte *f*
jacht *m* (*-u*; *-y*) Jacht *f*; ~ ***kabinowy*** Kabinenkreuzer
jacy *m-os* → ***jaki***
jad *m* (*-u*; *-y*) Gift *n*; *biol t.* Toxin *n*; ~ ***kiełbasiany*** Botulin *n*
jada|ć (*-am*) → ***jeść***; **~lnia** *f* (*-i*; *-e*, *-i*) Eßzimmer *n*, Speisezimmer *n*; **~lny** eßbar, genießbar; ***sala ~lna*** Speisesaal *m*
ja|dą, **~ę** → ***jechać***; **~dł(a)** → ***jeść***
jadło|dajnia *f* (*-i*; *-e*, *-i*) Gaststätte, Eßlokal *n*; **~spis** *m* Speisekarte *f*
jado|wity (**-*cie***) giftig; **~wy** *zoo* Gift-
jaglan|y: ***kasza ~a*** Hirsebrei *m*
jagły *f/pl* (*-gieł*) Hirse *f*; Hirsebrei *m*
jagnię *n* (*-ęcia*; *-ęta*) Lamm
jagnięcy Lamm-; Lammfell-
jagod|a *f* (*-y*; *G -ód*) Beere; **~y** *pl t.* Beerenobst *n*; **~owy** Beeren-
jajeczkowanie *n* (*-a*) *biol* Eisprung *m*
jajecznica *f* (*-y*; *-e*) Rührei(er *pl*) *n*
jaj|ko *n* (*-a*; *G -jek*) Ei; ***~ko święcone*** Osterei; ***~ka sadzone*** Spiegeleier *n/pl*; **~nik** *m* (*-a*; *-i*) *anat* Eierstock
jajo *n* (*-a*) Ei; **~waty** eiförmig
jak *adv*, *conj* wie; als; wenn; *part* (+ *sup*) aller-, größt-, am ...sten; ~ ***się masz?*** wie geht es dir?; ***nic innego*** ~ nichts anders als; ~ ***gdyby*** als ob; ~ ***najwięcej*** möglichst viel; ~ ***najlepszy*** allerbeste; ~ ***na owe czasy*** für die damalige Zeit; → ***byle***, ***tylko*** *itp.*
jakby als ob; F so etwas (wie); → ***gdyby***
jaki (*m-os jacy*) welche(r, -s), welch ein; was für ein; ~ ***bądź*** irgendein; ~ ***taki*** einigermaßen, leidlich; ***~m prawem*** mit welchem Recht; ***~m cudem*** durch welch ein Wunder; ***za*** ~ ***rok*** etwa in einem Jahr; F ***po ~emu*** wie; **~'kolwiek** irgendein, beliebig; **~ś** (irgend)ein; ***~eś trzy metry*** etwa drei Meter; ***~ś dziwny*** irgendwie seltsam
jak'kolwiek wie auch (immer); (*chociaż*) obschon, wenn auch
jako als; ~ ***taki*** als solcher; ~ ***tako*** halbwegs, leidlich; ~ ***że*** weil, denn; **~by** *adv*, *part* angeblich; **~ś** irgendwie
jakoś|ciowy Qualitäts-, Güte-; (*t.* **-*wo***) qualitativ; **~ć** *f* (*-ści*; *0*) Qualität, Güte
jakże wie (denn); → ***jak***
jałmużna *f* (*-y*; *zw. 0*) Almosen *n*
jałow|cowy Wacholder-; **~iec** *m* (*-wca/-wcu*; *-wce*) Wacholder
jałowy unfruchtbar; unergiebig (*t. fig*); *med* keimfrei; ***bieg*** ~ Leerlauf
jałówka *f* (*-i*; *G -wek*) Färse, Sterke
jama *f* (*-y*) Grube, Loch *n*; *anat* Höhle
jamnik *m* (*-a*; *-i*) Dachshund, Dackel
janowiec *m* (*-wca*; *-wce*) Ginster
Japo|nka *f* (*-i*; *G -nek*), **~ńczyk** *m* (*-a*; *-cy*) Japaner(in); **♀ński** (***po -ku***) japanisch
jarmar|czny Jahrmarkts-; *fig* wertlos, billig; **~k** *m* (*-u*; *-i*) Jahrmarkt
jarosz *m* (*-a*; *-e*) Vegetarier(in)
jar|ski vegetarisch; **~y** *agr* Sommer-
jarząb *m* (*-rzębu/-ęba*; *-rzęby/-ębie*, *-ębiów*) Eberesche *f*; **~ek** *m* (*-bka*; *-bki*) Haselhuhn *n*
jarzeniówka *f* (*-i*; *G -wek*) Leuchtröhre
jarzębina *f* (*-y*) *bot* Vogelbeerbaum *m*
jarzmo *m* (*-a*; *G -|-rzem*) Joch *n* (*t. fig*)
jarzyć się (*-ę*) glimmen; (*lśnić*) leuchten
jarzyn|a *f* (*-y*) Gemüse(pflanze *f*) *n*; **~owy** Gemüse-
jasełka *n/pl* (*-łek*) *rel* Krippenspiel *n*
jasiek *m* (*-śka*; *-śki*) kleines Kissen
jaski|nia *f* (*-i*; *-e*) Höhle; **~niowiec** *m* (*-wca*; *-wcy*) Höhlenmensch; **~niowy** Höhlen-
jaskół|czy Schwalben-; **~ka** *f* (*-i*; *G -łek*) Schwalbe; *sport* Standwaage
jaskraw|o- *w zł.* grell-, hell-; **~y** (**-*wo***) grell; *kolor t.*: F knallig; *fig* kraß
jasno *adv* hell; *fig* klar; **~blond** (*idkl*) hellblond; **~ść** *f* (*-ści*; *0*) Helligkeit, Helle; *fig* Klarheit; **~widz** *m* Hellseher(in); **~żółty** hellgelb
jasn|y hell; *fig* klar; ***rzecz ~a***, F ***~e*** (es ist) klar; ***w ~y dzień*** am hellichten Tag
jastrych *m* (*-u*; *-y*) *bud* Estrich
jastrząb [-t·ʃ-] *m* (*-rzębia*; *-ębie*, *-ębi*) Habicht; *fig* Falke
jaszczur *m* (*-a*; *-y*) Echse *f*, Saurier; Salamander; **~ka** *f* (*-i*; *G -rek*) Eidechse

jaśmin *m* (*-u*; *-y*) Jasmin

jaśnie|ć (*-eję*) leuchten (*fig I* vor); ⟨**po-**⟩ heller werden; ausbleichen *v/i*; **~j(szy)** *comp* → ***jasno***, ***jasny***

jatka *f* (*-i*; *G -tek*) Metzgerei; *fig* (*zw. pl*) Blutbad *n*, Massaker *n*

jaw: ***wyjść na ~*** an den Tag kommen; ***wydobyć na ~*** ans Licht bringen; **~ić się** (*im*)*pf* (*-ę*) erscheinen; **~nie** *adv* offen; **~ny** offen(kundig); öffentlich

jawor *m* (*-u*; *-y*) Bergahorn

jaz *m* (*-u*; *-y*) Wehr *n*, Staudamm

jazda *f* (*-y*) (***koleją*** Bahn-)Fahrt, (***na rowerze*** Rad-)Fahren *n*; (***na nartach*** Schi-)Lauf(en *n*) *m*; *gw* Trip *m*; ***~ konna*** Reiten *n*; → ***prawo***, ***rozkład***

jaź|ń *f* (*-ni*; *-nie*) Ego *n*, das Ich; ***rozdwojenie ~ni*** Persönlichkeitsspaltung *f*

ją *pron A* → ***ona***

jąd|ro *n* (*-a*; *G -der*) Kern *m* (*t. fig*); *anat* Hoden *m*; **~rowy** Kern-; Nuklear-; **~rówka** F *f* (*-i*; *G -wek*) Atomkraftwerk *n*

jąkać się (*-am*) stottern

jątrzyć (*-ę*) *ranę* reizen, aufreißen; ***~ się*** eitern, *lit* schwären

je *pron A* → ***one***, ***ono***; *v/t*, *v/i* → ***jeść***

jechać* ⟨**po-**⟩ fahren (***koleją***, ***rowerem*** mit der Bahn, auf dem Fahrrad); ***~ konno*** reiten; (ab)holen (***po k-o wozem*** j-n mit dem Wagen); → ***jeździć***

jeden (→ *str. 610*) ein(er); ***~ raz*** einmal; ***~ drugiego/drugiemu*** einander; ***~ do zera*** eins zu null; ***ani ~*** kein einziger; ***sam ~*** ganz allein; ***~ i ten sam*** ein und derselbe; ***jednym słowem*** mit einem Wort; ***z jednej strony*** einerseits; ***co to za ~?*** was ist das für einer?

jedena|stka *f* (*-i*; *G-tek*) Elf; *sport* Elfmeter *m*; **~sty** elfte; **~ście**, *m-os* **~stu** elf

jedlina *f* (*-y*) → ***jodła***; Tannengrün *n*

jedna *f* → ***jeden***; **~ć** ⟨**z-**⟩ (*-am*) gewinnen (***sobie*** für sich); **~k** jedoch, dennoch; **~kowo** *adv* genauso, ebenso; → **~kowy** gleich

jedni *m-os* die einen, einige, einzelne

jedno *n* eins; → ***jeden***; **~barwny** einfarbig; **~brzmiący** gleichlautend; **~czesny** (**-śnie**) gleichzeitig; **~czyć** ⟨**z-**⟩ (*-ę*) vereinen (***się*** sich); **~dniowy** eintägig, Tages-; **~głośnie** *adv* einstimmig; **~imienny** gleichnamig

jednokierunkow|y: ***ruch ~y*** Einbahnverkehr; ***ulica ~a*** Einbahnstraße

jedno|konny einspännig; **~krotny** einmalig; **~lity** (**-cie**) einheitlich; (*zwarty*) homogen; **~myślny** einmütig; **~oki** einäugig; **~osobowy** Einpersonen-, Einmann-; *pokój*: Einzel-; **~piętrowy** einstöckig; **~pokojowy** Einzimmer-

jednoraz|owy (**-wo**) einmalig; ***... do ~owego użycia*** Einweg-, Wegwerf-; **~ówka** F *f* (*-i*; *G -wek*) Einwegspritze

jedno|ręki einarmig; **~roczny** einjährig; **~rodny** gleichartig, homogen; **~rodzinny** Einfamilien-; **~rzędowy** *marynarka*: einreihig; **~silnikowy** einmotorig; **~stajny** gleichmäßig; monoton

jednost|ka *f* (*-i*; *G -tek*) Individuum *n*, Einzelne(r); (***miary***, ***wojskowa*** Maß-, Militär-)Einheit; *mat* **~ki** die Einser; **~kowy** Einzel-; (**-wo**) einzeln

jednostronny einseitig

jedność *f* (*-ści*; *0*) Einheit; Einigkeit

jedno|tlenek *m* Monoxyd *n*; **~torowy** eingleisig; **~zgłoskowy** einsilbig; **~znaczny** eindeutig; gleichbedeutend

jedwab *m* (*-biu*; *-bie*, *-bi*[*ów*]) Seide *f*; **~ny** seiden, Seiden-; *fig* seidig

jedyna|czka *f* (*-i*; *G -czek*) einzige Tochter; **~k** *m* (*-a*; *-cy*) einziger Sohn

jedyn|ie *adv* einzig, nur; **~ka** *f* (*-i*; *G -nek*) Eins, Einer *m*; **~y** einzig; ***~y w swoim rodzaju*** einzigartig

jedz|(ą) → ***jeść***; **~enie** *n* (*-a*) Essen

jedzie(cie, -sz), **jedź** → ***jechać***

je|go *pron* (*GA* → ***on***) ihn; (*G* → ***ono***) es; *poss* sein; **~j** *pron* (*GD* → ***ona***) ihr

jeleń *m* (*-nia*; *-nie*, *-ni*) Hirsch

jelito *n* (*-a*) Darm *m*; **~wy** Darm-

jełczeć ⟨**z-**⟩ (*-eję*) ranzig werden

jem *1.os. sg* → ***jeść***

jemioła *f* (*-y*) Mistel

jemu *pron* (*D* → ***on***, ***ono***) ihm

jeniec *m* (*-ńca*; *-ńcy*) Gefangene(r); **~ki** (Kriegs-)Gefangenen-

jesie|nny herbstlich, Herbst-; **~ń** *f* (*-ni*; *-nie*) Herbst *m*; **~nią** im Herbst

jesion *m* (*-u*; *-y*) Esche *f*

jesionka *f* (*-i*; *G -nek*) leichter Mantel

jesiotr *m* (*-a*; *-y*) Stör

jest ist; **~em** ich bin; **~eś** du bist; **~eśmy** wir sind; **~eście** ihr seid; → ***być****

jesz *2.os.sg* → ***jeść***

jeszcze noch; ***~ jak!*** und ob!

jeść* ⟨**z-**⟩ essen; ***~ łyżką*** *t.* löffeln; ***~ śniadanie*** frühstücken; ***dać ~*** zu essen geben; ***chce mi się ~*** ich habe Hunger

jeśli *conj* wenn

jezdnia *f* (*-i*; *-e*, *-i*) Fahrbahn
jezioro *n* (*-a*) (***sztuczne*** Stau-)See *m*
jezuicki jesuitisch, Jesuiten-
jeździć (*-żdżę*) fahren (*I* mit; ***na urlop*** in den Urlaub); herumfahren, herumreisen (***po kraju*** im Land); → ***jechać***
jeździec *m* (*-dźca*, *-dźcze!*; *-dźcy*) Reiter(in); **~ki** Reit-; **~two** *n* (*-a*; *0*) Reiten, Reitsport *m*
jeż *m* (*-a*; *-e*, *-y*) Igel; ***włosy*** *m/pl* ***na ~a*** Bürstenhaarschnitt *m*
jeżeli → ***jeśli***
jeżyć ⟨***na-***⟩ (*-ę*) sträuben (***się*** sich)
jeżyna *f* (*-y*) Brombeere
jęczeć (*-ę*, *-y*) stöhnen; jammern
jęczmie|nny Gersten-; **~ń** *m* (*-nia*; *-nie*) Gerste *f*; *med* Gerstenkorn *n*
jędrny fest, (*t. język*, *styl itp.*) derb
jędza *f* (*-y*; *-e*) Hexe (*t. fig*)
jęk *m* (*-u*; *-i*) Stöhnen *n*; *pl t.* Jammern *n*; **~liwy** (***-wie***) wehleidig, klagend; **~nąć** *v/s* (*-nę*) aufstöhnen
jęzor *m* (*-a*; *-y*) Zunge *f*
języ|czek *m* (*-czka*; *-czki*) Zünglein *n*; *anat* Zäpfchen *n*; **~k** *m* (*-a*; *-i*) Zunge *f*; (***ojczysty*** Mutter-)Sprache *f*; ***kaleczyć ~k*** radebrechen; ***mleć ~kiem*** schwafeln; **~kowy** Zungen-; Sprach(en)-; **~koznawstwo** *n* (*-a*; *0*) Sprachwissenschaft *f*
jidysz *m* (*-u*; *0*) Jiddisch *n*
jod|ełka *f* (*-i*; *G -łek*): ***w ~ełkę*** im Fischgrätenmuster; **~ła** *f* (*-y*; *G -deł*) Tanne
jodyna *f* (*-y*; *0*) Jodtinktur
jogurt *m* (*-u*; *0*) Joghurt
jol|a *f* (*-i*; *-e*), **~ka** *f* (*-i*; *G -lek*) Jolle
jonowy *fiz* Ionen-
Jowisz *m* (*-a*; *0*) Jupiter (*t. astr*)
jubilat *m* (*-a*; *-ci*), **~ka** *f* (*-i*; *G -tek*) Jubilar(in); Geburtstagskind *n*
jubiler *m* (*-a*; *-rzy*), **~ka** *f* (*-i*; *G -rek*) Juwelier(in); **~ski** Juwelier-
jubileusz *m* (*-u*; *-e*) Jubiläum *n*
juczny *zwierzę*: Pack-, Last-
judasz *m* (*-a*; *-e*) Judas (*fig*); (Tür-)Spion; **~owski**, **~owy** Judas-
judzić (*-dzę*) (auf)hetzen
juhas *m* (*-a*; *-i*), **~ka** *f* (*-i*; *G -sek*) Schäfergehilfe *m* (-fin *f*)
junacki (***-ko***) verwegen, tollkühn
junior *m* (*-a*; *-rzy*), **~ka** *f* (*-i*; *G -rek*) Junior(in)
juror *m* (*-a*; *-rzy*), **~ka** *f* (*-i*; *G -rek*) Mitglied *n* der Jury, Preisrichter(in)
jutr|o *adv* morgen; *su n* (*-a*; *0*) der morgige Tag, Morgen *n*; ***od ~a*** ab morgen
jutrze|jszy morgig; **~nka** *f* (*-i*; *G -nek*) Morgenröte; ***℞nka*** Morgenstern *m*
już schon, bereits; endlich; ***~ nie*** nicht mehr; ***~ nigdy*** nie mehr; ~, ~ und schon

K

kabał|a *f* (*-y*; *G -*): ***stawiać ~ę*** Karten legen; ***wpaść w ~ę*** F im Schlamassel stecken
kabaret *m* (*-u*; *-y*) Kabarett *n*
ka|bel *m* (*-bla*; *-ble*, *-bli*) Kabel *n*; **~bina** *f* (*-y*) Kabine; *tel t.* Zelle; **~blowy: *telewizja ~blowa*** Kabelfernsehen *n*
kabłąk *m* (*-a*; *-i*) Bogen; *tech* Bügel; ***zgięty w ~*** = **~owaty** (***-to***) krumm, gekrümmt
kabura *f* (*-y*) Pistolentasche, Halfter *f*
kabz|a *f*: F ***nabić ~ę*** den Säckel füllen
kac F *m* (*-a*;*0*): ***mieć ~a*** e-n Kater haben
kacet F *m* (*-u*; *-y*) KZ [ka'tsɛt] *n*
kacyk *m* (*-a*; *-i*/*-owie*) Häuptling
kaczan *m* (*-u*; *-y*) →***głąb***[1]; Maiskolben
kacz|ka *f* (*-i*; *G -czek*) Ente; ***~ka pieczona*** Entenbraten *m*; **~or** *m* (*-a*; *-y*) Erpel, Enterich; **~y** Enten-
kadencja *f* (*-i*; *-e*) Amtszeit; (*parlamentu*) Legislaturperiode; *muz* Kadenz
kadłub *m* (*-u*; *-y*) Rumpf
kadr *m* (*-u*; *-y*) Filmausschnitt
kadr|a *f* (*-y*; *G -*) Kader *m*; Stamm(personal *n*) *m*; ***~y kierownicze*** Führungskräfte *f/pl*; **~owy** Kader-, Personal-
kadzi|ć (*-dzę*) beweihräuchern; **~dło** *n* (*-a*; *G -deł*) Weihrauch *m*
kadź *f* (*-dzi*; *-dzie*) Bottich *m*, Kübel *m*
kafar *m* (*-a*; *-y*) *bud* Ramme *f*

K

kafel *m* (*-fla*; *-fle*, *-fli*) Kachel *f*

kafe'teria [-ŗĭa] *f* (*GDL -ii*; *-ie*) Cafeteria

kaflowy Kachel-; gekachelt

kaftan *m* (*-u*; *-y*): **~ *bezpieczeństwa*** Zwangsjacke *f*; **~ik** *m* (*-a*; *-i*) Jäckchen *n*

kaganiec *m* (*-ńca*; *-ńce*) Maulkorb; Öllampe *f*, Stocklaterne *f*

kahał *m* (*-u*; *-y*) jüdische Gemeinde *f*

kajak *m* (*-u*; *-i*) Kajak; Paddelboot *n*; **~ *składany*** Faltboot *n*; **~arstwo** *n* (*-a*; *0*) Kanusport *m*

kajdan|ki *pl* (*-nek*/*-ów*) Handschellen *pl*; **~y** *pl* (-) Fesseln *f*/*pl*, Ketten *f*/*pl*

kajuta *f* (*-y*) Kajüte

kajzerka *f* (*-i*; *G -rek*) Kaisersemmel

kaktus *m* (*-a*; *-y*) Kaktee *f*, Kaktus

kalać ⟨**po-**, **s-**⟩ (*-am*) besudeln

kalafior [-'lafĭɔr] *m* (*-a*; *-y*) Blumenkohl, Ⓐ Karfiol

kalambur *m* (*-u*; *-y*) Kalauer

kalarepa *f* (*-y*) Kohlrabi *m*

kale|ctwo *n* (*-a*) Gebrechen; körperlicher Schaden; **~czyć** ⟨**po-**, **s-**⟩ (*-ę*) verletzen (***się*** sich; ***sobie rękę*** sich [*D*] die Hand); → ***język***; **~ka** *m*/*f* (*-i*; *-i*/*-cy*, *G -*/*-ów*) Krüppel *m*; **~ki** verkrüppelt

kalendarz *m* (*-a*; *-e*) Kalender

kalenica *f* (*-y*) (Dach-)First *m*

kalesony *pl* (*-ów*) Unterhose *f*

kalina *f* (*-y*) *bot* Schneeball *m*

kalk|a *f* (*-i*; *G -*/*-lek*) Pauspapier *n*; **~a *maszynowa*** Kohlepapier *n*; **~omania** *f* (*obrazek*) Abziehbild *n*

kalkula|cja *f* (*-i*; *-e*) Kalkulation, (*t. fig*) Berechnung; **~tor** *m* (*-a*; *-y*), **~torek** *m* (*-a*; *-i*) Taschenrechner

kalkulować ⟨**s-**, ***wy-***⟩ (*-uję*) kalkulieren; ausrechnen; **~ *się*** F sich auszahlen

kaloryczny kalorienreich

kaloryfer *m* (*-a*; *-y*) Heizkörper

kalosz *m* (*-a*; *-e*) (Gummi-)Überschuh

kal'waria [-ŗĭa] *f* (*GDL -ii*; *-e*) Leidensweg *m* (Christi)

kalwiński kalvini(sti)sch

kał *m* (*-u*; *0*) Kot, Exkremente *n*/*pl*

kałamarz *m* (*-a*; *-e*) Tintenfaß *n*

kałuża *f* (*-y*; *-e*) Pfütze, Lache

kambuz *m* (*-a*; *-y*) Kombüse *f*

kameleon *m* (*-a*; *-y*) Chamäleon *n*

kamer|a *f* (*-y*) Kamera; **~alny** *muz* Kammer-; **~ton** *m* Stimmgabel *f*

kamerzysta *m* (*-y*; *-ści*, *-ów*) Kameramann

kamfora *f* (*-y*; *0*) Kampfer *m*

kamica *f* (*-y*; *0*) *med* Steinleiden *n*

kamieni|arski Stein(metz)-; **~arz** *m* (*-a*; *-e*) Steinmetz; **~ca** *f* (*-y*) (***czynszowa*** Miets-)Haus *n*; **~eć** ⟨**s-**⟩ (*-eję*) versteinern; **~ołom** *m* Steinbruch; **~sty** (***-ście***) steinig

kamie|nny Stein-, steinern; **~ń** *m* (*-nia*; *-nie*) (***węgielny*** Eck-/Grund-)Stein; **~ń *obrazy*** Stein des Anstoßes; ***jak ~ń w wodę*** spurlos; F ***jak z ~nia*** mühsam

kamionkowy Steinzeug-

kamizelka *f* (*-i*; *G -lek*) Weste

kam'pania [-ņĭa] *f* (*GDL -ii*; *-e*) (***promocyjna*** Werbe-)Kampagne; **~ *wyborcza*** Wahlkampf *m*

kamrat F *m* (*-a*; *-ci*) Kumpel

kamy|czek *m* (*-czka*; *-czki*), **~k** *m* (*-a*; *-i*) Stein(chen *n*) *m*; Kiesel; **~k *do zapalniczki*** Feuer(zeug)stein

Kanadyj|czyk *m* (*-a*; *-cy*), **~ka** *f* (*-i*; *G -jek*) Kanadier(in); **2ka** Blouson *n*/*m*; (*łódź*) Kanadier *m*; **2ski** kanadisch

kanaliza|cja *f* (*-i*; *0*) Kanalisation; **~cyjny** Kanalisations-

kanał *m* (*-u*; *-y*) Kanal

kanap|a *f* (*-y*) Sofa *n*, Couch; **~ka** *f* (*-i*; *G -pek*) Kanapee *n*; (*przekąska t.*) belegtes Brötchen, Sandwich *n*

kanarek *m* (*-rka*; *-rki*) Kanarienvogel

kance'la|ria [-ŗĭa] *f* (*GDL -ii*; *-e*) Kanzlei; **~'ryjny** Kanzlei-, Büro-; ***papier ~ryjny*** Schreibpapier *n*

kancia|rstwo F *n* (*-a*) Betrügerei *f*; **~rz** *m* (*-a*; *-e*) Gauner(in), Betrüger(in)

kanciasty (***-to***) (scharf)kantig, eckig

kanc|lerski Kanzler-; **~lerz** *m* (*-a*; *-e*) (***federalny*** Bundes-)Kanzler

kandy|dat *m* (*-a*; *-ci*), **-tka** *f* (*-i*; *G -tek*) (***na*** *A*, ***do*** *G*) Kandidat(in) (für), Anwärter(in) (auf *A*); **~dować** (*-uję*) kandidieren (für), sich bewerben (um)

kandyzowany kandiert

kangur *m* (*-a*; *-y*) Känguruh *n*

kanikuła *f* (*-y*; *0*) Hundstage *m*/*pl*

kanka *f* (*-i*; *G -nek*) (kleine) Kanne

kanonada *f* (*-y*) Geschützfeuer *n*

kanoni|k *m* (*-a*; *-cy*) Kanonikus, Domherr; **~zować** (*-uję*) heiligsprechen

kant *m* (*-u*; *-y*) Kante *f*; Bügelfalte *f*; F *fig* Schieberei *f*, Betrügerei *f*

kantor[1] *m* (*-u*; *-y*) Kontor *n*

kantor[2] *m* (*-a*; *-rzy*) Kantor

kantować ⟨***wy-***⟩ (*-uję*) F *fig* reinlegen

kantówka *f* (*-i*; *G -wek*) *bud* Kantholz *n*

kantyna *f* (*-y*) Kantine
kapa *f* (*-y*) Tagesdecke; *rel* Pluviale *n*
kapać (*-ię*) tropfen; triefen
kapary *m/pl* (*-ów*) Kapern *f/pl*
kapeć *m* (*-pcia*; *-pcie*, *-pci*[*ów*]) Filzpantoffel; F (*stary but*) Latschen
kapela *f* (*-i*; *-e*) *muz* Kapelle
kapel|an *m* (*-a*; *-i*/*-owie*) *mil* Feldgeistliche(r); **~mistrz** *m* Kapellmeister
kapelusz *m* (*-a*; *-e*) Hut
kaper|ować ⟨**s-**⟩ (*-uję*) kapern; *sport* abwerben; **~unek** *m* (*-nku*; *-nki*) Kaperung *f*; Abwerbung *f*
kapiszon *m* (*-a*; *-y*) → ***kaptur***, ***spłonka***
kapitalist|a *m* (*-y*; *-ści*), **~ka** *f* (*-i*; *G -tek*) Kapitalist(in); **~yczny** kapitalistisch
kapita|lny F großartig, F toll; ***remont ~lny*** Generalüberholung *f*; *bud* Instandsetzung *f*; **~ł** *m* (*-u*; *-y*) (***zakładowy*** Stamm-)Kapital *n*
kapitan *m* (*-a*; *-owie*) Hauptmann; *mar* Kapitän; **~at** *m* (*-u*; *-y*) Hafenamt *n*
kapitański Kapitäns-; ***mostek ~*** Kommandobrücke *f*
kapitu|lacja *f* (*-i*; *-e*) Kapitulation; **~lować** ⟨**s-**⟩ (*-uję*) kapitulieren
kapituła *f* (*-y*) *rel* (Dom-)Kapitel *n*
kapli|ca *f* (*-y*; *-e*), **~czka** *f* (*-i*; *G-czek*) *rel* Kapelle; ***~czka*** *t.* Marterl *n*
kapła|n *m* (*-a*; *-i*), **~nka** *f* (*-i*; *G -nek*) Priester(in); *rel t-ko m* Kaplan; **~ński** priesterlich, Priester-
kapnąć *v/s* (*-nę*) tropfen
kapota *f* (*-y*) Joppe, Mantel *m*
kapować ⟨**s-**⟩ F (*-uję*) kapieren
kapral *m* (*-a*; *-le*) Korporal
kapry|s *m* (*-u*; *-y*) Laune *f*; *muz* Capriccio *n*; **~sić** (*-szę*) → ***grymasić***; **~śny** launisch, launenhaft; *dziecko*: bockig
kapsla *f* (*-i*; *-e*) Kronenkorken *m*
kapsuł|a *f* (*-y*), **~ka** *f* (*-i*; *G -łek*) Kapsel
kaptować ⟨**s-**⟩ (*-uję*) (ab)werben
kaptur *m* (*-a*; *-y*) Kapuze *f*; *tech* Haube *f*
kapucyn *m* (*-a*; *-i*) Kapuziner(mönch)
kapu|sta *f* (*-y*) (***biała***/***głowiasta***, ***włoska*** Weiß-, Wirsing)Kohl *m*, Kraut *n*; **~ściany** Kohl-, Kraut-; **~śniak** *m* (*-a*; *-i*) Sauerkrautsuppe *f*
kar|a *f* (*-y*) (***pozbawienia wolności*** Freiheits-)Strafe (***za*** *A* für); ***pod ~ą sądową*** bei Strafe; ***za ~ę*** zur Strafe
karabin *m* (*-u*; *-y*) Gewehr *n*; **~ek** *m* (*-nka*; *-nki*) Karabiner; Karabinerhaken; **~owy** Gewehr-, Karabiner-
karać ⟨**u-**⟩ (*-am*) (be)strafen (***za*** *A* für; ***więzieniem*** mit Gefängnis)
karafka *f* (*-i*; *G -fek*) Karaffe
karakułowy Persianer-
karalny strafbar; ***czyn ~*** Straftat *f*
karaluch *m* (*-a*; *-y*) Kakerlak
karambol *m* (*-u*; *-e*) Karambolage *f*
karaś *m* (*-sia*; *-sie*) Karausche *f*
karawan *m* (*-u*; *-y*) Leichenwagen; **~a** *f* (*-y*) Karawane
karb *m* (*-u*; *-y*) Kerbe *f*; Riefe *f*; ***kłaść na ~*** (*G*) zuschreiben (*D*), entschuldigen (mit); ***trzymać w ~ach*** in Zucht halten
karbidówka *f* (*-i*; *G -wek*) Karbidlampe
karbowa|ć (*-uję*) einkerben; *włosy itp.* wellen; **~ny** gewellt; gerippt, geriffelt
karcąco *adv* strafend
karciany (Spiel-)Karten-
karcić ⟨**s-**⟩ (*-cę*) strafen; → ***ganić***
karczma *f* (*-y*; *G -czem*) Wirtshaus *n*
karczoch *m* (*-a*; *-y*) Artischocke *f*
karczow|ać ⟨**wy-**⟩ (*-uję*) roden; **~isko** *n* (*-a*) Rodung *f*
kardio|gram [-'dĭɔ] *m* (*-u*; *-y*) Kardiogramm *n*; **~stymu'lator** *m* (*-a*; *-y*) Herzschrittmacher
kardynalny grundlegend, Haupt-
kardynał *m* (*-a*; *-owie*) Kardinal
karet|a *f* (*-y*) Kutsche; **~ka** *f* (*-i*; *G -tek*): ***~ka pogotowia*** (***ratunkowego***) Rettungswagen *m*; ***~ka więzienna*** Gefangenenwagen *m*
kariera *f* (*-y*) Karriere; Laufbahn
kark *m* (*-u*; *-i*) Nacken, Genick *n*; *fig t.* Hals; F ***zwalić z ~u*** sich vom Hals schaffen; ***zima na ~u*** der Winter steht vor der Tür; **~ołomny** halsbrecherisch
karłowaty zwergwüchsig, Zwerg-
karmazyn *m* (*-u*; *-y*) *zoo* Rotbarsch; **~owy** karmesinrot
karmel *m* (*-u*; *0*) Karamel *m/n*; **~ek** *m* (*-lka*; *-lki*) Karamelbonbon
karmelicki Karmeliter-
karmi|ć ⟨***na-***⟩ (*-ę*) (er)nähren (***się*** sich); *dziecko* stillen; *zwierzę* füttern; **~enie** *n* (*-a*) Stillen; Fütterung *f*
karnawał *m* (*-u*; *-y*) Karneval, Fasching
karn|ość *f* (*-ści*; *0*) Zucht, Disziplin; **~y** Straf-; *mil itp.* diszipliniert
karo *n* (*idkl*; *-a*) Karo; ***as ~*** Karoas *n*
karoseryjny Karosserie-
karowy *karc* Karo-
karp *m* (*-pia*; *-pie*) Karpfen
kart|a *f* (*-y*) Karte; (***tytułowa*** Titel-)Blatt

K

n; (*łowiecka* Jagd-)Schein *m*; (*wyborcza* Wahl-)Zettel *m*; ***grać w*** (***otwarte***) **~y** (mit offenen) Karten spielen; **z ~y** à la carte; **~ka** *f* (*-i*; *G -tek*) Kärtchen *n*, Karte; Zettel *m*; Blatt *n*
kartof|el *m* (*-fla*; *-fle*) Kartoffel *f*; **~lanka** F *f* (*-i*; *G -nek*) Kartoffelsuppe
karton *m* (*-u*; *-y*) Karton; **~owy** Karton-
kartoteka *f* Kartothek, Kartei
karuzela *f* (*-i*; *-e*) Karussel *n*
karygodny sträflich
karykatu|ra *f* (*-y*) Karikatur; **~rować** ⟨**s-**⟩ (*-uję*) karikieren; **~rzysta** *m* (*-y*; *-ci*), **-tka** *f* (*-i*; *G -tek*) Karikaturist(in)
karzeł *m* (*-rła*; *-rły*) Zwerg
kasa *f* (*-y*) Kasse; (*okienko*) Schalter *m*; ~ ***pancerna*** Geldschrank *m*, Safe *m*
kasacja *f* (*-i*; *-e*) *jur* Kassation
kaset|a *f* (*-y*), **~ka** *f* (*-i*; *G -tek*) Kassette; **~(ko)wy** Kassetten-
kasjer *m* (*-a*; *-rzy*), **~ka** *f* (*-i*; *G -rek*) Kassierer(in), Ⓐ Kassier(in)
kask *m* (*-u*; *-i*) (Schutz-)Helm
kasow|ać ⟨**s-**⟩ (*-uję*) *wyrok* aufheben; *bilet* entwerten; *zapis* löschen; **~ość** *f* (*-ści*; *0*) Kassenwesen *n*; **~y** Kassen-
kastet *m* (*-u*; *-y*) Schlagring
kastrować ⟨**wy-**⟩ (*-uję*) kastrieren
kasyno *n* (*-a*; *G -*) Kasino
kasza *f* (*-y*; *-e*) Grütze, Brei *m*; Graupen *f*/*pl*; **~nka** *f* (*-i*; *G -nek*) Grützwurst
kaszel *m* (*-szlu*; *-szle*) Husten
kaszkiet *m* (*-u*; *-y*) (Schirm-)Mütze *f*
kaszl|ać, **~eć** (*-ę*, *-*/*-laj!*) ⟨**~nąć**⟩ *v*/*s* (*-nę*) husten
kasztan *m* (*-u*; *-y*) Kastanie *f*; (*koń*) Braune(r); **~owy** kastanienbraun
kat *m* (*-a*; *-ci*/*-y*) Henker
kata|klizm *m* (*-u*; *-y*) (Natur-)Katastrophe *f*; **~lizator** *m* (*-a*; *-y*) Katalysator; **~log** *m* (*-u*; *-i*) Katalog; **~logować** ⟨**s-**⟩ (*-uję*) katalogisieren
katar *m* (*-u*; *-y*) Schnupfen; Katarrh
katarakta *f* (*-y*) *med* grauer Star
katarynka *f* (*-i*; *G -nek*) Leierkasten *m*
katastrofa *f* (*-y*) Katastrophe; ~ ***kolejowa*** Eisenbahnunglück *n*; ~ ***lotnicza*** Flugzeugabsturz *m*; ~ ***samochodowa*** Autounfall *m*
katechizm *m* (*-u*; *-y*) Katechismus
katedra *f* (*-y*; *G -*) Katheder *n*; Lehrstuhl *m* (***historii*** für Geschichte); *rel* Kathedrale, Dom *m*, Münster *n*; **~lny** Kathedral-, Dom-
kategor|ia [-'gɔrĭa] *f* (*GDL -ii*; *-e*) Kategorie; Klasse; **~yczny** kategorisch
katoli|cki (***po -ku***) katholisch; **~cyzm** *m* (*-u*; *0*) Katholizismus; **~czka** *f* (*-i*; *G -czek*), **~k** *m* (*-a*; *-cy*) Katholik(in)
katować (*-uję*) foltern; mißhandeln
kaucja ['kaŭ-] *f* (*-i*; *-e*) Kaution
kauczukowy Kautschuk-, Gummi-
kaukaski kaukasisch, Kaukasus-
kawa *f* (*-y*) Kaffee *m*; ~ ***naturalna*** Bohnenkaffee *m*; → ***biały***, ***zbożowy***
kawalarz *m* (*-a*; *-e*) Witzbold
kawaler *m* (*-a*; *-rzy*/*-owie*) (*nieżonaty*) Junggeselle; (*amant*) F Freund, † Kavalier; (Tanz-)Partner, Herr; (*pl -owie*) Ritter (***Orderu ...*** des Ordens ...); **~ia** [-'lɛrĭa] *f* (*GDL -ii*; *0*) Kavallerie; **~ka** F *f* (*-i*; *G -rek*) Junggesellenwohnung; (*0*) Junggesellenleben *n*; **~ski** Junggesellen-; Ritter-; **~yjski** Kavallerie-
kawał *m* (*-u*; *-y*) Stück *n*, Batzen; F *fig* Witz; ~ ***drogi*** ganz schön weit; ~ ***chłopa*** ein Riesenkerl; ***zrobić*** ~ (*D*) e-n Streich spielen (*D*); **~eczek** *m* (*-czka*; *-czki*) Stückchen *n*; **~ek** *m* (*-łka*; *-łki*) Stück *n*; ***na ~ki*** in Stücke
kawiarnia *f* (*-i*; *-e*, *-i*/*-ń*) Café *n*
kawior ['kaṿɔr] *m* (*-u*; *0*) Kaviar
kawka *f* (*-i*; *G -wek*) Dohle
kawowy Kaffee-; kaffeebraun
kaza|ć (*im*)*pf* (*każę*, *każ!*) befehlen; verordnen; ***~ł na siebie czekać*** er ließ auf sich warten; **~lnica** *f* (*-y*; *-e*) *rel* Kanzel; **~nie** *n* (*-a*) Predigt *f*
kazirodztwo *n* (*-a*; *0*) Blutschande *f*
kaznodzieja *m* (*-ei*; *-e*, *-ów*) Prediger
kaźń † *f* (*-ni*; *0*) Folter; Hinrichtung
każdorazowo *adv* jedesmal, jeweils
każd|y (**~a**, **~e**) jede(r, -s); jedermann; ***w ~ej chwili*** jeden Moment; ***o ~ej porze*** zu jeder Zeit; ***za ~ym razem*** jedesmal; ***na ~ym kroku*** auf Schritt und Tritt
kącik *m* (*-a*; *-i*) Ecke *f*, Winkel
kąpać ⟨**wy-**⟩ (*-ię*) baden (***się*** sich *a.* *v*/*i*); ~ ***się w słońcu*** in der Sonne liegen
kąpiel *f* (*-i*; *-e*, *-i*) Bad *n*; **~isko** *n* (*-a*) Badestelle *f*, Strandbad; Badeort *m*; ***~isko morskie*** Seebad; **~owy** Bade-; **~ówki** *f*/*pl* (*-wek*) Badehose *f*
kąs|ać (*-am*) beißen (***się*** *v*/*i*); *komar*: stechen; **~ek** *m* (*-ska*; *-ski*) Bissen
kąśliwy (**-wie**) bissig (*t. fig*)
kąt [kɔnt] *m* (*-a*; *-y*) Winkel; (***pokoju*** Zimmer-)Ecke *f*; F *t.* Bleibe *f*; ~

widzenia Gesichtspunkt; ***pod ostrym ~em*** im spitzen Winkel; ***pod ~em*** (*G*) vom Standpunkt (*G*); ***po ~ach*** heimlich; **~omierz** *m* (*-a*; *-e*) Winkelmesser; **~ownik** *m* (Anschlag-)Winkel; **~owy** Winkel-
kciuk [ktɕuk] *m* (*-a*; *-i*) Daumen
keczup *m* (*-u*; *0*) Ketchup *m*/*n*
keks *m* (*-u*; *-y*) Rührkuchen
kelner *m* (*-a*; *-rzy*), **~ka** *f* (*-i*; *G -rek*) Kellner(in); ***~ka*** *t.* Serviererin
kemping *m* (*-u*; *-i*) Campingplatz; **~ować** (*-uję*) campen; **~owiec** *m* (*-wca*; *-wcy*) Camper; **~owy** Camping-
kędzierzawy kraus(haarig); lockig
kędzior *m* (*-a*; *-y*) Locke *f*
kęp|a *f* (*-y*) (*drzew*) Gruppe; (*wysepka*) Werder *m*; **~ka** *f* (*-i*; *G-pek*) Büschel *n*
kęs *m* (*-a*; *-y*), **~ek** *m* (*-ska*; *-ski*) Bissen, Stück *n*
kibel *m* (*-bla*; *-ble*) *gw* Kübel
kibic *m* (*-a*; *-e*) Kiebitz (*fig*); Schlachtenbummler, Fan
kich|ać (*-am*) ⟨**~nąć**⟩ (*-nę*) niesen; F *fig* pfeifen (***na*** *A* auf *A*)
kiczowaty (***-to***) kitschig
kić F *m* (*-cia*; *-cie*, *-ciów*) Kittchen *n*
kiecka F *f* (*-i*; *G -cek*) Fummel *m*
kiedy wann; *conj* wenn; als; ***~ indziej*** ein andermal; **~'kolwiek** irgendwann; **~ś** (irgend)einmal; **~ż** wann (denn)
kielich *m* (*-a*; *-y*) Kelch, (Trink-)Glas *n*; ***iść na ~a*** F e-n trinken gehen
kieliszek *m* (*-szka*; *-szki*) (***do wódki*** Schnaps-)Glas *n*; ***~ do jaj*** Eierbecher
kielnia *f* (*-i*; *-e*) *bud*, *łow* Kelle
kieł *m* (*kła*; *kły*) Eckzahn; *zoo* Fangzahn; (*u słonia*) Stoßzahn
kiełbas|a *f* (*-y*) Wurst; **~iany** Wurst-; **~ka** *f* (*-i*; *G -sek*) Würstchen *n*
kiełkować ⟨**wy-**⟩ (*-uję*) keimen
kiepski (***-ko***) miserabel, F mies
kier [kʲɛr] *m* (*-a*; *-y*) *karc* Herz *n*; ***as ~*** Herzas *n*; → *t.* ***kra***
kierat *m* (*-u*; *-y*) Göpel; *fig* Plackerei *f*
kiermasz *m* (*-u*; *-e*) Basar; ***~ książki*** Buchmesse *f*
kierować (*-uję*) ⟨**s-**⟩ *v*/*t* (***do*** *G*, ***na*** *A*) schicken (zu), verweisen (an *A*); *broń*, *list*, *wzrok* richten (auf, an *A*); *uwagę*, *kroki* lenken; ⟨**po-**⟩ (*I*) *autem itp.* lenken, steuern (*A*); *zakładem itp.* leiten (*A*); ***~ się*** (*I*) sich leiten lassen (von)
kierow|ca *m* (*-y*; *G -ów*) Fahrer(in), Führer(in); **~nica** *f* (*-y*) Lenkrad *n*, F Lenker *m*; (*roweru*) Lenkstange
kierowni|ctwo *n* (*-a*) Leitung *f*, Führung *f*; **~czka** *f* (*-i*; *G -czek*) Leiterin; **~czy** leitend, führend; **~k** *m* (*-a*; *-cy*) Leiter, Geschäftsführer, Manager
kierowy *karc* Herz-
kierun|ek *m* (*-nku*; *-nki*) Richtung *f*; ***pod ~kiem*** (*G*) unter der Leitung (von, *G*); **~kowskaz** *m* Fahrtrichtungsanzeiger, F Blinker; **~kowy** gerichtet, Richt-; ***numer ~kowy*** *tel* Vorwahl(nummer) *f*
kieszeń *f* (*-ni*; *-nie*) (***spodni***, ***wewnętrzna*** Hosen-, Innen-)Tasche
kieszonkow|e *n* (*-ego*) Taschengeld; **~iec** F *m* (*-wca*; *-wcy*) Taschendieb; (*pl -wce*) Taschenbuch *n*; **~y** Taschen-
kij *m* (*-a*; *-e*, *-ów*) Stock, Stab; (*do szczotki*) Stiel; (***golfowy*** Golf-)Schläger; F **~e** *pl* Schläge *m*/*pl*, Hiebe *m*/*pl*
kijanka *f* (*-i*; *G -nek*) *zoo* Kaulquappe
kikut *m* (*-a*; *-y*) Stumpf
kilim *m* (*-u*; *-y*) Kelim, Wandteppich
kilka (*m-os kilku*) einige, ein paar; **~dziesiąt** -zig, zig; **~krotny** mehrmalig; ***-nie*** *adv* mehrmals; **~naście** zwischen elf und neunzehn, (etwa, über) ein Dutzend; **~set** einige hundert
kilk|oro, **~u** *m-os* → ***kilka***
kilku|dniowy mehrtägig; einige Tage alt; **~godzinny** mehrstündig; **~letni** mehrjährig; einige Jahre alt; **~miesięczny** mehrmonatig; ein paar Monate alt; **~nasto-** *w zł.* → ***kilkanaście***; **~osobowy** Mehrpersonen-; **~rodzinny** Mehrfamilien-; **~set** → ***kilkaset***; **~tysięczny** mehrere tausend zählend
kilof *m* (*-a*/*-u*; *-y*) Spitzhacke *f*
kilo|gram *m* Kilogramm *n*; **~metr** *m* Kilometer; **~wy** (Ein-)Kilo-; *mar* Kiel-
kiła *f* (*-y*; *0*) Syphilis
kim(że) (*IL* → ***kto***, ***któż***): ***z ~*** mit wem; ***o ~*** über wen, von wem
kimać P (*-am*) pennen
kinkiet *m* (*-u*; *-y*) Wandleuchte *f*
kino *n* (*-a*) Kino; **~mechanik** *m* Filmvorführer(in); **~wy** Kino-
kioska|rz *m* (*-a*; *-i*), **~rka** *f* (*-i*; *G -rek*) Kioskbesitzer(in)
kipi|ący siedend (heiß); **~eć** (*-ę*, *-i*) kochen (*t. fig* **z** *G* vor), sieden
kir *m* (*-u*; *-y*) Trauerflor; *fig* Trauer *f*
kis|ić ⟨**za-**⟩ (*-szę*, *-ś!*) (sauer/in Salz) einlegen; **~iel** ['kʲi-] *m* (*-u*; *-e*) Fruchtgelee

K

n, Rote Grütze *f*; **~nąć** ⟨**s-**⟩ (*-nę*, *-[ną]ł*) sauer werden
kiszka *f* (*-i*; *G -szek*) (F ***ślepa*** Blind-) Darm *m*; F (*dętka*, *fig*) Schlauch *m*; *kulin* (***pasztetowa*** Leber-)Wurst
kiszon|ka *f* (*-i*; *G -nek*) Gärfutter *n*; **~y:** ***~a kapusta*** Sauerkraut *n*; ***~y ogórek*** Salzgurke *f*
kiść *f* (*-ści*; *-ście*) Traube; (Blüten-)Rispe
kit *m* (*-u*; *-y*) Kitt; **~a** *f* (*-y*) Federbusch *m*; buschiger Schwanz; *łow* Lunte
kitel *m* (*-tla*; *-tle*) Kittel
kitować ⟨**za-**⟩ (*-uję*) (ver)kitten
kiw|ać (*-am*) ⟨**~nąć**⟩ (*-nę*) *głową* nicken; *ręką* winken (***na k-o*** j-m); ***~ać się*** wakkeln; → ***kołysać się***
klacz *f* (*-y*; *-e*) Stute
klajster *m* (*-tru*; *-try*) Kleister
klakson *m* (*-u*; *-y*) Hupe *f*
klam|ka *f* (*-i*; *G -mek*) (Tür-)Klinke; **~ra** *f* (*-y*; *G -mer*) Klammer; Schließe
klap|a *f* (*-y*) Klappe, Deckel *m*; (*wyłóg*) Revers *m*/*n*; ***~a bezpieczeństwa*** Sicherheitsventil *n*; F ***zrobić ~ę*** e-n Reinfall erleben; **~ać** (*-ię*) klappern; **~nąć** *v*/*s* (*-nę*) plumpsen; klopfen
klarnet *m* (*-u*; *-y*) Klarinette *f*
klarow|ać ⟨**wy-**⟩ (*-uję*) *sok* läutern, klären; F *fig* auseinandersetzen; **~ny** klar
klas|a *f* (*-y*) Klasse; Klassenzimmer *n*; **~kać** (*-szczę*/*-am*) ⟨**~nąć**⟩ (*-nę*) klatschen; **~owy** Klassen-; **~ówka** *f* (*-i*; *G -wek*) Klassenarbeit; **~yczny** klassisch
klasy|fikować ⟨**za-**⟩ (*-uję*) klassifizieren (***się*** sich); werten; **~ka** *f* (*-i*; *0*) Klassik
klasztor *m* (*-u*; *-y*) Kloster *n*; **~ny** klösterlich, Kloster-
klatka *f* (*-i*; *G -tek*) Käfig *m*; (*na ptaki*) Bauer *n*; ***~ piersiowa*** Brustkorb *m*; ***~ schodowa*** Treppenhaus *n*
klauzula *f* (*-i*; *-e*) Klausel
klawiatura *f* (*-y*) Klaviatur; Tastatur
klawisz *m* (*-a*; *-e*) Taste *f*; **~owy** Tasten-
klą|ć (*-nę*) fluchen (***na*** *A* über, auf *A*); **~twa** *f* (*-y*; *G -*) Fluch *m*; Bannfluch *m*
klecić ⟨**s-**⟩ (*-cę*) (notdürftig, grob) zusammenhauen, zusammenstoppeln
kleić ⟨**s-**, **za-**⟩ (*-ję*) (zusammen-, zu)kleben; ***~ się*** kleben *v*/*i*; *oczy*: zufallen; F *fig* ***nie ~ się*** nicht klappen
kle|ik *m* (*-u*; *-i*) (Hafer-)Schleim; **~isty** klebrig, schleimig
klej *m* (*-u*; *-e*) Kleber, Leim
klejnot *m* (*-u*; *-y*) Juwel *n*
klekotać (*-cę*/*-czę*) klappern; → ***paplać***
klep|ać (*-ię*) ⟨**po-**⟩ klopfen (***się*** sich, einander); ⟨**wy-**⟩ *kosę* dengeln; **~isko** *n* (*-a*) Tenne *f*; **~ka** *f* (*-i*; *G -pek*) (Faß-)Daube; *bud* Parkettstab *m*; F ***brak mu piątej ~ki*** bei ihm ist e-e Schraube lokker; **~nąć** *v*/*s* (*-nę*) → ***klepać***
klepsydra *f* (*-y*) Sanduhr; Todesanzeige
kler *m* (*-u*; *0*) Klerus; **~ykalny** klerikal
kleszcz *m* (*-a*; *-e*) Zecke *f*; **~e** *pl* (*-y*/*-ów*) Zange *f*; *zoo* Schere *f*; **~owy** Zangen-
klęcz|eć (*-ę*, *-y*) knien; **~ki** *pl*: ***na ~kach*** auf (den) Knien; **~nik** *m* (*-a*; *-i*) Betpult *n*
klęk|ać (*-am*) ⟨**~nąć**⟩ (*-nę*, *t. -kła*, *-kli*) (sich) niederknien
klę|li, **~łam** → ***kląć***
klęsk|a *f* (*-i*; *G -*) Niederlage; (***pożaru***, ***głodu*** Brand-, Hunger-)Katastrophe; ***ponieść ~ę*** e-e Niederlage erleiden
klient *m* (*-a*; *-ci*) Kunde; **~ela** *f* (*-i*; *0*) Kundschaft; **~ka** *f* (*-i*; *G -tek*) Kundin
klika *f* (*-i*) Clique; *pej t.* Klüngel *m*
klimat *m* (*-u*; *-y*) Klima *n*; **~yczny** klimatisch, Klima-; ***stacja ~yczna*** Luftkurort *m*; **~yzator** *m* (*-a*; *-y*) Klimaanlage *f*
klin *m* (*-a*; *-y*) Keil; ***zabić ~(a)*** e-n Keil treiben (***między*** *G* zwischen *A*)
klini|czny klinisch; **~ka** *f* (*-i*) Klinik
klinow|aty keilförmig; **~y** Keil-
klisza *f* (*-y*; *-e*) *drk* Klischee *n*; *fot* Platte
kln|ą, **~ę**, **~iecie**, **~iesz** → ***kląć***
kloc *m* (*-a*; *-e*) Klotz, Block; **~ek** *m* (*-cka*; *-cki*) Klötzchen *n*; *tech* Klotz
klomb *m* (*-u*; *-y*) Blumenbeet *n*
klon *m* (*-u*; *-y*) *bot* Ahorn
klops *m* (*-a*; *-y*) Hackbraten; **~ik** *m* (*-a*; *-i*) Fleischklöschen *n*, Frikadelle *f*
klosz *m* (*-a*; *-e*) Lampenschirm; Glasglocke *f*; (*patera*) Schale *f*; ***w ~*** → **~owy** (**-wo**) ausgestellt, Glocken-
klown [klaŭn] *m* (*-a*; *-i*/*-y*) Clown
klozetowy Klosett-, Toiletten-
klub *m* (*-u*; *-y*) Klub; ***~ poselski*** Parlamentsfraktion *f*; **~owy** Klub-
klucz *m* (*-a*; *-e*, *-y*) Schlüssel; ***pod ~em*** unter Verschluß; *os.* hinter Schloß und Riegel; **~owy** *fig* Schlüssel-
kluć się (*-ję*) aus dem Ei schlüpfen
klusk|a *f* (*-i*; *G -sek*) Klößchen *n*, Kloß *m*; **~i** *pl t.* Nudeln *f*/*pl*
kła *G sg* → ***kieł***
kłaczkowaty flockig
kła|dą, **~dę** → ***kłaść***; **~dka** *f* (*-i*; *G -dek*) Steg *m*; **~dziesz** → ***kłaść***

kłak *m* (*-a*; *-i*) Büschel *n*, Bausch; **~i** *pl* Zotteln *f/pl*
kłam *m* (*-u*; *0*): ***zadać ~*** (*D*) Lügen strafen (*A*); **~ać** ⟨**s-**⟩ (*-ię*) lügen; **~ca** *m* (*-y*; *G -ów*) Lügner(in); **~liwy** (**-wie**) lügnerisch; **~stwo** *n* (*-a*) Lüge *f*
kłania|ć się (*-am*) sich verbeugen; grüßen (***znajomym*** die Bekannten); ***~j się im od nas*** wir lassen sie grüßen
kłaść* (hin)legen (**się** sich); stecken (***do kieszeni*** in die Tasche); → ***wkładać***
kłąb *m* (*kłębu*; *kłęby*) Knäuel *n*; *bot* Knolle *f*; ***kłęby dymu*** Rauchschwaden *m/pl*; ***kłęby kurzu*** Staubwolken *f/pl*
kłęb|ek *m* (*-bka*; *-bki*) Knäuel *n*; *fig* ***~ek nerwów*** Nervenbündel *n*; ***zwinąć się w ~ek*** sich zusammenrollen; **~ić się** (*-ę*) in Schwaden ziehen/hängen; *chmury*: sich ballen
kłoda *f* (*-y*) (Baum-)Klotz *m*
kłonić ⟨**s-**⟩ (*-ę*) neigen (**się** sich)
kłopot *m* (*-u*; *-y*) (**z** *I*) Mühe *f*, liebe Not, Ärger (mit), Sorgen *f/pl* (wegen); ***~y pieniężne*** Geldschwierigkeiten *f/pl*; ***~y sercowe*** Liebeskummer *m*; ***wprawić w ~*** in Verlegenheit bringen; **~ać się** (*-czę/-cę*) (**o** *A*) sich Sorgen machen (um, wegen); **~liwy** verlegen; peinlich
kłos *m* (*-a*; *-y*) Ähre *f*
kłócić się (*-cę*) streiten, sich zanken (**o** *A* um); F *kolory*: sich beißen
kłódka *f* (*-i*; *G -dek*) Vorhängeschloß *n*
kłót|liwy (**-wie**) streitsüchtig, zänkisch; **~nia** *n* (*-i*; *-e*) Streit *m*, Krach *m*
kłu|ć (*-ję/kolę*, *-lesz*, *-le*, *kol!*) stechen; **~jący** spitz, stechend (*t. fig*)
kłus *m* (*-a*; *0*) Trab; **~ak** *m* (*-a*; *-i*) Traber; **~em** im Trab; **~ować¹** (*-uję*) traben
kłusow|ać² (*-uję*) wildern; **~nictwo** *n* (*-a*; *0*) Wild(dieb)erei *f*; **~nik** *m* (*-a*; *-cy*) Wilderer, Wilddieb
kły *pl* → ***kieł***
kminek *m* (*-nku*; *0*) Kümmel
knajpa F *f* (*-y*) Kneipe
knedle *m/pl* (*-i*) (Pflaumen-)Klöße *m/pl*
knocić F ⟨**na-**, **s-**⟩ (*-cę*) → ***partaczyć***
knot *m* (*-a*; *-y*) Docht; F (*malec*) Bengel
knowania *pl* (*-ń*) Umtriebe *pl*
knuć ⟨**u-**⟩ (*-ję*) planen, aushecken
koalicyjny Koalitions-
kobiałka *f* (*-i G -łek*) Korb *m*
kobie|ciarz *m* (*-a*; *-e*) Frauenheld; **~cy** (**-co**, ***po*** **-cemu**) Frauen-, weiblich; fraulich; **~ta** *f* (*-y*) Frau, Weib *n*
kobyła *f* (*-y*) Stute
koc *m* (*-a*; *-e*) (***wełniany*** Woll-)Decke *f*
kocha|ć (*-am*) lieben (**się** sich, einander); ***~ć się*** (**w** *I*) verliebt / F vernarrt sein (in *A*); ***~m cię*** ich liebe dich; ***jak ... ~m*** so wahr mir ... lieb ist; **~nek** *m* (*-nka*; *-nkowie*) Liebhaber, Geliebte(r); **~nka** *f* (*-i*; *G -nek*) Geliebte; **~ny** lieb
koci Katzen-; **~ak** *m* (*-a*; *-i*) Kätzchen *n*, (*t.* F *fig*) Mieze *f*; **~ę** *n* (*-ęcia*; *-ęta*) Katzenjunge(s)
kocioł *m* (*kotła*; *-tły*) Kessel
kocur *m* (*-a*; *-y*) *zoo* Kater
koczow|ać (*-uję*) nomadisieren; F *fig* umherziehen; **~nik** *m* (*-a*; *-cy*) Nomade
kod *m* (*-u*; *-y*) Kode; ***~ banku*** Bankleitzahl *f*; ***~ pocztowy*** Postleitzahl *f*
kodeks *m* (*-u*; *-y*) Kodex; *jur* (***karny*** Straf-)Gesetzbuch *n*; ***~ postępowania cywilnego*** Zivilprozeßordnung *f*
kodować ⟨**za-**⟩ (*-uję*) verschlüsseln
kogo(ż) (*GA* → ***kto***, ***któż***) wen; ***do ~*** zu wem; ***od ~*** von wem
kogu|ci Hahn(en)-; **~t** *m* (*-a*; *-y*) Hahn
koić ⟨**u-**⟩ (*-ję*) lindern; beruhigen
kojarzyć ⟨**s-**⟩ (*-ę*) verbinden, verknüpfen (**się** sich; **z** *I* mit); assoziieren
kojący (**-co**) beruhigend
kojec *m* (*-jca*; *-jce*) Käfig; Verschlag; (*dla dziecka*) Laufställchen *n*
kok *m* (*-a*; *-i*) Haarknoten, Dutt
kokain|a *f* (*-y*; *0*) Kokain *n*; **~izować się** (*-uję*) Kokain schnupfen
kokarda *f* (*-y*) (Band-)Schleife
kokiet|eryjny kokett; **~ować** (*-uję*) kokettieren (*I* mit)
koklusz *m* (*-u*; *0*) Keuchhusten
kokos *m* (*-u*; *-y*) Kokosnuß *f*; **~owy** Kokos-; ***~owy interes*** Bombengeschäft *n*
kokoszka *f* (*-i*; *G -szek*) Glucke
koks *m* (*-u*; *0*) Koks; F ***na ~ie*** gedopt
koksownia *f* (*-i*; *-e*) Kokerei
koktajl [-tɛl] *m* (*-u*; *-e*) Cocktail
kolacj|a *f* (*-i*; *-e*) Abendessen *n*, Abendbrot *n*; ***jeść ~ę*** zu Abend essen
kolano *n* (*-a*) Knie; **~wy** Knie-
kola|rski Rad(sport)-; **~rstwo** *n* (*-a*; *0*) Radsport *m*; **~rz** *m* (*-a*; *-e*) Radsportler
kolaż *m* (*-u*; *-e*) Collage *f*
kolą → ***kłuć***; **~cy** → ***kłujący***
kolba *f* (*-y*) Kolben *m*
kol|ce *pl* → ***kolec***; **~czasty** (**-to**) stach(e)lig, Stachel-; **~czyk** *m* (*-a*; *-i*) Ohrring; *agr* Ohrmarke *f*

kolebka *f* (*-i*; *G -bek*) Wiege
kol|e → **kłuć**; **~ec** *m* (*-lca*; *-lce*) Dorn, Stachel; **~ce** *pl* Spikes *pl*
kolega *m* (*-i*; *-dzy*, *-gów*) (**z pracy** Arbeits-)Kollege, (**szkolny** Schul-)Kamerad, Freund; **~ po fachu** Fachgenosse
kole|gialny kollegial; **~giata** [-gʼia-] *f* (*-y*) Stiftskirche; **~gować** (*-uję*) befreundet sein (**ze sobą** miteinander)
kole'ina *f* (*-y*) (tiefe) Radspur
kole|j *f* (*GDL -ei*; *-e*, *-ei*) (Eisen-)Bahn; (*następstwo*) Reihenfolge; Lauf *m* (**rzeczy** der Dinge); **na ~i** bei der (Eisen-)Bahn; **spóźnić się na ~j** den Zug verpassen; **po ~i** der Reihe nach; reihum; **~j na mnie** ich bin an der Reihe; **z ~i** nun, jetzt; seinerseits, ihrerseits
kolejarz *m* (*-a*; *-e*, *-y*) Eisenbahner
kolej|ka *f* (*-i*; *G -jek*) (Klein-)Bahn; (*ogonek*) F Schlange; **~ka górska** Berg- und Talbahn; **stać w ~ce** anstehen (**po** *A* nach); **poza ~ką** außer der Reihe; F **stawiać ~kę** e-e Runde schmeißen
kolej|nictwo *n* (*-a*; *0*) Eisenbahnwesen; **~no** *adv* nacheinander; **~ność** *f* (*-ści*; *0*) Reihenfolge; **według ~ności** der Reihe nach; **~ny** (nächst)folgend, nächst-
kolejowy Eisenbahn-, Bahn-, Zug-
kolek|cjonować (*-uję*) sammeln; **~tura** *f* (*-y*) Lotterieeinnahmestelle
kolektyw *m* (*-u*; *-y*) Kollektiv *n*; **~ny** kollektiv; Gemeinschafts-
koleż|anka *f* (*-i*; *G -nek*) Kollegin; Kameradin, Freundin; → **kolega**; **~eński** kollegial, kameradschaftlich; **~eństwo** *n* (*-a*; *0*) Kameradschaft *f*
kolę *1.os. sg* → **kłuć**
kolęda *f* (*-y*) Weihnachtslied *n*
kolidować (*-uję*) kollidieren (**z** *I* mit)
kolisty (**-to**) (kreis)rund
kolizja *f* (*-i*; *-e*) Kollision; → **zderzenie**
kolka *f* (*-i*; *G -lek*) *med*, *wet* Kolik
koloni|a [-ŋia] *f* (*GDL -ii*; *-e*) Kolonie; **~e** (**letnie**) Ferienlager *n*; **~jny** Kolonie-; **~zować** ⟨**s-**⟩ (*-uję*) kolonisieren
koloński|i: **woda ~a** Kölnischwasser *n*
kolor *m* (*-u*; *-y*) Farbe *f*; **pod ~** passend in der Farbe; **~y** *pl* Buntwäsche *f*; → **barwa**, **barwnik**; **~owy** (**-wo**) farbig, bunt
koloryzować (*-uję*) schönfärben
kolos *m* (*-a*; *-y*) Koloß, Riese
kolpor|taż *m* (*-u*; *0*) Vertrieb; **~ter** *m* (*-a*; *-rzy*), **-rka** *f* (*-i*; *G -rek*) (Zeitungs-)Austräger(in); **~tować** (*-uję*) austragen, verkaufen; *pogłoski* kolportieren
kolumna *f* (*-y*) Kolonne; *arch* Säule; *drk* Kolumne, Spalte; **~da** *f* (*-y*) Kolonnade, Säulengang *m*
kołatać (*-czę*/*-cę*) pochen, klopfen (**do** *G* an *A*); **~ się** rütteln *v*/*i*; *fig* herumirren
kołczan *m* (*-u*; *-y*) Köcher
kołdra *f* (*-y*; *G -der*) (Bett-)Decke
kołduny *m*/*pl* (*-ów*) Teigtaschen *f*/*pl*
kołek *m* (*-łka*; *-łki*) Pflock, Pfahl
kołnierz *m* (*-a*; *-e*, *-y*) Kragen; **~yk** *m* (*-a*; *-i*) (**u**/**od koszuli** Hemd-)Kragen
koł|o[1] *n* (*-a*; *G kół*) Kreis *m* (*t. fig*); (*pojazdu*, *tech*) Rad; **~em**, **w ~o** im Kreis; ringsum; → **grono**, **kółko**
koło[2] *praep* (*G*) neben, an (*D*); **~ Berlina** bei Berlin; → **niedaleko**, **około**
kołow|acizna *f* (*-y*; *0*) *wet* Drehkrankheit; F *fig* Durcheinander *n*; **~ać** (*-uję*) kreisen; (umher)irren; *lotn* rollen; **~rotek** *m* (*-tka*; *-tki*) Spinnrad *n*; **~rót** *m* (*-rotu*; *-roty*) (Seil-)Winde *f*; (*krzyżak*) Drehkreuz *n*; *sport* Umschwung; **~y** Kreis-; Rad-
kołpak *m* (*-a*; *-i*) Kappe *f*, Haube *f*
kołtun *m* (*-a*; *-y*) *fig pej* Spießer, Banause; **~y** *pl* zottige Haare *n*/*pl*
koły|sać (*-szę*) wiegen (**się** sich); → **bujać** (**się**); **~sanka** *f* (*-i*; *G -nek*) Wiegenlied *n*; **~ska** *f* (*-i*; *G -sek*) Wiege
koman|dorski: **Krzyż ~dorski** Großkreuz *n*; **~dos** *m* (*-a*; *-i*) Soldat e-r Sondereinheit, Ranger; Fallschirmjäger
komandytow|y: **spółka ~a** Kommanditgesellschaft
komar *m* (*-a*; *-y*) Mücke *f*
kombajn *m* (*-u*; *-y*) *agr* Vollerntemaschine *f*; **~ zbożowy** Mähdrescher
kombina|cja *f* (*-i*; *-e*) Kombination; *fig pl* Machenschaften *f*/*pl*; **~tor** F *m* (*-a*; *-rzy*), **-rka** *f* (*-i*; *G -rek*) Schwindler(in)
kombi|nerki *pl* (*-rek*) Kombizange *f*; **~nezon** *m* (*-u*; *-y*) Overall; Schutzanzug; **~nować** (*-uję*) kombinieren; F knobeln, grübeln; *pej* Geschäfte machen
ko'media [-dʼia] *f* (*GDL -ii*; *-e*) Komödie
komedio|opera *f* Singspiel *n*; **~pisarka** *f*, **~pisarz** *m* Komödiendichter(in); **~wy** Komödien-, Lustspiel-
komenda *f* (*-y*) Kommando *n*; **~ policji** Polizeidirektion; **~ straży pożarnej** Feuerwehrzentrale; **~nt** *m* (*-a*; *-ci*) Kommandant; Kommandeur
komenderować (*-uję*) kommandieren

komentarz *m* (*-a*; *-e*, *-y*) Kommentar *n*
komentować ⟨**s-**⟩ (*-uję*) kommentieren
komercyjny kommerziell
komet|a *f* (*-y*) Komet *m*; **~ka** *f* (*-i*; *G -tek*) Federball(spiel *n*) *m*
komfortowy (**-wo**) komfortabel
komi|czny komisch; **~k** *m* (*-a*; *-cy*) Komiker; **~ksy** *m/pl* (*-ów*) Comics *pl*
komin *m* (*-a*; *-y*) Schornstein, (*fabryki*) Schlot; **~ek** *m* (*-nka*; *-nki*) (*w pokoju*) Kamin; **~iarz** *m* (*-a*; *-e*) Schornsteinfeger, Kaminkehrer; **~kowy** Kamin-
komis F *m* (*-u*; *-y*) Kommissionsladen
komi|'sariat [-ṛiat] *m* (*-u*; *-y*) Kommissariat *n*, Polizeiinspektion *f*; **~saryczny** kommissarisch; **~sarz** *m* (*-a*; *-e*) Kommissar; **~sja** *f* (*-i*; *-e*) Kommission, Ausschuß *m*; **~tet** *m* (*-u*; *-y*) Komitee *n*
komityw|a *f* (*-y*; *0*): **żyć w ~ie** eng befreundet sein (**z** *I* mit); **wejść w ~ę** gut Freund werden (**z** *I* mit)
komiwojażer *m* (*-a*; *-owie*/*-rzy*) Handlungsreisende(r), Vertreter
komoda *f* (*-y*) Kommode
komor|a *f* (*-y*) Kammer; **~ne** *n* (*-ego*; *0*) Miete *f*; **~nik** *m* (*-a*; *-cy*) Gerichtsvollzieher; **~owy** *tech* Kammer-
komórk|a *f* (*-i*; *G -rek*) Kammer; *biol*, *el*, *fig* Zelle; **~owiec** F *m* (*wca*; *-wce*) Handy *n*; **~owy** Zell(en)-; → ***telefon***
kompakt F *m* (*-u*; *-y*) CD(-Platte) *f*
kompan *m* (*-a*; *-i*) Kumpan, Kumpel
kom'pania [-ṇia] *f* (*GDL -ii*; *-e*) Gesellschaft, Runde; *mil* Kompanie
kompas *m* (*-u*; *-y*) Kompaß
kompatybilny *EDV* kompatibel
kompensa|cyjny Ausgleichs-; **~ta** *f* (*-y*; *0*) Kompensation, Ausgleich *m*
kompensować (*-uję*) ausgleichen
kompeten|cja *f* (*-i*; *-e*) Kompetenz; **~tny** kompetent; *w.zn.* zuständig, befugt
kompleks *m* (*-u*; *-y*) Komplex
komplement *m* (*-u*; *-y*) Kompliment *n*
komple|t *m* (*-u*; *-y*) (kompletter) Satz, Garnitur *f*; komplette Zahl; Gremium *n*; **~t widzów** vollbesetzter Saal; **w ~cie** komplett; **do ~u** um komplett zu sein
komplet|ny komplett; **~ować** ⟨**s-**⟩ (*-uję*) komplettieren, vervollständigen
komplik|acja *f* (*-i*; *-e*) Komplikation; **~ować** ⟨**s-**⟩ (*-uję*) komplizieren
kompo|nent *m* (*-u*; *-y*) Komponente *f*; **~nować** ⟨**s-**⟩ (*-uję*) komponieren; **~stować** ⟨**za-**⟩ (*-uję*) kompostieren
kompot *m* (*-u*; *-y*) Kompott *n*
kompozy|cja *f* (*-i*; *-e*) Komposition; **~tor** *m* (*-a*; *-rzy*), **-rka** *f* (*-i*; *G -rek*) Komponist(in)
kompres *m* (*-u*; *-y*) Kompresse *f*, Umschlag; **~ja** *f* (*-i*; *-e*) *tech* Verdichtung
kompromi|s *m* (*-u*; *-y*) Kompromiß *m/n*; **~tacja** *f* (*-i*; *-e*) Bloßstellung; **~tować** ⟨**s-**⟩ (*-uję*) kompromittieren, bloßstellen; **~tujący** kompromittierend
komputer *m* (*-a*; *-y*) Computer; **~owy** Computer-; **~owiec** F *m* (*-wca*; *-wce*) Computerfachmann
komu (*D* → ***kto***) wem
komu|na *f* (*-y*) Kommune; *pej* Kommunisten(pack *n*) *m/pl*; **~nalny** kommunal; **~nał** *m* (*-u*; *-y*) Gemeinplatz; **~'nia** [-'muṇia] *f* (*GDL -ii*; *-e*) Kommunion; **~nikacja** *f* (*-i*; *0*) Kommunikation; Verkehr *m*; **~nikacyjny** Kommunikations-, Verkehrs-; **~nikat** *m* (*-u*; *-y*) Kommuniqué *n*, Verlautbarung *f*; (***o stanie pogody*** Wetter-)Bericht, (***radiowy*** Rundfunk-)Meldung *f*
komunikować ⟨**za-**⟩ (*-uję*) mitteilen; verlautbaren, bekanntgeben; **~ się** *t-ko impf* in Verbindung bleiben; ⟨**s-**⟩ sich in Verbindung setzen
komunistyczny kommunistisch
kumuż (*D* → ***któż***) wem denn
komża *f* (*-y*; *-e*, *-y*/*-meż*) Meßhemd *n*
kona|ć (*-am*) im Sterben liegen; **~ć ze śmiechu** sich totlachen können; **~jący** sterbend
konar *m* (*-a*/*-u*; *-y*) Ast; *łow* Sprosse *f*
koncentra|cja *f* (*-i*; *-e*) Konzentration; **~cyjny** Konzentrations-
koncentrować ⟨**s-**⟩ (*-uję*) konzentrieren (**się na** *L* sich auf *A*)
koncep|cja *f* (*-i*; *-e*) Konzeption; **~t** *m* (*-u*; *-y*) Einfall, Idee *f*; F **ruszyć ~tem** sich etwas einfallen lassen
koncern *m* (*-u*; *-y*) Konzern
koncert *m* (*-u*; *-y*) Konzert *n*
konces|ja *f* (*-i*; *-e*) Konzession; **~jonować** (*-uję*) konzessionieren
koncha ['kɔ̃-] *f* (*-y*) Muschel
kondensowa|ć (*-uję*) kondensieren; ***mleko ~ne*** Kondensmilch *f*
kondolenc|ja *f* (*-i*; *-e*): **składać ~je** sein Beileid bezeigen; **~yjny** Beileids-
kondukt *m* (*-u*; *-y*): **~ żałobny** Trauerzug
konduktor *m* (*-a*; *-rzy*), **~ka** *f* (*-i*; *G -rek*) Schaffner(in); **~ka** *t.* Schultertasche *f*

kondy|cja *f* (*-i*; *-e*) Kondition; **~cyjny** Konditions-; **~gnacja** *f* (*-i*; *-e*) Stockwerk *n*, Geschoß *n*
konewka *f* (*-i*; *G -wek*) Gießkanne
konfederacja *f* (*-i*; *-e*) Konföderation
konfekcyjny Konfektions-
konfe|ransjer [kɔ̃fɛ'rã-] *m* (*-a*; *-rzy*), **-rka** *f* (*-i*; *G -rek*) Conferéncier *m*; **-rka** *t.* Conferénce *f*; **~rencja** *f* (*-i*; *-e*) Konferenz; **~rować** (*-uję*) konferieren
konfesjonał *m* (*-u*; *-y*) Beichtstuhl
konfiden|cjonalny vertraulich; **~t** *m* (*-a*; *-ci*), **~tka** *f* (*-i*; *G -tek*) Informant(in)
konfirmacja *f* (*-i*; *-e*) Konfirmation
konfisk|ata *f* (*-y*) Beschlagnahme, Einziehung; **~ować** ⟨**s-**⟩ (*-uję*) konfiszieren, beschlagnahmen
konfitury *f/pl* (-) Konfitüre *f*
konfliktowy Konflikt-; konfliktgeladen
konfront|acja *f* (*-i*; *-e*) Konfrontation, Gegenüberstellung (*t. jur*); **~ować** ⟨**s-**⟩ (*-uję*) *v/t* (**z** *I*) konfrontieren (*D*, mit), gegenüberstellen (*D*)
kongres *m* (*-u*; *-y*) Kongreß
koniak ['kɔɲak] *m* (*-u*; *-i*) Kognak
koniczyna *f* (*-y*) Klee *m*
koniec *m* (*-ńca*; *-ńce*) Ende *n*; (*zakończenie*) Schluß; (*czubek t.*) Spitze *f*; **~ świata** Ende *n* der Welt; Weltuntergang; ***i na tym ~*** und damit Schluß; ***bez końca*** ohne Ende, endlos; ***do*** (***samego***) ***końca*** bis zum Schluß; ***na/w końcu*** am Ende, schließlich; ***od końca*** vom Ende, von hinten; ***pod ~*** zum Schluß; ***~ końców*** letzten Endes; → ***kres***, ***dobiegać***
koniecz|nie *adv* unbedingt; **~ność** *f* (*-ści*) Notwendigkeit; ***z ~ności*** gezwungenermaßen; **~ny** unbedingt (*a.* dringend) notwendig, unerläßlich
koni|k *m* (*-a*; *-i*) Pferdchen *n*; *fig* Steckenpferd *n*; (*szachy*) Springer; ***~k polny*** Grashüpfer; **~na** *f* (*-y*; *0*) Pferdefleisch *n*; **~okrad** *m* (*-a*; *-y*) Pferdedieb; **~uch** *m* (*-a*; *-y/-owie*) Stallknecht
kon|iugacja [-ɲĭu-] *f* (*-i*; *-e*) *gr* Konjugation; **~iunktura** *f* (*-y*; *0*) Konjunktur
koniuszek *m* (*-szka*; *-szki*) Spitze *f*
konkluzja *f* (*-i*; *-e*) Schlußfolgerung
konkret|ny konkret; **~yzować** ⟨**s-**⟩ (*-uję*) konkretisieren
konkubin F *m* (*-a*; *-i*) Freund, Lebensgefährte; **~a** *f* (*-y*) Konkubine
konkur|encja *f* (*-i*; *-e*) Konkurrenz, Wettbewerb *m*; **~encyjny** Konkurrenz-; **~ent** *m* (*-a*; *-ci*), **-tka** *f* (*-i*; *G -tek*) Konkurrent(in); *t-ko m* Konkurrenzfirma *f*; **~ować** (*-uję*) konkurrieren; wetteifern (***o*** *A* um)
konkurs *m* (*-u*; *-y*) Wettbewerb; (***otwarty*** öffentliche) Ausschreibung *f* (***na*** *A* für); Preisausschreiben *n*; *jur* Konkurs; ***poza ~em*** außer Konkurrenz; **~owy** Wettbewerbs-; Preis-; *jur* Konkurs-
kon|no *adv* zu Pferde, beritten; → ***jechać***; **~ny** Pferde-, Reit(er)-
konopie *pl* (*-pi*) Hanf *m*
konosament *m* (*-u*; *-y*) Konnossement *n*
konował *m* (*-a*; *-y*) *pej* Kurpfuscher
konsekwen|cja *f* (*-i*; *-e*) Konsequenz; **~tny** konsequent
konserwa *f* (*-y*) Konserve; **~cja** *f* (*-i*; *0*) Pflege, Erhaltung; *tech t.* Instandhaltung; **~'torium** [-ŗĭum] *n* (*idkl*; *-ia*, *iów*) Konservatorium; **~tysta** *m* (*-y*; *-ści*, *-ów*), **-tka** *f* (*-i*; *G -tek*) Konservative(r); **~tywny** konservativ
konserwo|wać ⟨**za-**⟩ (*-uję*) konservieren; **~wy** Konserven-, Dosen-
kon|solidacja *f* (*-i*; *-e*) Konsolidierung; **~sorcjum** *n* (*idkl*; *-ja*, *-ów*) Konsortium; **~spekt** *m* (*-u*; *-y*) Entwurf
konspira|cja *f* (*-i*; *-e*) konspirative Tätigkeit; Untergrund(organisation *f*) *m*; **~cyjny** konspirativ, Untergrund-
kon|spirować (*-uję*) konspirieren; ⟨**za-**⟩ tarnen (***się*** sich); **~statować** ⟨**s-**⟩ (*-ję*) feststellen, konstatieren
konsternacja *f* (*-i*; *0*) Bestürzung
konstru|kcja *f* (*-i*; *-e*) Konstruktion; *tech t.* Bauart, Bauweise; **~kcyjny** Konstruktions-; **~ktor** *m* (*-a*; *-rzy*), **-rka** *f* (*-i*; *G -rek*) Konstrukteur(in); **~ktywny** konstruktiv; **~ować** ⟨**s-**⟩ (*-uję*) konstruieren
konsty|tucja *f* (*-i*; *-e*) Konstitution; *pol t.* Verfassung; **~tucyjny** konstitutionell, Verfassungs-; **~tuować** ⟨**u-**⟩ (*-uję*) konstituieren (***się*** sich)
konsul *m* (*-a*; *-owie*, *-ów*) Konsul; **~at** *m* (*-u*; *-y*) Konsulat *n*; **~tacyjny** Beratungs-; **~tant** *m* (*-a*; *-ci*) Berater; **~ting** *m* (*-u*; *0*) Unternehmensberatung *f*
konsultować (*-uję*) beraten; **~ *się*** (***u*** *G*) konsultieren (*A*)
konsum *m* (*-u*; *-y*) Konsum(laden); **~encki** Verbraucher-; **~ent** *m* (*-a*; *-ci*) Konsument(in), Verbraucher(in); **~ować** ⟨**s-**⟩ (*uję*) konsumieren; verbrauchen;

~pcja *f* (*-i*; *0*) Verzehr *m*; Verbrauch *m*; **~pcyjny** Speise-; ***artykuły*** *m/pl* ***~pcyjne*** Konsumgüter *n/pl*
konsygnacja *f* (*-i*, *-e*) Lieferschein *m*
konsystorz *m* (*-a*; *-e*) Konsistorium *n*
konszachty *pl* (*-ów*) Kungelei(en *pl*) *f*; Machenschaften *f/pl*
kontakt *m* (*-u*; *-y*) Kontakt; (*wyłącznik*) Schalter; **~ować** ⟨**s-**⟩ (*-uję*) Kontakt herstellen (**k-o z** *I* zwischen j-m und *A*); *impf el* Kontakt haben; **~ować się** (**z** *I*) kontaktieren (*A*, mit); **~owy** Kontakt-
kontener *m* (*-u*; *-y*) Container; **~owiec** *m* (*-wca*; *-wce*) Containerschiff *n*
konto *n* (*-a*; *G* -) Konto; ***na*** ~ a conto
kontra¹ *f* (*-y*) *karc* Kontra *n*; (*boks*) Konter *m*, Parade *f*
kontra² kontra, gegen; **~banda** *f* → ***przemyt***; Schmuggelware
kontrahent *m* (*-a*; *-ci*), **~ka** *f* (*-i*; *G -tek*) Vertragspartner(in)
kontrakt *m* (*-u*; *-y*) Kontrakt, Vertrag; **~owy** vertraglich, Vertrags-
kontrargument *m* (*-u*; *-y*) Gegenargument *n*
kontrast *m* (*-u*; *-y*) Kontrast; **~owy** (**-wo**) kontrast(reich); *med* Kontrast-
kontr|asygnować gegenzeichnen; **~atak** *m* Gegenangriff; **~kandydat(ka** *f*) *m* Gegenkandidat(in); **~ofensywa** *f* Gegenoffensive
kontrol|a *f* (*-i*; *-e*) Kontrolle; **~er** *m* (*-a*; *-rzy*), **-rka** *f* (*-i*; *G -rek*) Kontrolleur(in), Prüfer(in); **~ny** Kontroll-; **~ować** ⟨**s-**, ***prze-***⟩ (*-uję*) kontrollieren
kontro|wać (*-uję*) kontern; *karc* Kontra spielen; **~wersyjny** kontrovers
kontr|propozycja *f* Gegenvorschlag *m*; **~rewolucja** *f* Gegenrevolution; **~uderzenie** *n mil* Gegenschlag *m*; **~wywiad** *m* Gegenspionage *f*
kontuar *m* (*-u*; *-y*) Ladentisch; Theke *f*
kon|tur *m* (*-u*; *-y*) Kontur *f*, Umriß; **~tuzja** *f* (*-i*; *-e*) Kontusion, Quetschung
konty|nent *m* (*-u*; *-y*) Kontinent; **~nentalny** kontinental; **~ngent** *m* (*-u*; *-y*) Kontingent *n*; **~nuacja** *f* (*-i*; *-e*) Fortsetzung; **~nuować** (*-uję*) *v/t* fortsetzen, fortführen; *v/i* fortfahren
kon'walia [-ļĭa] *f* (*GDL -ii*; *-e*) Maiglöckchen *n*
konwen|anse *m/pl* (*-ów*) Umgangsformen *f/pl*; **~cja** *f* (*-i*; *-e*) Konvention; **~cjonalny** konventionell; **~t** *m* (*-u*; *-y*) Konvent; **~t *seniorów*** Ältestenrat
konwersacja *f* (*-i*; *-e*) Konversation
konwersja *f* Konversion
konwo|jent *m* (*-a*; *-ci*) Begleiter, Bewacher, **~jować** (*-uję*) eskortieren
konw|ój *m* (*-oju*; *-oje*, *-ów*) Konvoi; *mar* Geleitzug; (*eskorta*) Begleitschutz; ***pod ~ojem*** *t.* unter Bewachung
konwuls|je *f/pl* (*-i*) Krämpfe *m/pl*, Zuckungen *f/pl*; **~yjny** krampfhaft
koń *m* (*-nia*; *-nie*, *I -ńmi*) Pferd *n*; (*szachy*) Springer; **~ *mechaniczny*** Pferdestärke *f*; ***na koniu*** → ***konno***
końc|a *G*, **~e** *pl* → ***koniec***; **~owy** End-; Schluß-, letzt-; **~ówka** *f* (*-i*; *G -wek*) Ende *n*, Endstück *n*; (*reszta*) Rest *m*; *gr* Endung; *sport* Endkampf *m*; (*szachy*) Endspiel *n*; *el* Klemme; *tech* Aufsatz *m*
kończy|ć ⟨**s-**, ***u-***⟩ (*-ę*) beenden, (ab)-schließen; aufhören (**z** *I* mit); **~ć** ⟨**s-**⟩ ***się*** zu Ende gehen (*pf* sein); (*zużywać się t.*) ausgehen; enden (*I* mit); **~na** *f* (*-y*) *anat* Glied *n*, Extremität
koński Pferde-, Roß-
kooper|acja *f* (*-i*; *-e*) Kooperation; **~ant** *m* (*-a*; *-ci*) Kooperationspartner; **~ować** (*-uję*) kooperieren
koordynować ⟨**s-**⟩ (*-uję*) koordinieren
kopa|czka *f* (*-i*; *G -czek*) *agr* Roder *m*; **~ć** (*-ię*) *v/t* e-n Tritt versetzen (*D*), treten (*A*); *piłkę* kicken; *dół itp.* ⟨**wy-**⟩ graben; *torf* stechen; *agr* ernten, roden; **~lnia** *f* (*-i*; *-e*, *-i/-ń*) Bergwerk *n*, Grube; *fig* Fundgrube; **~lniany** Gruben-, Zechen-; **~lny** fossil; **~nie** *n* (*-a*) Graben; *agr* Ernte *f*; **~rka** *f* (*-i*; *G -rek*) Bagger *m*
kop|cić (*-cę*, *-ć!*) qualmen; *lampa*: rußen; **~eć** *m* (*-pcia/-pciu*; *0*) Ruß; Qualm
koper *m* (*-pru*; *-pry*) Dill; **~kowy** Dill-
koperta *f* (*-y*) (Brief-)Umschlag *m*; (*zegarka*) Deckel *m*; (*płyty*) Hülle
kopi|a ['kɔp̡ĭa] *f* (*GDL -ii*; *-e*) Kopie; *fot* Abzug *m*; **~ał** *m* (*-u*; *-y*) Durchschreibeblock; **~arka** [-'p̡ar-] *f* (*-i*; *G -rek*) Kopiermaschine; Kopierer *m*;
kopiec *m* (*-pca*; *-pce*) (***mogilny*** Grab-) Hügel; Haufen; *agr* Miete *f*
kopiow|ać [-'p̡ĭɔ-] ⟨**s-**⟩ (*-uję*) kopieren; ⟨***prze-***⟩ durchpausen; **~y** Kopier-
kopn|ąć *v/s* (*-nę*) → ***kopać***; **~iak** *m* (*-a*; *-i*) Fußtritt
kopu|lasty (**-to**) kuppelförmig; **~ła** *f* (*-y*) Kuppel
kopyto *n* (*-a*) Huf *m*; (Schuh-)Leisten *m*

K

kora *f* (*-y*) Rinde; *bot t.* Borke
koral *m* (*-a*; *-e*) Koralle *f*; **~e szklane** Glasperlen *f/pl*; **~owy** Korallen-
korb|a *f* (*-y*) Kurbel; **~owód** *m* (*-odu*; *-ody*) Pleuel(stange *f*) *m*
korci|ć (*t-ko 3.os.*) reizen, keine Ruhe lassen; **~ło go/ją** es reizte ihn/sie
kordon *m* (*-u*; *-y*) Postenkette *f*, Kordon
Korea|nka *f* (*-i*; *G -nek*), **~ńczyk** *m* (*-a*; *-cy*) Koreaner(in); **2ński** (**po -ku**) koreanisch
kor|ek *m* (*-rka*; *-rki*) Kork(rinde *f*) *m*; (*zatyczka*) Korken; F *el* Sicherung *f*; *fig* (*zator*) Stau; **~ki** *pl* Korkabsätze *m/pl*
kore|kta *f* (*-y*) Korrektur; **~petycje** *f/pl* (*-i/-cyj*) Nachhilfestunden *f/pl*
koresponden|cja *f* (*-i*; *0*) Korrespondenz; *w.zn.* Briefwechsel *m*; Schriftverkehr *m*; **~cyjny** Schrift-; **studia** *n/pl* **~cyjne** Fernstudium *n*; **~t** *m* (*-a*; *-ci*), **~tka** *f* (*-i*; *G -tek*) Korrespondent(in)
korespondować (*-uję*) korrespondieren
korko|ciąg *m* Kork(en)zieher; **~wać** ⟨**za-**⟩ (*-uję*) zukorken
kornet *m* (*-u*; *-y*) Nonnenhaube *f*
kornik *m* (*-a*; *-i*) Borkenkäfer
korniszon *m* (*-a*; *-y*) Cornichon *n*
koron|a *f* (*-y*) Krone; **~acja** *f* (*-i*; *-e*) Krönung; **~ka** *f* (*-i*; *G -nek*) *med* Krone; (*tkanina*) Spitze; **~kowy** Spitzen-; **~ować** ⟨**u-**⟩ (*-ję*) krönen (**na** *A* zu)
korowód *m* (*-odu*; *-ody*) Reigen
korporacja *f* (*-i*; *-e*) Körperschaft
korpu|lentny beleibt, korpulent; **~s** *m* (*-u*; *-y*) Rumpf; *mil*, *pol* Korps *n*
korsykański korsisch
kort *m* (*-u*; *-y*) Tennisplatz
korup|cja *f* (*-i*; *0*) Korruption; **~cyjny** korrupt; Korruptions-
korygować ⟨**s-**⟩ (*-uję*) korrigieren
koryntka *f* (*-i*; *G -tek*) Korinthe
koryt|arz *m* (*-a*; *-e*) Korridor; (*w ziemi*) Gang; **~o** *n* (*-a*) Trog *m*; (*rzeki*) Bett
korze|nić się (*-e*) wurzeln; **~nny** Würz-; **~ń** *m* (*-nia*; *-nie*) Wurzel *f*; **~nie** *pl kulin* Gewürze *n/pl*
korzonek *m* (*-nka*; *-nki*) Wurzel *f*
korzyst|ać ⟨**s-**⟩ (*-am*) (**z** *G*) nutzen (*A*); Gebrauch machen (von); in Anspruch nehmen (*A*); **~ny** einträglich; (*dodatni*, *pomyślny*) günstig, vorteilhaft
korzyść *f* (*-ści*) Nutzen *m*, Vorteil *m*; **na twoją ~** zu deinen Gunsten
kos *m* (*-a*; *-y*) Amsel *f*
ko|sa *f* (*-y*) Sense; **~siarka** *f* (*-i*; *G -rek*) Rasenmäher *m*; **~sić** ⟨**s-**⟩ (*-szę*) mähen
kosmaty (**-to**) zott(el)ig, Zottel-
kosmety|czka *f* (*-i*; *G -czek*) Kosmetikerin; (*torebka*) Kosmetiktasche; **~czny** kosmetisch, Schönheits-; **~k** *m* (*-u*; *-i*) Schönheitsmittel *n*, Kosmetikum *n*; **~ka** [-'mɛ-] *f* (*-i*; *0*) Kosmetik
kosmiczny kosmisch, (Welt-)Raum-
kosmyk *m* (*-a*; *-i*) Strähne *f*
koso: patrzeć ~ (**na** *A*) scheel ansehen (*A*); **~drzewina** *f* (*-y*) Bergkiefer; **~oki** schlitzäugig; → **zezowaty**
kostium *m* (*-u*; *-y*) Kostüm *n*; (**kąpielowy** Bade-)Anzug
kost|ka *f* (*-i*; *G -tek*) Knochen *m*; *anat* Knöchel *m*; (*do gry*, *cukru*, *brukowa*) Würfel *m*; **krajać w ~kę** *kulin* würfeln; **po ~ki** knöcheltief; **~nica** *f* (*-y*; *-e*) Leichenhalle; **~nieć** ⟨**s-**⟩ (*-eję*) verknöchern; erstarren (**z zimna** vor Kälte); **~ny** Knochen-
kosy schief; schielend; *fig* scheel
kosz *m* (*-a*; *-e*) Korb; *mot* Beiwagen
koszar|owy Kasernen-; **~y** *f/pl* (-) Kaserne *f*
koszerny koscher
koszmar *m* (*-u*; *-y*) Alptraum; Grauen *n*; **~ny** grauenhaft, entsetzlich
koszt *m* (*-u*; *-y/-a*) Kosten *pl*; *pl t.* Spesen *pl*; **~em** (*G*) auf Kosten (von, *G*); **narazić na ~y** in Unkosten stürzen
koszto|rys *m* Kosten(vor)anschlag; **~wać** (*-uję*) kosten; **~wności** *f/pl* (*-ści*) Kostbarkeiten *f/pl*, Juwelen *n/pl*; **~wny** (*cenny*) kostbar; (*drogi*) kostspielig
koszul|a *f* (*-i*; *-e*) Hemd *n*; **~ka** *f* (*-i*; *G -lek*) Hemdchen *n*; *sport* Trikot *n*; *tech* Mantel *m*; → **podkoszulek**
koszyk *m* (*-a*; *-i*) Korb; **~arka** *f* (*-i*; *G -rek*), **~arz** *m* (*-a*; *-e*) *sport* Basketballspieler(in); **~ówka** *f* (*-i*; *0*) Basketball *m*
kościec *m* (*-ścca*; *-ścce*) Knochenbau; Knochengerüst *n*; *fig* Kern
kościelny kirchlich, Kirchen-
kościotrup *m* Gerippe *n*, Skelett *n*
kościół *m* (*-oła*; *-oły*) Kirche *f*
koś|cisty knochig; **~ć** *f* (*-ści*; *-ści*, *I -śćmi*) Knochen *m*, (**słoniowa** , **strzałkowa** Elfen-, Waden-)Bein *n*; (*do gry*) Würfel *m*; *pl t.* Gebeine *pl*; **~ć niezgody** Zankapfel *m*; **do** (**szpiku**) **~ci** bis auf die Knochen; **~lawy** (**-wo**) schief, krumm; *stół*: wack(e)lig; *styl*: holprig

kot *m* (*-a*; *-y*) Katze *f*, (*samiec*) Kater
kotara *f* (*-y*) Vorhang *m*, Portiere
ko'teria [-ṛĭa] *f* (*GDL -ii*; *-e*) Klüngel *m*
kotka *f* (*-i*; *G -tek*) Katze; *bot* Kätzchen *n*
kotlet *m* (*-u*; *-y*) Kotelett *n*; ~ ***mielony***, ~ ***siekany*** Frikadelle *f*, Bulette *f*
kotlina *f* (*-y*) Mulde; *geol* Talkessel *m*
kotł|a, **~em** *itp.* → ***kocioł***; **~ować się** F (*-uję*) brodeln, (auf)wallen; **~ownia** *f* (*-i*; *-e*) Kesselhaus *n*, Kesselraum *m*; **~owy** Kessel-; **~y** *pl* → ***kocioł***
kotny *zoo* trächtig
kotwi|ca *f* (*-y*) *mar* Anker *m*; ***podnieść ~cę*** den Anker lichten; **~czny** Anker-
kowa|dło *n* (*-a*; *G -deł*) Amboß *m*; **~l** *m* (*-a*; *-e*) Schmied; **~lski** Schmiede-
kowbojski Cowboy-; ***film*** ~ Western
koz|a *f* (*-y*; *G kóz*) Ziege, (*t. łow*) Geiß; F ***siedzieć w ~ie*** im Knast sitzen
kozetka *f* (*-i*; *G -tek*) Liege
kozi Ziegen-, Geiß-; **~ca** *f* (*-y*; *-e*) Gemse; **~na** *f* (*-y*; *0*) Ziegenfleisch *n*
kozioł *m* (*-zła*; *-zły*) Bock (*t. fig*); ~ ***ofiarny*** Sündenbock; **~ek** *m* (*-łka*; *-łki*): ***fikać ~ki*** Purzelbäume schlagen
koziorożec *m* (*-żca*; *-żce*) Steinbock
koźl|ątko *n* (*-tka*), **~ę** *n* (*-ęcia*; *-ęta*) Zicklein, Geißlein
kożuch *m* (*-a*; *-y*) (Schaf-)Pelz
kół *m* (*kołu*; *koły*) Pfahl; → ***koło***
kółko *n* (*-a*; *G -łek*) Rädchen; (***do kluczy*** Schlüssel-)Ring *m*; (kleiner) Kreis; *fig t.* Zirkel *m*; ***w*** ~ im Kreis; → ***koło***
kpi|ąco *adv* spöttisch; **~ć** (*-ę*, *kpij!*) (***z*** *G*) sich lustig machen (über *A*); **~na** *f* (*-y*): *zw. pl* **~ny** Spott *m*
kra *f* (*-y*; *G kier*) Eisscholle; Treibeis *n*
krab *m* (*-a*; *-y*) Krabbe *f*
krach *m* (*-u*; *-y*) *ekon* F Krach
kraciasty kariert, Karo-
kra|dli, **~dł** *itp.* → ***kraść***; **~dzież** *f* (*-y*; *-e*) Diebstahl *m*; **~dziony** gestohlen
kraj *m* (*-u*; *-e*) Land *n*; ~ ***rodzinny*** Heimat *f*; ***tęsknota za ~em*** Heimweh *n*
krajać ⟨***na-***, ***po-***⟩ (*-ę*) schneiden
krajo|braz *m* Landschaft *f*; **~wiec** *m* (*-wca*; *-wcy*) Eingeborene(r); **~wy** Landes-; einheimisch, inländisch; **~znawczy** landeskundlich, Heimat-
krakać (*-czę*) krächzen; *fig* unken
krakowski Krakauer *adj*
kraksa F *f* (*-y*) (Verkehrs-)Unfall *m*, F Karambolage; *lotn* Bruchlandung
kram *m* (*-u*; *-y*) Verkaufsstand, Marktbude *f*; (*rzeczy*) Kram; → ***kłopot***
kran F *m* (*-u*; *-y*) (*kurek*) Hahn; ***woda z ~u*** Leitungswasser *n*; → ***żuraw***
kra|niec *m* (*-ńca*; *-ńce*) Ende *n*, Rand; ***na ~ńcu*** am Ende; **~ńcowy** (**-wo**) äußerst, extrem; letzt-, End-
krasić ⟨**o-**⟩ (*-szę*) *kulin* anmachen (*I* mit)
kras|nal *m* (*-a*; *-e*), **~noludek** *m* (*-dka*; *-dki*) Heinzelmännchen *n*; Gartenzwerg; **~omówca** *m* Rhetoriker
kraszanka *f* (*-i*; *G -nek*) Osterei *n*
kraść* ⟨**s-**, **u-**⟩ stehlen
krat|a *f* (*-y*) Gitter *n*; → **~ka** *f* (*-i*; *G -tek*) (feines) Gitter; (*deseń*) Karo *n*; ***za ~kami*** hinter Gittern; ***w ~kę*** → **~kowany** kariert; **~ować** (*-uję*) vergittern
krawat *m* (*-a*/*-u*; *-y*) Krawatte *f*, Schlips
kra|wcowa *f* (*-wej*, *-wo!*; *-we*) Schneiderin; **~węd** *f* (*-dzi*; *-dzie*) Kante; **~wężnik** *m* (*-a*; *-i*) Bordkante *f*, Randstein; **~wiec** *m* (*-wca*, *-wcze*/*-wcu!*; *-wcy*) Schneider; **~wiecki** Schneider-
krą|g *m* (*kręgu*, *kręgi*), **~żek** *m* (*-żka*; *-żki*) *dim* Kreis; Ring; Scheibe *f*; **~żek** *tech* Rolle *f*; *sport* Puck; **~żenie** *n* (*-a*) Kreisen; Kreislauf *m*, Zirkulation *f*; **~żownik** *m* (*-a*; *-i*) *mar* Kreuzer; **~żyć** (*-ę*) kreisen (***dokoła*** *G* um), herumgehen (*t. fig*); zirkulieren, im Umlauf sein
krea|cja *f* (*-i*; *-e*) Kreation; **~tura** *f* (*-y*) *pej* Kreatur; **~tywny** kreativ
kreci Maulwurfs-; *fig pej* Wühl-
kreda *f* (*-y*) Kreide
kredens *m* (*-u*; *-y*) Büfett *n*, Geschirrschrank
kredka *f* (*-i*; *G -dek*) (Bunt-)Stift *m*; ~ ***do ust*** Lippenstift *m*
kredow|o- *w zł.* kreide-; **~y** Kreide-
kredyt *m* (*-u*; *-y*) Kredit; ***na*** ~ auf Kredit; **~ować** (*-uję*) *v/t* Kredit(e) gewähren (für); **~owy** Kredit-
krem *m* (*-u*; *-y*) Kreme *f*, Creme *f*
kremacja *f* (*-i*; *-e*) Einäscherung
kremowy (**-wo**) Krem-; creme(farben)
kreować (*-uję*) kreieren, schaffen
krepa *f* (*-y*) Krepp *m*
kres *m* (*-u*; *0*) Ende *n*; (*pl -y*) Grenze *f*; ***być u ~u*** am Ende sein; ***położyć*** ~ (*D*) ein Ende setzen/machen (*D*)
kresk|a *f* (*-i*; *G -sek*) Strich *m*; **~ować** (*-uję*) stricheln; **~owany** *litera*: mit Strich; **~owy** Strich-; **~ówka** *f* (*-i*; *G -wek*) Zeichentrickfilm *m*
kreśl|arka *f* (*-i*; *G -rek*), **~arz** *m* (*-a*; *-e*)

K

technische(r) Zeichner(in); **~enie** *n* (*-a; 0*) *tech* Zeichnen; **~ić** (*-lę*) ⟨**na-**⟩ zeichnen (*a. fig*); ⟨**s-**, **wy-**⟩ (aus)streichen
kret *m* (*-a; -y*) Maulwurf; **~owisko** *n* (*-a*) Maulwurfshügel *m*
kretyn *m* (*-a; -i*) *pej* Schwachkopf
krew *f* (*krwi; 0*) Blut *n*; ***do krwi*** bis zum Blut, blutig; ***z krwi i kości*** von echtem Schrot und Korn; ***czystej krwi*** Vollblut-; ***z zimną krwią*** kaltblütig
krewetka *f* (*-i; G -tek*) Garnele
krew|ki (***-ko***) heißblütig, hitzig; **~na** *f* (*-ej; -e*), **~ny** *m* (*-ego; -i*) Verwandte(r)
kręc|ić (*-cę*) drehen (***się*** sich); *włosy* eindrehen; *wąsa* zwirbeln; F (*kłamać*) schwindeln; ***~ić głową*** den Kopf schütteln; ***~ić nosem*** die Nase rümpfen; ***~ić się*** *włosy*: sich wellen; F (*wiercić się*) herumlaufen, herumrennen; ***~ić się koło*** (*G*) sich sehr interessieren (für); **~ony** gedreht, gewunden; wellig; ***schody*** *pl* ***~one*** Wendeltreppe *f*
kręg *m* (*-u; -i*) *anat* Wirbel; *pl* → ***krąg***; **~arstwo** *n* (*-a; 0*) Chiropraktik *f*; **~ielnia** *f* (*-i; -e*) Kegelbahn; **~le** *m/pl* (*-i*): ***grać w ~le*** kegeln
kręgo|słup *m* Wirbelsäule *f*; **~wce** *m/pl* (*-ów*) Wirbeltiere *n/pl*
krępować ⟨**s-**⟩ (*-uję*) fesseln; *fig* einschränken; (*żenować*) in Verlegenheit bringen; **~ *się*** sich genieren
krępujący (**-co**) lästig; peinlich
krępy stämmig, untersetzt
kręta|ctwo *n* (*-a*) Ausflüchte *f/pl*; *pl t.* Lügen *f/pl*; **~cz** *m* (*-a; -e*), **~czka** *f* (*-i; G -czek*) Lügner(in), Schwindler(in)
kręty (***-to***) gewunden; *uliczka*: wink(e)lig
krnąbrny aufsässig, trotzig
krochmal *m* (*-u; 0*) Stärke(mehl *n*) *f*; **~ić** ⟨**na-**, **wy-**⟩ (*-lę*) *bieliznę* stärken
krocze *f* (*-a*) *anat* Damm *m*
kroczyć (*-ę*) schreiten (*t. fig*)
kroić (*-ję, krój!, -ją*) ⟨**po-**⟩ schneiden; ⟨**s-**⟩ zuschneiden
krok *m* (*-u; -i*) Schritt (*t. fig*); ***~ za ~iem*** Schritt für Schritt; ***co ~, na każdym ~u*** auf Schritt und Tritt
krokodyl *m* (*-a; -e*) Krokodil *n*
krokowy: ***gruczoł ~*** Vorsteherdrüse *f*
kromka *f* (*-i; G -mek*) Schnitte, Scheibe
kronika *f* (*-i*) Chronik; ***~ filmowa*** Filmwochenschau
krop|elka *f* (*-i; G -lek*) Tröpfchen *n*; **~ić** ⟨**po-**, **s-**⟩ (*-ę*) (be)sprengen, (be)sprühen; F *impf* ballern; ***~i*** es tröpfelt; **~idło** *n* (*-a; G -deł*) Weihwedel *m*; **~ielnica** *f* (*-y; -e*) Weihwasserbecken *n*; **~ka** *f* (*-i; G -pek*) Punkt *m*; ***w ~ki*** → **~kowany** gepunktet; **~la** *f* (*-i; -e, t. -pel*) Tropfen *m*; **~lówka** *f* (*-i; G -wek*) *med* Dauertropfinfusion; **~nąć** *v/s* (*-nę*) → ***kropić***
krosno *n* (*-a; G -sien*) Webstuhl *m*
krosta *f* (*-y*) Pustel, Pickel *m*
krotochwila *f* Posse, Schwank *m*
krow|a *f* (*-y; G krów*) Kuh; **~i** Kuh-
króc|ej *adv* kürzer; **~iutki** F ganz kurz
krój *m* (*-oju; -oje, -ojów*) (Zu-)Schnitt
król *m* (*-a; -owie, -ów*) König; ***Święto Trzech ≈li*** Dreikönigsfest
królestwo *n* (*-a*) Königreich; *fig* Reich
królew|na *f* (*-y; G -wien*) Königstochter; **~ski** Königs-, (***po -ku***) königlich
króli|czy Kaninchen-; **~k** *m* (*-a; -i*) *zoo* Kaninchen *n*; **~karnia** *f* (*-i; -e*) Kaninchenstall *m*
królowa *f* (*-ej, -wo!; -e*) Königin; **~ć** (*-uję*) herrschen, regieren; *fig* vorherrschen; (***nad*** *I*) überragen (*A*)
krótki kurz, Kurz-
krótko *adv* kurz; **~dystansowiec** *m* (*-wca; -wcy*) Kurzstreckenläufer; **~falowy** kurzwellig, Kurzwellen-; *fig* kurzfristig; **~metrażówka** *f* (*-i; G -wek*) Kurzfilm *m*; **~ść** *f* (*-ści; 0*) Kürze; **~terminowy** kurzfristig; **~trwały** kurz, von kurzer Dauer; **~widz** *m* Kurzsichtige(r); **~wzroczny** kurzsichtig (*t. fig*)
krótszy *comp* kürzer (***od*** *G* als)
krówka *f* (*-i; G -wek*) (kleine) Kuh; Sahnebonbon *m*; ***boża ~*** Marienkäfer *m*
krtań *f* (*-ni; -nie*) Kehlkopf *m*
krucho *adv* → ***kruchy***; *fig* übel, F mies
kruchta *f* (*-y*) Kirchenvorhalle
kruch|y brüchig, spröde; *mięso*: mürbe; *ciastko*: knusp(e)rig; *fig* zerbrechlich; ***~e ciasto*** Mürbeteig *m*
krucjata *f* (*-y*) Kreuzzug *m*
krucyfiks *m* (*-u; -y*) Kruzifix *n*
kruczek *m* (*-czka; -czki*) Trick
kru|czy Raben-; (*czarny*) rabenschwarz; **~k** *m* (*-a; -i*) Rabe; *w.zn.* Kolkrabe
krup *m* (*-u; 0*) *med* Krupp; **~a** *f* (*-y*): *zw. pl* **~y** Graupen *f/pl*; *meteo* Graupeln *f/pl*; **~nik** *m* (*-a; -i*) Graupensuppe *f*
krusz|ec *m* (*-szcu; -szce*) Erz *n*; **~eć** ⟨**s-**⟩ (*-eję*) brüchig werden; *mięso*: mürbe werden; **~on** *m* (*-u; -y*) Bowle *f*; **~onka** *f* (*-i; G -nek*) *kulin* Streusel *n/pl*

kruszy|ć ⟨**po-**, **s-**⟩ (*-ę*) (zer)bröckeln (**się** *v/i*); *fig* zertrümmern; **~ć się** *t.* bröseln; → ***drobić***; **~na** *f* (*-y*) Krümel *m*; **~wo** *n* (*a*) *bud* Zuschlagstoff *m*

krużganek *m* Kreuzgang; Loggia *f*

krwawią|cy blutend; **~czka** *f* (*-i*; *0*) Bluterkrankheit

krwawi|ca *f* (*-y*; *-e*) Knochenarbeit; sauer verdientes Geld; **~ć** (*-ę*) *v/i* bluten

krwa|woczerwony blutrot; **~wy** (**-*wo***) blutig; *praca, trud*: hart, schwer

krwi|ak *m* (*-a*; *-i*) Bluterguß; **~ą** → ***krew***; **~nka** *f* (*-i*; *G -nek*) Blutkörperchen *n*

krwio|bieg *m* Blutkreislauf; **~dawca** *m*, **~dawczyni** *f* Blutspender(in); **~nośny:** ***naczynie ~nośne*** Blutgefäß; **~żerczy** (**-*czo***) blutrünstig

krwisty blutig, Blut-; blutunterlaufen; blutrot; *fig* vital, vollblütig

krwotok *m* (*-u*; *-i*) Blutung *f*

kry|ć (*-ję*) ⟨**u-**⟩ verstecken, verbergen (**się** sich); ⟨**po-**⟩ (be)decken (**się** sich); **~jówka** *f* (*-i*; *G -wek*) Versteck *n*; (*ukrycie dla k-o*) Schlupfwinkel *m*

kryminal|ista *m* (*-y*; *-ści*), **-tka** *f* (*-i*; *G -tek*) Kriminelle(r); **~ny** kriminell; ***policja ~na*** Kriminalpolizei

kryminał F *m* (*-u*; *-y*) Knast; (*utwór*) Krimi; (*czyn*) kriminelle Sache *f*

kryni|ca *f* (*-y*; *-e*) Quelle; **~czny** Quell-

krystali|czny kristallin; *fig* kristallklar; **~zować się** (*-uję*) kristallisieren *v/i*

kryształ *m* (*-u*; *-y*) Kristall *m* (*szkło*: *n*); **~owy** Kristall-; (**-*wo***) kristallklar

kryty bedeckt, gedeckt; überdacht

kryty|czka *f* (*-i*; *G -czek*) Kritikerin; **~czny** kritisch; **~k** *m* (*-a*; *-cy*) Kritiker; **~ka** *f* (*-i*) Kritik; **~kować** ⟨**s-**⟩ (*-uję*) kritisieren (**za** *A* wegen)

kryzys *m* (*-u*; *-y*) Krise *f*; **~owy** Krisen-

krza|czasty (**-*to***) buschig; **~k** *m* (*-u*; *-i*) Strauch, Busch; *pl t.* Gebüsch *n*

krząta|ć się (*-am*) herumwirtschaften, hantieren; (***koło*** *G*, **przy** *L*) beschäftigt sein (mit), sorgen (für); **~nina** *f* (*-y*) Geschäftigkeit, Getue *n*

krze|m *m* (*-u*; *0*) Silizium *n*; **~mian** *m* (*-u*; *-y*) Silikat *n*; **~mionka** *f* (*-i*; *0*) Kieselerde; **~myk** *m* (*-a*; *-i*) Kiesel

krzep|ić ⟨**po-**⟩ (*-ę*) stärken, erfrischen (**się** sich); **~ki** (**-*ko***) rüstig; (*silny*) kräftig; **~nąć** ⟨**s-**, **za-**⟩ (*-ę*, *-[ną]ł*, *-pła*) gerinnen; (*twardnieć*) erstarren

krzesać ⟨**wy-**⟩ (*-szę*) *iskry* schlagen

krzesełkowy: *wyciąg ~* Sessellift

krzesło *n* (*-a*; *G -seł*) Stuhl *m*

krzew *m* (*-u*; *-y*) Strauch

krzewić (*-ę*) verbreiten (**się** sich), fördern; **~ się** wuchern, sich ausbreiten

krzt|a: *ani ~y* kein bißchen

krztusić się ⟨**za-**⟩ (*-szę*) sich verschlukken (*I* an *D*); → ***dławić się***

krztusiec *m* (*-śca*; *0*) Keuchhusten

krzy|czący (**-co**) schreiend (*t. fig*); **~czeć** (*-ę*) schreien (**z** *G* vor); (**na *k-o*** j-n) anschreien; **~k** *m* (*-u*; *-i*) Schrei; *fig t.* Lärm; *pl t.* Geschrei *n*; **~kliwy** (**-*wie***) laut; schreiend (*t. fig*); *głos*: kreischend; ***~kliwy dzieciak*** Schreihals

krzywa *f* (*-ej*; *-e*) *mat* Kurve

krzyw|da *f* (*-y*) Unrecht *n*, Leid *n*; Schaden *m*; **~dzić** ⟨**po-**, **s-**⟩ (*-dzę*) *v/t* Leid antun (*D*); ungerecht behandeln; benachteiligen; Schaden zufügen (*D*)

krzywi|ca *f* (*-y*; *0*) Rachitis; **~ć** ⟨**s-**, **wy-**⟩ (*-ę*) verbiegen (**się** sich), krumm machen; **~ć się** ⟨**s-**⟩ das Gesicht verziehen; **~zna** *f* (*-y*) Krümmung

krzywo *adv* → ***krzywy***; ***spojrzeć ~*** (***na*** *A*) scheel ansehen (*A*); **~nogi** krummbeinig; **~przysięstwo** *n* (*-a*) Meineid *m*

krzywy krumm; schief; verbogen; ***w ~m zwierciadle*** verzerrt; → ***krzywo***

krzyż *m* (*-a*; *-e*) Kreuz *n*; ***na ~*** über Kreuz; ***bóle*** *m/pl* ***w ~u*** Kreuzschmerzen *m/pl*; **~ak** *m* (*-a*; *-i*) Kreuz(stück) *n*; *zoo* Kreuzspinne *f*; **2ak** (*pl -cy*) Kreuzritter; **~ować** (*-uję*) ⟨**u-**⟩ kreuzigen; ⟨**s-**⟩ kreuzen (**się** sich); **~owy** Kreuz-; ***wojny*** *f/pl* ***~owe*** Kreuzzüge *m/pl*; ***wziąć w ~owy ogień pytań*** ins Kreuzverhör nehmen; **~ówka** *f* (*-i*; *G -wek*) Kreuzworträtsel *n*; Kreuzung (*t. biol*); **~yk** *m* (*-a*; *-i*) Kreuzchen *n*; ***oznaczyć ~ykiem*** ankreuzen

kserokopia *f* Fotokopie; **~rka** *f* Fotokopiergerät *n*, Fotokopierer *m*

ksiądz *m* (*księdza*, *-ędzu*, *-ęże!*; *-ęża*, *-ęży*, *-ężom*, *I -ężmi*) Priester

książeczka *f* (*-i*; *G -czek*) Büchlein *n*; (***oszczędnościowa*** Spar-)Buch *n*

książe *m* (*GA księcia*, *DL księciu*, *I księciem*, *V książe*; *książęta*, *-żąt*) Fürst; Herzog; Prinz; **~cy** fürstlich; herzoglich, Herzogs-; Prinzen-

książk|a *f* (*-i*; *G -żek*) Buch *n*; **~owy** Buch-; ***mól ~owy*** *fig* Bücherwurm

księ|cia, **~dza** → ***książe***, ***ksiądz***

księga *f* (*-i*; *G książ*) Buch *n*; **~rnia** *f* (*-i*; *-e*) Buchhandlung; **~rski** buchhändlerisch, Buchhandels-

księgo|susz *m* (*-u*; *0*) *wet* Rinderpest *f*; **~wa** *f* (*-ej*; *-e*) Buchhalterin; **~wać** ⟨**za-**⟩ (*-uję*) (ver)buchen; **~wość** *f* (*-ści*; *0*) Buchführung; **~wy** Buch-; buchhalterisch; *su m* (*-ego*; *-i*) Buchhalter; **~zbiór** *m* Bibliothek *f*

księ|stwo *n* (*-a*; *G -*) Fürstentum, Herzogtum; **~żna** *f* (*-nej*/*-ny*, *DL -nej*/*-nie*, *A -nę*/*-ną*, *-no!*; *-ne*, *-nych*, *-nym*/*-nom*) Fürstin, Herzogin; **~żniczka** *f* (*-i*; *G -czek*) Prinzessin; **~ży** Priester-

księżyc *m* (*-a*; *-e*) Mond; ***przy świetle ~a*** im Mondschein; **~owy** Mond-; *noc*: mondhell

ksylofon *m* (*-u*; *-y*) Xylophon *n*

ksywa *f* (*-y*) Spitzname *m*; Deckname *m*; Gaunersprache

kształc|enie *n* (*-a*; *0*) Ausbildung *f*; → ***doskonalenie***; **~ić** ⟨**wy-**⟩ (*-cę*) (aus)bilden (**się** sich); *umysł* entwickeln; **~ić się** *t.* studieren (F ***na*** *G* um ... zu werden); sich ausbilden lassen (***w*** *I* in *D*)

kształt *m* (*-u*; *-y*) Gestalt *f*, Form *f*; *pl t.* Figur *f*; ***coś na ~*** (*G*) etwas wie ein(e) (*N*); **~ny** schön geformt; gut gebaut; **~ować** ⟨**u-**⟩ (*-uję*) gestalten (**się** sich)

kto *pron* wer; → ***bądź***; **~'kolwiek** wer auch immer; irgend jemand; **~ś** jemand

któr|ędy wo (entlang), welchen Weg; **~y** welche(r); F eine(r); → ***godzina***; ***~ego dziś mamy?*** der wievielte ist heute?; ***dom, w ~ym ...*** das Haus, in dem ...; ***ludzie, ~ym ...*** Leute, denen ...

który|'kolwiek, **~ś** irgendeine(r), irgendwelche(r) (***z was*** von euch)

któż wer denn; ***kogóż ja widzę?*** wen sehe ich denn da?

ku *praep* (*D*) zu (*D*); auf ... zu; → ***cześć***

kubański kubanisch, Kuba-

kubatura *f* (*-y*) Rauminhalt *m*

kubek *m* (*-bka*; *-bki*) Becher

kubeł *m* (*-bła*; *-bły*) Eimer, Kübel

kubiczny kubisch, Kubik-

kucha|rka *f* (*-i*; *G -rek*) Köchin; **~rski** Koch-, kulinarisch; **~rz** *m* (*-a*; *-e*) Koch

kuchen|ka *f* (*-i*; *G -nek*) kleine Küche; Kocher *m*, Kochplatte; **~ny** Küchen-

kuchmistrz *m* Meisterkoch; Küchenchef; **~yni** *f* Chefköchin

kuchnia *f* (*-i*; *-e*, *-i*/*-chen*) Küche

kuc|ki *pl* (*-cek*) Hocke *f*; ***siedzieć w ~ki*** hocken, kauern; **~nąć** *pf* (*-nę*) sich hinhocken, sich kauern

kucyk *m* (*-a*; *-i*) Pony *n*

Kuczki *f*/*pl* (*-czek*) *rel* Laubhüttenfest *n*

kuć (*kuję*, *kuj!*, *kuł*) schmieden; F pauken; → ***podkuwać***, ***w(y)kuwać***

kudłaty zottig, Zottel-

kufel *m* (*-fla*; *-fle*, *-fli*) Maßkrug, Seidel

kufer *m* (*-fra*; *-fry*) Truhe *f*; → ***bagażnik***

kuglarz *m* (*-a*; *-e*) Gaukler

kukanie *n* (*-a*) Kuckucksruf *m*

kuk|iełka *f* (*-i*; *G -łek*) Puppe; **~iełkowy** Puppen-; **~ła** *f* (*-y*; *G -kieł*) Puppe

kukuł|czy Kuckucks-; **~ka** *f* (*-i*; *G -łek*) Kuckuck *m*; ***... z ~ką*** Kuckucks-

kukurydza *f* (*-y*; *-e*) Mais *m*

kul|a[1] *f* (*-i*; *-e*) Kugel; **~a**[2] *f* (*-i*; *-e*) Krükke; ***chodzić o ~ach*** an Krücken gehen; **~awy** (**-wo**) lahm, hinkend; wack(e)lig

kulbak *m* (*-a*; *-i*) *zoo* Heilbutt

kule|czka *f* (*-i*; *G -czek*) Kügelchen *n*; **~ć** (*-eję*) hinken, lahmen (*t. fig*)

kulić (*-lę*) *głowę*, *nogi* einziehen; ***~ się*** ⟨**s-**⟩ sich zusammenkrümmen

kulig *m* (*-u*; *-i*) Schlittenfahrt *f*

kuli|s *m* (*-a*; *-i*) Kuli; **~sa** *f* (*-y*) Kulisse; **~sty** kugelförmig, sphärisch; Kugel-

kulk|a *f* (*-i*; *G -lek*) Kügelchen *n*; (***szklana*** Glas-)Murmel; **~owy** Kugel-

kuloodporny kugelfest, kugelsicher

kulszowy: ***nerw ~*** Ischiasnerv

kult *m* (*-u*; *-y*) (***jednostki*** Personen-)Kult

kultur|a *f* (*-y*) Kultur; **~alny** kulturell, Kultur-; (*obyty*) kultiviert; **~owy** Kultur-; **~ystyka** *f* (*-i*; *0*) Bodybuilding *n*

kultywować (*-uję*) kultivieren; *tradycje itp. t.* pflegen

kuluary *pl* (*-ów*) Wandelhalle *f*, Lobby *f*

kułak *m* (*-a*; *-i*) Faust *f*; Faustschlag

kum *m* (*-a*; *-owie*/*-y*), **~a** *f* (*-y*) Gevatter(in); **~kać** (*-am*) quaken

kumo|szka *f* (*-i*; *G -szek*) Klatschbase; **~ter** *m* (*-tra*; *-trzy*/*-trowie*) Kumpan; **~terstwo** F *n* (*-a*; *0*) Vetternwirtschaft *f*

kuna *f* (*-y*) (***leśna*** Baum-)Marder *m*

kundel F *m* (*-dla*; *-dle*) Köter

kunsztowny kunstvoll

kup|a *f* (*-y*) Haufen *m* (*t. fig*); F ***do ~y***, ***na ~ę***, ***na ~ie*** zusammen-; ***trzymać się ~y*** zusammenhalten *v/i*

kuper *m* (*-pra*; *-pry*) Bürzel; P Hintern

kupić *pf* (*-ę*) → ***kupować***

kupiec *m* (*-pca*, *-pcze*/*-pcu!*; *-pcy*) Kaufmann, Kauffrau *f*; (*nabywca*) Käu-

fer(in); **~ki** (**po -ku**) kaufmännisch
kupka *f* (*-i*; *G -pek*) Häufchen *n*
kupn|o *n* (*-pna*; *0*) Kauf *m*; **~y** F gekauft
kupon *m* (*-u*; *-y*) Kupon; (Lotto-)Schein
kup|ować (*-uję*) kaufen; *bilet t.* lösen; **~ujący** *m* (*-ego*; *-y*), **-ca** *f* (*-ej*; *-e*) Käufer(in), Kunde *m* (-din *f*)
kur *m* (*-a*; *-y*) Hahn; **~a** *f* (*-y*) Huhn *n*
kurac|ja *f* (*-i*; *-e*) Kur; ***na ~ji, na ~ję*** zur Kur; **~jusz** *m* (*-a*; *-e*), **-szka** *f* (*-i*; *G -szek*) Kurgast *m*; **~yjny** Kur-
kuranty *m/pl* (*-ów*) Glockenspiel *n*
kurat|ela *f* (*-i*; *-e*) *jur* Pflegschaft; *fig* Kuratel; **~or** *m* (*-a*; *-rzy*/*-owie*), **-rka** *f* (*-i*; *G -rek*) Kurator(in); *jur* Pfleger(in); Bewährungshelfer(in); **~orium** *n* (*idkl*; *-ia*, *-iów*) Kuratorium; Schulamt
kurcz *m* (*-u*; *-e*) Krampf
kurcz|ak *m* (*-a*; *-i*) Hühnchen *n*, Hähnchen *n*; **~ę** *n* (*-cia*; *-ęta*) Küken
kurcz|owy (**-wo**) krampfhaft; **~yć** ⟨**s-**⟩ (*-ę*) zusammenziehen (***się*** sich); *materiał*, *fig*: (zusammen)schrumpfen
kurdyjski Kurden-, kurdisch
kurek *m* (*-rka*; *-rki*) *tech*, *mil* Hahn
kurenda *f* (*-y*) Rundschreiben *n*
kurewski V Huren-, Nutten-
kuria ['kur̯ĭa] *f* (*GDL -ii*; *-e*) *rel* Kurie
kurier ['kur̯ĭɛr] *m* (*-a*; *-rzy*), **~ka** *f* (*-i*; *G -rek*) Kurier; **~ski** Kurier-
kuriozalny [-r̯ĭɔ-] kurios
kurnik *m* (*-a*; *-i*) Hühnerstall
kuropatwa *f* (*-y*) Rebhuhn *n*
kurs *m* (*-u*; *-y*) Kurs (*t. fin*, *fig*); (*wykłady t.*) Lehrgang; (*jazda*) Fahrt *f*; → ***obieg***; **~ant** *m* (*-a*; *-ci*), **-tka** *f* (*-i*; *G -tek*) Kursteilnehmer(in); **~ować** (*-uję*) verkehren; im Umlauf sein, kursieren
kurtka *f* (*-i*; *G -tek*) Jacke, Joppe
kurtuazyjny Höflichkeits-
kurtyna *f* (*-y*) Vorhang *m*
kurwa V *f* (*-y*) Hure, Nutte
kurz *m* (*-u*; *-e*) Staub; **~ajka** *f* (*-i*; *G -jek*) Warze; **~awa** *f* (*-y*) Staubwolken *f/pl*
kurzy Hühner-
kurzyć (*-ę*) Staub aufwirbeln; ***kurzy się*** es staubt; ***kurzy się z*** (*G*) ... raucht
kusi|ciel *m* (*-a*; *-e*, *-i*), **-lka** *f* (*-i*; *G -lek*) Verführer(in); **~ć** ⟨**s-**⟩ (*-szę*) reizen, locken; in Versuchung führen
kusy (**-so**) kurz; knapp; *ogon*: gestutzt
kusza *f* (*-y*; *-e*) Armbrust
kuszący (**-co**) verführerisch
kuszetka *f* (*-i*; *G -tek*) Liegewagen *m*
kuśnierz *m* (*-a*; *-e*) Kürschner
kuśtykać ⟨**po-**⟩ (*-am*) hinken
kutas V *m* (*-a*; *-y*) Schwanz, Pimmel
kuter *m* (*-tra*; *-try*) Kutter
kutia ['kut̯a] *f* (*GDL -ii*; *-e*) Weihnachtsgrütze (mit Honig und Mohn)
kutwa *m/f* (*-y*; *-ów*/*-*) Geizkragen *m*
kuty geschmiedet; *koń*, *fig*: beschlagen
kuzyn *m* (*-a*; *-i*) Vetter; **~ka** *f* (*-i*; *G -nek*) Kusine; **~ostwo** *n* (*-a*) Vetter mit Frau
kuźnia *f* (*-i*; *-e*, *-i*) Schmiede
kwadra *f* (*-y*) *astr* Viertel *n*; **~ns** *m* (*-a*; *-e*) Viertelstunde *f*; ***za ~ns druga*** Viertel vor zwei; ***~ns po drugiej*** Viertel nach zwei, Viertel drei; **~t** *m* (*-u*; *-y*) Quadrat *n*; **~towy** (**-wo**) quadratisch; ***metr ~towy*** Quadratmeter *m/n*
kwakać (*-czę*) *kaczka*: schnattern
kwakier *m* (*-kra*; *-krzy*/*-krowie*), **~ka** *f* (*-i*; *G -rek*) Quäker(in)
kwalifikacja *f* (*-i*; *-e*) Qualifikation
kwalifikowa|ć ⟨**za-**⟩ (*-uję*) qualifizieren; **~ć się** (**na** *A*) sich eignen (für, zu); **~ny** *pracownik*: vollausgebildet, gelernt
kwapić się (*-ę*) sich beeilen (**z** *I* mit)
kwarantanna *f* (*-y*; *G -*) Quarantäne
kwarc *m* (*-u*; *-e*) Quarz; **~ówka** *f* (*-i*; *G -wek*) Heimsonne, Höhensonne
kwarta *f* (*-y*) Quart *n*; *mus* Quarte
kwarta|lnik *m* (*-a*; *-i*) Vierteljahresschrift *f*; **~lny** vierteljährlich, Quartals-; **~ł** *m* (*-u*; *-y*) Vierteljahr *n*, Quartal *n*
kwartet *m* (*-u*; *-y*) Quartett *n*
kwas *m* (*-u*; *-y*) Säure *f*; (*zaczyn*) Sauerteig; **~y** *pl fig* böses Blut, Streit *m*; **~ić** (*-szę*) → ***kisić***; **~kowaty** (**-to**) säuerlich
kwa|soodporny säurebeständig; **~sowęglowy** Kohlensäure-; **~sowy** Säure-; **~szony** → ***kiszony***; **~śnieć** ⟨**s-**⟩ (*-eję*) sauer werden; **~śnosłodki** süßsauer; **~śny** (**-no**) sauer; *fig t.* säuerlich
kwater|a *f* (*-y*) Quartier *n*, Unterkunft; **~ować** (*-uję*) untergebracht sein; **~unkowy** Wohnungs-
kwes|ta *f* (*-y*) (Geld-)Sammlung; **~tia** [-t̯ĭa] *f* (*GDL -ii*; *-e*) Frage; **~tionariusz** *m* (*-a*; *-e*) Fragebogen; **~tionować** ⟨**za-**⟩ (*-uję*) in Frage stellen
kwestować (*-uję*) Spenden sammeln
kwękać F (*-am*) kränkeln; stöhnen
kwiacia|rka *f* (*-i*; *G -rek*) Blumenverkäuferin; **~rnia** *f* (*-i*; *-e*) Blumengeschäft *n*; **~sty** → ***kwiecisty***
kwiat *m* (*-u*, *L kwiecie*; *-y*) Blüte *f*, (*t.*

roślina) Blume *f*; **~ek** *m* (*-tka*; *-tki*) Blümchen *n*; **~owy** Blüten-, Blumen-
kwiczeć (*-ę*, *-y*) quieken
kwie|cień *m* (*kwietnia*; *-tnie*) April; **~cisty** (**-*to***, **-*ście***) blumenreich; blumengeschmückt; geblümt; **~tnik** *m* (*-a*; *-i*) Blumenbeet *n*; **~tniowy** April-
kwik *m* (*-u*; *-i*) Quieken *n*
kwilić (*-lę*) wimmern
kwint|al *m* (*-a*; *-e*) Doppelzentner; **~et** *m* (*-u*; *-y*) Quintett *n*
kwit *m* (*-u*; *-y*) Quittung *f*; (***bagażowy***, ***zastawny*** Gepäck-, Pfand-)Schein; **~a** F (*idkl*) quitt; aus, Schluß; **~ariusz** *m* [-ri̯uʃ] (*-a*; *-e*) Quittungsblock
kwitnąć (*-nę*) blühen (*t. fig*)
kwitować ⟨**po-**⟩ (*-uję*) quittieren
kwiz *m* (*-u*; *-y*) Quiz *n*
kwoka *f* (*-i*) Gluck(henn)e
kwota *f* (*-y*) (Geld-)Betrag *m*

L

laborato|rium *n* (*idkl*; *-ia*, *-iów*) Labor(atorium); **~ryjny** Labor-
lać (*-eję*) gießen; **~ *się*** fließen, strömen; ***leje*** (***jak z cebra***) es gießt (wie aus Kannen); → ***nalewać***, ***wylewać***
lada[1] *f* (*-y*) Ladentisch *m*; **~ *chłodnicza*** Kühlvitrine
lada[2] *part* (+ *su*): **~ *trudność*** jede (kleinste) Schwierigkeit; **~ *chwila*** jede Minute; (+ *pron*) → ***byle***; ***nie* ~** nicht zu verachten, erstklassig
lafirynda *f* (*-y*) *pej* Flittchen *n*
lai|cki [-'itski̯] laizistisch; laienhaft; **~k** ['la·ik] *m* (*-a*; *-cy*) Laie
lak *m* (*-u*; *-i*) Siegellack; *bot* Goldlack
lakier *m* (*-u*; *-y*) Lack; F ***bez* ~*u*** ohne Schönfärberei; **~ki** *m*/*pl* (*-ów*) Lackschuhe; **~ować** ⟨**po-**⟩ (*-uję*) lackieren
lakować ⟨**za-**⟩ (*-uję*) (ver)siegeln
lal|a *f* (*-i*; *-e*), **~ka** *f* (*-i*; *G -lek*) Puppe; ***teatr* ~*ek*** Puppentheater *n*
lamentować (*-uję*) jammern, F lamentieren (***nad*** *I* über *A*)
lamówka *f* (*-i*; *G -wek*) Besatz *m*, Borte
lampa *f* (*-y*) Lampe, Leuchte; *el t.* Röhre
lampart *m* (*-a*; *-y*) Leopard
lampka *f* (*-i*; *G -pek*) Lämpchen *n*; (***nocna***, ***kontrolna*** Nachttisch-, Kontroll-) Lampe; **~ *wina*** ein Schoppen Wein
lamus *m* (*-a*; *-y*) Speicher; Rumpelkammer *f*; ***złożyć do* ~*a*** F ausrangieren
landrynk|a *f* (*-i*; *G -nek*) Lutschbonbon *m*/*n*; **~owy** Bonbon-
lan|ie *n* (*-a*) Gießen; F (e-e Tracht) Prügel *pl*; **~y** gegossen, Guß-
laotański laotisch, Laos-
lapoński lapp(länd)isch
larwa *f* (*-y*) *zoo* Larve
las *m* (*-u*; *L lesie*; *-y*) Wald (*t. fig*)
lase|cznik *m* (*-a*; *-i*) Bazillus; **~k** *m* (*-sku*; *-ski*) Wäldchen *n*, Gehölz *n*
laser *m* (*-u*; *-y*) Laser; **~owy** Laser-
lask|a *f* (*-i*; *G -sek*) (Spazier-)Stock *m*; Stab *m*; *kulin* Stange; **~owy** Stangen-; ***orzech* ~*y*** Haselnuß(strauch *m*) *f*
lasować (*-uję*) *wapno* löschen
lata *pl* (-) Jahre *n*/*pl*; → ***lato***; ***ile masz lat?*** wie alt bist du?; ***na stare* ~** auf die alten Tage; ***sto lat!*** hoch soll ... leben!; ***na swoje* ~** für sein/ihr Alter
lata|ć (*-am*) fliegen; F (*biegać*) rennen (***do*** *G* in *A*, nach; ***po zakupy*** einkaufen); (***za*** *I*) nachlaufen (*D*); **~nina** F *f* (*-y*) Lauferei, Gerenne *n*
latar|ka *f* (*-i*; *G -rek*): **~*ka kieszonkowa*** Taschenlampe; → **~nia** *f* (*-i*; *-e*) Laterne; **~*nia morska*** Leuchtturm *m*; **~niowiec** *m* (*-wca*; *-wce*) Feuerschiff *n*
latawiec *m* (*-wca*; *-wce*) Drachen
lato *n* (*-a*, *L lecie*; *-a*) Sommer *m*; ***latem***, ***w lecie*** im Sommer; ***na* ~** für den Sommer; **~rośl** *f* (*-śli*; *-śle*, *-śli*) Sprößling *m*
lau|r *m* (*-u*; *-y*) Lorbeer; **~reat** *m* (*-a*; *-ci*), **-tka** *f* (*-i*; *G -tek*) Preisträger(in); **~rowy** Lorbeer-
lawa *f* (*-y*; *0*) Lava
lawenda *f* (*-y*) Lavendel *m*
lawin|a *f* (*-y*) Lawine; **~owy** Lawinen-; *fig* (**-*wo***) lawinenartig
lawirować (*-uję*) lavieren (*t. fig*)

laz|ł, **~ła**(**m**), **~łem** → ***leźć***
ląd *m* (*-u*; *-y*) (***stały*** Fest-)Land *n*; **~ować** ⟨**wy-**⟩ (*-uję*) landen; **~owanie** *n* (*-a*) Landung *f*; **~owisko** *n* (*-a*) Landeplatz *m*; **~owy** Land-; Festlands-
lecieć ⟨**po-**⟩ (*-cę*, *-ci*, *leć!*) fliegen; F rennen, laufen; → ***przelatywać***; F ***jak leci?*** wie geht es?
leciutki ganz leicht; (**-ko**) ganz sachte
leciwy (**-wie**) betagt
lecz (je)doch, aber; ***nie tylko ...***, **~** ***także*** nicht nur ..., sondern auch
lecz|enie *n* (*-a*) *med* Behandlung *f*; Therapie *f*; Kur *f*; **~nica** *f* (*-y*; *-e*) Heilanstalt, Klinik; **~nictwo** *n* (*-a*; *0*) Krankenversorgung *f*; Gesundheitswesen; **~niczy** Heil-; Gesundheits-; **~yć** (*-ę*) behandeln, kurieren; ***~yć się*** sich behandeln lassen, in Behandlung sein
ledw|ie, **~o** kaum; ***~ie***/***~o nie*** beinahe, fast; ***~ie żywy*** todmüde
legal|izować ⟨**za-**⟩ (*-uję*) legalisieren; (amtlich) beglaubigen lassen; *wagę* eichen; **~ny** legal, gesetzlich
legawy: ***pies*** **~** Vorstehhund
legenda *f* (*-y*) Legende
legi|a ['leg̑ia] *f* (*GDL -ii*; *-e*) Legion *f*; **~onista** *m* (*-y*; *-ści*) Legionär
legislatywa *f* (*-y*) Legislative
legitym|acja *f* (*-i*; *-e*) Ausweis *m*; **~ować** (*-uję*) legitimieren; ⟨**wy-**⟩ Ausweispapiere verlangen (*G* von); ***~ować się*** sich ausweisen (*I* mit)
legowisko *n* (*-a*) Lager; → ***barłóg***
legumina *f* (*-y*) Süßspeise
lej *m* (*-a*; *-e*) Trichter; → ***lać***
lejce *m*/*pl* (*-y*/*-ów*) Zügel *m*/*pl*
lejek *m* (*-jka*; *-jki*) Trichter
lek *m* (*-u*; *-i*) Arznei *f*, F Medizin *f*
lekar|ka *f* (*-i*; *G -rek*) Ärztin; **~ski** ärztlich, Arzt-; **~stwo** *n* (*-a*) → ***lek***
lekarz *m* (*-a*; *-e*) (***naczelny*** Chef-)Arzt
lekceważ|ący (**-co**) geringschätzig; **~enie** *n* (*-a*; *0*) Geringschätzung *f*; **~yć** ⟨**z-**⟩ geringschätzen; nicht ernst (genug) nehmen
lekcj|a *f* (*-i*; *-e*) Lektion; (*w szkole*) Stunde; ***prowadzić ~e*** unterrichten; ***odrabiać ~e*** Schulaufgaben machen
lekk|i leicht; Leicht-; *herbata*: schwach; *szum*: leise; **z** ***~a*** → ***~o*** *adv* leicht; leise
lekko|atletyczny Leichtathletik-; **~myślny** leichtsinnig; leichtfertig; **~ść** *f* (*-ści*; *0*) Leichtigkeit; → ***łatwość***; **~strawny** leichtverdaulich
lekoodporny *med* resistent
lek|sykon *m* (*-u*; *-y*) Lexikon *n*; **~torski** Lektor-; **~tura** *f* (*-y*) Lektüre
lemiesz *m* (*-a*; *-e*) Pflugschar *f*
lemoniada [-'n̦a-] *f* (*-y*) Limonade
len *m* (*lnu*, *L lnie*; *lny*) Flachs, Lein
leni|ć się (*-ę*) zu faul sein (**do** *G*, **z** *I* um zu *inf*); → ***linieć***; **~stwo** *n* (*-a*; *0*) Faulheit *f*, Trägheit *f*
leniuch *m* (*-a*; *-y*) Faulenzer(in), Faulpelz; **~ować** (*-uję*) faulenzen
leniw|iec *m* (*-wca*; *-wcy*) → ***leniuch***; *zoo* (*pl -wce*) Faultier *n*; **~y** (**-wie**) faul
leń *m* (*-nia*; *-nie*, *-ni*/*-niów*) → ***leniuch***
lep *m* (*-u*; *-y*) Leim; **~** ***na muchy*** Fliegenfänger; **~ić** (*-ę*) ⟨**u-**⟩ formen, kneten; ⟨**przy-**⟩ anleimen; ***~ić się*** kleben, haften (**do** *G* an *D*)
lepiej *adv* besser; → ***najlepiej***
lepki (**-ko**) klebrig; *adj t.* Klebe-
lepsz|y (*m-os lepsi*) besser; ***zmienić się na ~e*** sich zum Besseren wenden
lesbijka *f* (*-i*; *G -jek*) Lesbierin, F Lesbe
lesisty waldreich; bewaldet
leszcz *m* (*-a*; *-e*) *zoo* Blei
leszczyna *f* (*-y*) Haselnuß(strauch *m*) *f*
leśni|ctwo *n* (*-a*; *0*) Forstwirtschaft *f*; (*pl -a*) Forstrevier; Revierförsterei *f*; **~czówka** *f* (*-i*; *G -wek*) Forsthaus *n*; **~czy** *m* (*-ego*; *-owie*) Förster
leśn|ik *m* (*-a*; *-cy*) Forstwirt; **~y** Wald-
letni sommerlich, Sommer-; (*ciepławy*) lau(warm); **~czka** *f* (*-i*; *G -czek*), **~k** *m* (*-a*; *-cy*) Feriengast, Sommergast; **~o** *adv* → ***letni***; **~sko** *n* (*-a*) Ferienort *m*
lew *m* (*lwa*, *D lwu*; *lwy*) Löwe
lew|a *f* (*-ej*; *-e*) *karc* Stich *m*; ***po ~ej*** zur Linken; → ***lewy***; **~acki** linksradikal
lewarek *m* (*-rka*; *-rki*) (Wein-)Heber; *mot* Montiereisen *n*
lewatywa *f* (*-y*) Klistier *n*
lewic|a *f* (*-y*) *zw. pol* Linke; **~owy** linksgerichtet, Links-
lew'konia [-n̦ia] *f* (*GDL -ii*; *-e*) Levkoje
lewo: ***na*** **~**, ***w*** **~** (nach) links; linksherum; ***na*** **~** F *fig* auf die krumme Tour; unter der Hand; **~ręczny** linkshändig
lewostronny: ***ruch*** **~** Linksverkehr
lew|y link-, Links-; F *fig t.* gefälscht; ***po ~ej stronie*** auf der linken Seite; **z** ***~a*** von links; linkerseits; → ***lewa***, ***lewo***
leźć* F kriechen; klettern; F (**do** *G*) (ein)dringen (in *A*)

L

leż|ak *m* (*-a*; *-i*) Liegestuhl; **~anka** *f* (*-i*; *G -nek*) Liege; **~ąco**: ***na ~ąco*** im Liegen; **~eć** (*-ę*, *-y*) liegen (*t. fig*); *suknia*: sitzen

lędźwie *pl* (*-dźwi*) Lenden *f/pl*

lęgnąć się ⟨**wy-**⟩ (*-nę*, *lągł*) aus dem Ei schlüpfen; *fig* keimen

lęk *m* (*-u*; *-i*) Angst *f*, Furcht *f*; **~ać się** (*-am*) (*G*) Angst haben, sich fürchten (vor *D*); **~liwy** (**-wie**) ängstlich

lgnąć (*-nę*) (**do** *G*) haften, kleben (an *D*); sich (an)schmiegen (an *A*)

libacja *f* (*-i*; *-e*) Saufgelage *n*, F Fete

libański libanesisch

libera|lizować (*-uję*) liberalisieren; **~lny** liberal; **~ł** *m* (*-a*; *-owie*) Liberale(r)

libijski libysch

licealist|a *m* (*-y*; *-ci*, *-ów*), **~ka** *f* (*-i*; *G -tek*) Schüler(in) der Oberstufe

licencja *f* (*-i*; *-e*) Lizenz

liceum *n* (*idkl*; *-cea*) Lyzeum; **~ *zawodowe*** Berufsfachschule *f*

lich|o[1] *adv* → ***lichy***; **~o**[2] *n* (*-a*) das Böse; böser Geist; ***~o wie*** weiß der Teufel; ***co u ~a*** was zum Teufel; F ***mieć do ~a*** (*G*) in Hülle und Fülle haben (*A*)

lichota F *f* (*-y*) Schund *m*, Schmarren *m*

lichtarz *m* (*-a*; *-e*) (Kerzen-)Leuchter

lichwia|rski Wucher-; **~rstwo** *n* (*-a*; *0*) Wucher *m*; **~rz** *m* (*-a*; *-e*) Wucherer

lichy schäbig, elend, F *pej* pop(e)lig

lico *n* (*-a*) *lit* Antlitz; **~wać** (*-uję*) (**z** *I*) passen (zu); *v/t bud* verkleiden; **~wy** Vorder-, Front-, Stirn-

licyt|acja *f* (*-i*; *-e*) Versteigerung; *karc* Reizen *n*, Bieten *n*; **~ator** *m* (*-a*; *-rzy*) Auktionator; **~ować** (*-uję*) versteigern; (*t. karc*) mehr/weiter bieten

liczb|a *f* (*-y*) Zahl; (*ilość t.*) Anzahl; *gr* ***~a mnoga*** Mehrzahl; ***~a pojedyncza*** Einzahl; ***w ~ie gości*** unter den Gästen; ***przeważać ~ą*** in der Überzahl sein; **~owo** *adv* zahlenmäßig; in Zahlen; **~owy** Zahl(en)-; numerisch

licze|bnik *m* (*-a*; *-i*) *gr* Zahlwort *n*; **~bny** zahlenmäßig; ***stan ~bny*** Anzahl *f*, Stärke *f*; **~nie** *n* (*-a*; *0*) Zählen; Rechnen; ***... do ~nia*** Rechen-

licz|nik *m* (*-a*; *-i*) *mat*, *tech* Zähler; ***~nik gazowy*** Gasuhr *f*; **~ny** zahlreich

liczy|ć (*-ę*) ⟨**po-**⟩ zählen (*impf t. v/i*); rechnen; → ***obliczać***, ***wyliczać***; *fig* (**na** *A*) zählen (auf *A*), rechnen (mit); ***on ~ł sobie ... lat*** er war ... Jahre alt; ***~ć się*** zählen *v/i*; (**z** *I*) berücksichtigen (*A*); rechnen (mit); achten (auf *A*); ***to się nie ~*** das zählt nicht; **~dło** *n* (*-dła*; *G -deł*) Rechenbrett

lider *m* (*-a*; *-y*) Leader, Führer; *sport* Spitzenreiter, Tabellenführer

lignina *f* (*-y*; *0*) *med* Zellstoff *m*

ligow|iec *m* (*-wca*; *-wcy*) Ligaspieler; **~y** *sport* Liga-

likier *m* (*-u*; *-y*) Likör

likwid|acja *f* (*-i*; *-e*) Liquidierung; **~ować** ⟨**z-**⟩ (*-uję*) liquidieren

lilak *m* (*-a*; *-i*) Flieder

lili|a ['lʲiľa] *f* (*GDL -ii*; *-e*) Lilie; **~owy** Lilien-; (**-wo**) lila(farben)

liliput *m* (*-a*; *-ci*), **~ka** *f* (*-i*; *G -tek*) Liliputaner(in)

limfatyczny lymphatisch; Lymph-

limitować (*-uję*) limitieren

lin *m* (*-a*; *-y*) *zoo* Schleie *f*

lina *f* (*-y*) Seil *n*, Tau *n*, Leine; ***spuścić się po linie*** sich abseilen

linczować ⟨**z-**⟩ (*-uję*) lynchen

lini|a ['lʲiňa] *f* (*GDL -ii*; *-e*) Linie (*t. fig*); → **~ał** *m* (*-u*; *-y*) Lineal *n*

linieć (*-eję*) *ssaki*: (sich) haaren; *ptaki*: mausern; *owady*, *węże*: sich häuten

lini|jka *f* (*-i*; *G -jek*) Lineal *n*; **~owany** lini(i)ert; **~owy** Linien-; (**wo-**) linear

linka *f* (*-i*; *G -nek*) Leine, Seil *n*

linoryt *m* (*-u*; *-y*) Linolschnitt

lino|skoczek *m* Seiltänzer(in); **~wy** Seil-

lip|a *f* (*-y*) Linde; F *fig* (*0*) Schwindel *m*; Tinnef *m*; **~cowy** Juli-; **~iec** *m* (*-pca*; *-pce*) Juli; **~ny** F gefälscht, frisiert; → ***lichy***; **~owy** Linden-

liry|czny lyrisch; **~ka** ['lʲi-] *f* (*-i*; *0*) Lyrik

lis *m* (*-a*; *-y*) Fuchs; *pl t.* Fuchspelz

lisi Fuchs-; **~ca** *f* (*-y*; *-e*) Füchsin; → **~czka** *f* (*-i*; *G -czek*) *bot* Pfifferling *m*

list *m* (*-u*; *-y*) Brief; **~a** *f* (*-y*) Liste; **~ek** *m* (*-tka*; *-tki*) Blatt *n*, Blättchen *n*

listonosz *m* (*-a*; *-e*), **~ka** *f* (*-i*; *G -szek*) Briefträger(in)

listo|pad *m* (*-a*; *-y*) November; **~padowy** November-; **~wie** *n* (*-a*; *0*) Laub

listow|ny brieflich; **~y** Brief-

listwa *f* (*-y*; *G -tew*) Leiste; Borte

liszaj *m* (*-a*; *-e*) *med* Flechte *f*

liszka *f* (*-i*; *G -szek*) Raupe; *łow* Fähe

liś|ciasty *bot* Laub-; **~ć** *m* (*-ścia*; *-ście*, *I -ćmi*) *bot* Blatt *n*; *pl zbior t.* Laub *n*

lit *m* (*-u*; *0*) *chem* Lithium *n*

li'tania [-ňa] *f* (*GDL -ii*; *-e*) Litanei

litera *f* (*-y*) Buchstabe *m*; **~cki** Literatur-; (**-*ko*, *po -ku***) literarisch; **~lny** buchstäblich; wörtlich; **~t** *m* (*-a*; *-ci*), **~tka** *f* (*-i*; *G -tek*) Schriftsteller(in); **~tura** *f* (*-y*) Literatur
literować ⟨***prze-***⟩ (*-uję*) buchstabieren
litewski (***po -ku***) litauisch
litoś|ciwy barmherzig; (**-*wie***) mitleidig; **~ć** *f* (*-ści*; *0*) Mitleid *n*, Erbarmen *n*
litować się ⟨***u-***, ***z-***⟩ (*-uję*) (***nad*** *I*) Mitleid haben (mit); *impf t.* bemitleiden (*A*)
litr *m* (*-a*; *-y*) Liter *m*/*n*; **~aż** *m* (*-u*; *0*) *mot* Hubraum; **~owy** Liter-
li'turgia [-gi̯a] *f* (*GDL -ii*; *-e*) Liturgie
Litwin *m* (*-a*; *-i*), **~ka** *f* (*-i*; *G -nek*) Litauer(in)
liz|ać (*-żę*, *liż!*) lecken (*A*, an *D*); **~ak** *m* (*-a*; *-i*) Lutscher; F (*policyjny*) Kelle *f*; **~nąć** *v/s* (*-nę*) → ***lizać***
lizus *m* (*-a*; *-y*) *pej* (V Arsch-)Kriecher(in); **~owski** kriecherisch
ln|iany Flachs-, Lein-; *włók* leinen, Leinen-; *włosy*: flachsblond; **~u**, **~y** → ***len***
loch *m* (*-u*; *-y*) (Burg-)Verlies *n*
locha *f* (*-y*) Sau; *łow* Bache
loczek *m* (*-czka*; *-czki*) Löckchen *n*
lodo|łamacz *m* (*-a*; *-e*) *mar* Eisbrecher; **~waty** (**-*to***) eisig; **~wiec** *m* (*-wca*; *-wce*) Gletscher; **~wisko** *n* (*-a*) Eisbahn *f*; **~wnia** *f* (*-i*; *-e*) Eiskeller *m*
lo|dowy Eis-; **~dówka** *f* (*-i*; *G -wek*) Kühlschrank *m*; **~dy** *m/pl* (*-ów*) (Speise-)Eis *n*; → ***lód***; **~dziarnia** *f* (*-i*; *-e*) Eisdiele; **~dziarka** *f* (*-i*; *G -rek*), **~dziarz** *m* (*-a*; *-e*) Eisverkäufer(in)
logarytm *m* (*-u*; *-y*) Logarithmus
logi|czny logisch; **~ka** *f* (*-i*; *0*) Logik
lojaln|ość *f* (*-ści*; *0*) Loyalität; **~y** loyal
lok *m* (*-a*; *-i*) Locke *f*; ***w ~ach*** gelockt
lokaj *m* (*-a*; *-e*) Lakai, Diener
lokal *m* (*-u*; *-e*) Raum; (***nocny*** Nacht-) Lokal *n*; **~izować** ⟨***z-***⟩ (*-uję*) lokalisieren; **~ny** lokal, örtlich; **~owy** Lokal-
lokata *f* (*-y*) (Kapital-)Anlage; Platz *m*
lokator *m* (*-a*; *-rzy*), **~ka** *f* (*-i*; *G -rek*) (Wohnungs-)Mieter(in)
lokaut *m* (*-u*; *-y*) *ekon* Aussperrung *f*
lokomo|cja *f*: ***środek ~cji*** Verkehrsmittel *n*; **~tywa** *f* (*-y*) Lok(omotive)
lokować ⟨***u-***⟩ (*-uję*) unterbringen; plazieren, setzen (***się*** sich); *fin* anlegen
lokówka *f* (*-i*; *G -wek*) Lockenwickel *m*
lombard *m* (*-u*; *-y*) Leihhaus *n*
lont *m* (*-u*; *-y*) Zündschnur *f*, Lunte *f*
lornetka *f* (*-i*; *G -tek*) Fernglas *n*; **~ *teatralna*** Opernglas *n*
los *m* (*-u*; *-y*) Los *n*, Schicksal *n*; (***pełny*** Gewinn-)Los *n*; ***rzucać ~y*** knobeln; ***na ~ szczęścia*** auf gut Glück
losow|ać (*-uję*) losen; verlosen; **~anie** *n* (*-a*) Verlosung *f*; Ziehung *f*; **~y** Schicksals-; ***wybrany ~owo*** ausgelost
lot *m* (*-u*; *-y*) Flug; ***w ~*** schnell, sofort; → ***ptak***; ***~em błyskawicy*** wie der Blitz
lo'ter|ia [-ri̯a] *f* (*GDL -ii*; *-e*) Lotterie; ***bilet na ~ię*** Lotterielos *n*; ***wygrać na ~ii*** in der Lotterie gewinnen
lot|ka *f* (*-i*; *G -tek*) *zoo* Schwungfeder; *sport* Federball *m*; **~nia** *f* (*-i*; *-e*) *sport* Drachen *m*; **~niarz** *m* (*-a*; *-e*) Drachenflieger(in); **~nictwo** *n* (*-a*) Luftfahrt *f*; *mil* Luftwaffe *f*; **~niczy** Luft-, Flug-; **~niczka** *f* (*-i*; *G -czek*), **~nik** *m* (*-a*; *-cy*) Flieger(in); **~nisko** *n* (*-a*) Flugplatz *m*; **~niskowiec** *m* (*-wca*; *-wce*) Flugzeugträger; **~niskowy** Flugplatz-
lotny *chem* flüchtig; Flug-, fliegend; *fig* mobil, beweglich; *umysł t.*: wach
loża *f* (*-y*; *-e*) Loge
lód *m* (*lodu*; *lody*) Eis *n*; → ***lody***
lśni|ący (**-*co***) glänzend, blank; **~ć (się)** (*-ę*, *lśni*) glänzen, funkeln
lub *conj* oder
lubić (*-ę*) gern haben, liebhaben
lubieżny lüstern, *pej* geil; ***czyn ~*** unzüchtige/sexuelle Handlung *f*
lub|ować się (*-uję*) Gefallen finden/haben (*I* an *D*); **~y** † lieb
lud *m* (*-u*, *-u*/*-dzie!*; *-y*) Volk *n*; **~ność** *f* (*-ści*; *0*) Bevölkerung; **~ny** (dicht)bevölkert, volkreich; *ulica*: belebt
ludo|bójstwo *n* (*-a*; *0*) Völkermord *m*; **~wy** Volks-; (*wiejski*) Land-, Bauern-; **~znawczy** volkskundlich; **~żerca** *m* (*-y*; *G -ów*) Menschenfresser(in)
ludz|ie *pl* (*-i*, *I -dźmi*) Leute *pl*, Menschen *m/pl*; **~ki** (***po -ku***) menschlich; menschenwürdig; **~kość** *f* (*-ści*; *0*) Menschheit; Menschlichkeit
lufa *f* (*-y*) Lauf *m*; (*armaty*) Rohr *n*
lufcik *m* (*-a*; *-i*) Lüftungsklappe *f*
luft: F ***do ~u*** unter aller Kanone
luk *m* (*-u*; *-i*) Luke *f*; **~a** *f* (*-i*) Lücke
lukier *m* (*-kru*; *-kry*) Zuckerguß
lukrecja *f* (*-i*; *0*) Lakritze
luksusowy Luxus-, (**-*wo***) luxuriös
lunaty|czka *f* (*-i*; *G -czek*), **~k** *m* (*-a*; *-cy*) Mondsüchtige(r), Schlafwandler(in)

lunąć *pf* (*-nę*, *-ń!*) *v/i* sich ergießen; *deszcz*: niedergehen, niederprasseln
luneta *f* (*-y*) Fernrohr *n*
lupa *f* (*-y*) Lupe
lust|erko *n* (*-rka*; *G -rek*) (Taschen-) Spiegel *m*; **~racja** *f* (*-i*; *-e*) Inspektion; Überprüfung; **~ro** *n* (*-a*; *G -ter*) Spiegel *m*; **~rować** ⟨**z-**⟩ (*-uję*) inspizieren; überprüfen; (*patrzeć*) mustern
lustrzan|ka *f* (*-i*; *G -nek*) Spiegelreflexkamera; **~y** Spiegel-; spiegelglatt
lut *m* (*-u*; *-y*) Lot *n*, Lötmetall *n*
luterański *rel* lutherisch
lutnia *f* (*-i*; *-e*) *muz* Laute
lutow|ać (*-uję*) (ver)löten; **~nica** *f* (*-y*; *-e*) Lötkolben *m*; **~niczy** Löt-
lut|owy Februar-; **~y** *m* (*-ego*; *-e*) Februar; ***w ~ym*** im Februar
luz *m* (*-u*; *-y*) (freier) Platz; *tech* Spiel *n*, Luft *f*; **~em** *adv* lose; *wóz*: leer, unbeladen; *fig* frei; F ***na*** (***pełnym***) ***~ie*** *fig* (ganz) locker; **~ować** (*-uję*) ⟨**z-**⟩ ablösen (***się*** sich); ⟨***ob-***, ***po-***⟩ lösen, lockern
luźny (**-*no***) lose, locker
lw|a → ***lew***; **~i** Löwen-; **~ica** *f* (*-y*; *-e*) Löwin; **~y** *pl* → ***lew***
lżej(szy) *comp* → ***lekki***, ***lekko***
lżyć ⟨**ze-**⟩ (*-ę*, *lżyj!*) beschimpfen

Ł

łabę|dzi Schwanen-; **~dź** *m* (*-dzia*; *-dzie*, *-dzi*) Schwan
łach(man) *m* (*-a*; *-y*) Lumpen; **~*y*** *pl t.* Klamotten *f/pl*, Zeug *n*
łachudra *f/m* (*-y*; *G -der/-ów*) *pej* Luder *n*; → ***szubrawiec***
łacia(s)ty scheckig, gescheckt
łaci|na *f* (*-y*; *0*) Latein *n*; **~ński** lateinisch, Latein-
ład *m* (*-u*; *0*) Ordnung *f*; ***dojść do ~u*** zurechtkommen (**z** *I* mit)
ładny (*comp -niejszy*) schön, hübsch
ładow|ać (*-uję*) ⟨**za-**⟩ (ver)laden; ⟨***na-***⟩ *wóz* beladen; *el* aufladen; *broń* laden; **~ność** *f* (*-ści*; *0*) (Nutz-)Ladefähigkeit; Zuladung; **~ny** → ***pakowny***
ładunek *m* (*-nku*; *-nki*) Ladung *f*; ***~ wybuchowy*** Sprengsatz
łago|dnieć ⟨**z-**⟩ (*-eję*) *ból*, *wiatr itp.*: nachlassen; **~dność** *f* (*-ści*; *0*) Milde; **~dny** sanft; mild(e); *med* gutartig; **~dzić** ⟨**z-**⟩ (*-dzę*) lindern; ***okoliczności*** *f/pl* ***~dzące*** mildernde Umstände *m/pl*
łajać ⟨**z-**⟩ (*-am*) ausschelten
łajda|cki (**-*ko***, ***po -ku***) gemein; **~ctwo** *n* (*-a*) Gemeinheit *f*; **~czka** *f* (*-i*; *G -czek*) Flittchen *n*; **~k** *m* (*-a*; *-cy*) Schuft
łajno P *n* (*-a*; *G -jen*) (Hunde-)Dreck *m*, (Kuh-)Fladen *m*
łakocie *pl* (*-i*) Nascherei(en *pl*) *f*
łakom|ić się ⟨***po-***⟩ (*-ę*) F scharf sein (***na*** *A* auf *A*); **~y** naschhaft; *fig* F scharf (***na*** *A* auf *A*); (*pożądany*) begehrt
łam *m* (*-u*; *-y*) *drk* Spalte *f*; **~ać** (*-ię*) ⟨***po-***, **z-** zer⟩brechen (*t. fig*; ***się*** *v/i*); **~anie** *n* (*-a*; *0*) Brechen; *fig t.* Bruch *m*; *med* Reißen; **~any** gebrochen
łami|główka *f* Puzzle *n*; Denkaufgabe; *fig* harte Nuß; **~strajk** *m* (*-a*; *-i*) Streikbrecher
łamliwy spröde, brüchig
łan *m* (*-u*; *-y*) Flur *f*, Feld *n*
łania *f* (*-i*; *-e*) Hirschkuh; Damtier *n*
łańcu|ch *m* (*-a*; *-y*) Kette *f*; ***na ~chu*** an der Kette; **~chowy** Ketten-; **~szek** *m* (*-szka*; *-szki*) Kettchen *n*
łapa *f* (*-y*) Pfote (*t. fig.*), Tatze, Pranke
łapa|ć ⟨**z-**⟩ (*-ię*) (auf)fangen; (*t. fig*) F erwischen, kriegen, ertappen (***się*** sich; ***na*** *L* bei); **~nka** *f* (*-i*; *G -nek*) Razzia
łap|czywy (**-*wie***) gierig; **~ka** *f* (*-i*; *G -pek*) Pfötchen *n*; (***na myszy*** Mause-)Falle; **~ownictwo** *n* (*-a*; *0*) Bestechung *f*; **~owniczy** Bestechungs-
łapówka F *f* (*-i*; *G -wek*) Schmiergeld *n*
łasica *f* (*-y*; *-e*) Wiesel *n*
łasić się (*-szę*) *pies*: sich an den Beinen reiben, schwänzeln (***do*** *G* um *A*)
łas|ka *f* (*-i*; *G -*) Güte; Gunst; (*t. rel*) Gnade; ***prawo ~ki*** Begnadigungsrecht; ***niech pan z ~ki swojej*** würden Sie die Güte haben; **~kawy** (**-*wie***) gütig;

gnädig; günstig; **bądź ~kaw** sei so gut
łaskot|ać ⟨**po-**⟩ (*-czę*/*-cę*) kitzeln; **~ki** *pl* (*-tek*) Kitzel(n *n*) *m*; **~liwy** (**-wie**) kitzlig
łas|ować (*-uję*) naschen; **~y** → **łakomy**
łata[1] *f* (*-y*) Latte
łata[2] *f* (*-y*) Fleck *m*, Flicken *m*; **~ć** ⟨**za-**⟩ (*-am*) flicken; **~nina** *f* (*-y*) Flickwerk *n*
łatka *f* (*-i*; *G -tek*) → **łata**[2]
łatwo (*comp -wiej*) *adv* leicht; **~ść** *f* (*-ści*; *0*) Leichtigkeit; **~wierny** leichtgläubig
łatwy (*comp -wiejszy*) leicht, einfach
ław|a *f* (*-y*) Bank; *fig t.* Sitz *m*; **~a oskarżonych** Anklagebank; **~ica** *f* (*-y*; *-e*) *geol* Bank; (**ryb** Fisch-)Schwarm *m*; **~ka** *f* (*-i*; *G -wek*) Bank; **~nik** *m* (*-a*; *-cy*) Schöffe (Schöffin), Beisitzer(in)
łazanki *pl* (*-nek*) Ⓐ Fleckerln *m*/*pl*
łazić (*-żę*) (**po** *I*) F latschen, tigern (durch); klettern, kraxeln (in *D*)
łazienka *f* (*-i*; *G -nek*) Bad(ezimmer) *n*
łazik F *m* (*-a*; *-i*) Penner; (*wóz*) Jeep; **~ować** F (*-uję*) sich herumtreiben
łaźnia *f* (*-i*; *-e*) Bad *n*
łączn|ica *f* (*-y*; *-e*) *tel* Vermittlungsanlage; **~iczka** *f* (*-i*; *G-czek*) Kurier *m*; **~ie** *adv* (**z** *I*) einschließlich (*A*); zusammen; **~ik** *m* (*-a*; *-i*) Bindestrich; Verbindungsstück *n*; *el* Schalter; (*pl -cy*) Kurier; Verbindungsmann; *sport* Halbstürmer; **~ość** *f* (*-ści*; *0*) Gemeinsamkeit; Verbindung; Nachrichtenübermittlung, Fernmeldewesen *n*; **~y** gesamt, Gesamt-; Zusammen-; Binde-; **~yć** ⟨**po-**, **z-**⟩ (*-ę*) verbinden (**się** sich); **~ymy się z** (*I*) wir schalten um nach ...
łąk|a *f* (*-i*) Wiese; **~owy** Wiesen-
łeb *m* (*łba*; *łby*) Kopf, P Schädel; **na ~, na szyję** Hals über Kopf; **~ek** *m* (*-bka*; *-bki*) (**gwoździa** Nagel-)Kopf; F **od ~ka** pro Nase; **po ~kach** flüchtig
łechta|czka *f* (*-i*; *G -czek*) Klitoris; **~ć** (*-czę*/*-cę*/*-am*) (angenehm) kitzeln
łga|ć* F lügen; **~rz** F *m* (*-a*; *-e*) Lügner
łkać (*-am*) schluchzen
łobuz *m* (*-a*; *-y*/*-i*) Schlingel, Bengel; (*łajdak*) Rowdy; Schurke; **~erski** (**po -ku**) frech, rüpelhaft; (**-ko**) schelmisch; **~ować** (*-uję*) Unfug treiben, F toben
łodyga *f* (*-i*) Stengel *m*, Stiel *m*
łojo|tok *m* (*0*) Seborrhöe *f*; **~wy** Talg-
łok|ciowy Ellbogen-; **~ieć** *m* (*-kcia*; *-kcie*, *-kci*) Ellbogen; (*miara*) Elle *f*
łom *m* (*-u*; *-y*) Brechstange *f*
łomot *m* (*-u*; *-y*) Gepolter *n*; Pochen *n*; **~ać** (*-czę*/*-cę*) poltern; (heftig) pochen
łon|o *n* (*-a*) Schoß *m*; *poet* Busen *m*; **w ~ie matki** im Mutterleib; *fig* **w ~ie** (*G*) innerhalb (*G*); **~owy** *anat* Scham-
łopat|a *f* (*-y*) Schaufel; **~ka** *f* (*-i*; *G -tek*) (kleine) Schippe; *anat* Schulterblatt *n*; *kulin* Bug *m*; Vorderschinken *m*
łopian *m* (*-u*; *-y*) *bot* Klette *f*
łopotać (*-czę*/*-cę*) *chorągiew*: flattern; **~ skrzydłami** die Flügel schlagen
łosi|ca *f* (*-y*; *-e*) Elchkuh; **~owy** Elch-
łoskot *m* (*-u*; *-y*) Krachen *n*, Getöse *n*
łoso|siowy Lachs-; lachsfarben; **~ś** *m* (*-sia*; *-sie*) Lachs
łoś *m* (*-sia*; *-sie*, *-si*) Elch, Elen *n*/*m*
łotewski (**po -ku**) lettisch
łotr *m* (*-a*; *-y*/*-trzy*) Schuft; *rel* Schächer
łow|ca *m* (*-y*; *G -ów*), **~czyni** *f* (*-i*; *-e*) Jäger(in); **~czy** Jagd-; Fang-; *su m* (*-ego*; *-owie*) Jägermeister; **~ić** ⟨**z-**⟩ (*-ę*) fangen; **~ić ryby** *t.* fischen, angeln; **~iecki** Jagd-, Waid-; **~ny** jagdbar; **~y** *pl* (*-ów*) (hohe) Jagd *f*
łoza *f* (*-y*; *G łóz*) *bot* Weide(nzweig *m*) *f*
łoże *n* (*-a*; *G łóż*) (**małżeńskie**, **śmierci** Ehe-, Sterbe-)Bett; (*broni*) Schaft *m*
łoży|ć (*-ę*) (**na** *A*) bestreiten (*A*), aufkommen (für); **~sko** *n* (*-a*) (*koryto*) Bett; *anat*, *zoo* Mutterkuchen *m*; *tech* (**kulkowe** Kugel-)Lager
łódka *f* (*-i*; *G -dek*) Boot *n*, Kahn *m*
łódź *f* (*łodzi*; *łodzie*, *-dzi*) Boot *n*
łój *m* (*łoju*; *0*) Talg
łóż|eczko *n* (*-a*; *G -czek*) Bett(chen); **~ko** *n* (*-a*; *G -żek*) Bett; **do ~ka** ins Bett; **~kowy** Bett-
łubin *m* (*-u*; *-y*) Lupine *f*
łuczni|ctwo *n* (*-a*; *0*) Bogenschießen; **~czka** *f* (*-i*; *G -czek*), **~k** *m* (*-a*; *-y*) Bogenschütze *m*
łudz|ący (**-co**) täuschend; **~ić** ⟨**z-**⟩ (*-dzę*) täuschen (*I* mit); (**nie**) **~ić się** sich (nichts) vormachen; **~ić się nadzieją** sich der Hoffnung hingeben
ług *m* (*-u*; *0*) Lauge *f*
łuk *m* (*-u*; *-i*) Bogen; **~owy** Bogen-
łuna *f* (*-y*) Feuerschein *m*
łup *m* (*-u*; *-y*) Beute *f*; **paść ~em** (*G*) zum Opfer fallen (*D*), Beute werden (von)
łup|acz *m* (*-a*; *-e*) *zoo* Schellfisch; **~ać** (*-ię*) *v*/*t* ⟨**roz-**⟩ spalten; *orzech* knakken; **~ek** *m* (*-pku*; *-pki*) *min* Schiefer; **~ić** (*-ę*) plündern, ausrauben
łupież *f* (*-y*; *0*) *med* Schuppen *f*/*pl*

Ł

łupin|a *f* (*-y*) Schale; **~owy** Schalen-
łupnąć F *v/s* (*-nę*) hauen, knallen
łuska *f* (*-i*) Hülse (*t. mil*); (*ryby, med, fig*) Schuppe; → **łupina**; **~ć** (*-am*) aushülsen; schälen; *orzechy* knacken
łuszczy|ca *f* (*-y; 0*) *med* Schuppenflechte; **~ć** (*-ę*) → **łuskać**
łut *m* (*-a; -y*) Lot *n*; *fig* ein Quentchen
łużycki (**po -ku**) sorbisch
łydk|a *f* (*-i; G -dek*) Wade; **~owy** Waden-
łyk *m* (*-u; -i*) Schluck; **~ać** (*-am*) schlukken; **~nąć** *v/s* (*-nę*) (*G*) e-n Schluck nehmen (von)
łyko *n* (*-a*) Bast *m*; **~waty** *kulin* zäh(e)
łys|ieć ⟨**wy-**⟩ (*-eję*) kahl werden, e-e Glatze bekommen; **~ina** *f* (*-y*) Glatze; kahle Stelle; (*plama*) Blesse; **~y** *os.* kahlköpfig; *głowa, miejsce*: kahl; *su m* (*-ego; -si*) Glatzkopf, Skinhead
łyż|eczka *f* (*-i; G -czek*) (Tee-, Kaffee-)Löffel *m*; **~ka** *f* (*-i; G -żek*) (**stołowa** Eß-)Löffel *m*
łyżwa *f* (*-y; G -żew*) Schlittschuh *m*
łyżwia|rstwo *n* (*-a; 0*) Eis(kunst)lauf *m*; **~rka** *f* (*-i; G -rek*), **~rz** *m* (*-a; -e*) Schlittschuhläufer(in), Eis(kunst)läufer(in)
łza *f* (*łzy; łzy, łez*) Träne; ***śmiać się do łez*** Tränen lachen; ***przez łzy*** unter Tränen; **~wiący** Tränen-; **~wić** (*-ę*) *v/i* tränen; **~wy** tränenfeucht; *fig* rührselig
łzowy *anat* Tränen-
łżą, łże(sz) → ***łgać***

M

ma¹ *3. os. sg* → ***mieć***; *hdl* Haben *n*
ma² *pron* (*ściągn* ***moja***) → ***mój***
macać ⟨**po-**⟩ (*-am*) (be)tasten, (be)fühlen; P betatschen, knutschen
macedoński makedonisch
machać (*-am*) (*I*) schwingen, schwenken (*A*); winken (mit; ***do k-o*** j-m); wedeln (***ogonem*** mit dem Schwanz)
machin|a *f* (*-y*) (Riesen-)Maschine; *fig* Maschinerie; **~acja** *f* (*-i; -e*) Betrug *m*; *pl t.* Machenschaften *f/pl*
machlojka F *f* (*-i; G -jek*) Gaunerei
machnąć *v/s* (*-nę*) → ***machać***; ***~ ręką*** (***na*** *A*) aufgeben (*A*)
maci|ca *f* (*-y; -e*) Gebärmutter; ***~ca perłowa*** Perlmutt *n*; **~czny** Gebärmutter-
macie *2. os. pl praes* → ***mieć***
macierz *f* (*-y; -e*) *mat* Matrix
macierzanka *f* (*-i; G -nek*) Thymian *m*
macierzy|ński mütterlich, Mutter-; **~ństwo** *n* (*-a*) Mutterschaft *f*; **~sty** Mutter-, Stamm-; *mar* Heimat-
maciora *f* (*-y*) Mutterschwein *n*, Sau
mac|ka *f* (*-i; G -cek*) *zoo* Fühler *m*; Tentakel *m/n*, Fangarm *m*; **~nąć** *v/s* (*-nę*) → ***macać***
maco|cha *f* (*-y*) Stiefmutter; **~szy** (***po -szemu***) stiefmütterlich
maczać (*-am*) (ein)tunken, (ein)tauchen
mać V: ***psia ~!*** (verdammte) Scheiße!
madera *f* (*-y*) Madeira *m*
mafijny Mafia-, mafios
mag *m* (*-a; -owie*) Magier
magazy|n *m* (*-u; -y*) Lager(haus) *n*; Vorratsraum; (*sklep*) Geschäft *n*; (*pismo, audycja*) Magazin *n*; **~nek** *m* (*-nka; -nki*) (*na naboje*) Magazin *n*; **~nier, -rka** *f* (*-i; G -rek*) Lagerist(in); **~nować** ⟨**z-**⟩ (*-uję*) (ein)lagern, speichern (*t. fig*)
magi|a ['mag̦ja] *f* (*GDL -ii; -e*) Magie; **~czny** magisch
magiel *m* (*-gla; -gle*) Mangel *f*, Wäscherolle *f*
magik *m* (*-a; -cy*) Zauberkünstler(in)
magi|sterski Magister-; **~stracki** Magistrats-; **~strala** *f* (*-i; -e*) Hauptverkehrsstraße; *kolej* Hauptverkehrslinie; Haupt(rohr)leitung; **~stralny** Haupt-
maglować ⟨**wy-**⟩ (*-uję*) mangeln, rollen
magnes *m* (*-u; -y*) Magnet
magnetofon *m* (*-u; -y*) Tonbandgerät *n*; ***~ kasetowy*** Kassettenrecorder; **~owy** Tonband-; ***taśma ~owa*** Tonband *n*
magne|towid *m* (*-u; -y*) Videorecorder; **~tyczny** magnetisch, Magnet-
magnez *m* (*-u; 0*) Magnesium *n*
mahometański mohammedanisch
mahoniowy Mahagoni-

maić ⟨**u-**⟩ (*-ję*) mit Zweigen schmücken
maj *m* (*-a*; *-e*) Mai; **1 ⁓a** der Erste Mai
majacz|eć (*-eję*) → ***majaczyć***; **⁓enie** *n* (*-a*) Phantasieren; *pl* Fieberphantasien *f/pl*; **⁓yć** (*-ę*) nur als Schemen zu erkennen sein; → ***bredzić***; (*t.* ***się***) erscheinen (***we śnie*** im Traum)
mają *3. os. pl* → ***mieć***; **⁓tek** *m* (*-tku*; *-tki*) (Land-)Gut *n*; Vermögen *n*; Besitz, Habe *f*; **⁓tkowy** Vermögens-
majeranek *m* (*-nku*; *-nki*) Majoran
majętny vermögend, begütert
majonez *m* (*-u*; *-y*) Mayonnaise *f*
major *m* (*-a*; *-rzy*/*-owie*) Major
majowy Mai-, *lit* Maien-
majster *m* (*-tra*; *-trowie*/*trzy*) Meister
majsterkow|ać (*-uję*) basteln; **⁓anie** *n* (*-a*; *0*) F Bastelei *f*; **⁓icz** F *m* (*-a*; *-e*) Heimwerker(in), Bastler(in)
majstrować (*-uję*) werkeln, hantieren (***przy*** *L* an *D*); ⟨**z-**⟩ basteln, bauen
majtać F (*-am*) *v/i nogami* baumeln (mit); *ogonem* wedeln (mit)
majteczki *pl* (*-czek*) (Kinder-)Höschen *n*
majtki *pl* (*-tek*) Schlüpfer *m*, Höschen *n*
mak *m* (*-u*; *-i*) Mohn
makabryczny makaber
makaron *m* (*-u*; *-y*) (***w nitkach*** Faden-) Nudeln *f/pl*; ⁓ ***włoski*** Makkaroni *pl*; **⁓owy** Nudel-
makata *f* (*-y*) Wandteppich *m*
makieta *f* (*-y*) Modell *n*
makijaż *m* (*-u*; *-e*) Make-up *n*
makow|iec *m* (*-wca*; *-wce*), **⁓nik** *m* (*-a*; *-i*) Mohnkuchen; **⁓y** Mohn-
makówka *f* (*-i*; *G -wek*) Mohnkapsel
maksyma *f* (*-y*) Maxime; **⁓lny** maximal
malajski malaiisch
malar|ka *f* (*-i*; *G -rek*) Malerin; **⁓ski** Malerei-; ***sztuka ⁓ska*** Malkunst; **⁓stwo** *n* (*-a*; *0*) Malerei *f*
malaryczny Malaria-
malarz *m* (*-a*; *-e*) Maler; (*rzemieślnik t.*) Anstreicher
male|c *m* (*-lca*; *-lce*) Kleine(r), Junge; **⁓ć** ⟨**z-**⟩ (*-eję*) kleiner werden; *siły*: nachlassen; **⁓ńki** ganz klein; ganz kurz; **⁓ństwo** *n* (*-a*) Kleinchen, Baby
mali *m-os* → ***mały***
malign|a *f* (*-y*; *0*): ***w ⁓ie*** im Fieber
malin|a *f* (*-y*) Himbeere; **⁓owy** Himbeer-; (**-wo**) himbeerrot
malkontenctwo *n* (*-a*; *0*) Nörgelei *f*
malow|ać (*-uję*) ⟨**na-**⟩ *obraz* malen (*t. fig*; ***się*** sich); ⟨**po-**⟩ (an-, be)malen, (an)streichen (***na biało*** weiß); **⁓ać się** sich anmalen; **⁓anki** *f/pl* (*-nek*) Malbuch *n*; **⁓idło** *n* (*-a*; *G -deł*) Gemälde, Bild; **⁓niczy** (**-czo**) malerisch
maltański maltesisch, Malta-
maltretować (*-uję*) malträtieren, quälen
malu|ch *m* (*-a*; *-y*) Knirps; **⁓tki** winzig
malwa *f* (*-y*) Malve
malwersacja *f* (*-i*; *-e*) Unterschlagung
mała, **małe** → ***mały***
mało *adv* wenig; ⁓ ***kto*** kaum jemand; ***o ⁓ co***, ***o ⁓ nie*** fast, beinahe; ⁓ ***kiedy*** (sehr) selten, fast nie; ⁓ ***tego*** nicht genug (daß); ⁓ ***ważny*** nicht wichtig; **⁓duszny** kleinmütig; **⁓kaloryczny** kalorienarm; **⁓lat** *m* (*-a*; *-y*), **⁓lata** *f* (*-ej*; *-e*) Halbwüchsige(r); **⁓mówny** schweigsam, wortkarg; **⁓obrazkowy** *fot* Kleinbild-; **⁓rolny: *chłop ⁓rolny*** Kleinbauer; **⁓stkowy** (**-wo**) kleinlich; **⁓wartościowy** minderwertig; von geringem Wert
małp|a *f* (*-y*) Affe *m*; **⁓i** Affen-; (***-pio***) äffisch; **⁓ować** (*-uję*) nachäffen
mał|y klein, Klein-; ***bez ⁓a*** fast; ***od ⁓ego*** von klein auf; *su* ***⁓a*** *f* (*-ej*; *-e*), ***⁓y*** *m* (*-ego*; *-li*) Kleine(r); ***⁓e*** *n* (*-ego*; *-e*) *zoo* Junge(s), Kleine(s)
małż *m* (*-a*; *-e*) *zoo* Muschel *f*
małżeńs|ki ehelich, Ehe-; **⁓two** *n* (*-a*) Ehe *f*; Ehepaar, Eheleute *pl*
małżon|ek *m* (*-nka*; *-nkowie*) Gatte; *pl t.* Ehepaar *n*; **⁓ka** *f* (*-i*; *G -nek*) Gattin
małżowina *f* (*-y*) Ohrmuschel
mam *1. os. sg praes* → ***mieć***
mama *f* (*-y*) Mama, Mutti
mamer P *m* (*-mra*; *-mry*) Knast
mamić ⟨**z-**⟩ (*-ę*) → ***wabić***, ***zwodzić***
maminsynek *m* Muttersöhnchen *n*
mam|lać, **⁓leć** (*-ę*, *-i*), **⁓rotać** ⟨**wy-**⟩ (*-czę*/*-cę*) murmeln, brumme(l)n
mamy *1. os. pl praes* → ***mieć***
manatki F *pl* (*-ów*) Sachen *f/pl*, Kram *m*
mandarynka *f* (*-i*; *G -nek*) Mandarine
mandat *m* (*-u*; *-y*) Mandat *n*; ⁓ ***karny*** Strafmandat *n*, F Knöllchen *n*
manekin *m* (*-a*; *-y*) Schneiderpuppe *f*
manewr *m* (*-u*; *-y*) Manöver *n*; **⁓ować** (*-uję*) manövrieren
mania ['manja] *f* (*GDL -ii*; *-e*) Manie; ⁓ ***prześladowcza*** Verfolgungswahn *m*; **⁓cki** manisch; **⁓czka** *f* (*-i*; *G -czek*), **⁓k** *m* (*-a*; *-cy*) Irre(r); ***⁓k seksualny*** Sexualneurotiker

M

manicurzystka [-k̦u-] *f* (*-i*; *G -tek*) *os.* Maniküre
maniera *f* (*-y*) Manier, Art
manierka *f* (*-i*; *G -rek*) Feldflasche
manifest|acja *f* (*-i*; *-e*) Manifestation; Kundgebung; **~ować** (*-uję*) manifestieren; demonstrieren (***na rzecz*** *G* für)
manipul|acja *f* (*-i*; *-e*) Manipulation; **~ować** (*-uję*) manipulieren; (*I*) handhaben (*A*), umgehen (mit)
mankament *m* (*-u*; *-y*) Mangel, Fehler
mankiet *m* (*-u*; *-y*) Manschette *f*; ~ ***u spodni*** Hosenumschlag
manna *f* (*-y*; *0*) Manna *n*/*f*; → ***grysik***
manowce *m*/*pl* (*-ów*) Irrwege *m*/*pl*; ***zejść na*** ~ auf Abwege geraten
mańkut *m* (*-a*; *-ci*/*-y*) Linkshänder(in)
mapa *f* (*-y*) (Land-)Karte
mara|tonka *f* (*-i*; *G -nek*), **~tończyk** *m* (*-a*; *-cy*) Marathonläufer(in); **~toński:** ***bieg ~toński*** Marathonlauf
marc|a *G*, **~e** *pl* → ***marzec***
marcepan *m* (*-u*; *-y*) Marzipan *n*
marchew *f* (*-chwi*; *-chwie*), **~ka** *f* (*-i*; *G -wek*) Mohrrübe, Möhre
marc|owy März-; ***~owa pogoda*** Aprilwetter *n*; **~u** *DL* → ***marzec***
margaryna *f* (*-y*) Margarine
margines *m* (*-u*; *-y*) Rand; ***uwaga na ~ie*** Randbemerkung *f*; **~owy** Rand-
marionetka [-r̦ïɔ-] *f* (*-i*; *G -tek*) Marionette
marka[1] *f* (*-i*; *G -rek*) *fin* Mark
marka[2] *f* (*-i*; *G -rek*) Marke; *fig* Ruf *m*
marketingowy Marketing-
marko|tny (**-*nie***, **-*no***) betrübt, traurig; **~wać** (*-uję*) markieren, vortäuschen
marmolada *f* (*-y*) Marmelade
marmur *m* (*-u*; *-y*) Marmor
marnie *adv* → ***marny***; **~ć** ⟨**z-**⟩ (*-eję*) verkümmern; *zw. pf* eingehen
marnotraw|ić ⟨**z-**⟩ verschwenden, vergeuden; **~stwo** *n* (*-a*) Verschwendung *f*, Vergeudung *f*
marnować ⟨**z-**⟩ (*-uję*) verderben; verkommen lassen; (nutzlos) vergeuden; *okazję* verpassen; ~ ***się*** verkommen
marn|y erbärmlich, miserabel; ***pójść na ~e*** umsonst sein
marskość *f* (*-ści*; *0*) *med* Zirrhose
marsz *m* (*-u*/*mus -a*; *-e*) Marsch; ~ ***stąd!***, ~ ***za drzwi!*** raus hier!
marszałek *m* (*-łka*; *-łkowie*) Marschall; ~ ***sejmu*** Sejmpräsident
marszałkowski Marschall-
marszczyć ⟨***na-***, **z-**⟩ (*-ę*) in Falten legen; *czoło* runzeln; ~ ***się*** Falten werfen; das Gesicht verziehen
marszruta *f* (*-y*) (Marsch-)Route
martwi|ca *f* (*-y*; *0*) *med* Nekrose; **~ć** ⟨**z-**⟩ (*-ę*) Sorgen bereiten; ***~ć się*** sich Sorgen machen (***o*** *A* um; *I* wegen); **~eć** ⟨**z-**⟩ (*-eję*) *fig* erstarren (**z** *G* vor)
martw|y (**-*wo***) tot; ***~a natura*** Stilleben *n*
martyro'logia [-g̦ïa] *f* (*GDL -ii*; *-e*) Martyrium *n*, Leidensgeschichte
maru|dny F *praca*: knifflig; *pracownik*: bummelig; *dziecko*: queng(e)lig; **~dzić** (*-dzę*) F quengeln; → ***guzdrać się***
maryjny *rel* Marien-
maryna|rka *f* (*-i*; *G -rek*) Jacke, Sakko *m*; (*-i*; *0*) Marine; **~rski** Marine-; seemännisch, See-; **~rz** *m* (*-a*; *-e*) Seemann
mary|nata *f* (*-y*) Marinade; **~nować** ⟨**za-**⟩ (*-uję*) marinieren, einlegen
ma|rzanka *f* (*-i*; *G -nek*) *bot* Waldmeister *m*; **~rzec** *m* (*-rca*; *-rce*) März
marzenie *n* (*-a*) Traum *m* (*zw. fig*)
marznąć [-r·z-] (*-nę*, *-ł*) ⟨**z-**⟩ frieren; *pf t.* erfrieren; ⟨**za-**⟩ gefrieren
marzyciel *m* (*-a*; *-e*), **~ka** *f* (*-i*; *G -lek*) Träumer(in); **~ski** (**-*ko***) träumerisch; **~stwo** *n* (*-a*; *0*) Verträumtheit *f*
marzyć (*-ę*) träumen (***o*** *L* von)
marża *f* (*-y*; *-e*) Handelsspanne
masa *f* (*-y*) Masse; *fig t.* Menge
masakra *f* (*-y*; *G -kier*) Massaker *n*
masarski Metzger-, Fleischer-
masaż *m* (*-u*; *-e*) Massage *f*; **~ysta** *m* (*-y*; *-ci*), **-tka** *f* (*-i*; *G -tek*) Masseur(in)
maselniczka *f* (*-i*; *G -czek*) Butterdose
maska *f* (*-i*; *G -sek*) Maske; **~rada** *f* (*-y*) Maskenfest *n*
maskow|ać ⟨**za-**⟩ (*-uję*) tarnen, maskieren (***się*** sich); **~y** Masken-
masło *n* (*-a*; *0*) Butter *f*
mason *m* (*-a*; *-i*) Freimaurer
masować ⟨***po-***, ***wy-***⟩ (*-uję*) massieren
masow|o *adv* in Massen; **~y** Massen-; massenhaft; *guzik itp.*: Plastik-
mass 'media [-d̦ïa] *pl* (*-ów*) Massenmedien *n*/*pl*
masyw *m* (*-u*; *-y*) Massiv *n*; **~ny** massiv
masz *2. os.sg* → ***mieć***
maszerować (*-uję*) marschieren
maszkara *f* (*-y*) Schreckgespenst *n*
maszt *m* (*-u*; *-y*) *mar*, *bud* Mast
maszy|na *f* (*-y*) Maschine; ***~na do zmy-***

M

wania Geschirrspüler *m*; **~nista** *m* (*-y*; *-ci*) Maschinenmeister; *kolej* Lokführer; **~nistka** *f* (*-i*; *G -tek*) Maschine(n)schreiberin
maszynka *f* (*-i*; *-nek*): **~ *do kawy*** Kaffeemaschine; **~ *do mięsa*** Fleischwolf *m*; (***spirytusowa*** Spiritus-)Kocher *m*
maszyno|pis *m* (*-u*; *-y*) Typoskript *n*; **~wy** Maschinen-; (**-wo**) maschinell
maść *f* (*-ści*; *-ście*) Salbe; (*barwa*) Farbe
maśla|k *m* (*-a*; *-i*) Butterpilz; **~nka** *f* (*-i*; *G -nek*) Buttermilch; **~ny** Butter-
mat *m* (*-u*; *0*) Mattheit *f*; (*-a*; *0*) Matt *n*; matt; ***dać* ~a** (*D*) matt setzen (*A*)
mata *f* (*-y*) Matte
matactwo *n* (*-a*) Betrug *m*
matczyn(**y**) Mutters, mütterlich
matema|tyczny mathematisch; **~tyka** [-'ma-] *f* (*-i*; *0*) Mathematik; F Mathe
materac *m* (*-a*; *-e*) Matratze *f*
ma'teri|a [-rĭa] *f* (*GDL -ii*; *-e*) Materie, Stoff *m*; **~alny** materiell; **~ał** *m* (*-u*; *-y*) Stoff, Material *n*
matka *f* (*-i*; *G -tek*) Mutter; ♀ ***Boska*** Muttergottes; **~ *chrzestna*** Taufpatin; **~ *„donosicielka“*** Leihmutter
matnia *f* (*-i*; *-e*) *fig* Falle
matołek *m* (*-łka*; *-łki*) *med*, *pej* Kretin
matowy (**-wo**) matt
matryca *f* (*-y*; *-e*) Matrize
matrymonialny [-'n̦ĭal̦-] Ehe-, Heirats-
matu|ra *f* (*-y*) Abitur *n*, Ⓐ Matura; **~rzysta** *m* (*-y*; *-ści*), **-tka** *f* (*-i*; *G -tek*) Abiturient(in), Ⓐ Maturant(in)
mawiać (*-am*) zu sagen pflegen
maza|ć (*-żę*) (be)schmieren; **~nina** F *f* (*-y*) Schmiererei, Geschmiere *n*
mazgaj F *m* (*-a*; *-e*, *-ów*/*-ai*) Weichling
maznąć *v*/*s* (*-nę*) → ***mazać***
mazurek *m* (*-rka*; *-rki*) *muz* Mazurka *f*; *kulin* Osterwecken *m*
maź *f* (*-zi*; *-zie*) Schmiere
mącić ⟨**z-**⟩ (*-cę*) trüben (***się*** sich); **~ *się*** *fig* sich verwirren
mącz|ka *f* (*-i*; *G -czek*) Mehl *n*; **~ny** Mehl-; **~ysty** (**-to**) mehlig
mąd|rość *f* (*-ści*; *0*) Klugheit, Weisheit; **~ry** (**-rze**) klug, weise; **~rzeć** ⟨**z-**⟩ (*-eję*) klüger werden; **~rzej**(**szy**) *comp* klüger
mąka *f* (*-i*) Mehl *n*
mątwa *f* (*-y*; *G -*) Tintenfisch *m*
mąż *m* (*męża*; *mężowie*, *mężów*) (Ehe-)Mann; ***wyjść za* ~** (**za** *A*) heiraten (*A*); ***wydać za* ~** verheiraten (**za** *A* mit)
mchu *DL*, **mchy** *pl* → ***mech***
mdleć ⟨**ze-**⟩ (*-eję*) ohnmächtig werden
mdlić: ***k-o mdli*** j-m ist/wird übel
mdł|ości *pl* (*-*) Brechreiz *m*, Übelkeit *f*; **~y** (**-ło**) süßlich, ekelerregend; *fig* fad(e)
me *pron* (*ściągn* **moje**) → ***mój***
mebel *m* (*-bla*; *-ble*, *-bli*) Möbel(stück) *n*
meblo|wać ⟨**u-**⟩ (*-uję*) möblieren; **~wóz** *m* Möbelwagen
mecenas *m* (*-a*; *-i*) Mäzen
mech *m* (*mchu*; *mchy*) Moos *n*; Flaum
mechani|czny mechanisch; **~k** *m* (*-a*; *-cy*) Mechaniker(in); **~zm** *m* (*-u*; *-y*) Mechanismus; (***zegara*** Uhr-)Werk *n*; **~zować** ⟨**z-**⟩ (*-uję*) mechanisieren
mecz *m* (*-u*; *-e*) Match *n*, Kampf, Spiel *n*
meczet *m* (*-u*; *-y*) Moschee *f*
meda|l *m* (*-u*; *-e*) Medaille *f*; **~lik** *m* (*-a*; *-i*) Medaillon *n*; **~lista** *m* (*-y*; *-ści*), **-tka** *f* (*-i*; *G -tek*) Medaillengewinner(in)
medi'ator *m* (*-a*; *-rzy*) Schlichter
meduza *f* (*-y*) *zoo* Qualle
medy|cyna *f* (*-y*) Medizin; **~czka** F *f* (*-i*; *G -czek*) Medizinstudentin; **~czny** medizinisch; **~k** F *m* (*-a*; *-cy*) Medizinstudent; *żart* Medikus
medytować (*-uję*) meditieren; grübeln
mega|lo'mania *f* (*GDL -ii*; *0*) Größenwahn *m*; **~tona** *f* Megatonne
mego *pron* (*ściągn* ***mojego***), **mej** *pron* (*ściągn* ***mojej***) → ***mój***
meksykański mexikanisch
melancholijny melancholisch
meld|ować ⟨**za-**⟩ (*-uję*) melden (***się*** sich); (*w policji*) anmelden (***się*** sich); **~unek** *m* (*-nku*; *-nki*) (An-)Meldung *f*; **~unkowy** Melde-; Anmelde-
melin|a P *f* (*-y*) Unterschlupf *m*; ***~a złodziejska*** Diebesnest *n*; **~ować** ⟨**za-**⟩ P (*-uję*) verstecken (***się*** sich)
melioracja *f* (*-i*; *-e*) *agr* Melioration
me'lodia [-d̦ĭa] *f* (*GDL -ii*; *-e*) Melodie
melo|dyjny melodisch; **~man** *m* (*-a*; *-i*), **-nka** *f* (*-i*; *G -nek*) Musikfreund(in)
melon *m* (*-a*; *-y*) (Zucker-)Melone *f*
meł|li, ~ł(**am, -em**) → ***mleć***
me'moriał [-rĭaw] *m* (*-u*; *-y*) Denkschrift *f*; F *sport* Gedächtniswettkampf
menażka *f* (*-i*; *G -żek*) Feldflasche
menedżer *m* (*-a*; *-owie*) Manager
mennica *f* (*-y*; *-e*) Münze, Münzanstalt
mentalność *f* (*-ści*; *0*) Mentalität
mentolowy Menthol-
menu ['mɛn̦y] *n* (*idkl*) Menü

M

merdać ⟨**po-**⟩ (*-am*) wedeln (*I* mit)
mereżka *f* (*-i*; *G -żek*) Hohlsaum *m*
merla *f* (*-i*; *0*) *med* Gaze
merynos *m* (*-a*; *-y*) Merinoschaf *n*
merytoryczn|y substantiell; sachbezogen; ***w sprawie ~ej*** zur Sache
Mesjasz *m* (*-a*; *0*) Messias
meszek *m* (*-szku*; *0*) Flaum
met|a *f* (*-y*) Ziel *n*;*fig* ***na bliższą/dalszą ~ę*** auf kurze/lange Sicht
meta|l *m* (*-u*; *-e*) Metall *n*; **~liczny** metallisch; **~lowiec** *m* (*-wca*; *-wcy*) Metallarbeiter; **~lowy** Metall-, metallisch
metan *m* (*-u*; *0*) Methan(gas) *n*
meteorologiczny meteorologisch
meteoryt *m* (*-u*; *-y*) Meteorit
metka[1] *f* (*-i*; *G -tek*) Mettwurst
metka[2] *f* (*-i*; *G -tek*) Etikett *n*, Label *n*
meto|da *f* (*-y*) Methode, Verfahren *n*; **~dyczny** methodisch; **~dysta** *m* (*-y*; *-ci*, *-ów*), **-tka** *f* (*-i*; *G -tek*) Methodist(in)
metr *m* (*-a*; *-y*) Meter *m*/*n*
metraż *m* (*-u*; *-e*) Größe *f* (Länge *f*) in Metern; ***krótki ~*** *zbior* Kurzfilm
metro *n* (*-a*; *0*) Metro *f*, U-Bahn *f*
metrowy Meter-; meterlang
metryka ['mɛ-] *f* (*-i*): ***~ ślubu*** Heiratsurkunde; ***~ urodzenia*** Geburtsurkunde; ***~ zejścia*** Sterbeurkunde; ***~ chrztu*** Taufschein *m*; (*konia itp.*) Abstammungsnachweis *m*
metylowy *chem* Methyl-
mewa *f* (*-y*) (***śmieszka*** Lach-)Möwe
męcz|arnia *f* (*-i*; *-e*) Qual; **~ący** (**-co**) quälend; anstrengend; **~ennik** *m* (*-a*; *-cy*), **-nica** *f* (*-y*; *-e*) Märtyrer(in); **~eński** Marter-; Märtyrer-; **~yć** (*-ę*) quälen (***się*** sich); ⟨**z-**⟩ ermüden (***się*** *v/i*), anstrengen (***się*** sich); ***~yć się*** *t.* sich plagen (***nad*** *I* mit)
mędr|rek *m* (*-rka*; *-rka/-rkowie*) Wichtigtuer, *pej* Klugscheißer; **~rzec** *m* (*-drca*, *-drcze!*; *-drcy*) Weise(r)
męka *f* (*-i*) Qual; Folter
męs|ki männlich; Männer-, Herren-; ***po ~ku*** wie ein Mann, männlich; **~kość** *f* (*-ści*; *0*) Männlichkeit; **~two** *n* (*-a*; *0*) Mut *m*, Tapferkeit *f*
męt|lik F *m* (*-a*; *0*) Durcheinander *n*; **~nieć** ⟨**z-**⟩ (*-eję*) sich trüben, trübe werden; **~ny** trübe; unscharf; *fig* wirr, chaotisch; **~y** *m/pl* (*-ów*) Bodensatz *m*, Trub *m*; *fig* Abschaum *m*
mężatk|a *f* (*-i*; *G -tek*) verheiratete Frau; ***ona jest ~ą*** sie ist verheiratet
męż|czyzna *m* (*-y*; *-źni*, *-zn*) Mann; **~ny** mutig, tapfer; **~owski** des Mannes
mglisty (**-ście**) neblig, dunstig; *fig* vage
mgła *f* (*-y*, *DL mgle*; *-y*, *G mgieł*) Nebel *m*, Dunst *m*; ***zajść mgłą*** beschlagen *v/i*; **~wica** *f* (*-y*; *-e*) *astr* Nebel *m*
mgnieni|e *n* (*-a*): ***na ~e*** für e-n Augenblick; ***w ~u oka*** im Nu
mi *pron* (*ściągn D*) → ***mnie***[1]
miał[1], **~a**, **~o** → ***mieć***
miał[2] *m* (*-u*; *-y*) Klein *n*, Grus; **~ki** (**-ko**) fein(gemahlen); *fig* seicht
miano *n* (*-a*) *lit* Name *m*; → ***nazwa***; **~wać** ⟨**za-**⟩ (*-uję*) ernennen (*I* zu); **~wicie** nämlich; ***a ~wicie*** und zwar; **~wnik** *m* (*-a*; *-i*) Nominativ; *mat* Nenner
miar|a *f* (*-y*, *DL mierze*; *-y*) Maß *n*; (*wymiar*) Ausmaß *n*; ***bez ~y*** maßlos; ***szyty na ~ę*** maßgeschneidert; ***nad ~ę*** übermäßig; ***w ~ę*** mäßig; ***w ~ę jak*** in dem Maße wie; ***w ~ę możliwości/potrzeby*** nach Möglichkeit/Bedarf; ***w pewnej mierze*** gewissermaßen; ***w dużej mierze*** in hohem Maße; ***ze wszech miar*** in jeder Hinsicht; ***żadną ~ą*** auf keinen Fall; **~ka** *f* (*-i*; *G -rek*) (kleines) Maß; Meßlatte; Meßband *n*; Meßgefäß *n*
miarkować † ⟨**z-**⟩ (*-uję*) merken, sehen
miaro|dajny maßgeblich; **~wy** (**-wo**) gleichmäßig; *krok*: gemessen
miasteczko *n* (*-a*; *G -czek*) Städtchen; ***wesołe ~*** Rummelplatz *m*
miasto *n* (*-a*, *L mieście*; *-a*) Stadt *f*
miauczeć (*-ę*, *-y*) miauen
miazga *f* (*-i*) (weiche) Masse, Brei *m*
miażdży|ca *f* (*-y*; *0*) *med* Sklerose; **~ć** ⟨**z-**⟩ (*-ę*) zerquetschen, zermalmen
miąć ⟨**wy-**, **z-**⟩ (*mnę*) (zer)knittern, zerknüllen; ***~ się*** knittern *v/i*
miąższ [mɔ̃ʃ] *m* (*-u*; *0*) Mark *n*, Fleisch *n*
miech *m* (*-u*; *-y*) (Blase-)Balg
miecz *m* (*-a*; *-e*) Schwert *n*; **~nik** *m* (*-a*; *-i*) *zoo* Schwertfisch; (*orka*) Killerwal; **~yk** *m* (*-a*; *-i*) *bot* Gladiole *f*
mieć* haben; (+ *inf*) haben zu, sollen (*inf*); (**tu**) ***masz, macie …*** da hast du, habt ihr …; ***nie ma*** (*G*) es gibt kein(e), es fehlt (*A*); ***~ na sobie*** anhaben; ***~ miejsce*** stattfinden; ***~ za złe*** übelnehmen; ***masz ci los!*** da haben wir's!; ***ja miałbym to zrobić?*** ich soll das gemacht haben?; ***miano budować dom*** es

sollte ein Haus gebaut werden; ***nie ma jak ...*** es geht nichts über ...; **~ się** (**dobrze**) sich (gut) fühlen; ***jak się masz?*** wie geht es dir?; ***nie masz się czego wstydzić*** du brauchst dich (dessen) nicht zu schämen; ***ma się na deszcz*** es sieht nach Regen aus; ***on ma się za artystę*** er hält sich für e-n Künstler; **~ *się ku*** (*D*) sich zuneigen (*D*); → ***baczność***, ***lata***

miednic|a *f* (*-y*; *-e*) (Wasch-)Schüssel; *anat* Becken *n*; **~owy** *anat* Becken-

miedza *f* (*-y*; *-e*) (Feld-)Rain *m*

miedziany kupfern, Kupfer-

miedzioryt *m* (*-u*; *-y*) Kupferstich

miedź *f* (*-dzi*; *0*) Kupfer *n*

miej(cie) → ***mieć***

miejsc|e *n* (*-a*) Platz *m* (**na** *A*, **do** *G* für); Ort *m*; Stelle *f* (*t. mat*); (*pozycja t.*) Rang *m*; (**pracy** Arbeits-)Stätte *f*; *fig t.* Sitz *m*; ***~e zbrodni*** Tatort *m*; ***~e spotkania*** Treffpunkt *m*; ***na ~u*** an Ort und Stelle; ***na twoim ~u*** an deiner Stelle; F ***w ~e*** (*G*) anstelle (von, *G*); ***w tym ~u*** an dieser Stelle; ***z ~a*** auf der Stelle, umgehend; ***ustąpić ~a*** Platz machen; → ***pobyt***, ***przeznaczenie***; **~ami** stellenweise

miejscow|ość *f* (*-ści*) Ort(schaft *f*) *m*; **~y** örtlich, Orts-, lokal; ortsansässig

miejs|cówka *f* (*-i*; *G -wek*) *kolej* Platzkarte; **~ki** (**po -ku**) städtisch; ***rada ~ka*** Stadtrat *m*

miel|ą, **~e(sz)**, **~ę** → ***mleć***

mieliś|cie, **~my** → ***mieć***

mielizn|a *f* (*-y*) Untiefe; ***osiąść na ~ie*** stranden, (auf e-e Sandbank) auflaufen

mielon|y gemahlen; *kulin t.* durchgedreht; ***mięso ~e*** Hackfleisch

mienić się (*-ę*) schillern, schimmern

mienie *n* (*-a*; *0*) Gut, Habe *f*; **~ *społeczne*** Gemeineigentum

miern|iczy Meß-, Vermessungs-; *su m* (*-ego*; *-owie*) Land(ver)messer; *gór* Markscheider; **~ik** *m* (*-a*; *-i*) Maßeinheit *f*; *fig* Kriterium *n*; ***~ik wartości*** Wertmaß *n*; **~ość** *f* (*-ści*; *0*) Mittelmäßigkeit; **~y** mäßig; mittelmäßig

mierzeja *f* (*-e*) Nehrung

mierzić [-r·z-] (*t-ko 3. os. -i*) ekeln

mierzwić ⟨**z-**⟩ (*-ę*) zerzausen

mierzyć ⟨**z-**⟩ (*-ę*) *v/t* (aus)messen; *suknię* anprobieren; **~ *wzrokiem*** mustern (**się** sich, einander); *v/i* (**z** *G* **do** *G*) (*celować*) anlegen, richten (*A* auf *A*)

miesiąc *m* (*-a*; *-e*, *-sięcy*) Monat; ***raz na ~*** einmal im Monat; ***za ~*** in e-m Monat; **~ami** monatelang

miesiączka *f* (*-i*; *G -czek*) Regelblutung

miesić ⟨***wy-***⟩ (*-szę*) kneten

miesięczn|ik *m* (*-a*; *-i*) Monatsschrift *f*; **~y** monatlich, Monats-

miesza|ć (*-am*) ⟨**za-**⟩ (um)rühren; ⟨**z-**⟩ (ver)mischen; *fig* verwirren; (*mylić*) verwechseln; ⟨**w-**⟩ (**do** *G*) beimengen (*D*); *fig* hineinziehen (in *A*); ***~ć się*** sich einmischen; **~dło** *n* (*-a*; *G -deł*) Mischer *m*; **~niec** *m* (*-ńca*; *-ńce*/*-ńcy*) Mischling; **~nina** *f* (*-y*) Mischung; F Mischmasch *m*; **~nka** *f* (*-i*; *G -nek*) Gemisch *n*

mieszczań|ski bürgerlich; **~stwo** *n* (*-a*; *0*) Bürgertum

mieszka|ć (*-am*) (**w** *L*) wohnen (in *D*), bewohnen (*A*); **~lny** Wohn-; **~nie** *n* (*-a*) Wohnung *f*; **~niec** (*-ńca*; *-ńcy*), **~nka** *f* (*-i*; *G -nek*) Bewohner(in), Einwohner(in); **~niowy** Wohnungs-; → ***głód***

mieści|ć (*-szczę*) enthalten; (um)fassen; ***~ć się*** sich befinden; enthalten sein; ⟨**po-**, **z-**⟩ Platz haben/finden; **~na** *f* (*-y*) (armseliges) Städtchen, Nest *n*

miewać (*-am*) ab und zu (von Zeit zu Zeit) haben

mię (*ściągn GA*) → ***mnie***[1]

mięczak *m* (*-a*; *-i*) *pej* Softie; **~i** *pl* (*-ów*) Weichtiere *n/pl*

międlić F (*-lę*) → ***miąć***, ***ględzić***

między *praep* (*I*, *A*) zwischen, unter (*D*, *A*); **~ *innymi*** unter anderem; **~kontynentalny** interkontinental; **~ludzki** zwischenmenschlich; **~miastowy**: ***rozmowa ~miastowa*** Ferngespräch *n*; **~narodowy** international; **~wojenny**: ***lata*** *pl* ***~wojenne*** Zwischenkriegszeit *f*; **~zakładowy** zwischenbetrieblich

mięk|czyć ⟨**z-**⟩ (*-ę*) weich machen, (*t. fig*) erweichen; *jęz* palatalisieren; **~isz** *m* (*-u*; *-e*) weiches Inneres; *w.zn.* (Brot-)Krume *f*; (Frucht-)Fleisch *n*; **~ki** (*m-os -kcy*) (**-ko**) weich; *jęz* palatalisiert; ***jajko na ~ko*** weichgekochtes Ei; **~kość** *f* (*-ści*; *0*) Weichheit; **~nąć** ⟨**z-**⟩ (*-nę*) weich werden

mię|sień *m* (*-śnia*; *-śnie*) Muskel; **~sisty** fleischig; **~sny** Fleisch-; **~so** *n* (*-a*) Fleisch; **~sożerny** fleischfressend; **~śniowy** Muskel-

mię|ta *f* (*-y*) Minze; Minztee *m*; **~tosić** (*-szę*) → ***miąć***; **~towy** Pfefferminz-

M

mig *m* (*-u*; *-i*): ***na ~i*** durch Zeichen, in der Zeichensprache; F ***w ~*** im Nu; **~acz** *m* (*-a*; *-e*) Blinker; **~ać** (*-am*) blinken; *lampa*: flackern; → ***przemykać***
migawk|a *f* (*-i*; *G -wek*) *fot* Verschluß *m*; *pl fig* kurze Szenen; **~owy** Moment-
migdał *m* (*-u*; *-y*) Mandel *f*; **~ek** *m* (*-łka*; *-łki*) *anat* Mandel *f*; **~owy** Mandel-
mig|nąć *v/s* (*-nę*) → ***migać***; **~otać** (*-czę*/*-cę*) flimmern; flackern; **~owy** Zeichen-; Blink-
migracja *f* (*-i*; *-e*) Migration
migrena *f* (*-y*) Migräne
mija|ć (*-am*) *v/t* passieren (*A*), vorbeigehen, vorbeifahren *itp.* (an *D*); *v/i* verstreichen; ***~ć się*** aneinander vorbeigehen, vorbeifahren *itp.*; *listy*: sich kreuzen; (**z** *I*) verfehlen (*A*); ***~ć się z prawdą*** nicht der Wahrheit entsprechen; ***... go nie minie*** er wird ... nicht entgehen; **~nka** *f* (*-i*; *G -nek*) Ausweichstelle
mika *f* (*-i*, *DL mice*; *G* -) *min* Glimmer *m*
mikołajowy Nikolaus-
mikro|bus *m* (*-u*; *-y*) Kleinbus; **~element** *m* Spurenelement *n*; **~falowy** Mikrowellen-; **~fon** *m* (*-u*; *-y*) Mikrophon *n*; **~samochód** *m* Kleinstwagen; **~skopijny**, **~skopowy** (*-wo*) mikroskopisch; **~telefon** *m* Handapparat, Hörer
mikrus F *m* (*-a*; *-y*) Knirps, Kleine(r)
mikser *m* (*-a*; *-rzy*) Barmixer; (*pl -y*) *kulin* Mixer; *RTV* Mischpult *n*
mila *f* (*-i*; *-e*, -) (***morska*** See-)Meile
milcz|ący (still)schweigend; **~eć** (*-ę*, *-y*) schweigen; **~enie** *n* (*-a*) Schweigen; ***chwila ~enia*** Pause; Schweigeminute; ***pominąć ~eniem*** mit Stillschweigen übergehen; **~kiem** *adv* still, leise
mile *adv* herzlich; (*ładnie*) lieblich; ***~ widziany*** gern gesehen, gerngesehen
miliardowy Milliarden-
milicja *f* (*-i*; *-e*) *hist* Polizei; Miliz; **~nt** *m* (*-a*; *-ci*) Polizist; Milizsoldat
mili|gram *m* Milligramm *n*; **~metr** *m* Millimeter *m*/*n*; **~oner** *m* (*-a*; *-rzy*), **-rka** *f* (*-i*; *G -rek*) Millionär(in); **~onowy** Millionen-
militarystyczny militaristisch
milknąć ⟨**za-**⟩ (*-nę*, *-[ną]ł*) verstummen
milowy Meilen-; meilenweit
mi|lszy *comp* → ***miły***; **~luchny**, **~lutki** (*-ko*) (ganz) niedlich, lieb
miło *adv* herzlich; angenehm; ***~ mi*** es freut mich; **~sierdzie** *n* (*-a*; *0*) Barmherzigkeit *f*; Erbarmen; **~sierny** barmherzig; **~sny** Liebes-; **~stka** *f* (*-i*; *G -tek*) Liebschaft; **~ść** *f* (*-ści*; *0*) Liebe; **~śniczka** *f* (*-i*; *G -czek*), **~śnik** *m* (*-a*; *-cy*) (***sztuki*** Kunst-)Liebhaber(in); (***sportu*** Sport-)Fan *m*; **~wać** (*-uję*) *lit* lieben
miły (**-le**, **-ło**) angenehm; nett; (*drogi*) lieb, teuer
mimo *praep* (*G*) trotz, ungeachtet (*G*); ***~ to*** trotzdem; ***~ wszystko*** trotz allem; ***~ że***, ***~ iż*** obwohl; → ***pomimo***, ***wola***; **~chodem** *adv* beiläufig; **~lotny** flüchtig; **~wolny** unwillkürlich, unbewußt
mina[1] *f* (*-y*) Miene, Gesicht *n*
mina[2] *f* (*-y*) *mil* Mine
minąć *pf* (*-nę*, *-ń*) vorbei sein; → ***mijać***
minera|lny Mineral-, mineralisch; **~ł** *m* (*-u*; *-y*) Mineral *n*
mini|aturowy (**-wo**) Miniatur-; **~malny** minimal; **~mum** *n* (*idkl*; *-ima*, *-ów*) Minimum; *w zł. t.* Mindest-
miniony vergangen, vorig
minispódniczka *f* Minirock *m*
minister *m* (*-tra*; *-trowie*) Minister(in); ***rada ministrów*** Ministerrat *m*; **~ialny** ministeriell; **~stwo** *n* (*-a*) (***sprawiedliwości*** Justiz-)Ministerium
minorowy (**-wo**) *muz* Moll-, in Moll
minować ⟨**za-**⟩ (*-uję*) verminen
minus *m* (*-a*; *-y*) Minus(zeichen) *n*; *fig* (*-u*; *-y*) Minus *n*; **~owy** Minus-
minut|a *f* (*-y*) Minute; **za ~ę** in e-r Minute; ***co do ~y*** auf die Minute (genau); **~owy** Minuten-; *w zł.* -minutig
miodow|nik *m* (*-a*; *-i*) *kulin* Honigkuchen; **~y** Honig-; honiggelb; *fig* honigsüß; ***miesiąc ~y*** Flitterwochen *f*/*pl*
miot *m* (*-u*; *-y*) *zoo* Wurf; **~acz** *m* (*-a*; *-e*), **-czka** *f* (*-i*; *G -czek*) Werfer(in); ***~acz kulą*** Kugelstoßer; ***~cz gazowy*** chemische Keule *f*; **~ać** (*-am*) werfen, schleudern; **~ła** *f* (*-y*; *G -teł*) Besen *m*
miód *m* (*-odu*; *-ody*) Honig; ***~ pitny*** Met
miraż *m* (*-u*; *-e*) Fata Morgana *f*
mirt *m* (*-u*; *-y*) Myrte *f*
misja *f* (*-i*; *-e*) Mission
miska *f* (*-i*; *G -sek*) Schüssel, Napf *m*; ***~ klozetowa*** Klosettbecken *n*
misterny kunstvoll, künstlerisch
mistrz [miʃtʃ] *m* (*-a*; *-owie*, *-ów*) Meister; ***~ Polski*** *sport* polnischer Meister
mistrzo|stwo *n* (*-a*) Meisterschaft *f*; **~wski** (***-ko***, ***po -ku***) meisterhaft
mistrzyni [-ʃ'tʃ-] *f* (*-i*; *-e*, *-ń*) Meisterin

M

misty|fikować (*-uję*) täuschen, irreführen; **~ka** *f* (*-i*; *0*) Mystik
misyjny Missions-
miś *m* (*-sia*; *-sie*) Teddybär; Petz
miśnieński Meißner *adj*
mitologiczny mythologisch
mitręga F *f* (*-i*) Zeitverschwendung
mityczny mythisch, Sagen-
mitygować (*-uję*) beschwichtigen
mizdrzyć się F (*-ę*) (**do** *G*) schöne Augen machen (*D*), flirten (mit)
mi'zer|ia [-ŗĭa] *f* (*GDL -ii*; *-e*) Gurkensalat *m*; **~nieć** ⟨**z-**⟩ (*-eję*) abmagern; *pf t.* mager/schlecht aussehen; **~ny** abgemagert, F mick(e)rig; (*lichy*) miserabel
mknąć (*-nę*) (dahin)eilen
mlas|kać (*-am*) ⟨**~nąć**⟩ (*-nę*) schmatzen
mlecz *m* (*-u*; *-e*) *zoo* (Fisch-)Milch *f*; *bot* Milch(saft *m*) *f*; Gänsedistel *f*; **~arnia** *f* (*-i*; *-e*) Molkerei; **~arstwo** *n* (*-a*; *0*) Molkereiwirtschaft *f*; **~arz** *m* (*-a*; *-e*) Milchmann; **~ko** *n* (*-a*; *G -czek*) Milch *f*; **~nik** *m* (*-a*; *-i*) Milchkännchen *n*; **~ny** Milch-; (*biały*) milchig
mleć* ⟨**ze-**⟩ (zer)mahlen; F **~ *językiem*** quasseln; **~ *się*** gemahlen werden
mleko *n* (*-a*; *0*) (***pełne*** Voll-)Milch *f*; **~ *w proszku*** Milchpulver; ***na mleku*** *kulin* Milch-; **~dajny** milchgebend, Milch-
młocarnia *f* (*-i*; *-e*) Dreschmaschine
młocka *f* (*-i*; *0*) Drusch *m*
młod|e *n* (*-ego*; *-e*) Junge(s), Jungtier; → ***młody***; **~nieć** (*-eję*) sich jünger fühlen; jünger aussehen/wirken
młodo *adv* jung; **~ciany** jugendlich; *su m* (*-ego*; *-i*), **~ciana** *f* (*-ej*; *-e*) Jugendliche(r); **~ść** *f* (*-ści*; *0*) Jugend(zeit); ***nie pierwszej ~ści*** nicht mehr ganz jung
młod|szy (*m-os -dsi*) jünger; **~y** jung; ***pan ~y*** Bräutigam; ***panna ~a*** Braut; ***za ~u*** in jungen Jahren
młodzie|j *comp* → ***młodo***; **~niec** *m* (*-ńca*; *-ńca*) Jüngling; **~ńczy** (**-czo**, **po -czemu**) jugendlich; **~ż** *f* (*-y*; *0*) (***szkolna*** Schul-)Jugend; **~żowy** Jugend-
młodzik *m* (*-a*; *-i*) Bursche; Youngster
młodziutki (**-ko**) ganz jung, blutjung
młokos *m* (*-a*; *-y*) *pej* Grünschnabel
młot *m* (*-a*; *-y*), **~ek** *m* (*-tka*; *-tki*) Hammer; ***walić ~em*** *fig* hämmern *v/i*
młócić ⟨**wy-**⟩ (*-cę*) (aus)dreschen
młyn *m* (*-a*;*-y*) Mühle *f*; **~arka** *f* (*-i*; *G -rek*), **~arz** *m* (*-a*; *-e*) Müller(in); **~ek** *m* (*-nka*; *-nki*) (***do kawy*** Kaffee-)Mühle *f*
młyński Mühl(en)-; ***koło ~e*** Mühlrad
mną[1] *pron* (*I* → **ja**); **ze ~** mit mir
mną[2] (*3. os. pl praes*) → ***miąć***
mnich *m* (*-a*; *-si*) Mönch
mnie[1] *pron* (*GA* →**ja**) mich; (*DL* → **ja**) mir; **o ~** über mich, von mir; ***u ~*** bei mir
mnie[2] (*3. os. sg praes*) → ***miąć***
mniej *adv* weniger; **~ *więcej*** ungefähr, etwa; **~sza: ~*sza o to*/*z tym*** (es ist) unwichtig; **~szość** *f* (*-ści*) Minderheit; **~szy** kleiner; geringer (**od** *G* als)
mniema|ć (*-am*) meinen; **~nie** *n* (*-a*) Meinung *f*; ***w ~niu*** *t.* in der Annahme
mni|si *pl* → ***mnich***; *adj* Mönchs-; **~szka** *f* (*-i*; *G -szek*) Nonne (*t. zoo*)
mnog|i (*m-os mnodzy*) zahlreich; → ***liczba***; **~ość** *f* (*-ści*; *0*) Vielzahl; Menge
mnoż|enie *n* (*-a*) Vermehrung *f*; *mat* Multiplikation *f*; **~na** *f* (*-ej*; *-e*) Multiplikand *m*; **~nik** *m* (*-a*; *-i*) Multiplikator, Faktor; **~yć** ⟨**po-**⟩ (*-ę*) vermehren (***się*** sich); *mat* multiplizieren, malnehmen (***na ...*** mit ...)
mnóstwo *n* (*-a*) (Un-)Menge *f*, Masse *f*
mobil|izacja *f* (*-i*; *-e*) Mobilisierung; *mil* Mobilmachung; **~izować** ⟨**z-**⟩ (*-uję*) mobilisieren; **~ny** mobil
moc *f* (*-y*; *-e*) Kraft (*t. jur*), Stärke; *tech*, *el* Leistung; **~ *przerobowa*** Verarbeitungskapazität; → ***mnóstwo***; ***o własnej ~y*** aus eigener Kraft; ***co w jego ~*** was in seiner Macht steht; ***na ~y*** (*G*) kraft (*G*); **~arstwo** *n* (*-a*) *pol* (***wielkie*** Groß-)Macht *f*; **~niej(szy)** *comp* kräftiger, stärker; fester; **~no** *adv* sehr; → **~ny** kräftig, stark; *buty*, *sen itp.*: fest
mocować ⟨***przy-***, ***u-***⟩ (*-uję*) befestigen (**do** *G* an *D*); *t-ko impf* **~ *się*** ringen
mocz *m* (*-u*; *0*) Urin, Harn
moczar *m* (*-u*; *-y*) Sumpf, Moor *n*
mocznik *m* (*-a*; *0*) Harnstoff
moczo|pędny harntreibend; **~wód** *m* (*-odu*; *-ody*) Harnleiter; **~wy** Harn-
moczyć (*-ę*) ⟨**z-**⟩ naß machen, anfeuchten; ⟨**za-**⟩ wässern; einweichen; *impf* **~ *się*** gewässert werden, weichen *v/i*
mod|a *f* (*-y*; *G mód*) Mode; ***wyjść z ~y*** aus der Mode kommen/sein
model *m* (*-u*; *-e*) Modell *n*; (*-a*; *-e*) → ***modelka***; **~arstwo** *n* (*-a*; *0*) Modellbau *m*; **~ka** *f* (*-i*; *G -lek*) (Foto-)Modell *n*; Model *n*, Mannequin *n*/*m*; **~ować** (*-uję*) modellieren
moderni|zacyjny Modernisierungs-; **~-**

M

zować ⟨**z-**⟩ (*-uję*) modernisieren
modli|ć się ⟨**po-**⟩ (*-ę, módl!*) beten (**do** *G* zu); **~twa** *f* (*-y*) Gebet *n*
modł|a *f* (*-y*): **na ~ę** (*G*) nach dem Vorbild (von); **~y** *pl* (*-ów*) Gebete *n|pl*
modrzew *m* (*-wia*; *-wie*, *-wi*) Lärche *f*
moduł *m* (*-u*; *-y*) Modul *n* (*mat m*); **~owy** *tech*, *el* Modul-
modyfikować ⟨**z-**⟩ (*-uję*) modifizieren
modzel *m* (*-a*; *-e*, *-i*) Schwiele *f*
mogi|lnik *m* (*-a*; *-i*) Sonderdeponie *f*; Atommülldeponie *f*; **~ła** *f* (*-y*) Grabhügel *m*; (**wspólna** Massen-)Grab *n*
mog|ą, **~ę**, **~li**, **~łam**, **~łem** → **móc**
moher *m* (*-u*; *0*) Mohair
moi, **moja**, **moje** → **mój**
mojżeszowy mosaisch
mok|nąć (*-nę*, *-nął/mókł*) ⟨**z-**⟩ naß werden; *impf t.* weichen *v/i*; **~ry** (**-ro**) naß
molo *n* (*idkl/-a*, *-u*; *G mol*) Mole *f*
moloodporny mottenfest
moment *m* (*-u*; *-y*) Moment; **~alnie** *adv* augenblicklich; **~alny** sofortig
monachijski Münch(e)ner *adj*
mo'narchi|a [-xǐa] *f* (*GDL -ii*; *-e*) Monarchie; **~styczny** monarchistisch
monet|a *f* (*-y*) Münze, Geldstück *n*; **za dobrą ~ę** für bare Münze
mongolski mongolisch, Mongolen-
monit *m* (*-u*; *-y*) Mahnung *f*; **~ować** (*-uję*) (an)mahnen; F drängen
mono F mono; *w zł.* mono-, Mono-; **~'grafia** [-fǐa] *f* (*GDL -ii*; *-e*) Monographie; **~gram** *m* Monogramm *n*; **~partyjny** Einparteien-; **~pol** *m* (*-u*; *-e*) Monopol *n*; **~polowy** Monopol-
monstrualny monströs, Monster-
montaż *m* (*-u*; *-e*) Montage *f*; **~owy** Montage-; **~ysta** *m* (*-y*; *-ści*), **-tka** *f* (*-i*; *G -tek*) Cutter(in)
monter *m* (*-a*; *-rzy*) Monteur; **~ *instalator*** Installateur; **~ *instalacji wodociągowych*** Rohrleger, F Klempner
montować (*-uję*) ⟨**z-**⟩ montieren; ⟨**za-**⟩ (*zakładać*) einbauen, installieren
mora|lność *f* (*-ści*; *0*) Moral; Sittlichkeit; **~lny** moralisch; sittlich; sittenstreng; **~ł** *m* (*-u*; *-y*) Moral *f*
mord *m* (*-u*; *-y*) Mord, Bluttat *f*
morda *f* (*-y*) Maul *n*, Schnauze (*t. pej*)
moder|ca *m* (*-y*; *G -ów*) Mörder(in); **~czy** (**-czo**) mörderisch; **~stwo** *n* (*-a*) (**rabunkowe** Raub-)Mord *m*
mordęga F *f* (*-i*; *0*) Schinderei
mordować (*-uję*) ⟨**po-**, **za-**⟩ ermorden; ⟨**z-**⟩ quälen, strapazieren; **~ się** ⟨**na-**, **z-**⟩ sich plagen / schinden (**z** *I*, **przy** *I* mit, bei); ⟨**z-**⟩ *pf t.* todmüde sein
morel|a *f* (*-i*; *-e*, *-i/-*) Aprikose, Ⓐ Marille; **~owy** Aprikosen-, Marillen-
morfin|a *f* (*-y*; *0*) Morphium *n*; **~izować się** (*-uję*) (sich) Morphium spritzen
morfo'logia [-gǐa] *f* (*GDL -ii*; *0*) Morphologie; *gr t.* Formenlehre
morga *f* (*-i*; *G mórg*) (*miara*) Morgen *m*
morowy F (**-wo**) prima, (große) klasse; **~ *chłop*** Pfundskerl
mors *m* (*-a*; *-y*) Walroß
mor|ski See-, Meer(es)-; ***drogą ~ską*** auf dem Seeweg(e); **~szczuk** *m* (*-a*; *-i*) Seehecht; **~świn** *m* (*-a*; *-y*) Tümmler
morus F *m* (*-a*; *-y*) Schmutzfink
morwa *f* (*-y*) Maulbeerbaum *m*
morz|e *n* (*-a*; *G mórz*) (**pełne** Hoch-)See *f*, Meer; ***nad ~em*** an der See; ***wyjść w ~e*** in See stechen; → **poziom**
morzyć (*-ę*) ⟨**z-**⟩ *sen*: übermannen; **~ *głodem*** ⟨**za-** ver⟩hungern lassen
mosiądz *m* (*-u*; *-e*) Messing *n*
mosiężny Messing-, aus Messing
moskitiera [-'ťiɛ-] *f* (*-y*) Moskitonetz *n*
most *m* (*-u*; *-y*) (**zwodzony** Zug-)Brücke *f*; F ***prosto z ~u*** ohne Umschweife; **~ek** *m* (*-tka*; *-tki*) (kleine) Brücke *f* (*t. proteza*); *anat* Brustbein *n*; *kulin* Bruststück *n*; → **kapitański**; **~owy** Brücken-
moszcz *m* (*-u*; *0*) Most; junger Wein
moszna *f* (*-y*) Hodensack *m*
mot|ać (*-am*) (auf)wickeln; verwickeln (**się** sich); **~ek** *m* (*-tka*; *-tki*) Docke *f*; (*drutu*) Rolle *f*
motel *m* (*-u*; *-e*, *-i*) Motel *n*
motłoch *m* (*-u*; *0*) *pej* Gesindel *n*, Pack *n*
motocykl *m* (*-u*; *-e*) Motorrad *n*; **~ista** *m* (*-y*; *-ści*), **-tka** *f* (*-i*; *G -tek*) Motorradfahrer(in); **~owy** Motorrad-
motor *m* (*-u*; *-y*) Motor; F Motorrad *n*; **~niczy** *m* (*-ego*; *-owie*) → **motorowy**
motorow|er *m* Mofa *n*; **~iec** *m* (*-wca*; *-wce*) Motorschiff *n*; (*pl -wcy*) Motorsportler; **~y** Motor-, Trieb-; *su m* (*-ego*; *-i*), **-wa** *f* (*-ej*; *-e*) Wagenführer(in)
motorówka *f* (*-i*; *G -wek*) Motorboot *n*
motory|zacyjny Kraftfahrzeug-; **~zować** ⟨**z-**⟩ (*-uję*) motorisieren (**się** sich)
motyka *f* (*-i*) *agr* Hacke
motyl *m* (*-a*; *-e*) Schmetterling, Falter
motyw *m* (*-u*; *-y*) Motiv *n*; **~ować** ⟨**u-**⟩

(*-uję*) motivieren, begründen (*I* mit)
mow|a *f* (*-y*) Sprache; Ansprache, Rede; ***wygłosić ~ę*** e-e Rede halten; ***w ~ie i piśmie*** in Wort und Schrift, F ***~a!*** na klar!
mozaika [mɔ'zaĭka] *f* (*-i*) Mosaik *n*
mozelski: ***wino ~e*** Moselwein *m*
mozol|ić się (*-lę, -zól!*) (**nad** *I*) sich (ab)-mühen, sich plagen (mit, bei); **~ny** mühevoll, mühselig, anstrengend
moździerz *m* (*-a; -e, -y*) Mörser
może (*3. os. sg*) → ***móc****; *adv* vielleicht, wohl; **~cie**, **~my**, **~sz** → ***móc****
możliw|ie *adv* möglichst; möglicherweise; **~ość** *f* (*-ści*) Möglichkeit; **~y** möglich; F passabel, ganz gut; ***~y do*** (*G*) -bar: ***~y do realizacji*** realisierbar; ***robić wszystko ~e*** sein möglichstes tun
można man kann; (*wolno*) man darf; ***nie ~*** man kann/darf nicht; ***~ by*** man könnte; ***jak ~ najlepiej*** so gut wie möglich
możność *f* (*-ści*) Möglichkeit
możny (*m-os -ni*) mächtig, reich
móc* können; (*mieć prawo*) dürfen; ***być może*** (es) kann/mag sein
mój (***moja*** *f*, ***moje*** *n*, ***moi*** *m-os*, ***moje*** *pl*) mein; ***moi*** die Meinen
mól *m* (*mola; mole*) Motte *f*
mów|ca *m* (*-y; G -ów*), **~czyni** *f* (*-i; -e*) Redner(in); **~ić** (*-ę*) sprechen; sagen; ***~ią*** man sagt; ***szczerze ~iąc*** offen gesagt; ***szkoda ~ić*** (es ist) schade um jedes Wort; ***nie ma o czym ~ić*** (es ist) nicht der Rede wert; ***to ~i samo za siebie*** das spricht für sich; **~ienie** *n* (*-a; 0*) Sprechen; **~nica** *f* (*-y; -e*) Rednertribüne, Rednerpult *n*
mózg *m* (*-u; -i*) Gehirn *n*, Hirn *n*; **~owy** (Ge-)Hirn-; ***praca ~owa*** Kopfarbeit
mro|czny (**-no**) dunkel, düster; **~k** *m* (*-u; -i*) Dunkel *n*; ***zapada ~k*** es wird dunkel
mrowi|ć się (*-ę*) wimmeln; **~e** *n* (*-a; 0*) → ***mnóstwo***; (*uczucie*) Frösteln; **~sko** *n* (*-a*) Ameisenhaufen *m*; **~skowiec** F *m* (*-wca; -wce*) → ***mrówkowiec***
mrozić ⟨**z-**⟩ (*-żę*) gefrieren lassen
mrozoodporny frostbeständig
mroźn|o *adv* es ist Frost; **~y** frostig
mrożon|ka *f* (*-i; G -nek*): ***~ka warzywna*** Gefriergemüse *n*; *pl t.* Tiefkühlkost *f*; **~y** tiefgefroren
mrówk|a *f* (*-i; G -wek*) Ameise; **~owiec** F *m* (*-wca; -wce*) Wohnsilo *m*/*n*
mróz *m* (*-ozu; -ozy*) Frost
mru|czeć (*-ę, -y*) brummen; *kot*: schnurren; **~gać** (*-am*) ⟨***~gnąć***⟩ (*-nę*) blinzeln, zwinkern; *gwiazdy*: flimmern; (**do** *G*, ***na*** *A*) zublinzeln (*D*); **~k** *m* (*-a; -i*) Griesgram; **~kliwy** (**-wie**) brummig, mürrisch; **~knąć** *v/s* (*-nę*) → ***mruczeć***
mrużyć ⟨**z-**⟩ (*-ę*): ***~ oczy*** die Augen zusammenkneifen
mrzonka *f* (*-i; G -nek*) Hirngespinst *n*
msz|a *f* (*-y; -e, -y*) *rel* Messe; ***służyć do ~y*** ministrieren; ***dać na ~ę*** e-e Messe lesen lassen; **~ał** *m* (*-u; -y*) Meßbuch *n*
mszcz|ą, **~ę** → ***mścić****
mszyca *f* (*-y; -e*) Blattlaus
mści|ciel *m* (*-a; -e, -i*), **-lka** *f* (*-i; G -lek*) Rächer(in); **~ć*** ⟨**po-**⟩ rächen (***się*** sich; ***za*** *A* für); **~wość** *f* (*-ści; 0*) Rachsucht; **~wy** (**-wie**) rachsüchtig
mu *pron* (*ściągn* ***jemu***) → ***on***
much|a *f* (*-y*) Fliege; F ***~a nie siada*** tipptopp; ***być pod ~ą*** e-n sitzen haben
muchomór *m* (*-oru; -ory*) Fliegenpilz
mularski → ***murarski***
mulisty schlammig, morastig
muł[1] *m* (*-a; -y*) Maultier *n*
muł[2] *m* (*-u; -y*) Schlamm
mundur *m* (*-u; -y*) Uniform *f*; **~owy** Uniform-; *su m* (*-ego; -i*) Uniformierte(r)
munsztuk *m* (*-a; -i*) Mundstück *n*
mur *m* (*-u; -y*) Mauer *f*; *fig t.* Wand *f*; ***~ pruski*** Fachwerk *n*; **~y** *pl t.* Gemäuer *n*; ***na ~*** todsicher; **~arski** Maurer-; **~arstwo** *n* (*-a; 0*) Maurerhandwerk; **~arz** *m* (*-a; -e*) Maurer; **~ować** ⟨**wy-**⟩ (*-uję*) mauern, errichten; **~owany** gemauert; Stein-, Ziegel-; F *fig* bombenfest
Murzy|n *m* (*-a; -i*), **~nka** *f* (*-i; G -nek*) Neger(in); **2ński** Neger-
mus[1] *m* (*-u; -y*) *kulin* Mousse *f*
mus[2] *m* (*-u; 0*) Muß *n*; ***z ~u*** gezwungenermaßen; **~ieć** (*-szę*) müssen
muskać (*-am*) (leicht) berühren, streifen
muskularny muskulös
musnąć *v/s* (*-nę*) → ***muskać***
musować (*-uję*) moussieren, sprudeln
muszk|a *f* (*-i; G -szek*) Fliege; Korn *n*; ***wziąć na ~ę*** aufs Korn nehmen
muszkat *m* (*-u; -y*) Muskat; **~ołowy:** ***gałka ~ołowa*** Muskatnuß
muszla *f* (*-i; -e, -i/-szel*) Muschel; ***~ klozetowa*** Klosettbecken *n*
musztard|a *f* (*-y*) Senf *m*; **~owy** Senf-
musztr|a *f* (*-y*) Exerzieren *n*, Drill *m*; **~ować** (*-uję*) drillen; *fig* schulmeistern

musz|y Fliegen-; ***waga ~a*** Fliegengewicht *n*; ***~e ślady*** *m/pl* Fliegendreck *m*
muśnięcie *n* (*-a*) Berührung *f*
muzeum *n* (*idkl*; *-ea*, *-eów*) Museum
muzułma|nin *m* (*-a*; *-anie*, *-ów*) Moslem; **~nka** *f* (*-i*; *G -nek*) Moslime; **~ński** moslemisch, muslimisch
muzy|czny musikalisch, Musik-; **~k** *m* (*-a*; *-cy*) Musiker(in); **~ka** ['mu-] *f* (*-i*; *0*) Musik; **~kalny** musikalisch; **~kować** (*-uję*) musizieren
my *pron* (*GAL* **nas**, *D* **nam**, *I* **nami**) wir; ***o nas*** über/von uns; ***z nami*** mit uns
myć ⟨*u-*⟩ (*-ję*) waschen (**się** sich)
myd|lany Seifen-; **~lić** ⟨*na-*⟩ (*-lę*) einseifen (**się** sich); ***~lić oczy*** ein X für ein U vormachen; **~liny** *pl* (-) Seifenlauge *f*; **~ło** *n* (*-a*; *G -deł*) Seife *f*; ***jak po mydle*** wie geschmiert
myjnia *f* (*-i*; *-e*, *-i*) Waschanlage
myl|ić (*-lę*) ⟨**po-**, **z-**⟩ verwechseln; (*powodować pomyłkę*) irreführen, täuschen; ***~ić się*** ⟨**o-**, **po-**⟩ sich irren; **~ny** irreführend; irrig, falsch
mysi Mäuse-, Maus-
mysz *f* (*-y*; *-y*) Maus (*t. EDV*); **~ka** *f* (*-i*; *G -szek*) Mäuschen *n*; **~kować** (*-uję*) (herum)schnüffeln
myśl *f* (*-śli*; *-śli*) Gedanke *m*; **w ~** (*G*) gemäß, entsprechend (*D*); ***mieć na ~i*** meinen; **w *~i*** im Geiste; ***wpaść na ~*** auf die Idee kommen; ***przyjść na ~*** in den Sinn kommen; ***być dobrej ~i*** guten Mutes sein; **~ący** denkend; **~eć** ⟨**po-**⟩ (*-ę*, *-i*) denken (**o** *L* an, über *A*); (*zamierzać*) gedenken; ***niewiele ~ąc*** ohne lange zu überlegen; **~enie** *n* (*-a*; *0*) Denken; ***sposób ~enia*** Denkweise *f*; **~iciel** *m* (*-a*; *-e*, *-i*) Denker
myśli|stwo *n* (*-a*; *0*) Jagd *f*; **~wiec** *m* (*-wca*; *-wce*) *lotn* Jäger; (*pl -wcy*) Jagdflieger; **~wski** Jagd-; Jäger-; **~wy** *m* (*-ego*; *-wi*) Jäger(in)
myśl|nik *m* (*-a*; *-i*) Gedankenstrich; **~owy** Denk-; (**-wo**) gedanklich
mżawka *f* (*-i*; *G -wek*) Sprühregen *m*
mżyć: (**deszcz**) ***mży*** es nieselt

N

N

na *praep* **1.** (*A*, *L*) auf (*A*, *D*); an (*A*, *D*); (*A*) für, nach, über (*A*); gegen (*A*); bei, zu (*D*); (*L*) in (*D*); ***~ łóżko*** aufs Bett; ***~ łóżku*** auf dem Bett; ***~ końcu*** am Ende; ***zachorować ~ ...*** an ... erkranken; ***~ drugi dzień*** am nächsten Tag; ***~ Węgry*** nach Ungarn; ***~ Litwie*** in Litauen; ***~ dwa dni*** für zwei Tage; ***skarżyć się ~ ...*** über ... klagen; ***lekarstwo ~ kaszel*** Medizin gegen Husten; ***złapać ~ kradzieży*** beim Diebstahl ertappen; ***~ Wielkanoc*** zu Ostern; ***~ wiosnę*** im Frühling; **2.** *zw. nie tłumaczy się*: *a*) *przy określaniu wymiaru, czasu*: ***głęboki ~ dwa metry*** zwei Meter tief; ***raz ~ rok*** einmal jährlich; *b*) + *su w wyrazach określających cel, skutek, wynik*: ***iść ~ spacer*** spazierengehen; ***dzielić ~ części*** zerteilen; *c*) *w zwrotach przysłówkowych sposobu, miejsca*: ***~ piśmie*** schriftlich; ***~ dole*** unten; → *odnośne rzeczowniki i czasowniki*
nabawi|ać się (*-am*) ⟨***~ć się***⟩ (*G*) sich zuziehen, F kriegen (*A*)
nabiał *m* (*-u*; *0*) Molkereiprodukte *n/pl*; **~owy** Molkerei-
na|bić *pf* → **bić**, **nabijać**; **~biegać** ⟨**~biec**, **~biegnąć**⟩ (*I*) sich füllen (mit)
nabierać (*-am*) (*A*, *G*) nehmen (*A*, von); *numer* wählen; *powietrza*, *tchu* schöpfen; F (*oszukiwać*) prellen, neppen; ***~ znaczenia*** an Bedeutung gewinnen; → ***nabrać***, ***siła***
nabijać (*-am*) (*wypełnić*) vollstopfen; *broń* laden; beschlagen (***gwoździami*** mit Nägeln); ***~ się*** (**z** *G*) → ***drwić***
naboż|eństwo [-'ʒɛı̃s-] *n* (*-a*) Gottesdienst *m*; **~ny** fromm; *fig* andächtig
nabój *m* (*G/pl t. -boi*) Ladung *f*, (***ślepy*** Platz-)Patrone *f*, Schuß
nabrać* *pf* → ***nabierać***; F ***~ na kawał*** *j-n* verkohlen; ***dać się ~*** reinfallen

nabrzeże *n* (*-a*) Kai(mauer *f*) *m*
nabrzęk|ać (*-am*) ⟨**~nąć**⟩ (*-nę*) anschwellen, F dick werden
nabrzmiały geschwollen; *fig* akut
naby|tek *m* (*-tku*; *-tki*) Anschaffung *f*; **~wać** ⟨**~ć***⟩ anschaffen, erwerben; *fig t.* erlangen; **~wca** *m* (*-y*; *G -ów*) Käufer; **~wczy**: ***siła ~wcza*** Kaufkraft
na|chalny P frech; **~chmurzony** finster
nachodzić (*opanować*) überkommen; (*k-o*) ungebeten besuchen, F überfallen; **~ *się*** sich müde laufen
nachy|lać (*-am*) ⟨**~lić**⟩ beugen, neigen (***się*** sich); **~lony** geneigt
nacią|ć* *pf* → ***nacinać***; **~gać** (*-am*) ⟨**~gnąć**⟩ *v/t* spannen (***się*** sich); *buty itp.* anziehen; *pokrowiec* überziehen; *mięsień* zerren; F *fig* → ***nabierać***; *v/i herbata*: ziehen
nacie|k *m* (*-u*; *-i*) *med* Ödem *n*; **~kać** (*-am*) ⟨**~c***, **~knąć**⟩ (hin)einfließen, einlaufen; **~rać** (*-am*) *v/t* einreiben (*I* mit); *v/i* (***na*** *A*) angreifen (*A*)
na|cięcie *n* Einschnitt *m*; Kerbe *f*; **~cinać** (*-am*) einschneiden, einkerben
nacis|k *m* (*-u*; *-i*) Druck; *fig* ***z ~kiem*** mit Nachdruck; **~kać** ⟨**~nąć**⟩ drücken, pressen; *fig* unter Druck setzen
nacjonalistyczny nationalistisch
na czele → ***czoło***
naczeln|ik *m* (*-a*; *-cy*) Leiter(in), Vorsteher(in); † Führer(in); **~y** oberst-, General-, Ober-, Chef-; Haupt-
naczyni|e *n* (*-a*) Gefäß (*t. anat*); Behälter *m*; **~a** *pl zbior t.* Geschirr *n*
nać *f* (*-ci*; *0*) Kraut *n*
nad *praep* (*I*, *A*) über (*D*, *A*), an (*D*); **~ *podziw*** (+ *adj*, *adv*) erstaunlich (+ *adj*, *adv*); **~ *ranem*** gegen Morgen; → ***miara***, ***wyraz***, ***wszystko***
nada|ć *pf* → ***nadawać***; **~jnik** *m* (*-a*; *-i*) Sender; Funkgerät *n*
nadal *adv* weiter(hin), nach wie vor
nada|remnie *adv* umsonst, vergebens; **~remny** vergeblich; **~rzać się** (*-am*) ⟨**~rzyć *się***⟩ *okazja*: sich bieten
nadaw|ać *list*, *bagaż* aufgeben; *imię* geben; *wygląd*, *tytuł* verleihen; *RTV* senden; **~ać się** (**do** *G*, **na** *A*) sich eignen (für), taugen (zu); **~anie** *n* (*-a*) *RTV* Senden, Übertragung *f*; **~ca** *m* (*-y*), **~czyni** *f* (*-i*; *-e*) Absender(in); **~czy** Absender-; *RTV* Sende-
nadą|ć *pf* → ***nadymać***; **~sany** schmollend, beleidigt; **~żać** (*-am*) ⟨**~żyć**⟩ (**za** *I*) Schritt halten, mitkommen (mit); ***nie ~żać*** *t.* nicht folgen können (*D*)
nad|bagaż *m* Übergepäck *n*; **~bałtycki** Ostsee-, baltisch; **~biegać** ⟨**~biec**, **~biegnąć**⟩ angelaufen kommen, herbeieilen; **~bity** *talerz*: angeschlagen; **~brzeże** *n* (*-a*) Ufer, Küste *f*
nadbudow|a *f filoz* Überbau *m*; *bud* Aufbau *m*, aufgestockter Teil; **~(yw)ać** (*-[w]uję*) aufstocken
nadburmistrz *m* Oberbürgermeister
nadchodz|ący kommend; **~ić** (an-, heran)kommen; *fig* (heran)nahen
nad|ciąć* *pf* → ***nacinać***; **~ciągać** (*-am*) ⟨**~ciągnąć**⟩ *v/i* anrücken, ankommen; *burza*: heraufziehen; **~cięcie** *n* Einschnitt *m*; **~cinać** (*-am*) → ***nacinać***; **~ciśnienie** *n* Überdruck *m*; *med* Hochdruck(krankheit *f*) *m*; **~czuły** überempfindlich; **~czynność** *f* (*0*) *med* Überfunktion; **~dzierać** (*-am*) → ***nadrywać***; **~dźwiękowy** Ultraschall-
nade → ***nad***; **~drzeć*** *pf*, **~rwać** *pf* → ***nadrywać***; F ***~rwać się*** sich verheben
nadejś|cie *n* (*-a*) Kommen, Ankunft *f*, Eintreffen; **~ć*** *pf* (→ *-jść*) eintreffen, kommen; → ***nadchodzić***
na|depnąć *pf* (*-nę*) (***na*** *A*) (F drauf)treten (auf *A*); **~der** *adv* überaus, äußerst; **~derwać** *pf* → ***nadrywać***; **~desłac*** *pf* (→ *słać*[1]) → ***nadsyłać***
nadetatowy (**-wo**) ohne Planstelle, nicht im Stellenplan vorgesehen
nadęty → ***nadąsany***, ***napuszony***
nad|fioletowy ultraviolett; **~godzina** *f* Überstunde; **~gorliwy** übereifrig; **~graniczny** grenznah, Grenz-; **~gryzać** (*-am*) ⟨**~gryźć***⟩ anbeißen; anfressen; **~jeżdżać** (*-am*) ⟨**~jechać***⟩ ankommen; **~latywać** (*-uję*) ⟨**~lecieć**⟩ angeflogen kommen; *lotn* ankommen; F *fig* heranbrausen
nadleśni|ctwo *n* Forstamt; **~czy** *m* Oberförster, Forstmeister
nadliczbow|y überzählig; ***godziny*** *f/pl* **~e** Überstunden *f/pl*
nad|ludzki (**-ko**) übermenschlich; **~łamywać** (*-uję*) ⟨**~łamać**⟩ *v/t* anbrechen; **~miar** *m* (*-u*; *0*) (*G*) Zuviel *n*, Übermaß *n* (an *etw*); ***w ~miarze*** im Überfluß
nadmie|niać (*-am*) ⟨**~nić**⟩ erwähnen
nadmierny übermäßig; *adv* allzu(sehr)
nadmorski Küsten-, See-

N

nadmuch|iwać (*-uję*) ⟨**~ać**⟩ aufblasen
nad|naturalny übernatürlich; **~obowiązkowy** (**-wo**) zusätzlich, optional; wahlfrei; **~palać** (*-am*) ⟨**~palić**⟩ ansengen; **~pijać** (*-am*) ⟨**~pić**⟩ antrinken; (*G*) (etwas) abtrinken (von); **~piłow(yw)ać** (-[*w*]*uję*) ansägen; **~płacać** (*-am*) ⟨**~płacić**⟩ über(be)zahlen; **~pływać** ⟨**~płynąć**⟩ → ***przypływać***; **~produkcja** *f* (*0*) Überproduktion
nadprogram *m* Beiprogramm *n*; **~owy** (**-wo**) außerplanmäßig, zusätzlich
nad|prokurator *m* Oberstaatsanwalt; **~przyrodzony** übersinnlich; → ***nadnaturalny***; **~psuty** angefault, F teilweise kaputt; **~rabiać** (*-am*) ⟨**~robić**⟩ *czas* aufholen; *zaległości* aufarbeiten, nachholen; *fig impf* (*I*) heucheln (*A*); **~robić drogi** e-n Umweg machen
nadruk *m* Aufdruck; Druckmuster *n*
nad|rywać (*-am*) *v/t* einreißen (**się** *v/i*); **~rzędny** übergeordnet; **~skakiwać** (*-uję*) (*D*) hofieren (*A*), F scharwenzeln (um); **~słuchiwać** (*-uję*) horchen; **~spodziewany** unverhofft, über Erwarten; **~stawi(a)ć** hinhalten (*t. fig głowy*); *uszy* spitzen (*t. fig*); **~stawka** *f* Aufsatz *m*; **~syłać** (*-am*) (ein-, zu)senden; **~szarpnąć** *pf fig* zerrütten; **~tlenek** *m chem* Peroxyd *n*
nadto *adv* überdies, außerdem
N **nadużycie** *n* (*-a*) Mißbrauch *m*; *jur t.* Unterschlagung *f*; **~cie podatkowe** Steuerhinterziehung *f*; **~(wa)ć** (*G*) mißbrauchen (*A*); **~wać alkoholu** übermäßig trinken, alkoholabhängig sein
nad|waga *f* Übergewicht *n*; **~wartość** *f* Mehrwert *m*; **~wątlony** *zdrowie*: geschwächt, erschüttert
nadweręż|ać (*-am*) ⟨**~yć**⟩ (*-ę*) zu sehr strapazieren, beschädigen
nadwodny Ufer-, Wasser-
nadworny höfisch, Hof-
nadwozie *n* (*-a*; *G -i*) *mot* Karosserie *f*
nad|wrażliwy überempfindlich; **~wyżka** *f* (*-i*; *G -żek*) Überschuß *m*; *ekon t.* Mehreinnahme; Mehrertrag *m*
na|dymać (*-am*) aufblasen, (auf)blähen (**się** sich); **~dziać** *pf* → ***nadziewać***
nadzie|ja *f* (*-ei*; *-e*, *-ei*) Hoffnung; ***mieć ~ję*** hoffen; ***w ~i*** / ***z ~ją, że*** in der Hoffnung, daß; † ***przy ~i*** guter Hoffnung
nadziemny [-d·z-] oberirdisch
nadziemski [d·z-] überirdisch
nadzie|nie *n* (*-a*) *kulin* Füllung *f*; **~wać** (*-am*) *kulin* füllen (*I* mit); aufspießen (**się** sich); **~wany** gefüllt
nadzor|ca [-d·z-] *m* (*-y*; *GA -ów*), **~czyni** *f* (*-i*; *-e*) Aufseher(in); **~czy** Aufsichts-; **~ować** (*-uję*) beaufsichtigen; bewachen
nadzór [-d·z-] *m* (*-oru*; *0*) Aufsicht *f*
nadzwyczaj [-d·z-] *adv* äußerst; → **~ny** außergewöhnlich, (*t. profesor*) außerordentlich; besondere, Sonder-, Extra-
nadzy *m-os* → ***nagi***
naft|a *f* (*-y*; *0*) Petroleum *n*; F Erdöl *n*; **~owy** Petroleum-; Erdöl-; → ***ropa***
nagab|ywać (*-uję*) ⟨**~nąć**⟩ (*-nę*) belästigen, behelligen (**o** *A* wegen)
nagana *f* (*-y*) Tadel *m*, Rüge
nag|i (**-go**) nackt, bloß; *drzewo itp. t.*: kahl; **do ~a** *praed* nackt
na|ginać (*-am*) ⟨**~giąć**⟩ (nieder)beugen (**się** sich); → ***chylić***; **~glący** dringend, eilig; **~gle** *adv* → ***nagły***; **~glić** (*-lę*) → ***przynaglać***; **czas ~gli** die Zeit drängt; **~głaśniać** (*-am*) ⟨**~głośnić**⟩ (*-ę*, *-nij!*) *fig* publik machen; **~głość** *f* (*-ści*; *0*) Dringlichkeit; **~główek** *m* (*-wka*; *-wki*) Überschrift *f*; Briefkopf; **~gły** plötzlich; (*pilny*) dringend; **~gminny** verbreitet, allgemein; *med* epidemisch; **~gniotek** *m* (*-tka*; *-tki*) Hühnerauge *n*
nago *adv* → ***nagi***; *w zł.* nackt-, Nackt-
nagonka *f* (*-i*; *G -nek*) Treibjagd; *fig* Kesseltreiben *n*, Hetze
nagość *f* (*-ści*; *0*) Nacktheit
nagra|ć *pf* → ***nagrywać***; **~dzać** (*-am*) belohnen; auszeichnen (*I* mit); **~nie** *n* (*-a*) (Ton-)Bandaufnahme *f*
nagrob|ek *m* (*-bka*; *-bki*) Grabmal *n*, Grabstein; **~kowy**, **~ny** Grab(stein)-
nagro|da *f* (*-y*) Belohnung; (***pocieszenia*** Trost-)Preis *m*; ***w ~dę*** zur Belohnung (**za** *A* für); **~dzić** *pf* → ***nagradzać***; **~dzony** preisgekrönt
nagromadz|enie *n* (*-a*) Anhäufung *f*, Ansammlung *f*, Ballung *f*; **~ać** (*-am*) → ***gromadzić***
na|grywać (*-am*) aufnehmen, aufzeichnen (***na taśmę*** auf Band); *płytę* bespielen; **~grzewać** (*-am*) ⟨**~grzać**⟩ erwärmen, erhitzen (**się** sich), heiß machen
nagusieńki F (**-ko**) splitternackt
naigrawać się (*-am*) → ***kpić***, ***drwić***
naiwn|ość *f* (*-ści*; *0*) Naivität; **~y** naiv
najadać się (*-am*) sich satt essen
najazd *m* (*-u*; *-y*) Einfall; Raubzug

nająć *pf* (*-jmę*) → **najmować**
naj|bardziej *adv* am meisten, meist-; **~bliższy** (**~bliżej**) nächst-, am nächsten (gelegen); **~bliższa rodzina** der engste Familienkreis; **~częściej** *adv* am häufigsten; **~dalej** *adv* (*w czasie*) spätestens; → **~dalszy** am weitesten (entfernt, gelegen); **~dłużej** *adv* höchstens, F längstens; **~dłuższy** längste
najechać* *pf* → **najeżdżać**
najem *m* (*-jmu*; *0*) Verleih, Vermietung *f*; Miete(n *n*) *f*; **umowa o ~** Mietvertrag *m*; Anstellungsvertrag *m*; **~ca** *m* (*-y*; *GA -ów*) Mieter(in); **~ny** Miet-; *morderca*: gedungen; **praca ~na** Lohnarbeit; **wojsko ~ne** Söldnertruppe *f*
naje|ść* się *pf* → **najadać się**; **~źdźca** [-ˈjeʦtsa] *m* (*-y*; *GA -ów*) Eindringling, Aggressor; **~żać** (*-am*) → **jeżyć**; **~żdżać** (*-am*) (**na** *A*) auffahren (auf *A*), fahren (gegen), anfahren (*A*); (*na kraj*) überfallen (*A*)
naj|gorszy schlechteste, schlimmste; **w ~gorszym razie** schlimmstenfalls; **~gorzej** *adv* am schlechtesten, am schlimmsten; **~lepiej** *adv* am besten
najlepsz|y beste; **w ~ym razie** bestenfalls; **wszystkiego ~ego!** herzlichen Glückwunsch!, alles Gute!
najmniej *adv* am wenigsten; **co ~** wenigstens, mindestens; **jak ~** so wenig wie möglich; **~szy** kleinste, geringste
najmować (*-uję*) mieten; *os.* anwerben, anheuern; **~ się** sich verdingen
naj|niżej *adv* ganz unten, zuunterst; **~niższy** niedrigste; **~nowszy** (aller)neueste, letzte; **~pierw** zu(aller)erst; **~prawdopodobniej** *adv* am wahrscheinlichsten; **~prędzej**: **jak ~prędzej** so schnell/bald wie möglich; **~starszy** älteste; **~ście** *n* (*-a*) ungebetener Besuch, F Überfall *m*; **~ść*** *pf* (→ *-jść*) → **nachodzić**; **~ważniejszy** wichtigste; **~wcześniej** *adv* frühestens; **~wyżej** *adv* am höchsten, höchst-; (**co -żej**) höchstens; **~wyższy** höchste, Höchst-; **~zupełniej** *adv* ganz (und gar)
nakarmić *pf* → **karmić**
nakaz *m* (*-u*; *-y*) Befehl; *fig* Gebot *n*; **~ywać** (*-uję*) ⟨**~ać**⟩ befehlen; *dietę itp.* verordnen; *szacunek itp.* gebieten
nakle|jać (*-am*) ⟨**~ić**⟩ aufkleben; **~jka** *f* (*-i*; *G -jek*) Aufkleber *m*
nakład *m* (*-u*; *-y*) Aufwand; *drk* Auflage *f*; **~em** (*G*) im Verlag ...; **~ać** (*-am*) auflegen; *suknię, opatrunek* anlegen; *obowiązek, podatek* auferlegen; *karę t.* verhängen; **~any** *kieszeń*: aufgesetzt
nakł|aniać ⟨**~onić**⟩ → **skłaniać**
nakra-, nakre- *pf* → **kra-, kre-**
nakrę|cać (*-am*) ⟨**~cić**⟩ *zegarek* aufziehen; *numer* wählen; *film* (ab)drehen; **~tka** *f* (*-i*; *G -tek*) *tech* Mutter; (*pokrywka*) Schraubverschluß *m*
nakry|cie *n* (*-a*) Zudecke *f*; (**głowy** Kopf-)Bedeckung *f*; (*zastawa*) Tafelgeschirr; Gedeck; **~wać** (*-am*) ⟨**~ć**⟩ bedecken, zudecken (**się** sich); (**stół, do stołu** Tisch) decken
nakup|ować ⟨**~ić**⟩ viel (ein)kaufen
nalać *pf* → **nalewać**
nale|gać (*-am*) (**na** *A*) bestehen (auf *D*); drängen (*A*); **~piać** (*-am*) ⟨**~pić**⟩ aufkleben; **~pka** *f* (*-i*; *G -pek*) Aufkleber *m*; **~śnik** *m* (*-a*; *-i*) Eierkuchen, Palatschinke *f*; **~wać** (*-am*) (ein)gießen; (*do kieliszka*) einschenken; **~wka** *f* (*-i*; *G -wek*) Fruchtlikör *m*, Aufgesetzte(r) *m*
należ|eć (**do** *G*) gehören (zu, *D*); **~eć się** (*D*) zustehen; gebühren (*D*); **~y** (**się**) man muß/soll; **~ałoby** man müßte/sollte; **jak ~y** wie es sich gehört; **ile się panu/pani ~y?** wieviel bekommen Sie?; **~ność** *f* (*-ści*) (fälliger/zustehender) Betrag; *pl t.* Außenstände *m/pl*; **~ny** zustehend; gebührend; **~yty** (**-cie**) nötig, richtig; angemessen
nalot *m* (*-u*; *-y*) Anflug, Hauch; *med* Belag; *lotn* (**bombowy** Bomben-)Angriff
nała|- *pf* → **ła-**; **~dowany** (voll)geladen
nałogow|iec *m* (*-wca*; *-wcy*) Süchtige(r); **~y** (**-wo**) gewohnheitsmäßig; *karciarz*: passioniert
nałożyć *pf* → **nakładać**
nałóg *m* (*-ogu*; *-ogi*) Sucht *f*; *fig* (üble) Gewohnheit *f*
nam *pron* (*D pl* → **my**) uns
namaca|ć *pf* ertasten; **~lny** *fig* greifbar
namal-, namar- *pf* → **mal-, mar-**
namaszczenie *n* (*-a*) *rel* Salbung *f*; **z ~m** respektvoll; andächtig
namawiać (**na** *A*) *j-n* überreden wollen (zu), *j-m* zureden (**do kupna** *G* ... zu kaufen); anstiften (zu); → **namówić**
nami *pron* (*I pl* → **my**); **z ~** mit uns
namiastka *f* (*-i*; *G -tek*) Ersatz *m*
namięk|ać (*-am*) ⟨**~nąć**⟩ aufweichen *v/i*

namiętn|ość *f* (*-ści*) Leidenschaft; **~y** leidenschaftlich
namiot *m* (*-u*; *-y*) Zelt *n*
namo|- *pf* → ***mo-***; **~knąć** *pf* durchnäßt sein, durchweichen; **~wa** *f* Überredung; Anstiftung; ***za jego ~wą*** auf sein Zureden; von ihm angestiftet
namówić *pf* (**do** *G*, **na** *A*) überreden (zu); anstiften (zu); → ***namawiać***
namy|dlać (*-am*) → **mydlić**; **~sł** *m* (*-u*; *0*) Nachdenken *n*; ***bez ~słu*** ohne zu überlegen; ***po ~śle*** nach einiger Überlegung; ***czas do ~słu*** Bedenkzeit *f*; **~ślać się** (*-am*) ⟨**~ślić się**⟩ überlegen; nachdenken (***nad*** *I* über *A*)
na|nosić (*im*)*pf* ⟨**~nieść***⟩ (*G*) herantragen, heranschleppen; *wiatr*: anwehen, anhäufen; *woda*: anschwemmen
naoczn|ie *adv* mit eigenen Augen; → **~y** sichtbar; → ***świadek***
naokoło *praep* (*G*) (rings) um (*A*); *adv* rings(her)um, rundherum
naówczas *lit* damals, zu jener Zeit
napad *m* (*-u*; *-y*) Überfall; *med*, *fig* Anfall; *sport zbior* Angriff, Sturm; **~ać** (***na*** *A*) überfallen, angreifen (*A*); *fig* (*A*) (plötzlich) ergreifen, packen (*A*)
napalić *pf* (**w** *L*) heizen (*A*)
na|par *m* (*-u*; *-y*) Aufguß; **~parstek** *m* (*-tka*; *-tki*) Fingerhut; **~parzać** (*-am*) → ***parzyć***; **~paskudzić** P *pf* (*-dzę*) verdrecken, V vollscheißen
napast|liwy (**-wie**) aggressiv; → ***złośliwy***; **~nik** *m* (*-a*; *-cy*) Angreifer; *sport* Stürmer(in); **~ować** (*-uję*) bekämpfen, angreifen; (*zaczepiać*) belästigen; *choroba itp*: plagen
na|paść*¹ *pf* (*paść¹*) → ***napadać***; **~paść²** *pf* → ***paść²***; **~paść³** *f* (*-ści*; *-ści*) Attake, Angriff *m*; → ***napad***; **~pawać** (*-am*) erfüllen (***dumą*** mit Stolz); ***~pawać się*** (*I*) sich weiden (an *D*); **~pchać** *pf* → ***napychać***; ***~pchać się*** (**do** *G*) sich hineindrängen (in *A*)
napełni|ać (*-am*) ⟨**~ć**⟩ (voll)füllen (***się*** sich; *I* mit); *fig* erfüllen (mit)
napę|d *m* Antrieb; **~dowy** Antriebs-, Treib-; **~dzać** (*-am*) *tech* antreiben; ⟨*t.* **~dzić**⟩ (*G*) zusammentreiben; *strachu* einjagen (*A*); F (**do** *G*) *j-n* antreiben (zu)
na|piąć *pf* → ***napinać***; **~pić się** *pf* (*G*) trinken (*A*); **~piec*** *pf* → ***piec²***; **~pierać** (*-am*) (***na*** *A*) drücken (auf *A*), sich stemmen (gegen); bedrängen (*A*)
napię|cie *n* (*-a*) Spannung *f* (*t. el*, *fig*); **~tek** *m* (*-tka*; *-tki*) (*buta*) Fersenkappe *f*; **~tnować** *pf* → ***piętnować***; **~ty** gespannt; *fig t.* angespannt
napinać (*-am*) spannen (***się*** sich)
napis *m* (*-u*; *-y*) Aufschrift *f*; (*wyryty*) Inschrift *f*; **~ać** *pf* → ***pisać***
napiwek *m* (*-wku*; *-wki*) Trinkgeld *n*
napływ *m* (*-u*; *-y*) *med* Andrang; *fig* Zustrom; (*o uczuciach*) Welle *f*; **~ać** ⟨***napłynąć***⟩ hineinfließen; sich füllen (*I* mit); *fig listy itp.*: eintreffen; *myśli itp.*: kommen; *ludzie*: (herbei)strömen; **~owy** *ludność*: zugewandert
napo|cić się *pf* (***przy*** *I*) viel schwitzen müssen (bei); **~czynać** ⟨**~cząć**⟩ *chleb* anschneiden; *butelkę itp.* anbrechen; **~minać** (*-am*) ermahnen; **~mknąć** *pf* → ***napomykać***; **~mnienie** *n* (*-a*) Ermahnung *f*; **~mnieć** *pf* (*-nę*, *-nij!*) → ***napominać***; **~mykać** (*-am*) (**o** *L*) erwähnen (*A*); andeuten (*A*); **~t(y)kać** (*-am*) *v/t* begegnen (*D*), stoßen (auf *A*)
na|pój *m* (*-oju*; *-oje*) (***chłodzący*** Erfrischungs-)Getränk *n*; **~pór** *m* (*-oru*; *0*) Druck; *fig* Wucht *f*; Andrang
napraw|a *f* (*-y*) Ausbesserung, Reparatur; *tech*, *bud* Instandsetzung; *fig* Besserung; ***dać do ~y*** reparieren lassen; **~czy** Reparatur-
naprawdę *adv* tatsächlich, wahrhaftig
napraw|iać (*-am*) ⟨**~ić**⟩ ausbessern, reparieren; *fig* verbessern (***się*** sich); *zło*, *krzywdę* wiedergutmachen
naprędce [-'prɛnt·tsɛ] *adv* rasch
napręż|ać (*-am*) ⟨**~yć**⟩ (*-ę*) (an)spannen; **~enie** *n* (*-a*) Spannung *f*; ***w ~eniu*** mit Spannung; **~ony** → ***napięty***
napro|mieniowanie *n* (*-a*) *fiz* Strahlung *f*; **~wadzać** (*-am*) ⟨**~wadzić**⟩ lenken (*t. fig*); führen (***na ślad*** auf die Spur)
naprze|ciw *praep* (*G*) gegenüber (*D*); *adv* entgegen; ***wyjść ~ciw*** (*D*) *fig j-m* entgegenkommen; **~ć*** *pf* → ***napierać***
naprzód *adv* vorwärts; im voraus
naprzykrz|ać się (*-am*) ⟨**~yć się**⟩ (*D*) belästigen, behelligen (*A*)
na|pso- *pf* → ***pso-***; **~puchnięty** geschwollen; **~puszony** *fig* aufgeblasen; *styl*: bombastisch; **~pychać** (*-am*) (hinein-, voll)stopfen; → ***napchać***
nara|da *f* Besprechung, Beratung; **~dzać się** (*-am*) ⟨**~dzić się**⟩ (***nad*** *I*) beraten (über *A*), besprechen (*A*)

naramien|nik *m* (*-a*; *-i*) Schulterklappe *f*; **~ny** Schulter-
narastać (*-am*) wachsen
naraz *adv* plötzlich, auf einmal
nara|żać (*-am*) ⟨**~zić**⟩ riskieren; ([*się*] *na A*) aussetzen ([sich] *D*); **~zić się** (*D*) F anecken (bei); **~żenie** *n* (*-a*; *0*): **z ~żeniem życia** unter Lebensgefahr
narcia|rka *f* (*-i*; *G -rek*) Skiläuferin; (*czapka*) Skimütze; *zw. pl* Skistiefel *m/pl*; **~rski** Ski-, Schi-; **~rstwo** *n* (*-a*) Skisport *m*; **~rz** *m* (*-a*; *-e*) Skiläufer
narcyz *m* (*-a*; *-y*) Narzisse *f*
nareszcie *adv* endlich
naręcze *n* (*-a*; *G -y*) Armvoll *m*
narko|man *m* (*-a*; *-i*), **-nka** *f* (*-i*; *G -nek*) Drogensüchtige(r); **~mania** *f* Drogensucht; **~tyk** *m* (*-u*; *-i*) Rauschgift *n*, Droge *f*; **~tyzować się** (*-uję*) Rauschgift/Drogen nehmen, drogensüchtig sein; **~za** *f* (*-y*) Narkose
narobić *pf* (*G*) machen (*A*)
narodow|ość *f* (*-ści*) Nationalität; **~y** Volks-, National-, (**-wo**) national
naro|dzenie (się) (*-a*), **~dziny** *pl* (-) Geburt *f*; → **boży**; **~snąć** *pf* → **narastać**; **~śl** *f* (*-i*; *-e*) Beule, Knoten *m*, Wucherung; **~wisty** störrisch
naroż|nik *m* (*-a*; *-i*) Ecke *f*; **~ny** Eck-; **dom ~ny** Eckhaus *n*
naród *m* Volk *n*, Nation *f*
narta *f* (*-y*) Ski *m*, Schi *m*; **jeździć na ~ch** Ski/Schi laufen
narusz|ać *prawo*, *granicę* verletzen; *słowo*, *umowę* brechen; *równowagę* stören; *zapasy*, *kapitał* angreifen; **~enie** *n* (*-a*) Verletzung *f*, Verstoß *m* (**prawa** gegen das Gesetz); Bruch *m*; Störung *f*
narwany F *fig* verrückt
narybek *m* (*-bku*; *0*) *fig* Nachwuchs
narząd *m* (*-u*; *-y*) *anat* Organ *n*
narzecze *n* (*-a*; *G -y*) Dialekt *m*
narzeczon|a *f* (*-ej*; *-e*), **~y** *m* (*-ego*; *-czeni*) Verlobte(r); *pl t.* Brautpaar *n*
na|rzekać (*-am*) (**na** *A*) (sich be)klagen (über *A*); **~rzędnik** *m* (*-a*; *-i*) *gr* Instumental; **~rzędzie** *n* (*-a*; *G -i*) Werkzeug
narznąć *pf* → **narzynać**
narzu|cać ⟨**~cić**⟩ *płaszcz itp.* überwerfen; *fig* aufzwingen; **~cać się** sich aufdrängen; **~t** *m* (*-u*; *-y*) *hdl* Aufschlag; **~tka** *f* (*-i*; *G -tek*) Umhang *m*
nas *pron* (*GA* → **my**) uns
nasa|da *f* (*-y*) Stiel *m*, Griff *m*; (**włosa** Haar-)Ansatz *m*; **~dzać** ⟨**~dzić**⟩ anstecken; aufstecken
nasenny: środek ~ Schlafmittel *n*
nasercowy: środek ~ Herzmittel *n*
nasi *pron m-os* → **nasz**
nasiadówka *f* (*-i*; *G -wek*) Sitzbad *n*
nasiąk|ać (*-am*) ⟨**~nąć**⟩ (*-nę*) (*I*) sich vollsaugen (mit), durchtränkt sein (mit, von)
nasien|ie *n* (*-a*; *-siona*, *-sion*) Samen *m*; **~ny** Saat-, Samen-
nasilenie *n* (*-a*; *0*) Verstärkung *f*, Zunahme *f*; Intensität *f*, Stärke *f*
nasiona *pl* → **nasienie**
na|skoczyć *pf* → **naskakiwać**; **~skórek** *m* (*-rka*; *0*) *anat* Haut *f*; **~słać***[1] *pf* → **nasyłać**; **~słuchiwać** (*-uję*) horchen; **~sma-** *pf* → **sma-**; **~so-** *pf* →**so-**; **~srożony** böse, grimmig; **~stać***[2] *pf* → **nastawać**; **~stanie** *n* (*-a*; *0*) Beginn *m*, Anbruch *m*; **~starczyć** *pf*: **nie móc ~starczyć** (*G*) nicht/kaum nachkommen können (mit)
nasta|wać kommen, beginnen; (**po** *L*) folgen (*D*); (**na** *A*) fordern (von); **~wiać** *budzik* stellen; *kołnierz* aufschlagen, hochschlagen; *uszy* spitzen; *zupę* zusetzen; *płytę* auflegen; *radio* einstellen; *med* einrenken; **~wienie** *n* (*-a*) Einstellung *f* (*t. fig*); *med* Einrenkung *f*; **~wnia** *f* (*-i*; *-e*) *kolej* Schaltwarte
nastąpić *pf* → **następować**
następ|ca *m* (*-y*; *G -ów*), **~czyni** *f* (*-i*; *-e*, *-i*/*-ń*) Nachfolger(in); **~ca tronu** Thronfolger; **~nie** *adv* ferner(hin); anschließend; **~ny** kommend, nächst, folgend; **~nego dnia** anderntags; **~ować** (*-uję*) treten (**na** *A* auf *A*); (**po sobie** aufeinander)folgen; kommen, eintreten; **jak ~uje** wie folgt; → **nastawać**; **~stwo** *n* (*-a*) Folge *f*; **~ująco** *adv* folgendermaßen; **~ujący** folgend
nastolat|ek *m* (*-tka*; *-tki*), **~ka** *f* (*-i*; *G -tek*) Teen(ager) *m*
nastra|jać (*-am*) → **stroić**; **~szyć** *pf* → (**prze**)**straszyć**
nastręcz|ać (*-am*) ⟨**~yć**⟩ bieten (**się** sich); *trudności* bereiten; (*polecać*) vermitteln, empfehlen
nastro|ić *pf* → **stroić**; **~jowy** (**-wo**) stimmungsvoll; **~szony** gesträubt; *pióra*, *ptak t.*: aufgeplustert; → **stroszyć**
nastr|ój *m* (*-oju*; *-oje*, *-ojów*) Stimmung *f*, Laune *f*; **w dobrym ~oju** gutgelaunt

N

nasturcja *f* (*-i*; *-e*) Kapuzinerkresse

nasu|wać ⟨**~nąć**⟩ *czapkę* ziehen, drükken (***na czoło*** in die Stirn); schieben (**się** sich; ***na*** *A* vor, auf *A*); *fig wątpliwości* aufkommen lassen; *myśl* eingeben; ***~wać się*** (auf)kommen

nasy|cać (*-am*) → ***sycić***; **~cony** gesättigt; durchtränkt (*I* mit, von); **~łać** (*-am*) F *j-m* auf den Hals schicken

nasyp *m* (*-u*; *-y*) Damm; **~ywać** (*-uję*) ⟨***~ać***⟩ (hinein)schütten (**do** *G* in *A*)

nasz *pron* (*m-os nasi*) unser; F ***po ~emu*** wie bei uns üblich; in unserer Sprache

na|szki- *pf* → ***szki-***; **~szukać się** *pf* lange suchen (müssen)

naszy|ć *pf* → ***naszywać***; **~jnik** *m* (*-a*; *-i*) Halskette *f*; **~wka** *f* (*-i*; *G -wek*) *mil* Streifen *m*; **~wać** (*-am*) aufnähen

naśladow|ać (*-uję*) nachahmen; **~ca** *m* (*-y*; *G -ów*), **~czyni** *f* (*-i*; *-e*) Nachahmer(in); **~czy** Nachahmungs-; **~nictwo** *n* (*-a*; *0*) Nachahmung *f*

na|śmiewać się (*-am*) (**z** *G*) auslachen (*A*); **~świetlać** (*-am*) ⟨**~świetlić**⟩ (*-lę*) bestrahlen; *fot* belichten; *fig* darlegen

natar|cie *n* Einreiben; *mil*, *sport* Angriff *m*; **~czywy** (**-*wie***) aufdringlich

natchn|ąć *pf* inspirieren, anregen (**do** *G* zu); **~ienie** *n* Inspiration *f*

natęż|ać (*-am*) ⟨**~yć**⟩ (*-ę*) anspannen, (*t. wzrok itp.*) anstrengen; **~enie** *n* (*-a*) *fiz* Stärke *f*; *fig* Anstrengung *f*

na|tknąć się *pf* → ***natykać się***; **~tłoczony** gedrängt voll (*I* von); **~tłok** *m* Gedränge *n*; *fig* Flut *f*, F Unmenge *f*

natomiast dagegen, hingegen

natrafi(a)ć (***na*** *A*) begegnen (*D*)

natrę|ctwo *n* (*-a*; *0*) Zudringlichkeit *f*; *pl med* Zwangsvorstellungen *f/pl*; **~tny** aufdringlich, zudringlich, lästig

natrysk *m* (*-u*; *-i*) Dusche *f*; Brause *f*; **~iwać** (*-uję*) *tech* aufspritzen, aufsprühen; **~owy** Dusch-; *tech* Spritz-

na|trząsać się (*-am*) (**z** *G*) verspotten (*A*); **~trzeć*** *pf* → ***nacierać***

natu|ra *f* (*-y*) Natur; (*charakter t.*) Wesen *n*, Naturell *n*; ***z ~ry*** von Natur (aus); (*malować*) nach der Natur; ***w ~rze*** in natura; **~ralizacja** *f* (*-i*; *-e*) Einbürgerung; **~ralny** natürlich; Natur-

natychmiast *adv* sofort, auf der Stelle; **~owy** sofortig, unverzüglich

natykać się (*-am*) (***na*** *A*) stoßen (auf *A*)

naucz|ać (*-am*) (***k-o*** *G*) lehren (j-n *G*), beibringen (j-m *A*); **~anie** *n* (*-a*) Unterricht(en *n*) *m*; **~ka** *f* (*-i*; *G -czek*) *fig* Lehre; ***dać ~kę*** e-e Lehre erteilen

nauczyciel *m* (*-a*; *-e*, *-i*), **~ka** *f* (*-i*; *G -lek*) Lehrer(in); **~ski** Lehrer-

nau|czyć *pf* → ***nauczać***, ***uczyć***; ***~czyć się*** (*G*) (er)lernen (*A*); **~ka** *f* (*-i*) Wissenschaft; (*teoria*, *morał*, *nauczanie zawodu*) Lehre; (**szkolna** Schul-)Unterricht *m*; **~kowiec** *m* (*-wca*; *-wcy*) Wissenschaftler(in); **~kowy** (**-wo**) wissenschaftlich; *adj t.* akademisch; Wissenschafts-; Unterrichts-, Lehr-

naumyślnie *adv* absichtlich

nausznik *m* (*-a*; *-i*) Ohrenklappe *f*

nawa *f* (*-y*) *bud* (***główna*** Mittel-)Schiff *n*

nawadniać (*-am*) bewässern

nawa|lać ⟨**~lić**⟩ *v/t* (auf)häufen, auftürmen; *v/i* F versagen, streiken; *pf t.* kaputt sein, hinsein

nawał *m* (*-u*; *0*) Masse *f*, F Haufen; **~nica** *f* (*-y*; *-e*) Gewittersturm *m*, Orkan *m*

nawar *m* (*-u*; *-y*) Kesselstein

nawet sogar, selbst; ***~ gdyby*** selbst wenn; ***~ nie*** nicht (ein)mal

nawia|ć *pf* → ***nawiewać***; **~s** *m* (*-u*; *-y*) *mat* Klammer *f*; ***~sem mówiąc*** nebenbei gesagt; ***wyłączyć poza ~s*** *fig* ausgrenzen; **~sowy** *fig* beiläufig

nawiąz|ywać (*-uję*) ⟨***~ać***⟩ *kontakt*, *rozmowę itp.* anbahnen (**się** sich), (an-)knüpfen; (**do** *G*) anknüpfen (an *A*); **~ując do** (*G*) mit Bezug auf (*A*)

nawiedz|ać (*-am*) ⟨**~ić**⟩ (*-dzę*) heimsuchen, verfolgen; (*we śnie*) erscheinen

nawierzchnia *f* (*-i*; *-e*, *-i*) (**drogi** Straßen-)Decke, Belag *m*

nawietrzn|y: *strona ~a* *mar* Luv

nawi|jać (*-am*) aufwickeln, aufrollen (**się** sich); ***~jać się*** *fig okazja*: sich bieten; zufällig/unerwartet auftauchen; **~lgać** (*-am*) ⟨**~lgnąć**⟩ (*-nę*) feucht werden; **~nąć** *pf* (*-nę*, *-ń!*) → ***nawijać***

na|wlekać (*-am*) ⟨**~wlec***⟩ *igłę* einfädeln; *paciorki* auffädeln; **~wodnić** *pf* (*-ę*, *-nij!*) → ***nawadniać***; **~wodny** Überwasser-; ***budowla ~wodna*** Pfahlbau *m*

nawoływać (*-uję*) rufen; *fig* (**do** *G*) aufrufen, auffordern (zu)

na|wozić düngen; **~wóz** *m* Dung, Mist; (**sztuczny** Kunst-)Dünger

na|wracać ⟨**~wrócić**⟩ *v/i* kehrtmachen; → ***wracać***; *v/t wóz* wenden; *fig* bekehren (**się** sich; ***na*** *A* zu); **~wrót** *m* (*-otu*;

-oty) Wiederkehr *f*; *med* Rückfall
nawyk *m* (*-u*; *-i*) (An-)Gewohnheit *f*; **~ać** (*-am*) ⟨**~nąć**⟩ (*-nę*) (**do** *G*) sich angewöhnen (*A*); sich gewöhnen (an *A*)
nawzajem gegenseitig; einander; ***dziękuję, ~!*** danke, gleichfalls!
nazajutrz *adv* am nächsten Tag, morgen
nazbyt *adv* allzu, zu sehr
na|zębny: ***kamień ~zębny*** Zahnstein; **~ziemny** Erd-, (*t. lotn*) Boden-
naznacz|ać (*-am*) ⟨**~yć**⟩ kennzeichnen; *termin* bestimmen, festsetzen
nazwa *f* (*-y*) Name *m*, Bezeichnung; **~ć*** *pf* → ***nazywać***
nazwisk|o *n* (*-a*) (Familien-)Name *m*; ***~iem, po ~u ...*** mit Namen ...; ***znać z ~a*** dem Namen nach kennen
nazyw|ać (*-am*) (be)nennen; ***~ać się*** heißen, sich nennen; ***to się ~a ...!*** das nenne ich ...!; ***jak się to ~a*** wie heißt es
nażreć się *pf* (*fig* P) sich vollfressen
negatyw *m* (*-u*; *-y*) Negativ *n*; **~ny** negativ; *fig t.* ablehnend
negliż *m* (*-u*; *-e*, *-y*) Negligé *n*
negocja|cje *f/pl* (*-i*) Verhandlungen *f/pl*; **~tor** *m* (*-a*; *-rzy/-owie*), **-rka** *f* (*-i*; *G -rek*) Verhandlungspartner(in)
ne|gocjować (*-uję*) verhandeln; **~gować** (*-uję*) verneinen, bestreiten; **~krolog** *m* (*-u*; *-i*) Todesanzeige *f*; Nachruf
neo- *w zł.* neu-, Neu-, neo-, Neo-
neon *m* (*-u*; *0*) *chem* Neon *n*; (*pl -y*) F = **~ówka** *f* (*-i*; *G -wek*) Neonröhre
nerk|a *f* (*-i*; *G -rek*) Niere; **~owaty** (**-to**) nierenförmig; **~owy** Nieren-
nerw *m* (*-u*; *-y*) Nerv; ***działać na ~y*** auf die Nerven gehen/fallen; **~ica** *f* (*-y*) (***lękowa*** Angst-)Neurose; **~oból** *m* Neuralgie *f*; **~owy** Nerven-; (**-wo**) nervös; ***~owo chory*** nervenkrank
neseser *m* (*-u*; *-y*) Necessaire *n*
neska F *f* (*-i*; *0*) Instantkaffee *m*
neuro- [nɛŭrɔ-] *w.zł.* neuro-, Neuro-
neutral|izować [nɛŭ-] ⟨**z-**⟩ (*-uję*) neutralisieren; **~ny** neutral
newralgiczny neuralgisch
nęc|ący (**-co**) verlockend; **~ić** ⟨**z-**⟩ (*-cę*) (ver)locken, reizen
nędz|a *f* (*-y*; *-e*) Elend *n*, Not; ***cierpieć ~ę*** Not leiden; **~arka** *f* (*-i*; *G -rek*), **~arz** *m* (*-a*; *-e*) Bettler(in), Hungerleider; **~ny** elend, Elends-; erbärmlich, (*t. pej*) miserabel; → ***nikczemny***
nękać ⟨**z-**⟩ (*-am*) plagen

ni *conj* → ***ani***; ***~ stąd, ~ zowąd*** mir nichts, dir nichts, ganz plötzlich; ***~ to ..., ~ to ...*** nicht ... und auch nicht ...
niań|czyć (*-ę*) versorgen, pflegen; auf dem Arm tragen; **~ka** *f* (*-i*; *G -niek*) Kindermädchen *n*
nią *pron* (*AI* → ***ona***); ***z ~*** mit ihr
niby *part* (*A*) wie (*A*), gleich (*D*); gleichsam; (so tun) als ob; ***małżeństwo na ~*** Scheinehe *f*; ***~ śpi ...*** scheint zu schlafen; *w zł.* pseudo-, Pseudo-, Schein-
nic *pron* nichts; ***~ a ~*** rein gar/überhaupt nichts; F ***jak gdyby ~*** als ob nichts geschehen wäre; ***na ~*** F für die Katz; ***~ z tego*** (***nie będzie***) daraus wird nichts; ***tyle co ~*** so gut wie gar nichts; ***~ ci do tego*** das geht dich nichts an; ***za ~ w świecie*** um nichts in der Welt; ***niczego nie brakuje*** es fehlt (an gar) nichts; ***być do niczego*** nicht zu gebrauchen sein; ***zostać bez niczego*** vor dem Nichts stehen; ***z niczym*** unverrichteterdinge; ***na niczym mu nie zależy*** es liegt ihm an gar nichts; ***skończyć się na niczym*** sich zerschlagen; zu nichts führen; ***w niczym*** in nichts, überhaupt nicht
nich *pron* (*GL* → ***oni***, ***one***; *A* → ***oni***); ***o ~*** über sie, von ihnen
nici *pl* → ***nić***; **~any** Strick-, gestrickt
nicować ⟨**prze-**⟩ (*-uję*) *ubranie* wenden
nicpoń *m* (*-nia*; *-nie*, *-i[ów]*) Taugenichts
nicz|ego (*G* → ***nic***); F passabel; **~emu** (*D* → ***nic***); **~yj** niemandes; ***ziemia ~yja*** Niemandsland *n*; ***bez ~yjej pomocy*** ohne fremde Hilfe; **~ym** (*IL* → ***nic***); *praep lit* (*A*) gleich (*D*), wie (*A*)
nić *f* (*nici*; *nici*, *I -ćmi*) Faden *m*
niderlandzki niederländisch
nie [ɲɛ] *part* nein; (+ *verb a. su*) nicht, kein; (+ *adv*) nicht; ohne zu; (+ *adj*) *w zł.* un-, nicht-, -frei; ***jeszcze ~*** noch nicht; ***~ żarty*** kein Spaß; ***~ płacąc*** ohne zu bezahlen; ***~ zapytany*** ungefragt; ***no ~?*** ist es nicht so?; → ***już***, ***mieć***, ***nic*** *itp.*
nie|aktualny nicht aktuell; **~apetyczny** unappetitlich; **~baczny** unvorsichtig; unbedacht; **~bawem** bald, in Kürze
niebezpiecz|eństwo *n* Gefahr *f*; **~ny** gefährlich; gefahrvoll
niebiesk|awy (**-wo**) bläulich; **~i¹** (**-ko**) blau; **~i²** Himmels-; ***Królestwo ~ie*** Himmelreich; **~ooki** blauäugig
niebiosa *pl* (*-os*, *L -osach*) Himmel *m*
nieb|o *n* (*-a*; *-a*, → *niebiosa*) Himmel *m*;

N

na ~ie am Himmel; *rel* im Himmel
niebora|czka *f* (*-i*; *G -czek*) → ***biedaczka***; **~k** *m* (*-a*; *-cy*/*-i*) → ***biedak***; (*zwierzę*) arme Kreatur
nieboszcz|ka *f* (*-i*; *G -czek*), **~yk** *m* (*-a*; *-cy*/*-i*) Verstorbene(r); ***moja babka ~ka*** meine selige Großmutter
niebotyczny himmelhoch; überhöht
nie|brzydki (**-*ko***) ganz hübsch; **~bywały** (**-*le***) ohnegleichen, noch nicht/nie dagewesen; **~całkowity** (**-*cie***) unvollständig; teilweise; lückenhaft; **~cały** nicht ganz; ***~cały tydzień*** e-e knappe Woche; **~celny** ungenau; **~celowy** unzweckmäßig; **~cenzuralny** unanständig
niech *part* möge(n), soll(en), wird (werden); ~ ***zaczeka*** er/sie soll warten; ~ ***sobie jadą*** mögen sie fahren, laß sie fahren; ~ ***pan(i) pozwoli*** erlauben Sie; treten Sie näher; ~ ***żyje!*** hoch soll er/sie leben!; **~by** wenn doch
niechcący *adv* unabsichtlich, ungewollt
niechę|ć *f* (*0*) Abneigung (***do*** *G* gegen); Unlust; **~tnie** *adv* ungern, widerwillig; **~tny** (***do*** *G*) abgeneigt (*D*); (*nieprzyjazny*) unfreundlich
nie|chlujny unordentlich, schlampig; **~chlujstwo** *n* (*-a*; *0*) Schlampigkeit *f*; **~chodliwy** F *hdl* schwer verkäuflich; **~chybny** unweigerlich, sicher; **~ciekawy** (**-*wie***) uninteressant; (*G*) uninteressiert (an *D*), nicht neugierig (auf *A*)
N
niecierpliw|ić ⟨**z-**⟩ (*-ę*) *v*/*t j-s* Geduld strapazieren; ***~ić się*** ungeduldig werden/sein; **~ość** *f* Ungeduld; **~y** (**-*wie***) ungeduldig
niecka *f* (*-i*; *G -cek*) Trog *m*; *geol* Mulde
niecny niederträchtig, gemein, ruchlos
nieco ein wenig, etwas; **~dzienny** nicht alltäglich, außergewöhnlich; **~ś** → ***nieco***; ***coś ~ś*** e-e Kleinigkeit
nie|często *adv* nicht oft, ab und zu; **~czuły** gefühllos; unempfindlich (***na*** *A* gegen); **~czynny** außer Betrieb; *zakład*: stillgelegt; *wulkan*: erloschen; *chem* inaktiv; **~czysto** *adv* → ***nieczysty***
nieczyst|ość *f* (*-ści*; *0*) Unsauberkeit; *t-ko pl* ***~ości*** Unrat *m*; Abwässer *n*/*pl*; **~y** (**-*to***) unsauber, unrein (*t. fig*); ***~e sumienie*** schlechtes Gewissen
nie|czytelny unleserlich; **~daleki** → ***pobliski***; (***od*** *G*) nicht weit entfernt (von); (*krótki*) kurz; (*w czasie*) nah(e); **~daleko** *adv* (*G*, ***od*** *G*) unweit (von)
niedawn|o *adv* kürzlich, neulich; ***~o temu*** vor kurzem; **~y** jüngst, letzt-; ***od ~a*** seit kurzem; ***do ~a*** bis vor kurzem
niedba|lstwo *n* (*-a*; *0*) Nachlässigkeit *f*, F Schlamperei *f*; **~ły** (**-*le***) (nach)lässig
nie|delikatny taktlos, grob; **~długo** *adv* nicht lange; (*wkrótce*) bald
niedo|bór *m* (*-oru*; *-ory*) Mangel (*G* an *D*); Defizit *n*; **~brany** schlecht zusammenpassend; **~bry** (**-*rze***) schlecht; (*niepomyślny*) ungut; *czyn itp.*: schlimm, übel; *adv t.* nicht gut; **~ciągnięcie** *n* (*-a*) Mangel *m*; Unzulänglichkeit *f*; **~czas** *m* Zeitnot *f* (*t.* F *fig*)
niedogod|ność *f* (*-ści*) Unbequemlichkeit; **~ny** unbequem; ungünstig
niedojadanie *n* (*-a*) Unterernährung *f*
niedojrzały (*m-os -li*) unreif
niedo|kładny ungenau; **~konany** *gr* unvollendet; **~krwistość** *f* (*-ści*; *0*) *med* Anämie; **~kształcony** nicht fertig ausgebildet, ohne Studienabschluß
niedola *f* (*-i*; *-e*) schweres Los; Not
niedołę|ga *f*/*m* (*-i*; *G -*/*-ów*) Versager *m*, F Niete *f*; → ***niezdara***; **~stwo** *n* (*-a*; *0*) Gebrechlichkeit *f*; Unbeholfenheit *f*; Untüchtigkeit *f*; **~żny** gebrechlich; *fig* unbeholfen, unfähig; untüchtig
niedomag|ać kränkeln; leiden, F laborieren (***na*** *A* an *D*); *fig* nicht richtig funktionieren; **~anie** *n* (*-a*) Leiden, Beschwerde *f*; Unpäßlichkeit *f*; *fig* Mißstand *m*, Mangel *m*
niedo|moga *f* (*-i*; *G -móg*) *med* Insuffizienz; *fig pl* (*G -ogów*) Unzulänglichkeiten *f*/*pl*; **~mówienie** *n* vage Äußerung *f*, Andeutung *f*; **~myślny** begriffsstutzig; **~pałek** *m* (*-łka*; *-łki*) Stummel, F Kippe *f*; **~patrzenie** *n* (*-a*) Unachtsamkeit *f*; ***przez ~patrzenie*** aus Versehen; **~płata** *f* (***podatku*** Steuer-)Rückstand *m*; **~powiedzenie** *n* (*-a*) → ***niedomówienie***; **~puszczalny** unzulässig
niedorajda F *f*/*m* (*-y*; *G -*/*-ów*) Tölpel *m*, Trampel *m*; → ***niedołęga***
niedoręczeni|e: ***w razie ~a*** falls unzustellbar
niedo|rosły *zwierzę*: nicht ausgewachsen; *os.* minderjährig; **~rostek** *m* (*-tka*; *-tki*) Halbwüchsige(r); **~rozwinięty** unterentwickelt, (***umysłowo*** geistig) zurückgeblieben; **~rozwój** *m* Entwicklungsrückstand; **~rzeczny** unsinnig, absurd; **~sięgły** (*m-os -li*) unerreich-

bar; **~skonały** unvollkommen
niedosłysz|alny unhörbar; **~eć** schwer hören, schwerhörig sein; **~enie** *n* (*-a*) Schwerhörigkeit *f*
niedo|smażony nicht (ganz) durchgebraten; **~solony** zu wenig gesalzen; **~spać** *pf* → ***niedosypiać***; **~stateczny** ungenügend, unzulänglich; *stopień*: mangelhaft; **~statek** *m* Not *f*; Mangel; **~stępny** unzugänglich; (*wyniosły*) unnahbar; **~strzegalny** unsichtbar; *fig* unmerklich; **~sypiać** (*-am*) zu wenig/nicht genug schlafen; **~szły** nicht zustande gekommen; *artysta itp.*: gescheitert, Möchtegern-
niedo|ścigły, **~ścigniony** unerreichbar; *mistrz itp.*: unübertrefflich; **~świadczony** unerfahren; **~trzymanie** *n* (*-a*) Nichteinhaltung *f*; **~tykalny** unberührbar; **~uczony** halbgebildet; → ***niedokształcony***; **~waga** *f* Untergewicht *n*; **~warzony** *fig* unreif, unausgegoren; **~wiarek** *m* (*-rka*; *-rki*/*-rkowie*) Zweifler (-in), Skeptiker(in); **~widzieć** schlecht sehen (können)
niedowierza|jąco *adv* ungläubig; = **~nie** *n* (*-a*; *0*): **z ~niem** zweifelnd; mißtrauisch, argwöhnisch
nie|dowład *m* (*-u*; *-y*) *med* Parese *f*; **~dozwolony** unerlaubt, verboten; **~dożywiony** unterernährt; **~drogi** (**-go**) nicht teuer, preiswert; **~dużo** *adv* nicht viel; **~duży** klein; **~dwuznaczny** unzweideutig; **~dyskrecja** *f* (*-i*; *-e*) Indiskretion; **~dyspozycja** *f* Unpäßlichkeit
niedziel|a *f* (*-i*; *-e*) Sonntag *m*; **~ny** sonntäglich, Sonntags-
niedźwiadek *m* (*-dka*; *-dki*) Jungbär, Bärchen *n*; → ***miś***
niedźwiedzi Bären-; **~ca** *f* (*-y*; *-e*) Bärin; *astr* ***Wielka ℒca*** Großer Bär
niedźwiedź *m* (*-dzia*; *-dzie*, *-dzi*) (***biały***, ***brunatny*** Eis-, Braun-)Bär
nie|efektowny unattraktiv, einfach; **~ekonomiczny** unwirtschaftlich; **~estetyczny** unästhetisch
nie|fachowy (**-wo**) unfachmännisch, laienhaft; **~foremny** unförmig; **~formalny** formlos; **~fortunny** glücklos; (*chybiony*) mißglückt; **~frasobliwy** (**-wie**) unbekümmert; **~głęboki** (**-ko**) seicht, flach; **~głupi** (**-pio**) gescheit, vernünftig
niego *pron* (*GA* → ***on***; *G* → ***ono***); ***dla ~*** für ihn; ***od|do|u ~*** von/zu/bei ihm
niego|dny, *praed m* **~dzien** (*G*) unwürdig (*G*); **~dziwy** (**-wie**) → ***niecny***
nie|gospodarny schlecht wirtschaftend, nicht sparsam; **~gościnny** ungastlich; **~gotowy**, *praed m* **~gotów** unfertig; **~groźny** harmlos, ungefährlich; **~grzeczność** *f* Ungezogenheit; (*zachowanie t.*) Unhöflichkeit; **~grzeczny** ungezogen, unartig; unhöflich; **~gustowny** geschmacklos; **~higieniczny** unhygienisch; **~ingerencja** *f* (*-i*; *-e*) Nichteinmischung; **~istotny** unerheblich
niej *pron* (*GDL* → ***ona***); ***od|do|u ~*** von/zu/bei ihr; ***dla ~*** für sie
nieja|dalny nicht eßbar, ungenießbar; **~dowity** *wąż itp.*: ungiftig
nieja|ki einig-, gewiß; ***od ~kiego czasu*** seit einiger/gewisser Zeit; ***~ki pan ...*** ein gewisser Herr ...; **~ko** *adv* gewissermaßen; **~sny** (**-no**) unklar; **~wny** nicht öffentlich, geschlossen
niejed|en, **~na**, **~no¹** manch(er, -e, -es); ***~na kobieta*** (so) manche Frau; ***~no dziecko*** (so) manches Kind
niejedno² allerlei, viel; ***przeżył ~*** er hat allerlei/vieles erlebt; **~krotnie** mehrmals; **~krotny** mehrmalig; **~lity** (**-cie**) uneinheitlich; **~znaczny** vieldeutig
niekar|alny straffrei; **~ność** *f* Disziplinlosigkeit; **~ny** undiszipliniert
niekiedy manchmal, bisweilen; ***kiedy ~*** dann und wann
nie|kłamany aufrichtig, echt; **~koleżeński** unkollegial; **~kompetentny** inkompetent; **~kompletny** unvollständig; **~koniecznie** *adv* nicht unbedingt; **~konsekwentny** inkonsequent
niekorzy|stny ungünstig; unvorteilhaft; **~ść** *f*: ***na ~ść*** (*G*) zu Ungunsten (*G*), zum Nachteil (*D*)
nie|kształtny unförmig; **~które** *pl* (*m-os -rzy*) manche, einige; **~kulturalny** unkultiviert; **~legalny** illegal, ungesetzlich; *hdl t.* Schwarz-; **~letni** minderjährig; **~liczny** nicht zahlreich; vereinzelt; ***~liczne*** (*m-os -ni*) einige (wenige); **~litościwy** (**-wie**) unbarmherzig; **~logiczny** unlogisch; **~lojalny** illoyal; treulos; **~ludzki** (**-ko**) unmenschlich
nieła|d *m* Unordnung *f*, F Durcheinander *n*; ***w ~dzie*** *t.* ungeordnet
nie|ładny häßlich, unschön; **~łamliwy** unzerbrechlich; **~łaska** *f* (*0*) Ungnade; **~łatwy** (**-wo**) nicht leicht, nicht einfach,

N

schwer; **~łatwe zadanie** keine leichte/ einfache Aufgabe
nie ma → ***mieć****
nie|mal(że) *adv* fast, beinahe; **~mało** *adv* nicht wenig(e), F e-e ganze Menge; **~mały** ziemlich (groß, weit), beträchtlich; **~mądry** (**-rze**) unklug
niemczyzna *f* (*-y*; *0*) Deutsch *n*
nie|męski unmännlich; **~miara** *f*: **co ~ miara** F eine Menge, einen Haufen
Niemiec *m* (*-mca*; *-mcy*, *-ów*) Deutsche(r); **2ki** (**po -ku**) deutsch, Deutsch-
nie|mieszkalny *bud* Gewerbe-; **~mile** *adv*, **~miło** *adv* → ***niemiły***; **~miłosierny** unbarmherzig; F *fig* fürchterlich; **~miły** unangenehm, unerfreulich
Niemka *f* (*-i*; *G -mek*) Deutsche
niemnący knitterfest, knitterfrei
niemniej dennoch, nichtsdestoweniger
niemo *adv* stumm, schweigend
niemoc *f* (*0*) Schwäche; **~ płciowa** Impotenz; **~ny** schwach (*t.* F *fig*)
nie|modny unmodern, nicht modisch; **~moralny** unsittlich; ***czyn ~moralny*** Sittlichkeitsdelikt *n*; **~mowa** *f*/*m* (*-y*; *G -mów*/*-owów*) Stumme(r)
niemowlę *n* (*-ęcia*; *-ęta*, *-ąt*) Säugling *m*, Baby; **~ctwo** *n* (*-a*; *0*) Säuglingsalter; **~cy** Säuglings-, Baby-
niemoż|liwie *adv* F furchtbar, nicht zu ertragen; **~liwy** unmöglich; ***to ~liwe*** es ist unmöglich; ***~liwy do opisania*** unbeschreiblich; **~ność** *f* (*0*) Unmöglichkeit; Unvermögen *n*
niemrawy (**-wo**) langsam, apathisch
niemu *pron* → ***jemu***
niemy stumm (*t. med*); *su* → ***niemowa***
niena|ganny tadellos; **~prawialny** irreparabel; **~ruszalny** unantastbar; **~ruszony** unberührt; *pieczęć*: unversehrt; **~sycony** unersättlich; *chem* ungesättigt; **~turalny** unnatürlich; **~umyślnie** *adv* unabsichtlich
nienawi|dzić (*-dzę*) hassen (***się*** sich, einander); **~stny** verhaßt; *spojrzenie itp.*: haßerfüllt; **~ść** *f* (*-ści*; *0*) Haß *m*
nie|nawykły nicht gewohnt (**do** *G* an *A*, zu); **~normalny** a(b)normal; **~nowy** nicht (mehr) neu; **~obcy** nicht fremd
nieobecn|ość *f* Abwesenheit; ***pod ~ość*** während der Abwesenheit; **~y** abwesend; ***być ~ym*** (**na** *L*) fernbleiben (*D*)
nie|obliczalny unermeßlich; *fig* unberechenbar; **~obowiązkowy** pflichtvergessen, nachlässig; **~obrobiony** unbearbeitet; **~obsadzony** unbesetzt, frei; **~obywatelski** unsozial; **~oceniony** unschätzbar; **~oczekiwany** unerwartet; **~odczuwalny** unmerklich
nieod|gadniony unergründlich; **~łączny** unzertrennlich; *iron t.* obligat; **~mienny** unveränderlich; *gr* indeklinabel; **~party** *chęć itp.*: unwiderstehlich; *argument*: unwiderlegbar; **~płatny** kostenlos, frei; **~powiedni** ungeeignet, unpassend; **~powiedzialny** unverantwortlich, verantwortungslos; **~stępny** → ***nieodłączny***; **~wołalny** unwiderruflich; **~wracalny** unumkehrbar; *decyzja*: unumstößlich; **~zowny** unerläßlich, unabdingbar; **~żałowany** *strata*: unersetzlich
nie|oficjalny inoffiziell; **~oględny** unvorsichtig, leichtfertig; **~ograniczony** (**-czenie**) unbegrenzt, unbeschränkt; **~okiełznany** ungezähmt, ungezügelt; **~określony** unbestimmt; *gr t.* indefinit; **~okrzesany** *fig* ungehobelt; **~omal** → ***niemal***; **~omylny** unfehlbar; *instynkt, przeczucie*: untrüglich; **~opanowany** unbeherrscht; *gniew itp.*: unbändig; **~opatrzny** unbedacht; **~opisany** unbeschreiblich; **~opłacalny** unrentabel; **~osiągalny** unerreichbar; **~osobowy** (**-wo**) unpersönlich
nieostrożn|ość *f* Unvorsichtigkeit; **~y** unvorsichtig
nie|ostry nicht scharf, stumpf; *fot* unscharf; *zima*: mild; **~oświecony** ungebildet; **~ożywiony** unbelebt
niepaląc|y: ***jestem ~y/~a*** ich bin Nichtraucher(in)
niepalny nicht brennbar
niepamię|ć *f*: ***puścić w ~ć*** vergeben und vergessen; ***wydobyć z ~ci*** der Vergessenheit entreißen; **~tliwy** nicht nachtragend; **~tny**: ***od ~tnych czasów*** seit Menschengedenken
nieparzysty unpaar(ig); ungerade
niepełno|letni minderjährig; **~prawny** bedingt rechtsfähig; **~sprawny** *med* behindert
nie|pełny nicht (ganz) voll; *fig* unvollständig; **~pewność** *f* Unsicherheit; Ungewißheit; **~pewny** unsicher; *los*: ungewiß; *sojusznik*: unzuverlässig; **~pijący** *m* (*-ego*; *-y*) Nichttrinker; **~piśmienny** lese- und schreibunkundig; **~**

N

planowy (**-wo**) außerplanmäßig, nicht eingeplant; **~płodny** unfruchtbar; **~pochlebny** wenig schmeichelhaft; **~pocieszony** untröstlich; **~poczytalny** unzurechnungsfähig

niepodległ|ość *f* (*-ści*; *0*) *pol* Unabhängigkeit; **~y** unabhängig, souverän

niepodob|ieństwo *n* Unmögliche(s), ein Ding der Unmöglichkeit; **~na** (*nieos*) es ist/war unmöglich, undenkbar; **~ny** (**do** *G*) unähnlich (*D*)

niepo|dzielny unteilbar; **~goda** *f* (*-y*; *0*) schlechtes Wetter, Regenwetter *n*; **~hamowany** unbändig; **~jętny** unbegabt, dumm; **~jęty** unfaßbar; **~kalany** *lit* makellos; **~kaźny** unscheinbar; **~koić** ⟨**za-**⟩ (*-ję*) beunruhigen; (*nie dawać spokoju*) belästigen; **~koić się** (*I*, **o** *A*) beunruhigt sein (über *A*, wegen); **~kojący** (**-co**) besorgniserregend; **~konany** unbesiegbar; unbesiegt; *fig* unüberwindlich; **~kój** *m* Unruhe *f*; Besorgnis *f*

nie|pomierny extrem, übertrieben; **~pomny** (*G*) nicht eingedenk (*G*); **~pomyślny** ungünstig, widrig; **~ponętny** unattraktiv; **~popłatny** nicht lohnend; **~poprawny** unkorrekt; (*zatwardziały*) unverbesserlich; **~popularny** unpopulär; **~radny** → ***niezaradny***; **~ręczny** unhandlich; sperrig; **~porozumienie** *n* Mißverständnis; *zw. pl* (*spory*) Meinungsverschiedenheiten *f*/*pl*

nieporów|nany unvergleichlich, unübertroffen; **~nywalny** unvergleichbar

niepo|ruszony unbeweglich; **~rządany** unerwünscht; **~rządek** *m* Unordnung *f*; **~rządny** unordentlich, F schlampig; **~skromiony** → ***niepohamowany***

nieposłusz|eństwo *n* Ungehorsam *m*; **~ny** ungehorsam; *dziecko t.*: unartig

niepo|spolity (**-cie**) außergewöhnlich; **~strzeżenie** *adv* unbemerkt; **~szanowanie** *n* Respektlosigkeit *f*; Mißachtung *f* (***prawa*** der Gesetze); **~szlakowany** untadelig; **~trzebny** unnötig

niepo|ważny unernst; **~wetowany** unersetzlich; **~wodzenie** *n* Mißerfolg *m*, Fehlschlag *m*; **~wołany** unbefugt; **~wstrzymany** ungestüm, vehement; **~wszedni** nicht alltäglich; → ***niepospolity***; **~wtarzalny** einmalig; **~znawalny** unerforschlich; **~zorny** unscheinbar, unansehnlich; **~żądany** unerwünscht

niepraktyczny unpraktisch

niepraw|da *f* Unwahrheit; ***to ~da*** das ist nicht wahr; ***~da?*** nicht wahr?; **~dopodobny** unwahrscheinlich; unvorstellbar; **~dziwy** (**-wie**) unwahr; (*sztuczny*) unecht, imitiert

nieprawidłow|ość *f* (*-ści*) Unrichtigkeit; Unregelmäßigkeit; **~y** (**-wo**) unrichtig, falsch; unregelmäßig

niepra|wny ungesetzlich; unrechtmäßig; **~womocny** nicht rechtskräftig; **~wowity** unrechtmäßig

nie|prędko *adv* nicht so bald; **~produktywny** unproduktiv; **~profesjonalny** unprofessionell, laienhaft

nieproliferacj|a *f* (*-i*; *0*) *pol* Nichtweitergabe; ***układ o ~i*** Atomsperrvertrag

nie|proporcjonalny (**do** *G*) nicht angemessen (*D*); **~proszony** ungebeten; unaufgefordert

nieprze|brany unzählig; unermeßlich; unerschöpflich; **~byty** unpassierbar; *puszcza*: undurchdringlich; **~chodni** *gr* intransitiv; **~ciętny** überdurchschnittlich; **~jednany** unversöhnlich; **~jezdny** unbefahrbar, unpassierbar

nieprzejrzany *tłum*: unübersehbar; *mrok*: undurchdringlich

nieprze|konujący (**-co**) nicht überzeugend; **~kraczalny** unüberschreitbar; *termin*: äußerst; **~kupny** unbestechlich; **~makalny** wasserdicht; **~mijający** unvergänglich; **~możony** unbezwingbar; **~nikniony** undurchdringlich; **~pisowy** (**-wo**) unvorschriftsmäßig; regelwidrig; **~puszczalny** undurchlässig

nieprzerwany ununterbrochen

nieprze|ścigniony unübertroffen; **~tłumaczalny** unübersetzbar; **~widziany** unvorhergesehen; **~zorny** leichtsinnig, sorglos; **~zroczysty** undurchsichtig; **~zwyciężony** unüberwindlich

nieprzy|chylny ungünstig, nachteilig; **~datny** (**do** *G*, **na** *A*) ungeeignet (für, zu); → ***bezużyteczny***; **~jaciel** *m*, **~jaciółka** *f* Feind(in); **~jacielski** feindlich, Feind(es)-; **~jazny** (**-źnie**) feindselig; *fig* unwirtlich; **~jemność** *f* Unannehmlichkeit; **~jemny** unangenehm; **~padkowy** (**-wo**) nicht zufällig, gezielt; **~stępny** unzugänglich; (*wyniosły*) unnahbar; *cena*: unerschwinglich; **~tomny** bewußtlos; *wzrok*: geistesabwesend; (wie) von Sinnen (***ze strachu*** vor

Angst); **~tulny** ungemütlich; **~zwoity** (**-cie**) unanständig; *wyrazy*: unflätig
nie|punktualny unpünktlich; **~racjonalny** unrationell
nierad (*m-os -dzi*) (*D*) verärgert, nicht froh (über *A*); ***rad*** **~** wohl oder übel
nieraz *adv* mehrmals, oft(mals)
nierdzewny rostbeständig, rostfrei
nie|realny unwirklich; *plan itp.*: unrealistisch; **~regularny** unregelmäßig; irregulär; **~rentowny** unrentabel; **~rogacizna** *f* (*-y*; *0*) *zbior* Schweine *n/pl*; **~rozdzielny** untrennbar; **~rozerwalny** unzerreißbar, unlösbar
nieroz|garnięty beschränkt, dumm; **~łączka** *f* (*-i*; *G -czek*) Wellensittich *m*; **~łączny** unzertrennlich; **~poznawalny** unerkennbar; **~puszczalny** unlöslich; **~sądny** unvernünftig; unbedacht; **~strzygalny** unlösbar; **~tropny** → ***nierozgarnięty***; *czyn*: unbesonnen
nierozumny unklug; unverständig
nierozwa|ga *f* (*-i*; *0*) Unbesonnenheit; **~żny** unbesonnen; *czyn*: unüberlegt
nieroz|wiązalny un(auf)lösbar; **~winięty** (in der Entwicklung) zurückgeblieben; *pąk*: nicht aufgegangen
nieróbstwo *n* (*-a*; *0*) Nichtstun
nierów|no *adv* → ***nierówny***; **~nomierny** ungleichmäßig; **~ność** *f* Unebenheit; Ungleichheit; **~ny** uneben; schief, ungerade; (*różniący się*) ungleich; *charakter*: unausgeglichen
nieruch|awy (**-wo**), **~liwy** träge, langsam; **~omo** *adv* → ***nieruchomy***; **~omość** *f* (*-ści*; *0*) Unbeweglichkeit; (*pl -ści*) Immobilie; **~omy** unbeweglich; *wzrok*: unbewegt
nierzadk|i häufig; **~o** *adv* öfter
nierząd *m* (*-u*; *0*) Unzucht *f*; **~ny: czyn** ***~ny*** unzüchtige Handlung *f*
nierze|czowy unsachlich; **~czywisty** unwirklich; **~telny** unredlich, unreell
nie|samowity (**-cie**) unheimlich; **~sforny** ungebärdig, widersetzlich; ausgelassen; **~skalany**, **~skazitelny** makellos; *fig t.* unbescholten; **~skłonny** (**do** *G*) abgeneigt (*D*); nicht aufgelegt (zu); **~skończony** unendlich, (**-czenie**) endlos; **~skromny** unanständig; (*chełpliwy*) überheblich; **~skuteczny** unwirksam; **~sławny** ruhmlos, schmachvoll; **~słodki** (**-ko**) *fig* schwer, mühselig
nie|słony ungesalzen; **~słowny** unzuverlässig; wortbrüchig; **~słusznie** *adv* zu Unrecht; **~słuszny** unrecht; *jur t.* unrechtmäßig; **~słychany** unerhört; **~smaczny** nicht schmackhaft; *fig* geschmacklos; **~smak** *m* (*0*) schlechter Nachgeschmack; *fig t.* Mißbehagen *n*
niesnaski *f/pl* (*-sek*) Streitereien *f/pl*
nie|solidarny unsolidarisch; **~specjalnie** *adv* nicht besonders; **~spełna** nicht ganz; fast; ***~spełna rozumu*** nicht ganz bei Verstand; **~spodzianka** *f* (*-i*; *G -nek*) Überraschung; **~spodzi(ew)any** unerwartet, überraschend; **~spokojny** unruhig; *wzrok itp. t.*: unstet; **~sporo** *adv* langsam, schwierig; **~spożyty** unverwüstlich, robust
niesprawiedliw|ość *f* (*-ści*) Unrecht *n*, Ungerechtigkeit; **~y** (**-wie**) ungerecht (**wobec**, **dla** *G* gegenüber *D*), unbillig
niesta|ły unbeständig; labil; **~ranny** nachlässig; nicht sorgfältig, F schludrig; **~stateczny** instabil
niestety leider, bedauerlicherweise
nie|stosowny unpassend; **~strawność** *f* (*-ści*; *0*) *med* Verdauungsstörung; **~strawny** unverdaulich; (*t. fig*) schwerverdaulich; **~strudzony** (**-dzenie**) unermüdlich, rastlos; **~stworzony** F unglaublich, toll; **~sumienny** → ***nierzetelny***, ***niestaranny***; **~swojo** *adv* unbehaglich; **~swój** (→ *swój*) unwohl
nie|symetryczny asymmetrisch; **~sympatyczny** unsympathisch; **~syty** *fig* (*G*) begierig (auf *A*); **~szablonowy** → ***niepospolity***; **~szczególny** nicht besonders (gut); **~szczelny** undicht; **~szczery** (**-rze**) unaufrichtig, unehrlich
nieszczę|sny F Pech-, Unglücks-, unglückselig; **~ście** *n* Unglück; Pech, Mißgeschick; ***na ~ście*** unglücklicherweise; **~śliwy** (**-wie**) unglücklich
nieszkodliwy (**-wie**) unschädlich, harmlos (***dla zdrowia*** für die Gesundheit); ***~ dla środowiska*** umweltfreundlich
nieszpory *pl* (*-ów*) *rel* Vesper *f*
nieszpułka *f* (*-i*; *G -łek*) Mispel
nieścisł|ość *f* (*-ści*) Ungenauigkeit; *zw. pl* Fehler *m*, ungenaue Angabe(n *pl*); **~y** (**-śle**) ungenau, unpräzise
nieść* *v/t* tragen; (*sprawiać*) bringen; *jaja* legen; *v/i broń*: tragen, reichen; *fama*: (um)gehen; **~ się** *dźwięki*, *woń*: dringen, kommen; *kura*: Eier legen
nie|ślubny *dziecko*: unehelich, außer-

N

ehelich; **~śmiały** (**-ło**) schüchtern, zaghaft; **~śmiertelny** unsterblich
nieświado|mość *f* Unkenntnis; Unbewußtheit; **~my** unbewußt; (*praed m* **~m**) (*G*) sich nicht bewußt (*G*); in Unkenntnis (*G*)
nie|świeży (**-żo**) nicht (mehr) frisch; **~takt** *m* Taktlosigkeit *f*; **~taktowny** taktlos; **~terminowy** (**-wo**) nicht fristgerecht; **~tęgi** (**-go**) F schwach; **~tknięty** → ***nienaruszony***; **~tłukący** unzerbrechlich; **~tolerancyjny** intolerant
nietoperz *m* (*-a*; *-e*, *-y*) Fledermaus *f*
nie|towarzyski ungesellig; **~trafny** → ***chybiony***; **~trudny** unschwer, einfach; **~trwały** (**-le**) kurzlebig; *kolor*: nicht echt; **~trzeźwość** *f* Trunkenheit; **~trzeźwy** betrunken; **~tutejszy** auswärtig, (orts)fremd
nietykaln|ość *f* (*-ści*; *0*) Unantastbarkeit; *pol t.* Immunität; **~y** unantastbar; Immunität genießend
nie|typowy (**-wo**) untypisch; **~ubłagany** unerbittlich; **~uchronny** unvermeidlich; **~uchwytny** nicht ergreifbar, nie zu fassen; *fig* unmerklich; ***~uchwytny dla ucha*** unhörbar; **~uctwo** *n* (*-a*; *0*) Unwissenheit *f*; **~uczciwy** (**-wie**) unredlich, unehrlich; **~udany** mißlungen, mißglückt; *dziecko*: mißraten
nieudoln|ość *f* (*-ści*; *0*) Unfähigkeit; Unbeholfenheit; **~y** unfähig; *rysunek*, *styl*: unbeholfen, ungeschickt
nie|ufność *f* Mißtrauen *n*; **~ufny** mißtrauisch, argwöhnisch; **~ugaszony** unstillbar; **~ugięty** (**-cie**) unbeugsam
nieuk *m* (*-a*; *-cy*) *pej* ungebildeter Mensch, Banause
nie|ukojony untröstlich; unstillbar; **~uleczalny** unheilbar; **~ulękły** furchtlos; **~umiarkowany** unmäßig; **~umiejętny** ungeschickt; unsachgemäß; **~umyślny** unbeabsichtigt; **~unikniony** unvermeidlich; **~uprzedzony** unvoreingenommen; **~uprzejmy** unfreundlich
nieurodzaj *m* Mißernte *f*; **~ny** *ziemia*: unfruchtbar; ***~ny rok*** schlechtes Jahr
nieusta|jący, **~nny** unaufhörlich
nie|ustępliwy (**-wie**) unnachgiebig; **~ustraszony** unerschrocken; **~usuwalny** *os.* unabsetzbar; **~uwaga** *f* Unaufmerksamkeit; ***przez ~uwagę*** aus Unachtsamkeit; **~uważny** unaufmerksam, zerstreut; **~uzasadniony** unbegründet; **~użyteczny** unbrauchbar, unnütz; **~użytki** *m/pl* (*-ów*) *agr* Brachland *n*; Ödland *n*
niewart (*m-os -rci*) *praed* nicht wert; ***... nic ~*** ... ist nichts wert
nieważ|kość *f* (*-ści*; *0*) *fiz* Schwerelosigkeit; **~ny** unwichtig; *jur* ungültig
niewątpliw|ie *adv* zweifellos; **~y** unzweifelhaft, unbestritten
nie|wczas *m*: ***po ~wczasie*** im nachhinein, hinterher; **~wdzięczny** undankbar; **~wesoły** (**-ło**) traurig
niewiadom|y unbekannt; **~a** *f* (*-ej*; *-e*) *mat* Unbekannte; ***w ~e*** ins Blaue
niewiar|a *f* (*-y*; *0*) Unglaube *m*; **~ogodny**, **~ygodny** unglaublich; unglaubhaft; *świadek*: unglaubwürdig
niewiasta *f* (*-y*) Frau, Weib *n*
niewido|czny unsichtbar; **~ma** *f* (*-ej*; *-e*) Blinde; **~my** blind; *su m* (*-ego*; *-i*) Blinde(r)
nie|widzialny unsichtbar; **~wiedza** *f* Unwissen *n*, Ignoranz
niewiel|e (*m-os -lu*) *adj* wenig(e); einige; *adv* nicht viel; ***~e brakowało*** es fehlte nicht viel; → ***myśleć***; **~ki** nicht groß, ziemlich klein; gering
niewie|rność *f* Untreue; **~rny** untreu, treulos; **~rzący** ungläubig, gottlos
niewin|iątko *n* (*-a*; *G -tek*) *iron* Unschuldsengel *m*; **~ność** *f* (*-ści*; *0*) Unschuld; **~ny** unschuldig; harmlos
niewłaściwy (**-wie**) falsch; *żart*: unangebracht; *os.* unzuständig; unbefugt
niewol|a *f* Gefangenschaft; **~nica** *f* (*-y*; *-e*) Sklavin; **~nictwo** *n* (*-a*; *0*) Sklaverei *f*; **~niczy** Sklaven-; (**-czo**) sklavisch; **~nik** *m* (*-a*; *-cy*) Sklave
niewód *m* (*-odu*; *-ody*) Schleppnetz *n*
nie|wprawny ungeübt; **~wrażliwy** (***na*** *A*) unempfindlich (gegen); unempfänglich (für); **~wskazany** nicht angezeigt, nicht ratsam; **~współmierny** unverhältnismäßig; **~wybaczalny** unverzeihlich; **~wybredny** nicht wählerisch; anspruchslos; **~wybuch** *m* Blindgänger; **~wyczerpany** unerschöpflich; **~wydolny** *med* insuffizient
niewy|goda *f* Unbequemlichkeit; **~godny** unbequem (*t. fig*); **~konalny** unerfüllbar; **~kwalifikowany** *robotnik*: ungelernt; **~magający** nicht viel fordernd, F gnädig; **~mierny** unermeßlich; *mat* irrational; **~mowny** unaus-

sprechlich, unsagbar; **~muszony** ungezwungen; **~myślny** simpel, einfach
niewy|pał *m* (*-u*; *-y*) Versager; F *fig* Reinfall; **~płacalny** zahlungsunfähig; **~powiedziany** *lit* unsäglich; **~raźny** undeutlich; undefinierbar (*t. pej*); F *mina itp.*: seltsam; **~robiony** ungeübt; *os.* unerfahren; **~spany** unausgeschlafen; **~starczająco** *adv* ungenügend, nicht genug; **~szukany** schlicht, einfach; **~tłumaczony** unerklärlich; **~trzymały** nicht haltbar; (***na*** *A*) empfindlich (gegen); **~żyty** ungestillt
nie|wzruszony (***-szenie***) unerschütterlich; **~zaangażowany** *pol* blockfrei; **~zachwiany** unerschütterlich, unbeirrt; **~zadługo** *adv* in Kürze; **~zadowolenie** *n* Unzufriedenheit *f*; Mißfallen; **~zadowolony** unzufrieden (**z** *G* mit)
niezależn|ość *f* (*-ści*; *0*) Unabhängigkeit; **~y** unabhängig (**od** *G* von); ***mowa ~a*** direkte Rede; → ***samodzielny***
nieza|mącony ungetrübt; **~mężna** *kobieta*: unverheiratet; **~możny** unbemittelt; **~pominajka** *f* (*-i*; *G -jek*) Vergißmeinnicht *n*; **~pomniany** unvergeßlich, unvergessen; **~przeczalny** unbestreitbar; **~radny** unbeholfen, hilflos; **~służenie** *adv* unverdienterweise; **~stąpiony** unersetzlich; **~tarty** unauslöschlich; **~uważalny** unmerklich; **~uważony** unbemerkt
niezawisł|ość *f* (*-ści*; *0*) Unabhängigkeit; **~y** (***-śle***) unabhängig
niezawodn|ie *adv* bestimmt, F todsicher; zuverlässig; **~ość** *f* (*-ści*; *0*) Zuverlässigkeit; *tech t.* Betriebssicherheit; **~y** zuverlässig; (betriebs)sicher
nie|zbadany unerforscht; **~zbędny** unentbehrlich, unerläßlich; **~zbity** (***-cie***) unwiderlegbar, schlagkräftig
niezbyt nicht (all)zu, nicht sehr
nie|zdarny tolpatschig; ungelenk, unbeholfen; **~zdatny** (***do*** *G*, ***na*** *A*) ungeeignet (für, zu); → ***niezdolny***
niezdecydowa|nie[1] *n* Unschlüssigkeit *f*, Unentschlossenheit *f*; **~nie**[2] *adv*, **~ny** unschlüssig, unentschlossen; unsicher
niezdoln|ość *f* (*-ści*; *0*) Unfähigkeit, Unvermögen *n*; **~y** unfähig (***do*** *G* zu); ***~y do służby wojskowej*** wehrdienstuntauglich; ***~y do pracy*** arbeitsunfähig
nie|zdrowy (***-wo***) unwohl; (*chorobliwy*) krankhaft; (*szkodliwy*) ungesund; **~zdyscyplinowany** undiszipliniert; **~zgłębiony** unergründlich
niezgod|a *f* Zwietracht; **~ność** *f* Unstimmigkeit; Nichtübereinstimmung; **~ny** unverträglich, zänkisch; (*rozbieżny*) widersprüchlich; ***~ny z przepisami*** vorschriftswidrig, unvorschriftsmäßig
nie|zgrabny unförmig, plump; → ***niezdarny***; **~ziszczalny** unerfüllbar; **~zliczony** unzählbar, ungezählt; **~złomny** standhaft, ungebrochen; **~zły** (*m-os -źli*) ganz/ziemlich gut; **~zmienny** unveränderbar, gleichbleibend; **~zmiernie** *adv* äußerst; *t.* = **~zmierny** unermeßlich, immens; **~zmordowany** unermüdlich; **~zmywalny** nicht abwaschbar, wasserfest
niezna|czny unbedeutend, gering(fügig); **~jomość** *f* (*-ści*; *0*) Unkenntnis; **~jomy** unbekannt; *su m* (*-ego*; *-i*), **~jo*ma*** *f* (*-ej*; *-e*) Unbekannte(r), Fremde(r); **~ny** unbekannt; ***w ~ne*** ins Blaue
nie|znośny unerträglich; *os.* unausstehlich; **~zręczny** ungeschickt, linkisch; → ***niezdarny***; **~zrozumiały** (***-le***) unverständlich; **~zrozumienie** *n* (*-a*; *0*) Unverständnis; **~zrównany** unvergleichlich, unübertroffen; **~zupełnie** *adv* nicht ganz; **~zupełny** unvollständig; **~zwłoczny** unverzüglich; **~zwrotny** schwerfällig; *opakowanie*: Einweg-; → ***bezzwrotny***; **~zwyciężony** unbesiegbar; **~zwykły** (***-le***) außergewöhnlich; *adv t.* äußerst
nieźle *adv* ganz/ziemlich gut, F passabel
nie|żonaty *mężczyzna*: ledig, unverheiratet; **~życiowy** (***-wo***) realitätsfremd; **~życzliwy** (***-wie***) unfreundlich; übelgesinnt; **~żyjący** verstorben
nieżyt *m* (*-u*; *-y*) Katarrh; ***~ żołądka*** *med* Gastritis *f*
nieżyw|otny *jęz* unbelebt; **~y** leblos
nigdy nie(mals); ***~ więcej*** nie mehr; ***jak ~*** wie noch nie (zuvor)
nigdzie nirgends, nirgendwo(hin); ***~ indziej*** nirgendwo(hin) sonst
nijak F auf keine Weise, überhaupt nicht; **~i** fade, ausdruckslos, farblos; *jęz* neutral, sächlich; **~o** *adv* undefinierbar; F peinlich; ***czuć się ~o*** sich ungemütlich fühlen
nikczemny niederträchtig, gemein
nikiel ['ɲi-] *m* (*-klu*; *0*) Nickel *n*
nikim (*IL* → ***nikt***); **z ~** mit niemandem

niklow|ać ⟨**po-**⟩ (*-uję*) vernickeln; **~any** vernickelt; → **~y** Nickel-
nik|ły (**-le**, **-ło**) schwach; **~nąć** (*-nę*) verschwinden; schwinden, vergehen
niko|go (*G* → **nikt**) niemanden, keinen; ***~go nie ma*** es ist niemand da; **~mu** (*D* → **nikt**) niemandem, keinem
nikotyna *f* (*-y*; *0*) Nikotin *n*
nikt *pron* niemand, keiner, kein Mensch; → ***nikim***, ***nikogo***, ***nikomu***
nim¹ *conj* bevor, ehe; bis
nim² (*IL* → **on[o]**) ihm; (*D* → **oni**, **one**) ihnen; **~i** (*I* →**oni**, **one**); ***z ~i*** mit ihnen
niniejszy vorliegend, diese(r); ***~m*** hiermit; ***wraz z ~m*** beiliegend
nisk|i niedrig, nieder; (*o wzroście*) klein(gewachsen); *ukłon*, *ton*, *lot*: tief; → ***niższy***; **~o** *adv* niedrig; tief; → ***niżej***
nisko|gatunkowy minderwertig; **~kaloryczny** *dieta*: kalorienarm
nisza *f* (*-y*; *-e*) Nische
niszcz|ący (**-co**) zerstörend, destruktiv; verderblich; **~eć** ⟨**z-**⟩ (*-eję*) verfallen, verderben, F kaputtgehen; **~yciel** *m* (*-a*; *-e*, *-i*) Zerstörer (*t. mar*); **~yć** ⟨**z-**⟩ (*-ę*) vernichten, zerstören; *buty*, *zdrowie itp*. ruinieren; ***~yć się*** → ***niszczeć***
nit *m* (*-u*; *-y*) Niet; **~ka** *f* (*-i*; *G -tek*) Faden *m*; **~ować** (*-uję*) (ver)nieten
niuans ['ŋuãs] *m* (*-u*; *-y*) Nuance *f*
niuch *m* (*-a*; *-y*) Prise *f*; **~ać** (*-am*): ***~ać tabakę*** Tabak schnupfen
niwa *f* (*-y*) *poet* Flur; *fig* Feld *n*
niweczyć ⟨**z-**⟩ (*-ę*) zunichte machen, vereiteln; → ***niszczyć***, ***udaremniać***
niwelować ⟨**z-**⟩ (*-uję*) nivellieren
nizać ⟨**na-**⟩ (*-żę*) auffädeln, aufreihen
nizin|a *f* (*-y*) Niederung, Tiefebene; **~ny** Tiefland-; flach, niedrig
niziutki (**-ko**) ganz niedrig; → ***niski***
niż¹ *conj* als, denn; ***więcej ~*** mehr als
niż² *m* (*-u*; *-e*) → ***nizina***; *meteo* Tief *n*; **~ej** *adv comp* niedriger; (weiter) unten; tiefer; ***~ej podpisany*** der Unterzeichnete; **~owy** *meteo*: ***zatoka ~owa*** Tiefausläufer *m*; **~szość** *f* (*-ści*; *0*) geringerer Stand; geringerer Wert; Minderwertigkeit; Unterlegenheit; **~szy** *comp* niedriger; *fig* nieder; kleiner; tiefer; gering(wertig)er; untergeordnet
no *part* nun; na; los; ***patrz ~!*** sieh mal an!; ***~ proszę!*** na bitte!; ***~ dobrze*** nun gut; ***~, mówże!*** los, sprich!
noc *f* (*-y*; *-e*) Nacht; ***po ~y***, ***w ~y*** in der Nacht; ***~ w ~*** Nacht für Nacht; ***całymi ~ami*** nächtelang; ***do ~y*** bis in die Nacht; **~leg** *m* (*-u*; *-i*) Übernachtung(smöglichkeit) *f*; Nachtlager *n*, Nachtquartier *n*; **~owy**: ***dom ~owy*** Nachtasyl *n*; ***miejsce ~owe*** Schlafplatz *m*; **~nik** *m* (*-a*; *-i*) Nachttopf; **~ny** nächtlich; Nacht-; **~ować** ⟨**prze-**, **za-**⟩ (*-uję*) übernachten, nächtigen
nog|a *f* (*-i*, *DL -dze*; *-i*, *nóg*) Bein *n*; (*stopa*) Fuß *m*; ***zerwać się na równe ~i*** aufspringen; ***walić się z nóg*** sich kaum noch auf den Beinen halten können; ***do góry ~ami*** umgekeht, auf dem Kopf; ***przewrócić*** (***wszystko***) ***do góry ~ami*** das Unterste zuoberst kehren; ***do ~i!*** bei Fuß!; F ***w ~i!*** nichts wie weg!
nogawka *f* (*-i*; *G -wek*) Hosenbein *n*
nokaut *m* (*-u*; *-y*) Knockout, K.o.; **~ować** ⟨**z-**⟩ (*-uję*) k.o. schlagen
nomada *m* (*-y*; *-dzi*/*-owie*, *-ów*) Nomade
nomina|cja *f* (*-i*; *-e*) Ernennung; **~cyjny** Ernennungs-; **~lny** nominell; **~ł** *m* (*-u*; *-y*) *ekon* Nennwert
nonajron (*idkl*) bügelfrei
nonsens *m* (*-u*; *-y*) Unsinn
nora *f* (*-y*) (***lisia*** Fuchs-)Bau *m*, Höhle, (***mysia*** Mause-)Loch *n* (*t. fig pej*)
norka *f* (*-i*; *G -rek*) *zoo* Nerz *m*
norma *f* (*-y*) Norm; ***~ prawna*** Rechtsnorm; **~lizować** (*-uję*) normieren; normalisieren (***się*** sich); **~lny** normal
normować (*-uję*) normen; ⟨**u-**⟩ regeln; ***~ się*** sich normalisieren
Norwe|g *m* (*-a*; *-owie*), **~żka** *f* (*-i*; *G -żek*) Norweger(in); **żski** (***po -ku***) norwegisch; Norwegen-
norymberski Nürnberger *adj*
nos *m* (*-a*; *-y*) Nase *f*; ***przez ~*** durch die Nase; F ***mieć w ~ie*** (*A*) pfeifen (auf *A*); → ***kręcić***, ***sprzątnąć***, ***wodzić***; **~acizna** *f* (*-y*; *0*) *wet* Rotz *m*; **~ek** *m* (*-ska*; *-ski*) Näschen *n*; F (*czubek*) Spitze *f*
nosi|ciel *m* (*-a*; *-e*, *-i*), **-lka** *f* (*-i*; *G -lek*) Träger(in); **~ć** (*-szę*) tragen (***przy sobie*** bei sich); ***~ć się*** sich kleiden; sich tragen (*t. fig* ***z planem*** mit dem Plan)
noso|rożec *m* (*-żca*; *-żce*, *żców*) Nashorn *n*; **~wy** Nasen-; nasal
nostalgiczny nostalgisch
nosze *pl* (*-y*) Trage *f*; **~nie** *n* (*-a*; *0*) Tragen; ***~nie się*** die Art sich zu kleiden
nośn|ik *m* (*-a*; *-i*) *tech*, *ekon* Träger; **~ość** *f* (*-ści*; *0*) Tragfähigkeit; (*broni*) Reich-

N

weite; **~y** tragend, Trag-; ***kura ~a*** Legehenne; ***rakieta ~a*** Trägerrakete
nota *f* (*-y*) Note; **~bene** übrigens
notari|alny [-ˈrĭal-] notariell; Notariats-; **~usz** [-ˈta-] *m* (*-a*; *-e*) Notar(in)
notat|ka *f* (*-i*; *G -tek*) Notiz; Notizzettel *m*; **~nik** *m* (*-a*; *-i*) Notizblock
notes *m* (*-u*; *-y*) Notizbuch *n*
notoryczny notorisch, berüchtigt
notowa|ć ⟨**za-**⟩ (*-uję*) notieren; *fig t.* registrieren, vermerken; ***źle ~ny*** (***u*** *G*) schlecht angesehen (bei); **~nie** *n* (*-a*) Notierung *f*
nowa|lie [-ˈvaľĭɛ] *pl* (*-ii*/*-ij*), **~lijki** *pl* (*-jek*) Frühgemüse *n*; **~tor** *m* (*-a*; *-rzy*), **~torka** *f* (*-i*; *G -rek*) Neuerer(in); **~torski** innovativ, Innovations-
nowela *f* (*-i*; *-e*) Novelle
nowelizacja *f* (*-i*; *zw. 0*) *jur* Ergänzung
nowicjusz *m* (*-a*; *-e*), **~ka** *f* (*-i*; *G -szek*) Neuling *m*; *rel* Novize *m* (-zin *f*)
nowin|a *f* (*-y*), **~ka** *f* (*-i*; *G -nek*) Neuigkeit; ***to nie ~a*** das ist nichts Neues
nowiut(eń)ki F (funkel)nagelneu
nowo|czesny (**-śnie**) modern; **~modny** neumodisch; **~roczny** Neujahrs-; **~rodek** *m* (*-dka*; *-dki*) Neugeborene(s)
nowość *f* (*-ści*) Neuheit
nowo|twór *m med* Geschwulst *f*, Tumor; **~żeniec** *m* (*-ńca*; *-ńcy*, *-ńców*) Neuvermählte(r); **~żytny** neuzeitlich
now|y neu, Neu-; (*dotychczas nie znany t.*) neuartig; ***𝔖y Rok*** Neujahr *n*; ***od ~a, na ~o*** von neuem, erneut; ***po ~emu*** auf neue Art (und Weise); ***~e*** *n* (*-ego*; *0*) Neue(s); ***co ~ego?*** was gibt es Neues?
nozdrze *n* (*-a*; *-a*, *-y*) Nasenloch; F *t.* Nasenflügel *m*; *zoo* Nüster *f*
noż|e *pl* → ***nóż***; **~ny** Fuß-; **~ownik** *m* (*-a*; *-cy*) Messerstecher; **~yce** *f*/*pl* (-), **~yczki** *f*/*pl* (*-czek*) Schere *f*
nów *m* (*GL nowiu*; *0*) Neumond
nóż *m* (*noża*; *noże*, *noży*) Messer *n*; ***~ do*** (***otwierania***) ***konserw*** Büchsenöffner; ***być na noże*** (***z*** *I*) sich in den Haaren liegen (mit); ***jak nożem uciął*** wie abgeschnitten
nóżka *f* (*-i*; *G -żek*) Beinchen *n*; Füßchen *n*; (*grzyba*, *kieliszka*) Stiel *m*
nucić (*-cę*) *melodię* summen, trällern
nud|a *f* (*-y*; *-y*, *-ów*) Langeweile; ***z ~ów*** aus Langeweile; **~ności** *f*/*pl* (-) Brechreiz *m*; **~ny** (**-no**) langweilig, öde
nudystyczn|y Freikörper-, Nudisten-; ***plaża ~a*** *t.* Nacktbadestrand *m*
nudzi|ara *f* (*-y*), **~arz** *m* (*-a*; *-e*) Langweiler(in), *pej* Tranfunzel *f*, Transuse *f*; **~ć** (*-dzę*) langweilen (***się*** sich), F anöden (*t.* ***k-o o*** *A* j-n mit); → ***mdlić***
numer *m* (*-u*; *-y*) Nummer *f*; (*butów itp. t.*) Größe *f*; (*w ruletce itp.*) Zahl *f*; ***~ rejestracyjny*** *mot* Kennzeichen *n*; **~ować** ⟨**po-**⟩ (*-uję*) numerieren; **~owy** *m* (*-ego*; *-i*) Gepäckträger
nuncjusz *m* (*-a*; *-e*) Nuntius
nur *m* (*-a*; *-y*): ***dać ~a*** (unter)tauchen *v*/*i*; **~ek** *m* (*-rka*; *-rkowie*) Taucher; ***dać ~ka*** → ***nur***; **~ka** *f* (*-i*; *G -rek*) → ***norka***
nurkow|ać (*-uję*) tauchen *v*/*i*; **~y: *lot ~y*** Sturzflug
nurt *m* (*-u*; *-y*) Strömung *f*; *fig t.* (Ver-) Lauf; **~y** *pl t.* Fluten *f*/*pl*; **~ować** (*-uję*; *t-ko 3. os.*) *v*/*t myśl*: (stark) beschäftigen (*A*); (*dręczyć*) plagen
nurzać (*-am*) *v*/*t* (ein)tauchen; ***~ się*** sich suhlen; *fig* schwelgen (***w*** *L* in *D*)
nut|a *f* (*-y*) *muz*, *fig* Note; **~owy** Noten-
nuż: *a ~* und wenn doch, wenn aber
nuż|ący (**-co**) ermüdend; **~yć** ⟨**z-**⟩ (*-ę*) ermüden, erschöpfen
nygusować P (*-uję*) faulenzen

O

o[1] *praep* (*A*, *L*) über (*A*), von (*D*); an (*A*, *D*); gegen (*A*); um (*A*); mit (*D*); wegen (*G*); bei, nach, aus (*D*); ***mówił ~ tobie*** er sprach über dich/von dir; ***chodzić ~ lasce*** am Stock gehen; ***oprzeć ~ ścianę*** gegen/an die Wand lehnen; ***niepokoić się ~ dzieci*** sich sorgen um die/wegen der Kinder; ***~ jasnych włosach***

mit blondem Haar; ~ ***świcie*** bei Tagesanbruch; ***pytać ~ drogę*** nach dem Weg fragen; ~ ***własnych siłach*** aus eigener Kraft; *w wyrażeniach określających cechę tłumaczy się t. złożeniem*: ~ ***napędzie silnikowym*** motorgetrieben
o² *int* o, oh, ah; ~ ***tak!*** o ja!
oaza *f* (*-y*) Oase
oba, **~j** *num* beide
obal|ać (*-am*) ⟨**~ić**⟩ (*-lę*) *v/t* (um)stürzen, (*t. fig*) umstoßen; **~enie** *n* (*-a*) *fig* Sturz *m*; *jur* Aufhebung *f*
obandażowany *med* verbunden
obarcz|ać (*-am*) ⟨**~yć**⟩ (*-ę*) (***k-o** I*) belasten (j-n mit); aufbürden (j-m *A*); ***~ać się*** (*I*) auf sich laden (*A*); sich belasten (mit); ***~ony rodziną*** mit Familie
obaw|a *f* (*-y*) Befürchtung; *pl t.* Bedenken *n/pl*; ***z ~y przed*** (*I*) aus Angst vor (*D*); ***mieć/żywić ~y*** befürchten; **~iać się** (*-am*) (*G*) sich fürchten (vor *D*); (**o** *A*) Angst haben, bangen (um *A*)
obcas *m* (*-a*; *-y*) (Schuh-)Absatz
obcesowy (**-*wo***) dreist, keß, ungeniert
obcęgi *pl* Beißzange *f*, Kneifzange *f*
obcho|dowy Strecken-; ***komitet ~dowy*** Festkomitee *n*; **~dzenie się** *n* (*-a*; *0*) (**z** *I*) Behandlung *f* (*G*), Umgang *m* (mit); **~dzić** *v/t* abschreiten (*A*); die Runde machen (in *D*); *sklepy* F abklappern; *przeszkodę*, *prawo* umgehen; (*nie być obojętnym*) interessieren, berühren; angehen; *rocznicę* begehen; ***~dzić się*** (**z** *I*) behandeln (*A*); umgehen (mit); handhaben (*A*); (**bez** *G*) auskommen (ohne); (*I*) sich begnügen (mit)
obchód *m* Begehung *f*; Rundgang; *med* Visite *f*; *pl t.* Feierlichkeiten *f/pl*
obcią|ć* *pf* → ***obcinać***; **~gać** (*-am*) ⟨**~gnąć**⟩ (*I*) beziehen, überziehen (mit); *suknię* zurechtrücken; **~żać** (*-am*) ⟨**~żyć**⟩ beschweren, (*t. fin*, *jur*) belasten (*I* mit; **się** sich); → ***obarczać***; **~żenie** *n* (*-a*) Belastung *f*; *el* Last *f*; *tech t.* Beanspruchung *f*; ***~żenie dziedziczne*** (negative) Erbanlage *f*
ob|cierać (*-am*) abwischen; abreiben; abtrocknen (***się*** sich); **~cięcie** *n fig* Beschneidung *f*, Kürzung *f*; **~cinać** (*-am*) abschneiden, abtrennen; *fig* beschneiden; F durchfallen lassen (***na egzaminie*** bei der Prüfung); **~ciosywać** (*-uję*) → ***ciosać***; **~cisły** (**-*ło***, **-*śle***) hauteng
obco *adv* fremd; **~językzny** fremdsprachig; fremdsprachlich; **~krajowiec** *m* Ausländer(in); **~ść** *f* (*-ści*; *0*) Fremdheit, Fremdartigkeit; **~wać** (*-uję*) (**z** *I*) verkehren, F sich abgeben (mit); umgehen (mit); **~wanie** *n* (*-a*; *0*) Verkehr *m*, Umgang *m*; Beziehung *f* (**z** *I* zu)
ob|cy fremd, Fremd-; *su m* (*-ego*; *-cy*), **~ca** *f* (*-ej*; *-ce*) Fremde(r), Fremdling *m*; **~czyzna** *f* (*-y*; *0*) Fremde; ***na ~czyźnie*** in der Fremde
obdarow(yw)ać (*-[w]uję*) beschenken
obdarty zerlumpt, in Lumpen
obdarzać (*-am*) → ***darzyć***
obdrapany zerkratzt
obdukcja *f* (*-i*; *-e*) Obduktion
obdzie|lać (*-am*) ⟨**~lić**⟩ (***k-o** I*) verteilen (*etw* unter *A*); **~rać** (*-am*) *skórę* abziehen; *med* abschürfen; *korę* abschälen; *fig* (***k-o z** G*) rauben (j-m *A*); F ***~rać ze skóry*** (*A*) *j-n* schröpfen, ausnehmen
obecn|ie *adv* gegenwärtig, zur Zeit; **~ość** *f* (*-ści*; *0*) Gegenwart, Beisein *n*; ***lista ~ości*** Anwesenheitsliste; **~y** derzeitig, jetzig; anwesend (***przy***, ***na** L* bei, auf *D*); **~i** *pl* die Anwesenden
obedrzeć* *pf* → ***obdzierać***
obejmować (*-uję*) umarmen (**się** sich), (*t. zawierać*) umfassen; (*włączać*) einschließen; *urząd* antreten; *rządy*, *władzę* übernehmen; *lęk*: befallen, (*t. płomienie*) erfassen; *umysłem t.*: fassen; ~ ***wzrokiem*** überblicken
obej|rzeć *pf* (*-ę*, *-y*) → ***oglądać***; **~rzenie** *n* (*-a*) Besichtigung *f*; ***do ~rzenia*** zur Ansicht; **~ście** *n* (*-a*) (*dom itp.*) Anwesen, Gehöft; (*0*) Manieren *f/pl*; ***miły w ~ściu*** angenehm, reizend; **~ść*** *pf* (→ *-jść*) → ***obchodzić***
obel|ga *f* (*-i*) Beleidigung; **~żywy** (**-*wie***) beleidigend, verletzend; Schimpf-
oberwa|ć* *pf* → ***obrywać***; **~nie** *n*: ***~nie (się) chmury*** Wolkenbruch *m*; **~ny** abgerissen; → ***obdarty***
oberża † *f* (*-y*; *-e*) Herberge
oberżnąć *pf* → ***obrzynać***
oberżyna *f* (*-y*) Aubergine
obe|schnąć *pf* → ***obsychać***; **~trzeć*** *pf* → ***obcierać***; **~znany** (**z** *I*) vertraut (mit), bewandert (in *D*)
obezwładni|ać (*-am*) ⟨**~ć**⟩ (*-ę*, *-nij!*) überwältigen; *uczucie t.*: lähmen
obeżreć* *pf* → ***obżerać***
obfi|cie *adv* → ***obfity***; **~tość** *f* (*-ści*; *0*) Überfluß *m*, Fülle; ***róg ~tości*** Füllhorn

O

n; **~tować** (*-uję*) (**w** *A*) reich sein (an *D*), voll sein (von); **~ty** reich(lich), ausgiebig; (*suty*, *bujny*) üppig
obgry|zać ⟨**~źć***⟩ → ***ogryzać***
obiad *m* (*-u*; *-y*) Mittagessen *n*; ***jeść* ~** zu Mittag essen; **~owy** Mittags-
obi|cie *n* (*-a*) (*materiał*) Bezug(stoff) *m*; **~ć** *pf* → ***obijać***; **~e** *num f* → ***oba***
obiec|ać *pf* (*-am*) → ***obiecywać***; **~anka** *f* (*-i*; *G -nek*) leere Versprechung; **~ujący** (**-co**) vielversprechend, verheißungsvoll; **~ywać** (*-uję*) versprechen (***sobie po*** *L* sich von); verheißen
obieg *m* (*-u*; *0*) *astr*, *fin* Umlauf; (***krwi*** Blut-)Kreislauf; ***czas* ~*u*** Umlaufzeit *f*; ***puścić w* ~** in Umlauf bringen; ***wycofać z* ~*u*** aus dem Umlauf/Verkehr ziehen; **~ać** ⟨**~nąć**⟩ *astr* umkreisen; *sklepy itp.* ablaufen; *plotka*: die Runde machen; **~owy** Umlauf(s)-; ***pieniądz* ~*owy*** gesetzliches Zahlungsmittel
obiek|cja [ɔbˈjɛ-] *f* (*-i*; *-e*) Einwand *m*, Bedenken *n*; **~tyw** *m* (*-u*; *-y*) Objektiv *n*; **~tywny** objektiv
obier|ać (*-am*) *ziemniaki* schälen; *gąsienice* ablesen; *os.*, *zawód itp.* wählen; **~alny** wählbar, Wahl-; **~ki** *f*/*pl* (*-rek*), **obierzyny** *f*/*pl* (-) Schalen *f*/*pl*
obietnica *f* (*-y*; *-e*) Versprechen *n*
obieżyświat F *m* Weltenbummler
obijać (*-am*) abschlagen; *krzesło* beziehen; ***~ się o uszy*** zu Ohren kommen; F ***~ się*** herumlungern
objadać abfressen; ***~ się*** (*t. pej*) sich überfressen; (*I*) sich vollstopfen (mit)
objaśni|ać (*-am*) ⟨**~ć**⟩ (*-ę*, *-nij!*) erläutern; **~enie** *n* (*-a*) Erläuterung *f*
obja|w *m* (*-u*; *-y*) Erscheinung *f*; Zeichen *n*; *med* Symptom *n*; **~wiać** (*-am*) ⟨**~wić**⟩ äußern, offenbaren (***się*** sich); **~wienie** *n* (*-a*) Offenbarung *f* (*t. rel*)
objazd *m* (*-u*; *-y*) Umweg; Umleitung *f*; Rundfahrt *f*, Tour *f*; **~owy** *wystawa itp.*: mobil, Wander-; ***droga* ~*owa*** Umgehungsstraße
ob|jąć *pf* (*-ejmę*) → ***obejmować***; **~jeść*** *pf* → ***objadać***; **~jeżdżać** (*-am*) ⟨**~jechać***⟩ *przeszkodę*, *plac* umfahren; *kraj* bereisen; **~jęcie** *n* (*-a*) Umarmung *f*; Antritt *m*; Übernahme *f*; ***w* ~*jęciach*** in den Armen; *por* ***obejmować***
objętość *f* (*-ści*) Volumen *n*, Rauminhalt *m*; Umfang *m* (*t. drk*)
ob|juczony beladen, bepackt; **~kła-**, **~ko-**, **~kra-** → ***okła-***, ***oko-***, ***okra-***; **~lać** *pf* → ***oblewać***; **~latany** F *fig* beschlagen, kundig; **~latywać** (*-uję*) ⟨**~lecieć**⟩ *v*/*t* umfliegen (*A*), herumfliegen (um *A*); F *sklepy* abrennen; *zw. pf strach*: packen; *v*/*i tynk*: abfallen; **~legać** (*-am*) ⟨**~lec***, **~legnąć***⟩ belagern
oble|piać (*-am*) ⟨**~pić**⟩ bekleben; **~śny** lüstern, F geil; **~wać** (*-am*) begießen, übergießen; *wody*: umspülen; *fig* (*ogarnąć*) überfluten; F *egzamin* verhauen; ***~wać się potem*** in Schweiß gebadet sein; **~źć*** *pf* → ***obłazić***
oblężenie *n* (*-a*) Belagerung *f*
obli|cow(yw)ać (*-*[*w*]*uję*) *bud* verkleiden; **~czać** (*-am*) berechnen; errechnen; **~czalny** berechenbar
oblicz|e *n* (*-a*) *lit* Antlitz, Gesicht; ***w* ~*u*** (*G*) angesichts (*G*); **~enie** *n* (*-a*) Berechnung *f*; **~eniowy** Berechnungs-; Rechen-; **~yć** *pf* → ***obliczać***
obligacja *f* (*-i*; *-e*) Obligation
obliz|ywać (*-uję*) ⟨**~ać**⟩ (ab)lecken
ob|lodzony vereist, mit Eis bedeckt; **~luzowany** locker, lose, gelockert
obła|dow(yw)ać (*-*[*w*]*uję*) beladen; **~mywać** (*-uję*) ⟨**~mać**⟩ abbrechen (***się*** *v*/*i*); **~piać** P (*-am*) ⟨**~pić**⟩ (*-ę*) knutschen; **~skawiony** gezähmt; **~wa** *f* (*-y*) Treibjagd; (*policyjna*) Razzia; **~zić** *robaki itp.*: bedecken; *farba*: abgehen
obłąka|nie *n* (*-a*; *0*) → ***obłęd***; **~niec** F *m* (*-ńca*; *-ńcy*) Wahnsinnige(r); **~ny**, **~ńczy** wahnsinnig, irrsinnig; irr(e)
obłęd *m* (*-u*; *-y*) Wahnsinn; **~ny** irr(e)
obłok *m* (*-u*; *-i*) Wolke *f*
obło|wić się *pf* F (**na** *L*) e-n guten Schnitt machen (bei); **~żny: *~żna choroba*** schwere Krankheit; ***~żnie chory*** bettläge(e)rig; **~żyć** *pf* → ***okładać***
obłożony: ***~ język*** belegte Zunge *f*
obłud|a *f* (*-y*; *0*) Heuchelei; Falschheit; **~nica** *f* (*-y*; *-e*), **~nik** *m* (*-a*; *-cy*) Heuchler(in); **~ny** heuchlerisch, falsch
obłu|pywać (*-uję*) ⟨**~pać**⟩ (ab)schälen; **~skiwać** (*-uję*) aushülsen; *por* ***łuskać***
obły eiförmig, oval
obmac|ywać (*-uję*) ⟨**~ać**⟩ → ***macać***
obmarz|ać [-r·z-] (*-am*) ⟨**~nąć**⟩ sich mit Eis bedecken, überfrieren
ob|mawiać verleumden, schlechtmachen; **~mierzać** (*-am*) ⟨**~mierzyć**⟩ ausmessen; **~mierzły** [-r·z-] (***-źle***) widerlich; **~mowa** *f* Verleumdung, üble

Nachrede; **~mówić** *pf* → **obmawiać**; **~murow(yw)ać** (-[*w*]*uję*) ummauern; **~myć** *pf* → **obmywać**; **~myślać** (-*am*) ⟨**~myślić**⟩ (-*lę*) überlegen; **~mywać** (-*am*) abwaschen; *fale*: umspülen
obnaż|ać (-*am*) ⟨**~yć**⟩ (-*ę*) entblößen (**się** sich); **~ony** entblößt, nackt
obniż|ać (-*am*) ⟨**~yć**⟩ (-*ę*) senken; *ekon t.* herabsetzen; kürzen; **~ać się** sich senken; *zw. fig* sinken; **~ka** *f* (-*i*; *G* -*żek*) (**cen**, **kosztów** Preis-, Kosten-)Senkung; **~ka płac** Lohnkürzung
obnosić herumreichen, herumzeigen
obojczyk *m* (-*a*; -*i*) *anat* Schlüsselbein *n*
oboje *num* beide
obojętn|ieć ⟨**z-**⟩ (-*eję*) gleichgültig werden (**na** *A* gegen); **~ość** *f* (-*ści*; *0*) Gleichgültigkeit; **~y** gleichgültig; (*nijaki*) neutral; **to mi ~e** das ist mir gleich
obojnak *m* (-*a*; -*i*) Zwitter
obok *adv* daneben; abseits; **tuż ~** gleich hier; *praep* (*G*) neben (*D*); abseits (*G*); vorbei (an *D*); **~ siebie** nebeneinander
obolały schmerzend; wund
obopólny gegenseitig, beiderseitig
obor|a *f* (-*y*; *G obór*) Kuhstall *m*; **~nik** *m* (-*a*; *0*) Mist, Stalldünger, Dung
obosieczny zweischneidig
obostrz|ać [-t·ʃ-] (-*am*) ⟨**~yć**⟩ verschärfen; **~enie** *n* (-*a*) Verschärfung *f*
obowiąz|any verpflichtet; **~ek** *m* (-*zku*; -*zki*) Pflicht *f*; **poczuwać się do ~ku** sich verpflichtet fühlen; **pełniący ~ki** (*G*) stellvertretender ...; **~kowo** *adv* unbedingt; → **obowiązkowy**; **~kowość** *f* (-*ści*; *0*) Pflichtbewußtsein *n*; **~kowy** Pflicht-, obligatorisch, verbindlich; *os.* pflichtbewußt; **~ujący** geltend, gültig; **nadać moc ~ującą** in Kraft setzen; **~ywać** (-*uję*, *t-ko 3. os.*) binden, verpflichten; gelten, in Kraft sein
obozow|ać (-*uję*) lagern, kampieren; **~ać pod namiotami** zelten; **~isko** *n* (-*a*) Lagerplatz *m*; Zeltplatz *m*; Zeltlager; **~y** Lager-; Camping-
obój *m* (*oboju*; *oboje*) *muz* Oboe *f*
obóz *m* (*obozu*; *obozy*) Lager *n*; **stanąć obozem** das Lager aufschlagen
obrabia|ć (-*am*) bearbeiten; *ziemię* bestellen; *kraw*(*brzeg*) (um)säumen; **~rka** *f* (-*i*; *G* -*rek*) Werkzeugmaschine
obra|bow(yw)ać (-[*w*]*uję*) ausrauben, berauben; **~cać** (-*am*) (um)drehen (**się** sich); verwenden (**na kupno** für den Kauf); verwandeln (**w gruzy** in Trümmer); *wzrok* richten; **~cać się** *fig* verkehren; **~chow(yw)ać** (-[*w*]*uję*) → **obliczać**; **~chunek** *m* Abrechnung *f*
obrać* *pf* → **obierać**
obrad|a *f*: *zw. pl* **~y** Beratung(en *pl*) *f*; **~ować** (-*uję*) (**nad** *I*) beraten (*A*)
obra|dzać (-*am*) *drzewo*: gut tragen; **~mow(yw)ać** (-[*w*]*uję*) einfassen, umranden; umrahmen; **~stać** (-*am*) (*I*) bewachsen/bedeckt werden (von)
obraz *m* (-*u*; -*y*) Bild *n*; F *t.* Film
obraza *f* (-*y*; *zw. 0*) Beleidigung; **~ moralności publicznej** Erregung öffentlichen Ärgernisses
obrazek *m* (-*zka*; -*zki*) Bild(chen) *n*
obrazić *pf* → **obrażać**
obraz|kowy Bilder-; **~ować** ⟨**z-**⟩ (-*uję*) schildern, wiedergeben; **~owy** Bild-; (**-wo**) bildhaft, plastisch
obra|źliwy (**-wie**) beleidigend, verletzend; *adj t.* empfindsam, schnell beleidigt; **~żać** (-*am*) beleidigen, verletzen; **~żająco** *adv* beleidigend; **~żenie** *n* (-*a*) Beleidigung *f*; (*zw. pl*) (**głowy** Kopf-) Verletzung(en *pl*) *f*; **~żony** beleidigt
obrąb|ywać (-*uję*) ⟨**~ać**⟩ *v/t* abhauen
obrączka *f* (-*i*; *G* -*czek*) (Trau-)Ring *m*
obręb *m* (-*u*; -*y*) Bereich; **w ~ie** *t.* innerhalb; im Umkreis; **poza ~em** außerhalb; → **~ek** *m* (-*bka*; -*bki*) Saum; **~iać** (-*am*) ⟨**~ić**⟩ (-*ę*) (ein)säumen
obręcz *f* (-*y*; -*e*, -*y*) Reifen *m*; (*koła*) Felge; (*beczki*) Band *n*
obro|bić *pf* → **obrabiać**; F **~bić sprawę** die Sache erledigen; **~dzić** *pf* → **obradzać**; **~k** *m* (-*u*; *0*) (Pferde-)Futter *n*
obro|na *f* (-*y*; *zw. 0*) Verteidigung; *mil*, *sport t.* Abwehr; **~na konieczna** Notwehr; **stawać w ~nie** (*G*) sich einsetzen (für); → **bronić**; **~nny** Verteidigungs-, Abwehr-; **~ńca** *m* (-*y*; *G* -*ów*), **~ńczyni** *f* (-*i*; -*e*) Verteidiger(in) (*t. jur*); *sport t.* Abwehrspieler(in); *fig* Beschützer(in); Sachwalter(in); **~ńczy** *jur*: **mowa ~ńcza** Verteidigungsrede, Plädoyer *n*
obro|snąć *pf* → **obrastać**; **~śnięty** (*I*) bewachsen (mit), überwuchert (von)
obrotn|ość *f* (-*ści*; *0*) Wendigkeit; Geschäftstüchtigkeit; **~y** wendig, clever
obrotow|y drehbar, Dreh-; schwenkbar; *hdl* Umsatz-; *ekon* **środki** *m/pl* **~e** Betriebsmittel *n/pl*
obroża *f* (-*y*; -*e*) (Hunde-)Halsband *n*

obróbka *f* (*-i*; *G -bek*) Bearbeitung
obró|cić *pf* (*-cę*) → ***obracać***; **~ść** *pf* → ***obrastać***; **~t** *m* (*-rotu*; *-roty*) Drehung *f*; Umdrehung *f*; *fin* Umlauf, Verkehr; *hdl* Umsatz; *fig* Wendung *f*; F ***wziąć w obroty*** (*A*) sich *j-n* vornehmen
obrumieni|ać (*-am*) ⟨**~ć**⟩ *kulin* anbräunen
obrus *m* (*-u*; *-y*) Tischtuch *n*
obrys *m* (*-u*; *-y*) Umriß, Umrisse *m/pl*
obrywać (*-am*) abreißen (***się*** *v/i*); *owoce itp. t.* (ab)pflücken
obryzgiwać (*-uję*) ⟨**~ać**⟩ bespritzen
obrządek *m* (*-dku*; *-dki*) Ritual *n*; *rel* Ritus; F *agr* Versorgung *f*, Fütterung *f*
obrzezanie *n* (*-a*) *rel* Beschneidung *f*
obrzeże *n* (*-a*; *G -y*) Rand *m*
obrzęd *m* (*-u*; *-y*) Zeremonie *f*; Brauch; → ***obrządek***; **~owy** rituell
obrzęk *m* (*-u*; *-i*) Ödem *n*; **~ać** (*-am*) ⟨**~nąć**⟩ (*-nę*) *med* anschwellen; **~ły** geschwollen; *med t.* ödematös
obrzmi|ałość *f* (*-ści*), **~enie** *n* (*-a*) Gedunsenheit *f*; Schwellung *f*; **~ały** aufgeschwemmt, gedunsen; → ***obrzękły***
obrzuc|ać ⟨**~ić**⟩ bewerfen (***się*** sich, einander); (*obszyć*) umnähen; ***~ić wzrokiem*** (*A*) e-n Blick werfen (in, auf *A*)
obrzyd|listwo *n* (*-a*) Abscheulichkeit *f*; **~liwiec** *m* (*-wca*; *-wcy*) Scheusal *n*; **~liwy** (**-wie**), **~ły** abscheulich, widerwärtig; **~nąć** *pf*: ***~ł(a)*/*~ło mi ...*** ich habe ... satt, ... ekelt mich an; → ***brzydnąć***
obrzydz|ać (*-am*) ⟨**~ić**⟩ verleiden, verekeln; **~enie** *n* (*-a*; *0*) Ekel *m*, Widerwille *m*; ***do ~enia*** bis zum Überdruß
obrzynać (*-am*) abschneiden
obsa|da *f* (*-y*) Besetzung (*t. teatr*); Personal *n*; (*załoga*) Besatzung, Mannschaft; *tech* Fassung, Halter *m*; **~dka** *f* (*-i*; *G -dek*) Federhalter *m*; **~dzać** ⟨**~dzić**⟩ (*I*) bepflanzen (mit); *fig* besetzen (mit); → ***osadzać***
obserwa|cja *f* (*-i*; *-e*) Beobachtung; **~cyjny** Beobachtungs-; **~torium** *n* (*idkl*; *-ria*, *-iów*) Observatorium, Sternwarte *f*
obserwować ⟨*za-*⟩ (*-uję*) beobachten
obsług|a *f* (*-i*) Bedienung; Abfertigung; (Bedienungs-)Personal *n*; **~iwać** (*-uję*) bedienen; *kientów t.* abfertigen
obstal|ow(yw)ać (*-[w]uję*) bestellen, in Auftrag geben; **~unek** *m* (*-nku*; *-nki*) Bestellung *f*, Auftrag
obstaw|a *f* (*-y*) *zbior* Bewacher *m/pl*; **~ać** (***przy*** *L*) beharren (auf *D*); **~i(a)ć** (*I*) umstellen (mit); F vollstellen (mit)
obst|ępować (*-uję*) ⟨**~ąpić**⟩ umringen
obstrukcja *f* (*-i*; *-e*) Obstruktion; *med t.* Stuhlverstopfung
obstrz|ał *m* Beschuß, Beschießung *f*; **~eliwać** (*-wuję*) ⟨**~elać**⟩ beschießen
obsu|wać się ⟨**~nąć się**⟩ (ab)rutschen
obsy|chać (*-am*) *v/i* trocknen; **~pywać** (*-uję*) ⟨**~pać**⟩ bestreuen; *fig* überhäufen; ***~p(yw)ać się*** (ab)bröckeln
obszar *m* (*-u*; *-y*) Fläche *f*, Gebiet *n*; **~nik** *m* (*-a*; *-cy*) Großgrundbesitzer
obszarpany zerlumpt, in Lumpen
obszerny geräumig, groß, (*t. ubranie*) weit; *tekst*: ausführlich, umfassend
obszy|cie *n* Besatz *m*, Borte *f*; **~wać** (*-am*) ⟨**~ć**⟩ (*I*) besetzen, einfassen (mit)
obt|aczać ⟨**~oczyć**⟩ (***w mące*** in Mehl) wälzen; *tech* (rund) drechseln
obu *num* → ***oba***; *w zł.* bi-, beid-
obuch *m* (*-a*; *-y*) (Beil-)Rücken, Bahn *f*
obudow|a *f* Verkleidung, Gehäuse *n*; *bud* Bebauung; **~(yw)ać** (*-[w]uję*) (*I*) verkleiden (mit); einbauen (*A*)
obudzić *pf* → ***budzić***
obukierunkowy in beiden Richtungen
ob|umarły abgestorben; **~umierać** ⟨***~umrzeć***⟩ absterben; *fig* verkümmern
oburącz *adv* mit beiden Händen
oburz|ać (*-am*) ⟨**~yć**⟩ empören, entrüsten (***się*** sich; ***na*** *A* über *A*); **~ający** (**-co**) empörend; **~enie** *n* (*-a*; *0*) Empörung *f*, Entrüstung *f*; **~ony** empört
obustron|nie *adv* beidseitig, beiderseits; **~ny** beiderseitig
obuwie *n* (*-a*; *0*) Schuhwerk; ***sklep z ~m*** Schuhgeschäft *n*
obwa|łow(yw)ać (*-[w]uję*) *rzekę* eindeichen; **~łowanie** *n* (*-a*) *mil* Befestigung *f*
obwarzanek *m* (*-nka*; *-nki*) Brezel *f*
obwąch|iwać (*-uję*) ⟨**~ać**⟩ beschnüffeln
obwiąz|ywać (*-uję*) ⟨**~ać**⟩ (*I*) verschnüren (mit); umwickeln (mit); ***~ać się chustką*** ein Tuch umbinden
obwie|szczać (*-am*) ⟨**~ścić**⟩ (*-szczę*) verkünden, bekanntmachen; **~szczenie** *n* (*-a*) Bekanntmachung *f*; **~źć*** *pf* → ***obwozić***
obwi|jać → ***owijać***; **~niać** (*-am*) ⟨**~nić**⟩ (***k-o o*** *A*) beschuldigen (j-n *G*); **~sać** (*-am*) ⟨**~snąć**⟩ (*-nę*) (herab)hängen *v/i*
obwo|dnica *f* (*-y*; *-e*) Umgehungsstraße; **~dowy** peripher; Bezirks-; **~luta** *f* (*-y*)

O

Schutzumschlag *m*; **~ływać** (*-uję*) ⟨**~łać**⟩ (*I*) ausrufen (zu); **~zić** *v/t* herumfahren (***po mieście*** in der Stadt)
obwód *m* (*-odu*; *-ody*) Umfang; *mat* Umkreis; *el* Stromkreis; (***scalony*** integrierter) Schaltkreis; (*obszar*) Bezirk; **~ka** *f* (*-i*; *G -dek*) Rand *m*, Umrandung
oby *part* möge(n) ...; → ***bodaj***; ***~ był szczęśliwy!*** möge er glücklich sein!
obycie *n* (*-a*; *0*) Vertrautheit *f*; (***w świecie*** Welt-)Gewandtheit *f*, Schliff *m*
obyczaj *m* (*-u*; *-e*, *-ów*) Brauch; *pl t.* Sitten *f/pl*; ***starym ~em*** nach altem Brauch; ***zepsucie ~ów*** Sittenverfall *m*; **~owość** *f* (*-i*; *0*) Brauchtum *n*; Sittlichkeit, Moral; **~owy** Sitten-
obyć się *pf* → ***obywać się***
obydw|a(j), **~ie**, **~oje** → ***oba***, ***oboje***
obyt|y (**z** *I*) vertraut (mit); (welt)gewandt; **~wać się** (***bez*** *G*) auskommen (ohne); (*I*) sich begnügen (mit)
obywatel *m* (*-a*; *-e*), **~ka** *f* (*-i*; *G -lek*) Bürger(in); *w.zn.* Staatsbürger(in); **~ski** Bürger-; **~stwo** *n* (*-a*; *0*) Staatsangehörigkeit *f*, Staatsbürgerschaft *f*
obżar|stwo *n* (*-a*; *0*) Völlerei *f*; **~tuch** *m* (*-a*; *-y*) P Freßsack, Vielfraß
ocal|ać (*-am*) → ***ocalić***; **~eć** *pf* (*-eję*) (**z** *G*) heil überstehen (*A*), unversehrt bleiben (bei); ***~eć od śmierci*** dem Tod entrinnen, überleben; **~enie** *n* (*-a*) Rettung *f*; Bergung *f*; **~ić** *pf* (*-lę*) (**od** *G*) retten (vor *D*); (lebend) bergen
ocean [-'tsɛ-] *m* (*-u*; *-y*) Ozean
ocen|a *f* Bewertung, Beurteilung; (*wycena*) Schätzung; **~iać** (*-am*) ⟨**~ić**⟩ bewerten, beurteilen; schätzen
ocet *m* (*octu*; *octy*) Essig
ochł|adzać (*-am*) → ***chłodzić***; **~odzenie** *n* (*-a*) Abkühlung *f*; **~onąć** *pf* sich erholen (***ze strachu*** von dem Schreck); sich beruhigen; sich abkühlen
ocho|czo *adv* gern; → **~czy** eifrig; munter; (**do** *G*) → ***chętny***; **~ta** *f* (*-y*; *0*) Lust (**na** *A*, **do** *G* auf *A*, zu); → ***chęć***
ochotni|czka *f* (*-i*; *G -czek*) Freiwillige; **~czy** Freiwilligen-; (**-czo**) freiwillig; **~k** *m* (*-a*; *-cy*) Freiwillige(r)
ochra *f* (*-y*; *0*) Ocker *m*
ochrania|cz *m* (*-a*; *-e*) Schoner, Schützer; **~ć** (*-am*) schützen (**od** *G* vor *D*)
ochron|a *f* (*-y*) (***młodocianych***, ***środowiska*** Jugend-, Umwelt-)Schutz *m*; **~iarz** *m* (*-a*; *-e*) Leibwächter; **~ić** *pf* → ***ochraniać***, ***chronić***; **~ny** Schutz-
ochrypły (**-le**) heiser, rauh; → ***chrypnąć***
ochrzanić P *pf* (*-ę*) abkanzeln
ociągać się (*-am*) (**z** *I*) zögern (mit, zu)
ocie|kać (*-am*) (*I*) triefen (von); **~lić się** *pf* kalben
ociemniały (*m-os -li*) blind, erblindet; ***związek ~ch*** Blindenverein
ociepl|ać (*-am*) ⟨**~ić**⟩ (*-lę*) erwärmen (***się*** sich); (gegen Kälte) isolieren; **~enie** *n* (*-a*; *0*) Erwärmung *f*; Isolierung *f*
ocierać (*-am*) → ***obcierać***; *skórę* aufscheuern; *nogę* wund laufen
ociężały (**-le**) schwerfällig; schleppend
ocios|ywać (*-uję*) ⟨**~ać**⟩ behauen
ocknąć się *pf* (*-nę*) aufwachen
ocleni|e *n* (*-a*; *0*) Verzollung *f*; ***podlegający ~u*** zollpflichtig; ***nie mieć nic do ~a*** nichts zu verzollen haben
oct|an *m* (*-u*; *-y*) Azetat *n*; **~owy** Essig-
o|cucać (*-am*) ⟨**~cucić**⟩ → ***cucić***; **~cukrzyć** *pf* → ***cukrzyć***; **~cyganić** F *pf* bemogeln, anschmieren; **~czarow(yw)ać** (*-[w]uję*) bezaubern
oczekiw|ać (*-uję*) (*G*) erwarten (*A*; ***po kim*** von j-m); warten (auf *A*); **~anie** *n* (*-a*) Warten; Erwartung *f*; ***wbrew ~aniom*** wider Erwarten
oczerni|ać (*-am*) ⟨**~ć**⟩ *fig* anschwärzen
ocz|ko *n* (*-a*; *G oczek*) Äuglein; (*w rosole*, *na karcie*) Auge; (***spuszczone*** Lauf-) Masche *f*; (*gra*) Siebzehnundvier; **~kowy** Maschen-; **~ny** Augen-; **~odół** *m* Augenhöhle *f*; **~y** *pl* → ***oko***
oczyszcza|ć (*-am*) (**z** *G*) reinigen (von); *fig* reinwaschen (von); *por* ***czyścić***; **~lnia** *f* (*-i*; *-e*) Kläranlage; Reinigungsanlage; **~nie** *n* (*-a*) Reinigung *f*
oczy|tany belesen; **~wisty** augenfällig, offensichtlich; **~wiście** *adv* natürlich
od *praep* (*G*) von (*D*); (*w czasie*) seit (*D*); (*niż*) als (*A*); (*przeciw*) gegen (*A*); ***~ morza*** vom Meer; ***~ rana*** seit dem Morgen; ***starszy ~e mnie*** älter als ich; ***~ kaszlu*** gegen Husten; *często nie tłumaczy się*: ***dziurka ~ klucza*** Schlüsselloch *n*; ***~ ręki*** sofort; *por* ***dla***, ***do***
odbarwi|ać (*-am*) ⟨**~ć**⟩ bleichen
odbezpiecz|ać (*-am*) ⟨**~yć**⟩ (*-ę*) *broń* entsichern; *bombę* scharf machen
odbi|cie *n* Zurückschlagen; Rückeroberung *f*; (*uwolnienie*) Befreiung *f*; Reflexion *f*; Spiegelbild (*t. fig*); Abbild; **~cie od brzegu** *mar* Ablegen; ***kąt ~cia***

Reflexionswinkel; **~ć** *pf* → **odbijać**
odbie|c *pf*, **~gać** ⟨**~gnąć**⟩ (**od** *G*) weglaufen, F wegrennen (von); *fig* abweichen, abkommen (von); **~gł go sen** er findet k-n Schlaf; **~gła ją chęć** sie verlor die Lust; **~rać** (*-am*) (**od** *G*) wegnehmen, (*t. towar, przysięgę itp.*) abnehmen (*D*); (*otrzymywać*) bekommen (von); *pocztę* in Empfang nehmen, erhalten; *RTV* empfangen; → **odebrać**
odbijać (*-am*) *v/t światło* reflektieren, zurückwerfen; (*w lustrze*) widerspiegeln; *pieczęć* aufdrücken; *deseń* aufdrucken; *kawał* abschlagen; *piłkę*, *atak* zurückschlagen; *jeńców* befreien; *miasto* zurückerobern; F *żonę* ausspannen; *v/i łódź*: ablegen; (*t.* **się**) abstechen (von); **~ się** zurückgeworfen werden; sich (wider)spiegeln; *głos*: widerhallen; *piłka*: zurückprallen, abprallen; *narciarz*: sich abstoßen; *ślad*: sich abdrükken; *fig* sich auswirken (**na** *L* auf *A*)
odbior|ca *m* (*-y*; *G -ów*), **~czyni** *f* (*-i*; *-e*) Abnehmer(in); Empfänger(in); **~czy** Abnahme-; Empfangs-; **~nik** *m* (*-a*; *-i*) *RTV* Empfänger
od|biór *m* (*-oru*; *0*) Empfang (*t. RTV*), Entgegennahme *f*; *bud* Abnahme *f*; **~bitka** *f* (*-i*; *G -tek*) *fot*, *drk* Abzug *m*; **~bity** *światło*: reflektiert; **~blask** *m* Widerschein; **~blaskowy** *tech* reflektierend; **~błyśnik** *m* (*-a*; *-i*) Reflektor
odbudo|wa *f* (Wieder-)Aufbau *m*; **~w(yw)ać** (*-[w]uję*) (wieder)aufbauen
odby|cie *n* (*-a*; *0*): **~cie kary** Strafverbüßung *f*; **w celu ~cia rozmów** zu Gesprächen; **~ć*** *pf* → **odbywać**
odbytnica *f* (*-y*; *-e*) Mastdarm *m*
odbywać *zebranie* abhalten; *studia* absolvieren; *służbę* ableisten; *karę* verbüßen; *podróż* unternehmen, machen; **~ się** stattfinden, erfolgen
odcho|dy *pl* (*-ów*) Exkremente *n/pl*; **~dzić** fortgehen, weggehen; *ulica*, *część*, *pociąg*: abgehen; (**z**, **od** *G*) (*opuszczać*) verlassen (*A*); quittieren (*A*); **~dzić od zmysłów** den Verstand verlieren
od|chrząknąć *pf* abhusten; → **chrząkać**; **~chudzać się** (*-am*) e-e Schlankheitskur machen, abnehmen wollen
odchyl|ać (*-am*) ⟨**~ić**⟩ (**do tyłu**) zurückbeugen (**się** sich); *firankę* zurückschieben, beiseiteschieben; beiseiteziehen; **~ać się** *t.* abweichen (**od** *G* von); **~enie** *n* (*-a*) Abweichung *f*
odcią|ć* *pf* → **odcinać**; **~gać** (*-am*) ⟨**~gnąć**⟩ *v/t* fortziehen, wegziehen; *fig* abbringen (**od** *G* von); **~gać się** sich verzögern; **mleko ~gane** entrahmte Milch *f*; **~żać** (*-am*) ⟨**~żyć**⟩ entlasten
odcie|kać (*-am*) ⟨**~c***⟩ abfließen
od|cień *m* Farbton, Stich; Nuance *f*; **~cierpieć** *pf* abbüßen; büßen (**za** *A* für)
odcię|cie *n* Abschneiden; **~ty** abgeschnitten; **~ta** *f* (*-ej*; *-e*) *mat* Abszisse
odcin|ać (*-am*) abschneiden (*t. fig*), abtrennen; **~ać się** scharf entgegnen; (**od** *G*) sich trennen (von), brechen (mit); sich abheben (**na tle** *G* von, gegen); **~ek** *m* (*-nka*; *-nki*) Abschnitt; *mat t.* Segment *n*; **~ek czasu** *t.* Zeitspanne *f*; **powieść** *f* **w ~kach** Fortsetzungsroman *m*
odcis|k *m* (*-u*; *-i*) Abdruck; *med* Hühnerauge *n*; **~kać** ⟨**~nąć**⟩ *pieczęć* aufdrükken; *sok* ausdrücken; *ślad* eindrücken; **~nąć się** sich abdrücken
od|cyfrować *pf* (*-uję*) entziffern; **~czekać** *pf* abwarten; **~czepi(a)ć** abhängen, abkoppeln; **~czepić się** sich loskoppeln; F (**od** *G*) in Ruhe lassen (*A*)
odczu|(wa)ć fühlen, empfinden; *ból*, *chłód t.* (ver)spüren; **dać się ~ć** zu spüren sein; **~walny** fühlbar; spürbar
odczyn *m chem*, *med* Reaktion *f*
odczyt *m* (*-u*; *-y*) Vorlesung *f*; (*wyniku*) Ablesung *f*; **~ywać** (*-uję*) ⟨**~ać**⟩ (ab)lesen (*t. fig*); (*głośno*) vorlesen
oddać *pf* → **oddawać**
odda|lać (*-am*) ⟨**~lić**⟩ (*-lę*) entfernen (**się** sich); *wniosek* ablehnen; *jur t.* verwerfen; **~lenie** *n* (*-a*) Entfernung *f*; Ablehnung *f*; **~lony** entfernt, fern; **~nie** *n* Rückgabe *f*; *fig* Hingabe *f*; **~nie do eksploatacji** Inbetriebnahme *f*; **~ny** ergeben; hingegeben
oddaw|ać (ab-, über-, zurück)geben; *usługę*, *cześć* erweisen; *ukłony* bestellen; *wizytę* erwidern; *sens* wiedergeben; **~ać mocz** harnen; **~ać pod sąd** vor Gericht bringen; **~ać się** sich widmen; sich hingeben; **~ca** *m* (*-y*; *G -ów*), **~czyni** *f* (*-i*; *-e*) Überbringer(in)
oddech *m* (*-u*; *-y*) Atmung *f*; Atem(zug) *m*; **~owy** Atem-, Atmungs-
oddolny von unten, von der Basis (her)
oddycha|ć (*-am*) atmen; **~nie** *n* (*-a*; *0*) (**sztuczne** künstliche Be-)Atmung *f*

O

oddział *m* Abteilung *f*; *mil t.* Kommando *n*; (*filia*) Zweigstelle *f*; (*w szpitalu*) Station *f*; **~owy** Abteilungs-; Stations-; **~ywać** (*-uję*/*-am*) ⟨**~ać**⟩ (ein)wirken; beeinflussen

oddziel|ać (*-am*) ⟨**~ić**⟩ (ab)trennen (**się** sich); **~ny** getrennt, besonder, separat

oddźwięk *m* Widerhall, Echo *n*

ode *praep* → **od**; **~brać*** *pf* → ***odbierać***

ode|chcie(wa)ć się: ***~chciewa*** (***~chciało***) ***mu się*** (*G*, *inf*) er hat(te) keine Lust mehr (auf *A*, zu); **~gnać** *pf* → ***odganiać***; **~grać** *pf* → ***odgrywać***

odejmowa|ć (*-uję*) abziehen; *mat t.* subtrahieren; (*odłączać*, *amputować*) abnehmen; (*zabierać*) (weg)nehmen; **~nie** *n* (*-a*; *0*) *mat* Subtraktion *f*

odejś|cie *n* (*-a*) Weggang *m*; *kolej* Abfahrt *f*; **~ć*** *pf* (→ *-jść*) → ***odchodzić***

ode|mknąć *pf* → ***odmykać***; **~pchnąć** *pf* → ***odpychać***; **~przeć*** *pf* → ***odpierać***; *v/i* entgegnen; **~rwać*** *pf* → ***odrywać***; **~rwanie** *n* (*-a*; *0*) Abreißen; Loslösung *f*; ***w ~rwaniu*** (**od** *G*) losgelöst; **~rznąć** *pf*, **~rżnąć** *pf* → ***odrzynać***; **~słać***[1] *pf* → ***odsyłać***; **~tchnąć** *pf* aufatmen; *fig* verschnaufen; **~tkać** *pf* (*-am*) → ***odtykać***; **~zwa** *f* (*-y*) Aufruf *m*; **~zwać się** *pf* (*-ę*, *-ie*, *-wij!*) → ***odzywać się***

odęty aufgedunsen; verquollen; mürrisch; → ***nadąsany***

odfajkow(yw)ać (*-[w]uję*) abhaken

odga|dywać (*-uję*) ⟨**~dnąć**⟩ (*-nę*) erraten; **~łęziać się** (*-am*) ⟨***~łęzić się***⟩ (*-żę*) abzweigen *v/i*; **~łęzienie** *n* (*-a*) Abzweig(ung *f*) *m*; **~niać** → ***odpędzać***; **~rniać** (*-am*) ⟨**~rnąć**⟩ beiseite schieben/räumen; *śnieg itp. t.* wegräumen

od|ginać (*-am*) ⟨**~giąć**⟩ (*-egnę*) aufbiegen, zurückbiegen; **~głos** *m* Widerhall; *zw. pl* Geräusch *n*; Klang, Klänge *m/pl*; **~gniatać** (*-am*) ⟨***~gnieść****⟩ abdrücken (**się** sich); abquetschen (**sobie** *A* sich *etw*); **~gonić** *pf* → ***odpędzić***; **~gradzać** (*-am*) abzäunen; abtrennen

odgranicz|ać (*-am*) ⟨**~yć**⟩ abgrenzen

od|grażać się (*-am*) drohen; **~grodzić** *pf* → ***odgradzać***; **~gruzow(yw)ać** (*-[w]uję*) enttrümmern; **~grywać** (*-am*) abspielen (**się** sich); *sztukę*, *rolę*, *głupiego* spielen; ***~grywać się*** den Verlust wieder wettmachen; sich revanchieren; **~gryzać** (*-am*) ⟨***~gryźć****⟩ abbeißen, abknabbern; **~grzać** *pf* → ***odgrzewać***

odgrze|bywać (*-uję*) ⟨**~bać**⟩ ausgraben; **~wać** (*-am*) (wieder) aufwärmen

od|gwizdać *pf* abpfeifen; **~holować** *pf* abschleppen; **~izolowywać** (*-wuję*) → ***izolować***

od|jazd *m* (*-u*; *-y*) Abfahrt *f*; Abreise *f*; **~jąć** *pf* (*-ejmę*) → ***odejmować***; **~jeżdżać** (*-am*) ⟨***~jechać****⟩ abfahren (*I*, **na** *L* mit); abreisen (**do** *G* nach); **~karmiony** wohlgenährt, gemästet; **~każać** (*-am*) ⟨***~kazić***⟩ (*-żę*) desinfizieren; *teren t.* entgiften, sanieren; **~każający** desinfizierend, antiseptisch

odkąd *pron* seit; (*od jakiego miejsca*) wo

odkła|dać (*-am*) beiseite legen, hinlegen; *słuchawkę* auflegen; (*oszczędzać*) zurücklegen; (*odraczać*) verschieben; ***~dać się*** sich ablagern; **~mywacz** *m* (*-a*; *-e*) Lügendetektor; **~niać się** ⟨***odkłonić się***⟩ (*D*) zurückgrüßen (*A*)

od|komenderować *pf* abkommandieren, abstellen; **~kopywać** (*-uję*) ⟨***~kopać***⟩ ausgraben; **~korkow(yw)ać** (*-[w]uję*) entkorken; **~krajać**, **~krawać** (*-am*) abschneiden; **~kręcać** (*-am*) ⟨***~kręcić***⟩ abschrauben, abdrehen; *kurek* aufdrehen; **~kroić** *pf* → ***odkrajać***

odkry|cie *n* (*-a*) Enthüllung *f*; Entdeckung *f*; **~wać** (*-am*) ⟨**~ć**⟩ enthüllen (*t. tajemnicę*), aufdecken (**się** sich); *twarz t.* entblößen; *ląd* entdecken; **~ty** offen, frei; **~wca** *m* (*-y*; *G -ów*), **~wczyni** *f* (*-i*; *-e*) Entdecker(in); **~wczy** Entdeckungs-; **~wka** *f* (*-i*; *G -wek*) Tagebau *m*

odkup *m* (*-u*; *0*) Rückkauf; **~iciel** *m* (*-a*; *0*) *rel* Erlöser; **~ywać** (*-uję*) ⟨**~ić**⟩ (**od** *G*) abkaufen (*D*); zurückkaufen (von); *stratę* ersetzen; → ***okupywać***

odkurz|acz *m* (*-a*; *-e*) Staubsauger; **~ać** (*-am*) ⟨**~yć**⟩ abstauben; staubsaugen

od|lać *pf* → ***odlewać***; **~latywać** (*-uję*) ⟨***~lecieć***⟩ wegfliegen, abfliegen; F *obcas*: abfallen

odległ|ość *f* (*-ści*) Entfernung; Abstand *m*; **~y** (*comp -glejszy*) fern; entfernt (***o pięć kroków*** fünf Schritte); entlegen

odlepi|ać (*-am*) ⟨**~ć**⟩ ablösen

odlew *m* (*-u*; *-y*) *tech* Gießen *n*; Abguß, Gußstück *n*; **~ać** (*-am*) abgießen; *tech t.* gießen; **~nia** *f* (*-i*; *-e*) Gießerei

odleżeć *pf* im Bett auskurieren; **~ się** das Bett hüten; *owoce*: (nach)reifen

odlicz|ać (*-am*) ⟨**~yć**⟩ abzählen; (*odjąć*) abrechnen; **~enie** *n* (*-a*) Abzug *m*

O

odlot *m* Abflug; **czas ~u** Abflugzeit *f*
odludny abgelegen; menschenleer
odłam *m fig* Fraktion *f*; → **~ek** *m* (*-mka*; *-mki*) (Bruch-)Stück *n*, Splitter; **~ywać** (*-uję*) ⟨**~ać**⟩ abbrechen (**się** *v/i*)
od|łączać (*-am*) ⟨**~łączyć**⟩ (ab)trennen; absondern (**się** sich); *dziecko* entwöhnen; → **odczepiać**; **~łożyć** *pf* → **odkładać**; **~łóg** *m* (*-ogu*; *-ogi*) Brache *f*; **leżeć ~łogiem** brachliegen; **~łupywać** (*-uję*) ⟨**~łupać**⟩ abspalten, ausbrechen
odma|czać abweichen *v/t*; **~low(yw)ać** (-[*w*]*uję*) (neu) streichen; → **malować**; **~rzać** [-r·z-] (*-am*) ⟨**~rznąć**⟩ auftauen *v/i*; **~wiać** (*G*) ablehnen, abschlagen, versagen (*A*; **sobie** sich); *talentu, prawa* absprechen (*A*); (**k-o od** *G*) abbringen (j-n von), ausreden (j-m *A*); (*A*) *pacierz* hersagen; F *wizytę* absagen; **~wiający służby wojskowej** Wehrdienstverweigerer
odmęt *m* (*-u*; *-y*) Fluten *f/pl*; *fig* Strudel
odmian|a *f* (*-y*) (Ver-)Änderung; Wende; Variante; *agr* Varietät; *gr* Flexion; **dla ~y**, **na ~ę** zur Abwechslung
odmien|iać (*-am*) ⟨**~ić**⟩ (ver)ändern (**się** sich); *gr* flektieren, beugen; **~ić się** *t.* sich wandeln; **~ność** *f* (*-ści*; *0*) Verschiedenheit, Andersartigkeit; **~ny** anders(artig), abweichend; *gr* flektierbar
od|mierzać (*-am*) ⟨**~mierzyć**⟩ abmessen; **~mładzać** (*-am*) ⟨**~młodzić**⟩ (*-dzę*) verjüngen (**się** sich); jünger erscheinen lassen; **~młodnieć** *pf* → **młodnieć**; **~moczyć** *pf* → **odmaczać**; **~mowa** *f* Ablehnung; Weigerung; **~mowny** Ablehnungs-; **~mówić** *pf* → **odmawiać**; **~mrażać** (*-am*) ⟨**~mrozić**⟩ abfrieren (**sobie uszy** sich die Ohren); abtauen; **~mrożenie** *n* (*-a*) Erfrierung *f*; **~myć** *pf* → **odmywać**; **~mykać** (*-am*) aufmachen, aufschließen; **~mywać** (*-am*) abwaschen, auswaschen
odna|jdować, **~jdywać** (*-uję*) (wieder)finden (**się** sich); **~jmować** ⟨**~jąć**⟩ mieten; vermieten (*D* an *A*); **~leźć*** *pf* (→ *-naleźć*) → **odnajdować**; **~wiać** (*-am*) erneuern (**się** sich); renovieren
odnie|sienie *n* (*-a*): **w ~sieniu do** (*G*) in bezug auf (*A*); **~ść*** *pf* → **odnosić**
odno|ga *f* → **odgałęzienie**; (**górska** Berg-)Ausläufer *m*; (**rzeki** Fluß-)Arm *m*; **~sić** (hin)tragen, (**z powrotem** zurück)bringen; *sukces* erzielen; *korzyść* ziehen; *zwycięstwo* davontragen; *szkodę, rany* erleiden; **~sić się** (**do** *G*) sich verhalten (gegenüber), behandeln (*A*); sich beziehen (auf *A*); **~śnie: ~śnie do** (*G*) bezüglich, hinsichtlich (*G*); **~śny** betreffend, einschlägig; zuständig
odno|tow(yw)ać (-[*w*]*uję*) notieren; **~wić** *pf* (*-ę*, *-nów!*) → **odnawiać**
odos|abniać (*-am*) ⟨**~obnić**⟩ (*-ę*, *-nij!*) absondern (**się** sich); **~obnienie** *n* (*-a*; *0*) Absonderung *f*; Isolation *f*; **~obniony** abgeschieden; vereinzelt
odór *m* (*-oru*; *-ory*) übler Geruch
odpad *m* (*-u*; *-y*) Abfall(stoff); **~ać** abfallen; *fig t.* entfallen, wegfallen; *sport* ausscheiden; **~ek** *m* (*-dku*; *-dki*) *zw. pl*: **~ki** Abfälle *m/pl*; **~(k)owy** Abfall-
odpa|rcie *n* (*-a*; *0*) (*ataku*) Zurückschlagen; (*zarzutu*) Widerlegung *f*; **~row(yw)ać** (-[*w*]*uję*) *v/t* verdampfen; **~rzać** (*-am*) ⟨**~rzyć**⟩ (**sobie** sich) *ramię* wund reiben; *stopy* wund laufen; **~sywać** (*-uję*) ⟨**~sać**⟩ (*-szę*) abschnallen; **~ść***[1] *pf* → **odpadać**
od|pędzać (*-am*) ⟨**~pędzić**⟩ verjagen, (weg)scheuchen; **~piąć** *pf* (*-epnę*) → **odpinać**; **~pić** *pf* → **odpijać**; **~pieczętow(yw)ać** (-[*w*]*uję*) das Siegel entfernen; **~pierać** (*-am*) *atak* zurückschlagen; *wroga* zurückdrängen; *cios* parieren; *zarzut* zurückweisen; widerlegen
odpi|jać (*-am*) abtrinken; **~łow(yw)ać** (-[*w*]*uję*) absägen; **~nać** (*-am*) abknöpfen; *guzik* aufknöpfen; **~nać się** sich lösen, aufgehen
odpis *m* (*-u*; *-y*) Abschrift *f*; *fin* Abbuchung *f*; **~ywać** (*-uję*) ⟨**~ać**⟩ abschreiben; abbuchen
odpła|cać (*-am*) ⟨**~cić**⟩ (**za** *A*) heimzahlen, vergelten (*A*); **~ta** *f fig* Lohn *m*, Vergeltung; **~tny** kostenpflichtig
odpły|nąć *pf* → **odpływać**; **~w** *m* (*-u*; *-y*) Abfluß; *fig t.* Abwandern *n*; *geogr* Ebbe *f*; **~wać** wegschwimmen; *statek*: in See stechen; *ciecz*: abfließen; *ludzie*: abwandern; **~wowy** Abfluß-; Ebbe-
odpocz|ynek *m* (*-nku*; *-nki*) Erholung *f*, Ruhe *f*, Rast *f*; **~ywać** (*-am*) ⟨**~ąć**⟩ (sich aus)ruhen, rasten
odpo|kutow(yw)ać (-[*w*]*uję*) büßen; **~mpow(yw)ać** (-[*w*]*uję*) abpumpen
odporn|ość *f* (*-ści*) Widerstandsfähigkeit, Festigkeit; *med t.* Immunität; Resistenz; **~y** (**na** *A*) widerstandsfähig

(gegen); immun; resistent (gegen); **~ny na wpływy atmosferyczne** wetterfest
odpowi|adać (*-am*) antworten, erwidern; (**na** *A*) beantworten (*A*); (**za** *A*) verantworten (*A*), haften (für); (*być odpowiednim D*) entsprechen (*D*), passen (zu); übereinstimmen (mit); zusagen (*D*); **~edni** (**-nio**) geeignet, richtig; (**do** *G*) angemessen, entsprechend (*D*); passend (zu); **~ednik** *m* (*-a*; *-i*) Äquivalent *n*; Entsprechung *f*
odpowiedzialn|ość *f* (*-ści*; *0*) Verantwortung; Haftung; Haftpflicht; **~y** verantwortungsbewußt; (**za** *A*) verantwortlich (für); haftbar (für)
od|powiedzieć *pf* → **odpowiadać**; **~powiedź** *f* (*-dzi*) Antwort, Erwiderung
odpowietrzyć *pf* (*-ę*) entlüften
odpór *m* (*-oru*; *0*) Widerstand
odpra|cow(yw)ać (*-*[*w*]*uję*) abarbeiten; **~wa** *f* (*-y*) Besprechung; (*replika*) Abfuhr; (*zapłata*) Abfindung; (*załatwianie formalności*) Abfertigung; **~wiać** (*-am*) ⟨**~wić**⟩ abfertigen; *rel* lesen, zelebrieren; → **odsyłać**
odpręż|ać (*-am*) ⟨**~yć**⟩ (*-ę*) entspannen (**się** sich); **~enie** *n* (*-a*) Entspannung *f*
odprowadz|ać (*-am*) ⟨**~ić**⟩ begleiten, geleiten; *więźnia, pieniądze* abführen; *gaz itp.* ableiten
odpru|wać (*-am*) ⟨**~ć**⟩ abtrennen
odprys|kiwać (*-uję*) ⟨**~nąć**⟩ absplittern
odprzeda|wać (*-ję*) ⟨**~ć**⟩ (*-am*) weiterverkaufen, abtreten
odpu|st *m* (*-u*; *-y*) Kirchweih *f*, Kirmes *f*; *rel* Ablaß; **~szczać** ⟨**~ścić**⟩ vergeben
odpycha|ć (*-am*) wegstoßen; *fig* abstoßen; **~jący** (**-co**) abstoßend
odpyl|ać (*-am*) ⟨**~ić**⟩ entstauben
odra *f* (*-y*; *0*) *med* Masern *pl*
odra|biać (*-am*) *dług* abarbeiten; *lekcje* machen; *zaległości* nachholen; *błędy* wiedergutmachen; **~czać** (*-am*) aufschieben, vertagen; **~dzać¹** (*-am*) ⟨**~dzić**⟩ (*A*) abraten (von); **~dzać²** (*-am*) → **odrodzić**; **~pywać** (*-uję*) ⟨**~pać**⟩ abkratzen; *skórę* aufkratzen; **~stać** (*-am*) nachwachsen; → **podrastać**; **~tow(yw)ać** (*-*[*w*]*uję*) retten, wiederbeleben; **~za** *f* (*-y*; *0*) Abscheu *m*, Widerwille *m*; **~żający** (**-co**) abscheulich, widerwärtig, widerlich
odrąb|ywać (*-uję*) ⟨**~ać**⟩ abhacken
odre- *pf* → **re-**
odrę|bny besonder, eigen, Sonder-; separat; **~czny** handschriftlich; *rysunek*: freihändig; *naprawa*: sofortig, Sofort-
odrętwie|ć *pf* → **drętwieć**; **~nie** *n* (*-a*) Erstarrung *f*; *fig t.* Lethargie *f*
odro|bić *pf* → **odrabiać**; **~bina** *f* (*-y*) (ein) bißchen; **~czenie** *n* (*-a*) Aufschub *m*; Vertagung *f*; **~czyć** *pf* (*-ę*) → **odraczać**; **~dzenie** *n* (*-a*) Wiederaufleben, Wiedergeburt *f*; *hist* **&dzenie** Renaissance *f*; **~dzić** *pf* wiederbeleben, wieder aufleben lassen; **~dzić się** wiederaufleben; **~snąć** *pf* → **odrastać**
odróżni|ać (*-am*) ⟨**~ć**⟩ unterscheiden (**się** sich; **od** *G* von); **~enie** *n* (*-a*; *0*) Unterscheidung *f*; **w ~eniu** (**od** *G*) im Gegensatz (zu); **nie do ~enia** nicht zu unterscheiden
odruch *m biol* Reflex; *fig t.* Regung *f*; **~owy** Reflex-; (**-wo**) unwillkürlich
odry|glow(yw)ać (*-*[*w*]*uję*) entriegeln; **~wać** (*-am*) abreißen (**się** *v/i*); *wzrok* abwenden; **~wać się** *t.* sich (ab)lösen
odrzec* *pf* erwidern, antworten
odrzu|cać ⟨**~cić**⟩ wegwerfen; zurückwerfen; *dar, ofertę* zurückweisen, ausschlagen; *warunki* ablehnen; *skargę* verwerfen; **~t** *m* Rückstoß; **~towiec** *m* (*-wca*; *-wce*) Düsenflugzeug *n*; **~towy** Strahl-, F Düsen-
odrzwia *pl* (*-i*) Türrahmen *m*
od|rzynać (*-am*) abschneiden, absägen; **~salanie** *n* (*-a*; *0*) Entsalzung *f*; **~salutować** *pf* salutieren; **~sapnąć** *pf* (*-nę*) verschnaufen; **~sądzać** (*-am*) ⟨**~sądzić**⟩ (**k-o od** *G*) absprechen (j-m *A*)
odset|ek *m* (*-tka*; *-tki*) Prozent *n*; *pl* **~ki** (**za zwłokę** Verzugs-)Zinsen *m/pl*
odsia|ć *pf* → **odsiewać**; **~dywać** (*-uję*) absitzen, F abbrummen
odsie|cz *f* (*-y*; *-e*) *mil* Entsatz *m*; **~dzieć** *pf* → **odsiadywać**; **~wać** (*-am*) *mąkę* durchsieben; aussieben (*t. fig*)
od|skakiwać (*-uję*) ⟨**~skoczyć**⟩ (**od** *G*) wegspringen (von); *piłka*: abprallen (von); **~skocznia** *f* Sprungbrett *n*; **~słaniać** (*-am*) aufdecken; *pomnik, prawdę* enthüllen; *piersi, głowę* entblößen (**się** sich); **~słona** *f* (*-y*) *teatr* Aufzug *m*; **~słonić** *pf* → **odsłaniać**; **~słonięcie** *n* (*-a*) Enthüllung *f*; Entblößung *f*
odsta|wać ⟨**~ć***⟩ (→ *stać²*) abstehen; sich ablösen; **~wi(a)ć** wegstellen, beiseite stellen; abliefern; *lek* absetzen

O

odstąpi|ć *pf* → ***odstępować***; **~enie** *n* (*-a*) Abtretung *f*; Verzicht *m* (***od*** *G* auf *A*); Rücktritt *m*

odstęp *m* (*-u*; *-y*) Abstand; Zwischenraum; **~ne** *n* (*-ego*; *-e*) Abstand(summe *f*) *m*; **~nik** *m* (*-a*; *-i*) Leertaste *f*; **~ować** (*-uję*) *v/i* zurücktreten (***o krok*** e-n Schritt; ***od umowy*** vom Vertrag); *mil* sich zurückziehen; abrücken (***od*** *G* von); *v/t* abtreten, überlassen; **~stwo** *n* (*-a*) Abweichung *f*; *rel* Abfall *m*

odstrasz|ać (*-am*) ⟨**~yć**⟩ abschrecken (***od*** *G* von); **~ający** (**-co**) abschreckend

odstręcz|ać (*-am*) ⟨**~yć**⟩ (*-ę*) *fig* abstoßen; (***od*** *G*) abhalten (von, zu + *inf*)

odstrzał *m łow* Abschuß

odsuwać ⟨***odsunąć***⟩ wegschieben; beiseite schieben; *zasuwkę* zurückschieben; **~ *od władzy*** entmachten; **~ *się*** abrücken *v/i*; *fig* sich zurückziehen

odsyła|cz *m* (*-a*; *-e*) Verweis ; Fußnote *f*; **~ć** (*-am*) (zurück)schicken; verweisen (***do*** *G* an *A*)

odsyp|ywać (*-uję*) ⟨**~ać**⟩ abschütten

odszkodowani|e *n* (*-a*) Entschädigung *f*; Schadenersatz *m*; Schmerzensgeld; ***~a wojenne*** Reparationen *f/pl*

od|szraniać (*-am*) ⟨**~szronić**⟩ (*-ę*) *chłodziarkę* abtauen; **~szukać** *pf* (wieder)finden (***się*** sich); ausfindig machen; **~szyfrow(yw)ać** (*-[w]uję*) entschlüsseln; **~śpiewać** *pf* absingen; **~środkowy** zentrifugal

odśwież|ać (*-am*) ⟨**~yć**⟩ (*-ę*) auffrischen, F aufmöbeln; ***~yć się*** sich erfrischen; sich frisch machen

od|świętny festlich; **~tajać** *pf* auftauen

odtąd seitdem; von nun an; von hier ab

odtłuszczon|y entfettet; ***mleko ~e*** Magermilch *f*

od|transportować *pf* abtransportieren, wegschaffen; **~trącać** ⟨***~trącić***⟩ wegstoßen; *fig* zurückweisen; → ***potrącać***; **~trutka** *f* (*-i*; *G -tek*) Gegengift *n*; **~twarzać** (*-am*) ⟨***~tworzyć***⟩ regenerieren (***się*** sich); wiederherstellen, rekonstruieren; *obraz*, *dźwięk* wiedergeben; *rolę* interpretieren

odtwór|ca *m* (*-y*; *G -ów*), **~czyni** *f* (*-i*; *-e*) Interpret(in), Darsteller(in)

od|tykać entkorken, aufmachen; **~uczać** (*-am*) ⟨**~uczyć**⟩ abgewöhnen (***k-o od*** *G* j-m *A*; ***się*** sich)

odurz|ać (*-am*) ⟨**~yć**⟩ (*-ę*) berauschen (***się*** sich); **~ający** Rausch-; (**-co**) berauschend; **~enie** *n* (*-a*) Rausch *m*

odwadniać (*-am*) entwässern

odwag|a *f* (*-i*; *0*) Mut *m*; ***~a cywilna*** Zivilcourage; ***nabrać ~i***, ***zebrać się na ~ę*** Mut fassen; ***dodać ~i*** Mut machen

odwal|ać ⟨**~ić**⟩ wegräumen, wegwälzen; F (*wykonać*) hinter sich bringen; ***zostać ~onym*** abblitzen, durchfallen

odwar *m* (*-u*; *-y*) Abkochung *f*, Absud

odważ|ać (*-am*) abwiegen; ***~ać się*** → ***odważyć***; **~nik** *m* (*-a*; *-i*) Gewicht *n*; **~ny** mutig; **~yć** *pf* → ***odważać***; ***~yć się*** (***na*** *A*) wagen (*A*); den Mut haben (zu)

odwdzięcz|ać się (*-am*) ⟨***~yć się***⟩ (*-ę*) (***za*** *A*) sich dankbar zeigen (für), sich revanchieren (für), vergelten (*A*)

odwet *m* (*-u*; *0*) Vergeltung *f*, Revanche *f*; ***w ~*** (***za*** *A*) als Rache (für); **~owiec** *m* (*-wca*; *-wcy*) Revanchist

od|wiązywać (*-uję*) ⟨***~wiązać***⟩ losbinden (***się*** sich); **~wieczny** uralt

odwiedz|ać (*-am*) ⟨**~ić**⟩ (*-dzę*) besuchen; **~iny** *pl* (-) Besuch *m*; ***przyjść w ~iny*** (***do*** *G*) zu Besuch kommen (zu)

odwiert *m* (*-u*; *-y*) *gór* Bohrloch *n*

od|wieść* *pf* → ***odwodzić***; **~wieźć*** *pf* → ***odwozić***; **~wijać** (*-am*) abwickeln; abrollen (***się*** sich, *v/i*); *rękaw* aufkrempeln; **~wilż** *f* (*-y*; *-e*) Tauwetter *n*; **~winąć** *pf* (*-nę*, *-ń!*) → ***odwijać***

od|wirow(yw)ać (*-[w]uję*) *miód* schleudern; **~wlekać** (*-am*) ⟨**~wlec***⟩wegziehen, wegschleppen; *fig* hinauszögern; **~wodnić** *pf* (*-ę*, *-nij!*) → ***odwadniać***; **~wodzić** wegführen; beiseite nehmen; (***od*** *G*) abbringen (von)

odwoła|ć *pf* → ***odwoływać***; **~nie** *n* Abberufung *f*; *jur* Berufung *f*; ***aż do ~nia*** bis auf Widerruf; ***~nie alarmu*** Entwarnung *f*; ***~nie się*** (***do*** *G*) Anrufung *f* (*G*); **~wczy** Abberufungs-; *jur* Berufungs-

odwoływać (*-uję*) beiseite rufen; (*ze stanowiska*) abberufen; (*z urlopu*) zurückrufen; *rozkaz*, *zamówienie* widerrufen; **~ *się*** (***do*** *G*) sich wenden (an *A*); sich berufen (auf *A*); *jur* Berufung einlegen

odwozić *v/t* (weg)fahren, (hin)bringen

odwraca|ć (um)wenden, (um)drehen (***się*** sich); *głowę*, *klęskę* abwenden; ***~ć uwagę*** ablenken; **~lny** umkehrbar, reversibel; ***film ~lny*** Umkehrfilm

odwrot|nie *adv* umgekehrt; im Gegenteil; **~ność** *f* (*-ści*; *0*) *mat* Kehrwert *m*;

~ny umgekehrt; gegenteilig; ***~na strona*** Rückseite, Kehrseite
odwró|cenie *n* (*-a*; *0*) Umkehrung *f*; **~cić** *pf* → ***odwracać***; **~t** *m* (*-otu*; *-oty*) *mil*, *fig* Rückzug; ***na ~t*** → ***odwrotnie***; ***na odwrocie*** auf der Rückseite
odwyk|ać (*-am*) ⟨**~nąć**⟩ (*-nę*) (**od** *G*) sich entwöhnen (*G*), nicht mehr gewohnt sein (zu); **~owy** Entwöhnungs-
odwzajemni|ać (*-am*) ⟨**~ć**⟩ (*-ę*, *-nij!*) *uczucia* erwidern; **~(a)ć *się*** sich revanchieren (***k-u za*** *A* bei j-m für)
odyniec *m* (*-ńca*; *-ńce*) Keiler, Wildeber
odzew [-d·z-] *m* (*-u*; *-y*) *mil* Losung *f*; *fig* Echo *n*, Widerhall, Reaktion *f*
odziedziczony geerbt, Erb-
odzież *f* (*-y*; *0*) (Be-)Kleidung; **~owy** Bekleidungs-, Konfektions-
odzna|czać [-d·z-] (*-am*) auszeichnen (***się*** sich; *I* durch); **~czenie** *n* (***bojowe*** Kriegs-)Auszeichnung *f*; **~czyć** *pf* → ***odznaczać***; **~ka** *f* (*-i*) Abzeichen *n*
odzwierciedl|ać [-d·z-] (*-am*) ⟨**~ić**⟩ (*-lę*, *-lij!*) widerspiegeln (***sich*** się); **~enie** *n* (*-a*) Spiegelbild
odzwycza|jać [-d·z-] (*-am*) ⟨**~ić**⟩ (*-ję*, *-j!*) abgewöhnen (***k-o od*** *G* j-m *A*)
odzysk|anie [-d·z-] *n* (*-a*; *0*) Rückgewinnung *f*; Wiedererlangen; **~(iw)ać** zurückbekommen, wiedererlangen; ***~ać przytomność*** wieder zu sich kommen
odzywać się [-d·z-] (*-am*) reden, sprechen; *karc* ansagen; *dzwonek*: ertönen; (***do*** *G*) ansprechen (*A*), sagen (zu); F (***nie*** nichts) von sich hören lassen
odźwierny *m* (*-ego*; *-i*) Pförtner
odżałować [-d·ʒ-] *pf* verschmerzen
odżyw|ać [-d·ʒ-] (*-ję*) ⟨**~ć**⟩ wieder zum Leben erwachen; *fig t.* wiedererwachen; sich wiederbeleben; **~czy** Nähr-; (**-czo**) nahrhaft; **~iać** (*-am*) ⟨**~ić**⟩ ernähren (***się*** sich); **~ianie (się)** *n* (*-a*; *0*) Ernährung *f*; **~ka** *f* (*-i*; *G -wek*) Nährstoff *m*; ***~ka dla dzieci*** Babynahrung
ofensyw|a *f* (*-y*) Offensive; *sport* Angriff *m*; **~ny** offensiv; Angriffs-
ofer|ent *m* (*-a*; *-ci*) (An-)Bieter; **~ować** ⟨**za-**⟩ (*-uję*) anbieten; **~ta** *f* (*-y*) Offerte; ***złożyć ~tę*** ein Angebot machen
ofiar|a *f* (*-y*, *DL ofierze*; *-y*) Opfer *n*; (*datek*) Spende, Gabe; ***paść ~ą*** (*G*) zum Opfer fallen (*D*); **~ność** *f* (*-ści*; *0*) Opferbereitschaft; Aufopferung; **~ny** aufopfernd; Opfer-; **~odawca** *m*, **~dawczyni** *f* Spender(in), Stifter(in); **~ow(yw)ać** (*-[w]uję*) spenden, stiften; (*t.* ***się z*** *I*) anbieten (*A*); opfern
ofi|cer *m* (*-a*; *-owie*/*-rzy*) Offizier; **~cerski** Offiziers-; **~cjalny** offiziell
oficyna *f* (*-y*) Seitenflügel *m*; Hinterhaus *n*; Verlagshaus *n*, † Offizin
ofsajd *m* (*-u*; *-y*) *sport* Abseits *n*
ofuk|iwać (*-uję*) ⟨**~nąć**⟩ (*-nę*) anbrüllen
oganiać (się) → ***opędzać (się)***
ogarek *m* (*-rka*; *-rki*) Stummel
ogarn|iać (*-am*) ⟨**~ąć**⟩ umfassen; (*pojąć*) erfassen; *por* ***obejmować***, ***otaczać***
og|ień *m* (*ognia*; *ognie*, *-ni*) Feuer *n*; ***w ~niu*** *t.* in Flammen; ***puścić z ~niem*** in Brand stecken; → ***ognie***
ogier *m* (*-a*; *-y*) Hengst
oglądać (*-am*) besichtigen; betrachten (***się*** sich; ***w*** *I* in *D*); **~ się** sich umsehen, sich umschauen (***na*** *A* nach)
oglę|dność *f* (*-ści*; *0*) Umsicht; **~dny** umsichtig; ***~dnie mówiąc*** milde/vorsichtig gesagt; **~dziny** *pl* (-) Besichtigung *f*; ***~dziny zwłok*** Leichenschau *f*
ogład|a *f* (*-y*; *0*) Schliff *m*; ***bez ~y*** ungehobelt, ungeschliffen; → ***obycie***
ogłaszać (*-am*) bekanntgeben, verkünden; annoncieren; ***~ drukiem*** veröffentlichen; ***~ się*** inserieren *v/i*
ogło|sić *pf* → ***ogłaszać***; **~szenie** *n* (*-a*) Bekanntmachung *f*; Anschlag *m*; Inserat; **~szeniowy** Anschlag-
ogłuchnąć *pf* taub werden
ogłupi|ały närrisch; **~eć** *pf* ganz kopflos sein; F (***ze szczętem*** total) verblöden
ogłusz|ać (*-am*) → ***głuszyć***; **~ająco** *adv* lautstark, ohrenbetäubend
ogni|e *pl* → ***ogień***; ***sztuczne ~e*** Feuerwerk *n*; ***zimne ~e*** Wunderkerze *f*; **~k** *m* (*-a*; *-i*) Flämmchen *n*; (***papierosa*** Zigaretten-)Glut *f*; ***błędny ~k*** Irrlicht *n*
ognio|odporny, **~trwały** feuerfest; **~wy** Feuer-, Brand-; ***straż ~wa*** Feuerwehr
ognisko *n* (*-a*) Feuerstelle *f*; Lagerfeuer; *fig* Zentrum, Herd *m*; ***~ domowe*** heimischer Herd, Heim; **~wa** *f* (*-ej*; *-e*) *fiz* Brennweite; **~wać** ⟨**z-**⟩ (*-uję*) bündeln; konzentrieren (***się*** sich)
ognis|to- *w zł.* feuer-, brennend-; **~ty** (**-ście**) glühend; *fig t.* feurig; feuerrot
ogniwo *n* (*-a*) Glied; *el* Element, Zelle *f*
ogołoc|ić F *pf* (*-cę*) (aus)plündern, wegnehmen (***z pieniędzy*** das ganze Geld); ***~ony z liści*** *drzewo*: völlig kahl

O

ogon *m* (*-a*; *-y*) Schwanz, Schweif, Rute *f*; *lotn* Heck *n*; **pawi ~** Pfauenrad *n*; F **wlec się w ~ie** das Schlußlicht machen; **~ek** *m* (*-nka*; *-nki*) Schwänzchen *n*; *bot* Stiel; F *fig* Schlange *f*; **ustawić się w ~ku** sich anstellen; **~owy** Schwanz-
ogorzały sonnengebräunt
ogólni|e *adv* allgemein; **~k** *m* (*-a*; *-i*) → **komunał**; **~kowy** (**-wo**) nichtssagend
ogólno|europejski gesamteuropäisch; **~kształcący** *szkoła*: allgemeinbildend; **~polski** gesamtpolnisch; **~światowy** global, weltweit
ogólny allgemein; gesamt, Gesamt-
ogół *m* (*-u*; *0*) Gesamtheit *f*; **dobro ~u** Allgemeinwohl; **~em** im ganzen, zusammen; **na ~** im allgemeinen; **w ogóle** generell; überhaupt (**nie** nicht)
ogór|ek *m* (*-rka*; *-rki*) Gurke *f*; **~kowy** Gurken-; **sezon ~kowy** Sauregurkenzeit *f*
ogra|biać (*-am*) → **grabić**; **~ć** *pf* → **ogrywać**; **~dzać** (*-am*) umzäunen
ogranicz|ać (*-am*) begrenzen; beschränken (**się** sich; **do** *G* auf *A*); **~ać się** sich einschränken; **~enie** *n* (*-a*) Begrenzung *f*; Beschränkung *f*; → **~oność** *f* (*-ści*; *0*) Beschränktheit; **~ony** begrenzt, (*t. tępy*) beschränkt; **~yć** *pf* → **ograniczać**
ograny *dowcip itp.*: abgedroschen
ogrod|nictwo *n* (*-a*; *0*) Gartenbau *m*; **~niczka** *f* (*-i*; *G -czek*), **~nik** *m* (*-a*; *-cy*) Gärtner(in); **~owy** Garten-
ogrodz|enie *n* (*-a*) Umzäunung *f*, Zaun *m*; **~ić** *pf* → **ogradzać**
ogrom *m* (*-u*; *0*) Riesengröße *f*, Riesenausmaße *n/pl*; Riesenmenge *f*; **~ny** riesig, Riesen-; gewaltig, immens
ogród *m* (*-odu*; *-ody*) (**owocowy** Obst-) Garten; **~ek** *m* (*-dka*; *-dki*) Gärtchen *n*; (**przed domem** Vor-)Garten
ogród|ka *f*: **bez ~ek** ohne Umschweife
ogry|wać (*-am*) (**w pokera** beim Poker) F erleichtern, ausnehmen; **~zać** (*-am*) ⟨**~źć**⟩ abnagen, benagen, F abknabbern; **~zek** *m* (*-zka*; *-zki*) Stummel, Rest; Kerngehäuse *n*, *dial* Griebs
ogrzewa|ć (*-am*) ⟨**ogrzać**⟩ (er)wärmen, erhitzen (**się** sich); *dom* beheizen; **~nie** *n* (*-a*) (**centralne** Zentral-)Heizung *f*
ogumienie *n* (*-a*) *mot* Bereifung *f*
ohydny widerlich, scheußlich, gräßlich
oj *int* oh, ach; hei; (*wyraża ból*) au
ojciec *m* (*ojca*, *D ojcu*; *ojcowie*, *-ców*) Vater; **~ chrzestny** Taufpate; **po ojcu** väterlicherseits; **bez ojca** *t.* vaterlos
ojco|stwo *n* (*-a*) Vaterschaft *f*; **~wizna** *f* (*-y*) väterliches Erbe; **~wski** (**po -ku**) väterlich; *adv t.* wie ein Vater
ojczy|m *m* (*-a*; *-owie*/*-i*) Stiefvater; **~sty** Heimat-, heimatlich; → **język**; **~zna** *f* (*-y*) Vaterland *n*, Heimat
okalać (*-am*) umgeben, umfassen
okalecz|enie *n* (*-a*) Verletzung *f*; **~yć** *pf* verletzen; verstümmeln
okamgnienie *n* (*-a*): **przez ~** e-n Augenblick (lang); **na ~** für e-n Augenblick
okap *m* (*-u*; *-y*) Traufe *f*; Abzugshaube *f*
okaz *m* (*-u*; *-y*) (Muster-)Exemplar *n*; **~ać się** *pf* → **okazywać się**; **~ały** (**-le**) stattlich; (*bogaty*) prächtig, prunkvoll; **~anie** *n* (*-a*; *0*) Vorzeigen; **~anie pomocy** Hilfeleistung *f*; *fin* **za ~aniem** bei Vorlage; **~iciel** *m* (*-a*; *-e*) Überbringer; **czek na ~iciela** Inhaberscheck
okazj|a *f* (*-i*; *-e*) Gelegenheit; Gelegenheitskauf *m*; **przy ~i** bei Gelegenheit, gelegentlich; **z ~i** anläßlich, aus Anlaß
okaz|owy Muster-, Probe-; **~yjny** Gelegenheits-; **~yjna cena** Sonderpreis *m*; **~ywać** (*-uję*) (vor)zeigen; (*dać wyraz*) bekunden, zeigen; *pomoc* leisten; **~ywać się** (*I*) sich erweisen (als); **jak się ~ało** wie es sich herausstellte
okien|ko *n* (*-nka*; *G -nek*) (kleines) Fenster; (*w urzędzie*) Schalter *m*; **~nica** *f* (*-y*; *-e*) Fensterladen *m*; **~ny** Fenster-
oklapnąć *pf* F *fig* abschlaffen
oklaski *m/pl* (*-ów*) Beifall *m*; **~wać** (*-uję*) *v/t* Beifall klatschen, applaudieren (*D*)
okle|ina *f* (*-y*) Furnier *n*; **~jać** (*-am*) ⟨**~ić**⟩ bekleben (*I* mit)
oklepany abgedroschen, banal
okład *m* (*-u*; *-y*) *med* Umschlag; F **sto ... z ~em** gut(e) hundert ...; **~ać** (*-am*) *v/t* belegen; umgeben; *tech* auskleiden, verkleiden (*I* mit); F bearbeiten (**kijem** mit dem Stock); **~ka** *f* (*-i*; *G -dek*) Umschlag *m*, Deckel *m*, Einbanddecke
okładzina *f* (*-y*) Belag *m*; Verkleidung
okłam|ywać (*-uję*) ⟨**~ać**⟩ belügen
okno *n* (*-a*; *G okien*) Fenster; **~ wystawowe** Schaufenster; **przez ~**, **z okna**, **oknem** aus dem/durchs Fenster
oko *n* (*-a*; *oczy*, *oczu*/*ócz*, *oczom*, *oczami*/*oczyma*, *o oczach*) Auge; (*pl oka*, *ok*) Masche *f*; (*w rosole*) Auge; → **oczko**; **mieć ~ na** (*A*) ein Auge haben auf (*A*)

a. für (*A*); ~ **za** ~ Auge um Auge; **na** ~ schätzungsweise; **na oczach** (*G*) unter den/vor Augen (*G*, von); **w cztery oczy** unter vier Augen; **na własne oczy** mit eigenen Augen; **w oczach** zusehends
okolic|a *f* (*-y*) Gegend; Umgebung; **w całej ~y** im ganzen Umkreis
okolicz|nik *m* (*-a*; *-i*) *gr* adverbiale Bestimmung; **~nościowy** aus gegebenem Anlaß, Sonder-, Gedenk-; **~ność** *f* (*-ści*) Gegebenheit, Umstand *m*; **w tych ~nościach** unter den gegebenen Umständen; **~ny** umliegend; **~ni mieszkańcy** die Leute aus der Gegend
oko|lić *pf* (*-lę*) → **okalać**; **~ło** *praep* (*G*) (*w przybliżeniu*) etwa, gegen (*N*)
okoń *m* (*-nia*; *-nie*, *-ni*) Barsch
okop *m* (*-u*; *-y*) Schützengraben; **~ywać** (*-uję*) ⟨**~ać**⟩ *agr* häufeln
oko|stna *f* (*-ej*; *0*) Knochenhaut; **~wy** *f*/*pl* (*oków*) Fesseln *f*/*pl*, Ketten *f*/*pl*
okóln|ik *m* (*-a*; *-i*) Rundschreiben *n*, Umlauf; **~y** Ring-; → **okrężny**
ok|piwać (*-am*) ⟨**~pić**⟩ F reinlegen
okradać (*-am*) bestehlen, F beklauen
okra|jać → **okrawać**; **~kiem** rittlings; breitbeinig; **~sa** *f* (*-y*) Fett *n*, Speck *m*; **~szać** (*-am*) → **krasić**; **~ść** *pf* → **okradać**; **~tować** (*-uję*) vergittern; **~wać** (*-am*) rundum abschneiden; beschneiden (*t. fig*); **~wek** *m* (*-wka*; *-wki*) Ⓐ Abschnitzel *n*, (Schnitt-)Rest
okrąg *m* Kreis, Rund *n*; **~lak** *m* (*-a*; *-i*) Rundholz *n*; **~ły** (**-ło**) rund, kreisförmig
okrąż|ać (*-am*) umrunden; (*okalać*) umgeben, umfassen; (*t. mil*) umzingeln; **~enie** *n* (*-a*) Umzingelung *f*; (*t. sport*) (Bahn-)Runde *f*; **~yć** *pf* → **okrążać**
okres *m* (*-u*; *-y*) (**próbny**, **ochronny** Probe-, Schon-)Zeit *f*; Zeitalter *n* (*t. geol*); Zeitraum, Periode *f*; (*szkolny*) Quartal *n*; **~owo** *adv* zeitweise; → **~owy** periodisch; (*tymczasowy*) vorübergehend; **bilet ~owy** Zeit(fahr)karte *f*
określ|ać (*-am*) ⟨**~ić**⟩ bestimmen; (*wymienić*) bezeichnen; **~enie** *n* (*-a*) Bestimmung *f*; Bezeichnung *f*; *gr* Attribut; **~ony** bestimmt; *mat* definit
okręc|ać (*-am*) ⟨**~ić**⟩ umwickeln (**się** sich; *I* mit); *impf t.* (herum)drehen; **~ać się** (**wokół** *G*) sich wickeln (um)
okręg *m* Bezirk; Gebiet *n*, Region *f*; **~owy** Bezirks-
okręt *m* (*-u*; *-y*) (**wojenny** Kriegs-)Schiff *n*; **~ownictwo** *n* (*-a*; *0*) Schiffbau *m*; **~owy** Schiffs-; See-; **linia ~owa** Schifffahrtslinie; **dziennik ~owy** Logbuch *n*
okrężn|y Kreis-, Ring-; **ruch ~y** Kreislauf; **drogą ~ą** auf Umwegen
okroić *pf* → **okrawać**
okrop|ieństwo F *n* (*-a*) Gräßlichkeit *f*; **~ność** *f* (*-ści*; *0*) Ungeheuerlichkeit; (*pl -ści*) Greuel(tat *f*) *m*; **~ny** grauenhaft; *ból itp.*: schrecklich, furchtbar
okruch *m* (*-u*; *-y*) Brocken (*t. fig*), Krume *f*; *pl t.* Bruchstücke *n*/*pl*
okrucieństwo *n* (*-a*) Grausamkeit *f*
okruszyna *f* (*-y*) Krümel *m*; → **okruch**
okrutny grausam
okry|cie *n* (*-a*) Bedeckung *f*; Zudecke *f*; (*płaszcz*) Mantel *m*; **~wać** (*-am*) ⟨**~ć**⟩ bedecken (**się** sich; *I* mit; *t. fig*)
okrzepnąć *pf* erstarken
okrzes|ywać (*-uję*) ⟨**~ać**⟩ behauen
okrzy|czany verschrien (als), berüchtigt; **~k** *m* (Aus-)Ruf; **~ki radości** Freudengeschrei *n*, Freudenschreie *m*/*pl*
oksydować się (*-uję*) oxydieren *v*/*i*
oku|cie *n* (*-a*; *G -ć*) Beschlag *m*; **~ć** *pf* → **okuwać**; **~lary** *pl* (*-ów*) Brille *f*; (*końskie*) Scheuklappen *f*/*pl*; **on nosi ~lary** er ist Brillenträger
okulist|a *m* (*-y*; *-ści*, *-ów*) Augenarzt; **~ka** *f* (*-i*; *G -tek*) Augenärztin; **~yczny** Augen(heil)-
okup *m* (*-u*; *-y*) Lösegeld *n*; **~acja** *f* (*-i*; *-e*) Okkupation, Besetzung; **~acyjny** Besatzungs-; **~ant** *m* (*-a*; *-ci*) Besatzer; **~ować** *kraj* besetzen; *fig* mit Beschlag belegen; **~ywać** (*-uję*) bezahlen (**życiem** mit dem Leben); *krzywdę* wiedergutmachen; **~ywać się** sich loskaufen
okuwać (*-am*) *v*/*t* beschlagen (*I* mit)
olbrzym *m* (*-a*; *-i*/*-y*) Riese; **~i** riesenhaft, riesig; **~ka** *f* (*-i*; *G -mek*) Riesin
olch|a *f* (*-y*; *G -*) Erle; **~owy** Erlen-
ole|isty ölhaltig, Öl-; ölig; **~j** *m* (*-u*; *-e*) (**jadalny**, **opałowy** Speise-, Heiz-)Öl *n*; **~jarka** *f* (*-i*; *G -rek*) Öler *m*, Ölkanne; **~jarnia** *f* (*-i*; *-e*) Ölmühle; **~jek** *m* (*-jku*; *-jki*) (**do opalania** Sonnen-)Öl *n*; **~jny**, **~jowy** Öl-; **~odruk** *m* Öldruck
olicowanie *n* (*-a*) *bud* Verkleidung *f*
olimpi|ada *f* (*-y*) Olympiade; **~jczyk** *m* (*-a*; *-cy*), **~jka** *f* (*-i*; *G -jek*) Olympionike (-kin); **~jski** olympisch, Olympia-
oliw|a *f* (*-y*; *zw. 0*) (Oliven-)Öl *n*; **~ić** ⟨**na-**⟩ (*-ę*) ölen; **~ka** *f* (*-i*; *G -wek*) Olive;

O

~kowy Oliven-; oliv(grün); **~ny** Oliven-; ***gałązka ~na*** Ölzweig *m*

olsz|a *f* (*-y*; *-e*), **~yna** *f* (*-y*) → ***olcha***

olśnić *pf* → ***olśniewać***

olśnie|nie *n* (*-a*) *fig* (plötzliche) Erleuchtung *f*, F Geistesblitz *m*; **~wać** (*-am*) blenden (*t. fig*); *myśl*: plötzlich kommen; **~wający** (**-co**) blendend

ołowi|any, **~owy** bleiern, Blei-

ołów *m* (*ołowiu*; *0*) Blei *n*; **~ek** *m* (*-wka*; *-wki*) Bleistift; ***~ek do brwi*** Augenbrauenstift; ***~ek kolorowy*** Farbstift

ołtarz *m* (*-a*; *-e*) (***wielki*** Hoch-)Altar

omac|ek: ***po ~ku***, ***~kiem*** tastend, blind, im Dunkeln; **~ywać** (*-uję*) → ***macać***

omal: ~ (**że**) ***nie*** beinahe, fast

omam *m* (*-u*; *-y*) (Sinnes-)Täuschung *f*; **~iać** (*-am*) ⟨**~ić**⟩ irreführen, täuschen

omawiać besprechen, erörtern

omdl|ały matt, schwach; **~enie** *n* (*-a*) Ohnmacht *f*; **~ewać** (*-am*) ⟨**~eć**⟩ ohnmächtig werden; *ręce*: ermatten

omiatać (*-am*) abfegen

omieszkać *pf jur* (*G*) versäumen (*A*); ***nie ~*** (es) nicht versäumen/vergessen (zu)

omi|eść* *pf* → ***omiatać***; **~jać** ⟨**~nąć**⟩ *v/t* umgehen (*t. fig*, *zakaz itp.*), umfahren (*A*); *przeszkody* ausweichen (*D*); (*t-ko impf*) *temat*, *dom itp.* meiden; ***nie ~nie go kara*** er wird s-r Strafe nicht entgehen; ***~nął ją awans*** sie wurde bei der Beförderung übergangen; → ***mijać***

omlet *m* (*-u*; *-y*) Omelette *f*, Eierkuchen

omłot *m agr* Drusch; **~owy** Dresch-

omomierz *m* (*-a*; *-e*) Ohmmeter *n*

omot|ywać (*-uję*) ⟨**~ać**⟩ umwickeln (*I* mit); einhüllen (***w*** *A* in *A*; ***się*** sich)

omówi|ć *pf* → ***omawiać***; **~enie** *n* (*-a*) Besprechung *f*; ***bez ~eń*** unverblümt

omszony moosbewachsen, bemoost

omułek *m* (*-łka*; *-łki*) Miesmuschel *f*

omy|ć *pf* → ***omywać***; **~lić** *pf* → ***mylić***; **~lny** fehlbar; **~łka** *f* (*-i*; *G -łek*) Irrtum *m*; → ***błąd***, ***pomyłka***; **~łkowo** *adv* irrtümlich(erweise); **~łkowy** irrtümlich

on *pron* (*G jego*, *D* [*je*]*mu*, *A* [*je*]*go*, *IL nim*) er; **~a** *pron* (*GD jej*, *A ją*, *I nią*, *L niej*) sie (*3 os. sg*)

ondulacja *f* (*-i*; *-e*): ***trwała ~*** Dauerwelle

one *pron ż-rzecz* (*G* [*n*]*ich*, *D* [*n*]*im*, *A je*, *nie*, *I nimi*, *L nich*) sie (*3. os. pl*)

oni *pron m-os* (*A* [*n*]*ich*; → ***one***) sie

oniemiały (**z** *G*) sprachlos, stumm (vor)

onieśmiel|ać (*-am*) ⟨**~ić**⟩ (*-lę*) verlegen machen, verunsichern

ono *pron* (*A je*; → ***on***) es

opactwo *n* (*-a*) Abtei *f*

opaczny verkehrt, falsch, F schief

opad *m* (*-u*; *-y*) Fall(en *n*) *m*; *sport* Rumpfbeuge *f*; ***~ krwi*** Blutsenkung *f*; *zw. pl* **~y** *meteo* Niederschläge *m/pl*; ***~y śnieżne*** Schneefall *m*; **~ać** *v/i* fallen (*t. fig*); abfallen; (ab-, nieder)sinken (*t. fig*); (in sich) zusammenfallen; *v/t* umschwärmen; *fig* verfolgen; ***on ~a z sił*** s-e Kräfte lassen nach

opak: ***na ~*** verkehrt, andersherum

opakow|anie *n* (*-a*) Verpackung *f*; Pakkung *f*; ***w ładnym ~aniu*** in schöner Aufmachung; ***w*** (***próżniowym***) ***~aniu*** (vakuum)verpackt; **~ywać** (*-wuję*) verpacken; → ***pakować***

opala|cz *m* (*-a*; *-e*) Strandanzug; Bikinioberteil *n/m*; **~ć** (*-am*) *pokój* beheizen; *włosy* absengen; ***~ć się*** sich sonnen, sich von der Sonne bräunen lassen

opal|enizna *f* (*-y*) Sonnenbräune; **~ić** *pf* → ***opalać***; **~ony** beheizt; abgesengt; braungebrannt, sonnengebräunt

opał *m* (*-u*; *0*) Brennmaterial *n*; **~owy**: ***drewno ~owe*** Brennholz; ***skład ~owy*** Kohlenhandlung *f*

opamięt|ywać się (*-uję*) ⟨**~ać się**⟩ (wieder) zur Besinnung/Vernunft kommen

opancerzony gepanzert; → ***pancerny***

opanow|anie *n* Beherrschung *f*, Gelassenheit *f*; **~any** beherrscht, gelassen; **~(yw)ać** (*-*[*w*]*uję*) beherrschen (***się*** sich); *sytuację* meistern; *pożar* eindämmen; (*o uczuciach*) erfassen, ergreifen

opar *m* (*-u*; *-y*) Dunst(schleier); **~y** *pl t.* Schwaden *m/pl*; → ***wyziewy***

opar|cie *n* (Rücken-)Lehne *f*; (***dla głowy*** Kopf-)Stütze *f*; *fig* Rückhalt *m*; ***punkt ~cia*** Halt; **~ty** *fig* (***na*** *L*) fußend (auf *D*), gestützt (auf *A*)

oparz|elina *f* (*-y*) Brandwunde; **~enie** *n* (*-a*) *med* Verbrühung *f*, Verbrennung *f*; **~yć** *pf* → ***parzyć***

opas|ać *pf* (*-szę*) → ***opasywać***; **~ka** *f* (*-i*; *G -sek*) Binde; ***~ka żałobna*** Trauerflor *m*; **~ły** wohlgenährt, feist; **~ywać** (*-uję*) (*I*) umbinden (*A*); umschnallen (***się*** *I* sich *A*); *fig* umgeben, umringen (mit)

opaść* *pf* → ***paść¹***, ***opadać***

opat *m* (*-a*; *-ci*) Abt

opatentować *pf* (*-uję*) patentieren

opatrun|ek *m* (*-u*; *-i*) *med* Verband; Verband(s)wechsel; **~kowy** Verband(s)-
opatrywać (*-uję*) (her)richten, in Ordnung bringen; *ranę* versorgen; (*datą, pieczęcią, kratą itp.*) versehen (mit)
opatrznoś|ciowy durch die (göttliche) Vorsehung bestimmt, vom Himmel gesandt; **~ć** *f* (*-i*; *0*) Vorsehung
opa|trzyć *pf* → **opatrywać**; **~tulać** (*-am*) ⟨**~tulić**⟩ (*-lę*) einpacken, einmummen
opcja *f* (*-i*; *-e*) Option
opera *f* (*-y*) Oper
opera|cja *f* (*-i*; *-e*) Operation; *mil t.* Einsatz *m*; **~cyjny** Operations-; operativ; Einsatz-; **~tor** *m* (*-a*; *-rzy*), **-rka** *f* (*-i*; *G -rek*) Operateur(in); *tech* (Maschinen-) Führer(in); *fot* Kameramann (-frau); **~tywny** operativ; wirksam, effektiv
operetk|a *f* (*-i*; *G -tek*) Operette; **~owy** Operetten-; operettenhaft
operować (*-uję*) *v/t med* ⟨**z-**⟩ operieren; *v/i* operieren; *słońce*: Wirkung zeigen
operowy Opern-
opędz|ać (*-am*) ⟨**~ić**⟩ (*t.* **się od** *G*) verscheuchen (*A*); *wydatki* (mühsam) bestreiten; *potrzeby* notdürftig befriedigen; **nie móc się ~ić** nicht loswerden
opęt|ać *pf* → **opętywać**; **~anie** *n* (*-a*) Besessenheit *f*; **~ańczy** (**-czo**) wie besessen; **~ywać** (*-uję*) die Sinne verwirren (**k-o** *I* j-m mit); packen; **być ~anym** besessen sein (*I*, **przez** *A* von)
opić *pf* → **opijać**
opie|c *pf* → **opiekać**; **~czę-** *pf* → **pieczę-**; **~ka** *f* (*-i*; *0*) Sorge, (**społeczna** Sozial-)Fürsorge; (**lekarska** ärztliche) Betreuung; (**nad zabytkami** Denkmals-)Pflege; *jur* Vormundschaft; **być pod ~ką** (*G*) in *j-s* Obhut sein/stehen
opieka|cz *m* (*-a*; *-e*) Toaster; **~ć** (*-am*) (an)braten, grillen; toasten
opiek|ować się ⟨**za-**⟩ (*-uję*) (*I*) betreuen (*A*), pflegen (*A*); sorgen (für), sich kümmern (um); **~un** *m* (*-a*; *-i*), **~unka** *f* (*-i*; *G -nek*) Beschützer(in); Betreuer(in); *jur* Vormund *m*; Pfleger(in); Bewährungshelfer(in); **~uńczy** (**-czo**) fürsorglich; *adj jur* Vormundschafts-
opieprz|ać (*-am*) ⟨**~yć**⟩ (*-ę*) pfeffern
opierać (*-am*) (**o** *A*) lehnen (gegen), anlehnen (an *A*; **się** sich); stützen (**się** sich; **na** *L* auf *A*; *t. fig*); **~ się** *t.* fußen (**na** *L* auf *D*); *fig* (*D*) widerstehen (können) (*D*); sich widersetzen (*D*)
opieszał|ość *f* (*-ści*; *0*) Säumigkeit; **~y** (**-le**) langsam, träge; *dłużnik*: säumig
opiewać (*-am*) *v/i* lauten; (**na** *A*) *rachunek, wyrok*: betragen (*A*)
opięty straff, enganliegend
opi|jać (*-am*) F *dyplom* begießen; **~jać się** (*I*) zu viel trinken (*A*); sich betrinken; **~lstwo** *n* (*-a*; *0*) Trunksucht *f*; **w stanie ~lstwa** im Vollrausch
opił|ki *m/pl* (*-ów*) (Feil-)Späne *m/pl*; **~ow(yw)ać** (*-[w]uję*) feilen
opini|a [ɔˈpʲinʲa] *f* (*GDL -ii*; *-e*) Meinung; (*sława*) Ruf *m*; → **ocena**; **~ować** ⟨**za-**⟩ (*-uję*) (*A*, **o** *L*) beurteilen (*A*)
opis *m* (*-u*; *-y*) Beschreibung *f*; **~ywać** (*-uję*) ⟨**~ać**⟩ beschreiben; *mat* umschreiben; *jur* pfänden, Ⓐ exekutieren
o|platać (*-am*) umflechten; → **~plątywać** (*-uję*) ⟨**~plątać**⟩ umschlingen, umwinden; **~pleść*** *pf* → **oplatać**; **~pluwać** (*-am*) ⟨**~pluć**⟩ bespucken
opłac|ać (*-am*) bezahlen (*I* mit); **~ać się** sich lohnen; (*D*) Schutzgeld zahlen (an *A*); **~alny** lohnend, einträglich; **~ić** *pf* → **opłacać**; **~ony** bezahlt; frankiert
opłak|any beklagenswert, kläglich; **~iwać** (*-uję*) beweinen; *fig* beklagen
opłata *f* (*-y*) Gebühr; (*opłacenie*) Bezahlung; **~ za przejazd** Fahrpreis *m*
opłatek *m rel* Oblate *f*
opłucna *f* (*-ej*; *-e*) Rippenfell *n*
opłuk|iwać (*-uję*) ⟨**~ać**⟩ (ab)spülen
opły|wać ⟨**~nąć**⟩ *v/t wyspę* umschwimmen; umrudern, umschiffen; (*o wodzie*) umspülen; **~wać w dostatki** im Geld schwimmen; **~wowy** Stromlinien-
opodal *adv* (*t.* **nie ~**) in einiger Entfernung; *praep* (*G*) unweit (*G*)
opodatkow|anie *n* (*-a*) Besteuerung *f*; **~(yw)ać** (*-[w]uję*) besteuern
opona *f* (*-y*) *mot* Reifen(decke *f*) *m*; *anat* **~ mózgowa** Hirnhaut
oponować ⟨**za-**⟩ (*-uję*) (**przeciw** *D*) opponieren (gegen); widersprechen
opończa *f* (*-y*) Umhang *m*; *mot* Plane
opor|a *f* (*-y*) Stütze; Widerlager *n*; **~nie** *adv* schwer, mühsam; widerstrebend; **~nik** *m* (*-a*; *-i*) *el* Widerstand; **~ność** *f* (*-ści*; *0*) Widersetzlichkeit; Widerstandsfähigkeit; *med* Resistenz; **~ny** widersetzlich, widerspenstig; resistent
oportunistyczny opportunistisch
oporządz|ać (*-am*) ⟨**~ić**⟩ *bydło* versorgen; *kulin* ausnehmen, zurichten

opowiada|ć (*-am*) erzählen; **~ć się** (**za** *I*) sich aussprechen (für); **~nie** *n* (*-a*) Erzählen; Erzählung *f*, Geschichte *f*
opowie|dzieć *pf* → **opowiadać**; **~ść** *f* (*-ści*) Erzählung, Geschichte; Sage
opozyc|ja *f* (*-i*; *-e*) Opposition; **~yjny** oppositionell; Oppositions-
opór *m* (*-oru*; *-ory*) Widerstand; **ruch oporu** Widerstandsbewegung *f*
opóźni|ać (*-am*) ⟨**~ć**⟩ verzögern (**się** sich); **~(a)ć się** *t.* sich verspäten; im Rückstand sein (**z** *I* mit); **~enie** *n* (*-a*) Verzögerung *f*; Verspätung *f*; **~ony** verspätet; zurückgeblieben (**w** *I* in *D*)
opracow|anie *n* (*-a*) Ausarbeitung *f*; Bearbeitung *f*; (*dzieło*) Abhandlung *f*; **~(yw)ać** (*-[w]uję*) *dzieło* bearbeiten; *plan*, *temat* ausarbeiten
opraw|a *f* (*-y*) Fassung; *drk* Einband *m*; *fig*, *teatr* Rahmen *m*; **w ~ie** *drk* gebunden; **~iać** (*-am*) ⟨**~ić**⟩ *drk* (ein)binden; *obraz* rahmen; *siekierę* bestielen; *rubin* (ein)fassen; *dzika* zerlegen; *rybę* zurichten; **~ka** *f* (*-i*; *G -wek*) Fassung; Halter *m*; **~ny** gebunden; gerahmt; gefaßt
opresja *f* Notlage, F Druck *m*, Klemme
oprocentowa|ć *pf* (*-uję*) verzinsen; **~nie** *n* (*-a*; *0*) Verzinsung *f*
opromieniony *fig* (*I*) strahlend (vor)
oprowadz|ać (*-am*) ⟨**~ić**⟩ herumführen (**po** *L* in *D*, durch)
oprócz *praep* (*G*) außer (*A*, *G*); → **prócz**
opróżni|ać (*-am*) ⟨**~ć**⟩ (*-ę*, *-nij!*) (ent)leeren (**się** sich); *pokój* räumen
oprysk|iwać (*-uję*) ⟨**~ać**⟩ bespritzen; *agr*, *leśn* besprühen; **~liwy** (**-wie**) unwirsch, ruppig, F patzig
opryszczka *f* (*-i*; *G -czek*) *med* Herpes *m*
opryszek *m* (*-szka*; *-szki*/*-szkowie*) Wegelagerer, Bandit; Schläger
oprzeć* *pf* → **opierać**
oprzęd *m* (*-u*; *-y*) Kokon
oprzytomnieć *pf* (*-eję*) wieder zu sich kommen; → **opamiętywać się**
optować (*-uję*) optieren (**na rzecz** *G* für)
opty|czny optisch; **~k** *m* (*-y*; *-cy*) Optiker(in); **~ka** ['ɔp-] *f* (*-i*; *0*) Optik
opty|malizować (*-uję*) optimieren; **~mista** *m* (*-y*; *-ści*), **-tka** *f* (*-i*; *G -tek*) Optimist(in); **~mistyczny** optimistisch
opuch|li(z)na *f* (*-y*) Schwellung; **~ły**, **~nięty** geschwollen; → **puchnąć**
opuk|iwać (*-uję*) ⟨**~ać**⟩ abklopfen, beklopfen; *med t.* perkutieren
opust *m* (*-u*; *-y*) *hdl* Rabatt
opustosz|ały öde, menschenleer; **~eć** *pf* (*-eję*) *v/i* veröden; **~yć** *pf* → **pustoszyć**
opuszcz|ać herunterlassen, (*t. fig*) senken; *wyraz*, *wykład* auslassen; *rodzinę*, *dom*, *szkołę itp.* verlassen; *por* **spuszczać**; **~ać się** heruntergehen, sich senken; (*w pracy itp.*) nachlässig werden; **~enie** *n* (*-a*; *0*) Verlassenheit *f*; Ungepflegtheit *f*; (*pl -a*) (*tekstu*) Auslassung *f*; **~ony** verlassen; *widok*: ungepflegt
opuszka *f* (*-i*; *G -szek*) Fingerkuppe
opuścić *pf* → **opuszczać**
opyl|ać (*-am*) ⟨**~ić**⟩ bestäuben
orać* ⟨**po-**, **z-**, **za-**⟩ (um)pflügen; *t-ko impf* F *fig* ackern, schuften
oranżada *f* (*-y*) Orangeade
oraz *conj* und, sowie
orbita *f* (*-y*) *astr* Umlaufbahn; *kosm t.* Orbit *m*; *anat* Augenhöhle
orczyk *m* (*-a*; *-i*) *sport* Trapez *n*
order *m* (*-u*; *-y*) Orden
ordy|nacja *f* (*-i*; *-e*) (**wyborcza** Wahl-) Ordnung; **~nans** *m* (*-a*; *-i*) (Offiziers-) Bursche; **~narny** ordinär; **~nator** *m* (*-a*; *-rzy*) Oberarzt; **~nować** (*-uję*) ordinieren, Sprechstunde haben
orędowni|czka *f* (*-i*; *G -czek*), **~k** *m* (*-a*; *-cy*) Fürsprecher(in)
orędzie *n* (*-a*) Ansprache *f*; Appell *m*
oręż *m* (*-a*; *zw. 0*) Waffe(n *pl*) *f*
organ *m* (*-u*; *-y*) Organ *n*; **~y** *pl t.* Orgel *f*; **~iczny** organisch; **~ista** *m* (*-y*; *-ści*, *-ów*), **-tka** *f* (*-i*; *G -tek*) Organist(in)
organiza|cja *f* (*-i*; *-e*) Organisation; Organisierung; **~cyjny** organisatorisch; Organisations-; **~tor** *m* (*-a*; *-rzy*/*-owie*), **-rka** *f* (*-i*; *G -rek*) Organisator(in)
organizm *m* (*-u*; *-y*) Organismus
organizować ⟨**z-**⟩ (*-uję*) organisieren
organ|ki *m/pl* (*-ów*) Mundharmonika *f*; **~owy** Orgel-; **~y** *pl* → **organ**
orgazm *m* (*-u*; *-y*) Orgasmus
orgia ['ɔrg̑ĭa] *f* (*GDL -ii*; *-e*) Orgie
orienta|cja *f* (*-i*; *-e*) Orientierung; Kenntnisse *f/pl*; **dar ~cji** Auffassungsgabe *f*; **~cyjny** Orientierungs-; **cena ~cyjna** Richtpreis *m*; **~lny** orientalisch
orientować ⟨**z-**⟩ (*-uję*) informieren; orientieren (**się** sich); **~ się** sich zurechtfinden; (**w** *L*) sich auskennen (in *D*)
orka *f* (*-i*; *0*) Pflügen *n*; *fig* Plackerei
orkiestra *f* (*-y*) Orchester *n*, Kapelle

or|lątko *n* (*-a*; *G -tek*), **~lę** *n* (*-ęcia*; *-ęta*) Adlerjunge(s); **~li** Adler-
ormiański (**po -ku**) [-'mai̯s-] armenisch
ornament *m* (*-u*; *-y*) Ornament *n*
ornat *m* (*-u*; *-y*) Meßgewand *n*, Kasel *f*
ornitologiczn|y ornithologisch; ***stacja ~a*** Vogelwarte
orny Acker-; ***grunt ~*** Ackerland *n*
orszak *m* (*-u*; *-i*) Gefolge *n*; (***ślubny***, ***żałobny*** Hochzeits-, Trauer-)Zug
ortodoksyjny orthodox
ortograficzny orthographisch
ortopedyczny orthopädisch
oryginalny original, Original-; originell
oryginał *m* (*-u*; *-y*) Original *n*; (*-a*; *-y*/*-owie*) Sonderling, F Original *n*
orzec* *pf* → ***orzekać***
orzech *m* (*-y*; *-y*) (***włoski*** Wal-)Nuß *f*; Nußbaum(holz *n*) *m*; **~owy** Nuß-
orzecz|enie *n* (*-a*) Entscheid *m*; Bescheid *m*; *med t.* Befund *m*; *jur* Spruch *m*; *gr* Prädikat; **~nikowy** prädikativ
orzeka|ć (*-am*) feststellen, befinden; *jur* erkennen (auf), entscheiden; **~jący**: ***tryb ~jący*** *gr* Indikativ
orzeł *m* (*orła*; *orły*) Adler
orzeszek *m* (*-szka*; *-szki*) Nuß *f*
orzeźwi|ać (*-am*) ⟨**~ć**⟩ erfrischen (**się** sich); **~ający** (**-co**) erfrischend; ***napój ~ający*** Erfrischungsgetränk *n*
osa *f* (*osy*; *G os*) Wespe
osacz|ać (*-am*) ⟨**~yć**⟩ (*-ę*) umzingeln
osad *m* (*-u*; *-y*) Bodensatz; *geol*, *chem* Sediment *n*; **~a** *f* (*-y*) Siedlung; *sport* Mannschaft; **~nik** *m* (*-a*; *-cy*) Siedler; (*pl -i*) Klärbecken *n*; **~owy** sedimentär
osadz|ać ⟨**~ić**⟩ ansiedeln; *osad* ablagern (**się** sich), anschwemmen; *pf łopatę* bestielen; ***~ić w areszcie*** einsperren; ***~ać się*** *osad*: sich niederschlagen
osamotni|eć *pf* (*-eję*) vereinsamen; **~enie** *n* (*-a*; *0*) Vereinsamung *f*; Einsamkeit *f*; **~ony** vereinsamt, einsam
osącz|ać (*-am*) ⟨**~yć**⟩ abtropfen lassen
osą|d *m* Urteil *n*; **~dzać** (*-am*) ⟨**~dzić**⟩ *v/t* urteilen (über *A*); verurteilen (*A*)
osch|le *adv* → ***oschły***; **~łość** *f* (*-ści*; *0*) Gleichgültigkeit, Hartherzigkeit; **~ły** kühl, reserviert; gleichgültig
oscyla-, **oscylo-** *w zł.* Oszilla-, Oszillo-
osełka *f* (*-i*; *G -łek*) Abziehstein *m*
oset *m* (*ostu*; *osty*) Distel *f*
osiad|ać sich ansiedeln, sich niederlassen; *osad*: sich setzen; *mur*: sich senken; (**na** *L*) *pył*: sich legen (auf *A*), bedecken (*A*); → ***osadzać się***; **~ły** seßhaft
osiąg|ać (*-am*) ⟨**~nąć**⟩ (*-nę*) erzielen, erringen; *pf t.* erreichen; **~alny** erreichbar; **~nięcie** *n* (*-a*) Erreichen, Erlangung *f*; Errungenschaft *f*, Leistung *f*
osiąść* *pf* → ***osiadać***, ***mielizna***
osie *pl* → ***oś***
osiedl|ać (*-am*) ansiedeln (**się** sich); ***~ać się*** *t.* s-n Wohnsitz nehmen; **~e** *n* (*-a*) Siedlung *f*; **~eńczy** Siedlungs-; **~ić** *pf* (*-lę*) → ***osiedlać***; **~owy** Siedlungs-
osiem acht; **~dziesiąt** achtzig; → *str. 610*; **~kroć** achtfach; **~nasto-** *w zł.* achtzehn-; **~nasty** achtzehnte; **~naście** achtzehn; → *str. 610*; **~set** achthundert; → *str. 610*
osierdzie *n* (*-a*) *anat* Herzbeutel *m*
osieroc|ać (*-am*) ⟨**~ić**⟩ (*-cę*) zur Waise/zu Waisen machen
osi|ka *f* (*-i*) Espe; **~na** *f* (*-y*) Espenholz *n*
osioł *m* (*osła*; *osły*) Esel (*t.* F *fig*)
osiow|y axial; Achs(en)-; *su* **~e** *n* (*-ego*; *0*) *kolej* Standgeld
oskarż|ać (*-am*) (**o** *A*) beschuldigen, anklagen (*G*); ***~ać przed sądem*** verklagen; **~enie** *n* (*-a*) Beschuldigung *f*; Anklage *f*; ***wnieść ~enie*** (***przeciw*** *D*) Anklage erheben (gegen); e-n Strafantrag stellen (gegen); **~ony** *m* (*-ego*; *-eni*), **~ona** *f* (*-ej*; *-e*) Angeklagte(r); **~yciel** *m* (*-a*; *-e*, *-li*), **-lka** *f* (*-i*; *G -lek*) Ankläger(in); **~yć** *pf* → ***oskarżać***
oskrob|ywać (*-uję*) ⟨**~ać**⟩ abkratzen
oskrzel|e *n* (*-a*; *G -i*) Bronchie *f*; ***zapalenie***/***nieżyt ~i*** Bronchitis *f*
oskubywać (*-uję*) abzupfen; → ***skubać***
osłabi|ać (*-am*) ⟨**~ć**⟩ (*-ę*) (ab)schwächen; **~enie** *n* (*-a*) (Ab-)Schwächung *f*; Schwäche *f*; **~ony** geschwächt
osła|bnąć *pf* → ***słabnąć***; **~dzać** (*-am*) versüßen; **~niać** (*-am*) verdecken; abschirmen, schützen; *fig* decken; **~wiony** verrufen, berüchtigt
osło|dzić *pf* → ***osładzać***; **~na** *f* (*-y*) Schutz *m*; Hülle, Mantel *m*, Haube, Abschirmung; *mil*, *sport* Deckung; **~nić** (*-ę*) *pf* → ***osłaniać***; **~nka** *f*: ***bez ~nek*** ohne Umschweife
osłuch|iwać (*-uję*) ⟨**~ać**⟩ abhorchen
osłupie|ć *pf* (*-eję*) verblüfft/sprachlos sein; **~nie** *n* (*-a*; *0*) Bestürzung *f*; ***wprawić w ~nie*** verblüffen
osma|lać (*-am*) → ***smalić***; **~row(yw)ać**

(-[*w*]*uję*) beschmieren; bestreichen; **~żać** (-*am*) ⟨**~żyć**⟩ (rundum) anbraten
osnowa *f* (-*y*) *włók* Kette
osob|a *f* (-*y*; *G osób*) (***fizyczna*** natürliche) Person; ***na ~ę, od ~y*** pro Person; ***starsza ~a*** ältere Frau/Dame; **~istość** *f* (-*ści*) Persönlichkeit; **~isty** (**-ście**) persönlich; → ***dowód***
osobliw|ość *f* (-*ści*) Rarität; Phänomen *n*; (*0*) Eigenart; **~y** (**-wie**) merkwürdig, seltsam; ***nic ~ego*** nichts besonderes
osobn|ik *m* (-*a*; -*i*) Individuum *n*; (*pl* -*cy*) Person *f*; **~y** (**-no**) → ***oddzielny***, ***odrębny***; ***każdy z ~a*** jeder einzelne
osobow|ość *f* (-*ści*) Persönlichkeit; ***~ość prawna*** Rechtsfähigkeit; **~y** Personen-; ***akta*** *m/pl* ***~e*** Personalakte *f*
osowiały (**-le**) deprimiert, gedrückt
ospa *f* (-*y*; *0*) Blattern *f/pl*, (***wietrzna*** Wind-)Pocken *f/pl*
ospały (**-le**) verschlafen; *fig* träge
ospowaty pockennarbig
ostateczn|ie *adv* endgültig; letztlich; **~ość** *f* (-*ści*) zwingende Notwendigkeit; Äußerste(s); Extrem *n*; ***w ~ości*** im äußersten Notfall; **~y** endgültig, letzt-; End-, Schluß-; äußerst; → ***sąd***
ostat|ek *m* (-*tka*; -*tki*) Rest; *t-ko pl* ***~ki*** Fastnacht *f*; ***do ~ka*** bis zum Schluß; ***na ~ek*** zum Abschluß, zu guter Letzt; **~ni** letzte; Schluß-; ***~nimi czasy*** in letzter Zeit; → **~nio** *adv* kürzlich; neuerdings
ostentacyjny ostentativ, betont
ostoja *f* (-*oi*; -*e*, -*oi*) *fig* Bollwerk *n*
ostro *adv* → ***ostry***; **~ga** *f* (-*i*; *G* -*róg*) Sporn *m*; *bud* Buhne; **~kątny** spitzwinklig; **~słup** *m mat* Pyramide *f*; **~ść** *f* (-*ści*; *0*) Schärfe (*t. fig*, *fot*)
ostrożn|ość *f* (-*ści*; *0*) Vorsicht; ***środki*** *m/pl* ***~ości*** Vorsichtsmaßnahmen *f/pl*; **~y** (**-nie**, **z -na**) vorsichtig; behutsam
ostr|y scharf (*t. fig*, *fot*); *głos t.*: schrill; spitz; *światło*, *kolor*: grell; *med* akut; ***~e pogotowie*** Alarmbereitschaft *f*
ostryga *f* (-*i*) Auster
ostrze [-t·ʃe] *n* (-*a*) Schneide *f*, Klinge *f*
ostrze|gać [-t·ʃ-] (-*am*) ⟨**~c***⟩ warnen (***przed*** *I* vor *D*); **~gawczy** Warn-; **~liwać** (-*wuję*) ⟨**~lać**⟩ beschießen (***się*** sich); **~żenie** *n* (-*a*) Warnung *f*
o|strzyc* → ***strzyc***; **~strzyć** [-t·ʃ-] ⟨***na-***⟩ (-*ę*) schärfen, wetzen; **~studzać** (-*am*) *v/t* (ab)kühlen; **~stygać** (-*am*) → ***stygnąć***; **~sunąć się** *pf* → ***osuwać***
osusz|ać (-*am*) ⟨**~yć**⟩ trocknen *v/t*; *bagno* trockenlegen; F *butelkę* leeren
osuw|ać się (her-, hin)abrutschen, abgleiten; *os.* (nieder)sinken; **~isko** *n* (-*a*) Erdrutsch *m*, Bergrutsch *m*
oswa|badzać (-*am*) befreien; **~jać** (-*am*) (***się z*** *I*) vertraut machen (sich mit), gewöhnen (sich an *A*); *zwierzę* zähmen
oswo|badzać (-*am*) ⟨**~bodzić**⟩ (-*dzę*, *t.* -*bódź!*) befreien (***się*** sich; ***od*** *G* von); **~bodzenie** *n* (-*a*; *0*) Befreiung *f*; **~ić** (-*ję*) → ***oswajać***; ***~ić się*** *zwierzę*: zahm werden; **~jony** zahm, gezähmt
osyp(yw)ać → ***obsypywać***
osza|cować *pf* → ***szacować***; **~leć** *pf* von Sinnen sein, F verrückt werden
oszałamia|ć (-*am*) betäuben; *fig* überwältigen; **~jący** (**-co**) berauschend
oszczep *m* (-*u*; -*y*) Speer
oszczepni|czka *f* (-*i*; *G* -*czek*), **~k** *m* (-*a*; -*cy*) Speerwerfer(in)
oszczer|ca *m* (-*y*; *G* -*ów*) Verleumder(in); **~czy** (**-czo**) verleumderisch; **~stwo** *n* (-*a*) Verleumdung *f*
oszczę|dnościowy Spar-; **~dność** *f* (-*ści*; *0*) Sparsamkeit; Einsparung; (*pl* -*ści*) Ersparnis; **~dny** sparsam; **~dzać** (-*am*) ⟨**~dzić**⟩ sparen (***na*** *A* für; ***na*** *L* bei, an *D*); einsparen; ersparen (***k-u*** *G* j-m *A*); verschonen
oszk- *pf* → ***szk-***; **~lony** verglast, Glas-
oszołomi|ć *pf* (-*ę*) → ***oszałamiać***; **~enie** *n* (-*a*) Betäubung *f*, Rausch(zustand) *m*; *fig* Bestürzung *f*
oszpecać (-*am*) → ***szpecić***
oszroniony bereift, mit Reif bedeckt
oszuka|ć *pf* → ***oszukiwać***; **~ńczy** (**-czo**) betrügerisch; **~ństwo** *n* (-*a*) Betrug *m*
oszukiwać (-*uję*) betrügen, hintergehen, F beschwindeln (***się*** sich gegenseitig); ***~ się na*** (*L*) hereinfallen (bei)
oszust *m* (-*a*; -*ści*), **~ka** *f* (-*i*; *G* -*tek*) Betrüger(in), Gauner; **~wo** *n* (-*a*) Betrug *m*, F Schwindel *m*; Gaunerei *f*
oś *f* (*osi*; *osie*) Achse
ościenny benachbart, angrenzend
oścież: ***na ~*** sperrangelweit
ość *f* (*ości*; *oście*) Gräte; *bot* Granne
oślep: ***na ~*** blindlings; **~iać** (-*am*) ⟨**~ić**⟩ (-*ę*) blenden; **~iający** (**-co**) blendend; **~nąć** *pf* erblinden, blind werden
ośli Esels-; **~ca** *f* (-*y*; -*e*) Eselin
ośmie|lać (-*am*) ⟨**~lić**⟩ (-*lę*) ermutigen; ***~lić się*** Mut fassen; wagen; sich erdrei-

O

sten; **~szać** (*-am*) ⟨**~szyć**⟩ lächerlich machen (**się** sich)

ośmio|- *w zł.* acht-, Acht-; **~bok** *m* Achteck *n*; **~dniowy** achttägig; **~krotny** achtfach; **~letni** achtjährig

ośmiornica *f* (*-y*) Krake *m*

ośmi|oro, ~u *m-os* acht; → *str. 610*

ośnieżony schneebedeckt, verschneit

ośrodek *m* Zentrum *n*

oświadcz|ać (*-am*) ⟨**~yć**⟩ erklären; **~yć się** e-n Heiratsantrag machen; **~enie** *n* Erklärung *f*; **~yny** *pl* (-) Liebeserklärung *f*; Heiratsantrag *m*

oświat|a *f* (*-y*; *0*) Bildung; Erziehungswesen *n*; **~owy** Bildungs-, Erziehungs-; ***film ~owy*** Lehrfilm

oświec|ać (*-am*) ⟨**~ić**⟩ aufklären; **~enie** *n* (*-a*) Aufklärung *f*; **Ŝenie** (Zeitalter *n* der) Aufklärung *f*; **~ony** aufgeklärt

oświetl|ać (*-am*) ⟨**~ić**⟩ (*-lę*) beleuchten; erhellen; **~enie** *n* (*-a*) Beleuchtung *f*; *fig* Licht; **~eniowy** Beleuchtungs-

otaczać umgeben (**się** sich); (*ogarniać*) umhüllen (**się** sich); umstellen

otchłań *f* (*-ni*; *-nie*) Abgrund *m*, Tiefe

otępi|ały abgestumpft; *wzrok*: stumpfsinnig; **~eć** *pf* (*-eję*) abstumpfen; **~enie** *n* (*-a*; *0*) Dumpfheit *f*, Stumpfsinn *m*

oto (hier, da) ist, sind; **~ wszystko** das ist alles; **~ nasz dom** da ist unser Haus; **~ oni/one** hier/da sind sie

otocz|ak *m* (*-a*; *-i*) Kiesel(stein); **~enie** *n* (*-a*) Umgebung *f*; Umwelt *f*; ***w ~eniu*** (*G*) umgeben (von); **~yć** *pf* → ***otaczać***

otok *m* Rand; **~ *czapki*** Mützenband *n*

otomana *f* (*-y*) Liegesofa *n*

otóż → ***oto***; **~ *to*** das ist es eben

otręby *pl* (*-rąb*/*-bów*) Kleie *f*

otru|cie *n* (*-a*) (***gazem*** Gas-)Vergiftung *f*; **~ć** *pf* vergiften; **~ty** vergiftet

otrzaska|ć się [-t·ʃ-] F *pf* (**z** *I*) sich vertraut machen (mit); **~ny** F → ***obyty***

otrząs|ać [-t·ʃ-] (*-am*) ⟨**~nąć**⟩ (*-nę*) (*t.* **się z** *G*) abschütteln (*A*); **~ać się** sich schütteln; *fig* (**po** *I*) überwinden (*A*)

otrze|ć* [-t·ʃ-] *pf* → ***ocierać***; **~pywać** (*-uję*) ⟨**~pać**⟩ abklopfen, abschütteln

otrzewna [ɔ't·ʃ-] *f* (*-ej*; *-e*) Bauchfell *n*

otrzeźwi|ać [-t·ʃ-] (*-am*) ⟨**~ć**⟩ (*-ę*) erfrischen (**się** sich); *fig* ernüchtern

otrzym|anie [-t·ʃ-] *n* (*-a*; *0*) Erhalt *m*, Empfang *m*; **~ywać** (*-uję*) ⟨**~ać**⟩ bekommen, erhalten; (*t-ko impf*) *pensję*, *gazetę* beziehen; *tech* gewinnen

otuch|a *f* (*-y*; *0*) Zuversicht, Mut *m*; ***pełen ~y*** frohen Mutes, zuversichtlich

otul|ać (*-am*) ⟨**~ić**⟩ (*I*) umhüllen (mit); einhüllen, einpacken (in *A*)

otumaniać (*-am*) → ***tumanić***

otwar|cie[1] *adv* offen; **~cie**[2] *n* (*-a*) Eröffnung *f*; → ***godzina***; **~tość** *f* (*-ści*; *0*) Offenheit; **~ty** offen (*t. fig*); geöffnet; eröffnet; *teren, niebo t.*: frei

otwier|acz *m* (*-a*; *-e*) Öffner; **~ać** (*-am*) öffnen (**się** sich); (*zaczynać, zakładać*) eröffnen; *parasol* aufspannen; **~ać się** *t.* aufgehen; *rana*: aufbrechen

otwo|rek *m* (*-rka*; *-rki*) kleine Öffnung; **~rem: *stać ~rem*** offenstehen; **~rzyć** *pf* (*-ę, -órz!*; *praet t. otwarł*) → ***otwierać***

otwór *m* Öffnung *f*; Einwurf, Schlitz

otyłość *f* (*-ści*; *0*) Fettsucht; Leibesfülle

otyły beleibt, F dick

owa → ***ów***; **~cja** *f* (*-i*; *-e*) Ovation; **~cyjny** enthusiastisch, begeistert

owad *m* (*-a*; *-y*) Insekt *n*

owado|bójczy: ***środek ~bójczy*** Insektizid *n*; **~żerny** insektenfressend

owak(i) → ***tak(i)***

owal *m* (*-u*; *-e*) Oval *n*; **~ny** oval

owca *f* (*-y*; *-e, owiec*) Schaf *n*

owcza|rek *m* (*-rka*; *-rki*) Schäferhund; **~rnia** *f* (*-i*; *-e*, *-i*/*-ń*) Schafstall *m*; **~rstwo** *n* (*-a*; *0*) Schafzucht *f*; **~rz** *m* (*-a*; *-e*, *-y*) Schäfer, Schafhirt

owczy Schaf-; **~ *pęd*** Herdentrieb

owdowi|eć *pf* (*-eję*) Witwe(r) werden; **~ały** verwitwet

owdzie da, dort; ***tu i ~*** hie und da

owe *ż-rzecz* → ***ów***

owędy: *tędy i ~* hin und her

owi *m-os* → ***ów***

owieczka *f* (*-i*; *G -czek*) Schaf *n*

owies *m* (*owsa*; *owsy*) Hafer

owi|ewać (*-am*) umwehen; **~jać** (*-am*) ⟨**~nąć**⟩ (*-nę, -ń!*) umwickeln (*I* mit); **~jać się** sich wickeln (***wokół*** *G* um)

owładnąć *pf* (*-nę*) → ***zawładnąć***

owłosiony behaart, haarig

owo *n* → ***ów***

owoc *m* (*-u*; *-e*) Frucht *f* (*t. fig*); **~e** *pl t.* Obst *n*; **~arski** Obst-; **~ny** fruchtbar, erfolgreich; **~ować** (*-uję*) Früchte tragen; **~owy** Frucht-, Obst-

owrzodz|enie *n* (*-a*) Geschwürbildung *f*; **~ony** mit Geschwüren bedeckt

owsian|ka *f* (*-i*; *G -nek*) Haferbrei *m*, Haferflocken *f*/*pl*; **~y** Hafer-

owszem *adv* sicher(lich), doch
ozdabiać (*-am*) verzieren, (aus)schmükken; → ***zdobić***
ozdob|a *f* (*-y*; *G -dób*) Schmuck *m*, Verzierung; *fig* Zierde; **~ić** *pf* → ***ozdabiać***; **~ny** Schmuck-, Zier-; verziert; *drk t.* Pracht-; *styl*: blumig
ozdrowie|niec *m* (*-ńca*; *-ńcy*) Rekonvaleszent(in); **~ńczy** Genesungs-; *ekon* Sanierungs-
oziębi|ać (*-am*) ⟨**~ć**⟩ abkühlen (***się*** sich); **~enie** *n* (*-a*) Abkühlung *f*
oziębły (**-le**) *fig* kühl, frostig
ozim|ina *f* (*-y*) Wintersaat, Wintergetreide *n*; **~y** *agr* Winter-
oznacz|ać (*-am*) bedeuten, heißen; ⟨*t.* **~yć**⟩ bezeichnen; kennzeichnen
oznajmi|ać (*-am*) ⟨**~ć**⟩ (*-ę*, *-mij!*) verkünden; ankündigen; **~enie** *n* (*-a*) Ankündigung *f*; → ***obwieszczenie***
oznaka *f* (*-i*) Anzeichen *n*; Zeichen *n*; *mil* Abzeichen *n*
ozonowy Ozon-
ozór *m* (*ozora*; *ozory*) Zunge *f* (*t. kulin*)
ożaglowanie *n* (*-a*) *mar* Takelung *f*
ożenek F *m* (*-nku*; *-nki*) Heirat *f*
oży|wać (*-am*) ⟨**~ć**⟩ wieder lebendig werden; *fig* wiederaufleben; **~wczy** (**-czo**) belebend; **~wiać** (*-am*) ⟨**~wić**⟩ wieder zum Leben erwecken; beleben (***się*** sich); **~wiony** belebt; lebhaft

Ó

ósemka *f* (*-i*; *G -mek*) Acht; Achter *m* (*t. sport*); Achtel *n*; *muz* Achtelnote
ósm|y achte; **~a** acht (Uhr); → *str. 611*
ów (***owa*** *f*, ***owo*** *n*, ***owe*** *ż-rzecz*, ***owi*** *m-os*) diese(r, -s); jene(r, -s); ***to i owo*** dies und das; ***ni z tego ni z owego*** aus heiterem Himmel, plötzlich
ów|czesny damalig; **~dzie** → ***owdzie***

P

pach|a *f* (*-y*) Achselhöhle; Ärmelausschnitt *m*; ***pod ~ą*** unter dem Arm
pach|nący (**-co**) duftend; **~nieć** (*-nę*; *-nij!*) duften; (*I*) riechen (nach)
pachołek *m* (*-łka*; *-łki*) (*słupek*) Leitpfosten; *mar* Poller
pachwina *f* (*-y*) *anat* Leiste
pacierz *m* (*-a*; *-e*, *-y*) Gebet *n*; ***odmawiać ~*** beten, ein Gebet sprechen
paciorki *m/pl* (*-ów*) Glasperlen *f/pl*
pacjent *m* (*-a*; *-ci*) Patient; **~ka** *f* (*-i*; *G -tek*) Patientin
packa *f* (*-i*; *G -cek*) Fliegenklatsche
paczk|ka *f* (*-i*; *G -czek*) Paket *n*; (*plika, stos*) Packen *m*; F (*kompania*) Clique; **~kowany** abgepackt; **~yć** ⟨**s-**, **wy-**⟩ (*-ę*): ***~yć się*** sich verziehen, sich werfen
padać (*-am*, *-aj/-dnij!*) fallen (*t. fig*); ***pada deszcz/śnieg*** es regnet/schneit
padlina *f* (*-y*) (Tier-)Kadaver *m*, Aas *n*
pagaj *m* (*-a*; *-e*) Paddel *n*
pagór|ek *m* (*-rka*; *-rki*) Hügel; **~kowaty** (**-to**) hüg(e)lig
pajacyk *m* (*-a*; *-i*) (*zabawka*) Hampelmann; (*ubranko*) Spielanzug
pa|jąk *m* (*-a*; *-i*) Spinne *f*; **~jęczyna** *f* (*-y*) Spinngewebe *n*; (*siatka*) Spinnennetz *n*
paka *f* (*-i*) Kiste; (*paczka*) (Riesen-)Paket *n*; Ballen *m*; F (*ciupa*) Knast *m*
pakie|cik *m* (*-a*; *-i*) Päckchen *n*; **~t** *m* (*-u*, *-y*) Paket *n*
pakow|ać (*-uję*) ⟨**za-**⟩ (ein)packen; ⟨**o-**⟩

verpacken; ⟨**w-**⟩ (hinein)stecken; **~ać się** ⟨**s-**⟩ packen *v/i*; **~ny** geräumig; **~y**: ***papier ~y*** Packpapier *n*
paktować (*-uję*) paktieren (*t. pej*)
pakunek *m* (*-nku*; *-nki*) Paket *n*, Bündel *n*; *tech* Packung *f*
pal *m* (*-a*; *-e*, *-i*/*-ów*) Pfahl
palacz *m* (*-a*; *-e*) Heizer; (*palący*) Raucher; **~ka** *f* (*-i*; *G -czek*) Raucherin
palarnia *f* (*-i*; *-e*) Rauchzimmer *n*
palący brennend (*t. fig*); *słońce*: sengend; ***dla ~ch*** (für) Raucher
pal|ec *m* (*-lca*; *-ce*) (***wskazujący***, ***serdeczny*** Zeige-, Ring-)Finger; (*u nogi*) Zehe *f*; (*rękawicy*) Fingerling; ***duży ~ec*** Daumen; ***na ~cach*** auf Zehenspitzen; ***sam jak ~ec*** mutterseelenallein
pale|nie *n* (*-a*) Brennen; (*w piecu*) Heizen; (*tytoniu*) Rauchen; (*kawy*) Rösten; **~nisko** *n* (*-a*) Feuerung *f*
paleta *f* (*-y*) Palette (*t. tech*, *fig*)
pali|ć (*-lę*) *v/i* (*w piecu*) heizen, feuern; (*rana*, *w gardle*) brennen; *v/t lampę itp.* brennen lassen; *papierosa itp.* rauchen; *wapno*, *cegłę* brennen; ⟨**s-**⟩ *dom itp.* verbrennen; **~ć się** brennen *v/i*; **~wo** *n* (*-a*) (***jądrowe*** Kern-)Brennstoff *m*; *mot* Kraftstoff *m*, Treibstoff *m*
palm|a *f* (*-y*) Palme; **~owy** Palm(en)-
paln|ąć F *v/s* (*-nę*) (*trzasnąć*) knallen; ***~ąć sobie w łeb*** sich e-e Kugel in den Kopf jagen; **~ik** *m* (*-a*; *-i*) Brenner; **~y** brennbar; ***broń ~a*** Schußwaffe
palto *n* (*-a*) Mantel *m*
palu|ch *m* (*-a*; *-y*) *anat*, *zoo* große Zehe; **~szek** *m* (*-szka*; *-szki*) Finger; ***~szki rybne*** Fischstäbchen *n/pl*
pałac *m* (*-u*; *-e*) Palast, Palais *n*
pałać (*-am*) lodern; *skronie*: glühen; ***~ nienawiścią*** von Haß erfüllt sein
pał|ąk *m* (*-a*; *-i*) Bügel; **~eczka** *f* (*-i*; *G -czek*) Stöckchen *n*; Stäbchen *n* (*t. biol*, *kulin*); **~ka** *f* (*-i*; *G -łek*) Stock *m*, Knüppel *m*; (*uderzenie*) Stockhieb *m*
pamiątk|a *f* (*-i*; *G -tek*) Andenken *n* (***po matce*** an die Mutter); ***na ~ę*** zum/als Andenken; **~owy** Gedenk-
pamię|ć *f* (*-ci*; *0*) Gedächtnis *n*; (*pamiętanie*, *wspomnienie*) Andenken *n*, Erinnerung; *EDV* Speicher *m*; ***na ~ć*** → ***pamiątka***; (*znać*) auswendig; ***świętej ~ci*** seligen Angedenkens; **~tać** (*-am*) (*A*) sich erinnern (an *A*); (**o** *L*) denken (an *A*), nicht vergessen (*A*); **~tnik** *m* (*-a*; *-i*) Tagebuch *n*; Poesiealbum *n*; *pl t.* Memoiren *pl*; **~tny** denkwürdig
pan *m* (*-a*, *DL -u*; *-owie*) Herr; (*przy zwracaniu się t.*) Sie; ***~ie doktorze*** Herr Doktor; ***czy ~ ma ...?*** haben Sie ...? ***~ domu*** Hausherr; ***~ młody*** Bräutigam
pan|cerny gepanzert, Panzer-; **~cerz** *m* (*-a*; *-e*) Panzer (*t. zoo*); *hist* Harnisch
panel *m* (*-u*; *-e*) Podiumsdiskussion *f*
pani *f* (*-ą*, *V ~!*; *-e*) (*władczyni*) Herrin; Frau; Dame; (*przy zwracaniu się t.*) Sie; ***~ Nowak*** Frau Nowak; ***starsza ~*** (e-e) ältere Dame; ***czy może ~ ...*** können Sie ...?; ***~ domu*** Hausherrin, Hausfrau
paniczny panisch
panienka *f* (*-i*; *G-nek*) junges Fräulein
panierować ⟨**za-**⟩ (*-uję*) panieren
panika *f* (*-i*; *0*) Panik
panna *f* (*-y*) Junggesellin, (*t. tytuł grzecznościowy*) Fräulein *n*; ***stara ~*** alte Jungfer; ***~ młoda*** Braut; → ***pani***
panowa|ć (*-uję*) herrschen (*t.* ***nad*** *I* über *A*); ⟨**za-**⟩ beherrschen (***nad sobą*** sich); ***panuje ...*** es herrscht ...; **~nie** *n* (*-a*) Herrschaft *f*; ***~nie nad sobą*** Selbstbeherrschung *f*
panterka F *f* (*-i*; *G -rek*) Tarnjacke
pantof|el *m* (*-fla*; *-fle*, *-fli*) (Halb-)Schuh; ***~le damskie*** Damenschuhe *m/pl*; ***~le domowe*** Hausschuhe *m/pl*; **~larz** F *m* (*-a*; *-e*) Pantoffelheld
pańsk|i herrschaftlich; Ihr (*w zwrotach grzecznościowych*); ***~i list*** Ihr Brief; *adv* ***po pańsku*** (hoch)herrschaftlich
państw|o *n* (*-a*; *G -stw*) (*kraj*) Staat *m*; Herr und Frau (+ *nazwisko*); ***proszę ~a ...*** ich bitte die Herrschaften ...; ***~o pozwolą*** Sie erlauben; ***~o młodzi*** Brautpaar, Hochzeitspaar
państwowy staatlich, Staats-
papa *f* (*-y*): ***~ dachowa*** Dachpappe
papier *m* (*-u*; *-y*) (***maszynowy***, ***toaletowy*** Schreibmaschinen-, Toiletten-)Papier *n*; **~ek** *m* (*-rka*; *-rki*) Stückchen *n* Papier; F ***~ki*** *pl* Papiere *n/pl*
papiero|s *m* (*-a*; *-y*) Zigarette *f*; **~śnica** *f* (*-y*; *-e*) Zigarettenetui *n*; **~wy** papieren (*t. fig*), Papier-
papieski päpstlich, Papst-
papież ['papɛʃ] *m* (*-a*; *-e*) Papst
papk|a *f* (*-i*; *G -pek*) Brei *m*; **~owaty** (**-to**) brei(art)ig
paplanina F *f* (*-y*; *0*) Geplapper *n*
paproć *f* (*-i*; *-e*, *-i*) Farn *m*

P

papryka *f* (*-i*; *G -yk*) Paprika *m*; (*owoc*) Paprikaschote
papuć *m* (*-cia*; *-cie*) (Filz-)Pantoffel
papu|ga *f* (*-i*) Papagei *m*; **~żka** *f* (*-i*; *G -żek*): **~żka falista** Wellensittich *m*
para¹ *f* (*-y*) Dampf *m*
par|a² *f* (*-y*) Paar *n*; **~a zakochanych** Liebespaar *n*; **w ~y**, **~ami** paarweise; **nie do ~y** unpaar; nicht zueinander passend; *fig* **iść w parze** gepaart sein
parad|a *f* (*-y*) Parade; F **wejść w ~ę** (*D*) *j-m* in die Quere kommen
paradoksalny paradox
parafia [-'rafĭa] *f* (*GDL -ii*; *-e*) Pfarre; Pfarrbezirk *m*; **~lny** Pfarr-; **~nin** (*-a*; *-anie*, -), **~nka** *f* (*-i*; *G -nek*) Pfarrkind *n*
para|gon *m* (*-u*; *-y*) Kassenzettel; **~graf** *m* (*-u*; *-y*) Paragraph
paraliż *m* (*-u*; *0*) Lähmung *f*; **~ować** ⟨**s-**⟩ (*-uję*) lähmen, paralysieren
para|pet *m* (*-u*; *-y*) → **podokiennik**; **~sol** *m* (*-a*; *-e*, *-i*), **~solka** *f* (*-i*; *G -lek*) (Regen)Schirm *m*; (*od słońca*) Sonnenschirm *m*; **~wan** *m* (*-u*; *-y*) Wandschirm
parcela *f* (*-i*; *-e*) Parzelle, Grundstück *n*
parciany (Sack-)Leinen-
parcie *n* (*-a*) Druck *m*; Drang *m*
parę (*GDL -ru*, *I -roma*; *m-os NA -ru*) ein paar, einige; **~ razy** ein paarmal; **~set** (*m-os -ruset*) einige hundert
park *m* (*-u*; *-i*) Park
parkan *m* (*-u*; *-y*) (Bretter-)Zaun
parkiet *m* (*-u*; *-y*) Parkett *n*
park|ing *m* (*-u*; *-i*) Parkplatz; (*budynek*) Parkhaus *n*; **~ometr** *m* Parkuhr *f*
parkow|ać ⟨**za-**⟩ (*-uję*) *v/t i v/i* parken; **~anie** *n* (*-a*; *0*) Parken; **~y** Park-
parlament *m* (*-u*; *-y*) Parlament *n*
parlamenta|rny parlamentarisch; **~rzysta** *m* (*-y*; *-ści*, *-tów*) Parlamentarier
parny (**-no**) schwül
parodia [-'rɔdĭa] *f* (*GDL -ii*; *-e*) Parodie
paro|godzinny einige Stunden dauernd; **~konny** zweispännig; **~krotnie** mehrmals; **~krotny** mehrmalig
paroksyzm *m* (*-u*; *-y*) *med* Anfall
paro|letni ein paar Jahre alt/dauernd; **~miesięczny** ein paar Monate alt; einige Monate dauernd; **~stopniowy** (*o mrozie*) wenige Grad(e); **~tygodniowy** einige Wochen alt/dauernd
parować¹ (*-uję*) *cios* parieren
paro|wać² (*-uję*) *v/i* verdampfen; *płyn*: dampfen; *v/t* dämpfen; **~wiec** *m* (*-wca*; *-wce*) Dampfer; **~wóz** *m* Dampflok(omotive) *f*; **~wy** Dampf-
parów *m* (*-owu*; *-owy*) Hohlweg
parówka *f* (*-i*; *G -wek*) (Brüh-)Würstchen *n*; F (*łaźnia*) Dampfbad *n*
parsk|ać (*-am*) ⟨**~nąć**⟩ (*-nę*) schnauben; **~nąć śmiechem** prusten vor Lachen
parszywy *pies*: räudig; P *fig* mies
parta|cki (**po -ku**) stümperhaft; **~ctwo** *n* (*-a*; *0*) Pfuscherei *f*; **~czyć** ⟨**s-** ver⟩pfuschen; *pf t.* P versauen, vermasseln
parter *m* (*-u*; *-y*) Erdgeschoß *n*, Parterre *n*; *teatr* Parkett *n*; **~owy** *dom*: einstökkig; *okno itp.*: Parterre-
partia ['partĭa] *f* (*GDL -ii*; *-e*) Partei; (*część*) Partie; *mus*, *teatr t.* Part *m*
partner *m* (*-a*; *-rzy*), **~ka** *f* (*-i*; *G -rek*) Partner(in); **~stwo** *n* (*-a*; *0*) Partnerschaft *f*
partolić F ⟨**s-**, **na-**⟩ (*-lę*) → **partaczyć**
party|jny Partei-; **on jest ~jny** er ist Parteigenosse; **~kuła** *f* (*-y*) *gr* Partikel; **~tura** *f* (*-y*) Partitur
partyza|ncki Partisanen-, Guerilla-; **~nt** *m* (*-a*; *-ci*) Partisan, Freischärler; **~ntka** *f* (*-i*; *G -tek*) Partisanin, Freischärlerin; (*walka*) Guerillakampf *m*
paru(-) → **paro(-)**
paryski *adj* Pariser
parytet *m* (*-u*; *-y*) *fin* Parität *f*
parzyć (*-ę*) *v/t* (*zaparzać*) brühen; ⟨**o-**, **po-**, **s-**⟩ verbrühen, verbrennen (**sobie usta** sich den Mund); *v/i* brennen; *v/r* **~ się** sich verbrühen/verbrennen (*I* an *D*); *herbata*: ziehen
parzysty *liczba*: gerade
pas *m* (*-a*; *-y*) Gurt, (*t. fig*) Gürtel; *fig t.* Streifen; **~ startowy** Startbahn *f*; **~ ruchu** Fahrspur *f*; **w ~y** gestreift; **po ~** bis zur Gürtellinie; **~ać** (*-am*) → **paść²**
pasaż *m* (*-u*; *-e*) Passage *f*
pasażer *m* (*-a*; *-owie*), **~ka** *f* (*-i*; *G -rek*) Fahrgast *m*, Fluggast *m*, Passagier *m*
pasek *m* (*-ska*; *-ski*) Riemen; Gürtel; → **pas**; **~ do zegarka** Uhrband *n*
paser *m* (*-a*; *-rzy*), **~ka** *f* (*-i*; *G -rek*) Hehler(in); **~stwo** *n* (*-a*; *0*) Hehlerei *f*
pasieka *f* (*-i*) Imkerei
pasierb *m* (*-a*; *-owie*) Stiefsohn; **~ica** *f* (*-y*; *-e*) Stieftochter
pas|ja *f* (*-i*; *-e*) Passion; **wpaść w ~ję** in Wut geraten; **~jonujący** (**-co**) spannend, hochinteressant
paska|rstwo *n* (*-a*; *0*) Schwarzhandel *m*;

P

~rka *f* (*-i*; *G -rek*), **~rz** *m* (*-a*; *-e*) Schwarzhändler(in), F Schieber(in)
paskudny F scheußlich
pasmo *n* (*-a*) Strähne *f*; Streifen *m*; *RTV* Band; (*górskie*) Zug *m*, Kette *f*
pasow|ać¹ (*-uję*) *v/i* passen (**do** *G* zu); *v/t* ⟨**do-**⟩ anpassen, einpassen (**do** *G* an, in *A*); **~ać²** (*-uję*) *karc* passen
pasożyt *m* (*-a*; *-y*) Parasit, Schmarotzer; **~ować** (*-uję*) schmarotzen
pasta *f* (*-y*) (**do butów** Schuh-)Creme; (**do zębów** Zahn-)Paste; **~ do podłóg** Bohnerwachs *m*
paster|ka *f* (*-i*; *G -rek*) → **pastuszka**; *rel* Mitternachtsmette; **~ski** Hirten-
pasteryzowany pasteurisiert
pasterz *m* (*-a*; *-e*) → **pastuch**
pastewny *agr* Futter-
pastor *m* (*-a*; *-orzy*/*-owie*) Pastor
pastorał *m* (*-u*; *-y*) Bischofsstab
pastować ⟨**na-**⟩ (*-uję*) *parkiet* bohnern
pastu|ch *m* (*-a*; *-y*/*-si*/*-owie*) Hirt; **~szka** *f* (*-i*; *G -szek*) Hirtin, Hirtenmädchen *n*
past|wa: stać się/**paść ~wą** (*G*) zum Opfer fallen (*D*); **~wisko** *n* (*-a*) Weide *f*
pastylka *f* (*-i*; *G -lek*) Dragee *n*
pasywny passiv
pasza *f* (*-y*; *-e*) (**zielona** Grün-)Futter *n*
paszcza *f* (*-y*; *-e*) Rachen *m*, Maul *n*
paszport *m* (*-u*; *-y*) (Reise-)Paß; **~owy** Paß-; **biuro ~owe** Paßamt
pasztet *m* (*-u*; *-y*) Pastete *f*
paść¹* *pf* fallen; → **padać**
paść²* *bydło* weiden *v/t*; (*karmić*) füttern, mästen; **~ się** weiden *v/i*, grasen
patałach F *m* (*-a*; *-y*) Stümper(in)
patelnia *f* (*-i*; *-e*) Bratpfanne
pa|tentowany patentiert; **~tetyczny** pathetisch; **~tologiczny** pathologisch
patriotyczny patriotisch
patrol *m* (*-u*; *-e*) Patrouille *f*, Streife *f*; **~ować** (*-uję*) patrouillieren
patron *m* (*-a*; *-owie*/*-i*), **~ka** *f* (*-i*; *G -nek*) *rel* Schutzheilige *m/f*
patroszyć ⟨**wy-**⟩ (*-ę*) *kulin* ausnehmen
patrz|eć, **~yć** ⟨**po-**⟩ (*-ę*) schauen, blikken (**przez okno** aus dem Fenster); (**na** *A*) anschauen, ansehen (*A*); F **jak się ~y** wie es sich gehört; **patrz** sieh (zu)
patyk *m* (*-a*; *-i*) Stock, Zweig, Rute *f*
pauza *f* (*-y*) Pause
paw *m* (*-wia*; *-wie*, *-wi*) Pfau; **~i** Pfauen-
pawilon *m* (*-u*; *-y*) Pavillon
pawlacz *m* (*-a*; *-e*) Hängeboden
pazerny F (hab)gierig
paznok|ieć *m* (*-kcia*; *-kcie*) (Finger-, Zehen-)Nagel; **... do ~ci** Nagel-
pazur *m* (*-a*; *-y*) Kralle *f*, Klaue *f*
październik *m* (*-a*; *-i*) Oktober; **~owy** Oktober-
pączek *m* (*-czka*; *-czki*) Knospe *f*; *kulin* (Berliner) Pfannkuchen, Krapfen
pąk *m* (*-a*; *-i*) Knospe *f*; **wypuszczać ~i** Knospen treiben, knospen
pąsowy (**-wo**) hellrot, hochrot
pchać (*-am*) schieben; *drzwi*, *kogoś* stoßen; (hinein)stopfen (**do** *G* in *A*); **~ się** sich drängen; → **pchnąć**
pch|ełka *f* (*-i*; *G -łek*), **~ła** *f* (*-y*; *G pcheł*) Floh *m*; **~li: ~li targ** Flohmarkt
pchn|ąć *pf* (*-nę*) → **pchać**; (*nożem*) stechen; **~ięcie** *n* (*-a*) Stoß *m*; *Sport* Stoßen; (**nożem** Messer-)Stich *m*
pech F *m* (*-a*; *0*) Pech *n*; **~owiec** *m* (*-wca*; *-wcy*) Pechvogel
pe|dagogiczny pädagogisch; **~dał** *m* (*-u*; *-y*) Pedal *n*; **~dantyczny** pedantisch; **~'dikiur** *m* (*-u*; *0*) Pediküre *f*
pejcz *m* (*-a*; *-e*) Reitpeitsche *f*
pejzaż *m* (*-u*; *-e*) Landschaft *f*
peklowany gepökelt, Pökel-
peleryna *f* (*-y*) Umhang *m*
pelisa *f* (*-y*) (Damen-)Pelzmantel *m*
peł|en → **pełny**; **~nia** *f* (*-i*; *-e*) Vollmond *m*; (*szczyt*) Höhepunkt *m*; **w ~ni lata** im Hochsommer; **w całej ~ni** voll und ganz; **~nić** (*-ę*, *-ń*/*-nij!*) *służ bę* versehen, ausüben; *wartę* stehen
pełno *adv* voll; **~letni** volljährig; **~metrażowy** *film*: abendfüllend
pełnomocn|ictwo *n* (*-a*) Vollmacht *f*; **~ik** *m* (*-a*; *-cy*) Bevollmächtigte *m/f*; **~y** bevollmächtigt
pełno|morski Hochsee-; **~prawny** vollberechtigt; **~wartościowy** vollwertig
peł|ny voll; **~ne mleko** Vollmilch *f*; **na ~nym morzu** auf hoher See; **~en nadziei** hoffnungsvoll; **~en energii** energiegeladen; **do ~na** randvoll
pełz|ać (*-am*), **~nąć** (*-nę*) kriechen
penicylina *f* (*-y*) Penicillin *n*
pensja *f* (*-i*; *-e*) Gehalt *n*, Bezüge *m/pl*
pensjonat *m* (*-u*; *-y*) Pension *f*
pepegi *pl* (*-gów*) Tennisschuhe *m/pl*
pepitk|a: spódnica w ~ę Pepitarock *m*
perfum|eria [-'mɛrja] *f* (*GDL -ii*; *-e*) Parfümerie; **~y** *pl* (-) Parfüm *n*
pergamin *m* (*-u*; *-y*) Pergament *n*

P

periodyczny periodisch
perkaty F: ~ ***nos*** Stupsnase *f*
perku|sista *m* (*-y*; *-ści*) Schlagzeuger; **~sja** *f* (*-i*; *0*) *mus* Schlagzeug *n*
per|lić się (*-lę*) perlen; **~listy** (**-*ście***) perlend; **~ła** *f* (*-y*) Perle (*t. fig*); **~łowy** Perl(en)-; (*t.* **-*wo***) perlgrau
peron *m* (*-u*; *-y*) Bahnsteig; **~ówka** *f* (*-i*; *G -wek*) Bahnsteigkarte
perski persisch, Persien-
perso|nalny Personal-; **~nel** *m* (*-u*; *0*) Personal *n*
perspektywa *f* (*-y*) Perspektive
perswazja *f* (*-i*; *-e*) Zureden *n*
pertrakt|acje *f/pl* (*-i*) Verhandlungen *f/pl*; **~ować** (*-uję*) verhandeln
peruka *f* (*-i*) Perücke
perwers|ja *f* (*-i*; *-e*) Perversion; **~yjny** pervers, abartig
peryferie [-ˈfɛr̦i̯ɛ] *f/pl* (*-ii*) Peripherie *f*, Randgebiet *n*; ~ ***miasta*** Stadtrand *m*
peryskop *m* (*-u*; *-y*) Sehrohr *n*
pestka *f* (*-i*; *G -tek*) (*wiśni*) Stein *m*; (*dyni, jabłka*) Kern *m*; F *fig* Klacks *m*
pesymistyczny pessimistisch
peszyć ⟨**s-**⟩ (*-ę*) verlegen machen
petarda *f* (*-y*) Knall(körp)er *m*
petent *m* (*-a*; *-ci*), **~ka** *f* (*-i*; *G -tek*) Besucher(in), Antragsteller(in)
petycja *f* (*-i*; *-e*) Petition, Bittschrift
pew|ien¹ (*-wna*, *-wne*, *m-os -wni*) (*niejaki*) (ein) gewisser; **~*na ilość*** e-e gewisse Anzahl/Menge; ***co ~ien czas*** von Zeit zu Zeit; **~*nego dnia*** eines Tages; ***po ~nym czasie*** nach einiger Zeit; **~ien²** → ***pewny***; **~nie** *adv* sicher; **~no** *adv* sicher(lich), gewiß; ***na ~no*** ganz bestimmt; **~ność** *f* (*-ści*; *0*) Gewißheit; (*t.* ***siebie*** Selbst-)Sicherheit; (*niezawodność*) Zuverlässigkeit; ***z całą ~nością*** ganz gewiß; **~ny** sicher; *krok, ruch, głos t.*: fest; (*niezawodny*) zuverlässig; ***nic ~nego*** nichts Bestimmtes
pęcak *m* (*-u*; *0*) Graupen *f/pl*
pęcherz *m* (*-a*; *-e*) Blase *f*; **~yk** *m* (*-a*; *-i*) Bläschen *n*; *anat t.* Follikel
pęcz|ek *m* (*-czka*; *-czki*) (*wiązka*) Bund *n*; (*o trawie itp.*) Büschel *n*; **~nieć** ⟨**na-**⟩ (*-eję*) (auf)quellen
pęd *m* (*-u*; *0*) Schnelligkeit *f*, Tempo *n*; (***do wiedzy*** Wissens-)Drang; *fiz* Impuls; *bot* Trieb; **~*em*** im Galopp
pędny *tech* Trieb-, Treib-
pędzel *m* (*-dzla*; *-dzle*) Pinsel
pędzić (*-dzę*) *v/i* jagen, rasen; *v/t* (an)treiben; → ***spędzać***, ***wypędzać***
pędzlować (*-uję*) pinseln
pęk *m* (*-u*; *-i*) Bund *n*, Bündel *n*; (*chrustu itp.*) Armvoll; ~ ***kluczy*** Schlüsselbund
pęk|ać (*-am*) ⟨**~nąć**⟩ (*-nę*) (zer)platzen, (zer)springen, bersten; *struna, lina*: reißen; *wargi*: aufspringen; **~aty** (**-*to***) bauchig; **~nięcie** *n* (*-a*) (*szczelina*) Sprung *m*, Riß *m*; (***rury*** Rohr-)Bruch *m*
pępek *m* (*-pka*; *-pki*) Nabel
pęseta *f* (*-y*) Pinzette
pęt|ak F *m* (*-a*; *-i*) Bengel; **~elka** *f* (*-i*; *G -lek*) Schlaufe; **~la** *f* (*-i*; *-e*) Schlinge; (*zakręt*) Schleife
piać ⟨**za-**⟩ (*-eję*) krähen
piana *f* (*-y*) Schaum *m*
pianino [pi̯a-] *n* (*-a*) Klavier
pianka *f* (*-i*; *G -nek*) Schaum *m*
piano|guma *f* Schaumgummi *m*; **~wy**: ***gaśnica ~wa*** Schaumlöscher *m*
pias|ek *m* (*-sku*; *-ski*) Sand; **~kowiec** *m* (*-wca*; *-wce*) Sandstein; **~kownica** *f* (*-y*; *-e*) Sandkasten *m*
piasta *f* (*-y*) Nabe
piastować (*-uję*) *urząd* bekleiden
piaszczysty (**-*to***) sandig
piąć się (*pnę*, *piął*) klettern
piąt|ek *m* (*-tku*; *-tki*) Freitag; ***w Wielki Ṗek*** am Karfreitag; **~ka** *f* (*-i*; *G -tek*) Fünf *f*, F Fünfer *m*; **~kowy** Freitags-; **~y** fünfte; ***o ~ej*** um fünf (Uhr)
pici|e *n* (*-a*) Trinken; ***... do ~a*** Trink-
pić (*-ję*) *v/t i v/i* trinken, P (*t. zwierzę*) saufen; ***chce mi się*** ~ ich habe Durst
piec¹ *m* (*-a*; *-e*) Ofen; ~ ***kuchenny*** Küchenherd
piec²* ⟨**na-**, **u-**, **wy-**⟩ *v/t ciasto* backen (**się** *v/i*); *mięso* braten (**się** *v/i*); *v/i impf słońce, oczy itp.*: brennen
piechot|a *f* (*-y*; *0*) Infanterie; **~ą**, ***na ~ę*** zu Fuß
piecyk *m* (*-a*; *-i*) Öfchen *n*, Heizgerät *n*; F (*piekarnik*) Backröhre *f*, Bratröhre *f*
piecz|a *f* (*-y*; *0*) Obhut; ***on sprawuje ~ę nad*** (*I*) ... steht unter s-r Obhut, er kümmert sich um ...
piecza|ra *f* (*-y*) (***skalna*** Felsen)Höhle; **~rka** *f* (*-i*; *G -rek*) Champignon *m*
pieczątka *f* (*-i*; *G -tek*) Stempel *m*
pieczeń *f* (*-ni*; *-nie*) (***cielęca***, ***wołowa*** Kalbs-, Rinder-)Braten *m*; ~ ***z sarny*** Rehbraten *m*
pieczę|ć *f* (*-ci*; *-cie*, *-ci*) Siegel *n*; Stempel

P

m (*t. fig*); **~tować** ⟨**o-**⟩ (*-uję*) abstempeln; *pokój itp.* versiegeln
pieczołowit|ość *f* (*-ści*; *0*) Fürsorge; (*staranność*) Sorgfalt; **~y** (**-cie**) fürsorglich, sorgsam; sorgfältig
piecz|ony gebacken; *mięso t.*: gebraten; **~yste** *n* (*-ego*; *-e*) Braten *m*; **~ywo** *n* (*-a*; *0*) Backwaren *f/pl*, Gebäck
piedestał [pĭɛ-] *m* (*-u*; *-y*) Sockel
pieg|i *m/pl* (*-ów*) Sommersprossen *f/pl*; **~owaty** sommersprossig
piek|arnia *f* (*-i*; *-e*) Bäckerei; **~arnik** *m* (*-a*; *-i*) Backofen, Bratröhre *f*; **~arz** *m* (*-a*; *-e*) Bäcker(in); **~ielny** Höllen-, höllisch; **~ło** *n* (*-a*; *G -kieł*) Hölle *f*
pielęgnacja *f* (*-i*; *0*) Pflege
pielęgnia|rka *f* (*-i*; *G -rek*) Krankenschwester; **~rka dla niemowląt** Säuglingsschwester; **~rz** *m* (*-a*; *-e*, *-y*) (Kranken-)Pfleger
pielęgnować (*-uję*) pflegen
pielgrzymka *f* (*-i*; *G -mek*) Pilgerfahrt
pielu|chomajtki *pl* Windelhöschen *n*; **~szka** *f* (*-i*; *G -szek*) (**do jednorazowego użytku** Wegwerf-)Windel
pieniądz *m* (*-a*; *-e*, *-iędzy*, *I -iędzmi*) Geldstück *n*; *zbior* → **~e** *m/pl* Geld *n*; F **przy ~ach** (gut) bei Kasse
pienić się (*-e*, *-ń!*) schäumen (*t. fig*)
pieniężn|y Geld-; **kara ~a** Geldbuße
pienisty schäumend; → **musujący**
pień *m* (*pnia*; *pnie*, *pni*) Stamm; (*pniak*) (Baum-)Stumpf
pie|prz *m* (*-u*; *0*) Pfeffer; **~przny** gepfeffert, pfeff(e)rig; *kawał*: zotig; **~rnik** *m* (*-a*; *-i*) Pfefferkuchen, Lebkuchen
pierogi *m/pl* (*-ów*) Teigtaschen *f/pl*
pier|siowy Brust-; **~ś** *f* (*-si*; *-si*) Brust; **pełną ~sią** aus voller Brust
pierście|niowy Ring-, ringförmig; **~ń** *m* (*-nia*; *-nie*, *-ni*) Ring (*t. fig*)
pier|ścionek *m* (*-nka*; *-nki*) Ring; **~wiastek** *m* (*-tka*; *-tki*) Element *n*; *mat* Radikal *n*; (**kwadratowy** Quadrat-)Wurzel *f*; **~wiosnek** *m* (*-nka*; *-nki*) Primel *f*
pierwo|rodny erstgeboren; **~tny** ursprünglich; primär; primitiv; **~wzór** *m* Prototyp; Original *n*
pierwszeństwo *n* (*-a*; *0*) Vorrang *m*, Priorität *f*; **~ przejazdu** Vorfahrt *f*; **dać ~** den Vorzug geben
pierwszo|planowy (**-wo**) *fig* vordringlich, erstrangig; **~rzędny** erstklassig
pierwsz|y erste; **~a godzina** ein Uhr; **~ego maja** am ersten Mai; **po ~e** erstens; **po raz ~y** erstmalig
pierzch|ać (*-am*) ⟨**~nąć¹**⟩ (*-nę*) davonlaufen; *ptaki*: davonfliegen; *nastrój*: verfliegen; **~nąć²** (*-nę*) *skóra*: rauh werden, aufspringen
pierze *n* (*-a*) *zbior* Federn *f/pl*
pierzyna *f* (*-y*) Federbett *n*
pies *m* (*psa*, *psu*, *L psie*; *psy*) Hund; F **pod psem** hundsmiserabel
pieszczot|a *f* (*-y*) Liebkosung; **~y** *pl t.* Zärtlichkeiten *f/pl*; **~liwy** (**-wie**) zärtlich; **~liwe imię** Kosename *m*
piesz|o zu Fuß; **~y** Fuß(gänger)-; *mil* Infanterie-; **~a wycieczka** Fußwanderung; *su m* (*-ego*; *-si*), **~a** *f* (*-ej*; *-e*) Fußgänger(in); **przejście dla ~ych** Fußgängerübergang *m*
pieścić (*-szczę*) liebkosen, herzen
pieś|niarka *f* (*-i*; *G -rek*), **~niarz** *m* (*-a*; *-e*, *-y*) Liedersänger(in)
pieśń *f* (*-ni*) (**ludowa** Volks-)Lied *n*
pietruszka *f* (*-i*; *G -szek*) Petersilie
pięcio|bok *m* Fünfeck *n*; **~bój** *m sport* Fünfkampf; **~krotny** fünfmalig; **~letni** fünfjährig; **~raczki** *m/pl* (*-ów*) Fünflinge *m/pl*; **~ro** fünf; → *str. 610*
pięć fünf; **~dziesiąt** fünfzig; **~set** fünfhundert; → *str. 610*
piękn|ie *adv* schön; **~o** *n* (*-a*; *0*), **~ość** *f* (*-ści*) Schönheit; **~y** schön
pięś|ciarstwo *n* (*-a*; *0*) Boxsport *m*, Boxen; **~ciarz** *m* (*-a*; *-e*) Boxer
pięść *f* (*-ci*; *-ci*/*-cie*) Faust
pięta *f* (*-y*) Ferse
piętna|sto- *w zł.* fünfzehn-; **~ście** fünfzehn; → *str. 610*
piętn|o *n* (*-a*, *L -nie*; *G -*) Mal; *fig t.* Stempel *m*; **~ować** ⟨**na-**⟩ (*-uję*) brandmarken; **~ro** *n* (*-a*; *G -ter*) Geschoß, Stock(werk *n*) *m*; **na drugim ~rze** im zweiten Stock
piętrzyć się (*-ę*) sich türmen
pigułka *f* (*-i*; *G -łek*) Pille
pija|czka *f* (*-i*; *G -czek*), **~k** *m* (*-a*; *-cy*) Trinker(in), *pej* Säufer(in); **~ny** betrunken; **po ~nemu** P im Suff; **~ństwo** *n* (*-a*; *0*) Trunksucht *f*; **~tyka** *f* (*-i*) Trinkgelage *n*
pijawka *f* (*-i*; *G -wek*) Blutegel *m*
pik *m karc* Pik *n*; **wyjść w ~i** Pik spielen
pikantny pikant
pikle *m/pl* (*-i*) Mixpickles *pl*
pikling *m* (*-a*; *-i*) *kulin* Bückling

pilniczek *m* (*-czka*; *-czki*) Nagelfeile *f*
pilnik *m* (*-a*; *-i*) Feile *f*
pilno|ść *f* (*-ści*; *0*) Fleiß *m*; **~wać** (*-uję*) (*G*) bewachen (*A*); (*dbać*) aufpassen (auf *A*), sich kümmern (um); (*przestrzegać*) einhalten (*A*); ***~wać się*** sich in acht nehmen; einander überwachen
pilny dringend; (*gorliwy*) fleißig
pilot *m* (*-a*; *-ci*), **~ka** *f* (*-i*; *G -tek*) Pilot(in); *mar* Lotse; (*przewodnik*) (Fremden-)Führer(in), Reiseleiter(in); *tylko m* (*pl -y*) *RTV* Fernbedienung *f*; **~ować** (*-uję*) lotsen (*t. fig*); *lotn* steuern
pilśniowy Filz-; *bud* Hartfaser-
piła *f* (*-y*) Säge; F *fig* Nervensäge
piłka[1] *f* (*-i*; *G -łek*) (Hand-)Säge
piłka[2] *f* (*-i*; *G -łek*) Ball *m*; ***~ nożna*** Fußball *m*; ***grać w piłkę*** Ball spielen; **~rski** Fußball-; **~rz** *m* (*-a*; *-e*) Fußball(spiel)er
piłować (*-uję*) sägen; (*pilnikiem*) feilen; F *fig* langweilen, F anöden
pinezka *f* (*-i*; *G -zek*) Reißzwecke
ping-pong *m* (*-a*; *0*) Tischtennis *n*
piołun *m* (*-u*; *-y*) *bot* Wermut
pion *m* (*-u*; *-y*) Lot *n*; *fig* Ressort *n*; → **~ek** *m* (*-nka*; *-nki*) (*w szachach*) Bauer; (*w warcabach itp.*) Stein
pi'onier *m* (*-a*; *-rzy*) Pionier
piono|wy (**-wo**) lotrecht, senkrecht; **~wzlot** *m* (*-u*; *-y*) *lotn* Senkrechtstarter
piorun *m* (*-a*/*-u*; *-y*) Blitz(schlag); ***huk ~u*** Donnerschlag; F ***~em*** wie der Blitz; ***do ~a!*** zum Donnerwetter!
piorunochron *m* (*-u*; *-y*) Blitzableiter
piosenka *f* (*-i*; *G -nek*) Lied(chen) *n*; Chanson *n*, Schlager *m*; **~rka** *f* (*-i*; *G -rek*), **~rz** *m* (*-a*; *-e*) (Chanson-, Schlager-)Sänger(in); Liedermacher(in)
P
pióro *n* (*-a*) Feder *f* (*t. do pisania*); (*wiosła*) Blatt; ***wieczne ~*** Füll(feder)halter *m*; ***~ kulkowe*** Kugelschreiber *m*
pira|cki Piraten-; ***~ckie wydanie*** Raubdruck *m*; **~mida** *f* (*-y*) Pyramide; **~t** *m* (*-a*; *-ci*) Pirat; *fig.* Verkehrsrowdy
piro- *w zł. zw.* pyro-, Pyro-
pisa|ć ⟨**na-**⟩ (*-szę*) (***na maszynie*** maschine)schreiben; **~k** *m* (*-a*; *-i*) (Filz-)Stift, F Schreibe *f*; **~rka** *f* (*-i*; *G -rek*), **~rz** *m* (*-a*; *-e*) Schriftsteller(in); *m t.* Schreiber
pisemn|ie *adv*, **~y** schriftlich
pisk *m* (*-u*; *-i*) Piepsen *n*; Quietschen *n*; **~lę** *n* (*-ęcia*; *-ęta*) Nestling *m*; (*kurczę*) Küken; **~liwy** (**-wie**) schrill, F piepsig
pism|o *n* (*-a*) Schrift *f*; (*list*) Schreiben; → ***charakter***; ***2o Święte*** die Heilige Schrift; ***na piśmie*** schriftlich
pisnąć *pf* (*-nę*) → ***piszczeć***; ***nie ~ ani słówka*** F keinen Mucks sagen
pisownia *f* (*-i*; *-e*) Rechtschreibung; (*słowa*) Schreibung, Schreibweise
pistolet *m* (*-u*; *-y*) Pistole *f*
piszcz|ałka *f* (*-i*; *G -łek*) (Block-)Flöte; (*organowa*) Pfeife; **~eć** (*-ę*, *-y*) *mysz*: piepsen; *dziecko*, *koła*: quietschen; **~el** *f* (*-i*; *-e*) *a. m* (*-a*; *-e*) *anat* Schienbein *n*
piśmien|nictwo *n* (*-a*; *0*) Literatur *f*; **~ny** schriftkundig; (*pisemny*) schriftlich; ***artykuły*** *m/pl* ***~ne*** Schreibwaren *f/pl*
pitny Trink-; ***miód ~*** Met
piw|iarnia *f* (*-i*; *-e*) Bierstube; **~nica** *f* (*-y*; *-e*) Keller *m*; **~ny** Bier-; *oczy*: hellbraun; **~o** *n* (*-a*; *G piw*) (***z beczki*** Faß-)Bier; ***dać na ~o*** Trinkgeld geben
piwonia [-ṇja] *f* (*GDL -ii*; *-e*) Pfingstrose
pizza [-t·tsa] *f* (*GDL -zzy*; *-e*) Pizza
piżama *f* (*-y*) Pyjama *m*, Schlafanzug *m*
piżmak *m* (*-a*; *-i*) Bisamratte *f*
piżmo *n* (*-a*; *0*) Moschus *m*
plac *m* (*-u*; *-e*) (***zabaw*** Kinderspiel-, ***targowy*** Markt-)Platz; (*parcela*) Grundstück *n*; ***~ budowy*** Baustelle *f*
plac|ek *m* (*-cka*; *-cki*) (***śliwkowy*** Pflaumen-, ***z serem*** Käse-)Kuchen; ***~ki kartoflane*** Kartoffelpuffer *m/pl*; **~ówka** *f* (*-i*; *G -wek*) Posten *m*; Stelle; Agentur; Vertretung; (*instytucja*) Einrichtung
plaga *f* (*-i*) Plage
plajtować ⟨**s-**⟩ F (*-uję*) pleite gehen
plakat *m* (*-u*; *-y*) Plakat *n*, Poster *m/n*
plakietka *f* (*-i*; *G -tek*) Plakette
plam|a *f* (*-y*) Fleck *m*; **~iak** *m* (*-a*; *-i*) Schellfisch; **~ić** ⟨**po-**, **s-**, **za-**⟩ (*-ę*) beflecken, besudeln
plan *m* (*-u*; *-y*) Plan; ***na pierwszym ~ie*** im Vordergrund
planeta *f* (*-y*) Planet *m*
planow|ać (*-uję*) *v/t* ⟨**za-**⟩ planen; planieren; *v/i lotn* gleiten; **~anie** *n* (*-a*) Planung *f*; **~y** Plan-, (*t.* **-wo**) planmäßig
plansza *f* (*-y*; *-e*) (Schau-)Tafel
plantacja *f* (*-i*; *-e*) Plantage, Pflanzung
planty *m/pl* (*-ów*) Grünanlage *f*
plas|kać (*-am*) ⟨**~nąć**⟩ (*-nę*) klatschen
plaster *m* (*-tra*; *-try*) (**lepki** Heft-)Pflaster *n*; **~ek** *m* (*-rka*; *-rki*) *kulin* Scheibe *f*
plastik(owy) → ***plastyk***[2], ***plastykowy***

plastycz|ka *f* (*-i*; *G -czek*) Plastikerin, Bildhauerin; **~ny** plastisch; ***sztuki*** *f/pl* ***~ne*** bildende Künste *f/pl*
plastyk¹ *m* (*-a*; *-cy*) Plastiker, Bildhauer
plastyk² *m* (*-u*; *-i*) Plastik *n*, Kunststoff; **~owy** Plastik-, Kunststoff-
platyna *f* (*-y*; *0*) Platin *n*
plaż|a *f* (*-y*; *-e*) (Bade-)Strand *m*; ***na ~y*** am Strand; **~ować** (*-uję*) sich (am Strand) sonnen; **~owy** Strand-
plądrować ⟨**s-**⟩ (*-uję*) plündern
pląta|ć ⟨***po-***, **s-**, **za-**⟩ (*-czę*) verwirren, verwickeln (***się*** sich), F durcheinanderbringen; ***~ć się*** F *t.* durcheinandergeraten; (*łazić*) herumlungern; **~nina** *f* (*-y*) Gewirr *n*; *fig* F Durcheinander *n*
plebania [-ŋ̑ia] *f* (*GDL -ii*; *-e*) Pfarrei
plecak *m* (*-a*; *-i*) Rucksack
pleciony geflochten, Flecht-
plec|y *pl* (*-ów*) Rücken *m*; ***za moimi ~ami*** hinter meinem Rücken; ***stać ~ami*** (***do*** *G*) den Rücken zuwenden (*D*); ***szeroki w ~ach*** breitschultrig
pleć* ⟨***prze-***⟩ jäten
plem|ię *n* (*-ienia*; *-iona*) (Volks)Stamm *m*; **~nik** *m* (*-a*; *-i*) Spermium *n*
plenarny Plenar-, Voll-
plene|r *m* (*-u*; *-y*): ***w ~rze*** im Freien
plenić się (*-ę*) sich vermehren
plenum *n* (*idkl*; *-na*, *-ów*) Plenarsitzung *f*
pleść* ⟨**s-**⟩ flechten; F *fig* ⟨***na-***⟩ (***bzdury*** dummes Zeug) quatschen
pleś|nieć ⟨**s-**⟩ (*-eję*) (ver)schimmeln; **~ń** *f* (*-ni*; *-nie*) *bot* Schimmel *m*
plewa *f* (*-y*) Spelze, Spreu
plik *m* (*-u*; *-i*) Stoß, Pack(en); *EDV* Datei *f*
plisowany plissiert, Plissee-
pliszka *f* (*-i*; *G -szek*) Bachstelze
plomb|a *f* (*-y*) Plombe; **~ować** ⟨**za-**⟩ (*-uję*) verplomben; *ząb* plombieren
plon *m* (*-u*; *-y*) Ernte *f* (*t. fig*); ***święto ~ów*** Erntedankfest
plotk|a *f* (*-i*; *G -tek*) Klatschgeschichte; ***~i*** *pl* Klatsch *m*; **~ować** (*-uję*) klatschen
plucha *f* (*-y*) Regenwetter *n*
pluć (*-ję*) speien, F spucken
plugaw|ić ⟨**s-**⟩ (*-ę*) besudeln; **~y** (**-wo**) ordinär; → ***obrzydliwy***
plunąć *v/s* (*-nę*, *-ń!*) → ***pluć***
plus *m* (*-u*; *-y*) Pluszeichen *n*; *fig* Plus *n*
pluskać (*-am*/*-szczę*) schwappen, (*t. deszcz*) platschen (***o*** *A* an *A*); *fale*: plätschern; ***~ się*** planschen
pluskiewka *f* (*-i*; *G -wek*) Reißzwecke
pluskwa *f* (*-y*; *G -kiew*) Wanze (*t. fig*)
plusnąć *v/s* (*-nę*) → ***pluskać***; ***~ do wody*** ins Wasser plumpsen
plusz *m* (*-u*; *-e*) Plüsch
pluton¹ *m* (*-u*; *0*) *chem* Plutonium *n*
pluton² *m* (*-u*; *-y*) *mil* Zug; **~owy** *m* (*-ego*; *-wi*) Zugführer
plwocina *f* (*-y*) *med* Auswurf *m*
płaca *f* (*-y*; *-e*) Lohn *m*; ***~ za urlop*** Urlaubsgeld *n*
płachta *f* (*-y*) Plane; (*papieru*) Bogen *m*; ***~ ratownicza*** Sprungtuch *n*
płacić ⟨**o-**, **za-**⟩ (*-cę*) (be)zahlen
płacowy Lohn-
pła|cz *m* (*-u*; *-e*) Weinen *n*; **~czliwy** (**-wie**) weinerlich; **~kać** (*-czę*) weinen
płaski flach; (*spłaszczony*) platt
płasko *adv* → ***płaski***; **~rzeźba** *f* Flachrelief *n*; **~stopie** *n* (*-a*; *0*) Plattfüße *m/pl*; **~wzgórze** *n* Hochebene *f*
płaszcz *m* (*-a*; *-e*) Mantel
płaszczyć ⟨**s-**⟩ (*-ę*) platt schlagen, platt drücken; ***~ się*** *fig pej* kriechen
płaszczyzna *f* (*-y*) Ebene
płat *m* (*-a*; *-y*) (*kawał*) Stück *n*; (*szmata*) Lappen (*t. anat*); **~ek** *m* (*-tka*; *-tki*) Blütenblatt *n*; (*śniegu*) Flocke *f*; (*plasterek*) Scheibe *f*; (*materiału*) Fetzen, Stück(chen) *n*; ***~ki owsiane*** Haferflokken *f/pl*; F ***jak z ~ka*** wie geschmiert
płatn|iczy Zahlungs-; **~ik** *m* (*-a*; *-cy*) (***podatku*** Steuer-)Zahler; **~ość** *f* (*-ści*) Zahlung; ***warunki*** *m/pl* ***~ości*** Zahlungsbedingungen *f/pl*; **~y** zahlbar; *urlop*: bezahlt; *usługa*: kostenpflichtig
pława *f* (*-y*) *mar* Bake
płaz *m* (*-a*; *-y*) *zoo* Lurch; ***puścić ~em*** durchgehen lassen
płciowy geschlechtlich, sexuell, Sexual-
płeć *f* (*płci*; *płcie*/*płci*) Geschlecht *n*
płet|wa *f* (*-y*) Flosse; **~wonurek** *m* (Sport-)Taucher; *mil* Kampfschwimmer, F Froschmann
płochliwy (**-wie**) scheu, ängstlich
płoć *f* (*-ci*; *-cie*) *zoo* Plötze
płodność *f* (*-ści*; *0*) Fruchtbarkeit
płod|ny fruchtbar; **~y** *pl* → ***płód***
płodzić ⟨**s-**⟩ (*-dzę*, *płódź!*) (er)zeugen
płomie|nny flammend; *fig. t.* glühend; **~ń** *m* (*-nia*; *-nie*) Flamme *f*
płomyk *m* (*-a*; *-i*) (kleine) Flamme *f*
płoną|cy brennend; **~ć** (*-nę*, *-ń!*) brennen, lodern; *twarz*: glühen
płonica *f* (*-y*; *0*) *med* Scharlach *m*

płonny vergeblich; *agr*, *gór* taub
płoszyć ⟨**s-**, **wy-**⟩ (*-ę*) (auf-, ver)scheuchen; ~ **się** *koń*: scheuen
płot *m* (*-u*; *-y*) Zaun; **~ek** *m* (*-tka*; *-tki*): *sport* ***bieg przez ~ki*** Hürdenlauf
płow|ieć ⟨**s-**, **wy-**⟩ (*-eję*) *v/i* verschießen, ausbleichen; **~y** fahlgelb, falb
płoza *f* (*-y*; *G płóz/płoz*) Kufe
płócienny leinen, Leinen-
płód *m* (*-odu*; *-ody*) Frucht *f*; ***płody*** *pl t.* (***ziemi*** Boden-)Erzeugnisse *n/pl*
płótno *n* (*-a*; *G płócien*) Leinen, (*t. mal*) Leinwand *f*; (*obraz*) (Öl-)Gemälde
płuc|ny Lungen-; **~o** (*-a*): *zw.* ***~a*** *pl* Lunge *f*; ***zapalenie*** ~ Lungenentzündung *f*
pług *m* (*-a*; *-i*) Pflug
płukać (*-czę*) ⟨***prze-***, ***wy-*** aus⟩spülen; ~ ***gardło*** gurgeln
płycizna *f* (*-y*) seichte Stelle, Bank
płyn *m* (*-u*; *-y*) Flüssigkeit *f*; ***w ~ie*** flüssig; ~ ***do włosów*** Haarwasser *n*; **~ąć** (*-nę*, *-ń!*) fließen; (*pływać*) schwimmen; fahren (**do** *G* nach; ***łódką*** mit dem Boot); **~ność** *f* (*-ści*): ***~ność płatnicza*** *fin* Liquidität; **~ny** flüssig (*t. fig*); ***~ny owoc*** Fruchtsaft
płyt|a *f* (*-y*) Platte; *bud t.* Fliese; ***~a pamiątkowa*** Gedenktafel; ***muzyka z*** ~ Schallplattenmusik
płytki (**-*ko***) flach, seicht
pływa|czka *f* (*-i*; *G -czek*) Schwimmerin; **~ć** (*-am*) schwimmen; (*statkiem*) fahren; **~k** *m* (*-a*; *-i/m-os -cy*) Schwimmer; **~lnia** *f* (*-i*; *-e*) Schwimmbad *n*; **~nie** *n* (*-a*; *0*) Schwimmen
pływy *m/pl* (*-ów*) Gezeiten *pl*
pneumatyczny pneumatisch, Luft-
po *praep* **1.** (*L*) auf (*A*, *D*), in (*D*); an (*D*); durch (*A*); von (*D*); **2.** (*t. A*) nach (*D*); bis (an *A*, zu *D*); zu, je; ~ ***ramieniu*** auf die Schulter; ~ ***stole*** auf dem Tisch; ~ ***pokoju*** im Zimmer; ~ ***głosie*** an der Stimme; ***wędrować*** ~ ***kraju*** durch das Land wandern; ***odziedziczyć*** ~ ***ojcu*** vom Vater erben; ~ ***wojnie*** nach dem Krieg; ***już*** ~ ***piątej*** es ist schon nach fünf; ~ ***kolana*** bis ans Knie, bis zu den Knien; ~ ***... marek za kilo*** das Kilo zu ... Mark; ~ ***kolei*** der Reihe nach; *często nie tłumaczy się*: ~ ***całych nocach*** nächtelang; ***puszka*** ~ ***konserwach*** Konservendose; ~ ***pierwsze*** erstens; ~ ***bohatersku*** heldenhaft; ~ ***niemiecku*** (auf) deutsch; ~ ***co*** wozu

poba-, **pobe-** *pf* → ***ba-***, ***be-***
pobi|cie *n* Verprügeln; *jur* Körperverletzung *f*; **~ć** *pf* → ***bić***
pobie|-*pf* → ***bie-***; **~lany** *rondel*: verzinnt; **~rać** (*-am*) *pensję* beziehen; *lekcje* bekommen; *podatki* erheben; *próbki* entnehmen; *por* ***brać***
pobieżny flüchtig, schnell
pobli|ski nahe (gelegen); **~że** *n*: ***w ~żu*** (*G*) nahe bei (*D*), in der Nähe (*G*, von)
pobłaż|ać (*-am*) (zu) nachsichtig sein (*D* gegenüber *D*); **~liwy** (**-*wie***) nachsichtig
po|bła-, **~błą-**, **~bły-** *pf* → ***bła-***, ***błą-***, ***bły-***; **~bocze** *n* (*-a*) (*drogi*) Randstreifen *m*; **~boczny** Neben-, Rand-
pobo|jowisko *n* (*-a*) Schlachtfeld; **~rca** *m* (*-y*; *G -ów*) Steuereinnehmer; **~rowy** Musterungs-; Wehrdienst-; *su m* (*-ego*; *-i*) Wehrpflichtige(r), Rekrut; **~ry** *m/pl* (*-ów*) → ***pobór***; (*pensja*) Bezüge *m/pl*
po|bożność *f* (*-ści*; *0*) Frömmigkeit; **~bożny** fromm; **~bór** *m* (*-oru*; *-ory*) *mil* Einberufung *f*; *fin* Erhebung *f*; (*wody*) Entnahme *f*; **~brać*** *pf* → ***pobierać***
pobranie *n*: ***za ~m*** per Nachnahme
pobru- *pf* → ***bru-***
pobrzeż|e *n* (*-a*) Küste *f*; (*skraj*) Rand *m*; ***na ~u*** an der Küste; am Rand
pobu|- *pf* → ***bu-***; **~dka** *f* Beweggrund *m*; (*zachęta*) Impuls *m*, Anreiz *m*; *mil* Wecksignal *n*; **~dliwy** (leicht) erregbar
pobudz|ać (*-am*) ⟨***~ić***⟩ anregen (**do** *G* zu); **~ający** (**-co**) anregend
poby|ć* *pf* sich (kurz) aufhalten, verweilen; **~t** *m* Aufenthalt; ***miejsce stałego ~tu*** ständiger Wohnsitz
pocałunek *m* (*-nku*; *-nki*) Kuß
pochleb|ca *m* (*-y*; *G -ów*), **~czyni** *f* (*-i*; *-e*) Schmeichler(in); **~czy** schmeichlerisch; **~iać** (*-am*) schmeicheln; **~ny** schmeichelhaft; **~stwo** *n* (*-a*) Schmeichelei *f*
pochł|aniać (*-am*) ⟨***~onąć***⟩ → ***chłonąć***; verschlingen (*t. fig*); *ofiary* fordern; **~onięty** (*I*) *fig* vertieft (in *A*)
pochmurny bewölkt, wolkig; *fig* düster
pochodn|ia *f* (*-i*; *-e*) Fackel; **~y** abgeleitet; (*wtórny*) sekundär
pochodz|enie *n* (*-a*; *0*) Herkunft *f*, Abstammung *f*; **~ić** (ab)stammen (**z** *G* von, aus *D*); (*t. wynikać*) herrühren (**z**, ***od*** *G* von); *pf* → ***chodzić***
po|chopny überstürzt, vorschnell; **~chować** *pf* → ***chować***; **~chód** *m* (Um-,

Fest-)Zug; Marsch; **~chwa** *f* (*-y*) Scheide
pochwa|lać (*-am*) → ***chwalić***; **~lny** lobend, Lob-; **~ła** *f* (*-y*) Lob *n*
pochwy- *pf* → ***chwy-***
pochy|lać (*-am*) ⟨**~lić**⟩ → ***chylić***; **~lony** geneigt; gebeugt (***nad*** *I* über *D*); **~łość** *f* (*-ści*) Neigung, Gefälle *n*; (*zbocza*) Hang *m*; **~ły** (**-ło**) geneigt, schräg
pociąg *m kolej* Zug; (*skłonność*) Hang (***do*** *G* zu); ~ ***drogowy*** Lastzug; **~iem** mit dem Zug; **~ać** (*-am*) ⟨**~nąć**⟩ ziehen (***do*** *G* zu; ***za*** *A* an *D*; ***za sobą*** nach sich); (*pokryć*) überziehen; (*nęcić*) anziehen; **~ający** (**-co**) anziehend, attraktiv; **~nięcie** *n* (*-a*) Zug *m*
po cichu *adv* leise; *fig* stillschweigend
pocić się ⟨**s-**⟩ (*-cę*) schwitzen; *metal, szkło*: beschlagen, anlaufen
pocie|cha *f* (*-y*) Trost *m*; F (*dziecko*) Sprößling *m*; **~m-** *pf* → ***ciem-***
po ciemku *adv* im Dunkeln
pocie|p- *pf* → ***ciep-***; **~rać** (*-am*) reiben (***o*** *A* an *D*; *I* mit)
pociesza|ć (*-am*) trösten (***się*** sich); **~jący** tröstend; tröstlich, erfreulich
pociesz|enie *n* (*-a*) Trost *m*; ***na ~enie*** zum Trost; **~ny** drollig, possierlich; **~yć** *pf* → ***pocieszać***
pocisk *m* (*-u*; *-i*) (***kierowany*** Lenk-)Geschoß *n*, Projektil *n*
po co/cóż wozu; weshalb, warum
pocu-, **pocwa-** *pf* → ***cu-***, ***cwa-***
pocz|ąć *pf* (*-nę*) beginnen; ***życie ~ęte*** ungeborenes Leben
począt|ek *m* (*-tku*; *-tki*) Anfang, Beginn; ***~ki*** *pl* Anfangsgründe *m/pl*; ***na ~ek/~ku*** zu Beginn, am Anfang; ***od ~ku*** von Anfang an; **~kowo** *adv* anfangs, zuerst; **~kowy** anfänglich, Anfangs-; **~kujący** angehend; ***dla ~kujących*** für Anfänger
poczciwy (***-wie***) gütig; *diecko, pies*: brav
po|czekalnia *f* (*-i*; *-e*) Warteraum *m*, Wartezimmer *n*; **~czesny** ehrenvoll, Ehren-; **~częcie** *n* (*-a*) *biol* Empfängnis *f*; **~częstunek** *m* (*-nku*; *-nki*) kleiner Imbiß
po części teilweise
poczt|a *f* (*-y*) (***lotnicza*** Luft-)Post; **~ą** mit der/per Post; **~owy** Post-, postalisch; **~ówka** *f* (*-i*; *G -wek*) Postkarte
poczu|cie *n* (***czasu***, ***honoru***, ***winy*** Zeit-, Ehr-, Schuld-)Gefühl; ***~cie humoru*** Sinn *m* für Humor; **~ć** *pf* → ***czuć***; **~wać się** (***do*** *G*) sich bewußt sein (*G*)
poczwarka *f* (*-i*; *G -rek*) *zoo* Puppe
poczwórny vierfach
poczyna|ć beginnen, anfangen; **~nia** *n/pl* (*-ń*) Tun *n*, Handlungen *f/pl*
poczyt|ać *pf* (*-am*) etwas/e-e Weile lesen; → ***poczytywać***; **~alny** zurechnungsfähig; **~ny** vielgelesen, populär; **~ywać** (*-uję*) halten (***za*** *A* für; ***sobie za obowiązek*** es für m-e/s-e Pflicht)
poćw- *pf* → ***ćw-***
pod *praep* **1.** (*A*, *I*) unter (*A*, *D*); an (*A*, *D*); **2.** (*I*) bei (*D*); in (*D*); **3.** (*A*) zu (*D*); gegen (*A*); ~ ***okno*** unter das/ans Fenster; ~ ***warunkiem*** unter der Bedingung; ~ ***sam***(***o***) ***...*** bis an ...; ~ ***karą*** bei Strafe; ~ ***Warszawą*** bei Warschau; ~ ***postacią*** in der Gestalt; ~ ***dyskusję*** zur Diskussion; ~ ***światło*** gegen das Licht; ~ ***wieczór*** gegen Abend
podać *pf* → ***podawać***, ***dymisja***
podagra *f* (*-y*; *0*) *med* Gicht
podanie *n* (*prośba*) Antrag *m*, Gesuch; (*legenda*) Überlieferung *f*; *sport* Zuspiel, Vorlage *f*; ~ ***do wiadomości*** Bekanntgabe *f*; ~ ***ręki*** Händedruck *m*
podarować *pf* schenken
podarty zerrissen
podat|ek *m* (***dochodowy***, ***obrotowy***, ***od wartości dodanej***, ***od płacy*** Einkommen-, Umsatz-, Mehrwert-, Lohn-) Steuer *f*; **~kowy** steuerlich, Steuer-; **~nik** *m* (*-a*; *-cy*) Steuerzahler; **~ny** empfänglich, anfällig (***na*** *A* für); ***~ny grunt*** dankbarer Boden
podawać (*wręczyć*) (über)reichen; *prośbę, skargę* einreichen; *adres itp.* angeben; *obiad* servieren, auftragen; *piłkę* zuspielen; *rękę* reichen; ~ ***do sądu*** (***na*** *A*) verklagen (*A*); ~ ***do wiadomości*** bekanntgeben; ~ ***się za*** (*A*) sich ausgeben (für, als)
podaż *f* (*-y*; *0*) (Waren-)Angebot *n*
podąż|ać (*-am*) ⟨**~yć**⟩ gehen, fahren; ***~ać za*** (*I*) folgen, nacheilen (*D*); ***~yć z pomocą*** zur Hilfe eilen
pod|bicie *n anat* Spann *m*; *kraw* Futter; **~bić** *pf* → ***podbijać***; **~biegać** ⟨***~biec***, ***~biegnąć***⟩ angelaufen kommen (***do*** *G* zu); **~biegunowy** *geogr* polar; **~bijać** (*-am*) *kraj* unterwerfen; *piłkę* in die Höhe schlagen; *oko* blau schlagen; *cenę* hochtreiben; *buty* besohlen; *kraw* füttern; **~bój** *m* (*-oju*; *-oje*) Eroberung *f*,

Unterwerfung *f*; **~bródek** *m* (*-dka*; *-dki*) Kinn *n*; **~budowa** *f* Unterbau *m*
pod|burzać (*-am*) ⟨**~burzyć**⟩ aufwiegeln; **~chmielony** angeheitert; **~chodzić** näher kommen/treten, herankommen (**do** *G* an *A*); *fig* herangehen (an *A*); **~chorąży** *m* Offiziersanwärter
podchwy|tywać (*-uję*) ⟨**~cić**⟩ auffangen; *śpiew* einstimmen (in *A*)
podcią|ć *pf* → **podcinać**; **~gać** (*-am*) ⟨**~gnąć**⟩ hochziehen (**się** sich); heranziehen (**do** *G* an *A*)
podci|nać (*-am*) (von unten) beschneiden, stutzen; *piłkę* schneiden; **~śnienie** *n tech* Unterdruck *m*; *med* Hypotonie *f*
podczas *praep* (*G*) während (*G*); **~ gdy** *t.* in der/zu der Zeit als
podczer|niać (*-am*) ⟨**~nić**⟩ (*-ę*, *t. -ń!*) dunkel tönen; **~wony** infrarot
podda|ć *pf* → **poddawać**; **~sze** *n* (*-a*) Dachgeschoß; Dachkammer *f*; **~wać** *miasto* übergeben; *myśl* eingeben; unterziehen (**się** sich; **próbie** e-m Test); **~ się** *t.* sich ergeben; (*ulec*) erliegen
poddostawca *m* Zulieferer
pode → **pod**; **~ mną** unter mir
podejmować (*-uję*) aufheben; *rękę*, *os.* hochheben; *pieniądze* abheben; *decyzję* fassen; *walkę* aufnehmen; *podróż itp.* unternehmen; *gości* bewirten; **~ się** (*G*) übernehmen (*A*); unternehmen (*A*)
podejrz|any verdächtig; **~enie** *n* (*-a*) Verdacht *m*; **~ewać** (*-am*) (**o** *A*) verdächtigen (*G*); (*przypuszczać*) argwöhnen; **~liwość** *f* (*-ści*; *0*) Mißtrauen *n*, Argwohn *m*; **~liwy** (**-wie**) mißtrauisch, argwöhnisch
podejś|cie *n* (*-a*) Annäherung *f*; (*droga*) Zugang *m*; (*pod górę*) Aufstieg *m*; *fig* (**do** *G*) Herangehen (an *A*), Behandlung *f* (*G*); **~ć*** *pf* (→ *-jść*) → **podchodzić**; *fig* hintergehen
podekscytowany erregt, aufgeregt
pode|przeć *pf* → **podpierać**; **~rwać** *pf* → **podrywać**; **~słać***[2] *pf* → **podścielić**; **~szły** *wiek*, *lata*: vorgeschritten
podeszwa *f* (*-y*; *G -szew*) Sohle
pod|galać (*-am*) ⟨**~golić**⟩ (aus)rasieren
podglądacz *m* (*-a*; *-e*) *pej* Spanner
pod|główek *m* (*-wka*; *-wki*) Kopfstütze *f*; **~górze** *n* (*-a*) (Gebirgs-)Vorland; **~grzewać** (*-am*) ⟨**~grzać**⟩ aufwärmen, warm machen; **~jazd** *m* (*-u*; *-y*) Zufahrt(sweg *m*) *f*; **~jąć** *pf* → **podejmować**; **~jeżdżać** (*-am*) ⟨**~jechać***⟩ (heran)fahren; (*pod górę*) hinauffahren; **~jęcie** *n* (*-a*; *0*) *fig* Aufnahme *f*; *por* **podejmować**; **~judzać** (*-am*) ⟨**~judzić**⟩ aufhetzen; **~klejać** (*-am*) ⟨**~kleić**⟩ ankleben
podkład *m* (*-u*; *-y*) Grund; *kolej* Schwelle *f*; **~ać** (*-am*) unterlegen, (*t. fig*) unterschieben; **~ka** *f* (*-i*; *G -dek*) Unterlage
podkop|ywać (*-uję*) ⟨**~ać**⟩ untergraben
podko|szulek *m* (*-lka*; *-lki*) Unterhemd *n*; **~wa** *f* (*-y*) Hufeisen *n*
podkra|dać się (*-am*) ⟨**~ść* się**⟩ sich (her)anschleichen
podkreś|lać (*-am*) ⟨**~lić**⟩ unterstreichen; *fig t.* hervorheben
pod|kusić *pf* → **kusić**; **~kuwać** (*-am*) ⟨**~kuć**⟩ *konia* beschlagen; **~lać** *pf* → **podlewać**; **~latywać** (*-uję*) ⟨**~lecieć**⟩ emporfliegen, hochfliegen; **~le** *adv* → **podły**; **~legać** (*-am*), ⟨**~lec***⟩ (→ *lec*) unterstehen; *karze*, *podatkowi itp.* unterliegen; **~legły** unterstellt; *su m* (*-ego*; *-li*) Untergebene(r)
pod|lewać (*-am*) *kwiaty* (be)gießen; **~liczać** (*-am*) ⟨**~liczyć**⟩ zusammenzählen; **~lotek** *m* (*-tka*; *-tki*) halbwüchsiges Mädchen *n*, Teenager; **~łączać** (*-am*) ⟨**~łączyć**⟩ anschließen (**do** *G* an *A*); **~łoga** *f* (*-i*) (Fuß-)Boden *m*; **~łość** *f* (*-ści*) Gemeinheit; **~łoże** *n* (*-a*) (Unter-)Grund *m*; **~łożyć** *pf* → **podkładać**
podłuż|nie *adv* längs, der Länge nach; **~ny** länglich; Längs-
podły gemein, niederträchtig, F mies
podma|kać (*-am*) feucht werden; **~lowywać** (*-uję*) ⟨**~lować**⟩ anmalen
pod|miejski Vorstadt-, Vorort(s)-; **~miot** *m* (*-u*; *-y*) Subjekt *n*; **~moknąć** → **podmakać**; **~morski** unterseeisch
podmuch *m* (*-u*; *-y*) Windstoß
pod|mywać (*-am*) ⟨**~myć**⟩ *brzeg* unterspülen; **~najemca** *m* (*-y*) Untermieter
podniebienie *n* (*-a*; *G-ń*) Gaumen *m*
podnie|cać (*-am*) ⟨**~cić**⟩ (*-cę*) erregen (**się** sich); (*podsycać*) anregen, stimulieren; **~cenie** *n* (*-a*) Erregung *f*; **~ść** *pf* → **podnosić**; **~ta** *f* (*-y*) Ansporn *m*
pod|niosły erhaben, gehoben; **~nosić** (auf-, hoch)heben; *flagę* hissen; *kotwicę* lichten; *kołnierz* hochklappen; *kurz* aufwirbeln; *ceny itp.* anheben, erhöhen; *zarzut* erheben (*t. mat*); **~nosić się**

P

aufstehen; (auf)steigen; **~nośnik** *m* (*-a*; *-i*) *mot* Wagenheber
podnóż|e *n* (*-a*) (*góry*) Fuß *m*; ***u ~a*** am Fuß(e); **~ek** *m* (*-żka*; *-żki*) Fußbank *f*
podob|ać się (*-am*) gefallen; ***nie ~ać się*** *t.* mißfallen; ***jak ci się to ~a?*** wie gefällt es dir?; ***ile ci się ~a*** soviel du Lust hast; **~ieństwo** *n* (*-a*) Ähnlichkeit *f*; **~nie** *adv* → ***podobny***; ***~nie jak*** ebenso wie; **~no** *adv* wie es scheint, anscheinend; ***on ~no wyjechał*** er soll abgereist sein; **~ny** (***do*** *G*) ähnlich (*D*); ***i tym***/***temu ~ne*** und ähnliches
podoficer *m* Unteroffizier
podokiennik *m* (*-a*; *-i*) Fensterbrett *n*
podołać (*-am*) (*D*) schaffen (*A*), bewältigen (*A*), gewachsen sein (*D*)
podomka *f* (*-i*; *G -mek*) Kittelschürze
podpa|dać (***pod*** *A*) fallen (unter *A*); **~lacz** *m* Brandstifter; **~lać** (*-am*) ⟨**~*lić***⟩ anzünden; **~ść***[1] *pf* → ***podpadać***; F unangenehm auffallen; **~trywać** (*-uję*) ⟨**~*trzyć***⟩ heimlich beobachten
podpełz|ać ⟨**~*nąć***⟩ herankriechen; (***pod*** *A*) kriechen (unter *A*)
pod|piąć *pf* (*-epnę*) → ***podpinać***; **~pić** *pf*: ***~pić sobie*** sich e-n Schwips antrinken; **~pierać** (*-am*) stützen (***się*** sich); **~pinać** (*-am*) feststecken; anstecken; *papier* anheften (***do*** *G* an *A*)
podpis *m* (*-u*; *-y*) Unterschrift *f*; **~ywać** (*-uję*) ⟨**~*ać***⟩ (*t.* ***się***) unterschreiben
pod|pity angetrunken; **~pływać** ⟨**~*płynąć***⟩ (***do*** *G*) heranschwimmen (an *A*); *łódź itp.*: sich nähern (*D*); **~pora** *f* Stütze (*t. fig*); **~porucznik** *m* Leutnant
podpo|rządkow(yw)ać (*-*[*w*]*uję*) unterordnen (***się*** sich); **~wiadać** (*-am*) ⟨**~*wiedzieć***⟩ vorsagen
podpórka *f* (*-i*; *G -rek*) Stütze
podpułkownik *m* Oberstleutnant
podra|biać (*-am*) fälschen, nachmachen; **~pać** *pf* (zer)kratzen; **~stać** (*-am*) heranwachsen; **~żać** (*-am*) verteuern
podrażnienie *n* (*-a*) Gereiztheit *f*; *med* Reizung *f*
podreperować *pf* reparieren
podręczn|ik *m* Lehrbuch *n*; Leitfaden; ***~ik szkolny*** Schulbuch *n*; **~y** Hand-
pod|robić *pf* → ***podrabiać***, ***drobić***; **~rosnąć** *pf* → ***podrastać***; **~rostek** *m* (*-tka*; *-tki*) Halbwüchsige(r)
podroż|eć *pf*, **~yć** *pf* (*-ę*) → ***drożeć***, ***podrażać***
podróż *f* (*-y*; *-e*) (***morska*** See-)Reise, (***koleją*** Bahn-)Fahrt; ***biuro ~y*** Reisebüro; **~ny** Reise-, Fahrt-; *su m* (*-ego*; *-i*), **~na** *f* (*-ej*; *-e*) Reisende(r); **~ować** (*-uję*) reisen (***koleją*** mit der Bahn); (***po*** *L*) bereisen (*A*)
podrumienić *pf* (hellbraun) anbraten
podrywać (*-am*) hochreißen; *fig t.* untergraben; F *dziewczynę* aufreißen; **~ *się*** aufspringen; *ptak*: auffliegen
podrzeć *pf* (zer)reißen
podrzędny untergeordnet; (*mierny*) mäßig; *gr* Neben-
podrzu|cać ⟨**~*cić***⟩ hochwerfen; *węgla* nachlegen; *dziecko* unterschieben; F (*dostarczyć*) bringen; (*kogoś*) mitnehmen; **~tek** *m* (*-tka*; *-tki*) Findelkind *n*
pod|sadzać ⟨**~*sadzić***⟩ hochheben; (*na konia*) aufsteigen helfen; **~sądny** *m* (*-ego*; *-i*), **-na** *f* (*-ej*; *-e*) Angeklagte(r); **~skakiwać** (*-uję*) hüpfen, springen (***z radości*** vor Freude); F *ceny*: hochschnellen; **~skok** *m* Hüpfer; **~skórny** *med* Unterhaut-; *zastrzyk*: subkutan
podsłuch *m* Lauschangriff; ***założyć ~*** e-e Abhöranlage installieren; **~iwać** (*-uję*) ⟨**~*ać***⟩ *v/i* horchen, lauschen (***pod drzwiami*** an der Tür); *v/t* belauschen; abhören; **~owy** Abhör-, Horch-
podsmaż|ać (*-am*) ⟨**~*yć***⟩ anbraten
podstarzały älter, bei Jahren
podstaw|a *f* (*-y*) Sockel *m*; *tech t.* Gestell *n*, Ständer *m*; *fig* Grundlage; *mat* Grundlinie; ***~a czaszki*** Schädelbasis; ***dać ~ę*** (***do*** *G*) Anlaß geben (zu, für); ***mieć ~ę*** e-n Grund haben; ***na ~ie*** (*G*) auf Grund (von, *G*); **~i(a)ć** (dar)unterstellen; *nogę* stellen; *pociąg* bereitstellen; **~ka** *f* (*-i*; *G -wek*) Untersatz *m*; Ständer *m*; **~owy** Grund-; fundamental; ***szkoła ~owa*** Grundschule
podstęp *m* (*-u*; *-y*) List *f*, Trick; **~ny** hinterhältig; *plan*: heimtückisch
pod|strzygać (*-am*) ⟨**~*strzyc****⟩ schneiden, stutzen; **~sumow(yw)ać** (*-*[*w*]*uję*) addieren; *fig* zusammenfassen; **~suwać** ⟨**~*sunąć***⟩ unterschieben; *myśl* eingeben; **~sycać** (*-am*) ⟨**~*sycić***⟩ *fig nienawiść* schüren; *nadzieję* nähren; **~szeptywać** (*-uję*) ⟨**~*szepnąć***⟩ *fig* einflüstern; **~szewka** *f* (*-i*; *G -wek*) *kraw* Futter *n*
podszy|wać (*-am*) ⟨**~*ć***⟩ füttern (*I* mit); *suknię* säumen; F ***~ć się*** sich ausgeben

P

(*pod A* als); **~ty futrem** pelzgefüttert
pod|ścielić *pf* (*-lę*) *koc* unterbreiten; **~ściółka** *f* (*-i*; *G -łek*) Unterlage; (*słoma itp.*) Streu; **~śpiewywać** (*-uję*) vor sich hin singen; **~świadomy** (**-*mie***) unterbewußt, im Unterbewußtsein
podtrzym|ywać (*-uję*) ⟨**~*ać***⟩ halten, (*t. fig*) stützen; *ogień* unterhalten; *żądania, stosunki itp.* aufrechterhalten; (*bronić*) unterstützen
poducz|ać (*-am*) ⟨**~*yć***⟩ vorbereiten (***do egzaminu*** auf die Prüfung); beibringen (***k-o do*** *G* j-m *A*)
pod|udzie *n* (*-a*) Unterschenkel *m*; **~upadać** ⟨**~*upaść****⟩ (→ *paść*[1]) herunterkommen, (*t. fig*) verfallen
poduszk|a *f* (*-i*; *G -szek*) Kissen *n*; (*t. tech*) Polster *n*; **~owiec** *m* (*-wca*; *-wce*) Luftkissenfahrzeug *n*
podwajać (*-am*) verdoppeln (***się*** sich)
pod|walina *f* (*-y*) *fig* Fundament *n*; **~ważać** (*-am*) ⟨**~*ważyć***⟩ wuchten, anheben; *fig* erschüttern, rütteln (an *D*)
podwiąz|ka *f* (*-i*; *G -zek*) Strumpfband *n*; Sockenhalter *m*; **~ywać** (*-uję*) ⟨**~*ać***⟩ hochbinden; *med* abbinden
pod|wieczorek *m* (*-rku*; *-rki*) Vesper *f*; **~wieźć*** *pf* → ***podwozić***; **~wijać** (*-am*) ⟨**~*winąć***⟩ (*-nę*, *-ń!*) hochkrempeln; *nogi, ogon* einziehen; **~władny** untergeben; → ***podległy***; **~wodny** Unterwasser-; ***łódź ~wodna*** Unterseeboot *n*
podwo|ić *pf* → ***podwajać***; **~zić** mitnehmen, mitfahren lassen; **~zie** *n* (*-a*; *G -zi*) Fahrgestell; *lotn* Fahrwerk
podwój|nie *adv*, **~ny** doppelt; ***gra ~na*** *sport* Doppel *n*; *fig* Doppelspiel *n*
podwó|rko *n* (*-a*; *G -rek*), **~rze** *n* (*-a*) Hof *m*; ***na ~rzu*** *t.* draußen
podwyż|ka *f* (*-i*; *G -żek*) (***płac*** Lohn-)Erhöhung; ***~ka cen*** Preissteigerung; **~szać** (*-am*) ⟨**~*szyć***⟩ (*-ę*) erhöhen (***się*** sich), steigern; **~szenie** *n* (*-a*) Erhöhung *f*, Anstieg *m*; Podium
podzelować [-d·z-] *pf* besohlen
po|dziać *pf* (*-eję*) → ***podziewać***; **~dział** *m* (Auf-, Ein-, Ver-)Teilung *f*; **~działka** *f* Skala; **~dzielić** *pf* → ***dzielić***
podziem|ie [-d·z-] *n* (*-a*; *G -i*) (unterirdisches) Gewölbe; *fig* Untergrund *m*; **~ny** unterirdisch; Untergrund-
podziewać (*-am*) verlegen, F verkramen, irgendwo stehenlassen; **~ *się*** abhanden kommen, vermißt werden

podziękowanie *n* (*-a*) Dank *m*
podziurawiony durchlöchert; löcherig
podziw *m* (*-u*; *0*) Bewunderung *f*; → ***nad***; **~iać** (*-am*) bewundern
podzwrotnikowy [-d·z-] tropisch
podźwignąć *pf* heben; *fig* wiederaufbauen; **~ *się*** (mühsam) aufstehen
podżegać [-d·ʒ-] (*-am*) hetzen (***przeciw*** *D* gegen); anstiften (***do*** *G* zu)
poe|mat *m* (*-u*; *-y*) Poem *n*; **~ta** *m* (*-y*; *-ci*), **~tka** *f* (*-i*; *G -tek*) Dichter(in); **~tycki** (**-*ko***), **~tyczny** poetisch; **~zja** *f* (*-i*; *0*) Poesie; (*pl -e*) Dichtung
po|fa-, **~fi-**, **~fo-** *pf* → ***fa-***, ***fi-***, ***fo-***
pogadanka *f* (*-i*; *G -nek*) Plauderei
poganiać (an)treiben
poga|nin *m* (*-a*; *-anie*, -) Heide; **~nka** *f* (*-i*; *G -nek*) Heidin; **~ński** heidnisch
pogar|da *f* (*-y*; *0*) Verachtung; ***godny ~dy*** verachtenswert; ***mieć w ~dzie*** verachten; **~dliwy** (**-*wie***) verächtlich; **~dzać** (*-am*) ⟨**~*dzić***⟩ (*I*) verachten (*A*); (*czymś t.*) verschmähen (*A*)
pogarszać (*-am*) verschlechtern, verschlimmern (***się*** sich)
pogawędka *f* (*-i*; *G -dek*) Unterhaltung, Plauderei, F Schwatz *m*
pogląd *m* (*-u*; *-y*) Ansicht *f*, (***na świat*** Welt-)Anschauung *f*; ***wymiana ~ów*** Meinungsaustausch *m*; **~owy** (**-*wo***) anschaulich
po|głębiać (*-am*) ⟨**~*głębić***⟩ (*-ę*) vertiefen; **~głoska** *f* Gerücht *n*; **~gmatwany** verwickelt, verworren; **~gnać** *pf* F *v/i* hasten, eilen; *v/t* → ***poganiać***
pogod|a *f* (*-y*) Wetter *n*; ***będzie ~a*** es gibt schönes Wetter; **~ny** heiter; *fig. t.* abgeklärt; **~ynka** *f* (*-i*; *G -nek*) telefonischer Wetterdienst
pogodzeni|e *n* (*-a*) Versöhnung *f*; ***niemożliwy do ~a*** unvereinbar
pogo|nić *pf* → ***poganiać***, ***pognać***; **~ń** *f* (*-ni*; *-nie*) Verfolgung; Verfolger *m/pl*
pogorsz|enie (***się***) *n* (*-a*) Verschlechterung *f*; **~yć** *pf* → ***pogarszać***
pogorzelisko *n* (*-a*) Brandstätte *f*
pogotowie *n* (*-a*; *0*) Bereitschaft *f*; (*pl -wi*) Rettungsdienst *m*; F Rettungswagen *m*; **~ *górskie*** Bergwacht *f*; **~ *awaryjne/techniczne*** Störungsdienst *m*; **~ *policyjne*** Einsatzkommando *n* der Polizei; ***w pogotowiu*** (einsatz)bereit
pogranicz|e *n* (*-a*) Grenzgebiet; ***na ~u*** an der Grenze; **~ny** Grenz-, grenznah

P

pogrąż|ać (*-am*) ⟨**~yć**⟩ (*-ę*) versenken; *fig* stürzen; **~yć się** versinken
pogrom *m* (*-u*; *-y*) totale Niederlage; *hist* Pogrom *m*/*n*; **~ca** *m* (*-y*; *G -ów*), **~czyni** *f* (*-i*; *-e*) Bezwinger(in); **~ca** (**~czyni**) **zwierząt** Tierbändiger(in)
pogróżka *f* (*-i*; *G -żek*) Drohung
pogru-, pogry- *pf* → **gru-, gry-**
pogrzeb *m* (*-u*; *-y*) Begräbnis *n*, Beisetzung *f*; (*kondukt*) Leichenzug; **~acz** *m* (*-a*; *-e*) Schürhaken; **~ać** *pf* → **grzebać**; *ciało* beisetzen, (*t. fig*) begraben; **~owy** Begräbnis-; Trauer-; Leichen-; **zakład ~owy** Bestattungsinstitut *n*
pogu- *pf* → **gu-**
pogwałc|ać (*-am*) ⟨**~ić**⟩ *uczucia* verletzen; *prawo t.* verstoßen (gegen)
pogwizdywać (*-uję*) vor sich hin pfeifen
pohamowa|ć się *pf* sich beherrschen; **~nie** *n*: **brak ~ania** Unbeherrschtheit *f*
po|ić ['pɔitɕ] ⟨**na-**⟩ (*-ję*, *-isz*, *pój!*) *v/t* zu trinken geben; *konie* tränken; F (*upijać*) betrunken machen; **~in-** *pf* → **in-**; **~jawiać się** (*-am*), ⟨**~jawić się**⟩ erscheinen, auftauchen; **~jazd** *m* (*-u*; *-y*) (**mechaniczny** Kraft-)Fahrzeug *n*; **~jąć** *pf* (*-mę*) → **pojmować**; **~je-** *pf* → **je-**
pojedna|nie *n* (*-a*) Versöhnung *f*; **~wczy** (**-czo**) versöhnlich; Schieds-
pojedyn|czy (**-czo**) einzeln; (*nie podwójny*) einfach; **gra ~cza** *sport* Einzel *n*; **~ek** *m* (*-nku*; *-nki*) Duell *n* (*t. fig*)
pojemn|ik *m* (*-a*; *-i*) Behälter; Container; **~ość** *f* (*-ści*; *0*) Fassungsvermögen *n*; *fiz* Kapazität; *mar* Tonnage; **~ość skokowa** Hubraum *m*; **~y** geräumig
pojezierze *n* (*-a*; *G -rzy*) Seenplatte *f*
pojęci|e *n* (*-a*) Begriff *m*; F (*pl 0*) Begreifen; **nie do ~a** unbegreiflich; **nie mam ~a** ich habe k-e Ahnung
pojętny aufgeweckt, gescheit
pojmować (*-uję*) begreifen, verstehen
pojutrze übermorgen
poka- *pf* → **ka-**
pokarm *m* (*-u*; *-y*) Nahrung *f*; **~owy** Nahrungs-
pokaz *m* (*-u*; *-y*) (**mody** Moden-)Schau *f*, Vorführung *f*; **na ~** zum Schein, zur Schau; **~ywać** (*-uję*) ⟨**~ać**⟩ zeigen (**się** sich); *drzwi* weisen; *zegar*: anzeigen
po|kaźny ansehnlich; **~kątny** illegal; *hdl t.* Schwarz-; **~ki(e)-** *pf* → **ki(e)**
poklask *m* (*-u*; *0*) Beifall (*t. fig*)
poklep|ywać (*-uję*) ⟨**~ać**⟩ → **klepać**
pokła|d *m* (*-u*; *-y*) *mar* Deck *n*; (*warstwa*) Schicht *f*; *gór t.* Flöz *n*; **na ~dzie** an Deck; an Bord; **~dać** (*-am*) *nadzieję itp.* setzen (**w** *L* auf, in *A*); **~dowy** Decks-
pokłosie *n* (*-a*; *G -si*) *fig* Früchte *f*/*pl*
po|kłócić *pf* entzweien (**się** sich); **~kochać** *pf v*/*t* sich verlieben (in *A*)
poko|jowy[1] Friedens-; (*t.* **-wo**) friedlich; **~jowy**[2] Zimmer-, Stuben-; **~jówka** *f* (*-i*; *G -wek*) Zimmermädchen *n*
pokolenie *n* (*-a*) Generation *f*
poko|nywać (*-uję*) ⟨**~nać**⟩ besiegen; *fig t.* überwinden; **~nany** besiegt, unterlegen; **~ra** *f* (*-y*; *0*) Demut; **~rny** demütig
pokost *m* (*-u*; *-y*) Firnis
po|kój[1] *m* (*-oju*; *0*) Frieden; **~kój**[2] *m* (*-oju*; *-oje*) (**hotelowy**, **mieszkalny**, **stołowy** Hotel-, Wohn-, Eß-)Zimmer *n*
pokra- *pf* → **kra-**
pokrew|ieństwo *n* (*-a*) Verwandtschaft *f*; **~ny** verwandt (*D* mit)
pokro|- *pf* → **kro-**; **~wiec** *m* (*-wca*; *-wce*) Schonbezug, Hülle *f*
pokrój *m* Zuschnitt, Art *f*
pokrótce *adv* kurz, in ein paar Worten
pokry|cie *n* (*-a*) Überzug *m*, (*t. mebli itp.*) Bezug *m*; *tech t.* Verkleidung *f*; Belag *m*; *fin*, *ekon* Deckung *f*; **bez ~cia** ungedeckt; **~ć** *pf* →**pokrywać**, **kryć**
po kryjomu *adv* heimlich, insgeheim
pokryw|a *f* (*-y*) (**lodu** Eis-)Decke; *tech* (Abdeck-)Haube, Deckel *m*; **~ać** (*-am*) beziehen, (*t. farbą itp.*) überziehen (*I* mit; **się** sich); *kurz*, *lód itp.*: bedecken; *dach*, *potrzeby* decken; *koszty t.* tragen; **~ać się z** (*I*) sich decken (mit); **~ka** *f* (*-i*; *G -wek*) Deckel *m*
pokrzepi|ać (*-am*) ⟨**~ć**⟩ stärken (**się** sich); **~ć na duchu** aufmuntern; **~jący** (**-co**) stärkend; belebend
pokrzywa *f* (*-y*) Brennessel
pokrzywdzony *jur* geschädigt
pokrzywk|a *f* (*-i*; *0*) *med* Nesselausschlag *m*; **~owy** Nessel-
pokupny *towar*: gängig, gefragt
pokus|a *f* (*-y*) Versuchung; **~ić się** (**o** *A*) wagen (*A*), sich versuchen (in *D*)
pokut|a *f* (*-y*) Buße; **~ować** (*-uję*) büßen (**za** *A* für); *fig* sich (hartnäckig) halten
pokwa-, pokwę- *pf* → **kwa-**, **kwę-**
pokwitowanie *n* (*-a*) Empfangsbestätigung *f*; **za ~m** gegen Quittung
pola|- *pf* → **la-**; **~ć** *pf* → **polewać**
Polak *m* (*-a*; *-cy*) Pole

polana *f* (*-y*) (Wald-)Lichtung
polano *n* (*-a*) (Holz-)Scheit *m*
polarny polar; → **zorza**
pole *n* (*-a*; *G pól*) Feld (*t. fig*); *mat* Fläche *f*; **wywieść w ~** foppen
pole|c* *pf* (**za ojczyznę** für das Vaterland) fallen; **~cać** (*-am*) ⟨**~cić**⟩ (*-cę*) anordnen, veranlassen; (*powierzać*) anvertrauen; (*doradzać*) empfehlen (**się** sich); **~cający** Empfehlungs-; **list ~cony** Einschreib(e)brief; **~cenie** *n* (*-a*) (*zlecenie*) Anweisung *f*, Auftrag *m*; **z ~cenia** auf Empfehlung; **~gać** (*-am*) (**na** *L*) sich verlassen (auf *A*); (*zasadzać się*) bestehen (in *D*); **~gły** gefallen; *su m* (*-ego*; *-li*) Gefallene(r)
polemiczny polemisch
polepsz|ać (*-am*) ⟨**~yć**⟩ (*-ę*) (ver)bessern (**się** sich); **~enie** *n* (*-a*) Besserung *f*
polerować ⟨**wy-**⟩ (*-uję*) polieren
polew|a *f* (*-y*) Glasur; Email *n*; **~aczka** *f* (*-i*; *G -czek*) Sprengwagen *m*; Gießkanne; **~ać** (*-am*) begießen; *tech* glasieren; **~ka** *f* (*-i*; *G -wek*) Suppe
poleżeć *pf* eine Weile liegen (bleiben)
polędwica *f* (*-y*; *-e*) Filet *n*; **~ wędzona** Lachsschinken *m*
polichlorek *m* (*-rku*; *-rki*): **~ winylu** Polyvinylchlorid *n*
polic|ja *f* (*-i*; *0*) (**drogowa**, **śledcza** Verkehrs-, Kriminal-)Polizei; **~jant** *m* (*-a*; *-ci*) Polizist; **~yjny** Polizei-
policz|ek *m* (*-czka*; *-czki*) Wange *f*, F Backe *f*; Ohrfeige *f*; **~kować** ⟨**s-**⟩ (*-uję*) ohrfeigen; **~yć** *pf* → **liczyć**
polietylenowy Polyäthylen-
poligon *m* (*-u*; *-y*) *mil* Übungsgelände *n*
P
poligraf *m* (*-a*; *-y*) Lügendetektor
polisa *f* (*-y*) Police
politechnika *f* technische Hochschule
politowanie *n* (*-a*; *0*) Mitleid; **z ~m** mitleidig, mitleidsvoll
politur|a *f* (*-y*) Politur; **~ować** (*-uję*) mit Politur überziehen, Politur auftragen
polity|czny politisch, Politik-; **~k** *m* (*-a*; *-cy*) Politiker(in); **~ka** [-'li-] *f* (*-i*) Politik
polka *f* (*-i*; *G -lek*) (*taniec*) Polka
Polka *f* (*-i*; *G -lek*) Polin
polny Feld-; **konik ~** Grashüpfer
polonez *m* (*-a*; *-y*) Polonäse *f*
polonijny: **ośrodek ~** polnische Kolonie *f*
polot *m* (*-u*; *0*) Schwung, schöpferische Phantasie *f*; **bez ~u** geistlos, fade
polowa|ć (*-uję*) (**na** *A*) jagen (*A*); **~nie** *n* (*-a*) (**na lisa** Fuchs-)Jagd *f*
polski Polen-, (*t.* **po -ku**, **z -ka**) polnisch
polszczyzna *f* (*-y*; *0*) Polnisch *n*
polub|ić *pf* liebgewinnen; **~owny** gütlich; **sąd ~owny** Schiedsgericht *n*
poła *f* (*-y*; *G pół*) (Rock-)Schoß *m*
poła|- *pf* → **ła-**; **~many** zerbrochen
połącz|enie *n* (*-a*) Verbindung *f*; *kolej*, *tel t.* Anschluß *m*; (*firm itp.*) Zusammenschluß *m*; **~ony** verbunden; *fig t.* gekoppelt (**z** *I* mit); *siły*: vereint; **~yć** *pf* → **łączyć**
połknąć *pf* (*-nę*) verschlucken
połow|a *f* (*-y*) Hälfte; **do ~y** zur Hälfte, halb; **w ~ie maja** Mitte Mai; **w ~ie drogi** auf halbem Wege; **podzielić na ~ę** halbieren; **~iczny** Halb-; Teil-
położ|enie *n* (*-a*) Lage *f*; **~na** *f* (*-ej*; *-e*) Hebamme; **~nictwo** *n* (*-a*; *0*) Geburtshilfe *f*; **~yć** *pf* → **kłaść**
połóg *m* (*-ogu*; *-ogi*) Wochenbett *n*
połów *m* (*-owu*; *-owy*) (**ryb** Fisch-)Fang
połówka *f* (*-i*; *G -wek*) Hälfte
południ|e *n* (*-a*) Mittag *m*; *geogr* Süden *m*; **po ~u** nachmittags; **przed ~em** am Vormittag, vormittags; **w ~e** am Mittag, mittags; **na ~e od** (*G*) südlich von; **~k** *m* (*-a*; *-i*) *geogr* Meridian
południo|wo-wschodni Südost-, südöstlich; **~wo-zachodni** Südwest-, südwestlich; **~wy** Süd-, südlich; Mittags-
połykać (hinunter)schlucken
połysk *m* (*-u*; *0*) (**wysoki** Hoch-)Glanz
połyskiwać (*-uję*) schimmern, funkeln
poma|- *pf* → **ma-**; **~dka** *f* (*-i*; *G -dek*): **~dka do ust** Lippenstift *m*; **~gać** (*-am*) helfen (**przy**, **w** *L* bei; **do** *G* zu; **na** *A* gegen; **sobie** sich); **~lo-** *pf* → **malo-**; **~łu** *adv* langsam; F *fig* einigermaßen
pomarańcz|a *f* (*-y*; *-e*) Apfelsine; **~owy** Orangen-; (*t.*-**wo**) orange(farben)
pomarszczony faltig, runz(e)lig
pomawiać (**k-o o** *A*) unterstellen (j-m *A*), beschuldigen (j-n *G*)
po|mazać *pf* bestreichen; † salben; **~mą-**, **~me-**, **~mę-** *pf* → **mą-**, **me-**, **mę-**
pomiar *m* (*-u*; *-y*) (Ver-)Messung *f*; **~owy** Meß-; Vermessungs-
pomi(ą)- *pf* → **mi(ą)-**
pomidor *m* (*-a*; *-y*) Tomate *f*; **~owy** Tomaten-; *kolor*: tomatenrot
pomie|- *pf* → **mie-**; **~szanie** *n* (*-a*; *0*) (**zmysłów** geistige) Verwirrung *f*; **~szczenie** *n* Unterbringung *f*; (*lokal*)

Raum *m*; **~ścić** *pf* unterbringen; ***~ścić się*** Platz finden, hineinpassen
pomię|- *pf* → ***mię-***; **~ty** zerknittert
pomi|jać ⟨**~nąć**⟩ (*opuścić*) auslassen; (*nie uwzględnić*) übergehen; ***~jając*** (*A*) abgesehen von; **~mo** *praep* (*G*) trotz (*G*), entgegen (*D*)
pomnażać (*-am*) → ***mnożyć***
pomniejsz|ać (*-am*) ⟨**~yć**⟩ (*-ę*) verkleinern; *fig* mindern; **~y** kleiner; minder
pomnik *m* (*-a*; *-i*) Denkmal *n*
pomoc *f* (*-y*; *0*) Hilfe; (***pieniężna*** finanzielle) Unterstützung; *os.* (*pl -e*) Hilfe, Hilfskraft; *sport* Läufer *m/pl*; ***~e naukowe*** Lernhilfen *f/pl*; ***przyjść z ~ą*** zu Hilfe kommen; ***wzywać na ~*** um Hilfe rufen; ***przy ~y, za ~ą*** mit Hilfe; **~nica** *f* (*-y*; *-e*) Helferin; ***~nica biurowa*** Bürohilfe; **~nictwo** *n* (*-a*) *jur* Beihilfe *f*; **~niczy** Hilfs-; ***adres ~niczy*** Paketkarte *f*; **~nik** *m* (*-a*; *-cy*) Helfer; Gehilfe; *mot* Beifahrer; **~ny** hilfreich; ***być ~nym*** (***w*** *L*) behilflich sein (bei)
pomor|- *pf* → ***mor-***; **~ski** pommersch
pomost *m* Plattform *f*; (***ładunkowy*** Verlade-)Brücke *f*; *tech t.* Bühne *f*
pomóc* *pf* (*-móż!*) → ***pomagać***
pomór *m* (*-oru*; *0*) *wet* Pest *f*
pomówić *pf* → ***pomawiać***
pomp|a¹ *f* (*-y*) Pumpe; **~a²** *f* (*-y*; *0*) Pomp *m*; **~atyczny** pompös; bombastisch; **~ować** (*-uję*) ⟨***na-*** voll⟩pumpen
pomruk *m* Brummen *n*; *fig* Murren *n*
po|mstować F (*-uję*) schimpfen (***na*** *A* über *A*); **~myje** *pl* (-) Spülwasser *n*
pomy|lić *pf* verwechseln; ***~lić się*** → ***mylić***; **~łka** *f* (*-i*; *G -łek*) Irrtum *m*; ***przez ~łkę*** aus Versehen; ***~łka!*** falsch verbunden!
pomysł *m* (*-u*; *-y*) Einfall, Idee *f*; **~owy** erfinderisch, kreativ; (*t.* ***-wo***) sinnreich
pomyśleni|e: *nie do ~a* undenkbar
pomyśln|ość *f* (*-ści*) Wohl(ergehen) *n*; ***życzyć wszelkiej ~ości*** Glück und Segen wünschen; **~y** günstig
pona- *pf* → ***na-***
ponad *praep* (*A*, *I*) über (*A*, *D*); ***~ miarę*** übermäßig; ***to jest ~ moje siły*** das übersteigt meine Kräfte; **~-** *w zł.* Über-, über-, *np.* **~dźwiękowy** Überschall-; **~partyjny** überparteilich; **~to** *adv* überdies, darüber hinaus
pona|glać (*-am*) mahnen; → ***naglić***; **~glenie** *n* (*-a*) (*pismo*) Mahnschreiben; **~wiać** (*-am*) wiederholen, erneuern

poncz *m* (*-u*; *-e*) Punsch; Grog
ponętny verlockend, reizvoll
poniedział|ek *m* (*-łku*; *-łki*) Montag; **~kowy** montäglich, Montags-
ponio|kąd *adv* gewissermaßen; **~miecki** ehemals deutsch; **~ść*** *pf* → ***ponosić***, **~waż** *conj* weil, da; **~wczasie** *adv* hinterher, zu spät; **~wierać** (*-am*) (*A*, *I*) mißhandeln, F herumstoßen (*A*); ***~wierać się*** (*o rzeczach*) herumliegen, herumstehen, F vergammeln
poniż|ać (*-am*) erniedrigen (***się*** sich); **~ej** *praep* (*G*) unter (*A*, *D*), unterhalb (*G*); *adv* weiter unten; **~enie** *n* (*-a*) Erniedrigung *f*; **~szy** (weiter) unten erwähnt; **~yć** *pf* (*-ę*) → ***poniżać***
ponosić *v/t* tragen (*t. fig koszty*, *ryzyko itp.*); *klęskę*, *śmierć* erleiden; *karę* bekommen; (*t-ko 3. os.*; *o uczuciach*) überwältigen; *v/i konie*: durchgehen; ***~ winę*** (***za*** *A*) Schuld haben (an *D*)
ponow|ić *pf* (*-ę*) → ***ponawiać***; **~nie** *adv* nochmals; *t.* → **~ny** erneut, wieder
ponu|- *pf* → ***nu-***; **~ry** (***-ro***) düster
pończocha *f* (*-y*) Strumpf *m*
po|ob- *pf* → ***ob-***; **~obiedni** Nachmittags-; **~od-** *pf* → ***od-***
po omacku *adv* tastend, blind
po|op- *pf* → ***op-***; **~operacyjny** postoperativ; **~os-**, **~ot-** *pf* → ***os-***, ***ot-***; **~padać** (hinein)geraten; **~pamiętać** *pf* nicht vergessen; **~parcie** *n* Unterstützung *f*; **~parzenie** *n* (*-a*) *med* Verbrühung *f*, Verbrennung *f*; **~paść*** *pf* → ***popadać***, ***paść²***; **~pchnąć** *pf* → ***popychać***
popelinowy Popeline-
popełni|ać (*-am*), ⟨**~ć**⟩ begehen
popę|d *m* Trieb; **~dliwy** (***-wie***) hitzig; **~dzać** (*-am*) ⟨**~dzić**⟩ antreiben; → ***pędzić***; **~kany** rissig; geplatzt
popić *pf* → ***popijać***
popiel|aty (***-to***) (asch)grau; **≈ec** *m* (*-lca*; *-lce*) Aschermittwoch; **~niczka** *f* (*-i*; *G -czek*) Aschenbecher *m*
popierać (*-am*) unterstützen; *twierdzenie itp.* erhärten, untermauern (*I* mit)
popiersie *n* (*-a*; *G -i*) Büste *f*
popijać (*-am*) *v/t* (langsam) trinken (*A*), nippen (an *D*); (*I*) nachtrinken (*A*)
popiół *m* (*-ołu*, *L -ele*;*-oły*) Asche *f*
popis *m* (*-u*; *-y*) Vorführung *f*, Schau *f*; **~owy** (***-wo***) Schau-, Glanz-; ***~ywać się*** (*-uję*) ⟨***~ać się***⟩ (*I*) zur Schau stellen (*A*), renommieren, glänzen (mit)

P

po|pl- *pf* → **pl-**; **~plecznik** *m* (*-a*; *-cy*) *pej* Anhänger, Parteigänger; **~płacać** (*-am*) sich auszahlen, sich lohnen; **~płatny** lohnend; **~płoch** *m* (*-u*; *0*) Panik *f*; ***w ~płochu*** in panischer Angst

popołudni|e *n* Nachmittag *m*; → ***połud-nie***; **~owy** Nachmittags-

popra- *pf* → ***pra-***

popraw|a *f* (*-y*) Besserung; (*poprawienie*) Verbesserung; **~czy**: ***zakład ~czy*** Besserungsanstalt *f*; **~iać** (*-am*) 〈**~ić**〉 verbessern; *tekst* berichtigen; *strój*, *włosy* in Ordnung bringen, ordnen; ***~i(a)ć się*** sich verbessern; *stan*, *nastrój itp.*: sich bessern; (*tyć*) zunehmen; **~ka** *f* (*-i*; *G -wek*) Berichtigung; (*o sukni*) Änderung; (*do ustawy*) Ergänzung; F (*egzamin*) Wiederholungsprüfung; **~ność** *f* (*-ści*; *0*) Richtigkeit; Korrektheit; **~ny** richtig, einwandfrei

popro- *pf* → ***pro-***

po prostu *adv* einfach; → ***prosty***

po|pró-, **~pru-** *pf* → ***pró-***, ***pru-***

poprzecz|ka *f* (*-i*; *G -czek*) Querbalken *m*; *sport* Latte; **~ny** quer, Quer-

poprzeć* *pf* → ***popierać***

poprzedni vor(her)ig; ***~ego dnia*** am Tag vorher; **~czka** *f* (*-i*; *G -czek*), **~k** *m* (*-a*; *-cy*) Vorgänger(in); **~o** *adv* vorher

poprzedz|ać (*-am*) 〈**~ić**〉 (*-dzę*) *v/t* vorangehen (*D*), einleiten (*A*)

poprze|k: ***na ~k***, ***w ~k*** quer; **~sta(wa)ć** sich begnügen (***na*** *L* mit)

poprzez *praep* (*A*) durch, über (*A*)

po|przy- *pf* → ***przy-***; **~psu-** *pf* → ***psu-***

popularność *f* (*-ści*; *0*) Popularität

popularny populär

popu|szczać 〈**~ścić**〉 *v/t* lockern (*t. fig*)

popycha|ć (*-am*) → ***pchać***; *fig* drängen, bringen; **~dło** *n* (*-a*; *G -deł*) *fig* Kuli *m*

popyt *m* (*-u*; *0*) *ekon* Nachfrage *f*

por *m* (*-u*; *-y*) *anat* Pore *f*; (*-a*) Porree *m*

po|ra *f* (*-y*; *G pór*) (***odwiedzin***, ***roku*** Besuchs-, Jahres-)Zeit; ***w ~rę*** rechtzeitig; ***nie w ~rę*** ungelegen; ***do tej ~ry*** bis zu diesem Zeitpunkt; ***o tej ~rze*** um diese Zeit; ***o każdej ~rze*** jederzeit

porabia|ć (*-am*): ***co ~sz?*** wie geht's?, was macht deine Arbeit?

porachunek *m fig* Abrechnung *f*

porad|a *f* Rat *m*; ***za ~ą*** (*G*) auf Anraten (*G*, von); **~nia** *f* (*-i*; *-e*) Beratungsstelle; **~nik** *m* (*-a*; *-i*) Ratgeber

poran|ek *m* Morgen; (*impreza*) Matinee *f*; **~ny** morgendlich, Morgen-, Früh-

pora|stać (*-am*) zuwachsen, sich bedecken (*I* mit); **~żać** (*-am*) 〈**~zić**〉 *med*, *fig* lähmen; *agr* befallen; **~żenie** *n* (*-a*) Lähmung *f*; ***~żenie słoneczne*** Sonnenstich *m*; ***~żenie prądem*** Stromschlag *m*; **~żka** *f* (*-i*; *G -żek*) Niederlage

porcelana *f* (*-y*) Porzellan *n*

porcj|a *f* (*-i*; *-e*) Portion; (***żelazna*** eiserne) Ration; ***na ~e*** portionsweise

pore- *pf* → **re-**; *adj w zł. zw.* nach-

poręcz *f* (*-y*; *-e*, *-y*) Geländer *n*; (*oparcie*) Lehne; **~e** *pl sport* (Parallel-)Barren *m*; **~ać** (*-am*) → **ręczyć**; **~enie** *n* (*-a*) Bürgschaft *f*; **~ny** handlich; **~yciel** *m* (*-a*; *-e*, *-i*), **-lka** *f* (*-i*; *G -lek*) Bürge *m*

poręka *f* (*0*) Bürgschaft; Gewähr

porno F, **~graficzny** pornographisch

poro|- *pf* → ***ro-***; **~dowy**: ***izba ~dowa*** Entbindungsheim *n*; **~nienie** *n* (*-a*) Fehlgeburt *f*; **~niony** F *fig* mißlungen

poros|nąć *pf* → ***porastać***; **~t** *m* (*-u*; *0*) Wuchs; ***~ty*** *pl bot* Flechten *f/pl*

porowaty porig; *skała itp.*: porös

poroz- *pf* → **roz-**; *adj w zł. zw.* nach-

porozumie|nie *n* (*-a*) Verständigung *f*; (*układ*) Übereinkunft *f*, Vereinbarung *f*; ***dojść do ~nia*** zu e-r Einigung kommen; **~wać się** (*-am*) 〈***~ć się***〉 sich verständigen (**z** *I* mit; **co do** *G* über *A*); (*dojść do zgody t.*) übereinkommen; **~wawczy** (**-czo**) vielsagend

poród *m* Entbindung *f*, Geburt *f*

porówn|anie *n* Vergleich *m*; **~awczy** Vergleichs-; (**-czo**) vergleichend; **~ywać** (*-uję*) 〈**~ać**〉 vergleichen

poróżnić *pf* entzweien (**się** sich)

port *m* (*-u*; *-y*) (***lotniczy***, ***morski*** Flug-, See-)Hafen; *fig* Zuflucht *f*

portfel *m* (*-a*; *-e*) Brieftasche *f*; ***~ zamówień***, ***~ zleceń*** Auftragspolster *n*

portier [-ṭi̯ɛr] *m* (*-a*; *-rzy*) Portier, Pförtner; **~a** *f* (*-y*) (Tür-)Vorhang *m*; **~nia** *f* Pförtnerloge

portki F *pl* (*-tek*) Hose(n *pl*) *f*

portmonetka *f* (*-i*; *G -tek*) (Geld-)Börse

porto *n* (*idkl a. -a*; *0*) Portwein *m*

portowy Hafen-

portret *m* (*-u*; *-y*) Porträt *n*, Bildnis *n*

Portugal|czyk *m* (*-a*; *-cy*) Portugiese; **~ka** *f* (*-i*; *G -lek*) Portugiesin; **≈ski** (***po -ku***) portugiesisch

porucznik *m* (*-a*; *-cy*) Oberleutnant

porusz|ać 〈**~yć**〉 (*I*, *fig A*) bewegen (*A*);

temat tech antreiben; *itp.* berühren, zur Sprache bringen; **~ać** ⟨**~yć**⟩ **się** sich bewegen; **~enie** *n* (*-a*) *fig* Unruhe *f*, Erregung *f*

porwa|ć *pf* → **porywać**, **rwać**; **~nie** *n* (*-a*) Entführung *f*, Raub *m*

poryw *m* (*-u*; *-y*) (Wind-)Stoß, Bö *f*; *fig* plötzliche Regung, Anwandlung *f*; **~acz** *m* (*-a*; *-e*) Entführer; **~ać** (*-am*) entführen, rauben; (*unieść*) fortreißen; (*chwycić*) packen, F schnappen; *fig* (*ogarnąć*) ergreifen; (*pociągać*) fesseln, mitreißen; **~ać się** (*z miejsca*) aufspringen; (**na** *A*) losgehen (auf *A*); (*podjąć się*) wagen (*A*); **~ający** (**-co**) hinreißend; **~czy** (**-czo**) heftig; impulsiv

porząd|ek *m* (*-dku*; *-dki*) Ordnung *f*; (*ciąg*) (Reihen-)Folge *f*; **w ~ku** in Ordnung; **po ~ku** der Reihe nach; **robić ~ki** aufräumen; **~kować** ⟨**u-**⟩ (*-uję*) ordnen; **~ny** ordentlich; *fig t.* anständig

porzeczka *f* (*-i*; *G -czek*) Johannisbeere

porzuc|ać ⟨**~ić**⟩ verlassen; *żonę itp. t.* F sitzenlassen; → **rzucać**

posa|- *pf* → **sa-**; **~da** *f* (*-y*) Stellung, Posten *m*; **bez ~dy** stellungslos

posadzka *f* (*-i*; *G -dzek*) Fußboden *m*

posag *m* (*-u*; *-i*) Mitgift *f*

posądz|ać (*-am*) ⟨**~ić**⟩ (**k-o o** *A*) verdächtigen (j-n *G*); (*o zły gust itp.*) unterstellen (j-m *A*)

posąg *m* (*-u*; *-i*) Statue *f*

pose|lski Abgeordneten-; → **klub**; **~lstwo** *n* (*-a*) *pol* Gesandtschaft *f*; Mission *f*; **~ł** *m* (*-sła*; *-słowie*) Abgesandte(r); *pol* Gesandte(r); (**do sejmu** Sejm-)Abgeordnete(r)

posesja *f* (*-i*; *-e*) (bebautes) Grundstück

posępny finster, düster

posiadacz *m* (*-a*; *-e*), **~ka** *f* (*-i*; *G -czek*) (**domu** Haus-)Besitzer(in); (**akcji** Aktien-)Inhaber(in)

posiad|ać besitzen; *fig t.* haben; **nie ~ać się** (**z** *G*) außer sich sein (vor); **~łość** *f* (*-i*) Besitztum *n*, Liegenschaft

po|siąść* *pf* erwerben; **~siedzenie** *n* Sitzung *f*; **~siew** *m* Saat *f*

posi|lać się (*-am*) sich stärken; **~łek** *m* (*-łku*; *-łki*) Mahlzeit *f*; *pl mil* Verstärkungen *f*/*pl*; **~łkowy** Hilfs-

po|sk- *pf* → **sk-**; **~skramiać** (*-am*) ⟨**~skromić**⟩ (*-ę*) bändigen; *fig t.* zügeln

posła|ć* *pf* → **słać**¹, **posyłać**; **~nie**¹ *n* (*-a*; *0*) Absendung *f*: **~nie**² *n* (*-a*) (*do spania*) (Schlaf-)Lager; **~niec** *m* (*-ńca*; *-ńcy*) Bote; **~nka** *f* (*-i*; *G -nek*) Abgesandte; *pol* Abgeordnete; → **poseł**

posłowie *n* (*-a*) Nachwort; → **poseł**

posłuch *m* Gehorsam; **dawać ~** (*D*) Gehör schenken (*D*); **zdobyć ~** sich Gehör verschaffen; **~ać** *pf* → **słuchać**

posługacz *m* (*-a*; *-e*) Hausdiener; **~ka** *f* (*-i*; *G -czek*) Aufwartefrau, Putzfrau

posługiwać się (*-uję*) (*I*) sich bedienen (*G*), nutzen (*A*)

posłusz|eństwo *n* (*-a*; *0*) Gehorsam *m*; **odmówić ~eństwa** (den Dienst) versagen; **~ny** gehorsam, folgsam

po|służyć się *pf* → **posługiwać się**; **~smak** *m* Beigeschmack; **~spa-** *pf* → **spa-**; **~spiech** *m itp.* → **pośpiech**; **~spolity** (**-cie**) gewöhnlich; **~sprzeczać się** *pf* sich überwerfen

posrebrzany versilbert

post *m* (*-u*; *-y*) Fasten *n*; *rel* **Wielki ~** Fastenzeit *f*; **zachowywać ~** fasten

posta|ć *f* (*-ci*; *-cie*/*-ci*) Gestalt; Form; **~nawiać** (*-am*) ⟨**~nowić**⟩ beschließen; **~nowienie** *n* (*-a*) Entschluß *m*; (*uchwała*) Beschluß *m*, Entschließung *f*; **~rzać** (*-am*) älter machen; **~wa** *f* (*-y*) Haltung, Stellung; *fig t.* Einstellung; **~wić** *pf* → **stawiać**; **~wny** stattlich

postąpić *pf* → **postępować**

posterunek *m* (*-nku*; *-nki*) (Wach-)Posten; Polizeiwache *f*

postęp *m* (*-u*; *-y*) Fortschritt; **~ek** *m* (*-pku*; *-pki*) Handlung *f*, Tat *f*; **~ować** (*-uję*) schreiten (**za** *I* hinter *D*); *praca, choroba*: fortschreiten; (*czynić*) handeln; (**z** *I*) behandeln (*A*); **~owanie** *n* (*-a*) Tun; Verhalten (**w stosunku do** *G* gegenüber *D*); *jur* Verfahren; **~owy** fortschrittlich; **~ujący** fortschreitend

postny Fasten-; → **bezmięsny**

postojow|y: światła *n*/*pl* **~e** *mot* Standlicht *n*

postój *m* (*-oju*; *-oje*, *-ojów*/*-oi*) Halt; (*odpoczynek*) Rast *f*; *kolej* Aufenthalt; *tech* Stillstand; **~ taksówek** Taxistand

postrach *m* (*-u*; *0*) Schrecken; **dla ~u** zur Abschreckung

postradać *pf* (*-am*) einbüßen, verlieren

postronny *widz*: außenstehend

postrzał *m* Schußverletzung *f*; *med* Hexenschuß; **~ w głowę** Kopfschuß

postrze|gać (*-am*) ⟨**~c***⟩ wahrnehmen; **~lić** *pf* anschießen; **~lony** angeschos-

P

sen; F *fig* übergeschnappt, verrückt; **~żenie** *n* (-*a*) Wahrnehmung *f*
postrzępiony ausgefranst
postsynchronizacja *f* Nachvertonung
postu|lat *m* (-*u*; -*y*) Postulat *n*; Forderung *f*; **~lować** (-*uję*) fordern
postument *m* (-*u*; -*y*) Postament *n*
posucha *f* (-*y*) Dürre, Trockenheit
posu|nąć *pf* → ***posuwać***, ***sunąć***; **~nięcie** *n* (-*a*) (*w grze*) Zug *m*; *fig t.* Schachzug *m*; **~wać** *v/t* (vor)schieben, rücken; ***~wać się*** *fig* vorankommen; gehen (***za daleko*** zu weit); Platz machen, zur Seite rücken; → ***suwać***
posy|łać (-*am*) *v/t* (ver)schicken, (ver)senden; *v/i* (**po** *A*) schicken nach (*D*), holen lassen (*A*); **~łka** *f* (-*i*; *G* -*łek*) Sendung; (*paczka*) Paket *n*; **~pywać** (-*uję*) ⟨**~pać**⟩ bestreuen; → ***sypać***
po|sza- → **sza-**; **~nowanie** *n* Achtung *f*, Respekt *m*; **~szarpany** zerrissen, zerfetzt; **~szczególny** (jeder) einzelne
poszerz|ać (-*am*) ⟨**~yć**⟩ verbreiten (***się*** sich), (*t. fig*) erweitern (***się*** sich)
poszewka *f* (-*i*; *G* -*wek*) Kissenbezug *m*
poszkodowany geschädigt; ***być ~m*** Schaden erleiden (**w** *L* bei, in *D*)
poszlak|a *f* (-*i*) Indiz *n*; **~owy** Indizien-
poszukiw|acz *m* (-*a*; -*e*), **~aczka** *f* (-*i*; *G* -*czek*) Sucher(in); Forscher(in); ***~acz przygód*** Abenteurer; **~ać** (-*uję*) suchen (*G* nach); **~anie** *n* (-*a*) Suche *f*; *pl t.* Suchaktion *f*; (*naukowe*) Forschung *f*; **~any** gesucht; *fig t.* gefragt; **~awczy** Such-; Forschungs-
poszwa *f* (-*y*) Bettbezug *m*
poszy|wać (-*am*) ⟨**~ć**⟩ *dach* decken; *tech* bespannen, beplanken (*I* mit)
pościć (-*szczę*, *pość!*) fasten
pościel *f* (-*i*; *0*) Bettzeug *n*, Bettwäsche; **~ić** *pf* → ***słać²***; **~owy** Bett-
pościg *m* (-*u*; -*i*) Verfolgung *f*
poślad|ek *m* (-*dka*; -*dki*) F Hinterbacke *f*; **~ki** *pl* Hinterteil *n*, Gesäß *n*
pośledni minderwertig, letzt-
poślizg *m* Rutschen *n*; *tech* Schlupf; ***wpaść w ~*** *mot* ins Schleudern geraten
pośliznąć się *pf* (-*nę*) ausrutschen
po|ślubny: ***podróż ~ślubna*** Hochzeitsreise; **~śmiertny** posthum
pośmiewisko *n* (-*a*; *0*) Gespött
pośpie|ch *m* (-*u*; *0*) Eile *f*, Hast *f*; **~szać** (-*am*) ⟨**~szyć**⟩ eilen, hasten; *pf t.* sich beeilen (**z** *I* mit); **~sznie** *adv* eilig, hastig; **~szny** Eil-, eilig; → ***pochopny***
pośredni indirekt, mittelbar; **~ctwo** *n* (-*a*) Vermittlung *f*; ***za ~ctwem*** (*G*) durch Vermittlung (*G*, von); ***biuro ~ctwa pracy*** Stellenvermittlung *f*, Arbeitsamt; **~czka** *f* (-*i*; *G* -*czek*), **~k** *m* (-*a*; -*cy*) Vermittler(in), Mittelsperson *f*; *hdl* Zwischenhändler(in), Makler(in); **~czyć** (-*ę*) vermitteln (**w** *L* bei)
po|środku *adv* in der Mitte; → **~śród** *praep* (*G*) mitten in (*D*), inmitten (*G*)
poświadcz|ać (-*am*) ⟨**~yć**⟩ bestätigen; *podpis itp.* beglaubigen; **~enie** *n* Bestätigung *f*, Beglaubigung *f*
poświęc|ać (-*am*) ⟨**~ić**⟩ weihen; *fig* widmen (***się*** sich); opfern (***się*** sich); **~enie** *n* (-*a*) Einweihung *f*; Aufopferung *f*; ***z ~eniem*** mit Hingabe
poświst *m* Pfiff, Pfeifen *n*
pot *m* (-*u*; -*y*) Schweiß; ***mokry od ~u***, ***zlany ~em*** schweißbedeckt, schweißtriefend; ***na ~y*** schweißtreibend
potajemny Geheim-, geheim
potakiwać (-*uję*) zustimmen(d nicken)
potańcówka F *f* (-*i*; *G* -*wek*) Tanzparty
potar- *pf* → ***tar***
potas *m* (-*u*; *0*) *chem* Kalium *n*
potaż *m* (-*u*; -*e*) Pottasche *f*
po|tąd bis hierher; **~tem** danach, nachher; ***na ~tem*** für später
potencjał *m* (-*u*; -*y*) Potential *n*
potęg|a *f* (-*i*; *0*) Macht; *mat* Potenz; **~ować** ⟨**s-**⟩ (-*uję*) steigern (***się*** sich); *mat* potenzieren
potępi|ać (-*am*) ⟨**~ć**⟩ verdammen, ächten; (*ganić*) verurteilen; **~enie** *n* (-*a*) Ächtung *f*; Verurteilung *f*; *rel* Verdammnis *f*; ***godny ~enia*** verwerflich
potężny mächtig, stark; *cios t.*: wuchtig
potkn|ąć się *pf* (-*nę*) → ***potykać się***; **~ięcie** *n* (-*a*) *fig* Fehltritt *m*
po|tłuczenie *n* (-*a*) Quetschung *f*, Prellung *f*; **~tnieć** (-*eję*) ⟨**s-**⟩ schwitzen; ⟨**za-**⟩ *szkło*, *metal*: beschlagen
poto|czny üblich, gewöhnlich; ***język ~czny*** Umgangssprache *f*; ***~czysty*** (**-ście**) flüssig, gewandt; **~k** *m* Bach; (*nurt*) Strom; ***~k słów*** Wortschwall; ***lać się ~kiem*** in Strömen fließen, strömen
potom|ek *m* (-*mka*; -*mkowie*), **~kini** *f* (-*i*; -*e*, -*ń*) Nachkomme *m*; **~ność** *f* (-*ci*; *0*) Nachwelt; **~stwo** *n* (-*a*; *0*) Nachkommen(schaft *f*) *m*/*pl*
po|to- *pf* → **to-**; **~top** *m* (-*u*; *0*) Flut *f*; *rel*

P

Sintflut *f*; **~tra-** *pf* → ***tra-***; **~trafić** *pf* können, (es) verstehen; **~trajać** → ***troić***
potrawa *f* (-*y*) Speise, Gericht *n*; ***spis potraw*** Speisekarte *f*
potrawka *f* (-*i*; *G* -*wek*) Ragout *n*; (***cielęca*** Kalbs-)Frikassee *n*
potrąc|ać ⟨**~ić**⟩ stoßen, (an)rempeln; (*autem*) anfahren; *temat* berühren; abziehen (***z pensji*** vom Gehalt); **~enia** *n/pl* (-*ń*) Abzüge *m/pl*
po|trójny dreifach; **~tru-**, **~trw-** *pf* → ***tru-***, ***trw-***; **~trzask** *m* Falle *f* (*t. fig*); **~trzaskać** *pf* zerschlagen, F kaputtmachen; **~trząsać** (-*am*) (*I*) schütteln (*A*)
potrzeb|a [-t·ʃ-] *f* (-*y*) Notwendigkeit; (***pilna*** dringendes) Bedürfnis; **~y** *pl t.* Bedarf *m*; ***bez ~y*** ohne Not; ***w razie ~y*** bei Bedarf; ***iść za ~ą*** austreten gehen; *praed* → **trzeba**; **~ny** notwendig, nötig; ***to jest mi ~ne*** ich brauche es; **~ować** (-*uję*) (*G*) brauchen, nötig haben (*A*); **~ujący** (*G*) ...bedürftig
po|trzeć *pf* → ***pocierać***; **~tulny** sanft(mütig); **~turbować** *pf* übel zurichten
potwarca *m* (-*y*; *G* -*ów*) Verleumder
potwierdz|ać (-*am*) ⟨**~ić**⟩ bestätigen (***się*** sich); **~ająco** *adv* bejahend; **~enie** *n* Bestätigung *f*; **~ony** bestätigt
potworn|ość *f* (-*ści*) Scheußlichkeit; *pl* (*postępki*) Greuel *m/pl*; **~y** gräßlich
potwór *m* Ungeheuer *n*, Monstrum *n*
poty|czka *f* Scharmützel *n*; **~kać się** (-*am*) stolpern (***o*** *A* über *A*)
potylic|a *f* (-*y*; -*e*) Hinterkopf *m*; ***strzał w ~ę*** Genickschuß
poucz|ać (-*am*) ⟨**~yć**⟩ (***k-o o*** *L*) belehren (j-n über *A*), beibringen (j-m *A*); **~ający** lehrreich; **~enie** *n* (-*a*) Belehrung *f*; Instruktion *f*
poufa|le *adv* → ***poufały***; **~łość** *f* (-*ści*) Vertraulichkeit; (*zbytnia*) Zudringlichkeit; **~ły** vertraulich; zudringlich
po|ufny vertraulich; **~uk-**, **~um-**, **~un-**, **~us-**, **~ut-** *pf* → ***uk-***, ***um-***, ***un-***, ***us-***, ***ut-***
powabny reizvoll, anmutig
powag|a *f* (-*i*; *0*) Ernst *m*; ***cieszyć się ~ą*** Ansehen genießen (***u*** *G* bei); ***zachować ~ę*** ernst bleiben
powalać *pf* (-*am*) → ***walać***, ***walić***
poważ|ać (-*am*) achten; **~anie** *n* (-*a*; *0*) Achtung *f*; ***z ~aniem*** (*w listach*) hochachtungsvoll; **~nie** *adv* ernsthaft, im Ernst; **~ny** ernst(lich); *wiek*: vorgerückt; (*wybitny*) angesehen; (*znaczny*) beachtlich; ***w ~nym stanie*** in anderen Umständen
powątpiewa|ć (-*am*) (***o*** *L*) bezweifeln (*A*); **~nie** *n* (-*a*) Zweifel *m*; ***z ~niem*** zweifelnd, bedenklich, skeptisch
powetować *pf* (-*uję*): **~ *sobie*** (***stratę*** den Verlust) wieder wettmachen, (***stracony czas*** die vertane Zeit) nachholen
powia|ć *pf* → ***wiać***, ***powiewać***; **~damiać** (-*am*), ⟨**~domić**⟩ (-*ę*) unterrichten (***o*** *L* über *A*)
powiat *m* (-*u*; -*y*) (Land-)Kreis; **~owy** Kreis-
powiąza|ć *pf* (zusammen)binden; *fig* verknüpfen; **~nie** *n fig* Bindung *f*
powidła *n/pl* (-*deł*) Pflaumenmus *n*
powiedz|enie *n* (-*a*): ***mieć dużo*** (***nie mieć nic***) ***do ~enia*** viel (nichts) zu sagen haben; **~ieć** *pf* sagen; ***że tak powiem*** sozusagen; **~onko** *n* (-*a*; *G* -*nek*) Redensart *f*, F Spruch *m*
powieka *f* (-*i*) (Augen-)Lid *n*
powie|lacz *m* (-*a*; -*e*) Vervielfältigungsgerät *n*; **~lać** (-*am*) ⟨**~lić**⟩ (-*lę*) vervielfältigen; *fig* wiederholen
powierni|ca *f* (-*y*; -*e*) Vertraute; **~ctwo** *n* (-*a*) Treuhänderschaft *f*; Treuhandverwaltung *f*; **~czy** Treuhand-; **~k** *m* (-*a*; -*cy*) Vertraute(r); Sachwalter
powierzać (-*am*) (***k-u*** *A*) anvertrauen (j-m *A*); betrauen (j-n mit)
powierzch|nia *f* (-*i*; -*e*) Oberfläche; (*obszar*) Fläche; **~niowy** Oberflächen-; **~owność** *f* (-*ści*) Äußere(s); *fig* Oberflächlichkeit; **~owny** äußerlich; oberflächlich
powie|rzyć *pf* → ***wierzyć***, ***powierzać***; **~sić** *pf* (-*szę*) → ***wieszać***; ***~sić się*** sich erhängen
powieścio|pisarka *f*, **~pisarz** *m* Romanschriftsteller(in); **~wy** Roman-
powieść[1] *f* (-*ści*) Roman *m*
powieść[2]* *pf* → ***wieść***[2]; **~ *się*** gelingen; ***... nie powiodło się*** ... ist mißlungen
powietrz|e [-t·ʃɛ] *n* (-*a*; *0*) Luft *f*; ***na wolnym ~u*** in der frischen Luft; Freiluft-; **~ny** Luft-; ***trąba ~na*** Windhose
powiew *m* (-*u*; -*y*) Lufthauch, Lüftchen *n*; *fig* Hauch; **~ać** (-*am*) (leise) wehen; flattern (***na wietrze*** im Wind); (*machać*; *I*) schwenken (*A*)
powiększ|ać (-*am*) vergrößern (***się*** sich); ***szkło ~ające*** Vergrößerungsglas; **~alnik** *m* (-*a*; -*i*) *fot* Vergrößerer;

P

~enie *n* (-*a*) Vergrößerung *f*; **~yć** *pf* (-*ę*) → ***powiększać***
powikłan|ie *n* (-*a*) Verwicklung *f*, (*t. med*) Komplikation *f*; **~y** verworren
powinien (*m-os powinni*) *praed* soll (sollte); ***~em*** ich soll; ***~em był ...*** ich sollte ...; ich hätte ... sollen; ***~eś*** du sollst; ***~eś był ...*** du solltest ...; du hättest ... sollen; (***oni***) ***powinni*** sie sollen; ***powinni byli ...*** sie sollten ...; sie hätten ... sollen
powin|na (*pl powinne*) sie soll; ***~na była ...*** sie sollte ...; sie hätte ... sollen; **~no** es soll(te); ***~no się*** man soll(te); **~ność** *f* (-*ści*) *lit* Pflicht
powinowaty verschwägert
powinszowanie *n* (-*a*) Glückwunsch *m*
powita|lny Begrüßungs-; **~nie** *n* (-*a*) Begrüßung *f*, Empfang *m*; ***na ~nie*** zur Begrüßung; **~ć** *pf* → ***witać***
po|wk- *pf* → **wk-**; **~wlekać** (*am*) ⟨***~wlec****⟩ überziehen (*I* mit; ***się*** sich); *pościel* beziehen
powło|czka *f* (-*czki*; *G* -*czek*) Kissenbezug *m*; **~ka** *f* (-*i*) Überzug *m*; (*warstwa*) Schicht; (*osłona*) Hülle, Haut
powodować ⟨**s-**⟩ (-*uję*) verursachen; *impf* **~ *się*** (*I*) sich leiten lassen (von)
powodzeni|e *n* (-*a*) Erfolg *m*; ***cieszyć się ~em*** Erfolg haben; ***~a!*** viel Glück!
powodz|ić: ***dobrze ~i się*** (*D*) es geht gut (*D*); ***jak ci się ~i?*** wie geht es dir?
powo|dziowy Hochwasser-; **~jenny** Nachkriegs-; **~li** *adv*, **~lny** langsam, gemächlich, sachte
powoł|anie *n* Berufung *f*; *mil* Einberufung *f*; **~ywać** (-*uję*) ⟨**~ać**⟩ berufen (***na*** *A* auf *A*; ***się*** sich); ***~ać do życia*** ins Leben rufen; ***~ać do wojska*** (zum Wehrdienst) einberufen
powonienie *n* (-*a*; *0*) Geruch(ssinn) *m*
powozić (*I*) kutschieren, lenken (*A*)
po|wód[1] *m* (-*odu*; -*ody*) (*G*, **do** *G*) Anlaß, Grund (*G*, für, zu); (*uprząż*) Zügel; ***z ~wodu choroby*** wegen Krankheit; ***bez żadnego ~wodu*** ohne jeden Grund
powó|d[2] *m* (-*odu*; -*owie*), **~dka** *f* (-*i*; *G* -*dek*) *jur* Kläger(in); **~dztwo** *n* (-*a*) (***cywilne*** Privat-)Klage *f*
powódź *f* (-*odzi*; -*odzie*) Überschwemmung, Hochwasser *n*; *fig* Flut
powóz *m* Kutsche *f*, Wagen
powr|acać ⟨**~ócić**⟩ → ***wracać***; **~otny** Rück-; **~ót** *m* (-*otu*; -*oty*) Rückkehr *f*; ***~ót do domu*** Heimkehr *f*; ***~ót do zdrowia*** Genesung *f*; (***tam i***) ***z ~otem*** (hin und) zurück
powróz *m* (-*ozu*; -*ozy*) Strick, Strang
powsta|ć *pf* → (***po***)***wstawać***; **~nie** *n* (-*a*) Entstehung *f*; (*zbrojne*) Aufstand *m*; **~niec** *m* (-*ńca*; -*ńcy*) Aufständische(r); **~ńczy** aufständisch; **~wać** sich erheben (*t. fig* ***przeciw*** *D* gegen); (*utworzyć się*) entstehen
powstrzym(yw)ać → ***wstrzymywać***
powszechn|ie *adv*, **~y** allgemein; ***sąd ~y*** ordentliches Gericht; ***uniwersytet ~y*** Volkshochschule *f*
powszedni alltäglich; ***chleb ~*** das tägliche Brot; ***dzień ~*** Werktag
powściągliw|ość *f* (-*ści*; *0*) Zurückhaltung; **~y** (***-wie***) zurückhaltend
powtarzać (-*am*) wiederholen (***się*** sich)
powtór|ka F *f* (-*i*; *G* -*rek*) Wiederholung; **~kowy** Wiederholungs-; **~nie** *adv* wieder, abermals; → **ny** wiederholt
po|wtórzyć *pf* (-*ę*) → ***powtarzać***; **~wy-** *pf* → **wy-**; **~wyżej** *praep* (*G*) über (*A*), oberhalb (*G*); *adv* weiter oben; **~wyższy** obig, obenerwähnt; **~wziąć*** *pf decyzję, plan* fassen; *podejrzenie* schöpfen
poza[1] *f* (-*y*; *G póz*) Pose
poza[2] *praep* (*A*, *I*) hinter (*A*, *D*); (*I*) außerhalb (*G*); **~ *tym*** außerdem; ***nikt ~ tym*** niemand sonst
poza|- *pf* → **za-**; *adj w zł.* außer-, Außer-; **~biurowy** außerhalb der Bürostunden; **~grobowy** nach dem Tode, jenseitig; **~małżeński** außerehelich; **~służbowy** außerdienstlich; **~wałowy** nach e-m Herzinfarkt auftretend; **~ziemski** außerirdisch
pozbawi|ać (-*am*) ⟨**~ć**⟩ (**k-o** *G*) nehmen, entziehen (j-m *A*); *snu, nadziei* rauben (j-m *A*); **~(a)ć *się*** (*G*) verzichten (auf *A*); **~ony** (*G*) ohne (*A*)
po|zbierać *pf* einsammeln; **~zby(wa)ć *się*** (*G*) loswerden (*A*)
pozdr|awiać (-*am*) ⟨**~owić**⟩ (-*ę*, -*rów!*) grüßen (***się*** sich, einander); ***kazał cię ~owić*** er läßt dich grüßen; **~owienie** *n* (-*a*) Gruß *m*
pozew *m* (-*zwu*; -*zwy*) *jur* Klage(schrift) *f*; ***wnieść ~*** e-e Klage einreichen
pozie- *pf* → **zie-**
poziom *m* (-*u*; -*y*) (***wody*** Wasser-)Stand; *fig* Niveau *n*; **~ *morza*** Meeresspiegel; ***na ~ie*** niveauvoll; **~ka** *f* (-*i*; *G* -*mek*) (Wald-)Erdbeere; **~kowy** Erdbeer-;

P

erdbeerfarben; **~y** (**-mo**) waagerecht; *fig* gewöhnlich, banal
pozł|acać (*-am*) → ***złocić***; **~acany** vergoldet; **~ota** *f* (*-y*) Vergoldung
pozna|ć *pf* → ***poznawać***; **~nie** *n* (*-a*; *0*) Kennenlernen; *filoz* Erkenntnis *f*; ***nie do ~nia*** nicht wiederzuerkennen; **~wać** (*-ję*) kennenlernen (***się*** sich); (wieder)erkennen (***po*** *L* an *D*); ***dać ~ć po sobie*** zu erkennen geben; ***~ć się*** (***na*** *L*) durchschauen, richtig einschätzen (*A*)
pozor|ny Schein-, vorgetäuscht; **~ować** ⟨**u-**⟩ (*-uję*) vortäuschen
pozosta|ć *pf* → ***pozostawać***; **~łość** *f* (*-ści*) (Über-)Rest *m*; *chem* Rückstand *m*; *fig* Überbleibsel *n*; **~ły** übrig, restlich; ***~ły przy życiu*** Überlebende(r); **~wać** bleiben (***w***, ***przy*** *L* in *D*, bei); übrigbleiben (***po*** *L* von); ***~wać w tyle*** zurückbleiben; ***nie ~je mi nic innego*** es bleibt mir nichts anderes übrig; **~wi(a)ć** (liegen-, stehen-, übrig)lassen; zurücklassen; *decyzję itp.* überlassen; ***~wić po sobie*** hinterlassen; ***~wić za sobą*** hinter sich lassen; → ***zostawiać***
pozować (*-uję*) Modell stehen/sitzen; *fig* ***~ na*** (*A*) sich aufspielen (als)
poz|ór *m* (*-oru*; *-ory*) (An-)Schein; ***na ~ór*** scheinbar, anscheinend; ***pod ~orem*** (*G*) unter dem Vorwand (*G*, daß); ***pod żadnym ~orem*** unter keinen Umständen; ***zachowywać ~ory*** den Schein wahren; ***~ory mylą*** der Schein trügt
pozwa|ć *pf* (*-ę*) → ***pozywać***; **~lać** (*-am*) gestatten, erlauben (***na wszystko*** alles); ***~lać sobie*** (***na*** *A*) (es) sich leisten können (*A*, zu); sich genehmigen (*A*); ***~lam sobie*** ich erlaube (es) mir; → ***pozwolić***; **~na** *f* (*-ej*; *-e*), **~ny** *m* (*-ego*; *-ni*) *jur* Beklagte(r)
pozwol|enie *n* (*-a*) Erlaubnis *f*; → ***zezwolenie***; **~ić** *pf* (*-lę*, *-wól!*) → ***pozwalać***; ***pan(i) ~i*** Sie gestatten
pozy|cja *f* (*-i*; *-e*) Position; (*położenie*) Stellung (*t. mil*), Lage; **~sk(iw)ać** (***sobie***) gewinnen (***do*** *G* für); **~tyw** *m* (*-u*; *-y*) Positiv *n*; **~tywny** positiv; **~wać** (*-am*) *jur* klagen (***k-o do sądu*** vor Gericht gegen j-n; ***o*** *A* auf *A*)
pożałowani|e *n*: ***godny ~a*** beklagenswert, bedauernswert
pożar *m* (*-u*; *-y*) Brand, Feuer *n*; **~ny**: ***straż ~na*** Feuerwehr; **~owy** Brand-
pożąd|ać (*G*) sich sehnen (nach); begehren (*A*); **~anie** *n* Begierde *f*; **~any** erwünscht, wünschenswert; *gość itp.*: willkommen; **~liwy** (**-wie**) lüstern
poże- *pf* → ***że-***
pożegna|lny Abschieds-; **~nie** *n* (*-a*) Verabschiedung *f*; Abschied *m*; ***na ~nie*** zum Abschied
pożerać (*-am*) verschlingen, vertilgen
pożoga *f* (*-i*; *G -żóg*) Feuersbrunst
po|żółkły vergilbt; **~żreć** *pf* → ***pożerać***
pożycie *n* Zusammenleben; ***~ małżeńskie*** Ehe(leben *n*) *f*; ***mieć ~*** (***z*** *I*) (sexuellen) Verkehr haben (mit)
pożycz|ać (*-am*) leihen, borgen (***k-u*** *A* j-m *A*; ***od***, ***u*** *G* von, bei; ***na*** *A* für); **~ka** *f* (*-i*; *G -czek*) Anleihe; (***na zakup*** Anschaffungs-)Darlehn *n*; **~kobiorca** *m* Darlehnsnehmer; **~yć** *pf* → ***pożyczać***
pożyt|eczny nützlich; nutzbringend; **~ek** *m* (*-tku*; *0*) Nutzen (***z*** *G* aus); ***z ~kiem*** zum Nutzen (***dla*** *G* von, *G*)
pożyw|iać się (*-am*) ⟨***~ić się***⟩ sich stärken, etwas essen; **~ienie** *n* (*-a*; *0*) Nahrung *f*, Kost *f*; **~ny** nahrhaft
pójść* *pf* (→ *-jść*) → ***iść***
póki *conj* solange; → ***póty***
pół (*idkl*) halb; ***~ roku*** (ein) halbes Jahr; ***~ do drugiej*** halb zwei (Uhr); ***na ~ uschły*** halbvertrocknet; ***w ~ drogi*** auf halbem Wege; ***za ~ ceny*** zum halben Preis; ***~ na ~*** halb und halb; **~automatyczny** halbautomatisch; **~buty** *m/pl* (Halb-)Schuhe; **~etatowy** Teilzeit-; **~fabrykat** *m* Halbfabrikat *n*; **~finał** *m* Halbfinale *n*; **~gęsek** *m* (*-ska*; *-ski*) Spickgans *f*; **~głosem** *adv* halblaut; **~godzinny** halbstündig
półka *f* (*-i*; *G -łek*) Regal *n*, (Wand)Bord *n*; (*w szafie*) Einlegeboden *m*, Fach *n*; ***~ na bagaż*** Gepäckablage
pół|kilo- *w zł.* Halbkilo-; **~kole** *n* (*-a*; *G -i*) Halbkreis *m*; **~kolisty** (**-sto**) halbkreisförmig; **~księżyc** *m* Halbmond; **~kula** *f* Halbkugel; **~litrówka** F *f* (*-i*; *G -wek*) Halbliterflasche; **~metek** *m* (*-tka*; *-tki*) halbe Distanz/Strecke *f*; *fig* Halbzeit *f*; **~metrowy** halbmeter-; **~misek** *m* (*-ska*; *-ski*) *kulin* Platte *f*
północ *m* (*-y*; *0*) Mitternacht *f*; *geogr* Norden; ***o ~y*** um Mitternacht; ***na ~y*** im Norden; ***na ~*** nach Norden; (***od*** *G*) nördlich (von); **~no-** *w zł.* Nord-, nord-; **~ny** nördlich, Nord-
pół|okrągły (**-ło**) halbrund; **~piętro** *n*

Zwischengeschoß; (Treppen-)Podest; **~przewodnik** *m* Halbleiter; **~rocze** *n* (*-a*) Halbjahr; **~słodki** *wino*: halbtrokken; **~szlachetny:** ***kamień ~szlachetny*** Halbedelstein; **~tora** (*m/n*), **~torej** (*f*) *num* (*idkl*) anderthalb, eineinhalb; **~wiecze** *n* (*-a*) halbes Jahrhundert; **~wysep** *m* (*-spu*; *-spy*) Halbinsel *f*; **~żartem** halb im Scherz

póty: ***~ ... aż***, ***~ ... póki*** so lange ... bis

późn|iej *adv comp* später; **~iejszy** *adj comp* spätere; **~o** *adv*, **~y** spät

prababka *f* Urgroßmutter

prac|a *f* (*-y*; *-e*) Arbeit; (*zajęcie t.*) Beschäftigung, F Job *m*; (*dzieło t.*) Werk *n*; ***~a zawodowa*** Berufstätigkeit; ***zwolnić z ~y*** entlassen; ***iść do ~y*** zur Arbeit gehen; ***żyć z ~y*** von der Arbeit leben

praco|biorca *m* (*-y*) Arbeitnehmer; **~dawca** *m* Arbeitgeber; **~holik** *m* (*-a*; *-cy*) Workaholic

pracow|ać ⟨**po-**⟩ (*-uję*) arbeiten (***na*** *A* für; ***u*** *G* bei; ***nad*** *I* an *D*); **~itość** *f* (*-ści*; *0*) Arbeitseifer *m*, Fleiß *m*; **~ity** (**-cie**) arbeitsam; **~nia** *f* (*-i*; *-e*) Arbeitsraum *m*; (*malarza itp.*) Atelier *n*; Labor *n*; (*warsztat*) Werkstatt; **~nica** *f* (*-y*; *-e*) (***fabryczna*** Fabrik-)Arbeiterin; → ***pracownik***; **~niczy** Arbeitnehmer-; **~nik** *m* (*-a*; *-y*) Beschäftigte(r); ***~nik umysłowy*** Angestellte(r); ***~nik fizyczny*** Arbeiter; ***~nik naukowy*** Wissenschaftler

prać* ⟨**u-**, **wy-**⟩ *bieliznę* waschen

pra|dawny uralt; **~dziad(ek**) *m* Urgroßvater; **~dzieje** *pl* Urgeschichte *f*

pragn|ąć ⟨**za-**⟩ (*-nę*) (*G*) wünschen, begehren (*A*); sich sehnen (nach); **~ienie** *n* (*-a*) Durst *m*; *fig* Verlangen

P

prakty|czny praktisch; **~ka** ['pra-] *f* (*-i*) Praxis; Praktikum *n*; ***~ki pl*** Praktiken *f/pl*; **~kant** (*-a*; *-ci*), **-tka** *f* (*-i*; *G -tek*) Praktikant(in); **~kować** (*-uję*) praktizieren; ein Praktikum absolvieren, in der Lehre sein

pralinka *f* (*-i*; *G -nek*) Praline

pral|ka *f* (*-i*; *G -lek*) Waschmaschine; **~nia** *f* (*-i*; *-e*) Waschküche; (*zakład*) Wäscherei, Waschsalon *m*; ***~nia chemiczna*** chemische Reinigung

prałat *m* (*-a*; *-ci*) Prälat

pranі|e *n* (*-a*) (Wäsche-)Waschen, (*t. bielizna*) Wäsche *f*; ***... do ~a*** Wasch-

prapra- *w zł.* Urur-, urur-

pras|a *f* (*-y*) *tech* Presse; (*0*) Presse; ***na łamach ~y***, ***w ~ie*** in der Presse; **~ować** (*-uję*) ⟨**od-**⟩ pressen; ⟨*t.* **wy-**⟩ *suknię* bügeln, plätten; **~owy** Presse-

prastary uralt

prawd|a *f* (*-y*) Wahrheit; ***~a?*** nicht wahr?; ***czy to ~a?*** ist das wahr?; ***ani słowa ~y*** kein wahres Wort

prawdomówny wahrheitsliebend

prawdopodob|ieństwo *n* Wahrscheinlichkeit *f*; **~nie** *adv* wahrscheinlich

prawdziw|ie *adv* wahrheitsgemäß; (*istotnie*) wahrhaft; **~ość** *f* (*-ści*; *0*) Wahrheit(sgehalt *m*) *f*; **~y** (*nie zmyślony*) wahr; (*realny*, *niefałszywy*) wirklich, echt; (*typowy*) wahr(haft)

prawi|ca *f* (*-y*; *-e*) Rechte (*t. pol*); **~cowy** *pol* Rechts-; **~ć** (*-ę*) erzählen, reden

prawidło *n* (*-a*; *G -deł*) Regel *f*; (*do butów*) Schuhspanner *m*; **~wy** (**-wo**) richtig; (*regularny*) regelmäßig

prawie *adv* fast, beinahe; ***~ nie*** kaum; ***~ nikt*** kaum jemand

prawnicz|ka *f* (*-i*; *G -czek*) Juristin; F Jurastudentin; **~y** juristisch, Jura-

praw|nie *adv* rechtlich; **~nik** *m* (*-a*; *-cy*) Jurist; F Jurastudent; **~no-karny** strafrechtlich

prawnu|czka *f*, **~k** *m* Urenkel(in)

praw|ny rechtlich, gesetzlich; ***środek ~ny*** Rechtsmittel *n*; ***osobowość ~na*** juristische Person; **~o¹** *n* (*-a*) (**autorskie**, **głosowania**, **karne** Urheber-, Stimm-, Straf-)Recht; (***natury*** Natur-) Gesetz; F ***~o jazdy*** Führerschein *m*; ***mieć ~o*** das Recht haben (***do*** *G* auf *A*, zu); ***studiować ~o*** Jura studieren

prawo²: ***na ~***, ***w ~*** (nach) rechts

prawo|dawca *m* Gesetzgeber; **~mocny** rechtskräftig; **~ręczny** rechtshändig; **~rządność** *f* (*-i*; *0*) Gesetzlichkeit; Rechtssicherheit; **~rządny:** ***państwo ~rządne*** Rechtsstaat *m*; **~sławny** griechisch-orthodox; **~stronny:** ***ruch ~stronny*** Rechtsverkehr; **~wierny** strenggläubig; **~wity** rechtmäßig; **~znawstwo** *n* (*-a*; *0*) Rechtskunde *f*

praw|y rechte; *fig* rechtschaffen; ***po ~ej stronie*** rechterseits; ***z ~a*** von rechts

prawzór *m* Urbild *n*, Prototyp

praży|ć (*-ę*) *v/t* rösten; P (*bić*) dreschen; *v/i słońce*: sengen, brennen; **~nki** *f/pl* (*-nek*) Kartoffelchips *m/pl*

prącie *n* (*-a*; *G -i*) *anat* Glied

prąd *m* (*-u*; *-y*) Strömung *f* (*t. fig*); (***stały***,

zmienny Gleich-, Wechsel-)Strom (*t. ciąg ludzi itp.*); ***pod ~*** gegen die Strömung; ***z ~em czasu*** mit der Zeit; **~nica** *f* (*-y; -e*) (Strom-)Generator *m*; *mot* Lichtmaschine
prątek *m* (*-tka; -tki*) Bazillus
prąż|ek *m* (*-żka; -żki*) Streifen; ***w ~ki*** → **~kowany** gestreift
precedens *m* (*-u; -y*) Präzedenzfall; ***bez ~u*** beispiellos, einmalig
precy|zować ⟨**s-**⟩ (*-uję*) präzisieren; **~zyjny** präzis(e); *tech* Präzisions-
precz *adv* fort, weg; ***wypędzić ~*** fortjagen; ***~ stąd!*** hinaus (mit dir/euch)!
pre|destynowany prädestiniert (***do*** *G*, ***na*** *A* für); **~fabrykat** *m* Fertig(bau)teil *n*; **~fabrykowany** vorgefertigt, Fertig-; **~ferencyjny** Präferenz-, Vorzugs-; **~historyczny** prähistorisch, vorgeschichtlich; **~kursor** *m* (*-a; -rzy*), **-rka** *f* (*-i; G -rek*) Wegbereiter(in); **~legent** (*-a; -ci*), **-tka** *f* (*-i; G -tek*) Referent(in); **~lekcja** *f* Vortrag *m*
prelimin|arz *m* (*-a; -e*) (Kosten-)Voranschlag; ***~arz budżetowy*** Haushalt(s)-plan; **~ować** ⟨**za-**⟩ (*-uję*) im Haushaltsplan vorsehen (***na*** *A* für)
preludium *n* (*idkl; -ia, -iów*) Präludium
premedytacj|a *f* (*-i; 0*) *jur* Vorsatz *m*; ***z ~ą*** vorsätzlich; mit Vorbedacht
premi|a [-mi̯a] *f* (*GDL-ii; -e*) Prämie; **~er** [-mi̯ɛr] *m* (*-a; -rzy*) Premier(minister); **~era** [-'mi̯ɛ-] *f* (*-y*) Premiere, Erstaufführung; **~ować** (*-uję*) prämiieren; **~owy** Prämien-
prenume|rata *f* (*-y*) Abonnement *n*; **~rator** *m* (*-a; -rzy*), **-rka** *f* (*-i; G -rek*) Abonnent(in), Bezieher(in), **~rować** ⟨**za-**⟩ (*-uję*) abonnieren, beziehen
preparat *m* (*-u; -y*) Präparat *n*
prerogatywa *f* (*-y*) Vorrecht *n*
presj|a *f* (*-i; -e*) Pression, Druck *m*; ***pod ~ą czasu*** unter Zeitdruck
prestiż *m* (*-u; 0*) Prestige *n*
pretekst *m* (*-u; -y*) Vorwand
preten|dent *m* (*-a; -ci*), **-ka** *f* (*-i; G -tek*) Anwärter(in), Bewerber(in); **~dować** (*-uję*) (***do*** *G*) Anspruch erheben (auf *A*); sich bewerben (um); **~sja** *f* (*-i; -e*) Anspruch *m*; (*uraza*) Groll *m*; (*żal*) Grund *m* zur Klage; ***nie mam do niej ~sji*** ich trage ihr nichts nach; **~sjonalny** prätentiös; gekünstelt
prewencyjny präventiv, vorbeugend

prezent *m* (*-u; -y*) Geschenk *n*; **~er** *m* (*-a; -rzy*), **-rka** *f* (*-i; G -rek*) *RTV* Moderator(in); (*ubiorów*) Dressman; Vorführdame; **~ować** ⟨**za-**⟩ (*-uję*) präsentieren (***się*** sich)
prezerwatywa *f* (*-y*) Präservativ *n*
prezes *m* (*-a; -si*), **~ka** *f* (*-i; G -sek*) Vorsitzende(r), Präsident(in)
prezy|dent *m* (*-a; -ci*) Präsident; **~dium** *n* (*idkl; -ia, -ów*) Präsidium; **~dować** (*-uję*) (*D*) den Vorsitz führen (bei)
pręd|ki schnell; *fig* hastig; impulsiv; **~ko** *adv* schnell; → ***rychło***; **~kościomierz** *m* (*-a; -e*) Tachometer *m/n*; **~kość** *f* (*-i*) (***jazdy***, ***dźwięku*** Fahr-, Schall-)Geschwindigkeit; **~szy** schneller; hastiger
prędzej *adv* schneller; (*rychlej*) eher; ***czym ~*** so schnell/bald wie möglich; ***~ czy później*** früher oder später
pręga *f* (*-i*) Strieme(n *m*) *f*, Streifen *m*
pręgierz *m* (*-a; -e*) Pranger
pręt *m* (*-a; -y*) Stock, (*rózga*) Gerte *f*; *tech* Stab
prężn|ość *f* (*-ści; 0*) Spannung; *fig* Spannkraft; Dynamik; **~y** *ciało*: straff; *krok*: federnd; *fig* dynamisch
prima aprilis *n* (*idkl*): ***żart w prima aprilis*** Aprilscherz
priorytetowy (**-wo**) vorrangig
probierczy Prüf-; ***urząd ~*** Eichamt *n*
problem *m* (*-u; -y*) Problem *n*
problematyczny problematisch
probostwo *n* (*-a*) Pfarre *f*; Pfarrhaus
proboszcz *m* (*-a; -owie/-e*) Pfarrer
probówk|a *f* (*-i; G -wek*) Reagenzglas *n*; F ***dziecko z ~i*** Retortenbaby
proca *f* (*-y*) Schleuder (*t. hist*), Zwille
proce|der *m* (*-u; 0*) Treiben *n*, Machenschaften *f/pl*; **~dura** *f* (*-y*) Prozedur; *jur* Verfahren *n*; Prozeßordnung
procent *m* (*-u; -y*) Prozent *n*; **~y** *pl* Zinsen *m/pl*; ***w stu ~ach*** hundertprozentig; **~owo** *adv* prozentual; **~owy** Prozent-; -prozentig; ***stopa ~owa*** Zinssatz *m*
proces *m* (*-u; -y*) Prozeß; *jur*, *tech t.* Verfahren *n*; **~ja** *f* (*-i; -e*) Prozession; **~or** *m tech* Prozessor; **~ować się** (*-uję*) prozessieren (***z*** *I* gegen, mit)
proch *m* (*-u; -y*) Pulver *n*; (*pył*) Staub; **~y** *pl* (Toten-)Asche *f*; **~owy** Pulver-
produk|cja *f* (*-i; 0*) Produktion; *tech t.* Fertigung, Erzeugung; **~cyjność** *f* (*-ści; 0*) Produktivität; **~ować** ⟨**wy-**⟩ (*-uję*) produzieren; *tech t.* erzeugen,

P

fertigen; **~t** *m* (*-u*; *-y*) Produkt *n*; *fig* Werk *n*; **~tywny** produktiv

proekologiczny umweltfreundlich

profanacja *f* (*-i*; *0*) Entweihung

profes|jonalny professionell, berufsmäßig; **~or¹** *m* (*-a*; *-owie*/*-orzy*) Professor; (*nauczyciel*) Studienrat; **~or²** *f* (*idkl*) Professorin; → **~orka** F *f* (*-i*; *G -rek*) Studienrätin

profil *m* (*-u*; *-e*) Profil *n*

profilaktyczny prophylaktisch

progi *pl* → ***próg***

prognoz|a *f* (*-y*) Prognose; **~ować** (*-uję*) prognostizieren, voraussagen

program *m* (*-u*; *-y*) Programm *n*; **~ *nauczania*** Lehrplan; **~ista** *m* (*-y*; *-ści*), **~istka** *f* (*-i*; *G -tek*) Programmierer(in); **~ować** ⟨**za-**⟩ (*-uję*) planen; programmieren; **~owy** Programm-; (*t.* ***-wo***) programmatisch, programmgemäß

pro|gresywny progressiv; **~jekcja** *f* (*-i*; *-e*) Projektion; **~jekcyjny** Vorführ-

projekt *m* (*-u*; *-y*) Projekt *n*; (*szkic*) Entwurf; (*zamierzenie*) Vorhaben *n*; **~ *ustawy*** Gesetzesvorlage *f*; **~or** *m* (*-a*; *-y*) Projektor; **~ować** ⟨**za-**⟩ (*-uję*) planen, beabsichtigen; *arch*, *tech* projektieren, entwerfen; **~owy** Projekt-, Entwurfs-

prokurator *m* (*-a*; *-rzy*), **~ka** F *f* (*-i*; *G -rek*) Staatsanwalt (-anwältin)

prokuratura *f* (*-y*) Staatsanwaltschaft

proletariacki [-'ţĭa-] proletarisch

proletariusz [-ţĭuʃ] *m* (*-a*; *-e*), **~ka** *f* (*-i*; *G -szek*) Proletarier(in)

prolong|ata *f* (*-y*) (Laufzeit-)Verlängerung; **~ować** ⟨**s-**⟩ (*-uję*) verlängern

prom *m* (*-u*; *-y*) Fähre *f*; Fährschiff *n*

promienio|twórczy radioaktiv; **~wać** (*-uję*) strahlen; *fig* (*I*) ausstrahlen (*A*); **~wanie** *n* (*-a*) Strahlung *f*

promienny strahlend; *fiz* Strahlungs-

promie|ń *m* (*-nia*; *-nie*) Strahl; *mat* Radius; ***w ~niu*** (*G*) im Umkreis (von)

promil *m* (*-a*; *-e*) Promille *n*

prominentny prominent

promo|cja *f* (*-i*; *-e*) Promotion; (*ucznia*) Versetzung; **~cyjny: *sprzedaż ~cyjna*** Sales-promotion; ***tekst ~cyjny*** Werbetext; **~wać** (*-uję*) promovieren; *ucznia* versetzen (***do*** *G* in *A*)

promyk *m* (*-a*; *-i*) Strahl; *fig t.* Schimmer

proniemiecki deutschfreundlich

pro|pagować (*-uję*) propagieren; werben (für *A*); **~ponować** ⟨**za-**⟩ (*-uję*) vorschlagen; *towar*, *zakąskę* anbieten

proporcj|a *f* Proportion; **~onalny** (***odwrotnie*** umgekehrt) proportional

proporzec *m* (*-rca*; *-rce*) Wimpel

propozycj|a *f* (*-i*; *-e*) Vorschlag *m*, Angebot *n*; ***zgodzić się na ~ę*** den Vorschlag/das Angebot akzeptieren

proro|ctwo *n* (*-a*) Prophezeiung *f*; **~czy** (**-czo**) prophetisch; **~k** *m* (*-a*; *-cy*), **~kini** *f* (*-i*; *-e*) Prophet(in)

pro|sić ⟨***po-***⟩ (*-szę*) bitten (***o*** *A* um *A*; ***na*** *A* zu; ***do*** *G* an, in *A*, zu); (*urzędowo*, *formalnie t.*) ersuchen; ***~szę bardzo*** bitte sehr/schön; ***~szę!*** herein!; ***~szę pana*** (***pani***) ***...*** würden Sie (bitte) ...

prosię *n* (*-ięcia*; *-ięta*) Ferkel; **~ *pieczone*** *kulin* Spanferkel

proso *n* (*-a*) Hirse *f*

prosperować (*-uję*) gedeihen

prosta *f* (*-tej*; *-te*) Gerade; **~cki** (***-ko***; ***po -ku***) ungehobelt, ordinär; **~k** *m* (*-a*, *-cy*) primitiver Kerl, Bauernlümmel

prosto *adv* gerade(aus); (*niezawile*) einfach; (*wprost*) direkt; **~duszny** treuherzig; **~kąt** *m* Rechteck *n*; **~kątny** rechteckig; *mat t.* rechtwinklig; **~linijny** *fig* geradsinnig, gerade; **~liniowy** (***-wo***) geradlinig; **~padły** (***-le***) senkrecht; (*liniowo*) rechtwinklig; **~ta** *f* (*-y*; *0*) Einfachheit; **~wać** (*-uję*) ⟨**wy-**⟩ geradebiegen; *członki* (aus)strecken; *prąd* gleichrichten; ⟨**s-**⟩ *błąd itp.* berichtigen, richtigstellen; **~wnik** *m* (*-a*; *-i*) *anat* Streckmuskel; *el* Gleichrichter

prost|y¹ *adj* (*m-os -ści*) (*nie wygięty*) gerade; (*zwykły*) einfach; (*skromny*) schlicht; ***kąt ~y*** rechter Winkel; ***po ~u*** (ganz) einfach, ohne weiteres; **~y²** *m* (*-ego*; *-e*) (*cios*) Gerade *f*

prostytutka *f* (*-i*; *G -tek*) Prostituierte

prosz|ek *m* (*-szku*; *-szki*) (***do prania***, ***do zębów*** Wasch-, Zahn-)Pulver *n*; ***mleko w ~ku*** Milchpulver; ***utrzeć na ~ek*** zu Pulver zerreiben; **~kowy** Pulver-

prośb|a *f* (*-y*; *G próśb*) Bitte (***do*** *G* an *A*); (*podanie*) Gesuch *n*; → ***prosić***

proś|ciej *comp* → ***prosto***; **~ciutki** (***-ko***) F ganz gerade; ganz einfach; → ***prosty***

protegować (*-uję*) fördern, protegieren

protek|cja *f* (*-i*; *-e*) Protektion; **~cjonalny** gönnerhaft; **~tor** *m* (*-a*; *-rzy*/*-owie*), **-rka** *f* (*-i*; *G -rek*) Gönner(in); Schirmherr(in); **~torat** *m* (*-u*; *0*) Schirmherrschaft *f*; *pol* Protektorat *n*

P

protest *m* (*-u*; *-y*) Protest; ***na znak ~u*** aus Protest; **~acyjny** Protest-
protestan|cki protestantisch; **~t** *m* (*-a*; *-ci*), **~tka** *f* (*-i*; *G -tek*) Protestant(in)
protestować ⟨**za-**⟩ (*-uję*) protestieren
proteza *f* (*-y*) Prothese
protoko|lant *m* (*-a*; *-ci*), **-tka** *f* (*-i*; *G -tek*) Protokollführer(in); **~łować** ⟨**za-**⟩ (*-uję*) protokollieren
protokół *m* (*-ołu*; *-oły*) (***powypadkowy***, ***szkód*** Unfall-, Schadens-)Protokoll *n*; ***sporządzić ~*** ein Protokoll aufnehmen
prowadz|ąca *f* (*-ej*; *-e*), **~ący** *m* (*-ego*; *-y*) *RTV* Moderator(in); **~enie** *n* (*-a*) Führung *f*; ***objąć ~enie*** die Führung übernehmen; **~ić** (*-dzę*) ⟨**po-**⟩ *v/t* führen (*t. fig zakład, rozmowę, roboty, wojnę itp.*); *pojazd t.* lenken; → ***kierować***; *v/i* (an)führen; ⟨**do-**, **za-**⟩ (**do** *G*) führen (zu, nach); ***~ić się*** sich betragen
prowiant [-ȳant] *m* (*-u*; *-y*) Proviant
prowi|ncja *f* (*-i*; *-e*) Provinz; **~ncjonalny** Provinz-; provinziell; **~zja** *f* (*-i*; *-e*) Provision; **~zorka** F *f* (*-i*; *G -rek*) Notbehelf *m*; **~zoryczny** provisorisch
prowodyr *m* (*-a*; *-rzy*/*-owie*) Boß
prowo|kacja *f* (*-i*; *-e*) Provokation; **~kacyjny** provokativ; **~kować** ⟨**s-**⟩ (*-uję*) provozieren; **~kujący** (**-co**) provozierend, herausfordernd
proza'iczny prosaisch; *fig* einförmig
prób|a *f* (*-y*) Probe; (*usiłowanie*) Versuch *m*; ***na ~ę, dla ~y*** zur Probe, versuchsweise; **~ka** *f* (*-i*; *G -bek*) Probe(stück *n*) *f*; *hdl* Muster *n*; **~ny** Probe-, Versuchs-; ***okres ~ny*** Probezeit *f*; **~ować** (*-uję*) proben; ⟨**po-**, **s-**⟩ (*G*) probieren, versuchen (*A*); ⟨**wy-**⟩ testen
próch|nica *f* (*-y*; *0*) *med* Karies; *agr* Humus *m*; **~nieć** ⟨**s-**⟩ (*-eję*) verrotten, morsch werden; *ząb*: kariös werden; **~no** *n* (*-a*; *0*) morsches Holz, Mulm *m*
prócz *praep* (*G*) außer (*D*), ausgenommen (*A*); ***~ tego*** außerdem, überdies
próg *m* (*-ogu*; *-ogi*) Schwelle *f* (*t. fig*); ***zima za progiem*** der Winter steht vor der Tür; ***u progu*** *fig* an der Schwelle
prósz|yć (*-szę*): ***śnieg ~y*** es schneit
próżnia *f* (*-i*; *-e*) Leere; *fiz* Vakuum *n*; **~ctwo** *n* (*-a*; *0*) Nichtstun, F Faulenzerei *f*; **~k** *m* (*-a*; *-cy*) Nichtstuer(in)
próżn|o, ***na ~o*** vergeblich, umsonst; **~ość** *f* (*-ści*; *0*) Eitelkeit; **~ować** (*-uję*) nichts tun, F bummeln, herumlungern; **~y** leer; *fig* eitel; (*daremny*) vergeblich
pruć ⟨**po-**, **s-**⟩ (*-ję*) *kraw* (auf)trennen
prusak *m* (*-a*; *-i*) *zoo* Küchenschabe *f*
pruski preußisch, Preußen-
prych|ać (*-am*) ⟨***~nąć***⟩ (*-nę*) schnauben; prusten; → ***parskać***
prycza *f* (*-y*; *-e*) Pritsche
pry|mas *m* (*-a*; *-i*/*-owie*) Primas; **~mitywny** primitiv; **~mula** *f* (*-i*; *e*) Primel; **~mus** *m* (*-a*; *-i*/*-y*), **~muska** *f* (*-i*; *G -sek*) Primus, Klassenbeste(r)
prys|kać (*-am*) ⟨***~nąć***⟩ (*-nę*) spritzen; *szkło*: bersten, zerspringen; *fig* verfliegen; F (*uciec*) flitzen, verduften
pryszcz *m* (*-a*; *-e*) Pickel, Pustel *f*; **~yca** *f* (*-y*; *0*) *wet* Maul- und Klauenseuche
prysznic *m* (*-a*; *-e*) Brause *f*; Dusche *f*
prywat|ka *f* (*-i*; *G -tek*) Party; **~nie** *adv* privat; **~ność** *f* (*-i*; *0*) Privatsphäre; **~ny** privat, Privat-
prywatyz|acja *f* (*-i*; *0*) Privatisierung; **~ować** ⟨**s-**⟩ (*-uję*) privatisieren
pryzmat *m* (*-u*; *-y*) Prisma *n*
przaśny unvergoren; *chleb*: ungesäuert
prząść* ⟨**s-**⟩ spinnen
przebacz|ać (*-am*) ⟨***~yć***⟩ (*-ę*) vergeben; **~enie** *n* (*-a*) Vergebung *f*
przebi|cie *n el* Durchschlagen; (Reifen-)Panne *f*; ***~ć*** *pf* → ***przebijać***
przebie|c *pf* → ***przebiegać***; **~g** *m* Verlauf (*t. trasa*), Hergang; zurückgelegte Fahrstrecke *f*; **~gać** laufen (***przez*** *A* durch, über *A*); (*wzrokiem*) überfliegen; *droga, sprawa*: verlaufen; *dreszcz*: überlaufen; ***~gać myślą*** in Gedanken vorbeiziehen lassen; **~gły** (**-le**) durchtrieben, gerissen
przebiera|ć (*-am*) umziehen (***się*** sich); verkleiden (***się*** sich; **za** *A* als); *owoce* auslesen; bewegen (***nogami*** die Füße); wählerisch sein, F mäkeln (**w** *L* bei, in *D*); **~lnia** *f* (*-i*; *-e*) Umkleideraum *m*
przebijać (*-am*) durchstoßen, durchschlagen; (*wykuć*) durchbrechen; *tunel* durchgraben; *karc* übertrumpfen; ***~ się*** sich durchdrängen; sich durchschlagen
prze|bitka *f* (*-i*; *G -tek*) (*kopia*) Durchschlag *m*; **~bitkowy: *papier ~bitkowy*** Durchschlagpapier *n*; **~błysk** *m* Strahl, Schimmer; **~boleć** *pf* (*-eję*) verschmerzen; **~bój** *m* Schlager, Hit
przebra|ć* *pf* → ***przebierać***; ***~ć miarę*** (**w** *L*) übertreiben (*A*); **~nie** *n* (*-a*) Verkleidung *f*; **~ny** verkleidet

P

prze|brnąć *pf* mühsam zurücklegen; (**przez** *A*) durchwaten (*A*); → **brnąć**; **~brzmiały** verklungen, vergangen
przebudow|a *f* Umbau *m*; *fig t.* Umgestaltung; **~(yw)ać** (-[*w*]*uję*) umbauen
przebudzenie (się) *n* (-*a*) Erwachen
przeby(wa)ć *drogę* zurücklegen; *granicę* überschreiten; *chorobę itp.* überstehen; (*zostawać*) verweilen, sich aufhalten
przecedzać (-*am*) ⟨**~ić**⟩ durchseihen
przecen|iać (-*am*), ⟨**~ić**⟩ überbewerten, überschätzen; *hdl* neu auspreisen
przechadz|ać się (-*am*) schlendern (*I*, **po** *L* durch); ***~ać się tam i z powrotem*** hin und her gehen; **~ka** *f* (-*i*; *G* -*dzek*) Spaziergang *m*; ***iść na ~kę*** spazieren gehen, e-n Spaziergang machen
przecho|dni *gr* transitiv; ***puchar ~dni*** Wanderpokal; ***pokój ~dni*** Durchgangszimmer *n*; **~dzić**[1] *v/i* gehen (**do** *G* in *A*); (*przebyć*) zurücklegen; (**przez** *A*) *światło, kula*: durchdringen (*A*); *droga itp.*: verlaufen (durch *A*); *t. os.* überqueren (*A*); übergehen (**do** *G* zu; **w** *A* in *A*); vorbeigehen (**obok** *G* an *D*), passieren (*A*); *zima, deszcz*: vorüber sein; *ból, czas t.*: vergehen; *v/t biedę, chorobę* durchmachen, durchstehen; *wyobraźnię* übersteigen; *oczekiwania* übertreffen (*t.* ***samego siebie*** sich selbst); *kurs* durchlaufen; unterzogen werden (***próbę*** e-r Probe); F *lekcje* durchnehmen; **~dzić**[2] *pf* auf den Beinen sein; **~dzień** *m* (-*dnia*; -*dnie*, -*dniów*) Passant
przechow|ać *pf* → ***przechowywać***; **~anie** *n* (-*a*; *0*) Aufbewahrung *f*; ***na ~anie*** zur Aufbewahrung; **~alnia** *f* (-*i*; -*e*) *kolej* Gepäckaufbewahrung(sraum *m*) *f*; **~ywać** (-*wuję*) aufbewahren, verwahren; *zbiega* verstecken
prze|chwalać się (-*am*) prahlen (*I* mit); **~chwytywać** (-*uję*) ⟨**~chwycić**⟩ abfangen; **~chylać** (-*am*) ⟨**~chylić**⟩ neigen (**się** sich); **~ciąć*** *pf* → ***przecinać***
przeciąg *m* Zug(luft *f*) *m*; ***na ~ tygodnia*** für e-e Woche; ***w ~u tygodnia*** innerhalb/während e-r Woche; **~ać** (-*am*), ⟨**~nąć**⟩ *v/t* ziehen (**przez** *A* durch, über *A*); (*przewlec*) in die Länge ziehen (**się** sich); *pobyt t.* verlängern; *v/i* streichen, fahren (***ręką po*** *L* mit der Hand über *A*); ***~ać się*** sich strecken
przeciąż|ać (-*am*) ⟨**~yć**⟩ überlasten
przecie|kać (-*am*) ⟨**~c***, **~knąć**⟩ *beczka, łódź*: lecken; *dach*: undicht sein; *płyn*: durchrinnen, (*t. fig*) durchsickern
przecier *m* (-*u*; -*y*) Püree *n*; **~ać** (-*am*) (ab)wischen, abreiben; *spodnie* durchscheuern (**się** sich)
przecierpieć *pf* erdulden; durchstehen
przecież *adv* doch
przecię|cie *n* Schnitt *m*; Schnittpunkt *m*; **~tnie** *adv* durchschnittlich; **~tna** *f* (-*ej*; -*e*) Durchschnitt *m*; Mittelwert *m*; **~tny** durchschnittlich, Durchschnitts-; (*mierny*) mittelmäßig
przecin|ać (-*am*) durchschneiden; *drogę, odwrót* abschneiden; *rozmowę itp.* abrupt beenden; ***~ać się*** sich überschneiden; **~ak** *m* (-*a*; -*i*) Meißel; **~ek** *m* (-*nka*; -*nki*) Komma *n*
przecis|kać ⟨**~nąć**⟩ durchdrücken; ***~kać się*** sich durchdrängen
przeciw *praep* (*D*) gegen, wider (*A*); *w zł.* gegen-, wider-; **~bólowy (-wo)** schmerzlindernd; **~ciało** *n* Antikörper *m*; **~deszczowy: *płaszcz ~deszczowy*** Regenmantel; **~dowód** *m jur* Gegenbeweis; **~działać** (*D*) entgegenwirken (*D*), bekämpfen (*A*); neutralisieren (*A*)
przeciwgrypowy: *lek ~* Grippemittel *n*
przeciwieństw|o *n* (-*a*) Gegensatz *m*; ***w ~ie do*** (*G*) im Gegensatz zu
przeciw|jad *m* Gegengift *n*; **~ko** → ***przeciw***; **~kurczowy (-wo)** krampflösend; **~legły** gegenüberliegend; **~lotniczy: *obrona ~lotnicza*** Flugabwehr; **~mgłowy: *reflektor ~mgłowy*** Nebelscheinwerfer; **~niczka** *f* (-*i*; *G* -*czek*) Gegnerin; **~nie** *adv* umgekehrt, im Gegenteil; **~nik** *m* (-*a*; -*cy*) Gegner; **~ność** *f* (-*ści*) Widrigkeit; *pl t.* Tücken *f/pl*; **~ny** gegenüberliegend; (*odwrotny*) entgegengesetzt; ***być ~nym*** (*D*) gegen (*A*) sein; ***wiatr ~ny*** Gegenwind; ***w ~nym razie*** andernfalls
przeciw|odblaskowy Antireflex-; **~pożarowy** Feuerlösch-, Brandschutz-; **~słoneczny** Sonnen(schutz)-
przeciwstaw|i(a)ć (*D*) gegenüberstellen, entgegensetzen (*D*), ***~ić się*** entgegentreten (*D*); **~ienie** *n* (-*a*) Gegenüberstellung *f*; → ***przeciwieństwo***; **~ny** entgegengesetzt
przeciw|tężcowy: *surowica ~tężcowa* Tetanusserum *n*; **~waga** *f* Gegengewicht *n*; **~wskazany** *med* kontraindiziert; **~zapalny** *med* entzündungshemmend

przeczący (**-co**) verneinend

przeczekać *pf* (ab)warten (**aż** bis)

przecznica *f* (*-y*; *-e*) Querstraße

przeczu|cie *n* Vorahnung *f*; **~ć** *pf* → ***przeczuwać***; **~lenie** *n* (*-a*; *0*) Überempfindlichkeit *f*; **~wać** ahnen, spüren

przeczyć (*-ę*) widersprechen

przeczyszcza|ć (*-am*) → ***czyścić***; *med* abführen; **~jący: *środek ~jący*** Abführmittel *n*

przeć* drängen; *med* pressen

przed *praep* (*I*, *A*) vor (*D*, *A*); **~ *laty*** vor Jahren; ***żalić się* ~** (*I*) sich beklagen bei

przedawkować *pf* überdosieren

przedawni|enie *n* (*-a*) *jur* Verjährung *f*; **~ony** verjährt

przeddzień *m*: **w ~** am Vortage

przed|e → ***przed***; **~*e wszystkim*** vor allem; **~emerytalny** Vorruhestands-; **~gwiazdkowy** vorweihnachtlich; **~imek** *m* (*-mka*; *-mki*) *gr* Artikel; **~kładać** (*-am*) (*woleć*) bevorzugen, lieber mögen; ⟨*t.* ***~łożyć***⟩ vorlegen

przedłuż|acz *m* (*-a*; *-e*) *el* Verlängerungsschnur *f*; **~ać** (*-am*) ⟨**~yć**⟩ verlängern; **~enie** *n* (*-a*) Verlängerung *f*

przed|małżeński vorehelich; **~miejski** vorstädtisch; **~mieście** *n* (*-a*) Vorstadt *f*; **~miot** *m* Gegenstand; (*dyscyplina*) (Lehr-)Fach *n*; *gr* Objekt *n*; **~miotowy** Gegenstands-, gegenständlich; *gr* Objekt-; **~mowa** *f* Vorrede; Vorwort *n*; **~mówca** *m*, **-czyni** *f* Vorredner(in)

przedmuch|iwać (*-uję*) ⟨**~ać**⟩ durchblasen, F durchpusten

przed|ni vordere, Vorder-; *mar*, *lotn t.* Bug-; *fig* vortrefflich; **~nówek** *m*: ***na ~nówku*** vor der neuen Ernte; **~obiedni** Vormittags-; **~ostatni** vorletzte

przedosta(wa)ć się gelangen, vorstoßen; eindringen (**do** *G* in *A*)

przed|płata *f* Vorauszahlung; Abonnement *n*; **~pokój** *m* Vorzimmer *n*; Diele *f*; **~południe** *n* Vormittag *m*; **~potopowy** vorsintflutlich; **~ramię** *n* Unterarm *m*; **~rostek** *m* (*-tka*; *-tki*) *gr* Vorsilbe *f*, Präfix *n*

przedruk *m* Nachdruck, Reprint; **~ow(yw)ać** (*-[w]uję*) nachdrucken

przedrze|ć* *pf* → ***przedzierać***; **~źniać** (*-am*) nachahmen, nachäffen

przedsię|biorca *m* (*-y*) Unternehmer; **~biorczość** *f* (*-ści*; *0*) Unternehmungsgeist *m*, Tatkraft; **~biorczy** unternehmerisch eingestellt, aktiv; **~biorstwo** *n* (*-a*) Unternehmen; **~brać*** ⟨**~wziąć***⟩ unternehmen; **~wzięcie** *n* (*-a*) Unternehmung *f*, Vorhaben

przed|sionek *m* (*-nka*; *-nki*) Vorhalle *f*; (Haus-)Flur; **~smak** *m* Vorgeschmack; **~sprzedaż** *f* Vorverkauf *m*

przedstawiać vorstellen (*t. plan itp.*); *wniosek* vorlegen; *sprawę* darlegen; *dowód* vorweisen, vorzeigen; (*zgłosić*) vorschlagen; (*na scenie*) aufführen; **~ się** *os.* sich vorstellen; *widok*: sich bieten; erscheinen; *sprawa*: sich verhalten

przedstawi|ciel *m* (*-a*; *-e*, *-i*), **-lka** *f* (*-i*; *G -lek*) Vertreter(in); **~cielstwo** *n* (*-a*) Vertretung *f*; **~ć** *pf* → ***przedstawiać***; **~enie** *n* (*-a*) Vorstellung *f* (*t. teatr*); Vorlegung *f*

przedszkol|e *n* (*-a*) Kindergarten *m*; Vorschule *f*; **~ny** vorschulisch

przed|śmiertny vor dem Tod auftretend; **~świąteczny** ... vor dem Fest; **~świt** *m* (*-u*; *-y*) Tagesanbruch

przedtem *adv* vorher, zuvor

przed|terminowy (**-wo**) vorfristig; **~wczesny** (**-śnie**) vorzeitig, verfrüht; **~wczoraj** vorgestern; **~wczorajszy** vorgestrig; **~wieczorny** vorabendlich; **~wiośnie** *n* (*-a*) Vorfrühling *m*; **~wojenny** Vorkriegs-; **~wyborczy** Wahl-

przedział *m* Trennungslinie *f*; *kolej* Abteil *n*; **~ek** *m* (*-łka*; *-łki*) (Haar-)Scheitel

przedzie|lać (*-am*) ⟨**~lić**⟩ (ab)trennen; **~rać** (*-am*) F kaputtreißen (**się** *v/i*); ***~rać się*** (***przez*** *A*) vordringen, sich durchkämpfen (durch *A*); durchbrechen, überwinden (*A*)

prze|dziurawiać (*-am*) → ***dziurawić***; **~forsować** *pf* durchsetzen, durchpeitschen; **~gapiać** (*-am*) ⟨**~gapić**⟩ übersehen; *okazję* verpassen; **~ginać** (*-am*) ⟨**~giąć**⟩ neigen, biegen (**się** sich); ***~ginać się*** sich durchbiegen

przegląd *m* (*-u*; *-y*) Besichtigung *f*; Inspektion *f*; (***lekarski*** ärztliche) Untersuchung *f*; (***prasy*** Presse-)Übersicht *f*; Rundschau *f*; **~ać** (*-am*) durchsehen; (*sprawdzać*) überprüfen; ***~ać się*** (**w** *L*) sich besehen (in *D*); **~arka** *f* (*-i*; *G -rek*) Diabetrachter *m*

przegłos *m* (*-u*; *0*) *jęz* Umlaut; **~ować** *pf* überstimmen; → ***głosować***

przegotow(yw)ać (*-[w]uję*) abkochen; **~ się** (zu lange) kochen *v/i*

P

prze|grać *pf* → ***przegrywać***; **~gradzać** (*-am*) (ab)trennen, teilen; **~grana** *f* (*-ej*; *-e*) (Spiel-)Verlust *m*; (*porażka*) Niederlage, F Schlappe; **~groda** *f* (*-y*) Trennwand; (*kojec*, *przedział*) Verschlag *m*; **~grodzić** *pf* → ***przegradzać***; **~gródka** *f* (*-i*; *G -dek*) Trennwand; Fach *n*

prze|grupow(yw)ać (*-[w]uję*) umgruppieren; **~grywać** (*-am*) verlieren; *pieniądze* verspielen; *płytę* abspielen; (*nagrać na nowo*) überspielen; **~gryzać** (*-am*) ⟨**~gryźć***⟩ durchbeißen, durchnagen; F *rdza itp.*: durchfressen; e-e Kleinigkeit essen; dazuessen (**bułką** ein Brötchen); **~grzewać** (*-am*) ⟨**~grzać**⟩ überhitzen (**się** sich)

przegub *m* (*-u*; *-y*) Gelenk *n*

prze|holow(yw)ać (*-[w]uję*) F *fig* übertreiben; **~inaczać** (*-am*) ⟨**~inaczyć**⟩ (*-ę*) verfälschen; **~istoczenie** *n* (*-a*) Verwandlung *f*; **~jadać** fürs Essen ausgeben, F verfuttern, P verfressen; *zapas* aufbrauchen

przejaśni|ać się (*-am*) ⟨**~ć się**⟩ (*-ę*, *-nij!*) sich aufheitern; **~enie** *n* (*-a*) Aufheiterung *f*

przejaw *m* (*-u*; *-y*) Anzeichen *n*, Symptom *n*; (*wyraz*) Ausdruck; **~iać** (*-am*) ⟨**~ić**⟩ offenbaren, zeigen (**się** sich); **~ić się** *t.* zum Ausdruck kommen

przejazd *m* (*-u*; *-y*) (Durch-)Fahrt *f*; Überfahrt *f*; **~ kolejowy** Bahnübergang; **~em** auf der Durchreise

przejażdżka *f* (*-i*; *G -dżek*) Spazierfahrt, Ausflug *m*; **~ konna** Spazierritt *m*

prze|jąć *pf* (*-jmę*) → ***przejmować***; **~jechać*** *pf* → ***przejeżdżać***; (*rozjechać*) überfahren; **~jechać się** e-e (Spazier-)Fahrt machen; **~jeść*** *pf* → ***przejadać***; **~jeździć** *pf czas itp.* verfahren; **~jeżdżać** (*-am*) (*A*, **przez** *A*) durchfahren, überfahren (*A*); fahren (**przez** *A*, **po** *L* über *A*; **koło** *G* an *D*)

przejęcie *n* (*-a*) Übernahme *f*; **z ~m** leidenschaftlich, schwungvoll

przejm|ować (*-uję*) übernehmen; *list* abfangen; *strach itp.*: ergreifen; *zimno itp.*: durchdringen; **~ować się** (*I*) sich zu Herzen nehmen (*A*); **~ujący** (**-co**) durchdringend; *głos*: schrill; *widok*: ergreifend; *smutek*: tief, groß

przejrzały überreif

przejrz|eć *pf* (*-ę*, *-y*, *-yj!*) *v/t* → ***przeglądać***; *fig* durchschauen; *v/i* wieder sehen können; *fig* einsehen; **~ysty** (**-ście**) durchsichtig, (*t. fig*) klar

przejś|cie *n* (*-a*) Durchgang *m*; Übergang *m* (*t. fig*); (*doznanie*) Erlebnis, Prüfung *f*; **~ciowy** Übergangs-; (**-wo**) vorübergehend, zeitweilig; **~ć*** *pf* (→ *-jść*) → ***przechodzić***; **~ć się** e-n Spaziergang machen (**po** *L* durch)

przekaz *m* (*-u*; *-y*) *fin* Überweisung *f*; **~ pocztowy** Postanweisung *f*; Zahlkarte *f*; **środki** *m/pl* **~u** Medien *n/pl*; **~anie** *n* (*-a*) Übergabe *f*; Überweisung *f*; Übermittlung *f*; Übertragung *f*; **~ywać** (*-uję*) ⟨**~ać**⟩ übergeben; *pieniądze* überweisen; *majątek*, *prawo* übertragen; *polecenie*, *ukłony itp.* übermitteln, ausrichten, bestellen

przekąs *m*: **z ~em** sarkastisch; **~ić** *pf* (*-szę*) e-n Bissen (zwischendurch) essen; **~ka** *f* (*-i*; *G -sek*) Imbiß *m*, Zwischenmahlzeit; Horsd'œuvre *n*

przekątna *f* (*-ej*; *-e*) Diagonale

prze|kląć *pf* → ***przeklinać*** *v/t*; **~kleństwo** *n* (*-a*) Fluch *m*; **~klęty** verflucht; **~klinać** (*-am*) *v/t* verfluchen, verdammen; *v/i* fluchen

przekład *m* (*-u*; *-y*) (*Text-*)Übersetzung *f*; **~ać** (*-am*) (um)legen, umpacken; (*I*) dazwischenlegen (*A*); *tort* füllen (mit); *tekst* übersetzen; *termin* verlegen; **~nia** *f* (*-i*; *-e*) *tech* Getriebe *n*

przekłu|wać (*-am*) ⟨**~ć**⟩ durchstechen

przekon|anie *n* (*-a*) Überzeugung *f*; **nie mieć ~ania** (**do** *G*) nicht überzeugt sein (von); **~ywać** (*-uję*) ⟨**~ać**⟩ überzeugen (**się** sich; **o** *L* von); **~ywający** (**-co**) überzeugend

przekop *m* (*-u*; *-y*) Graben; **~ywać** (*-uję*) ⟨**~ać**⟩ umgraben; *rów* ausheben

przekor|a *f* (*-y*; *0*) Trotz *m*; **~ny** eigensinnig, trotzig; *uśmiech*, *mina*: neckisch

przekór: na ~ zum Trotz

przekra|czać (*-am*) *v/t* gehen (über *A*), (*t. fig*) überschreiten (*A*); *prawo* übertreten; **~dać się** (*-am*) ⟨**~ść* się**⟩ durchschlüpfen (**do** *G* in *A*); **~wać** (*-am*) durchschneiden

prze|kreślać (*-am*) ⟨**~kreślić**⟩ (durch-, aus)streichen; **~kręcać** (*-am*) ⟨**~kręcić**⟩ *klucz* umdrehen; *czapkę*, *fakty* verdrehen; *sprężynę* überdrehen

przekro|czenie *n* (*-a*) Überschreitung *f*; Übertretung *f*; **~czyć** *pf* → ***przekraczać***; **~ić** *pf* → ***przekrawać***

P

przekrój *m* (**podłużny** Längs-, **poprzeczny** Quer-)Schnitt; *fig* Querschnitt
przekrzywiony verdreht, schief
przekształc|ać (*-am*) ⟨**~ić**⟩ (um)wandeln, verwandeln (**się** sich); **~enie** *n* (*-a*) Umwandlung *f*
przekup|ić *pf* → **przekupywać**; **~ka** *f* (*-i*; *G -pek*) Marktfrau, Händlerin; **~ny** bestechlich, käuflich; **~stwo** *n* (*-a*) Bestechung *f*; **~ywać** (*-uję*) bestechen
prze|kwalifikować *pf* umschulen; **~kwaterować** *pf* umquartieren; **~kwitać** (*-am*) ⟨**~kwitnąć**⟩ verblühen (*t. fig*); **~kwitanie** *n med* Wechseljahre *n/pl*; **~lać** *pf* → **przelewać**; **~latywać** (*-uję*) ⟨**~lecieć**⟩ fliegen (**z ... do/na ...** von ... nach/zu ...); (**nad** *I*) überfliegen (*A*), hinwegfliegen (über *A*); (**koło** *G*) vorbeifliegen (an *D*); *czas*: verfliegen; F (**przez** *A*) rasen (durch, über *A*)
przelew *m* (*-u*; *-y*) *fin* Überweisung *f*; *jur* Übertragung *f*; **~ krwi** Blutvergießen *n*; **~ać** (*-am*) umgießen, umfüllen; (*rozlać*) vergießen; *jur* übertragen; *fin* überweisen; **~ać się** überfließen
prze|leźć* *pf* → **przełazić**; **~lęknąć się** *pf* (*-nę*) erschrecken (*G* vor *D*)
przelicz|ać (*-am*) ⟨**~yć**⟩ nachzählen, nachrechnen; umrechnen (**na złote** in Zloty); **~enie** *n* Umrechnung *f*; **w ~eniu** umgerechnet
przelot *m* (Über-)Flug; **~ ptaków** Vogelzug; **~nie** *adv* flüchtig; **~ny** kurz(lebig), flüchtig; **deszcz ~ny** Regenschauer; **ptaki** *m/pl* **~ne** Zugvögel *m/pl*
przeludni|enie *n* (*-a*; *0*) Übervölkerung *f*; **~ony** übervölkert
przeład|ow(yw)ać (*-[w]uję*) umladen; (*przeciążyć*) überladen; **~unek** *m* Umladen *n*; **~unkowy** Umlade-
przełaj: na ~ querdurch, F querbeet; **~owy: bieg ~owy** Querfeldeinlauf
przełam|ywać (*-uję*) ⟨**~ać**⟩ durchbrechen (**się** *v/i*); *fig opór* brechen
przełazić (**przez** *A*) überklettern (*A*); durchkriechen (durch *A*)
przełącz|ać (*-am*) ⟨**~yć**⟩ umschalten; **~nik** *m* (*-a*; *-i*) (Um-)Schalter
przełęcz *f* (*-y*; *-e*) *geogr* Paß *m*
przełknąć *pf* (*-nę*) verschlucken
przełom *m* Bruch(stelle *f*) *m*; *geol* Durchbruch; *fig* Wende *f*; **na ~ie roku** um die Jahreswende; **~owy** umwälzend; (*krytyczny*) kritisch
przełoż|ona *f* (*-ej*; *-e*), **~ony** *m* (*-ego*; *-eni*) Vorgesetzte(r); *pl t.* Obrigkeit *f*; **~yć** *pf* → **przekładać**
przełyk *m* Speiseröhre *f*; **~ać** → **łykać**
prze|maczać durchnässen; **~magać** (*-am*) *v/t* überwältigen; überwinden (**się** sich); *v/i* überwiegen, siegen; **~makać** (*-am*) Feuchtigkeit durchlassen, naß werden; **~marzać** [-r·z-] (*-am*) durchfrieren; **~maszerować** *pf v/i* vorbeiziehen; **~mawiać** e-e Rede halten (**do** *G* an *A*); sprechen (**do** *G* zu; **za** *I* für)
przemądrzały F superklug
przemeldow(yw)ać (*-[w]uję*) ummelden
przemęcz|ać (*-am*) ⟨**~yć**⟩ überanstrengen; **~yć się** sich überarbeiten; → **męczyć się**; **~enie** *n* (*-a*; *0*) Übermüdung *f*; **~ony** (*pracą*) überarbeitet
przemian: na ~ abwechselnd; **~a** *f* (*-y*) Wandlung; (**materii** Stoff-)Wechsel *m*; **~owanie** *n* Umbenennung *f*
przemie|ni(a)ć verwandeln (**się** sich); **~szać** *pf* (durch)mischen; **~szczać** (*-am*) verlagern; *os.* umsiedeln
prze|mijać ⟨**~minąć**⟩ vergehen, vorübergehen; **~milczać** (*-am*) ⟨**~milczeć**⟩ *v/t* verschweigen; *v/i* schweigen
przemknąć *pf* → **przemykać**
przemoc *f* (*0*) Gewalt; **akt ~y** Gewaltakt; **~ą** gewaltsam, mit Gewalt
przemo|czyć *pf* → **przemaczać**; **~knąć** *pf* → **przemakać**; **~knięty** durchnäßt
prze|mowa *f* → **przemówienie**; **~móc*** *pf* → **przemagać**; **~mówić** *pf* → **przemawiać**; **~mówienie** *n* Ansprache *f*, Rede *f*; **~mycać** (*-am*) ⟨**~mycić**⟩ (*-cę*) durchschmuggeln; **~myć** *pf* → **przemywać**; **~mykać** (*-am*) vorbeihuschen; *myśl*: schießen; **~mykać się** (unbemerkt) durchschlüpfen
przemysł *m* (*-u*; *-y*) (**górniczy**, **spożywczy** Montan-, Nahrungsmittel-)Industrie *f*; F **własnym ~em** mit Köpfchen
przemysłow|iec *m* (*-wca*; *-wcy*) Industrielle(r); **~y** Industrie-; (**-wo**) industriell; gewerblich
przemyśl|any (gut) überlegt, durchdacht; **~eć** *pf* gut/genau überlegen; **~iwać** (*-am*) (**o** *L*) erwägen (*A*); **~ny** schlau; *urządzenie*: sinnreich
prze|myt *m* (*-u*; *0*) Schmuggel; **~mytnik** *m* (*-a*; *-cy*) Schmuggler(in); **~mywać** (*-am*) waschen, spülen; **~nicow(yw)ać** (*-[w]uję*) → **nicować**

przeniesieni|e *n* (*-a*) Verlegung *f*; (*służbowe*) Versetzung *f*; **z ~a** *fin* Übertrag; **~e się** Übersiedlung *f*
przenieść* *pf* → **przenosić**
przenik|ać (*-am*) durchdringen; (**do** *G*) eindringen (in *A*); **~liwość** *f* (*-ści*; *0*) *fig* Scharfsinn *m*; **~liwy** (**-wie**) durchdringend; *fig* scharf; **~nąć** *pf* → **przenikać**
przeno|cować *pf v/i* → **nocować**; *v/t* Nachtquartier gewähren (*D*); **~sić** tragen; *fig* übertragen (**się** sich); (*na emeryturę, służbowo*) versetzen; *zakład, termin itp.* verlegen; *słowo* trennen; **~sić się** umziehen, übersiedeln *v/i* (**do** *G* nach); sich versetzen lassen; **~śnia** *f* (*-i*; *-e*) Metapher; **~śnie** *adv* im übertragenen Sinne; **~śnik** *m* (*-a*; *-i*) *tech* Förderer; **~śny** tragbar; *fig* bildlich
przeobra|żać* ⟨**~zić**⟩ umwandeln, verwandeln (**się** sich); **~żenie** *n* (*-a*) (Um-, Ver-)Wandlung *f*, Wandel *m*
przeocz|ać (*-am*) ⟨**~yć**⟩ (*-ę*) übersehen; **~enie** *n* Auslassung *f*; **przez ~enie** aus Versehen
prze|orać *pf* umpflügen; *fig* zerfurchen; **~organizować** *pf* umorganisieren
przepa|dać verlorengehen, verloren sein; (*zniknąć*) verschwinden; (**za** *I*) über alles lieben (*A*); → **przepaść¹**; **~dły** verloren; **~jać** (*-am*) (durch)tränken (*I* mit); **~kow(yw)ać** (*-[w]uję*) umpacken; **~lać** (*-am*) ⟨**~lić**⟩ *v/t* durchbrennen (**się** *v/i*); verbrennen; *dziurę* einbrennen; *v/i* (*w piecu*) (durch)heizen; **~lony** durchgebrannt
przepas|ka *f* (*-i*; *G -sek*) Band *n*, Binde; **~ywać** (*-uję*) ⟨**~ać**⟩ (*-szę*) (**k-o, się** *I*) umbinden, umschnallen (j-m, sich *A*)
P
przepa|ść¹* *pf* → **przepadać**; (*na egzaminie*) F durchfallen; **~ść bez wieści** verschollen sein; **~ść²** *f* (*-ści*; *-ści*/*-ście*) Schlucht; *fig* Abgrund *m*; **~trywać** (*-uję*) ⟨**~trzyć, ~trzeć**⟩ durchsehen
przepchać *pf* →**przepychać**
przepełni|enie *n* (*-a*; *0*) Überfüllung *f*; Gedränge; **~ony** überfüllt
przepędz|ać (*-am*) ⟨**~ić**⟩ (durch)treiben; *ludzi* vertreiben
prze|pić *pf* → **przepijać**; **~pierać** (*-am*) durchwaschen; **~pierzenie** *n* (Bretter-)Verschlag *m*, Trennwand *f*; **~piękny** wunderschön; **~pijać** (*-am*) *v/t* vertrinken; *v/i* (**do** *G*) zutrinken (*D*); **~piłow(yw)ać** (*-[w]uję*) durchsägen
przepiórka *f* (*-i*; *G -rek*) Wachtel
przepis *m* (*-u*; *-y*) Vorschrift *f*; (**użycia** Gebrauchs-)Anweisung *f*; **~ kucharski** Kochrezept *n*; **według ~u lekarza** nach ärztlicher Verordnung; **~y drogowe** Verkehrsregeln *f*/*pl*; **~ać** *pf* → **przepisywać**; **~owy** (**-wo**) vorschriftsmäßig; **~ywać** (*-uję*) abschreiben; *dietę itp.* verordnen; *majątek* umschreiben
przepity P versoffen
przeplatać (*-am*) durchflechten, verflechten (*I* mit); **~ się** wechseln *v/i*
prze|płacać (*-am*) ⟨**~płacić**⟩ überzahlen; **~płaszać** (*-am*) ⟨**~płoszyć**⟩ verscheuchen; **~płukiwać** (*-uję*) ⟨**~płukać**⟩ durchspülen; → **płukać**; **~pływać** ⟨**~płynąć**⟩ *v/t* (*t. v/i* **przez** *A*) durchschwimmen; (*łodzią itp.*) durchfahren, überqueren; *v/i impf* fließen; *tłumy*: strömen; *obłoki*: (vorbei)ziehen; **~pocić** *pf* durchschwitzen; **~poić** *pf* → **przepajać**; **~pona** *f* (*-y*) *anat* Zwerchfell *n*; *tech* Membran(e)
przepowi|adać (*-am*) ⟨**~edzieć**⟩ prophezeien, weissagen; **~ednia** *f* (*-i*; *-e*) Prophezeiung, Weissagung
prze|pracow(yw)ać (*-[w]uję*) durcharbeiten; (*na nowo*) überarbeiten (*t.* **się** sich); **~prać** *pf* → **przepierać**
przeprasza|ć (*-am*) um Verzeihung bitten (**za** *A* für, wegen); **~m!** entschuldige(n Sie)!, Verzeihung!
przepraw|a *f* (*-y*) Überquerung, Überfahrt, (*t. droga*) Übergang *m*; **~iać** (*-am*) ⟨**~ić**⟩ (*-ę*) (**przez** *A*) transportieren (über *A*); übersetzen (**na drugi brzeg** ans andere Ufer; **się** *v/i*); **~ić się** (**przez** *A*) *t.* überqueren (*A*)
przepro|sić *pf* → **przepraszać**; **~sić się** sich versöhnen; **~szenie** *n* (*-a*) (Bitte *f* um) Entschuldigung *f*
przeprowadz|ać (*-am*) ⟨**~ić**⟩ führen (**przez** *A* durch, über *A*); (*realizować*) durchführen; *rurociąg* (ver)legen; *szosę* bauen, anlegen; *rów* ziehen; **~ić się** umziehen *v/i*; **~ka** *f* (*-i*; *G -dzek*) Umzug *m*
przepuklina *f* (*-y*) *med* Bruch *m*, Hernie
przepu|st *m* (*-u*; *-y*) Durchlaß; **~stka** *f* (*-i*; *G -tek*) Passierschein *m*; **~szczać** ⟨**~ścić**⟩ durchlassen; *mięso* durchdrehen; F *zw. pf* → **pominąć, przeoczyć**; **~szczalny** durchlässig
przepych *m* (*-u*; *0*) Pracht *f*; Luxus
przepycha|ć (*-am*) *v/t* (durch)schieben;

durchdrücken; F *fig* durchboxen; **~ć się** sich durchdrängen; **~nka** *f* (*-i*; *G -nek*) Rangelei, (*t. fig*) Gerangel *n*
przera|biać (*-am*) umarbeiten, F ummodeln; (*opracować na nowo*) überarbeiten; (*przetworzyć*) verarbeiten (**na** *A* zu); *lekcję* durcharbeiten, durchnehmen; **~chow(yw)ać** (*-[w]uję*) → ***przeliczać***; **~dzać się** (*-am*) sich verwandeln; (*o uczuciach t.*) umschlagen; **~stać** (*-am*) *v/t* wachsen (über *A*); *fig* übertreffen (*A*); **~zić** *pf* → ***przerażać***; **~źliwy** (**-wie**) entsetzlich; *krzyk t.*: markerschütternd; **~żać** (*-am*) entsetzen (**się** sich); **~żający** (**-co**) entsetzlich, grauenvoll; **~żony** entsetzt
prze|rdzewieć *pf* durchrosten; **~robić** *pf* → ***przerabiać***; **~rodzić się** *pf* → ***przeradzać się***; **~rosnąć** *pf* → ***przerastać***; **~rób** *m* (*-obu*; *0*) Verarbeitung *f*; **~róbka** *f* (*-i*; *G -bek*) Umarbeitung, Änderung; Überarbeitung; Verarbeitung
przerw|a *f* (*-y*) Pause; (**w** *L*) Unterbrechung (*G*, in *D*); (*luka*) Lücke; **bez ~y** pausenlos; **~ać** *pf* → ***przerywać***; **~ać się** (ab-, durch)reißen *v/i*; **~anie** *n* (*-a*) Unterbrechung *f*; ***~anie ciąży*** Schwangerschaftsabbruch *m*
przerywa|cz *m* (*-a*; *-e*) *tech* Unterbrecher; **~ć** (*-am*) durchreißen; *fig* unterbrechen; (*nie skończyć*) abbrechen (*t. ciążę*); **~ć się** → ***przerwać***; **~ny** *puls, oddech*: unregelmäßig; *głos*: stockend
przerzedz|ać (*-am*) ⟨**~ić**⟩ (*-dzę*) lichten (**się** sich); *agr* ausdünnen
przerzuc|ać ⟨**~ić**⟩ werfen (**przez** *A* über *A*); *most* schlagen; *ludzi, towary* schaffen; *ciężary* abwälzen; ***~ić bieg*** e-n anderen Gang einlegen; ***~ać kartki*** (*G*) blättern (in *D*); → ***przetrząsać***; ***~ić się*** (**na** *A*) überspringen, übergreifen (auf *A*); F *os.* umsatteln (auf *A*)
prze|rzynać (*-am*) ⟨**~rżnąć**⟩ durchschneiden; (*przepiłować*) durchsägen
przesa|da *f* (*-y*) Übertreibung; **~dnie** *adv* übermäßig, allzu; **~dny** übertrieben; **~dzać** ⟨**~dzić**⟩ *ucznia* umsetzen; *agr* umpflanzen; *v/i fig* übertreiben
przesalać (*-am*) → ***przesolić***
przesącz|ać (*-am*) ⟨**~yć**⟩ filtern
przesą|d *m* Aberglaube; (*uprzedzenie*) Vorurteil *n*; **~dny** abergläubisch; **~dzać** (*-am*) ⟨**~dzić**⟩ entscheiden; ***nie ~dzać*** (*G*) nicht vorgreifen (*D*)
przesia|ć *pf* → ***przesiewać***; **~dać się** sich woanders setzen; (*w podróży*) umsteigen; **~dka** *f* (*-i*; *G -dek*) Umsteigen *n*
przesią|kać (*-am*) ⟨**~knąć**⟩ (*-nę*) durchsickern; *pf* → ***nasiąkać***; **~ść* się** *pf* → ***przesiadać się***
przesiedl|ać (*-am*) umsiedeln; **~ać się** übersiedeln, umziehen (**do** *G* nach, in *A*); **~enie** *n* (*-a*) Umsiedlung *f*; ***~enie się*** Übersiedlung *f*, Umzug *m*; **~eniec** *m* (*-ńca*; *-ńcy*) Umsiedler, Übersiedler; **~ić** *pf* (*-lę*) → ***przesiedlać***
przesieka *f* (*-i*) (Wald-)Schneise
przesiewać (*-am*) (durch)sieben
przesilenie *n* (*-a*) Krise *f*, Krisis *f*; (***letnie*** Sommer-)Sonnenwende *f*
przesk|akiwać (*-uję*) ⟨**~oczyć**⟩ *v/t* überspringen (*A*; *t. fig*); (**przez** *A*, **z ... na ...**) springen (über *A*, von ... zu/auf ...); **~ok** *m* Sprung (über *A*); Überspringen *n* (*G*)
przeskrobać F *pf* ausfressen
przesła|ć* *pf* → ***przesyłać***, ***prześcielać***; **~niać** (*-am*) verdecken, verhüllen; **~nie** *n* (*-a*) Übersendung *f*; **~nka** *f* (*-i*; *G -nek*) Voraussetzung, Prämisse
przesło|dzić *pf* zu süß machen; **~na** *f* (*-y*) Vorhang *m*; *fot* Blende; **~nić** *pf* → ***przesłaniać***
przesłuch|anie *n* (*-a*) *jur* Verhör, Vernehmung *f*; **~iwać** (*-uję*) ⟨**~ać**⟩ abhören; *jur* verhören, vernehmen
prze|smyk *m* (*-u*; *-i*) Landenge *f*; **~solić** *v/t* versalzen; F *fig* übertreiben; **~spać*** *pf* → ***przesypiać***
przestać[1]* *pf* (*stać*[1]) stehen(bleiben)
przesta|ć[2]* *pf* (*stać*[2]) → ***przestawać***; **~rzały** veraltet, überholt; **~wać** (*-ję*) aufhören (mit *D*, zu *inf*); **~wi(a)ć** umstellen (**się** sich), umsetzen
przestąpić *pf* → ***przestępować***
przestęp|ca *m* (*-y*; *G -ów*) Verbrecher; **~czość** *f* (*-ści*; *0*) Kriminalität; **~czy** (**-czo**) verbrecherisch; **~czyni** *f* (*-i*; *-e*) Verbrecherin; **~ny** *jur* verbrecherisch, kriminell; ***rok ~ny*** Schaltjahr *n*; **~ować** (*-uję*) treten (**przez** *A* über *A*); *fig* übertreten; **~stwo** *n* (*-a*) Verbrechen, Straftat *f*; Vergehen
przestój *m* (*-oju*; *-oje*) (Arbeits-)Ausfall
przestra|ch *m* Schrecken; **~szyć** *pf* erschrecken (**się** sich *a. v/i*); **~szony** erschrocken
przestroga *f* (*-i*; *G -óg*) Warnung
przestronny geräumig, weitläufig

P

przestrze|gać[1] (*-am*) (*G*) befolgen, einhalten; (*o tajemnicy*) wahren; **~gać**[2] ⟨**~c***⟩ (**przed** *I*) warnen (vor *D*)
przestrze|nny räumlich, Raum-; **~ń** *f* (*-ni*; *-nie*, *-ni*) (**życiowa** Lebens-)Raum *m*; (**wolna/otwarta** freie, **wodna** Wasser-)Fläche; (*dystans*) Strecke
przestudiować [-dĭɔ-] *pf v/t* studieren
przesu|nięcie *n* (*-a*) Verschiebung *f*; **~wać** ⟨**~nąć**⟩ (ver)schieben (**się** sich), verrücken; **~wać się** vorüberziehen (**przed** *I* an *D*); **~nąć się do przodu** vorrücken *v/i*; **~wny** verschiebbar
przesy|cać (*-am*) ⟨**~cić**⟩ durchtränken; (*o woni*) erfüllen; **~cony** übersättigt; **~łać** (*-am*) (zu)senden, schicken; *życzenia* senden; **~łać dalej** weiterleiten; **~łka** *f* (*-i*; *G -łek*) Sendung; (*przesyłanie*) Übersendung, Versendung; **~pać** *pf* → **przesypywać**; **~piać** (*-am*) durchschlafen; (*przepuścić*) verschlafen; **~pywać** (*-uję*) umschütten; bestreuen (*I* mit)
przesyt *m* (*-u*; *0*) Überdruß
przeszczep *m* (*-u*; *-y*) *med* Verpflanzung *f*; Transplantat *n*; **~iać** (*-am*) ⟨**~ić**⟩ verpflanzen
przeszeregow(yw)ać (*-*[*w*]*uję*) einstufen (**do ... grupy** in e-e ... Gruppe)
przeszka|dzać (*-am*) behindern, stören (**k-u w** *L* j-n bei); **proszę sobie nie ~dzać** lassen Sie sich nicht stören; → **przeszkodzić**; **~lać** (*-am*) umschulen
przeszko|da *f* Hindernis *n*; **stać na ~dzie** im Wege sein; **~dzić** *pf* → **przeszkadzać** (*D*) verhindern (*A*); (**k-u** + *inf*) hindern (j-n an *D*); **~lenie** *n* Umschulung *f*; **~lić** *pf* → **przeszkalać**
przesz|ło *adv* mehr als, über; **~łoroczny** vorjährig, Vorjahr(e)s-; **~łość** *f* (*-ści*; *0*) Vergangenheit; **~ły** vergangen, letzt-
przeszuk|iwać (*-uję*) ⟨**~ać**⟩ durchsuchen; *teren t.* absuchen
przeszy|wać (*-am*) ⟨**~ć**⟩ *guziki* versetzen; (*przebić*) durchbohren (*t. fig*)
przeście|łać (*-am*) *łóżko* neu machen, richten; **~radło** *n* (*-a*; *G -deł*) (Bett-)Laken; **~radło kąpielowe** Badetuch
prześcig|ać ⟨**~nąć**⟩ (*-nę*) überholen; *fig t.* übertreffen, überbieten; **~ać się** *fig* wetteifern (**w** *L* in *D*)
prześladow|ać (*-uję*) verfolgen (*t. fig*); (*dręczyć*) peinigen; **~anie** *n* (*-a*) Verfolgung *f*; **~any** verfolgt; *su m* (*-ego*; *-i*) Verfolgte(r); **~ca** *m* (*-y*) Verfolger; Peiniger; **~czy** Verfolgungs-
prześliczny wunderschön
prześliz|giwać się (*-uję*) ⟨**~(g)nąć się**⟩ (*-nę*) (durch)schlüpfen; *fig* gleiten
prześmie|szny urkomisch; **~wać się** (*-am*) (**z** *G*) belächeln (*A*)
przeświadcz|enie *n* Überzeugung *f*; **~ony** (**o** *L*) überzeugt (von)
prześwie|cać (*-am*) (durch)schimmern, durchscheinen (**przez** *A* durch); **~tlać** (*-am*) ⟨**~tlić**⟩ (*-lę*) durchleuchten; *pf fot* überbelichten; **~tlenie** *n* (*-a*) Durchleuchtung *f*; Überbelichtung *f*
przeta|czać (*-am*) rollen (**się** *v/i*); *wagony* rangieren; *płyn* umfüllen; *krew* übertragen; **~piać** (*-am*) umschmelzen; *kulin* auslassen
przetarg *m* Ausschreibung *f*; (*sprzedaż*) Versteigerung *f*; *fig* Handel
prze|tarty durchgescheuert; **~tasow(yw)ać** (*-*[*w*]*uję*) mischen; **~terminowany** verfallen *adj*; **~tkać** *pf* → **przetykać**
przeto *conj* deshalb; **niemniej ~** nichtsdestoweniger; **~ka** *f* (*-i*) *med* Fistel; **~czyć** *pf* → **przetaczać**; **~pić** *pf* → **przetapiać**
przetraw|iać (*-am*) ⟨**~ić**⟩ verdauen
prze|trącić F *pf* kaputtmachen; **~trenowany** übertrainiert; **~trwać** *pf* (heil) überstehen; überdauern, überleben
przetrząs|ać [-t·ʃ-] (*-am*) ⟨**~nąć**⟩ (*-nę*) (*szukać*) durchstöbern, durchwühlen
przetrzeć* [-t·ʃɛ-] *pf* → **przecierać**
przetrzym|ywać [-t·ʃ-] (*-uję*) ⟨**~ać**⟩ zu lange halten; (*ukrywać*) (bei sich) aufnehmen; (*znieść*) durchhalten
przetwarza|ć (*-am*) verarbeiten; *el* umformen; *fig* umwandeln; **~nie** *n* (*-a*; *0*): **~nie danych** Datenverarbeitung *f*
przetworzyć *pf* → **przetwarzać**
przetwór *m* Produkt *n*, Erzeugnis *n*; **przetwory** *pl t.* Eingemachte(s); **~czy** Verarbeitungs-; **~nia** *f* (*-i*; *-e*) Verarbeitungsbetrieb *m*
przetykać *v/t* durchstoßen; *rurę*, *fajkę t.* reinigen; *tkaninę* durchwirken (*I* mit)
przewag|a *f* Übergewicht *n*; *fig t.* Überlegenheit; **mieć ~ę** (**nad kimś w** *L*) überlegen sein (j-m in/an *D*); **uzyskać ~ę** die Oberhand gewinnen
przeważ|ać (*-am*) *v/t* nachwiegen, nochmals wiegen; zuviel abwiegen; *v/i* zuviel wiegen; *fig* überwiegen; **~ający**

P

überlegen; überwiegend; **~nie** *adv* meistens; **~yć** *pf* → ***przeważać***
przewąch|iwać (-*uję*) ⟨**~ać**⟩ F *v/t* Wind bekommen (von), wittern (*A*)
przewiąz|ywać (-*uję*) ⟨**~ać**⟩ umbinden; *ranę* verbinden
przewidujący (**-co**) vorausschauend
przewidywać (-*uję*) voraussehen; (*planować*) vorsehen
przewidywa|nie *n* (-*a*) (***pogody*** Wetter-)Vorhersage *f*; ***w ~niu*** in Erwartung; ***według wszelkich ~ń*** aller Voraussicht nach; **~ny** voraussichtlich; vorausgesehen; vorgesehen
przewidz|enie *n*: ***... był***(***a***, **-*o***) ***do ~enia*** ... war vorauszusehen; **~iany**, **~ieć** *pf* → ***przewidywany***, ***przewidywać***
prze|wiercać (-*am*) ⟨**~*wiercić***⟩ durchbohren; **~wieszać** ⟨**~*wiesić***⟩ (-*szę*) *v/t* hängen (***przez*** *A* über *A*); umhängen
przewietrz|ać (-*am*) ⟨**~yć**⟩ (durch)lüften; auslüften; **~nik** *m* (-*a*; -*i*) Lüfter
przewiew *m* (-*u*; -*y*) Luftzug; **~ny** luftig; *budynek*: zugig
prze|wieźć* *pf* → ***przewozić***; **~wijać** (-*am*) ⟨**~*winąć***⟩ (-*nę*) umspulen, umwickeln; *dziecko* trockenlegen; *ranę* neu verbinden; **~winienie** *n* (-*a*) Vergehen, Verfehlung *f*; **~wlekać** (-*am*) ⟨**~*wlec****⟩ durchziehen; *fig* in die Länge ziehen (***się*** sich); **~wlekły** (**-*le***) langwierig, schleppend; *med* chronisch
przewodni leitend, Leit-; **~ctwo** *n* (-*a*; *0*) Leitung *f*; (*obrad*) Vorsitz *m*; *fiz* Leitfähigkeit *f*; **~czący** *m* (-*ego*; -*y*), **-ca** *f* (-*ej*; -*e*) Vorsitzende(r); Vorstand *m*, Leiter(in); **~czka** *f* (-*i*; *G* -*czek*) Fremdenführerin; **~czyć** (-*ę*) den Vorsitz führen/haben; (*D*) leiten (*A*); **~k** *m* (-*a*; -*cy*) (Fremden-)Führer; ***~k górski*** Bergführer; (*książka*) (Reise-)Führer; *fiz* Leiter
przewo|dowy Leitungs-, Kabel-; **~dzić** (*D*) leiten (*A*; *t. fiz*); **~zić** *v/t* befördern, fahren; **~zowy** Transport-; ***list ~zowy*** Frachtbrief; **~źnik** *m* (-*a*; -*cy*) Fuhrunternehmer; (*na promie*) Fährmann; **~źny** fahrbar, transportabel
przewód *m* (-*odu*; -*ody*) (***gazowy***, ***kanalizacyjny*** Gas-, Abwasser-)Leitung *f*; *el t.* Leiter, Leitungsdraht, Kabel *n*; ***~ dymowy*** Rauchzug; ***~ trawienny*** Verdauungstrakt; ***~ słuchowy*** Gehörgang; ***~ sądowy*** Gerichtsverhandlung *f*; ***pod przewodem*** unter der Führung
przewóz *m* Beförderung *f*, Transport
przewracać ⟨**po-**⟩ *v/t* umstürzen, umwerfen; *kartki* umblättern; (*obracać*) umdrehen; *v/i* (*szperać*) wühlen; ***~ się*** (um)fallen, (um)kippen, (um)stürzen; ***~ się do góry dnem*** *łódź*: kentern
przewrażliwiony → ***przeczulony***
przewrotny heimtückisch
przewró|cić *pf* → ***przewracać***; **~t** *m* (-*otu*; -*oty*) Umwälzung *f*, Revolution *f*; *sport* Luftrolle *f*, Salto
przewyższ|ać (-*am*) ⟨**~yć**⟩ (-*ę*) überragen; (*w liczbie*) übersteigen
przez *praep* (*A*) durch (*A*); über (*A*); ***~ radio*** im Radio; ***~ zazdrość*** aus Neid; ***~ telefon*** per Telefon; ***~ cały rok*** das ganze Jahr hindurch; ***~ sekundę*** e-e Sekunde lang; ***~e mnie*** durch mich
przeziębi|ać (-*am*) ⟨**~ć**⟩ erkälten (***się*** sich); **~enie** *n* (-*a*) Erkältung *f*
przeznacz|ać (-*am*) ⟨**~yć**⟩ bestimmen, ausersehen (***na*** *A*, ***do*** *G* zu, für); **~enie** *n* (-*a*) Bestimmung *f*; (*los*) Geschick, Schicksalsfügung *f*; ***miejsce ~enia*** Bestimmungsort *m*
przezorn|ie *adv* vorsorglich, vorsichtshalber; → **~y** umsichtig
przezrocz|e *n* (-*a*) Dia(positiv); ***odczyt z ~ami*** Diavortrag; **~ysty** durchsichtig, transparent; *płyn*: klar
prze|zwać *pf* → ***przezywać***; **~zwisko** *n* (-*a*) Spitzname *m*; → ***wyzwisko***; **~zwyciężać** ⟨**~*zwyciężyć***⟩ überwinden (***się*** sich); **~zywać** (-*am*) *v/t* (*I*) den Spitznamen ... geben (*D*)
prze|źrocz- → ***przezrocz-***; **~żegnać** *pf* bekreuzigen (***się*** sich); **~żerać** (-*am*) ⟨**~*żreć****⟩ durchfressen; **~żuwać** (-*am*) wiederkäuen; ⟨*t.* **~*żuć***⟩ (zer)kauen
przeży|cie *n* Überleben; (*doznanie*) Erlebnis; **~tek** *m* (-*tku*; -*tki*) Überbleibsel *n*; Anachronismus; **~wać** (-*am*) ⟨**~ć**⟩ erleben; verleben (***z*** *I* mit); *zw. pf* (*przetrwać*) überleben (***się*** sich)
przędza *f* (-*y*) Garn *n*; **~lnia** *f* (-*i*; -*e*) Spinnerei
przęsło *n* (-*a*; *G* -*seł*) *arch* Feld; Joch
przodek *m* (-*dka*; -*dki*) Vordergestell *n*; *gór* Ort; (*pl* -*dkowie*) Vorfahr, Ahn
przodow|ać (-*uję*) (***w*** *L*) führen (in *D*), die Spitze bilden (von, *G*); **~nica** *f* (-*y*; -*e*), **~nik** *m* (-*a*; -*cy*) Beste(r), Spitzenkraft *f*, Spitzenreiter
przodujący führend, Spitzen-

przód *m* (*-odu*; *-ody*) Vorderteil *n*/*m*, Vorderseite *f*, Front *f*; Oberteil *n*/*m*; *mar*, *lotn* Bug; **w ~**, **do przodu** nach vorn; **od**/**z przodu** von vorn; **przodem**, **na przedzie** vorn; an der Spitze

przy *praep* (*L*) an, bei (*D*); **~ stole** am Tisch; **~ sobie** bei sich; **~ pracy** bei der Arbeit; **~ czym** wobei; **~ tym** dabei; **~ ulicy ...** in der ... Straße; **~bić** *pf* → **przybijać**; **~biegać** ⟨**~biec**⟩ angelaufen/angerannt kommen; **~bierać** (*-am*) *v*/*t* annehmen; (*zdobić*) schmücken; *v*/*i* *rzeka*: anschwellen; **~bierać na wadze** zunehmen *v*/*i*; **~bijać** (*-am*) *v*/*t* annageln; *pieczęć* aufdrücken; *v*/*i* **~bijać do brzegu** (am Ufer) anlegen

przybliż|ać (*-am*) ⟨**~yć**⟩ (*-ę*) näher (heran)bringen; **~ać się** sich nähern, (heran)nahen; **~enie** *n* (*-a*) Annäherung *f*; **w ~eniu** annähernd; **~ony** ungefähr

przy|błąkany *pies*: zugelaufen; **~boczny** Leib-; **~bój** *m* Brandung *f*; **~bory** *m*/*pl* (*-ów*) Zubehör *n*; (**do golenia** Rasier-)Zeug *n*, (**toaletowe** Toiletten-)Artikel *m*/*pl*; **~brać*** *pf* → **przybierać**

przybran|y → **przybierać**; **dziecko ~e** Adoptivkind; **nazwisko ~e** Künstlername *m*; **rodzice** *pl* **~i** Pflegeeltern

przybrudzony angeschmutzt

przybrzeżny Küsten-, Ufer-

przybudówka *f* (*-i*; *G -wek*) Anbau *m*

przyby|cie *n* (*-a*) Ankunft *f*, Eintreffen; **~ć*** *pf* → **przybywać**; **~sz** *m* (*-a*; *-e*) Ankömmling; **~tek** *m* (*-tku*; *-tki*) Zuwachs, Zunahme *f*; (*miejsce*) Tempel; **~wać** ankommen, eintreffen; **~wa** (*G*) *etw* nimmt zu, nehmen zu; **dnia ~wa** die Tage werden länger

przycho|dnia *f* (*-i*; *-e*) Ambulatorium *n*; Beratungsstelle; **~dzić** kommen (*t. fig* **do siebie** zu sich, **na myśl** in den Sinn); (**po** *A*) abholen (kommen); **~dzić z trudem** schwerfallen; **~dzić do zdrowia** wieder gesund werden

przychód *m* Einnahme(n *pl*) *f*; (*zysk*) Ertrag, Gewinn

przychyl|ać (*-am*) ⟨**~ić**⟩ neigen, beugen; *fig* **~ić się do** (*G*) entsprechen (*D*); **~ność** *f* (*-ści*; *0*) Wohlwollen *n*; **~ny** wohlwollend; *decyzja*: günstig

przyciąć* *pf* → **przycinać**

przyciąg|ać (*-am*) ⟨**~nąć**⟩ heranziehen; *zw. imp fiz*, *fig* anziehen (**się** sich); **~anie** *n* (*-a*; *0*) *fiz* Anziehung *f*

przyciemni|ać (*-am*) ⟨**~ć**⟩ (*-ę*, *-nij!*) abdunkeln; *włosy* dunkler tönen

przycinać (*-am*) *v*/*t* zuschneiden; *włosy itp.* stutzen; *v*/*i fig* (*D*) sticheln (gegen)

przycis|k *m* (*-u*; *-i*) Briefbeschwerer; (*dzwonka itp.*) Druckknopf; *jęz* Ton, Akzent; *fig* Nachdruck; **~kać** ⟨**~nąć**⟩ *v*/*t* drücken (**do** *G* an *A*); *palec* einklemmen; *fig* (*zmuszać*) drängen (zu)

przycisz|ać (*-am*) ⟨**~yć**⟩ (*-ę*) *głos* dämpfen; *radio* leiser stellen

przyczajony lauernd, auf der Lauer

przyczep|a *f* (*-y*) *mot* Anhänger *m*; **~i(a)ć** anheften; *mot*, *kolej* anhängen, ankoppeln; **~ić się** (**do** *G*) sich heften (an *A*); haften (an *D*); → **czepiać się**; **~ka** *f* (*-i*; *G -pek*) (*motocykla*) Beiwagen *m*; **~ny** (an)haftend; *mot* Anhänge-

przyczołgać się *pf* herankriechen, angekrochen kommen

przyczyn|a *f* (*-y*) Ursache; **z tej ~y** aus diesem Grund; **~ek** *m* (*-nku*; *-nki*) Beitrag; **~iać się** (*-am*) ⟨**~ić się**⟩ (**do** *G*) beitragen (zu); **~owy** ursächlich

przyćmi|ewać (*-am*) ⟨**~ć**⟩ *niebo* verdunkeln; *światło* dämpfen; *pamięć* trüben; *fig* in den Schatten stellen; **~ony** gedämpft; getrübt

przyda|ć *pf* → **przydawać**; **~tność** *f* (*-ści*; *0*) Verwendbarkeit; Eignung; (**do pracy zawodowej** Erwerbs-)Fähigkeit; **~tny** geeignet, tauglich (**na** *A*, **w** *L* zu, für); **~wać** verleihen, geben; **~wać się** (**do** *G*, **na** *A*) brauchbar/geeignet sein, sich eignen (für, zu); **~ł by mi się ...** ich könnte ... gebrauchen; **to na nic się nie ~** das führt zu/nützt nichts; **~wka** *f* (*-i*; *G -wek*) *gr* Attribut *n*

przydept|ywać (*-uję*) ⟨**~ać**⟩ *v*/*t* niedertreten, treten auf (*A*)

przydługi F etwas zu lang/lange

przydo|mek *m* (*-mka*; *-mki*) Beiname; **~mowy** Haus-, ... am Haus

przydrożny: **rów ~** Straßengraben

przydu|szać (*-am*) ⟨**~sić**⟩ *v*/*t* drücken (auf *A*), (**ciężarem** mit s-m Gewicht) erdrücken, zerquetschen (*A*)

przy|duży F etwas (zu) groß; **~dział** *m* Zuteilung *f*; (*dokument*) Berechtigungsschein (**na** *A* für); **~dzielać** (*-am*) ⟨**~dzielić**⟩ zuteilen, zuweisen

przyganiać (*D*) rügen, tadeln (*A*)

przygar|biony gebeugt; → **garbić się**; **~niać** (*-am*) ⟨**~nąć**⟩ an sich drücken;

P

(*dać przytułek*) (bei sich) aufnehmen; **~nąć się** sich schmiegen (**do** *G* an *A*)
przy|gasać (*-am*) ⟨**~gasnąć**⟩ *ogień*: am Erlöschen sein, auszugehen drohen; **~gaszać** (*-am*) ⟨**~gasić**⟩ (fast) löschen; *światło* dämpfen; **~glądać się** (*-am*) (*D*) betrachten(*A*); zusehen, zuschauen (*D*, bei); **~gładzać** (*-am*) ⟨**~gładzić**⟩ glattstreichen
przygłu|chy schwerhörig; **~szać** (*-am*) ⟨**~szyć**⟩ abschwächen; *agr* ersticken
przygnę|biać (*-am*) ⟨**~bić**⟩ bedrücken; **~biający** (**-co**) deprimierend; **~bienie** *n* (*-a*; *0*) Niedergeschlagenheit *f*, Trübsinn *m*; **~biony** bedrückt
przy|gniatać (*-am*) ⟨**~gnieść***⟩ → **przytłaczać**; **~gniatający** *większość*: erdrückend; *cisza*: drückend
przygod|a *f* (*-y*) Abenteuer *n*; **~a miłosna** Liebesaffäre; **~ny** zufällig, Gelegenheits-; **~owy** Abenteuer-
przygotow|ać *pf* → **przygotowywać**; **~anie** *n* (*-a*) Vorbereitung *f*; **~awczy** Vorbereitungs-; **~ywać** (*-wuję*) vorbereiten (**się** sich; **do** *G* auf *A*, zu); (*dla k-o*) bereiten; bereitstellen; → **przyrządzać**
przy|graniczny grenznah, Grenz-; **~gruby** F etwas dick, dicklich; **~grywka** *f* (*-i*; *G -wek*) Vorspiel *n* (*t. fig*); **~grzewać** (*-am*) ⟨**~grzać**⟩ *v/t* aufwärmen; *v/i* wärmen
przyimek *m* (*-mka*; *-mki*) Präposition *f*
przyjaciel *m* (*-a*; *-e*, *-ciół*, *-ciołom*, *-ciółmi*, *-ciołach*) Freund; **~ski** (**-ko**, **po -ku**) freundschaftlich, Freundschafts-
przyjaciółka *f* (*-i*; *G -łek*) Freundin
przyjazd *m* (*-u*; *-y*) Ankunft *f*
przyja|zny freundlich; *fig t.* günstig; **~źnić się** (*-ę*, *-nij!*) befreundet sein (**z** *I* mit); **~źń** *f* (*-źni*; *-źnie*) Freundschaft
przy|jąć *pf* (*-jmę*) → **przyjmować**; **~jechać*** *pf* → **przyjeżdżać**
przyjemn|ie *adv* → **przyjemny**; **~ość** *f* (*-ści*) Vergnügen *n*, Freude; Annehmlichkeit; **~y** angenehm; behaglich; (*miły*) nett; **~ie pachnący** wohlriechend; **~ej zabawy!** viel Vergnügen!
przyje|zdny ortsfremd, auswärtig; **dla ~zdnych** für Reisende/Besucher; **~żdżać** (*-am*) ankommen, eintreffen
przyję|cie *n* (*-a*) Annahme *f*, (*t. gości*) Empfang *m*; (*do szkoły itp.*) Aufnahme *f*; (*do pracy*) Einstellung *f*; **nie do ~cia** unannehmbar; **godziny** *f*/*pl* **~ć** (*u lekarza*) Sprechstunde *f*; **~ty** üblich
przyjmować (*-uję*) *v/t* annehmen; *pokarm* zu sich nehmen; *lek* einnehmen; *pracownika* einstellen; *gościa, interesenta* empfangen; (*częstować*) bewirten; *wiadomość, zbiega* aufnehmen, *budowę itp.* abnehmen; **~ na siebie** übernehmen; **~ do wiadomości** zur Kenntnis nehmen; *v/i* empfangen, Sprechstunde haben; **~ się** sich einwurzeln; *fig* sich einbürgern, (gut) ankommen
przyj|rzeć się *pf* (*-ę*, *-rzyj!*) → **przyglądać się**; **~ście** *n* (*-a*) Ankunft *f*, Kommen; **~ście do zdrowia** Genesung *f*; **~ść*** (→ *-jść*) *pf* → **przychodzić**
przykaz|anie *n* Weisung *f*; *rel* Gebot; **~ywać** F (*-uję*) ⟨**~ać**⟩ befehlen
przyklas|kiwać (*-uję*) ⟨**~nąć**⟩ (*D*) Beifall zollen (*D*); *impf* mitklatschen
przykle|jać (*-am*) ⟨**~ić**⟩ ankleben
przyklęknąć *pf* niederknien
przykład *m* (*-u*; *-y*) Beispiel *n*; **na ~** zum Beispiel; **iść za ~em** dem Beispiel folgen; **brać ~** ein Beispiel nehmen (**z** *G* an *D*); **~ać** (*-am*) (**do** *G*) anlegen, halten (an *A*); auflegen (auf *A*); **~ny** beispielhaft, vorbildlich; **~owo** beispielsweise; als Beispiel; **~owy** exemplarisch
przykręc|ać (*-am*) ⟨**~ić**⟩ anschrauben (**do** *G* an *A*); *gaz itp.* auf klein drehen, (etwas) zudrehen
przykro *adv*: **~ mi** es tut mir leid; es ist mir unangenehm; **~ść** *f* (*-ści*) Unannehmlichkeit, Ärger *m*; **sprawić ~ść** Ärger bereiten; **z ~ścią** mit Bedauern
przykrótki F etwas (zu) kurz
przykry unangenehm, ärgerlich; *misja itp.*: peinlich; *wspomnienia itp.*: unliebsam; *człowiek t.*: lästig, unausstehlich
przykry|cie *n* (*-a*) Decke *f*; **~wać** (*-am*) ⟨**~ć**⟩ bedecken, zudecken (**się** sich); **~wka** *f* (*-i*; *G -wek*) Deckel *m*; Kappe
przykrz|yć się (*-ę*): **~y się** es ist langweilig (**bez** *G* ohne *A*); **~y mi się ...** mich langweilt ..., mir ist ... lästig
przykuc|ać ⟨**~nąć**⟩ (sich hin)kauern
przy|kuwać (*-am*) ⟨**~kuć**⟩ *fig* fesseln; **~latywać** (*-uję*) angeflogen kommen; *zoo, lotn* ankommen; F *fig* herbeieilen; **~lądek** *m* (*-dka*; *-dki*) Landzunge *f*, Kap *n*; **~lecieć** *pf* → **przylatywać**
przyle|gać (*-am*) (**do** *G*) (eng) anliegen (an *D*); kleben (an *D*); angrenzen (an *A*); **~gać do siebie** aneinandergrenzen;

P

~gły angrenzend, benachbart; **~piać** (*-am*) ⟨**~pić**⟩ ankleben; **~pić się** kleben, haften (**do** *G* an *D*); **~piec** *m* (*-pca*; *-pce*) Heftpflaster *n*
przy|leźć* *pf* → **przyłazić**; **~lgnąć** *pf* (**do** *G*) haften (an *D*); sich schmiegen (an *A*); **~lot** *m zoo*, *lotn* Ankunft *f*
przyła|pywać (*-uję*) ⟨**~pać**⟩ ertappen (**się** sich; **na** *L* bei); **~zić** P aufkreuzen
przyłącz|ać (*-am*) ⟨**~yć**⟩ (**do** *G*) anschließen (an *A*); teilnehmen lassen (an *D*); **~yć się** sich anschließen (*D*); **~enie** *n* Anschluß *m*; **~eniowy** Anschluß-
przyłbica *f* (*-y*; *-e*) Visier *n*
przy|łożyć *pf* → **przykładać**; **~marzać** [-r·z-] (*-am*) ⟨**~marznąć**⟩ anfrieren; **~mglony** diesig, leicht neblig; *wzrok*: verschleiert; **~miarka** F *f* Anprobe
przymierz|ać (*-am*) ⟨**~yć**⟩ anprobieren
przymierze *n* (*-a*) Bündnis
przymilny schmeichlerisch
przymiot *m* Eigenschaft *f*; **~y** *pl t.* Qualitäten *f*/*pl*; **~nik** *m* (*-a*; *-i*) *gr* Eigenschaftswort *n*, Adjektiv *n*
przy|mknąć *pf* → **przymykać**; **~mocow(yw)ać** (*-*[*w*]*uję*) befestigen; **~mówka** *f* (*-i*; *G -wek*) Seitenhieb *m*; (*aluzja*) Andeutung; **~mrozek** *m* (*-zka*; *-zki*) leichter (Nacht-)Frost
przymruż|ać (*-am*) ⟨**~yć**⟩ *oczy* zusammenkneifen, halb schließen
przymus *m* (*-u*; *0*) Zwang; Nötigung *f*; **pod ~em**, **z ~u** unter Zwang; **~ić** (*-szę*) *pf* → **przymuszać**; **~owy** Zwangs-; **lądowanie ~owe** Notlandung *f*
przymuszać (*-am*) zwingen (**do** *G* zu; **się** sich); (*zniewalać*) nötigen
przymykać (*-am*) halb schließen; *drzwi*, *okno* anlehnen; F *os.* einsperren; **~ oczy** *fig* ein Auge zudrücken (**na** *A* bei)
przyna|glać (*-am*) ⟨**~glić**⟩ (zur Eile) antreiben, F hetzen; **~jmniej** wenigstens
przynależność *f* Zugehörigkeit; **~ państwowa** Staatsangehörigkeit
przy|nęcać (*-am*) → **nęcić**; **~nęta** *f* (*-y*) Köder *m*; *fig* Lockmittel *n*; **~nosić** ⟨**~nieść***⟩ bringen (*t. fig*); **~obiec(yw)ać** versprechen; **~padać** ⟨**~paść***[1]⟩ (**do** *G*) sich werfen (auf *A*); sich drükken (an *A*); *fig* (*D*) zufallen (*D*); entfallen (auf *A*); **~paść do gustu** nach *j-s* Geschmack sein, gefallen (*D*)
przypad|ek *m* (*-dku*; *-dki*) Zufall; *med* Fall; *gr* (*-dka*) Fall, Kasus; **~kiem** zufällig; **~kowo** *adv* zufällig(erweise); **~kowy** Zufalls-, zufällig
przypal|ać (*-am*) ⟨**~ić**⟩ ansengen; *pieczeń* anbrennen lassen; *papierosa* anzünden; **~ić się** anbrennen *v*/*i*
przypas|ywać (*-uję*) ⟨**~ać**⟩ (*-szę*) anschnallen (**się** sich); *fartuch* umbinden
przy|patrywać się (*-uję*) ⟨**~patrzyć się**⟩ → **przyglądać się**; **~pełzać** ⟨**~pełznąć**⟩ angekrochen kommen; **~pędzać** (*-am*) ⟨**~pędzić**⟩ *v*/*t* herantreiben; *v*/*i* angerannt kommen; **~piąć** *pf* → **przypinać**; **~piec*** *pf* → **przypiekać**; **~pieczętować** *pf* abstempeln; *fig* besiegeln; **~piekać** (*-am*) *v*/*t* anrösten; grillen; *v*/*i* *słońce*: brennen; **~pierać** (*-am*) drükken, pressen (**do** *G* an *A*); **~pinać** (*-am*) anheften, anstecken (**do** *G* an *A*)
przypis|ek *m* (*-ska*; *-ski*) Anmerkung *f*; Postskriptum *n*; **~ywać** (*-uję*) ⟨**~ać**⟩ (da-, hin)zuschreiben; *fig* zuschreiben
przypłac|ać (*-am*) ⟨**~ić**⟩ *fig* bezahlen
przypły|nąć *pf* → **przypływać**; **~w** *m* (*-u*; *-y*) Flut *f*; (*o krwi*) Andrang; **w ~wie** (*G*) in e-r Anwandlung (von); **~wać** (*-am*) angeschwommen kommen; *łódź*, *statek*: (an)kommen
przypo|minać (*-am*) ⟨**~mnieć**⟩ (*-nę*, *-nij!*) erinnern (**k-u**, **sobie** *A* j-n, sich an *A*); **~mnieć się** wieder einfallen; **~mnienie** *n* (*-a*) Erinnerung *f*; **~wiastka** *f* (*-i*; *G -tek*) Anekdote
przypraw|a *f* (*-y*) Zutat, Würze; **~iać** (*-am*) ⟨**~ić**⟩ anmachen; *kulin t.* würzen; (**k-o o** *A*) hervorrufen (bei j-m *A*)
przyprowadz|ać (*-am*) ⟨**~ić**⟩ (mit)bringen; begleiten; → **doprowadzać**
przyprzeć* *pf* → **przypierać**
przypuszcz|ać *fig* annehmen, vermuten; **~alny** vermutlich, voraussichtlich; **~enie** *n* (*-a*) Vermutung *f*, Annahme *f*
przy|puścić *pf* → **przypuszczać**; **~rastać** (*-am*) anwachsen
przyro|da *f* (*-y*) Natur; **~dni** Halb-, Stief-; **~dniczy** naturwissenschaftlich; **~dnik** *m* (*-a*; *-cy*) Naturforscher; **~dolecznictwo** *n* Naturheilkunde *f*; **~dzony** angeboren; **~rosnąć** *pf* → **przyrastać**; **~st** *m* (*-u*; *-y*) Zuwachs, Zunahme *f*; **~st naturalny** Geburtenüberschuß; **~stek** *m* (*-stka*; *-stki*) Suffix *n*
przyrówn|ywać (*-uję*) ⟨**~ać**⟩ vergleichen (**do** *G* mit)
przyrzą|d *m* (*-u*; *-y*) Gerät *n*; Vorrich-

P

tung *f*; **~dzać** (*-am*) ⟨**~dzić**⟩ (zu)bereiten
przyrze|c* *pf* →**przyrzekać**; **~czenie** *n* (*-a*) Versprechen, Versprechung *f*; **~kać** (*-am*) versprechen (**sobie** sich)
przysadzisty untersetzt, gedrungen
przysądz|ać (*-am*) ⟨**~ić**⟩ *jur* zuerkennen
przyschnięty angetrocknet
przysiad *m* Hocke *f*; **~ać** sich setzen; (*kucnąć*) in die Hocke gehen; sich dukken; **~ać się** sich dazusetzen (**do** *G* zu)
przy|siąc* *pf* (→ *-siąc*) → **przysięgać**; **~siąść*** *pf* → **przysiadać**
przysięg|a *f* (*-i*; *G -siąg*) Schwur *m*, Eid *m*; **pod ~ą** unter Eid; **~ać** ⟨**~nąć**⟩ schwören (**na** *A* bei), beschwören; **~ły** beeidigt, vereidigt; Schwur-; **ława ~łych** *zbior* die Geschworenen
przy|skakiwać (*-uję*) ⟨**~skoczyć**⟩ springen (**do** *G* an, auf *A*, zu); **~słać***[1] → **przysyłać**; **~słaniać** (*-am*) verdecken; *lampę* abschirmen; **~słona** *f* (*-y*) Blende; **~słonić** *pf* (*-ę*) → **przysłaniać**; **~słowie** *n* (*-a*; *G -słów*) Sprichwort; **~słowiowy** sprichwörtlich; **~słówek** *m* (*-wka*; *-wki*) Adverb *n*
przysłu|chiwać się (*-uję*) zuhören; (*nasłuchiwać*) horchen (*D* auf *A*); **~ga** *f* (*-i*) Dienst *m*, Gefallen *m*; **~giwać** (*-uję*) zustehen, gebühren; **~żyć się** *pf* e-n Gefallen tun, e-n Dienst erweisen
przysmak *m* Leckerbissen
przysmaż|ać (*-am*) ⟨**~yć**⟩ anbraten
przyspa|rzać (*-am*) (*G*) (ver)mehren (*A*); (*o troskach itp.*) bereiten (*A*); **~wać** *pf tech* anschweißen
przyspiesz|ać (*-am*) ⟨**~yć**⟩ beschleunigen; **~ony** beschleunigt; *wybory*: vorgezogen; *kolej* Eil-
przyspo|rzyć *pf* (*-ę*) → **przysparzać**; **~sabiać** (*-am*) ⟨**~sobić**⟩ (*-ę*) vorbereiten (**się do** *G* sich auf *A*); *dziecko* adoptieren; **~sobienie** *n* (*-a*) Vorbereitung *f*; *jur* Adoption *f*
przysta|ć*[2] *pf* → **przystawać**[1]; **~nąć** *pf* → **przystawać**[2]; **~nek** *m* (*-nku*; *-nki*) Haltestelle *f*; **~ń** *f* (*-ni*; *-nie*, *-ni*) (**żeglarska** Jacht-)Hafen *m*; (**promowa** Fähr-) Anlegestelle; **~wać**[1] passen (**do** *G* zu, **do siebie** aneinander); → **przylegać**; (**na** *A*) einwilligen (in *A*), eingehen (auf *A*); **jak ~ło, jak przystoi** wie es sich gehört; **~wać**[2] stehenbleiben, anhalten *v/i*; **~wi(a)ć** (**do** *G*) näher stellen (an *A*); *drabinę* anlehnen (an *A*); **~wka** *f* (*-wki*; *G -wek*) Vorspeise; *el* Zusatzgerät *n*
przystąpić *pf* → **przystępować**
przystęp *m* (*-u*; *-y*) Zugang, Zutritt; **~ny** (leicht) zugänglich; *fig os.* aufgeschlossen; *wykład*: allgemeinverständlich, *cena*: erschwinglich; **~ować** (*-uję*) (**do** *G*) herantreten (an *A*); (*zaczynać*) herangehen (an *A*), antreten (zu); (*przyłączyć się*) beitreten (*D*)
przystoi → **przystawać**[2]
przystojny gutaussehend
przystoso|wanie *n* Anpassung *f*; **~w(yw)ać** (*-[w]uję*) anpassen (**się** sich)
przy|strajać (*-am*) ⟨**~stroić**⟩ (aus)schmücken (*I* mit); **~strzygać** (*-am*) ⟨**~strzyc***⟩ stutzen; **~suwać** ⟨**~sunąć**⟩ heranschieben, näherrücken (**się** *v/i*; **do** *G* an *A*); **~swajać** (*-am*) ⟨**~swoić**⟩ (*-ję*) sich aneignen; *metodę* übernehmen; **~syłać** (*-am*) senden, schicken (*t. v/i* **po** *A* nach); **~sypywać** (*-uję*) ⟨**~sypać**⟩ bedecken, zuschütten; bestreuen (*I* mit); **~szkolny** schuleigen, Schul-
przyszł|ość *f* (*-ści*; *0*) Zukunft; **na ~ość**, **w ~ości** künftig, in Zukunft; **~y** (zu)künftig; kommend, nächst
przy|sztukować *pf* anstückeln; **~szywać** (*-am*) ⟨**~szyć**⟩ annähen; **~śnić się** *pf* im Traum erscheinen; **~śpie-** → **przyspie-**; **~śrubow(yw)ać** (*-[w]uję*) anschrauben; **~świecać** (*-am*) leuchten; *słońce*: scheinen; **~taczać** anführen; (*wymienić*) nennen
przytak|iwać (*-uję*) ⟨**~nąć**⟩ (*-nę*) zustimmen(d nicken), bejahen
przytęp|iać (*-am*) ⟨**~ić**⟩ stumpf machen; **~i(a)ć się** stumpf werden; *fig* nachlassen; **~iony** stumpf; *słuch*, *umysł*: schlecht; *wzrok*: schwach
przytknąć *pf* → **przytykać**
przytłacza|ć (*-am*) ⟨**przytłoczyć**⟩ (er-, nieder)drücken (**ciężarem** mit *s-m* Gewicht); **~jący** *fig* erdrückend
przytłumiony gedämpft
przytoczyć *pf* → **przytaczać**
przytomn|ie *adv* vernünftig, klar; **~ość** *f* (*-ści*; *0*) Bewußtsein *n*; **~ość umysłu** Geistesgegenwart; **~y** bei Besinnung, bei Bewußtsein, bei Sinnen
przy|trafi(a)ć się passieren; **~trzymywać** (*-uję*) ⟨**~trzymać**⟩ (auf)halten; (*zatrzymać*) festhalten
przytu|lać (*-am*) ⟨**~lić**⟩ (**do** *G*) drücken,

pressen (an *A*); **~lny** gemütlich, behaglich; **~łek** *m* (*-łku*; *-łki*) Zuflucht *f*; Armenhaus *n*; Waisenhaus *n*
przytwierdz|ać (*-am*) ⟨**~ić**⟩ befestigen, anbringen; → ***przytakiwać***
przytyk *m* (*-u*; *-i*) (boshafte) Anspielung *f*, Seitenhieb; **~ać** *v/t* halten, anlegen (**do** *G* an *A*); *v/i* angrenzen (an *A*)
przyucz|ać (*-am*) ⟨**~yć**⟩ (**k-o do** *G*) beibringen (j-m *A*); **~ony** angelernt
przywal|ać (*-am*) ⟨**~ić**⟩ → ***przytłaczać***
przywara *f* (*-y*) schlechte Gewohnheit
przywiąz|anie *n fig* Anhänglichkeit *f*; **~ywać** (*-uję*) ⟨**~ać**⟩ (**do** *G*) anbinden (an *A*; **się** sich); *fig wagę* beimessen (*D*); **~(yw)ać się** (**do** *G*) hängen (an *D*), liebgewinnen (*A*)
przy|widzieć się *pf* erscheinen; **~wieść*** *pf* → ***przywodzić***; **~wieźć*** *pf* → ***przywozić***; **~więdnąć** *pf* welken
przywilej *m* (*-u*; *-e*) Privileg *n*
przywitanie *n* (*-a*) Begrüßung *f*
przywle|kać (*-am*) ⟨**~c***⟩ anschleppen
przywłaszcz|ać (*-am*) ⟨**~yć**⟩ (*-ę*) (**sobie**) sich (widerrechtlich) aneignen; *władzę*, *tytuł* an sich reißen, usurpieren
przywo|dzić führen (**do** *G* zu); → ***przyprowadzać***; **~łanie** *n*: **z ~łaniem** *tel* mit Voranmeldung; **~ływać** (*-uję*) ⟨**~łać**⟩ herbeirufen; **~zić** *v/t* (her)anfahren, liefern, (*t. os.*) bringen; (*importować*) einführen; **~zowy** Einfuhr-
przywódca *m* (*-y*; *G -ów*) (An-)Führer
przywóz *m* Lieferung *f*; Einfuhr *f*
przywr|acać ⟨**~ócić**⟩ wiederherstellen
przywyk|ać (*-am*) ⟨**~nąć**⟩ (*-nę*) sich gewöhnen (**do** *G* an *A*)
przyzakładowy werkseigen, Fabrik-
przyzna|nie *n* (*-a*) Zuerkennung *f*; Bewilligung *f*; Eingeständnis; **~nie się** Geständnis; **~wać** (*-ję*) ⟨**~ć**⟩ zuerkennen; *kredyt itp.* bewilligen; (*uznać*) eingestehen; **~ć się do winy** sich schuldig bekennen, ein Geständnis ablegen
przyzwoi|tość *f* (*-ści*; *0*) Anstand *m*; **~ty** (**-cie**) anständig
przyzwycza|jać (*-am*) ⟨**~ić**⟩ (*-ję*) gewöhnen (**się** sich; **do** *G* an *A*); **~jenie** *n* (*-a*) Gewohnheit *f*; **~jony** gewohnt
psa *G* → ***pies***
psalm *m* (*-u*; *-y*) Psalm
psi Hunde-, Hunds-; **~e życie** Hundeleben; F **za ~ grosz** halb geschenkt
psia|kość!, **~krew!** P verdammt!, Scheiße!; **~rnia** *f* (*-i*; *-e*) Hundezwinger *m*; F ***zimno jak w ~rni*** (es ist) hundekalt
psikus *m* (*-a*; *-y*) (Schelmen-)Streich
psioczyć F (*-czę*) meckern (**na** *A* über *A*)
psisko *n* (*-a*) (Riesen-)Köter *m*
pso|cić (*-cę*) Unfug treiben, ⟨**na-**⟩ e-n Streich spielen; **~ta** *f* (*-y*) → ***psikus***; **~tnica** *f* (*-y*; *-e*), **~tnik** *m* (*-a*; *-y*) (*dziecko*) Range *f*, Lausbub *m*
pstrąg *m* (*-a*; *-i*) Forelle *f*
pstry (**-ro**) bunt; *koń*: scheckig
pstryk|ać (*-am*) ⟨**~nąć**⟩ (*-nę*) klicken
psu *DL* → ***pies***; **~ć** ⟨**po-**, **ze-**⟩ (*-ję*) beschädigen, F kaputtmachen; *nastrój itp.* verderben; **~ć się** entzweigehen, F kaputtgehen; (*gnić*) verderben *v/i*; *pogoda itp.*: sich verschlechtern
psy *pl* → ***pies***
psychi|'atra *m* (*-y*; *-rzy*, *-ów*) Psychiater; **~czny** psychisch; **~ka** *f* (*-i*; *0*) Psyche
psycho|analiza *f* Psychoanalyse; **~log** *m* (*-a*; *-dzy*/*-owie*) Psychologe *m* (-gin *f*); **~logiczny** psychologisch; **~patyczny** psychopathisch; **~terapia** *f* Psychotherapie; **~za** *f* (*-y*) Psychose
pszczela|rstwo *n* (*-a*; *0*) Bienenzucht *f*, Imkerei *f*; **~rz** *m* (*-a*; *-e*) Imker(in)
pszczoła *f* (*-y*; *G -ół*) Biene
pszen|ica *f* (*-y*; *-e*) Weizen *m*; **~iczny**, **~ny** Weizen-
pta|ctwo *n* (*-a*; *0*) *zbior* Vögel *m/pl*; ***~ctwo domowe*** Geflügel; **~k** *m* (*-a*; *-i*) Vogel; **z lotu ~a** aus der Vogelperspektive; **~si** Vogel-; **~szek** *m* (*-szka*; *-szki*) Vöglein *n*; F (*znak*) Haken, Häkchen *n*
ptyś *m* (*-a*; *-e*) *kulin* Windbeutel
publiczn|ość *f* (*-ści*; *0*) Publikum *n*; Öffentlichkeit; **~y** öffentlich; ***dobro ~e*** Gemeinwohl; **dom ~y** Bordell *n*
publikować ⟨**o-**⟩ (*-uję*) veröffentlichen
puch *m* (*-u*; *-y*) Flaum; Daunen *f/pl*
puchacz *m* (*-a*; *-e*) Uhu
puchar *m* (*-a*; *-y*) Pokal
puch|lina *f* (*-y*): ***~lina wodna*** *med* Wassersucht; **~nąć** ⟨**s-**⟩ (*-nę*) *med* (an-)schwellen; F schlappmachen
puchowy Daunen-
pucołowaty pausbäckig
pucybut *m* (*-a*; *-ci*/*-y*) Schuhputzer
pucz *m* (*-u*; *-e*) Putsch; ***dokonać ~u*** putschen
pudełko *n* (*-a*; *G -łek*) Schachtel *f*
puder *m* (*-dru*; *-dry*) Puder; **~niczka** *f* (*-i*; *G -czek*) Puderdose

P

pudło *n* (*-a*; *G -deł*) Schachtel *f*; F *fig* Kasten *m*; (*więzienie*) Kittchen; **~wać** ⟨**s-**⟩ (*-uję*) danebenschießen
pudrować ⟨**przy-**⟩ (*-uję*) pudern
puka|ć (*-am*) klopfen, pochen; F (*strzelać*) knallen; **~nina** F *f* (*-y*) Knallerei
puknięty P behämmert
pula *f* (*-i*; *-e*) *karc* Bank; Partie
pularda *f* (*-y*) Poularde
pulchny *ciasto*, *grunt*: locker; *ciało*: mollig, rundlich
pulower *m* (*-u*; *-y*) Pullover
pulpet *m* (*-a*/*-u*; *-y*) (Fleisch-)Kloß
pulpit *m* (*-u*; *-y*) Notenständer; Pult *n*
puls *m* (*-u*; *-y*) Puls(schlag); **~ować** (*-uję*) pulsieren (*t. fig*), pulsen
pulweryzator *m* (*-a*; *-y*) Zerstäuber
pułap *m* (*-u*; *-y*) *bud* (Holz-)Decke *f*; *fig* Höhe *f*; *lotn* Gipfelhöhe *f*
pułapka *f* (*-i*; *G -pek*) Falle (*t. fig*)
pułk *m* (*-u*; *-i*) Regiment *n*
pułkownik *m* (*-a*; *-cy*) Oberst
pumeks *m* (*-u*; *-y*) Bimsstein
punk|t *m* (*-u*; *-y*) Punkt; **~t karny** Strafpunkt; **~t widzenia** Standpunkt; **w dobrym ~cie** in guter Lage; **na ~cie** (*G*) hinsichtlich (*G*); **~towiec** *m* (*-wca*; *-wce*) Punkthaus *n*; **~tualny** pünktlich
pupa F *f* (*-y*) Po(po) *m*
pupil *m* (*-a*; *-e*) Liebling, Goldkind *n*
purpurowy (**-wo**) purpurrot
Purym *m* (*idkl*) *rel* Purim(fest) *n*
purytański puritanisch
pust|ak *m* (*-a*; *-i*) *bud* Hohlstein; **~elnia** *f* (*-i*; *-e*) Einsiedelei; Kartause; **~elnik** *m* (*-a*; *-cy*) Einsiedler; **~ka** *f* (*-i*; *G -tek*) Leere; **świecić ~kami** (völlig) leer sein; **~kowie** *n* (*-a*) Einöde *f*
pusto *adv* → **pusty**; **~stan** *m* Leerstand; **~szyć** ⟨**o-**, **s-**⟩ (*-ę*) verwüsten
pusty leer (*t. fig*); leerstehend; **~nia** *f* (*-i*; *-e*) Wüste; **~nny** Wüsten-
puszcza *f* (*-y*; *-e*) Urwald *m*
puszczać (*-am*) *v/t* (los)lassen; → **w(y)puszczać**; *liście*, *korzenie* treiben; *maszynę* anlassen, einschalten; *latawca* steigen lassen; *plotkę* in Umlauf setzen; *v/i mróz*: nachlassen; *oczko*: laufen; *farba*: abfärben, sich lösen; **~ się** (*wyruszać*) sich aufmachen, aufbrechen *v/i*; P (*o kobiecie*) fremdgehen; (**na** *A*) sich einlassen (auf *A*)
pusz|czyk *m* (*-a*; *-i*) Waldkauz; **~ek** *m* (*-szku*; *-szki*) Flaum; Puderquaste *f*; **~ka** *f* (*-i*; *G -szek*) Dose, Büchse
puszy|ć się ⟨**na-**⟩ (*-ę*) sich aufplustern; **~sty** (**-ście**) flaumig; *dywan*: flauschig; *śnieg*, *ciasto*: locker; *ogon*: buschig
puścić *pf* (*-szczę*) → **puszczać**
puzon *m* (*-u*; *-y*) Posaune *f*
pycha *f* (*-y*; *0*) Hochmut *m*; F **~!** klasse!
py|kać (*-am*) paffen; **~lić** (*-lę*) stauben; **~linka** *f* (*-i*; *G -nek*) Staubkörnchen *n*
pył *m* (*-u*; *-y*) Staub; **~ek** *m* (*-łku*; *-łki*) Stäubchen *n*; *bot* Pollen
pysk *m* (*-u*; *-i*) Maul *n*, Schnauze *f* (*t. fig*); **~aty** F frech, dummdreist; **~ować** F (*-uję*) das Maul aufreißen
pyszałkowaty überheblich, hochnäsig
pyszn|ić się (*-ę*, *-nij!*) sich wichtig tun, angeben (*I* mit); **~y** hochmütig; (*doskonały*) herrlich, vortrefflich, F ganz groß
pyta|ć (się) (*-am*) fragen (**o** *A* nach); **nie ~jąc o ...** ohne nach ... zu fragen; **~jący** (**-co**) fragend; **~jnik** *m* (*-a*; *-i*) Fragezeichen *n*; **~jny** *gr* interrogativ, Frage-; **~nie** *n* (*-a*) Frage *f*
pytlowy: **chleb ~** helles Roggenbrot *n*
pyza *f* (*-y*) Kartoffelkloß *m*; **~ty** pausbäckig

R

R

raban F *m* (*-u*; *-y*) Rabatz
rabarbar *m* (*-u*; *-y*) Rhabarber
rabat *m* (*-u*; *-y*) Rabatt
rabin *m* (*-a*; *-i*) Rabbiner
rabować ⟨**ob-**, **z-**⟩ (*-uję*) (aus)rauben
rabun|ek *m* (*-nku*; *-nki*) Raub; **~kowy** räuberisch; **napad ~kowy** Raubüberfall
raca *f* (*-y*; *-e*) Rakete
rachmistrz *m* Rechnungsführer(in)

rachować (*-uję*) *v/t* ⟨**ob-** be⟩rechnen; ⟨**po-** zusammen⟩zählen; *v/i* (**na** *A*) rechnen (mit), zählen (auf *A*)
rachu|ba *f* (*-y*) Rechnung; ***brać w ~bę*** in Rechnung ziehen; ***nie wchodzić w ~bę*** nicht in Betracht kommen; **~nek** *m* (*-nku*; *-nki*) Rechnung *f*; (*konto*) Konto *n*; **~nki** *pl* (*w szkole*) Rechnen *n*
rachunkow|ość *f* (*-ści*) Rechnungswesen *n*; Rechnungsführung; **~y** (**-wo**) rechnerisch; Rechnungs-
racica *f* (*-y*; *-e*) *zoo* Klaue
racj|a *f* (*-i*; *-e*) Richtigkeit; Berechtigung; (*porcja*) Ration; ***~a stanu*** Staatsraison; ***mieć ~ę*** recht haben; ***nie bez ~i*** nicht ohne Grund; ***z jakiej ~i*** mit welchem Grund
racjona|lizacja *f* (*-i*; *0*) Rationalisierung; **~lizować** ⟨**z-**⟩ (*-uję*) rationalisieren; **~lny** rational; rationell
racjonować ⟨**z-**⟩ (*-uję*) rationieren
raczej *adv* eher, lieber; vielmehr
raczkować (*-uję*) *dziecko*: krabbeln
raczyć (*-ę*) belieben, geruhen; sich bequemen (zu); ⟨**u-**⟩ (*I*) bewirten (mit); ***~ się*** (*I*) sich gütlich tun (an *D*)
rad[1] *m* (*-u*; *0*) *chem* Radium *n*
rad[2] *adj* (*D*, **z** *G*) froh (über *A*); *adv* ***~(a) bym*** ich würde gern; ***~ nierad*** wohl oder übel; **~a**[1] *adj f* → ***rad***[2]
rad|a[2] *f* (*-y*) Rat(schlag) *m*; (***nadzorcza*** Aufsichts-)Rat *m*; ***pójść za ~ą*** (*G*) *j-s* Rat folgen; ***dać sobie ~ę*** (**z** *I*) → ***radzić sobie***; ***dawać sobie ~ę bez*** (*G*) auskommen ohne (*A*); ***na to nie ma ~y*** da ist nichts zu machen
radarowy Radar-
radca *m* (*-y*; *-y*, *-ów*) (***dworu*** Hof-)Rat; ***~ prawny*** Rechtsberater(in), Justiziar
radio *n* (*-a*, *L -u*/*-o*; *0 a.-a*, *-ów*) Rundfunk *m*; Radio; **~aktywny** radioaktiv; **~amator** *m* Funkamateur; **~'fonia** [-ņĭa] *f* (*GDL -ii*; *0*) Hörfunk *m*; **~komunikacja** *f* Funkverkehr *m*; **~lokacja** *f* (*-i*; *0*) Funkortung; **~magnetofon** *m* Radiorecorder; **~odbiornik** *m* Rundfunkgerät *n*; **~pajęczarz** F *m* (*-a*; *-e*) Schwarzhörer
radio|słuchacz(ka *f*) *m* Rundfunkhörer(in); **~stacja** *f* Rundfunksender *m*; **~telefon** *m* Sprechfunkgerät *n*; Funktelefon *n*; **~telegram** *m* Funkspruch; **~terapia** *f* Strahlentherapie; **~wóz** *m* Funk(streifen)wagen; **~wy** Radio-; Hörfunk-, Rundfunk-
radn|a *f* (*-ej*; *-e*), **~y** *m* (*-ego*; *-i*) Ratsmitglied *n*; ***~y miejski*** Stadtrat
rado|sny freudig, Freuden-; froh; **~ść** *f* (*-ści*) Freude; ***z ~ści*** vor Freude; **~śnie** *adv* freudig; **~wać** ⟨**po-**, **u-**⟩ (*-uję*) erfreuen; ***~wać się*** sich freuen
radykalny radikal, Radikal-
radzi *m-os* → ***rad***[2]
radzić (*-dzę*) (**nad** *I*) beraten (*A*); ⟨**po-**⟩ raten, e-n Rat geben; ⟨**po-**, **za-**⟩ (**na** *A*) abhelfen (*D*); ***~ sobie*** (**z** *I*) (es) schaffen (*A*), fertig werden (mit); **~** ⟨**po-**⟩ **się** (**z** *I*) sich beraten (mit), zu Rate ziehen (*A*)
radziecki sowjetisch, Sowjet-
rafa *f* (*-y*) Riff *n*
rafi'neria [-ŗĭa] *f* (*GDL-ii*; *-e*) Raffinerie
raj *m* (*-u*; *0*) Paradies *n*
rajd *m* (*-u*; *-y*) *mil* Streifzug; (***gwiaździsty*** Stern-)Fahrt *f*; Wanderung *f*
rajski paradiesisch, Paradies-
rajstopy *pl* (-) Strumpfhose *f*
rak *m* (*-a*; *-i*) Krebs (*t. med*); ***spiec ~a*** erröten, krebsrot (im Gesicht) werden
rakarz *m* (*-a*; *-e*) Hundefänger
rakiet|a[1] *f* (*-y*) Tennisschläger *m*; **~a**[2] *f* (*-y*) Rakete; **~ka** *f* (*-i*; *G -tek*) Tischtennisschläger *m*; **~nica** *f* (*-y*; *-e*) Leuchtpistole; **~owy** Raketen-
rakowy Krebs-
ram|a *f* (*-y*), *fig t-ko pl* **~y** Rahmen *m*
ramiączko *n* (*-a*; *G -czek*) (***stanika*** BH-)Träger *m*; Kleiderbügel *m*
rami|ę *n* (*-enia*; *-ona*) Arm *m* (*t. fig*); (*bark*) Schulter *f*; *mat*, *tech t.* Schenkel *m*; ***~ę w ~ę*** Schulter an Schulter; ***z ~enia*** (*G*) im Namen/Auftrag (von); ***wzruszyć ~onami*** die Achseln zucken
ramka *f* (*-i*; *G -mek*) Rähmchen *n*
ramol *m* (*-a*; *-e*) *pej* Tattergreis
ramowy Rahmen-
rampa *f* (*-y*) Rampe; → ***szlaban***
rana *f* (*-y*) (***kłuta*** Stich-)Wunde
randka F *f* (*-i*; *G -dek*) Rendezvous *n*
ran|ek *m* (*-nka*; *-nki*) Morgen; ***~kiem*** frühmorgens
ranga *f* (*-i*; *G -*) Rang *m*
ran|ić (*im*)*pf* (*-ę*) verwunden; *impf* verletzen (*t. fig*); **~iony** verwundet
ranking *m* (*-u*; *-i*) Rang(listenplatz)
ran|ny[1] verwundet; *su* ***~ny*** *m* (*-ego*; *-i*), ***~na*** *f* (*-ej*; *-e*) Verwundete(r), Verletzte(r)
ranny[2] morgendlich, Morgen-

R

ran|o¹ *adv* frühmorgens; ***dziś ~o*** heute morgen; **~o²** *n* (*-a*) Morgen *m*; ***z ~a*** am Morgen; ***nad ~em*** gegen Morgen
rapor|t *m* (*-u*; *-y*) Bericht; Meldung *f*; **~ować** ⟨**za-**⟩ (*-uję*) Bericht erstatten; Meldung machen
rap'sodia [-di̯a] *f* (*GDL -ii*; *-e*) Rhapsodie
rapt|em *adv* plötzlich, unversehens; F gerade mal; **~owny** plötzlich
ras|a *f* (*-y*) Rasse; **~istowski** rassistisch; **~owy** rassisch, Rassen-; rassig, Rasse-
rat|a *f* (*-y*) Rate; ***~ami*** ratenweise; ***na ~y*** in/auf Raten; auf Teilzahlung; **~alny:** ***sprzedaż ~alna*** Verkauf *m* auf Raten
ratow|ać ⟨**po-**, **u-**, **wy-**⟩ (*-uję*) retten (**od** *G* vor *D*; **się** sich; ***ucieczką*** durch Flucht); *statek* bergen; **~niczy** Rettungs-; Bergungs-; **~nik** *m* (*-a*; *-cy*) Retter(in); *w.zn.* Rettungsschwimmer(in)
ratun|ek *m* (*-nku*; *-nki*) (Er-)Rettung *f*; ***~ku!*** (zur) Hilfe!; **~kowy** Rettungs-
ratusz *m* (*-a*; *-e*) Rathaus *n*
ratyfikować (*im*)*pf* (*-uję*) ratifizieren
raut *m* (*-u*; *-y*) Empfang
raz¹ *m* (*-u*; *-y*, *-ów*) Hieb, Schlag; (*G*/*pl* *-y*) Mal *n*; mal; Fall; ***dwa ~y*** zweimal; ***dwa ~y dwa*** zwei mal zwei; ***ile ~y*** wievielmal; ***jeszcze ~*** noch einmal; ***~ po ~***, ***~ za ~em*** viele Male, wiederholt; ***~ na zawsze*** ein für allemal; ***za każdym ~em*** jedesmal; ***pewnego ~u*** einmal; ***na ten ~***, ***tym ~em*** (für) diesmal; ***w obu ~ach*** in beiden Fällen; ***w ~ie*** (*G*) im Falle (*G*); ***w każdym ~ie*** auf jeden Fall; ***w takim ~ie*** in diesem Fall; ***na przyszły ~*** das nächste Mal; ***na ~ie*** vorläufig, einstweilen; ***od ~u*** sofort; *por* ***wypadek***
raz² *num* (*idkl*) ein(s); *adv* (ein)mal; *part*, *conj* mal; ***~ ... ~ ...*** mal ..., mal ...
razem *adv* zusammen; gemeinsam
razić (*-żę*) schockieren, unangenehm berühren; *światło*: blenden; (*im*)*pf* treffen, verletzen; → ***rażony***
razowy: ***chleb ~*** Vollkornbrot *n*
raźny (**-nie**, **-no**) munter; *krok*: flott
rażący (**-co**) *kolor*: grell; *światło*: blendend; *błąd itp.*: kraß, gravierend
rażony (*I*) getroffen (von)
rąb|ać (*-ię*) ⟨**po-**, **na-**⟩ hacken; ⟨**wy-**⟩ *las* fällen, hauen; F → ***rąbnąć***; **~ek** *m* (*-bka*; *-bki*) Rand, Saum; **~nąć** F *v/s* (*-nę*) *v/t* e-n Hieb/Schlag verpassen (*D*); ***~nąć się*** P sich stoßen/hauen

rą|czka *f* (*-i*; *G -czek*) Händchen *n*; (*uchwyt*) Griff *m*; → ***rękojeść***; **~k** → ***ręka***
rdza *f* (*-y*; *0*) Rost *m*; **~wy** rostfarben
rdzen|iowy Kern-; *anat* Mark-; spinal; **~ny** Kern-; *jęz* Stamm-; *fig* echt; alteingesessen, Ur-
rdzeń *m* (*-nia*; *-nie*) *bot*, *anat* Mark *n*; *tech*, *fig* Kern; *jęz* Stamm; F *med* Pfropf; ***~ kręgowy*** Rückenmark *n*
rdzewieć ⟨**za-**⟩ (*-eję*) (ver)rosten
reagować ⟨**za-**⟩ (*-uję*) reagieren
reak|cja *f* (*-i*; *-e*) Reaktion; **~cjonista** *m* (*-y*; *-ści*, *-ów*), **-tka** *f* (*-i*; *G -tek*) Reaktionär(in); **~cyjny** reaktionär; *chem* Reaktions-; **~tor** *m* (*-a*; *-y*) Reaktor
reali|sta *m* (*-y*; *-ści*, *-ów*), **-tka** *f* (*-i*; *G -tek*) Realist(in); **~styczny** realistisch
realiza|cja *f* (*-i*) Realisierung; Realisation; **~tor** *m* (*-a*; *-rzy*), **-rka** *f* (*-i*; *G -rek*) (*filmu*) Regisseur(in); ***~torem planu jest ...*** der Plan wird von ... verwirklicht/in die Tat umgesetzt
rea|lizm *m* (*-u*; *zw. 0*) Realismus; **~lizować** ⟨**z-**⟩ (*-uję*) realisieren; **~lność** *f* (*-ści*; *0*) Realität; **~lny** real, Real-
reasekuracja *f* Rückversicherung
reasumować ⟨**z-**⟩ erneut beraten; zusammenfassen, rekapitulieren
rebus *m* (*-u*; *-y*) Bilderrätsel *n*
recenzja *f* (*-i*; *-e*) Rezension
recep|cja *f* (*-i*; *-e*) Rezeption; **~cjonista** *m* (*-y*; *-ści*) Empfangschef; **~cyjny** Rezeptions-; Empfangs-; ***sala ~cyjna*** Festsaal *m*; **~ta** *f* (*-y*) Rezept *n*
recesja *f* (*-i*; *-e*) *ekon* Rezession
rechot *m* (*-u*; *-y*) Quaken *n*; **~ać** (*-czę*/*-cę*) *żaby*: quaken; *fig* laut lachen
recydyw|a *f* (*-y*) Rückfall *m*; **~ista** *m* (*-y*; *-ści*, *-ów*), **-tka** *f* (*-i*; *G -tek*) Wiederholungstäter(in)
recytować (*-uję*) rezitieren; vortragen
redagować ⟨**z-**⟩ (*-uję*) redigieren
redak|cja *f* (*-i*; *-e*) Redaktion; **~cyjny** redaktionell; Redaktions-; **~tor** *m* (*-a*; *-rzy*), **-rka** *f* (*-i*; *G -rek*) Redakteur(in)
reduk|cja *f* (*-i*; *-e*) Reduktion; (***personelu*** Personal-)Abbau *m*; (***płac*** Lohn-) Kürzung; **~ować** ⟨**z-**⟩ (*-uję*) reduzieren; *w.zn.* abbauen; kürzen
reedukacja *f* Resozialisierung
refektarz *m* (*-a*; *-e*) Refektorium *n*
refe|rat *m* (*-u*; *-y*) Referat *n*; **~rencja** *f* (*-i*; *-e*) Referenz; **~rent** *m* (*-a*; *-ci*), **-tka** *f* (*-i*; *G -tek*) Referent(in); Sachbearbei-

R

ter(in); **~rować** ⟨**z-**⟩ (*-uję*) *v/t* referieren (über *A*)
refleks *m* (*-u*; *-y*) Reflex
reflekt|ant *m* (*-a*; *-ci*), **-tka** *f* (*-i*; *G -tek*) Bewerber(in); Interessent(in); **~or** *m* (*-a*; *-y*) Reflektor; Scheinwerfer (*t. mot*); **~ować** (*-uję*) *v/i* (*na A*) sich bewerben (um), sich interessieren (für)
reform|a *f* (*-y*) Reform; **~acja** *f* (*-i*; *0*) *hist* Reformation; **~ować** ⟨**z-**⟩ (*-uję*) reformieren
refren *m* (*-u*; *-y*) Refrain, Kehrreim
regał *m* (*-u*; *-y*) Regal *n*, Gestell *n*
regaty *f/pl* (-) Regatta *f*
re|generować ⟨**z-**⟩ (*-uję*) regenerieren (**się** sich); **~gionalny** regional
reglament|acja *f* (*-i*; *0*) Reglementierung; **~ować** (*-uję*) reglementieren
regresowy *jur* Regreß-
regula|cja *f* (*-i*; *-e*) Regulierung, Regelung; **~min** *m* (*-u*; *-y*) Reglement *n*, Satzung *f*, Ordnung *f*; **~minowy** Dienst-; vorschriftsmäßig, satzungsgemäß; **~rny** regulär; regelmäßig; **~tor** *m* (*-a*; *-y*) Regulator, Regulativ *n*; *tech* Regler
regu|lować (*-uję*) regeln; ⟨**na-**⟩ regulieren; ⟨**u-**⟩ *rachunek* begleichen; **~ła** *f* (*-y*) Regel; **z ~ły** in der Regel
rehabilit|acja *f* (*-i*; *-e*) Rehabilitation; **~ować** ⟨**z-**⟩ (*-uję*) rehabilitieren
rej: ***wodzić*** **~** den Ton angeben
reja *f* (*-ei*; *-e*, *-ei*) Rah(e)
rejestr *m* (*-u*; *-y*) Register *n*
rejestrac|ja *f* (*-i*; *-e*) Registrierung; **~yjny** Registrierungs-; *mot* ***tablica ~yjna*** amtliches Kennzeichen
rejestrow|ać ⟨**za-**⟩ (*-uję*) registrieren; *tech t.* aufzeichnen; **~ać się** sich registrieren lassen; **~y** Register-
rejon *m* (*-u*; *-y*) Bezirk; **~owy** Bezirks-
rejs *m* (*-u*; *-y*) *mar* Fahrt *f*; Kreuzfahrt *f*
rekcja *f* (*-i*; *-e*) *jęz* Rektion
rekin *m* (*-a*; *-y*) Hai (*t. fig*)
reklam|a *f* (*-y*) Reklame, Werbung; **~acja** *f* (*-i*; *-e*) Reklamation; **~ować** (*-uję*) *v/t* Reklame machen, werben (für); ⟨**za-**⟩ reklamieren, beanstanden (*A*); **~owy** Reklame-, Werbe-; **~ówka** F *f* (*-i*; *G -wek*) Reklameschrift; (*torba*) Tragetasche (mit Werbeaufschrift)
rekolekcje *f/pl* (*-ji*/*-cyj*) *rel* Exertitien *pl*
rekompen|sata *f* Entschädigung; **~sować** ⟨**z-**⟩ (*-uję*) *v/t* entschädigen (für)
rekonesans *m* (*-u*; *-e*/*-y*) Erkundung *f*
rekonstruować ⟨**z-**⟩ rekonstruieren
rekord *m* (*-u*; *-y*) (***halowy***, ***świata*** Hallen-, Welt-)Rekord; **~owy** Rekord-
rekordzist|a *m* (*-y*; *-ści*, *-ów*), **~ka** *f* (*-i*; *G -tek*) Rekordhalter(in); **~(k)a *świata*** Weltrekordler(in)
rekreacyjny Erholungs-, Freizeit-
rekrut *m* (*-a*; *-ci*) Rekrut; **~ować** (*-uję*) rekrutieren (**się** sich)
rektor *m* (*-a*; *-rzy*/*-owie*) Rektor(in)
rekultywacja *f* (*-i*; *0*) Rekultivierung
rekwiem [-ɣiɛm] *n* (*idkl*) Requiem
rekwirować ⟨**za-**⟩ (*-uję*) requirieren
rekwizyt *m* (*-u*; *-y*) Requisit *n*
relacj|a *f* (*-i*; *-e*) Relation; (**o** *L*) Bericht *m* (über *A*); **zdać ~ę** (**z** *G*) → **~onować** ⟨**z-**⟩ (*-uję*) *v/t* berichten (über *A*)
relaks *m* (*-u*; *0*) Entspannung *f*; **~ować** F (*-uję*) sich entspannen, relaxen
relatywny relativ
relief [-ḽiɛf] *m* (*-u*; *-y*) Relief *n*
re'ligi|a [-gǐa] *f* (*GDL -ii*; *-e*) Religion; ***nauka ~i*** Religionsunterricht *m*
religijny Religions-; religiös
re'likwia [-ɣǐa] *f* (*GDL -ii*; *-e*) Reliquie
remanent *m* (*-u*; *-y*) Inventur *f*; (*stan*) (Lager-)Bestand; **~owy** Inventur-
remis *m* (*-u*; *-y*) Remis *n*, Unentschieden *n*; **~owy** (**-wo**) remis, unentschieden
remiza *f* (*-y*) Depot *n*, Schuppen *m*; **~ *strażacka*** Spritzenhaus *n*
remont *m* (*-u*; *-y*) Reparatur *f*, Instandsetzung *f*, Überholung *f*; **~ować** ⟨**od-**, **wy-**⟩ (*-uję*) reparieren, überholen; **~owy** Reparatur-, Ausbesserungs-
ren *m* (*-a*; *-y*) *zoo* → ***renifer***
rencist|a *m* (*-y*; *-ści*), **~ka** *f* (*-i*; *G -tek*) Rentner(in)
renesans *m* (*-u*; *0*) Renaissance *f*
renifer *m* (*-a*; *-y*) Ren(tier) *n*
renomowany renommiert, angesehen
renowacja *f* (*-i*; *-e*) Renovierung
renta *f* (*-y*) Rente; **~ *starcza*** Altersrente; ***być na rencie*** Rentner(in) sein
rentgen F *m* (*-u*; *-y*) Röntgenapparat; Röntgen *n*; ***zrobić*** **~** (*G*) röntgen (*A*)
rentgeno|gram *m* (*-u*; *-y*) Röntgenaufnahme *f*; **~wski** Röntgen-
rentowność *f* (*-ści*; *0*) Rentabilität
rentowny rentabel, einträglich
reorganizować ⟨**z-**⟩ reorganisieren
repa|tri'acja *f* (*-i*; *0*) Repatriierung; **~triant** [-'patriant] *m* (*-a*; *-ci*), **-tka** *f* (*-i*; *G -tek*) Rückkehrer(in), Heimkehrer(in)

reperacja *f* (*-i*; *-e*) Reparatur
reperować ⟨**z-**⟩ (*-uję*) reparieren
repertuar *m* (*-u*; *-y*) Repertoire *n*
repet|a F *f* (*-y*) Nachschlag *m*; **~ować** F (*-uję*) *broń* durchladen; **~ować klasę** sitzenbleiben, die Klasse wiederholen
replika *f* (*-i*) Replik; *teatr* Stichwort *n*
repor|taż *m* (*-u*; *-e*) Reportage *f*; **~tażysta** *m* (*-y*; *-ści*), **-tka** *f* (*-i*; *G -tek*) Berichterstatter(in); **~ter** *m* (*-a*; *-rzy*), **-rka** *f* (*-i*; *G -rek*) Reporter(in)
repres|ja *f* (*-i*; *-e*) Repression; *jur t.* Strafmaßnahme; **~yjny** repressiv
reprezent|acja *f* (*-i*; *-e*) Repräsentation; *sport* Auswahl(mannschaft); (*okazałość*) Aufwand *m*; **~acyjny** repräsentativ; Repräsentations-; **~ować** repräsentieren, vertreten
reprodukcja *f* Reproduktion; *w.zn.* Ablichtung; Nachbildung
reprywatyzacja *f* Reprivatisierung
re'publika *f* (*-i*) Republik; **~nin** [-'ka-] *m* (*-a*, *-anie*, *-*), **~nka** *f* (*-i*; *G -nek*) Republikaner(in); **~ński** republikanisch
reputacja *f* (*-i*; *-e*) Ruf *m*, Reputation
resocjalizacja *f* (*-i*; *0*) Resozialisierung
resor *m* (*-u*; *-y*) *tech* (Blatt-)Feder *f*; **na ~ach** gefedert, mit Federung
resort *m* (*-u*; *-y*) Ressort *n*
respektować (*-uję*) respektieren, achten
respirator *m* (*-a*; *-y*) *med* Atemgerät *n*
respondent *m* (*-a*; *-ci*), **-tka** *f* (*-i*; *G -tek*) Befragte(r)
restaura|cja *f* (*-i*; *-e*) Restaurierung; Restauration; (*lokal t.*) Restaurant *n*; **~cyjny** Restaurations-; Speise-; **~tor** *m* (*-a*; *-rzy*), **-rka** *f* (*-i*; *G -rek*) Restaurator(in); Gastwirt(in)
re|staurować ⟨**od-**⟩ (*-uję*) restaurieren; **~strukturyzować** (*-uję*) umstrukturieren; **~strykcja** *f* (*-i*; *-e*) Restriktion
reszt|a *f* (*-y*) Rest *m*; (*pieniądze*) Restgeld *n*, Wechselgeld *n*; **~a** (*G*) *t.* der (die, das) übrige ..., die übrigen ...; **bez ~y** restlos; **do ~y** vollends; **~ka** *f* (*-i*; *G -tek*) Rest *m*; **~ki** *pl t.* Überbleibsel *n*/*pl*
retoryczny rhetorisch
retransmisja *f* *RTV* Übertragung
retuszować (*-uję*) retuschieren
reumaty|czny [rɛŭ-] Rheuma-, rheumatisch; **~zm** *m* (*-u*; *0*) Rheuma *n*
rewaloryzacja *f* (*-i*; *-e*) *fin* Aufwertung
rewanż *m* (*-u*; *-e*) Revanche *f*; **~ować się** ⟨**z-**⟩ (*-uję*) sich revanchieren (**za** *A* für); **~owy** Revanche-
rewelac|ja *f* (*-i*; *-e*) aufsehenerregende Sache, Sensation; **~yjny** sensationell
rewia ['rɛvi̯a] *f* (*GDL -ii*; *-e*) Revue
rewid|ent *m* (*-a*; *-ci*), **-tka** *f* (*-i*; *G -tek*) Revisor(in), Prüfer(in); **~ować** ⟨**z-**⟩ (*-uje*) revidieren; *bagaż* durchsuchen
rewiowy [-vi̯ɔ-] Revue-
rewiz|ja *f* (*-i*; *-e*) Revision; Durchsuchung; **~ja osobista** Leibesvisitation; **nakaz dokonania ~ji** Durchsuchungsbefehl; **~jonistyczny** revisionistisch; **~yjny** Revisions-; **komisja ~yjna** Rechnungsprüfer *m*/*pl*
rewizyta *f* Gegenbesuch *m*
rewoluc|ja *f* (*-i*; *-e*) Revolution; **~jonista** *m* (*-y*; *-ści*, *-ów*), **-tka** *f* (*-i*; *G -tek*) Revolutionär(in); **~yjny** revolutionär
rewolwer *m* (*-u*; *-y*) Revolver
rezerw|a *f* (*-y*) Reserve; **mieć / trzymać w ~ie** in Reserve haben / halten; **~acja** *f* (*-i*; *-e*) Reservierung; Buchung; **~at** *m* (*-u*; *-y*) Reservat *n*; Reservation *f*; **~at przyrody** Naturschutzgebiet *n*; **~ować** ⟨**za-**⟩ (*-uję*) reservieren; *pokój*, *bilet t.* buchen; **~owy** Reserve-; Ersatz-
rezolu|cja *f* (*-i*; *-e*) Resolution; **~tność** *f* (*-ści*; *0*) resolute Art; **~tny** resolut
rezonans *m* (*-u*; *-e*) Resonanz *f*
rezultat *m* (*-u*; *-y*) Ergebnis *n*, Resultat *n*
rezurekc|ja *f* (*-i*; *-e*) *rel* Ostermesse; **~yjny: procesja ~yjna** Osterprozession
rezy|dencja *f* (*-i*; *-e*) Residenz; **~dować** (*-uję*) residieren; **~gnacja** *f* (*-i*; *-e*) Resignation; (**z** *G*) Verzicht *m* (auf *A*); Rücktritt (von); **~gnować** ⟨**z-**⟩ (*-uję*) resignieren, aufgeben; (**z** *G*) verzichten (auf *A*); zurücktreten (von)
reżim *m*, **reżym** *m* (*-u*; *0*) Regime *n*
reżyser *m* (*-a*; *-rzy*/*-owie*) Regisseur; **~ia** [-'sɛri̯a] *f* (*GDL -ii*; *0*) Regie; **~ka** *f* (*-i*; *G -rek*) Regisseurin; F Regie; **~ować** ⟨**wy-**⟩ (*-uję*) *v*/*t* Regie führen (bei)
rębacz *m* (*-a*; *-e*) *gór* Hauer
ręce *pl* → **ręka**
ręczn|ie *adv* von Hand; → **ręczny**; **~ik** *m* (*-a*; *-i*) Handtuch *n*; **~ik kąpielowy** Badetuch *n*; **~y** Hand-; manuell; handgearbeitet; handbetrieben
ręczyć ⟨**po-**, **za-**⟩ (*-ę*) bürgen, garantieren (**za** *A* für)
ręk|a *f* (*-i*, *L ręce*; *ręce*, *rąk*, *rękami*/*-koma*, *L -kach*/*-ku*) Hand; **~a w ~ę** Hand in Hand; **za ~ę** bei/an der Hand; **z rąk**

R

do rąk von Hand zu Hand; ***od ~i*** umgehend; ***pod ~ę*** Arm in Arm, untergehakt; ***być na ~ę*** (*D*) gelegen kommen (*D*); ***mieć pod ~ą*** bei der Hand haben; ***iść na ~ę*** (*D*) gefällig sein, helfen (*D*); ***dać/mieć wolną ~ę*** freie Hand lassen/ haben; ***na własną ~ę*** auf eigene Faust; ***podać/wyciągnąć ~ę*** die Hand reichen

rękaw *m* (*-a*; *-y*) Ärmel; **~ica** *f* (*-y*; *-e*), **~iczka** *f* (*-i*; *G -czek*) Handschuh *m*

rękoczyn *m* Tätlichkeit *f*; ***posunąć się do ~u*** handgreiflich werden

rękodzieło *n* (*-a*; *0*) (Kunst-)Gewerbe, Handwerk; (*pl -a*) handgearbeiteter Gegenstand, Handarbeit *f*

ręko|jeść *f* (*-ści*) (Hand-, Halte-)Griff *m*; (*łopaty*) Stiel *m*; **~jmia** *f* (*-i*; *-e*, *-jmi*) Bürgschaft, Garantie; **~pis** *m* (*-u*; *-y*) Handschrift *f*, Manuskript *n*

ring *m* (*-u*; *-i*) *sport* Ring; **~owy** Ring-

robactwo *n* (*-a*) *zbior* Ungeziefer

robacz|ek *m* (*-czka*; *-czki*) Würmchen *n*; **~kowy: *wyrostek ~kowy*** *anat* Wurmfortsatz; **~ywy** wurmstichig, madig

robak *m* (*-a*; *-i*) Wurm; F *t.* Made *f*

robić ⟨**z-**⟩ (*-ę*, *rób!*) machen; tun; ***co on robi?*** was macht / tut er?; ***co ~*** (***z*** *I*) was macht/tut man (mit); **~ *się*** sich machen; (gemacht) werden; *nieos* ***robi się*** es wird (***ciemno*** dunkel; ***gorąco*** heiß); F ***już się robi!*** wird gemacht!

robiony *fig* gekünstelt, aufgesetzt

robocizna *f* (*-y*; *0*) Arbeit; (*koszt pracy*) (Arbeits-)Lohn *m*; Lohnkosten *pl*

robocz|y Arbeits-; ***siła ~a*** Arbeitskräfte *f/pl*; ***dzień ~y*** *t.* Werktag

robot *m* (*-a*; *-y*) Roboter; **~ *kuchenny*** Küchenmaschine *f*; **~a** *f* (*-y*; *G robót*) Arbeit; ***krecia ~a*** *pej* Wühlarbeit; *zw. pl* ***~y przymusowe*** Zwangsarbeit *f*; ***po robocie*** nach der Arbeit, nach Feierabend; ***własnej / swojej ~y*** selbstgemacht; ***nie mieć nic do ~y*** nichts zu tun haben; **~nica** *f* (*-y*; *-e*) Arbeiterin; **~niczy** Arbeiter-; **~nik** *m* (*-a*; *-cy*) Arbeiter

robótka *f* (*-i*; *G -tek*) *iron* Job *m*; † Handarbeit, Stickerei

roczni|ca *f* (*-y*; *-e*) Jahrestag *m*; ***~ca śmierci*** Todestag *m*; **~e** *adv* jährlich, pro Jahr; **~k** *m* (*-a*; *-i*) Jahrgang; Altersklasse *f*; (*wydawnictwo*) Jahrbuch *n*

roczny jährlich, Jahres-; einjährig

roda|czka *f* (*-i*; *G -czek*) Landsmännin; **~k** *m* (*-a*; *-cy*) Landsmann; **~cy** *pl* Landsleute *pl*, Mitbürger *m/pl*

rodo|wity gebürtig; ***~wity Polak*** gebürtiger Pole; **~wód** *m* (*-odu*; *-ody*) Abstammung *f*; (*genealogia*) Stammbaum, Ahnentafel *f*; **~wy** Stamm(es)-; Ahnen-, Erb-; ***szlachta ~wa*** Uradel *m*

rody *pl* → ***ród***

rodzaj *m* (*-u*; *-e*, *-ów*) Art *f*; Gattung *f* (*t. biol*); *jęz* Genus *n*; (*klasa czasownika*) Aspekt, Aktionsart *f*; **~ *ludzki*** Menschengeschlecht *n*; ***coś w ~u*** (*G*) etwas in der Art von (*D*), etwas wie (*A*); ***jedyny w swoim ~u*** einzigartig; **~nik** *m* (*-a*; *-i*) *gr* Artikel; **~owy** Gattungs-; *gr* Aspekt-; (**-wo**) genrehaft; ***malarstwo ~owe*** Genremalerei *f*

rodzeństwo *n* (*-a*) Geschwister *pl*

rodzi|c *m* (*-a*) *iron* Erzeuger; **~ce** *pl* (*-ów*) Eltern *pl*; **~cielski** elterlich, Eltern-

rodzić (*-dzę*, *t. ródź!*) ⟨**na-**, **u-**⟩ gebären; *zoo t.* Junge bekommen, werfen; ⟨**ob-**, **u-**⟩ *agr* Früchte tragen; *zboże itp.*: gut geraten; *fig* (*zw. impf*) erzeugen, gebären; **~ *się*** ⟨**na-**, **u-**⟩ geboren werden

rodzi|my (ein)heimisch; heimatlich; **~na** *f* (*-y*) Familie; ***ojciec ~ny*** Familienvater; ***bez ~ny*** ohne Anhang; **~nny** Familien-; ***dom ~nny*** Elternhaus *n*

rodzony *dziecko*: leiblich; *rodzeństwo*, *rodzice*: eigen; **~ *brat*** eigener Bruder

rodzynka *f* (*-i*; *G -nek*) Rosine

roga|cz *m* (*-a*; *-e*) Hirsch; *fig iron* Hahnrei; **~lik** *m* (*-a*; *-i*) *kulin* Hörnchen *n*; **~tka** *f* (*-i*; *G -tek*) Sperre, Schlagbaum *m*; ***za ~tkami miasta*** außerhalb der Stadt(grenze); **~ty** gehörnt, Horn-; **~tywka** *f* (*-i*; *G -wek*) *mil* Tschapka

rogi *pl* → ***róg***; Gehörn *n*, Hörner *n/pl*

rogow|acieć ⟨**z-**⟩ (*-eję*) verhornen; **~aty** hornartig, verhornt; **~y** Horn-

rogoża *f* (*-y*; *-e*) (Bast-)Matte

rogówka *f* (*-i*; *G -wek*) *anat* Hornhaut

ro|ić (*-ję*, *rój!*) träumen, schwärmen (***o*** *L* von); ***~ić się*** *muchy*: schwärmen; ***~i się*** (***od*** *G*) es wimmelt (von); ***~i mu się*** (*A*) er schwärmt (von); **~je** *pl* → ***rój***

rojn|y belebt; ***na ulicach było ~o*** die Straßen wimmelten von Menschen

rok *m* (*-u*; *lata*) Jahr *n*; ***od ~u*** seit einem Jahr; ***raz do ~u*** einmal im Jahr; ***z ~u na ~*** von Jahr zu Jahr; ***~ w ~*** Jahr für Jahr; → ***nowy***, ***lata***, ***przestępny***

rokitnik *m* (*-a*; *-i*) *bot* Sanddorn

rokowa|ć (*-uję*) *v/i* verhandeln (***o*** *A* über

A; **z** *I* mit); *v/t* verheißen, versprechen (***sobie*** sich); **~ć *nadzieje*** zu Hoffnungen berechtigen, hoffen lassen; **~nie** *n* (*-a*) *med* Prognose *f*; *t ko pl* **~nia** Verhandlungen *f/pl*
rokrocznie jedes Jahr, Jahr für Jahr
rola[1] *f* (*-i*; *-e*, *ról*) Acker *m*; → ***gleba***
rola[2] *f* (*-i*; *-e*, *ról*) *teatr*, *fig* Rolle
rolada *f* (*-y*) *kulin* Rolle; Roulade
roleta *f* (*-y*) Rolladen *m*; Rollo *n*
rolka *f* (*-i*; *G -lek*) (***papieru***, ***nici*** Papier-, Zwirn-)Rolle; (*wałek*) Walze
rolni|ctwo *n* (*-a*; *0*) Landwirtschaft *f*; **~czka** *f* (*-i*; *G -czek*), **~k** *m* (*-a*; *-cy*) Landwirt(in); **~czy** (**-czo**) landwirtschaftlich; Landwirtschafts-
roln|y Agrar-, Land(wirtschafts)-; ***gospodarstwo* ~e** Landwirtschaft(sbetrieb *m*) *f*; ***produkty*** *m/pl* **~e** landwirtschaftliche Erzeugnisse *n/pl*
roman|s *m* (*-u*; *-e*/*-y*) Roman; *muz*, F *fig* Romanze *f*; **~sik** *m* (*-a*; *-i*) Liebschaft *f*; **~tyczny** romantisch; **~tyzm** *m* (*-u*; *0*) Romantik *f*
romański romanisch
romb *m* (*-u*; *-y*) Rhombus, Raute *f*
rondel *m* (*-dla*; *-dle*) Kasserolle *f*
rond|o[1] *n* (*-a*) (Hut-)Krempe *f*; *muz* Rondo; **~o**[2] *n* (*-a*) runder Platz
ronić (*-ę*) *poet*: **~ *łzy*** Tränen vergießen; ⟨**po-**⟩ *med* Fehlgeburt(en) haben
rop|a *f* (*-y*; *0*) Eiter *m*; (**~*a naftowa***) Erdöl *n*, Rohöl *n*; **~ieć** (*-eję*) eitern; **~ień** *m* (*-pnia*; *-pnie*) Abszeß; **~ny** eitrig; Erdöl-, Rohöl-; Schweröl-
ropucha *f* (*-y*) Kröte
rosa *f* (*-y*; *0*) Tau *m*
Rosjan|in *m* (*-a*; *-anie*, *-*) Russe; **~ka** *f* (*-i*; *G -nek*) Russin
ros|ły groß(gewachsen); **~nąć*** wachsen (*t. fig*); ⟨**u-**, **wy-**⟩ (auf)wachsen, groß werden; *ciasto*: aufgehen; *ceny*: steigen
rosochaty gegabelt, gabelförmig
ros|ołowy Brüh-, Suppen-; **~ół** *m* (*-ołu*; *-oły*) (**z *kury*** Hühner-)Brühe *f*
rostbef *m* (*-u*; *-y*) Roastbeef *n*
rosyjski (***po -ku***) russisch; Russen-
roszarnia *f* (*-i*; *-e*) *włók* Rösterei
roszczenie *n* (*-a*) Forderung *f*; Anspruch *m*; ***wysunąć* ~** (**o** *A*) s-n Anspruch geltend machen (auf *A*)
rościć (*-szczę*): **~** (***sobie***) ***prawo*** (**do** *G*) sich das Recht anmaßen (auf *A*); **~ *pretensje*** (**do** *G*) beanspruchen (*A*); sich berufen fühlen (zu)
roś|lejszy *comp* → ***rosły***; **~lina** *f* (*-y*) (***lekarska***, ***ogrodowa***, ***użytkowa*** Heil-, Garten-, Nutz-)Pflanze; *agr t.* Frucht; **~linność** *f* (*-i*; *0*) Vegetation, Pflanzenwelt; **~linny** Pflanzen-, pflanzlich; **~liożerny** pflanzenfressend
rota *f* (*-y*): **~ *przysięgi*** Eidesformel
rotacja *f* (*-i*; *-e*) Rotation
rowek *m* (*-wka*; *-wki*) Rille *f*; Nut *f*
rowe|r *m* (*-u*; *-y*) Fahrrad *n*; ***jeździć na* ~rze** radfahren; **~rowy** Fahrrad-; **~rzysta** *m* (*-y*; *-ści*, *-ów*), **-tka** *f* (*-i*; *G -tek*) Radfahrer(in)
rowy *pl* → ***rów***
roz|bawiony vergnügt, in Hochstimmung; **~bełtywać** (*-uję*) → ***bełtać***; **~bestwiony** rasend, wild
rozbi|cie *n* Zerschlagen; *lotn* Absturz *m*; **~*cie okrętu*** Schiffbruch *m*; ***ulec* ~ciu** zerschellen *v/i*; **~ć** *pf* → ***rozbijać***
rozbie|g *m sport* Anlauf; **~gać się** ⟨**~c *się***⟩ auseinanderlaufen; *zw. impf* Anlauf nehmen; **~rać** (*-am*) ausziehen (***się*** sich); *aparat* zerlegen, auseinandernehmen; *dom* abtragen; **~ralnia** *f* (*-i*; *-e*) Umkleidekabine, Umkleideraum *m*
rozbieżn|ość *f* (*-ści*) Divergenz; Diskrepanz; **~y** abweichend, divergent; ***być* ~ym** auseinandergehen
rozbijać (*-am*) zerschlagen (***się*** sich), zertrümmern, F kaputtschlagen; *bank* sprengen; *obóz*, *namiot*, *kolano* aufschlagen; *kraj* aufteilen (**na** *A* in A); **~ *się*** *t.* zerschellen (**o** *A* an *D*); in Stücke gehen; sich aufteilen; F **~ *się*** sich herumprügeln; sich herumtreiben
rozbiór *m* (*-oru*; *-ory*) Zergliederung *f*; *pol* Teilung *f*; **~ka** *f* (*-i*; *G -rek*) (*domu*) Abbruch *m*; (*maszyny*) Zerlegung, Demontage; **~kowy** Abbruch-
rozbit|ek *m* (*-tka*; *-tkowie*/*-tki*) Schiffbrüchige(r); *fig* Gescheiterte(r); **~y** zerschlagen, zertrümmert, F kaputt
rozbój *m* Raub; Räuberei *f*; **~niczka** *f* (*-i*; *G -czek*), **~nik** *m* (*-a*; *-cy*) Räuber(in); **~*nik morski*** Seeräuber
rozbraja|ć (*-am*) entwaffnen; **~ć *się*** abrüsten *v/i*; **~jący** (**-co**) entwaffnend
rozbratel *m* (*-tla*; *-tle*) Rumpsteak *n*
rozbro|ić *pf* → ***rozbrajać***; **~jenie** *n* (*-a*; *0*) Entwaffnung *f*; Abrüstung *f*
roz|bryzgiwać (*-uję*) ⟨**~*bryzgać***, **~*bryznąć***⟩ verspritzen; **~brzmiewać** (*-am*)

R

⟨**~brzmieć**⟩ (er)tönen, (er)schallen; **~budowa** *f* Ausbau *m*; **~budow(yw)ać** (-[*w*]*uję*) ausbauen; vergrößern (**się** sich); **~budzać** (-*am*) → ***budzić***; **~charakteryzować** *pf* abschminken (**się** sich); **~chmurzać się** (-*am*) ⟨***~chmurzyć się***⟩ aufklaren, sich aufheitern

roz|chodowy Ausgaben-; **~chodzić się** auseinandergehen; *drogi*: sich gabeln; *fig* sich scheiden; *wieść*: sich verbreiten; *ciepło itp.*: sich ausbreiten; *pieniądze*: ausgegeben werden, F weg sein; *małżeństwo*: sich scheiden lassen; **~chorować się** *pf* krank werden; **~chód** *m* Ausgabe(n *pl*) *f*; Kosten *pl*; **~chwiać** *pf* schwingen lassen, hin und her bewegen

rozchwyt|any (schnell) vergriffen, ausverkauft; **~ywać** (-*uję*) ⟨**~ać**⟩ (schnell) kaufen; ***być ~ywanym*** reißenden Absatz finden; *fig* sehr begehrt sein

rozchy|botany wack(e)lig; **~lać** (-*am*) ⟨**~lić**⟩ (**się** sich) etwas öffnen; zur Seite schieben; **~lony** (halb)offen

rozciąg|ać (-*am*) ⟨**~nąć**⟩ (aus)dehnen (**się** sich); (aus)strecken (**się** sich); *sznury* spannen; → ***rozpościerać***; **~liwy** dehnbar; **~łość** *f* (-*ści*) Ausdehnung; ***w całej ~łości*** im vollen Umfang

rozcieńcz|ać (-*am*) ⟨**~yć**⟩ (-*ę*) verdünnen; **~alnik** *m* (-*a*; -*i*) Verdünner

roz|ciąć* *pf* → ***rozcinać***; **~cierać** (-*am*) reiben; *maść itp.* verreiben; zerreiben (***na proch*** zu Pulver); **~cięcie** *n* (*otwór*) Schlitz *m*; **~cinać** (-*am*) (zer)schneiden

rozcza|pierzać (-*am*) ⟨***~pierzyć***⟩ (-*ę*) spreizen; **~rowanie** *n* (-*a*) Enttäuschung *f*; **~row(yw)ać** (-[*w*]*uję*) enttäuschen; ***~rować się*** enttäuscht sein

rozcze|pi(a)ć trennen; abkoppeln; **~sywać** (-*uję*) ⟨***~czesać***⟩ (durch)kämmen

roz|członkow(yw)ać (-[*w*]*uję*) zergliedern; **~czochrany** zerzaust

rozczul|ać (-*am*) ⟨**~ić**⟩ (-*lę*) (***do łez*** zu Tränen) rühren; **~ić się** gerührt sein; (***nad*** *I*) sentimental werden (bei, über *A*); **~ający** (**-co**) rührend; **~enie** *n* (-*a*; *0*) Rührung *f*, Ergriffenheit *f*

rozczyn *m* Sauerteig; **~iać** (-*am*) ⟨**~ić**⟩ *ciasto* anrühren (***na*** *A* für)

rozda|ć *pf* → ***rozdawać***; **~rcie** *n* (-*a*) Riß *m*; *fig* Zerrissenheit *f*; **~wać** ⟨**po-**⟩ (*D*) geben (an *A*), verteilen (unter *D*)

rozdąć *pf* → ***rozdymać***

rozdept|ywać (-*uję*) ⟨**~ać**⟩ zertreten

rozdmuch|iwać (-*uję*) ⟨**~ać**⟩ *ogień* anfachen; *fig sprawę* aufbauschen

rozdrabniać (-*am*) zerkleinern, zerstükkeln; **~ się** *fig* sich verzetteln

rozdrap|ywać (-*uję*) ⟨**~ać**⟩ zerkratzen

rozdrażn|iać (-*am*) ⟨**~ić**⟩ (auf)reizen; ärgern; **~ienie** *n* (-*a*) Reizung *f*; (*stan*) Gereiztheit *f*; **~iony** gereizt, verärgert

roz|drobić *pf* → ***drobić***, **~drobnić** *pf* (-*ę*, -*nij!*) → ***rozdrabniać***; **~droże** *n* (-*a*; *G* -*y*) Kreuzweg *m*; *fig t.* Scheideweg *m*

rozdw|ajać (-*am*) ⟨**~oić**⟩ in zwei Hälften teilen, halbieren; **~ajać się** sich teilen/gabeln; **~ojenie** *n* (-*a*) → ***jaźń***

roz|dymać (-*am*) aufblähen (**się** sich); *fig* aufbauschen; **~dział** *m* Aufteilung *f*; Verteilung *f*; Trennung *f* (**od** *G* von); (*w książce*) Kapitel *n*

rozdziawi|ać (-*am*) ⟨**~ć**⟩ (-*ę*) aufsperren, aufreißen (P **gębę** das Maul)

rozdziel|ać (-*am*) ⟨**~ić**⟩ teilen; trennen; verteilen; → ***dzielić***, ***rozdawać***; **~czy** Verteilungs-; ***tablica ~cza*** Schaltbrett *n*; **~nia** *f* (-*i*; -*e*) *el* Schaltwerk *n*; **~nik** *m* (-*a*; -*i*) Verteiler; **~ny** *gr* getrennt

rozdziera|ć (-*am*) zerreißen; **~jący** (**-co**) *krzyk*: gellend; *widok*: herzzerreißend

rozdźwięk *m* Mißklang

roze|brać* *pf* → ***rozbierać***; **~drzeć*** *pf* → ***rozdzierać***; **~gnać** *pf* → ***rozganiać***; **~grać** *pf* → ***rozgrywać***

rozejm *m* (-*u*; -*y*) Waffenstillstand

roze|jrzeć się *pf* (-*ę*, -*y*, -*yj!*) → ***rozglądać się***; **~jść* się** *pf* (→ -*jść*) → ***rozchodzić się***; **~pchać**, **~pchnąć** *pf* → ***rozpychać***

rozerwa|ć* *pf* → ***rozrywać***; *fig j-n* zerstreuen, unterhalten; **~ny** zerrissen

roze|rżnąć *pf* → ***rozrzynać***; **~słać*** *pf* → ***rozsyłać***, ***rozścielać***; **~spany** schlaftrunken; **~śmiać się** *pf* (***głośno*** laut auf)lachen; **~trzeć*** *pf* → ***rozcierać***; **~wrzeć*** *pf* (→ -*wrzeć*) → ***rozwierać***

rozezna|nie *n* (-*a*; *0*) Kenntnis *f*; Überblick *m* (***w sytuacji*** über die Lage); **~wać** (-*ję*) ⟨**~ć**⟩ erkennen; **~(wa)ć się** sich orientieren; sich auskennen

rozga|łęziać się (-*am*) sich verzweigen; **~łęzienie** *n* (-*a*) Verzweigung *f*; **~niać** auseinanderjagen

roz'gar|diasz [-dʲiaʃ] *m* (-*u*; *0*) Durcheinander *n*; **~niać** (-*am*) ⟨**~nąć**⟩ zur Seite räumen / schieben; auseinanderschieben; **~'nięty** aufgeweckt, gescheit

roz|ginać (*-am*) ⟨**~giąć**⟩ auseinanderbiegen; geraderichten; **~glądać się** (*-am*) umherblicken; *fig* (**za** *I*) sich umsehen/umschauen (nach); **~głaszać** (*-am*) publik machen, ausposaunen
rozgło|s *m* (*-u*; *0*) (*sława*) Ruhm; ***sprawa nabrała ~su*** die Sache wurde publik; ***bez ~su*** im stillen, ohne Aufsehen; **~sić** *pf* → ***rozgłaszać***; **~śnia** *f* (*-i*; *-e*) Hörfunksender *m*; **~śny** laut(stark)
rozgni|atać (*-am*) ⟨**~eść***⟩ zerdrücken
rozgniewa|ć *pf* → ***gniewać***; **~ny** zornig, aufgebracht, F böse
roz|gonić *pf* → ***rozganiać***; **~gorączkować się** *pf* in Erregung geraten
rozgorycz|ać (*-am*) ⟨**~yć**⟩ (*-ę*) verbittern (**się** *v/i*); **~ony** verbittert
rozgotować się *pf* zerkochen *v/i*
rozgra|biać (*-am*) ⟨**~bić**⟩ (aus)plündern; **~miać** (*-am*) zerschmettern; **~niczać** (*-am*) ⟨**~niczyć**⟩ abgrenzen
rozgromić *pf* → ***rozgramiać***
rozgry|wać (*-am*) *mecz* austragen; *partię* spielen; ***~wać się*** sich abspielen, stattfinden; **~wka** *f* (*-i*; *G -wek*) Kampf *m*; *sport* Wettkampf *m*, Spiel *n*; **~zać** (*-am*) ⟨**~źć***⟩ zerbeißen, knacken
rozgrzać *pf* → ***rozgrzewać***
rozgrze|bywać (*-uję*) ⟨**~bać**⟩ auseinanderscharren; wühlen, kramen (in *D*); **~szać** (*-am*) ⟨**~szyć**⟩ *v/t rel* die Absolution erteilen (*D*); *fig* (**z** *G*) vergeben (*j-m A*); **~szenie** *n* (*-a*) Absolution *f*; **~wać** (*-am*) erwärmen, erhitzen (**się** sich); aufwärmen (**się** sich); **~wka** *f* (*-i*; *G -wek*): ***dla ~wki*** zur Aufwärmung
roz|gwiazda *f* Seestern *m*; **~hamowanie** *n* (*-a*; *0*) Enthemmung *f*; **~hukany** wild, ungebärdig; **~huśtać** *pf* → ***rozkołysać***; **~jarzony** leuchtend, strahlend; **~jaśniacz** *m* (*-a*; *-e*) *chem* Weißmacher; **~jaśniać** (*-am*) ⟨**~jaśnić**⟩ (*-ę*, *-nij!*) erhellen; aufhellen; **~jazd** *m* (*-u*; *-y*): ***być w ~jazdach*** unterwegs sein; **~jątrzać** (*-am*) → ***jątrzyć***; **~jechać*** *pf* überfahren; → ***rozjeżdżać***
rozjem|ca *m* (*-y*; *G -ów*) Schiedsmann, Schlichter; **~czy** Schlichtungs-
rozjeżdzać (*-am*) oft/viel unterwegs sein; **~ się** auseinanderfahren
rozjuszony wütend, blindwütig
rozkaz *m* (*-u*; *-y*) Befehl; ***być pod ~ami*** (*G*) unter *j-s* Befehl stehen; **~ać** *pf* → ***rozkazywać***; **~ujący** (**-co**) befehlend, gebieterisch; ***tryb ~ujący*** *gr* Imperativ; **~ywać** (*-uję*) befehlen
rozkaźnik *m* (*-a*; *-i*) *gr* Imperativ
roz|kiełznać *pf* (*-am*) abzäumen; **~klejać** (*-am*) ⟨**~kleić**⟩ *plakaty* (an)kleben; *miejsce sklejenia* lösen (**się** sich); ***~kleić się*** *t.* aus dem Leim gehen; F *fig* völlig aufgelöst (*a.* den Tränen nahe) sein; **~klekotany** F klapp(e)rig, (*t. nerwy*) kaputt; **~kloszowany** *suknia*: glockig
rozkład *m* (*-u*; *-y*) (An-)Ordnung *f*, Einteilung *f*; (***jazdy***, ***lekcji*** Fahr-, Stunden-)Plan; *biol* Zerfall; *fig t.* Verfall; *chem* Zersetzung *f*; Zerlegung *f*; **~ać** (*-am*) ausbreiten; *gazetę* auseinanderfalten; *łóżko* ausklappen; *pracę* einteilen; *maszynę* zerlegen; *biol*, *chem*, *fig* zersetzen; ***~ać się*** sich ausstrecken; (sich) lagern; (**z** *I*) ausbreiten (*A*); *chem* sich zersetzen; *biol* verwesen
rozkoch|iwać (*-uję*) ⟨**~ać**⟩ verliebt machen; die Liebe wecken (***w sztuce*** zur Kunst); ***~ać się*** F ganz verknallt sein
rozkołysać *pf v/t* schaukeln, zum Schaukeln bringen; ***~ się*** in Schwung kommen; schaukeln, sich wiegen
rozkop|ywać (*-uję*) ⟨**~ać**⟩ aufgraben
rozkosz *f* (*-y*; *-e*) Wonne; (*zmysłowa*) Wollust; **~e** *pl t.* Genüsse *m/pl*, Freuden *f/pl*; **~ny** wonnig; wonnevoll; **~ować się** (*-uję*) (*I*) genießen (*A*), schwelgen (in *D*)
roz|kręcać (*-am*) ⟨**~kręcić**⟩ auseinanderschrauben; F *fig* ankurbeln; ***~kręcić się*** F *fig* auf Touren kommen; **~krok** *m* Grätsche *f*; **~kruszać** (*-am*) → ***kruszyć***; **~krwawić** *pf* blutig scheuern/schlagen; **~krzewiać** (*-am*) → ***krzewić***; **~kupywać** (*-uję*) ⟨**~kupić**⟩ (alles) aufkaufen; **~kurczać** (*-am*) ⟨**~kurczyć**⟩ *pięść* öffnen; *mięsień* entspannen
rozkwit *m* (*-u*; *0*) Blühen *n*; Blüte *f* (*t. fig*); ***w pełni ~u*** in voller Blüte; **~ać** (*-am*) ⟨**~nąć**⟩ aufblühen, erblühen
roz|lać *pf* → ***rozlewać***; **~latywać się** (*-uję*) ⟨**~lecieć się**⟩ auseinanderfliegen; auseinanderfallen; → ***rozbijać się***
rozleg|ać się (*-am*) ⟨**rozlec* się**⟩ (→ *lec*) erschallen, ertönen; *echo*: hallen; *protest*: laut werden; **~le** *adv* → ***rozległy***; **~łość** *f* (*-ści*; *0*) Ausdehnung; *fig* Umfang *m*; **~ły** ausgedehnt, weit; umfangreich; weitgespannt
rozleniwi|ać (*-am*) ⟨**~ć**⟩ (*-ę*) faul/träge

R

machen; **~(a)ć się** faul/träge werden

rozlepi|ać (-*am*) ⟨**~ć**⟩ → ***rozklejać***

rozlew *m* (-*u*; -*y*) Abfüllung *f*; ***bez ~u krwi*** ohne Blutvergießen; **~ać** (-*am*) verschütten, (*t. krew*) vergießen; füllen (***do kieliszków*** die Gläser); abfüllen (***do butelek*** in Flaschen); *v/i rzeka*: über die Ufer treten; **~ać się** sich ergießen

rozleźć* się *pf* → ***rozłazić się***

rozlicz|ać (-*am*) ⟨**~yć**⟩ berechnen; **~ać się** (**z** *I*) abrechnen (mit); **~enie** *n* (-*a*) Abrechnung *f*; Verrechnung *f*

rozlokow(yw)ać (-[*w*]*uję*) unterbringen; **~ się** unterkommen; sich einrichten

rozlosow(yw)ać (-[*w*]*uję*) verlosen

rozluźni|ać (-*am*) ⟨**~ć**⟩ (-*ę*, -*nij!*) lockern (*t. fig*; **się** sich); **~ony** locker; *fig t.* lax

rozładow(yw)ać (-[*w*]*uję*) entladen (**się** sich); **~ *napięcie*** die Lage entspannen

roz|ładunek *m* Entladung *f*; **~łam** *m* Spaltung *f*; **~łamywać** (-*uję*) ⟨**~łamać**⟩ (zer)brechen (**się** *v/i*); *fig* spalten (**się** sich); **~łazić się** F (**po** *L*) sich ausbreiten (in *D*); *ludzie*: sich zerstreuen (in *D*); *buty*: auseinanderfallen

rozłą|czać (-*am*) (voneinander) trennen (**się** sich); **~ka** *f* (-*i*) Trennung

rozłoży|ć *pf* → ***rozkładać***; **~sty** (**-ście**) *łan*: ausgedehnt; *drzewo*: ausladend

rozłupywać (-*uję*) → ***łupać***

rozmach *m* (-*u*; *0*) Wucht *f*; Schwung (*t. fig*); **~iwać** (-*uję*) (*I*) → ***machać***

rozma|czać einweichen; **~gnesow(yw)ać** (-[*w*]*uję*) entmagnetisieren

rozmai|tość *f* (-*ści*; *0*) Vielfalt; **~tości** *pl* Verschiedenes; **~ty** (**-cie**) mannigfaltig, verschieden(artig), allerlei

rozmaryn *m* (-*a*; -*y*) Rosmarin

roz|marzać [-r·z-] *v/i* auftauen; **~marzony** träumerisch; träge, müde; **~mawiać** (miteinander) sprechen; sich unterhalten (**o** *L* über *A*); **~miar** *m* (-*u*; -*y*) Größe *f*; Ausmaß *n*; Umfang

rozmie|niać (-*am*) ⟨**~nić**⟩ *banknot* wechseln; **~szać** *pf* verrühren; **~szczać** ⟨**po-**⟩ (-*am*) ⟨**~ścić**⟩ plazieren, verteilen; → ***rozlokowywać***; **~ścić się** *t.* Plätze einnehmen; **~szczenie** *n* (-*a*) Verteilung *f*; Unterbringung *f*

rozmięk|ać (-*am*) *v/i* aufweichen; **~czać** (-*am*) ⟨**~czyć**⟩ (-*ę*) *v/t* aufweichen; *fig* erweichen; **~nąć** *pf* → ***rozmiękać***

rozmiłowany: ***być ~m*** (**w** *L*) vernarrt sein (in *A*), sehr lieben (*A*)

rozminąć się *pf* → ***mijać się***

rozmnaża|ć (-*am*) vermehren (**się** sich); **~ć się** *t.* sich fortpflanzen; **~nie** *n* (-*a*; *0*) Vermehrung *f*; (*t.* **się**) Fortpflanzung *f*

roz|mnożyć *pf* → ***rozmnażać***; **~moczyć** *pf* → ***rozmaczać***; **~moknąć** *pf* → ***rozmiękać***; **~montow(yw)ać** (-[*w*]*uję*) auseinandernehmen, zerlegen; **~mowa** *f* Gespräch *n* (*t. tel*), Unterredung; Unterhaltung; **~mowny** gesprächig

rozmów|ca *m*, **~czyni** *f* Gesprächspartner(in); **~ić się** *pf* sich verständigen; sprechen, reden (***na temat*** *G* über *A*); **~nica** *f* (-*y*; -*e*) *tel* Fernsprechzelle

roz|mrażać (-*am*) ⟨**~mrozić**⟩ *v/t* auftauen; *lodówkę* abtauen

rozmyć *pf* → ***rozmywać***

rozmy|sł *m*: **z ~słem** mit Bedacht; **~ślać** (-*am*) grübeln; (**nad** *I*) nachdenken (über *A*); **~ślić się** *pf* (-*lę*) es sich anders überlegen; **~ślny** vorsätzlich; mutwillig

rozmywać (-*am*) unterspülen

roznamiętni|ać (-*am*) ⟨**~ć**⟩ (-*ę*, -*nij!*) *j-s* Leidenschaften aufrühren; *j-n* entflammen (**do** *G* für); **~ony** hitzig, erregt

roz|negliżowany halb angezogen; **~niecać** (-*am*) ⟨**~niecić**⟩ (-*cę*) entfachen (*t. fig*); **~nieść*** *pf* → ***roznosić***; **~nosiciel** *m* (-*a*; -*e*), **-lka** *f* (-*i*; *G* -*lek*) Austräger(in); **~nosić** austragen; *wieści itp.* verbreiten (**się** sich; **po** *L* in *D*); → ***rozbijać***, ***rozrywać***, **~ochocić się** *pf* (-*cę*) (**do** *G*) Lust bekommen (auf *A*, zu); **~ogniony** glühend (rot, heiß)

rozpacz *f* (-*y*; *0*) Verzweiflung; ***doprowadzić do ~y*** zur Verzweiflung bringen; **~ać** (-*am*) verzweifelt sein (***nad*** *I* über *A*); **~liwy** (**-wie**) verzweifelt

rozpad *m* (-*u*; *0*) Zerfall; **~ać się** zerfallen; auseinanderfallen; **~ało się** es hat sich eingeregnet; **~lina** *f* (-*y*) Spalte

rozpakow(yw)ać (-[*w*]*uję*) auspacken

rozpal|ać (-*am*) ⟨**~ić**⟩ *ogień* anzünden, machen; *piec*, *kocioł* anheizen; *metal* zum Glühen bringen; *fig* entfachen; **~ić się** brennen; glühen; *fig* sich ereifern

roz|paplać *pf* ausplaudern; **~parcelow(yw)ać** (-[*w*]*uję*) parzellieren, aufteilen; **~pasany** zügellos, haltlos; **~paść* się** *pf* → ***rozpadać się***

rozpatrywać (-*uję*) ⟨***rozpatrzyć***⟩ prüfen; erörtern; **~ się** (**w** *L*) sich umsehen (in *D*); durchsehen (*A*)

rozpęd *m* Schwung; **~owy** Schwung-

rozpędz|ać (*-am*) ⟨**~ić**⟩ auseinandertreiben; *fig* vertreiben; *mot* beschleunigen; **~ać się** Anlauf nehmen; **~ić się** (immer) schneller werden
rozpęt|ywać (*-uję*) ⟨**~ać**⟩ (*-am*) F *fig* anzetteln, entfesseln; **~ać się** losbrechen
rozpiąć *pf* (*rozepnę*) → **rozpinać**
rozpie|czętow(yw)ać (*-[w]uję*) *list* öffnen; **~rać** (*-am*) (aus)dehnen; auseinanderdrücken; **~rać się** sich (hin)lümmeln; **~rzchnąć się** *pf* auseinanderlaufen; **~szczać** (*-am*) ⟨**~ścić**⟩ verhätscheln; **~szczony** *dziecko*: verzogen
rozpiętość *f* (*-ści; 0*) Spannweite; *fig* Skala; Umfang *m*
rozpi|jaczony F versoffen; **~łow(yw)ać** (*-[w]uję*) zersägen; **~nać** (*-am*) aufknöpfen, aufhaken; *namiot* aufschlagen; **~nać się** sich öffnen, aufgehen
rozpis|ywać (*-uję*) ⟨**~ać**⟩ *wybory* ausschreiben; *konkurs* ausloben
rozpląt|ywać (*-uję*) ⟨**~ać**⟩ entwirren
rozpleni|ać się (*-am*) ⟨**~ć się**⟩ (*-ę*) sich (zu sehr) vermehren; überhandnehmen
rozpłakać się *pf* in Tränen ausbrechen
rozpła|szczać (*-am*) → **płaszczyć**; **~tać** *pf* (*-am*) aufschlitzen; spalten
rozpłodowy *agr* Zucht-
rozpły|wać się ⟨**~nąć się**⟩ zerfließen
rozpocz|ynać ⟨**~ąć**⟩ beginnen; *obrady t.* aufnehmen; *rozmowę t.* einleiten; **~ynać** ⟨**~ąć**⟩ **się** beginnen *v/i*
rozpo|gadzać (*-am*) ⟨**~godzić**⟩ aufheitern (**się** sich); **~godzenie** *n* (*-a*) Aufheiterung *f*
rozporek *m* (*-rka; -rki*) (Hosen-)Schlitz
rozporządz|ać (*-am*) ⟨**~ić**⟩ verfügen (*I* über *A*); **~enie** *n* (*-a*) Verfügung *f*
rozpo|ścierać ausbreiten (**się** sich); **~wiadać** (*-am*) ⟨**~wiedzieć**⟩ erzählen
rozpowszechni|ać (*-am*) ⟨**~ć**⟩ (*-ę, -nij!*) verbreiten (**się** sich); **~enie** *n* (*-a; 0*) Verbreitung *f*; **~ony** (weit)verbreitet
rozpozna|ć *pf* → **rozpoznawać**; **~nie** *n* (*-a*) Identifizierung *f*; Erkennung *f*; *med t.* Diagnose *f*; *jur* Verhandlung *f*; *mil* Erkundung *f*; **~wać** erkennen (**się** einander, sich); identifizieren; **~wczy** Erkennungs-; Erkundungs-
rozpra|szać (*-am*) zerstreuen (**się** sich); **~wa** *f* (*-y*) Debatte; *jur* Verhandlung; (*traktat*) Abhandlung; **~wa doktorska** Doktorarbeit; **doszło do ~wy** es kam zu e-m Kampf; **~wiać[1]** (*-am*) reden, sich auslassen (**o** *L* über *A*); **~wiać[2] się** (*-am*) ⟨**~wić się**⟩ (**z** *I*) erledigen, fertigmachen (*A*), abrechnen (mit); **szybko się ~wić** kurzen Prozeß machen (mit)
rozpręż|ać (*-am*) ⟨**~yć**⟩ (*-ę*) recken; **~yć się** sich entspannen; *fiz* expandieren
rozpromieniony (freude)strahlend
rozpro|stow(yw)ać (*-[w]uję*) geradebiegen; (aus)strecken (**się** sich); **~szyć** *pf* (*-ę*) → **rozpraszać**; **~wadzać** (*-am*) ⟨**~wadzić**⟩ verteilen; *ludzi t.* bringen; *hdl t.* liefern; verdünnen (*I* mit)
rozpruwać (*-am*) → **pruć**; *brzuch* aufschlitzen; *kasę* knacken
rozprysk|iwać (*-uję*) ⟨**~ać**⟩ versprühen, (ver)spritzen; *por* **pryskać**
rozprząc* *pf* (→ *-prząc*) → **rozprzęgać**
rozprzeda(wa)ć → **wyprzedawać**
rozprzestrzeni|ać (*-am*) ⟨**~ć**⟩ (*-ę*) → **rozpowszechniać**; **~(a)ć się** sich ausbreiten; um sich greifen
rozprzę|gać (*-am*) ⟨**~gnąć**⟩ (*-nę*) *konia* ausspannen; *fig* zerrütten, auflösen
rozprzężenie *n* (*-a; 0*) *fig* Zerrüttung *f*; Anarchie *f*, Disziplinlosigkeit *f*; **~ obyczajów** Sittenlosigkeit *f*
rozpust|a *f* (*-y; 0*) Unzucht, *pej* Hurerei; **~ny** ausschweifend, lasterhaft
rozpuszcz|ać auflösen (**się** sich); (*topić*) schmelzen (**się** *v/i*); *załogę* frei geben (*D*); *plotkę* verbreiten; *dzieci* verziehen; **~alnik** *m* (*-a; -i*) Lösungsmittel *n*; **~alny** (**w wodzie** wasser)löslich
rozpuścić *pf* → **rozpuszczać**
rozpy|chać (*-am*) *kieszeń* ausbeulen; (*t.* **się**) drängeln; **~lacz** *m* (*-a; -e*) Zerstäuber; Sprühflasche *f*; **~lać** (*-am*) ⟨**~lić**⟩ (*-lę*) zerstäuben, versprühen; **~tywać** (*-uję*) ⟨**~tać**⟩ ausfragen; **~tywać się** (**o** *A*) sich erkundigen (nach)
rozrabia|ctwo *n* (*-a; 0*) Wühlarbeit *f*; **~cz** *m* (*-a; -e*), **~czka** *f* (*-i; G -czek*) *pej* Wühler, Stänkerer; **~ć** (*-am*) *farbę* anrühren; P *v/i* wühlen, intrigieren
rozrachun|ek *m* → **rozliczenie**; **~ek z przeszłością** Vergangenheitsbewältigung *f*; **~kowy** Verrechnungs-
rozra|dowany freudestrahlend; **~dzać się** (*-am*) sich vermehren; **~rastać się** (*-am*) wachsen, größer/dichter werden
roz|rąbać *pf* (zer)hacken, spalten; **~regulow(yw)ać** (*-[w]uję*) verstellen (**się** sich); **~robić** *pf* → **rozrabiać**; **~rodczy** Zeugungs-, Fortpflanzungs-; **~rodzić**

R

się *pf* → ***rozradzać się***; **~rosnąć***, **~róść* się** *pf* → ***rozrastać się***
rozróżni|ać (*-am*) ⟨**~ć**⟩ unterscheiden
rozruch *m mot* Anlassen *n*; *tech* Anfahren *n*; ~ ***próbny*** Probelauf; *t-ko pl* **~y** Unruhen *f/pl*; **~owy** Start-, Anlasser-
rozrusz|ać *pf mot* anlassen, anwerfen; F *fig* aufmöbeln; **~nik** *m* (*-a*; *-i*) Anlasser
rozryw|ać (*-am*) zerreißen (**się** *v/i*); **~ka** *f* (*-i*; *G -wek*) Zerstreuung, Unterhaltung; **~kowy** Unterhaltungs-
rozrze|dzać (*-am*) ⟨**~dzić**⟩ (*-dzę*) verdünnen; **~dzić się** dünner werden; **~wniający** (**-co**) rührend, herzbewegend; **~wnienie** *n* (*-a*; *0*) Rührung *f*
rozrzu|cać ⟨**po-**, **~cić**⟩ durcheinanderwerfen; (ver)streuen; *fig* vergeuden
rozrzutn|ość *f* (*-ści*; *0*) Verschwendung(ssucht); **~y** verschwenderisch
rozrzynać (*-am*) zerschneiden; zersägen
rozsa|da *f* (*-y*) *zbior* Setzlinge *m/pl*; **~dnik** *m* (*-a*; *-i*) *agr* Saatbeet *n*; *fig* Brutstätte *f*; **~dzać** ⟨**~dzić**⟩ plazieren; *uczniów* auseinander setzen; *skałę itp.* sprengen, zerreißen; → ***sadzić***
rozsąd|ek *m* (*-dku*; *0*) Vernunft *f*, Verstand; ***zdrowy ~ek*** gesunder Menschenverstand; **~ny** vernünftig, klug
rozsądz|ać (*-am*) ⟨**~ić**⟩ entscheiden
rozsi|ewać (*-am*) ⟨**~ać**⟩ aussäen; *fig* ausstreuen; ***~any*** *t.* verstreut
rozsiodł|ywać (*-uję*) ⟨**~ać**⟩ absatteln
roz|sławiać (*-am*) ⟨**~sławić**⟩ berühmt machen (**po świecie** in der Welt); **~smarow(yw)ać** (*-[w]uję*) verstreichen
rozsta|ć*² **się** *pf* → ***rozstawać się***; **~j** *m* (*-u/-a*; *-e*, *-ai/-ów*) Kreuzweg; **~nie** *n* (*-a*) Trennung *f*; Abschied *m*; **~wać się** (**z** *I*) sich trennen, Abschied nehmen (von); **~wi(a)ć** aufstellen (**się** sich); *nogi* spreizen; **~wienie** *n* (*-a*) Aufstellung *f*; Abstand *m*
roz|stępować się (*-uję*) ⟨**~stąpić się**⟩ zur Seite treten, e-e Gasse bilden; *skała itp.*: auseinanderbrechen, sich spalten; **~strajać** (*-am*) ⟨**~stroić**⟩ *muz* verstimmen; *nerwy* zerrütten; **~strój** *m* Zerrüttung *f*; ***~strój żołądka*** Magenverstimmung *f*; **~strzał** *m* Erschießung *f*
rozstrzel|iwać (*-wuję*) ⟨**~ać**⟩ erschießen; **~ić** *pf drk* durchschießen; *głosy* (*w wyborach*), *uwagę* zersplittern
rozstrzyg|ać (*-am*) ⟨**~nąć**⟩ (*-nę*) entscheiden (*t. v/i* **o** *L* über *A* **i się** sich); den Ausschlag geben; **~ający** (**-co**) entscheidend, ausschlaggebend; **~nięcie** *n* (*-a*) Entscheidung *f*
rozsu|nąć *pf* → ***rozsuwać***; **~pływać** (*-uję*) ⟨**~płać**⟩ (*-am*) entknoten, aufbinden; **~wać** auseinanderschieben; *stół* ausziehen; ***~wać się*** *kurtyna*: aufgehen; → ***rozstępować się***
rozsył|ać (*-am*) *os.* aussenden; *listy* verschicken; **~pywać** (*-uję*) ⟨**~pać**⟩ verstreuen, zerstreuen (**się** sich)
rozszarp|ywać (*-uję*) ⟨**~ać**⟩ zerfetzen, zerreißen; *zwierzę*: zerfleischen
rozszczep|iać (*-am*) ⟨**~ić**⟩ (auf-, zer)-spalten; *światło* zerlegen; **~ialny** spaltbar; **~ienie** *n* (*-a*) Spaltung *f*
rozszerz|ać (*-am*) ⟨**~yć**⟩ (**się** sich) verbreiten, erweitern (*t. fig*); (*fig* aus)weiten; ausdehnen (*t. fig*); **~enie** *n* (*-a*) Verbreiterung *f*, Erweiterung *f*; Ausdehnung *f* (*t. fiz*); Ausweitung *f*
roz|sznurow(yw)ać (*-[w]uję*) aufschnüren; **~szyfrow(yw)ać** (*-[w]uję*) entschlüsseln; *fig* enträtseln; **~ścielać** (*-am*) ausbreiten (**się** sich); **~śmieszać** (*-am*) ⟨**~śmieszyć**⟩ zum Lachen bringen; **~świetlać** (*-am*) ⟨**~świetlić**⟩ (*-lę*) erhellen (**się** sich; *t. fig*)
rozta|czać entrollen; *zapach* verbreiten; *opiekę* (**nad** *I*) gewähren (*D*); *tech* ausdrehen; **~czać się** *widok*: sich bieten; **~piać** (*-am*) schmelzen (**się** *v/i*); *masło* zerlassen; ***~piać się*** *kulin t.* zergehen
roztargni|enie *n* (*-a*; *0*) Zerstreutheit *f*; ***przez ~enie*** aus Zerstreutheit; ***w ~eniu*** → **~ony** zerstreut, geistesabwesend
rozter|ka *f* (*-i*; *0*) Zerrissenheit, Zwiespalt *m*; ***w ~ce*** innerlich zerrissen
roztkliwi|ać (*-am*) ⟨**~ć**⟩ (*-ę*) weich stimmen, rühren; **~(a)ć się** gerührt sein; (***nad sobą*** sich) bemitleiden
roztłuc* *pf* zerschlagen
rozto|cze *m/pl* (*-y*) *zoo* Milben *f/pl*; **~czyć** *pf* → ***roztaczać***; **~pić** *pf* → ***roztapiać***; **~py** *pl* (*-ów*) Schneematsch *m*; ***okres ~pów*** Schneeschmelze *f*
roz|tratować *pf* zertrampeln, tottrampeln; **~trąbić** *pf* ausposaunen; **~trącać** ⟨**~trącić**⟩ zur Seite stoßen/drängen
roztropny besonnen; vernünftig, klug
roz|trwonić *pf* → ***trwonić***; **~trzaskać** *pf* zerschmettern; → ***rozbijać się***; **~trząsać** (*-am*) *fig* erörtern
roztrzep|any zerzaust; *fig* F schusselig,

schußlig; **~ywać** (*-uję*) ⟨**~ać**⟩ *włosy* zerzausen; *kulin* schlagen
roz|trzęsiony klapprig; *fig* aufgeregt; **~twór** *m* (**soli** Salz-)Lösung *f*
rozum *m* (*-u*; *-y*) Verstand; Vernunft *f*; ***odchodzić od ~u*** (**z** *G*) den Verstand verlieren (vor); F ***brać na ~*** überlegen; ***mieć swój ~*** s-n eigenen Kopf haben; ***ruszyć ~em*** s-n Verstand anstrengen; ***uczyć ~u*** (*A*) Vernunft beibringen (*D*); **~ieć*** ⟨**z-**⟩ verstehen (**się** sich, einander); (*pojmować t.*) begreifen; ***co przez to ~iesz?*** was willst damit sagen?; ***to się ~ie samo przez się*** das versteht sich von selbst; ***ma się ~ieć*** selbstverständlich; **~ny** klug
rozumow|ać (*-uję*) überlegen, durchdenken; schlußfolgern; **~anie** *n* (*-a*) Denken; ***tok ~ania*** Gedankengang; ***sposób ~ania*** Denkweise *f*; **~y** (**-wo**) verstandesmäßig
roz|wadniać (*-am*) verwässern; **~waga** *f* (*-i*; *0*) Besonnenheit, Umsicht; ***brać pod ~wagę*** in Erwägung ziehen
rozwal|ać ⟨**~ić**⟩ zerschlagen; *dom* einreißen; **~ić się** auseinanderfallen, F kaputtgehen; *os.* sich lümmeln
rozwalniający (**-co**) *med* abführend
rozwałkow(yw)ać (*-*[*w*]*uję*) *ciasto* ausrollen; *fig* breittreten
rozwarty offen; ***kąt ~*** stumpfer Winkel
rozważ|ać (*-am*) ⟨**~yć**⟩ *fig* abwägen, bedenken; **~ny** bedächtig, umsichtig; *krok, czyn*: wohlüberlegt
rozwesel|ać (*-am*) ⟨**~ić**⟩ aufheitern (**się** sich); in Stimmung bringen; ***gaz ~ający*** Lachgas *n*; **~ony** heiter, lustig
rozwiać *pf* → **rozwiewać**
rozwiąz|ać *pf* → **rozwiązywać**; **~alny** (auf)lösbar; **~anie** *n* (*umowy, zagadki itp.*) Auflösung *f*; (*problemu, zadania*) Lösung *f*; (*poród*) Entbindung *f*; **~ły** liederlich; **~ywać** (*-uję*) *supeł* aufbinden, (*t. mat i fig*) lösen; *zgromadzenie, firmę* auflösen; *por* **rozwiązanie**
rozwid|lać się (*-am*) ⟨**~lić się**⟩ (*-lę*) sich gabeln; **~lenie** *n* (*-a*) Gabelung *f*; **~niać się**: ***~nia się*** es tagt
rozwie|dziony geschieden; **~rać** (*-am*) öffnen, auftun (**się** sich); *ramiona* ausbreiten; **~szać** (*-am*) ⟨**~sić**⟩ (*-szę*) aufhängen; **~ść*** *pf* → **rozwodzić**; **~wać** (*-am*) *v/t* verwehen; *włosy* (zer)zausen; *obawy* zerstreuen; *marzenia* zunichte machen; ***~wać się*** wehen; zunichte werden; **~źć*** *pf* → **rozwozić**
rozwi|jać (*-am*) aufwickeln, auswickeln; *zwój* entrollen, (*t. sztandar itp., fig inicjatywę*) entfalten; *cechy, działalność, plany, kraj itp.* entwickeln; **~jać się** sich entfalten, (*t. roślina, dziecko itp.*), sich entwickeln; **~kływać** (*-uję*) ⟨**~kłać**⟩ (*-am*) entwirren (**się** sich); **~nąć** *pf* (*-nę*) → **rozwijać**; **~nięty** (***w pełni, słabo*** voll-, unter)entwickelt
rozwlekły (**-le**) weitschweifig, langatmig
rozwo|dnić *pf* (*-ę*) → **rozwadniać**; **~dnik** *m* Geschiedene(r); **~dowy** Scheidungs-; **~dzić** auseinanderbringen; scheiden; ***~dzić się*** sich scheiden lassen (**z** *I* von); sich auslassen, sich verbreiten (***nad*** *I* über *A*); **~jowy** Entwicklungs-
rozwolnienie *n* (*-a*) Durchfall *m*
roz|wozić *towar* ausfahren, (***po domach*** ins Haus) liefern; **~wód** *m* (*-odu*; *-ody*) (Ehe-)Scheidung *f*; **~wódka** *f* (*-i*; *G -dek*) Geschiedene; **~wój** *m* (*-oju*; *0*) Entwicklung *f*, Entfaltung *f*; *por* **rozwijać**; **~wścieczony** wütend (*I* über *A*); **~wydrzony** (dumm)dreist; **~złoszczony** aufgebracht, F geladen; *por* **złościć**
rozzuchwa|lać się (*-am*) ⟨**~lić się**⟩ (*-lę*) dreist(er)/frech(er) werden
rozża|lony gekränkt; verbittert; **~rzać** (*-am*) ⟨**~rzyć**⟩ glühend machen; ***~rzyć się*** (beginnen zu) glühen
roż|ek *m* (*-żka*; *-żki*) kleines Horn; Ecke *f*; **~en** *m* (*-żna*; *-żny*) Spieß; **~ny** Eck-
ród *m* (*rodu*; *rody*) Stamm; (*linia*) Geschlecht *n*; ***ona jest rodem z ...*** sie stammt aus ..., sie ist aus ... gebürtig
róg *m* (*rogu*; *rogi*) Horn *n*; (*kąt, zbieg ulic*) Ecke *f*; ***w/na rogu*** in/an der Ecke; ***za rogiem*** um die Ecke
rój *m* (*roju*; *roje*) Schwarm
róść* → **rosnąć**
rów *m* (*rowu*; *rowy*) Graben
rówie|n *praed* → **równy**; **~śnica** *f* (*-y*; *-e*) Altersgenossin; **~śnik** *m* (*-a*; *-cy*) Altersgenosse
równ|ać (*-am*) ⟨**wy-**⟩ ebnen; geradermachen, geraderichten; ⟨**z-**⟩ (**z** *I*) angleichen (*D*, an *A*); vergleichen (mit); **~ać się** *mil* sich (aus)richten; (*D*) gleichen; gleichkommen (*D*); *mat* ***~a się*** ist (gleich); **~anie** *n* (*-a*) *mat* Gleichung *f*; **~ia** *f* (*-i*; *-e*, *-i*) Ebene; ***na ~i*** (**z** *I*) gleich (*D*), auf gleicher Ebene (mit); **~ie** *adv*

R

genauso; **~ież** *adv* ebenso, auch
równi|k *m* (*-a*; *-i*) Äquator; **~kowy** äquatorial; **~na** *f* (*-y*) Ebene, Flachland *n*
równo *adv* → ***równy***; **~boczny** *mat* gleichseitig; **~brzmiący** gleichlautend; **~czesny** gleichzeitig; **~legły** parallel; **~leżnik** *m* (*-a*; *-i*) *geogr* Breitenkreis; **~mierny** gleichmäßig, gleichförmig; **~prawny** gleichberechtigt; **~ramienny** *mat* gleichschenklig; **~rzędny** gleichwertig, gleichrangig; *fig t.* ebenbürtig
równoś|ć *f* (*-ści*) Gleichheit; ***znak ~ci*** Gleichheitszeichen *n*
równo|uprawnienie *n* Gleichberechtigung *f*; **~waga** *f* Gleichgewicht *n* (*t. fig*); ***wyprowadzić z ~wagi*** aus dem Gleichgewicht / aus der Ruhe bringen; **~wartościowy** gleichwertig; **~ważnia** *f* (*-i*; *-e*, *-i*) *sport* Schwebebalken *m*; **~ważnik** *m* (*-a*; *-i*) Äquivalent *n*; **~znaczny** gleichbedeutend; synonym
równy (*gładki*) glatt; (*płaski*) eben, flach; (*prosty*) gerade; *oddech*, *krok*: gleichmäßig; (*spokojny*) ausgeglichen; F *kwota*: rund; (*jednakowy*) (*D*, **z** *I*) gleich (*D*, mit); *gr* ***stopień ~*** Positiv; ***w ~m wieku*** gleichaltrig
rózga *f* (*-i*; *G -z*[*e*]*g*) Rute, Gerte
róż *m* (*-u*; *-e*) Rosa *n*; Rouge *n*
róża *f* (*-y*; *-e*) Rose; **~niec** *m* (*-ńca*; *-ńce*) *rel* Rosenkranz; **~ny** Rosen-
różdżka *f* (*-i*; *G -dżek*) Wünschelrute; ***~ czarodziejska*** Zauberstab *m*
różni|ca *f* (*-y*; *-e*) Unterschied *m*; *mat* Differenz; **~cować** (*-uję*) unterscheiden, differenzieren; **~czkowy:** ***rachunek ~czkowy*** Differentialrechnung *f*; **~ć** (*-ę*, *-nij!*) unterscheiden (**się** sich; *I*, ***pod względem*** *G*, durch; **od** *G* von); **~e** *adv* → ***różny***
różno|barwny vielfarbig, bunt; **~języczny** vielsprachig; **~raki** (**-ko**), **~rodny** mannigfaltig, vielfältig; **~ść** *f* (*0*) Mannigfaltigkeit; *zw. pl* (***różne***) ***~ści*** alles Mögliche, Verschiedenes
różny → ***rozmaity***; (*odmienny*) unterschiedlich, verschieden (**od** *G* von)
rożow|ić ⟨**za-**⟩ (*-ę*) rosa färben; ***~ić się*** → **~ieć** ⟨**po-**⟩ (*-eję*) sich rosa färben; **~y** (**-wo**) rosa(farben), rosig (*t. fig*)
różyczka *f* (*-i*; *0*) *med* Röteln *pl*
rtęć *f* (*-ci*; *0*) Quecksilber *n*
rubaszny (gutmütig) derb, grob
rubinowy Rubin-; rubinrot
rubryka *f* (*-i*) Rubrik
ruch *m* (*-u*; *-y*) Bewegung *f* (*t. fig*, *pol*); (***drogowy*** Straßen-)Verkehr; (*maszyny itp.*) Betrieb; (*w szachach itp.*) Zug; ***bez ~u*** bewegungslos; ***wprawić w ~*** in Bewegung/Betrieb/Gang setzen
ruchliw|ość *f* (*-ści*; *0*) Beweglichkeit; Mobilität; **~y** (**-wie**) beweglich; *fig t.* verkehrsreich; geschäftig; rührig
rucho|mo *adv* → ***ruchomy***; **~mość** *f* (*-ści*; *0*) Bewegungsfähigkeit; Beweglichkeit; (*pl -ści*) bewegliche Sache; *pl t.* Mobilien *f/pl*; **~my** beweglich; mobil; **~wy** Bewegungs-; (**-wo**) motorisch
ruda *f* (*-y*) (***żelaza*** Eisen-)Erz *n*
rudera *f* (*-y*) Bruchbude
rudo *adv* → ***rudy***; **~brody** rotbärtig
rudowiec *m* (*-wca*; *-wce*) Erzfrachter
rudy rotbraun; (*rudowłosy*) rothaarig
rudzik *m* (*-a*; *-i*) *zoo* Rotkehlchen *n*
ruf|a *f* (*-y*) *mar* Heck *n*; ***na ~ie*** achtern
rugować ⟨**wy-**⟩ (*-uję*) vertreiben; (*wypierać*) verdrängen; *mat* eliminieren
ru'ina *f* (*-y*) Ruin *m*; *zw. pl* Ruinen *f/pl*
rujnować ⟨**z-**⟩ (*-uję*) ruinieren (**się** sich)
rulet|a *f* (*-y*), **~ka** *f* (*-i*; *G -tek*) Roulett *n*; **~ka** *t.* Bandmaß *n*
rulon *m* (*-u*; *-y*) Rolle *f*
rum *m* (*-u*; *-y*) Rum
rumian|ek *m* (*-nku*; *-nki*) Kamille *f*; (*napar*) Kamillentee; **~y** rotbäckig, rotwangig; *pieczeń*: knusprig-braun
rumie|nić (*-ę*) *kulin* ⟨**ob-**, **przy-**⟩ (an)bräunen; ***~nić się*** ⟨**za-**⟩ sich rot färben; rot schimmern; (*na twarzy*) erröten; **~niec** *m* (*-ńca*; *-ńce*) (Gesichts-)Röte *f*; Erröten *n*; ***nabrać ~ńców*** eine gesunde Farbe bekommen
rumor *m* (*-u*; *-y*) Krach, Poltern *n*
rumowisko *n* (*-a*) Trümmerhaufen *m*
rumsztyk *m* (*-a*; *-i*) Rumpsteak *n*
Rumu|n *m* (*-a*; *-i*) Rumäne; **~nka** *f* (*-i*; *G -nek*) Rumänin; **Ձński** (**po -ku**) rumänisch
runąć *pf* (*-nę*, *-ń!*) stürzen *v/i*; (*zawalić się*) einstürzen; *plany*: scheitern
runda *f* (*-y*) *sport* Runde
rupieciarnia *f* (*-i*; *-e*) Rumpelkammer
rupiecie *m/pl* (*-ci*) Gerümpel *n*
rur|a *f* (*-y*) Rohr *n*; **~ka** *f* (*-i*; *G -rek*) Röhrchen *n*, Röhre
rurociąg *m* Rohrleitung *f*, Pipeline *f*; ***~ gazowy*** Gasleitung *f*
rusałka *f* (*-i*; *G -łek*) Najade, Nymphe

R

ruski russisch, Russen-; Rußland-
ruszać (*-am*) *v/t* berühren; bewegen, rühren (**ręką** die Hand); *v/i* losfahren, losgehen; sich in Bewegung setzen; *fabryka*: den Betrieb aufnehmen; *silnik*: starten; **~ się** sich bewegen
ruszt *m* (*-u*; *-y*) (Feuer-, Brat-)Rost
rusztowanie *n* (*-a*) Gerüst
ruszyć *pf* (*-ę*) → **ruszać**; **nie ~ palcem** keinen Finger rühren
rutynowany routiniert, versiert
rwać* ⟨**po-**⟩ (zer)reißen (**się** *v/i*); ⟨**wy-**⟩ ausreißen; *ząb* ziehen; ⟨**ze-**⟩ abreißen (**się** *v/i*); *kwiaty*, *jagody* pflücken; *v/i impf* (*t-ko 3. os.*) ziehen(d schmerzen); **~ się** *pocisk*: explodieren; *fig* F (**do** *G*) brennen, scharf sein (auf *A*, zu)
rwący *potok*: reißend; *ból*: ziehend
rwetes F *m* (*-u*; *0*) Durcheinander *n*
ryb|a *f* (*-y*) Fisch *m*; **gruba ~a** *fig* großes Tier; **iść na ~y** fischen/angeln gehen
ryb|acki Fischer(ei)-; **~aczka** *f* (*-i*; *G -czek*), **~ak** *m* (*-a*; *-cy*) Fischer(in); **~ka** *f* (*-i*; *G -bek*) Fischchen *n*; **~ny** Fisch-
rybołówstwo *n* (*-a*; *0*) Fischerei *f*
rycerski Ritter-; (**-ko**, **po -ku**) ritterlich
rycerz *m* (*-a*; *-e*) Ritter
rychł|o *adv* bald; **~o patrzeć jak** jeden Moment; **~y** baldig; früh
rycina *f* (*-y*) Illustration, Bild *n*
rycyna F *f* (*-y*; *0*) Rizinus(öl *n*) *m*
ryczałt *m* (*-u*; *-y*) Pauschale *f*; **~em** pauschal; **~owy** Pauschal-, pauschal
ryczeć (*-ę*, *-y*) brüllen; *syrena*: heulen
ry|ć (*-ję*, *ryj!*; *rył*, *ryty*) wühlen; *napis* stechen; **~del** *m* (*-dla*; *-dle*) Spaten
rydz *m* (*-a*; *-e*) *bot* Reizker
ryg|iel *m* (*-gla*; *-gle*) Riegel; **~lować** ⟨**za-**⟩ (*-uję*) verriegeln
rygor *m* (*-u*; *-y*) (**wojskowy** militärische) Ordnung *f*; *jur* **pod ~em** (*G*) unter Androhung (von); **~ystyczny** rigoros
ryj *m* (*-a*; *-e*) (Schweine-)Rüssel; *łow* Wurf; V *fig* Schnauze *f*; → **ryć**
ryk *m* (*-u*; *-i*) Brüllen *n*, Gebrüll *n*; Heulen *n*; **~nąć** *v/s* (*-nę*) → **ryczeć**
rym *m* (*-u*; *-y*) Reim; *pl t.* Verse *m/pl*
rymarz *m* (*-a*; *-e*) Sattler
rymować (*-uję*) reimen (**się** sich)
rynek *m* (*-nku*; *-nki*) Markt(platz); *ekon* (**krajowy** Binnen-)Markt; **wypuścić na ~** auf den Markt bringen/werfen
rynkowy Markt-
ryn|na *f* (*-y*; *G rynien*) Rinne; **~sztok** *m* (*-a*; *-i*) Rinnstein; *fig* Gosse *f*
rynsztunek *m* (*-nku*; *-nki*) Ausrüstung *f*; *hist* Rüstung *f*
rypsowy *włók* Rips-
rys *m* (*-u*; *-y*) (**charakteru** Charakter-) Zug; **~y twarzy** Gesichtszüge *m/pl*; **~a** *f* (*-y*) Riß *m*; **~ik** *m* (*-a*; *-i*) Griffel
ryso|pis *m* (*-u*; *-y*) Personenbeschreibung *f*; **~wać** (*-uję*) ⟨**na-**⟩ zeichnen; ⟨**po-**⟩ ritzen, zerkratzen; **~wać się** ⟨**za-**⟩ sich abzeichnen; ⟨**po-**⟩ Risse bekommen; **~wnica** *f* (*-y*; *-e*) Zeichenbrett *n*; **~wniczka** *f* (*-i*; *G -czek*), **~wnik** *m* (*-a*; *-cy*) Zeichner(in)
rysun|ek *m* (*-nku*; *-nki*) (**w ołówku**, **węglem** Bleistift-, Kohle-)Zeichnung *f*; **nauka ~ku** Zeichenunterricht *m*; **~ki** *pl* (*w szkole*) Zeichnen *n*; **~kowy** zeichnerisch; **film ~kowy** Zeichentrickfilm
ryś *m* (*-sia*; *-sie*) Luchs
rytm *m* (*-u*; *-y*) Rhythmus; **~iczny** rhythmisch; (*regularny*) gleichmäßig
rytować (*-uję*) ⟨**wy-** ein⟩gravieren
rytualny rituell, Ritual-
rywal *m* (*-a*; *-e*) Rivale; **~izacja** *f* (*-i*; *-e*) Rivalität; **~izować** (*-uję*) rivalisieren, wetteifern (**ze sobą o** *A* miteinander um); **~ka** *f* (*-i*; *G -lek*) Rivalin
ryzykancki waghalsig; risikofreudig
ryzyko ['ri-] *n* (*-a*; *0*) Risiko; **~wać** (*-uję*) riskieren; **~wny** riskant, risikoreich
ryż *m* (*-u*; *0*) Reis; **~owy** Reis-
ryży → **rudy**
rzadk|i dünn(flüssig); *włosy t.*: schütter; *las*: licht; (*nieczęsto spotykany itp.*) selten, rar; **z ~a** (*nieczęsto*) ab und zu; **~o** *adv* selten; **~o zaludniony** dünnbesiedelt; (**jak**) **~o kto** (wie) selten jemand; **~ość** *f* (*-ści*; *0*) Seltenheit
rzadziej *comp* → **rzadko**
rząd[1] *m* (*rzędu*; *rzędy*) Reihe *f*; *biol*, *mat* Ordnung *f*; **z rzędu**, **pod ~** nacheinander; hintereinander; **drugi z rzędu** der nächste; **w pierwszym rzędzie** *fig* in erster Linie; **wydatki rzędu ...** Ausgaben in e-r Größenordnung von ...
rząd[2] *m* (*-u*; *-y*) Regierung *f*; **~y** *pl t.* Regime *n*, Herrschaft *f*; **... ~u** *w zł.* Regierungs-; *gr* **związek ~u** Rektion *f*; **~ca** *m* (*-y*; *G -ów*) (Guts-)Verwalter
rządek *m* (*-dka*; *-dki*) Reihe *f*
rzą|dowy Regierungs-; **~dzić** (*-dzę*) (*I*) regieren (*A*; *t. gr*); *fig* führen (*A*); beherrschen (*A*); **~dzić się** kommandie-

R

ren, das Regiment führen; schalten und walten; sich leiten lassen (*I* von)
rzec* sagen, äußern; ***jak się rzekło*** wie gesagt; ~ ***można*** man kann sagen
rzecz *f* (*-y*) Ding *n*, (*t. sprawa*) Sache; ~ ***sama przez się zrozumiała*** eine Selbstverständlichkeit; ***ogólnie ~ biorąc*** im allgemeinen; (***cała***) ~ ***w tym, że*** die Sache ist die, daß; ***ściśle ~ biorąc*** genaugenommen; ***na*** ~ (*G*) zugunsten (*G*), für; ***od ~y*** irrelevant; ***jak ~y stoją, jak się ~ ma*** so wie die Dinge liegen; ***mówić od ~y*** dummes Zeug reden; (***przystąpić***) ***do ~y*** zur Sache (kommen); ***co to ma do ~y?*** was hat das mit der Sache zu tun?; F ***słyszane ~y!*** wo gibt's denn so was!
rzeczka *f* (*-i*; *G -czek*) Flüßchen *n*
rzeczni|czka *f* (*-i*; *G -czek*), **~k** *m* (*-a*; *-cy*) (***rządu*** Regierungs-)Sprecher(in); ***~k patentowy*** Patentanwalt
rzeczny Fluß-
rzeczo|wnik *m* (*-a*; *-i*) Substantiv *n*; **~wo** *adv* sachlich; **~wość** *f* (*-ści*; *0*) Sachlichkeit; **~wy** Sach-; dinglich; sachlich; **~znawca** *m* (*-y*; *G -ów*) Sachverständige(r), Gutachter(in)
rzeczpospolita [*t.* -'pɔli-] *f* (*rzecz*[*y*]...'*litej*, -'*litą itd.*; *rzecz*[*y*]...'*lite*, -'*litych itd.*) Republik; ♀ ***Polska*** Republik Polen
rzeczywist|ość *f* (*-ści*; *0*) Wirklichkeit; ***w ~ości*** in Wahrheit; **~y** (**-ście**) wirklich; ***~y członek*** ordentliches Mitglied
rzednąć ⟨**z-**⟩ (*-nę*, *-nął*/*-dł*) dünner werden; *włosy*: schütter(er) werden
rzek|a *f* (*-i*) Fluß *m*, Strom *m* (*t. fig*); ***w górę ~i*** flußaufwärts
rzek|li, **~ł**(**a**, **-o**) → **rzec**; **~omy** (**-mo**) angeblich; Schein-, Pseudo-
rzekotka *f* (*-i*; *G -tek*) Laubfrosch *m*
rzemie|nny Riemen-, Leder-; **~ń** *m* (*-nia*; *-nie*) Riemen, (Leder-)Gurt
rzemieślni|czy handwerklich, Handwerks-; **~k** *m* (*-a*; *-cy*) Handwerker
rzemiosło *n* (*-a*; *G* -) Handwerk, (***artystyczne*** Kunst-)Gewerbe
rzemyk *m* (*-a*; *-i*) Riemchen *n*
rzep *m* (*-a*; *-y*) Klettverschluß; **~a** *f* (*-y*) Weiße Rübe; **~ak** *m* (*-a*; *-i*) Raps
rzepka *f* (*-i*; *G -pek*) *anat* Kniescheibe
rzesz|a *f* (*-y*; *-e*) Menge; **~e** *pl* Massen *f*/*pl*; ♀**a** *hist* (Deutsches) Reich *n*
rześki (**-ko**) frisch, munter; vital, rüstig
rzetelny redlich; (*należyty*) gründlich
rzewny wehmütig, traurig
rzeź *f* (*-zi*; *-zie*) Gemetzel *n*, Blutbad *n*; ***bydło na ~*** Schlachtvieh
rzeźba *f* (*-y*) (***w brązie*** Bronze-)Plastik, Skulptur; *geol* Relief *n*
rzeźbi|arka *f* (*-i*; *G -rek*) Bildhauerin; **~arstwo** *n* (*-a*) Bildhauerkunst *f*; **~arz** *m* (*-a*; *-e*, *-y*) Bildhauer; **~ć** ⟨**wy-**⟩ (*-ę*) (aus)meißeln, (aus)hauen; schnitzen
rzeźni|a *f* (*-i*; *-e*, *-i*) Schlachthof *m*; **~k** *m* (*-a*; *-cy*) Metzger, Fleischer
rzeźw|iąco *adv*, **~ić** (*-ę*) → ***orzeźwiać***; **~y** (**-wo**) frisch; → ***raźny***, ***rześki***
rzeżączka *f* (*-i*; *0*) Gonorrhöe
rzęd|na *f* (*-ej*; *-e*) *mat* Ordinate; **~owy** Reihen-; **~y** *pl* → **rząd**[1]
rzęsa *f* (*-y*) Wimper; *bot* Wasserlinse
rzęsist|ek *m* (*-tka*; *-tki*) Trichomonade *f*; **~y** (**-ście**) *brawa*, *deszcz*: stark; *światła*: festlich, hell; ***~e łzy*** viele Tränen
rzężenie *n* (*-a*) Röcheln
rznąć → ***rżnąć***
rzodkiew *f* (*-kwi*; *-kwie*) Rettich *m*; **~ka** *f* (*-i*; *G -wek*) Radieschen *n*
rzuc|ać (*-am*) ⟨**~ić**⟩ (*-cę*) *v/t* werfen (*t. fig*); → **ciskać**; *dom* verlassen; *palenie*, *picie* aufgeben; *uwagę* fallen lassen; *nieos* **~a** (*A*, *I*) *etw*, *j-d* wird hin- und hergeschleudert; ***~ać się*** (***na*** *A*) sich werfen, sich stürzen (auf *A*); (***do*** *G*) stürzen (zu); ***~ać się do ucieczki*** die Flucht ergreifen; ***~ać się na szyję*** um den Hals fallen; *fig* ***~ać się w oczy*** in die Augen springen
rzut *m* (*-u*; *-y*) Wurf; *sport t.* Werfen *n*; *mat*, *tech* Projektion *f*, Riß; ***na pierwszy ~ oka*** auf den ersten Blick; **~ki** dynamisch, tatkräftig; *umysł*: rege; **~kość** *f* (*-ści*; *0*) Unternehmungsgeist *m*; **~ować** (*-uję*) projizieren (*t. fig*)
Rzym|ianin *m* (*-a*; *-anie*, -), **-nka** *f* (*-i*; *G -nek*) Römer(in); ♀**ski** römisch; ♀**skokatolicki** römisch-katholisch
rżeć (*-ę*, *-y*) wiehern
rżnąć (*im*)*pf* (*-nę*) schneiden; sägen; *bydło* schlachten; P schmettern (*t. v/i*); V *j-n* bumsen; ~ ***w karty*** Karten dreschen

R

S

sabot|aż *m* (*-u*; *-e*) Sabotage *f*; **~ażysta** *m* (*-y*; *-ści*, *-ów*), **-tka** *f* (*-i*; *G -tek*) Saboteur(in); **~ować** (*-uję*) sabotieren

sad *m* (*-u*; *-y*) Obstgarten

sadło *n* (*-a*; *0*) Fett, *dial* Schmer *n*/*m*

sadowić się ⟨**u-**⟩ (*-ę*, *-ów!*) sich setzen

sadownictwo *n* (*-a*; *0*) Obstanbau *m*

sadyst|a *m* (*-y*; *-ści*, *-ów*), **~ka** *f* (*-i*; *G -tek*) Sadist(in); **~yczny** sadistisch

sadza *f* (*-y*; *-e*) Ruß *m*

sadz|ać (*-am*) (hin)setzen; **~awka** *f* (*-i*; *G -wek*) Weiher *m*; **~ić** ⟨**po-**⟩ (*-dzę*) *agr* (ein)pflanzen; **~onka** *f* (*-i*; *G -nek*) Setzling *m*; **~ony**: ***jajko ~one*** Setzei

sadź *f* (*-dzi*; *0*) Rauhreif *m*

sakiewka *f* (*-i*; *G -wek*) Geldbeutel *m*

sakrament *m* (*-u*; *-y*) Sakrament *n*; ***ostatnie ~y*** die Letzte Ölung

saksofon *m* (*-u*; *-y*) Saxophon *n*

saksoński sächsisch

sala *f* (*-i*; *-e*) Saal *m*; (***gimnastyczna*** Turn-)Halle; (*w szpitalu*) Zimmer *n*

salaterka *f* (*-i*; *G -rek*) (Salat-)Schüssel

salceson *m* (*-u*; *-y*) *kulin* Preßkopf

saletra *f* (*-y*) Salpeter *m*

salomonowy salomonisch

salon *m* (*-u*; *-y*) Salon; **~owy** Salon-

salowa *f* (*-ej*; *-e*) Stationshilfe

salutować ⟨**za-**⟩ (*-uję*) salutieren

salwa *f* (*-y*) Salve

sałat|a *f* (*-y*) (***główiasta*** Kopf-)Salat *m*; **~ka** *f* (*-i*; *G -tek*) (***śledziowa***, ***jarzynowa*** Herings-, Gemüse-)Salat *m*

sam *pron* (**~a** *f*, **~o** *n*, **~e** *pl*, **~i** *m-os*) selbst; allein; nur; bloß; (*uściśla relacje przestrzenne*/*czasowe*) dicht, ganz, direkt; **~ *sobie*** sich selbst; **~ *w sobie*** an sich; **~ *jeden*** ganz allein; ***do ~ej ziemi*** bis dicht an den Boden; ***nad ~ym brzegiem*** direkt am Ufer; ***~e fakty*** nur/allein die Fakten; ***od ~ego rana*** schon seit dem frühen Morgen; ***w ~ą porę*** genau zur rechten Zeit; ***ten ~, ta ~a, to ~o*** der-, die-, dasselbe; ***tym ~ym*** dadurch; **~ *na* ~** unter vier Augen; *su n* (*idkl*) Tête-à-tête; → ***tak***, ***tyle***

sami|ca *f* (*-y*; *-e*), **~czka** *f* (*-i*; *G -czek*) *zoo* Weibchen *n*; **~ec** *m* (*-mca*; *-mce*) *zoo* Männchen *n*

samobój|ca *m* (*-y*; *G -ów*), **~czyni** *f* (*-i*; *-e*) Selbstmörder(in); **~czy** (**-czo**) selbstmörderisch; ***gol ~czy*** Eigentor *n*; **~stwo** *n* (*-a*) Selbstmord *m*

samo|chodowy Kraftfahrzeug-, Auto-; **~chód** *m* (Kraft-)Wagen, Auto *n*; **~chwalstwo** *n* (*-a*; *0*) Eigenlob; **~czynny** selbsttätig; **~dział** *m* Homespun; **~dzielność** *f* Selbständigkeit; **~dzielny** selbständig; **~głoska** *f* Vokal *m*, Selbstlaut *m*; **~gon** *m* (*-u*; *0*) selbstgebrannter Schnaps; **~istny** spontan; eigen, selbständig; **~krytyczny** selbstkritisch; **~krytyka** *f* Selbstkritik; **~kształcenie** *n* Selbststudium

samolot *m* Flugzeug *n*; **~*em*** *t.* auf dem Luftweg(e); **~owy** Flug(zeug)-

samo|lub *m* (*-a*; *-y*/*-i*) Egoist(in); **~lubny** selbstsüchtig; **~obrona** *f* Selbstverteidigung; **~obsługa** *f* Selbstbedienung; **~obsługowy** Selbstbedienungs-; **~pał** *m* (*-u*; *-y*) Selbstschußanlage *f*; **~poczucie** *n* (Allgemein-)Befinden, Verfassung *f*; **~pomoc** *f* Selbsthilfe; gegenseitige Hilfe; **~przylepny** Selbstklebe-; **~rodny** urwüchsig; Natur-

samorząd *m* (*-u*; *-y*) Selbstverwaltung *f*; **~ny** selbstverwaltet; unabhängig; **~owy** Selbstverwaltungs-; kommunal

samo|rzutny spontan; **~sąd** *m* Selbstjustiz *f*; **~spalenie** *n* Selbstverbrennung *f*; **~stanowienie** *n* (*-a*; *0*) *pol* Selbstbestimmung *f*; **~tnica** *f* (*-y*; *-e*), **~tnik** *m* (*-a*; *-cy*) Einzelgänger(in); *m mar* Einhandsegler; **~tność** *f* (*-ści*; *0*) Einsamkeit, Alleinsein *n*; **~tny** allein; einsam

samo|uczek *m* (*-czka*; *-czki*) Lehrbuch *n* für den Selbstunterricht; **~uk** *m* (*-a*; *-i*/*-cy*) Autodidakt(in); **~wola** *f* Willkür, Eigenmächtigkeit; **~wolny** eigenmächtig; eigenwillig; eigensinnig; **~wystarczalny** (wirtschaftlich) unabhängig, autark; **~wyzwalacz** *m fot* Selbstauslöser; **~zachowawczy** Selbsterhaltungs-; **~zaparcie** *n* Selbstverleugnung *f*; **~zapłon** *m* Selbst(ent)zündung *f*

samozwańczy (**-czo**) selbsternannt

sanacja *f* (*-i*; *0*) Sanierung

sanatorium [-'tɔrium] *n* (*idkl*; *-ia*, *-iów*) Sanatorium, Heilanstalt *f*

sandacz *m* (*-a*; *-e*) Zander

sandał *m* (*-a*; *-y*), **~ek** *m* (*-łka*; *-łki*) Sandale *f*
sandałowy Sandel(holz)-
saneczk|i *pl* (*-czek*) Rodelschlitten *m*; **~ować** (*-uję*) rodeln
sanie *pl* (*sań*) Schlitten *m*
sanitar|iusz *m* (*-a*; *-e*) (Kranken-)Pfleger; *mil* Sanitäter; **~ka** F *f* (*-i*; *G -rek*) Krankenwagen *m*; **~ny** sanitär
sankcj|a *f* (*-i*; *-e*) Sanktion; **~onować** (*-uję*) sanktionieren
san|ki *pl* (*-nek*) Schlitten *m*; **~na** *f* (*-ej*; *0*) Schlittenfahrt; (*droga*) Schlittenbahn
sapać (*-ię*) schnaufen, keuchen
saper *m* (*-a*; *-rzy*) *mil* Pionier(soldat)
sardynka *f* (*-i*; *G -nek*) Sardine
sarkać (*-am*) murren, (laut) schimpfen
sarkastyczny sarkastisch
sarn|a *f* (*-y*) Reh *n*, *w.zn.* Ricke; **~ina** *f* (*-y*; *0*) Rehfleisch *n*; Rehbraten *m*; **~iuk** *m* (*-a*; *-i*) Rehbock
sasanka *f* (*-i*; *G -nek*) Anemone
saski sächsisch, Sachsen-
sateli|ta *m* (*-y*; *-y*/*-ci*, *-ów*) Satellit, Trabant; **~tarny** *tech*, *RTV* Satelliten-
satynow|any satiniert; **~y** Satin-
satyr|a *f* (*-y*) Satire; **~yczny** satirisch
satysfakcj|a *f* (*-i*; *0*) Befriedigung, Genugtuung; **~onować** (*-uję*) befriedigen
są *3. os. pl praes* → **być**
sącz|ek *m* (*-czka*; *-czki*) Filter *n*; Drain (*t. med*), Drän; **~yć** (*-ę*) filtrieren; langsam (ein)gießen; langsam trinken; **~yć się** sickern
sąd *m* (*-u*; *-y*) *jur* Gericht *n*; (*ocena*) Urteil *n*; **~ ostateczny** das Jüngste Gericht; **podać do ~u** (**na** *A*) vor Gericht bringen (*A*); **wyrobić sobie ~** (**o** *L*) sich ein Urteil bilden (über *A*); **~ownictwo** *n* (*-a*; *0*) Gerichtsbarkeit *f*; **~ownie** *adv* gerichtlich; **~owy** Gerichts-, gerichtlich; **w drodze ~owej** auf dem Rechtsweg(e)
sądzić (*-dzę*) *jur* verhandeln (**k-o za** *A* gegen j-n wegen); (*oceniać*) urteilen (**o** *L*; **po** *L*, **z** *G* über *A*; nach); (**nie**) **sądzę, że** ich denke (nicht), daß
sąg *m* (*-a*/*-u*; *-i*) Klafter *m*/*n*
sąsiad *m* (*-a*; *sąsiedzi*, *-adów*), **~ka** *f* (*-i*; *G -dek*) Nachbar(in); *pl t.* Nachbarschaft *f*, Nachbarsleute *pl*; **~ować** (*-uję*) (**z** *I*) Nachbar(in) sein (von, *G*); *kraj, dom itp.*: (an)grenzen (an *A*)
sąsie|dni benachbart; angrenzend; **~dzki** Nachbars-; (gut)nachbarlich; **mieszkać po -ku** gleich nebenan wohnen; **~dztwo** *n* (*-a*; *0*) Nachbarschaft *f*
sążnisty riesig, meterlang
scalony *obwód*: integriert
scen|a *f* (*-y*) Szene; *teatr* Bühne; **~ariusz** [-ɽĭuʃ] *m* (*-a*; *-e*) (Film-)Drehbuch *n*; **~eria** [-ˈnɛɽĭa] *f* (*GDL -ii*; *-e*) Szenerie; **~iczny** Bühnen-
scenograf *m* (*-a*; *-owie*) Bühnenbildner
sceptyczny skeptisch
schab *m* (*-u*; *-y*) (*mięso*) Rippenstück *n*, Kotelettstück *n*, Schweinsrücken; = **~owy: kotlet ~owy** Schweinekotelett *n*
schadzka *f* (*-i*; *G -dzek*) Rendezvous *n*
schemat *m* (*-u*; *-y*) Schema *n*; *el* Schaltplan; **~yczny** schematisch
schlany P stockbesoffen
schlebiać (*-am*) schmeicheln
schludny (**-nie**, **-no**) sauber; reinlich
schnąć (*-nę*, *-nął*/*sechł*, *schła*) *v/i* trocknen; *roślina*: verdorren; F *fig* dahinsiechen; sich verzehren (**z** *G* vor)
schod|ek *m* (*-dka*; *-dki*) (Treppen-)Stufe *f*; **~owy** Treppen-; → **klatka**; **~y** *pl* (*-ów*) (**ruchome** Roll-)Treppe *f*; **zejść po ~ach** die Treppe hinabsteigen
schodzić *v/i* herunter-, hinabsteigen (*a.* -gehen, -kommen); treten (**na bok** zur Seite); gehen (**z drogi** aus dem/vom Weg, **na ląd** an Land); (ab)steigen (**z konia** vom Pferd); *dzień*, *czas*: vergehen; → **zejść**; **~ się** zusammenkommen, sich treffen; sich versammeln
scho|rowany ausgemergelt, siech; **~rzenie** *n* (*-a*) (**serca** Herz-)Leiden
schow|ać *pf* → **chować**; **~ek** *m* (*-wka*; *-wki*) Versteck *n*; → **skrytka**
schron *m* (*-u*; *-y*) Schutzraum, Bunker
schroni|ć się *pf* → **chronić**; **~enie** *n* (*-a*; *0*) Schutz *m*, Zuflucht *f*; **~sko** *n* (*-a*) (Jugend-)Herberge *f*; Schutzhütte *f*; **~sko dla zwierząt** Tierheim
schrypnięty heiser
schwy|cić *pf* → **chwytać**; **~tać** *pf* ergreifen; ertappen (**na** *L* bei, auf *D*)
schy|lać (*-am*) → **chylić**; **~łek** *m* (*-łku*; *0*) Ende *n*; **u ~łku** am Ende; **~łek życia** Lebensabend; **~łkowy** dekadent
scysja *f* (*-i*; *-e*) Auseinandersetzung
scyzoryk *m* (*-a*; *-i*) Taschenmesser *n*
seans [ˈsɛãs] *m* (*-u*; *-e*) (Film-)Vorstellung *f*, Vorführung *f*; Séance *f*
secesyjny: styl ~ Jugendstil

S

sedes *m* (*-u*; *-y*) Klosett(brille *f*) *n*
sedno *n* (*-a*; *0*) Kern *m* (***sprawy***, ***rzeczy*** der Sache); ***trafić w ~*** den Nagel auf den Kopf treffen
segreg|ator *m* (*-a*; *-y*) (Akten-)Ordner; **~ować** ⟨**po-**⟩ (*-uję*) sortieren, ordnen
sejf *m* (*-u*; *-y*) Safe
sejm *m* (*-u*; *-y*) Parlament *n*; ♀ Sejm
sekc|iarski sektiererisch; **~ja** *f* (*-i*; *-e*) Sektion; ***~ja zwłok*** Obduktion
sekre|t *m* (*-u*; *-y*) Geheimnis *n*; ***pod ~tem***, ***w ~cie*** vertraulich; **~'tariat** [-ɪ̯ĭat] *m* (*-u*; *-y*) Sekretariat *n*; **~tarka** *f* (*-i*; *G -rek*), **~tarz** *m* (*-a*; *-e*) Sekretär(in); **~tny** geheim, Geheim-
seks|owny sexy; **~ualny** sexuell, Sexual-
sekt|a *f* (*-y*) Sekte; **~or** *m* (*-a*; *-y*) Sektor
sekund|a *f* (*-y*) Sekunde; ***co do ~y*** auf die Sekunde genau; **~nik** *m* (*-a*; *-i*) Sekundenzeiger
sekwencja *f* (*-i*; *-e*) Sequenz
seledynowy (**-*wo***) zartgrün, seladon
selek|cja *f* (*-i*; *0*) Auslese; **~tywność** *f* (*-ści*; *0*) *RTV* Trennschärfe
seler *m* (*-u*; *-y*) Sellerie *f*
se|mafor *m* (*-u*; *-y*) *kolej* Signal *n*
semestr *m* (*-tru*; *-try*) Semester *n*
semi'narium [-ɪ̯ĭum] *n* (*idkl*; *-ria*, *-ów*) Seminar
sen *m* (*snu*, *śnie*; *sny*) Schlaf; Traum (*t. fig*); ***kłaść się do snu*** sich schlafen legen; ***ujrzeć we śnie*** im Traum sehen
sena|cki Senats-; **~t** *m* (*-u*; *-y*) Senat
senior *m* (*-a*; *-owie*/*-rzy*), **~ka** *f* (*-i*; *G -rek*) Senior(in)
sen|ność *f* (*-i*; *0*) Schläfrigkeit; **~ny** schläfrig; verschlafen; Traum-
sens [sẽs] *m* (*-u*; *0*) Sinn; ***z ~em*** sinnvoll; ***co za ~ ...*** es hat keinen Sinn (zu) ...
sensac|ja *f* (*-i*; *-e*) Sensation; **~yjny** sensationell; ***film ~yjny*** Thriller, F Reißer
sensowny sinnvoll; F vernünftig
sentencja *f* (*-i*; *-e*) Sentenz; *jur* Tenor *m*
sentyment *m* (*-u*; *-y*) Gefühl *n*, Sympathie *f*; **~alny** sentimental
separ|acja *f* (*-i*; *-e*) *jur* Trennung; **~atka** *f* (*-i*; *G -tek*) Isolierzimmer *n*; Isolierzelle; **~ować** (*-uję*) isolieren; trennen
seplenić (*-ę*) lispeln
ser *m* (*-a*; *-y*) (***topiony*** Schmelz-)Käse
Serb *m* (*-a*; *-owie*) Serbe; **~ka** *f* (*-i*; *G -bek*) Serbin; ♀**ski** (**po *-ku***) serbisch
serc|e *n* (*-a*) Herz (*t. fig*); (*dzwonu*) Klöppel *m*; ***chory na ~e*** herzkrank; ***brak ~a*** Herzlosigkeit *f*; ***brać do ~a*** sich zu Herzen nehmen; ***przypaść do ~a*** ans Herz gewachsen sein; ***z całego ~a*** von ganzem Herzen; ***lekko na ~u*** leicht ums Herz; **~owy** Herz-; *fig* Herzens-
serdeczn|ość *f* (*-ści*; *0*) Herzlichkeit; **~y** herzlich; ***~y palec*** Ringfinger
serdel|ek *m* (*-lka*; *-lki*) Bockwurst *f*; **~owy**: ***kiełbasa ~owa*** Fleischwurst
serduszko *n* (*-a*; *G -szek*) Herz(chen)
seria ['sɛɪ̯ĭa] *f* (*GDL -ii*; *-e*) Serie; *mil* Feuerstoß *m*; **~l** *m* (*-u*; *-y*) *RTV* Serie *f*
serio ['sɛɪ̯ĭɔ], ***na ~*** ernst(haft), im Ernst
sernik *m* (*-a*; *-i*) Käsekuchen
serwantka *f* (*-i*; *G -tek*) (Glas-)Vitrine
serwatka *f* (*-i*; *G -tek*) Molke
serwet|a *f* (*-y*) Tischdecke; **~ka** *f* (*-i*; *G -tek*) (***bibułkowa*** Papier-)Serviette
serwis *m* (*-u*; *-y*) (***do kawy*** Kaffee-)Service *n*; (*obsługa*) Service *m*/*n*
serwować (*-uję*) aufschlagen, servieren
seryjny serienmäßig; Serien-
sesja *f* (*-i*; *-e*) Session
set *m* (*-u*; *-y*) *sport* Satz
set|ka *f* (*-i*; *G -tek*) hundert; Hundert *n*; F Hunderter *m*; F Hundertmeterlauf *m*; Deziliter *m*/*n*; reine Wolle; **~ny** hundertste; ***jedna ~na*** ein hundertstel
sezon *m* (*-u*; *-y*) Saison *f*, Zeit *f*
sędzia *m* (*-i*[*ego*], *-i*[*emu*], *-iego*, *-io!*, *-ią*, *-i*[*m*]; *-owie*, *-ów*) Richter(in); *sport* Schiedsrichter(in), Kampfrichter(in)
sędziowski richterlich, Richter-
sędziwy (hoch)betagt
sęk *m* (*-u*; *-i*) Ast(ansatz); F ***w tym ~, że*** der Haken dabei ist, daß; **~aty** astig, ästig; knorrig
sęp *m* (*-a*; *-y*) Geier
sfał-, **sfas-** *pf* → ***fał-***, ***fas-***
sfer|a *f* (*-y*) Sphäre; **~yczny** sphärisch
sfi- *pf* → ***fi-***
sfor- *pf* → ***for-***; **~mułowanie** *n* (*-a*) Formulierung *f*
sfru- *pf* → ***fru-***
siać ⟨**po-**, **za-**⟩ (*-eję*) (aus)säen
siad *m* (*-u*; *-y*) *sport* Sitz; **~ać** (*-am*) sich setzen (***do*** *G*, ***przy*** *I* an *A*); *lotn* landen
siano *n* (*-a*; *0*) Heu; **~kosy** *pl* (*-ów*) Heuernte *f*, Heumahd *f*
siarcz|an *m* (*-u*; *-y*) Sulfat *n*; **~any** Schwefel-; **~yn** *m* (*-u*; *-y*) Sulfit *n*; **~ysty** (*mocny*) kräftig; *mróz*: bitter, klirrend
siark|a *f* (*-i*; *0*) Schwefel *m*; **~owodór** *m* Schwefelwasserstoff; **~owy** Schwefel-

S

siatk|a *f* (*-i*; *G -tek*) Netz *n* (*t. fig*); *tech, el* Gitter *n*; **~a na zakupy** Einkaufsnetz *n*; **~ówka** *f* (*-i*; *G -wek*) *anat* Netzhaut; *sport* Volleyball *m*
sią|pić (*-ę*) *v/i* nieseln; **~ść*** *pf* → **siadać**
sidła *n/pl* (*-deł*) Schlinge *f*, Falle *f*
siebie *pron* (*GDL* **sobie**, *A* **siebie/się**, *I* **sobą**) sich; einander; **dla/do/od/u ~** für/zu/von/bei sich; **ku/przy/w sobie** zu/bei/in sich; **po sobie** nach sich; aufeinander; **pod/z sobą** unter/mit sich; **blisko ~** nahe bei(einander)
siec* *v/t* hauen, hacken; (*smagać*) peitschen (*t. v/i, deszcz*)
sieciowy Netz-
siecz|ka *f* (*-i*; *0*) Häcksel *m*; **~na** *f* (*-ej*; *-e*) *mat* Sekante; **~ny** *broń*: Hieb-
sieć *f* (*-ci*; *-cie*) Netz *n*; Geflecht *n*
siedem sieben; *w zł.* → *str. 610*; **~dziesięcio-** siebzig-; **~nasto-** siebzehn-
siedlisko *n* (*-a*) Sitz *m*; (**choroby** Krankheits-)Herd *m*; Brutstätte *f*
siedmio|- *w zł.* sieben-, Sieben-; **~krotny** siebenmalig; siebenfach; **~letni** siebenjährig; **~ro** sieben; → *str. 610*
siedz|enie *n* (*-a*; *-e*) Sitzen; Sitz *m*; F Hinterteil; **~iba** *f* (*-y*) *fig* Sitz *m*; **~ieć** (*-dzę*, *-i*) sitzen (*t. fig*)
sieka|cz *m* (*-a*; *-e*, *-y*) Hackbeil *n*, Hackmesser *n*; *anat* Schneidezahn; **~ć** ⟨**po-**⟩ (*-am*) (klein)hacken; → **siec**; **mięso ~ne** Hack(fleisch) *n*, Gehackte(s)
siekiera *f* (*-y*) Axt, Beil *n*
sielank|a *f* (*-i*; *0*) Idylle; **~owy** idyllisch
siemię *n* (*-ienia*; *0*) Samen *m*
sien|nik *m* (*-a*; *-i*) Strohsack; **~ny** Heu-
sień *f* (*-ni*; *-nie*) (Haus-)Flur *m*
siero|cy Waisen-; **~ta** *f/m* (*-y*; *G -/-ót*) Waise *f*; **dom ~t** Waisenhaus *n*
sierp *m* (*-a*; *-y*) Sichel *f*; (*cios*) Haken; **~ień** *m* (*-pnia*; *-pnie*) August; **~niowy** August-; **~owy** Sichel-
sierść *f* (*-ści*; *0*) Haar *n*, Fell *n*
sierżant *m* (*-a*; *-ci*) Sergeant
siew *m* (*-u*; *-y*) (Aus-)Saat *f*; **~nik** *m* (*-a*; *-i*) Sämaschine *f*; **~ny** Sä(e)-, Saat-
się [ɕɛ̃, F ɕɛ] *pron* sich; *nieos* man; **on ~ myje** er wäscht sich; **myj ~** wasch dich; **jeśli ~ chce** wenn man will; **nigdy ~ nie wie** man weiß nie; → *czasowniki* + **się**
sięg|ać (*-am*) ⟨**~nąć**⟩ (*-nę*) langen, fassen (**po** *A* nach; **do** *G* in *A*); *impf* reichen (*G*, [**aż**] **do** *G* bis [zu]); **jak okiem ~nąć** so weit das Auge reicht
sik|ać F (*-am*) ⟨**~nąć**⟩ (*-nę*) spritzen; P *impf* pinkeln; **~awka** *f* (*-i*; *G -wek*) Feuerspritze
sikor|a *f* (*-y*), **~ka** *f* (*-i*; *G -rek*) Meise
silić się (*-lę*) sich anstrengen (**na** *A* zu)
siln|ie *adv* → **silny**; **~iej(szy)** *comp* kräftiger, stärker; **~ik** *m* (*-a*; *-i*) Motor, Triebwerk *n*; **~ikowy** Motor-, Triebwerk-; **~y** kräftig, stark (*t. fig*)
silos *m* (*-u*; *-y*) Silo *m/n*; **~ować** ⟨**za-**⟩ (*-uję*) (im Silo) einsäuern
siła *f* (*-y*, *DL -le*; *-y*) (**ciężkości**, **fizyczna** Schwer-, Körper-)Kraft; (**dźwięku** Laut-)Stärke; *mil pl* (Streit-)Kräfte *f/pl*; **~ wyższa** höhere Gewalt; **nabierać sił** wieder zu Kräften kommen; **czuć się na ~ch** sich zutrauen; **co sił(y)** mit aller Kraft; **w sile wieku** in den besten Jahren; **siłą** mit Gewalt; **siłą rzeczy** zwangsläufig; → **opadać**, **wola**; **~cz** *m* (*-a*; *-e*), **~czka** *f* (*-i*; *G -czek*) Athlet(in)
siłownia *f* (*-i*; *-e*) Kraftwerk *n*; Fitneßstudio *n*; Fitneßraum *m*
sini|ak *m* (*-a*; *-i*), **~ec** *m* (*-ńca*; *-ńce*) F blauer Fleck; **~eć** ⟨**po-**⟩ (*-eję*) blau werden, sich blau (ver)färben
sin|o *adv* (grau)blau; *w zł.* blau-, Blau-; **~y** (*comp -ńszy*) (grau)blau, Blau-
siod|ełko *n* (*-a*; *G -łek*), **~ło** *n* (*-a*; *G -deł*) Sattel *m*; **~łać** ⟨**o-**⟩ (*-am*) satteln
siorbać (*-ię*) *zupę* schlürfen
siost|ra *f* (*-y*; *G sióstr*) Schwester; **~rzenica** *f* (*-y*; *-e*) Nichte; **~rzeniec** *m* (*-ńca*; *-ńce*) Neffe
siód|emka *f* (*-i*; *G -mek*) Sieben; **~my** siebente; → *str. 611*
sito *n* (*-a*) Sieb; **~wie** *n* (*-a*) Binse *f*
siusiu F: ⟨**z**⟩**robić ~** Pipi machen
siw|ieć ⟨**o-**, **po-**⟩ (*-eję*) grau werden, ergrauen; **~izna** *f* (*-y*) graues Haar; **~owłosy** grauhaarig; **~y** grau; grauhaarig
skafander *m* (*-dra*; *-dry*) Parka, (Wind-)Jacke *f*; Druckanzug; Taucheranzug
skaka|ć (*-czę*) springen; hüpfen; *fig* (**w górę** hoch)schnellen; **~nka** *f* (*-i*; *G -nek*) Springseil *n*; **skakać przez ~nkę** seilspringen
skal|a *f* (*-i*; *-e*, *-i/-*) Skala; Maßstab *m* (*t. fig*); **na dużą/wielką ~ę** großangelegt
skalecz|enie *n* (*-a*) Verletzung *f*; **~ony** verletzt; **~yć** *pf* → **kaleczyć**
ska|listy felsig; **~lny** Gesteins-; Fels-
skała *f* (*-y*) Gestein *n*, Fels *m*; Felsen *m*
skamieniały versteinert, fossil

S

skandal *m* (*-u*; *-e*) Skandal; **~iczny** skandalös; Skandal-
skandynawski skandinavisch
skansen *m* (*-u*; *-y*) Freilichtmuseum *n*
skap-, **skar-** *pf* → ***kap-***, ***kar-***
skarb *m* (*-u*; *-y*) Schatz; ~ ***państwa*** Fiskus, Staatskasse *f*; **~iec** *m* (*-bca*; *-bce*) Schatzkammer *f*; (Bank-)Tresor; **~nica** *f* (*-y*; *-e*) *fig* Schatz(kammer *f*) *m*; **~niczka** *f* (*-i*; *G -czek*), **~nik** *m* (*-a*; *-cy*) Schatzmeister(in); **~onka** *f* (*-i*; *G -nek*) Sparbüchse; **~owy** Finanz-, Steuer-; ***opłata ~owa*** Stempelgebühr
skarga *f* (*-i*) Klage (***na*** *A* über *A*; *jur* ***przeciw*** *D* gegen)
skarpa *f* (*-y*) *bud* Böschung
skarpet|a *f* (*-y*), **~ka** *f* (*-i*; *G -tek*) Socke
skarżyć (*-ę*) ⟨**za-**⟩ (ver)klagen (***o*** *A* wegen; ***do*** *G* bei); ⟨***na-***⟩ (***na k-o do*** *G*) verpetzen (j-n bei); ~ ***się*** klagen, sich beklagen (***na*** *A* über *A*)
skas-, **skat-** *pf* → ***kas-***, ***kat-***
skaut *m* (*-a*; *-ci*), **~ka** *f* (*-i*; *G -tek*) Pfadfinder(in); **~owski** Pfadfinder-
skaza *f* (*-y*) Defekt *m*; *fig* Makel *m*
skaz|ać *pf* → ***skazywać***; **~anie** *n* (*-a*) *jur* Verurteilung *f*; **~any** verurteilt; *su* **~any** *m* (*-ego*; *-i*), **~ana** *f* (*-ej*; *-e*) Verurteilte(r); **~ić** *pf* (*-żę*) → ***skażać***; **~ywać** (*-uję*) verurteilen (***na*** *A* zu)
skażać (*-am*) verseuchen; vergällen
skąd *adv* woher; **~'inąd** anderswoher; (*poza tym*) and(e)rerseits; **~'kolwiek**, **~ś** irgendwoher
skąp|ić ⟨***po-***⟩ (*-ę*) (***na*** *L*; ***k-u*** *G*) geizen (bei; mit *D* für j-n); **~o** *adv* knapp, spärlich; **~iec** *m* (*-pca*; *-pcy*) Geizhals; **~stwo** *n* (*-a*; *0*) Geiz *m*; **~y** geizig, F knaus(e)rig; knapp, spärlich
skiba *f* (*-y*) (Erd-)Scholle; → ***kromka***
skierowa|ć *pf* → ***kierować***; **~ć *się*** (***do*** *G*, ***ku*** *D*) sich wenden (an *A*, zu); **~nie** *n* (*-a*) Einweisung *f*; Überweisung *f*
skin *m* (*-a*; *-i*/*-owie*) Skinhead
skinąć *pf* (*-nę*, *-ń!*) (***na*** *A*) winken, ein Zeichen geben (*D*); ~ ***głową*** nicken
skinienie *n* (*-a*) (Hand-)Zeichen, Wink *m*; (Kopf-)Nicken
skisły sauer (geworden); → ***kisnąć***
skle|jać (*-am*) ⟨**~*ić***⟩ zusammenkleben
sklejka *f* (*-i*; *G -jek*) Sperrholz *n*
sklep *m* (*-u*; *-y*) Geschäft *n*, Laden
sklepienie *n* (*-a*) Gewölbe
sklepika|rka *f* (*-i*; *G -rek*), **~rz** *m* (*-a*; *-e*) Ladenbesitzer(in), Krämer(in)
sklep|iony gewölbt; **~owy** Laden-
skład *m* (*-u*; *-y*) Zusammensetzung *f* (*t. chem*); (*magazyn*) Lager *n*, Speicher; *drk* Satz; ***wchodzić w*** ~ (*G*) den Bestandteil bilden (von); gehören (zu); ***w pełnym składzie*** vollzählig
składać (*-am*) zusammenlegen, zusammenklappen; (*zestawiać*) zusammensetzen; *jaja* legen; *wieniec*, *obowiązki* niederlegen; *przysięgę*, *egzamin* ablegen; *podpis* leisten; *wizytę* abstatten; *podanie* einreichen; *sprawozdanie* erstatten; *oświadczenie* abgeben; *broń* strecken; *zeznanie* machen; *zastaw* hinterlegen; *życzenia*, *dzięki* aussprechen; *wiersze* dichten; *ofiarę* bringen; *pieniądze* sparen; *drk* setzen; → ***wkładać***, ***złożyć***; ~ ***się*** (***z*** *G*) bestehen, sich zusammensetzen (aus); (***na*** *A*) bilden (*A*); (*dać składkę*) zusammenlegen (für)
składak *m* (*-a*; *-i*) Faltboot *n*; (*rower*) Klapprad *n*; **~any** zusammenklappbar, Klapp-, Falt-; **~ka** *f* Sammelaktion; (Hilfs-)Fonds *m*; (***członkowska*** Mitglieds-)Beitrag *m*; **~nia** *f* (*-i*; *-e*, *-i*) Syntax; **~nica** *f* (*-y*; *-e*) Lager(haus) *n*; **~nik** *m* (*-a*; *-i*) Bestandteil; *mat* Summand; **~niowy** (**-*wo***) syntaktisch; **~ny** *mowa*: gewandt; *robota*: ordentlich
składow|ać (*-uję*) (ein)lagern; **~isko** *n* (*-a*) Lager(platz *m*); (***odpadów*** Müll-)Deponie *f*; **~y** Lager(ungs)-
skła|m- *pf* → ***kłam-***; **~niać** (*-am*) bewegen, überreden (***k-o do*** *G* j-n zu); → ***kłonić***; **~niać *się*** (***do*** *G*) geneigt sein (zu); (***ku*** *D*) neigen (zu)
skłon *m* (*-u*; *-y*) Neigung *f*, Beuge *f*; (*góry*) Hang; **~ić** *pf* → ***skłaniać***; **~ność** *f* (*-ści*) Neigung (***do*** *G* zu); *med t.* Prädisposition; **~ny** (***do*** *G*) geneigt, bereit (zu); neigend (zu); *med* anfällig (für)
skłóc|ać (*-am*) ⟨**~*ić***⟩ → ***pokłócić***
sknera *f*/*m* (*-y*; *G -*/*-ów*) Geizkragen *m*
skobel *m* (*-bla*; *-ble*, *-bli*) Krampe *f*
skocz|ek *m* (*-czka*; *-czki*) Springer(in); **~nia** *f* (*-i*; *-e*, *-i*) Sprungschanze; **~ny** *rytm*: flott; **~yć** *v/s* (*-ę*) → ***skakać***; **~yć *na równe nogi*** aufspringen
skojarzenie *n* (*-a*; *0*) Assoziation *f*
skok *m* (*-u*; *-i*) (***w dal***, ***o tyczce*** Weit-, Stabhoch-)Sprung; *mot* (***tłoka*** Kolben-)Hub; *łow* Lauf; ***jednym ~iem*** mit

S

e-m Satz; **~owy** Sprung-; *mot* Hub-
skoligacony verschwägert
sko|łatany hart geplagt; arg mitgenommen; **~łowany** (völlig) durcheinander
skom|en- *pf* → ***komen-***; **~leć** (-*ę*, -*|-lij!*), **~lić** (-*lę*, -*lij!*) winseln; **~ple-** *pf* → ***komple-***; **~plikowany** kompliziert; **~p(r)o-**, **~u-** *pf* → ***komp(r)o-***, ***komu-***
skon|- *pf* → ***kon-***; **~ać** *pf* sterben; **~any** F todmüde; **~sternowany** entgeistert
skończ|ony beendet; fertig; **~yć** *pf* → ***kończyć***; ***~ywszy na*** (*L*) bis zu ...
sko|o-, **~p-** *pf* → ***koo-***, ***kop-***; **~ro** *conj* (*jak tylko*) sobald; (*jeśli*) wenn; **~roszyt** *m* (-*u*; -*y*) Schnellhefter; **~rowidz** *m* Index, Register *n*, Verzeichnis *n*
skorumpowany korrumpiert
skorup|a *f* (-*y*) Schale; (*raka*, *żółwia*) Panzer *m*; (*gliniana*) Scherbe; ***~a ziemska*** Erdrinde; ***~a ślimaka*** Schneckenhaus *n*; **~iaki** *pl* (-*ów*) Krustentiere *n/pl*
sko|ry (*m-os -rzy*) → ***chętny***, ***skłonny***; **~ry-** *pf* → ***kory-***; **~rzy-** *pf* → ***korzy-***
skos: *na* ~, *w* ~ schräg, quer
skostniały verknöchert
skośny schräg, Schräg-
skowronek *m* (-*nka*; -*nki*) Lerche *f*
skowyczeć (-*ę*, -*y*) jaulen, winseln
skór|a *f* (-*y*) Haut; (*wyprawiona*) Leder *n*; Fell *n* (*t.* F *fig*); F ***dostać w ~ę*** Dresche beziehen; **~ka** *f* (-*i*; *G* -*rek*) *dim* → ***skóra***; (***chleba*** Brot-)Rinde; (***cytryny*** Zitronen-)Schale, Pelle; ***gęsia ~ka*** Gänsehaut; **~kowy** Leder-; **~ny** Haut-
skórzany ledern, Leder-
skra|cać (-*am*) (ab-, ver)kürzen; **~cać się** kürzer werden, sich verkürzen; **~dać się** (-*am*) sich heranschleichen (***do*** *G*, ***przez*** *A* an *A*, durch)
skraj *m* Rand; ***na ~u*** am Rand(e); **~ność** *f* (-*ści*) Extrem *n*; **~ny** äußerst; extrem
skra|piać (-*am*) (be)sprengen (***wodą*** mit Wasser); **~plać** (-*am*) verflüssigen, kondensieren (***się*** *v/i*); **~ść** *pf* → ***kraść****; **~wać** (-*am*) wegschneiden; *tech* spanen; **~wek** *m* (-*wka*; -*wki*) Rest, Schnipsel *m/n*; (*ziemi*) kleines Stück
skreśl|ać (-*am*) ⟨**~ić**⟩ → ***kreślić***; *list* schreiben
skręc|ać (-*am*) ⟨**~cić**⟩ *v/t papierosa*, *linę* drehen; (*wygiąć*) verdrehen; (*zwijać*) zusammenrollen (***się*** sich); *nogę* verstauchen; F ***~cić kark*** den Hals brechen; *v/i os.*, *pojazd*: abbiegen, einbiegen; *droga*, *rzeka*: e-e Biegung machen, führen; ***~cać się*** sich winden (***z bólu*** vor Schmerzen); **~powanie** *n* (-*a*; *0*) Verlegenheit *f*; **~powany** *fig* verlegen, befangen; → ***krępować***
skręt *m* (-*u*; -*y*) Drehung *f*; Windung *f*; Drall; Drehsinn; (*zakręt*) Biegung *f*, Kurve *f*; *med* Verschlingung *f*
skroba|czka *f* (-*i*; *G* -*czek*) Schaber *m*; (*do obuwia*) Kratzeisen *n*, Abstreicher *m*; **~ć** (-*ię*) kratzen (***się*** sich); ⟨**o-**⟩ (ab)schaben; *rybę* abschuppen; **~nka** F *f* (-*i*; *G* -*nek*) *med* Auskratzung
skrobi|a *f* (*GDL* -*bi*; *0*) *biol*, *chem* Stärke; **~owy** Stärke-
skroić *pf* → ***skrawać***; *kraw* zuschneiden
skromn|ość *f* (-*ści*; *0*) Bescheidenheit; **~y** bescheiden
skroń *f* (-*ni*; -*nie*, *I* -*ńmi*) Schläfe
skrop|ić *pf* → ***skrapiać***; **~lić** *pf* (-*lę*) → ***skraplać***; **~lina** *f* (-*y*) Kondensat *n*
skró|cenie *n* (-*a*) Verkürzung *f*; **~cić** *pf* (-*cę*) → ***skracać***; **~cony** (ab)gekürzt; **~t** *m* (-*u*; -*y*) Abkürzung *f*; Kürzung *f*; Kurzfassung *f*; ***w ~cie*** kurz; **~towy** Kurz-, (**-wo**) kurz, verkürzt
skrucha *f* (-*y*; *0*) Reue
skru|pić się *pf*: F ***~pi(ło) się na mnie*** ich muß(te) es ausbaden; **~pulatny** (peinlich) genau, penibel; **~puł** *m* (-*u*; -*y*) Skrupel; ***bez ~pułów*** ohne Skrupel
skrusz|- *pf* → ***krusz-***; **~ony** reumütig, reuig, reuevoll
skrutacyjn|y: *komisja ~a* Wahlausschuß *m*
skrwawiony blutbeschmiert
skry|cie *adv* heimlich; **~ć** *pf* → ***skrywać***
skrypt *m* (-*u*; -*y*): ***~ dłużny*** Schuldschein
skry|tka *f* (-*i*; *G* -*tek*) Geheimfach *n*; ***~tka pocztowa*** Postschließfach *n*; **~tobójstwo** *n* (-*a*) Meuchelmord *m*; **~tość** *f* (-*ści*; *0*) Verschlossenheit; **~ty** verschlossen; (*tajemny*) verborgen, heimlich; **~wać** (-*am*) verbergen (***się*** sich); (*zatajać t.*) verheimlichen
skrzat *m* (-*a*; -*y*) Kobold; F Knirps
skrze|czeć (-*ę*, -*y*) kreischen; *sroka*: krächzen; *żaba*: quaken; **~k** *m* (-*u*; *0*) *zool* Laich; **~kliwy** (**-wie**) krächzend
skrzel|a, **~e** *n/pl* (-*i*) Kiemen *f/pl*
skrzep *m* (-*u*; -*y*) Gerinnsel *n*; *med* Blutpfropf, Thrombus; **~nięty** geronnen, fest; **~owy** thrombotisch
skrzętny emsig, fleißig

S

skrzyć (się) (*-ę*) funkeln
skrzyd|laty geflügelt; **~ło** *n* (*-a*; *G -deł*) Flügel *m*; *lotn mil* Geschwader
skrzyn|ia *f* (*-i*; *-e*) Kiste; Truhe; → **~ka** *f* (*-i*; *G -nek*) Kasten *m*; Box *f*; **~ka biegów** *mot* (Schalt-)Getriebe *n*
skrzyp *m* (*-u*; *-y*) Quietschen *n*; Knarren *n*; *bot* Schachtelhalm; **~aczka** *f* (*-i*; *G -czek*) Geigerin, Violonistin; **~ce** *pl* (*-piec*) Geige *f*, Violine *f*; **~ek** *m* (*-pka*; *-pkowie*) Geiger, Violonist; **~ieć** (*-ę*, *-i*) ⟨**~nąć**⟩ (*-nę*) quietschen; knarren
skrzyżowani|e *n* (*-a*) Kreuzung *f*; **na ~u** an der Kreuzung
skubać (*-ię*) *trawę* zupfen; ⟨**o-**⟩ rupfen
sku|ć *pf* → **skuwać**; **~lić** *pf* → **kulić**
skup *m* (*-u*; *-y*) Aufkauf, Erfassung *f*
skupi|ać (*-am*) ⟨**~ć¹**⟩ (ver)sammeln; konzentrieren (**się** sich); **~ć²** *pf* → **skupować**; **~enie** *n* (*-a*) Konzentration *f*; *fiz* **stan ~enia** Aggregatzustand; **w ~eniu** andächtig; **~ony** aufmerksam; konzentriert; **~sko** *n* (*-a*) Anhäufung *f*, Ansammlung *f*
skupować aufkaufen, erfassen
skurcz *m* Zusammenziehung *f*; *tech* Schrumpfung *f*; **~ać** (*-am*) → **kurczyć**
skurwysyn V *m* Hurensohn
sku|sić *pf* → **kusić**; **~teczny** wirksam, effektiv; **~tek** *m* (*-tku*; *-tki*) Ergebnis *n*, Folge *f*; (**prawny**, **uboczny** Rechts-, Neben-)Wirkung *f*; **nie odnieść ~tku** keinen Erfolg/keine Wirkung zeigen; **~tkiem**/**na ~tek** (*G*) infolge (*G*)
skuter *m* (*-a*; *-y*) Motorroller
skutkować ⟨**po-**⟩ (*-uję*) wirken
skwapliwy (**-wie**) eilfertig, eifrig
skwar *m* (*-u*; *-y*) (Sommer-)Hitze *f*, Glut *f*; **~ek** *m* (*-rka*; *-rki*), **~ka** *f* (*-i*; *G -rek*) Griebe *f*
skwaśnieć *pf* → **kwaśnieć**
skwer *m* (*-u*; *-y*) Grünanlage *f*
slajd F *m* (*-u*; *-y*) Dia *n*
slalomowy Slalom-
slipy *pl* (*-ów*) Badehose *f*
slogan *m* (*-u*; *-y*) Schlagwort *n*, Slogan
słab|iej *adv comp* schwächer; **~nąć** ⟨**o-**⟩ (*-nę*, *-ł*) schwächer werden; nachlassen, sich abschwächen; **~o** *adv* schwach; **czuć się ~o** sich unwohl fühlen; **~ostka** *f* (*-i*; *G -tek*) *fig* (kleine) Schwäche; **~ość** *f* (*-ści*; *0*) Schwäche; **~owity** schwächlich, kränklich; **~y** schwach
słać¹* ⟨**po-**⟩ (ent)senden, schicken
słać²* ⟨**po-**⟩ *łóżko* machen; → **rozściełać**; *impf* **~ się** hängen, schweben
słaniać się (*-am*) (sch)wanken
sław|a *f* (*-y*; *0*) Ruhm *m*; Ruf *m*; **światowej ~y** weltberühmt; **cieszyć się złą ~ą** einen üblen Ruf haben; **~ić** (*-ę*) rühmen, preisen; **~ny** berühmt; ruhmreich
słod|kawy (**-wo**) süßlich; **~ki** (**-ko**) süß; **~kowodny** Süßwasser-; **~ycz** *f* (*-y*; *0*) Süße; **~ycze** *pl* Süßigkeiten *f/pl*
słodzić ⟨**o-**⟩ (*-dzę*, *t. słódź!*) süßen
słoik *m* (*-a*; *-i*) (Einmach-)Glas *n*
słom|a *f* (*-y*) Stroh *n*; **~iany** Stroh-; **~ka** *f* (*-i*; *G -mek*) Strohhalm *m*; **~kowy** Stroh-; strohgelb
słoneczn|ik *m* (*-a*; *-i*) Sonnenblume *f*; **~y** Sonnen-; sonnig; **udar ~y** Hitzschlag
słonica *f* (*-y*) Elefantenkuh
słonina *f* (*-y*; *0*) Speck *m*
słoniowy Elefanten-; → **kość**
słono *adv* salzig; **~wodny** Salzwasser-
słony salzig; *cena*: gepfeffert; *dowcip*: schmutzig, F dreckig; **za ~** versalzen
słoń *m* (*-nia*; *-nie*, *-ni*) Elefant
słońc|e *n* (*-a*), *astr* ≈ (*0*) Sonne *f*; **leżeć na ~u** in der Sonne liegen; **jasne jak ~e** sonnenklar; **pod ~e** gegen die Sonne
słot|a *f* (*-y*) Regenwetter *n*; Dauerregen *m*; **~ny** (**-no**) regnerisch
sło|wacki (**po -ku**) slowakisch; **~weński** (**po -ku**) slowenisch; ≈**wianin** *m* (*-a*; *-anie*, *-*) Slawe; ≈**wianka** *f* (*-i*; *G -nek*) Slawin; **~wiański** slawisch, Slawen-
słowik *m* (*-a*; *-i*) Nachtigall *f*
słow|nie *adv* in Worten; **~nik** *m* (*-a*; *-i*) Wörterbuch *n*; (*zasób słów*) Wortschatz; **~ny** gesprochen; geschrieben; *człowiek*: verläßlich, zuverlässig
słow|o *n* (*-a*; *G słów*, *I -wami*/*-wy*) Wort; **~ w ~** Wort für Wort, wortwörtlich; **co do ~a** wörtlich, wortgetreu; **dojść do ~a** zu Wort kommen; **w całym tego ~a znaczeniu** im wahrsten Sinne des Wortes; **ani ~a** kein Wort; **łapać za ~o**, **trzymać za ~o** beim Wort nehmen; **dać ~o** sein/ihr Wort geben; **liczyć się ze ~ami** s-e Worte wägen; **swoimi ~ami** mit eigenen Worten; **innymi ~y** mit anderen Worten; **w krótkich ~ach** in knappen Worten; **~em** mit e-m Wort; **brak mi słów** mir fehlen die Worte; **być po ~ie** (**z** *I*) verlobt sein (mit)
słowotwórczy Wortbildungs-
słód *m* (*-odu*; *0*) Malz *n*

słój *m* (*-oju*; *-oje*, *-oi*/*-ojów*) → **słoik**; *bot* Jahresring
słówk|o *n* (*-a*; *G -wek*) Wörtchen; *zw. pl* **~a** Vokabeln *f*/*pl*
słuch *m* (*-u*; *0*) Gehör *n*; **zamienić się w ~** ganz Ohr sein; **w zasięgu ~u** auf Hörweite; **~ zaginął** (**o** *I*) man hört nichts mehr (von); **~y** F *m*/*pl* (*-ów*) Gerücht(e *pl*) *n*; **chodzą ~y** es gibt Gerüchte; **~acz** *m* (*-a*; *-e*, *-y*/*-ów*), **~aczka** *f* (*-i*; *G -czek*) Hörer(in); **~ać** ⟨**po-**⟩ (*-am*) (*G*) hören (*A*), zuhören (*D*); gehorchen (*D*); folgen (**rady** dem Rat)
słuchawk|a *f* (*-i*; *G -wek*) *tel* Hörer *m*; *med* Stethoskop *n*; **~i** *pl* Kopfhörer *m*
słuchow|isko *n* (*-a*) Hörspiel; **~y** Hör-
sługa *f*/*m* (*-i*; *-i*/*-dzy*, *-*) Diener(in)
słup *m* (*-a*; *-y*) Pfeiler; Säule *f*; *el*, *tel* Mast; **~ graniczny** Grenzpfahl; **~ek** *m* (*-pka*; *-pki*) Pfosten; *bot* Stempel; Blockabsatz; **~ek rtęci** Quecksilbersäule *f*; **~ek startowy** Startblock
słuszn|ie *adv* → **słuszny**; **~ość** *f* (*-i*; *0*) Recht *n*; Berechtigung *f*, Rechtmäßigkeit; Richtigkeit; **mieć ~ość** recht haben, im Recht sein; **nie mieć ~ości** unrecht haben, im Unrecht sein; **~y** richtig, recht; (*uzasadniony*) berechtigt, begründet; → **sprawiedliwy**
służalczy (**-czo**) unterwürfig, servil
służąc|a *f* (*-ej*; *-e*) Dienstmädchen *n*; **~y** *m* (*-ego*; *-y*) (Haus-)Diener
służb|a *f* (*-y*) Dienst *m*; **pełniący ~ę** diensthabend; **na ~ie** im Dienst; **po ~ie** dienstfrei; **zdolny do ~y** diensttauglich; **~owy** Dienst-; (**-wo**) dienstlich
służ|yć ⟨**po-**⟩ (*-ę*) dienen (**w** *L*, **u** *G*, *D* in, an *D*, bei, *D*; **do** *G* zu, für; **za** *A*, **jako** als); *pies*: Männchen machen; *fig* guttun; gute Dienste tun; **zdrowie mu ~y** er erfreut sich guter Gesundheit; **~ę pani** (stets) zu Ihren Diensten; **... mi nie ~y** ... bekommt mir nicht
S
słychać (*t-ko inf*) man hört, ... ist/sind zu hören; **co ~?** was gibt es Neues?
słyn|ąć (*-nę*, *-ń!*) (**z** *G*, **jako**) berühmt/bekannt sein (für, als); **~ny** berühmt
słysz|alny hörbar, vernehmbar; **~eć** ⟨**po-**, **u-**⟩ (*-ę*, *-y*) hören (**się** sich)
smaczn|y wohlschmeckend, schmackhaft; **~ego!** guten Appetit!
smagać (*-am*) peitschen (*t. fig*)
smagły dunkel(häutig)
smak *m* (*-u*; *-i*) Geschmack; **ze ~iem** mit Appetit; *fig* geschmackvoll; **bez ~u**, *fig* **w złym ~u** geschmacklos; **przypaść do ~u** (*D*) schmecken, zusagen (*D*)
smako|łyk *m* Leckerbissen; **~sz** *m* (*-a*; *-e*) Feinschmecker(in); **~wać** (*-uję*) schmecken; **~wity** (**-cie**) schmackhaft
smalec *m* (*-lcu*; *0*) Schmalz
smalić ⟨**o-**⟩ (*-lę*) (ab)sengen
smar *m* (*-u*; *-y*) Schmierfett *n*; **~ do nart** Skiwachs *n*
smark|acz F *m* (*-a*; *-e*) Rotzbengel; **~ać** P (*-am*) (sich) die Nase putzen; **~aty** F *fig* unreif, grün; schnodd(e)rig; **~ula** F *f* (*-i*; *-e*) Göre, Rotznase
smarow|ać ⟨**na-**, **po-**⟩ (*-uję*) *v*/*t* schmieren; **~idło** *n* (*-a*; *G -deł*) Schmiere *f*
smaż|ony gebraten, Brat-; **~yć** ⟨**u-**⟩ (*-ę*) braten (**się** *v*/*i*; **na słońcu** in der Sonne)
smętny traurig, melancholisch
smoczek *m* (*-czka*; *-czki*) F Schnuller
smok *m* (*-a*; *-i*) Drache
smo|lić F ⟨**u-**⟩ (*-lę*, *smol*/*smól!*) dreckig machen; **~listy** (**-ście**) pechschwarz; → **~lny** harzig, kienig; **~ła** *f* (*-y*) Teer *m*, Pech *n*; **~łować** (*-uję*) teeren
smro|dliwy F (**-wie**) stinkend, stinkig; **~dzić** ⟨**na-**⟩ (*-dzę*) die Luft verpesten
smród *m* (*-odu*; *-ody*) Gestank
smucić ⟨**za-**⟩ (*-cę*) betrüben, traurig stimmen; **~ się** traurig sein
smuga *f* (*-i*) Streifen *m*
smukły (**-ło**) schlank
smut|ek *m* (*-tku*; *0*) Trauer *f*; **~ny** (**-nie**, **-no**) traurig; **~no mi** ich bin traurig
smycz *f* (*-y*; *-e*) Hundeleine; **~ek** *m* (*-czka*; *-czki*) *muz* Bogen; **~kowy** *muz* Streich-
smyk F (*-a*; *-i*) Bengel, Steppke
sna|ch, **~m(i)** → **sen**
snajper *m* (*-a*; *-rzy*) Scharfschütze
snem → **sen**
snop *m* (*-a*; *-y*) Garbe *f*; (**światła** Licht-) Bündel *n*; **~owiązałka** *f* (*-i*; *G -łek*) Garbenbinder *m*
snów, **snu** → **sen**
snuć (*-ję*) *przędzę* spinnen; *domysły* anstellen; *plany* schmieden; **~ marzenia** schwärmen; **~ się** *dym itp.*: (in Schwaden) hängen, schweben; *myśli*: schwirren (**po głowie** im Kopf)
sny *pl* → **sen**
snycerstwo *n* (*-a*; *0*) Holzschnitzerei *f*
sob|ą → **siebie**; **~ie** → **siebie**; **był ~ie** es war einmal; **~kostwo** *n* (*-a*; *0*) Selbst-

sucht *f*, Egoismus *m*
sobot|a *f* (*-y*) Sonnabend *m*, Samstag *m*; **w ~ę** am Sonnabend/Samstag
sobowtór *m* (*-u*; *-y*) Doppelgänger(in)
soból *m* (*-a*; *-e*) Zobel
sobór *m* (*-oru*; *-ory*) *rel* Konzil *n*
sobótk|a *f* (*-i*; *G -tek*) Johannisfeuer *n*; *zw. pl* **~i** Mittsommerfest *n*
socjal|demokratyczny sozialdemokratisch; **~istyczny** sozialistisch; **~ny** sozial, Sozial-
socjolog *m* (*-a*; *-dzy*/*-owie*) Soziolog(in); **~ia** [-ˈlɔg̑ĭa] *f* (*GDL -ii*; *0*) Soziologie
soczew|ica *f* (*-y*; *0*) Linse(n *pl kulin*); **~ka** *f* (*-i*; *G -wek*) *fiz*, *fot* Linse
soczysty (**-ście**) saftig (*t. fig*); *barwa t.*: satt; *dowcip*: derb; *głos*: sonor
sod|a *f* (*-y*; *0*) Soda *f*/*n*; **~a oczyszczona** F Natron *n*; **~a żrąca** Ätznatron *n*; **~owy: woda ~owa** Sodawasser *n*
sofa *f* (*-y*) Sofa *n*, Couch
soj|a *f* (*GDL soi*; *0*) Sojabohne(n *pl kulin*); **~owy** Soja-
sojusz *m* (*-u*; *-e*) Bündnis *n*, Allianz *f*; **~niczy** verbündet, alliiert; **~niczka** *f* (*-i*; *G -czek*), **~nik** *m* (*-a*; *-cy*) Verbündete(r); *pol t.* Alliierte(r)
sok *m* (*-u*; *-i*) Saft
sokol|i Falken-; **~nik** (*-a*; *-cy*) Falkner
sokół *m* (*-oła*; *-oły*) Falke
sola *f* (*-i*; *-e*) *zoo* Seezunge
sol|anka *f* (*-i*; *G -nek*) Salzbrötchen *n*; (*roztwór*) Sole; (*źródło*) Solquelle; **~ankowy** Sol-; **~e** *pl* → **sól**
solenizant *m* (*-a*; *-ci*), **~ka** *f* (*-i*; *G -tek*) Geburtstagskind *n*
solenny *lit* feierlich
solić (*-lę*, *sól!*) ⟨**o-**, **po-**⟩ salzen; ⟨**na-**, **za-**⟩ einsalzen
solidar|ność *f* (*-ści*; *0*) Solidarität; **~ny** solidarisch; **~yzować się** (*-uję*) sich solidarisieren, sich solidarisch erklären
solidny solid(e); F *fig* beträchtlich
soli|sta *m* (*-y*; *-ści*), **-tka** *f* (*-i*; *G -tek*) Solist(in); **~ter** *m* (*-a*; *-y*) Bandwurm
sol|niczka *f* (*-i*; *G -czek*) Salzstreuer *m*; **~ny** Salz-; **kwas ~ny** Salzsäure *f*
solowy *muz* Solo-
sołtys *m* (*-a*; *-i*) Gemeindevorsteher
sond|a *f* (*-y*) Sonde; **~aż** *m* (*-u*; *-e*) Sondierung *f*; (**opinii publicznej** Meinungs-)Umfrage *f*; **~ować** (*-uję*) sondieren; *mar* (aus)loten
sopel *m* (*-pla*; *-ple*) (Eis-)Zapfen
sortować (*-uję*) sortieren
sos *m* (*-u*; *-y*) Soße, Sauce, Tunke
sosn|a *f* (*-y*; *G -sen*) *bot* Föhre, Kiefer; **~owy** Föhren-, Kiefern-
sow|a *f* (*-y*) Eule; **~i** Eulen-
sowiecki sowjetisch, Sowjet-
sowity (**-cie**) reich(lich)
sód *m* (*sodu*; *0*) *chem* Natrium *n*
sójka *f* (*-i*; *G -jek*) Eichelhäher *m*
sól *f* (*soli*; *sole*) (**kuchenna** Koch-)Salz *n*; **być solą w oku** ein Dorn im Auge sein
spacer *m* (*-u*; *-y*) Spaziergang, Spazierfahrt *f*; **iść na ~** spazierengehen; **~niak** *m* (*-a*; *-i*) Gefängnishof; **~ować** (*-uję*) spazieren, bummeln (**po** *L* durch)
spacz|ać (*-am*) → **paczyć**; **~enie** *n* (*-a*) *med* Perversion *f*; Perversität *f*
spać* schlafen (*t. fig*)
spad *m* (*-u*; *-y*) Gefälle *n*; **~y** *pl* Fallobst *n*; **~ać** (*-am*) (herab-, hinab)fallen (**z** *G* von); *teren*: abfallen; *ceny itp*: fallen; (**na** *A*) *cios*, *wina itp.*: treffen (*A*); *obowiązki*: zufallen (*D*); **~ek**[1] *m* (*-dku*; *-dki*) Fall; (*ubytek*, *malenie*) Rückgang; (*nagły*) Sturz; (**ciśnienia** Druck-)Abfall; → **spad**; **~ek**[2] *m* (*-dku*; *-dki*) Erbe *n*, Erbschaft *f*; **otrzymać w ~ku** erben (**po** *L* von); **zostawić w ~ku** vererben
spadko|bierca *m* (*-y*; *G -ów*) Erbe; **~bierczyni** *f* (*-i*; *G -ń*) Erbin; **~dawca** *m*, **-czyni** *f* Erblasser(in); **~wy** fallend; *jur* Erb-
spadochro|n *m* (*-u*; *-y*) Fallschirm; **~niarstwo** *n* (*-a*; *0*) Fallschirmsport *m*; **~niarka** *f* (*-i*; *G -rek*), **~niarz** *m* (*-a*; *-e*) Fallschirmspringer(in); **~nowy** Fallschirm-
spadzisty (**-to**, **-ście**) abschüssig, steil
spa|jać[1] (*-am*) (fest) verbinden; *fig* einigen; **~jać**[2] (*-am*) betrunken machen; **~kować** *pf* zusammenpacken (**się** *v*/*i*); **~lać** (*-am*) verbrennen (**się** *v*/*i*); **~lanie** *n* (*-a*; *0*), **~lenie** *n* Verbrennung *f*; **~larnia** *f* (*-i*; *-e*) (**odpadków** Müll-)Verbrennungsanlage; **~lić** *pf* → **spalać**; **~linowy: silnik ~linowy** Verbrennungsmotor; **~liny** *f*/*pl* (-) Abgase *n*/*pl*; **~lony** *fig* enttarnt; *su m* (*-ego*; *-e*) *sport* Abseits(stellung *f*) *n*
spani|e *n* (*-a*; *0*) Schlafen; **miejsce do ~a** Schlafplatz *m*
sparaliżowany gelähmt
spa|r- *pf* → **par-**; **~rz-** *pf* → **parz-**
spas|iony, **~ły** fett, feist, dick

S

spastyczny spastisch
spaść*[1] *pf* → ***spadać***
spawa|cz *m* (*-a*; *-e*) *tech* Schweißer(in); **~ć** (*-am*) schweißen; **~rka** *f* (*-i*; *G -rek*) Schweißgerät *n*
spazm *m* (*-u*; *-y*) Krampf
spec F *m* (*-a*; *-e*) Fachmann, Experte
specjali|sta *m* (*-y*; *-ści*), **~stka** *f* (*-i*; *G -tek*) Fachmann (-frau), Spezialist(in); ***lekarz ~sta*** Facharzt (-ärztin); **~styczny** Fach-, Spezial-; **~zować się** ⟨*wy-*⟩ (*-uję*) sich spezialisieren (**w** *L* in *D*)
specjaln|ie *adv* besonders, extra; **~ość** *f* (*-ści*) Fachgebiet *n*; Spezialität; **~y** besonder, speziell; Spezial-, Sonder-
specyficzny spezifisch
spedycyjny Speditions-
spekul|acja *f* (*-i*; *-e*) Spekulation; **~ant** *m* (*-a*; *-ci*), **-tka** *f* (*-i*; *G -tek*) Spekulant(in); **~ować** (*-uję*) spekulieren
speł|niać (*-am*) ⟨**~nić**⟩ erfüllen (**się** sich); **~nienie** *n* (*-a*) Erfüllung *f*; **~zać** ⟨**~znąć**⟩ herunterkriechen; herunterrutschen; *pf* (*kolor*) → ***płowieć***
speszony verlegen, verwirrt; → ***peszyć***
spędz|ać (*-am*) ⟨**~ić**⟩ verjagen; *płód* abtreiben; *bydło* zusammentreiben; *czas* verbringen (**na** *L* bei, auf *D*)
spiąć* *pf* → ***spinać***
spi|czasty (*-to*) spitz; **~ć** *pf* → ***spijać***
spie|kać (*-am*) ⟨**~c***⟩ verbrennen; ***~c się na słońcu*** *e-n* Sonnenbrand bekommen
spienięż|ać (*-am*) ⟨**~yć**⟩ (*-ę*) zu Geld machen, verkaufen, F verhökern
spie|niony schaumbedeckt; **~rać**[1] **się** (*-am*) sich streiten (**o** *A* um); **~rać**[2] (*-am*) *plamę* auswaschen; **~rzchnięty** rauh, aufgesprungen, rissig
spiesz|ny, **~yć** → ***śpiesz-***
spięcie *n* (*-a*) *el* Kurzschluß *m*
spiętrz|ać (*-am*) ⟨**~yć**⟩ auftürmen, stapeln; *wodę* (auf)stauen
spijać (*-am*) abtrinken; F betrunken machen; ***spić się*** *pf* sich betrinken
spiker *m* (*-a*; *-rzy*), **~ka** *f* (*-i*; *G -rek*) *RTV* Sprecher(in), Ansager(in)
spilśniony → ***pilśniowy***
spiłow(yw)ać (*-[w]uję*) absägen; abfeilen
spin|acz *m* (*-a*; *-e*) Büroklammer *f*; **~ać** (*-am*) zusammenheften; *kolej* zusammenkoppeln; **~ka** *f* (*-i*; *G -nek*) Manschettenknopf *m*; ***~ka do włosów*** Haarklemme

spirala *f* (*-i*; *-e*) Spirale
spiry|tus *m* (*-u*; *-y*) Spiritus; **~tusowy** Spiritus-; **~tystyczny** spiritistisch
spis *m* (*-u*; *-y*) Liste *f*, (***rzeczy*** Inhalts-) Verzeichnis *n*; (*czynność*) Registrierung *f*, Erfassung *f*; ***~ ludności*** Volkszählung *f*; ***~ potraw*** Speisekarte *f*
spis|ać *pf* → ***spisywać***; **~ek** *m* (*-sku*; *-ski*) Verschwörung *f*; **~kować** (*-uję*) konspirieren, sich verschwören; **~kowiec** *m* (*-wca*; *-wcy*) Verschwörer(in); **~ywać** (*-uję*) *v/t* (in e-e Liste) aufnehmen (*A*), e-e Aufstellung machen (von); ***~ać na straty*** als Verlust abschreiben; ***~ywać się*** sich benehmen; ***~ać się*** handeln; sich hervortun
spiżar|ka *f* (*-i*; *G -rek*), **~nia** *f* (*-i*; *-e*) Vorratskammer
spiżowy Bronze-
spla|- *pf* → ***pla-***; **~tać** (*-am*) → ***pleść***
spleśniały verschimmelt, schimm(e)lig
splot *m* (*-u*; *-y*) Gewirr *n*, Knoten; Geflecht *n* (*t. anat*); *fig* Zusammentreffen *n*, Verflechtung *f*; *włók* Bindung *f*
splu|- *pf* → ***plu-***; **~nąć** *pf* → ***pluć***, ***spluwać***; **~wa** P *f* (*-y*) Schießeisen *n*, Kanone; **~waczka** *f* (*-i*; *G -czek*) Spucknapf *m*; **~wać** (*-am*) F (aus)spucken
spłac|ać (*-am*) ⟨**~ić**⟩ abzahlen
spłakany verweint
spła|szczać (*-am*) → ***płaszczyć***; **~ta** *f* (*-y*) Abzahlung; ***kupić na ~ty*** auf Raten kaufen; **~tać** *pf* (*-am*): ***~tać figla*** e-n Streich spielen
spław *m* (*-u*; *0*) Flößerei *f*; **~iać** (*-am*) ⟨**~ić**⟩ (*-ę*) *drzewo* flößen; F *fig j-n* loswerden; **~ny** schiffbar
spłon|ąć *pf* abbrennen *v/i*; **~ka** *f* (*-i*; *G -nek*) Sprengkapsel; Zündhütchen *n*
spłowiały ausgebleicht, verschossen
spłu|czka *f* (*-i*; *G -czek*) (*klozetu*) Spülung; **~kiwać** (*-uję*) ⟨**~kać**⟩ (ab)spülen
spły|nąć *pf* → ***spływać***; **~w** *m* (*-u*; *-y*) Abfluß; Zusammenfluß; ***~w tratwą*** Floßfahrt *f*; **~wać** abfließen, ablaufen; *pot*, *łzy*: (herab)rinnen; *tratwa*: flußab fahren; ***~wać krwią*** heftig bluten
spocony verschwitzt
spocz|ąć *pf* → ***spoczywać***; **~ynek** *m* (*-nku*; *0*) Ruhe *f*; ***miejsce ostatniego ~ynku*** letzte Ruhestätte *f*; ***w stanie ~ynku*** im Ruhestand; **~ywać** (*-am*) ruhen; *fig t.* liegen

S

spod *praep* (*G*) unter (*D*) hervor; durch (*A*); aus der Gegend (von)
spod|ek *m* (*-dka*; *-dki*) Untertasse *f*; **~em** *adv* (weiter) unten; **~enki** *pl* (*-nek*) kurze Hose *f*; **~ni** untere, Unter-; **~nie** *pl* (*-i*) Hose(n *pl*) *f*; **~nium** F [-n̦um] *n* (*-u*; *-y a. idkl*) Hosenanzug *m*
spodobać się *pf* gefallen, zusagen
spody *pl* → ***spód***
spodziewa|ć się (*-am*) (*G*) erwarten (*A*); hoffen (auf *A*); ***nie ~ł się niczego złego*** er ahnte nichts Böses
spoglądać (*-am*) blicken, F gucken; **~ *na*** (*A*) anblicken, anschauen (*A*)
spo|ić *pf* → ***spajać¹***, ***spajać²***; **~ina** *f* (*-y*) *tech* Fuge; (Schweiß-)Naht; **~isty** kompakt, dicht; **~iwo** *n* (*-a*) Bindemittel
spojówka *f* (*-i*; *G -wek*) Bindehaut
spojrze|ć *pf* (*-ę*, *-yj!*/*spójrz!*) → ***spoglądać***; **~nie** *n* (*-a*) Blick *m* (*t. fig*)
spo|kojny ruhig; gelassen; **~kój** *m* (*-oju*; *0*) Ruhe *f*; ***daj mi ~kój*** laß mich in Ruhe
spokrewniony verwandt (**z** *I* mit)
spolszcz|ać (*-am*) ⟨**~yć**⟩ (*-ę*) polonisieren; ins Polnische übersetzen
społecz|eństwo *n* (*-a*) Gesellschaft *f*; *zoo* Volk; **~ność** *f* (*-ści*) Gemeinschaft; **~ny** gesellschaftlich, Gesellschafts-; sozial, Sozial-
społem gemeinsam, miteinander
spo|między *praep* (*G*) unter (*D*); **~nad** *praep* (*G*) über (*A*) hinweg
sponsorować (*-uję*) sponsern
spontaniczny spontan
spo|pielały zu Asche verbrannt; **~pu-** *pf* → ***popu-***; **~radyczny** sporadisch
spor|ny umstritten, strittig, Streit-; **~o** *adv* beträchtlich, ziemlich viel(e)
sport *m* (*-u*; *-y*) Sport; ***~y zimowe*** *zbior* Wintersport; **~owiec** *m* (*-wca*; *-wcy*) Sportler(in); **~owy** Sport-, (***-wo***, ***po -wemu***) sportlich
spory beträchtlich, ziemlich; → ***spór***
sporysz *m* (*-u*; *-e*) *bot* Mutterkorn *n*
sporządz|ać (*-am*) ⟨**~ić**⟩ *pismo* aufsetzen; *testament jur* errichten, F machen; *bilans* erstellen; → ***przyrządzać***
sposobność *f* (*-ści*) Gelegenheit
sposób *m* (*-obu*; *-oby*) Art *f*, Weise *f*; Möglichkeit *f*; ***~ użycia*** Gebrauchsanleitung *f*; ***w ten ~*** auf diese Weise; ***w następujący ~*** folgendermaßen; ***jakimś sposobem*** auf irgendeine Weise; ***w istotny ~*** wesentlich; ***wszelkimi sposobami*** auf jede Art und Weise; ***w żaden ~***, ***żadnym sposobem*** auf keine Weise; ***nie ~*** (***jest***) es ist nicht möglich
spostrze|gać (*-am*) ⟨**~c***⟩ erblicken, sehen; (*odczuć*) (be)merken; **~żenie** *n* (*-a*) Wahrnehmung *f*; Beobachtung *f*
spośród *praep* (*G*) → ***spomiędzy***
spot|ę- *pf* → ***potę-***; **~kać** *pf* (*-am*) → ***spotykać***; **~kanie** *n* (*-a*) Begegnung *f* (*t. sport*); (*zejście się*) Zusammenkunft *f*; (*umówione*) Verabredung *f*
spotnieć *pf* → ***pocić się***, ***potnieć***
spotwarz|ać (*-am*) ⟨**~yć**⟩ (*-ę*) verleumden, diffamieren
spotyka|ć (*-am*) *v/t* begegnen (*D*), treffen (*A*); *Nowy Rok* begrüßen; (*t-ko 3. os.*) *bieda*: zustoßen (*D*), heimsuchen (*A*); *kara*: ereilen (*A*); ***~ć się*** sich treffen; *fig* (**z** *I*) begegnen (*D*), stoßen (auf *A*); ***to się często ~*** das kommt oft vor
spowiadać ⟨***wy-***⟩ (*-am*) *v/t* die Beichte abnehmen (*D*); **~ *się*** (**z** *G*) beichten (*A*)
spowiednik *m* (*-a*; *-cy*) Beichtvater
spowiedź *f* (*-dzi*) *rel* Beichte
spo|winowacony verschwägert; **~wodowany** (*I*) verursacht (durch)
spowszedniały alltäglich (geworden)
spoza *praep* (*G*) hinter (*D*) hervor
spoży|cie *n* (*-a*; *0*) Verzehr *m*; Verbrauch *m*; **~wać** (*-am*) ⟨**~ć**⟩ verzehren; verbrauchen; **~wca** *m* (*-y*; *G -ów*) Verbraucher; **~wczy** Nahrungs-; ***sklep ~wczy*** Lebensmittelgeschäft *n*
spód *m* (*spodu*; *spody*) Unterteil *m*/*n*, Unterseite *f*; (*dno*) Boden; (*podeszwa*) Sohle *f*; ***na spodzie***, ***u spodu*** zuunterst, ganz unten; ***pod spodem*** darunter; ***od spodu*** von unten (her); **~nica** *f* (*-y*; *-e*), **~niczka** *f* (*-i*; *G -czek*) Rock *m*
spój|nia *f* (*-i*; *-e*, *-i*) Band(e *pl*) *n*; **~nik** *m* (*-a*; *-i*) *gr* Bindewort *n*; **~ność** *f* (*-ści*; *0*) festes Gefüge; *fiz* Kohäsion
spół|dzielca *m* (*-y*; *G -ów*) Genossenschaftsmitglied *n*; **~dzielczy** genossenschaftlich; **~dzielnia** *f* (*-i*; *-e*, *-i*) Genossenschaft; **~głoska** *f* Konsonant *m*; **~ka** *f* (*-i*; *G -łek*) *ekon* Gesellschaft (***z ograniczoną odpowiedzialnością*** mit beschränkter Haftung); ***do ~ki*** (**z** *I*) gemeinsam (mit); **~kować** (*-uję*) Geschlechtsverkehr haben
spór *m* (*sporu*; *spory*) Streit (***z powodu*** *G* wegen); *pl t.* Streitigkeiten *f*/*pl*
spóźni|ać się (*-am*) ⟨**~ć się**⟩ sich ver-

späten; zu spät kommen; *impf zegar*: nachgehen; ***~ć się na pociąg*** den Zug verpassen; **~enie** *n* (*-a*) Verspätung *f*; **~ony** verspätet; *fig* zurückgeblieben

spra|cowany abgearbeitet; ***~ć*** *pf* → ***spierać²***; F ordentlich verhauen; **~gniony** (***wiedzy*** wissens)durstig

spraw|a *f* (*-y*) Sache, Angelegenheit; *jur* Verfahren *n*; ***gorsza ~a, że*** schlimmer ist, daß; ***na dobrą ~ę*** im Grunde, eigentlich; ***zdać ~ę*** (**z** *G*) Rechenschaft ablegen (über *A*); ***zdawać sobie ~ę*** (**z** *G*) sich im klaren sein (über *A*); ***za jej ~ą*** auf ihr Betreiben; ***pokpić ~ę*** F die Sache vermasseln; **~ca** *m* (*-y*; *G -ów*), **~czyni** *f* (*-i*; *-e*) Urheber(in); *jur t.* Täter(in); ***przeciw(ko) nieznanemu ~cy*** gegen Unbekannt

sprawdz|ać (*-am*) ⟨**~ić**⟩ (*-dzę*) (nach-, über)prüfen; (*w książce*) nachschlagen; ***~ić się*** sich bestätigen; → ***spełniać się***

sprawdzian *m* (*-u*; *-y*) Prüfstein; Test; *tech* Lehre *f*, Kaliber *n*

spraw|iać (*-am*) ⟨**~ić**⟩ verursachen, bereiten; → ***wywierać***; † ***~ić sobie*** (*A*) sich zulegen, kaufen (*A*)

sprawiedliw|ie *adv* gerecht; **~ość** *f* (*-ści*; *0*) Gerechtigkeit; Recht *n*; → ***wymiar***; ***ministerstwo ~ości*** Justizministerium; **~y** gerecht, billig

spraw|ka *f* (*-i*; *G -wek*) F (krummes) Ding; **~ność** *f* (*-ści*; *0*) (Leistungs-, Einsatz-)Fähigkeit; Effizienz; **~ny** geübt, geschickt; effizient, leistungsfähig; einsatzfähig; (technisch) einwandfrei

sprawo|wać (*-uję*) *rządy* ausüben; *mandat* innehaben; *urząd* bekleiden; *nadzór* führen; ***~wać się*** sich betragen; **~wanie (się)** *n* (*-a*; *0*) Betragen

sprawozda|nie *n* Bericht *m*; **~wca** *m* (*-y*; *G -ów*), **~wczyni** *f* (*-i*; *-e*) Berichterstatter(in); **~wczy: *referat ~wczy*** Rechenschaftsbericht

sprawun|ek *m* (*-nku*; *-nki*) Anschaffung *f*, Kauf; ***załatwić ~ki*** Einkäufe machen

spręż|arka *f* (*-i*; *G -rek*) Kompressor *m*; **~ony** komprimiert, Druck-; *beton*: verdichtet; **~yna** *f* (*-y*) *tech* Feder; **~ysty** (***-ście***) federnd, elastisch; *fig t.* tatkräftig, schwungvoll; → ***sprawny***

sprinter *m* (*-a*; *-rzy*), **~ka** *f* (*-i*; *G -rek*) Kurzstreckenläufer(in)

spro|- *pf* → ***pro-***; **~stać** *pf* (*-am*) (*D*) gewachsen sein (*D*), schaffen (*A*)

sprostowa|ć *pf* → ***prostować***; **~nie** *n* (*-a*) Berichtigung *f*; Richtigstellung *f*, Dementi

sproszkowany pulverisiert

sprośny obszön; *żart t.*: schlüpfrig

sprowadz|ać (*-am*) ⟨**~ić**⟩ *v/t* kommen lassen, (herbei)holen; *towar* beziehen; *fig* mit sich bringen; (**do** *G*) führen (zu); beschränken (auf *A*; **się** sich); (**z** *G*) abbringen (von); *v/i* ***co cię ~a?*** was führt dich hierher?; ***~ić się*** (**do** *G*) einziehen (in *A*); sich niederlassen (in *D*)

spró|- *pf* → ***pró-***; **~chniały** morsch, verrottet; *ząb*: kariös, schlecht

sprysk|iwać (*-uję*) ⟨**~ać**⟩ besprühen

spryt *m* (*-u*; *0*) Gewandtheit *f*, Tüchtigkeit *f*; **~ny** clever, gewitzt

sprzą|c* *pf* (→ *-prząc*) → ***sprzęgać***; **~czka** *f* (*-i*; *G -czek*) Schnalle

sprząt|aczka *f* (*-i*; *G -czek*) Reinemachefrau; **~ać** ⟨**po-**⟩ (*-am*) ⟨**~nąć**⟩ (*-nę*) aufräumen (*t. v/i*); (*usunąć*) beseitigen; *zboże* einbringen; **~nąć** F (***sprzed nosa*** vor der Nase) wegschnappen; ***~nąć ze stołu*** den Tisch abräumen; **~anie** *n* (*-a*) Aufräumen, Reinemachen

sprzeciw *m* (*-u*; *-y*) Widerspruch; Einspruch; ***bez ~u*** ohne Einwände; **~iać się** (*-am*) ⟨**~ić się**⟩ (*-ę*) sich widersetzen; *impf t.* widersprechen

sprzecz|ać się ⟨**po-**⟩ (*-am*) (sich) streiten (**o** *A* wegen, um); **~ka** *f* (*-i*; *G -czek*) Streit *m*; **~ność** *f* (*-ści*) Widerspruch *m*; Gegensatz *m*; **~ny** widersprüchlich; gegensätzlich; (**z** *I*) unvereinbar (mit)

sprzed *praep* (*G*) (aus der Zeit) vor (*D*)

sprzeda|ć *pf* → ***sprzedawać***; **~jący** *m* (*-ego*; *-y*) Verkäufer; **~jny** käuflich; **~nie** *n* (*-a*; *0*) Verkauf *m*; ***do ~nia*** zu verkaufen; **~wać** verkaufen; **~wca** *m*, **~wczyni** *f* Verkäufer(in); **~ż** *f* (*-y*; *-e*) Verkauf *m*; ***na ~ż*** zum Verkauf; **~żny** verkäuflich; Verkaufs-

sprzeniewierz|ać (*-am*) ⟨**~yć**⟩ veruntreuen; ***~yć się*** (*D*) untreu werden (*D*); **~enie** *n* (*-a*) Veruntreuung *f*

sprzę|gać (*-am*) (zusammen)koppeln, (an)kuppeln; **~gło** *n* (*-a*; *G -gieł*) Kupplung *f*; ***włączyć ~gło*** einkuppeln; ***wyłączyć ~gło*** auskuppeln; **~t** *m* (*-u*; *-y*) Ausrüstung *f*, Gerät(e *pl*) *n*; **~ty** *pl t.* Möbel *n/pl*, Utensilien *f/pl*; **~żony** (zusammen)gekoppelt

sprzy|jać (*-am*) (*D*) begünstigen (*A*);

förderlich sein (*D*); **~jący** günstig
sprzykrzy|ć się *pf* (*t-ko praet*): **~ł(a, -o, -y) mi się** (*A*) ich bin leid (*A*)
sprzymierz|eniec *m* (*-ńca*; *-ńcy*) Bundesgenosse (-sin); **~ony** verbündet
sprzysi|ęgać się (*-am*) ⟨**~ąc* się**⟩ (→ *-siąc*⟩ sich verschwören
spuchnięty geschwollen, F dick
spulchni|ać (*-am*) ⟨**~ć**⟩ (*-ę*, *-nij!*) *glebę itp.* (auf)lockern
spust *m* (*-u*; *-y*) Abfluß(öffnung *f*) *m*; *fot* Auslöser; (*broni*) Abzug
spustoszenie *n* (*-a*) Verwüstung *f*
spuszczać herab-, hinab-, hinunterlassen (**się** sich); *głowę*, *wzrok* senken; *płyn* ablassen; *psa* loslassen, abketten; **~ na wodę** zu Wasser lassen; **~ cenę** vom Preis nachlassen; **nie ~ z oczu** nicht aus den Augen lassen
spuści|ć *pf* → **spuszczać**; **~zna** *f* (*-y*) Nachlaß *m* (**po ojcu** des Vaters)
spycha|ć (*-am*) (**w dół** hinunter-, **w bok** zur Seite) schieben; **~rka** *f* (*-i*; *G -rek*) Planiergerät *n*, Planierraupe
srać V (*-am*) scheißen
sreb|rnoszary silbergrau; **~rny** silbern, Silber-; **~ro** *n* (*-a*) Silber; **~rzyć** ⟨**po-**⟩ (*-ę*) versilbern; **~rzysty** (**-ście**) silbrig
sro|czy Elster-; **~gi** (**-go**) streng, hart; **~gość** *f* (*-ści*; *0*) Strenge, Härte
sroka *f* (*-i*) Elster; **~ty** scheckig
srom *m* (*-u*; *-y*) Scham *f*, Vulva *f*; **~otny** schmählich; **~owy** *anat* Scham-
sroż|ej, **~szy** *comp* → **srogo**, **srogi**; **~yć się** (*-ę*) wüten; *zima*: streng sein
ssa|ć* saugen; *cukierek* lutschen; **~k** *m* (*-a*; *-i*) Säugetier *n*, Säuger; **~wny** Saug-
stabil|izować ⟨**u-**⟩ (*-uję*) stabilisieren (**się** sich); **~ny** stabil
stacja *f* (*-i*; *-e*) Station; *mot*, *kolej t.* Bahnhof *m*; **~ benzynowa** Tankstelle; **~ nadawcza** Sender *m*
stacyjka *f* (*-i*; *G -jek*) Kleinbahnhof *m*; F *mot* Zündschloß *n*
staczać hinabrollen, hinunterrollen (**się** *v/i*); *fig* **~ się na dno** (tief) sinken
stać¹* stehen (*t. fig*); (*nie ruszać się*) stillstehen; **~!**, **stój!** Halt!; **~ na straży** Wache halten; *nieos* (**nie**) **~ go/ją na to** er/sie kann sich das (nicht) leisten
sta|ć²* się *pf* (*zajść*) geschehen, passieren; **co się ~ło?** was ist los?; **co się z nim ~ło?** was ist ihm zugestoßen?; was ist aus ihm geworden?; **dobrze się ~ło, że** es ist gut, daß; → **stawać się**
stadion *m* (*-u*; *-y*) Stadion *n*
stad|ło *n* (*-a*; *G -deł*) Paar; **~nina** *f* (*-y*) Gestüt *n*; **~ny** Herden-; **~o** *n* (*-a*) Herde *f*; (*ptaków*) Schwarm *m*, Schar *f*
sta|jać *pf* (*-ę*) wegtauen; **~je** → **stawać**
stajnia *f* (*-i*; *-e*, *-i*/*-jen*) Stall *m*
stal *f* (*-i*; *-e*) Stahl *m*
stal|e *adv* ständig; stets; **~i** → **stały**
stalinowski stalinistisch, Stalin-
stalo|wnia *f* (*-i*; *-e*) Stahlwerk *n*; **~woszary** stahlgrau; **~wy** Stahl-, stählern
stalówka *f* (*-i*; *G -wek*) (Schreib-)Feder
stał|a się, **~o się** → **stawać się**
sta|łocieplny *zoo* warmblütig; **~łość** *f* (*-ści*; *0*) Beständigkeit; Konstanz
stał|y (*m-os stali*) beständig, dauerhaft; *ciało*, *posada*, *cena*: fest, Fest-; *pobyt*, *komisja itp.*: ständig, Dauer-; *mat*, *koszty*: konstant; **~y gość** Stammgast; **na ~e** für immer, auf Dauer; *su* **~a** *f* (*-ej*; *-e*) *mat* Konstante
stamtąd *adv* von da; von drüben
stan *m* (*-u*; *-y*) (**drogi**, **wojny**, **zdrowia** Straßen-, Kriegs-, Gesundheits-)Zustand; (**pogody** Wetter-)Lage *f*; (**wody**, **średni** Wasser-, Mittel-)Stand; (**kasy** Kassen-)Bestand; Taille *f*; *pol* (Bundes-)Staat; **~ rzeczy** Sachverhalt; **w ... ~ie** in ... Zustand; **być w ~ie** imstande sein; **żyć ponad ~** über s-e Verhältnisse leben; → **cywilny**, **liczebny**, **poważny**
stan|ąć *pf* (*-nę*, *-ń!*) → **stawać**; *rzeka*: zufrieren; *dom*: errichtet werden; **~ęło na tym** es wurde vereinbart
standaryzować (*-uję*) standardisieren
stanica *f* (*-y*; *-e*) Bootsstation
stanieć *pf* billig(er) werden
stanik *m* (*-a*; *-i*) Büstenhalter; Mieder *n*
staniol ['stanjɔl] *m* (*-u*; *0*) Stanniol *n*
stanow|czo *adv* → **stanowczy**; **~czość** *f* (*-ści*; *0*) Entschiedenheit; Festigkeit; **~czy** entschieden, fest; kategorisch
stanowi|ć (*-ę*, *-nów!*) *v/i* entscheiden (**o** *L* über *A*); *v/t* bilden, ausmachen; **~sko** *n* (*-a*) Stelle *f*, Stand *m*; (*pozycja*) Stellung *f*; *fig t.* Standpunkt *m*; **~sko pracy** Arbeitsplatz *m*; **zajęcie ~ska** Stellungnahme *f*; **na ... ~sku** in ... Stellung
stanowy Stände-; *pol* Staats-
stapiać (*-am*) verschmelzen; legieren
stara|ć się ⟨**po-**⟩ (*-am*) (**o** *A*) sich bemühen (um); sich bewerben (um); *pf t.* verschaffen (*A*); **~nie** *n* (*-a*): *zw. pl* **~nia**

S

Bemühungen *f/pl*; **dołożyć ~ń** (**do** *G*) sich Mühe geben (um zu); **poczynić ~nia** → **starać się**; **~nność** *f* (*-ści*; *0*) Sorgfalt; **~nny** sorgfältig
star|cie *n* (*-a*) *med* Abschürfung *f*; *fig* Gefecht, Zusammenstoß *m*; *sport* Runde *f*; **~cy** *pl* → **starzec**; **~czać** (*-am*) ⟨**~czyć**⟩ (*-ę*) reichen (**na** *A* für); **~czy** *adj* Alters-, Greisen-
staro *adv* alt; **~cie** F *n* (*-a*; *-i*) altes Zeug, Trödel *m*; **~dawny** uralt; **~miejski** altstädtisch, Altstadt-; **~modny** altmodisch; **~polski** altpolnisch; **po -ku** auf altpolnische Art; **~sta** *m* (*-y*; *-owie*, *-ów*) Älteste(r), Sprecher; Landrat; *hist* Starost; **~stwo** *n* (*-a*) Landratsamt; **~ścina** *f* (*-y*) Älteste, Sprecherin
starość *f* (*-ści*; *0*) (**późna** Greisen-)Alter *n*; **na ~** fürs Alter; im Alter
staro|świecki (**-ko**, **po -ku**) altertümlich, altväterlich; **~żytność** *f* (*-ści*; *0*) Altertum *n*; → **antyk**; **~żytny** antik; uralt
star|si → **starszy**; **~szawy** älter, ältlich
starszeństw|o *n* (*-a*; *0*): **według ~a** nach/entsprechend dem (Dienst-)Alter
starszy (*m-os -rsi*) älter; (*w hierarchii*) Ober-; **starsi** *pl* die Erwachsenen *pl*; **~zna** *f* (*-y*; *0*) die Ältesten; die Vorgesetzten, Obrigkeit
start *m* (*-u*; *-y*) Start; *fig t.* Einstieg; **~er** *m* (*-a*; *-rzy*) *sport* Starter; (*-u*; *-y*) *mot* Anlasser; **~ować** ⟨**wy-**⟩ (*-uję*) starten; *lotn t.* abheben *v/i*; **~owy** Start-
starty *adj* abgerieben, abgeschabt
starusz|ek *m* (*-szka*; *-szkowie*) alter Opa, Alterchen *n*; *pl t.* die Alten; **~ka** *f* (*-i*; *G -szek*) alte Oma, altes Mütterchen
star|y (*m-os -rzy*) alt; *su* **~y** *m* (*-ego*; *-rzy*), **~a** *f* (*-ej*; *-e*) der / die Alte; **~e** *n* (*-ego*; *0*) Alte(s); **po ~emu** wie früher; (**wszystko** alles) beim alten
starze|c *m* (*-rca*; *-rcy*) Greis; **~ć się** ⟨**po-**, **ze-**⟩ (*-eję*) altern, alt / älter werden; **~j** *adv comp* älter
starzyzna *f* (*-y*; *0*) Trödel(kram) *m*
stateczny standfest; *fig* gesetzt
stat|ek *m* (*-tku*; *-tki*) (**handlowy**, **spacerowy** Handels-, Ausflugs-)Schiff *n*; **na ~ku**/**~ek** *t.* an Bord; **~kiem** per Schiff
statut *m* (*-u*; *-y*) Satzung *f*, Statut *n*; **~owy** satzungsgemäß, statutarisch
statyczny statisch
statyst|a *m* (*-y*; *-ści*, *-ów*), **~ka** *f* (*-i*; *G -tek*) Statist(in); **~yczny** statistisch; **~yka** [-'tis-] *f* (*-i*) Statistik
statyw *m* (*-u*; *-y*) Stativ *n*
staw *m* (*-u*; *-y*) Teich; *anat* Gelenk *n*; **ból w ~ach** Gelenkschmerzen *m/pl*
stawać (*-ję*) sich stellen (**na** *A*, *L* auf, an *A*; **za** *I* hinter *A*; **przed** *I* vor *A*); (*zatrzymać się*) stehenbleiben, haltmachen; (*zjawić się*) erscheinen (**do** *G*, **przed** *I* zu, vor *D*); (*zaczynać*) gehen (**do** *G* an *A*); → **dąb**, **stanąć**
stawać się (*-ję*) werden; → **stać**[2]*
staw|iać (*-am*) (auf-, hin)stellen; *fig zw.* stellen; *pomnik* errichten; *znak*, *stawkę* setzen; *karty* legen; *opór* entgegensetzen; F *kawę itp.* spendieren; **~iać się** sich einfinden, erscheinen (**do** *G* zu); sich melden; **~ić** (*im*)*pf* (*-ę*) → **czoło**; **~ić się** → **stawiać się**; **~iennictwo** *n* (*-a*; *0*) Erscheinen; **~ka** *f* (*-i*; *G -wek*) (**dzienna**, **podatkowa** Tages-, Steuer-)Satz *m*; (*w grze*) Einsatz *m*
staż *m* (*-u*; *0*) Praktikum *n*; **~ pracy/partyjny** Dauer *f* der Berufstätigkeit/der Parteizugehörigkeit; **~ysta** *m* (*-y*; *-ści*), **-tka** *f* (*-i*; *G -tek*) Praktikant(in)
stąd ab/von hier; (*dlatego*) daher
stąp|ać (*-am*) ⟨**~nąć**⟩ (*-nę*) auftreten, schreiten
stchórzyć *pf* (*-ę*) F kneifen *v/i*
stearynowy Stearin-
stek[1] *m* (*-u*; *-i*) *fig* Flut *f*, Haufen
stek[2] *m* (*-u*; *-i*) Steak *n*
stempel *m* (*-pla*; *-ple*, *-pli*) Stempel
stemplow|ać ⟨**o-**⟩ (*-uję*) (ab)stempeln; **~y** Stempel-; **znaczek ~y** Gebührenmarke *f*
stenografować (*-uję*) stenographieren
step *m* (*-u*; *-y*) Steppe *f*; **~owy** Steppen-
ster *m* (*-u*; *-y*) Steuer *n*, Ruder *n*
stercz *m* (*-a*; *-e*) *anat* Vorsteherdrüse *f*; **~ący** vorstehend; **~eć** (*-ę*, *-y*) (heraus)ragen, hochstehen; vorspringen; F herumstehen, herumhocken
stereofoniczny stereophon, Stereo-
stereotypowy (**-wo**) stereotyp
sternik *m* (*-a*; *-cy*) Steuermann
sterow|ać (*-uję*) (*I*) steuern, lenken (*A*); **~anie** *n* (*-a*) (**zdalne** Fern-)Steuerung *f*; **~y** Ruder-, Steuer-
sterta *f* (*-y*) Schober *m*; (*stos*) Stapel *m*
sterujący Steuerungs-
sterylizować (*-uję*) sterilisieren
stetryczały wunderlich (geworden)

stębnować (*-uję*) *v/t kraw* steppen
stęch|lizna *f* (*-y*; *0*) Modergeruch *m*; **~ły** dumpf, muffig, mod(e)rig
stęk *m* (*-u*; *-i*) Stöhnen *n*; **~ać** (*-am*) ⟨**~nąć**⟩ (*-nę*) stöhnen
stępi|ać (*-am*) ⟨**~ć**⟩ stumpf machen; **~ony** stumpf; *fig* abgestumpft
stęskniony von Sehnsucht erfüllt/ergriffen (**za** *I* nach); **~ za ojczyzną** heimwehkrank; → **tęskny**
stęż|ać (*-am*) ⟨**~yć**⟩ (*-ę*) *roztwór* konzentrieren; **~enie** *n* (*-a*) Konzentration *f*; **~enie pośmiertne** Leichenstarre *f*; **~ony** konzentriert
stłoczony zusammengepfercht
stłu|c *pf* → **tłuc**; **~czenie** *n* (*-a*) *med* Quetschung *f*, Prellung *f*; **~miony** *głos*: gedämpft; *krzyk*: erstickt
sto (*m-os stu*) hundert; → *str. 610*
stocznia *f* (*-i*; *-e*, *-i*) Werft
sto|czyć *pf* → **staczać**; **~doła** *f* (*-y*; *G -dół*) Scheune; **~gi** *pl* → **stóg**
sto|i → **stać***[1]; **~isko** *n* (*-a*) *hdl* Stand *m*; **~jak** *m* (*-a*; *-i*) Ständer; **~jący** stehend; **miejsce ~jące** Stehplatz *m*
stok *m* (*-u*; *-i*) Hang; Böschung *f*
stokrot|ka *f* (*-i*; *G -tek*) Gänseblümchen *n*; **~ny** hundertfach
stola|rnia *f* (*-i*; *-e*) Tischlerei; **~rz** *m* (*-a*; *-e*) Tischler, Schreiner
stol|ec *m* (*-lca*; *-lce*) Stuhl(gang); **~ica** *f* (*-y*; *-e*) Hauptstadt; **Ƨica Apostolska** der Heilige Stuhl; **~ik** *m* (*-a*; *-i*) Tischchen *n*; **~nica** *f* (*-y*; *-e*) Nudelbrett *n*
stoł|eczny hauptstädtisch; **~ek** *m* (*-łka*; *-łki*) Schemel, Hocker; **~ować** (*-uję*) beköstigen; **~ować się** sich verpflegen
stołowni|czka *f* (*-i*; *G -czek*), **~k** *m* (*-a*; *-cy*) Pensionsgast, † Kostgänger(in)
sto|łowy Tisch-, Tafel-; **~łówka** *f* (*-i*; *G -wek*) Kantine; (*studencka*) Mensa; **~łówkowy** Kantinen-; **~ły** *pl* → **stół**
stomatologiczny stomatologisch; **fotel ~** Zahnarztstuhl
stonka *f* (*-i*; *G -nek*) Kartoffelkäfer *m*
stonoga *f* Kellerassel
stop *m* (*-u*; *-y*) Legierung *f*
stop|a *f* (*-y*; *G stóp*) Fuß *m* (*t. fig*); Fußsohle; *arch* Basis; *ekon* Satz *m*; Rate; **~a życiowa** Lebensstandard *m*; **u stóp** zu Füßen; am Fuß(e); **od stóp do głów** von Kopf bis Fuß; → **procentowy**
stoper *m* (*-a*; *-y*) Stoppuhr *f*
stop|ić *pf* → **stapiać**; **~ień** *m* Stufe *f* (*t. fig*); Grad (*t. mat*, *geogr*, *fig*); *mil* Dienstgrad; (*ocena*) Note *f*, Zensur *f*; *gr* **~ień wyższy**, **najwyższy** Komparativ, Superlativ; **do tego ~nia, że** so sehr/weit, daß; **w mniejszym ~niu** weniger; **w wysokim ~niu** hochgradig
stopniały geschmolzen
stopniow|ać (*-uję*) abstufen; staffeln; *gr* steigern; **~y** (**-wo**) stufenweise; allmählich, nach und nach
stopować (*-uję*) hemmen; stoppen
storczyk *m* (*-a*; *-i*) Orchidee *f*
stornia *f* (*-i*; *-e*, *-i*) Flunder
stornować ⟨**wy-**⟩ (*-uję*) stornieren
stos *m* (*-u*; *-y*) Stoß, Stapel; (*do spalenia*) Scheiterhaufen; **ułożyć w ~** stapeln
stosow|ać ⟨**za-**⟩ (*-uję*) anwenden, verwenden; **~ać się** (**do** *G*) sich halten (an *A*), sich richten (nach, an *A*); entsprechen (*D*); → **dostosowywać się**; **~any** *sztuka itp.*: angewandt; **~nie** (**do** *G*) entsprechend, gemäß (*D*); **~ny** angemessen; passend; **w ~nej chwili** im rechten Augenblick; **uważać za ~ne** es für richtig halten
stosun|ek *m* (*-nku*; *-nki*) Verhältnis *n*; (*kontakt*) Beziehung *f*; (*płciowy*) Geschlechtsakt, Geschlechtsverkehr; **w ~ku do** (*G*) im Verhältnis (zu); **być w dobrych ~kach** (**z** *I*) gute Beziehungen pflegen (mit); **~kowy** proportional; (**-wo**) verhältnismäßig, relativ
stowarzysz|enie *n* (*-a*) Gesellschaft *f*, Verein(igung *f*) *m*; **~ony** assoziiert; organisiert; Vereins-
stoż|ek *m* (*-żka*; *-żki*) Kegel (*t. mat*); **~kowaty** (**-to**) kegelförmig, konisch
stóg *m* (*-ogu*; *-ogi*) Schober
stół *m* (*-ołu*; *-oły*) Tisch; (*biesiadny*) Tafel *f*; (*jedzenie*) Kost *f*; **przy stole** am Tisch, bei Tisch; **do stołu** zu Tisch
stówka F *f* (*-i*; *G -wek*) Hunderter *m*
straceni|e *n* (*-a*) Hinrichtung *f*; Verlust *m*; **nie mieć nic do ~a** nichts zu verlieren haben
strach *m* (*-u*; *-y*) Angst *f*, Furcht *f*; (*zjawa*) Schreckgespenst *n*; Vogelscheuche *f*; **ze ~u** aus/vor Angst; F **aż ~** furchtbar
strac|ić *pf* → **tracić**; *skazańca* hinrichten; **~ony** verloren; hingerichtet
stragan *m* (*-u*; *-y*) Marktstand; **~iarka** *f* (*-i*; *G -rek*) Marktfrau; **~iarz** *m* (*-a*; *-e*) Markthändler
strajk *m* (*-u*; *-i*) (**powszechny**, **okupacyj-**

S

ny General-, Sitz-)Streik; **~ować** (*-uję*) streiken; **~owy** Streik-; **~ujący** streikend; *su* **~ujący** *m* (*-ego*; *-y*), **~ująca** *f* (*-ej*; *-e*) Streikende(r)

strapi|enie *n* (*-a*) Kummer *m*; **~ony** (tief) betrübt, niedergeschlagen

strasz|ak *m* (*-a*; *-i*) Schreckschußpistole *f*; → ***straszydło***; **~liwy** (**-wie**), **~ny** furchtbar, schrecklich; *fig t.* fürchterlich; **~yć** (*-ę*) *v/t* ⟨**na-**, **prze-**⟩ erschrekken (*A*; **się** *v/i*), Angst machen/einjagen (*D*); *impf t.* schrecken (*I* mit); *v/i* ***tu ~y*** hier spukt es; **~ydło** *n* (*-a*; *G -deł*) Schreckgespenst, Popanz *m*

strat|a *f* (*-y*) Verlust *m*; *fin t.* Einbuße; ***ze ~ą*** mit Verlust; ***narazić się na ~ę*** e-e Einbuße erleiden/hinnehmen müssen

strategiczny strategisch

stratny: *być ~m* verlieren

straw|a *f* (*-y*) Nahrung; **~ić** *pf* → ***trawić***; **~ny** leichtverdaulich

straż *f* (*-y*; *-e*) Bewachung; (***przyboczna*** Leib-)Wache; ***~ przednia*** Vorhut; ***trzymać pod ~ą*** in Gewahrsam halten; → ***pożarny***; **~acki** Feuerwehr-; **~ak** *m* (*-a*; *-cy*) Feuerwehrmann; **~nica** *f* (*-y*; *-e*) Wachturm *m*; **~niczka** *f* (*-i*; *G -czek*) Wärterin, Aufseherin; **~nik** *m* (*-a*; *-cy*) Wachmann, Wächter, Aufseher

strąc|ać ⟨**~ić**⟩ hinabstoßen, hinabwerfen; *samolot* abschießen

strą|czek *m* (*-czka*; *-czki*), **~k** *m* (*-a*; *-i*) Hülse *f*, Schote *f*

stref|a *f* (*-y*) Zone; **~owy** Zonen-

stremowany nervös, aufgeregt

stres *m* (*-u*; *-y*) Streß; **~owy** Streß-

streszcz|ać (*-am*) ⟨***streścić***⟩ (*-szczę*) (kurz) zusammenfassen; ***~ać się*** sich kurz fassen; **~enie** *n* (*-a*) Zusammenfassung *f*; Inhaltsangabe *f*

stręczy|cielstwo *n* (*-a*; *0*) Kuppelei *f*; **~ć** † (*-ę*) → ***nastręczać***

striptizerka *f* (*-i*; *G -rek*) F Stripperin

strofa *f* (*-y*) Strophe

strofować (*-uję*) ermahnen, tadeln

stroić (*-ję*, *strój*) ⟨**u-**, **wy-**⟩ (aus)schmükken (**się** sich); ⟨**na-**⟩ *muz* stimmen; *RTV* abstimmen; (*t-ko impf*) *figle* machen, treiben; *miny* schneiden

stroj|e *pl* → ***strój***; **~ny** schmuck

stromy (**-mo**) steil; *góra t.*: schroff

stron|a *f* (*-y*) Seite (*t. fig*); *jur t.* Partei; (*okolica*) Gegend; ***~a świata*** Himmelsrichtung; ***na ~ę*** zur Seite, beiseite; ***ze ~y*** von der Seite; seitens; ***w ~ę*** (*G*) in Richtung (*G*, auf *A*); ***z jednej ~y ... z drugiej ~y*** einerseits ... and(e)rerseits

stronica *f* (*-y*; *-e*) *drk* Seite

stronić (*-ę*) (**od** *G*) meiden (*A*)

stronni|ctwo *n* (*-a*) *pol* Partei *f*; **~czka** *f* (*-i*; *G -czek*), **~k** *m* (*-a*; *-cy*) Anhänger(in), Verfechter(in); **~czy** (**-czo**) parteiisch, voreingenommen

stront *m* (*-u*; *0*) Strontium *n*

strop *m* (*-u*; *-y*) *bud* Decke *f*

stroskany sorgenvoll, bekümmert

stroszyć ⟨**na-**⟩ (*-ę*) sträuben (**się** sich)

strój *m* (*-oju*; *-oje*, *-ów*) Kleid *n*, Tracht *f*; Dreß, Anzug; → ***adamowy***

stróż *m* (*-a*; *-e*/*-owie*) Wächter; *fig* Hüter; *t.* → **~ka** *f* (*-i*; *G -żek*) Hausmeister(in); → ***anioł***

stru|- *pf* → ***tru-***; **~dzony** ermüdet

strug *m* (*-a*; *-i*) Hobel; **~a** *f* (*-i*) Strahl *m*; Bach *m*; **~ać** ⟨**o-**⟩ (*-am*) *figurkę* schnitzen; *tech* hobeln; F *fig* spielen

struktura *f* (*-y*) Struktur

strumie|ń *m* (*-nia*; *-nie*) Bach; *fig* Strom; ***~niem***, ***~niami*** in Strömen

strumyk *m* (*-a*; *-i*) Bächlein *n*

strun|a *f* (*-y*) Saite; ***~y głosowe*** Stimmbänder *n/pl*; **~owy** Saiten-

strup *m* (*-a*; *-y*) Schorf

strusi Straußen-; *fig* Vogel-Strauß-

struś *m* (*-sia*; *-sie*) *zoo* Strauß

strwożony verängstigt

strych *m* (*-u*; *-y*) (Dach-)Boden

stryczek *m* (*-czka*; *-czki*) Strick

stry|j *m* (*-a*; *-owie*) Onkel; **~jeczny: *brat ~jeczny*** Vetter; ***siostra ~jeczna*** Kusine; **~jenka** *f* (*-i*; *G -nek*) Tante; **~jostwo** *n* (*-a*) Onkel und/mit Tante

strzał [st·ʃ-] *m* (*-u*; *-y*) Schuß; **~a** *f* (*-y*) Pfeil *m*; **~ka** *f* (*-i*; *G -łek*) Pfeil *m*; (*igła*) Nadel; *anat* Wadenbein *n*

strząs|ać [st·ʃ-] (*-am*) ⟨***~nąć***⟩ (*-nę*) abschütteln

strzec* [st·ʃ-] (*G*) hüten (*A*); **~ się** (*G*) sich in acht nehmen, sich hüten (vor)

strzecha [st·ʃ-] *f* (*-y*) Strohdach *n*, Reetdach *n*; *fig* F (Haar-)Schopf *m*

strzel|ać [st·ʃ-] (*-am*) schießen (**do** *G* auf *A*); (*trzaskać*) knallen; **~anina** *f* (*-y*) Schießerei, F Knallerei; **~ba** *f* (*-y*) Flinte; **~ec** *m* (*-lca*; *-lcy*) Schütze; **~ectwo** *n* (*-a*; *0*) Schießsport *m*; **~ić** *pf* (*-lę*) → ***strzelać***; **~isty** (**-ście**) schlank; **~nica** *f* (*-y*; *-e*) Schießstand *m*; **~czy** Schieß-

strzem|ienne [st·ʃ-] *n* (*-ego*; *0*) Abschiedstrunk *m*; **~ię** *n* (*-enia*; *-iona*) Steigbügel *m*; *tech*, *bud* Bügel *m*
strzep|ywać [st·ʃ-] (*-uję*) ⟨**~nąć**⟩ abschütteln, abklopfen
strzeżony [st·ʃ-] bewacht
strzęp [st·ʃɛmp] *m* (*-u*; *-y*) Fetzen; **~ić** ⟨**wy-**⟩ (*-ę*) ausfransen (**się** *v/i*)
strzyc* [st·ʃ-] ⟨**o-**⟩ *włosy*, *trawę* schneiden; *owce* scheren; *psa* trimmen; **~ się** sich die Haare schneiden (lassen); *impf* **~ uszami** die Ohren spitzen
strzyk|ać [st·ʃ-] (*-am*) spritzen *v/i*; *med* stechen *v/i*; **~awka** *f* (*-i*; *G -wek*) *med* Spritze; **~nąć** *v/s* (*-nę*) → **strzykać**
strzyż|enie [st·ʃ-] *n* (*-a*) Haarschneiden; **~ony** (kahl)geschoren
stu *m-os* → **sto**; → *str. 610 i w zł.*
studen|cki studentisch, Studenten-; **~t** *m* (*-a*; *-ci*), **~tka** *f* (*-i*; *G -tek*) Student(in)
studi|a *n/pl* (*-ów*) (**medyczne** Medizin-)Studium *n* (**na**, **w** *L* an *D*); **~ować** (*-uję*) studieren; **~um** *n* (*idkl*; *-ia*, *-ów*) Studie *f*; (*badanie*) Studium; Fachbereich *m*; Fach(hoch)schule *f*
studnia *f* (*-i*; *-e*) Brunnen *m*
studniowy hundert Tage lang/alt
studzić ⟨**o-**⟩ (*-dzę*) *v/t* (ab)kühlen
studzienny Brunnen-
stuk *m* (*-u*; *-i*) Klopfen *n*, Pochen *n*; **~ać** (*-am*) ⟨**~nąć**⟩ (*-nę*) klopfen, pochen (**do** *G*, **w** *A* an *A*)
stu|lecie *n* (*-a*; *G -i*) Jahrhundert; hundertjähriges Jubiläum; **~letni** hundertjährig; **~metrówka** F *f* (*-i*; *G -wek*) Hundertmeterlauf *m*; **~procentowy** hundertprozentig
stwardni|ały verhärtet; **~enie** *n* (*-a*) *med* Verhärtung *f*; **~enie rozsiane** multiple Sklerose *f*
stwarzać (*-am*) erschaffen; schaffen
stwierdz|ać (*-am*) ⟨**~ić**⟩ feststellen; **~enie** *n* Feststellung *f*
stworz|enie *n* (*-a*; *0*) Erschaffung *f*, Schöpfung *f*; (*pl -a*) Geschöpf, Lebewesen; **~yć** *pf* → **stwarzać**
stwórca *m* (*-y*; *G -ów*) Schöpfer
styczeń *m* (*-cznia*; *-cznie*) Januar
styczna *f* (*-ej*; *-e*) *mat* Tangente
styczniowy Januar-
styczn|ość *f* (*-ści*; *0*) Verbindung, Fühlung; **wejść w ~ość** in Verbindung treten (**z** *I* mit); **~y** *mat* tangential; **punkt ~y** *fig* Berührungspunkt
stygnąć (*-nę*) ⟨**o-**, **wy-**⟩ erkalten; ⟨**za-**⟩ *lawa*, *krew*: erstarren
styk *m* (*-u*; *-i*) Berührung *f*; Kontakt; **na ~** auf Stoß; **~ać** zusammenbringen, zusammenführen; **~ać się** sich berühren; anstoßen (**z** *I* an *A*); aufeinander stoßen; **~owy** Berührungs-; Kontakt-
styl *m* (*-u*; *-e*) Stil; **~istyczny** stilistisch; **~owy** (**-wo**) Stil-; stilecht; stilvoll
stymulator *m* (*-a*; *-y*): **~ serca** Herzschrittmacher
stypa *f* (*-y*) Leichenschmaus *m*
stypend|ium *n* (*idkl*; *-ia*; *-ów*) Stipendium; **~ysta** *m* (*-y*; *-ści*, *-ów*), **-tka** *f* (*-i*; *G -tek*) Stipendiat(in)
styropian *m* (*-u*; *-y*) Styropor® *n*
styryjski stei(e)risch
subiektywny [-bjɛk-] subjektiv
sub|lokator(ka *f*) *m* Untermieter(in); **~lokatorski: pokój ~lokatorski** ein Zimmer in Untermiete; **~ordynacja** *f* Gehorsam *m*; **~skrypcja** *f* (*-i*; *-e*) Subskription; **~stancja** *f* (*-i*; *-e*) Substanz; (*materiał t.*) Stoff *m*
sub|sydiować (*-uję*) finanziell unterstützen; **~telny** subtil; **~wencjonować** (*-uję*) subventionieren
such|ar *m* (*-a*; *-y*) Zwieback; **~o** *adv* → **suchy**; **~ość** *f* (*-ści*; *0*) Trockenheit
suchoty *pl* (-) Schwindsucht *f*
such|y (*m-os susi*) trocken (*t. fig*), Trocken-; (*uschnięty t.*) dürr; (*szczupły*) hager; **wytrzeć do ~a** trockenreiben
sudecki Sudeten-
sufit *m* (*-u*; *-y*) *bud* Decke
suflet *m* (*-u*; *-y*) Soufflé *n*
sufragan *m* (*-a*; *-i*) Weihbischof
suge|rować ⟨**za-**⟩ (*-uję*) suggerieren, anregen; **~stia** [-'gɛsţja] *f* (*GDL -ii*; *-e*) Suggestion, Anregung
suita *f* (*-y*) *muz* Suite
suka *f* (*-i*) Hündin
sukces *m* (*-u*; *-y*) Erfolg; **~ja** *f* (*-i*; *-e*) Erbe *n*; Thronfolge; **~ywny** sukzessiv, allmählich
sukien|ka *f* (*-i*; *G -nek*) Kleid *n*; **~nice** *f/pl* (-) Tuchhalle *f*; **~ny** Tuch-
sukn|ia *f* (*-i*; *-e*, *-i*/*-kien*) Kleid *n*; **~o** *n* (*-a*; *G -kien*) Tuch
sułtan *m* (*-a*; *-owie*/*-i*) Sultan
sum|a *f* (*-y*) Summe; (*kwota*) Betrag *m*; *rel* Hochamt *n*; **w ~ie** insgesamt
sumien|ie *n* (*-a*) Gewissen; **~ny** gewissenhaft

S

sumować (*-uję*) zusammenrechnen; **~ się** sich summieren
sunąć (*-nę, -ń!*) (dahin)gleiten; *auto*: (dahin)rollen
supeł *m* (*-pła*; *-pły*) Knoten
super|- *w zł.* super-, Super-; **~nowoczesny** supermodern; **~sam** F *m* (*-u*; *-y*) Supermarkt
surfing [sɛr-] *m* (*-u*; *0*) Surfing *n*; **~owy** ***deska ~owa*** Surfbrett *n*
surogat *m* (*-u*; *-y*) Ersatz(stoff)
surow|cowy Rohstoff-; **~ica** *f* (*-y*; *-e*) Serum *n*; **~iec** *m* (*-wca*; *-wce*) Rohmaterial *n*, Rohstoff; **~o** *adv* (*comp -wiej*) → ***surowy***; **~ość** *f* (*-ści*; *0*) Strenge; Härte; (*klimatu*) Rauheit; **~y** roh, Roh-; hart, streng; *klimat*: rauh; ***w stanie ~ym*** *bud* im Rohbau
surówka *f* (*-i*; *G -wek*) Rohkostsalat *m*; *tech* Roheisen *n*; *włók* Rohleinen *n*
sus *m* (*-a*; *-y*) Sprung, Satz
susi *m-os* → ***suchy***
susza *f* (*-y*; *-e*) Dürre; **~rka** *f* (*-i*; *G -rek*) Trockner *m*; **~rnia** *f* (*-i*; *-e*) Trocknungsanlage; Darre
susz|enie *n* (*-a*; *0*) Trocknen, Trocknung *f*; **~ony** getrocknet, Trocken-; Dörr-; **~yć** (*-ę*) ⟨**wy-**⟩ trocknen; dörren; ***~yć sobie głowę*** (***nad*** *I*) sich den Kopf zerbrechen (über *A*)
sutanna *f* (*-y*) S(o)utane
sutek *m* (*-tka*; *-tki*) Brustwarze *f*
sutenerstwo *n* (*-a*; *0*) Zuhälterei *f*
suterena *f* (*-y*) Souterrain *n*
suty üppig, opulent
suw *m* (*-u*; *-y*) *tech*, *mot* Hub; **~ać** (*-am*) *v/t* schieben; ***~ać nogami*** mit den Füßen scharren; **~ak** *m* (*-a*; *-i*) (***logarytmiczny*** Rechen-)Schieber; F → ***ekler***
suwerenność *f* (*-ści*; *0*) Souveränität
suwnica *f* (*-y*; *-e*) *tech* Kran *m*
swa (*ściągn* ***swoja***) → ***swój***
swar|liwy (**-*wie***) zänkisch, streitsüchtig; **~y** *pl* (*-ów*) Gezänk *n*, Streitereien *f/pl*
swastyka *f* (*-i*) Hakenkreuz *n*
swat *m* (*-a*; *-owie*/*-ci*), **~ka** *f* (*-i*; *G -tek*) Brautwerber(in); Ehestifter(in); **~y** *pl* (*-ów*) Brautwerbung *f*; Brautschau *f*
swawol|a *f* (*-i*; *-e*) Ausgelassenheit; *pl t.* lustige Streiche *m/pl*; **~ić** (*-lę*) übermütig (umher)tollen, ausgelassen sein; **~ny** ausgelassen, übermütig; → ***figlarny***
swąd *m* (*swędu*; *zw. 0*) Brandgeruch
swe (*ściągn* ***swoje***) → ***swój***

S

sweter *m* (*-tra*; *-try*) Pullover; (*zapinany*) Strickjacke *f*
swędz|enie *n* (*-a*; *0*) Juckreiz *m*; **~i(e)ć** (*-dzę*) jucken *v/i*
swobod|a *f* (*-y*) Freiheit; Ungezwungenheit; **~ny** frei; zwanglos
swo|i *m-os* → ***swój***; **~isty** (**-*ście***) eigen(tümlich); charakteristisch; **~ja**, **~je** → ***swój***; *su* ***~je*** *n* (*-ego*; *0*) eigenes Geld, eigener Besitz *itp.*; ***obstawać przy ~im*** bei seiner/ihrer Meinung bleiben; ***postawić na ~im*** s-n/ihren Willen durchsetzen; ***robić ~je*** s-e/ihre Arbeit / Pflicht tun; den Zweck nicht verfehlen; → ***czas***, ***dopiąć***; **~jski** (**-*ko***) heimisch, vertraut; gemütlich; Haus-
swój *poss* (***swoja*** *f*, ***swoje*** *n i pl*, ***swoi*** *m-os*) sein(e), ihr(e), mein(e), dein(e), unser(e) (*często* + eigen); ***swoje rzeczy*** seine/ihre/meine/deine/unsere (eigene) Sachen; ***swoimi słowami*** mit eigenen Worten; ***chodzić swoimi drogami*** eigene Wege gehen; ***na ~ sposób*** auf seine/ihre Art; *su* → ***krewny***, ***rodaczka***, ***rodak***, ***swoje***
syberyjski, **sybirski** sibirisch
sycić ⟨***na-***⟩ (*-cę*) satt machen, sättigen
sycylijski sizilianisch
syczeć (*-ę*, *-y*) zischen
syfon *m* (*-u*; *-y*) Siphon
sygnalizator *m* (*-a*; *-y*) (***pożarowy*** Feuer-)Melder; ***~ alarmowy*** Alarmanlage *f*
sygnał *m* (*-u*; *-y*) Signal *n*; (**czasu** Zeit-)Zeichen *n*; *mot* (***świetlny*** Licht-)Hupe *f*; ***~ wzywania pomocy*** Notruf
sygnet *m* (*-u*; *-y*) Siegelring; *drk* Signet *n*
syjamski siamesisch
syjonistyczny zionistisch
syk *m* (*-u*; *-i*) Zischen *n*; **~ać** (*-am*), **~nąć** *v/s* (*-nę*) zischen
sylab|a *f* (*-y*) Silbe; **~izować** (*-uję*) silbenweise (mühsam) lesen
syl|westrowy Silvester-; **~wetka** *f* (*-i*; *G -tek*) Silhouette; *fig* Gestalt
symbol *m* (*-u*; *-e*) Symbol *n*; Wahrzeichen *n*; **~iczny** symbolisch
symetryczny symmetrisch
symfoni|a [-ˈfɔn̩ja] *f* (*GDL -ii*; *-e*) Symphonie; **~czny** symphonisch
sympat|ia [-ˈpat̩ja] *f* (*GDL -ii*; *-e*) Sympathie, Zuneigung; F Freund(in), Flamme; ***czuć ~ię*** (***do*** *G*) sich hingezogen fühlen (zu); **~yczny** sympathisch; **~yk** *m* (*-a*; *-cy*) Sympathisant(in)

symptom *m* (*-u*; *-y*) Symptom *n*
symul|ować (*-uję*) simulieren; **~taniczny** simultan
syn *m* (*-a*, *VL -u*; *-owie*) Sohn
synagoga *f* (*-i*) Synagoge
synchro|niczny synchron; **~nizować** ⟨**z-**⟩ (*-uję*) synchronisieren
syndyk *m* (*-a*; *-cy*/*-owie*) Syndikus
synek *m* (*-nka*; *-nkowie*) Söhnchen *n*
syngiel *m* (*-gla*; *-gle*) *sport* Single *n*
syno|d *m* (*-u*; *-y*) Synode *f*; **~nim** *m* (*-u*; *-y*) Synonym *n*; **~nimiczny** synonym
synoptyczny synoptisch; Wetter-
synow|a *f* (*-ej*; *-e*) Schwiegertochter; **~ski** Sohnes-; ***po -ku*** wie ein Sohn
syntetyczny synthetisch, Synthetik-
sypać (*-ię*) *v/t* schütten; streuen; (*rozdawać itp.*) um sich werfen (mit); *wał* aufschütten; F (*k-o*) verpfeifen; *v/i śnieg*: dicht fallen; **~ *się*** (heraus)rieseln (**z** *G* aus); *tynk*: bröckeln; *wąsy*: sprießen; *fig* hageln, regnen; *iskry*: sprühen
sypial|nia *f* (*-i*; *-e*, *-i*/*-ń*) Schlafzimmer *n*, Schlafraum *m*; **~ny** Schlaf-
syp|ki locker, lose; streufähig; **~nąć** *v/s* (*-nę*) → ***sypać***
syrena *f* (*-y*) Sirene; (Signal-)Horn *n*
syrop *m* (*-u*; *-y*) Sirup
syryjski syrisch, Syrien-
system *m* (*-u*; *-y*) System *n*; **~atyczny** systematisch
syt|ny sättigend; **~ość** *f* (*-ści*; *0*) Sattheit
sytuac|ja *f* (*-i*; *-e*) Situation; **~yjny** Situations-, Lage-
sytuowa|ć ⟨**u-**⟩ (*-uuję*) plazieren, (hin)stellen; ***dobrze ~ny*** gut situiert
syty (*praed* ***do syta***) satt
szabas *m*, **szabat** *m* (*-u*; *-y*) Sabbat
szaber F *m* (*-bru*; *0*) Plünderung *f*
szabla *f* (*-i*; *-e*) Säbel *m*
szablon *m* (*-u*; *-y*) Schablone *f*; **~owy** (**-wo**) schablonenhaft
szabrować F (*uję*) plündern
szach *m* (*-a*; *-owie*) Schah; (*-u*/*-a*; *0*) Schach; ***dać ~a*** Schach bieten; *t-ko pl* **~y** (*-ów*) Schach(spiel) *n*; **~ista** *m* (*-y*; *-ści*, *-ów*), **-tka** *f* (*-i*; *G -tek*) Schachspieler(in); **~ownica** *f* (*-y*; *-e*) Schachbrett *n*
szachr|aj *m* (*-a*; *-e*), **~ajka** *f* (*-i*; *G -jek*) Schwindler(in); **~ajstwo** *n* (*-a*) Schwindel *m*; **~ować** (*-uję*) mogeln
szachy *pl* → ***szach***
szacować ⟨**o-**⟩ (*-uję*) (ab)schätzen
szacun|ek *m* (*-nku*; *0*) Wertschätzung *f*; (*ocena*) Schätzung *f*; → ***wyraz***; **~kowo** *adv* schätzungsweise
szafa *f* (*-y*) Schrank *m*
szafir *m* (*-u*; *-y*) Saphir
szafk|a *f* (*-i*; *G -fek*) Schränkchen *n*; ***~a nocna*** Nachttisch *m*; **~owy** Schrank-
szafować (*-uję*) (*I*) aasen (mit)
szafran *m* (*-u*; *-y*) Safran
szajka *f* (*-i*; *G -jek*) Bande
szal *m* (*-a*; *-e*) Schal
szala *f* (*-i*; *-e*) Waagschale
szalbierstwo *n* (*-a*) (Zech-)Prellerei *f*
szale|ć (*-eję*) toben, wüten; außer sich sein (**z** *G* vor); F verrückt sein (**za** *I* nach); **~niec** *m* (*-ńca*; *-ńcy*) Wahnsinnige(r); **~ńczy** (**-czo**) wahnsinnig; **~ństwo** *n* (*-a*) Wahnsinn *m*
szalet *m* (*-u*; *-y*) Bedürfnisanstalt *f*
szalik *m* (*-a*; *-i*) Schal, Halstuch *n*
szalony wahnsinnig, toll; wild
szalować ⟨**o-**⟩ (*-uję*) (ver)schalen
szalupa *f* (*-y*) *mar* Schaluppe
szał *m* (*-u*; *0*) Raserei *f*; (***miłosny*** Liebes-)Rausch; ***wpaść w ~*** e-n Tobsuchtsanfall bekommen; → ***furia***
szałas *m* (*-u*; *-e*) (Laub-)Hütte *f*
szałowy F toll, ganz groß
szałwia [-ỹĭa] *f* (*GDL -ii*; *-e*) Salbei *m*
szamotać (*-czę*/*-cę*) (*I*) zerren (an *D*); **~ *się*** zappeln; raufen *v/i*, sich balgen
szampa|n *m* (*-a*; *0*) Champagner, Sekt; **~ński** Champagner-, Sekt-
szampon *m* (*-u*; *-y*) Shampoo *n*
szaniec *m* (*-ńca*; *-ńce*) Schanze *f*
szanow|ać (*-uję*) ehren, achten; *prawo* beachten; *ubranie*, *zdrowie* schonen; **~ny** ehrenwert; (***wielce*** sehr) geehrt
szansa [ˈʃãsa] *f* (*-y*; *-e*) Chance
szantaż *m* (*-u*; *-e*) Erpressung *f*; **~ować** (*-uję*) erpressen; **~ysta** *m* (*-y*; *-ści*, *-ów*), **-tka** *f* (*-i*; *G -tek*) Erpresser(in)
szarak *m* (*-a*; *-i*) (Feld-)Hase
szarańcza *f* (*-y*; *-e*, *-y*) Heuschrecke
szarfa *f* (*-y*) Schärpe; Schleife
szarlata|neria [-ˈnɛr̃ĭa] *f* (*GDL -ii*; *0*), **~ństwo** *n* (*-a*) Scharlatanerie *f*
szarlotka *f* (*-i*) Apfelstrudel *m*
szaro *adv* grau; *w zł.* grau-; **~tka** *f* (*-i*; *G -tek*) Edelweiß *n*; **~zielony** graugrün
szarówka *f* (*-i*; *G -wek*) Dämmerung
szarp|ać (*-ię*) *v/t* ⟨**po-**, **roz-** zer⟩reißen; zerren, zupfen (**za** *A* an *D*); *v/i* rucken; ***~ać się*** zappeln; **~nąć** *v/s* (*-nę*) → ***szarpać***; **~nięcie** *n* (*-a*) Ruck *m*

S

szaruga *f* (*-i*) Regenwetter *n*
szary (*m-os -rzy*) grau, Grau-; F ***na ~m końcu*** ganz am Ende, als Schlußlicht
szarz|eć (*-eję*) grau schimmern; ⟨**po-**⟩ grau werden; **~eje** es dämmert; **~y** → ***szary***; **~yzna** *f* (*-y*; *0*) *fig* Einerlei *n*
szastać (*-am*) → ***szafować***
szata *f* (*-y*) Gewand *n*; *drk* Ausstattung
szata|n *m* (*-a*; *-y*/*-i*) Satan; *bot* Satanspilz; **~ński** Satans-, satanisch
szatkować (*-uję*) *kulin* hobeln, raspeln
szatnia *f* (*-i*; *-e*) Garderobe; **~rka** *f* (*-i*; *G -rek*) Garderobenfrau
szatyn *m* (*-a*; *-i*), **~ka** *f* (*-i*; *G -nek*) Dunkelhaarige(r), Braunhaarige(r)
szczać V (*-ę*) pissen
szczapa *f* (*-y*) (Holz-)Scheit *n*
szczaw *m* (*-wiu*; *-wie*, *-wi*) Sauerampfer
szczątł|ek *m* (*-tku*; *-tki*) Rest; ***~ki*** *pl t.* Wrack(teile *pl*) *n*; **~kowy** Rest-
szczeb|el *m* (*-bla*; *-ble*) Sprosse *f* (*t. fig*); *pol* ***na ... ~lu*** auf ... Ebene
szczebiot *m* (*-u*; *-y*) Gezwitscher *n*; *fig* Geplapper *n*; **~ać** (*-czę*/*-cę*) zwitschern; *dziecko*: plappern
szczecina *f* (*-y*) Borsten *f*/*pl*
szczególn|ie *adv* besonders; **~ość** *f* (*-ści*; *0*) Besonderheit; ***w ~ości*** insbesondere; **~y** besonder; Sonder-
szczegół *m* (*-u*; *-y*) Einzelheit *f*; **~owy** (**-wo**) ausführlich, mit/in allen Einzelheiten; (peinlich) genau; sorgfältig
szczekać (*-am*) bellen, F kläffen
szczel|ina *f* (*-y*) Spalt *m*, Ritze; *geol* Spalte; **~ny** dicht, hermetisch
szczeni|ak *m* (*-a*; *-i*) *pej* Bengel, Schnösel; → **~ę** *n* (*-ęcia*; *-ęta*) Welpe *m*
szczep *m* (*-u*; *-y*) Stamm (*t. biol*); *agr* Pfropfreis *n*; **~ić** ⟨**za-**⟩ (*-ę*) *med* impfen; *agr* (auf)pfropfen; *fig* einimpfen; **~ienie** *n* (*-a*) *med* Impfung *f*; **~ionka** *f* (*-i*; *G -nek*) Impfstoff *m*
szczerba *f* (*-y*) Scharte, Lücke; **~ty** mit Zahnlücken; → ***wyszczerbiony***
szczero|rość *f* (*-ści*; *0*) Aufrichtigkeit; **~ry** (*m-os -rzy*) aufrichtig; freimütig; (*czysty*) lauter, pur; **~rze** *adv* aufrichtig
szczerzyć ⟨**wy-**⟩ (*-ę*): **~ zęby** die Zähne fletschen; *iron* F (**do** *G*) anlächeln (*A*)
szczędzić (*-dzę*): **nie ~** (*G*) nicht scheuen (*A*); nicht geizen (mit)
szczęk *m* (*-u*; *-i*) Rasseln *n*, Klirren *n*, Geklirr *n*; **~a** *f* (*-i*) *anat* Kiefer *m*; *tech* Backe; ***sztuczna ~a*** (künstliches) Gebiß *n*; **~ać** (*-am*) rasseln, klirren
szczęś|ciara F *f* (*-y*), **~ciarz** F *m* (*-a*; *-e*) Glückspilz *m*; **~cić się**: ***~ci mu się*** er hat Glück; **~cie** *n* (*-a*; *0*) Glück; ***~ciem***, ***na ~cie*** zum Glück, glücklicherweise; **~liwy** (**-wie**) glücklich
szczod|ry (*m-os -rzy*), **~rze** *adv* großzügig, freigebig, nobel
szczot|eczka *f* (*-i*; *G -czek*) (**do zębów** Zahn-)Bürste; **~ka** *f* (*-i*; *G -tek*) Bürste; ***~ka do zamiatania*** Kehrbesen *m*; **~kować** ⟨**wy-**⟩ (*-uję*) (aus)bürsten
szczuć ⟨**po-**⟩ (*-uję*) *v*/*t* hetzen
szczudło *n* (*-a*; *G -deł*) Stelze *f*; → ***kula²***
szczupak *m* (*-a*; *-i*) Hecht
szczup|leć ⟨**ze-**⟩ (*-eję*) schlank werden; **~ły** (**-ło**) schlank; *fig* knapp; klein
szczu|r *m* (*-a*; *-y*) Ratte *f*; **~rzy** Ratten-
szczwany schlau, durchtrieben
szczycić się (*-cę*) (*I*) stolz sein (auf *A*)
szczygieł *m* (*-gła*; *-gły*) Stieglitz
szczy|pać (*-ię*) zwicken, kneifen; *trawę* rupfen; *dym*: beißen; **~pce** *pl* (*-piec*) Zange *f*; → ***kleszcze***; **~piorek** *m* (*-rku*; *0*) Schnittlauch; **~pta** *f* (*-y*) Prise
szczyt *m* (*-u*; *-y*) Gipfel (*t. fig*); *bud* Giebel(wand *f*) *m*; (*łóżka*, *stołu*) Kopfende *n*; ***godziny*** *f*/*pl* **~u** Stunden *f*/*pl* der Spitzenbelastung; Hauptverkehrszeit *f*; ***spotkanie na szczycie*** Gipfeltreffen; **~ny** ruhmreich; **~owy** Gipfel-; *fig* Spitzen-; *bud* Giebel-
szedł(em) *3.* (*1.*) *os. praet sg* → ***iść***
szef *m* (*-a*; *-owie*) Chef(in); **~owa** F *f* (*-ej*; *-e*) Chefin
szejk *m* (*-a*; *-owie*) Scheich
szele|st *m* (*-u*; *-y*) Rascheln *n*; Rauschen *n*; **~ścić** (*-szczę*) rascheln; rauschen
szelki *pl* (*-lek*) (Hosen-)Träger *m*/*pl*
szelma *f*/*m* (*-y*; *G -*/*-ów*) Schelm *m*
szemrać (*-rzę*) *deszcz*, *drzewa*: rauschen; *strumyk*: murmeln; *fig* murren
szep|nąć *v*/*s* (*-nę*) (zu)flüstern; **~t** *m* (*-u*; *-y*) Flüstern *n*; **~tać** (*-czę*/*-cę*) flüstern; **~tany** Flüster-
szereg *m* (*-u*; *-i*) Reihe *f* (*t. fig*)
szeregow|ać ⟨**u-**⟩ (*-uję*) aneinanderreihen; ordnen; **~iec** *m* (*-wca*; *-wcy*) Soldat, Gemeine(r); **~y** Reihen-; *su m-os* **~i** (*-ych*) *mil* Mannschaften *f*/*pl*
szermie|rka *f* (*-i*; *0*) Fechtkunst; *su* (*pl -i*, *-rek*) → **~rz** *m* (*-a*; *-e*) Fechter(in)
szerok|i (*m-os -ocy*) breit, Breit-; *fig t.* weit(läufig); **~o** *adv* breit; weit

S

szeroko|kątny *fot* Weitwinkel-; **~ść** *f* (*-ści*) Breite (*t. geogr*); Weite; **~torowy** *kolej* Breitspur-
szerszeń *m* (*-nia*; *-nie*, *-ni*) Hornisse *f*
sze|rszy, **~rzej** *comp* → ***szeroki***, ***-ko***
szerzyć (*-ę*) verbreiten (***się*** sich)
szesna|sto- *w zł.* sechzehn-; **~sty** sechzehnte; **~ście** sechzehn; → *str. 610*
sześci|an *m* (*-u*; *-y*) *mat* Würfel, Kubus; ***podnieść do ~anu*** in die dritte Potenz erheben; **~enny** kubisch; Kubik-
sześ|cio- *w zł.* sechs-; **~ciokrotny** sechsmalig, sechsfach; **~cioletni** sechsjährig; **~ciu** *m-os*, **~ć** sechs; → *str. 610*
sześć|dziesiąt sechzig; → *str. 610*; **~set** sechshundert; → *str. 610*
szew *m* (*szwu*; *szwy*) Naht *f*; *med* ***zdjąć szwy*** Fäden ziehen; ***bez szwu*** nahtlos
szew|c *m* (*-a*; *-y*) Schuhmacher, F Schuster; **~ski** Schuhmacher-, Schuster-
szkalować ⟨**o-**⟩ (*-uję*) verleumden
szkapa *f* (*-y*) Mähre, Klepper *m*
szkaradny häßlich, abscheulich
szkarlatyna *f* (*-y*; *0*) *med* Scharlach *m*
szkatułka *f* (*-i*; *G -łek*) Schatulle
szkic *m* (*-u*; *-y*) Skizze *f*; **~ować** ⟨***na-***⟩ (*-uję*) skizzieren; **~owo** *adv* skizzenhaft
szkielet *m* (*-u*; *-y*) Skelett *n*, Gerippe *n* (*t. fig*); *fig t.* Gerüst *n*
szkiełko *n* (*-a*; *G -łek*) (Uhr-)Glas
szkla|nka *f* (*-i*; *G -nek*) (Trink-)Glas *n*; **~ny** gläsern, Glas-; glasig; **~rnia** *f* (*-i*; *-e*) Gewächshaus *n*; **~rski** Glaser-; **~rz** *m* (*-a*; *-e*, *-y*) Glaser
szkli|ć ⟨**o-**⟩ (*-lę*, *-lij!*) verglasen; **~sty** (***-ście***) glasig; **~wo** *n* (*-a*) Glasur *f*
szkło *n* (*-a*; *G szkieł*) Glas
szkocki (***po -ku***) schottisch
szkod|a¹ *f* (*-y*; *G szkód*) Schaden *m*; ***na ~ę, ze ~ą dla*** (*G*) zum Schaden (von); **~a²** *adv* schade (*G* um);***jaka ~a!*** wie schade!; **~liwość** *f* (*-ści*; *0*) Schädlichkeit; **~liwy** (***-wie***) schädlich; **~nik** *m* (*-a*; *-i*) Schädling
szkodz|ić (*-dzę*) schaden; ***co to ~i?*** was schadet es?; ***nie ~i*** es macht nichts
szkol|enie *n* (*-a*) Schulung *f*, Ausbildung *f*; **~ić** ⟨***wy-***⟩ (*-lę*) schulen, ausbilden; **~nictwo** *n* (*-a*; *0*) Schulwesen; **~ny** schulisch, Schul-
szkoła *f* (*-y*; *G szkół*) Schule (*t. fig*)
szkopuł *m* (*-u*; *-y*) Schwierigkeit *f*
Szkot *m* (*-a*; *-ci*) Schotte; **~ka** *f* (*-i*; *G -tek*) Schottin

szkółka *f* (*-i*; *G -łek*) *sport* Anfängerkurs *m*; *leśn* Baumschule, Forstgarten *m*
szkuner *m* (*-a*; *-y*) *mar* Schoner
szkwał *m* (*-u*; *-y*) (Wind-)Bö *f*
szlaban *m* (*-u*; *-y*) Schranke *f*
szlach|cianka *f* (*-i*; *G -nek*), **~cic** *m* (*-a*; *-e*) Adlige(r); **~ecki** Adels-
szlachetn|ość *f* (*-ści*; *0*) Edelmut *m*; das Edle (*G* an *D*); **~y** edel; edelmütig
szlachta *f* (*-y*; *0*) *zbior* Adel *m*
szlafrok *m* (*-a*; *-i*) Morgenrock
szlak *m* (*-u*; *-i*) Straße *f*; Strecke *f*, Route *f*; (***życia*** Lebens-)Weg; (*pas*) Streifen
szlam *m* (*-u*; *-y*) Schlamm
szli *3. os. praet pl* → ***iść***
szlifować ⟨**o-**⟩ (*-uję*) *tech* schleifen
szlochać (*-am*) schluchzen
szła(m) *3. (1.) os. praet sg* → ***iść***
szmacia|ny: ***lalka ~na*** Stoffpuppe *f*; **~rz** *m* (*-a*; *-e*) Lumpensammler
szmaragd *m* (*-u*; *-y*) Smaragd
szmat *m*: ***~ drogi*** ein langer Weg; ***~ czasu*** lange Zeit; **~a** *f* (*-y*) Fetzen *m*, Lumpen *m*; → **~ka** *f* (*-i*; *G -tek*) Lappen *m*
szmelc F *m* (*-u*; *0*) Schrott
szmer *m* (*-u*; *-y*) Geräusch *n*
szminka *f* (*-i*; *G -nek*) Schminke
szmuglować (*-uję*) schmuggeln
sznur *m* (*-a*; *-y*) Schnur *f*; *fig* Schlange *f*, Reihe *f*; ***~ do bielizny*** Wäscheleine *f*; **~ek** *m* (*-rka*; *-rki*) Bindfaden, Strick; **~owadło** *n* (*-a*; *G -deł*) Schnürsenkel *m*
sznycel *m* (*-cla*; *-cle*) Schnitzel *n*
szofer *m* (*-a*; *-rzy*) Chauffeur, Fahrer; **~ka** F *f* (*-i*; *G -rek*) Fahrerkabine
szok *m* (*-u*; *-i*) Schock; **~ować** ⟨***za-***⟩ (*-uję*) schockieren; **~owy** Schock-
szop *m* (*-a*; *-y*) Waschbär
szop|a *f* (*-y*) Schuppen *m*; **~ka** *f* (*-i*; *G -pek*) *rel* Krippe(nspiel *n*) *f*
szorować ⟨***wy-***⟩ (*-uję*) scheuern
szorstki (***-ko***) rauh; *fig t.* schroff, barsch
szorty *pl* (*-ów*) Shorts *pl*
szosa *f* (*-y*) Chaussee, (Land-)Straße
szowinistyczny chauvinistisch
szóst|ka *f* (*-i*; *G -tek*) Sechs, F Sechser *m*; **~y** sechste; → *str. 611*
szpachlować (*-uję*) (ver)spachteln
szpa|da *f* (*-y*) Degen *m*; **~dzista** *m* (*-y*; *-ści*), **-tka** *f* (*-i*; *G -tek*) Degenfechter(in)
szpa|gat *m* (*-u*; *-y*) Spagat; (*sznurek*) Bindfaden; **~k** *m* (*-a*; *-i*) *zoo* Star; **~kowaty** graumeliert; *koń*: grau; **~ler** *m* (*-u*; *-y*) Spalier *n*; **~ra** *f* (*-y*) Ritze

szparag *m* (*-a*; *-i*): *zw.* **~i** *pl* Spargel *m*
szpargał *m* (*-u*; *-y*) F Wisch
szpecić (*-cę*) häßlich machen; ⟨**o-**, **ze-**⟩ verunstalten, entstellen
szperać (*-am*) (durch)stöbern, kramen
szpetny häßlich, garstig
szpic *m* (*-a*; *-e*) Spitze *f*; **~el** *m* (*-cla*; *-cle*) *pej* Spitzel, Schnüffler; **~ruta** *f* (*-y*) Reitpeitsche
szpieg *m* (*-a*; *-dzy*) Spion
szpiego|stwo *n* (*-a*; *0*) Spionage *f*; **~wać** (*-uję*) spionieren; **~wski** Spionage-
szpik *m* (*-u*; *0*) Mark; → ***kość***
szpilk|a *f* (*-i*; *G -lek*) Stecknadel; (*do włosów*) Haarnadel; **~owy** Nadel-
szpinak *m* (*-u*; *-i*) Spinat
szpital *m* (*-a*; *-e*) Krankenhaus *n*; *mil* Lazarett *n*; **~ny** Krankenhaus-
szpon *m* (*-a*; *-y*) Kralle *f*, Klaue *f*
szprotka *f* (*-i*; *G -tek*) Sprotte
szprycha *f* (*-y*) (Rad-)Speiche
szprycować (*-uję*) (ab)spritzen
szpul|a *f* (*-i*; *-e*), **~ka** *f* (*-i*; *G -lek*) Spule
szrama *f* (*-y*) Narbe; Schramme
szreń *f* (*-i*; *0*) Firn *m*
szron *m* (*-u*; *0*) (Rauh-)Reif
sztab *m* (*-u*; *-y*) (***główny*** General-)Stab
sztab|a *f* (*-y*) Stange, Stab *m*; **~a *złota*** Goldbarren *m*; **~owy¹** Stabs-; **~owy²** Stangen-; Barren-
sztacheta *f* (*-y*) (Zaun-)Latte, Stakete
sztafet|a *f* (*-y*) Staffel; **~owy: *bieg* ~owy** Staffellauf
sztaluga *f* (*-i*) Staffelei
sztandar *m* (*-u*; *-y*) Fahne *f*; **~owy** Fahnen-; *su m* (*-ego*; *-i*) Fahnenträger
sztang|a *f* (*-i*) *sport* Scheibenhantel; **~ista** *m* (*-y*; *-ści*) Gewichtheber
sztolnia *f* (*-i*; *-e*) *gór* Stollen *m*
szton *m* (*-a*/*-u*; *-y*) Spielmarke *f*
sztorc: *na* ~ hochkant
sztorm *m* (*-u*; *-y*) Sturm; **~owy** Sturm-
sztruksowy Kord(samt)-
sztucz|ka *f* (*-i*; *G -czek*) Trick *m*, Kniff *m*; **~ny** künstlich, Kunst-; gekünstelt
sztućce *m*/*pl* (*-ów*) (Eß-)Besteck *n*
sztufada *f* (*-y*) Rinderschmorbraten *m*
sztuk|a *f* (*-i*) Kunst; (*jednostka*, *utwór*) Stück *n*; (*cyrkowa itp.*) Kunststück *n*; ***historia* ~i** Kunstgeschichte; **~ować** (*-uję*) ⟨***nad-*** an⟩stückeln
szturch|ać (*-am*) ⟨**~nąć**⟩ (*-nę*) stoßen, schubsen; knuffen
szturm *m* (*-u*; *-y*) Sturm, Angriff; **~ować** (*-uję*) stürmen, angreifen
sztych *m* (*-u*; *-y*) Stoß, (*t. rycina*) Stich
sztygar *m* (*-a*; *-rzy*) *gór* Steiger
sztylet *m* (*-u*; *-y*) Dolch
sztywn|ieć ⟨**ze-**⟩ (*-eję*) steif werden; erstarren; **~y** (**-*no***) steif (*t. fig*); starr; *cena*: fest
szubienica *f* (*-y*; *-e*) Galgen *m*
szubrawiec *m* (*-wca*; *-wcy*) *pej* Schuft
szuf|la *f* (*-i*; *-e*) Schaufel, Schippe; **~lada** *f* Schublade, Schubfach *n*; **~lować** (*-uję*) schaufeln, schippen
szukać ⟨**po-**⟩ (*-am*) (*G*) suchen (*A*)
szuler *m* (*-a*; *-rzy*) Falschspieler
szum *m* (*-u*; *-y*) Geräusch *n*; (*fal*, *drzew itp.*) Rauschen *n*; F *fig* Lärm; **~ieć¹** (*-ę*, *-i*) rauschen; laut zugehen; **~ieć²** (*-ę*, *-i*) schäumen; **~*ieć w głowie*** F zu Kopf steigen; **~ny** geräuschvoll; rauschend (*t. fig*); *słowa*: hochtrabend; **~owiny** *f*/*pl* (-) Schaum *m*
szur|ać (*-am*), **~gotać** (*-czę*/*-cę*) schaben, scharren (***nogami*** mit den Füßen)
szus *m* (*-u*; *-y*) *sport* Schußfahrt *f*; F *fig* Schnapsidee *f*, blöder Einfall
szuter *m* (*-tru*; *0*) Schotter
szuwary *m*/*pl* (*-ów*) Schilf(dickicht) *n*
szwaczka *f* (*-i*; *G -czek*) Näherin
szwagier *m* (*-gra*; *-growie*) Schwager; **~ka** *f* (*-i*; *G -rek*) Schwägerin
Szwajcar *m* (*-a*; *-rzy*), **~ka** *f* (*-i*; *G -rek*) Schweizer(in); **2ski** Schweizer *adj*
szwalnia *f* (*-i*; *-e*) Näherei
szwankować (*-uję*) nicht recht funktionieren, zu wünschen übriglassen
Szwed *m* (*-a*; *-dzi*) Schwede; **~ka** *f* (*-i*; *G -dek*) Schwedin
szwedzki (***po -ku***) schwedisch
szwu, **szwy** → ***szew***
szyb *m* (*-u*; *-y*) Schacht; **~ *naftowy*** Erdölbohrloch *n*; **~ *do śmieci*** Müllschlukker; **~a** (*-y*) (Fenster-)Scheibe
szyb|ciej *comp adv* → **~ki** (**-*ko***) schnell
szybko|strzelny *mil* Schnellfeuer-; **~ściomierz** *m* (*-a*; *-e*) Geschwindigkeitsmesser; **~ściowy** schnell-, Schnell-; **~ść** *f* (*-ści*) Geschwindigkeit; Schnelligkeit
szybow|ać (*-uję*) gleiten, segeln; **~iec** *m* (*-wca*; *-wce*) Segelflugzeug *n*; **~nictwo** *n* (*-a*; *0*) Segelfliegerei *f*; **~nik** *m* (*-a*; *-cy*) Segelflieger(in); **~y** *gór* Schacht-
szybszy *comp* (*m-os -bsi*) → ***szybki***
szyci|e *n* (*-a*) Nähen; ***do* ~a** Näh-
szyć ⟨**u-**⟩ (*-ję*) nähen; schneidern

szydełko *n* (*-a*; *G -łek*) Häkelhaken *m*
szyder|czy (**-czo**) höhnisch, Hohn-; **~stwo** *n* (*-a*) Hohn *m*
szydło *n* (*-a*; *G -deł*) Ahle *f*, Pfriem *m*
szydzić (*-dzę*) (**z** *G*) verhöhnen (*A*)
szyfr *m* (*-u*; *-y*) Chiffre *f*; **~ować** ⟨**za-**⟩ (*-uję*) chiffrieren, verschlüsseln
szyj|a *f* (*szyi*; *-e*, *-*), **~ka** *f* (*-i*; *G -jek*) Hals *m*; **~ny** Hals-
szyk[1] *m* (*-u*; *0*) Schick, Eleganz *f*
szyk[2] *m* (*-u*; *0*) Ordnung *f*; Formation *f*; *gr* Wortfolge *f*; *t-ko pl* **~i** (*-ów*) Reihen *f*/*pl*; *fig* **poplątać ~i** (*D*) die Pläne durchkreuzen (*G*, von j-m)
szykować F ⟨**na-**, **przy-**⟩ (*-uję*) (vor)bereiten (**się** sich; **do** *G* auf *A*, zu)
szyl|d *m* (*-u*; *-y*), **~dzik** *m* (*-a*; *-i*) Schild *n*
szyling *m* (*-a*; *-i*) Schilling
szympans *m* (*-a*; *-y*) Schimpanse
szyna *f* (*-y*) Schiene (*t. med*)
szynel *m* (*-a*/*-u*; *-e*) *mil* Mantel
szynka *f* (*-i*) Schinken *m*
szynowy Schienen-; schienengebunden
szyper *m* (*-pra*; *-prowie*) Schiffer
szypszyna *f* (*-y*) Heckenrose
szyszka *f* (*-i*; *G -szek*) *bot* Zapfen *m*

Ś

ścian|a *f* (*-y*) Wand; *mat* (Seiten-)Fläche; **mieszkać przez ~ę** Wand an Wand wohnen; **~ka** *f* (*-i*; *G -nek*) (**z desek** Bretter-)Wand; Verschlag *m*
ściąć* *pf* → **ścinać**
ściąg|acz *m* (*-a*; *-e*) Strickbündchen *n*; **~aczka** *f* (*-i*; *G -czek*) Spickzettel *m*; **~ać** (*-am*) ⟨**~nąć**⟩ *v/t* herunterziehen, hinunterziehen; *skórę*, *pierścionek* abziehen (*t. fig*, *tech*); *wino t.* abfüllen; *buty*, *ubranie* ausziehen; *uwagę itp.* ziehen (**na siebie** auf sich); *podatki* einziehen; *wojska*, *brwi* zusammenziehen (**się** sich); F (*w szkole*) abschreiben; *zw. pf* (*ukraść*) klauen, stibitzen; *v/i ludzie*: zusammenströmen
ściec* *pf* → **ściekać**
ścieg *m* (*-u*; *-i*) Stich, Naht *f*; Strickart *f*
ściek *m* (*-u*; *-i*) Abfluß(rinne *f*) *m*; Gosse *f*; **~ać** (*-am*) ⟨**~nąć**⟩ abfließen
ściemni|ać (*-am*) ⟨**~ć**⟩ (*-ę*, *-nij!*) → **przyciemniać**; **~a się** es wird dunkel; **~eć** *pf* dunkel/dunkler werden
ście|nny Wand-; **~rać** (*-am*) *skórę* abreiben (**się** sich); *kulin* reiben; (*gumką*) ausradieren; *kurz* abwischen; **~rka** *f* (*-i*; *G -rek*) (Geschirr-, Scheuer-)Tuch *n*
ścier|nisko *n* (*-a*) Stoppelfeld; **~ny** *tech* Schleif-, Schmirgel-; **~pieć** *pf* ertragen, erdulden; **~pnąć** *pf* → **cierpnąć**
ścieśni|ać (*-am*) ⟨**~ć**⟩ (*-ę*, *-nij!*) (**się**) verengen (sich); zusammendrängen (sich); **~ć szeregi** aufschließen *v/i*
ścieżka *f* (*-i*; *G -żek*) Pfad *m*, (schmaler) Weg; (**dźwiękowa** Ton-)Spur; **~ zdrowia** Trimm-dich-Pfad *m*
ścięgno *n* (*-a*; *G -gien*) *anat* Sehne *f*
ścięty abgeschnitten; **stożek ~** Kegelstumpf; **ostro ~** abgeschrägt
ściga|cz *m* (*-a*; *-e*) Schnellboot *n*; **~ć** (*-am*) verfolgen; *jur t.* ahnden; **~ć się** um die Wette laufen; wetteifern
ścinać (*-am*) abschneiden; absägen (*t.* F *na egzaminie*); *piłkę*, *zakręt* schneiden; *hist* köpfen; **~ się** gerinnen; gefrieren
ścis|k *m* (*-u*; *0*) Gedränge *n*; **~kać** *v/t* zusammendrücken, zusammenpressen; umklammern; (*w objęciach*, *w żołądku*) drücken (*t. rękę*); *fig gardło* zusammenschnüren; → **uściskać**; **zaciskać**; **~kać się** sich drängen; zusammenrücken *v/i*
ści|słość *f* (*-ści*; *0*) Genauigkeit; **dla ~słości** um genau zu sein; **~sły** (*m-os -śli*; **-śle**) *stosunki*: eng; *dieta*: streng; *przepis*: strikt; genau, exakt; **~snąć** *pf* → **ściskać**; **~szać** (*-am*) → **przyciszać**; **~śle** *adv*, **~ślejszy** *comp* → **ścisły**; **~śle biorąc** genaugenommen
ślad *m* (*-u*; *-y*) Spur *f*; *łow* Fährte *f*; **bez ~u** spurlos; **ani ~u** (*G*) keine Spur (von); **iść ~em**, **iść w ~y** (*G*) folgen (*D*)
ślamazarny langsam, *pej* trödelig
ślaz *m* (*-u*; *-y*) Malve *f*

śląs|ki schlesisch; **&zaczka** *f* (*-i*; *G -czek*), **&zak** *m* (*-a*; *-cy*) Schlesier(in)
śledczy *jur* Untersuchungs-
śledzić (*-dzę*) *v/t* nachgehen (*D*); verfolgen, beobachten (*A*); *w.zn.* observieren, beschatten (*A*); *por* **tropić**
śledzio|na *f* (*-ej*; *-e*) Milz; **~wy** Herings-
śledztwo *n* (*-a*) Untersuchung *f*, Ermittlung(en *pl*) *f*
śledź *m* (*-dzia*; *-dzie*, *-dzi*) Hering; **~ wędzony** Bückling
ślep|ia *n/pl* (*-i/-ów*) *zoo* Seher *m/pl*, Augen *n/pl*; **~iec** *m* (*-pca*, *t. -cu!*; *-pcy*, *-pców*) Blinde(r); **~nąć** ⟨**o-**⟩ (*-nę*) erblinden, blind werden; **~o** *adv* blind; **na ~o** blindlings; **~ota** *f* (*-y*; *0*) Blindheit; **~y** blind (*t. fig*; **na** *A* für); Blind-; → **uliczka**, **tor**; *su* **~y** *m* (*-ego*; *-i*), **~a** *f* (*-ej*; *-e*) Blinde(r)
ślęczeć (*-ę*, *-y*) (**nad** *I*) hocken (über *D*)
śliczny wunderhübsch, wunderschön
ślima|czy Schnecken- (*t. fig*); **~k** *m* (*-a*; *-i*) Schnecke *f* (*t. tech*, *fig*); **~kowaty** (**-to**) schneckenförmig
ślin|a *f* (*-y*; *0*) Speichel *m*, F Spucke; **~ić** (*-ę*) ⟨**po-**⟩ mit Speichel / F Spucke anfeuchten; ⟨**za-**⟩ P besabbern; **~ka** *f*: **~ka do ust idzie** (*D*) *j-m* läuft das Wasser im Mund zusammen
śliski (**-ko**) schlüpfrig, rutschig, glatt
śliw|a *f* (*-y*) Pflaume(nbaum *m*) *f*; **~ka** *f* (*-i*; *G -wek*) (**suszona** Back-)Pflaume; **~kowy** Pflaumen-
ślizg *m* (*-u*; *-i*) Rutsche *f*; (*łódź*) → **~acz** *m* (*-a*; *-e*) Gleitboot *n*; **~ać się** (*-am*) rutschen, F schlittern; gleiten (*t. fig* **po** *L* über *A*); (*t.* **na łyżwach**) Schlittschuh laufen; **~awica** *f* (*-y*; *-e*) Eisglätte; **~awka** *f* (*-i*; *G -wek*) Eisbahn
ślub *m* (*-u*; *-y*) (**cywilny** standesamtliche) Trauung *f*; **brać ~** sich trauen lassen, heiraten; **dawać ~**, **udzielić ~u** trauen; **~y** *pl* **zakonne** Ordensgelübde *n*; **~ny** Trau(ungs)-; ehelich; Hochzeits-; **~ować** (*im*)*pf* (*-uję*) geloben; **~owanie** *n* (*-a*) Gelöbnis; Gelübde
ślusa|rnia *f* (*-i*; *-e*) Schlosserei; **~rz** *m* (*-a*; *-e*) Schlosser
śluz *m* (*-u*; *-y*) *biol*, *med* Schleim
śluz|a *f* (*-y*) Schleuse; **~owy**[1] Schleusen-
śluz|owy[2] Schleim-; **~ówka** *f* (*-i*; *G -wek*) Schleimhaut
śmiać się (*-eję*) ⟨**za-**⟩ lachen; (**z** *G*) auslachen (*A*); lachen (über *A*)

śmiał|ek *m* (*-łka*; *-łkowie*) Wagehals, Draufgänger; **~o** *adv* → **śmiały**; **~ość** *f* (*-ści*; *0*) Kühnheit; **~y** kühn, verwegen
śmiech *m* (*-u*; *-y*) Lachen *n*; Gelächter *n*; **pokładać się ze ~u** sich biegen/kugeln vor Lachen; **ze ~em** lachend
śmie|ciarka *f* (*-i*; *G -rek*) Müllwagen *m*; **~cić** ⟨**na-**⟩ (*-cę*) verunreinigen; F Dreck machen; **~ci(e)** *m/pl* (*-i*) Müll *m*, Kehricht *m*; **... na ~cie** Müll-, Kehr-
śmie|ć* ⟨**po-**⟩ wagen; **~lej** *adv comp*, **~lszy** *comp* → **śmiały**
śmier|ć *f* (*-ci*; *0*) Tod *m*; **ponieść ~ć** den Tod finden; **na ~ć** zu Tode; auf den Tod; **wyrok ~ci** Todesurteil *n*
śmierdz|ący stinkig; **~ieć** (*-dzę*, *-i*) stinken; **tu ~i** (*I*) hier stinkt es (nach)
śmierteln|iczka *f* (*-i*; *G -czek*), **~ik** *m* (*-a*; *-cy*) Sterbliche(r); **~ość** *f* (*-ści*; *0*) Sterblichkeit; **~y** tödlich; Tod(es)-; (*podlegający śmierci*) sterblich
śmieszn|ie *adv* lächerlich; **~ie niska cena** Spottpreis *m*; → **śmieszny**; **~ość** *f* (*-ści*; *0*) Lächerlichkeit; **~y** komisch, drollig, F ulkig; lachhaft
śmietan|a *f* (*-y*; *0*) (saure) Sahne, Rahm *m*; **~ka** *f* (*-i*; *0*) (süße) Sahne, Ⓐ Obers *n*; *fig* Creme; **~kowy** Sahne-
śmietni|k *m* (*-a*; *-i*) Müllcontainer; Müllgrube *f*; Müllhaufen (*t. fig*); **~sko** *n* (*-a*) Müllkippe *f*, Müllabladeplatz *m*
śmig|ać (*-am*) ⟨**~nąć**⟩ (*-nę*) *v/i* huschen; **~ło** *n* (*-a*; *G -gieł*) Propeller *m*; **~łowiec** *m* (*-wca*; *-wce*) Hubschrauber
śniadani|e *n* (*-a*) Frühstück; **jeść ~e** frühstücken; **~owy** Frühstücks-
śniady (*m-os -dzi*) dunkel(häutig)
śni|ć (*-ę*, *-nij!*) träumen (**o** *L* von); **~ł(a) mu się** (*A*) er träumte von (*D*); F **ani mi się ~!** ich denke nicht im Traum daran!
śniedź *f* (*-dzi*; *0*) Grünspan *m*
śnieg *m* (*-u*; *-i*) Schnee; **biały jak ~** schneeweiß; **~owce** *m/pl* (*-ów*) (Gummi-)Überschuhe *m/pl*; **~owy** Schnee-
śnież|ka *f* (*-i*; *G -żek*) Schneeball *m*; **~ny** Schnee-; **~yca** *f* (*-y*; *-e*) Schneesturm *m*
śpią|cy schlafend; schläfrig; **~czka** *f* (*-i*; *G -czek*) F Schläfrigkeit; *med* Koma *n*
śpiesz|ny eilig; **~yć** (*-ę*) eilen; *zegar*: vorgehen; (**z** *I*) sich beeilen (mit)
śpiew *m* (*-u*; *-y*) Gesang; *zoo t.* Schlag; **~aczka** *f* (*-i*; *G -czek*) Sängerin; **~aczy** Gesangs-; **~ać** (*-am*) singen; **~ak** *m* (*-a*; *-cy*) Sänger; **~anie** *n* (*-a*; *0*) Singen; **~ka**

Ś

f (*-i*; *G -wek*) Liedchen *n*; **~nik** *m* (*-a*; *-i*) Liederbuch *n*; *rel* Gesangbuch *n*; **~ny** *wymowa*: singend; melodisch
śpio|ch F *m* (*-a*; *-y*) Langschläfer(in); *pl* → **~szki** *m/pl* (*-ów*) Strampelanzug *m*
śpiwór *m* Schlafsack
średni mittlere, Mittel-; mittelmäßig; **~a** *f* (*-ej*; *-e*) Mittelwert *m*; (***roczna*** Jahres-)Durchschnitt *m*; **~ca** *f* (*-y*; *-e*) Durchmesser *m*; **~k** *m* (*-a*; *-i*) Semikolon *n*; **~o** *adv* durchschnittlich
średnio|roczny im Jahresdurchschnitt; **~terminowy** mittelfristig; **~wiecze** *n* (*-a*; *0*) Mittelalter; **~wieczny** mittelalterlich (*t. fig*)
środ|a *f* (*-y*) Mittwoch *m*; **~ek** *m* (*-dka*; *-dki*) Mitte *f*; (*wnętrze*) Innere(s); (***leczniczy***, ***płatniczy***, ***prawny*** Heil-, Zahlungs-, Rechts-)Mittel *n*; ***~ki trwałe*** Anlagevermögen *n*; → ***ciężkość***, ***przekaz*** *itp.*; ***do ~ka*** hinein; in die Mitte; ***od ~ka*** von innen; aus der Mitte; ***bez ~ków*** mittellos; ***wszelkimi ~kami*** mit allen Mitteln; **~kowy** zentral; Mittel-
środowisk|o *n* (*-a*) Milieu; Umfeld; Umwelt *f*; *biol t.* Lebensraum *m*; *chem*, *fiz* Medium; ***degradacja ~a*** Umweltzerstörung; **~owy** Umwelt-; Milieu-
środowy Mittwochs-
śród|mieście *n* (*-a*; *G -i*/*-ść*) Innenstadt *f*, Stadtmitte *f*; **~ziemnomorski** mediterran; **~żylny** *med* intravenös
śruba *f* (*-y*) Schraube
śrubo|kręt *m* (*-u*; *-y*) Schraubendreher, F Schraubenzieher; **~wy** Schrauben-
śrut *m* (*-u*; *0*) *łow* Schrot *m/n*; **~a** *f* (*-y*; *0*) *agr* Schrot *m/n*; **~owy** Schrot-; **~ówka** *f* (*-i*; *G -wek*) Schrotflinte
świadcz|enie *n* (*-a*): *zw. pl* ***~enia*** Leistungen *f/pl*; **~yć** (*-ę*) (***o*** *L*) zeugen (von); bezeugen; aussagen (***w sądzie*** vor Gericht); *usługi* erbringen; leisten
świad|ectwo *n* (*-a*) Zeugnis; (*metryka*) Urkunde *f*, Schein *m*; *hdl*, *tech* Attest, Zertifikat; **~ek** *m* (*-dka*; *-dkowie*) (***naoczny*** Augen-)Zeuge
świadom|ość *f* (*-ści*; *0*) Bewußtsein *n*; **~y** bewußt; (*zamierzony*) wissentlich; ***być ~(ym)*** (*G*) sich bewußt sein (*G*)
świat *m* (*-a*; *-y*) Welt *f*; *fig t.* Reich *n*; ***za nic w świecie*** um nichts in der Welt
światł|o *n* (*-a*; *G -teł*) (***dzienne*** Tages-)Licht; *mot* ***~a*** *pl* ***długie***/***drogowe*** Fernlicht *n*; ***~a*** *pl* ***krótkie***/***mijania*** Abblendlicht *n*; ***pod ~o*** gegen das Licht
światło|czuły lichtempfindlich; **~mierz** *m* (*-a*; *-e*) Belichtungsmesser; **~odporny** lichtbeständig, lichtecht
światopogląd *m* Weltanschauung *f*; **~wy** Welt-; *os.* weltgewandt
świąd *m* (*-u*; *0*) Juckreiz
świąt|eczny Fest(tags)-; festlich; ***okres ~eczny*** Festtage *m/pl*; **~ek** *m* (*-tka*; *-tki*) Heiligenfigur *f*; ***Zielone ℒki*** Pfingsten *n*; **~ynia** *f* (*-i*; *-e*) Tempel *m*
świd|er *m* (*-dra*; *-dry*) Bohrer; **~rować** (*-uję*) bohren; **~rująco** *adv* bohrend
świec|a *f* (*-y*; *-e*) Kerze; **~ący** leuchtend; **~ić** (*-cę*) (*t.* ***się***) leuchten; scheinen; ***~ić pustkami*** leer (und verlassen) sein
świecki weltlich, säkular, Laien-
świecz|ka *f* (*-i*; *G -czek*) Kerze, Licht *n*; **~nik** *m* (*-a*; *-i*) Leuchter
świergot *m* (*-u*; *-y*) Zwitschern *n*, Gezwitscher *n*; **~ać** (*-czę*/*-cę*) zwitschern
świerk *m* (*-u*; *-i*) Fichte *f*; **~owy** Fichten-
świerszcz *m* (*-a*; *-e*) *zoo* Grille *f*
świerzb *m* (*-u*; *0*) Krätze *f*; *wet* Räude *f*; **~ić**, **~ieć** (*-ę*, *-i*) jucken *v/i*
świet|lany leuchtend, strahlend; **~lica** *f* (*-y*; *-e*) Kulturraum *m*, Gemeinschaftsraum *m*; **~lik** *m* (*-a*; *-i*) *zoo* Leuchtkäfer, Glühwürmchen *n*; *bud* Oberlicht *n*; **~lny** Licht-, Leucht-; **~lówka** *f* (*-i*; *G -wek*) Leuchtstoffröhre
świetny glänzend, großartig, exzellent
śwież|o *adv* frisch; **~ość** *f* (*-ści*; *0*) Frische; **~y** frisch (*t. fig*)
święc|ić (*-cę*) festlich begehen; *sukces* feiern; ⟨***po-***⟩ weihen, segnen; heiligen; **~ie** *adv* (hoch und) heilig; **~ony** Weih-; *su* ***~one*** *n* (*-ego*; *0*) Ostermahlzeit *f*
święto *n* (*-a*; *G świąt*) Fest(tag *m*) *n*, Feiertag *m*; ***ℒ Matki*** Muttertag *m*; **~jański** Johannis-; **~kradztwo** *n* (*-a*) Sakrileg, Frevel *m*; **~szek** *m* (*-szka*; *-szki*/*-szkowie*) Heuchler, Scheinheilige(r); **~ść** *f* (*-ści*) Heiligkeit; Heiligtum *n*; **~wać** (*-uję*) feiern, festlich begehen
święty heilig (*t. fig*); ***Wszystkich ℒch*** Allerheiligen *n*
świn|ia *f* (*-i*; *-e*) Schwein *n* (*t. fig*); **~ka** *f* (*-i*; *G -nek*) Schweinchen *n*; *med* Ziegenpeter *m*; **~tuch** F *m* (*-a*; *-y*) *fig pej* Schwein *n*; Schweinigel
świńs|ki Schweins-, Schweine-; *fig* (***po -ku***) schweinisch, säuisch; **~two** *n* (*-a*) Schweinerei *f*; scheußliches Zeug

świs|nąć *v/s* (*-nę*) pfeifen; F *fig* klauen; **~t** *m* (*-u*; *-y*) Pfiff; **~tać** (*-a*) pfeifen; **~tak** *m* (*-a*; *-i*) Murmeltier *n*; **~tek** *m* (*-tka*; *-tki*) Zettel, Wisch

świt *m* (*-u*; *-y*) Morgengrauen *n*; ***o świcie*** bei Tagesanbruch; **~a** *f* (*-y*) Gefolge *n*; **~ać** (*-am*) dämmern; *fig* ⟨**za-**⟩ in den Sinn kommen; ***~a*** der Tag bricht an

T

ta *pron* → ***ten***

tabaka *f* (*-i*) Schnupftabak *m*

tabela *f* (*-i*; *-e*) Tabelle; ***~ wygranych*** Gewinnliste; **~ryczny** tabellarisch

tabletka *f* (*-i*; *G -tek*) Tablette

tablica *f* (*-y*; *-e*) Tafel; Brett *n*; → ***rejestracyjny***, ***rozdzielczy***

tabliczka *f* (*-i*; *G -czek*) (kleine) Tafel; Schild *n*; ***~ mnożenia*** Einmaleins *n*

tabor *m* (*-u*; *-y*) Fuhrpark, Fahrzeugpark; (**cygański** Zigeuner-)Lager *n*

taboret *m* (*-u*; *-y*) Schemel, Hocker

taca *f* (*-y*; *-e*) Tablett *n*; Platte

tacy *m-os* → ***taki***

taczać (*-am*) rollen, wälzen (**się** sich)

taczk|a *f* (*-i*), **~i** *f/pl* (*-czek*) Schubkarre

tafla *f* (*-i*; *-e*, *-i*/*-fel*) Tafel, Platte; Fläche

taić ⟨**za-**⟩ (*-ję*) verbergen (***przed*** *I* vor *D*); *poglądy* verheimlichen, verhehlen

tajać (*-ę*) schmelzen, tauen

tajemni|ca *f* (*-y*; *-e*) Geheimnis *n*; ***w ~cy*** im geheimen; ***trzymać w ~cy*** geheimhalten; **~czy** (**-czo**) geheimnisvoll

taj|emny geheim; **~niak** F *m* (*-a*; *-cy*) Geheimagent; **~nie** *adv* insgeheim; → ***tajny***; **~nik** *m* (*-a*; *-i*): *zw. pl* ***~niki*** Geheimnisse *n/pl*; **~ność** *f* (*-ści*; *0*) Geheimhaltung; **~ny** geheim, Geheim-; ***ściśle ~ne*** streng geheim

tak ja; (*w ten sposób, jako nasilenie tego, co oznacza wyraz*) so; ***~ że*** so daß; ***i ~*** sowieso; ***~ samo*** ebenso, genauso; ***~ sobie*** einfach so; so lala; ***~ ... jak i ...*** sowohl ... als auch ...; ***~ czy owak***/***siak*** so oder so; ***~ jest!*** jawohl!

tak|i *pron* (*m-os tacy*) so (ein, eine, einer), solch(e, -er, -es); → ***jaki***, ***jako***, ***raz***[1]; ***~i sam*** genau so ein(er); ***~i sobie*** (so) leidlich; ***nic ~iego*** nichts Besonderes; ***~i czy owaki*** / ***siaki*** egal welcher, Jacke wie Hose; ***coś ~iego*** so etwas; **~iż** → ***taki*** (***sam***); **~o** → ***jako***

tak|sa *f* (*-y*) (***klimatyczna*** Kur-)Taxe, Gebühr; **~siarz** F *m* (*-a*; *-e*) → ***taksówkarz***; **~sować** ⟨**o-**⟩ (*-uję*) schätzen, taxieren; **~sówka** *f* (*-i*; *G -wek*) Taxi *n*; **~sówkarz** *m* (*-a*; *-e*) Taxifahrer(in)

takt *m* (*-u*; *-y*) Takt; **~owny** taktvoll

taktyczny taktisch

taktyka ['tak-] *f* (*-i*) Taktik

także auch, ebenfalls

talarek *m* (*-rka*; *-rki*) *kulin* Scheibe *f*

talent *m* (*-u*; *-y*) (**do** *G*) Talent *n* (zu)

talerz *m* (*-a*; *-e*), **~yk** *m* (*-a*; *-i*) Teller

tali|a ['tal̦ja] *f* (*GDL -ii*; *-e*) Taille; ***~a kart*** ein Spiel Karten; ***wcięty w ~i*** tailliert

talk *m* (*-u*; *0*) Talkum(puder *m*) *n*

talon *m* (*-u*; *-y*) Talon; Bezug(s)schein

tam dort (drüben), da; dorthin, dahin; ***kto ~?*** wer da?; ***tu i ~*** hie und da; hüben und drüben; *part* F ***gdzie ~!*** i wo!; ***co mi ~!*** es ist mir Wurscht!; ***jaki ~ z niego ...*** was ist er schon für ein ...; → ***powrót***

tam|a *f* (*-y*) Deich *m*, Damm *m*; *fig* ***położyć ~ę*** (*D*) eindämmen (*A*)

tamci *m-os* → ***tamten***

tamować ⟨**za-**⟩ (*-uję*) behindern, hemmen; *krwotok* stillen

tam|ta, **~te** → ***tamten***; **~tejszy** dortig; **~ten** jene(r, -s); ***z ~tej strony*** von jener/der anderen Seite; ***po ~tej stronie*** drüben; jenseits (*G*); ***na ~tym świecie*** im Jenseits; **~tędy** dort entlang/durch; **~to** → ***tamten***; ***to i ~to*** dies und jenes; **~że** ebenda, ebendort; dort/da auch

tance|rka *f* (*-i*; *G -rek*), **~rz** *m* (*-a*; *-e*) Tänzer(in)

tande|ciarnia F *f* (*-i*; *-e*) Ramschladen *m*; **~ta** *f* (*-y*; *zw. 0*) Ramsch(ware *f*) *m*; Schund *m*; **~tny** minderwertig, billig

taneczny Tanz-

tani billig; ***za ~e pieniądze*** spottbillig

T

taniec *m* (*-ńca*; *-ńce*) Tanz
tanieć ⟨**po-**, **s-**⟩ (*-eję*) billiger werden
tanio *adv* billig; **~cha** F *f* (*-y*) billiges Zeug; Spottpreis *m*
tankow|ać ⟨**za-**⟩ (*-uję*) tanken; **~iec** *m* (*-wca*; *-wce*) Tanker, Tankschiff *n*
tań|ce *pl* → ***taniec***; **~czyć** ⟨**po-**, **za-**⟩ (*-ę*) tanzen (*t. fig*)
tapczan *m* (*-u*; *-y*) Couch *f*, Liege *f*
tapet|a *f* (*-y*) Tapete; **~ować** ⟨**wy-**⟩ (*-uję*) tapezieren; **~owy** Tapeten-
tapicer *m* (*-a*; *-rzy*) Polsterer, Tapezierer
tapirować ⟨**u-**⟩ (*-uję*) toupieren
tarapaty *pl* (*-ów*) Schwierigkeiten *f/pl*; ***wpaść w ~*** in Schwierigkeiten geraten
taras *m* (*-u*; *-y*) Terrasse *f*; **~ować** ⟨**za-**⟩ (*-uję*) versperren; *drzwi* verrammeln
tarci|ca *f* (*-y*; *-e*) Schnittholz *n*; **~e** *n* (*-a*) Reibung *f*; ***~a*** *pl fig* Reibereien *f/pl*
tarcz|a *f* (*-y*; *-e*) Schild *m*; Scheibe; ***~a zegara*** Zifferblatt *n*; **~owy** *tech* Scheiben-; ***piła ~owa*** Kreissäge; **~yca** *f* (*-y*; *-e*) Schilddrüse
targ *m* (*-u*; *-i*) Markt; ***~i*** *pl hdl* Messe *f*; ***dobić ~u*** handelseinig werden; ***po długich ~ach*** nach langem Feilschen
targ|ać (*-am*) zerren (**za** *A* an *D*); → ***szarpać***; **~nąć się** *pf* (*-nę*) e-n Anschlag verüben (**na** *A* auf *A*); ***~nąć się na życie*** s-m Leben ein Ende setzen
targow|ać (*-uję*) (*I*) handeln (mit); ***~ać się*** feilschen (**o** *A* um); **~isko** *n* (*-a*) Markt(platz) *m*; **~y** Markt-; Messe-
tar|ka *f* (*-i*; *G -rek*) Reibe; *bot* Schlehe; **~lisko** *n* (*-a*) Laichplatz *m*; **~mosić** (*-szę*) → ***targać***, ***szarpać***; **~nik** *m* (*-a*; *-i*) Raspel *f*; **~nina** *f* (*-y*) Schlehdorn *m*
tart|ak *m* (*-u*; *-i*) Sägewerk *n*; **~y** gerieben; ***bułka ~a*** Paniermehl *n*
taryf|a *f* (*-y*) Tarif *m*; **~owy** Tarif-
tarzać (*-am*) wälzen (**się** sich)
tasak *m* (*-a*; *-i*) Hackmesser *n*
tasiem|iec *m* (*-mca*; *-mce*) Bandwurm; **~ka** *f* (*-i*; *G -mek*) Borte, Litze; Band *n*
tasować ⟨**prze-**⟩ (*-uję*) *karty* mischen
taśm|a *f* (*-y*; *G -*) (***samoklejąca***, ***maszynowa*** Selbstklebe-, Farb-)Band *n*; *mil* Patronengurt *m*; ***~a filmowa*** Film(streifen) *m*; ***przy ~ie*** *tech* am Fließband; **~owy** Band-; Fließband-
tata F (*-y*, *DL tacie*; *-owie*, *-ów*) → ***tatuś***
tatar F *m* (*-a*; *-y*) Tatar(beefsteak) *n*; **~ak** *m* (*-u*; *-i*) *bot* Kalmus; **~ski** (**po -u**) tatarisch; ***sos ~ski*** Tatarsoße *f*

taterni|czka *f* (*-i*; *G -czek*), **~k** *m* (*-a*; *-cy*) Bergsteiger(in)
tato *m* (*-y*, *DL tacie*; *-owie*, *-ów*) → ***tatuś***
tatrzański Tatra-
tatuaż *m* (*-u*; *-e*) Tätowierung *f*
tatuś *m* (*-sia*; *-siowie*) Vati, Papa
taż *pron* → ***tenże***
tą *pron* (*I/sg* → ***ta***) → ***ten***
tch|awica *f* (*-y*; *-e*) *anat* Luftröhre; **~em** → ***dech***; **~nąć** (*-nę*) (*im*)*pf v/i* riechen, duften (*I* nach *a. adj*); *v/t pf* erfüllen (mit); **~nienie** *n* (*-a*) *lit* Hauch *m*
tchórz *m* (*-a*; *-e*) *zoo* Iltis; *fig* Feigling; **~liwy** (**-wie**) feige; **~ostwo** *n* (*-a*; *0*) Feigheit *f*; **~yć** ⟨**s-**⟩ (*-ę*) sich feige zeigen, F kneifen
tchu → ***dech***
te *pron ż-rzecz* → ***ten***
teatr *m* (*-u*; *-y*) Theater *n*; **~alny** Theater-, Bühnen-; *fig* theatralisch
tech|niczny technisch; **~nik** *m* (*-a*; *-cy*) Techniker(in); **~nika** ['tɛx-] *f* (*-i*) Technik; **~nikum** *n* (*idkl*; *-ka*, *-ów*) technische Fachschule, Technikum; **~nokracja** *f* (*-i*; *0*) Technokratie; **~nologia** [-'lɔgi̯a] *f* (*GDL -ii*; *-e*) Technologie
teczka *f* (*-i*; *G -czek*) Aktentasche; Aktendeckel *m*; ***~ szkolna*** Schultasche
tego *pron GA* → ***ten***, *G* → ***to***[1]; **~roczny** diesjährig, Ⓐ heurig
tej *pron* (*GDL/sg* → ***ta***) → ***ten***
teka *f* (*-i*) Mappe; Portefeuille *n*
tekowy Teak(holz)-
tekst *m* (*-u*; *-y*) Text; *w.zn.* Wortlaut
tekstylia [-li̯a] *pl* (*-ów*) Textilien *pl*
tekściarz F *m* (*-a*; *-e*) Texteschreiber
tektur|a *f* (*-y*) Pappe; **~owy** Papp-
tele|dacja *f* (*-i*; *0*) Datenfernübertragung; **~faks** *m* (*-u*; *-y*) Telefax *n*; **~fon** *m* (*-u*; *-y*) Telefon *n*; F *t.* Anruf; ***~fon komórkowy*** Mobil(funk)telefon *n*; ***przez ~fon*** per Telefon, fernmündlich; **~foniczny** telefonisch, Telefon-, Fernsprech-; ***rozmowa ~foniczna*** *t.* Telefonat *n*; **~fonować** ⟨**za-**⟩ (*-uję*) (**do** *G*, **z** *I*) telefonieren (mit), anrufen (*A*); **~gazeta** *f* Teletext *m*
telegraf *m* (*-u*; *-y*) Telegraf; **~iczny** Telegrafen-; telegrafisch; ***w stylu ~icznym*** im Telegrammstil; **~ować** ⟨**za-**⟩ (*-uję*) telegrafieren (**do** *A* an *A*)
tele|gram *m* (*-u*; *-y*) Telegramm *n*; **~komunikacja** *f* Fernmeldewesen *n*; Nachrichtentechnik; **~ksowy** Telex-; **~pa-**

jęczarz F *m* (-*a*; -*e*) Schwarzseher; **~patyczny** telepathisch; **~satelita** *m* Nachrichtensatellit; **~skop** *m* (-*u*; -*y*) Teleskop *n*; **~transmisja** *f* Fernsehübertragung; **~turniej** *m* Fernsehquiz *n*; **~widz** *m* Fernsehzuschauer(in)
telewiz|ja *f* (-*i*; -*e*) Fernsehen *n*; ***oglądać ~ję*** fernsehen; **~or** *m* (-*a*; -*y*) Fernsehgerät *n*, F Fernseher; **~yjny** Fernseh-
temat *m* (*u*; -*y*) Thema *n*; *jęz* Stamm(silbe *f*) *m*; ***~ do rozmowy*** Gesprächsstoff; **~yczny** thematisch
temblak *m* (-*u*; -*i*) *med* (Arm-)Schlinge *f*
tempe|rament *m* (-*u*; -*y*) Temperament *n*; **~ratura** *f* (-*y*) Temperatur; **~rować** ⟨**za-**⟩ (-*uję*) *ołówek* (an)spitzen
tempo *n* (-*a*; *G* -) Tempo; F ***wziąć dobre ~*** ein zügiges Tempo vorlegen
temu *pron D* → ***ten***, ***to***[1]; *adv* ***rok ~*** ein Jahr her, vor e-m Jahr; ***dawno ~*** vor langer Zeit; schon lange her
ten *pron* (*f* ***ta***, *n* ***to***, *pl* ***te***, ***ci***) diese(r, -s), F der (die, das); →***chwila***, ***czas***, ***sam*** *itd.*
tenden|cja *f* (-*i*; -*e*) Tendenz; Trend *m*; **~cyjny** tendenziös
tenis *m* (-*a*; *0*) (***stołowy*** Tisch-)Tennis *n*; **~ista** *m* (-*y*; -*ści*, -*ów*), **-tka** *f* (-*i*; *G* -*tek*) Tennisspieler(in); **~owy** Tennis-
tenor *m* (-*u*/*os.* -*a*; -*y*/*os.* -*rzy*) Tenor
tenże *pron* (*f* ***taż***, *n* ***toż***, *pl* ***też***, ***ciż***) der-, die-, dasselbe, dieselben; *por* ***ten***
teo|logiczny theologisch; **~retyczny** theoretisch; **~ria** [tɛ'ɔrʲa] *f* (*GDL* -*ii*; -*e*) Theorie
terapeu|ta [-'pɛŭ-] *m* (-*y*; -*ci*, -*ów*) Therapeut(in); Heilpraktiker(in); **~tyczny** therapeutisch
te'rapia [-pʲa] *f* (*GDL* -*ii*; -*e*) Therapie
teraz jetzt; ***od ~*** von nun an
teraźniejsz|ość *f* (-*ści*; *0*) Gegenwart; **~y** jetzig, gegenwärtig; → ***czas***
tercja *f* (-*i*; -*e*) Terz; *sport t.* Drittel *n*
teren *m* (-*u*; -*y*) Gelände *n*; Gebiet *n* (*t. fig*); ***~y zielone*** Grünflächen *f*/*pl*; ***w ~ie*** vor Ort; im Außendienst; **~owy** geländegängig, Gelände-; lokal, regional
terkotać (-*czę*/-*cę*) *maszyna*: rattern; *budzik itp.*: rasseln; F *fig* schnattern
termin *m* (-*u*; -*y*) Termin, Frist *f*; (*wyraz*) Terminus, (Fach-)Ausdruck; † Lehre *f*; ***przed ~em*** vorfristig; ***po ~ie*** nach Ablauf der Frist; ***na ~*** → ***terminowy***
terminal *m* (-*u*;-*a*; -*e*) Terminal *m*/*n*; ***~ kasowy*** *hdl* Kasse *f*
termin|arz *m* (-*a*; -*e*) Zeitplan; Terminkalender; **~ować** (-*uję*) in der Lehre sein (***u*** *G* bei); **~owy** Termin-, Frist-; (**-wo**) fristgerecht; befristet; (*pilny*) dringend
termit *m* (-*u*; -*y*) *zoo* Termite *f*
termo|- *w zł.* Wärme-, Thermo-; **~jądrowy** thermonuklear; **~metr** *m* Thermometer *n*; **~s** *m* (-*u*; -*y*) Thermosflasche *f*
terrory|sta *m* (-*y*; -*ści*, -*ów*), **-tka** *f* (-*i*; *G* -*tek*) Terrorist(in); **~styczny** terroristisch; **~zm** *m* (-*u*; *0*) Terrorismus; ***akt ~zmu*** Terrorakt; **~zować** (-*uję*) terrorisieren
test *m* (-*u*; -*y*) Test; *RTV* Testbild *n*
testament *m* (-*u*; -*y*) Testament *n*
testamentowy testamentarisch
testowa|ć (-*uję*) testen; ***osoba ~na*** Testperson
teś|ciowa *f* (-*ej*; -*e*) Schwiegermutter; **~ć** *m* (-*ścia*; -*ściowie*, -*ściów*) Schwiegervater; *pl t.* Schwiegereltern *pl*
teza *f* (-*y*) These, Leitsatz *m*
też[1] *adv*, *part* auch; ***to ~*** deshalb
też[2] *pron ż-rzecz* → ***tenże***
tę *pron* (*A*/*sg* → ***ta***) → ***ten***
tęchnąć ⟨**s-**⟩ (-*nę*, -*ł*) schimmeln; faulen
tęcz|a *f* (-*y*; -*e*) Regenbogen *m*; **~ówka** *f* (-*i*; *G* -*wek*) Regenbogenhaut
tędy *adv* hier/da entlang (durch *itd.*)
tęgi beleibt, F dick; (*dobry*) tüchtig; (*mocny*) (**-go**) kräftig, stark
tęp|ić ⟨**wy-**⟩ (-*ę*) ausrotten, vertilgen; ***~ić się*** → **~ieć** ⟨**s-**⟩ (-*eję*) stumpf werden; *słuch itp.*: nachlassen; **~y** (**-po**) stumpf; *fig* F (geistig) minderbemittelt; (*bierny*) stumpfsinnig; abgestumpft
tęskn|ić ⟨***s- się***⟩ (-*ę*, -*nij!*) (***do*** *G*) Sehnsucht haben (nach); ***~ić za krajem***/***domem*** Heimweh haben; **~o** *adv* → ***tęskny***; ***jest mu ~o do*** (*G*) er sehnt sich (nach); **~ota** *f* (-*y*) Sehnsucht; Heimweh *n*; **~y** wehmütig; schmachtend
tęt|ent *m* (-*u*; -*y*) Hufschlag; Getrappel *n*; **~nica** *f* (-*y*; -*e*) Schlagader; **~niczy** Arterien-; **~nić** (-*ę*, -*nij!*) dröhnen; pulsieren; **~no** *n* (-*a*; *G tętn*) Puls(schlag) *m*
tęż|ec *m* (-*żca*; *0*) Starrkrampf; **~eć** ⟨**s-**⟩ (-*eję*) erstarren; *mróz itp*: stärker werden; **~yzna** *f* (-*y*; *0*) Kraft, Vitalität
tka|cki Web-; Weber-; **~ctwo** *n* (-*a*; *0*) Weberei *f*; **~cz** *m* (-*a*; -*e*), **~czka** *f* (-*i*; *G* -*czek*) Weber(in); **~ć** ⟨**u-**⟩ (-*am*) weben
tkan|ina *f* (-*y*) Gewebe *n*, Stoff *m*; **~ka** *f*

(-*i*; *G* -*nek*) *biol* Gewebe *n*; **~y** gewebt
tkliw|ość *f* (-*ści*; *0*) Zärtlichkeit, Liebe; **~y** (**-wie**) liebevoll, zärtlich; *med* druckempfindlich
tknąć *pf* (-*nę*) → (**do**)**tykać**
tkwić ⟨**u-**⟩ (-*ę*, -*wij!*) stecken (*t*. F *fig*)
tl(ej)ący glimmend, schwelend; → **tlić**
tlen *m* (-*u*; *0*) Sauerstoff; **~ek** *m* (-*nku*; -*nki*) Oxyd *n*, Oxid *n*; **~ić** (-*ę*) → **utleniać**; **~owy** Sauerstoff-
tlić* się glimmen, schwelen
tłamsić F (-*szę*) drücken; (zer)knüllen
tło *n* (*tła*; *G teł*) Hintergrund *m* (*t*. *fig*); Grund(farbe *f*) *m*; ***na białym tle*** auf weißem Grund; *fig* ***na tle*** (*G*) vor dem ... Hintergrund; auf Grund (von)
tłocz|nia *f* (-*i*; -*e*) *tech* Presse; **~no** *adv*: ***jest ~no*** es herrscht ein Gedränge; **~ny** (gedrängt) voll; *ulica*: sehr belebt; *tech* Druck-; **~yć** (-*ę*) ⟨**wy-** aus⟩pressen; *drk* prägen; ⟨**prze-**⟩ *płyn* fördern; ***~yć*** ⟨**s-**⟩ ***się*** sich drängen
tłok *m* (-*u*; *0*) Gedränge *n*, F Gewühl *n*; *tech* (-*a*; -*i*) Kolben
tłuc* *v/t* ⟨**po-**, ***roz-***, **s-**⟩ zerschlagen, zertrümmern; ⟨**na-**, **u-**⟩ (zer)stampfen; F ⟨**s-**, **wy-**⟩ (ver)hauen; *v/i* (**o** *A*) F hauen (gegen); **~ się** *szkło*: entzweigehen; *fale itp*.: schlagen (**o** *A* gegen, an *A*); *serce*: pochen; (*robić hałas*) poltern; F (lange, unbequem) fahren
tłucz|ek *m* (-*czka*; -*czki*) Stößel, Pistill *n*; (***do kartofli*** Kartoffel-)Stampfer; **~eń** *m* (-*cznia*; *0*) Schotter
tłum *m* (-*u*; -*y*) (Menschen-)Menge *f*; *pl t*. Menschenmassen *f/pl*; **~em** → ***tłumnie***
tłumacz *m* (-*a*; -*e*) Übersetzer; (*ustny*) Dolmetscher; **~enie** *n* (-*a*) Übersetzen; Übersetzung *f*; **~ka** *f* (-*i*; *G* -*czek*) Übersetzerin; (*ustna*) Dolmetscherin; **~yć** (-*ę*) ⟨**wy-**⟩ erklären (**się** sich; *I* mit); ⟨**prze-**⟩ übersetzen (***na polski*** ins Polnische); ***~yć się*** *t*. sich rechtfertigen
tłum|ić ⟨**s-**⟩ (-*ę*) ersticken; *bunt t*. niederschlagen; *uczucie t*. unterdrücken; (*od*)*głos* dämpfen; **~ik** *m* (-*a*; -*i*) (Stoß-, Schall-)Dämpfer; *mot* Auspufftopf
tłumn|ie *adv* in Massen, zahlreich, massenhaft; **~y** Massen-; (sehr) belebt
tłumok *m* (-*a*; -*i*) Bündel *n*, Pack(en)
tłusty (**-to**) fett, Fett-; *włosy itp*.: fettig, ölig; *dowcip*: schlüpfrig
tłuszcz *m* (-*u*; -*e*) Fett *n*; **~owy** Fett-
tłuści|ć ⟨**na-**⟩ (-*szczę*) (ein)fetten; **~eć** F ⟨**po-**⟩ (-*eję*) fett/dick werden; **~och** *m* (-*a*; -*y*), **~ocha** *f* (-*y*) F Fettkloß *m*
tną *3. os. pl*, **tnę** *1. os. sg* → **ciąć**
to[1] *pron* das, dies, es; → ***ten***; ***do tego*** dafür, dazu; ***na tym***, ***na ~*** darauf; ***od tego*** davon; ***przez ~*** dadurch; ***w tym*** darin; ***za ~*** dafür; ***z tego*** daraus; ***z tym*** damit
to[2] *part* (*idkl*) das, es; dann, so; denn; mal; ***kto ~?*** wer ist das?; ***~ fakt*** es ist eine Tatsache; ***jak chcesz, ~ ...*** wenn du willst, dann / so ...; ***~ ..., ~ ...*** mal ..., mal ...; ***no ~ co?*** na und?
toalet|a *f* (-*y*) Toilette; **~owy** Toiletten-
toast *m* (-*u*; -*y*) Toast, Trinkspruch
tobą (*I/sg* → **ty**); **z ~** mit dir
tobie (*DL/sg* → **ty**) dir; **o ~** über dich, von dir
tobół *m* (-*ołu*; -*oły*) → ***tłumok***
tocz|ony gedrechselt; **~yć** (-*ę*) ⟨**po-**⟩ *kulę* rollen (**się** *v/i*); ⟨**s-**⟩ *bój* austragen; (*niszczyć drewno*) zerfressen; ⟨**wy-**⟩ *tech* (ab)drehen, drechseln; *impf płyn* (ab)füllen; *spór* führen; (*nękać*) zehren (an *D*); ***~yć się*** *łzy*: fließen, F kullern; *dyskusja*, *walka*: verlaufen; *czas*, *życie t*.: verstreichen; *rokowania t*.: geführt werden; *akcja*: sich abspielen; *rozmowa*: sich drehen (**o** *L* um); **~ydło** *n* (-*a*; *G* -*deł*) Schleifstein *m*
toga *f* (-*i*; *G* -/*tóg*) Toga; Robe
tok *m* (-*u*; *0*) Gang, (Ver-)Lauf; ***być w ~u*** im Gang(e) sein; ***w ~u*** im Verlauf
toka|rka *f* (-*i*; *G* -*rek*) Drehbank; **~rz** *m* (-*a*; -*e*) Dreher, Drechsler
tokować (-*uję*) balzen
toksyczny toxisch, giftig
toler|ancyjny tolerant; **~ować** (-*uję*) tolerieren, dulden
tom *m* (-*u*; -*y*) Band
tomo'grafia [-fĭa] *f* (*GDL* -*ii*; *0*) (***komputerowa*** Computer-)Tomographie
ton *m* (-*u*; -*y*) *fiz*, *muz*, *fig* Ton; Klang
tona *f* (-*y*) Tonne
tonacja *f* (-*i*; -*e*) *muz* Tonart
tonaż *m* (-*u*; *0*) Tonnage *f*
toną|cy *m* (-*ego*; -*y*), **~ca** *f* (-*ej*; -*e*) Ertrinkende(r); **~ć** (-*nę*, *toń!*) ⟨**u-**⟩ ertrinken; ⟨**za-**⟩ *statek*: untergehen, ⟨*fig t*. **po-**⟩ versinken
tonować (-*uję*) *v/t barwy* tönen
toń *f* (*GDL* -*ni*; -*nie*, -*ni*, -*nmi*) *lit* Tiefe
topić (-*ę*) ⟨**po-**, **u-**⟩ ertränken, ersäufen (*t*. *fig*); ⟨**za-**⟩ *statek* versenken; ⟨**roz-**⟩

schmelzen (**się** *v/i*); ~ **się** → ***tonąć***
topiel *f* (*-i*; *-e*) (Wasser-)Strudel *m*; Fluten *f/pl*; (tückisches) Moor; **~iec** *m* (*-lca*; *-lcy*), **~ica** *f* (*-y*) Ertrunkene(r)
topik *m* (*-a*; *-i*) *el* Schmelzsicherung *f*
toples(s) F oben ohne
top|liwy schmelzbar; **~nieć** ⟨**s-**⟩ (*-eję*) schmelzen *v/i* (*t. fig*)
topola *f* (*-i*; *-e*) Pappel
topo|rny grob (gearbeitet), unförmig; **~rzysko** *n* (*-a*) Axtstiel *m*
topór *m* (*-oru*; *-ory*) Beil *n*, Axt *f*
tor *m* (*-u*; *-y*) Bahn *f* (*t. sport*, *fig*); *kolej* Gleis *n*; Spur *f*; ~ ***wodny*** Fahrrinne *f*; *fig* ***ślepy*** ~ Sackgasse *f*
Tora *f* (*-y*; *0*) *rel* Thora
tor|ba *f* (*-y*; *G -/-reb*) Beutel *m*, Tüte; (***na zakupy*** Einkaufs-)Tasche; (***pod oczami*** Tränen-)Sack *m*; → **~ebka** *f* (*-i*; *G -bek*) kleine Tüte; Handtasche
torf *m* (*-u*; *-y*) Torf; **~owisko** *n* (*-a*) Torfmoor; **~owy** Torf-
tornister *m* (*-tra*; *-try*) (Schul-)Ranzen
torow|ać ⟨**u-**⟩ (*-uję*) (***sobie*** sich) den Weg bahnen; **~y** Bahn-; Gleis-
torpedo|wać ⟨**s-**⟩ (*-uję*) torpedieren; **~wiec** *m* (*-wca*; *-wce*) Torpedoboot *n*
tors *m* (*-u*; *-y*) Oberkörper; Torso
torsje *pl* (*-ji/-syj*) Erbrechen *n*
tort *m* (*-u*; *-y*) Torte *f*; **~owy** Torten-
tortu|ra *f* (*-y*) Folter; *fig t.* Tortur; ***narzędzie*** **~r** Folterwerkzeug; **~rować** (*-uję*) foltern; *fig* quälen, plagen
tost *m* (*-u*; *-y*) *kulin* Toast(brot *n*) *m*
total|itarny totalitär; **~ny** total
toteż *conj* daher auch, deshalb auch
totolotek F *m* (*-tka*; *0*) Sportlotto *n*
towar *m* (*-u*; *-y*) Ware *f*; *pl t.* Güter *n/pl*
towaro|wy Waren-, Güter-; Last-; Fracht-; ***dom*** **~wy** Warenhaus *n*; **~znawstwo** *n* (*-a*; *0*) Warenkunde *f*
towarzys|ki (*m-os -scy*) gesellig; Gesellschafts-, gesellschaftlich; ***formy*** *f/pl* **~kie** Umgangsformen; *sport* ***spotkanie*** **~kie** Freundschaftstreffen; **~two** *n* (*-a*) Gesellschaft *f* (*t. hdl itd.*)
towarzysz *m* (*-a*; *-e*), **~ka** *f* (*-i*; *G -szek*) Genosse (-sin); (***niedoli*** Leidens-)Gefährte (-tin); Begleiter(in); (***zabaw*** Spiel-)Kamerad(in); **~yć** (*-ę*) (*D*) begleiten (*A*); einhergehen (mit)
toż *pron* → ***tenże***; *part* (*idkl*) doch, ja
tożsamość *f* (*-ści*; *0*) Identität
tracić ⟨**s-**, **u-**⟩ (*-cę*) verlieren (*t. fig* ***na*** *L* an *D*), einbüßen; *prawo* verwirken
trady|cja *f* (*-i*; *-e*) Tradition; **~cyjny** traditionell; traditionsgemäß
traf *m* (*-u*; *-y*) Zufall; ***szczęśliwym*** **~em** durch e-n Glücksfall; **~iać** (*-am*) ⟨**~ić**⟩ (*-ę*) treffen; (den Weg) finden; (***do*** *G*) gelangen (nach), geraten (in *A*); ***nie*** **~ić** *t.* verfehlen; **~iać się** *okazja*: sich bieten; **~ienie** *n* (*-a*) Treffer *m*; ***sześć*** **~ień** sechs Richtige; **~ność** *f* (*-ści*; *0*) Treffsicherheit; *fig* Richtigkeit; **~ny** gut gezielt; treffsicher; *fig* (zu)treffend
tragarz *m* (*-a*; *-e*) Gepäckträger
tra'gedia [-dʲa] *f* (*GDL -ii*; *-e*) Tragödie
tragiczny Tragödien-; tragisch
trajkotać (*-czę/-cę*) → ***terkotać***
trak|t *m* (*-u*; *-y*) (Land-)Straße *f*; *bud* Trakt; ***w*** **~cie** (*G*) während (*G*)
traktat *m* (*-u*; *-y*) *pol* Vertrag
traktorzyst|a *m* (*-y*; *-ści*), **~ka** *f* (*-i*; *G -tek*) Traktorfahrer(in), Traktorist(in)
traktować (*-uję*) *v/i* ⟨**po-**⟩ behandeln (**się** einander); *v/i* (**o** *L*) handeln (von)
trał *m* (*-u*; *-y*) Grundschleppnetz *n*
trampki *m/pl* (*-ów*) Sportschuhe
trampolina *f* (*-y*) Sprungbrett *n*
tramwaj *m* (*-u*; *-e*) Straßenbahn *f*, F Tram *f*; **~owy** Straßenbahn-, Tram-
tran *m* (*-u*; *-y*) (Leber-)Tran
trans *m* (*-u*; *-e*) Trance *f*
trans|akcja *f* Transaktion, Geschäft *n*; **~fer** *m* (*-u*; *-y*) Transfer; **~formator** *m* (*-a*; *-y*) Transformator, F Trafo; **~fuzja** *f* Transfusion; **~kontynentalny** transkontinental; *mil* interkontinental; **~misja** *f RTV* Übertragung; *tech* Transmission; **~mitować** (*-uję*) *RTV* übertragen; **~plantacja** *f* Transplantation
transport *m* Transport; **~ować** ⟨***od-***, ***prze-***⟩ (*-uję*) transportieren; überführen; **~owy** Transport-, Beförderungs-
transwestyta *m* (*-y*; *-ci*) Transvestit
tranzystorowy Transistor-
tranzytowy Transit-
trapez *m* (*-u*; *-y*) Trapez *n*
trapić (*-ę*) plagen; → ***martwić*** (**się**)
trasa *f* (*-y*) Trasse; Strecke; Route
trasowany *fin* (*o wekslu*) gezogen
trata *f* (*-y*) *fin* Tratte
tratować ⟨**s-**⟩ (*-uję*) zertrampeln
tratwa *f* (*-y*; *-/-tew*) Floß *n*
traumatyczny traumatisch
trawa *f* (*-y*) Gras *n*
trawestacja *f* (*-i*; *-e*) Travestie

trawiasty grasbedeckt; *kolor*: grasgrün
trawi|ć (*-ę*) ⟨**s-**⟩ verdauen; (*o ogniu itp.*) verzehren; *czas* verbringen (***na*** *L* bei); *tech* ⟨**wy-**⟩ ätzen; **~enie** *n* (*-a*; *0*) Verdauung *f*; *tech* Ätzung *f*
trawnik *m* (*-a*; *-i*) Rasen(fläche *f*) *m*
trąb|a *f* (*-y*) Trompete; *zoo* Rüssel *m*; *meteo* Windhose, Wasserhose; F *fig* Trottel *m*; **~ić** (*-ę*) trompeten; (***na alarm*** Alarm) blasen; *auto*: hupen; F ausposaunen; **~ka** *f* (*-i*; *G -bek*) *muz* Horn *n*; (*rurka*) Rolle
trąc|ać (*-am*) ⟨**~ić**[1]⟩ (*-cę*) (leicht) (an)stoßen (***się*** sich gegenseitig); ***~ać się kieliszkami*** anstoßen *v/i*
trą|cić[2] (*-cę*; *nieos*) (*I*) riechen (nach); **~d** *m* (*u*; *0*) Lepra *f*; **~dzik** *m* (*-a*; *-i*) Akne *f*
tref|l *m* (*-a*; *-e*) *karc* Treff *n*, Kreuz *n*; **as ~l** Kreuzas *n*; **~lowy** Treff-, Kreuz-
trefny nicht koscher, treife
trema *f* (*-y*) Lampenfieber *n*
tren[1] *m* (*-u*; *-y*) Klagelied *n*, Trenodie *f*
tren[2] *m* (*-u*; *-y*) Schleppe *f*
trener *m* (*-a*; *-rzy*), **~ka**[1] *f* (*-i*; *G -rek*) Trainer(in)
tren|erka[2] *f* (*-i*; *0*), **~ing** *m* (*-u*; *-i*) Training *n*; **~ować** ⟨**wy-**⟩ (*-uję*) *v/t i v/i* trainieren
trep|ki *m/pl*, **~y** *m/pl* (*-ów*) Sandalen *f/pl*
tresować ⟨**wy-**⟩ (*-uję*) dressieren
treś|ciwy (**-*wie***) gehaltvoll; bündig, knapp; *pokarm*: nahrhaft, gehaltreich; **~ć** *f* (*-ści*) Inhalt *m*; Gehalt *m*
trębacz *m* (*-a*; *-e*) Trompeter; Hornist
trędowaty leprakrank, aussätzig
trik *m* (*-u*; *-i*) Trick; **~owy** Trick-
triumf *m itd.* → ***tryumf***
trochę ein wenig, ein bißchen; ein paar; (*nie bardzo*) etwas; ***ani ~*** kein bißchen
trociny *pl* (-) Sägespäne *m/pl*
troć *f* (*-ci*; *-cie*, *-ci*) Lachsforelle
trofeum *n* (*idkl*; *-ea*, *-eów*) Trophäe *f*
tro|ić się (*-ję*, *trój!*) sich verdreifachen; **~jaczki** *pl* (*-ów*) Drillinge *m/pl*; **~jaki** dreierlei; **~je** drei; ***we ~je*** zu dritt
trolejbus *m* (*-a*; *-y*) Obus
trombita *f* (*-y*) Alphorn *n*
tron *m* (*-u*; *-y*) Thron; **~owy** Thron-
trop *m* (*-u*; *-y*) Spur *f*, Fährte *f*; ***naprowadzić na ~*** auf die Spur bringen; **~ić** (*-ę*) einer Fährte/Spur folgen, spüren (nach); *fig* suchen, verfolgen
tropikalny tropisch, Tropen-
tro|ska *f* (*-i*) Sorge; **~skliwy** (**-*wie***) fürsorglich, (rührend) besorgt; **~szczyć się** ⟨**za-**⟩ (*-ę*) (***o*** *A*) sich kümmern (um), sorgen (für); → ***niepokoić się***
trosz|eczkę, **~kę** → ***trochę***
trój|- *w zł.* drei-, Drei-, tri-, Tri-; **~a** F *f* (*-ói*; *-e*, -) Drei; **~ca** *f* (*-y*): ***Ꙩca Święta*** Dreifaltigkeit; **~drożny** *mot* Dreiwege-; **~ka** *f* (*-i*; *G -jek*) Drei, F Dreier *m*; *fig t.* Trio *n*; ***we ~kę*** zu dritt
trójkąt *m* Dreieck *n*; **~ny** dreieckig
trój|niak *m* (*-u*; *-i*) Met; **~nóg** *m* (*-ogu*; *-ogi*) Dreifuß; **~pasmowy** dreispurig; **~skok** *m* Dreisprung; **~szereg** *m* Dreierreihe *f*; **~ząb** *m* Dreizack
truchle|ć (*-eję*) erschauern; ***~ję na myśl o*** (*I*) ich denke mit Schaudern an (*A*)
trucht *m* (*-u*; *0*) Trott
tru|cizna *f* (*-y*) Gift *n*; **~ć** ⟨**o-**⟩ (*-ję*) vergiften (***się*** sich; *I* mit)
trud *m* (*-u*; *-y*) Mühe *f*; ***zadać sobie ~*** sich die Mühe machen; ***nie szczędzić ~ów*** k-e Mühen scheuen; ***z ~em*** mit Mühe; **~nić się** (*-ę*, *-nij!*) (*I*) betreiben (*A*), sich betätigen (als); **~no** *adv* mühsam, schwer; ***~no mi powiedzieć*** ich kann schwer sagen; ***~no o*** (*A*) ist/sind schwer zu bekommen (*A*); (***no to***) ***~no!*** da kann man nichts machen!; **~ność** *f* (*-ści*) Schwierigkeit; ***bez ~ności*** *t.* ohne Mühe; **~ny** schwer, schwierig; mühsam; ***~ny w pożyciu*** unverträglich
trudzić (*-dzę*) bemühen; ***~ się*** sich (be-)mühen; (***nad*** *I*) sich abmühen (mit)
trujący (**-co**) giftig, Gift-
trumna *f* (*-y*; *G -mien*) Sarg *m*
trun|ek *m* (*-nku*; *-nki*) Drink, Getränk *n*; **~kowy** F trinkfreudig
trup *m* (*-a*; *-y*) Leiche *f*; ***paść ~em*** tot umfallen; ***po ~ach*** über Leichen; **~i** Leichen-; ***~ia głowa*** Totenkopf *m*; **~io** *adv*: ***~io blady*** leichenblaß
truskawka *f* (*-i*; *G -wek*) Erdbeere
truskawkowy Erdbeer-; erdbeerfarben
truteń *m* (*-tnia*; *-tnie*) Drohne *f*
trutka *f* (*-i*; *G -tek*) (***na szczury*** Ratten-)Gift *n*
trwa|ć ⟨**po-**⟩ (*-am*) dauern; (***w*** *L*) verharren (in *D*); (***przy*** *I*) beharren (bei, auf *D*); **~le** *adv* dauerhaft; **~łość** *f* (*-ści*; *0*) Beständigkeit, Dauer(haftigkeit); **~ły** beständig, dauerhaft, Dauer-; *materiał t.*: haltbar
trwog|a *f* (*-i*; *G trwóg*) Furcht, Schrekken *m*; ***bić na ~ę*** Alarm schlagen

T

trwonić (*-ę*) vergeuden, F verplempern
trwożyć (*-ę*) ängstigen (**się** sich)
tryb *m* (*-u*; *-y*) (Art *f* und) Weise *f*; Ablauf; *tech* Zahnrad *n*; *jęz* Modus; **iść swoim ~em** s-n gewohnten Gang gehen; **w ~ie przyśpieszonym** im Eilverfahren; **~y** *pl tech t.* Getriebe *n*
trybu|na *f* (*-y*) Tribüne; **~nał** *m* (*-u*; *-y*) Tribunal *n*, Gerichtshof
tryk *m* (*-a*; *-i*) Widder, Schafbock
trykot *m* (*-u*; *-y*) Trikot *m*/*n*
try'logia [-gi̯a] *f* (*GDL -ii*; *-e*) Trilogie
trymestr *m* (*-a*; *-y*) Trimester *n*
trys|kać (*-am*) ⟨**~nąć**⟩ (*-nę*) (heraus-, hervor)spritzen; *iskry*: sprühen (*impf t. fig I* vor); **~kać zdrowiem** vor Gesundheit strotzen
tryumf *m* (*-u*; *-y*) Triumph; **~ować** ⟨**za-**⟩ (*-uję*) triumphieren (**nad** *I* über *A*)
trzas|k [t·ʃ-] *m* (*-u*; *-i*) Krachen *n*; Knakken *n*; Knall(en *n*) *m*; *por* **trzeszczeć**; **~ka** *f* (*-i*; *G -sek*) (Holz-)Span *m*; **~kać** (*-am*) knallen; *v/i t.* krachen, knacken; F *zdjęcia* knipsen; **~kający** *mróz*: klirrend; **~nąć** *v/s* (*-nę*) → **trzaskać**
trząść* [t·ʃ-] *v/t* ⟨**po-**, **za-**⟩ (*A*, *I*) schütteln (*A*); rütteln (an *D*); **~ się** zittern (**z zimna**, **ze strachu** vor Kälte, Angst)
trzcin|a *f* (*-y*) Schilfrohr *n*; **~a cukrowa** Zuckerrohr *n*; **~owy** Rohr-
trzeba [t·ʃ-] (*nieos*) man (er, sie *itd.*) muß/soll/braucht (**na to** dafür); **~ ci wiedzieć** du mußt wissen; **ile ~** so viel wie nötig; **jak ~** wie es sich gehört, wie es sein soll(te); **nie ~** (es ist) nicht nötig
trzebić [t·ʃ-] ⟨**wy-**⟩ (*-ę*) ausrotten
trzech [t·ʃ-] *m-os* drei; **Święto** 𝟹 **Króli** Dreikönigsfest; → *str. 610*
trzeci [t·ʃ-] dritte; **po ~e** drittens; **jedna ~a**, **~a część** ein Drittel
trzeciorzędny [t·ʃ-] drittklassig
trzeć* [t·ʃ-] ⟨**po-**⟩ reiben (**się** sich)
trzej [t·ʃ-] *m-os* drei; → *str. 610*
trzep|aczka [t·ʃ-] *f* (*-i*; *G -czek*) Teppichklopfer *m*; *kulin* Schneebesen *m*; **~ać** (*-ię*) schlagen (*I* mit); *dywan* ⟨**wy-** aus-⟩ klopfen; **~ać językiem** quatschen; **~nąć** *v/s* (*-nę*) F hauen; **~otać** (*-czę*/*-cę*) schlagen (*I* mit); flattern (**na wietrze** im Wind); **~otać się** flattern; zappeln
trzeszczeć [t·ʃ-] (*-ę*, *-y*) *lód*: krachen, knacken; *deski*: knarren; *ogień*: prasseln; **~ w szwach** die Nähte platzen

trzewia [t·ʃ-] *pl* (*-i*) Eingeweide *n*
trzewik [t·ʃ-] *m* (*-a*; *-i*) (Schnür-)Schuh
trzeźw|ić [t·ʃ-] ⟨**o-**⟩ (*-ę*, *-wij!*) *fig* ernüchtern; **~ieć** ⟨**o-**, **wy-**⟩ (*-eję*) zu sich kommen; nüchtern werden; **~y** (**-wo**) nüchtern (*t. fig*)
trzęsawisko [t·ʃ-] *n* (*-a*) Moor, Bruch *m*
trzęsienie [t·ʃ-] *n* (*-a*) Schütteln, Rütteln; **~ ziemi** Erdbeben
trzmiel [tʃ-] *m* (*-a*; *-e*, *-i*) Hummel *f*
trzoda [tʃʃɔ-] *f* (*-y*; *G trzód*) → **chlewny**
trzon [tʃʃɔn] *m* (*-u*; *-y*) Kern, Grundstock; *tech* Schaft; Stange *f*; (Koch-)Herd; → **~ek** *m* (*-nka*; *-nki*) Stiel, Heft *n*; **~owy: ząb ~owy** Backenzahn
trzpień *m* (*-nia*; *-nie*) Bolzen, Dorn
trzustka [t·ʃ-] *f* (*-i*; *G -tek*) Bauchspeicheldrüse
trzy [t·ʃɨ] drei; → **trój-** *i str. 610*; **~cyfrowy** dreistellig; **~częściowy** dreiteilig; **~drzwiowy** dreitürig; **~dziestka** *f* (*-i*; *G -tek*) Dreißig; **~dziesty** dreißigste; **~dzieści** dreißig; → *str. 610*; **~krotnie** *adv*, **~krotny** dreifach; **~letni** dreijährig; Dreijahres-
trzyma|ć [t·ʃ-] (*-am*) *v/t* halten (**się** sich; *fig G* an *A*); festhalten (**się** sich; *G*, **za** *A* an *D*); *v/i* halten; **~ć się razem** zusammenhalten; **~ć się z dala** (**od** *G*) sich fernhalten (von); F **~j się!** mach's gut!
trzyna|stka [t·ʃ-] *f* (*-i*; *G -tek*) Dreizehn; **~sto-** *w zł.* dreizehn-; **~stu** *m-os* dreizehn; **~sty** dreizehnte; **~ście**, **~ścioro** *m-os* dreizehn; → *str. 610*
trzy|osobowy [t·ʃ-] Dreipersonen-; **~pokojowy** Dreizimmer-; **~sta**, *m-os* **~stu** dreihundert; → *str. 610*
tu hier; hierher; → **owdzie**, **tam**
tub|a *f* (*-y*) *muz* Tuba; (Schall-)Trichter *m*; *fig* Sprachrohr *n*; → **~ka** *f* (*-i*; *G -bek*) Tube
tubyl|czy eingeboren, Ur-; **~ec** *m* (*-lca*; *-lcy*) Eingeborene(r), Ureinwohner
tucz|nik *m* (*-a*; *-i*) Mastschwein *n*; **~ny** gemästet, Mast-; **~yć** ⟨**u-**⟩ (*-ę*) mästen
tulej|a *f* (*GDL -ei*; *-e*, *-ei*), **~ka** *f* (*-i*; *G -jek*) Tüte; *tech* Buchse, Hülse, Muffe
tulić ⟨**przy-**⟩ (*-lę*) (**do siebie** an sich) drücken; **~ się** (**do** *G*) sich schmiegen, sich kuscheln (an *A*)
tulipan *m* (*-a*; *-y*) Tulpe *f*
tułacz *m* (*-a*; *-e*), **~ka** *f* (*-i*; *G -czek*) Heimatlose(r); *t-ko* **~ka** Umherirren *n* (**po świecie** in der Welt); **~y** heimatlos

T

tułać się (*-am*) umherirren
tułów *m* (*-owia*; *-owie*) Rumpf
tuman *m* (*-u*; *-y*) (***kurzu*** Staub-)Wolke *f*; *pej* (*pl -i*) Dummkopf, Blindgänger
tunel *m* (*-u*; *-e*) Tunnel; *gór* Stollen
tunezyjski tunesisch, Tunesien-
tuńczyk *m* (*-a*; *-i*) Thunfisch
tupać (*-ię*) stampfen, trampeln
tupet *m* (*-u*; *0*) Forschheit *f*
tup|nąć *v/s* (*-nę*) aufstampfen; **~ot** *m* (*-u*; *-y*) Getrappel *n*, Tritte *m/pl*
tura *f* (*-y*) Tour; Runde
turbo|sprężarka *f mot* Turbolader *m*; **~śmigłowy** Turboprop-
Tur|czynka *f* (*-i*; *G -nek*) Türkin; **2ecki** (***po -ku***) türkisch; Türken-, Türkei-; **~ek** *m* (*-rka*; *-rcy*) Türke
turkot *m* (*-u*; *-y*) Rattern *n*; **~ać** (*-czę*/*-cę*) *koła, maszyna*: rattern
turkusowy Türkis-; türkisgrün
turniej *m* (*-u*; *-e*) Turnier *n*
turnus *m* (*-u*; *-y*) Turnus, Durchgang
turyst|a *m* (*-y*; *-ści*, *-ów*), **~ka** *f* (*-i*; *G -tek*) Tourist(in); **~yczny** touristisch; Reise-; ***ruch ~yczny*** *t.* Fremdenverkehr
tusz *m* (*-u*; *-e*) Tusche *f*; *muz* Tusch
tusza *f* (*-y*; *-e*) Körper *m*; Leibesfülle; geschlachtetes (ausgenommenes) Tier *n*
tut|aj → ***tu***; **~ejszy** hiesig
tuzin *m* (*-a*; *-y*) Dutzend *n*
tuż *adv* gleich, unmittelbar; ***~ przy*** (*L*) gleich/dicht (bei, an *D*); ***~ za*** (*I*) gleich hinter (*D*); ***~ obok*** gleich nebenan
twa *pron* (*ściągn* ***twoja***) → ***twój***
tward|nieć ⟨**s-**⟩ (*-eję*) hart werden; **~o** *adv* → ***twardy***; ***jajko na ~o*** hartgekochtes Ei; **~ość** *f* (*-ści*; *0*) Härte (*t. fig*); **~y** hart (*t. fig*); *sen*: fest; *mięso t.*: zähe
twaróg *m* (*-ogu*; *-ogi*) Quark, Ⓐ Topfen
twarz *f* (*-y*; *-e*) Gesicht *n*; ***~ą do*** (*G*) mit dem Gesicht zu (*D*); ***być do ~y*** (*D*) gut kleiden (*A*), stehen (D); ***~ą w ~*** von Angesicht zu Angesicht (***z I*** mit); **~owy** Gesichts-; F *fig* kleidsam
twe *pron* (*ściągn* ***twoje***) → ***twój***
twierdz|a *f* (*-y*; *-e*) Festung; **~ący** (***-co***) zustimmend, bejahend; **~enie** *n* (*-a*) Behauptung *f*; **~ić** (*-dzę*) behaupten
two|i *m-os*, **~ja**, **~je** → **twój**
tworzy|ć (*-ę*, *twórz!*) ⟨**s-**⟩ (er)schaffen; ⟨**u-**⟩ bilden (**się** sich); ***~ć się*** *t.* entstehen; **~wo** *n* (*-a*) Material, Stoff *m*
twój *pron* (*f* ***twoja***/***twa***, *n* ***twoje***/***twe***; *pl* ***twoi***/***twoje***/***twe***) dein; ***twoi*** die Deinen

twór *m* (*-oru*; *-ory*) Geschöpf *n*; Schöpfung *f*, Werk *n*; **~ca** *m* (*-y*; *G -ów*) Schöpfer, Urheber; **~czo** *adv* → ***twórczy***; **~czość** *f* (*-ści*; *0*) Schaffen *n*, Tätigkeit; (*dzieła*) Werke *n/pl*; **~czy** kreativ, schöpferisch; Schaffens-; **~czyni** *f* (*-i*; *-e*, *-ń*) Schöpferin, Urheberin
ty *pron* (*GA ciebie*/*cię*, *D tobie*/*ci*, *I tobą*, *L tobie*) du; ***być na ~*** (***z I***) duzen (*A*)
tych *pron GL/pl* → ***ten***, ***to***[1]
tyczka *f* (*-i*; *G -czek*) Stange; *sport* Stab *m*; **~rz** *m* (*-a*; *-e*) Stabhochspringer
tycz|yć się (*-ę*, *t-ko 3.os. a. inf*) angehen, betreffen; ***co się ~y*** (*G*) was ... betrifft
tyć ⟨**u-**⟩ (*-ję*) Fett ansetzen, dick werden
tydzień *m* (*tygodnia*; *tygodnie*) Woche *f*; ***za ~*** in e-r Woche; ***~ temu*** vor e-r Woche; (***całymi***) ***tygodniami*** wochenlang
tyfus *m* (*-u*; *-y*) Typhus; → ***dur***[1]
tygodni|e *pl* → ***tydzień***; **~k** *m* (*-a*; *-i*) Wochenblatt *n*; **~owy** (***-wo***) wöchentlich; Wochen-; eine Woche lang (*a.* alt)
tygrys *m* (*-a*; *-y*), **~ica** *f* (*-y*; *-e*) Tiger(in)
tyk|a *f* (*-i*) Stange; **~ać**[1] (*-am*) ticken; **~ać**[2] (*-am*) anfassen, berühren
tyle[1] (*m-os GAL tylu*, *I tyloma*) so viel(e); soviel; → ***ile***; ***~ czasu*** so lange; ***na ~*** um so mehr; so weit; ***drugie ~*** nochmal soviel; ***nie ~*** (***o***) nicht so sehr (um); ***~ samo***, ***~ż*** ebensoviel; **~**[2] → ***tył***
tylko *adv* nur; lediglich; ***jak ~*** sobald
tyln|y hintere, Hinter-; *lotn*, *mar* Heck-; ***~e światło*** Rücklicht
tyl|oletni langjährig; **~u** → ***tyle***[1]
tył *m* (*-u*; *-y*) Rückseite *f*, Kehrseite *f*; Hinterteil *n*; *mar* Heck *n*; **~em** rückwärts; ***w tyle*** hinten; ***do ~u***, ***w ~*** nach hinten; ***od/z ~u*** von hinten; ***obrócić się ~em*** (***do*** *G*) den Rücken kehren (*D*); **~y** *pl mil* Hinterland *n*; ***na ~ach*** im Rükken; **~ek** P *m* (*-łka*; *-łki*) Hintern
tym *DIL/pl* → ***ten***, ***to***[1]; *part* (+ *comp*) desto, um so, umso; → ***im***, ***bardziej***
tymczas|em *adv* inzwischen, unterdessen; (*natomiast*) doch; **~owość** *f* (*-ści*; *0*) Vorläufigkeit; **~owy** (***-wo***) vorläufig, einstweilig; behelfsmäßig
tymi *I/pl* → ***ten***, ***to***[1]
tymianek *m* (*-nku*; *-nki*) Thymian
tynk *m* (*-u*; *-i*) *bud* Putz; **~ować** ⟨**o-**⟩ (*-uję*) verputzen
typ *m* (*-u*; *-y*) Typ; (*-a*; *-y*) *pej* Kerl
typow|ać (*-uję*) tippen; ⟨**wy-**⟩ auswählen; **~y** (***-wo***) typisch

T

tyranizować (*-uję*) tyrannisieren
tyrolski *adj* Tiroler
tysiąc (*G/pl tysięcy*) tausend; *w zł.* → *str. 610*; **~ami** zu Tausenden; **~krotny** tausendfach; **~lecie** *n* (*-a*) Jahrtausend; Tausendjahrfeier *f*
tysięczny tausendste; → *str. 611*
tyto|niowy Tabak(s)-; **~ń** *m* (*-niu*; *-nie*) (**fajkowy** Pfeifen-)Tabak
tytuł *m* (*-u*; *-y*) Titel; **~em** (*G*) als (*A*)
tytułow|ać (*-uję*) titulieren; **~ać się** (*I*) den ... Titel führen; **~y** Titel-

U

u *praep* (*G*) bei (*D*); an (*D*); **~ ciebie** bei dir; **~ brzegu** am Ufer; *w niektórych wyrażeniach nie tłumaczy się*: **klamka ~ drzwi** Türklinke; → **dół**, **góra**
uak|tualniać (*-am*) ⟨**~tualnić**⟩ (*-ę*, *-nij!*) aktualisieren; **~tywniać** (*-am*) ⟨**~tywnić**⟩ (*-ę*, *-nij!*) aktivieren
ubarwienie *n* (*-a*) Färbung *f*; → **barwa**
ubezpiecz|ać (*-am*) versichern (**się** sich; **od** *G* gegen); *mil*, *sport* sichern; decken; **~alnia** *f* (*-i*; *-e*, *-i*) Krankenkasse; **~enie** *n* (*-a*) (**od odpowiedzialności cywilnej**, **na życie** Haftpflicht-, Lebens-)Versicherung *f*; Sicherung *f*; Deckung *f*; **~eniowy** Versicherungs-; **~ony** *m* (*-ego*; *-eni*), **~ona** *f* (*-ej*; *-one*) Versicherte(r); **~yciel** *m* (*-a*; *-e*) Versicherer; **~yć** *pf* (*-ę*) → **ubezpieczać**
ubić *pf* → **ubijać**; *łow* erlegen; F **~ interes** ein Geschäft abschließen
ubie|c *pf v/t* im Lauf zurücklegen, rennen; *j-m* zuvorkommen; *v/i* → **~gać** (*-am*) *czas*: vergehen; **~gać się** (**o** *A*) sich bewerben, sich bemühen (um); **~gły** vergangen, abgelaufen, letzt-; **~gnąć** *pf* → **ubiec**; **~rać** (*-am*) anziehen (**k-o w** *A* j-m *A*); *choinkę itp.* schmücken; **~rać się** sich anziehen; sich kleiden; **~rać się w** (*A*) anziehen (*A*)
ubija|cz *m* (*-a*; *-e*) *kulin* Schneebesen; **~ć** (*-am*) *ziemię* feststampfen; *kulin* schlagen; **~k** *m* (*-a*; *-i*) Stampfer
ubikacja *f* (*-i*; *-e*) Toilette, WC *n*, F Klo *n*
ubiór *m* (*-oru*; *-ory*) Kleidung *f*; Tracht *f*
ubliż|ać (*-am*) ⟨**~yć**⟩ (*-ę*) (*D*) beleidigen (*A*); **~ający** (**-co**) beleidigend
ubocz|e *n*: **na ~u** abseits; abgeschieden, abgelegen; **~nie** *adv* nebenbei; **~ny** Neben-; **działanie ~ne** Nebenwirkung *f*
ubog|i (*m-os ubodzy*) arm; bedürftig; *su m* (*-ego*; *-odzy*), **~a** *f* (*-iej*; *-ie*) Arme(r), Bedürftige(r); **~o** *adv* arm(selig)
ubolewa|ć (*-am*) (**nad** *I*) bedauern, beklagen (*A*); **~nie** *n* (*-a*) Bedauern; Mitgefühl; **godny ~nia** bedauernswert
uboż|eć ⟨**z-**⟩ (*-eję*) verarmen; **~ej** *comp adv* → **ubogo**; **~szy** *comp* → **ubogi**
ubój *m* Schlachten *n*, Schlachtung *f*
ubóstwiać (*-am*) vergöttern, anbeten
ubóstwo *n* (*-a*; *0*) Armut *f*
ubra|ć* *pf* → **ubierać**; **~nie** *n* (*-a*) Ankleiden; Schmücken; (*garnitur*) Anzug *m*; (**robocze** Arbeits-)Kleidung *f*, F Kluft *f*; **~ny** angezogen; **być ~nym w** (*A*) anhaben, tragen (*A*)
uby|ć* *pf* → **ubywać**; **~tek** *m* (*-tku*; *-tki*) Verlust, Schwund; **~wać** (*D*, **z** *G*) verlassen (*A*); (*t-ko inf i 3.os*) (*G*) abnehmen *v/i*, sich vermindern; **dnia ~wa** die Tage werden kürzer
ucałowa|ć *pf* küssen; **~nie** *n* (*-a*) Kuß *m*
uchlany P stockbesoffen
ucho *n* (*-a*; *uszy*, *uszu*, *uszom*, *uszami*, *uszach*) Ohr; (*pl -a*, *uch*) Henkel *m*; Öse *f*; **na własne uszy** mit eigenen Ohren; **obijać się o uszy** (*D*) *j-m* zu Ohren kommen; **szepnąć na ~** ins Ohr flüstern; **po uszy** bis über beide Ohren
uchodz|ić entkommen, entfliehen; davonkommen (**cało** unversehrt); *gaz*: entweichen; **~ić za** (*A*) gelten (als); **to nie ~i** das gehört sich nicht; → **ujść**
uchodź|ca *m* (*-y*; *G -ów*) Flüchtling; **~stwo** *n* Exil, Emigration *f*
uchować *pf* bewahren, (be)schützen (**przed** *I* vor *D*); **~ się** erhalten bleiben
uchronić *pf* bewahren (**od** *G* vor *D*)
uchwa|lać (*-am*) ⟨**~lić**⟩ beschließen;

us tawę verabschieden; *wniosek* annehmen; **~ła** *f* (*-y*) Beschluß *m*
uchwy|cić *pf* → ***chwytać***; **~t** *m* Griff; **~tny** greifbar; wahrnehmbar
uchybi|(a)ć (*D*) verstoßen (gegen); beleidigen (*A*); **~enie** *n* (*-a*) Verfehlung *f*, Fehler *m*; Verstoß *m*
uchyl|ać (*-am*) ⟨**~ić**⟩ *drzwi* e-n Spalt (weit) öffnen (**się** sich); *kotarę* (etwas) zur Seite schieben; *decyzję itp.* aufheben; ***~ić kapelusza/rąbka tajemnicy*** den Hut/das Geheimnis lüften; ***~ać*** ⟨***~ić***⟩ ***się*** (***od*** *G*) sich entziehen (*D*), F sich drücken (vor)
uciąć* *pf* → ***ucinać***
uciążliwy (**-*wie***) beschwerlich, schwierig; langwierig; lästig; **~ *dla środowiska naturalnego*** umweltbelastend
ucichnąć *pf* → ***cichnąć***
ucie|c* *pf* (*ucieknę, -kniesz, -kł*) → ***uciekać***; **~cha** *f* (*-y*) Freude; Spaß *m*, Gaudi; **~czka** *f* (*-i*; *G -czek*) (***kierowcy*** [***po wypadku***] Fahrer-)Flucht; (*z więzienia t.*) Ausbruch *m*; ***zmusić do ~czki*** in die Flucht schlagen; **~kać** (*-am*) (ent)fliehen; flüchten (***od*** *G* vor *D*); *gaz*: entweichen; ausbrechen *v/i*; ***~kać się*** (***do*** *G*) greifen (zu), Zuflucht nehmen (zu); **~kinier** *m* (*-a*; *-rzy*), **~kinierka** *f* (*-i*; *G -rek*) Flüchtling *m*; Deserteur *m*
ucieleśni|ać (*-am*) ⟨**~ć**⟩ (*-ę, -nij!*) verkörpern; ***~(a)ć się*** sich verwirklichen
ucier|ać (*-am*) (zer)reiben; abwischen; **~pieć** *pf* e-n Schaden/Verlust erleiden
uciesz|ny drollig, possierlich; **~yć** *pf* → ***cieszyć***
ucinać (*-am*) abschneiden; abhacken
ucisk *m* (*-u*; *-i*) Druck; *fig* Unterdrükkung *f*; **~ać** drücken; unterdrücken
ucisz|ać (*-am*) ⟨**~yć**⟩ (*-ę*) beruhigen (***się*** sich); auffordern, still zu sein
uciśniony unterdrückt, unterjocht
ucywilizować *pf* (*-uję*) zivilisieren
uczci|ć* *pf* → ***czcić***; *rocznicę* feierlich begehen; **~wość** *f* (*-ści*; *0*) Ehrlichkeit, Redlichkeit; **~wy** (**-*wie***) ehrlich, redlich
ucze|lnia *f* (*-i*; *-e, -i*) (***wyższa*** Hoch-) Schule, Lehranstalt; **~nie[1] się** *n* (*-a*; *0*) Lernen; **~nie[2]** *adv* gelehrt; **~nnica** *f* (*-y*; *-e*) Schülerin, Schulmädchen *n*; **~ń** *m* (*ucznia*; *uczniowie*) Schüler; Lehrling
ucze|pić się *pf* → ***czepiać się***; **~rnić** *pf* (*-ę, -ń/-nij!*) schwarz anmalen, schwärzen, **~sać** *pf* → ***czesać***; **~sanie** *n* (*-a*) Frisur *f*, Haartracht *f*
uczestni|ctwo *n* (*-a*; *0*), **~czenie** *n* (*-a*; *0*) Teilnahme *f*, Beteiligung *f*; **~czka** *f* (*-i*; *G -czek*), **~k** *m* (*-a*; *-cy*) Teilnehmer(in) (*G* an *D*); ***~k wypadku*** Unfallbeteiligte(r); **~czyć** (*-ę*) teilnehmen, sich beteiligen (***w*** *L* an *D*)
uczęszcza|ć (*-am*) (***do*** *G*, ***na*** *A*) besuchen (*A*); **~ny** gut besucht, frequentiert
uczniowski Schüler-, *iron* Pennäler-
uczon|ość *f* (*-ści*; *0*) Gelehrtheit; **~y** gelehrt; *su m* (*-ego*; *uczeni*), **~a** *f* (*-ej*; *-e*) Gelehrte(r)
uczt|a *f* (*-y*) Gastmahl *n*, Festmahl *n*; **~ować** (*-uję*) tafeln, schmausen
uczuci|e *n* Gefühl, Empfindung *f*; **~owość** *f* (*-ści*; *0*) Empfindsamkeit; **~owy** Gefühls-, Empfindungs-; (**-*wo***) gefühlsmäßig; gefühlvoll; gefühlsbetont
uczu|ć *pf* → ***uczuwać***, ***czuć***; **~lać** (*-am*) ⟨**~lić**⟩ (*-lę*) empfänglich machen (***na*** *A* für); *chem*, *biol* sensibilisieren; ***~lić się*** (***na*** *A*) allergisch sein (gegen); *fig* empfänglich sein (für)
uczyć ⟨**na-**⟩ (*-ę*) (***k-o*** *G*, *inf*) lehren (j-n *A*, *inf*), beibringen (j-m *A*, zu *inf*); **~ się** (*G*) lernen (*A*, zu *inf*), erlernen (*A*)
uczyn|ek *m* (*-nku*; *-nki*) Tat *f*; Werk *n*; → ***gorący***; **~ny** hilfsbereit, gefällig
uda|ć (się) *pf* → ***udawać*** (***się***); **~ny** gelungen; *dzieci*: wohlgeraten; (*nieszczery*) geheuchelt; vorgetäuscht
udar *m* (*-u*; *-y*) *med* (***cieplny*** Hitz-) Schlag; **~ *słoneczny*** Sonnenstich
udaremni|ać (*-am*) ⟨**~ć**⟩ (*-ę, -nij!*) vereiteln, zunichte machen
uda|tny gelungen; **~(wa)ć** *v/t* vortäuschen, sich stellen (***głuchego*** taub); imitieren, spielen; *v/i* sich verstellen; ***~(wa)ć się*** gelingen; (*poszczęścić się*) glücken; (gut) geraten; (***do*** *G*, ***na*** *A*) sich begeben (nach, zu), aufsuchen (*A*)
uderz|ać (*-am*) *v/t* schlagen, stoßen; *fig* frappieren; *v/i* (*t.* ***się***) anstoßen, (sich) schlagen (***o*** *A* an, gegen *A*); **~ający** (**-*co***) frappierend, frappant; **~enie** *n* (*-a*) Schlag *m*; Hieb *m*; Stoß *m*; *muz* Anschlag *m*; **~eniowy** *mil*, *med* Stoß-; **~yć** *pf* (*-ę*) → ***uderzać***, ***bić***
udławić się *pf* ersticken (*I* an *D*)
udo *n* (*-a*) Schenkel *m*; *kulin* Keule *f*
udobruchać *pf* (*-am*) besänftigen
udogodni|ć *pf* (*-ę, -nij!*) einfacher/be-

quemer machen, erleichtern; **~enie** *n* (*-a*) Vereinfachung *f*, Erleichterung *f*
udoskonal|ać (*-am*) ⟨**~ić**⟩ verbessern, vervollkommnen; **~enie** *n* (*-a*) *tech* Verbesserung *f*; Weiterentwicklung *f*
udostępni|ać (*-am*) ⟨**~ć**⟩ (*-ę, -nij!*) zugänglich machen; ermöglichen
udow|adniać (*-am*) ⟨**~odnić**⟩ (*-ę, -nij!*) beweisen, nachweisen; belegen (*I* mit, durch); überführen (***k-u*** *A* j-n *G*)
udowy (Ober-)Schenkel-
udrę|czenie *n* (*-a*), **~ka** *f* (*-i*) Qual *f*
udu|sić *pf* erwürgen, erdrosseln; **~sić się** ersticken *v/i*; *por* ***dusić***; **~szenie** *n* (*-a*) Erdrosselung *f*; Erstickung *f*; ***śmierć f od ~szenia*** Erstickungstod *m*
udział *m* Teilnahme *f*, Beteiligung *f*; *ekon*, *hdl* Teilhaberschaft *f*; (*wkład*) Anteil; ***~ w zbrodni*** (Mit-)Täterschaft *f*; ***brać ~*** → ***uczestniczyć***; **~owiec** *m* (*-wca*; *-wcy*) Teilhaber(in), Anteilseigner(in); **~owy** Anteil(s)-
udziec *m* (*udźca*; *udźce*) *kulin* → ***udo***
udziel|ać (*-am*) (*G*) gewähren (*A*); *słowa*, *rady* erteilen, geben (*A*); *pomocy* leisten (*A*); ***~ać się*** *choroba itp*.: übergreifen (*D* auf *A*); **~enie** *n* (*-a*) Gewährung *f*, Erteilung *f*; ***~enie pomocy*** Hilfeleistung *f*; **~ić** *pf* → ***udzielać***
udziesięciokrotni|ać (*-am*) ⟨**~ć**⟩ (*-ę, -nij!*) verzehnfachen (**się** sich)
udźwiękowi|ać (*-am*) ⟨**~ć**⟩ (*-ę, -wij!*) vertonen
uf|ać ⟨**za-**⟩ (*-am*) (ver)trauen (*D*; *impf t.* ***że*** darauf, daß); ***nie ~ać*** mißtrauen; **~ność** *f* (*-ści*; *0*) Zuversicht; Vertrauen *n*; **~ny** zuversichtlich; selbstsicher; (**w** *A*) vertrauend (auf, in *A*)
uga|niać się → ***ganiać***; **~sić** *pf* → ***gasić***; **~szczać** (*-am*) bewirten (*I* mit)
ugi|nać się (*-am*) ⟨**~ąć się**⟩ sich biegen
ugłaskać *pf fig* besänftigen, begütigen
ugni|atać (*-am*) *v/i but*: drücken; *v/t* ⟨**~eść***⟩ feststampfen, festdrücken
ugo|da *f* (*-y*; *G ugód*) Vereinbarung, Abkommen *n*; gütliche Einigung; **~dowy** versöhnlerisch, kompromißbereit; **~dzić** *pf* treffen; F (*do pracy*) anheuern; **~ścić** *pf* → ***ugaszczać***
ugór *m* (*-oru*; *-ory*) Brache *f*, Brachland *n*; ***leżeć ugorem*** brachliegen
ugruntow(yw)ać (*-[w]uję*) begründen
ugrupowanie *n* (*-a*) Gruppierung *f*
ugryźć* *pf* (ab)beißen; *komar*: stechen
ugrząźć* *pf* → ***grzęznąć***
ui|szczać (*-am*) ⟨**~ścić**⟩ (*-szczę*) (**z góry** im voraus) bezahlen, begleichen
ujadać bellen; (**na** *A*) anbellen (*A*)
ujarzmi|ać (*-am*) ⟨**~ć**⟩ (*-ę, -mij!*) unterjochen; *rzekę* bezwingen, bändigen
ujawni|ać (*-am*) ⟨**~ć**⟩ (*-ę, -nij!*) enthüllen, bekanntmachen; **~(a)ć się** ans Licht kommen, bekannt werden; *pol* sich (den Behörden) stellen
ująć *pf* (*ujmę*) ergreifen; → ***ujmować***
ujednolic|ać (*-am*) ⟨**~ić**⟩ (*-cę*) vereinheitlichen
ujemny negativ; *fig t.* ungünstig
ujeżdża|ć (*-am*) ⟨**ujeździć**⟩ *konia* zureiten; **~lnia** *f* (*-i*; *-e*, *-i*) Reitbahn
ujęcie *n* (*-a*) Ergreifung *f*; *fig* Betrachtungsweise *f*; (Kamera-)Einstellung *f*
ujm|a *f* (*-y*; *G ujm*) (moralischer) Schaden; ***przynosić ~ę*** Abbruch tun; **~ować** (*-uję*) ergreifen, fassen (**za** *A* an *D*; **się** sich, einander); formulieren; (*zjednywać*) für sich gewinnen, einnehmen; (*odejmować*, *G*) (weg)nehmen, (ver)mindern (*A*); **~ować się** (**za** *I*) sich einsetzen (für); **~ujący** (**-co**) gewinnend
ujrzeć *pf* (*-ę*, *-y*, *-yj!*) erblicken
ujś|cie *n* (*-a*) Mündung *f*; *fig* Ventil; → ***wylot***; **~ć*** *pf* (*-jść*) → ***uchodzić***
ukartowany abgekartet
ukatrupić P *pf* (*-ę*) kaltmachen
ukaz|ywać (*-uję*) ⟨**~ać**⟩ zeigen (**się** sich); **~(yw)ać się** *t.* erscheinen (*t. drk*); ***~ać się na scenie*** aufgeführt werden
uką|sić *pf* (*-szę*) → ***kąsać***; **~szenie** *n* (*-a*) Biß *m*; (*komara itp*.) Stich *m*
układ *m* (*-u*; *-y*) Anordnung *f*, Aufbau; System *n*; (*umowa*) Vertrag, Abkommen *n*; ***zbiorowy ~ pracy*** Manteltarifvertrag; *t-ko pl* **~y** Verhandlungen *f/pl*; **~ać** (*-am*) zurechtlegen, ordnen; legen (**się** sich; ***w fałdy*** in Falten; ***do snu*** schlafen); *tekst* verfassen; *plan* aufstellen; *tabelę* zusammenstellen; *melodię* komponieren; ***~ać się*** *stosunki*: sich gestalten; **~anka** *f* (*-i*; *G -nek*) Puzzle *n*; **~ny** liebenswürdig; gewandt; **~owy** System-; Vertrags-
ukłon *m* (*-u*; *-y*) Verbeugung *f*; **~y** *pl t.* Grüße *m/pl*, Empfehlung *f*; **~ić się** *pf* sich verbeugen; *por* ***kłaniać się***
ukłucie *n* (*-a*) Stechen; Stich *m*
ukochan|a *f* (*-ej*; *-e*), **~y** *m* (*-ego*; *-i*) Liebste(r); *adj* geliebte, liebste

U

ukon- *pf* → **kon-**
ukończ|enie *n* (-*a*) Beendigung *f*; (**szkoły** Schul-)Abschluß *m*; (**budowy** Bau-) Fertigstellung *f*; **~yć** *pf* → **kończyć**
ukoronowanie *n* (-*a*) Krönung *f*
ukorzeni|ać się (-*am*) ⟨**~ć się**⟩ Wurzeln schlagen; **~ony** verwurzelt
ukos *m* (-*u*; -*y*) Schräge *f*; **na ~**, **z ~a**, **~em** schräg; **patrzeć z ~a** (**na** *A*) mit scheelen Blicken ansehen (*A*)
ukośny Schräg-, schräg; Seiten-
ukracać (-*am*) *v/t* Einhalt gebieten (*D*)
ukradkiem *adv* verstohlen, heimlich
Ukra'i|niec *m* (-*ńca*; -*ńcy*), **~nka** *f* (-*i*; *G* -*nek*) Ukrainer(in); **♀ński** (**po** **-ku**) ukrainisch
u|krajać abschneiden; **~kręcić** *pf powróz*, *kulkę* drehen; *guzik* abdrehen; *kulin* (ver)quirlen; **~kroić** *pf* → **ukrajać**
ukrop *m* (-*u*; *0*) kochendheißes Wasser
ukróc|ać (-*am*) ⟨**~ić**⟩ (-*cę*) → **ukracać**
ukry|cie *n* (-*a*) Verbergung *f*; → **kryjówka**; **z ~cia** im verborgenen; (*strzelać*) aus dem Hinterhalt; **~ty** verborgen; heimlich; *choroba*: latent; **~wać** (-*am*) → **kryć**; *plany itp*. verheimlichen
ukrzyżowanie *n* (-*a*) Kreuzigung *f*
ukształtowanie *n* (-*a*) Gestaltung *f*
ukuć *pf v/t* schmieden
ukwiecony blumengeschmückt
ul *m* (*ula*; -*e*, -*i*/-*ów*) Bienenstock; P *fig* Knast, Kittchen *n*
ula|ć *pf* → **ulewać**; **jak ~ł** wie angegossen; **~tniać się** (-*am*) sich verflüchtigen; *nastrój*, *zapach*: verfliegen; F *fig* verduften; **~tywać** (-*uję*) wegfliegen; *woń*: ausströmen; → **uchodzić**
ule|c* *pf* → **ulegać**; **~cieć** *pf* → **ulatywać**; **~czalny** heilbar; **~gać** (-*am*) (*D*) unterliegen (*D*); *fig* sich fügen; erliegen (*D*); nachkommen (**prośbom** *j-s* Bitten); sich beugen (**woli** *j-s* Willen); **~gać wpływom** unter dem Einfluß stehen; **~c zmianie** e-m Wandel unterliegen; **~c wypadkowi** e-n Unfall erleiden, verunglücken; **~c zapomnieniu** in Vergessenheit geraten; **~c przedawnieniu** verjährt sein; → **wątpliwość**; **~gający zepsuciu** leichtverderblich
uleg|łość *f* (-*ści*; *0*) Fügsamkeit; **~ły** (**-le**) folgsam, fügsam, willig, gefügig
ulepsz|ać (-*am*) ⟨**~yć**⟩ (-*ę*) verbessern; **~enie** *n* (-*a*) Verbesserung *f*
ulewa *f* (-*y*) Regenguß *m*, Platzregen *m*; **~ć** (-*am*) (ab)gießen; **~ny** *deszcz*: stark
uleżeć *pf*: **~ się** *owoce*: nachreifen
ulg|a *f* (-*i*) Erleichterung; (*zniżka*) Vergünstigung, Ermäßigung; **~owo** *adv* schonend; **~owy** ermäßigt, verbilligt
uli|ca *f* (-*y*; -*e*) Straße; **na**/**przy ~cy ...** in der ...straße; **~czka** *f* (-*i*; *G* -*czek*) (**ślepa** Sack-)Gasse, Gäßchen *n*; **~cznik** *m* (-*a*; -*cy*) Straßenjunge; **~czny** Straßen-
ulokowa|ć *pf* → **lokować**; **~nie** *n* (-*a*) Unterbringung *f*; *fin* Anlage *f*
ulot|ka *f* (-*i*; *G* -*tek*) Flugblatt *n*; Werbeschrift; **~ka dołączona do opakowania** Beipackzettel *m*; **~nić się** *pf* (-*ę*, -*nij!*) → **ulatniać się**
ultra|dźwiękowy Ultraschall-; **~krótkofalowy** Ultrakurzwellen-, UKW-; **~nowoczesny** ultramodern; **~reakcyjny** erzreaktionär
ulubi|enica *f* (-*y*; -*e*) Liebling *m*, Lieblingsfrau, Lieblingstochter; **~eniec** *m* (-*ńca*; -*ńcy*) Liebling; Günstling, Favorit; **~ony** Lieblings-
ulży|ć *pf* (*D*, **k-u** **w** *L*) erleichtern (j-m *A*); lindern (j-s *A*); **~ć sobie** sich Luft machen; **~ło mi** (**na sercu**) ich fühle mich erleichtert
ułam|ać *pf* → **ułamywać**; **~ek** *m* (-*mka*; -*mki*) Bruchstück *n*; (*o czasie*) Bruchteil; *mat* Bruch; **~kowy** Bruch-; *fig* fragmentarisch, bruchstückhaft; **~ywać** (-*uję*) abbrechen (**się** *v/i*)
ułaskawi|ać (-*am*) ⟨**~ć**⟩ (-*ę*) begnadigen; **~enie** *n* (-*a*) Begnadigung *f*
ułatwi|ać (-*am*) ⟨**~ć**⟩ (-*ę*) erleichtern, einfacher machen; **~enie** *n* (-*a*) Erleichterung *f*, Vereinfachung *f*
ułom|ek *m* (-*mka*; -*mki*) (Bruch-)Stück *n*; **~ność** *f* (-*ści*) → **kalectwo**; **~ny** körperbehindert; *fig* unvollkommen
ułoż|enie *n* (-*a*) Ordnen, Legen; Zusammenstellen; Verfassen; Komponieren; **~yć** *pf* → **układać**; **~yć się** sich (gütlich) einigen
ułuda *f* (-*y*) Illusion, Trugbild *n*
umacniać (-*am*) verstärken; *mil* befestigen; *fig* festigen (**się** sich); **~ się w** (*L*) bestärkt werden in (*D*)
umarł|y gestorben, tot; *su m* (-*ego*; -*li*), **~a** *f* (-*ej*; -*e*) Tote(r)
umarzać (-*am*) *ekon* abschreiben; *dług* erlassen; (*spłacić*) tilgen; *jur proces* niederschlagen; *dochodzenie* einstellen
umawiać verabreden (**się** sich), verein-

baren; ~ ***się*** (***o*** *A*, ***co do*** *G*) sich verständigen, sich einigen (über *A*)
umeblowanie *n* (*-a*) Einrichtung *f*, Möbel *n/pl*
umiar *m* (*-u*; *0*) Maß *n*; ***z ~em*** mit Maßen; ***zachować ~*** das rechte Maß einhalten; **~kowanie** *n* (*-a*; *0*) Mäßigung *f*; *adv* → **~kowany** maßvoll, mäßig; *poglądy*, *kierunek*: gemäßigt
umie|ć (*-em*) können; (es) verstehen, wissen; ***czy ~sz ...?*** kannst du ...?; ***on ~ sobie poradzić*** er weiß sich zu helfen; **~jętność** *f* (*-ści*) Fertigkeit, Können *n*; **~jętny** sachkundig; gekonnt, geschickt
umiejs|cawiać (*-am*) ⟨**~cowić**⟩ (*-ę*, *-ców!*) lokalisieren; (zeitlich) zuordnen
umiera|ć (*-am*) sterben (***na raka*** an Krebs, *fig* ***ze strachu*** vor Angst); **~jący** sterbend
umie|szczać (*-am*) ⟨**~ścić**⟩ stellen, legen, setzen (***się*** sich), F tun; unterbringen; (*w prasie*) veröffentlichen, aufgeben; *pieniądze* anlegen
umięśniony muskulös
umi|lać (*-am*) ⟨**~lić**⟩ (*-lę*) angenehm(er) machen, verschönern; **~lknąć** *pf* verstummen; **~łowanie** *n* (*-a*) Liebe *f* (*G* zu); Lieblingsbeschäftigung *f*
umizg|ać się (*-am*) (***do*** *G*) schäkern, flirten (mit); schmeichelnd bitten (***o*** *A* um); **~i** *m/pl* (*-ów*) Schäkern *n*, Flirten *n*
umknąć *pf* → ***umykać***
umniejsz|ać (*-am*) ⟨**~yć**⟩ (*-ę*) mindern
umocn|ić (*-ę*) *pf* → ***umacniać***; **~ienie** *n* (*-a*) Befestigung *f*; *fig* Festigung *f*
umo|cow(yw)ać (*-*[*w*]*uję*) befestigen; **~czyć** *pf* → ***maczać***; **~rusać** *pf* (*-am*) vollschmieren (***się*** sich); **~rzyć** *pf* → ***umarzać***; **~tywowanie** *n* (*-a*) Begründung *f*
umow|a *f* (*-y*) (***kupna***, ***o pracę*** Kauf-, Arbeits-)Vertrag *m*; *pol t.* Abkommen *n*; ***zgodnie z ~ą*** vertragsgemäß; **~ny** vertraglich, Vertrags-; fiktiv; ***kara ~na*** Konventionalstrafe
umożliwi|ać (*-am*) ⟨**~ć**⟩ (*-ę*) ermöglichen, möglich machen
umówi|ć *pf* → ***umawiać***; **~ony** vereinbart, verabredet, abgesprochen
umrzeć* *pf* → ***umierać***
umundurowa|ć *pf* (*-uję*) uniformieren, einkleiden; **~nie** *n* (*-a*) Uniform(en *pl*) *f*
umy|ć *pf* → ***umywać***, ***myć***; **~kać** (*-am*) flüchten, F Reißaus nehmen
umy|sł *m* (*-u*; *-y*) Geist, Intellekt; ***zdrowy na ~śle*** bei Verstand; → ***przytomność***; **~słowość** *f* (*-ści*; *0*) Denkart, Mentalität; **~słowy** (**-*wo***) geistig, Geistes-; → ***chory***, ***pracownik***
umyślny absichtlich; *jur* vorsätzlich
umywa|ć (*-am*) waschen (***się*** sich; ***sobie*** *A* sich *A*); *podłogę* scheuern; *statki* spülen; **~lka** *f* (*-i*; *G -lek*) Waschtisch *m*; (*miska*) Waschbecken *n*; **~lnia** *f* (*-i*; *-e*, *-i*) Waschraum *m*
unaoczni|ać (*-am*) ⟨**~ć**⟩ (*-ę*, *-nij!*) vor Augen führen, offenbaren
unia ['unja] *f* (*GDL -ii*; *-e*) Union
unicestwi|ać (*-am*) ⟨**~ć**⟩ (*-ę*, *-wij!*) vernichten; *plany* zunichte machen
uniemożliwi|ać (*-am*) ⟨**~ć**⟩ (*-ę*) unmöglich machen, verhindern; vereiteln
unieru|chamiać (*-am*) ⟨**~chomić**⟩ (*-ę*) zum Stillstand bringen, lahmlegen; *maszynę* außer Betrieb setzen; *kapitał* festlegen; *med* fixieren, ruhigstellen
uniesieni|e *n* (*-a*) (Taumel *m* der) Begeisterung *f*; (*gniew*) Erregung *f*; ***w ~u*** in der Erregung; im Affekt
unieszkodliwi|ać (*-am*) ⟨**~ć**⟩ (*-ę*) unschädlich machen; *śmiecie* entsorgen
unieść* *pf* → ***unosić***
unieważni|ać (*-am*) ⟨**~ć**⟩ (*-ę*, *-nij!*) ungültig machen; für ungültig/unwirksam erklären; **~enie** *n* (*-a*) Ungültigkeitserklärung *f*; Annullierung *f*
uniewinni|ać (*-am*) ⟨**~ć**⟩ (*-ę*, *-nij!*) (***z*** *G*) freisprechen (von), für unschuldig erklären (*G*); **~enie** *n* (*-a*) Freispruch *m*
uniezależni|ać (*-am*) ⟨**~ć**⟩ (*-ę*, *-nij!*) unabhängig machen; **~(*a*)*ć się*** unabhängig/selbständig werden (***od*** *G* von)
unik *m* (*-u*; *-i*) *sport* Ausweichen *n*, Ducken *n*; **~ać** (*-am*) (*G*) meiden (*A*), (es) vermeiden (zu *inf*); ausweichen (*D*)
unikalny einmalig, einzig
uniknąć *pf* → ***unikać***; (*G*) entgehen (*D*)
uniknięci|e *n* (*-a*) Vermeidung *f*; ***nie do ~a*** nicht zu vermeiden
unit|a *m* (*-y*; *-ci*), **~ka** *f* (*-i*; *G -tek*) *rel* Unierte(r)
uniwer|ek F *m* (*-rku*; *-rki*) Uni *f*; **~salny** universell; Allzweck-; **~sytecki** Universitäts-; **~sytet** [-'vɛr-] *m* (*-u*; *-y*) Universität *f*
uniżony demütig, unterwürfig; servil
unosić (hoch)heben; (*o rzece*) forttragen; ***uniesiony*** (*G*) in e-m Anfall (von);

U

~ **się** sich erheben; *balon, dym*: (auf)steigen; (*w powietrzu*) hängen, schweben; schwirren; (*na falach*) treiben *v/i*
unowocześni|ać (*-am*) ⟨**~ć**⟩ (*-ę, -nij!*) modernisieren
uodporni|ać (*-am*) ⟨**~ć**⟩ (*-ę, -nij!*) widerstandsfähig machen, immunisieren; **~ć się** (**na** *A*) widerstandsfähig (resistent, immun) werden (gegen)
u|ogólniać (*-am*) ⟨**~ogólnić**⟩ (*-ę, -nij!*) verallgemeinern; **~osabiać** (*-am*) ⟨**~osobić**⟩ (*-ę, -sób!*) verkörpern; **~osobienie** *n* (*-a*) Verkörperung *f*
upad|ać (um)fallen, stürzen; *fig* (*niszczeć*) niedergehen, verfallen; *firma*: bankrott gehen; **~ać na duchu** den Mut verlieren; **~ek** *m* (*-dku; -dki*) Fall; *fig* Niedergang, Verfall; **~łość** *f* (*-ści; 0*) Zahlungsunfähigkeit, Konkurs *m*; **~ły** gefallen, tief gesunken; F **do ~łego** bis zur völligen Erschöpfung
upa|jać (*-am*) betrunken machen; *fig* berauschen (**się** sich; *I* an *D*); **~lny** heiß; **~ł** *m* (*-u; -y*) (Sommer-)Hitze *f*
upamiętni|ać (*-am*) ⟨**~ć**⟩ (*-ę, -nij!*) unvergeßlich machen; erinnern (*A* an *A*); **~(a)ć się** im Gedächtnis haften
upaństw|awiać (*-am*) ⟨**~owić**⟩ (*-ę, -wów!*) verstaatlichen
uparty eigensinnig, F querköpfig, stur; (**-cie**) hartnäckig, beharrlich
upa|ść[1]* *pf* (*paść*[1]) → (**u**)**padać**; **~ść**[2]* *pf* (*paść*[2]) mästen; **~trywać** (*-uję*) ⟨**~trzyć**⟩ → **wypatrywać**, **wypatrzyć**; **~trywać stosownej chwili** den richtigen Moment abpassen
upch|ać *pf*, **~nąć** *pf* → **upychać**
upełnomocni|ać (*-am*) ⟨**~ć**⟩ (*-ę, -nij!*) bevollmächtigen (**do** *G* zu)
uperfumowany parfümiert
upewni|ać (*-am*) ⟨**~ć**⟩ (*-ę, -nij!*) versichern (**k-o o** *L* j-m, j-n *G*); **~ć się** sich vergewissern (**co do** *G* wann, wo *itp.*)
upi|ąć *pf* → **upinać**; **~ć** *pf* → **upijać**
upie|c *pf* backen; *mięso* braten; **świeżo ~czony** *fig* frischgebacken
upierać się (*-am*) sich widerspenstig zeigen; (**przy** *L*) beharren, (hartnäckig) bestehen (auf *D*)
upierzenie *n* (*-a; 0*) Gefieder
upiększ|ać (*-am*) ⟨**~yć**⟩ (*-ę*) schmücken; *fig* ausschmücken, schönfärben
upi|jać (*-am*) (*G*) abtrinken (*A*); **~jać się** sich betrinken; **~nać** (*-am*) *włosy* aufstecken, hochstecken
u|piorny gespenstisch, geisterhaft; **~piór** *m* (*-oru; -ory*) Gespenst *n*; Vampir
upły|nąć *pf* → **upływać**; **~w** *m* (*-u; 0*) (*o czasie*) Ablauf; **z ~wem lat** im Verlauf der Jahre; **~w krwi** Blutverlust; **~wać** *czas*: vergehen; *termin*: ablaufen
upodoba|ć *pf*: **~ć sobie** (*A*) Gefallen finden (an *D*); **~nie** *n* (*-a*) Neigung *f*; Spaß *m* (**do** *G* an *D*); **z ~niem** mit Vergnügen; **według ~nia** nach Belieben
upo|ić *pf* → **upajać**; **~jenie** *n* (*-a*) Rausch *m*; **~karzać** (*-am*) ⟨**~korzyć**⟩ (*-ę, -kórz!*) demütigen (**się** sich)
upomin|ać (*-am*) ermahnen; **~ać się** (**o** *A*) anmahnen (*A*); fordern (*A*); **~ek** *m* (*-nku; -nki*) Andenken *n*, Souvenir *n*
upomnie|ć *pf* (*-nę, -nij!*) → **upominać**; **~nie** *n* (*-a*) Ermahnung *f*; Verweis *m*; Mahnung *f*
upor|ać się *pf* (*-am*) (**z** *I*) fertig werden (mit), schaffen, erledigen (*A*); **~czywy** (**-wie**) hartnäckig, zäh; F stur
uporządkow(yw)ać (*-[w]uję*) in Ordnung bringen; ordnen, regeln
uposażeni|e *n* (*-a*) Bezüge *m/pl*, Gehalt; **~owy** Gehalts-
upośledz|ać (*-am*) ⟨**~ić**⟩ benachteiligen; **~enie** *n* (*-a*) Benachteiligung *f*, Zurücksetzung *f*; *med* Behinderung *f*; **~ony** benachteiligt; unterprivilegiert; (körper)behindert; zurückgeblieben
upoważni|ać (*-am*) ⟨**~ć**⟩ (*-ę, -nij!*) (**do** *G*) beauftragen (mit), ermächtigen (zu); **być ~onym** *t.* befugt sein; **~enie** *n* (*-a*) Ermächtigung *f*; Vollmacht *f*; **z ~enia** im Auftrag(e)
upowszechni|ać (*-am*) ⟨**~ć**⟩ (*-ę, -nij!*) verbreiten, popularisieren
upozorowanie *n* (*-a*) Vortäuschung *f*
upór *m* (*-oru; 0*) Hartnäckigkeit *f*; Starrsinn, F Sturheit *f*, Dickköpfigkeit *f*
upragnienie *n*: **z ~m** sehnsuchtsvoll
upragniony ersehnt, lange erwartet
uprasz|ać (*-am*) (er)bitten, ersuchen; **~a się o ciszę!** Ruhe, bitte!; **~czać** (*-am*) vereinfachen; *ułamek* kürzen
upraw|a *f* (*-y; 0*) (Boden-)Bearbeitung; *agr* Anbau *m*; (*pl -y*) *agr* Kultur; **~iać** (*-am*) ⟨**~ić**⟩ *ziemię* bebauen; *t-ko impf rośliny* anbauen; *fig* (be)treiben; **~niać** (*-am*) ⟨**~nić**⟩ (*-ę, -nij!*) (**do** *G*) berechtigen (zu); **~nienie** *n* (*-a*) Berechti-

U

gung *f*; Befugnis *f*; **~niony** (***do głosowania*** stimm)berechtigt; **~ny** *agr* anbaufähig, Kultur-; urbar

uprawomocnić się *pf* (*-ę, -nij!*) rechtskräftig werden; Rechtskraft erlangen

upro|sić *pf* → ***upraszać***; **~szczenie** *n* (*-a*) Vereinfachung *f*; **~ścić** *pf* (*-szczę*) → ***upraszczać***; **~wadzać** (*-am*) ⟨**~wadzić**⟩ entführen; **~wadzenie** *n* (***samolotu*** Flugzeug-)Entführung *f*

u|prząż *f* (*uprzęży; uprzęże*) (Pferde-)Geschirr *n*; **~przeć* się** *pf* → ***upierać się***; **~przednio** *adv* vorher

uprzedz|ać (*-am*) *v/t* zuvorkommen (*D*); (***o*** *L*) im voraus informieren (über *A*), warnen (vor *D*); ***~ać się*** (***do*** *G*) voreingenommen sein (gegen); **~ający** (**-co**) zuvorkommend; **~enie** *n* (*-a*) Voreingenommenheit *f*; ***bez ~enia*** unvoreingenommen; **~ić** *pf* (*-dzę*) → ***uprzedzać***; **~ony** voreingenommen

uprzejm|ość *f* (*-ści*) Höflichkeit, Liebenswürdigkeit; **~y** (***dla, wobec*** *G*) höflich, liebenswürdig (gegenüber); ***proszę/dziękuję ~ie*** bitte/danke sehr; ***bądź tak ~y*** *t.* sei so nett

uprzemysłowienie *n* (*-a; 0*) Industrialisierung *f*

uprzyjemni|ać (*-am*) ⟨**~ć**⟩ (*-ę, -nij!*) angenehm(er) machen/gestalten

uprzykrz|ać (*-am*) ⟨**~yć**⟩ verleiden, schwermachen; ***~yć sobie*** (*A*) überdrüssig sein (*G*); ***~ać się*** lästig werden; **~ony** lästig

uprzy|stępniać (*-am*) ⟨**~stępnić**⟩ (*-ę, -nij*) → ***udostępniać***; **~tamniać**, **~tomniać** (*-am*) ⟨**~tomnić**⟩ (*-ę, -nij!*) (***sobie*** sich) vergegenwärtigen; **~wilejowany** privilegiert; Vorzugs- (*t. hdl, fin*); *pojazd*: vorfahrtsberechtigt

upu|st *m* (*-u; -y*) Ablaß(öffnung *f*) *m*; (*śluza*) Schleuse *f*; ***dać ~st*** (*D*) *fig* freien Lauf lassen (*D*); **~szczać** ⟨**~ścić**⟩ fallen lassen

upychać (*-am*) (hinein-, voll)stopfen

ura|biać (*-am*) formen; bilden (***się*** sich); *ciasto* kneten; *gór* abbauen; F *j-n* bearbeiten; **~czać** (*-am*) → ***raczyć***; **~dowany** erfreut; *por* ***radować***; **~dzać** (*-am*) ⟨**~dzić**⟩ vereinbaren, beschließen

uran *m* (*-u; 0*) Uran *n*; **~owy** Uran-

ura|stać (*-am*) wachsen; erwachsen werden; **~tować** *pf* (er)retten

uraz *m* Verletzung *f*; Trauma *n*; **~a** *f* (*-y*) Groll *m*; Ressentiment *n*; ***mieć ~ę*** (***do*** *G*) Groll hegen (gegen); **~ić** *pf* → ***urażać***; **~owy** traumatisch; Unfall-

urażać (*-am*) verletzen (*t. fig*)

urąg|ać (*-am*) *lit* hohnsprechen (*D*); F → ***wymyślać***; **~owisko** *n* (*-a; 0*) Hohn *m*

urbanistyczny städtebaulich

uregulowanie *n* (*-a*) Regelung *f*

urlop *m* (*-u; -y*) (***macierzyński, wypoczynkowy*** Mutterschafts-, Erholungs-) Urlaub, (***zbiorowy*** Betriebs-)Ferien *pl*; ***być na ~ie, korzystać z ~u*** im Urlaub sein; **~ować** (*im*)*pf* (*-uję*) beurlauben; **~owy** Urlaubs-, Ferien-

urna *f* (*-y; G urn*) Urne

uro|bić *pf* → ***urabiać***; **~czy** (**-czo**) entzückend; **~czystość** *f* (*-ści*) Feier(lichkeit); **~czysty** (**-ście**) feierlich; festlich; **~da** *f* (*-y; 0*) Schönheit, Stattlichkeit

urodz|aj *m* (*-u; -e*) (gute, reiche) Ernte *f* (***na owoce*** an Obst); **~ajny** fruchtbar; ertragreich; **~enie** *n* (*-a*) Geburt *f*; ***miejsce ~enia*** Geburtsort *m*; ***rok ~enia*** Geburtjahr *n*; ***Polak z ~enia*** gebürtiger Pole; **~ić** *pf* → ***rodzić***; **~inowy** Geburtstags-; **~iny** *pl* (-) Geburtstag *m*; Geburtstagsparty *f*

uro|jenie *n* (*-a*) Phantasie(gebilde *n*) *f*; **~jony** eingebildet, imaginär

urok *m* (*-u; -i*) Zauber, Reiz; ***pełen ~u*** zauberhaft; F ***na psa ~!*** unberufen!

urosnąć *pf* → ***urastać***

urozmaic|ać (*-am*) ⟨**~ić**⟩ (*-cę*) *v/t* Abwechslung bringen (in *A*); **~enie** *n* (*-a*) Abwechslung *f*; **~ony** abwechslungsreich

uróść* *pf* → ***urastać***

uruch|amiać (*-am*) ⟨**~omić**⟩ (*-ę*) in Betrieb setzen, in Gang bringen; in Dienst stellen; *silnik* anlassen

urwać *pf* → ***urywać, rwać***

urwis *m* (*-a; -y*) Bengel, Range *f*

urwis|ko *n* (*-a*) Abhang *m*, Steilhang *m*; Abgrund *m*; **~ty** → ***stromy***

uryw|ać (*-am*) *v/t* abreißen (***się*** *v/i*); F *fig* abzwacken; ***~ać w połowie zdania*** mitten im Satz abbrechen; F ***~ać się*** sich davonstehlen; **~any** *głos*: stokkend; **~ek** *m* (*-wka; -wki*) Fragment *n*; Fetzen; **~kowy** bruchstückhaft

urząd *m* (*rząd*[1]) (***pocztowy, stanu cywilnego*** Post-, Standes-)Amt *n*; Behörde *f*; ***z urzędu*** von Amts wegen; *jur* Pflicht-

urządz|ać (*-am*) einrichten (***się*** sich);

imprezę veranstalten; *wesele* ausrichten; *awanturę* anfangen, machen; **~enie** *n* (*-a*) Veranstaltung *f*; (***socjalne*** soziale) Einrichtung *f*; *tech* Vorrichtung *f*, Anlage *f*; **~ić** *pf* → ***urządzać***
urze|c* *pf* → ***urzekać***; **~czony** (***jak*** wie) verzaubert, gebannt
urzeczywistni|ać (*-am*) ⟨**~ć**⟩ (*-ę, -nij!*) verwirklichen (***się*** sich)
urzeka|ć (*-am*) verhexen; *fig* (*I*) bestechen (durch); **~jący** (**-co**) bezaubernd
urzędni|czka *f* (*-i*; *G -czek*) Beamtin; **~k** *m* (*-a*; *-cy*) Beamte(r)
urzędow|ać (*-uję*) (in e-m Amt) arbeiten; **~anie** *n* (*-a*) Amtsführung *f*, Amtstätigkeit *f*; ***godziny*** *f/pl* **~ania** Amtsstunden *f/pl*; **~y** (**-wo**) amtlich; Amts-
urzynać (*-am*) ⟨***urznąć***, ***urżnąć***⟩ (ab)-schneiden; P **~ *się*** sich vollaufen lassen
usamodzielni|ać się (*-am*) ⟨**~ć *się***⟩ (*-ę, -nij!*) selbständig werden
uschnąć *pf* → ***usychać***
usiany (*I*) besät, bedeckt (mit)
usi|ąść* *pf* → ***siadać***; **~edzieć** *pf*: ***nie móc* ~*edzieć*** nicht ruhig sitzen können
usi|lny *prośba*: inständig; *praca, starania*: angestrengt; **~łować** (*-uję*) (+ *inf*) sich (be)mühen, versuchen (zu); ringen (nach *D*); **~łowanie** *n* (*-a*) Versuch *m*; *pl t.* Bemühungen *f/pl*, Mühen *f/pl*
uskakiwać (*-uję*) beiseite springen
uskarżać się (*-am*) klagen (***na*** *A* über *A*)
u|składać *pf* beiseite legen, ersparen; **~skoczyć** *pf* → ***uskakiwać***; **~słać*** *pf* (*słać*²) → ***uścielać***; **~słuchać** *pf* (*G*) gehorchen (*D*); befolgen (*A*)
usłu|ga *f* (*-i*) Dienst *m*; (*grzeczność*) Gefälligkeit; → ***przysługa***; *pl t.* Dienstleistungen *f/pl*; **~giwać** (*-uję*) bedienen (***gościom*** die Gäste, ***przy stole*** bei Tisch); **~gowy** Dienstleistungs-; **~żność** *f* (*-ści*; *0*) Hilfsbereitschaft; **~żny** → ***uczynny***; **~żyć** *pf* → ***usługiwać***
usłyszeć *pf* → ***słyszeć***
usnąć *pf* (*-nę*) einschlafen; *lit* **~ *na wieki*** entschlafen
uspo|kajać (*-am*) ⟨**~*koić***⟩ (*-ję*) beruhigen (***się*** sich); **~*koić się*** *wiatr*: sich legen; **~kajający** (**-co**) beruhigend
uspołeczni|ać (*-am*) ⟨**~ć**⟩ (*-ę, -nij*) sozialisieren; *ekon t.* vergesellschaften
uspos|abiać (*-am*) ⟨**~*obić***⟩ (*-ę, -sób!*) (***wrogo*** feindlich) stimmen; (***do*** *G*) animieren (zu); ***nie być* ~*obionym*** (***do*** *G*) nicht aufgelegt sein (zu); **~obienie** *n* (*-a*) Wesen, Gemüt(sart *f*) *n*
usprawiedliwi|ać (*-am*) ⟨**~ć**⟩ (*-ę*) rechtfertigen, entschuldigen (***się*** sich; *I* mit); **~enie** *n* (*-a*) Rechtfertigung *f*, Entschuldigung *f*
usprawni|ać (*-am*) ⟨**~ć**⟩ (*-ę, -nij*) verbessern, effizienter machen
usta *pl* (*ust*) Lippen *f/pl*, Mund *m*
usta|ć¹* *pf* (*stać*²) aufhören; **~ć**²* *pf* (*stać*¹) stehen (können); **~ć *się*** *płyn*: klar werden; **~lać** (*-am*) ⟨**~*lić***⟩ (*-lę*) stabilisieren (***się*** sich); *warunki, termin itp.* festlegen, festsetzen; *fakt* feststellen; **~nawiać** (*-am*) ⟨**~*nowić***⟩ *zwyczaj itp.* einführen; *rekord* aufstellen; *spadkobiercę* einsetzen; **~wa** *f* (*-y*) Gesetz *n*; **~wać** (*-ję*) aufhören
ustawi|(a)ć (auf)stellen (***się*** sich), aufbauen (*t. tech*); **~czny** ständig, dauernd
ustawodaw|ca *m* Gesetzgeber; **~czy** gesetzgeberisch; ***władza* ~*cza*** Legislative; **~stwo** *n* (*-a*; *0*) Gesetzgebung *f*
ustawowy (**-wo**) gesetzlich
ustąpi|ć *pf* (*-ę*) → ***ustępować***; **~enie** *n* (*-a*) (*ze stanowiska*) Rücktritt *m*
uster|ka *f* (*-i*; *G -rek*) Mangel *m*, Fehler *m*; ***bez* ~*ek*** einwandfrei
ustęp *m* (*-u*; *-y*) Abschnitt, Fragment *n*; → ***klozet***; **~liwy** (**-wie**) nachgiebig; **~ować** (*-uję*) *v/i* beiseite treten, (*t. z pracy*) zurücktreten; verzichten (auf *A*); *wróg*: zurückweichen (*t. fig* ***wobec*** *G* vor *D*); nachgeben (*t. fig D*); *ból itp.*: abklingen, (*t. z ceny*) nachlassen; (***k-u w*** *L*) unterlegen sein (j-m in *D*); *v/t* abtreten, überlassen; **~stwo** *n* (*-a*) Zugeständnis
ustn|ik *m* (*-a*; *-i*) Mundstück *n*; **~y** mündlich; Mund-
ustokrotni|ać (*-am*) ⟨**~ć**⟩ (*-ę, -nij*) verhundertfachen (***się*** sich)
ustosunkow(yw)ać się (*-[w]uję*) (***do*** *G*) sich verhalten (gegenüber *D*); Stellung nehmen, sich äußern (zu)
ustrojowy *biol* organisch; *pol* System-
ustronny abgelegen, einsam
ustrój *m* (*-oju*; *-oje*) System *n*; Organismus; **~ *państwowy*** Staatsform *f*
ustrzec* *pf* bewahren, schützen (***przed*** *I*, ***od*** *G* vor *D*; ***się*** sich)
usu|nąć *pf* → ***usuwać***; **~nięcie** *n* (*-a*) Entfernung *f*; Beseitigung *f*; **~wać** beiseite schieben/räumen; entfernen (***z*** *G* aus); beseitigen; **~*wać się*** zur Seite

treten; sich zurückziehen (**od** *G* von)
usychać (*-am*) vertrocknen *v/i*
usynowienie *n* (*-a*) Adoption *f*
usy|pać *pf* → ***usypywać***; **~piać** (*-am*) in den Schlaf wiegen/singen; einschläfern; **~piający** (**-co**) einschläfernd
usy|pisko *n* (*-a*) Halde *f*; (Sand-)Haufen *m*; **~pywać** (*-uję*) aufschütten
usytuowanie *n* (*-a*) Lage *f*, Standort *m*
uszanowani|e *n* (*-a*) → ***poszanowanie***, ***szacunek***; ***brak ~a*** Respektlosigkeit *f*
uszczel|ka *f* (*-i*; *G -lek*) *tech* Dichtung; **~niać** (*-am*) ⟨***~nić***⟩ (*-ę*, *-nij!*) abdichten
uszczerb|ek *m* (*-bku*; *0*) Schaden; Nachteil; ***z ~kiem*** (***dla***) ***zdrowia*** auf Kosten der Gesundheit
uszczęśliwi|ać (*-am*) ⟨***~ć***⟩ (*-ę*) beglükken, glücklich machen
uszczupl|ać (*-am*) ⟨***~ić***⟩ (*-lę*, *-lij!*) verringern, reduzieren, kürzen
uszczyp|liwy (**-wie**) boshaft, bissig; **~nąć** *v/s* (*-nę*) zwicken; (ab)zupfen
uszkadzać (*-am*) beschädigen
uszko *n* (*-a*; *G uszek*) Öhrchen; (*igły*) Öhr; (*filiżanki*) Henkel *m*
uszkodz|enie *n* (*-a*) Beschädigung *f*; Schaden *m*; ***~enie ciała*** Körperverletzung *f*; **~ić** *pf* → ***uszkadzać***
uszlachetni|ać (*-am*) ⟨***~ć***⟩ (*-ę*, *-nij!*) veredeln; *tech t.* vergüten
usz|ny Ohr(en)-; **~y** *pl* → ***ucho***
uszy|ć *pf* → ***szyć***; **~kować** F *pf* bereiten
uściełać (*-am*) bedecken; *łóżko* machen
uścis|k *m* (*-u*; *-i*) Umarmung *f*; ***~k dłoni*** Händedruck; **~kać** ⟨***~nąć***⟩ umarmen, in die Arme schließen; *pf t.* die Hand drücken
uśmiać się (***do łez***, ***serdecznie*** Tränen, herzlich) lachen (**z** *G* über *A*)
uśmiech *m* Lächeln *n*; ***szyderczy ~*** Grinsen *n*; **~ać się** (*-am*) ⟨***~nąć się***⟩ (*-nę*) lächeln, schmunzeln; grinsen; (**do** *G*) anlächeln (*A*), zulächeln (*D*); **~nięty** lächelnd
uśmierc|ać (*-am*) ⟨***~ić***⟩ (*-cę*) töten
uśmierz|ać (*-am*) ⟨***~yć***⟩ (*-ę*) lindern; *bunt* niederschlagen
u|śmieszek *m* (*-szku*; *-szki*) Schmunzeln *n*; **~śpić** *pf* (*-ę*, *-pij!*) → ***usypiać***
uświad|amiać (*-am*) ⟨***~omić***⟩ (*-ę*) aufklären (**co do** *G* über *A*); ***~omić sobie*** sich bewußt werden; **~omienie** *n* (*-a*; *0*) Aufklärung *f*; Bewußtheit *f*
uświęcony traditionell, althergebracht

uta|jać (*-am*) → ***taić***; **~jniony** als geheim eingestuft; geheim; **~jony** verborgen, heimlich; latent; **~lentowany** talentiert
utarczka *f* (*-i*; *G -czek*) Scharmützel *n*; ***~ słowna*** Wortgefecht *n*, Streit *m*
utarg *m* (***dzienny*** Tages-)Erlös; **~ować** *pf* erlösen, einnehmen; abhandeln
utarty gerieben; *fig* üblich, herkömmlich; ***~m zwyczajem*** nach alter Sitte; ***~ zwrot*** Gemeinplatz
utęsknienie *n*: **z *~m*** sehnsuchtsvoll
utknąć *pf* steckenbleiben
utkwić *pf v/i* stecken; ***~ w pamięci*** im Gedächtnis haftenbleiben
utleni|ać (*-am*) ⟨***~ć***⟩ (*-ę*) oxydieren (***się*** *v/i*); *włosy* blondieren; **~ony** blondiert; ***woda ~ona*** Wasserstoffperoxyd *n*
utonąć *pf* ertrinken; *por* ***tonąć***
utopić *pf* ertränken; ***~ się*** ertrinken
utopijny utopisch
utożsami|ać (*-am*) ⟨***~ć***⟩ (*-ę*) identifizieren (***się*** sich; **z** *I* mit)
utra|cać (*-am*) → ***tracić***; **~pienie** *n* (*-a*) Kummer *m*; **~ta** *f* (*-y*) Verlust *m*
utrącić *pf* abschlagen; F *fig* absägen
utrudni|ać (*-am*) ⟨***~ć***⟩ erschweren; **~enie** *n* (*-a*) Erschwernis *f*
utrwal|acz *m* (*-a*; *-e*) (Haar-)Festiger; *fot* Fixiersalz *n*; **~ać** (*-am*) ⟨***~ić***⟩ (*-lę*) festigen (***się*** sich); festhalten (***na taśmie filmowej*** im Film); bewahren (***w pamięci*** im Gedächtnis); *fot* fixieren
utrzeć* *pf* → ***ucierać***
utrzyma|ć *pf* → ***utrzymywać***; **~nie** *n* (*-a*; *0*) Unterhalt *m*; Erhaltung *f*; ***nie do ~nia*** nicht zu halten; ***mieć na ~niu*** (*A*) für *j-s* Lebensunterhalt sorgen; ***całodzienne ~nie*** Vollpension *f*
utrzymywać (*-uję*) *v/t* halten (***się*** sich); *rodzinę* unterhalten; *kochankę* aushalten; *spokój itp.* bewahren; erhalten (***przy życiu*** am Leben); *v/i* (*twierdzić*) behaupten; **~ się** (**z** *G*) sich den Lebensunterhalt verdienen (mit, als)
utwardz|acz *m* (*-a*; *-e*) *chem* Härter; **~ać** (*-am*) ⟨***~ić***⟩ (*-dzę*) hart machen, härten; *drogę* befestigen
utwierdz|ać (*-am*) ⟨***~ić***⟩ *fig* bestärken; ***~ić się w przekonaniu*** zu der Überzeugung gelangen
utwór *m* Werk *n*; *teatr*, *muz t.* Stück *n*
utycie *n* (*-a*; *0*) Gewichtszunahme *f*
utykać (*-am*) hinken; → ***utknąć***
utylizacja *f* (*-i*; *0*) *tech* Verwertung

U

utyskiwać (*-uję*) klagen (**na** *A* über *A*)
uwag|a *f* (*-i*; *0*) Aufmerksamkeit; (*pl -i*) Bemerkung; **~a!** Achtung!; (*wymówka*) Tadel *m*; **brać pod ~ę** in Betracht ziehen, berücksichtigen; **skupić ~ę** (**na** *L*) sich konzentrieren (auf *A*); **zwrócić ~ę** (**k-u** j-n) tadeln; (**na** *A*) Beachtung schenken (*D*); (**k-o** j-n) aufmerksam machen (auf *A*); **zwrócić na siebie ~ę** auffallen, Beachtung finden; **nie zwracać ~i** (**na** *A*) nicht beachten (*A*); **z ~i na** (*A*) in Anbetracht (*G*); mit Rücksicht auf (*A*); **mieć na uwadze** (*A*) denken (an *A*); in Betracht ziehen (*A*)
uwalniać (*-am*) befreien (**od** *G* von)
uwarunkow(yw)ać (*-[w]uję*) (*I*) abhängig machen (von)
uważ|ać (*-am*) *v/i* aufpassen; achtgeben (**na siebie** auf sich); *t. v/t* (**za** *A*) betrachten (als); halten (für; **się** sich); **~am, że ...** ich glaube, daß ...; **jak pan ~a** wie Sie meinen; **~ny** aufmerksam
uwertura *f* (*-y*) Ouvertüre
uwiąz(yw)ać → **przywiązywać**
uwidaczniać (*-am*) ⟨**uwidocznić**⟩ (*-ę, -nij!*) zeigen; **~ się** sichtbar werden
uwielbi|ać (*-am*) vergöttern; **~enie** *n* (*-a*; *0*) Anbetung *f*, glühende Liebe *f*
uwielokrotni|ać (*-am*) ⟨**~ć**⟩ (*-ę, -nij!*) vervielfachen
uwieńczać (*-am*) → **wieńczyć**
uwierać (*-am*) *v/i* drücken, reiben
uwierz|enie *n*: **nie do ~enia** nicht zu glauben; **~yć** *pf* glauben; *por* **wierzyć**
uwierzytelni|ać (*-am*) ⟨**~ć**⟩ (*-ę, -nij!*) beglaubigen; **~enie** *n* (*-a*) Beglaubigung *f*
uwie|sić *pf* (*-szę*) *v/t* (auf)hängen; **~ść*** *pf* → **uwodzić**; **~źć*** *pf* → **uwozić**
uwięz|ić *pf* gefangensetzen; *fig* festhalten; **~nąć** *pf* (*-nę*) steckenbleiben
uwię|ź *f* (*-zi*; *-zie, -zi*): **na ~zi** angebunden, an der Leine/Kette
uwijać się (*-am*) (geschäftig) hin und her flitzen, schwirren (**koło** *G* um)
uwikłać *pf* verwickeln (**się** sich)
uwłaczający beleidigend, kränkend
uwłosienie *n* (*-a*; *0*) Behaarung *f*
uwodziciel *m* (*-a*; *-e*), **~ka** *f* (*-i*; *G -lek*) Verführer(in); **~ski** (**-ko**) verführerisch
uwo|dzić verführen; **~lnić** *pf* (*-ę, -nij!*) → **uwalniać**; **~lnienie** *n* (*-a*) Befreiung *f*; Freilassung *f*; **~zić** mitnehmen
uwspółcześniony aktualisiert
uwsteczniony *fig* zurückgeblieben
uwydatni|ać (*-am*) ⟨**~ć**⟩ (*-ę, -nij!*) hervorheben, unterstreichen; **~(a)ć się** hervortreten, sichtbar werden
uwypukl|ać (*-am*) ⟨**~ić**⟩ (*-lę, -lij!*) *fig* verdeutlichen, → **uwydatniać**
uwzględni|ać (*-am*) ⟨**~ć**⟩ (*-ę, -nij!*) *v/t* berücksichtigen (*A*); *życzenie* stattgeben (*D*); **nie ~ć** (*G*) unberücksichtigt lassen (*A*); **~enie** *n* (*-a*; *0*) Berücksichtigung *f*, Beachtung *f*
uwziąć* się → **zawziąć się**
uzależni|ać (*-am*) ⟨**~ć**⟩ (*-ę, -nij!*) (**od** *G*) abhängig machen (von); **~ć się** abhängig werden (von); **~ony** abhängig; **być ~onym** (**od** *G*) abhängen (von)
uzasadni|ać (*-am*) ⟨**~ć**⟩ (*-ę, -nij!*) begründen; **~enie** *n* (*-a*) Begründung *f*; **~ony** begründet; berechtigt
uzbierać *pf* (an)sammeln (**się** sich)
uzbr|ajać (*-am*) ⟨**~oić**⟩ bewaffnen (**się** sich); (**w** *A*) ausrüsten, bestücken (mit); → **zbroić**; **~ojenie** *n* (*-a*) Bewaffnung *f*; Ausrüstung *f*; *bud t.* Erschließung *f*
uzda *f* (*-y*) Zaum(zeug *n*) *m*
u|zdatniać (*-am*) ⟨**~zdatnić**⟩ (*-ę, nij!*) *tech* aufbereiten; **~zdolnienie** *n* (*-a*) Begabung *f*; **~zdolniony** begabt
uzdrawia|ć (*-am*) gesund machen, heilen; *fin, hdl* sanieren; *stosunki* ins reine bringen; **~jący** (**-co**) heilsam
uzdrowi|ciel *m* (*-a*; *-e, -i*), **~cielka** *f* (*-i*; *G -lek*) Heiler(in); **~ć** *pf* (*-ę, -rów!*) → **uzdrawiać**; **~enie** *n* (*-a*) Heilung *f*; Sanierung *f*; **~sko** *n* (*-a*) Kurort *m*
uzewnętrzni|ać się (*-am*) ⟨**~ć się**⟩ (*-ę, -nij!*) sich äußern, sich manifestieren
uzębienie *n* (*-a*) Zähne *m/pl*, Gebiß
uzgadniać (*-am*) ⟨**uzgodnić**⟩ (*-ę, -nij!*) (aufeinander) abstimmen; *cenę, godzinę itp.* vereinbaren
uziemienie *n* (*-a*) *el* Erdung *f*
uzmysł|awiać (*-am*) ⟨**~owić**⟩ (*-ę, -łów!*) begreiflich machen; **~owić sobie** begreifen, erkennen
uzna|ć *pf* → **uznawać**; **~nie** *n* (*-a*) Anerkennung *f*; (*poważanie*) Ansehen; **zależeć od ~nia** im Ermessen liegen; **według ... ~nia** nach ... Ermessen; **spotkać się z ~niem** Anerkennung/Anklang finden; **~wać** (*-ję*) feststellen; *błąd, winę* zugeben; (**za** *A*) anerkennen (als); betrachten (als), halten (für; **się** sich); **~ć za zmarłego** für tot erklären; **~ć się winnym** sich schuldig bekennen

uzupeł|niać (*-am*) ⟨**~nić**⟩ (*-ę, -nij!*) vervollständigen, ergänzen (**się** sich); **~niający** Ergänzungs-; komplementär; ***wybory*** *m/pl* ***~niające*** Nachwahl *f*
uzwojenie *n* (*-a*) *el* Wicklung *f*
uzysk|anie *n* (*-a; 0*) Erlangung *f*; **~(iw)ać** erlangen, bekommen
użal|ać się (*-am*) ⟨**~ić się**⟩ (**na** *A*) klagen (über *A*); (**nad** *I*) bemitleiden (*A*)
użądlić *pf* (*-lę*) stechen
uży|cie *n* Gebrauch *m*; Verwendung *f*; (Lebens-)Genuß *m*; ***sposób ~cia*** Gebrauchsanleitung *f*; ***gotowy do ~cia*** gebrauchsfertig; **~ć** *pf* → ***używać***
użyteczn|ość *f* (*-i; 0*) Nützlichkeit; ... ***~ości publicznej*** öffentlich; gemeinnützig; **~y** nützlich, Nutz-
użyt|ek *m* (*-tku; -tki*) Gebrauch; Nutzen; ***do ~ku domowego*** für den Hausgebrauch; ***~ki*** *pl agr* Nutzflächen *f/pl*
użytkowa|ć (*-uję*) nutzen; ⟨*t.* **z-**⟩ verwenden, verwerten; **~nie** *n* (*-a*) Nutzung *f*; Nießbrauch *m*; Unterhalt *m*
użytkow|niczka *f* (*-i; G -czek*), **~nik** *m* (*-a; -cy*) Benutzer(in); Nutznießer(in); **~y** Nutz-; *sztuka*: angewandt; *lokal*: gewerblich (genutzt)
używ|ać (*-am*) verwenden, benutzen; gebrauchen; nutzen; *swobody* genießen; *med* (ein)nehmen; **~any** gebraucht, benutzt; **~ka** *f* (*-i; G -wek*) Genußmittel *n*
użyźni|ać (*-am*) ⟨**~ć**⟩ (*-ę, -nij*) düngen

W

w *praep* (*gdzie? L, dokąd? A*) in (*D, A*); nach (*D*); an (*D*); ***~ lesie*** im Wald; ***~ pole*** ins Feld; ***~e wszystkie strony*** nach allen Seiten; ***~ dzień*** am Tag(e); *często tłumaczy się innym przyimkiem lub przysłówkiem*: ***w odwiedziny*** zu Besuch; ***dzień ~ dzień*** Tag für Tag; ***~ paski*** gestreift; ***~ poprzek*** quer; ***~ czasie rozmowy*** während des Gesprächs
wabi|ć (*-ę*) ⟨**z-**⟩ (an)locken; ***~ć się*** *pies*: heißen; **~k** *m* (*-a; -i*) *fig* Lockmittel *n*
wach|larz *m* (*-a; -e*) Fächer (*t. fig*); **~lować** (*-uję*) fächeln (*I* mit)
wach|mistrz *m* Wachtmeister; **~ta** *f* (*-y*) *mar* Wache; **~towy** Wach-
wada *f* (*-y*) Fehler *m*, Mangel *m*
wadium [-dĭum] *n* (*idkl; -ia, -iów*) *jur*, *ekon* Kaution *f*
wadliwy Fehl-, Miß-; (**-*wie***) fehlerhaft
wafel *m* (*-fla; -fle, -fli*) Waffel *f*
wag|a *f* (*-i*) Waage; (*ciężar*) Gewicht *n* (*t. sport i fig*); ***na ~ę*** nach Gewicht; ***oszukiwać na wadze*** beim Wiegen betrügen; ***zrzucić ~ę*** abnehmen *v/i*; ***najwyższej ~i*** von größter Wichtigkeit
wagarować (*-uję*) die Schule schwänzen
wagon *m* (*-u; -y*) Waggon, (***sypialny***, ***restauracyjny*** Schlaf-, Speise-)Wagen
waha|ć się (*-am*) schwingen, pendeln; *fig* schwanken; ⟨**za-**⟩ zögern; **~dło** *n* (*-dła; G -deł*) Pendel; **~dłowy** Pendel-; (**-*wo***) pendelartig, pendelnd; **~nie** *n* (*-a*) *fig* Schwanken, Zögern; ***bez ~nia*** ohne zu zögern
wakac|je *pl* (*-i*) Ferien *pl*; **~yjny** Ferien-
wakować (*-uję*) vakant sein
walać ⟨**po-, u-, za-**⟩ (*-am*) → ***brudzić***; **~ się** F *impf* herumliegen
walc *m* (*-a; -y*) Walzer
walcow|ać (*-uję*) walzen; **~nia** *f* (*-i; -e, -i*) Walzwerk *n*; **~y** Walzen-
walczyć (*-ę*) kämpfen (**z** *I* mit; **o** *A* um)
walec *m* (*-lca; -lce, -lców*) Walze *f*; *mat* Zylinder
waleczn|ość *f* (*-ści; 0*) Tapferkeit; **~y** tapfer; ***śmierć*** *f* ***~ych*** Heldentod *m*
walerianow|y: *krople* *f/pl* ***~e*** Baldriantropfen *m/pl*
walet *m* (*-a; -y*) *karc* Bube
walić (*-lę*) *mur* niederreißen; *drzewo* umwerfen; F (*uderzać*) hauen; *fig t.* hämmern; (*rzucić*) (hin)schmeißen; *v/i dym*: (hervor)quellen; *ludzie*: strömen; **~** ⟨**po-, z-**⟩ ***z nóg*** niederwerfen, niederschlagen; ***~ się*** ⟨**za-**⟩ zusammenstürzen; *fig* zusammenbrechen; *plan*: scheitern; F (*bić się*) sich/einander hauen; ***~ się z nóg*** nicht mehr stehen können

waliz|a *f* (*-y*), **~ka** *f* (*-i*; *G -zek*) Koffer *m*; **~kowy** Koffer-
walka *f* (*-i*; *G -*) Kampf *m* (*t. sport*, *fig*)
walnąć *v/s* (*-nę*) hauen, schlagen
walny Haupt-, Plenar-, Voll-
walor *m* (*-u*; *-y*) Wert; **~y** *pl t.* Vorzüge *m/pl*; *fin t.* Wertpapiere *n/pl*
walut|a *f* (*-y*) Währung; (*obca*) Devisen *pl*; **~owy** Währungs-; Devisen-
wał *m* (*-u*; *-y*) Wall; (*nadbrzeżny*) Deich; (*drogowy*) Walze *f*; *tech* Welle *f*; **~ek** *m* (*-łka*; *-łki*) Welle *f*; (*maszyny do pisania*) Walze *f*; (*do włosów*) Lockenwikkel; **~ek do ciasta** Nudelholz *n*; **zwinąć w ~ek** zusammenrollen
wałęsać się (*-am*) sich herumtreiben
wałkoń *m* (*-nia*; *-nie*, *-ni*[*ów*]) Faulpelz
wam (*D* → **wy**) euch; **z ~i** mit euch
wampir *m* (*-a*; *-y*) Vampir
wanienka *f* (*-i*; *G -nek*) kleine Badewanne; Küvette, Schale
waniliowy [-ˈl̦ĭɔvɨ] Vanille-
wanna *f* (*-y*; *G wanien*) (Bade-)Wanne
wap|ienny Kalk-; **~ień** *m* (*-nia*; *-nie*) Kalkstein; **~no** *n* (*-a*; *0*) Kalk *m*; **~ń** *m* (*-nia*; *0*) Kalzium *n*
warcaby *pl* (*-ów*) Dame(spiel *n*) *f*; **grać w ~** Dame spielen
warchoł *m* (*-a*; *-y*) Unruhestifter, Störenfried; (*awanturnik*) Streithammel
warczeć ⟨**za-**⟩ (*-ę*, *-y*) knurren; **~ na siebie** sich anknurren; → **warkotać**
warga *f* (*-i*) (**górna**, **dolna** Ober-, Unter-)Lippe; **zajęcza ~** Hasenscharte
wariacki [-ˈr̦ia-] (**po -ku**) verrückt, irre
wariant [-r̦iant] *m* (*-u*; *-y*) Variante *f*
wariat [-r̦iat] F *m* (*-a*; *-ci*), **~ka** F *f* (*-i*; *G -tek*) Verrückte(r), Irre(r)
wariować F [-ˈr̦iɔ-] ⟨**z-**⟩ (*-uję*) verrückt werden; *fig* verrückt spielen
warknąć *v/s* (*-nę*) → **warczeć**
warkocz *m* (*-a*; *-e*) Zopf
warkot *m* (*-u*; *-y*) Brummen *n*, Rattern *n*; **~ać** (*-czę*/*-cę*) brummen, rattern
warown|ia *f* (*-i*; *-e*) Burg; **~y** *mil* befestigt, Festungs-, Burg-
warstwa *f* (*-y*; *G -*) Schicht, Lage
warszawian|in *m* (*-a*; *-anie*, *-*), **~ka** *f* (*-i*; *G -nek*) Warschauer(in)
warsztat *m* (*-u*; *-y*) Werkbank *f*, Arbeitstisch; (*zakład*) Werkstatt *f*; **~owy** Werkstatt-
wart (**-ta** *f*, **-te** *n*, *pl*, *m-os* **warci**) wert; **to nic nie ~e** das ist nichts wert; **śmiechu ~e** lächerlich, zum Lachen
war|ta *f* (*-y*) Wache; **stać na ~cie** Wache stehen; **zmiana ~y** Wachablösung
warto (*nieos*) es lohnt sich, ... ist -wert; **~ by było** es wäre nicht schlecht; man sollte; **~ było** es hat sich gelohnt
wartościow|o *adv* wertmäßig; **~y** Wert-; wertvoll; *pokarm*: vollwertig
wartoś|ć *f* (*-ści*) Wert *m*; **podanie ~ci** Wertangabe *f*; **bez ~ci** ohne Wert
wartowni|a *f* (*-i*; *-e*) Wache, Wachstube; **~k** *m* (*-a*; *-cy*) Wachmann
warun|ek *m* (*-nku*; *-nki*) Bedingung *f*; **~ki** *pl t.* Verhältnisse *n/pl*; **pod żadnym ~kiem** unter keinen Umständen; **~kowy** *gr* Bedingungs-; (**-wo**) bedingt
warzyw|niczy, **~ny** Gemüse-; **~o** *n* (*-a*) Gemüsepflanze *f*; **~a** *pl zbior* Gemüse *n*
was (*AL* → **wy**) euch
wasz (*m-os* **wasi**) euer; *su* **~e** *t.* eure Sachen; **wasi** *t.* eure Leute
waśń *f* (*-śni*; *-śnie*, *-śni*) Fehde, Zwist *m*
wat|a *f* (*-y*) Watte; **~owany** wattiert
watykański vatikanisch, Vatikan-
wawrzyn *m* (*-u*; *-y*) Lorbeer
waza *f* (*-y*) Vase; (Suppen-)Terrine
wazeli|na *f* (*-y*) Vaselin(e *f*) *n*; **~niarstwo** F *n* (*-a*; *0*) Schöntuerei *f*, Schmus *m*
wazon *m* (*-u*; *-y*) (Blumen-)Vase *f*
ważka *f* (*-i*; *G -żek*) *zoo* Libelle
waż|ki *fig* gewichtig; **~niactwo** F *n* (*-a*; *0*) Wichtigtuerei *f*; **~niejszy** *comp* wichtiger; **~ność** *f* (*-ści*; *0*) Wichtigkeit; Gültigkeit; **stracić ~ność** ungültig werden, verfallen; **data ~ności** Gültigkeitsdatum *n*; Verfalldatum *n*; **~ny** wichtig; *jur* gültig; **~ny do ...** *lek*: zu verwenden bis ...; **~yć** (*-ę*) *v/t* ⟨**z-**⟩ (ab)wiegen; *fig* (ab)wägen; *v/i* wiegen; *v/r* **~yć się** sich wiegen; (**na** *A*) wagen (*A*)
wąchać ⟨**po-**⟩ (*-am*) *v/t* riechen (an *D*)
wąg|ier *m* (*-gra*; *-gry*), **~r** *m* (*-a*; *-y*) *med* Mitesser; *zoo* Finne *f*
wąs *m* (*-a*; *-y*): *zw. pl* **~y** Schnurrbart *m*; **~aty** schnurrbärtig, mit Schnurrbart
wąski (**-ko**) schmal; *fig* eng
wąskotaśmowy: film ~ Schmalfilm
wąskotorow|y: kolejka ~a Schmalspurbahn
wątek *m* (*-tku*; *-tki*) *włók* Schuß(faden); *fig* Faden; Spur *f*; (*utworu*) Handlung *f*
wątły (**-ło**) schwächlich; (*mizerny*) kümmerlich; *nadzieja*: schwach
wątp|ić ⟨**z-**⟩ (*-ę*) zweifeln (**w** *A*, **o** *L* an

D); **~ienie** *n*: ***bez ~ienia*** ohne Zweifel; **~liwość** *f* (*-ści*) Zweifel *m*; ***nie ulegać ~liwości*** keinem Zweifel unterliegen; **~wy** (**-*wie***) zweifelhaft; fraglich
wątrob|a *f* (*-y*) Leber; **~ianka** F *f* (*-i*; *G -nek*) Leberwurst; **~owy** Leber-
wąwóz *m* (*-ozu*; *-ozy*) Schlucht *f*
wąż *m* (*węża*; *węże*) Schlange *f*; (***gumowy*** Gummi-)Schlauch
wbić *pf* → ***wbijać***
wbie|gać ⟨**~*c***, **~*gnąć***⟩ laufen, F rennen (***do pokoju*** ins Zimmer hinein; ***na piętro*** die Treppe hinauf)
wbijać (*-am*) *gwóźdź itp.* einschlagen; *pal* einrammen; *igłę*, *nóż* hineinstoßen; *piłkę* (ein)schießen; *klin* hineintreiben
wbrew *praep* (*D*) entgegen (*D*), trotz (*G*)
w bród → ***bród***
wbudow(yw)ać (-[*w*]*uję*) einbauen
wcale *adv*: **~ *nie*** gar/überhaupt nicht
wchł|aniać (*-am*) ⟨**~*onąć***⟩ aufsaugen, resorbieren; *zapach* einatmen
wchodzić (***do*** *G*, ***w*** *A*) hineingehen (*t. zagłębić/mieścić się*), hereinkommen, eintreten (in *A*); einsteigen (***do wagonu*** in den Wagen); (***na*** *A*) betreten (*A*); **~ *na górę*** hinaufgehen; **~ *w położenie*** (*G*) sich in *j-s* Lage versetzen; **~ *na ekrany*** *film*: anlaufen; → ***wejść***
wcią|ć* *pf* → ***wcinać***; **~gać** (*-am*) ⟨**~*gnąć***⟩ (hin)einziehen (***do*** *G* in *A*); hinaufziehen (***na*** *A* auf *A*); **~*gnąć się*** (***do*** *G*) *fig* sich angewöhnen (*A*, zu *inf*)
wciąż *adv* immerfort, fortwährend
wciel|ać (*-am*) ⟨**~*ić***⟩ (*-lę*) eingliedern (***do*** *G* in *A*); **~*ać w życie*** verwirklichen; **~*ić w czyn*** in die Tat umsetzen; **~enie** *n* (*-a*) Eingliederung *f*; (*uosobienie*) Verkörperung *f*; **~ony** leibhaftig, in Person
wcierać (*-am*) einreiben
wcięcie *n* Einschnitt *m*
wcinać (*-am*) einschneiden (***się*** sich)
wcis|kać ⟨**~*nąć***⟩ (hin)eindrücken; **~*nąć się*** sich hineindrängen
wczasowicz *m* (*-a*; *-e*), **~ka** *f* (*-i*; *G -czek*) Feriengast *m*, Urlaubsgast *m*
wczas|owy Ferien-, Urlaubs-; **~y** *pl* (*-ów*) Ferien *pl*, Urlaub *m*; **~*y lecznicze*** Erholungskur *f*, F Verschickung *f*
wczepi(a)ć się sich festkrallen
wcze|sno- *w zł.* → **~sny** (*m-os -śni*) früh, Früh-; **~śnie** *adv* früh, zeitig; **~śniejszy** *adj comp* früher
wczoraj gestern; **~szy** gestrig
wczu(wa)ć się sich einfühlen
wda(wa)ć: **~ *się*** (***w*** *A*) sich einlassen (in, auf *A*); F **~ *się w*** (*A*) ganz ... sein
wdech *m* Einatmung *f*; **~owy** P prima
wdow|a *f* (*-y*; *G wdów*) (***po poległym*** Krieger-)Witwe; **~i** Witwen-; **~iec** *m* (*-wca*; *-wcy*) Witwer
wdrażać (*-am*) ⟨***wdrożyć***⟩ (*-ę*) erziehen (***k-o do*** *G* j-n zu); *jur* einleiten; **~ *się do pracy*** sich einarbeiten
wdychać (*-am*) einatmen
wdzia|ć *pf* → ***wdziewać***; **~nko** *n* (*-a*; *G -nek*) Jacke *f*
wdzierać się (*-am*) eindringen (***do*** *G* in *A*); erklimmen (***na szczyt*** den Gipfel)
wdziewać (*-am*) anziehen, anlegen
wdzięczn|ość *f* (*-ści*; *0*) Dankbarkeit; ***dług ~ości*** Dankesschuld *f*; **~y** dankbar; (*uroczy*) anmutig, reizend
wdzięk *m* (*-u*; *0*) Anmut *f*, Reiz; *t-ko pl* **~*i kobiece*** weibliche Reize *m/pl*
we *praep* → ***w***
według *praep* (*G*) gemäß, nach (*D*)
wedrzeć* się *pf* → ***wdzierać się***
wegetariański [-ṛiaĩs-] vegetarisch
wegetować (*-uję*) vegetieren
wejrze|ć *pf* (*-ę*, *-y*) → ***wglądać***; **~nie** *n* (*-a*): ***od pierwszego ~nia*** auf den ersten Blick
wejś|cie *n* (*-a*) Eingang *m*; (*wstęp*) Zutritt *m*; **~ciowy** Eingangs-; Eintritts-; **~ć*** *pf* (*-jść*) → ***wchodzić***
wekować ⟨**za-**⟩ (*-uję*) einwecken
weksel *m* (*-sla*; *-sle*) *fin* Wechsel
welon *m* (*-u*; *-y*) (Braut-)Schleier
welur *m* (*-u*; *-y*) Velours (*skóra*: *n*)
wełn|a *f* (*-y*) Wolle; **~iany** Woll-, wollen
wenecki (*m-os -ccy*) venezianisch
weneryczn|y: ***choroba ~a*** Geschlechtskrankheit
wentyla|cyjny (Be-)Lüftungs-; **~tor** *m* (*-a*; *-y*) Ventilator, Lüfter
wepchnąć (się) *pf* → ***wpychać***
werbel *m* (*-bla*; *-ble*) Trommel *f*; (*tryl*) Trommelwirbel
werb|ować ⟨**z-**⟩ (*-uję*) anwerben; *mil* rekrutieren; **~unek** *m* (*-nku*; *-nki*) Anwerbung *f*; Rekrutierung *f*
wersalka *f* (*-i*; *G -lek*) Bettcouch
wersja *f* (*-i*; *-e*) Version
wertować (*-uję*) *książkę* wälzen
werwa *f* (*-y*; *0*) Schwung *m*, Verve
weryfikować ⟨**z-**⟩ (*-uję*) verifizieren
we|rznąć, **~rżnąć się** *pf* → ***wrzynać się***

wesel|e *n* (*-a*) Hochzeit *f*; **~ny** Hochzeits-; **~ej**, **~szy** *comp* → ***wesoły***
wesoł|ość *f* (*-ści*; *0*) Fröhlichkeit; **~y** (***-ło***; *praed* ***wesół***) fröhlich, lustig
wes|przeć* *pf* → ***wspierać***; **~sać** *pf* → ***wsysać***; **~tchnąć** *pf* → ***wzdychać***; **~tchnienie** *n* Seufzer *m*
wesz *f* (*wszy*; *N,G wszy*) Laus
wetery|'naria [-ȓĭa] *f* (*GDL -ii*; *0*) Tierheilkunde; **~narz** *m* (*-a*; *-e*, *-y*) Tierarzt
wetknąć *pf* → ***wtykać***
wetować ⟨**za-**⟩ (*-uję*) ein Veto einlegen
we|trzeć* *pf* → ***wcierać***; **~wnątrz** *adv* innen, F drin; ***do/od ~wnątrz*** nach/von innen; ***~wnątrz-*** *w zł.* inner-; **~wnętrzny** innere, Inner-; (*w środku*) inwendig; *med psych* innerlich; *hdl* Binnen-; **~zbrać*** *pf* → ***wzbierać***; **~zgłowie** *n* (*-a*) Kopfende; (*podgłówek*) Kopfstütze *f*
wezwa|ć *pf* → ***wzywać***; **~nie** *n* (*-a*) Vorladung *f*; (*monit*) Aufforderung *f*; (*apel*) Aufruf *m*; ***kościół pod ~niem Św. Piotra*** St.-Peters-Kirche *f*
węch *m* (*-u*; *0*) Geruch(ssinn); F *fig* Gespür *n*, F Riecher
wędka *f* (*-dki*; *G -dek*) Angel; **~rski** Angel-; Angler-; **~rstwo** *n* (*-a*; *0*) Angelsport *m*; **~rz** *m* (*-a*; *-e*) Angler
wędlin|a *f* (*-y*) Schinken *m*, Wurst; ***~y*** *pl* Räucherware *f*, Ⓐ Selchfleisch *n*; **~iarnia** *f* (*-i*; *-e*) Wurstwarenhandlung
wędrow|ać (*-uję*) wandern (***po*** *L* durch *A*); **~iec** *m* (*-wca*; *-wcy*) Wanderer; **~ny** Wander-; ***ptak ~ny*** Zugvogel
wędrówka *f* (*-i*; *G -wek*) Wanderung; Wanderfahrt, (Wander-)Tour
wędz|ić ⟨**u-**⟩ (*-dzę*) räuchern, selchen; **~onka** *f* (*-i*; *G -nek*) Räucherspeck *m*; **~ony** geräuchert, Räucher-, Selch-
węgiel *m* (*-gla*; *-gle*) Kohle *f*; *chem* Kohlenstoff; **~ny** → ***kamień***
węgieł *m* (*-gła*; *-gły*) Ecke *f*
Węgier *m* (*-gra*; *-grzy*), **~ka** *f* (*-i*; *G -rek*) Ungar(in); ***⁰ka*** Zwetsche, Zwetschge; **⁰ski** (***po -ku***) ungarisch
węg|lan *m* (*-u*; *-y*) Karbonat *n*; **~lowodór** *m* Kohlenwasserstoff; **~lowy** Kohle(n)-; *chem* Kohlenstoff-
węgorz *m* (*-a*; *-e*) Aal; **~owy** Aal-
węszyć (*-ę*) wittern; F *fig* schnüffeln
węz|eł *m* (*-zła*; *-zły*) Knoten (*t. mar*); *kolej itp.* Knotenpunkt; *fig* Band *n*; **~łowaty** (***-to***) knotig; *fig* bündig; **~łowy** Knoten-; *fig* Kern-, Haupt-
węże *pl* → ***wąż***; **~j** *adv comp* → ***wąski***
wężow|aty (***-to***) schlangenartig; **~nica** *f* (*-y*; *-e*) *tech* Schlange; **~y** Schlangen-
węższy *comp* → ***wąski***
wgięcie *n* (*-a*) Delle *f*
wgląd *m* (*-u*; *0*) Einsicht(nahme) *f*; ***do ~u*** zur Einsicht
wgłębienie *n* (*-a*) Vertiefung *f*
wgniatać (*-am*) ⟨***wgnieść****⟩ eindrücken
wgry|zać się (*-am*) ⟨***~źć* się***⟩ sich verbeißen; (*wżreć się*) sich einfressen
wiać (*-eję*) *v/i* ⟨**po-**⟩ wehen; (*o zimnie itp.*) ziehen; F ⟨**z-**⟩ türmen; ***tu wieje*** *nieos* hier zieht es
wiadomo *nieos* es ist bekannt; ***nigdy nie ~*** man weiß nie; ***jak ~*** bekanntlich; ***o ile mi ~*** soviel ich weiß; **~ść** *f* (*-ści*) Nachricht; ***do ~ści*** zur Kenntnis
wiadomy bekannt, bewußt
wiadro *n* (*-a*; *G -der*) Eimer *m*
wianek *m* (*-nka*; *-nki*) Kranz
wiar|a *f* (*-y*) Glaube(n) *m* (***w*** *A* an *A*); (***w siebie*** Selbst-)Vertrauen *n*; ***nie do ~y*** nicht zu glauben, unglaublich; ***w dobrej wierze*** im guten Glauben
wiaro|godny glaubwürdig, glaubhaft; **~łomny** treubrüchig, treulos
wiat|r *m* (*-u*, *L wietrze*; *-y*) Wind; ***pod ~r*** gegen den Wind; *fig* ***na ~r*** in den Wind; **~rak** *m* (*-a*; *-i*) Windmühle *f*; **~rówka** *f* (*-i*; *G -wek*) Windjacke; (*broń*) Luftgewehr *n*
wiąz *m* (*-u*; *-y*) Ulme *f*, Rüster *f*
wiąz|ać (*-żę*) binden (*t. chem*, *fig*); *sieć* knüpfen; *jeńca* fesseln; (*zespalać*) verbinden (***się*** sich); **~anie** *n* (*-a*) Bindung *f*; **~anka** *f* (*-i*; *G -nek*) Gebinde *n*; *muz* Potpourri *n*; *t.* = **~ka** *f* (*-i*; *G -zek*) Bund *n*, Bündel *n*
wiążący (***-co***) *przepis*: bindend
wice|dyrektor *m* stellvertretender Direktor; **~mistrz** *m* Vizemeister
wicher *m* (*-chru*; *-chry*) Sturm(wind)
wichrzy|ciel *m* (*-a*; *-e*, *-i*) Unruhestifter, Aufwiegler; **~ć** (*-ę*) *włosy* ⟨**z-** zer⟩zausen; *v/i* aufwiegeln, aufhetzen
wić[1] *f* (*-ci*; *N,G -ci*) Gerte; *anat* Geißel
wić[2] ⟨**u-**⟩ (*-ję*) *wianek* flechten; *gniazdo* bauen; *t-ko impf* ***~ się*** sich winden
widać (*t-ko inf*) (es) ist/sind zu sehen; ***~ po nim*** man sieht es ihm an
wide|lec *m* (*-lca*; *-lce*) Gabel *f*; **~łki** *pl* (*-łek*) *tech* Gabel *f*

wideo: *film* ~ Videofilm; ***wypożyczalnia*** ~ Videothek; **~kaseta** *f* Videokassette; **~magnetofon** *m* Videorecorder
widły *pl* (*-deł*) Gabel *f*, Forke *f*
widmo *n* (*-a*) Gespenst; *fiz* Spektrum; **~wy** Spektral-; (**-*wo***) gespenstisch
wid|nieć (*-eję*) zu sehen sein; **~no** *adv* hell; **~nokrąg** *m* Horizont; ***na ~nokręgu*** am Horizont; **~ny** *dzień*, *pokój*: hell
widoczn|ie *adv* offenbar; **~ość** *f* (*-ści*; *0*) Sicht; **~y** sichtbar
wido|k *m* (*-u*; *-i*) Ansicht *f*; (*na coś*) Aussicht *f* (*t. pl fig*); (*wygląd*) Aussehen *n*; ***na ~k*** (*G*) beim Anblick (von, *G*); ***z ~kiem na morze*** mit Meeresblick; ***mieć na ~ku*** im Auge haben; **~kówka** *f* (*-i*; *G -wek*) Ansichtskarte; **~wisko** *n* (*-a*) Schauspiel; (*impreza*) Veranstaltung *f*, Schau *f*; **~wnia** *f* (*-i*; *-e*) Zuschauerraum *m*; *zbior* Publikum *n*
widywać (*-uję*) (***często*** oft) sehen
widz *m* (*-a*; *-owie*) Zuschauer; (***kinowy***, ***teatralny*** Kino-, Theater-)Besucher
widzeni|e *n* (*-a*) Sehen; (*więźnia*) Besuch *m*; ***z ~a*** vom Sehen; ***do ~a*** auf Wiedersehen; ***zezwolenie na ~e*** Besuchserlaubnis *f*; → ***punkt***
widzia|dło *n* (*-a*; *G -deł*) → ***widmo***; **~lność** *f* (*-ści*; *0*) Sicht; **~lny** sichtbar
widzieć (*-dzę*, *-i*) sehen (***się*** sich, einander); → ***zobaczyć***
wiec *m* (*-u*; *-e*) Kundgebung *f*
wiech|a *f* (*-y*) *bud* Richtkrone; ***uroczystość f zawieszenia ~y*** Richtfest *n*
wiecowy Kundgebungs-
wieczerza *f* (*-y*; *-e*) Abendmahl *n*
wieczn|ość *f* (*-ści*; *0*) Ewigkeit; **~y** ewig
wieczor|ek *m* (*-rku*; *-rki*) Tanzabend, Party *f*; **~em** abends; ***jutro ~em*** morgen abend; **~ny** abendlich, Abend-; **~owy: *suknia ~owa*** Abendkleid *n*
wieczór *m* (*-oru*; *-ory*) Abend; ***dobry ~*** guten Abend
wiedeński Wiener *adj*
wiedz|a *f* (*-y*; *0*) Wissen *n*; Kenntnisse *f/pl*; ***bez jego ~y*** ohne sein Wissen; **~ieć*** wissen (**o** *L* von, *A*); ***o ile wiem*** soviel ich weiß
wiedźma *f* (*-y*) Hexe
wiejski ländlich, Land-, Dorf-
wiek [vɛk] *m* (*-u*; *0*) (***dziecięcy***, ***starczy*** Kindes-, Greisen-)Alter *n*; (*pl -i*) Jahrhundert *n*; (***atomowy*** Atom-)Zeitalter *n*; **~i** *pl* ***średnie*** Mittelalter *n*
wieko *n* (*-a*) (***kufra*** Truhen-)Deckel *m*
wiekowy jahrhundertealt, uralt
wiekuisty ewig(lich)
wielbiciel *m* (*-a*; *-e*), **~ka** *f* (*-i*; *G -lek*) Verehrer(in), Anbeter(in)
wielbić (*-ę*, *-bij!*) → ***uwielbiać***
wielbłą|d *m* (*-a*; *-y*) Kamel *n*; **~dzi** Kamel-; Kamelhaar-
wiel|ce *adv* überaus, sehr; **~cy** *m-os* → ***wielki***; **~e** viel; ***o ~e*** um vieles; ***o ~e za dużo*** viel zuviel
Wielkanoc *f* (*-y*/*Wielkiejnocy*, *I -ą*/*Wielkąnocą*; *-e*) Ostern *n*; ***na ~*** zu Ostern
wielkanocny österlich, Oster-
wielki groß, Groß-; ***~ czas*** höchste Zeit; ***Kazimierz*** ♀ Kasimir der Große; ***nic ~ego*** nichts besonderes
wielko|duszny großherzig; **~lud** *m* (*-a*; *-y*) Riese; **~miejski** großstädtisch, Großstadt-; **~ść** *f* (*-ści*) Größe; ***~ści grochu*** erbsengroß; ***jednakowej ~ści*** von gleicher Größe, gleich groß
wielo|barwny vielfarbig, mehrfarbig; **~bój** *m sport* Mehrkampf; **~dniowy** mehrtägig; **~dzietny** kinderreich
wielokrotn|ie *adv* mehrmals; **~y** mehrmalig, wiederholt; *gr* iterativ
wielo|milionowy Millionen-; **~narodowy** Vielvölker-; multinational; **~piętrowy** mehrstöckig; **~raki** (**-*ko***) vielfältig, vielerlei
wieloryb *m* (*-a*; *-y*) Wal(fisch)
wielo|stopniowy mehrstufig; **~stronny** mehrseitig, vielseitig; **~znaczny** mehrdeutig; **~żeństwo** *n* (*-a*) Vielweiberei *f*
wielu *m-os* → ***wiele***
wieniec *m* (*-ńca*; *-ńce*) Kranz
wień|cowy *med* Herzkranz-; **~czyć** ⟨**u-**⟩ (*-ę*) bekränzen; *fig* krönen
wieprz *m* (*-a*; *-e*) Schwein *n*; **~owina** *f* (*-y*; *0*) Schweinefleisch *n*; **~owy** Schweine-, Schweins-
wiercić (*-cę*) bohren; ***~ się*** unruhig sein
wiern|ość *f* (*-ści*; *0*) Treue; **~y** treu; *kopia*: getreu; **~i** die Gläubigen *pl*
wiersz *m* (*-a*; *-e*) Gedicht *n*; Vers; *drk* Zeile *f*; **~owy** Vers-; Zeilen-
wiertarka *f* (*-i*; *G -rek*) Bohrmaschine
wiertło *n* (*-a*; *G -teł*) Bohrer *m*
wierzba *f* (*-y*) *bot* Weide
wierzch *m* (*-u*; *-y*) oberer Teil, oberer Rand; Außenseite *f*, Oberseite *f*; ***na ~*** nach oben; nach außen; ***do ~u***, ***po ~*** bis ganz oben, bis zum Rand; **~ni** Ober-,

W

Außen-; **~ołek** *m* (*-łka*; *-łki*) Gipfel; *mat* Scheitel; **~owiec** *m* (*-wca*; *-wce*) Reitpferd *n*; **~owy** Reit-
wierzy|ciel *m* (*-a*; *-e*), **-lka** *f* (*-i*; *G -lek*) *fin* Gläubiger(in); **~ć** (*-ę*) (*D*, **w** *A*) glauben (*D*, an *A*); (*ufać*) vertrauen (auf *A*); (**oczom** den Augen) trauen; **~telność** *f* (*-ści*) *fin* Forderung
wiesza|ć (*-am*) (auf)hängen (**na** *L* an *A*; **się** sich); **~k** *m* (*-a*; *-i*) Kleiderständer, Kleiderhaken; (*przyszyty*) Aufhänger
wieś [vec] *f* (*wsi*; *wsie*, *wsi*) Dorf *n*; **na ~** aufs Land; **na wsi** auf dem Land(e)
wieść[1] *f* (*-ści*) Kunde; → ***przepaść***[2]
wieść[2]* *v/t* führen; → ***prowadzić***
wieśnia|czka *f* (*-i*; *G -czek*) Bäuerin; **~k** *m* (*-a*; *-cy*) Bauer; **~cy** *pl t.* Dorfleute *pl*
wietrz|eć [-t·ʃ-] (*-eję*) ⟨**wy-**⟩ *geol* verwittern; *zapach*: verfliegen; ⟨**z-**⟩ *wino*: schal werden; **~ny** (**-no**) windig; **~yć** (*-ę*) lüften; ⟨**z-**⟩ wittern
wiewiórka *f* (*-i*; *G -rek*) Eichhörnchen *n*
wieźć* ⟨**po-**⟩ *v/t* fahren, transportieren
wież|a *f* (*-y*; *-e*) Turm *m*; **~owiec** F *m* (*-wca*; *-wce*) Hochhaus *n*
więc also; **a ~** und zwar
więcej *adv comp* (→ ***dużo***, ***wiele***) mehr; **co ~** mehr noch; → ***mniej***
więdnąć ⟨**z-**⟩ (*-nę*, *t. wiądł*) welken
większ|ość *f* (*-ści*; *0*) Mehrheit, Mehrzahl; **~ością głosów** durch Stimmenmehrheit; **~y** *comp* (→ ***duży***, ***wielki***) größer; **~ą część** den größten Teil
więzić (*-żę*) gefangenhalten
więzie|nie *n* (*-a*) Gefängnis; (*kara t.*) Haft *f*; **~nny** Gefängnis-, Haft-; **~ń** *m* (*-źnia*; *-źniowie*) Gefangene(r), Häftling, Sträfling
więź *f* (*-zi*; *-zi*) Bindung(en *pl*); **~niarka** *f* (*-i*; *G -rek*) → ***więzień***
wi'gilia [-lĭa] *f* (*GDL -ii*; *-e*) Vorabend *m*, Vortag *m*; **♀** Heiligabend *m*
wiklina *f* (*-y*) *bot* Korbweide
wikłać ⟨**po-**⟩ (*-am*) *fig* komplizieren; → ***plątać***
wikt F *m* (*-u*; *0*) Kost *f*, Verpflegung *f*
wilcz|ur *m* (*-a*; *-y*) (Deutscher) Schäferhund; **~y** Wolfs-
wilgo|ć *f* (*-ci*; *0*) Feuchtigkeit; **~tny** (**-no**) feucht; *adj t.* Feucht-
wilia ['vilĭa] *f* (*GDL -ii*; *-e*) → ***wigilia***
wilk *m* (*-a*; *-i*) Wolf; **~ *morski*** Seebär
will|a *f* (*-i*; *-e*) Villa; **~owy** Villen-
win|a *f* (*-y*) Schuld; ***ponosić* ~ę (za** *A*) Schuld haben, schuld sein (an *D*); **z ~y** (*G*) durch *j-s* Schuld; ***z własnej* ~y** selbstverschuldet
winda *f* (*-y*) Aufzug *m*, Lift *m*
windziarz *m* (*-a*; *-e*, *-y*) Liftboy
winia|k *m* (*-u*; *-i*) Weinbrand; **~rnia** *f* (*-i*; *-e*) Weinlokal *n*, Weinstube
wini|ć (*-ę*) (**k-o o** *A*) beschuldigen (j-n *G*), die Schuld geben (j-m an *D*); **~en** (**-nna** *f*, **-nno** *n*, **-nne** *ż-rzecz*, **-nni** *m-os*) *praed* schuld(ig); ***kto temu* ~en?** wer ist schuld daran?; ***jestem mu* ~en ...** ich schulde ihm ...; → ***powinien***, ***powinna***
winni|ca *f* (*-y*; *-e*) Weinberg *m*; **~czek** *m* (*-czka*; *-czki*) Weinbergschnecke *f*
winno → ***winien***, ***powinno***
winny[1] Wein-; **~ *krzew*** Weinrebe *f*
winn|y[2] schuldig; ***uznać za* ~ego** für schuldig befinden; → ***winien***
wino *n* (*-a*) Wein *m*; **~branie** *n* (*-a*) Weinlese *f*; ***święto* ~*brania*** Winzerfest; **~grona** *n/pl* Weintrauben *f/pl*; **~rośl** *f* (*-śli*; *-śle*) Weinrebe, Weinstock *m*
winowaj|ca *m* (*-y*; *G -ów*), **~czyni** *f* (*-i*; *-e*) Schuldige(r), Täter(in)
winszować (**k-u** *G*) gratulieren (j-m *G*), beglückwünschen (j-n zu)
wiod|ą, **~ę** → ***wieść***[2]; **~ący** führend
wiolonczela *f* (*-i*; *-e*) Cello *n*
wiosenny Frühlings-, Frühjahrs-
wiosło *n* (*-a*, *L -śle*; *G -seł*) Ruder; Paddel; **~wać** (*-uję*) rudern; paddeln
wiosn|a *f* (*-y*) Frühling *m*, Frühjahr *n*; **~ą**, **na ~ę** im Frühling
wioślar|ka *f* (*-i*; *G -rek*) Ruderin; **~stwo** *n* (*-a*; *0*) Rudersport *m*, Rudern
wioślarz *m* (*-a*; *-e*, *-y*) Ruderer
wiotki (**-ko**) schlaff; (*szczupły*) schlank
wioz|ą, **~ę** → ***wieźć***
wiór *m* (*-a*; *-y*) Span; **~y** *pl* Späne
wir *m* (*-u*; *-y*) Wirbel, Strudel
wiraż *m* (*-u*; *-e*) Kurve *f*, Kehre *f*
wirować (*-uję*) *v/i* sich drehen, rotieren
wirówka *f* (*-i*; *G -wek*) Zentrifuge
wirus *m* (*-a*; *-y*) Virus *n/m*
wi|sieć (*-szę*) *v/i* hängen (**na** *L* an *D*; **nad** *I* über *D*); **~sielec** *m* (*-lca*; *-lcy*, *-lców*) Erhängte(r); **~siorek** *m* (*-rka*; *-rki*, *-rków*) (Schmuck-)Anhänger; **~szący** hängend, Hänge-
wiśni|a *f* (*-i*; *-e*, *G -sien*) (Sauer-)Kirsche; **~owy** Kirsch-; kirschrot
witać (*-am*) ⟨**po-**⟩ begrüßen; **~** ⟨**przy-**⟩ **się** sich begrüßen; (**z** *I*) grüßen (*A*)

witamina *f* (*-y*) Vitamin *n*
witraż *m* (*-a*/*-u*; *-e*) Glasmalerei *f*
witryna *f* (*-y*) Schaufenster *n*; Vitrine
wiwat: ~! es lebe hoch!; **~ować** (*-uję*) (**na cześć** *G*) hochleben lassen (*A*)
wiza *f* (*-y*) Visum *n*
wizerunek *m* (*-nku*; *-nki*) Bild(nis) *n*
wiz|ja *f* (*-i*; *-e*) Vision; *jur* Besichtigung; **~jer** *m* (*-a*/*-u*; *-y*) Guckloch *n*, F Spion; *fot* Sucher; **~owy** Visum-, Visa-
wizyt|a *f* (*-y*) Besuch *m*; **~ować** (*-uję*) inspizieren, besichtigen; **~ówka** *f* (*-i*; *G -wek*) Visitenkarte
wjazd *m* (*-u*; *-y*) Einfahrt *f*; (*do kraju*) Einreise *f*; (***na autostradę*** Autobahn-) Auffahrt *f*; **~owy** Einfahrts-; Einreise-
wje|żdżać (*-am*) ⟨**~chać***⟩ (**do** *G*, **na** *A*) einfahren (in *A*); hinauffahren (auf *A*)
wkle|jać (*-am*) ⟨**~ić**⟩ einkleben
wklęsły (**-ło**) konkav, hohl
wkład *m* (*-u*; *-y*) *fin* Einlage *f*; *fig* Beitrag; *tech* Einsatz; ~ ***do długopisu*** Kugelschreibermine *f*; **~ać** (*-am*) (hin)einlegen, (hin)einstecken, hineintun (**do** *G* in *A*); *buty*, *suknię* anziehen; *okulary*, *czapkę* aufsetzen; *pierścień* anstecken; *obowiązek* auferlegen; *kapitał* anlegen, investieren; **~ka** *f* (*-i*; *G -dek*) Einlage; *tech* Einsatz(stück *n*) *m*
wkoło *praep* (*G*) rund um (*A*)
wkop|ywać (*-uję*) ⟨**~ać**⟩ eingraben
wkra|czać (*-am*) (**do** *G*) betreten (*A*); *mil* einrücken (in *A*); **~dać się** (*-am*) sich einschleichen; **~plać** (*-am*) einträufeln; **~ść* się** *pf* → ***wkradać się***
wkrę|cać (*-am*) ⟨**~cić**⟩ einschrauben, eindrehen; F *fig* andrehen
wkręt *m* (*-u*; *-y*) Schraube *f*
wkro|czyć *pf* → ***wkraczać***; **~plić** *pf* (*-lę*) → ***wkraplać***
wkrótce in Kürze, bald, demnächst
wkurzony F sauer, böse, geladen
wkuwać F (*-am*) büffeln, pauken
wlać *pf* → ***wlewać***; ~ **się** P sich vollaufen lassen; **wlany** besoffen, voll
wlatywać (*-uję*) ⟨**wlecieć**⟩ hereinfliegen, hineinfliegen; F *fig* → ***wpadać***
wle|c* schleppen (**się** sich), ziehen; **~c się** *czas itp.*: sich (lange) hinziehen; **~cieć** *pf* → ***wlatywać***; **~piać** (*-am*) ⟨**~pić**⟩ einkleben; F *fig* aufbrummen; ***~pić oczy*** (**w** *A*) anstarren (*A*)
wlew *m* (*-u*; *-y*) *med* Infusion *f*; **~ać** (*-am*) (ein)gießen; ***~ać się*** fließen, hineinlaufen (**do** *G* in *A*)
wleźć* *pf* → ***włazić***
wlicz|ać (*-am*) ⟨**~yć**⟩ (**do** *G*) (mit) einrechnen (in *A*); einbeziehen (in *A*)
wlotowy Einlaß-, Eintritts-
wład|ać (*-am*) (*I*) herrschen (über *A*), (*t. językiem itp.*) beherrschen (*A*); (*umieć t.*) handhaben (*A*); (*nogą itp.*) bewegen können; **~ca** *m* (*-y*; *G -ów*), **~czyni** *f* (*-i*; *-e*) Herrscher(in), Gebieter(in); **~czy** Macht-; (**-czo**) gebieterisch, herrisch
władz|a *f* (*-y*; *0*) Macht; Gewalt; (*pl -e*, *-*) Obrigkeit, Behörde(n *pl*); ***dojść do ~y*** an die Macht kommen; ***stracić ~ę nad sobą*** die Beherrschung verlieren; ***stracić ~ę w*** (*I*) nicht bewegen können (*A*)
włam|ać się *pf* → ***włamywać się***; **~anie** *n* (*-a*) Einbruch *m*; **~ywacz** *m* (*-a*; *-e*) Einbrecher; **~ywać się** (*-uję*) einbrechen (**do** *G* in *A*)
własno|ręczny eigenhändig; **~ściowy** Eigentums-; **~ść** *f* (*-ści*; *0*) Eigentum *n*; ***mieć na ~ść*** als Eigentum gehören (*D*)
własn|y eigen; Eigen-; *ekon t.* Selbst-; ***z ~ej woli*** aus freiem Willen; → ***ręka***
właści|ciel *m* (*-a*; *-e*, *-i*), **-lka** *f* (*-i*; *G -lek*) Eigentümer(in), Besitzer(in); **~wie** *adv* → ***właściwy***; (*w istocie*) eigentlich; **~wość** *f* (*-ści*) Eigenschaft; (*pl 0*) Angemessenheit; *jur* Zuständigkeit; **~wy** angemessen; recht, richtig; (*D*) eigen (*D*), typisch (für); *fiz* spezifisch; *mat* echt; *jur* zuständig, kompetent
właśnie *part* eben; (*akurat*) gerade
właz *m* (*-u*; *-y*) Einstieg(luke *f*) *m*; **~ić** hinaufklettern; hineinkriechen
włącz|ać (*-am*) ⟨**~yć**⟩ eingliedern, einbeziehen; *el*, *tech* einschalten; → ***przyłączać***; **~nie** einschließlich, inklusive
Włoch *m* (*-a*; *-si*) Italiener
włochaty haarig, behaart; zottig
włos *m* (*-a*; *-y*) Haar *n*; ***ani na*** ~ nicht ein bißchen; **o** ~ um Haaresbreite; ***... do ~ów*** Haar-; **~ek** *m* (*-ska*; *-ski*) Härchen *n*; **~ie** *n* (*-a*; *0*) Roßhaar; **~ień** *m* (*-enia*/*-śnia*; *-enie*/*-śnie*) Trichine *f*
włoski (**po -ku**) italienisch; → ***kapusta***
włoszczyzna *f* (*-y*; *0*) Suppengrün *n*
Włoszka *f* (*-i*; *G -szek*) Italienerin
włożyć *pf* → ***wkładać***
włóczę|ga¹ *f* (*-i*; *G -*) Wanderschaft; **~ga²** *m* (*-i*; *-i*/*-dzy*, *-ów*/*-*) Landstreicher, F Penn(brud)er
włóczka *f* (*-i*; *G -czek*) Strickwolle

W

włóczyć się (*-ę*) sich herumtreiben
włókiennictwo *n* (*-a*; *0*) Textilindustrie *f*
włók|nisty faserig; **~no** *n* (*-a*; *G -kien*) Faser *f*
w|mawiać einreden (**k-u** *A* j-m *A*); **~mieszać** *pf fig* hineinziehen; → **mieszać**; **~montow(yw)ać** (*-[w]uję*) einbauen; **~mówić** *pf* → **wmawiać**
wmurow(yw)ać (*-[w]uję*) einmauern
wnet (als)bald, demnächst
wnęka *f* (*-i*) Nische
wnętrz|e *n* (*-a*) Innere(s); *bud* Innenraum *m*; **do**/**od ~a** von/nach innen; **~ności** *pl* (*-ci*) Innereien *pl*
Wniebo|wstąpienie *n*, **~wzięcie** *n rel* Himmelfahrt *f*
wnieść* *pf* → **wnosić**
wnik|ać (*-am*) ⟨**~nąć**⟩ eindringen; **~liwy** (**-wie**) tiefgründig; → **dociekliwy**
wnios|ek *m* (*-sku*; *-ski*) Schluß(folgerung *f*) *m*; Antrag; **dojść do ~ku** zu dem Schluß kommen; **wystąpić z ~kiem** e-n Antrag stellen; **~kodawca** *m*, **-czyni** *f* Antragsteller(in); **~kować** ⟨**wy-**⟩ (*-uję*) folgern, schließen (**z** *G* aus)
wnosić *v/t* hereinbringen, hineintragen; (*na górę*) hinaufbringen, hinauftragen; *wkład* beisteuern; *skargę* einreichen; *prośbę* vorbringen; *protest* einlegen; *v/i* folgern; *jur* (**o** *A*) beantragen (*A*)
wnu|czka *f* (*-i*; *G -czek*), **~k** *m* (*-a*; *-i*) Enkel(in); **~ki** *pl t.* Enkelkinder *n/pl*
woalka *f* (*-i*; *G -lek*) Schleier *m*
wobec *praep* (*G*) angesichts (*G*); gegenüber (*D*); **~ czego** infolgedessen; **~ tego, że** in Anbetracht dessen, daß
wod|a *f* (*-y*) Wasser *n*; **~a do ...** -wasser; *kulin* **z ~y** gekocht, Koch-
w oddali in der Ferne
wod|niak *m* (*-a*; *-cy*) Wassersportler; **♀nik** *m* (*-a*; *0*) *astr* Wassermann; **~nisty** wässerig, wäßrig; **~nosamolot** *m* Wasserflugzeug *n*; **~ny** Wasser-
wodociąg *m* Wasserleitung *f*; F **~i** *pl* Wasserwerke *n/pl*; **~owy** *zw.* Leitungs-
wodo|lecznictwo *n* Wasserheilkunde *f*; **~lot** *m* Tragflügelboot *n*; **~pój** *m* (*-oju*; *-oje*) Tränke *f*; **~rost** *m* (*-u*; *-y*) Wasserpflanze *f*; **~rowy** Wasserstoff-; **~spad** *m* Wasserfall; **~szczelny** wasserdicht; **~trysk** *m* (*-u*; *-i*) Springbrunnen; **~wać** (*-uję*) *v/t mar* vom Stapel lassen
wodór *m* (*-oru*; *0*) Wasserstoff
wodz|a *f* (*-y*; *-e*) *zw.pl* Zügel *m/pl*; **trzymać (się) na ~y** (sich) zügeln; **puszczać ~e** *fig* die Zügel schleifen lassen; **pod ~ą** (*G*) unter der Führung (*G*)
wodz|ić (*-dzę*, *wódź!*) führen; *fig* **~ić za nos** an der Nase herumführen; **~owie** *pl* → **wódz**
wojak F *m* (*-a*; *-cy*/*-i*) Soldat (*t. iron*)
wojaż *m* (*-u*; *-e*) *żart*, *iron* Reise *f*
wojenn|y Kriegs-; **być na stopie ~ej** *fig* auf dem Kriegspfad sein (**z** *I* mit)
woje|woda *m* (*-y*; *-owie*, *-ów*) Woiwode; **~wódzki** Woiwodschafts-; **~wództwo** *n* (*-a*) Woiwodschaft *f*
wojłok *m* (*-u*; *-i*) Filz
wojn|a *f* (*-y*; *G -jen*) (**domowa** Bürger-)Krieg *m*; *fig t.* Kampf *m*; **iść na ~ę** in den Krieg ziehen; **zginąć na ~ie** im Krieg fallen/bleiben
wojow|ać (*-uję*) kämpfen (*t.* F *fig*; **z** *I* gegen; **o** *A* um); **~niczy** (**-czo**) kriegerisch; *fig* streitsüchtig, kampflustig; **~nik** *m* (*-a*; *-cy*) Krieger
wojsk|o *n* (*-a*) Armee *f*, Streitkräfte *f/pl*; F *t.* Truppe *f*; **zaciągnąć się do ~a** zum Militär gehen; **on po ~u** er hat gedient; **~owy** Militär-, (*t.* **-wo**, **po -wemu**) militärisch; *su m* (*-ego*; *-i*) Militär, Soldat; **odmowa służby ~owej** Wehrdienstverweigerung
wokanda *f* (*-y*) *jur* Verhandlungsliste
wokoło, **wokół** *praep* (*G*), *adv* ringsum, rundum (*A*), um (*A*) herum
wol|a *f* (*-i*; *0*) Wille *m*; **do ~i** nach Herzenslust; **mimo ~i** unwillkürlich, unabsichtlich; **siła ~i** Willenskraft
wole *n* (*-a*; *G -i*) Kropf *m* (*t. med*)
wol|eć (*-ę*, *-i*) vorziehen, lieber tun/haben, essen *itp.*; **wolę ...** ich möchte lieber ...; **~ał(a)bym** ich würde lieber; **~ne** *n* → **wolny**; **~niutki** (**-ko**) ganz langsam, schön langsam; **~no¹** *praed* man darf, es ist gestattet; **czy ~no zapytać** darf man fragen; **nie ~no mi** ich darf nicht; **nikomu nie ~no** niemand darf
wolno² *adv* langsam, gemächlich; (*swobodnie*) lose, frei; **~cłowy** zollfrei; **~mularstwo** *n* (*-a*; *0*) Freimaurerei *f*; **~myśliciel** *m* Freidenker; **~rynkowy** auf dem freien Markt erhältlich; **cena ~rynkowa** Marktpreis *m*
wolnoś|ciowy Freiheits-; **~ć** *f* (*-ści*) (**słowa** Meinungs-)Freiheit; **na ~ci** in Freiheit; **wypuścić na ~ć** freilassen
wolny frei (**od** *G* von), Frei-; *suknia*:

lose, weit; (*powolny*) langsam; **~ od opłaty/pracy** gebührenfrei, arbeitsfrei; **na ~m powietrzu** im Freien; **na ~m ogniu** auf kleiner Flamme; **mieć wolne** freihaben; F **wolnego!** nu mal langsam!
woltomierz *m* (*-a*; *-e*) Voltmeter *n*
woła|cz *m* (*-a*; *-e*) *gr* Vokativ; **~ć** ⟨**za-**⟩ (*-am*) rufen; **~nie** *n* (*-a*) Rufen, Ruf *m* (**o pomoc** um Hilfe)
woło|wina *f* (*-y*; *0*) Rindfleisch *n*; **~wy** Ochsen-; *kulin t.* Rinder-, Rinds-
woły *pl* → **wół**
wonny duftend, wohlriechend
woń *f* (*-ni*; *-nie*, *-ni*) Duft *m*; **przykra ~** unangenehmer Geruch *m*, Gestank *m*
woreczek *m* (*-czka*; *-czki*) Beutel, Säckchen *n*; **~ żółciowy** Gallenblase *f*
wor|ek *m* (*-rka*; *-rki*) Sack; **~y** *pl* → **wór**
wosk *m* (*-u*; *-i*) Wachs *n*; **~owy** Wachs-
wotum *n* (*idkl*; *-ta*, *-tów*) (**zaufania** Vertrauens-)Votum; *rel* Votivgabe *f*
woz|ić (*-żę*, *woź*/*wóź!*) *v/t* (aus)fahren; **~y** *pl* → **wóz**
woźn|a *f* (*-ej*; *-e*) Amtsbotin; **~ica** *m* (*-y*; *G -ców*) Kutscher, Fuhrmann; **~y** *m* (*-ego*; *-i*) Amtsbote; Gerichtsdiener
wódk|a *f* (*-i*; *G -dek*) Schnaps *m*; Wodka *m*; **kolega** *m* **do ~i** Saufkumpan
wódz *m* (*wodza*; *wodzowie*) Führer; Häuptling; **~ naczelny** Oberbefehlshaber; → **dowódca**, **przywódca**
wójt *m* (*-a*; *-owie*) Gemeindevorsteher
wół *m* (*wołu*; *woły*) Ochse
wór *m* (*wora*; *wory*) Sack
wówczas *lit* damals, dann
wóz *m* (*wozu*; *wozy*) Wagen; **~ek** *m* (*-zka*; *-zki*) Karren, (**dziecinny** Kinder-)Wagen; **~ek szpitalny** fahrbare Krankentrage *f*
wpadać hereinfallen, hineinfallen; *rzeka*: münden; *oczy*, *policzki*: einfallen; (*wbiec*) hereinstürzen; fallen (**w oczy** ins Auge; **w objęcia** in die Arme); (*zajść*) vorbeikommen, vorbeischauen (**do** *G* bei); kommen (**na pomysł** auf die Idee; **na ślad** auf die Spur); geraten (**w złość** in Rage; **do rąk**/**w ręce** in die Hände; **w kłopoty** in Schwierigkeiten; **w długi** in Schulden); → **wpaść**
wpajać (*-am*) beibringen, einprägen
wpakow(yw)ać (*-*[*w*]*uję*) hineinpacken, hineinstopfen; **~ się** sich hineindrängen; F geraten
wpaść*[1] *pf* → **wpadać**; (**na** *L*) reinfallen (bei, mit); erwischt werden (bei)
wpatrywać się (*-uję*) (**w** *A*) (lange) mustern, betrachten (*A*); anstarren (*A*)
wpędz|ać (*-am*) ⟨**~ić**⟩ hineintreiben
wpić *pf* → **wpijać**
wpierw zuerst, zuvor
wpijać (*-am*) *paznokcie* krallen; **~ zęby** hineinbeißen; **~ się** (*cisnąć*) (sich) einschneiden; *kleszcz*: sich festsaugen; **~ się zębami** sich festbeißen (**w** *A* an *D*)
wpis *m* (*-u*; *-y*) Eintragung *f*; (*opłata*) Beitrittsgebühr *f*; **~owy** Eintragungs-; Beitritts-; **~ywać** (*-uję*) ⟨**~ać**⟩ eintragen, einschreiben (**się** sich; **do** *G* in *A*)
wpląt|ywać (*-uję*) ⟨**~ać**⟩ verwickeln, verstricken (**się** sich; **w** *A* in *A*)
wpła|cać (*-am*) ⟨**~cić**⟩ einzahlen; **~ta** *f* Einzahlung
wpław *adv* schwimmend
wpły|nąć *pf* → **wpływać**; **~w** *m* (*-u*; *-y*) Einfluß; **~y** *pl* Einnahmen *f*/*pl*; **mieć ~y** Beziehungen haben; **~wać** *okręt*: einlaufen; *zapach itp.*: einströmen; *kwota*, *listy*: eingehen; *rzeka*: fließen (**do** *G* in *A*); (**na** *A*) Einfluß ausüben (auf *A*), beeinflussen (*A*); **~wowy** einflußreich
wpoić *pf* → **wpajać**
wpół *adv* halb, zur Hälfte; **~ do drugiej** halb zwei (Uhr); **na ~** halb; *w zł.* → **pół-**; **~darmo** halb geschenkt; **~żywy** todmüde; F mehr tot als lebendig
wpraw|a *f* (*-y*; *0*) Übung, Routine; **wyjść z ~y** aus der Übung kommen
wprawdzie zwar; allerdings
wprawi|ać (*-am*) ⟨**~ć**⟩ *szybę* einsetzen; *obraz* (ein)rahmen; (ver)setzen (**w podziw** in Erstaunen; **w ruch** in Bewegung); **~ać się** (**w** *I*) sich üben (in *D*)
wpraw|nie *adv*, **~ny** geübt, routiniert
wprost *adv* gerade(aus); direkt
wprowadz|ać (*-am*) ⟨**~ić**⟩ (**do** *G*) hereinführen, hineinführen, hereinbringen (in *A*); *fig* einführen (in *A*); bringen (**w kłopot** in Verlegenheit); **~ić się** (**do** *G*) einziehen (in *A*); **~enie** *n* Einführung *f*; **~enie się** Einzug *m*
wprzęg|ać (*-am*) ⟨**~nąć**⟩ (*-nę*) einspannen; **~nąć się** *fig* eingespannt sein
wprzód *lit* zuvor, zuerst
wpust *m* (*-u*; *-y*) Einlaß(öffnung *f*) *m*; *tech* Nut *f*; **~ ściekowy** Gully *m*/*n*
wpu|szczać ⟨**~ścić**⟩ (her)einlassen
wpychać (*-am*) hineinstopfen, hineinstecken; F in die Hand drücken, auf-

schwatzen; ~ **się** (**do** *G*) sich hineindrängen (in *A*)
wracać (*-am*) (**do** *G*) zurückkehren, zurückkommen (nach, *fig* auf *A*, zu); ~ ***z drogi*** umkehren; ~ ***do zdrowia*** sich erholen, gesund werden; → ***zwracać***
wrak *m* (*-a*/*-u*; *-i*) Wrack *n*
wrastać (*-am*) (hin)einwachsen
wraz (**z** *I*) zusammen; gleichzeitig (mit)
wrażenie *n* (*-a*) Eindruck *m*; ***odnieść*** ~ den Eindruck gewinnen
wrażliw|ość *f* (*-ści*; *0*) Empfindlichkeit, Sensibilität; **~y** sensibel, empfindlich; ***~y na zmiany pogody*** wetterfühlig
wre → ***wrzeć***
wreszcie *adv* schließlich, endlich
wręcz gerade(zu), einfach; ***walka*** ~ Nahkampf *m*; **~ać** (*-am*) ⟨**~yć**⟩ überreichen, aushändigen
wrodzony angeboren; *med t.* Erb-
wrog|i (**-go**) feindlich; feindselig; **~ość** *f* (*-ści*; *0*) Feindseligkeit; **~owie** → ***wróg***
wrona *f* (*-y*) Krähe
wrosnąć *pf* → ***wrastać***
wrota *pl* (*wrót*) Tor *n* (*t. fig* **do** *G* zu)
wrotka *f* (*-i*; *G -tek*) Rollschuh *m*
wróbel *m* (*-bla*; *-ble*) Sperling, F Spatz
wrócić *pf* (*-cę*) → ***wracać, zwracać***
wróg *m* (*wroga*; *wrogowie*, *-ów*) Feind
wró|ść* *pf* →***wrastać***; **~t** → ***wrota***
wróż|ba *f* (*-y*) Wahrsagung; Omen *n*; **~biarstwo** *n* (*-a*; *0*) Wahrsagerei *f*; **~bita** *m* (*-y*; *-ci*, *-ów*) Wahrsager; **~ka** *f* (*-i*; *G -żek*) Wahrsagerin; (*w baśni*) Fee; **~yć** ⟨**po-**⟩ (*-ę*) wahrsagen; (*przepowiadać*) voraussagen; ***~yć z kart*** Karten legen; ***~yć z ręki*** aus der Hand lesen
wryć *pf*: ~ **się** sich hineinbohren, versinken; ~ ***się w pamięć*** sich einprägen
wrzas|k *m* (*-u*; *-i*) Schrei, Geschrei *n*; **~kliwy** (**-wie**) laut; *głos t.*: gellend; **~nąć** *v/s* (*-nę*) → ***wrzeszczeć***
wrzawa *f* (*-y*) Krach *m*, Lärm *m*
wrzą|cy kochend(heiß); **~tek** *m* (*-tku*; *0*) kochend(heiß)es Wasser
wrzeciono *n* (*-a*; *G* -) Spindel *f*
wrze|ć* *v/i* kochen, sieden; *walka*: toben; ***praca wre*** es wird flott gearbeitet; **~nie** *n* (*-a*; *0*) *fig* Unruhe *f*
wrzesień *m* (*-śnia*; *-śnie*) September
wrzeszczeć (*-ę*, *-y*) schreien, F brüllen
wrześniowy September-
wrzodow|y: ***choroba ~a*** Magengeschwür *n*
wrzos *m* (*-u*; *-y*) Heidekraut *n*; **~owisko** *n* (*-a*) Heide(land *n*) *f*
wrzód *m* (*-odu*; *-ody*) Abszeß
wrzu|cać ⟨**~cić**⟩ (hin)einwerfen (**do** *G* in *A*); **~t** *m sport* Einwurf
wrzynać się (*-am*) (sich) einschneiden
wsadz|ać ⟨**~ić**⟩ setzen (***do auta*** ins Auto); stecken (***do kieszeni*** in die Tasche); *okulary*, *kapelusz* aufsetzen; F (***za kraty***) einsperren, F einbuchten
wschodni östlich, Ost-; orientalisch
wschodzić *słońce*, *trawa*: aufgehen
wschód *m* (*-odu*; *-y*) (***słońca*** Sonnen-)Aufgang; (*pl 0*) Osten; ***ze wschodu*** von Osten; ***na*** ~ ***od*** (*G*) östlich (von)
wsi → ***wieś***
wsiadać (**do** *G*) einsteigen (in *A*); (**na** *A*) besteigen (*A*); ~ ***na statek*** sich einschiffen, an Bord gehen
wsiąkać (*-am*) einsickern, versickern
wsiąść* *pf* → ***wsiadać***
wsie *pl* → ***wieś***
wskakiwać (*-uję*) (hin)aufspringen; (**do** *G*) hineinspringen (in *A*)
wskaz|ać *pf* → ***wskazywać***; **~any** *adj* angezeigt, ratsam; ***pod ~anym adresem*** unter der angegebenen Adresse; **~ówka** *f* (*-i*; *G -wek*) (*zegara*) Zeiger *m*; (*lekarza itp.*) Anweisung; *pl t.* Verhaltungsmaßregeln *f*/*pl*; (*znak*) Hinweis *m*; → ***oznaka***; **~ujący** Zeige-; *gr* demonstrativ; **~ywać** (*-uję*) zeigen; (hin)weisen (**na** *A* auf *A*)
wskaźnik *m* (*-a*; *-i*) Anzeigegerät *n*; *chem* Indikator; (**cen** Preis-)Index; Kennziffer *f*; ~ ***benzyny*** Benzinuhr *f*
wskoczyć *pf* → ***wskakiwać***
wskórać *pf* (*-am*) ausrichten, erreichen
wskroś, na ~ durch (... hindurch)
wskrze|szać (*-am*) ⟨**~sić**⟩ (*-szę*) (vom Tode) auferwecken; *fig* wiederbeleben
wskutek *praep* (*G*) infolge (*G*, von)
wsławi|ać się (*-am*) ⟨**~ć się**⟩ berühmt werden (*I* durch; ***jako*** als)
wsłuch|iwać się (*-uję*) ⟨**~ać się**⟩ horchen; (**w** *A*) (andächtig) lauschen (*D*)
wspaniał|omyślny großmütig; **~y** (**-le**) prächtig, glanzvoll; herrlich
wsparcie *n* (*-a*) Unterstützung *f*
wspiąć* się *pf* → ***wspinać się***
wspierać (*-am*) stützen; *fig* unterstützen
wspina|czka *f* (*-i*; *G -czek*) Bergsteigen *n*, F Kletterei; **~ć się** (*-am*) klettern
wspomagać unterstützen

wspom|inać (*-am*) ⟨**~nieć**⟩ (*-nę, -nij!*) (*A*) sich (zurück)erinnern (an *A*); (**o** *L*) erwähnen (*A*); **~nienie** *n* (*-a*) Erinnerung *f*; ***~nienie pośmiertne*** Nachruf *m*; ***na samo ~nienie*** (schon) bei der Erwähnung; **~óc*** *pf* → ***wspomagać***
wspóln|iczka *f* (*-i; G -czek*), **~ik** *m* (*-a; -cy*) Teilhaber(in); (*w zbrodni*) Komplize (-zin); **~ota** *f* (*-y*) Gemeinschaft; **~y** gemeinsam; gemeinschaftlich; ***~ymi siłami*** mit vereinten Kräften; ***~a mogiła*** Massengrab *n*; ***nie mieć nic ~ego*** (**z** *I*) nichts gemein/zu tun haben (mit)
współczes|ność *f* (*-ści; 0*) Gegenwart; (*jednoczesność*) Gleichzeitigkeit; **~ny** zeitgenössisch; modern; ***historia ~na*** Zeitgeschichte
współczu|cie *n* Mitgefühl, Anteilnahme *f*; ***złożyć wyrazy ~cia*** sein Beileid bekunden; **~ć** (*D*) mitfühlen (mit); bedauern (*A*); **~jąco** *adv* mitfühlend
współ|czynnik *m* Koeffizient; **~decydować** mitbestimmen; **~działać** zusammenarbeiten; (***przy*** *L*) mitwirken (bei); **~istnienie** *n* Koexistenz *f*; **~małżonek** *m* Ehegatte; **~mierny** (***do*** *G*) angemessen (*D*); **~mieszkaniec** *m* (**-nka** *f*) Mitbewohner(in); **~obywatel**(**ka** *f*) *m* Mitbürger(in); **~oskarżony** *m* (**-na** *f*) Mitangeklagte(r)
współprac|a *f* Zusammenarbeit; Mitarbeit; **~ować** zusammenarbeiten (***przy***, ***w*** *L* an *D*); **~owniczka** *f*, **~ownik** *m* Mitarbeiter(in)
współ|rządzić mitregieren; mitleiten; **~rzędna** *f* (*-ej; -e*) *mat* Koordinate
współspraw|ca *m*, **~czyni** *f* Mittäter(in)
współuczestni|ctwo *n* Beteiligung *f*; Teilnahme *f*; **~czyć** teilnehmen (**w** *L* an *D*), F mitmachen (bei); **~czka** *f*, **~k** *m* Teilnehmer(in)
współ|udział *m* Beteiligung *f*; Teilhaberschaft *f*; Mitwirkung *f*; **~więzień** *m*, **~więźniarka** *f* Mithäftling; **~właściciel**(**ka** *f*) *m* Miteigentümer(in); **~wyznawca** *m* Glaubensbruder
współzawodni|ctwo *n* (*-a; 0*) Wettbewerb *m*, Wettstreit *m*; **~czka** *f* Wettbewerbsteilnehmerin; **~czyć** im Wettbewerb stehen, wetteifern (**z** *I* mit); **~k** *m* Wettbewerbsteilnehmer
współży|cie *n* Zusammenleben; **~ć** zusammenleben; in Symbiose leben
wsta|wać ⟨***wstać****⟩ (*stać*[2]) aufstehen; **~wi(a)ć** hineinstellen, hereinstellen; *szybę, ząb* einsetzen; ***~wi(a)ć się*** (**za** *I*) sich einsetzen (für); F sich besaufen; **~wiennictwo** *n* (*-a; 0*) Fürsprache *f*; **~wka** *f* (*-i; G -wek*) Einsatz *m*; *teatr* Einlage
wstąpić *pf* (*-ę*) → ***wstępować***
wstąpienie *n* (*-a*) Beitritt *m*, Eintritt *m*; ***~na tron*** Thronbesteigung *f*
wstążka *f* (*-i; G -żek*) Band *n*, Schleife
wstecz *adv* zurück, rückwärts, rück-; **~nictwo** *n* (*-a; 0*) Rückständigkeit *f*; **~ny** *jur* rückwirkend; *fig* rückschrittlich; ***bieg ~ny*** Rückwärtsgang; ***lusterko ~ne*** Rückspiegel *m*
wstęga *f* (*-i; G -*) Band *n*
wstęp *m* (*-u; -y*) Eintritt, Zutritt; (*początek, przedmowa*) Einleitung *f*; ***na ~ie*** eingangs, am/zu Anfang; **~nie** *adv* zunächst; **~ny** einleitend, vorbereitend; *wynik*: vorläufig; ***słowo ~ne*** Vorwort; → ***egzamin***; **~ować** (*-uję*) (**do** *G*) eintreten (in *A*); beitreten (*D*); (*zajść*) vorbeikommen (bei); (**na** *A*) betreten (*A*); (*na tron*) besteigen (*A*)
wstręt *m* (*-u; -y*) Abscheu, Ekel; **~ny** abscheulich, ek(e)lig
wstrząs *m* (*-u; -y*) Erschütterung *f*; *med, fig t.* Schock; **~ać** (*-am*) (*I*) schütteln (*A*); (*t. fig*) erschüttern (*A*); ***~ać się*** sich schütteln (**z** *G* vor); erschüttern *v/i*; **~ający** (**-co**) erschütternd; **~nąć** *pf* → ***wstrząsać***; **~owy** *med* Schock-
wstrzemięźliwy (**-wie**) zurückhaltend; *życie*: enthaltsam
wstrzy|kiwać (*-uję*) ⟨**~knąć**⟩ injizieren, (ein)spritzen; **~mywać** (*-uję*) ⟨**~mać**⟩ *v/t* anhalten; *fig* zurückhalten; zurückstellen; ***~mać się*** unterdrücken (***od łez*** die Tränen); sich enthalten (***od głosu*** der Stimme); hinausschieben (***z robotą*** die Arbeit)
wstyd *m* (*-u; 0*) Scham *f*; Schande *f*; ***~ mi*** (*G*) ich schäme mich (für); ***ze ~u*** vor Scham; **~liwy** (**-wie**) schamhaft, verschämt; →***nieśmiały***, ***żenujący***
wstydzić ⟨**za-**⟩ (*-dzę*) beschämen; ***~ się*** sich schämen
wsu|wać ⟨**~nąć**⟩ einschieben, (ein)stekken; ***~nąć się*** (***do*** *G*, ***pod*** *A*) hineinschlüpfen (in, unter *A*); **~wka** *f* (*-i; G -wek*) (*do włosów*) Haarklemme
wsyp|ywać (*-uję*) ⟨**~ać**⟩ (hin)einschütten; ***~ać się*** *fig* F auffliegen, hochgehen

wysysać (*-am*) einsaugen
wszakże *lit* (je)doch
wszcząć *pf* (*-nę*, *wszczął*) → **wszczynać**
wszczepl|ać (*-am*) ⟨*~ć*⟩ *med* einpflanzen; *fig* einimpfen
wszczynać (*-am*) beginnen; *śledztwo* einleiten; *kłótnię* anzetteln
wszech|mocny allmächtig; **~obecny** allgegenwärtig; **~stronny** allseitig, vielseitig; **~świat** *m* (*0*) Weltall *n*, Universum *n*; **~światowy** weltumspannend; global, Welt-; **~władny** omnipotent
wszelk|i all(e), jede(r), jegliche(r); ***za ~ą cenę*** um jeden Preis; ***na ~i wypadek*** für alle Fälle
wszerz *adv* quer; → **wzdłuż**
wszędzie *adv* überall
wszy *pl* → **wesz**; **~ć** *pf* → **wszywać**
wszys|cy *m-os* alle; **~tek** (**~tka**, **~tko**, *pl* **~tkie**) all, ganz; ***~tko jedno*** ganz gleich; ***nade ~tko*** über alles
wszywać (*-am*) einnähen
wścibski neugierig, zudringlich
wściec* się *pf* an Tollwut erkranken; F *fig* → **wściekać się**
wściek|ać się (*-am*) *fig* F toben, wüten(d werden, anschreien *itp.*); **~le** *adv fig* → **wściekły**; **~lizna** *f* (*-y*; *0*) Tollwut; **~łość** *f* (*-ści*; *0*) Wut, F Rage; **~ły** tollwütig; *fig* wütend, rasend; F (*bardzo intensywny*) wahnsinnig
wśliz|giwać się (*-uję*) ⟨**~(g)nąć się**⟩ (*-nę*) hineinschlüpfen
wśród *praep* (*G*) inmitten (*G*)
wtaczać *v/t* hineinrollen; hinaufrollen; **~ się** (hinein)rollen *v/i* (**do** *G* in *A*)
wtajemnicz|ać (*-am*) ⟨**~yć**⟩ (*-ę*) einweihen (**w** *A* in *A*); **~ony** eingeweiht
wtargnąć *pf* eindringen (**do** *G* in *A*)
wte|dy *adv* dann; (*wówczas*) damals; **~m** *adv* plötzlich; **~nczas** → **wtedy**
wtłaczać (*-am*) ⟨**wtłoczyć**⟩ hineinstopfen; **~ się** sich hineindrängen
wtoczyć *pf* → **wtaczać**
wtorek *m* (*-rku*; *-rki*) Dienstag
wtór|nik *m* (*-a*; *-i*) Duplikat *n*, Doppel *n*; **~ny** sekundär; **~ować** (*-uję*) *muz*, *fig* (*D*) begleiten (*A*); **~y**: ***po ~e*** zweitens
wtrąc|ać ⟨**~ić**⟩ *v/t uwagę* einwerfen; ***~ić do więzienia*** ins Gefängnis werfen; *v/i* bemerken, sagen; ***~ać się*** sich einmischen (**w** *A*, **do** *G* in *A*)
wtrys|kiwać (*-uję*) ⟨**~nąć**⟩ einspritzen
wtyczk|a *f el* Stecker *m*; F *fig* Spitzel *m*; **~owy** *el*: ***gniazd(k)o ~owe*** Steckdose *f*
wtykać (hin)einstecken
wuj *m* (*-a*; *-owie*, *-ów*), **~ek** *m* (*-jka*; *-jkowie*) Onkel; **~enka** *f* (*-i*; *G -nek*) Tante
wulgarny vulgär
wulkan *m* (*-u*; *-y*) Vulkan; **~iczny** vulkanisch; **~izować** (*-uję*) vulkanisieren
wwozić ⟨**wwieźć***⟩ *v/t* einfahren; einführen, importieren (**do** *G* in *A*)
wy *pron* (*GAL was*, *D wam*, *I wami*) ihr
wybacz|ać (*-am*) verzeihen; **~alny** verzeihlich, entschuldbar; **~enie** *n* (*-a*) Verzeihung *f*; ***nie do ~enia*** unverzeihlich; **~yć** *pf* → **wybaczać**
wybaw|ca *m* (*-y*; *G -ów*), **~czyni** *f* (*-i*; *-e*) Retter(in), Erlöser(in); **~iać** (*-am*) ⟨**~ić**⟩ retten, erlösen (**z** *G* aus)
wybić *pf* →**wybijać**; (*wygubić*) ausrotten; (*zbić*) verprügeln; ***~ sobie z głowy*** sich aus dem Kopf schlagen; ***~ się ze snu*** keinen Schlaf (mehr) finden
wybie|g *m* Auslauf; *fig* Ausflucht *f*; **~gać** ⟨**~c**, **~gnąć**⟩ herauslaufen, hinauslaufen, herausrennen, hinausrennen (**z** *G* aus); **~lać** (*-am*) ⟨**~lić**⟩ weiß machen; *fig* weißwaschen; → **bielić**
wybierać (*-am*) (*wyjmować*) herausnehmen; (*dokonywać wyboru*) (aus)wählen; **~ się** (**do** *G*) beabsichtigen nach ... zu fahren/gehen; ***~ się do teatru*** ins Theater gehen wollen; ***~ się w podróż*** (sich) für e-e Reise rüsten
wybi|jać (*-am*) *dno* herausschlagen; *ząb*, *oko* ausschlagen; *szybę* einschlagen; *dziurę* reißen, machen; *medal* prägen; *ściany* auskleiden; *takt*, *godzinę* schlagen; ***~jać się*** Karierre machen; sich hervortun (**w** *L* in *D*); → **wybić**; **~tnie** *adv* ausgesprochen, ungewöhnlich; **~tny** bedeutend; prominent
wyblakły ausgebleicht, verschossen
wyboisty holp(e)rig, uneben
wybor|ca *m* (*-y*; *G -ów*), **~czyni** *f* (*-e*) Wähler(in); **~czy** *pol* Wahl-; **~ny** vorzüglich; → **wyśmienity**; **~owy** ausgesucht, erlesen; Elite-; ***strzelec ~owy*** Scharfschütze; **~y** *pl* → **wybór**
wybój *m* (*G -oi*/*-ojów*) Schlagloch *n*
wybór *m* (*-oru*; *-ory*) Wahl *f* (*t.* **na** *A* zu); (*zestaw*) Auswahl *f*; *pol* **wybory** *pl* (***do parlamentu*** Parlaments-)Wahl(en *pl*) *f*; ***do wyboru*** zur Auswahl
wybra|ć* *pf* → **wybierać**; **~kow(yw)ać** (*-[wu]ję*) (als Ausschuß) aussortieren;

W

~kowany towar Ausschuß(ware *f*) *m*; **~ny** (aus)erwählt; gewählt
wybredny wählerisch, F mäkelig
wybrnąć *pf* (**z** *G*) sich herausarbeiten (aus); *fig* (heil) herauskommen (aus); **~ z długów** s-e Schulden los sein
wybro- *pf*, **wybru-** *pf* → **bro-**, **bru-**
wybryk *m* (*-u*; *-i*) (**młodości** Jugend-)Streich; **~ natury** Laune *f* der Natur
wybrzerz|e *n* (*-a*) Küste *f*; **na ~e** an die Küste; **na ~u** an der Küste
wy|brzydzać F (*-am*) (**na** *A*) nörgeln, meckern (über *A*); **~bu-** *pf* → **bu-**
wybuch *m* (*-u*; *-y*) Explosion *f*; *fig* (**wojny**, **gniewu** Kriegs-, Zorn-)Ausbruch; **~ać** ⟨**~nąć**⟩ explodieren; *wojna*, *epidemia*, *pożar*, *wulkan*: ausbrechen (*t. fig* **śmiechem**, **płaczem** in Lachen, Tränen); **~owy** explosiv, Spreng-; *fig* (*t.* **-wo**) jähzornig, aufbrausend
wybujały → **bujny**; *os.* hochgewachsen
wyca-, **wyce-** *pf* → **ca-**, **ce-**
wycena *f* Bewertung
wychł|adzać (*-am*) ⟨**~odzić**⟩ (ab)kühlen; → **ochładzać**, **oziębiać**
wychodn|e *n* (*-ego*; *0*) freier Tag, Ausgang *m*; F **na ~ym** beim Hinausgehen
wychodzić (**z** *G*, **na** *A*) (hin)ausgehen (aus *D*, auf *A*); herauskommen; *fig t.* hervorgehen; **~ na pierwsze miejsce** sich an die Spitze setzen; **~ na wolność** freigelassen werden; **~ z mody** aus der Mode kommen; **~ w morze** in See stechen; F **nie ~ z głowy** nicht aus dem Kopf gehen; **~ dobrze na** (*L*) gut abschneiden (bei); **~ na swoje** auf s-e Kosten kommen; → **iść**, **wyjść**
wychodź|ca *m* (*-y*; *G -ów*) Auswanderer; **~stwo** *n* (*-a*; *0*) Auswanderung *f*
wychowa|ć *pf* → **wychowywać**; **~nek** *m* (*-nka*; *-nkowie*) Zögling *m*; Pflegekind *n*; **~nie** *n* (*-a*) Erziehung *f*; **wziąć na ~nie** in Pflege nehmen; **~nka** *f* (*-i*; *G -nek*) → **wychowanek**; **~wca** *m* (*-y*; *G -ów*), **~wczyni** *f* (*-i*; *-e*) Erzieher(in); (*w szkole*) Klassenlehrer(in); **~wczy** Erziehungs-; (**-czo**) erzieherisch
wychowywać (*-wuję*) aufziehen, großziehen; (*kształcić*) erziehen; **~ się** aufwachsen (**u** *G* bei); erzogen werden
wychudły abgemagert, ausgemergelt
wychwalać (*-am*) (an)preisen, loben
wychyl|ać (*-am*) ⟨**~ić**⟩ *głowę* hinausstrecken, herausstrecken (**z okna** zum Fenster); *kieliszek* austrinken, leeren; **~ać się** *wskazówka*: ausschlagen *v/i*; F hervorgucken (**zza** *G* hinter, aus *D*); **~ić się do przodu** sich vorbeugen
wyciąć* *pf* → **wycinać**
wyciąg *m* Extrakt; *tech* Aufzug, Lift
wyciąg|ać (*-am*) ⟨**~nąć**⟩ (her)ausziehen; *gumę itp.* (aus)dehnen; *ręce*, *nogi* (aus)strecken; *fig wnioski*, *pierwiastek* ziehen; **~nąć się** sich (aus)strecken
wycie *n* (*-a*) Heulen, Geheul
wyciec* *pf* → **wyciekać**
wycieczk|a *f* (*-i*; *G -czek*) Ausflug *m*, Tour; (*piesza t.*) Wanderung; (*podróż*) Reise; (*grupa*) Reisegesellschaft; **~owy** Ausflugs-, Wander-
wyciekać (*-am*) ausfließen, auslaufen
wycieńcz|ać (*-am*) ⟨**~yć**⟩ (*-ę*) entkräften, auszehren; **~ony** abgezehrt
wyciera|czka *f* (*-i*; *G -czek*) Fußabtreter *m*; *mot* Scheibenwischer *m*; **~ć** (*-am*) abwischen; (*osuszyć*) abtrocknen; *nos* putzen; *buty* abtreten; **~ć gumką** ausradieren; **~ć się** sich abtrocknen; sich abreiben
wycięcie *n* Ausschnitt *m* (*t. dekolt*)
wycin|ać (*-am*) (her)ausschneiden; *drzewa* fällen; F (*grać*) schmettern; (*tańczyć*) hinlegen; **~anka** *f* (*-i*; *G -nek*) Scherenschnitt *m*; **~ek** *m* (*-nka*; *-nki*) Ausschnitt; *med* Gewebeprobe *f*
wycis|kać ⟨**~nąć**⟩ auspressen, ausdrücken, ausquetschen; *pieczęć* aufdrücken
wycisz|ać (*-am*) ⟨**~yć**⟩ (*-ę*) *radio* leiser stellen; *kroki* dämpfen
wycof|ywać (*-uję*) ⟨**~ać**⟩ zurückziehen (**się** sich; **z** *G* aus); → **cofać**
wyczek|ać *pf* (*G*, *A*) abwarten (*A*); **~iwać** (*-uję*) (*G*, **na** *A*) warten (auf *A*)
wyczerp|ać *pf* → **wyczerpywać**; **~any** erschöpft; *nakład*: vergriffen; **~ujący** (**-co**) erschöpfend (*t. praca*), umfassend; **~ywać** (*-uję*) ausschöpfen; *zapasy*, *os.* erschöpfen (**się** sich)
wyczu|cie *n* (*G*) Gefühl, Sinn *m* (für); **~(wa)ć** (ver)spüren; **~walny** spürbar
wyczyn *m* (Höchst-)Leistung *f*; **~owy** *sport* Leistungs-
wyć (*-ję*) heulen
wyćwiczony geübt, gut ausgebildet
wyda|ć *pf* → **wydawać**; **~jność** *f* (*-i*; *0*) Leistung, Produktivität; *agr* Ertragsfähigkeit; **~jny** ergiebig; leistungsfähig; **~lać** (*-am*) ⟨**~lić**⟩ (*-lę*) (*z kraju*) auswei-

sen; (*z pracy*) entlassen; (*ze szkoły*) verweisen; *biol* ausscheiden; **~lenie** *n* (*-a*) Ausweisung *f*; Entlassung *f*; Verweis *m*; **~nie** *n* Ausgabe *f*; *drk* Auflage *f*; *jur* Auslieferung *f*; (*zdrada*) Verrat *m*
wydarz|enie *n* (*-a*) Ereignis; **~yć się** (*t-ko 3 os.*) passieren, sich ereignen
wydat|ek *m* Ausgabe *f*; **~kować** (*im*)*pf* (*-uję*) *sumę* ausgeben; **~ny** vorstehend; *fig* beträchtlich, erheblich
wydaw|ać *sumę*, *rzeczy* ausgeben; *kwit* ausstellen; *książkę* herausgeben; *dekret* erlassen; *zapach* ausströmen; *przyjęcie*, *rozkaz* geben; *zbiega* ausliefern; *sekret* verraten; *córkę* verheiraten (**za** *A* mit); **~ać się** scheinen, den Anschein erwecken; an den Tag kommen; sich verraten; **~ca** *m* (*-y*; *G -ów*), **~czyni** *f* (*-i*; *-e*) Herausgeber(in); **~nictwo** *n* (*-a*) Verlag *m*; Publikation *f*, Verlagserzeugnis
wy|dąć *pf* → **wydymać**; **~dech** *m* (*-u*; *-y*) Ausatmung *f*; *tech* Auspuff; **~dechowy: *rura* ~dechowa** Auspuffrohr *n*
wydekoltowany (tief) dekolletiert
wydept|ywać (*-uję*) ⟨**~ać**⟩ *trawnik* zertreten; *buty*, *ścieżkę* austreten
wydęty *usta*: aufgeworfen
wydłub|ywać (*-uję*) ⟨**~ać**⟩ ausklauben
wydłuż|ać (*-am*) ⟨**~yć**⟩ längen, strekken; *okres* verlängern; **~ony** länglich
wydma *f* (*-y*) Düne
wydmuch|iwać (*-uję*) ⟨**~ać**⟩ ausblasen
wydoby|wać ⟨**~ć***⟩ hervorholen, herausholen; *gór* fördern, gewinnen; **~(wa)ć się** hervordringen; *dym*: entweichen; → **wydostawać** (**się**); **~wczy** *gór* Förder-
wydolny leistungsfähig, effizient
wydoskonalać (*-am*) → **doskonalić**
wydosta(wa)ć herausnehmen, herausziehen; (*uzyskać*) bekommen, beschaffen; **~ się** herauskommen, F herauskönnen
wydra *f* (*-y*; *G -der*/*-*) Fischotter *m*
wydrap|ywać (*-uję*) ⟨**~ać**⟩ auskratzen
wydrążony ausgehöhlt, hohl
wydruk *m EDV* Ausdruck
wydrwigrosz F *m* Bauernfänger
wy|drzeć* *pf* → **wydzierać**; **~dusić** *pf fig* herauspressen; **~dychać** (*-am*) ausatmen; **~dymać** (*-am*) (auf)blähen; *usta* verziehen; **~dział** *m* Abteilung *f*; Dezernat *n*; Fakultät *f*
wydziedzicz|ać (*-am*) ⟨**~yć**⟩ enterben
wydziel|ać (*-am*) *biol* ausscheiden, absondern; (*emitować*) ausstrahlen; *chem t.* freisetzen; *zapach t.* =**~ać się** ausströmen; *biol* sich bilden, (*t. chem*) ausgeschieden werden; ⟨*t.* **~ić**⟩ zuteilen, zuweisen; bestimmen (**na**, **pod** *A* für, zu); **~ina** *f* (*-y*) Ausscheidung, Sekret *n*; **~ony: *miasto* ~one** kreisfreie Stadt *f*
wydzierać (*-am*) (her)ausreißen; *fig* entreißen; F **~ się** brüllen; → **wyrywać**
wydzierżawi|ać (*-am*) ⟨**~ć**⟩ verpachten; (*wziąć w dzierżawę*) pachten
wydźwięk *m* Aussage *f*, Moral *f*
wy|egz-, **~eks-**, **~el-**, **~em-**, **~fro-** *pf* → **egz-**, **eks-**, **el-**, **em-**, **fro-**
wyga|dać F *pf* ausplappern; **~dany** F nicht auf den Mund gefallen; **~dywać** F (*-uję*) quatschen; herziehen (**na** *A* über *A*); **~lać** (*-am*) ausrasieren; **~niać** → **wypędzać**; **~rniać** (*-am*) ⟨**~rnąć**⟩ *popiół* ausräumen; F *fig* deutlich sagen; **~sać** (*-am*) ⟨**~snąć**⟩ erlöschen (*t. fig*)
wy|giąć *pf* → **wyginać**; **~gięcie** *n* (*-a*) Krümmung *f*; Wölbung *f*; **~ginać** (*-am*) biegen; **~ginąć** *pf* aussterben
wygląd *m* (*-u*; *0*) Aussehen *n*, Äußere(s); **~ać** (*-am*) hinaussehen, hinausschauen (**oknem** zum Fenster); F hervorgucken (**spod**, **zza** *G* unter, hinter *D*); aussehen (**młodo** jung, **na artystę** wie ein Künstler); (*G*) (sehnsüchtig) warten (auf *A*), Ausschau halten (nach)
wygładz|ać (*-am*) ⟨**~ić**⟩ glätten
wygłodzony ausgehungert
wygł|aszać (*-am*) ⟨**~osić**⟩ *mowę* halten
wygłupia|ć się F (*-am*) herumalbern; **nie ~j się!** laß den Quatsch!
wygna|ć *pf* → **wypędzać**; **~nie** *n* (*-a*) Verbannung *f*; **na ~niu** *t.* im Exil; **~niec** *m* (*-ńca*; *-ńcy*) Verbannte(r)
wygni|atać (*-am*) ⟨**~eść***⟩ ausdrücken, auspressen; *ślady* eindrücken; → **miąć**
wygod|a *f* (*-y*; *G -ód*) Bequemlichkeit; **z ~ami** mit allem Komfort; **~ny** bequem; komfortabel; → **dogodny**
wygo|lić *pf* → **wygalać**; **~nić** *pf* → **wypędzać**; **~spodarować** *pf* erwirtschaften; **~tow(yw)ać** (-[*w*]*uję*) auskochen
wygórowany übertrieben, überhöht
wygra|ć *pf* → **wygrywać**; **~na** *f* (*-ej*; *-e*) Gewinn *m*; *sport* Sieg *m*; **dać za ~ną** aufgeben *v/i*; **~ny** gewonnen
wygry|wać (*-am*) (*A*, **w**, **na** *L*) gewinnen (*A*, bei, in *D*); (*jur* ob)siegen; **~zać**

(*-am*) ⟨**~źć***⟩ *dziurę* durchfressen
wygrzeb|ywać (*-uję*) ⟨**~ać**⟩ ausgraben, F ausbuddeln; F *fig* hervorkramen
wygrzewać się (*-am*) sich wärmen
wygwizd|ywać (*-uję*) ⟨**~ać**⟩ *melodię* pfeifen; *zw. pf aktora, sztukę* auspfeifen
wy|ha-, **~ho-** *pf* → ***ha-***, ***ho-***; **~imaginowany** eingebildet, unwirklich
wyja|dać aufessen, wegessen, auffressen; **~ławiać** (*-am*) ⟨**~łowić**⟩ (*-ę*) erschöpfen; *med* sterilisieren; **~śniać** (*-am*) ⟨**~śnić**⟩ (*-ę, -nij!*) erklären (**się** sich); (*uzasadnić*) klarmachen; **~śnić się** *niebo*: sich aufheitern; **~śnienie** *n* Erklärung *f*; **~wiać** (*-am*) ⟨**~wić**⟩ enthüllen, offenbaren
wyjazd *m* (*-u*; *-y*) Ausfahrt *f*; Abreise *f*; Ausreise *f*; (*podróż*) Reise *f*, Fahrt *f*
wyjąć *pf* (*-jmę*) → ***wyjmować***
wyjąt|ek *m* (*-tku*; *-tki*) Ausnahme *f*; ***bez ~ku/z ~kiem*** ohne/mit Ausnahme; ***w drodze ~ku*** → **~kowo** *adv* ausnahmsweise; besonders; **~kowy** ausgesprochen, besonder
wyje|chać* *pf* → ***wyjeżdżać***; **~dnać** *pf* erwirken; **~ść*** *pf* → ***wyjadać***
wyjezdn|e: ***na ~ym*** bei / vor der Abfahrt
wyjeżdżać (*-am*) (hin)ausfahren; fahren (**z** *G* von, aus; ***po zakupy*** Einkäufe machen), (ab)reisen (***na urlop*** in die Ferien, ***do*** *G* zu, nach), ausreisen (***za granicę*** ins Ausland); → ***odjeżdżać***
wyj|mować (*-uję*) herausnehmen, herausziehen; **~rzeć** *pf* (*-ę, -y*) → ***wyglądać***
wyjś|cie *n* (*-a*) Abgang *m*, Weggang *m*; (*drzwi itp.*) Ausgang *m*; *fig* Ausweg *m*; ***~cie za mąż*** Heirat *f*; **~ciowy** Ausgangs-; **~ć*** *pf* (*-jść*) → ***wychodzić***; F ***nie wyszło*** es hat nicht geklappt
wy|kałaczka *f* (*-i*; *G -czek*) Zahnstocher *m*; **~kantować** P *pf* reinlegen; **~kańczać** (*-am*) abschließen, fertig machen
wykapan|y F: ***~y ojciec*** ganz der Vater
wykarmi|ać (*-am*) ⟨**~ć**⟩ aufziehen
wykaz *m* (*-u*; *-y*) Aufstellung *f*, Liste *f*; **~ywać** (*-uję*) ⟨**~ać**⟩ aufweisen, zeigen; (*stwierdzić*) nachweisen
wykidajło F *m* (*-y*; *-ów*) Rausschmeißer
wy|kipieć *pf* überkochen *v/i*; **~kiwać** F *pf* reinlegen; **~kląć** *pf* → ***wyklinać***; **~klejać** (*-am*) ⟨**~kleić**⟩ bekleben; **~klinać** (*-am*) *dziecko* verstoßen
wyklucz|ać (*-am*) ⟨**~yć**⟩ (*-ę*) ausschließen (**się** einander); **~ony** ausgeschlossen
wykład *m* (*-u*; *-y*) Vorlesung *f*; **~ać¹** (*-am*) *v/t* unterrichten (*A*); Vorlesungen halten (über *A*); **~ać²** (*-am*) auslegen; *myśl* darlegen; **~any**: ***kołnierz ~any*** Umlegekragen; **~nik** *m* (*-a*; *-i*) *mat* Exponent; **~owca** *m* (*-y*, *-ów*) Dozent(in); **~owy** Vorlesungs-
wykładzina *f* (*-y*) Belag *m*, Auslegeware; ***~ dywanowa*** Teppichboden *m*
wykłu|wać (*-am*) ⟨**~ć**⟩ ausstechen
wykole|jać się (*-am*) ⟨**~ić się**⟩ (*-ję*) *pociąg*: entgleisen; *fig* auf die schiefe Bahn geraten *v/i*; **~jeniec** *m* verkommenes Subjekt, Asoziale(r)
wykomb- *pf* → ***komb-***
wykona|ć *pf* → ***wykonywać***; **~lny** ausführbar, durchführbar; *jur* vollstreckbar; **~nie** *n* (*-a*) Verrichtung *f*; Ausführung *f*, Durchführung *f*; Erfüllung *f*; Anfertigung *f*; Vollstreckung *f*; *teatr* Darstellung *f*; *por* ***wykonywać***; **~wca** *m* (*-y*; *G -ów*), **~wczyni** *f* (*-i*; *-e*) Ausführende(r); Anfertiger(in); *jur* Vollstrekker(in); **~wczy** ausführend, Durchführungs-; Exekutiv-
wykonywać (*-uję*) *pracę* verrichten, tun; *rzecz* anfertigen; *zamiar*, *zadanie* ausführen, durchführen; *plan t.* erfüllen; *rolę* spielen; *wyrok* vollstrecken
wykończyć *pf* → ***wykańczać***, ***kończyć***
wykop *m* (*-u*; *-y*) (Bau-)Grube *f*; Graben; **~ywać** (*-uję*) ⟨**~ać**⟩ *dół itp.* graben, ausheben; *rzecz* ausgraben
wykorzyst|ywać (*-uję*) ⟨**~ać**⟩ nutzen; (*użytkować*) verwerten; → ***wyzyskiwać***
wykpi|wać (*-am*) ⟨**~ć**⟩ *v/t* spotten, sich mokieren (über *A*)
wykra|czać (*-am*) (**poza** *A*) hinausgehen (über *A*); (**przeciw** *D*) verstoßen (gegen), übertreten (*A*); **~dać** (*-am*) stehlen; ***~dać się*** sich wegstehlen; **~jać** ausschneiden; **~ść*** *pf* → ***wykradać***; **~wać** (*-am*) → ***wykrajać***
wykre|s *m* Schaubild *n*; Kurve *f*, Diagramm *n*; **~ślać** (*-am*) ⟨**~ślić**⟩ ausstreichen; **~ślny** graphisch; darstellend
wykrę|cać (*-am*) ⟨**~cić**⟩ *żarówkę* ausschrauben; *bieliznę* auswringen; *szyję itp.* verdrehen; F *numer* wählen; ***~cać się*** sich (um)drehen; *fig* sich drücken (**od** *G* vor); **~t** *m* (*-u*; *-y*) Ausrede *f*, Ausflucht *f*; **~tny** ausweichend
wykro|czenie *n* (*-a*) Vergehen; Ord-

W

nungswidrigkeit *f*; **~czyć** *pf* → ***wykraczać***; **~ić** *pf* → ***wykrajać***
wykrusz|ać się (*-am*) ⟨**~yć się**⟩ bröckeln *v/i*; *nasiona*: herausfallen
wykrwawić się *pf* ausbluten, verbluten
wykry|cie *n* (*-a*) Aufdeckung *f*; Entdekkung *f*, Nachweis *m*; **~ć** *pf* → ***wykrywać***; **~wacz** *m* (*-a*; *-e*) Suchgerät *n*; **~wacz kłamstw** Lügendetektor; **~wać** (*-am*) *zbrodnię* aufdecken; (*odkryć*) entdecken, nachweisen
wykrzyk|iwać (*-uję*) schreien, F brüllen; **~nąć** *v/s* laut (aus)rufen; **~nik** *m* (*-a*; *-i*) Ausrufungszeichen *n*; *gr* Interjektion *f*
wykrzywi|ać (*-am*) ⟨**~ć**⟩ krümmen, (ver)biegen; *usta* verziehen; ***z ~oną twarzą*** mit verzerrtem Gesicht
wykształceni|e *n* Bildung *f*; (***zawodowe*** Fach-)Ausbildung *f*; ***wyższe ~e*** Hochschulabschluß *m*; ***... z ~a*** ... mit abgeschlossenem Studium, F studiert
wykształcony gebildet
wyku|ć *pf* → ***wykuwać***; **~pywać** (*-uję*) ⟨**~pić**⟩ (alles) aufkaufen; *zastaw*, *jeńca* zurückkaufen, loskaufen, auslösen; **~rzać** (*-am*) ⟨**~rzyć**⟩ ausräuchern
wykusz *m* (*-a*/*-u*; *-e*) Erker
wykuwać (*-am*) schmieden; *otwór*, *posąg* ausmeißeln, aushauen
wykwalifikowany ausgebildet, gelernt
wykwintny elegant, fein; luxuriös
wyla|ć *pf* → ***wylewać***; **~nie** *n* F *fig* Rausschmiß *m*; **~tywać** (*-uję*) (her-, hin)ausfliegen (*t.* F *z pracy itp.*); *t. lotn* abfliegen; *dym*: (heraus)quellen; → ***wyskakiwać***, ***wylecieć***, ***wypadać***
wylądować *pf* landen (*t. fig*)
wyle|cieć *pf* → ***wylatywać***; ***~cieć w powietrze*** in die Luft fliegen; **~czyć** *pf* gesund machen; (aus)kurieren; **~czyć się** gesund werden; (**z** *G*) auskurieren (*A*); **~giwać się** (*-uję*) faul herumliegen; **~w** *m* (*-u*; *-y*) (*rzeki*) Hochwasser *n*; *med* Bluterguß; (***krwi do mózgu*** Gehirn-)Blutung *f*; **~wać** (*-am*) *v/t* ausgießen; *v/i rzeka*: über die Ufer treten; ***~wać się*** sich ergießen, fließen; **~źć*** *pf* → ***wyłazić***
wylęga|ć się (*-am*) → ***lęgnąć się***; **~nie** *n* (*-a*;*0*): *med* ***okres ~nia*** Inkubationszeit *f*; **~rnia** *f* (*-i*; *-e*) Brutanstalt; *fig* Brutstätte
wylęk|ły, **~niony** verängstigt
wylicz|ać (*-am*) ⟨**~yć**⟩ aufzählen; (*obliczyć*) errechnen; *sport* auszählen; **~yć się** (**z** *G*) abrechnen (*A*)
wylosow(yw)ać (-[*w*]*uję*) auslosen
wylot *m* (*otwór*) Abfluß, Ausfluß; (*ulicy itp.*) Mündung *f*; (*odlot*) Abflug; ***na ~*** *adv* durch (und durch)
wyludniony entvölkert
wyład|ow(yw)ać (-[*w*]*uję*) abladen; ausladen, entladen; *fig złość* auslassen (***na*** *L* an *D*); **~ow(yw)ać się** *ludzie*: aussteigen; *el* sich entladen; **~unek** *m* Abladen *n*; Ausladen *n*, Entladen *n*
wyłam|ywać (*-uję*) ⟨**~ać**⟩ (her)ausbrechen (**się** *v/i*); *drzwi* einschlagen
wyłaniać (*-am*) *komisję* bilden, zusammenstellen; ***~ się*** auftauchen
wyłaz *m* (*-u*; *-y*) Ausstieg(luke *f*) *m*; **~ić** herauskriechen (**z** *G* aus)
wyłącz|ać (*-am*) abschalten, ausschalten (**się** sich); *silnik t.* abstellen; *fig* ausschließen (**się** einander, sich); **~enie** *n* (*-a*) Abschaltung *f*, Ausschaltung *f*; *fig* Ausschluß *m*; **~nie** *adv* nur, ausschließlich; **~nik** *m* (Aus-)Schalter; **~ny** ausschließlich; exklusiv, Allein-
wyłogi *m/pl* (*-ów*) Revers *n*, *m/pl*
wyło|m *m* Bresche *f*, Loch *n*; **~nić** *pf* (*-ę*) → ***wyłaniać***; **~żyć** *pf* → ***wykładać***
wyłudz|ać (*-am*) ⟨**~ić**⟩ ablisten, *pej* abgaunern (***od k-o*** *A* j-m *A*); entlocken
wyłusk|iwać (*-uję*) ⟨**~ać**⟩ → ***łuskać***
wyłuszcz|ać (*-am*) ⟨**~yć**⟩ → ***łuszczyć***; *fig* darlegen, auseinandersetzen
wyłysiały kahl(köpfig)
wymaga|ć (*-am*) (*G*) verlangen, fordern (*A*); (*potrzebować*) erfordern, bedürfen (*G*); **~jący** *adj szef*: streng, hart; **~nie** *n* (*-a*) Forderung *f*; *pl t.* Ansprüche *m/pl*; **~ny** erforderlich
wymar|cie *n* (*-a*; *0*): ***na ~ciu*** vom Aussterben bedroht; **~ły** ausgestorben
wymarsz *m* Abmarsch, Ausrücken *n*
wymarzony erträumt, Ideal-, Traum-
wymawiać aussprechen (**się** sich); *umowę* kündigen; ***~ sobie*** sich ausbedingen; → ***wykręcać się***, ***wytykać***
wymaz|ywać (*-uję*) ⟨**~ać**⟩ beschmieren; (*usunąć*) löschen, tilgen
wymeldow(yw)ać (-[*w*]*uję*) (polizeilich) abmelden (**się** sich)
wymian|a *f* (*-y*) Austausch *m*; Auswechseln *n*; (*pieniędzy*) Umtausch *m*; Wechsel *m*; → ***wymieniać***
wymiar *m* (*-u*; *-y*) Ausmaß *n*, Größe *f*,

Dimension *f*; *pl t.* Abmessungen *f/pl*; ~ ***kary*** Strafmaß *n*; ~ ***sprawiedliwości*** Rechtsprechung *f*; ~ ***podatku*** Steuerveranlagung *f*; Steuerbetrag
wy|miatać (*-am*) ausfegen; **~mieni(a)ć** austauschen, (*t. słowa itp.*) wechseln; umtauschen; *gracza, część* auswechseln; (*nazywać*) nennen, aufzählen; **~mienialny** *pieniądz*: konvertierbar; **~mieniony** genannt; **~mienny** auswechselbar, Austausch-; Tausch-
wymie|rać (*-am*) aussterben; **~rny** meßbar; *mat* rational; **~rzać** (*-am*) ⟨***~rzyć***⟩ ausmessen; *karę* (*D*) verhängen (über *A*); *podatek* bemessen, festsetzen; *zarzuty* richten (***przeciwko*** *D* gegen); → ***mierzyć***; **~ść*** *pf* → ***wymiatać***
wymię *n* (*-ienia*; *-iona*) Euter
wymi|jać ⟨***~nąć***⟩ überholen; (***się*** aneinander) vorbeifahren, vorbeigehen; → (***o***)***mijać***; **~jający** (**-co**) ausweichend
wymiot|ować ⟨**z-**⟩ (*-uję*) *med* (er)brechen; **~y** *pl* (*-ów*) Erbrechen *n*
wymknąć się *pf* → ***wymykać się***
wymogi *m/pl* (*-ów*) Anforderungen *f/pl*
wymontow(yw)ać (-[*w*]*uję*) ausbauen
wymow|a *f* Aussprache; *fig* Aussage; **~ny** redegewandt; *fig* vielsagend
wymóc* *pf* (**na** *L*) abtrotzen (*D*)
wymów|ić *pf* → ***wymawiać***; **~ienie** *n* (*-a*) → ***wymawianie***; (*zwolnienie*) Kündigung *f*; **~ka** *f* (*-i*; *G -wek*) Ausrede; (*wyrzut*) Vorwurf *m*
wymrzeć* *pf* → ***wymierać***
wymu|szać (*-am*) ⟨***~sić***⟩ (*-szę*) erzwingen; (***na*** *L*) erpressen (von); **~szenie** *n* (*-a*) Nötigung *f*; Erpressung *f*; **~szony** gezwungen, gekünstelt
wymykać się (*-am*) entschlüpfen, entgleiten (*t. fig*); (*uciec*) F entwischen
wymy|sł *m* (*-u*; *-y*) Erfindung *f*; *pl t.* Beschimpfungen *f/pl*; **~ślać** (*-am*) ⟨***~ślić***⟩ (*-lę*) erfinden, sich ausdenken; *t-ko impf* (*D*) beschimpfen (*A*); **~ślny** kunstvoll; raffiniert
wynagr|adzać ⟨***~odzić***⟩ belohnen; (*za pracę*) abgelten, vergüten; *stratę t.* ersetzen, (*t. krzywdę*) wiedergutmachen
wynagrodzeni|e *n* (*-a*) Belohnung *f*; (*płaca*) Lohn *m*, Gehalt, Bezüge *m/pl*; Vergütung *f*; ***bez ~a*** ehrenamtlich
wyna|jąć *pf* → (***wy***)***najmować***; **~jdywać** (*-uję*) finden; → ***wynaleźć***; **~jem** *m*, **~jęcie** *n* Mieten, Ausleihe *f*; Vermietung *f*; ***biuro ~jmu samochodów*** Autoverleih *m*; **~jmować** mieten; chartern; (*oddać w najem*) vermieten; **~lazca** *m* (*-y*; *G -ów*) Erfinder(in); **~lazek** *m* (*-zku*; *-zki*) Erfindung *f*; **~leźć*** *pf* erfinden; → ***wyszukać***
wynaturzenie *n* (*-a*) Entartung *f*
wynegocjować *pf* (*-uję*) aushandeln
wynieść* *pf* → ***wynosić***
wynik *m* (*-u*; *-i*) Ergebnis *n*; *med* Befund; **~i** *pl t.* Leistungen *f/pl*; ***w ~u*** (*G*) als Ergebnis (*G*), dank (*D*); **~ać** (*-am*) ⟨***~nąć***⟩ entstehen; (**z** *G*) sich ergeben (aus); *zw. impf* folgen (aus)
wyniosły hoch(ragend); (*t.* **-śle**) hochmütig, überheblich
wyniszcz|ać (*-am*) ⟨***~yć***⟩ vernichten; vertilgen; *os.* auszehren, entkräften
wynos: na ~ außer Haus; **~ić** hinaustragen (**z** *G* aus); hinauftragen (***na*** *A* auf *A*); *sumę, ilość* betragen, ausmachen; ***~ić się*** *wieża*: sich erheben; F wegziehen; *pej* ***wynoś się!*** scher dich weg!
wynurz|ać (*-am*) ⟨***~yć***⟩ (***z wody*** aus dem Wasser) herausstrecken; ***~yć się*** auftauchen, erscheinen
wyobcowany (**z** *G*) entfremdet (*D*)
wyobra|żnia *f* (*-i*; *0*) Phantasie, Vorstellungskraft; **~żać** ⟨***~zić***⟩ (bildlich) darstellen; ***~żać sobie*** sich vorstellen; ***~ź sobie*** stell dir vor; **~żenie** *n* (*-a*) Vorstellung *f*, Idee *f*
wyodrębni|ać (*-am*) ⟨***~ć***⟩ (*-ę*, *-nij!*) (ab)trennen (**się** sich); **~(a)ć się** (*I*) sich unterscheiden (durch)
wyolbrzymi|ać (*-am*) ⟨***~ć***⟩ (*-ę*) vergrößern, aufbauschen, übertreiben
wypacz|ać (*-am*) ⟨***~yć***⟩ *fig* verzerren
wypad *m* (*-u*; *-y*) Spritztour *f*, Trip; (***na bramkę*** Tor-)Angriff, Vorstoß; **~ać** (her)ausfallen; (*nagle wybiec*) herausstürzen, (hervor)schnellen; *fig* entfallen (***na k-o*** auf j-n); fallen (***w niedzielę*** auf den Sonntag); (***dobrze, źle*** gut, schlecht) ausfallen; **~a(ło)** man muß (hätte) wohl; (**nie**) **~a** es gehört sich (nicht); **~ek** *m* (*-dku*; *-dki*) Fall; (***drogowy, przy pracy*** Verkehrs-, Arbeits-) Unfall; ***na ~ek*** für den Fall; ***w najlepszym ~ku*** bestenfalls; ***w żadnym ~ku*** auf keinen Fall; **~kowy** Unfall-
wypal|ać (*-am*) ⟨***~ić***⟩ ausbrennen; *cegły itp.* brennen; ***~ić się*** ausbrennen *v/i*
wypa|row(yw)ać (-[*w*]*uję*) *v/i* verdamp-

W

fen; F *fig* verduften; **~siony** gut genährt, fett; **~ść***[1] *pf* → ***wypadać***; **~trywać** (*-uję*) (*G*) Ausschau halten (nach); **~trzyć** *pf* erspähen; *fig* ausersehen
wypch|ać, **~nąć** *pf* → ***wypychać***
wypeł|niać (*-am*) ⟨**~nić**⟩ → ***spełniać***; (voll)füllen (**się** sich), (*t. blankiet*) ausfüllen; **~niony** (aus)gefüllt; **~zać** ⟨**~znąć**⟩ herauskriechen, hervorkriechen
wypędz|ać (*-am*) ⟨**~ić**⟩ treiben (**na pastwisko** auf die Weide); hinausjagen, verjagen, F rausschmeißen; (*z kraju itp.*) vertreiben; **~ony** vertrieben
wypi|ąć *pf* → ***wypinać***; **~ć** *pf* → ***wypijać***
wypiek *m* (*-u*; *-i*) Backen *n*; **~i** *pl* gerötete Wangen; **~ać** (*-am*) → ***piec***[2]
wypierać (*-am*) hinausdrängen; **~ się** (*G*) leugnen (*A*); *os.* verleugnen (*A*)
wypi|jać (*-am*) austrinken; **~nać** (*-am*); vorwölben *n*, F rausstrecken
wypis *m* (*-u*; *-y*) Auszug; **~y** *pl* Chrestomathie *f*; **~ywać** (*-uję*) ⟨**~ać**⟩ ausschreiben; (**sobie** sich) notieren; (*ze szkoły*) abmelden; **~ać się** (**z** *G*) verlassen (*A*); *wkład:* leergeschrieben sein
wypitka F *f* (*-i*; *G -tek*) Umtrunk *m*
wypląt|ywać (*-uję*) ⟨**~ać**⟩ befreien, lösen (**się** sich; **z** *G* aus)
wypleni|ać (*-am*) ⟨**~ć**⟩ ausmerzen
wyplu|wać (*-am*) ⟨**~(ną)ć**⟩ ausspucken
wypła|cać (*-am*) ⟨**~cić**⟩ auszahlen; **~calny** zahlungsfähig, solvent; **~szać** (*-am*) → ***płoszyć***; **~ta** *f* Auszahlung; Lohnzahlung; **dzień** *m* **~ty** Zahltag
wypłoszyć *pf* → ***płoszyć***
wypłowiały verblaßt, verschossen
wypłuk|iwać (*-uję*) ⟨**~ać**⟩ ausspülen
wypły|wać ⟨**~nąć**⟩ hinausschwimmen; (*łódką*) hinausrudern; *statek:* auslaufen; *płyn:* (her)ausfließen, ausströmen; → ***wynurzać się***, ***wynikać***
wypocz|ąć *pf* → ***wypoczywać***; **~ęty** erholt, ausgeruht; **~ynek** *m* (*-nku*; *-nki*) Erholung *f*; **~ynkowy** Erholungs-; **~ywać** (*-am*) ausruhen, sich erholen (**po** *L* nach, von)
wypo|gadzać się (*-am*) ⟨**~godzić się**⟩, **~godnieć** *pf* (*-eję*) sich aufheitern; **~minać** (*-am*) ⟨**~mnieć**⟩ (*-nę*, *-nij!*) vorwerfen, vorhalten (**k-u** *A* j-m *A*); **~mpow(yw)ać** (*-[w]uję*) auspumpen
wyporność *f* (*-ści*; *0*) *mar* Verdrängung
wyposaż|ać (*-am*) ⟨**~yć**⟩ (*-ę*) ausstatten (**w** *A* mit); ausrüsten; **~enie** *n* (*-a*) Ausstattung *f*; Ausrüstung *f*; Zubehör
wypowi|adać (*-am*) ausdrücken, äußern; *pracę, mieszkanie* kündigen; *wojnę* erklären; *posłuszeństwo* verweigern; **~adać się** (**za** *I*, **przeciwko** *D*) sich aussprechen (für, gegen); **~edzenie** *n jur* Kündigung *f*; **~edzieć** *pf* → ***wypowiadać***; **~edź** *f* (*-dzi*) Äußerung
wypożycz|alnia *f* (*-i*; *-e*) Verleih *m*; **~alnia książek** Leihbücherei; **~yć** *pf* (ver)leihen; → ***pożyczać***
wypracow|anie *n* (*-a*) Ausarbeitung *f*; (*szkolne*) Aufsatz *m*; **~(yw)ać** (*-[w]uję*) ausarbeiten, erarbeiten
wypra|ć* *pf* → ***prać****; **~szać** (*-am*) erbetteln; *natręta* hinauskomplimentieren
wyprawa *f* (*-y*) Expedition, Reise; **~ krzyżowa** Kreuzzug *m*; (*córki*) Aussteuer; (*skór*) Gerbung; → ***wycieczka***
wypraw|iać (*-am*) ⟨**~ić**⟩ schicken (**do** *G*, **na** *A* in *A*, nach; **po** **k-o** nach j-m); *wesele* ausrichten; *awantury* machen; *skóry* gerben; **~ka** *f* (*-i*; *G -wek*) Säuglingsausstattung
wypręż|ać (*-am*) ⟨**~yć**⟩ (*-ę*) straffen, spannen (**się** sich); **~ony** *t.* stramm
wypro|sić *pf* → ***wypraszać***; **~stowywać** (*-wuję*) → ***prostować***
wyprowadz|ać (*-am*) ⟨**~ić**⟩ *v/t* herausführen, hinausführen; *auto itp.* herausfahren; *fig wniosek* ziehen; *wzór* ableiten; *mur* hochziehen; **~ić z cierpliwości** aus der Ruhe bringen; **~ić się** wegziehen *v/i*
wy|próbowany (alt)bewährt; **~próbow(yw)ać** (*-[w]uję*) erproben, testen; **~próżni(a)ć** → ***opróżniać***; **~prysk** *m* (*-u*; *-i*) Pickel; **~prysnąć** *pf* (heraus)spritzen; **~prząc*** (*-prząc*) *pf* → ***wyprzęgać***; **~przeć*** *pf* → ***wypierać***
wyprzeda|wać (*-ję*) ⟨**~ć**⟩ (*-am*) ausverkaufen; alles verkaufen; **~ż** *f* (*-y*; *-e*) Ausverkauf *m*; Schlußverkauf *m*
wyprzedz|ać (*-am*) ⟨**~ić**⟩ (*-dzę*) überholen; *fig* voraus sein (*D*)
wyprzęgać (*-am*) *konia* ausspannen
wypukł|ość *f* (*-ści*; *0*) Konvexität; (*t. pl*) Wölbung, Rundung; **~y** (**-ło**) konvex, gewölbt, erhaben
wypu|szczać ⟨**~ścić**⟩ loslassen; herauslassen, hinauslassen; freilassen; *płyn, gaz* auslassen; *znaczek itp.* ausgeben; *hdl* auf den Markt bringen
wypychać (*-am*) hinausdrängen; (*coś I*)

ausstopfen, vollstopfen (mit)
wypyt|ywać (*-uję*) ⟨**~ać**⟩ (aus)fragen
wyrabiać (*-am*) herstellen, machen; *sąd* bilden; (*uzyskać*) besorgen; **~ się** sich bilden, sich entwickeln
wyrachowan|ie *n* (*-a*; *0*) Berechnung *f*; **~y** berechnend, eigennützig
wyra|dzać się (*-am*) entarten; aus der Art schlagen **~finowany** raffiniert; **~stać** (*-am*) wachsen; → ***rosnąć***
wyraz *m* Ausdruck; (**obcy** Fremd-)Wort *n*; **dać ~** (*D*) zum Ausdruck bringen (*A*); **bez ~u** ausdruckslos; **nad ~** ausgesprochen; **z ~ami szacunku** hochachtungsvoll; **~ić** *pf* → ***wyrażać***; **~isty** (**-ście**) ausdrucksstark; deutlich
wyra|źny deutlich; ausdrücklich; **~żać** (*-am*) ausdrücken (**się** sich); **~żać się** *t.* sich äußern (**w** *L* in *D*); **~żenie** *n* (*-a*) Ausdruck *m*; Äußerung *f*; **~żenie zgody** Zustimmung *f*
wy|rąbywać (*-uję*) ⟨**~rąbać**⟩ *drzewa* fällen, abholzen; *otwór* aushauen, schlagen; **~re-** *pf* → **re-**
wyręcz|ać (*-am*) ⟨**~yć**⟩ (**k-o w** *L*) einspringen (für j-n bei); (**on**) ***w tych sprawach ~a się synem*** diese Sachen läßt er von seinem Sohn tun/machen
wyrob|ić *pf* → ***wyrabiać***; **~ienie** *n* (*-a*; *0*) Gewandtheit *f*; **~ienie życiowe** Lebenserfahrung *f*; **~y** *pl* → ***wyrób***
wyrocznia *f* (*-i*; *-e*) Orakel *n*
wyro|dek *m* (*-dka*; *-dki*) Mißgeburt *f*; **~dnieć** ⟨**z-**⟩ (*-eję*) degenerieren; **~dny** mißraten; **~dna matka** Rabenmutter; **~dzić się** *pf* → ***wyradzać się***
wyrok *m* (*-u*; *-i*) *jur* Urteil *n*; **~ skazujący** Verurteilung *f*, Schuldspruch; **~ować** ⟨**za-**⟩ (*-uję*) entscheiden
wyros|nąć *pf* → ***wyrastać***; **~t: na ~t** e-e Nummer größer; **~tek** *m* (*-tka*; *-tki*) Halbwüchsige(r); *anat* Fortsatz
wyrozumiały (**-le**) verständnisvoll, einsichtig; nachsichtig
wyrób *m* (*-obu*; *0*) Herstellung *f*, Erzeugung *f*; (*pl -oby*) Erzeugnis *n*, Artikel; *pl t.* Güter *n/pl*, Ware(n *pl*) *f*
wyrówn|ać *pf* → ***wyrównywać***; **~anie** *n* Ausgleich *m*; (*płaca t.*) Nachzahlung *f*; *sport t.* Ausgleichstor *m*; **~any** ausgeglichen; **~awczy** Ausgleichs-; **~ywać** (*-uję*) angleichen; ausgleichen (**się** sich); *dług* begleichen; *zaległości* nachholen; nachzahlen; → ***równać***
wyróżni|ać (*-am*) ⟨**~ć**⟩ bevorzugen; auszeichnen (**się** sich; *I* durch); **~ać się** *t.* hervorstechen; **~enie** *n* (*-a*) Auszeichnung *f*
wyru|gować *pf* vertreiben, ausbooten; **~szać** ⟨**~szyć**⟩ aufbrechen *v/i*, losziehen; ***~szyć w podróż*** e-e Reise antreten
wyrwa *f* (*-y*; *G -*) Loch *n*; ***~ po bombie*** Bombentrichter *m*; **~ć*** *pf* → ***wyrywać***; ***~ć się*** sich losreißen (**z** *G* von, aus)
wyryw|ać (*-am*) (her)ausreißen; *ząb* ziehen; *fig* (**z** *G*) entreißen (*D*); ***~ać się*** herausplatzen (**z** *I* mit); → ***wyrwać***; **~kowy** Stichproben-; (**-wo**) wahllos
wyrządz|ać (*-am*) ⟨**~ić**⟩ zufügen, antun; *szkody* anrichten
wyrze|c* *pf* sagen; →***wyrzekać***; **~czenie** *n* (*-a*) Opfer; **~czenie się** Verzicht *m*; **~kać** (*-am*) klagen (**na** *A* über *A*); **~kać się** (*G*) verzichten (auf *A*), entsagen (*D*); sich lossagen (von)
wyrznąć *pf* → ***wyrzynać***
wyrzu|cać ⟨**~cić**⟩ wegwerfen, F rauswerfen, P rausschmeißen; **~t** *m* (*-u*; *-y*) Vorwurf; ***~y sumienia*** Gewissensbisse *m/pl*; **~tnia** *f* (*-i*; *-e*, *-i*) *mil* Abschußrampe
wyrzyna|ć (*-am*) ⟨***wyrżnąć***⟩ ausschneiden; ***jemu ~ją się ząbki*** er zahnt
wysadz|ać ⟨**~ić**⟩ absetzen, aussteigen lassen; ***~ić na ląd*** ausschiffen; ***~ić w powietrze*** in die Luft jagen
wyschnąć *pf* → ***wysychać***
wysepka *f* (*-i*; *G -pek*) kleine Insel; Werder *m*; ***~ przystankowa*** Verkehrsinsel
wysia|ć *pf* → ***wysiewać***; **~dać** ⟨***wysiąść****⟩ aussteigen (*t.* F *fig*); von Bord gehen, an Land gehen
wysiedl|ać (*-am*) ⟨**~ić**⟩ (*-lę*) aussiedeln
wysiedlenie *n* (*-a*) Aussiedlung *f*; **~c** *m* (*-ńca*; *-ńcy*) Aussiedler(in)
wy|siewać (*-am*) aussäen; **~silać** (*-am*) ⟨**~silić**⟩ anstrengen (**się** sich); **~siłek** *m* (*-łku*; *-łki*) Anstrengung *f*; Mühe *f*; **~skakiwać** (*-uję*) ⟨**~skoczyć**⟩ herausspringen; hervorspringen; *lotn* abspringen; (*pędzić*) (hinaus)rennen, F pesen; **~skok** *m* Exszeß; → ***wypad***; **~skrobywać** (*-uję*) ⟨**~skrobać**⟩ auskratzen, ausschaben; **~skubywać** (*-uję*) → ***skubać***; **~słać*** *pf* → ***wysyłać***, ***wyścielać***
wysłanni|czka *f* (*-i*; *G -czek*), **~k** *m* (*-a*; *-cy*) Abgesandte(r), Sendbote *m*

W

wysławiać[1] (*-am*) lob(preis)en
wysł|awiać[2] (*-am*) ⟨**~owić**⟩ (*-ę*) in Worte kleiden, (**się** sich) ausdrücken
wysłuch|iwać (*-uję*) ⟨**~ać**⟩ (*G, A*) (sich) anhören (*A*); *pf t.* erhören (*A*)
wysłu|giwać się (*-uję*) (*D*) *pej* kriechen (vor), alles tun (für); **~żyć** *pf* erdienen
wy|sma- *pf* → **sma-**; **~smukły** schlank
wysnu|wać (*-am*) ⟨**~ć**⟩ *wniosek* ziehen
wyso|ce *adv* hoch-, äußerst; **~ki** hoch (*t. fig*); *wzrost*: groß, hochgewachsen; **~kie napięcie** Starkstrom *m*
wysoko *adv* hoch; *w zł.* hoch-, Hoch-; **~gatunkowy** hochwertig, Qualitäts-; **~górski** Hochgebirgs-
wysokoś|ciomierz *m* (*-a*; *-e*) Höhenmesser; **~ciowiec** *m* (*-wca*; *-wce*) Hochhaus *n*; **~ć** *f* (*-ści*) Höhe; (*tytuł*) Hoheit; **na dużej ~ci** in großer Höhe; **w ~ci ...** in Höhe von ...; **nabierać ~ci** an Höhe gewinnen, steigen
wysoko|wartościowy hochwertig; **~wydajny** hochleistungsfähig
wyspa *f* (*-y*; *G -*) Insel (*t. fig*), Eiland *n*
wyspać się *pf* ausschlafen *v/i*
wyspia|rka *f* (*-i*; *G -rek*), **~rz** *m* (*-a*; *-e*, *-y*) Inselbewohner(in), Insulaner(in)
wysportowany sportlich, sportiv
wysprzedany ausverkauft, vergriffen
wy|ssać *pf* → **wysysać**; **~stający** vorspringend; **~starać się** *pf* (**o** *A*) auftreiben, (sich) beschaffen (*A*)
wystarcz|ać ⟨**~yć**⟩ genügen; **~yło ...** es genügte ...; **~ający** (**-co**) ausreichend
wystaw|a *f* (*-y*) (**dzieł sztuki** Kunst-) Ausstellung *f*; (*witryna*) Schaufenster *n*; **~ać** herausragen, vorspringen; (*stać*) (lange) (herum)stehen; **~ca** *m* (*-y*; *G -ów*), **~czyni** *f* (*-i*; *-e*) Aussteller(in)
wystawi(a)ć herausstellen, hinausstellen; *obraz*, *czek* ausstellen; *towar t.* auslegen, anbieten (**na** *A* zu); *wartę*, *kandydata* aufstellen; *teatr* aufführen; *pomnik* setzen; *dom* bauen; (*narażać*) aussetzen ([**się**] **na** *A* [sich] *D*); **~ na próbę** e-r Probe/e-m Test unterziehen
wystaw|ny prunkvoll, luxuriös; **~owy** Ausstellungs-; Schaufenster-
wystąpi|ć *pf* → **występować**; **~enie** *n* Auftritt *m*, Rede *f*; Austritt *m*
występ *m* (*-u*; *-y*) (**muru** Mauer-)Vorsprung; *teatr itp.* Auftritt; **~ek** *m* (*-pku*; *-pki*) Verstoß; *jur* Vergehen *n*; **~ny** strafwürdig; lasterhaft; **~ować** (*-uję*) heraustreten, (her)vortreten; *geol* vorkommen; (*ukazać się*) sich zeigen, (*t. publicznie*) auftreten (**w**, **na** *L* in, auf *D*, bei); sich betätigen (**jako** als); halten (**z mową** e-e Rede); geben (**z koncertem** ein Konzert); sich einsetzen (**w obronie** *G* für); sich aussprechen (**przeciwko** *D* gegen); einbringen (**z wnioskiem** e-n Antrag); vorbringen (**z prośbą** e-e Bitte); (*opuścić*) austreten (**z** *G* aus); *rzeka*: treten (**z brzegów** über die Ufer)
wy|stosować *pf* richten; **~straszyć** *pf* → (**prze**)**straszyć**; **~strojony** herausgeputzt; **~strzał** *m* Schuß
wystrze|gać się (*-am*) (*G*) sich in acht nehmen (vor *D*); meiden (*A*); **~lać** *pf* (alle) erschießen; *amunicję* verschießen; *impf* emporschießen *v/i*; **~lić** *pf* (**z** *G*) schießen (aus); abfeuern (*A*)
wystrzępiony [-t·ʃ-] ausgefranst
wystu-, **wysty-** → **stu-**, **sty-**
wysu|wać ⟨**~nąć**⟩ (vor)schieben (**się** sich); *nogę* (he)rausstrecken; *szufladę* ausziehen; *żądanie* stellen; (*proponować*) vorschlagen; → **wymykać się**
wyswo|badzać (*-am*) ⟨**~bodzić**⟩ (*-dzę*, *-ódź!*) befreien (**się** sich)
wysy|chać (*-am*) (aus)trocknen *v/i*; **~łać** (*-am*) (ab-, aus)senden, (ab-, ver)schikken; **~łka** *f* (*-i*; *G -łek*) Versand *m*; **~pać** *pf* → **wysypywać**; **~pisko** *n* (*-a*) (**śmieci** Müll-)Kippe *f*; **~pka** *f* (*-i*; *G -pek*) *med* Ausschlag *m*; **~pywać** (*-uję*) ausschütten; bestreuen (**piaskiem** mit Sand); **~pywać się** herausfallen, herausrieseln; **~sać** (*-am*) aussaugen
wyszarp|ywać (*-uję*) ⟨**~ać**, **~nąć**⟩ → **wydzierać**, **wyrywać**
wyszczególni|ać (*-am*) ⟨**~ć**⟩ (*-ę*, *-nij!*) (einzeln) angeben, aufführen
wyszcze|rbiony schartig; *talerz*: angeschlagen; **~rzać** (*-am*) → **szczerzyć**
wysz|czo-, **~czu-**, **~k-**, **~l-**, **~o-** *pf* → **szczo-**, **szczu-**, **szk-**, **szl-**, **szo-**
wyszpiegować *pf* ausspionieren
wyszuka|ć *pf* ausfindig machen; aussuchen; **~ny** → **wykwintny**, **wytworny**
wyszy|ć *pf* → **wyszywać**; **~dzać** (*-am*) ⟨**~dzić**⟩ verhöhnen, verspotten
wyszynk *m* (*-u*; *0*) Ausschank
wyszywać (*-am*) (be)sticken
wyście|lać, **~łać** (*-am*) (aus)polstern
wyścig *m* (*-u*; *-i*) Rennen *n*; (*t. fig*) Wettlauf; **~ zbrojeń** Wettrüsten *n*; **na ~i** um

die Wette; **~owiec** *m* (*-wca*; *-wce*) Rennpferd *n*; **~owy** Renn-; **~ówka** F *f* (*-i*; *G -wek*) Rennrad *n*; Rennboot *n*
wyśledzić *pf* aufspüren
wyśliz|giwać się (*-uję*) ⟨**~(g)nąć się**⟩ (*-nę*) (**z ręki** aus der Hand) rutschen, gleiten; *fig* schlüpfen (**z** *G* aus)
wyś|miać *pf* → **wyśmiewać**; **~mienity** (**-cie**) *humor*: blendend; *obiad*: vorzüglich, exzellent; **~piewywać** (*-uję*) (vor sich hin) singen, trällern
wyświadcz|ać (*-am*) ⟨**~yć**⟩ erweisen
wyświechtany abgewetzt, schäbig
wyświetl|ać (*-am*) ⟨**~ić**⟩ (*-lę*) *film* vorführen; *sprawę* aufklären
wyta|czać (*-am*) → (**wy**)**toczyć**; **~piać** (*-am*) *metal* (aus)schmelzen; **~rty** fadenscheinig; → **wyświechtany**
wytchnieni|e *n* Rast *f*, (Ruhe-)Pause *f*; **bez ~a** rastlos, unermüdlich
wytę|- *pf* → **tę-**; **~pienie** *n* (*-a*; *0*) Ausrottung *f*; **~żać** (*-am*) ⟨**~żyć**⟩ (*-ę*) anstrengen; **~żony** angestrengt
wy|tknąć *pf* → **wytykać**; **~tłaczać** (*-am*) ⟨**~tłoczyć**⟩ auspressen; → **tłoczyć**
wytłumaczenie *n* Erklärung *f*
wy|tnę, **~tnie(sz)** → **wycinać**; **~toczyć** *pf proces* anstrengen; → **toczyć**; **~topić** *pf* → **wytapiać**; **~tra-** *pf* → **tra-**; **~trawny** erfahren, versiert; *wino*: trocken; **~trącać** ⟨**~trącić**⟩ schlagen (**z ręki** aus der Hand); reißen (**ze snu** aus dem Schlaf); **~trącić z równowagi** aus dem Gleichgewicht bringen; *chem* ausfällen; **~tropić** *pf* aufspüren, aufstöbern
wytrwa|ć *pf* aushalten, ausharren; beharren (**w swoim zamiarze** auf s-r Absicht); **~łość** *f* Ausdauer; Beharrlichkeit; **~ły** (**-le**) ausdauernd; beharrlich
wytrych *m* (*-a*; *-y*) Dietrich
wytrys|kiwać (*-uję*) ⟨**~kać**, **~nąć**⟩ → **tryskać**
wytrzą|sać (*-am*) ⟨**~snąć**, **~ść***⟩ (aus)-schütteln; **~ść** *t.* durchschütteln
wytrze|ć* *pf* → **wycierać**; **~pywać** (*-uję*) → **trzepać**
wytrzeszczać (*-am*) ⟨**wytrzeszczyć**⟩: **~ oczy** glotzen; (**na** *A*) anglotzen (*A*)
wytrzeźwieć *pf* nüchtern werden
wytrzyma|ć *pf* → **wytrzymywać**; **~łość** *f* (*-ści*; *0*) Widerstandskraft; *tech* Widerstandsfähigkeit; Ausdauer; *tech t.* Festigkeit, Beständigkeit; **~ły** fest; ausdauernd; (**na** *A*) widerstandsfähig (gegen); **~nie** *n*: **nie do ~nia** nicht auszuhalten
wytrzymywać (*-uję*) aushalten; standhalten (*D*); *próbę* bestehen
wytwarzać (*-am*) erzeugen; **~ się** sich bilden, entstehen
wytwo|rny fein, vornehm; elegant; **~rzyć** *pf* → **wytwarzać**
wytwór *m* Erzeugnis *n*, Produkt *n*; **~ca** *m* Erzeuger; **~czość** *f* (*-ści*; *0*) Erzeugung, Produktion; **~czy** Produktions-; **~nia** *f* (*-i*; *-e*) (Produktions-)Betrieb *m*, Werk *n*; **~nia filmowa** Filmstudio *n*
wytycz|ać (*-am*) *trasę* abstecken, markieren; *fig* vorschreiben, bestimmen; **~na** *f* (*-ej*; *-e*) Richtlinie, Direktive; **~yć** *pf* → **wytyczać**
wyty|kać hinausst(r)ecken; *fig* vorhalten; **~po-** *pf* → **typo-**
wyucz|ać (*-am*) ⟨**~yć**⟩ (**k-o** *G*) lehren (j-n *G*), beibringen (j-m *A*)
wyuzdany zügellos, liederlich
wywa|biacz *m* (*-a*; *-e*) (**plam** Fleck-) Entferner; **~biać** (*-am*) ⟨**~bić**⟩ *plamę* entfernen; **~lać** auskippen; F *os.* rausschmeißen; *drzwi* einschlagen; **~lczyć** *pf* erkämpfen; **~lić** *pf* → **wywalać**; **~lić się** F *tłum*: herausströmen
wyważ|ać (*-am*) ⟨**~yć**⟩ *drzwi* aushebeln; *tech* auswuchten; **~ony** *fig* ausgewogen
wywąch|iwać (*-uję*) ⟨**~ać**, **wywęszyć**⟩ wittern; F *fig* herausbekommen
wywiad *m* (*-u*; *-y*) Interview *n*; Befragung *f*; *med* Anamnese *f*; *mil*, *pol* Geheimdienst; Spionage *f*; **~owca** *m* (*-y*; *G -ów*) Geheimagent; Ermittler; Detektiv; **~ówka** *f* (*-i*; *G -wek*) Elternversammlung; **~ywać się** (*-uję*) sich erkundigen (**o** *A* über *A*, nach)
wywiąz|ywać się (*-uję*) ⟨**~ać się**⟩ (**z** *G*) sich entwickeln, entstehen (aus); erledigen (**z zadań** die Aufgaben)
wy|wichnąć *pf* (*-nę*) → **zwichnąć**; **~wiedzieć* się** *pf* → **wywiadywać się**; **~wierać** (*-am*) *nacisk*, *wpływ* ausüben; *wrażenie* hervorrufen; *skutek* zeitigen, haben
wywie|rcać (*-am*) ⟨**~rcić**⟩ (aus)bohren; **~szać** ⟨**~sić**⟩ (*-szę*) (her)aushängen; **~szka** *f* (*-i*; *G -szek*) Schild(chen) *n*; Aushang *m*; **~ść*** *pf* → **wywodzić**; **~trzeć** *pf* → **wietrzeć**; **~źć*** *pf* → **wywozić**
wywi|jać (*-am*) ⟨**~nąć**⟩ (*-nę*) *rękaw* umlegen, umkrempeln; (*I*) schwingen (*A*), F

fuchteln (mit); **~*nąć się*** (**z**, *fig* **od** *G*) sich entziehen (*D*); **~kłać (się)** (*-am*) *pf* → ***wyplątywać (się)***
wy|wlekać (*-am*) ⟨***~wlec****⟩ herausziehen, herauszerren; **~właszczać** (*-am*) ⟨***~właszczyć***⟩ (*-szczę*) enteignen; **~wnętrzać się** (*-am*) (**przed** *I*) sein Herz ausschütten (*D*); **~wnio-** *pf* → ***wnio-***
wywo|dy *pf* → ***wywód***; **~*dzić*** (hin-aus)führen (**z** *G* aus); *fig* herleiten; darlegen; **~*dzić się*** (**z** *G*) stammen (aus); ***~łać*** *pf* → ***wywoływać***
wywoły|wacz *m* (*-a*; *-e*) *fot* Entwickler; **~wać** (*-uję*) (her)ausrufen; (*po imieniu*) aufrufen; *ucznia* rufen (**do** *G* an *A*); *uczucie* hervorrufen; *panikę itp.* auslösen; *fot* entwickeln; → ***powodować***
wy|wozić *v/t* abfahren; F (*za granicę*) ausführen; **~wód** *m* (*-odu*; *-ody*) Ausführung *f*, Darlegung *f*; Ableitung *f*; **~wóz** *m* (*-ozu*; *0*) Ausfuhr *f*; = **~wózka** *f* (*-i*; *G -zek*) Abfuhr; **~wracać** *v/t* umkippen (**się** *v/i*); *kieszeń* umdrehen; **~wrotny** leicht kippbar; **~wrotowy** umstürzlerisch; **~wrócić** *pf* → ***wywracać***; **~wróżyć** *pf* → ***wróżyć***; **~wrzeć*** *pf* (→ *-wrzeć*) → ***wywierać***; **~zbywać się** ⟨***~zbyć* się***⟩ (*G*) sich entledigen (*G*), loswerden (*A*); *nawyku* ablegen (*A*)
wyzdrowie|ć *pf* (*-eję*) genesen, wieder gesund sein; **~nie** *n* (*-a*) Genesung *f*
wyziewy *m/pl* (*-ów*) Ausdünstungen *f/pl*, Gerüche *m/pl*; Gase *n/pl*
wyziębi|ać (*-am*) ⟨**~ć**⟩ *v/t* auskühlen
wyzna|ć *pf* → ***wyznawać***; **~czać** (*-am*) ⟨**~czyć**⟩ markieren; *fig* (*określić*) bestimmen; einsetzen (**k-o na** *A* j-n als); *termin* festsetzen, festlegen; **~nie** *n* (*-a*) Bekenntnis (*t. rel*); **~*nie miłosne*** Liebeserklärung *f*; ***wolność f ~nia*** Glaubensfreiheit; **~niowy** konfessionell; **~wać** (*-ję*) bekennen, (ein)gestehen; *impf rel* sich bekennen (zu)
wyznawca *m*, **wyznawczyni** *f*: ***~ buddyzmu/chrześcijaństwa*** er (sie) bekennt sich zum Buddhismus/Christentum; → ***zwolennik*** (**-iczka**)
wyzwa|ć* *pf* → ***wyzywać***; **~lacz** *m* (*-a*; *-e*) *fot* Auslöser; **~lać** (*-am*) befreien (**się** sich; **od**, **z** *G* aus, von); *energię* freisetzen; ***~lać się*** *t.* frei(gesetzt) werden; **~nie** *n* (*-a*) Herausforderung *f*
wyzwisko *n* (*-a*; *-*) Schimpfwort
wyzwol|enie *n* (*-a*) Befreiung *f*; **~eńczy** Befreiungs-; **~ić** *pf* (*-lę*, *-wól!*) → ***wyzwalać***
wyzysk *m* (*-u*; *0*) Ausbeutung *f*; **~(iw)ać** ausnutzen; *ludzi* ausbeuten
wyzywa|ć (*-am*) (heraus)fordern; F beschimpfen (**od** *G* als); **~jący** (**-co**) herausfordernd, provozierend
wyż *m* (*-u*; *-e*) *meteo* Hoch *n*
wy|żąć *pf* (*-żmę*/*-żnę*) → ***wyżymać***, ***wyżynać***; **~żebrać** *pf* erbetteln; **~żej** *adv comp* höher; weiter oben
wyżeł *m* (*-żła*; *-żły*) Vorstehhund
wy|żerać (*-am*) ausfressen; **~żłabiać** (*-am*) → ***żłobić***; **~żłobienie** *n* (*-a*) Rille *f*; Rinne *f*; **~żowy** *meteo* Hochdruck-; **~żreć*** *pf* → ***wyżerać***
wyższ|ość *f* (*-ści*; *0*) Überlegenheit; **z *~ością*** gönnerhaft; **~y** *adj comp* höher; Ober-; ***siła ~a*** höhere Gewalt
wyży|ć *pf* überleben; **~mać** (*-am*) *bieliznę* (aus)wringen; **~na** *f* (*-y*) Hochebene; **~ny** *pl* Höhen *f/pl*; **~nać** (*-am*) abmähen; → ***żąć***; **~nny** Hochland-
wyżywi|ać (*-am*) ⟨**~ć**⟩ ernähren
wyżywienie *n* (*-a*; *0*) Ernährung *f*; ***całodzienne ~*** Vollpension *f*; ***pokój z ~m*** Kost und Logis
wzajemn|ie *adv* einander; (*także*) gleichfalls; **~ość** *f* (*-ści*) Gegenseitigkeit; ***miłość f bez ~ości*** unerwiderte Liebe; **~y** wechselseitig; gegenseitig
wzbi|erać (*-am*) *rzeka*: anschwellen; **~jać się** (*-am*) ⟨**~ć się**⟩ aufsteigen, emporsteigen
wzbogac|ać (*-am*) ⟨**~ić**⟩ bereichern (**się** sich); anreichern; **~enie** *n* (*-a*) Bereicherung *f*; *tech* Anreicherung *f*
wzbr|aniać (*-am*) ⟨**~onić**⟩ untersagen, verbieten; ***~aniać się*** sich weigern
wzbudz|ać (*-am*) ⟨**~ić**⟩ *uczucie* erwecken, erregen; → ***wywoływać***; **~enie** *n* (*-a*; *0*) Erregung *f*
wzburz|ać (*-am*) ⟨**~yć**⟩ aufregen, erregen (**się** sich); → ***burzyć***; **~enie** *n* (*-a*; *0*) Aufregung *f*, Erregung *f*; **~ony** aufgeregt, erregt; *morze*: aufgewühlt, stürmisch
wzdąć *pf* (*wezdmę*) → ***wzdymać***
wzdłuż (*G*) längs, entlang (*G*); *adv* der Länge nach; ***~ i wszerz*** kreuz und quer
wzdryg|ać się (*-am*) ⟨***~nąć się***⟩ (*-nę*) zusammenzucken, erschauern
wzdy|chać (*-am*) seufzen; **~mać** (*-am*) (auf)blähen (**się** sich)

wzejść* *pf* (*-jść*) → ***wschodzić***
wzgard|a *f* (*-y*; *0*) Verachtung; **~liwy** (**-*wie***) verächtlich, verachtungsvoll
wzgardzić *pf* (*I*) verschmähen (*A*)
wzgl|ąd *m* (*-lędu*; *-lędy*) Rücksicht *f*; ***mieć na ~ędzie*** bedenken; ***ze ~ędu*** (***na*** *A*) aus/mit Rücksicht (auf *A*); ***pod tym ~ędem*** in dieser Hinsicht; ***~ędy*** *pl t.* Gründe *m/pl*; Gunst *f*
względ|em *praep* (*G*) hinsichtlich (*G*); gegenüber (*G*); ***~em siebie*** zueinander; **~ny** relativ; (*dość dobry*) einigermaßen, leidlich
wzgórek *m* (*-rka*; *-rki*) Hügel
wziąć* *pf* → ***brać***
wziewać inhalieren
wzię|cie *n* (*-a*; *0*) Nehmen; Entnahme *f*; ***~cie do niewoli*** Gefangennahme *f*; F ***do ~cia*** noch zu haben; **~ty** populär, beliebt, F in
wzlatywać (*-uję*) ⟨**wzlecieć**⟩ auffliegen, hochfliegen, sich in die Luft erheben
wzma|cniacz *m* (*-a*; *-e*) Verstärker; **~cniać** (*-am*) verstärken (***się*** sich); *siły* stärken, kräftigen; **~gać** (*-am*) verstärken, steigern (***się*** sich)
wzmianka *f* (*-i*; *G -nek*) (kurze) Erwähnung, Notiz
wzmo|cnić *pf* (*-ę*, *-nij!*) → ***wzmacniać***; **~cnienie** *n* (*-a*) (Ver-)Stärkung *f*; **~żony** verstärkt, gesteigert, erhöht
wzmóc* (**się**) *pf* → ***wzmagać*** (***się***)
wznak: ***na ~*** rücklings, auf dem Rücken
wznawiać (*-am*) *pracę* wiederaufnehmen; *książkę* wiederauflegen; *sztukę* wiederaufführen
wznie|cać (*-am*) ⟨**~cić**⟩ (*-cę*) *fig* entfachen, schüren; **~sienie** *n* (*-a*) Anhöhe *f*; **~ść*** *pf* → ***wznosić***
wzniosły (**-*śle***) erhaben, † hehr
wzno|sić (empor-, er)heben; *toast* ausbringen; *dom*, *pomnik* errichten; ***~sić się*** (empor)steigen; emporragen; **~wić** *pf* (*-ę*, *-nów*) → ***wznawiać***; **~wienie** *n* (*-a*) Wiederaufnahme *f*; *drk* Neuauflage *f*; *teatr* Wiederaufführung *f*
wzor|cowy Modell-, Muster-; **~ować się** (*-uję*) (**na** *L*) sich zum Vorbild nehmen (*A*); nachahmen (*A*); **~owy** (**-*wo***) musterhaft, vorbildlich; **~y** *pl* → ***wzór***
wzorz|ec *m* (*-rca*; *-rce*) Muster *n*; Normal *n*; **~ysty** (**-*ście***) gemustert, bunt
wzór *m* (*-oru*; *-ory*) Muster *n*, Design *n*; *mat*, *chem* Formel *f*; *fig* Vorbild *n*
wzrastać (*-am*) (an)wachsen, steigen
wzrok *m* (*-u*; *0*) Sehkraft *f*; Blick; **~owy** Seh-; (**-*wo***) visuell, optisch
wzros|nąć *pf* → ***wzrastać***; **~t** *m* (*-u*; *-y*) Wachstum *n*; (*człowieka*) Wuchs, Größe *f*; *fig* Zunahme *f*, Zuwachs; Anstieg; ***średniego ~tu*** mittelgroß
wzróść **pf* → ***wzrastać***
wzrusz|ać ⟨**~yć**⟩ *fig* bewegen, rühren; **~ający** (**-*co***) rührend, ergreifend; **~enie** *n* (*-a*) Rührung *f*, Ergriffenheit *f*; **~ony** gerührt, ergriffen
wzwód *m* (*-odu*; *-ody*) Erektion *f*
wzwyż hinauf, nach oben, hoch-
wzywać (*-am*) (*G*) rufen (*A*, um *A*); (***do*** *G*) aufrufen (zu)

Z

z 1. *praep* (*G*) aus, von (*D*); vor (*D*); über (*A*); (*I*) mit (*D*); an (*D*); nach (*D*); ***~ domu*** aus dem Haus; ***każdy ~ nas*** jeder von uns; ***~e srebra*** aus Silber; ***drżeć ~ zimna*** vor Kälte zittern; ***~e śmiechu*** vor Lachen; ***cieszyć się ~ prezentu*** sich über das Geschenk freuen; ***razem ~ nami*** zusammen mit uns; ***~ początkiem roku*** am Jahresanfang; ***~ nazwiska*** dem Namen nach; *często nie tłumaczy się*: ***~e śpiewem*** singend; ***~ nagła*** plötzlich; ***zegar ~ kukułką*** Kuckucksuhr *f*; **2.** *adv* (*około*, *prawie*) etwa, an; ***~ pięć*** etwa fünf, an die fünf
za 1. *praep* (*A*, *I*) hinter (*A*, *D*); für (*A*); in, an, bei, nach (*D*); um (*A*); gegen (*A*); mit (*D*); (*t-ko A*) (*funkcja*, *rola*) als; für (*A*); (*G*) während (*G*), zu (*D*); ***~ drzewo/drzewem*** hinter den / dem Baum; ***walczyć ~ wolność*** für die Freiheit

kämpfen; ~ ***rok*** in einem Jahr; für ein Jahr; ***trzymać ~ rękę*** an der Hand halten; ***siedzieć ~ stołem*** am Tisch sitzen; ***jeden ~ drugim*** einer nach dem anderen; ~ ***rogiem*** um die Ecke; ~ ***gotówkę*** gegen bar; ~***pomocą*** mit Hilfe; ~***panowania ...*** während der Herrschaft ...; ~ ***moich czasów*** zu meiner Zeit; ***przebrać się ~ ...*** sich als ... verkleiden; ***służyć ~ ...*** als ... dienen; ***mieć ~ ...*** für ... halten; **2.** *adv* (+ *adv*, *adj*) (all)zu; ~ ***ciężki*** zu schwer; ~ ***dużo*** zu viel; → ***co***

za|a- *pf* → ***a-***; ~**aferowany** (sehr) beschäftigt (*I* mit); ~**awansowany** fortgeschritten; ~**ba-** *pf* → ***ba-***; ~**barwienie** *n* (*-a*) Färbung *f*

zabaw|a *f* (*-y*) Spiel *n*; (***taneczna*** Tanz-) Vergnügen *n*; (***ludowa*** Volks-)Fest *n*; ***przyjemnej/wesołej ~y!*** viel Spaß!; ~**iać** (*-am*) → ***bawić***; ~**ka** *f* (*-i*; *G -wek*) Spielzeug *n*; *pl t.* Spielsachen *f/pl*; *fig* Spielerei; Kinderspiel *n*; ~**ny** drollig, lustig; ~**owy** Vergnügungs-, Fest-

zabe- *pf* → ***be-***

zabezpiecz|ać (*-am*) ⟨~**yć**⟩ (*-ę*) (ab)sichern (***się*** sich; ***od*** *G*, ***przed*** *I* gegen); sicherstellen; ~**enie** *n* (*-a*) (Ab-)Sicherung *f*; *mil*, *fin* Deckung *f*; (*rękojmia*) Sicherheit *f*; ~***enie na starość*** Altersversorgung *f*; ~**ony** gesichert

zabi|cie *n* Tötung *f*; ~**ć** *pf* → ***zabijać***

zabie|c *pf* → ***zabiegać***; ~**g** *m* Eingriff; ~***gi*** *pl t.* Bemühungen *f/pl*, Versuche *m/pl*; ~**gać** ⟨~**gnąć**⟩ (hin)rennen, laufen; ~***gać drogę*** den Weg abschneiden; *t-ko impf* (***o*** *A*) sich bemühen (um *A*); → ***starać się***

zabierać (*-am*) wegnehmen; (*t.* ***sobie***) mitnehmen; *głos* ergreifen; *czas* beanspruchen; ~ ***się*** (***do*** *G*) (heran)gehen (an *A*), anfangen (mit); im Begriff sein (zu); F (*I*, ***z*** *I*) mitkommen (mit)

zabi|jać (*-am*) töten, F umbringen (***się*** sich [gegenseitig]); *bydło* schlachten; *fig czas* totschlagen; (*gwoździami*) zunageln, vernageln; → ***wbijać***; ~***jać się*** F (sich zu Tode) schuften

zabliźni|ać się (*-am*) ⟨~**ć się**⟩ (*-ę*, *-nij!*) *rana*: vernarben, heilen *v/i*

zabłą|dzić *pf*, ~**kać się** *pf* sich verirren

zabłocony F verdreckt; *por* ***błocić***

zabobon *m* (*-u*; *-y*) Aberglaube; ~**ny** abergläubisch

zabor|ca *m* (*-y*; *G -ów*) Okkupant, Eindringling; ~**czy** Eroberungs-; *fig* (**-czo**) habsüchtig

zabój|ca *m* (*-y*; *G -ów*), ~**czyni** *f* (*-i*; *-e*) Mörder(in); ~**czy** (**-czo**) tödlich, mörderisch; *uśmiech itp.*: unwiderstehlich; ~**stwo** *n* (*-a*) Tötung *f*; Totschlag *m*

zabór *m* (*-oru*; *-ory*) Raub; Einverleibung *f*; *hist* annektierter Landesteil

zabra|ć* *pf* → ***zabierać***; ~**knąć** *pf* → ***brakować***[1]; ~***kło pieniędzy*** das Geld hat nicht ausgereicht; ~**niać** (*-am*) (***k-u*** *G*) verbieten, untersagen (j-m *A*); ~***nia się*** es ist verboten

zabroni|ć *pf* → ***zabraniać***, ***bronić***; ~***ony*** verboten, nicht erlaubt/gestattet

za|brudzony verschmutzt, F dreckig; ~**bryzgać** *pf* bespritzen, vollspritzen

zabudow|a *f* Bebauung; ~**ania** *n/pl* (*-ń*) Gebäude *n/pl*; ~**(yw)ać** (*-[w]uję*) *teren* bebauen; *widok* verbauen

zaburz|ać (*-am*) stören; ~**enie** *n* (*-a*) Störung *f*; *pl t.* Unruhen *f/pl*

zabyt|ek *m* (*-tku*; *-tki*) (***architektoniczny*** Bau-)Denkmal *n*; ~**kowy** historisch, alt(ertümlich); denkmal(s)geschützt

za|ce- *pf* → ***ce-***; ~**chcianka** *f* (*-i*; *G -nek*) Laune; → ***chętka***; ~**chęcać** (*-am*) ⟨~**chęcić**⟩ (*-cę*) (***do*** *G*) ermuntern, anspornen (zu); ~**chęta** *f* (*-y*) Ansporn *m*; ~**chlany** P stockbesoffen; ~**chłanność** *f* (*-ści*; *0*) Habgier; ~**chłanny** habgierig; *fig* unersättlich; ~**chłysnąć się** (*-nę*) sich verschlucken

zachmurz|ać się (*-am*) → ***chmurzyć się***; ~**enie** *n* (*-a*) Bewölkung *f*; ~**ony** bewölkt; *fig* umwölkt, düster, finster

zachodni westlich, West-

zachodnioeuropejski westeuropäisch

zachodzić gelangen, (hin)kommen (**[aż]** ***do*** *G* bis, nach); (*wstępować*) einkehren, vorbeikommen (***do*** *G* bei); *słońce*: untergehen; *okoliczności*: sich ergeben; *wypadek*: passieren; *pomyłka*: unterlaufen; *zmiany*: eintreten; *oczy*: sich füllen (***łzami*** mit Tränen); ~ ***parą*** anlaufen *v/i*; ~ ***w głowę*** sich den Kopf zerbrechen; → ***ciąża***

zacho|rować *pf* krank werden; erkranken (***na*** *A* an *D*); ~**wać** *pf* → ***zachowywać***; ~**wanie** *n* (*-a*) Erhaltung *f*; Wahrung *f*; (*obejście*) Benehmen; *psych* Verhalten; ~**wywać** (*-wuję*) bewahren, erhalten; *dietę*, *miarę* halten; *ostrożność* walten lassen; *pozory* wahren; **~wać przy sobie** für sich behalten; **~wywać się** erhalten bleiben; sich verhalten; sich benehmen

zachód *m* (*-odu*; *0*) Westen; **na ~** nach Westen; **na ~ od** (*G*) westlich (von); (*pl -ody*) (**słońca** Sonnen-)Untergang; F → **fatyga**, **trud**

za|chrypły, **~chrypnięty** heiser; **~chwalać** (*-am*) anpreisen; **~chwaszczony** von Unkraut überwuchert; **~chwiać** *pf* (*I*) zum Schwanken bringen (*A*); *fig* erschüttern (*A*)

zachwy|cać (*-am*) ⟨**~cić**⟩ entzücken, begeistern; **~cać się** (*I*) entzückt/hingerissen sein (von); **~cający** (**-co**) entzückend, hinreißend; **~cenie** *n* (*-a*) → **zachwyt**; **w ~ceniu** verzückt; **~t** *m* (*-u*; *-y*) Entzücken *n*, Begeisterung *f*

zaciąć* *pf* → **zacinać**

zaciąg *m* Anwerbung *f*, Rekrutierung *f*; **~ać** (*-am*) ⟨**~nąć**⟩ schleppen, ziehen (**do** *G* in *A*, bis, nach); *zasłonę* zuziehen; *pas* festziehen; *pożyczkę* aufnehmen; **~ać się** *niebo*: sich beziehen; (**do** *G*) sich anwerben lassen (zu); inhalieren (**dymem** den Rauch)

zacie|c* *pf* → **zaciekać**; **~k** *m* (*-u*; *-i*) Wasserfleck; **~kać** (*-am*) durchsickern; (*o deszczu*) hineinregnen

zaciekawi|ać (*-am*) neugierig machen; → **ciekawić**; **~enie** *n* (*-a*; *0*) Neugier *f*

zaciekły (**-le**) erbittert, verbissen; Erz-

zacie|knąć *pf* → **zaciekać**; **~mniać** (*-am*) ⟨**~mnić**⟩ (*-ę*, *-nij!*) verdunkeln

zacier *m* (*-u*; *-y*) Maische *f*; **~ać** (*-am*) verwischen (**się** sich); **~ać się** *tech* sich festfressen; **~ki** *f/pl* (*-rek*) Spätzle *pl*

zacieśni|ać (*-am*) ⟨**~ć**⟩ (*-ę*, *-nij!*) *fig* enger knüpfen; **~ać się** enger werden

zacietrzewi|ać się (*-am*) ⟨**~ć się**⟩ (*-ę*) sich ereifern; in Harnisch geraten

zacię|cie *n* Einschnitt *m*, Kerbe *f*; **~ty** (**-cie**) verbissen, erbittert

zacinać (*-am*) *v/t* einschneiden, einkerben; *zęby* zusammenbeißen; *v/i deszcz*: peitschen; **~ się** sich schneiden; *tech* klemmen *v/i*; → **jąkać się**

zacis|k *m* (*-u*; *-i*) Klemme *f*; Schelle *f*; **~kać** ⟨**~nąć**⟩ zusammenpressen; *pętlę* zuziehen (**się** sich); *tech* einspannen; **~nąć pasa** den Gürtel enger schnallen

zacisz|e *n* (*-a*) windgeschützte Stelle *f*; stiller Winkel *m*; **~ny** windgeschützt; *fig* ruhig, gemütlich

Z

zacny rechtschaffen, brav, ehrbar

zacofan|ie *n* (*-a*; *0*) Rückständigkeit *f*; **~y** rückständig; *kraj*: unterentwickelt

zaczadzieć *pf* (*-eję*) sich mit Kohlen(mon)oxyd vergiften

zacza|jać się (*-am*) ⟨**~ić się**⟩ sich auf die Lauer legen; **~rowany** verzaubert

zacząć *pf* (*-nę*) → **zaczynać**

zacze|kać *pf* → **czekać**; sich gedulden; **~pi(a)ć** *v/t* anhängen, befestigen; F *fig* belästigen, anmachen; **~pić się** (**o** *L*) hängenbleiben (an, in *D*); **~pka** *f* (*-i*; *G -pek*) Provokation, P Anmache; **szukać ~pki** (Grund zum) Streit suchen; **~pny** aggressiv; *mil* offensiv, Angriffs-

zaczerwieniony gerötet; *por* **czerwienić się**

zaczyn *m* Sauerteig; **~ać** (*-am*) *v/t* beginnen, anfangen (**się** *v/i*); *paczkę t.* anbrechen; **~a się** F es geht los

zaćmi|enie *n* (*-a*) (**Słońca** Sonnen-)Finsternis *f*; **~ewać** (*-am*) ⟨**~ć**⟩ verdunkeln, verfinstern (**się** sich); *fig* (*I*) in den Schatten stellen (mit)

zad *m* (*-u*; *-y*) Hinterteil *n*; P Hintern

zada|ć *pf* → **zadawać**; **~nie** *n* (*-a*; *G -ń*) Aufgabe *f*; Auftrag *m*; **~rty** nach oben gebogen/gerichtet; **~tek** *m* Anzahlung *f*; *pl fig* Anlagen *f/pl*; **~tkować** (*im*)*pf* (*-uję*) anzahlen; **~wać** *pytanie* stellen; *zadanie*, *zagadkę* aufgeben; *cios* versetzen; *klęskę* bereiten; *gwałt* antun; *obroku* geben; → **trud**; **~wać się** (**z** *I*) sich abgeben, sich einlassen (mit)

za|dawniony *choroba*: verschleppt; **~dbany** gepflegt; **~de-** *pf* → **de-**

zadek F *m* (*-dka*; *-dki*) Hinterteil *n*

zadłuż|enie *n* (*-a*) Verschuldung *f*; **~ony** verschuldet

zado|kumentować *pf fig* beweisen; **~mowić się** *pf* (*-ę*, *-ów!*) sich einleben

zadośćuczyni|ć *pf* (*D*) Genüge tun (*D*), erfüllen (*A*); **~enie** *n* (*-a*) Genugtuung *f*

zadowala|ć (*-am*) zufriedenstellen, befriedigen; **~ć się** (*I*) sich zufriedengeben (mit); **~jący** (**-co**) zufriedenstellend, befriedigend

zadowol|enie *n* (*-a*) Befriedigung *f*; Zufriedenheit *f*; **~ić** (*-lę*, *-wól!*) → **zadowalać**; **~ony** zufrieden (**z** *G* mit)

zadra|pać ⟨**~pnąć**⟩ aufkratzen; → **drasnąć**; **~żnienia** *n/pl* (*-ń*) Mißhelligkeiten *f/pl*, Reibereien *f/pl*; **~żniony** *stosunki*: gespannt

zadrzeć* *pf* → ***zadzierać***
zadrzewi|ać (*-am*) ⟨**~ć**⟩ (*-ę*) aufforsten
zaduch *m* (*-u; 0*) schlechte Luft *f*, P Mief
zaduma *f* (*-y; 0*) Nachdenken *n*, Grübeln *n*; **~ny** nachdenklich, grübelnd
zadurzony F verknallt, verschossen
zadusić *pf* → (***u***)***dusić***
Zaduszki *pl* (*-szek*) Allerseelen *n*
zadym|a P *f* (*-y*) Zoff *m*, Krawall *m*; **~iać** (*-am*) ⟨**~ić**⟩ vollqualmen; **~ka** *f* (*-i; G -mek*) Schneetreiben *n*
zadysz|any außer Atem, keuchend; **~ka** *f* (*-i; G -szek*) Kurzatmigkeit
zadzierać (*-am*) *skórę* aufreißen; *głowę* in den Nacken werfen; *spódnicę* hochheben; *ogon* aufrichten; **~ *nosa*** die Nase hoch tragen; *v/i* (**z** *I*) aneinandergeraten (mit); **~ *się*** sich nach oben biegen
zadzierzysty (**-ście**) forsch
zadziwi|ać (*-am*) ⟨**~ć**⟩ erstaunen, verblüffen; **~ający** (**-co**) erstaunlich
za|dzwo- *pf* → ***dzwo-***; **~dźgać** P (*-am*) erstechen; **~fascynowany** fasziniert; **~frapować** *pf* (*-uję*) fesseln *fig*; **~frasowany** sorgenvoll, besorgt
zagad|ka *f* (*-i; G -dek*) Rätsel *n*; **~kowy** (**-wo**) rätselhaft; **~nąć** *pf* (*-nę*) ansprechen (***k-o o*** *A* j-n wegen); **~nienie** *n* (*-a*) Frage *f*, Problem
zaga|jać (*-am*) ⟨**~ić**⟩ (*-ję*) eröffnen; **~jenie** *n* (*-a*) Eröffnung *f*
zagajnik *m* (*-a; -i*) Wäldchen *n*, Gehölz *n*
zagalopować się *pf* sich vergaloppieren
zaganiać (hinein)treiben (**do** *G* in *A*)
zagarn|iać (*-am*) ⟨**~ąć**⟩ *fig* an sich reißen, sich aneignen
zagazować *pf* (*-uję*) vergasen
zagę|szczać (*-am*) ⟨**~ścić**⟩ (*-szczę*) eindicken; **~ścić *się*** dick(er) werden
zagi|ęcie *n* (*-a*) Knick *m*; **~nać** (*-am*) ⟨**~ąć**⟩ umbiegen (***się*** sich); knicken; **~nąć** *pf* → ***ginąć***; **~niony** vermißt
zaglądać (*-am*) (**do** *G*) hereinschauen (*t. fig*), hereinsehen, hineinblicken (in *A*); nachschlagen (***do książki*** im Buch)
zagłada *f* (*-y; 0*) Vernichtung
zagłębi|ać (*-am*) ⟨**~ć**⟩ (*-ę*) versenken; **~ć *się*** eindringen; *fig* sich vertiefen (**w** *L* in *A*); **~e** *n* (*-a; G -i*) *gór* Revier, Gebiet; **~enie** *n* (*-a*) Vertiefung *f*
za|głodzić *pf* verhungern lassen; **~główek** *m* (*-wka; -wki*) *mot* Kopfstütze *f*; **~głuszać** (*-am*) → ***głuszyć***; **~gmatwany** verworren; **~gnać** *pf* → ***zaganiać***; *konia* zuschanden reiten; **~gniewany** zornig, erzürnt; **~gnieżdżać się** (*-am*) ⟨**~*gnieździć się***⟩ sich einnisten
zagon *m* (*-u; -y*) Stück *n* Land/Acker; **~ić** *pf* → ***zaganiać***; **~iony** abgehetzt
zagorzały glühend, fanatisch, hitzig
zagospodarow(yw)ać (*-[w]uję*) nutzbar machen, erschließen; einrichten; **~ *się*** sich (häuslich) einrichten
zagotować *pf* (auf)kochen
zagra|ć *pf* → ***grać***; **~bić** *pf* rauben; **~dzać** (*-am*) abzäunen; *ulicę* sperren; versperren (***k-u drogę*** j-m den Weg)
zagrani|ca *f* (*-y; 0*) Ausland *n*; **~czny** ausländisch, Auslands-; *pol* Außen-
zagraż|ać (*-am*) gefährden (***zdrowiu*** die Gesundheit); (*D*) **~*a głód*** dem/der ... droht Hunger
zagroda *f* (*-y; G -ród*) Gehöft *n*, Hof *m*
zagro|dzić *pf* → ***zagradzać***; **~zić** *pf* → ***grozić***, ***zagrażać***; **~żenie** *n* (*-a*) Gefährdung *f*; ***stan ~żenia*** Notstand; **~żony** bedroht, gefährdet
zagry|piony F grippekrank; **~wka** *f* (*-i; G -wek*) *sport* Aufschlag *m*; **~zać** (*-am*) ⟨**~źć***⟩ (*I*) dazuessen (*A*); *pf t.* totbeißen; ***~źć usta do krwi*** sich die Lippen wund beißen
za|grzać *pf* → ***zagrzewać***; **~grzebywać** (*-uję*) ⟨**~*grzebać***⟩ vergraben (***się*** sich), verscharren; **~grzewać** (*-am*) *kulin* aufwärmen; *fig* (**do** *G*) anspornen (zu); **~*grzać się*** warm werden
zahacz|ać (*-am*) ⟨**~yć**⟩ (*-ę*) hängenbleiben (**o** *A* an *D*); F ansprechen (***k-o o*** *A* j-n auf *A* hin); **~*yć się*** sich festhaken
zahamowa|nie *n* (*-a*) Bremsung *f*; *psych* Hemmung *f*; **~ć** *pf* → ***hamować***
zahar|owany abgearbeitet; **~towany** abgehärtet; → ***hartować***
za|hipnotyzowany hypnotisiert; **~hukany** F eingeschüchtert, scheu
zaimek *m* (*-mka; -mki*) Pronomen *n*
za|improwizowany improvisiert; **~ini-**, **~ink-**, **~ins-** *pf* → ***in-***
zainteresowan|ie *n* (*-a*) Interesse; **~y** (**w** *L*) interessiert (an *D*)
zaiste † wahrlich, fürwahr
zaistnieć *pf* zutage treten, auftauchen
zajad|ać F mit Appetit essen, futtern; **~ły** (**-le**) verbissen; unversöhnlich
zajazd *m* (*-u; -y*) (*gospoda*) Herberge *f*
zając *m* (*-a; -e, -jęcy*) Hase
zają|ć *pf* (*-jmę*) → ***zajmować***; **~knąć się**

pf (*-nę*) stocken; ***nie ~knąć się*** (**o** *L*) kein Wort verlieren (über *A*)
zaje|chać* *pf* → ***zajeżdżać***; **~zdnia** *f* Betriebshof *m*; Abstellhalle; **~żdżać** (*-am*) (**do** *G*) ankommen; einkehren (in *D*, bei); (***przed*** *A*) vorfahren (vor *A*)
zajęcie *n* (*-a*) Einnahme *f*, Besetzung *f*; *jur* Pfändung *f*; (*praca*) Beschäftigung *f*; *zw. pl* Unterricht *m*; Vorlesungen *f/pl*; **z ~m** interessiert, gefesselt
zajęczy Hasen-; → ***warga***
zajęty beschäftigt; *miejsce, tel* besetzt
zajmować (*-uję*) *miasto, postawę* einnehmen; *przestrzeń t.* füllen; *miejsce* reservieren, belegen; *jur* pfänden; (*zużyć czas*) beanspruchen; *pokój* bewohnen; *stanowisko* beziehen; *kraj* besetzen; beschäftigen (***się*** sich; *I* mit); (*budzić ciekawość*) fesseln
zajmujący (**-co**) fesselnd, spannend
zajrzeć *pf* (*-ę, -y*) → ***zaglądać***
zajś|cie *n* (*-a*) Vorfall *m*, Zwischenfall *m*; → ***zatarg***; **~ć*** *pf* (*-jść*) → ***zachodzić***
zakamarek *m* (*-rka*; *-rki*) Winkel (*fig*)
za|kamuflowany getarnt; **~kańczać** (*-am*) → ***kończyć***; **~kasywać** (*-uję*) ⟨***~kasać***⟩ (*-szę*) aufkrempeln, F hochkrempeln; **~katarzony** verschnupft; **~katrupić** P *pf* (*-ę*) umlegen, kaltmachen
zaka|z *m* (*-u*; *-y*) Verbot *n*; **~zać** *pf* → ***zakazywać***; **~zany** verboten; **~zić** *pf* (*-żę*) → ***zakażać***; **~zywać** (*-uję*) verbieten, untersagen; **~kaźny** ansteckend, infektiös; ***on jest ~kaźnie chory*** er hat e-e ansteckende Krankheit; **~żać** (*-am*) *med* anstecken; **~żenie** *n* (*-a*) Ansteckung *f*; Infektion *f*
zakąs|ić *pf* (*-szę*) → ***przekąsić***; **~ka** *f* (*-i*; *G -sek*) Hors d'œuvre *n*; ***na ~kę*** als Vorspeise
zakątek *m* (*-tka*; *-tki*) → ***zakamarek***
za|ki-, **~kla-** *pf* → ***ki-***, ***kla-***; **~kląć** *pf* → ***zaklinać***; **~kle-** *pf* → ***kle-***; **~klęcie** *n* (*-a*) Beschwörung *f*; Zauberformel *f*
zaklinać (*-am*) verzaubern; beschwören; **~ *się*** schwören (***na*** *A* bei)
zakład *m* (*-u*; *-y*) Betrieb; Geschäft *n*; (*instytucja*) Anstalt *f*; (*założenie się*) Wette *f*; ***~ pracy*** Arbeitsstätte *f*; ***iść o ~*** e-e Wette eingehen; **~ać** (*-am*) *rodzinę, firmę* gründen; *okulary* aufsetzen; *krawat* umbinden; *brzeg* umbiegen, einschlagen; *opatrunek itp.* anlegen; *gaz, prąd* (ver)legen; *protest itp.* einlegen; ***~ać nogę na nogę*** die Beine übereinanderschlagen; *v/i* ***~ać, że ...*** annehmen, daß ...; **~ać się** (**o** *A*) wetten (um); **~ka** *f* Falte; (*w książce*) Lesezeichen *n*
zakład|niczka *f* (*-i*; *G -czek*), **~nik** *m* (*-a*; *-cy*) Geisel *f*; ***wzięcie ~ników*** Geiselnahme *f*; **~owy** Betriebs-, Werks-
zakłaman|ie *n* (*-a*; *0*) Verlogenheit *f*; **~y** verlogen
zakłopotan|ie *n* (*-a*; *0*) Verlegenheit *f*; **~y** verlegen; (*zmartwiony*) bekümmert
zakłóc|ać (*-am*) ⟨**~ić**⟩ stören; **~enie** *n* (*-a*) Störung *f*
zakoch|iwać się (*-uję*) ⟨***~ać się***⟩ sich verlieben (**w** *L* in *A*); **~any** verliebt
zako|do- *pf* → ***kodo-***; **~mu-** *pf* → ***komu-***
zakon *m* (*-u*; *-y*) *rel* Orden; **~nica** *f* (*-y*; *-e*) Ordensschwester, Nonne; **~nik** *m* (*-a*; *-cy*) Ordensbruder; **~ny** Ordens-
za|kons- *pf* → ***kons-***; **~kończenie** *n* (*-a*) Beendigung *f*; (*koniec*) Schluß *m*; **~kończyć** → ***kończyć***; **~kopać** *pf* → ***zakopywać***; **~kopcony** verrußt; **~kopywać** (*-uję*) eingraben; vergraben; **~korkowany** verkorkt; *fig* verstopft; **~korzenić się** *pf* sich einwurzeln; **~kotwiczać** (*-am*) ⟨***~kotwiczyć***⟩ (*-ę*) *v/t mar* verankern; *v/i* vor Anker gehen
zakra|dać się (*-am*) ⟨***~ść* się***⟩ sich einschleichen; **~plać** (*-am*) einträufeln; **~towany** vergittert; **~wać** (*-am*) (**na** *A*) klingen (wie *A*)
zakres *m* Bereich; ***we własnym ~ie*** mit eigenen Mitteln, ohne fremde Hilfe
zakreśl|ać (*-am*) ⟨**~ić**⟩ (*w tekście*) anstreichen, markieren; *koło* beschreiben
zakręc|ać (*-am*) ⟨**~ić**⟩ *włosy* eindrehen; *kran* zudrehen; *t-ko pf* drehen (*I* mit; **się** sich); *v/i* wenden, kehrtmachen
zakręt *m* (*-u*; *-y*) Biegung *f*; Kurve *f*; **~as** *m* (*-a*; *-y*) Schnörkel; **~ka** *f* (*-i*; *G -tek*) Schraubverschluß *m*
za|kroplić *pf* (*-lę*) → ***zakraplać***; **~krwawić** *pf* mit Blut beflecken; blutig schlagen; **~kryć** *pf* → ***zakrywać***
za'krystia [-ţia] *f* (*GDL -ii*; *-e*) Sakristei
za|krywać (*-am*) bedecken, zudecken; *widok* verdecken; **~krzątnąć się** *pf* (*-nę*) → ***krzątać się***
zakrzep *m* (*-u*; *-y*) *med* Thrombus; **~ica** *f* (*-y*; *0*) Thrombose; **~ły** geronnen
za|krzt- → ***krzt-***; **~krzywiony** krumm, gekrümmt; **~księ-** *pf* → ***księ-***
zaktualizowany aktualisiert

zakuć *pf* → ***zakuwać***
zakulisowy *fig* ... hinter den Kulissen
zakup *m* (*-u*; *-y*) Einkauf; ***... na ~y*** Einkaufs-; ***iść po ~y*** einkaufen gehen
zakurzony verstaubt, staubbedeckt
zaku|ty F *fig*: ***~ty łeb*** Holzkopf; **~wać** (*-am*): ***~wać w kajdany*** in Ketten legen
za|kwaterow(yw)ać (*-[w]uję*) einquartieren; **~kwitnąć** *pf* aufblühen, erblühen; **~lać** *pf* → ***zalewać***; **~lany** überströmt; P *fig* besoffen; **~lążek** *m* (*-żka*; *-żki*) *bot* Samenknospe *f*; *fig* Keim
zale|c* *pf* → ***zalegać***; **~cać** (*-am*) ⟨**~cić**⟩ (*-cę*) (dringend) anraten; *med t.* verordnen; ***~cać się*** (***do*** *G*) den Hof machen (*D*), werben (um); **~cenie** *n* (*-a*) Rat(schlag) *m*; Anordnung *f*
zaledwie *part*, *conj* kaum, knapp
zaleg|ać (*-am*) *v/i geol* vorkommen; *milczenie*, *ciemność*: sich senken, eintreten; (**z** *I*) im Rückstand sein (mit); **~łość** *f* (*-ści*) Rückstand *m*; **~ły** ausstehend; (*nie zapłacony t.*) unbeglichen
zale|piać (*-am*) ⟨**~pić**⟩ verkleben, zukleben; *dziurę itp.* zuschmieren; **~siać** (*-am*) ⟨**~sić**⟩ (*-ę*) aufforsten
zaleta *f* (*-y*) Vorzug *m*
zalew *m* (*-u*; *-y*) Überschwemmung *f*; *geogr* Haff *n*; **~ać** (*-am*) *v/t* übergießen; überfluten, überschwemmen (*t. fig*); (*uszczelniać*) vergießen; *v/i* F flunkern; ***~ać robaka*** s-n Kummer ersäufen
zależ|eć (***od*** *G*) abhängen, abhängig sein (von); ***~y mi na tym*** es liegt mir daran; ***to ~y*** es kommt darauf an; **~ność** *f* (*-ści*) Abhängigkeit; **~ny** abhängig; ***~nie od tego, czy*** je nachdem, ob
zalicz|ać (*-am*) (***do*** *G*) (hinzu)rechnen (zu), zählen (zu; ***się*** *v/i*); anrechnen (***na*** *A* auf *A*); **~enie** *n*: ***za ~eniem*** (***pocztowym***) per/gegen Nachnahme; **~ka** *f* (*-i*; *G -czek*) Vorschuß *m*; ***tytułem ~ki*** als Vorschuß; **~kowo** *adv* vorschußweise
zalot|ny kokett; **~y** *pl* (*-ów*) → ***umizgi***
zaludni|ać (*-am*) ⟨**~ć**⟩ (*-ę*, *-nij!*) besiedeln; ***~(a)ć się*** sich füllen
zała|dowczy Verlade-; **~dow(yw)ać** (*-[w]uję*) verladen; **~dunek** *m* Verladung *f*; **~dunkowy** (Ver-)Lade-; **~godzić** *pf* mildern; *spór* schlichten
załama|ć *pf* → ***załamywać***; **~nie** *n* (*-a*) *fiz* Brechung *f*; *fig* Zusammenbruch *m*
załamywać (*-uję*) knicken; *ręce* ringen; eindrücken, (durch)brechen; ***~ się*** zusammenbrechen (*t. fig*); einknicken *v/i*; *fiz* sich brechen; *głos*: versagen *v/i*
załatwi|ać (*-am*) ⟨**~ć**⟩ (*-ę*) erledigen; *klienta* bedienen, abfertigen; F ***~ć się*** (**z** *I*) fertig werden (mit); austreten müssen; **~enie** *n* (*-a*) Erledigung *f*
załącz|ać (*-am*) beifügen, beilegen; *ukłony* übermitteln; **~enie** *n*: ***w ~eniu*** in der Anlage; **~nik** *m* (*-a*; *-i*) Anlage *f*
załoga *f* (*-i*; *G -łóg*) Besatzung; (*zakładu*) Belegschaft; *mil* Garnison
załom *m* Knick
założeni|e *n* (*-a*) Gründung *f*; (*teza*) Grundsatz *m*; ***~a*** *pl* Grundkonzeption *f*; ***wychodzić z ~a*** davon ausgehen
założyciel *m* (*-a*; *-e*), **~ka** *f* (*-i*; *G -lek*) Gründer(in); **~ski** Gründungs-
założyć *pf* → ***zakładać***
załzawiony tränend, voll Tränen
zamach *m* (*-u*; *-y*) (***na życie*** Mord-)Anschlag, Attentat *n*; ***~ stanu*** Staatsstreich, (***wojskowy*** Militär-)Putsch; ***z ~em*** mit Schwung; ***za jednym ~em*** auf e-n Schlag; **~nąć się** *pf* (zum Schlag *itp.*) ausholen; **~owczyni** *f* (*-i*; *-e*), **~owiec** *m* (*-wca*; *-wcy*) Attentäter(in); **~owy:** ***koło ~owe*** Schwungrad
zama|czać → ***moczyć***; **~low(yw)ać** (*-[w]uję*) übermalen, überpinseln
za|martwiać się (*-am*) → ***martwić sie***; **~marzać** (*-am*) → ***morzyć***; **~marzać** [-r·z-] (*-am*) → ***marznąć***; **~maskowany** maskiert; getarnt
zamaszysty (***-ście***) schwungvoll
zama|wiać bestellen; in Auftrag geben; *tel* anmelden; **~zywać** (*-uję*) ⟨**~zać**⟩ verschmieren; *fig* verwischen
zamącić *pf wodę* trüben; *fig* → ***zakłócić***
zamążpójście *n* (*-a*) Heirat *f*
zamczysko *n* (*-a*; *G* -) Burg(ruine) *f*
zamek *m* (*-mka*; *-mki*) Schloß *n*; Verschluß; (*G -mku*) *arch* Schloß *n*, Burg *f*; ***~ błyskawiczny*** Reißverschluß; ***~ centralny*** *mot* Zentralverriegelung *f*
zameldowa|ć *pf* → ***meldować***; **~nie** *n* (*-a*) Meldung *f*; Anmeldung *f*
zamę|czać (*-am*) → ***męczyć***; **~t** *m* (*-u*; *0*) Wirrwarr, F Durcheinander *n*
zamężna verheiratet, † verehelicht
zamgl|enie *n* (*-a*) Nebel *m*, Dunst *m*; **~ony** neb(e)lig, dunstig; verschleiert
zamian: ***w ~*** (***za*** *A*) im Austausch (für), anstelle (von, *G*); **~a** *f* (*-y*) (***mieszkania*** Wohnungs-)Tausch *m*; Umwandlung

zamiar *m* (*-u*; *-y*) Absicht *f*; ***nosić się z ~em***, ***mieć ~*** die Absicht haben
zamiast *prp* (*G*) (an)statt (*G*); ***~ tego*** stattdessen; *adv* anstatt zu
zamiata|ć (*-am*) (aus)fegen, (aus)kehren; **~rka** *f* (*-i*; *G -rek*) Kehrmaschine
zamieć *f* (*-ci*; *-cie*/*-ci*, *-ci*) Schneetreiben *n*, Schneesturm *m*
zamiejscow|y auswärtig, ortsfremd; ***rozmowa ~a*** Ferngespräch *n*
zamien|iać (*-am*) ⟨**~ić**⟩ *v/t* tauschen (***na*** *A* gegen); *obrączki*, *słowa itp.* austauschen, wechseln; (*przeobrażać*) umwandeln; **~i(a)ć *się*** sich verwandeln; (***na*** *A*) (untereinander) tauschen (*A*); **~ny** Tausch-; ***część ~na*** Ersatzteil *n*
zamierać (*-am*) eingehen, sterben; *fig* ersterben; zum Erliegen kommen; erstarren (***ze strachu*** vor Angst)
zamierzać (*-am*) vorhaben, beabsichtigen; ***~ się*** (zum Schlag) ausholen
zamie|rzchły uralt; **~rzenie** *n* (*-a*) → ***zamiar***; **~rzony** beabsichtigt; **~szać** *pf* → ***mieszać***; **~szanie** *n* (*-a*) → ***zamęt***; **~szany** *fig* (***w*** *A*) verwickelt (in *A*); **~szczać** (*-am*) → ***umieszczać***
zamieszka|ć *pf* sich niederlassen; e-e Wohnung beziehen; **~ły** bewohnt; (***w*** *L*) wohnhaft (in *D*); **~nie** *n* Wohnen; ***miejsce ~nia*** Wohnort *m*
zamieszki *pl* (*-szek*) Unruhen *f*/*pl*
zamieszkiwać (*-uje*) wohnen; hausen
za|mieścić *pf* → ***umieścić***; **~mieść*** → ***zamiatać***; **~milczeć** *pf* verschweigen; **~milknąć** *pf* → ***milknąć***
zamiłowan|ie *n* (*-a*) (***do*** *G*) Liebe (zu); ***z ~iem*** mit Leib und Seele; **~y** passioniert
zaminowany vermint; → ***minować***
zamkn|ąć *pf* → ***zamykać***; **~ięcie** *n* (*-a*) Abschließen; Schließung *f*; Sperrung *f*; (*książ*) Abschluß *m*; (*zamek*) Verschluß *m*; ***w ~ięciu*** unter Verschluß; in Gewahrsam; **~ięty** geschlossen
zamkowy Schloß-, Burg-
za|mocow(yw)ać → ***przymocowywać***, ***mocować***; **~moczyć** *pf* → ***moczyć***; **~montowywać** (*-wuję*) → ***montować***
zamordowan|ie *n* (*-a*) Ermordung *f*; **~y** ermordet; → ***mordować***
zamorski überseeisch, Übersee-
zamożny wohlhabend, vermögend
zamówi|ć *pf* → ***zamawiać***; **~enie** *n* (*-a*) Bestellung *f*, Auftrag *m*
zamraczać (*-am*) benommen machen
zamraża|ć (*-am*) *v/t* einfrieren (*t. fin*, *hdl*); **~lnik** *m* (*-a*; *-i*) Gefrierfach *n*; **~rka** *f* (*-i*; *G -rek*) Gefriertruhe, Gefrierschrank *m*
zamrocz|enie *n* (*-a*) Bewußtseinstrübung *f*; Benommenheit *f*; ***stan ~enia*** Rausch(zustand); **~ony** benommen; berauscht; **~yć** (*-ę*) → ***zamraczać***
zamrozić *pf* → ***zamrażać***
zamrzeć* *pf* → ***zamierać***
zamsz *m* (*-u*; *-e*) Wildleder *n*
zamulony verschlammt
zamurow(yw)ać (*-[w]uję*) zumauern
zamykać (*-am*) schließen (***się*** sich *a.v/i t. fig*), zumachen (*t. fig*); *rzecz*, *os.* einschließen, einsperren (***się*** sich); *ulicę*, *prąd itp.* sperren; *księgi* abschließen; *pochód* den Schluß (*G*) bilden; ***~ na klucz*** abschließen; ***~ się w sobie*** sich zurückziehen, sich absondern
zamyś|lać (*-am*) ⟨**~lić**⟩ (*-lę*) vorhaben, planen; ***~lić się*** in Gedanken versinken; nachdenken (***nad*** *I* über *A*); **~lony** gedankenverloren; nachdenklich
zanadto (all)zu, zuviel, zu sehr
zaniecha|ć *pf* (*-am*) (*G*) aufgeben (*A*); verzichten (auf *A*); **~nie** *n* (*-a*; *0*) *jur* Unterlassung *f*
zanieczy|szczać (*-am*) ⟨**~ścić**⟩ verunreinigen, verschmutzen; **~szczenie** *n* (*-a*) Verunreinigung *f*, (***środowiska*** Umwelt-)Verschmutzung *f*
zaniedba|ć *pf* → ***zaniedbywać***; **~nie** *n* (*-a*) Vernachlässigung *f*; Nachlässigkeit *f*; *pl t.* Versäumnisse *n*/*pl*; **~ny** vernachlässigt; nachlässig, salopp
zaniedbywać (*-uję*) vernachlässigen; ***~ się*** nachlässig werden, nachlassen (***w*** *L* in *D*); (*opuścić się*) herunterkommen
zanie|móc* *pf* krank werden; **~mówić** *pf* (***z*** *G*) sprachlos sein (vor); **~pokojenie** *n* (*-a*) Beunruhigung *f*; → ***niepokój***, ***niepokoić***
zanie|ść* → ***zanosić***; **~widzieć** *pf* blind werden, erblinden
zanik *m* (*-u*; *-i*) Schwund, Rückgang; *med t.* Rückbildung *f*, Schrumpfung *f*; **~ać** (*-am*) ⟨**~nąć**⟩ (ver)schwinden; *zw. impf* schrumpfen, sich zurückbilden
zanim *conj* bevor, ehe
zaniż|ać (*-am*) ⟨**~yć**⟩ (*-ę*) herabsetzen, (ver)mindern; zu niedrig ansetzen
zano|- *pf* → ***no-***; **~sić** *v/t* (hin)bringen, (hin)schaffen; zuwehen (***śniegiem*** mit

Schnee); treiben (**łódź** das Boot); **~sić się** (*I*, **od** *G*) unentwegt (+ *verb*)
zanu|dzać (*-am*) (*I*) anöden (mit); → **nudzić**; **~rzać** (*-am*) ⟨**~rzyć**⟩ (*-ę*) (ein-, unter)tauchen (**w** *I* in *A*; **po szyję** bis zum Hals; **się** *v/i*); **~rzenie** *n* (*-a*) *mar* Tiefgang *m*
zaoczn|ie *adv* in Abwesenheit; **~y: studia** *n/pl* **~e** Fernunterricht *m*
za|of- *pf* → **of-**; **~ogniać** (*-am*) ⟨**~ognić**⟩ (*-ę*, *-nij!*) (**się** sich) zuspitzen (*fig*); röten; **~ognić się** *med* sich entzünden
zaokrągl|ać (*-am*) ⟨**~ić**⟩ (*-lę*, *-lij!*) abrunden; *liczbę t.* aufrunden
zaokrętować *pf* (*-uję*) verschiffen; **~ się** an Bord gehen
zaopatrywać (**w** *A*) versorgen (mit; **się** sich); (*dostarczać t.*) beliefern (mit); (*wyposażać*) ausstatten, versehen (mit)
zaopatrz|enie *n* (*-a*; *0*) Versorgung *f*; Ausstattung *f*; *hdl* Einkauf *m*, Beschaffung *f*; **~yć** *pf* (*-ę*) → **zaopatrywać**
za|opi- *pf* → **opi-**; **~orywać** (*-uję*) ⟨**~orać***⟩ (unter)pflügen; **~ostrzać** (*-am*) → **ostrzyć**; **~oszczę-** → **oszczę-**
zapach *m* (*-u*; *-y*) Geruch, Duft
zapad|ać *kurtyna*: niedergehen; *oczy*, *boki*: einfallen; *cisza*: eintreten; *zmrok*, *wieczór*: werden; *decyzja*: fallen; *wyrok*: gefällt werden; **~ać na zdrowiu** kränkeln; **~ać w sen** in den Schlaf sinken; **~ać się** einsinken, versinken; **~ły** eingefallen; *oczy*: tiefliegend; *fig* **~ły kąt**, **~ła dziura** elendes Nest
zapako- *pf* → **pako-**
zapala|ć (*-am*) anzünden; *ogień t.* anmachen; *fajkę t.* anstecken; *światło t.* anknipsen; *motor* anlassen; *fig* (**do** *G*) entflammen, begeistern (für; **się** sich); *v/i* heizen; **~ć się** (sich ent)zünden; *światło*: angehen; *fig* entbrennen (*I* in *D*); **~jący** *mil* Brand-
zapalczyw|ość *f* (*-ści*; *0*) Heftigkeit; Unbeherrschtheit; **~y** (**-wie**) hitzig
zapal|enie *n* (*-a*) Entzündung *f* (*t. med*); **~eniec** *m* (*-ńca*; *-ńcy*) Enthusiast; **~ić** *pf* → **zapalać**; **~niczka** *f* (*-i*; *G -czek*) Feuerzeug *n*; *mot* Zigarettenanzünder *m*; **~nik** *m* (*-a*; *-i*) Zünder; **~ny** entflammbar; *med* entzündlich; **~ony** *fig* passioniert, leidenschaftlich
zapał *m* (*-u*; *-y*) Begeisterung *f*, Eifer; **~czany** Zündholz-; **~ka** *f* (*-i*; *G -łek*) Streichholz *n*, Zündholz *n*

zapamięt|ać *pf* sich merken, behalten; *EDV* speichern; **~ać się** alles vergessen (**w** *I* über *D*); **~ały** (**-le**) blindwütig; → **zagorzały**, **zapalony**; **~anie** *n* (*-a*; *0*) Besessenheit *f*; **łatwy do ~ania** leicht zu merken; **~ywać** (*-uję*) → **zapamiętać**
zapanować *pf* → **panować**; *cisza*, *spokój*: einkehren, eintreten; *noc*: kommen
zapar|- *pf* → **par-**; **~ty: z ~tym tchem** atemlos, mit angehaltenem Atem
zaparz|ać (*-am*) ⟨**~yć**⟩ (auf)brühen
zapas *m* (*-u*; *-y*) (**na zimę** Winter-)Vorrat; Ersatz; **mieć w ~ie** in Reserve haben; *t-ko pl* **~y** Ringen *n*, Ringkampf; **~owy** Reserve-, Ersatz-; **wyjście ~owe** Notausgang *m*
zapaś|ć¹* *pf* → **zapadać**; **~ć²** *f* (*-ści*; *0*) *med*, *fig* Kollaps *m*; **~niczy** Ringer-; **~nik** *m* (*-a*; *-cy*) Ringer, Ringkämpfer
zapatrywa|ć się (*-uję*) (**na** *A*) betrachten (*A*); **jak się na to zapatrujesz?** was hältst du davon?; **~nie** *n* (*-a*) Ansicht *f*
zapatrzyć się *pf* → **wpatrywać się**
zapchać *pf* → **zapychać**
zapełni|ać (*-am*) ⟨**~ć**⟩ füllen (**się** sich)
zaperzony aufgebracht, gereizt, böse
zapewn|e *adv* sicher(lich); **~iać** (*-am*) ⟨**~ić**⟩ (*-ę*, *-nij!*) versichern (**k-o o** *L* j-n *G*); (*gwarantować*) gewährleisten, (zu)sichern; **~ienie** *n* (*-a*) Zusicherung *f*
zapę|dy *m/pl* (*-ów*) Versuche *m/pl*; **~dzać** (*-am*) ⟨**~dzić**⟩ (hinein)treiben (**do** *G* in *A*); **~dzić się** *fig* zu weit gehen
zapiąć *pf* → **zapinać**
zapie|czętować *pf* versiegeln; **~kać** (*-am*) ⟨**~c***⟩ überbacken; **~kanka** *f* (*-i*; *G -nek*) *kulin* Auflauf *m*; **~rać** (*-am*) *dech* verschlagen, benehmen; → **zaparty**; **~rać się** (*G*) (ver)leugnen (*A*)
za|pięcie *n* (*-a*) (**na guzik** Knopf-)Verschluß *m*; **~pinać** (*-am*) *guzik*, *bluzkę* zuknöpfen, F zumachen; *pas* anlegen, umschnallen
zapis *m* (*-u*; *-y*) (*wpis*) Einschreibung *f*; Aufzeichnung *f*; (**na taśmie** Band-) Aufnahme *f*; *jur* Vermächtnis *n*; → **dźwięk**; **~ek** *m* (*-sku*; *-ski*) Notiz *f*; **~ywać** (*-uję*) ⟨**~ać**⟩ *stronę* vollschreiben; *wrażenia* niederschreiben, aufzeichnen (*t. dźwięk*); notieren (**do** *G*, **w** *L* in *D*); *sumę* gutschreiben; *lek* verschreiben; (**w testamencie** testamentarisch) vermachen; → **wpisywać**
zapity F besoffen; *głos*: versoffen

zapla|nowany (ein)geplant; → ***planować***; **~tać** (*-am*) flechten
zapląt|ywać (*-uję*) ⟨**~*ać***⟩ → ***plątać***; **~*ać się*** sich verwickeln (***w*** *A* in *A*)
zaplecze *n* (*-a*) Hinterland; Basis *f*
za|pleść* *pf* → ***zaplatać***; **~pleśniały** verschimmelt; **~plombowany** verplombt; → ***plombować***
zapła|cenie *n* (*-a*) Bezahlung *f*; **~cić** *pf* → ***płacić***; *dług, rachunek t.* begleichen; **~dniać** (*-am*) befruchten; **~kany** verweint; (*płacząc*) weinend; **~ta** *f* (*-y*) (Be-)Zahlung; (*za pracę, fig*) Lohn *m*
zapłodni|ć *pf* (*-ę, -nij!*) befruchten; **~enie** *n* (*-a*) Befruchtung *f*
zapłon *m* (*-u*; *-y*) Zündung *f*; ***włącznik ~u*** Zündschloß *n*; **~ąć** *pf* (anfangen zu) brennen; **~owy** Zünd-
zapobieg|ać ⟨***zapobiec***⟩ (*D*) verhüten (*A*); vorbeugen (*D*); **~anie** *n* (*-a*; *0*) Verhütung *f*; **~awczy** (**-czo**) vorbeugend; **~liwy** (**-*wie***) vorsorglich; fürsorglich; → ***przezorny, przewidujący***
zapo|cony verschwitzt; *szyba*: beschlagen; → ***pocić się***; **~czątkow(yw)ać** (*-[w]uję*) einleiten, F starten; **~dziać (się)** *pf* → ***podziewać***; **~minać** (*-am*) ⟨**~*mnieć***⟩ (*-nę, -nij!*) (*A*, **o** *L*) vergessen (*A*); (*G*) verlernen (*A*); **~mnienie** *n* (*-a*; *0*) Vergessenheit *f*; Vergessen; ***przez ~mnienie*** aus Vergeßlichkeit; **~moga** *f* (*-i*; *G -móg*) Unterstützung, Beihilfe
zapor|a *f* (*-y*) Sperre; **~*a wodna*** Talsperre; *w.zn.* Staudamm *m*, Staumauer; *kolej* Schranke; **~owy** Sperr-; Stau-
zapotrzebowa|ć *pf* anfordern, ordern; **~nie** *n* (*-a*) *hdl* Auftrag *m*; (**na** *A*) Bedarf *m* (an); Nachfrage *f* (nach)
zapowi|adać (*-am*) ⟨**~*edzieć***⟩ ankündigen, ansagen (**się** sich); **~*adać się*** *t.* versprechen ... zu werden; **~edź** *f* (*-dzi*) Ankündigung, Ansage; ***dać na ~edzi*** das Aufgebot bestellen
zapozna|ny verkannt; **~(wa)ć** (**z** *I*) bekannt/vertraut machen (mit; **się** sich); **~(*wa*)*ć się*** *t.* kennenlernen (sich, *A*)
zapożycz|ać ⟨**~*yć***⟩ (***od***, **z** *G*) entlehnen (bei, *D*); **~enie** *n* (*-a*) *jęz* Lehnwort
zapra|cowany *pieniądz*: verdient, erarbeitet; (*zajęty*) (sehr) beansprucht; **~cow(yw)ać** (*-[w]uję*) verdienen, erarbeiten; **~gn-** *pf* → **pragn-**; **~szać** (*-am*) (***na*** *A*, ***do*** *G*) einladen (auf *A*, zu, nach); **~wa** *f* (*-y*) Übung, Training *n*; *bud* Mörtel *m*; *kulin* → ***przyprawa***; **~wiać** (*-am*) ⟨**~*wić***⟩ trainieren (**się** *v/i*; **do** *G* für); *psa* abrichten; **~*wiać się*** *t.* üben (für); *kulin* → ***przyprawiać***
za|pre-, **~pro-** *pf* → **pre-**, **pro-**
zapro|sić *pf* → ***zapraszać***; **~szenie** *n* (*-a*) Einladung *f*; **~wadzać** (*-am*) ⟨**~*wadzić***⟩ (hin)führen, (hin)geleiten; *zwyczaj, modę* einführen; → ***zakładać***
zaprzą|c* (*-prząc*) *pf* → ***zaprzęgać***; **~tać** (*-am*) ⟨**~*tnąć***⟩ (*-nę*) ganz in Anspruch nehmen, mit Beschlag belegen
zaprzecz|ać (*-am*) ⟨**~yć**⟩ verneinen; (*D*) abstreiten, bestreiten (*A*); → ***przeczyć***; **~enie** *n* (*-a*) Verneinung *f*
zaprze|ć* *pf* → ***zapierać***; **~da(wa)ć** verraten; **~paszczać** (*-am*) ⟨**~*paścić***⟩ (*-szczę*) zugrunde richten; verderben; *szansę* verspielen; **~stawać** ⟨**~*stać****[2]⟩ (*G*) aufhören (mit), einstellen (*A*)
zaprzęg *m* (*-u*; *-i*) Gespann *n*; **~ać** (*-am*) ⟨**~*nąć***⟩ (*-nę*) einspannen (*t. fig*)
zaprzychodować *pf* (*-uję*) gutschreiben
zaprzyjaź|niać się (*-am*) ⟨**~*nić się***⟩ Freundschaft schließen (**z** *I* mit); **~*niony*** befreundet
zaprzy|sięgać ⟨**~*sięgnąć***, **~*siąc***⟩ vereidigen; schwören (***sobie*** sich); **~siężenie** *n* (*-a*) Vereidigung *f*
zapuchnięty geschwollen, aufgequollen
zapu|sty *pl* (*-ów*) Fastnacht *f*; **~puszczać** ⟨**~*ścić***⟩ *sondę, roletę* herunterlassen; *brodę* wachsen lassen; *korzenie* schlagen; F *silnik* anlassen; *ogród itp.* verwildern/verwahrlosen lassen; **~szczony** verwahrlost; verwildert
zapychać (*-am*) verstopfen (**się** sich)
zapylony staubig, verstaubt
zapyt|anie *n* (An-)Frage *f*; ***znak ~ania*** Fragezeichen *n*; **~ywać** (*-uję*) → ***pytać***
zarabiać (*-am*) verdienen (**na** *L* bei)
zara|dczy: *środki* *m/pl* **~dcze** Vorsorgemaßnahmen *f/pl*; **~dny** geschickt, wendig; **~dzać** (*-am*) ⟨**~*dzić***⟩ (*D*) helfen, Rat wissen (bei), abhelfen (*D*)
zarastać (*-am*) zuwachsen
zaraz *adv* gleich, sofort
zaraz|a *f* (*-y*) Seuche; *fig* Pest; **~ek** *m* (*-zka*; *-zki*) (Krankheits-)Erreger
zarazem *adv* zugleich, gleichzeitig
zara|zić *pf* → ***zarażać***; **~źliwy** (**-*wie***) ansteckend; **~żać** (*-am*) infizieren, anstecken (*I* mit; **się** sich); verseuchen
zardzewiały rostig; → ***rdzewieć***

zare- *pf* → **re-**
zaręcz|ać (*-am*) ⟨**~yć**⟩ → ***ręczyć***, ***zapewniać***; **~yć się** sich verloben; **~yny** *pl* (-) Verlobung *f*
zarob|ek *m* (*-bku*; *-bki*) Verdienst, *pl t.* Einkünfte *pl*; **~ić** *pf* → ***zarabiać***; **~kowy** Erwerbs-; ***pracować ~kowo*** erwerbstätig sein; für Geld arbeiten
zarod|ek *m* (*-dku*; *-dki*) Keim (*t. fig*); Embryo; **~nik** *m* (*-a*; *-i*) Spore *f*
zaro|snąć *pf* → ***zarastać***; **~st** *m* (*-u*; *0*) Bartwuchs; **~śla** *n*/*pl* (*-i*) Dickicht *n*, Gebüsch *n*; **~śnięty** bewachsen; zugewachsen; (*nie ogolony*) unrasiert
zarozumia|lec *m* (*-lca*; *-lcy*) Wichtigtuer, *pej* Fatzke; **~łość** *f* (*-ści*; *0*) Überheblichkeit; **~ły** (**-le**) überheblich
zarówno: ~ ... ***jak*** ebenso ... wie
zaróżowiony gerötet
zarumieniony → ***rumiany***, ***rumienić***
zaryglowany verriegelt; → ***ryglować***
zarys *m* Umriß; Skizze *f*; Kompendium *n*; ***w głównych ~ach*** in groben Zügen
zarysow(yw)ać (-[*w*]*uję*) *arkusz* vollzeichnen; *fig* zeichnen; ~ **się** Kratzer/Risse bekommen; *fig* sich abzeichnen
zarzą|d *m* (*-u*; *-y*) Verwaltung *f*; Vorstand, Geschäftsleitung *f*; **~dzać** (*-am*) (*I*) verwalten, leiten (*A*); ⟨*t.* **~dzić**⟩ anordnen, verfügen; **~dzenie** *n* (*-a*) Verfügung *f*; Verordnung *f*
zarzu|cać ⟨**~cić**⟩ *v/t szal itp.* überwerfen; *sieć* auswerfen; *dół* vollschütten; *rynek* überschwemmen (*I* mit); (*obwiniać*) vorwerfen; zur Last legen; *palenie itp.* aufgeben; *v/i pojazd*: schleudern; **~t** *m* Vorwurf; Einwand; ***bez ~tu*** tadellos, einwandfrei
za|rzynać (*-am*) ⟨**~rżnąć**⟩ schlachten
zasad|a *f* (*-y*) Grundsatz *m*; Regel; *chem* Base; **z ~y** aus Prinzip; **~niczy** (**-czo**) grundsätzlich; ***ustawa ~nicza*** Grundgesetz *n*; **~owy** alkalisch, basisch
zasa|dzać ⟨**~dzić**⟩ pflanzen; ***~dzać się*** (***na*** *L*) sich gründen (auf *D*); **~dzka** *f* (*-i*; *G -dzek*) Hinterhalt *m*; **~lać** (*-am*) einsalzen; **~pać się** *pf* außer Atem sein
zasądz|ać (*-am*) ⟨**~ić**⟩ *jur* zuerkennen; (*skazać*) verurteilen (***na*** *A* zu)
zaschnięty vertrocknet; verkrustet
zasępiony finster, mißmutig
zasia|ć *pf* → ***zasiewać***; **~dać** ⟨***zasiąść****⟩ sich setzen, Platz nehmen (***do*** *G*, ***za*** *I* zu, an *D*)
zasiedl|ać (*-am*) ⟨**~ić**⟩ (*-lę*) besiedeln
zasięg *m* (*-u*; *0*) Reichweite *f*; (***widzenia*** Sicht-)Weite *f*; Bereich; ***dalekiego ~u*** Langstrecken-; **~ać** ⟨**~nąć**⟩ *rady* (ein)holen; *informacji t.* einziehen
zasi|lać (*-am*) ⟨**~lić**⟩ versorgen
zasiłek *m* (*-łku*; *-łki*) Unterstützung *f*, Beihilfe *f*; ~ ***chorobowy*** Krankengeld *n*; ~ ***mieszkaniowy*** Wohngeld *n*
zaska|kiwać (*-uję*) *v/t* überraschen; *v/i zamek*: einschnappen; **~kujący** (**-co**) verblüffend; **~rżać** (*-am*) ⟨**~rżyć**⟩ *v/t* (***do sądu*** vor Gericht) Klage erheben (gegen *A*); *wyrok* anfechten
zasko|czenie *n* (*-a*) Überraschung *f*; **~czony** überrascht; **~czyć** *pf* → ***zaskakiwać***
zaskórn|y: *woda ~a* Grundwasser *n*
zasła|bnąć *pf* e-n Schwächeanfall erleiden; **~ć*** (*słać*[2]) → ***zaścielać***; **~niać** *widok* verdecken; *twarz* verhüllen; *okno* verhängen; *oczy* schützen (**się** sich)
zasłon|a *f* (*-y*) Vorhang *m*; Schutz *m*, Schirm *m*; *sport* Deckung; Parade; **~ić** *pf* (*-ę*) → ***zasłaniać***
zasłu|ga *f* (*-i*) Verdienst *n*; ***położyć ~gi*** sich Verdienste erwerben (***dla*** *G* bei); **~giwać** (*-uję*) (***na*** *A*) verdienen (*A*); (***na uwagę*** beachtens)wert sein; **~żenie** *adv* verdientermaßen; **~żony** verdient; **~żyć** *pf* → ***zasługiwać***; ***~żyć się*** (*D*) sich verdient machen (um)
za|słynąć *pf* (**z** *G*) berühmt werden (wegen); **~smakować** *pf* (**w** *L*) Gefallen finden (an *D*); **~smarkany** P rotznäsig; **~smarow(yw)ać** (-[*w*]*uję*) verschmieren; **~smucony** traurig; → ***smucić***
zasnąć *pf* (*-nę*) einschlafen
zasobn|ik *m* (*-a*; *-i*) Behälter; Raumsonde *f*; **~y** (**w** *A*) reich (an); wohlhabend
za|solić *pf* → ***zasalać***; **~sób** *m* (*-obu*; *-oby*) Vorrat; *pl t.* Ressourcen *f*/*pl*; ***~sób wyrazów*** Wortschatz
zaspa *f* (*-y*) (Schnee-)Wehe; **~ć*** *pf* verschlafen; **~ny** verschlafen *adj*
zaspok|ajać (*-am*) ⟨**~oić**⟩ (*-ję*) *głód itp.* stillen; *potrzeby*, *ciekawość* befriedigen
zasrany V *fig* beschissen
zastać* *pf* (*stać*[2]) → ***zastawać***
zastanawiać (*-am*) *v/t* zu denken geben (*D*); ~ **się** (***nad*** *I*) überlegen (*A*)
zastanowi|ć (**się**) *pf* → ***zastanawiać***; **~enie** *n* (*-a*; *0*) Überlegung *f*
zastarzały alt; *med* verschleppt

Z

zastaw *m* Pfand *n*; **dać w ~** verpfänden; **~a** *f* (*-y*) (**stołowa** Tafel-)Service *n*; **~ać** (**przy** *L*) (an)treffen (bei, an *D*); **~i(a)ć** vollstellen; *drzwi* verstellen; *pułapkę* (auf)stellen; (*dać w zastaw*) versetzen; **~ka** *f* (*-i*; *G -wek*) *anat* Klappe
zastąpi|ć *pf* (*-ę*) → **zastępować**; **~ć drogę** sich in den Weg stellen; **~enie** *n*: **nie do ~enia** nicht zu ersetzen
zastęp|ca *m* (*-y*; *G -ów*), **~czyni** *f* (*-i*; *-e*) Stellvertreter(in); **~ca dyrektora** stellvertretender Direktor; **~czo** *adv* stellvertretend; ersatzweise; **~czy** Ersatz-; behelfsmäßig, Not-; **~ować** (*-uję*) *os.* vertreten; (*I*) ersetzen (durch); **~stwo** *n* (*-a*) Vertretung *f*
zastopować *pf* (*-uję*) *v/t* stoppen
zastosowanie *n* (*-a*) Anwendung *f*, Verwendung *f*; Einsatz *m*; → **stosować**
zastój *m* (*-oju*; *0*) Stagnation *f*
zastrasz|ający (**-co**) erschreckend; **~yć** *pf* einschüchtern
zastrze|gać (*-am*) ⟨**~c***⟩ (*t.* **sobie** sich) vorbehalten; **~c się** vorweg erklären; **~żenie** *n* (*-a*) Vorbehalt *m*; **~żony** *jur* geschützt; *czek*: gesperrt
zastrzyk *m* (*-u*; *-i*) Injektion *f*, F Spritze *f*; **~iwać** (*-uję*) ⟨**~nąć**⟩ (ein)spritzen
zastyg|ać (*-am*) ⟨**~nąć**⟩ erstarren
zasu|- *pf* → **su-**; **~nąć** *pf* → **zasuwać**; **~szać** (*-am*) ⟨**~szyć**⟩ *liść* pressen; **~wa** *f* (*-y*) Riegel *m*; **~wać** *zasuwę* vorschieben; *firankę* zuziehen; P *fig* ackern
zasy|chać (*-am*) → **schnąć**; **~łać** (*-am*) senden; **~pać** *pf* → **zasypywać**; **~piać** (*-am*) einschlafen; → **zaspać**; **~pka** *f* (*-i*; *G -pek*) Puder *m*; **~pywać** (*-uję*) *dół* zuschütten; *ludzi* verschütten; *fig* überschütten (*I* mit); → **obsypywać**
zaszczepiać (*-am*) → **szczepić**
zaszczy|cać (*-am*) ⟨**~cić**⟩ (*I*) beehren (mit); **~t** *m* (*-u*; *-y*) Ehre *f*; **~ty** *pl* Ehrungen *f/pl*; **~tny** ehrenvoll; Ehren-
za|szeregow(yw)ać (-[*w*]*uję*) einstufen (**do** *G* in *A*); **~szkodzić** *pf* schaden; **~szo-** *pf* → **szo-**; **~sztyletować** (*-uję*) erdolchen; **~szywać** (*-am*) ⟨**~szyć**⟩ zunähen
zaś *conj* dagegen; *part* jedoch
zaściankowy *fig* provinziell
zaścielać (*-am*) bedecken; → **słać²**
zaślepi|ać (*-am*) ⟨**~ć**⟩ (*-ę*) *fig* blind machen; **~enie** *n* (*-a*) Verblendung *f*
zaśmiec|ać (*-am*) ⟨**~ić**⟩ verunreinigen
zaśnieżony schneebedeckt
zaświadcz|ać (*-am*) ⟨**~yć**⟩ bezeugen; bescheinigen; **~enie** *n* Bescheinigung *f*
zaświecić *pf v/t* anzünden; **~ się** *lampa*: angehen; *fig* (beginnen zu) leuchten
zata|czać *krąg* beschreiben, ziehen; **~jać** (*-am*) → **taić**; **~m-**, **~n-**, **~ń-** *pf* → **tam-**, **tan-**, **tań-**; **~piać** (*-am*) → **topić**; *pola* überfluten; unter Wasser setzen; **~rasowywać** (*-wuję*) → **tarasować**
zatarg *m* Konflikt, Streit
za|tel-, **~tem-** *pf* → **tel-**, **tem-**; **~tem** (*t.* **a ~**) *conj* also, folglich; **~tęchły** muffig; **~tkać** *pf*, **~tknąć** *pf* → **zatykać**; **~tłoczony** (gedrängt) voll; **~tłuc*** *pf* totprügeln; **~tłuszczony** fettig, speckig; **~tłuścić** *pf* (*-szczę*) fettig machen
zato|ka *f* (*-i*) Bucht, Golf *m*; *mot* Parkhafen *m*; *meteo* Ausläufer *m*; *anat* (**czołowa** Stirn-)Höhle; **~nąć** *pf* → **tonąć**; **~nięcie** *n* (*-a*) *mar* Untergang *m*; **~pić** *pf* → **zatapiać**, **topić**
zator *m* (*w ruchu*) Stau; *med* Embolie *f*
zatrac|ać (*-am*) ⟨**~ić**⟩ *fig* verlieren; **~ony** F verflixt; furchtbar, unmöglich
za|trącać (*-am*) → **trącić²**; **~troskany** bedrückt; *mina*: sorgenvoll; **~trucie** *n* (*-a*) Vergiftung *f*; **~truć** *pf* → **zatruwać**
zatrudni|ać (*-am*) ⟨**~ć**⟩ beschäftigen; *pf t.* einstellen; **~enie** *n* (*-a*) Beschäftigung *f*; **~ony** (**w** *L*) beschäftigt (bei, in *D*)
zatru|ty vergiftet; **~wać** (*-am*) vergiften
zatrważa|ć (*-am*) → **trwożyć**; **~jący** (**-co**) besorgniserregend, beunruhigend
zatrzask [-t·ʃ-] *m* Schnappschloß *n*; (*do zapinania*) Druckknopf; **~iwać** (*-uję*) zuschlagen, zuknallen (**się** *v/i*)
za|trząść* *pf* → **trząść**; **~trzeć*** [-t·ʃ-] *pf* → **zacierać**
zatrzym|ywać [-t·ʃ-] (*-uję*) ⟨**~ać**⟩ *v/t* anhalten, stoppen (**się** *v/i*); (*nie puszczać*) aufhalten, zurückhalten; *złodzieja* festnehmen; (*zachować*) behalten (**dla siebie** für sich); **~ać się** *t.* sich aufhalten; absteigen (**w hotelu** im Hotel)
zatuszow(yw)ać (-[*w*]*uję*) vertuschen
zatwardz|enie *n* (*-a*) Stuhlverstopfung *f*; **~iały** unverbesserlich, hartgesotten
zatwierdz|ać (*-am*) ⟨**~ić**⟩ bestätigen; *plan itp. t.* genehmigen
zaty|czka *f* Stöpsel *m*, Spund *m*; **~kać** *zlew* verstopfen (**się** sich); *uszy*, *dziurę t.* zustopfen; *butelkę* zustöpseln; *flagę* hissen; → **wtykać**

zaufani|e *n* (*-a*) Vertrauen (**do** *G* zu); **brak ~a** Mißtrauen *n*; ... **~a** Vertrauens-
zaufany zuverlässig; *os. t.*: vertraut
zaułek *m* (*-łku*; *-łki*) Gäßchen *n*, Gasse *f*
zautomatyzowany automatisiert
zauważ|ać ⟨**~yć**⟩ (*-ę*) bemerken
zawada *f* Hindernis *n*
zawadia|cki [-'dja-] (**-ko**) forsch, keck; **~ka** *m* (*-i*; *G -ów*) Raufbold
zawadz|ać (*-am*) ⟨**~ić**⟩ (*-dzę*) (**o** *A*) anstoßen (an *A*), hängenbleiben (an *D*); *t-ko impf* behindern, im Wege sein
zawa|hać się *pf* → **wahać**; **~lać¹** *pf* → **walać**; **~lać²** ⟨**~lić**⟩ zuschütten; versperren; F *fig* vermasseln, verhauen; **~lić się** einstürzen
zawał *m med* (**serca** Herz-)Infarkt
zawart|ość *f* Inhalt *m*; (**tłuszczu** Fett-) Gehalt *m*; **~y** *umowa*: (ab)geschlossen
za|ważyć *pf* (**na** *L*) entscheiden (über *A*); **~wczasu** *adv* beizeiten; **~wdzięczać** (*-am*) verdanken; **~wezwać** *pf* → **wzywać**; **~wiać** *pf* → **zawiewać**
zawiad|amiać (*-am*) ⟨**~omić**⟩ (*-ę*) (**o** *L*) benachrichtigen, verständigen (von); **~omienie** *n* (*-a*) Benachrichtigung *f*
zawiadowca *m* (*-y*; *G -ów*): **~ stacji** Stationsvorsteher(in)
zawiany zugeweht; F *fig* blau
zawias *m* (*-u*; *-y*) Scharnier *n*; Angel *f*
zawiąz|ywać (*-uję*) ⟨**~ać**⟩ zubinden; *supeł t.* verknoten; *chustę itp.* umbinden; *oczy* verbinden; *fig spółkę* gründen; **~(yw)ać się** *bot* Frucht ansetzen; *fig* sich bilden; gegründet werden
zawie|ja *f* (*-ei*; *-e*, *-ei*) (Schnee-)Sturm *m*; **~rać** (*-am*) enthalten; *pokój*, *umowę itp.* schließen; **~rucha** *f* (*-y*) Sturm *m*; **~ruszyć się** F *pf* (*-ę*) abhanden kommen; **~sić** *pf* (*-szę*) → **zawieszać**; **~sisty** sämig, F dick
zawiesz|ać *v/t* (auf)hängen; *ściany* behängen; *okno* verhängen; *słuchawkę* einhängen; *fig obrady* unterbrechen; vertagen; *karę* aussetzen; **~ać w czynnościach** vom Dienst suspendieren; **~enie** *n* (*-a*) *mot* Aufhängung *f*; Aussetzung *f*; **~enie broni** Waffenruhe *f*; *jur* **z ~eniem** auf Bewährung
zawie|ść* *pf* enttäuschen; *nadzieje*, *pamięć*: trügen; *głos*, *siły*: versagen; **~ść się** (**na**, **w** *L*) enttäuscht werden (von)
zawiewać (*-am*) *drogę* zuwehen
zawieźć* *pf* → **zawozić**

zawi|jać (*-am*) *v/t* einwickeln, einhüllen, einpacken; umwickeln; *rękawy* aufkrempeln; *v/i* (**do portu** den Hafen) anlaufen; **~kłany**, **~le** *adv* → **zawiły**; **~lgnąć** *pf* (*-nę*, *t. -ł*) feucht werden; **~ły** verworren; kompliziert, F kniff(e)lig; **~nąć** *pf* (*-nę*) → **zawijać**; **~niątko** *n* (*-a*; *G -tek*) Bündel; **~nić** *pf* schuldig werden (*I* durch; **wobec** *G* an *D*); **w czym on ci ~nił?** was hat er dir getan?; **~niony** (**nie** un)verschuldet
zawis|ać (*-am*) *v/i* hängen; schweben (**w powietrzu** in der Luft); **~ły** abhängig; **~nąć** *pf* (*-nę*, *t. -ł*) → **zawisać**
zawi|stny neidisch, mißgünstig; **~ść** *f* (*-ści*; *0*) Neid *m*, Mißgunst
za|witać *pf* kommen (**do** *G* zu); **~wlec*** *pf* schleppen (**się** sich); *chorobę* einschleppen; **~władnąć** *pf* (*-nę*) (*I*) Besitz ergreifen (von)
zawod|niczka *f* (*-i*; *G -czek*), **~nik** *m* (*-a*; *-cy*) Wettkampfteilnehmer(in); **~ny** unzuverlässig; *nadzieje*: trügerisch; **~owiec** *m* (*-wca*; *-wcy*) Berufssportler(in), Berufsspieler(in), F Profi; **~owy** Berufs-, beruflich; (**-wo**) berufsmäßig; **~ówka** F *f* (*-i*; *G -wek*) Berufsschule; **~y** *m/pl* (*-ów*) Wettkampf *m*, Wettrennen *n*, Wettfahrt *f itp.*
zawodzić jammern, klagen; → **zawieść**
zawojow(yw)ać (*-[w]uję*) erobern
zawołanie *n* Rufen; **jak na ~** wie gerufen; **na każde ~** jederzeit
zawozić *v/t* (hin)fahren, (hin)bringen
zawód *m* (*-wodu*; *-wody*) Beruf; Gewerbe *n*; Enttäuschung *f*; ... **z zawodu** von Beruf ...; **spotkał go ~** es war für ihn e-e Enttäuschung; **sprawić ~** (*D*) enttäuschen (*A*), e-e Enttäuschung sein (für)
zawór *m* (*-oru*; *-ory*) *tech* Ventil *n*
zawracać *v/i* (*t.* **się**) umkehren, kehrtmachen; wenden; *v/t* F **~ głowę** (*D*) den Kopf verdrehen (*D*); behelligen (*A*), F auf den Wecker fallen (*D*)
za|wrotny schwindelerregend; **~wrócić** *pf* → **zawracać**; **~wrzeć*** *pf* (*-wrzeć*/*wrzeć*) → **zawierać**, **wrzeć**; **~wstydzać** (*-am*) → **wstydzić**; **~wstydzony** beschämt
zawsze *adv* immer; stets; *part* immerhin; **na ~** für immer
zawy|- *pf* → **wy-**; **~żać** (*-am*) ⟨**~żyć**⟩ (*-ę*) *poziom* zu hoch ansetzen
za|wziąć* się *pf* sich darauf versteifen

Z

(**że** daß); (**na** *A*) schikanieren (*A*); **~wzięty** (**-cie**) verbissen, erbittert

zazdro|sny neidisch; eifersüchtig (**o** *A* auf *A*); **~ścić** ⟨**po-**⟩ (*-szczę*) (**k-u** *G*) neiden (j-m *A*); beneiden (j-n um *A*); **~ść** *f* (*-ści*; *0*) Neid *m*; Eifersucht; **~śnie** *adv* neidisch; argwöhnisch

zazębi|ać się (*-am*) ⟨**~ć się**⟩ (*-ę*) ineinandergreifen; **~ony** verzahnt

zazieleni|ać (*-am*) ⟨**~ć**⟩ begrünen

zaziębi(a)ć się → ***przeziębi(a)ć się***

zaznacz|ać (*-am*) ⟨**~yć**⟩ anstreichen, markieren; (*stwierdzić*) betonen, hervorheben; **~ać się** sich abzeichnen

zazna|ć *pf* → ***zaznawać***; **~jamiać** (*-am*) ⟨**~jomić**⟩ (*-ę*) → ***zapoznawać***; **~wać** (*-ję*) → ***doświadczać***; ***nie ~ć spokoju*** keine Ruhe finden

zazwyczaj *adv* gewöhnlich

zażalenie *n* (*-a*) Beschwerde *f*, Klage *f*

za|żarty (**-cie**) heftig, verbissen; **~żą-** *pf* → ***żą-***; **~żegnywać** (*-uję*) ⟨**~żegnać**⟩ (*zapobiec*) abwenden; *zatarg* beilegen

zażenowan|ie *n* (*-a*; *0*) Verlegenheit *f*; **~y** verlegen

zaży|ć *pf* → ***zażywać***; **~łość** *f* (*-ści*; *0*) Vertrautheit; **~ły** vertraut, intim; **~wać** (*-am*) *lek* einnehmen; *spokoju itp.* genießen; **~wny** beleibt, korpulent

ząb *m* (*zęba*; *zęby*) (***jadowy***, ***mądrości*** Gift-, Weisheits-)Zahn (*t. tech*, *fig*); (*widelca*) Zinke *f*; ***... do zębów*** Zahn-; **~ek** *m* (*-bka*; *-bki*) Zähnchen *n*; ***~ek czosnku*** Knoblauchzehe *f*; **~kować** (*-uję*) *v/i* zahnen; **~kowany** gezahnt

zba- *pf* → ***ba-***

zbaczać (*-am*) *v/i* abbiegen; *ulica t.*: abgehen; ***~ z drogi*** vom Weg abweichen

zbankrutowany bankrott, F pleite

zbaw|ca *m* (*-y*; *G -ów*), **~czyni** *f* (*-i*; *-e*) Retter(in); **~iać** (*-am*) ⟨**~ić**⟩ (er)retten; *rel* erlösen; **Ƨiciel** *m* (*-a*; *0*) *rel* Erlöser

zbawien|ie *n* (*-a*) Erlösung *f*; **~ny** segensreich

zbe- *pf* → ***be-***

zbędny überflüssig; → ***niepotrzebny***

zbić *pf* verprügeln; *szybę* zerschlagen; *kolano* aufschlagen; → ***zbijać***

zbiec *pf* (→ *biegnąć*) (ent)fliehen, ausbrechen (**z** *G* aus); → ***zbiegać***

zbieg *m* (*-a*; *-owie*) Ausbrecher, Entflohene(r); (*-u*; *-i*) Zusammentreffen *n*; ***~ ulic*** Straßeneinmündung *f*; **~ać** herunterlaufen, hinunterlaufen (***po schodach*** die Treppe); *czas*: verfliegen; ***~ać się*** zusammenlaufen; (*w czasie*) zusammenfallen; *materiał*: einlaufen; **~owisko** *n* (*-a*) (Menschen-)Auflauf *m*

zbiera|cz *m* (*-a*; *-e*), **~czka** *f* (*-i*; *G -czek*) Sammler(in); **~ć** (*-am*) ⟨**na-**, **po-**⟩ sammeln (**się** sich); *agr t.* pflücken, lesen; (*zwoływać*, *skupiać*) versammeln (**się** sich); ***~ć się*** (*zostać zgromadzonym*) sich ansammeln; ***~ mi się na*** (*A*) ich möchte/muß ...; **~nina** F *f* (*-y*; *0*) Sammelsurium *n*; bunter Haufen *m*

zbieżn|ość *f* (*-ści*) Konvergenz; ***~ość kół*** *mot* Vorspur; **~y** konvergent

zbijać (*-am*) *skrzynię* bauen, zimmern; *argumenty* widerlegen; ***~ z tropu*** irremachen; → ***zbić***, ***bąk***

zbiorni|ca *f* (*-y*; *-e*) Sammelstelle, Lagerplatz *m*; **~k** *m* (*-a*; *-i*) Behälter, Tank; (Stau-)Becken *n*; **~kowiec** *m* (*-wca*; *-wce*) *mar* Tanker

zbiorow|isko *n* (*-a*) Ansammlung *f*; **~y** Sammel-; Massen-; (**-wo**) gemeinschaftlich, kollektiv; → ***układ***

zbiór *m* (*zbioru*; *zbiory*) Sammlung *f*; *mat* Menge *f*; *EDV* Datei *f*; *zw. pl agr* Ernte *f*, Lese *f*; Ertrag; **~ka** *f* (*-i*; *G -rek*) *mil itp.* Appell *m*; Sammlung

zbity dicht, kompakt; *por* ***zbić***

zbla|- *pf* → ***bla-***; **~zowany** blasiert

zbliż|ać (*-am*) näher bringen/rücken, näher halten (**do** *G* an *A*); *fig* (***do siebie*** einander) näherbringen; ***~ać się*** sich nähern, (*t. następować*) nahen; *fig* näherkommen; **~enie** *n* (*-a*) Annäherung *f*; *fot* Nahaufnahme *f*; **~ony** (**do** *G*) ...ähnlich; **~yć** *pf* (*-ę*) → ***zbliżać***

zbłąkany verirrt; → ***błądzić***

zbocz|e *f* (*-a*) (Berg-)Hang *m*; **~enie** *n* (*-a*) Abweichung *f*; *fig* Perversität *f*; **~eniec** *m* (*-ńca*; *-ńcy*) abartig veranlagter Mensch; **~yć** *pf* → ***zbaczać***

zbo|lały schmerzend; (*wyrażający ból*) schmerzerfüllt; **~rny** Sammel-

zboż|e *n* (*-a*; *G zbóż*) Getreide, Korn; **~owy** Getreide-, Korn-; ***kawa ~owa*** Malzkaffee *m*

zbór *m* (*zboru*; *zbory*) protestantische Kirche(ngemeinde) *f*

zbroczony: ***~ krwią*** blutüberströmt

zbrodni|a *f* (*-i*; *-e*) Verbrechen *n*; **~arka** *f* (*-i*; *G -rek*), **~arz** *m* (*-a*; *-e*) Verbrecher(in); **~czy** (**-czo**) verbrecherisch

zbro|ic[1] ⟨**u-**⟩ (*-ję*, *zbrój!*) bewaffnen (**się**

sich); *tech* bewehren; **~ić się** *t.* aufrüsten *v/i*; **~ić²** *pf* → ***broić***; **~ja** *f* (*-oi*; *-e*, *oi*/*-ój*) *hist* Rüstung; **~jenia** *n/pl* (*-ń*) (Auf-)Rüstung *f*; → ***wyścig***; **~jeniowy** *mil* Rüstungs-; **~jnie** *adv* mit der Waffe, mit Waffengewalt; → **~jny** bewaffnet; ***siły*** *f/pl* ***~jne*** Streitkräfte *f/pl*; **~jony:** ***beton ~jony*** Stahlbeton
zbrzyd|nąć *pf* → ***brzydnąć***; ***~ło mi ...*** ich habe genug von ..., ich habe ... satt
zbulwersowany beunruhigt
zbutwiały verrottet, morsch
zby|cie *n* (*-a*; *0*) Veräußerung *f*; **~ć*** *pf* → ***zbywać***; **~t¹** *adv* (all)zu, über-
zbyt² *m* (*-u*; *0*) Absatz, Vertrieb; ***cena ~u*** Abgabepreis *m*, Verkaufspreis *m*
zby|teczny überflüssig; **~tek** *m* (*-tku*; *-tki*) Luxus, Aufwand; ***~tki*** *pl* → ***figiel***
zbyt|kowny luxuriös, aufwendig; **~ni** (***-nio***) übertrieben; *adv t.* zu sehr
zbywać veräußern, verkaufen; *fig* (*I*) abspeisen, vertrösten (mit); ***nie zbywa k-u na*** (*L*) es fehlt j-m nicht an (*D*)
zda|ć *pf* → ***zdawać***; *egzamin* bestehen; F ***~ć się*** → ***przydawać się***; ***być ~nym*** (***na*** *A*) ausgeliefert sein (*D*); **~lny** *tech*, *el* Fern-; ***~lnie kierowany*** ferngesteuert
zdanie *n gr* (***podrzędne***, ***główne*** Neben-, Haupt-)Satz *m*; (*sąd*) Meinung *f*; ***moim ~m*** meiner Meinung nach
zdarz|ać się (*-am*) ⟨***~yć się***⟩ vorfallen, vorkommen, passieren; **~enie** *n* (*-a*) Ereignis; Begebenheit *f*
zdatny (***do*** *G*) geeignet (für, zu)
zdawać übergeben; aufgeben (***na bagaż*** als Gepäck); *raport* ablegen; *egzamin* antreten (zu), F machen (*A*); **~ się** (***na*** *A*) sich verlassen (auf *A*); (*k-u*) scheinen, vorkommen (*D*); ***zdaje się, że*** es scheint, daß; → ***przydawać się***
zdawkowy (***-wo***) nichtssagend
zdąż|ać (*-am*) ⟨**~yć**⟩ → ***dążyć***, ***nadążać***; (***nie***) **~yć** es (nicht) schaffen
zdech|ły verreckt, krepiert; **~nąć** *pf* (*-nę*, *-ł*) → ***zdychać***
zdecydowan|ie¹ *n* (*-a*; *0*) Entschlossenheit *f*; **~ie²** *adv* → **~y** entschlossen; *por* ***decydować***
zdegustowany unzufrieden, enttäuscht
zdejmować (*-uję*) herunternehmen, (*t. maskę*, *słuchawkę itp.*) abnehmen; *palto t.* ablegen; (*ze stanowiska*, *z afisza*) absetzen; (*o uczuciach*) erfassen
zde|ma-, **~me-**, **~mo-** *pf* → ***ma-***, ***me-***, ***mo-***; **~nerwowany** nervös; **~po-** *pf* → ***po-***; **~prymowany** deprimiert
zderz|ać się (*-am*) zusammenstoßen, F zusammenkrachen; (**z** *I*) prallen (auf *A*), rammen (*A*); **~ak** *m* (*-a*; *-i*) *kolej* Puffer; *mot* Stoßfänger; **~enie** *n* (*-a*) Zusammenstoß *m*, F Karambolage *f*; **~yć się** (*-ę*) → ***zderzać się***
zde|tonowany bestürzt, verwirrt; **~wastowany** zerstört, verwüstet; **~ze-**, **~zo-** *pf* → ***deze-***, ***dezo-***
zdjąć *pf* (*-ejmę*) → ***zdejmować***
zdjęcie *n* (*-a*) Abnahme *f*; Absetzung *f*; *fot* Aufnahme *f*; *w.zn. t.* Bild, Foto
zdła|- *pf* → ***dła-***; **~wiony** unterdrückt
zdmuch|iwać (*-uję*) ⟨***~nąć***⟩ wegblasen
zdob|ić ⟨**o-**⟩ (*-ę*, *-ób!*) verzieren; *fig* zieren; **~niczy** dekorativ, Dekorations-
zdoby|cie *n* (*-a*) Eroberung *f*; **~ć*** *pf* → ***zdobywać***; **~cz** *f* (*-y*; *-e*) Beute; *fig* Errungenschaft; **~czny** erbeutet, Beute-; **~wać** erobern; *zwycięstwo* erringen; *wiedzę* erwerben; *bramkę* erzielen; F *rzecz* ergattern, kriegen; **~wca** (*-y*; *G -ów*) Eroberer, **~wczyni** *f* (*-i*; *-e*) Eroberin; (***medalu*** Medaillen-)Gewinner(in)
zdoln|ość *f* (*-ści*) Fähigkeit, Vermögen *n*; *zw. pl* **~ości** (***do*** *G*) Begabung *f* (zu); **~y** begabt; (***do*** *G*) befähigt, fähig (zu); ***~y do pracy*** arbeitsfähig
zdołać *pf* (*-am*) imstande sein, können
zdra|da *f* (*-y*) Verrat *m*; ***~da małżeńska*** Ehebruch *m*; **~dliwy** (***-wie***) verräterisch; **~dzać** (*-am*) ⟨**~dzić**⟩ (*-dzę*) verraten (***się*** sich); untreu sein (***męża*** dem Mann); *zaufanie* mißbrauchen; *ciekawość* zeigen; **~dziecki** (***-ko***) verräterisch; *adv t.* hinterrücks; **~jca** *m* (*-y*; *G -ów*), **~jczyni** *f* (*-i*; *-e*) Verräter(in)
zrap|ywać (*-uję*) ⟨**~ać**⟩ abkratzen
zdrętwiały steif; taub; → ***drętwieć***
zdrobnienie *n* (*-a*) *jęz* Diminutiv
zdro|je *pl* → ***zdrój***; **~jowisko** *n* (*-a*) Heilbad; **~jowy** Heil(quellen)-; Kur-
zdrow|ie *n* (*-a*; *0*) Gesundheit *f*; ***on zapadł na ~iu*** s-e Gesundheit ist angegriffen; (***za***) ***~ie twoje!*** auf dein Wohl!; ***na ~ie!*** Gesundheit!; zum Wohl!; **~o** *adv* → ***zdrowy***; **~otny** Gesundheits-; sanitär, Sanitär-
zdrowy gesund (*t. fig*)
zdrój *m* (*-oju*; *-oje*) Quelle *f*, *poet* Born
zdrów *praed* → ***zdrowy***; ***bądź ~!*** gehab dich wohl!; ***cały i ~*** wohlbehalten

zdruzgotany zerschmettert, zertrümmert

zdrzemnąć się *pf* (*-nę*) einnicken

zdumi|enie *n* (*-a*; *0*) (Er-)Staunen; **~ewać się** (*-am*) ⟨**~eć się**⟩ (*-eję*) (*I*) staunen, erstaunt sein (über *A*); **~ewający** (**-co**) erstaunlich; **~ony** erstaunt

zdun *m* (*-a*; *-owie*/*-ni*) Ofensetzer

zduszony erstickt; → ***dusić***

zdwajać (*-am*) → ***podwajać***

zdy|- *pf* → **dy-**; **~chać** (*-am*) krepieren, verenden; **~szany** außer Atem

zdziecinniały kindisch (geworden)

zdzier|ać (*-am*) abreißen; *skórę* abziehen; *med* abschürfen; *odzież* abtragen, zerreißen; **~stwo** *n* (*-a*) Preiswucher *m*

zdzira *f* (*-y*) *pej* Nutte, Flittchen *n*

zdziwi|ć *pf* → ***dziwić***; **~enie** *n* (*-a*) Verwunderung *f*, Erstaunen

ze *praep* → **z**

zebra *f* (*-y*; *G -*) *zoo* Zebra *n*

zebra|ć* *pf* → ***zbierać***; **~nie** *n* (*-a*) (***wyborcze*** Wahl-)Versammlung *f*

zecernia *f* (*-i*; *-e*, *-i*) *drk* Setzerei

zedrzeć* *pf* → ***zdzierać***

zegar *m* (*-a*; *-y*), **~ek** *m* (*-rka*; *-rki*) Uhr *f*; **~mistrz** *m* Uhrmacher; **~ynka** *f* (*-i*; *G -nek*) *tel* Zeitansage

ze|gnać *pf* → ***zganiać***, **~jście** *n* (*-a*) Abstieg *m*; **~jść*** *pf* (*-jść*) → ***schodzić***

zelować ⟨**pod-**⟩ (*-uję*) besohlen

zelówka *f* (*-i*; *G -wek*) (Schuh-)Sohle

ze|lżeć *pf* (*-eję*) nachlassen *v*/*i*; **~mdlenie** *n* (*-a*) Ohnmacht *f*; **~mdlony** ohnmächtig; **~mknąć** *pf* → ***zmykać***

zemsta *f* (*-y*) Rache

zepchnąć *pf* → ***spychać***

zepsu|cie *n* (*-a*; *0*) *fig* Verderbtheit *f*; ***ulegać ~ciu*** → ***psuć się***; **~ty** beschädigt, F kaputt; verdorben (*t. fig*)

zerk|ać (*-am*) ⟨**~nąć**⟩ (*-nę*) e-n Blick werfen, blicken, F gucken

zer|o *n* (*-a*) Null *f*; ***poniżej***/***powyżej ~a*** unter/über Null; ***dwa ~o*** zwei zu null

ze|rwać* *pf* → ***zrywać***; **~rznąć**, **~rżnąć** *pf* → ***zrzynać***; **~schnąć się** *pf* → ***zsychać się***; **~skakiwać** (*-uję*) ⟨**~skoczyć**⟩ (**z** *G*) abspringen, hinunterspringen (von); **~skrobywać** (*-uję*) ⟨**~skrobać**⟩ abkratzen; **~słać*** *pf* (*słać*[1]) → ***zsyłać***; **~słanie** *n* (*-a*) Verbannung *f*

ze|spalać (*-am*) verein(ig)en (**się** sich); **~spawać** *pf tech* zusammenschweißen; **~spolić** *pf* (*-lę*, *-ól*) → ***zespalać***; **~społowy** kollektiv, Team-; **~spół** *m* (*-ołu*; *-oły*) Team *n*, Gruppe *f*; Ensemble *n*; *tech* Aggregat *n*, Satz; *med* Syndrom *n*

zestaw *m* (*-u*; *-y*) Satz; Garnitur *f*; Kombination *f*; **~iać** ⟨**~ić**⟩ zusammensetzen, zusammenstellen; (**z** *I*) vergleichen (mit); **~ienie** *n* (*-a*) Kombination *f*; (*spis*) Zusammenstellung *f*; *jęz* feste Wortverbindung *f*; ***w ~ieniu z*** (*I*) im Vergleich zu/mit

zestrzel|ać ⟨**~ić**⟩ abschießen

zeszlifow(yw)ać (*-[w]uję*) abschleifen

zesz|łoroczny vorjährig; **~ły** vorig, letzt-; ***w ~łym roku*** im Vorjahr

zeszpecony entstellt; → ***szpecić***

zeszyt *m* (*-u*; *-y*) Heft *n*

ześliz|giwać się (*-uję*) ⟨**~(g)nąć się**⟩ (*-nę*) abrutschen, abgleiten

ze|śrubow(yw)ać (*-[w]uję*) zusammenschrauben, verschrauben; **~tknąć** *pf* → ***stykać***; **~trzeć*** *pf* → ***ścierać***

zewnątrz: *na ~* *adv* außen; *praep* (*G*) außen (an, auf *D*); **z ~** von außen

ze|wnętrzny äußerlich; Außen-; **~wrzeć*** *pf* (*-wrzeć*) → ***zwierać***; **~wsząd** von überall her, von allen Seiten

zez *m* (*-a*; *0*) Schielen *n*; ***mieć ~a*** schielen

zezna|nie *n* (*-a*) *jur* Aussage *f*; **~wać** (*-ję*) ⟨**~ć**⟩ aussagen, angeben

zezowa|ć (*-uję*) schielen; **~ty** schielend

zezw|alać (*-am*) ⟨**~olić**⟩ (*-lę*, *-ól*) (**na** *A*) erlauben (*A*); **~olenie** *n* (*-a*) Erlaubnis *f*

zeżreć *pf* → ***zżerać***

zęb|aty gezahnt; *tech t.* Zahn-; gezackt; **~owy** dental, Zahn-; **~y** *pl* → ***ząb***

zgad|nąć *pf* (*-nę*) erraten; *zagadkę* lösen; ***~nij*** rat(e) mal; **~ywać** (*-uję*) raten; **~ywanka** *f* (*-i*; *G -nek*) Ratespiel *n*

zgadzać się (*-am*) (**na** *A*) einverstanden sein (mit), zustimmen (*D*); *rachunek*, *kopia*: stimmen (**z** *I* mit)

zgaga *f* (*-i*; *0*) Sodbrennen *n*

zga|lać (*-am*) abrasieren; **~niać** zusammentreiben; → ***odganiać***; **~rniać** (*-am*) ⟨**~rnąć**⟩ zusammenschieben; → ***zgrabiać***, ***odgarniać***; **~sły** erloschen

zgęszczać (*-am*) → ***zagęszczać***

zgiąć *pf* → ***zginać***, ***giąć***

zgiełk *m* (*-u*; *0*) Lärm; **~liwy** (**-wie**) laut, lärmend

zgię|cie *n* (*-a*) Knick *m*; Biegung *f*; *sport* Beuge *f*; **~ty** gebogen, krumm

zgin|ać (*-am*) (**się**) (um-, ver)biegen (sich); krümmen (sich); **~ąć** *pf* → ***ginąć***

zgliszcza *pl* (-) Brandstätte *f*
zgładzić *pf* töten, umbringen
zgłaszać (*-am*) (an)melden; *kradzież t.* anzeigen; *wniosek* einbringen; *protest* einlegen; *akces* erklären; **~ się** (**u**, **do** *G*) sich melden (bei, zu)
zgłębiać (*-am*) ergründen
zgłodniały ausgehungert, hungrig
zgło|sić *pf* → ***zgłaszać***; **~ska** *f* (*-i*; *G -sek*) Silbe; **~szenie** *n* (*-a*) Anmeldung *f*; Anzeige *f*; Erklärung *f*; Meldung *f*
z|głu- *pf* → ***głu-***; **~gnębiony** bedrückt
zgniatać (*-am*) ⟨***zgnieść****⟩ zerknittern; zerdrücken, (zer)quetschen
zgni|ć *pf* → ***gnić***; **~lizna** *f* (*-y*; *0*) Fäulnis; **~ły** verfault, vermodert; faulig
zgniot *m*: ***strefa ~u*** *mot* Knautschzone
zgod|a *f* (*-y*; *0*) Eintracht, Einvernehmen *n*; Einverständnis *n*, Zustimmung; ***wyrazić ~ę*** (***na*** *A*) einwilligen (in *A*); ***dojść do ~y*** Einigung erzielen; ***~a!*** abgemacht!; → **~ność** *f* (*-ści*) Übereinstimmung; Einmütigkeit; **~ny** einträchtig; einmütig; (**z** *I*) übereinstimmend (mit); ...gemäß, ...mäßig
zgo|dzić się *pf* → ***zgadzać się***; **~lić** *pf* → ***zgalać***; **~ła** *adv* gänzlich
zgon *m* (*-u*; *-y*) Tod; **~ić** *pf* → ***zganiać***
zgorsz|enie *n* (*-a*) Entrüstung *f*; ***wywołać ~enie*** Anstoß erregen; **~ony** empört, entrüstet; schockiert
zgorzel *f* (*-i*; *0*) *med* Gangrän *n*
zgorzkniały bitter; ranzig; *fig* verbittert
zgotować *pf* → ***gotować***, ***przygotowywać***
zgrabi|ać (*-am*) ⟨**~ć**⟩ zusammenrechen
zgrabiały (vor Kälte) starr, steif
zgrabny graziös, anmutig; wohlgeformt; gewandt, elegant
zgraja *f* (*-ai*; *-e*, -) Bande, Meute
zgrany (gut aufeinander) eingespielt
zgromadz|ać (*-am*) → ***gromadzić***; **~enie** *n* (*-a*) Versammlung *f*
zgroza *f* (*-y*; *0*) Grauen *n*, Entsetzen *n*
zgru|biały verdickt; rauh; **~bienie** *n* (*-a*) Verdickung *f*; *jęz* Augmentativ; **~bny** grob, Grob-; **~cho-** *pf* → ***grucho-***
zgrupowanie *n* (*-a*) Gruppierung *f*
zgry|wać się (*-am*) chargieren; (***na*** *A*) sich aufspielen (als); **~zać** (*-am*) zerbeißen; **~ziony** gramerfüllt; **~zota** *f* (*-y*) Kummer *m*, Sorge; **~źć*** *pf* → ***zgryzać***; **~źliwy** (**-wie**) boshaft, F giftig
zgrza|ć: ***~łem się*** mir ist heiß geworden
zgrzebło *n* (*-a*; *G -beł*) Striegel *m*
zgrzewać (*-am*) *tech* (ver)schweißen
zgrzybiały greisenhaft, senil
zgrzyt *m* (*-u*; *-y*) Knirschen *n*; Quietschen *n*; *fig* Mißklang; **~ać** (*-am*) knirschen; *hamulce*: quietschen, kreischen
zgub|a *f* (*-y*) Verlust *m*; *fig* (*0*) Verderben *n*, Untergang *m*; **~ić** *pf* → ***gubić***; **~iony** verloren; **~ny** fatal, verhängnisvoll
zgwałcenie *n* (*-a*) Vergewaltigung *f*
zhań- *pf* → ***hań-***
ziać (*-eję*) *przepaść*: klaffen, gähnen; ***~ stęchlizną*** mod(e)rig riechen; ***~ ogniem*** Feuer speien
ziar|(e)nko *n* (*-a*; *G -nek*) Körnchen; **~nisty** körnig; granular; ***kawa ~nista*** (ungemahlener) Bohnenkaffee *m*; **~no** *n* (*-a*; *G -ren*) Korn; (*fasoli*, *kawy*) Bohne *f*; (*w owocu*) Kern *m*
ziele *n* (*-a*; *zioła*, *ziół*) (Heil-)Pflanze *f*, Kraut; **~niak** *m* (*-a*; *-i*) Gemüsemarkt; **~nić się** ⟨**za-**⟩ (*-ę*) grünen; **~niec** *m* (*-ńca*; *-ńce*) Grünanlage *f*; **~nieć** (*-eję*) grün schimmern; **~nina** *f* (*-y*) Grünzeug *n*; **~ń** *f* (*-ni*; *-nie*) Grün *n*
zielon|o- *w zł.* grün-, Grün-; **~y** grün
zielsko *n* (*-a*) Unkraut
ziem|ia *f* (*-i*; *-e*) Erde, (Erd-)Boden *m*; Land *n*; **Żia** *astr* (*0*) Erde; **~iopłody** *m/pl* (*-ów*) Agrarprodukte *n/pl*; **~niaczany** Kartoffel-; **~niak** *m* (*-a*; *-i*) Kartoffel *f*; **~ny** Erd-; **~ski** Erd(en)-, irdisch; Grund-, Land-
ziew|ać (*-am*) ⟨**~nąć**⟩ (*-nę*) gähnen
zięb|a *f* (*-y*) Buchfink *m*; **~ić** (*-ę*) (aus)kühlen; **~nąć** (*-nę*, *t. ziąbł*) frieren *v/i*
zięć *m* (*-cia*; *-ciowie*) Schwiegersohn
zim|a *f* (*-y*) Winter *m*; **~ą** im Winter; **~niej(szy)** *comp* kälter; **~no**[1] *n* (*-a*) Kälte *f*; **~no**[2] *adv* kalt; ***~no mi*** mir ist kalt; **~ny** kalt, Kalt-; **~orodek** *m* (*-dka*; *-dki*) Eisvogel; **~ować** ⟨**prze-**⟩ (*-uję*) überwintern; **~owy** winterlich, Winter-
zioł|a *pl* → ***ziele***; **~olecznictwo** *n* Pflanzenheilkunde *f*; **~owy** Kräuter-
ziomek *m* (*-mka*; *-mkowie*) Landsmann
ziomkostwo *n* (*-a*) Landsmannschaft *f*
zionąć (*im*)*pf* (*-nę*, *-ń!*) → ***ziać***
ziółk|o *n* (*-a*) *fig* Früchtchen; **~a** *pl* Kräutertee *m*; → ***ziele***
zirytowany verärgert, F sauer
ziszczać (*-am*) ⟨***ziścić***⟩ (*-szczę*) verwirklichen, erfüllen (***się*** sich)
zjad|ać (auf)essen; (auf)fressen; **~liwy**

Z

(**-wie**) gehässig, bissig; *med* virulent
zjaw|a *f* (*-y*) Gespenst *n*, Erscheinung; **~iać się** (*-am*) ⟨**~ić się**⟩ erscheinen; **~isko** *n* (*-a*) Erscheinung *f*; Phänomen
zjazd *m* (*-u*; *-y*) Abfahrt *f*; *sport* Abfahrtslauf; Kongreß, Tag(ung *f*) *m*; **~owy** Abfahrts-; Tagungs-, Kongreß-
zje|chać* *pf* → **zjeżdżać**; **~d-** *pf* → **jed-**
zjednocz|enie *n* (*-a*) Vereinigung *f*; (*organizacja*) Verband *m*, Trust *m*; **~ony** vereinigt; **~yć** *pf* → **jednoczyć**
zje|dnywać (*-uję*) → **jednać**; **~łczały** ranzig; **~ść*** *pf* → **zjadać**; **~żdżać** (*-am*) (hin)abfahren, hinunterfahren; verlassen (**z drogi** die Straße); (*przybyć*) (an)kommen; F *okulary itp.*: rutschen; **~żdżać się** zusammenkommen, sich versammeln
zla|ć *pf* → **zlewać**; **~tywać** (*-uję*) hinunterfliegen, herunterfliegen; **~tywać się** angeflogen kommen, sich versammeln
zląc* się *pf* → **zlęknąć się**
zlec|ać (*-am*) (**k-u** *A*) betrauen, beauftragen (j-n mit); **~enie** *n* (*-a*) Auftrag *m*; (**wypłaty** Zahlungs-)Anweisung *f*; → **polecenie**; **~eniodawca** *m* Auftraggeber(in); **~ić** *pf* (*-cę*) → **zlecać**
zlecieć *pf* → **zlatywać**
zlep|ek *m* (*-pka*; *-pki*) verkittete Masse *f*, Konglomerat *n*; **~iać** (*-am*) ⟨**~ić**⟩ zusammenkleben (**się** *v/i*)
zlew *m* (*-u*; *-y*) (**kuchenny** Küchen-) Ausguß; **~ać** (*-am*) abgießen, abfüllen; **~ać się** zusammenfließen; **~ki** *m/pl* zusammengegossene (Getränke-)Reste *m/pl*; **~nia** *f* (*-i*; *-e*, *-i*): **~nia mleka** Sammelmolkerei; **~ozmywak** *m* (*-a*; *-i*) Spülbecken *n*
zleźć* *pf* → **złazić**
zlęknąć* się (→ *ząc*) Angst bekommen
zli *m-os* → **zły**; **~czać** (*-am*) ⟨**~czyć**⟩ zusammenzählen, zusammenrechnen; **~kwi-**, **~to-** *pf* → **likwi-**, **lito-**; **~zywać** (*-uję*) ⟨**~ać**⟩ ablecken
zlodowaciały vereist; *fig* eiskalt
zlot *m* (Jugend-)Treffen *n*
zlustr-, **zluz-** *pf* → **lustr-**, **luz-**
zła → **zło**, **zły**; **~go-** *pf* → **łago-**; **~godzenie** *n* (*-a*) (**kary** Straf-)Milderung *f*
zła|mać *pf* → **łamać**; **~manie** *n* (*-a*) Bruch *m*; **~many** gebrochen; zerbrochen, F kaputt; **~zić** F (**z** *G*) herunterklettern, hinabklettern; herunterkriechen (von); *farba*: abblättern

złącz|ać (*-am*) → **łączyć**; **~e** *n* (*-a*; *G -y*) *tech* Verbindung *f*; Stoß *m*; **~ka** *f* (*-i*; *G -czek*) *el* (Verbindungs-)Klemme; *tech* (Rohr-)Muffe
zł|e → **zły**; **~o** *n* (*-a*, *DL złu*; *0*) (**konieczne** notwendiges) Übel; → **zły**
złoci *m-os* → **złoty**; **~ć** ⟨**po-**⟩ (*-cę*) vergolden; **~sty** (**-to**) goldig, golden
złoczyńca *m* (*-y*; *G -ów*) Verbrecher(in)
złodziej *m* (*-a*; *-e*), **~ka** *f* (*-i*; *G -jek*) Dieb(in); **~ka** F Steckerfassung; **~ski** Diebes-; **~stwo** *n* (*-a*) Diebstahl *m*
złom *m* (*-u*; *0*) Schrott; **~ować** (*-uję*) verschrotten; *mar* abwracken
złorzeczyć (*-ę*) (*D*) verfluchen (*A*)
złoś|cić ⟨**roz-**⟩ (*-szczę*) (ver)ärgern, aufbringen; **~cić się** sich ärgern (**na** *A* über *A*; **z powodu** *G*, **o** *A* wegen); **~ć** *f* (*-ci*; *0*) Ärger *m*; **na ~ć** (*D*) *j-m* zum Trotz; **~liwie** *adv* boshaft; **~liwość** *f* (*-ści*; *0*) Boshaftigkeit; Tücke; *pl t.* Bosheiten *f/pl*; **~liwy** boshaft; *med* bösartig
złot|(aw)obrązowy goldbraun; **~nictwo** *n* (*-a*; *0*) Goldschmiedekunst *f*; **~nik** *m* (*-a*; *-cy*) Goldschmied(in); **~o** *n* (*-a*) Gold; **~ówka** *f* (*-i*; *G -wek*) Einzlotymünze; **~y** golden, Gold-; *su m* (*-ego*; *-e*) Zloty
zło|wieszczy (**-czo**) unheilvoll; **~wrogi** (**-go**) unheimlich; drohend; feindselig
złoż|e *n* (**rudy** Erz-)Lager; (**węgla** Kohle-)Vorkommen; **~enie** *n* (*-a*) Einreichung *f*; Ablegen; Leistung *f*; Niederlegung *f*; Abstattung *f*; *jęz* Zusammensetzung *f*; *por* **składać**; **~ony** zusammengesetzt; kompliziert; (**z** *G*) bestehend (aus); **~yć** *pf* → **składać**
złu|dny trügerisch, Schein-; **~dzenie** *n* (*-a*) Täuschung *f*; Illusion *f*; **do ~dzenia** täuschend, zum Verwechseln
zły (*comp* **gorszy**) schlecht; *los*, *nowina itp.*: schlimm, übel; (*gniewny*) böse; *su* **złe** *n* (*-ego*; *0*) Böse(s); **brać/mieć za złe** übelnehmen; → **zło**
zma|- *pf* → **ma-**; **~gać się** (*-am*) kämpfen, ringen; **~gania** *n/pl* (*-ń*) Ringen *n*
zmar|ły verstorben; **~n-** *pf* → **marn-**
zmarszcz|ka *f* (*-i*; *G -czek*) Falte, Runzel; **~ony** faltig, runz(e)lig
zmartwi|enie *n* (*-a*) Kummer *m*; **~ony** betrübt, bekümmert; sorgenvoll
zmartwychwsta|(wa)ć auferstehen; **~nie** *n* (*-a*) Auferstehung *f*
zmarznięty [-r·z-] frierend; erfroren

Z

zmaz|ywać (*-uję*) ⟨**~ać**⟩ abwischen, wegwischen; *fig winę* sühnen
zmą-, **zme-**, **~zmę** *pf* → ***mą-***, ***me-***, ***mę-***
zmęcz|enie *n* (*-a*) Ermüdung *f*; Müdigkeit *f*; **~ony** ermüdet, müde
zmia|- *pf* → ***mia-***; **~na** *f* (*-y*) (Ver-)Änderung; Wechsel *m*; (***nocna*** Nacht-) Schicht; ***na ~nę*** abwechselnd; ***bez ~n*** unverändert; *med* ohne Befund; **~tać** (*-am*) abfegen; *v/i* F abhauen
zmiażdżenie *n* (*-a*) *med* Quetschung *f*
zmien|iać (*-am*) ⟨**~ić**⟩ (ab-, ver)ändern (***się*** sich); wechseln; ablösen (***się*** sich, einander); ***~iać się*** *t.* sich wandeln; **~ny** veränderlich; unbeständig; wandelbar; Wechsel-; → ***prąd***; *su* **~na** *f* (*-ej*; *-e*) *mat* Variable
zmierz|- *pf* → ***mierz-***; **~ać** (*-am*) (***ku*** *D*, ***do*** *G*) sich bewegen (nach, zu); *fig* sich richten (auf *A*); → ***podążać***
zmierzch *m* (*-u*; *-i*) Dämmerung *f*; **~ać (się)** (*-am*) ⟨**~nąć (się)**⟩ (*-nę*, *-ł*) dunkel werden, dämmern
zmierzwiony zerzaust
zmiesza|ć *pf* → ***mieszać***, ***peszyć***; ***~ć się*** sich vermischen; *fig* verlegen werden; **~nie** *n* (*-a*) Verlegenheit *f*
zmie|szczać (*-am*) → ***mieścić***; **~ść*** → ***zmiatać***
zmiękcz|acz *m* (*-a*; *-e*) *chem* Weichmacher; **~ać** (*-am*) → ***miękczyć***
zmiłowa|ć się *pf* (***nad*** *I*) sich erbarmen (*G*); **~nie** *n* (*-a*; *0*) Erbarmen
zmizerowany → ***mizerny***
zmniejsz|ać (*-am*) verkleinern; verringern (***się*** sich); **~enie** *n* (*-a*) Verkleinerung *f*, Verringerung *f*
zmo|- *pf* → ***mo-***; **~kły** naß, durchnäßt
zmora *f* (*-y*) Alptraum *m*
zmordowany F todmüde, fix und fertig
zmotoryzowany motorisiert
zmowa *f* Verschwörung, Komplott *n*
zmó|c* *pf sen*: übermannen; *choroba*: niederwerfen; **~wić** *pf pacierz* beten, hersagen; ***~wić się*** → ***umawiać***
zmrok *m* → ***mrok***, ***zmierzch***
zmurszały morsch, brüchig
zmu|szać (*-am*) ⟨**~sić**⟩ (*-szę*) zwingen (***do*** *G* zu; ***się*** sich); **~szony** gezwungen; ***być ~szonym*** *t.* sich genötigt sehen
zmy|ć *pf* → ***zmywać***; **~kać** → ***umykać***; **~lić** *pf pogoń* abschütteln; → ***mylić***
zmysł *m* (*-u*; *-y*) Sinn (*t. fig* ***do*** *G* für); ***postradać ~y*** den Verstand verlieren; **~owo** *adv* sinnlich; **~owość** *f* (*-ści*; *0*) Sinnlichkeit; **~owy** sinnlich; Sinnes-
zmyśl|ać (*-am*) ⟨**~ić**⟩ (*-lę*) sich ausdenken, erfinden; **~ony** (frei) erfunden
zmywa|ć (*-am*) abwaschen; **~lny** abwaschbar; **~rka** *f* (*-i*; *G -rek*) Geschirrspüler *m*, Geschirrspülmaschine
znachor *m* (*-a*; *-rzy*), **~ka** *f* (*-i*; *G -rek*) Kurpfuscher(in), Quacksalber(in)
znacz|ący (**-co**) vielsagend; bedeutsam; **~ek** *m* (*-czka*; *-czki*) Zeichen *n*; (***stemplowy***, ***pocztowy*** Gebühren-, Brief-) Marke *f*; **~enie** *n* (*-a*) Bedeutung *f*; ***mieć ~enie dla*** (*G*) von Bedeutung sein (für); **~ny** bedeutend, beträchtlich, erheblich; **~ony** ge(kenn)zeichnet; *karty*: gezinkt; **~yć** (*-ę*) bedeuten; besagen; ***to ~y*** *t.* das heißt; → ***oznaczać***
znać (*-am*) kennen (***się*** sich; ***z twarzy*** vom Sehen); (*umieć*) können, verstehen; ***dać ~*** (*D*) benachrichtigen (*A*); ***~ po niej*** man sieht es ihr an; ***~ się*** (***na*** *L*) sich auskennen (in *D*); verstehen (*A*)
znajdować (*-uję*) finden; ***~ się*** sich (wieder)finden; sich befinden, sein; *dom itp.*: stehen; *działka*, *wieś*: liegen
znajom|ość *f* (*-ści*) Bekanntschaft; (*wiedza*) Kenntnisse *f/pl* (*G* in *D*); ***po ~ości*** durch Beziehungen; **~y** *m* (*-ego*; *-i*), **~a** *f* (*-ej*; *-e*) Bekannte(r); *adj* bekannt
znak *m* (*-u*; *-i*) (***życia***, ***drogowy*** Lebens-, Verkehrs-)Zeichen *n*; *mat*, *fig* Vorzeichen *n*; ***na ~*** (*G*) zum Zeichen (*G*, von); ***~i szczególne*** besondere Kennzeichen; ***dawać się we ~i*** (*D*) hart zusetzen (*D*), plagen (*A*)
znakomi|cie *adv* → ***znakomity***; **~tość** *f* (*-ści*) *os.* Berühmtheit; **~ty** berühmt, illuster; (**-cie**) vortrefflich, exzellent
znakować ⟨***o-***⟩ (*-uję*) markieren
znalaz|ca *m* (*-y*; *G -ów*), **~czyni** *f* (*-i*; *-e*) Finder(in)
znale|ziony gefunden; ***biuro rzeczy ~zionych*** Fundbüro; **~zisko** *n* (*-a*) Fund *m*; **~źć*** *pf* (*-naleźć*) → ***znajdować***; **~źne** *n* (*-ego*; *-e*) Finderlohn *m*
zna|mienity berühmt; **~mienny** bezeichnend; **~mię** *n* (*-ienia*; *-iona*) Mal; (*cecha*) Merkmal; *bot* Narbe *f*
znany bekannt (***z tego, że*** dafür, daß)
znaw|ca *m* (*-y*; *G -ów*), **~czyni** *f* (*-i*; *-e*) Kenner(in); ***okiem ~cy*** mit Kennerblick
znę|cać się (*-am*) (***nad*** *I*) mißhandeln,

quälen (*A*); **~cić** *pf* → **nęcić**; **~kany** (*I*) verhärmt, erschöpft (von)

znicz *m* (-*a*; -*e*) Grablicht *n*; Ewige Flamme *f*; ~ ***olimpijski*** Olympisches Feuer

zniechęc|ać (-*am*) ⟨**~ić**⟩ (-*cę*) (**do** *G*) verleiden (*A*), die Lust nehmen (zu); **~ić się** (**do** *G*; *I*) die Lust verlieren (an *D*; durch); überdrüssig werden (*G*); **~ający** (-**co**) entmutigend; **~enie** *n* (-*a*; *0*) Gleichgültigkeit *f*; Unlust(gefühl *n*) *f*

zniecierpliwi|enie *n* (-*a*; *0*) Ungeduld *f*; **~ony** ungeduldig; → ***niecierpliwić***

znieczu|lać (-*am*) ⟨**~ić**⟩ (-*lę*) betäuben; **~lający** (-**co**) anästhetisch; **~lenie** *n* (-*a*) *med* (örtliche) Betäubung *f*

zniedołężniały gebrechlich

zniekształc|ać (-*am*) ⟨**~ić**⟩ verzerren; *palce itp*. deformieren, verunstalten

znie|nacka *adv* (ur)plötzlich; **~nawidzony** verhaßt; → ***nienawidzić***; **~sienie** *n* (-*a*; *0*) Abschaffung *f*; ***nie do ~sienia*** nicht zu ertragen, unerträglich

zniesławi|ać (-*am*) ⟨**~ć**⟩ verleumden; **~enie** *n* (-*a*) Verleumdung *f*

znieść* *pf* → **znosić¹**

zniewa|ga *f* (-*i*) Beleidigung; **~żać** (-*am*) ⟨**~żyć**⟩ (-*ę*) beleidigen

zniewieściały weibisch, feminin

znikać (-*am*) verschwinden; → ***niknąć***

znikąd *adv* nirgend(wo)her

znik|nąć *pf* → ***znikać***; **~nięcie** *n* (-*a*) Verschwinden; **~omy** geringfügig; ***~omo krótki/mało*** sehr kurz/wenig

zniszcz|ały *pp* verfallen; → ***niszczeć***; **~enie** *n* (-*a*) Zerstörung *f*; **~ony** zerstört; *fig t*. ruiniert, F kaputt

zni|we- *pf* → ***niwe-***; **~żać** (-*am*) herabsetzen, (*t. głos*) senken; ***~żać się*** sinken; *teren*: abfallen

zniżk|a *f* (-*i*; *G* -*żek*) Herabsetzung; Ermäßigung; *fin* Baisse; **~ować** (-*uję*) *hdl*, *fin* fallen; **~owy** ermäßigt; ***po cenie ~owej*** *t*. zum Vorzugspreis

zno|- *pf* → ***no-***; **~sić¹** hinuntertragen, (he)runterbringen; zusammentragen; *jajka* legen; *dom* abtragen; *most* wegspülen; *łódź* vom Kurs abbringen; *ustawę* abschaffen; *zakaz* aufheben; *przykrość, ból* erdulden, ertragen; *klimat* vertragen (*t. fig* **się** sich); **~sić²** *pf ubranie* abtragen; **~śny** erträglich, leidlich

znowu, **~ż**, **znów** *adv* wieder; nochmals; *part* wiederum

znudz|enie *n* (-*a*; *0*) Langeweile *f*; ***do ~enia*** bis zum Überdruß; ***ze ~eniem*** gelangweilt; **~ić** *pf* langweilen; ***~ić się*** (*I*) überdrüssig werden (*G*), genug haben (von); **~ony** gelangweilt

znuż|enie *n* (-*a*; *0*) Erschöpfung *f*; **~yć się** (*I*) erschöpft sein (von); → ***nużyć***

zobacz|enie *n*: ***coś do ~enia*** etwas zu sehen; ***do ~enia!*** auf Wiedersehen!; **~yć** *pf* erblicken; (***ponownie*** wieder)sehen (**się** sich); **~ymy** wir werden sehen

zobo|- *pf* → ***obo-***; **~jętniały** gleichgültig

zobowiąz|ać *pf* → ***zobowiązywać***; **~anie** *n* (-*a*) Verpflichtung *f*; *hdl*, *fin* Verbindlichkeit *f*; **~ywać** (-*uję*) verpflichten (**się** sich; **do** *G* zu)

zodiak [-dįak] *m* (-*u*; *0*) *astr* Tierkreis

zohydz|ać (-*am*) ⟨**~ić**⟩ (-*dzę*) verekeln

zoolog *m* (-*a*; -*dzy*) Zoologe (-gin); **~iczny** zoologisch

zop-, **zor-** *pf* → **op-**, **or-**

zorza *f* (-*y*; *G zórz*) (Morgen-)Röte, (Abend-)Rot *n*; ~ ***polarna*** Polarlicht *n*

zosta|(wa)ć bleiben (**przy** *I* bei); *t-ko pf* (***uszkodzonym*** beschädigt, ***ojcem*** Vater) werden; **~wi(a)ć** → ***pozostawiać***

zra|- *pf* → ***ra-***; **~stać się** (-*am*) zusammenwachsen; **~szać** (-*am*) besprühen, naß machen; *pot*: treten (auf *A*)

zraz *m* (-*u*; -*y*) *kulin*: ~ ***bity*** Lendenschnitte *f*; ~ ***zawijany*** Roulade *f*

zrażać (-*am*) ⟨**zrazić**⟩: ~ ***do siebie***, ~ ***sobie*** (*A*) gegen sich aufbringen (*A*), es verderben (mit); ***nie ~ się*** (*I*) sich nicht abschrecken lassen (durch)

zrąb *m* (*zrębu*; *zręby*) Rumpf; Gebälk *n*; *pl fig* Grundlagen *f/pl*; **~ać** *pf drzewo* fällen; abschlagen, abhauen

zre|- *pf* → ***re-***; **~formowany** reformiert; **~organizowany** reorganisiert

zresztą übrigens, im übrigen

zrezygnowany resigniert, entmutigt

zręby *pl* → **zrąb**

zręczn|ość *f* (-*ści*; *0*) Geschicklichkeit, Gewandtheit; **~y** geschickt, gewandt

zro|dzić *pf* → ***rodzić***; **~gowacenie** *n* (-*a*) Verhornung *f*; **~sić** *pf* (-*szę*) → ***zraszać***; ***~snąć* się*** *pf* → ***zrastać się***; **~st** *m* (-*u*; -*y*) *med* Verwachsung *f*; **~śnięty** zusammengewachsen

zrozpaczony verzweifelt

zrozumi|ale *adv* verständlich; **~ały** (***sam przez się*** selbst)verständlich; **~enie** *n* (-*a*) Verständnis; ***dać do ~enia*** zu

verstehen geben; **~eć*** *pf* → ***rozumieć***
zróść* się *pf* → ***zrastać się***
zrówn|ać *pf* → ***równać, zrównywać***; **~anie** *n* (*-a*) Ausrichten, Gleichstellung *f*; *astr* Tag- und Nachtgleiche *f*
zrównoważ|ać (*-am*) ausgleichen (**się** sich); **~ony** ausgeglichen
zrównywać (*-uję*) *teren* einebnen; (**z** *I*) gleichstellen (*D*); **~ z ziemią** dem Erdboden gleichmachen
zróżnicowany unterschiedlich
zrujnowany ruiniert; → ***rujnować***
zryć *pf* → ***ryć***
zryw *m* (*-u*; *-y*) Spurt; *mot* Beschleunigung *f*; → ***poryw***; **~ać** (*-am*) *v/t* abreißen; *kwiat* (ab)pflücken; *stosunki* abbrechen; *umowę, zaręczyny* lösen; *głos* strapazieren; *v/i* (**z** *I*) brechen (mit), sich trennen (von); **~ać się** aufspringen, auffahren; (*ruszyć*) losstürmen; *ptak*: auffliegen; *wiatr*: plötzlich aufkommen; → ***rwać***
zrządz|ać (*-am*) ⟨**~ić**⟩ (es) so fügen
zrze|czenie (się) *n* (*-a*) Verzicht *m*; **~kać się** (*-am*) ⟨**~c* się**⟩ (*G*) verzichten (auf *A*); **~szać** (*-am*) ⟨**~szyć**⟩ (*-ę*) organisieren, vereinigen (**się** sich); **~szenie** *n* (*-a*) Vereinigung *f*, Verband *m*; **~szony** organisiert (**w** *L* in *D*)
zrzę|da *m* (*-y*; *G -ów/-*) Nörgler(in); **~dzić** (*-dzę*) nörgeln (**na** *A* über *A*)
zrzu|cać ⟨**~cić**⟩ *v/t* abwerfen; sich entledigen (*G*); *winę* abstreiten; *maskę* fallen lassen; **~t** *m lotn* Abwurf(kiste *f*) *m*; **~tka** *f* (*-i*; *G -tek*) *karc* abgeworfene Karte
zrzynać (*-am*) abschneiden; absägen
zsadz|ać ⟨**~ić**⟩ absteigen helfen; aussteigen helfen
zsiad|ać ⟨**zsiąść***⟩ (**z** *G*) absteigen (von); → ***wysiadać***; **~ać się** gerinnen, dick werden; **~łe mleko** Dickmilch *f*
zstąpić *pf* → ***zstępować***
zstęp|ny *jur* absteigend; **~ować** (*-uję*) heruntersteigen, hinuntersteigen (***po schodach*** die Treppe)
zsu|wać ⟨**~nąć**⟩ (**z** *G*) schieben, abstreifen (von); *stoły itp.* zusammenschieben; **~nąć się** (**z** *G*) (ab)rutschen (von)
zsy|chać się (*-am*) austrocknen, vertrocknen; **~łać** (*-am*) senden, bringen; *os.* verbannen; **~pywać** (*-uję*) ⟨**~pać**⟩ (**do** *G*) (hinein)schütten (in *A*)
zszy|wać (*-am*) ⟨**~ć**⟩ zusammennähen; *papiery* zusammenheften; **~wka** *f* (*-i*; *G -wek*) Heftklammer
zubożały verarmt
zuch *m* (*-a*; *-y*) richtiger Kerl, F Teufelsbraten; (*harcerz*) Wölfling; **~owaty** (**-to**) schneidig, forsch
zuchwa|lstwo *n* (*-a*) Dreistigkeit *f*; (*śmiałość*) Verwegenheit *f*, **~ły** (**-le**) arrogant, dreist; naßforsch; verwegen
zupa *f* (*-y*) (**w *proszku*** Päckchen-)Suppe
zupełny (**-nie**) völlig; *por* ***całkowity***
zuży|cie *n* Verbrauch *m*; Verschleiß *m*; **~ć** *pf* → ***zużywać***; *t.* → **~tkow(yw)ać** (-[*w*]*uję*) verwerten; **~ty** verbraucht; abgenutzt; **~wać** verbrauchen; verwenden (**na** *A* für, zu); **~wać się** verbraucht werden; sich abnutzen, verschleißen
zwać* nennen (**się** sich)
zwal|ać auftürmen, auf e-n Haufen werfen; (**z** *G*) abladen, abwerfen (von); auskippen (aus); *winę, obowiązek* abwälzen; *drzewo* umstürzen (**się** *v/i*); → ***walić***; **~czać** (*-am*) ⟨**~czyć**⟩ bekämpfen (**się** sich); *pf fig t.* überwinden; **~ić** *pf* → ***zwalać, walić***; **~niać** (*-am*) *bieg, tempo* verlangsamen, drosseln; *pas* lösen; *pokój* frei machen, räumen; *os.* entlassen; freigeben (***k-o na godzinę*** j-m e-e Stunde); befreien (**od** *G* von; **się** sich); *v/i* langsamer werden; **~niać się** (sich) frei nehmen; → ***zwolnić***
zwał *m* (*-u*; *-y*) Halde *f*, Kippe *f*; **~y** *pl t.* Massen *f/pl*, Haufen *m/pl*, Berge *m/pl*
zwany → ***zwać***; ***tak* ~** sogenannt
zwapnienie *n* (*-a*) Verkalkung *f*
zwarcie *n* (*-a*) *el* Kurzschluß *m*; *jęz* Verschluß *m*; *sport* Klammern; Bindung *f*
zwariowany verrückt; → ***wariować***
zwarty (**-to**) dicht, kompakt; *fig* geschlossen; *jęz* Verschluß-
zwarzyć się *pf* (*-ę*) käsen *v/i*
zważ|ać (*-am*) ⟨**~yć**⟩ (**na** *A*) beachten (*A*); ***nie ~ając na*** (*G*) ungeachtet (*G*); **~ywszy, że** in Anbetracht dessen, daß; *pf* → ***ważyć***
zwątpi|ć *pf* (**w** *A*) anzweifeln, bezweifeln (*A*); **~enie** *n* (*-a*) Zweifel *m*
z|we- *pf* → ***we-***; **~wędzić** F *pf* klauen
zwę|glony verkohlt; **~szyć** *pf* wittern; **~żać** (*-am*) ⟨**~zić**⟩ (*-żę*) verengen (**się** sich); *suknię* enger machen; **~żenie** *n* (*-a*) Verengung *f*
zwia|ć *pf* → ***zwiewać***; **~d** *m* (*-u*; *-y*) *mil*

Erkundung *f*; (*patrol*) Spähtrupp; **~dowca** *m* (*-y*; *G -ów*) Kundschafter
zwiastowa|ć (*-uję*) ankündigen; † verkünden; **ℒnie** *n* (*-a*; *0*) *rel* (Mariä) Verkündigung *f*
zwiastun *m* (*-a*; *-i*/*-owie*), **~ka** *f* (*-i*; *G -nek*) Vorbote (-tin); *t-ko m med* Anzeichen *n*
związ|ać *pf* → **związywać**; **~ek** *m* (*-zku*; *-zki*) Verbindung *f* (*t. chem*); (*powiązanie*) Zusammenhang; Bindung *f*; (*zespół*) Verband; **~ek zawodowy** Gewerkschaft(sorganisation) *f*; ***wstąpić w ~ki małżeńskie*** den Bund der Ehe schließen; ***w ~ku z*** (*I*) im Zusammenhang (mit); **~kowiec** *m* (*-wca*; *-wcy*) Gewerkschafter(in); **~kowy** Bundes-; Verbands-; Gewerkschafts-; **~ywać** (*-uję*) zusammenbinden (***w*** *A* zu); verbinden (***się*** sich; **z** *I* mit)
zwichn|ąć *pf* (*-nę*) ausrenken, verrenken; **~ięcie** *n* (*-a*) *med* Verrenkung *f*
zwiedz|ać (*-am*) besuchen, besichtigen; **~ający** *m* (*-ego*; *-y*), **-ca** *f* (*-ej*; *-e*) Besucher(in); **~anie** *n* (*-a*) Besichtigung *f*, Besuch *m*; **~ić** *pf* (*-dzę*) → **zwiedzać**
zwierać (*-am*) schließen (***się*** sich)
zwierciadło *n* (*-a*; *G -deł*) Spiegel *m*
zwierzać (*-am*) anvertrauen; **~ się** (**z** *G*) offenbaren, vertraulich erzählen (*A*)
zwierzątko *n* (*-a*; *G -tek*) Tierchen
zwierzchni höher(stehend), vorgesetzt; **~czka** *f* (*-i*; *G -czek*), **~k** *m* (*-a*; *-cy*) Vorgesetzte(r), Chef(in)
zwierzenie *n* (*-a*) Bekenntnis
zwierzę *n* (*-ęcia*; *-ęta*) Tier; **~cy** Tier-; (**-co**) tierisch; *fig t.* animalisch
zwie|rzyna *f* (*-y*) *zbior* Tiere *n*/*pl*; (***gruba***, ***płowa*** Groß-, Rot-)Wild *n*; **~szać** ⟨***~sić***⟩ (herab)hängen lassen; **~ść*** *pf* → ***zwodzić***; **~trzały** abgestanden, schal; *geol* verwittert; **~wać** (*-am*) *v*/*t* wegblasen; *v*/*i* F abhauen, verduften; **~wny** duftig, hauchzart
zwieźć* *pf* → **zwozić**
zwiędnięty welk; → **więdnąć**
zwiększ|ać (*-am*), ⟨**~yć**⟩ (*-ę*) steigern, erhöhen (***się*** sich); → ***mnożyć***
zwięzły (**-źle**) knapp, kurz, bündig
zwijać (*-am*) aufwickeln; zusammenrollen (***się*** sich); *obóz* abbrechen; *interes* auflösen; F **~ *się*** *fig* → ***uwijać się***
zwil|gotnieć *pf* (*-eję*) feucht werden; **~żać** (*-am*) ⟨**~żyć**⟩ (*-ę*) anfeuchten

zwin|ąć *pf* (*-nę*, *-ń!*) → **zwijać**; **~ny** flink
zwiotczały welk, schlaff
zwi|sać (*-am*) ⟨**~snąć**⟩ (*-nę*, *-ł*) herabhängen *v*/*i*; **~tek** *m* (*-tka*; *-tki*) (***papieru*** Papier-)Rolle *f*
zwlekać (*-am*) *v*/*i* (**z** *I*) zögern, warten (mit); verzögern, verschleppen (*A*)
zwłaszcza insbesondere, zumal
zwłok|a *f* (*-i*) Verzögerung; Aufschub *m*; ***kara za ~ę*** Verzugsstrafe; ***nie cierpiący ~i*** unaufschiebbar
zwłoki *pl* (-) Leiche *f*, Leichnam *m*
zwodz|ić täuschen; **~ony** → ***most***
zwolenni|czka *f* (*-i*; *G -czek*), **~k** *m* (*-a*; *-cy*) Anhänger(in); Befürworter(in)
zwolni|ć *pf* (*-ę*, *-nij!*) → **zwalniać**; **~ć się** *lokal*: frei werden; (*z pracy*) ausscheiden, kündigen; **~enie** *n* (*-a*) Nachlassen; Verlangsamung *f*; Entlassung *f*; Befreiung *f*, Freistellung *f*; Räumung *f*; Entlassungsschein *m*, Entlassungsschreiben; ***~enie lekarskie*** Arbeitsunfähigkeitsbescheinigung *f*
zwoł|ywać (*-uję*) ⟨**~ać**⟩ zusammenrufen; *zebranie* einberufen, anberaumen
zwozić anfahren, herbeibringen
zwój *m* (*-oju*; *-oje*) Rolle *f*; *el* Windung *f*; *anat* Ganglion *n*
zwracać zurückgeben; *w.zn.* zurückerstatten, zurückzahlen, zurückschicken; *prośbę*, *pytanie* richten (**do** *G* an *A*); *twarz*, *wzrok* (zu)wenden (*D*); → ***uwaga***; **~ się** sich wenden (**do** *G* an *A*; ***ku*** *D* zu, nach); sich richten (***ku*** *D* auf *A*)
zwrot *m* (*-u*; *-y*) Wendung *f* (*t. fig*, *gr*); Drehung *f*; (*zwrócenie*) Rückgabe *f*, Rückzahlung *f*, Rückerstattung *f*, Rücksendung *f*; **~ka** *f* (*-i*; *G -tek*) Strophe; **~nica** *f* (*-y*; *-e*) *kolej* Weiche; **~nik** *m* (*-a*; *-i*) *geogr* Wendekreis; **~nikowy** tropisch; **~ność** *f* (*-ści*; *0*) Wendigkeit; **~ny** Wende-; Rück- (*t. tech*); *pojazd*: wendig; *fin* rückzahlbar; *jęz* reflexiv
zwrócić *pf* → **zwracać**
zwycię|ski (**-ko**) siegreich; **~stwo** *n* (*-a*) Sieg *m*; **~zca** *m* (*-y*; *G -ów*) Sieger(in); (*w konkursie itp. t.*) Gewinner(in); **~żać** (*-am*) ⟨**~żyć**⟩ (*-ę*) *v*/*i* siegen, gewinnen; *v*/*t* besiegen; **~żony** (*m-os -żeni*) besiegt
zwyczaj *m* (*-u*; *-e*) (An-)Gewohnheit *f*; (***ludowy*** Volks-)Brauch; ***starym ~em*** nach alter Sitte; ***wejść w ~*** zur Gewohnheit werden; **~ny** gewöhnlich; *sesja*, *profesor*: ordentlich; **~owy** Ge-

wohnheits-; (**-wo**) gewohnheitsgemäß
zwyk|le *adv* üblicherweise; → **~ły** üblich, normal; gewöhnlich
zwymyślać *pf* ausschimpfen
zwyrodniały degeneriert, entartet
zwyżk|a *f* (*-i*; *G -żek*) Erhöhung, Anstieg *m*; *fin* Hausse; **~ować** (*-uję*) steigen
zygzagowaty (**-to**) zickzackförmig
zysk *m* (*-u*; *-i*) Gewinn, Profit; **~iwać** (*-uję*) ⟨**~ać**⟩ (*-am*) (**na** *L*) verdienen (bei, an *D*); gewinnen (*t. fig*; **na czasie** Zeit; **na wartości** an Wert); profitieren (**na** *L* von); *sławę itp.* erlangen; **~owny** gewinnbringend, einträglich
zza *praep* (*G*) hinter (*D*) hervor; aus (*A*); um (*A*) herum
zziajany außer Atem; *pies*: hechelnd
zzieleni|eć *pf* grün werden
zziębnięty durchgefroren
zżerać (*-am*) auffressen; zerfressen
zżółknięty vergilbt, gelb (geworden)
zży|ć się *pf* → **zżywać się**; **~mać się** (*-am*) sich entrüsten (**na** *A* über *A*); **~mał się na myśl** (**o** *L*) ihn schauderte (es) bei dem Gedanken (an *A*); **~wać się** (*-am*) sich gewöhnen (**z** *I* an *A*)

Ź

ździebko F ein (klein) bißchen
źdźbło *n* (*-a*; *G źdźbeł*) Halm *m*
źle *adv* (*comp gorzej*) schlecht; (*ze złym wynikiem*) schlimm, übel; **~, że ...** es ist schlimm/übel, daß ...
źreb|ak *m* (*-a*; *-i*) Fohlen *n*; **~ić się** ⟨**o-**⟩ (*-ę*) fohlen; **~ię** *n* (*-ęcia*; *-ęta*) Fohlen
źrenic|a *f* (*-y*; *-e*) Pupille; **pilnować jak ~y oka** wie seinen Augapfel hüten
źródlan|y: woda ~a Quellwasser *n*
źródło *n* (*-a*; *G -deł*) Quelle *f* (*t. fig*); *poet t.* Born *m*; (**mineralne** Mineral-)Brunnen *m*; **gorące ~** *t.* Therme *f*; **~wy** *zw. fig* Quellen-

Ż

-ż *part* → **-że**
żab|a *f* (*-y*) Frosch *m*; **~i** Frosch-; **~ka** *f* (*-i*; *G -bek*) (**drzewna** Laub-)Frosch *m*; *tech* Rohrzange; *sport* Brustschwimmen *n*; **~karka** *f* (*-i*; *-rek*), **~karz** *m* (*-a*; *-e*) Brustschwimmer(in)
żad|en (**~na** *f*, **~ne** *n*, *pl*) kein(e, -er); niemand; **w ~en sposób** auf keinerlei Weise; → **wypadek**
żag|iel *m* (*-gla*; *-gle*) Segel *n*; **~lowiec** *m* (*-wca*; *-wce*) Segelschiff *n*, Segler; **~lowy** Segel-; **~lówka** *f* (*-i*; *G -wek*) Segelboot *n*; Segeljacht
żakie|cik *m* (*-a*; *-i*) Jäckchen *n*; **~t** *m* (*-u*; *-y*) (Kostüm-)Jacke *f*; (*męski*) Cutaway
żal¹ *m* (*-u*; *-e*) Leid *n*, Schmerz; (*skrucha*) Reue *f*; (*uraza*) Groll; **~e** *pl* Klagen *f*/*pl*
żal² *praed* leid; **~ mi go** er tut mir leid; **było jej ~** (*G*) es tat ihr leid um ...; **czuć ~** (**do** *G*) grollen, F böse sein (*D*); **~ić się** (*-lę*) sich beklagen, klagen
żaluzja *f* (*-i*; *-e*) Jalousie
żałob|a *f* (*-y*) Trauer; **nosić ~ę**, **chodzić w ~ie** Trauer tragen; **~ny** Trauer-; **msza ~na** Totenmesse
żało|sny (**-śnie**) kläglich; **~wać** ⟨**po-**⟩ (*-uję*) (*G*) beklagen (*A*); (*odczuwać żal*, *współczuć*) bedauern (*A*); (*skąpić*) (**sobie** sich) versagen, nicht gönnen (*A*); **nie ~wać** (*G*) *t.* nicht scheuen (*A*); **bardzo żałuję** ich bedauere sehr
żar *m* (*-u*; *0*) Glut *f* (*t. fig*)

żarcie *n* (*-a*) Fressen; P Fraß *m*
żargon *m* (*-u*; *-y*) Jargon, Slang
żarliwy (**-*wie***) inbrünstig; → ***gorliwy***
żarłoczn|ość *f* (*-ści*; *0*) Gefräßigkeit; **~ie** *adv* gierig; **~y** gefräßig
żarłok *m* (*-a*; *-i*) *pej* Vielfraß, Freßsack
żaroodporny hitzebeständig
żarówka *f* (*-i*; *G -wek*) Glühbirne
żart *m* (*-u*; *-y*) Scherz, Spaß; (***złośliwy*** böser) Streich; ***~em***, ***dla ~u*** als Scherz, zum Spaß; **z** (*I*) ***nie ma ~ów*** ... versteht k-n Spaß; mit ... ist nicht zu spaßen
żarto|bliwy (**-*wie***) scherzhaft; **~wać** ⟨**za-**⟩ (*-uję*) scherzen; Spaß treiben
żartowni|sia *f* (*-i*; *-e*), **~ś** *m* (*-sia*; *-sie*) Spaßvogel *m*
żarzyć się (*-ę*) glühen; (*słabo*) glimmen
żąć ⟨**z-**⟩ (*żnę*) mähen
żąda|ć ⟨**za-**⟩ (*-am*) fordern, verlangen; **~nie** *n* (*-a*) Forderung *f*; ***na ~nie*** (*G*) auf Verlangen (von, *G*)
żądło *n* (*-a*; *G -deł*) *zoo* Stachel *m*
żą|dny (*G*) ...süchtig, ...lustig; ***~dny wiedzy*** wissensdurstig; ***~dza*** *f* (*-y*; *-e*) Begierde; ***~dza wiedzy*** Wissensdurst *m*
że *conj* daß; *part* ***ledwo ~*** kaum; ***tyle ~*** nur, bloß; → ***dlatego***, ***mimo***, ***omal***
-że (*part wzmacniająca*) doch; ***siadajże!*** setz dich doch!
żeberka *n/pl* (*-rek*) *kulin* Rippchen *n/pl*
żebra|czka *f* (*-i*; *G -czek*) Bettlerin; **~ć** (*-brzę*, *-brz!*) betteln; **~k** *m* (*-a*; *-cy*) Bettler; **~nina** *f* (*-y*; *0*) Bettelei
żebro *n* (*-a*; *G -ber*) Rippe *f*
żeby *conj* um zu; wenn (***nie*** nicht); daß; *part* → ***oby***, ***chyba***
żegla|rka *f* (*-i*; *G -rek*) Seglerin; **~rski** nautisch; *sport* Segel-; **~rstwo** *n* (*-a*; *0*) Segelsport *m*; **~rz** *m* (*-a*; *-e*) Seefahrer; Seg(elsport)ler
żeg|lować (*-uję*) segeln; **~lowny** schiffbar; **~luga** *f* (*-i*; *0*) Schiffahrt
żegna|ć (*-am*) *v/t* ⟨**po-**⟩ verabschieden (*A*; **się** sich; **z** *I* von); Lebewohl sagen (*D*); ***~j!*** lebe wohl!; ⟨**prze-**⟩ bekreuzigen (**się** sich)
żel *m* (*-u*; *-e*) *chem* Gel *n*
żelatyna *f* (*-y*) Gelatine
żela|zisty eisenhaltig; **~zko** *n* (*-a*; *G -zek*) Bügeleisen; **~zny** eisern, Eisen-; **~zo** *n* (*-a*) Eisen; *w zł.* Eisen-, Stahl-
żelbet *m* (*-u*; *-y*) Stahlbeton
żeliw|ny gußeisern; **~o** *n* (*-a*) Gußeisen
żeni|aczka F *f* (*-i*; *0*) Heirat; **~ć** ⟨**o-**⟩ (*-ę*) verheiraten; **~ć się** (**z** *I*) heiraten (*A*)
żen|ować (się) ⟨**za-**⟩ (*-uję*) → ***krępować***; **~ujący** (**-co**) peinlich
żeński weiblich; Frauen-; *gr t.* feminin
żeń-szeń *m* (*-nia*; *-nie*) Ginseng
żer *m* (*-u*; *0*) Nahrung *f*, Futter *n*
żerdź *f* (*-dzi*; *-dzie*) Stange, Stab *m*
żerować (*-uję*) Nahrung/Futter suchen; fressen; *fig* (**na** *L*) ausnutzen (*A*)
żeton *m* (*-u*; *-y*) Abzeichen *n*; → ***szton***
żg|ać (*-am*) ⟨***~nąć***⟩ (*-nę*) (zu)stechen
żleb *m* (*-u*; *-y*) Hangrinne *f*
żłob|ek *m* (*-bka*; *-bki*) Kinderkrippe *f*; (*rowek*) Riefe *f*, Rille *f*; **~ić** ⟨**wy-**⟩ (*-ę*) riefeln, (aus)kehlen; **~kowy** Krippen-
żłopać (*-ię*) (gierig) saufen; schlabbern
żłób *m* (*-obu*; *-oby*) (Futter-)Krippe *f*
żmija *f* (*DGL -ii*; *-e*) (Gift-)Schlange; *zoo* (***zygzakowata*** Kreuz-)Otter
żmudny mühselig; zeitraubend
żniw|a *n/pl* (-) → ***żniwo***; **~iarka** *f* (*-i*; *G -rek*) Getreidemäher *m*; *t.* →**~iarz** *m* (*-a*; *-e*) Schnitter(in), Erntearbeiter(in); **~ny** Ernte-; **~o** *n* (*-a*) Ernte *f* (*t. fig*)
żołąd|ek *m* (*-dka*; *-dki*) Magen; **~kowy** Magen-; *med t.* gastrisch, Gastro-
żołądź *f* (*-ędzi*; *-ędzie*) Eichel
żoł|d *m* (*-u*; *zw. 0*) Sold; **~dak** *m* (*-a*; *-cy*) *pej* Söldner; **~nierka** F *f* (*-i*; *G -rek*) Soldatin; (*służba*) Kriegsdienst *m*; **~nierski** Soldaten-; (**po -ku**) soldatisch; **~nierz** *m* (*-a*; *-e*) Soldat
żona *f* (*-y*) (Ehe-)Frau; **~ty** verheiratet
żonglować (*-uję*) jonglieren
żół|cić ⟨**po-**⟩ (*-cę*) gelb färben; **~cieć** (*-eję*) gelb schimmern/leuchten; **~ciowy** Gallen-; **~ć** *f* (*-ci*; *0*) Galle; **~knąć** ⟨**po-**, **z-**⟩ (*-nę*, *-ł*) gelb werden; vergilben; **~taczka** *f* (*-i*; *zw. 0*) Gelbsucht; **~tawy** (**-wo**) gelblich; **~tko** *n* (*-tka*; *G -tek*) Eigelb, Eidotter *m/n*
żółto *adv* (*comp żółciej*) gelb; **~ść** *f* (*-ści*; *0*) Gelb *n*; **~zielony** gelbgrün
żółty gelb, Gelb-
żółw *m* (*-wia*; *-wie*, *-wi*) Schildkröte *f*; **~i** Schildkröten-; ***wlec się ~im krokiem*** im Schneckentempo vorwärts kommen
żrący (**-co**) ätzend
żreć* ⟨**po-**, **ze-**⟩ fressen; zerfressen
żubr *m* (*-a*; *-y*) Wisent
żu|chwa *f* (*-y*) Unterkiefer *m*; **~ć** (*-ję*) kauen; → ***przeżuwać***
żuk *m* (*-a*; *-i*) Mistkäfer, Roßkäfer
żuławy *f/pl* (-) Marschland *n*

Ż

żupa *f* (*-y*) Salzsiederei
żur *m* (*-u*; *-y*) Sauerteig-Mehlsuppe *f*
żuraw *m* (*-wia*; *-wie*) *zoo* Kranich; (*studzienny*) Ziehstange *f*, *tech* Kran; **~i** Kranich-; **~ina** *f* (*-y*) Moosbeere
żurnal *m* (*-u*; *-e*) Modejournal *n*
żuż|el *m* (*-żla*/*-żlu*; *0*) Schlacke *f*; ***wyścigi*** *m/pl* ***na ~lu*** Speedwayrennen *n*; **~lo-**, **~lowy** Schlacken-
żwawy (**-wo**) munter, flink
żwir *m* (*-u*; *-y*) Kies; Schotter; **~ownia** *f* (*-i*; *-e*) Kiesgrube
życi|e *n* (*-a*) Leben; ***przy ~u*** am Leben; ***za ~a*** zu Lebzeiten; ***nad ~e*** mehr als das Leben; ***wejść w ~e*** *ustawa*: in Kraft treten; ***zarabiać na ~e*** seinen Lebensunterhalt verdienen
życio|rys *m* Lebenslauf; **~wo** *adv* lebensnah; **~wy** Lebens-; lebenswichtig; F (*praktyczny*) lebenserfahren
życz|enie *n* (*-a*) Wunsch *m*; Glückwunsch *m*; ***pozostawiać wiele do ~enia*** viel zu wünschen übrig lassen; **~liwie** *adv* → ***życzliwy***; **~liwość** *f* (*-ści*; *0*) Wohlwollen *n*, Freundlichkeit; **~liwy** wohlwollend, freundlich; **~yć** (*-ę*) wünschen (*G* ***k-u***, ***sobie*** *A* j-m, sich)
żyć (*-ję*) leben (*I*, **z** *G* von; **z** *I* mit); ***niech żyje!*** es lebe hoch!
Żyd *m* (*-a*; *-dzi*) Jude; **ᴤowski** (***po -ku***) jüdisch, Juden-; *adv t.* jiddisch; **~ówka** *f* (*-i*; *G -wek*) Jüdin
żyją|cy lebend; **~tko** *n* (*-a*; *G -tek*) (Klein-)Lebewesen
żyla|k *m* (*-a*; *-i*) Krampfader *f*; **~sty** sehnig
żyletka *f* (*-i*; *G -tek*) Rasierklinge
ży|lny venös, Venen-; **~ła** *f* (*-y*) Vene; *geol*, *el*, *fig* Ader; **~łka** *f* (*-i*; *G -łek*) Äderchen *n*; (*wędki*) Angelschnur, *bot*, *fig* Ader; **~łowaty** *mięso*: sehnig
żyrafa *f* (*-y*) Giraffe
żyrandol *m* (*-a*; *-e*) Kronleuchter
żyro *n* (*-a*) *fin* Giro; Indossament; **~kompas** *m* Kreiselkompaß; **~wać** (*-uję*) girieren; indossieren
żyt|ni Roggen-; **~o** *n* (*-a*) Roggen *m*
żywcem *adv* lebend
żywica *f* (*-y*; *-e*) Harz *n*
żywiciel *m* (*-a*; *-e*), **~ka** *f* (*-i*; *G -lek*) Ernährer(in); *t-ko m biol* Wirt *m*
żywiczny harzig; harzhaltig
żywi|ć (*-ę*) ernähren (***się*** sich; *I* von); *fig* nähren, hegen; **~ec** *m* (*-wca*; *0*) Lebendvieh *n*; (*pl -wce*) Lebendköder
żywienie *n* (*-a*; *0*) Ernährung *f*
żywioł *m* (*-u*; *-y*) Element *n*; **~owy** elementar; (**-wo**) spontan; heftig
żywnoś|ciowy Lebensmittel-; **~ć** *f* (*-ści*; *0*) Nahrung, Lebensmittel *n/pl*
żywo *adv* lebhaft; rasch; ***na ~*** *RTV* live; **~płot** *m* Hecke *f*; **~t** *m* (*-a*; *-y*) *lit* Leben *n*, Dasein *n*; Lebensbeschreibung *f*; **~tność** *f* (*-ści*; *0*) Vitalität, Lebenskraft; **~tny** vital; lebenswichtig
żywy lebend(ig); Lebens-; (*ruchliwy*) belebt; lebhaft; *mowa*: gesprochen; ***handel ~m towarem*** Menschenhandel
żyzny fruchtbar

Ż

Wörterverzeichnis Deutsch-Polnisch

A

Aal *m* (*-e̸s*; *-e*) węgorz(owy *w zł.*)
aalglatt *fig* przebiegły (-le)
Aas *n* (*-es*; *zw.0*) padlina, (*t. fig*) ścierwo; P **kein ~** pies z kulawą nogą
Aasgeier *m* ścierwnik; *fig pej* hiena
ab *praep* (*A*, *D*) od, z (*G*); **~ heute** od dziś; **~ ... Jahren** w wieku od ... lat; **~ Werk** z wytwórni / zakładu; *adv* **von jetzt**/**hier ~** odtąd; **~ und zu**/**an** od czasu do czasu; tu i ówdzie; **Berlin ~ ...** odjazd z Berlina ...; **~** (**mit dir**)! marsz!, jazda!; → **absein**, **auf**
ab|ändern zmieni(a)ć; **~arbeiten** odrabiać ⟨-robić⟩; **sich ~** spracować się *pf*
Abart *f* odmian(k)a, wariant
abartig perwersyjny, zboczony
Abbau *m* (*-e̸s*; *0*) *gór* eksploatacja; (*Verminderung*) redukcja; (*Zerlegung*) rozbiórka, demontaż; *chem* rozkład, rozpad, (*t. psych*) degradacja
abbaubar *chem* ulegający rozpadowi
abbauen *v/t* ⟨z⟩demontować, rozbierać ⟨rozebrać⟩; ⟨z⟩redukować; *chem* ⟨s⟩powodować rozkład/rozpad (*G*); *v/i* tracić siły, słabnąć
abbeißen* odgryzać ⟨-gryźć⟩
abbekommen* (-) dosta(wa)ć; (*lösen*) oddzielać ⟨-lić⟩, (*Geklebtes*) odklejać ⟨-kleić⟩; → **abschrauben**, **abreißen** *itp.*; **sie hat bei dem Unfall nichts ~** wyszła z wypadku bez szwanku
ab|berufen (-) odwoł(yw)ać; **2berufung** *f* odwołanie; **~bestellen** (-) *v/t* cofać ⟨cofnąć⟩ / odwoł(yw)ać zamówienie (na *A*); **2bestellung** *f* odwołanie zamówienia; **~biegen*** *v/i* (*sn*) skręcać ⟨-cić⟩ (**links** w lewo)
Abbiegespur *f* pas skrętu
Ab|bild *n* wizerunek; *fig* odbicie; **2bilden** przedstawi(a)ć; **~bildung** *f* rycina, ilustracja; **2binden*** *v/t* odwiąz(yw)ać; *Ader* podwiąz(yw)ać; *v/i bud* wiązać (się); **2blasen*** F *fig* → **absagen**
abblättern *v/i* (*sn*) łuszczyć się
abblenden *v/i mot* przełączać ⟨-czyć⟩ na światła mijania / F krótkie światła
Abblendlicht *n* światła *n/pl* mijania
abblitzen: *j-n* **~ lassen** odprawi(a)ć z niczym/z kwitkiem
ab|brechen* *v/t* odłam(yw)ać; *Blume*, *Kontakt* zrywać ⟨zerwać⟩; *Haus* ⟨z-⟩burzyć; *Lager* zwijać ⟨zwinąć⟩; *Gespräch*, *Spiel* przer(y)wać; *v/i* (*sn*) odłam(yw)ać się; (*aufhören*) ur(y)wać się, ⟨s⟩kończyć się; **~bremsen** przyhamow(yw)ać; **~brennen*** *v/t* spalać ⟨-lić⟩ (*v/i*, *sn* się); *Feuerwerk* puszczać; *v/i* (*sn*) *Kerze*: wypalić się *pf*
abbringen* (**j-n von** *D*) odwodzić ⟨odwieść⟩ (k-o od *G*)
abbröckeln odkruszać ⟨-szyć⟩ (*v/i*, *sn* się); *v/i fin Kurse*: zniżkować
Abbruch *m bud* rozbiórka; (*Verhandlungen itp.*) zerwanie; (**keinen**) **~ tun** (*D*) (nie) zaszkodzić (*D*); **2reif** nadający się tylko na rozbiórkę
ab|brühen oparzać ⟨-rzyć⟩ (wrzątkiem); **~brummen** F *Strafe* odsiadywać ⟨-siedzieć⟩; **~buchen** odpis(yw)ać z konta; **~bürsten** ⟨o⟩czyścić szczotką
Abc [abe'tse:] *n* (*idkl*) abecadło
abdanken poda(wa)ć się do dymisji; *Herrscher*: zrzekać ⟨zrzec⟩ się tronu
abdecken → **zudecken**, **aufdecken**; **ein Dach**/**Haus ~** zerwać *pf* dach (z domu)
ab|dichten uszczelni(a)ć; **~drängen** odpychać ⟨odepchnąć⟩; spychać ⟨zepchnąć⟩ (**von der Straße** z drogi)
abdrehen *Verschluß* odkręcać ⟨-cić⟩; F *Licht*, *Gas* zamykać ⟨zamknąć⟩, odłączać ⟨-czyć⟩; *Film* nakręcić *pf*; *v/i* (*sn*) zmieni(a)ć kurs, skręcać ⟨-cić⟩
Abdruck *m* (*-e̸s*; *¨e*) odcisk, odbicie; *drk* (*pl -e*) przedruk; odbitka, reprodukcja
abdrücken odciskać ⟨-snąć⟩ (**sich** się); *v/i* (*schießen*) nacisnąć *pf* spust
abebben (*sn*) ⟨o⟩słabnąć, minąć *pf*
abend *adv* (**gestern** wczoraj) wieczorem
Abend *m* (*-s*; *-e*) wieczór; (*Tanz*) wieczorek; **am ~** wieczorem; **gegen ~** pod wieczór; **~ für ~** co wieczór; **guten ~!** dobry wieczór!; **zu ~ essen** jeść kolację; **~dämmerung** *f* zmierzch; **in der ~** o zmroku; **~essen** *n* kolacja

abendfüllend *Film*: pełnometrażowy; **~es Programm** program wieczoru
Abendkleid *n* suknia wieczorowa
Abend|land *n* (-es; *0*) Zachód; **2ländisch** zachodni; **2lich** wieczorny
Abendmahl *n rel* komunia; **das Heilige ~** Wieczerza Pańska
abends wieczorem, wieczorami
Abendschule *f* szkoła wieczorowa
Abendstern *m* (-*s*; *0*) gwiazda wieczorna
Abendzeitung *f* gazeta wieczorna
Abenteuer *n* przygoda
abenteuerlich pełen przygód
Abenteurer(in *f*) *m* poszukiwacz(ka) przygód, † awanturnik (-ica)
aber *conj* ale, lecz, zaś; *part* ależ; **~ ja** ależ tak; *adv* **tausend und ~ tausend** niezliczone tysiące
Aberglaube *m* (-*ns*; *0*) przesąd, zabobon
abergläubisch przesądny, zabobonny
aber|kennen* (-) (*j-m A*) pozbawi(a)ć (k-o *G*); **2kennung** *f* pozbawienie (*G*)
abermals *adv* znowu, znów, ponownie
ab|fahren* *v/t* odwozić ⟨-wieźć⟩; *Strecke* objeżdżac ⟨-jechać⟩; *Reifen* zjeździć *pf*; *v/i* (*sn*) odjeżdżać ⟨-jechać⟩; *Schiff*: odpływać ⟨-płynąć⟩; **2fahrt** *f* odjazd; odpłynięcie; *sport* zjazd, F szus
Abfahrts|lauf *m* bieg zjazdowy; **~zeit** *f* czas/godzina odjazdu (*Schiff*: odpłynięcia)
Abfall *m* odpady *m/pl*, odpadki *m/pl*; (*das Abfallen*) spadek; *fig* odpadnięcie
Abfallbeseitigung *f* unieszkodliwienie odpadów
abfallen* odpadać ⟨-paść⟩ (**von** od *G*; *t. fig*); F (**für** *j-n*) okroić się (*D*); (**gegen** *etw*) być gorszym (w porównaniu z *I*)
abfallend (*schräg*) spadzisty (-to, -ście)
abfallfrei bezodpadowy (-wo)
abfällig ujemny; uwłaczający (-co)
Abfall|produkt *n* produkt odpadowy; **~tonne** *f* pojemnik na śmieci; **~verbrennungsanlage** *f* spalarnia odpadów
Abfallverwertung *f* (*0*) utylizacja/wykorzystanie odpadów
ab|fangen* przechwyt(yw)ać; *Stoß* odparow(yw)ać; *Auto itp.* odzyskać *pf* panowanie (nad *I*); **~färben** *v/i* puszczać ⟨puścić⟩ farbę; *fig* wywierać wpływ (**auf** *A* na *A*); **~fassen** układać ⟨ułożyć⟩, sporządzać ⟨-dzić⟩; **~feilen** opiłow(yw)ać, spiłow(yw)ać (pilnikiem)
abfertigen *v/t* odprawi(a)ć (*A*), dokon(yw)ać odprawy (*G*); (*bedienen*) obsługiwać ⟨-służyć⟩
Abfertigung *f* (*0*) odprawa; obsługa
Abfertigungshalle *f* sala odpraw
abfeuern *v/t* strzelać ⟨wystrzelić⟩ (z *G*)
abfind|en* → **entschädigen**; **sich ~** (**mit**) ⟨po⟩godzić się (z *I*); **2ung** *f* rekompensata; (jednorazowa) odprawa
abflauen *v/i* (*sn*) ⟨o⟩słabnąć
ab|fliegen* *v/t Strecke* oblatywać ⟨-lecieć⟩; *v/i* (*sn*) odlatywać ⟨-lecieć⟩, wylatywać ⟨-lecieć⟩; **~fließen*** (*sn*) spływać ⟨-ynąć⟩, ściekać ⟨ściec⟩
Abflug *m* odlot; **~zeit** *f* czas odlotu
Abfluß *m* spływ, odpływ; (*Öffnung*) spust, ściek; **~rohr** *n* rura odpływowa
abfrieren*: F **sich** *etw* **~** odmrażać ⟨odmrozić⟩ sobie (*A*)
Abfuhr *f* wywóz; *j-m* **e-e ~ erteilen** dać odprawę (*D*); **sich e-e ~ holen** dostać odmowę, F odejść z kwitkiem
abführen odprowadzać ⟨-dzić⟩; *v/i med* działać rozwalniająco
Abführmittel *n* środek przeczyszczający
abfüllen rozlewać, (*in Flaschen*) butelkować
Abgabe *f* (*0*) oddanie; (*e-r Erklärung itp.*) złożenie; *sport* (*Ball*) podanie; (*pl -n*) podatek, opłata; → **Verkauf**
Abgang *m* odejście; *kolej* odjazd; (*von d. Schule itp.*) opuszczenie
Abgangszeugnis *n* świadectwo ukończenia szkoły w niepełnym zakresie
Abgas *n* gaz odlotowy; **~e** *pl mot* gazy *m/pl* spalinowe, spaliny *f/pl*; **~test** *m* badanie spalin na toksyczność
abgeben* odda(wa)ć; (*ausgeben, verteilen*) wyda(wa)ć; *Amt, Erklärung* składać ⟨złożyć⟩; *Ball* poda(wa)ć; *Wärme* wydzielać; **er gibt e-n guten ... ab** on jest dobrym (*I*); **sich ~** (**mit**) zajmować się (*I*); (*mit j-m*) *pej* zadawać się (z *I*)
ab|gedroschen *fig* oklepany; **~gegriffen** *Buch*: zniszczony; *Phrase*: oklepany; **~gehärtet** *os.* zahartowany
abgehen* *v/i* odchodzić ⟨odejść⟩; *Schiff*: odpływać ⟨-płynąć⟩; *Knopf*: odrywać ⟨oderwać⟩ się; (**von**) (*ausscheiden*) opuszczać ⟨opuścić⟩ (*A*); (*aufgeben*) odstępować ⟨-stąpić⟩ (od *G*); **davon gehen ... Mark ab** z tego potrąca się ... marek; *v/t Strecke* obchodzić ⟨obejść⟩; *fig* (*j-m etw*) brakować (*G*)

ab|gekämpft wyczerpany; **~gekartet** ukartowany; **~gelegen** ustronny, odludny; **~gemacht** *adj* umówiony; **~!** zgoda!; **~gemagert** wychudły, wychudzony; **~geneigt: *nicht ~ sein* (*zu*)** być skłonnym (do *G*, *inf*)
abgenutzt zniszczony, sfatygowany
Abgeordnete(r) deputowany (-na), poseł (posłanka)
abgerissen *adj* podarty, obszarpany
abgerundet *adj* zaokrąglony
Abgesandte(r) wysłannik (-iczka)
abgeschieden samotny, ustronny
abgeschlossen *adj* zamknięty; *Wohnung*: osobny, z osobnym wejściem
abgesehen: *~ von* pomijając, pominąwszy (*A*); ***es ~ haben* (*auf* A)** upatrzyć *pf* sobie (*A*), godzić (w *A*)
ab|gespannt *adj* wyczerpany; **~gestanden** *Wasser*: nieświeży; *Bier*: zwietrzały; **~gestorben** zdrętwiały; *biol*, *med* obumarły; **~gestumpft** *os.* otępiały; → ***gefühllos***
ab|getragen *Kleidung*: znoszony; **~gewinnen** (*entlocken*) wywoł(yw)ać (***j-m*** *A* u k-o *A*); **~gewöhnen** (***j-m*, *sich*** *A*) odzwyczajać ⟨-czaić⟩ (k-o, się od *G*)
abgießen* odl(ew)ać (*t. tech*)
abgleiten* ześlizgiwać ⟨-z(g)nąć⟩ się (***von*** z *G*)
abgöttisch: *~ lieben* ubóstwiać
ab|graben* *fig*: *j-m* ***das Wasser ~*** szyć buty (*D*); **~grasen** F *fig* → ***absuchen***; *Läden* obchodzić ⟨obejść⟩; *hdl Bezirk* wyeksploatować *pf*
abgrenzen odgraniczać ⟨-czyć⟩
Abgrenzung *f* odgraniczenie
Abgrund *m* przepaść *f*, otchłań *f*
Abguß *m* odlew; kopia
ab|hacken odrąb(yw)ać; **~haken** (*in e-r Liste*) F odfajkow(yw)ać; **~halten*** *Sitzung* odby(wa)ć; *Wahlen* przeprowadzać ⟨-dzić⟩; *Gottesdienst* odprawi(a)ć; (***j-n von*** *etw*) powstrzym(yw)ać (k-o od *G*); **~handeln** wytargować *pf* (***j-m*** *A* od k-o *A*); *Thema* omawiać ⟨omówić⟩
abhanden: *~ kommen* zapodziewać ⟨-dziać⟩ się
Abhandlung *f* rozprawa; traktat
Abhang *m* zbocze, stok
abhängen[1] *v/t Bild* zdejmować ⟨zdjąć⟩; *Wagen* odczepi(a)ć; *fig* pozostawi(a)ć za sobą; *mil* oderwać się *pf* (od *G*)
abhängen[2]* *v/i* (***von***) zależeć (od *G*)
abhängig zależny; *med t.* uzależniony
Abhängigkeit *f* zależność *f*
abhärten ⟨za⟩hartować (***gegen*** na *A*)
abhauen* → ***abhacken***; *Baum* zrąb(y-w)ać; F *v/i* (*sn*) zwi(ew)ać
abheben* *Deckel*, *Hörer* zdejmować ⟨zdjąć⟩; *Geld* podejmować ⟨podjąć⟩ (***von*** z *G*); *v/i karc* przekładać ⟨przełożyć⟩; *lotn* odrywać ⟨oderwać⟩ się od ziemi; ***sich ~ von*** *fig* odcinać się (od *G*)
abheften odkładać ⟨odłożyć⟩ do akt
abheilen (*sn*) zagoić się *pf*
abhelfen* (*D*) poradzić *pf* (na *A*)
Abhilfe *f* (*0*) rada (na *A*)
abhol|en *v/t* iść ⟨pójść⟩, przychodzić ⟨przyjść⟩, (*fahrend*) ⟨po-, przy⟩jechać (po *A*); odbierać ⟨odebrać⟩ (*A*); ***~ lassen*** pos(y)łać (po *A*); **2markt** *m* (tani) sklep, sprzedający towary bez dostawy klientowi; **2preis** *m* cena przy odbiorze własnym klienta
Abholung *f* (*0*) odbiór, odebranie
abholzen (*-zt*) wycinać ⟨-ciąć⟩ drzewa
ab|horchen *med* osłuch(iw)ać; **2höranlage** *f* urządzenie podsłuchowe, F podsłuch; **~hören** *Schüler*, *Tonband* przesłuch(iw)ać; *tel itp.* zakładać ⟨założyć⟩ podsłuch (u *G*); ***abgehört werden*** być na podsłuchu; → ***abhorchen***
Abi'tur *n* (*-s*; *-e*) egzamin dojrzałości, matura; *w zł.* maturalny; ***das ~ machen*** zdać maturę
Abituri'ent *m* (*-en*) maturzysta
Abituri'entin *f* maturzystka
ab|kanzeln F (*-le*) zbesztać *pf*; **~kapseln** (*-le*): ***sich ~*** zamykać ⟨zamknąć⟩ się w sobie; **~kassieren** (-) inkasować
ab|kaufen (***j-m*** *A*) odkupywać ⟨-pić⟩ (od k-o *A*); **~kehren** → ***abwenden***
Abklatsch *m fig* (licha) kopia
ab|klingen* *v/i* (*sn*) słabnąć, zanikać ⟨-knąć⟩; *fig* przemijać ⟨-minąć⟩; **~klopfen** *Staub* otrzep(yw)ać; *med* opuk(iw)ać; **~knabbern** F o(b)gryzać ⟨-gryźć⟩; **~knallen** F zakatrupić *pf*
ab|knicken *v/t* ułam(yw)ać; *v/i Straße*: (ostro) skręcać ⟨-cić⟩; **~knöpfen** odpinać ⟨-piąć⟩; F *fig* wycygani(a)ć
abkochen przegotow(yw)ać
ab|kommen* (***von***) zbaczać ⟨zboczyć⟩ (z *G*); odbiegać ⟨-biec⟩ (***vom Thema*** od tematu); → ***aufgeben***; **2kommen** *n* układ, konwencja; **~kömmlich: *~ sein*** być wolnym, móc się zwolnić

Abkömmling *m* (-*s*; -*e*) potomek
ab|koppeln odczepi(a)ć; **~kratzen** *v/t* zeskrob(yw)ać, zdrap(yw)ać
abkühlen ostudzać, wystudzać ⟨-dzić⟩, ochładzać ⟨-łodzić⟩ (**sich** się); **sich ~** oziębi(a)ć się; *v/i* ochłodnąć *pf*
ab|kürzen skracać ⟨skrócić⟩; **&kürzung** *f* skrót (*t. jęz*); **~laden*** wyładow(yw)ać; *Schüttgut* zsyp(yw)ać
Ablage *f* (*für Akten*) przegródka/koszyk na akta; archiwum *n*; (*für Hüte*) półka
ablagern *Sand itp.* nanosić ⟨-nieść⟩; **sich ~** osadzać ⟨-dzić⟩ się; *v/i* (*sn*) odleżeć się *pf*; *Wein*: wystać się *pf*
Ablagerung *f* osad, odkład; *med* złóg
Ablaß *m* (-*sses*; *-̈sse*) *rel* odpust
ablassen* spuszczać, wypuszczać ⟨-puścić⟩ (*t. Gas*); *v/i* (**von**) zaniechać (*G*)
Ablaßhahn *m* kurek spustowy
Ablauf *m* → **Abfluß**, **Verlauf**; (*e-r Frist*) upływ; **nach ~** po upływie
ablaufen* *v/i* (*sn*) → **abfließen**, **verlaufen**; *Zeit*: upływać ⟨upłynąć⟩; *Vertrag*: wygasać ⟨-snąć⟩; *Paß*: ⟨s⟩tracić ważność; *v/t Strecke* obiegać ⟨obiec⟩; **~ lassen** *Film* wyświetlać ⟨-lić⟩
Ableben *n* (-*s*; *0*) zgon, śmierć *f*
ablegen *v/t Jacke* zdejmować ⟨zdjąć⟩; *Prüfung* zda(wa)ć; *Eid* składać ⟨złożyć⟩; *Akten* odkładać ⟨odłożyć⟩ (do akt); *Gewohnheit* wyzby(wa)ć się (*G*); *v/i* odbi(ja)ć od brzegu
Ableger *m agr* pęd, odkład
ablehn|en *Bitte*, *Zahlung* odmawiać ⟨-mówić⟩ (*G*); *Antrag*, *Angebot* odrzucać ⟨-cić⟩; *Zeugen* wyłączać ⟨-czyć⟩; **~d** odmowny; **&ung** *f* odmowa; odrzucenie, nieprzyjęcie; wyłączenie
ableisten *Wehrdienst* odby(wa)ć
ableiten odprowadzać ⟨-dzić⟩; *fig* wywodzić ⟨-wieść⟩ (**von**, **aus** z *G*)
Ableitung *f* odprowadzenie; *jęz* wyraz pochodny; *mat* pochodna
Ableitungs- *w zł.* odprowadzający
ablenk|en skierow(yw)ać w bok/w inną stronę; *Verdacht* odwracać ⟨-rócić⟩; *j-n* odwracać ⟨-rócić⟩ uwagę (*G*; **von** od *G*); → **zerstreuen**; **&ung** *f fiz* odchylenie; *fig* rozrywka, urozmaicenie; **&ungsmanöver** *n* manewr mylący
Ablesefehler *m* błąd odczytu
ablesen* *Rede*, *Zähler* odczyt(yw)ać
Ablichtung *f* kserokopia
abliefern odstawi(a)ć; → **liefern**
Ablieferungsfrist *f* termin dostarczenia
ablösen oddzielać ⟨-lić⟩ (**sich** się); → **abmachen**; *Wache itp.* ⟨z⟩luzować; *Hypothek* spłacać ⟨-cić⟩; **sich/einander ~** zmieni(a)ć się (**bei** przy, w *L*)
Ablösung *f fin* spłata; (*Wachablösung*) zmiana; *os.* zmiennik
ab|machen F usuwać ⟨-unąć⟩, zdejmować ⟨zdjąć⟩; *Termin* uzgadniać ⟨-godnić⟩; załatwi(a)ć (**unter sich** między sobą); **&machung** *f* ugoda, umowa
abmager|n (-*re*; *sn*) ⟨s-, wy⟩chudnąć; **&ungskur** *f* kuracja odchudzająca
Abmarsch *m* odmarsz, wymarsz
abmeld|en wymeldow(yw)ać (**sich** się); *Auto* wycofać *pf* z ruchu; **&ung** *f* wymeldowanie; wycofanie z ruchu
abmess|en* odmierzać ⟨-rzyć⟩; **&ung** *f* odmierzenie; *pl tech* wymiary *m/pl*
abmontieren (-) ⟨z⟩demontować
abmühen: sich ~ trudzić się (**mit** nad *I*)
Abnahme *f* (*0*) odbiór (*t. tech*, *bud*); (*Verringerung*) spadek; *med* osłabienie
Abnahmeprotokoll *n* protokół odbioru
Abnahmeverweigerung *f* odmowa odbioru/przyjęcia
abnehmen* *v/t* zdejmować ⟨zdjąć⟩; *Führerschein*, *Eid* odbierać ⟨odebrać⟩; *Bein*, *mat* odejmować ⟨odjąć⟩; *Sorge*, *Pflicht* uwalniać ⟨uwolnić⟩ (**j-m** k-o od *G*); F (*glauben*) ⟨u⟩wierzyć; *v/i Mond*, *Vorrat*: uby(wa)ć (*G*); *Sturm*: ⟨o⟩słabnąć; (*an Gewicht*) ⟨s⟩tracić na wadze
Abnehmer *m* odbiorca *m*, nabywca *m*
Abneigung *f* niechęć *f*; (*stärker*) odraza
ab'norm anormalny
abnutzen zuży(wa)ć (**sich** się)
Abnutzung *f* zużycie (się)
Abonnement [-'mɑ̃:] *n* (-*s*; -*s*) abonament; (*Zeitungsbezug*) prenumerata
Abon'nent(in *f*) *m* (-*en*) abonent(ka); prenumerator(ka)
Abordnung *f* delegacja, deputacja
Abort † *m* (-*es*; -*e*) (*WC*) ustęp, ubikacja
ab|packen paczkować; **~passen** *Zeit*, *Chance* upatrywać ⟨-trzyć⟩; *j-n* czatować (na *A*); **~pfeifen*** *Spiel* odgwizd(yw)ać; **~pflücken** zrywać ⟨zerwać⟩
abplagen: sich ~ → **abquälen**
ab|platzen odpryskiwać ⟨-snąć⟩; **~prallen** (**von**) odbi(ja)ć się, odskakiwać ⟨-skoczyć⟩ (od *G*); **~pumpen** wypompow(yw)ać; **~putzen** ⟨o⟩czyścić
ab|quälen: sich ~ (**mit**) ⟨na⟩męczyć się

(nad *I*); **~rasieren** zgalać ⟨zgolić⟩
abraten* odradzać ⟨-dzić⟩ (***von*** *G*)
abräumen usuwać ⟨-unąć⟩; sprzątać ⟨-tnąć⟩ (***den Tisch*** ze stołu)
abreagieren odreagow(yw)ać (***sich*** się)
abrechn|en *v/t* odliczać ⟨-czyć⟩; *v/i* rozliczać ⟨-czyć⟩ się; *fig* porachować się *pf* (***mit*** z *I*); **&ung** *f* rozliczenie (się); *fig* rozprawa, porachowanie się
Abrede *f*: ***in ~ stellen*** (*A*) zaprzeczać ⟨-czyć⟩ (*D*)
abreiben* wycierać ⟨wytrzeć⟩; nacierać ⟨natrzeć⟩ (***sich mit*** się *I*)
Abreise *f* odjazd; *w zł.* ... odjazdu
abreisen odjeżdżać ⟨-jechać⟩
abreiß|en* *v/t* obrywać, odrywać, urywać ⟨oberwać, oderwać, urwać⟩ (*v/i, sn* się); *Haus* ⟨z⟩burzyć; ***... reißt nicht ab*** ... nie ustaje; **&block** *m* blok z kartkami do odrywania
abrichten ⟨wy⟩tresować
abriebfest odporny na ścieranie
abriegeln (*-le*) → ***verriegeln***; *Straße* zamykać ⟨-mknąć⟩ (kordonem)
Abriß *m* zarys; *bud* rozbiórka; **~haus** *n* dom przeznaczony do rozbiórki
abrücken *v/t* odsuwać ⟨-unąć⟩ (*v/i, sn* się; ***von*** od *G*); *v/i fig* odstępować ⟨-stąpić⟩ (od *G*)
Abruf *m*: ***auf ~*** *hdl* do sukcesywnej dostawy na żądanie; **&en*** *v/t EDV* wywoł(yw)ać; *Ware* ⟨za⟩rządać dostawy (*G*)
abrunden (*-e-*) zaokrąglać ⟨-lić⟩
ab'rupt nagły (-le)
abrüst|en *v/i mil* rozbrajać ⟨-broić⟩ się; **&ung** *f* rozbrojenie; **~s-** rozbrojeniowy
abrutschen zsuwać ⟨zsunąć⟩ się
Ab|sage *f* odmowa; odwołanie; *fig* ***e-e ~ erteilen*** (*D*) odrzucić (*A*); **&sagen** *Konzert itp.* odwoł(yw)ać; → ***ablehnen***
absägen odpiłow(yw)ać
absatteln *v/t* rozsiodł(yw)ać
Absatz *m* (*im Text*) ustęp; *drk* akapit, wcięcie; (*am Schuh*) obcas, korek; *hdl* zbyt, sprzedaż *f*; **~förderung** *f* promocja sprzedaży; **~markt** *m* rynek zbytu
ab|saugen → ***abpumpen***; *Teppich* odkurzać ⟨-rzyć⟩; **~schaffen** ⟨s⟩kasować; F (*loswerden*) pozby(wa)ć się (*G*); zlikwidować *pf*; **~schalten** wyłączać ⟨-czyć⟩; *Kraftwerk* odstawi(a)ć od ruchu; *v/i* F zaży(wa)ć spokoju
abschätzen oceni(a)ć
abschätzig pogardliwy (-wie)
Abschaum *m* (*-ęs; 0*) *pej* męty *m/pl*
Abscheu *m* (*-s; 0*) (***vor*** *D*) wstręt, odraza (do *G*); **&erregend** odrażający (-co)
abscheulich ohydny; wstrętny
abschicken odsyłać ⟨odesłać⟩
abschieben* odsuwać ⟨-sunąć⟩ (***von*** od *G*); *os.* wydalać ⟨-lić⟩ (z kraju)
Abschied *m* (*-ęs; -e, zw. 0*) pożegnanie (się); dymisja, zwolnienie; ***zum ~*** F na do widzenia; ***s-n ~ nehmen*** poda(wa)ć się do dymisji
Abschiedsbrief *m* list pożegnalny
Abschiedsgesuch *n*: ***sein ~ einreichen*** złożyć wniosek o zwolnienie
abschießen* *Rakete, Pfeil* wypuszczać ⟨-puścić⟩; *Flugzeug* zestrzelić *pf*, strącić *pf*; *Wild*, F *fig* ustrzelić *pf*
abschirmen osłaniać ⟨-łonić⟩
abschlachten wymordować *pf*
Ab|schlag *m* → ***Anzahlung***; rabat, zniżka; *sport* wybicie; **&schlagen*** odbi(ja)ć; *Bitte* odmawiać ⟨-mówić⟩
ab|schlägig odmowny; **&schlagszahlung** *f* płatność zaliczkowa
abschleifen* zeszlifow(yw)ać
Abschleppdienst *m* pomoc drogowa
abschleppen odholow(yw)ać
Abschlepp|seil *n* lina holownicza; **~wagen** *m* wóz techniczno-ratowniczy
abschließen* zamykać ⟨-mknąć⟩ (na klucz); *Vertrag* zawierać ⟨-wrzeć⟩; → ***beenden***; *v/i* kończyć się (***mit*** *I*)
abschließend końcowy; *praed* kończąc
Abschluß *m* zamknięcie; (*Schule*) ukończenie; zawarcie; *hdl t.* transakcja
Abschlußprüfung *f* egzamin końcowy
ab|schmecken *kulin* doprawi(a)ć do smaku; **~schminken** (***sich***) zmy(wa)ć szminkę; **~schnallen** odpinać ⟨-piąć⟩
abschneiden* odcinać ⟨-ciąć⟩ (*t. fig*); (*wegschneiden*) obcinać ⟨-ciąć⟩; *Haare t.* ostrzyc *pf*; *v/i* ***gut ~*** dobrze się spisać
Abschnitt *m* odcinek; (*Zeit t.*) okres
abschöpfen zbierać ⟨zebrać⟩; ściągać ⟨-gnąć⟩ (***die Gewinne*** zyski)
abschrauben odkręcać ⟨-cić⟩
abschrecken odstraszać ⟨-szyć⟩ (***von*** od *G*); *Eier itp.* szybko ostudzić *pf*
abschreckend odstraszający (-co)
Abschreckung *f* (*0*) odstraszanie, odstraszenie; **~s-** ... odstraszania
abschreiben* przepis(yw)ać; (*in d. Schule, ekon*) odpis(yw)ać; F spis(yw)ać na straty; → ***absagen***

Abschreibung *f* odpis, amortyzacja
Abschrift *f* odpis, kopia; **2lich** w odpisie
abschrubben F wyszorować *pf*
Abschürfung *f* otarcie (naskórka)
Abschuß *m* wystrzelenie; wypuszczenie; zestrzelenie, strącenie; *łow* odstrzał; → ***abschießen***
abschüssig stromy (-mo)
Abschußrampe *f* wyrzutnia
abschütteln otrząsać, strząsać ⟨-snąć⟩; F *Verfolger* zmylić *pf*
abschwächen osłabi(a)ć (***sich*** się); ***sich*** ~ ⟨o⟩słabnąć; ⟨z⟩maleć; → ***mildern***
ab|schweifen *v/i* (*sn*; **von**) *fig* odbiegać ⟨-biec, -biegnąć⟩ (od *G*); **~schwellen*** *med* ⟨s⟩tęchnąć, opadać ⟨opaść⟩; *Lärm*: ucichać ⟨-chnąć⟩; **~schwindeln** (***j-m*** *A*) wyłudzać ⟨-dzić⟩ (od k-o *A*)
Abschwung *m ekon* osłabienie
absegnen F *fig* ⟨za⟩aprobować
absehbar spodziewany, zgodny z przewidywaniami; ***in ~er Zeit*** niebawem
absehen* *v/t* przewidywać ⟨-widzieć⟩; *v/i* (**von**) ⟨z⟩rezygnować (z *G*); (*beiseite lassen*) pomijać ⟨-inąć⟩; → ***abgesehen***
ab|seilen spuszczać ⟨spuścić⟩ na linie (***sich*** się); **~sein*** F *Knopf*: urwać się *pf*; *Ast itp.*: odłamać się *pf*
abseits *adv* na uboczu, z boku; *praep* (*G*, **von**) obok (*G*), przy (*I*)
Abseits *n* (*idkl*) *sport* ofsajd, spalony
absenden* wys(y)łać, odsyłać ⟨odesłać⟩; *hdl t.* ⟨wy⟩ekspediować
Absender(in *f*) *m* nadawca *m* (-wczyni)
Absendung *f* wysyłka; ekspedycja
absengen opalać ⟨-lić⟩
abservieren F posłać na zieloną trawkę
ab|setzbar *hdl* zbywalny; *os.* odwołalny; ***steuerlich*** ~ potrącalny z podstawy wymiaru podatku; **~setzen** *Hut, Brille, teatr* zdejmować ⟨zdjąć⟩; *Arznei, Glas* odstawi(a)ć; *Last* składać ⟨złożyć⟩; *Amtsträger* usuwać ⟨usunąć⟩; *Fahrgast* wysadzać ⟨-dzić⟩; *Ware* zby(wa)ć; *Kosten* potrącać ⟨-cić⟩ (**von** z *G*); ***sich*** ~ *Sand*: osadzać się ⟨osiąść⟩; *os.* zbiec *pf* (***ins Ausland*** za granicę)
absichern zabezpieczać ⟨-czyć⟩
Absicht *f* zamiar; intencja (*t. jur*); ***mit*** ~ umyślnie, celowo
absichtlich umyślny, rozmyślny
Absichtserklärung *f* list intencyjny
absinken* obniżać ⟨-żyć⟩ się
absitzen* *v/t* odsiadywać ⟨-siedzieć⟩; *v/i* (*sn*) zsiadać ⟨zsiąść⟩ (**von** z *G*)
abso'lut absolutny, bezwzględny
Absol'vent(in *f*) *m* (*-en*) absolwent(ka)
absol'vieren (-) *Schule itp.* ⟨u⟩kończyć
ab'sonderlich osobliwy (-wie)
absondern odosabniać ⟨-sobnić⟩ (***sich*** się); *biol, med* wydzielać ⟨-lić⟩
Absonderung *f biol* (*Stoff*) wydzielina
ab|spalten odłup(yw)ać; *fig* odrywać ⟨oderwać⟩ (***sich*** się; **von** od *G*); **~specken** F odchudzać ⟨-dzić⟩ (*v/i* się); **~speichern** *EDV* zapis(yw)ać (na dysku); **~speisen** *fig* (**mit**) zby(wa)ć (*I*)
abspenstig: ***j-m ~ machen*** odstręczać ⟨-czyć⟩ (od *G*), odbi(ja)ć (*D*)
absperren → ***abriegeln***
Absperrung *f* zamknięcie; bariera
abspielen *muz* odgrywać ⟨odegrać⟩; *Tonband* przegr(yw)ać; *Ball* poda(wa)ć; ***sich*** ~ rozgrywać ⟨rozegrać⟩ się
Absprache *f* porozumienie; ***nach*** ~ zgodnie z umową
absprechen* *v/t* uzgadniać ⟨-godnić⟩; (***j-m*** *A*) odmawiać ⟨-mówić⟩ (k-u *G*)
ab|springen* (*sn*) (**von**) zeskakiwać ⟨-skoczyć⟩ (z *G*); F *fig* odstępować ⟨-stąpić⟩ (od *G*); → ***abplatzen***; **2sprung** *m lotn* (wy)skok; *sport* odbicie się
abspülen spłuk(iw)ać, opłuk(iw)ać
abstammen (**von**) pochodzić (z *G*)
Abstammung *f* pochodzenie
Abstand *m* odstęp; odległość *f*; F (*Abfindung*) odstępne; ~ ***halten*** *Auto*: zachowywać minimalną odległość; ~ ***nehmen*** (**von**) zrezygnować (z *G*), odstąpić (od *G*); ***mit*** ~ o wiele, znacznie
ab|statten (*-e-*) *Besuch, Dank* składać ⟨złożyć⟩; **~stauben** odkurzać ⟨-rzyć⟩; F (*klauen*) buchnąć *pf*; **~stechen*** *Tier* zarzynać ⟨-rżnąć⟩; *v/i* (**von**) odcinać się (od *G*)
Abstecher *m* wycieczka, wypad
abstecken wytyczać ⟨-czyć⟩ (*t. fig*)
abstehen* (*t. sn*) odstawać, sterczeć
absteigen* zsiadać ⟨zsiąść⟩ (**von** z *G*); (*einkehren*) zatrzym(yw)ać się (w *L*); *sport* spadać ⟨spaść⟩; ***~d*** zstępny
Absteiger F *m* spadkowicz
abstell|en ⟨po⟩stawić (*t. Auto*), odstawi(a)ć; *Mißstand* usuwać ⟨usunąć⟩; → ***abschalten***; **2gleis** *n* tor odstawczy; *fig* tor boczny; **2raum** *m* komórka
abstempeln ostemplow(yw)ać
ab|sterben* obumierać ⟨-mrzeć⟩;

Glieder: ⟨z⟩drętwieć; **≈stieg** *m* (*-ęs*; *-e*) zejście; *sport* spadek; *fig* deklasacja
abstimmen *v/t fig* dostosow(yw)ać (**auf** *A* do *G*); uzgadniać ⟨-godnić⟩ (**zeitlich** w czasie); *v/i* (**über** *A*) przegłosow(yw)ać (*A*)
Abstimmung *f* (prze)głosowanie; dopasowanie; uzgodnienie; → **Stimm-**
Absti'nenzler(in *f*) *m* abstynent
abstoppen *Zeit* ⟨z⟩mierzyć stoperem
abstoßen* *v/t* odpychać ⟨odepchnąć⟩ (**sich** się; **von** od *G*); *Ecke* odbi(ja)ć; *med* odrzucać ⟨-cić⟩; F (*verkaufen*) wyp(y)chać; *fig* działać odpychająco (**j-n** na *A*); **sich ~** *Springer*: odbi(ja)ć się
abstottern F spłacać ⟨-cić⟩ ratami
ab'strakt abstrakcyjny, oderwany
ab|streifen ściągać ⟨-gnąć⟩; *Haut* zrzucać ⟨-cić⟩; → **ablegen**; **~streiten*** *v/t* zaprzeczać ⟨-czyć⟩ (*D*), negować (*A*)
Abstrich *m med* rozmaz; **~e** *pl* (*Kürzung*) cięcia *n/pl*; **~e machen** zmniejszyć *pf*
ab|stufen ⟨u⟩stopniować; *Farben* ⟨s⟩tonować; **~stumpfen** *v/i* (*sn*) *fig* ⟨s⟩tępieć; **≈sturz** *m lotn* rozbicie się
abstürzen runąć *pf* w dół; rozbi(ja)ć się; *EDV* ulegać ⟨ulec⟩ awarii
abstützen podpierać ⟨podeprzeć⟩
absuchen przeszuk(iw)ać
ab'surd absurdalny, niedorzeczny
Abszeß *m* (*-sses*; *-sse*) wrzód, ropień *m*
Abt *m* (*-es*; *˝e*) opat
ab|tasten obmac(yw)ać; **~tauen** *v/t* odszraniać ⟨-ronić⟩; *v/i* (*sn*) ⟨roz⟩tajać
Ab'tei *f* opactwo
Ab'teil *n* przedział
abteilen oddzielać, przedzielać ⟨-lić⟩
Abteilung *f* (wy)dział, (*t. im Kaufhaus, Krankenhaus*) oddział; *mil* pododdział; (*Friedhof*) kwatera; **~s-** wydziałowy
abtippen przepis(yw)ać na maszynie
Äb'tissin *f* (matka) przełożona
abtöten zabi(ja)ć; *Nerv* zatru(wa)ć
ab|tragen* *Hügel* znosić ⟨znieść⟩; *Haus* ⟨z⟩burzyć; *Kleid* znosić *pf*; *Schulden* spłacać ⟨-cić⟩; **~träglich** (*D*) szkodliwy (dla *G*); **~transportieren** odtransportow(yw)ać; wywozić ⟨-wieźć⟩
abtreib|en *v/t* znosić ⟨znieść⟩; *v/i* być znoszonym, dryfować; (*t. v/t* **ein Kind ~**) spędzać ⟨-dzić⟩ płód; **≈ung** *f med* aborcja, zabieg aborcyjny
Abtreibungs|gesetz *n* ustawa antyaborcyjna; **~mittel** *n* środek wczesnoporonny; **~verbot** *n* zakaz dokonywania aborcji
abtrennen odłączać ⟨-czyć⟩; *Genähtes* odpru(wa)ć; → **abschneiden**
abtreten* *v/t* odstępować ⟨-stąpić⟩; *jur t.* ⟨s⟩cedować; *v/i* (*sn*) ustępować ⟨-tąpić⟩ (**vom Amt** ze stanowiska)
Abtretung *f* odstąpienie, cesja
ab|trocknen osuszać ⟨-szyć⟩, wycierać ⟨wytrzeć⟩; **~tun*** *fig* zby(wa)ć (**mit** *I*)
abtupfen osuszać ⟨-szyć⟩ (wacikami)
ab|urteilen osądzać ⟨-dzić⟩; **~verlangen** (**j-m** *A*) wymagać (od k-o *G*); **~wägen*** rozważać ⟨-żyć⟩ (**gegeneinander** za i przeciw)
abwählen odwołać *pf* przez głosowanie
ab|wälzen *fig* zrzucać ⟨-cić⟩ (**auf** *A* na *A*); **~wandeln** zmieni(a)ć
abwandern odpływać ⟨-ynąć⟩ (**in** *A* do *G*); przechodzić ⟨przejść⟩ (**zu** do *G*)
Abwanderung *f* odpływ
Abwandlung *f* zmiana
Abwärme *f* ciepło odlotowe
abwarten *v/t* ⟨po⟩czekać (na *A*); wyczek(iw)ać (*G*); **~d** wyczekujący (-co)
abwärts na/w dół, do dołu; **von ... ~** poniżej (*G*); **≈trend** *m* trend spadkowy
Abwasch *m* (*-ęs*; *0*) zmywanie naczyń; *zbior* brudne naczynia *n/pl*
abwasch|bar zmywalny; **≈becken** *n* zlewozmywak; **~en*** obmy(wa)ć; *Geschirr* zmy(wa)ć
Abwasser *n* (*-s*; *˝*) ścieki *m/pl*; **~reinigung** *f* oczyszczanie ścieków
abwechseln *v/i* (**einander**, **sich**) zmieni(a)ć się; **~d** *adv* na przemian
Abwechslung *f* urozmaicenie
abwechslungsreich urozmaicony
Ab|wege *m/pl*: **auf ~ geraten** zejść *pf* na manowce; **≈wegig** dziki (-ko), dziwny
Abwehr *f* (*0*) obrona (*t. zbior*); odparcie; (*Haltung*) opór; **≈en** odpierać ⟨odeprzeć⟩, obronić się *pf* (przed *I*)
Abwehrkraft *f* odporność *f*
Abwehrreaktion *f* reakcja obronna
Abwehrspieler *m* gracz obrony
abweichen* *v/i* (**von**) zbaczać ⟨zboczyć⟩ (z *G*); *fig* odbiegać ⟨-biec⟩ (od *G*); **~d** odmienny, różny
Abweichung *f* odchylenie
abweisen* odrzucać ⟨-cić⟩; *os.* odprawi(a)ć; **~d** odmowny
ab|wenden* odwracać ⟨-rócić⟩ (**sich** się; *t. fig*); *Gefahr* zapobiegać ⟨-biec⟩

(*D*); **~werben*** ⟨s⟩kaptować; **~werfen*** zrzucać ⟨-cić⟩; *Gewinn* przynosić ⟨-nieść⟩; **~werten** ⟨z⟩dewaluować; **~d** *fig* pogardliwy (-wie), pejoratywny
abwesen|d nieobecny; **2heit** *f* (*0*) nieobecność *f*; ***in ~ jur*** zaocznie
ab|wickeln odwijać ⟨-winąć⟩; *Geschäft* załatwi(a)ć; *Betrieb* zlikwidować *pf*; F *os.* zwalniać ⟨zwolnić⟩; **~wiegen*** odważać ⟨-żyć⟩; **~wimmeln** (*-le*) F spławi(a)ć; **~wischen** ścierać ⟨zetrzeć⟩; *Tränen itp.* ocierać ⟨otrzeć⟩
Abwurf *m* zrzut, zrzucenie
ab|würgen *fig* zdławić *pf* (*t. mot*); **~zahlen** spłacać ⟨-cić⟩; **~zählen** obliczać ⟨-czyć⟩; *e-e Menge* odliczać ⟨-czyć⟩
Abzahlung *f* spłata; ***auf ~*** na spłaty; **~s-** ratalny
Ab|zeichen *n* odznaka, znaczek; **2zeichnen** przerysow(yw)ać; (*signieren*) ⟨za⟩parafować; ***sich ~*** ⟨za⟩rysować się; **2ziehen*** *v/t* ściągać ⟨-gnąć⟩; *Schlüssel* wyjmować ⟨wyjąć⟩; *Truppen* wycof(yw)ać; *mat* odejmować ⟨odjąć⟩; potrącać ⟨-cić⟩ (***vom Gehalt*** z pensji); → ***kopieren***; *v/i* (*sn*) odchodzić ⟨odejść⟩; *Vögel*: odlatywać ⟨-lecieć⟩; *Rauch*: uchodzić
Abzug *m* odejście; wycofanie; *tech* wyciąg, ujście; (*vom Lohn*) potrącenie; *fot* odbitka; (*an Waffen*) spust; **~s-** wyciągowy; spustowy
abzüglich *praep* (*G*) po potrąceniu (*G*)
abzugsfähig podlegający potrąceniu
abzweig|en *v/i* (*sn*) (*t.* ***sich***) odgałęziać się; *v/t* wydzielać ⟨-lić⟩; (*heimlich*) zorganizować *pf*; **2ung** *f* odgałęzienie
ach *int* ach; och; ***~ so*** aha; ***~ wo*** ależ skąd
Ach: *mit ~ und Krach* z wielką biedą
Achse *f* oś *f*; ***per ~*** drogą lądową
Achsel *f* (*-; -n*) ramię, bark; ***die ~n zukken*** wzruszyć ramionami; ***unter den ~n*** pod pachami; **~höhle** *f* pacha
Achsenbruch *m* złamanie osi
acht[1] osiem, ośmioro, *m-os* ośmiu; ***in ~ Tagen*** za tydzień; → *str. 610*
acht[2]**: *außer ~ lassen*** nie brać pod uwagę; ***sich in ~ nehmen*** (***vor***) mieć się na baczności (przed *I*), uważać (na *A*)
Acht *f num* ósemka
achtbar zacny; → ***edel***
acht|e ósmy; **~eckig** ośmiokątny
achtel: *ein ~* jedna ósma
Achtel *n* ósma (część)
achten (*-e-*) szanować, poważać; *v/t* → ***achtgeben***
ächten (*-e-*) *Sache* potępi(a)ć
achtens po ósme
Achter *m* ósemka (*t. Boot*)
Achterbahn *f* kolejka górska
achtern *mar* ku rufie; na rufie
achtfach ośmiokrotny
achtgeben* (***auf*** *A*) uważać (na *A*)
achtjährig ośmioletni
achtlos niedbały (-le)
achtstündig ośmiogodzinny
Achtung *f* (*0*) szacunek, poważanie; **~!** uwaga!; F ***alle ~!*** bez zarzutu!
achtzehn(te) → *str. 610 (611)*
achtzig(ste) → *str. 610 (611)*
ächzen (*-zt*) stękać; → ***knarren***
Acker *m* (*-s*; ⸚) pole, rola; **~bau** *m* (*-ęs; 0*) rolnictwo; **~gaul** *m* koń *m* od pługa
Ackerland *n* grunty *m/pl* orne
ackern (*-re*) F *fig* harować, zasuwać
Actionfilm ['ɛkʃən-] *m* kino akcji
ad'dieren (-) doda(wa)ć
Adel *m* (*-s; 0*) *zbior* szlachta
adel|n (*-le*) nobilitować; *fig* uszlachetni(a)ć; **2stitel** *m* tytuł szlachecki
Ader *f* (*-; -n*) żyła (*t. geol*); *fig* żyłka
Adju'tant *m* (*-en*) adiutant
Adler *m* orzeł; *w zł.* orli
adlig szlachecki
Adlige(r) szlachcic (-ianka)
Admi'ral *m* (*-s; -e/⸚e*) admirał
adop|'tieren (-) ⟨za⟩adoptować; **2ti'on** *f* przysposobienie, adopcja; **2'tiveltern** *pl* rodzice *m/pl* przysposabiający
Adop'tivkind *n* dziecko adoptowane
A'dres|se *f* adres; ***an die ~*** pod adres, pod adresem; **2'sieren** (-) ⟨za⟩adresować; **2'siermaschine** *f* adresarka
Ad'vent *m* (*-ęs; zw. 0*) adwent
aero-, Aero- *w zł.* aero-
Affäre [a'fɛːrə] *f* afera
Affe *m* (*-n*) małpa; **~n-** małpi
Af'fekt|handlung *f* czyn popełniony w afekcie; **2iert** [-'tiːɐt] afektowany
Affentheater F *n* szopka, heca
affig F *pej* zmanierowany
af'ghanisch afgański
afri'kanisch afrykański
After *m anat* odbyt
A'gent(in *f*) *m* (*-en*) agent(ka)
Agen'tur *f* agencja, agentura
Agen'turvertrag *m* umowa agencyjna
Aggre'gat *n* (*-ęs; -e*) agregat, zespół

Aggre'gatzustand *m fiz* stan skupienia
Aggres|si'on *f* agresja; **Ձ'siv** agresywny
Agressivi'tät *f (0)* agresywność *f*
a'gieren (-) działać
agi'tieren (-) agitować (***für*** za *I*)
a'grarisch roln(icz)y, agrarny
A'grarpolitik *f* polityka rolna/agrarna
ä'gyptisch egipski
ah *int* a, o, ach
ahnden (-*e*-) ścigać karnie, karać
ähneln (-*le*) (*D*) być podobnym (do *G*)
ahnen *Tod* przeczu(wa)ć; → ***vermuten***
Ahnentafel *f* tablica genealogiczna
ähnlich (*D*) podobny (do *G*)
Ähnlichkeit *f* podobieństwo
Ahn|ung *f* przeczucie; pojęcie (***von*** o *L*); F ***keine ~*** nie mam pojęcia; **Ձungslos** niczego nie podejrzewając(y)
Ahorn *m* (-*ɇs*; -*e*) klon(owy *w zł.*)
Ähre *f* kłos; **~nkranz** *m* wieniec z kłosów
aidskrank ['eĭdz-] chory na AIDS
Aidstest *m* próba na AIDS
Air|bag ['ɛːɐbæk] *n mot* poduszka powietrzna; **~bus** [ɛːɐ-] *m* aerobus
Aka|de'mie *f* [*pl* -'miːən] akademia; **~'demiker(in** *f*) *m* człowiek/osoba z wyższym wykształceniem; **Ձ'demisch** uniwersytecki; *pej* akademicki (-ko)
akklimati'sieren (-): ***sich ~*** ⟨za⟩aklimatyzować się
Ak'kord *m* (-*ɇs*; -*e*) akord (*t. ekon*); ***im ~*** na akord; **~arbeit** *f* praca akordowa; **~lohn** *m* płaca akordowa, F akord
Akkredi'tiv *n* (-*s*; -*e*) akredytywa
Akku F *m* (-*s*; -*s*) akumulator
akku'rat staranny, dokładny
Akne *f (0)* trądzik
A'kontozahlung *f* wpłata zaliczkowa
Akt *m* (-*ɇs*; -*e*) akt; (*Staatsakt*) akademia
Akte *f* akt, dokument; **~n** *pl* akta; ***zu den ~n nehmen*** włączyć do akt
Akten|koffer *m* dyplomatka; **Ձkundig** (oficjalnie) potwierdzony w aktach
Aktentasche *f* teczka
Aktenzeichen *n* sygnatura, numer akt
Aktfoto *n* zdjęcie aktowe
Aktie ['aktsĭə] *f ekon* akcja
Aktiengesellschaft *f* spółka akcyjna
Aktienkurs *m* kurs akcji
Akti'on *f* akcja
Aktio'när *m* (-*s*; -*e*) akcjonariusz
Aktio'närin *f* akcjonariuszka
Akti'onsradius *m* zasięg działania
ak'tiv czynny, aktywny
Ak'tiva *pl fin* aktywa *pl*
akti'vieren (-) ⟨z⟩aktywizować, uaktywni(a)ć; *chem* aktywować
Ak'tivsaldo *m* saldo dodatnie
Aktu|ali'tät *f* aktualność *f*; **Ձ'ell** aktualny; (*zeitgemäß*, *modisch*) F dyżurny
Akupunk'tur *f* akupunktura
a'kustisch akustyczny
a'kut *med* ostry; *Frage*: palący
Ak'zent *m* (-*ɇs*; -*e*) akcent
akzentu'ieren (-) ⟨za⟩akcentować
Ak'zept *n* (-*ɇs*; -*e*) *fin* akcept
akzep'tabel (możliwy) do przyjęcia
Akzep'tanz *f (0)* akceptacja
akzep'tieren (-) ⟨za⟩akceptować
A'larm *m* (-*ɇs*; -*e*) alarm; **~anlage** *f* urządzenie alarmowe; *mot* autoalarm
A'larmbereitschaft *f* pogotowie alarmowe; alert
alar'mieren (-) ⟨za⟩alarmować; **~d** alarmujący (-co)
al'banisch albański (po -ku)
albern głupi (-pio); ***sich ~ aufführen*** wygłupiać się
Album *n* (-*s*; -*ben*) album
Alge *f* glon; **~n-** glonowy
al'gerisch algierski
Alibi *n* (-*s*; -*s*) alibi *n*; *w zł.* alibijny
al'kalisch *chem* alkaliczny
Alkohol *m* (-*s*; -*e*) alkohol; **Ձfrei** bezalkoholowy; **Ձhaltig** zawierający alkohol; *Getränk t.*: alkoholowy
Alko'holiker(in *f*) *m* alkoholik (-iczka)
alko'holisch alkoholowy
alkoholi'siert nietrzeźwy, F po alkoholu
Alkoholtest *m* próba na stwierdzenie alkoholu we krwi
Alkoholvergiftung *f* zatrucie alkoholem
all (*sämtlich*) wszystek (-tka, -tko), **~e** *pl* wszystkie, *m-os* wszyscy; (*ganz*) cały; (+ *Zahl*) co; ***vor ~em*** przede wszystkim; ***~e Welt*** cały świat; ***~e drei Jahre*** co trzy lata; ***ohne ~en ...*** bez żadnego (*G*); → ***alles***, ***Art***, ***Fall***, ***Kraft*** *itd.*
All *n* (-*s*; *0*) wszechświat
all'abendlich *praed* co wieczór
alle → ***all***; F ***... ist ~*** ... skończył(a, -o) się; ***... sind ~*** ... skończyły się
alledem: ***von ~*** z tego (wszystkiego); ***trotz ~*** mimo wszystko
Al'lee *f* aleja, aleje *pl*
al'lein *praed* sam(a, -o); *part* (*nur*) tylko; *conj* lecz, ale; ***von ~*** → ***selbst***; ***einzig und ~*** jedynie

Al'lein|- *w zł. hdl* wyłączny; **~erbe** *m* jedyny spadkobierca; **2erziehend:** ***~e Mutter*** samotna matka
al'lein|ig jedyny, wyłączny; **2sein** *n* (*-s*; *0*) samotność *f*; **~stehend** samotny
alle'mal: ***ein für ~*** raz na zawsze
allenfalls (co) najwyżej; od biedy
aller → ***all***; *w zł.* naj-; **~beste** jak najlepszy; ***am ~n*** najlepiej
allerdings wprawdzie; ***~!*** oczywiście!
Aller'gie *f* [*pl* -'giːən] alergia
al'lergisch alergiczny, uczuleniowy; uczulony (***gegen*** na *A*)
allerhand F (*viel*) wiele, masę; ***das ist ja ~!*** coś podobnego!; → ***allerlei***
Aller|'heiligen *n* (-; *0*) Wszystkich Świętych; **2lei** rozmaity, wszelkiego rodzaju; **~seelen** *n* (-; *0*) Dzień Zaduszny
allerwenigste: ***am ~n*** najmniej; ***die ~n*** (tylko) nieliczni
alles wszystko; ***das ist ~*** (o)to wszystko; ***für ~*** na wszystko; do wszystkiego; ***~ in allem*** wszystko razem wziąwszy; ***~ Gute!*** wszystkiego dobrego/najlepszego!
allesamt F wszyscy (bez wyjątku)
allgegenwärtig wszechobecny
allgemein ogólny, powszechny; ***im ~en*** na ogół; **2bildung** *f* wykształcenie ogólne; **~gültig** powszechnie obowiązujący; **2heit** *f* (*0*) ogół
allgemeinverständlich przystępny
Allianz [a'li̯ants] *f* sojusz, przymierze
alljährlich coroczny; *praed t.* co roku
all'mächtig wszechmocny
all'mählich stopniowy (-wo)
Allrad- *w zł.* ... na wszystkie koła
Alltag *m* (*-s*; *0*) codzienność *f*
all'täglich codzienny, powszedni
allwöchentlich cotygodniowy (-wo)
allzu zanadto, (na)zbyt; **~früh** zbyt wcześnie; **~gut** (na)zbyt dobrze
Allzweck- *w zł.* uniwersalny
Alm *f* pastwisko alpejskie, hala
Almosen *n* jałmużna
Alpen- *w zł.* alpejski
Alpha'bet *n* (*-ẹs*; *-e*) alfabet, abecadło
alpha'betisch alfabetyczny
al'pin wysokogórski, alpejski
Alptraum *m* zmora senna, koszmar
als *conj* kiedy, gdy; (*in der Eigenschaft*) jako; (*b. Vergleich u.* **anders**) niż, od (*G*); ***wer sonst ~ ...*** kto inny jak nie ...; ***nichts ~*** tylko; → ***ob***
also *adv* (a) więc, zatem; *part* a więc; ***~ gut*** niech będzie; ***na ~!*** no właśnie!
alt (*ⁿer*; *ⁿest-*) stary (-ro); (*antik*) starożytny; ***wie ~ ist ...*** ile ... ma lat; ***er ist 5 Jahre ~*** on ma pięć lat; ***alles beim ~en*** wszystko po staremu
Al'tar *m* (*-ẹs*; *ⁿe*) ołtarz(owy *w zł.*)
alt|backen czerstwy; **2bauwohnung** *f* mieszkanie w starym budynku
altbekannt znany od dawna
Alteisen *n* złom żelazny, stare żelastwo
Altenpflege *f* opieka nad osobami w wieku podeszłym
Altenwohnheim *n* dom rencisty
Alter *n* (*-s*; *0*) wiek; (*hohes ~*) starość *f*; ***im ~*** na starość; ***im ~ von ...*** mając lat ...
älter *comp* starszy; ***er ist*** (***3 Jahre***) ***~ als ich*** on jest starszy ode mnie (o 3 lata)
altern (*-re*; *t. sn*) ⟨po-, ze⟩starzeć (się)
alterna'tiv alternatywny
Alterna'tive *f* alternatywa
alters: ***von/seit ~ her*** oddawna
Alters|beschwerden *f/pl* dolegliwości *f/pl* wieku starczego; **~genosse** *m* rówieśnik; **~genossin** *f* rówieśniczka; **~grenze** *f* granica wieku; **~gründe** *m/pl*: ***aus ~n*** z powodu podeszłego wieku
Alters|heim *n* dom starców; **~ruhegeld** *n* emerytura; **2schwach** zgrzybiały; F *fig* rozklekotany; **~versorgung** *f* zaopatrzenie na starość
Altertum *n* (*-s*; *0*) starożytność *f*
Altertüm|er *n/pl* zabytki *m/pl* starożytności; **2lich** starożytny; F *pej* staroświecki (-ko, po -ku)
ältest- *sup* najstarszy
Ältestenrat *m* rada/konwent seniorów
alt'hergebracht dawny, tradycyjny
Alt|lasten *f/pl* stare zanieczyszczenia *n/pl* środowiska naturalnego; *fig* pozostałości *f/pl*; **2modisch** staromodny
Alt|öl *n* olej przepracowany; **~papier** *n* makulatura; **~stadt** *f* stare miasto
Alt'weibersommer *m* babie lato
Alu'minium *n* (*-s*; *0*) aluminium *n*; *chem* glin; *w zł.* aluminiowy; glinowy
am = ***an dem***; ***~ Main*** nad Menem; ***~ Dienstag*** we wtorek; ***~ 1. Mai*** pierwszego maja; ***~ Ziel*** u celu; (+ *sup*) naj-
Ama'teur(in *f*) *m* (*-s*; *-e*) amator(ka)
amateurhaft amatorski (-ko, po -ku)
Amboß *m* (*-sses*; *-sse*) kowadło
ambu'lant ambulatoryjny; *hdl* obwoźny
Ambulanz *f* (*Auto*) samochód sanitarny
Ameise *f* mrówka; **~n-** mrówkowy

Ameisenhaufen *m* mowisko
Ameri'ka|ner(in *f*) *m* Amerykanin (-nka); **≈nisch** amerykański (po -ku)
A'minosäure *f* aminokwas
Amne'stie *f* [*pl* -tiːən] amnestia
amne'stieren (-) amnestionować (*im*)*pf*
Amorti|sati'ons- amortyzacyjny; **≈'sieren** (-) amortyzować (***sich*** się)
Ampel *f* (-; -*n*) (*Verkehr*) zestaw sygnałowy świetlny, F sygnalizator; ***an der ~ halten*** F zatrzymać się na światłach
Am'pulle *f* ampułka
ampu'tieren (-) amputować (*im*)*pf*
Amsel *f* (-; -*n*) kos
Amt *n* (-*es*; *⸚er*) urząd; *tel* centrala; ***von ~s wegen*** z urzędu
am'tieren (-) pełnić urząd (***als*** *G*)
amtlich urzędowy (-wo)
Amts|arzt *m*, **~ärztin** *f* lekarz urzędowy
Amts|bezeichnung *f* oficjalna nazwa; *os*. tytuł urzędowy; **~gericht** *n* sąd rejonowy; **~handlung** *f* czynność urzędowa; **~person** *f* osoba urzędowa
Amts|richter(in *f*) *m* sędzia *m* sądu rejonowego; **~vergehen** *n* wykroczenie urzędnicze; **~vorsteher(in** *f*) *m* kierownik urzędu
Amts|weg *m*: ***den ~ gehen*** działać w trybie urzędowym; **~zeit** *f* kadencja
amü|'sant wesoły (-ło), zabawny; **~'sieren** (-) bawić, zabawi(a)ć (***sich*** się)
an[1] *praep* (*wo*; *D*) przy, na (*L*), nad (*I*); koło, obok (*G*) (*wohin*; *A*) o, na, nad (*A*), do (*G*); (*wann*; *D*) w (*L*); → ***am***; ***~ der Wand*** przy/na ścianie; ***~ der Oder*** nad Odrą; ***bis ~*** (*A*) aż do (*G*); ***~ die Wand*** o ścianę, do ściany; ***~ dem Tag*** w tym dniu; ***vorbeifahren am*** przejechać koło, obok (*G*); ***~ (und für) sich*** w istocie rzeczy, właściwie; → *betr. Verben*
an[2] *adv* (*etwa*) ***~ die fünf Jahre/Meter*** około pięciu lat/metrów; ***von ... ~*** → ***ab***; ***München ~: ...*** przybycie do Monachium: ...; F ***Licht ~!*** włącz(yć) światło!
ana'log analogiczny; *tech* analogowy
Analphabet(in *f*) *m* analfabeta *m* (-tka)
Ana'lyse *f* analiza
analy'sieren (-) ⟨z-, prze⟩analizować
Ananas *f* (-; -/*se*) ananas(owy *w zł.*)
A'narcho *m* (-*s*; -*s*) *pej* anarchoł
Anar'chie *f* [*pl* -iːən] anarchia
Anästhe'sist(in *f*) *m* (-*en*) anestezjolog
Anato'mie *f* [*pl* -'miːən] anatomia
ana'tomisch anatomiczny
anbahnen *v/t* ⟨za⟩inicjować; *Heirat* ⟨s⟩kojarzyć; ***sich ~*** szykować się
An|bau *m* (-*s*; *0*) *agr* uprawa; *bud* (*pl* -*ten*) dobudówka, przybudówka; **≈bauen** *v/t agr* uprawiać, hodować; *bud* dobudow(yw)ać, przybudow(yw)ać
Anbau|fläche *f* powierzchnia uprawna; **~möbel** *n/pl* meble *m/pl* segmentowe
anbehalten (-) *v/t* pozosta(wa)ć (w *L*)
an'bei *adv* w załączeniu
anbeißen* *v/t* nadgryzać ⟨-gryźć⟩; *v/i Fisch*: brać; F *fig* połknąć *pf* haczyk
an|belangen → ***betreffen***; **~beraumen** (-) *Sitzung* zwoł(yw)ać; *Termin* wyznaczać ⟨-czyć⟩; **~beten** ubóstwiać
Anbetracht *f*: ***in ~*** (*G*) z uwagi na (*A*)
an|biedern: *sich ~* zabiegać o względy (***beim Chef*** szefa); **~bieten*** ⟨za⟩oferować; *Getränk, Zigarette itp.* ⟨po⟩częstować (***j-m*** *A* k-o *I*); → ***vorschlagen***; ***sich ~*** nasuwać ⟨-sunąć⟩ się
An|bieter *m* oferent; **≈binden*** przywiąz(yw)ać (***an*** *D*, *A* do *G*)
Anblick *m* widok; ***beim ~*** na widok
an|blicken *v/t* spoglądać ⟨spojrzeć⟩ (na *A*); **~braten*** podsmażać ⟨-żyć⟩, przypiekać ⟨-piec⟩; **~brechen*** *v/t* nadłam(yw)ać; *Flasche, Packung itp.* napoczynać ⟨-cząć⟩; *v/i* (*sn*) nasta(wa)ć
anbrennen* *v/i* (*sn*) przypalać ⟨-lić⟩ się
an|bringen* (*befestigen*) przymocow(yw)ać; *Bitte* wnosić ⟨wnieść⟩; *Gründe* przytaczać ⟨-toczyć⟩; → ***mitbringen***; **≈bruch** *m* (-*es*; *0*): ***bei ~ der Nacht*** z nastaniem nocy; **~brüllen** *v/t* wrzeszczeć ⟨wrzasnąć⟩ (na *A*)
Andacht *f rel* modlitwa
andächtig *praed* w skupieniu
an|dauern *Frost*: utrzym(yw)ać się; *Sitzung*: przeciągać ⟨-gnąć⟩ się; **~dauernd** ciągły(-le); **≈denken** *n* (-*s*; *0*) pamięć *f*; (*t. pl* -) pamiątka (***an*** *A* po *L*); ***zum ~ an*** (*A*) na pamiątkę (*G*)
ander|- inny; (*zweite*) drugi, następny; ***etwas ~es*** coś innego; ***am ~en Tag*** następnego dnia; ***einer nach dem ~en*** jeden po/za drugim; ***unter ~em*** między innymi; **~erseits** z drugiej strony
andermal: *ein ~* innym razem
ändern (-*re*) zmieni(a)ć (***sich*** się); *Kleid* przerabiać ⟨-robić⟩
andernfalls w przeciwnym razie
anders *adv* inaczej; ***jemand ~*** ktoś inny;

irgendwo ~ gdzieś indziej; ***wer ~ als er?*** któż jeśli nie on; ***wie*** ~ jakże inaczej
anders|artig ... innego rodzaju; **~denkend** inaczej myślący; **~farbig** ... o innym zabarwieniu, w innym kolorze
andersherum odwrotnie, w inną stronę
anderslautend brzmiący inaczej
anderthalb(jährig) półtora(roczny)
Änderung *f* zmiana; *kraw* przeróbka
andeut|en *v/t* (lekko) zaznaczać ⟨-czyć⟩ (***sich*** się); (*Wink geben*) napomykać ⟨-mknąć⟩ (o *L*); ⟨za⟩sugerować; **≈ung** *f* napomknienie, aluzja; (*Spur*) ślad
Andrang *m* (*-s*; *0*) napływ; → ***Zulauf***
andrehen F *Licht* zapalać ⟨-lić⟩; *Gas* odkręcać ⟨-cić⟩; *Ware* wkręcać ⟨-cić⟩
androhen (***j-m*** *A*) zagrozić *pf* (k-u *I*)
Androhung *f*: ***unter*** ~ pod groźbą (*G*)
an|drücken (***an*** *A*) przyciskać ⟨-snąć⟩ (do *G*); **~eignen** (*-e-*): ***sich*** ~ przywłaszczać ⟨-czyć⟩ sobie; *Wissen* przyswajać ⟨-swoić⟩, zdoby(wa)ć
anein'ander jeden/jedno przy drugim/obok drugiego, jedna przy/obok drugiej; ~ ***vorbeigehen*** mijać ⟨minąć⟩ się; ~ ***vorbeireden*** mówić nie rozumiejąc (*a.* nie słuchając) jeden drugiego
anein'anderfügen łączyć ze sobą; → ***zusammensetzen***
anein'andergrenzen graniczyć ze sobą
anekeln *v/t* ⟨o⟩budzić wstręt (w *L*)
Anerbieten *n* propozycja, oferta
aner|kannt *adj* uznany; renomowany; **~kennen*** uzna(wa)ć (***als*** jako); **~d** z uznaniem; **≈kennung** *f* (*0*) uznanie
anfachen rozniecać ⟨-cić⟩ (*t. fig*)
anfahren* *v/t* najechać *pf* (na *A*), potrącić *pf* (*A*); F *fig* ofuknąć *pf* (*A*); *v/i* ruszać ⟨-szyć⟩ z miejsca
An|fahrt *f* dojazd; **~fall** *m med, fig* atak
an|fallen* *v/t* napadać ⟨-paść⟩ (na *A*); *v/i Post*: nadchodzić; *Kosten itp.*: powstawać; narastać ⟨-rosnąć⟩; **~fällig** (***für***) podatny (na *A*), skłonny (do *G*)
Anfang *m* początek; ***am*** ~, ***zu*** ~ na/z początku; ***von*** ~ (***an***) od (samego) początku; ~ ***Mai*** w początkach maja
an|fangen* rozpoczynać ⟨-cząć⟩, zaczynać ⟨-cząć⟩ (*v/i* się); F (*etw tun*) poczynać ⟨-cząć⟩; **≈fänger(in** *f*) *m* nowicjusz(ka); ***... für Anfänger*** ... dla początkujących; **~fänglich** początkowy (-wo); **~fangs** *adv* początkowo
Anfangs|buchstabe *m* litera początkowa; **~kapital** *n* kapitał założycielski (firmy); **~schwierigkeiten** *f/pl* wstępne trudności *f/pl*
Anfangsstadium *n* stadium początkowe
anfassen *v/t* dotykać ⟨-tknąć⟩ (*G*)
anfecht|bar *jur* zaskarżalny; *These* sporny; **~en*** *Urteil* zaskarżać ⟨-żyć⟩
an|fertigen wyrabiać ⟨-robić⟩; *Kopie, Liste* sporządzać ⟨-dzić⟩; **~feuchten** (*-e-*) zwilżać ⟨-żyć⟩; **~feuern** *fig* zagrzewać (***zu*** do *G*); **~flehen** błagać
anfliegen* *Stadt* lądować (w *L*); ***angeflogen kommen*** nadlatywać ⟨-lecieć⟩
Anflug *m* → ***Hauch***; ***im*** ~ ***sein*** podchodzić do lądowania, dolatywać
anfordern *Material, Leute* zapotrzebow(yw)ać; *Gutachten* ⟨za⟩żądać
Anforderung *f* zapotrzebowanie (***von*** *G*); *pl t.* wymagania *n/pl*, wymogi *m/pl*
Anfrage *f* zapytanie; *pol* interpelacja
anfragen zapyt(yw)ać, pytać
an|freunden (*-e-*): ***sich*** ~ (***mit***) zaprzyjaźnić się *pf* (z *I*); **~fügen** (***an*** *A*) dołączać ⟨-czyć⟩ (do *G*); **~fühlen: *sich weich*** ~ być miękkim w dotyku
anführ|en (*leiten*) prowadzić; *Gründe* przytaczać ⟨-toczyć⟩; ⟨za⟩cytować; → ***foppen***; **≈er(in** *f*) *m* przywódca *m*, *pej* prowodyr; **≈ungszeichen** *n/pl* : ***in*** ~ w cudzysłowie
Angabe *f* (*das Angeben*) podanie (***von*** *G*); *sport* → ***Aufschlag***; **~n** *pl* informacja, dane *pl*; wskazówki *f/pl*; ***~n machen*** (***über*** *A*) dać informacje, dostarczyć danych (o *L*); ***nach*** (***amtlichen***) **~n** według (oficjalnych) danych
an|geben* *v/t* poda(wa)ć, wymieni(a)ć; ⟨za⟩deklarować; *v/i pej* szpanować (***mit*** *I*); *sport* serwować; **≈geber(in** *f*) *m pej* efekciarz, szpaner(ka); **≈gebe'rei** *f pej* efekciarstwo, szpan, szpanerstwo
an|geblich rzekomy (-mo); *adv t.* podobno; **~geboren** wrodzony; **≈gebot** *n* propozycja; *hdl* oferta; (*Warenangebot*) podaż *f*; **~gebracht** *adj* stosowny
an|gebunden *adj fig*: ***kurz*** ~ mrukliwy (-wie); **~gegossen: *... sitzt wie*** ~ ... leży jak ulał
angegriffen *adj Gesundheit*: nadszarpnięty; ~ ***aussehen*** źle wyglądać
angeheitert podochocony
angehen* *v/t* (*t. sn*) (*beginnen*) przystępować ⟨-stąpić⟩ (do *G*); ⟨po⟩prosić (***j-n um*** k-o o *A*); (*betreffen*) obchodzić;

was ... angeht co się tyczy (*G*); *v/i* (*sn*) F *Licht*: zapalać ⟨-lić⟩ się; *Pflanze*: przyjmować ⟨-jąć⟩ się; ***~d*** *adj* przyszły
angehören (*D*) należeć (do *G*)
Angehörige(r) członek (rodziny, załogi); → ***Verwandte(r)***
Angeklagte(r) oskarżony (-na)
Angel *f* (-; *-n*) wędka; *bud* zawiasa
Angelegenheit *f* sprawa, rzecz *f*
angelernt *adj* przyuczony
Angel|haken *m* haczyk; **~geräte** *n/pl* sprzęt wędkarski; **2n** (*-le*) *v/t* łowić na wędkę; *v/i* F wędkować; **~rute** *f* wędzisko; **~schein** *m* zezwolenie wędkarskie
Angelsport *m* wędkarstwo
angemessen odpowiedni, stosowny
angenehm przyjemny; *os.* miły (-le)
angenommen: ~, (***daß***) załóżmy, że
an|gepaßt *adj* dostosowany; **~geregt** *adj* ożywiony; **~gesehen** *adj* poważany, ceniony; renomowany
angesichts *praep* (*G*) wobec (*G*)
angespannt *adj* naprężony
angestammt F tradycyjny
Angestellte(r) (***bei, in*** *D*) pracownik (-iczka) (*G*); → ***kaufmännisch***
an|gestrengt *adj* wytężony; **~getan: ~ *sein*** (***von*** *etw*) wynieść *pf* dodatnie wrażenie (z *G*); **~getrunken** *adj* podpity; **~gewandt** *adj* stosowany
angewiesen → ***anweisen***; **~ *sein auf*** (*A*) być zależnym (od *G*)
ange|wöhnen (***sich, j-m*** *A*) przyzwyczajać ⟨-czaić⟩ (się, k-o do *G*); **2wohnheit** *f* przyzwyczajenie, nawyk
angezeigt *adj* wskazany
angleichen* dostosow(yw)ać (*D* do *G*)
Angler(in *f*) *m* wędkarz
angliedern (***an*** *A*) przyłączyć *pf* (do *G*)
angli'kanisch anglikański
An'gorawolle *f* wełna angorska, angora
angreifen* *v/t* ⟨za⟩atakować (*A*); *Vorrat* naruszać ⟨-szyć⟩; *Gesundheit* nadszarpywać ⟨-pnąć⟩
Angreifer(in *f*) *m* napastnik (-iczka)
angrenzen (***an*** *A*) graniczyć (z *I*), przylegać (do *G*); ***~d*** *adj* przyległy
Angriff *m* atak, natarcie; *fig t.* napaść *f*; *fig* ***in ~ nehmen*** (*A*) przystępować ⟨-tąpić⟩, F zab(ie)rać się (do *G*)
angriffslustig agresywny
Angriffspunkt *m* słaby punkt
Angst *f* (-; *⸚e*) strach, lęk; ***vor ~*** ze strachu; ***~ haben*** (***vor*** *D*; ***um***) bać się (*G*; o *A*); ***~ machen*** (*D*) ⟨na⟩straszyć (*A*)
Angst|hase F *m* tchórz, zajęcze serce; **~käufe** *m/pl* zakupy *m/pl* panikarskie
ängstlich bojaźliwy (-wie)
Angstschweiß *m* zimny pot
angstvoll pełen strachu; *praed t.* lękliwie
angucken F *v/t* ⟨po⟩patrzeć (na *A*); ***sich ~*** (*A*) oglądać ⟨obejrzeć⟩ (*A*)
anhaben* F mieć na sobie; ***nichts ~ können*** (*D*) nie móc zaszkodzić (*D*)
anhalt|en* *v/t* zatrzym(yw)ać (*v/i* się); *Atem* wstrzym(yw)ać; wdrażać (***zur Ordnung*** do porządku); *v/i* (*dauern*) trwać; **2er(in** *f*) *m* autostopowicz(ka); ***per Anhalter*** autostopem
Anhaltspunkt *m* oznaka, wskazówka
anhand *praep* (*G*) na podstawie (*G*)
Anhang *m* dodatek, suplement; *fig zbior* stronnicy *m/pl*, grono zwolenników
an|hängen[1] *v/t* doczepi(a)ć, przyczepi(a)ć (***an*** *A* do *G*); F ***j-m*** *etw* **~** posądzać k-o (o *A*); **~hängen**[2]* *v/i* (*D*) być zwolennikiem (-niczką) (*G*)
Anhänger *m* przyczep(k)a; (*Schmuck*) wisiorek; *os.* (*t.* ***~in*** *f*) stronnik (-iczka), zwolennik (-iczka)
anhänglich przywiązany, wierny
anhäufen ⟨na⟩gromadzić (***sich*** się)
Anhäufung *f* nagromadzenie; skupisko
an|heben* *v/t* unosić ⟨unieść⟩ (do góry); *Lohn* podwyższać ⟨-szyć⟩; **~heften** (***an*** *A*) przypinać ⟨-piąć⟩ (do *G*)
an'heimstellen (*D*) pozostawi(a)ć do uznania (*G*)
an|heizen rozpalać ⟨-lić⟩ (***den Ofen*** w piecu); **~heuern** (*-re*) *mar* zamustrować *pf*; *pej* ⟨z⟩werbować
Anhieb *m*: ***auf ~*** od razu, z miejsca
anhören *j-n* wysłuchać *pf* (*A*); ***sich*** *etw* **~** ⟨wy⟩słuchać (*G*); ***sich gut ~*** brzmieć dobrze/nieźle
Anima'teur *m* organizator imprez
ani'mieren (-) zachęcać ⟨-cić⟩ (***zu*** do *G*)
Anis *m* (*-es*; *0*) anyż(ek)
Ankauf *m* zakup, skup; **~s-** ... kupna
Anker *m* *mar* kotwica; ***vor ~ gehen*** ⟨za⟩kotwiczyć *v/i*; **~geld** *n* opłata kotwiczna; **2n** (*-re*) stać na kotwicy
Ankerplatz *m* kotwicowisko
anketten (*-e-*) przywiązać *pf* łańcuchem
Anklage *f* oskarżenie; ***unter ~ stellen*** postawić w stan oskarżenia
Anklagebank *f* ława oskarżonych
anklagen (***j-n*** *G*) oskarżać (k-o o *A*)

Anklagepunkt *m* punkt oskarżenia
Ankläger(in *f*) *m* oskarżyciel(ka)
Anklageschrift *f* akt oskarżenia
Anklang *m*: *~* ***finden*** być przyjętym, zyskać uznanie
an|kleben *v/t* przyklejać ⟨-leić⟩ (***an*** *A* do *G*); **~kleiden** → ***anziehen***; **~klopfen** ⟨za⟩pukać; **~knipsen** F zapalać ⟨-lić⟩; **~knüpfen** *v/t fig* nawiąz(yw)ać (*t. v/i* ***an*** *A* do *G*); **♀knüpfungspunkt** *m* punkt zahaczenia
ankommen* nadchodzić, przychodzić ⟨nadejść, przyjść⟩; przyby(wa)ć (***in*** *D* do *G*); (*fahrend*) przyjeżdżać ⟨-jechać⟩; (*fliegend*) przylatywać ⟨-lecieć⟩; F ***... kommt gut an*** ... ma dobre wzięcie; ***es kommt auf ... an, ob*** to zależy od ..., czy; ***darauf kommt es nicht an*** to nie gra roli
Ankömmling *m* (*-s*; *-e*) przybyły
ankoppeln doczepi(a)ć (***an*** *A* do *G*)
an|kündigen zapowiadać ⟨-wiedzieć⟩ (***sich*** się); *fig* zwiastować; **♀kündigung** *f* zapowiedź *f*
Ankunft *f* (*0*) nadejście, przybycie; przyjazd, przylot; → ***ankommen***
Ankunftszeit *f* czas przybycia/przylotu
ankurbeln (*-le*) *ekon* F nakręcać
Anlage *f* (*Bau*) budowla, kompleks; (*Park*) zieleniec; *tech* urządzenie, zespół; (*Betrieb*) zakład; (*Neigung*) skłonność *f*; (*Geldanlage*) lokata; ***in der*** *~* w załączeniu; → ***Begabung***; **~berater(in** *f*) *m* doradca *m* w sprawach lokat; **~kapital** *n* kapitał zakładowy
Anlagevermögen *n* środki *m/pl* trwałe
An|laß *m* (*-sses*; *-sse*) powód; okazja; ***aus*** *~ t.* na okoliczność (*G*); **♀lassen*** *Motor* F zapuszczać ⟨-puścić⟩; *Mantel* nie zdejmować (*G*); *Licht* nie wyłączać ⟨-czyć⟩; F ***sich ...*** *~* zapowiadać się (+ *adv*); **~lasser** *m* rozrusznik
anläßlich *praep* (*G*) z okazji (*G*)
anlasten (***j-m*** *A*) przypis(yw)ać (k-u *A*)
Anlauf *m* rozbieg; *fig* start; próba
an|laufen* *v/t mar* zawijać ⟨-inąć⟩ (do *G*); *v/i* (*sn*) *Glas*: ⟨za⟩potnieć; *Film*: wchodzić ⟨wejść⟩ na ekrany; *Produktion*: ruszać ⟨-szyć⟩; ***rot*** *~* zaczerwienić się; ***angelaufen kommen*** przybiegać ⟨-biec⟩; **~legen** *v/t* przykładać ⟨przyłożyć⟩; *Mantel* wkładać ⟨włożyć⟩; *Park*, *Verband* zakładać ⟨założyć⟩; *Geld* ⟨u⟩lokować; *v/i Schiff*: przybi(ja)ć do brzegu; → ***anlaufen***
Anleger *m ekon* inwestor
Anlegestelle *f* przystań *f*
anlehnen opierać ⟨oprzeć⟩ (***an*** *A* o *A*; ***sich*** się)
Anleihe *f* pożyczka
anleiten ⟨po⟩instruować
Anleitung *f* instrukcja, wskazówki *f/pl*
an|lernen przyuczać ⟨-czyć⟩; **~liegen*** *Kleid*: przylegać; **♀liegen** *n* interes; (*Bitte*) prośba; **~locken** ⟨z⟩wabić
anlügen okłam(yw)ać
anmachen F (*befestigen*) przymocow(yw)ać; *Licht*, *Feuer* zapalać ⟨-lić⟩; *kulin* podprawi(a)ć; F *j-n* zaczepi(a)ć
anmahnen przynaglać ⟨-lić⟩
Anmarsch *m*: ***im*** *~* ***sein*** nadciągać
anmaßen: *sich* *~* *Recht* uzurpować sobie; **~d** *adj* arogancki (-ko)
anmelden zameldować *pf*; zgłaszać ⟨-łosić⟩ (***sich*** się; ***zu*** do *G*, na *A*)
Anmeldefrist *f* termin zgłaszania
Anmeldepflicht *f* obowiązek zgłoszenia
Anmeldung *f* zameldowanie (się); zgłoszenie; *med* (*Raum*) izba przyjęć
anmerk|en zauważać ⟨-żyć⟩; ***sich nichts*** *~* ***lassen*** nie dać po sobie poznać; **♀ung** *f* przypisek; adnotacja
anmustern zamustrować *pf* (*v/i* się)
Anmut *f* (*0*) wdzięk
anmuten F (*-e-*) *v/t* wyda(wa)ć się
anmutig wdzięczny
annageln przybi(ja)ć (gwoździami)
annähen przyszy(wa)ć
annähern przybliżać ⟨-żyć⟩ (*D* do *G*; ***sich*** się); **~d** *part* w przybliżeniu, około
Annä|herung *f* zbliżenie; **~herungsversuch** *m* awanse *m/pl*, zaloty *m/pl*
Annahme *f* przyjęcie; (*Vermutung*) założenie; **~stelle** *f* punkt przyjęcia
An|nahmeverweigerung *f* odmowa przyjęcia; **♀nehmbar** (możliwy) do przyjęcia; *Preis*: umiarkowany
annehmen* przyjmować ⟨-jąć⟩; *Gewohnheit* przejmować ⟨-jąć⟩; *Namen*, *Form* przyb(ie)rać; *Kind* przysposabiać ⟨-sobić⟩; (*vermuten*) zakładać ⟨założyć⟩; ***wie man*** *~* ***kann*** jak wolno mniemać; ***sich*** *~* (*G*) ⟨za⟩opiekować się (*I*)
Annehmlichkeit *f* wygoda; *pl t.* przyjemności *f/pl*
Annon|ce [a'nõ:sə] *f* ogłoszenie, anons; **♀cieren** [-'si:-] (-) ogłaszać ⟨ogłosić⟩
annul'lieren (-) anulować (*im*)*pf*

anöden F (*-e-*) nudzić, zanudzać
ano'nym anonimowy (-wo)
Anorak *m* (*-s*; *-s*) anorak, skafander
an|ordnen → ***ordnen***; (*verfügen*) zarządzać ⟨-dzić⟩; **≈ordnung** *f* układ, ułożenie; (*Befehl*) zarządzenie
anpacken (s)chwycić *pf*; *fig* zab(ie)rać się (*A* do *G*); ***mit*** ~ pomagać ⟨-móc⟩
an|passen dopasow(yw)ać; dostoso(wy)wać, przystosow(yw)ać (***sich*** się; ***an*** *A* do *G*); **≈passung** *f* (*0*) dopasowanie; *fig t.* dostosowanie (się)
An|passungsfähigkeit *f* zdolności *f/pl* przystosowawcze; **~pfiff** *m sport* sygnał rozpoczęcia gry; F *fig* ruga, bura
anpinseln F ⟨po⟩malować
anpöbeln (*-le*) zaczepi(a)ć, nagabywać
anprangern (*-re*) ⟨na⟩piętnować
anpreisen* zachwalać, chwalić
Anprobe *f* przymiarka
anprobieren przymierzać ⟨-rzyć⟩
anpumpen F *v/t* pożyczać ⟨-czyć⟩ (u *G*)
an|rechnen zaliczać ⟨-czyć⟩ (***auf*** *A* na poczet *G*); ***hoch*** ~ (***j-m*** *A*) wysoko cenić (k-o za *A*); **≈recht** *n* (*-es*; *0*) prawo
An|rede *f* forma zwracania się; tytułowanie; **≈reden** zwracać ⟨zwrócić⟩ się (***j-n mit „Sie"*** do k-o przez pan), tytułować (*A*); → ***ansprechen***
anregen ⟨za⟩sugerować, ⟨za⟩inicjować; (*beleben*) pobudzać ⟨-dzić⟩, podniecać ⟨-cić⟩; **~d** *adj* pobudzający (-co); *Lektüre*: zajmujący(-co)
Anregung *f* propozycja; ***auf*** ~ (***von***) z inicjatywy (*G*); ***zur*** ~ dla pobudzenia
anreichern (*-re*) wzbogacać ⟨-cić⟩
An|reise *f* przyjazd; droga tu; **≈reisen** przyjeżdżać ⟨-jechać⟩, przyby(wa)ć
Anreisetag *m* dzień przyjazdu
Anreiz *m* podnieta, zachęta
anrempeln potrącać ⟨-cić⟩
An|richte *f* kredens; **≈richten** *Essen* pod(aw)ać; *Unheil* narobić *pf* (*G*); *Schaden* wyrządzać ⟨-dzić⟩
anrüchig mający złą opinię, podejrzany
Anruf *m* rozmowa telefoniczna, F telefon; **~beantworter** *m* automatyczna sekretarka; **≈en*** *v/t* ⟨za⟩telefonować, F ⟨za⟩dzwonić (do *G*); *Gericht itp.* odwoł(yw)ać się (do *G*)
anrühren *v/t* dotykać ⟨-tknąć⟩ (*G*); (*mischen*) rozrabiać ⟨-robić⟩; ***nicht*** ~ nie ruszać ⟨-szyć⟩ (*G*)
ans = ***an das***
An|sage *f* zapowiedź *f*; **≈sagen** zapowiadać ⟨-wiedzieć⟩ (***sich*** się)
Ansager(in *f*) *m RTV* spiker(ka)
Ansammlung *f* (*Leute*) zbiegowisko
ansässig zamieszkały (***in*** *D* w *L*)
Ansatz *m* nasada, przyczep; pierwsze stadium, zaczątek; *pl t.* pierwsze kroki
Ansatzpunkt *m* punkt wyjściowy
Ansatzstück *n* nasadka
anschaff|en *v/t*: ***sich*** ~ sprawi(a)ć sobie; *Kind* urodzić *pf*; *v/i* (*t.* ~ ***gehen***) żyć z nierządu; **≈ung** *f* nabycie; (*Sache*) nabytek, sprawunek; **~s-** ... nabycia
anschauen → ***ansehen***
anschaulich jasny (-no), plastyczny; *Methode*: poglądowy (-wo)
Anschauung *f* pogląd(y *pl*)
Anschein *m*: ***allem*** ~ ***nach*** według wszelkiego prawdopodobieństwa; ***es hat den*** ~, ***daß*** wygląda na to, że
anscheinend *adv* widocznie
anschießen* podstrzelić *pf*
Anschlag *m mus itp.* uderzenie; (*Attentat*) zamach; *tech* ogranicznik (ruchu); → ***Aushang***; ***in*** ~ ***bringen*** *Waffe* złożyć się *pf* do strzału; **~brett** *n* tablica ogłoszeń; **≈en*** *v/t* uderzać ⟨-rzyć⟩ (w *A*); → ***aushängen***; *v/i Kur itp.*: ⟨po⟩skutkować; *Hund*: zaszczekać *pf*
anschließen* *v/t* (***an*** *A*, *D*) *el*, *Schlauch itp.* podłączać ⟨-czyć⟩ (do *G*); ***sich*** ~ (*grenzen*) przylegać (do *G*); (*folgen*) następować ⟨-stąpić⟩ (po *L*); (*j-m*) dołączać ⟨-czyć⟩ się (do *G*); **~d** *adv* (zaraz) potem, następnie
Anschluß *m* połączenie (*t. lotn itp.*, *tel*); *tech*, *el* podłączenie; ***im*** ~ ***an*** (*A*) bezpośrednio po (*L*); F ***den*** ~ ***verpassen*** przegapić szansę; ~ ***finden*** znaleźć towarzystwo; (***an*** *A*) F szlusować (do *G*)
Anschlußkabel *n* sznur przyłączeniowy
Anschlußstelle *f* przyłączenie
anschmiegsam przytulny, F przylepny
anschnall|en przypinać ⟨-piąć⟩; ***sich*** ~ zakładać ⟨założyć⟩ pas bezpieczeństwa; **≈pflicht** *f* obowiązek zakładania pasów bezpieczeństwa
an|schneiden* *Brot* nacinać ⟨-ciąć⟩; *Frage* poruszać ⟨-szyć⟩; **~schrauben** przyśrubow(yw)ać; **~schreiben*** napisać *pf*; F ~ ***lassen*** kupować na kreskę
anschreien* *v/t* krzyczeć (na *A*)
Anschrift *f* adres
Anschuldigung *f* obwinienie, zarzut

anschwärzen F oczerni(a)ć
anschweißen przyspawać *pf*
anschwellen* *v/i Fluß*: wzbierać ⟨wezbrać⟩; *Bein*: obrzmie(wa)ć
anschwemmen nanosić ⟨-nieść⟩
anschwindeln F ⟨z⟩bujać
an|sehen* *v/t* ⟨po⟩patrzeć (na *A*); (*auffassen*) zapatrywać się (na *A*); (*halten für*) poczytywać (**für, als** za *A*); ***man sah es ihm an, daß*** widać było po nim, że; ***sich ~*** (*A*) oglądać ⟨obejrzeć⟩ (sobie) (*A*); F ***sieh an*** popatrz no; **⁓sehen** *n* (-*s*; *0*) poważanie, szacunek; ***ohne ~ der Person*** bez względu na osoby
ansehnlich znaczny; *os.* postawny
ansein* F: ***... ist an*** ... jest włączony
ansetzen *v/t* przystawi(a)ć (***an** A* do *G*); (*annähen*) nadsztukow(yw)ać; *Bowle, Essen* nastawi(a)ć; *Rost, Knospen* pokry(wa)ć się (*I*); *Termin, Preis* wyznaczać ⟨-czyć⟩, ustalać ⟨-lić⟩; ***Fett ~*** ⟨u⟩tyć; *v/i* (**zu**) szykować się (do *G*)
Ansicht *f* widok; zdanie (***über** A* o *L*); ***zur ~*** do obejrzenia; ***meiner ~ nach*** moim zdaniem
Ansichtskarte *f* widokówka
Ansichtssache *f* kwestia zapatrywania
ansiedeln osiedlać ⟨-lić⟩ (***sich*** się)
Ansiedlung *f* (*0*) osiedlenie; → ***Siedlung***
an|spannen zaprzęgać ⟨-gnąć, -prząc⟩; *Muskeln* naprężać ⟨-żyć⟩; *Kräfte* wytężać ⟨-żyć⟩; **⁓spannung** *f* naprężenie, natężenie, wytężenie; (*Zustand*) napięcie; **~spielen** *v/i* (***auf** A*) mieć na myśli (*A*), ⟨z⟩robić aluzję (do *G*)
Anspielung *f* aluzja
Ansporn *m* (-*ęs*; *0*) bodziec, zachęta
anspornen (***j-n zu***) doda(wa)ć bodźca (k-u do *G*), zachęcać ⟨-cić⟩ (k-o do *G*)
Ansprache *f* przemówienie; ***e-e ~ halten*** wygłosić przemówienie
ansprech|en* *v/t* zwracać ⟨-rócić⟩ się (do *G*), F zagadywać ⟨-dnąć⟩ (*A*); *Gefühl itp.* przemawiać ⟨-mówić⟩ (do *G*); (*gefallen*) ⟨s⟩podobać się (*D*); *v/i* reagować; **~d** *adj* ujmujący (-co); **⁓partner(in *f*)** *m* partner(ka) do rozmów
anspringen* *v/i Motor*: zapalać ⟨-lić⟩
Anspruch *m* wymaganie, *pl t.* wymogi *m/pl*; *jur* roszczenie; prawo (***auf** A* do *G*); ***in ~ nehmen*** (*A*) ⟨s⟩korzystać (z *G*); ***Ansprüche erheben*** wysuwać roszczenia/pretensje
anspruchslos niewymagający
anspruchsvoll wymagający; ambitny
anstacheln (-*le*) pobudzać ⟨-dzić⟩ (**zu** do *G*); → ***anstiften***
Anstalt *f* zakład, instytucja; **~s-** zakładowy, *w.zn.* szpitalny, więzienny *itp.*
An|stand *m* (-*ęs*; *0*) przyzwoitość *f*; **⁓ständig** przyzwoity (-cie) (*t. angemessen*); (*ehrbar*) uczciwy; F (*beträchtlich*) porządny; **⁓standshalber** dla formy
anstandslos bez trudności/zastrzeżeń
anstarren *v/t* wpatrywać się (w *A*)
anstatt → ***statt***
anstecken przypinać ⟨-piąć⟩; *Ring* wkładać ⟨włożyć⟩; *med* zarażać ⟨-razić⟩ (***sich*** się; ***bei*** od *G*); → ***anzünden***; **~d** *adj* zakaźny, (*t. fig*) zaraźliwy (-wie)
Ansteckungsgefahr *f* niebezpieczeństwo zakażenia
anstehen* *v/i Termin*: być wyznaczonym; *Arbeit*: być do załatwienia; (*t. sn*) stać w kolejce /F ogonku (***nach*** po *A*)
ansteigen* podnosić ⟨-nieść⟩ się; *Weg*: wznosić się; → ***steigen***
an'stelle *praep* (*G*, ***von***) zamiast (*G*)
anstellen zatrudni(a)ć, ⟨za⟩angażować; (*tun*) ⟨z⟩robić; *Recherchen* przeprowadzać ⟨-dzić⟩; *Unfug* ⟨na⟩broić; → ***andrehen, einschalten***; ***sich ~*** stawać ⟨stanąć⟩ w kolejce (***nach*** po *A*); ***sich geschickt ~*** (***bei***) zab(ie)rać się sprytnie (do *G*)
Anstellung *f* (*Stelle*) posada
Anstieg *m* (-*ęs*; *zw. 0*) wzniesienie; *fig* wzrost; (*d. Wassers*) przybór
anstift|en (**zu**) poduszczać ⟨-czyć⟩, namawiać ⟨-mówić⟩ (do *G*); **⁓er(in *f*)** *m* podżegacz(ka); inicjator(ka)
Anstiftung *f* namowa, podżeganie
anstimmen *Lied* zaintonować *pf*
An|stoß *m* impuls, podnieta; *sport* pierwsze uderzenie (piłki); ***der erste ~*** *fig* inicjatywa; ***~ erregen*** wywoł(yw)ać zgorszenie; ***~ nehmen*** (***an** D*) zgorszyć się (*I*); **⁓stoßen*** potrącać ⟨-cić⟩; *v/i* → ***angrenzen***; ***auf** j-s* ***Gesundheit ~*** wypić zdrowie (*G*)
anstößig gorszący (-co)
anstreben *v/t* starać się (o *A*)
anstreich|en* ⟨po-, wy⟩malować; *Fehler* podkreślać ⟨-lić⟩; **⁓er** *m* malarz
anstreng|en wytężać ⟨-żyć⟩, wysilać ⟨-lić⟩ (***sich*** się); *Prozeß* wytaczać ⟨-toczyć⟩; → ***ermüden***; **~d** *adj* męczący, żmudny; **⁓ung** *f* wysiłek

Anstrich *m* (*Farbschicht*) powłoka; *fig* wygląd; posmak, odcień *m*
Ansturm *m* (-*ęs*; *0*) natłok; run
antasten *Recht* naruszać ⟨-szyć⟩
Anteil *m* udział (**an** *D* w *L*); ~ ***nehmen an*** (*D*) okaz(yw)ać zainteresowanie (*I*)
An|teilnahme *f* współczucie; *j-m* ~ ***bekunden*** składać ⟨złożyć⟩ wyrazy ubolewania (*D*); **2teilig** proporcjonalny
Anteilschein *m* świadectwo udziałowe
Anteilseigner(in *f*) *m* udziałowiec
Antenne *f* antena; **~n-** antenowy
anti-, **Anti-** anty-, przeciw-
Anti|'babypille F *f* tabletka antykoncepcyjna; **~'biotikum** *n* (-*s*; -*ka*) antybiotyk; **~blo'ckiersystem** *n* (elektroniczny) układ zapobiegający blokowaniu hamulców
an'tik antyczny; **2e** *f* (*0*) antyk
Antipa'thie *f* [*pl* -'tīən] antypatia
Antiquari'at *n* (-*s*; -*e*) antykwariat
anti|'quarisch antykwarski, antykwaryczny; **~'quiert** przestarzały
Antiqui'tät *f* antyk
antise'mitisch antysemicki
anti'septisch antyseptyczny
Antlitz *m* (-*es*; -*e*) oblicze
Antrag *m* (-*ęs*; ⸚*e*) wniosek; (*Gesuch*) podanie; **~steller(in** *f*) *m* wnioskodawca *m* (-czyni); petent(ka)
an|treffen* zasta(wa)ć (***zu Hause*** w domu); (*begegnen*) spot(y)kać; **~treiben*** naganiać, popędzać (**zu** do *G*); *tech* napędzać; **~treten*** *Reise* rozpoczynać ⟨-cząć⟩; *Amt*, *Erbe* obejmować ⟨objąć⟩; *v/i* (*sn*) *mil* ustawi(a)ć się; stawać ⟨stanąć⟩ (**zu** do *G*)
Antrieb *m* bodziec, podnieta; *tech* napęd; ***aus eigenem*** ~ samorzutnie
antrinken* nadpi(ja)ć; ***sich Mut*** ~ wypić sobie dla odwagi
An|tritt *m* rozpoczęcie; objęcie; → ***antreten***; **~trittsbesuch** *m* wizyta wstępna
antrocknen *v/i* przysychać ⟨-schnąć⟩
antun* wyrządzać ⟨-dzić⟩; ***sich etwas*** ~ targnąć się na swoje życie
Ant|wort *f* odpowiedź *f*; **2worten** (-*e*-) odpowiadać ⟨-wiedzieć⟩
anvertrauen powierzać ⟨-rzyć⟩; ***sich*** *j-m* ~ (*sagen*) zwierzać ⟨-rzyć⟩ się (*D*)
anwachsen* *v/i* (*sn*) przyrastać ⟨-rosnąć, -róść⟩; *Menge*: narastać ⟨-rosnąć, -róść⟩; *Lärm*: nasilać ⟨-lić⟩ się
Anwalt *m* (-*ęs*; -*e*), **Anwältin** *f* adwokat (-ka); (*Sprecher*/*in*) rzecznik (-iczka)
Anwaltskanzlei *f* kancelaria adwokacka
Anwärter(in *f*) *m* kandydat(ka)
anweis|en* polecać ⟨-cić⟩; *Geld* przekaz(yw)ać; *Platz* wyznaczać ⟨-czyć⟩; (*j-n*) ⟨po⟩instruować; → ***zuteilen***; **2ung** *f* polecenie; przekaz; instrukcja
anwendbar możliwy do zastosowania
anwend|en * (*a*. -*e*-) stosować, zastosow(yw)ać; **2er** *m EDV* użytkownik
Anwend|erprogramm *n* program użytkowy; **~ung** *f* (za)stosowanie; *med* (*bei Kuren*) zabieg; *EDV* aplikacja
anwerben* ⟨z⟩werbować
Anwesen *n* domostwo, zagroda
anwesen|d obecny; ***die Anwesenden*** obecni; **2heit** *f* (*0*) obecność *f*
Anwesenheitsliste *f* lista obecności
anwidern (-*re*) napełni(a)ć odrazą
anwinkeln (-*le*) *Arme* zginać ⟨zgiąć⟩; *Beine* podkurczać ⟨-czyć⟩
Anwohner(in *f*) *m* mieszkaniec (-nka)
Anzahl *f* (*0*) liczba, ilość *f*
anzahl|en zadatkować *pf*, wpłacić *pf* akonto; **2ung** *f* zadatek; pierwsza rata
anzapfen *Faß* napoczynać ⟨-cząć⟩; F *Leitung* zakładać ⟨założyć⟩ podsłuch
Anzeichen *n* oznaka; (*Symptom*) objaw
Anzeig|e *f* anons, ogłoszenie; F reklama; doniesienie, zgłoszenie; wskazanie; **2en** anonsować, ogłaszać ⟨-łosić⟩; *Straftat* donosić ⟨-nieść⟩ (o *L*), zgłaszać ⟨-łosić⟩ (*A*); *Meßwert* wskazywać
Anzeigepflicht *f* obowiązek zgłoszenia
Anzeigetafel *f sport* tablica wyników
anzetteln (-*le*) wszczynać ⟨wszcząć⟩
anzieh|en* *Kleid itp*. wkładać ⟨włożyć⟩ (na siebie); (*j-n*) ub(ie)rać (***sich*** się); (*heranziehen*) przyciągać ⟨-gnąć⟩ (*t. fig*); *Seil*, *Saite* naciągać ⟨-gnąć⟩; *Schraube* dokręcać ⟨-cić⟩; *v/i Preise*: zwyżkować; **~d** *adj* pociągający (-co); **2ung** *f* (*0*) (*Reiz*) urok; **2ungskraft** *f fiz* siła przyciągania; *fig* atrakcyjność *f*
Anzug[1] *m* ubranie, garnitur
Anzug[2] *m*: ***im ~ sein*** nadciągać
anzüglich dwuznaczny, sprośny
anzünden zapalać ⟨-lić⟩; *Feuer* rozpalać ⟨-lić⟩; *Haus* podpalać ⟨-lić⟩
anzweifeln *v/t* powątpiewać (w *A*, o *L*)
A'partment *n* (-*s*; -*s*) apartament
a'pathisch apatyczny
Apfel *m* (-*s*; ⸚) jabłko; *w zł.* jabłkowy,

jabłeczny; **~baum** *m* jabłonia; **~mus** *n* przecier z jabłek; **~'sine** *f* pomarańcza; **~n-** pomarańczowy; **~strudel** *m* strudel z jabłkami; **~wein** *m* jabłecznik
A'postel *m* apostoł
Apo'theke *f* apteka; **~n-** apteczny
Apo'theker(in *f*) *m* aptekarz (-rka)
Appa'rat *m* (-*ęs*; -*e*) aparat; *anat* układ; → ***Gerät***; ***am ~!*** przy telefonie!
Ap'pell *m* (-*s*; -*e*) apel; *mil t.* zbiórka
appel'lieren (-) apelować (**an** *A* do *G*)
Appe'tit *m* (-*ęs*; *0*) apetyt; ***guten ~!*** smacznego!; **2lich** apetyczny
Appe'titlosigkeit *f* brak apetytu
App'laus *m* (-*es*; *0*) oklaski *m*/*pl*
Apri'kose *f* morela; **~n-** morelowy
A'pril *m* (-*s*; -*e*) kwiecień *m*; *w zł.* kwietniowy; **~scherz** *m* żart primaaprilisowy; **~wetter** *n* pogoda marcowa
Aqua|planing *n* (-*s*; *0*) poślizg na warstwie wody; **~'rell** *n* (-*s*; -*e*) akwarela; *w zł.* akwarelowy
A'quarium *n* (-*s*; -*ien*) akwarium *n*
Ä'quator *m* (-*s*; *0*) równik
Äquiva'lent *n* (-*ęs*; -*e*) ekwiwalent
Araber(in *f*) *m* arab(ka)
a'rabisch arabski (po -ku)
Arbeit *f* praca, robota; (*in d. Schule*) wypracowanie; ***an die ~ gehen*** brać się do roboty; ***zur ~ gehen*** iść do pracy
arbeit|en (-*e*-) pracować (***bei*** u *G*; ***an*** *D* nad *I*; ***für*** na, za *A*); **2er(in** *f*) *m* pracownik (-ica, -iczka), (*Lohnempfänger*) robotnik (-ica); *w zł.* robotniczy
Arbeit|geber(in *f*) *m* pracodawca (-czyni); **~nehmer(in** *f*) *m* pracobiorca *m*, pracownik (-iczka)
arbeitsam pracowity (-cie)
Arbeits|amt *n* urząd zatrudnienia; **~aufwand** *m* nakład pracy; **~bedingungen** *f*/*pl* warunki *m*/*pl* pracy; **~bescheinigung** *f* zaświadczenie z miejsca pracy
Arbeitserlaubnis *f* zezwolenie na pracę
arbeits|fähig zdolny do pracy; **2gericht** *n* sąd pracy; **2gruppe** *f* grupa robocza
arbeitsintensiv pracochłonny
Arbeits|kampf *m* walka o zrealizowanie żądań ekonomicznych; **~kleidung** *f* ubranie robocze; **~kraft** *f* siła robocza; *w.zn.* (*0*) zdolność *f* do pracy
Arbeitslohn *m* wynagrodzenie za pracę
arbeits|los bezrobotny; **2lose(r)** bezrobotny (-na); **2losenunterstützung** *f* zasiłek dla bezrobotnych
Arbeitslosenversicherung *f* ubezpieczenie na wypadek bezrobocia
Arbeitslosigkeit *f* (*0*) bezrobocie
Arbeitsmarkt *m* rynek siły roboczej
Arbeitsrecht *n* (-*ęs*; *0*) prawo pracy
arbeits|scheu uchylający się / F wymigujący się od pracy; **2schutzbestimmungen** *f*/*pl* przepisy *m*/*pl* ochrony pracy; **2stelle** *f* miejsce/zakład pracy
Arbeitstag *m* dzień roboczy
arbeitsunfähig niezdolny do pracy
Arbeitsunfall *m* wypadek przy pracy
Arbeits|vermittlung *f* pośrednictwo pracy; **~vertrag** *m* umowa o pracę; **~weise** *f* metoda pracy; **~zeit** *f* czas pracy; **~zimmer** *n* gabinet
archäo'logisch archeologiczny
Archi'pel *n* (-*s*; -*e*) archipelag
architek'tonisch architektoniczny
Architek'tur *f* architektura
Archiv *n* (-*s*; -*e*) archiwum *n*
arg (*~er*; *~st-*) zły (źle); F *adv* strasznie
argen'tinisch argentyński
ärger *comp* gorszy; *adv* gorzej
Ärger *m* (-*s*; *0*) złość *f*; ***~ haben*** (***mit***) mieć kłopot/nieprzyjemności (z *I*)
ärger|lich rozgniewany; (*unangenehm*) przykry (-ro), irytujący (-co); **~n** (-*re*) ⟨roz⟩złościć (***sich*** się; ***über*** *A* na *A*, z powodu *G*); (*reizen*) drażnić (*A*), dokuczać (*D*); **2nis** *n* (-*sses*; -*sse*) strapienie, kłopot; → ***Anstoß***
arglistig perfidny, podstępny
arglos prostoduszny; → ***ahnungslos***
ärgst- najgorszy; *Feind*: najzaciekłejszy
Arg|wohn *m* (-*s*; *0*) nieufność *f*; **2wöhnen** podejrzewać; **2wöhnisch** nieufny
Arie ['aːrĭə] *f* aria
aristo'kratisch arystokratyczny
Arith'metik *f* (*0*) arytmetyka
arm (*~er*; *~st-*) biedny (*t. fig*), ubogi (*t.* ***an*** *D* w *A*); F ***~ dran sein*** być/znajdować się w opłakanej sytuacji
Arm *m* (-*ęs*; -*e*) ręka, (*t. tech*) ramię; (*Flußarm*) odnoga; ***in die ~e schließen*** uściskać *pf*; ***~ in ~*** pod rękę; F *fig* ***unter die ~e greifen*** (*D*) poratować *pf* (*A*); F ***auf den ~ nehmen*** nab(ie)rać
Arma'turenbrett *n* tablica przyrządów
Armband *n* bransoletka; **~uhr** *f* zegarek naręczny/na rękę
Arme *m*/*f*: ***die ~n*** biedni *pl*, biedota
Ar'mee *f* armia (*t. fig*)
Ärmel *m* rękaw; **2los** bez rękawów

ar'menisch armeński (po -ku)
Armenviertel *n* dzielnica nędzy
Armleuchter *m pej* bałwan, dureń *m*
ärmlich ubogi (-go)
armselig nędzny; (*dürftig*) lichy (-cho)
Armstütze *f* podłokietnik
Armut *f* (*0*) bieda, nędza, ubóstwo
Armutsgrenze *f*: ***an der ~*** na skraju nędzy
A'roma *n* (*-s*; *-men*) aromat
aro'matisch aromatyczny, wonny
arrangieren [-'ʒiːrən] (-) aranżować
Ar'rest *m* (*-ęs*; *-e*) areszt
arri'viert znany, wzięty
arro'gant arogancki (-ko)
Arsch V *m* (*-ęs*; *⸚e*) dupa
Art *f* rodzaj; (*Weise*) sposób; (*Spezies*) gatunek; (*Wesen*) usposobienie; ***etwas in dieser ~*** coś w tym rodzaju; ***auf diese ~*** w ten sposób; ***aller ~*** wszelkiego rodzaju
Ar'terie [-rĭə] *f* tętnica, (*t. fig*) arteria
artig grzeczny; **ᴤkeit** *f* grzeczność *f*
Ar'tikel *m* artykuł; *gr* rodzajnik
Artillerie *f* [*pl* -iːən] artyleria; *w zł.* artyleryjski, ... artylerii
Arti'schocke *f* karczoch
Ar'tist *m* (*-en*) artysta cyrkowy
Ar'tistin *f* artystka cyrkowa
Arz'nei *f* lek(arstwo)
Arz'neimittel *n* środek leczniczy, lek
Arzt *m* (*-es*; *⸚e*) lekarz; *w zł.* lekarski
Ärzt|in *f* lekarka; **ᴤlich** lekarski
As *n* (*-sses*; *-sse*) as (*t. fig*)
As'best *m* (*-ęs*; *-e*) azbest(owy *w zł.*)
Asche *f* popiół; (*e-s Toten*) prochy *m/pl*
Aschenbahn *f* tor żużlowy
Aschenbecher *m* popielniczka
Aschermittwoch *m* Popielec
aschgrau popielaty (-to)
aserbei'dschanisch azerbajdżański (po -ku)
Asi'at(in *f*) *m* (*-en*) Azjata *m* (-tka)
asi'atisch azjatycki
as'ketisch ascetyczny
asozial aspołeczny
As'pekt *m* (*-ęs*; *-e*) aspekt
As'phalt *m* (*-ęs*; *-e*) asfalt(owy *w zł.*)
Aspik *m/n*: ***in ~*** w galaretce
aß → ***essen***
Assi'stent(in *f*) *m* (*-en*) asystent(ka)
assozi|'ieren (-) ⟨s⟩kojarzyć; **~'iert: *~es Mitglied*** członek stowarzyszony

Ast *m* (*-ęs*; *⸚e*) gałąź *f*, konar; (*Knorren*) sęk; **~gabel** *f* rozgałęzienie
äs'thetisch estetyczny
Asthma *n* (*-s*; *0*) astma
Astloch *n* otwór sękowy
astrein F pewny; (*sehr gut*) na medal
Astro|lo'gie *f* (*0*) astrologia; **~naut(in** *f*) *m* (*-en*) astronauta *m* (-tka)
Astrono'mie *f* (*0*) astronomia
astro'nomisch astronomiczny
A'syl *n* (*-ęs*; *0*) azyl
Asy'lant(in *f*) *m* (*-en*) azylant(ka)
A'sylantrag *m* wniosek o azyl
A'sylgewährung *f* udzielenie azylu
Atelier [-'lĭeː] *n* (*-s*; *-s*) pracownia, atelier
Atem *m* (*-s*; *0*) oddech; ***~ holen*** nabrać tchu; ***außer ~ kommen*** zdyszeć się; **ᴤberaubend** zapierający dech; **ᴤlos** zdyszany; *fig* z zapartym tchem; **~pause** *f* chwila wytchnienia; **~zug** *m* wdech (i wydech); ***Atemzüge*** *pl* oddech
athe'istisch ateistyczny
Äther *m* (*-s*; *0*) eter(owy *w zł.*)
äthi'opisch etiopski
Ath'let(in *f*) *m* (*-en*) atleta *m* (-tka)
ath'letisch atletyczny
at'lantisch atlantycki
Atlas *m* (*-sses*; *-sse*/*-'lanten*) atlas
atmen (*-e-*) *v/i* oddychać
Atmo'sphäre *f* atmosfera
athmo'sphärisch atmosferyczny
Atmung *f* (*0*) oddychanie, oddech; **~s-** *anat* oddechowy
A'tom *n* (*-s*; *-e*) atom; **~bombe** *f* bomba atomowa; **~kraftgegner(in** *f*) *m* przeciwnik (-iczka) wykorzystania energii atomowej; **~macht** *f* mocarstwo atomowe; **~müll** *m* odpady *m/pl* atomowe/radioaktywne
A'tom|test *m* doświadczenie z bronią atomową; **~zeitalter** *n* era atomowa
At'tacke *f* atak (*t. fig*, *med*)
atta'ckieren (-) ⟨za⟩atakować
Atten|tat *n* (*-ęs*; *-e*) zamach; **~täter(in** *f*) *m* zamachowiec (-wczyni)
At'test *n* (*-ęs*; *-e*) świadectwo; *hdl* atest
attrak'tiv atrakcyjny
Attri'but *n* (*-ęs*; *-e*) cecha, właściwość *f*; *gr* przydawka
ätzen (*-zt*) wytrawi(a)ć, trawić; (*zerfressen*) przeżerać ⟨-żreć⟩
ätzend żrący (-co); *fig* zjadliwy (-wie)
Aubergine [obɛr'ʒiːnə] *f* oberżyna
auch *conj* też, także; (*selbst*, *sogar*)

choćby, nawet; ***sowohl ... als ~ ...*** zarówno ... jak i ...; ***~ noch*** jeszcze (i)
audiovisu'ell audiowizualny
auf¹ *praep* (*wohin*; *A*, *wo*; *D*) na (*A*, *L*); (*nach*; *A*) po (*D*); (*während*; *D*) podczas (*G*), w (*L*); (*Art u. Weise*; *A*) po (*D*); (*zeitlich*) ***von ... ~*** (*A*) z ... na (*A*); ***bis ~*** (*A*) (aż) do (*G*); ***~ das***, ***~s*** (+ *sup*) jak naj...; ***~*** (*A*) ***zu*** w kierunku (*G*); (*zu e-m Ziel*) do (*G*); → *betr. verb/su*
auf² *adv*: ***~ und ab*** do góry i na dół; tam i z powrotem; ***~!*** wstawaj!; ***Tür ~!*** otworzyć/otwórz drzwi!; → ***aufsein***
aufarbeiten nadrabiać ⟨-robić⟩; *Möbel* odświeżać ⟨-żyć⟩
aufatmen odetchnąć *pf*
Aufbau *m* (-*ęs*; *0*) odbudowa; (*Struktur*) budowa; *tech* postawienie, montaż; (*pl* -*ten*) nadbudówka; *mot* nadwozie; ***im ~*** *Firma*: w organizacji
aufbauen *Gerüst*, *Zelt* ⟨po⟩stawić; *Stadt* odbudow(yw)ać; (*schaffen*) stwarzać ⟨stworzyć⟩, organizować; *fig* ***~ auf*** (*D*) opierać ⟨oprzeć⟩ na (*L*)
aufbauschen *fig* wyolbrzymi(a)ć
aufbehalten* F *v/t* nie zdejmować (*G*)
aufbekommen* F *Hausaufgabe* mieć zadane; *Tür* (***nicht*** nie móc) otworzyć
auf|bereiten *Erz* wzbogacać; *Wasser* uzdatniać; *Daten* przetwarzać, opracowywać; **~bessern** podnosić ⟨-nieść⟩, polepszać ⟨-szyć⟩
aufbewahr|en przechow(yw)ać; **≈ung** *f* (*0*) przechow(yw)anie; ***zur ~*** na przechowanie; → ***Gepäckaufbewahrung***
auf|bieten* ⟨z⟩mobilizować; *Kräfte* wytężać ⟨-żyć⟩; **~binden*** (*lösen*) rozwiąz(yw)ać; **~blasen*** nadymać ⟨nadąć⟩ (***sich*** się), nadmuch(iw)ać
auf|bleiben* czuwać, nie spać; → ***offenstehen***; **~blenden** *v/i mot* włączać ⟨-czyć⟩ światła drogowe
auf|blicken podnosić ⟨-nieść⟩ wzrok (***zu*** na *A*); **~blühen** (*sn*) rozkwitać ⟨-tnąć⟩; **~brauchen** zuży(wa)ć
aufbrausen (*sn*) *Beifall*, *os.*: wybuchać ⟨-chnąć⟩; **~d** wybuchowy, popędliwy
aufbrechen* *Schloß*, *Tür* wyłamywać ⟨-mać⟩; *Kasse* rozbi(ja)ć; *v/i* (*sn*) (*sich öffnen*) otwierać ⟨otworzyć⟩ się; (*zutage treten*) ujawni(a)ć się; (***nach***, ***zu***) wyruszać ⟨-szyć⟩ (na, w *A*)
aufbringen* *Mut*, *Verständnis* zdoby(wa)ć się (na *A*); *Geldmittel* zebrać *pf* (***für*** na *A*); *Mode* lansować; *Schiff* zab(ie)rać; ***gegen sich ~*** nastawić wrogo do siebie; → ***aufgebracht***
Aufbruch *m* (-*ęs*; *0*) odjazd, odejście
auf|brühen *Tee* zaparzać ⟨-rzyć⟩; **~bürden** (-*e*-) (***j-m*** *A*) obarczać ⟨obarczyć⟩ (k-o *I*); **~decken** *v/t* odkry(wa)ć; *Tat*, *Fehler* wykry(wa)ć; **~drängen** wciskać ⟨-snąć⟩; ***sich ~*** narzucać ⟨-cić⟩ się
auf|drehen *v/t* odkręcać ⟨-cić⟩; F *Radio* nastawi(a)ć głośniej; *v/i* F zwiększać ⟨-szyć⟩ tempo; **~dringlich** natrętny; *Geruch*: intensywny, mocny
Aufdruck *m* (-*ęs*; -*e*) nadruk
aufdrücken odciskać ⟨-snąć⟩
aufein'ander jeden (-dno) na drugi(e, -ego, -m), jedna na drugą/drugiej; **~folgen** następować ⟨-stąpić⟩ po sobie
aufein'andertreffen* spot(y)kać się
Aufenthalt *m* pobyt, bytność *f*; *kolej* postój; ***ohne ~*** bez zatrzymywania się
Aufenthalts|dauer *f* okres pobytu; **~erlaubnis** *f* zezwolenie na pobyt
Aufenthaltsort *m* miejsce pobytu
auferlegen *Strafe*, *Beschränkungen* nakładać ⟨nałożyć⟩ (***j-m*** *A* na k-o *A*)
aufersteh|en (*sn*) *rel* zmartwychwsta(wa)ć; **≈ung** *f* (*0*) zmartwychwstanie
aufessen* zjadać ⟨zjeść⟩
auf|fahren* (*sn*) najeżdżać ⟨-jechać⟩ (***auf*** *A* na *A*); *mot* ***zu dicht ~*** nie zachowywać niezbędnego odstępu; → ***aufschrecken***; **≈fahrt** *f* wjazd (na *A*); **≈fahrunfall** *m* wypadek wskutek najechania
auffallen* *v/i* rzucać ⟨-cić⟩ się w oczy; (***durch***) zwracać ⟨zwrócić⟩ na siebie uwagę (*I*); **~d** → ***auffällig***
auffällig rzucający się w oczy; niezwykły (-le); frapujący (-co); pretensjonalny
auffangen* *Ball* złapać *pf*; *Wasser* ⟨u⟩zbierać; *Stöße*, *Folgen* ⟨z⟩łagodzić
auffassen pojmować ⟨-jąć⟩ (***als*** jako)
Auffassung *f* pojęcie (***von*** o *L*)
auffinden* odnajdywać ⟨-naleźć⟩
auffischen wyławiać ⟨-łowić⟩ (z wody)
aufflammen (*sn*) *fig* wybuchać ⟨-chnąć⟩ (na nowo)
auffliegen* (*sn*) F *Bande*: wsypać się *pf*
aufforder|n (***zu***) wzywać ⟨wezwać⟩ (do *G*); (*höflich*) zapraszać, ⟨za⟩prosić (do *G*, *inf*); **≈ung** *f* wezwanie; zaproszenie
auffrischen odświeżać ⟨-żyć⟩
aufführen *Drama* wystawi(a)ć; (*nennen*) wymieni(a)ć; ***sich ~*** zachow(yw)ać się

Auf|führung *f* wystawienie; *teatr* (*konkret*) przedstawienie; **Ձfüllen** dopełni(a)ć; (*ergänzen*) uzupełni(a)ć; **~gabe¹** *f* zadanie; obowiązek; (*von Post itp.*) nadanie; **~gabe²** *f (0)* likwidacja, zwinięcie; rezygnacja; **~gabenbereich** *m* zakres obowiązków; **~gabenteilung** *f* podział zadań; **~gang** *m bud* klatka schodowa; *astr* wschód
aufgeben* *Brief itp.* nada(wa)ć; *Aufgabe, Rätsel* zada(wa)ć; *Geschäft* zwijać ⟨zwinąć⟩; *Plan, Amt* zrezygnować *pf* (z *G*); *Rauchen* zaniechać *pf* (*G*)
Aufgebot *n* (*Ehe*) zapowiedź *f*; ***großes ~ an ...*** duża ilość (*G*); ***das ~ bestellen*** dać na zapowiedzi
aufgebracht *adj* wzburzony
aufgedunsen obrzmiały
aufgehen* → ***sich öffnen***; *Vorhang*: podnosić ⟨-nieść⟩ się; *Naht*: rozpru(wa)ć się; *Knoten*: rozwiąz(yw)ać się; *Saat, Sonne*: wschodzić ⟨wzejść⟩; *Teig*: ⟨u⟩rosnąć; *mat* ⟨po⟩dzielić się bez reszty; ***in Flammen ~*** spłonąć *pf*
auf|geklärt *adj* oświecony; uświadomiony; **~gelegt** *adj* usposobiony; **~geregt** *adj* podniecony; zdenerwowany
aufgeschlossen *adj* (***gegenüber*** *D*, ***für***) ciekawy (*G*), interesujący się (*I*)
aufgeschmissen F: ***~ sein*** być w kropce
aufgeweckt *adj* bystry, rozgarnięty
aufgießen* → ***aufbrühen***
aufgreifen* *j-n* schwytać *pf*; *Thema* podchwytywać ⟨-chwycić⟩
aufgrund *praep* (*G*) na podstawie (*G*)
Aufguß *m* napar
aufhaben* F *Brille* mieć na nosie; *Hut* mieć na głowie; *Aufgabe* mieć zadane; ***hat ... auf?*** czy ... otwarty (-ta, -te)?
auf|halten* zatrzym(yw)ać; (*bremsen*) powstrzym(yw)ać; *Tür* przytrzym(yw)ać; ***sich ~*** przebywać; (***mit***) tracić czas (na *A*); **~hängen** wieszać ⟨powiesić⟩; **Ձhänger** *m* wieszak
Aufhängung *f tech, mot* zawieszenie
aufheben* podnosić ⟨podnieść⟩; (*abschaffen*) znosić ⟨znieść⟩; *Urteil* uchylać ⟨-lić⟩; zostawi(a)ć (***für später*** na później); → ***aufbewahren***
Aufhebung *f* zniesienie; uchylenie
aufheiter|n (*-re*) rozpogadzać ⟨-dzić⟩ (***sich*** się); **Ձung** *f meteo* przejaśnienie
aufhellen rozjaśni(a)ć (***sich*** się)
aufhetzen podburzać ⟨-rzyć⟩

auf|holen *v/t* nadrabiać ⟨-robić⟩; *v/i* dopędzać; **~horchen** nadstawi(a)ć uszu; ***~ lassen*** zainteresować *pf*; **~hören** ⟨s⟩kończyć się; (***mit, zu***) zaprzesta(wa)ć (*G, inf*); **~kaufen** skupywać ⟨-pić⟩, wykupywać ⟨-pić⟩
aufklappen otwierać ⟨-worzyć⟩ (*v/i* się)
aufklaren *v/i* przejaśni(a)ć się
aufklären wyjaśni(a)ć (***j-n über*** *A* k-u *A*; ***sich*** się); *Jugend* uświadamiać ⟨-domić⟩; *Tat* wykry(wa)ć
Aufklärung *f* wyjaśnienie; uświadamianie; wykrycie; *hist* Oświecenie
Auf|klärungssatellit *m* satelita wywiadowczy; **Ձkleben** naklejać ⟨-leić⟩
Aufkleber *m* naklejka
aufknöpfen rozpinać ⟨-piąć⟩
aufkochen zagotować *pf* (*v/i, sn* się)
aufkommen* (*entstehen*) pojawi(a)ć się; *Wind*: zrywać ⟨zerwać⟩ się; *Sturm*: nadciągać ⟨-gnąć⟩; ***~ für*** *etw* pokry(wa)ć (*A*); *j-n* łożyć, płacić (na *A*)
auf|kratzen rozdrap(yw)ać; **~kreuzen** F *v/i* (*sn*) zjawi(a)ć się; **~laden*** załadow(yw)ać; *el* ⟨na⟩ładować
Auflage *f drk* nakład; (*Ausgabe*) wydanie; ***j-m zur ~ machen, daß*** zobowiązać k-o do (*G*)
auflagenstark wysokonakładowy
auflassen* F *Tür* zostawi(a)ć otwartym; *Hut* nie zdejmować ⟨zdjąć⟩ (*G*)
auf|lauern (*D*) zaczajać ⟨-czaić⟩ się (na *A*); **Ձlauf** *m* zbiegowisko; *kulin* suflet
auf|laufen* *Schiff*: osiadać ⟨osiąść⟩ na mieliźnie; *Zinsen*: narastać ⟨-rosnąć⟩; **~leben** (*sn*) odży(wa)ć
auflegen *Platte* nastawi(a)ć; *Gedeck* nakrywać ⟨-kryć⟩; *Buch* wyda(wa)ć; *Anleihe* rozpis(y)wać; *Hörer* odkładać ⟨odłożyć⟩; *Holz, Kohle* dokładać ⟨dołożyć⟩; *v/i tel* przer(y)wać rozmowę
auflehn|en: *sich ~* (***gegen***) ⟨z⟩buntować się (przeciw *D*); **Ձung** *f* bunt
auf|lesen* ⟨po⟩zbierać; F *os.* zab(ie)rać (ze sobą); **~leuchten** zabłysnąć *pf*
Auflieger *m mot* naczepa
auf|lockern *fig* (***durch***) urozmaicać ⟨-cić⟩ (*I*); **~lösen** rozpuszczać ⟨-puścić⟩ (***sich*** się; ***in*** *D* w *L*); *Knoten, Vertrag, Partei* rozwiąz(yw)ać; *Demonstration* rozpraszać ⟨-proszyć⟩; *Geschäft, Konto* ⟨z⟩likwidować
Auflösung *f* rozwiązanie; likwidacja
aufmach|en F otwierać ⟨otworzyć⟩ (*v/i*

się); *Bluse* rozpinać ⟨-piąć⟩; **sich ~** wyruszać ⟨-szyć⟩; **&ung** *f* forma/szata zewnętrzna; (*Verpackung*) opakowanie
aufmerksam uważny; (*gefällig*) uprzejmy; *j-n* **~ machen** (**auf** *A*) zwrócić uwagę (*G* na *A*); **&keit** *f* (*0*) uwaga; uprzejmość *f*; (*t. pl*) prezent
aufmuntern (*-re*) podnosić ⟨-nieść⟩ na duchu; → ***aufheitern***
Aufnahme *f* (*0*) podjęcie, nawiązanie; (*als Mitglied itp.*) przyjęcie; nakręcanie (filmu); (*t. pl*) zdjęcie; (*Ton, Video*) zapis, nagranie; **~antrag** *m* podanie o przyjęcie; **&fähig** chłonny
Aufnahmeprüfung *f* egzamin wstępny
aufnehmen* (*t. fig, beginnen*) podejmować ⟨-djąć⟩; *Kontakt* nawiąz(yw)ać; przyjmować ⟨-jąć⟩ (**in** *A* do *G*; **bei** u *G*; **als** w charakterze *G*); *Darlehn* zaciągać ⟨-gnąć⟩; *Personalien* spis(yw)ać; *Protokoll* sporządzać ⟨-dzić⟩; *Film* ⟨na⟩kręcić; *Foto* ⟨z⟩robić zdjęcie (*G*); *Ton* nagr(yw)ać, zapis(yw)ać; **es mit j-m ~ können** dorównać (*D*)
Aufopferung *f* (*0*) poświęcenie
aufpas|sen uważać; **paß auf!** uważaj!; **&ser(in** *f*) *m pej* nadzorca *m* (-czyni)
Aufprall *m* (*-es*; *-e*) (*b. Sturz*) uderzenie
aufprallen (**auf** *A*) uderzać ⟨-rzyć⟩ (o *A*)
Aufpreis *m hdl* narzut
aufpumpen napompow(yw)ać
aufputsch|en podburzać ⟨-rzyć⟩; *Nerven* podniecać ⟨-cić⟩ (**sich** się); **&mittel** *n* środek podniecający, F doping
auf|raffen: sich ~ (**zu**) zdoby(wa)ć się (na *A*); **~rauchen** wypalać ⟨-lić⟩ (papierosa); **~räumen** (*t. v/i*) ⟨po⟩sprzątać, sprzątnąć *pf*
aufrecht prosty (-to); → ***redlich***; **~erhalten*** podtrzym(yw)ać (nadal)
auf|regen ⟨z⟩denerwować (**sich** się); **~d** emocjonujący (-co); **&regung** *f* zdenerwowanie; **in der ~** w zamieszaniu; **vor ~** ze zdenerwowania; **~reibend** wyczerpujący (-co), męczący (-co)
aufreißen* *Umschlag itp.* rozrywać ⟨rozerwać⟩ (*v/i* się); *Straße* rozkop(yw)ać; *Tür* (szeroko) otwierać ⟨otworzyć⟩
aufreizend podniecający (-co)
auf|richten wyprostow(yw)ać (**sich** się); *fig* podnosić ⟨-nieść⟩ na duchu (**sich** się); **~richtig** szczery (-rze)
Aufrichtigkeit *f* (*0*) szczerość *f*
aufrücken *v/i* (*sn*) przesuwać ⟨-sunąć⟩ się do przodu; *fig* awansować (*im*)*pf*
Aufruf *m* wezwanie; odezwa; wywołanie
aufrufen wzywać ⟨wezwać⟩ (**zu** do *G*); *b. Namen, EDV-Programm* wywoł(yw)ać
Auf|ruhr *m* (*-s*; *-e*, *zw. 0*) bunt, rozruchy *m/pl*; **&rührerisch** buntowniczy; **&runden** (*-e-*) *Zahl* zaokrąglać ⟨-lić⟩ wzwyż
aufrüsten dozbrajać ⟨-roić⟩ (*v/i* się)
Aufrüstung *f* dozbrajanie, dozbrojenie
aufrütteln *fig* wyr(y)wać (**aus** z *G*)
aufs = ***auf das***
aufsagen *Gedicht* ⟨wy⟩recytować
aufsammeln ⟨po⟩zbierać ⟨zebrać⟩
aufsässig przekorny, krnąbrny
Auf|satz *m* (*Möbel*) nadstawa; *tech* nasadka, końcówka; (*Schule*) wypracowanie; **&saugen(*)** wsysać ⟨wessać⟩
aufschauen podnosić ⟨-nieść⟩ wzrok (**zu** ku *D*; **von** od *G*)
aufscheuchen wypłaszać ⟨-łoszyć⟩
aufschieben* *Tür* rozsuwać ⟨-unąć⟩; *fig* odraczać ⟨-roczyć⟩
Aufschlag *m* → ***Aufprall***; (*Revers*) wyłóg; (*an d. Hose*) mankiet (u spodni); *sport* podanie, serwis; *hdl* narzut
aufschlagen* *Augen, Buch* otwierać ⟨-worzyć⟩; *Kragen* postawić *pf*; *Ei, Zelt, Knie* rozbi(ja)ć; *Ärmel* odwijać ⟨-inąć⟩; *hdl* podwyższać ⟨-szyć⟩ (**um ...** na ...); *v/i* → ***aufprallen***; *Tennis*: serwować
aufschließen* *v/t* odmykać ⟨odemknąć⟩; *v/i* ⟨do⟩szlusować (**zu** do *G*)
Aufschluß *m* informacja; **&reich** informacyjny, informujący
aufschnappen F *fig* podchwycić *pf*
auf|schneiden* *v/t* rozcinać ⟨-ciąć⟩; F *v/i* blagować; **&schneider** *m* blagier
Aufschnitt *m* (*-s*; *0*) zimne mięsa *n/pl* (i wędliny *f/pl*)
aufschrauben (**auf** *A*) nakręcać ⟨-cić⟩ (na *A*); (*öffnen*) odkręcać ⟨-cić⟩
auf|schrecken[1] *v/t* spłoszyć *pf*; (**j-n aus**) wyr(y)wać (k-o z *G*); **~schrecken**[2]* *v/i* zrywać ⟨zerwać⟩ się (**aus** z *G*)
Auf|schrei *m* (o)krzyk; **&schreiben*** napisać *pf*, zapis(yw)ać; **~schrift** *f* napis; **~schub** *m* odroczenie; **ohne ~** bezzwłocznie; **k-n ~ dulden** nie znosić zwłoki; **&schütten** nasyp(yw)ać
auf|schwatzen F wciskać ⟨-snąć⟩; **~schweißen** rozcinać ⟨-ciąć⟩ palnikiem; **&schwung** *m fig* zryw; *ekon* rozkwit, ożywienie; *sport* wymyk

aufsehen* → ***aufschauen***
Aufsehen *n* (*-s*; *0*) sensacja
aufsehenerregend rewelacyjny
Aufseher(in *f*) *m* nadzorca *m* (-czyni)
auf|sein* F (*offen sn*) być otwartym; (*nicht schlafen*) być na nogach; **~setzen** *Hut*, *Brille* wkładać ⟨włożyć⟩; *Fuß* ⟨po⟩stawić; *Text* układać ⟨ułożyć⟩; *v/i lotn* ⟨wy⟩lądować; **2sicht** *f* nadzór; ***die ~ führen*** sprawować nadzór
Aufsichtsbehörde *f* organ nadzorczy
Aufsichtspflicht *f* obowiązek nadzoru
Aufsichtsrat *m* rada nadzorcza; *os.* członek rady nadzorczej
auf|sitzen* *v/i* (*sn*) wsiadać ⟨wsiąść⟩ na konia *itp.*; **~spannen** *Schirm* otwierać ⟨-worzyć⟩; → ***spannen***
aufsperren odmykać ⟨odemknąć⟩; *Maul* rozdziawi(a)ć; → ***aufreißen***
aufspielen: ***sich ~*** (***als***) udawać (*A*), pozować (na *A*)
aufspießen nadzi(ew)ać (***mit*** na *A*)
aufspringen* (*sn*) zrywać ⟨zerwać⟩ się na równe nogi; (***auf*** *A*) wskakiwać ⟨wskoczyć⟩ (na *A*); *Deckel*: odskakiwać ⟨odskoczyć⟩; *Lippen*: ⟨po⟩pękać
auf|sprühen *v/t* natryskiwać (*I*); **~spüren** *Tier* wytropić *pf*; **~stacheln** (*-le*) podjudzać ⟨-dzić⟩; **2stand** *m* powstanie; **2ständische(r)** powstaniec; **~stecken** *Haar* upinać ⟨upiąć⟩; *v/i* (*aufgeben*) da(wa)ć za wygraną; **~stehen*** (*sn*) wsta(wa)ć; (*hat*) *Tür*: stać otworem
aufsteigen* wznosić ⟨wznieść⟩ się (w górę); *Bergsteiger*: wspinać ⟨wspiąć⟩ się; *os.* awansować (*im*)*pf* (*t. sport*); *Gefühl*: ⟨z⟩budzić się
aufstellen ⟨po⟩stawić; ustawi(a)ć (***sich*** się); *Wache*, *Team*, *Kandidaten* wystawi(a)ć; *Rekord* ustanawiać ⟨-nowić⟩; *Plan*, *Bilanz* sporządzać ⟨-dzić⟩
Aufstellung *f* postawienie, ustawienie, wystawienie; *sport* (*Team*) skład
Aufstieg *m* (*-es*; *-e*) wspinaczka; (*auf Skiern*) podejście; *lotn* wznoszenie się; *sport*, *fig* awans (***sozialer*** społeczny)
aufstocken *bud* nadbudow(yw)ać (piętro); *Kapital* zwiększać ⟨-szyć⟩
aufstoßen* *Tür* otwierać ⟨otworzyć⟩ (gwałtownie); *v/i* → ***rülpsen***
aufstützen opierać ⟨oprzeć⟩ (***sich*** się)
auf|suchen *v/t* uda(wa)ć się (do *G*); → ***besuchen***; **2takt** *m muz* przedtakt; *fig* (*0*) wstęp (***zu*** do *G*); **~tanken** ⟨za⟩tankować; **~tauchen** (*sn*) wynurzać ⟨-rzyć⟩ się; *fig t.* wyłaniać ⟨-łonić⟩ się; → ***erscheinen***; **~tauen** *v/t* rozmrażać ⟨-rozić⟩ (*v/i*, *sn* się); *v/i* (*sn*) *Eis*: ⟨roz⟩tajać; F *fig* rozkrochmalić się *pf*
aufteilen ⟨po-, roz⟩dzielić
Aufteilung *f* podział, rozdział
Auftrag *m* (*-es*; *¨e*) polecenie; *hdl* zamówienie, zlecenie; ***... in ~ geben*** zamówić (*A*); ***im ~*** (***von***) z polecenia (*G*)
auftragen* *Creme* nakładać ⟨nałożyć⟩; *Farbe* powlekać ⟨-wlec⟩ (*I*); *Essen* poda(wa)ć; *Grüße* przes(y)łać; *Kleid itp.* donaszać ⟨-nosić⟩; ***mir wurde aufgetragen, zu ...*** polecono mi, abym ...
Auftraggeber(in *f*) *m* zleceniodawca *m*
Auftragsbestätigung *f* potwierdzenie zamówienia/zlecenia
Auftragsdienst *m tel* biuro zleceń
auf|treiben* F *fig* wyszukać *pf*, wytrzasnąć *pf*; **~trennen** rozpru(wa)ć; **~treten*** stąpać, kroczyć; *fig*, *teatr* występować ⟨-tąpić⟩; → ***sich verhalten***
Auftrieb *m* (*-es*; *0*) wypór; siła nośna; *fig* ***neuen ~ bekommen*** odzyskać werwę
Auftritt *m teatr* występ; scena (*t. Streit*)
auf|tun*: ***sich ~*** (***vor*** *D*) otwierać ⟨otworzyć⟩ się (przed *I*); **~wachen** przebudzać ⟨-dzić⟩ się; **~wachsen*** ⟨wy⟩rosnąć, ⟨wy⟩róść
Aufwand *m* (*-s*; *0*) nakład; (*Kosten*) koszt; (*Prunk*) zbytek
aufwärmen odgrz(ew)ać
aufwarten *fig* (***mit***) służyć (*I*)
aufwärts do góry, w górę, wzwyż
Aufwärtsentwicklung *f* (dalszy) rozwój
Aufwärtstrend *m* tendencja zwyżkowa
auf|wecken ⟨o-, z⟩budzić; **~weichen** *v/i* (*sn*) rozmiękać ⟨-knąć⟩; **~weisen*** wykaz(yw)ać; **~wenden(*)** *Mühe itp.* dokładać, wkładać ⟨dołożyć, włożyć⟩; *Geld* wydatkować *pf*; **~wendig** zbytkowny, kosztowny; **2wendungen** *f/pl* nakłady *m/pl*, koszty *m/pl*
auf|werfen* *Damm* usyp(yw)ać; *Frage* poruszać ⟨-szyć⟩; **~werten** dowartościow(yw)ać; *Währung* rewaluować (*im*)*pf*; **~wickeln** nawijać ⟨-inąć⟩
aufwiegeln (*-le*) poduszczać ⟨-szczyć⟩
aufwiegen* *fig* ⟨s⟩kompensować
Auf|wiegler *m* podżegacz; **~wind** *m*: ***im ~ sein*** rozwijać się pomyślnie
aufwirbeln wzbi(ja)ć (*v/i*, *sn* się); ***viel Staub ~*** wywołać poruszenie

auf|wühlen ⟨z⟩ryć; *Wasser*, *fig* wzburzyć *pf*; **~zählen** wyliczać ⟨-czyć⟩
Aufzählung *f* wyliczenie
aufzehren *Vorrat* zuży(wa)ć
aufzeichn|en zapis(yw)ać; **&ung** *f* zapis(ywanie); *pl t.* notatki *f/pl*
aufziehen* *Vorhang* podnosić ⟨-nieść⟩; *Flagge* wciągać ⟨-gnąć⟩; *Saiten* naciągać ⟨-gnąć⟩; *Uhr* nakręcać ⟨-cić⟩; *Kind* wychow(yw)ać; F *Show* ⟨z⟩organizować; (*necken*) podkpi(wa)ć (*A* z *G*); *v/i* (*sn*) *Sturm*: nadciągać ⟨-gnąć⟩
Auf|zucht *f* (*0*) wychów; **~zug** *m* (*Lift*) winda; *teatr* odsłona; (*0*) *iron* strój
aufzwingen* narzucać ⟨-cić⟩ (***j-m A*** k-u *A*; ***sich*** się)
Augapfel *m* gałka oczna
Auge *n* oko (*pl* oczy); *fig* oko (*pl* oka), oczko; ***ein ~ zudrücken*** (***bei***) przymykać oczy (na *A*); ***nicht aus den ~n lassen*** (*A*) nie spuszczać oka/oczu (z *G*); ***im ~ behalten*** (*A*) mieć oko (na *A*); ***in die ~n springen*** rzucać się w oczy; ***unter vier ~n*** w cztery oczy; ***so weit das ~ reicht*** jak okiem sięgnąć
Augen|arzt *m* (**~ärztin** *f*) okulista *m* (-tka); **~blick** *m* chwil(k)a; ***e-n ~ lang*** przez chwilę; ***jeden ~*** lada chwila; **~s-** chwilowy; **&blicklich** obecny, w chwili obecnej; → ***sofort***
augenfällig oczywisty (-ście)
Augen|höhle *f* oczodół; **~leiden** *n* choroba oczu; **~licht** *n* (*-es*; *0*) wzrok
Augenmaß *n* (*-es*; *0*) zdolność *f* oceny wymiarów na oko; *fig* ***das richtige ~ haben*** (***für***) trafnie oceniać (*A*)
Augenringe *m/pl* podkrążone oczy *m/pl*
Augenschein *m*: ***in ~ nehmen*** oglądać ⟨obejrzeć⟩; ***sich durch ~ überzeugen*** (***von***) przekonać się naocznie (o *L*)
Augenweide *f* (*0*) zachwycający widok
Augenwischerei *f* mydlenie oczu
Augen|zeuge *m* (**-gin** *f*) świadek naoczny; **&zwinkernd** z przymrużeniem oka
Au'gust *m* (*-es*; *-e*) sierpień *m*; *w zł.* sierpniowy; ***im ~*** w sierpniu
Aukti'on *f* aukcja; **~s-** aukcyjny
aus *praep* (*D*) z, ze (G); *adv* ***von hier ~*** stąd, odtąd; F ***Licht ~!*** zgasić światło!; ***~ und vorbei*** koniec i bomba; → ***meinetwegen***, ***aussein***
Aus *n* (-; *0*) *sport* aut
aus|arbeiten opracow(yw)ać; **~arten** (*-e-*; *sn*) zamieni(a)ć się (***in*** *A*, ***zu*** w *A*)
aus|atmen wydychać ⟨wytchnąć powietrze⟩; **~baden** F odpokutować *pf*
ausbaggern *Loch* ⟨wy⟩kopać koparką; *Fluß* pogłębi(a)ć
Ausbau *m* (*-es*; *-e*, *zw. 0*) rozbudowa; (*Demontage*) wymontowanie; (*Innenausbau*) wykończenie; adaptacja
ausbauen rozbudow(yw)ać; (*erweitern*) rozszerzać ⟨-rzyć⟩; ⟨za⟩adaptować (***zu*** na *A*); wykańczać ⟨-kończyć⟩; *Teil* wymontow(yw)ać; → ***Ausbau***
aus|baufähig *fig* obiecujący; **~bedingen***: ***sich ~*** wymawiać ⟨wymówić⟩ sobie; **~bessern** naprawi(a)ć
Aus|besserung *f* naprawa; **&beulen** *Tasche* wypychać ⟨wypchnąć⟩; *Dellen* wyrówn(yw)ać (wybrzuszenia)
Ausbeute *f* (*0*) zysk, plon; *gór* wyrobek
aus|beuten (*-e-*) eksploatować; *os. t.* wyzyskiwać; **&beutung** *f* eksploatacja; wyzysk; **~bilden** ⟨wy⟩kształcić, ⟨wy⟩szkolić; *Stimme itp.* wyrabiać ⟨-robić⟩ (***sich*** się); → ***bilden***
Ausbilder(in *f*) *m* instruktor(ka)
Ausbildung *f* szkolenie; wykształcenie; **~s-** szkoleniowy, ... szkolenia
aus|bleiben* nie nadchodzić ⟨nadejść⟩; **~blenden** *Ton* wyciszać ⟨-ciszyć⟩; *Bild* ściemni(a)ć
Ausblick *m* widok, perspektywa
ausbooten *fig* wyrugow(yw)ać
ausbrechen* *v/t* wyłam(yw)ać (*v/i*, *sn* się); *v/i* (*sn*) *Brand*, *Krieg*, *Vulkan*, *Epidemie*: wybuchać ⟨-chnąć⟩ (*t.* ***in Tränen*** / ***Lachen*** płaczem / śmiechem); *Häftling*: zbiec *pf* (***aus*** z *G*)
Ausbrecher(in *f*) *m* zbieg (z więzienia)
ausbreit|en (*-e-*) rozpościerać ⟨-postrzeć⟩ (***sich*** się); *Hände*, *Sachen* rozkładać ⟨rozłożyć⟩; ***sich ~*** *fig* rozprzestrzeni(a)ć się, szerzyć się; *pej* (***über*** *A*) rozwodzić się (nad *I*); **&ung** *f* rozprzestrzenianie (się), szerzenie (się)
aus|brennen* *v/t* wypalać ⟨-lić⟩ (*v/i*, *sn* się); **&bruch** *m* ucieczka (z więzienia); wybuch; → ***ausbrechen***; **~brüten** wysiadywać ⟨-siedzieć⟩; **~buddeln** F wykop(yw)ać; **&bürgerung** *f* pozbawienie obywatelstwa; **&dauer** *f* wytrwałość *f*; wytrzymałość *f* (*t. sport*)
ausdauernd wytrwały (-le)
ausdehn|en rozszerzać ⟨-rzyć⟩, rozciągać ⟨-gnąć⟩ (***sich*** się); (*zeitlich*) prze-

dłużać ⟨-żyć⟩ (**sich** się); ≈**ung** *f* rozszerzanie (się); rozległość *f*
aus|denken*: **sich** ~ wymyślać ⟨-lić⟩ sobie; ~**diskutieren** przedyskutować *pf* do końca; ~**drehen** *Licht* ⟨z⟩gasić
Ausdruck *m* (-*es*; ¨*e*) wyraz; *t. mat* wyrażenie; **zum ~ bringen** (*A*) dać wyraz (*D*); (*pl -e*) *EDV* wydruk
aus|drucken ⟨wy⟩drukować; ~**drücken** *Saft, Zitrone* wyciskać ⟨-snąć⟩; *fig* wyrażać ⟨-razić⟩; ~**drücklich** wyraźny; *adv* kategorycznie, stanowczo
Ausdruckskraft *f* siła wyrazu
ausdruckslos bez wyrazu
ausdrucks|voll wyrazisty (-ście); ≈**weise** *f* sposób wyrażania się
Ausdünstungen *f/pl* wyziewy *m/pl*
ausein'ander rozdzielnie; **weit** ~ daleko od siebie/jeden od drugiego; ~**biegen*** rozginać ⟨-giąć⟩; ~**bringen*** *fig* rozłączać ⟨-czyć⟩
ausein'andergehen* rozchodzić ⟨rozejść⟩ się; *Meinungen*: różnić się
ausein'ander|halten* rozróżni(a)ć; ~**nehmen*** rozbierać ⟨rozebrać⟩ (na części); F *fig* zdemolować *pf*
ausein'andersetzen ⟨wy⟩tłumaczyć; **sich ~** (**mit** *etw*) rozważać ⟨-żyć⟩ (*A*); (**mit** *j-m*) rozmówić się *pf* (z *I*)
Ausein'andersetzung *f* (*Streit*) spór
aus|erlesen *adj* wykwintny; ~**ersehen*** *v/t* przeznaczać ⟨-czyć⟩ (**zu, für** na *A*); ~**fahren*** *Ware* rozwozić ⟨-wieźć⟩; *Baby* ⟨wy⟩wozić na spacer; *Fahrwerk* wypuszczać ⟨-uścić⟩; *v/i* (*sn*) *Schiff*: wypływać ⟨-łynąć⟩
Ausfahrt *f* wyjazd (z bramy); wypłynięcie, wyjście (z portu)
Ausfall *m* (*Nichtstattfinden*) odwołanie, skreślenie; (*Einbuße*) strata, niedobór; (*e-s Mitarbeiters*) nieobecność *f*; (*e-r Maschine*) awaria; (*Arbeitsausfall*) przestój; przerwa (w *L*)
ausfallen* *v/i* wypadać ⟨-paść⟩ (*t. fig* **gut** dobrze); *Vortrag itp.*: nie odbyć się *pf*; *Maschine*: nie działać, F nawalać ⟨-lić⟩; **der Strom ist ausgefallen** nastąpiła przerwa w dostawie prądu; **er fällt wegen ... aus** on musi pauzować z powodu (*G*); ~**d** *adj* napastliwy (-wie)
Ausfallstraße *f* ulica wylotowa
Ausfertigung *f* sporządzenie; **in zweifacher ~** w dwóch egzemplarzach
ausfindig: ~ machen odszukać *pf*
ausfließen* wyciekać ⟨-ciec⟩
ausflippen F (*sn*) unosić ⟨unieść⟩ się; **total ~** (zupełnie) stracić rozum
Ausflucht *f* (-; ¨*e*) wymówka, wykręt
Ausflug *m* wycieczka, wypad
Ausflügler(in *f*) *m* wycieczkowicz
Ausflugs|ort *m* miejscowość wycieczkowa; ~**ziel** *n* cel wycieczki
Aus|fluß *m med* wydzielina; *w.zn.* upławy *m/pl*; ≈**fragen** rozpyt(yw)ać, wypyt(yw)ać; ≈**fransen** *v/i* (*sn*) ⟨wy⟩strzępić się; ≈**fressen*** F *fig* przeskrobać *pf*
Ausfuhr *f* wywóz, eksport
Ausfuhrbewilligung *f* zezwolenie na wywóz/eksport
aus|führen wyprowadzać ⟨-dzić⟩ na spacer; (*einladen*) zapraszać ⟨-prosić⟩ (**j-n zu** k-o do *G*, na *A*); *Waren* wywozić ⟨-wieźć⟩; *Auftrag* wykon(yw)ać; *Plan* ⟨z⟩realizować; (*darlegen*) przedstawi(a)ć; ~**führlich** wyczerpujący (-co)
Ausführung *f* wykonanie, realizacja; ~**en** *pl* wywody *m/pl*
Ausführungsbestimmungen *f/pl* przepisy *m/pl* wykonawcze
Ausfuhrverbot *n* zakaz wywozu
Ausfuhrzoll *m* cło wywozowe
ausfüllen zapełni(a)ć (*t. Formular*)
Ausgabe *f* (*Geld*) wydatek; *drk* wydanie; (*0*) (*Gepäck, Essen itp.*) wydawanie; *fin* emisja; ~**kurs** *m* kurs emisyjny
Ausgabestelle *f* punkt rozdzielczy
Ausgang *m* wyjście; (*Ende*) koniec; (*Ergebnis*) wynik; **am ~** przy wyjściu
Ausgangspunkt *m* punkt wyjściowy
Ausgangssperre *f* godzina policyjna
ausgeben* wyda(wa)ć; *fin* emitować; *karc* rozda(wa)ć; poda(wa)ć (**für, als** za *A*; **sich** się); F **e-n ~** fundować (*A*)
ausge|bucht *adj* wyprzedany; ~**dehnt** *adj* rozległy; *Reise*: daleki; ~**fallen** *adj* niezwykły (-le), ekstrawagancki (-ko)
ausgeglichen *adj* zrównoważony
ausgehen* wychodzić ⟨wyjść⟩ (**aus, von** z *G*; *t. fig*); (*sich vergnügen*) iść ⟨pójść⟩ (na tańce, do teatru *itp.*); (*enden*) ⟨s⟩kończyć się; F *Geld, Ware*: wyczerp(yw)ać się; *Licht*: ⟨z⟩gasnąć; *Haare*: wypadać ⟨-paść⟩; **leer ~** nic nie otrzymać; **frei ~** nie zostać ukaranym
ausge|hungert *adj* wygłodzony; ~**lassen** *adj* swawolny; (*lustig*) wesoły (-ło)
ausge|lastet *adj os.* zawalony pracą; ~**macht** *adj pej* skończony, prawdziwy;

~nommen *conj* chyba że; (*außer*) z wyjątkiem (*G*); **~prägt** *adj* wyraźny
ausgerechnet *part* akurat, właśnie
ausgeschlossen *adj* wykluczony
augesprochen *adj* wyraźny; (*ganz besonders*) zdecydowany; *adv* nad wyraz
ausge|sucht *adj* wyszukany; *adv* nadzwyczaj; **~wachsen** *adj* wyrośnięty; F *pej* skończony; **~wogen** *adj* wyważony
ausgezeichnet *adj* świetny, wyborny
ausgiebig obfity (-cie); gruntowny
ausgießen* wyl(ew)ać
Ausgleich *m* (*-ęs; -e*) wyrównanie (*t. sport*); rekompensata; *jur t.* ugoda
ausgleichen* wyrówn(yw)ać; (***durch***) ⟨s⟩kompensować (*I*)
Ausgleichssport *m* sport rekreacyjny
Ausgleichszoll *m* cło wyrównawcze
ausgleiten* pośliz(g)nąć się *pf*
ausgrab|en* wykop(yw)ać; *fig* wygrzeb(yw)ać; **≈ungen** *f/pl* wykopaliska *n/pl*
ausgrenzen wyrzucać ⟨-cić⟩ za nawias
Ausguß *m* zlew (kuchenny)
aushaken odczepi(a)ć
aushalten*wytrzym(yw)ać (*t. v/i*); *pej os.* utrzymywać (*A*); F ***das ist nicht zum Aushalten*** to nie do wytrzymania
aushandeln wynegocjować *pf*
aushändigen wręczać ⟨-czyć⟩
Aushang *m* ogłoszenie
aushängen[1] *v/t* wywieszać ⟨-wiesić⟩; *Tür* zdejmować ⟨zdjąć⟩ z zawiasów
aushänge|n[2]* *v/i* być wywieszonym; **≈schild** *n fig* figurant; (*Sache*) płaszczyk
aus|harren wyczekiwać; (***bis zu***) wytrwać *pf* (do *G*); **~heben*** *Grube* wykop(yw)ać; *Bande* unieszkodliwić *pf*
aus|heilen *v/i* (*sn*) zagoić się *pf*; **~helfen*** → ***einspringen***; (***j-m mit***) pożyczać ⟨-czyć⟩ (k-u *G*); **≈hilfe** *f* (chwilowa) pomoc, wyręka; → ***Aushilfskraft***
Aushilfs|kraft *f* siła pomocnicza; pracownik sezonowy/dorywczy; **≈weise** dorywczo, jako chwilowa wyręka
aus|höhlen ⟨wy⟩drążyć; *fig* podkop(yw)ać; **~holen** (*zum Schlag*) zamachnąć się *pf*; *fig* ***weit ~*** cofać ⟨-fnąć⟩ się daleko wstecz
aushorchen wypyt(yw)ać
aushungern wygładzać ⟨wygłodzić⟩
auskennen*: ***sich ~*** (***in*** *D*) orientować się (w *L*); *fig* znać się (***mit*** na *L*)
aus|kippen wywalać ⟨-lić⟩; **~klammern** *fig* wyłączać ⟨-czyć⟩ (***aus*** z *G*)
Ausklang *m fig* finał
ausklingen* (*sn*) ⟨za⟩kończyć się
ausklinken zwalniać ⟨zwolnić⟩
aus|klopfen wytrzep(yw)ać; *Pfeife* wytrząsać ⟨-snąć⟩; **~knipsen** F ⟨z⟩gasić
auskochen wygotow(yw)ać
auskommen*: ***mit*** *j-m* ***gut ~*** żyć w zgodzie z (*I*); ***mit*** *j-m* ***schlecht ~*** nie móc dojść do ładu z (*I*); ***~ ohne*** (*A*) obchodzić się bez (*G*)
Auskommen *n*: ***sein ~ haben*** mieć zapewnioną egzystencję
aus|kosten *v/t* delektować się (*I*); **~kramen** F wygrzeb(yw)ać; **~kratzen** wydrap(yw)ać; **~kühlen** *v/i* (*sn*) wyziębnąć *pf*; *v/t* oziębi(a)ć
auskundschaften (*-e-*) wyszpiegować *pf*
Aus|kunft *f* (*-; ⸚e*) informacja (***über*** *A* o *L*); *tel* biuro numerów; **~kunftsstelle** *f* punkt informacyjny, informacja
auskuppeln wyłączać ⟨-czyć⟩ sprzęgło
aus|kurieren wyleczyć *pf*; **~lachen** *v/t* wyśmi(ew)ać się (z *G*); **~laden*** wyładow(yw)ać; *Fahrzeug* rozładow(yw)ać; *os.* cofać ⟨-fnąć⟩ zaproszenie (*G*)
Auslage *f* wystawa; **~n** *pl* wydatki *m/pl*
Ausland *n* (*-ęs; 0*) zagranica; ***ins ~*** za granicę; ***im ~*** za granicą
Ausländer *m* cudzoziemiec, obcokrajowiec; **~behörde** *f* biuro ewidencji cudzoziemców; **~feindlichkeit** *f* ksenofobia; **~gesetz** *n* ustawa o cudzoziemcach; **~in** *f* cudzoziemka
ausländisch zagraniczny, cudzoziemski
Auslands- *w zł. zw.* zagraniczny
Auslands|aufenthalt *m* pobyt za granicą; **~gespräch** *n tel* rozmowa międzynarodowa; **~reise** *f* podróż *f* za granicę
auslassen* *Wort* opuszczać ⟨opuścić⟩; (*übergehen*) omijać ⟨-inąć⟩; *Butter* roztapiać ⟨-topić⟩; *Wut* wyładow(yw)ać (***an*** *D* na *L*); ***sich ~*** (***über*** *A*) rozwodzić się (nad *I*)
Auslassung *f* opuszczenie; pominięcie
auslast|en wykorzyst(yw)ać maksymalnie/w pełni; obciążać ⟨-żyć⟩ pracą; **≈ung** *f* (pełne) wykorzystanie (zdolności produkcyjnej); obciążenie (pracą)
Auslauf *m* (*für Tiere*) wybieg
auslaufen* (*sn*) wyciekać ⟨-ciec⟩; *Topf*: przeciekać; *Schiff*: wychodzić w morze; (*enden*) kończyć się
Aus|läufer *m geogr* odnoga; *meteo* klin; *bot* rozłóg; **≈leben: *sich ~*** wyży(wa)ć

się; **⁓legen** wykładać ⟨wyłożyć⟩ (*t.* ***mit*** *I*); *Geld* ⟨za⟩płacić (***für*** za *A*); *Text* interpretować
Ausleger *m* (*im Boot*) wspornik dulkowy; (*Kranausleger*) wysięgnica
Auslegeware *f* wykładzina dywanowa
Auslegung *f* interpretacja, wykładnia
Ausleihe *f* wypożyczalnia
ausleihen* wypożyczać ⟨-czyć⟩
auslernen ⟨u⟩kończyć naukę (zawodu)
Ausle|se *f* wybór; (*Wein*) wino wyborowe; *fig* elita, kwiat; **⁓sen*** przeb(ie)rać; *Buch* przeczytać *pf* (do końca)
auslie|fern dostarczać ⟨-czyć⟩; *os.* wyda(wa)ć; (*ins Ausland*) ekstradować (*im*)*pf*; ***ausgeliefert sein*** (*D*) być zdanym/skazanym (na *A*); **⁓ferung** *f* dostawa; wyda(wa)nie; ekstradycja; **⁓ferungslager** *n hdl* skład hurtowy
ausliegen* być wyłożonym (do wglądu)
auslöschen ⟨z⟩gasić; *fig* wymaz(yw)ać; (*töten*) zgładzać ⟨-dzić⟩
auslosen wylosow(yw)ać
auslösen wywoł(yw)ać; *fig t.* wyzwalać ⟨-wolić⟩; *Schuß* odda(wa)ć; *Gefangene, Pfand* wykupywać ⟨-pić⟩
Auslöser *m fot* wyzwalacz
aus|machen *Feuer, Licht* ⟨z⟩gasić; → ***ausschalten***; (*bilden*) stanowić; *Menge* wynosić ⟨-nieść⟩; (*entdecken*) rozpozna(wa)ć; *Termin* uzgadniać ⟨-godnić⟩; ***es macht mir nichts aus*** to mi (jest) bez różnicy; ***macht es Ihnen etwas aus, wenn ...?*** czy robi to panu/pani różnicę, jeśli(by) ...?; **⁓malen** wymalować *pf*; ⟨po⟩kolorować; *fig* opis(yw)ać; ***sich*** ⁓ wyobrażać ⟨-razić⟩ sobie
Ausmaß *n* rozmiar, wymiar; *fig t.* skala
aus|merzen (*-zt*) wytrzebi(a)ć; **⁓messen*** wymierzać ⟨-rzyć⟩; **⁓misten** (*-e-*) F *fig* wyrzucać ⟨-cić⟩ (na śmietnik)
Ausnahme *f* wyjątek
Ausnahmezustand *m* stan wyjątkowy
ausnahms|los bez wyjątku; **⁓weise** wyjątkowo, w drodze wyjątku
ausnehmen* *Tier* ⟨wy⟩patroszyć; *fig* → ***ausschließen***, ***ausgenommen***; **⁓d** *adv* nadzwyczaj, wyjątkowo
Ausnüchterung *f* wytrzeźwienie
aus|nutzen, **⁓nützen** wykorzystywać ⟨-stać⟩; **⁓nutzung** *f*, **⁓nützung** *f* wykorzyst(yw)anie; **⁓packen** rozpakow(yw)ać; F *fig* wyśpiewać *pf*
aus|parken wyjeżdżać ⟨-jechać⟩ z miejsca postoju; **⁓plaudern** wypaplać *pf*; **⁓plündern** splądrować *pf*
ausposaunen (-) *pej* roztrąbić *pf*
auspressen wyciskać ⟨-snąć⟩
ausprobieren (-) wypróbować *pf*
Auspuff *m* (*-ęs*; *-e*) *mot* wydech; **⁓gase** *n/pl* gazy *m/pl* spalinowe, spaliny *f/pl*
Auspuffrohr *n* rura wydechowa
auspumpen wypompow(yw)ać
ausquartieren (-) wykwaterow(yw)ać
ausradieren (-) wymaz(yw)ać (gumką); *fig* znosić ⟨znieść⟩ z oblicza ziemi
ausrangieren (-) F wybrakow(yw)ać
ausrasieren (-) wygalać ⟨-golić⟩
ausrauben obrabow(yw)ać
aus|räumen *Sachen* wyprzątać ⟨-tnąć⟩; *Schrank* opróżni(a)ć; *Einwände* rozwi(ew)ać; **⁓rechnen** obliczać, wyliczać ⟨-czyć⟩ (***sich*** sobie)
Ausrede *f* wymówka
ausreden (*j-m etw*) wyperswadować *pf*; *j-n* ⁓ ***lassen*** pozwolić skończyć (*D*)
ausreichen wystarczać ⟨-czyć⟩ (***für*** na *A*); **⁓d** wystarczający (-co)
Ausreise *f* wyjazd; **⁓genehmigung** *f* pozwolenie na wyjazd
ausreisen wyjeżdżać ⟨-jechać⟩
Ausreisevisum *n* wiza wyjazdowa
ausreißen* *v/t* wyr(y)wać; *v/i* F (*sn*) zwiewać, ⟨z⟩wiać (***aus*** z *G*)
Ausreißer(in *f*) F *m* uciekinier(ka)
aus|renken zwichnąć *pf*; **⁓richten** *os., Sachen* wyrówn(yw)ać; *Fest* urządzać ⟨-dzić⟩; *Gruß itp.* przekaz(yw)ać; *Angebot* nastawi(a)ć (***auf*** *A* na *A*)
aus|rotten (*-e-*) wytępi(a)ć; *fig* wykorzeni(a)ć; **⁓rottung** *f* (*0*) wytępienie; eksterminacja; **⁓rücken** *v/i* (*sn*) wyruszać ⟨-szyć⟩, wyjeżdżać ⟨-jechać⟩; F → ***ausreißen***; **⁓ruf** *m* okrzyk
ausrufen* wykrzyknąć *pf*; (*j-n*) wywoł(yw)ać; *Streik itp.* ogłaszać ⟨-łosić⟩
Ausrufezeichen *n* wykrzyknik
ausruhen (*t.* ***sich***) odpoczywać, wypoczywać ⟨-począć⟩
ausrüsten wyposażać ⟨-żyć⟩ (***mit*** w *A*)
Ausrüstung *f* wyposażenie; ekwipunek
ausrutschen → ***ausgleiten***
Aussaat *f* (wy)siew
Aussa|ge *f* wypowiedź *f*; *jur* zeznanie (***zu*** w sprawie *G*); ***nach*** ⁓ według zeznania/zeznań; **⁓gen** *jur* zezna(wa)ć; **⁓geverweigerung** *f* odmowa zeznań
ausschachten (*-e-*) wykop(yw)ać

ausschalten wyłączać ⟨-czyć⟩ (**sich** się); *fig t.* ⟨wy⟩eliminować
Aus|schank *m* (-*ęs*; *ꟷe*) wyszynk; → ***Theke***; **~schau** *f*: **~ *halten*** (***nach***) wypatrywać (*G*); **2schauen** wypatrywać (***nach*** *G*); → ***aussehen***
ausscheiden* *v/t* wydzielać ⟨-lić⟩ (*t. med*); *Kot itp.* wydalać ⟨-lić⟩; *v/i* (*sn*) *sport*, *Prüfling*: odpadać ⟨-paść⟩; (**aus**) odchodzić ⟨odejść⟩, ustępować ⟨ustąpić⟩ (z *G*)
Ausscheidung *f* (*0*) wydzielanie; wydalanie; odejście, ustąpienie; (*t. pl*) *med* wydzielina; wydalina; *sport* eliminacja; **~s-** *sport* eliminacyjny
aus|scheren *v/i* (*sn*) *mot* (nagle) zmienić *pf* pas ruchu; (***vor*** *j-m*) zajechać *pf* drogę (*D*); **~schimpfen** zbesztać *pf*
aus|schlachten *Auto* ⟨z⟩demontować; *fig pej* wykorzyst(yw)ać; **~schlafen*** *v/i* (*t.* **sich**) wysypiać ⟨wyspać⟩ się; *v/t Rausch* przesypiać ⟨-spać⟩
Ausschlag *m* wychylenie; *med* wysypka
ausschlagen* *v/t Scheibe*, *Zahn* wybi(ja)ć; *Angebot* nie przyjąć (*G*); → ***ablehnen***; *v/i* (*t. sn*) *Zeiger*: wychylać ⟨-lić⟩ się; *Pferd*: wierzgać ⟨-gnąć⟩; *Pflanze*: puszczać ⟨puścić⟩ pąki
ausschlaggebend decydujący; **~ *sein*** (***für***) zadecydować (o *L*)
ausschließen* wykluczać ⟨-czyć⟩, wyłączać ⟨-czyć⟩ (***aus***, ***von*** z *G*)
aus|schließlich wyłączny; *praep* (*G*) wyjąwszy (*A*); **2schluß** *m* wykluczenie, wyłączenie; ***unter* ~ *der Öffentlichkeit*** przy drzwiach zamkniętych
aus|schmücken ⟨przy⟩stroić; *fig* upiększać ⟨-szyć⟩; **~schneiden*** wycinać ⟨-ciąć⟩, wykrawać, wykrajać ⟨-kroić⟩
Ausschnitt *m* wycięcie; *w.zn.* dekolt; (*Teil*) wycinek
ausschöpfen wyczerp(yw)ać (*t. fig*)
aus|schreiben* wypis(yw)ać; *Wahlen itp.* rozpis(yw)ać; **2schreibung** *f* (*e-r Stelle*) ogłoszenie konkursu/wakatu; *bud* przetarg; **2schreitungen** *f/pl* wybryki *m/pl*, ekscesy *m/pl*
Ausschuß *m* komisja, komitet; *tech*, *hdl* brak; **~mitglied** *n* członek komisji
Ausschußquote *f* procent braków
Ausschußware *f* towar wybrakowany
ausschütten wysyp(yw)ać; → ***ausgießen***; *Dividende* wypłacać ⟨-cić⟩
Ausschüttung *f* wypłata (dywidendy)
aus|schweifend *Phantasie*: wybujały; *Leben*: rozpustny; **~schweigen***: ***sich* ~ (*über*** *A*) (uporczywie) milczeć (o *L*)
ausschwenken *Glas* wypłuk(iw)ać
ausschwitzen wypacać ⟨wypocić⟩
aussehen* *v/i* wyglądać; ***es sieht danach aus*** na to wygląda; ***es sieht nach Regen aus*** zanosi się na deszcz; ***wie sieht es mit ... aus?*** jak z ... (*I*)?
Aussehen *n* (-*s*; *0*) wygląd; ***dem* ~ *nach*** z wyglądu
aussein* F skończyć się *pf*; *Feuer*: zgasnąć *pf*; ***auf*** *etw* **~** szukać, być żądnym (*G*); ***er ist aus*** on wyszedł
außen *adv* zewnątrz; ***nach* ~** na zewnątrz; ***von* ~ (*her*)** z zewnątrz
Außen|amt *n* (-*ęs*; *0*) Ⓐ ministerstwo spraw zagranicznych; **~aufnahmen** *f/pl* zdjęcia *n/pl* w plenerze; **~bezirk** *m* dzielnica podmiejska; **~bordmotor** *m* silnik zaburtowy/przyczepny
aussenden(*) wys(y)łać; *fiz* emitować
Außendienst *m* (-*ęs*; *0*) praca w terenie
Außenhandel *m* handel zagraniczny; **~s-** *w zł.* ... handlu zagranicznego
Außen|maße *n/pl* wymiary *m/pl* zewnętrzne; **~ministerium** *n* ministerstwo spraw zagranicznych
Außenpolitik *f* polityka zagraniczna
Außenseite *f* strona zewnętrzna
Außenseiter(in *f*) *m* autsajder, outsider
Außen|spiegel *m* lusterko wsteczne zewnętrzne; **~stände** *m/pl* nie spłacone należności *f/pl*; **~stehende(r)** obcy (-ca), osoba postronna
Außenstelle *f* ekspozytura
Außenwelt *f* (*0*) świat zewnętrzny
außer *praep* (*D*) (o)prócz (*G*), poza (*I*); **~ *Betrieb*** nieczynny; ***er ist* ~ *Lebensgefahr*** on już nie jest w niebezpieczeństwie życia; **~ *sich sein* (*vor*)** nie panować nad sobą (z *G*); → ***Atem***, ***Kraft***, ***Land*** *itd.*; *conj* **~ (*daß*)** chyba że
außerbetrieblich pozazakładowy
außerdem (o)prócz tego, ponadto
außerdienstlich pozasłużbowy (-wo)
äußer|e zewnętrzny; **2e(s)** (-*n*; *0*) wygląd zewnętrzny, powierzchowność *f*
außer|ehelich pozamałżeński; **~gewöhnlich** niezwykły (-le), nadzwyczajny, *praed* nadzwyczaj; **~halb** *praep* (*G*) poza (*I*); *adv* (po)za miastem/domem
äußerlich zewnętrzny, *praed* na zewnątrz; powierzchowny; (*scheinbar*) po-

zorny; **2keit** *f* cecha zewnętrzna, pozór
äußern (*-re*) przejawi(a)ć (***sich*** się); (*sagen*) wypowiadać ⟨-wiedzieć⟩ (***sich*** się; ***zu*** na temat, w sprawie *G*)
außer|ordentlich nadzwyczajny; (*sehr*) nadzwyczaj; **~planmäßig** pozaplanowy (-wo); **~schulisch** pozaszkolny
äußerst *adv* nadzwyczaj, nader
äußerste *adj* najdalej wysunięty/znajdujący się, krańcowy; *Termin*: ostateczny; *Elend*: skrajny; *Vorsicht*: największy; ***aufs ~*** bardzo
Äußerste(s) (*-n*; *0*) ostateczność *f*; (*das Schlimmste*) najgorsze
außertariflich *Lohn*: pozaumowny
Äußerung *f* wypowiedź *f*, uwaga
aussetzen *Hund*, *Säugling* po(d)rzucać ⟨-cić⟩; *Pflanzen*, *Fahrgäste* wysadzać ⟨-dzić⟩; *Boote* spuszczać ⟨spuścić⟩ na wodę; *Belohnung* wyznaczać ⟨-znaczyć⟩; *Spiel* przer(y)wać; *Urteil* zawieszać ⟨-wiesić⟩; narażać ⟨-razić⟩ (***sich*** się; ***der Gefahr*** na niebezpieczeństwo), wystawi(a)ć (***der Sonne*** na słońce); ***etwas auszusetzen haben*** (***an*** *D*) krytykować (*A*); *v/i* ustać *pf*, urwać się *pf*; *Motor*: pracować z przerwami
Aussicht *f* widok (*t. fig*); ***es besteht keine ~ auf*** (*A*) nie ma widoków na (*A*); ***in ~ haben*** mieć na widoku; ***in ~ stellen*** obiec(yw)ać
aussichts|los beznadziejny; (*zwecklos*) bezcelowy (-wo); **~reich** obiecujący (-co); **2turm** *m* wieża widokowa
aussied|eln wysiedlać ⟨-lić⟩; **2ler(in** *f*) *m* wysiedleniec; **2lung** *f* wysiedlenie
aussöhn|en ⟨po⟩godzić, pojednać *pf* (***sich*** się); **2ung** *f* pojednanie (się)
aussondern (*-re*) wyłączać ⟨-czyć⟩
aussortieren (**-**) wysortow(yw)ać
ausspannnen *v/t Pferd* wyprzęgać ⟨wyprząc, wyprzęgnąć⟩; F *Freund(in)* odbić *pf*; *v/i* wypoczywać ⟨-cząć⟩
aussparen (po)zostawi(a)ć
aussperren *v/t* nie wpuszczać ⟨wpuścić⟩ (k-o do *A*); *Arbeiter* ⟨za⟩stosować lokaut (wobec *G*)
ausspielen *Karte* wychodzić ⟨wyjść⟩ (w *A*); (*in d. Lotterie*) rozlosow(yw)ać; *fig* wygrywać (***j-n gegen*** *A* k-o przeciwko *D*); *v/i* być na ręku, zagrywać
ausspionieren (**-**) wyszpiegować *pf*
Aus|sprache *f* wymowa; (*Gespräch*) (zasadnicza) rozmowa; **2sprechen*** *Wort* wymawiać ⟨-mówić⟩; *Beileid* składać ⟨złożyć⟩ wyrazy (*G*); ***sich ~*** (***mit*** *j-m*) rozmówić się *pf* (z *I*); wypowiadać ⟨-wiedzieć⟩ się (***für*** za *I*)
Ausspruch *m* wypowiedź *f*
ausspucken ⊢ *v/t* wypluwać ⟨-plunąć⟩; *v/i* spluwać ⟨splunąć⟩
ausspülen wypłuk(iw)ać, ⟨s⟩płukać
Ausstand *m* strajk; ***in den ~ treten*** rozpocząć strajk
ausstatt|en (*-e-*) wyposażać ⟨-żyć⟩ (***mit*** w *A*); ⟨u⟩meblować; **2ung** *f* wyposażenie; umeblowanie; *arch* wystrój; *drk* szata graficzna; *teatr* scenografia
ausstechen* wykłu(wa)ć; *kulin* wycinać ⟨-ciąć⟩; *fig* (*j-n*) zakasować *pf*
ausstehen* *v/t* znosić ⟨znieść⟩; F ***nicht ~ können*** nie cierpieć/znosić; *v/i* ***... steht noch aus*** jeszcze brak/nie ma (*G*)
aussteigen* wysiadać ⟨wysiąść⟩; F *fig* wycof(yw)ać się (***aus*** z *G*)
ausstellen wystawi(a)ć
Aussteller(in *f*) *m* wystawca *m* (-wczyni)
Ausstellung *f* (*Schau*) wystawa
Ausstellungs|datum *n* data wystawienia; **~gelände** *n* teren wystawowy; **~halle** *f* hala wystawowa; **~katalog** *m* katalog wystawy; **~stück** *n* eksponat
aussterben* wymierać ⟨-mrzeć⟩, wyginąć *pf*; ***vom Aussterben bedroht*** zagrożony wyniszczeniem
Ausstieg *m* (*-ęs*; *-e*) wyjście; (*Luke*) wyłaz; *fig* (***aus***) wycofanie się (z *G*)
ausstopfen wyp(y)chać
Ausstoß *m* wydajność produkcyjna; produkcja; (*v. Abgasen itp.*) emisja
ausstoßen* *Rauch* wydmuchiwać, wypuszczać ⟨-puścić⟩; *Schrei* wyda(wa)ć; *Drohungen* sypać (*I*); (*j-n* ***aus***) wykluczać ⟨-czyć⟩ (z *G*)
aus|strahlen promieniować (***Hitze*** ciepło; *t. fig* ***Freude*** radością), emitować (*im*)*pf*; *RTV t.* nada(wa)ć; *v/i Schmerz*: promieniować (***in*** *A* do *G*); **2strahlung** *f RTV* nadawanie, emisja; **~strecken** wyciągać ⟨-gnąć⟩ (***nach*** po *A*; ***sich*** się); **~streichen*** wykreślać ⟨-lić⟩
ausströmen *Duft* wydzielać; → ***ausstrahlen***; *v/i* (*sn*) *Wasser*: wyciekać ⟨-ciec⟩; *Gas*: uchodzić, wydobywać się
aussuchen wyszuk(iw)ać (***sich*** sobie)
Austausch *m* wymiana; zamiana; ***im ~ für*** w zamian za (*A*); **2en** wymieni(a)ć; (*ersetzen t.*) zamieni(a)ć (***gegen*** na *A*);

~motor *m* nowy silnik po remoncie kapitalnym; **~student(in** *f*) *m* student(ka) objęty (-ta) wymianą z zagranicą

austeilen (**an** *A*) rozda(wa)ć (*D*)

Auster *f* (-; *-n*) ostryga

austoben: sich ~ wyszaleć się *pf*

austragen* *Post* roznosić ⟨-nieść⟩; *Kampf* ⟨s⟩toczyć; Streit załatwi(a)ć; *Spiel* rozgrywać ⟨rozegrać⟩

Austragungsort *m* miejsce rozgrywek, miejsce igrzysk

Aus'tra|lier(in *f*) [-liɐ] *m* Australijczyk (-jka); **ˢlisch** australijski

austreiben* (**j-m** *A*) wypędzać ⟨-dzić⟩ (k-u *A*, *Teufel*: z k-o *A*)

austreten* *Feuer* zadept(yw)ać; *Schuhe* rozdept(yw)ać; *Weg* wydept(yw)ać; *v/i* (*sn*) występować ⟨-tąpić⟩ (**aus** z *G*); *Gas*: wydobywać się; **ich muß ~** muszę pójść za (swoją) potrzebą

austrinken* wypi(ja)ć

Austritt *m* wydobywanie się; wystąpienie; → **austreten**

aus|tricksen zwodzić ⟨zwieść⟩; **~trocknen** *v/i* (*sn*) wysychać ⟨wyschnąć⟩

austüfteln wykombinować *pf*

ausüben *Gewerbe*, *Beruf* trudnić się (*I*), uprawiać (*A*); *Macht* sprawować; *Einfluß*, *Druck* wywierać ⟨-wrzeć⟩; *Pflicht* wykonywać

Ausverkauf *m* wyprzedaż *f*

ausverkauft *adj* wyprzedany

Aus|wahl *f* (*0*) wybór; selekcja; *sport* reprezentacja; **ˢwählen** wyb(ie)rać

Auswan|derer *m* wychodźca *m*, emigrant(ka); **ˢdern** (**nach**) ⟨wy⟩emigrować (*im*)*pf* (do *G*)

Aus|wanderung *f* emigracja; **ˢwärtig** zamiejscowy; **das Auswärtige Amt** Ministerstwo Spraw Zagranicznych

auswärts *adv* w innej miejscowości; poza domem/miastem; **~ spielen** grać na cudzym boisku; **er kommt von ~** on (jest) zamiejscowy

aus|waschen* wymy(wa)ć; **~wechselbar** wymienny; **~wechseln** wymieni(a)ć, zamieni(a)ć (**gegen** na *A*)

Aus|weg *m* wyjście; **ˢweglos** bezwyjściowy, bez wyjścia

ausweich|en* (*D*, *sn*) wymijać ⟨wyminąć⟩ (*A*); (*e-m Hieb*) uchylać ⟨-lić⟩ się (od *G*); (**auf** *A*) przerzucać ⟨-cić⟩ się (na *A*); **~d** *adj* wymijający (-co); **ˢflughafen** *m* lotnisko zapasowe

ausweinen: sich ~ wypłakać się *pf*

Ausweis *m* (*-es*; *-e*) legitymacja, dowód

ausweisen* wydalać ⟨-lić⟩ (**aus** z *G*); *Talent*, *Gewinn* wykaz(yw)ać; **sich ~** ⟨wy⟩legitymować się (**durch** *I*)

Ausweispapiere *n/pl* dokumenty *m/pl*

Ausweisung *f* wydalenie

ausweiten rozszerzać ⟨-rzyć⟩ (**sich** się)

aus|wendig na pamięć; **~werfen*** *Netz itp.* zarzucać ⟨-cić⟩; **~werten** wykorzyst(yw)ać; **~wickeln** rozwijać ⟨-winąć⟩; **~wirken: sich ~** (**auf** *A*) odbi(ja)ć się (na *L*)

Auswirkung *f* skutek, następstwo

auswischen wycierać ⟨wytrzeć⟩

Auswuchs *m* (*-es*; *⸚e*) narośl *f*; *fig pl* przerosty *m/pl*, wypaczenia *n/pl*

auswuchten *tech* wyważać ⟨-żyć⟩

Auswurf *m* (*-ẹs*; *zw. 0*) *med* plwocina; *fig* wyrzutek

aus|zahlen wypłacać ⟨-cić⟩; **sich ~** opłacać ⟨-cić⟩ się; **~zählen** *Stimmen* obliczać ⟨-czyć⟩; *Boxer* wyliczać ⟨-czyć⟩

Auszahlung *f* wypłata

Auszehrung *f* (*0*) *med* wyniszczenie

auszeichnen wyróżni(a)ć (**sich** się; **durch** *I*); odznaczać ⟨-czyć⟩ (**mit** *I*)

Auszeichnung *f* wyróżnienie; (*Orden itp.*) odznaczenie

ausziehbar *Tisch*: rozsuwa(l)ny

aus|ziehen* *v/t* rozsuwać ⟨-sunąć⟩; *Fach* wysuwać ⟨-sunąć⟩; *Mantel* zdejmować ⟨zdjąć⟩; *v/i* (*sn*) (**aus**) opuszczać ⟨opuścić⟩ (*A*), wymaszerować (z *G*); wyprowadzać ⟨-dzić⟩ się (**aus der Wohnung** z mieszkania); **sich ~** (*hat*) rozbierać ⟨rozebrać⟩ się; **ˢzug** *m* wyjście, opuszczenie; wyprowadzka; (*Extrakt*, *Text*, *Bankauszug*) wyciąg

auszugsweise fragmentaryczny, częściowy (-wo), w wypisach

au'thentisch autentyczny

Auto *n* (*-s*; *-s*) auto, samochód

Autobahn *f* autostrada; **~ausfahrt** *f* wyjazd/zjazd z autostrady; **~dreieck** *n* rozwidlenie autostrady; **~gebühr** *f* opłata za korzystanie z autostrady; **~kreuz** *n* skrzyżowanie autostrad; **~raststätte** *f* restauracja przy autostradzie, motorest; **~zubringer** *m* droga dojazdowa do autostrady

Autobombe *f* samochód-pułapka *m*

Autobus *m* autobus, autokar

Autodi'dakt *m* samouk

Autodieb *m* złodziej samochodów
Autodiebstahl *m* kradzież *f* samochodu
Autofähre *f* prom samochodowy
Autofahrer(in *f*) *m* kierowca *m*; ***ich bin kein ~*** ja nie umiem prowadzić auta
Autofriedhof *m* cmentarzysko aut
Auto'gramm *n* autograf
Auto|karte *f* mapa samochodowa; **~kennzeichen** *n* numer rejestracyjny samochodu; **~knacker** F *m* włamywacz do samochodów
Auto'mat *m* (*-en*) automat
auto'matisch automatyczny
automati'sieren (-) ⟨z⟩automatyzować
Automo'bilklub *m* automobilklub
auto'nom autonomiczny
Auto'psie [*pl* -'siːən] *f* sekcja zwłok
Autor *m* (*-s*; *-'toren*) autor; **~en-** autorski
Auto|radio *n* autoradio; **~rennen** *n* wyścig samochodowy; **~reparatur** *f* naprawa samochodów, F autonaprawa
Au'torin *f* autorka
autori|'sieren (-) autoryzować; **~'tär** autorytarny; **≈'tät** *f* autorytet
autorita'tiv autorytatywny
Auto|schieberbande *f* gang samochodowy; **~unfall** *m* wypadek samochodowy; **~vermietung** *f* biuro wynajmu samochodów; **~verkehr** *m* ruch samochodowy; **~waschanlage** *f* automyjnia; **~werkstatt** *f* warsztat samochodowy, F autonaprawa; **~zubehör** *n* akcesoria *pl* samochodowe
avantgar'distisch [avɑ̃gar-] awangardowy (-wo)
Axt *f* (-; *~e*) siekiera, topór
Aza'lee *f* azalia, różanecznik
Aze'tat *n* (*-s*; *-e*) octan
a'zurblau lazurowy (-wo), błękitny

B

Baby *n* (*-s*; *-s*) niemowlę, F bobas; **~nahrung** *f* przetwory *m*/*pl* dla niemowląt
Bach *m* (*-ẹs*; *~e*) potok, strumień *m*
Bächlein *n* strumy(cze)k
Bachstelze *f* pliszka
Backbord *m* lewa burta, bakburta
Backe *f* policzek; F (*Hinter≈*) pośladek
backen* *v*/*t* ⟨u⟩piec, wypiekać ⟨-piec⟩; *v*/*i Schnee*: lepić się (***an*** *D* do *G*)
Backenknochen *m* kość policzkowa
Backenzahn *m* ząb trzonowy
Bäck|er(in *f*) *m* piekarz; **~e'rei** *f* piekarnia; F (*das Backen*) pieczenie
Back|form *f* forma do pieczenia; **~hähnchen** *n* kurczę pieczone; **~obst** *n* owoce *m*/*pl* suszone; **~ofen** *m* piec piekarski; (*im Herd*) piekarnik
Backpfeife F *f* policzek
Back|pulver *n* proszek do pieczenia; **~stein** *m* cegła; **~waren** *f*/*pl* pieczywo
Bad *n* (*-ẹs*; *~er*) kąpiel *f*; (*Raum*) łazienka; (*Stadt≈*) łaźnia; (*Ort*) uzdrowisko
Bade|anzug *m* kostium kąpielowy; **~hose** *f* kąpielówki *pl*, slipy *pl*; **~kappe** *f* czepek kąpielowy; **~kur** *f* kuracja zdrojowa; **~mantel** *m* szlafrok kąpielowy
Bademeister *m* łazienny; (*am Strand*) kąpielowy
baden (*-e-*) *v*/*t* ⟨wy⟩kąpać (*v*/*i* się)
Bade|ofen *m* piecyk łazienkowy; **~saison** *f* sezon kąpielowy; **~stelle** *f* kąpielisko; **~strand** *m* plaża; **~tuch** *n* ręcznik kąpielowy; **~zimmer** *n* łazienka
bagatelli'sieren (-) ⟨z⟩bagatelizować
Bagger *m* koparka, czerparka; (*Fluß≈*) pogłębiarka; **≈n** (*-re*) bagrować
Baguette [-'gɛt] *n* (*-s*; *-s*) bułka barowa
Bahn *f* droga; tor; *sport t.* bieżnia; *kolej* kolej *f*; *astr* orbita; ***mit der*/*per ~*** koleją; ***auf die schiefe ~ geraten*** zejść na manowce; ***freie ~*** *fig* swoboda działania; **≈brechend** torujący nowe drogi, pionierski; **~damm** *m* nasyp kolejowy
bahnen ⟨u⟩torować (***sich den Weg*** sobie drogę)
Bahn|fahrt *f* jazda koleją; **~hof** *m* stacja kolejowa; (*Gebäude*) dworzec
Bahnhofs|gaststätte *f* restauracja dworcowa; **~halle** *f* hala dworca; **~vorsteher(in** *f*) *m* zawiadowca *m* stacji

bahnlagernd franko stacja kolejowa
Bahn|linie *f* linia kolejowa; **~steig** *m* peron; **~übergang** *m* przejazd kolejowy, przejście przez tory; **~verbindung** *f* połączenie kolejowe; **~wärter(in** *f*) *m* dróżnik (-iczka) kolejowy (-wa)
Bahre *f* (*Toten*2) mary *pl*; → ***Trage***
Baiser [bɛ'ze:] *n* (*-s*; *-s*) *kulin* beza
Baisse ['bɛ:sə] *f ekon* bessa; ~- zniżkowy
Bajonett *n* (*-ɇs*; *-e*) bagnet(owy *w zł.*)
bakteri'ell wywołany przez bakterie
bakterio'logisch bakteriologiczny
Ba'lance [-sə] *f* równowaga
balancieren [-'si:-] (-) balansować
bald *adv* wkrótce (***darauf*** potem), niebawem; F (*beinahe*) o mało co nie; ***so ~ wie möglich*** możliwie jak najprędzej; **~ig** rychły; **~igst** jak najrychlej
Baldriantropfen *m/pl* krople *f/pl* waleriановe, F waleriana
Balg¹ *m* (*-ɇs*; *¨e*) (*Tier*2) skórka
Balg² F *m/n* (*-ɇs*; *¨er*) bachor
balgen: ***sich ~*** mocować się, baraszkować
Balkan- *w zł.* bałkański
Balken *m* belka; **~gerüst** *n* belkowanie
Bal'kon *m* (*-ɇs*; *-s*/*-e*) balkon(owy *w zł.*)
Ball *m* (*-ɇs*; *¨e*) piłka; ***~ spielen*** grać w piłkę, bawić się piłką
Ball² *m* (*-ɇs*; *¨e*) bal(owy *w zł.*)
Ballast *m* (*-ɇs*; *-e*) balast (*t. fig*)
ballen *v/t Faust* zaciskać ⟨-snąć⟩; (*formen*) ⟨u⟩lepić; ***sich ~*** *Wolken*: kłębić się; *Schnee*: lepić się
Ballen *m* bela, paka; *anat* kłąb
ballern F (*-re*) kropić, pukać
Ballett *n* (*-ɇs*; *-e*) balet(owy *w zł.*)
Ballettänzer(in *f*) *m* baletnik (-ica)
Ballgast *m* gość *m* na balu
Bal'lon *m* (*-s*; *-s*/*-e*) balon; (*Kinder*2) balonik; (*Glas*2) butla
Ballsaal *m* sala balowa
Ballspiel *n* gra w piłkę
Ballungsgebiet *n* (*Städte*) aglomeracja
baltisch (nad)bałtycki
Balz *f* tokowanie, toki *m/pl*
Bambus *m* (*-sses*; *-sse*) bambus; **~rohr** *n* trzcina bambusowa
Bammel F *m*: ***~ haben*** mieć pietra
Banali'tät *f* banalność *f*, banał
Ba'nane *f* banan; **~n-** bananowy
Ba'nause *m* (*-n*) nieuk, ignorant(ka)
band → ***binden***
Band¹ *m* (*-ɇs*; *¨e*) tom
Band² *n* (*-ɇs*; *¨er*) wstęga (*t. fig*), wstążka; taśma (*t. tech*), tasiemka; (*Frequenz*) pasmo; *anat* wiązadło; → ***Ton-***, ***Fließband*** *itd.*; F *fig* ***am laufenden ~*** ciągle, bez przerwy
Band³ *n* (*-s*; *-e*), *zw. pl* **~e** więzy *m/pl*
Band⁴ [bɛnt] *f* (*-*; *-s*) orkiestra, kapela
bandagieren [-'ʒi:-] (-) bandażować
Bandaufzeichnung *f* nagranie na taśmę
Bändchen *n* tasiemka; (*Buch*) tomik
Bande *f* banda (*t. Billard*), szajka
bände → ***binden***
Bandförderer *m* przenośnik taśmowy
bändigen poskramiać ⟨-romić⟩; *Zorn* ⟨po⟩hamować
Bandit *m* (*-en*) bandyta *m*, zbój
Bandmaß *n* ruletka
Bandscheibe *f anat* chrząstka międzykręgowa
Bandwurm *m* tasiemiec, soliter
bang, **~e** (*-er*/*¨er*; *-st-*/*¨st-*) trwożny; ***mir ist angst und ~e*** strach mnie ogarnia; F ***nur k-e Bange!*** spokojna głowa!
Bank¹ *f* (*-*; *¨e*) ław(k)a; (*Sand*2) mielizna; *fig* F ***durch die ~*** bez wyjątku; ***auf die lange ~ schieben*** zawieszać na kołku
Bank² *f* (*-*; *-en*) *fin* bank(owy *w zł.*)
Bank|auskunft *f* informacja bankowa; **~bürgschaft** *f* gwarancja bankowa
Bankett¹ *n* (*-ɇs*; *-e*) bankiet, uczta
Bankett² *n* (*-ɇs*; *-e*), **~e** *f* pobocze
Bankkauf|frau *f*, **~mann** *m* bankowiec
Bank|konto *n* konto w banku; **~leitzahl** *f* kod banku; **~note** *f* banknot; **~raub** *m* obrabowanie banku
bank'rott: ***~ gehen*** ⟨z⟩bankrutować
Bank'rott *m* (*-s*; *-e*) bankructwo
Bankschließfach *n* skrytka bankowa
Banküberfall *m* napad na bank
Bankverkehr *m* obrót bankowy
Bankwesen *n* (*-s*; *0*) bankowość *f*
Bann *m* (*-ɇs*; *-e*) *hist* wyklęcie; *fig* (*Zauber*) urok, czar; ***in s-n ~ ziehen*** urzekać ⟨urzec⟩; **2en** *Gefahr* zażegn(yw)ać; ***wie gebannt*** jak urzeczony
Banner *m* sztandar, chorągiew *f*
Bannfluch *m* klątwa
bar (*pur*) oczywisty, czysty; *lit* (*G*) pozbawiony (*G*); **~es Geld** gotówka; ***gegen ~*** za gotówkę; (***in***) ***~ bezahlen*** płacić gotówką; ***für ~e Münze nehmen*** brać za dobrą monetę
Bar *f* (*-*; *-s*) bar(owy *w zł.*)
Bär *m* (*-en*) niedźwiedź *m*

Baracke *f* barak
bar'barisch barbarzyński (po -ku)
Bardame *f* barmanka
Bärendienst *m*: ***e-n ~ erweisen*** wyświadczyć niedźwiedzią przysługę
Bärenhunger F *m* wilczy apetyt
barfuß *adv* boso, na bosaka
barg, **bärge** → ***bergen***
Bargeld *n* gotówka; **2los:** ***~er Zahlungsverkehr*** obrót bezgotówkowy
Bärin *f* niedźwiedzica
Barkauf *m* kupno za gotówkę
Barkeeper [-ki:-] *m* barman
Barkredit *m* kredyt gotówkowy
barmherzig miłosierny; **2keit** *f* *(0)* miłosierdzie, miłosierność *f*
ba'rock barokowy (-wo)
Baro'meter *n* barometr
Barren¹ *m tech* wlewek; (*Gold2*) sztaba
Barren² *m sport* poręcze *m/pl*
Barri'kade *f* barykada
barsch szorstki (-ko), opryskliwy (-wie)
Barsch *m* (*-es*; *-e*) *zoo* okoń *m*
Barscheck *m* czek gotówkowy
barst, **bärste** → ***bersten***
Bart *m* (*-es*; *⁻e*) broda; → ***Schnurrbart***
bärtig brodaty; **2e**(***r***) brodacz
Bartwuchs *m* zarost
Barzahlung *f* zapłata gotówką
Basar *m* (*-s*; *-e*) kiermasz; (*Orient*) bazar
Base *f chem* zasada; → ***Cousine***
ba'sieren (-) bazować (***auf*** *D* na *L*)
Ba'silika *f* (*-*; *-ken*) bazylika
Basis *f* (*-*; *Basen*) baza
Baskenmütze *f* baskijka, beret
Basketball *m* koszykówka
Baß *m* (*-sses*; *⁻sse*) bas(owy *w zł.*)
Bast *m* (*-es*; *-e*) łyko
Bastard *m* (*-es*; *-e*) bastard; *pej* bękart
basteln (*-le*) majstrować (***an*** *D* przy *I*), majsterkować
Bastler(in *f*) *m* majsterkowicz
bat, **bäte** → ***bitten***
Ba'tist *m* (*-es*; *-e*) batyst(owy *w zł.*)
Batte'rie [*pl* -'ri:ən] *f* bateria; *mot* akumulator(owy *w zł.*)
Batzen *m* kawał (*t. fig*), bryła
Bau *m* (*-es*; *Bauten*) budynek, budowla; (*-es*; *0*) budowa(nie); (*-es*; *-e*) (*Tier2*) nora; **~arbeiten** *f/pl* prace *f/pl* budowlane, budowa
Bauart *f* rodzaj konstrukcji, typ
Bauaufsicht *f* nadzór budowlany
Bauch *m* (*-es*; *⁻e*) brzuch; **~fellentzündung** *f* zapalenie otrzewnej
Bauchhöhle *f* jama brzuszna
bauchig brzuchaty
Bauchlandung F *f* lądowanie bez podwozia
Bäuchlein *n* brzuszek
Bauch|redner *m* brzuchomówca *m*; **~schmerzen** *m/pl* ból(e *pl*) brzucha; **~speck** *m kulin* boczek; **~speicheldrüse** *f* trzustka; **~tanz** *m* taniec brzucha
Bau|denkmal *n* zabytek architektoniczny; **~element** *n tech* element konstrukcyjny; *bud* typowy element budowlany
bauen *v/t* ⟨wy-, z⟩budować; ⟨s⟩konstruować; F *Unfall* spowodować *pf*, mieć; *v/i* (***auf*** *A*) polegać (na *L*)
Bauer¹ *n* klatka
Bauer² *m* (*-n*) chłop (*t. fig*), wieśniak, rolnik; (*Schach*) pionek
Bäuerin *f* chłopka, wieśniaczka
bäuerlich chłopski (po -ku)
Bauern|fänger *m* wydrwigrosz; **~hof** *m* zagroda (chłopska); **~partei** *f* stronnictwo ludowe; **~regel** *f* przepowiednia ludowa
baufällig rozpadający się, grożący zawaleniem
Bau|führer *m* kierownik budowy; **~genehmigung** *f* pozwolenie budowlane; **~genossenschaft** *f* spółdzielnia budowlana; **~gerüst** *n* rusztowanie; **~grube** *f* wykop pod budowlę; **~grundstück** *n* działka budowlana; **~herr** *m* inwestor; **~holz** *n* budulec; **~ingenieur** *m* inżynier budowlany; **~jahr** *n* rok budowy/produkcji
Baukasten *m* klocki *m/pl* (do zabawy); **~system** *n* system modułowy
Bauland *n* (*-es*; *0*) teren budowlany
baulich budowlany; konstrukcyjny
Baulücke *f* niezabudowana działka
Baum *m* (*-es*; *⁻e*) drzewo
Baumaschine *f* maszyna budowlana
Baumaterial *m* materiał budowlany
Bäumchen *n* drzewko
Baumeister *m* budowniczy
baumeln (*-le*) F dyndać (się); zwisać
Baum|krone *f* korona (drzewa); **~schule** *f* szkółka; **~stumpf** *m* pniak, pień *m*
Baumwoll|- bawełniany; **~e** *f* bawełna
Bauplan *m bud* projekt podstawowy
Bauplatz *m* → ***Baugrundstück***
Bausch *m* (*-es*; *-e/⁻e*) → ***Wattebausch***; ***in ~ und Bogen*** w czambuł

bauschen: sich ~ odstawać; (*sich blähen*) wydymać się
Bau|sparkasse *f* kasa oszczędnościowo-budowlana; **~stelle** *f* budowa; plac budowy; (*Straßen*≈) roboty *f/pl* budowlane; **~stil** *m* styl architektoniczny
Bauteil *n* → ***Bauelement***
Bauten *pl* → ***Bau***
Bau|werk *n* budowla; **~wirtschaft** *f* gospodarka budowlana; **~zeit** *f* czas wykonania budowli
Bayer *m* (**~in** *f*) Bawarczyk (-rka)
bay(e)risch bawarski (po -ku)
Ba'zillus *m* (-; *-llen*) lasecznik
be'absichtigen (-) zamierzać ⟨-rzyć⟩
be'achten (-) *v/t* zwracać ⟨-rócić⟩ uwagę (na *A*); *Rat* uwzględni(a)ć; *Vorschrift* przestrzegać (*G*)
be'achtenswert godny uwagi
be'achtlich znaczny, niemały
Be'achtung *f* (*0*) przestrzeganie; **~ *verdienen*** zasługiwać na uwagę; ***k-e* ~ *finden*** nie zwrócić na siebie uwagi
Be'amt|e(r) urzędnik; **~in** *f* urzędniczka
be'ängstigend zastraszający (-co)
be'anspruch|en (-) *v/t* (*fordern*) domagać się (*G*); (*brauchen*) wymagać (*G*); *Zeit*, *Platz t.* zajmować ⟨-jąć⟩; *j-n* absorbować; **≈ung** *f* (*zw. 0*) wysunięcie roszczenia; (*Belastung*) obciążenie
be'anstand|en (*-e-*; -) ⟨za⟩kwestionować; → ***bemängeln***; **≈ung** *f* zakwestjonowanie; reklamacja
be|'antragen (-) *v/t* stawiać ⟨postawić⟩ wniosek (o *A*); **~'antworten** (-) *v/t* odpowiadać ⟨odpowiedzieć⟩ (na *A*)
be'arbeit|en (-) *Land* uprawiać; *tech* obrabiać ⟨-robić⟩; *Text*, *Thema* opracow(yw)ać; *Fall* prowadzić; *Antrag* rozpatrywać ⟨-trzeć⟩; *teatr* ⟨za⟩adaptować; F *j-n* urabiać; (*schlagen*) okładać (***mit*** *I*); **≈ung** *f* uprawa; opracow(yw)anie; rozpatrzenie; adaptacja; *tech* obróbka
Be'atmung *f* (*0*): ***künstliche* ~** sztuczne oddychanie
be'aufsichtig|en (-) doglądać ⟨dojrzeć⟩, ⟨przy⟩pilnować; (*amtlich*) nadzorować; **≈ung** *f* (*0*) dogląd(anie); nadzór
be'auftragen (-) (***j-n mit***) zlecać ⟨-cić⟩, powierzać ⟨-rzyć⟩ (k-u *A*)
be'bauen (-) *agr* (***mit***) uprawiać (*A*); *bud* zabudow(yw)ać
Be'bauungsplan *m* plan zabudowy
beben trząść się (*t.* ***vor Angst*** *itp.* ze strachu *itp.*)
Beben *n* trzęsienie
be'bildert *adj* ilustrowany, z rycinami
Becher *m* kubek; (*Eier*≈) kieliszek
Becken *n* basen; (*Schüssel*) miednica (*t. anat*); *geol* niecka; *muz* talerze *m/pl*; **~knochen** *m* kość miedniczna
be'dacht → ***bedenken***; **~ *sein*** (***auf*** *A*) mieć na względzie (*A*)
Be'dacht *m*: ***mit* ~** z rozwagą
be'dächtig wolny (-no); → ***umsichtig***
be'danken (-): ***sich* ~** ⟨po⟩dziękować (***bei j-m für*** k-u za *A*)
Be'darf *m* (*-ęs*; *0*) zapotrzebowanie; *hdl t.* popyt (***an*** *D* na *A*); (***je***) ***nach* ~** w miarę potrzeby; ***bei* ~** w razie potrzeby
Be'darfs|artikel *m* artykuł pierwszej potrzeby; **~haltestelle** *f* przystanek na żądanie
be'dauerlich przykry; ***es ist* ~, *daß*** przykro (mi, nam), że
be'dauerlicherweise *adv* niestety
be'dauern (*-re*; -) *v/t* ⟨po⟩żałować (*G*)
Be'dauern *n* (*-s*; *0*) ubolewanie, żal
be'dauernswert godny pożałowania
be'decken (-) nakry(wa)ć, pokry(wa)ć (***mit*** *I*)
be'deckt *adj Himmel*: zachmurzony; ***sich* ~ *halten*** nie zdradzać się ze swoimi zamiarami
be'denk|en* (-) *v/t* zastanawiać ⟨-nowić⟩ się (nad *I*); → ***beachten***; **≈en** *n/pl* wątpliwości *f/pl*, zastrzeżenia *n/pl*; **~enlos** bez skrupułów; **~lich** *Lage*: krytyczny; → ***skeptisch***, ***zweifelhaft***; **~ *stimmen*** zastanawiać ⟨-nowić⟩
Be'denkzeit *f* (*0*) czas do namysłu
be'deut|en (-) znaczyć, (*t. künden*) oznaczać; ***... bedeutet mir nichts*** ... nie ma dla mnie żadnego znaczenia; **~end** *adj* doniosły, ważny; *os.* wybitny; *adv* znacznie; **≈ung** *f* znaczenie; → ***Sinn***
be'deutungs|los bez znaczenia; **~voll** *Blick*: znaczący (-co)
be'dien|en (-) *v/t* usługiwać (*D*); *Kunden*, *Maschine* obsługiwać ⟨-służyć⟩; ***sich* ~** (*G*) posługiwać ⟨-służyć⟩ się (*I*); **~ *Sie sich!*** (*bei Tisch*) proszę się częstować!; **≈stete(r)** pracownik (-ica); **≈ung** *f* usługiwanie; obsługa (*t. os.*); **≈ungsanleitung** *f* instrukcja obsługi
be'ding|t *ppf*: **~ *sein*** (***durch***) być uwarunkowanym (*I*)/uzależnionym (od *G*);

adj warunkowy (-wo); **2ung** *f* warunek; **~ungslos** bezwarunkowy (-wo)
be'dräng|en (-) *v/t* napastować (*A*), nalegać (na *A*); **2nis** *f* (-; -*sse*) opresja
be'droh|en (-) *v/t* zagrażać, ⟨za⟩grozić (*D*); **~lich** groźny; **2ung** *f* zagrożenie
be|'drücken (-) *Sorgen itp.*: gnębić; **~d** ponury (-ro); **~'drückt** *adj* przygnębiony; **~'dürfen*** (-) (*G*) wymagać (*G*)
Be'dürfnis *n* (-*ses*; -*se*) potrzeba; **~anstalt** *f* ustęp publiczny
be'dürftig (*arm*) biedny, ubogi
Beefsteak ['bi:f-] *n* befsztyk; ***deutsches* ~** kotlet mielony/pożarski
be'eidigt przysięgły, zaprzysiężony
be'eilen (-): ***sich* ~** ⟨po⟩spieszyć (się)
be'ein|drucken (-) *v/t* wywierać ⟨wywrzeć⟩ wrażenie (na *L*); **~d** imponujący (-co); **~flussen** (-*ßt*; -) *v/t* wpływać ⟨wpłynąć⟩ (na *A*); **~trächtigen** (-) *v/t* oddziaływać ujemnie (na *A*); *Interessen*, *Rechte itp.* naruszać ⟨-szyć⟩
be'end|en, **~igen** ⟨s-, u-, za⟩kończyć
be'engt: ~ *wohnen* mieszkać w ciasnocie; ***sich* ~ *fühlen*** czuć się skrępowanym
be'erben (-) obejmować ⟨objąć⟩ spadek (***den Vater*** po ojcu)
be'erdig|en (-) ⟨po⟩chować; **2ung** *f* pogrzeb; *w zł.* → ***Bestattungs-***
Beere *f* jagoda
Beet *n* (-*es*; -*e*) grządka; **~e** *f* → ***Bete***
be'fähig|t: ~ *sein* (***zu***) kwalifikować się (na *A*); **2ung** *f* kwalifikacje *f/pl* (***zu*** niezbędne do wykonywania zawodu *G*)
be'fahl → ***befehlen***
be'fahr|bar *Weg*: przejezdny; *Fluß*: żeglowny; **~en** (-) *v/t* jeździć (po *L*); żeglować (po *L*); *Strecke* kursować (na *L*); ***e-e viel* ~*e Straße*** ruchliwa ulica
be'fallen* (-) *v/t agr* porażać ⟨-razić⟩; *Gefühl*: ogarniać ⟨-nąć⟩
be'fangen *adj* skrępowany; (*parteiisch*) stronniczy(-czo); ***sich für* ~ *erklären*** uznać się za nieodpowiedniego; **2heit** *f* (*0*) skrępowanie; stronniczość *f*
be'fassen (-): ***sich* ~** (***mit***) zajmować ⟨-jąć⟩ się (*I*); rozpatrywać ⟨-trzyć⟩ (*A*)
Be'fehl *m* (-*es*; -*e*) rozkaz (*t. mil*, *EDV*), polecenie; ***unter dem* ~** (***von***) pod rozkazami (*G*); **2en*** (-) rozkaz(yw)ać, polecać ⟨-cić⟩
Be'fehls|haber *m* dowódca *m*; **~notstand** *m* stan konieczności wywołany rozkazem; **~verweigerung** *f* odmowa wykonania rozkazu
be'festig|en (-) przytwierdzać ⟨-dzić⟩, przymocow(yw)ać (***an*** *D* do *G*); *Ufer*, *mil* umacniać ⟨umocnić⟩; **~t** umocniony; *Straße*: o twardej nawierzchni
be'feuchten (-*e*-; -) zwilżać ⟨-żyć⟩
be'fiehl(t) → ***befehlen***
be'find|en* (-) *v/t* uzna(wa)ć (***für***, ***als*** za *A*); *v/i* ⟨za⟩decydować; ***sich* ~** znajdować się; **2en** *n* (-*s*; *0*) stan zdrowia
be'fohlen *ppf* → ***befehlen***
be'folgen (-) *v/t* zastosować się *pf* (do *G*)
be'förder|n (-) przewozić ⟨przewieźć⟩; przes(y)łać (***mit der Post*** przez pocztę); awansować (*im*)*pf* (***zu*** na *A*); **2ung** *f* przewóz, transport; awans; **2ungsmittel** *n* środek transportu/F lokomocji
be'frag|en (-) *Zeugen* badać; *Anwalt*, *Arzt* ⟨s⟩konsultować się (z *I*); **2ung** *f* badanie; konsultacja; ankietowanie
be'frei|en (-) uwalniać, zwalniać ⟨-wolnić⟩ (***aus*** z *G*; ***von*** od *G*; ***sich*** się); *Land* wyzwalać ⟨-wolić⟩; **2ung** *f* uwolnienie, zwolnienie; wyzwolenie
be'fremd|en (-*e*-; -) razić; **2en** *n* (-*s*; *0*) zdziwienie; ***mit* ~** ze zdziwieniem
be'freunden (-*e*-; -): ***sich* ~** zaprzyjaźnić się *pf*; *fig* oswajać ⟨oswoić⟩ się (***mit*** z *I*); ***befreundet*** zaprzyjaźniony
be'friedigen (-) zadowalać ⟨-wolić⟩; *Hunger*, *Neugier*, *Verlangen* zaspokajać ⟨-koić⟩; **~d** zadowalający (-co)
Be'friedigung *f* (*0*) zaspokojenie; (*Genugtuung*) zadowolenie
be'fristet *adj* terminowy; *ppf* **~ *auf drei Jahre*** na okres trzech lat
be'frucht|en (-) zapładniać ⟨-płodnić⟩ (*t. fig*); **2ung** *f* zapłodnienie
Be'fugnis *f* (-; -*se*) uprawnienie; *pl t.* kompetencje *f/pl*
be'fugt (***zu***) uprawniony, upoważniony (do *G*)
be'fühlen (-) macać, obmac(yw)ać
Be'fund *m* wynik badania; orzeczenie; *med* ***ohne* ~** bez zmian
be'fürchten (-) *v/t* obawiać się (*G*)
Be'fürchtung *f* obawa
be'fürworten (-*e*-; -) popierać ⟨-przeć⟩
Be'fürworter(in *f*) *m* rzecznik (-iczka), orędownik (-iczka)
be|'gabt zdolny (***für*** do *G*); **2'gabung** *f* dar, zdolności *f/pl*, uzdolnienie; **~'gann** → ***beginnen***; **~'geben*** (-): ***sich***

B

~ uda(wa)ć się (**zu**, **nach**, **in** *A* do *G*, na *A*); **2'gebenheit** *f* zdarzenie
be'gegn|en (*-e-*; -; *sn*) (*D*) spot(y)kać (*A*, się z *I*); ⟨po⟩traktować (*A*); ⟨za⟩reagować (na *A*); **2ung** *f* spotkanie
be'gehen* (-) *Strecke*, *Fest* obchodzić; *Fehler*, *Tat* popełni(a)ć
be'gehr|en (-; *hat*) *v/t* pragnąć, (*t. sexuell*) pożądać; **~enswert** pożądany; *os.* ponętny; **~lich** pożądliwy (-wie)
be'geister|n (*-re*; -) zachwycać ⟨-cić⟩; (**für**) zapalać ⟨-lić⟩ (do *G*); **sich ~** (**für**) entuzjazmować się (*I*); **begeistert sein** (**von**) zachwycać ⟨-cić⟩ się (*I*)
begeister|t *adj* zachwycony; entuzjastyczny; zapalony; **2ung** *f* (*0*) zachwyt; zapał, entuzjazm
Be'gierde *f* żądza, pożądanie
be'gießen* (-) pol(ew)ać, podl(ew)ać; F (*mit Alkohol*) obl(ew)ać
Be'ginn *m* (*-s*; *0*) początek; (*e-r Veranstaltung*) rozpoczęcie (się); **zu ~** na początku, z początkiem; **2en*** (-) rozpoczynać, zaczynać ⟨-cząć⟩ (*v/i* się)
be'glaubig|en (-) uwierzytelni(a)ć; **2ung** *n* uwierzytelnienie
be'gleichen* (-) ⟨u⟩regulować
Be'gleit|adresse *f* adres pomocniczy; **2en** (*-e-*; -) *v/t* towarzyszyć (*D*); odprowadzać ⟨-dzić⟩ (**zu** na *A*, do *G*); *muz* akompaniować (*D*); **~er(in** *f*) *m* osoba towarzysząca, towarzysz(ka); (*Wache*) konwojent(ka); akompaniator(ka); **~erscheinung** *f* zjawisko towarzyszące; **~schreiben** *n* pismo przewodnie; **~schutz** *m* eskorta; **~umstände** *m/pl* (*G*) okoliczności *f/pl* towarzyszące (*D*)
Be'gleitung *f* (*zw. 0*) towarzyszenie; **in ~** w towarzystwie/asyście; → ***Begleiter***
be|'glücken (-) uszczęśliwi(a)ć; **~'glückwünschen** (-) ⟨po⟩gratulować (***j-n zu*** k-u *G*); **~'gnadigen** (-) ułaskawi(a)ć; **2'gnadigung** *f* ułaskawienie
be|'gnügen (-): **sich ~** (**mit**) zadowalać ⟨-wolić⟩ się (*I*); **~'gonnen** → ***beginnen***; **~'graben*** (-) pogrzebać *pf* (*t. fig*)
Be'gräbnis *n* (*-ses*; *-se*) pogrzeb
be'greif|en* (-) pojmować ⟨-jąć⟩; **~lich** zrozumiały; **~ machen** ⟨wy⟩tłumaczyć
be'grenz|en (-) ograniczać ⟨-czyć⟩; **~t** *adj* ograniczony; **2ung** *f* ograniczenie
Be'griff *m* pojęcie; **im ~ sein zu** właśnie zamierzać (+ *inf*); **... ist mir kein ~** nie słyszałem (o *L*); **2en: ~ sein in** (*D*) być w trakcie (*G*), zaczynać (+ *inf*)
be'griffsstutzig niepojętny
be'gründ|en (-) uzasadni(a)ć (**mit** *I*); → ***gründen***; **2ung** *f* uzasadnienie
be|'grünen (-) zazieleni(a)ć; **~'grüßen** (-) ⟨przy-, *t. fig* po⟩witać (**sich** się)
Be'grüßung *f* powitanie; **zur ~** na powitanie; **~s-** *w zł.* powitalny
be'günstig|en (-) *v/t* sprzyjać (*D*); *os. t.* faworyzować; **2ung** *f hdl* uprzywilejowanie; *jur* poplecznictwo
be|'gutachten (*-e-*; -) ⟨za⟩opiniować (*A*), wyda(wa)ć opinię (o *L*); **~'gütert** zamożny; **~'haart** owłosiony; **~'häbig** ociężały (-le); (*dick*) zażywny; ⒸⒽ → ***stattlich***, ***wohlhabend***
be'hag|en (-; *D*) trafi(a)ć do gustu, F smakować (*D*); **2en** *n* (*-s*; *0*) błogie uczucie, zadowolenie; **~lich** błogi (-go), przyjemny; *Raum*: przytulny
be|'halten* (-) zatrzym(yw)ać (dla/u siebie); zachow(yw)ać (**für sich** przy sobie); **2'hälter** *m* zbiornik; pojemnik; kontener; → ***Gefäß***, ***Kiste*** *itp.*
be'hand|eln (-) *v/t* obchodzić ⟨obejść⟩ się (z *I*), (*t. Thema itp.*) ⟨po⟩traktować (*A*); *Kranke* leczyć; *agr*, *chem* (**mit**) podda(wa)ć działaniu (*G*); **2lung** *f* obchodzenie się; traktowanie; poddanie działaniu; *med* leczenie, terapia
be'harr|en (-) (**auf** *D*) trwać, obstawać (przy *L*); **~lich** uporczywy (-wie); (*ausdauernd*) wytrwały (-le); **2lichkeit** *f* (*0*) uporczywość *f*; wytrwałość *f*
be'haupten (*-e-*; -) twierdzić, utrzymywać; *Stellung* utrzym(yw)ać (**sich** się)
Be'hauptung *f* twierdzenie
Be'hausung *f* mieszkanie, pokój
be'heben* (-) usuwać ⟨usunąć⟩
be|'heizt opalany; **~'helfen*** (-): **sich** (*D*) **~** (**mit**) ⟨po⟩radzić sobie (przy pomocy *G*); **~'helfsmäßig** prowizoryczny; **~'helligen** (-) → ***belästigen***
be'herbergen (-) *v/t* przenocować *pf* (*A*), udzielać ⟨-lić⟩ gościny (*D*)
be'herrsch|en (-) *v/t* panować (nad *I*; *t. überragen*); (*zähmen*) opanow(yw)ać (**sich** się); *Sprache* władać (*I*); **2ung** *f* panowanie; opanowanie; władanie
be|'herzigen (-) *v/t* ⟨u⟩słuchać (*G*); **~'herzt** dzielny; **~'hilflich: ~ sein** (***j-m bei***) być pomocnym (k-u w *L*)
be'hinder|n (-) utrudni(a)ć; (***j-n bei***) przeszkadzać (k-u w *L*); *sport* potrącać

⟨-cić⟩; **~t** *med* upośledzony, niepełnosprawny; **2ten-** *w.zł.* ... dla niepełnosprawnych; **2ung** *f* utrudnianie; przeszkadzanie; upośledzenie
Be'hörde *f* urząd; **~n** *pl t.* władze *f/pl*
be'hördlich urzędowy (-wo)
be'hüten (-) ⟨u⟩strzec (**vor** *D* przed *I*); **Gott behüte!** uchowaj Boże!
be'hutsam ostrożny, delikatny
bei *praep* (*D*) koło, u, za (*G*), przy, na, o, w (*L*), pod (*I*); (*während*) podczas (*G*); → *Rektionsangaben bei den einzelnen Stichwörtern*; **~ Berlin** pod Berlinem, koło Berlina; **~ der Arbeit** przy/w pracy; **~ euch** u was; **~ Tagesanbruch** o świcie; **~ Nacht** w nocy; **~ der Post** na poczcie; **~m Fahren** podczas jazdy
beibehalten* (-) zachow(yw)ać
beibringen* (**j-m** *A*) wpajać ⟨wpoić⟩ (k-u *A*), ⟨na⟩uczyć (k-o *G*); *Wunde, Niederlage* zada(wa)ć; → **mitteilen**
Beicht|e *f* spowiedź *f*; **2en** (-*e*-) *v/t* ⟨wy⟩spowiadać się (z *G*); *fig* wyzna(wa)ć (*A*); **~stuhl** *m* konfesjonał
beide ob(ydw)aj, ob(ydw)ie *f*, ob(ydw)oje; **alle ~** obaj, obie, oboje; **einer/eins von ~n** jeden/jedno z dwojga; **~s** jedno i drugie; **mit ~n Händen** oburącz
beiderseit|ig obustronny, obopólny; **~s** *praep* (*G*) po obu stronach (*G*)
beiein'ander jeden/jedno (jedna) przy drugim (drugiej), obok siebie
Beifahrer|(in *f*) *m* pomocnik (-ica) kierowcy; pasażer(ka); **~sitz** *m* siedzenie obok kierowcy
Beifall *m* (-*s*; *0*) oklaski *m/pl*; *fig* poklask; **~ klatschen** (*D*) oklaskiwać (*A*)
bei|fällig przychylny; *praed* aprobująco; **~fügen** (*D*) dołączać ⟨-czyć⟩ (do *G*)
beige [beːʃ, 'beːʒə] beż(owy)
beigeben* (*D*) doda(wa)ć (do *G*); F **klein ~** ustępować ⟨ustąpić⟩
Bei|geschmack *m* (-*s*; *0*) posmak; **~hilfe** *f* zapomoga; *jur* pomocnictwo
beikommen* (*D*) poradzić *pf* sobie (z *I*)
Beil *n* (-*e*s; -*e*) topór, siekiera
Bei|lage *f* dodatek; (*Anlage*) załącznik; **Gemüse/Reis/Kartoffeln als ~** z jarzyną/ryżem/ziemniakami; **2läufig** uboczny; *adv* nawiasem; Ⓐ okoł
beilegen *Streit* zażegn(yw)ać; → **beifügen**, **beimessen**
bei'leibe: ~ nicht bynajmniej
Beileid *m* (-*e*s; *0*): **sein ~ bekunden** złożyć / wyrażać ⟨-razić⟩ kondolencje; **mein** (**aufrichtiges**) **~!** proszę przyjąć wyrazy (głębokiego) współczucia!; **~s-** kondolencyjny
beiliegend załączony; *adv* w załączeniu
beim = **bei dem**; → **bei**
bei|messen* (*D*) przywiąz(yw)ać (do *G*); **~mischen** (*D*) doda(wa)ć (do *G*)
Bein *n* (-*e*s; -*e*) noga; (*Knochen*) kość *f*; (*Hosen2*) nogawka; F **sich auf die ~e machen** wyruszać w drogę; *fig* **auf die ~e stellen** zorganizować, zrealizować
beinah(e) prawie; o mało co nie
beinamputiert beznogi
Beinbruch *m* złamanie nogi
be'inhalten (-*e*-; -) zawierać ⟨zawrzeć⟩
bein|hart twardy jak kość; **2prothese** *f* proteza kończyny dolnej
Beipackzettel *m* ulotka dołączona do opakowania
beipflichten (-*e*-) (*D*) ⟨za⟩aprobować (*A*), zgadzać ⟨zgodzić⟩ się (z *I*, na *A*)
Beirat *m* kolegium doradcze
be'irren: sich nicht ~ lassen nie dawać ⟨dać⟩ się zbić z tropu
bei'sammen razem; **2sein** *n* spotkanie
Beischlaf *m* stosunek płciowy
Beisein *n*: **im ~** (**von**, *G*) w obecności (*G*)
bei'seite na bok, na stronę; **~ lassen** nie brać po uwagę; **~ legen** odkładać ⟨odłożyć⟩ (na bok; *fig* **für** na kupno *G*); **~ schaffen** usuwać ⟨usunąć⟩; (*stehlen*) ⟨u⟩kraść
beisetzen → **bestatten**
Beisitzer(in *f*) *m* ławnik
Beispiel *n* przykład; (*Vorbild t.*) wzór; **zum ~** na przykład; **sich ein ~ nehmen an** (*D*) brać przykład (z *G*); **2haft** przykładny, wzorowy (-wo); **2los** bezprzykładny
beispielsweise na przykład
beißen* *v/t* kąsać ⟨ukąsić⟩, ugryźć *pf*; *v/i Tier*: kąsać (się); *Rauch*: szczypać; *Gewürz*: palić, piec; *Fische*: brać; F **nichts zu ~ haben** nie mieć co jeść; **~d** gryzący (*t. fig*); szczypiący, piekący
Beißzange *f* obcęgi *pl*
Beistand *m* (*0*) pomoc *f*, poparcie
bei|stehen* (*D*) wspierać ⟨wesprzeć⟩ (*A*); **~steuern** (**zu**) wnosić ⟨wnieść⟩ swój wkład/swoją część (do *G*)
Beitrag *m* (-*e*s; ⸚*e*) wkład (**zu** do *G*, w *A*);

(*Mitglieds*≈ *usw.*) składka; (*Aufsatz*) przyczynek
beitragen* (**zu**) przyczyni(a)ć się (do *G*)
beitreten (*D*) wstępować ⟨wstąpić⟩ (do *G*); przystępować ⟨-stąpić⟩ (do *G*)
Beitritt *m* wstąpienie; przystąpienie, akces (**zu** do *G*)
Beiwagen *m* przyczepa motocykla
beiwohnen (*D*) być obecnym (przy *I*)
Beize *f* zaprawa, bejca
bei'zeiten *adv* zawczasu
beizen (-*zt*) bejcować
be'jahen (-) *Frage* potwierdzać ⟨-dzić⟩; *Plan* ⟨za⟩aprobować; **~d** *Antwort*: twierdzący (-co); afirmatywny
be'jahrt niemłody (-do), leciwy (-wie)
Be'jahung *f* potwierdzenie, zgoda
be'kämpf|en (-) zwalczać ⟨-czyć⟩; **≈ung** *f* (*0*) zwalczanie (*G*), walka (z *I*)
be'kannt *ppf* → **bekennen**; *adj* znany (**für** z *G*; **als** jako); (*geläufig*) wiadomy (-mo); *os.* znajomy; **~ machen** (**mit**) zapozna(wa)ć (z *I*); **~ werden** (**mit**) pozna(wa)ć (*A*); **≈e(r)** znajomy (-ma); **≈enkreis** *m* grono znajomych; **≈gabe** *f* (*0*) podanie do wiadomości; **~geben*** poda(wa)ć do wiadomości, powiadamiać ⟨-domić⟩; **~lich** *adv* jak wiadomo; **~machen** ogłaszać ⟨-głosić⟩; **≈machung** *f* ogłoszenie, obwieszczenie
Be'kanntschaft *f* znajomość *f*; *zbior* znajomi *m*/*pl*; *j-s* **~ machen** zawierać ⟨zawrzeć⟩ znajomość (z *I*)
be'kanntwerden* wychodzić ⟨wyjść⟩ na jaw
be|'kehren (-) nawracać ⟨-rócić⟩ (**sich** się; **zu** na *A*); **~'kennen*** (-) wyzna(wa)ć (*impf t. Glauben*); **sich ~ zu** opowiadać ⟨-wiedzieć⟩ się (za *I*); **sich schuldig ~** przyzna(wa)ć się do winy
Be'kenntnis *n* wyznanie; opowiedzenie się (**zu** *etw* za *I*)
be'klag|en (-) opłak(iw)ać; **sich ~** (**über** *A*) użalać się (na *A*); **~enswert** godny pożałowania; **≈te(r)** pozwany (-na)
be|'kleben (-) oklejać ⟨-leić⟩, oblepi(a)ć; **~'kleckern** F (-) zachlapać *pf* (**sich** się); **~'kleiden** (-) *Amt* sprawować, piastować
Be'kleidung *f* (*zw. 0*) odzież *f*; **~s-** odzieżowy
be'klemmend przygniatający (-co)
Be'klemmung *f* ucisk, niepokój
be'klommen *adj* niespokojny, trwożny
be'kloppt P głupkowaty (-to), puknięty
be'kommen* (-) otrzym(yw)ać, dosta(wa)ć; *Lust*, *Mut* nab(ie)rać (*G*); **ein Kind ~** urodzić dziecko; **wir ~ Regen** będzie deszcz; **er wird Ärger ~** będzie miał nieprzyjemności; *v*/*i* (*sn*): **gut** (**schlecht**) **~** (*D*) (nie) wyjść na dobre (*D*); **wohl bekomm's!** na zdrowie!
be'kömmlich zdrowy, lekko strawny
be'köstigen (-) stołować
be'kräftigen (-) potwierdzać ⟨-dzić⟩; (**j-n in** *D*) utwierdzać ⟨-dzić⟩ (k-o w *L*)
Be'kräftigung *f* potwierdzenie
be'kreuzigen (-) ⟨prze⟩żegnać (**sich** się)
be'kritzeln (-) zabazgrać *pf*
be'kümmer|n (-) ⟨z⟩martwić, napawać troską; **~t** zmartwiony, stroskany
be|'kunden (-*e*-; -) okaz(yw)ać; **~'laden*** (-) ⟨za⟩ładować (*A* **mit Sand** piasek na *A*); *ppf* obładowany (**mit** *I*)
Be'lag *m* (-*e*s; ⸚*e*) wykładzina; (*dünne Schicht*, *a. med*) nalot; **Brot mit ~** chleb z masłem/szynką/serem *itp*.
be'lager|n (-) oblegać ⟨-gnąć, oblec⟩ (*t. fig*); **≈ung** *f* oblężenie
Be'lang *m*: **von ~** ważny; **nichts von ~** nic ważnego; **≈en** (-) pociągać ⟨-gnąć⟩ do odpowiedzialności (**wegen**, **für** za *A*); **≈los** nieważny, nic nie znaczący; **~losigkeit** *f* błahostka, drobnostka
be'lasten (-) obciążać ⟨-żyć⟩ (**mit** *I*; **sich** się); (*psychisch*) ciążyć (na *L*); → **bedrücken**; **~d** obciążający
be'lästig|en (-) *v*/*t* naprzykrzać się (*D*), nagabywać (*A*); (*mit e-r Bitte*) fatygować; (*aggressiv*) zaczepi(a)ć; **≈ung** *f* nagabywanie; fatygowanie; → **Störung**
Be'lastung *f* obciążenie (*t. fig*); → **Last**
Be'lastungs|probe *f* obciążenie próbne; **~zeuge** *m* (**-gin** *f*) świadek oskarżenia
be'laufen* (-; *hat*): **sich ~ auf** (*A*) wynosić ⟨wynieść⟩ (*A*)
be'lauschen (-) podsłuch(iw)ać
be'leben (-) ożywi(a)ć (**sich** się; *t. fig*)
be'lebt ożywiony; *Straße t.*: ruchliwy
Be'lebung *f* (*0*) ożywienie
Be'leg *m* (-*e*s; -*e*) dowód; (*Quittung*) pokwitowanie; **≈en** (-) pokry(wa)ć, (*t. kulin*) obkładać ⟨obłożyć⟩ (**mit** *I*); *fin* udowadniać ⟨-wodnić⟩ dokumentami; *Platz* ⟨za⟩rezerwować; *Kurs* zapis(yw)ać się (na *A*); **mit Buße ~** ukarać grzywną

Be'legschaft *f* załoga
be'legt *Platz*: zajęty (*t. tel*); *Zunge*: obłożony; **~es Brötchen** kanapka
be'lehr|en (-) pouczać ‹-czyć›; ***sich e-s Besseren ~ lassen*** usłuchać rady (***von*** *G*); **2ung** *f* pouczenie
be'leibt korpulentny, otyły (-ło)
be'leidig|en (-) obrażać ‹-razić›; **~d** obraźliwy (-wie); **2ung** *f* obraza
be'leihen* (-) *v/t* da(wa)ć pożyczkę pod zastaw (*G*)
be'lesen *adj* oczytany
be'leucht|en (-) oświetlać ‹-lić›; *fig* naświetlać ‹-lić›; **2ung** *f* oświetlenie; naświetlenie
be'leumdet: *gut* ~ cieszący się dobrą opinią
Belgier(in *f*) [-gĭɛr] *m* Belg(ijka)
belgisch belgijski
be'lichten (-) *fot* naświetlać ‹-lić›
Be'lichtungsmesser *m* światłomierz
Be'lieben *n*: ***nach ~*** według upodobania/uznania
be'lieb|ig dowolny; **2t** lubiany; popularny, poszukiwany
be'liefern (-) zaopatrywać (***mit*** w *A*)
bellen szczekać, naszczekiwać
belle'tristisch beletrystyczny
be|'lohnen (-) wynagradzać ‹-grodzić› (***für*** za *A*); **2'lohnung** *f* nagroda; wynagrodzenie; **~'lügen*** (-) okłam(yw)ać
be'lustig|en (-) ‹u›bawić; **~d** pocieszny, zabawny; **2ung** *f* uciecha; zabawa
be'mächtigen (-): ***sich ~*** (*G*) zagarniać ‹-nąć› (*A*)
be'malen (-) ‹po›malować
be'mängeln (*-le*; -) wytykać ‹-tknąć›
be'mannt z załogą; *Flug*: załogowy
be'merk|bar (*zu sehen*) dostrzegalny; (*spürbar*) odczuwalny; ***sich ~ machen*** zwrócić na siebie uwagę; *Sache*: uwidocznić się; (*unangenehm*) dawać się we znaki; **~en** (-) zauważać ‹-żyć›; **~enswert** godny uwagi; **2ung** *f* uwaga
Be'messung *f* (*Steuer2*) wymiar
be'mitleid|en (*-e-*; -) *v/t* litować się (nad *I*); **~enswert** godny politowania
be'mühen (-) ‹po›fatygować (***zu*** do *G*; ***sich*** się); ***sich ~*** ‹po›starać się (***um*** o *A*); ***~ Sie sich nicht!*** proszę się nie fatygować!; ***bemüht sein*** troszczyć się
Be'mühung *f* staranie, trud, wysiłek
be'nachbart sąsiedni; *Land*: ościenny
be'nachrichtig|en (-) powiadamiać, zawiadamiać ‹-domić› (***von*** o *L*); **2ung** *f* zawiadomienie, powiadomienie
be'nachteiligen (-) ‹s›krzywdzić; ***sich benachteiligt fühlen*** czuć się pokrzywdzonym
be'nebelt F zawiany, pod gazem
be'nehm|en* (-): ***sich ~*** zachow(yw)ać się; **2en** *n* (*-s*; *0*) zachowanie się
be'neiden (*-e-*; -) zazdrościć (***j-n um*** k-u *G*); ***... ist nicht zu ~*** nie zazdroszczę (*D*); **~swert** godny pozazdroszczenia
be'nennen* (-) naz(y)wać
Bengel F *m* pętak, urwis, smyk
be|'nommen zamroczony; **~'noten** (*-e-*; -) ‹po›stawić ocenę; **~'nötigen** (-) *v/t* potrzebować (*G*); **~'nutzen, ~'nützen** (-) *v/t* uży(wa)ć (*G*; ***zu*** do *G*, na *A*); *Gelegenheit* ‹s›korzystać (z *G*); **2'nutzer(in** *f*) *m* użytkownik (-iczka), korzystający (-ca) (z *G*); **~'nutzerfreundlich** łatwy/prosty w użyciu, zorientowany na potrzeby użytkowników; **2'nutzung** *f*, **2'nützung** *f* uży(tko)wanie, użycie; korzystanie
Ben'zin *n* (*-s*; *0*) benzyna; *w zł.* benzynowy, ... na benzynę, ... benzyny
Benzoesäure *f* kwas benzoesowy
be'obacht|en (*-e-*; -) ‹za›obserwować; → ***bemerken***; **2er(in** *f*) *m* obserwator(ka); **2ung** *f* obserwacja; (*Ergebnis*) spostrzeżenie; **2ungsgabe** *f* (*0*) spostrzegawczość *f*
be'pflanzen (-) obsadzać ‹-dzić›
be'pinseln (-) ‹wy›pędzlować
be'quem wygodny; → ***mühelos***; ***machen Sie es sich ~*** proszę siadać; **~en: *sich ~*** raczyć; **2lichkeit** *f* wygoda; (*Faulheit*) wygodnictwo
be'rat|en* (-) *v/t* doradzać, udzielać porad (*D*); *Plan* obradować, radzić (nad *I*); *v/i* (*t.* ***sich***) naradzać ‹-dzić› się; ***sich ~ lassen*** (***von***) poradzić się (*G*); **~d** doradczy; **2er(in** *f*) *m* doradca *m*
Be'ratung *f* porada; → ***Besprechung***
Be'ratungsstelle *f* poradnia
be'raub|en (-) obrabow(yw)ać; *fig* pozbawi(a)ć; **2ung** *f* obrabowanie
be'rauschen (-) odurzać ‹-rzyć› (***sich an*** *D* się *I*); **~d** odurzający (-co)
be'rechnen (-) obliczać ‹-czyć›; policzyć *pf* (***für*** za *A*); **~d** wyrachowany
Be'rechnung *f* obliczenie; *fig* wyrachowanie
be'rechtig|en (-) (***zu***) uprawni(a)ć (do

G); **~t** *adj* uprawniony; (*legitim*) uzasadniony; **2ung** *f* uprawnienie
be'redt *Blick itp.*: wymowny
Be'reich *m* (-*ę*s; -*e*) obszar; *fig* zakres
be'reichern (-*re*; -) wzbogacać ⟨-cić⟩ (***sich*** się; ***an*** *D* na *L*)
Be'reifung *f zbior* ogumienie
be'reinigen (-) uregulować *pf*; *Mißverständnisse* usuwać ⟨usunąć⟩
be'reisen (-) objeżdżać ⟨-jechać⟩
be'reit gotowy, *praed m* gotów; **~ *sein*** (***zu***) być przygotowanym (do *G*, na *A*); **~en** (-*e*-; -) przygotow(yw)ać; *Mahl, Arznei* przyrządzać ⟨-dzić⟩; *Freude, Kummer* sprawi(a)ć; *Empfang* zgotować *pf*; **~halten*** trzymać/mieć w pogotowiu; **~machen** → ***bereiten***
be'reits już; **~ *...*, *als*** już ..., gdy
Be'reitschaft *f* gotowość *f*; *mil itp.* alert; ***in*** **~** w pogotowiu
Be'reitschafts|arzt *m* lekarz dyżurny służby pogotowia; **~dienst** *m* dyżur; pogotowie awaryjne
be'reit|stellen stawiać ⟨postawić⟩ do dyspozycji; *Mittel* przydzielać ⟨-lić⟩; **2ung** *f* przygotowanie; przyrządzenie
be'reitwillig chętny, ochoczy (-czo)
be'reuen (-) *v/t* ⟨po⟩żałować (*G*)
Berg *m* (-*ę*s; -*e*) góra; F *fig t.* kupa; ***über alle ~e sein*** uciec za dziesiątą granicę; ***über den/dem ~ sein*** przejść kryzys
berg|'ab w/na dół; **2arbeiter** *m* górnik; **~'auf** w/pod górę; **2bau** *m* (-*ę*s; *0*) górnictwo; *w zł.* górniczy
bergen* (*retten*) ⟨u⟩ratować; *Ernte* zbierać ⟨zebrać⟩; *Leiche* wydoby(wa)ć; *Gefahr* ***in sich*** **~** grozić (*I*)
Berg|führer *m* przewodnik górski; **2ig** górzysty (-to); **~kette** *f* łańcuch górski; **~mann** *m* (-*ę*s; -*leute*) górnik; **2männisch** górniczy; **~not** *f* wypadek/zaginięcie w górach; **~rutsch** *m* obsunięcie się góry; **~sport** *m* (*0*) alpinizm; **~steiger(in** *f*) *m* alpinista *m* (-tka)
Bergung *f* ratowanie; *mar* odzyskanie; zbiór; wydobycie; → ***bergen***
Bergungsaktion *f* akcja ratownicza
Berg|wacht *f* górskie pogotowie ratunkowe; **~werk** *n* kopalnia
Be'richt *m* (-*ę*s; -*e*) sprawozdanie, relacja (***über*** *A* z *G*); **2en** (-) *v/t* donosić ⟨-nieść⟩ (o *L*); (***über*** *A*, ***von***) ⟨z⟩relacjonować, ⟨z⟩referować (*A*); **~erstatter(in** *f*) *m* sprawozdawca *m* (-czyni)
be'richtig|en (-) ⟨s⟩prostować, poprawi(a)ć; **2ung** *f* sprostowanie
Ber'liner *adv* berliński
Bernstein *m* bursztyn(owy *w zł.*)
bersten* (*sn*) pękać ⟨-knąć⟩ (***vor*** z *G*)
be'rüchtigt osławiony, znany
be'rücksichtigen (-) uwzględni(a)ć
Be'ruf *m* zawód; ***von/ohne*** **~** z/bez zawodu; **2en*** (-) powoł(yw)ać (***sich*** się); ***sich ~ fühlen*** (***zu***) czuć powołanie (do *G*); **2lich** zawodowy (-wo); ***was machen Sie ~?*** w jakim zawodzie pan(i) pracuje?; **~s-** *w zł. zw.* zawodowy
Be'rufs|aussichten *f/pl* perspektywy *f/pl* zatrudnienia w danym zawodzie; **2bedingt** związany z pracą zawodową; **~beratung** *f* poradnictwo zawodowe; **2mäßig** zawodowy (-wo); **~schule** *f* szkoła zawodowa, F zawodówka; **~sportler** *m* zawodowiec; **2tätig** pracujący (zawodowo), zatrudniony; **2unfähig** niezdolny do wykonywania zawodu; **~wahl** *f* (*0*) wybór zawodu
Be'rufung *f* powołanie, nominacja; *jur* odwołanie, apelacja
be'ruhen (-) (***auf*** *D*) opierać się (na *L*); *etw* ***auf sich ~ lassen*** zaniechać *pf* (*G*)
be'ruhig|en (-) uspokajać ⟨-koić⟩ (***sich*** się); **~end** uspokajający (-co); **2ung** *f* (*0*) uspokojenie; **~s-** uspokajający
be'rühmt słynny, sławny, znakomity; **2heit** *f* sława; *os.* znakomitość *f*
be'rühren (-) *v/t* dotykać ⟨-tknąć⟩ (*G*; *pf t. fig*); *Frage* poruszać ⟨-szyć⟩; ***sich*** **~** stykać ⟨zetknąć⟩ się
Be'rührung *f* dotknięcie, dotyk; *fig* styczność *f*, kontakt
be'sag|en (-) brzmieć; **~t** wspomniany
be'sänftigen (-) udobruchać *pf*
Be'satz *m* obszycie, lamówka
Be'satz|er *m* okupant; **~ung** *f* załoga; **~s-** *mil w zł.* okupacyjny, ... okupacji
be|'saufen*(-): P ***sich*** **~** chlać ⟨uchlać się⟩; **2'säufnis** P *n* (-*ses*; -*se*) pochlaj
be'schädigen (-) uszkadzać ⟨-kodzić⟩
Be'schädigung *f* uszkodzenie
be'schaff|en (-) *v/t* dosta(wa)ć, zdoby(wa)ć (*A*); *adj* ***so*** **~** taki, takiego rodzaju; **2enheit** *f* właściwość *f*; (*Zustand*) stan; **2ung** *f* (*0*) dostanie, zdobycie; *hdl* zaopatrzenie (*G* w *A*)
be'schäftig|en (-) zajmować ⟨zająć⟩ (***sich*** się); (*beruflich*) zatrudni(a)ć; *Frage*: ⟨za⟩absorbować; **~t** *adj* zajęty (***mit***

I); zatrudniony; **≗ung** *f* zajęcie (się); zatrudnienie; **~s-** ... zatrudnienia
be'schämen (-) zawstydzać ⟨-dzić⟩; **~d** zawstydzający (-co); ***es ist ~d*** wstyd
be'schatt|en (*-e-; -*) *fig* śledzić, inwigilować; **≗ung** *f* inwigilacja
be'schaulich spokojny, niezmącony
Be'scheid *m* (*-es; -e*) informacja, odpowiedź *f*; (*amtlich*) decyzja; **~ *wissen*** (***in*** *D*) orientować się (w *L*)
be'scheiden¹* (-): ***sich ~*** (***mit***) zadowalać ⟨-wolić⟩ się (*I*); → ***beschieden***
be'scheiden² *adj* skromny
be'scheinig|en (-) poświadczać, zaświadczać ⟨-czyć⟩; **≗ung** *f* poświadczenie, zaświadczenie
be'scheißen* P (-) ⟨wy⟩kantować (***bei*** na *L*)
be'scheren (-) → ***schenken***; *Zukunft*: przynosić ⟨-nieść⟩
Be'scherung *f* (*zu Weihnachten*) gwiazdka; F ***e-e schöne ~!*** ładna historia!
be|'schichten (-) powlekać ⟨-wlec⟩; **~'schieden**: ***ihm war nicht ~*** nie było mu sądzone; **~'schießen*** (-) ostrzel(iw)ać; **~'schildern** (-) oznakować *pf*
be'schimpf|en (-) *v/t* wymyślać (*D*), zwymyślać *pf*, ⟨ze⟩lżyć (*A*); **≗ung** *f* lżenie; *pl t.* obelgi *f/pl*, wyzwiska *n/pl*
be'schissen *adj* V zasrany, parszywy
Be'schlag¹ *m* okucie; (*Hauch*) nalot
Be'schlag² *m*: ***mit ~ belegen*** zajmować ⟨-jąć⟩; → ***beanspruchen***
be'schlagen¹* (-) oku(wa)ć; *Pferd* podku(wa)ć; *v/i* (*sn*) *Glas*: ⟨za⟩potnieć
be'schlagen² F *adj* wprawny, biegły
Be'schlag|nahme *f* zajęcie, konfiskata; **≗nahmen** (-) ⟨s⟩konfiskować
be'schleunigen (-) *v/t* przyspieszać ⟨-szyć⟩; *v/i* nab(ie)rać szybkości
Be'schleunigung *f* (*0*) przyspieszenie
be'schließen* (-) ⟨z⟩decydować (*impf t. v/i*; ***über*** *A* o *L*); *Antrag* uchwalać ⟨-lić⟩; → ***beenden***
Be'schluß *m* postanowienie; uchwała
be|'schmieren (-) pacykować, zabazgrać *pf* (***mit*** *I*); → **~'schmutzen** (*-zt; -*) ⟨po⟩walać, ⟨za⟩brudzić; **~'schnuppern** (-) obwąch(iw)ać; **~'schönigen** (-) upiększać ⟨-szyć⟩ (fakty)
be'schränk|en (-) ograniczać ⟨-czyć⟩ (***sich*** się; ***auf*** *A* do *G*); **~t** ograniczony
Be'schränktheit *f* (*0*) ograniczoność *f*
Be'schränkung *f* ograniczenie
be'schreib|en* (-) opis(yw)ać; *Seite* zapis(yw)ać; **≗ung** *f* opis; *os.* rysopis
be|'schreiten* (-; *hat*) *v/t* wkraczać ⟨-roczyć⟩ (na *A*); **~'schriften** (*-e-; -*) zaopatrywać ⟨-trzyć⟩ w napis
be'schuldig|en (-) obwini(a)ć (***j-n*** *G* k-o w *L*); **≗te(r)** obwiniony (-na)
Be'schuldigung *f* obwinienie
Be'schuß *m* (*-sses; 0*) ostrzał
be'schütz|en (-) ochraniać, ⟨o⟩chronić; **≗er(in** *f*) *m* obrońca *m*, opiekun(ka)
Be'schwer|de *f* skarga, zażalenie; **~n** *pl med* dolegliwości *f/pl*; **≗en***: ***sich ~*** (***über*** *A*) skarżyć się, użalać się (na *A*); wnosić ⟨wnieść⟩ zażalenie (***bei*** do *G*)
be'schwerlich uciążliwy (-wie)
be'schwichtigen (-) uspokajać ⟨-koić⟩
be'schwindeln F (-) okpi(wa)ć
be'schwingt *Melodie*: skoczny
be'schwipst F podochocony, zawiany
be'schwören* (-) potwierdzać ⟨-dzić⟩ przysięgą; ***ich kann ~, daß*** mogę przysiąc, że; (*anflehen*) zaklinać, błagać
be'seitig|en (-) usuwać ⟨usunąć⟩; **≗ung** *f* (*0*) usuwanie, usunięcie
Besen *m* miotła, szczotka (do zamiatania); **~stiel** *m* kij do miotły
be'sessen *adj* (***von***) opętany (*I*)
be'setz|en (-) *Platz* zajmować ⟨-jąć⟩; *Posten, Rolle* obsadzać ⟨-dzić⟩; *Land* okupować *pf*; **~t** *adj* zajęty (*t. tel*); okupowany; **≗ung** *f* obsada (*t. zbior*); zajęcie; okupacja
be'sichtig|en (-) oglądać ⟨obejrzeć⟩; (*als Tourist t.*) zwiedzać ⟨-dzić⟩; **≗ung** *f* oględziny *pl*; zwiedzanie
be'siedeln (*-le; -*) zasiedlać ⟨-lić⟩
be'siegen (-) pokon(yw)ać; → ***siegen***
be'sinnen* (-): ***sich ~*** zastanawiać ⟨-nowić⟩ się; (***auf*** *A*) przypominać ⟨-pomnieć⟩ sobie (*A*)
Be'sinnung *f* (*0*) → ***Bewußtsein***; ***zur ~ kommen*** oprzytomnieć *pf*
be'sinnungslos nieprzytomny
Be'sitz *m* (*-es; 0*) posiadłość *f*, majątek; (*das Besitzen*) posiadanie; **~ *ergreifen*** (***von***) objąć w posiadanie (*A*); **~anspruch** *m jur* roszczenie posesoryjne
be'sitz|en* (-) posiadać, mieć; **≗er(in** *f*) *m* posiadacz(ka), właściciel(ka)
be'soffen *adj* F zalany, P urżnięty
be'sohlen (-) ⟨pod⟩zelować
Be'soldung *f* (*0*) uposażenie; *mil* żołd
be'sonder|e szczególny; specjalny; ≗-

B

heit *f* osobliwość *f*; **~s** *adv* szczególnie, zwłaszcza; (*separat*) osobno
be'sonnen *adj* rozważny, rozsądny; **≗heit** *f* (*0*) rozwaga, roztropność *f*
be'sorgen (-) → ***beschaffen***, ***erledigen***; *Haushalt* prowadzić
Be'sorgnis *f* (-; *-se*) obawa, niepokój; **≗erregend** niepokojący (-co)
be'sorgt *adj* (***wegen***) zatroskany (*I*)
Be'sorgung *f* załatwienie; ***~en machen*** załatwi(a)ć sprawunki
be'spielen (-) *Platte* nagr(yw)ać
be'spitzeln (*-le*; -) szpiegować
be'sprech|en* (-) omawiać ⟨omówić⟩; *Band* nagr(yw)ać (na *A*); **≗ung** *f* omówienie; recenzja; konferencja
be'spritzen (-) obryzg(iw)ać
be'sprühen opryskiw(iw)ać
besser *adj* lepszy; *adv* lepiej (***als*** niż *A*); ***es geht ihm ~*** jest mu lepiej; **~n** (*-re*) polepszać ⟨-szyć⟩, poprawi(a)ć (***sich*** się); **≗ung** *f* (*0*) polepszenie (się), poprawa; ***gute ~!*** życzę szybkiej poprawy!
best|- *adj* najlepszy; ***am ~en*** najlepiej; ***aufs ~e*** jak najlepiej; *j-n* ***zum ~en haben*** pokpiwać (z *G*); → ***Beste(s)***
Be'stand *m* (*-es*; *⸚e*) zapas, stan; (*0*) istnienie; ***~ haben*** istnieć, trwać
be'ständig stały (-le); wytrzymały (***gegen*** na *A*); **≗keit** *f* (*0*) stałość *f*
Be|'standsaufnahme *f* inwentaryzacja; **~'standteil** *m* część składowa, składnik
be|'stärken (-) umacniać ⟨umocnić⟩; **~'stätigen** (-) potwierdzać ⟨-dzić⟩ (***sich*** się); *Plan, os. itp.* zatwierdzać ⟨-dzić⟩
Be'stätigung *f* potwierdzenie; zatwierdzenie
be'statt|en (*-e-*; -) ⟨po⟩chować; **≗ungsinstitut** *n* zakład pogrzebowy
Beste *n* (*-s*; *0*) dobro; ***zu deinem ~n*** dla twego dobra; ***ich tue mein ~s*** robię co mogę; → ***best-***
be'stech|en* (-) *v/t* przekupywać ⟨-pić⟩ (*A*); *fig* urzekać ⟨-rzec⟩ (***durch*** *I*); **~lich** przekupny; **≗ung** *f* łapownictwo
Be'stechungs|affäre *f* afera łapownicza; **~geld** *n* łapówka
Be'steck *n* (*-es*; *-e*) sztućce *m/pl*; *med* komplet narzędzi chirurgicznych
be'stehen* (-) *v/i* istnieć; trwać; (***aus***) składać się (z *G*); (***in*** *D*) polegać (na *L*); (***auf*** *D*) obstawać (przy *L*); *v/t Prüfung* zdać *pf*; *Probe* przejść *pf*; ***es besteht kein(e) ...*** nie ma żadnego (-nej) ...
be'stehenbleiben* pozosta(wa)ć
be'stehlen* (-) okradać ⟨okraść⟩
be'steigen* (-, *hat*) wchodzić ⟨wejść⟩ (na *A*); *Pferd* dosiadać ⟨-siąść⟩ (*G*)
be'stell|en (-) zamawiać ⟨zamówić⟩; (*ernennen*) wyznaczać ⟨-czyć⟩; *Grüße* przekaz(yw)ać; *Feld* uprawiać; *j-n* ***zu sich ~*** wzywać ⟨wezwać⟩ (*A*); **≗er(in** *f*) *m* zamawiający (-ca); **≗nummer** *f* numer katalogowy; **≗ung** *f* zamówienie
bestenfalls w najlepszym wypadku
bestens (jak) najlepiej, bardzo dobrze
be'steuern (-) opodatkow(yw)ać
Bestie ['bɛstĭə] *f* bestia
be'stimm|en (-) *v/t* ustalać ⟨-lić⟩; wyznaczać ⟨-czyć⟩ (*t.* ***j-n zu*** k-o na *A*); przeznaczać ⟨-czyć⟩ (***für*** na *A*, dla *G*); (*feststellen*) określać ⟨-lić⟩; → ***anordnen***; *v/i* (***über*** *A*) ⟨za⟩decydować (o *L*); **~t** *adj* pewny; określony; *Ton*: stanowczy (-czo); **≗theit** *f* (*0*) pewność *f*; stanowczość *f*; **≗ung** *f* określenie; przeznaczenie (*t. Ziel, Schicksal*); → ***Vorschrift***; **~s-** ... przeznaczenia
Best|leistung *f* rekord; **'≗'möglich** możliwie jak najlepszy/najlepiej
be'stohlen: ***ich bin ~ worden*** okradziono mnie, skradziono mi ...
be'straf|en (-) ⟨u⟩karać (***für***, ***wegen*** za *A*); **≗ung** *f* ukaranie; ***zur ~*** za karę
Be'strahlung *f* naświetlanie
be'strebt: ***~ sein*** (***zu***) starać się (*inf*)
Be'strebungen *f/pl* usiłowania *n/pl*
be'strei|chen* (-) → ***streichen***; **~ken** (-) *v/t* zastosow(yw)ać strajk (wobec *G*)
be'streiten* (-) *v/t* zaprzeczać ⟨-czyć⟩ (że), negować (*A*); *Recht* odmawiać ⟨-mówić⟩ (*G*); *Kosten* opłacać ⟨-cić⟩; *Wettkampf* brać ⟨wziąć⟩ udział (w *L*)
be|'streuen (-) posyp(yw)ać; **~'stücken** (-) wyposażać ⟨-żyć⟩ (***mit*** w *A*); **~'stürmen** bombardować, zasyp(yw)ać
be'stürz|t *adj* skonsternowany; **≗ung** *f* (*0*) konsternacja; → ***Erschütterung***
Be'such *m* (*-es*; *-e*) odwiedziny *pl*, wizyta; (*regelmäßig*) uczęszczanie (do *G*, na *A*); (*im Gefängnis*) widzenie; *os.* gość *m*, goście *pl*; ***zu ~ kommen*** przyjść/przyjechać w gościnę; ***zu ~ sein*** gościć, bawić; **≗en** (-) odwiedzać ⟨-dzić⟩; **~er(in** *f*) *m* gość *m*, odwiedzający (-ca)
Be'suchs|erlaubnis *f* zezwolenie na odwiedziny/widzenie; **~zeit** *f* czas odwiedzin/widzenia

be'tagt podeszły w latach, sędziwy
be'tätigen (-) uruchamiać ⟨-chomić⟩; *Taste* naciskać ⟨-snąć⟩; ***sich ~ als*** działać/pracować jako
Be'tätigungsfeld *n* pole działania
be'täub|en (-) ogłuszać ⟨-szyć⟩; *Kummer, Gewissen* zagłuszać ⟨-szyć⟩; *med* (*örtlich*) znieczulać ⟨-lić⟩; **≈ungsmittel** *n* środek odurzający/znieczulający
Bete *f*: ***rote ~*** burak ćwikłowy, ćwikła
be'teilig|en (-) (***j-n an*** *D*) dopuszczać ⟨-puścić⟩ do udziału (k-o w *L*); ***sich ~*** brać ⟨wziąć⟩ (*hdl* mieć) udział, uczestniczyć (w *L*); **≈te(r)** uczestnik (-iczka); **≈ung** *f* udział (*t. hdl*), uczestnictwo
beten (*-e-*) *v/i* ⟨po⟩modlić się; *v/t* odmawiać ⟨-mówić⟩
be'teuern (*-re*; -) *v/t* zapewni(a)ć (o *L*)
Beton [-'tɔŋ, -'to:n] *m* (*-s*; *-s*/*-e*) beton
be'tonen (-) ⟨za⟩akcentować
beto'nieren (-) ⟨za-, wy⟩betonować
Be'tonklotz *m pej* budowla betonowa
be'tont *fig* → ***übertrieben***, ***besonders***
Be'tonung *f* akcent, przycisk
Be'tonwerk *n* betonownia
be'törend czarujący (-co), ponętny
Be'tracht: ***in ~ kommen*** wchodzić w rachubę; ***in ~ ziehen*** brać ⟨wziąć⟩ pod rozwagę
be'trachten (-) *v/t* oglądać ⟨obejrzeć⟩ (*A*), przyglądać się (*D*); przeglądać się (***sich im Spiegel*** w lustrze); *fig* uważać (***sich*** się; ***als*** za *A*, jako)
Be'trachter(in *f*) *m* obserwator(ka)
be|'trächtlich znaczny; **≈'trachtung** *f* oglądanie, obejrzenie; *fig* **~en** rozważania *n/pl* (***über*** *A* o *L*, na temat *G*)
Be'trag *m* (*-ęs*; *⁼e*) suma, kwota; ***im ~ von ...*** na sumę ...
betragen* (-) wynosić ⟨-nieść⟩; ***sich ~*** sprawować się
Be'tragen *n* sprawowanie (się)
be'treffen* (-) *v/t* dotyczyć (*G*), odnosić ⟨-nieść⟩ się (do *G*); ***was ... betrifft*** jeśli chodzi o (*A*); **~d** dany; dotyczący (*G*)
be'treiben* (-) *Gewerbe*, *Sport* uprawiać; *Studien*, *Unternehmen* prowadzić; ***auf Betreiben von*** za sprawą (*G*)
be'treten¹* (-; *hat*) *v/t* wchodzić ⟨wejść⟩ (do *G*, na *A*), wychodzić ⟨wyjść⟩ (na *A*)
be'treten² *adj* zakłopotany; *Schweigen*: przykry; *praed* z zakłopotaniem
be'treu|en (-) *v/t* opiekować się (*I*); patronować (*D*); **≈er(in** *f*) *m* opiekun(ka)
Be'treuung *f* (*0*) opieka; patronat
Be'trieb *m* (*-ęs*; *-e*) zakład (pracy); (*0*) ruch; *tech t.* eksploatacja; ***in ~ sein*** być w ruchu, pracować; ***außer ~ sein*** nie działać; ***außer ~ setzen*** zatrzymać, wyłączyć; **≈lich** zakładowy
Be'triebs|angehörige(r) członek załogi; **~anleitung** *f* instrukcja obsługi; **~ferien** *pl* urlop zbiorowy; **~kapital** *n* kapitał zakładowy; **~kosten** *pl* koszty *m/pl* eksploatacji; **~leiter(in** *f*) *m* kierownik (-iczka) zakładu; **~rat** *m* rada zakładowa; *os.* członek rady zakładowej; **≈sicher** niezawodny w użyciu/działaniu; **~system** *n EDV* system operacyjny; **~wirtschaft** *f* ekonomika i organizacja przedsiębiorstwa
be'trinken*(-): ***sich ~*** upi(ja)ć się
be|'troffen → ***bestürzt***; (***von***) dotknięty (*G*); **~'trüblich** smutny
be'trübt zmartwiony
Be'trug *m* (*-ęs*; *0*) oszustwo
be'trüg|en* (-) oszuk(iw)ać; *Ehepartner* zdradzać ⟨-dzić⟩; **≈er(in** *f*) *m* oszust (-ka); **~erisch** oszukańczy (-czo)
be'trunken *adj* pijany, upity
Bett *n* (*-ęs*; *-en*) łóżko; (*Bettzeug*) pościel *f*; (*Flußbett*) koryto; ***ins/zu ~ gehen*** iść do łóżka; **~couch** *f* wersalka
bettelarm goły jak święty turecki
Bette|'lei *f* żebranina; **≈ln** (*-le*) żebrać
betten (*-e-*) *Kopf*, *Tote* składać ⟨złożyć⟩
Bettgeschichte F *f* łóżkowa historia
bettläg(e)rig obłożnie chory
Bettler(in *f*) *m* żebrak (-aczka)
Bett|ruhe *f* leżenie w łóżku; **~schüssel** *f* basen; **~wäsche** *f* bielizna pościelowa
beug|en zginać ⟨zgiąć⟩ (*t. fiz*); pochylać, schylać ⟨-lić⟩ (***sich*** się; ***über*** *A* nad *I*); *gr* odmieni(a)ć; **≈ung** *f gr* odmiana
Beule *f* guz; (*Delle*) wgniecenie
be'unruhig|en (-) ⟨za⟩niepokoić (***sich*** się); **≈ung** *f* (-) zaniepokojenie
be|'urkunden (*-e-*; -) *v/t* sporządzać ⟨-dzić⟩ akt (*G*); **~'urlauben** (-) *v/t* udzielać ⟨-lić⟩ urlopu (*D*); zwalniać ⟨zwolnić⟩ (***für e-e Stunde*** na godzinę); (*vom Amt*) zawieszać ⟨-esić⟩ w czynnościach; **~'urteilen** (-) oceniać ⟨-nić⟩
Be'urteilung *f* ocena; (*Zeugnis*) opinia
Beute *f* zdobycz *f* (*t. zoo*), łup (*t. fig*)
Beutel *m* torba, *dim* torebka
Beutezug *m* wyprawa łupieska

be'völker|n (*-re*; -) zaludni(a)ć; **ⓢung** *f* ludność *f*; **~s-** ... ludności/zaludnienia
be'vollmächtig|en (-) upoważni(a)ć (***zu*** do *G*); **ⓢte(r)** pełnomocnik (-iczka)
be'vor *conj* (za)nim; ***nicht ~ ...*** nie wcześniej aż ...; **~munden** (*-e-*; -) (stale) kontrolować; **~stehen*** zbliżać się, nadchodzić; ***ihm steht ... bevor*** jego oczekuje ...; **~d** nadchodzący; oczekiwany; **~zugen** (-) faworyzować; (*vorziehen*) woleć; **~zugt** *adj* uprzywilejowany; *praed* w pierwszej kolejności
be'wach|en (-) *v/t* strzec, pilnować (*G*); **ⓢer(in** *f*) *m* strażnik (-iczka); konwojent(ka); **~sen** *adj* (***mit***) porosły, zarośnięty (*I*); **ⓢung** *f* ochrona, strzeżenie; ***unter ~*** pod konwojem
be'waffn|et zbrojny; *os.* uzbrojony (***mit*** w *A*); **ⓢung** *f* uzbrojenie; → ***Waffe***
be|'wahren (-) zachow(yw)ać; uchronić *pf* (***vor*** *D* przed *I*); **~'währen** (-): ***sich ~*** nie zawodzić ⟨zawieść⟩ (***als*** jako); wytrzymać *pf* próbę; **~'wahrheiten** (*-e-*;-): ***sich ~*** sprawdzać ⟨-dzić⟩ się; **~'währt** *os.* doświadczony; *Methode*: niezawodny; **ⓢ'währung** *f* wykazanie swoich zalet; *jur* warunkowe zawieszenie kary; ***ohne ~*** bez zawieszenia
Be'währungs|frist *f* okres próby; **~helfer(in** *f*) *m* kurator(ka) sądowy (-wa)
be|'wältigen (-) *v/t* dać sobie radę (z *I*), podołać *pf* (*D*); **~'wandert:** ***~ sein*** (***in*** *D*) być obeznanym (z *I*)
Be'wässerung *f* nawadnianie, irygacja
be'weg|en¹ (-) *v/t* ⟨po⟩ruszać, ruszyć *pf* (*I*, *A*; ***von der Stelle*** z miejsca); *fig* (*rühren*) wzruszać ⟨-szyć⟩ (*A*); *Gedanke*: nurtować (*A*); ***sich ~*** ⟨po⟩ruszać się; **~en²*** nakłaniać, skłaniać ⟨-łonić⟩ (***zu*** do *G*); **~end** wzruszający (-co)
Be'weg|grund *m* pobudka; **ⓢlich** ruchomy (-mo); **ⓢt** *adj* niespokojny; *os.* wzruszony; **~ung** *f* ruch (*t. pol*); (***sich***) ***in ~ setzen*** ruszyć (z miejsca)
Be'wegungsfreiheit *f* (*0*) swoboda poruszania się; *fig* swoboda ruchów
be'wegungslos nieruchomy (-mo)
Be'weis *m* (*-es*; *-e*) dowód; ***zum ~*** (*G*) na dowód (*G*); **~aufnahme** *f* postępowanie dowodowe; **ⓢbar** dający się udowodnić; **ⓢen*** (-) *v/t* udowadniać ⟨-wodnić⟩ (*A*), (*t. zeigen*) dowodzić ⟨-wieść⟩ (*G*); **~stück** *n* dowód rzeczowy
be'werb|en* (-): ***sich ~*** (***um***) starać/ubiegać się (o *A*); kandydować (na *A*, do *G*); **ⓢer(in** *f*) *m* kandydat(ka); **ⓢung** *f* ubieganie się (o *A*); → **ⓢungsschreiben** *n* podanie o przyjęcie (do pracy, na posadę, na uczelnię *itp.*)
be'werkstelligen (-) *v/t* zdołać *pf*
be|'werten (-) oceni(a)ć; **ⓢ'wertung** *f* ocena; *hdl*, *fin t.* wycena; **~'willigen** (-) *v/t* zezwalać ⟨-wolić⟩ (na *A*); *Gelder* przydzielać ⟨-lić⟩; **~'wirken** (-) ⟨s⟩powodować, sprawi(a)ć
be'wirt|en (*-e-*; -) ⟨po⟩częstować, podejmować; **~schaften** (-) prowadzić; *Hof* gospodarować (na *L*); *ekon t.* reglamentować; **ⓢung** *f* poczęstunek; (*G*) przyjęcie (dla *G*)
be'wohn|bar nadający się do zamieszkania; **~en** (-) *v/t* mieszkać (w *L*)
Be'wohner(in *f*) *m* mieszkaniec (-nka)
be'wohnt zamieszkały
be'wölken (-): ***sich ~*** zachmurzać się, ⟨za⟩chmurzyć się
be'wölk|t *adj* chmurny (-no), zachmurzony; **ⓢung** *f* zachmurzenie
Be'wunder|er *m* (**~in** *f*) wielbiciel(ka)
be'wundern (-) podziwiać
be'wundernswert godny podziwu
Be'wunderung *f* (*0*) podziw
be'wußt świadomy (-mie); (*besagt*) wiadomy; ***sich ~ sein*** (*G*) zda(wa)ć sobie sprawę (z *G*); ***sich ~ werden*** (*G*) uświadamiać ⟨-domić⟩ sobie (*A*)
be'wußtlos nieprzytomny; ***~ werden*** stracić przytomność
Be'wußtlosigkeit *f* nieprzytomność *f*
Be'wußtsein *n* (*-s*; *0*) świadomość *f*; ***bei ~*** przytomny
be'zahl|en (-) ⟨za⟩płacić (***für*** za *A*); opłacać ⟨-cić⟩ (***im voraus*** z góry); ***mit dem Leben ~*** (***für***) przypłacić życiem (*A*); **~t:** ***sich ~ machen*** opłacać ⟨-cić⟩ się; **ⓢung** *f* zapłata; ***gegen ~*** za opłatą
be'zaubern (-) oczarow(yw)ać; **~d** czarujący (-co)
be'zeichn|en (-) oznaczać ⟨-czyć⟩; określać ⟨-lić⟩ (***als*** jako); **~d** znamienny, typowy; **ⓢung** *f* oznaczenie; określenie; (*Name*) nazwa
be'zeugen (-) poświadczać ⟨-czyć⟩
be'zichtigen (-) posądzać ⟨-dzić⟩ (o *A*)
be'ziehen* (-) *Möbel* pokry(wa)ć; *Bett* ⟨po⟩słać; *Haus* wprowadzać ⟨-dzić⟩ się (do *G*); *Stellung* zajmować ⟨-jąć⟩; *Lohn*, *Rente* pobierać; *Ware* sprowa-

dzać ⟨-dzić⟩; *Zeitung* prenumerować; *Uni* wstępować ⟨wstąpić⟩ (na *A*); F *Prügel* dosta(wa)ć; ***sich ~ auf*** (*A*) odnosić się (do *G*); → ***bewölken***, ***berufen***
Be'ziehung *f* stosunek; ***in dieser/jeder ~*** pod tym/każdym względem; F ***durch ~en*** po znajomości; **≗slos** bez związku
be'ziehungsweise względnie, albo
Be'zirk *m* (-*ęs*; -*e*) dzielnica; rejon; (*pol, Wahlbezirk*) okręg; **~s-** dzielnicowy; rejonowy; okręgowy
be'zug: ***in ~ auf*** (*A*) odnośnie do (*G*)
Be'zug *m* (-*ęs*; ⁻*e*) pokrycie, obicie; *hdl* sprowadzanie, zakup; pobieranie; prenumerata; → ***beziehen***; ***~ nehmen auf*** (*A*) powoł(yw)ać się na (*A*)
Be'züg|e *m/pl* pobory *m/pl*, uposażenie; **≗lich** *gr* względny; *praep* (*G*) → ***bezug***
be'zugs|fertig wykończony; **≗quelle** *f* źródło nabycia/zaopatrzenia
be|'zwecken (-) mieć na celu; **~'zweifeln** (-) *v/t* powątpiewać (w *A*, o *L*)
be'zwingen* (-) pokon(yw)ać, zmóc *pf*; *Gipfel* zdoby(wa)ć
Bibel *f* (-; -*n*) biblia; *rel* (*0*) Biblia
Biber *m* bóbr; *w zł.* bobrowy
Biblio'thek *f* biblioteka
biblisch biblijny
bieder *pej* niewymyślny, niewyszukany
biegen* *v/t* zginać ⟨zgiąć⟩ (***sich*** się); *v/i* skręcać ⟨-cić⟩ (***nach links*** na lewo)
biegsam giętki (-ko), gibki (-ko)
Biegung *f* skręt, zakręt
Biene *f* pszczoła; F ***flotte ~*** fajna babka; ***~n-*** pszczeli
Bienen|stock *m* ul; **~zucht** *f* (*0*) hodowla pszczół, pszczelarstwo
Bier *n* (-*ęs*; -*e*) piwo; **~deckel** *m* podstawka (pod kufel); **~lokal** *n* piwiarnia
Biest *n* (-*ęs*; -*er*) *pej* bestia
bieten* *Chance* da(wa)ć; *Komfort itp.* zapewni(a)ć; *Preis* ⟨za⟩oferować; ***sich etw nicht ~ lassen*** nie pozwalać (na *A*); ***sich ~*** nadarzać ⟨-rzyć⟩ się, (*t. Anblick*) przedstawi(a)ć się
Bi'lanz *f* bilans(owy *w zł.*); **~aufstellung** *f* sporządzenie bilansu
Bi'lanzwert *m* wartość księgowa
bilateral dwustronny, bilateralny
Bild *n* (-*ęs*; -*er*) obraz (*t. fig*); ilustracja; fotografia; ***im ~e sein*** być zorientowanym; ***sich ein ~ machen*** (***von***) wyrobić sobie zdanie (o *L*); **~aufzeichnung** *f* nagranie na taśmie magnetowidowej
Bildband *m drk* fotozestaw
bilden (-*e*-) ⟨u⟩tworzyć (***sich*** się); (*sein*) stanowić; *Urteil* wyrabiać ⟨-robić⟩ (***sich*** sobie); (*ausbilden, entwickeln*) wykształcać, ⟨wy⟩kształcić (***sich*** się)
Bilderbuch *n* książka z obrazkami
Bildergalerie *f* galeria obrazów
Bildfläche *f fig*: ***von der ~ verschwinden*** znikać ⟨-knąć⟩ z widowni
bildhaft obrazowy (-wo), plastyczny
Bild|hauer(in *f*) *m* rzeźbiarz (-arka); **≗hübsch** śliczny; **≗lich** obrazowy (-wo); **~reportage** *f* fotoreportaż; **~schirm** *m* ekran (telewizora); **≗schön** śliczny
Bildstörung *f* zakłócenie obrazu
Bildung *f* tworzenie (się); → ***Gebilde***; (*0*) kształcenie; (*Wissen*) wykształcenie
Bildungsanstalt *f* uczelnia
Bildungsniveau *n* poziom edukacji
Bildungsweg *m*: ***auf dem zweiten ~*** po odbyciu studiów dla pracujących
Billard *n* (-*s*; -*e*/-*s*) bilard
Billett *n* (-*ęs*; -*s*) bilet
billig tani (-nio) (*t. fig*); (*gerecht*) słuszny; **~en** ⟨za⟩aprobować; **≗lohnland** *n* kraj o bardzo niskich kosztach robocizny; **≗ware** *f* tandeta, tanizna
Billigung *f* (*0*) aprobata
bimmeln F (-*le*) dzwonić
Bimsstein *m* (-*ęs*; *0*) pumeks
bin → ***sein***[1]
Binde *f* opaska; *med* bandaż
Binde|gewebe *n anat* tkanka łączna; **~glied** *n* ogniwo (łączące); **~haut** *f anat* spojówka; **≗n*** ⟨z⟩wiązać (*t. fig* ***sich*** się); *Buch* oprawi(a)ć; → ***an-***, ***zu***(***sammen***)***binden***; **~nd** *adj fig* wiążący
Bindestrich *m* łącznik
Bindewort *n* (-*ęs*; ⁻*er*) *gr* spójnik
Bindfaden *m* sznurek, szpagat
Bindung *f* więź *f*; *pl t.* powiązania *n/pl*; (*Ski*) wiązanie; *włók* splot
binnen *praep* (*G, D*) w (prze)ciągu (*G*); **≗gewässer** *n/pl* wody *f/pl* śródlądowe; **≗land** *n* wnętrze/głąb kraju; **≗markt** *m* rynek wewnętrzny; **≗verkehr** *m* ruch krajowy; komunikacja wewnętrzna
Binsenwahrheit *f* truizm
bio|'chemisch biochemiczny; **≗kost** *f* żywność czysta ekologicznie; **~'logisch** biologiczny; **≗technologie** *f* biotechnologia; **≗'top** *m* (-*s*; -*e*) biotop
Birke *f* brzoza; ***~n-*** brzozowy
Birne *f* gruszka; *el* żarówka

bis *praep* (*A*) do (*G*); ~ ***an***/***in***/***zu*** aż do (*G*); ~ ***auf einen*** z wyjątkiem jednego; ~ ***auf weiteres*** aż do odwołania; (*einstweilen*) na razie; **2** ~ **3** dwa/dwie - trzy, od dwóch do trzech; → ***jetzt***, ***hierher***; *conj* aż, dopóki nie
Bisamratte *f* piżmak, szczur piżmowy
Bischof *m* (*-s*; *ⁿe*) biskup; ~**s-** biskupi
bischöflich biskupi
bis'her dotąd, dotychczas
bis'herig dotychczasowy
Biskuit [-'kvit] *n*/*m* (*-s*; *-s*) biszkopt
biß → ***beißen***
Biß *m* (*-sses*; *-sse*) ukąszenie
bißchen: ***ein*** ~ trochę, odrobinę; ***kein*** ~ ani/bez krzty, ani krzyny (*G*)
Bis|sen *m* kęs, kąsek; **≗sig** kąśliwy; *fig* uszczypliwy (-wie); ~***er Hund*** zły pies
Bißwunde *f* rana od ukąszenia
bist → ***sein***[1]
Bistum *n* (*-s*; *ⁿer*) biskupstwo, diecezja
bis'weilen niekiedy, czasami
bitte *part* proszę (***schön***/***sehr*** bardzo); (***wie***) ~?, ***ja***, ~? proszę?, słucham?
Bitte *f* prośba (***an*** *A* do *G*)
bitten* ⟨po⟩prosić (***um*** *A* o *A*)
bitter gorzki (-ko) (*t. fig*); *Kälte*: przejmujący(-co); ~**böse** strasznie zły
Bitterkeit *f* (*0*) gorycz *f*
bitterlich gorzki (-ko)
Bittschrift *f* petycja, prośba
biwa'kieren (-) biwakować
bi'zarr dziwny, dziwaczny
Bla'bla F *n* (*-s*; *0*) pustosłowie
bläh|en *v*/*t* nadymać, wzdymać ⟨-dąć⟩ (***sich*** się); **≗ungen** *f*/*pl* wiatry *m*/*pl*
Bla'mage [-ʒə] *f* blamaż
bla'mieren (-): ***sich*** ~ ⟨z⟩blamować się
blank lśniący (-co); (*unbedeckt*) goły (-ło); F ***völlig*** ~ (*ohne Geld*) wypłukany z pieniędzy
Blanko|scheck *m* czek in blanco; ~**vollmacht** *f* pełnomocnictwo in blanco
Bläschen [-sç-] *n* pęcherzyk; bąbelek
Blase *f* pęcherz; (*Luft-*, *Hautblase t.*) bąbel; ~**balg** *m* (*-ẹs*; *ⁿe*) miech
blasen* dmuchać ⟨-chnąć⟩; *Wind*: dąć; *v*/*t muz* grać (na *L*)
Blasen|entzündung *f* zapalenie pęcherza moczowego; ~**steinleiden** *n* kamica pęcherzowa
bla'siert zblazowany
Blasinstrument *n* instrument dęty
Blaskapelle *f* orkiestra dęta
Blasphe'mie *f* (*0*) bluźnierstwo
blaß (*-sser*/*ⁿsser*, *-ssest-*/*ⁿssest-*) blady (-do); (*schwach*) słaby (-bo); ~ ***werden*** ⟨z⟩blednąć (***vor*** z *G*); ~- *w zł.* blado-
Blässe *f* (*0*) bladość *f*
Blatt *n* (*-ẹs*; *ⁿer*) *bot* liść *m*, listek; (*Papier*) arkusz, kartka; *karc* (*pl Blatt*) karta; → ***Zeitung***
blättern (*-re*) (***in*** *D*) przeglądać ⟨przejrzeć⟩, kartkować, wertować (*A*)
Blätterteig *m* ciasto francuskie
Blattsalat *m* sałata (zielona)
Blattschuß *m łow* strzał na komorę
blau niebieski (-ko), (*dunkler*) siny (-no); ~ ***werden*** ⟨po⟩sinieć; ~ ***sein*** F być wstawionym; F ~***er Fleck*** siniak; ***ins Blaue*** w nieznane; ~**äugig** błękitnooki; **≗beere** *f* borówka (czarna)
bläulich niebieskawy, sinawy (-wo)
Blaulicht *n* (*-ẹs*; *0*) niebieski sygnał błyskowy; ***mit*** ~ na sygnale
Blaupapier *n* kalka
Blech *n* (*-ẹs*; *-e*) blacha; ~**dose** *f* puszka blaszana, blaszanka; **≗en** F ⟨wy⟩bulić (***für*** za *A*); **≗ern** blaszany; *Stimme*: skrzekliwy (-wie); ~**schaden** *m* uszkodzenie nadwozia
Blei[1] *n* (*-s*; *0*) ołów; → ***Lot***, ***Bleistift***
Blei[2] *m* (*-ẹs*; *-e*) *zoo* leszcz
Bleibe F *f* (*0*) kwatera
bleiben* (*sn*) zosta(wa)ć, pozosta(wa)ć (*t.* ***an*** *D*, ***bei*** przy *L*); ~**d** stały, trwały; *Eindruck*: niezatarty
bleibenlassen* F (po)rzucić *pf*
bleich blady (-do); ~**en** *v*/*t* ⟨wy⟩bielić
Bleichmittel *n* środek bielący
blei|ern ołowiany; ~**frei** bezołowiowy
Bleikristall *n* (*-s*; *0*) kryształ (ołowiany)
Bleistift *m* ołówek; ~**zeichnung** *f* rysunek ołówkiem
Blende *f fot* przesłona
blenden (*-e-*) oślepi(a)ć; *Licht t.*: razić oczy; *fig t.* zaślepi(a)ć; ~**d** *fig* świetny
Blick *m* (*-ẹs*; *-e*) spojrzenie; ***auf den ersten*** ~ na pierwszy rzut oka; ***e-n*** ~ ***werfen*** rzucić okiem; ***mit e-m*** ~ jednym spojrzeniem; **≗en** ⟨po⟩patrzeć, patrzyć, spoglądać ⟨spojrzeć⟩; ***sich*** ~ ***lassen*** pokaz(yw)ać się
Blickfeld *n* (*-ẹs*; *0*) pole widzenia
Blickpunkt *m*: ***im*** ~ w centrum uwagi
Blickwinkel *m* kąt widzenia
blie|b → ***bleiben***; ~**s** → ***blasen***
blind ślepy (*t. fig*), *lit* niewidomy; *Alarm*:

fałszywy; *Spiegel*: zmatowiały; *adv* ślepo; ~ ***werden*** ⟨o⟩ślepnąć
Blind|darm *m* jelito ślepe, F ślepa kiszka; **~darmentzündung** *f* zapalenie wyrostka robaczkowego; **~e(r)** ślepy (ślepa), ociemniały (-ła); **~enhund** *m* pies-przewodnik ociemniałego; **~flug** *m* F ślepy lot; **~heit** *f (0)* ślepota; **2lings** na oślep; **~schleiche** *f* padalec
blinken *v/i* błyskać ⟨-snąć⟩, migotać; *mot* włączyć *pf* migacz
Blinker *m mot* migacz
blinzeln (*-le*) mrugać ⟨-gnąć⟩
Blitz *m* (*-es*; *-e*) błyskawica, (+ *Donner*) piorun; *fot* flesz; ***wie der*** ~ piorunem
Blitz|ableiter *m* piorunochron; **2artig** błyskawiczny; **2en** *v/i* błyszczeć, lśnić; ***es blitzt*** błyska się; *v/t* ⟨s⟩fotografować przy fleszu; **~gerät** *n* lampa błyskowa, flesz; **~gespräch** *n* rozmowa błyskawiczna; **~licht** *n* błysk (flesza)
Blitzschlag *m* uderzenie pioruna; *med* porażenie piorunem
blitzschnell błyskawiczny
Block *m* (*-¢s*; *ᵘe*) blok; **~absatz** *m* słupek
Blo'ckade *f* blokada
blo'ckieren (-) ⟨za⟩blokować
blöd, ~e głupi (-pio); *os.*, *Lächeln*: głupkowaty (-to); **2sinn** *m* (*-s*; *0*) nonsens; wygłupy *m/pl*; ~ ***treiben*** wygłupiać się
blödsinnig idiotyczny, głupi (-pio)
blöken *Schaf*: ⟨za⟩beczeć
blond blond (*idkl*); ***~er Mann/Junge*** blondyn; **2ine** [-'di:-] *f* blondynka
bloß¹ goły (-ło); *Füße*: bosy; ***beim ~en Gedanken*** (***an*** *A*) na samą myśl (o *L*)
bloß² *adv* tylko, jedynie; *part* -ż(e); ***was ist da ~ passiert?*** cóż (to) się tam stało?
Blöße *f fig* słaba strona; ***sich e-e ~ geben*** skompromitować się
bloß|legen odsłaniać ⟨-łonić⟩, odkry(wa)ć; **~stellen** ⟨s⟩kompromitować
Bluejeans ['blu:dʒi:ns] *f* (*idkl*) dżinsy *pl*
blühen kwitnąć (*t. fig*); F ***ihm blüht ...*** czeka go ..., grozi mu ...
Blume *f* kwiat; (*Wein*) bukiet
Blumen|beet *n* klomb; **~erde** *f* ziemia inspektowa; **~garten** *m* ogród(ek) kwiatowy; **~geschäft** *n* kwiaciarnia; **~kohl** *m* kalafior; **~topf** *m* doniczka
blumig kwiecisty (-ście)
Bluse *f* bluz(k)a
Blut *n* (*-¢s*; *0*) krew *f*; *fig* ***bis aufs*** ~ do żywego; ***böses ~ machen*** psuć krew; **~alkohol** *m* zawartość *f* alkoholu we krwi; **2arm** anemiczny; **~bad** *n* (*-¢s*; *0*) rzeź *f*; **~bild** *n* obraz krwi; **~druck** *m* ciśnienie tętnicze
Blüte *f* kwiat (*t. fig Elite*); *bot zbior* kwiecie; (*das Blühen*) kwitnięcie; *fig* rozkwit
Blut|egel *m* pijawka; **2en** (*-e-*) krwawić
Blüten|duft *m* zapach kwiatów; **~staub** *m* pyłek; **2weiß** śnieżnobiały
Bluter *m* krwawiec
Bluterguß *m* wylew krwawy, krwiak
Blütezeit *f fig* okres rozkwitu
Blut|gefäß *n* naczynie krwionośne; **~gruppe** *f* grupa krwi; **~hochdruck** *m* nadciśnienie tętnicze
blutig krwawy (-wo); *fig* kompletny
Blut|konserve *f* krew konserwowana; **~körperchen** *n* krwinka; **~probe** *f* określenie zawartości alkoholu we krwi; (*entnommene Menge*) próbka krwi; **2rünstig** krwiożerczy (-czo); **~schande** *f* kazirodstwo; **~spender(in** *f*) *m* krwiodawca *m* (-wczyni)
blutstillend hemostatyczny
Blutsverwandtschaft *f* pokrewieństwo
Blutübertragung *f* transfuzja krwi
Blutung *f* krwawienie, krwotok
Blut|untersuchung *f* badanie krwi; **~vergießen** *n* rozlew krwi; **~vergiftung** *f* zakażenie krwi; **~verlust** *m* upływ krwi; **~wurst** *f* kiszka, kaszanka
Bö *f* (-, *-en*) poryw wiatru, szkwał
Bobbahn *f* tor bobslejowy
Bock *m* (*-¢s*; *ᵘe*) kozioł; F ***e-n ~ schießen*** palnąć byka; **2ig** uparty (-cie); **~mist** *m pej* bzdurstwa *n/pl*; **~wurst** *f* serdelek
Boden *m* (*-s*; *ᵘ*) ziemia; *agr t.* gleba, (*t. fig*) grunt; (*Meeres-*, *Gefäßboden*) dno; → ***Dach-***, ***Fußboden***; *fig* ***auf dem ~*** (*G*) na gruncie (*G*); F ***am ~ zerstört*** ledwie żywy; ***an ~ gewinnen*** wzrastać w znaczeniu; **~bearbeitung** *f* uprawa roli; **~belag** *m* wykładzina podłogowa
bodenlos bezdenny; F *Frechheit*: niesłychany; *Leichtsinn*: bezgraniczny
Boden|personal *n lotn* obsługa naziemna; **~satz** *m* (*-¢s*; *0*) osad, fusy *pl*; **~schätze** *m/pl* bogactwa *n/pl* naturalne; **2ständig** rodzimy, rdzenny
Bodybuilding ['bɔdibıldıŋ] *n* (*-s*; *0*) kulturystyka; *w zł.* kulturystyczny
Bogen *m* (*-s*; *ᵘ*) łuk; *muz* smyczek; (*Papier*) arkusz; → ***Biegung***; **~gang** *m* arkady *f/pl*; **~schießen** *n* łucznictwo

B

Bohème [bo'(h)ɛ:m] *f* (*0*) cyganeria
Bohle *f* bal, dyl
böhmisch czeski (po -ku)
Bohne *f* fasol(k)a; (*Kaffee*) ziarnko
Bohnenkaffee *m* kawa ziarnista
Bohnensuppe *f* zupa fasolowa
Bohner *m* froterka; **⁀n** (*-re*) ⟨wy⟩pastować, ⟨wy⟩froterować
Bohnerwachs *m* pasta do podłóg
bohren *v/t* ⟨prze-, wy⟩wiercić, ⟨wy⟩-świdrować (*impf t. fig*); *Messer* wbi(ja)ć; *v/i* wiercić otwory wiertnicze (***nach*** w poszukiwaniu *G*); **~d** *Schmerz, Blick*: świdrujący (-co)
Bohr|er *m* wiertło, świder (wiertniczy *gór*); **~insel** *f* platforma wiertnicza na morzu; **~loch** *n gór* odwiert; **~maschine** *f* wiertarka; **~turm** *m* wieża wiertnicza; **~ung** *f* wiercenie; (*Loch*) wywiercony otwór
böig porywisty (-ście)
Boje *f* pława, boja
Böller *m* moździerz
Bolzen *m* sworzeń *m*, trzpień *m*
bombar'dieren (-) ⟨z⟩bombardować
Bombe *f* bomba
Bomben|alarm *m* alarm bombowy; **~angriff** *m* nalot bombowców, bombardowanie; **~drohung** *f* zagrożenie bombowe; **~erfolg** F *m* ogromny sukces; **⁀sicher** F *fig* murowany; **~trichter** *m* lej po wybuchu bomby
Bomber *m* bombowiec
bombig F setny, byczy (-czo)
Bonbon ['bɔŋbɔŋ, -'bɔŋ] *m/n* cukierek
Bonus *m* (*-ses*; *-se*/*Boni*) bonifikata
Boot *n* (*-ẹs*; *-e*) łódź *f*, łódka, czółno
Boots|anhänger *m* przyczepa do przewozu łodzi; **~haken** *m* bosak; **~haus** *n* przechowalnia łodzi; **~verleih** *m* wypożyczalnia sprzętu pływającego (przy stanicy wodnej)
Bord[1] *n* (*-ẹs*; *-e*) półka
Bord[2] *m* (*-ẹs*; *0*) (*Bordwand*) burta; pokład; ***an ~*** na pokładzie; ***an ~ gehen*** wsiadać na statek/do samolotu; ***über ~ werfen*** wyrzucić za burtę
Bor'dell *n* (*-s*; *-e*) burdel
Bord|instrumente *n/pl* przyrządy *m/pl* pokładowe; **~karte** *f lotn* karta wstępu na pokład; **~stein** *m* krawężnik
borgen (wy)pożyczać ⟨(wy)pożyczyć⟩
Borke *f* kora; (*auf e-r Wunde*) strup
bor'niert ograniczony, ciasny
Borsalbe *f* maść borowa/borna
Borsäure *f* (*0*) kwas borowy
Börse *f* giełda; ***an der ~*** na giełdzie
Börsen|bericht *m* sprawozdanie giełdowe; **~geschäft** *n* operacja/transakcja giełdowa; **~kurs** *m* kurs giełdowy
Borste(**n** *pl*) *f* szczecina
Borte *f* obszywka, listewka
Borwasser *n* roztwór kwasu borowego
bösartig złośliwy (-wie)
Böschung *f* stok, zbocze; *bud* skarpa
böse zły, niedobry; (*verärgert*) rozzłoszczony, F wkurzony; *attr, adv* źle, F paskudnie; *j-m* ***~ sein*** wkurzyć się (na *A*); ***es nicht ~ meinen*** nie mieć złych intencji
Böse *n* (*-n*; *0*), **~s** zło; ***~s ahnen*** mieć złe przeczucie; **~wicht** *m* hultaj, gałgan
boshaft złośliwy (-wie)
Bosheit *f* złośliwość *f*; ***aus ~*** na złość
bosnisch bośniacki (po -ku)
Boß *m* (*-sses*; *-sse*) boss, szef
böswillig złośliwy (-wie)
bot *itd.* → ***bieten***
Bo'tani|k *f* botanika; **⁀sch** botaniczny
Bot|e *m* (*-n*) (**~in** *f*) goniec, posłaniec; *fig* zwiastun(ka)
Botschaft *f* wiadomość *f*, wieść *f*; (*an das Volk*) orędzie; *pol* ambasada; **~s-** ... ambasady; **~er**(**in** *f*) *m* ambasador(ka)
Bottich *m* (*-s*; *-e*) kadź *f*, dzieża
Bouillon [bʊl'jɔŋ] *f* (*-*; *-s*) bulion, wywar
Boulevard [bʊl'vaːɐ] *m* (*-s*; *-s*) bulwar; **~presse** *f* prasa bulwarowa/brukowa
Boutique [bʊ'tiːk] *f* (*-*; *-n*) butik
Bowle ['boːlə] *f* (*Getränk*) kruszon
Bowling ['boːliŋ] *n* (*-s*; *0*) gra w kręgle
box|en *v/i* uprawiać boks/pięściarstwo; boksować się; **⁀en** *n* (*-s*; *0*) pięściarstwo, boks; **⁀er** *m* pięściarz, (*t. Hund*) bokser; **⁀kampf** *m* mecz bokserski
boykot'tieren (-) ⟨z⟩bojkotować
brabbeln F (*-le*) *Baby*: gaworzyć
brach *itd.* → ***brechen***
Brach|e *f* ugór; **~land** *n* odłóg
brachliegen* leżeć odłogiem
brachte, **brächte** → ***bringen***
Brackwasser *n* woda słonawa
Branche ['brãːʃə] *f* branża; **~nverzeichnis** *n* branżowy katalog firm
Brand *m* (*-ẹs*; *⸚e*) pożar, ogień *m*; *med* (*0*) gangrena; ***... geriet in ~*** w (*L*) wybuchł pożar; ***in ~ stecken*** podpalić; **~anschlag** *m* próba podpalenia; **~blase** *f*

pęcherz od oparzenia; **℘eilig** palący
branden (*-e-*) uderzać, rozbijać się
Brand|gefahr *f* niebezpieczeństwo pożaru; **~geruch** *m* zapach spalenizny
brandmarken ⟨na⟩piętnować
brandneu F zupełnie nowy, nowiutki
Brand|satz *m* masa zapalająca; *w.zn.* butelka *itp.* z palną mieszaniną; **~schutz** *m* ochrona przeciwpożarowa
Brandstifter(in *f*) *m* podpalacz
Brandstiftung *f* podpalenie
Brandung *f* (*0*) przybój
Brandwunde *f* oparzelina
brannte *praet* → ***brennen***
Branntwein *m* wódka
brasili'anisch brazylijski
brät → ***braten***
braten* *v/t* ⟨u⟩smażyć (*v/i* się)
Braten *m* pieczeń *f*, pieczyste
Brat|hähnchen *n* kurcze pieczone; **~hering** *m* śledź smażony; **~kartoffeln** *f/pl* ziemniaki *m/pl* smażone; **~pfanne** *f* patelnia; **~röhre** *f* piekarnik
Bratwurst *f* kiełbasa smażona
Brauch *m* (*-ęs*; *ˮe*) obyczaj; ***nach altem ~*** starym zwyczajem
brauch|bar zdatny, nadający się (***für***, ***zu*** do *G*); **~en** potrzebować; → ***gebrauchen***
Brauchtum *n* (*-s*; *0*) obyczaje *m/pl*
Braue *f* brew *f*; **~n** *pl* brwi
brauen *v/t* warzyć (*A*), nawarzyć *pf* (*G*)
Braue'rei *f* browar
braun brunatny, brązowy (-wo); *Haut*: opalony (na brąz); ***~ werden*** opalić się na brąz; **~äugig** o brązowych oczach
Bräune *f* (*0*) (*d. Körpers*) opalenizna
bräunen *v/t kulin* ⟨ob-, przy⟩rumienić; *v/i* ⟨z⟩brunatnieć; ***sich ~*** opalać się
braungebrannt opalony (na brąz)
Braunkohle *f* węgiel brunatny, lignit
Brause *f* rozbryzgiwacz; → ***Dusche***; **℘n** (*t. sn*) szumieć, huczeć; F (*eilen*) gnać, pędzić; **~pulver** *n* proszek musujący
Braut *f* (*-*; *ˮe*) panna młoda
Brautführer *m* drużba *m*
Bräutigam *m* (*-s*; *-e*) pan młody
Braut|jungfer *f* druhna; **~kleid** *n* suknia ślubna; **~paar** *n* państwo młodzi
brav (*artig*) grzeczny; → ***ordentlich***
bravo! brawo!
bravou'rös [-vu-] brawurowy (-wo)
Brechbohnen *f/pl* fasola szparagowa
Brecheisen *n* łom
brechen* *v/t* (*t. fig*) ⟨prze-, z⟩łamać (*v/i* się; ***sich*** *etw* sobie *A*); *Hals* skręcić *pf*; *Schweigen* przer(y)wać; *Rekord* pobić *pf*; *Licht* załamywać (***sich*** się); *v/i Sonne*: przebi(ja)ć się (***durch*** przez *A*); zrywać ⟨zerwać⟩ (***mit*** *j-m* z *I*); *med* ⟨z⟩wymiotować; ***sich ~*** *Wellen*: rozbijać się (***an*** *D* o *A*); ***~d voll*** nabity, zapchany
Brecher *m* (*Welle*) bałwan, grzywacz
Brech|mittel *n* emetyk; **~reiz** *m* (*-ęs*; *0*) mdłości *f/pl*; **~stange** *f* łom
Brechung *f fiz* załamanie
Brei *m* (*-ęs*; *-e*) breja, maź *f*; *kulin* kaszka, papka; piure; **℘ig** papkowaty (-to)
breit szeroki (-ko); ***... Meter ~*** szeroki na ... metry/metrów; **~beinig** *praed* z rozkraczonymi nogami
Breite *f* szerokość *f* (*t. fig*)
Breiten|grad *m* stopień *m* szerokości geograficznej; **~sport** *m* sport masowy
breit|machen: *sich ~* rozsiadać ⟨-siąść⟩ się; *fig* szerzyć się; **~schlagen***: F ***sich ~ lassen*** dać się namówić; **~schultrig** barczysty; **~spurig** *kolej* szerokotorowy; **~treten*** *v/t fig* rozwałkowywać
Brems|belag *m* okładzina hamulcowa; **~e¹** *f* hamulec; **~e²** *f zoo* bąk; **℘en** ⟨za⟩hamować (*t. fig*); **~flüssigkeit** *f* płyn do hamulców; **~licht** *n* światło hamowania, światło stop; **~pedal** *n* pedał hamulca; **~spur** *f* ślad hamowania
brenn|bar palny; **~en*** *v/t* palić, spalać ⟨-lić⟩ (*v/i* się); *tech* wypalać ⟨-lić⟩; *Schnaps* pędzić; *v/i t.* płonąć; *Sonne*: prażyć; *Augen*, *Wunde itp.*: piec; F ***darauf ~ zu*** palić się do (*G*); **~end** *adj Schmerz*: piekący; *Liebe*, *Wunsch*: gorący; *Frage*: palący; *adv* (*sehr*) bardzo; **℘er** *m* palnik; **℘e'rei** *f* gorzelnia
Brennessel *f* pokrzywa
Brenn|holz *n* drzewo na opał, drwa *pl*; **~punkt** *m fiz* ognisko; *fig* centrum *n*; **~spiritus** *m* denaturat; **~stoff** *m* paliwo
brenzlig *fig* F krytyczny, podbramkowy; ***es riecht ~*** pachnie spalonym
Bresche *f* wyłom; ***in die ~ springen*** (***für***) wyręczać ⟨-czyć⟩ (*A*)
Brett *n* (*-ęs*; *-er*) deska (*pl t. fig*); ***das Schwarze ~*** tablica ogłoszeń
Bretter|wand *f* ścian(k)a/przepierzenie z desek; **~zaun** *m* parkan
Brettspiel *n* gra na szachownicy
Brezel *f* (*-*; *-n*) obwarzanek, precel
Bridge [brɪdʒ] *n* (*idkl*) brydż

B

Brief *m* (-*ęs*; -*e*) list; **~block** *m* blok listowy; **~bombe** *f* bomba w liście; **~geheimnis** *n* tajemnica korespondencji
Briefkasten *m* skrzynka pocztowa / (*im Haus*) na listy; **~firma** *f* firma posługująca się adresem grzecznościowym
Brief|kopf *m* nagłówek listu; **~kurs** *m* kurs giełdowy; **&lich** listowny; **~marke** *f* znaczek pocztowy; **~markensammler(in** *f*) *m* filatelista *m* (-tka); **~öffner** *m* rozcinacz (do listów); **~papier** *n* papier listowy; **~partner(in** *f*) *m* partner(ka) do korespondencji
Brief|schlitz *m* otwór na listy; **~schreiber(in** *f*) *m* autor(ka) listu; **~tasche** *f* portfel; **~taube** *f* gołąb pocztowy; **~telegramm** *n* telegram listowy; **~träger(in** *f*) *m* listonosz(ka); **~waage** *f* waga do listów; **~wahl** *f* głosowanie listowne; **~wechsel** *m* korespondencja; ***im ~ stehen*** korespondować
briet *itd.* → ***braten***
Brikett *n* (-*s*; -*s*) brykiet
brillant [-l'jant] świetny
Brillant [-l'jant] *m* (-*en*) brylant; *w zł.* brylantowy
Brille *f* okulary *pl*; ***mit ~*** w okularach
Brillen|etui *n* futerał do okularów; **~gestell** *n* oprawka do okularów; **~schlange** *f* okularnik; **~träger(in** *f*) *m*: ***er/sie ist ~*** on(a) nosi okulary
bringen* przynosić ⟨-nieść⟩ (*t. fig*); (*fahrend*) przywozić ⟨-wieźć⟩; (*hinbringen*) odnosić, zanosić ⟨-nieść⟩, odwozić, zawozić ⟨-wieźć⟩ (***nach***, ***zu*** do *G*, na *A*); *Nachricht* poda(wa)ć; ⟨o⟩publikować; **(es)** ***mit sich ~*** ⟨s⟩powodować, sprawi(a)ć; ***hinter sich ~*** załatwi(a)ć; ***an sich ~*** przywłaszczać ⟨-czyć⟩ sobie; ***j-n ~ um*** *etw* odebrać (k-u *A*)
Brise *f* bryza, wietrzyk
Brit|e *m* (-*n*) Brytyjczyk; **~in** *f* Brytyjka
britisch brytyjski
bröck(e)lig kruchy (-cho)
bröckeln (-*le*) ⟨po⟩kruszyć (*v/i* [*sn*] się)
brock|en ⟨po⟩kruszyć; **&en** *m* kawał(ek), kęs; *fig* ***ein paar ~*** kilka słów
brodeln (-*le*) wrzeć, bulgotać
Bro'kat *m* (-*ęs*; -*e*) brokat(owy *w zł.*)
Brom *n* (-*s*; *0*) brom(owy *w zł.*)
Brombeere *f* jerzyna, ostrężyna
Bronchien [-çĭən] *f/pl* oskrzele *f/pl*
Bron'chitis *f* (*0*) zapalenie oskrzeli
Bronze ['brõ:sə] *f* brąz; **&n** brązowy
Brosche *f* broszka
Broschüre *f* broszura
bröseln (-*le*) *v/i* kruszyć się
Brot *n* (-*ęs*; -*e*) chleb; (*Laib*) bochenek; ***e-e Scheibe ~*** kromka chleba
Brötchen *n* bułeczka
Brot|erwerb *m* zarobkowanie; **~korb** *m* koszyczek na chleb; **~teig** *m* ciasto chlebowe/na chleb; **~zeit** *f* (*0*) przerwa śniadaniowa/obiadowa; przekąska
Bruch *m* (-*ęs*; *∼e*) złamanie (*t. med*); *mat* ułamek; (*e-s Vertrags*) zerwanie (*t.* ***mit*** z *I*); (*Hernie*) przepuklina; ***zu ~ gehen*** stłuc się, rozbić się; ***in die Brüche gehen*** *fig* źle się skończyć
bruch|fest *Glas*: nietłukący; **&fläche** *f* powierzchnia przełomu
brüchig łamliwy, kruchy
Bruch|landung *f* lądowanie z uszkodzeniem; **~rechnung** *f* rachunek ułamkowy; **~stelle** *f* przełom, miejsce złamania; **~stück** *n* odłamek; *fig* urywek; **~teil** *m* ułamek (***e-r Sekunde*** sekundy); **~zahl** *f* liczba ułamkowa, ułamek
Brücke *f* most; *mar*, *med*, *sport* mostek; (*Teppich*) dywanik
Brücken|bau *m* (-*ęs*; *0*) budowa mostów; **~pfeiler** *m* filar mostowy
Bruder *m* (-*s*; *∼*) brat, *pl* bracia
Bruderkrieg *m* wojna bratobójcza
brüderlich braterski (po -ku); jak bracia
Brüderschaft *f*: ***~ trinken*** wypić bruderszaft
Brüh|e *f* rosół, wywar; *pej* lura; pomyje *pl*; **&en** zaparzać ⟨-rzyć⟩; **&heiß** wrzący; **~würfel** *m* kostka bulionowa
brüllen ryczeć, ryknąć *v/s*
brummen mruczeć, mruknąć *v/s*; *Bienen*: buczeć, huczeć (*t.* ***Kopf*** w głowie); *Motor*: warczeć; F (*im Knast*) siedzieć
Brumm|er *m zoo* mucha, żuk; → **~i** F *m* (-*s*; -*s*) (duża) ciężarówka; **&ig** zrzędny
brünett *Haar*: ciemny; ***~er Mann/Junge*** brunet; ***~e Frau*** → **&e** *f* brunetka
Brunft *f* (-; *∼e*) okres godowy, gody *pl*
Brunnen *m* studnia; woda mineralna; **~wasser** *n* (-*s*; *0*) woda studzienna
Brunst *f* (-; *∼e*) ruja; → ***Brunft***
brüsk schorstki (-ko), obcesowy (-wo)
brüs'kieren (-) *v/t* zrobić *pf* afront (*D*)
Brüsseler *adj* brukselski
Brust *f* (-; *∼e*) pierś *f*; (*Hemd*) gors; **~bein** *n* mostek; **~bild** *n* zdjęcie do pasa

brüsten (*-e-*): ***sich*** ~ (***mit***) chełpić się, chwalić się (*I*)

Brust|fell *n* opłucna; **~korb** *m* klatka piersiowa; **~krebs** *m* rak piersi; **~schwimmen** *n* pływanie stylem klasycznym; **~tasche** *f* kieszonka na piersi; kieszeń wewnętrzna (marynarki)

Brüstung *f* parapet, balustrada

Brust|warze *f* sutek, brodawka sutkowa; **~weite** *f* obwód gorsu

Brut *f* (*0*) *zbior* wylęg, małe *pl*

bru'tal brutalny; **2i'tät** *f* brutalność *f*

brüten (*-e-*) siedzieć na jajach; *fig* medytować (***über*** *D* nad *I*)

brütend: ~ ***heiß*** parno jak w łaźni

Brut|henne *f* kwoka; **~kasten** *m* inkubator; **~stätte** *f* wylęgarnia, siedlisko

Brutto|einkommen *n* dochód brutto; **~preis** *m* cena brutto; **~sozialprodukt** *n* produkt społeczny brutto

Bub *m* (*-en*) chłopak, malec; **~e** *n* (*-n*) *karc* walet; † *pej* łotr, drań *m*

Buch *n* (*-es*; *-̈er*) książka, (*t. hdl*) księga; ~ ***führen*** (***über*** *A*) notować (sobie) (*A*)

Buch|e *f* buk; **~ecker** *f* (-; *-n*) bukiew *f*

buchen ⟨za⟩księgować; *Flug* zamawiać ⟨-mówić⟩, ⟨za⟩rezerwować

Bücherbrett *n* półka na książki

Büche'rei *f* wypożyczalnia książek

Bücherschrank *m* biblioteka

Buchfink *m* zięba

Buch|führung *f* księgowość *f*; **~halter(in** *f*) *m* księgowy (-wa); **~haltung** *f* (*Abteilung*) dział księgowości; **~handel** *m* księgarstwo; **~handlung** *f* księgarnia; **~messe** *f* targi *m*/*pl* książki

Buchprüfung *f* rewizja księgowa

Buchse *f* tulej(k)a; *el* gniazdko

Büchse *f* puszka; *łow* broń kulowa

Büchsen|fleisch *n* konserwa mięsna; **~öffner** *m* otwieracz do puszek

Buch|stabe *m* (*-n*) litera; **2sta'bieren** (-) ⟨prze⟩literować; **2stäblich** dosłowny

Bucht *f* *geogr* zatoka, zalew

Buch|umschlag *m* okładka; **~ung** *f* (za)księgowanie; zapis księgowy; rezerwacja; **~s-** księgowy; **~ungsbestätigung** *f* potwierdzenie rezerwacji

Buchweizen *m* gryka; *w zł.* gryczany

Buck|el *m* garb; **2(e)lig** garbaty (-to)

bücken: ***sich*** ~ schylać ⟨-lić⟩ się

Bückling *m* (*-s*; *-e*) *kulin* pikling

Buddelkasten F *m* *dial* piaskownica

Bude *f* buda; F (*Stube*) kawalerka

Budget [bʏ'dʒeː] *n* (*-s*; *-s*) budżet

Büffel *m* bawół; **2n** F (*-le*) wkuwać, kuć

Bug *m* (*-es*; *-e*) *mar*, *lotn* dziób, przód; *kulin* łopatka, plecówka

Bügel *m* kabłąk, pałąk; **~eisen** *n* żelazko; **~falte** *f* kant (u spodni); **2frei** nonajron; **2n** (*-le*) ⟨od-, wy⟩prasować

bug'sieren (-) F *fig* zaciągać ⟨-gnąć⟩

Bühne *f* scena; *tech* pomost

Bühnen|bild *n* sceneria; **~bildner(in** *f*) *m* scenograf; **~künstler(in** *f*) *m* artysta *m* (-tka) sceniczny (-na); **~stück** *n*, **~werk** *n* sztuka teatralna

Buhruf *m* okrzyk niezadowolenia

buk *itd.* → ***backen***

Bu'lette *f* *dial* kotlet mielony

Bul'gar|e *m* (*-n*) Bułgar; **~in** *f* Bułgarka

bul'garisch bułgarski (po -ku)

Bull|auge *n* iluminator; **~dogge** *f* buldog; **~dozer** *m* spycharka czołowa

Bulle *m* (*-n*) byk, buhaj; *pej os.* byk, osiłek; (*Polizist*) glina *m*, gliniarz

bullig mocno zbudowany, krępy

Bummel F *m* przechadzka, spacer; ***e-n*** ~ ***machen*** → **2n** (*-le*) iść ⟨pójść⟩ na spacer; (*trödeln*) guzdrać się; (*faulenzen*) obijać się; **~streik** *m* strajk włoski

Bummelzug *m* ciuchcia

bumsen F (***an***, ***gegen***) grzmocić (o *A*); (*stoßen*) nalecieć *pf* (na *A*); V *v*/*t* ⟨wy⟩pieprzyć, ⟨ze⟩rżnąć (*impf t. v*/*i*)

Bund[1] *n* (*-es*; *-e*) wiązka, pęczek

Bund[2] *m* (*-es*; *-̈e*) związek; (kon)federacja; (*Hosenbund*) pasek

Bündel *n* wiązka (*t. fiz*); paczka; (*Sachen*) tobół, tobołek; **2n** (*-le*) ⟨z⟩wiązać w wiązkę/paczkę; *fiz* ogniskować

Bundes|genosse *m* sojusznik, sprzymierzeniec; **~kanzler** *m* kanclerz federalny; **~land** *n* kraj związkowy/federalny, F land; **~liga** *f* pierwsza liga; **~regierung** *f* rząd federalny; **~staat** *n* państwo federalne; (*USA*) stan federalny; **2weit** w skali federacji

bündig zwięzły (-źle); ***kurz und*** ~ krótko i węzłowato

Bündnis *n* (*-ses*; *-se*) sojusz, przymierze

bündnisfrei *pol* niezaangażowany

Bunker *m* *mil* schron, bunkier

bunt (różno)barwny, (różno)kolorowy; *Kuh*: pstry; **~er** ***Abend*** wieczór rozmaitości; **2metalle** *n*/*pl* metale *n*/*pl* kolorowe; **2stift** *m* ołówek kolorowy, kredka; **2wäsche** *f* kolory *m*/*pl*

Bürde *f* brzemię (*t. fig*)
Burg *f* zamek (warowny), gród, kasztel
Bürge *m* (*-n*) poręczyciel; **&n** (**für**) poręczać, ⟨po⟩ręczyć (za *A*)
Bürger *m* (**~in** *f*) obywatel(ka); **~bewegung** *f* ruch obywatelski; **~initiative** *f* inicjatywa obywatelska; **~krieg** *m* wojna domowa; **&lich** obywatelski; *jur* cywilny; **~meister(in** *f*) *m* burmistrz; **~rechtler(in** *f*) *m* bojownik (-iczka) o prawa obywatelskie; **~steig** *m* chodnik; **~tum** *n* (*-s*; *0*) mieszczaństwo
Burgruine *f* ruiny *f*/*pl* zamku
Bürgschaft *f* poręczenie; gwarancja
Büro *n* (*-s*; *-s*) biuro; **~angestellte(r)** pracownik (-ica) biurowy (-wa); **~arbeit** *f* praca biurowa; **~bedarf** *m* przybory *m*/*pl* biurowe, sprzęt biurowy; **~haus** *n* budynek biurowy, biurowiec; **~klammer** *f* spinacz; **~kra'tie** *f* biurokracja; **&'kratisch** biurokratyczny; **~raum** *m* lokal biurowy; **~stunden** *f*/*pl* godziny *f*/*pl* biurowe
Bursche *m* (*-n*) chłopak, wyrostek; *pej* (*Kerl*) facet, osobnik, typ
Bürste *f* szczotka; **&n** (*-e-*) ⟨wy⟩szczotkować; **~nschnitt** *m* włosy *m*/*pl* na jeża
Bus *m* (*-sses*; *-sse*) autobus; *EDV* szyna
Busbahnhof *m* dworzec autobusowy
Busch *m* (*-es*; *¨e*) krzak; *pl t.* zarośla *pl*
Büschel *n* pęczek; (*Haare*) kosmyk
buschig krzaczasty (-to)
Busen *m* piersi *f*/*pl*, biust; *fig* łono
Bus|haltestelle *f* przystanek autobusowy; **~rundfahrt** *f* zwiedzanie/wycieczka autokarem
Bussard *m* (*-s*; *-e*) myszołów
Buße *f* pokuta; *jur* nawiązka
büßen (*-ßt*) (*A*, **für**) pokutować (za *A*); przypłacać ⟨-cić⟩ (**mit** *I*)
Bußgeld *n* grzywna; **~bescheid** *m* orzeczenie kary grzywny, F mandat
Busspur *f* pas ruchu dla autobusów
Buß- und Bettag *m* dzień *m* pokuty i modlitwy
Büste *f* popiersie; → ***Busen***
Büstenhalter *m* biustonosz, stanik
Büttenpapier *n* papier czerpany
Butter *f* masło; **~brot** *n* kromka chleba z masłem; **~dose** *f* maselniczka
Buttermilch *f* maślanka
Bypass ['baĭ-] *m* (*-es*; *¨e*) *med* przepływ omijający
byzan'tinisch bizantyjski, bizantyński

C

Cache [kæʃ] *m* (*idkl*) pamięć podręczna
Café [ka'fe:] *n* (*-s*; *-s*) kawiarnia
Cafete'ria [k-] *f* (*-*; *-s*) kafeteria
campen ['kɛm-] kempingować
Camper(in *f*) *m* kempingowiec; *m t.* przyczepa kempingowa
Camping ['kɛm-] *n* (*-s*; *0*) kempingowanie; **~ausrüstung** *f* sprzęt kempingowy; **~bus** *m* karawaning; **~führer** *m* przewodnik dla obozujących na kempingach; **~platz** *m* kemping
Caravan ['ka-] *m* (*-s*; *-s*) karawaning
CD-Platte *f* płyta kompaktowa
Cello ['tʃɛlo] *n* (*-s*; *-s*) wiolonczela
Champagner [ʃam'panjɐ] *m* szampan
Champignon ['ʃampɪnjɔŋ] *m* (*-s*; *-s*) pieczarka; **~zucht** *f* uprawa pieczarek
Chance ['ʃa:ŋsə, ʃã:s] *f* szansa
Chancengleichheit *f* równość *f* szans
Chaos ['ka-] *m* (*-*; *0*) chaos
cha'otisch [ka-] chaotyczny
Cha'rakter [ka-] *m* (*-s*; *-'tere*) charakter; **~eigenschaft** *f* cecha charakteru
charakte|ri'sieren [ka-] (*-*) charakteryzować; (*typisch sn für j-n t.*) cechować; **~'ristisch** charakterystyczny
cha'rakterlos [ka-] bez charakteru
Cha'rakterzug [ka-] *m* rys charakteru
char'mant [ʃar-] miły (-le); → ***galant***
Charme [ʃarm] *m* (*-s*; *0*) wdzięk, urok
Charter|flug ['tʃar-] *m* lot czarterowy, F czarter; **~maschine** *f* samolot czarterowy; **&n** (*-re*) ⟨za⟩czarterować
Chassis [ʃa'si:] *n* (*-*; *-*) *mot* nadwozie
Chauvi'nis|mus [ʃovi-] *m* (*-*; *0*) szowinizm; **&tisch** szowinistyczny

Checkliste ['tʃɛk-] *f* lista kontrolna
Chef [ʃɛf] *m* (-*s*; -*s*) szef; → ***Leiter***[1]; **~in** *f* szefowa; **~redakteur** *m* redaktor naczelny; **~sekretärin** *f* sekretarka szefa; **~visite** *f* wizyta lekarza naczelnego
Che'mie [çe-/ke-] *f* (*0*) chemia
Che'miefaser *f* włókno syntetyczne
Chemiker(in *f*) *m* ['çe-/'ke-] chemik
chemisch ['çe-/'ke-] chemiczny
chiff'riert [ʃɪf-] (za)szyfrowany
chi'lenisch [tʃi-] chilijski
Chi'ne|se [çi-/ki-] *m* (-*n*) Chińczyk; **~sin** *f* Chinka; **~sisch** chiński (po -ku)
Chip [tʃɪp] *m* (-*s*; -*s*) szton; *inform* chip; **~s** *pl kulin* chipsy *m/pl*
Chiro'praktiker(in *f*) *m* [çi-/ki-] kręgarz
Chi'rur|g(in *f*) *m* (-*en*) [çi-/ki-] chirurg; **~'gie** *f* chirurgia; **~gisch** chirurgiczny
Chlor [k-] *n* (-*s*; *0*) chlor; **~frei** nie zawierający chloru, bezchlorkowy; **~kalk** *m* wapno chlorowane, chlorek bielący
Choleste'rin [k-] *n* (-*s*; *0*) cholesterol
Chor [koːɐ] *m* (-*ẹs*; *"e*) chór (*t. arch*); *muz w zł.* chóralny; **~hemd** *n* komża
Christ [k-] *m* (-*en*) chrześcijanin
Christbaum [k-] *m* choinka; **~schmuck** *m* ozdoby *f/pl* choinkowe
Christentum [k-] *n* (-*s*; *0*) chrześcijaństwo
Christ|in [k-] *f* chrześcijanka; **~kind** *n* Dzieciątko Jesus; **~lich** chrześcijański (po -ku); **~mette** *f* pasterka
Christus ['k-] *m* (-/-*ti*, *D* -/-*to*, *A* -*tum*) Chrystus; ***nach ~*** po Chrystusie
Chrom [k-] *m* (-*s*; *0*) chrom(owy *w zł.*)
Chro|nik ['k-] *f* kronika; **~nisch** chroniczny; **~no'logisch** chronologiczny
clever ['k-] bystry, sprytny
Clique ['klɪkə] *f* klika
Clown [klaʊn] *m* (-*s*; -*s*) klown, błazen
Cockpit ['k-] *n* (-*s*; -*s*) *lotn* kabina pilota
Collage [kɔ'laːʒə] *f* kolaż
Computer [kɔm'pjuː-] *m* (-*s*; -) komputer; **~fachmann** *m* komputerowiec; **~gestützt** skomputeryzowany; **~kriminalität** *f* przestępczość komputerowa; **~sprache** *f* język komputera; **~tomographie** *f* tomografia komputerowa
Container [kɔn'teːnɐ] *m* (-*s*; -) kontener; **~-** *w zł.* kontenerowy
Con'tainerschiff *n* kontenerowiec
Cordhose *f* spodnie *pl* sztruksowe, F sztruksy *m/pl*
Couch [kaʊtʃ] *f* (-; -*s*/-*en*) tapczan
Couchtisch *m* stół gabinetowy
Cowboy- ['kaʊ-] *w zł.* kowbojski
Cracker(s) ['krɛ-] *pl* krakersy *m/pl*
Creme [kreːm] *f* (-; -*s*/-*n*) krem; *fig* (*0*) śmietanka; *w zł.* → **~farben** kremowy
Crew [kruː] *f* (-; -*s*) załoga; drużyna
Cursor ['kəːsɐ] *m* (-*s*; -/-*s*) kursor
Cup [kap] *m* (-*s*; -*s*) puchar

D

da *adv* (*dort*) tam; (*hier*) tu, oto; (*zeitlich*) wtedy, wówczas; *conj* → ***weil***, ***als***; ***von ~ an*** odtąd; ***wer ~?*** kto tam?
da'bei (*bei diesem, noch dazu*) przy tym; (*überdies*) nadto; ***gerade* 'dabei sein zu ...** właśnie zabierać się do (*G*); ***was ist schon ~?*** cóż w tym złego?; ***er bleibt ~*** on pozostaje przy swoim; **~haben*** F mieć ze sobą/przy sobie; **~sein*** (***bei***) uczestniczyć (w *L*); (*anwesend sn*) być obecnym (przy *L*)
dableiben* (*sn*) zosta(wa)ć
Dach *n* (-*ẹs*; *"er*) dach; **~boden** *m* strych; **~garten** *m* ogród na dachu; **~geschoß** *n* poddasze; **~kammer** *f* facjata; **~pappe** *f* papa dachowa; **~rinne** *f* rynna
Dachs *m* (-*es*; -*e*) borsuk
Dachstube *f* mansarda
Dachstuhl *m* stolec dachowy
dachte, **dächte** → ***denken***
Dachterrasse *f* taras na dachu
Dach|wohnung *f* mieszkanie na poddaszu; **~ziegel** *m* dachówka
Dackel *m* jamnik
dadurch przez to (***daß*** że); → ***deshalb***
dafür *sprechen*, *stimmen*: za tym; po temu; *bekommen*: za to; *verwenden*: na to; *sorgen*: o to; **~können***: ***dafür kann***

er nichts to nie (jest) jego wina

dagegen *adv* przeciw(ko) temu, na to; F (*im Vergleich*) w porównaniu z tym (*a.* nim/nią *itd.*); ***ich war ~*** ja byłem temu przeciwny/-na; ***~ kann man nichts tun*** na to nie ma rady

da'gegenhalten* → ***einwenden***

dahaben* F mieć (u siebie, w domu)

da'heim w domu; ***von ~*** z domu

daher (*von dort*) stamtąd; (*deshalb*) dlatego (też), toteż; ***~, daß*** stąd, że

dahin tam; ***bis ~*** (*zeitlich*) do tego czasu; F ***das Geld ist ~*** pieniądze przepadły; **~ab**, **~auf**, **~aus** *itd.* (tam)tędy (w dół, pod/na górę *itd.*); **'~'gegen** natomiast

da'hin|gehen* przemijać ⟨-inąć⟩; (*sterben*) odchodzić ⟨odejść⟩ (z tego świata); ***~d*** w tym sensie; **~gestellt** → ***fraglich***; ***~ sein lassen*** pozostawić (kwestję) na boku; **~leben** żyć z dnia na dzień; **~schleppen: *sich ~*** *fig* F ślimaczyć się

da'hinten tam w tyle, (tam) z tyłu

da'hinter [*t.* 'da-] (*wo?*) za tym(i)/nim(i), za tą/nią *itd.*; (*wohin?*) za te(n)/tę *itd.*; **~kommen*** F wykry(wa)ć; (*erraten*) domyślać ⟨-lić⟩ się; **~stecken** *v/i* kryć się za tym/tą/tymi

dahin|'über, **~'unter** → ***dahinab***

dalassen* pozostawi(a)ć

damal|ig ówczesny; **~s** wtedy, wówczas

Da'mast *m* (*-ęs*; *-e*) adamaszek

Dame *f* pani (***des Hauses*** domu); dama (*t. karc*); (*Schach t.*) hetman; ***~ spielen*** grać w warcaby; ***meine ~n*** szanowne panie; (***für***) ***~n*** dla kobiet

Damen|auswahl *f sport* reprezentacja kobiet; **~begleitung** *f*: ***in ~*** w towarzystwie kobiet(y); **~binde** *f* podpaska (higieniczna); **~wahl** *f* (*0*) biały taniec: ***~!*** panie proszą do tańca!

Dame|spiel *n* (gra w) warcaby *f/pl*; **~stein** *m* bierka warcabowa, pionek

damit[1] *adv* tym samym; przez to; ***was soll man ~ tun?*** co z tym (fantem) zrobić?; F ***her ~!*** dawaj (to) tu!

da'mit[2] *conj* aby, ażeby (***nicht*** nie)

dämlich F durny, (przy)głupi

Damm *m* (*-ęs*; *⸚e*) nasyp (*t. kolej*), wał; (*Deich*) tama, zapora; *anat* krocze

dämmer|ig mroczny (-no); **~n** (*-re*): ***es dämmert*** świta; ***der Abend dämmert*** zapada zmrok; ***vor sich hin ~*** drzemać

Dämmerung *f* (*0*) (*morgens*) świt; ***in der ~*** (*abends*) o zmierzchu/zmroku

Dampf *m* (*-ęs*; *⸚e*) para; **~bad** *n* łaźnia parowa, parówka; **~druck** *m* ciśnienie pary; **≗en** *v/i* parować, dymić (się)

dämpfen *Stöße* amortyzować; *Licht*, *Lärm* przytłumi(a)ć; ***mit gedämpfter Stimme*** przytłumionym głosem

Dampfer *m* parowiec

Dämpfer *m* tłumik (*t. muz*), amortyzator

Dampfheizung *f* ogrzewanie parowe

Dampfturbine *f* turbina parowa

Dampfwolke *f* kłąb/kłęby *pl* pary

Damwild *n zbior* daniele *m/pl*

danach potem; (*hierauf*) po czym; *handeln*: stosownie do (*G*); *sich richten*: do tego; *fragen*: o to; ***es sieht nicht ~ aus*** nie wygląda na to

Däne *m* (*-n*) Duńczyk

da'neben (***dicht*** tuż) obok; (*außerdem*) prócz tego; **~gehen*** chybi(a)ć celu; F *fig* nie udać się, nie wypalić; **~schießen*** spudłować *pf*

da'niederliegen* leżeć w łóżku

Däni|n *f* Dunka; **≗sch** duński (po -ku)

dank *praep* (*G*, *D*) dzięki (*D*)

Dank *m* (*-ęs*; *0*) podziękowanie, dzięki *pl*; ***~ sagen*** złożyć podziękowanie; ***vielen ~*** bardzo dziękuję; ***herzlichen ~*** serdeczne dzięki; **≗bar** wdzięczny; ***sich ~ erweisen*** odwdzięczać ⟨-czyć⟩ się

Dankbarkeit *f* (*0*) wdzięczność *f*

danken (***für***) ⟨po⟩dziękować (za *A*); ***danke sehr*** dziękuję bardzo; ***~d*** z podziękowaniem; ***~d erhalten*** otrzymaliśmy - dziękujemy

Dank|gottesdienst *m* nabożeństwo dziękczynne; **~schreiben** *n* list z podziękowaniem

dann wtedy, wówczas; (*später*) potem; ***~ und wann*** od czasu do czasu

daran *hängen*: na tym/tej/tych (*a.* nim/niej/nich); *lehnen*, *sich stoßen*: o to/tą/te (*a.* niego/nią/nie); *erkennen*: po tym/tej/tych *itd.*; *denken*: o tym/tej/tych *itd.*; *teilnehmen*: w tym/tej/tych *itd.*; ***nahe ~ sein zu ...*** omal nie ...; → ***dran***

daran|gehen*, **~machen: *sich ~*** (***zu***) zabierać ⟨zabrać⟩ się do (*G*)

darauf *sich befinden*, *gründen*: na tym/tej/tych (*a.* nim/niej/nich); *legen*, *stellen*: na to/tę/te *itd.*; (*zeitlich*) po (*L*); ***ein Jahr ~*** w rok później; → ***drauf***; **~folgend** następny, kolejny

daraus z tego/tej/tych; ***~ folgt*** z tego

wynika; **~ wird nichts** z tego nic nie będzie
darbieten* przedstawi(a)ć (**sich** się)
Darbietung *f* przedstawienie; występ
darf → dürfen
dar|in w tym/tej/tych (*a.* nim/niej/nich); **→ drin**; **~legen** objaśni(a)ć, wyjaśni(a)ć; *Plan itp.* przedstawi(a)ć
Darleh(e)n *n* pożyczka; **~(s)vertrag** *m* umowa pożyczkowa
Darm *m* (*-es; -̈e*) jelito, F kiszka; **~infektion** *f* zakażenie jelit(owe)
darstell|en przedstawi(a)ć (**sich** się); *Rolle* odtwarzać ⟨-worzyć⟩; **~d** *Kunst*: plastyczny; **≈er(in** *f*) *m teatr* wykonawca *m* (-czyni); **≈ung** *f* przedstawienie; (*Beschreibung*) opis; *teatr* wykonanie
darüber (*über dem*/*der*) nad tym/tą/tymi (*a.* nim(i)/nią); (*über das*/*die*) (po)nad ten/to/tę/te *itd.*; *sprechen itp.*: o tym/tej/tych (*a.* nim/niej/nich); **~ lachen** śmiać się z tego; **~ hinaus** ponadto
darum (*deshalb*) dlatego, z tego powodu; **es geht** (**nicht**) **~** (nie) o to chodzi
darunter (*unter dem*/*der*) pod tym(i)/tą (*a.* nim(i)/nią); (*unter den*/*die*) pod ten/to/tę/te *itd.*; (*zwischen*) w tej liczbie, w tym; *leiden itp.*: z tego powodu; *verstehen*: przez to; (*weniger*) poniżej
das *pron* to; **→ der**
dasein* być tu/obecnym; istnieć; **ist jemand da?** jest tu ktoś?; **es war niemand da** nie było nikogo; **es ist kein Brot da** chleba nie ma
Dasein *n* (*-s; 0*) byt, istnienie, egzystencja; **~sberechtigung** *f* (*0*) racja bytu
dasjenige to; **~, daß** to, które
daß że; *wenn im Hauptsatz Befehl, Verbot, Bitte itp. ausgedrückt wird*: aby, żeby; **es sei denn, ~** chyba że
das'selbe to samo
dastehen* F (*t. sn*) znajdować się, być
Da'tei *f EDV* zbiór (danych), plik
Daten *n*/*pl* dane *pl*; **→ Datum**; **~bank** *f* bank danych; **~mißbrauch** *m* nadużycie danych komputerowych; **~schutz** *m* ochrona danych komputerowych (osobistych); **~verarbeitung** *f* (*0*) przetwarzanie danych
da'tieren (-) datować, ⟨po⟩stawić datę
Dattel *f* (*-; -n*) daktyl(owy *w zł.*)
Datum *n* (*-s; -ten*) data; **welches ~ ist heute?** którego dziś (mamy)?
Datum(s)stempel *m* datownik; (*Abdruck*) odbicie stempla z datą
Dauer *f* (*0*) czas (trwania), okres; (*Fortbestehen*) trwanie; **auf ~** (*auf lange*) na stałe; (*mit d. Zeit*) z czasem; **für die ~ von ...** na okres (*G*); **~auftrag** *m fin* polecenie stałe; **~ausstellung** *f* wystawa stała; **~betrieb** *m* ruch ciągły; **≈haft** trwały (-le); **~karte** *f* karta abonamentowa, abonament
dauern (*-re*) ⟨po⟩trwać; (*sich hinziehen*) przeciągać ⟨-gnąć⟩ się; **~d** ciągły (-le), stały (-le); *adv t.* wciąż
Dauer|nutzung *f* stałe użytkowanie; **~thema** *n* dyżurny temat; **~welle** *f* trwała ondulacja; **~wurst** *f* kiełbasa sucha (wędzona); **~zustand** *m* stan trwały; **... darf nicht zum ~ werden** ... nie może trwać stale/wiecznie
Daumen *m* kciuk, wielki palec
Daunendecke *f* kołdra puchowa
davon *entfernt, frei sn*: od tego/tej; *haben, ausgehen*: z tego; *wissen, sprechen itp.*: o tym/tej/tych; (*von dieser Menge*) z tego/tej/tych; **→ fort-, weg-**
da'vonkommen*: **mit dem Leben ~** ujść *pf* z życiem; **→ Schrecken**
da'vontragen* *Schaden, Wunden* odnosić ⟨odnieść⟩
davor (*vor diesem*) przed tym(i)/tą (*a.* nim(i)/nią); (*vor dieses*) przed ten/tę/to/te *itd.*; **er hat ~ Angst** on się tego boi
dazu (*zu diesem*) do tego/tej/tych; **was sagst du ~?** co ty na to?; **noch ~** w dodatku; **wie komme ich ~?** z jakiej racji mam (*inf*)
da'zu|gehören należeć do tego/(*G*); **~kommen*** nadchodzić ⟨nadejść⟩, nadjeżdżać ⟨-jechać⟩; **≈tun** *n*: **ohne sein ~** bez jego pomocy/udziału
da'zwischen (*zwischen diesen*) między tymi/nimi; (*zwischen diese*) między te/nie; **→ darunter**; **~kommen*** przeszkadzać ⟨-kodzić⟩; **~reden** wtrącać ⟨-cić⟩ się; **~treten*** (*sn*) interweniować
Dealer ['di:lɐ] *m* handlarz narkotykami
De'batte *f* debata; **das steht nicht zur ~** to nie podlega dyskusji
debü'tieren (-) ⟨za⟩debiutować
Deck *n* (*-s; -s*) *mar* pokład(owy *w zł.*)
Deck|adresse *f* konspiracyjny adres; **~bett** *n* pierzyna; **~e** *f* (*Bett*) kołdra; *bud* sufit, pułap, strop; (*Eis*) pokrywa; **an der ~** u sufitu; **~n-** *w zł.* sufitowy
Deck|el *m* pokryw(k)a, przykryw(k)a;

D

(*Buchdeckel*) okładka; (*e-r Kiste*) wieko; **2en** kryć (*t. sport, fig*); *Bedarf, Kosten itp. t.* pokry(wa)ć (***sich mit*** się z *I*); ***Tisch*** ~ nakry(wa)ć do stołu
Deck|farbe *f* farba kryjąca; **~ladung** *f* ładunek pokładowy; **~mantel** *m*: ***unter dem*** ~ pod płaszczykiem; **~name** *m* pseudonim, ksywa
D
Deckung *f* (*Schutz*) ukrycie, osłona; (*das Decken*) pokrywanie, pokrycie (*t. fin, ekon*); *sport* krycie; **2sgleich** pokrywający się; *mat* przystający
de'fekt uszkodzony, niesprawny
De'fekt *m* (*-es; -e*) defekt, wada, usterka
defensiv [*t.* -'zi:f] defensywny; *Fahrweise*: oględny; **2e** *f* defensywa
defi|'nieren (-) ⟨z⟩definiować, określać ⟨-lić⟩; **2niti'on** *f* definicja; **'~ni'tiv** definitywny; **2zit** *n* (*-s; -e*) deficyt
defizi'tär deficytowy (-wo)
defor'mieren (-) ⟨z⟩deformować
deftig F *Essen*: suty; *Witz*: rubaszny
Degen *m* szpada
dehnbar rozciągliwy; *Begriff*: nieścisły
dehnen rozciągać ⟨-gnąć⟩ (***sich*** się); *jęz* przedłużać ⟨-żyć⟩
Deich *m* (*-es; -e*) grobla, tama; → ***Damm***
Deichsel *f* (-; *-n*) dyszel; **2n** F (*-le*) załatwić *pf* (po znajomości)
dein twój, twoja *f*, twoje/twe *n*, *pl*, twoi *m-os*; *wenn Subjekt 1. os. sg*: swój, swoja *f*, swoje/swe *n*, *pl*, swoi *m-os*
deinerseits z tw(oj)ej strony
deinesgleichen taki (takie, tacy) jak ty
deinetwegen przez ciebie, ze względu na ciebie; (*dir zuliebe*) dla ciebie
De'kan *m* (*-s; -e*) dziekan
dekla'rieren (-) ⟨za⟩deklarować
dekli'nieren (-) deklinować, odmieniać
Dekolleté [-kɔl'te:] *n* (*-s; -s*) dekolt
De'ko|r *m/n* (*-s; -s*) wzór, motyw; **~ra-ti'on** *f* dekoracja; **~s-** → **2ra'tiv** dekoracyjny; **2'rieren** (-) ⟨u⟩dekorować
Dele|gati'on *f* delegacja; **2'gieren** (-) ⟨wy⟩delegować, oddelegow(yw)ać
Dele'gierte(r) delegat(ka)
deli'ka|t delikatny; **2'tesse** *f* przysmak; *pl t.* delikatesy *m/pl*, delicje *f/pl*
De'likt *n* (*-es; -e*) delikt, przestępstwo
Delin'quent(in *f*) *m* (*-en*) delikwent(ka)
Delle *f* wgłębienie, wgniecenie
Del'phin *m* (*-s; -e*) delfin
dem → ***der***
dema'gogisch demagogiczny
demen'tieren (-) ⟨z⟩dementować
dem|entsprechend odpowiedni(o); **~nach** (a) zatem; **~nächst** niebawem
Demo|'krat(in *f*) *m* (*-en*) demokrata *m* (-tka); **~kra'tie** [*pl* -'ti:ən] *f* demokracja; **2'kratisch** demokratyczny
demo'lieren (-) ⟨z⟩demolować
Demon|'strant(in *f*) *m* (*-en*) demonstrant(ka); **~strati'on** *f* demonstracja; **2stra'tiv** demonstracyjny; *gr* wskazujący; **2'strieren** (-) ⟨*v/t t.* za⟩demonstrować; **~'tage** [-ʒə] *f* demontaż; **2'tieren** (-) ⟨z⟩demontować
demo'skopisch demoskopijny
demütig pokorny; **~en** upokarzać ⟨-korzyć⟩ (***sich*** się); **~d** upokarzający (-co)
Demütigung *f* upokorzenie
demzufolge wskutek tego, przez to
den, denen → ***der***
Denk|anstoß *m* bodziec myślowy; **2bar** możliwy (do pomyślenia); (*äußerst*) bardzo, naj- (+ *adj*/*adv*); ***nicht*** ~ nie do pomyślenia; **2en*** *v/i* myśleć; (*t. A*, ***an***, ***über*** *A*) ⟨po⟩myśleć (*A*, o *L*, nad *I*); (*nicht vergessen*) pamiętać (***an*** *A* o *L*); *j-m* ***zu*** ~ ***geben*** dawać do myślenia (*D*); F ***ich denk(e) nicht daran!*** ani myślę!
Denkfehler *m* błąd w rozumowaniu
Denkmal *n* (*-s; ⸚er/-e*) pomnik; (*Bau-, Kulturdenkmal*) zabytek; **~(s)schutz** *m* ochrona zabytków
Denk|modell *n* model myślowy; **~pause** *f* przerwa do namysłu; **2würdig** pamiętny; **~zettel** F *m*: *j-m* ***e-n*** ~ ***verpassen*** dać nauczkę (*D*)
denn *conj* bo(wiem), ponieważ; (*als*) niż; ***...*** ~ ***je*** ... niż kiedykolwiek; *part* więc, -ż, *np.* ***wo ist er*** ~***?*** gdzież on jest?; *adv* ***es sei*** ~, ***daß*** chyba że
dennoch jednak(że), przecież
denun'zieren (-) ⟨za⟩denuncjować
Deodo'rant *n* (*-s; -s*) dezodorant
depla'ziert niestosowny, nie na miejscu
Depo'nie [*pl* -'ni:ən] *f* składowisko; → ***Endlager***; **2ren** (-) ⟨z⟩deponować
Deportati'on *f* deportacja, zesłanie
Depo'siten- depozytowy
Depot [de'po:] *n* (*-s; -s*) magazyn; (*Bahndepot*) zajezdnia; *fin* depozyt, skład
De|pressi'on *f* depresja; **2pres'siv** depresyjny; **2pri'miert** zdeprymowany
Depu'tierte(r) deputowany (-na)
der (***die***, ***das***) *Artikel wird nicht übersetzt*; *pron.* → ***diese(r)***, ***jene(r)***, ***welch***;

F (*auf Personen bezogen*) on, ona *f*, ono *n*, one *pl*, oni *m-os*; **~art** do tego stopnia; **~artig** taki, podobny, tego rodzaju
derb (*grob*) gruby; *Witz*: dosadny; (*haltbar*, *kräftig*) mocny; *Kost*: prosty
deren jej, ich; (*relativ*) której, których
der|'gleichen podobny; ***und ~ mehr*** i tym/temu podobne; ***nichts ~*** nic takiego/podobnego; **~jenige** ten; **~, *der*** ten, co/kto/który; **~selbe** ten sam; **~zeitig** obecny; (*damalig*) ówczesny
De'saster *n* katastrofa, niepowodzenie
deser'tieren (-, *sn*) ⟨z⟩dezerterować
des'gleichen podobnie, tak samo
deshalb dlatego; ***und ~*** toteż
Design [di'zaĭn] *n* (-*s*; -*s*) projektowanie wzorów, wzornictwo (przemysłowe)
Des|infekti'on *f* dezynfekcja; **~s-** dezynfekcyjny, odkażający; **2infi'zieren** (-) ⟨z⟩dezynfekować, odkażać ⟨-kazić⟩; **~interesse** *n* (-*s*; *0*) brak zainteresowania; **~odorant** *n* (-*s*; -*s*) → ***Deodorant***
deso'lat opłakany
des|organi'sieren (-) ⟨z⟩dezorganizować; **~orientiert** zdezorientowany
des'potisch despotyczny
dessen jego, ich; tego, tych; (*relativ*) którego, których; **~'ungeachtet** mimo to, nie bacząc na to
Dessert [-'seːɐ] *n* (-*s*; -*s*) deser
destil'liert destylowany
desto tym; ***je mehr, ~ besser*** czym więcej, tym lepiej
deswegen dlatego, z tego powodu
Detail [-'taːj/-'taĭ] *n* (-*s*; -*s*) szczegół
detailliert [-'jiːrt] szczegółowy (-wo)
Detek'tiv *m* (-*s*; -*e*) detektyw; *w zł.* detektywistyczny; **~in** *f* detektyw
deto'nieren (-, *sn*) detonować
deut|en (-*e*-) ⟨wy⟩tłumaczyć; (***auf*** *A*) wskaz(yw)ać (na *A*); **~lich** wyraźny; (*gut hörbar*, *kraß t.*) dobitny
deutsch niemiecki (po -ku)
Deutsch *n* (-/-*s*; *0*) (język) niemiecki; ***sprechen Sie ~?*** mówi pan(i) po niemiecku?; ***ich kann kein ~*** nie znam niemieckiego; **~e** *f* Niemka; **~e(r)** *m* Niemiec; **~landlied** *n* (-*es*; *0*) hymn państwowy Niemiec
deutsch|sprachig niemieckojęzyczny; **~stämmig** niemieckiego pochodzenia; **2stunde** *f* lekcja (języka) niemieckiego
Deutung *f* tłumaczenie, interpretacja
De'visen *f/pl fin* dewizy *f/pl*; **~bestimmungen** *f/pl* przepisy *m/pl* dewizowe; **~geschäft** *n* transakcja dewizowa
De'zember *m* grudzień *m*; ***im ~*** w grudniu; *w zł.* grudniowy
de'zent subtelny; dyskretny
Dezer'nat *n* (-*es*; -*e*) (wy)dział, referat
Dezi|- *w zł.* decy-; **~'malsystem** *n* system/układ dziesiętny
dezi'mieren (-) ⟨z⟩dziesiątkować
Dia *n* (-*s*; -*s*) przezrocze, F slajd
Dia'be|tes *m* (-; *0*) cukrzyca; **~tiker(in** *f*) *m* chory (-ra) na cukrzycę
Dia'gnose *f* diagnoza, rozpoznanie; **~programm** *n* program diagnostyczny
diago'nal diagonalny; *praed t.* po przekątnej; → ***schräg***; **2e** *f* przekątna
Dia'gramm *n* (-*s*; -*e*) wykres
Dia'lekt *n* (-*es*; -*e*) narzecze, gwara
Dia'log *m* (-*es*; -*e*) dialog(owy *w zł.*)
Dia'lyse *f* dializa(cyjny *w zł.*)
Dia'mant *m* (-*en*) diament(owy *w zł.*)
Diaprojektor *m* rzutnik do przezroczy
Di'ät *f* dieta; ***diät leben*** być na diecie; **~en** *f/pl* diety *f/pl*; **~fehler** *m* błąd w diecie; **~kost** *f* żywienie dietetyczne
dich ciebie, cię; *refl* siebie, się
dicht gęsty (-to); (*undurchlässig*) szczelny; (*kompakt*) zwarty (-to); **~ *an/hinter*** (*D*) tuż przy/za (*I*)
dichtbesiedelt gęsto zaludniony
Dichte *f* gęstość *f* (*t. fiz*); (*d. Verkehrs*) natężenie; (*inhaltlich*) zwartość *f*
dicht|en (-*e*-) *v/t* ⟨na⟩pisać (***ein Gedicht*** wiersz); *v/i* pis(yw)ać (wiersze); → ***abdichten***; **2er(in** *f*) poeta *m* (-tka), pisarz (-rka); **~erisch** poetycki, twórczy
dichthalten* F nie zdradzać ⟨-dzić⟩
dichtmachen F zamykać ⟨-mknąć⟩; *Grenze t.* uszczelnić *pf*
Dichtung[1] *f* (*0*) poezja, twórczość poetycka; (*t. pl*) (*Werk*) utwór poetycki
Dichtung[2] *f tech* uszczelka
dick gruby (-bo); (*fett t.*) opasły; *Rauch*, *Suppe*: gęsty; ***... cm ~*** gruby na ... cm; ***... macht ~*** ... tuczy; → ***geschwollen***; **~bäuchig** brzuchaty; **2darm** *m* jelito grube; **2e** *f* grubość *f*; **~flüssig** gęsty
Dickicht *n* (-*es*; -*e*) gęstwina, gąszcz
dick|köpfig F uparty; **~lich** grubawy (-wo); **2milch** *f* zsiadłe mleko
die → ***der***
Dieb *m* (-*es*; -*e*) złodziej(aszek F)
Diebes|bande *f* szajka złodziejska; **~gut** *n* (-*es*; *0*) kradzione, kradzież *f*, łup

Dieb|in *f* złodziejka; **~stahl** *m* (*-es; ~e*) kradzież *f*, złodziejstwo; **2stahlsicher** zabezpieczony od kradzieży
diejenige ta; **~, die** ta, co/która; **~n** *pl* te, ci; **~, die** te, co/które; ci, co/którzy
Diele *f* bal, dyl; (*Raum*) sień *f*, hall
D
dienen służyć (**bei** u *G*, w *L*; **zu** do *G*)
Diener(in *f*) *m* sługa *m*/*f*, służący (-ca)
dienlich przydatny, użyteczny
Dienst *m* (*-es; -e*) służba; (*Schichtdienst*) dyżur; **im ~** na służbie; **vom ~** dyżurny; **außer ~** emerytowany; **e-n ~ erweisen** wyświadczyć usługę
Dienstag *m* wtorek; *w zł.* wtorkowy; **am ~** we wtorek; **2s** we wtorki
Dienst|ausweis *m* legitymacja służbowa; **~bereich** *m* zakres obowiązków służbowych; **2bereit** dyżurny; (*willig*) uczynny; **2eifrig** (nad)gorliwy; **2frei** wolny od służby, po służbie; **~grad** *m* stopień służbowy; **2habend** dyżurny
Dienstherr *m* pracodawca *m*
Dienstleistung *f* świadczenie usług; *pl t.* usługi *f/pl*; **~s-** usługowy, ... usług
dienstlich służbowy (-wo); → ***amtlich***
Dienst|mädchen *n* służąca; **~marke** *f* znaczek legitymacyjny policjanta; **~reise** *f* podróż służbowa; **~stelle** *f* instytucja, urząd; **~stunden** *f/pl* godziny *f/pl* urzędowe; **~vorschrift** *f* przepis służbowy; **~weg** *m*: ***auf dem ~(e)*** drogą służbową/urzędową
dies to; **~e** ta *f*; te *pl*, ci *m-os*
Diesel *m* diesel; → ***Dieselöl***
dieselbe ta sama; **~n** te same, ci sami
Diesel|lok *f* spalinowóz; **~motor** *m* silnik Diesla; **~öl** *n* olej napędowy
dies|er ten; **~es** to, *G* tego; ***~ Jahres*** tego/bieżącego roku
diesig mglisty (-to)
dies|jährig tegoroczny; **~mal** tym razem; **~seits** *praep* (*G*) po tej stronie (*G*)
Dietrich *m* (*-es; -e*) wytrych
Diffa'mierung *f* dyfamacja
Differenti'al *n* (*-s; -e*) *tech* dyferencjał, mechanizm różnicowy; **~rechnung** *f* *mat* rachunek różniczkowy
Diffe'ren|z *f* różnica; **~en** *pl* kontrowersje *f/pl*; **2'zieren** (-) ⟨z⟩różnicować; **~'zierung** *f* zróżnicowanie
digi'tal cyfrowy, numeryczny; **2anzeige** *f* wskaźnik cyfrowy; **2aufzeichnung** *f* zapis cyfrowy
Dik'tat *n* (*-es; -e*) dyktando; (*0*) dyktat
dikta'torisch dyktatorski (po -ku)
Dikta'tur *f* dyktatura
dik'tieren (-) dyktować
Dik'tiergerät *n* dyktafon
dilet'tantisch dyletancki (po -ku)
Dill *m* (*-s; 0*) koper(ek); *w zł.* koperkowy
Dimensi'on *f* wymiar, rozmiar
Ding *n* (*-es; -e*, F *-er*) rzecz *f*; ***vor allen ~en*** przede wszystkim; ***guter ~e sein*** być dobrej myśli; ***armes ~*** biedactwo; F ***das ist ja ein ~*** ładny gips
dinglich: ***~es Recht*** prawo rzeczowe
Dings, **~bums**, **~da** F *m/n/f* (-; *0*) iksiński, iksińska; (*Sache*) interes
Dio'xin *n* (*-s; -e*) dioksyn
Diö'zese *f* diecezja
Diphthe'rie [-fte-] *f* (*0*) błonica, dyfteryt
Di'plom *n* (*-s; -e*) dyplom
Di'plomarbeit *f* praca dyplomowa
Diplo'mat(in *f*) *m* dyplomata *m* (-tka)
Diploma'tie *f* (*0*) dyplomacja
diplo'matisch dyplomatyczny
Di'plomingenieur *m* inżynier dyplomowany, magister inżynier
dir tobie, ci; *refl* sobie
di'rekt bezpośredni(o); *Rede*: niezawisły
Direkti'on *f* dyrekcja; **~s-** dyrekcyjny
Di'rek|tor *m* (*-s; -'toren*), **~'torin** *f* dyrektor(ka F); *w zł.* dyrektorski
Di'rekt|übertragung *f* transmisja bezpośrednia/na żywo; **~zugriff** *m* *EDV* dostęp bezpośredni
Diri'gent(in *f*) *m* (*-en*) dyrygent(ka)
diri'gieren (-) *v/t* dyrygować (*I*)
Dirne *f* ladacznica, nierządnica
Discountladen [-'kaŭnt-] *m* tani sklep
Dis'kette *f* dyskietka, dysk elastyczny
Dis'kettenlaufwerk *n* napęd dyskietek
Diskjockey *m* disk-dżokej, dysk-dżokej
Disko *f* (-; *-s*) dyskoteka; *w zł.* dyskotekowy; **~musik** *f* muzyka disco
Dis'kontsatz *m* stopa dyskontowa
Disko'thek *f* dyskoteka
diskredi'tieren (-) ⟨z⟩dyskredytować
Dis|kre'panz *f* niezgodność *f*; **2'kret** dyskretny; **~kreti'on** *f* dyskrecja
diskrimi'nieren (-) dyskryminować
Diskussi'on *f* dyskusja
Diskussi'ons|beitrag *m* artykuł/referat dyskusyjny; **~teilnehmer(in** *f*) *m* dyskutant(ka)
Diskuswerfen *n* rzut dyskiem
dis|ku'tieren (-) dyskutować (***über*** *A* o, nad *I*); **~po'nieren** (-) (***über*** *A*) dyspo-

nować (*I*); ²**positi'onskredit** *m* kredyt dyspozycyjny; **~qualifi'zieren** (-) ⟨z⟩-dyskwalifikować
Dissi'dent(in *f*) *m* (*-en*) dysydent(ka)
Dis|'tanz *f* dystans; ²**tan'zieren: sich ~** (**von**) odsuwać ⟨odsunąć⟩ się (od *G*)
Distel *f* (-; *-n*) oset; **~fink** *m* szczygieł
Diszi|'plin *f* dyscyplina; **~pli'nar-** dyscyplinarny; ²**pli'niert** zdyscyplinowany; **~'plinlosigkeit** *f* (*0*) brak dyscypliny
Divi|'dend *m* (*-en*) *mat* dzielna; **~'dende** *f* dywidenda; ²**'dieren** (-) ⟨po⟩dzielić; **~si'on** *f mat* dzielenie; *mil* dywizja
doch *adv* jednak; *part* przecież; ***Sie wissen ~*** pan(i) przecież wie; (*verstärkend*) ależ; ***~!*** ależ tak!; (*auffordernd*) no ... -że; ***sag ~!*** no mówże!; ***setzen Sie sich ~*** (no) niechże pan(i) usiądzie/siada
Docht *m* (*-es*; *-e*) knot
Dock *n* (*-es*; *-s*) dok(owy *w zł.*)
Dogma *n* (*-s*; *-men*) dogmat
dog'matisch dogmatyczny
Doktor *m* (*-s*; *-'toren*) doktor
Doktorarbeit *f* dysertacja doktorska
Doktorgrad *m* stopień *m* doktora
Doku'ment *n* (*-es*; *-e*) dokument
Dokumen|'tarfilm *m* film dokumentalny; ²**'tieren** (-) ⟨u⟩dokumentować
Dolch *m* (*-es*; *-e*) sztylet
Dollar *m* (*-s*; *-s*) dolar(owy *w zł.*)
dolmetschen ⟨*v/t t.* prze⟩tłumaczyć
Dolmetscher(in *f*) *m* tłumacz(ka)
Dom *m* (*-es*; *-e*) katedra, tum
domi'nant dominujący
domi'nieren (-) *v/i* dominować
Domi'zil *n* (*-s*; *-e*) → (***Wohn-)Sitz***
Dompfaff *m* (*-s*/*-en*; *-en*) *zoo* gil
Domp'teur *m* (*-s*; *-e*) pogromca *m* zwierząt
Domp'teuse *f* pogromczyni zwierząt
Donau- (nad)dunajski
Donner *m* grzmot, grom; ²**n** (*-re*) *v/i* ⟨za⟩grzmieć; F grzmocić (***gegen*** o, w *A*); ***es donnert*** grzmi; **~schlag** *m* uderzenie pioruna, piorun
Donnerstag *m* czwartek; *w zł.* czwartkowy; ***am ~*** w czwartek
donnerstags w czwartki
doof F durny, głupi (-pio)
Doping *n* (*-s*; *0*) doping; **~kontrolle** *f* kontrola antydopingowa
Doppel *n* duplikat; *sport* debel; *w zł.* podwójny
Doppelbesteuerungsabkommen *n* porozumienie o uniknięciu podwójnego opodatkowania
Doppel|bett *n* łóżko małżeńskie; **~dekker** *m* (*Bus*) piętr(ob)us; ²**deutig** dwuznaczny; **~gänger(in** *f*) *m* sobowtór; **~haus** *n* bliźniak; **~punkt** *m* dwukropek; ²**seitig** dwustronny; ²**sinnig** dwuznaczny; **~spiel** *n* gra podwójna
doppelt podwójny; *adv t.* dwukrotnie, w dwójnasób; ***~ so viel*** dwa razy tyle
Doppel|zentner *m* ce(n)tnar, kwintal; **~zimmer** *n* pokój dwuosobowy
Dorf *n* (*-es*; *⸚er*) wieś *f*, wioska; *w zł.* wiejski; **~bewohner(in** *f*) *m* mieszkaniec (-nka) wsi, wieśniak (-aczka)
Dorn *m* (*-es*; *-en*) cierń *m*, kolec; *tech* (*pl -e*) trzpień *m*; przebijak
dornig cierniowy, ciernisty (-ście)
dörren ⟨wy⟩suszyć
Dorsch *m* (*-es*; *-e*) dorsz, wątłusz
dort tam; ***von ~*** → **~her** stamtąd; **~hin** tam, w tamtą stronę; **~ig** tamtejszy
Dose *f* puszka; → ***Butterdose*** *itd.*
dösen ⟨po⟩drzemać
Dosen- puszkowy
Dosenöffner *m* otwieracz do konserw
do'sieren (-) dozować, dawkować
Dosis *f* (-; *Dosen*) dawka, doza
Dotter *m*/*n* żółtko
Do'zent(in *f*) *m* (*-en*) docent(ka)
Drache *m* (*-n*) smok
Drachen *m* latawiec; *sport* lotnia
Drachenfliegen *n* lotniarstwo
Dragee [-'ʒe:] *n* (*-s*; *-s*) drażetka
Draht *m* (*-es*; *⸚e*) drut; F ***auf ~ sein*** być sprytnym; **~bürste** *f* szczotka druciana; ²**los** bezprzewodowy, radio-; **~schere** *f* nożyce *pl* do cięcia drutu; **~seil** *n* lina druciana/stalowa; **~seilbahn** *f* kolej(ka) linowa; **~zaun** *m* ogrodzenie z drutu; **~zieher** *m pej* pokątny doradca, inspirator
dra'konisch drakoński
drall jędrny, hoży (-żo)
Drama *n* (*-s*; *-men*) dramat
dra'matisch dramatyczny
dramati'sieren (-) dramatyzować
dran F → ***daran***, ***drum***; ***übel ~ sein*** (***mit***) mieć nie lada kłopot (z *I*); ***da ist etwas ~*** w tym coś jest
Drä'nage [-ʒə] *f* drenaż
dranbleiben* F nie rezygnować, F gimnastykować się; (***bitte***) ***bleiben Sie dran*** proszę nie odkładać słuchawki

drang → ***dringen***
Drang *m* (-*es*; *0*) (po)pęd; (*Streben*) pociąg, dążenie (***nach***, ***zu*** do *G*)
drängeln (-*le*) pchać się, rozpychać się
drängen *v/t* odpychać, spychać ⟨odepchnąć, zepchnąć⟩; wypierać ⟨-przeć⟩ (***aus*** z *G*); (*zur Eile*) przynaglać; ***j-n zu*** *etw* ~ nalegać na k-o, aby (+ *verb*); *v/i* tłoczyć/pchać się; ***die Zeit drängt*** czas nagli
drankommen* F : ***... kommt dran*** przychodzi/przyjdzie kolej (na *G*)
dransein* F: ***ich bin dran*** moja kolejka
drastisch drastyczny
drauf F → ***darauf***; ~ ***und dran sein*** (***zu***) nieomal nie (+ *verb*), być blisko (*G*)
Draufgänger *m* ryzykant; odważniak
drauf|gehen* F być zużytym, zużyć się *pf*; *Tier itp*.: zginąć *pf*; **~kriegen** F: ***eins*** ~ dosta(wa)ć burę
drauf'los- *w zł*. na oślep, bez rozwagi
draufzahlen F dopłacać ⟨-cić⟩
draus F → ***daraus***
draußen na dworze; ***nach*** ~ na dwór; ***von*** ~ ze dworu; ***weit*** ~ daleko
Dreck F *m* (-*es*; *0*) brud(y *pl*); (*Schlamm*) błoto; → ***Müll***; ***es geht dich e-n*** ~ ***an*** V to cię gówno obchodzi; **2ig** F brudny (-no); zabłocony; *fig* plugawy (-wo)
Dreh F *m* (-*s*; -*s*) chwyt; ***er hat den*** ~ ***raus*** on to potrafi; **~arbeiten** *f/pl* nakręcanie (filmu); **~bank** *f* tokarka; **2bar** obrotowy; **~buch** *n* scenopis
drehen *v/t* obracać ⟨-rócić⟩ (*A*, *I*; ***sich*** się; ***um*** wokół *G*); *Zigarette* ⟨s⟩kręcić; *Film* nakręcać ⟨-cić⟩; *tech* ⟨wy⟩toczyć
Dreh|er *m* tokarz; **~knopf** *m* pokrętło, gałka; **~orgel** *f* katarynka; **~scheibe** *f* obrotnica; **~strom** *m* prąd trójfazowy
Drehtür *f* drzwi *pl* obrotowe
Drehung *f* obrót; ***e-e halbe*** ~ półobrót
Drehzahl *f tech* prędkość obrotowa; *mot* liczba obrotów; **~messer** *m* obrotomierz, licznik obrotów
drei trzy, troje, *m-os* trzech; → *str. 610*
Drei *f* trójka; **2dimensional** trzywymiarowy (-wo); **~eck** *n* trójkąt; **2eckig** trójkątny; **2einhalb** trzy i pół; **2fach** trzykrotny, potrójny; **~faltigkeit** *f* (*0*) *rel* Trójca; **2farbig** trójbarwny; **2hundert(ste)** → *str. 598*; **2jährig** trzyletni; **~'königsfest** *n* Trzech Króli
dreimal trzy razy; **~ig** trzykrotny
drein F → ***darein***; **~reden** wtrącać swoje trzy grosze, wtrącać się (***bei*** do *G*)
Drei|rad *n* trójkołowiec, rower(ek) trójkołowy; **2seitig** trójstronny; *drk* trzystronicowy; **~sprung** *m* trójskok
dreißig(ste) → *str. 610* (*611*)
dreist zuchwały (-le); → ***frech***
drei|stellig *Zahl*: trzycyfrowy; **2sterne-** trzygwiazdkowy; **~stöckig** trzypiętrowy; **2tagebart** *m* zarost trzydniowy
dreiviertel trzy czwarte; **~lang** trzyćwierciowy; **2stunde** *f* trzy kwadranse
drei|zehn(te) → *str. 610*; **2zimmerwohnung** *f* mieszkanie trzypokojowe
Dresche F *f*: ~ ***kriegen*** dostać lanie
dreschen* ⟨wy⟩młócić; F *fig* grzmocić
Dreschmaschine *f* młocarnia
dres'sieren (-) ⟨wy⟩tresować
Dressing *n* (-*s*; -*s*) sos zimny (do sałaty)
Dres'surprüfung *f* konkurs ujeżdżenia
dribbeln (-*le*) dryblować, wózkować
drillen *v/t mil*, *fig* musztrować, ćwiczyć
Drillich *m* (-*s*; -*e*) drelich(owy *w zł*.)
Drillinge *m/pl* trojaczki *m/pl*
drin F → ***darin***; *etw* ***ist nicht*** ~ nie ma mowy (o *L*)
dringen* (*sn*) (***durch***) przenikać ⟨-niknąć⟩ (przez *A*); *Geschoß*: przebi(ja)ć (*A*); (***in*** *A*) przedosta(wa)ć się (do *G*); (*gewaltsam*) wdzierać ⟨wedrzeć⟩ się (do *A*); (***aus***) wydoby(wa)ć się (z *G*); (*hat*) ~ ***auf*** (*A*) nalegać (na *L*), domagać się (*G*); **~d** pilny, naglący, nagły; *Verdacht*: uzasadniony; *Bitte*: usilny
Dringlichkeit *f* (*0*) pilność *f*; ***... von besonderer*** ~ nagły, priorytetowy
drinnen wewnątrz, w środku
drisch(s)t → ***dreschen***
dritt: *zu* ~ w(e) trójkę, we troje; **~e** trzeci
Drittel *n* trzecia część; ***ein*** 2 jedna trzecia
drittens po trzecie
dritt|klassig, **~rangig** trzeciorzędny
Droge *f* lek(arstwo); narkotyk; ***~n nehmen*** narkotyzować się
Drogen|abhängigkeit *f* (*0*) lekozależność *f*; narkomaństwo; **~beratungsstelle** *f* poradnia leczenia odwykowego dla narkomanów; **~handel** *m* handel narkotykami; **~kurier** *m* narkotrafikant; **~schmuggel** *m* przemyt narkotyków; **~sucht** *f* (*0*) narkomania
Droge'rie [*pl* -'riːən] *f* drogeria
Drohbrief *m* list z pogróżkami
drohen grozić, zagrażać (*t*. ***zu***, ***mit*** *I*); **~d** groźny; *Gefahr*: zagrażający, grożący

dröhnen *Geschütz, Lachen*: grzmieć, (*t. Kopf*) huczeć; *Schritte*: dudnić

Drohung *f* groźba, pogróżka

drollig pocieszny, zabawny

drosch → ***dreschen***

Droschke *f* doroszka; (*Taxi*) *gw* taryfa

Drossel *f* (-; *-n*) *zoo* drozd; *el* dławik

drosseln (*-le*) *tech* dławić; *Tempo, Produktion itp.* ograniczać ⟨-czyć⟩

drü|ben tam, po tamtej stronie; ***von ~*** stamtąd; **~ber** F → ***darüber, drunter***

Druck *m* (-*es*; *-e*) *drk* druk; (*pl* ¨*e*) ciśnienie; (*Last, t. med*) ucisk; (*auf e-n Knopf*) naciśnięcie; *fig* nacisk, presja; *j-n* ***unter ~ setzen*** wywierać nacisk (na *A*); ***unter ~*** pod presją; **~anstieg** *m* wzrost ciśnienia; **~buchstabe** *m* litera drukowana

drucken ⟨wy⟩drukować

drücken *v/t* ściskać ⟨-snąć⟩; *Knopf itp.* naciskać ⟨-snąć⟩, (*t. etw* ***an*** *A, j-n* ***an sich***) przyciskać ⟨-snąć⟩ (do *G*, do siebie); *Preise* zbi(ja)ć; *v/i Schuh*: uwierać, cisnąć; F ***sich ~*** (***vor*** *D*) wymigiwać ⟨-gać⟩ się (od *G*); **~d** przygniatający (-co); *Hitze*: parny

Drucker *m* drukarz; *EDV* drukarka

Drücker *m* klamka; (*Knopf*) przycisk

Drucke'rei *f* drukarnia

Druck|fehler *m* błąd drukarski; **~knopf** *m* zatrzask; *el, tech* przycisk, guzik; **~luft** *f* (*0*) powietrze sprężone; *w zł.* pneumatyczny; **~mittel** *n* środek wywierania nacisku (***gegen*** na *A*); **~regler** *m* regulator ciśnienia; **~schrift** *f* (*0*) pismo drukowane; (*t. pl*) dru(cze)k

Drucktaste *f* przycisk; **~n-** przyciskowy

drum F → ***darum***; ***mit allem Drum und Dran*** ze wszelkimi szykanami

drunten tam na dole

drunter → ***darunter***; F ***hier geht alles ~ und drüber*** tu panuje straszny bałagan

Drüse *f* gruczoł; **~n-** gruczołowy

Dschungel *m* dżungla

du ty; ***mit*** *j-m* ***per ~ sein*** być na ty (z *I*)

dubi'os wątpliwy; *Geschäft*: podejrzany

ducken: ***sich ~*** schylać ⟨-lić⟩ się; *fig* (***vor*** *D*) schylać/giąć kark (przed *I*)

Dudelsack *m* dudy *f/pl*

Du'ell *n* (*-s*; *-e*) pojedynek

Du'ett *n* (-*es*; *-e*) duet; ***im ~*** w duecie

Duft *m* (-*es*; ¨*e*) zapach, woń *f*; **2en** (*-e-*) ⟨za⟩pachnieć, ⟨za⟩pachnąć (***nach*** *I*); **~d** pachnący; **2ig** powiewny, lekki; **~note** *f* charakterystyczny zapach

duld|en (*-e-*) znosić ⟨znieść⟩, (*impf t. leiden*) ⟨ś⟩cierpieć; **~sam** wyrozumiały; **2ung** *f* (*0*) znoszenie, tolerowanie

dumm (¨*er*; ¨*st-*) głupi(o); F ***e-e ~e Sache*** głupia historia; **~es Zeug** głupstwa *n/pl*; ***sich ~ stellen*** uda(wa)ć głupiego

Dumm|heit *f* (*0*) głupota; (*t. pl*) głupstwo; **~kopf** *m pej* głupiec, P dureń *m*

dumpf *Laut*: głuchy (-cho); *Schmerz*: tępy; *Gefühl*: niewyraźny; → ***muffig***

Dumping- ['dam-] dumpingowy

Düne *f* diuna, wydma

Dung *m* (-*es*; *0*) obornik, gnój

düngen nawozić ⟨nawieźć⟩

Düng|er *m* nawóz; **~ung** *f* nawożenie

dunkel (*-kl-*) ciemny (-no) (*t. fig*); *Stimme, Ton*: niski; ***~ machen*** ściemni(a)ć; ***es wird ~*** robi się ciemno, ściemnia się

Dunkel *n* (*-s*; *0*) ciemności *f/pl*; ***im ~n*** po ciemku; **2blau** ciemnoniebieski (-ko)

dunkelhaarig ciemnowłosy

Dunkelheit *f* (*0*) ciemność *f*, mrok

Dunkelkammer *f* ciemnia

Dunkelziffer *f* ciemna liczba

dünn cienki (-ko); *Haare, Luft, Suppe itp.*: rzadki (-ko); **~besiedelt** słabo zaludniony; **2darm** *m* jelito cienkie

Dunst *m* (-*es*; ¨*e*) para, opary *m/pl*; *meteo* (*0*) opar, mgiełka

dünsten (*-e-*) *kulin* ⟨u⟩dusić

dunstig zamglony, mglisty (-to)

durch *praep* (*A*) przez (*A*); (***~*** *etw hindurch t.*) poprzez (*A*); (*wegen*) wskutek, z powodu (*G*); → ***dank***; *adv* ***~ und ~*** na wskroś; kompletnie; F ***darf ich ~?*** czy mogę przejść?

durcharbeiten przerabiać ⟨-robić⟩; przepracować *pf* (***die Nacht*** całą noc)

durchatmen oddychać głęboko

durchaus (*ohne weiteres*) zupełnie; (*unbedingt*) koniecznie; ***~ nicht*** bynajmniej

durch|beißen* przegryzać ⟨-gryźć⟩; **~blasen*** przedmuch(iw)ać; **~blättern** ⟨prze⟩kartkować, ⟨prze⟩wertować

Durchblick *m* F *fig* orientacja

durchblicken *v/i* ⟨po⟩patrzeć przez (*A*); F *fig* (***bei***) ⟨z⟩orientować się (w *L*); ***~ lassen*** da(wa)ć do zrozumienia

Durch'blutungsstörung *f* zaburzenie ukrwienia

durch|'bohren (-) *v/t* przebi(ja)ć, przedziurawi(a)ć; **~braten*** dobrze usmażyć/wypiec; **~brechen***[1] przełam(yw)ać (*v/i, sn* się); **~'brechen***[2] (-) *Sperre* przer(yw)ać; *Schallmauer* przekraczać ⟨-kroczyć⟩; **~brennen*** *v/i (sn) Birne itp.*: przepalać ⟨-lić⟩ się; **~bringen*** *Antrag* przeforsować; *Kranken* uratować *pf*, F postawić *pf* na nogi

Durchbruch *m* przełom (*t. fig Wende*); przełamanie, przerwanie; (*in e-r Mauer*) wyłom; (*in e-m Damm*) wyrwa

durch|'dacht przemyślany; **~'denken*** (-) rozważać ⟨-żyć⟩

durch|diskutieren przedyskutować *pf*; **~drehen** *v/t Fleisch* przepuszczać ⟨-puścić⟩ przez maszynkę; *v/i (sn) Räder*: wpadać ⟨wpaść⟩ w poślizg; F *fig* ⟨z⟩bzikować, ⟨s⟩tracić głowę

durchdringen*[1] *v/i (sn)* przedosta(wa)ć się; *Wasser*: przesiąkać ⟨-knąć⟩; **~d** przenikliwy (-wie)

durch'dringen*[2] (-) *v/t* przenikać ⟨-knąć⟩ (przez *A*); *Gefühl*: przejmować ⟨-jąć⟩

durchdrücken *v/t* F *fig* przeforsować *pf*

durchein'ander [*t.* 'durç-] *adv* bezładnie; ***ganz ~ sein*** mieć zamęt w głowie

Durchein'ander [*t.* 'durç-] *n (-s; 0)* bałagan, rozgardiasz; (*Gerenne*) rwetes; **ℒbringen*** narobić *pf* bałaganu; (*verwechseln*) ⟨po⟩plątać; → ***verwirren***

durch|fahren* *v/i (sn)* przejeżdżać ⟨-jechać⟩; *Schiff*: przepływać ⟨-płynąć⟩; **ℒfahrt** *f* przejazd; **ℒfall** *m med* biegunka, F rozwolnienie; F *fig* klapa, plajta

durch|fallen* (***bei***) *Kandidat, Antrag*: przepaść *pf* (na *I*); *Prüfling*: obl(ew)ać (*A*); **~finden***: ***sich ~*** odszukać/znaleźć *pf* drogę; **~'forschen** (-) *v/t* przeszuk(iw)ać (***nach*** w poszukiwaniu *G*); **~fressen*** przeżerać ⟨-żreć⟩

durchführ|bar możliwy do zrealizowania; **~en** przeprowadzać ⟨-dzić⟩; ⟨z⟩realizować; **ℒung** *f (0)* przeprowadzenie; realizacja; **~s-** wykonawczy

Durch|gang *m* przejście; turnus; **ℒgängig** *adv* stale, bez przerwy; **~gangsverkehr** *m* ruch tranzytowy

durchgehen* *v/i* (***durch***) przechodzić ⟨przejść⟩ (przez *A*; *t. fig*); *j-m etw* ***~ lassen*** puszczać ⟨puścić⟩ płazem; **~d *geöffnet*** otwarty bez przerwy; *v/t* → ***durchsehen***

durchgreifen*: ***hart ~*** przedsiębrać ⟨-sięwziąć⟩ (radykalne) środki (***gegen*** przeciwko *D*); **~d** radykalny

durch|halten* *v/t* przetrzym(yw)ać; *v/i* wytrwać *pf* (do końca); **~kommen*** przedosta(wa)ć się; *Zug*: przejeżdżać ⟨-jechać⟩; F (*telefonisch*) uzyskać *pf* połączenie; → ***durchgehen, bestehen***; **~'kreuzen** (-) pokrzyżować *pf*

Durch|laß *m (-sses; ¨sse)* przejście; *bud* przepust; **ℒlassen*** wpuszczać, przepuszczać ⟨-puścić⟩; **ℒlässig** (*undicht*) przesiąkliwy

durch|laufen* *v/i* (***durch***) przechodzić ⟨przejść⟩, (*im Laufschritt*) przebiegać ⟨-biec⟩ (przez *A*); *Wasser itp.*: przeciekać ⟨-ciec⟩; **~lesen*** przeczytać *pf*; **~'leuchten** (-) prześwietlać ⟨-lić⟩ (*t. med*); *fig* wyświetlać ⟨-lić⟩; **~machen** F → ***durchhalten, durchstehen***; *Kurs itp.* przechodzić ⟨przejść⟩

Durchmesser *m* średnica

durch|'näßt przemoknięty; **~nehmen*** przerabiać ⟨-robić⟩; **~prüfen** sprawdzać ⟨-dzić⟩ (gruntownie)

Durchreise *f*: ***auf der ~*** przejazdem

durch|ringen*: ***sich ~*** (***zu***) przemóc się i (*inf*); **~rosten** przerdzewieć *pf*

Durchsage *f* komunikat

durchsägen przepiłow(yw)ać

durch'schaubar przejrzysty

durchscheinend przeświecający

durchschimmern przeświecać

Durchschlag *m* (*Sieb*) durszlak, cedzak; (*Kopie*) przebitka; **ℒen*** *v/i (sn), v/t* przebi(ja)ć (*t.* ***sich*** się); *v/i* (***auf*** *A*) odbi(ja)ć się (na *L*); **~d** *Erfolg*: ogromny; **~papier** *n* papier przebitkowy

durchschneiden* przecinać ⟨-ciąć⟩

Durchschnitt *m* (*Mittel*) przeciętna, średnia; ***im ~*** przeciętnie, średnio; **~s-** → **ℒlich** przeciętny

Durchschrift *f* kopia, odbitka

durch|sehen* *v/t* przeglądać ⟨przejrzeć⟩; *v/i* (***durch***) ⟨po⟩patrzeć (przez *A*); **~sein*** F → *pf* ***durchbrechen, -fahren, -gehen*** *itp.*; **~setzen** przeforsować *pf*; ***sich ~*** zdoby(wa)ć uznanie/popularność (***bei*** u *G*)

Durchsicht *f (0)* przejrzenie, (*t. tech*) przegląd; **ℒig** przezroczysty, (*t. fig*) przejrzysty (-ście)

durch|sickern przeciekać ⟨-knąć, -ciec⟩ (*t. fig*); **~sprechen*** omawiać ⟨omówić⟩; **~'stechen*** (-) przekłu(wa)ć; **~stehen*** F przejść *pf*, przeżyć *pf*; **~stellen** *tel* ⟨po-, prze⟩łączyć; **~'stoßen*** (-) przebi(ja)ć; **~streichen*** przekreślać ⟨-lić⟩; **~'suchen** przeszuk(iw)ać; *Ge-*

päck, *j-n* ⟨z⟩rewidować; **೩'suchung** *f* przeszuk(iw)anie; *jur* rewizja
durch'trieben szczwany, przebiegły
durch|'wachsen *kulin* przerastały; F *Wetter*: zmienny; **~wählen:** **~ *können*** móc bezpośrednio połączyć się (***nach***, ***in*** *A* z *I*); **~'wandern** (-; *hat*) przemierzać ⟨-mierzyć⟩
durchweg *adv* bez wyjątku; → ***überall***
durch|wühlen przetrząsać ⟨-snąć⟩; **~zählen** przeliczać ⟨-czyć⟩; **~ziehen*** *v/i* (*sn*), *v/t* przeciągać ⟨-gnąć⟩ (***durch*** przez *A*)
Durchzug *m* przemarsz, przejazd; (*d. Vögel*) przelot; (*Luftzug*) przeciąg
dürfen*: ***ich***, ***man*** *itd.* ***darf*** (***nicht*** nie) wolno (*D*), można; ***darf ich ...?*** czy wolno/można ...?; ***das darf nicht passieren*** nie można do tego dopuścić; ***was darf es sein?*** czym mogę służyć?; ***es dürfte allen bekannt sein*** chyba wszyscy wiedzą; ***das hätte er nicht tun ~*** tego nie powinien był robić
dürftig marny, lichy; → ***knapp***
dürr suchy, uschnięty; **೩e** *f* susza
Durst *m* (*-ęs*; *0*) pragnienie; ***ich habe ~*** chce mi się pić; **೩ig** spragniony; **~strekke** *f* okres kłopotów (z *I*)
Dusch|e *f* tusz, natrysk, prysznic; **೩en** *v/i* brać ⟨wziąć⟩ prysznic
Duschkabine *f* kabina z natryskiem
Düse *f mot* dysza; **~n-** odrzutowy
Düsenflugzeug *n* samolot odrzutowy, odrzutowiec
düster mroczny (-no); *fig* ponury (-ro)
Dutzend *n* (*-s*; *-e*) tuzin; ***zu ~en*** tuzinami
duzen (*-zt*) F tykać (***sich*** się)
dy'na|misch dynamiczny; *fig t.* operatywny; **೩'mit** *n* (*-s*; *0*) dynamit
Dyna'stie [*pl* -'ti:ən] *f* dynastia

E

E

Ebbe *f* przypływ; F *fig* pustki *f/pl*
eben¹ równy (-no); *geogr* płaski, równinny; ***zu ~er Erde*** na parterze
eben² *adv* właśnie, akurat; *part* **~!** właśnie!; ***dann ~ nicht*** no to nie
Eben|bild *n*: ***er ist das ~ seines Vaters*** on wykapany ojciec; **೩bürtig** równy; *j-m* **~ *sein*** dorównywać (*D*)
Ebene *f* płaszczyzna (*t. fig*); *geogr* równina; *fig* ***auf ... ~*** na ... szczeblu
ebenfalls również, też; ***danke, ~!*** dziękuję, nawzajem!
Ebenholz *n* heban(owy *w zł.*)
ebenso tak samo, równie; (*auch*) również; **~gut** równie dobrze; **~oft** równie często; **~viel** tyle samo, tyleż; **~wenig** tak samo nie, również nie
Eber *m* kiernoz, knur
Eberesche *f* jarzębina, jarząb
ebnen (*-e-*) równać, wyrówn(yw)ać; *fig Weg* ⟨u⟩torować
Echo *n* (*-s*; *-s*) echo; *fig t.* oddźwięk
echt prawdziwy (-wie); *Farbe*: trwały; *mat Bruch*: właściwy; *part* naprawdę
Echt|heit *f* (*0*) prawdziwość *f*, autentyczność *f*; **~zeit** *f* czas rzeczywisty
Eck|ball *m* rzut rożny, korner; **~e** *f* róg (*t. sport*); (*Häuserecke*) narożnik; (*Winkel*) kąt; ***an der ~*** na rogu; **~haus** *n* dom narożny; **೩ig** kanciasty (-to); **~lohn** *m* płaca taryfowa; **~pfeiler** *m fig* filar; **~platz** *m* miejsce w rogu; **~wert** *m* wskaźnik podstawowy; **~zahn** *m* kieł
edel (*-dler*, *-lst-*) szlachetny; **೩metall** *n* metal szlachetny, kruszec; **೩mut** *m* szlachetność *f*; **೩stein** *m* kamień szlachetny; **೩weiß** *n* (*-es*; *-e*) szarotka
Efeu *m* (*-s*; *0*) bluszcz
Ef'fekt *m* (*-ęs*; *-e*) efekt; **~en** *pl* papiery *m/pl* wartościowe; **~enbörse** *f* giełda papierów wartościowych
effek'tiv efektywny; skuteczny
ef'fektvoll efektowny
e'gal *praed* obojętnie; (***es***) ***ist mir*** (***ganz***) **~** jest mi wszystko jedno
Egel *m* pijawka
Egge *f* brona; **೩n** ⟨za⟩bronować
Ego'ist(in *f*) *m* (*-en*) egoista *m* (-tka)
ego'istisch egoistyczny, sobkowski
eh *part* → ***ohnedies***; ***wie ~ und je*** jak

zawsze; ***seit ~ und je*** z dawien dawna
ehe *conj* zanim
Ehe *f* małżeństwo; **~bett** *n* łóżko małżeńskie; **~bruch** *m* zdrada małżeńska; **~fähigkeit** *f* (*0*) zdolność *f* do zawarcia małżeństwa; **~gemeinschaft** *f* wspólnota małżeńska; **~frau** *f* żona, małżonka; **~leute** *pl* małżonkowie *pl*; **2lich** małżeński; *Kind*: ślubny
ehemal|ig były, eks-; **~s** ongiś
Ehe|mann *m* mąż, małżonek; **~paar** *n* para małżeńska; → ***Eheleute***
eher *adv* wcześniej; F (*vielmehr*) raczej
Ehe|ring *m* obrączka (ślubna); **~schließung** *f* zawarcie małżeństwa
ehest: ***am ~en*** najwcześniej; najłatwiej
Ehe|streit *m* scena małżeńska; **~vermittlung** *f* kojarzenie małżeństw; biuro matrymonialne; **~zerrüttung** *f* rozkład pożycia małżeńskiego
ehrbar czcigodny, zacny
Ehre *f* (*0*) honor, cześć *f*; (*t. pl*) zaszczyt; ***zu ~n*** na cześć, ku czci (*G*); ***die letzte ~ erweisen*** odda(wa)ć ostatnią posługę
ehren czcić, szanować; uczcić *pf* (***j-n mit*** *etw* ***für*** k-o *I* za *A*); **~amtlich** honorowy; **2bürger(in** *f*) *m* obywatel(ka) honorowy (-wa); **~haft** uczciwy, prawy; *Friede itp*.: honorowy; **2mal** *n* pomnik chwały; **2mann** *m* (*-es*; *⸚er*) człowiek honoru; **2runde** *f* runda honorowa; **~rührig** (w sposób) uwłaczający czci; **~voll** zaszczytny; **2wache** *f* straż honorowa; **2wort** *n* (*pl -e*) słowo honoru
Ehr|furcht *f* głęboki szacunek; **~gefühl** *n* (*-ęs*; *0*) poczucie honoru; **~geiz** *m* (*-es*; *0*) ambicja; **2geizig** ambitny; **2lich** uczciwy (-wie); *Gefühl*: szczery (-rze); **~lichkeit** *f* (*0*) uczciwość *f*; **~ung** *f* (*Zeremonie*) uczczenie; (*Ehrenerweis*) zaszczyt; **2würdig** czcigodny
Ei *n* (*-ęs*; *-er*) jajko, jajo; → ***Eizelle***
Eiche *f* dąb; (*Holz*) dębina
Eichel *f* (-; *-n*) *bot*, *anat* żołądź *f*
eichen[1] *v/t* ⟨za⟩legalizować
eichen[2] *adj*, **Eichen-** dębowy
Eichhörnchen *n* wiewiórka
Eichmaß *n* wzorzec miary
Eid *m* (*-ęs*; *-e*) przysięga; ***unter ~*** pod przysięgą
Eidechse *f* jaszczurka; **~n-** jaszczurczy
eidesstattlich: ***~e Erklärung*** zapewnienie w miejsce przysięgi
eidgenössisch szwajcarski
Eier|becher *m* kieliszek do jaj; **~kuchen** *m* omlet; naleśnik; **~schale** *f* skorupka jaj(k)a; **~stock** *m* jajnik
Eifer *m* (*-s*; *0*) gorliwość *f*, zapał; **~sucht** *f* (*0*) zazdrość *f*; **2süchtig** zazdrosny (***auf*** *A* względem *G*; ***wegen*** o *A*)
eiförmig jajowaty (-to)
eifrig gorliwy (-wie); → ***fleißig***
Eigelb *n* (*-s*; *-e*) żółtko
eigen własny, swój; (*typisch*) właściwy, swoisty (*D*); ***sich zu ~ machen*** przejmować ⟨-jąć⟩; **2art** *f* typowa cecha, swoistość *f*; **~artig** (*seltsam*) osobliwy (-wie); **2bau** *m*: ***in ~*** sposobem gospodarczym; **2bedarf** *m*: ***für den ~*** na potrzeby własne; **2finanzierung** *f* samofinansowanie; **~händig** własnoręczny
Eigenheim *n* domek własn(ościow)y
Eigen|kapital *n* kapitał własny; **~leben** *n* życie osobiste/odrębne; **2mächtig** samowolny; **~name** *m* imię własne; **2nützig** interesowny, wyrachowany
eigens specjalnie; tylko, wyłącznie
Eigen|schaft *f* właściwość *f*, cecha; ***in der ~ als*** w charakterze (*G*); **~sinn** *m* (*-ęs*; *0*) upór; **2sinnig** uparty (-cie); **2ständig** samodzielny, niezależny
eigentlich właściwy (-wie)
Eigen|tor *n* bramka samobójcza; **~tum** *n* (*-s*; *0*) własność *f*; **~tümer(in** *f*) *m* właściciel(ka); **2tümlich** → ***eigen***(***artig***)
Eigentums|verhältnisse *n*/*pl* stosunki *m*/*pl* (prawno-)własnościowe; **~wohnung** *f* mieszkanie własn(ościow)e
eigenwillig uparty (-cie); swoisty
eign|en (*-e-*): ***sich ~*** (***zu***, ***für***) nada(wa)ć się (do *G*, na *A*); **2ung** *f* (*0*) przydatność *f*; **2ungstest** *m* test przydatności
Eil|auftrag *m* pilne zamówienie; **~bote** *m* kurier; **~brief** *m* list ekspresowy
Eile *f* (-; *0*) pośpiech; ***in ~ sein*** śpieszyć się; ***in der/aller ~*** w pośpiechu
Eileiter *m anat*, *zoo* jajowód
eilen (*sn*) ⟨po⟩śpieszyć (***in*** *A*, ***nach***, ***zu*** do *G*, na *A*); *Sache*: naglić; ***eilt!*** pilne!
eilfertig skwapliwy (-wie)
eilig (po)śpieszny; → ***dringend***; ***es ~ haben*** (***mit***) pośpieszyć *pf* (z *I*)
Eil|zug *m* pociąg przyspieszony; **~zustellung** *f* dostawa pilna/ekspresowa
Eimer *m* wiadro, kubeł; F ***... ist/sind im ~*** diabli wzięli (*A*)
ein[1] *im Polnischen kein Artikel*: **ein Haus** dom; *Zahladj* (*t.* **der**/**die**/**das** **~e**) jeden,

jedna, jedno; *pron* (*jemand*) ktoś, człowiek; F **~en trinken** wypić jednego
ein² *adv*: **~ und aus gehen** być częstym gościem (**bei** w *L*, u *G*)
ein'ander jeden drugiego, nawzajem
ein|arbeiten wdrażać ‹-rożyć› (**in** *A* do *G*, w *A*; **sich** się); **~äschern** (*-re*) *Leiche* spalać ‹-lić›; **≈äscherung** *f* kremacja; **~atmen** wdychać; wziewać, inhalować
Ein|bahnstraße *f* ulica jednokierunkowa; **~band** *m* oprawa (książki)
einbändig jednotomowy
Einbau *m* (*-es; 0*) wbudowanie; wmontowanie; **≈en** wbudow(yw)ać; wmontow(yw)ać; **~küche** *f* kuchnia obudowana; **~schrank** *m* szafa wbudowana
einbe|griffen → **einschließlich**; **~halten*** zatrzym(yw)ać; (*abziehen*) potrącać ‹-cić›; **~rufen*** zwoł(yw)ać; *mil* powoł(yw)ać (**zu** do *G*)
Einbettzimmer *n* pokój jednoosobowy
ein|beziehen* włączać ‹-czyć› (**in** *A* do *G*); **~biegen*** *v/i* (*sn*) skręcać ‹-cić›; **~bilden: sich ~** wyobrażać ‹-razić›/uroić *pf* sobie; **≈bildung** *f* (*0*) wyobrażenie; (*Dünkel*) zarozumiałość *f*; (*t. pl*) urojenie; **≈bildungskraft** *f* (*0*) wyobraźnia; **~binden*** *drk* oprawi(a)ć; *fig* ‹z›integrować; **~blenden** *RTV* miksować; **≈blick** *m* wgląd (**in** *A* do *G*)
einbrech|en* *v/i* (*sn*) *Dach*: załam(yw)ać się; *Dieb*: włam(yw)ać się (**in** *A* do *G*); **≈er(in** *f*) *m* włamywacz(ka)
ein|brennen* wypalać ‹-lić›; **≈brennlack** *m* lakier piecowy; **~bringen*** *Ernte* sprzątać ‹-tnąć›; *Gewinn* przynosić ‹-nieść›; *Antrag itp*. wnosić ‹wnieść›
Einbruch *m* załamanie (się); włamanie (się); (*Wassereinbruch*) wdarcie się; **bei ~ der Nacht** z nastaniem nocy; **~(s)diebstahl** *m* kradzież *f* z włamaniem; **≈(s)sicher** antywłamaniowy
Einbuchtung *f* wgłębienie; *med* zachyłek
einbürger|n (*-re*) naturalizować; **sich ~** *fig* przyjmować ‹-jąć› się; **≈ung** *f* naturalizacja, nadanie obywatelstwa
Einbuße *f* strata, uszczerbek
ein|büßen (*-ßt*) stracić *pf*; **~cremen** ‹po›smarować kremem; **~dämmen** zatamować *pf*; *Brand*, *Seuche* lokalizować; **~decken** F zaopatrywać ‹-patrzyć› (**sich** się; **mit** w *A*); *mit Arbeit*: zawalić *pf* (*I*); **~deichen** obwałow(yw)ać; **~dellen** wgniatać ‹wgnieść›
eindeutig jednoznaczny
ein|drehen *Birne* wkręcać ‹-cić›; *Haare* zakręcać ‹-cić›; **~dringen*** (*sn*; **in** *A*) przenikać ‹-knąć› (do *G*); (*gewaltsam*) wdzierać ‹wedrzeć› się, wtargnąć *pf* (do *G*); **≈dringling** *m* (*-s; -e*) intruz
Eindruck *m* (*-es; ¨e*) *fig* wrażenie; **~ machen** sprawi(a)ć wrażenie
eindrücken wciskać ‹-snąć›
eindrucksvoll imponujący (-co)
eine → **ein**
einebnen zrówn(yw)ać z ziemią
einein'halb półtora *m/n*, półtorej *f*
ein|en → **einigen**; **~engen** zawężać ‹-żyć›; *fig t.* ograniczać ‹-czyć›
einer → **ein**
Einer *m* (*Zahl*, *Boot*) jedynka; **die ~** jednostki *f/pl*; **'~'lei** *n* (*-s; 0*) jednostajność *f*; **≈seits** z jednej strony
eines → **ein**, **~teils** z jednej strony
einfach prosty (-to); (*schlicht*) skromny; (*nicht doppelt*) pojedynczy (-czo); *Fahrkarte*, *Mehrheit*: zwykły; *adv* (*geradezu*) wprost; **≈heit** *f* (*0*) prostota; **der ~ halber** aby uprościć sprawę
ein|fädeln (*-le*) *fig* ukartować *pf*; zainicjować *pf*; *mot* **sich ~** włączyć się do ruchu; **~fahren*** *Auto* docierać ‹dotrzeć›; *Ernte* zwozić ‹zwieźć›; *v/i* (*sn*) wjeżdżać ‹wjechać› (**in** *A* do *G*, w, na *A*); *Schiff*: wchodzić ‹wejść›; **≈fahrt** *f* wjazd; wejście; **~s-** wjazdowy
Einfall *m* pomysł; (*Eindringen*) najazd, najście; **≈en*** *Feind*: wtargnąć *pf*; *Licht*: wpadać ‹wpaść›; → **einstürzen**; *Idee*: przychodzić ‹przyjść› na myśl/do głowy; **jetzt fällt mir ... ein** teraz przypominam sobie (*A*); **was fällt Ihnen ein!** co pan(i) sobie myśli!; **sich etwas ~ lassen** ruszyć konceptem
ein|fallsreich pomysłowy (-wo); **≈falt** *f* (*0*) prostota, naiwność *f*; **~fältig** naiwny; (*dümmlich*) głupkowaty (-to)
Ein|familienhaus *n* dom(ek) jednorodzinny; **≈farbig** jednokolorowy
ein|fassen (*-ßt*) *Stein* oprawi(a)ć; (*umgeben*) otaczać ‹otoczyć›; **~fetten** ‹po›smarować tłuszczem; **~finden***: **sich ~** *os.* stawi(a)ć się; **~flechten*** *fig* wtrącać ‹-cić›; **~fließen*** napływać, wpływać ‹-płynąć›; **~flößen** *fig* napawać (**j-m** *A* k-o *I*)
Einflugschneise *f* strefa podejścia
Einfluß *m* wpływ; **~bereich** *m* sfera

wpływów; **~nahme** *f* wywieranie wpływu; **≈reich** wpływowy
ein|flüstern podszeptywać ⟨-pnąć⟩; **~förmig** monotonny; **~frieren*** *v/t* zamrażać ⟨-mrozić⟩ (*t. fig*); *v/i* (*sn*) zamarzać ⟨-znąć⟩; **~fügen** wstawi(a)ć (**in** *A* do *G*); ***sich* ~** włączać ⟨-czyć⟩ się; **~fühlen: *sich* ~** wczu(wa)ć się; **≈fühlungsvermögen** *n* zdolność *f* wczuwania się
Einfuhr *f* przywóz; **~beschränkungen** *f/pl* ograniczenia *n/pl* importowe
ein|führen wprowadzać ⟨-dzić⟩; *Waren* sprowadzać ⟨-dzić⟩, importować; **≈fuhrgenehmigung** *f* pozwolenie przywozowe; **≈fuhrsperre** *f* zakaz przywozu; **≈führung** *f* wprowadzenie; → ***Einleitung***; **≈fuhrzoll** *m* cło przywozowe
Ein|gabe *f* podanie; *EDV* wprowadzanie; *w zł.* wejściowy; **~gang** *m* wejście; (*Waren*, *Post itp.*) wpływ, nadejście
eingangs *adv* na wstępie
Eingangs|stempel *m* stempel z datą wpływu; **~tür** *f* drzwi *pl* wejściowe
eingeben* *Arznei* da(wa)ć; *EDV* wprowadzać ⟨-dzić⟩; *Idee* podda(wa)ć
eingebildet *adj* urojony; *os.* pyszałkowaty; **~ *sein auf*** (*A*) pysznić się (*I*)
Ein|geborene(r) tubylec; **~gebung** *f* inspiracja, natchnienie; **≈gefallen** *adj* zapadły; **≈gefleischt** zatwardziały
eingefroren *adj* zamrożony
eingehen* *v/i Post itp.*: nadchodzić ⟨nadejść⟩, wpływać ⟨wpłynąć⟩; *Pflanze*, *Tier*: zginąć *pf*; *Firma*: przestać *pf* istnieć, upaść *pf*; *Stoff*: zbiegać ⟨zbiec⟩ się; ***auf*** *etw* **~** przysta(wa)ć (na *A*); (*auf Details*) wda(wa)ć się (w *A*); *v/t* (*t. sn*) *Vertrag*, *Ehe* zawierać ⟨zawrzeć⟩; **~d** szczegółowy (-wo), gruntowny
Eingemachte(s) zawekowane jarzyny *f/pl* (*a.* mięso), kompot w wekach
eingenommen *adj* zachwycony (**von** *I*); ***von sich* ~ *sein*** mieć zbyt wysokie mniemanie o sobie
einge|schränkt *adj* ograniczony; **~schrieben** *adj Brief*: polecony; **~spielt** *adj* zgrany; **~stehen*** *v/t* przyznać się *pf* (do *G*); **~tragen** *adj* zarejestrowany
Eingeweide *n/pl* wnętrzności *f/pl*
eingeweiht *adj* wtajemniczony
eingewöhnen: *sich* ~ zadomowić się *pf*
ein|gießen* wl(ew)ać; nal(ew)ać (**in** *A* do *G*); **~gliedern** wcielać ⟨-lić⟩; ***sich* ~** integrować się; **~graben*** wkop(yw)ać, zakop(yw)ać; ***sich* ~** *fig* wryć się; **~gravieren** (-) wygrawerować *pf*
ein|greifen* wkraczać ⟨-roczyć⟩, interweniować; **≈griff** *m* ingerencja; (**in** *A*) naruszenie (*G*); *med* zabieg; **≈gruppierung** *f* zaszeregowanie; **≈halt** *m*: **~ *gebieten*** (*D*) ukrócać ⟨-cić⟩ (*A*)
einhalten* *v/t* dotrzym(yw)ać (*G*); *v/i* (**mit**) przest(aw)ać (*zw. inf*)
einhängen *v/t* zawieszać ⟨zawiesić⟩; *v/i tel* zawiesić *pf* słuchawkę; ***sich* ~** (***bei** j-m*) wziąć pod rękę (*A*)
einheimisch miejscowy, tutejszy; *Erzeugnis*, *Industrie t.*: krajowy
Einheit *f* (*0*) jedność *f*; (*t. pl*) *mat*, *mil* jednostka; **≈lich** jednolity (-cie)
Einheitspreis *m* cena jednolita
einhellig jednomyślny, zgodny
einhergehen* (**mit**) towarzyszyć (*D*)
ein|holen *v/t* dopędzać ⟨-dzić⟩; *Versäumtes* nadrabiać ⟨-robić⟩; *Rat* zasięgać ⟨-gnąć⟩; *Segel* zwijać ⟨zwinąć⟩; F → ***einkaufen***; **~hüllen** owijać ⟨owinąć⟩; *Nebel*: zawlekać ⟨-lec⟩
einig zgodny; (***sich***) **~ *sein*** zgadzać się (***darin*, *darüber*** co do tego); **~ *werden*** → ***einigen*** (***sich***)
einige *pl* niektóre, *m-os* niektórzy; (*wenige*) kilka, *m-os* kilku; **~ *hundert*** kilkaset; *sg* (*etwas*) coś, nieco, trochę; (*ziemlich viel*) sporo; **~ *Zeit*** pewien czas; nieco/sporo czasu; ***in* ~r *Zeit*** za jakiś czas; ***in* ~r *Entfernung*** w pewnej odległości; ***vor* ~r *Zeit*** jakiś czas temu
einigen zjednaczać ⟨-noczyć⟩; ***sich* ~** dochodzić ⟨dojść⟩ do porozumienia (**über** *A* co do *G*)
einigermaßen poniekąd, do pewnego stopnia
einig|es → ***einige***; **≈keit** *f* (*0*) jedno(myślno)ść *f*, zgoda; **≈ung** *f* zjednoczenie; dojście do porozumienia/zgody
ein|jährig jednoroczny; **~kalkulieren** uwzględni(a)ć; **~kassieren** ⟨za⟩inkasować; **≈kauf** *m* kupno, zakup; (*Gekauftes*) sprawunek; ***Einkäufe machen*** załatwi(a)ć zakupy/sprawunki
einkaufen zakupywać ⟨-kupić⟩; **~ *gehen*** iść ⟨pójść⟩ po zakupy
Einkaufs|abteilung *f* dział zaopatrzenia; **~bummel** *m* spacer połączony z robieniem zakupów; **~korb** *m* koszyk na zakupy; **~preis** *m* cena zakupu; **~tasche** *f* torba na zakupy; **~wagen** *m*

wózek na zakupy; **~zentrum** *n* kompleks handlowy, ośrodek zakupów
ein|kellern (*-re*) składać ⟨złożyć⟩ do piwnicy; **~kerben** nacinać ⟨-ciąć⟩; **~klagen** *v/t* dochodzić sądownie (*G*); **~klammern** ujmować ⟨ująć⟩ w nawias
Einklang *m*: ***in ~ bringen*** pogodzić *pf*; ***sich in ~ befinden*** zgadzać się
ein|kleben wklejać ⟨wkleić⟩; **~klemmen** zaciskać ⟨-snąć⟩; *Finger* przyciskać ⟨-snąć⟩; **~klinken** zatrzasnąć *pf*
einkochen *v/i* (*sn*) zgęstnieć *pf*
Einkommen *n* dochód, dochody *pl*; **2sschwach** niezamożny; **~(s)steuer** *f* podatek dochodowy/od dochodów
einkreisen otaczać ⟨otoczyć⟩; (*markieren*) oznaczać ⟨-czyć⟩ kółkiem
Einkünfte *pl* wpływy *m/pl*, dochody *m/pl*
einlad|en* załadow(yw)ać; *Gast* zapraszać ⟨-prosić⟩ (***zu*** na *A*); **~end** *adj* zachęcający (-co); **2ung** *f* zaproszenie
Einla|ge *f* wkładka; (*im Zahn*) wypełnienie; (*Geld*) wkład; *teatr* wstawka; *kulin* dodatek; **2gern** ⟨z⟩magazynować
Ein|laß *m* (*-sses*; *-̈sse*) wstęp; **2lassen*** wpuszczać ⟨-puścić⟩ (***in*** *A* do *G*); *Wasser itp.* napuszczać ⟨-puścić⟩; ***sich ~*** (***auf*** *A*, ***mit***) wda(wa)ć się (w *A*, z *I*)
Einlaßventil *n* zawór wlotowy
Einlauf *m sport* kolejność *f* na finiszu; *med* wlew, lewatywa; **2en*** *v/i* wbiegać ⟨-gnąć, wbiec⟩; *Schiff*: wpływać ⟨wpłynąć⟩; *Stoff*: zbiegać ⟨zbiec⟩ się
einleben: *sich ~* ⟨za⟩aklimatyzować się
einlege|n* wkładać ⟨włożyć⟩; *Protest* zakładać ⟨założyć⟩; *Gang* włączyć *pf*; (*in Salzlake*) zasalać ⟨-solić⟩; (*in Essig*) ⟨za⟩kisić; **2sohle** *f* wkładka
ein|leiten *Feier* ⟨za⟩inaugurować; *Verfahren itp.* wszczynać ⟨wszcząć⟩; *Abwässer* odprowadzać (***in*** *A* do *G*); **2leitung** *f* wszczęcie; (*Vorwort*) wstęp; **~lenken** → ***nachgeben***; **~leuchten** trafi(a)ć do przekonania; **~d** przekonywający; **~liefern** dostawi(a)ć (***in ein Krankenhaus*** do szpitala); **~lösen** wykupywać ⟨-kupić⟩; *Scheck* ⟨z⟩realizować; *Versprechen* spełni(a)ć
einmach|en ⟨za⟩wekować, ⟨za⟩konserwować; **2glas** *n* wek, słoik
einmal (jeden) raz (***am Tag*** na dzień); (*eines Tages*) pewnego razu; (*irgendwann*) kiedyś; ***auf ~*** naraz; ***mehr als ~*** nie raz; ***nicht ~*** ani razu; *part* nawet nie

Einmal'eins *n* (-; *0*) tabliczka mnożenia
einmalig jednorazowy; unikalny
Einmann- jednoosobowy
ein|marschieren (-;) wkraczać ⟨-roczyć⟩; **~mieten: *sich ~*** wynajmować ⟨-nająć⟩ pokój/mieszkanie (***bei*** u *G*)
einmisch|en: *sich ~* (***in*** *A*) ⟨w⟩mieszać się (do *G*); **2ung** *f* wtrącanie się; ingerencja (w *A*)
einmotorig jednosilnikowy
Einmündung *f* wlot (drogi, ulicy)
einmütig jednomyślny, zgodny
Einnahme *f* przychód, wpływ; (*0*) zażywanie, zażycie; spożywanie, spożycie; zajęcie; **~quelle** *f* źródło dochodu
ein|nehmen* *Geld* pob(ie)rać; *Arznei* zaży(wa)ć; *Mahl* spoży(wa)ć; *Platz, Stellung, Stadt* zajmować ⟨-jąć⟩; **~d** ujmujący (-co); **~nicken** zadrzemać *pf*
ein|ordnen ⟨u⟩porządkować; zaklasyfikować *pf*; ***sich ~*** *Auto*: zmieni(a)ć pas ruchu (przed skręcaniem); **~packen** *v/t* zapakow(yw)ać; **~passen** dopasow(yw)ać, wpasow(yw)ać; **~pflanzen** posadzić *pf*; *Organ* wszczepi(a)ć
einplanen zaplanować *pf*
einprägen: *sich* *etw* **~** zapamiętać *pf*; ***sich*** *j-m* **~** wryć się w pamięć (*D*)
einprägsam łatwy do zapamiętania
ein|quartieren (-) zakwaterować *pf*; **~rahmen** oprawi(a)ć w ramy; *fig* obramow(yw)ać; **~räumen** *Sachen* umieszczać ⟨umieścić⟩; *Möbel* ustawi(a)ć; *Recht, Fehler* przyzna(wa)ć; **~reden** F (***j-m, sich*** *A*) wmawiać ⟨wmówić⟩ (k-u, sobie *A*); **~reiben*** (***mit***) nacierać ⟨natrzeć⟩ (*I*); **~reichen** *Gesuch* składać ⟨złożyć⟩; *Klage* wnosić ⟨wnieść⟩; *Revision* zakładać ⟨założyć⟩
Einreise *f* wjazd (z zagranicy)
einreise|n przyby(wa)ć (z zagranicy); **2visum** *n* wiza wjazdowa
ein|reißen* *v/t* nadrywać ⟨naderwać⟩ (*v/i, sn* się); *Haus* ⟨z⟩burzyć; **~renken** *med* nastawi(a)ć; F *fig* uregulować *pf*
einrichten urządzać ⟨-dzić⟩ (***sich*** się; ***sich*** *etw* sobie *A*); → ***eröffnen***; ***sich ~ auf*** (*A*) nastawi(a)ć się na (*A*); ***wenn es sich ~ läßt*** jeśli to będzie możliwe
Ein|richtung *f* urządzenie (*t. tech*); instytucja; (*Ausstattung*) sprzęt, wyposażenie; **2rosten** zardzewieć *pf*; **2rücken** *Zeile* wcinać ⟨wciąć⟩; *v/i* (*sn*) *Rekrut*: być powołanym do wojska

eins *Zahladj* raz, jeden; *pron* F jedno; → ***ein, einig***; ~ ***zu null*** jeden do zera; ~ ***nach dem anderen*** jedno po drugim
Eins *f* jedynka
einsam samotny; **≈keit** *f (0)* samotność *f*
einsammeln ⟨po⟩zbierać, zebrać *pf*
Einsatz *m* wkładka, wstawka; (*im Spiel*) stawka; *fig* zastosowanie, użycie; (*t. mil*) operacja, akcja; (*Hingabe*) zaangażowanie; **≈bereit** gotowy do działania/użycia; technicznie sprawny
Einsatzplan *m* plan operacji/akcji
ein|schalten włączać ⟨-czyć⟩ (***sich*** się); ***sich*** ~ *fig* → ***eingreifen***; **~schätzen** oceni(a)ć; **~schenken** *v/t* nal(ew)ać (*G*); **~schicken** (***an*** *A*) nadsyłać ⟨nadesłać⟩, przes(y)łać (*D*, do *G*); **~schieben*** wsuwać ⟨wsunąć⟩ (***in*** *A* do *G*); **~schlafen*** (*sn*) zasypiać ⟨-snąć⟩; *Fuß*: ⟨z⟩drętwieć; F *fig* usta(wa)ć
einschläfern (*-re*) usypiać ⟨uśpić⟩; **~d** usypiający (-co)
Einschlag *m* uderzenie; (*e-r Bombe*) trafienie; (*am Kleid*) zakładka; *leśn* wyrąb; ***mit ...*** ~ z domieszką (*G*)
einschlagen* *v/t Nagel* wbi(ja)ć; *Zähne, Scheibe* wybi(ja)ć; *Weg, Richtung* iść ⟨pójść⟩ (***nach*** w kierunku *G*, ku *D*); *Lenkrad* wykręcać ⟨-cić⟩; *Laufbahn* ob(ie)rać; → ***einwickeln***; *v/i* (***auf*** *A*) bić, tłuc (*A*); (*t. sn*) *Geschoß*: trafi(a)ć; *Blitz*: uderzać ⟨-rzyć⟩; F mieć wzięcie; *hdl* cieszyć się popytem
ein|schlägig *hdl* branżowy; ~ ***vorbestraft*** karany poprzednio za podobne przestępstwo; **~schleichen***: ***sich*** ~ wkradać ⟨wkraść⟩ się; **~schleppen** zawlekać ⟨zawlec⟩; **~schließen*** zamykać ⟨zamknąć⟩ (***sich*** się); (*umgeben*) otaczać ⟨otoczyć⟩; → ***einbeziehen, enthalten***; **~schließlich** *praep* (*G*) łącznie z (*I*); *adv* włącznie; **~schmuggeln** przemycać ⟨-cić⟩; **~schnappen** (*sn*) zatrzaskiwać ⟨-snąć⟩ się
einschneiden* *v/t* nacinać ⟨-ciąć⟩; *v/i* wpi(ja)ć się; **~d** radykalny, istotny
Einschnitt *m* nacięcie; *fig* cezura, moment przełomowy
einschränken ograniczać ⟨-czyć⟩ (***in*** *D* w *L*; ***sich*** się)
Einschränkung *f* ograniczenie; ***mit*** ~ z zastrzeżeniem; ***ohne*** ~ bez ograniczenia
einschrauben wkręcać ⟨-cić⟩
Einschreib(e)brief *m* list polecony
Einschreib(e)gebühr *f* wpisowe; (*Post*) opłata za polecenie
einschreiben* wpis(yw)ać (***in*** *A* do *G*); ***sich*** ~ zapis(yw)ać się (***für*** na *A*); *Brief* nada(wa)ć jako polecony
ein|schreiten* wkraczać ⟨wkroczyć⟩; **~schüchtern** (*-re*) zastraszać ⟨-szyć⟩ (***durch*** *I*); **≈schüchterung** *f* zastraszanie, zastraszenie; **~schulen** zapis(yw)ać/odda(wa)ć do szkoły; **~segnen** konfirmować; **~sehen*** *v/t Akten* zapozna(wa)ć się (z *I*); *Irrtum* uzna(wa)ć; ***ich sehe nicht ein, warum ...*** nie wiem, z jakiej racji ...; **~seifen** namydlać ⟨-lić⟩; **~seitig** jednostronny
einsenden* → ***einschicken***
Einsender(in *f*) *m* nadawca *m* (-czyni)
Einsendeschluß *m* ostateczny termin nadsyłania (*G*); ~ ***für ... ist ...*** ... należy nadsyłać do ...
Einser F *m* jedynka
einsetzen *v/t Scheibe itp.* wprawi(a)ć; *Maschine* ⟨za⟩stosować, uży(wa)ć; *Arbeiter* zatrudni(a)ć (***bei*** przy *I*); *Polizei itp.* wprowadzać ⟨-dzić⟩ do akcji; (*als Erben itp.*) wyznaczać ⟨-czyć⟩ (*I*); (*im Spiel*) stawiać ⟨postawić⟩; *Leben* narażać ⟨-razić⟩; ***sich*** ~ (***für***) wstawi(a)ć się (za *I*); *v/i* → ***beginnen***
Einsicht *f* (***in*** *A*) pojmowanie (*G*); ***zur*** ~ ***bringen*** (***kommen***) opamiętać (się); → ***Einblick, Erkenntnis***
einsichtig rozsądny
Einsiedlerleben *n* pustelnicze życie
ein|silbig jednozgłoskowy; *fig* małomówny; lakoniczny; **~sinken*** zapadać ⟨-paść⟩ się; **~spannen** *Tier* wprzęgać ⟨-gnąć, wprząc⟩ (*t.* F *j-n*; ***zu*** do *G*); *Papier* zakładać ⟨założyć⟩ (***in*** *A* do *G*)
ein|sparen zaoszczędzać ⟨-dzić⟩ (***bei*** na *I*); **≈sparung** *f* zaoszczędzenie; oszczędność *f*; **~sperren** zamykać ⟨-mknąć⟩; **~spielen: *sich*** ~ zgr(yw)ać się (***aufeinander*** ze sobą)
einsprachig jednojęzyczny
ein|springen* (*sn*) (***für***) wyręczać ⟨-ręczyć⟩ (*A*); **≈spritzpumpe** *f* pompa wtryskowa; **≈spritzung** *f med* wstrzyknięcie; **≈spruch** *m* sprzeciw; ~ ***erheben*** zgłosić sprzeciw; **~spurig** *Straße*: o jednym pasie ruchu; *kolej* jednotorowy
einst niegdyś; (*in Zukunft*) kiedyś
Einstand *m* (*Tennis*) równowaga; F ***s-n*** ~ ***geben*** oblać nową pracę (z kolegami)

ein|stecken wkładać ⟨włożyć⟩ (do kieszeni); (*in ein Loch itp.*) wtykać ⟨wetknąć⟩ (w *A*, do *G*); *Schläge itp.* znosić ⟨znieść⟩; → ***einwerfen***; **~stehen*** ręczyć, odpowiadać (***für*** za *A*); **~steigen*** (***in*** *A*) wsiadać ⟨wsiąść⟩ (do *G*, na *A*); *Dieb*: włazić ⟨wleźć⟩ (do *G*); F *fig* przystępować ⟨-stąpić⟩ (do *G*)
einstell|bar nastawny; **~en** *v/t* wstawi(a)ć; *os.* przyjmować ⟨-jąć⟩ (do pracy); *Gerät* nastawi(a)ć; *Rekord* ustanawiać ⟨-nowić⟩; (*aufhören*) wstrzym(yw)ać; *Verfahren* umarzać ⟨umorzyć⟩; ***sich*** **~** stawi(a)ć się; *Fieber itp.*: występować ⟨-stąpić⟩; (***auf*** *A*) nastawi(a)ć się (na *A*); **&ung** *f* zaangażowanie (do pracy); nastawienie; wstrzymanie; umorzenie; stosunek (***zu*** do *G*)
Einstich *m* ukłucie; ślad po ukłuciu
Einstieg *m* wejście (*t.* F *fig*); (*Luke*) właz; *fig t.* zaangażowanie (w *I*)
einstig niegdysiejszy, były
ein|stimmig jednogłosowy; *Wahl*: jednogłośny; **~stöckig** jednopiętrowy; **~studieren** *v/t* wyuczać ⟨-czyć⟩ się (*G*)
ein|stufen zaklasyfikować *pf*; zaszeregow(yw)ać; **&sturz** *m* zawalenie się
einstürzen *v/i* (*sn*) zawalać ⟨-lić⟩ się
einstweil|en tymczasem; → ***vorläufig***; **~ig** tymczasowy; *jur* **~e *Verfügung*** zarządzenie tymczasowe (sądu)
ein|tägig jednodniowy; **~tauchen** zanurzać ⟨-rzyć⟩ (*v/i*, *sn* się); **~tauschen** (***gegen***) wymieni(a)ć (na *A*); **~teilen** ⟨po⟩dzielić (***in*** *A* na *A*); przydzielać ⟨-lić⟩ (***j-n zu*** k-o do *G*); **&teilung** *f* podział; rozplanowanie; przydział
eintönig jednostajny, monotonny
Eintopf *m* potrawa jednogarnkowa
Ein|tracht *f* (*0*) zgoda; **&trächtig** zgodny; **&tragen*** (***in*** *A*) wciągać ⟨-gnąć⟩ (w *A*, do *G*); ⟨za⟩rejestrować; **&träglich** zyskowny; **~tragung** *f* wpis(anie); zapis; pozycja; **&treffen*** (*sn*) przyby(wa)ć; → ***eingehen***; *fig* sprawdzać ⟨-dzić⟩ się; **&treiben*** *Steuern* ściągać ⟨-gnąć⟩; *Schuld* ⟨wy⟩egzekwować
ein|treten* *v/i* (*sn*) wchodzić ⟨wejść⟩ (***in*** *A* do *G*); (*in e-e Partei itp.*) wstępować ⟨wstąpić⟩ (do *G*); *Umstand*: zachodzić ⟨zajść⟩; *Schaden*: powsta(wa)ć; *Tod*: następować ⟨-stąpić⟩; (***für*** *etw*) popierać ⟨poprzeć⟩ (*A*); *v/t Tür* wywalać ⟨-lić⟩; **&tritt** *m* wejście; wstąpienie; nastąpienie; **~s-** ... wstępu, ... za wstęp
eintrocknen *v/i* (*sn*) zasychać ⟨-schnąć⟩
eintrüben: *sich* ~ zaciągać ⟨-gnąć⟩ się
Einver|nehmen *n* (*-s*; *0*) zgoda; porozumienie; **&nehmlich** zgodny
einverstanden: ~ *sein* (***mit***) zgadzać ⟨zgodzić⟩ się (z *I*, na *A*); **~!** zgoda!
Ein|verständnis *n* zgoda; (*Zustimmung t.*) aprobata; **~wand** *m* (*-es*; *-e*) zarzut
Einwande|rer *m* (**~rin** *f*) imigrant(ka)
einwande|rn (-) imigrować (*im*)*pf*; **&rung** *f* (*0*) imigracja; **~s-** imigracyjny
einwandfrei nienaganny, bez zarzutu
einwärts do środka, do wewnątrz
Einweg|spritze *f* strzykawka do jednorazowego użycia, F jednorazówka; **~verpackung** *f* opakowanie bezzwrotne
ein|weichen zamaczać ⟨-moczyć⟩; **~weihen** *Objekt* uroczyście otwierać ⟨otworzyć⟩/odda(wa)ć do użytku; *j-n* wtajemniczać ⟨-czyć⟩; **~weisen*** (***in*** *A*) skierow(yw)ać (do *G*); (*erklären*) instruować; **&weisung** *f* skierowanie; instruktaż; **~wenden*** (***gegen***) zgłaszać ⟨zgłosić⟩ zastrzeżenia (co do, wobec *G*); **~werfen*** wrzucać ⟨-cić⟩; *Fenster* wybi(ja)ć; *Bemerkung* wtrącać ⟨-cić⟩
ein|wickeln owijać, zawijać ⟨-winąć⟩; F *fig* omotać *pf*; **~willigen** (***in*** *A*) zgadzać ⟨zgodzić⟩ się (na A); **&willigung** *f* zgoda; **~wirken** oddział(yw)ać
einwöchig (jedno)tygodniowy
Einwohner(in *f*) *m* mieszkaniec (-nka)
Einwohner|meldeamt *n* urząd meldunkowy; **~zahl** *f* liczba mieszkańców
Einwurf *m* wrzucenie; *sport* rzut autowy; (*für Münzen*) otwór, szczelina
Einzahl *f* (*zw. 0*) liczba pojedyncza
einzahl|en wpłacać ⟨-cić⟩; **&ung** *f* wpłata; **&ungsbeleg** *m* dowód wpłaty
einzäunen ogradzać ⟨ogrodzić⟩
Einzel *n sport* gra pojedyncza, singel; **~fall** *m* przypadek odosobniony; **~gänger(in** *f*) *m* samotnik (-iczka); **~haft** *f* odbywanie kary w osobnej celi; ***in* ~** *t.* w izolatce; **~handel** *m* handel detaliczny; **~s-** detaliczny; **~heit** *f* detal, szczegół; **~kind** *n* jedynak (-naczka)
einzeln pojedynczy (-czo); (*unter mehreren*) poszczególny; ***jeder* ~e** każdy (z osobna); ***im* ~en** w szczególności
Einzel|teil *n* część (pojedyncza); **~verkauf** *m* sprzedaż detaliczna; **~wesen** *n* jednostka, osobnik; **~zimmer** *n* pokój

E

jednoosobowy; (*für Kranke*) separatka
einziehen* *v/t Kopf, Netz* wciągać ⟨wciągnąć⟩; *Faden* nawlekać ⟨-lec⟩; *jur* ⟨s⟩konfiskować; *Geld* wycof(yw)ać z obiegu; *Information* zasięgać ⟨-gnąć⟩ (*G*); → ***einberufen***; *v/i* (*sn*) (***in*** *A*) wprowadzać ⟨-dzić⟩ się (do *G*); *Truppen*: wkraczać ⟨-roczyć⟩ (do *G*); *Wasser itp.*: wsiąkać ⟨-knąć⟩ (w *A*)
einzig jedyny; ***kein ~er*** ani jeden; **~artig** jedyny w swoim rodzaju, unikalny
Einzimmer- jednopokojowy
Einzug *m* wkroczenie; (*in e-e Wohnung*) wprowadzenie się; *fin* inkaso, pobranie; konfiskata; *drk* akapit, wcięcie
Einzugsermächtigung *f fin* upoważnienie do inkasa
Eis *n* (*-es; 0*) lód; (*Speiseeis*) lody *m/pl*; ***auf ~ legen*** *fig* odłożyć na półkę; **~bahn** *f* lodowisko; **~bär** *m* niedźwiedź polarny; **~becher** *m* puchar lodów; **~bein** *n* golonka; **~berg** *m* góra lodowa; **~blumen** *f/pl* kwiaty *m/pl* mrozu; **~bombe** *f* tort lodowy; **~brecher** *m* lodołam, izbica; *mar* lodołamacz; **~creme** *f* lody *m/pl* kremowe; **~decke** *f* pokrywa lodowa; **~diele** *f* lodziarnia
Eisen *n* żelazo; *fig* ***ein heißes ~*** problematyczna kwestia
Eisenbahn *f* kolej (żelazna); **~er(in** *f*) *m* F kolejarz (-rka); **~fähre** *f* prom kolejowy; **~unglück** *n* katastrofa kolejowa
Eisenbahnverkehr *m* ruch kolejowy; komunikacja kolejowa
Eisen|erz *n* ruda żelazna, żelaziak; **~gieße'rei** *f* odlewnia żeliwa; **2haltig** żelazisty; **~hütte** *f* huta żelaza; **~waren** *f/pl* towary *m/pl* żelazne
eisern żelazny (*t. fig*)
Eis|fläche *f* tafla lodowa; **2frei** *Straße*: nie oblodzony; **2gekühlt** chłodzony lodem/na lodzie; **~heiligen** *m/pl* zimni święci *m/pl*; **~hockey** *n* hokej na lodzie
eisig lodowaty (-to) (*t. fig*)
Eis|kaffee *m* kawa mrożona; **2kalt** zimny jak lód; *adv fig* bezlitośnie; **~kunstlauf** *m* jazda figurowa na lodzie; **~lauf** *m* jazda na łyżwach; *sport* łyżwiarstwo; **2laufen*** jeździć na łyżwach; **~läufer(in** *f*) *m* łyżwiarz (-rka); **~pickel** *m* czekan; **~scholle** *f* kra; **~verkäufer(in** *f*) *m* F lodziarz (-rka); **~würfel** *m* kostka lodu; **~zeit** *f* epoka lodowcowa
eitel (*-tler, -elst-*) próżny; ***~ wie ein Pfau*** nadęty jak paw; **2keit** *f* próżność *f*
Eit|er *m* ropa; **2ern** (*-re*) ropieć, jątrzyć się; **2rig** ropny, ropiejący
Eiweiß *n* (*-es; -e*) białko(wy *w zł.*)
eiweißreich obfitujący w białko
Ekel[1] F *n* wstrętny typ
Ekel[2] *m* (*-s; 0*) wstręt, obrzydzenie
ekelhaft wstrętny, ohydny
ekeln: ***sich ~*** (***vor*** *D*) brzydzić się (*I*), czuć wstręt (do *G*)
Eklat [e'klaː] *m* (*-s; -s*) skandal
eklig obrzydliwy (-wie), wstrętny
Ek'zem *n* (*-s; -e*) wyprysk, egzema
E'lan *m* (*-s; 0*) zapał, werwa
e'lastisch elastyczny (*t. fig*)
Elastizi'tät *f* (*0*) elastyczność *f*
Elch *m* (*-es; -e*) łoś *m*; **~kuh** *f* łosza
Ele'fant *m* (*-en*) słoń *m*; **~en-** słoniowy
Ele'fantenenhaus *n* słoniarnia
ele'gant elegancki (-ko)
Ele'ganz *f* (*0*) elegancja
Ele'gie [*pl* -'giːən] *f* elegia
elektrifi'zieren (-) ⟨z⟩elektryfikować
E'lektri|ker *m* elektryk; **2sch** elektryczny; **~zi'tät** *f* (*0*) elektryczność *f*
Elektrizi'tätswerk *n* elektrownia
E'lektro|geräte *n/pl zbior* sprzęt elektryczny; **~herd** *m* kuchnia elektryczna
E'lektro|industrie *f* przemysł elektrotechniczny; **~lok** *f* elektrowóz; **~magnet** *m* elektromagnes; **~mechaniker** *m* elektromechanik; **~motor** *m* silnik elektryczny, elektromotor
Elek'tro|nen- elektronowy; **~nik** *f* (*0*) elektronika; **2nisch** elektroniczny
E'lektrorasierer *m* elektryczna maszynka do golenia
elektro'statisch elektrostatyczny
E'lektrowerkzeug *n* elektronarzędzie
Ele'men|t *n* (*-es; -e*) element; *chem* pierwiastek; *el* ogniwo; **2'tar** elementarny
elend nędzny
Elend *n* (*-s; 0*) nędza
Elendsviertel *f* dzielnica nędzy
elf jedenaście, jedenaścioro, *m-os* jedenastu; → *str. 610*
Elf *f* jedenastka (*t. sport*)
Elfenbein *n* (*-s; 0*) kość słoniowa; *w zł.* ... z kości słoniowej
Elf|er F *m* jedenastka; **2jährig** jedenastoletni; **~'meter** *m* rzut karny
elfte jedenasty; → *str. 611*
elimi'nieren (-) ⟨wy⟩eliminować
E'lite *f* elita; *w zł.* wyborowy, elitarny

Ell|bogen *m* łokieć *m*; **~e** *f anat* kość łokciowa; † (*Maß*) łokieć *m*
el'liptisch eliptyczny
elsässisch alzacki (po -ku)
Elster *f* (-; *-n*) sroka; *w zł.* sroczy
elterlich rodzicielski
Eltern *pl* rodzice *m/pl*; **~abend** *m* wieczorek rodzicielski (w szkole)
Elternhaus *n* dom rodzinny
Elternteil *m* jedno z rodziców
Elternversammlung *f* wywiadówka
Email|le [e'maljə] *f* emalia; *w zł.* emaliowy; *Topf* → **⁁'liert** emaliowany
emanzi'piert emancypowany
Em'blem *n* (*-s*; *-e*) godło
Embryo *m/n* (*-s*; *-s*) zarodek, embrion
Emi'grant(in *f*) *m* emigrant(ka)
Emi|grati'on *f* emigracja; **⁁'grieren** (-; *sn*) ⟨wy⟩emigrować (**nach** do *G*)
Emissi'on *f* emisja; **~s-** emisyjny
Emmentaler *m kulin* ser ementalski
Emoti'o|n *f* emocja; **⁁'nal** emocjonalny
empfahl → ***empfehlen***
Emp'fang *m* (*-ęs*; *⁼e*) (*Erhalt*, *RTV*) odbiór; przyjęcie (*t. Feier*); (*im Hotel*) recepcja; **⁁en*** (-) odbierać ⟨odebrać⟩; *Gast* przyjmować ⟨-jąć⟩
Emp'fänger(in *f*) *m* odbiorca *m* (-czyni); *med* biorca *m/f*; *t-ko m RTV* odbiornik
emp'fänglich wrażliwy, czuły (***für*** na *A*)
Emp'fängnis *f* (-; *-se*) zajście w ciążę, poczęcie; **~verhütung** *f* zapobieganie ciąży
emp'fangs|berechtigt upoważniony do odbioru; **⁁chef** *m* kierownik recepcji; **⁁dame** *f* recepcjonistka; **⁁störungen** *f/pl* zakłócenia *n/pl* odbioru
emp'fehl|en* (-) polecać, zalecać ⟨-lecić⟩; (*raten t.*) doradzać ⟨-dzić⟩; ***es empfiehlt sich*** (***zu***) wskazane jest (*inf*); **~enswert** godny polecenia; **⁁ung** *f* polecenie; (*Gruß*) ukłony *m/pl*; ***mit den besten ~en*** łączę wyrazy poważania; **⁁ungsschreiben** *n* pismo polecające
emp'find|en* (-) odczu(wa)ć; *Gefühl t.* żywić (***für*** do *G*); **~lich** wrażliwy (***für***, ***gegen*** na *A*); *Gerät*: czuły; (*fühlbar*) dotkliwy (-wie); **⁁lichkeit** *f* wrażliwość *f*; czułość *f*; *med* uczulenie (na *A*); **~sam** czuły, tkliwy; **⁁ung** *f* uczucie
emp'fohlen zalecony; → ***empfehlen***
emp'funden → ***empfinden***
em'por do góry, w górę; **~arbeiten**: ***sich ~*** wybić się *pf*, dorobić się *pf*
em'pören (-) oburzać ⟨-rzyć⟩ (***sich*** się; ***über*** *A* na *A*); **~d** oburzający (-co)
em'por|kommen* ⟨z⟩robić karierę; **⁁kömmling** *m* (*-s*; *-s*) dorobkiewicz, nuworysz; **~ragen** wznosić się
Em'pörung *f* (*0*) oburzenie
emsig pilny; (*flink*) skrzętny
End|abnehmer *m ekon* odbiorca finalny; **~betrag** *m* suma końcowa
Ende *n* (*-s*; *-n*) koniec; (*Beendigung t.*) zakończenie; ***am ~*** na końcu; (*zeitlich*) w końcu; ***ans ~*** na koniec; ***~ Mai*** w końcu/pod koniec maja; ***zu ~ bringen*** doprowadzić do końca; ***zu ~ gehen*** kończyć się; ***zu ~ sein*** skończyć się *pf*
enden (*-e-*) *v/i* ⟨s-, za⟩kończyć się
End|ergebnis *n* wynik końcowy; **⁁gültig** ostateczny, definitywny; **~haltestelle** *f* przystanek końcowy
End|lager *n* mogilnik (odpadów promieniotwórczych); **~lagerung** *f* umieszczenie na czas nieokreślony
Endlauf *m* bieg finałowy, finał
end|lich *adv* nareszcie, wreszcie; **~los** nieskończony (-czenie); **⁁lospapier** *n* papier ciągły; **⁁punkt** *m* punkt końcowy; **⁁runde** *f* runda finałowa; **⁁station** *f* stacja końcowa; F *fig* koniec, kres
Endsumme *f* suma końcowa
Endung *f* końcówka, zakończenie
End|verbraucher *m* konsument (bezpośredni); **~ziel** *n* cel ostateczny
Ener'gie [*pl* -giːən] *f* energia; **~krise** *f* kryzys energetyczny; **~quelle** *f* źródło energii; **⁁sparend** energooszczędny; **~wirtschaft** *f* gospodarka energetyczna
e'nergisch energiczny
eng ciasny (-no); *Freund*: bliski; *Sinn*, *Wahl itp.*: ścisły; → ***schmal***, ***enger***
Engagement [ãgaʒə'mãː] *n* (*-s*; *-s*) *teatr* engagement *n*; *fig* zaangażowanie
engagieren [ãga'ʒiːrən] (-) ⟨za⟩angażować (***sich sozial*** się społecznie)
Enge *f* (*0*) wąskie miejsce; ciasnota; ***in die ~ treiben*** zapędzić w kąt
Engel *m* anioł; **~s-** anielski
enger *comp* ciaśniej(szy); (*schmaler*) węższy (wężej); bliższy (bliżej); ściślej(szy); ***~ knüpfen*** *fig* zacieśni(a)ć
Engländer *m* Anglik; **~in** *f* Angielka
englisch angielski (po -ku)
Engpaß *m fig* wąskie gardło
engstirnig ograniczony, tępy
Enkel *m* wnuk; **~in** *f* wnuczka

e'norm ogromny; *adv t.* bardzo
Ensemble [ã'sã:bl] *n* (*-s*; *-s*) zespół
ent'arten (*-e-*; *-*; *sn*) zwyrodnieć *pf*
ent'behr|en (-) *v/t* nie mieć (*G*), odczuwać brak (*G*); **~lich** zbyteczny
ent'bind|en* (-) zwalniać ⟨zwolnić⟩ (**von** od *G*); *v/i Frau*: ⟨u⟩rodzić; **2ung** *f* zwolnienie; *med* poród, rozwiązanie; **2ungsstation** *f* oddział porodowy
ent|'blößen (*-ßt*; -) obnażać ⟨-żyć⟩; **~'decken** (-) odkry(wa)ć; (*herausfinden*) wykry(wa)ć; **2'deckung** *f* odkrycie
Ente *f* kaczka (*t. fig*); **~n-** kaczy
ent'eignen (*-e-*; -) wywłaszczać ⟨-czyć⟩
Ent'eignung *f* wywłaszczenie
Entenbraten *m* kaczka pieczona
ent'erben (-) wydziedziczać ⟨-czyć⟩
ent|'fallen* (-) *Name*: wypadać ⟨wypaść⟩ z pamięci; (*nicht in Frage kommen*) odpadać ⟨-paść⟩; (*nicht stattfinden*) nie odbyć się *pf*; **~ auf** (*A*) przypadać ⟨-paść⟩ na (*A*); **~'falten** (-) rozwijać ⟨-winąć⟩; *fig t.* przejawi(a)ć
ent|'fernen (-) usuwać ⟨usunąć⟩; **sich ~** oddalać ⟨-lić⟩ się; **~fernt** *adj* odległy, (*t. Verwandte*) daleki; **... km ~** (**von**) odległy na ... km (od *G*)
Ent'fernung *f* usunięcie; (*Weggang*) odejście; (*Distanz*) odległość *f*; **in e-r ~** w odległości
ent|'fesseln (-) rozpęt(yw)ać; **~'fetten** (-) odtłuszczać ⟨-czyć⟩; **~'fliehen*** (-) (**aus**) uciekać ⟨uciec⟩, zbiec *pf* (z *G*); **~'fremden** (*-e-*; -) wyobcow(yw)ać (**j-n** *D* k-o z *G*; **sich** się)
ent'führ|en (-) uprowadzać ⟨-dzić⟩, por(y)wać; **2er(in** *f*) *m* porywacz(ka); **2ung** *f* uprowadzenie, porwanie
ent'gangen *adj* utracony; → **entgehen**
ent'gegen *adv*, *praep* (*D*) naprzeciw, ku (*D*), w kierunku (*G*); (*im Widerspruch*) wbrew (*D*); **~bringen*** okaz(yw)ać; **~gehen*** (*D*) iść/wychodzić ⟨wyjść⟩ naprzeciw (*G*, *D*); **~gesetzt** *adj* przeciwny; *Meinung*: przeciwstawny; **~kommen*** (*D*) zbliżać ⟨-żyć⟩ się z (na)przeciwka (do *G*); *fig* iść ⟨pójść⟩ na rękę (*D*); **~d** *adj* uprzejmy (-mie)
Ent'gegen|kommen *n* (*-s*; *0*) uprzejmość *f*, zrozumienie; **2nehmen*** odbierać ⟨odebrać⟩; **2sehen*** (*D*) oczekiwać (*G*); **2setzen** przeciwstawi(a)ć; **2stehen*** stać na przeszkodzie; **2wirken** (*D*) przeciwdziałać (*D*)
ent|'gegnen (*-e-*; -) odrzec *pf*, odparować *pf*; **~'gehen*** (-) (*D*) unikać ⟨uniknąć⟩ (*G*); (*unbemerkt bleiben*) uchodzić ⟨ujść⟩ uwadze (*G*); **sich nicht ~ lassen** (*A*) nie przepuszczać (*G*)
ent'geistert *adj* skonsternowany
Ent|'gelt *n* (*-ęs*; *-e*) wynagrodzenie; **gegen ~** za wynagrodzeniem; **~'giftung** *f* detoksyfikacja; **2'gleisen** *v/i* (-) wykolejać ⟨-leić⟩ się; **~'gleisung** *f* wykolejenie; *fig* nietakt; **2'gleiten*** (-; *sn*) (*D*) wyślizgiwać ⟨-znąć⟩ się (z *G*)
ent'halt|en* (-) zawierać; (*einschließen*) obejmować; **sich ~** (*G*) powstrzym(yw)ać się (od *G*); **~sam** wstrzemięźliwy (-wie); **2ung** *f* powstrzymanie się
ent'härten (-) zmiękczać ⟨-czyć⟩
Ent'hemmung *f* (*0*) odhamowanie
ent'hüll|en odsłaniać ⟨-słonić⟩; *fig t.* ujawni(a)ć; **2ung** *f* odsłonięcie; ujawnienie; *pl t.* wynurzenia *n/pl*
enthusi'astisch entuzjastyczny
ent|'kernen (-) *Obst* drylować; **~'kommen*** (-) → **entfliehen**, **entgehen**; **~'korken** (-) odkorkow(yw)ać; **~'kräften** (*-e-*; -) wycieńczać ⟨-czyć⟩; *fig* obalać ⟨-lić⟩; **~'laden*** (-) wyładow(yw)ać (**sich** się); *Auto*, *Waffe* rozładow(yw)ać
ent'lang *praep* (*A*, *D*) wzdłuż (*G*); **~gehen*** (*A*, **an** *D*) iść wzdłuż (*G*); **er ging die Straße entlang** szedł prosto ulicą
ent|'larven (-) ⟨z⟩demaskować; **~'lassen*** (-) zwalniać ⟨zwolnić⟩ (**aus** z *G*); (*aus d. Krankenhaus*) wypis(yw)ać (z *G*); **2'lassung** *f* zwolnienie; wypisanie
Ent'lassungs|papiere *n/pl* zwolnienie z pracy; **~schein** *m* karta wypisowa
ent'last|en (-) odciążać ⟨-żyć⟩ (*t. fig*, *jur*); **2ungsbeweis** *m* dowód odciążający; **2ungszeuge** *m* świadek obrony
ent|'laufen* (-) zbiegać ⟨zbiec⟩; **~'ledigen: sich ~** (*G*) pozby(wa)ć się (*G*); (*e-r Aufgabe*) wykon(yw)ać (*A*); **~'legen** odległy; **~'lehnen** (-) (**bei**) zapożyczać ⟨-czyć⟩ (u *G*); **~'locken** (-; *D*) *Ton*, *Geheimnis* wydoby(wa)ć (od *G*); **~'lohnen** (-) *v/t* wypłacać ⟨-cić⟩ zarobek (*D*); **~'lüften** (-) odpowietrzać ⟨-rzyć⟩
ent|'machten (*-e-*; -) *v/t* pozbawi(a)ć władzy (*A*); **2militari'sierung** *f* (*0*) demilitaryzacja; **~'mündigen** (-) ubezwłasnowolni(a)ć
ent'mutigen (-) zniechęcać ⟨-cić⟩; **sich**

nicht ~ lassen nie zrażać się (***durch*** *I*); **~d** zniechęcający
Ent|'nahme *f* pob(ie)ranie; **2'nehmen*** (-) (*D*, ***aus***) *Geld, Probe* pob(ie)rać (*D*, z *G*); (*e-m Behältnis*) wyjmować ⟨-jąć⟩ (z *G*); (*erfahren aus*) dowiadywać ⟨-wiedzieć⟩ się (z *G*); **2'puppen** (-): ***sich ~*** (***als***) okaz(yw)ać się (*I*)
ent'rahmt *Milch*: odtłuszczony
ent|'reißen* (-) wyr(y)wać; **~'richten** (-) uiszczać ⟨uiścić⟩; **~'rinnen*** (-; *sn*) → ***entkommen***; **~'rollen** (-) rozwijać ⟨-winąć⟩; **~'rosten** (-) odrdzewi(a)ć
ent'rümpeln (*-le*; -) wyrzucać ⟨-cić⟩ rupiecie/stare graty
ent'rüst|en (-): ***sich ~*** oburzać ⟨-rzyć⟩ się (***über*** *A* na *A*); **~et** oburzony; *praed* z oburzeniem; **2ung** *f (0)* oburzenie
Ent'safter *m* sokownik
ent'sagen (-; *D*) *lit* → ***verzichten***
ent'schädig|en (-) wypłacać ⟨-cić⟩ odszkodowanie (***j-n für*** k-u za *A*); *fig* wynagradzać ⟨-grodzić⟩ (k-o za *A*); **2ung** *f* odszkodowanie, rekompensata; **2ungssumme** *f* suma odszkodowania
ent'schärfen (-) *Mine* rozbrajać ⟨-broić⟩; *fig* złagadzać ⟨-godzić⟩
Ent'scheid *m* (*-es*; *-e*) decyzja, orzeczenie; **2en*** (-) rozstrzygać ⟨-gnąć⟩ (***sich*** się); ⟨za⟩decydować (***über*** *A* o, w *L*); ***sich ~*** (***für***, ***zu***) ⟨z⟩decydować się (na *A*, *inf*); (***gegen***) powziąć decyzję (nie + *inf*, przeciw *D*); **~d** rozstrzygający, decydujący (-co); **~ung** *f* rozstrzygnięcie; decyzja; **~s-** *zw.* decyzyjny
ent'schieden *adj* stanowczy (-czo)
ent'schließ|en* (-): ***sich ~*** (***zu***) zdecydować się *pf* (na *A*); **2ung** *f* uchwała
ent'schlossen *adj* zdecydowany; **2heit** *f* (*0*) stanowczość *f*; zdecydowanie
Ent'schluß *m* decyzja, postanowienie; ***e-n ~ fassen*** powziąć decyzję
ent'schlüsseln (*-le*; -) rozszyfrować *pf*
Ent'schlußkraft *f (0)* stanowczość *f*
ent'schuldig|en (-) (***mit***) usprawiedliwi(a)ć (*I*); ***sich ~*** (***bei***) przepraszać ⟨-prosić⟩ (*A*); **2ung** *f* usprawiedliwienie; przeproszenie; **~!** przepraszam!
ent'senden* (-) pos(y)łać
ent'setz|en (-) przerażać ⟨-razić⟩ (***sich über*** *A* się *I*, na widok *G*); **2en** *n* (*-s*; *0*) przerażenie; **~lich** przerażający (-co); *Schmerz, Schrei*: przeraźliwy (-wie)
ent'setzt *adj* przerażony, objęty zgrozą
ent'sinnen* (-): ***sich ~*** (*G*) przypominać ⟨-mnieć⟩ sobie (*A*)
Ent'sorgung *f (0)* usuwanie odpadów
ent'spann|en odprężać ⟨-żyć⟩ (***sich*** się); ***sich ~*** *t.* ⟨z⟩relaksować się
Ent'spannung *f* odprężenie; relaks(acja)
ent'sprech|en* (-; *D*) odpowiadać (*D*); (*e-r Bitte*) przychylać ⟨-lić⟩ się (do *G*); **~end** *adj*/*adv* odpowiedni(o); *praep* (*D*) stosownie (do *G*), zgodnie (z *I*)
Ent'sprechung *f* odpowiednik; analogia, odpowiedniość *f*
ent|'springen* (-; *sn*) *Fluß*: wypływać (*t. fig D* z *G*); **~'stauben** (-) odkurzać ⟨-rzyć⟩; **~'stehen*** (-; *sn*) powsta(wa)ć (***aus*** z *G*); **2'stehung** *f* (*0*) powsta(wa)nie, początek; geneza; **~'stellen** (-) zniekształcać ⟨-cić⟩; (*häßlich machen*) oszpecać, ⟨o⟩szpecić; → ***verfälschen***
ent'tarnen (-) ⟨z⟩demaskować
ent'täuschen (-) rozczarow(yw)ać, zawodzić ⟨-wieść⟩; ***er wurde enttäuscht*** spotkał go zawód
Ent'täuschung *f* rozczarowanie, zawód
ent'waffnen (*-e-*; -) rozbrajać ⟨-broić⟩
Ent'warnung *f* odwołanie alarmu
ent'wässern (-) odwadniać ⟨-wodnić⟩
Ent'wässerungs- odwadniający
entweder [*t.* -'veːdɐ] albo; **~ ... oder** albo ... albo
ent|'weichen* (*sn*) *Gas*: uchodzić, wydobywać się; **~'weihen** (-) ⟨s⟩profanować; **~'wenden** (*-e-*; -) ⟨u⟩kraść
ent|'werfen* (-) ⟨na⟩szkicować; ⟨za⟩projektować; **~'werten** (-) *Geld* ⟨z⟩dewaluować; *Marke* ⟨s⟩kasować; *fig* ⟨z⟩deprecjonować; **2'wertung** *f* dewaluacja; (s)kasowanie
ent'wichen *adj Häftling*: zbiegły
ent'wick|eln (-) rozwijać ⟨-winąć⟩ (***sich*** się); *fot* wywoł(yw)ać; ***sich ~*** *Gas*: wytwarzać ⟨-tworzyć⟩ się; → ***ausarbeiten***, ***ausbauen***; **2ler** *m fot* wywoływacz; **2lung** *f* rozwijanie się, rozwój; *fot* wywoływanie; wytwarzanie się
Ent'wicklungs|abteilung *f* dział rozwojowo-badawczy; **~hilfe** *f* pomoc *f* dla krajów rozwijających się; **~stand** *m* poziom rozwoju; **~zentrum** *n* ośrodek rozwojowy
ent|'wirren (-) rozpląt(yw)ać
ent'wischen F (-; *sn*) wymykać ⟨-mknąć⟩ się
ent'wöhn|en (-) (*j-n* ***von***) odzwyczajać

E

⟨-czaić⟩ (od *G*); *Baby* odstawi(a)ć od piersi; ≈**ung** *f* odzwyczajenie
ent'würdigend poniżający (-co)
Ent'wurf *m* szkic, zarys; projekt
ent'wurzelt wywrócony; *fig* wykolejony
ent'zieh|en* (-) (*j-m A*) pozbawi(a)ć (k-o *G*); (*wegnehmen t.*) odbierać ⟨odebrać⟩; ***sich*** ~ (*D*) unikać ⟨-knąć⟩ (*G*), uchylać ⟨-lić⟩ się (od *G*); ≈**ungskur** *f* leczenie odwykowe
ent'ziffern (*-re*; -) odcyfrow(yw)ać
ent'zücken (-) zachwycać ⟨-cić⟩
Ent'zücken *n* (*-s*; *0*) zachwycenie, zachwyt
ent'zückend zachwycający (-co)
Ent'zug *m* (*-ęs*; *0*) pozbawienie; (*Wegnahme*) odebranie
Ent'zugserscheinungen *f/pl med* objawy *m/pl* odwykowe
ent'zünd|en (-) zapalać ⟨-lić⟩ (***sich*** się); ***sich*** ~ *med t.* zaogni(a)ć się; *Streit*: wybuchnąć *pf* (***an*** *D* z powodu *G*); ~**lich** *med* zapalny; ≈**ung** *f* zapalenie (*t. med*); ~**ungshemmend** przeciwzapalny
ent'zwei → ***zerbrochen***, ***kaputt***; ~**en** (-) poróżnić *pf* (***sich*** się); ~**gehen*** stłuc się *pf*, rozbi(ja)ć się, złamać się *pf*
Enzian *m* (*-s*; *-e*) goryczka, gencjana
Enzyklopä'die [*pl* -'di:ən] *f* encyklopedia
Epi|de'mie [*pl* -'mi:ən] *f* epidemia (*G*); ≈**'demisch** epidemiczny; ~**lep'sie** *f* (*0*) epilepsja; ≈**'leptisch** epileptyczny
Epi'sod|e *f* epizod; ≈**isch** epizodyczny
E'poche *f* epoka; ≈**machend** epokowy
Epos *n* (-; *Epen*) epos, epopeja
Equipe [e'kɪp] *f* drużyna, ekipa
er *pron* on; ~ ***allein*** tylko on; on jeden
er'achten (-) uważać (***für*** za *A*)
Er'achten: *meines* ~**s** moim zdaniem
er'arbeiten (-): ***sich*** ~ zdoby(wa)ć pracą
Erbanlage *f* cecha dziedziczna
Er'barmen *n* (*-s*; *0*) politowanie
er|'bärmlich nędzny; (*gemein*) nikczemny; ~**'barmungslos** bezlitosny
er'bau|en (-) wystawi(a)ć; *fig* pokrzepi(a)ć na duchu; ***nicht erbaut sein*** (***von***) nie być zbudowanym (*I*); ≈**er** *m* budowniczy; ~**lich** budujący (-co)
erbberechtigt uprawniony do dziedziczenia
Erbe[1] *n* (*-s*; *0*) spadek, dziedzictwo
Erbe[2] *m* (*-n*) spadkobierca *m*, dziedzic
erben ⟨o⟩dziedziczyć, otrzym(yw)ać w spadku (***von*** po *L*)
er|'beten → ***erbitten***; ~**'beuten** (*-e-*; -) zdoby(wa)ć; (*v. Tieren*) upolować *pf*
Erb|folge *f* dziedziczenie; ~**gut** *n* (*-ęs*; *0*) *biol* zespół cech dziedzicznych
Erbin *f* sparkobierczyni, dziedziczka
er'bitten* (-) *v/t* ⟨po⟩prosić (o *A*)
er'bittern (*-re*; -) rozdrażni(a)ć
er'bittert *adj Kampf*, *Feind*: zaciekły (-le), zacięty (-cie)
Er'bitterung *f* (*0*) rozdrażnienie
Erb|krankheit *f* choroba dziedziczna; ~**lasser(in** *f*) *m* spadkodawca *m* (-czyni)
er'bleichen (-; *sn*) ⟨z⟩blednąć
erblich dziedziczny; ~ ***belastet*** obciążony genetycznie
er'blicken (-) spostrzec *pf*, ujrzeć *pf*
er'blinden (*-e-*; -; *sn*) oślepnąć *pf*
Erbmasse *f* (*zw. 0*) *jur* masa spadkowa
er'bost zły, rozzłoszczony
er'brechen* (-) *med v/t* zwracać ⟨zwrócić⟩ (*A*); *v/i* (*t.* ***sich***) ⟨z⟩wymiotować
Er'brechen *n* wymioty *m/pl*, torsje *f/pl*
Erbschaft *f* spadek, spuścizna
Erbschaftssteuer *f* podatek spadkowy
Erbse *f bot* groch; (*einzelne*) ziarnko grochu; ~**n** *pl kulin* groch, groszek; ~**n-** grochowy; ~**nsuppe** *f* grochówka
Erbstück *n* pamiątka rodzinna
Erbteil *n* udział spadkowy
Erd|apfel *m* Ⓐ kartofel, ziemniak; ~**ball** *m* glob ziemski; ~**beben** *n* trzęsienie ziemi; ~**beere** *f* truskawka, (*Wald*≈) poziomka; ~**n-** truskawkowy, poziomkowy; ~**bestattung** *f* pochowanie w grobie; ~**boden** *m* (*-s*; *0*) ziemia
Erde *f* ziemia; *agr t.* gleba; *astr* (*0*) Ziemia; ≈**n** (*-e-*) uziemi(a)ć
er'denklich możliwy; ***auf jede*** ~***e Weise*** wszelkimi możliwymi sposobami
Erdgas *n* (*-es*; *0*) gaz ziemny
Erdgeschoß *n* parter
Erd|kugel *f* (*0*) kula ziemska; ~**kunde** *f* (*0*) geografia; ~**nuß** *f* orzeszek ziemny
Erdöl *n* (*-s*; *0*) ropa naftowa; ~**vorkommen** *n* złoże ropy naftowej
er|'dolchen (-) zasztyletować *pf*; ~**'dreisten** (*-e-*; -): ***sich*** ~ ośmielać ⟨-lić⟩ się; ~**'drosseln** (-) udusić *pf*; ~**'drücken** (-) przygniatać ⟨-gnieść⟩; ~**d** *Beweis*: niezbity; *Übermacht*: przytłaczający
Erd|rutsch *m* (*-ęs*; *-e*) *geol* osuwisko; ~**stoß** *m* wstrząs sejsmiczny; ~**teil** *m* część *f* świata; ~**umlaufbahn** *f* orbita wokółziemska; ~**ung** *f el* uziemienie

er'eifern (*-re*; -): **sich ⁓** (**über** *A*) przejmować ⟨-jąć⟩ się, ekscytować się (*I*)
er'eignen (*-e-*; -): **sich ⁓** wydarzać, zdarzać ⟨-rzyć⟩ się
Er'eignis *n* (*-ses*; *-se*) zdarzenie; **ℒreich** obfitujący w wydarzenia
er'fahr|en[1]* *v/t* (-) dowiadywać ⟨-wiedzieć⟩ się (o *L*; **von** od *G*); (*erleben*) doświadczać ⟨-czyć⟩ (*G*); **⁓en**[2] *adj* doświadczony; **ℒung** *f* doświadczenie; **in ⁓ bringen → erfahren**
Er'fahrungs|austausch *m* wymiana doświadczeń; **ℒgemäß** *adv* jak wiadomo z doświadczenia
er'fassen (*-ßt*; -) *Auto*: potrącać ⟨-cić⟩; *Gefühl*: przejmować ⟨-jąć⟩; (*begreifen*) pojmować ⟨-jąć⟩; (*registrieren*) ujmować ⟨ująć⟩ ewidencyjnie; (*Daten eintippen*) wprowadzać ⟨-dzić⟩
er'find|en* (-) wynajdywać ⟨-naleźć⟩, wymyślać ⟨-lić⟩; *Geschichte* zmyślać ⟨-lić⟩; **frei erfunden** zmyślony; **ℒer(in** *f*) *m* wynalazca *m* (-czyni); **⁓erisch** wynalazczy; **ℒung** *f* wynalazek; (*Fiktion*) wymysł, zmyślenie
Er'folg *m* (*-es*; *-e*) powodzenie, sukces; (*Ergebnis*) wynik; skutek; **ℒen** (-) następować ⟨-stąpić⟩; mieć miejsce
er'folg|los *Sache*: nie uwieńczony sukcesem, bezowocny; *os.* nie mający powodzenia; **⁓reich** cieszący się powodzeniem; *Sache*: uwieńczony sukcesem, udany
Er'folgsmensch *m* człowiek sukcesu
Er'folgszwang *m* przymus wykazania się dobrymi wynikami
er'folgversprechend obiecujący(-co)
er'forder|lich wymagany; **falls ⁓** w razie potrzeby; **⁓n** (-) *v/t* wymagać (*G*); **ℒnis** *n* (*-ses*; *-se*) potrzeba; *pl t.* wymogi *m/pl*
er'forsch|en (-) ⟨z⟩badać; *All itp.* eksplorować; **ℒung** *f* badanie; eksploracja
er'freu|en (-) (**mit**) ⟨u⟩radować, ⟨u⟩cieszyć (*I*); **sich ⁓** (*G*, **an** *D*) cieszyć się (*I*, widokiem *G*); **⁓lich** pocieszający; **⁓licherweise** na szczęście; **⁓t → froh**
er'frieren* (-; *sn*) zmarznąć *pf*; **sich** *etw* **⁓** (*hat*) odmrozić *pf* sobie (*A*)
er'frisch|en (-) orzeźwi(a)ć (**sich** się; **mit** *I*); **⁓d** orzeźwiający (-co); **ℒung** *f* orzeźwienie; (*Getränk*) napój chłodzący
er'füll|en (-) spełni(a)ć; *Plan* wykon(yw)ać; (**mit**) napełni(a)ć, wypełni(a)ć (*I*); **sich ⁓ → ℒung** *f* (*0*) spełnienie; **in ⁓ gehen** spełni(a)ć się, ziścić się *pf*
er'gänz|en (*-zt*; -) dopełni(a)ć, uzupełni(a)ć (**einander** się wzajemnie); **ℒung** *f* dopełnienie, uzupełnienie
er'geb|en[1]* (-) *Summe* wynosić ⟨wynieść⟩; *Resultat* wykaz(yw)ać; **sich ⁓** podda(wa)ć się; (**aus**) wynikać ⟨wyniknąć⟩ (z *G*); **es ergab sich** okazało się; tak się złożyło; **⁓en**[2] *adj* oddany; **ℒnis** *n* (*-ses*; *-se*) wynik; skutek; **⁓nislos** bezskuteczny; *praed t.* bez skutku
er'gehen* (-) być ogłoszonym/wydanym/rozesłanym; **über sich ⁓ lassen** znosić ⟨znieść⟩ cierpliwie; **wie wird es ihm ⁓?** jak mu się powiedzie?
er|'giebig wydajny; **⁓'gießen*** (-): **sich ⁓** ⟨po⟩lać się, lunąć *pf*, (*t. fig*) płynąć; **sich ⁓** (**über** *e-e Fläche*) zal(ew)ać (*A*)
er'greifen* (-) chwytać ⟨(s-, u)chwycić⟩; ujmować ⟨ująć⟩ (**an**, **bei** *D* za *A*); *Dieb* schwytać, ująć *pf*; *Beruf* wyb(ie)rać; *Schritte* przedsiębrać ⟨przedsięwziąć⟩; *Wort* zab(ie)rać; *Gefühl*: ogarniać ⟨-nąć⟩; (**tief** głęboko) wzruszać ⟨-szyć⟩; **⁓d** wzruszający (-co)
er|'griffen *adj* wzruszony; (**von**) przejęty (*I*); **⁓'gründen** (-) zgłębi(a)ć
Er'guß *m* wylew (*t. med*, *fig*)
er'haben wypukły (-ło); *fig* wzniosły (-le); **⁓ sein über** (*A*) stać ponad (*I*)
er'halten* (-) otrzym(yw)ać; (*bewahren*) utrzym(yw)ać (**sich** się); **⁓ bleiben** zachować się; **gut ⁓** w dobrym stanie
er'hältlich: ⁓ sein być do nabycia
Er'haltung *f* (*0*) zachowanie; utrzymanie; *por* **erhalten**
er'hängen (-) powiesić *pf* (**sich** się); **Tod durch ℒ** śmierć *f* przez powieszenie
er|'härten (-) *fig* popierać ⟨-przeć⟩ (**durch** *I*); **⁓'heben*** (-) podnosić ⟨podnieść⟩ (**sich** się); *Zoll itp.* pob(ie)rać, ściągać ⟨-gnąć⟩; *Anspruch*, *Einwände* zgłaszać ⟨zgłosić⟩; *Klage* wnosić ⟨wnieść⟩; **sich ⁓** powstawać *pf* (**von den Plätzen** z miejsc); *fig* powsta(wa)ć
er'heb|lich znaczny; poważny; **ℒung** *f* wzniesienie; (*Enquête*) ankieta, ankietowanie; pobieranie, ściąganie
er|'heitern (*-re*; -) bawić; **⁓'hellen** (-) rozjaśni(a)ć (**sich** się); **⁓'hitzen** (*-zt*; -) (**sich**) rozgrz(ew)ać (się); *fig* roznamiętni(a)ć (się); **⁓'hoffen** (-): **sich ⁓** (*A* **von**) spodziewać się (*G* po *L*, od *G*)
er'höh|en (-) podwyższać ⟨-szyć⟩ (**um**

na *A*); *Fahrt*, *Risiko itp.* zwiększać ⟨-szyć⟩; **sich ~** *fig t.* wzrastać ⟨wzrosnąć, wzróść⟩; **²ung** *f* podwyższenie; zwiększenie; (*konkret t.*) podwyżka
er'hol|en (-): **sich ~** wypoczywać ⟨-począć⟩ (**von** po *L*); *Kranke*: powracać ⟨-wrócić⟩ do zdrowia; *fin Kurse*: poprawi(a)ć się; **~sam** relaksowy (-wo)
er'holt *adj* wypoczęty
E
Er'holung *f* (*0*) wypoczynek
Er'holungs|gebiet *n* teren rekreacyjny; **~urlaub** *m* urlop wypoczynkowy
er'innern (*-re*; -) przypominać ⟨-pomnieć⟩ (**sich** *G* sobie *A*; **j-n an** *A* k-u *A*)
Er'innerung *f* (*0*) pamięć *f*; (*t. pl*) wspomnienie; (*Mahnung*) przypomnienie; **zur ~** (**an** *A*) na pamiątkę (*G*)
er'kält|en (*-e-*; -): **sich ~** przeziębi(a)ć się; **sich** (*D*) *etw* **~** przeziębić sobie (*A*); **~et** przeziębiony; **²ung** *f* przeziębienie
er'kenn|en* (-) rozpozna(wa)ć; pozna(wa)ć (**an** *D* po *L*); uzna(wa)ć (**als** jako); **zu ~ geben** da(wa)ć do zrozumienia; **~tlich: sich ~ zeigen** odwdzięczać ⟨-czyć⟩ się; **²tnis** *f* (-; *-se*) przekonanie, przeświadczenie; *pl t.* wyniki *m*/*pl* badań/dociekań (naukowych)
Er'kennung *f* (*0*) rozpoznanie; **~s-** rozpoznawczy; identyfikacyjny
Erker *m* wykusz(owy *w zł.*)
er'klär|bar wytłumaczalny; **~en** (-) wyjaśni(a)ć; ⟨wy⟩tłumaczyć (**mit** *I*); (*äußern*) oświadczać ⟨-czyć⟩; *Krieg* wypowiadać ⟨-wiedzieć⟩; uznać *pf* (**für tot** za zmarłego); **²ung** *f* wyjaśnienie; wytłumaczenie; oświadczenie; deklaracja
er'klingen* (-; *sn*) rozbrzmie(wa)ć
er'krank|en (-; *sn*) zachorować *pf* (**an** *D* na *A*); **²ung** *f* zachorowanie; choroba
er'kund|en (*-e-*; -) rozpoznawać; → **erforschen**; **~igen** (-): **sich ~** (**nach**) ⟨za⟩pytać (o *A*), dowiadywać się (o *L*); **²igung** *f* zasięgnięcie informacji
er'langen (-) uzysk(iw)ać, zdoby(wa)ć
Er'laß *m* (*-sses*; *-sse*) dekret
er'lassen* (-) *Strafe* darować *pf*; *Gesetz* wyda(wa)ć
er'laub|en (-) *v/t* pozwalać, zezwalać ⟨-zwolić⟩ (*A*, na *A*); **sich ~** pozwalać sobie; **erlaubt** *adj* dozwolony; **es ist** (**nicht**) **erlaubt** (nie) wolno; **²nis** *f* (-; *zw. 0*) pozwolenie, zezwolenie
er'läuter|n (*-re*; -) objaśni(a)ć; **²ung** *f* objaśnienie; *pl t.* komentarz

Erle *f* olcha, olsza; (*Holz*) olszyna
er'leben (-) przeży(wa)ć; → **erfahren**; **noch ~** (*A*) dożyć do, doczekać się (*G*)
Er'lebnis *n* (*-ses*; *-se*) przeżycie
er'lebnisreich bogaty w przeżycia
er'ledig|en (-) załatwi(a)ć; F *fig* wykończyć *pf*; **²ung** *f* załatwienie
er'leichter|n (*-re*; -) ułatwi(a)ć (**sich** *etw* sobie *A*); ulżyć *pf* (**j-m** *A* k-u w *L*); → **lindern**; **²ung** *f* ułatwienie; ulżenie; **~ spüren** ⟨po⟩czuć ulgę; **mit ~** z ulgą
er|'leiden* (-) *v/t* dozna(wa)ć (*G*); *Verlust*, *Tod* ponosić ⟨-nieść⟩; **~'lernen** (-) *v/t* ⟨na-, wy⟩uczyć się (*G*); **~'lesen** *adj* wykwintny; **~'leuchten** (-) oświetlać ⟨-lić⟩; *fig* oświecać ⟨-cić⟩
er'liegen* (-; *sn*) (*D*) ulegać ⟨ulec⟩ (*D*); **... erlag s-n Verletzungen** ... zmarł wskutek odniesionych obrażeń; **zum ² kommen** *Verkehr*: stanąć *pf*; **zum ² bringen** sparaliżować *pf*
er'logen zmyślony
Er'lös *m* (*-es*; *-e*) przychód, uzyskana kwota; (*Tageserlös*) utarg
er'loschen *adj* zgasły; *Vulkan*: wygasły
er'löschen* (-; *sn*) ⟨z⟩gasnąć; *fig* wygasać ⟨-snąć⟩
er'lös|en (-) wybawi(a)ć (**aus** z *G*); *rel* zbawi(a)ć; **²er** *m rel* Zbawiciel
Er'lösung *f* wybawienie; zbawienie
er'mächtig|en (-) upoważni(a)ć (**zu** do *G*); **²ung** *f* upoważnienie
er'mahnen (-) napominać ⟨-mnieć⟩ (**j-n zur Vorsicht** k-o żeby był ostrożny)
er'mäßigen (-) *Preis* obniżać ⟨-żyć⟩
er'mäßigt *adj* ulgowy
Er'mäßigung *f* obniżenie; zniżka, ulga
er'mess|en* (-) oceni(a)ć; **²en** *n* (*-s*; *0*) uznanie; **nach ~** według uznania
er'mitteln (*-le*; -) *v/t Täter* wykry(wa)ć; → **errechnen**, **feststellen**; *v/i* prowadzić dochodzenie (**gegen** przeciwko *D*)
Er|'mittlung *f* ustalenie; **~en** *jur* dochodzenie, śledztwo; **~s-** dochodzeniowy, śledczy; **²'möglichen** (-) umożliwi(a)ć
er'morden (-) zamordować *pf*
Er|'mordung *f* zamordowanie; **²'müden** (*-e-*; -) ⟨z⟩męczyć (*v/i*, *sn* się); **~'müdung** *f* (*0*) zmęczenie; **²'muntern** (*-re*; -), **²'mutigen** (-) zachęcać ⟨-cić⟩ (**zu** do *G*); **~de Worte** słowa zachęty
er'nähr|en (-) żywić, odżywiać (**sich von** się *I*); *Familie* ⟨wy⟩żywić; **²ung** *f* (*0*) odżywianie (się); (wy)żywienie

er'nenn|en* (-) mianować (*im*)*pf* (***j-n zu*** k-o *I*); **≗ung** *f* mianowanie, nominacja
er'neu|erbar odnawialny; **~ern** (*-re*; -) *Teil* wymieni(a)ć (na nowy); (*neu gestalten*) odnawiać ⟨-nowić⟩ (***sich*** się); (*wiederholen*) ponawiać ⟨-nowić⟩
Er'neuerung *f* wymiana; odnowa
er'neut ponowny; *adv t.* na nowo
Er'niedrigung *f* poniżenie, upokorzenie
ernst poważny; *adv t.* (na) serio; ***~ nehmen*** traktować poważnie/serio
Ernst *m* (*-es*; *0*) powaga; ***im ~, allen ~es*** na serio; **~fall** *m*: ***im ~, für den ~*** w krytycznej sytuacji; w wypadku wojny
ernst|haft, **~lich** poważny; → ***ernst***
Ernte *f* żniwo (*t. fig*), zbiór; (*Ertrag*) zbiory *m/pl*, plon; **~dankfest** *n* dożynki *pl*; **≗n** (*-e-*) zbierać ⟨zebrać⟩ (plon)
er'nüchtern (*-re*; -) otrzeźwi(a)ć
Er'ober|er *m* zdobywca *m*; **≗n** (*-re*; -) zdoby(wa)ć; *Land*, *Herz* podbi(ja)ć; **~ung** *f* zdobycie; podbicie, podbój
er'öffn|en (-) otwierać ⟨otworzyć⟩ (***sich*** się); (*feierlich*) ⟨za⟩inaugurować; *Verfahren* wszczynać ⟨wszcząć⟩; → ***beginnen***, ***mitteilen***; **≗ung** *f* otwarcie; inauguracja; wszczęcie; **~s-** inauguracyjny
er'örtern (*-re*; -) omawiać ⟨omówić⟩
E'ro|tik *f* (*0*) erotyka; **≗tisch** erotyczny
er'press|en (-) szantażować (***mit*** *I*); wymuszać ⟨-musić⟩ (***von*** na *L*); **≗er(in** *f*) *m* szantażysta *m* (-tka)
Er'pressung *f* szantaż, wymuszenie
er|'proben (-) wypróbow(yw)ać; **~'raten*** (-) zgadywać ⟨-dnąć⟩; **~'rechnen** (-) obliczać, wyliczać ⟨-czyć⟩
er'reg|bar pobudliwy; **~en** (-) podniecać ⟨-cić⟩, ⟨z⟩bulwersować (***sich*** się); *Gefühl*, *Verdacht* wzbudzać ⟨-dzić⟩; → ***Anstoß***; **~d** emocjonujący (-co); **≗er** *m med* zarazek; **≗ung** *f* podniecenie
er'reich|bar osiągalny; **~en** (-) *v/t* dosięgać ⟨-gnąć⟩ (*G*); *Ziel* docierać ⟨dotrzeć⟩ (do *G*); *fig* (*t. Alter*) osiągać ⟨-gnąć⟩ (*A*); *Zug itp.* zdążyć (na *A*); zasta(wa)ć (***zu Hause*** w domu)
er|'richten (-) → ***erbauen***; (*gründen*) zakładać ⟨założyć⟩; **~'ringen*** (-) zdoby(wa)ć; *Sieg* odnosić ⟨-nieść⟩; **~'röten** (-) ⟨za⟩rumienić się (***vor*** z *G*); **≗'rungenschaft** *f* osiągnięcie, zdobycz *f*
Er'satz *m* (*-es*; *0*) namiastka, surogat; *os.* zastępca *m* (-czyni); *sport* rezerwa; (*e-s Schadens*) rekompensata; (*das Ersetzen*) wymiana, zamiana; ***als ~ für*** w zamian za (*A*)
Er'satz|dienst *m* służba zastępcza; **~mann** *m* → ***Ersatz***(***spieler***); **~pflicht** *f jur* obowiązek wyrównania strat(y); **~rad** *n* koło zapasowe; **~spieler(in** *f*) *m* gracz rezerwowy; **~stoff** *m* materiał zastępczy; **~teil** *n* część zapasowa
er'schein|en* (-; *sn*) pojawi(a)ć się, ukaz(yw)ać się (*t. Buch*, *Geist*); (***in***, ***vor*** *D*) stawić się *pf* (w, przed *I*); (*j-m vorkommen*) przedstawi(a)ć się (*D*); **≗en** *n* ukazanie się; stawienie się; **≗ung** *f* (*Phänomen*) zjawisko; (*Gestalt*) sylwetka; **≗ungsjahr** *n* rok wydania
er|'schießen* (-) zastrzelić *pf*; *jur* rozstrzel(iw)ać; **~'schlagen*** (-) zabić *pf*, zatłuc *pf* (na śmierć); **~'schließen*** (-) *Gelände* uzbrajać ⟨-broić⟩; *ekon* udostępni(a)ć; **~'schöpfen** (-) wyczerp(yw)ać (***sich*** się); **~d** wyczerpujący (-co)
Er'schöpfung *f* (*0*) wyczerpanie
er'schreck|en[1]* *v/i* (-; *sn*) (***über*** *A*, ***vor*** *D*) zlęknąć się *pf* (*G*, na widok *G*); ***erschrocken*** przestraszony; **~en**[2] (-) *v/t* przestraszyć *pf*; **~d** straszny
er'schütter|n (*-re*; -) *v/t* wstrząsać ⟨-snąć⟩ (*I*); *fig t.* zachwiać *pf* (*I*); **~d** wstrząsający (-co); **≗ung** *f* wstrząs
er|'schweren (-) utrudni(a)ć; **~d** *jur* obciążający; **~'schwindeln** (-) wyłudzać ⟨-dzić⟩; **~'schwinglich** dostępny
er'sehen* (-) widzieć, ⟨wy⟩wnioskować (***aus*** z *G*)
er|'sehnt upragniony; **~'setzbar** zastępowalny; **~'setzen** (-) zamieni(a)ć, zastępować ⟨zastąpić⟩ (***durch*** *I*); *Schaden itp.* ⟨z⟩rekompensować, wyrówn(yw)ać; *Kosten* zwracać ⟨zwrócić⟩
er'sichtlich widoczny; ***mir ist nicht ~*** nie pojmuję, nie widzę
er'spar|en (-) (za)oszczędzić *pf* (*t.* ***j-m*** *A* k-u *G*); **≗nis** *f* (-; *-se*) oszczędność *f*
erst *adj* najpierw, wpierw; *part* (*nicht eher als*, *nur*) dopiero; ***fürs ~e*** na razie; ***~ recht*** teraz tym bardziej; → ***gerade***
er'starren (-; *sn*) ⟨s⟩krzepnąć; *Glieder*: ⟨s⟩kostnieć; *os.* zmartwieć *pf* (***vor*** z *G*)
er'statten (*-e-*; -) *Anzeige*, *Bericht* składać ⟨złożyć⟩; → ***ersetzen***
Erstaufführung *f* premiera
er'staun|en (-) *v/t* zdumiewać, zadziwi(a)ć; *v/i* (*sn*) (***über*** *A*) ⟨z⟩dziwić się (*D*); **≗en** *n* (*-s*; *0*) zdumienie; **~lich** za-

dziwiający (-co); (*sehr*) nadzwyczaj
erstbeste pierwszy lepszy, jakikolwiek
erste pierwszy; ***fürs ~*** na razie; ***zum ~n Mal*** po raz pierwszy; → *str. 611*
er'stechen* (-) zakłuć *pf* (śmiertelnie)
er|'stehen* (-) *v/t* naby(wa)ć; **~'stellen** (-) *Text, Plan* sporządzać ⟨-dzić⟩
erstens po pierwsze
er'sticken (-) *v/t* udusić *pf* (*v/i, sn* się); *Feuer, Aufstand* ⟨s⟩tłumić; ***zu ~ drohen*** dusić się, dławić się
erstklassig pierwszorzędny
erstmals po raz pierwszy
er|'strebenswert porządany; **~'strekken** (-): ***sich ~*** rozciągać ⟨-gnąć⟩ się (***über, auf*** *A* na *A*; ***bis*** do *G*); **~'suchen** (-) ⟨po⟩prosić (***um*** o *A*); apelować (*A* do *G*); **Ձ'suchen** *n* prośba; żądanie
er|'tappen (-) przyłap(yw)ać (***bei*** na *L*; ***sich*** się); **~'teilen** (-) udzielać ⟨-lić⟩; *Befehl* wyda(wa)ć
Er'trag *m* (-*ęs*; ⁻*e*) *agr* wydajność *f*; urodzaj, plon; (*Gewinn*) dochód
er'tragen* (-) znosić ⟨znieść⟩
er'träglich znośny
Er'tragssteigerung *f* zwiększenie plonu/dochodu
er|'tränken (-) ⟨u⟩topić; **~'trinken*** (-; *sn*) utonąć *pf*; ***zu ~ drohen*** tonąć
Er'trunkene(r) topielec (-lica)
er'übrigen (-): ***sich ~*** być zbytecznym
Erupti'on *f* wybuch, erupcja
er'wachen (-; *sn*) ⟨o-, prze⟩budzić się
er'wachsen¹* (-; *sn*) wynikać ⟨-knąć⟩ (***daraus*** z tego)
er'wachsen² *adj*, **Ձe(r)** dorosły (-ła)
er'wägen* (-) rozważać ⟨-żyć⟩
Er'wägung *f* rozważenie; → ***Betracht***
er'wähn|en (-) *v/t* wspominać ⟨-mnieć⟩ (o *L*); **~enswert** wart(a) wzmianki
er'wärm|en (-) nagrz(ew)ać (***sich*** się); ***sich ~*** *meteo* ocieplać ⟨-lić⟩ się; **Ձung** *f* (*0*) nagrz(ew)anie; ocieplenie (się)
er'wart|en (-) *v/t* oczekiwać (*G*); (*rechnen mit*) spodziewać się (*G*; ***von*** po *L*); ***wider Ձ*** wbrew oczekiwaniom; **Ձung** *f* oczekiwanie; ***in ~*** oczekując (*G*)
er|'wecken (-) wzbudzać ⟨-dzić⟩; **~'weichen** (-) *v/t* zmiękczać ⟨-czyć⟩; *v/i* (*sn*) ⟨z⟩mięknąć; **~'weisen*** (-) wykaz(yw)ać; *Dienst* wyświadczać ⟨-czyć⟩; ***sich ~*** (***als***) okaz(yw)ać się (*I*)
er'weiter|n (-*re*; -) poszerzać ⟨-rzyć⟩, (*t. mat, med, fig*) rozszerzać ⟨-rzyć⟩ (***sich*** się); **Ձung** *f* poszerzenie, rozszerzenie
Er'werb *m* (-*ęs*; *0*) nabycie; **Ձen*** (-) naby(wa)ć; ***sich*** (*D*) **~** uzysk(iw)ać; *Ruhm* zysk(iw)ać; *Vertrauen* zaskarbi(a)ć
er'werbs|fähig zdolny do zarobkowania; **~los** *itd.* → ***arbeitslos***; **Ձquelle** *f* źródło zarobkowania; **~tätig** czynny zawodowo; **Ձzweig** *m* branża
Er'werbung *f* nabycie, kupno
er'wider|n (-*re*; -) odpowiadać ⟨-wiedzieć⟩; *Besuch* odda(wa)ć; *Gefühl* odwzajemni(a)ć; *j-s* ***Gruß ~*** odkłaniać się *pf* (*D*); **Ձung** *f* odpowiedź *f*
er'wiesenermaßen jak stwierdzono
er|'wirken (-) wyjedn(yw)ać; **~'wischen** F (-) złapać *pf*; → ***ertappen***
er'wünscht pożądany
er'würgen (-) udusić *pf*, zadusić *pf*
Erz *n* (-*es*; -*e*) ruda, kruszec; *poet* spiż
er'zähl|en (-) opowiadać ⟨-wiedzieć⟩; **Ձer(in** *f*) *m* narrator(ka); **Ձung** *f* opowiadanie; (*das Erzählte t.*) opowieść *f*
Erz|bischof *m* arcybiskup; **Ձdumm** głupi jak but; **~engel** *m* archanioł
er'zeug|en (-) wytwarzać ⟨-worzyć⟩; *Eindruck* wywoł(yw)ać; **Ձer** *m* wytwórca *m*; (*Vater*) rodzic, P płodziciel
Er'zeugnis *n* (-*ses*; -*se*) wyrób, produkt; (*verarbeitet*) przetwór; (*d. Geistes*) wytwór, owoc
Er'zeugung *f* (*0*) wytwarzanie, wyrób
Erzfeind(in *f*) *m* zacięty wróg
Erzfrachter *m* rudowiec
er'zieh|en* (-) wychow(yw)ać (***zu*** na *A*); **Ձer(in** *f*) *m* wychowawca *m* (-czyni); **~erisch** wychowawczy (-czo)
Er'ziehung *f* (*0*) wychowanie
Er'ziehungs|beratung *f* poradnictwo pedagogiczne; **~berechtigte(r)** osoba uprawniona do wychowania (dziecka)
Er'ziehungswesen *n* (-*s*; *0*) dziedzina oświatowo-wychowawcza
er'zielen (-) osiągać ⟨-gnąć⟩; *Erfolg* odnosić ⟨-nieść⟩; *Preis, Tor* zdoby(wa)ć
er|'zürnt rozgniewany; **~'zwingen*** (-) wymuszać ⟨-musić⟩ (***von*** na *L*, od *G*)
es *pron* ono (*N*), je (*A*); (*anstelle von* ***er, sie*** *u. nieos*) ten, tego, ta, tej *itd.*; *bleibt oft unübersetzt*: ***~ freut mich*** cieszy mnie; ***~ ist passiert*** stało się; → *Verben* ***regnen, lassen, sein¹, gehen*** *itd.*
Esche *f* jesion(owy *w zł.*)
Esel *m* osioł; **~s-** ośli; **~in** *f* oślica
Eskimo- eskimoski

eskor'tieren (-) eskortować
Espe *f* osika, osina; (*Holz*) osiczyna
eß|bar jadalny; **≈besteck** *n* sztućce *m/pl*; **≈ecke** *f* kącik jadalny
essen* ⟨z⟩jeść, ⟨z⟩jadać; ***zu ~ geben*** *t.* ⟨na⟩karmić; ***~ gehen*** iść na obiad *itd.* (do restauracji)
Essen *n* jedzenie; (*Gericht*) potrawa; ***zum ~ einladen*** zaprosić na obiad/kolację; ***vor dem ~*** przed jedzeniem
Essenszeit *f* pora obiadowa/kolacji
Essig *m* (-; *0*) ocet; *w zł.* octowy; **~gurke** *f* ogórek marynowany, korniszon
Eß|löffel *m* łyżka stołowa; **~lokal** *n* restauracja; **~tisch** *m* stół jadalny; **~zimmer** *n* jadalnia, pokój stołowy
Est|e *m* (*-n*) Estończyk; **~in** *f* Estonka
estnisch estoński (po -ku)
Estrich *m* (*-s*; *-e*) jastrych
eta'bliert istniejący, panujący
E'tage [-ʒə] *f* piętro; **~n-** piętrowy
E'tappe *f* etap; **≈nweise** etapami
Etat [e'tɑ:] *m* (*-s*; *-s*) budżet(owy *w zł.*)
ethnisch etniczny, narodowościowy
Eti'kett *n* (*-ęs*; *-en*/*-s*) etykiet(k)a
etliche kilka, *m-os* kilku; **~s** niejedno
Etui [ɛt'vi:] *n* (*-s*; *-s*) futerał, etui *n*
etwa *adv* (*zirka*) około, mniej więcej; (*vielleicht*) przypadkiem; (*beispielsweise*) na przykład; ***nicht ~*** wcale nie
etwaig ewentualny, możliwy
etwas *pron* coś, co; (*ein wenig*) trochę, nieco; ***so ~ wie ...*** coś w rodzaju (*G*)
euch (*D*) wam, sobie; (*A*) was, siebie, się; ***mit ~*** z wami; ***liebt ~*** kochajcie się
euer[1] (**~e, ~**) wasz(a), wasze, swoje
euer[2] (*G v.* ***ihr***) was
Eule *f* sowa; **~n-** sowi
eu|re → ***euer***[1]; **~rerseits** z waszej strony; **~retwegen** ze względu na was, dla was; (*wegen euch*) z waszego powodu
Eurocheque [-ʃɛk] *m* (*-s*; *-s*) euroczek
Eurocheque-Karte *f* karta gwarancyjna do euroczeków
Euro'päer(in *f*) *m* Europejczyk (-jka)
euro'päisch europejski (po -ku)
Eu'ropa|meister(in *f*) *m* mistrz(yni) Europy; **≈weit** w całej Europie
Euroscheck *m* → ***Eurocheque***
Euter *n* wymię
evaku'ieren (-) ewakuować (*im*)*pf*
evan'ge|lisch ewangelicki; **≈lien** *n/pl* Ewangelia *n/pl*; *w zł.* ewangeliczny
Eventuali'tät *f* ewentualność *f*
evi'dent jawny, oczywisty
ewig wieczny (*t. fig*); *Ruhm*, *Friede*: wieczysty; *rel* wiekuisty; ***auf ~*** na wieki
Ewigkeit *f* wieczność *f*
e'xakt ścisły (-le), dokładny
E'xamen *n* (*-s*; *-mina*) egzamin
E'xempel *n*: ***ein ~ statuieren*** (***an*** *D*) ukarać dla przykładu (*A*)
Exem'plar *n* (*-s*; *-e*) egzemplarz; *fig* okaz
exer'zieren (-) ćwiczyć, musztrować
E'xil *n* (*-s*; *-e*) wygnanie; ***im ~*** na wygnaniu/uchodźstwie; ***ins ~ gehen*** opuścić kraj jako uchodźca; **~regierung** *f* rząd emigracyjny/na uchodźstwie
Exi'stenz *f* egzystencja; byt; (*Unterhalt*) utrzymanie; **~berechtigung** *f* (-) racja bytu; **~kampf** *m* walka o byt; **~minimum** *n* minimum *n* egzystencji
exi'stieren (-) egzystować; (*leben t.*) żyć
exklu'siv ekskluzywny; *hdl* wyłączny
e'xotisch egzotyczny
Expediti'on *f* ekspedycja
Eperi'men|t *n* (*-ęs*; *-e*) eksperyment; **≈'tieren** (-) eksperymentować
Ex'pert|e *m* (*-n*) (**~in** *f*) ekspert
explo|'dieren (-; *sn*) wybuchać ⟨wybuchnąć⟩, eksplodować (*im*)*pf*; **≈si'on** *f* eksplozja, wybuch; **~'siv** wybuchowy
Ex'port *m* (*-ęs*; *-e*) eksport(owy *w zł.*); **~förderung** *f* promocja eksportu
expor'tieren (-) ⟨wy⟩eksportować
Ex'preßgut *n* przesyłka ekspresowa
extra *adj* F (*idkl*) specjalny; *adv* ekstra
Ex'trakt *m/n* (*-ęs*; *-e*) wyciąg, ekstrakt
extrava'gant ekstrawagancki (-ko)
ex|'trem skrajny, krańcowy; ekstremalny; **~tre'mistisch** ekstremistyczny
ex'zentrisch ekscentryczny
Ex'zeß *m* (*-sses*; *-sse*) eksces, wybryk

E

F

Fabel *f* (-; -*n*) bajka, baśń *f*; **᷈haft** bajeczny; **~wesen** *n* istota z bajki
Fa'brik *f* fabryka; *w zł.* fabryczny; **᷈neu** zupełnie nowy, prosto z fabryki
fabri'zieren (-) ⟨wy⟩fabrykować
Fach *n* (-*ẹs*; ⁻*er*) (*im Schrank*) przegródka; (*Gebiet*) fach; (*Beruf*) zawód; (*Schulfach*) przedmiot; **~arbeiter(in** *f*) *m* robotnik (-ica) wykwalifikowany (-na); **~arzt** *m*, **~ärztin** *f* lekarz specjalista *m*; **~ausdruck** *m* (-*ẹs*; ⁻*e*) termin techniczny; **~bereich** *m* (*Uni*) wydział
Fächer *m* wachlarz (*t. fig*)
Fach|frau *f* fachowiec; **~gebiet** *n* dziedzina, specjalność *f*; **᷈gerecht** *praed* fachowo; **~geschäft** *n* sklep branżowy; **~hochschule** *f* wyższa uczelnia zawodowa; *in Polen etwa*: politechnika, akademia; **~kenntnisse** *f/pl* wiedza zawodowa; **~kraft** *f* siła fachowa; **~mann** *n* (-*ẹs*; -*leute*) fachowiec; **᷈männisch** fachowy (-wo); **~messe** *f* targi *m/pl* specjalistyczne; **~oberschule** *f* technikum *n*; **~richtung** *f* kierunek studiów
Fachwerkhaus *n* dom ze ścianami z muru pruskiego
Fackel *f* (-; -*n*) pochodnia
fad(e) bez smaku; *fig* mdły, rozmemłany
Faden *m* (-*s*; ⁻) nić *f*, nitka; *fig* wątek
fadenscheinig *fig* nieprzekonujący
fähig zdolny (*G*, **zu** do *G*); **-fähig** *w zł.* zdatny (do *G*); **᷈keit** *f* zdolność *f*
fahnd|en (-*e*-) *jur* (**nach**) ścigać (*A*); **᷈ung** *f* ściganie (karne); **᷈ungsliste** *f* kartoteka ściganych przestępców
Fahne *f* chorągiew *f*, sztandar; F ***er hat e-e*** ~ od niego czuć wódką
Fahnen|eid *m* przysięga wojskowa; **~stange** *f* drzewce sztandaru/chorągwi
Fahnenträger(in *f*) *m* chorąży(na)
Fahr|ausweis *m* bilet na przejazd; **~bahn** *f* jezdnia; **~bahnmarkierung** *f* znak drogowy poziomy; **᷈bar** ruchomy; **~dienstleiter** *m* dyżurny ruchu
Fähr|- promowy; **~e** *f* prom
fahren* *v/i* (*sn*) jeździć, ⟨po⟩jechać (***zu, nach*** do *G*; ***mit*** *I*); wjeżdżać ⟨wjechać⟩ (***gegen*** na *A*); → ***verkehren***; *v/t* (od-, za)wozić ⟨(od-, za)wieźć⟩; jeździć, jechać (***Auto*** autem; ***Ski*** na nartach); (*lenken*) prowadzić; → ***abfahren, anfahren*** *itp.*
Fahr|er(in *f*) *m* kierowca *m*; **~erflucht** *f* ucieczka kierowcy (z miejsca wypadku); **~erlaubnis** *f* prawo jazdy; **~gast** *m* pasażer(ka), podróżny (-na); **~geld** *n* opłata za przejazd; **~gestell** *n* podwozie; **~karte** *f* bilet (kolejowy *itp.*); **~n-** biletowy, ... biletów
fahrlässig niedbały (-le); *jur* nieumyślny
Fahrlässigkeit *f* niedbalstwo; grube zaniedbanie; *jur* nieumyślność *f*
Fahr|lehrer(in *f*) *m* instruktor(ka) jazdy; **~plan** *m* rozkład jazdy; **᷈planmäßig** według rozkładu jazdy, planowy
Fahr|preis *m* cena przejazdu; **~prüfung** *f* egzamin na prawo jazdy; **~rad** *n* rower; *w zł.* rowerowy; **~radtour** *f* wycieczka na rowerze; **~schein** *m* bilet
Fährschiff *n* prom morski, promowiec
Fahrschule *f* szkoła samochodowa
Fahrsicherheit *f* bezpieczeństwo jazdy
Fahr|spur *f* pas ruchu; **~stuhl** *m* winda
Fahrt *f* jazda; (*Reise*) podróż *f*; (*e-s Taxis*) kurs; *mar* rejs; ***freie*** ~ wolna droga
Fährte *f* ślad, trop
Fahrtkosten *pl* koszty *m/pl* przejazdu
Fahrtrichtung *f* kierunek jazdy
fahrtüchtig *os.* zdolny do prowadzenia pojazdów (mechanicznych)
Fahr|unterricht *m* nauka kierowania pojazdem; **~verbot** *n* zakaz prowadzenia pojazdów mechanicznych; (*für Fahrzeuge*) zakaz wjazdu; **~wasser** *n* tor wodny, farwater; **~werk** *n* podwozie; **~zeit** *f* czas jazdy
Fahrzeug *n* pojazd; **~halter(in** *f*) *m* właściciel(ka) pojazdu mechanicznego; **~schein** *m* dowód rejestracyjny pojazdu
fair [fɛːɐ̯] sprawiedliwy (-wie); według przepisów; ***~es Spiel*** *fig* gra uczciwa
Fakt *m/n* (-*ẹs*; -*en*) fakt
faktisch faktyczny
Faktor *m* (-*s*; -'*toren*) czynnik
Fakul'tät *f* wydział, fakultet
Falke *m* (-*n*) sokół; **~n-** sokoli
Fall *m* (-*ẹs*; ⁻*e*) upadek; (*Herunterfallen*) spad(anie); (*Sache, Situation*) przypadek (*t. gr*), wypadek; raz; ***auf alle Fälle*** na wszelki wypadek; ***auf jeden*** ~ w

każdym razie; ***auf keinen ~*** w żadnym wypadku; ***im ~e*** *(G)* w razie *(G)*; ***zu ~ bringen*** *Plan* ⟨z⟩niweczyć
Falle *f* pułapka, potrzask; ***in die ~ gehen*** wpaść w pułapkę/potrzask
fallen* *(sn)* padać ⟨paść⟩ *(pf t. Soldat)*; *(stürzen)* upadać ⟨upaść⟩; *(hinunterfallen, sinken)* spadać ⟨spaść⟩ **(von** z *G)*; *Vorhang, Flut* opadać ⟨opaść⟩; ***~ lassen*** upuszczać ⟨upuścić⟩
fällen *Baum* ścinać ⟨ściąć⟩; *Urteil* wyda(wa)ć; *Entscheidung* powziąć *pf*
fallenlassen* *v/t* odstępować ⟨-stąpić⟩ *(Plan* od *G, j-n G)*
fällig *Summe*: przypadający do zapłaty
falls w razie gdyby; jeśli
Fallschirm *m* spadochron; **~springer(in** *f) m* skoczek spadochronowy; **~sport** *m* spadochroniarstwo
falsch fałszywy (-wie); *(unecht t.)* F lipny
fälschen ⟨s⟩fałszować
Falschgeld *n* fałszywe pieniądze *m/pl*
Falschheit *f (0)* fałszywość *f*; fałsz
fälschlich mylny, błędny; *praed* → **~erweise** mylnie, przez (p)omyłkę
Falsch|münzer *m* fałszerz pieniędzy; **~parken** *n* parkowanie w miejscu niedozwolonym; **~spieler** *m* szuler
Fälschung *f* fałszerstwo, falsyfikacja; *(Objekt)* falsyfikat, F lipa
Falt|blatt *n* folder; **~boot** *n* składak; **~e** *f* fałd(a); *(Runzel)* zmarszczka; **ﾠ2en** (-e-) ⟨s⟩fałdować; *Hände* składać ⟨złożyć⟩
Faltenrock *m* spódniczka fałdowana
Falter *m* motyl
Falz *m (-es; -e) tech* zakładka; wręg
familiär [-'liɛ:ɐ] familiarny, poufały (-le)
Fa'milie [-liə] *f* rodzina; ***im Kreis der ~*** w gronie rodziny; **~n-** rodzinny
fa'milienfreundlich prorodzinny
Fa'milienmitglied *n* członek rodziny
Fa'milien|name *m* nazwisko; **~stand** *m* (-*ęs*; *0)* stan cywilny; **~unternehmen** *n* przedsiębiorstwo rodzinne
Fan [fɛn] *m (-s; -s)* **(von)** fan *(G)*
fa'natisch fanatyczny
fand, fände → ***finden***
Fang *m (-ęs; ⸚e)* połów; *(das Fangen t.)* łowienie; *(Beute t.)* zdobycz; **Fänge** *pl* szpony *m/pl*; **2en*** ⟨z⟩łapać *(pf t.* ***sich*** się); *Fische zw.* ⟨z⟩łowić; **~frage** *f* pytanie podchwytliwe; **~gebiet** *n* łowisko
Farb|band *n* taśma barwiąca/maszynowa; **~e** *f* barwa, *(t. karc)* kolor; *(Malfarbe)* farba; **2echt** trwały (w kolorze)
färben ⟨u⟩farbować *(**rot** na czerwono)*; ⟨u-, za⟩barwić ***(sich*** się)
farbenblind ślepy na barwy
farbenfroh kolorowy, (wielo)barwny
Farbfernsehen *n* telewizja kolorowa
Farbfilm *m* film barwny
Farbfoto *n* zdjęcie kolorowe/w kolorze
farbig kolorowy (-wo), barwny
farb|los bezbarwny; **2stift** *m* ołówek kolorowy, kredka; **2stoff** *m* barwnik
Farbton *m* odcień *m*
Färbung *f* zabarwienie; *zoo* maść *f*
Farce [-sə] *f* farsa
Farm *f* farma; **~er** *m* farmer
Farn *m (-ęs; -e)* paproć *f*
Fa'san *m (-ęs; -e)* bażant
Fasching *m (-s; 0)* karnawał(owy *w zł.)*
Faschings|dienstag *m* wtorek zapustny; **~zeit** *f* zapusty *pl*
fa'schistisch faszystowski
faseln *(-le) pej* pleść brednie/trzy po trzy
Faser *f (-; -n)* włókno; **2ig** włóknisty
Faß *n (-sses; ⸚sser)* beczka
Fas'sade *f* elewacja, *(t. fig)* fasada
Faßbier *n* piwo beczkowe
fassen *(-ßt)* chwytać, ⟨u⟩chwycić **(bei, an** *D* za *A)*; **(in** *A)* sięgać ⟨-gnąć⟩ (do *G)*; *(Raum bieten)* ⟨po⟩mieścić; *(begreifen)* pojmować ⟨-jąć⟩; *Beschluß* podejmować ⟨-djąć⟩; *Plan* powziąć *pf*; ***sich ~*** opanow(yw)ać się; ***sich kurz ~*** streszczać ⟨streścić⟩ się
Fassung *f* opraw(k)a; *(Text)* wersja, redakcja; ***aus der ~ bringen*** wyprowadzić z równowagi; ***die ~ verlieren*** stracić panowanie nad sobą
fassungslos skonsternowany
Fassungsvermögen *n* pojemność *f*
fast prawie; nie(o)mal (nie)
fast|en (-e-) pościć; **2en** *n* poszczenie; *rel* post; **2enzeit** *f* wielki post; **2nacht** *f* zapusty *pl*, ostatki *m/pl*; **2tag** *m* dzień postny; *med* dzień głodowy
faszi'nieren (-) ⟨za⟩fascynować
fa'tal fatalny, feralny
fauchen fukać, prychać
faul *Ei, Fleisch*: zepsuty; *Holz*: zgniły; *(träge)* leniwy (-wie), gnuśny; F *(mies)* kiepski (-ko); *(bedenklich)* podejrzany
faulen *(t. sn)* gnić, butwieć
faulenz|en *(-zt)* leniuchować, wałkonić się; **2er(in** *f) m* leń *m*, wałkoń *m*
Faulheit *f (0)* lenistwo

faulig zgniły
Fäulnis *f* (*0*) zgnilizna; *w zł.* gnilny
Faulpelz F *m* leniuch, nygus
Faust *f* (-; ⸚e) pięść *f*, kułak; ***auf eigene*** ~ na własną rękę; **~regel** *f* prosta zasada oparta na doświadczeniu; **~schlag** *m* cios/uderzenie pięścią, P kułak
Favo'rit(in *f*) *m* (-*en*) faworyt(ka)
faxen F (tele)faksować
Faxen F *pl* wygłupy *m*/*pl*; ~ ***machen*** wygłupiać się
Fazit *n* (-*s*; -*s*/-*e*) wynik
Februar *m* (-*s*; -*e*) luty; *w zł.* lutowy
fecht|en* uprawiać szermierkę; (***gegen***) walczyć (z *I*); **&er(in** *f*) *m* szermierz
Feder *f* (-; -*n*) pióro; *tech* sprężyna; resora; (*im Federhalter*) stalówka; **~n** *pl zbior* pierze; **~ball** *m* lotka; (*Spiel*) kometka; **~bett** *n* pierzyna; **&führend** odpowiedzialny; **~gewicht** *n* waga piórkowa; **&leicht** lekki jak piórko
federn (-*re*) *v*/*i* sprężynować; *Wagen*: resorować; **~d** sprężysty (-ście)
Federstrich *m* pociągnięcie pióra
Federung *f* (u)resorowanie
Federvieh *n* drób
Federzeichnung *f* rysunek piórem
Fee *f* (***gute*** dobra) wróżka
Fegefeuer *n* (-*s*; *0*) czyściec
fegen zamiatać ⟨-mieść⟩; *por* ***kehren***
fehl: ~ ***am Platz*** nie na miejscu
Fehlalarm *m* fałszywy alarm
Fehlbetrag *m* niedobór, manko
Fehldiagnose *f* mylna diagnoza
fehlen brakować, zabraknąć *pf* (*G*); (***an*** *D*) niedostawać (*G*); → ***fernbleiben***; ***es fehlt an*** (*D*) brak (*G*); ***du fehlst mir*** tęsknię za tobą; ***was fehlt Ihnen?*** co panu/pani dolega?; ***es fehlte nicht viel, und*** niewiele brakowało, aby
Fehlentscheidung *f* błędna decyzja
Fehler *m* błąd, (p)omyłka; (*Mangel*) wada, brak; **&frei** bezbłędny; bez wad; **&haft** wadliwy (-wie); (*irrig*) błędny; **~suche** *f* wykrywanie wad/błędów
Fehl|geburt *f* poronienie; **~investition** *f* inwestycja chybiona; **~konstruktion** *f* wadliwa konstrukcja; **&leiten** skierować *pf* w niewłaściwym kierunku
fehl|schlagen* (*sn*) nie uda(wa)ć się, chybi(a)ć celu; **&start** *m* falstart; **&urteil** *n* błędny wyrok; błędna/mylna ocena; **&zündung** *f* przerwa w zapłonie
Feier *f* (-; -*n*) uroczystość *f*; **~abend** *m* koniec pracy, F fajrant; (*Zeit*) F pofajrant; ***nach*** ~ po fajrancie; **&lich** uroczysty (-ście); **~lichkeit** *f* uroczystość *f*
feiern (-*re*) *v*/*t* (uroczyście) obchodzić, (*t. j-n*) ⟨u⟩czcić, (*t. v*/*i*) świętować
Feiertag *m* święto, dzień świąteczny
feige tchórzliwy (-wie); (*gemein*) niecny
Feige *f* figa; **~nblatt** *n* listek figowy
Feigheit *f* (*0*) tchórzostwo
Feigling *m* (-*s*; -*e*) tchórz
Feile *f* pilnik; **&n** ⟨o⟩piłować pilnikiem
feilschen targować się (***um*** o *A*)
Feilspäne *m*/*pl* opiłki *m*/*pl*
fein *Korn*: drobny (-no), miałki (-ko); (*dünn*) cienki (-ko); *fig* subtelny; (*erlesen*) wytworny; (*genau*) precyzyjny, dokładny; F (*nett, gut*) fajny
Feind *m* (-*es*; -*e*) wróg, nieprzyjaciel; **~in** *f* wróg, nieprzyjaciółka; **&lich** wrogi (-go); *mil* nieprzyjacielski; **~schaft** *f* wrogość *f*; **&selig** wrogi (-go)
fein|fühlig delikatny, taktowny; **&gefühl** *n* delikatność *f*, takt; **&gold** *n* złoto 24-karatowe; **&heit** *f* miałkość *f*; cienkość *f*; subtelność *f*; wytworność *f*; → ***fein***; **&mechanik** *f* mechanika precyzyjna; **&schmecker(in** *f*) *m* smakosz
Feld *n* (-*es*; -*er*) pole (*t. sport*, *fig*); *w zł.* polowy, polny; **~flasche** *f* manierka; **~früchte** *f*/*pl* ziemiopłody *pl*; **~herr** *m* wódz, dowódca *m*; **~spieler** *m* gracz na boisku; **~stecher** *m* lornetka; **~weg** *m* droga polna; **~zug** *m* kampania
Felge *f* obręcz *f* (koła), F felga
Fell *n* (-*es*; -*e*) sierść *f*, futro; (*mit Haut*) skór(k)a; *w zł. zw.* futrzany
Fels *m* (-*en*), **~en** *m* skała; *w zł.* skalny; **&enfest** niezłomny; **&ig** skalisty (-to)
Felsspalt *m* rozpadlina skalna
femi|'nin żeński; (*typisch weiblich*) kobiecy (-co); **&'nistin** *f* feministka
Fenster *n* okno; ***am*** ~ przy oknie; ***zum*** ~ z okna, przez okno; **~brett** *n* podokiennik; **~glas** *n* szkło okienne; **~laden** *m* okiennica; **~scheibe** *f* szyba (okienna)
Ferien [-rĭən] *pl* wakacje *pl*, ferie *pl*; (*Urlaub*) wczasy *pl*; ***in die*** ~ ***fahren*** jechać na wakacje/wczasy; **~aufenthalt** *m* pobyt na wczasach; **~kurs** *m* kursy *m*/*pl* wakacyjne; **~gast** *m* wczasowicz(ka)
Ferienwohnung *f* mieszkanie w miejscowości wypoczynkowej
Ferkel *n* prosię *n*; F *fig* brudas, świntuch
fern daleki (-ko), odległy; ***von*** ~ z daleka

Fernbedienung *f* (*Gerät*) pilot
fernbleiben* (*D*) nie stawić się (na *A*, do *G*); być nieobecnym (na, w *L*)
Ferne *f* dal *f*; ***aus der ~*** z odległości; ***in der ~*** w dali; ***in weiter ~*** (*in d. Zukunft*) w dalekiej przyszłości
ferner *comp* dalszy; *conj* poza tym
Fern|fahrer *m* kierowca *m* ciężarówki do przewozów długodystansowych; **~gespräch** *n* rozmowa międzymiastowa; **~glas** *n* lornetka; **2halten*** (***von***) trzymać na dystans (od *G*); ***sich ~*** trzymać się z dala (od *G*); **~heizung** *f* ogrzewanie zdalne; **~licht** *n* (*-es; 0*) światła *n/pl* drogowe; **2liegen***: ***es liegt mir fern*** jestem daleki/-ka (od *G*)
Fernmelde- telekomunikacyjny
Fernmeldewesen *n* telekomunikacja
fernmündlich telefoniczny
fernöstlich dalekowschodni
Fern|rohr *n* luneta; teleskop; **~schreiben** *n*, **~schreiber** *m* dalekopis, teleks
fernsehen* oglądać telewizję
Fernseh|en *n* telewizja; **~empfänger** *m*, **~er** *m* odbiornik telewizyjny, telewizor; **~kamera** *f* kamera telewizyjna
Fernseh|moderator(in *f*) *m* prezenter(ka) telewizyjnego programu; **~sender** *m* stacja telewizyjna; **~zuschauer(in** *f*) *m* telewidz, F oglądacz(ka) TV
Fern|sprech- *zw*. telefoniczny; → ***Telefon-***; **~sprecher** *m* telefon; **~steuerung** *f* sterowanie zdalne; **~studium** *n* studia *n/pl* zaoczne/korespondencyjne; **~verkehrsstraße** *f* droga dalekobieżna; **~weh** *n* (*-s; 0*) tęsknota za dalekim światem; **~zug** *m* pociąg dalekobieżny
Ferse *f* pięta; ***auf den ~n bleiben*** deptać po piętach
fertig gotowy, gotów; F (*erschöpft*) wykończony; ***~ sein*** (***mit***) skończyć (*A*); F ***~ werden*** (***mit*** *etw*) da(wa)ć sobie radę (z *I*), zaradzić *pf* (*D*); **~bringen*** potrafić *pf*; ***es*** (***nicht***) ***~*** (***zu***) (nie) być w stanie (*inf*); **~en** wytwarzać, wyrabiać
Fertig|gericht *n* danie gotowe; **~haus** *n* dom z elementów prefabrykowanych
Fertigkeit *f* umiejętność *f*; (*Geübtheit*) wprawa
fertig|machen F przygotow(yw)ać (***sich*** się; ***zu*** do *G*); *fig* wykańczać ⟨-kończyć⟩ (***sich*** się); **2produkt** *n* wyrób gotowy; **~stellen** *v/t bud* skończyć/ukończyć *pf* budowę (*G*)
Fertigung *f* wytwarzanie, produkcja; **~s-** produkcyjny, ... produkcji
fesch F hoży (-żo); szykowny
Fessel[1] *f* (-; *-n*) noga w kostce, kostka; (*b. Pferd*) pęcina
Fessel[2] *f* (-; *-n*): **~n** *pl* kajdany *pl*, więzy *pl* (*t. fig*); (*Handfesseln*) kajdanki *pl*
fesseln (*-le*) *v/t* ⟨s⟩krępować (*A*); zakładać ⟨założyć⟩ kajdanki (*D*); przyku(wa)ć (***ans Bett*** do łóżka); *fig* ⟨za⟩fascynować; **~d** *adj* fascynujący (-co), zajmujący (-co)
fest mocny (-no); (*hart*) twardy (-do) (*t. Schlaf*); *Preis*, *Regel*: sztywny; *Wohnsitz*, *Stellung*: stały (-le)
Fest *n* (*-es; -e*) uroczystość *f*, F feta; *rel* święto; ***frohes ~!*** wesołych świąt!
Festakt *m* uroczysta akademia
festbinden* uwiąz(yw)ać (***an*** *A* u *G*)
festbleiben* *fig* nie ulegać ⟨ulec⟩
Festessen *n* sute przyjęcie, uczta
festfahren* (*sn*): ***sich ~*** ugrzęznąć *pf*, ugrząźć *pf*, utknąć *pf* (*t. fig* na martwym punkcie)
Fest|geld *n* wkład bankowy długoterminowy; **2halten*** *v/t* mocno trzymać; *Dieb* zatrzym(yw)ać; (*im Bild itp.*) utrwalać ⟨-lić⟩ (na *L*); *v/i* (***an*** *D*; *t.* ***sich***) trzymać się (*G*)
festigen umacniać ⟨umocnić⟩ (***sich*** się)
Festig|keit *f* (*0*) wytrzymałość *f*; *fig* stałość *f*; **~ung** *f* (*0*) umocnienie
fest|kleben *v/i* przylepić się *pf* (***an*** *D* do *G*); **2land** *n* (*-es; 0*) ląd (stały)
festlegen* *Termin* ustalać ⟨-lić⟩; ***sich ~*** (***auf*** *A*) zobowiąz(yw)ać się (do *G*)
festlich świąteczny, odświętny; **2keit** *f* uroczystość *f*; *pl t.* obchody *m/pl*
fest|machen → ***befestigen***; *fig* ustalać ⟨-lić⟩; *v/i Schiff*: ⟨za⟩cumować; **2nahme** *f* aresztowanie; **~nehmen*** zatrzym(yw)ać, ⟨za⟩aresztować (*im*)*pf*
Festplatte *f EDV* dysk twardy
Festrede *f* przemówienie odświętne
festsetzen → ***festlegen***, ***festnehmen***
festsitzen F tkwić, siedzieć (***in*** *D* w *L*)
Festspiel|- festiwalowy; **~e** *n/pl* festiwal
fest|stehen* (*t. sn*) być pewnym/ustalonym; **~stellen** *fig* ustalać ⟨-lić⟩, (*t. bemerken*) stwierdzać ⟨-dzić⟩
Feststellung *f* ustalenie, stwierdzenie
Festtag *m* dzień świąteczny, święto
Festung *f* twierdza, forteca
Festwochen *f/pl* tydzień *m* imprez

F

festziehen* *Schraube* dokręcać ⟨-cić⟩
Festzug *m* uroczysty pochód, korso
fett tłusty (-to) (*t. pej fig*)
Fett *n* (*-ęs; -e*) tłuszcz; (*Speck*) sadło
fett|arm niskotłuszczowy; **~en** (*-e-*) natłuszczać ⟨-uścić⟩; *v/i* tłuścić
Fett|fleck *m* tłusta plama; **2frei** beztłuszczowy, wolny od tłuszczów
fettig tłusty (-to); zatłuszczony
Fettsack *m pej* grubas, tłuścioch
Fettsucht *f* (*0*) otyłość *f*
Fetz|en *m* strzęp(ek) (*t. fig*); (*Stoff t.*) gałgan(ek); **2ig** F obłędny, porywający
feucht wilgotny; **2igkeit** *f* (*0*) wilgoć *f*; **2igkeitsgehalt** *m* wilgotność *f*
feu'dal feudalny; *fig* wystawny
Feuer *n* ogień *m* (*t. mil, fig*); (*Brand*) pożar; **~ *fangen*** zapalić się
Feuer|alarm *m* alarm pożarowy; **2fest** żaroodporny, ogniotrwały; **2gefährlich** łatwopalny; **~leiter** *f* drabina awaryjna; **~löscher** *m* gaśnica; **~melder** *m* aparat alarmowy przeciwpożarowy
feuern (*-re*) strzelać ⟨wystrzelić⟩ (***auf*** *A* do *G*); *mil t.* da(wa)ć ognia; (*heizen*) palić w piecu (***mit*** *I*); *v/t* F *fig* (*werfen*) ciskać ⟨-snąć⟩; *j-n* wyrzucać ⟨-cić⟩
Feuersbrunst *f* (*-; ⸚e*) wielki pożar
Feuer|schein *m* łuna; **~schutz** *m mil* osłona ogniowa; **~stein** *m* krzemień *m*; kamyczek do zapalniczki
Feuerwache *f* strażnica pożarna
Feuerwehr *f* straż pożarna/ogniowa; **~leiter** *f* drabina strażacka; **~mann** *m* (*-ęs; ⸚er/-leute*) strażak
Feuer|werk *n* ognie *m/pl* sztuczne, fajerwerki *m/pl*; **~zeug** *n* zapalniczka; *w zł.* ... do zapalniczki
feurig ognisty (-to, -ście), płomienny
ficht → ***fechten***
Fichte *f* świerk; **~n-** świerkowy
ficken V ⟨*v/t* wy⟩pieprzyć
Fieber *n* (*-s; 0*) gorączka; **2frei: ~ *sein*** nie mieć gorączki; **2haft** gorączkowy (-wo); **~kurve** *f* krzywa gorączki; **2n** (*-re*) gorączkować; *fig* (***nach***) palić się (do *G*); **2senkend** przeciwgorączkowy (-wo); **~thermometer** *n* termometr
fiel → ***fallen***
fies F *pej* wstrętny
Fi'gur *f* figura; (*Gestalt t.*) sylwetka
Fik|ti'on *f* fikcja; **2'tiv** fikcyjny
Filet [fi'le:] *n* (*-s; -s*) filet; *kulin t.* polędwica; **~steak** *n* stek z polędwicy
Fili'ale *f* filia, oddział
Film *m* (*-ęs; -e*) film; *fot* błona, taśma (filmowa); (*Schicht*) warstewka; **~aufnahmen** *f/pl* zdjęcia *n/pl* filmowe
Filmemacher(in *f*) *m* filmowiec
filmen *v/t* ⟨s⟩filmować; *v/i* występować ⟨wystąpić⟩ w filmie/filmach
Filmschauspieler(in *f*) *m* aktor(ka) filmowy (-wa)
Filmvorführung *f* pokaz filmu
Filter *m* filtr; **~kaffee** *m* kawa filtrowana; **2n** (*-re*) ⟨prze⟩filtrować, ⟨prze⟩sączyć; **~papier** *n* bibuła filtracyjna; **~zigarette** *f* papieros z filtrem
Filz *m* (*-es; -e*) filc, pilśń *f*; **2en** (*-zt*) F *v/t* obszuk(iw)ać; **~hut** *m* kapelusz pilśniowy; **~stiefel** *m/pl* walonki *m/pl*
Fimmel F *m* bzik (***für*** na punkcie *G*)
Fi'nale *n* (*-s; -/-s*) finał
Fi'nanz|amt *n* urząd podatkowy; **~en** *pl* finanse *pl*; F (*Geld t.*) fundusze *m/pl*
finanzi'ell finansowy (-wo)
finan'zieren (-) ⟨s⟩finansować
Fi'nanz|lage *f* sytuacja/kondycja finansowa; **~politik** *f* polityka finansowa
fi'nanzschwach cierpiący na brak środków finansowych
finden* znajdować ⟨znaleźć⟩ (***sich*** się); *Tod* ponosić ⟨-nieść⟩; *Weg* trafi(a)ć (***nach*** do *G*); (*meinen, beurteilen*) uważać, sądzić; ***wie ~ Sie das?*** co pan(i) na to?; jak się to panu/pani podoba?; ***~ Sie nicht?*** nieprawda(ż)?
Finder(in *f*) *m* znalazca *m* (-czyni)
Finderlohn *m* znaleźne
findig przemyślny, F łebski
fing → ***fangen***
Finger *m* palec; ***am ~*** na palcu; **~abdruck** *m* odcisk palca; **~hut** *m* naparstek; **~nagel** *m* paznokieć *m*; **~spitzengefühl** *n* (*-s; 0*) (***für***) dobre wyczucie (*G*)
Fingerzeig *m* (*-es; -e*) wskazówka
fin'giert sfingowany
Fink *m* (*-en*) zięba
Fin|ne *m* (*-n*) Fin; **~nin** *f* Finka
finnisch fiński (po -ku)
finster ciemny (-no); (*düster*) mroczny (-no); **2nis** *f* (*-; -se*) ciemności *f/pl*; *astr* zaćmienie; ***in der ~*** *t.* po ciemku
Firma *f* (*-; -men*) firma
Firmen|inhaber(in *f*) *m* właściciel(ka) firmy; **~name** *m* nazwa firmy
Firmenregister *n* rejestr firm
Firmenstempel *m* pieczątka firmowa

wy; **~handelszone** *f* strefa wolnego handlu; **~heit** *f* wolność *f*, swoboda
freiheitlich wolnościowy
Freiheits|entzug *m* pozbawienie wolności; **~kampf** *m* walka wyzwoleńcza; **~strafe** *f* kara pozbawienia wolności
frei|heraus *adv* bez ogródek; **2karte** *f* bilet wolnego wstępu; **~kommen*** wychodzić ⟨wyjść⟩ na wolność; **2körperkultur** *f* (*0*) nudyzm; **2landgemüse** *n* warzywa *n/pl* gruntowe; **~lassen*** wypuszczać ⟨-puścić⟩ na wolność; *Häftling t.* zwalniać ⟨zwolnić⟩ (z więzienia); **~legen** odkop(yw)ać
freilich co prawda; F ***(ja)~!*** naturalnie
Freilichttheater *n* teatr letni
Freilichtmuseum *n* skansen
freimachen *v/t* ⟨o⟩frankować; F ***sich ~*** zwalniać ⟨zwolnić⟩ się (***für*** na *A*)
Frei|maurertum *n* (*-s*; *0*) masoneria; **2mütig** otwarty (-cie); **~schärler** *m* partyzant; **2sprechen*** *jur* uniewinni(a)ć; **~spruch** *m* uniewinnienie; wyrok uniewinniający; **2stehen*** *Haus*: być niezajętym/nie zamieszkałym; (*t. sn*) ***es steht Ihnen frei ...*** może pan(i) ...; **2stellen** pozostawi(a)ć do wyboru; (*vom Dienst*) czasowo zwalniać ⟨zwolnić⟩ z obowiązku pracy/służby
Freistil *m* styl dowolny
Freistoß *m* rzut wolny
Freitag *m* piątek; ***am ~*** w piątek; **~s-** piątkowy; **2s** w piątki
Frei|tod *m* samobójstwo; **~übungen** *f/pl* ćwiczenia *n/pl* wolne
freiwillig dobrowolny; *Dienst t.*: ochotniczy (-czo); **2e(r)** ochotnik (-iczka)
Frei|wurf *m* rzut wolny; **~zeichen** *n* sygnał dzwonienia/niezajętości linii
Freizeit *f* (*0*) czas wolny od pracy/zajęć; **~beschäftigung** *f* zajęcie w wolnych chwilach; **~gestaltung** *f* wykorzystanie/sposób spędzania wolnego czasu; zajęcia *n/pl* rekreacyjne; **~zentrum** *n* ośrodek rekreacyjny
freizügig swobodny; **2keit** *f* (*0*) swoboda zmiany miejsca zamieszkania/pracy
fremd obcy (-co); (*nicht eigen*) cudzy; **~artig** dziwny; **2e**[1] *f* (*0*) obczyzna; ***in der ~*** na obczyźnie; **2e(r)** obcy (-ca)
Fremden|feindlichkeit *f* (*0*) ksenofobia; **~führer(in** *f***)** *m* przewodnik (-iczka); **~legion** *f* (*0*) legia cudzoziemska
Fremdenverkehr *m* (*-s*; *0*) ruch turystyczny; turystyka; **~s-** turystyczny
Fremdenzimmer *n* pokój gościnny
Fremd|finanzierung *f* finansowanie obce; **~heit** *f* (*0*) obcość *f*; **~kapital** *n* kapitał obcy; **~körper** *m* ciało obce; **2ländisch** cudzoziemski (po -ku)
Fremdsprach|e *f* język obcy; **2ig** obcojęzyczny; **2lich** ... języka obcego
Fremd|währung *f* waluta obca; **~wörterbuch** *n* słownik wyrazów obcych
Fre'quenz [-kv-] *f fiz* częstotliwość *f*
Fres|se *f pej* morda, pysk; **2sen*** *v/t* pożerać, zżerać ⟨pożreć, zeżreć⟩ (*t. fig u. pej*); *v/i* żreć; ***sich ~*** (***in*** *A*) wżerać ⟨weżreć⟩ się (w *A*); → ***ab-***, ***aus-***, ***zerfressen*** *itd.*
Fressen *n* żarcie (*t. Fraß*), karma; F ***gefundenes ~*** gratka
Fresse'rei *f pej* obżeranie się
Freude *f* radość *f*; ***vor ~*** z radości; ***es ist mir e-e ~ ...*** cieszę się bardzo ...
Freuden|botschaft *f* radosna wiadomość/nowina; **~haus** † *n* dom schadzek, dom publiczny
freudestrahlend rozpromieniony
freu|dig radosny (-śnie); **~en** ⟨u⟩cieszyć (***sich*** się; ***an*** *D*, ***über*** *A* z *G*, *I*; ***auf*** *A* na *A*); ***freut mich ...*** bardzo mi miło ...
Freund *m* (*-es*; *-e*) przyjaciel; **~in** *f* przyjaciółka; **2lich** przyjazny (-źnie), życzliwy (-wie); → ***günstig***, ***Gruß***
Freundschaft *f* przyjaźń *f*; **2lich** przyjacielski (po -ku); przyjazny (-źnie)
Freundschafts|dienst *m* przyjacielska przysługa; **~spiel** *n* mecz towarzyski
Frieden *m* (*-s*; *zw. 0*) pokój; (*Ruhe*) spokój; ***in ~ lassen*** (*A*) dać pokój (*D*); ***nicht in ~ lassen*** (*A*) nie dawać spokoju (*D*)
Friedens|mission *f* misja pokojowa; **~sicherung** *f* zabezpieczenie pokoju; **~vertrag** *m* traktat pokojowy
Friedhof *m* cmentarz; (*jüdisch*) kirkut; *fig* cmentarzysko; **~s-** cmentarny
friedlich pokojowy (-wo); (*ruhig*) spokojny; *os. t.* zgodny; → ***gütlich***
frieren* *v/i* ⟨z⟩marznąć, ⟨z⟩ziębnąć; → ***gefrieren***; ***ich friere*** zimno mi; ***mich friert es an den Händen*** marzną mi ręce; ***es friert*** marznie, mróz bierze
friesisch fryzyjski (po -ku)
fri'gid(e) oziębły (płciowo)
Frika'delle *f* kotlet mielony
Frikassee [-'se:] *n* (*-s*; *-s*) potrawka
frisch świeży (-żo); ***auf ~er Tat*** na gorą-

F

cym uczynku; **&e** *f* świeżość *f*; **~gebakken** świeżo upieczony; **&haltepackung** *f* opakowanie plastikowe
Fri'seur *m* (*-s*; *-e*) fryzjer(ski *w zł.*)
Fri'seuse *f* fryzjerka
fri'sieren (-) ⟨u⟩fryzować
friß(t) → ***fressen***
Frist *f* termin; **&en** (*-e-*): ***sein/ihr Leben*** ~ klepać biedę, wegetować; **~enregelung** *f* ustawa o dopuszczalności aborcji w ciągu pierwszych trzech miesięcy; **&gemäß**, **&gerecht** terminowy (-wo); **&los** *Entlassung*: bez wypowiedzenia
Fri'sur *f* fryzura, uczesanie
Frit|'teuse *f* frytownica; **&'tieren** (-) ⟨u⟩smażyć w (gorącym) tłuszczu
fri'vol frywolny; **&i'tät** *f* frywolność *f*
froh (***über*** *A*) zadowolony, rad(a) (z *G*); → ***fröhlich***, ***Fest***; ***ich wäre*** ~ był(a) bym rad(a); ~ ***stimmen*** radować
fröhlich wesoły (-ło), F wesolutki
Fröhlichkeit *f* (*0*) wesołość *f*, wesele
Frohsinn *m* (*-ęs*; *0*) wesoły nastrój
fromm (*t.* *-̈er*; *-̈st-*) pobożny, religijny
Frömmigkeit *f* (*0*) pobożność *f*
Fronleichnam *m* (*-s*; *0*) Boże Ciało
Front *f* front(owy *w zł.*); (*Vorderteil*) przód; ***an der*** ~ na froncie
fron'tal czołowy (-wo)
Frontantrieb *m mot* napęd przedni
fror → ***frieren***
Frosch *m* (*-es*; *-̈e*) żaba; **~mann** *m* płetwonurek; **~schenkel** *m* żabie udko
Frost *m* (*-ęs*; *-̈e*) mróz; ***leichter*** ~ przymrozek; **~beule** *f* odmrozina
frösteln (*-le*): ***mich fröstelt*** zimno mi
frost|frei bezmroźny; **~ig** mroźny (-no); *fig* → ***eisig***; **&periode** *f* okres mrozów; **&schutz** *m* płyn przeciw zamarzaniu
Frot|tee-, **~'tier-** frotté (*idkl*), F frotowy
Frucht *f* (*-*; *-̈e*) owoc(owy *w zł.*); **&bar** płodny; *Boden*: żyzny; **~barkeit** *f* (*0*) płodność *f*; żyzność *f*; **&en** (*-e-*) odnosić ⟨-nieść⟩ skutek, da(wa)ć owoce; **&los** bezowocny; **~saft** *m* sok owocowy
früh (*comp* → ***früher***) wczesny (-śnie); *adv* (*morgens*) rano; ***am ~en Morgen*** wczesnym rankiem; ***in den ~en ... Jahren*** na początku lat ...
Frühaufsteher(in *f*) *m* ranny ptaszek
Frühbeet *n* skrzynia inspektowa
Frühe *f*: ***in aller*** ~ o świcie, skoro świt
früher *adj* dawniejszy, były; *adv* (*einst*) dawniej, kiedyś; *comp* wcześniej(szy *adj*); ***wie*** ~ *t.* po staremu
Früherkennung *f* wczesne rozpoznanie
frühestens *adv* najwcześniej (***in*** za)
Früh|geburt *f* poród przedwczesny; *pl t.* wcześniactwo; (*Kind*) wcześniak; **~gottesdienst** *m* nabożeństwo poranne
Früh|jahr *n*, **~ling** *m* (*-s*; *-e*) wiosna; **~s-** wiosenny
Früh|lingsrolle *f kulin* sajgonka; **&reif** (przed)wcześnie dojrzały; **~schoppen** *m* lampka wina przed południem
Frühstück *n* śniadanie; ***zum*** ~ na śniadanie; **&en** ⟨z⟩jeść śniadanie
Frühstücks|buffet *n* stół-bufet śniadaniowy; **~pause** *f* przerwa śniadaniowa
frühzeitig wczesny (-śnie)
frus'trier|en (-) ⟨s⟩frustrować; **~d** frustrujący (-co); **~t** sfrustrowany
Fuchs *m* (*-es*; *-̈e*) lis; **~bau** *m* (*-ęs*; *-e*) lisia nora; **~schwanz** *m* (*Säge*) rozpłatnica
fuchteln F (*-le*) wywijać (***mit*** *I*)
Fuge *f bud* spoina, fuga; *muz* fuga; ***aus den ~n geraten*** być obrazem zamętu
füg|en ⟨z⟩łączyć (***an*** *A* z *I*); → ***an-***, ***einfügen***; ***sich*** ~ (***in*** *A*) podda(wa)ć się (*D*); **~sam** posłuszny, potulny; **&ung** *f* zrządzenie (***des Schicksals*** losu)
fühl|bar wyczuwalny; → ***spürbar***; **~en** (*tasten*) ⟨po-, na⟩macać; *Puls* ⟨z⟩badać; (*innerlich*) odczu(wa)ć; ***sich*** ~ czuć się; **&er** *m zoo* czułek, (*t. fig*) macka
fuhr → ***fahren***; **&e** *f* fura, wóz
führen *v/t* ⟨po⟩prowadzić; (*lenken*) kierować (*I*); *Titel*, *Waren* mieć (*t.* ***mit sich*** przy sobie), posiadać; *Aufsicht* sprawować; *v/i* prowadzić (***zu*** do *G*); (*in Führung liegen*) przodować, liderować; ***sich*** ~ sprawować się; **~d** kierowniczy; przodujący, czołowy
Führer(in *f*) *m pol* wódz, przywódca *m* (-czyni), (*t. sport*) lider; (*Lenker*) kierujący (-ca) pojazdem; (*Maschinenführer*) operator(ka) (*G*); → ***Fremdenführer(in)***, ***Leiter(in)***
Führerschein *m* prawo jazdy
Fuhrpark *m* park (samochodowy)
Führung *f* prowadzenie; (*Leitung*) kierowanie (*I*); *zbior* kierownictwo; (*Besichtigung*) oprowadzanie, zwiedzanie; sprawowanie (się); ***in*** ~ ***gehen*** uzyskać prowadzenie; → ***führen***
Führungs|mannschaft *f* zespół kierowniczy; *pol* ekipa przywódcza; **~zeugnis** *n* świadectwo sprawowania się

Fuhr|unternehmen *n* przedsiębiorstwo przewozowe; **~werk** *n* furmanka
Füll|e *f* (*0*) mnóstwo, wielka ilość (**von** *G*); → ***Hülle***; **2en** napełni(a)ć, wypełni(a)ć (***sich*** się; ***mit*** *I*); *Zahn* ⟨za⟩plombować; *kulin* nadzi(ew)ać; **~(federhalt)er** *m* wieczne pióro; **~ung** *f kulin* nadzienie, farsz; plomba
Fum|mel F *m* ciuszek, łaszek; **2meln** F (*-le*) macać; (***an*** *D*) dłubać (przy *L*)
Fund *m* (*-es*; *-e*) rzecz znaleziona; znalezisko; (*das Finden*) znalezienie
Funda'ment *n* (*-es*; *-e*) fundament
Fundbüro *n* biuro rzeczy znalezionych
Fund|grube *f fig* kopalnia; **~ort** *m* miejsce znalezienia; **~sache** *f* → ***Fund***
fünf pięć, pięcioro, *m-os* pięciu; ***es ist ~*** jest piąta; → *str. 610*
Fünf *f* piątka; **2eckig** pięciokątny; *Stern*: pięcioramienny
Fünfer F *m* piątka; pięć fenigów
Fünf|kampf *m* pięciobój; **~tagewoche** *f* pięciodniowy tydzień pracy
fünfte piąty; → *str. 611*
Fünftel *n* piąta część; ***ein* 2** jedna piąta
fünf|zehn(te), **~zig(ste)** → *str. 610*
fun'gieren (-) pełnić funkcję (***als*** *G*)
Funk *m* (*-s*; *0*) radio; ***über ~*** przez radio; **~amateur** *m* radioamator; **~e** *m* (*-n*) iskra; **2eln** (*-le*) iskrzyć się, lśnić; **2en** nada(wa)ć przez radio; **~en** *m* iskra; **~gerät** *n* radiostacja nadawczo-odbiorcza; **~sprechgerät** *n* radiotelefon; **~(streifen)wagen** *m* radiowóz policyjny; **~taxi** *n* radiotaksówka
Funkti'on *f* funkcja; funkcjonowanie
funktio'nieren (-) funkcjonować
Funkverbindung *f* łączność radiowa
für *praep* (*A*) dla (*A*); do (*G*); na, za, o (*A*); ***~ zwei Personen*** na dwie osoby; F ***was ~*** co/cóż za; ***an und ~ sich*** właściwie; → ***Schritt***, ***Wort*** *itd.*
Furche *f* bruzda
Furcht *f* (*0*) strach, lęk; → ***Angst***, ***Befürchtung***; **2bar** straszny, okropny
fürchten (*-e-*) (*A*), ***sich ~*** (***vor*** *D*) bać się (*G*); ***~ für/um*** (*A*) obawiać się (o *A*)
fürchterlich straszliwy (-wie), straszny
furchtlos nieustraszony, bez lęku
fürein'ander dla siebie; do siebie
Fur'nier *n* (*-s*; *-e*) fornir
fürs = ***für das***; → ***erst***
Fürsorge *f* (*0*) opieka; pieczołowitość *f*; **~einrichtung** *f* zakład/ośrodek opieki
Fürsorg|er(in *f*) *m* opiekun(ka) społeczny (-na); **2lich** opiekuńczy
Fürsprache *f* (*0*) wstawiennictwo
Fürst *m* (*-en*) książę; **~in** *f* księżna
Fu'runkel *m* czyrak
furzen V (*-zt*) pierdzieć, smrodzić
Fusi'on *f ekon* fuzja; *fiz* synteza
fusio'nieren (-) dokon(yw)ać fuzji
Fuß *m* (*-es*; *¨e*) stopa; (*Bein*, *t. Möbelfuß*) noga; ***zu ~*** pieszo; ***am ~*** *e-s Berges* u podnóża (*G*); ***auf freiem ~*** zwolniony, na wolności
Fußball *m* piłka nożna; (*0*) (*Sportart*) piłkarstwo; **~er** F *m* piłkarz; **~platz** *m* boisko; **~spiel** *n* mecz piłki nożnej
Fußboden *m* podłoga; **~belag** *m* wykładzina podłogowa
Fußgänger *m* pieszy (*m-os* piesi)
Fußgängerzone *f* strefa dla pieszych
Fuß|gelenk *n* staw skokowy; **~knöchel** *m* kostka; **~note** *f* przypisek; **~pflege** *f* pédicure *m*; **~spitze** *f* czubek stopy; **~tritt** *m* F kopniak; **~wanderung** *f* wycieczka piesza; **~weg** *m* ścieżka; odległość *f* / droga pieszo
Futter[1] *n* (*-s*; *0*) (*für Tiere*) karma, pasza
Futter[2] *n* (*-s*; *0*) *kraw* podszewka
futtern F (*-re*) zajadać, wcinać
füttern (*-re*) ⟨na⟩karmić; *kraw* podszy(wa)ć (***mit*** *I*)
Futternapf *m* karmnik
Futterpflanze *f* roślina pastewna
Fütterung *f* karmienie; *kraw* podszycie
futu'ristisch futurystyczny

F

G

gab, **gäbe** *itd.* → ***geben***, ***gang***
Gabe *f* dar (*t. fig*); (*Dosis*) dawka
Gabel *f* (-; *-n*) widelec; (*Heugabel*) widły *pl*; **2förmig** widlasty (-to)
gabeln (*-le*): ***sich*** ~ rozwidlać ⟨-lić⟩ się
Gabelstapler *m* podnośnik widłowy
Gabelung *f* rozwidlenie
gackern (*-re*) gdakać; F *fig* paplać
gaffen gapić się
Gage ['gɑːʒə] *f* gaża
gähnen ziewać, ziewnąć *v/s*; → ***klaffen***
Gähnen *n* (*-s*; *0*) ziewanie
Gala *f* (-; *-s*) gala; *w zł.* galowy
ga'lant uprzejmy, rycerski (-ko)
Gala'xie *f* [*pl* -'xiːən] galaktyka
Gale|'rie *f* [*pl* -'riːən] galeria; **~'rist(in** *f*) *m* właściciel(ka) salonu sztuki
Galgen *m* szubienica; **~frist** *f*: ~ ***geben*** wyznaczyć *pf* ostateczny termin
Galgenhumor *m* wisielczy humor
Galle *f* (*0*) żółć *f*
Gallen|blase *f* pęcherzyk żółciowy; **~steine** *m/pl* kamienie *m/pl* żółciowe
Ga'lopp *m* (*-s*; *0*) galop, cwał
galop'pieren (-) ⟨po⟩galopować
galt, **gälte** *itd.* → ***gelten***
Galvani'sier- galwanizerski
gamm|eln F (*-le*) psuć się, pleśnieć; *pej* łazikować; **2ler(in** *f*) *m* łazęga *m/f*
gang: ... ***ist*** (***bei uns***) ~ ***und gäbe*** ... (u nas) ogólnie przyjęte
Gang *m* (*-ęs*; *⸚e*) chód, stąpanie; pójście (***zu*** do *G*); (***durch***) przechadzka (po *L*); obchód (*G*); *tech*, *mot* bieg; ruch; *gór* chodnik; *kulin* danie; *anat* przewód; *bud* przedsionek, korytarz; *fig* tok, przebieg; ***in*** ~ ***bringen*** puścić w ruch; *fig* zapoczątkować; *fig* ***in*** ~ ***kommen*** zaczynać się, wywiąz(yw)ać się; ***im*** **~(e)** ***sein*** toczyć się; (*heimlich*) szykować się; **~art** *f* chód; **2bar** możliwy, niezły
gängeln (*-le*) *pej* prowadzić za rączkę
gängig utarty, obiegowy; *hdl* chodliwy
Gangschaltung *f* zmiana biegów; (*beim Fahrrad*) przerzutka
Ga'nove [-və] *m* (*-n*) złodziej; oszust
Gans *f* (-; *⸚e*) gęś *f*, gąska
Gänse|blümchen *n* stokrotka; **~braten** *m* gęś pieczona; **~haut** *f* gęsia skórka; **~leberpastete** *f* pasztet z gęsich wątróbek; **~marsch** *m*: ***im*** ~ gęsiego
Gänserich *m* (*-s*; *-e*) gąsior, gęsior
ganz cały; *Zahl*: całkowity; *adv* (*sehr*) bardzo; (*ziemlich*) dość, wcale; → ***all***, ***gänzlich***, ***gar***[2]; ~ ***der Vater*** cały ojciec; ***im*** **~*en*** ogółem; ***im großen und*** **~*en*** ogólnie (rzecz) biorąc; ~ ***recht*** całkiem słusznie; ***voll und*** ~ w całej rozciągłości
Ganze(s) całość *f*; wszystko; ***aufs Ganze gehen*** iść na całego
ganzjährig całoroczny, przez cały rok
gänzlich *adv* całkiem, zupełnie
ganz|tägig, **2tags-** całodzienny
gar[1] *kulin* gotowy; ~ ***kochen*** / ***braten*** ⟨u⟩gotować/⟨u⟩smażyć do miękkości
gar[2] *adv* wcale; ***ganz und*** ~ kompletnie; (***ganz und***) ~ ***nicht*** wcale nie; ~ ***nichts*** (absolutnie) nic; *part* chyba
Ga'rage [-ʒə] *f* garaż
Garan'tie *f* [*pl* -'tiːən] gwarancja
garan'tieren (-) ⟨za⟩gwarantować
Garan'tie|schein *m* dowód gwarancyjny; **~zeit** *f* okres gwarancyjny
Garbe *f* snop; (*Schußgarbe*) seria
Garde *f* gwardia; *w zł.* gwardyjski
Garde'robe *f* garderoba; (*für Besucher*) szatnia
Garbe'roben|frau *f* szatniarka; **~ständer** *m* wieszak stojący
Gar'dine *f* firanka; **~nstange** *f* karnisz
garen gotować/dusić do miękkości
gären* (*t. sn*) fermentować; *fig* wrzeć
Garn *n* (*-ęs*; *-e*) *włók* przędza; (*Faden*) nitka, *zbior* nici *pl*
Gar'nele *f* garnela, krewetka
gar'nieren (-) ⟨u⟩garnirować
Garni'son *f* garnizon(owy *w zł.*)
Garni'tur *f* garnitur, komplet
Garnknäuel *m* kłębek przędzy
Gärtchen *n* ogródek
Garten *m* (*-s*; *⸚*) ogród; **~bau** *m* (*-s*; *0*) ogrodnictwo; **~fest** *n* zabawa/festyn w ogródku (parku); **~geräte** *n/pl* sprzęt ogrodniczy; **~grill** *m* grill/rożen ogrodowy; **~kolonie** *f* zespół ogródków działkowych; **~lokal** *n* restauracja/kawiarnia z ogródkiem; **~schau** *f* wystawa ogrodnicza; **~schlauch** *m* wąż do podlewania; **~weg** *m* ścieżka ogrodowa; **~zwerg** *m* krasnal(ek) ogrodowy

Gärtne|r *m* ogrodnik; **~'rei** *f* zakład ogrodniczy; **~rin** *f* ogrodniczka
Gärung *f* fermentacja; *fig* ferment
Gas *n* (*-ęs*; *-e*) gaz; F **~ *geben*** doda(wa)ć gazu; **~brenner** *m* palnik gazowy; **~druck** *m* ciśnienie gazu; **~flasche** *f* butla do gazu; **~heizung** *f* ogrzewanie gazowe; **~herd** *m* kuchnia gazowa
Gas|kammer *f* komora gazowa; **~kocher** *m* kuchenka gazowa; **~leitung** *f* przewód gazowy; **~maske** *f* maska przeciwgazowa; **~pedal** *n* pedał gazu
Gasse *f* uliczka, zaułek; → ***Straße***
Gast *m* (*-ęs*; *⁻e*) gość *m*; → ***Besuch(er)***
Gastarbeiter *m* emigrant zarobkowy, F gastarbajter
Gästebuch *n* księga pamiątkowa
Gästezimmer *n* pokój gościnny
Gast|familie *f* rodzina oferująca zakwaterowanie i wyżywienie; **2freundlich** gościnny; **~geber(in** *f*) *m* pan(i) domu, gospodarz (-dyni)
Gasthof *m* oberża; (*Eßlokal*) gospoda
gas'tieren (-) *teatr* występować ⟨-stąpić⟩ gościnnie
Gast|land *n* obcy kraj; **2lich** gościnny
Ga'stritis *f* (*0*) nieżyt żołądka
gastro'nomisch gastronomiczny
Gast|spiel *n* występ gościnny; **~stätte** *f* gospoda, restauracyjka; **~stättengewerbe** *n* przemysł gastronomiczny; **~stube** *f* izba dla gości (w gospodzie); **~vorlesung** *f* wykład gościnny; **~wirt(in** *f*) *m* właściciel(ka) gospody, restaurator(ka); **~wirtschaft** *f* restauracja, jadłodajnia; **~zimmer** *n* → ***Gästezimmer***; sala restauracyjna
Gas|vergiftung *f* zatrucie gazem; **~werk** *n* gazownia; **~zähler** *m* gazomierz
Gatte *m* (*-n*) małżonek; **~*n*-** małżeński
Gatter *n* ogrodzenie/brama z krat
Gattin *f* małżonka
Gattung *f* rodzaj
Gaudi F *f* (*0*) uciecha
Gaukler *m* sztukmistrz, kuglarz; **~fest** *n* festyn z występami kuglarzy
Gaul *m* (*-ęs*; *⁻e*) koń *m*, *pej* szkapa
Gaumen *m* podniebienie
Gauner *m* szachraj, F kanciarz
Gaune'rei *f* szachrajstwo, F kant
Gaunersprache *f* gwara złodziejska
Gaze ['gɑːzə] *f* gaza; *w zł.* gazowy
ge'artet: *anders* ~ innego rodzaju
Ge'bäck *n* (*-ęs*; *0*) pieczywo
ge'backen *adj* pieczony
Ge'bälk *n* (*-ęs*; *0*) belkowanie
ge|'bar → ***gebären***; **2'bärde** *f* ruch, gest; *pl t.* gestykulacja; **~'bärden** (-): ***sich*** ~ zachow(yw)ać się
Ge'baren *n* (*-s*; *0*) zachowanie się
ge'bär|en* ⟨u-, *zw*. *fig* z⟩rodzić; **2mutter** *f* macica; *w zł.* ... macicy
Ge'bäude *n* budynek, gmach
Ge'bell *n* (*-s*; *0*) szczekanie, ujadanie
geben* da(wa)ć; odda(wa)ć (***zur Reparatur*** do naprawy); *Karten* rozda(wa)ć; → ***erteilen***, ***reichen***; ***viel*** ~ ***auf*** (*A*) przywiązywać dużą wagę do (*G*); ***von sich*** ~ *Laut* wyda(wa)ć; ***sich*** ~ zachow(yw)ać się (***natürlich*** swobodnie); ***es gibt*** jest, są, bywa(ją); ***es gab*** było; ***es gab / gibt kein(e)*** nie było / ma (*G*); ***wann gibt es ...*** kiedy będzie/będą ...; F ***was gibt's?*** o co chodzi?; F ***das gibt's ja gar nicht!*** czyż to być może!
Geber(in *f*) *m* dawca *m* (dawczyni)
Ge'bet *n* (*-ęs*; *-e*) modlitwa, pacierz; **~buch** *n* książka do nabożeństwa
ge|'beten → ***bitten***; **~'biert** → ***gebären***
Ge'biet *n* (*-ęs*; *-e*) terytorium *n*, obszar; region; strefa; *fig* dziedzina, domena
ge'bieten* *v/t* nakaz(yw)ać; *v/i* (***über*** *A*) panować (nad *I*); dysponować (*I*)
ge'bieterisch władczy (-czo)
Ge'biets- terytorialny; regionalny
Ge'bilde *n* (wy)twór; formacja
ge'bildet *adj* wykształcony
Ge'binde *n* wiązka
Ge'birg|e *n* góry *f/pl*; **2ig** górzysty (-to)
Ge'birgsbach *m* górski potok
Ge'birgskette *f* łańcuch gór(ski)
Ge'biß *n* (*-sses*; *-sse*) zęby *m/pl*, uzębienie; proteza zębowa, dostawka
ge'bissen → ***beißen***
Ge'bläse *n* dmuchawa
ge|'blieben → ***bleiben***; **~'blümt** kwiecisty, w kwiatki; **~'boren** → ***gebären***; *adj* urodzony, ... z urodzenia; *Frau*: z domu; **~'borgen** → ***bergen***; ***sich*** ~ ***fühlen*** czuć się bezpiecznym; **~'borsten** → ***bersten***; **~'bot** → ***gebieten***
Ge'bot *n* (*-ęs*; *-e*) nakaz; *rel* przykazanie; *hdl* oferta; **~s-** nakazujący; **2en** → ***bieten***; *adj* wymagany, wskazany
ge'bracht → ***bringen***
ge'brannt → ***brennen***; *adj* palony
ge'braten *adj* smażony
Ge'brauch *m* użycie, używanie, użytek;

~ ***machen*** (***von***) zrobić użytek (z *G*); ***außer*** ~ ***kommen*** wyjść z użycia; **2en** *v/t* uży(wa)ć (*G*), posługiwać się (*I*)
ge'bräuchlich będący w użyciu, utarty
Ge'brauchs|anleitung *f* instrukcja użytkowania; **2fertig** gotowy do użycia; **~gegenstand** *m* przedmiot użytkowy
ge'braucht *adj* używany; *Kleidung*: noszony; **2wagen** *m* pojazd używany
Ge'brechen *n* ułomność *f*, kalectwo
ge'brechlich niedołężny, niemocny
ge'brochen *adj* złamany (*t. fig*); *Sprache*: łamany, kulawy; → ***brechen***
Ge'brüder *pl* bracia *m/pl*
Ge'brüll *n* (*-s*; *0*) ryk, ryczenie
ge'bückt *adj* pochylony, przygarbiony
Ge'bühr *f* opłata (***für*** za *A*); ***über*** ~ ponad miarę, zanadto; **2en** (-; *D*) należeć się (*D*); **~d** należny, jak należy
Ge'bühren|einheit *f* jednostka taryfowa; **2frei** wolny od opłat(y); **~ordnung** *f* przepisy *m/pl* o pobieraniu opłat; **2pflichtig** podlegający opłacie, płatny
gebunden → ***binden***; *adj* związany; przywiązany (***an*** *A* do *G*)
Ge'burt *f* urodzenie, (*zw. fig*) narodziny; (*das Gebären*) rodzenie, poród; ***von*** ~ ***an*** od urodzenia
Ge'burten|regelung *f* kontrola urodzeń; **~rückgang** *m* spadek liczby urodzeń; **~überschuß** *n* (dodatni) przyrost naturalny
ge'bürtig ... z pochodzenia, rodowity
Ge'burts|datum *n* data urodzenia; **~fehler** *m* wada wrodzona; **~hilfe** *f* położnictwo; **~jahr** *n* rok urodzenia; **~name** *m* nazwisko rodowe; **~ort** *m* miejsce urodzenia; **~tag** *m* urodziny *pl*; **~urkunde** *f* akt/świadectwo urodzenia
Ge'büsch *n* (*-es*; *0*) krzaki *m/pl*
ge'dacht → (***ge***)***denken***; *adj* pomyślany
Ge'dächtnis *n* (*-ses*; *-se*) pamięć *f*; ***im*** ~ ***behalten*** zapamiętać, zachować w pamięci; **~feier** *f* akademia rocznicowa; **~lücke** *f* luka pamięciowa; **~stütze** *f* środek mnemotechniczny
ge'dämpft *adj* stłumiony; *kulin* duszony
Ge'danke *m* (*-ns*; *-n*) myśl *f*; → ***Einfall***, ***bei dem ~n*** (***an*** *A*) na myśl (o *L*); ***auf den ~n bringen*** / ***kommen*** naprowadzić / wpaść na myśl; ***sich ~n machen*** (***über*** *A*) rozmyślać (nad *I*); (*sich beunruhigen*) martwić się (*I*, o *A*)
Ge'danken|austausch *m* wymiana poglądów; **~gang** *m* tok myślenia
Ge'danken|gut *n* ideologia; **~lesen** *n* (*-s*; *0*) czytanie cudzych myśli; **~losigkeit** *f* (*0*) brak zastanowienia; **~strich** *m* myślnik; **~übertragung** *f* telepatia
ge'dankenvoll zamyślony
ge'danklich myślowy (-wo)
Ge'deck *n* (*-es*; *-e*) nakrycie
Ge'deih *m*: ***auf*** ~ ***und Verderb*** na dolę i niedolę; **2en*** (*sn*) rozwijać się (pomyślnie); *Pflanzen*: (dobrze) rosnąć, róść; *Tiere*, *Kinder t.*: chować się (zdrowo)
ge'denk|en* (-; *G*) pamiętać (o *L*), wspominać ⟨-mnieć⟩ (*A*); (*ehren*) składać ⟨złożyć⟩ hołd pamięci (*G*); (*vorhaben*) zamierzać; **2minute** *f* minuta żałobnego skupienia; **2münze** *f* medal pamiątkowy; **2stätte** *f* miejsce pamięci narodowej; **2tafel** *f* tablica pamiątkowa; **2tag** *m* rocznica
Ge'dicht *n* (*-es*; *-e*) wiersz(yk *dim*)
Ge'dichtband *m* zbiór poezji
ge'diegen solidny, gruntowny; (*rein*) szczery
ge'dieh → ***gedeihen***
Ge'dränge *n* (*-s*; *0*) tłok, ścisk
ge'drängt *adj* stłoczony; *fig* zwięzły (-le); ~ ***voll*** nabity
ge|'droschen → ***dreschen***; **~'drückt** *adj fig* przybity; **~'drungen** → ***dringen***; *adj fig* krępy (-po), przysadzisty
Ge'duld *f* (*0*) cierpliwość *f*; ***sich in*** ~ ***fassen*** uzbroić się w cierpliwość; **2en** (*-e-*; -): ***sich*** ~ poczekać, zaczekać *pf*
ge'duldig cierpliwy (-wie)
ge|'dungen (wy)najęty; **~'durft** → ***dürfen***; **~'ehrt** *adj* szanowny; **~'eignet** odpowiedni, stosowny; zdatny (***für*** do *G*)
Ge'fahr *f* niebezpieczeństwo; ***auf eigene*** ~ na własne ryzyko; ~ ***laufen*** (***zu***) ryzykować (*I*, *inf*); ***... ist außer*** ~ niebezpieczeństwo dla ... minęło
ge'fährd|en (*-e-*; -) narażać ⟨-razić⟩ (na niebezpieczeństwo); **2ung** *f* narażenie na niebezpieczeństwo; zagrożenie
Ge'fahren|klasse *f* klasa niebezpieczeństwa/ryzyka; **~stelle** *f* miejsce niebezpieczne (dla ruchu)
ge'fährlich niebezpieczny
Ge'fährt|e *m* (*-n*) (**~in** *f*) towarzysz(ka)
Ge'fälle *n* spad(ek); (*im Wert itd.*) różnica poziomów
ge'fallen[1] *pp* → ***fallen***, ***gefallen***[2]
ge'fallen[2]* (-) (*D*) ⟨s⟩podobać się (*D*);

***das lasse ich mir nicht** ~* nie pozwolę na to, tego nie dopuszczę
Ge'fallen¹ *m* (*-s*; *0*): ***tu mir den** ~* bądź tak uprzejmy; → ***Gefälligkeit***
Ge'fallen² *n* (*-s*; *0*) (**an** *D*): *~* ***finden*** znajdować ⟨znaleźć⟩ upodobanie (w *L*), upodobać sobie (*A*); ***kein** ~ **finden*** nie mieć upodobania (do *G*)
Ge'fallene(r) poległy (-ła)
ge'fällig ładny, ładniutki (-ko); → ***zuvorkommend***; **2keit** *f* przysługa; ***aus** ~* przez grzeczność
ge'fälscht *adj* fałszywy, sfałszowany
ge'fangen *pp* → ***fangen***; *~* ***werden*** *mil* dosta(wa)ć się do niewoli; **2e(r)** więzień *m*, więźniarka; *mil* jeniec
Ge'fangenen|austausch *m* wymiana jeńców; **~lager** *n* obóz jeniecki
Ge'fangen|nahme *f* wzięcie do niewoli; **2nehmen*** brać ⟨wziąć⟩ do niewoli
Ge'fangenschaft *f* niewola
Ge'fängnis *n* (*-ses*; *-se*) więzienie; *w zł.* więzienny; **~strafe** *f* kara więzienia
Ge'fäß *n* (*-es*; *-e*) naczynie (*t. anat*)
ge'faßt *pp* → ***fassen***; *adj* opanowany; (***auf*** *A*) przygotowany (na *A*); ***sich** ~ **machen*** (***auf*** *A*) spodziewać się (*G*)
Ge'fecht *n* (*-es*; *-e*) starcie, potyczka
Ge'fieder *n* (*-s*; *0*) upierzenie
Ge'flecht *n* (*-es*; *-e*) plecionka; *anat* splot
ge'fleckt centkowany, plamisty
ge|'flochten → ***flechten***; **~'flogen** → ***fliegen***; **~'flohen** → ***fliehen***
ge'flossen → ***fließen***
Ge'flügel *n* (*-s*; *0*) drób; **~farm** *f* ferma drobiarska
ge'flügelt skrzydlaty, uskrzydlony
Ge'flügelzucht *f* hodowla drobiu
ge|'fochten → ***fechten***; **~'fragt** *adj Ware*: poszukiwany; *os.* wzięty
ge'fräßig żarłoczny
Ge'freite *m* (*-n*) starszy szeregowiec
ge'frier|en* (-; *sn*) zamarzać ⟨-znąć⟩; *~* ***lassen*** zamrażać ⟨-rozić⟩; **2fach** *n* zamrażalnik; **2fleisch** *n* mięso mrożone
Ge'frier|punkt *m* (*-es*; *0*) punkt zamarzania; ***um den** ~* około zera; **~schrank** *m*, **~truhe** *f* zamrażarka
ge'froren *pp* → (***ge***)***frieren***; *adj* zamarznięty; zamrożony; **2e(s)** lody *m/pl*
Ge'füg|e *n* układ, struktura; **2ig** uległy
Ge'fühl *n* (*-s*; *-e*) czucie; (*t. seelische Regung*) uczucie; (***für** etw*) poczucie, wyczucie (*G*); **2los** bez czucia; nieczuły
ge|'füllt *kulin* nadzi(ew)any; **~'funden** → ***finden***; **~'gangen** → ***gehen***
ge'geben *adj* dany; (*günstig*) odpowiedni; **~enfalls** ewentualnie
gegen¹ *praep* (*A*) (*in Richtung auf*) ku (*D*), na, pod (*A*); (*schlagen, lehnen itp.*) w, o (*A*), do (*G*); (*wider*) wbrew, (*t. kämpfen, verstoßen, haben itp.*) przeciw(ko) (*D*); (*j-m, etw gegenüber*) wobec, względem (*G*); (*Mittel, Schutz*) na (*A*), od (*G*); (*Vergleich*) w porównaniu z (*I*); (*Austausch*) (w zamian) za (*A*); (+ *Zeitangabe*) pod (*A*), nad (*I*)
gegen² F *adv* (*etwa*) około (*G*)
Gegen|- *w zł.* przeciw-, kontr-, anty-; **~angebot** *n* kontroferta; **~angriff** *m* przeciwnatarcie; **~besuch** *m* rewizyta
Gegend *f* okolica; ***in der** ~* w pobliżu
Gegen|darstellung *f* sprostowanie; **2ein'ander** jeden przeciw drugiemu; wobec siebie nawzajem; **~fahrbahn** *f* pas przeciwnego kierunku ruchu; **~gewicht** *n* przeciwwaga; **~gift** *n* odtrutka; **~kandidat(in** *f*) *m* kontrkandydat(ka); **~leistung** *f* świadczenie/przysługa w zamian (***für*** za *A*); **~maßnahme** *f*: ***~n ergreifen*** zastosować środki zapobiegawcze / odwetowe; **~probe** *f* próba kontrolna; **~richtung** *f* przeciwny kierunek; ***aus der** ~* z naprzeciwka
Gegen|satz *m* przeciwieństwo; ***im** ~ **zu*** w przeciwieństwie do (*G*); **2sätzlich** przeciwstawny; **~seite** *f* strona przeciwna; **2seitig** wzajemny; *adv t.* nawzajem; **~seitigkeit** *f* wzajemność *f*; **~spieler(in** *f*) *m* przeciwnik (-iczka); *fig t.* oponent(ka); **~stand** *m* przedmiot; **2standslos** bezprzedmiotowy; **~stimme** *f* głos przeciw(ny); **~stück** *n* odpowiednik, pendant; → **~teil** *n* odwrotność *f*; (***ganz***) ***im** ~* (wprost) przeciwnie; **2teilig** przeciwny, odwrotny
gegen'über *praep* (*D*) naprzeciw(ko) (*G*); (*zu, in bezug auf*) wobec (*G*); (*Vergleich*) w porównaniu z (*I*); w odróżnieniu od (*G*); *adv* naprzeciwko (***von*** *G*); ***mein*** 2 moje vis-à-vis; **~liegen*** (***einander, sich***) leżeć / znajdować się naprzeciw (siebie); ***~d*** przeciwległy; **~stehen***: ***sich** ~* stać naprzeciw siebie
gegen'überstellen (*D*) *os.* ⟨s⟩konfrontować (z *I*); ***einander** ~* → ***vergleichen***
gegen'übertreten* (*D*) stawać ⟨stanąć⟩ przed (*I*)

G

Gegen|verkehr *m* ruch z przeciwka; ... ***mit*** ~ o ruchu dwukierunkowym; **~vorschlag** *m* kontrpropozycja; **~wart** *f (0)* teraźniejszość *f*, współczesność *f*; *gr* czas teraźniejszy; ***in ~ von ...*** w obecności (*G*); **~s-** współczesny; **2wärtig** teraźniejszy, obecny; **~wert** *m* równowartość *f*; **~wind** *m* wiatr przeciwny
gegenzeichnen kontrasygnować
Gegenzug *m* kontrposunięcie; *kolej* pociąg w przeciwnym kierunku
ge|'gessen → ***essen***; **~'glichen** → ***gleichen***; **~'glitten** → ***gleiten***
ge'glommen → ***glimmen***
Gegner(in *f*) *m* przeciwnik (-iczka)
gegnerisch przeciwny, ... przeciwnika
Gegnerschaft *f* (*zw. 0*) wzajemne zwalczanie się, (wzajemna) wrogość
ge|'golten → ***gelten***; **~'goren** → ***gären***
ge'gossen → ***gießen***; *adj tech* lany
ge'griffen → ***greifen***
ge'grillt *adj* upieczony w grillu
Ge'hackte(s) mięso siekane
Ge'halt¹ *n* (*-ęs*; *-̈er*) pensja, uposażenie
Ge'halt² *m* (*-ęs*; *-e*) zawartość *f* (*t.* ***an*** *G*)
Ge'halts|aufbesserung *f* podwyżka pensji; **~gruppe** *f* grupa uposażenia
Ge'halts|konto *n* konto uposażeniowe (w banku); **~liste** *f* lista płacy
ge|'haltvoll treściwy (-wie); **~'hangen** → ***hängen***; **~'hässig** zjadliwy (-wie)
Ge|'häuse *n zoo* skorupa; *tech* korpus, obudowa; **~'hege** *n* ogrodzenie
ge'heim tajny, sekretny; (*als geheim eingestuft*) utajniony
Ge'heim|dienst *m* tajna służba, wywiad; **2halten*** utrzym(yw)ać w tajemnicy; utajni(a)ć
Ge'heimnis *n* (*-ses*; *-se*) tajemnica, sekret; **~verrat** *m* zdrada/ujawnienie tajemnicy; **2voll** tajemniczy (-czo)
Ge'heim|nummer *f tel* zastrzeżony numer; **~polizei** *f* tajna policja
ge'hemmt *adj os.* skrępowany
gehen* (*sn*) iść ⟨pójść⟩, (*regelmäßig besuchen*, *verkehren*, *Baby*, *Uhr itp.*) chodzić (***in*** *A*, ***nach***, ***zu*** do *G*, na *A*); *Weg*: prowadzić; *Gerät*: działać; *Fenster*: wychodzić; *Wind*: wiać; *Gerücht*: krążyć; →***abfahren***, ***abfliegen***, ***weggehen***; ~ ***bis*** (***an*** *A*, ***zu***) dochodzić ⟨dojść⟩ do (*G*); ~ ***durch*** przechodzić ⟨przejść⟩ przez (*A*); ~ ***in*** (*A*) (*Platz finden*) ⟨z⟩mieścić się w (*I*); (*D*) → ***tragen***; ***vor sich*** ~ dziać się; ~ ***lassen*** pozwalać ⟨-wolić⟩ odejść; *nieos* ***es geht*** tak sobie; (*ist möglich*) to da się zrobić/załatwić; ***es geht nicht*** to niemożliwe; ***es geht um ...*** chodzi o ...; ***es geht auf 12*** zbliża się dwunasta; ***wie geht es dir?*** jak się masz?, jak ci się powodzi?
Gehen *n* (*-s*; *0*) chodzenie; *sport* chód; ***im*** ~ idąc, chodząc; **2lassen***: ***sich*** ~ nie panować nad sobą
ge'heuer: ***nicht*** (***ganz***) ~ ***sein*** (*D*) straszyć (*A*); budzić wątpliwości (u *G*)
Ge'hilf|e *m* (*-n*) (**~in** *f*) pomocnik (-ica), asystent(ka)
Ge'hirn *n* mózg; *w zł. zw.* mózgowy; **~erschütterung** *f* wstrząśnienie mózgu; **~wäsche** *f* pranie mózgów
ge'hoben → ***heben***; *adj Stimmung*: podniosły; *Stellung*: wyższy
ge'holfen → ***helfen***
Ge'hölz *n* (*-es*; *-e*) zagajnik
Ge'hör *n* (*-ęs*; *0*) słuch (*t. muz*); ~ ***finden*** (***bei***) znaleźć zrozumienie (u *G*)
ge'horchen (*-*; *D*) ⟨u⟩słuchać (*A*); ***nicht*** ~ odmawiać ⟨-mówić⟩ posłuszeństwa
ge'hören (*-*; *D*, ***zu***) należeć (do *G*); ***das gehört mir nicht*** to nie moje; ***wem gehört das Buch?*** czyja to książka?; ***dazu gehört ...*** to wymaga (*G*); na to potrzeba (*G*); ***er gehört ins Bett*** on powinien być w łóżku; ***das gehört sich nicht*** to nie wypada; ***wie es sich gehört*** jak należy, F jak się patrzy
Ge'hörgang *m* przewód słuchowy
ge'hörig należyty (-cie); F porządny
ge'horsam posłuszny
Ge'horsam *m* (*-s*; *0*) posłuszeństwo; *mil* subordynacja
Geh|steig *m* chodnik; **~versuch** *m* próba chodzenia; **~weg** *m* chodnik; (*Fußweg*) droga/ścieżka dla pieszych
Geier *m* sęp, ścierwnik
Geige *f* skrzypce *pl*
Geiger(in *f*) *m* skrzypek (skrzypaczka)
Geigerzähler *m* licznik Geigera
geil *pej* lubieżny, jurny; *gw* ~ ***sein*** (***auf*** *A*) lecieć, chorować (na *A*)
Geisel *f* (*-*; *-n*) zakładnik (-iczka); **~nahme** *f* wzięcie zakładnika/-ków
Geiselnehmer *m* bandyta *m*, który wziął zakładnika/zakładników
Geiß *f* Ⓐ koza; **~bock** *m* kozioł
Geißel *f* (*-*; *-n*) bicz; *fig* plaga
geißeln (*-le*) biczować, (*t. fig*) chłostać

Geist *m* (*-ẹs*; *-er*) duch; (*Intellekt*) umysł; ***im ~e*** w duchu

Geister|bahn *f* kolejka strachów; **~fahrer** *m* samochód jadący autostradą w zakazanym kierunku; **2haft** widmowy

geistes|abwesend roztargniony; *praed* z roztargnieniem; **2blitz** *m* genialny pomysł; **2gegenwart** *f* przytomność *f* umysłu; **~krank** chory umysłowo; **2zustand** *m* (*-ẹs*; *0*) stan umysłowy

geistig duchowy (-wo); umysłowy (-wo); ~ ***behindert*** upośledzony

geist|lich, **2liche(r)** duchowny

geistreich dowcipny, błyskotliwy (-wie)

Geiz *m* (*-es*; *0*) skąpstwo; **2en** (*-zt*) (***mit***) skąpić (*G*, na *I*); **~hals** *m* skąpiec, sknera *m*; **2ig** skąpy

Ge'jammer F *n* (*-s*; *0*) biadolenie

ge|'kannt → ***kennen***; **2'klimper** F *n* (*-s*; *0*) brzdąkanie; **~'klungen** → ***klingen***; **2'knatter** *n* (*-s*; *0*) terkot(anie); **~'kniffen** → ***kneifen***; **~'kocht** *adj* gotowany; **~'konnt** → ***können***; *adj* mistrzowski (-ko, po -ku); zręczny; **2'kritzel** *n* (*-s*; *0*) *pej* bazgranina; **~'krochen** → ***kriechen***; **~'künstelt** sztuczny, naciągnięty

Gel [geːl] *n* (*-s*; *-e*) żel

Ge'lächter *n* (*-s*; *0*) śmiech

ge'laden *pp* naładowany; *adj Waffe*: nabity; *Gäste*: (za)proszony

ge'lähmt *adj* sparaliżowany

Ge'lände *n* teren(owy *w zł.*)

Ge'ländelauf *m* bieg na przełaj, kros

Ge'länder *n* poręcz(e *pl*) *f*

Ge'ländewagen *m* samochód terenowy, F łazik

ge'lang *itd.* → ***gelingen***

ge'langen (-; *sn*) dosta(wa)ć się, docierać ⟨dotrzeć⟩ (***an*** *A*, ***bis*** [***zu***], ***nach*** do *G*); *fig* dochodzić ⟨dojść⟩ (do *G*)

ge|'langweilt *adj* znudzony; *praed* ze znudzeniem; **~'lassen** *adj* spokojny, opanowany; **~'läufig** znany; ***... ist mir ~*** znam ...; **~'launt: *gut*** (***schlecht***) ~ w dobrym (złym) humorze

Ge'läut *n* (*-ẹs*; *0*) (bicie w) dzwony *m/pl*, dzwonienie

gelb żółty (-to); ~ ***werden*** ⟨z⟩żółknąć

Gelb *n* (*-s*; *0*) żółtość *f*; **2lich** żółtawy (-wo); **~sucht** *f* (*0*) żółtaczka

Geld *n* (*-es*; *-er*) pieniądze *m/pl*; (*nicht konkret*) pieniądz; ***zu ~ machen*** spieniężać ⟨-żyć⟩; **~anlage** *f* lokata kapitału; **~automat** *m* kasjer automatyczny, bankomat; **~börse** *f* portmonetka; **~entwertung** *f* dewaluacja pieniądza; **~geber** *m* osoba/instytucja finansująca; sponsor; **2gierig** chciwy pieniędzy

Geld|schein *m* banknot; **~schrank** *m* sejf; **~strafe** *f* kara grzywny, grzywna; **~stück** *n* moneta; **~verlegenheit** *f* kłopoty *m/pl* pieniężne; **~wäsche** *f* pranie pieniędzy; **~wechsler** *m* automat rozmieniający pieniądze

Gelee [ʒe'leː] *n/m* (*-s*; *-s*) galaret(k)a

ge'legen → ***liegen***; *adj* ***das kommt mir ~*** to mi na rękę; ***mir ist daran ~*** zależy mi na tym; **2heit** *f* sposobność *f*, okazja

Ge'legenheits|arbeit *f* praca dorywcza; **~kauf** *m* kupno okazyjne, okazja

ge'legentlich od czasu do czasu, okazjonalnie; przy okazji/sposobności

ge'lehr|ig pojętny; **2samkeit** *f* (*0*) uczoność *f*; **2te(r)** uczony (-na)

Ge'leit *n* (*-ẹs*; *0*) eskorta; **2en** (-) eskortować; → ***begleiten***; **~zug** *m* konwój

Ge'lenk *n* (*-ẹs*; *-e*) staw, (*t. tech*) przegub; *w zł.* stawowy; **~entzündung** *f* zapalenie stawów; **2ig** gibki (-ko)

ge'lernt *adj os.* wykwalifikowany

Ge'liebte(r) kochanek (-nka)

ge'liehen *adj* pożyczony; → ***leihen***

ge'linde: ~ *gesagt* delikatnie mówiąc

ge|'lingen* (*sn*) (***nicht*** nie) uda(wa)ć się, powieść się *pf*; **~'litten** → ***leiden***

gellend przeraźliwy (-wie)

ge|'loben (-) ślubować (*im*)*pf*, uroczyście przyrzekać ⟨-rzec⟩; **2'löbnis** *n* (*-ses*; *-se*) ślubowanie; **~'logen** → ***lügen***; ***das ist ~!*** to kłamstwo!

gelten* *v/i* być ważnym; *Gesetz*: obowiązywać; (***als***, ***für***) uchodzić (za *A*); (*j-m*, *etw D*) dotyczyć (*G*), odnosić się (do *G*); ~ ***lassen*** (*A*) zgadzać ⟨zgodzić⟩ się (na *A*), uzna(wa)ć (*A*); *nieos* ***es gilt jetzt zu ...*** teraz trzeba ...; *v/t* liczyć się, znaczyć; ***das gilt nicht*** to się nie liczy

geltend obowiązujący, ważny; ~ ***machen*** (*A*) dochodzić (*G*)

Geltung *f* (*0*) → ***Gültigkeit***; ~ ***verschaffen*** (*D*) zapewnić skuteczność (*G*); ***zur ~ bringen*** uwydatni(a)ć

Geltungs|bedürfnis *n* (*-ses*; *0*) pragnienie uznania, ambicja; **~bereich** *m* zakres obowiązywania

Ge'lübde *n* ślub(owanie)

ge'lungen *adj* udany; → ***gelingen***

Ge'lüste *n/pl* chętka; zapędy *m/pl*

ge'mächlich niespieszny
Ge'mahl *m* (*-ęs*; *-e*), **~in** *f* → ***Gatte/-tin***
Ge'mälde *n* obraz; **~ausstellung** *f* wystawa obrazów
ge'mäß *praep* (*D*) zgodnie z (*I*), stosownie do (*G*); *adj* → ***angemessen***
ge'mäßigt umiarkowany
ge'mein pospolity (-cie); (*schuftig*) podły (-le); *adv* F (*sehr*) potwornie
Ge'meinde *f* gmina; *rel zbior t.* wierni *pl*, zbór; komuna; **~amt** *n* urząd gminny; **~rat** *m* rada gminy; **~verwaltung** *f* władze *f/pl* gminne
ge'mein|gefährlich niebezpieczny dla otoczenia; **2gut** *n* (*-ęs*; *0*) dobro powszechne; **2heit** *f* podłość *f*; **~hin** zazwyczaj; **~nützig** ... użyteczności publicznej; ***für ~e Zwecke*** na cele społeczne; **2platz** *m* komunał
ge'meinsam wspólny; ***~ mit*** *t.* wespół z (*I*); **2keit** *f* wspólna cecha
Ge'mein|schaft *f* wspólnota; **2schaftlich** wspólny; zbiorowy
Ge'meinschafts|arbeit *f* praca zbiorowa; **~gefühl** *n* poczucie solidarności; **~kunde** *f* (*0*) wychowanie obywatelskie; **~raum** *m* salka świetlicowa; **~verpflegung** *f* żywienie zbiorowe
Ge'meinwohl *n* dobro ogółu
ge'messen *adj* miarowy (-wo)
ge'mieden → ***meiden***
Ge|'misch *n* (*-ęs*; *-e*) mieszanina, mieszanka; **2'mischt** *adj* mieszany
ge'mocht → ***mögen***
ge'molken → ***melken***
Gemse *f* kozica, giemza
Ge'murmel *n* (*-s*; *0*) mamrotanie
Ge'müse *n* jarzyna, warzywo; **~(an)bau** *m* warzywnictwo; **~eintopf** *m* zupa jarzynowa; **~garten** *m* ogród warzywny
Ge'müseladen *m* sklep warzywn(icz)y
ge|'mußt → ***müssen***; **~'mustert** *adj Tapete, Stoff itp.*: wzorzysty
Ge'müt *n* (*-ęs*; *⁻er*) usposobienie, natura; → ***Seele***; *t-ko pl* **~er** umysły *m/pl*; ***sich zu ~e führen*** (*A*) ⟨u⟩raczyć się (*I*)
ge'mütlich przytulny; (*nett*) miły (-le), niewymuszony; *os. t.* dobroduszny; → ***gemächlich***; **2keit** *f* (*0*) przytulność *f*; niewymuszoność *f*; jowialność *f*
Ge'müts|bewegung *f* wzruszenie; **2krank** chory psychicznie; **~mensch** *m* flegmatyk (-yczka); **~verfassung** *f* nastrój, samopoczucie

Gen [ge:n] *n* (*-s*; *-e*) gen
ge'nannt → ***nennen***
ge'nas → ***genesen***
ge'nau dokładny; (*präzise*) ścisły (-śle); punktualny; F **~!** właśnie (tak)!; ***es ~ nehmen*** (***mit***) być skrupulatnym (w *L*)
ge'naugenommen ściśle biorąc
Ge'nau|igkeit *f* (*0*) dokładność *f*; ścisłość *f*; punktualność *f*; **2so** tak samo
Gen'darm [ʒan-] *m* (*-en*) żandarm
ge'nehmig|en (-) zatwierdzać ⟨-dzić⟩; (*erlauben*) zezwalać ⟨-wolić⟩ (na *A*); **2ung** *f* zatwierdzenie; zezwolenie
ge'neigt *adj* pochyły (-ło); *fig* skłonny (**zu** do *G*, *inf*); → ***wohlwollend***
Genera *pl* → ***Genus***
Gene'ral *m* (*-s*; *-e/⁻e*) generał; **~direktor** *m* dyrektor naczelny; **~konsulat** *n* konsulat generalny; **~probe** *f* próba generalna; **~streik** *m* strajk powszechny; **~überholung** *f* naprawa główna, remont kapitalny; **~versammlung** *f* walne zgromadzenie; **~vollmacht** *f* pełnomocnictwo generalne/ogólne
Generati'on *f* pokolenie, generacja
Generati'ons|konflikt *m* konflikt pokoleń; **~unterschied** *m* różnica pokoleniowa
gene'rell ogólny; *adv t.* generalnie
ge'nes|en* (*sn*) powracać ⟨-rócić⟩ do zdrowia, wyzdrowieć *pf*; **2ung** *f* (*zw. 0*) wyzdrowienie, powrót do zdrowia
ge'netisch genetyczny
Genfer *adj* genewski
Genforscher(in *f*) *m* genetyk
geni'al genialny; **2i'tät** *f* (*0*) genialność *f*
Ge'nick *n* (*-ęs*; *-e*) kark
Genie [ʒe'ni:] *n* (*-s*; *-s*) geniusz
ge'nieren [ʒe-] (-): ***sich ~*** krępować się
ge'nieß|bar jadalny; *Getränk*: nadający się do picia, pitny; **~en*** (-) spoży(wa)ć; *Musik, Anblick* rozkoszować się (*I*); *Ruhe* zaży(wa)ć (*G*); *Erziehung* otrzym(yw)ać (*A*); *Rechte* korzystać (z *G*)
ge'nießerisch *praed* z rozkoszą
Genmanipulation *f* manipulacja genetyczna
ge|'nommen → ***nehmen***; **~'normt** *adj* znormalizowany; **~'noß** → ***genießen***
Ge'nosse *m* (*-n*) towarzysz
ge'nossen → ***genießen***
Ge'nossenschaft *f* spółdzielnia; **~ler(in** *f*) *m* spółdzielca *m*; **2lich** spółdzielczy
Ge'nossin *f* towarzyszka

Genre ['ʒɑ̃:rə] *n* (*-s*; *-s*) rodzaj(owy *w zł.*)
Gentechnik *f* inżynieria genetyczna
Gentherapie *f* terapia genowa
ge'nug dosyć, dość; wystarczająco; ***mehr als ~*** więcej niż potrzeba
Ge'nüge *f*: ***zur ~*** aż nadto
ge'nügen (wy)starczać ⟨-czyć⟩; ***das genügt*** wystarczy; **~d** *adj* dostateczny, wystarczający (-co)
Ge'nugtuung *f* (*0*) satysfakcja
Genus *n* (*-*; *Genera*) *gr* rodzaj
Ge'nuß *m* (*-sses*; *⸚sse*) spożywanie; picie; (*Behagen*, *Freude*) rozkosz *f*, przyjemność *f*; ***in den ~ kommen*** (*G*, *von*) korzystać (z *G*); **~mittel** *n* używka
ge'öffnet *adj* otwarty; *Amt*, *Laden t.*: czynny
Geo|gra'phie *f* (*0*) geografia; **꠸'graphisch** geograficzny; **~lo'gie** *f* (*0*) geologia; **꠸'logisch** geologiczny
Geome'trie *f* (*0*) geometria
geo'metrisch geometryczny
ge'ordnet *adj* uporządkowany
Ge'päck *n* (*-ęs*; *0*) bagaż; **~annahme** *f* nadawanie bagażu; **~aufbewahrung** *f* przechowalnia bagażu; **~ausgabe** *f* wydawanie bagażu; **~karren** *m* wózek bagażowy; **~kontrolle** *f* kontrola bagażu; **~schein** *m* kwit bagażowy
Ge'päck|schließfach *n* skrytka bagażowa; **~träger** *m* bagażnik; *os.* numerowy
ge'panzert *adj* opancerzony, pancerny
ge|'pfeffert *adj* F *Preis*: słony; (*derb*) pieprzny; **~'pfiffen** → ***pfeifen***
ge'pflegt *adj* zadbany; elegancki (-ko)
Ge'pflogenheit *f* zwyczaj
ge'plant *adj* (za)planowany
Ge'plauder *n* (*-s*; *0*) gawędzenie
Ge'polter *n* (*-s*; *0*) łoskot, łomot
ge|'priesen → ***preisen***; **~'prüft** *adj os.* egzaminowany; **~'punktet** kropkowany, w kropki; **~'quollen** → ***quellen***
ge'rade[1] *adj* prosty, *praed* prosto; *Zahl*: parzysty; *fig os.* prostolinijny, prawy
ge'rade[2] *adv* (*jetzt*, *eben*) właśnie, akurat; ***~ erst*** dopiero co; ***~ mal*** ledwie
ge'rade[3] *part* akurat; ***nicht ~*** niezbyt, nie bardzo; ***nun ~!*** teraz tym bardziej!
Ge'rade *f* prosta; (*Boxen*) prosty; **꠸'aus** prosto (przed siebie); **꠸biegen*** wyprostow(yw)ać; **꠸her'aus** F otwarcie, bez osłonek; **꠸stehen*** *fig* (***für***) odpowiadać, pokutować (za *A*); **꠸wegs** prosto; **꠸zu** *part* po prostu, wręcz
ge'rammelt F: ***~ voll*** nabity, zapchany
Ge'ranie [-nĭə] *f* geranium *n*, bodziszek
Ge'rangel *n* (*-s*; *0*) przepychanka
ge'rann → ***gerinnen***; **~t** → ***rennen***
Ge'rät *n* (*-ęs*; *-e*) przyrząd (*t. sport*), aparat; (*Werkzeug*) narzędzie; *zbior* sprzęt
ge'raten*[1] (*-*; *sn*) → ***gedeihen***; *agr Korn itp.*: obrodzić *pf*; (***in*** *A*) trafi(a)ć (do *G*); (*in e-n Zustand*) wpadać ⟨wpaść⟩ (w *A*); (***an*** *A*) natrafi(a)ć (na *A*)
ge'raten[2] *adj* (*ratsam*) wskazany
Ge|'räteturnen *n* gimnastyka przyrządowa; **~rate'wohl** *n*: ***aufs ~*** na chybił trafił; **꠸'räuchert** *adj* wędzony
ge'raum: ***~e Zeit*** przez dłuższy czas; ***seit ~er Zeit*** od dłuższego czasu
ge'räumig przestronny, obszerny
Ge'räusch *n* (*-es*; *-e*) szum; (*leise*) szelest, szmer; → ***Lärm***; **꠸los** bezszelestny, cichy (-cho); **꠸voll** hałaśliwy (-wie)
gerb|en ⟨wy⟩garbować; **꠸säure** *f* kwas garbnikowy; **꠸stoff** *m* garbnik
ge'recht sprawiedliwy (-wie); (*berechtigt*) słuszny; ***~ werden*** (*D*) sprawiedliwie oceni(a)ć (*A*); **~fertigt** uzasadniony
Ge'rechtigkeit *f* (*0*) sprawiedliwość *f*
Ge'rede *n* (*-s*; *0*) gadanie, gadanina
ge'reizt *adj* rozdrażniony
Ge'richt[1] *n* (*-ęs*; *-e*) *kulin* potrawa, danie
Ge'richt[2] *n* (*-ęs*; *-e*) *jur* sąd; ***vor dem ~ erscheinen*** stanąć przed sądem
ge'richtlich sądowy; *adv* sądownie
Ge'richts|barkeit *f* (*0*) sądownictwo; **~beschluß** *m* postanowienie sądu; **~hof** *m* trybunał; **~kosten** *pl* koszty *m/pl* sądowe; **~saal** *m* sala sądowa; **~stand** *m* (*zw. 0*) właściwość miejscowa sądu
Ge'richts|verhandlung *f* rozprawa sądowa; **~vollzieher** *m* komornik
ge'rieben → ***reiben***, ***gerissen***
ge'ring drobny, znikomy; *Preis*, *Qualität*: niski (-ko); *Zeit*: krótki; *Chance*, *Hoffnung*: nikły; **~er** *comp* mniejszy; niższy; krótszy; **~ste** *sup* minimalny; ***nicht im ~sten*** ani trochę; **~fügig** nieznaczny; (*unwichtig*) błahy; **~schätzig** lekceważący (-co); **~ste** → ***gering***
ge'rinnen* (*-*; *sn*; → *rinnen*) ⟨s⟩krzepnąć, ścinać ⟨ściąć⟩ się
Ge'rippe *n* szkielet, (*zw. fig*) kościotrup
ge'rissen → ***reißen***; *adj* cwany, chytry
ge'ritten → ***reiten***
Germa'nistik *f* (*0*) germanistyka

G

gern *adv* chętnie; *etw* ~ **essen**, **tun** *itp.*, *j-n* ~ **haben** lubić (*A*, *inf*); **ich würde** ~ ... chciał(a)bym ...; ~ **geschehen!** proszę bardzo!; **~gesehen** mile widziany

ge'rochen → **riechen**

Ge'röll *n* (-*ęs*; *0*) otoczaki *m/pl*

ge'ronnen → (**ge**)**rinnen**

Gerste *f* jęczmień *m*; *w zł.* jęczmienny; **~nkorn** *n med* jęczmień *m*, jęczmyk

Gerte *f* rózga; (*Reitgerte*) szpicruta

Ge'ruch *n* (-*ęs*; ⸚*e*) zapach, woń *f*; (*Sinn*) węch, powonienie; **♀(s)frei**, **♀(s)los** bez zapachu, bezwonny

Ge'rücht *n* (-*es*; ⸚*e*) pogłoska

G

ge|'rufen: wie ~ jak na zawołanie; **~'ruhen** *iron* raczyć; **~'ruhsam** spokojny

Ge'rümpel *n* (-*s*; *0*) rupiecie, graty *m/pl*

Ge'rüst *n* (-*ęs*; -*e*) *bud* rusztowanie

ge'salzen *adj* słony (*t. Preis*)

ge'samt cał(kowit)y, wszystek; ~-, ♀- łączny, globalny; **meine ~en ...** wszystkie moje ...; **♀betrag** *m* suma ogólna; **♀bevölkerung** *f* ogół ludności; **♀gewicht** *n* waga całkowita; **♀heit** *f* (*0*) całość *f*, ogół; całokształt; **♀schule** *f* połączona pełno- i niepełnośrednia szkoła ogólnokształcąca; **♀strafe** *f* kara łączna; **♀werk** *n* (-*ęs*; *0*) ogół twórczości

ge'sandt → **senden**; **♀e**(**r**) poseł

Ge'sandtschaft *f* poselstwo

Ge'sang *m*(-*ęs*; ⸚*e*) śpiew; (*Lied*) pieśń *f*; **~(s)buch** *n* śpiewnik; **~(s)unterricht** *m* nauka śpiewu; **~(s)verein** *m* towarzystwo śpiewacze

Ge'säß *n* (-*es*; -*e*) pośladki *m/pl*, P tyłek; **~tasche** *f* tylna kieszeń (spodni)

ge'sättigt *adj* nasycony

Ge'schädigte(**r**) poszkodowany (-na)

Ge'schäft *n* (-*ęs*; -*e*) transakcja; *zbior* interesy *m/pl*; (*Firma*) sklep; → **Beruf**; **sein** ~ **verstehen** znać się na rzeczy

Ge'schäftemacher *m pej* spekulant

ge'schäf|tig zabiegany; *Treiben*: ożywiony; **~tlich** handlowy, biznesowy; *praed* w interesach; → **dienstlich**

Ge'schäfts|- *w zł. zw.* handlowy; **~bedingungen** *f/pl* warunki *m/pl* handlowe; **~bereich** *m* zakres działalności; **~frau** *f* biznesmen(ka); **~führer(in** *f*) *m* kierownik (-iczka) przedsiębiorstwa/placówki; (*e-r GmbH*) prezes zarządu (spółki); (*e-s Vereins itp.*) sekretarz; **~inhaber(in** *f*) *m* właściciel(ka) sklepu/przedsiębiorstwa; **~jahr** *n* rok gospodarczy; **~kosten** *pl*: **auf** ~ na koszt firmy; **~lage** *f* stan interesów; (*Gegend*) punkt; **~mann** *m* (-*ęs*; -*leute*) biznesmen; **~ordnung** *f* regulamin; **~partner(in** *f*) *m* partner(ka) w biznesie; **~reise** *f* podróż służbowa/w interesach

Ge'schäfts|schluß *m* czas zamknięcia sklepu/sklepów; **~stelle** *f* biuro, kancelaria; **♀tüchtig** obrotny; **~verbindungen** *f/pl* stosunki *m/pl* handlowe; **~viertel** *n* dzielnica handlowa; **~welt** *f* *zbior* sfery *f/pl* biznesu / handlowe

ge|'schah *pp* → **~'schehen*** (-) dziać się, sta(wa)ć się; **was ist ~?** co się stało?; **es geschieht dir recht** dobrze ci tak; *etw* ~ **lassen** dopuścić (do *G*)

Ge'scheh|en *n* (-*s*; *0*) tok akcji, rozwój wypadków; **~nis** *n* (-*ses*; -*se*) zdarzenie

ge'scheit mądry (-rze), roztropny

Ge'schenk *n* (-*ęs*; -*e*) podarunek, prezent; **als**/**zum** ~ **bekommen** otrzymać w prezencie / upominku; **~packung** *f* ozdobne opakowanie podarunkowe

Ge'schicht|e *f* historia (*t. fig*), dzieje *pl*; **♀lich** historyczny, dziejowy

Ge'schick *n* (-*ęs*; -*e*) los; *t-ko sg* → **~lichkeit** *f* (*0*) zręczność *f*

ge|'schickt *adj* zręczny; **~'schieden** → **scheiden**; *adj* rozwiedziony

ge'schieht → **geschehen**

ge'schienen → **scheinen**

Ge'schirr *n* (-*ęs*; *0*) naczynie, *zbior* naczynia *n/pl*; (*pl* -*e*) (*für Pferde*) uprząż *f*; **~spüler** *m* zmywarka (do naczyń)

ge|'schissen → **scheißen**; **~'schlagen** *adj* (*besiegt*) zwyciężony; *Stunde*: bity

Ge'schlecht *n* (-*ęs*; -*er*) płeć *f*; (*Familie*) ród; *gr* (*0*) rodzaj; → **Generation**

ge'schlechtlich płciowy (-wo)

Ge'schlechts|akt *m* stosunek płciowy; **~krankheit** *f* choroba weneryczna; **~organ** *n*, **~teil** *n* narząd płciowy; **~verkehr** *m* stosunek płciowy, spółkowanie; ~ **haben** *t.* spółkować

ge|'schlichen → **schleichen**; **~'schliffen** → **schleifen**; *adj* (o)szlifowany; **~'schlossen** → **schließen**; *adj* zamknięty; *Gruppe*: zwarty; *adv* (*alle*) gremialnie; **~'schlungen** → **schlingen**

Ge'schmack *m* (-*ęs*; ⸚*e*/F ⸚*er*) smak; *fig t.* gust; **nach ihrem** ~ w jej guście; ~ **finden** (**an** *D*) nabrać gustu (do *G*); **~s-** smakowy; **♀los** bez smaku; *fig* niegustowny, bez gustu; *Witz*: niesmaczny;

~(s)sache *f* rzecz *f* gustu; **≈voll** gustowny; *praed t.* ze smakiem
ge|'schmeidig elastyczny; **~'schmissen** → ***schmeißen***; **~'schmolzen** → ***schmelzen***; **~'schmort** *adj kulin* duszony; **≈'schnatter** *n* (*-s*; *0*) gęgot; F *fig* trajkotanie; **~'schnitten** → ***schneiden***; *adj* cięty, krajany; **~'schoben** → ***schieben***; **~'scholten** → ***schelten***
Ge|'schöpf *n* (*-ęs*; *-e*) stworzenie; twór; **~schoß** *n* (*-sses*; *-sse*) pocisk, kula; *bud* piętro, kondygnacja; **≈'schossen** → ***schießen***; **~'schrei** F *n* (*-ęs*; *0*) krzyki *m/pl*, wrzask; **≈'schrieben** → ***schreiben***; **≈'schrie(e)n** → ***schreien***
ge|'schritten → ***schreiten***; **~'schult** *adj* wyszkolony; **~'schunden** → ***schinden***
Ge'schütz *n* (*-ęs*; *-e*) działo, armata
ge'schützt *adj* chroniony
Ge'schwätz *n* (*-es*; *0*) gadanina; **≈ig** gadatliwy; **~igkeit** *f* (*0*) gadulstwo
ge'schweige: **~ *denn*** a cóż dopiero
ge'schwiegen → ***schweigen***
ge'schwind prędki (-ko), szybki (-ko); **≈igkeit** *f* prędkość *f*, szybkość *f*
Ge'schwindigkeits|beschränkung *f* ograniczenie prędkości (jazdy); **~rekord** *m* rekord prędkości; **~überschreitung** *f* przekroczenie dozwolonej prędkości
Ge'schwister *pl* rodzeństwo
ge'schwollen → ***schwellen***; *adj* spuchnięty, obrzękły; *Stil*: napuszony
ge'schwommen → ***schwimmen***
ge'schworen → ***schwören***; **≈e(r)** przysięgły (-ła); **≈en-** ... przysięgłych
Ge'schwulst *f* (*-*; *¨e*) guz, nowotwór
Ge'schwür *n* (*-ęs*; *-e*) wrzód
Ge'sell|e *m* (*-n*) (*Handwerker*) czeladnik; **~en-** czeladniczy; **≈en: *sich* ~ (*zu*)** dołączać, przyłączać ⟨-czyć⟩ się (do *G*)
ge'sellig towarzyski (-ko)
Ge'sellschaft *f* (*Menschen*) społeczeństwo; (*Schicht*, *Kreis*, *Umgang*) towarzystwo; *ekon t.* spółka; (*Empfang*) przyjęcie; *j-m* **~ *leisten*** dotrzym(yw)ać towarzystwa (*D*); **~er(in** *f*) *m ekon* wspólnik (-iczka), udziałowiec
ge'sellschaftlich społeczny, socjalny
Ge'sellschafts|ordnung *f* ustrój społeczny; **~reise** *f* podróż zbiorowa
Ge'sellschafts|schicht *f* warstwa społeczna; **~spiel** *n* gra towarzyska
ge'sessen → ***sitzen***
Ge'setz *n* (*-es*; *-e*) prawo; zasada; *pol*, *jur* ustawa; **~buch** *n* kodeks; **~esvorlage** *f* projekt ustawy; **~geber** *m* ustawodawca *m*; **≈lich** ustawowy (-wo); → ***rechtlich***, **≈mäßig** zgodny z prawem (natury); *w.zn.* prawidłowy; legalny
ge'setzt *adj* stateczny, poważny
ge'setzwidrig sprzeczny z ustawą
Ge'sicht *n* (*-ęs*; *-er*) twarz *f*, *lit* (*t. fig.*) oblicze; (*Ausdruck*) mina; ***dem Vater wie aus dem ~ geschnitten*** wykapany ojciec; ***zu ~ bekommen*** widzieć ⟨zobaczyć⟩; ***zu ~ stehen*** być do twarzy
Ge'sichts|ausdruck *m* wyraz twarzy; **~farbe** *f* cera; **~feld** *n* (*-es*; *0*) pole widzenia; **~punkt** *m* punkt/kąt widzenia; **~züge** *m/pl* rysy *m/pl* twarzy
Ge'sindel *n* (*-s*; *0*) *pej* motłoch, hołota
ge'sinn|t: **~ *sein*** (*D*) być nastawionym (do *G*); **≈ung** *f* przekonania *n/pl*
Ge'sinnungs|genosse *m* człowiek tych samych przekonań; **~wandel** *m* zmiana przekonań
ge'sittet dobrze wychowany, grzeczny
ge|'soffen → ***saufen***; **~'sogen** → ***saugen***; **~'sondert** *adj* osobny (-no)
ge'sonnen → ***sinnen***; **(*nicht*) ~ *sein* (*zu*)** (nie) zamierzać (*inf*)
ge'sotten → ***sieden***, ***gekocht***
Ge'spann *n* (*-ęs*; *-e*) zaprzęg, zaprząg; *fig* para
ge'spannt *adj* napięty, naprężony; (*neugierig*) *praed* w napięciu, z napięciem; ***ich bin ~*** ciekaw(a) jestem
Ge'spenst *n* (*-ęs*; *-er*) widmo, zjawa; **≈isch** niesamowity (-cie), upiorny
ge'sponnen → ***spinnen***
Ge'spött *n* (*-ęs*; *0*): **(*sich*) *zum ~ machen*** zrobić (z siebie) pośmiewisko; ***zum ~ werden*** stać się pośmiewiskiem
Ge'spräch *n* (*-ęs*; *-e*) rozmowa
ge'sprächig rozmowny
Ge'sprächs|partner(in *f*) *m* rozmówca (-czyni), interlokutor(ka); uczestnik (-iczka) rozmowy/rozmów; **~runde** *f* tura rozmów; **~stoff** *m* tema rozmowy
ge|'sprochen → ***sprechen***; **~'sprossen** → ***sprießen***; **~'sprungen** → ***springen***; *adj Glas*: pęknięty
Ge'spür *n* (*-s*; *0*) wyczucie (***für*** *G*)
ge'staffelt *adj* (***nach***) zróżnicowany (według *G*)
Ge'stalt *f* postać *f* (*t. os.*), kształt; ***in ~* (*von*, *G*)** w postaci, pod postacią (*G*)

G

ge'stalten (-*e*-; -) ⟨u⟩kształtować (**sich** się); ⟨z⟩organizować; → ***formen***
Ge'staltung *f* (u)kształtowanie (się); tworzenie; układ; organizacja
ge|'standen → (***ge***)***stehen***; *adj* rosły, setny; **≈'ständnis** *n* (-*ses*; -*se*) przyznanie się; *jur t.* zeznanie; *fig* wyznanie
Ge'stank *m* (-*ęs*; *0*) smród, fetor
ge'statten (-*e*-; -) *v/t* pozwalać ⟨-wolić⟩ (na *A*; **sich** sobie); **~ *Sie*** pan(i) pozwoli; ***wenn Sie ~*** *t.* jeśli wolno
Geste *f* gest (*t. fig*)
Ge'steck *n* (-*ęs*; -*e*) kompozycja
ge'stehen* *v/t* wyzna(wa)ć (*A*), przyzna(wa)ć się (do *G*)
Ge|'stein *n* skała; **~s-** skalny; **~'stell** *n* (-*ęs*; -*e*) stojak; rama; podstawa
gestern wczoraj (***abend*** wieczorem)
ge'steuert *adj* kierowany, sterowany
ge'stiegen → ***steigen***
Ge'stirn *n* (-*ęs*; -*e*) ciało niebieskie
ge|'stoben → ***stieben***; **~'stochen** → ***stechen***; **~ *scharf*** bardzo ostry; **~'stohlen** → ***stehlen***; *adj* (s)kradziony; **~'storben** → ***sterben***; **~'stört** *adj* zakłócony; **~'streift** *adj* pasiasty, prążkowany; *praed* w paski; **~'strichen** → ***streichen***; ***~er Löffel*** płaska łyżka
gestrig wczorajszy
ge'stritten → ***streiten***
Ge'strüpp *n* (-*ęs*; *0*) gąszcz
ge'stunken → ***stinken***
Ge'stüt *n* (-*ęs*; -*e*) stadnina
Ge|'such *n* (-*ęs*; -*e*) podanie (***auf***, ***um*** o *A*); **≈'sucht** *adj* poszukiwany
ge'sund (*⸚er*/-*er*; *⸚est*-/-*est*-) zdrowy (-wo), *m praed* zdrów; **~ *schreiben*** uznać za wyleczonego/zdolnego do pracy; **~ *werden*** → **~en** (-*e*-; -; *sn*) wyzdrowieć *pf*
Ge'sundheit *f* (*0*) zdrowie; **~!** na zdrowie!; **≈lich** zdrowotny; *praed* pod względem zdrowia
Ge'sundheits|behörde *f* władze *f/pl* służby zdrowia; **~schaden** *m* szkoda na zdrowiu; **≈schädlich** szkodliwy dla zdrowia; **~wesen** *n* (-*s*; *0*) służba zdrowia; **~zustand** *m* (-*ęs*; *0*) stan zdrowia
Ge'sundung *f* (*0*) uzdrowienie
ge|'sungen → ***singen***; **~'sunken** → ***sinken***; *adj* zatonięty; **~'tan** → ***tun***
Ge'töse *n* (-*s*; *0*) hałas, huk
Ge'tränk *n* (-*ęs*; -*e*) napój
Ge'tränke|automat *m* automat z napojami; **~karte** *f* karta napojów/win
ge'trauen (-): ***sich ~*** → ***sich trauen***
Ge'treide *n* (-*s*; *0*) zboże; **~anbau** *m* (-*s*; *0*) uprawa zbóż; **~handel** *m* handel zbożem; **~markt** *m* rynek zbożowy
ge'trennt *adj* rozdzielny, odrębny; **~ *leben*** *Paar*: żyć w separacji; ***wir zahlen ~*** każdy płaci za siebie
ge'treu wierny
Ge'triebe *n* przekładnia; *fig* ruch; *w zł.* przekładniowy; **≈n** → ***treiben***; **~schaden** *m* awaria przekładni
ge|'troffen → ***treffen***, **~'trogen** → ***trügen***; **~'trost** spokojnie
ge'trunken → ***trinken***
Ge'tue *n* (-*s*; *0*) *pej* krygowanie się
Ge'tümmel *n* (-*s*; *0*) tłok, rejwach; wir
ge'übt *adj* wyćwiczony, wprawny
Ge'wächs *n* (-*es*; -*e*) *bot* roślina
ge'wachsen → ***wachsen***[1]; **~ *sein*** sprostać (*D*); (*j-m*) dorówn(yw)ać (*D*)
Ge'wächshaus *n* cieplarnia
ge|'wachst *adj* nawoskowany; **~'wagt** *adj* ryzykowny; ryzykancki; **~'wählt** *adj* wybrany; *Worte*: wyszukany; **~'wahr: ~ *werden*** (*A*, *G*) spostrzegać ⟨-strzec⟩ (*A*)
Ge'währ *f* (*0*) rękojmia; ***ohne ~*** bez gwarancji; **≈en** (-) *v/t* przyzna(wa)ć, zapewni(a)ć (*A*), udzielać ⟨-lić⟩ (*G*); *Bitte* przychylać ⟨-lić⟩ się (do *G*); **≈leisten** (-) gwarantować, zapewni(a)ć
Ge'wahrsam *m* (-*s*; *0*): ***in ~ nehmen*** *os.* osadzić *pf* w areszcie; *Sache* wziąć *pf* na przechowanie
Ge'währsmann *m* (-*ęs*; *⸚er*/-*leute*) człowiek zaufany; (poufny) informator
Ge'währung *f* (*0*) przyznanie, udzielenie
Ge'walt *f* siła; (*Macht*, *t. pol*) władza; (*Zwang*) przemoc *f*; ***mit ~*** przemocą, F gwałtem; ***in s-e ~ bringen*** *Sache* zagarnąć, (*t. os.*) uprowadzić przemocą; ***die ~ verlieren*** (***über*** *A*) stracić panowanie (nad *I*); **~akt** *m* akt przemocy; **~anwendung** *f* (*0*) użycie siły
ge'waltig potężny, ogromny; F ***sich ~ irren*** grubo się mylić
ge'walt|los bez użycia siły / przemocy; **≈marsch** *m* marsz forsowny; **~sam** (dokonany) przemocą, gwałtem; **~tätig** gwałtowny, brutalny; **≈verzicht** *m* wyrzeczenie się użycia siły
Ge'wand *n* (-*ęs*; *⸚er*) szata
ge|'wandt → ***wenden***; *adj* zręczny,

zgrabny; **~'wann** → ***gewinnen***

Ge'wässer *n* woda; *geogr t.* zbiornik wodny; **~schutz** *m* ochrona wód

Ge'webe *n* tkanina; *biol* tkanka

Ge'wehr *n* (*-ęs*; *-e*) karabin; *łow* broń *f*

Ge'weih *n* (*-ęs*; *-e*) poroże, wieniec

ge'wellt *adj* falisty

Ge'werbe *n* zajęcie, fach; (*Handwerk*) rzemiosło; → **~betrieb** *m* zakład rzemieślniczy/przetwórczy/usługowy *itp.*; **~ordnung** *f* ustawa przemysłowa; **~schein** *m* pozwolenie na prowadzenie działalności gospodarczej; **~steuer** *f* podatek od przedsiębiorstw

ge'werb|lich przemysłowy (-wo), gospodarczy (-czo); **~smäßig** zarobkowy (-wo); profesjonalny, zawodowy (-wo)

Ge'werkschaft *f* związek zawodowy; **~s-** ... związku zawodowego; **~(l)er(in** *f*) *m* związkowiec; **Ձlich** związkowy

ge|'wesen → ***sein***; **~*e*(*r*)** były, była, *pl* byłe, byli; **~'wichen** → ***weichen²***

Ge'wicht *n* (*-ęs*; *-e*) masa, ciężar, (*t. hdl, fig*) waga; (*zum Wiegen*) odważnik; ***nach*** **~** na wagę; **~heben** *n* (*-s*; *0*) podnoszenie ciężarów; **Ձig** *fig* ważki

Ge'wichts|klasse *f sport* kategoria wagowa, F waga; **~verlust** *m* utrata masy; *hdl* ubytek na wadze

ge|'wieft F wytrawny; **~'wiesen** → ***weisen***; **~'willt:** **~ *sein*** być skłonnym

Ge'wimmel *n* (*-s*; *0*) rój, mrowie

Ge'winde *n* (*-s*; -) gwint

Ge'winn *m* (*-ęs*; *-e*) zysk (*t. fig*); (*Preis, Treffer*) wygrana; (*Nutzen*) pożytek; **~anteil** *m* udział w zysku; **Ձbringend** zyskowny; **~chance** *f* szansa wygrania

ge'winnen* *v/t Kampf, Spiel itp.* wygr(yw)ać; *Preis, Medaille* zdoby(wa)ć; *Freund, Ansehen* pozysk(iw)ać; *Eindruck* odnosić ⟨-nieść⟩; *Erz* wydobywać; *Produkt* otrzym(yw)ać; **Zeit ~** zyskać na czasie; *v/i* (**an** *D*) nab(ie)rać (*G*); zysk(iw)ać (na *L*); **~*d*** ujmujący (-co)

Ge'winn|er(in *f*) *m* wygrywający (-ca); (*Sieger*) zwycięzca *m*; **~liste** *f* tabela wygranych; **~spanne** *f* marża zysku; **~steuer** *f* podatek od zysków; **~ung** *f* (*0*) otrzymywanie; wydobywanie; **~zahl** *f* liczba wygrywająca, trafienie

Ge'wirr *n* (*-s*; *0*) plątanina

ge'wiß pewny; *adv* pewnie, zapewno; ***ein gewisser ...*** pewien ...; ***ganz*** **~** z całą pewnością

Ge'wissen *n* sumienie; **Ձhaft** sumienny; skrupulatny; **Ձlos** pozbawiony skrupułów, ... bez sumienia

Ge'wissens|bisse *m/pl*: **~ *haben*** mieć wyrzuty *m/pl* sumienia (***wegen*** z powodu *G*); **~gründe** *m/pl*: ***aus*** **~*n*** ze względu na skrupuły sumienia

ge'wissermaßen poniekąd, niejako

Ge'wißheit *f* (*0*) pewność *f*

Ge'witter *n* burza (z piorunami); *w zł. zw.* burzowy; **~sturm** *m* nawałnica

ge|'wittrig *Wetter*: burzliwy; *Wolke*: burzowy; **~'witzt** kuty, cwany; **~'woben** → ***weben***; **~'wogen** → ***wiegen***

ge'wöhnen (-) (***an*** *A*) przyzwyczajać ⟨-czaić⟩ (do *G*; ***sich*** się); ***sich*** **~** *t.* przywykać ⟨-knąć⟩ (do *G*)

Ge'wohnheit *f* przyzwyczajenie, zwyczaj; ***zur*** **~ *werden*** wejść w zwyczaj

ge'wohnheits|mäßig nawykowy; notoryczny; *adv* z przyzwyczajenia/nawyku; **Ձrecht** *n* prawo zwyczajowe

ge'wöhnlich zwykły (-le), zwyczajny

ge'wohnt zwykły; ***wie*** **~** jak zwykle

ge'wöhnt: **~ *sein*** być przyzwyczajonym

Ge'wölbe *n* sklepienie; (*Raum*) podziemie, piwnice *f/pl*

ge|'wölbt sklepiony; **~'wollt** *adj* zamierzony, rozmyślny; **~'wonnen** → ***gewinnen***; **~'worben** → ***werben***; **~'worden** → ***werden***; **~'worfen** → ***werfen***

ge'wrungen → ***wringen***

Ge'wühl *n* (*-ęs*; *0*) tłok, ścisk

ge|'wunden → ***winden***; *adj* kręty, wijący się; *fig* zawiły; **~'wunken** → ***winken***

ge'würfelt *kulin* pokrojony w kostki

Ge'würz *n* (*-es*; *-e*) przyprawa (korzenna); *w zł. zw.* korzenny; **~gurke** *f* ogórek konserwowy; **~nelke** *f* goździk

ge'wußt → ***wissen***

ge'zahnt *adj* ząbkowany; *tech* zębaty

Ge'zeiten *pl* pływy *f/pl*

Ge'zerre *n* (*-s*; *0*) *pej* przepychanka

ge|'zielt *adj* celowany; *fig* ukierunkowany; **~'ziert** *adj* sztuczny, teatralny

ge'zinkt *Karte*: znaczony

ge'zogen → ***ziehen***

Ge'zwitscher *n* (*-s*; *0*) świergot

ge'zwungen → ***zwingen***; *adj* wymuszony; **~ermaßen** z konieczności

Gicht *f* (*0*) *med* dna, podagra

Giebel *m bud* szczyt

Giebelfenster *n* okno w szczycie

Gier *f* (*0*) żądza, F pazerność *f*

gierig (**nach**) żądny (*G*), F pazerny (na *A*); *Blick*: chciwy (-wie)
gieß|en* nal(ew)ać, lać; (*unabsichtlich*) rozl(ew)ać; *Blume* podl(ew)ać; *tech* odl(ew)ać; *nieos* ***es gießt*** leje; **℞e'rei** *f* odlewnia; **℞kanne** *f* konewka
Gift *n* (*-es*; *-e*) trucizna; (*Toxin*, *fig*) jad; **℞ig** trujący (-co); jadowity (-cie); **~mord** *m* otrucie; **~müll** *m* (*-s*; *0*) odpady toksyczne; **~pflanze** *f* roślina jadowita; **~stoff** *m* substancja trująca
gi'gantisch gigantyczny
ging → ***gehen***
Ginseng *m* (*-s*; *-s*) żeń-szeń *m*
Ginster *m* janowiec
Gipfel *m* szczyt (*t. fig*); **℞n** (*-le*) (**in** *D*) osiągnąć *pf* szczytowy punkt (w *L*)
Gipfeltreffen *n* spotkanie na szczycie
Gips *m* (*-es*; *0*) gips(owy *w zł.*)
Gipsbein F *n* noga w gipsie
Gi'raffe *f* żyrafa
Giro *n* (*-s*; *-s*) żyro; **~konto** *n* rachunek żyrowy/bieżący; **~scheck** *m* czek żyrowy/przelewowy
Gischt *f* (*0*) grzywa fali, piana
Gi'tarre *f* gitara; **~nspieler(in** *f*) *m* gitarzysta *m* (-tka)
Gitter *n* krat(k)a; F ***hinter ~n*** za kratkami; **~fenster** *n* okratowane okno
Gitterzaun *m* krata, kratownica
Glace ['glasə] *f* (*-*; *-n*) (CH) lody *m/pl*
Glanz *m* (*-es*; *0*) połysk, (*t. fig*) blask
glänzen (*-zt*) błyszczeć, (*t. fig*) lśnić; **~d** błyszczący, lśniący; *fig* świetny
Glanz|leistung *f* wybitne osiągnięcie, arcydzieło; **℞los** matowy (-wo); **℞voll** świetny; **~zeit** *f* okres świetności
Glas *n* (*-es*; *⸚er*) szkło; (*Gefäß*) szklanka, kieliszek, słoik; → ***Trinkglas*** *itd.*
Gläschen [-sç-] *n* szklaneczka; kieliszek
Glaser *m* szklarz; *w zł.* szklarski
Gläser *pl* → ***Glas***, ***Brille***; **℞n** szklany
Glas|faser *f* włókno szklane / (*Lichtleiter*) światłowodu; **~hütte** *f* huta szkła
gla|'sieren (*-*) ⟨po⟩glazurować; *kulin* ⟨po⟩lukrować; **~sig** szklisty (-ście)
glasklar kryształowo przezroczysty
Glasmalerei *f* malowidło na szkle
Glasperle *f* paciorek
Glastür *f* drzwi *pl* szklone
Gla'sur *f* glazura, szkliwo; *kulin* lukier
Glaswolle *f* (*0*) wełna szklana
glatt gładki (-ko) (*t. fig*); (*rutschig*) śliski (-ko); *Lüge*: wierutny; *Summe*: równy; *Absage*: zdecydowany
Glätte *f* (*0*) gładkość *f*; śliskość *f*
Glatteis *n* (*-es*; *0*) gołoledź *f*, ślizgawica
glätten (*-e-*) wygładzać, ⟨wy⟩gładzić; ***sich ~*** *fig* uspokajać ⟨-koić⟩ się
glatt|gehen* F iść ⟨pójść⟩ gładko; **~rasiert** wygolony; **~weg** wprost; jak nic
Glatz|e *f* łysina; **℞köpfig** łysy
Glaube *m* (*-ns*; *0*) wiara (*t. rel*); *j-m* ***~n schenken*** da(wa)ć wiarę (*D*)
glaub|en wierzyć (*t.* **an** *A* w *A*); (*wähnen*) sądzić; F ***das ist ja nicht zu ~*** to nie do wiary; **℞en** *m* (*-ns*; *0*) → ***Glaube***
Glaubens|freiheit *f* (*0*) wolność *f* wyznania; **~satz** *m* dogmat
glaubhaft wiarogodny, wiarygodny
gläubig wierzący; ***die ℞en*** wierni *pl*
Gläubiger(in *f*) *m* wierzyciel(ka)
glaubwürdig wiarogodny, wiarygodny
Glau'kom *n* (*-s*; *0*) *med* jaskra
gleich równy, jednakowy (-wo); (*genauso*) taki/ten sam; ***am ~en Tag*** tego samego dnia, w tym samym dniu; ***in ~er Weise*** w ten sam sposób; *mat* ***ist ~ …*** równa się (*D*); F ***es ist mir ~*** wszystko mi jedno; **~, *wer*/*was*/*wie*** obojętnie, kto/co/jak; *adv* (*sofort*) zaraz; (*örtlich*) tuż (+ *praep*); **~altrig** równe/równi wiekiem, w tym samym wieku; **~artig** podobny, taki sam; **~bedeutend** (***mit***) równoznaczny (z *I*)
gleichberechtig|t równoprawny, równouprawniony; **℞ung** *f* (*0*) równouprawnienie
gleich|bleibend niezmienny; **~en*** (*D*, ***sich***) być podobnym (do *G*, do siebie)
gleicher|maßen, **~weise** równie
gleich|falls równie(ż); **~!** nawzajem!; **~förmig** (*eintönig*) jednostajny; **~gesinnt** … o tych samych poglądach; **℞gewicht** *n* równowaga; ***ins ~ bringen*** zrównoważyć; ***aus dem ~ bringen*** *fig* wytrącić z równowagi; **~gültig** obojętny; **℞gültigkeit** *f* (*0*) obojętność *f*
Gleich|heit *f* (*0*) równość *f*; **~heitszeichen** *n* znak równości; **℞kommen*** (*D*) dorówn(yw)ać (*D*); **℞lautend** równobrzmiący; **℞mäßig** równomierny; **~mut** *m* spokój ducha, opanowanie
Gleich|nis *n* (*-ses*; *-se*) przypowieść *f*; **℞rangig** równorzędny; **~richter** *m el* prostownik; **℞schenk(e)lig** *mat* równoramienny; **℞setzen** (***mit***) utożsamiać (z *I*); **~stand** *m* (*-es*; *0*) *sport* rów-

na liczba punktów / bramek; (*Tennis*) równowaga; **~strom** *m* (*-es; 0*) prąd stały; **2tun*** (*D*) dorówn(yw)ać (*D*)
Gleichung *f* równanie
gleich|wertig równowartościowy; **~zeitig** jednoczesny, równoczesny; **~ziehen*** (***mit***) zrówn(yw)ać się (z *I*)
Gleis *m* (*-es; -e*) tor (kolejowy)
Gleit|boot *n* ślizgacz; **2en*** (*sn*) slizgać się (***über das Eis*** po lodzie); (*fliegen*) szybować; *Tänzer*, *Schatten*: sunąć, przesuwać się; **~flug** *m* lot ślizgowy
Gleitzeit F *f* ruchomy czas pracy
Gletscher *m* lodowiec
glich *itd.* → ***gleichen***
Glied *n* (*-es; -er*) *anat* kończyna, (*t. Penis*) członek; *fig* człon, (*t. Kette*) ogniwo; **2ern** (*-re*) ⟨po⟩dzielić (***sich*** się)
Gliederung *f* podział; (*Aufbau*) układ
Gliedmaßen *pl* kończyny *f/pl*, członki *m/pl*
glimm|en* żarzyć się, tleć; **2er** *m* mika
Glimmstengel F *m* papieros, F fajka
glimpflich: ***~ davonkommen*** (***bei***) wyjść bez szwanku (z *G*)
glitschig F śliski (-ko)
glitt → ***gleiten***
glitzern (*-re*) lśnić (się); *Stern*: migotać
glo|'bal globalny; **2bus** *m* (*-/-ses; -se/-ben*) globus; (*Erde*) glob
Glocke *f* dzwon(ek *dim*); (*Glas*) klosz; F ***an die große ~ hängen*** nagłośnić *pf*
Glocken|blume *f* dzwonek; **~spiel** *n* kuranty *m/pl*; **~turm** *m* dzwonnica
glomm → ***glimmen***
glorreich sławny; *iron* sławetny
Glotz|e F *f* telewizor; **2en** F (*-zt*) wybałuszać ⟨-szyć⟩ oczy/ślepia
Glück *n* (*-es; 0*) szczęście; ***zum ~*** na szczęście; ***viel ~!*** dużo szczęścia!
Glucke *f* kwoka, kokoszka
glücken (*sn*) uda(wa)ć się
gluckern (*-re*) bulgotać
glücklich szczęśliwy (-wie); **~erweise** na szczęście, szczęśliwym trafem
Glücks|fall *m* szczęśliwy traf / przypadek; **~pilz** F *m* szczęściarz; **~rad** *n* koło fortuny; **~sache** *f* rzecz *f* szczęścia; **~spiel** *n* gra hazardowa; **~tag** *m* szczęśliwy dzień; **~zahl** *f* szczęśliwa liczba
Glückwunsch *m* powinszowanie, gratulacja; ***meinen ~*** (***zum***) gratuluję (*G*, z okazji *G*); **~karte** *f* kartka/pocztówka z życzeniami/powinszowaniami
Glüh|birne *f* żarówka; **2en** *v/i* żarzyć się; *fig* (***vor*** *D*) płonąć (od, z *G*); **2end** rozżarzony; *fig* żarliwy; ***~ machen*** rozżarzać ⟨-rzyć⟩; **~wein** *m* wino grzane
Glut [glu:t] *f* (*0*) żar (*t. fig*)
Gnade *f* (*0*) łaska; ***ohne ~*** bez litości
Gnaden|gesuch *n* prośba o ułaskawienie; **2los** bezlitosny (-śnie)
gnädig łaskawy (-wie)
Gold *n* (*-es; 0*) złoto; **2en** złoty; → **2farben** złocisty (-to, -ście); **~fisch** *m* złota rybka; **~gräber** *m* poszukiwacz złota; **~grube** *f fig* kopalnia złota; **2haltig** zawierający złoto; **2ig** F śliczny; **~medaille** *f* złoty medal; **~mine** *f* kopalnia złota; **~schmied** *m* złotnik
Golf[1] *m* (*-es; -e*) *geogr* zatoka
Golf[2] *n* (*-es; 0*) golf; **~platz** *m* pole golfowe; **~schläger** *m* kij golfowy
Gondel *f* (*-; -n*) gondola
gönn|en (***j-m*** *A*) nie zazdrościć (k-u *G*); pozwalać ⟨-wolić⟩ (***j-m***, ***sich*** *A* k-u, sobie na (*A*); **2er(in** *f*) *m* protektor(ka)
gönnerhaft protekcjonalny
Go'rilla *m* (*-s; -s*) goryl (*t.* F *fig*)
goß → ***gießen***
Gosse *f* rynsztok; **~n-** rynsztokowy
gosse|n, **~st** → ***gießen***
Got|ik *f* (*0*) gotyk; **2isch** *arch* gotycki
Gott *m* (*-es; ¨er*) bóg; *rel* (*0*) Bóg; ***um ~es willen!*** na litość boską!; ***~ sei Dank*** dzięki Bogu; ***vergelt's ~!*** Bóg zapłać!
Gottesdienst *m* nabożeństwo
Gotteslästerung *f* bluźnierstwo
Gottheit *f* bóg, bóstwo
Göttin *f* bogini, bóstwo
göttlich boski (-ko), boży
gott|lob chwała Bogu; **~los** bezbożny
Götze *m* (*-n*) bożek, bożyszcze
Grab *n* (*-es; ¨er*) grób, mogiła; **2en*** kopać; *Tier*: ⟨z⟩ryć; → ***ein-***, ***ausgraben***
Grab|en *m* (*-s;* ¨) rów, fosa; *mil* okop; **~mal** *n* grobowiec; **~rede** *f* mowa nad grobem; **~schändung** *f* zbeszczeszczenie grobu; **~stein** *m* nagrobek
Grad *m* (*-es; -e/-*) stopień *m*; ***bis zu e-m gewissen ~(e)*** do pewnego stopnia; ***zweiten ~es*** drugiego stopnia; **~einteilung** *f* podziałka; **~messer** *m* miernik
Graf *m* (*-en*) hrabia *m*
Grafik *f itd.* → ***Graphik***
Gräf|in *f* hrabina; **2lich** hrabiowski
Gram *m* (*-s; 0*) zgryzota
grämen trapić (***sich über*** *A* się *I*)

Gramm *n* (*-s*; *-e*/-) gram
Gram'ma|tik *f* gramatyka; **2ti'kalisch**, **2tisch** gramatyczny
Gra'nat *m* (*-ɇs*; *-e*) *min* granat; **~e** *f* granat; **~werfer** *m* granatnik
grandi'os wspaniały (-le)
Gra'nit *m* (*-ɇs*; *-e*) granit(owy *w zł.*)
grantig F *pej* szorstki; w złym humorze
Graphik *f* grafika; **~er(in** *f*) *m* grafik
Graphikkarte *f EDV* płyta grafiki
graphisch graficzny; wykreślny
Gra'phit *m* (*-s*; *-e*) grafit(owy *w zł.*)
Gras *n* (*-es*; *¨er*) trawa; **2en** *v/i* paść się
grasgrün trawiastozielony
Grashüpfer *m* konik polny, pasikonik
gräßlich okropny, potworny
Grat *m* (*-ɇs*; *-e*) (*e-s Berges*) grań *f*
Gräte *f* ość *f*
Gratisprobe *f* gratisowa próbka
Grätsche *f* rozkrok; (*Sprung*) (prze)skok rozkroczny
gratu'lieren (-) składać ⟨złożyć⟩ gratulacje; (**zu**) gratulować (*G*, z okazji *G*)
grau szary (-ro); *Haar*: siwy (-wo)
graublau szaroniebieski (-ko)
grauen[1]: ***der Tag graut*** świta
grauen[2]: ***mir graut*** (***vor*** *D*) strach mnie ogarnia (na myśl o *L*)
Grauen *n* (*-s*; *0*) zgroza
grauen|haft, **~voll** okropny, koszmarny
grauhaarig siwowłosy
graumeliert szpakowaty
Graupe|ln *f/pl*, **~n** *f/pl* krupy *f/pl*
grausam okrutny; F *adv* okropnie
Grausamkeit *f* okrucieństwo
grausen, **Grausen** *n* → ***grauen***[2]
Grauzone *f* szara strefa
gra'vieren (-) ⟨wy⟩grawerować
gra'vierend poważny, ważki
Gra'vur *f* grawerunek
Gra|zie [-tsĭə] *f* gracja, wdzięk; **2'zil** gibki, wiotki; **2zi'ös** pełen gracji, z gracją
greif|bar uchwytny; ***~ nahe*** tuż niedaleko, tuż tuż; **~en*** *v/t* → ***ergreifen***; *v/i* (***an*** *A*, ***nach***, ***zu***) sięgać ⟨-gnąć⟩ (do *G*, po *A*); chwytać ⟨-ycić⟩ się (*G*); ***um sich ~ fig*** szerzyć się; **2er** *m* chwytak
Greifvogel *m* ptak drapieżny
Greis *m* (*-es*; *-e*) (zgrzybiały) starzec
Greisin *f* (zgrzybiała) staruszka
grell jaskrawy (-wo); (*blendend*) rażący (-co); *Ton*: przeraźliwy (-wie)
Grenz|e *f* granica; **2en** (*-zt*) (***an*** *A*) graniczyć (z *I*); **2enlos** bezgraniczny, bezkresny; **~fall** *m* skrajny wypadek; **~gebiet** *n* strefa (nad)graniczna; **~posten** *m* posterunek/strażnik graniczny; **~schutz** *m* ochrona granic; straż graniczna; **~übergang** *m* (*Stelle*) przejście graniczne; **2überschreitend** transgraniczny; **~wert** *m* wartość graniczna
Greuel(tat *f*) *m* okrucieństwo
Griech|e *m* (*-n*) Grek; **~in** *f* Greczynka
griechisch grecki (po -ku)
griesgrämig zrzędny, tetryczny
Grieß *m* (*-ɇs*; *0*), **~brei** *m* grysik
griff(st) → ***greifen***
Griff *m* (*-ɇs*; *-e*) chwyt; (*Heft*) rękojeść *f*, rączka; (*am Koffer*) uchwyt; **2bereit** pod ręką, F na podorędziu; **~brett** *n* gryf; **2ig** poręczny; *Parole*: chwytliwy
Grill *m* (*-s*; *-s*) grill, rożen, ruszt; ***vom ~*** z grilla/rusztu; **2en** ⟨u⟩piec w grillu/na rożnie; **~party** *f* (*im Freien*) ognisko
Gri'masse *f* grymas; ***~n schneiden*** stroić miny
grimmig → ***zornig***; (*intensiv*) dojmujący
grinsen uśmiechać ⟨-chnąć⟩ się szeroko/głupkowato/szyderczo
Grippe *f* (*0*) grypa; **~impfung** *f* szczepienie przeciwgrypowe
grob (*¨er*; *¨st-*) gruby (-bo); (*unhöflich*, *derb*) gburowaty (-to); (*nicht genau*) zgrubny, *adv* z grubsza; **2heit** *f* (*0*) gburowatość *f*; **~en** *pl* impertynencje *f/pl*
Grobian *m* (*-s*; *-e*) gbur, cham
grobkörnig gruboziarnisty
grölen drzeć/wydzierać się
Groll *m* (*-s*; *0*) uraza, ansa; **2en** (*D*) mieć urazę (do *G*), dąsać się (na *A*)
Groschen *m* grosz; F dziesięć fenigów; **~heft** *n*, **~roman** *m* groszowa powieść
groß (*¨er*; *¨ßt-*) wielki, duży; (*erwachsen*) dorosły; ***das 2e Los*** główna wygrana; ***... Meter ~*** (o) wielkości ... metrów; **~angelegt** szeroko zakrojony; **~artig** wspaniały (-le); **2aufnahme** *f* zbliżenie; **2auftrag** *m* duże zamówienie; **2betrieb** *m* wielki zakład; *agr* duże gospodarstwo; **2brand** *m* wielki pożar
Größe *f* wielkość *f*; (*t. Kleidung*, *Schuhe*) rozmiar(y *pl*); (*Wuchs*) wzrost
Groß|einsatz *m* operacja na wielką skalę; **~eltern** *pl* dziadkowie *pl*; **~enkel(in** *f*) *m* prawnuk (-wnuczka)
Größenordnung *f* rząd wielkości
Größenwahn *m* mania wielkości
größer *comp* większy; (*höher*) wyższy

Groß|fahndung *f* akcja ścigania na wielką skalę; **~handel** *m* (*-s; 0*) handel hurtowy, hurt; **~s-** hurtowy; **~händler** *m* (kupiec) hurtownik; **~handlung** *f* hurtownia; **2herzig** wielkoduszny
Großherzogtum *n* wielkie księstwo
Gros'sist *m* (*-en*) hurtownik
Groß|kundgebung *f* (wielka) manifestacja masowa; **~macht** *f* wielkie mocarstwo; *w zł.* wielkomocarstwowy
Groß|maul *n pej* blagier(ka), bufon; **~mut** *m* wspaniałomyślność *f*; **~mutter** *f* (*pl* **⁻**) babka, F babcia; **~plattenbauweise** *f* budownictwo wielkopłytowe; **~raum** *m* (większy) obszar; makroregion; **~'reinemachen** F *n* (*-s; 0*) generalne porządki *m/pl*; **2spurig** zarozumiały (-le); **~stadt** *f* wielkie miasto; *w zł.* → **2städtisch** wielkomiejski
größte *sup* największy, maksymalny
Großteil *m* (*-s; 0*) większa część
größtenteils przeważnie
größtmöglich możliwie największy
Groß|unternehmen *n* wielkie przedsiębiorstwo; **~vater** *m* dziad(ek); **~verkauf** *m* sprzedaż hurtowa; **~wetterlage** *f* sytuacja makrosynoptyczna
groß|ziehen* wychow(yw)ać; *Tier* wyhodow(yw)ać; **~zügig** wspaniałomyślny; → ***freigebig***, ***großangelegt***
gro'tesk groteskowy (-wo)
Grotte *f* grota, jaskinia
grub → ***graben***
Grübchen *n* dołeczek, dołek
Grube *f* dół, jama; *bud* wykop; *gór* kopalnia; **~n-** *zw.* kopalniany
grübeln (*-le*) (***über*** *D*) rozmyślać (nad *I*)
Grubenunglück *n* katastrofa górnicza
Gruft *f* (*-; ⁻e*) grobowiec; krypta
grün zielony (-no) (*t. fig*); ***~ werden*** pozielenieć *pf*; *Baum*: zazielenić się; ***~es Licht geben*** dać zielone światło; F *j-m* ***nicht ~ sein*** czuć ansę (do *G*)
Grün *n* (*-s; 0*) zieleń *f*; zielony kolor; zielone światło; **~anlage** *f* zieleniec
Grund *m* (*-es; ⁻e*) *t-ko sg* grunt; (*e-s Gewässers*) dno; *fig* (*t. pl*) podstawa; (*Ursache*) przyczyna; (*Motiv*) powód; ***auf ~ von*** na podstawie (*G*); ***nicht ohne ~*** nie bezzasadnie; ***von ~ auf*** z gruntu; ***im ~e genommen*** w gruncie rzeczy; **~ausbildung** *f* wykształcenie podstawowe; **~besitz** *m* nieruchomość rolna, majątek ziemski; **~buch** *n* księga wieczysta; **~eigentümer** *m* właściciel gruntu
gründen (*-e-*) zakładać ⟨założyć⟩; ***~ auf*** (*D*), ***sich ~ auf*** (*A*) zasadzać się na (*L*)
Gründer(in *f*) *m* założyciel(ka)
Grund|farbe *f* barwa podstawowa; (*Grundierung*) farba podkładowa, F grunt; **~fläche** *f mat* podstawa; **~gebühr** *f tel* abonament telefoniczny
Grundgedanke *m* myśl przewodnia
Grundgesetz *n* podstawowe prawo; (*0*) Ustawa Zasadnicza
grun'dieren (-) ⟨za⟩gruntować
Grund|kapital *n* kapitał zakładowy; **~lage** *f* podstawa; *pl t.* założenia *n/pl*
grundlegend podstawowy, zasadniczy
gründlich gruntowny; *adv* F (*sehr*) porządnie; **2keit** *f* (*0*) dokładność *f*
Grund|lohn *m* płaca podstawowa; **2los** bezpodstawny, nieuzasadniony
Gründonnerstag *m* Wielki Czwartek
Grund|ordnung *f* ustrój społeczny; **~prinzip** *n* zasada podstawowa; **~riß** *m* zarys; (*Zeichnung*) rzut poziomy; **~satz** *m* zasada; **2sätzlich** zasadniczy (-czo); **~schule** *f* szkoła podstawowa, F podstawówka; **~stein** *m* kamień węgielny; *fig t.* podwalina; **~steuer** *f* podatek gruntowy; **~stück** *n* parcela, działka (gruntowa), F kawałek ziemi; *jur* nieruchomość gruntowa
Gründung *f* założenie; **~s-** założycielski
grund|verschieden zupełnie / skrajnie odmienny; **2version** *f* wersja podstawowa; **2wasser** *n* (*-s; 0*) woda gruntowa; **2züge** *m/pl* główne zarysy *m/pl*
Grün|e *n*: ***ins ~*** na łono natury; ***im ~n*** na łonie natury; **2en** zielenić się; **~fläche** *f* teren zielony; **~futter** *n* pasza zielona; **2gelb** zielonożółty; **2lich** zielonkawy (-wo); **~schnabel** *m pej* młokos
grunzen (*-zt*) chrząkać ⟨-knąć⟩
Grup|pe *f* grupa; **~n-** grupowy, zespołowy; **2penweise** grupami, grupowo
grup'pieren (-) ⟨u-, z⟩grupować
Gruselfilm *m* film grozy, dreszczowiec
gruselig przejmujący (z)grozą
Gruß *m* (*-es; ⁻e*) pozdrowienie, ukłon; *mil* oddanie honoru; ***mit freundlichen Grüßen*** łączę uprzejme pozdrowienia; ***Grüße an ...*** ukłony dla ...
grüßen (*-ßt*) pozdrawiać ⟨-rowić⟩; kłaniać ⟨ukłonić⟩ się (*D*); → ***begrüßen***; ***grüß Gott!*** niech będzie pochwalony!
Grütze *f* kasza; ***rote ~*** kisiel owocowy

G

guck|en F spoglądać ⟨spojrzeć⟩, ⟨po⟩-patrzeć; **˜loch** *n* F judasz
Guerillakampf [ge'rılja-] *m* walka podjazdowa/partyzancka
Gulasch *m* (-*ẹs*; -*s*/-*e*) gulasz
Gully *m* (-*s*; -*s*) studzienka ściekowa
gültig ważny; **˜keit** *f* (*0*) ważność *f*
Gummi *n*/*m* (-*s*; -*s*) guma; **~band** *n* (-*ẹs*; ¨*er*) gumka; **~bärchen** *n* gumiś *m*
Gummi|knüppel *m* pałka gumowa, F guma; **~sohle** *f* podeszwa gumowa, F guma; **~stiefel** *m* but gumowy, F gumiak; **~zug** *m* wstawka elastyczna
Gunst *f* (*0*) łaska(wość) *f*; względy *m*/*pl*; ***zu*** *j-s* ***~en*** na korzyść (*G*)
günstig pomyślny, sprzyjający; (*vorteilhaft*) korzystny, dogodny
Gurgel *f* (-; -*n*) gardło; **˜n** (-*le*) płukać gardło; *Wasser itp*.: bulgotać
Gurke *f* ogórek; **~n-** ogórkowy
Gurkensalat *m* mizeria
gurren gruchać
Gurt *m* (-*ẹs*; -*e*) pas; *tech t.* taśma
Gürtel *m* pas(ek); *fig* pas; strefa; **~linie** *f*: ***unter die ~*** poniżej pasa; **~reifen** *m* opona radialna; **~rose** *f med* półpasiec
Guß [gus] *m* (-*sses*; ¨*sse*) *tech* odlew; *kulin* polewa; F (*Regen*) ulewa; **~eisen** *n* żeliwo; **~form** *f* forma odlewnicza
gut (*besser*, *best-*) dobry (-brze); ***ganz ~*** (wcale) niezły (-źle); ***im ~en*** po dobremu; F ***mach's ~!*** cześć!; ***laß es ~ sein*** zostaw to; → ***Tag***, ***Reise*** *itd.*

Gut [gu:t] *n* (-*ẹs*; ¨*er*) dobro, mienie; *hdl* towar; (*Landgut*) majątek; *pl t.* dobra *n*/*pl*; **~achten** *n* ekspertyza; **~achter(in** *f*) *m* biegły (-ła), rzeczoznawca *m*; **˜artig** łagodny (*t. med*); **˜bürgerlich** ... w mieszczańskim guście; **~e(s)** dobro; ***alles Gute!*** wszystkiego najlepszego!
Güte *f* (*0*) dobroć *f*; (*Qualität*) jakość *f*
Güteklasse *f* klasa jakości
Gute'nacht|geschichte *f* F dobranocka; **~kuß** *m* pocałunek na dobranoc
Güter *pl* → ***Gut***; **~bahnhof** *m* stacja towarowa; **~trennung** *f* rozdzielność majątkowa; **~umschlag** *m* przeładunek towarów; **~wagen** *m* wagon towarowy; **~zug** *m* pociąg towarowy
gut|gehen* prosperować; (*j-m*) powodzić się (*D*); ***es geht mir gut*** czuję się dobrze; **~gelaunt** wesoły (-ło); **~gläubig** naiwny; *adv* w dobrej wierze; **˜haben** *n* saldo kredytowe (rachunku bankowego); **~heißen*** ⟨za⟩aprobować
gütig dobrotliwy (-wie), łagodny
gütlich polubowny, ugodowy (-wo)
gut|mütig dobroduszny; **˜schein** *m* kupon, bon; **˜schrift** *f* uznanie konta; (*Nachricht*) awizo kredytowe; **~situiert** dobrze sytuowany; **~tun*** (*D*) przynosić ⟨-nieść⟩ ulgę, dobrze ⟨z⟩robić (*D*)
gutwillig *adv* dobrowolnie; chętnie
Gym'nasium *n* (-*s*; -*ien*) gimnazjum *n*
Gym'nastik *f* (*0*) gimnastyka
gynäko'logisch ginekologiczny

H

Haar *n* (-*ẹs*; -*e*) włos; *zbior* włosy *pl*; (*vom Tier*) sierść *f*; włosie; F ***aufs ~*** kubek w kubek; ***um ein ~*** o mały włos; ***an den ~en herbeigezogen*** *Vergleich*: naciągany; **~ausfall** *m* (-*ẹs*; *0*) wypadanie włosów, łysienie; **~bürste** *f* szczotka do włosów; **˜en** linieć, lenić się; **~farbe** *f* kolor włosów; **˜fein** cienki jak włos(ek); **˜genau** F co do joty, jota w jotę
haarig włochaty (-to); F *fig* delikatny
Haarklemme *f* wsuwka do włosów
Haarnadelkurve *f* ostry zakręt
Haarnetz *n* siatka na włosy
haarscharf F (***an*** *D*) o włos (od *G*); precyzyjny
Haarschneiden *n* strzyżenie (włosów)
Haar|schnitt *m* fryzura; **~spalte'rei** *f* dzielenie włosa na czworo
haarsträubend skandaliczny
Haartrockner *m* suszarka do włosów
Haar|wasser *n* płyn do włosów; **~wuchs** *m* porost włosów; owłosienie
Hab: ***~ und Gut*** cały majątek
Habe *f* (*0*) mienie, majątek

haben* mieć; (*besitzen, t. fig*) posiadać; *etw* ***ist noch zu ~*** można jeszcze otrzymać/dostać (*A*); ***ich habe zu ...*** (*muß*) mam, muszę ...; ***ich hätte gern ...*** chciał(a)bym ...; ***was hat er?*** co z nim jest?; F ***sich ~*** certować się; → ***Angst***, ***Hunger***, ***eilig***, ***tun*** *itd.*
Haben *n* (*-s; 0*) *fin* strona „ma"
Habensaldo *m* saldo kredytowe
Habenseite *f* aktywna strona bilansu
Habgier *f* pazerność *f*; **2ig** pazerny
Habicht *m* (*-ęs; -e*) jastrząb; **~s-** jastrzębi
habili'tieren (-) (***sich***) habilitować się
Habseligkeiten *pl* rzeczy *f/pl*, F majdan
Hachse *f* golonka; (*vom Kalb*) gicz *f*
Hackbraten *m* pieczeń rzymska, klops
Hacke *f* → ***Ferse***; *agr* graca, motyka
hacken *Holz* ⟨po⟩rąbać; *Fleisch* ⟨po⟩siekać; *v/i agr* gracować, motyczyć; *Vogel*: dziobać ⟨-bnąć⟩
Hackfleisch *n* mięso siekane/mielone
Hackmesser *n* tasak
Häcksel *m/n* (*-s; 0*) sieczka
Hafen *m* (*-s;* ¨) port(owy *w zł.*); **~amt** *n* kapitanat portu; **~arbeiter** *m* doker
Hafer *m* (*-s; 0*) owies; **~brei** *m* owsianka; **~flocken** *f/pl* płatki *m/pl* owsiane
Haff *n* (*-ęs; -e/-s*) zalew
Haft *f* (*-; 0*) areszt; (*Strafe*) kara więzienia, więzienie; ***in ~ nehmen*** aresztować (*im*)*pf*; **2bar** (***für***) odpowiedzialny (za *A*); **~befehl** *m* nakaz aresztowania
haften¹ (*-e-*) (***an*** *D*) przylepi(a)ć się, lepić się (do *G*); (*im Gedächtnis*) ⟨u⟩tkwić
haften² (*-e-*) (***für***) odpowiadać (za *A*)
haftenbleiben* → ***haften¹***
Häftling *m* (*s-; -e*) więzień *m* (więźniarka)
Haftpflichtversicherung *f* ubezpieczenie od odpowiedzialności cywilnej
Haftprüfung *f* badanie podstaw aresztowania
Haftschalen *f/pl* szkła *n/pl* kontaktowe
Haftstrafe *f* kara więzienia
Haftung *f* (*0*) odpowiedzialność *f*
Hagebutte *f* owoc dzikiej róży, F głóg
Hagel *m* (*-s; 0*) grad(owy *w zł.*); **2n** (*-le*): ***es hagelt*** pada/sypie grad; *fig* ***es hagelte Fragen*** posypał się grad pytań
hager szczupły (-le)
Hahn *m* (*-ęs;* ¨*e*) kogut; *tech* kran
Hähnchen *n kulin* kurczę *n*, brojler
Hai *m* (*-ęs; -e*) rekin, żarłacz
Hain *m* (*-ęs; -e*) gaj; **~buche** *f* grab
Häk|chen *n* haczyk; **2eln** (*-le*) szydełkować; **~elnadel** *f* szydełko
haken *v/i* (***an*** *D*) zahaczać ⟨-czyć⟩ się, zaczepi(a)ć się (o *A*)
Haken *m* hak, haczyk; (*Boxen*) (cios) sierpowy; ***die Sache hat e-n ~*** sprawa nie jest bez ale; **~kreuz** *n* swastyka
halb pół; (*teilweise*) połowiczny; *adv t.* wpół, na pół, przez/na połowę, do połowy; ***~e Stunde*** pół godziny; ***zum ~en Preis*** za pół ceny; ***auf ~em Wege*** w połowie drogi; ***~ zwei*** (***Uhr***) wpół do drugiej; ***~ und ~*** pół na pół
halb|automatisch półautomatyczny; **2bruder** *m* brat przyrodni; **2dunkel** *n* półmrok; **2edelstein** *m* kamień półszlachetny; **2fabrikat** *n* (*-s; -e*) półfabrykat; **~fett** *Schrift*: półtłusty; **2finale** *n* półfinał; **~herzig** bez przekonania
hal'bieren (-) ⟨po⟩dzielić na pół
Halb|insel *f* półwysep; **~jahr** *n* półrocze; **2jährig** półroczny; **~kreis** *m* półkole; **~kugel** *f* półkula; **~leiter** *m* półprzewodnik(owy *w zł.*); **~messer** *m* promień *m* (koła); **~mond** *m* półksiężyc; **2nackt** półnagi (-go); **~pension** *f* niepełne wyżywienie; **~schuh** *m* półbucik; **~schwester** *f* siostra przyrodnia; **2seitig** na pół strony; *med* połowiczny; jednostronny; **~starke(r)** wyrostek
halbtags na/przez pół dnia; **2beschäftigung** *f* zatrudnienie na pół etatu
halbvoll napełniony do połowy
halbwegs F jako tako, dość dobrze
Halbwüchsige(r) małolat(a), wyrostek
Halbzeit *f* połowa (gry); *fig* półmetek
Halde *f* hałda, zwał(owisko)
half, hälfe → ***helfen***
Hälfte *f* połowa, połówka; ***zur ~*** do połowy; połowę; ***um die ~*** o połowę
Halle *f* hala; (*im Hotel*) hol, hall
halle'luja *int* alleluja
hallen rozbrzmie(wa)ć, rozlegać się
Hallen|bad *n* kryta pływalnia; **~wettbewerb** *m* zawody *m/pl* halowe
hallo *int* halo
Hallo F *n* (*-s; -s*) okrzyki *m/pl*
Halluzinati'on *f* halucynacja
Halm *m* (*-ęs; -e*) źdźbło; słomka
Halo'genscheinwerfer *m* reflektor halogenowy, F halogen
Hals *m* (*-es;* ¨*e*) szyja; *fig*, *med t.* szyjka; (*Kehle*) gardło; F ***~ über Kopf*** na łeb na szyję; ***bis zum ~*** po szyję; ***auf dem ~***

H

haben mieć na karku; ***den ~ brechen*** skręcić kark (***sich*** sobie); ***sich*** *etw* ***vom ~ schaffen*** pozbyć się (*G*); **~band** *n* naszyjnik; (*für Hunde*) obroża
hals|brecherisch karkołomny; **&entzündung** *f* zapalenie gardła; **&-Nasen-Ohrenarzt** *m* otorynolaryngolog
Hals|schmerzen *m/pl* ból gardła; **&starrig** uparty; **~tuch** *n* chustka na szyję, apaszka; **~wirbel** *m anat* kręg szyjny
halt *part* F tak, też; *int* **~!** stój!
Halt *m* (*-es; 0*) oparcie; (*Stop*) zatrzymanie się; postój; ***ohne ~*** nie zatrzymując się; → ***Stütze***, ***Einhalt***
haltbar trwały; nie psujący się
Haltbarkeitsdatum *n* maksymalny termin przechowywania
Haltelinie *f* linia zatrzymania pojazdu
halten* *v/t* trzymać (*A*; *t. fig*); (*stoppen*) zatrzym(yw)ać (*v/i* się); *Schritt*, *Wort* dotrzym(yw)ać (*G*); (*einhalten*) utrzym(yw)ać; *Rede* wygłaszać ⟨-głosić⟩; ***~ für*** uważać za (*A*); *v/i* (*nicht kaputtgehen*) wytrzym(yw)ać; ***~ von*** sądzić o (*L*); ***davon halte ich nichts*** nie uważam to za dobre; ***~ zu*** *j-m* popierać (*A*); ***sich ~*** trzymać się (*t. fig*; ***an*** *j-n/etw G*); *kulin* nie psuć się, przechowywać się
Halter *m* uchwyt; (*t.* **~in** *f*) właściciel(ka) (*G*); **~ung** *f* zamocowanie; obsada
Haltestelle *f* przystanek
Halteverbot *m* zakaz zatrzymywania się
halt|los bezpodstawny; *os.* nieopanowany; **~machen** zatrzym(yw)ać się
Haltung *f* postawa (*t. fig* ***gegenüber*** wobec *G*); (*d. Tiere*) trzymanie, hodowla
Ha'lunke *m* (*-n*) łajdak, łotr
hämisch złośliwy (-wie)
Hammel *m* baran; **~braten** *m* pieczeń barania; **~fleisch** *n* baranina
Hammer *m* młotek; *tech*, *sport* młot; *anat*, *muz* młoteczek
hämmern (*-re*) młotkować; F *fig* walić, łomotać (***an*** *A* do *G*, w *A*)
Hammerwerfen *n* (*-s; 0*) rzuty *m/pl* młotem
Hämo|- *med* hemo-; **~rrho'iden** *f/pl* guzy *m/pl* krwawnicowe
Hampelmann *m* (*-es; ⸚er*) pajac (*t. fig*)
Hamster *m* chomik; **&n** (*-re*) → ***horten***
Hand *f* (*-; ⸚e*) ręka, dłoń *f*; ***an/bei der ~*** (*nehmen*) za rękę; (*haben*) pod ręką; ***es liegt klar auf der ~*** (to) jasne jak na dłoni; ***selbst in die ~ nehmen*** wziąć w swoje ręce; ***freie ~ lassen*** dać wolną rękę; **~arbeit** *f* (*Sache*) rękodzieło; (*Häkeln itp.*) robótka; **~ball** *m* (*-es; 0*) piłka ręczna; **~ballspieler(in** *f*) *m* piłkarz (-rka) ręczny (-na); **~bremse** *f* hamulec ręczny; **~buch** *n* podręcznik
Händchen *n* rączka, rączyna
Händedruck *m* uścisk dłoni
Handel *m* (*-s; 0*) handel; ***im ~ sein*** być w sprzedaży
handeln¹ (*-le*) handlować (***mit*** *etw I*; ***mit*** *j-m* z *I*); targować się (***um*** o *A*)
handeln² (*-le*) działać, postępować ⟨postąpić⟩; traktować (***von*** o *L*); ***es handelt sich um*** *j-n/etw* chodzi o (*A*); ***worum handelt es sich?*** o co chodzi?
Handels|bank *f* bank handlowy/komercyjny; **~delegation** *f* delegacja handlowa; **&einig: *~ sein*** ugodzić się *pf*; **~geschäft** *n* transakcja handlowa, F interes; **~gesellschaft** *f* spółka handlowa; **~kammer** *f* izba handlowa
Handels|korrespondenz *f* korespondencja handlowa; **~partner** *m* partner handlowy; **~register** *n* rejestr handlowy; **~schule** *f* szkoła handlowa, F handlówka; **&üblich** przyjęty w handlu; **~überschuß** *m* nadwyżka handlowa; **~vertretung** *f* przedstawicielstwo handlowe
Hand|feger *m* zmiotka; **~fertigkeit** *f* (*0*) umiejętność *f*; **&fest** poważny; *Beweis*: niezbity; **~fläche** *f* dłoń *f*
handgearbeitet ręcznej roboty
Hand|gelenk *n* przegub ręki; **~gemenge** *n* bójka; **~gepäck** *n* bagaż ręczny
handgeschrieben odręczny
Handgranate *f* granat ręczny
hand|greiflich namacalny; ***~ werden*** przechodzić ⟨przejść⟩ do rękoczynów; **&griff** *m* manipulacja; ***mit wenigen ~en*** bez trudu, prosto; → ***Griff***; **&habe** *f* powód, podstawa; **~haben** *v/t* posługiwać się (*I*); *Gesetz* ⟨za⟩stosować (*A*)
Hand|kuß *m* (po)całowanie ręki; **&langer** *m* pomocnik; *pej* poplecznik
Händler *m* handlarz, dealer; → ***Kaufmann***, ***Verkäufer***; **~in** *f* handlarka
hand|lich poręczny; **&lung** *f* czyn, postępek; (*im Film*) akcja; (*Laden*) sklep
Handlungs|freiheit *f* swoboda działania; **~reisende(r)** komiwojażer(ka); **&unfähig** niezdolny do działań prawnych; **~weise** *f* sposób postępowania

Hand|pflege *f* pielęgnacja rąk; **~schellen** *f/pl* kajdanki *m/pl*; **~ anlegen** skuć kajdankami; **~schlag** *m*: **mit ~ begrüßen** (*A*) podać rękę na powitanie (*D*); **~schrift** *f* charakter pisma; → ***Manuskript***; **2schriftlich** odręczny; rękopiśmienny; **~schuh** *m* rękawiczka; **~tasche** *f* torebka (damska); **~tuch** *n* ręcznik; **~voll** *f* (*idkl*) garść *f*
Handwerk *n* rzemiosło; *pej* proceder; **~er** *m* rzemieślnik; **2lich** rzemieślniczy
Handwerks|betrieb *m* zakład rzemieślniczy; **~zeug** *n* (*-s*; *0*) narzędzia *n/pl*
Hand|wurzel *f* nadgarstek; **~zeichen** *n* (*b. Abstimmung*) podniesienie ręki
Hanf *m* (*-ęs*; *0*) konopie *pl*
Hang *m* (*-ęs*; *⁼e*) zbocze, stok; *fig* (*0*) pociąg (**zu** do *G*); *sport* zwis
Hänge|brücke *f* most wiszący; **~busen** *m* obwisłe piersi *f/pl*; **~matte** *f* hamak
hängen¹* *v/i* wisieć; (*herab~*) zwisać; *fig* (**an** *D*) być przywiązanym (do *G*)
hängen² *v/t* wieszać ⟨powiesić⟩ (*t. os.*), zawieszać ⟨zawiesić⟩ (**auf** *A* na *L*); wywieszać ⟨-wiesić⟩ (**aus** z *G*); **~bleiben*** zaczepi(a)ć się; F *fig* utkwić *pf* (w pamięci); **~lassen*** zapomnieć *pf* na wieszaku; **sich ~** opuścić *pf* ręce
hanse'atisch hanzeatycki
hänseln (*-le*) *v/t* droczyć się (z *I*)
han'tieren (-) krzątać się, być zajętym; (**mit**) manipulować (*I*)
hapern: es hapert an (*D*) brak (jest) (*G*); **es hapert mit** szwankuje (*A*)
Happen F *m* kąsek; (*e-s Herings*) dzwonko; **e-n ~ essen** przekąsić coś
happig F *Preis*: słony, wygórowany
Hardware [-wɛːɐ] *f* (*0*) sprzęt komputerowy, oprzyrządowanie, hardware *m*
Harfe *f* harfa
Harke *f* grabie *pl*, grabki *pl*; **2n** grabić
harmlos nieszkodliwy (-wie)
Harmo'nie [*pl* -'niːən] *f* harmonia
har'moni|sch harmoniczny; *fig* harmonijny; **~'sieren** (-) ⟨z⟩harmonizować
Harn *m* (*-ęs*; *0*) mocz; **~blase** *f* pęcherz moczowy; **2en** odda(wa)ć mocz
Harnisch *m* (*-ęs*; *-e*) pancerz, zbroja
Harnröhre *f* cewka moczowa
Harnstoff *m* (*-ęs*; *0*) *chem* mocznik
Har'pune *f* harpun
harren (*G*, auf *A*) wyczekiwać (*G*, na *A*)
hart (*⁼er*; *⁼st-*) twardy (-do) (*t. fig*); *Kampf*: zacięty (-cie); *adv* (**an** *D*) tuż (przy *L*), bardzo blisko (*G*)
Härte *f* twardość *f*; (*Strenge*) srogość *f*; (*Unbill*) przeciwność *f*; *jur* **unbillige ~** niesłuszna dolegliwość dotkliwa; **~fall** *m* przypadek rażącej dolegliwości
härten (*-e-*) ⟨za⟩hartować
Hartfaserplatte *f* płyta pilśniowa
hartgekocht (ugotowany) na twardo
hartnäckig uporczywy (-wie)
Harz *m* (*-es*; *-e*) żywica; *w zł.* żywiczny
Harzer *adj* harceński
haschen¹ (**nach**) łapać, chwytać (*A*)
haschen² F palić haszysz
Häschen [-sç-] *n* zajączek
Haschisch *n* (-; *0*) haszysz
Hase *m* (*-n*) zając, (*Feldhase*) szarak
Haselnuß *f* orzecz laskowy; (*Strauch*) leszczyna
Hasen|braten *m* pieczeń zajęcza; **~klein** *n* (*-s*; *0*) podróbki *f/pl* zajęcze
Hasenscharte *f med* zajęcza warga
Häsin *f* zajęczyca; *łow* kocica
Haß *m* (*-sses*; *0*) nienawiść *f* (do *G*)
hassen (*-ßt*) nienawidzić
haßerfüllt pełen (-łne) nienawiści
häßlich brzydki (-ko); **2keit** *f* brzydota
Hast *f* (-; *0*) pośpiech; **2en** (*-e-*; *sn*) gonić, ⟨po⟩pędzić; **2ig** szybki (-ko)
hat(te), **hätte** → ***haben***
Haube *f* czepek; *tech* kołpak, dzwon; *zoo* czub(ek); **~n-** czubaty
Hauch *m* (*-ęs*; *0*) tchnienie (*t. Wind*); (*Spur*) ślad; (*Duft*) (słaba) woń (**von** *G*)
hau̯ch|dünn cieniuteńki (-ko); **~en** *v/t* chuchać ⟨-chnąć⟩; *v/t* ⟨wy⟩szeptać
hauen* *v/t* tłuc, grzmocić (*t.* F *prügeln*), grzmotnąć *v/s* (*v/i*, *sn* się); → ***fällen***, ***hacken***; ***in Stücke ~*** rozbi(ja)ć; *v/i* (**auf**, **in** *A*) wyrżnąć, zdzielić *v/s* (w *A*, po *L*)
Haufen *m* kupa; F *fig t.* moc, huk; *etw* **über den ~ werfen** przekreślić *pf* (*A*)
häufen układać ⟨ułożyć⟩ (na kupę); ⟨na⟩gromadzić (**sich** się); **sich ~** (*zunehmen*) zdarzać się coraz częściej
haufenweise bez liku, co niemiara
häufig częsty (-to); **2keit** *f* (*0*) częstość *f*
Häuflein *n* kupka; *fig* garstka
Haupt *n* (*-ęs*; *⁼er*) głowa (*t. fig*)
hauptamtlich etatowy (-wo)
Hauptbahnhof *m* dworzec główny
haupt|beruflich zawodowy, ... z zawodu; **2darsteller(in** *f*) *m* wykonawca *m* (-czyni) roli głównej; **2eingang** *m* wejście główne; **2gang** *m*, **2gericht** *n kulin*

H

drugie danie; **ⓢgeschäftszeit** *f* godziny *f/pl* szczytu w sklepach
Hauptgewinn *m* główna wygrana
Häuptling *m* (*-s*; *-e*) kacyk, wódz
Hauptmann *m* (*-ęs*; *-leute*) *mil* kapitan
Haupt|person *f* główna osoba; *teatr itp.* tytułowa postać; **~problem** *n* problem węzłowy; **~quartier** *n* kwatera główna; **~rolle** *f* rola główna/tytułowa; **~sache** *f* główna/najważniejsza rzecz; **ⓢsächlich** główny, zasadniczy; *adv* głównie
Haupt|schule *f* szkoła zasadnicza; **~stadt** *f* stolica; **ⓢstädtisch** stołeczny; **~straße** *f* główna ulica; **~verfahren** *n* *jur* postępowanie sądowe
Hauptverkehrs|straße *f* arteria komunikacyjna; **~zeit** *f* godziny *f/pl* szczytu
Haupt|versammlung *f* walne zgromadzenie; **~wohnsitz** *m* główne miejsce zamieszkania

H

Haus *n* (*-es*; *⁼er*) dom (*t. fig*, *hdl*); *pol* izba; (*Bewohner*) domownicy *m/pl*; ***außer ~*** poza domem; *Verkauf*: na wynos; ***nach ~e*** do domu; ***zu ~e*** w domu
Haus|angestellte *f* pomocnica domowa; **~apotheke** *f* apteczka (domowa); **~arbeit** *f* praca domowa; (*Schularbeiten*) zadanie domowe; **~arzt** *m* lekarz domowy; **~besetzung** *f* bezprawne wprowadzenie się do domu; **~besitzer(in** *f*) *m* właściciel(ka) domu
Häuschen [-sç-] *n* dome(cz)ek
hauseigen własny; należący do firmy
hausen gnieździć się; (*wüten*) buszować
Häuserblock *m* bloki *m/pl* mieszkalne
Haus|frau *f* gospodyni domowa; pani domu; **~friedensbruch** *m* najście (cudzego) mieszkania/domu; **ⓢgemacht** własnego/domowego wyrobu
Hausgemeinschaft *f* ogół domowników/mieszkańców domu
Haushalt *m* (*-ęs*; *-e*) gospodarstwo domowe; (*Etat*) budżet; **ⓢen*** (*hält haus, hat hausgehalten*) (***mit***) oszczędzać (*A*)
Haushälterin *f* gospodyni, gosposia
Haushalts|artikel *m* artykuł gospodarstwa domowego; **~geld** *n* pieniądze *pl* na utrzymanie (domu); **~jahr** *m* rok budżetowy; **~plan** *m* projekt budżetu
Hausherr *m* gospodarz, pan domu
haushoch olbrzymi; ***~ verlieren*** przegrać (bardzo) wysoko
hau'sieren (-) zajmować się domokrąstwem; *fig pej* (***mit***) obnosić się (z *I*)
Hau'sierer *m* domokrążca *m*
häuslich domowy; (*gern zu Hause*) domatorski; ***sich ~ niederlassen*** zadomowić się *pf*
Haus|mann *m* mężczyzna prowadzący gospodarstwo domowe; **~meister** *m* dozorca *m* (domu); **~müll** *m* odpadki *m/pl* domowe; **~nummer** *f* numer domu; **~ordnung** *f* regulamin (wewnętrzny); **~putz** *m* (*-es*; *zw. 0*) porządki *m/pl* domowe; **~rat** *m* sprzęty *m/pl* domowe; **~schlüssel** *m* klucz od drzwi wejściowych; **~schuh** *m* pantofel, kapeć *m*
Hausse ['ho:sə] *f* hossa, zwyżka kursów
Haus|sprechanlage *f* domofon, bramofon; **~suchung** *f* rewizja mieszkania/domu; **~tier** *n* zwierzę domowe; **~tür** *f* drzwi *pl* wejściowe, brama; **~verwaltung** *f* administracja domu; **~wirt(in** *f*) *m* właściciel(ka) domu; **~wirtschaft** *f* gospodarstwo domowe
Haut *f* (-; *⁼e*) skóra; (*Teint*) cera; (*Pelle*) skórka; (*auf d. Milch*) kożuszek; *biol* (*dünne Hülle*) błon(k)a; **~arzt** *m* dermatolog, F skórnik; **~ausschlag** *m* wysypka; **~creme** *f* krem kosmetyczny
häuten (*-e-*) *v/t* ściągać ⟨-gnąć⟩ skórę (z *G*); ***sich ~*** zrzucać ⟨-cić⟩ skórę, linieć
haut|eng opięty; **~freundlich** nie drażniący skóry; **ⓢkrankheit** *f* choroba skóry; **~nah** z bliska, na żywo
Hava'rie [*pl* -'ri:ən] *f* awaria
Hebamme *f* położna, † akuszerka
Hebebühne *f* pomost podnoszący
Heb|el *m* dźwignia (*t. fig*); **ⓢen*** unosić ⟨unieść⟩, (*t. fig*) podnosić ⟨-nieść⟩ (***sich*** się), (*mit Mühe*) (u)dźwignąć *pf*; *Schatz* wydoby(wa)ć; *fig* (*verbessern*) polepszać ⟨-szyć⟩ (***sich*** się); **~ung** *f* podniesienie; wydobycie; polepszenie
Hecht *m* (*-ęs*; *-e*) szczupak
Heck *n* (*-s*; *-e|-s*) *mar* rufa; *mot* tył; *lotn* ogon; **~antrieb** *m* napęd na tylne koła
Hecke *f* żywopłot
Hecken|rose *f* dzika róża; **~schütze** *m* zaczajony strzelec/snajper
Heck|klappe *f* pokrywa bagażnika; **~motor** *m* silnik umieszczony w tyle
Heckscheibe *f mot* szyba tylna
Heer *n* (*-es*; *-e*) armia (*t. fig*); *hist* wojsko
Hefe *f* drożdże *pl*; *w zł.* drożdżowy
Heft[1] *n* (*-ęs*; *-e*) zeszyt (*t. Lieferung*); broszura; (*Fahrscheinheft itp.*) blo(cze)k

Heft² *n* (-*e*s; -*e*) rękojeść *f*, trzonek
heft|en (-*e*-) *kraw* fastrygować; *drk* zszy(wa)ć; → ***anheften***; **Ser** *m* skoroszyt
heftig gwałtowny
Heftigkeit *f* (*0*) gwałtowność *f*
Heftklammer *f* spinacz
Heftpflaster *n* przylepiec
hegen ochraniać, otaczać opieką; *lit Gefühl* żywić; *Wunsch* mieć
Hehl *n*/*m*: ***kein*(*en*) ~ *machen* (*aus*)** nie skrywać (*G*), nie robić sekretu (z *G*)
Hehler(in *f*) *m* paser(ka)
Hehle'rei *f* (*0*) paserstwo
Heide¹ *m* (-*n*) poganin
Heide² *f* pustać *f*; **~kraut** *n* wrzos
Heidelbeere *f* borówka (czernica)
Heiden|angst F *f* (*0*) okropny strach; **~geld** F *n* kupa pieniędzy; **~lärm** F *m* piekielny hałas, straszny harmider
Heidentum *n* (-*s*; *0*) pogaństwo
Heid|in *f* poganka; **Snisch** pogański
heikel (-*kler*, -*lst*-) drażliwy, delikatny
heil cały (-ło); F (*geheilt*) zdrowy
Heil *n* (-*e*s; *0*) szczęście; zbawienie
Heiland *m* (-*e*s; *0*) Zbawiciel
Heil|anstalt *f* lecznica; **~bad** *n* (*Ort*) uzdrowisko; **Sbar** uleczalny
Heilbutt *m* (-*e*s; -*e*) kulbak, halibut
heilen (***von***) wyleczyć *pf* (z *G*); *os. t.* uzdrawiać ⟨-rowić⟩
heilig święty; **Sabend** *m* Wi(gi)lia Bożego Narodzenia
Heilige(r) święty (-ta)
Heilig|keit *f* (*0*) świętość *f*; **Ssprechen*** kanonizować (*im*)*pf*; **~tum** *n* (-*s*; *"er*) świętość *f*; (*Tempel*) świątynia
Heil|kraft *f* moc uzdrawiająca; **~kraut** *n* zioło lecznicze; **Slos** F okropny, nieopisany; **~praktiker(in** *f*) *m* uzdrowiciel(ka), specjalista *m* (-tka) medycyny niekonwencjonalnej, paramedyk; **~quelle** *f* źródło lecznicze; **Ssam** zbawienny
Heilsarmee *f* (*0*) Armia Zbawienia
Heilung *f* wyleczenie; zagojenie (się)
heim *adv* do domu
Heim *n* (-*e*s; -*e*) dom; (*Zuhause*) ognisko domowe; **~arbeit** *f* (*0*) praca wykonywana w domu, praca chałupnicza
Heimat *f* (*0*) ojczyzna (*t. fig*), kraj rodzinny, strony *f*/*pl* ojczyste; **~hafen** *m* port macierzysty; **~kunde** *f* krajoznawstwo; **Slich** ojczysty, rodzimy; **Slos** bezdomny; **~museum** *n* muzeum krajoznawcze; **~ort** *m* miejscowość rodzinna; **~vertriebene(r)** wysiedleniec (-lona), wypędzony (-na)
heimbringen* odprowadzać ⟨-dzić⟩ (*im Auto*: odwozić ⟨-wieźć⟩) do domu
Heimfahrt *f* jazda powrotna/do domu
Heimflug *m* lot powrotny
heimisch swojski (-ko); domowy; ***sich ~ fühlen*** czuć się jak (u siebie) w domu
Heim|kehr *f* (*0*) powrót do domu/kraju; **Skehren** (*sn*) powracać ⟨(po)wrócić⟩ do domu/kraju; **~kind** *n* wychowanek (-nka) domu sierot; **~leiter(in** *f*) *m* kierownik (-iczka) domu (dziecka *itp.*)
heimlich (po)tajemny, sekretny; → ***verborgen***; *adv t.* skrycie, po kryjomu; **~tun*** zachow(yw)ać się tajemniczo
Heim|reise *f* podróż *f* powrotna/do domu; **~spiel** *n* gra na własnym boisku; **Ssuchen** nawiedzać ⟨-dzić⟩
heimtückisch podstępny, perfidny
Heim|weg *m* droga powrotna; ***auf dem ~*** po drodze do domu; **~weh** *n* (-*s*; *0*) tęsknota za domem/krajem
Heimwerker *m* majsterkowicz
heimzahlen odpłacać ⟨-cić⟩ (wet za wet)
Heinzelmännchen *n* krasnoludek
Heirat *f Mann*: ożenek; *Frau*: zamążpójście; **Sen** (-*e*-) *v*/*t* ⟨o⟩żenić się (z *I*); wychodzić ⟨wyjść⟩ za mąż (za *G*); *v*/*i* (*t.* ***einander***) pobrać/pożenić się *pf*
Heiratsantrag *m*: ***e-n ~ machen*** (*D*) oświadczać ⟨-czyć⟩ się o rękę (*G*)
Heirats|anzeige *f* oferta małżeńska; **~schwindler** *m* oszust matrymonialny
Heiratsurkunde *f* akt ślubu
heiser ochrypły (-le); **Skeit** *f* chrypka
heiß gorący (-co) (*t. fig*); (*feurig*) ognisty (-ście); *Tip*: dobry; *Spur*: świeży; ***~ machen*** rozgrz(ew)ać; → ***heikel***
heißen* *v*/*i* nazywać się; *Tier*: wabić się; ***wie heißt du mit Vornamen?*** jak masz na imię?; ***das heißt*** to znaczy; ***es heißt, daß*** nazywa się, że; ***was soll das ~?*** co to ma znaczyć?; ***wie heißt das auf ...*** jak się to nazywa po ...; *v*/*t* naz(y)wać
heißlaufen*: ***sich ~*** zagrz(ew)ać się
Heiß|luftballon *m* balon na ogrzane powietrze; **~'wasserheizung** *f* ogrzewanie gorącą wodą
heiter pogodny; *fig t.* wesoły (-ło); **Skeit** *f* (*0*) wesołość *f*; (*Gelächter*) śmiech
heiz|en (-*zt*) *Raum* ogrz(ew)ać, opalać; *Ofen* palić (w *L*; ***mit*** *I*); **Ser** *m* palacz;

⁀gerät *n* grzejnik; **⁀kissen** *n* poduszka elektryczna; **⁀körper** *m* kaloryfer; **⁀kraftwerk** *n* elektrociepłownia; **⁀lüfter** *m* grzejnik z wentylatorem; **⁀öl** *n* olej opałowy; **⁀platte** *f* płytka grzejna
Heizung *f* ogrzewanie; (*Ofenheizung*) opalanie; **~s-** ... ogrzewania, ogrzewniczy
Heizwert *m* wartość opałowa
Hektarertrag *m* wydajność *f* z hektara
hektisch gorączkowy (-wo)
Held *m* (*-en*) bohater; *iron t.* zuch
helden|haft bohaterski (-ko), heroiczny; **⁀mut** *m*, **⁀tum** *n* (*-s*; *0*) bohaterstwo
Heldin *f* bohaterka
helf|en* pomagać ⟨pomóc⟩; → ***beistehen***; ***sich zu ~ wissen*** poradzić sobie; ***es hilft nichts*** nie ma rady; **⁀er(in** *f*) *m* pomocnik (-ica), F pomagier (-gaczka)
hell jasny (-no); *Raum t.*: widny; *Lachen*: dźwięczny; ***es wird ~*** świta; ***~ leuchten*** jaśnieć; **~blau** jasnobłękitny
Helle(s) jasne (piwo)
hellhörig: *... machte sie/ihn ~* ... obudziło jej/jego czujność
hellicht: *am ~en Tag* w biały dzień
Helligkeit *f* (*0*) jasność *f*; (*Licht*) światło
Hellseher(in *f*) *m* jasnowidz(ąca)
Helm *m* (*-ęs*; *-e*) hełm, kask
Hemd *n* (*-ęs*; *-en*) koszula; *dim* koszulka
Hemdkragen *m* kołnierzyk koszulowy
hemm|en hamować; **⁀nis** *n* (*-ses*; *-se*) przeszkoda; **⁀ung** *f* hamowanie; ***ohne ~en*** bez skrępowania, bez skrupułów
hemmungslos niepohamowany
Hengst *m* (*-ęs*; *-e*) ogier
Henkel *m* ucho, uszko; *w zł.* uchaty
Henker *m* kat, (*zw. fig*) oprawca *m*
Henne *f* kura, kwoka, kokoszka
her *adv* tu, do (*G*); ***von ... ~*** od, z (*G*), *np.* ***von oben ~*** od/z góry; ***von der Schule ~*** ze szkoły; ***~ damit!*** dawaj(cie) to tu!; → ***herkommen***, ***hersein***, ***hin*** *itd.*
her'ab *adv* na/w dół; → ***hinab***, ***herunter***; *fig* ***von oben ~*** z góry; **~hängen*** zwisać; **~lassen*** opuszczać, spuszczać ⟨-puścić⟩ (na dół); *fig* ***sich ~ zu ...*** raczyć (*inf*); **~d** protekcjonalny
her'absehen* *fig* patrzeć z góry
her'absetzen obniżać ⟨-żyć⟩; → ***vermindern***; *fig* ⟨z⟩dyskredytować
her'abwürdigen poniżać ⟨-żyć⟩
her'an *adv* (tu) bliżej; **~-** + *verb zw.* przy-; **~bilden** kształcić; **~gehen*** (***an*** *A*) podchodzić ⟨podejść⟩ (do *G*); *fig* przystępować ⟨-stąpić⟩ (do *G*); **~kommen*** (***an*** *A*) zbliżać ⟨-żyć⟩ się (do *G*); → ***heranreichen***; **~machen** F: ***sich ~*** (***an*** *A*) przystawiać się (do *G*); **~reichen** (***an*** *A*) dosięgać ⟨-gnąć⟩ (*G*); *fig* dorówn(yw)ać (*D*); **~treten*** → ***herangehen***; **~wachsen*** dorastać ⟨-róść, -rosnąć⟩; **⁀wachsende(r)** podrostek; *jur* nieletni(a); **~ziehen*** *Tier*, *Pflanze* wyhodować *pf*; (*gewöhnen*) przyuczać ⟨-czyć⟩ (***zu*** do *G*); → ***hinzuziehen***
her'auf *adv* do góry, na górę; **~beschwören*** sprowadzać ⟨-dzić⟩; **~setzen** podwyższać ⟨-szyć⟩; **~ziehen*** *v/t* wciągać ⟨-gnąć⟩ na górę
her'aus *adv* z, od; ***aus ... ~*** z zewnątrz (*G*); → ***raus***; **~bekommen*** wydosta(wa)ć, wydoby(wa)ć (*t. fig*); *Geld*, *Ergebnis* otrzym(yw)ać; **~bringen*** wynosić ⟨-nieść⟩; *Buch* wyda(wa)ć; → ***hervorbringen***; **~finden*** *v/t* doszuk(iw)ać się (*G*); odkry(wa)ć (*A*); *v/i* znajdować ⟨znaleźć⟩ wyjście (***aus*** z *G*)
Her'ausforder|er *m* ubiegający się (o tytuł), pretendent (do *G*); **⁀n** wyz(y)wać (***zu*** na *A*); prowokować; **~ung** *f* wyzwanie; prowokacja
her'ausgeb|en* odda(wa)ć z powrotem; wyda(wa)ć (*t. Buch*; *Restgeld*: ***auf ...*** resztę z *G*); **⁀er(in** *f*) *m* wydawca *m*; redaktor odpowiedzialny
her'aus|gehen* wychodzić ⟨wyjść⟩; **~greifen*** wychwyt(yw)ać; **~haben*** F (*können*) nauczyć się *pf* (*G*), umieć (*A*)
her'aus|halten* nie wciągać (***j-n aus*** k-o do *G*); ***sich ~*** (***aus***) nie wplątywać się (do *G*); **~hängen*** *v/i* być wywieszonym, wisieć; **~holen** wydoby(wa)ć, wydosta(wa)ć; *fig* wyciągać ⟨-gnąć⟩
her'auskommen* wychodzić ⟨wyjść⟩ (*Geheimnis*: na jaw); *hdl* pojawi(a)ć się w sprzedaży; ***es kommt nichts dabei heraus*** z tego nic nie wyjdzie; ***ganz groß ~*** mieć szalone powodzenie
her'aus|lesen* wyczyt(yw)ać; **~nehmen*** wyjmować ⟨-jąć⟩; *med* usuwać ⟨usunąć⟩; **~ragen** *fig* wysuwać się na czoło, dominować; **~reden: *sich ~*** (***mit***) wymawiać ⟨-mówić⟩ się (*I*)
her'aus|rücken F *v/t* da(wa)ć; *v/i* (***mit***) → ***sagen***, ***verraten***; **~rutschen** F *fig* wymykać ⟨-mknąć⟩ się; **~schlagen*** F wyciągać ⟨-gnąć⟩, uzysk(iw)ać

her'aus|sein* F wydostać się *pf*, wyjść *pf*; *Buch*: ukazać się *pf*; **~stellen** (*betonen*) podkreślać ⟨-lić⟩; manifestować; **sich ~** okaz(yw)ać się; **~ziehen*** wyciągać ⟨-gnąć⟩; wydoby(wa)ć

herb cierpki (-ko); *fig Enttäuschung*: gorzki (-ko); *Kritik*: ostry (-ro)

her'bei|eilen nadbiegać ⟨-biec⟩; **~führen** spowodować *pf*; **~holen** sprowadzać ⟨-dzić⟩; **~rufen*** przywoł(yw)ać, zawezwać *pf*; **~schaffen** → **beschaffen**; **~zitieren** (-) wzywać ⟨zawezwać⟩

Herberge *f* oberża, zajazd; schronisko

Herbergsausweis *m* legitymacja Towarzystwa Schronisk Młodzieżowych

herbitten* ⟨po⟩prosić przyjść (tu)

herbringen* przynosić ⟨-nieść⟩

Herbst *m* (-*ęs*; -*e*) jesień *f*; **im ~** jesienią, na jesieni; *w zł.* → **Ꝍlich** jesienny

Herd *m* (-*ęs*; -*e*) piec kuchenny, kuchnia (elektryczna); *med*, *fig* ognisko

Herde *f* stado, trzoda (*t. fig*)

Herdplatte *f* płyta kuchenna

her'ein *adv* do wnętrza, do środka; **~!** proszę (wejść)!; **~bitten*** ⟨po⟩prosić wejść; **~brechen*** *v/i* (*sn*) *Nacht*: zapa(da)ć; *Unglück*: spadać ⟨spaść⟩ (**über** *A* na *A*); **~bringen*** wnosić ⟨wnieść⟩ (do środka); *fig* nadrabiać ⟨-robić⟩

her'ein|dürfen* F: **er darf herein** wolno mu wejść (**in** *A*, **zu** do *G*); **~fallen*** F (**auf** *j-n*) dać się nabrać (przez *A*)

her'einkommen* wchodzić ⟨wejść⟩ (**in** *A* do *G*); *fig* nadchodzić ⟨nadejść⟩

her'ein|legen F *fig* nab(ie)rać; **~platzen** F zjawić się *pf* nieoczekiwanie; **~regnen: es regnet herein** deszcz pada do środka (**durch** przez *A*)

herfahren* *v/t* przywozić ⟨-wieźć⟩ (tu); *v/i* (*sn*) ⟨przy⟩jechać (tu)

herfallen* (**über** *A*) napadać ⟨-paść⟩, (*t. über Essen*) rzucać ⟨-cić⟩ się (na *A*)

Hergang *m* (-*s*; *0*) przebieg

her|geben* da(wa)ć; **... gibt nichts her** ... nic nie daje; **~gehen*** iść, kroczyć (**hinter** *D* za *I*); **bei ... ging es heiß her** ... miał(a, -o) burzliwy przebieg

her|haben*: **wo haben Sie das her?** skąd pan(i) to ma?; **~halten***: **~ müssen** służyć (**als** jako); pokutować (**für** za *A*); **~holen** → (**herbei**)**holen**; **~hören** F słuchać

Hering *m* (-*s*; -*e*) śledź *m*; *kulin t.* śledzik; (*Zelthering*) kołek namiotowy

Heringssalat *m* sałatka śledziowa

her|kommen* przyjść *pf* tu; **komm her!** chodź (no) tu!; **~kömmlich** konwencjonalny; **Ꝍkunft** *f* (*0*) pochodzenie; **~s-** ... pochodzenia; **~leiten** → **ableiten**

hermachen F prezentować się; **sich ~** (**über** *A*) zab(ie)rać się (do *G*)

her'metisch hermetyczny

her|nach → **danach**; **~nehmen***: **wo soll ich ... ~?** skąd mam wziąć ...?

Hero'in *n* (-*s*; *0*) heroina, F hera; **Ꝍsüchtig: er ist ~** on jest heroinistą

he'roisch heroiczny, bohaterski (-ko)

Herpes *m* (-; *0*) *med* opryszczka

Herr *m* (-*en*) pan; **meine ~en!** panowie!

Herren|artikel *m*/*pl* galanteria męska; → **~bekleidung** *f* konfekcja męska; **~haus** *n* dwór, dworek; **Ꝍlos** bezpański, niczyj; **~schneider** *m* krawiec męski

Herrgott *m* (-*s*; *0*) Pan Bóg

herrichten ⟨na-, przy⟩szykować; ⟨wy⟩remontować, ⟨od⟩restaurować

Herr|in *f* pani; **Ꝍisch** władczy (-czo), butny; **Ꝍlich** wspaniały (-le), świetny

Herrschaft *f* (*0*) panowanie (**über** *A* nad *I*); (*Macht*) władza; *zw. pl* **~en** państwo; **Ꝍlich** pański (po -ku)

herrsch|en panować; **Ꝍer(in** *f*) *m* władca *m* (-czyni); **~süchtig** despotyczny

her|rühren (**von**) wynikać ⟨-knąć⟩, wywodzić się (z *G*); **~sagen** ⟨wy⟩recytować (na pamięć)

hersein*: **es ist ein Jahr her, daß ...** już minął rok, jak ...; **wie lange ist es her?** jak dawno to było?; F **hinter** (*D*) **~** poszukiwać (*A*); *pej* uganiać się (za *I*); **mit ... ist es nicht weit her** ... pozostawia wiele do życzenia

herstammen → **abstammen**

herstell|en wytwarzać ⟨-worzyć⟩, produkować; *Zustand* przywracać ⟨-wrócić⟩; *Kontakt* nawiąz(yw)ać; **Ꝍer(in** *f*) *m* wytwórca *m*; (*Betrieb*, *t-ko m*) wytwórnia; **Ꝍung** *f* wytwarzanie, produkcja; **Ꝍungskosten** *pl* rzeczywiste koszty *m*/*pl* wytworzenia

her'über *adv* na/w tę stronę; **~bitten*** ⟨po⟩prosić przyjść (tu); **~kommen*** przychodzić ⟨przyjść⟩ (**zu** do *G*)

her'überreichen *v/t* poda(wa)ć

her'um *adv* naokoło, dookoła; **um ... ~** wokół, dokoła (*G*); F (*etwa*) około; **~-** *w zł.* → **um**(**her**)**-**; **~drucksen** F milczeć w zakłopotaniu; **~führen** *v/t* oprowa-

H

dzać ⟨-dzić⟩ (**in** *D* po *L*); *v/i* prowadzić (**um** wokół *G*); **~gehen*** *v/i* chodzić (**in** *D* po *L*); (**um**) obchodzić ⟨obejść⟩ (*A*, dokoła *G*); *Sache*, *Gerücht*: krążyć; **~irren** błąkać się (**in** *D* po *L*); **~kommen*** F *fig* (**nicht** nie) uniknąć *pf* (**um** *etw G*); **~liegen*** wszędzie leżeć, F walać się

her'um|lungern F obijać się; **~reißen***: ***das Steuer ~*** ostro wykręcić w bok; *fig* radykalnie zmienić kurs; **~sein*** F (*zu Ende sn*) skończyć się *pf*, (prze)minąć *pf*; **~sprechen***: ***sich ~*** rozchodzić ⟨rozejść⟩ się; **~stehen*** stać wszędzie; (**um**) otaczać ⟨otoczyć⟩ (*A*); **~treiben*** F: ***sich ~*** wałęsać/włóczyć się

her'unter *adv* w/na dół; → ***herab***; **~bringen*** znosić ⟨znieść⟩ na dół; **~kommen*** schodzić ⟨zejść⟩ na dół; *fig* podupadać ⟨-paść⟩; *os.* opuszczać ⟨opuścić⟩ się; **~leiern** (*-re*) F odklepać *pf*; **~putzen** F objeżdżać ⟨-jechać⟩, zgromić *pf*; **~reißen*** zdzierać ⟨zedrzeć⟩; **~schalten** *v/i mot* przełączać ⟨-czyć⟩ na niższy bieg; **~spielen** F *fig* pomniejszać ⟨-szyć⟩

her'vor *adv* z(za), spoza, spod (*G*); do przodu; **~bringen*** da(wa)ć, wyda(wa)ć; *Töne*, *Worte* wydoby(wa)ć; **~gehen*** wynikać ⟨-knąć⟩ (**aus** z *G*); ***als Sieger ~*** wyjść zwycięsko, zostać zwycięzcą; **~gucken** F wyglądać ⟨wyjrzeć⟩ (**hinter** *D* zza, spod *G*); **~heben*** ⟨za⟩akcentować; **~ragend** znakomity (-cie); *os. t.* wybitny; **~rufen*** wywoł(yw)ać; **~stechen*** rzucać ⟨-cić⟩ się w oczy; **~treten*** występować ⟨-stąpić⟩; *fig* uwydatni(a)ć się; **~tun***: ***sich ~*** zyskać *pf* rozgłos (**als** jako)

Herz *n* (*-ens*; *-en*) serce (*t. fig*); *karc* kier *m*, czerwień *f*; ***ans ~ legen*** gorąco polecać; ***sich*** *etw* ***zu ~en nehmen*** wziąć sobie do serca (*A*); ***wir sind ein ~ und e-e Seele*** zgadzamy się we wszystkim

Herz|- *karc* ... kier(owy); **~anfall** *m* atak sercowy; **~beutel** *m* osierdzie; **~chen** *n* serduszko; **~chirurg** *m* kardiochirurg

Herzens|güte *f* dobroć *f* serca; **~lust** *f*: ***nach ~*** ile dusza zapragnie

herzerfrischend rozbrajający (-co)

Herz|fehler *m* wada serca; **Ձhaft** → ***kräftig***; *Lachen*: rubaszny; *Speise*: posilny; *Geschmack*: wyraźny, soczysty

herziehen* F *v/i* (*sn*) *fig* (**über** *j-n*) obnosić na językach, obgadywać (*A*)

Herzinfarkt *m* (*-es*; *-e*) zawał serca

Herz|klopfen *n* bicie serca; ***mit ~*** z bijącym sercem; **Ձkrank** chory na serce

Herzkranzgefäß *n* naczynie wieńcowe

Herz|leiden *n* choroba serca; **Ձlich** serdeczny; *adv* F (*sehr*) bardzo; ***~ gern*** bardzo chętnie; **~lichkeit** *f* (*0*) serdeczność *f*; **Ձlos** bez serca, nieczuły

Herzmittel *n* środek (na)sercowy

Herzog *m* (*-s*; *¨e*) książę *m*; **~in** *f* księżna

Herzogtum *n* (*-s*; *¨er*) księstwo

Herz|operation *f* operacja na otwartym sercu; **~schlag** *m* uderzenie serca; *med* (*0*) udar serca; **~schrittmacher** *m* kardiostymulator, F rozrusznik; **~versagen** *n* zatrzymanie akcji serca

herzzerreißend rozdzierający serce

hessisch heski

heterosexu'ell heteroseksualny

Hetz|blatt *n* gadzinówka; **~e** *f* podżeganie; F (*Hast*) pośpiech; **Ձen** (*-zt*) *Hund* ⟨po⟩szczuć; *Wild* gonić; *v/i* judzić (**gegen** przeciw *D*); F (*eilen*) gonić; **~kampagne** *f* nagonka (**gegen** na *A*)

Heu *n* (*-s*; *0*) siano

Heuch|e'lei *f* obłuda; **Ձeln** (*-le*) udawać

Heuchler(in *f*) *m* obłudnik (-ica)

heuchlerisch obłudny, fałszywy

heuer Ⓐ tego roku, w tym roku

Heuer *f* (*-*; *-n*) płaca marynarza

Heuernte *f* sianokosy *m/pl*

heulen wyć; *Sirene*: buczeć; F beczeć

Heupresse *f* prasa do siana

heurig Ⓐ tegoroczny; **Ձe(r)** młode wino

Heuschnupfen *m* katar sienny

Heuschrecke *f* szarańcza

heute dzisiaj, dziś; ***~ morgen*** dziś rano; ***~ nacht*** dziś w nocy; ***von ~ an*** od dzisiaj; ***~ vor acht Tagen*** tydzień temu

heutig dzisiejszy; ***bis zum ~en Tag*** do dziś dnia, po dziś dzień

heutzutage dziś, obecnie

Hexe *f* wiedźma; ***alte ~*** *pej* stara jędza

Hexen|kessel *m fig* piekło; **~schuß** *m* (*-sses*; *0*) *med* postrzał, lumbago

Hexe'rei *f* czary *m/pl*, gusła *pl*

Hi'biskus *m* (*-*; *-ken*) ketmia

Hickhack F *n/m* (*-s*; *-s*) polemika, spór

hieb → ***hauen***

Hieb *m* (*-es*; *-e*) cios, raz; *pl t.* baty *m/pl*

hiebfest: *hieb- und stichfest* niezbity

hielt → ***halten***

hier *adv* tu(taj); ***von ~*** stąd; ***~ ist/sind ...*** oto ...; → ***ab***; **~auf** (*danach*) po tym,

następnie; **~aus** z tego (niego *itp.*); **~bei** przy tym; **~bleiben*** ⟨po⟩zostawać tu; **~durch** przez to; **~für** → ***dafür***
hierher *adv* tu; ***bis*** ~ dotąd
hierher|gehören: ***die ... gehört hierher*** ... powinna być tu; ***das gehört nicht hierher*** to nie ma nic do rzeczy; **~ziehen*** (*sn*) sprowadzać ⟨-dzić⟩ się tu
hier|hin tu, tędy; **~in** w tym (nim *itp.*)
hier|mit tym (tą); niniejszym; **~nach** → ***danach***; **~sein*** być tu; ***wann wird er ~?*** kiedy on będzie tu?; **~über** przez ten (tę, to), przez niego (nią); → ***darüber***
hier|unter → ***darunter***; **~von** *abhängen*: od tego; → ***davon***; **~zu** → ***dazu***
hierzulande tu, w tym kraju
hiesig tutejszy, miejscowy
hieß → ***heißen***
high [haĭ] F: *gw* ~ ***sein*** być na haju
Hilfe *f* pomoc *f*; ***mit*** ~ (***von***) przy pomocy, za pomocą (*G*); ~ ***bringen***, ***zu*** ~ ***kommen*** przyjść z pomocą; ***um*** ~ ***rufen*** wołać o pomoc; (***zu***) ~! ratunku!
Hilfeleistung *f* (*0*) udzielenie pomocy
Hilferuf *m* wołanie o pomoc
hilfesuchend *praed* szukając pomocy
hilf|los bezradny, bezsilny; → ***unbeholfen***; **~reich** pomocny
Hilfs|aktion *f* akcja pomocy; **~arbeiter** *m* robotnik niewykwalifikowany; **≗bedürftig** potrzebujący pomocy; **~bereitschaft** *f* chęć *f* pomocy; **~mittel** *n* środek pomocniczy; *pl t.* pomoc materialna; **~verb** *n* czasownik posiłkowy
Hilfswerk *n* instytucja pomocowa
Himbeer|- malinowy; **~e** *f* malina
Himmel *m* niebo; *rel t.* niebiosa *pl*; ***am*** ~ na niebie; ***unter freiem*** ~ → ***Freie***; ***um ~s willen!*** wielkie nieba!; **~bett** *n* łóżko z baldachinem; **~fahrt** *f* (*0*): ***Christi*** ~ Wniebowstąpienie; **~reich** *n* (*-ęs*; *0*) królestwo niebieskie; **≗schreiend** wołający o pomstę do nieba
Himmelskörper *m* ciało niebieskie
Himmelsrichtung *f* strona świata
himmlisch niebieski; F niebiański (-ko)
hin *adv* tam; ***nach***/***zu ...*** ~ w kierunku (*G*); ***nach außen*** ~ na zewnątrz; ***bis ...*** ~ aż do (*G*); ***auf ...*** ~ (*etw tun*) na (*A*); ***vor sich*** ~ przed siebie; ~ ***und her*** tam i z powrotem; *überlegen*: na wszystkie strony; ~ ***und wieder*** → ***ab*** (***und zu***)
hin'ab *adv lit* → ***hinunter***
hin'auf *adv* na górę, w górę; pod górę; ***bis ...*** ~ aż do (*G*); **~gehen*** wchodzić ⟨wejść⟩ na górę; → ***steigen***; **~ziehen*** wciągać ⟨-gnąć⟩ na górę/do góry
hin'aus *adv* przez ... (na zewnątrz); na (*A*); ***zur Tür*** ~ przez drzwi; ***aufs Meer*** ~ na (pełne) morze; ***über ...*** ~ poza (*A*); (*zeitlich*) po (*L*); **~begleiten** odprowadzać ⟨-dzić⟩ do wyjścia/drzwi; **~gehen*** wychodzić ⟨wyjść⟩ na dwór; *fig* (***über*** *A*) wykraczać (poza *A*)
hin'aus|jagen wypędzać ⟨-dzić⟩; **~laufen*** wybiegać ⟨-biec⟩ za drzwi; *fig* (***auf*** *A*) sprowadzać się (do *G*); **~lehnen** wychylać ⟨-lić⟩ się (***zum Fenster*** z okna); **~schieben*** *fig* odkładać ⟨odłożyć⟩ (na później); zwlekać (z *I*)
hin'aus|tragen* wynosić ⟨-nieść⟩; **~werfen*** wyrzucać ⟨-cić⟩ (***zur Tür*** za drzwi); **~wollen***: ***worauf wollen Sie hinaus?*** do czego pan(i) zmierza?
Hinblick *m*: ***im*** ~ ***auf*** (*A*) odnośnie (do *G*)
hinder|lich: ~ ***sein*** (***für***) przeszkadzać (*D*); **~n** (*-re*) przeszkadzać ⟨-szkodzić⟩ (***j-n an***, ***bei*** *D* k-u w *L*); → ***verhindern***
Hindernis *n* (*-ses*; *-se*) przeszkoda
Hindernisrennen *n* bieg na przełaj z przeszkodami
Hinderungsgrund *m* przeszkoda
hindeuten wskazywać (***auf*** *A* na *A*)
hin'durch *adv*: ***...*** ~ przez (*A*); (*räumlich t.*) na wskroś; *w zł.* → ***durch-***
hin'ein *adv* do środka, do (*G*); → ***rein-***
hin'ein|finden* (***in*** *A*) trafi(a)ć do środka/wnętrza (*G*); ***sich*** ~ wciągać ⟨wciągnąć⟩ się (w *A*); **~gehen*** wchodzić ⟨wejść⟩ (***in*** *A* do *G*); **~legen** wkładać ⟨włożyć⟩ (***in*** *A* do *G*); **~versetzen:** ***sich*** ~ wczu(wa)ć się; **~ziehen*** wciągać ⟨-gnąć⟩ (***in*** *A* w *A*, do *G*; *t. fig*)
hin|fahren* *v/t* zawozić ⟨-wieźć⟩ (***nach***, ***zu*** do *G*, tam); *v/i* (*sn*) ⟨po⟩jechać (tam, do *G*); **≗fahrt** *f* jazda, droga tam/do (*G*); **~fällig** niedołężny; → ***gegenstandslos***; **≗flug** *m* lot tam/do (*G*); ***auf dem*** ~ (***nach***) podczas lotu (do *G*)
hing → ***hängen***
Hingabe *f* (*0*) oddanie
hin|geben* odda(wa)ć (***sich*** się); **~gebungsvoll** ofiarny, z poświęceniem
hin'gegen *conj* natomiast
hingehen* iść ⟨pójść⟩ (***zu*** na *A*); F ***... mag gerade noch*** ~ ... ujdzie od biedy
hingerissen F zachwycony
hinhalte|n* *v/t* → ***reichen***; *Hand*, *Kopf*

H

nadstawi(a)ć (*G*); (*vertrösten*) zwodzić, łudzić (*mit I*); **ℒtaktik** *f* taktyka zwodzenia/zbywania obietnicami
hinhauen F *Arbeit* odwalać ⟨-lić⟩; *v/i* → ***klappen***; P ***sich*** ~ → ***hinlegen***
hinken utykać, (*t. fig*) kuleć
hin|kriegen F załatwi(a)ć; **~legen** kłaść ⟨położyć⟩ (***sich*** się); **~nehmen*** *v/t fig* znosić ⟨znieść⟩; *Fakt* ⟨po⟩godzić się (z *I*); **~reichend** wystarczający (-co)
Hinreise *f* podróż (tam, ***nach*** do *G*)
hinreißen* por(y)wać; ***sich ~ lassen*** w uniesieniu (***zu schlagen*** uderzyć)
hinreißend *adj* porywający (-co), zachwycający (-co); → ***hingerissen***
hinricht|en stracić *pf*; **ℒung** *f* stracenie
hin|sein* F: ***etw ist hin*** przepadł(a, -o) (*A*), (już) po (*L*), (*t. kaputt*) diabli wzięli (*A*); **~setzen: *sich*** ~ siadać ⟨usiąść⟩
Hinsicht *f*: ***in dieser*** ~ pod tym względem; ***in vieler*** ~ pod wieloma względami; **ℒlich** (*G*) pod względem (*G*)
Hinspiel *sport n* pierwszy mecz
hinstellen postawić *pf*, (*t.* ***sich*** się) ustawi(a)ć; *fig* przedstawi(a)ć (***als*** jako)
hinsteuern (***auf*** *A*) *fig* zmierzać (do *G*)
hint'an- *w zł.* → ***zurück-***
hinten *adv* z tyłu, w tyle; ***nach*** ~ w tył, do tyłu; ***von*** ~ z/od tyłu; **~herum** F od tyłu; *fig* na boku; **~über** do tyłu
hinter *praep* (*A*, *D*) za (*A*, *I*), poza (*I*); ~ ***... hervor*** zza, spoza (*G*); ~ ***sich bringen*** doprowadzać ⟨-dzić⟩ do końca; *j-n* ~ ***sich lassen*** wyprzedzać ⟨-dzić⟩
Hinter|backe F *f* pośladek; **~bein** *n* tylna noga; **~'bliebenen** *pl* rodzina zmarłego; **ℒ'bringen*** (-) donosić ⟨-nieść⟩ (*j-m A* k-u o *L*)
hinter|e tylny; **~ein'ander** jeden (-dno) za / po drugim, jedna za drugą/po drugiej; **ℒgedanke** *m* myśl uboczna
hinter'gehen* (-; *hat*) oszuk(iw)ać
Hinter|grund *m* tło; *fig t.* podłoże; ***im*** ~ w głębi, na dalszym planie; *fig t.* w cieniu; **~halt** *m* (*-ęs*; *-e*) zasadzka; **ℒhältig** podstępny; **~haus** *n* oficyna; **ℒher** *adv* za, po (*I*); (*zeitlich*) potem; ~ ***bedauern*** żałować poniewczasie; **ℒ'hersein*** F (*D*) gonić (*A*, za *I*); (*aufpassen*) pilnować (*G*); **~hof** *m* (tylne) podwórze; **~kopf** *m* tył głowy, potylica; **~land** *n ekon* zaplecze
hinter|'lassen* (-) pozostawi(a)ć po sobie; **~'legen** (-) składać ⟨złożyć⟩; da(wa)ć na przechowanie; **ℒlist** *f* (*0*) podstępność *f*; (*Tat*) podstęp; **ℒmann** *m* stojący / siedzący z tyłu; *fig* pokątny doradca, potajemny inspirator
Hintern F *m* tyłek, pośladki *m/pl*
Hinter|radantrieb *m* napęd na tylne koła; **ℒrücks** podstępnie, zdradziecko
hinters = ***hinter das***
Hinter|sinn *m* (*-ęs*; *0*) ukryty sens; **ℒste** (*letzte*) ostatni; **~teil** *n* → ***Hintern***; **ℒ'treiben*** (-) sabotować; **~tür** *f* tylne drzwi *pl*; *fig* furtka; *fig* ***durch die*** ~ pokątnie; **ℒ'ziehen*** (-) *Steuern* uchylać ⟨-lić⟩ się od płacenia (*G*); **~zimmer** *n* pokój od podwórza, tylny pokój
hintun* F kłaść ⟨położyć, włożyć⟩, postawić *pf*, umieścić *pf*
hin'über *adv* na/w tamtą stronę; **~gehen*** iść ⟨pójść⟩ tam / przez (*A*); przechodzić ⟨przejść⟩ na tamtą stronę; **~sein*** F → ***hinsein***; (*tot sn*) kipnąć *pf*
Hin- und Rück|fahrt *f* podróż *f*/jazda tam i z powrotem; **~flug** *m* przelot tam i z powrotem, przelot w obie strony
hin'unter *adv* na/w dół; *w zł. t.* → ***herunter***; **~kippen** F wychylać ⟨-lić⟩ duszkiem; **~schlucken** przełykać ⟨-łknąć⟩; **~steigen*** schodzić ⟨zejść⟩ na dół
Hinweg *m* (*-ęs*; *0*) droga tam/do (*G*)
hin'weg *adv*: ***über*** (*A*) ~ ponad (*I*); przez (*A*); *w zł.* → ***fort-***, ***weg-***; **~gehen*** (***über*** *A*) pomijać ⟨-minąć⟩ (*A*); *Krieg itp*: przetaczać ⟨-toczyć⟩ się (przez *A*); **~kommen*** (***über*** *A*) *fig* przeboleć *pf* (*A*); **~sehen*** (***über*** *A*) *fig* przymykać ⟨-mknąć⟩ oczy (na *A*); **~setzen: *sich*** ~ (***über*** *A*) nie dbać (o *A*), lekceważyć (*A*)
Hinweis *m* (*-es*; *-e*) wskazówka; **ℒen*** wskaz(yw)ać, zwracać ⟨zwrócić⟩ uwagę; **~schild** *n mot* znak informacyjny
hin|wirken (***auf*** *A*) przyczyni(a)ć się (do *G*); **~ziehen***: ***sich*** ~ ciągnąć się, przeciągać ⟨-gnąć⟩ się (*t. zeitlich*)
hin'zu|fügen doda(wa)ć; **~kommen*** podchodzić ⟨podejść⟩ (***zu*** do *G*); ***hinzu kommt noch, daß*** dodać jeszcze trzeba, że; **~ziehen*** *v/t* zasięgać ⟨-gnąć⟩ opinii (u *G*); powoł(yw)ać (*A*)
Hirn *n* (*-ęs*; *-e*) mózg; **~gespinst** *n* (*-ęs*; *-e*) chimera, mrzonka; **~haut** *f* opona mózgowa; **ℒverbrannt** F zwariowany
Hirsch *m* (*-ęs*; *-e*) jeleń *m*; *w zł.* jeleni
Hirschbraten *m* pieczeń *f* z jelenia
Hirschkuh *f* łania

Hirse *f (0)* proso; *kulin* jagły *f/pl*
Hirsebrei *m* kasza jaglana
Hirt *m (-en)*, **~e** *m (-n)* pastuch, pasterz
Hirten|brief *m* list pasterski; **~stab** *m* kij pasterski; (*Bischofsstab*) pastorał
Hirtin *f* pastuszka, pasterka
hissen (*-ßt*) podnosić ⟨-nieść⟩
Hi'storiker(in *f*) *m* historyk (-yczka)
hi'storisch historyczny, dziejowy
Hit *m* (-/-*s*; -*s*) przebój, hit
Hitze *f* gorąco; (*heißes Wetter*) upał, skwar; *kulin* temperatura; *fig* ***in ~ geraten*** wpaść w pasję; **⁀beständig** żaroodporny; **~welle** *f* fala upałów
hitz|ig gorący (-co); **⁀kopf** *m* zapaleniec
Hitzschlag *m* (*-es*; *⁼e*) udar cieplny
HIV|-infiziert [ha:-i:-'faŭ-] zakażony wirusem HIV; **~-negativ** F bez hifa
H-Milch *f* mleko uperyzowane/trwałe
hob → ***heben***
Hobby ['hɔbi] *n* (*-s*; *-s*) hobby
Hobbykoch *m* kucharz hobbista *m*
Hobel *m* strug, F hobel; **⁀n** (*-le*) strugać, heblować; **~späne** *m/pl* wióry *m/pl*
hoch (*höher*, *⁼st-*) wysoki (-ko, wysoce); (*groß, sehr t.*) wielki (wielce); *Alter*: sędziwy; ***drei Treppen ~*** na trzecim piętrze; **2 ~ 3** dwa do potęgi trzeciej
Hoch *n* (*-s*; *-s*) wiwat; toast; *meteo* wyż
hochacht|en głęboko szanować/poważać; **⁀ung** *f* głęboki szacunek; **~ungsvoll** z wyrazami głębokiego szacunku
Hoch|amt *n rel* suma; **~bau** *m* (*-es*; *0*) budownictwo lądowe nadziemne; **⁀begabt** wysoce uzdolniony; **⁀betagt** sędziwy; **~betrieb** *m* (*-es*; *0*) wielki ruch; gorączkowa praca / działalność; **⁀bezahlt** wysoko opłacany; **~burg** *f* ostoja
hochdeutsch *jęz* wysokoniemiecki; ***~ sprechen*** mówić ogólnoniemieckim językiem literackim
Hochdruck *m* wysokie ciśnienie; *w zł.* wysokociśnieniowy; ***mit ~*** pełną parą; **~gebiet** *n* układ wysokiego ciśnienia
Hoch|ebene *f* płaskowyż; **⁀entwickelt** wysokorozwinięty; **~form** *f* (*0*) wspaniała forma; **~frequenz-** ... wysokiej częstotliwości; **~gebirgs-** wysokogórski; **⁀gestellt** wysoko postawiony; *Index*: górny; **⁀gewachsen** wybujały
Hoch|glanz *m* połysk lustrzany; **⁀halten*** podnosić ⟨-nieść⟩ do góry; trzymać w podniesionej ręce; *fig* wysoko szanować; **~haus** *n* wysokościowiec
hoch|herzig wielkoduszny; **~interessant** arcyciekawy; **~kant** na sztorc
hoch|klappen podnosić ⟨-nieść⟩; **~kommen*** F wchodzić ⟨wejść⟩ na górę (***die Treppe*** po schodach); *Kranke*: wyskrobać się *pf*; **⁀konjunktur** *f* wysoka koniunktura; **⁀land** *n* wyżyna
hoch|leben: ***~ lassen*** (*A*) wznieść *pf* toast na cześć (*G*); ***... lebe hoch!*** niech żyje ...!; **⁀leistungs-** *tech* ... wielkiej mocy; *sport* (super)wyczynowy; **⁀moor** *n* torfowisko wyżynne; **~mütig** butny, wyniosły (-le); **~näsig** F zarozumiały (-le); **~nehmen*** podnosić ⟨podnieść⟩; *Kind* brać ⟨wziąć⟩ na ręce; F *fig* (*j-n*) nab(ie)rać; *Bande* schwytać *pf*
Hoch|ofen *m* wielki piec; **⁀prozentig** wysokoprocentowy; **⁀qualifiziert** wysoko kwalifikowany; **~rechnung** *f* ekstrapolacja; wynik przypuszczalny
Hochsaison *f* szczyt/pełnia sezonu
Hochschul|- *zw.* wyższy, uniwersytecki; **~e** *f* wyższa szkoła/uczelnia; **~reife** *f* świadectwo dojrzałości, matura
Hochsee *f* (*0*) pełne morze; **~fischerei** *f* rybołówstwo dalekomorskie
Hoch|sommer *m* pełnia lata; **~spannung** *f* wysokie napięcie; **~s-** wysokonapięciowy; **⁀spielen** F rozdmuch(i-w)ać; **~sprache** *f* język literacki
Hochsprung *m* skok wzwyż
höchst *adv* (*äußerst*) nadzwyczaj; → ***höchste(ns)***
Hochstapler(in *f*) *m* aferzysta *n* (-tka), hochsztapler(ka)
Höchstbelastung *f* maksymalne obciążenie dopuszczalne
höchste *sup* najwyższy; maksymalny
höchstens (co) najwyżej
Höchst|geschwindigkeit *f* prędkość maksymalna; **~leistung** *f sport* szczytowe osiągnięcie, wyczyn; **~maß** *n* maksimum *n*; **~preis** *m* najwyższa cena; **~stand** *m* najwyższy poziom
höchstwahrscheinlich *adv* najprawdopodobniej
hoch|trabend górnolotny; **~treiben*** *Preise* podbi(ja)ć; **~verdient** wielce zasłużony; **⁀verrat** *m* zdrada stanu
Hochwasser *n* (*-s*; *0*) powódź *f*; **~katastrophe** *f* klęska powodzi
hoch|wertig wysokogatunkowy; **⁀wild** *n* gruba zwierzyna; **⁀zahl** *f* wykładnik
Hochzeit *f* wesele; **⁀lich** weselny

H

Hochzeits|geschenk *n* prezent ślubny; **~reise** *f* podróż poślubna; **~tag** *m* dzień *m* ślubu; (*Jahrestag*) rocznica ślubu; **~zug** *m* orszak weselny
hochziehen* *Hosen* podciągać ⟨-ciągnąć⟩; *Fahne*, *Brauen* podnosić ⟨-nieść⟩
Hock|e *f sport* przysiad; **2en** → ***kauern***; F *fig* siedzieć, ślęczeć; **~er** *m* taboret
Höcker *m* garb, *dim* garbek; guz(ek)
Hockey ['hɔki, 'hɔke] *n* (*-s*; *0*) hokej
Hoden *m* jądro; **~sack** *m* moszna
Hof *m* (*-es*; *⸚e*) podwórze; (*Schule itp.*) dziedziniec; (*Gefängnis t.*) spacerniak; (*Fürstenhof*) dwór; (*Bauernhof*) zagroda, gospodarstwo; *j-m* ***den ~ machen*** nadskakiwać (*D*)
hoffen *v/i* (***auf*** *A*) mieć nadzieję (*G*, na *A*), (*t. v/t*) spodziewać się (*G*); **~tlich** spodziewam(y) się, mam(y) nadzieję
Hoffnung *f* nadzieja; *j-m* ***~en machen*** czynić / robić nadzieje (*D*); ***~en setzen*** pokładać nadzieje (***in*** *A* w *L*)
hoffnungslos beznadziejny
Hoffnungs|schimmer *m* iskra / promyk nadziei; **2voll** pełen nadziei; ufny
Hofgang *m* spacer (w więzieniu)
höflich uprzejmy (-mie), grzeczny; **2keit** *f* uprzejmość *f*, grzeczność *f*; **2keitsbesuch** *m* wizyta kurtuazyjna
hohe(r, -s) → ***hoch***
Höhe *f* wysokość *f*; (*Niveau*) poziom; (*Hügel*) wzniesienie; ***in ~ von*** *Summe*: w wysokości (*G*); ***aus der ~*** z góry; ***in die ~*** do góry; *fig* ***auf der ~*** u szczytu (*G*); ***auf der ~ sein*** być na poziomie
Hoheit *f* (*0*) *pol* suwerenność *f*
Hoheits|gebiet *n* terytorium suwerenne; **~gewässer** *n* wody *f/pl* terytorialne; **~zeichen** *n* znak państwowy
Höhen|angst *f* (*0*) fobia wysokości; **~krankheit** *f* (*0*) choroba górska; **~messer** *m* wysokościomierz; **~unterschied** *m* różnica wysokości; **2verstellbar** przestawny w kierunku pionowym
Höhepunkt *m* punkt szczytowy, szczyt
höher *comp* wyższy; *adv* wyżej
hohl pusty; *Zahn*: spróchniały; *Wangen*: zapadły; *Laut*: głuchy (-cho)
Höhle *f* jaskinia (*t. fig*); *anat* jama, zatoka; *łow* nora; **~n-** jaskiniowy
Hohl|maß *n* miara objętości; **~raum** *m* próżnia, pustka; wydrążenie
Hohlspiegel *m* zwierciadło wklęsłe
Hohn *m* (*-es*; *0*) szyderstwo
höhnisch szyderczy (-czo)
holen *v/t* → ***bringen***; iść ⟨pójść⟩/⟨po⟩-jechać po (*A*); sprowadzać ⟨-dzić⟩ (*A*); *Rat* zasięgać ⟨-gnąć⟩ (*G*; ***bei*** u *G*); ***Luft ~*** odsapnąć, odetchnąć *pf*
Holländer(in *f*) *m* Holender(ka)
holländisch holenderski (po -ku)
Hölle *f* (*0*) piekło (*t. fig*); **~n-** piekielny
höllisch piekielny; *adv* F piekielnie
Holm *m* (*-es*; *-e*) (*Barrenholm*) żerdź *f*
holp(e)rig nierówny (-no); *Weg*: wyboisty; *Stil*: chropowaty
Holunder *m* czarny bez
Holz *n* (*-es*; *⸚er*) drzewo; (*Nutzholz*) drewno; *w zł.* drewniany; ***~ machen*** rąbać drzewo; **~art** *f* gatunek drzewa
Holzbearbeitung *f* obróbka drewna
Hölzchen *n* drewienko, patyczek
hölzern drewniany; *fig* sztywny
Holz|fäller *m* drwal; **~faserplatte** *f* płyta pilśniowa; **2frei** bezdrzewny
Holzhaus *n* dom/budynek drewniany
holzig zdrewniały
Holz|industrie *f* przemysł drzewny; **~kohle** *f* węgiel drzewny; **~leim** *m* klej stolarski; **~schnitt** *m* drzeworyt; **~schraube** *f* wkręt do drewna; **~schuh** *m* drewniak; **~spanplatte** *f* płyta wiórowa; **~verkleidung** *f* boazeria
Holz|weg *m*: ***auf dem ~ sein*** być w błędzie; **~wolle** *f* wełna drzewna
Homo F *m* (*-s*; *-s*) gej, *pej* pedał
homöo'pathisch homeopatyczny
homosexu'ell homoseksualny
Homosexuelle(r) homoseksualista *m*
Honig *m* (*-s*; *0*) miód; *w zł.* miodowy (-wo); **~kuchen** *m* miodownik
Hono'rar *n* (*-s*; *-e*) honorarium *n*
Honorati'oren *m/pl* notable *m/pl*
hono'rieren (-) honorować
Hopfen *m* (*-s*; *0*) chmiel(owy *w zł.*)
hopsen F → ***hüpfen***; (*tanzen*) hasać
hörbar słyszalny, dający się słyszeć
hörbehindert upośledzony na słuchu, o przytępionym słuchu
Horde *f* horda; *fig pej* zgraja
hören *v/t* ⟨u⟩słyszeć (*A*; *t. v/i* ***von*** *etw* o *L*; ***von*** *j-m* od *G*); *Radio*, *Vortrag itp.* słuchać (*G*); ***na ~ Sie mal!*** no wie pan(i)!; ***schwer ~*** niedosłyszeć
Hörensagen *n*: ***vom ~*** ze słyszenia
Hör|er *m tel* słuchawka; (*t.* **~erin** *f*) słuchacz(ka); **~gerät** *n* aparat słuchowy
Hori'zon|t *m* (*-s*; *-e*) horyzont; **2'tal** po-

ziomy (-mo); **~'tale** *f* linia pozioma

Hor'mon *n* (*-s*; *-e*) hormon; *w zł.* hormonowy, hormonalny

Horn *n* (*-e̸s*; *¨er*) róg; *muz t.* waltornia; *geogr* cypel; **~brille** *f* okulary *pl* w rogowej oprawie

Hörnchen *n kulin* rogalik

Hornhaut *f anat* rogówka; → ***Schwiele***

Hor'nisse *f* szerszeń *m*

hor'rend horrendalny

Horror *m* (*-s*; *0*) horror; → ***Abscheu***; **~film** *m* okropnościowiec, dreszczowiec; **~vision** *f* koszmar, F makabra

Hörsaal *m* sala wykładowa

Hörspiel *n* słuchowisko

Horst *m* (*-e̸s*; *-e*) gniazdo, *łow* pielesz

horten (*-e-*) ⟨z-, na⟩gromadzić

Hörverstehen *n* rozumienie ze słuchu

Hörweite *f* zasięg słyszalności

Höschen [-sç-] *n* majteczki *pl*

Hose *f* spodnie *pl*, *dim* spodenki *pl*

Hosen|anzug *m* spodnium *m*; **~bein** *n* nogawica; **~tasche** *f* kieszeń *f* spodni

Hosenträger *m*, *pl* szelki *f/pl*

Hospi'tal *n* (*-s*; *-e/¨er*) szpital

Hos'piz *n* (*-e̸s*; *-e*) hospicjum *n*

Hostie ['hɔstĭə] *f* hostia

Ho'tel *n* (*-s*; *-s*) hotel; **≈eigen** (przy)hotelowy; **~fachschule** *f* szkoła hotelarska; **~gast** *m* gość hotelowy; **~zimmer** *n* pokój (hotelowy), † numer

hüben tu, po tej stronie

Hubraum *m mot* pojemność skokowa

hübsch ładny (*t.* F *fig*); ***sich ~ machen*** ⟨przy-, wy⟩stroić się

Hubschrauber *m* helikopter(owy *w zł.*)

huckepack F na barana

Huckepackverkehr *m* kombinowany transport samochodowo-kolejowy

hudeln F (*-le*): ***nur nicht ~!*** wolnego!

Huf *m* (*-e̸s*; *-e*) kopyto; **~eisen** *n* podkowa; **~schlag** *m* (*-e̸s*; *0*) tętent (kopyt)

Hüft|e *f* biodro; **~gelenk** *n* staw biodrowy; **~halter** *m* pas elastyczny do pończoch; **~umfang** *m* obwód w biodrach

Hügel *m* wzgórze, pagórek; kopiec

hügelig pagórkowaty (-to)

Huhn *n* (*-e̸s*; *¨er*) kura; *w zł.* kurzy

Hühnchen *n* kurczę, kurczak

Hühner|auge *n* odcisk, nagniotek; **~brühe** *f* rosół z kury; **~stall** *m* kurnik

Hühnerzucht *f* hodowla kur

huldigen hołdować (*t. iron*)

Hülle *f* pokrywa, osłona; (*Buchhülle*) obwoluta; ***in ~ und Fülle*** w bród

hüllen (*in A*) okry(wa)ć, osłaniać ⟨osłonić⟩ (*I*); **~los** (zupełnie) nagi (-go)

Hülse *f* łupina, (*t. Patrone*) łuska; *tech* tulej(k)a; (*Schote*) strąk; **~nfrüchte** *f/pl* (rośliny *f/pl*) strączkowe *pl*

hu'man ludzki (po -ku)

humani'sieren (-) ⟨z⟩humanizować

huma'nistisch humanistyczny

Hummel *f* (*-*; *-n*) trzmiel

Hummer *m* homar

Hu'mor *m* (*-s*; *0*) humor; ***~ haben*** mieć zmysł/poczucie humoru

humo'ristisch humorystyczny

humpeln (*-le*, *t. sn*) kuśtykać; → ***hinken***

Humpen *m* kufel

Hund *m* (*-e̸s*; *-e*) pies; ***junger ~*** szczenię, psiak; F ***vor die ~e gehen*** zejść na psy

hunde|elend: *sich ~ fühlen* czuć się pod psem; **≈futter** *n* karma dla psów; **~kalt** F zimno jak w psiarni; **≈marke** *f* żetonik dla psa; **~müde** F skonany

hundert sto, *m-os* stu; ***einige ~*** kilkaset; → *str. 610*

Hundert *f* sto; *~ n* (*-s*; *-/-e*) setka; ***~e, zu ~en*** setki; ***vom ~*** od sta; **~er** F *m* setka

hundertfach stokrotny (-nie, -kroć)

Hundert|jahrfeier *f* obchód stulecia/setnej rocznicy; **≈jährig** stuletni; **≈prozentig** stuprocentowy; **≈ste** setny

Hundertstel *n* setna część

hundertstel: *ein ~* jedna setna

Hündin *f* suka

hundsmiserabel pieski, ... pod psem

Hundstage *m/pl* kanikuła

Hunger *m* (*-s*; *0*) głód; *w zł.* głodowy; ***~ haben*** być głodnym; **≈n** (*-re*) głodować

Hungersnot *f* klęska głodu/głodowa

Hunger|streik *m* głodówka; **~tuch** *n*: ***am ~ nagen*** przymierać głodem

hungrig głodny (*t. **nach** G*); zgłodniały

Hup|e *f* klakson; **≈en** F trąbić

hüpfen (*sn*) podskakiwać ⟨-skoczyć⟩

Hupverbot *n* zakaz używania sygnałów dźwiękowych, F zakaz trąbienia

Hürde *f sport* płotek; *fig* bariera

Hürdenlauf *m* bieg przez płotki

Hure *f pej* V kurwa, zdzira, dziwka

huschen (*sn*) szmyrgać ⟨-gnąć⟩

hüsteln (*-le*) pokaszliwać

husten (*-e-*) kasłać, kaszlać, kaszlnąć *v/s*

Husten *m* (*-s*; *0*) kaszel; **~bonbon** *m/n* karmelek przeciw kaszlowi

Hut¹ *m* (*-e̸s*; *¨e*) kapelusz; ***unter e-n ~***

bringen pogodzić (ze sobą)
Hut² *f*: ***auf der ~ sein*** mieć się na baczności; (***vor*** *D*) wystrzegać się (*G*)
hüten (-*e*-) *v/t* pilnować, (*t.* ***sich vor*** *D*) strzec (się *G*); ***das Bett ~*** leżeć w łóżku
Hütte *f* chata, chałupa; (*für Hunde*) buda; *tech* huta; **~n-** hutniczy
Hy'äne *f* hiena (*t. fig*)
Hy'drat *n* (-*ęs*; -*e*) *chem* wodzian
hy'draulisch hydrauliczny
Hydrokultur *f* hydroponika
hygienisch [-'gĭe:-] higieniczny
Hymne *f* hymn
hyper-, Hyper- hiper-
hypnoti'sieren (-) ⟨za⟩hipnotyzować
Hypo'thek *f* hipoteka; ***~en-*** hipoteczny
Hyste'rie [*pl* -'ri:ən] *f* histeria
hy'sterisch histeryczny

I

ich *pron* ja; ***Ich*** *n* (-/-*s*; -/-*s*) ja *n*, jaźń *f*
ichbezogen egocentryczny
ide|'al idealny; **2'al** *n* (-*s*; -*e*) ideał; *w zł.* idealny; **~ali'sieren** (-) idealizować
I'dee *f* idea; → ***Einfall***, ***Gedanke***
identifi'zieren (-) identyfikować (***sich*** się), utożsami(a)ć (***mit*** z *I*)
i'den|tisch identyczny; **2ti'tät** *f* (*0*) identyczność *f*, tożsamość *f*
Ideolo'gie [*pl* -'gi:ən] *f* ideologia
ideo'logisch ideologiczny
Idi'ot(in *f*) *m* (-*en*) idiot(ka)
idi'otisch idiotyczny
I'dol *n* (-*s*; -*e*) bożyszcze
I'dyll *n* (-*s*; -*e*) idylla; **2isch** idylliczny
Igel *m* jeż(owy *w zł.*)
igno'rieren (-) ⟨z⟩ignorować
ihm *pron* (je)mu; ***von ~*** od niego; o nim
ihn *pron* (je)go; ***über ~*** o nim
ihnen *pron* im; ***von ~*** od nich; o nich
Ihnen *pron* panu, pani, *pl* państwu
ihr *pron* (*3.os.D sg*) jej; ***von ~*** od niej; o niej; (*2.os.pl*) wy; *poss* (*3.os.sg*) jej, swój, swoje, swoją; (*3.os.pl*) ich, swoje, swoich
Ihr *poss* pański(e), pana, pani
ihrer *pron* (*G sg*) jej; (*3.os.pl*) ich; **~seits** z jej/ich strony
Ihrerseits ze strony pana/pani
ihresgleichen taką/takiej jak ona (ta *itp.*); *pl* takich jak one (oni, te *itp.*)
ihret|wegen dla niej/nich; (*durch sie*) przez nią/nich; **2wegen** dla pana/pani, dla państwa; przez pana/panią
ihrig, **2** *poss* → ***ihr***; ***tun Sie das Ihrige*** proszę robić co do pana/pani należy
ille|gal nielegalny; **~gitim** nieprawny
Illu|si'on *f* iluzja; **2'sorisch** iluzoryczny
Illustrati'on *f* ilustracja
Illu'strierte *f* magazyn, F kolorówka
Iltis *m* (-*ses*; -*se*) *zoo* tchórz
im = ***in dem***
Image ['ımıtʃ/'ımıdʒ] *m* (-/-*s*; -*s*) image *m*
imagi'när imaginacyjny, urojony
Imbiß *m* (-*sses*; -*sse*) przekąska; **~bude** *f* kiosk (z przekąskami); **~stube** *f* bufet, bar samoobsługowy, snack-bar
imi'tieren (-) imitować
Imke|r *m* pszczelarz; **~'rei** *f* pasieka
immatriku'lieren (-) immatrykulować (*im*)*pf* (***sich*** się)
im'mens ogromny
immer zawsze; (*stets*) wciąż, stale; (+ *comp*) coraz (to); ***auf/für ~*** na zawsze; ***~ noch***, ***noch ~*** wciąż jeszcze; ***wer/was auch ~*** kto-, co/kolwiek by; ***~ besser*** coraz (to) lepiej; **~fort** bezustannie; **~grün** wiecznie zielony; **'~'hin** bądź co bądź, wszakże; **~zu** → ***immerfort***
Immo'bilie [-lĭə] *f* nieruchomość *f*
Immo'bilienmakler *m* pośrednik w handlu nieruchomościami
im|'mun (***gegen***) odporny (na *A*); **2muni'tät** *f* odporność *f*; *pol* nietykalność *f*; **2'munschwäche** *f* załamanie się/osłabienie odporności (organizmu)
Imperativ *m* (-*s*; -*e*) *gr* tryb rozkazujący
imperia'listisch imperialistyczny
impf|en (***gegen***) ⟨za⟩szczepić (przeciw *D*); **2paß** *m* świadectwo szczepienia
Impfstoff *m* szczepionka
implan'tieren (-) wszczepi(a)ć

impo'nieren (-) ⟨za⟩imponować
impo'nierend imponujący (-co)
Im'port *m* (-*ẹs*; *0*) import; (*t. pl* -*e*) wyroby/towary *m*/*pl* importowane; **~artikel** *m* artykuł z importu; **~beschränkungen** *f*/*pl* ograniczenia *n*/*pl* importowe
impor'tieren (-) importować (*im*)*pf*
impo'sant imponujący (-co)
impotent *med* cierpiący na impotencję
impräg'nieren (-) impregnować
impressio'nistisch impresjonistyczny
improvi'sieren (-) ⟨za⟩improwizować
Im'puls *m* (-*es*; -*e*) impuls; → ***Ansporn***
impul'siv impulsywny
im'stande: ~ ***sein*** być w stanie
in *praep* (*A*, *D*) w, we (*A*, *L*); (*A*) do (*G*); (*D*) na (*L*), (*zeitlich*) za (*A*, *G*); → ***bis***, ***Masse***, ***Schar*** *itd.*
inaktiv nieczynny, nieaktywny
In'anspruchnahme *f* (*0*) korzystanie (*G* z *G*); (***durch***) obarczenie (*I*)
Inbegriff *m* (-*ẹs*; *0*) uosobienie; wzór
inbegriffen: ... ~ włączając (*A*)
Inbe'triebnahme *f* (*0*) uruchomienie; otwarcie, oddanie do użytku
inbrünstig żarliwy (-wie)
in'dem *conj* (*dadurch*, *daß*) *zw. ppr*: ~ ***du sie besuchst*** odwiedzając ją
Inder(in *f*) *m* Hindus(ka)
in'des(sen) *adv* → ***jedoch***, ***unterdessen***; *conj* podczas gdy, kiedy
Index *m* (-*es*; -*e*/-*dizes*) indeks
Indi'aner(in *f*) *m* Indianin (-anka)
indi'anisch indiański (po -ku)
indifferent obojętny
Indikati'on *f med* wskazanie
Indikativ *m* (-*s*; -*e*) *gr* tryb oznajmujący
indirekt pośredni (-nio)
indisch indyjski
in|diskret niedyskretny; **'~disku'tabel** nie wchodzący w rachubę
Individuali'tät *f* (*0*) indywidualność *f*
indi|vidu'ell indywidualny; **϶'viduum** *n* (-*s*; -*duen*) osobnik, indywiduum *n*
In'diz *n* (-*es*; -*ien*) poszlaka
indi'ziert *med* wskazany
indo'nesisch indonezyjski (po -ku)
Indukti'on *f* indukcja; **~s-** indukcyjny
industriali'sier|en (-) uprzemysławiać ⟨-słowić⟩; **϶ung** *f* uprzemysłowienie
Indu'strie [*pl* -'tri:ən] *f* przemysł; **~abwässer** *n*/*pl* ścieki *m*/*pl* przemysłowe; **~anlage** *f* obiekt przemysłowy; **~gebiet** *n* okręg przemysłowy; **~gelände** *n* teren przemysłowy; **~kauffrau** *f*, **~kaufmann** *m* (-*ẹs*; -*leute*) technik ekonomiczny zatrudniony w przemyśle
industri'ell przemysłowy (-wo)
Industri'elle(r) przemysłowiec
Indu'striestaat *m* państwo przemysłowe/uprzemysłowione
Indu'striezweig *m* gałąź *f* przemysłu
in|effektiv, **~effizient** nieefektywny
inein'andergreifen* zazębiać się
inein'anderpassen pasować jedno w drugie/jeden w drugi/jedna w drugą
in'fam nikczemny, podły (-le)
Infante'rie *f* (*0*) piechota
In'farkt *m* (-*ẹs*; -*e*) *med* zawał
Infekti'on *f* infekcja, zakażenie
Infekti'onskrankheit *f* choroba zakaźna
infi'zieren (-) zarażać ⟨-razić⟩ (***sich*** się)
Inflati'on *f* inflacja; **~s-** inflacyjny; **϶sbedingt** uwarunkowany inflacją
in'folge *praep*, *adv* (*G*, ***von***) wskutek (*G*); **~'dessen** wskutek tego, przez to
Infor'mant(in *f*) *m* (-*en*) informator(ka)
Infor|'matik *f* (*0*) informatyka; **~mati'on** *f* informacja; **~s-** informacyjny; **϶'mieren** (-) ⟨po⟩informować (***sich*** się)
infrarot podczerwony
Infrastruktur *f* infrastruktura
Ingenieur [-ʒe'nĭø:ɐ] *m* (-*s*; -*e*), **~in** *f* inżynier; *w zł.* inżynieryjny; **~studium** *m* studia *n*/*pl* inżynierskie
Ingwer *m* (-*s*; *0*) imbir(owy *w zł.*)
Inhaber(in *f*) *m* posiadacz(ka); *w zł. fin* ... na okaziciela
inhaf'tieren (-) (za)aresztować (*im*)*pf*
Inhaf'tierung *f* (za)aresztowanie
Inha|lati'ons- inhalacyjny; **϶'lieren** (-) inhalować, wziewać; ***den Rauch*** ~ zaciągać ⟨-gnąć⟩ się dymem
Inhalt *m* (-*ẹs*; -*e*) zawartość *f*; (*e-s Buchs*, *d. Lebens*) treść *f*; (*e-s Raums*) objętość *f*; **϶lich** treściowy (-wo)
Inhalts|angabe *f* streszczenie; **϶los** bez treści, jałowy; **϶reich** pełen treści, treściwy; **~verzeichnis** *n* spis rzeczy
Initia'tive *f* inicjatywa; ***die*** ~ ***ergreifen*** przejąć inicjatywę
Injekti'on *f* iniekcja, zastrzyk
Injekti'onsspritze *f* strzykawka
inji'zieren (-) wstrzykiwać ⟨-knąć⟩
inklu'sive *praep* (*G*) łącznie (z *I*)
in|kompatibel niezgodny, niekompatybilny; **~konsequent** niekonsekwentny
In'krafttreten *n* (-*s*; *0*) wejście w życie

I

Inkubati'onszeit *f* okres inkubacyjny
Inland *n* (-*s*; *0*) *pol* kraj; **~s-** krajowy
Inländ|er(in *f*) *m* mieszkaniec (-nka) kraju, krajowiec; **≈isch** krajowy
inliegend załączony
in'mitten *praep*, *adv* (*G*, **von**) pośród (*G*)
innehaben* zajmować
innehalten* (**in** *D*) przer(y)wać (*A*)
innen wewnątrz, w środku; ***nach*** **~** do wnętrza/wewnątrz; ***von*** **~** od wewnątrz
Innenausstattung *f* wystrój wnętrza
Innenhof *m* dziedziniec wewnętrzny
Innen|minister(in *f*) *m* minister spraw wewnętrznych; **~raum** *m* wnętrze
Innenseite *f* strona wewnętrzna
Innenstadt *f* śródmieście
inner|betrieblich wewnątrzzakładowy; **~e** wewnętrzny; *geogr* środkowy; **≈e(s)** wnętrze; ***im Inner(e)n*** *fig* w duchu
Inne'reien *pl* wnętrzności *f*/*pl*; *kulin* podroby *pl*
I
inner|halb *praep*, *adv* (*G*, **von**) w obrębie, wewnątrz (*G*), w (*L*); (*zeitlich*) w czasie, podczas (*G*); **~lich** wewnętrzny; *fig* duchowy (-wo); **~ste** *fig* najskrytszy; **≈ste(s)** tajniki *m*/*pl* duszy
innig (*eng*) bliski, serdeczny; intymny; (*tief empfunden*) głęboki (-ko)
Innovati'on *f* innowacja
Innung *f* cech; **~s-** cechowy
inoffiziell nieoficjalny
ins = ***in das***
Insasse *m* (-*n*) pasażer; (*im Heim itp.*) wychowanek; pacjent; pensjonariusz
insbe'sondere w szczególności
Inschrift *f* napis
In'sekt *n* (-*ęs*; -*en*) owad, insekt
In'sekten|spray *m* spray na insekty; **~stich** *m* nakłucie owada; **~vertilgungsmittel** *n* środek owadobójczy
Insel *f* (-; -*n*) wyspa; **~bewohner(in** *f*) *m* wyspiarz (-rka); **~volk** *n* lud wyspiarski
Inse'rat *n* (-*ęs*; -*e*) ogłoszenie, anons
inse'rieren (-) zamieszczać ⟨zamieścić⟩ ogłoszenie (*v*/*t* o *L*)
insgeheim potajemnie, po kryjomu
insgesamt ogółem, ogólnie, w sumie
insofern *adv* pod tym względem; *conj* o tyle (**als** że); (*falls*) o ile
Insolvenz [*t*. -'vɛnts] *f* niewypłacalność *f*
insoweit → ***insofern***
In|spekti'on *f* inspekcja; **≈spi'rieren** (-) inspirować, natchnąć *pf*; **≈spi'zieren** (-) *v*/*t* przeprowadzać ⟨-dzić⟩ inspekcję, dokon(yw)ać przeglądu (*G*)
Instabilität *f* (*0*) niestabilność *f*
Instal|lati'on *f* instalacja; **~s-** instalacyjny; **≈'lieren** (-) ⟨za⟩instalować
in'stand: **~** ***halten*** utrzymywać w należytym stanie; **~** ***setzen*** ⟨wy⟩remontować, naprawi(a)ć
inständig *Bitte*: usilny
In'standsetzung *f* remont, naprawa
In|'stanz *f* instancja; **~'stinkt** *m* (-*ęs*; -*e*) instynkt; **≈stink'tiv** instynktowny
In|sti'tut *n* (-*ęs*; -*e*) instytut; **~stituti'on** *f* instytucja; **≈stru'ieren** (-) ⟨po⟩instruować; **~strukti'on** *f* instrukcja
Instru'ment *n* (-*ęs*; -*e*) instrument; **~enbrett** *n* tablica przyrządów
Insuffizienz [-ɛnts] *f med* niewydolność *f*
Insu'lin *n* (-*s*; *0*) insulina
insze'nieren (-) inscenizować (*im*)*pf*
in'takt nie uszkodzony; nienaruszony
Inte|grati'on *f* integracja; **≈'grieren** (-) ⟨z⟩integrować; *mat* całkować; **≈'griert** *adj Schaltung*: scalony; **~gri'tät** *f* (*0*) uczciwość *f*; *pol* integralność *f*
intel|lektu'ell intelektualny; **≈lektu'elle(r)** intelektualista *m* (-tka); **~li'gent** inteligenty; **≈li'genz** *f* (*0*) inteligencja
Inten'dant(in *f*) *m* (-*en*) intendent(ka)
Inten|si'tät *f* (*0*) intensywność *f*; **≈'siv** intensywny; **≈si'vieren** (-) intensyfikować; **~'sivstation** *f* oddział intensywnej terapii / opieki
interes'sant interesujący, ciekawy
Inte'resse *f* zainteresowanie, zaciekawienie (**an** *D*/*I*); (*Nutzen*, *Belange*) interes (**an** *D* w *L*); *j-s* **~** ***wecken*** *t*. zainteresować, zaciekawić (*G*)
Inte'ressen|gemeinschaft *f* wspólnota interesów; **~konflikt** *m* sprzeczność *f* interesów, konflikt
interes'sieren (-) ⟨za⟩interesować (***j-n***, ***sich für*** k-o, się *I*); ***interessiert sein*** (**an** *D*) być zainteresowanym (w *L*)
interkontinen'tal transkontynentalny
in'tern wewnętrzny
internatio'nal międzynarodowy
Inter|'pret(in *f*) *m* (-*en*) interpretator(ka); *teatr* wykonawca *m* (-czyni); **≈pre'tieren** (-) ⟨z⟩interpretować
interve'nieren (-) interweniować
Interventi'on *f* interwencja
Interview [-'vju:] *n* (-*s*; -*s*) wywiad, interview *m*; **≈en** [-'vju:ən] (-) *v*/*t* przeprowadzać ⟨-dzić⟩ wywiad (z *I*)

in'tim intymny; **2i'tät** *f* intymność *f*
In'timsphäre *f* sfera prywatna
intolerant nietolerancyjny
intramuskulär *med* domięśniowy (-wo)
intravenös *med* dożylny
intri'gieren (-) intrygować
Inva|'lide *m/f* (*-n*) inwalida *m/f*; **~n-** inwalidzki; **~lidi'tät** *f* (*0*) inwalidztwo
In|vasi'on *f* inwazja; **~ven'tar** *n* (*-s*; *-e*) inwentarz; **~ven'tur** *f* inwentaryzacja
in|ve'stieren (-) ⟨za⟩inwestować; **2vestiti'on** *f* inwestycja; **~s-** inwestycyjny; **2vestitionsplanung** *f* planowanie inwestycji; **2'vestmentfonds** *m* spółka lokacyjna; fundusz spółki lokacyjnej
inwendig wewnętrzny; *praed* wewnątrz
inwie|fern, ~weit *conj* jak dalece; o ile
Inzucht *f agr*, *wet* chów wsobny
in'zwischen tymczasem
i'ra|kisch iracki; **~nisch** irański
ir|den gliniany; **~disch** ziemski
Ire *m* (*-n*) Ir(landczyk)
irgend tylko; -ś, -kolwiek; **~ *jemand*** ktoś, ktokolwiek; **~ *etwas*** coś(kolwiek); ***wenn ~ möglich*** jeśli tylko można będzie; **~ein** jakiś, jakikolwiek; **~wann** kiedykolwiek; **~wie** jakoś, jakimś sposobem; **~wo** gdzieś, gdziekolwiek; **~wohin** dokądkolwiek, dokądś
Iri|n *f* Irlandka; **2sch** irlandzki (po -ku)
Iro'nie *f* (*0*) ironia
i'ronisch ironiczny
irre *Blick*: błędny; F (*toll*) szałowy (-wo); (*sehr*) cholerny
Irre *m/f* (*-n*) obłąkany (-na), wariat(ka)
irreführen wprowadzać ⟨-dzić⟩ w błąd
irregehen* być w błędzie
irrele'vant nieistotny
irremachen zbi(ja)ć z tropu
irren *v/i* (*sn*) błądzić, błąkać się (***durch*** po *L*); ***sich* ~** (***mit, in*** *D*) ⟨o⟩mylić się (w *L*, co do *G*); **2anstalt** *f* zakład dla obłąkanych; **2haus** F *n* dom wariatów
Irr|er → ***Irre***; **~garten** *m* labirynt
irrig błędny, mylny
irri'tieren (-) ⟨s⟩peszyć; irytować
Irr|läufer *m* przesyłka doręczona niewłaściwemu adresatowi; **~sinn** *m* (*-s*; *0*) obłęd; F *fig* wariactwo; **2sinnig** obłąkany; F *fig* szalony (-lenie); **~tum** *m* (*-s*; *⸗er*) błąd; (*Versehen*) pomyłka
irrtümlich błędny, mylny
irrtümlicherweise przez pomyłkę
Ischias *m/n* (-; *0*) rwa kulszowa, ischias
Islam *m* (*-s*; *0*) islam; **2isch** [-'la:-] islamski, mahometański
Isländer(in *f*) *m* Islandczyk (-dka)
isländisch islandzki (po -ku)
Iso'lier|band *n* taśma izolacyjna; **2en** (-) izolować; **~ung** *f* izolowanie; izolacja
Isra'eli *m/f* (*-/-s*; *-/-s*) Izraelczyk (-lka)
iß, ißt → ***essen***
Italien|er [-'lie:-] *m* Włoch; **~erin** *f* Włoszka; **2isch** włoski (po -ku)

J

ja *part* tak; **~ *gewiß*** ależ tak; **~?** czy nie tak?; **~** (***sogar***) wprawdzie; ba, co więcej; (*wirklich*) faktycznie; → ***doch***; **~ *sagen*** (***zu***) ⟨za⟩aprobować (*A*)
Jacke *f* kurtka, wdzianko; żakiet; **~nkleid** *n* garsonka, suknia z żakiecikiem
Ja'ckett [ʒa-] *n* (*-s*; *-s*) marynarka
Jagd *f* polowanie, łowy *m/pl*; *fig* pogoń *f* (***nach*** za *I*); **~beute** *f* zdobycz *f*; **~flugzeug** *n* samolot myśliwski, myśliwiec
Jagd|hütte *f* szałas myśliwski; **~revier** *n* łowisko; **~schein** *m* karta łowiecka
Jagdtrophäe *f* trofeum myśliwskie
Jagdzeit *f* sezon łowiecki
jagen *v/t* polować (na *A*); (*verfolgen*) ścigać, gonić (*A*); *v/i* (*sn*) pędzić, gnać; F ***in die Luft* ~** wysadzić w powietrze
Jäger *m* myśliwy *m*; F *lotn* myśliwiec
jäh nagły (-le), raptowny; → ***steil***
Jahr *n* (*-es*; *-e*) rok, *pl* lata *n/pl*; ***ein halbes* ~** pół roku; półrocze; ***in e-m* ~** za rok; ***vor zwei* ~*en*** dwa lata temu; ***jedes* ~** co roku, corocznie; ***in den 90er* ~*en*** w latach dziewięćdziesiątych
jahr'aus: ~, *jahr'ein* rok w rok
jahrelang długoletni; przez wiele lat

Jahres|abschluß *m fin* zamknięcie roczne (ksiąg handlowych); **~anfang** *m* początek roku; **~durchschnitt** *m*: ***im ~*** średnio za rok; **~einkommen** *n* dochód roczny; **~frist** *f*: ***binnen ~*** w terminie do roku; **~hauptversammlung** *f* doroczne walne zgromadzenie; **~tag** *m* rocznica; **~umsatz** *m* obrót roczny
Jahreszeit *f* pora roku
Jahrgang *m* rocznik
Jahr'hundert *n* wiek, stulecie; ***aus dem vorigen ~*** ubiegłowieczny
jahrhundertealt stuletni
Jahrhundertwende *f* przełom wieków
-jährig -roczny, -letni
jährlich roczny; ***einmal ~*** raz do roku
Jahrmarkt *m* jarmark
Jahr'tausend *n* tysiąclecie
Jahrzehnt *n* (*-ęs*; *-e*) dziesięciolecie
jähzornig wybuchowy (-wo)
Jalousie [ʒalu'ziː(ən *pl*)] *f* żaluzja
Jammer *m* (*-s*; *0*) lament; F ***es ist ein ~, daß*** wielka szkoda że; → ***Kummer***
jämmerlich nędzny, marny
jammer|n (*-re*) lamentować (***über*** *A* z powodu *G*); **~schade** wielka szkoda
Jänner Ⓐ *m* (*-s*; -), **Januar** *m* (*-s*; *-e*) styczeń *m*; *w zł.* styczniowy
Ja'paner(in *f*) *m* Japończyk (-nka)
ja'panisch japoński (po -ku)
Jastimme *f* głos za
jäten (*-e-*) pleć, plewić
Jauche *f* (*0*) *agr* gnojówka
jauchzen (*-zt*) wykrzykiwać z radości
jaulen skowyczeć, wyć
Jause Ⓐ *f* przekąska, podwieczorek
ja'wohl *part* tak jest
Jawort *n* (*-ęs*; *0*) zgoda, (dane) słowo
Jazz [dʒɛs] *m* (-; *0*) jazz(owy *w zł.*)
je *adv* kiedykolwiek; (*jeweils*) po; ***~ nach*** zależnie od (*G*); *conj* ***~ ... desto/um so*** im ... tym; ***~ nachdem, ob/wann*** w zależności od tego czy/kiedy; → ***eh***
Jeans [dʒiːnz] *f* (-; -) dżinsy *pl*
jede (**~r**, **~s**) każda (-dy, -de), wszelka (-ki, -kie); co; ***~ Woche*** co tydzień; ***~s Jahr*** co roku; → ***Preis***
jedenfalls w każdym (bądź) razie
jeder|mann każdy; (*alle*) wszyscy; **~zeit** o każdej porze; w każdej chwili
jedesmal za każdym razem, zawsze
je'doch jednak(że), lecz; *conj* wszelako
jedwede(r -s), **jegliche(r, -s)** → ***jede***
jeher: ***von/seit ~*** od dawna
jemals kiedyś, kiedykolwiek
jemand ktoś; **~es** czyj(a)ś, czyjeś
jen|e tamta, owa; *pl ż-rzecz* tamte, owe; *m-os* tamci, owi; **~er** tamten, ów; **~es** tamto, owo; **~seitig** znajdujący się/położony po tamtej stronie; **~seits** *praep* (*G*) po tamtej stronie, z tamtej strony (*G*); *adv* ***~ von*** za, poza (*I*)
Jenseits *n* (*-s*; *0*) tamten świat
Jet [dʒɛt] *m* (*-/-s*; *-s*) odrzutowiec
jetzig teraźniejszy, obecny
jetzt teraz, obecnie; ***bis ~*** dotąd, do tej pory, dotychczas; ***von ~ an*** odtąd
jeweil|ig poszczególny; odnośny; aktualny; **~s** każdorazowo; zawsze
Job [dʒɔp] *m* (*-s*; *-s*) robota, chałtura; fach; *EDV* zadanie; **ℒben** chałturzyć
Jobkiller F *m* racjonalizacja redukująca miejsca pracy
Joch *n* (*-ęs*; *-e*) jarzmo
Jockey ['dʒɔki] *m* (*-s*; *-s*) dżokej
Jod *n* (*-s*; *0*) jod(owy *w zł.*)
jodeln (*-le*) jodlować
Jodtinktur *f* jodyna
Joghurt [-gʊrt] *m/n* (*-/-s*; *-s*) jogurt
Jo'hannisbeer|e *f* porzeczka; **~wein** *m* wino porzeczkowe
johlen wrzeszczeć, wydzierać się
Joint [dʒɔɪnt] *m* (*-s*; *-s*) dżoint, *gw* splif
jonglieren [ʒɔŋ'gliː-] (-) żonglować
Joppe *f* kurtka
Jour'nal [ʒur-] *n* (*-s*; *-e*) dziennik; (*Modejournal*) żurnal
Journa'list(in *f*) *m* dziennikarz (-rka)
journa'listisch dziennikarski
Jubel *m* (*-s*; *0*) okrzyki *m/pl* radości; (wielka) radość; **ℒn** (*-le*) bardzo się cieszyć/radować (***über*** *A* z *G*)
Jubi'lar(in *f*) *m* (*-en*) jubilat(ka)
Jubi'läum *n* (*-s*; *-läen*) jubileusz; **~s-** jubileuszowy
jucken *v/i* swędzić, świerzbieć; *v/t* drapać (***sich*** się)
Juckreiz *m* (*-es*; *0*) swędzenie
Jude *m* (*-n*) Żyd; **~n-** żydowski, ... Żydów; **~ntum** *n* (*-s*; *0*) żydostwo
Jüdin *f* Żydówka
jüdisch żydowski (po -ku)
Jugend *f* (*0*) młodość *f*; *zbior* młodzież *f*; **~alter** *n* wiek młodzieńczy; **~amt** *n* urząd do spraw nieletnich; **~erinnerungen** *f/pl* wspomnienia *n/pl* z lat młodzieńczych; **ℒfrei** dozwolony dla młodzieży; **ℒgefährdend** demorali-

zujący młodzież; **~gericht** *n* sąd dla nieletnich; **~herberge** *f* schronisko młodzieżowe; **~kriminalität** *f* przestępczość *f* nieletnich; **²lich** młodzieńczy (-czo); *jur* nieletni
Jugendliche(r) nieletni(a), (*t. pej*) małolat(a); *pl t.* młodzież *f*
Jugend|schutz *m* ochrona prawna interesów i praw nieletnich; **~stil** *m* (-*ęs*; *0*) styl secesji, modernizm
Jugendverband *m* związek młodzieży
jugo'slawisch jugosłowiański
Juli *m* (-/-*s*; -*s*) lipiec; *w zł.* lipcowy
jung (*ᵘer*; *ᵘst*-) młody (-do); ***... Jahre ~ sein*** liczyć sobie ... lat; ***~ machen*** odmładzać ⟨-młodzić⟩
Junge¹ *m* (-*n*) chłopiec, chłopak
Junge² *n* (-*n*) *zoo* młode *n*; *w.zn.* kocię, pisklę, szczenię *itp.*
jünger *comp* młodszy; *adv* młodziej
Jungfer *f*: ***alte ~*** stara panna; **~n-** *w zł. zw.* dziewiczy, pierwszy
Jung|frau *f* dziewica, panna; **²fräulich** dziewiczy (-czo) (*t. fig*)
Junggesel|le *m* kawaler, samotny; **~n-** kawalerski; **~lin** *f* panna, samotna
Jüngling *m* (-*s*; -*e*) młodzieniec
jüngst *sup* najmłodszy; (*letzt*) najświeższy, ostatni; ***in ~er Zeit*** ostatnio
Juni *m* (-/-*s*; -*s*) czerwiec; *w zł.* czerwcowy, **~käfer** *m* guniak czerwczyk
Juni'oren- *sport* ... juniorów
Junkie ['dʒaŋkı] *m* (-*s*; -*s*) *gw* ćpun
Jupiter *m* (-*s*; *0*) Jowisz (*t. astr*)
Jura: ***~ studieren*** studiować prawo
Jurastudium *n* studia *n*/*pl* prawnicze
Ju'rist(in *f*) *m* (-*en*) prawnik (-iczka)
ju'ristisch prawniczy; (*rechtlich*) prawny; ***~e Person*** osoba prawna
just właśnie, dopiero co
ju'stieren (-) justować; → ***einstellen***
Justiti'ar(in *f*) *m* (-*s*; -*e*) radca prawny
Ju'stiz *f* (*0*) wymiar sprawiedliwości; *zbior* organy *m*/*pl* wymiaru sprawiedliwości; **~ministerium** *n* ministerstwo sprawiedliwości; **~wachtmeister** *m* policjant sądowy
Ju'wel *n* (-*s*; -*en*) klejnot; **~en** *pl t.* biżuteria
Juwe'lier *m* (-*s*; -*e*) jubiler(ski *w zł.*)
Jux F *m* (-*es*; *0*) kawał; ***aus ~*** dla żartu

K

K

Kaba'rett *n* (-*s*; -*e*/-*s*) kabaret
Kabaret'tist *m* (-*en*) artysta kabaretowy
Kabaret'tistin *f* artystka kabaretowa
Kabel *n* kabel; *w zł.* kablowy
Kabelfernsehen *n* telewizja kablowa
Kabelnetz *n* sieć kablowa
Ka'bine *f* kabina; *mar* kajuta
Kabi'nett *n* (-*s*; -*e*) gabinet(owy *w zł.*)
Kabrio *n* (-*s*; -*s*) kabriolet
Kachel *f* (-; -*n*) kafel; *w zł.* kaflowy
Ka'daver *m* padlina, trup (zwierzęcia)
Kader *m* kadra; *w zł. zw.* kadr(owy)
Kadmium *n* (-*s*; *0*) kadm(owy *w zł.*)
Käfer *m* chrząszcz; F (*Auto*) garbus
Kaff F *n* (-*s*; -*s*/-*e*) (zapadła) dziura
Kaffee *m* (-*s*; -*s*) kawa; **~bohne** *f* ziarnko kawy; **²braun** kawowy, barwy kawowej; **~kanne** *f* dzbanek do kawy
Kaffee|klatsch *m* plotki *f*/*pl* przy kawie; **~maschine** *f* maszynka do kawy; **~mühle** *f* młynek do kawy; **~satz** *m* (*zw. 0*) fusy *pl*; **~tasse** *f* filiżanka do kawy
Käfig *m* (-*s*; -*e*) klatka
kahl goły (-ło); (*a. Kopf*) łysy (-so); ***~ werden*** *os.* ⟨wy⟩łysieć
Kahlkopf *m* łysa głowa; F *os.* łysy
Kahlschlag *m leśn* poręba
Kahn *m* (-*ęs*; *ᵘe*) czółno; (*Last²*) barka
Kai *m* (-*s*; -*e*/-*s*) nabrzeże, keja
Kaiser *m* (**~in** *f*) cesarz(owa); **²lich** cesarski; **~schnitt** *m med* cesarskie cięcie
Ka'jüte *f* kajuta
Ka'kao *m* (-*s*; *0*) kakao *n*; *w zł.* kakaowy
Kakerlak *m* (-*s*; -*en*) karaluch
Kaktee *f* kaktus; **~n-** *w zł.* kaktusowy
Kalauer *m* płaski dowcip
Kalb *n* (-*ęs*; *ᵘer*) cielę; **~s-** *w zł.* cielęcy
Kalbfleisch *n* cielęcina

Ka'lender *m* kalendarz(owy *w zł.*)
Kali *n* (*-s*; *0*) potaż; *w zł.* potasowy
Ka'liber *n* kaliber; F *fig* pokrój
Kalium *n* (*-s*; *0*) potas(owy *w zł.*)
Kalk *m* (*-ɇs*; *-e*) wapno; **~mörtel** *m* zaprawa wapienna; **~stein** *m* wapień *m*
Kalkulati'on *f* kalkulacja
kalku'lieren (-) ⟨s⟩kalkulować
kalorienreich [-'ri:ən-] kaloryczny
kalt (*¨er*; *¨est-*) zimny (-no); **~** ***werden*** oziębi(a)ć się; ***mir ist*** **~** zimno mi
kaltblütig *fig* opanowany; z zimną krwią
Kälte *f* (*0*) zimno, chłód
Kälteeinbruch *m* raptowne ochłodzenie
Kälteperiode *f* okres chłodów
Kältewelle *f* fala zimna
Kaltfront *f meteo* front chłodny
kaltlassen*: ***das läßt ihn kalt*** to go ani ziębi, ani grzeje
Kaltschale *f* zimna zupa owocowa
kaltschnäuzig F bezczelny
kaltstellen *fig* pozbawi(a)ć wpływów
Kalzium *n* (*-s*; *0*) wapń *m*
kam, **käme** → ***kommen***
Kamel *n* (*-ɇs*; *-e*) wielbłąd; *w zł.* wielbłądzi
Kame'rad *m* (*-en*) towarzysz, F kamrat
Kame'radin *f* towarzyska, F kamrat
kame'radschaftlich koleżeński (po -ku)
Kamera *f* (*-*; *-s*) kamera; **~mann** *m* (*-ɇs*; *-männer*/*-leute*) kamerzysta *m*
Ka'millentee *m* napar rumianku
Ka'min *m* (*-s*; *-e*) kominek; (*Schornstein*) komin; **~feger** *m* → ***Schornsteinfeger***
Kamm *m* (*-ɇs*; *¨e*) grzebień *m*, grzebyk
Kammer *f* komora (*t. anat*), komórka; (*Speisekammer*) spiżarka; *pol*, *hdl* izba
Kammermusik *f* muzyka kameralna
Kammgarn *n* wełna czesankowa
Kampagne [-'panjə] *f* kampania
Kampf *m* (*-ɇs*; *¨e*) walka; *sport t.* mecz
kampfbereit gotowy do walki
kämpfen walczyć (***um***, ***für*** o *A*)
Kampfer *m* (*-s*; *0*) kamfora
Kämpfer *m* wojownik; *fig* bojownik
Kämpferin *f* bojowniczka
kämpferisch bojowy (-wo)
Kampfflugzeug *n* szturmowiec
Kampf|geist *m* duch bojowy; **~genosse** *m* (**-sin** *f*) towarzysz(ka) walki
kampf|lustig wojowniczy (-czo); **~los** *praed* bez walki; **≈platz** *m* plac boju; arena; **≈richter** *m* sędzia *m*
kampfunfähig niezdolny do walki

kam'pieren (-) obozować
Ka'nadier(in *f*) *m* [-dĭɐ/-dĭərɪn] Kanadyjczyk (-jka)
ka'nadisch kanadyjski
Ka'nal *m* (*-s*; *¨e*) kanał; *anat* przewód
Kanalisati'on *f* kanalizacja; **~s-** kanalizacyjny
Ka'narienvogel [-rĭən-] *m* kanarek
Kandi'dat(in *f*) *m* (*-en*) kandydat(ka)
kandi'dieren (-) kandydować (***für*** do *G*)
kan'diert kandyzowany
Kandis(zucker) *m* kandyz
Känguruh *m* (*-s*; *-s*) kangur
Ka'ninchen *n* królik; *w zł.* króliczy
Ka'nister *m* kanister
kann → ***können***
Kännchen *n* dzbanuszek
Kanne *f* dzbanek; (*aus Blech*) bańka
Kanni'bale *m* (*-n*) ludożerca *m*
kannte → ***kennen***
Ka'none *f* armata; F *fig* as
Ka'nonenschuß *m* armatni strzał
Ka'nonikus *m* (*-*; *-ker*) kanonik
Kante *f* kant, krawędź *f*; → ***Rand***
kantig kanciasty (-to)
Kan'tine *f* stołówka, kantyna
Kan'tinenessen *n* jedzenie stołówkowe
Kanu *n* (*-s*; *-s*) kanoe *n*; *sport* kanadyjka
Ka'nüle *f med* kaniula; igła
Kanzel *f* (*-*; *-n*) ambona; → ***Cockpit***
Kanz'lei *f* kancelaria
Kanzler *m* kanclerz; *w zł.* kanclerski
Kap *m* (*-s*; *-s*) przylądek
Kapazi'tät *f* zdolność *f* (produkcyjna); *el* pojemność *f*; *fig os.* autorytet, spec
Kapazi'tätsauslastung *f* (*0*) wykorzystanie zdolności produkcyjnej
Ka'pelle *f* kaplica; *muz* kapela
Ka'pellmeister *m* kapelmistrz
kapern (*-re*) ⟨s⟩kaperować
Kapern *f*/*pl* kaparki *m*/*pl*
ka'pieren F (-) ⟨s⟩kapować
Kapi'tal *n* (*-s*; *0*) kapitał; **~bedarf** *m* zapotrzebowanie na kapitał; **~erhöhung** *f* podwyższenie kapitału
Kapi'talertrag *m* zysk z kapitału
Kapi'tal|flucht *f* ucieczka kapitałów; **~geber** *m* dawca *m* kapitału; **~gesellschaft** *f* spółka kapitałowa
kapita'listisch kapitalystyczny
Kapi'tal|markt *m* rynek kapitałowy; **~verbrechen** *n* ciężkie przestępstwo; **~vermögen** *n* aktywa *pl* kapitałowe
Kapi'tän *m* (*-s*; *-e*) kapitan

Ka'pitel *n* rozdział; *rel* kapituła
Kapitu|lati'on *f* kapitulacja; **ꝏ'lieren** (-) ⟨s⟩kapitulować (**vor** *D* przed *I*)
Ka'plan *m* (*-s*; *⸚e*) wikariusz, wikary
Kappe *f* czapka; (*Deckel*) pokrywa, kołpak; F ***auf s-e ~ nehmen*** wziąć na siebie
kappen przycinać ⟨-ciąć⟩
Käppi *n* (*-s*; *-s*) furażerka
Kapsel *f* (-; *-n*) *med* kapsułka
ka'putt F (*defekt*) zepsuty; *Glas*: rozbity, stłuczony; → ***zerbrochen***, ***zerrissen***; (*müde*) skonany, zmordowany
ka'putt|gehen F, **~machen** F → (***zer***)***brechen***, (***zer***)***reißen***, ***zerschlagen***, ***beschädigen***, ***ruinieren***
Ka'puze *f* kapuza, kaptur
Kara'binerhaken *m* karabinek
Karambo'lage [-ʒə] F *f* kraksa, stłuczka
Kara'melle *f* karmelek
Ka'ratekämpfer *m* karateka *m*
-karätig ...karatowy
Ka'rausche *f* (*Fisch*) karaś *m*
Kara'wane *f* karawana
Kar'bidlampe *f* karbidówka
Karbo'nade *f* *kulin* kotlet schabowy
Kar'danwelle *f* wał kardanowy
Kardi'nal *m* (*-s*; *⸚e*) kardynał; *w zł. mat*, *fig* kardynalny; **~s-** *w zł.* kardynalski
Karfiol Ⓐ [-'fio:l] *m* (*-s*; *0*) kalafior
Karfreitag *m* Wielki Piątek
karg (*t.* *⸚er*, *⸚st-*) szczupły (-ło), skąpy (-po); *Boden*: jałowy, niepłodny
kärglich nędzny, ubogi (-go)
ka'ribisch karaibski
ka'riert kratkowany, w kratkę
Karies [-rĭɛs] *f* (*0*) próchnica zębów
Karika'tur *f* karykatura
karikatu'ristisch karykaturalny
kari'kieren (-) ⟨s⟩karykaturować
kari'ös *Zahn*: spróchniały
karitativ [*t.* -'ti:f] charytatywny
Karneval *m* (*-s*; *-s*/*e*) karnawał
karneva'listisch karnawałowy (-wo)
Karo *n* (*-s*; *-s*) karo; (*Muster*) kratka
Karomuster *n* wzór w kratkę
Karosse'rie [*pl* -'ri:ən] *f* nadwozie, karoseria
Ka'rotte *f* karotka, marchew(ka) *f*
Karpfen *m* karp
Karre *f* taczka; *fig pej* grat
Karree [-'re:] *n* (*-s*; *-s*) czworobok
Karren *m* taczka; (*Eselskarren*) wózek
Karri'ere *f* kariera
Karri'ere|frau *f* kobieta, która zrobiła karierę; **~macher** *m pej* karierowicz
Karte *f* karta; bilet; (*Postkarte*) pocztówka; (*Landkarte*) mapa; ***~n legen*** wróżyć z kart; (***mit offenen***) ***~n spielen*** grać w (otwarte) karty
Kar'tei *f* kartoteka; *w zł.* kartotekowy
Kar'tell *n* (*-s*; *-e*) kartel(owy *w zł.*)
Kar'tellamt *n* urząd antymonopolowy
Karten|gruß *m* widokówka z pozdrowieniami; **~haus** *n* domek z kart; **~spieler(in** *f*) *m* gracz w karty; **~telefon** *n* automat telefoniczny działający po wprowadzeniu karty plastikowej; **~vorverkauf** *m* przedsprzedaż *f* biletów
Kar'toffel *f* (-; *-n*) ziemniak, kartofel *m*
Kar'toffel|acker *m* kartoflisko; **~ernte** *f* wykopki *m*/*pl* (ziemniaków); **~klöße** *m*/*pl* pyzy *f*/*pl*, kopytka *n*/*pl*
Kar'toffelpuffer *m* placek ziemniaczany
Kar'toffelsalat *m* sałatka z ziemniaków
Kar'toffelsuppe *f* zupa ziemniaczana, zupa kartoflana, F kartoflanka
Kar'ton *m* (*-s*; *-s*) karton(owy *w zł.*)
Karus'sel *n* (*-s*; *-e*/*-s*) karuzela; ***~ fahren*** jeździć na karuzeli
Karwoche *f* Wielki Tydzień
Ka'schemme *f pej* knajpa, spelunka
Käse *m* (*-s*; *0*) ser; **~gebäck** *n* ciastko z serem; **~kuchen** *m* sernik
Ka'serne *f* koszary *f*/*pl*; **~n-** koszarowy
Ka'sino *n* (*-s*; *-s*) kasyno
Kaskoversicherung *f* (auto)casco
Kasperletheater *n* teatr kukiełkowy
Kasse *f* kasa; (*Bargeld*) gotówka; ***an der ~*** przy kasie; (*zahlen*) w kasie; F ***gut bei ~ sein*** być przy forsie
Kassen|arzt *m* lekarz kasy chorych; **~beleg** *m* dowód kasowy; **~schalter** *m* okienko kasowe, kasa (biletowa)
Kassenwart *m* skarbnik (-iczka)
Kassenzettel *m* paragon, kwit kasowy
Kasse'rolle *f* rondel
Kas'sette *f* kaseta, *dim* kasetka
Kas'settenrecorder *m* magnetofon kasetowy, kasetofon
Kas'siber *m gw* gryps
kas'sieren (-) inkasować, pob(ie)rać
Kas'sierer(in *f*) *m* kasjer(ka)
Kaßler *m*/*n kulin* schab peklowany
Ka'stanie [-nĭə] *f* kasztan
Kästchen *n* pudeł(ecz)ko; (*auf dem Papier*) kratka, kwadracik
Kasten *m* (*-s*; *⸚*) skrzynia, skrzynka,

K

pudło, pudełko; *pej* grat; (*Haus*) rudera
Kastenbrot *n* chleb foremkowy
ka'strieren (-) ⟨wy⟩kastrować
Kata'log *m* (*-s*; *-e*) katalog(owy *w zł.*)
katalogi'sieren (-) ⟨s⟩katalogować
Kataly'sator *m* (*-s*; *-'toren*) katalizator
Ka'tarrh *m* (*-s*; *-e*) nieżyt
katastro'phal katastrofalny
Kata'strophe *f* katastrofa; klęska
Kate'chismus *m* (*-*; *-men*) katechizm
Katego'rie [*pl* -'riːən] *f* kategoria
kate'gorisch kategoryczny
Kater *m* kot, kocur; F *fig* kac
Kathe'drale *f* katedra; *gr-orth* sobór
Ka'thete *f mat* przyprostokątna
Ka'theter *m med* cewnik
Katho'lik(in *f*) *m* (*-en*) katolik (-iczka)
ka'tholisch katolicki (po -ku)
Katholi'zismus *m* (*-*; *0*) katolicyzm
Kätzchen *n* kociak, kotek; *bot* bazia
Katze *f* kot(ka); F ***für die Katz*** na nic
Katzen|auge *n mot* →***Rückstrahler***; **~jammer** F *m* kociokwik; **~sprung** *m* F: ***nur e-n ~ von hier*** pod nosem
Kauderwelsch *n* (*-[s]*; *0*) niezrozumiały szwargot, chińszczyzna
kauen żuć, przeżuwać; ***an den Nägeln ~*** gryźć paznokcie
kauern (*-re*; *t. sn*) siedzieć w kucki; ***sich ~*** kucać ⟨(przy)kucnąć⟩
Kauf *m* (*-ẹs*; *¨e*) kupno, zakup
kaufen kupować ⟨-pić⟩ (***sich*** *etw* sobie)
Käufer(in *f*) *m* kupujący (-ca), nabywca *m* (-czyni)
Kauf|frau *f* kupiec (absolwentka szkoły handlowej); **~haus** *n* dom towarowy
Kaufkraft *f* (*0*) siła nabywcza
käuflich do nabycia; *fig* przekupny
Kauf|lust *f* (*0*) chęć *f* kupna; **~mann** *m* (*-s*; *-leute*) kupiec, handlowiec; **≈männisch** kupiecki (po -ku); ***~e(r) Angestellte(r)*** pracownik (-iczka) biurowy (-wa) w handlu; ***~er Direktor*** dyrektor handlowy; **~preis** *m* cena kupna; **~vertrag** *m* umowa kupna/sprzedaży
Kaufwert *m* (*-s*; *0*) wartość nabywcza
Kaugummi *m* guma do żucia
Kaulquappe *f* kijanka
kaum prawie (zupełnie) nie, prawie żadny/-na/-ne; (*nur mit Mühe, gerade noch*) ledwie, ledwo; ***~ zu glauben*** trudno uwierzyć
kau'sal przyczynowy (-wo)
Kauti'on *f* kaucja; ***gegen ~*** za kaucją
Kauz *m* (*-es*; *¨e*) *fig* dziwak, cudak
Käuzchen *n* puszczyk
Kava'liersdelikt [-v-] *n* tolerowane przewinienie
Kavallerie [-v-] *f* kawaleria
Kaviar [-v-] *m* (*-s*; *0*) kawior
keck rezolutny; (*flott*) figlarny, szelmowski (-ko); (*forsch*) zuchowaty (-to)
Kegel *m* stożek; (*Spiel*) kręgiel; **~bahn** *f* kręgielnia; **≈förmig** stożkowaty (-to)
kegeln (*-le*) grać w kręgle
Kegelsport *m* (*-s*; *0*) kręglarstwo
Kehle *f* gardło
Kehlkopf *m* krtań *f*
Kehre *f* (ostry) zakręt, serpentyna
kehren → ***drehen***, ***wenden***; (*fegen*) zamiatać ⟨-mieść⟩; (***aus***, ***von***) wymiatać, zmiatać ⟨-mieść⟩ (z *G*); ***sich nicht ~*** (***an*** *D*) nie dbać/troszczyć się (o *A*)
Kehricht *m/n* (*-s*; *0*) śmieci(e) *m/pl*
Kehrreim *m* refren
Kehrseite *f* odwrotna strona; *żart* (*Rükken, Gesäß*) tył(ek P)
kehrtmachen zawracać ⟨-wrócić⟩
Kehrtwendung *f* zwrot w tył; *fig* zwrot
keifen pyskować, wykłócać się
Keil *m* (*-ẹs*; *-e*) klin; **≈förmig** klinowaty (-to); **~riemen** *m* pasek klinowy
Keim *m* (*-ẹs*; *-e*) zarodek; *fig t.* zalążek; (*Krankheitskeim*) zarazek; ***im ~ erstikken*** zdusić w zarodku
keim|en kiełkować (*t. fig*); **~frei** jałowy
Keimling *m* (*-s*; *-e*) kiełek
Keim|träger(in *f*) *m med* nosiciel(ka); **~zelle** *f* komórka zarodkowa; → ***Keim***
kein żaden (-dna *f*, -dne *n*, *pl*); (*nicht ein*) ani jeden/jedna/jedno; ***ich habe ~ ...*** nie mam (*G*); **~*e*(*r*)**, **~ *Mensch*** nikt; ***er ist ~ ...*** on nie (*N*), on nie jest (*I*)
keinesfalls w żadnym wypadku; pod żadnym warunkiem
keineswegs bynajmniej nie, wcale nie
keinmal ani razu nie
Keks *m* (*-/-s*; *-e*) herbatnik
Kelch *m* (*-ẹs*; *-e*) kielich, puchar
Kelle *f* warząchew *f*; (*Maurerkelle*) kielnia; F (*Polizeikelle*) lizak
Keller *m* piwnica; *w zł.* piwniczny; **~assel** *f* (*-*; *-n*) F stonoga; **~wohnung** *f* mieszkanie w suterenie, suterena
Kellner(in *f*) *m* kelner(ka)
keltern (*-re*) wytłaczać (wino)
keltisch celtycki (po -ku)

kennen* znać (***sich*** się, siebie); **⁓lernen** pozna(wa)ć (***sich***, ***einander*** się)
Kenner(in *f*) *m* znawca *m* (-wczyni)
kenntlich: **⁓ *machen*** oznaczać ⟨-czyć⟩, ⟨o⟩znakować
Kenntnis *f* (-; *0*) znajomość *f*; ***zur ⁓ nehmen*** przyjąć do wiadomości; ***in ⁓ setzen*** poinformować (***über*** *A* o *L*)
Kenntnisse *t-ko pl* (-) wiedza; wiadomości *f/pl* (***in*** *D* z *G*)
Kenn|wort *n* (-*ęs*; *⁓er*) hasło; **⁓zeichen** *n* cecha; oznaka; *mot* znak rejestracyjny; ***besondere ⁓*** znaki *m/pl* szczególne
kennzeichnen (-*e*-) cechować
kentern (-*re*; *sn*) wywracać ⟨-wrócić⟩ się (do góry dnem)
Ke'ramik *f* ceramika; *w zł.* ceramiczny
Kerbe *f* nacięcie, karb
kerben nacinać ⟨-ciąć⟩, ⟨po⟩karbować
Kerbholz *n*: F ***etwas auf dem ⁓ haben*** przeskrobać coś
Kerker *m* więzienie; *hist* loch
Kerl *m* (-*s*; -*e*/F -*s*) chłop(ak); *pej* typ, facet; ***ein richtiger ⁓*** prawdziwy mężczyzna; ***ein feiner ⁓*** fajny chłop, fajna dziewczyna/kobieta
Kern *m* (-*ęs*; -*e*) rdzeń *m* (*t. fig*); *fiz* jądro; (*Obst*⁓) ziarnko; (*Stein*) pestka; *fig* sedno; **⁓brennstoff** *m* paliwo jądrowe
Kern|energie *f* (*0*) energia (*tech t.* energetyka) jądrowa; **⁓forschung** *f* badania *n/pl* jądrowe
Kernfrage *f* kwestja zasadnicza
Kernfusion *f* reakcja termojądrowa
kerngesund zdrowy (-wa) jak rydz/ryba
kernig jędrny
Kernkraftwerk *n* elektrownia atomowa
kernlos *bot* bezpestkowy
Kernreaktor *m* reaktor jądrowy
Kernseife *f* mydło rdzeniowe
Kernspaltung *f* rozszczepienie jądra
Kernstück *n fig* istotna część; trzon
Kernwaffe *f* broń jądrowa/nuklearna
Kerze *f* świeca (*t. tech*, *sport*), świeczka
kerzengerade prosty (-to) jak świeca
Kerzenständer *m* lichtarz
keß (-*sser*, -*ssest*-) łobuzerski (-ko); → ***keck***, ***flott***
Kessel *m* kocioł; (*Teekessel*) czajnik
Kessel|stein *m* (-*ęs*; *0*) kamień kotłowy; **⁓treiben** *n fig* nagonka (***gegen*** na *A*)
Kette *f* łańcuch (*t. fig*); (*Uhrkette*) łańcuszek; *pl t.* okowy *f/pl* (*t. fig*)
ketten (-*e*-) *fig*: *j-n* ***an sich ⁓*** przywiąz(yw)ać do siebie
Ketten|glied *n* ogniwo łańcucha; **⁓handel** *m* handel łańcuszkowy; **⁓raucher(in** *f*) *m* palacz(ka) nałogowy (-wa); **⁓reaktion** *f* reakcja łańcuchowa
ketzerisch heretycki, kacerski
keuchen (ciężko) dyszeć, sapać
Keuchhusten *m* koklusz
Keule *f* maczuga; *kulin* udziec, ud(k)o
keusch cnotliwy (-wie), niewinny
kichern (-*re*) chichotać
kicken F kopać, kopnąć *v/s*
kidnappen ['kɪtnɛpn] por(y)wać
Kidnapping *m* (-*s*; -*s*) porwanie
Kiefer[1] *m anat* szczęka; *w zł.* szczękowy
Kiefer[2] *f* (-; -*n*) *bot* sosna; **⁓n-** sosnowy
Kiel *m* (-*ęs*; -*e*) *mar* stępka
kiel'oben dnem do góry
Kielwasser *n* (-*s*; *0*) kilwater
Kiemen *f/pl* skrzele *f/pl*
Kienapfel *m* szyszka sosny
Kies *m* (-*es*; *0*) żwir; F *fig* forsa
Kiesel(stein) *m* krzemyk
Kieselsäure *f* (*0*) kwas krzemowy
Kiesgrube *f* żwirownia
Kilo F *n* (-*s*; -/-*s*) kilo; *w zł.* kilo-
Kilometerstein *m* kamień kilometrowy
Kilometerzähler *m* licznik kilometrów
Kilowattstunde *f* kilowatogodzina
Kind *n* (-*ęs*; -*er*) dziecko, (*zw. fig*) dziecię; **⁓er** *pl* dzieci *n/pl*; ***von ⁓ auf*** od dziecka
Kinder|arzt *m* (**⁓ärztin** *f*) lekarz (-rka) chorób dziecięcych, pediatra *m*
Kinder|bett *n* łóżeczko dziecinne; **⁓buch** *n* książka dla dzieci; **⁓erziehung** *f* wychowanie dzieci; **⁓fahrkarte** *f* bilet dla dziecka; **⁓garten** *m* przedszkole
Kindergärtnerin *f* przedszkolanka
Kindergeld *n* (-*ęs*; *0*) zasiłek na dzieci
Kinderheim *n* dom dziecka, ochronka
Kinder|krankenhaus *n* szpital dziecięcy; **⁓lähmung** *f* (*0*) choroba Heine-go-Medina; **⁓leicht** F łatwiutki (-ko)
kinder|lieb kochający dzieci; **⁓los** bezdzietny; **⁓mädchen** *n* niańka
kinderreich wielodzietny
Kindersicherung *f mot* zabezpieczenie drzwi przed otwarciem przez dzieci
Kinder|spiel *n* zabawa dziecięca; gra dla dzieci; *fig* ***das ist ein ⁓*** to (dziecinna) igraszka; **⁓spielplatz** *m* plac zabaw dla dzieci; **⁓tagesstätte** *f* → ***Hort***, ***Krippe***
Kinderteller *m kulin* porcja dla dziecka

K

Kinderwagen *m* wózek dziecinny
Kindes|alter *n* wiek dziecięcy; **~entführung** *f* porwanie dziecka; **~mißhandlung** *f* dręczenie dziecka/dzieci
Kindheit *f* (*zw. 0*) dzieciństwo, lata *pl* dziecięce; **~s-** ... z lat dziecięcych
kindisch dziecinny (po -nnemu)
kindlich dziecięcy (-co), dziecinny
Kinn *n* (*-ęs; -e*) podbródek
Kinnhaken *m* cios podbródkowy
Kino *n* (*-s; -s*) kino(wy *w zł.*); → ***Film-***; ***ins ~ gehen*** iść ⟨pójść⟩ do kina
Kiosk *m* (*-ęs; -e*) kiosk, P szczęka
Kipferl Ⓐ *n* (*-s; -/-n*) rogalik
Kippe F *f* (*Zigarettenrest*) pet, niedopałek; → ***Müllkippe***
kippen *v/t* przechylać ⟨-lić⟩, przewracać ⟨-wrócić⟩ (*v/i; sn* się)
Kippfenster *n* okno uchylne
Kirche *f* Kościół; *arch* kościół; *ev t.* zbór; *gr-orth* cerkiew *f*
Kirchen|diener *m* kościelny; **~lied** *n* pieśń religijna; **~musik** *f* muzyka kościelna; **~rat** *m* rada parafialna; **~steuer** *f* podatek kościelny; **~tag** *m* synod
Kirchhof *m* cmentarz przykościelny
kirchlich kościelny; *gr-orth* cerkiewny
Kirchturm *m* wieża kościelna/cerkiewna
Kirmes *f* (*-; -sen*) odpust, † kiermasz
Kirsche *f* czereśnia; (*Weichsel*) wiśnia
Kirschkuchen *m* placek z wiśniami
kirschrot wiśniowy (-wo)
Kirschsaft *m* sok wiśniowy
Kissen *n* poduszka; **~bezug** *m* poszewka/powłoczka na poduszkę
Kiste *f* skrzynia, skrzynka; → ***Kasten***
Kitsch *m* (*-ęs; 0*) kicz; **2ig** kiczowaty(-to)
Kitt *m* (*-ęs; -e*) kit
Kittchen F *n* ciupa, kić *m*
Kittel *m* kitel, fartuch
kitten (*-e-*) zlepi(a)ć; F *fig* naprawi(a)ć
Kitzel *m* łaskotki *f/pl*, łaskotanie
kitz|eln (*-le*) ⟨po⟩łaskotać; **2ler** *m anat* łechtaczka; **~lig** łaskotliwy; *fig* delikatny, drażliwy
Kladde *f* brulion
klaffen ziać; **~d** *Wunde*:otwarty, ziejący
kläffen ujadać, szczekać
Kläffer F *m* psina, kundel
Klag|e *f* skarga; *jur t.* powództwo; *pl t.* żale *m/pl*, lament; *jur* ***e-e ~ anstrengen*** wytoczyć powództwo; **2en** (***über*** *A*) skarżyć się, użalać się (na *A*); *jur* (***gegen j-n auf*** *A*) zaskarżyć *pf* (k-o o *A*)
Kläg|er(in *f*) *m* powód(ka); **2lich** żałosny (-śnie); (*dürftig*) opłakany, marny
Klamauk *m* (*-s; 0*) heca, szop(k)a
klamm wilgotny; (*vor Kälte*) zdrętwiały
Klamm|er *f* (*-; -n*) klamra, *dim* klamerka; *med t.* zacisk; (*Büro2*) spinacz; (*Zeichen*) nawias; **2ern** (*-re*) przypinać ⟨-piąć⟩, spinać ⟨spiąć⟩ (spinaczem); ***sich ~*** (***an*** *A*) trzymać się kurczowo (*G*)
klamm'heimlich F milczkiem-ciszkiem
Kla'motten F *f/pl* ciuchy *m/pl*, łachy *m/pl*
klang, klänge *itd.* → ***klingen***
Klang *m* (*-ęs; ⁼e*) dźwięk, ton; (*Art des Klangs*) brzmienie; **~farbe** *f* barwa dźwięku; **2voll** dźwięczny
Klappbett *n* łóżko składane
Klappe *f* klapa, *dim* klapka; F ***e-e große ~ haben*** pyskować
klappen: *v/t* ***nach oben ~*** podnosić ⟨-nieść⟩ (*A*); *v/i* klapać ⟨-pnąć⟩; F dobrze iść, P klapować; ***es hat nicht geklappt*** (to) nie wyszło
Klapper *f* (*-; -n*) grzechotka
Klapperkasten F *m* gruchot
klappern (*-re*) stuk(ot)ać, klekotać; ***mit den Zähnen ~*** szczękać zębami
Klapperschlange *f* grzechotnik
Klapprad *n* rower składany, F składak
klapprig F rozklekotany; *fig* niedołężny
Klappstuhl *m* krzesło składane
Klaps *m* (*-es; -e*) klaps
Klapsmühle F *f* dom wariatów
klar klarowny, jasny (-no); *Sicht*: dobry; F ***alles ~?*** jasne?; ***na, ~!*** jasne!; ***sich*** [*D*] ***im ~en sein*** (***über*** *A*) zdawać sobie sprawę (z *G*); → ***durchsichtig, deutlich***
Kläranlage *f* oczyszczalnia ścieków
klären *tech* oczyszczać ⟨-yścić⟩; *Wein, fig* ⟨wy⟩klarować; *fig t.* wyjaśni(a)ć
klargehen* F: ***mit ... geht alles klar*** co do ..., to wszystko gra
Klarheit *f* przejrzystość *f*; jasność *f*; ***sich ~ verschaffen*** (***über*** *A*) zasięgnąć informacji (o *L*), wyjaśnić (*A*)
klarkommen* F da(wa)ć sobie radę (***mit*** z *I*); ***nicht ~*** nie da(wa)ć sobie rady
klarmachen wyjaśni(a)ć, F wyklarować
Klarsichtfolie *f* folia przezroczysta
klarstellen sprostować *pf*
Klartext *m*: F ***im ~*** mówiąc jasno
Klärung *f* oczyszczanie; klarowanie; wyjaśnienie; → ***klären***
klarwerden*: ***es wurde klar*** stało się jasnym; ***ihm ist klargeworden, daß*** zo-

baczył w jasnym świetle, że; ***sich*** ~ (***über*** *A*) zda(wa)ć sobie jasno sprawę (z *G*); wyrobić sobie zdanie (o *L*)
Klasse *f* klasa; *fig t.* kategoria
Klassen|arbeit *f* klasówka; **~buch** *n* dziennik klasowy; **~kamerad(in** *f*) *m* kolega *m* (koleżanka) z klasy
Klassenkampf *m* walka klasowa
Klassen|lehrer(in *f*) *m* wychowawca *m* (-wczyni) klasy; **~sprecher(in** *f*)*m* starosta *m* (starościna) klasy; **~treffen** *n* spotkanie byłych kolegów z klasy
klassifi'zieren (-) ⟨s⟩klasyfikować
Klassifi'zierung *f* klasyfikacja
klassisch klasyczny
Klatsch *m* (*-es*; *0*) plotka, *zbior* plotki *f*/*pl*; **~base** *f* plotkarka, plotkarz
klatschen[1] *v*/*i Wasser*, *Regen*: chlup(ot)ać, pluskać; chlupnąć *v*/*s* (***ins Wasser*** do wody); klaskać (***in die Hände*** w dłonie); → ***Beifall***
klatschen[2] *v*/*i* plotkować (***über*** *A* o *L*)
Klatschspalte *f* kronika towarzyska
klauben → ***pflücken***; *Kartoffeln* kopać
Klaue *f* szpon, pazur; (*Huf*) racica
klauen F buchnąć *pf*, zwędzić *pf*
Klausel *f* (-; *-n*) klauzula
Klau'surarbeit *f* praca klauzurowa
Klavier [-'viːɐ] *n* (*-ẹs*; *-e*) fortepian; **~konzert** *n* koncert fortepianowy
Kla'vierspieler(in *f*) *m* pianista *m* (-tka)
Klebeband *n* taśma samoprzylepna
kleben *v*/*t* naklejać, sklejać ⟨-skleić⟩; *v*/*i* kleić się, lepić się (***an*** *D* do *G*)
kleb|rig klejki, lepki (-ko); **⁀stoff** *m* klej
kleckern (*-re*) *v*/*i* (*sn*) kapać; *v*/*t* (*etw* ***auf*** *A*) ⟨po⟩chlapać (coś *I*)
klecksen *v*/*i* zrobić kleks; *pej* paćkać
Klee *m* (*-s*; *0*) koniczyna
Kleeblatt *n* liść *m* koniczyny
Kleid *n* (*-ẹs*; *-er*) strój, szata; (*Damenkleid*) suknia, sukienka; *pl* → ***Kleidung***
kleiden (*-e-*) ub(ie)rać (***sich*** się); *j-n* ***gut*** ~ być do twarzy (*D*)
Kleiderbügel *m* wieszak, ramiączko
Kleiderbürste *f* szczotka do ubrania
Kleiderschrank *m* szafa na ubranie
kleid|sam twarzowy (-wo); **⁀ung** *f* (*0*) odzież *f*, ubranie; **⁀ungsstück** *n* część *f* garderoby, ubiór
Kleie *f* (*0*) otręby *pl*
klein mały, niewielki; (*gering*, *fein*) drobny; ***~er machen*** (***werden***) zmniejszać ⟨-szyć⟩ (się); **⁀arbeit** *f* (*0*) dłubanina
Klein|bauer *m* chłop małorolny; **~betrieb** *m* mały zakład; **~bild-** *w zł.* małoobrazkowy; **~bus** *m* mikroautobus
Kleine(r, -s) mały (-ła, -łe), maleństwo; ***die Kleinen*** maluchy *m*/*pl*
Kleingarten *m* ogródek działkowy
Kleingeld *n* (*0*) drobne (pieniądze) *pl*
kleinhacken drobno posiekać
Kleinigkeit *f* drobiazg; ***e-e*** ~ odrobinę
Klein|kind *n* małe dziecko; **~kram** F *m* drobiazgi *m*/*pl*; **~krieg** *m* wojna podjazdowa; **⁀kriegen** F *fig* wykańczać ⟨wykończyć⟩
kleinlaut speszony, onieśmielony
klein|lich małostkowy (-wo), drobiazgowy (-wo); **~schneiden*** drobno krajać ⟨pokroić/pokrajać⟩; **⁀schreibung** *f* pisanie z małej litery; **⁀stadt** *f* (małe) miasteczko, mieścina
kleinstädtisch małomiasteczkowy
kleinste *sup* najmniejszy
Kleinstlebewesen *n* drobnoustrój
Klein|wagen *m* samochód małolitrażowy, F mikrus; **⁀wüchsig** karłowaty; małego wzrostu
Kleister *m* klajster; **⁀n** (*-re*) klajstrować
Klem|me *f* zacisk; F ***in der*** ~ ***sitzen*** znaleźć się w tarapatach; **⁀men** *v*/*t* zaciskać ⟨-cisnąć⟩; *Finger* przycinać ⟨-ciąć⟩; *v*/*i* zacinać ⟨-ciąć⟩ się
Klempner *m* hydraulik; → ***Spengler***
Klerus *m* (-; *0*) duchowieństwo, kler
Klette *f* (*Blütenkopf*) rzep; *bot* łopian; F ***wie e-e*** ~ ***hängen*** (***an*** *D*) przyczepić się jak rzep do psiego ogona (do *G*)
klettern (*-re*; *sn*) wspinać ⟨wspiąć⟩ się
Kletterpflanze *f* roślina pnąca, pnącz
Klettertour *f* wspinaczka
Klettverschluß *m* rzep
klicken *v*/*i* pstrykać ⟨-knąć⟩
Klient *m* [kli'ɛnt] (*-en*), **~in** *f* klient(ka)
Klima *n* (*-s*; *-s*) klimat; **~anlage** *f* klimatyzator; **⁀tisch** [-'maː-] klimatyczny
Klimawechsel *m* zmiana klimatu
klimpern (*-re*) brzękać, pobrzękiwać (***mit*** *I*); brz(d)ąkać (***auf*** *D* na *L*)
Klinge *f* ostrze; (*Säbel*) głownia, klinga
Klingel *f* (-; *-n*) dzwonek; *w zł.* dzwonkowy; **~knopf** *m* guzik dzwonka
klingeln (*-le*) ⟨za⟩dzwonić; ***es klingelt*** ktoś dzwoni
klingen* brzmieć, (*t. Gläser*) dźwięczeć
Kli|nik *f* klinika; **⁀nisch** kliniczny
Klinke *f* klamka; (*Sperrklinke*) zapadka

K

klipp: F ~ ***und klar*** jasno i wyraźnie
Klipps *m/pl* klipsy *m/pl*
klirren *Glas*: brzęczeć ⟨-knąć⟩, dźwięczeć; *Ketten*: brzękać ⟨-knąć⟩; *Sporen*: dzwonić; ***~de Kälte*** trzaskający mróz
Kli'schee *n* (*-s*; *-s*) *fig* stereotyp, szablon; (*Redensart*) banał, frazes
Kli'stier *n* (*-e̸s*; *-e*) lewatywa
klitschnaß F mokrzuteńki
Klo F *n* (*-s*; *-s*) klozet(owy *w zł.*)
klobig nieforemny, niekształtny
klopfen *v/i* pukać, stukać (***an*** *A* do *G*); *Herz*: kołatać; ⟨po⟩klepać (***auf die Schulter*** po ramieniu); ***es klopft*** ktoś puka; *v/t Teppich* ⟨wy⟩trzepać
Klöppel *m* serce (dzwonu)
Klops *m* (*-es*; *-e*) zraz mielony duszony
Klo'sett *n* (*-s*; *-s/e*) klozet(owy *w zł.*)
Kloß *m* (*-es*; *¨e*) knedel; (*Hefekloß*) pyza
Klößchen *n* kluska, uszko
Kloster *n* (*-s*; *¨er*) klasztor(ny *w zł.*)
Klotz *m* (*-es*; *¨e*) kloc (*t. os.*), kłoda
Klub *m* (*-s*; *-s*) klub(owy *w zł.*)
Klubmitglied *n* członek (-nkini) klubu
Kluft[1] *f* (*-*; *¨e*) rozpadlina; *fig* przepaść *f*
Kluft[2] F *f* (*zw. 0*) odzienie, odziewek
klug (*¨er*, *¨gst-*) mądry (-drze); (*vernünftig*) rozsądny; ***~ werden*** zmądrzeć *pf*; ***nicht ~ werden*** (***aus*** *D*) nie móc rozgryźć (*G*); **2heit** *f* mądrość *f*; rozsądek
Klum|pen *m* bryła, kawał; (*Erde*) gruda; **2pig** bryłowaty (-to), grudkowaty (-to)
Klüngel *m pej* klika, P sitwa
knabbern (*-re*) (*t.* ***an*** *D*) chrupać (*A*)
Knabe *m* (*-n*) chłopiec; ***~n-*** chłopięcy
Knäckebrot *n* chrupki chleb
knack|en *v/t* rozgryzać ⟨-gryźć⟩ (*pf t. fig*); F *Safe* rozpru(wa)ć; *Auto* włamać się *pf* (do *G*); *v/i* trzaskać ⟨-snąć⟩, chrupać ⟨-pnąć⟩; **~ig** jędrny
Knacks *m* (*-es*; *-se*) trzask; chrupnięcie; F (*Riß*) pęknięcie
Knackwurst *f* kiełbaska (na gorąco)
Knall *m* (*-e̸s*; *-e*) huk, trzask, łoskot; F ***e-n ~ haben*** mieć szmergla
Knalleffekt *m* zaskakujący efekt
knall|en hukać ⟨-knąć⟩; *Peitsche*: trzaskać ⟨-snąć⟩; F (*schießen*) pukać ⟨puknąć⟩; (***gegen*** *etw*; *sn*) wpadać ⟨wpaść⟩ (na *A*), grzmotnąć się *pf* (o *A*); *Sonne*: przypiekać; *v/t* F (*werfen*) ciskać ⟨cisnąć⟩; ***e-e ~*** (*D*) gwizdnąć w ucho (*A*); **2frosch** *m* szmermel; **~hart** brutalny; *adv* twardo; **~ig** jaskrawy (-wo)
Knallkörper *m* petarda
knapp (*eng*) ciasny (-no); obcisły (-le); (*kurz*) kusy (-so), (przy)krótki; *Rente*: skąpy (-po); *Stunde*: niecały; *Stil*: zwięzły (-źle); *Mehrheit*: nieznaczny; ***mit ~er Not*** z biedą; ***... wird ~*** ... kończy się
Knappheit *f* (*0*) brak; szczupłość *f*
Knarre F *f* karabin; (*Pistole*) spluwa
knarren skrzypieć ⟨-pnąć⟩
Knast F *m* (*-e̸s*; *0*) mamer, P pierdel
knattern (*-re*) terkotać; *Flagge*: furkotać
Knäuel *m* kłębek; *fig t.* kłębowisko
Knauf *m* (*-e̸s*; *¨e*) gałka
Knauser F *m* sknera *m*, liczykrupa *m*
knaus(e)rig skąpy
knautsch|en F ⟨z⟩miąć (*v/i* się); **2zone** *f mot* strefa kontrolowanego zgniotu
knebeln (*-le*) ⟨za⟩kneblować
Knecht *m* (*-e̸s*; *-e*) pachołek, parobek
Knechtschaft *f* (*0*) niewola
kneif|en* → ***zwicken***; *v/i Kragen*: uwierać, cisnąć; F *fig* (***vor*** *D*) mieć stracha (przed *I*); (*sich drücken*) wymigiwać się (od *G*); **2zange** *f* obcęgi *pl* do gwoździ
Kneipe F *f* knajpa, *pej* karczma; ***in die ~ gehen*** iść ⟨pójść⟩ do knajpy
Knete F *f* (*0*) plastelina; (*Geld*) szmal
kneten (*-e-*) ⟨u⟩gnieść, ugniatać; *Teig* ⟨wy-, za⟩miesić
Knick *m* (*-e̸s*; *-e*) z(a)gięcie, załamanie; ***die Straße macht e-n ~*** ulica/droga (ostro) skręca; **2en** *v/t* załam(yw)ać (*v/i* się); *Baum*, *Blume* złamać *pf*
Knie *n* kolano (*t. tech*, *fig*); ***bis zum ~, bis an die ~*** po kolana, do kolan
Kniebeuge *f sport* przysiad
kniefrei *Rock*: nie zakrywający kolan
Knie|gelenk *n* staw kolanowy; **~hose** *f* krótkie spodnie *pl*; **~kehle** *f* dołek podkolanowy; **2lang** do kolan
knie|n ['kni:(ə)n] klęczeć; ***sich ~*** klękać ⟨(u)klęknąć⟩; **2scheibe** *f* rzepka
Kniestrümpfe *m/pl* podkolanówki *f/pl*
knietief po kolana, do kolan
kniff → ***kneifen***
Kniff *m* (*-e̸s*; *-e*) → ***Knick***; *fig* chwyt, trik
knifflig F trudny (-no), zawiły (-le)
knipsen *v/t* pstrykać ⟨-knąć⟩ (*t. v/i*); *Fahrkarte* ⟨prze⟩dziurkować
Knirps F *m* (*-es*; *-e*) malec, pędrak
knirschen chrzęścić, chrzęs(t)nąć *v/s*, chrupać, chrupnąć *v/s*; ***mit den Zähnen ~*** zgrzytać zębami

knistern (*-re*) *Papier*, *Seide*: szeleścić; *Feuer*: potrzaskiwać, trzeszczeć
knitterfrei niemnący
knittern (*-re*) ⟨z⟩miąć (*v/i* się)
knobeln (*-le*) rzucać ⟨-cić⟩ losy (***um*** o *A*); F *fig* głowić się (***an*** *D* nad *I*)
Knoblauch *m* czosnek; *w zł.* czosnkowy
Knöchel *m anat* kostka
Knochen *m* kość *f*; *w zł.* kostny, ... kości; **~bruch** *m* złamanie kości; **2hart** twardy jak kość; **~mark** *m* szpik
knochig kościsty (-to)
Knödel *m* knedel, *zw. pl* knedle
Knolle *f* bulwa; **~n-** bulwiasty
Knopf *m* (*-ęs; ⸚e*) guzik; → ***Knauf***
Knöpfchen *n* guziczek
knöpfen zapinać ⟨-piąć⟩ (na guzik[i])
Knopfloch *n* dziurka; (*im Rockaufschlag*) butonierka
Knorpel *m* chrząstka
Knosp|e *f* pą(cze)k; **2en** pączkować
knoten (*-e-*) związ(yw)ać węzłem, supłać
Knoten *m* węzeł (*t. mar*, *fig*), supeł(ek); (*Haar*) kok; (*Verdickung*) guz(ek)
Knotenpunkt *m* węzeł komunikacyjny
knüllen ⟨z⟩miąć
Knüller F *m* przebój
knüpfen *v/t* (***an*** *A*) przywiąz(yw)ać (do *G*); *Netz* wiązać (*t. fig verbinden*; z *I*); *Teppich* ⟨z⟩robić; *Kontakt* nawiąz(yw)ać (***zu*** z *I*)
Knüppel *m* pałka, kij; *mot*, *lotn* drążek
Knüppelschaltung *f* zmiana biegów za pomocą dźwigni
knurren warczeć, warknąć *v/s* (*t. fig*); ***der Magen knurrt*** burczy w brzuchu
knusprig chrupki; *fig* apetyczny; ***~ braten*** usmażyć na chrupko
knutschen F namiętnie całować; ***~ mit*** (*schmusen*) pieścić się, *pej* macać się
Koaliti'on *f* koalicja; **~s-** koalicyjny
Kobalt *n* (*-ęs; 0*) kobalt(owy *w zł.*)
Kobold *m* (*-ęs; -e*) kobold, skrzat
Koch *m* (*-ęs; ⸚e*) kucharz
Kochbuch *n* książka kucharska
koch|en *v/t* ⟨u⟩gotować (*v/i* się); *Kaffee* zaparzać ⟨-rzyć⟩; **2er** *m* maszynka (do gotowania), kuchenka
Köcher *m* kołczan
kochfest odporny na gotowanie
Koch|geschirr *n* menażka; **~herd** *m* płyta kuchenna, trzon kuchenny
Köchin *f* kucharka
Koch|löffel *m* warząchew *f*; **~nische** *f* wnęka kuchenna; **~platte** *f* płytka grzejna; **~rezept** *n* przepis kucharski
Kochsalz *n* (*-es; 0*) sól kuchenna
Kochtopf *m* garnek (do gotowania)
Kö|der *m* przynęta; **2dern** (*-re*) (***mit***) zwabi(a)ć (*I*); *fig t.* skusić *pf* (*I*)
ko'dieren (-) ⟨za⟩kodować
Koeffizi'ent *m* (*-en*) współczynnik
koffe'infrei nie zawierający/bez kofeiny
Koffer *m* walizka; *w zł.* walizkowy; **~raum** *m* bagażnik; *w zł.* ... bagażnika
Kognak ['kɔnjak] *m* (*-s; -s*) koniak
Kohl *m* (*-ęs; 0*) kapusta
Kohle *f* węgiel; **~n** F *pl* forsa
Kohle(n)hydrat *n* węglowodan
Kohlekraftwerk *n* elektrownia węglowa
Kohlen|bergwerk *n* kopalnia węgla; **~heizung** *f* opalanie węglem; piec opalany węglem; **~monoxyd** *n* tlenek węgla, czad; **~säure** *f* (*0*) kwas węglowy
Kohlen|stoff *m* (*-ęs; 0*) węgiel; **~wasserstoff** *m* (*-ęs; 0*) węglowodór
Kohlepapier *n* kalka (maszynowa)
Kohlezeichnung *f* rysunek węglem
Kohl|kopf *m* główka kapusty; **~meise** *f* sikorka bogatka; **~'rabi** *m* (*-/-s; -/-s*) kalarepa; **~rübe** *f* brukiew *f*
Koka'in *n* (*-s; 0*) kokaina, F koka
ko'kett kokieteryjny, zalotny
koket'tieren (-) (***mit***) kokietować (*I*)
Kokosnuß *f* orzech kokosowy
Koks *m* (*-es; 0*) koks; F (*Kokain*) koka
Kolben *m* kolba; *tech* tłok
Kolbenfresser F *m* zatarcie się tłoka
Kolbenring *m* pierścień tłokowy
Kolibakterie *f* pałeczka okrężnicy
Kolik *f med*, *wet* kolka
Kollaps *m* (*-es; -e*) zapaść *f* (*t. fig*)
Kol'leg *n* (*-ęs; -e*) kursy *m/pl* przygotowawcze
Kol'le|ge *m* (*-n*) kolega *m*; **~gin** *f* koleżanka; **2gi'al** koleżeński (po -ku)
Kol'lekte *f* zbiórka datków, kwesta
Kollekti'on *f* kolekcja
kollek'tiv kolektywny
kolli|'dieren (-; *t. sn*) (***mit***) kolidować (z *I*); **2si'on** *f* kolizja; → ***Zusammenstoß***
Kölnischwasser *n* woda kolońska
koloni'al kolonialny
Kolo'nie [*pl* -'ni:ən] *f* kolonia
Ko'lonne *f* kolumna; (*Fahrzeuge t.*) konwój, sznur; (*Arbeiter*) brygada
Koloß *m* (*-sses; -sse*) kolos; → ***Riese***
kolos'sal kolosalny

K

kolpor'tieren (-) kolportować
Ko'lumne *f drk* kolumna
Kombi *m* (*-/-s*; *-s*) *mot* kombi *m*; **~nati'on** *f* kombinacja; **2'nieren** (-) ⟨s-, wy⟩kombinować; **~zange** *f* szczypce *pl* uniwersalne, kombinerki *pl*
Ko'met *m* (*-en*) kometa
Komfort [-'foːɐ] *m* (*-s*; *0*) komfort
komfor'tabel komfortowy (-wo)
Komik *f* (*0*) komizm
Komiker(in *f*) *m* komik
komisch komiczny; → ***merkwürdig***
Komi'tee *n* (*-s*; *-s*) komitet
Komma *n* (*-s*; *-s*/*-ta*) przecinek
Komman|'dant *m* (*-en*) komendant; **~'deur** *m* (*-s*; *-e*) dowódca *m*; **2'dieren** (-) *v/t* komenderować (*I*; *t. fig*)
Komman'ditgesellschaft *f* spółka komandytowa
Kom'mando *n* (*-s*; *-s*) komenda; (*Einheit*) grupa (dywersyjna), oddział; ***wie auf*** ~ jak na komendę; **~brücke** *f* mostek kapitański/dowódcy okrętu
kommen* (*sn*) przychodzić ⟨przyjść⟩, (*t. Winter, Post itp.*) nadchodzić ⟨nadejść⟩; (*fahrend*) nadjeżdżać, przyjeżdżać ⟨-jechać⟩; ***angelaufen*** ~ przybiegać ⟨-gnąć, -biec⟩; ~ ***lassen*** sprowadzać ⟨-dzić⟩, (*os. t.*) wzywać ⟨wezwać⟩; ***es*** ~ ***sehen*** przewidywać; ***wie kommt es, daß*** jak to może być, że; *mit praep*: ~ ***aus*** (*stammen*) pochodzić z (*G*); ***hinter*** *etw* ~ odkry(wa)ć (*A*); ~ ***bis*** (***zu***), ~ ***zu*** dochodzić ⟨dojść⟩ do (*G*; *t. fig*); ~ ***in*** (*A*) wchodzić ⟨wejść⟩ do (*G*); ***nach ... kommt*** *etw* po (*L*) będzie (*A*); ***um*** *etw* ~ stracić *pf* (*A*); ***unter*** *etw* ~ dosta(wa)ć się pod (*A*); ***von*** *etw* ~ być skutkiem (*G*); ***zu sich*** ~ przyjść do siebie; ***zu nichts*** ~ niczego się nie dorobić; nie mieć na nic czasu; → ***Atem***, ***Reihe***
kommend *adj* przyszły
Kommen'tar *m* (*-s*; *-s*) komentarz
kommerzi'ell komercyjny, handlowy
Kommili'ton|e *m* (*-en*) kolega uniwersytecki; **~in** *f* koleżanka uniwersytecka
Kommis'sar *m* (*-s*; *-e*), **~in** *f* komisarz
kommis|'sarisch komisaryczny; **2si'on** *f* komisja; *hdl* komis; ***in*** ~ ***geben*** odda(wa)ć w komis; **2si'onsware** *f* towar konsygnacyjny/komisowy
Kom'mode *f* komoda
Kommu'nal|abgaben *f/pl* podatki *m/pl* komunalne; **~wahlen** *f/pl* wybory *m/pl* samorządowe/komunalne
Kom'mune *f* komuna
Kommu|nikati'onsmittel *n/pl* środki *m/pl* przekazu; **~ni'on** *f* komunia
Kommu|niqué [-ni'keː] *n* (*-s*; *-s*) komunikat; **~'nist(in** *f*) *m* (*-en*) komunista *m* (-tka), *pej* komuch
kommu'nistisch komunistyczny
Ko'mödie [-diə] *f* komedia
Kompagnon [-panjɔŋ/-njõ] *m* (*-s*; *-s*) wspólnik, wspólniczka
kom'pakt zwarty, zbity; (*klein*) małowymiarowy; → ***gedrungen***
Kompa'nie [*pl* -'niːən] *f mil* kompania
Kompaß *m* (*-sses*; *-sse*) kompas, busola
kompa'tibel kompatybilny (***zu*** do *G*)
Kompensati'on *f* kompensacja; **~s-** kompensacyjny
kompen'sieren (-) (re)kompensować
kompe'tent kompetentny
Kompe'tenz *f* kompetencja; **~bereich** *m* zakres kompetencji
kom'plett kompletny; ***wir sind*** ~ jesteśmy w komplecie
kom'plex kompleksowy (-wo)
Kom'plex *m* (*-es*; *-e*) kompleks
Komplikati'on *f* komplikacja; *pl med zw.* powikłania *n/pl*
Kompli'ment *n* (*-ęs*; *-e*) komplement
Kom'pli|ze *m* (*-en*) pomocnik, współsprawca *m*; **2'zieren** (-) ⟨s⟩komplikować; **2'ziert** skomplikowany
Kom'plizin *f* współsprawczyni
Kom'plott *n* (*-ęs*; *-e*) spisek, zmowa
Kompo'nente *f* składnik
kompo|'nieren (-) ⟨s⟩komponować; **2'nist(in** *f*) *m* (*-en*) kompozytor(ka)
Kompo'stierung *f* kompostowanie
Kom'pott *n* (*-ęs*; *-e*) kompot
Kom'pres|se *f* kompres; **~si'on** *f* kompresja; *tech t.* sprężanie
Kom'pressor *m* (*-s*; *-'soren*) sprężarka
kompri'mier|en (-) ⟨s⟩komprymować; *Gas* sprężać ⟨-żyć⟩; **~t** *adj* sprężony
Kompro'miß *m* (*-sses*; *-sse*) kompromis; **~lösung** *f* rozwiązanie kompromisowe; **2los** bezkompromisowy (-wo)
kompromit'tieren (-) ⟨s⟩kompromitować (***sich*** się; ***durch*** *I*)
konden'sieren (-) *v/t* skraplać ⟨skroplić⟩ (*v/i* się); (*eindicken*) stężać ⟨-żyć⟩, ⟨s⟩kondensować
konden'siert *adj* skondensowany

Kon'dens|milch *f* mleko skondensowane; **~streifen** *m* smuga kondensacyjna
Kon'denswasser *n* (*-s*; *0*) skropliny *f/pl*
Konditi|'on *f ekon* warunek; *sport* (*0*) kondycja; **~o'nal** *m* (*-s*; *-e*) *gr* tryb warunkowy; **~'onstraining** *m* trening kondycyjny
Kon'ditor *n* (*-s*; *-'toren*) cukiernik
Kondito'rei *f* cukiernia
Kondo'lenz- kondolencyjny; → ***Beileid***
Kon'dom *n* (*-s*; *-e*) kondom
Kon'fekt *n* (*-es*; *0*) wyroby *m/pl* cukiernicze, słodycze *f/pl*, czekoladki *f/pl*
Konfekti'on *f* (*0*) konfekcja
Konfe'renz *f* konferencja; **~schaltung** *f* układ konferencyjny; **~teilnehmer(in** *f*) *m* uczestnik (-iczka) konferencji
konfe'rieren (-) konferować
Konfessi|'on *f* wyznanie; **2o'nell** wyznaniowy; **2'onslos** bezwyznaniowy
Konfir|'mand(in *f*) *m* (*-en*) konfirmant(ka); **~mati'on** *f* konfirmacja
konfir'mieren (-) konfirmować
konfis'zieren (-) ⟨s⟩konfiskować
Konfi'türe *f* konfitury *f/pl*
Kon'flikt *m* (*-es*; *-e*) konflikt(owy *w zł.*)
Konföderati'on *f* konfederacja
kon|'form: ~ ***gehen*** (***mit***) zgadzać się (z *I*); **~fron'tieren** (-) (***mit***) ⟨s⟩konfrontować (z *I*)
kon'fus → ***verworren***, ***verwirrt***
Kon'greß *m* (*-sses*; *-sse*) kongres; **~teilnehmer(in** *f*) *m* delegat(ka) na kongres
Koni'fere *f* drzewo iglaste
König(in *f*) *m* (*-s*; *-e*) król(owa)
königlich królewski (po -ku); **2reich** *n* królestwo; **~s-** *w zł.* królewski
kon|ju'gieren (-) *gr* odmieni(a)ć; **2junktiv** *m* (*-s*; *-e*) *gr* tryb przypuszczający
Konjunk'tur *f* koniunktura; **~abschwung** *m* spadek koniunktury; **~belebung** *f* ożywienie koniunktury; **~zyklus** *m* cykl koniunkturalny
kon|'kav wklęsły (-ło); **~'kret** konkretny
konkreti'sieren (-) ⟨s⟩konkretyzować
Konkur'rent *m* (*-en*) konkurent; rywal
Konkur'rentin *f* konkurentka; rywalka
Konkur'renz *f* konkurencja; ***zur ~ gehen*** przejść do konkurencji; **~fähigkeit** *f* (*0*) konkurencyjność *f*; **~kampf** *m* walka konkurencyjna
konkur'renzlos bezkonkurencyjny
konkur'rieren (-) (***mit***) konkurować (z *I*); rywalizować (***um*** o *A*)
Kon'kurs *m* (*-es*; *-e*) upadłość *f*; ~ ***anmelden*** ogłosić upadłość; ***in ~ gehen*** zbankrutować *pf*; **~verfahren** *n* postępowanie upadłościowe; **~verwalter** *m* syndyk masy upadłości(owej)
können* móc; (*verstehen*, *beherrschen*) umieć, znać, potrafić; ***ich kann nicht*** nie mogę/umiem; ***er kann das*** on to potrafi; ***man kann*** (***könnte***) ***sagen*** można (można by było) powiedzieć; ***es kann sein*** być może; ***sie kann Deutsch*** ona umie po niemiecku; ***könnte ich ...?*** czy mógłbym/mogłabym ...?
Kön|nen *n* (*-s*; *0*) znajomość *f*; mistrzostwo; **~ner(in** *f*) *m* mistrz(yni)
konnte, könnte *itd.* → ***können***
Konsens *m* (*-es*; *-e*) konsensus
konsequent [-'kv-] konsekwentny
Konse'quenz *f* konsekwencja; ***die ~en ziehen*** wyciągnąć wnioski
konserva|'tiv [-va-] konserwatywny; **2'tive(r)** konserwatysta *m* (-tka)
konserva'torisch [-va-] konserwatorski
Konserve [-'zɛrvə] *f* konserwa (*zw. pl*)
Kon'ser|vendose *f* puszka do konserw, puszka po konserwach; puszka konserw; **2'vieren** (-) ⟨za⟩konserwować
Konser'vierungsmittel *n* środek konserwujący, konserwant
Konsole [-'zo:-] *f* konsola
konsoli'dieren (-) ⟨s⟩konsolidować
Konso'nant *m* (*-en*) spółgłoska
Kon'sortium *n* (*-s*; *-'tien*) konsorcjum *n*
konspira'tiv konspiratywny; zakonspirowany
kon'stant stały
Konstellati'on *f* konstelacja
konsti|tu'ieren (-) ⟨u⟩konstytuować (***sich*** się); **2tuti'on** *f* konstytucja
konstitutio'nell konstytucyjny
konstru'ieren (-) ⟨s⟩konstruować
Konstruk|'teur(in *f*) *m* (*-s*; *-e*) konstruktor(ka); **~ti'on** *f* konstrukcja; **~s-** konstrukcyjny; **2'tiv** konstruktywny
Kon|sul *m* (*-s*; *-n*) konsul; **2su'lar** konsularny; **~su'lat** *n* (*-es*; *-e*) konsulat
konsul'tieren [-zul-] (-) *v/t* konsultować się (u *G*); *Buch* sprawdzać ⟨-dzić⟩ (w *I*)
Kon|'sum *m* (*-s*; *0*) konsumpcja, spożycie; **~'sumdenken** *n* mentalność konsumpcyjna; **~'ment(in** *f*) *m* (*-en*) konsument, spożywca *m*
Kon'sum|genossenschaft *f* spółdziel-

K

nia spożywców; **~güter** *n/pl* towary *m/pl* konsumpcyjne
Kon'takt *m* (-e̸s; -e) kontakt (*t. fig*); **~aufnahme** *f* kontaktacja; **≈freudig** towarzyski; **~linsen** *f/pl* szkła *n/pl* kontaktowe; **~person** *f* pośrednik, łącznik
kon'taktscheu unikający kontaktów
Konten *pl* → ***Konto***
konter-, **Konter-** *w zł.* kontr-
Kontinent *m* (-e̸s; -e) kontynent
kontinen'tal kontynentalny
Kontin'gent *n* (-e̸s; -e) kontyngent
Kontinui'tät *f* (*0*) ciągłość *f*
Konto *n* (-*s*; -*ten*) konto; (*Bank≈ t.*) rachunek; **~auszug** *m* wyciąg z konta; **~inhaber(in** *f*) *m* właściciel(ka) konta
Kon'tor *n* (-*s*; -*e*) biuro, placówka
Konto'ristin *f* pracownica biurowa
Konto|stand *m* stan konta; **~überziehung** *f* przekroczenie stanu konta
kontra kontra; ***das Pro und*** ≈ za i przeciw; **≈'hent** *m* (-*en*) kontrahent
Kontraindikation *f* przeciwwskazanie
Kon'trast *m* (-e̸s; -*e*) kontrast; **~mittel** *n med* środek kontrastowy/cieniujący

Kon'troll- kontrolny; **~e** *f* kontrola
kon|trol'lieren (-) ⟨s⟩kontrolować; **≈'trollturm** *m lotn* wieża kontroli ruchu
Kontroverse [-'vɛrzə] *f* kontrowersja
Konus *m* (-; -*se*) stożek
Konventi'on [-v-] *f* konwencja, układ
Konventio'nalstrafe *f* kara umowna
konventio'nell konwencjonalny
Konver'genz [-v-] *f* zbieżność *f*
Konversati'onslexikon [-v-] *n* słownik encyklopedyczny, leksykon
Konversi'on [-v-] *f* konwersja
konver'tierbar *Währung*: wymienialny
konvex [-'v-] wypukły (-ło)
Konvoi [-v-] *m* (-*s*; -*s*) konwój
Konzen'trat *n* (-e̸s; -*e*) koncentrat
Konzentrati|'on *f* koncentracja; **~'onslager** *n* obóz koncentracyjny
konzen'trieren (-) ⟨s⟩koncentrować; (*geistig t.*) skupiać ⟨-pić⟩ (***sich*** się)
konzen'triert skoncentrowany; skupiony; *praed* w skupieniu
Kon|'zept *n* (-e̸s; -*e*) szkic, zarys; ***aus dem ~ bringen*** wprawić w zakłopotanie; **~zepti'on** *f* koncepcja
Kon'zern *m* (-*s*; -*e*) koncern
Kon'zert *n* (-e̸s; -*e*) koncert(owy *w zł.*)
Konzessi'on *f* koncesja; ***~en machen*** iść na/robić ustępstwa

Kon'zil *n* (-*s*; -*e*/-*ien*) sobór
Kooperati|'on *f* kooperacja; **~'onsvertrag** *m* umowa kooperacyjna
koope'rieren (-) kooperować
Koordi'nate *f* współrzędna
koordi'nieren (-) ⟨s⟩koordynować
Kopf *m* (-e̸s; ¨*e*) głowa, P łeb; *tech*, *mil* głowica; (*Nagelkopf*) główka; ***~ an ~*** *Rennen*: łeb w łeb; F ***auf den ~ stellen*** wywrócić do góry nogami; ***im ~ behalten*** zapamiętać; ***zu ~ steigen*** uderzyć do głowy; ***das will mir nicht in den ~*** to mi się nie mieści w głowie
Kopfball *m sport* główka
Kopfbedeckung *f* nakrycie głowy
Köpf|chen *n* główka; **≈en** *sport* główkować; *os.* ścinać ⟨ściąć⟩ (głowę *D*)
Kopf|ende *n* wezgłowie; **~hörer** *m* słuchawki *f/pl*; **~kissen** *n* poduszka
kopflos *fig praed* w popłochu
Kopfrechnen *n* liczenie w pamięci
Kopfsalat *m* sałata głowiasta
Kopfschmerz|en *m/pl* (*fig* ***bereiten*** przyprawiać o) ból głowy; **~tablette** *f* tabletka od bólu głowy
Kopf|sprung *m* skok do wody głową naprzód; **~stütze** *f* zagłówek; **~tuch** *n* chustka na głowę; **≈'über** głową naprzód; **~zerbrechen** *n*: *j-m* ***~ machen*** wprawi(a)ć w kłopot (*A*)
Ko'pie [*pl* -'piːən] *f* kopia
ko'pier|en (-) ⟨s⟩kopiować; **≈er** *m*, **≈gerät** *n* (ksero)kopiarka, F kseroks
Ko'pierstift *m* ołówek kopiowy
Kopilot(in *f*) *m* drugi pilot
Koppel[1] *f* (-; -*n*) (*Gehege*) ogrodzony wygon (dla koni)
Koppel[2] *n mil* pas(ek)
kop|peln (-*le*) (***an*** *A*) ⟨z⟩łączyć (z *I*), podłączać ⟨-czyć⟩ (do *G*); *kolej*, *el* sprzęgać ⟨-gnąć, sprząc⟩; **≈p(e)lungsmanöver** *n kosm* operacja łączenia
Ko'ralle *f* koral; **~n-** koralowy
Ko'ran *m* (-*s*; *0*) Koran
Korb *m* (-e̸s; ¨*e*) kosz(yk); **~ball** *m* koszykówka; **~sessel** *m* fotel wiklinowy; **~waren** *f/pl* wyroby *m/pl* koszykarskie
Kord *m* → ***Cord***
Kordel *f* (-; -*n*) sznur(ek)
Kore'aner(in *f*) *m* Koreańczyk (-nka)
kore'anisch koreański (po -ku)
Korken *m* korek; **~zieher** *m* korkociąg
Korkplatte *f* płyta korkowa
Korn[1] *n* (-*es*; ¨*er*) ziarn(k)o; (*0*) (*Getrei-*

de) zboże; (*e-r Waffe*) muszka; *j-n* ***aufs ~ nehmen*** wziąć na muszkę (*A*)
Korn² F *m* (*-s*; *0*) żytniówka, czysta
Kornblume *f* bławatek
Körnchen *n* ziarenko; *fig t.* odrobina
körnig ziarnisty (-ście); granulowany
Körper *m* ciało; *mat t.* bryła; **~bau** *m* (*-es*; *0*) budowa ciała; **~behinderte(r)** upośledzony (-na) na zdrowiu, inwalida *m* (-dka); **~größe** *f* wzrost
Körper|haltung *f* postawa; **~kraft** *f* siła fizyczna; **~pflege** *f* higiena osobista
Körper|schaft *f* korporacja; osoba prawna (***des öffentlichen Rechts*** prawa publicznego); **~schaftssteuer** *f* podatek od osób prawnych; **~teil** *m* część *f* ciała; **~verletzung** *f* uszkodzenie ciała
Korps [koːɐ] *m* (*idkl*) korpus; **~geist** *m* (*-es*; *0*) duch korporacyjny
korpu'lent tęgi (-go), korpulentny
kor|'rekt poprawny; **2rek'tur** *f* korekcja, poprawka; *drk* korekta
Korrek'turzeichen *n* znak korektorski
Korrespon|'dent(in *f*) *m* korespondent(ka); **~'denz** *f* (*0*) korespondencja
Korridor *m* (*-s*; *-e*) korytarz
korri'gieren (-) ⟨s⟩korygować
Korrosi'on *f* (*0*) korozja
kor'rup|t skorumpowany; **2ti'on** *f* (*0*) korupcja; **~s-** korupcyjny
korsisch korsykański
Korso *n* (*-s*; *-s*) korso
koscher koszerny
Kosename *m* imię pieszczotliwe
Kos'me|tik *f* (*0*) kosmetyka; **~tikerin** *f* kosmetyczka; **2tisch** kosmetyczny
kos|misch kosmiczny; **2mo'naut(in** *f*) *m* (*-en*) kosmonauta *m* (-tka)
Kosmos *m* (-; *0*) kosmos; → ***Weltall***
Kost *f* (*0*) pożywienie, pokarm; dieta; (*Beköstigung*) wyżywienie, † wikt
kostbar kosztowny; **2keit** *f* klejnot
kosten (*-e-*) *v/i*, *v/t* kosztować; *v/t* (*probieren*) ⟨s⟩kosztować; ***was/wieviel kostet ...?*** ile kosztuje ...?
Kosten *pl* koszt(y *pl*); ***auf ~*** (*G*) na koszt (*G*); *fig* kosztem (*G*); **2deckend** pokrywający koszty; **~ersparnis** *f* oszczędność *f* na kosztach; **~erstattung** *f* zwrot kosztów; **~explosion** *f* gwałtowna zwyżka kosztów
kosten|günstig mniej kosztowny; **~intensiv** kosztochłonny; **~los** bezpłatny; **2satz** *m* taryfa; **2senkung** *f* obniżenie kosztów; **2voranschlag** *m* kosztorys
köstlich pyszny, wyborny
Kostprobe *f* (***von***) odrobinę (*G*) na skosztowanie; *fig* próbka
kostspielig kosztowny
Kos'tüm *n* (*-s*; *-e*) kostium; **~ball** *m*, **~fest** *n* bal kostiumowy
Kot *m* (*-es*; *0*) kał; (*Schmutz*) błoto
Kotelett ['kɔ'tlɛt] *n* (*-s*; *-s*) kotlet, zraz
Kote'letten *pl* bokobrody *pl*
Köter *m pej* kundel, psisko
Kotflügel *m* błotnik
kotzen P (*-zt*) rzygać
Krabbe *f* krab; → ***Garnele***
krabbeln (*-le*; *sn*) pełzać; *Baby t.*: raczkować; → ***jucken***
Krach *m* (*-es*; *⸚e*) hałas; F (*Streit*) kłótnia; ***~ machen*** hałasować; ***~ haben*** (***mit***) ⟨po⟩kłócić się (z *I*); **2en** *Schuß*: huknąć *v/s*; *Eis*: trzaskać, łamać się z trzaskiem; (*stürzen*) runąć *pf* z łoskotem; wpaść *pf* z trzaskiem (***gegen*** na *A*)
krächzen (*-zt*) krakać; *fig* chrypieć
kraft *praep* (*G*) mocą, z mocy/tytułu (*G*)
Kraft *f* (-; *⸚e*) siła; → ***Stärke***, ***Wucht***; *os. zw.* pracownik; ***aus eigener ~*** o własnych siłach; ***außer ~ setzen*** unieważnić; ***in ~ treten*** wejść w życie; ***in ~ sein*** być w mocy; ***mit aller ~*** z całej siły/mocy; ***zu Kräften kommen*** nabierać ⟨-brać⟩ sił; **~aufwand** *m* wysiłek
Kraftfahrer(in *f*) *m* kierowca *m*
Kraftfahrzeug *n* pojazd mechaniczny; **~schein** *m* karta pojazdu mechanicznego; **~steuer** *f* podatek od pojazdów, podatek drogowy
kräftig silny, mocny (-no); → ***nahrhaft***
kräftigen wzmacniać ⟨wzmocnić⟩
kraftlos bezsilny, niemocny
Kraft|probe *f* próba sił; **~protz** *m* (*-es*; *-e*) osiłek, F pakers; **~stoff** *m* paliwo silnikowe; *w zł.* paliwowy, ... paliwa
kraftstrotzend krzepki
kraftvoll silny, mocny (-no)
Kraftwagen *m* samochód
Kraftwerk *n* elektrownia, siłownia
Kragen *m* kołnierz(yk)
Kragenweite *f* rozmiar kołnierzyka
Krähe *f* wrona; **2n** *Hahn*: ⟨za⟩piać
kra'keelen (-) awanturować się
Kral|le *f* pazur, szpon; **2len: *sich ~*** (***an***, ***in*** *A*) wczepi(a)ć się pazurami (w *A*)
Kram F *m* (*-s*; *0*) bambetle *pl*, kram
kramen grzebać (się), szperać

K

Kramladen *m* kram
Krampf *m* (-*es*; *=e*) kurcz; *pl t.* drgawki *f/pl*; **~adern** *f/pl* żylaki *m/pl*; **2haft** kurczowy (-wo); F *Versuch*: uparty (-cie)
krampflösend rozkurczający (-co)
Kran *m* (-*es*; *=e*) żuraw, F kran; suwnica
Kranich *m* (-*s*; -*e*) *zoo* żuraw
krank (*=er*; *=st-*) chory (-ro); **~ sein** chorować; **~ schreiben** (*A*) wystawi(a)ć zwolnienie lekarskie (*D*); **~ werden** zachorować *pf*; **2e(r)** chory (-ra)
kränkeln (-*le*) niedomagać
kranken *fig* nie dopisywać, szwankować (**an** *D* z powodu *G*)
kränken obrażać ⟨-razić⟩, dotknąć *pf*
Kranken|geld *n* zasiłek chorobowy; **~haus** *n* szpital(ny *w zł.*); **~kasse** *f* kasa chorych; (*in Polen*) ubezpieczalnia społeczna; **~pfleger** *m* pielęgniarz
Kranken|schein *m* poświadczenie należenia do kasy chorych; **~schwester** *f* pielęgniarka; **~versicherung** *f* ubezpieczenie na wypadek choroby; **~wagen** *m* sanitarka, karetka (pogotowia)
krankhaft chorobliwy (-wie)
Krankheit *f* choroba; **~s-** chorobowy
krankheitshalber z powodu choroby
kränk|lich chorowity; **2ung** *f* obraza
Kranz *m* (-*es*; *=e*) wieniec, wianek; **~niederlegung** *f* złożenie wieńca/wieńców
Kränzchen *n* wianuszek; *fig* kółko
Krapfen *m kulin* pączek
kraß (-*sser*, -*ssest-*) rażący (-co)
kratz|bürstig F szorstki jak ryżowa szczotka; **~en** (-*zt*) ⟨po⟩drapać ⟨drapnąć⟩; ⟨po⟩skrobać (**sich** się); *v/i* (*im Hals*, *Wolle*) drapać; **2er** *m* zadrapanie, szrama; (*Wunde*) zadraśnięcie
kraulen *v/t* pieszczotliwie ⟨po⟩drapać, ⟨po⟩głaskać; *v/i* (*sn*) pływać kraulem
kraus *Haar*: kędzierzawy (-wo)
kräuseln (-*le*) *Lippen*, *Wasser* ⟨z⟩marszczyć (**sich** się); **sich ~** *Rauch*: wić się
Kraut *n* (-*es*; *=er*) ziele; (*Kartoffelkraut itp.*) nać *f*; → (**Rot-**, **Weiß-**)**Kohl**
Kräuter *n/pl* zioła *n/pl*; *w zł.* ziołowy
Kräutertee *m* napar z ziół, ziółka *n/pl*
Kra'wall *m* (-*s*; -*e*) → **Krach**; **~e** *pl pol* rozruchy *pl*; **~macher** *m* awanturnik
Kra'watte *f* krawat
kraxeln (-*le*; *sn*) → **klettern**
Kreativi'tät [-vɪ-] *f* (*0*) kreatywność *f*
Krea'tur *f* stworzenie; *pej* kreatura
Krebs *m* (-*es*; -*e*) rak (*t. med*); *astr* Rak; *w zł.* rakowy; **2erregend** rakotwórczy (-czo); **2krank** chory na raka
krebsrot czerwony jak rak
Krebsvorsorgeuntersuchung *f* badanie w celu wczesnego wykrycia raka
Kre'dit *m* (-*es*; -*e*) kredyt
Kre'ditaufnahme *f* zaciągnięcie kredytu
Kre'ditgewährung *f* udzielenie kredytu
kredi'tieren (-) kredytować
Kre'dit|karte *f* karta kredytowa; **~nehmer** *m* kredytobiorca *m*; **~saldo** *m* saldo „ma"; **2würdig** zdolny kredytowo
Kreide *f* kreda; *w zł.* kredowy
kre'ieren (-) ⟨wy⟩kreować
Kreis *m* (-*es*; -*e*) koło, *dim* kółko (*t. fig*); (*Landkreis*) powiat; *w zł.* powiatowy
kreischen (piskliwie) krzyczeć, krzyknąć *v/s*; *Säge*, *Kind*: piszczeć
Kreis|el *m* bąk; **2en** (*t. sn*) *v/i* krążyć; (*rotieren*) obracać się
kreisförmig kolisty (-sto, -ście)
kreisfrei *Stadt*: wydzielony
Kreislauf *m* krążenie; *ekon* obieg; **~mittel** *n* środek pobudzający krążenie
Kreislaufstörung *f* zaburzenie krążenia
Kreissäge *f* piła tarczowa, tarczówka
Kreißsaal *m* sala porodowa
Kreisstadt *f* miasto powiatowe
Kreisverkehr *m* ruch okrężny
Krem *f* (-; -*s*) → **Creme**
Krempe *f* rodno (kapelusza)
Krempel F *m* (-*s*; *0*) graty *m/pl*; majdan
Kren Ⓐ *m* (-*es*; *0*) chrzan
kre'pieren (-; *sn*) zdychać ⟨zdechnąć⟩; *Granate*: rozrywać ⟨-zerwać⟩ się
Kreppapier *n* (-*s*; *0*) bibuła krepowa
Kreppsohle *f* podeszwa z krepy, F krepa
Kresse *f* (*zw. 0*) rzeżucha
Kreuz *n* (-*es*; -*e*) krzyż (*t. anat*), *dim* krzyżyk; *karc* trefl; (*Autobahn*) skrzyżowanie; **über ~** na krzyż; *w zł. zw.* krzyżowy; → **quer**
kreuz|en (-*zt*) ⟨s⟩krzyżować (**sich** się); **sich ~** *Briefe itp.*: mijać ⟨minąć⟩ się; *v/i mar* płynąć zmiennym kursem; halsować; **2er** *m mar* krążownik
Kreuzfahrt *f* wycieczka / podróż morska
kreuzigen ⟨u⟩krzyżować
Kreuzotter *f* żmija zygzakowata
Kreuzritter *m* Krzyżak; *w zł.* krzyżacki
Kreuzschmerzen *m/pl* bóle *m/pl* krzyża
Kreuzung *f biol* krzyżówka; (*Wegkreuzung*) skrzyżowanie
Kreuzverhör *n* przesłuchanie krzyżowe

Kreuzworträtsel *n* krzyżówka
Kreuzzug *m* krucjata (*t. fig*)
kribb(e)lig F nerwowy, podniecony
kribbeln (*-le*) swędzić; → ***wimmeln***
kriech|en* (*sn*) pełzać, ⟨po-, za⟩pełznąć, (*t. robben*) ⟨po⟩czołgać się; *fig pej* płaszczyć się (***vor*** *D* przed *I*); **♀spur** *f* pas ruchu powolnego; **♀tier** *n* gad
Krieg *m* (*-ęs; -e*) wojna; ***im*** ~ na wojnie, podczas wojny; ***in den*** ~ na wojnę
kriegen F dosta(wa)ć, złapać *pf*
Krie|gerdenkmal *n* pomnik ku czci poległych; **♀gerisch** wojowniczy (-czo)
Kriegs|beschädigte(r) inwalida wojenny; **~dienst** *m itd.* → ***Wehrdienst*** *itd.*
Kriegs|erklärung *f* wypowiedzenie wojny; **~folgen** *f/pl* skutki *m/pl* wojny
Kriegsgefangene(r) jeniec wojenny
Kriegs|gräberfürsorge *f* opieka nad grobami żołnierskimi; **~recht** *n* (*-ęs; 0*) prawo wojenne; **~teilnehmer(in** *f*) *m* uczestnik (-niczka) wojny; **~verbrecher** *m* zbrodniarz wojenny
Krimi F *m* (*-s; -s*) kryminał(ek)
Krimi|'nal- *w zł. zw.* kryminalny; **~'nalbeamte(r)** funkcjonariusz(ka) policji kryminalnej; **~nali'tät** *f* (*0*) przestępczość *f*; **~'nalstatistik** *f* statystyka przestępczości; **♀'nell** kryminalny
Krimi'nelle(r) kryminalista *m* (-tka)
Krimskrams F *m* (*-ęs; 0*) drobiazgi *m/pl*
kringeln (*-le*): ***sich*** ~ zakręcać ⟨-cić⟩ się
Kripo F *f* (*0*) policja kryminalna
Krippe *f* żłób; (*Kinderkrippe*) żłobek
Krippenspiel *n* jasełka *n/pl*, szopka
Krise *f* kryzys; **~n-** kryzysowy
kriseln: *es kriselt* zanosi się na kryzys
Kristall¹ *n* (*-s; 0*) kryształ(owy *w zł.*)
Kristall² *m* (*-s; -e*) kryształ
Kri'terium *n* (*-s; -ien*) kryterium *n*
Kri|'tik *f* krytyka; ~ ***üben*** (***an*** *D*) krytykować (*A*); **~tiker(in** *f*) *m* krytyk
kritisch krytyczny
kriti'sieren (-) ⟨s⟩krytykować
kritzeln (*-le*) bazgrać, gryzmolić
kroch, **kröche** → ***kriechen***
Kroko'dil *n* (*-s; -e*) krokodyl
Krone *f* korona; *med, tech* koronka
krönen ⟨u⟩koronować (*t. fig*)
Kronenkorken *m* kapsla
Kron|leuchter *m* żyrandol; **~prinz(essin** *f*) *m* następca *m* (-pczyni) tronu
Krönung *f* koronacja; *fig* ukoronowanie
Kronzeuge *m* świadek koronny
Kropf *m* (*-ęs; ⁼e*) wole (*t. med*)
Kröte *f* ropucha; **~n** F *pl* grosiwo
Krücke *f*: ***an ~n gehen*** chodzić o kulach
Krug *m* (*-ęs; ⁼e*) dzban(ek); → ***Schenke***
Krümel *m* okruszyna; **♀n** (*-le*) kruszyć
krumm krzywy (-wo), skrzywiony, zakrzywiony; *Rücken*: przygarbiony; F *fig* nieczysty
krümm|en ⟨s⟩krzywić, wykrzywi(a)ć (***sich*** się); ***sich*** ~ (***vor Schmerzen***) wić się (z bólu); **♀ung** *f* zakrzywienie; *mat* krzywizna; (*Kurve*) zakole, zakręt
Krüppel *m* kaleka *m/f*
Kruste *f* skorupa; (*Brotkruste*) skórka
Krustentiere *n/pl* skorupiaki *m/pl*
Kruzifix *n* (*-es; -e*) krucyfiks
ku'banisch kubański
Kübel *m* kubeł; (*im Knast*) *gw* kibel
Ku'bik|- kubiczny, sześcienny; **~meter** *m* metr sześcienny; **~zahl** *f* sześcian
Küche *f* kuchnia; ***kalte*** ~ zimne przekąski *f/pl*; ***warme*** ~ gorące potrawy *f/pl*
Kuchen *m* placek, ciastko
Küchenchef *m* kuchmistrz
Küchen|geschirr *n* naczynia *n/pl* kuchenne; **~hilfe** *f* pomoc kuchenna
Küchenschrank *m* kredens kuchenny
Kukuck *m* (*-s; -e*) kukułka
Kukucksei *n* kukułcze jajo
Kukucksuhr *f* zegar z kukułką
Kufe *f* płoza; (*Faß*) kadź *f*, beczka
Kugel *f* (*-; -n*) kula, *dim* kulka; *w zł. zw.* kulisty; **~lager** *n* łożysko kulkowe; **♀rund** okrągły jak kula, kulisty; **~schreiber** *m* długopis; **♀sicher** kuloodporny; **~stoßen** *n* pchnięcie kulą
Kuh *f* (*-; ⁼e*) krowa; *w zł. zw.* krowi
kühl chłodny (-no) (*t. fig*); ~ ***werden*** ochłodnąć *pf*
Kühle *f* (*0*) chłód; (*Frische*) chłodek
Kühlelement *n* element chłodzący
kühlen ochładzać, ⟨o⟩chłodzić
Kühl|er *m* chłodnica; *w zł.* ... chłodnicy; **~haus** *n* chłodnia; **~schrank** *m* chłodziarka, lodówka; **~tasche** *f* termotorba; **~ung** *f* chłodzenie; (*Frische*) ochłoda; **~vitrine** *f* lada chłodnicza; **~wagen** *m* samochód-chłodnia *m*; *kolej* wagon-chłodnia *m*; **~wasser** *n* (*-s; 0*) woda chłodząca; *mot* woda do chłodnicy
Kuhmilch *f* mleko krowie
kühn śmiały (-ło); **♀heit** *f* śmiałość *f*
Kuhstall *m* obora

K

Küken *n* pisklę, *w.zn.* kurczę, kurczątko
kuli'narisch kulinarny, kucharski
Ku'lisse *f* kulisa; ***der Kampf hinter den ~n*** walka zakulisowa
kullern (*-re*) *v/i* (*sn*) ⟨po⟩toczyć się
kulti'vieren (-) kultywować
kulti'viert *adj* kulturalny
Kul'tur *f* kultura; (*Anbau*) uprawa
kultu'rell kulturowy; kulturalny
Kul'tur|film *m* film oświatowy; **~land** *n agr* ziemia uprawna; **~stufe** *f* poziom kultury; **~zentrum** *n* ośrodek kultury
Kultusministerium *n* ministerstwo oświaty (i kultury)
Kümmel *m* kmin(ek); *w zł.* kminkowy; F (*Schnaps*) kminkówka
Kummer *m* (*-s*; *0*) zmartwienie
kümmerlich nędzny, marny
kümmern (*-re*) obchodzić ⟨obejść⟩; ***sich ~*** (***um***) troszczyć się, dbać (o *A*), doglądać ⟨dojrzeć⟩ (*G*)
Kum|'pan F *m* (*-ęs*; *-e*) kompan; **~pel** *m gór* górnik; F kumpel, koleś *m*
kündbar: ... *ist ~* *Vertrag itp.*: ... może być wymówiony / rozwiązany
Kunde *m* (*-n*) klient; *pej* facet, typ
Kundendienst *m* serwis, posprzedażna (techniczna) obsługa klientów
Kundenkarte *f* karta stałego klienta
Kundgebung *f* wiec, manifestacja
kündig|en wypowiadać ⟨-powiedzieć⟩, wymawiać ⟨-mówić⟩; **2ung** *f* wypowiedzenie, wymówienie; **2ungsfrist** *f* termin wypowiedzenia; **2ungsschutz** *m* zakaz wypowiedzenia pracy/umowy o najem (mieszkania)
Kund|in *f* klientka; **~schaft** *f* (*0*) klientela, klienci *m/pl*, odbiorcy *m/pl*
künftig przyszły; *adv* w przyszłości
Kunst *f* (-; *⸚e*) sztuka; (*Können t.*) kunszt
Kunst|ausstellung *f* wystawa dzieł sztuki; **~dünger** *m* nawóz sztuczny
Kunstfaser *f* włókno syntetyczne
Kunst|fehler *m med* błąd lekarski; **~flug** *m* akrobatyka lotnicza; **~gegenstand** *m* przedmiot sztuki; → ***Kunstwerk***
kunstgerecht umiejętny
Kunst|geschichte *f* historia sztuki; **~gewerbe** *n* rzemiosło artystyczne; **~griff** *m* chwyt; **~handel** *m* handel dziełami sztuki; **~leder** *n* imitacja skóry
Künstler(in *f*) *m* artysta *m* (-tka)
künst|lerisch artystyczny; **2lername** *m* pseudonim; **~lich** sztuczny

Kunstsammlung *f* zbiór dzieł sztuki
Kunststoff *m* tworzywo sztuczne; *w zł.* ... z tworzywa sztucznego
Kunststück *n* sztuczka; ***~!*** to nie sztuka!
kunstvoll kunsztowny, misterny
Kunstwerk *n* dzieło sztuki
kunterbunt F w bezładzie, (pomieszany jak) groch z kapustą
Kupfer *n* (*-s*; *0*) miedź *f*; **~münze** *f* moneta miedziana, F miedziak
kupfern miedziany
kupferrot miedzianoczerwony
Kuppe *f* wierzchołek; (*Finger2*) brzusiec
Kuppel *f* (-; *-n*) kopuła; *w zł.* kopułowy
Kuppe'lei *f* (*0*) stręczenie do nierządu
kuppeln (*-le*) → ***koppeln***; *v/i mot* włączyć/wyłączyć *pf* sprzęgło
Kupplung *f* sprzęgło; **~s-** ... sprzęgła
Kur *f* kuracja, leczenie; ***zur ~ fahren*** ⟨po⟩jechać na kurację do uzdrowiska
Kür *f* ćwiczenie wolne
Kur|arzt *m* (**~ärztin** *f*) lekarz (lekarka) uzdrowiskowy (-wa)
Kuraufenthalt *m* pobyt w uzdrowisku
Kurbel *f* (-; *-n*) korba
Kurbelwelle *f* wał korbowy
Kürbis *m* (*-ses*; *-se*) dynia
küren (***zu***) wyb(ie)rać (na *A*)
Kur|erfolg *m* wynik kuracji; **~gast** *m* kuracjusz(ka); **~haus** *n* dom zdrojowy
Ku'rierdienst *m* poczta kurierska
ku'rieren (-) ⟨wy⟩kurować
kurios [-'rio:s] kuriozalny
Kurort *m* uzdrowisko
Kurpfusche'rei *f* (*0*) znachorstwo
Kurs *m* (*-es*; *-e*) kurs; ***amtlicher ~*** notowanie urzędowe; ***hoch im ~ stehen*** *fig* być bardzo cenionym
Kursanstieg *m* poprawa/zwyżka kursu
Kursbericht *m* raport kursowy/cenowy
Kursbuch *n* kolejowy rozkład jazdy
Kürschner *m* kuśnierz; *w zł.* kuśnierski
Kurs|gewinn *m* zysk kursowy; **~rückgang** *m* spadek kursów; **~verlust** *m* strata kursowa; **~wagen** *m* wagon kursowy; **~wechsel** *m* zmiana kursu
Kurtaxe *f* taksa klimatyczna
Kurve [-və] *f* (*Linie*) krzywa; (*Biegung*) zakręt, (*t. lotn*) wiraż
kurvenreich kręty (-to), pełen zakrętów, z wieloma wirażami
kurz (*⸚er*, *⸚est-*) krótki (-ko); ***~ vor*** (*D*) na krótko przed (*I*); ***vor ~em*** niedawno; ***seit ~em*** od niedawna; ***~ nach*** wkrótce

po (*I*); ***über ~ oder lang*** prędzej czy później; ***den kürzeren ziehen*** (***bei***) źle wyjść (na *L*); **≈arbeit** *f* skrócony czas pracy; **~ärmlig** z krótkimi rękawami
Kürz|e *f* (*0*) krótkość *f*; (*Bündigkeit*) zwięzłość *f*; ***in ~*** wkrótce; ***in aller ~*** w krótkich słowach; **≈en** (*-zt*) skracać ⟨skrócić⟩; *Personal* ⟨z⟩redukować; *Mittel t.* obcinać ⟨obciąć⟩
kurzerhand nie namyślając się długo
Kurz|fassung *f* wersja skrócona; **~film** *m* film krótkometrażowy; **≈fristig** krótkoterminowy; *praed* w krótkim terminie; **≈lebig** nietrwały
kürzlich niedawno (temu)
Kurz|mitteilung *f* notka grzecznościowa; **~parkzone** *f* strefa krótkiego parkowania; **~schluß** *m* zwarcie, (krótkie) spięcie; **≈sichtig** krótkowzroczny
Kurzsichtigkeit *f* (*0*) krótkowzroczność *f*, krótki wzrok
Kurzstrecken- krótkodystansowy
kurz'um krótko mówiąc
Kürzung *f* skracanie, skrócenie; redukcja; (ob)cięcie; → ***kürzen***
Kurz|waren *f/pl* pasmanteria; **~welle** *f* fale *f/pl* krótkie; **~n-** krótkofalowy
kuschel|n (*-le*): ***sich ~*** (***an*** *A*) przytulać ⟨-lić⟩ się (do *G*); **≈tier** *n* przytulanka
Ku'sine *f* kuzynka
Kuß *m* (*-sses*; *⸚sse*) pocałunek, całus
küssen (*-ßt*) ⟨po⟩całować (***sich*** się)
Küste *f* wybrzeże; **~n-** przybrzeżny
Küsten|gewässer *n* morski pas przyległy; **~schutz** *m* ochrona wybrzeża
Küster *m* zakrystian, kościelny
Kutsch|e *f* powóz; **~er** *m* woźnica *m*
Kutte *f* habit; kurtka z kapturem
Kutteln *f/pl kulin* flaki *m/pl*
Kutter *m* kuter
Kuvert [-'veːɐ] *n* (*-s*; *-s*) koperta

L

la'bil labilny
La'bor *n* (*-s*; *-s/-e*) laboratorium *n*
Labo'rant(in *f*) *m* (*-en*) laborant(ka)
La'borversuch *m* doświadczenie laboratoryjne
Laby'rinth *n* (*-ęs*; *-e*) labirynt (*t. fig*); *anat* błędnik
Lache *f* kałuża
lächeln (*-le*) uśmiechać ⟨-chnąć⟩ się
lachen śmiać się (***über*** *A* z *G*; ***Tränen*** do łez); ***da gibt es nichts zu ~*** to wcale nie śmieszne; F ***daß ich nicht lache!*** to śmiechu warte!
Lach|en *n* (*-s*; *0*) śmiech; ***vor ~*** ze śmiechu; ***zum ~*** F do śmiechu; ***zum ~ bringen*** rozśmieszać ⟨-szyć⟩; **~er** *m* śmiejący się; (*Lachen*) śmiech, śmieszek
lächerlich śmieszny; ***~ machen*** ośmieszać ⟨-szyć⟩
Lachgas *n* (*-es*; *0*) gaz rozweselający
lachhaft śmieszny, śmiechu wart(y)
Lachs *m* (*-es*; *-e*) łosoś *m*; **≈farben** łososiowy; **~forelle** *f* troć *f*
Lachsschinken *m* polędwica wędzona
Lack *m* (*-ęs*; *-e*) lakier
Lackfarbe *f* farba lakierowa
la'ckieren (-) ⟨po⟩lakierować
Lackschuh *m* lakierek
Lade|fläche *f* powierzchnia załadowcza; **~gewicht** *n* ładowność *f*
laden* ⟨na-, za⟩ładować; wzywać ⟨wezwać⟩ (***vor Gericht*** do sądu)
Laden *m* (*-s*; *⸚*) sklep; → ***Fensterladen***
Laden|dieb(in *f*) *m* złodziej(ka) sklepowy (-wa); **~diebstahl** *m* kradzież sklepowa; **~hüter** *m/pl* buble *m/pl*; **~preis** *m* cena detaliczna; **~schluß** *m* (*-sses*; *0*) zamknięcie sklepów; **~tisch** *m* kontuar
Laderampe *f* rampa załadowcza
Laderaum *m mar* ładownia
Ladung *f* ładunek; *jur* wezwanie
Lage *f* położenie; (*e-s Hauses itp. t.*) usytuowanie; (*Schicht*) warstwa; (***nicht***) ***in der ~ sein*** (nie) być w stanie; ***die ~ der Dinge*** okoliczności *f/pl*; ***e-e ~ Bier*** kolejka piwa; F ***die ~ peilen*** zorientować się w sytuacji; **~plan** *m* plan sytuacyjny
Lager *n* (*-s*; *-/hdl ⸚*) obóz (*t. fig*); *hdl*

skład(nica), magazyn; *tech* łożysko; *gór* pokład; (*e-s Tieres*) legowisko; ***auf ~ haben*** mieć na składzie; **~bier** *n* piwo leżakowe; **~feuer** *n* ognisko; **~gebühr** *f* składowe; **~haus** *n* magazyn
Lage'rist(in *f*) *m* (*-en*) magazynier(ka)
lager|n (*-re*) *v/i* obozować; *Ware*: znajdować się na składzie; *v/t* (*betten*) kłaść, układać ⟨położyć, ułożyć⟩; *hdl* ⟨z⟩magazynować; **2platz** *m* obozowisko; *hdl* składowisko; **2stätte** *f geol* złoże
Lagerung *f* składowanie, magazynowanie; *Wein itp.*: leżakowanie
La'gune *f* laguna
lahm kulawy; F *fig* kiepski (-ko); (*langweilig*) nudny (-nie/-no)
lähmen, *fig* **lahmlegen** ⟨s⟩paraliżować
Lähmung *f* porażenie, paraliż
Laib *m* (*-es*; *-e*) bochen(ek)
Laich *m* (*-es*; *-e*) ikra; **2en** składać ⟨złożyć⟩ ikrę; **~platz** *m* tarlisko
Laie *m* (*-n*) laik
Laienbühne *f* teatr amatorski
laienhaft dyletancki (-ko, po -ku)
Laken *n* prześcieradło
La'kritze *f* lukrecja
lallen bełkotać; *Baby*: gaworzyć
La'melle *f* lamelka, płytka
La'metta *n* (*-s*; *0*) lameta
Lamm *n* (*-es*; *¨er*) jagnię, baranek; **~braten** *m* pieczeń jagnięca; **~fell** *n* skór(k)a jagnięca; futro jagnięce
Lampe *f* lampa
Lampenfieber *n* trema
Lampenschirm *m* abażur, klosz
lancieren [lã'si:-] (-) lansować
Land *n* (*-es*; *0*) ląd; (*Boden*) grunt, ziemia; (*nicht Stadt*) wieś *f*; (*pl ¨er*) kraj; ***das Heilige ~*** Ziemia Święta; ***auf dem ~e*** na wsi; ***außer ~es gehen*** wyjechać z kraju; ***zu ~e*** lądem, po lądzie; ***an ~ bringen*** wysadzać ⟨-dzić⟩ na ląd
Land|arbeiter *m* robotnik rolny; **~arzt** *m* lekarz wiejski; **~ärztin** *f* lekarka wiejska; **~besitz** *m* posiadłość ziemska; **~bevölkerung** *f* ludność wiejska
Lande|bahn *f* pas startowy; **~erlaubnis** *f* zezwolenie na lądowanie
landeinwärts w kierunku lądu
landen (*-e-*) *v/i* (*sn*) ⟨wy⟩lądować (*t.* F *fig*); *v/t* F *Schlag* ⟨u⟩plasować
Landenge *f* przesmyk
Landeplatz *m* lądowisko
Ländereien *f/pl* włości *f/pl*, dobra *n/pl*
Länder|kampf *m* zawody *m/pl* międzypaństwowe; **~spiel** *n* mecz międzypaństwowy
landes|eigen należący do kraju związkowego; **2farben** *f/pl* barwy *f/pl* narodowe; **2grenze** *f* granica kraju; **2innere** *n* (*-n*; *0*) głąb kraju; ***im ~n*** w głębi kraju; **2kunde** *f* krajoznawstwo; **2sprache** *f* język narodowy/urzędowy
landes|üblich przyjęty w kraju, tradycyjny; **2verrat** *m* zdrada kraju/ojczyzny; **2währung** *f* waluta krajowa
Land|friedensbruch *m* zakłócenie porządku publicznego; **~gemeinde** *f* gmina wiejska; **~gericht** *n* sąd okręgowy; **~haus** *n* dworek, willa
Land|karte *f* mapa; **~kreis** *m* powiat wiejski; **~krieg** *m* wojna na lądzie; **2läufig** (powszechnie) przyjęty, utarty
Landleben *n* (*-s*; *0*) wiejski tryb życia
ländlich wiejski (po -ku, z -ka)
Landmaschine *f* maszyna rolnicza
Landregen *m* długotrwały deszcz
Landschaft *f* krajobraz
landschaftlich krajobrazowy (-wo)
Landschaftsschutzgebiet *n* rezerwat przyrody
Lands|mann *m* (*-es*; *-leute*) ziomek, krajan; **~männin** *f* rodaczka, krajanka
Landsmannschaft *f* ziomkostwo
Land|straße *f* szosa; **~streicher(in** *f*) *m* włóczęga *m/f*; **~tag** *m* landtag
Landung *f* (wy)lądowanie; *mil* desant
Landungsbrücke *f* molo, pirs
Landweg *m*: ***auf dem ~*** drogą lądową
Landwein *m* krajowe wino stołowe
Landwirt *m* rolnik; **~in** *f* rolniczka
Landwirtschaft *f* rolnictwo; (*Betrieb*) gospodarstwo rolne; **~s-** → **2lich** rolniczy (-czo), rolny
Landzunge *f* cypel
lang (*¨er*; *¨st-*) długi (-go); ***ein(en) Meter ~*** długi na metr; ***e-n Monat ~*** przez miesiąc; ***~e Zeit*** (przez) długi okres czasu; ***seit ~er Zeit*** od dłuższego czasu
langatmig *fig* rozwlekły (-le)
lange (*¨er*; *¨st*) *adv* długo; ***schon ~ (her)*** już dawno (temu); F ***noch ~ nicht*** daleko nie, wcale nie; ***seit ~m*** od dawna
Länge *f* długość *f*; *fig* dłużyzna; ***in die ~ ziehen*** przewlekać ⟨-lec⟩ (***sich*** się)
langen (*genügen*) (wy)starczać ⟨(wy-)starczyć⟩; ***~ nach*** → ***greifen***
Längenmaß *n* miara długości

länger *comp* dłuższy; *adv* dłużej; ***die Tage werden ~*** dnia przybywa; ***~ machen → verlängern***
Langeweile *f* (*0*) nuda, nudy *pl*
lang|fristig długookresowy, długoterminowy; *praed* na długi okres/termin; **~gestreckt** wydłużony; **~jährig** długoletni; **≈lauf** *m* bieg długodystansowy
langlebig długowieczny; *Güter*: ... trwałego użytku
länglich podłużny, wydłużony
Langmut *f* (*0*) cierpliwość *f*
längs *praep* (*G*), *adv* wzdłuż (*G*)
langsam (po)wolny; *adv* powoli, wolno
Langschläfer(in *f*) *m* śpioch (śpioszka)
Langspielplatte *f* longplay *m*
Längsrichtung *f* kierunek wzdłuż
längst *sup* najdłuższy; *adv* dawno, od dawna; **~ens** *adv* najdłużej, najpóźniej
Langstrecken|lauf *m* bieg długodystansowy; **~läufer(in** *f*) *m* długodystansowiec (*t. f*)
langweil|en nudzić (***sich*** się); (***mit***) zanudzać ⟨-dzić⟩ (*I*); **~ig** nudny (nie/-no)
Langwelle *f* fale *f/pl* długie
langwierig *Leiden*: przewlekły; *Arbeit*: żmudny
Langzeit- *w zł.* długookresowy
Lap'palie [-lĭə] *f* drobnostka, bagatela
Lappen *m* szmat(k)a, gałgan(ek); (*Wischlappen*) ścierka; *anat* płat
läppisch ***→ albern, kindisch***
Lärche *f* modrzew
Lärm *m* (*-s*; *0*) hałas; (*Geschrei t.*) zgiełk, (*t. fig*) wrzask; **≈end** hałaśliwy (-wie); **~schutz** *m* ochrona przed hałasem
Larve *f zoo* poczwarka, larwa
las ***→ lesen***
lasch słaby (-bo); mdły (-ło)
Lasche *f* nakładka; (*im Schuh*) język
Laser ['le:-/'leı-] *m* laser
Laserdrucker *m* drukarka laserowa
lassen* *v/t* (*nicht verändern*) pozostawi(a)ć; (*aufhören mit*) zaprzesta(wa)ć (*G*), porzucać ⟨-cić⟩ (*A*); (*erlauben*) pozwalać ⟨-wolić⟩ (*inf a.* ***na*** *A*); ***kommen ~, holen ~*** (*A*) pos(y)łać (***po*** *A*); ***reparieren ~*** odda(wa)ć do naprawy, dać naprawić; ***es läßt sich*** można; ***laß uns gehen*** chodźmy; ***laß das!*** zostaw to!; ***→ ein-, ver-, zurücklassen***
lässig niedbały (-le)
läßt ***→ lassen***
Last *f* ciężar, brzemię; ***zur ~ fallen*** (*D*) być ciężarem (*D*, ***dla*** *G*); ***zur ~ legen*** (***j-m*** *A*) obwini(a)ć (k-o o *A*); *fin* ***zu ~en*** na ciężar, w debet (*G*); **~auto** *n* ciężarówka; **≈en** (*-e-*) (***auf*** *D*) ciążyć (na *L*)
Lastenaufzug *m* dźwig towarowy
Lastenausgleich *m* (*-es*; *0*) odszkodowanie za szkody wojenne
Laster[1] *n* nałóg, przywara
Laster[2] F *m* ciężarówka
lästern (*-re*) (***über*** *A*) obgadywać (*A*); ***Gott ~*** bluźnić przeciwko Bogu
Lästerung *f* bluźnierstwo
lästig uciążliwy (-wie); (*zudringlich*) natrętny; ***→ unangenehm***
Last|kahn *m* barka; **~(kraft)wagen** *m* samochód ciężarowy; **~schriftverkehr** *m fin* rozliczenia *n/pl* w formie polecenia pobrania; **~zug** *m* pociąg drogowy
La'tein *n* (*-s*; *0*) łacina; **≈amerikanisch** łacińskoamerykański; **≈isch** łaciński
La'terne *f* latarnia
La'ternenpfahl *m* słup latarniowy
latschen P (*sn*) ⟨po⟩człapać; *pej* łazić
Latte *f* łata, listwa; *sport* poprzeczka
Lattenzaun *m* płot z łat, sztachety *f/pl*
Lätzchen *n* śliniaczek
Latzhose *f* ogrodniczki *m/pl*
lau letni (-nio), ciepławy (-wo)
Laub *n* (*-es*; *0*) liście *m/pl*, listowie; **~baum** *m* drzewo liściaste; **~e** *f* altan(k)a; **~enkolonie** *f* osiedle działkowe
Laubsäge *f* wyrzynarka, F laubzega
Laubwald *m* las liściasty
Lauch *m* (*-es*; *0*) warzywo cebulowe
lauern (*-re*) czatować, ⟨za⟩czaić się; *Gefahr*, *Tod*: czyhać
Lauf *m* (*-es*; *⸚e*) bieg; (*e-r Waffe*) lufa; (*Bein*) skok, łapa; *fig* ***im ~(e)*** (*G*) w toku (*G*); z biegiem (*G*)
Laufbahn *f* kariera; *sport* bieżnia
Laufbursche *m* chłopiec na posyłki
laufen* (*zw. sn*) *v/i* (*rennen*) biegać, ⟨po⟩biec, biegnąć; ***→ gehen, fließen***; *Faß*: ciec, przeciekać; *Film*: iść; *Motor*: pracować; *Straße*, *Prozeß*: ciągnąć się; *Vertrag*: obowiązywać; ***s-e Nase läuft*** kapie mu z nosa; *v/t* jeździć (na *L*)
laufend *adj fig* bieżący; ***auf dem ~en sein*** być (poinformowanym) na bieżąco
laufenlassen* F wypuszczać ⟨-puścić⟩
Läufer *m* biegacz; (*Fußballer*) pomocnik; (*Schach*) goniec; (*Teppich*) chodnik; *tech* wirnik; **~in** *f* biegaczka

L

Laufe'rei F *f* bieganina
Laufkundschaft *f* przygodna klientela
Laufmasche *f* spuszczone oczko
Lauf|paß F *m*: ***den ~ geben*** (*D*) puścić kantem (*A*); **~schritt** *m*: ***im ~*** biegiem
läuf(s)t → ***laufen***
Lauf|ställchen *n* kojec; **~steg** *m* pomost; **~werk** *n EDV* stacja pamięci dyskowej; **~zeit** *f fig* okres ważności
Laufzettel *m* karta obiegowa
Lauge *f* ług; (*Seifenlauge*) mydliny *f/pl*
Lau|ne *f* nastrój, humor; (*Einfall*) kaprys; ***gute ~ haben*** być w dobrym humorze; **Ջnisch** kapryśny
Laus *f* (-; *ᵘe*) wesz *f*; **~bub** *m* łobuz
lausch|en (*D*) słuchać (*G*); (*horchen*) podsłuchiwać; **~ig** zaciszny
lausig F marny, parszywy (-wie); ***es ist ~ kalt*** cholernie zimno
laut[1] głośny (-no); (*lärmerfüllt*) hałaśliwy (-wie); ***~ sein*** hałasować
laut[2] *praep* (*G*, *D*) zgodnie z (*I*)
Laut *m* (-*ẹs*; -*e*) dźwięk; *jęz* głoska
lauten (-*e*-) brzmieć; *jur* opiewać
läuten (-*e*-) ⟨za⟩dzwonić; ***die Glocken ~*** bić w dzwony
lauter *adj* (*rein*) szczery; *comp* głośniejszy; *adv* głośniej; (*nichts als*) sam(a, -e), (nic) tylko; **Ջkeit** *f* (*0*) szczerość *f*
läutern (-*re*) *chem* ⟨s⟩klarować
laut|hals na całe gardło; **Ջlehre** *f* fonetyka; **~los** bezgłośny; → ***leise***; **Ջsprecher** *m* głośnik; **Ջstärke** *f* natężenie dźwięku, głośność *f*; ***mit voller ~*** pełnym głosem; *Radio*: F na cały regulator
lauwarm ciepławy (-wo)
Lavastrom [-v-] *m* potok lawy
Lavendelöl [-'vɛ-] *n* olejek lawendowy
lavieren [-'vi:-] (-) lawirować (*t. fig*)
La'wi|ne *f* lawina; **Ջnenartig** lawinowy; *praed* jak lawina; **~nengefahr** *f* niebezpieczeństwo lawin
Laza'rett *n* (-*ẹs*; -*e*) szpital wojskowy
Leasing ['li:-] *n* (-*s*; *0*) leasing
leben żyć; (*wohnen*) mieszkać; ***lebe wohl!*** bywaj zdrów!, żegnaj!; ***es lebe ...!*** niech żyje ...!; → ***lebend***(***ig***)
Leben *n* życie; *lit t.* żywot; ***am ~*** przy życiu; ***nie im ~*** nigdy w życiu; ***ums ~ kommen*** stracić życie; **Ջd** *adj* żyjący; *praed* żywcem; **Ջdig** żywy (-wo)
Lebens|abend *m* schyłek życia; **~alter** *n* wiek; **~art** *f* (*0*) sposób bycia, maniery *f/pl*; **~bedingungen** *f/pl* warunki *m/pl* życiowe/bytowe; **~dauer** *f* długość *f* życia; *fig* trwałość *f*; okres użytecznego działania; **Ջecht** realistyczny
Lebens|ende *n* koniec życia; **~erfahrung** *f* doświadczenie życiowe; **~erwartung** *f* dożywalność *f*; **Ջfähig** zdolny do życia; **~frage** *f* kwestia życia
lebensfremd nieżyciowy (-wo)
Lebensführung *f* tryb życia
Lebensgefahr *f* niebezpieczeństwo utraty życia; ***unter ~*** z narażeniem życia
lebensgefährlich zagrażający życiu; ***das ist ~*** to zagraża życiu
Lebens|gefährte *m* (**-tin** *f*) towarzysz (-ka) życia; **~haltungskosten** *pl* koszty *m/pl* utrzymania; **~lage** *f* sytuacja życiowa; **Ջlang** dozgonny; **Ջlänglich** *jur* dożywotni (-nio); **~lauf** *m* życiorys
lebenslustig niefrasobliwy (-wie)
Lebensmittel *n/pl* artykuły *m/pl* żywnościowe / spożywcze; **~abteilung** *f* dział spożywczy; **~geschäft** *n* sklep spożywczy; **~preise** *m/pl* ceny *f/pl* na żywność; **~vergiftung** *f* zatrucie pokarmowe
lebens|müde zniechęcony do życia; **~notwendig** potrzebny do życia, żywotny; **Ջqualität** *f* (*0*) jakość *f* życia
Lebens|regel *f* reguła życiowa; **~standard** *m* stopa życiowa; **~stellung** *f* dożywotnia posada; **Ջtüchtig** zaradny
Lebens|unterhalt *m* utrzymanie; **~versicherung** *f* ubezpieczenie na życie
lebens|wichtig żywotny; **Ջzeichen** *n* znak/oznaka życia; **Ջzeit** *f*: ***auf ~*** dożywotnio, na całe życie
Leber *f* (-; -*n*) wątroba; *kulin* wątróbka
Leber|fleck *m* znamię; **Ջkrank** chory na wątrobę; **~tran** *m* tran rybi; **~wurst** *f* kiszka wątrobiana, pasztetówka
Lebe|wesen *n* istota żyjąca; (*Kleinstlebewesen*) żyjątko; **~wohl** *n*: ***~ sagen*** (*D*) pożegnać się (z *I*)
leb|haft żywy (-wo); *Gespräch*, *Straße*: ożywiony; **Ջkuchen** *m* piernik
leblos nieżywy, *praed* bez życia
lechzen (-*zt*) łaknąć (***nach*** *G*)
leck dziurawy, nieszczelny
Leck *n* (-*s*; -*s*) przeciek
lecken lizać, obliz(yw)ać; (*ein Leck haben*) przeciekać, cieknąć
lecker smaczny, smakowity (-cie)
Leckerbissen *m* smakołyk, specjał
Leder *n* skóra; **~hose** *f* spodnie *pl* skó-

rzane; **~jacke** *f* kurtka skórzana; **~waren** *f/pl* wyroby *m/pl* skórzane
ledig *Mann*: wolny, nieżonaty; *Frau*: wolna, niezamężna
lediglich jedynie, tylko
leer pusty (-to), próżny (-no)
Leere *f (0)* pustka, pustki *f/pl*, próżnia
leer|en opróżni(a)ć (***sich*** się), wypróżni(a)ć; **≈gut** *n* opakowania *n/pl*, tara
Leer|lauf *m* bieg jałowy; *fig* jałowa praca; **~stand** *m* (-*ęs*; *0*) pustostan
leerstehend pusty, niezamieszkały
Leertaste *f* odstępnik
Leerung *f* opróżnianie, opróżnienie
le'gal legalny; **≈i'tät** *f (0)* legalność *f*
Legehenne *f* nioska
legen kłaść ⟨położyć⟩ (***sich*** się); *Eier* ⟨z⟩nieść; ***sich ~*** *fig* usta(wa)ć; *Zorn*: mijać ⟨minąć⟩; → ***Karte, Wert***
legen'där legendarny
Le'gende *f* legenda
leger [-'ʒeːʁ] swobodny
Le'gierung *f* stop
Legio'när *m* (-*s*; -*e*) legionista *m*
Legisla'tive *f* władza ustawodawcza
Legisla'turperiode *f* kadencja
legiti'mieren (-) uprawni(a)ć (***zu*** do *G*)
Lehm *m* (-*s*; -*e*) glina; **~grube** *f* glinianka; **≈ig** gliniasty (-to)
Lehn|e *f* oparcie; **≈en** opierać ⟨oprzeć⟩ (*v/i*, ***sich*** się; ***an***, ***gegen*** *A* o *A*)
Lehnsessel *m* fotel (z oparciem)
Lehr|buch *n* podręcznik; **~e¹** *f* nauka; teoria; (*Ausbildung*) nauka zawodu, termin; *j-m* ***e-e ~ erteilen*** dać nauczkę (*D*); ***in der ~ sein*** terminować
Lehre² *f tech* sprawdzian; szablon
lehren *v/t* uczyć, nauczać ⟨-czyć⟩ (*G*); *v/i* wykładać (***an*** *D* na *L*)
Lehrer(in *f*) *m* nauczyciel(ka); (*Dozent*) wykładowca *m* (*t. f*)
Lehr|fach *n* przedmiot nauczania; **~gang** *m* kurs; **~ling** *m* (-*s*; -*e*) uczeń *m* (-nnica); **~plan** *m* program nauczania
lehr|reich pouczający (-co); **≈saal** *m* sala wykładowa; **≈stelle** *f* miejsce dla uczącego (-cej) się zawodu
Lehrstoff *m* (-*ęs*; *0*) materiał (nauczania)
Lehr|stuhl *m* katedra; **~tätigkeit** *f* (*zw. 0*) działalność pedagogiczna; **~vertrag** *m* umowa o naukę; **~zeit** *f* okres nauki
Leib *m* (-*ęs*; -*er*) ciało; (*Bauch*) brzuch; ***am eigenen ~*** na własnej skórze
Leibes|erziehung *f* wychowanie fizyczne; **~fülle** *f* otyłość *f*; **~übungen** *f/pl* ćwiczenia *n/pl* gimnastyczne
Leibesvisitation *f* rewizja osobista
Leib|gericht *n* ulubiona potrawa; **≈haftig** wcielony; **≈lich** *Kind*: rodzony
Leibschmerzen *f/pl* ból(e *pl*) brzucha
Leib|wache *f* straż przyboczna, obstawa; **~wächter** *m* ochroniarz
Leiche *f* trup, zwłoki *pl*
leichenblaß blady (-do) jak trup
Leichen|halle *f* trupiarnia, kostnica; **~schau** *f* oględziny *pl* zwłok; **~verbrennung** *f* kremacja; **~wagen** *m* karawan
Leichenzug *m* orszak pogrzebowy
Leichnam *m* (-*ęs*; -*e*) zwłoki *pl*, ciało
leicht lekki (-ko); *fig t.* łatwy (-wo)
Leichtathletik *f* lekkoatletyka
leichter *comp* lżej(szy); łatwiej(szy)
Leichter *m mar* lichtuga
leicht|fertig lekkomyślny; **≈gewicht** *n sport* waga lekka; **~gläubig** łatwowierny; **~hin** bez namysłu/zastanowienia
Leichtigkeit *f (0)* łatwość *f*
Leicht|industrie *f* przemysł lekki; **≈machen** ułatwi(a)ć; **≈nehmen*** *v/t* nie przejmować ⟨-jąć⟩ się (*I*)
Leichtsinn *m* (-*ęs*; *0*) lekkomyślność *f*; **≈ig** lekkomyślny, nierozważny
leicht|verdaulich lekkostrawny; **~verderblich** nietrwały, szybko psujący się
leichtverständlich przystępny
leid: *es tut mir ~* żałuję, przykro mi; ***du tust mir ~*** żal mi ciebie; ***ich habe es ~*** sprzykrzył(a, -o) mi się
Leid *n* (-*ęs*; *0*) (*Kummer*) zmartwienie; (*Schmerz*) ból, cierpienie; *j-m* ***sein ~ klagen*** użalać się przed (*I*); *j-m* ***ein ~ tun/zufügen*** wyrządzić krzywdę (*D*), ⟨s⟩krzywdzić (*A*); **≈en*** (***an*** *D*) cierpieć (na *A*); ***nicht ~ können*** nie cierpieć
Leiden *n* choroba, cierpienie
Leidenschaft *f* namiętność *f*, pasja
leidenschaftlich namiętny; *Spieler itp. t.*: zapalony, pasjonowany
Leidensgefährte *m* towarzysz niedoli
leid|er niestety, z przykrością; **~ig** niemiły, przykry; **~lich** znośny, jaki taki
Leidtragende *m/f fig* ofiara; ***die ~n*** *pl* rodzina zmarłego/zmarłej, bliscy *pl*
Leidwesen *n*: ***zu meinem ~*** ku memu/mojemu ubolewaniu
Leierkasten *m* katarynka
Leih|bücherei *f* wypożyczalnia (książek); **≈en*** (wy)pożyczać ⟨(wy)poży-

L

czyć⟩ (***sich*** sobie; ***von*** *D* od *G*); **~gebühr** *f* opłata za wypożyczenie; **~haus** *n* lombard; **~wagen** *m* wynajęty samochód; **²weise** pod warunkiem zwrotu
Leim *m* (*-es*; *-e*) klej; **²en** ⟨s⟩kleić
Leimfarbe *f* farba klejowa
Leine *f* sznurek, linka; (*Hunde²*) smycz *f*
Leinen *n* (*-s*; *0*) płótno; *w zł.* płócienny
Lein|öl *n* olej lniany; **~samen** *m* siemię lniane; **~wand** *f* płótno; (*Film²*) ekran
leise cichy (-cho); *adv t.* po cichu
Leiste *f* listwa; *anat* pachwina
leisten (*-e-*) *Arbeit* wykon(yw)ać; (*vollbringen*) dokon(yw)ać; *Eid, Unterschrift* składać ⟨złożyć⟩; *Widerstand* stawi(a)ć; *Gesellschaft* dotrzym(yw)ać (*G*); *tech* mieć moc/wydajność; ***Ersatz ~***, ***Garantie ~*** *itp.* → ***ersetzen***, ***garantieren*** *itp.*; ***sich ~*** (*A*) pozwalać ⟨-wolić⟩ sobie (na *A*)
Leisten *m* kopyto; **~bruch** *m med* przepuklina pachwinowa
Leistung *f* dokonanie, wykonanie; (*gutes Ergebnis*) osiągnięcie, wyczyn; *fiz* moc *f*; *tech* wydajność *f*, zdolność wytwórcza; *pl t.* (*Aufwendungen*) świadczenia *n/pl*; (*e-s Schülers*) postępy *m/pl*, wyniki *m/pl*

L

Leistungs|bilanz *f* bilans dorobku; **~druck** *m* napięcie wywołane wysokim poziomem intensywności pracy; **²fähig** wydajny, sprawny; **~fähigkeit** *f* (*Motor*, *Person*) sprawność *f*; (*Maschine*) wydajność *f*; **~lohn** *m* płaca akordowa; **~sport** *m* sport wyczynowy
Leitartikel *m* artykuł wstępny
Leitbild *n* ideał, wzór
leiten (*-e-*) *v/t* ⟨po⟩prowadzić; ⟨s⟩kierować (***in***, ***an*** *A* do *G*, na, w *A*, ku *D*); *Betrieb* kierować, zarządzać (*I*); *Strom, Wärme* przewodzić; ***auf die Spur ~*** naprowadzić na ślad; ***sich ~ lassen von*** kierować się, powodować się (*I*)
leitend *adj Stellung*: kierowniczy
Leiter¹ *f* (*-*; *-n*) drabin(k)a
Leiter² *m* kierownik; *fiz* przewodnik
Leiterin *f* kierowniczka
Leitfaden *m* podręcznik, przewodnik
Leitgedanke *m* myśl *f* przewodnia
Leitplanke *f* odbojnica
Leitung *f* (*Führung*) kierownictwo, zarząd; *el* przewód; *tel* linia
Leitungs|netz *n* sieć *f* przewodów; **~wasser** *n* woda z wodociągu
Leitwährung *f* waluta kluczowa
Leitwerk *n lotn* usterzenie
Lekti'on *f* lekcja
Lek'türe *f* lektura; (*Buch*) czytanka
Lende *f* lędźwie *f/pl*; *kulin* polędwica
Lendenbraten *m* pieczeń *f* z polędwicy
lenken *v/t* kierować (*I*), prowadzić (*A*); *Blick itp.* ⟨s⟩kierować (***auf*** *A* na *A*)
Lenk|er *m* kierownica; (*t.* **~erin** *f*) kierowca *m*; **~rad** *n*, **~stange** *f* kierownica
Lenkung *f* kierowanie, prowadzenie; *mot* układ kierowniczy
Leopard *m* (*-en*) lampart
Lepra *f* (*0*) trąd; **²krank** trędowaty
Lerche *f* skowronek
lernen ⟨*v/t t.* na⟩uczyć się (*G*)
lesbar czytelny
Les|bierin *f* lesbijka; **²bisch** lesbijski
Lesebrille *f* okulary *pl* do czytania
Lese|buch *n* czytanka; **~lampe** *f* lampa do czytania; **²n*** *v/t* czytać; *rel* odprawi(a)ć; (*ernten*) zbierać ⟨zebrać⟩; *v/i* wykładać (***über*** *A* o *L*)
Lesen *n* (*-s*; *0*) czytanie
lesenswert wart(y) przeczytania
Leser(in *f*) *m* czytelnik (-iczka)
leser|lich czytelny; **²zuschrift** *f* list do redakcji/wydawnictwa
Lese|saal *m* czytelnia; **~zeichen** *n* zakładka (do książki); **~zirkel** *m* wypożyczalnia czasopism
Lesung *f* czytanie; wieczór autorski
Lett|e *m* (*-n*) (**~in** *f*) Łotysz(ka)
lettisch łotewski (po -ku)
letzt|- ostatni; (*vergangen*) ubiegły, zeszły; ***~e Woche*** w ubiegłym/zeszłym tygodniu; ***bis aufs ~e***, ***bis zum ~en*** do ostatka, do reszty; **~endlich** w końcu
letztenmal: *zum ~* po raz ostatni
letzt|ens ostatnio; **~ere** wymieniony ostatnio; **~lich** ostatecznie, w końcu
Leuchte *f* lampa; latarnia; *fig* luminarz
leuchten (*-e-*) świecić; (*glänzen*) błyszczeć, świecić się; *j-m* przyświecać ⟨-cić⟩ (*D*); ***~d*** *Farbe*: intensywny, jaskrawy
Leucht|er *m* świecznik; **~farbe** *f* luminofarba; **~reklame** *f* reklama świetlna; **~(stoff)röhre** *f* jarzeniówka, świetlówka; **~turm** *m* latarnia morska; **~ziffern** *f/pl* cyfry *f/pl* fluoryzujące
leugnen (*-e-*) *v/t* zaprzeczać ⟨-czyć⟩ (*D*), zapierać ⟨-przeć⟩ się (*G*)
Leukä'mie *f* (*0*) leukemia
Leumund *m* (*-es*; *0*) opinia

Leute *pl* ludzie *pl*, F ludziska *pl*
Leutnant *m* (*-s*; *-s*) podporucznik
leutselig przystępny, ludzki (po -ku)
Lexikon *n* (*-s*; *-ka*/*-ken*) leksykon
Lezi'thin *n* (*-s*; *0*) lecytyna
liba'nesisch libański
Li'belle *f* ważka; *tech* libela
libe'ral liberalny; **♀e(r)** liberał(ka)
liberali'sieren (-) ⟨z⟩liberalizować
Liberali'tät *f* (*0*) liberalność *f*
libysch libijski
licht jasny (-no); *Wald*: rzadki (-ko)
Licht *n* (*-ęs*; *-er*) światło; (*pl -e*) świeca; **~ machen** zapalić światło; **bei ~** przy świetle (dziennym); **gegen das ~** pod światło; *j-m* **im ~ stehen** zasłaniać światło; **hinters ~ führen** wyprowadzić w pole; **~anlage** *f* instalacja oświetleniowa; **~bild** *n* fotografia, zdjęcie; **~bildervortrag** *m* referat z przezroczami; **~blick** *m* jasna chwila; pociecha
lichtempfindlich światłoczuły
lichten (*-e-*) *Forst* przerzedzać ⟨-dzić⟩; *Anker* podnosić ⟨-nieść⟩; **sich ~** rzednąć ⟨zrzednieć⟩
Lichter *pl* → **Licht**
lichterloh: ~ brennen stać w płomieniach, płonąć jak pochodnia
Licht|filter *n* filtr optyczny; **~geschwindigkeit** *f*: **mit ~** z prędkością światła
Lichthupe *f* sygnał świetlny
Licht|maschine *f* prądnica samochodowa; **~schacht** *m bud* szyb świetlny; **~schein** *m* (od)blask światła; **♀scheu** lękający się światła dziennego
Lichtschranke *f* zabezpieczenie komórką fotoelektryczną
Licht|strahl *m* promień *m* światła; **♀undurchlässig** światłoszczelny
Lichtung *f* polana
Lid *n* (*-ęs*; *-er*) powieka; **~schatten** *m* cień *f* na powieki/powiekach
lieb miły (-le); (*geliebt*) kochany, drogi; **sei so ~** bądź tak uprzejmy; **es wäre mir ~** byłoby mi na rękę; → **lieber, liebst**
Lieb|e *f* (*0*) miłość *f* (**zu** do *G*); (*zur Kunst itp.*) umiłowanie (*G*); **♀en** kochać, miłować; (*gern haben, tun*) lubić
liebenswürdig uprzejmy; **sehr ~!** bardzo miło/uprzejmie (z pana/pani strony)!; **♀keit** *f* uprzejmość *f*
lieber milszy (-lej); **~ haben** bardziej lubić; (*comp zu* **gern**) raczej, chętniej; **ich würde ~** wolał(a)bym; **~ nicht** raczej nie; **ich mag ~ ...** wolę ...
Liebes|brief *m* list miłosny; **~erklärung** *f* wyznanie miłości; **~kummer** *m* kłopoty *m/pl* sercowe; **~leben** *n* życie płciowe; **~paar** *n* para zakochanych
liebevoll czuły (-le), tkliwy (-wie)
liebgewinnen* pokochać *pf*, polubić *pf*
liebhab|en* kochać, miłować; **♀er** *m* kochanek; *fig* amator, miłośnik (*G*)
Lieb|habe'rei *f* zamiłowanie, pasja, hobby *n*; **~haberin** *f teatr* amantka; *fig* amatorka, miłośniczka (*G*); **♀kosen** (*t.* -) ⟨po⟩pieścić; **~kosung** *f* pieszczota
lieblich miły (-le); *Geschmack*: łagodny
Liebling *m* (*-s*; *-e*) ulubieniec (-nica); *Anrede*: kochanie; **~s-** ulubiony
lieblos obojętny, bez serca/uczucia
Liebreiz *m* (*-ęs*; *0*) wdzięk, powab
Liebschaft *f* miłostka, romans
liebste najukochańszy, najmilszy; **am ~n haben** (**wollen**) najbardziej lubić; **am ~n tun** *itp.* najchętniej robić *itp.*
Liebste(r) ukochany (-na)
Lied *n* (*-ęs*; *-er*) pieśń *f*; (*Chanson*) → **~chen** *n* piosenka
liederlich niechlujny; (*sittenlos*) rozwiązły (-le)
Lieder|macher(in *f*) *m*, **~sänger(in** *f*) *m* piosenkarz (-rka)
lief → **laufen**
Liefe'rant *m* (*-en*) dostawca *m*
lieferbar posiadany na składzie, będący w sprzedaży
Liefer|bedingungen *f/pl* warunki *m/pl* dostawy; **~frist** *f* termin dostawy
liefern (*-re*) dostarczać ⟨-czyć⟩, dostawi(a)ć; *Beweis* da(wa)ć
Lieferschein *m* dowód dostawy, ceduła
Lieferung *f* dostawa; (*Heft*) zeszyt
Lieferwagen *m* samochód dostawczy, furgonetka
Liege *f* tapczan, kozetka
liegen* leżeć; **mir liegt** (**viel**) **daran** zależy mi (bardzo) na tym; **an wem liegt es?** od kogo to zależy?; **woran liegt es?** od czego to zależy?, co jest tego powodem?; **... liegt daran, daß** ... polega na tym, że; **~bleiben*** pozosta(wa)ć leżeć; **~lassen*** zostawi(a)ć
Liege|stuhl *m* leżak; **~stütz** *m* (*-es*; *⁼e*) podpór leżąc; **~wagen** *m kolej* kuszetka; **~wiese** *f* łąka do leżakowania
lieh → **leihen**

lies → ***lesen***
ließ → ***lassen***
Lift *m* (*-e̸s*; *-s*/*-e*) winda; (*Skilift*) wyciąg
Liga *f* (-; *-gen*) liga; *w zł.* ligowy
Likör *m* (*-s*; *-e*) likier
lila (*idkl*) lila, liliowy (-wo)
Lilie [-lĭə] *f* lilia
limi'tieren (-) limitować
Limo'nade *f* lemoniada
Limousine [-mu'ziːnə] *f* limuzyna
Linde *f* lipa; **~n-** lipowy
Lindenblütentee *m* napar z kwiatu lipy
linder|n (*-re*) ⟨z⟩łagodzić; *Schmerz* uśmierzać ⟨-rzyć⟩; **≈ung** *f* złagodzenie; uśmierzenie; ulga
Line'al *n* (*-s*; *-e*) liniał, linijka
Linie [-nĭə] *f* linia; trasa; *mil* szyk rozwinięty; ***in erster ~*** w pierwszym rzędzie
Linien|bus *m* autobus kursowy; **~flug** *m* lot rejsowy; **~maschine** *f lotn* regularnie kursujący samolot; **~richter** *m* sędzia *m* liniowy; **~verkehr** *m* regularny ruch (na trasie)
li'ni(i)eren (-) ⟨po⟩liniować
link- lewy; *pol* lewicowy; ***die ~e Hand*** lewa ręka
Link|e *f* lewica; **≈e(r)** F lewicowiec
linkisch niezręczny, niezdarny
links na lewo (***von ihm*** od niego); ***nach ~*** w/na lewo; ***von ~*** z lewej strony
Links|abbieger *m* (samochód) skręcający w lewo; **~außen** *m* lewoskrzydłowy; **~händer(in** *f*) *m* mańkut; **~kurve** *f* zakręt w lewo; **≈radikal** skrajnie lewicowy; **≈seitig** lewostronny; (*am linken Ufer*) lewobrzeżny
Linse *f anat*, *fot* soczewka
Linsensuppe *f* zupa z soczewicy
Lippe *f* warga; ***die ~n*** *pl t.* usta
Lippen|bekenntnis *n* oświadczenie deklaratywne; **~stift** *m* kredka do ust
Liqui|dati'on *f* likwidacja; **≈'dieren** (-) ⟨z⟩likwidować; **~di'tät** *f* płynność *f*
Lira *f* (-; *-re*) lir
lispeln (*-le*) s(z)eplenić; → ***flüstern***
List *f* podstęp; (*0*) chytrość *f*
Liste *f* lista; (*Verzeichnis*) spis
listig chytry (-rze)
Lita'nei *f* litania (*t. fig*)
Liter *n*/*m* litr; *w zł.* litrowy
lite'rarisch literacki (-ko)
Litera'tur *f* literatura
Litera'tur|preis *m* nagroda literacka; **~wissenschaft** *f* literaturoznawstwo
Litfaßsäule *f* słup ogłoszeniowy
Litogra'phie [*pl* -'fiːən] *f* litografia
litt → ***leiden***
Litze *f el* lica; (*Tresse*) galon
live [laĭf] *RTV* na żywo
Li'zenz *f* licencja; *w zł.* licencyjny
Lob *m* (*-e̸s*; *-e*) pochwała
Lobby *f* (-; *-s*) kuluary *m*/*pl*; *fig* lobby *n*
lob|en chwalić, pochwalać ⟨-lić⟩; **~enswert** chwalebny, godny pochwały
Loblied *n* hymn pochwalny
Loch *n* (*-e̸s*; *¨er*) dziur(k)a; (*Grube*) dół, jama; wybój; **≈en** dziurkować; perforować; **~er** *m* (*Büro*) dziurkacz
löch(e)rig dziurawy, podziurawiony
Loch|karte *f* karta perforowana; **~zange** *f* szczypce *pl* do dziurkowania
Locke *f* lok, kędzior
locken ⟨przy-, z⟩wabić
Lockenkopf *m* kędzierzawa głowa
Lockenwickel *m* lokówka
locker luźny, obluzowany; *Zahn*: chwiejący się; *Teig*, *Erde*: pulchny; *Haltung*, *Sitten*: swobodny
lockerlassen* F: ***nicht ~*** nie ustępować ⟨-tąpić⟩, upierać ⟨uprzeć⟩ się
lockern (*-re*) obluzow(yw)ać, (*t. fig*) rozluźni(a)ć (***sich*** się); *Erde* spulchni(a)ć; *Vorschrift* ⟨z⟩łagodzić
lockig *Haar*: kręcony, wijący się
Lockmittel *n* wabik, przynęta
lodern (*-re*) płonąć, pałać
Löffel *m* łyżka; *pl łow* słuchy *m*/*pl*
log → ***lügen***
Logbuch *n* dziennik okrętowy
Loge [-ʒə] *f* loża
Lo|gik *f* (*0*) logika; **≈gisch** logiczny
logischerweise *adv* zgodnie z logiką
Lohn *m* (*-e̸s*; *¨e*) płaca, (*t. fig*) wynagrodzenie; **~abzug** *m* potrącenie z wynagrodzenia; **~ausfall** *m* strata na zarobku; **~ausgleich** *m*: ***bei vollem ~*** z zachowaniem wynagrodzenia
lohnen: *sich ~* opłacać ⟨-cić⟩ się; ***es lohnt*** (***nicht*** nie) warto; **~d** popłatny, opłacalny
Lohn|erhöhung *f* podwyżka płac(y); **~forderung** *f* żądanie podwyżki płac; **~gruppe** *f* kategoria zaszeregowania
Lohnkürzung *f* obniżka płac(y)
Lohn|steuer *f* podatek od wynagrodzeń; **~stopp** *m* zamrożenie płac
Lok *f* (-; *-s*) lokomotywa

lo'kal lokalny, miejscowy (-wo)
Lo'kal *n* (-*ẹs*; -*e*) lokal; **~behörden** *f/pl* władze *f/pl* miejscowe/terenowe
lokali'sieren (-) ⟨z⟩lokalizować
Lo'kal|kenntnisse *f/pl* znajomość *f* terenu; **~presse** *f* prasa miejscowa
Lokführer *m* maszynista *m*
Lokomo'tive *f* lokomotywa
Londoner *adj* londyński
Lorbeer *m* (-*s*; -*en*) wawrzyn, laur; **~blatt** *n kulin* listek/liść bobkowy
Lore *f* wagon-platforma, lora
los → **ab**, **lose**; ***was ist ~?*** co się stało?; ***da ist etwas ~*** tam się coś dzieje; ***was ist mit dir ~?*** co się z tobą dzieje?; ***mit ihm ist nicht viel ~*** z niego nie ma wielkiej pociechy; ***... bin ich ~*** pozbyłem (-łam) się (*G*); (*verloren*) zgubiłem (-łam) (*A*); ***~!*** jazda!
Los *n* (-*es*; -*e*) los (*t. Schicksal*); ***durch das ~*** drogą losowania
lösbar *Aufgabe*: rozwiązalny; → ***löslich***
losbinden* odwiąz(yw)ać
löschen¹ *Feuer, Licht* ⟨z⟩gasić; *Durst* ⟨u⟩gasić; *Tonaufnahme* ⟨s⟩kasować
löschen² *Ladung* wyładow(yw)ać
Löschkalk *m* wapno gaszone
Löschkopf *m RTV* głowica kasująca
Löschzug *m* oddział straży pożarnej
lose luźny; *adv t.* luzem
Lösegeld *n* wykup
losen losować, ciągnąć losy
lösen (*t. fig*) rozwiąz(yw)ać (***sich*** się); *Beziehung* zrywać ⟨zerwać⟩; *Fahrschein* kupować ⟨-pić⟩; → ***auflösen***; ***sich ~*** (***von***) uwalniać ⟨uwolnić⟩ się; *sport* odrywać ⟨oderwać⟩ się (od *G*)
los|fahren* (*sn*) wyruszać ⟨-szyć⟩ (w drogę); **~gehen*** *fig* zaczynać ⟨zacząć⟩ się; ***~ auf*** (*A*) rzucać ⟨-cić⟩ się (na *A*); **~kommen*** (***von***) uwalniać ⟨uwolnić⟩ się (od *G*); ***gut ~*** dobrze wystartować; **~lassen*** wypuszczać ⟨-puścić⟩; **~legen** F *v/i* zaczynać ⟨-cząć⟩
löslich rozpuszczalny; → ***lösbar***
los|lösen odłączać ⟨-czyć⟩ (***sich*** się; ***von*** od *G*); **~machen** F → ***abmachen***, ***entfernen***; **~reißen*** → ***abreißen***; ***sich ~*** wyr(y)wać się; **~sagen**: ***sich ~*** (***von***) wyrzekać ⟨-rzec⟩ się (*G*); zrywać ⟨zerwać⟩ (z *I*); **~schlagen*** *v/t* F *Ware* wyzby(wa)ć się (*G*); *v/i* ***aufeinander ~*** (zacząć) okładać się; **~schrauben** odkręcać ⟨-cić⟩; **~stürmen** (*sn*) rzucać ⟨-cić⟩ się (***auf*** *A* na *A*, do *G*)
Losung *f* hasło; slogan
Lösung *f chem itp.* roztwór, rozczyn; (*Resultat*) rozwiązanie
Lösungsmittel *n* rozpuszczalnik
loswerden* *v/t* (*sn*) pozby(wa)ć się (*G*)
losziehen* *v/i* (*sn*) wyruszać ⟨-szyć⟩
Lot *n* (-*ẹs*; -*e*) (*Senklot*) pion; (*zum Löten*) lut; (*Gewicht*) łut; *mar* sonda
löten (-*e*-) ⟨za-, z⟩lutować
Lotion ['loŭʃən] *f* (-; -*en*/-*s*) płyn, woda
Lötkolben *m* lutownica
Lotse *m* (-*n*) *mar* pilot
Lötstelle *f* lutowina
Lotte'rie [*pl* -'riːən] *f* loteria; ***in der ~ gewinnen*** wygrać na loterii; **~einnahme(stelle)** *f* kolektura
Lotto *n* (-*s*; -*s*) lotto, F (toto)lotek
Lottoschein *m* kupon (totolotka)
Löw|e *m* (-*n*) lew; **~n-** lwi; **~in** *f* lwica
lo'yal lojalny; **2i'tät** *f* (*0*) lojalność *f*
Luchs *m* (-*es*; -*e*) ryś *m*; *w zł.* rysi
Lück|e *f* luka (*t. fig*); (*Spalt*) szczelina, szpara; **2enhaft** niepełny, niekompletny; *Wissen*: urywkowy (-wo); **2enlos** pełny, kompletny; *praed t.* bez luk
lud, lüde → ***laden***
Luft *f* (-; *0*/*poet* ⁻*e*) powietrze; ***~ schöpfen*** zaczerpnąć powietrza; F ***sich ~ machen*** ulżyć sobie; ***aus der ~ gegriffen*** bezpodstawny; ***etwas hängt in der ~*** coś wisi w powietrzu; F ***dicke ~*** naprężona atmosfera; F ***in die ~ gehen*** wściec się; → ***holen***
Luftangriff *m* atak lotniczy, nalot
Luft|ballon *m* balonik; **~blase** *f* bąbel, bańka; pęcherzyk powietrza
Lüftchen *n* wietrzyk, wiaterek
luftdicht hermetyczny, (gazo)szczelny
Luftdruck *m* (-*ẹs*; *0*) ciśnienie powietrza; *w zł. tech* pneumatyczny
lüften (-*e*-) ⟨wy⟩wietrzyć, przewietrzać ⟨-rzyć⟩; *fig Hut itp.* uchylać ⟨-lić⟩
Lüfter *m* wentylator
Luftfahrt *f* (*0*) żegluga powietrzna; lotnictwo; *w zł.* lotniczy
Luft|feuchtigkeit *f* wilgotność *f* powietrza; **~filter** *m* filtr powietrza; **~fracht** *f* fracht lotniczy; **~gewehr** *n* wiatrówka; **~kampf** *m* walka powietrzna; **~kissenfahrzeug** *n* poduszkowiec; **~kühlung** *f* chłodzenie powietrzem; **~kurort** *m* stacja klimatyczna; **~linie** *f*: ***... km ~*** ... km w linii powietrznej; **~loch** *n* przewiew-

nik; *lotn* dziura powietrzna; **~matratze** *f* materac nadmuchiwany; **~pirat** *m* pirat powietrzny; **~post** *f* poczta lotnicza; **~pumpe** *f* pompa do powietrza
Luftröhre *f anat* tchawica
Luftschloß *n* zamek na lodzie
Luft|schutz *m* obrona przeciwlotnicza; **~temperatur** *f* temperatura powietrza
Lüftung *f* wietrzenie, wentylacja
Lüftungsklappe *f* wietrznik, lufcik
Luft|veränderung *f fig* zmiana otoczenia; **~verkehr** *m* komunikacja lotnicza; **~verschmutzung** *f* zanieczyszczenie powietrza; **~weg** *m*: ***auf dem ~*** drogą powietrzną, samolotem; **~widerstand** *m* opór powietrza; **~zufuhr** *f* dopływ powietrza; **~zug** *m* (*-ẹs*; *0*) przewiew; (*Zugluft*) przeciąg
Lüge *f* kłamstwo
lügen* ⟨s⟩kłamać (***wie gedruckt*** jak z nut, bez zająknięcia)
Lügner(in *f*) *m* kłamca *m* (*t. f*), łgarz
lügnerisch kłamliwy (-wie)
Luke *f mar* luk; (*Einstieg*) właz
lukra'tiv lukratywny, popłatny
Lümmel *m* gbur, cham; (*Junge*) łobuz
lümmeln (*-le*): ***sich ~*** rozwalać ⟨-lić⟩ się
Lump *m* (*-en*) łajdak, łotr
Lumpen *m* gałgan, szmata; ***in ~*** w łachmanach
lumpig F *fig* marny, nędzny
Lunge *f* płuco; *zw.* **~n** *pl* płuca
Lungen|entzündung *f* zapalenie płuc; **&krank** chory na płuca; **~krebs** *m* rak płuc; **~tuberkulose** *f* gruźlica płuc
Lunte *f* lont; *łow* kita
Lupe *f* lupa
Lu'pine *f* łubin
Lust *f* (-; **ᵘ***e*) chęć *f*, ochota; (*Freude*) radość *f*; (*Wollust*) rozkosz; ***~ haben*** (***auf*** *A*, ***zu***) mieć chętkę (na *A*, do *G*)
lüstern pożądliwy (-wie), lubieżny
Lustgefühl *n* uczucie rozkoszy
lustig wesoły (-ło); (*komisch*) śmieszny, zabawny; ***sich ~ machen*** naśmiewać się (***über*** *A* z *G*)
lustlos ospały (-le), niechętny
Lustspiel *n* komedia
lutherisch luterański
lutschen (*A*, ***an*** *D*) ssać (*A*)
Lutscher *m* lizak; → ***Schnuller***
Luv(seite) *f* (strona) nawietrzna
luxemburgisch luksemburski
luxuri'ös luksusowy (-wo)
Luxus *m* (-; *0*) przepych, (*t. fig*) luksus
Luxushotel *n* luksusowy hotel
Lymphdrüse *f* gruczoł limfatyczny
Lymphknoten *m* węzeł chłonny
Ly|rik *f* (-; *0*) liryka; **&risch** liryczny
Ly'zeum *n* (*-s*; *-zeen*) liceum *n*

M

M

Machart *f* fason, forma
machbar możliwy (do zrealizowania)
Mache *f* (*0*) *pej* udawanie, komedia
machen ⟨z⟩robić (***sich*** się; *j-n* ***zu*** k-o *I*); (*herstellen t.*) wyrabiać; (*verursachen*) sprawi(a)ć; *Reise t.* odby(wa)ć; *Angst* napędzać ⟨-dzić⟩; *Bett* ⟨po⟩słać; → ***bekannt***, ***Krach***, ***tun*** *itp.*; ***was machst du*** (***so***)***?*** co porabiasz?; ***wieviel macht das?*** ile to wynosi?; ***das macht nichts*** (to) nic nie szkodzi; ***dagegen kann man nichts ~*** na to nie ma rady; ***mach schnell!*** pospiesz się!; ***mach's gut!*** trzymaj się!, bądź zdrów!; ***sich ~*** (***an*** *A*) zab(ie)rać się (do *G*)
Machenschaften *f|pl* matactwa *n|pl*
Macht *f* (*0*) siła, moc *f*; *pol* władza; *mil* potęga; (*pl* **ᵘ***e*) (*Staat*) mocarstwo
Macht|befugnisse *f|pl* uprawnienia *n|pl* władcze; **~elite** *f* elita władzy
Machtergreifung *f* zagarnięcie władzy
mächtig potężny; *adv* F (*sehr*) ogromnie
Macht|kampf *m* walka o władzę; **&los** bezsilny; **~mißbrauch** *m* nadużycie władzy; **~probe** *f* próba sił; **~streben** *n* dążenie do władzy; **~stellung** *f* stanowisko dominujące; **~wort** *n*: ***ein ~ sprechen*** autorytatywnie rozstrzygnąć
Machwerk *n pej* lichota, ramota
Macke F *f* : ***e-e ~ haben*** mieć bzika

Mädchen *n* dziewczyna, (*Kind*) dziewczynka; **&haft** dziewczęcy (-co)
Mädchenname *m* nazwisko panieńskie
Made *f* czerw, F robak
Mädel *n* dziewczę, dziewuszka
madig robaczywy, z robakami
Mafia *f* (-; *-s*) mafia; *w zł.* mafijny
mag → ***mögen***
Maga'zin *n* (*-s*; *-e*) magazyn; *mil* magazynek; *w zł.* magazynowy
Magen *m* (*-s*; *ᵘ*) żołądek; **~geschwür** *n* wrzód żołądka; **&krank** chory na żołądek; **~saft** *m* sok żołądkowy; **~verstimmung** *f* rozstrój żołądka
mager chudy (-do) (*t. fig*); *fig t.* F mizerny; **&keit** *f* (*0*) chudość *f*
Ma|'gie *f* (*0*) magia; **'&gisch** magiczny
Magi'strat *n* (*-ęs*; *-e*) magistrat
Ma'gne|sium *n* (*-s*; *0*) magnez; **~t** *m* (*-s*/*-en*; *-e*/*-en*) magnes; *w zł.* → **&tisch** magnetyczny; **&ti'sieren** (-) ⟨na⟩magnesować; **~'tismus** *m* (-; *0*) magnetyzm
magst → ***mögen***
Maha'goni *n* (*-s*; *0*) mahoń *m*
Mäh|drescher *m* kombajn zbożowy; **&en** ⟨s⟩kosić, ⟨z⟩żąć; **~er** *m* kosiarka
Mahl *n* (*-ęs*; *-e*) posiłek; (*üppig*) uczta
mahlen* *v/t* ⟨ze⟩mleć; *v/i* mleć
Mahlzeit *f* posiłek; **~!** smacznego!
Mähne *f* grzywa (*t. fig*)
mahn|en (**wegen**) przypominać ⟨-pomnieć⟩ (o *L*), monitować (*A*); → ***ermahnen***; **&gebühr** *f* koszty *m/pl* upomnienia; **&mal** *n* pomnik; **&schreiben** *n* monit; → **&ung** *f* upomnienie
mährisch morawski
Mai *m* (*-s*; *-e*) maj(owy *w zł.*); **~glöckchen** *n* konwalia; **~käfer** *m* chrabąszcz; **~kundgebung** *f* manifestacja pierwszomajowa
Mais *m* (*-es*; *0*) kukurydza; *w zł.* kukurydz(i)any
Maiskolben *m* kolba/kaczan kukurydzy
maje'stätisch majestatyczny
Majoran *m* (*-s*; *-e*) majeranek
Majori'tät *f* większość *f*
ma'kaber makabryczny
Makel *m* wada, skaza; ***ohne ~*** bez skazy
mäkelig wybredny, grymaśny
mäkeln (*-le*) wybredzać; (**an** *D*) narzekać (na *A*)
Make-up [me:k'ap] *n* (*-s*; *-s*) makijaż
Makka'roni *pl* (-) makaron
Makler *m* makler; **~gebühr(en** *pl*) *f* prowizja maklerska, kurtaż
Ma'krele *f* makrela; *hdl t.* skumbria
makro-, Makro- makro-
Ma'krone *f* makaronik
Makula'tur *f* makulatura
mal *mat* razy; ***2 ~ 3*** dwa razy trzy; F *part* no; *adv* → ***einmal***
Mal¹ *n* (*-ęs*; *-e*) raz; ***das erste*/*zum letzten ~*** po raz pierwszy/ostatni; ***dieses ~*** tym razem; ***mit e-m ~*** raptem, nagle
Mal² [ma:l] *n* (*-ęs*; *-e*/*ᵘer*) znamię, znak
Mal|buch *n* malowanki *f/pl*; **&en** ⟨na⟩malować; **~er** *m* malarz; *w zł.* malarski
Male'rei *f* (*0*) malarstwo; (*pl -en*) malowidło
Malerin *f* malarka
malerisch malowniczy (-czo)
malizi'ös złośliwy (-wie)
Malkasten *m* pudełko/kaseta z farbami
malnehmen* ⟨po⟩mnożyć
Mal'teser *adj* maltański
Malz *n* (*-es*; *0*) słód; *w zł.* słodowy
Malzeichen *n mat* znak mnożenia
Mam|a F *f*, **~i** F *f* (-; *-s*) mam(usi)a
man (*jemand*) ktoś; ***~ sagt*** mówią, mówi się; ***wie macht ~ das?*** jak to się robi?; ***~ kann*** można; ***~ muß*** trzeba; ***weiß ~ schon, wer ...*** czy już wiadomo, kto ...
managen ['mɛnɪdʒən] (*j-n*) być menażerem (-rką) (*G*); F *Sache* załatwi(a)ć, ⟨z⟩organizować
Manager(in *f*) *m* manager, menedżer(ka); (*Agent*) menażer(ka)
manch: ~e(*r*, **-s**) niejeden (-dna, -dno); **~e** *pl* niektóre, *m-os* niektórzy
mancherlei różne, rozmaite
manchmal czasem, niekiedy
Man'dant(in *f*) *m* (*-en*) klient(ka)
Manda'rine *f* mandarynka
Mandel *f* (-; *-n*) migdał; **~n** *pl anat* migdałki *m/pl*; **~baum** *m* migdałowiec; **~entzündung** *f* zapalenie migdałków
Ma'nege [-ʒə] *f* arena (cyrkowa)
Mangel¹ *f* (-; *-n*) (*für Wäsche*) magiel
Mangel² *m* (*-s*; *ᵘ*) (**an** *D*) brak, deficyt (*G*); (*Fehler*) wada; (*Not*) niedostatek; *zw. pl* niedociągnięcia *n/pl*; ***aus ~ an*** (*D*) z braku (*G*); **~erscheinung** *f med* objaw niedoboru; **&haft** wadliwy (-liwie), z brakami; (*Note*) niedostateczny
mangeln¹ (*-le*) (**an** *D*) brakować (*G*); ***es mangelt ihm an ...*** brak(uje) mu ...
mangeln² (*-le*) *Wäsche* ⟨wy⟩maglować

M

Mängelrüge *f* reklamacja odbiorcy
mangels *praep* (*G*) z braku (*G*)
Mangelware *f* towar deficytowy
Ma'nie *f* (-; *-n* [-'ni:ən]) mania
Ma'nier *f* maniera; **~en** *pl* maniery *f/pl*
Mani|'fest *n* (-*ɇs*; *-e*) manifest; **2fe'stieren** (-) ⟨za⟩manifestować (**sich** się); **~'küre** *f* (*0*) manikiur; *os.* (*pl -en*) manikiurzystka; **~pulati'on** *f* manipulacja
manipu'lieren (-) manipulować
manisch maniakalny
Mann *m* (-*ɇs*; *¨er*) mężczyzna *m*; (*Ehemann*) mąż; (*Person*) człowiek, *pl* ludzie *pl*; ***an den ~ bringen*** (*A*) znaleźć nabywcę (na *A*); F ***alle ~*** wszyscy
Männchen *n zoo* samiec; ***~ machen*** *Hase*: stanąć słupka; *Hund*: służyć
Mannequin [-kɛ̃] *n* (*-s*; *-s*) modelka
Männer *pl* → ***Mann***; *w zł.* męski
Männersache F *f* sprawa męska
mannhaft mężny
mannig|fach, **~faltig** rozmaity, różny
männlich męski (-ko, po -ku); *gr* rodzaju męskiego; **2keit** *f* (*0*) męskość *f*
Mannsbild F *n* chłop, facet
Mannschaft *f lotn*, *mar* załoga; (*Team*) drużyna; **~en** *pl mil* szeregowcy *m/pl*
Mannschafts|kapitän *m sport* kapitan drużyny; **~wertung** *f sport* klasyfikacja drużynowa
Mano'meter *n* manometr
Ma'növer *n* manewr(y *pl mil*)
manöv'rieren (-) manewrować
Man'schet|te *f* mankiet; **~tenknopf** *m* spinka do mankietów
Mantel *m* (*-s*; *¨*) płaszcz (*t. tech*), palto; (*Reifen*) opona; **~stoff** *m* materiał płaszczowy; **~tarif** *m* przepisy *m/pl* zbiorowego układu pracy
mantschen F babrać się
manu|'ell ręczny; **2'skript** *n* (-*ɇs*; *-e*) rękopis, manuskrypt
Mappe *f* teczka
Märchen *n* bajka; **~buch** *n* książka z bajkami; **2haft** bajeczny, ... z bajki
Marder *m* kuna
Marga'rine *f* margaryna
Marge'rite *f* margarytka, złocień *m*
Marien|- [-'ri:ən] *rel* maryjny, ... Najświętszej Marii Panny; **~käfer** *m* biedronka; **~verehrung** *f* kult Marii
Ma'rille Ⓐ *f* morela; **~n-** morelowy
Mari'nade *f* marynata
Ma'rine *f* marynarka wojenna; → ***Flotte***
ma'rineblau granatowy (-wo)
Ma'rineoffizier *m* oficer marynarki
mari'nieren (-) ⟨za⟩marynować
mari'niert *adj* marynowany
Mario'nette *f* marionetka (*t. fig*)
mari'tim morski; podmorski
Mark[1] *n* (*-s*; *0*) szpik; *bot* miąższ; (*Rückenmark*) rdzeń *m*; ***bis ins ~*** *fig* do głębi
Mark[2] *f* (-; -) *fin* marka
mar'kant wyrazisty (-ście)
Marke *f hdl* marka; (*Brief2*) znaczek; (*Garderoben2*) numerek; talon; (*Zeichen*) cecha, znak; wskaźnik
Markenartikel *m* towar w opakowaniu firmowym, wyrób znanej marki
markerschütternd przeraźliwy (-wie)
Marketing *n* (*-s*; *0*) marketing(owy *w zł.*)
mar'kier|en (-) ⟨o⟩znakować, oznaczać ⟨-czyć⟩; **2ung** *f* znakowanie; *EDV* znacznik; → ***Marke***
markig jędrny, dosadny
Mar'kise *f* markiza
Markstück *n* moneta jednomarkowa
Markt *m* (-*ɇs*; *¨e*) targ, (*t. ekon*, *Platz*) rynek; **~forschung** *f* badanie rynku
marktgängig pokupny, chodliwy
Markt|halle *f* hala targowa; **~lage** *f* sytuacja rynkowa; **~lücke** *f* luka rynkowa; **~platz** *m* rynek, plac targowy
Marktpreis *m* cena rynkowa
Marktstand *m* stragan
Marktwirtschaft *f* gospodarka rynkowa
Marme'lade *f* marmolada, dżem
Marmor *m* (*-s*; *-e*) marmur(owy *w zł.*)
ma'rode zepsuty; (*müde*) zmordowany
marok'kanisch marokański
Ma'rotte *f* dziwactwo, kaprys
Marsch[1] *m* (*-es*; *¨e*) marsz (*t. muz*)
Marsch[2] *f*: **~en** *pl* marsze *m/pl*
Marschall *m* (*-s*; *¨e*) marszałek
mar'schieren (-; *sn*) maszerować
Marsch|musik *f* muzyka marszowa; **~verpflegung** *f* prowiant na drogę
Martinshorn *n* syrena policyjna
Märtyrer(in *f*) *m* męczennik (-ica)
mar'xistisch marksistowski (po -ku)
März *m* (-*ɇs*; *-e*) marzec; ***im ~*** w marcu; *w zł.* marcowy
Marzi'pan *n* (-*ɇs*; *-e*) marcepan
Masche *f* oczko; F *fig* sposób, sztuczka
Maschendraht *m* siatka druciana
Ma'schi|ne *f* maszyna; F (*Motorrad*) motor; **2'nell** maszynowy (-wo)
Ma'schinen|bauingenieur *m* inżynier

M

mechanik; **2geschrieben** napisany na maszynie, ... w maszynopisie
Ma'schinen|gewehr *n* karabin maszynowy; **~pistole** *f* pistolet maszynowy, F automat; **~raum** *m* maszynownia; **~schlosser** *m* ślusarz maszynowy
ma'schineschreiben* (*zw. inf; schreibt Maschine, hat maschinegeschrieben*) pisać na maszynie
Maschi'nist *m* (*-en*) maszynista *m*
Maser *f* (-; *-n*) (*im Holz*) mazer(unek)
Masern *pl med* odra
Mas|ke *f* maska; **~kenball** *m* bal maskowy; **~kenbildner(in** *f*) *m* charakteryzator(ka); **~ke'rade** *f* maskarada; **2'kieren** (-) wkładać ⟨włożyć⟩ maskę; → ***verkleiden*** (***sich***), ***tarnen***
mas'kiert *adj* w masce, zamaskowany
maso'chistisch masochistyczny
maß → ***messen***
Maß¹ [ma:s] *f* (-; -) kufel
Maß² [ma:s] *n* (*-es*; *-e*) miara; (*Ausmaß, Größe*) wymiar, rozmiar; ***in ~en*** z umiarem; ***in dem ~e, wie*** w miarę jak; ***in vollem ~e*** w pełnej mierze
Mas'sagesalon [-ʒə-] *m* salon masażu
Mas'saker *n* masakra
Maßanzug *m* ubranie na miarę
Maßarbeit *f* precyzyjne wykonanie
Masse *f* masa; ***in ~n*** masami, masowo
Maßeinheit *f* jednostka miary
Massen|abfertigung *f pej* obsługa masowa; **~arbeitslosigkeit** *f* bezrobocie masowe; **~artikel** *m* artykuł masowej produkcji; **~grab** *n* wspólna mogiła
massenhaft masami, w wielkiej ilości
Massen|medien [-dĭən] *n/pl* środki *m/pl* masowego przekazu, mass media *pl*; **~mord** *m* masowe morderstwo; **~organisation** *f* organizacja masowa; **~produktion** *f* produkcja masowa; **~tourismus** *m* masowy ruch turystyczny; **~veranstaltung** *f* impreza masowa
massenweise masami, masowo
Mas'seur *m* (*-s*; *-e*) masażysta *m*
Mas'seurin *f* masażystka
maßgeb|end, **~lich** miarodajny
maßhalten* zachow(yw)ać miarę, być umiarkowanym (***in*** *D* w *L*)
mas'sieren (-) masować
massig masywny; → ***massenhaft***
mäßig umiarkowany, *praed* z umiarem; *Leistung*: średni (-nio)
mäßigen ⟨po⟩hamować (***sich*** się)
mas|'siv masywny; *fig* ostry (-ro), bezwzględny; **2'siv** *n* (*-es*; *-e*) masyw
maß|los nieumiarkowany, *praed* bez umiaru; **2nahme** *f* środek, krok; ***~n ergreifen*** przedsięwziąć środki; **~regeln** ⟨u⟩karać; **2stab** *m* skala (*t. fig*), podziałka; **~voll** umiarkowany
Mast¹ *f* (*0*) tucz(enie), opas
Mast² *m* (*-es*; *-e*/*-en*) maczta; *el* słup
Mastdarm *m* odbytnica
mästen (*-e-*) ⟨u⟩tuczyć, opasać ⟨-paść⟩
Mastschwein *n* tucznik
Materi'al *n* (*-s*; *-lien* [-lĭən]) materiał
Materi'alfehler *m* wada materiałowa
materia'listisch materialistyczny
Ma'terie [-rĭə] *f* (*0*) materia
materi'ell materialny
Mathe F *f* (*0*) matema; **~ma'tik** *f* (*0*) matematyka
mathe'matisch matematyczny
Mati'nee *f* (-; *-n*) *teatr* poranek
Matjeshering *m* maties
Ma'tratze *f* materac
Matrixdrucker *m* drukarka mozaikowa
Ma'trose *m* (*-n*) marynarz, F majtek
Matsch F *m* (*-es*; *0*) błoto, mokry śnieg
Matschwetter F *n* chlapa, plucha
matt¹ osłabły, słaby (-bo); *Licht*: mętny; *Glas, Stimme, fot*: matowy (-wo)
matt²: *j-n* ~ ***setzen*** dać mata (*D*)
Matte *f* mata, plecionka; (*Wiese*) hala
Mattigkeit *f* (*0*) słabość *f*, zmęczenie
Mattscheibe *f* matówka; F telewizor
Ma'tura Ⓐ *f* (*0*) matura
Mauer *f* (-; *-n*) mur; **2n** (*-re*) murować
Maul *n* (*-es*; *⸚er*) paszcza, (*t. pej*) morda, pysk; ***halt's ~!*** stul pysk!; **~affen:** ~ ***feilhalten*** gapić się; **2en** F sarkać (***über*** *A* na *A*); **~esel** *m* osłomuł; **~korb** *m* kaganiec; **~tier** *n* muł; **~- und Klauenseuche** *f* pryszczyca; **~wurf** *m* kret
Maurer *m* murarz; **~kelle** *f* kielnia
Maus *f* (-; *⸚e*) mysz *f* (*t. EDV*)
Mause|falle *f* łapka na myszy; **~loch** *n* mysia dziurka; **2n** F buchnąć *pf*
mausern (*-re*): ***sich*** ~ pierzyć się
Maut *f* myto, rogatkowe
maxi'mal maksymalny
Mayonnaise [-jɔ'nɛ:-] *f* majonez
maze'donisch macedoński (po -ku)
Mäzen *m* (*-s*; *-e*) mecenas
Me'chani|k *f* mechanika; **~ker** *m* mechanik; **2sch** mechaniczny
Mecha'nismus *m* (-; *-men*) mechanizm

M

meckern (*-re*) beczeć; *fig pej* psioczyć (**über** *A* na *A*)
Medaille [-ˈdaljə] *f* medal
Medaillon [-lˈjõ:] *n* (*-s*; *-s*) medaljon, medalik
Medien [-dĭən] *pl* media *pl*; → ***Medium***
Medikaˈment *n* (*-es*; *-e*) lek(arstwo)
medikamenˈtös lekowy
Meditatiˈon *f* medytacja
mediterˈran śródziemnomorski
Medium *n* (*-*; *-ien*) medium *n*; *fiz* środowisko
Mediˈzin *f* (*0*) medycyna; F (*Arznei*) lekarstwo; **~er(in** *f*) *m* lekarz (-rka); (*Student*[*in*]) medyk (-yczka); **2isch** medyczny; (*ärztlich*) lekarski
Meer *n* (*-es*; *-e*) morze; **~blick** *m*: ***mit ~*** z widokiem na morze; **~busen** *m* zatoka; **~enge** *f* cieśnina (morska)
Meeresfrüchte *f/pl* owoce *m/pl* morza
Meeresspiegel *m* poziom morza
Meerrettich *m* chrzan(owy *w zł.*)
Meerschweinchen *n* świnka morska
Meerwasser *n* woda morska
Mehl *n* (*-es*; *-e*) mąka; (*Pulver*) mączka
mehl|ig mączysty; **2speise** *f* potrawa mączna; (*süß*) legumina
mehr *comp* (→ *viel*) więcej; (→ *sehr*) bardziej; ***nicht ~*** już nie; ***~ als*** więcej/bardziej niż; ***~ als hundert*** przeszło (*a.* ponad) sto/stu; ***~ oder weniger*** mniej więcej; ***~ und ~*** coraz więcej/bardziej
Mehr *n* (*idkl*) (**an** *D*) nadwyżka, nadmiar (*G*); **~arbeit** *f* praca dodatkowa/ponad normę; **~ausgaben** *f/pl* dodatkowe wydatki/nakłady *m/pl*; **2deutig** wieloznaczny; **2en** mnożyć (**sich** się)
mehrere kilka, wiele, *m-os* kilku, wielu
mehrfach kilkakrotny, wielokrotny
Mehr|familienhaus *n* dom wielorodzinny; **~gewicht** *n* (*-es*; *0*) nadwaga
Mehrheit *f* większość *f*
Mehrheits|aktionär(in *f*) *m* akcjonarjusz(ka), posiadający (-ca) kontrolny pakiet akcji; **~wahlrecht** *n* (*-es*; *0*) prawo wyborcze większościowe
mehr|jährig wieloletni; **2kampf** *m* wielobój; **~mals** kilkakrotnie, nieraz; **~spurig** *Straße*: wielopasowy; **~stellig** wielocyfrowy; **~stöckig** wielopiętrowy
mehrstufig wielostopniowy
mehrtägig kilkudniowy, wielodniowy
mehrteilig wieloczęściowy
Mehr|verbrauch *m* nadmierne/dodatkowe zużycie; **~wegverpackung** *f* opakowanie do wielokrotnego użycia
Mehr|wert *m* (*-es*; *0*) wartość dodatkowa; **~wertsteuer** *f* podatek od wartości dodanej; **~zahl** *f gr* liczba mnoga; → ***Mehrheit***; **~zweck-** wielozadaniowy, wielofunkcyjny, uniwersalny
meiden* *v/t* unikać (*G*); stronić (od *G*)
Meile *f* mila; **~nstein** *m* kamień milowy
mein mój, m(oj)a *f*, m(oj)e *n*, *pl*; *m-os* moi; (*wenn Subjekt in der 1 os. sg*) swój, sw(oj)a, sw(oj)e, swoi
Meineid *m* krzywoprzysięstwo
meinen uważać, sądzić; (*ausdrücken wollen*) mieć na myśli, rozumieć; ***was ~ Sie damit?*** co pan(i) ma na myśli?; ***wenn du meinst*** jeśli tak chcesz; ***es mit j-m gut ~*** dobrze życzyć (*D*)
meinerseits z mojej strony, co do mnie
meinetwegen ze względu na mnie; (*für mich*) dla mnie; *~!* niech (i tak) będzie!
meinige: *der/die/das* 2 → ***mein***
Meinung *f* zdanie; sąd, (***öffentliche*** publiczna) opinia; ***meiner ~ nach*** moim zdaniem; ***ich bin der ~*** jestem zdania
Meinungs|äußerung *f* wyrażanie opinii; **~austausch** *m* wymiana zdań; **~forschung** *f* badanie opinii publicznej; **~freiheit** *f* (*0*) wolność *f* poglądów; **~umfrage** *f* sondaż, ankieta; **~verschiedenheit** *f* rozbieżność *f* zdań
Meise *f zoo* sikor(k)a
Meißel *m* przecinak; (*t. med*) dłuto
meist *adj* → ***meiste***; *adv* → ***meistens***
Meistbegünstigungsklausel *f* klauzula największego uprzywilejowania
meistbietend: *~ verkaufen* sprzedać oferującemu najwyższą cenę
meiste największy; większość (*G*); ***am ~n*** najwięcej; najbardziej; ***in den ~n Fällen*** w większości wypadków
meistens przeważnie; na ogół
Meister *m* mistrz (*t. sport*, *fig*), majster; **2haft**, **2lich** mistrzowski (-ko, po -ku)
Meisterin *f* mistrzyni
meistern (*-re*) → ***lösen***, ***bewältigen***
Meisterschaft *f* (*0*) mistrzostwo; *sport* (*pl -en*) rozgrywki *f/pl* o mistrzostwo
Meisterwerk *n* arcydzieło
melancholisch [-ˈko:-] melancholiczny
Meldeamt *n* urząd meldunkowy
melden (*-e-*) ⟨za⟩meldować (***sich*** się); (*t. anzeigen*) zgłaszać ⟨-łosić⟩ (***sich*** się; ***in***, ***bei***, ***zu*** w *L*, u, do *G*)

M

Melde|pflicht *f* (*0*) obowiązek zgłaszania; **~register** *n* rejestr meldunkowy
Meldeschluß *m* (*-sses*; *0*) termin zgłaszania, zamknięcie zgłoszeń
Meldung *f* meldunek; (*t. Pressemeldung*) doniesienie; *mil t.* raport
me'liert *Haar*: szpakowaty
Me'lisse *f* melisa, rajownik
melk|en* ⟨wy⟩doić; **2maschine** *f* dojarka (mechaniczna)
Me|lo'die *f* [*pl* -'di:ən] melodia; (*Weise*) melodyjka; **2'lodisch** melodyjny
Me'lone *f* melon; (*Hut*) melonik
Mem'bran(e) *f* przepona, membrana
Memoiren [-'mõa:-] *pl* pamiętniki *m/pl*
Menge *f* ilość *f*; (*viele*) mnóstwo; *mat* zbiór, mnogość *f*; (*Leute*) tłum; F ***jede ~*** co niemiara; **2n** mieszać (***sich*** się)
Mengenangabe *f* podanie ilości
Mengenlehre *f* (*0*) teoria mnogości
Mengenrabatt *m* rabat ilościowy
Mensa *f* (-; *-sen*) stołówka studencka
Mensch *m* (*-en*) człowiek, F człek, *pl* ludzie; F ***~!*** człowieku!; ***kein ~*** nikt
Menschen|affen *m/pl* człekokształtne *pl*; **~alter** *n* wiek, życie; **2feindlich** antyludzki; *os.* mizantropijny; **2freundlich** sprzyjający człowiekowi; filantropijny; **~führung** *f* kierowanie ludźmi; **~kenntnis** *f* (*0*) znajomość *f* ludzi; **~leben** *n* życie ludzkie; (*0*) życie człowieka; **2leer** bezludny; wyludniony
menschenmöglich: ***alles 2e*** wszystko, co w ludzkiej mocy
Menschen|opfer *n/pl* ofiary *f/pl* w ludziach; **~raub** *m* uprowadzenie, porwanie; **~rechte** *n/pl* prawa *n/pl* człowieka; **~schlag** *m* (*-¢s*; *0*) gatunek ludzi; **2unwürdig** niegodny człowieka; **~verstand** *m*: ***gesunder ~*** zdrowy rozsądek; **~würde** *f* (*0*) godność ludzka
Mensch|heit *f* (*0*) ludzkość *f*; **2lich** ludzki (-ko, po -ku); **~lichkeit** *f* (*0*) człowieczeństwo, ludzkość *f*
Menstruati'on *f* menstruacja
Mentali'tät *f* mentalność *f*
Men'thol *n* (*-s*; *0*) mentol(owy *w zł.*)
Menü *n* (*-s*; *-s*) menu *n* (*t. EDV*)
Meridi'an *m* (*-s*; *-e*) południk
Merk|blatt *n* pouczenie, instrukcja; **2en** spostrzegać ⟨-rzec⟩, zauważyć *pf*; → ***fühlen***; ***sich*** *etw* ***~*** zapamiętać *pf* (sobie) (*A*); **2lich** (*erheblich*) znaczny; → ***spürbar***, ***sichtbar***; **~mal** *n* cecha, znamię; **2würdig** osobliwy (-wie), dziwny; **2würdigerweise** dziwnym sposobem
meßbar wymierny
Messe[1] *f mar* mesa; *rel* msza(lny *w zł.*)
Messe[2] *f hdl* targi *m/pl*
Messegelände *n* teren targów
messen* *v/t* ⟨z⟩mierzyć (***sich*** się; ***mit*** z *I*); *v/i* mierzyć
Messer *n* nóż; **~rücken** *m* grzbiet noża; **2scharf** *fig* ostry; *praed* precyzyjnie
Messer|spitze *f* czubek/koniec noża; *fig* szczypta; **~stecher** *m* nożownik
Messersteche'rei *f* bójka na noże
Messerstich *m* pchnięcie nożem
Messestand *m* stoisko na targach
Meßfehler *m* błąd pomiaru
Meßgerät *n* przyrząd pomiarowy
Meßgewand *n rel* ornat
Messing *n* (*-s*; *0*) mosiądz; *w zł.* mosiężny
Messung *f* mierzenie, pomiar
Met *m* (*-¢s*; *0*) miód pitny
meta-, **Meta-** *w zł.* meta-
Me'tall *n* (*-¢s*; *-e*) metal; **~arbeiter** *m* metalowiec; **~industrie** *f* przemysł metalowy; **2isch** metaliczny; **~waren** *f/pl* wyroby *m/pl* metalowe drobne
Me'tapher *f* (-; *-n*) przenośnia, metafora
meteoro'logisch meteorologiczny
Meter *m/n* metr; ***ein(en) ~ hoch*** wysoki na metr; **~maß** *n* calówka; (*Band*) centymetr; **2weise** na metry, metrami
Me'thod|e *f* metoda; **2isch** metodyczny
Me'thylalkohol *m* alkohol metylowy
metrisch metryczny
Mettwurst *f* metka
Metzger *m* rzeźnik
Metzge'rei *f* sklep rzeźniczy
Meuchelmord *m* skrytobójstwo
Meute *f* sfora (*t. fig*)
Meute|'rei *f* bunt; **~rer** *m* buntownik
meutern (*-re*) ⟨z⟩buntować się
mexi'kanisch meksykański
mich (*A* → ***ich***) mnie; *refl* siebie, się
mick(e)rig F mizerny, wątły (-le)
mied → ***meiden***
Mieder *n* stanik; gorset
Mief *m* (*-¢s*; *0*) *pej* zaduch
Miene *f* mina; ***ohne e-e ~ zu verziehen*** bez drgnienia powiek
mies F *pej* kiepski (-ko), (*t. Typ*) podły (-le); **2macher** F *m* defetysta *m*
Miesmuschel *f* omułek jadalny
Mietauto *n* → ***Mietwagen***

Miete *f* najem; czynsz, komorne; ***zur ~ wohnen*** mieszkać jako lokator(ka)
mieten (*-e-*) (od-, wy)najmować ⟨-jąć⟩
Mieter(in *f*) *m* najemca *m* (-czyni); (*e-s Zimmers itp.*) lokator(ka)
Mieterschutz *m* ochrona (prawna) lokatorów
Mietkauf *m* kupno na zasadach najmu
Miet|kaution *f* kaucja na zabezpieczenie czynszu; **~preis** *m* opłata za wynajęcie
Mietrecht *n* (*-ės; 0*) prawo lokatorskie
Mietshaus *n* dom czynszowy
Miet|vertrag *m* umowa najmu; **~wagen** *m* samochód wynajmowany; **~wohnung** *f* mieszkanie wynajmowane; **~wucher** *m* lichwiarstwo czynszowe
Mi'gräne *f* migrena
Mikro|be *f* mikrob; **~'phon** *n* (*-s; -e*) mikrofon; **~'skop** *n* (*-s; -e*) mikroskop; **~wellenherd** *m* kuchnia mikrofalowa
Milbe *f* roztocz
Milch *f* (*0*) mleko; (*Kosmetik*) mleczko; (*Fischmilch*) mlecz; ***dicke ~*** zsiadłe mleko; **~bar** *f* bar mleczny; **~flasche** *f* butelka na mleko; (*für Babys*) butelka ze smoczkiem; **~geschäft** *n* sklep z nabiałem; **~glas** *n* szkło mleczne; **~kaffee** *m* biała kawa; **~kanne** *f* bańka na mleko; **~kuh** *f* dojna krowa; **~mixgetränk** *n* napój z mleka i jagód/owoców
Milch|produkte *n/pl* przetwory *m/pl* mleczne; **~pulver** *n* mleko w proszku; **~reis** *m* ryż na mleku; **~straße** *f* (*0*) Droga Mleczna; **~zahn** *m* ząb mleczny
mild łagodny; ***~e Gabe*** dar na ubogich
Mild|e *f* (*0*) łagodność *f*; → ***Güte***, ***Nachsicht***; **2ern** (*-re*) ⟨z⟩łagodzić; ***~de Umstände*** okoliczności *f/pl* łagodzące
Milderung *f* (*0*) złagodzenie; ulga
mildtätig dobroczynny
Milieu [-'liø:] *n* (*-s; 0*) środowisko
Mili'tär *n* (*-s; 0*) wojsko(wy *w zł.*); *os.* (*pl -s*) wojskowy *m*; **2isch** wojskowy (po -wemu); **~stützpunkt** *m* baza wojenna; **~zeit** *f* (*0*) czas służby wojskowej
Mi'liz *f* milicja; *w zł.* milicyjny
Milli|'arde *f* miliard; **~'meter** *m* milimetr; **~'on** *f* milion; **~en-** milionowy
Millio'när(in *f*) *m* (*-s; -e*) milioner(ka)
Milz *f* śledziona
mimen F *pej* udawać, markować
minder mniejszy; (*schlechter*) gorszy; *adv* mniej; **~bemittelt** F *pej* słaby na umyśle; **2heit** *f* mniejszość *f*; **~s-** mniejszościowy, ... mniejszości; **~jährig** małoletni, nie(pełno)letni
minder|n (*-re*) zmniejszać ⟨-szyć⟩; *fig* pomniejszać ⟨-szyć⟩; **~wertig** małowartościowy, pośledni; **2wertigkeitskomplex** *m* kompleks niższości
Mindestalter *n* dolna granica wieku
mindeste najmniejszy, minimalny; ***das ~*** minimum; ***nicht das ~*** w ogóle żadnego (-nej, -nych)
Mindesteinlage *f fin* minimalny wkład
mindestens co najmniej
Mindestlohn *m* płaca minimalna
Mindestmaß *n* (*-es; 0*) minimum *n*
Mindestsatz *m* stawka minimalna
Mindeststrafe *f* najniższa kara
Mine *f mil* mina; (*Schreibmine*) wkład; *gór* kopalnia; **~nfeld** *n* pole minowe
Mine'ral *n* (*-s; -e/-lien*) minerał
Mine'ralöl *n* olej mineralny; → ***Erdöl***
Mine'ralwasser *n* woda mineralna
Mini|- *w zł.* mini-; **2'mal** minimalny
Minirock *m* minispódniczka
Mi'nister(in *f*) *m* minister
Mini|steri'al-, **2steri'ell** ministerialny
Mini'sterium *n* (*-s; -ien*) ministerstwo
Mi'nister|präsident(in *f*) *m* prezes rady ministrów; **~rat** *m* rada ministrów
Minori'tät *f* mniejszość *f*
minus minus, mniej
Minus *n* (*idkl*) minus; **~pol** *m* biegun ujemny; **~zeichen** *n* znak odejmowania, minus
Mi'nute *f* minuta; **~n-** minutowy
Minze *f* mięta
mir (*D* → ***ich***) mnie; *refl* sobie; ***mit ~*** ze mną; ***von ~*** (*mein*) mój (moja, moje)
Mischbatterie *f* mieszacz
Mischehe *f* małżeństwo mieszane
misch|en ⟨prze-, z⟩mieszać (***mit*** z *I*); *Karten* ⟨prze⟩tasować; ***sich ~*** (***in*** *A*) ⟨w⟩mieszać się (do *G*); **2ling** *m* (*-s; -e*) mieszaniec; **2masch** F *m* (*-ės; -e*) miszmasz
Mischung *f* mieszanka, F mieszanina
Mischwald *m* las mieszany
mise'rabel (*-bl-; -elst-*) nędzny, lichy
Mi'sere *f* bieda, (ciężkie) tarapaty *pl*
miß → ***messen***
miß'achten (-) *Recht* nie przestrzegać (*G*); *j-n, etw* ⟨z⟩lekceważyć (sobie) (*A*)
Miß|'achtung *f* pogarda; **~behagen** *n* dyskomfort; niemiłe uczucie; **~bildung** *f* zniekształcenie; (*Lebewesen*) potwo-

rek; **≈'billigen** (-) *v/t* nie pochwalać (*G*), potępi(a)ć (*A*); **~'billigung** *f* (*zw. 0*) dezaprobata; **~brauch** *m* nadużycie
miß'brauchen (-) *v/t* naduży(wa)ć (*G*); ***sexuell ~*** zgwałcić *pf*
miß'deuten (-) błędnie interpretować
missen: *nicht ~ wollen/mögen* (*A*) nie móc oby(wa)ć się bez (*G*)
Miß|erfolg *m* niepowodzenie; **~ernte** *f* nieurodzaj; **≈'fallen*** (-) nie podobać się; **~geburt** *f* potworek; F *fig* poroniony pomysł; **~geschick** *n* nieszczęście, przykry wypadek; **≈'glücken** (-) nie uda(wa)ć się; **≈'gönnen** (-) (*j-m A*) ⟨po⟩zazdrościć (k-u *G*); **~griff** *m* błąd; **~gunst** *f* zawiść *f*; **≈'handeln** (-) *v/t* dręczyć (*A*), znęcać się nad (*I*); **~'handlung** *f* znęcanie się, maltretowanie
Missi|'on *f* misja; **~o'nar(in** *f*) *m* (-*ęs*; -*e*) misjonarz; **~'ons-** *rel* misyjny
Mißkredit *m*: ***in ~ bringen*** zdyskredytować *pf*; ***in ~ kommen*** stracić *pf* zaufanie
miß|lich przykry, F paskudny; **~'lingen*** (-; *sn*) nie uda(wa)ć się; **~'lungen** *adj* nieudany, chybiony; **~mutig** F markotny; **~'raten** *adj* niewydarzony
Mißstand *m* zło, niedomaganie
miß'trauen (-) nie ufać, nie dowierzać
Miß|trauen *n* (-*s*; *0*) nieufność *f*, podejrzliwość *f*; **~trauensvotum** *n* wotum *n* nieufności
mißtrauisch nieufny, podejrzliwy (-wie)
Mißver|hältnis *n* dysproporcja; **~ständnis** *n* nieporozumienie
mißverstehen* źle zrozumieć *pf*
Mißwirtschaft *f* (*zw. 0*) zła gospodarka
Mist *m* (-*ęs*; *0*) nawóz, gnój; F *pej* kram; śmieć *m*; cholerstwo; F ***~ bauen*** naknocić; F ***~ verzapfen*** pleść bzdury
Mistel *f* (-; -*n*) jemioła
Misthaufen *m* kupa gnoju, gnojowisko
mistig F *pej* parszywy (-wo)
Mistkerl *m pej* gnojek, parszywiec
mit *praep* (*D*) z (*I*); *oft nur I*: ***~ der Bahn*** koleją, ***~ Gewalt*** przemocą; ***~ 10 Jahren*** mając 10 lat; ***~ der beste*** jeden z najlepszych; *adv* F też, także
Mitarbeit *f* (*0*) współpraca; **≈en** (***an*** *D*) współpracować (przy *L*); **~er(in** *f*) *m* współpracownik (-iczka)
mit|bekommen* dosta(wa)ć; F *fig* kapować; zorientować się *pf*; **≈bestimmung** *f* (*0*) współdecydowanie; **≈bewohner(in** *f*) *m* współlokator(ka); **~bringen*** przynosić ⟨-nieść⟩/(*fahrend*) przywozić ⟨-wieźć⟩ ze sobą; (*als Begleiter*) przyprowadzać ⟨-dzić⟩ ze sobą
Mit|bürger(in *f*) *m* współobywatel(ka); **~eigentümer(in** *f*) *m* współwłaściciel(ka); **≈ein'ander** (***alle*** wszyscy) razem, wspólnie; ze sobą; **≈erleben** *v/t* być świadkiem (*G*); **~esser** *m med* zaskórnik; **≈fahren*** (***mit***) ⟨po⟩jechać razem, F zabrać się *pf* (z *I*)
mit|fühlen (***mit***) współczuć (*D*, z *I*); **~führen** mieć przy sobie, nosić/wozić ze sobą; **~geben*** da(wa)ć (na drogę)
Mit|gefühl *n* (-*ęs*; *0*) współczucie; **≈gehen*** (***mit***) iść ⟨pójść⟩ (razem), F zabrać się *pf* (z *I*); **≈genommen** F *adj* zniszczony; (*erschöpft*) wykończony
Mit|glied *n* członek (-nkini); **~s-** członkowski; **~gliedschaft** *f* członkostwo
mit|haben* mieć przy sobie; **≈hilfe** *f* (*0*) pomoc *f*; **~hören** ⟨u⟩słyszeć; (*heimlich*) podsłuchiwać; **≈inhaber(in** *f*) *m* współwłaściciel(ka); **~kommen*** (***mit***) → ***mitgehen***; (*fahrend*) ⟨po⟩jechać razem (z *I*); (*als Begleiter*) towarzyszyć (*D*); ***komm mit*** chodź (ze mną, z nami)
mitkriegen F → ***mitbekommen***
Mitläufer *m* nieaktywny członek
Mit|leid *n* litość *f*; **~leidenschaft** *f*: ***in ~ gezogen werden*** ucierpieć *pf*
mitleidig litościwy (-wie)
mitleid(s)los bezlitosny
mit|machen *v/t* brać ⟨wziąć⟩ udział (w *L*); F *etw* ***macht nicht mehr mit*** ... odmawia posłuszeństwa; **≈mensch** *m* bliźni *m*; **~nehmen*** zab(ie)rać ze sobą; (*j-n belasten*) dotknąć (*A*), dawać się we znaki (*D*); F *Gelegenheit* nie pomijać ⟨-minąć⟩ (*G*); **~reden** brać ⟨wziąć⟩ udział w rozmowie; mieć coś do powiedzenia (***bei*** na temat *G*)
Mitreisende(r) towarzysz(ka) podróży
mitreißen* por(y)wać ze sobą
mit'samt *praep* (*D*) (wraz, łącznie) z (*I*)
mitschicken (***mit***) pos(y)łać (z *I*)
mitschneiden* nagr(yw)ać na taśmę
mitschreiben* ⟨za⟩notować (sobie)
Mit|schuld *f* (*0*) współwina; **~schüler(in** *f*) *m* współuczeń (-ennica); **≈spielen** brać ⟨wziąć⟩ udział w grze / zabawie; *Kind t.*: bawić się razem (z *I*); grać (***bei*** w *L*); → ***mitmachen***; **~spracherecht** *n* prawo współdecydowania
Mittag *m* (-*s*; -*e*) południe; ***mittag***, ***am ~***

M

w południe; ***zu ~ essen*** ⟨z⟩jeść obiad
Mittagessen *n* obiad; ***zum ~*** na obiad
mittags w południe; **2pause** *f* przerwa obiadowa; **2ruhe** *f* cisza poobiednia; (*Schläfchen*) drzemka poobiednia, sjesta; **2zeit** *f* (*0*) pora obiadowa
Mittäter(in *f*) *m* współsprawca (-czyni)
Mitte *f* środek; ***in der ~*** pośrodku; ***in unserer ~*** wśród nas; ***~ Mai*** w połowie maja; ***~ 30*** (w wieku) około 35 lat
mitteil|en (*j-m A*) ⟨za⟩komunikować (k-u *A*), zawiadamiać ⟨-domić⟩ (k-o o *L*); **2ung** *f* zawiadomienie
Mittel *n* środek (***gegen*** przeciwko *D*, na *A*); *mat* średnia; *fin pl* środki *m/pl*, fundusze *m/pl*
Mittel|alter *n* (*-s*; *0*) średniowiecze; **2alterlich** średniowieczny; **2bar** pośredni(o); **~ding** F *n* (*-s*; *0*) coś pośredniego
mitteleuropäisch środkowoeuropejski
mittelfristig średnioterminowy (-wo)
mittelgroß *os.* średniego wzrostu
Mittel|klasse *f* klasa średnia; **2los** bez środków (do życia); **2mäßig** średni (-nio), mierny; **~meer-** śródziemnomorski; **~punkt** *m* punkt środkowy, środek; *fig* centrum *n*
mittels *praep* (*G*) za pomocą (*G*)
Mittelschule *f* szkoła średnia
Mittel|smann *m* (*-es*; *"er/-leute*) pośrednik; **~stand** *m* warstwa średniozamożna; *hist* stan średni; **2ständisch** *ekon* ... średniej wielkości; **~streckenmil**, *lotn* ... średniego zasięgu
Mittel|streifen *m* (*Straße*) pas rozdzielczy; **~stück** *n* część środkowa; **~weg** *m* droga pośrednia; **~wellen** *f/pl* fale *f/pl* średnie; *w zł.* średniofalowy
mitten *adv* (***in***, ***auf*** *D*) pośrodku (*G*); ***~ im Winter*** w środku zimy; **~'drin** F w (samym) środku, pośrodku; **~'durch** przez sam środek, pośrodku
Mitternacht *f* (*0*) północ; ***um ~*** → **2s** o północy; **~ssonne** *f* słońce polarne
mittler|e środkowy; *Alter*, *Leistung itp.*: średni; **~weile** tymczasem
Mittwoch *m* (*-s*; *-e*) środa; ***am ~*** w środę
mit'unter niekiedy, czasem
Mit|verantwortung *f* współodpowiedzialność *f*; **2wirken** (***bei***, ***an*** *D*) współdziałać (przy *L*), uczestniczyć (w *L*); *teatr* grać (w *L*); **~wirkung** *f* (*0*) współdziałanie, pomoc *f*; udział; **~wisser(in** *f*) *m jur* osoba zatajająca przestępstwo
mitzählen wliczać ⟨-czyć⟩; ***... nicht mitgezählt*** nie licząc (*G*)
mixen (*-xt*) ⟨z⟩miksować
Möbel *n* mebel, *pl* meble, umeblowanie
Möbelindustrie *f* przemysł meblarski
Möbelspediteur *m* spedytor meblowy
mo'bil ruchomy, mobilny; ruchliwy; *Polizeieinheit*: lotny; **2(funk)telefon** *n* telefon komórkowy; **~i'sieren** (-) ⟨z⟩mobilizować; **2machung** *f* mobilizacja
möbliert umeblowany
mochte, **möchte** → ***mögen***
Modali'täten *f/pl* warunki *m/pl*
Mode *f* moda; *w zł.* modny; ***... ist in ~*** ... jest w modzie; **2bewußt**: ***~ sein*** ubierać się według najnowszej mody; **~haus** *n* dom mody; **~journal** *n* żurnal mód
Model *n* (*-s*; *-s*) modelka
Mo'dell *n* (*-s*; *-e*) model(owy *w zł.*); *os.* modelka; **~bau** *m* (*-s*; *0*) modelarstwo
model'lieren (-) ⟨wy⟩modelować
Modenschau *f* pokaz/rewia mody
Mode'rator(in *f*) *m* moderator(ka)
mode'rieren (-) moderować
modern[1] (*-re*; *t. sn*) butwieć, próchnieć
mo'der|n[2] *adj* nowoczesny; *adv* F światowo; (*fortschrittlich*) postępowy; → ***modisch***; **~ni'sieren** (-) ⟨z⟩modernizować; **2ni'sierung** *f* modernizacja
Modeschöpfer *m* projektant mody
modifi'zieren (-) ⟨z⟩modyfikować
modisch modny
Mo'dul *n* (*-s*; *-e*) moduł(owy *w zł.*)
Mofa *n* (*-s*; *-s*) motorower
mogeln F (*-le*) szachrować, oszukiwać
mögen* (*gern haben*) lubić; (*können*) móc; (*wollen*) chcieć; ***ich mag ...*** lubię (*A*); ***sie mag ... nicht*** ona nie lubi (*G*); ***wer mag das sein*** kto to może być; ***er*** (***sie***) ***möge kommen*** niech przyjdzie; ***ich möchte*** chciał(a)bym; ***sie möchte lieber*** ona wolałaby
möglich możliwy (-wie); ***alles 2e*** wszystko możliwe; F (*vielerlei*) (różne) różności *pl*; ***so bald wie ~*** możliwie najwcześniej/najszybciej; **'~er'weise** *adv* być może; możliwe, że ...; **2keit** *f* możliwość *f*; ***nach ~*** w miarę możliwości
möglichst *adv* możliwie, jak (+ *sup*)
Mohamme'dan|er(in *f*) *m* mahometanin (-anka); **2isch** mahometański
Mohn *m* (*-es*; *-e*) mak; **~kapsel** *f* makówka; **~kuchen** *m* makowiec
Möhre *f*, **Mohrrübe** *f* marchew(ka) *f*

mo'kieren (-): ***sich ~*** (***über*** *A*) natrząsać się (z *G*)
Mole *f* molo
Mole'kül *n* (*-s*; *-e*) cząsteczka, molekuła
moleku'lar cząsteczkowy, molekularny
Molke *f* (*0*) serwatka; **~'rei** *f* mleczarnia
mollig (*rundlich*) pulchny, pełny; (*warm*) cieplutki (-ko)
Mo'ment¹ *n* (*-ęs*; *-e*) moment (*t. fiz*)
Mo'ment² *m* (*-ęs*; *-e*) moment, chwila; F ~ (***mal***)***!*** chwileczkę!
Monar'chie [*pl* -'çi:ən] *f* monarchia
Monat *m* (*-ęs*; *-e*) miesiąc; ***in e-m ~*** za miesiąc; ***vor e-m ~*** przed miesiącem, miesiąc temu; **~lich** miesięczny
Monats|gehalt *n* pensja miesięczna; **~karte** *f* bilet miesięczny; **~name** *m* nazwa miesiąca; **~rate** *f* rata miesięczna
Mönch *m* (*-ęs*; *-e*) mnich, zakonnik
Mond *m* (*-ęs*; *-e*) księżyc; *astr* (*0*) Księżyc; **~finsternis** *f* zaćmienie Księżyca
Mond|landschaft *f* krajobraz księżycowy; **~schein** *m* światło księżyca
Mondwechsel *m* zmiana księżyca
Mo'neten F *pl* forsa, moniaki *m/pl*
mon'golisch mongolski (po -ku)
mono-, **~-** *w zł* mono-; **~'pol** *n* (*-s*; *-e*) monopol(owy *w zł.*); **~sendung** *f* audycja monofoniczna; **~'ton** monotonny; **~to'nie** *f* (*zw. 0*) monotonia
Monst|er *n* monstrum *n*; *w zł.* → **~'rös** monstrualny; **~rum** *n* (*-s*; *-ren*) potwór
Montag *m* (*-s*; *-e*) poniedziałek; **~s-** poniedziałkowy; ***am ~*** w poniedziałek
Montage [-'tɑːʒə] *f* montaż(owy *w zł.*)
montags → ***Montag***
Mon'tanindustrie *f* przemysł górniczy
mon'tieren (-) ⟨z-, za⟩montować
Mon'tierhebel *m mot* łyżka do opon
Monu'ment *n* (*-s*; *-e*) pomnik
monumen'tal monumentalny
Moor *n* (*-ęs*; *-e*) moczary *m/pl*; *med* borowina; **~bad** *n* kąpiel borowinowa
Moos *n* (*-es*; *-e*) mech; F (*Geld*) forsa
Mo|'ral *f* (*0*) moralność *f*; (*e-r Geschichte*) morał; **~'ralisch** moralny
Mo'rast *m* (*-ęs*; *-e*) błoto, (*t. fig*) bagno
Morchel *f* (*-*; *-n*) smardz
Mord *m* (*-ęs*; *-e*) morderstwo, zabójstwo (umyślne)
Mordanklage *f* oskarżenie o zabójstwo
Mordanschlag *m* zamach na życie
morden (*-e-*) ⟨wy-, za⟩mordować
Mörder(**in** *f*) *m* morderca *m* (-czyni), *jur* zabójca *m* (-czyni)
Mordkommission *f* oddział policji do badania okoliczności zabójstw
Mords|glück F *n* cholerne szczęście; **~hunger** F *m* straszny głód; **~kerl** F *m* byczy facet; **~mäßig** F okropny
Mordversuch *m* usiłowanie zabójstwa
morgen jutro, nazajutrz; ***~ früh*** jutro rano; ***bis ~*** do jutra; ***für ~*** na jutro
Morgen¹ *m* (*Feldmaß*) mórg, morga
Morgen² *m* (po)ranek, rano; ***am ~*** z rana, rankiem; ***gegen ~*** nad ranem; ***guten ~!*** dzień dobry!
Morgen|grauen *n* świt, brzask; **~gymnastik** *f* gimnastyka poranna; **~muffel** F *m*: ***er ist ein ~*** rano on jest do niczego; **~rock** *m* podomka
morgens z rana, rankiem
Morgenzeitung *f* gazeta poranna
morgig jutrzejszy
Morphium *n* (*-s*; *0*) morfina
morsch zmurszały, spróchniały
Mörser *m* moździerz (*t. mil*)
Mörtel *m* zaprawa
Mosa'ik *n* (*-s*; *-e*/*-en*) mozaika; *w zł.* mozaikowy; **~fenster** *n* witraż
mo'saisch mojżeszowy
Mo'schee *f* meczet
Moschus *m* (*-*; *0*) piżmo(wy *w zł.*)
Möse P *f* cipa, picza
Moselwein *m* wino mozelskie
Mos'kitonetz *n* moskitiera
Moslem *m* (*-s*; *-s*) muzułmanin
Mos'lime *f* muzułmanka
Most *m* (*-ęs*; *0*) moszcz
Mostrich *dial m* (*-s*; *0*) musztarda
Motel *n* (*-s*; *-s*) motel(owy *w zł.*)
Mo'ti|v *n* (*-s*; *-e*) motyw; **~vati'on** *f* motywacja; **~'vieren** (-) pobudzać ⟨-budzić⟩; (*begründen*) ⟨u⟩motywować
Motor *m* (*-s*; *-'toren*) silnik, motor; *w zł.* silnikowy, motorowy; **~boot** *n* motorówka; **~haube** *f* maska silnika
motori'sier|en (-) ⟨z⟩motoryzować; **~t** zmotoryzowany; **~ung** *f* motoryzacja
Motor|öl *n* olej silnikowy; **~rad** *n* motocykl, F motor; **~radfahrer**(**in** *f*) *m* motocyklista *m* (-tka); **~roller** *m* skuter
Motorschaden *m* awaria silnika
Motorschiff *n* motorowiec
Motorsport *m* sport motorowy
Motte *f* mól; **~nkiste** F *f fig* lamus
motzen *pej* psioczyć

Möwe *f* mewa
Mücke *f* komar
Mückenstich *m* ukąszenie komara
müd|e zmęczony; ~ ***werden*** ⟨z⟩męczyć się; **≗igkeit** *f* (*0*) zmęczenie, znużenie
Muffel F *m* mruk; → ***Morgenmuffel***
muffig stęchły (-le); ~ ***riechen*** trącić stęchlizną; F → ***mürrisch***
Mühe *f* trud; ***sich ~ geben*** zadawać sobie trud, dokładać starań; ***mach dir k-e ~*** nie fatyguj się
mühelos łatwy (-wo); bez trudu
mühe|n: ***sich ~*** starać się; **~voll** mozolny, żmudny, uciążliwy (-wie)
Mühl|e *f* młyn; **~rad** *n* koło młyńskie
mühsam → ***mühevoll***; *praed* z trudem
Mulde *f* wgłębienie, wklęsłość *f*
Mull *m* (*-s*; *0*) muślin, gaza
Müll *m* (*-s*; *0*) śmieci *m/pl*, odpady *m/pl*
Müll|abfuhr *f* wywóz śmieci; **~beutel** *m* (plastykowa) torebka na odpady
Mullbinde *f* bandaż/opaska z gazy
Müll|deponie *f* składowisko śmieci/odpadów; **~eimer** *m* kubeł na śmieci
Müller(in *f*) *m* młynarz(owa)
Müll|haufen *m* śmietnik; **~kippe** *f* wysypisko śmieci, śmietnisko
Müllschlucker *m* zsyp na śmieci
Müll|tonne *f* pojemnik na śmieci; **~verbrennungsanlage** *f* spalarnia śmieci; **~wagen** *m* śmieciarka
mulmig F *Lage*: groźny; ***ihm wurde ~ zumute*** zrobiło mu się nieswojo
Multi F *m* (*-s*; *-s*) koncern wielonarodowy; **~-**, **≗-** *w zł.* multi-; **≗lateral** wielostronny; **≗national** wielonarodowy
Multipli|kati'on *f mat* mnożenie; **≗'zieren** (-) (***mit***) ⟨po⟩mnożyć (przez)
Mumie [-mĭə] *f* mumia
Mumm F *m* (*-s*; *0*) rezon, odwaga
Mumps *m* (-; *0*) nagminne zapalenie przyusznicy, F świnka
Mund *m* (*-es*; *⸚er*) usta *pl*, F buzia
Mundart *f* narzecze, dialekt
münden (*-e-*) *Fluß*: wpadać (***in*** *A* do *G*); *Straße*: wychodzić (***auf*** *A*/*D* na *A*)
mundfaul F milkliwy
Mundgeruch *m* (*-es*; *0*) zapach z ust
Mundharmonika *f* organki *m/pl*
Mundhöhle *f* jama ustna
münd|ig pełnoletni; **≗igkeit** *f* (*0*) pełnoletność *f*; **~lich** ustny
Mundstück *n* ustnik
Mündung *f* wylot; *geogr* ujście
Mund|wasser *n* płyn do płukania ust; **~werk** *n*: ***ein loses ~ haben*** być pyskatym; **~-zu-Mund-Beatmung** *f* sztuczne oddychanie metodą usta-usta
Muniti'on *f* (*zw. 0*) amunicja; **~s-** amunicyjny, ... amunicji
munkeln (*-le*) przebąkiwać
Münster *m* katedra, tum
munter (*-er*/*-trer*) żywy (-wo), wesoły (-ło); *praed* (*gesund*) zdrów (-owa, -owe); ~ ***werden*** ożywić się; (*wach werden*) obudzić się; **≗keit** *f* (*0*) żywość *f*
Münz|e *f* moneta; ***für bare ~ nehmen*** brać za dobrą monetę; **≗en** (*-zt*) *fig* (***auf*** *A*) ⟨z⟩robić aluzję (do *G*); **~telefon** *m* automat telefoniczny; **~wechsler** *m* automat do rozmieniania pieniędzy
mürbe kruchy (-cho)
murmeln (*-le*) mruczeć; *Bach*: szemrać
Murmeltier *n* świstak
murren (***über*** *A*) sarkać (na *A*)
mürrisch ponury (-ro)
Mus *n* (*-es*; *-e*) *kulin* przecier
Muschel *f* (-; *-n*) *zoo* małż; (*Schale*) muszla, koncha (*t. anat*, *fig*); → ***Hörer***
Mu'seum *n* (*-s*; *-seen*) muzeum *n*; **~s-** muzealny
Mu'sik *f* muzyka
musi'kalisch *os.* muzykalny
Musiker(in *f*) *m* muzyk
Mu'sik|instrument *n* instrument muzyczny; **~lehrer(in** *f*) *m* nauczyciel(ka) muzyki; **~stück** *n* utwór muzyczny
musi'zieren (-) F muzykować
Muska'teller *m* muszkatel
Mus'katnuß *f* gałka muszkatołowa
Muskel *m* (*-s*; *-n*) mięsień *m*, muskuł; **~kater** *m* (*-s*; *0*) zmęczeniowy ból mięśni; **~kraft** *f* (*0*) siła mięśniowa
Muskelzerrung *f* naciągnięcie mięśnia
musku'lös muskularny
Muß *n* (-; *0*) konieczność *f*, mus
Muße *f* (*0*) (wolny) czas; ***mit ~*** wolno
müssen* (*-ßt*) musieć; ***muß ich?*** czy muszę?; ***er muß ...*** on musi/powinien ...; ***sie müßte ...*** ona musiałaby/powinna by; ***es muß geregnet haben*** chyba padał deszcz
müßig próżniaczy (-czo), bezczynny; (*überflüssig*) zbędny, zbyteczny
Muster *n* wzór; *w.zn.* deseń *m*; *hdl* próbka; **≗gültig** wzorowy (-wo)
Musterkollektion *f* kolekcja próbek

mustern (*-re*) (*betrachten*) mierzyć wzrokiem, lustrować
Musterschüler(in *f*) *m* prymus(ka)
Musterschutz *m* ochrona wzorów
Mustervertrag *m* umowa wzorcowa
Mut *m* (*-es*; *0*) odwaga, męstwo; **≈ig** odważny, mężny; **≈los** upadły na duchu
mutmaßlich domniemany
Mutter *f* (-; ⸚) matka; *tech* (*pl -n*) nakrętka; ~ ***Gottes*** Matka Boska; **~gesellschaft** *f ekon* spółka macierzysta
mütterlich macierzyński (-ko, po -ku)
Mutter|mal *n* znamię; **~schaft** *f* macierzyństwo; **~schaftsurlaub** *m* urlop macierzyński; **~schutz** *m* ochrona matki pracującej; **~sprache** *f* język ojczysty; **~tag** *m* dzień *m* matki
Mutti F *f* (-; *-s*) mamusia
mutwillig umyślny; *praed* (na)umyślnie
Mütze *f* czapka; **~nschirm** *m* daszek
My'kose *f med, wet* grzybica
mysteri'ös tajemniczy (-czo)
Mythos *m* (-; *-then*) mit

N

na *int* no; ~ ***gut*** dobra; ~ ***und?*** no i cóż?; ~ ***also***, ~ ***bitte*** no proszę
Nabe *f* piasta
Nabel *m* pępek; **~schnur** *f* pępowina
nach *praep* (*D*) do (*G*), ku (*D*), w (*A*); (*Reihenfolge*) za (*I*), (*t. zeitlich*) po (*L*); (*gemäß*) podług, według (*G*); → ***Ansicht***; *adv* ~ ***und*** ~ stopniowo; ~ ***wie vor*** w dalszym ciągu, nadal
nachahm|en naśladować, imitować; **≈er(in** *f*) *m* naśladowca *m* (-czyni); **≈ung** *f* naśladowanie; imitacja
Nachbar *m* (*-n*/*-s*; *-n*) (**~in** *f*) sąsiad(ka); **~dorf** *n* sąsiednia wieś/wioska; **~land** *n* kraj ościenny; **≈lich** sąsiedzki
Nachbarschaft *f* sąsiedztwo; *zbior* sąsiedzi *m*/*pl*
nach|bessern naprawi(a)ć; dopracow(yw)ać; **~bestellen** zamawiać ⟨-mówić⟩ dodatkowo; **~bilden** ⟨s⟩kopiować; **≈bildung** *f* kopia; imitacja; **~blikken** (*D*) spoglądać ⟨spojrzeć⟩ (za *I*)
nach'dem *conj*: ~ ***er gegangen war*** po jego odejściu; ~ ***sie dieses Buch gelesen hatte*** przeczytawszy tę książkę; ***je*** ~ zależnie od okoliczności
nachdenken* (***über*** *A*) zadumać się, zastanawiać ⟨-nowić⟩ się (nad *I*)
nachdenklich zamyślony, zadumany
Nach|druck *m* (*-es*; *0*) nacisk; *drk* (*pl -e*) przedruk; ***mit*** ~ z naciskiem; **≈drücklich** wyraźny, stanowczy; **≈eifern** (*-e-*; *D*) starać się dorównać (*D*)
nachein'ander jeden/jedno po drugim, jedna po drugiej, po sobie; kolejno
nach|empfinden* (*D*) rozumieć (***Freude*** radość) (*G*); **~erzählen** streszczać ⟨streścić⟩ swoimi słowami; **≈fahre** *m* (*-n*) przodek; **~fahren*** (*sn*; *D*) ⟨po⟩jechać (za *I*); **≈feier** F *f* poprawiny *pl*
Nachfolge *f* następstwo; sukcesja; **≈n** (*D*) następować ⟨-tąpić⟩ (po *I*); → ***folgen***; **~d** dalszy; **~r(in** *f*) *m* następca *m* (-czyni); (*Erbe*) sukcesor(ka)
nach|forschen poszukiwać; badać, dochodzić; **≈forschung** *f* poszukiwanie; badanie, dochodzenie
Nach|frage *f* (*0*) *hdl* popyt; **≈fragen** (***bei j-m wegen***) informować się (u k-o w sprawie *G*); **≈fühlen** → ***nachempfinden***; **≈füllen** dopełni(a)ć; *w.zn.* dol(ew)ać, dosyp(yw)ać; **≈geben*** ustępować ⟨ustąpić⟩; *Brett*: uginać ⟨ugiąć⟩ się; **≈gehen*** → ***folgen***, ***untersuchen***; *e-r Arbeit* wykonywać (*A*), zajmować się (*I*); *Uhr*: późnić się; **~gebühr** *f* dopłata; **≈geordnet** niższego szczebla
Nachgeschmack *m* (*-es*; *0*) posmak
nach|giebig ustępliwy (-wie); **~gießen*** dol(ew)ać; **~haltig** trwały (-le); **~helfen*** (do)pomagać ⟨(do)pomóc⟩
nachher potem; F ***bis*** ~***!*** na razie!
Nachhilfe *f*: ~ ***bekommen*** brać korepetycje (***in Polnisch*** z polskiego)
nachhinein: ***im*** ~ później, po czasie
Nachhol|bedarf *m* niezaspokojona po-

trzeba; wzmożony popyt; **≈en** nadrabiać ⟨-robić⟩; ***Schlaf*** ~ odespać się *pf*
Nachkomm|e *m* (*-n*) potomek (-mkini); **≈en*** przychodzić ⟨przyjść⟩ później; *fig* (*D*) spełni(a)ć (*A*), wywiąz(yw)ać się (z *G*); **~enschaft** *f* (*0*) potomstwo
Nachkriegszeit *f* okres powojenny
Nach|laß *m* (*-sses*; *⸚sse*) spadek, spuścizna; *hdl* opust; **≈lassen*** *v/i* ⟨o⟩słabnąć; *Sturm*: ucichać, (*t. Regen*) ustawać; *Frost, Schmerz*: ⟨s⟩folgować; *Schüler itp.*: opuszczać ⟨opuścić⟩ się (w *L*); *Tempo*: zwolnieć *pf*; *v/t* opuszczać ⟨opuścić⟩ (***vom Preis*** z ceny)
nachlässig niedbały (-le); byle jak; **≈keit** *f* niedbalstwo, brak staranności
nach|laufen* (*D*) biegać, F latać (za *I*); **~legen** *v/t* dokładać ⟨dołożyć⟩ (*G*); **~lesen*** przeczytać *pf*; **~liefern** dostarczać ⟨-czyć⟩ dodatkowo/później; **~lösen** kupić *pf* później; dopłacać ⟨-cić⟩ (do biletu); **~machen** podrabiać ⟨-robić⟩; → ***nachahmen***
Nachmittag *m* popołudnie; **~s-** popołudniowy; ***am*** ~ → **≈s** po południu
Nachnahme *f*: ***gegen*** ~ za pobraniem; **~sendung** *f* przesyłka za zaliczeniem
Nach|name *m* nazwisko; **≈plappern** F bezmyślnie powtarzać; **≈prüfen** sprawdzać ⟨-dzić⟩; **≈rechnen** przeliczać ⟨-liczyć⟩ (jeszcze raz); **~rede** *f*: ***üble*** ~ pomówienie; **≈reichen** przedkładać ⟨przedłożyć⟩ później/dodatkowo
Nachricht *f* wiadomość *f*; informacja
Nachrichten *f/pl RTV* dziennik, wiadomości *f/pl*; **~agentur** *f* agencja prasowa; **~dienst** *m* służba wywiadowcza, wywiad; **~satellit** *m* satelita telekomunikacyjny; **~sprecher(in** *f*) *m* lektor(ka) dziennika, spiker(ka)
Nachrichtentechnik *f* telekomunikacja
Nach|ruf *m* nekrolog; **~rüstung** *f* (*0*) dozbrojenie; *tech* doposażenie
nach|sagen (***j-m A***) przypis(yw)ać (k-u *A*); → ***nachsprechen***; **~schenken** dol(ew)ać; **~schicken** → ***nachsenden***
Nachschlag *m* (*-ęs*; *0*) F repeta
nachschlage|n* (*im Buch*) sprawdzać ⟨-dzić⟩; **≈werk** *n* encyklopedia, leksykon, słownik
Nachschlüssel *m* dorobiony klucz
Nach|schub *m* (*-ęs*; *0*) dostawa; **~schuß** *m sport* dobitka; **≈sehen*** *v/i* (*j-m*) ⟨po⟩patrzeć (za *I*); *v/t* sprawdzać ⟨-dzić⟩; (***j-m*** *etw*) pobłażać (k-u w *L*)
Nachsehen *n*: ***das*** ~ ***haben*** pozostać z niczym
nach|senden* dos(y)łać; **≈sicht** *f* (*0*) pobłażliwość *f*; **~sichtig** wyrozumiały (-le), pobłażliwy (-wie)
nachsitzen*: ~ ***müssen*** za karę pozosta(wa)ć po lekcjach w szkole
Nach|speise *f* deser; **~spiel** *n* epilog
nachspielen ⟨za⟩grać ze słuchu; ~ ***lassen*** *sport* zarządzić *pf* dogrywkę
nachsprechen* (*D*) powtarzać (za *I*)
nächst najbliższy; (*folgend*) następny; ***im*** **~*en Jahr*** na przyszły rok; ***am*** **~*en Tag*** następnego dnia; *adv* ***am*** **~*en*** najbliżej; *praep* (*D*) tuż przy (*L*), obok (*G*); **~beste** pierwszy lepszy; **≈e(r)** bliźni *m*
nachstehen*(*t. sn*): ***nicht*** ~ (***j-m in*** *D*) dorównywać (k-u w *L*); **~d** poniższy
nachstellen *v/t* nastawi(a)ć; *Uhr* cofać ⟨cofnąć⟩; *v/i* (*D*) → ***jagen***; (*e-r Frau*) nadskakiwać (*D*)
Nächstenliebe *f* miłość *f* bliźniego
nächst|ens wkrótce; **~gelegen** najbliższy; **~höher-** wyższy; wyższego stopnia
nachsuchen (***um***) ⟨po⟩prosić (o *A*)
Nacht *f* (-; *⸚e*) noc *f*; ***bei*** ~ w nocy; ***gute*** **~*!*** dobranoc!; ***über*** ~ na/przez noc; ~ ***für*** ~ noc w noc; **~arbeit** *f* praca nocna
Nachtdienst *m* dyżur nocny
Nachtblindheit *f* ślepota zmierzchowa
Nachteil *m* niekorzyść *f*, uszczerbek; ***zum*** ~ (***von***) na szkodę/niekorzyść (*G*)
nachteilig niekorzystny, ujemny
Nacht|fahrt *f* jazda nocą/nocna; **~falter** *m* ćma; **~frost** *m* przymrozek nocny
Nachthemd *n* koszula nocna
Nachtigall *f* (-; *-en*) słowik
Nachtisch *m* deser; ***zum*** ~ na deser
Nacht|klub *m*, **~lokal** *n* nocny lokal; **~quartier** *n* kwatera na noc, nocleg
Nach|trag *m* (*-ęs*; *⸚e*) uzupełnienie; suplement; **≈tragen*** (*ergänzen*) uzupełni(a)ć; *fig* (***j-m A***) mieć urazę (do k-o o, za *A*); **~d** pamiętliwy; **≈träglich** dodatkowy (-wo); później(szy); **~*e Glückwünsche*** spóźnione życzenia; **≈trauern** (*D*) płakać (po *L*), żałować (*G*)
Nachtruhe *f* nocny spoczynek
nachts w noc(y), nocą, po nocach
Nacht|schicht *f* nocna zmiana; **~tisch** *m* szafka nocna; **~topf** *m* nocnik; **~tresor** *m* nocny safe; **~wächter** *m* stróż nocny
Nach|untersuchung *f* badanie kontrol-

N

ne; 2**wachsen*** odrastać ⟨-rosnąć⟩; **~wahl** *f* wybory *m/pl* uzupełniające
Nachweis *m* (*-es*; *-e*) wykrycie; (*Beweis*) dowód; *pl t.* dokumenty *m/pl*; 2**bar** sprawdzalny, dający się udowodnić; *Stoff itp.*: wykrywalny; 2**en*** stwierdzać ⟨-dzić⟩; udokumentować *pf*; → ***beweisen***; 2**lich** poparty dowodami
Nach|welt *f* (*0*) potomność *f*; **~wirkung** *f* następstwo; **~wort** *n* (*-ęs*; *-e*) posłowie; **~wuchs** *m* potomstwo, dzieci *n/pl*, F małe *pl*; młoda kadra, F narybek
nach|zahlen dopłacać ⟨-cić⟩; **~zählen** przeliczać ⟨-czyć⟩; 2**zahlung** *f* dopłata; (*Lohn*) wyrównanie; **~ziehen*** *v/t Bein* powłóczyć (*I*); *Linie* wyciągnąć *pf* (***mit*** *I*); *Schraube* dociągać ⟨-gnąć⟩; 2**zügler** *m* F spóźnialski (-ka), maruder
Nacken *m* kark(owy *w zł.*)
nackt nagi (-go), goły (-ło) (*t. fig*); ***sich ~ ausziehen*** rozebrać się do naga; 2**badestrand** *m* plaża dla nudystów
Nacktheit *f* (*0*) nagość *f*, golizna
Nadel *f* (-; *-n*) igła (*t. bot*), *dim* igiełka; (*Stecknadel*) szpilka; ***~n*** *pl bot zbior* igliwie; **~baum** *m* drzewo iglaste; **~drucker** *m* drukarka igłowa; **~stich** *m* ukłucie igłą/szpilką; *fig* szpilka; **~streifen** *m włók* jodełka; *w zł.* ... w jodełkę
Nagel *m* (*-s*; *⸚*) gwóźdź *m*; *anat* paznokieć *m*; **~feile** *f* pilniczek do paznokci
Nagelkopf *m* główka gwoździa
Nagellack *m* lakier do paznokci; **~entferner** *m* zmywacz do paznokci
nagel|n (*-le*) przybi(ja)ć gwoździami (***an*** *A* do *G*); **~neu** nowiutki, jak z igły
Nagelschere *f* nożyczki *pl* do paznokci
nagen (***an*** *D*) obgryzać, (*t. fig*) gryźć (*A*)
Nage|r *m*, **~tier** *n* gryzoń *m*
nah → ***nahe***; 2**aufnahme** *f* zbliżenie
nahe (*⸚er*, *nächst*) bliski (-ko); ***~ sein*** (*D*) być bliskim (*G*); *j-m* ***zu ~ treten*** urazić (*A*); ***~ an*** (*D*) = *praep* (*D*) blisko (*G*)
Nähe *f* (*0*) bliskość *f*; ***aus der ~*** z bliska; ***in der ~*** w pobliżu, nie opodal
nahe|gehen* (*D*) ⟨z⟩martwić (*A*); **~kommen*** (***sich***) zbliżać ⟨-żyć⟩ się (*D* do *G*); **~legen** zalecać ⟨-cić⟩; **~liegen*** nasuwać się; ***~d*** zrozumiały
nahen (*sn*) zbliżać się
näh|en ⟨u⟩szyć (*impf t. v/i*); *Loch*, *Wunde* zaszy(wa)ć; 2**en** *n* (*-s*; *0*) szycie
näher *comp* bliższy (bliżej); ***nichts*** 2***es*** żadnych bliższych szczegółów
Naherholungsgebiet *n* (pobliski) teren rekreacyjny
Näherin *f* szwaczka; *w.zn.* maszyniarka
näherkommmen*: ***sich ~*** → ***nahekommen***
nähern (*-re*): ***sich ~*** (*D*) przybliżać, zbliżać ⟨-bliżyć⟩ się (do *G*)
nahestehen* (*t. sn*; *D*) być w zażyłych stosunkach (z *I*); sympatyzować (z *I*); ***~d*** blisko stojący
nahezu [*t.* -'tsu] prawie, niemal
Nähgarn *n* nici *f/pl* do szycia
nahm, **nähme** → ***nehmen***
Nähmaschine *f* maszyna do szycia
Nähr|boden *m* pożywka; 2**en** żywić
nahrhaft pożywny
Nährstoff *m* składnik odżywczy
Nahrung *f* (*0*) pożywienie, (*t. fig*) pokarm; (*für Tiere t.*) karma
Nahrungs|aufnahme *f* (*0*) przyjmowanie pokarmu; **~mittel** *n* środek żywnościowy; **~zufuhr** *f* (*0*) odżywianie
Nährwert *m* (*-ęs*; *0*) wartość odżywcza
Naht *f* (-; *⸚e*) szew; *kraw t.* ścieg; 2**los** bezszwowy; **~stelle** *f* punkt styku
Nahverkehr *m* komunikacja miejscowa/miejska; ruch lokalny/podmiejski
Nähzeug *n* przybory *m/pl* do szycia
na'iv naiwny; 2**i'tät** *f* (*0*) naiwność *f*
Name *m* (*-ns*; *-n*) nazwa; nazwisko; → ***Vorname***; ***dem ~n nach*** z nazwiska; ***im ~n*** w imieniu (*G*); ***beim ~n*** po imieniu
namenlos bezimienny; anonimowy
namens *adv* o nazwie; *os.* nazwiskiem, o nazwisku; *praep* (*G*) w imieniu (*G*)
Namens|schild *n* (*pl -er*) tabliczka z nazwiskiem; **~tag** *m* imieniny *pl*
nam|entlich imienny (po imieniu); *adv* zwłaszcza; **~haft** znany, wybitny
nämlich (a) mianowicie; (*denn*) bowiem
nannte → ***nennen***
na'nu! *int* popatrz(cie) no!, no, no!
Napf *m* (*-ęs*; *⸚e*) miska
Narb|e *f* blizna; 2**ig** pokryty bliznami
Nar'ko|se *f* narkoza; **~tikum** *n* (*-s*; *-ka*) narkotyk; 2**ti'sieren** (-) narkotyzować
Narr *m* (*-en*) błazen (*t. pej*)
Narrenfreiheit *f* (*0*) pełna swoboda
narrensicher F niezawodny
Närr|in *f* głupia, wariatka; 2**isch** błazeński (-ko); ***~ sein*** wariować (***vor*** z *G*)
nasch|en łasować; (***an*** *D*) ⟨s⟩próbować (*G*); **~haft** łakomy, łasy
Nase *f* nos; F ***vor der ~*** sprzed nosa; ***pro***

N

~ od łebka; ***die ~ voll haben*** (***von***) mieć po dziurki w nosie (*G*)
Nasen|bein *n* kość nosowa; **~bluten** *n* krwawienie z nosa; **~loch** *n* nozdrze; **~spitze** *f* czubek/koniuszek nosa
naseweis przemądrzały
Nashorn *n* nosorożec
naß (*-sser/ⁿsser*, *-ssest-/ⁿssest-*) mokry (-ro); ~ ***machen*** ⟨na⟩moczyć; ~ ***werden*** ⟨prze-, z⟩moknąć
Nässe *f* (*0*) wilgoć *f*; **2n** (*-ßt*) *med* sączyć
naßkalt wilgotny i zimny
Naßrasur *f* golenie na mokro
Nati'on *f* nacja, naród
natio'nal narodowy; **2feiertag** *m* święto narodowe; **2hymne** *f* hymn narodowy
Nationa'lismus *m* (-; *0*) nacjonalizm
Nationali'tät *f* narodowość *f*
Natio'nal|mannschaft *f* kadra narodowa; **~park** *m* park narodowy
Natrium *n* (*-s*; *0*) sód; *w zł.* sodowy, sodu
Natron *n* (*-s*; *0*) soda oczyszczona
Natter *f* (-; *-n*) wąż; (*giftig*, *t. fig*) żmija
Na'tur *f* przyroda; (*Wesen*) natura; ***von ~ aus*** z natury; **2belassen** naturalny
Na'tur|denkmal *n* zabytek przyrody; **~erscheinung** *f* zjawisko przyrody
Na'turforscher(in *f*) *m* przyrodnik
na'tur|gemäß naturalny; **~getreu** wierny; **2heilkunde** *f* medycyna naturalna
Na'tur|katastrophe *f* klęska żywiołowa; **~kost** *f* żywność czysta ekologicznie
na'türlich naturalny; ***~e Person*** osoba fizyczna; **2keit** *f* (*0*) naturalność *f*
Na'tur|park *m* rezerwat przyrody; **2rein** naturalny; **~schätze** *m/pl* bogactwa *n/pl* naturalne; **~schutz** *m* ochrona przyrody; **~schützer** *m* ochroniarz; **~wissenschaften** *f/pl* nauki *f/pl* przyrodnicze; **~zustand** *m* stan naturalny
Navigati'ons- nawigacyjny
Nazi *m* (*-s*; *-s*) *pej* nazista *m*, hitlerowiec
Nebel *m* mgła; *astr* mgławica; **2haft** mglisty (-to); **2ig** → ***neblig***; **~scheinwerfer** *m* reflektor przeciwmgłowy
neben *praep* (*A*, *D*) obok (*G*), przy (*L*); (*außer*) oprócz (*G*), poza (*I*); **~'an** obok
Neben|ausgaben *f/pl* wydatki *m/pl* dodatkowe/uboczne; **2'bei** dodatkowo, ubocznie; ~ ***gesagt*** nawiasem mówiąc
Nebenbeschäftigung *f* zajęcie uboczne
neben|ein'ander jeden (-no) obok drugiego/przy drugim, jedna obok/przy drugiej, obok siebie; **2einkünfte** *f/pl* dochody *m/pl* uboczne; **2fluß** *m* dopływ; **2gebäude** *n* budynek przyległy
Nebengedanke *m* myśl uboczna
neben'her obok; **~gehen*** iść obok
Neben|kläger(in *f*) *m* oskarżyciel posiłkowy; **~kosten** *pl* koszty *m/pl* uboczne; **~niere** *f* nadnercze; **~produkt** *n* produkt uboczny; **~rolle** *f* rola epizodyczna; **~sache** *f* rzecz uboczna, sprawa marginalna; **2sächlich** nieważny, poboczny; **~satz** *m gr* zdanie poboczne
Nebenstraße *f* droga/ulica boczna
Neben|wirkung *f* działanie uboczne; **~zimmer** *n* przyległy/sąsiedni pokój
neblig mglisty (-to, -ście)
necken *v/t* przekomarzać się (z *I*)
neckisch filuterny, figlarny
Neffe *m* (*-n*) bratanek; siostrzeniec
nega|tiv ujemny; (*ungünstig t.*) negatywny; **2tiv** *n* (*-s*; *-e*) negatyw
Neger *m* Murzyn; *w zł.* murzyński
Negerin *f* Murzynka
nehmen* brać ⟨wziąć⟩; *Arznei* zaży(wa)ć; ***zu sich*** ~ (*essen*) spoży(wa)ć; (*trinken*) wypić *pf*, napić się *pf* (*G*); → ***an-***, ***heraus-***, ***wegnehmen***, **Platz** *itd.*
Nehrung *f* mierzeja
Neid *m* (*-ęs*; *0*) zazdrość *f*, zawiść *f*
neidisch zazdrosny (-śnie), zawistny
Neige *f*: ***zur ~ gehen*** kończyć się
neigen pochylać ⟨-lić⟩, (*t. fig*) chylić (***sich*** się); *v/i* (***zu***) być skłonnym (do *G*)
Neigung *f* pochylenie; *fig* skłonność *f*; → ***Gefälle***
nein nie; **2stimme** *f* głos przeciw
Nekta'rine *f* nektaryn(k)a
Nelke *f* goździk(owy *w zł.*)
nennen* naz(y)wać (***beim Namen*** po imieniu; ***e-n Dummkopf*** głupcem); (*anführen*) wymieni(a)ć; ***sich*** ~ naz(y)wać się; → ***bezeichnen***
nennenswert godny wzmianki
Nenn|er *m mat* mianownik; **~ung** *f* nazwanie; wymienienie; *sport* zgłoszenie; **~wert** *m* wartość nominalna, nominał
neo-, **Neo-** neo-
Neon *n* (*-s*; *0*) neon(owy *w zł.*)
Neon|lampe *f*, **~röhre** *f* neonówka
neppen F nab(ie)rać (naiwnych)
Nerv *m* (*-s*; *-en*) nerw; ***auf die ~en fallen*** (*D*) → **2en** *v/t* F działać na nerwy (*D*)
Nerven|belastung *f* (*0*) stres nerwowy; **~heilanstalt** *f* szpital dla nerwowo i psychicznie chorych; **~kitzel** F *m* dre-

N

szczyk; ≈**krank** nerwowo chory; **~krieg** *m* wojna nerwów; **~säge** F *f* piła; **~system** *n* układ nerwowy; **~zusammenbruch** *m* załamanie nerwowe
nervlich nerwowy
ner|'vös nerwowy (-wo); ≈**vosi'tät** *f* (*0*) nerwowość *f*; zdenerwowanie
Nerz *m* (*-es*; *-e*) norka; *w zł.* ... z norek
Nesselfieber *n* pokrzywka
Nest *n* (*-ęs*; *-er*) gniazdo; *pej* dziura
nett miły (-ło, -le); *iron* ładny; ***sehr ~ von dir*** bardzo miło z twej strony
netto, **Netto-** netto
Netz *n* (*-es*; *-e*) sieć *f*, siatka; **~anschluß** *m el* przyłączenie do sieci; **~haut** *f* siatkówka; **~spannung** *f el* napięcie sieci; **~teil** *m el* zasilacz; **~werk** *n* sieć *f*
neu nowy (-wo); *adv* (*anders*) po nowemu; ***aufs ~e, von ~em*** od nowa, na nowo; ***~eren Datums*** nowszy; ***was gibt es ≈es?*** co nowego?; **~artig** nowy, nowego rodzaju
Neubau *m* (*-ęs*; *-ten*) nowy dom/budynek; (*0*) nowe budownictwo; **~wohnung** *f* mieszkanie w nowym bloku
neuerdings ostatnio, niedawno
Neuerscheinung *f* nowość (literacka)
Neuerung *f* innowacja
neueste najnowszy; ***die ~n Nachrichten*** najświeższe wiadomości *f/pl*
Neu|geborene(s) noworodek; **~gestaltung** *f* reorganizacja; **~gier** *f* (*0*) ciekawość *f*; ≈**gierig** ciekawy (-wie); ***~ sein auf*** (*A*) być ciekawym (*G*); **~heit** *f* nowość *f*; (*Novum t.*) nowinka
Neuigkeit *f* nowina, F nowinka
Neujahr *n* (*-ęs*; *0*) Nowy Rok; ***zu ~*** na Nowy Rok; ***prosit ~!*** do siego roku!; **~s-** noworoczny
Neu|land *n* (*-ęs*; *0*) *fig* terra incognita, coś nowego; ≈**lich** niedawno; **~ling** *m* (*-s*; *-e*) nowicjusz(ka); ≈**modisch** nowomodny; **~mond** *m* nów
neun dziewięć, dziewięcioro, *m-os* dziewięciu; → *str. 610*
Neun *f* dziewiątka; ≈**hundert(ste)** → *str. 610*; ≈**jährig** dziewięcioletni
neunmalklug F przemądrzały
neun|te dziewiąty; **~zehn(te)**, **~zig(ste)** → *str. 610 (611)*
neu'ralgisch newralgiczny
neureich nowobogacki
Neu|ro'loge *m* (*-n*) (**-gin** *f*) neurolog; **~'rose** *f* nerwica; ≈**'rotisch** nerwicowy

neu'tral neutralny; *chem t.* obojętny
neutrali'sieren (-) ⟨z⟩neutralizować
Neutrali'tät *f* (*0*) neutralność *f*
Neuwahlen *f/pl* nowe wybory *m/pl*
Neu|wert *m* (*-ęs*; *0*) pełna wartość (w momencie kupna); ≈**wertig** prawie/jak nowy; ≈**zeitlich** nowożytny
nicht nie; ***~ ganz*** niezupełnie; ***~ viel*** niewiele; ***~ so bald*** nieprędko; ***~ auszuhalten*** nie do wytrzymania; ***~?*** no nie?
Nicht|- nie-; **~beachtung** *f* nieprzestrzeganie; **~bezahlung** *f* niezapłacenie
Nichte *f* bratanica; siostrzenica
Nichterfüllung *f* niewypełnienie
Nichterscheinen *n* niestawiennictwo
nichtig błahy; *jur* nieważny; ***null und ~*** niebyły i nieważny; ***für ~ erklären*** unieważni(a)ć; ≈**keit** *f* błahostka
Nichtraucher(in *f*) *m* niepalący (-ca)
nichts nic; ***für ~*** za nic; ***zu ~*** do niczego; ***so gut wie ~*** tyle co nic; ***das macht ~*** (to) nic nie szkodzi; *poln. Verben immer verneint*: ***~ zu sehen*** nic nie widać
Nichts *n* (*idkl*) nic *n*; ***aus dem ~*** z niczego
Nichtschwimmer(in *f*) *m*: ***ich bin ~*** ja nie umiem pływać
nichts|desto'weniger niemniej, mimo to; **~sagend** nic nie mówiący; ≈**tuer** *m* nierób; ≈**tun** *n* (*-s*; *0*) bezczynność *f*
Nichtzutreffendes: ***~ streichen*** niepotrzebne skreślić
Nickel *n* (*-s*; *0*) nikiel; *w zł.* niklowy
nicken kiwać ⟨-wnąć⟩, skinąć *pf* głową; (*bejahend*) przytakiwać ⟨-knąć⟩
Nickerchen F *n* drzemka
nie nigdy; ***~ mehr/wieder*** nigdy więcej
nieder *adv* na/w dół; ***~ mit ...!*** precz z (*I*)!; *adj* niski; **~brennen*** spalić *pf* (*v/i*, *sn* się); **~drücken** *v/t* naciskać ⟨-snąć⟩
Niedergang *m* (*-s*; *0*) *fig* upadek
niedergehen* *Regen*: padać, spaść *pf*; *Vorhang*: zapadać ⟨-paść⟩; *Lawine*: schodzić ⟨zejść⟩
niedergeschlagen przygnębiony
Niederlage *f* porażka
Niederländer(in *f*) *m* Holender(ka)
niederländisch niderlandzki
niederlass|en* opuszczać ⟨opuścić⟩; ***sich ~*** siadać ⟨usiąść⟩ (***auf*** *A*, *D* na *I*); osiadać ⟨osiąść⟩ (***auf dem Land*** na wsi; ***als*** jako); ≈**ung** *f* osiedlenie się; otwarcie (***als Arzt*** praktyki lekarskiej); (*Filiale*) oddział, ekspozytura
nieder|legen* kłaść ⟨położyć⟩; *Waffe*,

N

Kranz składać ⟨złożyć⟩; *Amt* zrezygnować *pf* (z *G*); **~reißen*** ⟨z⟩burzyć; **~schießen*** ciężko ranić; zastrzelić *pf*
Niederschlag *m chem* osad; *meteo zw. pl* opady *m/pl*; *fig* wyraz; **Ձen*** powalić *pf* (uderzeniem); *Aufstand* stłumić *pf*; *Verfahren* umarzać ⟨umorzyć⟩; ***sich*** ~ osiadać ⟨osiąść⟩; *fig* znaleźć wyraz
nieder|schreiben* spis(yw)ać; **Ձschrift** *f* zapis(anie); protokół; **~stechen*** zakłuć *pf*; ciężko ranić nożem; **~stimmen** przegłosować *pf*; **~trächtig** nikczemny
Niederung *f geogr* nizina
niederwerfen* → ***niederschlagen***
niedlich śliczny, miluchny
niedrig niski (-ko) (*t. fig*); *Zahl*: mały; **~er** niższy (niżej); **~st-** najniższy
niemals nigdy (***zuvor*** przedtem)
niemand nikt; ***es ist ~ hier*** tu nie ma nikogo; **~em** nikomu
Niemandsland *n* (*-s*; *0*) ziemia niczyja
Niere *f* nerka; *zoo* cynadra
Nieren|kolik *f* kolka nerkowa; **~transplantation** *f* transplantacja nerki
niesel|n (*-le*): ***es nieselt*** siąpi, mży; **Ձregen** *m* mżawka, F kapuśniaczek
niesen kichać, kichnąć *v/s*
Niet *m* (*-ęs*; *-e*) nit; **~e** *f* pusty los; *fig pej* fajtłapa *f/m*, zero; **Ձen** (*-e-*) nitować
niko'tin|arm niskonikotynowy; **Ձvergiftung** *f* zatrucie nikotyną
Nilpferd *n* hipopotam
nimm → ***nehmen***
nimmer: ***nie und ~*** (nigdy) przenigdy
nippen (***an*** *D*) upi(ja)ć (łyk) (*G*)
Nippes F *pl* bibeloty *m/pl*
nirgend|s, **~wo** nigdzie; **~woher** znikąd
Nische *f* wnęka, nisza
nisten (*-e-*) gnieździć się
Ni'trat *n* (*-s*; *-e*) azotan
Ni'tritpökelsalz *n* (*-es*; *0*) sól peklująca z azotynem
Niveau [-'vo:] *n* (*-s*; *-s*) poziom
Nixe *f* nimfa wodna, rusałka
No'belpreis *m* nagroda Nobla
noch jeszcze; ***~ und ~*** bez liku, co niemiara; → ***weder***; **~mals** jeszcze raz
Nockenwelle *f mot* wał(ek) rozrządu
Nockerl Ⓐ *n* (*-s*; *-n*) kluska
No'made *m* (*-n*) koczownik; **~n-** koczowniczy
Nomi|'nal-, **Ձ'nell** nominalny
nomi'nieren (-) wystawi(a)ć (***für*** na *A*)
Nonne *f* zakonnica, mniszka
Nonnenkloster *n* klasztor żeński
Non'stopflug *m* lot nonstop
Nord|- *w zł.* północny; **Ձdeutsch** północnoniemiecki; **~en** *m* (*-s*; *0*) północ *f*; ***im/von ~*** na/z północy; **Ձisch** nordycki
nördlich północny; na północ (*G*, ***von*** od *G*); ***weiter ~*** dalej na północ(y)
Nord|osten *m* północny wschód; **~pol** *m* biegun północny; **~seite** *f* strona północna; **~westen** *m* północny zachód
Nordwind *m* wiatr północny
nörgeln (*-le*) zrzędzić (***über*** *A* na *A*)
Nörgler(in *f*) *m* malkontent(ka); zrzęda
Norm *f* norma; normatyw
nor'mal normalny; **Ձbenzin** *n* benzyna niskooktanowa; **~erweise** normalnie
normali'sier|en (-) normalizować (***sich*** się); **Ձung** *f* (*0*) normalizacja
Nor'malverbraucher *m* zwykły/przeciętny zjadacz chleba
normen ⟨z⟩normalizować, normować
Normung *f* normalizacja, normowanie
Norweg|er *m* Norweg; **~erin** *f* Norweżka; **Ձisch** norweski (po -ku)
Nostal'gie *f* (*0*) nostalgia
not: ***... tut ~*** trzeba ..., konieczne jest ...
Not *f* (*0*) nędza, bieda; ***~ leiden*** cierpieć nędzę; ***zur ~*** od biedy; (*pl* ⁓*e*) kłopot
No'tar(in *f*) *m* notariusz
notari'ell notarialny
Notarzt *m* lekarz pogotowia ratunkowego; **~wagen** *m* ambulans pogotowia ratunkowego
Not|aufnahme *f med* oddział pierwszej pomocy; **~ausgang** *m* wyjście zapasowe; **~behelf** *m* (*-ęs*; *0*): ***als ~*** z braku czegoś lepszego; **~bremse** *f kolej* hamulec bezpieczeństwa
notdürftig prowizoryczny, byle jak
Note[1] *f muz*, *fig* nuta; ***nach ~en*** z nut
Note[2] *f* (*Schule*) stopień *m*; *pol* nota
Notenbank *f* bank emisyjny
Notenpapier *n* papier nutowy
Notenschlüssel *m muz* klucz
Notfall *m* nagły przypadek; **Ձs** w razie koniecznej potrzeby, w ostateczności
notgedrungen *adv* z konieczności
no'tieren (-) ⟨za⟩notować
No'tierung *f fin* notowanie
nötig potrzebny; ***~ haben*** (*A*) potrzebować (*G*); ***es ist ~*** trzeba; **~en** przymuszać, zmuszać ⟨-musić⟩ (***zu*** do *G*)
Nötigung *f* zmuszanie, zmuszenie
No'tiz *f* notatka; (*in d. Zeitung*) wzmian-

N

ka; **~block** *m* notatnik; **~buch** *n* notes
Not|lage *f* ciężka/trudna sytuacja; **~landung** *f* lądowanie przymusowe; **Ƨleidend** cierpiący nędzę; **~lösung** *f* rozwiązanie tymczasowe; **~ruf** *m* wywołanie alarmowe; numer alarmowy; **~rufsäule** *f* telefon awaryjny; **~stand** *m* stan wyższej konieczności; **~standsgebiet** *n* obszar dotknięty klęską żywiołową; **~verband** *m* opatrunek prowizoryczny; **~wehr** *f* obrona konieczna
notwendig konieczny, niezbędny; → ***nötig***; **Ƨkeit** *f* (*0*) konieczność *f*
No'vember *m* listopad(owy *w zł.*)
Nu: ***im ~*** w mig
Nuance [ny'ɑ̃:sə] *f* niuans, odcień *m*
nüchtern (*nicht betrunken, fig*) trzeźwy (-wo); czczy; ***auf ~en Magen*** na czczo
Nudel|n *f/pl* makaron, kluski *f/pl*; **~suppe** *f* rosół z makaronem/kluskami
nukle'ar jądrowy, nuklearny
null zero; ***zwei zu ~*** dwa do zera
Null *f* zero; **~punkt** *m* punkt zerowy
Nulltarif *m*: ***zum ~*** bezpłatnie
Nullwachstum *n* wzrost zerowy
nume'rieren (-) ⟨po⟩numerować
Numerus clausus ['kl-] *m* (-; *0*) ograniczenie dostępu (do wyższej uczelni)
Nummer *f* (-; *-n*) numer; **~nschild** *m mot* tablica rejestracyjna
nun teraz; (*also*) więc; ***von ~ an*** odtąd, od chwili obecnej; ***was ~?*** (i) co teraz?; ***~ gut*** a więc (dobrze)
nur tylko; ***~ Mut!*** odwagi!; → ***bloß***
Nuß *f* (-; *⸚sse*) orzech(owy *w zł.*)
Nußbaum *m* orzech
Nußknacker *m* dziadek do orzechów
Nüstern *f/pl* chrapy *f/pl*
Nutte P *f pej* dziwka, V kurwa
Nutz|- *zw.* użytkowy; **Ƨbar** użyteczny; ***~ machen → nutzen***; **Ƨbringend** *praed* z pożytkiem; korzystnie; → ***nützlich***
nütze: ***zu nichts ~*** do niczego, na nic
nutzen, nützen (*-zt*) *v/t* wykorzyst(y-w)ać, spożytkować *pf* (**zu** na *A*, do *G*); *v/i* (*D*) być korzystnym (dla *G*); ***es nutzt nichts*** nie ma po co
Nutzen *m* (*-s*; *0*) korzyść *f*, pożytek
nützlich pożyteczny, użyteczny; ***sich ~ machen*** pomagać ⟨-móc⟩
nutz|los bezużyteczny; (*sinnlos*) daremny; **Ƨnießer(in** *f*) *m*: ***~ sein*** (*G*) mieć korzyść (z *G*); **Ƨung** *f* użytkowanie
Nylon ['naɪ-] *n* (*-s*; *0*) nylon(owy *w zł.*)

O

O'ase *f* oaza (***in der Wüste*** na pustyni)
ob *conj* czy; ***als ~*** jak gdyby, niby; F ***und ~!*** jeszcze jak!, naturalnie!
Obacht *f*: ***~ geben*** uważać, baczyć
Obdach *n* (*-es*; *0*) schronienie; **Ƨlos** bezdomny; **~losen-** ... dla bezdomnych
Obdukti'on *f* obdukcja, sekcja zwłok
oben *adv* na/w górze, u góry; (*weiter vorn*) wyżej; ***nach ~*** do góry, na/w górę; ***von ~*** z góry; F ***~ ohne*** w toplesie; → **'~'an** na pierwszym miejscu; **~'auf** F na (samym) wierzchu; **~'drein** w dodatku
obengenannt wyżej wymieniony
Ober *m*: ***Herr ~!*** panie starszy!
Ober|arm *m* ramię; **~arzt** *m* ordynator; **~bekleidung** *f* odzież wierzchnia; **~bürgermeister(in** *f*) *m* nadburmistrz
Oberdeck *n* pokład górny/główny
obere górny; wierzchni; *fig* starszy; ***die Ƨn*** *zbior* starszyzna
Oberfläch|e *f* powierzchnia; **~n-** powierzchniowy; **Ƨlich** powierzchnowny
Ober|förster *m* nadleśniczy; **~geschoß** *n* piętro; **~grenze** *f* górna granica; **Ƨhalb** *praep* (*G*) nad (*I*), powyżej (*G*); **~haupt** *n* głowa; **~hemd** *n* koszula; **~in** *f* przeorysza, matka przełożona
oberirdisch nadziemny (nad ziemią)
Ober|kellner *m* starszy kelner; **~kiefer** *m* (górna) szczęka; **~kommando** *n* naczelne dowództwo; **~kommissar(in** *f*) *m* nadkomisarz
Ober|körper *m* górna część ciała; **~licht** *n* świetlik; **~lippe** *f* warga górna
Oberschenkel *m* udo; **~hals** *m* szyjka kości udowej

Ober|schicht *f fig* warstwa uprzywilejowana; **~schule** *f* gimnazjum *n*; **~schwester** *f* siostra przełożona; **~seite** *f* górna powierzchnia, wierzch
Oberst *m* (*-en*/*-s*; *-en*/*-e*) pułkownik
oberste górny; *fig* najwyższy, naczelny
Ober|stufe *f zbior* trzy ostatnie klasy gimnazjum; **~teil** *m*/*n* górna część
Oberweite *f* obwód gorsu
obgleich aczkolwiek, chociaż
Obhut *f* (*0*) piecza; ***in s-e ~ nehmen*** otoczyć pieczą, mieć w swojej pieczy
obig powyższy, wyżej wymieniony
Ob'jek|t *n* (*-es*; *-e*) obiekt; *gr t.* dopełnienie; **♀'tiv** obiektywny; **~'tiv** *n* (*-s*; *-e*) obiektyw; **~tivi'tät** *f* (*0*) obiektywność *f*
Oblate *f* opłatek
Obliga|ti'on *f* obligacja; **♀'torisch** obligatoryjny, obowiązkowy (-wo)
O'boe *f* obój
Obrigkeit *f* (*0*) władze *f*/*pl*, rząd
ob'schon aczkolwiek, chociaż
Obser|va'torium *n* (*-s*; *-ien*) obserwatorium *n*; **♀'vieren** (-) śledzić, inwigilować; **~'vierung** *f* inwigilacja
ob'siegen (-) zwyciężać ⟨-żyć⟩
Obst *n* (*-es*; *0*) *zbior* owoce *m*/*pl*; **~baum** *m* drzewo owocowe; **~garten** *m* sad, ogród owocowy; **~saft** *m* sok owocowy; **~wein** *m* wino owocowe, *gw* żur
ob'szön obsceniczny, sprośny
Obus *m* trolejbus
ob'wohl chociaż, choć, mimo że
Ochse *m* (*-n*) wół; *pej* tuman, cep; **~nschwanzsuppe** *f* zupa ogonowa
ockergelb koloru ochry
öde pusty (-to); (*langweilig*) nudny
Öde *f* (*0*) pustkowie; *fig* pustka; nudy *pl*
Ödem *n* (*-s*; *-e*) *med* obrzęk
oder albo, lub, bądź; ***~?*** czy nie?
Ödland *n* (*-es*; *0*) nieużytki *m*/*pl*
Ofen *m* (*-s*; *⸚*) piec; **♀frisch** świeży
Ofenheizung *f* ogrzewanie piecowe
offen otwarty (*t. fig*; ***für*** na *A*); *praed fig* otwarcie; ***~ gesagt*** szczerze mówiąc; ***~es Feuer*** ognisko
offen'bar oczywisty; *adv* widocznie; **~en** (-) wyjawi(a)ć; ***sich ~*** (***als***) okazać się *pf* (*I*); **♀ung** *f* objawienie
offen|bleiben* pozosta(wa)ć otwartym; **~halten*** nie zamykać; *fig* mieć w rezerwie; **♀heit** *f* (*0*) otwartość *f*; **'~'kundig** oczywisty; **~lassen*** (po)zostawi(a)ć otwartym; **~legen** ujawni(a)ć; **'~'sichtlich** widoczny, ewidentny
offen'siv ofensywny; **♀e** *f* ofensywa
offenstehen* (*t. sn*) stać otworem (*t. fig D* przed *I*); **~d** otwarty; *Hemd*: rozpięty; *Rechnung*: nie zapłacony
öffentlich publiczny; ***~er Dienst*** organy *m*/*pl* administracji publicznej, F budżetówka; **♀keit** *f* (*0*) ogół, społeczeństwo, publiczność *f*; (*Offenheit*) jawność *f*; ***in der ~*** na publicznym widoku
öffentlich-rechtlich publiczno-prawny
Of'ferte *f* oferta
offizi'ell oficjalny; → ***amtlich***
Offi'zier *m* (*-s*; *-e*) oficer; **~s-** oficerski
öffn|en (*-e-*) otwierać ⟨otworzyć⟩ (***sich*** się); **♀er** *m* otwieracz
Öffnung *f* otwarcie; (*Loch*) otwór
oft (*⸚er*; *⸚est-*) często; ***~ genug*** stale
öfter *comp* częściej; ***des ~en*** → **~s, oftmals** często, kilkakrotnie
ohne *praep* (*A*) bez (*G*); *conj* ***~ zu*** nie (+ *Adverbialpartizip*), *np.*: ***~ zu fragen*** nie pytając/zapytawszy; **~'dies** i tak, i bez tego; **~'gleichen** bezprzykładny, niespotykany; **~'hin** → ***ohnedies***
Ohnmacht *f* (*-*; *-en*) omdlenie; *fig* bezsilność *f*; ***in ~ fallen*** zemdleć *pf*
ohnmächtig omdlały; *fig* bezsilny; ***~ werden*** ⟨ze⟩mdleć, omdle(wa)ć
Ohr *n* (*-es*; *-en*) ucho, *pl* uszy; **~en-** uszny; ***ihm ist zu ~en gekommen*** obiło się mu o uszy; ***bis über die ~en*** po uszy; F *j-n* ***übers ~ hauen*** wykantować (*A*)
Öhr *n* (*-es*; *-e*) uszko
ohrenbetäubend ogłuszający (-co)
Ohrenschmalz *n* woskowina
Ohrenschmerzen *m*/*pl* ból ucha/uszu
Ohr|feige *f* policzek; **♀feigen** spoliczkować *pf*; **~hörer** *m* mini-słuchawka; **~läppchen** *n* płatek małżowiny (usznej); **~ring** *m* kolczyk; **~wurm** *m* skorek; F *fig* melodyjka wpadająca w ucho
Öko|bewegung *f* ruch ekologiczny; **~lo'gie** *f* (*0*) ekologia; **♀'logisch** ekologiczny; **~no'mie** *f* [*pl* -'miːən] ekonomia; **♀'nomisch** ekonomiczny; **~produkt** *n* produkt czysty ekologicznie; **~system** *n* ekosystem; **~touristik** *f* ekoturystyka
Ok'tanzahl *f* liczba oktanowa
Ok'tober *m* październik(owy *w zł.*)
öku'menisch ekumeniczny
Öl *n* (*-es*; *-e*) olej; (*Olivenöl*) oliwa; (*Kosmetik*) olejek; **~druck** *m tech* ciśnienie

oleju; **2en** ⟨na⟩oliwić; **~farbe** *f* farba olejna; **~heizung** *f* opalanie ropą
ölig oleisty; (*schmutzig*) zatłuszczony
Olive *f* oliwka; **~n-** oliwny; → ***Öl***
Öl|malerei *f* malarstwo olejne; **~pest** *f* zanieczyszczenie wód ropą; **~pflanze** *f* roślina oleista; **~sardinen** *f/pl* sardynki *f/pl* w oliwie; **~tank** *m* zbiornik ropy
Ölteppich *m* rozlew ropy/olejowy
Ölwechsel *m* wymiana/zmiana oleju
O'lympia|- olimpijski; **~teilnehmer(in** *f*) *m* olimpijczyk (-jka)
o'lympisch olimpijski
Oma F *f* (-; -*s*) babcia, babusia
Ome'lett *n* (-*ɇs*; -*s*/-*e*), **~e** *f* omlet
Omnibus *m* autobus(owy *w zł.*)
Onkel *m* stryj(ek); (*Mutters Bruder*) wuj, (*t.* F *fig*) wujek
Opa F *m* (-*s*; -*s*) dziadek, dziadzio
Oper *f* (-; -*n*) opera
Operati'on *f* operacja; **~s-** operacyjny
Ope'rette *f* operetka; **~n-** operetkowy
ope'rieren (-) ⟨*t-ko v/t* z⟩operować; ***sich ~ lassen*** podda(wa)ć się operacji
Opern|glas *n* lornetka; **~sänger(in** *f*) *m* śpiewak (śpiewaczka) operowy (-wa)
Opfer *n* ofiara; ***zum ~ fallen*** (*D*) paść ofiarą, stać się pastwą (*G*); **2bereit** ofiarny; **2n** (-*re*) ofiarow(yw)ać; *Zeit itp.* poświęcać ⟨-cić⟩ (*t. iron* ***sich*** się)
oppo'nieren (-) ⟨za⟩oponować
Oppositi|'on *f* opozycja; **~s-** → **2o'nell** opozycyjny, ... opozycji
Optik *f* (*0*) optyka; (*pl* -*en*) układ optyczny; **~er(in** *f*) *m* optyk
opti|'mal optymalny; **2'mismus** *m* (-; *0*) optymizm; **~'mistisch** optymistyczny
Opti'on *f* opcja (***für*** na rzecz *G*)
optisch optyczny
O'rakel *n* wyrocznia
o'range [-ʒə] pomarańczowy (-wo)
O'ran|ge[1] *n* (*idkl*) oranż; **~ge**[2] *f* pomarańcza; **~geade** [-'ʒɑː-] *f* oranżada
Orchester [-'kɛstɐ] *n* orkiestra
Orchi'dee [-ç-] *f* orchidea, storczyk
Orden *m* order; *rel* zakon
Ordens|schwester *f* siostra zakonna; **~verleihung** *f* udekorowanie orderem
ordentlich porządny; *Gericht*: powszechny; *Professor*: zwyczajny
Order *f* (-; -*s*) *hdl*, *fin* zlecenie
ordi|'när ordynarny; → ***gewöhnlich***; **2nati'onszimmer** *n* gabinet lekarski
ordn|en (-*e*-) ⟨u⟩porządkować (***nach*** według *G*); → ***regeln***; **2er** *m* porządkowy; (*für Akten*) segregator; **2ung** *f* porządek, ład; *mil* szyk; (*Regeln*) regulamin; ordynacja; *mat*, *biol* rząd; (*Ordnen*) (u)porządkowanie; ***in ~ bringen*** doprowadzić do porządku; → ***ordnen***
ordnungs|gemäß należyty (-cie); **~halber** dla porządku; **2strafe** *f* kara porządkowa; **2widrigkeit** *f* wykroczenie; **2zahl** *f* liczebnik porządkowy
Or'gan *n* (-*ɇs*; -*e*) narząd, (*t. fig*) organ; **~entnahme** *f med* eksplantacja organu
Organisa|ti'on *f* organizacja; **2'torisch** organizacyjny; organizatorski
or|'ganisch organiczny; **~gani'sieren** (-) ⟨z⟩organizować; **2ga'nismus** *m* (-; -*men*) ustrój, organizm; **2'ganverpflanzung** *f* przeszczepienie narządu
Or'gasmus *m* (-; -*men*) orgazm
Orgel *f* (-; -*n*) organy *pl*; *w zł.* organowy; **~spieler(in** *f*) *m* organista *m* (-tka)
Orgie ['ɔrgĭə] *f* orgia
Orient ['oːrĭɛnt] *m* (-*s*; *0*) Wschód
orien'talisch [orĭɛn-] orientalny
orien'tier|en [orĭɛn-] (-) ⟨z⟩orientować (***sich*** się); **2ung** *f* (*0*) orientacja; **~s-** orientacyjny
origi|'nal, **~'nell** oryginalny
Origi'nal *n* (-*s*; -*e*) oryginał (*t. os.*)
Or'kan *m* (-*s*; -*e*) huragan(owy *w zł.*)
Ort *m* (-*ɇs*; -*e*) miejsce; *geogr* miejscowość *f*; ***am ~*** tu, w tej miejscowości; ***an ~ und Stelle***, ***vor ~*** na miejscu; **2en** (-*e*-) *v/t* ustalać ⟨-lić⟩ pozycję (*G*)
ortho|'dox ortodoksyjny; **~'graphisch** ortograficzny; **2pä'die** *f* (*0*) ortopedia
ortho'pädisch ortopedyczny
örtlich miejscowy, lokalny; terenowy
ortsansässig miejscowy, tubylczy
Ortschaft *f* miejscowość *f*
ortsfremd nietutejszy, obcy
Ortsgespräch *n* rozmowa miejscowa
ortskundig obeznany z miejscowością
Ortsname *m* nazwa miejscowości
Ortsteil *m* dzielnica
Ortszeit *f* (*0*) czas miejscowy
Öse *f* uszko, kluczka; *tech* oczko
ostdeutsch wschodnioniemiecki
Osten *m* wschód; ***im ~*** na wschodzie; ***nach ~*** na wschód; ***von ~*** ze wschodu
ostenta'tiv ostentacyjny
Oster|ei *n* jajko wielkanocne, kraszanka; **~hase** *m* zajączek wielkanocny
Ostern *n* (-; -; *zw. pl*) Wielkanoc *f*; ***zu ~***

na Wielkanoc; ***frohe ~!*** wesołego alleluja!, wesołych świąt!
Österreicher(in *f*) *m* Austriak (-aczka)
österreichisch austriacki (po -ku)
Osterwoche *f* Wielki Tydzień
osteuropäisch wschodnioeuropejski
östlich wschodni; na wschód (*G*, ***von*** od *G*); ***weiter ~*** dalej na wschodzie
Ostsee- (nad)bałtycki
Ostwind *m* wiatr wschodni/ze wschodu
Otter 1. *m* wydra; **2.** *f* (-; *-n*) żmija
Ouver'türe [uver-] *f* uwertura
o'val [-v-] owalny; **2** *n* (*-s*; *-e*) owal
O'xyd *n* (*-ęs*; *-e*) tlenek
oxy'dieren (-) utleni(a)ć (*v/i*, *sn* się)
Ozean *m* (*-s*; *-e*) ocean; *w zł.* oceaniczny
O'zonloch *n* (*-ęs*; *0*) dziura ozonowa
O'zonschicht *f* ozonosfera

P

paar, ***ein ~*** parę, kilka; ***in / nach ein ~ Tagen*** za kilka dni/po kilku dniach
Paar *n* (*-ęs*; *-e*) para; **2en:** ***sich ~*** *zoo* parzyć/parkać się; *fig* iść w parze (***mit*** z *I*); **~lauf** *m sport* jazda parami
paarmal: ***ein ~*** kilka razy, kilkakrotnie
Paar|ung *f* kopulacja; **2weise** parami
Pacht *f* dzierżawa; **2en** (*-e-*) ⟨wy⟩dzierżawić; *fig pej* posiadać ⟨-siąść⟩
Pächter(in *f*) *m* dzierżawca *m* (-czyni)
Pachtvertrag *m* umowa dzierżawna
Pack[1] *m* (*-ęs*; *-e/⁻e*) paka, plik
Pack[2] *n* (*-s*; *0*) *pej* hołota
Päckchen *n* paczuszka; pakiecik
pack|en → **(er)*greifen***; *Koffer* ⟨s⟩pakować; *Wut*: opanow(yw)ać; **~d** pasjonujący (-co); **2er(in** *f*) *m* pakowacz(ka); **2papier** *n* papier pakowy
Packung *f* paczka; *tech* uszczelka; *med* okład, zawijanie
päda'gogisch pedagogiczny
Paddel *f* (-; *-n*) pagaj, wiosło kajakowe
Paddelboot *n* kajak
paddeln (*-le*; *t. sn*) wiosłować; ⟨po⟩płynąć kajakiem (***über*** *A* przez *A*, po *L*)
Page [-ʒə] *m* (*-en*) paź *m*; boy (hotelowy)
Paket *n* (*-ęs*; *-e*) paczka; (*Aktien itp.*) pakiet; **~karte** *f* adres pomocniczy; **~zustellung** *f* doręczanie paczek
Palais [pa'lɛ:] *n* (-; -) pałac(yk)
Pa'last *m* (*-ęs*; *⁻e*) pałac(owy *w zł.*)
palästi'nensisch palestyński
Pa'lette *f* paleta (*t. tech*, *hdl*)
Palme *f* palma; **~n-** palmowy
Palmsonntag *m* Niedziela Palmowa
Palmwedel *m* liść palmowy
pampig F *pej* chamowaty
pa'nieren (-) ⟨za⟩panierować
Pa'niermehl *n* bułka tarta, panier
Panik *f* (*0*) panika; ***in ~ geraten*** wpaść w panikę; **~mache** F *f* (*0*) panikarstwo
panisch paniczny
Panne *f* uszkodzenie, awaria; *fig* gafa
Pannen|dienst *m* pogotowie techniczne; pomoc drogowa; **~hilfe** *f*: ***~ leisten*** udzielić pomocy technicznej
panschen *Wein*, *Milch itp.* fałszować
Panther *m* pantera
Pan'tine *f* drewniak
Pan'toffel *m* (*-s*; *-n*) pantofel, bambosz
Pan'toffelheld F *m* pantoflarz
Panzer *m* pancerz (*t. zoo*); (*Kampfwagen*) czołg; **~glas** *n* szkło pancerne
panzern (*-re*) → ***gepanzert***
Panzerschrank *m* szafa/kasa pancerna
Panzer|sperre *f* zapora przeciwczołgowa; **~ung** *f* opancerzenie
Papa F *m* (*-s*; *-s*) tatuś *m*, papa *m*
Papa'gei *m* (*-s*/*-en*; *-e*/*-en*) papuga
Pa'pier *n* (*-ęs*; *-e*) papier; *pl t.* dokumenty *m/pl*; **~deutsch** *n* (język) niemiecki w stylu kancelaryjnym; **~geld** *n* pieniądz papierowy; **~industrie** *f* przemysł papierniczy; **~korb** *m* kosz na papiery; **~krieg** *m* (*-ęs*; *0*) pisanina
Pa'pierserviette *f* serwetka papierowa
Papp|- tekturowy; **~e** *f* tektura; papa
Pappel *f* (-; *-n*) topola; *w zł.* topolowy
pappig papkowaty (-to)
Paprika *m* (*-s*; *-s*) papryka
Papst *m* (*-es*; *⁻e*) papież; *w zł.* → **päpstlich** papieski; **~tum** *n* (*-s*; *0*) papiestwo

para'bolisch paraboliczny
Pa'rade *f* parada; defilada; **~schritt** *m* krok defiladowy
Para'dies *n* (*-es*; *-e*) raj; **²isch** rajski
para'dox paradoksalny
Para'graph *m* (*-en*) paragraf
parallel [-'leːl] równoległy; **~ zu** równolegle (do *G*, z *I*); *fig* paralelny
Parallele [-'leːlə] *f* równoległa; paralela
Para|'lyse *f* porażenie, paraliż; **²'phieren** (-) ⟨za⟩parafować; **~psycholo'gie** *f* (*0*) parapsychologia
Para'sit *m* (*-en*) pasożyt (*t. fig*)
Pärchen *n* para, parka
Par'füm *n* (*-s*; *-s*) perfumy *pl*
Parfü|me'rie [*pl* -'riən] *f* perfumeria; **²'mieren** (-) ⟨na⟩perfumować (**sich** się)
pa'rieren (-) ⟨od⟩parować; F słuchać
Pa'riser *adj* paryski; **~(in** *f*) *m* paryżanin (-nka); *t-ko m* F → ***Kondom***
Pari'tät *f fin* parytet; **~s-** parytetowy
pari'tätisch równorzędny
Park *m* (*-¢s*; *-s*) park; **~-and-ride-System** [-ənd-'raɪd-] *n* system centralnych parkingów przesiadkowych; **²en** ⟨za⟩parkować; **~en** *n* (*-s*; *0*) parkowanie
Par'kett *n* (*-¢s*; *-e*) parkiet; *teatr* parter
Parkgebühr *f* opłata parkingowa
Park|haus *n* garaż wielopiętrowy; **~licht** *n* światło postojowe; **~lücke** *f* miejsce do parkowania; **~platz** *m* parking, plac parkingowy; miejsce parkingowe
Parkstreifen *m* pas parkowania
Parkuhr *f* parkomat
Parkverbot *n* zakaz parkowania
Parla'ment *n* (*-¢s*; *-e*) parlament; **~s-** parlamentarny, ... parlamentu
parlamen'tarisch parlamentarny
Paro'die [*pl* -'diən] *f* parodia
Parodon'tose *f* (*0*) przyzębica
Pa'role *f* hasło
Par'tei *f jur* strona; *pol* partia, stronnictwo; **~ *ergreifen*** (**für**) stanąć po stronie (*G*); **~buch** *n* legitymacja partyjna
Par'teiführung *f* kierownictwo partii
par'teiintern wewnątrzpartyjny
par'tei|isch stronniczy (-czo); **~los** bezpartyjny; **²mitglied** *n* członek partii; **²tag** *m* zjazd partii/stronnictwa
Par'teizugehörigkeit *f* przynależność partyjna
Par'terre *n* (*-s*; *-s*) parter(owy *w zł.*)
Par'tie [*pl* -'tiən] *f* partia; *anat* okolica
Par'tikel *f* (*-*; *-n*) cząstka; *jęz* partykuła
Parti'san *m* (*-en*) partyzant; **~en-** partyzancki; **~in** *f* partyzantka
Parti'tur *f* partytura
Parti'zip *n* (*-s*; *-pien* [-pĭən]) imiesłów
Partner *m* (**~in** *f*) partner(ka); → ***Teilhaber***; **~schaft** *f* partnerstwo
Partnerstadt *f* zaprzyjaźnione miasto
Party [-ti] *f* (*-*; *-s*) prywatka, party *n*
Par'zelle *f* parcela, działka
Paß *m* (*-sses*; *¨sse*) paszport; (*im Gebirge*) przełęcz; *sport* podanie, przerzut
pas'sabel F (*-bl-*) możliwy (-wie)
Pas'sage [-ʒə] *f* pasaż, przejście
Passagier [-'ʒiːɐ] *m* (*-s*; *-e*) pasażer; *w zł.* pasażerski; **~liste** *f* spis pasażerów
Passah *n* (*-s*; *0*) *rel* Pascha, Pesach
Paßamt *n* biuro paszportowe
Pas'sant(in *f*) *m* (*-en*) przechodzień *m*
Paßbild *n* zdjęcie legitymacyjne
passen (*-ßt*) pasować (*t. karc u.* **zu** do *G*); **~d** stosowny, odpowiedni; *Geld*: odliczony; ***~d machen*** dopasow(yw)ać
pas'sier|bar *Weg*: przejezdny; **~en** *v/t Stelle* mijać ⟨minąć⟩; *Grenze* przekraczać ⟨-kroczyć⟩; *v/i* (*sn*) stać się *pf*, zdarzać ⟨-rzyć⟩ się; ***was ist passiert?*** co się stało?; **²schein** *m* przepustka
Passi'on *f* (*0*) *rel* Pasja; **~s-** pasyjny
passio'niert pasjonowany, zapalony
pas|siv bierny, pasywny; **²siv** *n* (*-s*; *0*) *gr* strona bierna; **²'siva** *pl ekon* pasywa *pl*; **²sivi'tät** *f* (*0*) pasywność *f*
Paßkontrolle *f* kontrola paszportów
Paßstraße *f* droga przez przełęcz
Passus *m* (*-*; *-*) urywek, ustęp
Pa|ste *f* pasta; **~'stell** *n* (*-s*; *-e*) pastel; *w zł.* → **²'stellfarben** pastelowy
Pa'stete *f* pasztet, *dim* pasztecik
pasteuri'siert [-stø-] pasteryzowany
Pastor *m* (*-s*; *-'toren*), **~in** [-'toː-] *f* pastor
Pate *m* (*-n*) (ojciec) chrzestny
Patenkind *n* chrześniak (-aczka)
Patenschaft *f* patronat
pa'tent F równy, setny
Pa'tent *n* (*-¢s*; *-e*) patent
Pa'tent|amt *n* urząd patentowy; **~anmeldung** *f* zgłoszenie patentowe
paten'tieren (-) ⟨o⟩patentować
Pa'tent|schutz *m* ochrona patentowa; **~urkunde** *f* dokument patentowy
Pater *m* (*-s*; *-/-tres*) *rel* ojciec
pa|'thetisch patetyczny; **~tho'logisch** patologiczny; **²thos** *n* (*-*; *0*) patos
Patient [-'tsĭɛnt] *m* (*-en*) pacjent; **~en-** ...

P

(dla) pacjentów; **~in** *f* pacjentka
Patin *f* (matka) chrzestna
Patri'ot(in *f*) *m* (*-en*) patriot(ka)
patri'otisch patriotyczny
Pa'trone *f* nabój; (*Tintenpatrone*) wkład (do wiecznego pióra); **~n-** nabojowy
Patrouille [-'truljə] *f* patrol
patrouil'lieren (-) patrolować
Patsch|e F *f*: ***in der ~ sitzen*** być w tarapatach; **Ձnaß** F mokrzuteńki
patz|en (*-zt*) *muz* ⟨s⟩fałszować; **Ձer** F *m* pomyłka; **~ig** F opryskliwy (-wie)
Pauke *f muz* kocioł; F ***auf die ~ hauen*** ⟨po⟩hulać; **Ձn** F kuć, wkuwać
pausbäckig pyzaty, pucołowaty (-to)
pau'schal ryczałtowy (-wo); *fig praed* w całości, w czambuł
Pau'schal|e *f* ryczałt; **~reise** *f* opłacona z góry podróż zbiorowa z ustalonym programem
Pause *f* pauza (*t. muz*), przerwa
pausenlos nieprzerwany (bez przerwy)
Pauspapier *n* kalka kreślarska
pazi'fistisch pacyfistyczny
Pech *n* (*-ęs*; *0*) pak; (*Teer*) smoła; *fig* pech; ***~ haben*** mieć pecha; ***so ein ~!*** a to pech!; **Ձschwarz** F czarny jak smoła; **~strähne** *f* zła passa; **~vogel** F *m* pechowiec, pechowy człowiek
Pe'dal *n* (*-s*; *-e*) pedał
pe'dantisch pedantyczny
Pegel *m* wodowskaz; *el* poziom
Pegelstand *m* stan wodowskazowy
peil|en namierzać, pelengować; sondować (*t. fig*); **Ձgerät** *n* (radio)namiernik
peinig|en męczyć, dręczyć; **Ձer(in** *f*) *m* dręczyciel(ka); **Ձung** *f* dręczenie
peinlich niezręczny, kłopotliwy; *Ordnung itp.*: wzorowy; ***~ genau*** bardzo dokładny; **Ձkeit** *f* niezręczność *f*
Peitsche *f* bat, bicz; **Ձn** chłostać, smagać
Peitschenhieb *m* uderzenie batem
Pelikan *m* (*-s*; *-e*) pelikan
Pell|e *f* skórka, łupina; **Ձen** ob(ie)rać; ***sich ~*** łuszczyć się; **~kartoffeln** *f/pl* ziemniaki *m/pl* w mundurkach
Pendel *n* wahadło; **Ձn** (*-le*; *t. sn*) wahać się; *fig* dojeżdżać (do pracy; ***nach*** do *G*); **~verkehr** *m* ruch wahadłowy
Pendler(in *f*) *m* (stale) dojeżdżający (-ca) do pracy
pene'trant przenikliwy (-wie); *fig* dokuczliwy (-wie)
pe'nibel → ***pedantisch***, ***peinlich***

Penis *m* (-; *-se*/*Penes*) prącie
penn|en F kimać, chrapać; **Ձer(in** *f*) *m pej* bezdomny (-na), łazik, łazęga *m/f*
Pensi'o|n *f* emerytura; (*Hotel*) pensjonat; **~'när(in** *f*) *m* (*-s*; *-e*) emeryt(ka)
pensio'nieren (-) przenosić ⟨-nieść⟩ na emeryturę; ***sich ~ lassen*** przechodzić ⟨przejść⟩ na emeryturę
Pensi'onsgast *m* pensjonariusz(ka)
Pensum *n* (*-s*; *-sa*/*-sen*) pensum *n*
per: ***~ Bahn*** koleją; ***~ Post*** pocztą; → ***pro***, ***du***, ***bis***
per'fekt doskonały (-le); *praed* F *t.* perfekt; ***~ sein*** (***in*** *D*) doskonale umieć/robić (*A*); ***~ machen*** *Vertrag* podpisać *pf*; *Termin* ustalić *pf*
Perfekti'on *f* (*0*) perfekcja
Perforati'on *f* perforacja
perfo'rieren (-) perforować
Perga'ment *n* (*-ęs*; *-e*) pergamin
Peri|'ode *f* okres, (*t. med*) period; **Ձ'odisch** okresowy (-wo), periodyczny
Periphe'rie [*pl* -'riːən] *f* peryferie *f/pl*; *EDV* urządzenia *n/pl* peryferyjne
Perl|e *f* perła (*t. fig*); **Ձen** perlić się
Perlenkette *f* naszyjnik z pereł
Perlhuhn *n* perliczka
Perlmut *n* (*-s*; *0*) masa perłowa
per'plex F zdetonowany, osłupiały
Perser *m* Pers; (*Teppich*) perski dywan
Per|si'aner *m* (*Mantel*) futro karakułowe; **Ձsisch** perski (po -ku)
Per'son *f* osoba; ***in ~*** we własnej osobie
Perso'nal *n* (*-s*; *0*) personel; kadry *f/pl*; **~ausweis** *m* dowód osobisty; **~chef** *m* kierownik (działu) kadr; **~computer** *m* komputer osobisty
Perso'nalien *f/pl* dane *pl* osobiste/personalne, personalia *pl*
perso'nell personalny, kadrowy
Per'sonen|aufzug *m* dźwig osobowy, winda; **~beschreibung** *f* rysopis; **~schaden** *m* szkoda na zdrowiu/życiu osoby (osób); **~verkehr** *m* ruch pasażerski; **~zug** *m* pociąg pasażerski; **~wagen** *m mot* samochód osobowy
per'sönlich osobisty (-ście); (*auf Briefen*) do rąk własnych; **Ձkeit** *f* (*0*) osobowość *f*; (*t. pl*) osobistość *f*
Perspek'tive *f* perspektywa
peru'anisch peruwiański
Perücke *f* peruka
per'vers perwersyjny; ***~ veranlagt sein*** być zboczeńcem

P

Pessi'mismus *m* (-; *0*) pesymizm
pessi'mistisch pesymistyczny
Pest *f* (*0*) dżuma; *wet* (po)mór
Peter'silie [-lĭə] *f* pietruszka
Petiti'onsausschuß *m* komisja petycyjna (parlamentu)
Pe'troleum *n* (-*s*; *0*) nafta; **~kocher** *m* kuchenka naftowa; **~lampe** *f* lampa naftowa; **~ofen** *m* piecyk naftowy
petzen (-*zt*) F skarżyć, latać ze skargą
Pfad *m* ścieżka (*t. EDV*); *fig* droga
Pfadfinder(in *f*) *m* harcerz (-rka)
Pfahl *m* (-*ɇs*; *⁼e*) pal; → ***Pflock***
Pfand *m* (-*ɇs*; *⁼er*) zastaw; (*b. Spiel*) fant
Pfandbrief *m* hipoteczny list zastawny
pfänden (-*e*-) zajmować ⟨zająć⟩
Pfandflasche *f* butelka pod zastaw
Pfandhaus *n* lombard
Pfandschein *m* kwit zastawczy
Pfändung *f* zajęcie, areszt
Pfann|e *f* patelnia; *bud* dachówka esówka; **~kuchen** *m* naleśnik; → ***Krapfen***
Pfarrbezirk *m* parafia
Pfarrer(in *f*) *m* proboszcz
Pfarrhaus *n* probostwo, plebania
Pfarrkirche *f* kościół parafialny
Pfau *m* (-*ɇs*; -*en*) paw; **~en-** pawi
Pfeffer *m* (-*s*; *0*) pieprz; **~korn** *n* ziarnko pieprzu; **~kuchen** *m* piernik; **~minze** *f* mięta; *w zł.* miętowy; **2n** (-*re*) ⟨po⟩pieprzyć; **~streuer** *m* pieprzniczka
pfeffrig pieprzny, ostry
Pfeife *f* gwizdek, gwizdawka; (*Tabakspfeife*) fajka; *fig pej* faja, fujara; **2n*** gwizdać, gwizdnąć *v/s*; ***ich pfeife auf ...*** gwiżdżę na ...; **~n** *n* (-*s*; *0*) gwizd, świst
Pfeil *m* (-*ɇs*; -*e*) strzała; (*Zeichen*) strzałka; **~er** *m* słup, filar; **~spitze** *f* grot
Pfennig *m* (-*s*; -*e*) fenig; *fig* grosz
Pferd *n* (-*ɇs*; -*e*) koń *m*; **~chen** *n* konik
Pferde|fleisch *n* konina; **~rennen** *n* wyścigi *m/pl* konne; **~schwanz** *m* koński ogon (*t. fig*); **~stall** *m* stajnia
Pferdestärke *f* koń mechaniczny
pfiff → ***pfeifen***
Pfiff *m* (-*ɇs*; -*e*) gwizd(nięcie), świst
Pfifferling *m* (-*s*; -*e*) kurka, pieprznik
pfiffig sprytny, cwany; *Miene*: figlarny
Pfingsten *n* (-; *0*) Zielone Świątki *pl*
Pfingstrose *f* peonia, piwonia
Pfirsich *m* (-*s*; -*e*) brzoskwinia (*t. Baum*); *w zł.* brzoskwiniowy
Pflanze *f* roślina; **2n** (-*zt*) ⟨po⟩sadzić
pflanzenfressend roślinożerny
Pflanzen|heilkunde *f* (*0*) ziołolecznictwo; **~öl** *n* olej roślinny; **~schutzmittel** *n* środek ochrony roślin
pflanzlich roślinny
Pflänzling *m* (-*s*; -*e*) sadzonka, flanca
Pflanzung *f* sadzenie; plantacja
Pflaster *n* bruk; *med* plaster; **2n** (-*re*) ⟨wy⟩brukować; **~stein** *m* brukowiec
Pflau|me *f* śliwka; **~menbaum** *m* śliwa; **~menmus** *n* powidła *n/pl* śliwkowe
Pflege *f* (*0*) opieka, dogląd(anie); (*Krankenpflege*) pielęgnowanie; (*d. Körpers itp.*) pielęgnacja; ***in ~ haben*** (*A*) opiekować się (*I*)
pflege|bedürftig potrzebujący (stałej) opieki; **2eltern** *pl* przybrani rodzice *pl*; **2heim** *n* zakład opiekuńczy
Pflege|kind *n* dziecko przybrane; **2leicht** łatwy do prania/czyszczenia
Pflegemittel *n* środek do pielęgnacji
pflegen *v/t* pielęgnować (*t. med*); (*betreuen*) doglądać (*G*); dbać (o *A*; ***sich*** o siebie); *Freundschaft itp.* podtrzymywać; (*tun, betreiben*) uprawiać (*A*); *v/i* **~ zu ...** mieć zwyczaj (*inf*)
Pflegepersonal *n* personel pielęgniarski
Pfleger *m* pielęgniarz; sanitariusz; *jur* kurator; **~in** *f* sanitariuszka
Pflegesohn *m* wychowanek
Pflegetochter *f* wychowannica
Pflicht *f* obowiązek, powinność *f*; **2bewußt** obowiązkowy; **~fach** *n* przedmiot obowiązkowy; **~gefühl** *n* (-*ɇs*; *0*) poczucie obowiązku; **2gemäß** zgodny (-nie) z obowiązkiem; **~übung** *f sport* ćwiczenie obowiązkowe; **~verteidiger(in** *f*) *m jur* obrońca *m* z urzędu
Pflock *m* (-*ɇs*; *⁼e*) kołek, palik
pflücken obrywać ⟨oberwać⟩, zrywać ⟨zerwać⟩
Pflug *m* (-*ɇs*; *⁼e*) pług
pflügen *v/t* ⟨z⟩orać; *v/i* orać
Pforte *f* furta, brama; *dim* furtka
Pförtner *m* portier; **~loge** *f* portiernia
Pfosten *m* słup(ek); *bud t.* stojak
Pfote *f* łapa; P ***~n weg!*** ręce przy sobie!
Pfropf *m* (-*ɇs*; -*e*) *med* czop, zakrzep; tampon; **~en** *m* zatyczka, korek
pfui *int* fe, tfu; **2ruf** *m* okrzyk oburzenia
Pfund *n* (-*ɇs*; -*e*) funt (*t. fin*)
pfundig F byczy (-czo), fajny
pfuschen partaczyć, fuszerować, knocić
Pfusche'rei F *f* partanina, fuszerka
Pfütze *f* kałuża, bajoro

Phäno|'men *n* (*-s*; *-e*) zjawisko, fenomen; **&me'nal** fenomenalny
Phanta'sie [*pl* -'ziːən] *f* (*0*) wyobraźnia, (*t. pl*) fantazja; **&ren** (-) fantazjować; *med* majaczyć; **&voll** pełen fantazji, fantazyjny
phan'tastisch fantastyczny
Phan'tombild *n* portret pamięciowy
Pharao *m* (*-s*; *-'onen*) faraon
pharma'zeutisch farmaceutyczny
Phase *f* faza; **~n-** fazowy
Phe'nol *n* (*-s*; *-e*) *chem* fenol(owy *w zł.*)
Philate'lie *f* (*0*) filatelistyka
Philharmo'nie *f* filharmonia
Philolo'gie [*pl* -'giːən] *f* filologia
Philoso'phie [*pl* -'fiːən] *f* filozofia
philo'sophisch filozoficzny
pho'netisch fonetyczny
Phos'phat *n* (*-ęs*; *-e*) fosforan
Phosphor *m* (*-s*; *0*) fosfor(owy *w zł.*)
Photo|- → ***Foto-***; **~zelle** *f* fotokomórka
Phrase *f* fraza; *pej* frazes
Phy|'sik *f* (*0*) fizyka; **&si'kalisch** fizyczny; **~siker(in** *f*) *m* fizyk; **~siolo'gie** *f* (*0*) fizjologia; **&sio'logisch** fizjologiczny; **&sisch** fizyczny
Pia'nist(in *f*) *m* (*-en*) pianista *m* (-tka)
Pickel *m* oskard; (*Pustel*) pryszcz(yk)
pick(e)lig pryszczaty (-to)
picken dziobać, dziobnąć *v/s*
Picknick *n* (*-s*; *-s*) majówka, † piknik
piek'sauber F czyściut(eń)ki (-ko)
piep|en → ***piepsen***; **&en** P *pl* szmal, forsa; **~sen** piszczeć, pisnąć *v/s*; *Vögel t.*: ćwierkać, ćwierknąć *v/s*
Pier *m* (*-s*; *-e/-s*) pirs
piesacken F *v/t* dokuczać ⟨-czyć⟩ (*D*)
Pie'tät [pĭe-] *f* (*0*) pietyzm
Pig'ment *n* (*-ęs*; *-e*) pigment(owy *w zł.*)
Pik *n* (*-s*; *-s*) *karc* pik(owy *w zł.*)
pi'kant pikantny
Pilger *m* pielgrzym; **~fahrt** *f* pielgrzymka; **~in** *f* pielgrzymka; **&n** (*-re*) pielgrzymować (***nach***, ***zu*** do *G*)
Pille *f* pigułka
Pi'lot *m* (*-en*) pilot; **~in** *f* pilotka
Pi'lotanlage *f* zakład doświadczalny
Pi'lotprojekt *n* projekt pilotażowy
Pils *n* (*idkl*), **~ener** *n* (*-s*; *0*) pilzneńskie
Pilz *m* (*-es*; *-e*) grzyb(owy *w zł.*)
Pilzvergiftung *f* zatrucie grzybami
Pimmel P *m* fiut, kuśka
pingelig skrupulatny, pedantyczny
Pinguin *m* (*-s*; *-e*) pingwin
pinkeln F (*-le*) siusiać, sikać
Pinsel *m* pędzel; *pej* chłystek; **&n** (*-le*) ⟨wy⟩pędzlować (*t. med*), malować
Pin'zette *f* pęseta, pinceta
Pio'nier *m* (*-s*; *-e*) pionier; *mil* saper(ski *w zł.*); **~geist** *m* (*-ęs*; *0*) duch pionierstwa; **~in** *f* pionierka
Pi'rat *m* (*-en*) pirat; **~en-** piracki
Pirsch *f* (*0*) polowanie z podchodu
Pissoir [-'sŏɑːʁ] *n* (*-s*; *-e*) pisuar
Piste *f sport* trasa; *lotn* droga startowa
Pi'stole *f* pistolet; **~n-** pistoletowy
Pizza *f* (*-s*; *Pizzen*) pizza
Placierung [-'tsiː-] *f* → ***Plazierung***
plä'dieren (-) *fig* (**für**) wstawiać się (za *I*)
Plädoyer [-dŏa'jeː] *n* (*-s*; *-s*) mowa obrończa/oskarżycielska
Plage *f* plaga; (*Mühe*) mordęga
plagen nękać (***mit*** *I*); F ***sich ~*** (***mit***) mordować się (*I*), męczyć się (z *I*)
Pla'kat *n* (*-ęs*; *-e*) plakat; afisz
Pla'kette *f* plakietka
Plan *m* (*-ęs*; *⸚e*) plan; ***auf dem ~ stehen*** być zaplanowanym
Plane *f* plandeka; *mot* opończa
planen ⟨za⟩planować
Pla'net *m* (*-en*) planeta; **~en-** planetarny
plangemäß *praed* zgodnie z planem
pla'nier|en (-) wyrówn(yw)ać, plantować; **&raupe** *f* równiarka gąsienicowa
Planke *f* bal, dyl; *mar* deska poszycia
planlos bezplanowy (-wo); bezładny
planmäßig planowy (-wo)
Planschbecken *n* brodzik
planschen pluskać się, chlupać
Plan|soll *n* zadania *n/pl* planu; **~stelle** *f* stanowisko etatowe, F etat
Plan'tage [-ʒə] *f* plantacja
Planung *f* planowanie
Planwirtschaft *f* gospodarka planowa
plappern (*-re*) paplać
plärren beczeć; *pej* (*singen*) bzdęgolić
Plastik[1] *f* (*0*) plastyka; (*Figur*) rzeźba
Plastik[2] *n* (*-s*; *0*) masa plastyczna, plastyk; *w zł.* plastykowy; **~beutel** *m* torba foliowa; **~folie** *f* folia z tworzywa sztucznego; **~sack** *m* worek foliowy
plastisch plastyczny
Platin *n* (*-s*; *0*) platyna; *w zł.* platynowy
Plati'tüde *f* komunał, F oklepanka
plätschern (*-re*; *t. sn*) chlup(ot)ać; *Bach, Regen*: szemrać
platt płaski (-ko) (*t. fig*), spłaszczony; ***~ machen*** spłaszczyć *pf*

P

plattdeutsch dolnoniemiecki
Platte *f* płyta; *bud t.* płytka; *kulin* półmisek; ***kalte ~*** zimne zakąski *f/pl*
Platten: *e-n ~ haben* F złapać gumę
plätten → ***bügeln***
Plattenspieler *m* gramofon, F adapter
Plattform *f* pomost; platforma (*t. fig*)
Plattfuß *m* stopa płaska; F → ***Platten***
plattfüßig płaskostopy
Plattheit *f* → ***Platitüde***
Platz *m* (*-es; ⸚e*) miejsce; (*Stadtplatz*) plac; *sport* boisko; ***nehmen Sie ~*** proszę siadać ⟨usiąść⟩
Platzangst *f* (*0*) lęk przestrzeni
Platzanweiser(in *f*) *m* bileter(ka)
Plätzchen *n kulin* placuszek
platzen (*-zt; sn*) pękać ⟨-knąć⟩; F *fig* nie dojść do skutku; → ***scheitern***; ***~ lassen*** zerwać *pf*
Platz|karte *f* miejscówka; **~mangel** *m* brak miejsca; **~patrone** *f* ślepy nabój; **~regen** *m* ulewa; **~verweis** *m* usunięcie z boiska; **~wunde** *f* rana tłuczona
Plaude|'rei *f* pogawędka; pogadanka; **⁀rn** (*-re*) ⟨po⟩gawędzić (***über*** *A* o *L*)
Plausch *m* (*-ęs; 0*) gawęda
plau'sibel (*-bl-*) przekonywający (-co)
pla'zier|en (-) ⟨u⟩plasować (***sich*** się); **⁀ung** *f* uplasowanie; *sport* lokata
Pleite F *f* plajta; ***⁀ gehen*** splajtować
Ple'narsitzung *f* posiedzenie plenarne
Plis'see-, plis'siert plisowany
Plombe *f* plomba
plom'bieren (-) ⟨za⟩plombować
plötzlich nagły (-le); (*jäh*) raptowny (raptem); **⁀keit** *f* (*0*) nagłość *f*
plump nieforemny, niezgrabny; *fig* nieokrzesany, nietaktowny; niezdarny; **⁀heit** *f* (*0*) *fig* nieokrzesanie; nietakt
plumpsen zwalić się *pf*, klapnąć *pf*; (*ins Wasser*) chlupnąć *pf* (***in*** *A* do *G*)
Plunder F *m* (*-s; 0*) rupiecie; ciuchy *m/pl*
plündern (*-re*) ⟨s⟩plądrować
plural'istisch pluralistyczny
plus plus; ***e-e Drei ~*** trójka z plusem; ***drei Grad ~*** trzy stopnie powyżej zera
Plus *n* (*idkl*) plus
Plüsch *m* (*-ęs; -e*) plusz(owy *w zł.*)
Pluspunkt *m* punkt dodatni
Pluszeichen *n* znak plus
Plu'tonium *n* (*-s; 0*) pluton(owy *w zł.*)
pneu'matisch pneumatyczny
Po F *m* (*-s; -s*) pup(k)a
Pöbel *m* (*-s; 0*) motłoch, tłuszcza
pochen kołatać (*t.* ***an*** *A* do *G*); *fig* (***auf*** *A*) obstawać (przy *L*)
Pocken *pl* ospa; **⁀narbig** ospowaty
Podium *n* (*-s; -ien*) podium *n*; estrada
Po|e'sie *f* (*0*) poezja; **⁀'etisch** poetyczny
Po'kal *m* (*-ęs; -e*) puchar
Po'kalspiel *n* mecz o puchar
Pökel|fleisch *n* mięso peklowane, peklowina; **⁀n** (*-le*) ⟨za⟩peklować
pokern (*-re*) ⟨za⟩grać w pokera
Pol *m* (*-s; -e*) *fiz, geogr* biegun
po'lar biegunowy; *meteo* polarny
polari'siert spolaryzowany
Pole *m* (*-n*) Polak; ***~n-*** polski
po'lemisch polemiczny
Po'lice [-sə] *f* polisa; ***~n-*** ... polisy
Po'lier *m* (*-s; -e*) majster, brygadzista *m*
po'lieren (-) ⟨wy⟩polerować
Polin *f* Polka
Poli'tesse *f* funkcjonarjuszka policji
Poli'tik *f* (*0*) polityka
Po'li|tiker(in *f*) *m* polityk, działacz(ka) polityczny (-na); **⁀tisch** polityczny
Poli'tur *f* (*für Holz*) politura
Poli'zei *f* (*zw. 0*) policja; **~aufgebot** *n* oddział policji; **~dienststelle** *f* posterunek/komisariat policji; **~gewahrsam** *m* areszt policyjny; **⁀lich** policyjny; **~präsidium** *n* prezydium *n* (*in Polen*: komenda) policji; **~revier** *n* komisariat policji; **~streife** *f* patrol policyjny; **~stunde** *f* godzina zamknięcia lokali gastronomicznych
Poli'zist(in *f*) *m* (*-en*) policjant(ka)
Pollen *m bot* pyłek
polnisch polski (po -ku)
polnischsprachig polskojęzyczny
Polster *n* poduszka; *kraw* podkładka; **~möbel** *n* mebel wyściełany; **⁀n** (*-re*) wyściełać ⟨wysłać⟩; **~ung** *f* tapicerka
poltern (*-re; sn*) padać ⟨upaść⟩ z łoskotem, gruchnąć *pf*
poly-, Poly- *w zł. chem* poli-; *mat* wielo-
Po'lyp *m* (*-en*) polip; *fig pej* gliniarz
Poly|sty'rol *n* (*-s; -e*) polistyren; **~vi'nylchlorid** *n* (*-s; 0*) polichlorek winylu
Pommes frites [pɔm'frıt] *pl* frytki *f/pl*
pom'pös pompatyczny
Pony *m* (*-s; -s*) (*Frisur*) grzywka
pop(e)lig *pej* lichy, nędzny
Popo F *m* (*-s; -s*) pup(k)a
popu|'lär popularny; **⁀lari'tät** *f* (*0*) popularność *f*; **~'listisch** populistyczny
Pore *f* pora; ***~n-*** ... porów; porowaty

Porno *m* (*-s*; *-s*), **~film** *m* pornofilm
porno'graphisch pornograficzny
po'rös porowaty
Porree *m* (*-s*; *-s*) por
Portefeuille [-rt'fø:j] (*-s*; *-s*) portfel
Portier [-'tĭe:] *m* (*-s*; *-s*) → ***Pförtner***
Porti'on *f* porcja
Porto *n* (*-s*; *-s*) porto, opłata pocztowa
portofrei wolny od opłaty pocztowej
Porträt [-'trɛ:] *n* (*-s*; *-s*) portret
Portu'gies|e *m* (*-n*) (**~in** *f*) Portugalczyk (-lka); **≈isch** portugalski (po -ku)
Porzel'lan *n* (*-s*; *-e*) porcelana; *w zł.* porcelanowy
Po'saune *f* puzon
Po|se *f* poza; **≈'sieren** (-) pozować
Posi|ti'on *f* pozycja; → ***Stellung***; **~s-** pozycyjny; **≈tiv** pozytywny
Positiv *n* (*-s*; *-e*) pozytyw(owy *w zł.*)
Posse *f* possa, burleska
pos'sierlich zabawny, pocieszny
Post *f* (*0*) poczta; ***mit der ~*** pocztą
po'stalisch pocztowy
Postamt *n* urząd pocztowy
Postanweisung *f* przekaz pocztowy
Postbot|e *m* (**~in** *f*) listonosz(ka)
Posten *m* posada, stanowisko; (*Wache*) posterunek; *hdl* partia; pozycja
Post|fach *n* skrytka pocztowa; **≈frisch** niestemplowany; **~geheimnis** *n* tajemnica korespondencji; **~giroamt** [-ʒi-] *n* pocztowy bank żyrowy
po'stieren (-) ustawi(a)ć (***sich*** się)
Post|karte *f* pocztówka; **≈lagernd** poste restante; **~leitzahl** *f* numer kodowy poczty, kod pocztowy
Post|schalter *m* okienko pocztowe; **~scheck** *m* czek pocztowy; **~sparkasse** *f* pocztowa kasa oszczędności
Poststempel *m*: ***Datum des ~s*** data stempla pocztowego
po'stum pośmiertny
postwendend odwrotną pocztą
Postwertzeichen *n* znaczek pocztowy
Postwurfsendung *f* ulotka reklamowa przesyłana pocztą
Postzustellung *f* doręczanie poczty
potenti'ell potencjalny
Po'tenz *f mat* potęga; (*Exponent*) wykładnik potęgi; *med* potencja (płciowa)
poten'zieren (-) *mat* podnieść do potęgi; *lit fig* spotęgować *pf*
Potsdamer *adj* poczdamski
Pott F *m* (*-es*; *⸚e*) garnek; **~asche** *f* potaż
Pracht *f* (*0*) przepych; okazałość *f*; **~exemplar** *n*, **~stück** *n* wspaniały okaz
prächtig, prachtvoll wspaniały (-le)
Prädi'kat *n* (*-ɇs*; *-e*) *gr* orzeczenie; ***mit ~*** z wyróżnieniem
Präfix *n* (*-es*; *-e*) przedrostek
prägen *Münze* wybi(ja)ć; *drk* wytłaczać ⟨-tłoczyć⟩; (*formen*) ⟨u⟩kształtować
Prager *adj* praski
prag'matisch pragmatyczny
prä|'gnant dobitny; **≈gung** *f* znak, cecha; (*Wort*) termin, wyraz; ***... westlicher ~*** ... zachodniego pokroju
prahlen przechwalać się, chełpić się
Prahle'rei *f* przechwałki *f/pl*
Praktik *f* : *zw.* **~en** *pl* praktyki *f/pl*
Prakti'kant(in *f*) *m* (*-en*) praktykant(ka)
Praktikum *n* (*-s*; *-tika*) praktyka
praktisch praktyczny; *adv* praktycznie; ***~er Arzt*** lekarz (ogólnie) praktykujący
prakti'zieren (-) praktykować
Prä'lat *m* (*-en*) prałat
Pra'line *f* pralin(k)a
prall *Sack*: wypchany; *Segel*: wydęty; *Waden itp.*: okrągły, jędrny; ***in der ~en Sonne liegen*** prażyć się na słońcu
prallen (*sn*; ***gegen***) nalatywać ⟨-lecieć⟩, wpadać ⟨wpaść⟩ (na *A*)
Prämie [-mĭə] *f* premia; (*Versicherungsbeitrag*) składka ubezpieczeniowa; **~n-** premiowy
Pranke *f* łapa (*t. pej*)
Präpa'rat *n* (*-ɇs*; *-e*) preparat
präpa'rieren (-) ⟨s⟩preparować
Prä|sentati'on *f* prezentacja; **≈sen'tieren** (-) prezentować, przedstawi(a)ć (***sich*** się); **~'senz** *f* obecność *f*
Präserva'tiv *n* (*-s*; *-e*) prezerwatywa
Präsi'dent *m* (*-en*) (**~in** *f*) prezydent; (*e-s Klubs*) prezes(ka); **~en-** prezydencki, ... prezydenta; **~schaft** *f* prezydentura
Prä'sidium *n* (*-s*; *-ien*) prezydium *n*
prasseln (*-le*; *sn*) *Regen*: dudnić (***auf*** *A* po *L*); *Steine*, *Fragen*: ⟨po⟩sypać się; *Feuer*: buzować
prassen (*-ßt*/*-est*) żyć rozrzutnie
Präven'tiv|maßnahme *f* środek prewencyjny/zapobiegawczy; **~schlag** *m mil* atak uprzedzający
Praxis *f* (*-*; *-xen*) praktyka; ***in der ~*** na praktyce; w praktyce
Präze'denzfall *m* precedens
präzi'sieren (-) ⟨s⟩precyzować
Präzisi'on *f* (*0*) precyzja; **~s-** precyzyjny

predigen *v/i* wygłaszać ⟨wygłosić⟩ kazanie (**über** *A* na temat *G*)
Predigt *f* kazanie (*t.* F *fig*)
Preis *m* (*-es*; *-e*) cena; (*Belohnung*) nagroda; ***um jeden*** ~ za wszelką cenę; ***zum*** ~ ***von ...*** po cenie ...; **~ausschreiben** *n* konkurs z nagrodami
Preisbildung *f* kształtowanie cen
Preiselbeere *f* (borówka) brusznica
Preisempfehlung *f* zalecenie cenowe
preisen* wychwalać, wielbić
Preiserhöhung *f* podwyżka/wzrost cen
preisgeben* wystawi(a)ć (*D* na *A*); (*verraten*) zdradzać ⟨-dzić⟩; (*aufgeben*) zostawi(a)ć (na pastwę losu)
preis|gebunden (sprzedawany) po cenie reglementowanej; **~gekrönt** premiowany, nagrodzony; **~günstig** niedrogi (-go); **2-Leistungs-Verhältnis** *n* relacja ceny do tego co się otrzymuje; **~lich** cenowy (-wo); **2liste** *f* cennik
Preis|rätsel *n* krzyżówka z nagrodami; **~richter(in** *f*) *m* juror(ka), sędzia konkursowy; **~rückgang** *m* spadek cen
Preis|schild *n* etykietka z ceną; **~schlager** *m* oferta atrakcyjna cenowo; **~stopp** *m* zamrożenie cen; **~träger(in** *f*) *m* laureat(ka); **2wert** niedrogi (-go)
Prellbock *m kolej* kozioł odbojowy
prell|en (***j-n um*** *A*) oszuk(iw)ać (k-o na *I*); ***die Zeche*** ~ nie zapłacić rachunku w lokalu; **2ung** *f med* uderzenie
Premiere [-'mie:rə] *f* premiera
Premi'erminister(in *f*) *m* premier
Presse *f* prasa (*t. tech*); ***in der*** ~ w prasie; **~agentur** *f* agencja prasowa; **~erklärung** *f* informacja dla prasy
Presse|konferenz *f* konferencja prasowa; **~mitteilung** *f* komunikat prasowy
pressen (*-ßt*) *v/t* ściskać ⟨-snąć⟩; → (***an-***, ***aus***)***drücken***; *tech* prasować, tłoczyć
Presse|organ *n* organ prasowy; **~sprecher(in** *f*) *m* rzecznik prasowy
Preß|luft *f* (*0*) sprężone powietrze; *w zł.* pneumatyczny; **~wurst** *f* salceson
Prestige [-'sti:ʒ(ə)] *n* (*-s*; *0*) prestiż; *w zł.* prestiżowy; **~verlust** *m* utrata prestiżu
preußisch pruski (po -ku)
prickeln (*-le*) szczypać, swędzić
pries → ***preisen***
Priester|(**in** *f*) *m* kapłan(ka); **2lich** kapłański; **~seminar** *n* seminarium duchowne; **~tum** *n* (*-s*; *0*) kapłaństwo; **~weihe** *f* święcenia *n/pl* kapłańskie

pri'mär pierwotny
Primas *m* (-; *-se*) prymas
Primel *f* (-; *-n*) pierwiosnek, prymuła
primi'tiv prymitywny
Prin|z *m* (*-en*) książe *m*; (*im Märchen*) królewicz; **~'zessin** *f* księżna; (*Tochter*) księżniczka; królewna
Prin'zip *n* (*-s*; *-pien* [-pĭən]) zasada; ***im*** ~ w zasadzie; **2i'ell** zasadniczy (-czo)
Priori'tät *f* priorytet; **~s-** priorytetowy
Prise *f* (*Salz*) szczypta; (*Tabak*) niuch
Prisma *n* (*-s*; *-men*) *mat* graniastosłup; (*Optik*, *Kristall*) pryzmat
Prismenglas *n* lornetka pryzmatyczna
Pritsche *f* (*Liege*) prycza; *mot* skrzynia
pri'vat prywatny; **2detektiv** *m* detektyw prywatnego biura śledczego; **2eigentum** *n* własność prywatna
Privati'sierung *f* prywatyzacja
Pri'vat|sache *f* sprawa/rzecz prywatna; **~sphäre** *f* prywatna sfera życia; **~wirtschaft** *f* (*0*) gospodarka prywatna
Privi'leg *n* (*-s*; *-gien* [-gĭən]) przywilej
privile'giert *adj* uprzywilejowany
pro *praep* (*A*): ~ ***Person*** od osoby; ~ ***Stunde*** na godzinę; ~ ***Stück*** za sztukę
Probe *f* próba; (*Muster*) próbka; ***auf*** ~, ***zur*** ~ na próbę; ***auf die*** ~ ***stellen*** wystawić na próbę; **~fahrt** *f* jazda próbna
proben *teatr* próbować
Probe|sendung *f* przesyłka z próbkami; **2weise** na próbę; **~zeit** *f* okres próbny
pro'bieren (-) *v/t* ⟨s⟩próbować (*G*)
Pro'blem *n* (*-s*; *-e*) problem
proble'matisch problematyczny
Pro'dukt *n* (*-ęs*; *-e*) produkt; *mat* iloczyn
Produkti'on *f* produkcja
Produkti'ons|betrieb *m* zakład produkcyjny; **~kosten** *pl* koszty *m/pl* własne produkcji; **~rückgang** *m* spadek produkcji; **~zweig** *m* gałąź *f* produkcji
Produktivi'tät *f* (*0*) produktywność *f*
Produ'zent(in *f*) *m* (*-en*) producent(ka)
professio'nell profesjonalny
Pro'fessor *m* (*-s*; *-'soren*) profesor
Profes'sorin *f* profesor(ka F)
Profi F *m* (*-s*; *-s*) zawodowiec
Pro'fil *n* (*-s*; *-e*) profil; *mot* rzeźba bieżnika (opony); ***im*** ~ z profilu
Pro'fit *m* (*-ęs*; *-e*) zysk
profi'tieren (-) ciągnąć/mieć korzyści (***von*** z *G*)
Pro'gnose *f* prognoza; *med* rokowanie
prognosti'zieren (-) prognozować

P

Pro'gramm *n* (-*s*; -*e*) program; **~diskette** *f* dysk programowy; **~gestaltung** *f* *RTV* organizacja programu; **2gesteuert** sterowany programowo
program'mier|en (-) ⟨za⟩programować; **2er(in** *f*) *m* programista *m* (-tka)
Pro'gramm|paket *n* pakiet programów; **~vorschau** *f RTV* przegląd programu
progres'siv progresywny; postępowy
Pro|'jekt *n* (-*ęs*; -*e*) projekt; **~jekti'on** *f* projekcja, rzutowanie; **~'jektor** *m* (-*s*; -'*toren*) projektor; **2ji'zieren** (-) rzutować; *Dias* wyświetlać ⟨-lić⟩
Pro'kura *f* (-; -*ren*) prokura
Proku'rist(in *f*) *m* (-*en*) prokurent(ka)
prole'tarisch proletariacki (po -ku)
Pro'mille *n* (-/-*s*; -) promil; **~grenze** *f* dopuszczalna granica zawartości alkoholu we krwi (w promilach)
promi'nent prominentny
Promi'nenten- prominencki
Promi'nenz *f zbior* prominenci *m*/*pl*
Promo|ti'on *f* promocja; **2'vieren** (-) *v*/*t* promować, doktoryzować (*v*/*i* się)
prompt szybki (-ko); F *adv* naturalnie
propagan'distisch propagandowy
propa'gieren (-) propagować
Pro'pan *n* (-*ęs*; *0*), **~gas** *n* propan
Pro'peller *m lotn* śmigło; *mar* śruba napędowa; **~flugzeug** *n*, **~maschine** F *f* samolot śmigłowy
Pro'phet(in *f*) *m* (-*en*) prorok(ini)
pro'phetisch proroczy (-czo)
prophe'zei|en (-) przepowiadać ⟨-wiedzieć⟩; **2ung** *f* przepowiednia
prophy'laktisch profilaktyczny
Proporti'on *f* proporcja, stosunek
proportio'nal proporcjonalny
Pro'porz *m* (-*es*; -*e*) *pol* polityka kadrowa według klucza partyjnego
Pro|sa *f* (*0*) proza; **2'saisch** prozaiczny
prosit! na zdrowie!; → ***Neujahr***
Pro'spekt *n* (-*ęs*; -*e*) prospekt; (*Reklame t.*) ulotka
Prostata *f* (*0*) stercz, prostata
Prostitu'ierte *f* prostytutka
Prostituti'on *f* (*0*) prostytucja
Protekti'on *f* protekcja
Pro'test *m* (-*ęs*; -*e*) protest(acyjny *w zł.*)
Prote'stant(in *f*) *m* (-*en*) protestant(ka)
prote'stantisch protestancki
prote'stieren (-) (***gegen***) ⟨za⟩protestować (przeciwko *D*)
Pro'these *f* proteza
Proto'koll *n* (-*s*; -*e*) protokół; ***zu ~ nehmen*** wciągnąć do protokołu; ***zu ~ geben*** zezna(wa)ć do protokołu
protokol'lieren (-) ⟨za⟩protokołować
Prototyp *m* prototyp, pierwowzór
protz|en F (-*zt*) (***mit***) pysznić się (*I*); **~ig** pompatyczny, okazały, luksusowy
Provi'ant *n* (-*s*; *0*) prowiant, żywność *f*
Pro|'vinz *f* prowincja; **2vinzi'ell** prowincjonalny; **~visi'on** *f* prowizja
provi'sorisch prowizoryczny
Provo|kati'on *f* prowokacja; **2ka'tiv** prowokacyjny, prowokujący (-co)
provo'zieren (-) ⟨s⟩prowokować
Proze'dur *f* procedura; postępowanie
Pro'zent *n* (-*ęs*; -*e*) procent; **~e** *pl* F *t.* odsetki *f*/*pl*; **~satz** *m* stopa procentowa
prozentu'al procentowy (-wo)
Pro'zeß *m* (-*sses*; -*sse*) proces(owy *w zł.*)
prozes'sieren (-) procesować się
Pro|zes'sion *f* procesja; **~'zessor** *m* (-*s*; -'*soren*) procesor; **~'zeßvollmacht** *f* pełnomocnictwo procesowe
prüde pruderyjny; **2'rie** *f* (*0*) pruderia
prüfen *v*/*t* sprawdzać ⟨-dzić⟩; *Schüler* ⟨prze⟩egzaminować (***in*** *D* z *G*); *Leben, Schicksal*: doświadczać ⟨-czyć⟩
Prüfer(in *f*) *m* egzaminator(ka)
Prüf|ling *m* egzaminowany (-na), kandydat(ka); **~stand** *m* stanowisko kontrolne; **~stein** *m* probierz, sprawdzian
Prüfung *f* (z)badanie; sprawdzenie; egzamin
Prüfungs|angst *f* strach przed egzaminem; **~aufgabe** *f* zadanie egzaminacyjne; **~zeugnis** *n* świadectwo ze złożenia egzaminu/egzaminów
Prü|gel *pl* cięgi *pl*, lanie; **~ge'lei** *f* bijatyka, bójka; **2geln** (-*le*) bić (***sich*** się)
prunkvoll zbytkowny, pełen przepychu
pseudo-, Pseudo- pseudo-
Psyche *f* psychika
psychi'atrisch psychiatryczny
Psychoana'lyse *f* psychoanaliza
psycho'logisch psychologiczny
Psycho|'pharmaka *pl* leki *m*/*pl* psychotropowe; **~thera'peut(in** *f*) *m* psychoterapeuta *m*
pu'blik: ***~ machen*** upubliczni(a)ć
Publi|kati'on *f* (*0*) opublikowanie, (*t. pl*) publikacja; **~kum** *n* (-*s*; *0*) publiczność *f*
publi'zieren (-) ⟨o⟩publikować
Pudding *m* (-*s*; -*e*/-*s*) budyń *m*
Pudelmütze *f* czapka dziana

P

Puder *m* puder; *med* zasypka; **~dose** *f* puderniczka; **2n** (*-re*) ⟨przy⟩pudrować
Puff F *m*/*n* (*-s*; *-s*) burdel
Puffer *m* zderzak, (*t. EDV*) bufor
Pulli F *m* (*-s*, *-s*) sweterek, pulowerek
Pull'over *m* sweter, pulower
Puls *m* (*-es*; *-e*) puls, tętno; **~ader** *f* tętnica; **2'ieren** (-) tętnić, pulsować
Pult *n* (*-ęs*; *-e*) pulpit
Pulver *n* proszek; (*Schießpulver*) proch; *w zł.* (*zw. kulin*) ... w proszku
Pulverschnee *m* puszysty śnieg, puch
Pumpe *f* pompa, *dim* pompka
pumpen pompować; F *fig* pożyczać ⟨-życzyć⟩ (***von*** u *G*)
Pumps [pœmps] *pl* czółenka *n*/*pl*
Punkt *m* (*-ęs*; *-e*) punkt; (*Satzzeichen*) kropka; *w zł.* punktowy; **~ *für* ~** punkt po punkcie; ***nach* ~*en*** *sport* na punkty
pünktlich punktualny
Punsch *m* (*-es*; *-e*) poncz
Pu'pille *f* źrenica; **~n-** ... źrenic(y)
Puppe *f* lalka; *zoo* poczwarka
Puppen|spiel *n* sztuka marionetkowa; **~theater** *n* teatr lalek/kukiełkowy
pur czysty; *Gold*: szczery
Pü'ree *n* (*-s*; *-s*) piure
purpur|n, **~rot** purpurowy (-wo)
Purzel|baum *m* koziołek, fikołek; **2n** (*-le*; *sn*) wywracać ⟨-wrócić⟩ się; F *Preise*: (gwałtownie) spadać ⟨spaść⟩
Puste F *f* (*0*) dech; ***aus der* ~ *sein*** nie móc złapać tchu
Pustel *f* (-; *-n*) krostka, pryszcz(yk)
pusten F (*-e-*) dmuchać
Pute *f* indyczka; **~r** *m* indyk
Putsch *m* (*-es*; *-e*) pucz
Putz *m* (*-es*; *0*) *bud* tynk, wyprawa; ***mit bröckelndem* ~** odrapany; F ***auf den* ~ *hauen*** hulać (do upadłego)
putzen (*-zt*) ⟨o-, wy⟩czyścić; *Treppe* szorować; *Nase* ucierać ⟨utrzeć⟩; ***sich* ~** *Katze*: lizać się; *Vogel*: muskać się
Putzfrau *f* sprzątaczka
putzig F zabawny, pocieszny
Putzlappen *m* ścierka (do szorowania)
Putzmittel *n* środek do czyszczenia
Puzzle [pazl] *n* (*-s*; *-s*) składanka
Pyjama [py'dʒɑ:-] *m*/*n* (*-s*; *-s*) pi(d)żama
Pyra'mide *f* piramida

Q

Quacksalber(in *f*) *m* znachor(ka)
Quaderstein *m* cios, kamień ciosowy
Qua'drat *n* (*-ęs*; *-e*) kwadrat(owy *w zł.*)
qua'dratisch kwadratowy
Qua'dratzahl *f* kwadrat liczby
quaken *Frosch*: skrzeczeć, rechotać; *Ente*: kwakać
quäken *Säugling*: kwilić
Qual *f* męka; (*seelisch t.*) udręka
quäle|n męczyć (***sich*** się); **~*d*** męczący (-co); **2'rei** *f fig* męczarnia
Qualifikati'on *f* kwalifikacja
qualifi'zieren (-) ⟨za⟩kwalifikować (***sich*** się)
Quali'tät *f* jakość *f*; *fig* zaleta
qualita'tiv jakościowy (-wo)
Quali'tätskontrolle *f* kontrola jakości
Quali'täts|probe *f* próba jakościowa; **~ware** *f* towar wysokiej jakości
Qualle *f* meduza
Qualm *m* (*-ęs*; *0*) (czarny) dym; **2en** *v*/*i* dymić; *Kerze*: kopcić; *v*/*t* F ćmić
qualvoll męczący, dręczący; **~ *sterben*** umrzeć po długich cierpieniach
Quan|ti'tät *f* ilość *f*; **2tita'tiv** ilościowy (-wo); **~tum** *n* (*-s*; *-ten*) kwantum *n*
Quaran'täne [ka-] *f* kwarantanna
Quark *m* (*-ęs*; *0*) twaróg; *fig pej* → ***Quatsch***; **~kuchen** *m* sernik
Quar|'tal *n* (*-s*; *-e*) kwartał; **~(s)-** kwartalny; **~'tett** *n* (*-ęs*; *-e*) kwartet
Quar'tier *n* (*-s*; *-e*) kwatera
Quarz *m* (*-es*; *-e*) kwarc(owy *w zł.*)
quasseln F (*-le*) paplać, bajtlować
Quaste *f* frędzla, chwast, *dim* chwaścik
Quatsch *m* (*-ęs*; *0*) *pej* dyrdymały *f*/*pl*; (*Gerede t.*) bzdury *f*/*pl*
quatschen F gawędzić; *pej* trzepać językiem; pleść (***dummes Zeug*** trzy po trzy); (*ausplaudern*) wypaplać *pf*

Q

Quecksilber *n* (*-s*; *0*) rtęć *f*; *w zł.* rtęciowy; **~vergiftung** *f* zatrucie rtęcią
Quell- źródlany; *meteo* kłębiasty
Quelle *f* źródło (*t. fig*); **~n-** *fig* źródłowy
quellen* *v/i* (*sn*) płynąć (***aus*** z *G*); (*im Wasser*) ⟨na⟩pęcznieć
quengeln (*-le*) kaprysić
quer *adv* w/na poprzek; wszerz; ***~ über*** (*etw gehen itp.*) na przełaj (przez *A*); ***kreuz und ~*** wzdłuż i wszerz
Querbalken *m* poprzecznica
querbeet F *adv* na przełaj; (*auswählen*) na chybił trafił; *fig* ***~ durch ... gehen*** obejmować wszystkie ...
Quer|e F *f*: *j-m* ***in die ~ kommen*** włazić ⟨wleźć⟩ w paradę (*D*); **2denker** *m* zwolennik wolnomyślności
Que'relen *f/pl* niesnaski *f/pl*
Querfeld'einlauf *m* bieg przełajowy
Querformat *n* format poprzeczny
Querlatte *f* poprzeczka
Querschnitt *m* przekrój poprzeczny
Quer|schnittslähmung *f* porażenie poprzeczne; **~straße** *f* przecznica, poprzeczna ulica/droga
quetsch|en zgniatać ⟨zgnieść⟩, ⟨z⟩miażdżyć (*t.* ***sich*** *etw* sobie); **2ung** *f med* zgniecenie, zmiażdżenie
quiek(s)en kwiczeć, kwiknąć *v/s*
quietschen piszczeć, pisnąć *v/s*
Quirl *m* (*-es*; *-e*) mątewka; **2en** mieszać, kłócić; **2ig** żywy, ruchliwy
quitt: ***wir sind ~*** jesteśmy kwita
Quitte *f* pigwa; **~n-** pigwowy
quit'tieren (-) ⟨po⟩kwitować; *fig* skwitować *pf*; ***den Dienst ~*** podać się do dymisji
Quittung *f* pokwitowanie, kwit; ***gegen ~*** za pokwitowaniem
Quiz [kvɪs] *n* (*idkl*) teleturniej, kwiz
quoll, **quölle** → ***quellen***
Quote *f* udział procentowy
Quotenregelung *f* przepis regulujący obsadzanie stanowisk proporcjonalnie do udziału w danej grupie/partii
Quoti'ent *m* (*-en*) iloraz

R

Ra'batt *m* (*-es*; *-e*) rabat, upust
Ra'bauke F *m* (*-n*) łobuz, obwieś *m*
Rab'biner *m* rabin
Rabe *m* (*-n*) kruk; **~n-** kruczy
rabi'at rozjuszony; brutalny
Rache *f* (*0*) zemsta; ***aus ~*** przez zemstę
Rachen *m* gardło, gardziel *f*; → ***Maul***
rächen ⟨po⟩mścić; ***sich ~*** ⟨ze⟩mścić się (***an*** *D* na *L*; ***für*** za *A*)
Ra'chitis *f* (*0*) krzywica
rachsüchtig mściwy (-wie)
Rad *n* (*-es*; *¨er*) koło; F (*Fahrrad*) rower
Radarfalle *f* pułapka radarowa
Radarkontrolle *f* kontrola prędkości przy pomocy radaru komunikacyjnego
Ra'dau F *m* (*-s*; *0*) hałas, rejwach
Ra'daubruder F *m* awanturnik
Rädchen *n* kół(ecz)ko
radebrechen (*-brechst*, *-brechte*, *hat geradebrecht*) kaleczyć mowę; ***er radebrecht Deutsch/Polnisch*** on mówi łamaną niemczyzną/polszczyzną
radeln (*-le*; *sn*) → ***radfahren***
Rädelsführer *m* herszt, prowodyr
Räder *pl* → ***Rad***; **~werk** *n* tryby *m/pl*
radfahren (*fährt/fuhr Rad*, *ist radgefahren*) jeździć / ⟨po⟩jechać na rowerze
Radfahrer(in *f*) *m* rowerzysta *m* (-tka)
Radweg *m* droga dla rowerów
Radiati'on *f* (*0*) *fiz* promieniowanie
ra'dier|en (-) wycierać ⟨wytrzeć⟩ gumką; *Bild* ⟨wy⟩rytować; **2gummi** *m* guma do wycierania; **2ung** *f* akwaforta
Ra'dieschen *n* rzodkiewka
radi'kal radykalny; *pol* skrajny
Radika'lismus *m* (-; *0*) radykalizm
Radio *n* (*-s*; *-s*) radio(wy *w zł.*); ***im ~*** w/przez radio; **2ak'tiv** promieniotwórczy; **~recorder** *m* radiomagnetofon
Radiowecker *m* budzik z radio
Radium *n* (*-s*; *0*) rad(owy *w zł.*)
Radius *m* (-; *-ien* [-dĭən]) promień *m*
Radkappe *f* kołpak koła
Radler(in *f*) *m* rowerzysta *m* (-tka)

Rad|rennen *n* wyścig kolarski; **~sport** *m* kolarstwo; **~sportler(in** *f*) *m* kolarz
Radtour *f* wycieczka na rowerze/rowerach, wycieczka rowerowa
raff|en *Stoff* układać ⟨ułożyć⟩ w fałdy; *Text* skracać ⟨skrócić⟩; ***an sich ~*** zagarniać ⟨-nąć⟩; **~gierig** zachłanny
Raffine'rie [*pl* -'ri:ən] *f* rafineria
Raffi|'nesse *f* (*0*) wyrafinowanie; (*t. pl*) finezja; **&'niert** *fig* wyrafinowany, wymyślny
ragen sterczeć, wystawać (***aus*** z *G*)
Ragout [-'gu:] *n* (*-s*; *-s*) potrawka
Rahm *m* (*-es*; *0*) śmietan(k)a
rahmen oprawi(a)ć w ramy
Rahmen *m* rama, *dim* ramka; *w zł.* (*t. fig*) ramowy; **~programm** *n* program ramowy, F ramówka
Rahm|käse *m* ser śmietankowy; **~soße** *f* sos śmietanowy, sos ze śmietany
Ra'kete *f* rakieta; **~n-** *zw.* rakietowy
Ra'keten|start *m* start rakiety; **~werfer** *m* wyrzutnia rakietowych pocisków
rammen wbi(ja)ć (pale); *Schiff*: staranować *pf*; *Auto*: zderzyć się *pf* (z *I*)
Rampe *f* rampa; *bud t.* pochylnia
rampo'niert F sfatygowany
Ramsch *m* (*-es*; *0*) tandeta
ran F → ***heran***
Rand *m* (*-es*; *"er*) brzeg, krawędź *f*; *drk*, *fig* margines; ***am ~e*** *fig* na skraju; na marginesie
Ran'da|le F *f*: ***~ machen*** → **&'lieren** (-) awanturować się, urządzić *pf* burdę; **~'lierer** *m* awanturnik, P grandziarz
Rand|gebiet *n* kresy *m/pl*; *fig* dziedzina marginesowa; **~gruppe** *f* margines społeczny; **~streifen** *m* pobocze drogi
randvoll pełny/napełniony po brzegi
rang, **ränge** → ***ringen***
Rang *m* (*-es*; *"e*) stopień *m*, ranga; *teatr* balkon; (*Platz*) miejsce; ***von ~*** wybitny
rangehen* F → ***herangehen***; zab(ie)rać się do dzieła
Rangier|bahnhof [-'ʒi:r-] *m* stacja rozrządowa; **&en** (-) *v/i* manewrować; F *fig* zajmować (***an erster Stelle*** pierwsze miejsce)
Rang|liste *f* lista rankingowa; **~ordnung** *f* hierarchia; *pol*, *sport* ranking
ranhalten*: F ***sich ~*** nie marudzić
Ranke *f bot* wąs; **&n** (***sich***) piąć/wić się
ran|lassen* F dopuszczać ⟨-puścić⟩ (***an*** *A* do *G*); **~machen** F → ***heranmachen***
rann → ***rinnen***; **~te** → ***rennen***
Ranzen *m* tornister
ranzig zjełczały; ***~ werden*** zjełczeć *pf*
ra'pide w szybkim tempie, gwałtownie
Raps *m* (*-es*; *0*) rzepak(owy *w zł.*)
rar rzadki (-ko)
Rari'tät *f* rarytas, osobliwość *f*
rasch szybki (-ko), prędki (-ko)
rascheln (*-le*) ⟨za⟩szeleścić
rasen (*toben*) szaleć; (*hasten*, *fahren*; *sn*) ⟨po⟩pędzić; ganiać; wpadać ⟨wpaść⟩ (***gegen*** na *A*); *Zeit*: uciekać
Rasen *m* trawa; darń *f*; (*Fläche*) trawnik
rasend szalony (-lenie); ***~ machen*** doprowadzać ⟨-dzić⟩ do pasji
Rasenmäher *m* kosiarka gazonowa
Rasensprenger *m* deszczownia
Rase'rei *f* szał; F kawalerska jazda
Ra'sier|apparat *m* maszynka do golenia; **~creme** *f* krem do golenia; **&en** (-) ⟨o⟩golić (***sich*** się); **~er** F *m* golarka; **~klinge** *f* żyletka; **~messer** *m* brzytwa; **~wasser** *n* płyn po goleniu
Räson [-'zõ:] *f* (*0*) → ***Vernunft***
Raspel *f* (-; *-n*) tarnik, raszpla; → ***Reibe***
Rasse *f* rasa; *w zł.* rasowy
Rassel *f* (-; *-n*) grzechotka; **&n** (*-le*) szczękać, brzękać; *Wecker*: terkotać
Rassen|diskriminierung *f* (*0*) dyskryminacja rasowa; **~unruhen** *f/pl* zamieszki na tle rasowym
ras|sig, **~sisch** rasowy (-wo)
ras'sistisch rasistowski
Rast *f* (*zw. 0*) odpoczynek; (*Halt*) postój; ***~ machen*** zatrzymać się na postój; → **&en** (*-e-*) odpoczywać ⟨-cząć⟩; **~haus** *n* → ***Raststätte***; **&los** niestrudzony (-dzenie); → ***unruhig***; **~platz** *m* parking przy autostradzie; **~stätte** *f* jadłodajnia przy autostradzie, motorest
Ra'sur *f* golenie
Rat *m* (*-es*; *0*) (po)rada; (*pl "e*) rada; *os.* radca *m*; ***j-n zu ~e ziehen***, ***sich ~ holen*** (***bei***) poradzić się, zasięgać rady u (*G*)
rät → ***raten***
Rate *f* rata; (*Frachtrate*) stawka; (*der Geburten*) wskaźnik; ***in/auf ~n*** na raty
raten* ⟨po⟩radzić; (*mutmaßen*) zgadywać; ***rat mal, ...*** zgadnij, ...
Raten|kauf *m* kupno na raty; **~zahlung** *f* płatność ratalna; ***auf ~*** na spłaty
Ratespiel *n* zgadywanka
Rat|geber(in *f*) *m* doradca *m* (-czyni); *m* (*Buch*) poradnik; **~haus** *n* ratusz

R

ratifi'zieren (-) ratyfikować *(im)pf*

Rati'on *f* racja (*zw.* żywnościowa)

ratio'nal racjonalny; *mat* wymierny

rationali'sieren (-) ⟨z⟩racjonalizować

Rationali'sierung *f* racjonalizacja

ratio'nieren (-) racjonować

rat|los bezradny; **~sam** wskazany, pożądany; **2schlag** *m* (po)rada

Rätsel *n* zagadka (*t. fig*), łamigłówka

rätselhaft zagadkowy (-wo)

rätseln (*-le*) gubić się w domysłach

Ratskeller *m* piwnica ratuszowa

Ratssitzung *f* posiedzenie rady

Ratte *f* szczur; *pej* drań *m*; **~n-** szczurzy

Rattengift *n* trucizna na szczury

rattern (*-re*) *Wagen*: turkotać; *Maschine*: terkotać; *Motor*: warkotać

Raub *m* (*-ɇs*; *0*) rabunek; *jur t.* rozbój; (*e-s Kindes*) porwanie; (*Beute*) łup; **~bau** *m* (*-ɇs*; *0*) gospodarka rabunkowa; **~druck** *m* (*-ɇs*; *-e*) *drk* pirackie wydanie

rauben *v/t* ⟨z⟩rabować; por(y)wać; *fig* odbierać ⟨odebrać⟩; *v/i* rabować

Räuber *m* (**~in** *f*) bandyta *m*, † rozbójnik (-iczka); **~bande** *f* szajka bandytów

räuberisch rozbójniczy

Raubkopie *f* piracka kopia

Raubmord *m* zabójstwo rabunkowe

Raubüberfall *m* napad rabunkowy

Rauch *m* (*-ɇs*; *0*) dym; **2en** *v/i* dymić (się); *v/t* palić; **~en** *n* (*-s*; *0*) palenie

Raucher(in *f*) *m* palacz(ka), palący (-ca)

Räucher- *kulin* wędzony

Raucherabteil *n* przedział dla palących

räuchern (*-re*) *v/t* ⟨u⟩wędzić

Räucherspeck *m* wędzonka

Rauch|fahne *f* smuga dymu; **2ig** *Raum*: zadymiony; **~verbot** *n* zakaz palenia; **~waren** *f/pl* (*Pelze*) wyroby *m/pl* futrzarskie; **~zimmer** *n* palarnia

rauf F → ***herauf***, ***hinauf***

rauf|en *v/t* wyrywać, szarpać; *v/i* (*t.* ***sich***) mocować/bić się; **2e'rei** *f* bójka, bitka; **~lustig** skory do bitki

rauh szorstki (-ko) (*t. Ton itp.*), chropowaty (-to); *Klima*: surowy; *Wind*: ostry; **2reif** *m* (*-ɇs*; *0*) szron, szadź *f*

Raum *m* (*-ɇs*; *¨e*) przestrzeń *f*; (*Fläche*) obszar; (*Platz*) miejsce; (*Räumlichkeit*) pomieszczenie, lokal

räumen ewakuować *(im)pf*; *Schnee itp.* usuwać ⟨usunąć⟩; *Zimmer* zwalniać ⟨zwolnić⟩; → ***aus-***, ***einräumen***

Raum|fähre *f* prom kosmiczny, wahadłowiec; **~fahrt** *f* (*0*) astronautyka, kosmonautyka; *w zł.* kosmiczny; **~inhalt** *m* objętość *f* (wnętrza), pojemność *f*

räumlich przestrzenny

Räumlichkeit *f* pomieszczenie, lokal

Raum|maß *n* miara objętościowa; **~pflegerin** *f* sprzątaczka; **~planung** *f* planowanie przestrzenne; **~schiff** *n* statek kosmiczny; **~temperatur** *f* temperatura pokojowa

Räumung *f* ewakuacja; opróżnianie; usuwanie, usunięcie; → ***räumen***

Räumungs|klage *f* powództwo o eksmisję; **~verkauf** *m* wyprzedaż w celu likwidacji

Rau|pe *f* gąsienica (*t. tech*); **~penschlepper** *m* ciągnik gąsienicowy

raus F → ***heraus***, ***hinaus***

Rausch *m* (*-ɇs*; *¨e*) odurzenie, zamroczenie, F rausz; *fig* upojenie; **2en** szumieć; **~d** szumny; **~en** *n* (*-s*; *0*) szum

Rauschgift *n* narkotyk; **~ *nehmen*** narkotyzować się; **~handel** *m* handel narkotykami; **~sucht** *f* (*0*) narkomaństwo

räuspern (*-re*): ***sich* ~** chrząkać, pochrząkiwać; odchrząknąć *v/s*

raus|rücken F (*geben*) kopsać, kopsnąć *v/s*; **~schmeißen*** F wyrzucać ⟨-cić⟩ (za drzwi); wyl(ew)ać (z posady)

Rausschmeißer F *m* wykidajło *m*

Raute *f mat* romb; *bot* ruta

Razzia *f* (-; *-ien* [-tsĭən]) obława, F łapanka

Rea'genzglas *n* probówka

rea'gieren (-) ⟨za⟩reagować

Reakti'on *f* reakcja

reaktio'när reakcyjny

Reakti'onszeit *f* czas reakcji

Re'aktor *m* (*-s*; *-'toren*) reaktor

real, **Real-** realny

reali'sier|bar wykonalny, możliwy do zrealizowania; **~en** (-) ⟨z⟩realizować; **2ung** *f* (*0*) realizacja, zrealizowanie

Rea|'lismus *m* (-; *0*) realizm; **2'listisch** realistyczny; **~li'tät** *f* realność *f*

Re'allohn *m* płaca realna

Reanimati'on *f* reanimacja

Rebe *f* latorośl (winna), winorośl *f*

rebel'lieren (-) ⟨z⟩buntować się

re'bellisch buntowniczy (-czo)

Rebhuhn *n* kuropatwa

rech|en grabić (grabiami); **2en** *m* grabie *pl*, *dim* grabki *pl*; *tech t.* krata

Rechen|aufgabe *f* zadanie rachunko-

we; **~buch** *n* podręcznik arytmetyki
Rechen|fehler *m* błąd rachunkowy; **~-schaft** *f (0)*: **~ *ablegen*|*geben* (*über* A)** zda(wa)ć rachunek / sprawę (z *G*); ***zur ~ ziehen*** pociągnąć do odpowiedzialności; **~schaftsbericht** *m* sprawozdanie; referat sprawozdawczy; **~zentrum** *n* centrum obliczeniowe
recherchieren [-ʃɛrˈʃiːrən] (-) *v/t* sondować (*A*), zbierać informacje (o *L*)
rech|nen (*-e-*) *v/t* obliczać ⟨-czyć⟩; zaliczać ⟨-czyć⟩ (***zu*** do *G*); *v/i* rachować (***im Kopf*** w pamięci); liczyć (***auf*** *A* na *A*); (***mit***) liczyć się (z *I*); spodziewać się (*G*); **ℒner** *m* kalkulator; komputer
rechnerisch rachunkowy (-wo)
Rechnung *f* rachunek; *hdl t.* faktura; *fig* porachunek; ***nach meiner ~*** według moich obliczeń; ***in ~ stellen*** wpisać na rachunek
Rechnungs|betrag *m* suma rachunku; **~bücher** *n/pl* księgi *f/pl* rachunkowe
Rechnungs|datum *n* data rachunku; **~-jahr** *n* rok obrachunkowy; **~prüfer(in** *f*) *m* rewident(ka) księgowy (-wa)
recht|- prawy; *pol* prawicowy; ***~er Winkel*** kąt prosty; ***~er Hand*** po prawej ręce; ***auf der ~en Seite*** z prawej strony
recht (*richtig*) słuszny, prawy; (*passend*) odpowiedni(o); *adv* (*ziemlich*) dość; ***~ haben*** mieć słuszność/rację; ***~ geben*** przyzna(wa)ć rację; *j-m* ***~ sein*** odpowiadać (*D*); ***ganz ~!*** zupełnie słusznie!; ***wenn ich ~ höre*** jeśli mnie słuch nie myli; ***nach dem ℒen sehen*** doglądać
Recht *n* (*-ęs*; *-e*) prawo (***auf*** *A* do *G*); ***von ~s wegen*** zgodnie z literą prawa; *fig* właściwie; ***mit ~*** słusznie; ***im ~ sein*** mieć słuszność
Rechte *f pol* prawica; *sport* cios prawą
Rechte(r) *pol* prawicowiec
Rechteck *n* prostokąt; **ℒig** prostokątny
rechtfertig|en usprawiedliwi(a)ć (***sich mit*** się *I*); **ℒung** *f* usprawiedliwienie
recht|lich prawny; **~mäßig** legalny
rechts po prawej stronie; (*gehen itp.*) prawą stroną; (*t.* ***nach ~***) na prawo (***von*** od *G*); ***von ~*** z prawa; **ℒabbieger** *m* (pojazd) skręcający w prawo
Rechts|anspruch *m* roszczenie prawne, prawo; **~anwalt** *m*, **~anwältin** *f* adwokat; **~behelf** *m* (*-ęs*; *-e*) środek zaskarżenia; **~berater(in** *f*) *m* doradca prawny; **~bruch** *m* naruszenie prawa
rechtschaffen uczciwy; F *adv* porządnie
Rechtschreibung *f* pisownia
rechtsextremistisch ultraprawicowy
rechts|fähig zdolny do działań prawnych; **ℒgrundlage** *f* podstawa prawna
Rechts|hilfeersuchen *n jur* prośba o pomoc prawną; **ℒkräftig** prawomocny; ***~ werden*** uprawomocni(a)ć się
Rechtskurve *f* zakręt w prawo
Rechtslage *f (0)* sytuacja prawna
Rechtsmittelbelehrung *f* pouczenie o przysługującym środku odwoławczym
Rechts|nachfolge *f* następstwo prawne; **~pflege** *f* wymiar sprawiedliwości
Rechtsprechung *f (0)* orzecznictwo (sądowe); jurysdykcja
Rechtsschutz *m* ochrona prawna
Rechtsschutzversicherung *f* ubezpieczenie od kosztów prawnych
rechtsseitig prawostronny
Rechts|streit *m* spór prawny; **~studium** *n* studia *n/pl* prawnicze; **ℒungültig** prawnie nieważny; **ℒverbindlich** prawnie obowiązujący; **~verkehr** *m* (*Straße*) ruch prawostronny; **~vorschrift** *f* przepis prawny; **~weg** *m* (*-ęs*; *0*) droga prawna; **ℒwidrig** bezprawny
recht|wink(e)lig prostopadły (-le); *mat* prostokątny; **~zeitig** w porę; zawczasu
Reck *n* (*-ęs*; *-e*) drążek, rek
recken wyciągać ⟨-gnąć⟩; → ***strecken***
Recorder [-ˈkɔr-] *m* magnetofon
Recycling [riˈsaĭk-] *n* (*-s*; *0*) recyrkulacja
Redakti'on *f* redakcja; **~s-** redakcyjny
redaktio'nell redakcyjny
Rede *f* mowa; ***e-e ~ halten*** wygłosić mowę; (***es ist***) ***nicht der ~ wert*** nie ma o czym mówić; ***davon kann k-e ~ sein*** o tym nie ma mowy
redegewandt elokwentny, F wygadany
reden (*-e-*) *v/t*, *v/i* mówić (***über*** *A*, ***von*** o *L*); (*Rede halten t.*) przemawiać; ***er läßt mit sich ~*** z nim można się dogadać; → ***sagen***, ***sprechen***
Redensart *f* powiedzenie, powiedzonko; *pl t.* frazesy *m/pl*
Redewendung *f* zwrot frazeologiczny
redi'gieren (-) ⟨z⟩redagować
redlich rzetelny, uczciwy
Redner(in *f*) *m* mówca *m* (-czyni)
Redner|pult *m*, **~tribüne** *f* mównica
redu'zieren (-) ⟨z⟩redukować
Reede *f* reda; **~r** *m* armator
re'ell rzeczywisty; → ***redlich***

Refe|'rat *n* (-*ẹs*; -*e*) referat; **~ren'dar(in** *f*) *m* aplikant(ka); **~'rent(in** *f*) *m* (-*en*) referent(ka); **≗'rieren** (-) ⟨z⟩referować
re|flek'tieren (-) *Licht* odbi(ja)ć; **≗'flex** *m* (-*es*; -*e*) refleks; *med* odruch; *w zł. tech* odblaskowy; **~fle'xiv** *gr* zwrotny
Re'form *f* reforma
Reformati'on *f* (*0*) Reformacja
Re'formhaus *n* sklep z ziołami i artykułami dietetycznymi
refor'mieren (-) ⟨z⟩reformować
Re'gal *n* (-*s*; -*e*) półka, regał
Re'gatta *f* (-; -*tten*) regaty *f*/*pl*
rege żywy; *Verkehr*, *Handel*: ożywiony
Regel *f* (-; -*n*) reguła, prawidło; *med* miesiączka; ***in der ~*** z reguły; **≗mäßig** regularny, prawidłowy; F *adv* zawsze
regeln (-*le*) ⟨u⟩regulować
regel|recht F istny, prawdziwy; *praed* wprost; **≗ung** *f* (u)regulowanie; regulacja; **~widrig** nieprawidłowy
regen: *sich ~* ruszać ⟨poruszyć⟩ się; *Gefühl*: budzić się
Regen *m* deszcz; **~bogen** *m* tęcza; *w zł.* tęczowy; **~fälle** *m*/*pl* opady *m*/*pl* deszczowe/deszczu; **~mantel** *m* deszczowiec; **~schauer** *m* przelotny deszcz
Regen|schirm *m* parasol; **~tag** *m* deszczowy/dżdżysty dzień; **~tropfen** *m* kropla deszczu; **~wasser** *n* woda deszczowa, deszczówka; **~wetter** *n* słota, plucha; **~wurm** *m* dżdżownica
Regie [-'ʒi:] *f* (*0*) zarząd; *teatr* reżyseria
re'gier|en (-) *v*/*t* rządzić (*t. gr*); *v*/*i* sprawować rządy; *Herrscher*: panować; **≗ung** *f* rządy *m*/*pl*; (*Kabinett*) rząd
Re'gierungs|bezirk *m* regencja; **~chef** *m* szef rządu; **~koalition** *f* koalicja rządowa; **~partei** *f* stronnictwo rządowe
Re'gierungs|sprecher(in *f*) *m* rzecznik rządu; **~wechsel** *m* zmiana rządu
Regime [-'ʒi:m] *n* (-*s*; -/-*s*) reżim
Regi|'ment *n* (-*ẹs*; -*er*) *mil* pułk; **~'on** *f* region; strefa; **≗o'nal** regionalny
Regis'seur(in *f*) [-ʒɪ-] *m* reżyser(ka)
Re'gister *n* rejestr; (*Index*) skorowidz
regis'trieren (-) ⟨za⟩rejestrować
reglemen'tieren (-) reglamentować
Regler *m* regulator
reg|nen: *es regnet* pada deszcz; **~nerisch** deszczowy (-wo), dżdżysty (-to)
regu|'lär regularny; **~'lierbar** regulowany; **~'lieren** (-) ⟨wy⟩regulować
Regung *f* (*Gefühl*) uczucie
regungslos nieruchomy (-mo)
Reh *n* (-*ẹs*; -*e*) sarna
rehabili'tieren (-) ⟨z⟩rehabilitować
Rehabili'tierung *f* rehabilitacja
Rehbock *m* sarniuk, rogacz
Rehbraten *m* pieczeń *f* z sarny, sarnina
Reibeisen *n* tarka
Reibekuchen *m* placek ziemniaczany
reib|en* *v*/*t* pocierać, ⟨po⟩trzeć; *kulin* ucierać ⟨utrzeć⟩; ***sich ~ Augen*** przecierać ⟨przetrzeć⟩; *Hände* zacierać ⟨zatrzeć⟩; *v*/*i* trzeć, ocierać; **≗ung** *f* tarcie
reibungslos *fig* gładki (-ko), bez przeszkód
reich bogaty(**an** *D* w *A*); *praed* bogato; ***~ sein*** (**an** *D*) obfitować (w *A*); ***der***/***die ≗e*** bogacz(ka); ***die ≗en*** bogacze
Reich *n* (-*ẹs*; -*e*) państwo; *hist* rzesza; (*Tierreich*) świat; *fig*, *rel* królestwo
reich|en *v*/*i* sięgać (**bis** do *G*); → ***ausreichen***; *v*/*t* poda(wa)ć; **~haltig** bogaty (-to); **~lich** *Essen*, *Fang*: obfity (-cie); *Trinkgeld*: sowity (-cie); *Mantel itp.*: za duży, luźny (-no); *Zeit*: wystarczający (-co); (*etw mehr als*) dobry; F *adv* (*ziemlich*) dość; (*sehr*) bardzo; **≗tum** *n* (-*s*; *¨er*) bogactwo; **≗weite** *f* zasięg
reif dojrzały (-le)
Reif *m* (-*ẹs*; -*e*) bransoleta; → ***Rauhreif***
Reif|e *f* (*0*) dojrzałość *f*; ***mittlere ~*** mała matura; **≗en** (*sn*) dojrze(wa)ć
Reifen *m* obręcz *f*; *mot* opona, F guma
Reifendruck *m* ciśnienie w oponach
Reifenpanne *f* przebicie opony
Reifeprüfung *f* egzamin dojrzałości
Reifezeugnis *n* świadectwo dojrzałości
Reifglätte *f* śliskość szronowa
reiflich gruntowny
Reigen *m* taniec w koło, korowód
Reihe *f* rząd; (*t. mat*) szereg; seria; ***der ~ nach*** po porządku, kolejno; ***jetzt ist ... an der ~*** teraz kolej na (*A*)
Reihenfolge *f* kolejność *f*; porządek
Reihenhaus *n* dom szeregowy
Reiher *m* czapla
Reim *m* (-*ẹs*; -*e*) rym; (*Gedicht*) wiersz(yk); **≗en: *sich ~*** rymować się
rein¹ F → ***herein***, ***hinein***
rein² czysty (-to); *Wahrheit*: szczery; ***ins ~e schreiben*** przepisać na czysto; ***ins ~e bringen*** uporządkować, uregulować; ***ins ~e kommen*** dojść do ładu
Reinemachefrau *f* sprzątaczka
Reinfall F *m* klapa, fiasko

reinfallen* F → ***hereinfallen***
Rein|gewinn *m* zysk czysty/netto; **~haltung** *f (0)* utrzymywanie czystości *(G)*
Reinheit *f (0)* czystość *f*
reinig|en oczyszczać ⟨oczyścić⟩; **2er** *m* oczyszczacz; **2ung** *f* czyszczenie, oczyszczanie; *(Betrieb)* pralnia chemiczna
reinlegen F → ***hereinlegen***
rein|lich czysty (-to), schludny; **~rassig** czystej krwi; **~ste** *sup* najczystszy; **~waschen*** *fig* wybielać ⟨-lić⟩ *(**von** z G)*
Reis *m (-es; 0)* ryż(owy *w zł.)*
Reise *f* podróż *f*; ***gute ~!*** szczęśliwej podróży!; **~andenken** *n* pamiątka z podróży; **~büro** *n* biuro podróży; **~führer** *m* przewodnik turystyczny; **~gepäckversicherung** *f* ubezpieczenie bagażu podróżnego; **~gruppe** *f* grupa wycieczkowa; **~kosten** *pl* koszty *m/pl* podróży; **~leiter(in** *f) m* pilot(ka) wycieczki; **~lust** *f (0)* żyłka podróżnicza
reisen *v/i (sn)* podróżować; → ***fahren***
Reisende(r) podróżny (-na), pasażer(ka)
Reise|paß *m* paszport zagraniczny; **~route** *f* trasa podróży; **~scheck** *m* czek podróżniczy; **~tasche** *f* torba podróżna; **~veranstalter** *m* organizator podróży turystycznych; **~verkehr** *m* ruch pasażerski w sezonie turystycznym
Reiseziel *n* cel podróży
Reisig *n (-s; 0)* chrust
Reißbrett *n* rysownica
reißen* *(-ßt) v/t* ⟨po⟩rwać, ⟨po⟩drzeć *(v/i, sn* się); wyr(y)wać (***aus*** z *G*); zrywać ⟨zerwać⟩ (***von*** *z G*); *Loch* wydzierać ⟨wydrzeć⟩; ***mit sich ~*** por(y)wać; ***an sich ~*** zagarniać ⟨-rnąć⟩; *v/i (hat;* ***an*** *D)* szarpać, targać *(I,* za *A)*; ***sich ~ um*** wydzierać sobie, rozchwytywać *(A)*; **~d** *adj Wasser*: rwący; *Schmerz*: szarpiący; ***~den Absatz finden*** być rozchwytywanym
Reiß|er F *m* przebój; bestseller; **~nagel** *m* pinezka; **~verschluß** *m* zamek błyskawiczny, suwak; **~wolf** *m* niszczarka dokumentów; *włók* szarparka
Reißzwecke *f* pluskiewka, pinezka
reit|en* *v/i (t. sn)* jeździć konno; ⟨po⟩jechać konno (***nach*** do *G*); *v/t* jeździć/jechać wierzchem (na *L*); **2en** *n (-s; 0)* jazda konna; **2er(in** *f) m* jeździec; **2hose** *f* bryczesy *pl*; **2pferd** *n* wierzchowiec
Reitschule *f* szkoła konnej jazdy
Reitsport *m* jeździectwo
Reitstiefel *m* but do konnej jazdy
Reiz *m (-es; -e)* bodziec; *fig* urok, powab; **2bar** drażliwy (-wie); **2en** *(-zt)* drażnić; *Sinne* podniecać; *(locken)* nęcić; *v/i karc* licytować; **2end** uroczy (-czo); **~husten** *m* kaszel odruchowy
Reizker *m bot* rydz
Reiz|klima *n* klimat bodźcowy; **~ung** *f med* podrażnienie; **2voll** pełen wdzięku; pociągający; → ***reizend***
Reizwäsche *f* podniecająca bielizna
rekeln *(-le)*: ***sich ~*** przeciągać ⟨-gnąć⟩ się; *(im Sessel)* rozwalić się (wygodnie)
Reklamati'on *f* reklamacja
Re'klame *f* reklama; *w zł.* reklamowy
rekla'mieren (-) ⟨za⟩reklamować
rekonstru'ieren (-) ⟨z⟩rekonstruować
Re'kord *m (-es; -e)* rekord(owy *w zł.)*; **~halter(in** *f) m* rekordzista *m* (-tka)
rekru'tieren (-): ***sich ~*** rekrutować się
Rekti'on *f jęz* rekcja, rząd
Rektor *m (-s; -'toren)*, **~in** [-'to:-] *f* rektor
Relais [rə'lɛ:] *n* (-; -) przekaźnik
relativ [*t.* -'ti:f] względny, relatywny
relati|'vieren (-) relatywizować; **2vi'tätstheorie** *f (0)* teoria względności
rele'vant istotny, posiadający znaczenie
Relief [re'lĭɛf] *n (-s; -s)* relief
Religi'on *f* religia
Religi'ons|freiheit *f* swoboda wyznań; **~unterricht** *m* nauka religii; **~zugehörigkeit** *f* przynależność wyznaniowa
religi'ös religijny; *(fromm t.)* pobożny
Reliquie [-'li:kvĭə] *f* relikwia
Remoulade [-mu'lɑ:də] *f* sos rémoulade
Rempe|'lei *f* przepychanka; **2ln** *(-le)* popychać ⟨-pchnąć⟩, szturchać ⟨-chnąć⟩
Renaissance [-nɛ'sɑ̃:s] *f* Renesans; *fig* renesans; **~stil** *m (-es; 0)* styl renesansu
Rendezvous [rɑ̃de'vu:] *n* (-; -) randka
Ren'dite *f* (roczny) zysk z (zainwestowanego) kapitału
Rennbahn *f* tor wyścigowy
rennen* *(sn)* biegać, F *pej* latać, ganiać; *(irgendwohin)* ⟨po⟩biec, ⟨po⟩pędzić; (***gegen***) wpadać ⟨wpaść⟩ (na *A*)
Rennen *n* wyścig(i *pl*); F ***gut im ~ liegen*** mieć dobre widoki (na *A*)
Renne'rei F *f* bieganina
Renn|fahrer(in *f) m* uczestnik (-iczka) wyścigu; *w.zn.* motorowiec; **~pferd** *n* koń wyścigowy, wyścigowiec; **~rad** *n* wyścigówka; **~strecke** *f* trasa wyścigu

R

Rennwagen *m* samochód wyścigowy
renom'miert renomowany
reno'vieren (-) odnawiać ⟨-nowić⟩
Reno'vierung *f* renowacja
ren'ta|bel rentowny; **≈bili'tät** *f* (*0*) rentowność; **~s-** ... rentowności
Rente *f* renta; ***in ~ gehen*** przejść na rentę; ***in ~ sein*** być na rencie
Renten|alter *n* wiek emerytalny; **~versicherung** *f* ubezpieczenie emerytalne
Rentier *n* renifer, ren
ren'tieren (-): ***sich ~*** opłacać ⟨-cić⟩ się
Rentner(in *f*) *m* rencista *m* (-tka)
Repara'tur *f* naprawa, reperacja; *tech, bud t.* remont; **~werkstatt** *f* warsztat naprawczy
repa'rieren (-) naprawi(a)ć, ⟨wy-, z⟩reperować; ⟨wy⟩remontować
Repertoire [-'tŏɑːɐ] *n* (-*s*; -*s*) repertuar
Reportage [-'tɑːʒə] *f* reportaż
Re'porter(in *f*) *m* reporter(ka)
Repräsen'tant(in *f*) *m* (-*en*) reprezentant(ka), przedstawiciel(ka)
repräsen'tieren (-) reprezentować
Repres'salien *f*/*pl* represalia *pl*
Reprivati'sierung *f* reprywatyzacja
Reprodukti'on *f* reprodukcja
Rep'til *n* (-*s*; -*lien* [-lĭən]) gad
Repu'blik *f* republika; ***~ Polen*** Rzeczpospolita Polska
Republi'ka|ner(in *f*) *m* republikanin (-nka); **≈nisch** republikański
Re|ser'vat *n* (-*ęs*; -*e*) rezerwat; **~'serve** *f* rezerwa; **~'serverad** *n* koło zapasowe
reser'vie|ren (-) ⟨za⟩rezerwować; **≈rung** *f* rezerwacja, zarezerwowanie
Resi'denz *f* rezydencja
resi'gnieren (-) ⟨z⟩rezygnować
Resoluti'on *f* rezolucja, uchwała
Reso'nanz *f* rezonans; *fig* oddźwięk
Re'spekt *m* (-*ęs*; *0*) respekt; **≈'ieren** (-) respektować; **≈voll** *praed* z respektem
Ressourcen [-'sursən] *f*/*pl* zasoby *m*/*pl*; (*Mittel*) środki *m*/*pl*
Rest *m* (-*ęs*; -*e*) reszta (*t. mat*); (*Überrest*) resztka, ostatek; *pl t.* szczątki *m*/*pl*
Restaurant [-to'rɑ̃ː] *n* (-*s*; -*s*) restauracja
Restaurati'on *f* restauracja
restau'rieren (-) ⟨od⟩restaurować
Restbestand *m* reszta, pozostałość *f*
rest|lich pozostały; **~los** zupełny, doszczętny (do szczętu); *mat* bez reszty
Resul|'tat *n* (-*ęs*; -*e*) wynik; **≈'tieren** (-) wynikać ⟨-knąć⟩ (***aus*** z *G*)

Re'tortenbaby F *n* dziecko z probówki
retten (-*e*-) ocalać ⟨-lić⟩ (***vor*** *D* przed *I*), ⟨u-, wy⟩ratować (***aus*** z *G*; ***sich*** się); ***sich ~ vor*** (*D*) *t.* uchronić się *pf* (przed *I*); ***s-n Kopf ~*** wynieść cało głowę
Retter(in *f*) *m* wybawiciel(ka); (*im Rettungsdienst*) ratownik (-iczka)
Rettich *m* (-*s*; -*e*) rzodkiew *f*
Rettung *f* ratunek, ocalenie
Rettungs|aktion *f* akcja ratownicza; **~boot** *n* łódź ratunkowa; **~dienst** *m* służba ratownicza; *med* pogotowie ratunkowe; **≈los** beznadziejny; ***~ verloren*** nie do ocalenia; **~mannschaft** *f* ekipa ratownicza; **~ring** *m* koło ratunkowe; **~wagen** *m* karetka ratunkowa; **~weste** *f* kamizelka ratunkowa
Reue *f* (*0*) skrucha
reumütig skruszony, *praed* ze skruchą
Revan|che [-'vɑ̃ːʃ(ə)] *f* (*0*) rewanż (*t. sport*), odwet; **≈chieren** [-'ʃiː-] (-): ***sich ~*** ⟨z⟩rewanżować się (***für*** za *A*)
Revers [-'veːɐ] *n*/*m* (-; -) wyłóg, klapa
revi'dieren [-v-] (-) ⟨z⟩rewidować
Revier [-'viːɐ] *n* (-*s*; -*e*) rewir; dzielnica
Re'vierförster [-v-] *m* leśniczy rewirowy
Revisi'on [-v-] *f* rewizja; **~s-** rewizyjny
Re'volte [-v-] *f* bunt, rewolta
revol'tieren [-v-] (-) ⟨z⟩buntować się
Revoluti'on [-v-] *f* rewolucja; **~s-** → **revolutio'när** rewolucyjny
revolutio'nieren [-v-] (-) ⟨z⟩rewolucjonizować
Re'volver [-v-] *m* rewolwer(owy *w zł.*)
Revue [re'vyː, *pl* -'vyːən] *f* rewia; (*Zeitschrift*) przegląd; *w zł.* rewiowy
Re|zensi'on *f* recenzja; **~'zept** *n* (-*ęs*; -*e*) recepta; *kulin* przepis; **~zepti'on** *f* recepcja; **≈'zeptpflichtig** wydawany (tylko) z przepisu lekarza; **~zessi'on** *f* recesja; **≈zi'tieren** (-) ⟨wy⟩recytować
Rha'barber *m* rabarbar, rzewień *m*
rhein|isch reński; **~ländisch** nadreński
Rhesusfaktor *m* (-*s*; *0*) czynnik Rhesus
rhe'torisch retoryczny
Rheuma *n* (-*s*; *0*) reumatyzm, gościec
rheu'matisch reumatyczny
rhythmisch rytmiczny
Ribisel Ⓐ *f* (-; -*n*) porzeczka
richten (-*e*-) *v*/*t* ⟨s⟩kierować (***auf*** *A*, ***nach*** na *A*; ***an*** *A* do *G*; ***sich*** się); *Bitte, Frage* zwracać ⟨zwrócić⟩ się (z *I*); → (***vor***)***bereiten***, ***herrichten***; *v*/*i* (***über*** *A*) osądzać ⟨-dzić⟩ (*A*); ***sich ~*** (***nach***)

R

⟨za⟩stosować się (do *G*); (**gegen**) być wymierzonym (przeciwko *D*)
Richter *m* sędzia *m*; **~in** *f* sędzia *m*, F sędzina; **2lich** sędziowski, ... sędziego
Richt|fest *n* uroczystość *f* zawieszenia wiechy, „wiecha"; **~geschwindigkeit** *f* prędkość zalecana
richtig właściwy (-wie), słuszny; (*fehlerfrei*) prawidłowy (-wo), poprawny; **sechs 2e** sześć trafień; **die Uhr geht ~** zegarek idzie dobrze; *adv* rzeczywiście; → **echt**; **2keit** *f* (*0*) słuszność *f*; prawidłowość *f*, poprawność *f*; **~stellen** ⟨s⟩prostować; **2stellung** *f* sprostowanie
Richt|linie *f* wytyczna; **~preis** *m* cena zalecana; **~ung** *f* kierunek; **~s-** kierunkowy, ... kierunku; **~wert** *m*, **~zahl** *f* wartość / ilość orientacyjna
rieb → **reiben**
riechen* *v/i* (*duften*, *t.* **nach**) pachnieć, tchnąć (*I*); **... riecht nach** (*D*) od (*G*) czuć/trąci (*I*); **~ an** (*D*) ⟨po⟩wąchać (*A*); *v/t* poczuć *pf* zapach (*G*)
rief → **rufen**
Riegel *m* zasuw(k)a; *kulin* baton(ik)
Riemen *m* wiosło; (*Gurt*) rzemień *m*, pas
Riese *m* (*-n*) olbrzym; *os. t.* wielkolud
rieseln (*-le*; *t. sn*) lać się ciurkiem; *Sand itp.*: sypać się; *Schnee*: prószyć
Riesen|-, **2groß**, **2haft** olbrzymi, ogromny; *oft su*+-sko, *np.* → **~hund** *m* olbrzymie psisko
Riesenrad *n* diabelskie koło
riesig → **riesengroß**; F *adv* ogromnie
Riesin *f* olbrzymka, kobieta olbrzym
riet → **raten**
rigo'ros rygorystyczny
Rille *f* bruzda, rowek, wyżłobienie
Rind *n* bydlę; **~er** *pl zbior* bydło rogate
Rinde *f* kora; (*vom Brot itp.*) skórka
Rinderbraten *m* pieczeń wołowa
Rinderpest *f* księgosusz
Rinderwahnsinn *m* choroba wściekłych/szalonych krów
Rindfleisch *n* mięso wołowe, wołowina
Rindvieh *n* (*-s*; *-viecher*) *pej* bydlę
Ring *m* (*-ęs*; *-e*) pierścień *m*; (*Schmuck t.*) pierścionek; planty *pl*; (*Straße*) obwodnica; *sport* ring; **~e** *pl* kółka *n/pl*
ringel|n (*-le*): **sich ~** wić się
Ringelnatter *f* zaskroniec
ringen* zmagać się (**mit** z *I*); *fig t.* walczyć (**um** o *A*); **nach Atem ~** z trudem łapać oddech; *v/t Hände* załam(yw)ać
Ring|er *m* zapaśnik; **~finger** *m* palec serdeczny; **~kampf** *m* walka zapaśnicza
Ringrichter *m* sędzia ringowy
rings (**um**) dokoła, wokół (*G*)
Ringstraße *f* droga/ulica okrężna
rings|(her)um, **~umher** naokoło, wokoło, do(o)koła
Rinne *f* bruzda; (*Abflußrinne*) rynna
rinn|en* (*t. sn*) ciec, lać się; **2sal** *n* (*-ęs*; *-e*) struga; **2stein** *m* rynsztok
Ripp|chen *n* żeberko; **~e** *f* żebro
Rippen|fellentzündung *f* zapalenie opłucnej; **~speer** *n/m* (*-ęs*; *0*) schab peklowany; **~stoß** *m* szturchaniec
Risiko *n* (*-s*; *-ken*) ryzyko
ris'kant ryzykowny
ris'kieren (-) ⟨za⟩ryzykować
riß → **reißen**
Riß *m* (*-sses*; *-sse*) rozdarcie (*t. med*); (*Loch*) dziura; (*Sprung*) rysa (*t. fig*)
ris|sen → **reißen**; **~sig** popękany
Rist *m* (*-ęs*; *-e*) podbicie (stopy)
ritt → **reiten**
Ritt *m* (*-ęs*; *-e*) jazda/przejażdżka konno
Ritter *m* rycerz; (*e-s Ordens*) kawaler
ritterlich rycerski (-ko, po -ku)
ritu'ell rytualny, obrzędowy (-wo)
Ritus *m* (-; *-ten*) obrządek; rytuał
Ritz|e *f* szpara; **2en** (*-zt*) ⟨po⟩rysować; *Haut* zadrasnąć *pf*
Ri'val|e *m* (*-n*) (**~in** *f*) rywal(ka)
rivali'sieren (-) rywalizować (**um** o *A*)
Rivali'tät *f* rywalizacja
Rizinusöl *n* (*-ęs*; *0*) F rycyna
Roastbeef ['ro:s(t)bi:f] *n* (*-s*; *-s*) rostbef
rob|ben (*sn*) czołgać się; **2be** *f* foka
Robe *f* talar, toga; powłóczysta suknia
Roboter *m* robot
ro'bust krzepki, wytrzymały
roch → **riechen**
röcheln (*-le*) rzęzić, charczeć
Rochen *m* płaszczka
Rock *m* (*-ęs*; *¨e*) spódnica, spódniczka
Rockmusik *f* muzyka rockowa
Rodel *m* san(ecz)ki *pl*; **~bahn** *f* tor saneczkowy; **2n** (*-le*; *sn*) saneczkować
roden (*-e-*) ⟨wy⟩karczować
Rodler(in *f*) *m* saneczkarz (-rka)
Rogen *m* (*-s*; *0*) ikra
Roggen *m* (*-s*; *0*) żyto; *w zł.* żytni
roh surowy; *praed* na surowo, w surowym stanie; *fig* brutalny
Roh|bau *m* (*-ęs*; *-ten*) budynek w stanie surowym; **~eisen** *n* surówka

R

Roheit *f (0)* brutalność *f*; grubiańskość *f*
Rohkost|diät *f* dieta obfitująca w surowizny; **~salat** *m* surówka
Rohöl *n* ropa naftowa surowa
Rohr *n (-ɇs; -e)* rura; *mil* lufa
Rohrbruch *m* pęknięcie rury
Röhr|chen *n* rur(ecz)ka; F ***ins ~ blasen*** dmuchać w alkomat; **~e** *f* rura; (*Backröhre*) piekarnik; *el* lampa; **2enförmig** rurowaty, rurkowaty (-to)
Rohr|leger *m* instalator rurociągów; **~leitung** *f* rurociąg; **~zange** *f* obcęgi *pl* do rur; **~zucker** *m* cukier trzcinowy
Rohstoff *m* surowiec; *w zł.* surowcowy; **~land** *n* kraj produkujący surowce
Rolladen *m* żaluzja opuszczana, roleta
Rollbahn *f lotn* droga (do) kołowania
Rollbraten *m* pieczeń zwijana
Rolle *f* rolka; (*Papier itd.*) rulon, zwój; *teatr, fig* rola; *kulin* rolada; *sport* przewrót; ***k-e ~ spielen*** nie odgrywać roli
rollen *v/i (t. sn)* ⟨po⟩toczyć się; *Schiff*: kołysać się; *Donner*: przetaczać ⟨-toczyć⟩ się; *v/t* ⟨po⟩toczyć; *Wäsche* maglować; *Teig* rozwałkować *pf*; zwijać ⟨zwinąć⟩ (***sich*** się) w rolkę
Roller *m* (*für Kinder*) hulajnoga
Rollerblades ['roŭləbleɪdz] *pl* łyżworolki *f/pl*
Roll|kragenpullover *m* pulower typu golf; **~mops** *m (-es; ¨e)* rolmops
Rollschinken *m* baleron
Roll|schuh *m* wrotka; ***~ laufen*** jeździć na wrotkach; **~stuhl** *m* wózek inwalidzki; **~treppe** *f* schody *pl* ruchome
Ro'man *m (-s; -e)* powieść *f*; **~schriftsteller(in** *f*) *m* powieściopisarz (-rka); **~tik** *f (0)* romantyzm; (*d. Romantische*) romantyka; **2tisch** romantyczny; **~ze** *f muz* romanca; F *fig* romans(ik)
Römer¹ *m* (**~in** *f*) rzymianin (-anka)
Römer² *m* kieliszek do wina
römisch rzymski; **~-katholisch** rzymskokatolicki
röntgen prześwietlać ⟨-lić⟩
Röntgen|befund *m* wynik badania rentgenowskiego; **~bild** *n* obraz rentgenowski; (*konkret*) zdjęcie rentgenowskie
rosa (*idkl*) różowy (-wo)
Rose *f* róża (*t. med*); **~n-** różany
Rosen|kohl *m* brukselka; **~kranz** *m rel* różaniec; **~'montag** *m* poniedziałek zapustny; **~stock** *m* krzew/krzak róży
rosig różowy (-wo) (*t. fig*)
Ro'sine *f* rodzynka; **~n-** ... z rodzynkami
Roß *n (-sses; -sse/¨sser)* rumak, koń *m*
Roßhaar *n (-ɇs; 0) zbior* włosie końskie
Rost¹ *m (-ɇs; -e)* (*Gitter*) ruszt
Rost² *m (-ɇs; 0)* rdza
Rostbraten *m* pieczeń *f* z rusztu
rosten *(-e-)* ⟨za⟩rdzewieć
rösten *(-e-)* opiekać ⟨opiec⟩, obrumieni(a)ć; *Kaffee* palić; *tech* prażyć
rost|frei nierdzewny; **~ig** zardzewiały
Rostschutzmittel *n* środek rdzochronny
rot *(¨er/-er; ¨est-/-est-)* czerwony (-no); *Haar*: rudy; ***~ werden*** → ***sich röten***, ***erröten***; ***2es Kreuz*** Czerwony Krzyż
Rot *n (-s; 0)* czerwień; czerwone światło
Rotbarsch *m* karmazyn
Röt|e *f* czerwoność *f*; (*d. Gesichts*) rumieniec; **~eln** *pl med* różyczka
röten *(-e-)* ⟨za⟩czerwienić (***sich*** się); ***sich ~*** *t.* ⟨po⟩czerwienieć
rotglühend rozżarzony do czerwoności
rothaarig rudowłosy
ro'tieren (-) obracać się, wirować
Rotkohl *m* czerwona kapusta
rötlich czerwonawy (-wo); rudawy
Rotlicht *n* czerwone światło
Rotlichtviertel *n* „czerwona dzielnica"
Rotstift *m* czerwony ołówek
Rotwein *m* wino czerwone
Rotwild *n* zwierzyna płowa
Rotz *m (-es; 0)* P smark; *wet* nosacizna
Rotznase *f* P zasmarkany nos; *fig pej* smarkacz, smarkula
Rou'lade [ru-] *f* rolada
Rou'lett [ru-] *n (-ɇs; -e/-s)* ruletka
Route ['ru:-] *f* trasa, marszruta
Rou'ti|ne [ru-] *f* rutyna; *EDV* program; *w zł.* rutynowy; **2'niert** rutynowany
Rowdy ['raudi] *m (-s; -s)* chuligan, oprych; **~tum** *n (-s; 0)* chuligaństwo
rubbeln F *(-le)* → ***reiben***
Rübe *f* burak; ***gelbe ~*** marchew *f*; ***rote ~*** burak ćwikłowy; **~n-** buraczany
rüber F → ***herüber***, ***hinüber***
rüberbringen* F przynosić ⟨-nieść⟩ tu; zanosić ⟨-nieść⟩ tam
Ru'bin *m (-s; -e)* rubin(owy *w zł.*)
Ru'brik *f* rubryka
Ruck *m (-ɇs; -e)* szarpnięcie
Rückansicht *f* widok z tyłu
ruckartig gwałtowny; ***sich ~ bewegen*** poruszać się zrywami
rück|bezüglich *gr* zwrotny; **2bildung** *f* rozwój wsteczny; inwolucja; **2blende** *f*

retrospekcja; **~blickend** sięgając pamięcią wstecz; **~datieren** postdatować
rucken *v/i* szarpać ⟨-pnąć⟩
rücken *v/t* przesuwać ⟨-sunąć⟩; przysuwać ⟨-sunąć⟩ (**an** *A* do *G*; *t. v/i*; *sn* się); *v/i* (*sn*) (*Platz machen*) posunąć się *pf*; ***näher** ~ fig* zbliżać się; → ***abrücken***
Rücken *m* plecy *pl*, (*t. Tier-, Hand-, Buchrücken*) grzbiet; *kulin* (*vom Wild*) comber; **~deckung** *f fig*: ~ ***bekommen*** (***von***) znaleźć poparcie (u *G*); **~mark** *n* rdzeń kręgowy; **~schwimmen** *n* styl grzbietowy; **~wind** *m* wiatr z tyłu
Rückfahrkarte *f* bilet powrotny
Rückfahrt *f* jazda z powrotem
Rückfall *m* recydywa; *med* nawrót
rückfällig: ~*e*(*r*) *Täter*(*in*) recydywista *m* (-tka); ~ ***werden*** popaść z powrotem w nałóg *itp.*; *Täter*: ponownie popełnić przestępstwo
Rück|flug *m* lot powrotny; **~gaberecht** *n* prawo zwrotu; **~gang** *m* (*zw. 0*) spadek, regresja; **℞gängig:** ~ ***machen*** cofać ⟨cofnąć⟩, anulować (*im*)*pf*
Rückgewinnung *f* odzysk(iw)anie
Rück|grat *n* (-*ẹs*; *0*) kręgosłup (*t. fig*); **℞haltlos** całkowity, absolutny; *praed* bez zastrzeżeń; **~hand** *f* (*0*) *sport* backhand *m*; **~kauf** *m* odkup; **~kehr** *f* (*0*) powrót; **~lagen** *f/pl* rezerwy *f/pl*
rück|läufig (*zurückgehend*) zniżkowy; **℞licht** *n* (-*ẹs*; -*er*) światło tylne; **~lings** (*fallen*) na wznak; (*mit d. Rücken*) tyłem (do przodu); (*von hinten*) z tyłu
Rück|nahme *f* odebranie/wzięcie z powrotem; *fig* cofnięcie, wycofanie; **~porto** *n* opłata (pocztowa) odpowiedzi
Rückreise *f* podróż powrotna
Rucksack *m* plecak
Rucksacktourist(in *f*) *m* turysta *m* (-tka) z plecakiem, F plecakowy (-wa)
Rückschlag *m fig* niepowodzenie
Rück|schluß *m* wniosek; **~schritt** *m* regres(ja); **~seite** *f* odwrotna/tylna strona; ***auf der*** ~ na odwrocie
Rücksicht *f* wzgląd; ***mit*** ~ ***auf*** (*A*) ze względu na (*A*); ~ ***nehmen*** mieć wzgląd (***auf*** *A* na *A*)
rücksichtslos bezwzględny
rücksichtsvoll taktowny, delikatny
Rücksitz *m* tylne siedzenie
Rückspiegel *m* lusterko wsteczne
Rückspiel *n sport* mecz rewanżowy
Rücksprache *f* porozumienie się; ~ ***nehmen*** porozumieć się (***mit*** z *I*)
Rück|stand *m* (*Rest*) pozostałość *f*; (*in d. Arbeit, fin*) zaległość *f*; **℞ständig** (*nicht modern*) zacofany; **~ständigkeit** *f* (*0*) zacofanie; **~strahler** *m* odbłyśnik
Rück|tritt *m* ustąpienie (ze stanowiska), dymisja; odstąpienie (***vom Vertrag*** od umowy); ***s-n*** ~ ***erklären*** zgłosić dymisję; **~trittbremse** *f* torpedo; **~vergütung** *f* rekompensata; **~versicherung** *f* reasekuracja; **~wand** *f* tylna ścian(k)a
rück|wärtig tylny; **~wärts** do tyłu, wstecz; tyłem; **℞wärtsgang** *m mot* bieg wsteczny; **℞weg** *m*: ***auf dem*** ~ w drodze powrotnej
rück|wirkend o mocy wstecznej; ~ ***vom ...*** z ważnością wstecz od (*G*); **℞wirkung** *f* skutek, następstwo; **℞zahlung** *f* zwrot, spłata; **℞zug** *m* odwrót
rüde ordynarny, gburowaty (-to)
Rüde *m* (-*n*) (pies) samiec; (*Wolf*) basior
Rudel *n* stado, gromada; *łow t.* rudel
Ruder *n* wiosło; ster; ***am*** ~ u steru; **~boot** *n* łódź wiosłowa; **~er** *m* (**~in** *f*) wioślarz (-rka); **~haus** *n* sterownia, sterówka; **~klub** *m* klub wioślarski
rudern (-*re*) *v/i* wiosłować; (*sn*) ⟨po⟩płynąć łódką na wiosłach; *v/t j-n, etw* przeprawi(a)ć/zawozić ⟨-wieźć⟩ łodzią
Rudern *n* (-*s*; *0*) *sport* wioślarstwo
Ruderregatta *f* regaty *f/pl* wioślarskie
Ruf *m* (-*ẹs*; -*e*) (za)wołanie; (*Aufforderung*) wezwanie; (*Leumund*) opinia
rufen* ⟨za⟩wołać (*t.* ***nach j-m*** *A*); ~ ***lassen*** wzywać ⟨wezwać⟩
Rüffel F *m* bura, reprymenda
Ruf|name *m* imię; **~nummer** *f* numer telefonu; **~zeichen** *n* → ***Freizeichen***
Rüge *f* nagana; **℞n** ⟨z⟩ganić (***für*** za *A*)
Ruhe *f* (*0*) spokój; → ***Stille***, ***Erholung***; ***in*** ~ ***lassen*** zostawić w spokoju; ***sich zur*** ~ ***setzen*** przejść w stan spoczynku; ~***!*** cicho!, cisza!; **℞los** niespokojny
ruhe|n spoczywać; *Arbeit*, *Verkehr*: usta(wa)ć; *Recht*: pozostawać w zawieszeniu; **℞pause** *f* przerwa; **℞stand** *m*: ***im*** ~ w stanie spoczynku, emerytowany; **℞stätte** *f*: ***letzte*** ~ miejsce wiecznego spoczynku; **℞störung** *f* zakłócenie spokoju (publicznego); **℞tag** *m* dzień *m* wypoczynku, wolny dzień
ruhig spokojny; (*still*) cichy (-cho)
Ruhm *m* (-*ẹs*; *0*) sława, chwała
rühmen sławić, chwalić, wychwalać

ruhmreich sławny, chlubny
Ruhr *f (0) med* czerwonka
Rühr|ei *n* jajecznica; **2en** *v/t* ⟨za⟩mieszać; (*bewegen*) ruszać, poruszać ⟨-ruszyć⟩ (*I*; ***sich*** się); *fig* wzruszać ⟨wzruszyć⟩; *v/i* (***von***) wynikać, brać się (z *G*)
rühr|end wzruszający (-co); **~ig** aktywny, obrotny; **2löffel** *m* warząchew *f*
rührselig rzewny; *os.* czułostkowy
Rührung *f (0)* wzruszenie, rozczulenie
Ru'in *m (-s; 0)* ruina, upadek
Ru'ine(n *pl*) *f* ruiny *f/pl*; *sg fig* ruina
rui'nieren (-) ⟨z⟩rujnować
rülpsen: *er rülpst* odbija mu się
rum F → ***herum***
Ru'män|e *m (-n)* (**~in** *f*) Rumun(ka)
ru'mänisch rumuński (po -ku)
Rummel *m (-s; 0)* → ***Trubel***; *fig (in d. Presse)* wrzawa
Rummelplatz *m* wesołe miasteczko
ru'moren (-) hałasować; F ***der Magen rumort*** burczy w brzuchu (***vor*** z *G*)
Rumpelkammer *f* rupieciarnia
rumpeln (*-le*) *v/i* turkotać, gruchotać
Rumpf *m (-ɇs; ⁼e)* tułów; *tech* korpus; *lotn, mar* kadłub(owy *w zł.*)
rümpfen: *die Nase* ~ kręcić nosem
Rumpsteak *n* rumsztyk
rund okrągły (-ło); (*etwa*) około; ~ ***machen*** zaokrąglać ⟨-lić⟩; *adv* ~ ***um*** (*A*) dookoła (*G*); **2blick** *m* panorama
Runde *f* (*Gruppe*) kółko; (*Boxen*) runda; (*Lauf, Flug itp.*) okrążenie; (*Verhandlungen*) tura; (*Getränke*) kolejka; ***die ~ machen*** krążyć; → ***Rundgang***
Rundfahrt *f* podróż/wycieczka okrężna
Rundfunk *m* radio(fonia); *w zł.* radio-, radiowy; **~empfänger** *m* radioodbiornik; **~gebühr** *f* abonament radiowo-telewizyjny; **~hörer(in** *f*) *m* radiosłuchacz(ka); **~programm** *n* program radiowy; **~sender** *m* rozgłośnia radiowa; **~werbung** *f* reklama radiowa
Rund|gang *m* obchód; spacer, wycieczka (***durch*** po *L*); **'2her'aus** bez ogródek; **2lich** zaokrąglony; *os.* korpulentny; *Kind*: pulchniutki; **~reise** *f* podróż okrężna; **~schreiben** *n* okólnik
rund'um *adv* w zupełności
Rundung *f* zaokrąglenie, okrągłość *f*
runter F → ***herunter***, ***hinunter***
Runz|el *f (-; -n)* zmarszczka; **2(e)lig** pomarszczony; **2eln** (*-le*) ⟨z⟩marszczyć
Rüpel *m* cham, gbur; **2haft** chamski (po -ku), ordynarny
rupfen skubać, oskub(yw)ać
ruppig szorstki (-ko); → ***struppig***
Ruß *m (-es; 0)* sadza, kopeć *m*
Russe *m (-n)* Rosjanin; **~n-** rosyjski
Rüssel *m* ryj; (*e-s Elefanten*) trąba
rußgeschwärzt zakopcony
Russin *f* Rosjanka
russisch rosyjski (po -ku)
rüsten (*-e-*) *v/t* przygotow(yw)ać (***sich*** się; ***für***, ***zu*** do *G*); *v/i* zbroić się
rüstig krzepki (-ko), czerstwy (-wo)
rusti'kal rustykalny
Rüstung *f hist* zbroja; (*0*) zbrojenia *n/pl*
Rüstungs|beschränkung *f* ograniczenie zbrojeń; **~industrie** *f* przemysł zbrojeniowy
Rute *f* rózga; (*Zauberrute*) różdżka
Rutsch *m*: F ***guten ~!*** do siego roku!; **~bahn** *f*, **~e** *f* (*für Kinder*) zjeżdżalnia; **2en** (*sn*) ślizgać się; *Erde*: obsuwać ⟨-sunąć⟩ się; ześlizgiwać ⟨-znąć⟩ się (***von*** z *G*); wyślizgiwać ⟨-znąć⟩ się (***aus*** z *G*); **~gefahr** *f* (*Schild*) śliska jezdnia
rütteln (*-le*) *v/t* trząść, potrząsać ⟨-snąć⟩ (*A*; *t. v/i* ***an der Tür*** drzwiami)

S

S

Saal *m (-ɇs; ⁼e)* sala
Saat *f* (*t. fig* po)siew, (*t. Pflanzen*) zasiew; **~gut** *n (-ɇs; 0)* materiał siewny
Sabbat *m (-ɇs; -e)* szabas
Säbel *m* szabla
Säbelfechter(in *f*) *m* szablista *m* (-tka)
Sabo'tage [-ʒə] *f* sabotaż
Sabo'teur *m (-s; -e)* sabotażysta *m*
sabo'tieren (-) sabotować
Sach|bearbeiter(in *f*) *m* referent(ka);

~beschädigung *f* uszkodzenie rzeczy; zniszczenie mienia; **~bezüge** *m/pl* pobory *m/pl* w naturze; **~buch** *n* książka popularnonaukowa; **²dienlich** dotyczący sprawy, istotny (dla sprawy)
Sache *f* rzecz *f*; *fig t.* sprawa; → ***Ding***, ***Frage***; ***zur ~*** w sprawie merytorycznej; do rzeczy; ***zur ~ kommen*** przystąpić do rzeczy; ***nicht bei der ~ sein*** być roztargnionym; ***die ~ ist die, daß*** rzecz w tym, że; *jur* ***in ~n*** w sprawie
Sach|gebiet *n* dziedzina; **²gemäß** właściwy (-wie); **~kenner** *m* (wytrawny) znawca; **²kundig** znający się na rzeczy, kompetentny; **~lage** *f (0)* stan rzeczy; **~leistung** *f* świadczenie rzeczowe/w naturze; **²lich** rzeczowy (-wo)
sächlich *jęz* nijaki, rodzaju nijakiego
Sachschaden *m* szkoda materialna
Sachse *m (-n)* Saksończyk, Sas
sächsisch saksoński, saski (po -ku)
sacht(e) lekki (-ko), łagodny
Sachverhalt *m (-ęs; -e)* okoliczności *f/pl* sprawy, stan rzeczy
Sachverständige(r) rzeczoznawca *m*
Sachzwang *m* przymus okoliczności
Sack *m (-ęs; ⸚e)* worek, wór; **~gasse** *f* ślepa ulica/uliczka; *fig* ślepy zaułek
Sackleinen *n* płótno workowe
Sa'dist *m (-en)*, **~in** *f* sadysta *m* (-tka)
säen *(säst, sät; sätest, säe!; gesät)* zasiewać ⟨-siać⟩, ⟨po⟩siać
Saft *m (-ęs; ⸚e)* sok; **²ig** soczysty (-ście); *fig Preis*: słony; **~laden** F *m* kram
Sage *f* podanie, baśń *f*, saga
Säge *f* pił(k)a; **~blatt** *n* brzeszczot piły
Sägemehl *n (-ęs; 0)* trociny *f/pl*
sagen mówić ⟨powiedzieć⟩, rzec *pf*; ***das hat nichts zu ~*** to nic nie znaczy; ***sage und schreibe*** dosłownie; ***wie gesagt*** jak się rzekło
sägen piłować
sagenhaft legendarny; *fig* fantastyczny
Sägespäne *m/pl* trociny *f/pl*
Sägewerk *n* tartak
sah, **sähe** → ***sehen***
Sahne *f (0)* śmietanka, *(saure)* śmietana
Sahnetorte *f* tort śmietankowy
Saison [zɛ'zõː] *f (-; -s)* sezon(owy *w zł.*)
saison|bedingt sezonowy; **²schlußverkauf** *m* wyprzedaż posezonowa
Saite *f* struna; **~n-** strunowy
Sakko *m/n (-s; -s)* marynarka
Sakra'ment *n (-ęs; -e)* sakrament
Sakris'tei *f* zakrystia
Salär *n (-s; -e)* pobory *m/pl*, uposażenie
Sa'lat *m (-ęs; -e)* sałata; *kulin t.* sałatka; *w zł.* sałatkowy; **~kopf** *m* główka sałaty; **~schüssel** *f* salaterka
Salbe *f* maść *f*
Sal'bei *m (-s; 0)* szałwia
salbungsvoll *pej* pełen namaszczenia; *praed* z namaszczeniem
Saldo *m (-s; -den/-di)* saldo; *fig* ***per ²*** w efekcie; **~übertrag** *m* saldo do przeniesienia
Salmiakgeist *m (-ęs; 0)* roztwór wodny amoniaku, F amoniak
Salmo'nellenvergiftung *f* salmoneloza
Salon [za'lõː/za'lɔŋ] *m (-s; -s)* salon
sa'lopp swobodny; niedbały (-le)
Sal'peter *m (-s; 0)* saletra; **~dünger** *m* saletrzak; **~säure** *f (0)* kwas azotowy
salu'tieren (-) ⟨od-, za⟩salutować
Salve *f* salwa; **~n-** salwowy
Salz *n (-es; -e)* sól *f*; **²arm** niskosolny
salzen* *(-zt)* ⟨po⟩solić; → ***gesalzen***
Salzgurke *f* ogórek kiszony
Salzhering *m* śledź solony
salzig słony (-no)
Salz|kartoffeln *f/pl* ziemniaki *m/pl* z wody; **~säure** *f (0)* kwas solny
Salzstreuer *m* solniczka
Salzwasser *n (-s; 0)* słona woda
Samen *m* nasienie *(t. Sperma)*, siemię; **~erguß** *m* wytrysk nasienia; **~korn** *n* nasionko, ziarn(k)o; **~zelle** *f* plemnik
sämig zagęszczony, zawiesisty
Sammelaktion *f* akcja zbiórkowa
Sammel|band *m* zbiór, antologia; **~bestellung** *f* zamówienie zbiorcze
Sammelfahrschein *m* bilet zbiorowy
sammel|n *(-le)* zbierać ⟨zebrać⟩ (***sich*** się); kolekcjonować; *Gedanken* skupi(a)ć; **²platz** *m* miejsce zbiórki
Sammelstelle *f (**für**)* zbiornica *(G)*
Sammel'surium F *n (-s; 0)* zbieranina
Sammler(in *f*) *m* zbieracz(ka); *w.zn.* kolekcjoner(ka)
Sammlung *f (das Sammeln)* zbieranie, *(Geldsammlung itp.)* zbiórka; *(Menge)* zbiór; kolekcja; *(0) (innere)* skupienie
Samstag *m* sobota; → ***Sonnabend***
samt *praep (D)* wraz z *(I)*; ***~ und sonders*** wszystkie / wszyscy bez wyjątku
Samt *m (-ęs; -e)* aksamit(ny *w zł.*)
sämtlich wszystkie, wszyscy; → ***ganz***
Sand *m (-ęs; -e)* piasek, piach

San'dale *f* sandał(ek)
Sandbank *f* ławica piaskowa, mielizna
Sand|boden *m* grunt piaszczysty; *agr* gleba piaskowa; **~dorn** *m bot* rokitnik
Sandelholz *n* drewno sandałowe
Sand|grube *f* piaskownia; **2ig** piaszczysty; **~kasten** *m* piaskownica; **~korn** *n* ziarnko piasku; **~kuchen** *m* babka piaskowa; **~papier** *n* papier ścierny
Sand|sack *m* worek z piaskiem; **~stein** *m* piaskowiec; **~strand** *m* piaszczysta plaża; **~sturm** *m* burza piaskowa
sandte → ***senden***
Sanduhr *f* klepsydra
Sandwüste *f* pustynia piaszczysta
sanft łagodny; (*zart, vorsichtig*) delikatny; **2mut** *f* łagodność *f*, potulność *f*
sanftmütig potulny
sang, sänge → ***singen***
Sänger(in *f*) *m* śpiewak (-waczka)
sa'nier|en (-) *Bau* ⟨z⟩modernizować; *ekon, fin* uzdrawiać ⟨-rowić⟩; *Gelände* uzdrowotni(a)ć; **2ung** *f* modernizacja; uzdrowienie; uzdrowotnienie
sani'tär sanitarny; **~e *Einrichtungen*** urządzenia sanitarne, sanitariat
Sani'tätskontrolle *f* kontrola sanitarna
sank, sänke → ***sinken***
Sankt *w zł.* Święty, Świętego
Sankti'on *f* sankcja; *jur t.* rygor
sanktio'nieren (-) ⟨u⟩sankcjonować
sann, sänne → ***sinnen***
Saphir *m* (-*ɇs*; -*e*) szafir(owy *w zł.*)
Sar'delle *f* sardela; **~n-** sardelowy
Sar'dine *f* sardynka
Sarg *m* (-*ɇs*; *⸚e*) trumna
sar'kastisch sarkastyczny
saß, säße → ***sitzen***
Satan *m* (-*s*; *0*) szatan (*t. fig*)
Satel'lit *m* (-*en*) satelita; **~enfernsehen** *n* telewizja satelitarna
Satin [-'tɛ̃:] *m* (-*s*; -*s*) satyna
Sa'tir|e *f* satyra; **2isch** satyryczny
S **satt** syt(y, -a, -e), *m-os* syci; *Farbe*: soczysty; ***sich ~ essen*** najeść się do syta; *fig* F ***~ haben*** (*A*) mieć dość (*G*)
Sattel *m* (-*s*; *⸚*) siodło; **~decke** *f* czaprak
sattelfest *fig* (**in** *D*) mocny (w *L*)
Sattelgurt *m* popręg
satteln (-*le*) ⟨o⟩siodłać
Sattelschlepper *m* ciągnik siodłowy
sättigen nasycać ⟨-cić⟩ (*t. chem, hdl*)
Satz *m* (-*es*; *⸚e*) *gr* zdanie; (*Lehrsatz*) twierdzenie; *muz* fraza; *hdl, fin* stopa, stawka; (*Sprung*) sus; *sport* set; *drk* skład; (*Sachen*) komplet, zestaw; partia; *tech t.* zespół; → ***Bodensatz*** *itd.*
Satzbau *m* (-*ɇs*; *0*) *gr* budowa/układ zdania
Satzung *f* statut; **~s-** statutowy
Satzzeichen *n* znak przestankowy
Sau *f* (-; *⸚e*/-*en*) locha, maciora; V *pej* świnia, świntuch
sauber czysty (-to); *iron* ładny, wspaniały (-le); → ***ordentlich, sorgfältig, säuberlich***; **~halten*** utrzym(yw)ać w czystości; **2keit** *f* (*0*) czystość *f*
säuberlich staranny, porządny
saubermachen *Raum* ⟨po⟩sprzątać (w *L*); *Sache* ⟨o-, wy⟩czyścić
säuber|n (-*re*) ⟨wy⟩czyścić; *pol* oczyszczać ⟨-ścić⟩; **2ung** *f pol* czystka
saublöd(e) P głupi jak stołowe nogi
Sauce ['zo:sə] *f* sos
sauer (-*ur*-) kwaśny (-no) (*t. fig Miene*); *Gurke*: kiszony; F (*böse*) wkurzony; **~ *werden*** *Milch*: ⟨s⟩kwaśnieć, skisić się *pf*; **2ampfer** *m* szczaw(iowy *w zł*); **2braten** *m* pieczeń wołowa na dziko
Saue'rei F *f pej* świństwo
Sauer|kirsche *f* wiśnia; **~kohl** *m*, **~kraut** *n* (-*ɇs*; *0*) kapusta kiszona
säuerlich kwaskowaty (-to)
Sauermilch *f* kwaśne / zsiadłe mleko
Sauerstoff *m* (-*s*; *0*) tlen(owy *w zł.*); **~mangel** *m* (-*s*; *0*) niedobór tlenu
Sauerteig *m* zaczyn, rozczyn
saufen* pić, żłopać (*t.* P *fig*)
Säufer *m pej* pijak, opój
Saufe'rei P *f* popijawa; wódkopicie
Säuferin *f pej* pijaczka
saugen* ssać; → ***aus-, einsaugen***
Sauger *m* (*für Babys*) smoczek
Säuge|r *m*, **~tier** *n* ssak
saugfähig chłonny, wsiąkliwy
Saugflasche *f* butelka ze smoczkiem
Säugling *m* (-*s*; -*e*) niemowlę
Säuglings|alter *n* wiek niemowlęcy; **~pflege** *f* pielęgnowanie niemowlęcia
Säule *f* kolumna, słup; *fig* filar
Säulengang *m* krużganek
Saum *m* (-*ɇs*; *⸚e*) (ob)rąbek; → ***Rand***
saumäßig *pej* parszywy (-wo)
säum|en¹ *v/t* obrębi(a)ć; *fig* oblegać ⟨-lec⟩; **~en²** *v/i* zwlekać
Sauna *f* (-; -*s*/-*nen*) sauna, fińska łaźnia
Säure *f* (*0*) kwas(ność *f*); (*pl* -*n*) kwas; **2beständig, 2fest** kwasoodporny

Sauregurkenzeit *f (0)* sezon ogórkowy
sausen szumieć, huczeć; (*sn*; *flitzen*) pędzić, ⟨po⟩mknąć; **~lassen*** F *v/t* zrezygnować *pf* (z *G*)
Saustall F *m* (*-es*; *0*) *pej* chlew, bałagan
Sauwetter F *n* paskudna pogoda
Saxophon [*t.* -'fo:n] *m* (*-s*; *-e*) saksofon
Schabe *f* karaluch
schaben ⟨*v/t* o⟩skrobać
schäbig zniszczony; (*gemein*) podły (-le); F (*karg*) marny
Scha'blone *f* szablon (*t. fig*), wzornik
schab'lonenhaft szablonowy (-wo)
Schach *n* (*-s*; *0*) (gra w) szachy *m/pl*; ***~ bieten*** dać szacha; F ***in ~ halten*** trzymać w szachu; **~brett** *n* szachownica; **~figur** *f* figura szachowa; **2'matt** F *fig* (zupełnie) wykończony; **~spiel** *n* gra w szachy; komplet szachów, szachy *m/pl*
Schacht *m* (*-es*; *⸚e*) szyb(owy *w zł.*)
Schachtel *f* (-; *-n*) pudełko; (*groß*) pudło
Schachzug *m* posunięcie
schade szkoda; ***~ um*** (*A*) szkoda (*G*)
Schädel *m* czaszka; F (*Kopf*) łeb; **~basisbruch** *m* złamanie podstawy czaszki
Schaden *m* (*-s*; *⸚*) szkoda; (*Nachteil, Verlust t.*) uszczerbek; (*Beschädigung, Verletzung*) uszkodzenie; ***~ erleiden*** ponieść szkodę; ***zum ~*** (*G*) ze szkodą dla (*G*); ***zu ~ kommen*** (*körperlich*) odnieść obrażenia; **~ersatz** *m* odszkodowanie; **~freude** *f (0)* złośliwa satysfakcja; **~meldung** *f* zgłoszenie szkody
schadhaft uszkodzony, zepsuty
schäd|igen *v/t* ⟨za⟩szkodzić (*D*); **~lich** szkodliwy (-wie); **2lichkeit** *f (0)* szkodliwość *f*; **2ling** *m* (*-s*; *-e*) szkodnik
Schadstoff *m* substancja szkodliwa
schadstoff|arm *Motor*: o niskim poziomie emisji spalin; **2konzentration** *f* stężenie substancji szkodliwych
Schaf *n* (*-es*; *-e*) owca; **~bock** *m* tryk
Schäfchen *n* owieczka, baranek
Schäfer *m* owczarz; **~hund** *m* owczarek
Schäferin *f* pasterka
Schaffell *n* skóra owcza/barania
schaffen¹ *v/i* pracować, krzątać się; *v/t* (*meistern*) potrafić *pf* (*A*, *inf*); (*beenden*) skończyć *pf*; F *Zug* złapać *pf*; (*befördern*) odnosić, zanosić ⟨-nieść⟩, dostarczać ⟨-czyć⟩; F (*müde machen*) wykańczać ⟨-kończyć⟩; ***Ordnung, Klarheit ~*** → ***ordnen, klären***; ***Platz ~*** (***für***) zwolnić miejsce (dla *G*); *etw* ***nicht ~*** nie (móc sobie) poradzić (z *I*); ***aus der Welt ~*** zlikwidować *pf*; ***nichts zu ~ haben*** (***mit***) nie mieć nic wspólnego (z *I*)
schaffen²* (*entstehen lassen*) ⟨u⟩tworzyć, stwarzać ⟨stworzyć⟩
Schaffen *n* (*-s*; *0*) praca; twórczość *f*
Schaffner(in *f*)*m* konduktor(ka)
Schafpelz *m* kożuch barani
Schaf(s)käse *m* owczy ser, bryndza
Schafskopf *m pej* baran, dureń *m*
Schafstall *m* owczarnia
Schaft *m* (*-es*; *⸚e*) trzonek; (*Stiefel*) cholewa; **~stiefel** *m* but z cholewą
Schaf|wolle *f* wełna owcza; **~zucht** *f* hodowla owiec, owczarstwo
schäkern F (*-re*) umizgać się (***mit*** do *G*)
schal zwietrzały; *fig* nudny, bezbarwny
Schal *m* (*-s*; *-s/-e*) szal(ik)
Schale¹ *f* patera; → ***Schüssel, Tasse***
Schale² *f* (*Ei, Nuß*) skorupka; (*Banane, Nuß itp.*) łupina; (*e-s Kerns*) łuska; (*Obst*) skórka; (*d. Krebse*) skorup(k)a
schälen ob(ie)rać; ***sich ~*** łuszczyć się
Schalentiere *n/pl* skorupiaki *m/pl*
schalkhaft filuterny, figlarny
Schall *m* (*-es*; *0*) dźwięk; **~dämpfer** *m* tłumik; **2dicht** dźwiękoszczelny
schallen rozbrzmie(wa)ć, rozlegać się; → ***ertönen***; **~d** *adj Gelächter*: głośny (-no); *Ohrfeige*: siarczysty
Schallmauer *f* bariera dźwięku
Schallplatte *f* płyta gramofonowa
Schallschutz *m* izolacja akustyczna
schalt → ***schelten***
Schaltbild *n* schemat połączeń
Schaltbrett *n* tablica rozdzielcza
schalten (*-e-*) *v/t* → ***ein-, umschalten***; *v/i mot* przełączać ⟨-czyć⟩ bieg; *RTV* (***nach***) łączyć się (z *I*); F ⟨s⟩kapować
Schalter *m el* wyłącznik, F kontakt; (*Bank2 itp.*) okienko; **~stunden** *f/pl* godziny *f/pl* urzędowania
Schalt|hebel *m* dźwignia wyłącznika; *mot* dźwignia zmiany biegów; **~jahr** *n* rok przestępny; **~ung** *f mot* zmiana biegów; *el zbior* układ połączeń
Scham *f (0)* wstyd; genitalia *pl*, (*nur b. Frauen*) srom; **~bein** *n* kość łonowa
schämen: ***sich ~*** ⟨za⟩wstydzić się; ***du solltest dich ~*** wstydź się
Schamgefühl *n* (*-es*; *0*) uczucie wstydu
Schamhaare *n/pl* włosy *m/pl* łonowe
schamhaft wstydliwy (-wie)
Schamlippen *f/pl* wargi *f/pl* sromowe

schamlos bezwstydny
Schamröte *f* rumieniec wstydu
Schande *f* (*0*) hańba, wstyd
schänden (-*e*-) ⟨s⟩profanować
Schandfleck *m* skaza, hańba
schänd|lich haniebny, sromotny; **≈ung** *f* profanacja, zbezczeszczenie
Schanktisch *m* szynkwas, bufet
Schanze *f* szaniec; *sport* skocznia
Schar *f* oddział, zastęp; (*Kinder*) gromada; (*Vögel t.*) stado; ***in ~en*** tłumnie
scharen ⟨z⟩gromadzić (***um sich*** wokół siebie; ***sich*** się); **~weise** masowo
scharf (*ⁿer*; *ⁿst-*) ostry (-ro) (*t. fig*, *kulin*); *Drink*: mocny; *fot* ~ ***stellen*** nastawić na ostrość; F ~ ***sein*** (***auf*** *A*) być ciętym, mieć chrapkę (na *A*); **≈blick** *m* (-*ęs*; *0*) przenikliwość *f* umysłu
Schärfe *f* ostrość *f* (*t. fig*)
schärfen ⟨na-, *fig* wy⟩ostrzyć
Schärfentiefe *f fot* głębia ostrości
scharfkantig ostrokanciasty (-to)
Scharf|macher *m* podżegacz; **~schütze** *m* snajper; **~sinn** *m* (-*ęs*; *0*) bystrość *f* umysłu; **≈sinnig** wnikliwy (-wie), bystry; *Bemerkung*: cięty (-to), dowcipny
Scharlach *m* (-*s*; *0*) *med* płonica
Scharlatan *m* (-*s*; -*e*) szarlatan
Schar'nier *n* (-*s*; -*e*) zawiasa
scharren *v/i* grzebać; szur(g)ać (***mit den Füßen*** nogami); *v/t Loch* ⟨wy⟩kopać
Scharte *f* szczerba, wyszczerbienie
Schaschlik *m* (-*s*; -*s*) szaszłyk
Schatten *m* cień *m* (*t. fig*); **~dasein** *n*: ***ein ~ fristen*** pozostawać w cieniu
schattenhaft niewyraźny
Schattenseite *f fig* ciemna strona
Schat'tierung *f* odcień *m*
schattig cienisty (-to, -ście)
Schatz *m* (-*es*; *ⁿe*) skarb (*t. fig*); **~anweisung** *f* obligacja skarbu państwa
schätzen (-*zt*) ⟨o⟩szacować, oceni(a)ć; (*achten*) cenić; F (*vermuten*) myśleć
Schätzer *m* taksator
Schatzkammer *f* skarbiec
Schatzmeister(in *f*) *m* skarbnik (-iczka)
Schätzung *f* (o)szacowanie; **≈sweise** *adv* szacunkowo, mniej więcej
Schau *f* pokaz, wystawa; rewia; ***zur ~ stellen*** (*A*) popisywać się (*I*); F *pej* ***e-e ~ abziehen*** robić z siebie widowisko
Schau|bild *n* wykres, prezentacja graficzna; **~bude** *f* buda jarmarczna
Schauder *m* dreszcz; **≈haft** okropny; **≈n** (-*re*): ***es schaudert mich*** dreszcz mnie przejmuje (***bei*** na widok *G*)
schauen ⟨po⟩patrzeć (***ob*** czy), spoglądać ⟨spojrzeć⟩; ~ ***nach*** (*sich kümmern*) doglądać (*G*), opiekować się (*I*)
Schauer *m* dreszcz(yk); *meteo* przelotne opady *m/pl* (deszczu *itp.*); **~geschichte** *f* opowieść *f* z dreszczykiem; **≈lich** okropny; **≈n** (-*re*) → ***schaudern***
Schaufel *f* (-; -*n*) łopata, szufla; **≈n** (-*le*) szuflować; *Loch* ⟨wy⟩kopać
Schaufenster *n* okno wystawowe
Schaufenster|auslage *f* wystawa sklepowa; **~bummel** *m* oglądanie wystaw sklepowych; **~puppe** *f* manekin
Schaukasten *m* gablota, witryna
Schaukel *f* (-; -*n*) huśtawka
schaukeln (-*le*) huśtać, bujać (*v/i* się)
Schaukelpferd *n* koń *m* na biegunach
Schaukelstuhl *m* bujak
Schaulustige(r) ciekawski (-ka), gap
Schaum *m* (-*ęs*; *ⁿe*) piana; *kulin* pianka
schäumen pienić się (*t. fig* ***vor Wut*** ze złości); *Wein*: musować
Schaum|gummi *m* pianoguma, guma piankowa; **≈ig** spieniony; ~ ***schlagen*** ubi(ja)ć na piankę; **~krone** *f* grzywa (fali); **~löscher** *m* gaśnica pianowa; **~stoff** *m* tworzywo piankowe, pianka
Schaumwein *m* wino musujące
Schau|platz *m* widownia, miejsce (zdarzenia); **~prozeß** *m* proces pokazowy
schaurig niesamowity (-cie), okropny
Schauspiel *n* sztuka, (*t. fig*) widowisko; **~er(in** *f*) *m* aktor(ka); **≈erisch** aktorski
schauspielern (-*re*) *fig* grać komedię
Schauspielkunst *f* (*0*) sztuka aktorska
Schau|tanz *m* taniec popisowy; **~turnen** *n* popisy *m/pl* gimnastyczne
Scheck *m* (-*s*; -*s*) czek
Scheck|betrug *m* oszustwo czekowe; **~heft** *n* książeczka czekowa; **~karte** *f* karta gwarancyjna (do euroczeków)
scheffeln (-*le*) *Geld* zgarniać, zbijać
Scheibe *f* krążek, tarcza; (*Glas*) szyba; (*Wurst itp.*) plasterek; (*Brot*) kromka
Scheiben|bremse *f* hamulec tarczowy; **~gardine** *f* zazdrostka; **~waschanlage** *f mot* spłukiwacz szyby
Scheibenwischer *m mot* wycieraczka
Scheichtum *n* (-*s*; *ⁿer*) szejka(na)t
Scheide *f* pochwa (*t. anat*); → ***Grenze***
scheid|en* *v/t Ehe* rozwodzić ⟨-wieść⟩; ***sich ~ lassen*** rozwieść się; *v/i* (*sn*) (***aus***)

S

ustępować ⟨ustąpić⟩ (z *G*); (***von***) rozsta(wa)ć się (z *I*); ²**ung** *f* rozwód
Scheidungs|grund *m* powód do rozwodu; **~klage** *f* powództwo rozwodowe; **~urteil** *n* wyrok orzekający rozwód
Schein¹ *m* (*-es; -e*) zaświadczenie; → ***Geld-***, ***Gutschein*** *itd.*
Schein² *m* (*-es; 0*) blask, światło; *fig* pozór; ***zum ~*** dla pozoru, F dla oka
scheinbar pozorny; *praed t.* na pozór; → ***anscheinend***
Scheinehe *f* małżeństwo upozorowane
scheinen* świecić; (*Anschein haben*) wyda(wa)ć się; wyglądać; ***es scheint, daß ...*** zdaje się, że ...
Schein|firma *f* fikcyjna firma; ²**heilig** obłudny; **~tod** *m* śmierć pozorna
Scheinwerfer *m* reflektor
Scheiß P *m* (*idkl*) *pej* bzdet; (*Blödsinn*) V pierdoły *m/pl*; *w zł.* zasrany, parszywy; **~dreck** V *m*, **~e** V *f* (*0*) gówno; ²**en*** V ⟨na⟩srać, wysrać się *pf*; ***~ auf*** (*A*) kichać na (*A*); **~er** V *m fig* gówniarz
Scheit *m* (*-es; -e/-er*) polano
Scheitel *m* ciemię; (*im Haar*) przedziałek; *fig*, *mat* wierzchołek; ***vom ~ bis zur Sohle*** od stóp do głów
scheitern (*-re; sn*) *Plan*: rozbi(ja)ć się, nie wypalić; ponosić ⟨-nieść⟩ klęskę (***mit*** z *I*); ***zum Scheitern verurteilt*** skazany na niepowodzenie
Schelle *n* dzwonek; *tech* zacisk
Schellfisch *m* łupacz, plamiak
schelmisch szelmowski, filuterny
Schelte *f* nagana, F bura; ²**n*** ⟨s⟩karcić
Schema *n* (*-s; -s/-mata*) schemat
sche'matisch schematyczny
Schemel *m* stołek, taboret
schemenhaft niewyraźny, jak zjawa
Schenke *f* karczma, szynk
Schenkel *m anat* udo; *mat* ramię
schenk|en ofiarow(yw)ać, ⟨po⟩darować; *fig* darzyć (***j-m*** *A* k-o *I*); → ***widmen***; ***geschenkt bekommen*** otrzymać w prezencie; ²**ung** *f* darowizna
Scherbe *f* skorupa, odłamek; ***in ~n gehen*** rozbić się na (drobne) kawałki
Schere *f* nożyce *pl*; *zoo* kleszcze *pl*
scheren*¹ ⟨o⟩strzyc, postrzygać
scheren² F *v/t* obchodzić (*A*); ***sich nicht ~*** (***um***) nie troszczyć się (o *A*); ***scher dich zum Teufel!*** idź do diabła!
Scherenschnitt *m* wycinanka
Schere'reien F *f/pl* kłopot, przeprawa
Scherge *m* (*-n*) siepacz, zbir
Scherz *m* (*-es; -e*) żart; ***ohne ~*** bez żartów; **~artikel** *m/pl* artykuły *m/pl* karnawałowe / sylwestrowe; ²**en** (*-zt*) ⟨za⟩żartować (***über*** *A* z *G*); ²**haft** żartobliwy (-wie); *praed t.* dla żartu
scheu *Tier*: płochliwy; → ***schüchtern***
Scheu *f* (*0*) bojaźń *f*; nieśmiałość *f*
scheu|chen *v/t* przepędzać ⟨-dzić⟩; **~en** *v/i* ⟨s⟩płoszyć się; *v/t* unikać (*G*); ***keine Mühe ~*** nie szczędzić trudu
Scheuer|bürste *f* szczotka do szorowania; **~leiste** *f* listwa przypodłogowa
scheuern (*-re*) *v/t* ⟨wy⟩szorować; *Haut* ocierać ⟨otrzeć⟩; *v/i* szorować, trzeć
Scheuklappen *f/pl fig*: ***~*** (***vor den Augen***) ***haben*** mieć bielmo na oczach
Scheune *f* stodoła
Scheusal *m* (*-s; -e*) potwór
scheußlich szkaradny, potworny; ²**keit** *f* potworność *f*; *etw* szkaradzieństwo
Schi *m* (*-s; -er*) → ***Ski***
Schicht *f* warstwa (*t. fig*); (*Arbeitsschicht*) zmiana; **~arbeit** *f* (*0*), **~dienst** *m* (*-es; 0*) praca zmianowa; ***~ tun*** pracować na zmianę
schicht|en (*-e-*) układać ⟨ułożyć⟩ (warstwami); ²**wechsel** *m* zmiana
schick szykowny, elegancki (-ko)
Schick *m* (*-es; 0*) szyk, elegancja
schicken pos(y)łać, wys(y)łać (***zu***, ***nach*** do *G*, ***nach*** *j-m*, *etw* po *A*); ***sich ~*** wypadać; ⟨po⟩godzić się (***in*** *A* z *I*)
schicklich stosowny, właściwy (-wie)
Schicksal *n* (*-s; -e*) los; ***seinem/ihrem ~ überlassen*** zostawić własnemu losowi; **~s-** losowy, ... losu
Schiebedach *n* dach rozsuwany
schieben* *v/t* posuwać, przesuwać ⟨-sunąć⟩ (***sich*** się); *Auto itp.* popychać, pchać; *Fahrrad* prowadzić; *Schuld* spychać ⟨zepchnąć⟩ (***auf*** *A* na *A*)
Schieber *m* zasuwa; F (*Bettschüssel*) basen; *fig os.* paskarz, spekulant
Schiebetür *f* drzwi *pl* zasuwane
Schiebung F *f* kant, machlojka
schied → ***scheiden***
Schieds|gericht *n* sąd arbitrażowy/polubowny; **~richter** *m* arbiter; *sport* sędzia *m*; *fig* rozjemca *m*; **~spruch** *m* orzeczenie sądu arbitrażowego
schief kosy (-so); → ***krumm***, ***schräg***; *fig* fałszywy (-wie), opaczny
Schiefer *m* łupek; → ***Splitter***

Schieferdach *n* dach kryty łupkiem
schiefgehen* F nie uda(wa)ć się
schiefliegen* F (***mit***) mylić się (co do *G*)
schielen zezować; F *fig* zerkać (z ukosa)
schien → ***scheinen***
Schienbein *n* kość piszczelowa
Schiene *f* szyna (*t. med*)
Schienen|bus *m* autobus szynowy, szynobus; **~verkehr** *m* transport szynowy
schier[1] *adv* prawie, niemal(że)
schier[2] *adj* czysty; *Fleisch*: chudy
Schier ['ʃiːəʁ] *pl* → ***Schi***, ***Ski***
Schieß|befehl *m* rozkaz użycia broni palnej; **~bude** *f* strzelnica
schießen[1]* *v/i* strzelać ⟨wystrzelić⟩ (***auf*** *A* do *G*); *v/t Tor* strzelać ⟨-lić⟩; *Wild* ustrzelić *pf*; F *Bild* ⟨z⟩robić
schießen[2]* *v/i* (*sn*) wylatywać ⟨-lecieć⟩ (***aus*** z *G*); przemykać ⟨-mknąć⟩ (***durch*** przez *A*); (*spritzen*) tryskać ⟨wytrysnąć⟩; ***in die Höhe ~*** wybujać *pf*
Schießen *n* (*-s*; *0*) strzelanie
Schieße'rei *f* strzelanina
Schießscheibe *f* tarcza strzelnicza
Schießstand *m* strzelnica
Schiff *n* (*-ęs*; *-e*) statek, okręt; *arch* nawa
Schiffahrt *f* (*0*) żegluga; **~s-** żeglugowy
schiff|bar żeglowny; **ℒbau** *m* (*-ęs*; *0*) budowa statków/okrętów; (*Fach*) budownictwo okrętowe; **ℒbruch** *m* rozbicie się statku; **ℒbrüchige(r)** rozbitek
Schiffer *m* szyper
Schiffs|besatzung *f* załoga statku; **~eigner(in** *f*) *m* właściciel(ka) statku; **~hebewerk** *n* podnośnia statków; **~ladung** *f* ładunek okrętowy; **~papiere** *n/pl* dokumenty *m/pl* statku
Schi'kane *f* szykana; F ***mit allen ~n*** z wszelkimi (możliwymi) szykanami
schika'nieren (-) szykanować
Schild[1] *m* (*-ęs*; *-e*) tarcza (*t. fig*)
Schild[2] *n* (*-ęs*; *-er*) szyld, wywieszka; tablica, tabliczka
Schilddrüse *f* tarczyca
schilder|n (*-re*) przedstawi(a)ć, opis(y-w)ać; **ℒung** *f* opis, przedstawienie
Schildkröte *f* żółw; **~n-** żółwi(owy)
Schilf *n* (*-ęs*; *0*) trzcina; *w zł.* trzcinowy
schillern (*-re*) mienić się barwami; **~d** *adj* opalizujący; *fig* zagadkowy
Schilling *m* (*-s*; *-e*) szyling
schilt → ***schelten***
Schimmel *m bot* pleśń *f*; (*Pferd*) siwek; **ℒig** spleśniały; **ℒn** (*-le*) ⟨s⟩pleśnieć

Schimmer *m* (słaby) blask; *fig* (*Spur*) ślad, iskierka; **ℒn** (*-re*) (słabo) świecić; przeświecać; połyskiwać
Schim'panse *m* (*-n*) szympans
Schimpf *m*: ***mit ~ und Schande*** sromotnie; **ℒen** *v/i* kląć; (***auf***, ***über*** *A*) wymyślać (na *A*); **~name** *m* przezwisko
Schimpfwort *n* (*-ęs*; *⸚er*) wyzwisko
schinden* męczyć, dręczyć; ***sich ~*** zapracowywać się, P tyrać
Schinde'rei F *f* (*0*) mordęga
Schinken *m* szynka; *pej* (*Bild*) bohomaz; **~brötchen** *n* kanapka z szynką
Schippe *f* szufla; **ℒn** → ***schaufeln***
Schirm *m* (*-ęs*; *-e*) parasol; *el*, *RTV* ekran; (*e-r Lampe*) abażur; *fig* osłona
Schirm|herrschaft *f*: ***unter der ~*** pod protektoratem; **~mütze** *f* kaszkiet
Schirmständer *m* stojak na parasole
Schiß P *m*: ***~ haben*** trząść portkami
schiß, **schissen** → ***scheißen***
schizo'phren schizofreniczny
Schlacht *f* bitwa (*t. fig*)
schlachten (*-e-*) zarzynać, ⟨za⟩rżnąć
Schlachtenbummler *m gw* kibol
Schlachter *m dial* rzeźnik
Schlächter *m* rzeźnik; *fig* morderca *m*
Schlacht|feld *n* pole bitwy; **~hof** *m* rzeźnia; **~plan** *m fig* plan działania
Schlachtvieh *n* bydło rzeźne/na rzeź
Schlacke *f* żużel, F szlaka
Schlaf *m* (*-ęs*; *0*) sen; (***wie***) ***im ~*** (jak) przez sen; **~anzug** *m* pi(d)żama
Schlafcouch *f* wersalka
Schläfe *f* skroń *f*
schlafen* spać (*t.* ***mit*** *j-m* z *I*); ***sich ~ legen*** układać się do snu; **ℒgehen** *n*: ***vor dem ~*** przed snem
Schlafenszeit *f* (*0*) pora spać/do spania
Schläfer(in *f*) *m* śpiący (-ca)
schlaff obwisły, luźny; (*welk*) wiotki
Schlaf|gelegenheit *f* miejsce do spania; **~lied** *n* kołysanka; **ℒlos** bezsenny; **~losigkeit** *f* (*0*) bezsenność *f*; **~mittel** *n* środek nasenny; **~raum** *m* sypialnia
schläfrig senny, śpiący; *fig* ospały (-le)
Schlaf|sack *m* śpiwór; **ℒtrunken** zaspany, półsenny; **~wagen** *m* wagon sypialny; **~wandler(in** *f*) *m* lunatyk (-yczka); **~zimmer** *n* pokój sypialny, sypialnia
Schlag *m* (*-ęs*; *⸚e*) uderzenie; (*Hieb t.*) raz, (*t. fig Unglück*) cios; (*d. Uhr*) bicie; *med* udar, porażenie; (*von Menschen*) pokrój, typ; ***Schläge*** *t.* baty *m/pl*; F ***mit***

e-m ~ (*plötzlich*) naraz, nagle; **auf e-n ~** (*auf einmal*) za jednym zamachem; **~abtausch** *m* wymiana ciosów; **~ader** *f* tętnica; **~anfall** *m* udar mózgu; **2artig** nagły (-le); **~baum** *m* szlaban

schlagen* *v/t* ⟨po⟩bić (*pf t. Rekord, Feind*; **sich** się; **mit** z *I*; **um** o *A*), uderzać ⟨-rzyć⟩ (**in**, **auf** *A* w *A*, po *L*); *Takt*, *Stunden*, *Loch* wybi(ja)ć; *Brücke* przerzucać ⟨-cić⟩; *Wunde* zada(wa)ć; *Bäume* ścinać ⟨ściąć⟩; *Sahne* ubi(ja)ć; → **an-**, **aus-**, **durchschlagen**, **hauen** *itp*.; *v/i Uhr*: ⟨wy⟩bić; *Herz*: bić; **~d** *adj Beweis*: niezbity, przekonywający

Schlager *m* przebój, szlagier

Schläge|r *m* →**Golf-**, **Tennisschläger**; *os.* zabijaka, awanturnik; *pol* pałkarz, bojówkarz; **~'rei** *f* bójka, bijatyka

Schlager|festival *n* festiwal piosenki; **~sänger(in** *f*) *m* piosenkarz (-rka)

Schlägertrupp *m* bojówka

schlagfertig dowcipny; *Antwort t.*: błyskotliwy (-wie), cięty (-to)

schlagfest odporny na uderzenia

Schlag|kraft *f* (*0*) siła ciosu/uderzenia; *fig* siła przekonywająca; **~loch** *n* wybój; **~ring** *m* kastet; **~sahne** *f* śmietanka bita, krem; **~seite** *f* (*0*) *mar* przechył na burtę; **~stock** *m* pałka (gumowa)

Schlagwort *n* (*-ęs*; *"er/-e*) hasło; slogan

Schlagzeile *f* (tłusty) nagłówek

Schlag|zeug *n muz* perkusja; **~zeuger(in** *f*) *m* perkusista *m* (-tka)

Schla'massel F *m/n* (*-s*; *0*) opresja

Schlamm *m* (*-ęs*; *-e*) szlam, muł; (*Straßenkot*) błoto; **2ig** mulisty (-to)

Schlam|pe F *f pej* flądra, flejtuch; **~pe'rei** *f* niedbalstwo; F fuszerka; **2pig** niedbały (-le), F fuszerski (po -ku); *os.* niechlujny; **~pigkeit** *f* (*0*) niechlujstwo

schlang, **schlänge** → **schlingen**

Schlange *f* wąż, (*t. fig*) żmija; *tech* wężownica; F (*Reihe*) kolejka, F ogonek; (*von Autos*) kolumna, sznur; **~ stehen** stać w kolejce/ogonku, F kolejkować

schlängeln (*-le*): **sich ~** wić się

Schlangen|gift *n* jad węża/żmii; **~linie** *f* linia wężykowata, F wężyk

schlank (wy)smukły; (*nicht fett*) szczupły (-ło); **2heit** *f* (*0*) szczupłość *f*; **2heitskur** *f* kuracja wyszczuplająca

schlapp (*matt*) słaby (-bo); F *fig* mięczakowaty; → **schlaff**; **2e** F *f* fiasko, F klapa; **~machen** F spuchnąć *pf*

schlau *Betrüger*, *Fuchs*: chytry (-trze); (*gewitzt*) szczwany, cwany; **aus ... werde ich nicht ~** nie mogę rozgryźć (*A*)

Schlauch *m* (*-ęs*; *"e*) wąż (gumowy), F szlauch; *mot* dętka; **~boot** *n* łódź pneumatyczna; **2los** bezdętkowy

Schlaufe *f* pętla; kokarda

Schlau|heit *f* (*0*) chytrość *f*, przebiegłość *f*; **~meier** F *m* chytra sztuka, cwaniak

schlecht zły (źle) (*t. böse*), F kiepski (-ko); **~ werden** *kulin*, *meteo* ⟨ze⟩psuć się; **mir wird ~** robi mi się słabo; **nicht ~!** nie najgorzej!; **~er** *comp* gorszy, *adv* gorzej; **~gehen*** (*D*) źle powodzić się (*D*); **~gelaunt** w złym humorze; **~hin** zgoła; (*ganz u. gar*) w ogóle, całkiem

Schlechtigkeit *f* złośliwość *f*

schlechtmachen obmawiać ⟨-mówić⟩

Schlechtwetter *n* niepogoda, słota

Schlechtwettergebiet *n* obszar niżu

schlecken → **lecken**, **naschen**

Schlegel *m* pałeczka; (*Hammer*) pobijak; *kulin* udziec, udko

Schleh|dorn *m*, **~e** *f* (śliwa) tarnina

schleich|en* (*sn*) wlec się (*t. Zeit*); (**an** *A*, *t.* **sich**) podkradać ⟨-kraść⟩ się (do *G*); (**in**, **auf** *A*) zakradać ⟨-kraść⟩ się (do *G*, na *A*); (**aus**) wymykać ⟨wymknąć⟩ się (z *G*); (**um**) łazić (wokół *G*); **~d** *med* podstępny, powoli postępujący; **2weg** *m* mało znana droga

Schleichwerbung *f* ukryta reklama

Schleier *m* welon (*t. Dunst*); woalka

schleierhaft zagadkowy (-wo)

Schleife *f* pętla, *dim* pętelka; (*Bandschleife*) kokarda; (*am Kranz*) szarfa

schleif|en[1]* *Messer* ⟨na⟩ostrzyć; *Edelstein* ⟨o⟩szlifować; **~en[2]** (*t. sn*) ⟨po⟩ciągnąć, ⟨za⟩wlec; *Festung* zburzyć *pf*; *v/i* wlec się; (*reiben*) ocierać się (**an** *D* o *A*); **2maschine** *f* szlifierka; **2stein** *m* kamień szlifierski; (*Wetzstein*) osełka

Schleim *m* (*-ęs*; *-e*) śluz; *med t.* flegma; (*aus Hafer*) kleik; **~haut** *f* błona śluzowa, śluzówka; **2ig** śluzowaty; flegmisty

schlemm|en ucztować, raczyć się; **2er** *m* smakosz; *w zł.* ... dla smakoszów

schlendern (*-re*; *sn*) spacerować

Schlendrian F *m* (*-s*; *0*) niedbalstwo

schlenkern (*-re*) dyndać (się)

Schlepp *m*: **in ~ nehmen** wziąć na hol

Schlepp|e *f* tren; **2en** *v/t* ⟨po⟩wlec, ⟨po⟩włóczyć, ⟨po⟩ciągnąć (za sobą); (*tragen*) dźwigać; *Fahrzeug* holować;

***sich* ~** wlec się; **~er** *m mot* ciągnik; *mar* holownik; **~lift** *m* wyciąg narciarski, F wyrwirączka; **~netz** *n* włok; **~tau** *n* hol
Schleppzug *m mar* pociąg holowniczy
schlesisch śląski (po -ku)
Schleuder *f* (-; -*n*) proca; (*für Wäsche*) wirówka; **~gefahr** *f* (*0*) niebezpieczeństwo śliskiej jezdni
schleudern (-*re*) *v/t* ciskać ⟨-snąć⟩ (*A*, *I*); (**aus**) wyrzucać ⟨-cić⟩ (z *G*); *Wäsche* odwirow(yw)ać; *v/i* (*sn*) zarzucać ⟨-cić⟩; ***ins* 2 *geraten*** wpaść w poślizg
Schleuderpreis *m* cena poniżej kosztów własnych; ***zu* ~en** za bezcen
Schleudersitz *m* fotel wyrzucany
schleunigst czym prędzej
Schleuse *f* śluza; **~n-** śluzowy; **2n** śluzować; *fig* (*illegal*) przemycać ⟨-cić⟩
schlich → ***schleichen***
schlicht skromny, niewyszukany
schlichten (-*e*-) *Streit* załagodzić *pf*, pogodzić *pf*; → ***glätten***
Schlichter *m* mediator, rozjemca *m*
Schlichtheit *f* (*0*) prostota, skromność *f*
Schlichtungsausschuß *m* komisja pojednawcza
Schlick *m* (-*es*; -*e*) ił, namuł ilasty
schlief → ***schlafen***
schließ|en* *v/t* zamykać ⟨-mknąć⟩ (*v/i*, ***sich*** się); *Vertrag*, *Freundschaft* zawierać ⟨zawrzeć⟩; (*beenden*) ⟨za⟩kończyć (*v/i* się; ***mit*** *I*); *v/i Schlüssel*: pasować; *fig* ⟨wy⟩wnioskować (***aus*** z *G*); ***in sich* ~** zawierać w sobie; ***sich* ~** *Wunde*: zasklepi(a)ć się; **2fach** *n* skrytka
schließlich w końcu, wreszcie
Schließung *f* zamknięcie
Schliff *m* (-*es*; -*e*) szlif; *fig* (*0*) ogłada; ***den letzten* ~ *geben*** (*D*) dogładzić (*A*)
schlimm zły (źle); → ***böse*, *übel***; F (*schmerzend*) bolący, chory; ***das* 2*ste*** najgorsze; **~er** *comp* gorszy, *adv* gorzej; **~stenfalls** w najgorszym razie
S
Schling|e *f* pętla; *łow* wnyk, sidła *n/pl*; *med* (*für d. Arm*) temblak; **2en*** *v/t* (***um***) owijać ⟨owinąć⟩ (dookoła *G*), zarzucać ⟨-cić⟩ (na *A*); (*essen*) łapczywie ⟨po⟩łykać; **2ern** (-*re*) kołysać się
Schlingpflanze *f* pnącz
Schlips *m* (-*es*; -*e*) krawat
Schlitten *m* sanie *pl*, sanki *pl*
Schlittenpartie *f* sanna, kulig
schlittern (-*re*; *t. sn*) ślizgać się
Schlittschuh *m* łyżwa; **~ *laufen*** jeździć na łyżwach; **~läufer(in** *f*) *m* łyżwiarz (-arka)
Schlitz *m* (-*es*; -*e*) szczelina; otwór (na monetę *itp.*); (*Rille*) rowek; (*im Rock*) rozcięcie; (*Hosenschlitz*) rozporek; **2äugig** skośnooki; **~ohr** F *n* cwaniak
schloß → ***schließen***
Schloß *n* (-*sses*; *⸚sser*) zamek; *arch t.* pałac; *w zł.* zamkowy, pałacowy
schlossen → ***schließen***
Schlosse|r *m* ślusarz; **~'rei** *f* ślusarnia
Schloßruine *f* ruiny *f/pl* zamku/pałacu
Schlot *m* (-*es*; -*e*) komin
schlottern (-*re*) trząść się, dygotać (***vor*** *D* z *G*); *Anzug*: wisieć (jak na kołku)
Schlucht *f* wąwóz (*t. fig*)
schluchzen (-*zt*) schlochać, łkać
Schluck *m* (-*es*; -*e*) łyk; **~auf** *m* (-*s*; *0*) czkawka; **2en** (po)łykać ⟨połknąć⟩; *fig t.* pochłaniać ⟨-chłonąć⟩
Schluckimpfung *f* szczepienie doustne
schludern (-*re*) *pej* partolić, knocić
schlug, schlüge → ***schlagen***
Schlummer *m* (-*s*; *0*) drzemka
schlummern (-*re*) drzemać (*t. fig*)
Schlund *m* (-*es*; *⸚e*) gardziel *f*
schlüpfen (*sn*) (*aus d. Ei*) ⟨wy⟩lęgnąć się, ⟨wy⟩ląc się; wślizgiwać ⟨-z(g)nąć⟩ się (***in*** *A* do *G*); wymykać ⟨-mknąć⟩ się (***aus*, *durch*** z *G*, przez *A*); wkładać ⟨włożyć⟩ (***in den Mantel*** płaszcz)
Schlüpfer *m* majt(ecz)ki *pl*, figi *f/pl*
schlüpfrig śliski (-ko); *fig* sprośny
Schlupfwinkel *m* kryjówka, ukrycie
schlurfen (*sn*) ⟨po⟩człapać
schlürfen popijać, (*hörbar*) siorbać
Schluß *m* (-*sses*; *⸚sse*) koniec, zakończenie; *fig t.* kres; ***bis zum* ~** do końca; ***zum* ~** kończąc, na zakończenie; **~ *machen*** (***mit***) skończyć *pf* (*A*, z *I*); (*mit j-m*) rozchodzić ⟨rozejść⟩ się (z *I*); → ***Schlußfolgerung***
Schlußbemerkung *f* uwaga końcowa
Schlüssel *m* klucz; **~bein** *n* obojczyk; **~bund** *m* pęk kluczy; **2fertig** wykończony„pod klucz"; **~industrie** *f* przemysł kluczowy; **~loch** *n* dziurka od klucza; **~position** *f* pozycja kluczowa
Schlußfolgerung *f* konkluzja, wniosek
schlüssig logiczny, konsekwentny; ***sich* ~ *werden*** (***über*** *A*) zadecydować (o *A*)
Schluß|licht *n* światło (pozycyjne) tylne; **~notierung** *f fin* końcowe notowanie giełdowe; **~pfiff** *m* gwizdek końcowy

Schlußstrich *m*: ***e-n ~ ziehen*** (***unter*** *A*) położyć kres (*D*)
Schluß|verkauf *m* wyprzedaż posezonowa; **~wort** *n* przemówienie końcowe
Schmach *f* (*0*) *lit* hańba, zniewaga
schmächtig szczupły (-le)
schmackhaft smaczny, smakowity (-cie)
schmähen *v/t lit* uwłaczać, ubliżać (*D*)
Schmähschrift *f* paszkwil
schmal (*-er/*¨*er*; *-st-/*¨*st-*) wąski (-ko)
schmälern (*-re*) *Rechte* ograniczać ⟨-niczyć⟩; *Anteil* uszczuplać ⟨-lić⟩
Schmal|film *m* film wąskotaśmowy; **~spurbahn** *f* kolejka wąskotorowa
Schmalz *m* (*-es*; *0*) smalec; **~brot** *n* chleb ze smalcem; **2ig** *pej* ckliwy (-wie)
Schmankerl Ⓐ *n* smakołyk
schmarotz|en (*-zt*; -) pasożytować; **2er** *m* pasożyt; *w zł.* pasożytniczy
Schmarren Ⓐ *m kulin* omlet (biszkoptowy) w kawałkach; *fig* F (*Unsinn*) nonsens, bzdura
schmatzen (*-zt*) mlaskać, cmok(t)ać
Schmaus *m* (*-es*; *0*) uczta, biesiada
schmecken *v/i* smakować (*t.* F *fig*); ***~ nach*** mieć smak (*G*); ***süß ~*** mieć słodki smak; ***laß es dir ~!*** smacznego!; *v/t* → ***kosten***; F ***das schmeckt ihm nicht*** to mu nie w smak
Schmeich|e'lei *f* pochlebstwo; komplement; **2elhaft** pochlebny
schmeich|eln (*-le*) pochlebiać, schlebiać; **2ler(in** *f*) *m* pochlebca *m* (-czyni)
schmeißen* F *v/t* rzucać ⟨-cić⟩ (***sich*** się), ciskać ⟨-snąć⟩ (*A*, *I*); *Runde* stawiać ⟨postawić⟩; *Sache* załatwić *pf*
Schmeißfliege *f* (mucha) plujka
Schmelz *m* (*-es*; *-e*) szkliwo (*t. am Zahn*)
schmelz|bar topliwy; **~en*** *v/t* roztapiać ⟨-topić⟩ (*v/i*, *sn* się); *tech* wytapiać ⟨-topić⟩; *v/i* (*sn*; *t. fig*) ⟨s⟩topnieć
Schmelz|käse *m* ser topiony; **~punkt** *m* temperatura topnienia; **~wasser** *n* (*-s*; *0*) woda z roztopów
Schmerz *m* (*-es*; *-en*) ból; ***vor ~en*** z bólu; **2empfindlich** wrażliwy na ból
schmerzen (*-zt*) boleć; ***es schmerzt mich*** boli mnie; **~d** bolący, bolesny
Schmerzensgeld *n* zadośćuczynienie pieniężne za wyrządzoną krzywdę
schmerz|frei wolny od bólu; **~haft**, **~lich** bolesny (-śnie); **~los** bezbólowy (-wo), (*t. fig*) bezbolesny (-śnie)
schmerzstillend przeciwbólowy (-wo)
Schmetterling *m* (*-s*; *-e*) motyl
schmettern (*-re*) *v/t* ciskać ⟨cisnąć⟩, grzmotnąć (*A*, *I*; ***gegen*** o *A*); *Ball* ścinać ⟨ściąć⟩ *v/i Kapelle*: ciąć
Schmied *m* (*-es*; *-e*) kowal; **~e** *f* kuźnia
Schmiede|eisen *n* żelazo kute; **~hammer** *m* młot kowalski; **2n** (*-e-*) kuć, odku(wa)ć, wyku(wa)ć; *Pläne* snuć
schmieg|en (***an*** *A*) przytulać ⟨-lić⟩ (do *G*; ***sich*** się); ***sich ~*** *t.* przylegać (do *G*); **~sam** miękki; elastyczny, gibki
Schmier|e *f* smar, maź *f*; *teatr* szmira, chała; **2en** *v/t* ⟨po-, wy⟩smarować; F (*kritzeln*, *malen*) ⟨na⟩bazgrać; (*bestechen*) dać łapówkę (*D*); **~e'rei** *f* bazgranina; **~fett** *n* smar stały, towot; **~geld** F *n* łapówka; **2ig** maziowaty; (*fettig*) zatłuszczony; **~seife** *f* mydło szare
schmilzt → ***schmelzen***
Schmink|e *f* szminka; **2en** ⟨u⟩szminkować (***sich*** się); *teatr* ⟨u⟩charakteryzować; **~koffer** *m* neseser
Schmirgelpapier *n* papier ścierny
schmiß, **schmissen** → ***schmeißen***
Schmöker F *m* czytadło
schmollen (***mit***) dąsać się (na *A*)
schmolz, **schmölze** → ***schmelzen***
Schmor|braten *m* pieczeń duszona; **2en** *v/t kulin* ⟨u⟩dusić (*v/i* się); *v/i* F prażyć się (***in der Sonne*** na słońcu)
schmuck hoży (-żo), ładny
Schmuck *m* (*-es*; *0*) ozdoba; *zbior* biżuteria, kosztowności *f/pl*
schmücken (przy)ozdabiać ⟨(przy)ozdobić⟩; (*verschönern*) przystrajać
Schmuckstück *n* klejnot (*t. fig*)
schmuddel|ig przybrudzony; *os.*, *Lokal*: niechlujny; **2wetter** F *n* słota
Schmuggel *m* (*-s*; *0*) przemyt, F szmugiel; **2n** (*-le*) przemycać ⟨-cić⟩, F ⟨prze⟩szmuglować; **~ware** *f* towar z przemytu, kontrabanda
Schmuggler(in *f*) *m* przemytnik
schmun|zeln (*-le*) uśmiechać ⟨-chnąć⟩ się; **2zeln** *n* uśmiech, uśmieszek
schmusen F pieścić się, całować się
Schmutz *m* (*-es*; *0*) brud(y *pl fig*); (*Straßenkot*) błoto; ***in den ~ ziehen*** zmieszać z błotem; **~fink** F *m* brudas(ka)
Schmutzfleck *m* (brudna) plama
schmutz|ig brudny (-no); **2zulage** *f* dodatek za brudną pracę
Schnabel *m* (*-s*; ¨) dziób; → ***Tülle***
Schnake *f* komarnica; (*Mücke*) komar

Schnalle *f* sprzączka
schnallen → ***ab-*, *anschnallen***
schnalzen (*-zt*) cmokać ⟨-knąć⟩; (*mit d. Fingern*) pstrykać ⟨-knąć⟩
Schnäppchen F *n* okazyjny zakup
schnappen *v/t* chwycić *pf*, chapnąć (*t.* ***sich***), capnąć *pf* (*t. Dieb*); ***Luft*** ~ zaczerpnąć powietrza; ~ ***nach*** *Tier*: chcieć chapnąć / dziobnąć (*A*); ***nach Luft*** ~ chwytać powietrze
Schnapp|schloß *n* zatrzask; **~schuß** *m* (okazyjne) zdjęcie migawkowe; *fig pl* migawki *f/pl*
Schnaps *m* (*-es*; *¨e*) wódka; **~glas** *n* kieliszek do wódki; **~idee** F *f* wariacki pomysł; *pl t.* szusy *m/pl*
schnar|chen chrapać; **2chen** *n* (*-s*; *0*) chrapanie; **~ren** *Klingel*: terkotać
schnattern (*-re*) *Ente*: kwakać; *Gans*: gęgać; F *fig* trajkotać
schnau|ben parskać ⟨-knąć⟩, prychać ⟨-chnąć⟩; **~fen** ⟨za⟩sapać
Schnauze *f* pysk, morda (*t. pej*)
Schnauzer *m zoo* sznaucer
Schnecke *f* ślimak; **~n-** ślimaczy
Schnecken|haus *n* skorupa ślimaka; **~tempo** *n* ślimacze tempo; ***im*** ~ ***vor sich gehen*** ślimaczyć się
Schnee *m* (*-s*; *0*) śnieg; *kulin* pian(k)a
Schnee|ball *m* śnieżka; **2bedeckt** ośnieżony; **~besen** *m kulin* trzepaczka; **~decke** *f* pokrywa śnieżna; **~fall** *m zw. pl*: opady *m/pl* śnieżne; **~flocke** *f* śnieżynka; **2frei** bezśnieżny; **~glätte** *f* ślizgawica po opadach śniegu
Schnee|glöckchen *n* śnieżyczka; **~ketten** *f/pl* łańcuchy *m/pl* przeciwślizgowe; **~mann** *m* bałwan ze śniegu; **~pflug** *m* pług odśnieżny; **~regen** *m* deszcz ze śniegiem; **~schmelze** *f* topnienie śniegu; (*Zeit*) roztopy *m/pl*; **~sturm** *m* burza śnieżna, śnieżyca; **~treiben** *n* zadymka; **~verwehung** *f* zaspa śnieżna
schneeweiß śnieżnobiały
Schneid F *m* (*-ęs*; *0*) odwaga
Schneidbrenner *m* palnik do cięcia
Schneide *f* ostrze
schneiden* *v/t* ⟨po⟩ciąć, ⟨po⟩krajać, ⟨po⟩kroić, ⟨po⟩rżnąć; *Nägel* obcinać, przycinać ⟨-ciąć⟩; *Haar*, *Rasen* ⟨o⟩strzyc; *Kurve*, *Ball* ścinać ⟨ściąć⟩; (*verletzen*) zacinać ⟨-ciąć⟩ (***sich*** się); ***sich*** ~ (*kreuzen*) przecinać się; → ***ab-*, *ausschneiden*, *mähen***; *v/i Wind*: zacinać; *Gurt*: wrzynać się; **~d** *fig* ostry (-ro)
Schneide|r(in *f*) *m* krawiec (-wcowa); **~'rei** *f* krawiectwo; zakład krawiecki
schneidern (*-re*) *v/t* ⟨u⟩szyć
Schneidezahn *m* siekacz
schneidig F śmiały (-ło), dziarski (-ko)
schneien: *es schneit* pada/prószy śnieg
Schneise *f* przesieka
schnell szybki (-ko), prędki (-ko); ***so*** ~ ***wie möglich*** czym prędzej; **2bahn** *f* szybka kolej miejska; **2boot** *n* ścigacz; **2e** F *f*: ***auf die*** ~ na chybcika; **~er** *comp* szybszy, prędszy; *adv* szybciej, prędzej
Schnell|feuer- *mil* szybkostrzelny; **~hefter** *m* skoroszyt; **~igkeit** *f* (*0*) szybkość *f*, prędkość *f*; **~imbiß** *m* bar szybkiej obsługi; **~kochtopf** *m* szybkowar; **~reinigung** *f* czyszczenie ekspresowe
schnellstens jak najszybciej
Schnell|straße *f* droga ekspresowa; **~verfahren** *n jur* postępowanie przyspieszone; **~zug** *m* pociąg pospieszny
schneuzen (*-zt*): ***sich*** ~ wysiąkać nos
Schnickschnack F *m* (*-s*; *0*) *pej* fidrygałki *f/pl*
Schnippchen *n*: F *j-m* ***ein*** ~ ***schlagen*** wywodzić ⟨-wieść⟩ w pole (*A*)
schnippisch opryskliwy (-wie)
Schnipsel *m/n* skrawek, ścinek
schnitt → ***schneiden***
Schnitt *m* (*-ęs*; *-e*) cięcie; (*Quer2*) przekrój; (*Öffnung*, *Wunde*) nacięcie, rozcięcie; (*Fasson*) fason; (*Vorlage*) wykrój; (*Filmschnitt*) montaż; *drk* brzeg (książki); F ***im*** ~ średnio
Schnittblumen *f/pl* kwiaty *m/pl* cięte
Schnitt|e *f* kromka; **~fläche** *f* płaszczyzna przekroju; **~holz** *n* (*-es*; *0*) tarcica
schnittig foremny, o ładnej sylwetce
Schnitt|lauch *m* szczypiorek; **~muster** *n* wykrój; **~punkt** *m* punkt przecięcia
Schnittstelle *f EDV* interfejs
Schnittwunde *f* rana cięta
Schnitz|el *n kulin* sznycel; (*t. m*) → ***Schnipsel***; **2en** (*-zt*) ⟨wy⟩rzeźbić (w drewnie); **~er** *m* snycerz; F *fig* gafa
Schnitze'rei *f* (*0*) snycerstwo; (*t. pl*) drewniana rzeźba, wyrób snycerski
Schnitzerin *f* rzeźbiarka, snycerka
schnodd(e)rig niegrzeczny, chamowaty
schnöde wzgardliwy (-wie)
Schnorchel *m* rurka oddechowa
Schnörkel *m* zakrętas; *pl t.* esy-floresy *pl*; ***ohne*** ~ niewymyślny

S

schnorren F naciągać ⟨-gnąć⟩ (**von j-n** *A* k-o na *A*)
Schnüff|e'lei F *f pej* (publiczne) wścibstwo; **⁓eln** (*le*) → **schnuppern**; *fig* F (**in** *D*) węszyć, szperać (w *L*), wścibiać się (do *G*); (*sniffen*) wąchać; **⁓ler(in** *f*) *m pej* konfident(ka); wąchacz(ka)
Schnuller F *m* smoczek
Schnulze *f* sentymentalny kicz
Schnupf|en *m* katar (nosa); **⁓tabak** *m* tabaka; **⁓tabaksdose** *f* tabakierka
schnuppern (*-re*) (**an** *D*) obwąch(iw)ać (*A*); *v/t fig* F powąchać *pf* (*G*)
Schnur *f* (-; *⁓e*) sznur(ek)
schnüren ściągać ⟨-gnąć⟩ sznurkiem; *Schuhe* ⟨za⟩sznurować
schnurgerade F prościutki (-ko)
Schnurrbart *m* wąs(y *pl*); **mit** ⁓ *t.* wąsaty
schnurren *Katze*: mruczeć
Schnürschuh *m* trzewik (sznurowany)
Schnürsenkel *m* sznurowadło
schnurstracks F *adv* prosto, wprost
schob, schöbe → **schieben**
Schock *m* (*-s*; *-s*) szok, wstrząs; *w zł.* szokowy; **unter** ⁓ **stehen** być w szoku; **⁓en, ⁓'ieren** (-) ⟨z-, za⟩szokować
Schöff|e *m* (*-n*), **⁓in** *f* ławnik
Schoko- F *w zł.* czekoladowy
Schoko'lade *f* czekolada
scholl † → **schallen**
Scholle[1] *f* bryła, skiba; (*Acker*) rola
Scholle[2] *f zoo* gładzica
schon *adv* już; ⁓ **wieder** znowu; *part* już; F **mach** ⁓! pospiesz się!; (**na**) **wenn** ⁓! wielkie (mi) zmartwienie!
schön piękny, (*t.* F *ziemlich*) ładny (*beides t. iron = schlimm*); **danke**/**bitte** ⁓ dziękuję/proszę bardzo!; **⁓e Grüße** serdeczne pozdrowienia, ukłony
Schon|bezug *m* pokrowiec; **⁓en** oszczędzać (**sich** się); **⁓d** oględny, ostrożny
Schönfärbe'rei F *f* podkoloryzowanie
schöngeistig beletrystyczny
Schönheit *f* (*0*) piękno, (*t. pl*) piękność *f*
Schönheits|fehler *m* (drobna) skaza; **⁓mittel** *n* kosmetyk; **⁓pflege** *f* (*0*) kosmetyka; **⁓reparatur** *f* makijaż; **⁓wettbewerb** *m* konkurs piękności
Schonkost *f* dieta oszczędzająca
Schonung *f* (*0*) oszczędzanie (się); ochranianie; *leśn* (*t. pl*) zagajnik; **⁓slos** bezwzględny, bezlitosny (-śnie)
Schonzeit *f* czas ochronny
Schopf *m* (*-ẹs*; *⁓e*) czupryna, (*t. zoo*) czub
schöpfen *v/t* czerpać (*A*) ⟨zaczerpnąć *G*⟩; *Vertrauen* nab(ie)rać (*G*); *Verdacht* powziąć *pf*
Schöpf|er[1] *m* (*-s*; *0*) *rel* Stwórca *m*; (*t. pl*) twórca *m*; **⁓er**[2] *m* czerpak; **⁓erin** *f* twórczyni; **⁓erisch** twórczy (-czo)
Schöpfkelle *f* łyżka wazowa
Schöpfung *f* stworzenie; kreacja; (*Werk t.*) utwór, dzieło
Schoppen *m*: **ein** ⁓ **Wein** lampka wina
Schöps Ⓐ *m* (*-ẹs*; *-e*) baran(i *w zł.*)
schor → **scheren**
Schorf *m* (*-ẹs*; *-e*) strup; *bot* parch
Schornstein *m* komin; **⁓feger** *m*, **⁓kehrer** *m* kominiarz
schoß → **schießen**
Schoß *m* (*-es*; *⁓e*) łono (*t. fig*); **auf dem** ⁓ **sitzen** siedzieć na kolanach
schösse, schossen → **schießen**
Schoßhund *m* piesek pokojowy
Schößling *m* (*-ẹs*; *-e*) pęd, odrost
Schote *f* łuszczyna; → **Paprikaschote**
Schott *n* (*-ẹs*; *-e*) *mar* gródź *f*
Schotte *m* (*-n*) Szkot; **⁓n-** szkocki
Schotter *m* tłuczeń *m*; (*Geröll*) żwir
Schott|in *f* Szkotka; **⁓isch** szkocki
schrack, schräcke → **schrecken**[2]
schraf'fiert szrafowany
schräg skośny, ukośny; *praed t.* na ukos, na skos; (*geneigt*) pochyły (-ło)
Schräge *f* skos; pochyłość *f*
Schrägstrich *m* kreska ukośna
Schramme *f* rysa, szrama; → **Kratzer**
Schrank *m* (*-ẹs*; *⁓e*) szafa; (*klein*) szafka
Schranke *f* bariera (*t. fig*); *kolej* zapora, szlaban; *pl fig t.* granice *f/pl*
Schrankwand *f* meblościanka
Schraube *f* śruba (*t. fig, mar*); *dim* śrubka; (*für Holz*) wkręt; *lotn* śmigło
schrauben (**in** *A*) wkręcać ⟨-cić⟩ (w *A*); (**an** *A*) przyśrubow(yw)ać (do *G*); **⁓mutter** *f* nakrętka; **⁓schlüssel** *m* klucz (maszynowy); **⁓zieher** *m* śrubokręt
Schraub|stock *m* imadło; **⁓verschluß** *m* zakrętka, zamknięcie gwintowe
Schrebergarten *m* ogródek działkowy
Schreck *m* (*-ẹs*; *0*) strach; **vor** ⁓ ze strachu; **⁓en**[1] *v/t* ⟨prze⟩straszyć
schrecken[2]* *v/i* (*sn*) zrywać ⟨zerwać⟩ się (**aus dem Schlaf** ze snu)
Schreck|en *m* (*-s*; *0*) przestrach; (*Sache, Tier itp.*) postrach; *zw. pl* okropności *f/pl*; **mit** ⁓ ze strachem; **er kam mit dem** ⁓ **davon** dla niego skończyło się na

S

strachu; **~gespenst** *n* widmo (*t. fig*)
schreckhaft lękliwy (-wie)
schrecklich straszny, okropny (*t.* F *fig*)
Schreckschußpistole *f* straszak
Schrei *m* (-*ęs*; -*e*) krzyk; F ***der letzte ~*** ostatni krzyk mody
Schreibblock *m* blok biurowy
schreiben* ⟨na⟩pisać (*D*, **an** *A* do *G*); (*regelmäßig*, *ab und zu*) pisywać
Schreib|en *n* (-*s*; *0*) pisanie; (*t. pl*) pismo; **~er(in** *f*) *m* autor(ka); *m tech* pisak
Schreib|e'rei F *f* pisanina; **~fehler** *m* omyłka; → ***Tippfehler***; **~kraft** *f* maszynistka; **~kram** F *m* papierkowa robota
Schreibmaschine *f* maszyna do pisania; **~nseite** *f* strona maszynopisu
Schreib|papier *n* papier do pisania; **~tisch** *m* biurko; **~ung** *f* pisownia; **~waren** *f*/*pl* materiały *m*/*pl* piśmienne; **~zeug** *n* przybory *m*/*pl* do pisania
schrei|en* krzyczeć, krzyknąć *v*/*s*, wrzeszczeć, wrzasnąć *v*/*s* (*t.* **vor** z *G*); *Kind*: P drzeć się; **~d** krzyczący; *Farbe*: krzykliwy; **Ƨhals** F *m* krzykacz
Schrein *m* (-*ęs*; -*e*) relikwiarz
Schreiner *m* stolarz
schreiten* (*sn*) kroczyć; (**zu**) przystępować ⟨-stąpić⟩ (do *G*)
schrie → ***schreien***
schrieb → ***schreiben***
Schrift *f* pismo; ***die Heilige ~*** Pismo Święte; **~en** *pl t.* publikacje *f*/*pl*; **~form** *f* forma pisemna; **~führer(in** *f*) *m* protokolant(ka); (*e-s Vereins*) sekretarz
schriftlich pisemny, na piśmie
Schrift|sprache *f* język literacki; **~steller(in** *f*) *m* pisarz (-rka), literat(ka); **~stück** *n* pismo; **~verkehr** *m* korespondencja; **~zeichen** *n* znak pisma/drukarski; **~zug** *m* charakter pisma
schrill przeraźliwy (-wie)
schritt → ***schreiten***
Schritt *m* (-*ęs*; -*e*) krok (*t. fig*); ***~ halten*** (***mit***) dotrzym(yw)ać kroku (*D*); ***~ fahren*** jechać bardzo wolno/F noga za nogą; ***~ für ~*** krok za krokiem; ***auf ~ und Tritt*** na każdym kroku; **~macher** *m sport* pilot; *fig* inicjator, pionier
schrittweise stopniowy (-wo), krok za krokiem
schroff stromy (-mo); *fig* → ***barsch***
schröpfen *v*/*t* F *fig* obskub(yw)ać (*A*)
Schrot *n*/*m* (-*ęs*; *0*) śrut; *agr* śruta; **~flinte** *f* śrutówka; **~mühle** *f* śrutownik
Schrott *m* (-*ęs*; *0*) złom, F szmelc; **~platz** *m* składowisko/składnica złomu; **Ƨreif** nadający się (tylko) na złom/szmelc
schrubben ⟨wy⟩szorować
Schrubber *m* szczotka do szorowania
Schrull|e *f* dziwactwo; **Ƨig** zdziwaczały
schrumpf|en (*sn*) ⟨s⟩kurczyć się (*t. fig*); *Apfel itp.*: ⟨z⟩marszczyć się; **Ƨfolie** *f* folia (termo)kurczliwa; **Ƨung** *f* kurczenie się; *med* marskość *f*
Schub *m* (-*ęs*; ⸚*e*) *lotn* ciąg; *med* napad
Schubkarre(n *m*) *f* taczka, taczki *f*/*pl*
Schublade *f* szuflada
schubsen F popychać ⟨-pchnąć⟩
schüchtern nieśmiały (-ło), wstydliwy (-wie); **Ƨheit** *f* (*0*) nieśmiałość *f*
schuf, **schüfe** → ***schaffen***
Schuft *m* (-*ęs*; -*e*) łajdak, drań *m*
schuften F (-*e*-) harować, P tyrać
Schuh *m* (-*ęs*; -*e*) but, bucik, pantofel; *pl zbior* obuwie; **~anzieher** *m* łyżka do butów; **~bürste** *f* szczotka do butów
Schuh|creme *f* pasta do obuwia; **~geschäft** *n* sklep z obuwiem; **~macher** *m* szewc; **~sohle** *f* podeszwa, zelówka
Schul|abschluß *m* ukończenie szkoły; **~alter** *n* wiek szkolny; **~arbeiten** *f*/*pl* zadania *n*/*pl* domowe; **~bank** *f* ławka szkolna; **~besuch** *m* uczęszczanie do szkoły; **~bildung** *f* (*0*) wykształcenie
Schulbuch *n* podręcznik szkolny
schuld: ***~ sein*** (**an** *D*) być winnym (*G*), ponosić winę (za *A*); ***~ geben*** (*D* **an** *D*) składać winę (na *A* za *A*)
Schuld *f* (*0*) wina; (*Geldbetrag*, *zw. pl*) dług; ***die ~ geben***/***tragen*** → ***schuld***
schulden (-*e*-) być dłużnym/winnym
Schulden|dienst *m* obsługa zadłużenia; **Ƨfrei** wolny od długów, bez długów; **~last** *f* brzemię długów; zadłużenie; **~stand** *m* stopień *m* zadłużenia
Schuldforderung *f* wierzytelność *f*
Schuldgefühl *n* poczucie winy
schuldig winny, *praed m* winien; ***~ sein*** być winnym; ***~ sprechen*** uznać za winnego; **Ƨe(r)** winowajca *m* (-czyni)
schuld|los niewinny; **Ƨner(in** *f*) *m* dłużnik (-iczka); **Ƨschein** *m* kwit dłużny, rewers; **Ƨspruch** *m* wyrok skazujący
Schule *f* szkoła; ***höhere ~*** szkoła pełnośrednia, liceum *n*
schulen wyszkalać, ⟨wy⟩szkolić; *Auge itp.* ⟨wy⟩ćwiczyć
Schüler *m* uczeń *m*; **~austausch** *m* wy-

S

miana uczniów; **~ausweis** *m* legitymacja szkolna; **~in** *f* uczennica
Schulferien *pl* wakacje *pf* (szkolne)
schul|frei wolny od zajęć; **Ձgeld** *n* czesne; **Ձhof** *m* dziedziniec szkolny
schulisch szkolny
Schul|jahr *n* rok szkolny; klasa; **~jugend** *f* młodzież szkolna; **~kamerad(in** *f*) *m* kolega szkolny (koleżanka szkolna); **~kind** *n* dziecko szkolne; **~leiter(in** *f*) *m* kierownik (-iczka) szkoły
Schul|mappe *f* teczka szkolna; **Ձpflichtig** podlegający obowiązkowi szkolnemu; **~schluß** *m* (*-sses; 0*) koniec lekcji/zajęć; **~stunde** *f* godzina lekcyjna
Schultag *m* dzień *m* nauki/zajęć
Schultasche *f* teczka szkolna
Schulter *f* (-; *-n*) ramię, bark; **~blatt** *n* łopatka; **~gelenk** *n* staw barkowy
Schulung *f* szkolenie; **~s-** szkoleniowy
Schul|wesen *n* (*-s; 0*) szkolnictwo; **~zeit** *f* okres nauki w szkole; lata *n*/*pl* szkolne; **~zeugnis** *n* świadectwo szkolne
schummeln F (*-le*) oszukiwać
Schund *m* (*-ęs; 0*) tandeta, lichota
Schuppe *f* łuska; **~n** *pl* (*im Haar*) łupież *f*
Schuppen *m* szopa; remiza
Schuppenflechte *f med* łuszczyca
schuppig łuskowaty
schüren *Glut* rozgarniać ⟨-nąć⟩ (pogrzebaczem); *fig* podsycać ⟨-cić⟩
Schürfwunde *f* otarcie
Schurke *m* (*-n*) łotr; **~'rei** *f* łajdactwo
Schurwolle *f* wełna żywa
Schürze *f* fartuch, *dim* fartuszek
Schuß *m* (*-sses; ⁼sse*) (wy)strzał; (*Munition*) nabój, pocisk; F ***in ~ bringen*** doprowadzić do porządku; zreperować
Schüssel *f* (-; *-n*) miska, misa
Schuß|feld *n* pole ostrzału; **~linie** *f*: ***in die ~ geraten*** znaleźć się pod ogniem
Schuß|verletzung *f* rana postrzałowa, postrzał; **~waffe** *f* broń palna
Schuster *m* szewc; *w zł.* szewski
Schutt *m* (*-ęs; 0*) gruz(y *pl*)
Schuttabladeplatz *m* wysypisko gruzu
Schüttelfrost *m* (*-ęs; 0*) dreszcze *m*/*pl*
schütteln (*-le*) *v*/*t* potrząsać, ⟨po⟩trząść (*I*); (**aus**) wytrząsać ⟨-trząść⟩ (z *G*); ***sich ~*** trząść się; otrząsnąć się *v*/*s*
schütten (*-e-*) (**in** *A*) ⟨w⟩sypać (do *G*); (**aus**) wysyp(yw)ać (z *G*); → ***ein-, ausgießen***; F ***es schüttet*** leje jak z cebra
Schutthaufen *m* kupa gruzu
Schüttladung *f hdl* ładunek luzem
Schutz *m* (*-es; 0*) ochrona; osłona (*t. mil, tech*); ***~ suchen*** szukać schronienia; ***in ~ nehmen*** wziąć w obronę; **~blech** *n* błotnik; **~brille** *f* okulary *pl* ochronne
Schütz|e *m* (*-n*) strzelec; **Ձen** (*-zt*) chronić, ochraniać ⟨-ronić⟩ (***sich*** się; ***gegen*** od *G*; ***vor*** *D* przed *I*); zabezpieczać ⟨-czyć⟩ (***vor*** *D* przed *I*); osłaniać
Schützenfest *n* festyn strzelecki
Schutzengel *m* anioł stróż
Schützen|graben *m* okop, rów strzelecki; **~panzer** *m mil* transporter
Schutzfrist *f* okres ochronny
Schutzgeld *n* F haracz
Schutzgelderpresser *m* reketer
Schutz|heilige(r) patron(ka); **~helm** *m* kask ochronny; **~hütte** *f* schronisko
Schutzimpfung *f* szczepienie ochronne
Schützling *m* (*-s; -e*) podopieczny (-na)
schutzlos bezbronny, *praed* bez opieki, bez ochrony
Schutz|marke *f* zastrzeżony znak fabryczny; **~maßnahme** *f* środek ochronny/zapobiegawczy; **~umschlag** *m* obwoluta; **~zoll** *m* cło ochronne
schwäbisch szwabski (po -ku)
schwach (*⁼er; ⁼st-*) słaby (-bo); (*schlecht t.*) F kiepski (-ko), marny
Schwäche *f* słabość *f*; (*e-s Werkes*) słabizna; (*Vorliebe*) słabostka; **~anfall** *m*: ***e-n ~ erleiden*** nagle zasłabnąć
schwächen osłabi(a)ć
Schwachkopf *m pej* kretyn, tępak
schwäch|lich słabowity (-cie), wątły (-ło, -le); **Ձling** *m* (*-s; -e*) słabeusz, *pej* zdechlak; *fig* niedo(ra)jda *m*
Schwach|punkt *m* słaby punkt; **~sinn** *m* (*-s; 0*) *med* debilizm; głuptactwo; *fig pej* idiotyzm; **Ձsinnig** niedorozwinięty umysłowo; **~strom** *m* prąd słaby
Schwächung *f* (*0*) osłabienie
schwafeln F (*-le*) bajtlować, pleść
Schwager *m* (*-s; -/⁼*) szwagier
Schwägerin *f* szwagierka; (*Frau d. Bruders*) bratowa
Schwalbe *f* jaskółka; **~n-** jaskółczy
Schwall *m* (*-ęs; 0*) fala; (*Worte*) potok
schwamm → ***schwimmen***
Schwamm *m* (*-ęs; ⁼e*) gąbka; (*Pilz*) grzyb; **Ձig** (*vage*) nieprecyzyjny, mętny
Schwan *m* (*-ęs; ⁼e*) łabędź *m*
schwand, schwände → ***schwinden***
schwang, schwänge → ***schwingen***

schwanger ciężarna; **~ *sein*** być w ciąży; **~ *werden*** zachodzić ⟨zajść⟩ w ciążę
Schwanger|e *f* ciężarna; **~schaft** *f* ciąża
Schwangerschafts|abbruch *m* przerwanie ciąży; **~test** *m* test ciążowy; **~verhütung** *f* antykoncepcja
Schwank *m* (*-ęs*; *¨e*) *teatr* krotochwila
schwanken chwiać się (*t. fig*), kołysać się; *Kurse*: wahać się (*t. fig zaudern*)
Schwankungen *f/pl* wahania *n/pl*
Schwanz *m* (*-es*; *¨e*) ogon(owy *w zł.*)
schwänzen F (*-zt*) *v/t* nie zjawić się (na *A*); ***die Schule ~*** wagarować
Schwarm *m* (*-ęs*; *¨e*) gromada, stado; (*Fische*) ławica; (*Insekten*) rój; *fig* idol
schwärm|en (*t. sn*) *Insekten*: roić się; *Leute*: F walić (**in** *A* do *G*, na *A*); *fig* (**für** *etw*) przepadać (za *I*); entuzjazmować się (*I*); (*für j-n*) podkochiwać się (w *L*); (**von**) marzyć (o *I*); zachwycać się (*I*); **≈er(in** *f*) *m* marzyciel(ka); **~erisch** romantyczny; *praed t.* z zachwytem
Schwarte *f* (gruba) skóra; *kulin* skórka
schwarz (*¨er*; *¨st-*) czarny (-no); ***~ werden*** ⟨po-, s⟩czernieć; ***~ auf weiß*** czarno na białym
Schwarzarbeit *f* praca „na czarno"
Schwarzbrot *n* chleb razowy, razowiec
Schwärze *f* (*0*) czerń *f*, czarność *f*; (*t. pl*) czernidło; **≈n** (*-zt*) ⟨po⟩czernić
schwarzfahr|en* (*sn*) jeździć/jechać na gapę; **≈er(in** *f*) *m* F gapowicz
schwarzgekleidet ubrany na czarno
schwarz|haarig czarnowłosy; **≈handel** *m* handel nielegalny/pokątny; **≈hörer(in** *f*) *m* F radiopajęczarz; **≈markt** *m* czarny rynek; *w zł.* czarnorynkowy, ... na czarnym rynku; **≈seher(in** *f*) *m* F telepajęczarz; **~weiß** czarno-biały
Schwarzwild *n zbior* zwierzyna czarna
schwatzen, schwätzen (*-zt*) *pej* paplać, pleść; (*plaudern*) ⟨po⟩gawędzić
Schwätzer(in *f*) *m* papla *m/f*
schwatzhaft gadatliwy
Schwebe *f*: ***in der ~*** w zawieszeniu
Schwebebahn *f* kolej podwieszona
Schwebebalken *m sport* równoważnia
schweben (*t. sn*) unosić się; (*in d. Luft t.*) bujać; *fig* **~ in** (*D*) być, znajdować się w (*L*); **~d** *fig* bieżący
Schwed|e *m* (*-n*) (**~in** *f*) Szwed(ka)
schwedisch szwedzki (po -ku)
Schwefel *m* (*-s*; *0*) siarka; **≈haltig** zawierający siarkę; zasiarczony; **≈n** (*-le*) siarkować; **~säure** *f* kwas siarkowy
Schweif *m* (*-ęs*; *-e*) ogon
Schweigegeld *n* łapówka za milczenie
Schweigemarsch *m* marsz milczenia
schweigen* milczeć (**über** *A* o *L*); ***ganz zu ~ von*** nie mówiąc (już) o (*L*)
Schweigen *n* (*-s*; *0*) milczenie; ***zum ~ bringen*** zmusić do milczenia
Schweigepflicht *f* obowiązek dochowania tajemnicy (***ärztliche*** lekarskiej)
schweigsam nierozmowny
Schwein *n* (*-ęs*; *-e*) świnia (*t. fig pej*), wieprz; F ***~ haben*** mieć fart
Schweinebraten *m* pieczeń wieprzowa
Schweinefleisch *n* wieprzowina
Schweinehund *m pej* drań *m*, łajdak
Schweine'rei *f pej* świństwo
Schweinestall *m* chlew(nia)
schweinisch F świński (po -ku)
Schweinshaxe *f* golonka (pieczona)
Schweins|kopf *m kulin* głowizna; **~leder** *n* skóra świńska (wyprawiona)
Schweiß *m* (*-es*; *0*) pot
Schweißbrenner *m* palnik spawalniczy
schweißen *tech* spawać
Schweiß|en *n* (*-s*; *0*) spawanie; **~er** *m* spawacz; **~gerät** *n* spawarka
schweißtriefend zlany potem, spocony
Schweißtropfen *m* kropla potu
Schweizer[1] *m* (**~in** *f*) Szwajcar(ka); **~**[2] *adj* → **≈isch** szwajcarski (po -ku)
schwelen tlić się, tleć
schwelgen (**in** *D*) rozkoszować się (*I*)
Schwelle *f* próg (*t. fig*); *kolej* podkład; **~n-** progowy
schwellen* *v/i* (*sn*) → ***anschwellen***
Schwellung *f med* obrzmienie
Schwemme *f fig* zatrzęsienie (*G*)
Schwenk *m* (*-ęs*; *-s*) zwrot; **≈en** *v/t* machać, wymachiwać (*I*); → ***spülen***; *v/i* (*sn*) skręcać ⟨-cić⟩ (***nach links*** w lewo)
schwer ciężki (-ko) (*t. fig*); (*schwierig*) trudny (-no); *Wein*: mocny; *Sturm itp.*: silny, gwałtowny; F *adv* (*sehr*) bardzo, mocno; ***... ist 5 Kilo ~*** ... waży 5 kilo
Schwer|arbeit *f* ciężka praca; **~athletik** *f* (*0*) ciężka atletyka; **~behinderte(r)** inwalida *m* (-dka), kaleka *m/f*
Schwere *f* (*0*) ciężkość *f*; (*Gewicht*) ciężar (*t. fig*); **≈los** nieważki
schwer|erziehbar trudny do wychowania; **~fallen*** sprawi(a)ć trudności; **~fällig** ociężały (-le); **≈gewicht** *n sport* waga ciężka; *fig* główny nacisk; **~hörig**

S

przygłuchy, o przytępionym słuchu; **⁓industrie** *f* przemysł ciężki; **⁓kraft** *f (0)* siła ciążenia; **⁓krank** ciężko chory
schwerlich mało co, raczej nie
schwer|machen utrudniać (*sich* sobie); **⁓mütig** melancholijny; **⁓nehmen*** *v/t* przejmować ⟨-jąć⟩ się (*I*); **⁓punkt** *m* środek/*fig* punkt ciężkości
Schwert *n (-ęs; -er)* miecz (*t. mar*)
schwer|tun*: ***sich** ⁓* mieć trudności (***mit*** z *I*); **⁓verbrecher(in** *f*) *m* zbrodniarz (-rka); **⁓verdaulich** ciężko strawny
schwerverletzt ciężko ranny
schwer|verständlich trudny do zrozumienia; **⁓wiegend** ważki, poważny
Schwester *f (-; -n)* siostra; (*Beruf*) pielęgniarka; **⁓lich** siostrzany
Schwestern|haube *f* kornet; **⁓schülerin** *f* uczennica szkoły pielęgniarskiej
schwieg → ***schweigen***
Schwieger|eltern *pl* teściowie *m/pl*; **⁓mutter** *f* teściowa; **⁓sohn** *m* zięć *m*; **⁓tochter** *f* synowa; **⁓vater** *m* teść *m*
Schwiel|e *f* modzel; **⁓ig** zgrubiały
schwierig trudny (-no); **⁓keit** *f* trudność *f*; *pl t.* kłopoty *m/pl*
schwillt → ***schwellen***
Schwimm|bad *n* pływalnia; **⁓becken** *n* basen pływacki
schwimmen* (*t. sn*) pływać (***in*** *D* w *L*); ⟨po⟩płynąć (***an*** *A* do *G*); dopływać ⟨-płynąć⟩ (***bis*** do *G*); przepływać ⟨-płynąć⟩ (***über*** *A* przez *A*); *fig* (***in*** *D*) opływać (w *A*); (*treiben*) płynąć, pływać
Schwimm|en *n (-s; 0)* pływanie; **⁓er** *m* pływak (*t. tech*); (*e-r Angel*) spławik
Schwimmerin *f* pływaczka
Schwimm|halle *f* kryta pływalnia; **⁓lehrer(in** *f*) *m* instruktor(ka) pływania; **⁓sport** *m (-s; 0)* pływactwo; **⁓weste** *f* kamizelka ratunkowa
Schwindel *m (-s; 0)* zawrót głowy; F (*Betrug*) oszukaństwo, szwindel; (*Lüge*) bujda; **⁓erregend** *fig* zawrotny; **⁓firma** *f* nieuczciwa firma; **⁓gefühl** *n* uczucie zawrotu głowy
schwindeln (*-le*) *v/i* (*flunkern*) blagować, bujać; (*b. Kartenspiel*) szachrować
schwinden* (*sn*) maleć, niknąć; *Ton*: zanikać
Schwind|ler(in *f*) *m* oszust(ka), F kanciarz; **⁓lig**: ***mir ist/wird*** ⁓ kręci mi się w głowie; **⁓sucht** *f (0)* suchoty *f/pl*
schwing|en* *v/t* → ***schwenken***; *v/i* kołysać się, wahać się; *fiz* drgać, oscylować; ***sich*** ⁓ (***auf*** *A*) wskakiwać ⟨wskoczyć⟩ (na *A*); **⁓tür** *f* drzwi *pl* wahadłowe; **⁓ung** *f fiz* drganie, oscylacja
Schwips F *m*: ***e-n*** ⁓ ***haben*** mieć w czubie; ***e-n*** ⁓ ***bekommen*** dostać rausza
schwirren (*t. sn*) (*fliegen*) unosić się; *Pfeil*: furczeć; *Gerüchte*: krążyć
schwitzen (*-zt*) ⟨s⟩pocić się (*t.* ***bei*** przy *L*), ⟨s⟩potnieć (*t. Glas*)
schwofen F *v/i* tańczyć, tańcować
schwoll → ***schwellen***
schwor → ***schwören***
schwören* *v/t, v/i* przysięgać ⟨-gnąć, -siąc⟩; *Eid* składać ⟨złożyć⟩
schwul F homoseksualny, gejowski
schwül parny (-no); **⁓e** *f (0)* parność *f*
Schwule(r) F gej; ***Schwulen-*** gejowski
schwülstig pompatyczny
Schwund *m (-ęs; 0)* zanik; *hdl* ubytek
Schwung *m (-ęs; ⁓e) sport* obrót; wymach; *(0)* rozmach; *fig t.* werwa; polot; F (*Menge*) porcja; F ***in*** ⁓ ***kommen*** nab(ie)rać rozmachu; rozruszać się
schwungvoll zamaszysty (-ście); *Stil itp.*: pełen werwy; *praed* z werwą
Schwur *m (-ęs; ⁓e)* przysięga
schwüre → ***schwören***
Schwurgericht *n* sąd przysięgłych
sechs sześć, sześcioro, *m-os* sześciu; → *str. 610*
Sechs *f* szóstka; **⁓eckig** sześciokątny; **⁓er** F *m* (*Lotto*) sześć trafień; **⁓fach** sześciokrotny; **⁓jährig** sześcioletni; **⁓kant-** sześciokątny; **⁓monatig** sześciomiesięczny; **⁓tagerennen** *n* sześciodniówka (kolarska); **⁓te** szósty
Sechs|tel *n* szósta część; ***ein*** ⁓ jedna szósta; **⁓tens** po szóste
sech|zehn(te), **⁓zig(ste)** → *str. 610*
Sedi'ment *n (-ęs; -e)* osad
See[1] *m (-s; -n)* jezioro
See[2] *f* morze; ***an die*** ⁓ nad morze; ***an der*** ⁓ nad morzem; ***auf hoher*** ⁓ na pełnym morzu; **⁓bad** *n* (*Ort*) kąpielisko morskie; **⁓blick** *m*: ***mit*** ⁓ z widokiem na morze; **⁓funk** *m* radiokomunikacja morska; **⁓gang** *m (-s; 0)* falowanie morza; ***hoher*** ⁓ wysoka fala; **⁓hafen** *m* port morski; **⁓hund** *m* foka; **⁓krank** cierpiący na chorobę morską
Seelachs *m* (*Köhler*) czarniak
Seele *f* dusza; ***mit ganzer*** ⁓ całą duszą
Seelenmesse *f rel* msza żałobna

seelenruhig najspokojniej w świecie
Seeleute *pl* → ***Seemann***
seelisch duchowy (-wo); psychiczny
Seelsorge *f* (*0*) duszpasterstwo
seelsorgerisch duszpasterski
See|mann *m* (-*ęs*; -*leute*) marynarz; **~s-** → **°männisch** marynarski, ... marynarza, ... dla marynarzy
Seemeile *f* mila morska
Seenot *f* (*0*): ***in ~ geraten*** *Schiff*: znaleźć się w niebezpieczeństwie (zatonięcia)
Seenotrettungsdienst *m* służba ratownictwa morskiego
Seenplatte *f* pojezierze
See|räuber *m* pirat; *w zł.* piracki; **~recht** *n* (-*ęs*; *0*) prawo morskie; **~reise** *f* podróż morska; **~rose** *f* grzybień *m*, lilia wodna; **~stern** *m* rozgwiazda
See|streitkräfte *f*/*pl* marynarka wojenna; **°tüchtig** zdatny do żeglugi; **~weg** *m*: ***auf dem ~*** drogą morską; **~zeichen** *n* znak nawigacyjny; **~zunge** *f* sola
Segel *n* żagiel; **~boot** *n* łódź żaglowa, żaglówka; **~fliegen** *n* (-*s*; *0*) szybownictwo; **~flieger(in** *f*) *m* szybownik (-iczka); **~flugzeug** *n* szybowiec
segeln (-*le*, *t. sn*) ⟨po⟩żeglować, (*t. durch d. Luft*) ⟨po⟩szybować
Segelregatta *f* regaty *f*/*pl* żeglarskie
Segel|schiff *n* żaglowiec; **~sport** *m* żeglarstwo, sport żeglarski
Segen *m* błogosławieństwo
segensreich dobroczynny, zbawienny
Segler(in *f*) żeglarz (-rka)
segnen (-*e*-) ⟨po⟩błogosławić
sehen* widzieć (*t. v*/*i*), zobaczyć *pf* (***sich*** się); (*blicken*) ⟨po⟩patrzeć (***auf*** *A* na *A*); → ***bemerken***; ***siehe ...*** patrz ...; ***wie man sieht*** jak widać; ***sich ~ lassen*** *os.* pokaz(yw)ać się; ***gern gesehen*** mile widziany; ***vom Sehen kennen*** znać z widzenia/z twarzy
sehens|wert godny zobaczenia / obejrzenia; **°würdigkeit** *f* zabytek, atrakcja (turystyczna)
Sehkraft *f* (*0*) wzrok
Sehne *f anat* ścięgno; (*Bogen°*) cięciwa
sehnen: *sich ~* (***nach***) tęsknić (po *L*, za *I*, do *G*); pragnąć (*G*)
Sehnenzerrung *f* rozciągnięcie ścięgna
Sehnerv *m* nerw wzrokowy
sehnig żylasty
Sehn|sucht *f* tęsknota; **°süchtig** tęskny, stęskniony; *praed* z utęsknieniem

S

sehr bardzo; wielce, mocno; ***zu ~*** zanadto, (na)zbyt
Seh|rohr *n* peryskop; **~schwäche** *f* (*0*) osłabienie wzroku; **~test** *m* badanie wzroku; **~vermögen** *n* (-*s*; *0*) wzrok
seicht płytki (-ko) (*t. fig*)
Seide *f* jedwab; **~n-** jedwabny
Seidel *m* kufel
seiden jedwabny; **°papier** *n* bibułka; **°raupenzucht** *f* hodowla jedwabników; **~weich** miękki jak jedwab
seidig jedwabisty (-to, -ście)
Seife *f* mydło, *dim* mydełko
Seifen|blase *f* bańka mydlana; **~pulver** *n* mydło w proszku; **~schale** *f* mydelniczka; **~wasser** *n* mydliny *f*/*pl*
seihen przecedzać, ⟨prze⟩cedzić
Seil *n* (-*ęs*; -*e*) lina; (*dünn*) linka
Seil|bahn *f* kolej linowa; **~schaft** *f* zespół wspinaczkowy; *pej* klika, koteria; **~springen** *n* (-*s*; *0*) zabawa/ćwiczenia *n*/*pl* ze skakanką; **~tänzer(in** *f*) *m* linoskoczek; **~winde** *f* wyciąg linowy
sein¹* (*sn*) być; ***mir ist*** (***war***) ***kalt*** mnie (było) zimno; ***er ist 5 Jahre alt*** on ma 5 lat; ***das war einmal*** to już dawno minęło; ***ist zu ...*** (*kann*) można; (*muß*) trzeba; ***was ist mit ...?*** co z (*I*)?; ***es sei*** niech będzie; ***das wär's*** to wszystko
sein² *poss* jego; *refl* swój, **~e** *pl* swoje
seinerseits z jego/ze swej strony
seinerzeit wówczas; swego czasu
seinesgleichen taki jak on; *m-os* tacy jak on(i); ***~ suchen*** nie mieć równego (*pl* równych) sobie
seinetwegen (*durch ihn*) przez niego, ze względu na niego; (*für ihn*) dla niego
seinlassen* F: ***laß das sein*** zostaw to, przestań
seit *praep* (*D*) od (*G*); *conj* odkąd; **~'dem** *adv* od tego czasu, odtąd; *conj* odkąd
Seite *f* strona (*t. fig*), bok (*t. anat*, *mat*); (*im Buch*) stron(ic)a; ***~ an ~*** obok siebie; ***von der ~*** z boku; od/ze strony; ***zur ~*** na stronę, na bok
seiten: *von ~* (*G*) ze strony (*G*)
Seitenansicht *f* widok z boku
Seitenhieb *m* przycinek
seitenlang wielostronicowy
seitens *praep* (*G*) ze strony (*G*)
Seiten|schiff *n arch* nawa boczna; **~sprung** *m* miłostka na boku; **~stechen** *n* kłucie w boku; **~straße** *f* boczna ulica
Seiten|streifen *m* pobocze; **~tasche** *f*

boczna kieszeń; **~zahl** *f* numer strony; (*Gesamtzahl*) liczba stron
seit'her → ***seitdem***
seitlich boczny; z boku, na bok
seitwärts bokiem; z boku, w bok
Sekre|'tär *m* (*-s*; *-e*) sekretarz; (*Möbel*) sekretera; **~tari'at** *n* (*-ęs*; *-e*) sekretariat
Sekre'tärin *f* sekretarka
Sekreti'on *f* (*0*) wydzielanie
Sekt *m* (*-ęs*; *-e*) wino musujące, szampan
Sek|te *f* sekta; **~ti'on** *f* sekcja (*t. med*)
Sektor *m* (*-s*; *-'toren*) sektor
sekun'där wtórny; drugorzędny
Se'kunde *f* sekunda
Se'kundenzeiger *m* sekundnik
selbst *pron* sam(a, -o, *pl* -e, *m-os* -i); ***mit sich*** ~ sam(a) ze sobą; ***von*** ~ sam(o) przez się; ***sich*** ~ (*A*) samego *itd.* siebie; (*D*) samemu *itd.* sobie; ~ ***dann*** nawet wówczas; ~ ***wenn*** gdyby nawet; **&achtung** *f* poczucie osobistej godności
selbständig samodzielny; ***sich*** ~ ***machen*** uniezależni(a)ć się; **&e(r)** pracujący (-ca) na własny rachunek; **&keit** *f* (*0*) samodzielność *f*, niezależność *f*
Selbst|auslöser *m* samowyzwalacz; **~bedienung** *f* samoobsługa; **~s-** samoobsługowy; **~beherrschung** *f* panowanie nad sobą; **~bestimmung** *f* samostanowienie; **~beteiligung** *f* udział własny; **&bewußt** pewny siebie
Selbstbewußtsein *n* pewność *f* siebie
Selbsteinschätzung *f* samoocena
Selbst|erhaltungstrieb *m* (*-ęs*; *0*) instynkt samozachowawczy; **~fahr-** *tech* samojezdny, samobieżny
selbst|gebacken ... własnego wypieku; **~gefällig** zarozumiały (-le); **~gemacht** własnej roboty, domowej produkcji
Selbst|gespräch *n* monolog; **~hilfegruppe** *f* grupa samopomocy; **&klebend** samoprzylepny; **~kosten** *pf* koszty *m/pl* własne; *w zł.* ... kosztów własnych; **~kritik** *f* samokrytyka
selbstlos ofiarny; bezinteresowny
Selbst|mord *m* samobójstwo; **~mörder(in** *f*) *m* samobójca *m* (-czyni); **&mörderisch** samobójczy (-czo); **&sicher** pewny siebie, dufny w sobie; **~studium** *n*: ***im*** ~ przez samokształcenie
selbst|süchtig samolubny; **~tätig** samoczynny; **&tor** *n* bramka samobójcza; **&verbrennung** *f* samospalenie; **&versorgung** *f* samozaopatrzenie
selbstverständlich naturalny, zrozumiały sam przez się; ~*!* ma się rozumieć!; **&keit** *f* rzecz zrozumiała sama przez się, rzecz naturalna
Selbst|verteidigung *f* samoobrona; **~vertrauen** *n* ufność/wiara we własne siły; **~verwirklichung** *f* samorealizacja; **~verwaltung** *f* samorząd; **~s-** samorządowy; **&zufrieden** zadowolony z siebie; *praed* z samozadowoleniem; **~zweck** *m* (*-ęs*; *0*) cel sam w sobie
Selchfleisch *n* mięso wędzone
selig *rel* błogosławiony; *fig* błogi (-go); (*tot*) świętej pamięci
Seligsprechung *f* *rel* beatyfikacja
Sellerie *m* (*-s*; *0*) *a.* *f* (*0*) seler
selten rzadki (-ko); ***nicht*** ~ nierzadko; ~ ***schön*** nadzwyczaj piękny; **&heit** *f* (*0*) rzadkość *f*; (*Rarität*) rarytas
Selterswasser *n* (*-s*; *0*) woda selcerska
seltsam dziwny; *adv t.* niezwykle
seltsamerweise dziwnym sposobem
Se'mester *n* semestr(alny *w zł.*); **~ferien** *pl* ferie *pl* uniwersyteckie
Semi|finale *n* półfinał; **~'kolon** *n* (*-s*; *-s*/*-la*) średnik; **~'nar** *n* (*-s*; *-e*) seminarium *n*; *w zł.* seminaryjny
Semmel *f* bułka, (*klein*) bułeczka; **~knödel** *m/pl* knedle *m/pl* czeskie
Se'nat *m* (*-ęs*; *-e*) senat; **~s-** senacki, ... senatu; **~or** *m* (*-s*; *-'toren*), **~orin** [-'to:-] *f* senator(ka)
Sendebereich *m* zasięg transmisji
send|en¹* posyłać, wys(y)łać (***nach*** do *G*); **~en²** (*-e-*) *RTV* nada(wa)ć, emitować (*im*)*pf*; **&er** *m* nadajnik; (*Station*) stacja telewizyjna, (*Radio&*) rozgłośnia
Sende|reihe *f* cykl audycji (telewizyjnych); **~schluß** *m* zakończenie programu; **~zeit** *f* czas emisji; czas antenowy
Sendung *f* przesyłka; *RTV* audycja
Senf *m* (*-ęs*; *-e*) *bot* gorczyca; *kulin* musztarda; **~soße** *f* sos musztardowy
sengend: **~*e Hitze*** żar
se'nil *med* starczy; *Greis*: stetryczały
Seni|or *m* (*-s*; *-'oren*), **~'orin** *f* senior(ka)
Seni'orenheim *n* dom seniora
Senk|e *f* nizina, depresja; **&en** opuszczać, spuszczać ⟨-puścić⟩ (***sich*** się); *Preis, Stimme itp.* obniżać ⟨-żyć⟩ (***sich*** się); ***sich*** ~ *Mauer*: osiadać ⟨osiąść⟩
senkrecht pionowy (-wo), (***zu***) prostopadły (-le) (do *G*); **&e** *f* prostopadła
Senkung *f* obniżenie; obniżka, redukcja

S

Sensati'o|n *f* sensacja; rewelacja; **♀'nell** sensacyjny; *Ereignis*: rewelacyjny
Sense *f* kosa; F *fig* koniec, kropka
sen'si|bel (*-bl-*) wrażliwy (-wie); **~bili'sieren** (-) uwrażliwi(a)ć (**für** na *A*)
Sensortaste *f* przycisk dotykowy
sentimen'tal sentymentalny
sepa'rat oddzielny, odrębny
Sep'tember *m* wrzesień; *w zł.* wrześniowy; **im ~** we wrześniu
Serb|e *m* (*-n*) (**~in** *f*) Serb(ka)
serbisch serbski (po -ku)
Serie [-rĭə] *f* seria; *RTV* serial
Serien-, serienmäßig seryjny
seri'ös poważny; godny zaufania
Serpen'tine *f* serpentyna
Serum *n* (*-s*; *-ren*/*ra*) surowica, serum *n*
Service¹ [-'viːs] *n* (*-*/*-s*; -) serwis
Ser|vice² ['zøːɐvɪs] *m*/*n* (*-*/*-s*; *0*) serwis, obsługa; *w zł.* serwisowy; **♀'vieren** (-) serwować; **~'viererin** *f* kelnerka
Servi'ette *f* serwetka
Servolenkung *f mot* wspomagany układ kierowniczy
Sessel *m* fotel; **~lehne** *f* (boczne) oparcie fotela; **~lift** *m* wyciąg krzesełkowy
seßhaft osiadły; **~ werden** osiąść *pf*
Set *m*/*n* (*-*/*-s*; *-s*) komplet, zestaw
Setzei ['zɛts-aĭ] *n* jajko sadzone
setzen (*-zt*) *v*/*t* sadzać ⟨posadzić⟩; *drk* składać ⟨złożyć⟩; → **stellen**, **legen**; **sich ~** siadać ⟨usiąść⟩; (**an** *A*) zasiadać ⟨zasiąść⟩ (do *G*); *Staub itp.*: osiadać ⟨osiąść⟩; *v*/*i* (**über** *A*) sadzić (przez *A*), przesadzić *pf* (*A*); (*im Spiel*, *t. v*/*t*) stawiać ⟨postawić⟩ (**auf** *A* na *A*)
Setz|er(in *f*) *m drk* składacz(ka), zecer(ka); **~ling** *m* (*-s*; *-e*) *agr* sadzonka
Seuche *f* epidemia; *wet* mór; **~nschutz** *m* ochrona przeciwepidemiczna
seufzen (*-zt*) wzdychać ⟨westchnąć⟩
Seufzer *m* westchnienie
Sex *m* (*-*/*-es*; *0*) seks; **~ haben** uprawiać seks; **~film** *m* pornofilm
Sexu'al|erziehung *f* edukacja seksualna; **~i'tät** *f* (*0*) seksualność *f*; **~objekt** *n* przedmiot konsumpcji seksualnej; **~verbrechen** *n* przestępstwo seksualne
sex|u'ell seksualny; **~y** F seksowny
se'zieren (-) *v*/*t* dokon(yw)ać sekcji (*G*)
Shorts *pl* szorty *pl*
si'birisch syberyjski
sich *pron* (*A*) siebie, się; (*D*) sobie; **für ~** dla siebie; **bei ~** przy sobie; **hinter**/**vor ~** za/przed sobą; **zu ~** do siebie; **unter ~** pod siebie/sobą; (*abmachen*) między sobą; **von ~ aus** sam(a) od siebie
Sichel *f* (-; *-n*) sierp
sicher pewny; (*gefahrlos*) bezpieczny; *adv* pewnie, na pewno; **ich bin mir** (**nicht**) **~** (nie) jestem pewien / pewna
sichergehen* upewni(a)ć się
Sicherheit *f* (*0*) pewność *f*; bezpieczeństwo; (*t. pl*) *fin* zabezpieczenie; gwarancja; kaucja
Sicherheits|abstand *m mot* bezpieczny odstęp; **~gurt** *m* pas bezpieczeństwa
sicherheitshalber dla pewności
Sicherheits|nadel *f* agrafka; **~organe** *n*/*pl* organy *m*/*pl* bezpieczeństwa; **~technik** *f* technika bezpieczeństwa pracy; **~ventil** *n* zawór bezpieczeństwa
sicherlich *adv* pewno, zapewne
sichern (*-re*) zabezpieczać ⟨-czyć⟩ (**sich** się; **vor** *D*, **gegen** od *G*, przed *I*); zapewni(a)ć (**j-m**, **sich** *etw* k-u, sobie *A*); *EDV* archiwować; sporządzać ⟨-dzić⟩ kopię (*G*)
sicher|stellen zapewni(a)ć; *Beweise* zabezpieczać ⟨-czyć⟩; **♀ung** *f* zabezpieczenie; (*an Waffen*, *el*) bezpiecznik; **♀ungskopie** *f EDV* kopia zapasowa
Sicht *f* (*0*) widoczność *f*; **aus der ~** z punktu widzenia; **auf lange ~** na dłuższą metę; **in ~ kommen** ukazać się; **♀bar** widzialny, (*t. fig*) widoczny; **~behinderung** *f* ograniczenie widoczności
sichten (*-e-*) dostrzegać ⟨-rzec⟩; *Notizen* przeglądać ⟨przejrzeć⟩
sicht|lich widoczny; **♀vermerk** *m* wiza
Sichtweite *f* zasięg widoczności
Sickergrube *f* szambo
sickern (*-re*; *sn*) sączyć się; → **durch-**, **versickern**
sie *pron 3. os. N*/*sg* ona; *N ż-rzecz* one, *m-os* oni; *A*/*sg* ją; *A*/*pl* ich, *ż-rzecz* je; **Sie** *N* pan(i), *pl* państwo, pan(ow)ie; *A* pana, panią, *pl* państwa, panów, panie
Sieb *n* (*-es*; *-e*) sito; (*Teesieb*) sitko
sieben¹ *v*/*t* przesi(ew)ać (*t. fig*)
sieben² *num* siedem, siedmioro, *m-os* siedmiu; → *str. 610*
Sieben *f* siódemka; **♀fach** siedmiokrotny; **♀malig** siedmiorazowy; **~sachen** F *f*/*pl* manatki *m*/*pl*; **~schläfer** *m* popielica; **♀tägig** siedmiodniowy
sieb(en)tel: ein ~ jedna siódma
Sieb(en)tel *n* siódma część

sieb|(en)te siódmy; **∼zehn(te)**, **∼zig(ste)** → *str. 610 (611)*
sieden (*-e-*) *v/i* wrzeć, kipieć
Siedepunkt *m* temperatura wrzenia
Siedler(in *f*) *m* osadnik, osiedleniec
Siedlung *f* osada; (*Stadtteil*) osiedle
Sieg *m* (*-ęs; -e*) zwycięstwo
Siegel *n* pieczęć *f*; **∼ring** *m* sygnet
siegen (***über*** *A*) zwyciężać ⟨-żyć⟩ (*A*)
Sieger(in *f*) *m* zwycięzca *m* (-ciężczyni)
Sieges|feier *f* uczczenie/F oblanie zwycięstwa; **2sicher** pewny zwycięstwa
siegreich zwycięski (-ko)
sieh, **∼(s)t** → ***sehen***
siezen (*-zt*) *v/t* być na pan (z *I*)
Si'gnal *n* (*-ęs; -e*) sygnał(owy *w zł.*)
signali'sieren (-) ⟨za⟩sygnalizować
Silbe *f* zgłoska, sylaba
Silber *n* (*-s; 0*) srebro; **∼fuchs** *m* srebrny lis; **∼hochzeit** *f* srebrne wesele
silber|n srebrny; **2papier** *n* staniol
silbrig srebrzysty (-ście)
Silhouette [zi'lŭɛtə] *f* sylwetka
Sili'kon *n* (*-s; -e*) silikon(owy *w zł.*)
Si'lizium *n* (*-s; 0*) krzem(owy *w zł.*)
Silo *m/n* (*-s; -s*) zasobnik, silos
Sil'vester *n/m* sylwester; ***zu ∼*** na sylwestra; **∼abend** *m* wieczór sylwestrowy
simpel (*-pl-*) prosty (-to)
Sims *m/n* (*-es; -e*) gzyms
Simu'lant(in *f*) *m* (*-en*) symulant(ka)
simu'lieren (-) symulować
simul'tan równoczesny (-śnie); ***∼ dolmetschen*** tłumaczyć symultanicznie
Sinfo'nie [*pl* -'niən] *f* symfonia; **∼orchester** *n* orkiestra symfoniczna
singen* śpiewać; F *fig* sypać
Singlehaushalt ['sɪŋgl-] *m* kawalerka
Singular *m* (*-s; 0*) liczba pojedyncza
Singvogel *m* ptak śpiewający
sinken* (*sn*) *Schiff*: ⟨za⟩tonąć; (*zu Boden*) (o)padać ⟨(o)paść⟩; *Preise itp.*: obniżać ⟨-żyć⟩ się; (*sittlich*) upaść *pf*
Sinn *m* (*-ęs; -e*) zmysł; (*0*) zmysł, poczucie (***für*** *G*); (*Bedeutung*) sens; ***es hat keinen ∼ ...*** nie ma sensu; ***im ∼ haben*** zamyślać ⟨-lić⟩; ***von ∼en sein*** odchodzić od zmysłów; **∼bild** *n* symbol
sinnen* rozmyślać (***über*** *A* nad *I*); ***∼ auf*** (*A*) obmyślać (*A*)
sinnentstellend wypaczając(y) sens
Sinnes|organ *n* narząd zmysłu; **∼täuschung** *f* złudzenie zmysłowe; omam
Sinneswandel *m* zmiana przekonań
sinn|gemäß zgodny co do treści; odpowiedni; **∼lich** zmysłowy (-wo); **∼los** bezsensowny, *praed* bez sensu; **∼verwandt** bliskoznaczny; **∼voll** sensowny
Sintflut *f* (*0*) potop (*t.* F *fig*)
Sipp|e *f* ród, klan; **∼schaft** *f pej* sitwa
Si'rene *f* syrena, buczek
Sirup *m* (*-s; 0*) syrup
Sitte *f* obyczaj; **∼n** *pl t.* obyczajowość *f*
sitten|los niemoralny; **2polizei** *f* policja obyczajowa; **∼streng** surowych obyczajów; **2strolch** *m pej* maniak seksualny; **2verfall** *m* upadek obyczajów
sittlich moralny; **2keitsverbrecher** *m* przestępca seksualny
Situati'on *f* sytuacja; **∼s-** sytuacyjny
situ'iert sytuowany
Sitz *m* (*-es; -e*) siedzenie; (*Platz*) miejsce; (*e-r Firma*) siedziba; *pol* mandat, miejsce; (*Wohnsitz*) siedlisko; **2en*** (*-zt; t. sn*) siedzieć; (*im Rat itp.*) zasiadać; (*lange hocken*) wysiadywać; ślęczeć (***über*** *D* nad *I*); *Kleid*: leżeć; *Schuß, Hieb*: trafi(a)ć; **∼d** siedząc(y)
sitzenlassen* F (*verlassen*) porzucać ⟨-cić⟩; → ***versetzen***; ***nicht auf sich ∼*** (*A*) ⟨za⟩protestować (przeciwko *D*)
Sitz|ordnung *f* porządek przy stole; **∼platz** *m* miejsce siedzące; **∼streik** *m* strajk okupacyjny
Sitzung *f* posiedzenie
Sitzungs|periode *f* sesja; **∼protokoll** *n* protokół posiedzenia
Sitzungssaal *m* sala posiedzeń
sizili'anisch sycylijski (po -ku)
Skala *f* (*-; -len*) skala (*t. fig*), podziałka; (*Farbskala*) gama
Skan'dal *m* (*-s; -e*) skandal
skanda'lös skandaliczny
skandi'navisch skandynawski
Skateboard ['skeɪtbo:d] *n* (*-s; -s*) deskorolka
Ske'lett *n* (*-ęs; -e*) szkielet(owy *w zł.*)
Skep|sis *f* (*0*) sceptycyzm; powątpiewanie; **2tisch** sceptyczny
Ski [ʃi:] *m* (*-s; -er*) narta; ***∼ laufen*** jeździć na nartach; **∼ausrüstung** *f* ekwipunek narciarski; **∼fahren** *n* (*-s; 0*) jazda na nartach; **∼gelände** *n* teren narciarski; **∼läufer(in** *f*) *m* narciarz (-ciarka)
Skilehrer ['ʃi:-] *m* instruktor narciarski
Skilift ['ʃi:-] *m* wyciąg narciarski
Skinhead ['skɪnhɛd] *m* (*-s; -s*) skin, łysy
Ski|sport ['ʃi:-] narciarstwo; **∼springen**

S

n (-*s*; *0*) skoki *m*/*pl* narciarskie; **~stock** *m* kijek narciarski; **~tour** *f* rajd narciarski; **~wachs** *n* klister
Skiz|ze *f* szkic; **2'zieren** (-) szkicować
Skla|ve [-və] *m* (-*n*) niewolnik; **~n-** niewolniczy; **~ve'rei** *f* (*0*) niewolnictwo; **~vin** *f* niewolnica
sklavisch niewolniczy (-czo)
Skle'rose *f med* stwardnienie
Skonto *m*/*n* (-*s*; -*s*) skonto
Skrupel *m* skrupuł; **2los** pozbawiony skrupułów, bez skrupułów
Skulptur *f* rzeźba (figuralna)
Slalom *m* (-*s*; -*s*), **~lauf** *m* slalom
Slaw|e *m* (-*n*) Słowianin; **~in** *f* Słowianka; **2isch** słowiański
Slip *m* (-*s*; -*s*) slipy *m*/*pl*
Slipper *m* trumniak
Slo'wa|ke *m* (-*n*) Słowak; **~kin** *f* Słowaczka; **2kisch** słowacki (po -ku)
Slo'we|ne *m* (-*n*) Słoweniec; **~nin** *f* Słowenka; **2nisch** słoweński (po -ku)
Sma'ragd *m* (-*ęs*; -*e*) szmaragd(owy *w zł.*)
Smog *m* (-/-*s*; -*s*) smog
sno'bistisch snobistyczny
so (*auf diese Weise*) tak; (+ *adj*/*adv*) taki (**wie** jak); (*also*) więc; **~ ein** taki; **~ gut wie** prawie; **nur ~** tylko tak; ot tak; **~ oder ~** tak czy owak; **~!** aha!; F **(na,) ~ was!** coś podobnego!; **~ daß** że; **~ ..., daß** tak(i) ..., że; → **bald**, **schnell** *itd.*
so'bald skoro tylko
Socke *f* skarpetka
Sockel *m* cokół; piedestał
Sodawasser *n* (-*s*; *0*) woda sodowa
Sodbrennen *n* (-*s*; *0*) zgaga
so'eben dopiero co, tylko co
Sofa *n* (-*s*; -*s*) kanapa, sofa
so'fern o ile; jeśli (tylko)
soff → **saufen**
so'fort natychmiast; zaraz; **~ig** natychmiastowy; **2hilfe** *f* pomoc doraźna
Softie *m* (-*s*; -*s*) *pej* mięczak
Software [-vɛːɐ] *f* (*0*) oprogramowanie
sog, **söge** → **saugen**
so|'gar nawet; **~genannt** tak zwany
Sohle *f* podeszwa; (*Talsohle*) dno
Sohn *m* (-*ęs*; *¨e*) syn, *dim* synek
Sojasoße *f* sos sojowy
so'lange dopóki, tak długo (jak); **~ ..., bis ...** dopóty ..., (do)póki ...
So'lar|energie *f* (*0*) energia promieni słonecznych; **~ium** *n* (-*s*; -*ien* [-rǐən]) solarium *n*; **~zelle** *f* ogniwo słoneczne
Solbad *n* kąpiel solankowa
solch taki; **~erart** tego rodzaju
Sold *m* (-*ęs*; *0*) żołd, uposażenie
Sol'dat *m* (-*en*) żołnierz; **~en-** → **2isch** żołnierski (po -ku)
Söldner *m* najemnik; *w zł.* najemny
Sole *f* solanka; (*Quelle*) źródło słone
soli'dari|sch solidarny; **~'sieren** (-): **sich ~** solidaryzować się (**mit** z *I*)
Solidari'tät *f* (*0*) solidarność *f*
so'lid|e solidny; **2i'tät** *f* (*0*) solidność *f*
So'list(in *f*) *m* (-*en*) solista *m* (-tka)
Soll *n* (-*s*; *0*) *fin* debet; *ekon* norma; plan; kontyngent; **~ und Haben** winien i ma
sollen* (+ *inf*): **ich soll(te)** powinienem (był), *f* powinnam (była); **du sollst (solltest)** powinieneś (był), *f* powinnaś (była); **er soll(te)** powinien (był); **sie soll(te)** powinna (była); **sie ~ (sollten)** powinne (były), *m-os* powinni (byli); **man sollte** powinno się; *oft Imperativ*: **er soll kommen** niech przyjdzie; **du sollst nicht stehlen** nie kradnij; (*Vermutung*) **er soll krank sein** podobno jest chory; **sollte es ...** (w razie) gdyby ...; *v*/*i*, *v*/*t* (*ohne inf*): **was soll das?** co to ma znaczyć?; **was soll ich hier?** co mam tu robić?; **der Tisch soll ans Fenster** stół ma stać przy oknie
Sollzinsen *m*/*pl* odsetki *f*/*pl* debetowe
Solo *n* (-*s*; -*li*) solo; *w zł. t.* solowy
Sol'venz *f fin* wypłacalność *f*
somit (a) zatem, (a) więc
Sommer *m* lato; **im ~** latem, w lecie
Sommeranfang *m* początek lata
Sommerferien *pl* wakacje *pl* letnie
Sommergetreide *n* zboże jare
sommerlich letni; jak w lecie
Sommer|schlußverkauf *m* letnia wyprzedaż posezonowa; **~sprossen** *f*/*pl* piegi *f*/*pl*; **~zeit** *f* letnia pora, okres letni; (*Uhrzeit*) czas letni
Sonde *f* sonda; *med t.* zgłębnik
Sonder|angebot *n* oferta specjalna; **~ausgaben** *f*/*pl* wydatki *m*/*pl* nadzwyczajne; **2bar** dziwny, osobliwy (-wie); **2barerweise** dziwnym sposobem
Sonder|fahrt *f* rejs pozaplanowy; **~fall** *m* przypadek szczególny; **~genehmigung** *f* zezwolenie specjalne; **2lich**: **nicht ~** *adv* nie bardzo; **~ling** *m* (-*s*; -*e*) dziwak (-aczka), oryginał; **~müll** *m* odpady *m*/*pl* niebezpieczne

S

sondern[1] *conj* lecz; ***nicht nur ..., ~ auch*** nie tylko ..., lecz także
sondern[2] (*-re*) *v/t* → ***ab-, aussondern***
Sonder|preis *m* cena specjalna/okazyjna; **~schule** *f* szkoła specjalna; **~stellung** *f* stanowisko uprzywilejowane; **~stempel** *m* stempel okolicznościowy; **~zubehör** *n mot* wyposażenie dodatkowe; **~zug** *m* pociąg specjalny
Son'dierung *f* sondaż
Sonnabend *m* sobota; *w zł.* sobotni; ***am ~*** w sobotę; **2s** w soboty
Sonne *f* słońce; *astr* (*0*) Słońce; ***gegen die ~*** pod słońce
sonnen: *sich ~* wygrzewać/opalać się na słońcu
Sonnen|aufgang *m* wschód słońca; ***bei ~*** o wschodzie (słońca); **~bad** *n* kąpiel słoneczna; **~blende** *f fot* osłona przeciwsłoneczna; **~blume** *f* słonecznik; **~brand** *m* (*-ẹs*; *0*) oparzenie słoneczne; **~brille** *f* okulary *pl* przeciwsłoneczne
sonnenklar F jasny/jasne jak słońce
Sonnen|kollektor *m* (*-s*; *-'toren*) bateria słoneczna; **~öl** *n* olejek do opalania; **~schein** *m* światło słoneczne, blask słońca; **~schirm** *m* parasol od słońca
Sonnen|seite *f* strona słoneczna; **~stich** *m* udar słoneczny; **~strahl** *m* promień słoneczny/słońca; **~system** *n* układ słoneczny; **~untergang** *m* zachód słońca; ***bei ~*** o zachodzie (słońca)
sonn(en)verbrannt opalony, ogorzały
sonnig słoneczny
Sonn|tag *m* niedziela; ***am ~*** w niedzielę; **2täglich** niedzielny; **2tags** w niedziele
Sonntags|- *zw.* niedzielny; **~fahrer** *m* F kierowca *m* od siedmiu boleści
sonst *adv* zazwyczaj; (*außerdem*) poza tym; *conj* bo; ***was ~?*** co jeszcze?; ***~ nichts*** nic więcej/poza tym; **~ig** inny, pozostały; **~was** F jeszcze coś; **~wer** F byle kto, kto bądź; **~wie** F jakoś (inaczej); **~wo** F gdzieś, byle gdzie
so'oft ilekroć; zawsze gdy
So'pran *m* (*-s*; *-e*) sopran(owy *w zł.*)
Sorb|e *m* (*-n*) Łużyczanin; **~in** *f* Łużyczanka; **2isch** łużycki (po -ku)
Sorge *f* troska; *w.zn.* zmartwienie; ***sich ~n machen*** (***um***) niepokoić się (*I*, o *A*); ***~ tragen*** → ***sorgen***
sorgen troszczyć się, dbać (***für*** o *A*); ***ich sorge mich um*** martwi/niepokoi mnie (*A*); **~frei** beztroski (-ko); **2kind** *n* wieczne zmartwienie; **~voll** stroskany, zatroskany; *Leben*: pełen trosk
Sorge|pflicht *f* (*0*) obowiązek opieki (nad *I*); **~recht** *n* (*-s*; *0*) prawo wychowywania (***für Kinder*** dzieci)
Sorg|falt *f* (*0*) staranność *f*, **2fältig** staranny; **2los** (*leichtfertig*) lekkomyślny
sorgsam troskliwy (-wie), dbały
Sor|te *f* gatunek; *agr* odmiana; *fig* rodzaj; **2'tieren** (-) ⟨po⟩sortować (***nach*** według *G*); **~'tierung** *f* sortowanie
Sorti'ment *n* (*-ẹs*; *-e*) asortyment
so|'sehr *conj* aczkolwiek; **~so** tak sobie
Soße *f* sos; *dim*, *żart* sosik
souffIieren [zu'fli:-] (-) suflerować
Sou'tane [zu-] *f* sutanna
Souve'nir [zuvə-] *n* (*-s*; *-s*) pamiątka; **~laden** *m* sklep pamiątkarski
souve'rän [zuvə-] suwerenny; *fig* pewny (siebie); **2i'tät** *f* suwerenność *f*
so|'viel *conj* ile by; o ile (***ich weiß*** mi wiadomo); *pron* tyle(ż), tyle samo (***wie*** co); **~'weit** *conj* o ile; *adj* ***~ sein*** być gotowym; *adv* tak dalece; **~'wie** *conj* jak i, jak również; → ***sobald***
sowieso i tak, tak czy owak
so'wjetisch radziecki, sowiecki
so'wohl: *~ ... als auch ...* i ... i ..., nie tylko ..., lecz także/również ...
sozi'al społeczny, socjalny; *Einstellung*: społecznikowski; **2abgaben** *f/pl* (ustawowe) opłaty *f/pl* na zabezpieczenie społeczne; **2amt** *n* wydział opieki społecznej; **2arbeit** *f* (*0*) praca społeczna
Sozial|demokra'tie *f* (*0*) socjaldemokracja; **2demo'kratisch** socjaldemokratyczny
Sozi'alfall *m* osoba utrzymująca się z pomocy społecznej
Sozi'alhilfe *f* (*0*) pomoc społeczna
sozia'listisch socjalistyczny
Sozi'al|leistungen *f/pl* świadczenia *n/pl* społeczne; **~politik** *f* polityka socjalna
Sozi'alstaat *m* państwo opiekuńcze
Sozi'alversicherung *f* ubezpieczenie społeczne; **~s-** ... ubezpieczenia społecznego, ... ubezpieczeń społecznych
Sozi'alwohnung *f* mieszkanie z budownictwa społecznego
sozio'logisch socjologiczny
Sozius *m* (-; *-se*) *ekon* współudziałowiec; **~fahrer(in** *f*) *m* pasażer(ka) motocykla
sozu'sagen jak się mówi, że tak powiem
Spachtel *m*, *f* (-; *-n*) szpachla; **~masse** *f*

szpachlówka; **2n** (*-le*) szpachlować
spähen (***nach***) wypatrywać (*G*)
Spa'lier *n* (*-s*; *-e*) szpaler
Spalt *m* (*-es*; *-e*) szczelina, szpara
spalt|bar rozszczepialny; **2e** *f* → ***Spalt***; *drk* łam, szpalta; kolumna
spalten (*-e-*) rozszczepi(a)ć (***sich*** się); *Holz, Stein* rozłup(yw)ać; *fig* rozbi(ja)ć; ***sich ~*** rozłam(yw)ać się
Spaltung *f* rozszczepienie; *fig* rozłam
Span *m* (*-es*; *⸚e*) wiór; (*Holz2 t.*) drzazga
Spanferkel *n kulin* prosię pieczone
Spange *f* klamra, sprzączka
Spani|er [-niɐ] *m* Hiszpan; **~erin** *f* Hiszpanka; **2sch** hiszpański (po -ku)
spann, **spänne** → ***spinnen***
Spann *m* (*-es*; *-e*) podbicie (stopy); **~e** *f* (*Zeitspanne*) odstęp, okres; *hdl* marża
spannen *v/t* naciągać ⟨-gnąć⟩, napinać ⟨-piąć⟩ (***sich*** się); *Muskeln* naprężać ⟨-żyć⟩ (***sich*** się); *v/i Kleid*: uciskać
spannend *adj* zajmujący (-co)
Spanner *m* napinacz; F *pej* podglądacz
Spannkraft *f* (*0*) *fig* prężność *f*, energia
Spannung *f* naprężenie; napięcie (*t. el, fig*); **~s-** *el* napięciowy, ... napięcia
Spannweite *f* rozpiętość *f*
Spanplatte *f* płyta wiórowa
Spar|buch *n* książeczka oszczędnościowa; **~büchse** *f* skarbonka
Spareinlage *f* wkład oszczędnościowy
spar|en *v/i* oszczędzać (***an*** *D* na *L*); *v/t* oszczędzać ⟨-dzić⟩ (*A, G*; *t. fig* ***sich*** *etw* sobie *G*); *Geld t.* ciułać; **2er(in** *f*) *m* oszczędzający (-ca), ciułacz(ka)
Spargel *m* szparag(i *pl*); *w zł.* szparagowy; **~beet** *n* grządka ze szparagami
Spar|kasse *f* kasa oszczędnościowa; **~konto** *n* rachunek oszczędnościowy
spärlich skąpy (-po); *Haar*: rzadki
Spar|maßnahme *f* zamierzenie oszczędnościowe; **~prämie** *f* premia oszczędnościowa; **~programm** *n* program oszczędzania; **2sam** oszczędny
Sparsamkeit *f* (*0*) oszczędność *f*
Sparschwein *n* świnka-skarbonka
Sparte *f* dziedzina; branża
Sparzins *m* odsetki *f/pl* od oszczędności
Spaß *m* (*-es*; *⸚e*) żart; (*Vergnügen*) przyjemność *f*; *j-m* ***~ machen*** sprawi(a)ć zadowolenie (*D*); ***viel ~!*** przyjemnej zabawy!; **2en** żartować; ***damit ist nicht zu ~*** z tym nie ma żartów; **2eshalber** dla zabawy; **2ig** zabawny; **~vogel** *m* żartowniś *m* (-sia), dowcipniś *m* (-sia)
spät późny (-no); ***wie ~ ist es?*** która godzina?
Spaten *m* łopata, rydel
später później(szy *adj*); ***für ~*** na później; F ***bis ~!*** do zobaczenia wkrótce!
spätestens najpóźniej (***bis*** do)
Spät|herbst *m* późna jesień; **~lese** *f* (*Wein*) wino z winogron późnego zbioru; **~sommer** *m* późne lato
Spatz *m* (*-en*) wróbel; **~en-** wróbli
Spätzle *pl* zacierki *f/pl*
spa'zieren (*-*; *sn*) ⟨po⟩spacerować; **~fahren*** *v/i* (*sn*) ⟨po⟩jechać na spacer; **~gehen*** iść ⟨pójść⟩ na spacer
Spa'zierfahrt *f* przejażdżka
Spa'ziergang *m* spacer, przechadzka
Spa'zierweg *m* droga spacerowa
Specht *m* (*-es*; *-e*) dzięcioł
Speck *m* (*-es*; *0*) słonina, sadło
Spedi'teur *m* (*-s*; *-e*) spedytor
Spediti'on *f* spedycja; **~s-** spedycyjny
Speer *m* (*-es*; *-e*) oszczep
Speerwerfen *n* (*-s*; *0*) rzut oszczepem
Speerwerfer(in *f*) *m* oszczepnik (-iczka)
Speiche *f* szprycha; *anat* kość promieniowa
Speichel *m* (*-s*; *0*) ślina; **~drüse** *f* gruczoł ślinowy, ślinianka
Speicher *m* spich(le)rz; magazyn; *EDV* pamięć *f*; **~kapazität** *f EDV* pojemność *f* pamięci
speichern (*-re*) ⟨z⟩magazynować; gromadzić; *EDV* wprowadzać ⟨-dzić⟩ do pamięci; zapis(yw)ać
speien* [-ən] *v/i* (*sich erbrechen*) ⟨z⟩wymiotować; *v/t Lava* zionąć (*im*)*pf* (*I*)
Speise *f* jedzenie, jadło; (*Gericht*) potrawa; **~eis** *n* lody *m/pl*; **~fett** *n* tłuszcz jadalny; **~kammer** *f* spiżarnia
Speisekarte *f* jadłospis
speisen *v/i* jeść ⟨zjeść⟩ (***zu Abend*** kolację); *tech* zasilać (***mit*** *I*)
Speise|reste *m/pl* resztki *f/pl* jedzenia; **~röhre** *f* przełyk; **~saal** *m* sala jadalna
Speisewagen *m* wagon restauracyjny
Spek'ta|kel *m* widowisko; F rejwach, szopka; **2ku'lär** spektakularny
Spektrum *n* (*-s*; *-ren*/*-ra*) widmo, spektrum *n*; *fig t.* wachlarz
Speku'lant(in *f*) *m* (*-en*) spekulant(ka)
Speku|lati'on *f* spekulacja; **~s-** spekulacyjny; **2'lieren** (*-*) spekulować
Spelunke *f* spelunka

S

Spende *f* datek, dar
spen|den (*-e-*) ofiarow(yw)ać (***für*** na *A*); *Blut itp.* odda(wa)ć; ***Lob*** *itp.* ~ → ***loben*** *itp.*; **ℒder(in** *f*) *m* dawca (-czyni); *jur t.* donator; ~**'dieren** F (-) ⟨za⟩fundować
Spengler Ⓐ *m* blacharz
Sperling *m* (*-s*; *-e*) wróbel; ~**s-** wróbli
Sperma *n* (*-s*; *-men*/*-mata*) sperma
sperrangelweit: ~ ***offen*** otwarty na oścież
Sperr|e *f* zapora; blokada; *sport* zawieszenie; **ℒen** → ***einsperren***; *Straße* zamykać ⟨-mknąć⟩, zablokować *pf* (*t. Konto*); *Spieler* zawieszać ⟨-wiesić⟩; *Telefon* wyłączać ⟨-czyć⟩; ~**frist** *f* okres zakazu; ~**gebiet** *n* teren zastrzeżony
Sperrholz *n* (*-es*; *0*) sklejka, dykta
sperrig nieporęcznie duży; *Ladung*: przestrzenny
Sperr|konto *n* rachunek zablokowany; ~**müll** *m* niewymiarowe odpadki *m/pl*; ~**stunde** *f* (*0*) godzina policyjna; ~**ung** *f* zamknięcie; zablokowanie; zakaz
Sperrzoll *m* cło zaporowe
Spesen *pl* koszty *m/pl*, wydatki *m/pl*
Spezi'al|- specjalny; ~**gebiet** *n* specjalność *f*; **ℒi'sieren** (-): ***sich*** ~ (***auf*** *A*) ⟨wy⟩specjalizować się (w *L*)
Spezia|'list(in *f*) *m* (*-en*) specjalista *m* (-tka); ~**li'tät** *f* specjalność *f*
spezi'ell specjalny, szczególny
spe'zifi|sch specyficzny; *fiz*, *chem* właściwy; ~**'zieren** (-) wyszczególni(a)ć
Sphäre *f mat* kula; *fig* sfera
spicken *v/t kulin* ⟨na⟩szpikować (***mit*** *I*)
Spickgans *f* półgęsek
Spickzettel F *m* ściągaczka
spie → ***speien***
Spiegel *m* lustro, *dim* (*t. med*, *tech*) lusterko; (*Gehalt*, *Niveau*) poziom, zawartość *f*; ~**bild** *n* odbicie lustrzane; **ℒblank** błyszczący jak lustro, lustrzany
Spiegelei ['ʃpi:gəl-aĩ] *n* jajko sadzone
spiegel|glatt gładki jak lustro; ~**n** (*-le*) *v/t* odbi(ja)ć, odzwierciedlać ⟨-lić⟩ (***sich*** się); *v/i* lśnić (jak lustro); **ℒreflexkamera** *f* lustrzanka; **ℒung** *f* odbicie, odzwierciedlenie; *med* wziernikowanie
Spiel *n* (*-es*; *-e*) gra; *sport t.* mecz; (*Kinder-*, *Gesellschaftsspiel*) zabawa; *tech* luz; ***ein*** ~ ***Karten*** talia kart; *sport* ~***e*** *pl* igrzyska *n/pl*; *etw* ***aufs*** ~ ***setzen*** ryzykować (*I*); ***... steht auf dem*** ~ chodzi o (*A*); ~**bank** *f* kasyno gry
spielen *v/t* ⟨za⟩grać (***Fußball*** w piłkę nożną, ***Klavier*** na fortepianie, ***um Geld*** na pieniądze); ⟨po⟩bawić się (***Versteck*** w chowanego); *Rolle* odgrywać ⟨odegrać⟩; (*vortäuschen*) udawać; *v/i* grać; bawić się; *por* ***Spiel***
spielend *adv* bez trudu, śpiewająco
Spiele|r(in *f*) *m* gracz, grający (-ca); *sport* zawodnik (-iczka); ~**'rei** *f* igraszka; **ℒrisch** → ***verspielt***
Spiel|feld *n* pole do gry, boisko; ~**film** *m* film fabularny; ~**halle** *f* lokal z automatami do gry; ~**karte** *f* karta do gry; ~**plan** *m teatr* repertuar; ~**platz** *m* plac zabaw; ~**raum** *m fig* luz, swoboda ruchów; ~**regel** *f* reguła gry; ~**sachen** *f/pl* zabawki *f/pl*; ~**verderber(in** *f*) *m*: ***sei kein***(***e***) ~ nie psuj zabawy; ~**verlängerung** *f* dogrywka; ~**waren** *f/pl* zabawki *f/pl*; ~**zeit** *f teatr* sezon
Spielzeug *n* zabawka; *fig* igraszka
Spieß *m* (*-es*; *-e*) dzida; (*Bratspieß*) rożen; ~**bürger** *m*, ~**er** *m* kołtun, filister
Spi'nat *m* (*-es*; *0*) szpinak
Spinn|e *f* pająk; **ℒen*** prząść; *v/i* F mieć fioła; (*flunkern*) zalewać kolejkę; ~**e'rei** *f* (*Fabrik*) przędzalnia; ~**rad** *n* kołowrotek; ~**webe** *f* pajęczyna
Spi'on *m* (*-s*; *-e*) szpieg; (*in d. Tür*) judasz
Spio|'nage [-ʒə] *f* szpiegostwo; **ℒ'nieren** (-) szpiegować; ~**nin** [ʃpi'o:-] *f* szpieg
Spi'ral|e *f* spirala; ~**feder** *f* sprężyna spiralna; **ℒförmig** spiralny
Spiritu'osen *pl* spirytualia *pl*
Spiritus *m* (-; *0*) spirytus(owy *w zł.*)
Spi'tal Ⓐ *n* (*-s*; *¨er*) szpital
spitz spiczasty (-to), (*t. mat*, *fig*) ostry (-ro); *fig t.* uszczypliwy (-wie)
Spitze *f* ostry koniec, ostrze; (*Berg*ℒ) szczyt, F szpic; (*Schuh*ℒ) czubek; *włók* koronka; (*Stelle*) czoło, czołówka; ***an der*** ~ na czele; w czołówce
Spitzel *m pej* szpicel
spitzen (*-zt*) *Bleistift* ⟨za⟩temperować; *fig Ohren* nadstawi(a)ć (*A*, *G*); *Mund* stulać ⟨-lić⟩ (w ciup)
Spitzen|belastung *f* obciążenie szczytowe; ~**geschwindigkeit** *f* maksymalna prędkość; ~**gruppe** *f* czołówka; ~**kandidat(in** *f*) *m* czołowy (-wa) kandydat(ka); ~**leistung** *f* szczytowe osiągnięcie; ~**position** *f* czołowe miejsce, F miejsce na topie; ~**qualität** *f* najwyższa

jakość; **~reiter** *m* lider; ... o najwyższym rankingu
spitz|findig drobiazgowy (-wo) do przesady; **2hacke** *f* kilof; **2name** *m* przezwisko, ksywa
spitzwinklig ostrokątny
Splitt *m* (-*¢s*; *0*) grys; żwirek
Splitter *m* odłamek, odprysk; (*Holz*) drzazga; *w zł.* odłamkowy
splitter(faser)nackt F nagusieńki; *praed* nago, na golasa
splittern (-*re*) *v/i* (*sn*) rozłup(yw)ać się; *Glas*: rozpryskiwać ⟨-prysnąć⟩ się
sponsern (-*re*) sponsorować
Sponsoring *n* (-*s*; *0*) sponsorowanie
spon'tan spontaniczny, samoistny
spo'radisch sporadyczny
Spore *f* zarodnik, spora
Sporn *m* (-*¢s*; -*ren*) ostroga
Sport *m* (-*¢s*; *0*) sport; **~abzeichen** *n* odznaka sportowa; **~anlage** *f* kompleks sportowy; **~art** *f* dyscyplina sportowa; **~fest** *n* igrzyska *n/pl* lekkoatletyczne; **~flieger(in** *f*) *m* pilot(ka) sportowy (-wa); **~klub** *m* klub sportowy
Sport|ler(in *f*) *m* sportowiec; **2lich** sportowy; *os.* wysportowany; *praed* po sportowemu; **~platz** *m* boisko; **~veranstaltung** *f* impreza sportowa
Sportverein *m* związek sportowy
Sportwagen *m* samochód sportowy; (*Kinderwagen*) wózek sportowy
Spott *m* (-*¢s*; *0*) kpina, drwina (*zw. pl*); **2billig** śmiesznie tani, tani jak barszcz
spötteln (-*le*) (**über** *A*) pokpiwać (z *G*)
spotten (-*e*-) (**über** *A*) kpić, drwić (z *G*)
spöttisch drwiący (-co); *Miene*: kpiarski
Spottpreis *m* śmiesznie niska cena
sprach → ***sprechen***; **2begabung** *f* zdolności *f/pl* językowe
Sprache *f* mowa; język; ***die ~ verlieren*** zaniemówić; ***zur ~ bringen*** poruszyć; ***zur ~ kommen*** być omawianym
spräche → ***sprechen***
Sprachenschule *f* szkoła językowa
Sprach|fehler *m* wada wymowy; **~führer** *m* rozmówki *f/pl*; **~kenntnisse** *f/pl* znajomość *f* języka/języków; **~kurs** *m* kurs języka; **2lich** językowy (-wo); **2los** niemy; oniemiały (***vor*** z *G*); **~raum** *m* obszar językowy; **~rohr** *n* rzecznik, *pej* tuba (*G*); **~störung** *f* zaburzenie mowy; **~unterricht** *m* nauka języka; **~wissenschaft** *f* językoznawstwo

sprang, spränge → ***springen***
Sprechanlage *f* domofon
Sprechchöre *m/pl*: ***in ~n*** chórem
sprechen* *v/i* mówić (***über*** *A*, ***von*** o *L*; ***zu*** do *G*); (*Rede halten t.*) przemawiać ⟨-mówić⟩ (**an** *A* do *G*); *v/t* mówić, powiedzieć *pf*, rzec *pf*; *Gebet* odmawiać ⟨-mówić⟩; *Urteil* wyda(wa)ć; ***das spricht für/gegen ...*** to przemawia za (*I*)/przeciw (*D*)
Sprech|en *n* (-*s*; *0*) mówienie, mowa; **~er(in** *f*) *m* mówca *m* (-wczyni); (*e-r Gruppe*) rzecznik (-iczka); *RTV* spiker(ka); **~funk** *m*: ***über ~*** przez radiotelefon; **~stunde** *f* godziny *f/pl* przyjęć; **~stundenhilfe** *f* pomocnik w gabinecie lekarskim; **~zimmer** *n* gabinet lekarski
spreizen (-*zt*) rozstawi(a)ć
sprengen *v/t* wysadzać ⟨-dzić⟩ (***in die Luft*** w powietrze); (*von innen her*) rozsadzać ⟨-dzić⟩; *Fesseln*, *Versammlung* zrywać ⟨zerwać⟩; *Bank* rozbi(ja)ć; *Rasen*, *Straße* pol(ew)ać; *Wäsche* skrapiać ⟨skropić⟩
Spreng|ladung *f* ładunek wybuchowy; **~stoff** *m* materiał wybuchowy; **~stoffanschlag** *m* zamach bombowy
Spreu *f* (*0*) plewy *f/pl* (*t. fig*)
sprich, ~(s)t → ***sprechen***
Sprichwort *n* (-*¢s*; *⸚er*) przysłowie
sprichwörtlich przysłowiowy
sprießen* (*sn*) wschodzić ⟨wzejść⟩; *Bart*: rosnąć, róść, sypać się
Springbrunnen *m* fontanna
springen* (*t. sn*) skakać ⟨skoczyć⟩; doskakiwać ⟨-skoczyć⟩ (**an** *A*, **zu** do *G*); → ***ab-***, ***heraus-***, ***überspringen***; (*bersten*) pękać ⟨pęknąć⟩
Springer *m* skoczek; (*Schach t.*) koń *m*; **~in** *f* skoczek; **~stiefel** *m/pl* glany *m/pl*
Springreiten *n* konkurs w skokach przez przeszkody
Sprinkler *m* tryskacz
Sprinter(in *f*) *m* sprinter(ka)
Spritz- *tech* natryskowy
Spritz|e *f med* strzykawka; *agr* opryskiwacz; F (*Injektion*) zastrzyk; **2en** (-*zt*) *v/t* wstrzykiwać ⟨-knąć⟩; *Farbe* natryskiwać; F***sich ~*** szprycować się; *v/i* (*sn*) bryzgać ⟨-znąć⟩, tryskać ⟨-snąć⟩
Spritz|er *m* bryzg; plamka; **2ig** *Wein*: perlisty; F *Auto*: szybki; → ***flott***
Spritztour F *f* wypad
spröde kruchy; *Haut*: spierzchnięty; *fig*

S

nieprzystępny, powściągliwy (-wie)
sproß → ***sprießen***
Sproß *m* (*-sses*; *-sse*) latorośl *f* (*t. fig*)
Spros|se *f* szczebel; **2sen** → ***sprießen***
Spruch *m* (*-es*; *⸚e*) sentencja, F powiedzonko; *jur* orzeczenie; **~band** *n* transparent; **2reif** aktualny
Sprudel *m* woda mineralna
sprudeln (*-le*; *t. sn*) lać się, płynąć (pieniąc się); *Sekt*: musować; (*kochen*) kipieć, bulgotać
Sprüh|dose *f* opakowanie aerozolowe, F spray *m*; **2en** *v/t* rozpylać ⟨-lić⟩; *Graffiti* F szprajować; *v/i* (*sn*) *Funken*: ⟨po⟩sypać się; → ***spritzen***; *fig* (***vor***) tryskać (*I*); **~regen** *m* mżawka
Sprung *m* (*-es*; *⸚e*) skok; (*Riß*) pęknięcie
Sprung|brett *n* odskocznia; **2haft** niezrównoważony; **~ *steigen*** podskoczyć *pf*; **~schanze** *f* skocznia (narciarska)
Sprungtuch *n* płachta ratownicza
Spucke F *f* (*0*) ślina; **2n** pluć, plunąć *v/s*
Spuk *m* (*-es*; *-e*) zjawa; **2en** straszyć
Spule *f* szpulka, (*t. el*) cewka
Spül|e *f* zlewozmywak; **2en** płukać, spłuk(iw)ać, przepłuk(iw)ać; **~mittel** *n* środek do mycia naczyń; **~ung** *f* płukanie; (*Klosettspülung*) płuczka
Spülwasser (*-s*; *0*) *n* pomyje *pl*
Spund *m* (*-es*; *-e/⸚e*) czop, zatyczka
Spur *f* ślad; *łow*, *fig t.* trop; (*Radspur*) koleina; (*Tonspur*) ścieżka; **~en-** śladowy; ***auf der ~ sein*** (*D*) być na tropie (*G*)
spür|bar odczuwalny; **~en** *v/t* czuć, odczu(wa)ć, wyczu(wa)ć
Spürhund *m fig* tropiciel
spurlos *adv* bez śladu; bez wieści
Spürsinn *m* (*-s*; *0*) węch; *fig* wyczucie
spurt|en (*-e-*; *sn*) zwiększać ⟨-szyć⟩ szybkość; finiszować; **~stark** zrywny
Spurwechsel *m* zmiana pasu ruchu
Spurweite *f kolej* szerokość *f* toru
Staat *m* (*-es*; *-en*) państwo; (*Teil e-s Bundesstaats*) stan; **~ *machen*** (***mit***) imponować (*I*); **~enbund** *m* konfederacja; **2enlos** bezpaństwowy; **2lich** państwowy; *praed* ... przez państwo
Staats|angehörigkeit *f* obywatelstwo; **~anwalt** *m* prokurator; **~anwältin** *f* prokurator(ka F); **~anwaltschaft** *f* prokuratura; **~besuch** *m* wizyta państwowa; **~bürger(in** *f*) *m* obywatel(ka)
Staatsdienst *m* służba państwowa
Staatsgebiet *n* terytorium *n* państwa
Staats|geheimnis *n* tajemnica państwowa; **~gewalt** *f* (*0*) władza państwowa; **~grenze** *f* granica państwa
Staats|kosten *pl*: ***auf ~*** na koszt państwa; **~mann** *m* (*-es*; *⸚er*) mąż stanu; **~oberhaupt** *n* głowa państwa; **~prüfung** *f* egzamin państwowy; **~sekretär** *m* sekretarz stanu; **~streich** *m* zamach stanu; **~verbrechen** *n* przestępstwo przeciw państwu; **~wappen** *n* godło państwa; **~wesen** *n* państwo(wość *f*)
Stab *m* (*-es*; *⸚e*) pręt; *sport* tyczka; *mil*, *fig* sztab; → ***Stock***, ***Stange***
Stäbchen *n* pręcik, laseczka, pałeczka
Stabhochsprung *m* skok o tyczce
sta'bil stateczny; (*t. fig*) stabilny
stabili|'sieren (-) ⟨u⟩stabilizować (***sich*** się); **2'tät** *f* (*0*) stabilność *f*
Stabs- *w zł.* sztabowy, ... sztabu
stach, **stäche** → ***stechen***
Stachel *m* (*-s*; *-n*) kolec; *zoo* żądło
Stachelbeere(n *pl*) *f* agrest(owy *w zł.*)
Stacheldraht *m* drut kolczasty
stachelig kolący, kłujący
Stachelschwein *n* jeżozwierz
Stadion *n* (*-s*; *-ien* [-dĭən]) stadion
Stadium *n* (*-s*; *-ien* [-dĭən]) stadium *n*
Stadt *f* (*-*; *⸚e*) miasto; **~autobahn** *f* autostrada miejska; **~bezirk** *m* dzielnica miasta; **~bummel** *m* spacer po mieście
Städtchen *n* miasteczko, mieścina
Städte|bau *m* (*-s*; *0*) budowa miast; **~partnerschaft** *f* umowa o przyjaźni i wzajemnej pomocy między miastami
Stadtführer *m* przewodnik po mieście
städtisch miejski (po -ku); komunalny
Stadt|mauer *f* mury *m/pl* miejskie; **~plan** *m* plan miasta; **~rand** *m* peryferie *f/pl* miasta; ***am ~*** na obrzeżu miasta
Stadt|reinigung *f* (*Betrieb*) przedsiębiorstwo oczyszczania miasta; **~rundfahrt** *f* wycieczka po mieście autokarem
Stadt|teil *m* dzielnica miasta; **~verkehr** *m* komunikacja miejska
Stadtverwaltung *f* zarząd miejski
Stadt|werke *n/pl* miejskie zakłady *m/pl* użyteczności publicznej; **~zentrum** *n* śródmieście, centrum *n* miasta
Staffel *f* (*-*; *-n*) (*Wettbewerb*) sztafeta; *lotn* eskadra; **~lauf** *m* bieg sztafetowy
staffel|n (*-le*) stopniować; **2tarif** *m* taryfa ruchoma; **2ung** *f* stopniowanie
stag'nieren (-) przeżywać stagnację
stahl → ***stehlen***

Stahl *m* (-*ɇs*; ⸚*e*) stal *f*; **~beton** *m* żelbet
stahlblau stalowoniebieski
Stahlblech *n* blacha stalowa
stähle → ***stehlen***
stählern stalowy, ze stali; *fig* jak stal
Stahlindustrie *f* przemysł stalowy
Stahlkammer *f* skarbiec (banku)
Stahl|konstruktion *f* konstrukcja stalowa; **~werk** *n* huta stali, stalownia
stak → ***stecken***
Stall *m* (-*ɇs*; ⸚*e*) obora; (*t. fig*) chlew; → ***Hühner-***, ***Pferdestall*** *itd.*
Stamm *m* (-*ɇs*; ⸚*e*) (*Baum*) pień *m*; *biol* gromada; (*Volk*) plemię, (*t. Bakterien*) szczep; *sport itp.* kadra; personel stały
Stammaktie *f* akcja zwykła
Stammbaum *m* drzewo genealogiczne
stamm|eln (-*le*) *v/t* wyjąkać *pf*; *v/i* jąkać się; **~en** (**aus, von**) pochodzić (z, od *G*)
Stammgast *m* bywalec (-lczyni)
stämmig krępy (-po), przysadzisty
Stammkapital *n* kapitał zakładowy
Stamm|kunde *m* stały klient; **~kundin** *f* stała klientka; **~lokal** *n* ulubiony lokal
Stammtisch *m* stół dla stałych gości
stampfen *v/t* ubi(ja)ć; ⟨u⟩tłuc; *v/i* tupać, tupnąć *v/s* (**mit** *I*)
Stampfer *m* tłuczek
stand → ***stehen***
Stand[1] *m* (-*ɇs*; ⸚*e*) (*Stufe*, *Zustand*) stan; (*Niveau*) poziom; (*Lage*) położenie; (*Ergebnis*) wynik; *sport* pozycja stojąca; (*Verkaufsstand*) stoisko, boks; ***aus dem*** ~ z miejsca; ***nach dem neuesten*** ~ według ostatnich wyników
Stand[2] *m* (-*ɇs*; ⸚*e*) stan; **~es-** stanowy
Standard *m* (-*s*; -*s*) standard; norma; *w zł.* standardowy, standaryzowany
stän|de → ***stehen***; **²de** *pl* → ***Stand***[2]
Ständer *m* stojak; *tech t.* wspornik
Standesamt *n* urząd stanu cywilnego; **²lich:** ***~e Trauung*** ślub cywilny
Standesbeamt|e(r) *m* (**~in** *f*) urzędnik (-niczka) stanu cywilnego
standes|gemäß zgodny z zajmowanym stanowiskiem (społecznym); **~widrig** niezgodny z etyką zawodową
stand|fest stateczny, stabilny; **~haft** nieugięty (-cie); (*mutig*) mężny
standhalten* (*D*) wytrzym(yw)ać (*A*)
ständig stały (*t. Mitglied itp.*), ciągły; *adv* stale, ciągle
Stand|licht *n* światło postojowe; **~ort** *m* pozycja; (*e-r Firma*) lokalizacja; *mil* garnizon; **~punkt** *m fig* stanowisko, punkt widzenia; **~spur** *f* pas postoju
Stange *f* ty(cz)ka, żerdź *f*, drąg; (*Mast*) słup; (*Zigaretten*) karton; ***von der*** ~ *Kleid*: gotowy; F ***e-e*** ~ ***Geld*** kupa pieniędzy
Stangenbohnen *f/pl* fasola tyczkowa
stank, stänke → ***stinken***
stänkern F (-*re*) rozrabiać, czepiać się
stanzen (-*zt*) tłoczyć; (*aus*~) wykrawać
Stapel *m* stos; ***vom*** ~ ***laufen lassen*** wodować; **~lauf** *m* wodowanie
stapeln (-*le*) układać ⟨ułożyć⟩ w stos(y); F ***sich*** ~ ⟨na⟩gromadzić się, leżeć kupami
Star[1] *m* (-*ɇs*; -*e*) *zoo* szpak
Star[2] *m* (-*ɇs*; -*e*) *med*: ***grauer*** ~ zaćma, katarakta; ***grüner*** ~ jaskra
Star[3] *m* (-*s*; -*s*) gwiazda, gwiazdor
starb → ***sterben***
stark (⸚*er*; ⸚*st-*) mocny (*t. Getränk*), silny (*t. Wind*, *Schmerz itp.*); (*dick*) gruby; (*zahlreich*) liczny; *Verkehr itp.*: duży; *adv* (*sehr*) mocno, bardzo
Stärke[1] *f* (*Amylum*) srobia, krochmal
Stärke[2] *f* moc *f*, siła; grubość *f*; *fiz* natężenie; *fig* mocna strona; → ***stark***
stärk|en wzmacniać ⟨-mocnić⟩; *Wäsche* ⟨na⟩krochmalić; ***sich*** ~ pokrzepi(a)ć się; **~er** *comp* mocniej(szy), silniej(szy); ~ ***werden*** przyb(ie)rać na sile, wzmagać ⟨wzmóc⟩ się
Stärkeverhältnis *n* układ sił
Starkstrom *m* (-*ɇs*; *0*) prąd energetyczny; *w zł.* elektroenergetyczny
Stärkung *f* wzmacnianie, wzmocnienie; pokrzepienie (się); **~s-** wzmacniający
starr sztywny (*t. fig*); *Glieder t.*: skostniały (**vor** z *G*); *Blick*: nieruchomy (-mo); **~en** (**auf** *A*) wpatrywać ⟨-trzyć⟩ się (w *A*), wlepi(a)ć wzrok (w *A*); ***vor Dreck*** ~ lepić się od brudu
starr|köpfig uparty (-cie); **²krampf** *m* (-*ɇs*; *0*) tężec; **²sinn** *m* (-*ɇs*; *0*) upór
Start *m* (-*s*; -*s*) start; **~automatik** *f mot* automatyczny rozruch; **~bahn** *f* pas startowy; **²bereit** gotowy do startu
starten (-*e*-) *v/i* (*sn*) ⟨wy⟩startować; *v/t* *Rakete* wystrzeli(wa)ć; *Rennen* da(wa)ć sygnał do startu (*G*); *Motor* zapuszczać ⟨-puścić⟩; → ***beginnen***
Start|er *m* starter; *mot* rozrusznik; *el* zapłonnik; **~erlaubnis** *f* zezwolenie na start; **~hilfe** *f* uruchomienie silnika po-

S

życzonym akumulatorem; F *fig* początkowa pomoc (w *L*); **2klar** gotowy do startu; *fig* gotowy wyruszyć (w drogę); **~verbot** *n* zakaz startu
Startzeichen *n* znak (do) startu
Stati'on *f* stacja; *med* oddział
statio|'när stacjonarny; **~e Behandlung** leczenie szpitalne; **~'nieren** (-) stacjonować (*v/i t.* **stationiert sein**)
Stati'ons|arzt *m* ordynator; **~hilfe** *f* salowa; **~schwester** *f* (pielęgniarka) oddziałowa; **~vorsteher** *m kolej* zawiadowca *m* stacji
statisch statyczny
Sta'tist *m* (-*en*) statysta *m*; **~ik** *f* statystyka; **~in** *f* statystka; **2isch** statystyczny
Stativ *n* (-*s*; -*e*) statyw
statt *conj, praep* (*G*) zamiast (*G*)
Stätte *f* miejsce
statt|finden* odby(wa)ć się; **~geben*** (*D*) przychylać ⟨-lić⟩ się (do *G*)
statthaft: nicht ~ wzbroniony
stattlich okazały; *os.* postawny; *Summe*: znaczny, poważny
Status *m* (-; *0*) status; **~symbol** *n* symbol zajmowanego stanowiska społecznego
Sta'tut *n* (-*ęs*; -*en*) statut; **~en-** statutowy
Stau *m* (-*s*; -*s*) (*im Verkehr*) zator, F korek; **e-n ~ verursachen** korkować ruch, spowodować korek
Staub *m* (-*ęs*; *0*) kurz, (*t. tech*) pył; F **sich aus dem ~ machen** zwi(ew)ać
Staubecken *n* zbiornik retencyjny
staub|en kurzyć się; **2filter** *n* filtr przeciwpyłowy; **~frei** bezpyłowy; **~ig** zakurzony; **2korn** *n* pyłek; **2sauger** *m* odkurzacz; **2tuch** *n* ścierka do kurzu
Staubwolke *f* obłok/tuman kurzu
Staudamm *m* zapora (wodna)
Staude *f* bylina; główka (sałaty)
stauen *Wasser* spiętrzać ⟨-rzyć⟩ (**sich** się); **sich ~** *fig* ⟨na⟩gromadzić się
staunen (**über** *A*) ⟨z⟩dziwić się (*D*), zdumie(wa)ć się (*I*)
Staunen *n* (-*s*; *0*) zdziwienie, zdumienie
Stausee *m* sztuczne jezioro
Stauung *f* spiętrzenie; *mar* sztauowanie; *med* zastój, zastoina; → **Stau**
Steak [ste:k] *n* (-*s*; -*s*) stek, zraz
stech|en* *v/t* ⟨u⟩kłuć; (*mit Messer itp.*) żgać, żgnąć *v/s*; *Torf, Spargel* kopać; *Karte* przebi(ja)ć; (*impf t. v/i*) *Mücke*: ⟨u⟩gryźć; *Biene*: ⟨u⟩żądlić; *v/i Rose*: kłuć (się); *Sonne*: palić; **~d** kłujący; *Geruch*: ostry (-ro); **2en** *n med* kłucie
Stech|fliege *f* bolimuszka; **~mücke** *f* komar; **~uhr** *f* zegar kontrolny
Steckbrief *m* list gończy; **2lich: ~ suchen** szukać/ścigać listem gończym
Steckdose *f* gniazdko wtyczkowe
stecken *v/t* wtykać ⟨wetknąć⟩ (**in** *A* do *G*); (*t. fig*) wkładać ⟨włożyć⟩; wpakować *pf* (**in d. Knast** do ciupy); *v/i* (*) tkwić; F *os.* siedzieć; → **Brand**
stecken|bleiben* utknąć *pf*, ugrzęznąć *pf*; **~lassen*** zostawi(a)ć
Steckenpferd *n* konik
Steck|er *m* wtyczka; **~ling** *m agr* sadzonka; **~nadel** *f* szpilka
Steckschlüssel *m* klucz nasadowy
Steg *m* (-*ęs*; -*e*) kładka, mostek
Stegreif: aus dem ~ improwizując
stehen* (*t. sn*) stać; (*sich befinden*) być, znajdować się; *j-m* **zur Seite ~** pomagać (*D*); popierać (*A*); **darauf steht ...** (*Strafe*) za to grozi ...; **... steht dir gut** w (*L*) jest ci do twarzy; **wie steht es mit ...?** jak wygląda(ją) (*A*); **es steht schlecht** (**um**) jest źle (z *I*); **wie ~ Sie dazu?** co pan(i) na to?; **~ für** ręczyć (za *A*); F **~ auf** (*A*) lecieć (na *A*); **zum Stehen bringen** zatrzymać *pf*; **im Stehen** na stojąco, stojąc; **~bleiben*** zatrzym(yw)ać się, stanąć *pf*
stehend *adj* stojący; *Wendung*: utarty
stehenlassen* pozostawi(a)ć
Stehlampe *f* lampa stojąca
stehlen* ⟨s-, u⟩kraść; **sich ~** (**aus**) wykradać ⟨-kraść⟩ się (z *G*)
Stehplatz *m* miejsce stojące
steif sztywny (-no, -nie); *Grog*: mocny; *Wind*: silny; **~ werden** ⟨ze⟩sztywnieć
Steifheit *f* (*0*) sztywność *f*
Steig *m* (-*ęs*; -*e*) ścieżka (górska); **~bügel** *m* strzemię; **~eisen** *n/pl* (*Bergsport*) raki *m/pl*; **2en*** (*sn*) → **ab-**, **auf-**, **einsteigen**, **klettern** *itd.*; *Preise*, *Temperatur itp.*: podnosić ⟨-nieść⟩ się; *Fluß*: wzbierać ⟨wezbrać⟩; *fig Wert*, *Spannung itp.*: wzrastać ⟨-rosnąć, -róść⟩
steigend *adj* wzrastający
steige|rn (-*re*) zwiększać ⟨-szyć⟩; (*verstärken*) wzmagać ⟨wzmóc⟩ (**sich** się); *gr* stopniować; **2rung** *f* wzrost; wzmaganie się; (*das Steigern*) zwiększenie; wzmożenie; stopniowanie
Steigerungsrate *f* stopa wzrostu
Steigung *f* wzniesienie

steil stromy (-mo); **≈kurve** *f* wiraż
Stein *m* (-ɇs; -e) kamień *m*; (*im Obst*) pestka; **~bock** *m* (-s; *0*) *astr* Koziorożec; **~bruch** *m* kamieniołom
Steinbutt *m* (-ɇs; -e) turbot
steinern kamienny; *fig* jak kamień
Steingut *n* (-ɇs; *0*) fajans
steinhart (twardy) jak kamień
steinig kamienisty (*t. fig*)
Stein|kohle *f* węgiel kamienny; **~n-** ... węgla kamiennego; **~metz** *m* (-en) kamieniarz; *w zł.* kamieniarski; **~obst** *n* owoce *m/pl* pestkowe; **~pilz** *m* borowik (szlachetny); **~platte** *f* płyta kamienna; **~schlag** *m* (spadające) odłamki skalne; **~zeit** *f* (*0*) epoka kamienia
Steißbein *n* kość ogonowa/guziczna
Stelle *f* miejsce; (*Posten*) posada, stanowisko; (*im Text*) ustęp; → ***Dienst-, Beratungsstelle*** *itp.*; ***an erster/deiner/dieser*** ~ na pierwszym/na twoim/w tym miejscu; ***auf der*** ~ natychmiast; ***zur*** ~ ***sein*** być tu, stawi(a)ć się
stellen stawiać ⟨postawić⟩; *Frage* zada(wa)ć; *Antrag* wnosić ⟨wnieść⟩, składać ⟨złożyć⟩; *Uhr* nastawi(a)ć; *Dieb* schwytać *pf*; *Frist* wyznaczać ⟨-czyć⟩; ***sich*** ~ stanąć *pf*; oddać się *pf* (***den Behörden*** w ręce władz); (**zu**) ustosunkow(yw)ać się (do *G*); → ***vortäuschen***
Stellen|angebot *n* propozycja zatrudnienia; **~anzeige** *f* ogłoszenie o wakującym miejscu pracy; **~besetzung** *f* obsadzenie stanowisk; **~gesuch** *n* oferta pracy; **~markt** *m* rynek pracy; **~vermittlung** *f* pośrednictwo pracy
stellenweise *adv* miejscami
Stellenwert *m fig* znaczenie; ranking
Stellplatz *m mot* miejsce postojowe
Stellung *f* stanowisko; *mil t.* pozycja; (*Haltung*) postawa; **~nahme** *f* zajęcie stanowiska, ustosunkowanie się
stellvertretend (**für**) w zastępstwie (*G*); ***~er Direktor*** wicedyrektor
Stellvertreter *m* zastępca *m*
Stellvertreterin *f* zastępczyni
Stellwerk *n kolej* nastawnia
Stelze *f* szczudło
Stemmeisen *n* doszczelniak; dłuto
stemmen (z trudem) podnosić ⟨-nieść⟩; *sport* wyciskać ⟨-snąć⟩; *Loch* wyku(wa)ć; ***sich*** ~ (***gegen***) *fig* opierać ⟨oprzeć⟩ się (*D*)
Stempel *m* pieczęć *f*, stempel; *bot* słupek; **~geld** F *n* (-ɇs; *0*) zapomoga dla bezrobotnych; **~kissen** *n* poduszka do stempli; **≈n** (-le) stemplować; F *fig* pobierać zapomogę dla bezrobotnych
Stengel *m bot* łodyga
Steno'gramm *n* (-s; -e) stenogram
Stenoty'pistin *f* stenotypistka
Steppdecke *f* kołdra pikowa
Steppe *f* step; **~n-** stepowy
Sterbe|geld *n* (-ɇs; *0*) zasiłek pogrzebowy; **~hilfe** *f* (*0*) eutanazja
Sterbejahr *n* rok śmierci/zgonu
sterben* (*sn*) umierać ⟨umrzeć⟩ (***an*** *D* na *A*; ***durch*** z, od *G*), ⟨s⟩konać (*t. fig* ***vor*** *D* z *G*); ***im*** **≈** ***liegen*** konać, umierać
sterbenskrank śmiertelnie chory
Sterberegister *n* rejestr zgonów
Sterbe|sakramente *n/pl* ostatnie namaszczenie; **~urkunde** *f* akt zgonu
sterblich śmiertelny; **≈keit** *f* (*0*) śmiertelność *f*; (*Mortalität*) umieralność *f*
Stereoanlage *f* zestaw stereo
stereo'typ stereotypowy (-wo)
ste'ril sterylny, jałowy; **~i'sieren** (-) sterylizować; *med t.* wyjaławiać ⟨-łowić⟩
Stern *m* (-ɇs; -e) gwiazda; **~bild** *n* gwiazdozbiór; **~chen** *n* gwiazdka; **~fahrt** *f* rajd gwiaździsty; **≈hagelvoll** F pijany jak bela; **≈(en)klar** gwiaździsty; **~schnuppe** *f* gwiazda spadająca; **~warte** *f* obserwatorium astronomiczne
Stetho'skop *n* (-s; -e) słuchawka
stet|(ig) *adj* stały, ciągły; **~s** zawsze
Steuer^1 *n mar* ster; *mot* kierownica; ***am/hinter dem*** ~ *mot* za kierownicą
Steuer^2 *f* (-; -n) podatek
Steuerabzug *m* potrącenie podatku
Steuer|befreiung *f* zwolnienie od podatku; **≈begünstigt** podatkowo uprzywilejowany; **~behörde** *f* urząd podatkowy; **~berater(in** *f*) *m* doradca *m* podatkowy; **~bescheid** *m* wymiar podatkowy, naliczenie podatkowe
Steuerbord *n* prawa burta/strona
Steuer|erklärung *f* deklaracja podatkowa; **~fahndung** *f* dochodzenie w celu wykrycia nieuczciwości podatkowych; policja skarbowa; **~freibetrag** *m* kwota wolna od podatku; **~hinterziehung** *f* oszustwo podatkowe
Steuerknüppel *m lotn* drążek sterowy
steuerlich podatkowy, ...podatku
Steuermann *m* (-ɇs; ¨er/-leute) sternik
steuern (-re) *v/t* sterować (*I*); → ***lenken***;

S

lotn pilotować (*A*); *Kurs* trzymać; *v/i* (*sn*) (***auf*** *A*, ***zu***, ***nach***) ⟨s⟩kierować się, zdążać (do *G*, ku *D*)

Steuer|nachlaß *m* obniżka podatku; **~nummer** *f* numer identyfikacyjny podatkowy; **2pflichtig** podlegający opodatkowaniu

Steuerrad *n mar* koło sterowe

Steuer|satz *m* stawka podatkowa; **~schuld** *f* zobowiązanie podatkowe

Steuerung *f* (*0*) sterowanie; → ***Lenkung***; **~s-** sterowniczy, ... sterowania

Steuer|veranlagung *f* wymiar podatku; **~zahler** *m* podatnik

Steward ['stju:ɐt] *m* (*-s*; *-s*) steward

Stewardeß [-'dɛs] *f* (-; *-ssen*) stewardesa

stibitzen F (*-zt*; -) zwędzić *pf*

Stich *m* (*-ęs*; *-e*) ukłucie; (*Schmerz*) kłucie; (*Nähen*) ścieg; *karc* lewa; (*Bild*) miedzioryt, drzeworyt; ***im ~ lassen*** zostawi(a)ć (na łasce losu), porzucać ⟨-cić⟩; *Gedächtnis*: zawodzić ⟨-wieść⟩

sticheln (*-le*) wsadzać szpilki (***gegen*** *D*)

stichfest → ***hiebfest***

stichhaltig przekonujący, uzasadniony

Stichprobe *f* próba losowa

stich(s)t → ***stechen***

Stichtag *m* określony dzień, termin

Stich|waffe *f* broń kłująca; **~wahl** *f* wybory *m/pl* rozstrzygające; **~wort** *n* (*-ęs*; *⸚er*) hasło; **~wunde** *f* rana kłuta

sticken haftować, wyszy(wa)ć

Sticke|'rei *f* haft; **~rin** *f* hafciarka

stickig duszny (-no), parny

Stickstoff *m* (*-ęs*; *0*) azot(owy *w zł.*)

Stiefbruder *m* brat przyrodni

Stiefel *m* but; **2n** F (*-le*; *sn*) kroczyć

Stief|geschwister *pl* rodzeństwo przyrodnie; **~mutter** *f* macocha; **~mütterchen** *n bot* bratek; **~schwester** *f* siostra przyrodnia; **~sohn** *m* pasierb; **~tochter** *f* pasierbica; **~vater** *m* ojczym

stieg → ***steigen***; **2e** *f* schody *pl*

stiehl, **~(s)t** → ***stehlen***

Stiel *m* (*-ęs*; *-e*) trzonek; *bot* łodyga

Stier *m* (*-ęs*; *-e*) byk; *w zł.* byczy; *astr* Byk; **2en** gapić się bezmyślnie; → ***starren***; **~kampf** *m* walka byków

stieß(est) → ***stoßen***

Stift[1] *m* (*-ęs*; *-e*) kołek; trzpień *m*; sztyft; ćwiek; (*Schreibstift*) ołówek, F pisak

Stift[2] *n* (*-ęs*; *-e*) kolegium kanonickie; (*Heim*) przytułek; (*Kloster*) klasztor

stift|en (*-e-*) → ***gründen***; (***für***) ofiarow(yw)ać (*D*, na *A*); *Unfrieden* siać; *Ehe* ⟨s⟩kojarzyć; **2er(in** *f*) *m* fundator(ka); ofiarodawca *m* (-czyni); **2ung** *f* fundacja; → ***Schenkung***; **~s-** fundacyjny

Stil *m* (*-ęs*; *-e*) styl; **2echt** stylowy

stili'siert stylizowany

sti'listisch stylistyczny

still cichy (-cho, po -chu); ***im ~en*** (*heimlich*) po cichu; ***~ werden*** ⟨u⟩cichnąć

Stille *f* (*0*) cisza; ***in aller ~*** bez rozgłosu

Stilleben *n* martwa natura

stilleg|en* unieruchamiać ⟨-chomić⟩, zamykać ⟨-mknąć⟩; **2ung** *f* unieruchomienie, zamknięcie

stillen *Baby* ⟨na⟩karmić piersią; *Hunger*, *Durst*, *Neugier* zaspokajać ⟨-koić⟩; *Blutung* ⟨za⟩tamować

Stillen *n* (*-s*; *0*) karmienie piersią

stillhalten* nie ruszać ⟨poruszyć⟩ się; *fig* nie bronić się

stilliegen* być nieczynnym

Stillschweigen *n* milczenie

stillschweigend milczący (-co)

Stillstand (*-ęs*; *0*) *m* zatrzymanie; *fig* zastój; ***zum ~ kommen*** zatrzymać się

stillstehen* stać, nie pracować; nie być w ruchu; ***stillgestanden!*** baczność!

stilvoll stylowy (-wo), gustowny

Stimm|abgabe *f* głosowanie; **~bänder** *n/pl* więzadła *n/pl* głosowe; **2berechtigt** uprawniony do głosowania

Stimm|e *f* głos; ***sich der ~ enthalten*** wstrzymać się od głosowania; **2en** *v/i* głosować (***für***, ***gegen*** za *I*, przeciw *D*); *v/t* ⟨*t. fig* na⟩stroić; ***es stimmt*** zgadza się; **~enmehrheit** *f* większość *f* głosów

Stimm|enthaltung *f* wstrzymanie się od głosowania; **~gabel** *f* kamerton; **2haft** dźwięczny; **~recht** *n* (*-ęs*; *0*) prawo głosowania; **~ung** *f* nastrój, humor

Stimmungs|mache *f pej* urabianie opinii; **2voll** nastrojowy (-wo)

Stimmzettel *m* kartka wyborcza

stimu'lieren (-) pobudzać ⟨-dzić⟩

stinken* cuchnąć, śmierdzieć

stink|end, **~ig** cuchnący, śmierdzący

Stipendi'at *m* (*-en*) stypendysta *m* (-tka)

Stippvisite F *f* krótka wizyta

stirb, **~(s)t** → ***sterben***

Stirn *f* czoło(wy *w zł.*); ***die ~ bieten*** stawić czoła; **~seite** *f* przednia strona

stöbern (*-re*) F szperać, przeszukiwać

stochern (*-re*) dłubać (***in*** *D* w *L*)

Stock[1] *m* (*-ęs*; *⸚e*) kij, pałka; (*Stütze*)

laska; ***am ~ gehen*** chodzić o lasce

Stock² *m* (-*ęs*; -) piętro, kondygnacja; ***im zweitem ~*** na drugim piętrze; **2dunkel** ciemny (-no) choć oko wykol

Stöckelschuhe *m/pl* szpilki *f/pl*

stock|en zatrzym(yw)ać się; ulegać ⟨ulec⟩ zahamowaniu; *Gespräch*, *Arbeit*: nie kleić się; *j-m* ***stockt der Atem*** zapiera dech (*D*); → ***gerinnen***; **~sauer** F wkurzony; **~taub** głuchy jak pień

Stockung *f* zakłócenie, przerwa

Stockwerk *n* piętro, kondygnacja

Stoff *m* (-*ęs*; -*e*) materiał; *tech t.* tworzywo; *włók t.* tkanina; *gw* (*Drogen*) dragi *pl*; **~wechsel** *m* przemiana materii

stöhnen stękać, stęknąć *v/s*

Stollen *m gór* sztolnia; *kulin* placek drożdżowy z bakaliami

stolpern (-*re*; *sn*) potykać ⟨potknąć⟩ się (***über*** *A* o *A*, *fig* na *L*)

stolz dumny (*t.* ***auf*** *A* z *G*)

Stolz *m* (-*ęs*; *0*) duma; (*Objekt*) chluba

stopfen *v/t* wpychać, zapychać ⟨wepchnąć, zapchać⟩; *Loch* ⟨za⟩cerować

Stopfgarn *n* przędza do cerowania

Stopp *m* (-*s*; -*s*) zatrzymanie się; (*Pause*) przerwa; ***ohne ~*** nie zatrzymując się

stopp|en zatrzym(yw)ać (*v/i* się); **2schild** *n* znak „stop"; **2uhr** *f* stoper

Stöpsel *m* korek, zatyczka

Stör *m* (-*ęs*; -*e*) jesiotr

Storch *m* (-*ęs*; ⁻*e*) bocian; **~en-** bociani

Store *m* (-*s*; -*s*) stora

stören (***j-n bei***) przeszkadzać ⟨-szkodzić⟩ (k-u w *L*); *RTV*, *Ruhe* zakłócać ⟨-cić⟩; **~d** *Geräusch itp.*: przykry

Störaktion *f* akcja dywersyjna; akcja w celu zakłócenia porządku publicznego

Störfall *m tech* awaria

stor'nieren (-) stornować

störrisch narowisty, krnąbrny

Störung *f* zakłócenie, (*t. med*) zaburzenie, rozstrój; defekt, uszkodzenie

Störungs|dienst *m* pogotowie techniczne; **2frei** bezzakłóceniowy

Störungsstelle *f tel* biuro napraw

Stoß *m* (-*es*; ⁻*e*) uderzenie; pchnięcie; *tech*, *kolej* styk; (*Stapel*) stos, sterta

Stoßdämpfer *m* amortyzator

stoßen* *v/t* (*mit Druck*) popychać ⟨popchnąć⟩ (***in*** *A* do *G*); spychać ⟨zepchnąć⟩, strącać ⟨-cić⟩ (***von*** z *G*); wypychać ⟨-pchnąć⟩ (***aus*** z *G*); (*j-n*, *etw mit Schlag*) potrącać ⟨-cić⟩, szturchać ⟨-chnąć⟩; (*mit d. Fuß*) kopać ⟨-pnąć⟩; *Pfahl*, *Messer* wbi(ja)ć (***in*** *A* w *A*); ***von sich ~*** odpychać ⟨odepchnąć⟩ (od siebie); ***sich ~*** (***an*** *D*) uderzać ⟨-rzyć⟩ się (o *A*); *v/i* (*t. sn*) → ***rütteln***; (*angrenzen*) stykać się (***an*** *A* z *I*); (*finden*) natykać ⟨-tknąć⟩ się (***auf*** *A* na *A*); uderzać ⟨-rzyć⟩ (***mit*** *etw* ***gegen*** *I* o *A*)

Stoß|fänger *m* zderzak; **2fest** wstrząsoodporny; **~kraft** *f* (*0*) siła uderzenia

Stoßrichtung *f* kierunek uderzeniowy

stößt → ***stoßen***

Stoß|verkehr *m* szczytowe nasilenie ruchu; **~zahn** *m* kieł (*pl* kły)

Stoßzeit *f* czas/godziny *f/pl* szczytu

stottern (-*re*) jąkać się

Stottern *n* (-*s*; *0*) jąkanie się; F ***auf ~*** na raty, na spłaty

Straf|androhung *f*: ***unter ~*** pod groźbą kary; **~anstalt** *f* zakład karny; **~antrag** *m* wniosek o ściganie sprawcy przestępstwa; **~aufschub** *m* odroczenie wykonania kary; **2bar** karalny; ***sich ~ machen*** popełnić czyn karalny

Strafbefehl *m* (sądowy) nakaz karny

Straf|e *f* kara; ***bei ~*** pod karą; ***zur ~*** za karę; **2en** ⟨u⟩karać (***für*** za *A*)

straff napięty; *fig* sprężysty (-ście)

straffällig: ***~ werden*** popełnić czyn karalny, dopuścić się czynu karalnego

straffen napinać ⟨-piąć⟩ (***sich*** się)

straf|frei niekaralny; ***~ ausgehen*** uniknąć kary; **2gefangene(r)** więzień *m*, więźniarka; **2gesetzbuch** *n* kodeks karny; **2lager** *n* obóz karny

sträflich karygodny

Sträfling *m* więzień *m*; **~s-** więzienny

Straf|maß *n* wymiar kary; **~porto** *n* dopłata; **~prozeßordnung** *f* kodeks postępowania karnego; **~punkt** *m* punkt karny; **~raum** *m* pole karne; **~recht** *n* prawo karne; **~register** *n* rejestr skazanych; **~stoß** *m* rzut karny; **~tat** *f* przestępstwo; **~verfahren** *n* postępowanie karne; **~zettel** F *m* mandat karny

Strahl *m* (-*ęs*; -*en*) promień *m*; (*Wasserstrahl*) struga, strumień *m*

strahlen promieniować; (*leuchten*) świecić; *fig* (***vor*** *D*) promienieć (*I*)

strahlend *adj fig os.* rozpromieniony

Strahlen|schutz *m* ochrona radiologiczna; **~therapie** *f* radioterapia

Strahlung *f* promieniowanie, radiacja; **~s-** (po)promienny, radiacyjny

S

Strähne *f* pasmo; (*Haare t.*) kosmyk
stramm → ***straff***; (*kräftig*, *gesund*) jędrny, krzepki; *Haltung*: wyprężony; **~stehen*** (*t. sn*) stać na baczność
Strampelhöschen [-sç-] *n* śpioszki *m/pl*
strampeln (*-le*) *Baby*: fikać (nóżkami); F (*sn*) (*auf d. Fahrrad*) pedałować
Strand *m* (*-ęs*; *⸚e*) brzeg (morski); (*Badestrand*) plaża; *w zł.* plażowy; ***am ~*** na/u brzegu; na plaży; **~bad** *n* kąpielisko
strand|en (*-e-*; *sn*) osiadać ⟨osiąść⟩ na mieliźnie, być wyrzuconym na brzeg; → ***scheitern***; **ዳhotel** *n* hotel z własną plażą; **ዳkorb** *m* kosz plażowy
Strang *m* (*-ęs*; *⸚e*) (*Wolle*) pasmo; (*Bündel*, *t. anat*) wiązka; ***Tod durch den ~*** śmierć *f* przez powieszenie; ***am gleichen ~ ziehen*** mieć wspólny cel
strangu'lieren (-) ⟨u⟩dławić, ⟨u⟩dusić
Stra'pa|ze *f* trud, F mordęga; **ዳ'zierfähig** wytrzymały; **ዳzi'ös** męczący (-co)
Straps *m* (*-es*; *-e*) podwiązka
Straße *f* ulica; (*Land*ዳ) droga, szosa; *fig* ***auf die ~ setzen*** wyrzucić na bruk
Straßen|arbeiten *f/pl* prace *f/pl* drogowe; **~bahn** *f* tramwaj(owy *w zł.*); **~bau** *m* (*-ęs*; *0*) budowa dróg; **~beleuchtung** *f* oświetlenie ulic
Straßenecke *f*: ***an der ~*** na rogu ulicy
Straßen|graben *m* rów drogowy; **~kampf** *m* walka uliczna; **~karte** *f* mapa drogowa; **~kriminalität** *f* przestępczość uliczna; **~laterne** *f* latarnia uliczna; **~reinigung** *f* czyszczenie ulic; **~schild** *n* tabliczka z nazwą ulicy; **~schlacht** *f* zamieszki *f/pl* uliczne, F zadyma; **~verkauf** *m* sprzedaż uliczna
Straßen|verkehr *m* ruch drogowy; **~verkehrsordnung** *f* kodeks drogowy; **~wacht** *f* pomoc drogowa; **~zustandsbericht** *m* komunikat o stanie dróg
stra'tegisch strategiczny
sträuben ⟨na⟩jeżyć, ⟨na⟩stroszyć (***sich*** się); *fig* ***sich ~*** bronić/opierać się
Strauch *m* (*-ęs*; *⸚er*) krzak, krzew
straucheln (*-le*; *sn*) → ***stolpern***
Strauß[1] *m* (*-es*; *⸚e*) (*Blumen*) bukiet
Strauß[2] *m* (*-es*; *-e*) struś *m*; **~en-** strusi
streb|en (*sn*) podążać ⟨-żyć⟩ (***nach*** do *G*); *fig* (*t. sn*) dążyć (do *G*), starać się osiągnąć (*A*); **~sam** gorliwy, pilny
Strecke *f* odcinek; *kolej t.* trasa, relacja; *sport t.* dystans; *łow* pokot; ***auf der ~ bleiben*** *Sache*: skończyć się fiaskiem; ***zur ~ bringen*** *fig* unieszkodliwić
strecken przeciągać, wyciągać ⟨-gnąć⟩ (***sich*** się); *Vorräte* oszczędzać; *Waffen* składać ⟨złożyć⟩; **~weise** miejscami
Streck|muskel *m* prostownik; **~verband** *m med* opatrunek wyciągowy
Streich *m* (*-ęs*; *-e*) *fig* psota, (***übler*** złośliwy) figiel; ***j-m e-n ~ spielen*** spłatać figla (*D*)
streich|eln (*-le*) ⟨po⟩głaskać, ⟨po⟩gładzić; **~en*** *v/t* (***mit***, *etw* ***auf*** *A*) ⟨po⟩smarować (*I*); *Wand* ⟨po-, wy⟩malować; (*tilgen*) skreślać, wykreślać ⟨-lić⟩; *v/i* (***mit*** *etw* ***über*** *A*) pociągać ⟨-gnąć⟩ (*I* po *L*); (*sn*) włóczyć się (***durch*** po *L*)
Streichholz *n* (*-es*; *⸚er*) zapałka; **~schachtel** *f* pudełko od zapałek
Streich|instrument *n* instrument smyczkowy; **~ung** *f* skreślenie
Streife *f* patrol; ***auf ~ sein*** patrolować
streifen *v/t* dotykać ⟨dotknąć⟩ (*t. Thema*); ocierać ⟨otrzeć⟩ się (o *A*); *beim Fahren*: potrącać ⟨-cić⟩; *Kugel*: (za)drasnąć *pf*; *v/i* (*sn*) błądzić (***durch*** po *L*)
Streifen *m* pas(ek); (*Muster t.*) prążek; (*Band*, *Film*) taśma; (*Licht*, *Rauch*) smuga; **~dienst** *m* (*-es*; *0*) służba patrolowa; **~muster** *n* deseń *m* w paski
Streifschuß *m* draśnięcie kulą
Streifzug *m* wyprawa; → ***Wanderung***
Streik *m* (*-ęs*; *-e*) strajk; ***in den ~ treten*** rozpocząć strajk; **~bereitschaft** *f* pogotowie strajkowe; **~brecher** *m* łamistrajk; **ዳen** ⟨za⟩strajkować; **~d** strajkujący; **~komitee** *n* komitet strajkowy; **~posten** *m* pikieta; **~recht** *n* prawo do strajku; **~welle** *f* fala strajków
Streit *m* (*-ęs*; *zw. 0*) spór (*t. jur*); (*Disput*) sprzeczka; → ***Zank***, ***Zwist***; ***~ suchen*** szukać zaczepki; **ዳen*** walczyć (***um*** o *A*); (*t.* ***sich***, ***mit***) spierać się, sprzeczać się (z *I*); **~frage** *f* kwestia sporna
streitig sporny; ***~ machen*** (***j-m*** *A*) odmawiać (k-u *G*); **ዳkeiten** *f/pl* spory *m/pl*, zatargi *m/pl* (***wegen***, ***um*** o *A*)
Streit|kräfte *f/pl* siły *f/pl* zbrojne; **~punkt** *m* punkt sporny; **ዳsüchtig** kłótliwy; czupurny, F zadziorny; **~wert** *m* wartość *f* przedmiotu sporu
streng surowy (-wo), srogi (-go); *Diät*: ścisły; ***~ geheim*** ściśle tajny
Strenge *f* (*0*) surowość *f*
strenggenommen *adv* ściśle biorąc

S

Streß *m* (*-sses*; *0*) stres(owy *w zł.*)
stressig F stresujący (-co)
Streu *f* (*0*) podsciółka; **≈en** *v/t* (**auf** *A*) posyp(yw)ać (coś *I*); *Futter* nasypać *pf* (*G*); → ***verstreuen***; *v/i* sypać się; **~salz** *n* (*-es*; *0*) sól *f* do posypywania (ulic)
Streuselkuchen *m* placek z kruszonką
strich → ***streichen***
Strich *m* (*-ęs*; *-e*) kres(k)a; (*Federstrich*) pociągnięcie; F ***gegen den ~*** pod włos; ***auf den ~ gehen*** uprawiać prostytucję
Strichcode [-ko:t] *m* (*-s*; *-s*) kod kreskowy
stricheln (*-le*) kreskować
Strich|er F *m* chłopak uprawiający prostytucję homoseksualną; **~mädchen** *n pej* dziwka, ulicznica; **≈weise** lokalny
Strick *m* (*-ęs*; *-e*) sznurek, powróz
stricken robić na drutach, dziać
Strick|jacke *f* sweter; **~leiter** *f* drabinka sznurowa; **~waren** *f/pl* dzianiny *f/pl*, wyroby *m/pl* dziane; **~wolle** *f* włóczka
strikt ścisły (-le); → ***streng***
Stripperin F *f* striptizerka
Striptease [-ti:s] *m* (-; *0*) striptiz
stritt(est) → ***streiten***
Stroh *n* (*-ęs*; *0*) słoma; **~dach** *n* strzecha; **~halm** *m* słomka; **~hut** *m* kapelusz słomkowy; **~mann** *m* (podstawiony) figurant; *karc* dziadek; **~sack** *m* siennik
Strohwitwe F *f* słomiana wdowa
Strohwitwer F *m* słomiany wdowiec
Strolch *m* (*-ęs*; *-e*) włóczęga *m*; (*Schlingel*) urwis, łobuz(iak)
Strom *m* (*-ęs*; *¨e*) (*Fluß*) rzeka; (*Menge v. etw*) potok; *el* prąd; → ***Strömung***; **~abnehmer** *m tech* odbierak prądu; **≈abwärts** z prądem; **≈aufwärts** pod prąd
strömen (*t. sn*) płynąć; *Schweiß itp.*: lać się (strumieniem); przepływać ⟨-płynąć⟩ (**durch** przez *A*); napływać ⟨-płynąć⟩ (**in** *A* do *G*); *Menschen t.*: tłumnie walić; ***~der Regen*** ulewa
Strom|netz *n* sieć elektryczna; **~schlag** *m* porażenie prądem; **~schnelle** *f* bystrze; **~sperre** *f* wyłączenie prądu
Stromstärke *f* natężenie prądu
Strömung *f* prąd, nurt (*t. fig*)
Stromzähler *m* licznik elektryczny
Strontium [-ts-] *n* (*-s*; *0*) stront
Strophe *f* zwrotka, strofa
strotzen (*-zt*): ***er strotzt vor ...*** on tryska (*I*); ***... strotzt vor Fehlern*** ... roi się od błędów
Strudel *m* wir; *kulin* strudel
Struk'tur *f* struktura; **~wandel** *m* przeobrażenia *n/pl* strukturalne
Strumpf *m* (*-ęs*; *¨e*) pończocha; **~band** *n* podwiązka; **~hose** *f* rajstopy *pl*; (*dickere für Kinder*) rajtuzy *pl*
Strunk *m* (*-ęs*; *¨e*) głąb, kaczan
struppig skołtuniony, zmierzwiony
Stube *f* izba, pokój
Stuben|arrest *m* zakaz opuszczania pokoju; **~hocker** F *m* piecuch; **≈rein** czysty, przyzwyczajony do porządku
Stuck *m* (*-ęs*; *0*) stiuk(owy *w zł.*)
Stück *n* (*-ęs*; *-e*/-) kawał(ek); sztuka (*t. teatr*); *muz* utwór; ***pro ~*** od sztuki; ***aus freien ~en*** nieprzymuszenie
Stückchen *n* kawałeczek
Stück|gut *n* (*-ęs*; *0*) drobnica; **~liste** *f* specyfikacja; **~lohn** *m* płaca akordowa; **~preis** *m* cena od sztuki/jednostkowa; **≈weise** kawałkami, po kawałku; na sztuki; **~werk** *n* (*-ęs*; *0*) łatanina
Stückzahl *f* ilość *f* (sztuk); seria
Stu'dent *m* (*-en*) student; **~en-** studencki, akademicki; **~enheim** *n* dom studencki, F akademik; **~in** *f* studentka
Studie [-dĭə] *f* studium *n*
Studien *pl* → ***Studium***; **~aufenthalt** *m* pobyt w celu odbycia studiów; **~bewerber(in** *f*) *m* ubiegający (-ca) się o dopuszczenie do studiów (na wyższej uczelni); **~fach** *n* przedmiot studiów; **~jahr** *n* rok akademicki; **~platz** *m* miejsce studenckie (na wyższej uczelni)
Studienzeit [-dĭən-] *f* okres studiów
stu'dieren (-) studiować (**an** *D* na *L*)
Studio *n* (*-s*; *-s*) studio
Studium *n* (*-s*; *-ien* [-dĭən]) studium *n*; (*Ausbildung*) studia *n/pl*
Stufe *f* stopień *m*; *fig t.* szczebel; etap; (*Raketen≈*) człon; **~n** *pl t.* schody *pl*
stufenweise stopniowy (-wo)
Stuhl *m* (*-ęs*; *¨e*) krzesło; ***der Heilige ~*** Stolica Apostolska; → **~gang** *m* (*-s*; *0*) stolec; **~lehne** *f* poręcz *f* krzesła
stülpen *v/t* przykry(wa)ć (*I*)
stumm niemy; oniemiały (**vor** *D* z *G*)
Stummel *m* resztka; (*Kerze*) ogarek; (*Zigarette*) niedopałek; → ***Stumpf***
Stummfilm *m* film niemy
Stümper *m* partacz, fuszer
stümperhaft nieudolny, partacki (-ko)
stumpf tępy (-po); (*matt*) zmatowiały; *Winkel*: rozwarty; ***~ werden*** stępić się
Stumpf *m* (*-ęs*; *¨e*) pień *m*, pniak; *med*

kikut; → ***Stummel***; **~sinn** *m* (-*ęs*; *0*) otępienie; **⁀sinnig** tępy (-po); (*öde*) otępiający (-co)
Stunde *f* godzina; (*Schule*) lekcja; ***in e-r ~*** za godzinę; w ciągu godziny; ***zur ~*** w chwili obecnej; ***schwere ~n*** ciężkie chwile; ***... km in der ~*** ... km na godzinę
stunden (-*e*-) *Zahlung* odraczać ⟨-roczyć⟩ termin płatności (*G*)
Stunden|geschwindigkeit *f* prędkość *f* na godzinę; **⁀lang** wielogodzinny; całymi godzinami; **~lohn** *m* płaca godzinowa; **~plan** *m* (*Schule*) rozkład zajęć; **⁀weise** *adv* godzinowo; **~zeiger** *m* wskazówka godzinowa
stündlich cogodzinny; *adv* co godzinę; (*etw erwarten*) z godziny na godzinę
Stundung *f* odroczenie płatności
Stunk *m* (-*s*; *0*) *pej* chryja, granda
Stupsnase F *f* perkaty nos
stur F uparty (-cie); formalistycznie
Sturm *m* (-*ęs*; *⁼e*) burza; (*auf See t.*) sztorm; *mil* szturm; *sport* napad, atak
stürm|en *v/t* szturmować, zdoby(wa)ć szturmem; *v/i* (*t. sn*) → ***stürzen***; *sport* atakować; **⁀er** *m sport* napastnik
Sturmflut *f* przypływ sztormowy
stürmisch burzliwy (-wie); *Wind*: gwałtowny; (*ungestüm*) gorący (-co)
Sturm|schaden *m* szkoda burzowa; **~warnung** *f* ostrzeżenie sztormowe
Sturz *m* (-*es*; *⁼e*) upadek (*t. fig*); runięcie; *fin, hdl* gwałtowny spadek (*G*); *pol* (*das Stürzen*) obalenie
stürzen (-*zt*) *v/i* (*sn*) upadać ⟨upaść⟩, runąć *pf* (*t. fig*); *Kurse itp.*: (gwałtownie) spadać ⟨spaść⟩; (***in***, ***auf*** *A*) wpadać ⟨wpaść⟩ (do *G*, na *A*); (***aus***) wylatywać ⟨-lecieć⟩ (z *G*); ***sich ~*** (***auf*** *A*) rzucać ⟨-cić⟩ się (na *A*); *v/t* powalić *pf*, zwalić *pf*, (*t. pol*) obalać ⟨-lić⟩
Sturz|flug *m* lot nurkowy; **~helm** *m* hełm ochronny, kask; **~see** *f* bałwan
Stuß F *m* (-*sses*; *0*) bzdury *f/pl*
Stute *f* kobyła, klacz *f*; **~n-** kobyli
Stütz *m* (-*es*; -*e*) *sport* podpór
Stütze *f* podpora (*t. fig*); F zasiłek
stutzen[1] (-*zt*) *v/t* przycinać ⟨-ciąć⟩; *Hecke, Bart* przystrzygać ⟨-strzyc⟩
stutzen[2] (-*zt*) *v/i* przybrać *pf* czujną postawę; nagle przystanąć/urwać *pf*
stützen (-*zt*) podpierać ⟨podeprzeć⟩; podtrzym(yw)ać (*t. fig*); ***sich ~*** (***auf*** *A*) opierać ⟨oprzeć⟩ się (o *A*, na *L*)
stutzig: ***~ machen*** zastanawiać ⟨-nowić⟩; ***~ werden*** zacząć *pf* coś podejrzewać; (*sich wundern*) ⟨z⟩dziwić się
Stützpfeiler *m* filar podporowy; *fig* filar
Stützpunkt *m* baza
Styro'por ® *n* (-*s*; *0*) styropian
Sub|'jekt *n* (-*ęs*; -*e*) *gr, jur* podmiot; *pej* typ, indywiduum *n*; **⁀jek'tiv** subiektywny; **~kultur** *f* podkultura; **⁀ku'tan** *med* podskórny; **~skripti'on** *f* subskrypcja; **~s-** subskrypcyjny; **⁀stanti'ell** [-'tsiɛl] istotny, zasadniczy; **'~stantiv** *n* (-*s*; -*e*) rzeczownik(owy *w zł.*)
Sub'stanz *f* substancja
sub'til subtelny
subtra'hieren (-) odejmować ⟨odjąć⟩
Subventi'on *f* subwencja, subsydium *n*
subventio'nieren (-) subwencjonować
subver'siv wywrotowy, dywersyjny
Suchaktion *f* akcja poszukiwawcza
Suche *f* (-; *0*) poszukiwanie (*t. pl*); ***auf der ~*** (***nach***) w poszukiwaniu (*G*)
suchen *v/t* ⟨po⟩szukać, poszukiwać (*G*); *Pilze* zbierać; *Rat* prosić (o *A*); ***~ zu*** (+ *inf*) usiłować, starać się (*inf*)
Such|er *m fot* wizjer, celownik; **~mannschaft** *f* ekipa poszukiwawcza
Sucht *f* (-; *⁼e*) zależność *f* (lekowa), nałóg; narkomania; żądza (***nach*** *G*)
süchtig zależny (od *G*); żądny (*G*); cierpiący na narkomanię; ***~ machen*** prowadzić do nałogu/narkomanii
Süd → ***Süden***; *w zł.* południowo-, *np.* **⁀deutsch** południowoniemiecki
Süden *m* (-*s*; *0*) południe; ***nach ~*** na południe; ***im ~*** na południu; ***von ~*** z południa
Süd|früchte *f/pl* owoce *m/pl* południowe; **⁀lich** południowy; na południe (*G*, ***von*** od *G*); **~osten** *m* południowy wschód; **~seite** *f* strona południowa
Südwesten *m* południowy zachód
Suff P *m*: ***im ~*** po pijanemu
süffig: ***~er Wein*** dobre/pyszne winko
Suffix *n* (-*es*; -*e*) przyrostek
sugge'rieren (-) ⟨za⟩sugerować
Sühne *f* (*0*) pokuta, kara; **~verfahren** *n jur* postępowanie pojednawcze
Suite ['sviːt(ə)] *f* apartament (w hotelu); *muz* suita
Sul'fat *n* (-*ęs*; -*e*) siarczan
Sülze *f* galareta (z mięsa/ryby)
Summe *f* suma; (*Betrag t.*) kwota

summen *v/i* brzęczeć; nucić (***vor sich hin*** sobie); (*in d. Ohren*) dzwonić
sum'mieren (-): ***sich*** ~ sumować się
Sumpf *m* (*-es*; *⁓e*) bagno (*t. fig*), błota *n/pl*; **Ձig** bagnisty, błotnisty
Sünde *f* grzech (*t. fig*)
Sündenbock *m* kozioł ofiarny
Sündenregister F *n* lista grzechów
Sünder(in *f*) *m* grzesznik (-ica)
sündhaft grzeszny; F *adv* okropnie
sündigen ⟨z⟩grzeszyć
super-, **Super-** *w zł.* super-
Super *n* (*-s*; *0*) benzyna wysokooktanowa
Supermarkt *m* supermarket, supersam
Suppe *f* zupa, polewka
Suppen|fleisch *n* mięso na rosół; **~gemüse** *n* włoszczyzna; **~huhn** *n* kura na rosół; **~teller** *m* głęboki talerz
Surfbrett ['sø:ɐf-] *n* deska surfingowa
surfen ['sø:fən] uprawiać surfing
surren (niegłośno) terkotać; brzęczeć
su'spekt podejrzany
suspen'dieren (-) zawieszać ⟨-wiesić⟩
süß słodki (-ko) (*t. fig*); → ***reizend***
Süß|e *f* (*0*) słodycz *f*; **Ձen** ⟨o⟩słodzić
Süßigkeiten *f/pl* słodycze *f/pl*
süß|lich słodkawy (-wo); **Ձspeise** *f* legumina; **Ձstoff** *m* sacharyna, F słodzik
Süßwaren *f/pl* wyroby *m/pl* cukiernicze
Süßwasser- słodkowodny
Swimmingpool [-pu:l] *m* (*-s*; *-s*) basen kąpielowy
Sym'bol *m* (*-s*; *-e*) symbol; **Ձisch** symboliczny; **Ձi'sieren** (-) symbolizować
sym'metrisch symetryczny
Sympa'thie [*pl* -'ti:ən] *f* sympatia
sym'pathisch sympatyczny
Sym'ptom *n* (*-s*; *-e*) objaw, symptom
Syna'goge *f* synagoga, bóżnica
synchroni'sieren (-) ⟨z⟩synchronizować; *Film* ⟨z⟩dubingować
Synonym *n* (*-s*; *-e*/*-'nonyma*) synonim
Syntax *f* (*0*) składnia
Syn'the|se *f* synteza; **Ձtisch** syntetyczny
Syphilis *f* (*0*) kiła, syfilis; *w zł.* kiłowy
syrisch syryjski
Sy'stem *n* (*-s*; *-e*) system, układ; *pol* ustrój; *w zł.* systemowy, ... systemu
syste'matisch systematyczny
Sze|ne *f* scena (*t. fig*); **~ne'rie** [*pl* -ri:ən] *f* sceneria; **Ձnisch** sceniczny

T

Tabak *m* (*-s*; *-e*) tytoń *m*
Tabakgeschäft *n* sklep tytoniowy
Tabakwaren *f/pl* wyroby *m/pl* tytoniowe
Ta'belle *f* tabela
Ta'bellenplatz *m* lokata w tabeli
Ta'blett *n* (*-s*; *-s*) taca; **~e** *f* tabletka
Tacho F *m* (*-s*; *-s*) *mot* prędkościomierz
Tadel *m* nagana; **Ձlos** nienaganny
tadeln (*-le*) ⟨z⟩ganić (***für*** za *A*)
tadelnswert naganny, karygodny
Tafel *f* (*-*; *-n*) tablica; (*Schokolade*) tabliczka; (*Platte*) tafla; (*Tisch*) stół
Tafelgeschirr *n* naczynia *n/pl* stołowe
Täfelung *f* boazeria
Tafelwein *m* wino stołowe
Tag *m* (*-es*; *-e*) dzień *m*; (*24 Stunden*) doba; ***am*** **~(e)** w dzień; **~ *für* ~** dzień w dzień; **~ *und Nacht*** dniem i nocą; ***jeden*** ~ każdego dnia, codziennie; ***unter*** **~e** *gór* pod ziemią; ***guten*** **~!** dzień dobry!
Tagebau *m* kopalnia odkrywkowa; ***im*** ~ metodą odkrywkową
Tage|buch *n* pamiętnik; **~geld** *n* diety *f/pl*; **Ձlang** całymi dniami; przez wiele dni; **~lohn** *m* dniówka
tagen obradować; *Gericht*: odby(wa)ć sesję; ***es tagt*** dnieje, świta
Tages|ablauf *m* przebieg dnia; **~ausflug** *m* jednodniowa wycieczka; **~bedarf** *m* zapotrzebowanie dzienne; **~gespräch** *n* temat dnia; **~karte** *f* jadłospis na dany dzień; bilet okresowy na jeden dzień; **~licht** *n* (*-es*; *0*) światło dzienne; **~ordnung** *f* porządek obrad/dzienny; **~presse** *f* prasa codzienna; **~schau** *f* dziennik TV; **~suppe** *f* dyżurna zupa; **~zeit** *f* pora dnia; **~zeitung** *f* dziennik

taghell jasny (-no) jak w dzień
-tägig -dzienny
täglich całodzienny; (*für e-n Tag*) dzienny; **... mal ~** ... raz(y) dziennie
tags: **~ darauf** następnego dnia, nazajutrz; **~ zuvor** w przeddzień; **~über** w ciągu dnia, przez (cały) dzień
tagtäglich dzień w dzień, codziennie
Tagung *f* konferencja; sesja, posiedzenie
Taille ['taljə] *f* talia, *lit* kibić *f*
Taillenweite *f* objętość *f* w pasie
Takt *m* (-*es*; -*e*) takt; tempo; *mot* suw; *fig* (*0*) takt; **~gefühl** *n* (-*es*; *0*) taktowność *f*
Takti|k *f* taktyka; **2sch** taktyczny
takt|los nietaktowny; **2stock** *m* batuta
taktvoll taktowny
Tal *n* (-*es*; *"er*) dolina
Ta'lar *m* (-*es*; -*e*) toga; *rel* sutanna
talen'tiert utalentowany, uzdolniony
Talfahrt *f* jazda w dół; *fig* regres
Talg *m* (-*es*; *0*) łój; *w zł.* łojowy
Talkumpuder *m* zasypka talkowa
Tal|sohle *f* dno doliny; *fig* najniższy punkt; **~sperre** *f* zapora (wodna); **~station** *f* stacja dolna (kolejki linowej)
Tampon [*t.* -'po:n] *m* (-*s*; -*s*) tampon
Tang *m* (-*s*; *0*) wodorosty *m*/*pl*
Tan|'gente *f* styczna; **2genti'al** styczny
tan'gieren (-) dotyczyć
Tank *m* (-*s*; -*s*) zbiornik, bak
tank|en tankować; **2er** *m* zbiornikowiec, tankowiec; **2stelle** *f* stacja benzynowa, stacja paliw; **2wagen** *m* samochód-/wagon-cysterna; **2wart** *m* (-*s*; -*e*) operator stacji benzynowej/paliw
Tanne *f* jodła; **~n-** jodłowy
Tannenbaum *m* jodła; choinka
Tannenzapfen *m* szyszka jodłowa
Tante *f* ciotka, ciocia; (*Onkels Frau mütterlicherseits*) wujenka; (*väterlicherseits*) stryjenka; **~-Emma-Laden** F *m* sklepik (spożywczy)
Tanz *m* (-*es*; *"e*) taniec; tańce *m*/*pl*; **zum ~** do tańca; (*gehen*) na tańce; **~abend** *m* wieczorek taneczny, F potańcówka
tänzeln (-*le*) *Pferd*: drobić nogami
tanzen (-*zt*) ⟨po-, za⟩tańczyć, pląsać
Tänzer(in *f*) *m* tancerz (-rka)
Tanz|fest *n* zabawa taneczna; **~fläche** *f* parkiet do tańca; **~lokal** *n* dansing; **~musik** *f* muzyka taneczna; **~partner(in** *f*) *m* partner(ka) do tańca/w tańcu
Tanzschule *f* szkoła tańca/tańców
Ta'pe|te *f* tapeta; **2'zieren** (-) tapetować; **~'zierer** *m* tapicer
tapfer dzielny; (*mutig*) odważny, (*zw. Soldat*) waleczny
Tapferkeit *f* (*0*) odwaga, waleczność *f*
tappen (*sn*) iść, człapać; **im dunkeln ~** *fig* nie mieć konkretnych danych
Ta'rantel *f* (-; -*n*) tarantula
Ta'rif *m* (-*es*; -*e*) taryfa; **~einheit** *f tel* impuls; **~lohn** *m* płaca według taryfikatora; **~partner** *m* strona w umowie zbiorowej; **~satz** *m* stawka taryfowa; **~vertrag** *m* umowa zbiorowa; (*Mantel2*) układ zbiorowy pracy
Tarn|anzug *m* F panterka; **2en** ⟨za⟩maskować, ⟨za⟩kamuflować (**sich** się)
Tarnung *f* maskowanie (się); kamuflaż
Täschchen *n* kieszonka; torebka
Tasche *f* kieszeń *f*; (*Hand2*) torebka; → **Akten-**, **Einkaufstasche** *itd.*
Taschen|ausgabe *f* wydanie kieszonkowe; **~buch** *n* kieszonkowiec, kieszeniowiec; **~dieb(in** *f*) *m* złodziej(ka) kieszonkowy (-wa), F kieszonkowiec; **~geld** *n* (-*es*; *0*) kieszonkowe *n*; **~lampe** *f* latarka; **~messer** *n* scyzoryk
Taschenrechner *m* minikalkulator
Taschentuch *n* chust(ecz)ka do nosa
Tasse *f* filiżanka
Tasta'tur *f* klawiatura
Taste *f* klawisz; **~n-** klawiszowy
tasten (-*e*-) *v*/*i* (**nach**) macać, obmacywać (*A*); (*suchen*) szukać po omacku (*G*); **sich ~** iść po omacku (**zu** do *G*); *v*/*t med* wyczuwać dotykiem
Tastsinn *m* (-*s*; *0*) zmysł dotyku
tat → **tun**
Tat *f* czyn, postępek, uczynek; **in der ~** w istocie, rzeczywiście; → **frisch**
Tatar *n* (-/-*s*; *0*) befsztyk po tatarsku
Tatbestand *m* stan faktyczny; *jur* znamiona *n*/*pl* czynu przestępczego
täte → **tun**
tatenlos bezczynny
Täter(in *f*) sprawca *m* (-czyni)
tätig czynny; **~en** *v*/*t* dokon(yw)ać (*G*)
Tätigkeit *f* czynność *f*; działalność *f* (**berufliche** zawodowa)
Tätigkeitsbereich *m* zakres działania
Tätigkeitsbericht *m* sprawozdanie z działalności
Tat|kraft *f* (*0*) energia; **2kräftig** energiczny; (*wirksam*) skuteczny
tätlich czynny; **~er Angriff** czynna napaść; **2keiten** *f*/*pl* rękoczyny *m*/*pl*

T

Tatort *m* miejsce przestępstwa
Tätowierung *f* tatuaż
Tatra- tatrzański
Tat|sache *f* fakt; **2sächlich** faktyczny
tätscheln (*-le*) ⟨po⟩głaskać
Tatwaffe *f* broń użyta do popełnienia przestępstwa/zbrodni
Tatze *f* łapa
Tau¹ *m* (*-es*; *0*) rosa
Tau² *n* (*-es*; *-e*) lina
taub głuchy; *Nuß*: płonny; *Fuß*: zdrętwiały; ~ ***werden*** ogłuchnąć *pf*; ***sich*** ~ ***stellen*** udawać głuchego
Taube *f* gołąb(ka); **~n-** gołębi
Taubenschlag *m* gołębnik
Taubheit *f* (*0*) głuchota
taubstumm głuchoniemy
Taubstummheit *f* (*0*) głuchoniemota
tauchen *v/t* zanurzać ⟨-rzyć⟩ (*v/i*; *t. sn* się); *v/i* (*sn*; *beruflich*, *sport*) nurkować
Taucher(in *f*) *m* nurek
Taucheranzug *m* skafander nurka
Tauchermaske *f* maska do nurkowania
Tauchgerät *n* akwalung
Tauchsieder *m* grzałka nurkowa
tauen tajać; **es** ***taut*** taje, jest odwilż
Tauf|e *f* chrzest; (*Feier*) chrzciny *pl*; **2en** ⟨o⟩chrzcić; **~name** *m* imię chrzestne
Tauf|pate *m*, **~patin** *f* → ***Pate***, ***Patin***
taufrisch świerzutki (-ko)
Taufschein *m* metryka chrztu
taug|en (**zu**) nada(wa)ć, przyda(wa)ć się (do *G*); ***... taugt nichts*** ... jest do niczego; **~lich** przydatny, zdatny
taumeln (*-le*; *sn*) zataczać/chwiać się
Tausch *m* (*-es*; *0*) wymiana, zamiana; ***im*** ~ ***gegen*** w zamian za (*A*)
tauschen *v/t* zamieni(a)ć (***gegen*** na *A*); *Blicke* wymieni(a)ć; *v/i* ***mit*** *j-m* ~ zamienić się (z *I*)
täuschen łudzić, zwodzić ⟨zwieść⟩; → ***irreführen***; ***sich*** ~ → ***irren***; (**in** *D*) zawodzić ⟨-wieść⟩ się (na, w *L*)
täuschend *adj* łudzący (-co)
Tausch|geschäft *n* transakcja wymienna; **~objekt** *n* obiekt wymiany
Täuschung *f* zmylenie, wprowadzenie w błąd; (*d. Sinne*) złudzenie
tausend tysiąc; → *str. 610*
Tausend *f u. n* (*-s*; *-/-e*) tysiąc; **~e**, ***zu*** **~en** tysiące; **~er** F *m* tysiączek; **2fach** tysiąckrotny; **2jährig** tysiącletni
tausendmal tysiąc razy, tysiąckrotnie
tausendste tysiączny; → *str. 610*
Tausendstel *n* tysiączna część; ***ein*** 2 jedna tysiączna/tysięczna
Tau|tropfen *m* kropla rosy; **~wetter** *n* odwilż *f*; **~ziehen** *n* przeciąganie liny
Taxe *f* taksa, opłata; F → ***Taxi***
Taxi *n* (*-s*; *-s*) taksówka, F *gw* taryfa
ta'xieren (-) ⟨o⟩szacować
Taxi|fahrer(in *f*) *m* taksówkarz, F taksiarz; **~stand** *m* postój taksówek
Team [ti:m] *n* (*-s*; *-s*) zespół; drużyna
Technik *f* technika; **~er(in** *f*) *m* technik
tech|nisch techniczny; **2nolo'gie** *f* technologia; *w zł.* ... technologii; → **~no'logisch** technologiczny
Techtelmechtel F *n* romans(ik)
Teddybär *m* (pluszowy) miś, misio
Tee *m* (*-s*; *-s*) herbata; *med* ziółka *n/pl*; **~beutel** *m* herbata torebkowa; **~gebäck** *n* ciastka *n/pl*, herbatniki *m/pl*
Teekanne *f* dzbanek do herbaty
Teekessel *m* czajnik
Teelöffel *m* łyżeczka do herbaty
Teenager ['ti:ne:dʒɐ] *m* nastolatek, (*Mädchen*) nastolatka, podlotek
Teer *m* (*-es*; *0*) smoła; *w zł.* smołowy
Teesieb *n* sitko do herbaty
Teewasser *n* (*-s*; *0*) woda na herbatę
Teich *m* (*-es*; *-e*) staw; **~rose** *f* grążel
Teig *m* (*-es*; *-e*) ciasto; **2ig** ciastowaty (-to); **~waren** *f/pl* makarony *m/pl*
Teil *m/n* (*-es*; *-e*) część *f*; (*Anteil*) udział; ***zum*** ~ częściowo, w części; ***zum größten*** ~ przeważnie
teilbar podzielny; ~ ***sein*** dzielić się
Teil|chen *n* cząsteczka; **2en** ⟨po⟩dzielić (*t. etw* ***mit*** *j-m* czymś z *I*); *Meinung* podzielać; ***sich*** ~ ⟨po⟩dzielić się, rozdzielać ⟨-lić⟩ się; **~er** *m mat* dzielnik
teilhab|en* brać (*ekon* mieć) udział (***an*** *D* w *L*); **2er(in** *f*) *m* udziałowiec
Teilkaskoversicherung *f* ubezpieczenie częściowe w systemie auto-casco
Teil|lieferung *f* dostawa częściowa; **~nahme** *f* (współ)uczestnictwo, udział; → ***Anteilnahme***; **2nahmslos** obojętny, apatyczny; **2nahmsvoll** współczujący (-co); **2nehmen*** (***an*** *D*) uczestniczyć (w *L*); **~nehmer(in** *f*) *m* uczestnik (-iczka); *t-ko m tel* abonent
teils częściowo, po/w części
Teilstrecke *f* odcinek (trasy)
Teilstück *n* część *f*; odcinek; ułamek
Teilung *f* (po-, roz)dzielenie (*t. mat*); podział; *hist* (*von Polen*) rozbiór

T

teilweise częściowy (-wo)
Teilzahlung *f* zapłata ratalna
Teilzeitarbeit *f* (*0*) praca w częściowym/ niepełnym wymiarze godzin
Teint [tɛ̃ː] *m* (-*s*; -*s*) cera, karnacja
Telefax *n* (-; -*e*) telefaks(owy *w zł.*)
Tele|fon *n* (-*s*; -*e*) telefon; **~fo'nat** *n* (-*ɇs*; -*e*) rozmowa telefoniczna, F telefon
Telefonbuch *n* książka telefoniczna
tele|fo'nieren (-) ⟨za⟩telefonować (***mit*** do *G*); **~'fonisch** telefoniczny; *praed t.* przez telefon; **&fo'nistin** *f* telefonistka
Telefon|karte *f* karta telefoniczna; **~marke** *f*, **~münze** *f* żeton telefoniczny; **~nummer** *f* numer telefonu; **~zelle** *f* budka telefoniczna, rozmównica
Tele|graf *n* (-*en*) telegraf; **&gra'fieren** (-) ⟨za⟩telegrafować (***an*** *A* do *G*)
tele'grafisch telegraficzny
Tele'gramm *n* (-*s*; -*e*) telegram; **~adresse** *f* adres telegraficzny
Tele|objektiv *n* teleobiektyw; **~pa'thie** *f* (*0*) telepatia; **&'pathisch** telepatyczny
Teleskop *n* (-*s*; -*e*) teleskop
Teller *m* talerz; **~rand** *m* brzeg talerza
Tempel *m* świątynia; *w zł.* świątynny
Tempera'ment *n* (-*ɇs*; -*e*) temperament; **&voll** pełen temperamentu
Tempera'tur *f* temperatura; *w.zn.* ciepłota; **~anstieg** *m* wzrost temperatury; **~sturz** *m* nagły spadek temperatury
Tempo *n* (-*s*; -*s*/*muz*: -*pi*) tempo; **~limit** *n* (-*s*; -*s*) ograniczenie prędkości jazdy
tempo'rär (tym)czasowy (-wo)
Ten|'denz *f* tendencja; **&denzi'ös** tendencyjny; **&'dieren** (-) (***zu***) objawi(a)ć tendencję (do *G*), skłaniać się (ku *D*)
Tennis *n* (-; *0*) tenis; ~ ***spielen*** grać w tenisa; **~ball** *m* piłka tenisowa; **~platz** *m* kort; **~schläger** *m* rakieta; **~schuhe** *m*/*pl* tenisówki *f*/*pl*, F pepegi *m*/*pl*
Tennisspieler(in *f*) *m* tenisista *m* (-tka)
Te'nor *m* (-*s*; *ᵘe*) tenor(owy *w zł.*)
Teppich *m* (-*s*; -*e*) dywan
Teppichboden *m* podłoga dywanowa
Ter'min *m* (-*s*; -*e*) termin; *jur* rozprawa; **&gerecht** terminowy (-wo, w terminie); **~kalender** *n* terminarz, agenda; **~plan** *m* terminarz, harmonogram
Terminus *m* (-; -*ni*) termin
Ter'rasse *f* taras; **~n-** tarasowy
ter'rassenförmig tarasowaty (-to)
Ter'rine *f* waza (do zupy); zupa
territori'al terytorialny
Terror *m* (-*s*; *0*) terror; *w zł.* terrorystyczny; **~akt** *m* akt terroryzmu
terrori'sieren (-) ⟨s⟩terroryzować
Terro'rist(in *f*) *m* terrorysta *m* (-tka)
Test *m* (-*s*; -*s*/-*e*) test, próba
Testa|'ment *n* (-*ɇs*; -*e*) testament; **&men'tarisch** testamentowy; ~ ***vermachen*** zapisać w testamencie; **~'mentseröffnung** *f* otwarcie testamentu
testen (-*e*-) testować
Testperson *f* osoba testowana
Tetanus *m* (-; *0*) tężec; **~spritze** F *f* zastrzyk przeciwtężcowy
teuer (*teurer*, -*st*-) drogi (-go); (*lieb*) drogi; ***das kommt dich ~ zu stehen*** za to drogo/grubo zapłacisz
Teuerung *f* drożyzna
Teufel *m* diabeł; F ***weiß der ~, ...*** diabli wiedzą ...; ***auf ~ komm raus*** na upartego; ***zum ~*** do diabła; *etw* ***ist zum ~*** ... poszło w diabły, ... diabli wzięli
Teufelskreis *m* błędne koło
teuflisch diabli, diabelski (-ko)
Text *m* (-*ɇs*; -*e*) tekst; **~er(in** *f*) *m* autor(ka) tekstów, F tekściarz
Tex'til|industrie *f* przemysł włókienniczy, włókiennictwo; **~waren** *f*/*pl* wyroby *m*/*pl* włókiennicze, tekstylia *pl*
Textver|arbeitung *f* przetwarzanie tekstów; **~arbeitungsprogramm** *n* edytor tekstów
The'ater *n* teatr; *dim* teatrzyk; *fig* komedia; **~karte** *f* bilet do teatru; **~stück** *n* sztuka teatralna, utwór dramatyczny
theat'ralisch teatralny (*t. fig*)
Theke *f* bufet, (*zw. im Laden*) kontuar; ***an der ~*** przy bufecie
The|ma *n* (-*s*; -*men*) temat; **~'matik** *f* tematyka; **&'matisch** tematyczny
Theo|lo'gie [*pl* -'giːən] *f* teologia; **&'logisch** teologiczny; **&'retisch** teoretyczny; **~'rie** [*pl* -'riːən] *f* teoria
Thera|'peut(in *f*) *m* (-*en*) terapeuta *m* (-tka); **&'peutisch** terapeutyczny, leczniczy; **~'pie** [*pl* -'piːən] *f* leczenie
Ther'malquelle *f* terma, cieplica
Thermodrucker *m* termodrukarka
Thermo'meter *n* termometr
Thermos|flasche *f* termobutelka; → **~kanne** *f* termos
Thriller ['θrɪlə] *m* dreszczowiec
Throm'bose *f* zakrzepica
Thron *m* (-*ɇs*; -*e*) tron(owy *w zł.*); **~folger(in** *f*) *m* następca *m* (-czyni) tronu

Thunfisch *m* tuńczyk
Thymian *m* (-*s*; *0*) tymian, macierzanka
Tick *m* (-*s*; -*s*) *med* tik; *pej* → ***Fimmel***
ticken tykać; F ***nicht richtig*** ~ mieć fioła
Ticket *n* (-*s*; -*s*) bilet (lotniczy)
tief głęboki (-ko) (*t. fig*); *Stimme, Temperatur*: niski (-ko); → ***tiefer***
Tief *n* (-*s*; -*s*) *meteo* niż, depresja; **~bau** *m* (-*s*; *0*) budownictwo drogowe i podziemne; **~brunnen** *m* studnia głębinowa; **~druckgebiet** *n meteo* obszar niżowy/niskiego ciśnienia
Tief|e *f* głębokość *f* (*t. fig Intensität*); głębia, głębina, głąb (*t. fig*); ***in die*** ~ w głąb; ***in der*** ~ w głębi; ***in e-r ~ von ...*** na głębokości ...; **~ebene** *f* nizina, niż
Tiefen|psychologie *f* (*0*) psychologia głębi; **~schärfe** *f* głębia ostrości
tief|er *comp* głębszy; niższy; *adv* głębiej; niżej; **2gang** *m* (-*s*; *0*) *mar* zanurzenie
Tiefgarage *f* garaż/parking podziemny
tiefgefroren *adj kulin* mrożony
tiefgreifend głęboko sięgający
Tiefkühl|fach *n* zamrażalnik; **~kost** *f* (*0*) mrożonki *f/pl*; **~truhe** *f* zamrażarka
Tief|lader *m mot* pojazd niskopodwoziowy; **~punkt** *f fig* niż; **~schlag** *m* cios poniżej pasa; **~see** *f* (*0*) strefa głębinowa; *w zł.* głębokomorski
tiefsinnig głęboki (-ko), wnikliwy (-wie)
Tiefstand *m* najniższy poziom, niż
Tier *n* (-*es*; -*e*) zwierzę; F ***hohes*** ~ gruba ryba; **~arzt** *m* (**~ärztin** *f*) weterynarz
Tierhandlung *f* sklep zoologiczny
Tierheim *n* schronisko dla zwierząt
tierisch zwierzęcy; *praed* jak zwierzę
Tierkreiszeichen *n* znak zodiaku
Tier|medizin *f* weterynaria; **~quälerei** *f* znęcanie się nad zwierzętami; **~reich** *n* (-*es*; *0*) świat zwierzęcy
Tierschutz *m* ochrona zwierząt
Tierschutzverein *m* towarzystwo opieki nad zwierzętami
Tier|versuch *m* doświadczenie na zwierzętach; **~welt** *f* (*0*) fauna
Tiger *m* tygrys(i *w zł.*); **~in** *f* tygrysica
tilg|en *Kredit* spłacać ⟨-cić⟩; *Namen itp.* wymaz(yw)ać, usuwać ⟨usunąć⟩ (***aus*** z *G*); **2ung** *f* spłata; wymazanie
Tinte *f* atrament; **~n-** atramentowy
Tinten|fisch *m* sepia, mątwa; **~fleck** *m* plama od atramentu; **~strahldrucker** *m* drukarka strumieniowa

Tip *m* (-*s*; -*s*) (po)rada; (*Wink*) *gw* cynk; (*b. Wetten, Lotto itp*) typ
tippen[1] *v/i* (***auf*** *A*) dotykać ⟨-tknąć⟩ (*G*)
tipp|en[2] F ⟨*t-ko v/t* na⟩pisać na maszynie; (***auf*** *A* ***als***) typować (*A* jako, na *A*); ***im Lotto*** ~ grać w lotto; **2fehler** *m* błąd maszynowy/w maszynopisie
Ti'roler *adj* tyrolski
Tisch *m* (-*es*; -*e*) stół; ***am/bei*** ~ przy stole; ***nach*** ~ po jedzeniu; **~bein** *n* noga stołowa; **~decke** *f* serweta; **~gespräch** *n* rozmowa przy stole
Tisch|ler *m* stolarz; **~le'rei** *f* (*Betrieb*) stolarnia; **~platte** *f* blat (stołu); **~tennis** *n* tenis stołowy; **~tuch** *n* obrus
Tischzeit *f* pora obiadowa
Titel *m* tytuł; **~blatt** *n* karta tytułowa
Titel|rolle *f* rola tytułowa; **~verteidiger(in** *f*) *m* obrońca *m* (-czyni) tytułu
Toast [to:st] *m* (-*es*; -*e*) toast; *kulin* tost, grzanka; **~er** *m* toster, opiekacz
toben (*t. sn*) szaleć; *Kinder*: dokazywać
Tobsuchtsanfall *m* atak szału
Tochter *f* (-; ⸚) córka; *dim* córeczka
Tochtergesellschaft *f* spółka-córka
Tod *m* (-*es*; -*e*) śmierć *f*, (*lit*, *med*) zgon; ***bis zum*** ~ do śmierci; ***zu ~e kommen***, ***den ~ finden*** ponieść śmierć
Todes|angst *f* śmiertelny strach; **~anzeige** *f* nekrolog; **~erklärung** *f jur* uznanie za zmarłego; **~fall** *m* przypadek zgonu; **~folge** *f*: ***mit*** ~ z wynikiem śmiertelnym; **~gefahr** *f* śmiertelne niebezpieczeństwo; **~opfer** *n/pl* ofiary *f/pl* w ludziach; **~strafe** *f* (*0*) kara śmierci
Todes|tag *m* dzień *m* (*Gedenktag*: rocznica) śmierci/zgonu; **~ursache** *f* przyczyna śmierci; **~urteil** *n* wyrok śmierci
todkrank śmiertelnie chory
tödlich śmiertelny
tod|schick F szykowny; **~sicher** F absolutnie pewny; *adv* na mur
Tohuwa'bohu F *n* (-/-*s*; -*s*) bałagan
Toi'lette [tŏa-] *f* toaleta
Toi'letten|artikel *m/pl* przybory *m/pl* toaletowe; **~papier** *n* papier toaletowy
tole'rant tolerancyjny, wyrozumiały
Tole'ranz *f* tolerancja (*t. tech*)
tole'rieren (-) tolerować
toll F (*prima*) pyszny, kapitalny; *Kleid, Frau*: szałowy; (*wild*) (jak) szalony; ***bist du ~?*** zwariowałeś (-łaś)?
tollen swawolić; → ***toben***

Toll|heit *f* szaleństwo; **2kühn** śmiały (do szaleństwa); **~wut** *f* wścieklizna
tollwütig wściekły
Tolpatsch F *m* (*-ęs*; *-e*) niezdara *m/pl*
Tölpel *m zoo* głuptak; *pej* oferma *m/f*
To'mate *f* pomidor; **~n-** pomidorowy
Ton¹ *m* (*-ęs*; *-e*) *min* glin(k)a, ił
Ton² *m* (*-ęs*; *¨e*) dźwięk, ton; akcent; → ***Farbton***; **2angebend** nadający ton
Ton|art *f* tonacja; *fig* ton; **~aufzeichnung** *f* zapis(ywanie) dźwięku
Tonband *n* taśma magnetofonowa
Tonbandgerät *n* magnetofon
tönen *v/i* brzmieć; *v/t* tonować
tönern gliniany
Ton|fall *m* (*-ęs*; *0*) intonacja; ton; **~film** *m* film dźwiękowy; **~frequenz** *f* częstotliwość akustyczna; **~ingenieur** *m* inżynier akustyk; operator dźwięku; **~konserve** *f* nagranie dźwiękowe; **~leiter** *f* gama, skala; **2los** bezdźwięczny
Ton|'nage [-ʒə] *f* tonaż; **~ne¹** *f* tona
Tonne² *f* (*Faß*) beczka, baryłka
Ton|regie *f* reżyseria dźwięku; **~störung** *f* zakłócenie odbioru dźwięku
Tonstudio *n* studio nagrań/dźwiękowe
Tontaube *f sport* rzutek
Tönung (*0*) *f* tonowanie; (*t. pl*) (*Nuance*) odcień *m*
Tonwaren *f/pl* wyroby *m/pl* gliniane
Topf *m* (*-ęs*; *¨e*) garnek, *dim* garnuszek
Topfblume *f* kwiat doniczkowy
Topfen Ⓐ *m* (*-s*; *0*) twaróg
Töpfer *m* garncarz; *w zł.* garncarski
Töpfe'rei *f* garncarstwo; garncarnia
Tor¹ *m* (*-en*) głupiec
Tor² *n* (*-ęs*; *-e*) brama, wrota *pl*; *sport* bramka; **~einfahrt** *f* brama
Torf *m* (*-ęs*; *0*) torf; **~moor** *n* torfowisko
Torfmull *m* torf ogrodowy
Torhüter *m sport* bramkarz
töricht nierozsądny, głupi (-pio)
Torjäger *m* bramkostrzelny piłkarz
torkeln (*-le*; *sn*) zataczać się
Tor|lauf *m* slalom; **~linie** *f* linia bramkowa; **~mann** *m* (*-ęs*; *¨er*) bramkarz
torpe'dieren (-) ⟨s⟩torpedować
Tor'pedoboot *n* torpedowiec
Tor|schuß *m* strzał w bramkę; **~schütze** *m* strzelec/zdobywca *m* bramki
Torte *f* tort; *dim* torcik
Tortenschnitte *f* ciastko tortowe
Torwart *m* (*-s*; *-e*) bramkarz
tosen huczeć; **~d** *Beifall*: huczny

tot martwy; *Tier t.*: zdechły; *Gleis*: ślepy; ***er ist ~*** on umarł/zmarł
to'tal totalny, zupełny, całkowity (-cie)
totali'tär totalitarny
To'talschaden *m* szkoda całkowita
Tote(r) zmarły (-ła); (*getötet*) zabity (-ta)
töten (*-e-*) zabi(ja)ć (***sich*** się)
toten|bleich trupio blady; **2feier** *f* uroczystość pogrzebowa; **2gräber** *m* grabarz; **2kopf** *m* trupia czaszka; **2messe** *f* msza żałobna; **2schein** *m* akt zejścia; **2starre** *f* stężenie pośmiertne; **2stille** *f* grobowa cisza, grobowe milczenie
Totgeburt *f* (*Kind*) martwy płód
tot|lachen: *sich ~ können* konać ze śmiechu; **~schießen*** F zastrzelić *pf*
Tot|schlag *m* (*-ęs*; *0*) *jur* zabójstwo umyślne; **2schlagen*** zabi(ja)ć, zatłuc *pf* (na śmierć); **~schläger** *m* (*Waffe*) pręt stalowy; **2schweigen*** *Frage* wyciszyć *pf*; **2stellen: *sich ~*** uda(wa)ć nieżywego/zabitego
Tötung *f* zabicie; *jur* zabójstwo
Toupet [tu'pe:] *n* (*-s*; *-s*) tupet
tou'pieren [tu-] (-) ⟨u⟩tapirować
Tour [tu:ɐ] *f tech* obrót; → ***Trip***, ***Ausflug***; F ***auf die krumme ~*** na lewo; ***auf vollen ~en*** na pełnych obrotach
Tou'ris|mus [tu-] *m* (-; *0*) turystyka; ***sanfter ~*** ekoturystyka; **~t(in** *f*) *m* (*-en*) turysta *m* (-tka); **2tisch** turystyczny
Trab *m* (*-ęs*; *0*) kłus; ***leichter ~*** trucht
Tra'bantenstadt *f* miasto-satelita *n*
trab|en (*sn*) iść/biec truchtem (*schärfer*: kłusem); **2er** *m* kłusak, rysak
Trabrennen *n* wyścigi *m/pl* kłusaków
Tracht *f* strój (ludowy); F ***e-e ~ Prügel bekommen*** dostać lanie
trachten (*-e-*) dążyć (***nach*** do *G*)
Trachtengruppe *f* zespół ludowy
trächtig ciężarna; *w.zn. Kuh*: cielna; *Stute, Eselin*: źrebna; *Hündin*: szczenna; *Katze, Schaf*: kotna; *Sau*: prośna
Traditi'on *f* tradycja
traditi|o'nell tradycyjny; **~'onsbewußt** przywiązany do tradycji
traf, träfe → ***treffen***
Trafo *m* (*-s*; *-s*) transformator
trag|bar (*mobil*) przenośny; *Kleid*: gustowny; *fig* możliwy do zaakceptowania; znośny; **2e** *f* nosze *f/pl*
träge ociężały (-le), (*t. schläfrig*) ospały (-le); *fiz* bezwładny; *chem* bierny
tragen* *v/t* (*hin~* za-, *hinein~* w-, *hinaus~*

T

wy-, *hinüber*~ prze)nosić ⟨(za-, w-, wy-, prze)nieść⟩; *Kleid, Brille itp.* nosić; *Kosten, Folgen itp.* ponosić ⟨-nieść⟩; *Bart* mieć; ***bei sich*** ~ nosić/mieć przy sobie; *v/i* nosić; *Baum*: owocować; *Eis*: trzymać; ***sich*** ~ nosić się (*t.* ***mit*** z *I*)
Träger *m* (*Arbeiter*) tragarz; *bud* dźwigar; *fiz, chem, mil* nośnik; (*am Kleid*) ramiączko; (*am Rock*) szelka; *ekon* instytucja (publiczna); *os.* (*med, fig*; *t.* **~in** *f*) nosiciel(ka); **~rakete** *f* rakieta nośna; **~rock** *m* spódnica na szelkach
Tragetasche *f* torba (na zakupy)
tragfähig wytrzymały; *fig* solidny
Tragfähigkeit *f* (*0*) udźwig; nośność *f*
Tragfläche *f* płat (nośny), skrzydło
Tragflächenboot *n* wodolot
Trägheit *f* (*0*) ociężałość *f*, ospałość *f*; *fiz* bezwładność *f*; *chem* bierność *f*
Tra|gik *f* (*0*) tragizm; **2gisch** tragiczny
Tra'gödie [-dĭə] *f* tragedia
träg(s)t → ***tragen***
Tragweite *f* zasięg; *fig* doniosłość *f*
Trainer(in *f*) *m* ['trɛ:-] trener(ka)
trai'nieren [trɛ:-] (-) trenować
Training ['trɛ:-] *n* (*-s*; *-s*) trening; **~s-** treningowy
Trainingsanzug ['trɛ:-] *m* dres
Traktor *m* (*-s*; *-'toren*) ciągnik, traktor
trällern (*-re*) nucić; *v/i* wywodzić trele
trampeln (*-le*) tupać; deptać
trampen ['trɛm-] (*sn*) podróżować autostopem, wędrować (**durch** po *L*)
tranchieren [-n'ʃi:-] (-) ⟨po⟩dzielić na części/porcje
Trän|e *f* łza; ***in*** **~n *ausbrechen*** wybuchnąć płaczem; **2en** łzawić
Tränendrüse *f* gruczoł łzowy
Tränengas *n* gaz łzawiący
trank, tränke → ***trinken***
Tränke *f* wodopój; (*Gefäß*) poidło
tränken ⟨na⟩poić; *Watte itp.* nasycać ⟨-cić⟩, przepajać ⟨-poić⟩ (***mit*** *I*)
Trans|akti'on *f* transakcja; **~'fer** *m* (*-s*; *0*) transfer; **~fusi'on** *f* transfuzja
Tran|'sistor *m* (*-s*; *-'toren*) tranzystor (-owy *w zł.*); **'~'sit** *m* (*-s*; *0*) tranzyt
Transitvisum *n* wiza tranzytowa
transpa'rent przezroczysty (-ście)
transpi'rieren (-) ⟨s⟩pocić się
Transplan'tat *n* (*-ęs*; *-e*) przeszczep
transplan'tieren (-) przeszczepi(a)ć
Trans|'port *m* (*-ęs*; *-e*) transport(owy *w zł.*); **2'portfähig** zdatny do transportu; **2por'tieren** (-) ⟨prze⟩transportować
Trans'port|kosten *pl* koszty *m/pl* transportu; **~unternehmer** *m* przewoźnik
Transve'stit *m* (*-en*) transwestyta *m*
Tra'pez *n* (*-es*; *-e*) trapez
Trasse *f* trasa
trat, träte → ***treten***
Tratsch F *m* (*-es*; *0*) plotki *f/pl*
tratschen (*-tscht*) plotkować
Traube *f* grono
Traubensaft *m* sok winogronowy
Traubenzucker *m* cukier gronowy
trauen *v/t* da(wa)ć ślub (*D*); *v/i* ufać, dowierzać (*D*); ***sich*** ~ odważać ⟨-żyć⟩ się; ***sich*** ~ ***lassen*** brać ⟨wziąć⟩ ślub
Trauer *f* (*0*) smutek, żałość *f*; (*für Verstorbenen*) żałoba; ~ ***tragen*** chodzić w żałobie; **~feier** *f* uroczystość żałobna
Trauergottesdienst *m* msza żałobna
trauern (*-re*) (**um**) smucić się (z powodu *G*), opłakiwać (*A*); nosić żałobę (po *L*)
Trauerrand *m* obwódka żałobna
Trauerspiel *n* tragedia
Trauerzug *m* orszak żałobny
träufeln (*-le*) *v/t* wkraplać ⟨-plić⟩
Traum *m* (*-ęs*; *¨e*) sen; ***im*** ~ we śnie; *w zł. fig* wymarzony, ... cudo
Trauma *n* (*-s*; *-men/-ta*) uraz
träumen *v/i fig* śnić (**von** o *L*); (*e-n Traum haben*) ***er träumt oft von ...*** śni mu się często (*A*); ***ich habe von ... geträumt*** ⟨przy⟩śnił(a, -o) mi się (*A*)
Träumer(in *f*) *m* marzyciel(ka)
träumerisch marzycielski (-ko)
traumhaft ... jak marzenie, *np.* ~ ***schön*** cudny/piękny jak marzenie
traurig smutny (*t.* -no), żałosny (-śnie)
Traurigkeit *f* (*0*) smutek
Trau|ring *m* obrączka (ślubna); **~schein** *m* metryka ślubu; ***Ehe ohne*** ~ F życie na kocią łapę; **~ung** *f* ślub; **~zeuge** *m*, **~zeugin** *f* świadek ślubu
Treck *m* (*-s*; *-s*) kolumna; **~er** *m* ciągnik
Treff[1] *n* (*-s*; *-s*) *karc* trefl; *w zł.* treflowy
Treff[2] F *m* (*-s*; *-s*) spotkanie
treffen* *v/t Ziel* trafi(a)ć (w *A*); *j-n, etw* spot(y)kać (*t. Unglück*), (*t. v/i* ***auf*** *A*) natykać ⟨-tknąć⟩ się (na *A*); *Schuld*: spadać ⟨spaść⟩ (na *A*); *Vorwurf*: dotyczyć (*G*); (*verletzen*) dotykać ⟨-tknąć⟩ (*A*); *Wahl* dokon(yw)ać (*G*); *Vorbereitungen itp.* ⟨po⟩czynić; *Entscheidung* podejmować ⟨podjąć⟩; *Abmachung* zawierać ⟨-wrzeć⟩; ***sich*** ~ spot(y)kać

T

się; ***es trifft sich gut*** dobrze się składa
Treff|en *n* spotkanie; **2end** trafny; **~er** *m* trafienie; (*Tor*) bramka; **~punkt** *m* miejsce spotkania; **2sicher** celny
Treibeis *n* lód dryfujący, tłuka
treiben* *v/t* ⟨po⟩pędzić; wpędzać, zapędzać ⟨-dzić⟩ (**in** *A* w *A*, do *G*); wypędzać ⟨-dzić⟩ (**aus** z *G*); *fig j-n* doprowadzać ⟨-dzić⟩ (do *G*); *Knospen* puszczać ⟨puścić⟩; *Handel itp.* trudnić się (*I*), uprawiać (*A*, *t. Sport*, *Musik itp.*); → ***an-***, ***betreiben***; *etw* ***zu weit*** **~** przeb(ie)rać miarę (w *L*); F ***es mit*** *j-m* **~** puszczać się (z *I*); ***was treibst du?*** co porabiasz?; *v/i* (*t. sn*) (*auf dem/im Wasser*) unosić się, płynąć; *mar* dryfować; *bot* kiełkować
Treib|en *n* (*-s*; *0*) ruch; *pej* proceder; wybryki *m/pl*; **~er** *m łow* naganiacz; *EDV* sterownik
Treibhaus *n* cieplarnia; **~effekt** *m* (*-es*; *0*) efekt cieplarniany
Treib|jagd *f łow* polowanie z nagonką; **~netz** *n* sieć dryfująca; **~riemen** *m* pas napędowy; **~stoff** *m* paliwo (silnikowe)
Trend *m* (*-s*; *-s*) trend
trenn|en odłączać, rozłączać ⟨-czyć⟩ (***sich*** się), oddzielać, rozdzielać ⟨-lić⟩ (***von*** od *G*); *Naht* ⟨roz⟩pruć; ***sich*** **~** *t.* rozsta(wa)ć się, (*t. Wege*) rozchodzić ⟨rozejść⟩ się; **2ung** *f* odłączenie, rozłączenie, rozdzielenie; (*d. Eheleute*) separacja; (*Getrenntsein*) rozłąka
Trennungsstrich *m* rozdzielnik
Trennwand *f* ścianka działowa, przegroda, przegródka
Treppe *f* schody *pl*; ***die*** **~** ***hinauf/hinunter*** po schodach na górę/w dół
Treppenabsatz *m* spocznik
Treppenhaus *n* klatka schodowa
Tresen *m* → ***Theke***, ***Ladentisch***
Tre'sor *m* (*-s*; *-e*) → ***Safe***; (*in d. Bank*) skarbiec; **~raum** *m* pokój skarbcowy
treten* *v/i* (*sn*) następować ⟨-stąpić⟩ (***auf*** *A* na *A*); wdepnąć *pf*, stąpić *pf* (***in*** *A* w *A*); (*mit Raumangabe*) podchodzić ⟨podejść⟩ (***an*** *A*, ***zu*** do *G*); stawać ⟨stanąć⟩ (***vor*** *A* przed *I*); wychodzić ⟨wyjść⟩ (***vor das Haus*** przed dom); wchodzić ⟨wejść⟩ (***in*** *A* do *G*, *fig* w *A*); ***auf der Stelle*** **~** *fig* utknąć *pf* w miejscu; **~** ***nach*** *etw/j-m* = *v/t* (*hat*) kopać ⟨kopnąć⟩; ***mit Füßen*** **~** deptać (*t. fig*)

treu wierny; **~** ***bleiben*** być/pozostawać wiernym
Treu|e *f* (*0*) wierność *f*; **~hand-** *w zł.* → **2händerisch** powierniczy
treuherzig prostoduszny
treulos niewierny, wiarołomny
Tri|bu'nal *n* (*-s*; *-e*) trybunał; **~'büne** *f* trybuna; **~'but** *m* (*-es*; *-e*) danina
Trichter *m* lejek; (*Schall2*) tuba; (*Bomben2*) lej; **2förmig** lejowaty (-to)
Trick *m* (*-s*; *-s*) tri(c)k(owy *w zł.*)
trieb → ***treiben***
Trieb *m* (*-es*; *-e*) popęd; *bot* pęd; **~feder** *f fig* sprężyna, bodziec; **~kraft** *f* (*Motiv*) pobudka; **~täter** *m* maniak seksualny; **~wagen** *m* wagon silnikowy; **~werk** *n lotn* zespół napędowy, silnik
triefen* kapać; (**vor**, **von**) ociekać (*I*)
triff(s)t → ***treffen***
triftig uzasadniony, ważny
Trikot [-'ko:] *n* (*-s*; *-s*) trykot(owy *w zł.*)
Trillerpfeife *f* gwizdek trelowy
trimmen *Hund* strzyc; ***auf alt*** **~** (*A*) nadać *pf* stary wygląd (*D*); ***sich*** **~** uprawiać gimnastykę
trink|bar pitny, zdatny do picia; **~en*** *v/t* ⟨wy⟩pić (*A*), napić się *pf* (*G*); *v/i* pić
Trink|er(in *f*) *m* pijak (-czka); **2freudig** F trunkowy; **~geld** *n* napiwek; **~halm** *m* słomka; **~spruch** *m* toast
Trinkwasser *n* (*-s*; *0*) woda pitna
Trip F *m* (*-s*; *-s*) wycieczka; (*e-e Menge Droge*) działka; (*Rausch*) (fajna) jazda
Tripper *m* (*-s*; *0*) rzeżączka, F tryper
trist ponury (-ro), szary (-ro)
Tritt *m* (*-es*; *-e*) krok; (*Fußtritt*) kopniak
Trittbrett *n* stopień *m*
Tri'umph *m* (*-es*; *-e*) triumf, tryumf
trium'phieren (-) triumfować, tryumfować; **~d** triumfujący, tryumfujący (-co)
trocken suchy (-cho); **2futter** *n* pasza sucha; **2haube** *f* suszarka do włosów z kołpakiem; **2hefe** *f* drożdże *pl* suszone
Trockenheit *f* suchość *f*; *meteo* susza
trocken|legen *Sumpf* osuszać ⟨-szyć⟩; *Kind* przewijać ⟨-winąć⟩; **2milch** *f* mleko w proszku; **2rasierer** *m* elektryczna maszynka do golenia, F golarka
trocknen (*-e-*) *v/t* ⟨wy⟩suszyć; *v/i* (*sn*) schnąć, wysychać ⟨wyschnąć⟩
Trödel *m* (*-s*; *0*) rupiecie, starzyzna; **~markt** *m* targ staroci, ciuchy *m/pl*
trödeln (*-le*) marudzić, guzdrać się

Trödler(in *f*) *m* handlarz (-rka) starzyzną; *pej* grzebała *m/f*
troff → ***triefen***
trog, **tröge** → ***trügen***
Trog *m* (-*ęs*; ⸗*e*) koryto; *tech* rynna
Trommel *f* (-; -*n*) bęben, *dim* bębenek
Trommelfell *n anat* błona bębenkowa
tromm|eln (-*le*) bić w bęben/bębny; *fig* bębnić; ≈**ler** *m* dobosz
Trom'pete *f* trąb(k)a; ~ ***blasen*** grać na trąbce; ≈**n** (-*e*-) ⟨za⟩trąbić
Trom'peter(in *f*) *m* trębacz(ka)
Tropen *pl* tropiki *m/pl*; *w zł.* tropikalny, podzwrotnikowy
Tropf *m* (-*ęs*; -*e*) *med* kroplówka
Tröpf|chen *n* kropelka; ≈**eln** (-*le*) *v/i* (*t. sn*) kapać; ***es tröpfelt*** kropi deszcz
tropfen *v/t* ⟨na⟩kapać; *v/i* (*sn*) kapać
Tropfen *m* kropla; ≈**weise** kropla po kropli, kroplami
Tro'phäe *f* zdobycz *f*, trofeum *n*
tropisch tropikalny
Trost *m* (-*ęs*; *0*) pocieszenie, pociecha
trösten (-*e*-) pocieszać ⟨-szyć⟩ (***sich*** się)
tröstlich pocieszający (-co)
trost|los *Lage*: rozpaczliwy; *Gegend*: odludny, niegościnny; *Zustand*: opłakany; ≈**preis** *m* nagroda pocieszenia
Trott *m* (-*s*; *0*) trucht; F ***im alten*** ~ swoim zwykłym trybem
Trottel *m pej* głupek, gamoń *m*
trotten F (-*e*-; *sn*) ⟨po⟩wlec się
trotz *praep* (*G*, F *D*) (po)mimo (*G*); ~ ***allem***, ~ ***alledem*** pomimo wszystko
Trotz *m* (-*es*; *0*) przekora; upór; ***aus*** ~ z przekory; ≈**dem** *adv* jednak, mimo to; *conj* chociaż; ≈**en** (-*zt*) (*D*) stawić czoło (*D*); *Sache*: być odpornym (na *A*)
trotzig przekorny, (*zw. Kind*) krnąbrny
trübe mętny; *Tag*, *Himmel*: pochmurny; *Licht*: nikły (-le); *Gedanken*: ponury
Trubel *m* (-*s*; *0*) wrzawa, rwetes
trüb|en ⟨za⟩mącić (*t. fig*); *Blick* zamglić *pf* (***sich*** się); ***sich*** ~ ⟨z⟩mętnieć; *Himmel*: ⟨za⟩chmurzyć się; ≈**sal** *f* (*0*): F ~ ***blasen*** spuścić nos na kwintę; ~**sinnig** przygnębiony, markotny; ~ ***werden*** dostać melancholii, wpaść w chandrę
Trübung *f* zmętnienie; zmącenie
trug → ***tragen***
Trugbild *n* złuda, mrzonka
trüg|e → ***tragen***; ~**en** mylić, łudzić
trügerisch zwodniczy (-czo); niepewny
Trugschluß *m* fałszywy wniosek

T

Truhe *f* skrzynia, kufer
Trümmer *pl* odłamki *m/pl*; (*Schutt*) gruzy *m/pl*; *fig* resztki *f/pl*; ~**haufen** *m* kupa gruzów, rumowisko
Trumpf *m* (-*ęs*; ⸗*e*) atut (*t. fig*); ~ ***spielen*** wyjść w atu; ~**as** *n* as atutowy
Trunk *m* (-*ęs*; *0*) napój
trunken *fig* (***vor***) upojony (*I*)
Trunk|enheit *f* (*0*): ***im Zustand der*** ~ w stanie nietrzeźwym; ~ ***am Steuer*** prowadzenie samochodu w stanie nietrzeźwym; ~**sucht** *f* (*0*) opilstwo, pijaństwo; *med* dipsomania
Trupp *m* (-*s*; -*s*) grupa, brygada; *pej* bojówka; ~**e** *f teatr* trupa; *mil* wojsko
Truppen|gattung *f* rodzaj wojsk; ~**teil** *m* jednostka (wojskowa), oddział; ~**übungsplatz** *m* poligon (wojskowy)
Trut|hahn *m* indyk; ~**henne** *f* indyczka
Tschech|e *m* (-*n*) Czech; ~**in** *f* Czeszka
tschechisch czeski (po -ku)
tschüs! F cześć!, pa!
Tube *f* tubka
Tuberku'lose *f* (*0*) gruźlica
Tuch *n* (-*ęs*; -*e*) sukno; *w zł.* sukienny; (*pl* ⸗*er*) chust(k)a; → ***Hand-***, ***Tischtuch*** *itd.*
tüchtig dzielny, skrzętny; F *fig* porządny; ≈**keit** *f* (*0*) dzielność *f*, skrzętność *f*
Tücke *f* perfidia; ~**n** *pl* przeciwności *f/pl*, złośliwość *f*
tückisch podstępny; zdradliwy
tüft|eln (-*le*) (***an*** *D*) dłubać, majstrować (przy *L*); ≈**ler(in** *f*) *m* majster-klepka *m*
Tugend *f* cnota; ≈**haft** cnotliwy (-wie)
Tüll *m* (-*s*; *0*) tiul(owy *w zł.*)
Tülle *f* dziobek (u dzbanka)
Tulpe *f* tulipan; ~**n-** tulipanowy
tummel|n (-*le*): ***sich*** ~ baraszkować, swawolić; ≈**platz** *m fig* teren popisu
Tumor *m* (-*s*; -'*moren*) guz, nowotwór
Tümpel *m* bajoro, sadzawka
Tu'mult *m* (-*ęs*; -*e*) tumult; *pl* rozruchy *m/pl*, zamieszki *f/pl*
tun* ⟨z⟩robić, ⟨u⟩czynić; *Pflicht* spełni(a)ć; *Unrecht* wyrządzać ⟨-dzić⟩; ***es mit ... zu*** ~ ***haben*** mieć do czynienia z (*I*); ***viel zu*** ~ ***haben*** mieć dużo pracy; ***nichts zu*** ~ ***haben mit*** *etw* nie mieć nic wspólnego z (*I*); → ***legen*** *itp.*, ***leid*** *itd.*
Tun *n* (-*s*; *0*) postępowanie, działanie
tünchen ⟨wy⟩bielić wapnem
Tunke *f* sos; ≈**n** maczać ⟨umoczyć⟩
Tunnel *m* (-*s*; -*s*) tunel(owy *w zł.*)
Tunte *f pej* ciota; ~**n-** gejowski

tupfen ostrożnie ⟨po⟩smarować (**... *auf die Wunde*** ranę *I*)
Tupfen *m* plamka; (*Stoff*) ***mit ... ~*** w ... groszki
Tür *f* drzwi *pl*; (*Ofen-*, *Wagentür*) drzwiczki *pl*; ***an der ~*** u drzwi; ***vor die ~ setzen*** wyrzucić za drzwi; ***zur ~*** przez drzwi
Tur|'bine *f* turbina; **~n-** turbinowy; **~bolader** *m mot* turbosprężarka doładowująca
turbu'lent burzliwy (-wie)
Türfüllung *f* płycina drzwiowa
Türgriff *m* klamka
Türk|e *m* (*-n*) Turek; **~in** *f* Turczynka
Tür'kis (*-es*; *-e*) turkus(owy *w zł.*)
türkisch turecki (po -ku)
Turm *m* (*-ęs*; *⸚e*) wieża (*t. Schach*)
türmen[1] *v/t* ⟨s⟩piętrzyć (***sich*** się)
türmen[2] F *v/i* (*sn*) zwiewać, ⟨z⟩wiać
Turmspringen *n* skoki *m/pl* z wieży
Turmuhr *f* zegar wieżowy
Turnanzug *m* trykot gimnastyczny
turn|en *v/i* gimnastykować się; *v/t* wykon(yw)ać (ćwiczenie); **ℒen** *n* (*-s*; *0*) gimnastyka; **ℒer(in** *f*) *m* gimnastyk (-czka)
Turnhalle *f* sala gimnastyczna
Tur'nier *n* (*-s*; *-e*) turniej
Turnschuh *m* tenisówka
Turnus *m* (*-*; *-se*) (*Durchgang*) turnus, tura; ***im ~ von ... Jahren*** co ... lat(a)
turnusmäßig kolejny (-no); cykliczny
Tür|öffner *m* automat do otwierania drzwi; **~pfosten** *m bud* słup drzwi; **~rahmen** *m* ościeżnica, futryna; **~schild** *n* tabliczka na drzwiach; **~schlüssel** *m* klucz do drzwi; **~steher** *m* bramkarz
Tusche *f* tusz
tuscheln (*-le*) szeptać (***über*** *A* o *L*)
Tuschkasten *m* pudełko z akwarelami
Tuschzeichnung *f* rysunek tuszem
tu(s)t → ***tun***
Tüte *f* torebka (papierowa, plastikowa), (*mit Werbeaufdruck*) F reklamówka
tuten (*-e-*) ⟨za⟩trąbić
Typ *m* (*-s*; *-en*) typ; **~e** *f drk* czcionka; F *pej* typ(ek), facet(ka)
Typhus *m* (*-*; *0*) dur, tyfus; *w zł.* ... duru
typisch typowy (-wo)
tyranni'sieren (-) tyranizować

U

U-Bahn *f* metro; **~hof** *m* stacja metro
übel (*übler*; *-elst-*) zły (źle); *Geruch*, *Geschmack*: przykry (-ro); ***wohl oder ~*** rad nierad; ***mir wird ~*** robi mi się niedobrze; F ***nicht ~*** niczego (sobie)
Übel *n* zło; ***notwendiges ~*** zło konieczne
übelgelaunt źle usposobiony
Übelkeit *f* nudności *f/pl*, mdłości *f/pl*
übelnehmen* brać ⟨wziąć⟩ za złe
übelriechend cuchnący, F śmierdzący
Übelstand *m* zło, bolączka
üben ćwiczyć (*t. v/i* ***auf***, ***an*** *D* na *L*; ***sich*** się; ***in*** *D* w *L*); ***Nachsicht ~*** (***mit***) być wyrozumiałym (dla *G*); → ***Kritik***
über[1] *praep* (*A*, *D*) nad (*A*, *I*); (*auf etw*, *es bedeckend*) na (*A*, *L*); (*während*, *bei*) przy (*L*); (*wegen*) z powodu (*G*); (*durch*, *t. zeitlich*) przez (*A*); (*von*, *betreffend*) o (*L*), z (*G*); (*in Höhe von*) na, za (*A*); (*älter als*) ponad (*A*), powyżej (*G*); ***Fehler ~ Fehler*** pełno/moc błędów
über[2] *adv* (*mehr als*) przeszło; (*zeitlich*) w ciągu (*G*); ***das ganze Jahr ~*** przez cały rok; ***~ und ~*** cały, zupełnie; → ***übrig***
überall wszędzie; ***von ~*** zewsząd
über|'altert przestarzały; **ℒangebot** *n* (***an*** *D*) nadmiar, nadmierna podaż (*G*)
über'anstrengen (-) nadwerężać ⟨-rężyć⟩; przemęczać ⟨-czyć⟩ (***sich*** się)
über'arbeit|en (-) przerabiać ⟨-robić⟩; *Text t.* przeredagow(yw)ać; ***sich ~*** przepracow(yw)ać się; **ℒung** *f* przeróbka; przepracowanie
überaus nader, nad wyraz
über|'backen* (-) zapiekać ⟨-piec⟩; **~belasten** (-) przeciążać ⟨-żyć⟩; **~belichten** (-) prześwietlić *pf*; **~betonen** (-) nadmiernie podkreślać ⟨-lić⟩
Überbevölkerung *f* (*0*) przeludnienie

U

über|'bieten* (-) przelicytow(yw)ać; (**an** *D*) prześcigać ⟨-gnąć⟩ (w *L*); **⁀bleibsel** F *n* pozostałość *f*, relikt; *pl t.* resztki *f/pl*
Überblick *m* widok; *fig* **den ~ verlieren** stracić orientację (**über** *A* w *L*)
über'blicken (-) *v/t* ogarniać ⟨-nąć⟩ wzrokiem (*A*); *fig* orientować się (w *L*)
über'bringen* (-) *Gruß, Nachricht* przekaz(yw)ać; *Sache* doręczać ⟨-czyć⟩
Über'bringer(in *f*) *m* doręczyciel(ka); (*e-s Schecks*) okaziciel(ka); → **Bote**
über|'brücken (-) *fig Gegensätze* pokon(yw)ać; *Zeit* wypełni(a)ć (**mit** *I*); *Mangel* doraźnie zapobiec *pf* (*D*); **~'dauern** (-) przetrwać *pf*; **~'denken*** (-) rozważać ⟨-żyć⟩; **~dies** ponadto
über|dosieren (-) przedawkować *pf*; **⁀dosis** *f* dawka powyżej dopuszczalnej
Überdruck *m* (-*ϵs*; ⸚*e*) nadciśnienie
Überdruß *m* (-*es*; *0*) przesyt
überdrüssig: ich bin (*G*) **~** (**geworden**) zbrzydł (-a, -o) mi (*A*, *inf*)
überdurchschnittlich ponadprzeciętny, nieprzeciętny
über|'eck na ukos; **~eifrig** nadgorliwy
über'eignen (-) (*D*) przenieść *pf* (na *A*)
übereilt pochopny, (zbyt) pospieszny
überein'ander (+ *verb*) jeden na(d) drugim, jedna na(d) drugą, jedno na drugie/nad drugim, jedni na drugich; *reden*: jedni o drugich; **~schlagen***: **die Beine ~** założyć nogę na nogę
über'ein|kommen* (**zu** + *inf*) dojść *pf* do porozumienia (co do *G*), uzgodnić *pf* (*A*); **⁀kunft** *f* (-; ⸚*e*) porozumienie
über'einstimm|en zgadzać ⟨zgodzić⟩ się (**darin, daß** co do tego, że); (**mit**) być zgodnym (z *I*), odpowiadać (*D*); **~end** *adj* zgodny; **⁀ung** *f* zgoda; (*Gleichheit*) zgodność *f*, zbieżność *f*; **in ~ bringen** ⟨z⟩harmonizować, uzgodnić *pf*
überempfindlich nadwrażliwy
über|'fahren* (-) *v/t* przejechać *pf*; **⁀fahrt** *f* przejazd, przeprawa; **⁀fall** *m* napad (**bewaffneter** z bronią w ręku), napaść *f*; **~'fallen*** (-) *v/t* napadać ⟨napaść⟩ (na *A*); *fig* nachodzić ⟨najść⟩ (*A*); **~fällig** spóźniony; *fin* przeterminowany; **⁀fallkommando** *n* pogotowie policyjne
über|'fliegen* (-) *v/t* przelatywać ⟨-lecieć⟩ (przez *A*, nad *I*); *fig* pobieżnie przeglądać ⟨przejrzeć⟩; **~fließen*** przel(ew)ać się; **~'flügeln** (-*le*; -) prześcigać ⟨-gnąć⟩; **⁀fluß** *m* (-*sses*; *0*) (**an** *D*) obfitość *f*, zbytek (*G*); **~flüssig** zbyteczny, zbędny; **~'fluten** (-) zal(ew)ać
über|'fordern (-) *v/t* wymagać zbyt wiele (od *G*); **⁀'fremdung** *f* infiltracja obcych elementów/kapitałów
über'führ|en (-) przewozić ⟨-wieźć⟩; *Verbrecher* udowodnić *pf* (**j-n** *G* k-u *A*); **⁀ung** *f* przewiezienie; udowodnienie; *bud* przejście/przejazd górą
über|'füllt przepełniony; **⁀funktion** *f* *med* nadczynność *f*; **~'füttern** (-) przekarmi(a)ć; **⁀gabe** *f* przekazanie; *mil* poddanie; **⁀gang** *m* przejście; *kolej* przejazd; **~s-** *fig zw.* przejściowy; **~'geben*** (-) odda(wa)ć, wręczać ⟨-czyć⟩; przekaz(yw)ać; **sich ~** ⟨z⟩wymiotować
über|gehen*¹ przechodzić ⟨przejść⟩ (**in** *A*, **zu** w *A*, do *G*); **~'gehen***² (-) pomijać ⟨-minąć⟩; **~geordnet** nadrzędny
Über|gepäck *n* nadbagaż; **~gewicht** *n* nadwaga; *fig* przewaga; **⁀'gießen*** (-) obl(ew)ać, pol(ew)ać (**mit** *I*)
überglücklich przeszczęśliwy
über|greifen* (**auf** *A*) przerzucać ⟨-cić⟩ się (na *A*); **⁀griff** *m* bezprawna ingerencja; (*Gewaltakt*) napaść *f*; eksces
Über|größe *f* nadrozmiar; **⁀haben*** F mieć na sobie; → **überdrüssig**; **⁀'handnehmen*** rozplenić się *pf*; **⁀hängen***¹ *v/i* zwisać; **⁀hängen²** *v/t* przewieszać ⟨-wiesić⟩; **⁀'häufen** (-) (**mit**) zasyp(yw)ać (*I*); *fig* zawalać ⟨-lić⟩ (*I*)
über'haupt w ogóle; **~ nicht** wcale nie
über|'heblich zadufany w sobie; **~'hitzen** (-) przegrz(ew)ać (**sich** się); **~'höht** nadmierny; *Preis*: wygórowany
über'hol|en (-) wyprzedzać ⟨-dzić⟩; *Maschine* ⟨wy⟩remontować; **⁀manöver** *n* manewr wyprzedzania
über'holt *adj* przestarzały
Über'holverbot *n* zakaz wyprzedzania
über|'hören (-) *v/t* nie dosłyszeć *pf* (*G*); *fig* ⟨z⟩ignorować (*A*); **~irdisch** nadziemski; **⁀kapazität** *f* nie wykorzystana zdolność produkcyjna; **~'klettern** (-) *v/t* przełazić ⟨przeleźć⟩ (przez *A*)
über|kochen (*sn*) *Milch*: wykipieć *pf*; **~'kommen*** (-) *Gefühl*: przejmować ⟨-jąć⟩; **~'laden*** (-) przeładow(yw)ać
Überlandbus *m* autobus dalekobieżny
über'lassen* (-) *Sache* użyczać ⟨-czyć⟩; **sich selbst ~** pozostawi(a)ć samemu sobie; → **anheimstellen**, **abtreten**

Ü

über'lasten przeciążać ⟨-żyć⟩
über|laufen*[1] przel(ew)ać się (*Gefäß zw. impf*); przechodzić ⟨przejść⟩ (**zu** na stronę *G*); **~'laufen**[2] *adj* przepełniony, (licznie) uczęszczany; **~'leben** (-) *v/t* przeżyć *pf* (*t.* **sich** się); *Unglück* ocaleć *pf* (**od, z** *G*); **2lebende(r)** ocalały (-ła), pozostały (-ła) przy życiu; **~lebensgroß** ... wielkości nadnaturalnej
über'legen[1] (-) *v/t* (*t.* **sich**) zastanawiać ⟨-nowić⟩ się (nad *I*); *v/i* namyślać się; ***es sich anders ~*** rozmyślić się *pf*
über'legen[2] *adj Miene itp.*: wyniosły (-śle); ***~ sein*** (***j-m an*** *D*) górować (nad kimś *I*); **2heit** *f* (*0*) przewaga
über|'legt *adj* rozważny; **2'legung** *f* rozważanie, rozważenie; refleksja; namysł; ***ohne ~*** bez zastanowienia
über'liefern (-) przekaz(yw)ać
Über'lieferung *f* tradycja, zwyczaj
über'listen (-*e*-; -) przechytrzać ⟨-trzyć⟩
überm F = ***über dem***
Über|macht *f* (*0*): ***in der ~ sein*** mieć przewagę liczebną; **2'malen** (-) zamalow(yw)ać; **2'mannen** (-) opanow(yw)ać; **~maß** *n* (-*es*; *0*) (**an** *D*) nadmiar (*G*); **2mäßig** nadmierny; *adv t.* zbyt
übermenschlich nadludzki (-ko)
über'mitt|eln (-*le*; -) przes(y)łać, przekaz(yw)ać; **2lung** *f* przekaz(yw)anie
über|morgen pojutrze; **~'müdet** przemęczony; **2'müdung** *f* (*0*) przemęczenie; **2mut** *m*: ***aus/vor ~*** ze swawoli; **~mütig** swawolny; → ***sorglos***; **~'nachten** (-*e*-; -) ⟨prze⟩nocować; **~'nächtigt** niewyspany; **2'nachtung** *f* nocleg
Über|nahme *f* przejęcie; objęcie; **2natürlich** nadprzyrodzony; **2'nehmen*** (-) przejmować ⟨-jąć⟩; *Amt* obejmować ⟨objąć⟩; *Verantwortung* brać ⟨wziąć⟩ na siebie; *Arbeit* podejmować ⟨-djąć⟩ się (*G*); **2parteilich** ponadpartyjny; **~produktion** *f* (*0*) nadprodukcja
über'prüf|bar dający się sprawdzić; **~en** (-) sprawdzać ⟨-dzić⟩; **2ung** *f* sprawdzenie; lustracja (*t. pol*)
über|'queren (-) *v/t Straße* przechodzić ⟨przejść⟩ (przez *A*); *Land* przejeżdżać ⟨-jechać⟩ (przez *A*); *Grenze* przekraczać ⟨-kroczyć⟩; *Gewässer* przepływać ⟨-płynąć⟩ (*A*, przez *A*); **~'ragen** (-) *v/t* górować (nad *I*); **~d** wybitny
über'rasch|en (-) *v/t* zaskakiwać ⟨zaskoczyć⟩ (*A*); zrobić *pf* niespodziankę (*D*); **~end** niespodziewany; zaskakujący (-co); **2ung** *f* (*0*) zaskoczenie, zdziwienie; (*t. pl*) niespodzianka
über|'reden (-) namówić *pf* (**zu** do *G*, na *A*); ***~ wollen*** namawiać; **~regional** (po)nadregionalny; **~'reichen** (-) wręczać ⟨-czyć⟩; **2reste** *m/pl* szczątki *m/pl*; **~'rollen** (-) przejechać *pf*; **~'rumpeln** (-) zaskakiwać ⟨zaskoczyć⟩ (***mit*** *I*); **~'runden** (-*e*-; -) *fig* prześcignąć *pf*
übers F = ***über das***
Über|schall- naddźwiękowy; **2'schätzen** (-) przeceni(a)ć; **2'schaubar** przewidywalny; **2'schlafen*** (-) odkładać ⟨odłożyć⟩ na jutro; **~schlag** *m sport* przerzut bokiem; *fig* orientacyjne obliczenie; **2'schlagen*** (-) obliczać ⟨-liczyć⟩ z grubsza; *Seite* opuszczać ⟨opuścić⟩; ***sich ~*** przekoziołkować (się) *pf*; *Vorfälle*: następować szybko po sobie
über|schnappen F (*sn*) dosta(wa)ć bzika; *Stimme*: ⟨s⟩kiksować; **~'schneiden***: ***sich ~*** krzyżować się; **~'schreiben*** zatytułować *pf*; *jur* przepis(yw)ać; **~'schreiten*** przekraczać ⟨-kroczyć⟩; **2schrift** *f* nagłówek; **2schuß** *m* nadwyżka; nadmiar; (*Kassen2*) superata; **~schüssig** nadwyżkowy; **~'schütten** (-) → ***überhäufen***, ***übergießen***
über|'schwemmen (-) zatapiać ⟨zatopić⟩, (*t. fig*) zal(ew)ać; **2'schwemmung** *f* wylew, powódź *f*; *fig* zalanie
über|schwenglich wylewny; **2see** *f* (*0*): ***in ~*** za oceanem; ***nach ~*** do Ameryki; **~seeisch** zamorski; **~'sehbar** dający się objąć wzrokiem; → ***überschaubar***
über|'sehen* (-) → ***überblicken***; (*nicht bemerken*) przeoczać ⟨-czyć⟩; (*absichtlich*) pomijać ⟨-minąć⟩; **~'senden(*)** przes(y)łać; **~setzen**[1] przeprawi(a)ć (*v/i, t. sn* się; ***über*** *A* przez *A*)
über'setzen[2] (-) ⟨prze⟩tłumaczyć (***aus*** z *G*; ***ins Englische*** na angielski)
Über'setz|er(in *f*) *m* tłumacz(ka); **~ung** *f* tłumaczenie; *tech* przekładnia
Übersicht *f* (*0*) orientacja; (*t. pl*) przegląd; zestawienie; **2lich** *Gelände*: otwarty; *fig* przejrzysty (-ście)
übersied|eln *v/i* (*sn*) przesiedlać ⟨-lić⟩ się (***nach*** do *G*); **2ler(in** *f*) *m* przesiedleniec; **2lung** *f* przesiedlenie się
über|'spannt *Forderung*: przesadny; *os.* ekscentryczny; **~'spitzt** przejaskrawiony; **~springen***[1] (*sn*) przeskakiwać

Ü

⟨-skoczyć⟩; **~'springen***² (-) *v/t* przeskakiwać ⟨-skoczyć⟩ (*A*, przez *A*)
über|stehen*¹ wystawać; **~'stehen*** (-) przetrzym(yw)ać; → ***überleben***
über'steigen* → ***überklettern***; *fig* przewyższać ⟨-szyć⟩
über'stimmen (-) przegłosow(yw)ać
Überstunden *f/pl* godziny *f/pl* nadliczbowe; ~ ***machen*** pracować w godzinach nadliczbowych
über|'stürzen* (-) ⟨z⟩robić/postanawiać ⟨-nowić⟩ zbyt pochopnie; ***sich*** ~ → ***überschlagen***; **~'stürzt** (zbyt) pochopny; **~'tönen** (-) zagłuszać ⟨-szyć⟩
Über|trag *m* (-*ęs*; ⁼*e*) (suma) do przeniesienia; **2'tragbar** *med* zakaźny
über'tragen*¹ (-) *v/t* przenosić ⟨-nieść⟩; *Aufgabe* powierzać ⟨-wierzyć⟩; *RTV* transmitować; → ***übersetzen²***
über'tragen² *adj* przenośny
Über'tragung *f* przeniesienie; powierzenie; *RTV* transmisja; **~s-** transmisyjny
über|'treffen* (-) (***an***, ***in*** *D*) przewyższać ⟨-szyć⟩ (w *L*), górować (*I*); *Erwartungen* przechodzić ⟨przejść⟩ (*t.* ***sich selbst*** samego siebie); **~'treiben*** (-) przesadzać ⟨-dzić⟩ (*v/t* w *L*); **~treten***¹ (*sn*) przechodzić ⟨przejść⟩ (***zu*** do *G*, *rel* na *A*); *Fluß*: wyl(ew)ać; **~'treten***² (-) *v/t* wykraczać ⟨-kroczyć⟩ (przeciwko *D*); **~'trieben** *adj* przesadny; → ***überhöht***; **~'völkert** *adj* przeludniony
über|'vorteilen (-) skrzywdzić *pf*, oszuk(iw)ać; **~'wachen** (-) *v/t* nadzorować (*A*), czuwać (nad *I*); → ***beschatten***
Über|'wachung *f* nadzór; **2'wältigen** (-) obezwładni(a)ć; *fig* poruszyć *pf* do głębi; *Schlaf*: zmorzyć *pf*; **~d** *Anblick*: wspaniały; *Mehrheit*: przytłaczający
über'weis|en* (-) *Geld* przekaz(yw)ać; *os.* (***an*** *A*) ⟨s⟩kierować (do *G*); **2ung** *f* przekaz(anie); *fin* przelew; skierowanie
über'wiegen* (-) przeważać ⟨-żyć⟩; **~d** przeważający; *adv* przeważnie
über|'winden* (-) przezwyciężać ⟨-żyć⟩ (***sich*** się); **~'wintern** (-*re*; -) ⟨prze⟩zimować
über'wuchern (-) zagłuszać ⟨-szyć⟩
Überzahl *f*: ***in der ~ sein*** stanowić większość; mieć przewagę liczebną
überzählig (po)nadliczbowy
über'zeugen (-) przekon(yw)ać (***sich von*** się o *L*); **~d** przekonywający (-co)
über'zeug|t *adj* przekonany, przeświadczony; **2ung** *f* przekonanie; **2ungskraft** *f* (*0*) zdolność *f* przekonywania
über|ziehen*¹ wkładać ⟨włożyć⟩ (***sich*** na siebie); **~'ziehen***² (-) powlekać ⟨-wlec⟩ (***sich*** się); *Konto, Zeit* przekraczać ⟨-kroczyć⟩; **2'ziehungskredit** *m* dopuszczalne przekroczenie konta, kredyt techniczny; **~'zogen** *adj* nadmierny; **2zug** *m* powłoka; → ***Bezug***
üblich zwykły (-le); ***allgemein ~*** ogólnie przyjęty; ***es ist ~, daß*** utarł się zwyczaj, że; ***wie ~*** jak zwykle
U-Boot *n* okręt podwodny
übrig pozostały; zbędny; ***im ~en*** poza tym; ***viel ~ haben*** (***für***) bardzo lubić (*A*); ~ ***sein*** → **~*bleiben**** zostać *pf*, pozosta(wa)ć
übrig|ens zresztą; **~lassen*** pozostawi(a)ć, zostawić *pf*
Übung *f* (*0*) wprawa; (*t. pl*) ćwiczenie; **~s-** ćwiczebny, ... ćwiczeń
Ufer *n* brzeg; ***am ~*** nad brzegiem, na brzegu; ***über die ~ treten*** wystąpić z brzegów; *w zł. zw.* nadbrzeżny
Uhr *f* zegarek; (*groß*) zegar; ***wieviel ~ ist es?*** która godzina?; ***um ... ~*** o ... godzinie; ***rund um die ~*** całodobowy, przez całą dobę, F na okrągło; **~(arm)band** *n* (-*ęs*; ⁼*er*) bransoletka/pasek do zegarka
Uhr|macher(in *f*) *m* zegarmistrz(owski *w zł.*); **~werk** *n* mechanizm zegarowy
Uhrzeiger *m* wskazówka zegar(k)a
Uhu *m* (-*s*; -*s*) puchacz
U'krainer(in *f*) *m* Ukrainiec (-nka)
u'krainisch ukraiński (po -ku)
Ulk *m* (-*ęs*; *0*) figiel; **2ig** F śmieszny
Ulme *f* wiąz; **~n-** wiązowy
Ulti'matum *n* (-*s*; -*ten*) ultimatum *n*
Ultra|'kurzwellen *f/pl* fale *f/pl* ultrakrótkie; **~schall** *m* ultradźwięk; **2violett** nadfioletowy, ultrafioletowy
um¹ *praep* (*A*) do(o)koła, naokoło, wokoło, wokół (*G*); za (*I*); (*zeitlich*) o (*L*); ***~ ... herum*** (o)koło (*G*); (*b. Zweck, Vergleich*) o (*A*); na (*A*); po (*L*), za (*I*), *np.* ***Jahr ~ Jahr*** rok po roku, rok za rokiem; ***~ nichts*** za nic; ~ (*G*) ***willen*** dla, z powodu (*G*), ze względu na (*A*)
um² *conj*: ***~ zu*** (*inf*) aby, ażeby (*inf*); ***~ so*** tym; ***~ so besser*** tym lepszy/lepiej
um³ *adv* (*etwa*) około; ***~ die 2 Mark*** około dwóch marek
um|arbeiten przerabiać ⟨-robić⟩; **~'armen** (-) obejmować ⟨objąć⟩, uściskać

U

⟨-snąć⟩; **2'armung** *f* objęcie, uścisk; **2bau** *m* (*-es; -e*) przebudowa; (*pl -ten*) obudowa; **~bauen¹** przebudow(yw)ać
um|'bauen² (-) obudow(yw)ać; **~benennen*** (-) przemianow(yw)ać; **~bilden** ⟨z⟩reorganizować; **~binden*** zawiąz(yw)ać; **~blättern** przewracać ⟨-wrócić⟩ kartkę; **~bringen*** F zabi(ja)ć (*sich* się); **2bruch** *m fig* przełom
um|buchen *Reise* zmieni(a)ć rezerwację (*G*); **~denken*** *v/i* przestawić się *pf*; **~disponieren** (-) *v/i* zmieni(a)ć plan(y); **~drehen** obracać ⟨-rócić⟩ (***sich*** się); *Seite* odwracać ⟨-rócić⟩; *Schlüssel* przekręcać ⟨-cić⟩; **2drehung** *f* obrót
um|ein'ander jeden o drugiego, jedna o drugą, jedno o drugie; **~fahren*¹** *v/t* najechać *pf* (na *A*), obalić *pf* (*A*); **~'fahren*²** (-) objeżdżać ⟨-jechać⟩; opływać ⟨opłynąć⟩; *Hindernis* omijać ⟨ominąć⟩; **~fallen*** przewracać ⟨-wrócić⟩ się, upaść *pf*; F *fig* złamać się *pf*
Umfang *m* obwód (*t. mat*); *fig* rozmiar(y *pl*); zakres; ***in vollem ~*** w całej pełni
umfangreich obszerny, szeroki (-ko)
um|'fassen (-) obejmować ⟨objąć⟩, ogarniać ⟨-nąć⟩; **~d** *Wissen*: rozległy; *Bericht*: wyczerpujący (-co); **2feld** *n* (*-es; 0*) otoczenie; **2frage** *f* ankieta
um|füllen przel(ew)ać; przesyp(yw)ać; **~funktionieren** (-) (***zu***) ⟨za⟩adaptować (na *A*); **2gang** *m* (*-es; 0*) stosunki *m/pl*; towarzystwo; obchodzenie się (***mit*** z *I*); **~gänglich** miły w obejściu
Umgangs|formen *f/pl* formy *f/pl* towarzyskie; **~sprache** *f* język potoczny
um|'geben* (-) otaczać ⟨otoczyć⟩ (***sich*** się); **2'gebung** *f* otoczenie; (*Gegend*) okolica; **~gehen*¹** *Gerücht*: krążyć; (***mit***) obchodzić ⟨obejść⟩ się (z *I*)
um|'gehen*² (-) obchodzić ⟨obejść⟩; → ***vermeiden***, ***umfahren***; **~gehend** *adj* niezwłoczny; **2'gehungsstraße** *f* obwodnica, droga odciążająca
umgekehrt *adj* odwrotny; *praed t.* na odwrót
um|gestalten przekształcać ⟨-cić⟩; **~gießen*** przel(ew)ać; **~graben*** przekop(yw)ać; **~gruppieren** (-) przegrupow(yw)ać; **~haben*** F mieć na sobie
Umhang *m* zarzutka; peleryna
umhängen przewieszać ⟨-wiesić⟩; zarzucać, przerzucać ⟨-cić⟩ przez ramię
Umhängetasche *f* konduktorka
umhauen F zbi(ja)ć z nóg; *fig* oszołomić *pf*; → ***fällen***
um'her *adv* do(o)koła, wokoło; *w zł.* → ***herum***; **~blicken** rozglądać ⟨rozejrzeć⟩ się (dookoła); **~irren** błąkać się (***in*** *D* po *L*); **~ziehen*** (*sn*) wędrować, F wałęsać się (***in*** *D* po *L*)
um'hinkönnen*: ***nicht ~ zu*** nie móc nie, być zmuszonym
um|hören: ***sich ~*** ⟨po⟩informować się (***nach*** co do, w sprawie *G*); **~'hüllen** (-) okry(wa)ć, owijać ⟨owinąć⟩ (***mit*** *I*)
Umkehr *f* (*0*) powrót; *mil*, *fig* odwrót
umkehr|bar odwracalny; **~en** *v/i* (*sn*) zawracać ⟨-rócić⟩; *v/t* odwracać ⟨-rócić⟩; *Tasche* wywracać ⟨-rócić⟩
um|kippen przewracać ⟨-rócić⟩ (*v/i*, *sn* się); **~'klammern** *v/t* ściskać ⟨-snąć⟩ kurczowo (*A*); **~kleiden** przeb(ie)rać (***sich*** się); **2kleideraum** *m* przebieralnia; **~kommen*** zginąć *pf*; **2kreis** *m*: ***im ~ von ...*** w promieniu (*G*)
um|'kreisen (-) *v/t* okrążać ⟨-żyć⟩ (*A*), krążyć (dokoła *G*); **~krempeln** (*-le*) F *fig* radykalnie zmieni(a)ć
um|laden* przeładow(yw)ać; **~'lagern** (-) oblegać, obstępować ⟨-stąpić⟩
Umland *n* (*-es; 0*) okolica (podmiejska)
Umlauf *m* obieg; (*Schreiben*) okólnik; ***in ~ setzen*** *Gerücht* rozsiewać; **~bahn** *f* orbita; **~zeit** *f* czas/okres obiegu
Umlaut *m jęz* przegłos
umlegen *Baum* położyć *pf*; (*anders legen*) przekładać ⟨przełożyć⟩; *Kosten* rozkładać ⟨rozłożyć⟩; *Schal* zarzucać ⟨-cić⟩ na plecy; P *j-n* stuknąć *pf*
umleit|en skierować *pf* na inną drogę/linię; *Bach* skierować w inne koryto; **2ung** *f* (*Strecke*) objazd; (*d. Umleiten*) skierowanie na trasę/linię objazdową
um|lernen *v/i* przekwalifikow(yw)ać się; **~liegend** okoliczny; **~melden** przemeldow(yw)ać (***sich*** się); **~pflanzen** przesadzać ⟨-dzić⟩; **~'rahmen** (-) obramow(yw)ać; **~'randen** (*-e-; -*) obrzeżać ⟨-żyć⟩, obwodzić ⟨-wieść⟩; **~räumen** przestawi(a)ć, poprzekładać *pf*; **~rechnen** przeliczać ⟨-czyć⟩ (***in*** *A* na *A*); **2rechnungskurs** *m* kurs przeliczeniowy; **~reißen*¹** → ***umstoßen***
um|'reißen*² (-) ⟨na⟩szkicować; **~'ringen** (-) otaczać ⟨otoczyć⟩; **2riß** *m* zarys, kontur; ***in Umrissen*** w zarysach
umrüsten *tech* przezbrajać ⟨-zbroić⟩

U

ums = ***um das***
umsatteln F *v/i* zmienić *pf* zawód; (***auf*** *A*) przerzucić się *pf* (na *A*)
Umsatz *m* obrót; **~plus** *n* zwyżka obrotów; **~steuer** *f* podatek obrotowy
umschalt|en *v/t* przełączać ⟨-czyć⟩; *v/i* włączać ⟨-czyć⟩ (***auf ... Programm*** ... program); *RTV* łączyć się (***nach*** z *I*); **≈ung** *f* przełączanie, przełączenie
umschauen: *sich* ~ (***nach***) rozglądać ⟨rozejrzeć⟩ się (za *I*)
Umschlag *m med* okład, kompres; (*Brief≈*) koperta; (*Hosen≈*) mankiet; (*Güter≈*) przeładunek; *w zł.* przeładunkowy; (*Wetter≈*) nagła zmiana
um|schlagen* *v/t Seite* odwracać ⟨-rócić⟩; *Ärmel* podwijać ⟨-winąć⟩; *Waren* przeładow(yw)ać; *v/i* (*sn*) zmieni(a)ć się nagle; **~schreiben***[1] napisać *pf* na nowo; **~'schreiben***[2] (-) peryfrazować; (*abgrenzen*) określać ⟨-lić⟩
Umschrift *f* (*0*) transkrypcja
Umschuldung *f* konwersja długu
umschul|en przenosić ⟨-nieść⟩ do innej szkoły; (*beruflich*) przeszkalać ⟨-szkolić⟩; **≈ung** *f* przeszkolenie
umschütten przesyp(yw)ać
Umschweife *pl*: ***ohne*** ~ bez ogródek
um|schwenken *v/i* (*sn*) (nagle) zmieni(a)ć kierunek/ *fig* zdanie; **≈schwung** *m fig* nagła zmiana; **~sehen***: ***sich*** ~ oglądać ⟨obejrzeć⟩ się; → ***umschauen***
umsein* F (*sn*) minąć *pf*, przeminąć *pf*
umseitig (znajdujący się) na odwrocie
umsetzen przesadzać ⟨-dzić⟩; → ***umpflanzen***, ***umwandeln***; ***in die Tat*** ~ ⟨z⟩realizować
Umsicht *f* (*0*) rozwaga, oględność *f*
umsichtig rozważny, oględny
umsied|eln przesiedlać ⟨-lić⟩; **≈ler(in** *f*) *m* przesiedleniec; **≈lung** *f* przesiedlenie
um'sonst F za darmo; → ***vergeblich***
um|'spannen (-) → ***umfassen***; **~'spielen** (-) *sport* ogr(yw)ać; **~springen*** (*sn*) *Wind*: zmieni(a)ć kierunek; *fig* F (***mit***) traktować (*A*)
Umstand *m* okoliczność *f*
Umstände *m/pl* okoliczności *f/pl*, warunki *m/pl*; ***unter ~n*** ewentualnie; ***unter diesen ~n*** w tych okolicznościach; ***unter k-n ~n*** pod żadnym pozorem; **≈halber** z uwagi na okoliczności
umständlich kłopotliwy (-wie), utrudniony; *os. pej* drobiazgowy (-wo)

Umstandskleid *n* suknia na okres ciąży
Umsteige|bahnhof *m* stacja przesiadkowa; **~fahrschein** *m* bilet przesiadkowy
umsteigen* przesiadać ⟨-siąść⟩ się
umstellen[1] przestawi(a)ć (***sich*** się)
um|'stellen[2] (-) obstawi(a)ć; **≈stellung** *f* (*0*) przestawienie (się); zmiana
um|stimmen *j-n* nakłaniać ⟨-łonić⟩ do zmiany decyzji; **~stoßen*** przewracać ⟨-wrócić⟩, (*t. fig*) obalać ⟨-lić⟩
um'stritten *adj* sporny, problematyczny
umstrukturier|en (-) restrukturyzować; **≈ung** *f* restrukturyzacja
Um|sturz *m pol* przewrót; **≈stürzen** *v/i* (*sn*) przewracać/wywracać ⟨-wrócić⟩ się; *v/t* → ***umstoßen***; **~tausch** *m* zamiana, wymiana; **≈tauschen** zamieni(a)ć, wymieni(a)ć (***gegen*** na *A*)
Umtrunk *m* (*-es*; *¨e*) F bibka
umwälzend przełomowy
Um|wälzung *f fig* przełom; **≈wandeln** przekształcać ⟨-cić⟩; *jur* zamieni(a)ć; **~wandlung** *f* przekształcenie; zamiana
Umweg *m* droga okrężna; ***e-n ~ machen*** nadłożyć drogi; ***auf ~en*** okrężną drogą
Umwelt *f* (*0*) środowisko (naturalne); (*Umgebung*) otoczenie; **~belastung** *f* uciążliwość *f* dla środowiska naturalnego; **≈freundlich** proekologiczny; **~katastrophe** *f* klęska ekologiczna; **~kriminalität** *f* przestępczość *f* przeciw środowisku naturalnemu; **≈schädlich** nieekologiczny; **~schutz** *m* ochrona środowiska (naturalnego); **~sünder** F *m* sprawca *m* zanieczyszczenia środowiska naturalnego; **~zerstörung** *f* degradacja środowiska (naturalnego)
um|'werben* (-) *v/t* starać się o względy (*G*); **~werfen*** → ***umstoßen***
um|ziehen* przeb(ie)rać (***sich*** się); *v/i* (*sn*) przeprowadzać ⟨-dzić⟩ się (***nach*** do *G*); **~'zingeln** (*-le*; -) okrążać ⟨-żyć⟩
Umzug *m* przeprowadzka; → ***Festzug***
un|abänderlich *Entschluß*: nieodwołalny; **~abdingbar** nieodzowny
unabhängig niezależny, niezawisły; *pol t.* niepodległy; **≈keit** *f* (*0*) niezależność *f*, niezawisłość *f*; niepodległość *f*
un|abkömmlich: *zur Zeit* ~ w obecnej chwili zajęty; **~ablässig** nieustanny; **~absehbar** nieobliczalny; **~absichtlich** nieumyślny; *praed t.* niechcący; **~abwendbar** nieuchronny, niechybny

unachtsam nieuważny; nieostrożny
un|anfechtbar *Beweis*: niezbity; **~angebracht** niestosowny; **~angemeldet** *Gast*: niespodziany; *praed* bez uprzedniego zgłoszenia; **~angemessen** nieodpowiedni (-nio); **~angenehm** nieprzyjemny; **~angepaßt** nieprzystosowany; **~annehmbar** nie do przyjęcia, niemożliwy; **Ꝏannehmlichkeit** *f* nieprzyjemność *f*; **~ansehnlich** niepozorny; **~anständig** nieprzyzwoity (-cie)
unantastbar nietykalny
unappetitlich nieapetyczny
Unart *f* przywara; **Ꝏig** niegrzeczny
un|aufdringlich, **~auffällig** dyskretny; (*bescheiden*) skromny; **~auffindbar** przepadły, zaginiony (bez śladu); **~aufgefordert** *praed* dobrowolnie, z własnej woli; **~aufhaltsam** niepowstrzymany; **~aufhörlich** nieustanny
un|aufmerksam roztargniony; **~** ***sein*** nie uważać; **~aufschiebbar** pilny, nie cierpiący zwłoki
un|ausführbar niewykonalny; **~ausgeglichen** niezrównoważony; **~auslöschlich** niezatarty; **~aussprechlich** niewymowny; **~ausstehlich** nieznośny
un|bändig nieopanowany; **~barmherzig** bezlitosny (-śnie), niemiłosierny
un|beabsichtigt niezamierzony; **~beachtet** nie zauważony; *praed* niepostrzeżenie; **~** ***lassen*** (*A*) nie zwracać uwagi (na *A*); **~bebaut** nie zabudowany; *Feld*: nieuprawny; **~bedacht** *Wort*: niebaczny; **~bedenklich** (*harmlos*) nieszkodliwy; *adv* bez obawy, bez zastrzeżeń; **~bedeutend** małoważny, nieistotny
un|bedingt bezwarunkowy; *praed* koniecznie; **~befangen** nieuprzedzony; (*nicht schüchtern*) niewymuszony (-szenie); **~befriedigend** niezadawalający (-co); **~befriedigt** niezaspokojony; **~befristet** bezterminowy (-wo); **~befugt** bezprawny; **~begreiflich** niepojęty; ***es ist mir*** **~** nie mogę pojąć; **~begrenzt** nieograniczony (-czenie); **~begründet** bezzasadny, nieuzasadniony
Unbehag|en *n* dyskomfort; **Ꝏlich:** ***sich*** **~** ***fühlen*** czuć się nieswojo
un|behandelt *med* nie leczony; *Obst*: nie poddany działaniu środków konserwujących; **~beherrscht** niepohamowany; **~beholfen** niezgrabny, niezaradny; **~beirrt** *adv* niewzruszenie, nieugięcie; **~bekannt** nieznany, (*t. mat*) niewiadomy (-mo); *os. t.* → **Ꝏbekannte(r)** nieznajomy (-ma)
Unbekannte *f mat* niewiadoma
un|bekümmert beztroski (-ko); **~belehrbar** niepoprawny; **~beliebt** nie lubiany; niepopularny; **~bemannt** bezzałogowy, bez załogi; **~benutzt** nie używany, świeży, nowy; **~bequem** niewygodny, niedogodny; **~berechenbar** nieobliczalny; **~berechtigt** nieuprawniony, nieupoważniony; *Vorwurf*: bezzasadny; **~berührt** nienaruszony, nietknięty; **~bescholten** *Ruf*: nieposzlakowany; *Mensch*: o nieposzlakowanej opinii; **~beschrankt** *kolej* nie strzeżony; **~beschränkt** nieograniczony
un|beschreiblich nieopisany; **~besetzt** nie obsadzony; nie zajęty/okupowany
un|besiegbar niepokonany; **~besonnen** nierozważny; **~beständig** niestały, zmienny; **~bestätigt** nie potwierdzony; **~bestechlich** niepodkupny
un|bestimmt nieokreślony (*t. gr*); → ***ungenau***; **~bestreitbar** niezaprzeczalny
un|bestritten bezsporny; **~beteiligt** postronny, nie zaangażowany; nie zainteresowany; → ***teilnahmslos***
unbetont nie akcentowany
unbeugsam nieugięty (-cie), niezłomny
unbewacht nie strzeżony/pilnowany
un|bewaffnet nie uzbrojony; *Auge t.*: goły; **~beweglich** nieruchomy (-mo)
un|bewohnbar nie nadający się do zamieszkania; **~bewohnt** nie zamieszkały; **~bewußt** podświadomy, bezwiedny
un|bezahlbar strasznie drogi; *fig* nieoceniony; **~brauchbar** niezdatny do niczego; → ***kaputt***; **~brennbar** niepalny
und *conj* i; (*aber*) a; **~** ***so weiter*** i tak dalej; **~** ***doch*** a jednak; **~** ***zwar*** (a) mianowicie; **~** ***ob!*** jeszcze jak!
un|dankbar niewdzięczny; **~definierbar** nieokreślony; **~denkbar** niemożliwy, nie do pomyślenia; **~deutlich** niewyraźny; **~dicht** nieszczelny
undiszipliniert niezdyscyplinowany
undurch|dringlich nieprzenikniony; **~führbar** niewykonalny; **~lässig** nieprzepuszczalny; **~sichtig** nieprzezroczysty; *fig* ciemny; nieprzenikniony
un|eben nierówny (-no); **Ꝏebenheit** *f* nierówność *f*; **~echt** nieprawdziwy;

mat niewłaściwy; (*künstlich*) sztuczny; → ***falsch***; **~ehelich** nieślubny; **~eigennützig** bezinteresowny; **~eingeschränkt** nieograniczony; **~einig** niezgodny; ~ ***sein*** (***in*** *D*) nie zgadzać się (co do *G*); **ꝰeinigkeit** *f* niezgoda; **~eins** *adv* → ***uneinig***; **~empfindlich** (***gegen***) niewrażliwy (na *A*); **~endlich** nieskończony (-czenie); bezbrzeżny
unentbehrlich niezbędny, nieodzowny
unentgeltlich bezpłatny
unentschieden nierozstrzygnięty; *sport* remisowy; ~ ***spielen*** ⟨z⟩remisować
unentschlossen niezdecydowany
unentschuldbar niewybaczalny
un|entwegt → ***beharrlich***; **~erbittlich** nieubłagany; *Feind*: nieprzejednany; **~erfahren** niedoświadczony; **~erfreulich** niepocieszający; *Situation*: przykry (-ro); **~ergiebig** *fig* jałowy (-wo)
un|ergründlich niezgłębiony; *Motiv itp.*: niepojęty; **~erheblich** nieistotny; ***nicht*** ~ niebagatelny; **~erhört** niesłychany; **~erklärlich** niewytłumaczalny; **~erläßlich** nieodzowny; **~erlaubt** niedozwolony; *praed* bez pozwolenia
unerledigt nie załatwiony
unermüdlich niestrudzony (-dzenie)
un|erreichbar nieosiągalny; **~erreicht** niedościgniony; **~erschöpflich** niewyczerpany; **~erschrocken** nieustraszony (-szenie); **~erschütterlich** *Wille, Vertrauen*: niezachwiany
unerschwinglich niedostępny
un|ersetzlich niezastąpiony; *Verlust*: niepowetowany; **~erträglich** nieznośny (-śnie), nie do wytrzymania
unerwartet nieoczekiwany
unerwünscht nieporządany, niechciany
unfähig niezdolny (***zu*** do *G*); nieudolny; **ꝰkeit** *f* (*0*) niezdolność *f*; nieudolność *f*
unfair ['unfɛːɐ] niesprawiedliwy (-wie); *Mittel*: nieuczciwy; *sport* nieprzepisowy; ***das ist*** ~ to nie jest fair
Unfall *m* (nieszczęśliwy) wypadek; **ꝰfrei:** ***~es Fahren*** bezwypadkowa jazda; **~opfer** *n* ofiara wypadku; **~protokoll** *n* protokół powypadkowy; **~schock** *m* szok powypadkowy; **~stelle** *f* miejsce wypadku; stacja pogotowia ratunkowego; **~versicherung** *f* ubezpieczenie od nieszczęśliwych wypadków
Unfall|verursacher *m* sprawca *m* wypadku; **~wagen** *m* pojazd unieruchomiony z powodu wypadku
un|faßbar niepojęty; **~fehlbar** nieomylny; → ***unweigerlich***; **~flätig** sprośny, plugawy (-wie); **~förmig** nieforemny
un|frankiert nie opłacony; **~frei** *hist* niewolny; skrępowany (***in*** *D* w *L*)
un|freundlich nieuprzejmy; *Raum*: nieprzytulny; *Wetter*: brzydki; **ꝰfriede(n)** *m*: ~ ***stiften*** siać niezgodę; **~fruchtbar** niepłodny; *Boden*: nieurodzajny
Unfug *m* (-*ęs*; *0*) wybryk(i *pl*); → ***Unsinn***; ***grober*** ~ chuligaństwo
Ungar(in *f*) *m* Węgier(ka)
ungarisch węgierski (po -ku)
ungastlich niegościnny
un|geachtet *praep* (*G*) nie bacząc na (*A*), niepomny (*G*); **~geahnt** niespodziewany; **~gebeten** nieproszony
ungebildet niewykształcony
ungeboren: *Schutz des ~en Lebens* ochrona życia poczętego
ungebräuchlich nie używany
ungebunden *os.* nieskrępowany, wolny; *Buch*: nieoprawny
ungedeckt *Scheck*: bez pokrycia
Ungeduld *f* niecierpliwość *f*; zniecierpliwienie (***über*** *A* z powodu *G*)
un|geduldig niecierpliwy (-wie), zniecierpliwiony; **~geeignet** nieprzydatny (***für*** do *G*); *Mittel*: nieodpowiedni
ungefähr przybliżony; *adv* w przybliżeniu; ***nicht von*** ~ nieprzypadkowo
ungefährlich nieszkodliwy; niegroźny; ***nicht*** ~ dość niebezpieczny
ungehalten (***über*** *A*) rozgniewany (na *A*, z powodu *G*)
un|geheizt nieopalony; **~gehemmt** niepowstrzymany; **~geheuer** ogromny
Ungeheuer *n* potwór
un|geheuerlich niesłychany; **~gehindert** swobodny; *praed* bez przeszkód
un|gehobelt *fig* nieokrzesany; **~gehörig** niestosowny; **ꝰgehorsam** *m* nieposłuszeństwo; **~geklärt** nie wyjaśniony
ungekürzt pełny, bez skrótów
un|gelegen niedogodny; ~ ***kommen*** przyjść nie w porę; *Sache*: być nie na rękę; **~gelernt** niewykwalifikowany
ungelogen *adv* bez przesady
ungemein *adv* nadzwyczaj
un|gemütlich *Raum*: nieprzytulny; *fig* niemiły (-le); F ~ ***werden*** *os.* wpaść w pasję; **~genannt** anonimowy (-wo)
ungenau niedokładny, nieścisły (-le)

U

Ungenauigkeit *f* niedokładność *f*, nieścisłość *f*
ungeniert [-ʒə-] bezceremonialny; *praed* bez żenady, bez skrępowania
ungenießbar nie nadający się do spożycia/picia; F *fig* → ***unerträglich***
ungenügend niedostateczny
un|genutzt, ~genützt: ~ *lassen* (*A*) nie skorzystać (z *G*); **~gepflegt** zaniedbany; **~gerade** *Zahl*: nieparzysty
ungerecht niesprawiedliwy (-wie); **~fertigt** nieuzasadniony, bezpodstawny
Ungerechtigkeit *f* niesprawiedliwość *f*
Ungereimtheit *f* niedorzeczność *f*
ungern niechętnie; *etw* ***~ tun*** *t.* nie lubić
un|gesalzen niesłony; **²geschicklichkeit** *f* niezręczność *f*; **~geschickt** niezręczny; **~geschminkt** nie uszminkowany; *Wahrheit*: nagi; *praed* bez osłonek; **~geschrieben** *Gesetz*: niepisany
un|geschult nie (wy)szkolony; **~geschützt** nie osłonięty, nie zabezpieczony; **~gesetzlich** nieprawny, nielegalny
un|gestört niezakłócony; *praed* w spokoju; ***~ lassen*** (*A*) nie przeszkadzać (*D*); **~gestraft** bezkarny
ungestüm *Wesen*: porywczy (-czo)
ungesund niezdrowy (-wo)
ungetrübt niezmącony
Ungetüm *n* (*-es*; *-e*) kolos
un|gewiß niepewny; ***im ungewissen lassen*** pozostawić w niepewności; **²gewißheit** *f* (*0*) niepewność *f*; **~gewöhnlich** niezwykły (-le); **~gewohnt** (*fremd*) obcy, nieznany; **~gewollt** nie zamierzony, niechciany; *praed* niechcący; **~gezählt** niezliczony
Ungeziefer *n* (*-s*; *0*) robactwo
un|gezogen niegrzeczny; **~gezwungen** niewymuszony (-szenie); **~giftig** nietrujący; *zoo* niejadowity; **~glaubhaft** nieprawdopodobny; **~gläubig** niedowierzający (-co); *rel* niewierzący
unglaub|lich niewiarogodny; *praed t.* nie do wiary; → ***unerhört***; **~würdig** *os.* niegodny zaufania; *Sache*: wątpliwy
ungleich nierówny (-no); *Paar*: niedobrany; *adv* F daleko; **²heit** *f* nierówność *f*; **~mäßig** nierównomierny
Unglück *n* (*-es*; *-e*) nieszczęście; katastrofa, klęska; → ***Pech***; **²lich** nieszczęśliwy (-wie); *Einfall*: niefortunny; **²licherweise** na nieszczęście, niestety
Unglücksfall *m* nieszczęśliwy wypadek
Unglückstag *m* feralny dzień
ungültig nieważny; ***für ~ erklären*** unieważni(a)ć; ***~ werden*** stracić ważność
Ungültigkeit *f* (*0*) nieważność *f*
Un|gunst *f*: ***zu meinen/deinen ~en*** na moją/twoją niekorzyść; **²günstig** niepomyślny; *Wetter*: niesprzyjający; *Beurteilung*: niepochlebny, nieprzychylny
ungut niedobry; ***nichts für ~!*** proszę się nie gniewać!
unhaltbar *Zustand*: fatalny, okropny; *Behauptung*: gołosłowny
unhandlich nieporęczny
Unheil *n* (*-s*; *0*) nieszczęście, bieda
unheilbar nieuleczalny
un|heilvoll zgubny, fatalny; **~heimlich** niesamowity (-cie); F *adv* strasznie
unhöflich nieuprzejmy, niegrzeczny
Unhöflichkeit *f* nieuprzejmość *f*
unhörbar nie(do)słyszalny
unhygienisch niehigieniczny
Uni F *f* (-; *-s*) uniwerek
Uniform *f* mundur; (*Schul²*) mundurek
unifor'miert umundurowany; *su* **²e(r)** mundurowy (-wa)
uninteres|sant nieciekawy (-wie); **~siert** (***an*** *D*) niezainteresowany (w *L*)
Uni'on *f* unia; związek; **~s-** ... unii
univer|'sal, ~'sell uniwersalny; **²si'tät** *f* uniwersytet; **~s-** uniwersytecki
Uni'versum *n* (*-s*; *0*) wszechświat
Unke *f* kumak; F *fig* czarnowidz
unkennt|lich nierozpoznawalny; **²lichkeit** *f* (*0*): ***bis zur ~*** do niepoznania
Unkenntnis *f* (*0*) nieznajomość *f*
Unkenrufe *m/pl fig* krakanie
un|klar niejasny (-no); ***im ~en lassen*** pozostawić w niepewności; ***sich im ~en sein*** nie mieć pewności (***über*** *A* co do *G*); **²klarheit** *f* niejasność *f*
un|klug niemądry (-rze); **~kollegial** niekoleżeński (nie po -ku); **~kontrollierbar** niemożliwy do skontrolowania
unkonventionell niekonwencjonalny
Un|kosten *pl* koszty *m/pl* ogólne; F wydatki *m/pl*; **~kraut** *n* (*-es*; *0*) chwast
un|kritisch bezkrytyczny; **~kündbar** nie podlegający wymówieniu; **~längst** niedawno; **~lauter** nieuczciwy; **~leserlich** nieczytelny; **~lösbar** *Aufgabe*: nierozwiązalny; *Bande*: nierozerwalny; *Problem*: nierozstrzygalny; **~löslich** nierozpuszczalny
Unlust *f* (*0*) niechęć *f*, brak chęci

un|mäßig nieumiarkowany; *praed* bez miary; **≈menge** *f* mnóstwo, masa
Unmensch *m* okrutnik, bestia
un|menschlich nieludzki (-ko); **~merklich** (prawie) nieodczuwalny, nieuchwytny; **~mißverständlich** niedwuznaczny, wyraźny; **~mittelbar** bezpośredni (-nio); **~modern** niemodny
unmöglich niemożliwy (-wie); *etw* ~ ***können*** nie móc żadną miarą; ~ ***machen*** uniemożliwi(a)ć; **≈keit** *f* (*0*) niemożliwość *f*, niepodobieństwo
un|moralisch niemoralny; **~mündig** nieletni; **≈mut** *m* niezadowolenie
un|nachgiebig *fig* nieustępliwy (-wie); *Haltung*: nieprzejednany; **~nachsichtig** bezwzględny, surowy (-wo); **~nahbar** nieprzystępny; **~natürlich** nienaturalny; **~nötig** niepotrzebny
unnötigerweise niepotrzebnie
unnütz bezużyteczny; *Mühe*: daremny
un|ordentlich nieporządny; **≈ordnung** *f* (*0*) nieporządek, nieład; **~parteiisch** bezstronny; *su* **≈e(r)** rozjemca *m*; *sport* sędzia *m*; **~passend** nieodpowiedni (-nio); **~passierbar** nieprzejezdny
un|päßlich niedysponowany, niezdrów (-owa); **~persönlich** bezosobowy (*t. gr*); *praed* bezosobowo; z rezerwą; **~politisch** apolityczny; **~populär** niepopularny; **~praktisch** niepraktyczny
un|problematisch nie nasuwający problemów; **~produktiv** nieproduktywny
unpünktlich niepunktualny
unrasiert nie ogolony
Unrat *m* (*-s*; *0*) → ***Abfall***, ***Müll***
unrealistisch niereal(istycz)ny
unrecht niewłaściwy (-wie); ~ ***tun*** (*D*) być niesprawiedliwym (w stosunku do *G*); ~ ***haben*** nie mieć racji
Unrecht *n* (*-ȩs*; *0*) krzywda; ***zu*** ~ niesłusznie; ***im*** ~ ***sein*** nie mieć racji; *j-m* ~ ***antun*** ⟨s⟩krzywdzić (*A*)
unrechtmäßig bezprawny, nielegalny
unregelmäßig nieregularny; **≈keit** *f* nieregularność *f*; *zw. pl* nadużycia *n/pl*
un|reif niedojrzały (-le); **~rein** nieczysty (-to); **~rentabel** nierentowny; **~richtig** nietrafny, błędny; **≈ruhe** *f* niepokój; (*Treiben*) zamieszanie; *pl t.* zamieszki *f/pl*; **~ruhig** niespokojny; ~ ***werden*** zaniepokoić się; **~rühmlich** niesławny
uns *pron* (*D*) nam, *refl* sobie; (*A*) nas, *refl* siebie, się; ***bei*** ~ u nas; ***mit*** ~ z nami; ***ohne*** ~ bez nas; ***unter*** ~ między nami
unsach|gemäß nieumiejętny, nieprofesjonalny; **~lich** nierzeczowy (-wo)
un|sagbar niewymowny; **~sauber** brudny (-no) (*t. fig*); **~schädlich** nieszkodliwy; ~ ***machen*** unieszkodliwi(a)ć
un|scharf nieostry (-ro); **~schätzbar** nieoceniony; **~scheinbar** niepozorny; **~schlagbar** niepokonany; *Argument*: niezbity; **~schlüssig** niezdecydowany
Unschuld *f* (*0*) niewinność *f*; **≈ig** niewinny; ***für*** ~ ***erklären*** uniewinnić
unselbständig niesamodzielny
unser *poss* nasz(a, -e), *m-os* nasi; **~einer** nasz brat, taki/tacy jak ja (my)
unsererseits z naszej strony
unseriös niepoważny
unsertwegen dla nas; ze względu na nas
unsicher niepewny; → ***gefährlich***, ***gehemmt***; **≈heit** *f* niepewność *f*
unsichtbar niewidoczny, niewidzialny
Unsinn *m* (*-s*; *0*) nonsens; (*Quatsch*) F bzdury *f/pl*; (*Faxen*) głupstwa *n/pl*
unsinnig bezsensowny, niedorzeczny
Un|sitte *f* przywara; zły zwyczaj; **≈sittlich** nieobyczajny; → ***unzüchtig***
un|sozial niespołeczny; **~sportlich** nie interesujący się sportem; nie fair
uns|re, **~rig** → ***unser***
un|sterblich nieśmiertelny; **≈stimmigkeit** *f* niezgodność *f*; (*Dissens*) rozdźwięk; **≈summe** *f* bajońska suma
un|sympathisch niesympatyczny; **~tadelig** nienaganny; **~tätig** bezczynny
un|tauglich *Objekt*, *Mittel*: nieodpowiedni; (**zu**) niezdatny (do *G*); (*mißlungen*) nieudolny; **~teilbar** niepodzielny
unten na/w dole, u dołu; (*in e-m Behälter*) (**ganz**) ~ na (samym) spodzie; ***nach*** ~ na/w dół; na spód; ***von*** ~ od dołu; od spodu; ***weiter*** ~ niżej
unter *praep* (*D*, *A*) pod (*I*, *A*); (*zwischen*) pomiędzy (*I*, *A*), wśród (*G*); (*D*, *weniger als*) poniżej (*G*); (*D*, *bei*, *während*) podczas, za (*G*); ~ (*D*) ***hervor*** spod (*G*); → ***ander***, ***Auge***, ***Tag*** *itd.*
Unterarm *m* przedramię
unterbelichtet *adj* niedoświetlony
unter|beschäftigt *adj* nie w pełni obciążony (pracą); **~bewertet** *adj* wyceniony poniżej wartości; niedoceniony
Unterbewußtsein *n* podświadomość *f*
unterbezahlt *adj* niedostatecznie wynagradzany

U

unter|'bieten* (-) *j-n* składać ⟨złożyć⟩ korzystniejszą ofertę (niż *N*); *Preis* sprzed(aw)ać taniej (**um** o *A*); *Rekord* poprawi(a)ć; **~'binden*** (-) *Blutung* zatamować *pf*; *fig* położyć *pf* kres (*D*)
unter'brechen* (-) przer(y)wać
Unter'brech|er *m mot* przerywacz; **2ung** *f* przerwanie; (*Pause*) przerwa
unter|'breiten (-*e*-; -) przedkładać ⟨przedłożyć⟩; **~bringen*** pomieszczać ⟨-mieścić⟩, rozlokow(yw)ać
unterder'hand po kryjomu, cichaczem
unter'dessen tymczasem
unter'drück|en (-) uciskać, gnębić; *Tränen* powstrzym(yw)ać; *Lachen, Aufstand* ⟨s⟩tłumić; *Nachricht itp.* zatajać ⟨-taić⟩; **2ung** *f* (*0*) gnębienie, ucisk; stłumienie; zatajenie
unter|e dolny; *Klasse, Etage*: niższy; *Schicht t.*: spodni; **~ein'ander** jeden (-dno) pod drugim, jedna pod drugą; (*miteinander*) między sobą; wzajemnie; **~entwickelt** *adj* niedorozwinięty; *ekon* zacofany (gospodarczo); **~ernährt** *adj* niedożywiony; **2fangen** *n* przedsięwzięcie; **2führung** *f* przejście/przejazd dołem; **2gang** *m astr* zachód; *mar* zatonięcie; *fig* upadek; **2'gebene(r)** podwładny (-na); *mil* podkomendny (-na)
untergehen* *v/i astr* zachodzić ⟨zajść⟩; *Schiff*: ⟨za⟩tonąć; *fig* upadać ⟨upaść⟩; *Worte*: ⟨za⟩ginąć (**in** *D* w *L*)
unter|geordnet *adj* podrzędny; *Behörde*: niższego stopnia; **2gewicht** *n* niedowaga; **~'graben*** (-) podkop(yw)ać
Untergrund *m* podłoże; *agr*, *fig* podglebie; (*Farb2 u. fig*) tło; *pol* podziemie; konspiracja; **~bahn** *f* kolejka podziemna, metro; **~bewegung** *f* ruch podziemny/konspiracyjny
unterhalb *praep* (*G*) poniżej (*G*), pod (*I*)
Unterhalt *m* (-*es*; *0*) utrzymanie; *jur* alimentacja; alimenty *pl*
unter'halten* (-) utrzym(yw)ać; *Gäste itp.* zabawiać, bawić (**sich** się); **sich ~** (*sprechen*) rozmawiać
unter'haltsam zajmujący (-co)
Unterhalts|anspruch *m* roszczenie alimentacyjne; **~kosten** *pl* koszty *m/pl* utrzymania / użytkowania; **~pflicht** *f* obowiązek alimentacyjny
Unterhaltung *f* → **Unterhalt**; rozrywka, zabawa; (*Gespräch*) rozmowa; **~s-** rozrywkowy
Unter|händler(in *f*) *m* negocjator(ka); **~haus** *n* (*GB*) Izba Gmin; **~hemd** *n* podkoszulek; **~hose** *f* kalesony *pl*; **2irdisch** podziemny; **2kellert** *adj* podpiwniczony; **~kiefer** *m* szczęka dolna, żuchwa; **2kommen*** znachodzić ⟨znaleźć⟩ schronienie / posadę; **~körper** *m* dolna część ciała; **2kriegen** F: ***sich nicht ~ lassen*** nie dać się
Unter'kühlung *f* (*0*) przechłodzenie
Unter|kunft *f* (-; *¨e*) kwatera; **~lage** *f* podkładka; *pl t.* dokumentacja; (*Belege*) dowody *m/pl*; **2'lassen*** (-) *v/t* zaniechać *pf* (*G*); nie (+ *verb*) (*G*); ***~e Hilfeleistung*** nieudzielenie pomocy; **~lauf** *m* dolny bieg (rzeki); **2'laufen***[1] (-): ***mir ist ein Fehler ~*** zrobiłem błąd; **2'laufen**[2] *adj*: ***mit Blut ~*** nabiegły krwią; **2legen**[1] podkładać ⟨podłożyć⟩
unter'le|gen[2] *adj*, **2gene(r)** pokonany (-na); ***unterlegen sein*** (*D*) być słabszym (od *G*)
Unter|leib *n* podbrzusze; *w.zn.* narządy *m/pl* rodne; **~s-** *zw.* kobiecy; **2'liegen*** (-; *sn*) być pokonanym (*D* przez *A*); *fig* podlegać; ulegać; **~lippe** *f* warga dolna
unterm F = ***unter dem***
unter|'mauern (-) *fig* popierać ⟨-przeć⟩ (argumentami *itp.*); **2miete** *f*: ***zur ~ wohnen*** podnajmować pokój
Untermieter(in *f*) *m* sublokator(ka)
unter'nehmen* (-) przedsiębrać ⟨-sięwziąć⟩
Unter'nehm|en *n* przedsięwzięcie; (*Firma*) przedsiębiorstwo; **~s-** ... przedsiębiorstwa; **~ensberatung** *f* usługi *f/pl* consultingowe; **~er(in** *f*) *m* przedsiębiorca *m*; **~ungsgeist** *m* (-*es*; *0*) przedsiębiorczość *f*
unter'nehmungslustig przedsiębiorczy
Unteroffizier *m* podoficer, kapral
unter|ordnen: sich ~ podporządkować się *pf*; **2'redung** *f* rozmowa; **2richt** *m* (-*s*; *0*) nauczanie; nauka (szkolna); lekcje *f/pl*, zajęcia *n/pl*; **~'richten** (-) (**j-n in** *D*) udzielać ⟨-lić⟩ lekcji (k-u *G*); (**an** *D*) wykładać (w, na *L*); (**über** *A*, **von**) ⟨po⟩informować (o *L*; **sich** się)
Unterrichts|fach *n* przedmiot nauczania; **~stunde** *f* godzina lekcyjna
Unterrichtung *f* (*0*) powiadomienie
Unterrock *m* halka
unters F = ***unter das***
unter|'sagen (-) zakaz(yw)ać; **2satz** *m*

podstawka; F ***fahrbarer ~*** cztery kółka; **~'schätzen** (-) *v/t* nie doceni(a)ć
unter'scheiden* (-) odróżni(a)ć, rozróżni(a)ć; ***sich ~*** różnić się (***von*** od *G*)
Unter|'scheidung *f* rozróżnienie, odróżnianie; **~'scheidungsmerkmal** *n* cecha wyróżniająca, wyróżnik
Unterschenkel *m* goleń *f*
Unterschied *m* (*-ẹs*; *-e*) różnica; ***im ~ zu*** w odróżnieniu od (*G*); **²lich** odmienny
unter'schlag|en* (-) *Brief* nie doręczyć *pf*; *Nachricht* zatajać ⟨-taić⟩; → ***veruntreuen***; **²ung** *f* → ***Veruntreuung***
Unter|schlupf *m* (*-ẹs*; *-e*) schronienie; kryjówka; **²'schreiben*** (-) podpis(yw)ać; **~schrift** *f* podpis; **~seeboot** *n* → ***U-Boot***; **~seite** *f* strona dolna, spód; **~setzer** *m* podstawka; **²'setzt** *adj* krępy (-po); **²'spülen*** (-) podmy(wa)ć
unterste *sup* znajdujący się na samym dole/spodzie; (*niedrigst*) najniższy
unter|'stehen* (-) podlegać; **~stellen¹** umieszczać ⟨umieścić⟩, ⟨po⟩stawić; **~'stellen²** (-) podporządkow(yw)ać; *Absicht* przypisywać, imputować; (*annehmen*) zakładać ⟨założyć⟩; **~'streichen*** (-) podkreślać ⟨-lić⟩; **²stufe** *f* (trzy) niższe klasy gimnazjum
unter'stütz|en (-) wspierać ⟨wesprzeć⟩; *Antrag*, *Idee* popierać ⟨poprzeć⟩; → ***helfen***; **²ung** *f* popieranie, poparcie; wsparcie; (*Geld t.*) zapomoga, zasiłek
unter'such|en (-) ⟨z⟩badać (*t. med*); *jur* ⟨prze⟩prowadzić śledztwo/dochodzenie; **²ung** *f* badanie; śledztwo
Unter'suchungs|befund *m* wynik badania; **~haft** *f* areszt śledczy
Untertan *m* (*-s*/*-en*; *-en*) poddany (-na)
Unter|tasse *f* spodek; **²tauchen** *fig* zniknąć *pf*; ukryć się *pf* (***bei*** u *G*); **~teil** *n* dolna część; **~'teilung** *f* podział; **~titel** *m* (*Film*) napis; **~ton** *m* (*-ẹs*; *⸚e*) *fig* odcień *m*; **²'treiben*** (-) umniejszać ⟨-szyć⟩, zbyt skromnie przedstawi(a)ć
Unter|vermietung *f* podnajem; **²'wandern** (-) infiltrować; **~wäsche** *f* bielizna osobista; **~wasser-** podwodny
unter'wegs po/w drodze
Unter|welt *f* (*0*) świat przestępczy; (*Totenreich*) świat zmarłych; **²'werfen*** (-) *Volk* podbi(ja)ć; ***sich ~*** ulegać ⟨ulec⟩; → ***unterziehen²***; ***unterworfen sein*** podlegać (*D*); **²würfig** uniżony (-żenie)
unter'zeichnen (-) podpis(yw)ać
Unter|'zeichnung *f* podpisanie; **²ziehen*¹** wkładać ⟨włożyć⟩ pod spód; **²'ziehen*²** (-) podda(wa)ć (***sich*** się)
Un|tiefe *f* mielizna; **²tragbar** nieznośny; **²treu** niewierny; nielojalny; **~treue** *f* niewierność *f*; **²tröstlich** niepocieszony; **²trüglich** nieomylny, niezawodny
un|überbrückbar nieprzezwyciężony; **~überlegt** nierozważny; **~übersehbar** *Menge*: nieprzejrzany; **~übersetzbar** nieprzetłumaczalny; **~übertrefflich**, **~übertroffen** niedościgniony, niezrównany; **~überwindlich** niepokonany, nie do pokonania; **~umgänglich** nieodzowny; **~umstritten** niesporny
unumwunden *adv* bez osłonek
ununterbrochen nieprzerwany, ciągły (-le); *praed t.* bez przerwy
un|veränderlich niezmienny; **~verändert** nie zmieniony; *praed* niezmiennie
unverantwortlich nieodpowiedzialny
un|verbesserlich niepoprawny; **~verbindlich** nie obowiązujący, bez zobowiązania; *fig* oziębły (-le); **~verbleit** nieetylizowany; **~verdächtig** nie budzący podejrzeń; **~verdaulich** niestrawny; **~verdorben** nie zepsuty
unverdrossen *praed* niestrudzenie
un|vereinbar (***mit***) przeciwstawny (*D*), nie dający się pogodzić (z *I*); **~verfälscht** autentyczny; **~verfänglich** niewinny, niegroźny; **~verfroren** bezczelny; **~vergänglich** nieprzemijający
un|vergeßlich niezapomniany, pamiętny; **~vergleichlich** nieporównany
unverhältnismäßig niewspółmierny
un|verhofft niespodzi(ew)any; **~verkäuflich** niesprzedażny; niepokupny
un|verkennbar niewątpliwy (-wie); **~vermeidlich** nieunikniony; **~vermindert** nie słabnący, niezmienny
un|vermittelt *adv* raptem; **~vermutet** nieoczekiwany; **~vernünftig** nierozsądny; **~verpackt** luźny, luzem
unverrichteterdinge z niczym
un|verschämt bezczelny; **~verschlossen** nie zamknięty; *Brief*: nie zaklejony; **~verschuldet** niezawiniony, bez winy; **~versehens** *adv* niespodziewanie; **~versehrt** cały (-ło), *praed t.* bez szwanku; **~versichert** nie ubezpieczony; **~versöhnlich** nieprzejednany
unverstanden nie zrozumiany
unverständlich niezrozumiały (-le)

Unverständnis *n* brak zrozumienia
unversucht: ***nichts ~ lassen*** próbować wszelkich środków
un|verträglich niezgodny; *med* wywołujący odczyn alergiczny; **~verwüstlich** niezniszczalny; *os.* niespożyty
un|verzeihlich niewybaczalny; **~verzichtbar** niezrzekalny; **~verzollt** nie oclony; **~verzüglich** niezwłoczny
unvoll|kommen niedoskonały; **~ständig** niecałkowity (-cie); niekompletny
unvor|bereitet nie przygotowany, bez przygotowania; **~eingenommen** nieuprzedzony, bez uprzedzeń; **~hergesehen** nieprzewidziany; **~sichtig** nieostrożny; **~stellbar** niewyobrażalny
unvorteilhaft *Kleid itp.*: nietwarzowy
unwahr nieprawdziwy, zmyślony
Unwahrheit *f* nieprawda
unwahrscheinlich nieprawdopodobny
un|weigerlich niechybny; **~weit** *praep* (*G*), *adv* (***von***) niedaleko (od *G*, *G*)
un|wesentlich nieistotny; **&wetter** *n* ulewa, burza; **~wichtig** nieważny
unwider|legbar niezbity (-cie); **~ruflich** nieodwołalny; **~stehlich** *Drang*: nieprzeparty (-cie); *os.* czarujący (-co)
unwiederbringlich niepowetowany
Unwille *m* niezadowolenie
unwillig niechętny (do *G*); → ***verärgert***
unwillkürlich mimowolny, mimo woli
unwirklich nierzeczywisty
unwirksam bezskuteczny, bez skutku
unwirsch opryskliwy (-wie)
unwirtlich niegościnny, nieprzytulny
unwirtschaftlich nieekonomiczny
unwissend nieuświadomiony, F ciemny
Unwissenheit *f* (*0*) niewiedza
unwohl niezdrowy; ***er fühlt sich ~*** on czuje się nieswojo (***bei*** u *G*, na *L*)
Unwohlsein *n* chwilowa słabość
un|würdig niegodny; **~zählig** niezliczony; **~zeitgemäß** staromodny
unzer|brechlich niełamliwy; **~reißbar** nie rwący się; **~störbar** niezniszczalny
unzertrennlich nierozłączny
Unzucht *f* nierząd
unzüchtig pornograficzny; *Blick*: lubieżny; ***~e Handlung*** czyn nierządny
un|zufrieden niezadowolony; **&zufriedenheit** *f* niezadowolenie; **~zugänglich** niedostępny; *fig* nieprzystępny
unzulänglich niedostateczny
un|zulässig niedopuszczalny; **~zumutbar** niemożliwy, nie do przyjęcia
unzuständig niekompetentny
unzutreffend → ***unrichtig***
unzuverlässig *os.* niepewny, niesolidny
unzweckmäßig nieodpowiedni (-nio)
unzweifelhaft niewątpliwy (-wie)
üppig bujny; *Mahl*: obfity (-cie)
uralt prastary; *Sache t.*: pradawny
U'ran *n* (*-s*; *0*) uran(owy *w zł.*)
Uraufführung *f* premiera
urbar uprawny; ***~ machen*** zagospodarow(yw)ać
Urbevölkerung *f* ludność tubylcza
Urenkel(in *f*) *m* prawnuk (-czka)
Urgroßmutter *f* prababka
Urgroßvater *m* pradziadek
Urheber(in *f*) *m* sprawca *m* (-czyni), inicjator(ka); autor(ka)
Urheberrecht *n* (*-ȩs*; *0*) prawo autorskie
U'rin *m* (*-s*; *0*), **uri'nieren** (-) → ***Harn***
Urkunde *f* dokument; akt; **~nfälschung** *f* fałszerstwo/podrobienie dokumentu
Urlaub *m* (*-ȩs*; *-e*) urlop; ***in ~*** na urlop; ***im ~*** na urlopie; **~er(in** *f*) *m* urlopowicz
Urlaubs|anschrift *f* adres urlopowy; **~geld** *n* dodatek urlopowy; **~reise** *f* podróż (turystyczna) w czasie urlopu
Urlaubs|tag *m* dzień *m* urlopu; **~vertretung** *f* zastępstwo urlopowe; **~zeit** *f* sezon urlopowy, okres urlopów
Urmensch *m* człowiek pierwotny
Urne *f* urna; **~nfriedhof** *m* cmentarz popielnicowy; **~ngang** *m* głosowanie
urplötzlich *adv* zupełnie niespodzianie
Ur|sache *f* przyczyna; ***keine ~!*** nie ma za co; **&sächlich** przyczynowy (-wo)
urschriftlich *praed* w oryginale
Ursprung *m* początek; → ***Herkunft***
ur|sprünglich pierwotny; **&sprungszeugnis** *n* świadectwo pochodzenia
Urteil *n* (*-ȩs*; *-e*) *jur* wyrok; (*Wertung*) sąd; → ***Beurteilung***
urteilen (***über*** *A*) wyrokować, sądzić (o *L*), oceni(a)ć (*A*)
Urteils|fähigkeit *f* (*0*) zdolność *f* rzeczowego oceniania, rozsądek; **~vollstreckung** *f* wykonanie wyroku
Urwald *m* las dziewiczy, puszcza
urwüchsig naturalny; oryginalny, samorodny; (*bodenständig*) rdzenny
Ur|zeit *f*: ***seit ~en*** od niepamiętnych czasów; **~zustand** *m* stan pierwotny
Uten'silien [-liən] *pl* utensylia *pl*
u'topisch utopijny

U

V

Vaga'bund [v-] *m* (*-en*) włóczęga *m*
vage ['v-] niejasny (-no), mglisty (-ście)
Vakuum ['v-] *n* (*-s*; *-kua*) próżnia; **~verpackung** *f* opakowanie próżniowe
Va'luta- [v-] walutowy, dewizowy
Vam'pir [v-] *m* (*-s*; *-e*) upiór, wampir
Va'nille [v-] *f* (*0*) wanilia; **~eis** *n* lody *m/pl* waniliowe; **~soße** *f* sos waniliowy
Vari'ante [v-] *f* wariant
vari'ieren [v-] (-) zmieniać (*v/i* się)
Vase ['v-] *f* wazon
Vase'line [v-] *f* (*0*) wazelina
Vater *m* (*-s*; *¨*) ojciec; **~land** *n* ojczyzna
väterlich ojcowski; *praed* po ojcowsku, jak ojciec; **~erseits** ze strony ojca
Vater|schaft *f* ojcostwo; **~stadt** *f* miasto rodzinne; **~'unser** *n rel* ojczenasz
Vati F *m* (*-s*; *-s*) tatuś *m*, tata *m*
vati'kanisch [v-] watykański
Vege|'tarier(in *f*) [v-] *m* jarosz(ka); **2'tarisch** jarski (po -ku); **~tati'on** *f* wegetacja; **2'tieren** (-) wegetować
Veilchen *n* fiołek; F *fig* podbite oko
veilchenblau fiołkowy (-wo)
Velours [ve'luːʁ] *m/n* welur(owy *w zł.*)
Vene ['v-] *f* żyła; **~n-** żylny
Venenentzündung *f* zapalenie żył(y)
venezi'anisch [v-] wenecki
Ven'til [v-] *n* (*-s*; *-e*) zawór, F wentyl
Venti'lator [v-] *m* (*-s*; *-'toren*) wentylator
ver'ab|reden (-) umawiać ⟨umówić⟩ (***sich*** się); **2redung** *f* umowa; (*Treffen*) spotkanie; **~scheuen** (-) *v/t* nienawidzić, nie znosić/cierpieć (*G*)
ver'abschied|en (*-e-*; -) ⟨po⟩żegnać (***sich*** się; ***von*** z *I*); *Gesetz* uchwalać ⟨-lić⟩; **2ung** *f* pożegnanie; uchwalenie
ver'achten (-) *v/t* gardzić, pogardzać (*I*)
ver'ächtlich pogardliwy (-wie)
Ver'achtung *f* pogarda
verallge'meinern (*-re*; -) uogólni(a)ć
ver'altet przestarzały, przeżyt(kow)y
Ve'randa [v-] *f* (*-*; *-den*) weranda
ver'änder|lich zmienny; **~n** (-) zmieni(a)ć (***sich*** się); F ***sich ~*** zmienić posadę/miejsce pracy; **2ung** *f* zmiana
Ver'anlagung *f* predyspozycja; skłonność *f*; (*0*) *fin* wymiar
ver'anlassen (-) skłaniać ⟨skłonić⟩ (***zu*** do *G*); (*anordnen*) polecać ⟨-cić⟩
Ver'anlassung *f* → ***Anlaß***; ***auf s-e ~*** na jego polecenie
ver'anschaulichen (-) unaoczni(a)ć
ver'anschlagen (-) kalkulować
ver'anstalt|en (*-e-*; -) urządzać ⟨-dzić⟩, ⟨z⟩organizować; **2er(in** *f*) *m* organizator(ka); **2ung** *f* urządzenie, organizacja; (*konkret*) impreza
ver'antwort|en (-) *v/t* być odpowiedzialnym (za *A*); ***sich ~*** (***für***) odpowiadać (za *A*); **~lich** odpowiedzialny; ***~ machen*** obarczyć odpowiedzialnością
Ver'antwortung *f* (*0*) odpowiedzialność *f*; ***zur ~ ziehen*** pociągnąć do odpowiedzialności
ver'antwortungs|bewußt odpowiedzialny, rzetelny; **~los** nieodpowiedzialny; **~voll** odpowiedzialny
ver|'arbeiten (-) przerabiać ⟨-robić⟩, przetwarzać ⟨-worzyć⟩; *fig* przebiegać myślą; **~d** *Industrie*: przetwórczy; **2arbeitung** *f* (*0*) przerób, przetwórstwo
ver|'ärgern (-) rozgniewać *pf*, zirytować *pf*; **~'armt** zubożały
ver'arschen P (-) *v/t* robić wariata (z *G*)
ver|'arzten F (*-e-*; -) opatrzyć *pf* (ranę, rannego); **~äußern** (-) zby(wa)ć
ver'bal [v-] werbalny; *jęz* czasownikowy
Ver'band *m* (*-ẹs*; *¨e*) *med* opatrunek; (*Bund*) związek; *mil* oddział; **~(s)kasten** *m* apteczka podręczna; **~(s)zeug** *n* materiały *m/pl* opatrunkowe
ver'bannen (-) zsyłać ⟨zesłać⟩; (*ins Exil*) skaz(yw)ać na wygnanie
Ver'bannung *f* zesłanie; wygnanie
ver|barrika'dieren (-) zabarykadować *pf* (***sich*** się); **~'bauen** (-) *Geld, Material* zuży(wa)ć na budowę; **~'bergen*** (-) kryć się, ukry(wa)ć się (***vor*** *D* przed *I*); → ***verheimlichen***; **~'bessern** (-) polepszać, ulepszać ⟨-lepszyć⟩, (*t. Fehler*) poprawi(a)ć (***sich*** się); (*effektiver machen*) usprawni(a)ć; **2'besserung** *f* polepszenie, ulepszenie, poprawa; usprawnienie; (*Korrektur*) poprawka
ver'beug|en (-): ***sich ~*** (***vor***) kłaniać ⟨ukłonić⟩ się (*D*); **2ung** *f* ukłon
ver|'biegen* (-) wyginać, zginać ⟨-giąć⟩ (***sich*** się); **~'bieten*** (-) *v/t* zabraniać ⟨-ronić⟩ (*G*); **~'billigt** zniżkowy; ***zu***

V

~en Preisen po obniżonych cenach

Ver'billigung *f* potanienie

ver'bind|en* ⟨po-, z⟩łączyć (***sich*** się); *Wunde* opatrywać ⟨opatrzyć⟩; *Augen* zawiąz(yw)ać; **~lich** uprzejmy; *Zusage*: wiążący (-co)

Ver'bindlichkeit *f fin* zobowiązanie

Ver'bindung *f* (z)łączenie, (*t. konkret*) połączenie; *tel, kolej* łączność *f*; (*Bündnis, Beziehung, chem*) związek; ***~en haben*** mieć koneksje; ***in ~ stehen*** utrzymywać łączność (***mit*** z *I*)

ver'bissen zaciekły (-le), zacięty (-cie)

ver|'bitten: *sich* *etw* **~** wypraszać sobie (*A*); **~'bittert** rozgoryczony

Ver'bitterung *f* (*0*) rozgoryczenie

Ver'bleib *m* (*-s*; *0*) miejsce znajdowania się (*G*); **2en*** (-) pozosta(wa)ć

ver'blöden F (*-e-*; *sn*) ⟨z⟩idiocieć

ver'blüffen (-) zaskakiwać ⟨-skoczyć⟩ (***j-n mit*** k-o *I*); **~d** frapujący (-co)

ver|'blüfft *adj* zaskoczony, zdumiony; **2'blüffung** *f* (*0*) zdumienie, zaskoczenie

ver'blühen (-) przekwitać ⟨-tnąć⟩

ver'bluten (-) wykrwawić się *pf*

ver'bogen *adj* zgięty, skrzywiony

Ver'bohrtheit *f* (*0*) oszołomstwo

ver'borgen *adj* ukryty; w ukryciu

Ver'bot *n* (*-ęs*; *-e*) zakaz; **2en** *adj* zakazany, zabroniony, wzbroniony

Ver'bots|schild *n* tablica z zakazem; → **~zeichen** *n* znak zakazu

Ver'brauch *m* (*-ęs*; *0*) zużycie (***an***, ***von*** *etw G*); spożycie, konsumpcja; **2en** (-) zuży(wa)ć; ⟨s⟩konsumować; **~er(in** *f*) *m* spożywca *m*, konsument(ka)

Ver'braucher|markt *m* megasam; **~organisation** *f* organizacja konsumencka; **~schutz** *m* ochrona konsumentów

Ver'brauchssteuer *f* akcyza

ver'brechen* F przeskrobać *pf*

Ver'brech|en *n* przestępstwo; (*schwer, t. fig*) zbrodnia; **~ensbekämpfung** *f* walka z przestępczością; **~er(in** *f*) *m* przestępca (-czyni), zbrodniarz (-rka)

ver'brecherisch przestępczy (-czo), zbrodniczy (-czo)

ver'breit|en (*-e-*; -) rozprzestrzeni(a)ć (***sich*** się; ***über*** *A* po *L*); rozpowszechni(a)ć; **~ern** (*-re*; -) poszerzać ⟨-rzyć⟩

ver'brenn|en* (-) *v/t* palić, spalać ⟨-lić⟩ (*v/i* się); **2ung** *f* (s)palenie, spalanie; *med* oparzenie; **~s-** *mot* spalinowy

ver'bringen* (-) *Zeit*, *Urlaub itp.* spędzać ⟨-dzić⟩ (***an***, ***in*** *D* nad *I*, w *L*; ***mit*** *etw* nad *I*, przy *L*; ***mit*** *j-m* z *I*)

ver|'brühen (-) sparzyć *pf* (***sich*** *etw* sobie *A*); **~'buchen** (-) zaksięgować *pf*

ver|'bunden *adj* związany; (*j-m*) zobowiązany; ***falsch ~!*** omyłka!; **~'bünden** (*-e-*; -): ***sich ~*** sprzymierzać ⟨-rzyć⟩ się (***mit*** z *I*); **2'bundenheit** *f* (*0*) więź *f*

Ver'bündete(r) sojusznik (-iczka)

ver'bürgen (-): ***sich ~*** (***für***) ręczyć (za *A*)

ver'bürgt *adj* pewny

ver'büßen (-) *Strafe* odby(wa)ć

ver'chromt *adj* chromowany

Ver'dacht *m* (*-ęs*; *0*) podejrzenie

ver'dächtig, **2e(r)** podejrzany (-na); **~en** (-) podejrzewać (***j-n*** *G* k-o o *A*); **2ung** *f* podejrzenie, posądzenie

ver'dammen (-) potępi(a)ć; skaz(yw)ać (***zu*** na *A*); F ***verdammt!*** psiakrew!

ver'dampfen (-) *v/i* (*sn*) ⟨wy⟩parować

ver|'danken (-) zawdzięczać; **~'darb** → ***verderben***; **~'dattert** F zbaraniały

ver'dauen (-) trawić, przetrawi(a)ć

ver'dau|lich strawny; **2'ung** *f* trawienie

Ver'dauungs|beschwerden *f/pl* niestrawność *f*; **~störung** *f* zaburzenie trawienia

Ver'deck *n* (*-ęs*; *-e*) *mot* dach składany

ver'decken (-) *Sicht* zasłaniać ⟨zasłonić⟩; → ***be-***, ***zudecken***

ver'denken* (-) → ***verübeln***

ver'derb|en* (-) *v/t* ⟨po-, ze⟩psuć (*v/i*, *sn* się); ***es mit*** *j-m* **~** narazić się *pf* (*D*); **2en** *n* (*-s*; *0*) zepsucie; *fig* zguba; **~lich** psujący się; *fig* szkodliwy (-wie)

ver|'deutlichen (-) wyjaśni(a)ć; **~'dichten** (-) *Gas* sprężać ⟨-żyć⟩; ***sich ~*** *Nebel*: gęstnieć; **2'dickung** *f* zgrubienie

ver'dienen (-) zarabiać ⟨-robić⟩; *fig* zasługiwać ⟨-służyć⟩ (*A* na *A*)

Ver'dienst[1] *n* (*-ęs*; *-e*) zasługa

Ver'dienst[2] *m* zarobek; (*Gewinn*) zysk; **~bescheinigung** *f* zaświadczenie o wysokości zarobku; **~spanne** *f* marża zysku; **2voll** *Tat*: godny uznania

ver|'dient *adj* zasłużony; **~'dirbt** → ***verderben***; **~'doppeln** (*-le*; -) podwajać ⟨-dwoić⟩ (***sich*** się); **~'dorben** *adj* zepsuty; **~'dorren** (-; *sn*) usychać ⟨uschnąć⟩; **~'drängen** (-) wypierać ⟨wyprzeć⟩ (*t. psych*); (*aus e-r Stellung*) wyrugow(yw)ać; **2'drängung** *f* wyparcie; *mar* wyporność *f*

ver|'drehen (-) wykręcać ⟨-cić⟩; *Augen*

wywracać (*I*); *Sinn* przekręcać ⟨-cić⟩; F *j-m* ***den Kopf*** ~ zawrócić głowę (*D*); **~'dreifachen** (-) potrajać ⟨-roić⟩ (***sich*** się); **~'drießlich** niezadowolony, nadąsany; **≗'drossenheit** *f* (*0*) niezadowolenie; **≗'druß** *m* (*-sses*; *0*) kłopot, zmartwienie; **~'duften** F (-) ulotnić się *pf*
ver|'dunkeln (*-le*; -) zaciemni(a)ć; ***sich*** ~ ⟨po⟩ciemnieć, mrocznieć; **~'dünnen** (-) rozcieńczać ⟨-czyć⟩; (*mit Wasser*) rozwadniać ⟨-wodnić⟩; **≗'dünner** *m* rozcieńczalnik; **~'dunsten** (*-e-*; -) *v/i* (*sn*) ulatniać ⟨ulotnić⟩ się; → ***verdampfen***; **~'dursten** (*-e-*; -; *sn*) umierać ⟨umrzeć⟩ z pragnienia
ver'dutzt F zdetonowany, zmieszany
ver'edeln (*-le*; -) uszlachetni(a)ć
ver'ehren (-) czcić; (*lieben*) uwielbiać
Ver'ehrer(in *f*) *m* wielbiciel(ka)
ver'ehrt (*in d. Anrede*) szanowny
Ver|'ehrung *f* (*0*) cześć *f*, kult; wielki szacunek; uwielbienie; **≗'eidigen** (-) zaprzysięgać ⟨-przysiąc⟩
ver'eidigt *adj* zaprzysiężony
Ver'ein *m* (*-ęs*; *-e*) związek, stowarzyszenie; F *fig* kompania; **≗bar** (***mit***) dający się pogodzić (z *I*); **≗baren** (-) uzgadniać ⟨uzgodnić⟩, umawiać ⟨umówić⟩; ***wie vereinbart*** jak uzgodniono; **~barung** *f* porozumienie, umowa
ver'einen (-) ⟨po⟩łączyć
ver'ein|fachen (-) upraszczać ⟨uprościć⟩; **~facht** *adj* uproszczony; **≗fachung** *f* uproszczenie; **~heitlichen** (-) ujednolicać ⟨-cić⟩, ⟨z⟩unifikować
ver'einigen (-) (***sich***) ⟨po⟩łączyć (się), ⟨z⟩jednoczyć, zrzeszać ⟨-szyć⟩ (się)
ver'einigt *adj* połączony, zjednoczony
Ver'einigung *f* połączenie (się), zjednoczenie; ***kriminelle*** ~ związek przestępczy; → ***Verein***
Ver'eins|lokal *n* lokal klubowy/związkowy; **~register** *n* rejestr związków
ver'ein|t → ***vereinigt***; *Kräfte*: wspólny; **~zelt** sporadyczny; *praed t.* miejscami
ver|'eisen (-; *sn*) *v/i* obladzać ⟨-lodzić⟩ się; **~'eiteln** (*-le*; -) udaremni(a)ć; **~'eitert** *med* zropiały; **~'ekeln** (-) zohydzać ⟨-dzić⟩, obrzydzać ⟨-dzić⟩; **~'enden** (-) zdychać ⟨zdechnąć⟩; **~'engen** (-): ***sich*** ~ zwężać ⟨zwęzić⟩ się
ver'erb|en (-) pozostawi(a)ć w spadku; *fig* przekaz(yw)ać (w dziedzictwie); **≗ung** *f* (*0*) *biol* dziedziczność *f*
ver'ewigen (-) uwieczni(a)ć (***sich*** się)
ver'fahren* (-) *v/t Geld* przejeździć *pf*; *Benzin* zuży(wa)ć na jazdę/podróż; *v/i* (*t. sn*) postępować ⟨-stąpić⟩, działać (***nach*** według *G*); → ***behandeln***; ***sich*** ~ zmylić *pf* drogę
Ver'fahren *n* postępowanie (*t. jur*); (*t. tech*) proces; metoda, sposób
Ver'fall *m* (*-ęs*; *0*) zniszczenie; upadek; *jur* przepadek; **≗en¹** (-) *v/i Haus*: niszczeć; *Kultur itp.*: upadać ⟨upaść⟩; *Pfand*: przepadać ⟨-paść⟩; *Fahrkarte*: ⟨s⟩tracić ważność; wpadać ⟨wpaść⟩ (***in*** *A* w *A*); (*e-r Sache*, *j-m*) popadać ⟨-paść⟩ (w *A*), ulegać ⟨ulec⟩ (*D*); ~ ***lassen*** nie wykorzystać; przeterminować *pf*; **≗en²** *adj Haus*: zdewastowany, (*t. os.*) zniszczony; przeterminowany
Ver'falldatum *n* data upływu ważności; *fin* data płatności weksla
ver|'fangen* (-): ***sich*** ~ zaplątać się *pf* (***in*** *D* w *L*); **~'fänglich** kłopotliwy; *Frage*: podchwytliwy; **~'färben** (-): *etw* ***verfärbt sich*** (***rot***) barwa/kolor (*G*) zmienia się na (czerwoną)
ver'fass|en (-) ⟨na⟩pisać, układać ⟨ułożyć⟩; **≗er(in** *f*) *m* autor(ka); **≗ung** *f* (*Zustand*) stan; (*Stimmung*) nastrój; *pol* konstytucja; **~s-** konstytucyjny; **~ungsmäßig** zgodny z konstytucją
ver'faul|en (-; *sn*) ⟨z⟩gnić; **~t** zgniły
ver|'fechten* (-) *v/t* bronić (*G*); **~'fehlen** (-) *v/t* chybi(a)ć (*G*); *fig* mijać ⟨minąć⟩ się (z *I*); *Zug* spóźnić się *pf* (na *A*); *Weg* zmylić *pf*; (*nicht antreffen*) nie zasta(wa)ć (w domu *itp.*); **~'fehlt** *adj* chybiony; **~'feindet** zwaśniony
ver'feinern (*-re*; -) *kulin* przyprawi(a)ć (***mit*** *I*); → ***verbessern***
ver|'filmen (-) ⟨z⟩ekranizować; **~'finstern** (*-re*; -) omraczać ⟨omroczyć⟩ (***sich*** się); **~'fliegen*** (-; *sn*) *Duft*: ulatniać ⟨ulotnić⟩ się; *Zeit*: ⟨prze⟩lecieć
ver|'flossen F *adj* były, eks-; **~'fluchen** (-) przeklinać ⟨-kląć⟩; **~'flucht** *adj* przeklęty; ***verflucht!*** psiakrew!
ver'flüssigen (-) skraplać ⟨skroplić⟩
ver'folg|en (-) ścigać (*t. jur*); gonić (za *I*); *fig* prześladować; (*mit d. Blicken*) śledzić (*I*); **≗er(in** *f*) *m* prześladowca *m* (-czyni); (*Hinterhereilende*) ścigający; *pl t.* pogoń *f*, pościg
Ver'folgte(r) prześladowany (-na)
Ver'folg|ung *f* ściganie (*t. jur*); prześla-

dowanie; → ***Verfolger*** (*pl*); **Ձungswahn** *m* mania prześladowcza

ver|'formen (-): ***sich*** ~ ⟨z⟩deformować się; **~'fressen** *adj pej* nienasycony

ver'früht przedwczesny

ver'füg|bar posiadany, dysponowalny; **~en** (-) *v/t* zarządzać ⟨-dzić⟩; *v/i* (***über*** *A*) ⟨za⟩decydować (o *L*); (*besitzen*) rozporządzać (*I*); **Ձung** *f* zarządzenie, rozporządzenie; ***zur*** ~ do dyspozycji

ver'führ|en (-) uwodzić ⟨uwieść⟩; *fig* skusić *pf* (***zu*** do *G*); **~erisch** uwodzicielski (-ko); kuszący (-co); **Ձung** *f* uwiedzenie; (*Versuchung*) pokusa

Ver'gabe *f* (*0*) udzielanie; przydział

ver'gammeln F (-; *sn*) sparcieć *pf*

ver'gangen *adj* (*vorig*) ubiegły, przeszły; ***~e Woche*** w ubiegłym tygodniu; **Ձheit** *f* (*0*) przeszłość *f*; *gr* czas przeszły; ***~s*** ... przeszłości

ver'gänglich przemijający, znikomy

ver'gas|en (-) (*töten*) zagazow(yw)ać; **Ձer** *m mot* gaźnik; *w zł.* ... gaźnika

ver'gaß → ***vergessen***

ver'geben* (-) przebaczać ⟨-czyć⟩; *Auftrag* zlecać ⟨-cić⟩ wykonanie (*G*; ***an j-n*** k-u); → ***ver-***, ***zuteilen***; *Chance* nie wykorzystać (*G*)

ver'geb|ens (na)daremnie, (na) próżno; **~lich** daremny; bezskuteczny; **Ձung** *f*: ***um ~ bitten*** prosić przebaczenia

ver|gegen'wärtigen: ***sich*** ~ uobecni(a)ć sobie; **~'gehen*** (-) przechodzić ⟨przejść⟩, (prze)mijać ⟨(prze)minąć⟩; *j-m* ***vergeht die Lust*** *itp.* ... traci ochotę *itp.*; ***sich*** ~ (***an*** *D*) dopuścić się *pf* czynu karalnego (wobec *G*)

Ver'gehen *n jur* wykroczenie

ver'gelt|en* (-) odpłacać ⟨-cić⟩ (*etw* ***mit*** *I* za *A*); **Ձung** *f* odwet; **~s-** odwetowy

ver'gessen*(-) zapominać ⟨-mnieć⟩

Ver'gessenheit *f* (*0*) zapomnienie

ver|'geßlich roztargniony, łatwo zapominający; **~'geuden** (-*e*-; -) *Zeit itp.* ⟨z⟩marnować; → ***verschwenden***

verge'waltig|en (-) ⟨z⟩gwałcić; **Ձer** *m* gwałciciel; **Ձung** *f* zgwałcenie

verge'wissern (-*re*; -): ***sich*** ~ (*G*) upewni(a)ć się (co do *G*)

ver'gießen* (-) rozl(ew)ać; *Blut, Tränen* przel(ew)ać

ver|'giften (-*e*-; -) ⟨o⟩truć (***sich*** się); *Umwelt, Atmosphäre* zatru(wa)ć; **Ձ'giftung** *f* otrucie; zatruwanie, zatrucie

ver'giß, **~t** → ***vergessen***; **Ձmeinnicht** *n* (-*es*; -/-*e*) niezapominajka

ver'gittern (-*re*; -) okratować *pf*

ver'glasen (-) ⟨o⟩szklić

Ver'gleich *m* (-*es*; -*e*) porównanie; *jur* ugoda; ***im ~ zu*** w porównaniu z (*I*)

ver'gleich|bar porównywalny; **~en*** (-) porówn(yw)ać (***mit*** z *I*); ***sich*** ~ załatwić spór ugodowo; **~sweise** stosunkowo

ver'gnüg|en (-): ***sich*** ~ bawić się, zabawi(a)ć się; **Ձen** *n* (-*s*; *0*) przyjemność *f*; ***es ist mir ein*** ~ bardzo mi miło; ***zum*** ~ dla zabawy/przyjemności; ***viel ~!*** przyjemnej zabawy!

ver'gnüg|t *adj* wesoły (-ło); **Ձung** *f* rozrywka; **~s-** rozrywkowy; **Ձungspark** *m* wesołe miasteczko

ver|'goldet pozłacany; **~'göttern** (-*re*; -) ubóstwiać; **~'graben*** (-) zakop(y-w)ać; **~'greifen***: ***sich*** ~ (***an*** *D*) targnąć się (na *A*); **~'griffen** *Buch*: wyczerpany

ver'größe|rn (-*re*; -) powiększać ⟨-szyć⟩ (***sich*** się); **Ձrung** *f* powiększenie; **Ձrungsglas** *n* szkło powiększające

Ver|'günstigung *f* ulga; **Ձ'güten** (-*e*-; -) wynagradzać ⟨-rodzić⟩; *tech* ulepszać

Ver'gütung *f* wynagrodzenie

ver'haften (-) ⟨za⟩aresztować (*im*)*pf*

Ver'haftung *f* aresztowanie, areszt

ver'halten¹* (-): ***sich*** ~ zachow(yw)ać się; *Sache*: mieć się, przedstawiać się

ver'halten² *adj* stłumiony; *Kritik*: powściągliwy; ***mit ~em Atem*** z zapartym tchem

Ver'halt|en *n* (-*s*; *0*) zachowanie; **Ձensforschung** *f* badanie zachowań

Ver'hältnis *n* (-*ses*; -*se*) stosunek; F miłostka; ***im ~ zu*** w stosunku do (*G*); ***~se*** *pl t.* warunki *m/pl*; ***über s-e ~se leben*** żyć ponad stan; **Ձmäßig** stosunkowy (-wo); **~mäßigkeit** *f* (*0*) współmierność *f*; **~wahl** *f* wybory *m/pl* proporcjonalne; **~wort** *n gr* przyimek

ver'hand|eln (-) rokować, negocjować; *jur* rozpozn(aw)ać; **Ձlung(en** *pl*) *f* rokowania *n/pl*, negocjacje *f/pl*; *jur t-ko sg* rozprawa; **Ձlungsgeschick** *n* umiejętność *f* negocjonowania; **Ձlungsweg** *m*: ***auf dem*** ~ w drodze rokowań

ver'häng|en (-) zasłaniać ⟨-słonić⟩; *fig Verbot itp.* zarządzać ⟨-dzić⟩; *Strafe* wymierzać ⟨-rzyć⟩; **~nisvoll** fatalny

ver|'harmlosen (-) bagatelizować, pomniejszać ⟨-szyć⟩; **~'harren** (-; *t. sn*)

V

trwać (**in** *D* w *L*); **~'härten** (-): **sich ~** ⟨s⟩twardnieć; **~'haßt** znienawidzony
ver|'hätscheln F (*-le*; -) rozpieszczać ⟨-pieścić⟩; **~'hauen** F (-) ⟨z⟩bić; *Aufsatz* obl(ew)ać; **sich ~** strzelić byka
ver|'heddern (*-re*; -): **sich ~** ⟨po-, (*t. fig*) za⟩plątać się; **~'heerend** katastrofalny, okropny; **~'hehlen** (-) ukry(wa)ć
ver'heilen (-; *sn*) ⟨za⟩goić się
ver'heimlichen (-) zatajać ⟨zataić⟩, ukry(wa)ć (**vor** *D* przed *I*)
ver'heiraten (-) (**mit**) *Mann*: ⟨o⟩żenić (z *I*); *Frau*: wyda(wa)ć za mąż (za *A*)
verheiratet *adj Mann*: żonaty; *Frau*: zamężna
ver|'helfen* (-) być pomocnym (**j-m zu** k-u w *L*); **~'herrlichen** (-) gloryfikować; **~'hexen** (-) urzekać ⟨urzec⟩
ver'hindern (-) udaremni(a)ć; **nicht ~ können, daß** nie móc przeszkodzić (*D*); **verhindert sein** nie być w stanie uczestniczyć / przyjść *itp.*
Ver'hör *n* (*-es*; *-e*) przesłuchanie, badanie; **2en** (-) przesłuch(iw)ać; **sich ~** przesłyszeć się *pf*
ver'hüllen (-) zasłaniać ⟨-łonić⟩, okry(wa)ć (**mit** *I*); *Wolken*: zasnu(wa)ć
ver|'hungern (-; *sn*) umierać ⟨umrzeć⟩ z głodu; **~'hüten** (-) *v/t* zapobiegać ⟨zapobiec⟩ (*D*); → **verhindern**; **2'hütung** *f* zapobieganie, prewencja; **~s-** zapobiegawczy; *med t.* antykoncepcyjny
ver|'irren (-): **sich ~** zabłąkać się *pf*, zabłądzić *pf*; **~'jagen** (-) przepędzać ⟨-dzić⟩; **~'jähren** (-; *sn*) ulegać ⟨ulec⟩ przedawnieniu; **2'jährungsfrist** *f* termin przedawnienia; **~'jüngen** (-) odmładzać ⟨-młodzić⟩ (**sich** się); **sich ~** (*schmaler werden*) zwężać się; **2'jüngungskur** *f* kuracja odmładzająca
ver|'kabeln (*-le*; -) podłączyć *pf* do sieci telewizji kablowej; **~'kalken** (-; *sn*) zwapnieć *pf*; F *fig* ⟨z⟩dziadzieć; **~kalku'lieren** (-): **sich ~** przeliczyć się *pf*
ver'kannt *adj* zapoznany
Ver'kauf *m* sprzedaż *f*; **zum ~** na sprzedaż; **2en** (-) sprzeda(wa)ć
Ver'käufer(in *f*) *m* sprzedawca *m* (-czyni); (*im Laden*) ekspedient(ka)
ver'käuflich do sprzedania, zbywalny
Ver'kaufs|abteilung *f* dział zbytu; **~bedingungen** *f/pl* warunki *m/pl* sprzedaży; **~förderung** *f* promocja sprzedaży; **2offen: ~er Samstag** sobota z przedłużonymi godzinami otwarcia sklepów; **~stand** *m* stoisko
Ver'kehr *m* (*-s*; *0*) ruch; *w.zn.* komunikacja, transport; *fin* obrót, obieg; korespondencja; *fig* stosunki *m/pl*; *sexuell t.*: pożycie; **2en** (-) *v/i Bus*, *Zug*: kursować; (**mit** *j-m*) obcować, utrzymywać stosunki (z *I*); (*sexuell*) mieć pożycie (z *I*); (**bei** *j-m*, **in** *D*) bywać (u *G*, w *L*)
Ver'kehrs|amt *n* biuro usług turystycznych; **~aufkommen** *n* nasilenie ruchu (drogowego); **2beruhigt: ~e Zone** strefa ograniczonego ruchu
Ver'kehrs|betrieb(e *pl*) *m* przedsiębiorstwo komunikacyjne; **~delikt** *n* wykroczenie drogowe; **~flugzeug** *n* samolot pasażerski/komunikacyjny
Ver'kehrsfunk *m* radiofonia dla pojazdów (samochodowych)
Ver'kehrs|gefährdung *f* zagrożenie ruchu drogowego; **2günstig** dogodny komunikacyjnie; **~lärm** *m* hałas uliczny; **~mittel** *n* środek komunikacji, F środek lokomocji; **~netz** *n* sieć komunikacyjna; **~opfer** *n* ofiara wypadku drogowego; **~polizei** *f* policja drogowa, F drogówka; **~regel** *f* przepis ruchu drogowego; **2reich** o dużym nasileniu ruchu, ruchliwy; **~schild** *n* znak drogowy; **2sicher** technicznie sprawny
Ver'kehrs|sicherheit *f* (*0*) bezpieczeństwo ruchu; **~störung** *f* zakłócenie w komunikacji; **~sünder(in** *f*) *m* sprawca *m* (-czyni) wykroczenia drogowego; **~teilnehmer** *m* uczestnik ruchu
ver'kehrstüchtig *os.* zdolny do prowadzenia pojazdu (samochodowego)
Ver'kehrs|unfall *m* wypadek komunikacyjny/drogowy; **2widrig** niezgodny z przepisami ruchu drogowego
Ver'kehrszeichen *n* znak drogowy
ver'kehrt (*auf dem Kopf*) odwrócony; (*andersherum*) odwrotny, *praed t.* na odwrót; → **falsch**; **~ anziehen** włożyć na lewą stronę
ver'kennen* (-) nie doceni(a)ć
ver|'klagen (-) zaskarżać ⟨-żyć⟩ (**j-n wegen** k-o o *A*); **~'kleben** (-) *v/i* (*sn*) zlepi(a)ć się, sklejać ⟨skleić⟩ się
ver'kleid|en (-) przeb(ie)rać (**sich als** się za *A*); *bud* oblicow(yw)ać; **2ung** *f* przebranie; *bud* oblicówka, okładzina
ver'kleinern (*-re*; -) zmniejszać ⟨-szyć⟩ (**sich** się); **sich ~** *t.* ⟨z⟩maleć

ver'klemmt F *fig* zakompleksiony
ver'klingen* (-; *sn*) przebrzemie(wa)ć
ver'kneifen* F (-): **sich** ~ *Lachen* stłumić *pf*; *Wunsch* odmówić *pf* sobie (*G*)
ver|'knüpfen (-) *fig* ⟨po⟩wiązać, ⟨s⟩kojarzyć; **~'kommen**[1]* (-) ⟨z⟩marnować się; (*moralisch*) wykolejać ⟨-leić⟩ się, F złajdaczeć *pf*; **~'kommen**[2] *adj* zaniedbany; (*sittlich*) zdeprawowany
ver|'körpern (*-re*; -) uosabiać ⟨-sobić⟩; *Rolle* odtwarzać ⟨-tworzyć⟩; **~'krachen** F (-): **sich** ~ pokłócić się *pf*
ver|'kraften F (*-e-*; -) *v/t* znosić ⟨znieść⟩ (*A*); **~'krampfen** (-): **sich** ~ ⟨s⟩kurczyć się konwulsyjnie; **~'krampft** *adj fig* wymuszony, sztuczny; **~'kriechen*** (-): **sich** ~ *fig* zaszy(wa)ć się; **~'krüppelt** kaleki, ułomny; zniekształcony
ver'krustet zaskorupiały, zaschnięty
ver'kümmern (-; *sn*) ⟨z⟩marnieć; *Handel*: upadać ⟨upaść⟩; *Organ*: zanikać ⟨-knąć⟩; *Talent*: ⟨z⟩marnować się
ver'künden (*-e-*; -) oznajmi(a)ć
Ver'kündigung *f*: ***Mariä*** ~ Zwiastowanie Najświętszej Marii Panny
ver|'kürzen (-) skracać ⟨skrócić⟩ (**sich** się); **~'kürzt** *adj* skrócony
Ver'kürzung *f* skrócenie
Ver'lad|e- załadowczy; **Ձen*** (-) załadow(yw)ać; **~ung** *f* załadunek
Ver'lag *m* (*-ѳs*; *-e*) wydawnictwo; **~s-** wydawniczy; **Ձern** (-) przemieszczać ⟨-mieścić⟩ (**sich** się); **~sbuchhandlung** *f* księgarnia nakładowa
verlangen (-) *v/t* ⟨za⟩żądać, (*t. erfordern*) wymagać (*G*); *v/i* (**nach**) chcieć, pragnąć (*G*); (*nach j-m*) domagać się przyjścia (*G*) / widzenia się (z *I*)
Ver'langen *n* (*-s*; *0*) żądanie; pragnienie; → ***Begierde***
ver'länge|rn (*-re*; -) przedłużać ⟨-żyć⟩; **Ձrung** *f* przedłużenie; prolongata; **Ձrungsschnur** *f el* przedłużacz
ver'langsamen (-) zwalniać ⟨zwolnić⟩; **sich** ~ spowolnieć *pf*, ⟨z⟩maleć
Ver|'laß *m*: **es ist** (**kein**) ~ (**auf** *A*) (nie) można polegać (na *L*); **Ձ'lassen**[1]* (-) opuszczać ⟨opuścić⟩, porzucać ⟨-cić⟩; **sich** ~ (**auf** *A*) polegać (na *L*), zda(wa)ć się (na *A*); **Ձ'lassen**[2] *adj* opuszczony, porzucony; (*leer*) opustoszały
ver'läßlich pewny, niezawodny
Ver'lauf *m* przebieg; tok; **im** ~ **von** w toku (*G*); w ciągu (*G*); **Ձen*** (-) *v/i* (*sn*) przebiegać; *Farben*: zlewać/rozpływać się; **sich** ~ *Menge*: rozchodzić ⟨rozejść⟩ się; → ***verirren***
Ver'laut|barung *f* oświadczenie, komunikat; **Ձen** (-): ~ **lassen** oświadczać ⟨-czyć⟩, ⟨za⟩komunikować
ver'leben (-) *Zeit* spędzać ⟨-dzić⟩
ver'leg|en[1] (-) *Sitz* przenosić ⟨-nieść⟩; *Kabel* zakładać ⟨założyć⟩; *Frist*, *Truppen* przesuwać ⟨-sunąć⟩; *Buch* wyda(wa)ć; (*verkramen*) zapodzi(ew)ać; **sich** ~ (**auf** *A*) przerzucać ⟨-cić⟩ się (na *A*); **~en**[2] *adj* zmieszany; *Schweigen*: kłopotliwy (-wie); **Ձenheit** *f* zakłopotanie; **in** ~ **bringen** wprawić w kłopot
Ver'leger(in *f*) *m* wydawca *m* (-czyni)
ver'leiden (*-e-*; -) obrzydzać ⟨-dzić⟩
Ver'leih *m* (*-s*; *0*) wypożyczanie; wynajem; (*Betrieb*, *t. pl -e*) wypożyczalnia; przedsiębiorstwo wynajmu; **Ձen*** (-) wypożyczać ⟨-czyć⟩; *Orden itp.* odznaczać ⟨-czyć⟩ (**j-m** *A* k-o *I*); *Mut itp.* przyda(wa)ć; **~ung** *f* (*G*) odznaczenie (*I*); (*Preis*Ձ) przyznanie; wręczenie
ver|'leiten (-) (*durch Zureden*) namawiać ⟨-mówić⟩; → ***verführen***; **~'lernen** (-) *v/t* zapominać ⟨-mnieć⟩ (*G*)
ver'lesen* (-) *Körner* przeb(ie)rać; *Text* odczyt(yw)ać
ver'letz|en (-) ⟨s⟩kaleczyć (**sich** się; **sich** *etw* sobie *A*); *fig* naruszać ⟨-szyć⟩, pogwałcić *pf*; → ***kränken***; **~d** obraźliwy (-wie); **Ձte**(**r**) ranny (-na); **Ձung** *f* skaleczenie, obrażenie; naruszenie, pogwałcenie; → ***Wunde***, ***Kränkung***
ver'leumden (*-e-*; -) zniesławi(a)ć
Ver'leumdung *f* oszczerstwo
ver|'lieben (-): **sich** ~ zakochać się *pf* (**in** *A* w *L*); **~'liebt** zakochany; **~'lieren*** (-) ⟨z⟩gubić; *fig* ⟨s⟩tracić (*t. v/i* **an** *D* na *L*); *Krieg*, *Spiel* przegr(yw)ać
ver'loben (-): **sich** ~ zaręczać ⟨-czyć⟩ się
Ver'lob|te(**r**) narzeczony (-na); **~ung** *f* zaręczyny *pl*; **~s-** zaręczynowy
ver'lock|en (-) ⟨z⟩nęcić (**zu** do *G*); **~d** nęcący (-co); **Ձung** *f* pokusa
ver|'logen zakłamany; **~'loren** → ***verlieren***; *adj* z(a)gubiony; stracony; *Mühe*: daremny; **~'lorengehen*** (-) z(a)gubić się, przepadać ⟨-paść⟩
ver'losen (-) rozlosow(yw)ać
Ver'losung *f* (roz)losowanie
ver'lottern (*-re*; -; *sn*) złajdaczeć *pf*
Ver'lust *m* (*-ѳs*; *-e*) zguba; *fin*, *fig* strata;

(*d. Rechte*) utrata; (*e-s Spiels*) przegrana; **~anzeige** *f* ogłoszenie o zgubie
ver|'machen (-) zapis(yw)ać w testamencie; **≗'mählung** *f* ślub; **~'markten** (*-e-*; -) ⟨u⟩plasować na rynku
ver'masseln F (*-le*; -) zawalać ⟨-lić⟩
ver'mehr|en (-) pomnażać ⟨-mnożyć⟩; *biol* rozmnażać ⟨-mnożyć⟩ (***sich*** się); **≗ung** *f* (*0*) rozmnażanie (się)
ver'meidbar (możliwy) do uniknięcia
ver'meiden* (-) *v/t* unikać ⟨-knąć⟩ (*G*)
ver'meintlich domniemany, rzekomy
Ver'merk *n* (*-ẹs*; *-e*) adnotacja
ver'mess|en¹* (-) wymierzać ⟨-rzyć⟩; **~en²** *adj* zuchwały (-le); **≗ung** *f* pomiar
ver'miet|en (-) wynajmować ⟨-jąć⟩; ***zu*** **~** do wynajęcia; **≗er(in** *f*) *m* wynajmujący (-ca); **≗ung** *f* wynajem
ver'mindern (-) zmniejszać ⟨-szyć⟩ (***sich*** się); ⟨z⟩redukować; **→ *senken***
ver|'mischen (-) ⟨z⟩mieszać (***sich*** się; ***mit*** z *I*); **~'missen** (*-ßt*; -) *v/t* stwierdzić *pf* brak (*G*); (*sich sehnen nach j-m*) odczu(wa)ć nieobecność (*G*)
ver|'mißt, **≗'mißte(r)** zaginiony (-na)
ver'mitteln (*-le*; -) *v/i* pośredniczyć; występować ⟨-stąpić⟩ w roli mediatora; *v/t* **→ *verschaffen*, *ermöglichen***
Ver'mittlung *f* pośrednictwo; mediacja; *tel* centrala; **~s-** mediacyjny
ver|'modern (-; *sn*) ⟨z⟩gnić, ⟨z⟩butwieć; **~'mögen*** (-) móc, zdołać *pf*; **≗'mögen** *n* (*-s*; *0*) możność *f*, zdolność *f*; (*Besitz*) majątek; **~'mögend** majętny
Ver'mögens|lage *f* stan majątkowy; **~werte** *m/pl* wartości *f/pl* materialne
ver'mut|en (*-e-*; -) przypuszczać ⟨-puścić⟩; **~lich** przypuszczalny; *praed t.* zapewne; **≗ung** *f* przypuszczenie
ver'nachlässigen (-) zaniedb(yw)ać
ver'nehmen* (-) **→ (*ver*)*hören***
Ver'nehm|en *n*: ***dem* ~ *nach*** jak słychać; **~ung** *f* przesłuchanie, badanie
ver'neigen (-): ***sich* ~** składać ⟨złożyć⟩ ukłon, skłonić się (***vor*** *D* przed *I*)
ver'neinen (-) *v/t* zaprzeczać ⟨-czyć⟩ (*D*), negować (*A*); **~d** przeczący (-co)
Ver'neinung *f* (za)przeczenie, negacja
ver'nicht|en (*-e-*; -) ⟨z⟩niszczyć; **~d** *Kritik*: druzgocący; **≗ung** *f* (z)niszczenie
Ver'nunft *f* (*0*) rozum, rozsądek; ***zur* ~ *bringen*** przywołać do rozsądku
ver'nünftig rozsądny; **→ *ordentlich***
ver'öffentlichen (-) ⟨o⟩publikować
ver'ord|nen (-) *med* zalecać ⟨-cić⟩; *Arznei* zapis(yw)ać; **→ *anordnen***; **≗nung** *f* rozporządzenie; zalecenie, przepis
ver'pachten (-) wydzierżawi(a)ć
Ver'pachtung *f* wydzierżawienie
ver'pack|en (-) ⟨o⟩pakować; **≗ung** *f* opakowanie; **~s-** opakunkowy
ver|'passen (-) **→ *versäumen***; F *Prügel, Spritze* da(wa)ć; **~'pfänden** (-) zastawi(a)ć; **~'pfeifen*** F (-) wsypać *pf*
ver|'pflanzen (-) przesadzać ⟨-sadzić⟩; *med, fig* przeszczepi(a)ć; **~'pflegen** (-) żywić; *Gäste* stołować (***sich*** się)
Ver'pflegung *f* wyżywienie; żywność *f*, prowiant, F (*Reise≗*) wałówka
ver'pflicht|en (*-e-*; -) zobowiąz(yw)ać (***zu*** do *G*; ***sich*** się); **~et** zobowiązany
Ver'pflichtung *f* zobowiązanie
ver|'pfuschen (-) spartaczyć *pf*; **~'plappern** F (-): ***sich* ~** wygadać się *pf*
ver'pönt naganny
ver|'prügeln (-) ⟨z⟩bić; **~'pulvern** F (*-re*; -) przepuszczać ⟨-puścić⟩, ⟨roz⟩trwonić; **~'putzen** (-) ⟨o⟩tynkować; F *fig* sprzątnąć *pf* (z talerza); **~'qualmen** (-) zadymi(a)ć; **~'rammeln** (*-le*; -) zatarasować *pf*; **~'ramschen** (-) sprzeda(wa)ć za bezcen
Ver|'rat *m* (*-ẹs*; *0*) zdrada; **≗'raten*** (-) zdradzać ⟨-dzić⟩ (***sich*** się); **~'räter(in** *f*) *m* zdrajca *m* (-czyni)
ver'räterisch zdradziecki (-ko); *Blick itp.*: zdradliwy
ver'rechn|en (-) (***mit***) zaliczać ⟨-czyć⟩ na rachunek (*G*); ***sich* ~** przeliczać ⟨-czyć⟩ się; **≗ungsscheck** *m* czek rozliczeniowy
ver|'recken (-; *sn*) zdychać ⟨zdechnąć⟩; **~'regnet** *Tag*: deszczowy; **~'reisen** (-) wyjeżdżać ⟨-jechać⟩; **~'renken** (-) *med* zwichnąć *pf* (***sich*** *etw* sobie *A*)
ver'richten (-) wykon(yw)ać; *Amt* sprawować; *Gebet* odmawiać ⟨-mówić⟩
ver|'riegeln (*-le*; -) zaryglować *pf*; **~'ringern** (*-re*; -) zmniejszać ⟨-szyć⟩ (***sich*** się); **≗'ringerung** *f* zmniejszenie; **~'rostet** zardzewiały; **~'rohen** (-; *sn*) zdziczeć *pf*; **~'rotten** (*-e-*; -; *sn*) **→ *vermodern***; **~'rücken** (-) przesuwać ⟨-sunąć⟩
ver'rückt F zwariowany; **~ *machen*** doprowadzać do szaleństwa; **≗e(r)** wariat(ka); **≗heit** *f* wariactwo
Ver'ruf *m*: ***in* ~ *bringen*** ⟨z⟩dyskredytować; ***in* ~ *geraten*** zepsuć sobie opinię

ver|'rufen osławiony; **~'rutschen** (-; *sn*) przesuwać, zsuwać ⟨-sunąć⟩ się
Vers *m* (-*es*; -*e*) wiersz; (*Bibel*2) werset
ver'sagen (-) odmawiać ⟨odmówić⟩ (**j-m**, **sich** *A* k-u, sobie *G*); *v/i Waffe*: zacinać ⟨-ciąć⟩ się; *Motor*: F nawalić *pf*; *os.* nie dopisać *pf*
Ver'sag|en *n*: **menschliches ~** zawodność *f* człowieka; **~er** *m pej* partacz życiowy, niedołęga *m*
ver'salzen (-) przesalać ⟨-solić⟩
ver'samm|eln (-) zbierać ⟨zebrać⟩, zgromadzać ⟨-dzić⟩ (**sich** się); **2lung** *f* zebranie, zgromadzenie
Ver'sand *m* (-*es*; *0*) wysyłka; ekspedycja
ver'sanden (-*e*-; -; *sn*) zapiaszczyć się *pf*
ver'sand|fertig gotowy do wysyłki; **2-haus** *n* dom towarowy wysyłkowy; **2-kosten** *pl* koszty *m/pl* wysyłki
ver'säum|en (-) *Unterricht* opuszczać ⟨opuścić⟩; *Termin* nie stawić się *pf* (u, do *G*, na *A*); *Zug* spóźnić się *pf* (na *A*); *Chance* przepuszczać ⟨-puścić⟩; **nicht ~ zu ...** nie omieszkać ...; **2nis** *n* (-*ses*; -*se*) zaniedbanie; niestawiennictwo
ver'schaffen (-) postarać/wystarać się *pf* (**j-m** *A* dla k-o o *A*); *Respekt itp.* zdoby(wa)ć, wyjedn(yw)ać (**sich** sobie)
ver'schämt zażenowany; *praed* z zażenowaniem
ver'schandeln F (-*le*; -) ⟨ze⟩szpecić
ver'schärfen (-) zaostrzać ⟨-rzyć⟩ (**sich** się); *Tempo* przyspieszać ⟨-szyć⟩
ver'scharren (-) zagrzeb(yw)ać
ver|'schätzen (-): **sich ~** przeracho-w(yw)ać się; **~'schenken** (-) ⟨po-, roz⟩darować *pf*; **~'scheuchen** (-) odpędzać ⟨-dzić⟩; *Wild* ⟨s⟩płoszyć
ver'schicken (-) wys(y)łać; (*in großer Zahl*) rozsyłać ⟨rozesłać⟩
ver'schieben* (-) przesuwać ⟨-sunąć⟩ (**sich** się); *kolej* przetaczać
ver'schieden różny; (*ungleich t.*) niejednakowy; **2es** rozmaitości *f/pl*, różne rzeczy *f/pl*; **~ sein** (**von**) różnić się (od *G*); **~artig** rozmaity, różnorodny
ver'schieden|farbig różnobarwny; **2-heit** *f* różność *f*, odmienność *f*
ver|'schießen* (-) *Patronen* wystrzelać *pf*; *Ball* przestrzelić *pf*; **~'schiffen** (-) ⟨za⟩ładować na statek; wys(y)łać statkiem; **~'schimmeln** (-; *sn*) ⟨s⟩pleśnieć; **~'schlafen¹*** (-) zaspać *pf*, (*t. v/t*) przespać *pf*; **~'schlafen²** *adj* zaspany, senny

Ver'schlag *m* przepierzenie; **2en¹*** (-) *Ball* niecelnie wybić/podać *pf*; *Sprache* odebrać *pf*; *Atem* zapierać ⟨-przeć⟩; **~ an e-n Ort** zapędzić *pf*, rzucić *pf* (do *G*); **2en²** *adj* podstępny; (*schlau*) przebiegły
ver'schlampen F (-) zawieruszyć *pf*
ver'schlechter|n (-*re*; -) pogarszać ⟨pogorszyć⟩ (**sich** się); **2ung** *f* pogorszenie
ver'schleiern (-*re*; -) *fig* zawoalować *pf*
Ver'schleiß *m* (-*es*; -*e*) zużycie; **2en*** *v/t* ⟨z⟩niszczyć, zuży(wa)ć (*v/i*; *sn* się)
ver'schleppen (-) (*verzögern*) przewlekać ⟨-lec⟩; *Krankheit* zaniedb(yw)ać
ver|'schleudern (-) ⟨roz⟩trwonić; → ***verramschen***; **~'schließbar** zamykany (na klucz); **~'schließen*** (-) zamykać ⟨zamknąć⟩ (**sich** się); **~'schlimmern** (-*re*; -) pogarszać ⟨-gorszyć⟩ (**sich** się); **~'schlingen*** (-) połykać ⟨-łknąć⟩; *fig* pochłaniać ⟨-łonąć⟩; **~'schliß**, **~'schlissen** → ***verschleißen***
ver'schlossen *adj* zamknięty (*fig* w sobie); skryty; **2heit** *f* (*0*) skrytość *f*
ver|'schlucken (-) połykać, przełykać ⟨-łknąć⟩; **sich ~** zakrztusić się *pf*; **~'schlungen** *adj* splątany; *Pfad*: kręty
Ver'schluß *m* zamek, zamknięcie; *fot* migawka; **unter ~** pod kluczem
ver|'schlüsselt zakodowany; **~'schmähen** (-) *v/t* wzgardzać ⟨-dzić⟩ (*I*)
ver'schmelzen* (-) *v/t* stapiać ⟨stopić⟩ (*v/i*, *sn* się); *v/i* (*sn*) *fig* ⟨po⟩łączyć się
ver|'schmieren (-) rozmaz(yw)ać; *Loch* zasmarow(yw)ać; **~'schmitzt** szelmowski (-ko); **~'schmutzen** (-) *v/t* ⟨po-, za⟩brudzić (*v/i*, *sn* się); *Umwelt* zanieczyszczać ⟨-czyścić⟩; **2'schnaufpause** *f* chwila wytchnienia
ver|'schneit zaśnieżony, zawiany śniegiem; **~'schnupft** zakatarzony; F *fig* nadąsany; **~'schollen** zaginiony; **~ sein** zaginąć bez wieści; **~'schonen** (-) (za)oszczędzać ⟨-dzić⟩ (**j-n mit** k-u *G*); **~'schönern** (-*re*; -) upiększać ⟨-szyć⟩
ver'schreib|en* (-) *med* przepis(yw)ać; **sich ~** ⟨o⟩mylić się (przy pisaniu); *fig* (*e-r Sache*) odda(wa)ć się całkowicie (*D*); **2ung** *f* przepis, recepta
ver|'schroben cudaczny; **~'schrotten** (-*e*-; -) złomować; odda(wa)ć na złom
ver'schüchtert onieśmielony
ver'schuld|en (-) *v/t* zawinić *pf*; **sich ~** zadłużać ⟨-żyć⟩ się; **2en** *n* (-*s*; *0*) wina;

durch eigenes ~ z własnej winy; **~et** *adj* zadłużony; **2ung** *f* zadłużenie
ver'schütten (-) *Mehl* rozsyp(yw)ać; *Arbeiter* przysyp(yw)ać; → ***vergießen***
ver'schwägert spowinowacony
ver'schweigen* (-) przemilczać ⟨-czeć⟩
ver'schwend|en (*-e-*; -) *v/t* ⟨roz⟩trwonić (*A*), szafować (*I*); → ***vergeuden***; **~erisch** rozrzutny; (*üppig*) bogaty (-to); **2ung** *f* (*zw. 0*) trwonienie; marnotrawstwo, rozrzutność *f*
ver'schwiegen *adj* dyskretny; *Platz*: ustronny; **2heit** *f* (*0*) dyskretność *f*
ver|'schwimmen* (-; *sn*) rozpływać ⟨-płynąć⟩ się; **~'schwinden*** (-; *sn*) znikać ⟨-knąć⟩; **~d *gering*** znikomy
Ver'schwinden *n* (*-s*; *0*) zniknięcie
ver'schwommen *adj* nieostry (-ro)
ver'schwör|en* (-): ***sich*** ~ spiskować (***gegen*** przeciw *D*); **2er(in** *f*) *m* spiskowiec; **2ung** *f* zmowa, spisek
ver'sehen* (-) zaopatrywać ⟨-patrzyć⟩ (***mit*** w *A*); *Amt* sprawować; *Haushalt* prowadzić; ***sich*** ~ przeoczyć *pf*
Ver'sehen *n* (p)omyłka; ***aus*** ~ przez nieuwagę; → **2tlich** niechcący
Ver'sehrte(r) inwalida *m* (-dka)
ver'senden* (-) → ***verschicken***
ver'sengen (-) opalać, spalać ⟨-lić⟩
ver'senken (-) *Schiff* zatapiać ⟨-topić⟩; ***sich*** ~ pogrążać ⟨-żyć⟩ się (***in*** *A* w *A*)
ver'sessen: ~ ***sein*** (***auf*** *A*) lecieć (na *A*), palić się (do *G*)
ver'setz|en (-) *Mauer* przestawi(a)ć; *Beamte* przenosić ⟨-nieść⟩; *Schüler* promować; *Schlag* wymierzyć *pf*, zadać *pf*; *Schmuck* zastawi(a)ć; F *j-n* nie zjawić się na spotkanie *itp.*; ***in** e-n Zustand* ~ wprawi(a)ć (w *A*); ***sich in** j-s* ***Lage*** ~ wejść w położenie (*G*); → (***ver***)***mischen***; **2ung** *f* przeniesienie; promocja
ver'seuchen (-) skażać ⟨skazić⟩ (***mit*** *I*)
Ver'sicherer *m* ubezpieczyciel
ver'sicher|n (-) upewni(a)ć (***j-m*** *A* k-o o *L*); ***sich*** ~ (*G*) przekon(yw)ać się (o *L*); → ***beteuern***; ubezpieczać ⟨-czyć⟩ (***sich*** się; ***gegen*** od *G*)
Ver'sicher|te(r) ubezpieczony (-na); **~tenkarte** *f* legitymacja ubezpieczeniowa; **~ung** *f* zapewnienie; ubezpieczenie
Ver'sicherungs|beitrag *m* składka ubezpieczeniowa; **~betrug** *m* oszustwo ubezpieczeniowe; **~summe** *f* suma ubezpieczenia

ver|'sickern (-) wsiąkać ⟨-knąć⟩; *fig* rozpływać ⟨-płynąć⟩ się; **~'siegeln** (*-le*; -) opieczętować *pf*; **~'siegen** (-; *sn*) wysychać ⟨-schnąć⟩; **~'siert** zaprawiony (***in*** *D* do *G*); **~'sinken*** (-) zatonąć *pf*, (*t. fig*) pogrążyć się; (*im Schnee itp.*) tonąć, ⟨u⟩grzęznąć
Versi'on [v-] *f* wersja
ver'soffen F *adj* zapijaczony
ver|'söhnen (-) ⟨po⟩godzić (***sich*** się); **~'söhnlich** pojednawczy (-czo); **2'söhnung** *f* pojednanie, pogodzenie się
ver'sorgen (-) zaopatrywać ⟨-trzyć⟩ (***sich*** się; ***mit*** w *A*); *Familie* utrzymywać; → ***sich kümmern***, ***pflegen***
Ver'sorg|ung *f* (*0*) zaopatrywanie, zaopatrzenie; **2ungsschwierigkeiten** *f/pl* trudności *f/pl* zaopatrzeniowe
ver'späten (*-e-*; -): ***sich*** ~ opóźni(a)ć się; (*t. zu spät sn*) spóźni(a)ć się (***mit*** z *I*)
Ver'spätung *f* opóźnienie, spóźnienie
ver|'sperren (-) *Weg* zagradzać ⟨-grodzić⟩; *Aussicht* zasłaniać ⟨-słonić⟩; **~'spielen** (-) *Geld* przegr(yw)ać; *Chance* zaprzepaszczać ⟨-paścić⟩; **~'spotten** (-) *v/t* szydzić (z *G*), wyszydzać (*A*)
ver'sprech|en* (-) obiec(yw)ać; (*verheißen*) rokować; ***sich*** ~ przejęzyczyć się *pf*; **2en** *n*, **2ung** *f* obietnica
ver'sprühen (-) rozprysk(iw)ać
Ver'stand *m* (*-es*; *0*) rozum; ***bei klarem*** ~ przy zdrowych zmysłach; ***den*** ~ ***verlieren*** postradać rozum
ver'ständig|en (-) powiadamiać, zawiadamiać ⟨-domić⟩; ***sich*** ~ porozumie(wa)ć się (*pf t. fig* ***über*** *A* co do *G*); **2ung** *f* powiadomienie, zawiadomienie; porozumie(wa)nie się; *tel* słyszalność *f*; *fig* porozumienie
ver'ständ|lich zrozumiały (-le); ~ ***machen*** ⟨wy⟩tłumaczyć; **~licherweise** ze zrozumiałych względów; **2nis** *n* (*-ses*; *-se*) zrozumienie; **~nislos** *praed* nic nie rozumiejąc; **~nisvoll** pełen zrozumienia, ze zrozumieniem
ver'stärk|en (-) wzmacniać ⟨-mocnić⟩; *fig* wzmagać ⟨wzmóc⟩ (***sich*** się); **2er** *m el*, *RTV* wzmacniacz; **2ung** *f* wzmacnianie, wzmocnienie; *mil* posiłki *m/pl*
ver'staubt zakurzony; *fig* staroświecki
ver'stauchen (-) skręcać ⟨-cić⟩
ver'stauen (-) ⟨za⟩pakować, włożyć *pf*
Ver'steck *n* (*-es*; *-e*) kryjówka; (*Fach*) schowek; ~ ***spielen*** bawić się w chowa-

V

nego; **&en** (-) ⟨s⟩chować, ukry(wa)ć (**sich** się); **&t** *adj* ukryty
ver'stehen* (-) ⟨z⟩rozumieć (**einander, sich** się [ze sobą]); → **begreifen**; (*können*) umieć; **zu ~ geben** dać do zrozumienia; **sich ~** (**auf** *etw*) znać się (na *L*); **das versteht sich von selbst** to się rozumie samo przez się
ver'steiger|n (-) sprzeda(wa)ć z licytacji; **&ung** *f* licytacja, aukcja
ver'steinert *adj* skamieniały
ver'stell|en (-) przestawi(a)ć; rozregulow(yw)ać; *Weg* zastawi(a)ć; *Stimme itp.* zmieni(a)ć; **sich ~** udawać, symulować; **&ung** *f* (*0*) symulowanie, komedia
ver|'steuern (-) *v/t* ⟨za⟩płacić podatek (za *A*); **~'stimmen** (-) *v/t* rozstrajać ⟨-stroić⟩; *fig* ⟨ze⟩psuć humor (*D*); **~'stohlen** ukradkowy, *praed* ukradkiem
ver'stopfen (-) zat(y)kać (**sich** się)
Ver'stopfung *f med* zaparcie stolca
ver'storben zmarły; **er ist ~** on nie żyje; **&e(r)** nieboszczyk (-czka); → **Tote(r)**
ver'stört roztrzęsiony; *Blick*: błędny
Ver'stoß *m* uchybienie, naruszenie
ver'stoßen* (-) *v/t* wypędzać ⟨-dzić⟩; *v/i* (**gegen**) naruszać ⟨-szyć⟩ (*A*)
ver'strahlt skażony radioaktywnie
ver'streichen* (-; *sn*) *v/i* mijać ⟨minąć⟩; **~ lassen** *Frist* nie dopilnować (*G*)
ver|'streuen (-) rozsyp(yw)ać, rozrzucać ⟨-cić⟩; **~'stümmeln** (-*le*; -) okaleczyć *pf*; *Text* zniekształcać ⟨-cić⟩
ver'stummen (-; *sn*) ⟨u-, za⟩milknąć
Ver'such *m* (-*es*; -*e*) próba; *fiz, chem* doświadczenie, eksperyment
ver'suchen (-) ⟨s⟩próbować; **~ zu ...** (*sich mühen*) usiłować (*inf*)
Ver'suchs|- *zw.* doświadczalny; **~kaninchen** F *n* królik doświadczalny; **&weise** na próbę, tytułem próby
Ver'suchung *f* kuszenie; pokusa
ver|'sunken *adj* zatopiony (*t. fig*); **~'süßen** (-) osładzać ⟨osłodzić⟩; **~'tagen** (-) odraczać ⟨-roczyć⟩; **&'tagung** *f* odroczenie; **~'tauschen** (-) zamieni(a)ć
ver'teidig|en (-) ⟨o⟩bronić (**sich** się; **gegen** przed *I*); **&er(in** *f*) *m* obrońca *m* (-czyni); **&ung** *f* (*0*) obrona
Ver'teidigungs|bündnis *n* sojusz obronny; **~minister** *m* minister obrony
ver'teilen (-) rozdzielać ⟨-lić⟩ (**sich** się); *Waren, Farbe, Gas itp.* rozprowadzać ⟨-wadzić⟩; (*hintun*) ⟨po⟩rozstawiać; (*hinlegen*) rozkładać ⟨rozłożyć⟩; **sich ~** (*räumlich*) rozchodzić ⟨rozejść⟩ się
Ver'teiler *m* rozdzielnik; *mot* rozdzielacz; *w zł. el, hdl* rozdzielczy
Ver'teilung *f* podział; *hdl* dystrybucja
ver'teuern (-*re*; -): **sich ~** podrożeć *pf*
ver'teufelt diabelski (-ko, diabelnie)
ver'tief|en (-) pogłębi(a)ć (**sich** się); **sich ~** (**in** *A*) *fig* zagłębi(a)ć się (w *A*); **&ung** *f* pogłębianie; wgłębienie, zagłębienie
verti'kal [v-] pionowy (-wo)
ver|'tilgen (-) ⟨wy⟩tępić; **~'tippen** F (-): **sich ~** ⟨o⟩mylić się; **~'tonen** (-) *v/t* napisać *pf* muzykę (do *G*); *Film* udźwiękowić *pf*; **~'trackt** F zagmatwany
Ver'trag *m* (-*es*; **-e*) umowa, układ
ver'trag|en* znosić ⟨znieść⟩; **sich ~** żyć w zgodzie; **sich wieder ~** pogodzić się; **~lich** umowny, określony w umowie; **~ festlegen** zastrzec w umowie
ver'träglich zgodny; *med* tolerowany; **&keit** *f biol* tolerancja (na *A*)
Ver'trags|bruch *m* zerwanie umowy; **~partner(in** *f*) *m* kontrahent(ka); **~strafe** *f* kara umowna; **~werkstatt** *f mot* warsztat autoryzowany; **&widrig** niezgodny z umową, wbrew umowie
ver'trauen (-) ufać, dowierzać
Ver'trauen *n* (-*s*; *0*) zaufanie; (*Zuversicht*) ufność *f*; **ins ~ ziehen** (*A*) zwierzyć się (*D*); poufnie poinformować (*A*); **&erweckend** budzący zaufanie
Ver'trauens|arzt *m* lekarz zaufania; **~frage** *f pol* wniosek o wotum zaufania; **~krise** *f* kryzys zaufania; **~sache** *f* kwestia zaufania; **~stellung** *f* odpowiedzialne stanowisko; **~verhältnis** *n* (-*ses*; *0*) stosunek zaufania
ver'trauensvoll pełen zaufania; ufny
ver'trauenswürdig godny zaufania
ver'traulich poufny; → **familiär**; **&keit** *f* (*0*) poufność *f*; (*t. pl*) poufałość *f*
ver'traut *adj* zaufany, bliski; *Ort*: dobrze znany; (**mit** *etw*) obeznany (z *I*); **sich ~ machen** (**mit**) zapozna(wa)ć się (z *I*); **&e(r)** powiernik (-ica, -iczka)
ver'treib|en* (-) przepędzać, wypędzać ⟨-pędzić⟩; *Waren* rozprowadzać; **sich die Zeit ~** spędzać ⟨-dzić⟩ czas (**mit** na *L*); **&ung** *f* wypędzenie; → **Vertrieb**
ver'treten* (-) zastępować ⟨-stąpić⟩; reprezentować; *Ansicht* bronić (*G*)
Ver'tret|er(in *f*) *m* zastępca *m* (-czyni); reprezentant(ka), przedstawiciel(ka);

hdl t. agent; **~ung** *f* zastępstwo; przedstawicielstwo (*t. pol*); agencja
Ver'trieb *m* (-*es*; *0*) zbyt, dystrybucja; (*zw. Pressevertrieb*) kolportaż
Ver'triebene(r) wypędzony (-na)
Ver'triebs|abteilung *f* dział sprzedaży; **~netz** *n* sieć dystrybucyjna; **~verbot** *m* zakaz kolportażu/dystrybucji
ver|'trinken* (-) przepi(ja)ć; **~'trocknen** (-; *sn*) usychać ⟨uschnąć⟩; **~'trösten** (-) zbywać/zwodzić obietnicami; **~'tun*** ⟨z⟩marnować; ***sich ~*** omylić się *pf*; **~'tuschen** (-) ⟨za⟩tuszować
ver'übeln (-*e*; -) brać ⟨wziąć⟩ za złe
ver'üben (-) *v/t* popełni(a)ć (*A*), dopuścić się *pf* (*G*); *Anschlag, Einbruch* dokonać *pf* (*G*)
ver'un|glimpfen (-) ⟨o⟩szkalować; **~glücken** (-) ulegać ⟨ulec⟩ wypadkowi; (*tödlich*) zginąć *pf* w wypadku; F (*Sache*) nie uda(wa)ć się; **~reinigen** (-) zanieczyszczać ⟨-czyścić⟩; **~sichern** (-) ⟨s⟩peszyć; ⟨z⟩dezorientować; **~stalten** (-*e*-; -) ⟨ze⟩szpecić; **~treuen** (-) sprzeniewierzać ⟨-rzyć⟩; **2treuung** *f* sprzeniewierzenie, malwersacja
ver'ursach|en (-) ⟨s⟩powodować; **2er** (**-in** *f*) *m* sprawca *m* (-czyni)
ver'urteil|en (-) zasądzać ⟨-dzić⟩ (***wegen*** za *A*), skaz(yw)ać (***zu*** na *A*); *fig* potępi(a)ć; **2ung** *f* skazanie; potępienie
ver'viel|fachen (-) zwielokrotni(a)ć; **~fältigen** (-) *Text* powielać ⟨-lić⟩
ver'voll|kommnen (-*e*-; -) udoskonalać ⟨-lić⟩; *os., Kenntnisse* doskonalić (***sich*** się); **~ständigen** (-) uzupełni(a)ć
ver|'wachsen* (-) zrastać ⟨zrosnąć⟩ się (***miteinander*** ze sobą); **~'wackeln** (-) *fot* poruszyć *pf*; **~'wahren** (-): ***sich ~*** (***gegen***) protestować (przeciw *D*)
ver'wahr|losen (-; *sn*) ulegać ⟨ulec⟩ dewastacji; *os.* zaniedb(yw)ać się; **~lost** *adj* zaniedbany; *Kind t.*: rozpuszczony
Ver'wahrung *f* (*0*): ***in ~ geben*** odda(wa)ć na przechowanie/do depozytu
ver'waist osierocony; *fig* opuszczony
ver'walt|en (-) *v/t* zarządzać, administrować (*I*); **2er**(**in** *f*) *m* administrator(ka), zarządca *m* (-czyni); **2ung** *f* (*0*) zarządzanie; (*t. pl*) administracja
Ver'waltungs|behörde *f* organ administracji (państwowej); **~gericht** *n* sąd administracyjny (pierwszej instancji)
ver'wand|eln (-) przemieni(a)ć, przeobrażać ⟨-razić⟩ (***sich*** się); **2lung** *f* przemiana, przeobrażenie
ver'wandt spokrewniony; *fig* pokrewny
Ver'wandt|e(r) krewny (-na); **~schaft** *f* pokrewieństwo; *zbior* krewni *m/pl*, F krewniacy *m/pl*; **~schaftsgrad** *m* stopień *m* pokrewieństwa
ver'warnen (-) upominać ⟨-mnieć⟩
Ver'warnung *f* upomnienie
ver'wässern (-) rozwadniać ⟨-wodnić⟩
ver'wechs|eln (-) ⟨po⟩mylić, F ⟨po⟩plątać; **2lung** *f* pomyłka
ver|'wegen zuchwały (-le), śmiały (-ło); **~'wehen** (-) *Spur* zawi(ew)ać; **~'wehren** (-) zabraniać ⟨-bronić⟩ (***j-m*** *A* k-u *G*); **~'weigern** (-) odmawiać ⟨-mówić⟩ (***j-m*** *A* k-u *G*); **2'weigerung** *f* odmowa
Ver'weis *m* (-*es*; -*e*) nagana; (*Hinweis*) odsyłacz; **2en*** (-) skierow(yw)ać (***an*** *A* do *G*), odsyłać ⟨odesłać⟩ (***an, auf*** *A* do *G*); wydalać ⟨-lić⟩ (*G*, ***von*** z *G*)
ver'welkt *adj* zwiędły; → ***welken***
ver'wend|bar przydatny; nadający się do (z)użycia; **~en** (-) uży(wa)ć (***für*** na *A*); ⟨za⟩stosować (***bei*** przy *L*); *Energie, Zeit* wkładać ⟨włożyć⟩ (***auf, für*** *A* w *A*); ***sich ~*** (***für***) wstawi(a)ć się (za *I*); **2ung** *f* użycie, użytek; (za)stosowanie
ver'werf|en* (-) *Plan* odrzucać ⟨-cić⟩; *Klage* oddalać ⟨-lić⟩; **~lich** naganny
ver'wert|en (-) wykorzyst(yw)ać; **2ung** *f* wykorzystanie; *tech t.* utylizacja
ver'wes|en *v/i* (-; *sn*) ⟨z⟩gnić, rozkładać ⟨rozłożyć⟩ się; **2ung** *f* gnicie, rozkład
ver'wick|eln (-) zapląt(yw)ać (***sich*** się; *t. fig*); **2lung** *f* powikłanie
ver|'wildert zdziczały; **~'winden*** (-) przeboleć *pf*; **~'wirklichen** (-) urzeczywistni(a)ć, ⟨z⟩realizować
ver'wirr|en (-) ⟨po-, za⟩gmatwać (***sich*** się); *Haare* ⟨z⟩wichrzyć; *os.* zmieszać *pf*; **~t** *adj fig* zmieszany; **2ung** *f* zamieszanie, zamęt; zmieszanie
ver|'wischen (-) zacierać ⟨zatrzeć⟩ (***sich*** się); **~'wittern** (-; *sn*) ⟨z⟩wietrzeć
ver|'witwet owdowiały; **~e ...** wdowa po (*L*); **~'wöhnen** (-) *Kind* rozpieszczać ⟨-pieścić⟩; **~'wöhnt** *adj* rozpieszczony; (*wählerisch*) wybredny; *Geschmack*: wysubtelniony; **~'worfen** *adj* zepsuty moralnie, zdeprawowany; **~'worren** *adj* zawiły (-le), zagmatwany
ver|'wundbar *fig* wrażliwy, czuły; **~e *Stelle*** słabe miejsce; **~'wunden** (-*e*-; -)

V

(z)ranić *pf*; **~'wunderlich** dziwny
ver|'wundern (-) ⟨z⟩dziwić; **2'wunderung** *f* (*0*) zdziwienie; **~'wundet** *adj* ranny; **2'wundung** *f* zranienie; rana
ver'wünschen (-) przeklinać ⟨-kląć⟩
ver'wüsten (*-e-*; -) ⟨z⟩niszczyć, ⟨s⟩pustoszyć; *Lokal* ⟨z⟩demolować
ver|'zagen (-) upadać ⟨upaść⟩ na duchu; **~'zählen** (-): ***sich ~*** przeliczać ⟨-czyć⟩ się; **2'zahnung** *f* (*0*) zazębienie (*t. fig*); **~'zaubern** (-) zaczarować *pf*; *fig* oczarow(yw)ać; **~'zehnfachen** (-) zdziesięciokrotni(a)ć (***sich*** się)
Ver'zehr *m* (*-s*; *0*) spożywanie, spożycie; **2en** (-) spoży(wa)ć; *fig* strawić *pf*
ver'zeichnen (-) odnotow(yw)ać; *fiz*, *fig* (*verzerren*) przerysow(yw)ać
Ver'zeichnis *n* (*-ses*; *-se*) wykaz, zestawienie, spis
ver'zeih|en* (-) przebaczać, wybaczać ⟨-czyć⟩, darować; **~lich** wybaczalny
Ver'zeihung *f* (*0*) przebaczenie, wybaczenie; ***bitte um ~*** proszę wybaczyć; ***~!*** przepraszam!
ver'zerren (-) *Gesicht* wykrzywi(a)ć; *fig* zniekształcać ⟨-cić⟩, wypaczać ⟨-czyć⟩
Ver'zicht *m* (*-es*; *0*) zrzeczenie się; rezygnacja; **2en** (*-e-*; -) (***auf*** *A*) zrzekać ⟨zrzec⟩ się (*G*); ⟨z⟩rezygnować (z *G*)
ver'ziehen* (-) *Mund* wykrzywi(a)ć; *Kind* rozpuszczać ⟨-puścić⟩; ***sich ~*** *Holz*: ⟨s⟩paczyć się; *Gewitter*: przechodzić ⟨przejść⟩; F (*weggehen*) wynosić ⟨-nieść⟩ się; *v/i* (*sn*) przeprowadzać ⟨-dzić⟩ się (***nach*** do *G*)
ver|'zieren (-) ozdabiać ⟨-dobić⟩, przystrajać ⟨-stroić⟩; **~'zinkt** ocynkowany
ver'zins|en (-) oprocentow(yw)ać (***sich*** się); **~lich** oprocentowany
Ver'zinsung *f* oprocentowanie
ver'zogen *adj* wykrzywiony; *Holz*: spaczony; *Kind*: rozkapryszony
ver'zögern (-) opóźni(a)ć (***sich*** się)
Ver'zögerung *f* opóźnianie; odwlekanie; ***mit ~*** z opóźnieniem
ver|'zollen (-) ⟨o⟩clić; ***nichts zu ~*** nic do oclenia; **~'zückt** zachwycony, z zachwyceniem; **2'zückung** *f* (*0*) zachwyt
Ver|'zug *m* (*-es*; *0*) zwłoka; ***im ~ sein*** (***mit***) zalegać (z *I*); **~'zugszinsen** *pl* odsetki *f/pl* za zwłokę
ver'zweif|eln (-) rozpaczać; (***an*** *D*) stracić nadzieję (na *A*); **~elt** *adj* zrozpaczony; *Tat*, *Lage*: rozpaczliwy (-wie); **2lung** *f* (*0*) rozpacz; **~s-**... z rozpaczy
ver'zweigen (-): ***sich ~*** rozgałęzi(a)ć się
ver'zwickt F zawiły, skomplikowany
Vesper *f* (-; *-n*) *rel* nieszpory *pl*; → **~brot** *n* podwieczorek
Veteri'närmedizin [v-] *f* weterynaria
Veto [v-] *n* (*-s*; *-s*) weto; (***sein***) ***~ einlegen*** założyć *pf* weto, F zawetować *pf*
Vetter *m* kuzyn
Vetternwirtschaft *f* (*0*) kumoterstwo
vi'brieren [v-] (-) wibrować, drgać
Video [v-] *n* (*-s*; *-s*) wideo; **~aufzeichnung** *f* zapis na taśmie magnetowidowej; **~kamera** *f* kamera wideo; **~kassette** *f* wideokaseta; **~recorder** *m* magnetowid; **~'thek** *f* wypożyczalnia (kaset) wideo, wideowypożyczalnia
Vieh *n* (*-s*; *0*) *zbior* bydło; (*pl Viecher*) (*og. Tier*) stworzenie; *pej* bydlę
Viehbestand *m* pogłowie bydła
viehisch bydlęcy, bestialski (-ko)
Viehzeug F *n* (*-s*; *0*) robactwo
viel (*mehr*, *meist-*) dużo, wiele; ***wie ~e*** ile, ilu; ***so ~e*** tyle; ***um ~es größer*** o wiele większy; ***~ zu lange*** stanowczo za długo; ***~ besser*** daleko lepiej; ***~ mehr*** o wiele więcej; **~beschäftigt** bardzo zajęty; **~deutig** wieloznaczny
vielerlei wieloraki; różnego rodzaju
viel|fach wielokrotny (wielekroć); ***auf ~en Wunsch*** na liczne prośby; **2falt** *f* (*0*) różnorodność *f*; **~fältig** wieloraki
viel'leicht może, możliwie
vielmals: *entschuldigen Sie*/*danke ~* stokrotnie przepraszam/dziękuję
viel|mehr raczej; co więcej; **~sagend** wymowny; **~seitig** wielostronny
vielversprechend wielce obiecujący
Vielzahl *f* (*0*) mnogość *f*, mnóstwo
vier cztery, czworo, *m-os* czterej; F ***auf allen ~en*** na czworakach; → *str. 610*
Vier *f* czwórka; **~beiner** *m* czworonóg; **~eck** *n* czworobok, czworokąt; **2eckig** czworokątny; **~er** F *m* czwórka; **2fach** czterokrotny; poczwórny; **~ganggetriebe** *n* czteroprzekładniowa skrzynia biegów; **2hundert(ste)** → *str. 610*
vierjährig czteroletni
Vier|linge *m/pl* czworaczki *m/pl*; **~radantrieb** *m* napęd na cztery koła; **2spurig** *Straße*: o czterech pasach ruchu
vier|t: *zu ~* we czworo; **~te** czwarty; → *str. 611*; **~tel: *ein ~*** jedna czwarta
Viertel *n* czwarta część; (*Maß*, *Gewicht*)

ćwierć *f*, F ćwiartka; (*e-r Stunde*) kwadrans; (*Stadtteil*) dzielnica; ~ ***vor zwei*** za kwadrans druga; ~ ***nach eins*** kwadrans po pierwszej; **~finale** *n* ćwierćfinał; **~'jahr** *n* kwartał; **~'liter** *m/n* ćwierć *f* litra, F ćwiartka
vierteln (*-le*) ⟨po⟩ciąć na czworo
Viertel'stunde *f* kwadrans
vier|tens po czwarte; **~türig** czterodrzwiowy; **~zehn(te)**, **~zig(ste)** → *str. 610*; **ℒzimmer-** czteropokojowy
vietna'mesisch [viɛt-] wietnamski (po -ku)
Vi'kar [v-] *m* (*-s*; *-e*) wikariusz
Vil|la ['v-] *f* (*-*; *-len*) willa; **~len-** willowy
vio|'lett [v-] fioletowy (-wo); **ℒ'line** *f* skrzypce *pl*; **ℒli'nist(in** *f*) *m* (*-en*) skrzypek (-paczka); **ℒ'linkonzert** *n* koncert na skrzypce, koncert skrzypcowy
Virus ['v-] *n/m* (*-*; *-ren*) wirus(owy *w zł.*)
Vi|sage F [vi'sɑːʒə] *f* gęba; **~'sier** *n* (*-s*; *-e*) celownik; *hist* przyłbica; **~si'on** *f* wizja; **~'site** *f* wizyta; (*im Krankenhaus*) obchód; **~'sitenkarte** *f* wizytówka; **ℒsu'ell** wizualny; **~sum** *n* (*-s*; *Visa*/*-sen*) wiza; **ℒsumfrei** bezwizowy
vi'tal [v-] żywotny; (*frisch*) rześki, pełen werwy; **ℒi'tät** *f* (*0*) energia życiowa
Vita'min [v-] *n* (*-s*; *-e*) witamina; **~präparat** *n* preparat witaminowy
Vi'trine [v-] *f* kredens; (*Glas*ℒ) gablot(k)a
Vize- *w zł.* wice-, zastępca *m* (*G*)
Vlies *n* (*-es*; *-e*) runo; *włók* włóknina
V-Mann *m* (*-e̸s*; *⁼er*/*-leute*) informator
Vogel *m* (*-s*; *⁼*) ptak, *dim* ptaszek (*t.* F *fig*); *pl zbior t.* ptactwo; *pej* ***e-n ~ haben*** mieć bzika; **ℒfrei** wyjęty spod prawa
Vogelfutter *n* pokarm dla ptaków
vögeln V (*-le*) ⟨wy⟩pierdolić (*v/i* się)
Vogel|perspektive *f*: ***aus der ~*** z lotu ptaka; **~scheuche** *f* strach na wróble
Vogelzug *m* przelot/ciąg ptaków
Vo|'kabel [v-] *f* (*-*; *-n*) słowo; **~n** *pl t.* słówka *n/pl*; **~'kal** *m* (*-s*; *-e*) samogłoska; **'~kativ** *m* (*-s*; *-e*) *gr* wołacz
Volk *n* (*-e̸s*; *⁼er*) lud; (*Nation*) naród; ***das junge ~*** młodzi ludzie *pl*
Völkermord *m* ludobójstwo
Völker|recht *n* (*-e̸s*; *0*) prawo międzynarodowe; **~verständigung** *f* porozumienie między narodami
Völkerwanderung *f* wędrówka ludów
Volks|abstimmung *f* referendum *n*; plebiscyt; **~begehren** *n* inicjatywa ludowa w sprawie przeprowadzenia referendum; **ℒeigen** państwowy; **~fest** *n* zabawa ludowa, festyn; **~glaube** *m* wierzenia *n/pl* ludowe; **~gruppe** *f* grupa etniczna; **~hochschule** *f* uniwersytet ludowy; **~kunde** *f* (*0*) ludoznawstwo; **~lied** *n* pieśń ludowa
Volksmund *m*: ***im ~*** w języku ludowym
Volkspartei *f* stronnictwo ludowe
Volks|schule *f* szkoła powszechna; **~tanz** *m* taniec ludowy; **~trauertag** *m* dzień poświęcony pamięci zmarłych
volkstümlich ludowy (-wo); popularny
Volksverhetzung *f* nawoływanie do waśni na tle narodowościowym
Volks|wirt(in *f*) *m* ekonomista *m* (-tka); **~wirtschaft** *f* gospodarka narodowa
Volks|zählung *f* spis ludności; **~zugehörigkeit** *f* przynależność narodowa
voll pełny, pełen; *Haar*: gęsty; F (*besoffen*) zalany; *j-n* ***nicht für ~ nehmen*** nie traktować poważnie; → ***völlig***, ***vollständig***; **~auf** w pełni, w zupełności
vollautomatisch pełnoautomatyczny
Vollbart *m* (rozłożysta) broda i wąsy
vollberechtigt pełnoprawny
Voll|beschäftigung *f* (*0*) pełne zatrudnienie; **ℒbesetzt** zapełniony, pełny
voll'bringen* (-) *v/t* dokon(yw)ać (*G*)
voll|'enden (-) ⟨za-, u⟩kończyć; dokonać *pf*; **~'endet** *Tatsache*: dokonany; → ***vollkommen***
vollends zupełnie, całkiem
Voll'endung *f* ukończenie; dokonanie
Volleyball ['vɔli-] *n* (*-s*; *0*) siatkówka
Voll|fett- pełnotłusty; **~gas** *n*: ***mit ~*** na pełnym gazie, na cały gaz; **ℒgefressen** P objedzony; **ℒgießen*** napełni(a)ć
völlig całkowity (-cie, całkiem), zupełny
voll|jährig pełnoletni; **ℒjährigkeit** *f* (*0*) pełnoletność *f*; **ℒkasko** *f* (*-*; *0*) ubezpieczenie komunikacyjne w pełnym zakresie; **~'kommen** doskonały (-le); → ***völlig***
Voll'kommenheit *f* (*0*) doskonałość *f*
Voll|kornbrot *n* chleb razowy; **ℒmachen** napełni(a)ć; F robić (***die Hosen*** w portki); **~macht** *f* (*-*; *-en*) pełnomocnictwo; **~milch** *f* mleko pełnotłuste; **~mond** *m* księżyc w pełni, pełnia; **~pension** *f* całodzienne wyżywienie; **ℒschlank** korpulentny; **ℒständig** kompletny; zupełny; **ℒstopfen** (***mit***) nap(y)chać (*I*); F ***sich ~*** op(y)chać się

V

voll'streck|en (-) wykon(yw)ać; **≈ung** *f* wykonanie; *jur t.* egzekucja
volltanken ⟨za⟩tankować do pełna
Volltreffer *m* trafienie (*fig* w sedno)
voll|trunken upity; **≈versammlung** *f* zgromadzenie ogólne/plenarne
Vollwaise *f* sierota całkowity (-ta)
voll|wertig pełnowartościowy; **~zählig** kompletny; *praed* w komplecie
voll'ziehen* (-) *Urteil* wykon(yw)ać; *Trauung* dokon(yw)ać (*t.* ***sich*** się)
Vollzug *m* (*-s*; *0*) wykonanie; dokonanie; **~s-** *jur* penitencjarny
Volon'tär(in *f*) [v-] *m* (*-s*; *-e*) wolontariusz(ka)
Voltmeter [v-] *n* woltomierz
Vo'lumen [v-] *n* (*-s*; *-/-mina*) pojemność *f*; *mat* objętość *f*; *ekon* wolumen
vom = ***von dem***; → ***von***
von *praep* (*D*) (*von wo/wann/wem, aufgrund*) od (*G*), (*t. woraus*) z, ze (*G*); (*im Passiv*) przez (*A*); (*über*) o (*L*); → ***ab***, ***an***, ***aus***, ***sich*** *itd.*; *nur G, wenn anstelle des Genitivattributs, bei Maß-, Eigenschafts- u. Personenangaben verwendet*: ***Mutter ~ drei Söhnen*** matka trzech synów; ***ein Drama ~ Schiller*** dramat Schillera; ***... ~ zwei Meter Länge*** ... długości dwóch metrów; ***im Preis ~ fünf Mark*** w cenie pięciu marek
vonein'ander *lösen itp.*: jeden/jedno od drugiego, jedną od drugiej; *hören itp.*: jeden o drugim, jedna o drugiej
von'statten: ***~ gehen*** odby(wa)ć się
vor *praep* (*A*, *D*) przed (*A*, *I*); (*Grund*: *D*) z (*G*); (*gegenüber*, *fig*: *D*) wobec, dla (*G*); (*Uhrzeit*: *D*) za (*A*), *np.* ***fünf ~ zwei*** za pięć druga; *adv* naprzód; → ***nach***
vor|'ab *adv* z góry, na wstępie; **≈ab-** *w zł.* wstępny; **≈abend** *m* wigilia; ***am ~*** w przeddzień, w wigilię (*G*)
Vorahnung *f* przeczucie
vor'an naprzód; na przedzie/czele; **~gehen*** (*D*) poprzedzać ⟨-dzić⟩ (*A*); ***gut ~*** postępować naprzód; **~kommen*** *fig* ⟨po⟩czynić postępy (***mit*** w *L*)
Vor|anmeldung *f tel*: ***mit ~*** z przywołaniem; **~anschlag** *m* kosztorys
vor'antreiben* przyspieszać ⟨-szyć⟩
Vorarbeit *f* przedwstępna praca; **~er(in** *f*) *m* brygadzista *m* (-tka)
voraus¹: ***im ~*** z góry, naprzód
vo'raus²: *j-m/etw* ***~ sein*** wyprzedzać ⟨-dzić⟩ (*A*); **~berechnen** (-) obliczać ⟨-czyć⟩ uprzednio/z góry; **~gehen*** (*D*) iść przodem (przed *I*); → ***vorangehen***
vor'ausgesetzt: ***~, daß*** zakładając że
Vor'aus|sage *f* przepowiednia; **≈sagen** przepowiadać ⟨-wiedzieć⟩, **≈sehen*** przewidywać ⟨-widzieć⟩; **≈setzen** zakładać; **~setzung** *f* przesłanka, założenie; ***unter der ~, daß*** pod warunkiem, że; **~sicht** *f* przewidywanie; ***aller ~ nach*** według wszelkich przewidywań; **≈sichtlich** przypuszczalny
Vor'auszahlung *f* przedpłata
Vorbedingung *f* warunek wstępny
Vorbehalt (*-ęs*; *-e*) *m* zastrzeżenie; **≈en*** (-): ***sich*** *etw* ***~*** zastrzegać ⟨-strzec⟩ sobie (*A*); **~los** ... bez zastrzeżeń
vor'bei *adv* (***an*** *D*) obok, koło (*G*); ***~ sein*** (prze)minąć *pf*; *w zł. zw.* prze- + *verb* (obok *G*); **~fahren*** (***an*** *D*) przejeżdżać ⟨-jechać⟩ obok (*G*), mijać ⟨minąć⟩ (*A*); **~führen** *v/i Weg*: przebiegać (***an*** *D* obok *G*); **~lassen*** przepuszczać ⟨-puścić⟩; **~schießen*** chybi(a)ć celu, ⟨s⟩pudłować
vorbereit|en (-) przygotow(yw)ać (***sich*** się; ***auf*** *A* do *G*); **≈ung** *f* przygotowanie; **~s-** przygotowawczy, wstępny
vorbestellen (-) zamawiać ⟨zamówić⟩ z góry, ⟨za⟩rezerwować
vorbestraft (uprzednio) karany
vorbeug|en *v/i* (*D*) zapobiegać ⟨-biec⟩ (*D*); ***sich ~*** wychylać ⟨-lić⟩ się do przodu; **~d** zapobiegawczy; **≈ung** *f* (*0*) zapobieganie; *jur* prewencja; **~s-** zapobiegawczy; prewencyjny
Vorbild *n* wzór; ***sich*** *j-n* ***als ~ nehmen*** wzorować się (na *L*)
vorbildlich wzorowy(-wo)
Vorbildung *f* przygotowanie
vorbringen* *Bitte* wyrażać ⟨-razić⟩; *Beschwerde* wnosić ⟨wnieść⟩
Vorderansicht *f* widok z przodu
vordere przedni, frontowy, licowy; ***vorderste*** pierwszy
Vorder|grund *m*: ***im ~*** na pierwszym planie; **≈gründig** *Argument*: naskórkowy; **~mann** *m* (*-ęs*; *⸚er*) poprzednik (w szeregu); **~radantrieb** *m* napęd na przednie koła; **~schinken** *m* łopatka (wieprzowa); **~seite** *f* przednia strona; front; **~sitz** *m* przednie siedzenie
Vorderteil *n/m* przednia część, przód
Vordertür *f* drzwi *pl* frontowe

V

vor|drängen: ***sich*** ~ pchać się do przodu (poza kolejką); **~dringlich** priorytetowy; **2druck** *m* (-*es*; -*e*) blankiet; **~eilig** zbyt pospieszny, pochopny; **~eingenommen** uprzedzony (***gegen*** do *G*)
vorenthalten* (-) *v/t* zatrzym(yw)ać (*A*); *Nachricht* ukry(wa)ć (*A* przed *I*)
vorerst *adv* na razie
Vorfahr *m* (-*en*) przodek; **2en*** (*sn*) podjeżdżać ⟨-jechać⟩ (***vor*** *A* pod *A*)
Vor|fahrt *f* pierwszeństwo przejazdu; ~ ***gewähren*** ustąpić pierwszeństwo przejazdu; **2fahrtsberechtigt** uprzywilejowany; **~fahrtsstraße** *f* droga z pierwszeństwem przejazdu
Vorfall *m* zajście; **2en*** wydarzać ⟨-darzyć⟩ się, zachodzić ⟨zajść⟩
Vor|fertigung *f* prefabrykacja; **2finden*** znajdować ⟨znaleźć⟩, zasta(wa)ć
Vor|freude *f* przedsmak radości; **2fristig** przedterminowy (-wo); **2führen** (*zeigen*) ⟨za⟩prezentować, demonstrować; *Film* wyświetlać ⟨-lić⟩; *Häftling* doprowadzać ⟨-dzić⟩; **~führung** *f* pokaz, prezentacja; wyświetlanie; seans
Vor|gabe *f* wielkość zadana; *w zł.* ... zadany; **~gang** *m* zjawisko; zdarzenie; proces; (*Akten*) sprawa, akta *m/pl*; **~gänger(in** *f*) *m* poprzednik (-iczka)
Vorgarten *m* ogródek przed domem
vor|geben* twierdzić; → ***bestimmen***; **~geblich** rzekomy (-mo); **~gefaßt** z góry powzięty; **~gefertigt** *adj* prefabrykowany; **~gehen*** iść ⟨pójść⟩ naprzód; *Uhr*: spieszyć; *Sache*: mieć pierwszeństwo; (*handeln*) postępować ⟨-stąpić⟩ (***nach*** zgodnie z *I*); **2geschichte** *f* prehistoria; antecedencje *pl*; **2geschmack** *m* (-*es*; *0*) przedsmak; **~geschrieben** *adj* wytyczony, przepisowy
Vorgesetzte(r) przełożony (-na)
vor|gestern przedwczoraj; **~gestrig** przedwczorajszy; **~greifen*** (*D*) antycypować (*A*); (*j-m*) uprzedzać ⟨-dzić⟩ (*A*); **~haben*** mieć zamiar, zamierzać ⟨-rzyć⟩; **2haben** *n* zamiar, projekt; przedsięwzięcie
vorhalt|en* *v/t* trzymać (***j-m, sich*** k-u, sobie *A*); *fig* → ***vorwerfen***; *v/i* starczyć (***lange*** na długo); **2ung** *f* wymówka; ***~en machen*** czynić wymówki
vor|'handen posiadany; ~ ***sein*** być; ***von ... ist nichts mehr*** ~ z (*G*) nic nie pozostało; **2hang** *m* zasłona; *teatr* kurtyna
Vorhängeschloß *n* kłódka
vorher przedtem; **~ig** poprzedni
vorherrschen przeważać, dominować
Vor'her|sage *f* prognoza; *med* rokowanie; **2sagen** przepowiadać ⟨-powiedzieć⟩; **2sehbar** przewidywalny
vorhin przed chwilą, dopiero/tylko co
vorig poprzedni; *Jahr itp.*: zeszły
vorjährig ubiegłoroczny, zeszłoroczny
Vorkaufsrecht *n* prawo pierwokupu
Vorkehrung *f*: ***~en treffen*** ⟨po⟩czynić przygotowania, przedsięwziąć środki
Vorkenntnisse *f/pl* elementarne wiadomości *f/pl*, przygotowanie (zawodowe)
vorkomm|en* (*passieren*) zdarzać ⟨zdarzyć⟩ się; (*existieren*) występować, trafiać się; (*j-m scheinen*) wyda(wa)ć się (*D*); ***... kommt nicht wieder vor*** ... nie powtórzy się; **2en** *n gór* złoże; **2nis** *n* (-*ses*; -*se*) zdarzenie; → ***Vorfall***
Vor|kriegs- przedwojenny; **2laden*** wzywać ⟨wezwać⟩; **~ladung** *f* wezwanie; **~lage** *f* przedłożenie; (*Muster*) wzór; (*Entwurf*) projekt; **~lauf** *m sport* bieg eliminacyjny; **~läufer(in** *f*) *m* prekursor(ka); **2läufig** tymczasowy (-wo)
Vor|leben *n* przeszłość *f*; **2legen** → ***vormachen***; przedkładać ⟨przedłożyć⟩
Vorleger *m* dywanik
Vorleistung *f* uprzednie ustępstwo w nadziei na (spodziewane) kompromisowe załatwienia sporu; (*Geld*) zaliczka
vorles|en* ⟨prze⟩czytać na głos; **2ung** *f* odczyt; wykład; ***~en hören*** chodzić na wykłady; ***~en halten*** mieć wykłady
vor|letzte przedostatni; **2liebe** *f* szczególne upodobanie, predylekcja
vor|'liebnehmen* (***mit***) zadowalać ⟨zadowolić⟩ się (*I*); **~liegen*** (*D*) być, znajdować się (w *L*); ***mir liegt ... vor*** mam przed sobą (*A*); ***... liegt nicht vor*** nie ma (*G*); ***was liegt gegen ihn vor*** co mu się zarzuca; **~d** niniejszy, dany
vorm F = ***vor dem***
vor|machen F *Kette itp.* zakładać ⟨założyć⟩; *Riegel* zasuwać ⟨-sunąć⟩; → ***zeigen, weismachen***; **~mals** przedtem
Vor|marsch *m* ofensywa; **2merken** zapis(yw)ać; ***sich*** ~ ***lassen*** (***für***) zapisać się (na *A*, do *G*); **~mittag** *m* przedpołudnie; ***am*** ~ przed południem
Vormund *m* (-*es*; -*e*/*ᵘer*) opiekun (sądowy); **~schaft** *f* opieka; **~s-** opiekuńczy
vorn z przodu, na przedzie; ***nach*** ~ do

przodu; ***von*** ~ z przodu; od początku; od nowa; ~ ***liegen*** *fig* prowadzić
Vorname *m* imię; ***beim*** **~n** po imieniu
vornehm wytworny; → ***edel***; **~en*** *v/t* dokon(yw)ać (*G*); ***sich*** *etw* ~ → ***planen***, ***beschließen***; **~lich** szczególnie
vornherein: ***von*** ~ z góry, od razu
vorn'über głową naprzód/do przodu
Vorort *m* przedmieście; *w zł.* podmiejski
Vorposten *m fig* wysunięta placówka
vor|programmiert zaprogramowany z góry; **⁓rang** *m* (*-s*; *0*) pierwszeństwo
vorrangig priorytetowy (-wo); *adv t.* w pierwszym rzędzie
Vor|rat *m* (*-ęs*; *⸚e*) zapas, zasób; **⁓rätig**: ~ ***haben*** mieć w zapasie/na składzie
Vor|ratskammer *f* spiżarnia; **~ratsraum** *m* magazyn; **~recht** *n* przywilej
Vor|redner(in *f*) *m* przedmówca *m* (-czyni); **~richtung** *f* urządzenie
vorrücken *v/t* posuwać, przesuwać ⟨-sunąć⟩ do przodu; *v/i* (*sn*) posuwać ⟨-sunąć⟩ się naprzód; *fig* awansować
Vorrunde *f* runda eliminacyjna
Vorruhestand *m* (*-ęs*; *0*) wcześniejsza emerytura
vors F = ***vor das***
vorsagen podpowiadać ⟨-wiedzieć⟩
Vorsaison *f* okres przedsezonowy
Vor|satz *m* zamiar; **⁓sätzlich** umyślny; *praed t.* z premedytacją
Vorschau *f* przegląd (programu)
Vor|schein *m*: ***zum*** ~ ***kommen*** pokaz(yw)ać się, ukaz(yw)ać się; **⁓schießen*** F da(wa)ć awansem/zaliczkę
Vorschlag *m* propozycja; ***auf*** ~ (***von***) na wniosek (*G*); **⁓en*** ⟨za⟩proponować; *Kandidaten* wysuwać ⟨-sunąć⟩
vor|schnell → ***voreilig***; **~schreiben*** *v/t* zobowiąz(yw)ać (do *G*), polecać ⟨-cić⟩ (*A*); **⁓schrift** *f* przepis
vorschrifts|mäßig przepisowy (-wo); **~widrig** nieprzepisowy (-wo)
Vorschub *m*: ~ ***leisten*** ułatwi(a)ć
Vor|schule *f* przedszkole; **~schuß** *m* zaliczka; **⁓schützen** *v/t* wymawiać ⟨-mówić⟩ się (*I*); **⁓schwindeln** F (*D*) okłamywać (*A*); **⁓sehen*** (***für***) przeznaczać ⟨-czyć⟩ (na *A*); ***sich*** ~ uważać; (***vor*** *D*) mieć się na baczności (przed *I*)
Vorsehung *f* (*0*) opatrzność *f*
vorsetzen przesuwać ⟨-sunąć⟩/przestawi(a)ć do przodu; *Essen* ⟨po⟩częstować (***j-m*** *A* k-o *I*)
Vorsicht *f* (*0*) ostrożność *f*; **⁓ig** ostrożny
vorsichtshalber na wszelki wypadek
Vorsilbe *f* przedrostek
vorsintflutlich F przedpotopowy
Vorsitz *m* (*-es*; *0*) przewodnictwo; **~ende(r)**, **~er(in** *f*) *m* przewodniczący (-ca)
Vorsorge *f* (*0*) zapobiegliwa działalność; *med* opieka prewencyjna; **~untersuchung** *f* badanie profilaktyczne
vorsorglich *praed* przezornie
Vor|spann *m* (*-ęs*; *-e*) (*Film*⁓) czołówka; **~speise** *f* przekąska; **~spiel** *n* preludium *n* (*t. fig*); (*vor d. Sex*) wstępna gra miłosna; **⁓spielen** ⟨za⟩grać; **⁓sprechen*** *v/i* recytować (*t. v/t*); (***bei***) zgłaszać ⟨zgłosić⟩ się (do *G*); **~sprung** *m* występ, wyskok; *sport* przewaga; ***e-n*** ~ ***haben*** wyprzedzać; **~stadt** *f* przedmieście; *w zł.* ... na przedmieściu
Vorstand *m* zarząd; *os.* prezes
Vorstandsmitglied *n* członek zarządu
vorstehen* wystawać, sterczeć; (*D*) kierować (*I*), stać na czele (*G*)
Vorsteher(in *f*) *m* naczelnik, kierownik (-iczka); *rel* przełożony (-na)
vorstell|bar wyobrażalny; **~en** → ***vorrücken***, ***vorsetzen***; *fig* przedstawi(a)ć (***sich*** się); ⟨za⟩prezentować; ***sich*** *etw* ~ wyobrażać ⟨-razić⟩ sobie; **⁓ung** *f* przedstawienie (się); *teatr* przedstawienie; (*Kino*⁓) seans; (*Gedanke*) wyobrażenie; ***persönliche*** ~ wizyta osobista
Vorstellungskraft *f* (*0*) wyobraźnia
Vor|stoß *m* wypad; *fig* próba; (***in*** *A*) penetracja (*G*); **⁓stoßen*** *v/i* (*sn*) posuwać ⟨-sunąć⟩ się naprzód; docierać ⟨dotrzeć⟩ (***bis*** do *G*); penetrować
Vor|strafe *f* kara uprzednia; **⁓strecken** wysuwać ⟨-sunąć⟩, wyciągać ⟨-gnąć⟩ (do przodu); → ***vorschießen***; **~stufe** *f* wstępny etap; **~tag** *m* dzień poprzedni; ***vom*** ~ wczorajszy; **⁓täuschen** symulować; *Einbruch itp.* ⟨u⟩pozorować
Vorteil *m* korzyść *f*; (*gute Seite*) zaleta; **⁓haft** korzystny
Vortrag *m* (*-ęs*; *⸚e*) odczyt, prelekcja; (*0*) (*Vortragsart*) wykonanie; **⁓en*** deklamować, ⟨wy⟩recytować; *muz* wykon(yw)ać; *Bitte itp.* przedstawi(a)ć
Vortragsreihe *f* cykl odczytów
vor'trefflich wyborny, przedni
vor|treten* (*sn*) występować ⟨-stąpić⟩ (z szeregu); **⁓tritt** *m*: ***j-m den*** ~ ***lassen*** ustąpić pierwszeństwa (*D*)

vor'über → ***vorbei***; **~gehend** przejściowy (-wo), tymczasowy (-wo)
vor'überziehen* *v/i* (*sn*) (***an***, ***vor*** *D*) przeciągać ⟨-gnąć⟩ (przed *I*)
Voruntersuchung *f* śledztwo wstępne
Vorurteil *n* uprzedzenie (***gegen*** do *G*)
Vorväter *m/pl* przodkowie *m/pl*
Vor|verkauf *m* przedsprzedaż *f*; **~verkaufskasse** *f* kasa przedsprzedaży
vorverlegen przesuwać ⟨-sunąć⟩ na termin wcześniejszy
Vorvertrag *m* umowa wstępna
Vorwahl *f* prawybory *m/pl*; *tel* F → **~nummer** *f* numer kierunkowy
Vorwand *m* (-*ęs*; ⁻*e*) pretekst
vorwärts naprzód, do przodu; → ***voran***(-); **ˇgang** *m* bieg przedni; **~kommen*** (***mit***, ***in*** *D*) posuwać ⟨-sunąć⟩ się naprzód (w *L*); dorabiać ⟨-robić⟩ się; (*Karriere machen*) awansować
Vor|wäsche *f* pranie wstępne; **ˇ'wegnehmen*** antycypować; **ˇweihnachtlich** przedgwiazdkowy; **ˇweisen*** *v/t* okaz(yw)ać (*A*); wykaz(yw)ać się (*I*)
vor|werfen* *fig* zarzucać ⟨-cić⟩; **~wiegend** przeważnie; **~witzig** wścibski, przemądrzały; **ˇwoche** *f* ubiegły tydzień; **ˇwort** *n* (-*ęs*; -*e*) słowo wstępne, przedmowa; **ˇwurf** *m* zarzut; **~wurfsvoll** pełen wyrzutu, z wyrzutem
Vor|zeichen *n* znak (*t. mat*), omen; **ˇzeigen** okaz(yw)ać; **ˇzeitig** wcześniej(szy); przedwczesny; **ˇziehen*** podciągać ⟨-gnąć⟩ do przodu; *Gardine* zaciągać ⟨-gnąć⟩; *fig* przedkładać (*D* nad *A*); → ***bevorzugen***, ***vorverlegen***
Vor|zimmer *n* przedpokój; **~zug** *m* zaleta; ***den ~ geben*** → ***vorziehen***; **ˇzüglich** wyśmienity (-cie); pierwszorzędny
Vorzugs|preis *m* cena preferencyjna; **ˇweise** przede wszystkim, zwłaszcza
Vo'tivgabe [v-] *f* ofiara wotywna
vul'gär [v-] wulgarny
Vul'kan [v-] *m* (-*s*; -*e*) wulkan

W

Waage *f* waga; *astr* Waga
waagerecht poziomy (-mo)
Wabe *f* woszczyna; *tech* komórka
Wabenhonig *m* miód w plastrach
wach rozbudzony; *fig* żywy; ***~ sein*** nie spać, czuwać; ***~ werden*** → ***aufwachen***
Wachdienst *m* służba wartownicza
Wach|e *f mil* warta; *mar* wachta; (*Polizei*) posterunek; ***~ stehen*** stać na warcie; **ˇen** czuwać (*t. fig* ***über*** *A* nad *I*)
wachhalten* *Interesse* podtrzymywać; *Andenken* zachow(yw)ać
Wachmann *m* (-*ęs*; -*leute*/⁻*er*) strażnik
Wa'cholder *m* jałowiec; (*Schnaps*) jałowcówka; **~beere** *f* jagoda jałowca
wachrufen* wywoł(yw)ać
Wachs *n* (-*es*; -*e*) wosk(owy *w zł.*)
wachsam czujny, baczny
Wachsamkeit *f* (*0*) czujność *f*;
wachsen¹* (*sn*) ⟨u⟩rosnąć, ⟨u⟩róść; *fig t.* wzrastać ⟨wzrosnąć, wzróść⟩
wachsen² *v/t* ⟨na⟩woskować
Wachskerze *f* świeca woskowa
Wachstube *f* wartownia, dyżurka
Wachstum *n* (-*s*; *0*) rośnięcie, wzrost; *fig*, *ekon t.* wzrastanie; **~s-** ... wzrostu
Wach- und Schließgesellschaft *f* firma ochroniarska, agencja ochrony mienia
Wachtel *f* (-; -*n*) przepiórka
Wächter(in *f*) *m* stróż(ka)
Wacht|posten *m* posterunek; *os. t.* wartownik; **~turm** *m* wieża strażnicza
wack|(e)lig chwiejny; *Zahn*: chwiejący się; **ˇelkontakt** *m* styk luźny
wackeln (-*le*) chwiać się (*t. fig.*), chybotać się; (***mit***) potrząsać (*I*); → ***wedeln***
wacker dzielny; → ***tüchtig***
Wade *f* łydka; **~nbein** *n* kość strzałkowa
Waffe *f* broń *f*, *lit* (*zw. fig*) oręż
Waffel *f* (-; -*n*) wafel, *dim* wafelek
Waffen|gattung *f* rodzaj broni; **~gewalt** *f*: ***mit ~*** przy użyciu broni; **~schein** *m* pozwolenie na broń; **~stillstand** *m* zawieszenie broni, rozejm
Wage|mut *m* odwaga; **ˇmutig** odważny
wagen *v/t* ⟨od⟩ważyć się (na *A*); ⟨za⟩-

ryzykować (*A*); ***sich nicht ~*** (***an*** *A*) nie mieć odwagi (*inf*, do *G*)
Wagen *m* wóz (*t.* F *mot*); *kolej* wagon; (*Hand*☉, *tech*) wózek; **~heber** *m* lewar, dźwignik; **~ladung** *f* ładunek (na wozie); **e-e ~ ...** wóz, wagon (*G*); **~papiere** *n*/*pl* dokumenty *m*/*pl* samochodowe
Wag'gon *m* (*-s*; *-s*) wagon(owy *w zł.*)
waghalsig niebezpieczny, ryzykowny
Wagnis *n* (*-ses*; *-se*) ryzyko, ryzykowne przedsięwzięcie
Wahl *f* wybór; *pol zw. pl* wybory; ***die ~ haben*** mieć do wyboru; ***zweiter ~*** drugiego gatunku
Wahlausschuß *m* komisja wyborcza
wählbar wybieralny
wahl|berechtigt uprawniony do głosowania; **☉betrug** *m* oszustwo wyborcze
wählen wyb(ie)rać (***aus*** spośród *G*; ***in*** *A* do *G*; ***zu*** *I*, na *A*); *tel* F wykręcić *pf*
Wähler(in *f*) wyborca *m* (-czyni)
Wahlergebnis *n* wynik wyborów
wähler|isch wybredny; *fig* ***nicht ~ sein*** (***in*** *D*) nie przebierać (w *L*); **☉schaft** *f* (*0*) wyborcy *m*/*pl*, elektorat
Wahl|fach *n* przedmiot fakultatywny; **~gang** *m* tura wyborów; głosowanie; **~kampf** *m* walka wyborcza; **~kreis** *m* okręg wyborczy; **~kundgebung** *f* wiec przedwyborczy; **~niederlage** *f* porażka w wyborach; **~periode** *f* kadencja
Wahl|recht *n* (*-ęs*; *0*) prawo wyborcze; **~sieg** *m*: ***e-n ~ erringen*** zwyciężyć w wyborach; **~tag** *m* dzień *m* wyborów
wahlweise ... do wyboru
Wahlzettel *m* karta wyborcza
Wahn *m* (*-ęs*; *0*) urojenie; *med* mania; **~sinn** *m* (*-s*; *0*) obłęd, obłąkanie; F *fig* szaleństwo; **☉sinnig** obłąkany; obłąkańczy (-czo); F *fig* szalony (-lenie)
wahr prawdziwy; ***das ist ~*** to prawda; ***nicht ~?*** nie prawda(ż)?; ***~ machen*** urzeczywistni(a)ć
wahren *v*/*t* zachow(yw)ać (*A*); *Interessen* bronić (*G*)
während *praep* (*G*, *D*) podczas, w czasie, w ciągu (*G*); przez (*A*); za (*G*); *conj* (podczas) gdy; **~dessen** tymczasem
wahr|haben*: *etw* ***nicht ~ wollen*** nie chcieć przyznać (*G*); **~haft**, **~haftig** *adv* naprawdę, doprawdy; **☉heit** *f* prawda; ***in ~*** po prawdzie, w rzeczywistości
wahrheits|gemäß, **~getreu** zgodny z prawdą; **☉liebe** *f* prawdomówność *f*
wahrheitswidrig mijający się z prawdą
wahrnehm|bar (*spürbar*) wyczuwalny; → ***hör-***, ***sichtbar***; **~en*** (*sehen*) spostrzegać ⟨-strzec⟩; (*hören*) ⟨u⟩słyszeć; *Chance* spożytkować *pf*; *Amt* sprawować; *Geschäfte* prowadzić; **☉ung** *f* percepcja; (*konkret*) spostrzeżenie; sprawowanie; prowadzenie
wahrsag|en ⟨po-, wy⟩wróżyć; **☉er(in** *f*) *m* wróż(ka); **☉ung** *f* wróżba
wahr'scheinlich prawdopodobny
Wahr'scheinlichkeit *f* (*zw. 0*) prawdopodobieństwo; ***aller ~ nach*** według wszelkiego prawdopodobieństwa
Währung *f* waluta; **~s-** walutowy
Wahrzeichen *n* symbol
Waise *f* sierota *m*/*f*
Waisen|haus *n* dom (dla) sierot, † sierociniec; **~rente** *f* renta sieroca
Wal *m* (*-ęs*; *-e*) waleń *m*, wieloryb
Wald *m* (*-ęs*; *⸚er*) las; **~arbeiter** *m* robotnik leśny; **~brand** *m* pożar lasu/leśny
Wäldchen *n* (przy)lasek, gaik
Wald|erdbeere *f* poziomka; **~horn** *n* waltornia; **~hüter** *m* gajowy *m*
waldig lesisty, zalesiony
Wald|kauz *m* puszczyk; **~lauf** *m* bieg przełajowy; **~meister** *m bot* marzanka wonna; **~sterben** *n* ginięcie lasów; **~weg** *m* droga leśna; **~wiese** *f* polana
Wall *m* (*-ęs*; *⸚e*) wał
wallen *v*/*i* (*t. sn*) kipieć; *Nebel*: kłębić się; *Haar*, *Kleid*: falować, rozwiewać się
Wallfahrt *f* pielgrzymka; → ***Pilger*** *itd.*
Walnuß(baum *m*) *f* orzech włoski
walten (*-e-*): ***~ lassen*** *Milde itp.* okaz(yw)ać
Walze *f mat*, *tech* walec; (*schwere*) wał; **☉n** (*-zt*) *v*/*t* walcować; *Straße* wałować
wälzen (*-zt*) ⟨po⟩toczyć (***sich*** się); *Buch* ⟨prze⟩wertować; F *Problem* wałkować; → ***abwälzen***; ***sich ~*** *Menge*, *Nebel*: przewalać się; *Tier*: tarzać się; pokładać się (***vor Lachen*** ze śmiechu)
Walzer *m* walc
Walz|stahl *m* stal walcowana; **~werk** *n* walcarka; (*Betrieb*) walcownia
wand → ***winden***
Wand *f* (*-*; *⸚e*) ściana (*t. fig*), *dim* ścianka
Wanda'lismus *m* (*-*; *0*) wandalizm
Wand|bord *n*, **~brett** *m* półka ścienna
Wandel *m* (*-s*; *0*) zmiana; **☉bar** zmienny
wandeln¹ (*-le*) *v*/*t* zmieni(a)ć (***sich*** się)
wandeln² (*-le*) *v*/*i* (*sn*) *lit* przechadzać się

Wander|ausstellung *f* wystawa objazdowa; **~er** *m* wędrowiec; turysta pieszy; **~fahrt** *f* wędrówka, wczasy *pl* wędrowne; **~in** *f* wędrowiec; turystka piesza; **~karte** *f* mapa turystyczna
Wanderleben *n* życie wędrowne
wandern (*-re*; *sn*) wędrować; migrować
Wanderpokal *m* puchar przechodni
Wanderung *f* wędrówka; *zoo* migracja
Wanderweg *m* szlak turystyczny
Wanderzirkus *m* cyrk wędrowny
Wandkalender *m* kalendarz ścienny
Wandleuchte *f* lampa przyścienna
Wandlung *f* przemiana, zmiana
Wandmalerei *f* malowidło ścienne
Wandrer(in *f*) *m* → ***Wanderer, -rin***
Wand|schrank *m* szafa wbudowana; **~tafel** *f* tablica ścienna (szkolna); **~teppich** *m* kilim; **~uhr** *f* zegar ścienny
wandte → ***wenden***
Wange *f* policzek; **~n-** policzkowy
wankelmütig chwiejny, zmienny
wanken (*t. sn*) ⟨za⟩chwiać się; → ***torkeln***
wann kiedy; ***bis/seit ~*** do/od kiedy
Wanne *f* wanna; **~nbad** *n* wanna
Wanst *m* (*-es*; *⸚e*) *pej* brzucho
Wanze *f* pluskwa; F *fig* minipodsłuch
Wappen *n* herb; (*Staats*≗) godło
wappnen (*-e-*): ***sich ~*** (***gegen***) zabezpieczać ⟨-czyć⟩ się (od *G*, przed *I*)
war → ***sein***
warb → ***werben***
Ware *f* towar; **~n-** *zw.* towarowy
wäre, waren → ***sein***
Waren|austausch *m* wymiana towarowa; **~automat** *m* automat sprzedażowy
Warenbestand *m* zasób towarów
Waren|haus *n* dom towarowy; **~lager** *n* skład towarowy; **~probe** *f* próbka towaru; **~sortiment** *n* asortyment towarów; **~zeichen** *n* znak towarowy
warf → ***werfen***
warm (*⸚er*; *⸚st-*) ciepły (-ło) (*t. fig*); ***es wird ~*** ociepla się; ***sich ~ laufen/machen*** rozgrzewać się
Wärme *f* (*0*) ciepło; *fiz t.* ciepłota
Wärmeenergie *f* energia cieplna
Wärmekraftwerk *n* siłownia cieplna
wärmen ogrz(ew)ać, zagrz(ew)ać, grzać (***sich*** się; ***am Feuer*** przy ognisku)
Wärmepumpe *f* pompa cieplna
Wärmeschutz *m* izolacja cieplna
Wärmeverluste *m/pl* straty *f/pl* ciepła
Wärmflasche *f* termofor
warm|herzig serdeczny; **≗luft** *f* ciepłe powietrze; **≗'wasser** *n* ciepła woda; **≗'wasserheizung** *f* ogrzewanie wodne
Warn|blinkanlage *f* światła *n/pl* awaryjne migowe; **~dreieck** *n* ostrzegawczy trójkąt odblaskowy
warn|en ostrzegać, przestrzegać ⟨o-, przestrzec⟩ (***vor*** *D* przed *I*); **≗leuchte** *f* lampa ostrzegawcza ze światłem migowym; **≗schild** *n* tablica z ostrzeżeniem; *mot* znak ostrzegawczy
Warnstreik *m* strajk ostrzegawczy
Warnung *f* ostrzeżenie, przestroga
Wartehalle *f* poczekalnia
Warteliste *f* lista czekających
warten (*-e-*) *v/i* ⟨po-, za⟩czekać; (***auf*** *A*) oczekiwać (*G*); ***auf sich ~ lassen*** dawać na siebie czekać; *v/t* doglądać, konserwować
Warten *n* (*-s*; *0*) czekanie, oczekiwanie
Wärter(in *f*) *m* dozorca *m* (-czyni)
Warte|saal *m* poczekalnia; **~schlange** F *f* kolejka oczekujących; **~zeit** *f* czas oczekiwania; **~zimmer** *n* poczekalnia
Wartung *f* dogląd, konserwacja; **≗sfrei** nie wymagający doglądu/konserwacji
warum dlaczego, czemu
Warze *f* brodawka
was co; F (*etwas*) coś; ***~ willst du*** czego chcesz; ***~ kostet*** ile kosztuje; → ***für***
Wasch|anlage *f* myjnia; **≗bar** (nadający się) do prania; **~becken** *n* umywalka
Wäsche *f* (*0*) bielizna; (*d. Waschen, t. pl*) pranie; (*des Körpers*) mycie (się)
waschecht trwały na pranie; F *fig* prawdziwy, autentyczny
Wäsche|klammer *f* klamerka do bielizny; **~leine** *f* sznur do suszenia bielizny
waschen* ⟨u-, wy⟩myć (***sich*** się; ***sich*** *etw* sobie *A*); *Wäsche* ⟨u-, wy⟩prać
Wäsche|'rei *f* pralnia; **~schleuder** *f* wirówka do bielizny; **~schrank** *m* szafa na bieliznę; **~trockner** *m* suszarka do bielizny; **~waschen** *n* pranie
Wasch|küche *f* pralnia; **~lappen** *m* myjka; F *fig* safanduła *m*; **~maschine** *f* pralka; **~mittel** *n* środek piorący; **~pulver** *n* proszek do prania; **~raum** *m* umywalnia; **~schüssel** *f* miednica
wäsch(s)t → ***waschen***
Waschung *f* (u)mycie; *rel t.* kąpiel *f*
Wasser *n* (*-s*; *⸚*) woda; F *fig* ***ins ~ fallen*** spełznąć na niczym; **~abfluß** *m* odpływ

W

wody; **2arm** ubogi w wodę; **~bedarf** *m* zapotrzebowanie wody; **~behälter** *m* zbiornik na wodę; **~dampf** *m* para wodna; **2dicht** wodoszczelny; *Stoff*: nieprzemakalny; **~druck** *m* ciśnienie wody
Wasser|einbruch *m* wlewanie/wdarcie się wody; **~fall** *m* wodospad; **~farbe** *f* farba wodna; **2fest** wodoodporny
Wasser|floh *m* rozwielitka; **2gekühlt** chłodzony wodą; **~glas** *n* szklanka; *chem* (*0*) szkło wodne; **~hahn** *m* kran/kurek wodociągowy
wässerig wodnisty; *chem* wodny
Wasser|kopf *m med* wodogłowie; **~kraft** *f* energia wodna; **~kraftwerk** *n* hydroelektrownia; **~kühlung** *f* chłodzenie wodą; **~leiche** F *f* topielec (-lica); **~leitung** *f* wodociąg; **2löslich** rozpuszczalny w wodzie; **~mangel** *m* brak wody
Wassermann *m* (*-ęs*; *0*) *astr* Wodnik
Wassermelone *f* kawon, arbuz
wässern (*-re*) ⟨wy⟩moczyć w wodzie; *fot* płukać; *Pflanze* podl(ew)ać
Wasser|pflanze *f* wodorost; **~probe** *f* próbka wody; **~pumpe** *f* pompa wodna; **~ratte** *f* karczownik ziemnowodny; F *fig* amator(ka) kąpania się; **~rohr** *n* rura wodociągowa; **~schaden** *m* szkoda wyrządzona przez wodę; **2scheu:** *~ sein* bać się wody; **~schutz** *m* ochrona wód; **~ski** *m/pl* narty *f/pl* wodne
Wasserspiegel *m* lustro/poziom wody
Wassersportler(in *f*) *m* miłośnik (-iczka) sportów wodnych
Wasserspülung *f* spłukiwanie wodą
Wasserstoff *m* (*-ęs*; *0*) wodór; **~bombe** *f* bomba wodorowa; **~peroxyd** *n* (*Lösung*) woda utleniona
Wasser|strahl *m* strumień *m*/struga wody; **~straße** *f* droga wodna; **~sucht** *f* (*0*) puchlina (wodna); **~turm** *m* wieża ciśnień; **~uhr** *f* wodomierz
Wasser|verbrauch *m* zużycie wody; **~verschmutzung** *f* zanieczyszczenie wód; **~versorgung** *f* zaopatrzenie w wodę; **~vögel** *m/pl* ptactwo wodne
Wasser|waage *f* poziomica; **~werfer** *m* armatka wodna; **~werk** *n* wodociągi *m/pl*; **~zeichen** *n* znak wodny
wäßrig wodnisty; *chem* wodny
waten (*-e-*; *sn*) brodzić, brnąć (**durch**, **in** *D* przez *A*, po, w *L*)
watscheln (*-le*; *sn*) mieć kaczy chód
Watt¹ *n* (*-s*; *-*) *el* wat
Watt² *n* (*-ęs*; *-en*) watty *m/pl*
Watte *f* (*0*) wata; **~bausch** *m* watka
wat'tiert watowany
web|en* ⟨u⟩tkać; **2er(in** *f*) *m* tkacz(ka)
Web|e'rei *f* tkalnia; **~kante** *f* krajka
Webstuhl *m* krosno tkackie
Wechsel *m* zmiana; *fin* weksel; (*Geld2*) wymiana; **~beziehung** *f*: *in ~ stehen* współzależeć (*zueinander* od siebie); **~geld** *n* (*-ęs*; *0*) bilon; (*Restgeld*) reszta; **2haft** zmienny; **~jahre** *n/pl* okres przekwitania; **~kurs** *m fin* kurs wymiany
wechseln (*-le*) *v/t* zmieni(a)ć (*v/i* się); *Geldschein* rozmieni(a)ć; *Fremdwährung*, *Blicke*, *Worte* wymieni(a)ć; *v/i* (*sn*) *~ in* (*A*) *os.* przenieść się *pf* (do *G*)
wechselnd *adj* zmienny
Wechselschuld *f* dług wekslowy
wechsel|seitig wzajemny; *praed* nawzajem; **2strom** *m* prąd zmienny; *w zł.* ... prądu zmiennego; **2stube** *f* kantor wymiany walut; **2wirkung** *f* wzajemne oddziaływanie, interakcja
weck|en ⟨z-, *t.fig* prze-, o⟩budzić; *fig t.* wzbudzać ⟨-dzić⟩; **2er** *m* budzik
Weckglas ® *n* wek, słoik Wecka
wedeln (*-le*) ⟨po⟩machać (**mit** *I*); merdać (**mit dem Schwanz** ogonem)
weder: *~ ... noch ...* ani ... ani ...
weg F: *... ist/sind ~* nie ma (*G*); zniknął (-nęły, -nęli) (*A*); **der Zug ist ~** pociąg odszedł; *~ damit!* precz z tym/tą/tymi! *itp.*; → **weit**, **ab**, **fort**
Weg *m* (*-ęs*; *-e*) droga (*t. fig*); **am ~(e)** przy drodze; **auf halbem ~(e)** w połowie drogi; **sich auf den ~ machen** wyruszać w drogę; **aus dem ~ gehen** (*D*) unikać (*G*); **im ~e sein** przeszkadzać; **in die ~e leiten** wdrożyć, podjąć
weg|blasen* zdmuchiwać ⟨-chnąć⟩; **~bleiben*** nie zjawi(a)ć się; nie powrócić *pf*; **~bringen*** odnosić, wynosić ⟨-nieść⟩; *os.* odprowadzać ⟨-dzić⟩; → **wegfahren**, **wegschaffen**
wegdrängen odpychać ⟨odepchnąć⟩
wegen *praep* (*G*, F *D*) z powodu (*G*), ze względu na (*A*), z uwagi na (*A*)
wegfahren* *v/t* odwozić, wywozić ⟨-wieźć⟩; *v/i* (*sn*) → **fortfahren**
wegfallen* odpadać ⟨odpaść⟩
weg|fliegen* *v/i* (*sn*) odlatywać ⟨-lecieć⟩; **~geben*** odda(wa)ć
weg|gehen* odchodzić ⟨odejść⟩, wychodzić ⟨wyjść⟩; iść ⟨pójść⟩ sobie;

Ware: cieszyć się popytem; F *Fleck*: znikać ⟨-knąć⟩; **~gießen*** wyl(ew)ać
weg|jagen odpędzać, przepędzać, wypędzać ⟨-pędzić⟩; **~kommen*** F wyr(y)wać się, wydosta(wa)ć się (***hier*** stąd); (***gut*** dobrze) wychodzić ⟨wyjść⟩ (***bei*** na *I*); (*verschwinden*) znikać ⟨-knąć⟩; (***über*** *A*) przeboleć *pf* (*A*)
weglassen* opuszczać ⟨opuścić⟩; F *os.* pozwalać ⟨-wolić⟩ odejść
weglaufen* uciekać ⟨uciec⟩
weglegen odkładać ⟨odłożyć⟩
weg|machen F → ***entfernen***; **~müssen** F musieć iść; ***das muß weg*** to trzeba usunąć; **ℒnahme** *f* odebranie; **~nehmen*** zab(ie)rać; (*j-m etw*) odbierać ⟨odebrać⟩; *Gas* zmniejszać ⟨-szyć⟩
weg|schaffen usuwać ⟨usunąć⟩; *w.zn.* wynosić ⟨-nieść⟩; wywozić ⟨-wieźć⟩; *os., Tier t.*: wyprowadzać ⟨-dzić⟩; **~schicken** odsyłać ⟨odesłać⟩, wys(y)łać
weg|schleppen F rozszabrow(yw)ać, rozkradać ⟨-kraść⟩; **~schnappen** F sprzątnąć *pf* (***vor der Nase*** sprzed nosa); **~sehen*** odwracać ⟨-rócić⟩ oczy; *fig* zamykać oczy (***über*** *A* na *A*)
weg|stecken F sprzątnąć *pf*, ⟨s⟩chować; **~stellen** odstawi(a)ć (na stronę)
Wegstrecke *f* odcinek drogi
weg|tragen* odnosić ⟨-nieść⟩, wynosić ⟨-nieść⟩; **~tun*** → ***weglegen***, ***-stellen***, ***-werfen***
Wegweiser *m* drogowskaz
Weg|werfartikel *m* artykuł (do) jednorazowego użycia; **ℒwerfen*** wyrzucać ⟨-cić⟩; **~werfgesellschaft** *f pej* społeczeństwo marnotrawstwa
weg|wischen ścierać ⟨zetrzeć⟩, wymaz(yw)ać; **~ziehen*** *v/t* odciągać ⟨-ciągnąć⟩ (na bok); odsuwać ⟨-sunąć⟩ (***j-m*** *A* od k-o *A*); *v/i* (*sn*) → ***fortziehen***
weh: ***mir*** (***ihr***) ***tut der Kopf ~*** boli mnie (ją) głowa; ***j-m/sich ~ tun*** sprawi(a)ć k-u/sobie ból (*t. fig*); ***o ~!*** ach!
Weh *n* (*-ęs; 0*) ból, boleść *f*
Wehe *f* zaspa (śnieżna); → ***Wehen***
wehen *v/i* ⟨po⟩wiać; *Fahne*: powiewać, rozwiewać się (***im Wind*** na wietrze)
Wehen *f/pl med* bóle *m/pl* porodowe
weh|klagen biadać, lamentować (***über*** *A* nad *I*, z powodu *G*); **~leidig** bardzo wrażliwy na ból; *Stimme*: płaczliwy (-wie); **~mütig** rzewny, smętny
Wehr¹ *n* (*-ęs; -e*) jaz
Wehr² *f*: ***sich zur ~ setzen*** stawi(a)ć opór; **~dienst** *m* (*-ęs; 0*) służba wojskowa; **~dienstverweigerung** *f* odmowa (pełnienia) służby wojskowej
wehren: ***sich ~*** (***gegen***) bronić się (przeciw *D*, od *G*); *fig* wzbraniać się (*inf*)
Wehr|ersatzdienst *m* zastępcza służba wojskowa; **ℒlos** bezbronny; **~pflicht** *f* (*0*) obowiązek służby wojskowej; **~pflichtige(r)** poborowy; **~sold** *m* żołd
Weib *n* (*-ęs; -er*) kobieta, niewiasta; *pej* baba; **~chen** *n zoo* samiczka
Weiber|geschichten *f/pl pej* miłostki *f/pl*; **~held** *m pej* babiarz
weiblich kobiecy (po -cemu); *pej* babski (po -ku); *gr* żeński, rodzaju żeńskiego
weich miękki (-ko); *kulin t.* ... do miękkości; ***~es Ei*** jajko na miękko; ***~ machen*** zmiękczać ⟨-czyć⟩; ***~ werden*** ⟨z⟩mięknąć
Weiche *f kolej* zwrotnica; rozjazd
weichen¹ *v/t* moczyć (*v/i* się)
weichen²* (*sn*) ustępować ⟨ustąpić⟩
weich|gekocht *Ei*: na miękko; **ℒheit** *f* (*0*) miękkość *f*; **ℒling** *m pej* mięczak, niewieściuch; **ℒmacher** *m* zmiękczacz
Weichsel(**kirsche**) *f* wiśnia
Weichtiere *n/pl* mięczaki *m/pl*
Weide¹ *f bot* wierzba
Weid|e² *f* pastwisko; **ℒen** (*-e-*) ⟨po⟩paść (*v/i* się); **~enkorb** *m* kosz wiklinowy
weidlich *adv* gruntownie, porządnie
Weidmann *m* (*-ęs; ⸚er*) myśliwy *m*
weid|männisch myśliwski, łowiecki (po -ku); **ℒmesser** *n* nóż myśliwski
weigern (*-re*): ***sich ~*** (***zu***) wzbraniać się (*inf*, od *G*), odmawiać ⟨-mówić⟩ (*G*)
Weigerung *f* odmowa
Weih|bischof *m* sufragan; **~e** *f* święcenie, konsekracja; **ℒen** ⟨po⟩święcić; (*os., Werk*) poświęcać ⟨-cić⟩ (***sich*** się)
Weiher *m* staw, sadzawka
Weihkerze *f* gromnica
Weihnacht|en *n* (-; -) Boże Narodzenie; ***zu ~*** na Boże Narodzenie, na gwiazdkę; ***fröhliche ~!*** wesołych świąt!; **ℒlich** bożonarodzeniowy, gwiazdkowy
Weihnachts|abend *m* wigilia Bożego Narodzenia; **~angebot** *n hdl* oferta gwiazdkowa; **~baum** *m* choinka; **~lied** *n* kolęda; **~mann** *m* (*-ęs; ⸚er*) święty Mikołaj; **~markt** *m* kiermasz bożonarodzeniowy; **~zeit** *f* okres świąt Bożego Narodzenia

Weihrauch *m* (-*¢s*; *0*) kadzidło
Weihwasser *n* (-*s*; *0*) woda święcona
weil ponieważ, gdyż; (*denn*) bo; ***deshalb***, ~ dlatego, że
Weilchen *n* (-*s*; *0*) chwilka
Weile *f* chwila; ***nach e-r*** ~ po chwili
weilen *lit* przebywać, bawić
Wein *m* (-*¢s*; -*e*) wino; **~bau** *m* (-*¢s*; *0*) uprawa winorośli; **~berg** *m* winnica
Weinbergschnecke *f* winniczek
Weinbrand *m* winiak, koniak
wein|en płakać (***vor*** *D* z *G*; ***über*** *A* nad *I*); ***~d*** płacząc(y); **≈en** *n* (-*s*; *0*) płacz
Wein|flasche *f* butelka do wina/po winie/z winem; **~glas** *n* kieliszek do wina
Weinhandel *m* handel winem
Weinhefe *f* drożdże *pl* winiarskie
Wein|karte *f* karta win; **~lese** *f* winobranie; **~lokal** *n* winiarnia; **~rebe** *f* winorośl *f*; **≈rot** (koloru) bordo; **~stube** *f* winiarnia; **~traube** *f* winogrono
Weintrinker(in *f*) *m* amator(ka) wina
weise mądry (-rze); **≈e**(**r**) mędrzec
Weise *f* sposób; *muz* melodia; ***auf diese*** ~ w ten sposób, tym/takim sposobem
weisen* wskaz(yw)ać; (***aus***, ***von***) wydalać ⟨-lić⟩ (z *G*); → ***zurückweisen***
Weisheit *f* mądrość *f*
Weisheitszahn *m* ząb mądrości
weiß[1] → ***wissen***
weiß[2] *adj* biały (-ło); ~ ***streichen*** malować na biało; ~ ***werden*** ⟨z⟩bieleć; → ***weißen***
Weiß *n* (-(*¢s*); -) biel *f*, białość *f*
Weissagung *f* przepowiednia
Weiß|brot *n* chleb biały; **~e**(**r**) biały (-ła)
weiß|en (-*ßt*) ⟨po-, wy⟩bielić; **~glühend** rozżarzony do białości; **~haarig** białowłosy; **≈käse** *m* twaróg; **≈kohl** *m* kapusta biała; **~lich** białawy (-wo)
Weißwein *m* wino białe
Weisung *f* dyrektywa; polecenie
weit (*ausgedehnt*, *t. fig*) szeroki, rozległy; *Weg*, *Reise*: daleki; *Rock*: obszerny, luźny; → ***entfernt***, ***Ferne***; *adv* szeroko, rozlegle; (*t. zeitlich u. verstärkend*) daleko; ***bei ~em*** o wiele, daleko; ***wie*** ~ jak daleko (***ist es bis*** do *G*); ***... Meter*** ~ w odległości/na odległość ... metrów; ***von*** ~ ***her*** z daleka; ***das geht zu*** ~ tego już za wiele; ~ ***und breit*** jak okiem sięgnąć
weit|ab (***von***) daleko (od *G*); **~aus** o wiele, daleko; (+ *sup*) bez porównania; **≈blick** *m* (-*¢s*; *0*) dalekowzroczność *f*; **~blickend** dalekowzroczny
Weite *f* szerokość *f*, rozległość *f*; (*Kragen≈*) rozmiar; → ***Ferne***
weiten (-*e*-) rozszerzać ⟨-rzyć⟩ (***sich*** się)
weiter dalszy (*t. sonstig*); *adv* dalej; (*sonst*) więcej; poza tym; ***bis auf ~es*** na razie; (aż) do odwołania; ***ohne ~es*** bez trudności; bez dalszych wyjaśnień; ~ ***nichts als*** nic poza (*I*); ***nichts*** ~ nic więcej; ~ ***oben*** wyżej; ~ ***unten*** niżej
weiter|arbeiten pracować nadal; **~bestehen*** utrzymywać się nadal; pozostawać nadal w mocy; **~bilden** (***sich***) kształcić (się) nadal, dokształcać ⟨-cić⟩ (się); **≈bildung** *f* dokształcanie (się); **~empfehlen*** polecać ⟨-cić⟩ dalej
weiterfahren* (*sn*) ⟨po⟩jechać dalej
Weiter|fahrt *f* dalsza jazda/podróż; **≈führen** → ***fortsetzen***; **≈geben*** (***an*** *A*) przekaz(yw)ać dalej (*D*); (*mitteilen*) (o)powiedzieć *pf* dalej (*D*); **≈gehen*** iść ⟨pójść⟩ dalej; *fig* odbywać się/przebiegać/iść *itp.* w dalszym ciągu
weiter|hin nadal, w dalszym ciągu; (*außerdem*) poza tym; **~kommen*** → ***vorwärtskommen***; **~können*** F: ***nicht*** ~ nie wiedzieć co robić dalej
weiter|leiten (***an*** *A*) skierow(yw)ać dalej (do *G*); **~machen** F kontynuować, robić/prowadzić *itp.* dalej; **~reisen** → ***weiterfahren***; **~sehen***: ***dann werden wir*** ~ wtedy zobaczymy
Weiterverkauf *m* od(s)przedaż *f*
weit|gehend daleko idący; (*größtenteils*) w dużej mierze; **~greifend** dalekosiężny; **~her** z daleka; **~hin** daleko; **~läufig** *Verwandte*: daleki; → **~räumig** *Gebäude*, *Platz*: rozległy (-le)
weit|schweifig rozwlekły (-le); **~sichtig:** ~ ***sein*** *med* być dalekowidzem; **≈sprung** *m* skok w dal; **~verbreitet** szeroko rozpowszechniony; **≈winkelobjektiv** *n* obiektyw szerokokątny
Weizen *m* (-*s*; *0*) pszenica; *w zł. bot* pszeniczny; **~mehl** *n* mąka pszenna
welch: ~e(***r***, ***-s***), ~ ***ein***(***e***) co za, jaka, jaki(e); ***~e Freude!*** co za radość!; **~e**(***r***, ***-s***) (*relativ*) która, który, które, *m-os* którzy, *ż-rzecz* które; *pl* (*einige*) kilka, trochę; *os.* niektóre, niektórzy
welk zwiędły (*t. fig*); **~en** (*sn*) więdnąć
Wellblech *n* blacha falista
Well|e *f* fala (*t. fiz*, *fig*); *tech* wał; ***grüne*** ~ droga wolna; **≈en** (*t.* ***sich***) falować

Wellen|bad *n* basen pływacki falowy; **~bereich** *m* zakres fal; **~brecher** *m* falochron; **2förmig** falisty (-ście); **~gang** *m* (*-e̸s*; *0*) falowanie, fala; **~länge** *f* długość *f* fal(i); **~linie** *f* linia falista; **~reiten** *n* surfing; **~sittich** *m* papużka falista

wellig falisty (-ście)

Wellpappe *f* tektura falista

Welt *f* świat (*t. fig*); ***in aller ~*** na całym świecie; ***um die ~*** dookoła świata; ***aus der ~ schaffen*** ⟨z⟩likwidować; ***in die ~ setzen*** wypuścić na świat; ***zur ~ bringen*** wydać na świat

Welt|anschauung *f* światopogląd; **~ausstellung** *f* wystawa światowa

weltberühmt światowej sławy

Welt|bevölkerung *f* (*0*) ludność *f* świata; **~erfolg** *m* sukces w skali światowej

welt|fremd nieżyciowy; oderwany od życia; **2geschichte** *f* historia powszechna; **2handel** *m* handel światowy

Welt|karte *f* mapa świata; **~krieg** *m* wojna światowa; **~macht** *f* → ***Großmacht***

weltmännisch światowy

Weltmarkt *m* rynek światowy

Weltmarktpreis *m* cena światowa

Weltmeister(in *f*) *m* mistrz(yni) świata

welt|offen bez uprzedzeń, o szerokich horyzontach; **2rangliste** *f* światowa lista rankingowa

Weltraum *m* (*-e̸s*; *0*) kosmos, przestrzeń kosmiczna; → ***Raum-***; **~flug** *m* lot kosmiczny; **~forschung** *f* badanie przestrzeni kosmicznej

Welt|reise *f* podróż *f* dookoła świata; **~rekord** *m* rekord świata/światowy

Weltruf *m* (*-e̸s*; *0*): ***von ~*** światowej sławy

Welt|stadt *f* metropolia; **~untergang** *m* koniec świata; **2weit** światowy; o światowym zasięgu; **~wirtschaft** *f* (*0*) gospodarka światowa

Weltzeit *f* (*0*) czas uniwersalny

wem (*D* → ***wer***) komu; ***mit ~*** z kim; ***von ~*** od kogo; (*über wen*) o kim; ***zu ~*** do kogo; ***~ gehört es?*** czyje to?

wen (*A* → ***wer***) kogo

Wende *f* zwrot (*t. fig*); *sport* nawrót; **~hals** *m pej* oportunista *m*; **~kreis** *m geogr* zwrotnik; *mot* koło skrętu

Wendeltreppe *f* schody *pl* kręcone

wende|n* (*t. -e-*) *Blick*, *Seite* odwracać ⟨odwrócić⟩ (*t.* ***sich von*** się od *G*); *Auto* nawracać ⟨-wrócić⟩ (*I*); *Heu* przerzucać ⟨-cić⟩; *Kleid* ⟨prze⟩nicować; ***sich ~*** (***an*** *A*, ***gegen***) zwracać ⟨zwrócić⟩ się (do *G*, przeciw *D*); *v/i* (*-e-*) zawracać ⟨-wrócić⟩; **2punkt** *m* punkt zwrotny

wend|ig zwinny; *fig t.* obrotny; *Auto*: zwrotny; **2ung** *f* obrót; zwrot (*t. jęz*)

wenig mało; **~e** kilka, nieliczne, *m-os* kilku, nieliczni; ***ein ~*** trochę; ***so ~ wie möglich*** możliwie jak najmniej

weniger *comp* mniej

wenig|ste *sup*: ***die ~n*** tylko nieliczni; ***am ~n*** najmniej; **~stens** co najmniej; przynajmniej

wenn (*falls*) jeżeli, jeśli; (*sobald*) skoro, gdy; (*im möglichen Fall*) gdyby, jeśliby; (*in Wunschsätzen*) oby, żeby; ***~ auch*** jeśli nawet; ***selbst ~*** gdyby nawet

wer kto; F (*jemand*) ktoś; → ***wem***, ***wen***

Werbe|agentur *f* agencja reklamowa/promocyjna; **~aktion** *f* kampania reklamowa; **~film** *m* film reklamowy

werben* *v/t* ⟨z⟩werbować (***für*** do *G*); pozysk(iw)ać (dla *G*); *v/i* (***um***) zabiegać, starać się (o *A*); (***für***) reklamować, promować (*A*); agitować (za *I*)

Werbe|sendung *f RTV* audycja reklamowa; **~spot** *m* (*-s*; *-s*) reklamowy klip

Werbetexter(in *f*) *m* autor(ka) tekstów reklamowych/promocyjnych

Werbung *f* werbunek; *hdl* (*0*) reklama, promocja

Werbungskosten *pl* koszty *m/pl* uzyskania przychodu

Werdegang *m* (*-s*; *0*) kariera (***beruflicher*** zawodowa)

werden* (*sn*) sta(wa)ć się (***zum Feind*** wrogiem), zosta(wa)ć (***Arzt*** lekarzem), zamieni(a)ć się (***zu Eis*** w lód); ⟨s⟩kończyć (***40 Jahre*** 40 lat); *oft unübersetzt*: ***alt ~*** ⟨ze⟩starzeć się; (*Hilfsverb + inf*) *zw.* być; ***ich werde schlafen*** będę spać/spał(a); ***ich würde kaufen*** kupił(a)bym; → ***gern***, ***lieber*** *itp.*; (*Vermutung*) ***er wird ... sein*** on chyba ...

werfen* rzucać ⟨-cić⟩ (***sich*** się; *t. fig*), ciskać ⟨cisnąć⟩ (***nach*** w *A*); ***Junge ~*** ⟨u⟩rodzić; *Sau*: ⟨o⟩prosić się; *Schaf*, *Katze*: ⟨o⟩kocić się; *Hündin*: ⟨o⟩szczenić się; ***sich ~*** *Holz*: ⟨s⟩paczyć się

Werft *f* stocznia; *w zł.* stoczniowy

Werk *n* (*-e̸s*; *-e*) dzieło; (*Betrieb*) zakład; *tech* mechanizm; ***sich ans ~ machen*** zab(ie)rać się do dzieła; **~bank** *f* warsztat; **2eigen** przyzakładowy

werkeln (*-le*) krzątać się (***in*** *D* w *L*); majstrować (***an*** *D* przy *L*)
Werk|meister *m* mistrz główny; **~schutz** *m* straż zakładowa; **~statt** *f* (-; *-en*), **~stätte** *f* warsztat; **~stoff** *m* materiał, tworzywo; **~stück** *n* część obrabiana, półwyrób; **~tag** *m* dzień roboczy/powszedni; **2tags** *adv* w dni powszednie; **2tätig** pracujący
Werkvertrag *m* umowa o dzieło
Werkzeug *n* (*-es*; *-e*) narzędzie (*t. fig*); **~kasten** *m* skrzynka narzędziowa
Werkzeugmaschine *f* obrabiarka
Wermut *m* (*-s*; *0*) wermut; *bot* piołun
wert *adj* wart(a, -e, -y), *m-os* warci; ***~ sein*** (***zu***) *t.* zasługiwać na (*A*); ***... war nicht der Mühe ~*** ... nie wart(a, -e) był(a, -o) zachodu; → ***Rede***
Wert *m* (*-es*; *-e*) wartość *f*; (*ideell*, *pl t.fin*) walor; ***~ legen*** (***auf*** *A*) przywiązywać wagę (do *G*); **~angabe** *f* podanie wartości; **~arbeit** *f* (*0*) wyrób najwyższej jakości; **2beständig** posiadający niezmienną wartość
Wertbrief *m* list wartościowy
werten (*-e-*) wartościować; *sport* punktować; → ***bewerten***
Wert|gegenstand *m* przedmiot wartościowy; **2los** bezwartościowy
Wertminderung *f* zmniejszenie wartości
Wert|paket *n* paczka wartościowa; **~papiere** *n/pl* papiery *m/pl* wartościowe
Wertsachen *f/pl* rzeczy *f/pl* wartościowe; kosztowności *f/pl*
Wertung *f* wartościowanie; ocena; *sport t.* punktacja; klasyfikacja
Wert|urteil *n* ocena wartościująca; **2voll** wartościowy, cenny; **~vorstellung** *f* wyobrażenie o wartości (*G*)
Wesen *n* istota; (*e-r Person*) usposobienie; ***dem ~ nach*** z usposobienia
wesensfremd obcy (naturze *G*)
Wesenszug *m* charakterystyczna cecha
wesentlich istotny; w istotny sposób; *adv* (*sehr*) znacznie; ***im ~en*** w istocie
Wesentliche(s) *n* istota, sedno
weshalb dlaczego, czemu; *conj* dlatego
Wes|pe *f* osa; **~pennest** *n* gniazdo os
wessen czyj(a, -e)
westdeutsch zachodnioniemiecki
Weste *f* kamizelka
West|en *m* (*-s*; *0*) zachód; ***im ~*** na zachodzie; ***nach ~*** na zachód; ***von ~*** z zachodu; **2europäisch** zachodnioeuropejski; **2lich** zachodni; ***~ von*** na zachód od (*G*); **~wind** *m* wiatr zachodni
weswegen dlaczego
Wettbewerb *m* (*-es*; *-e*) współzawodnictwo; konkurencja; *sport itp. t.* konkurs; ***außer ~*** poza konkursem
Wette *f* zakład; ***um die ~*** na wyścigi
wett|eifern (*-re*) współzawodniczyć (***um*** o *A*); prześcigać się (***bei*** w *L*); **~en** (*-e-*) zakładać ⟨założyć⟩ się (***um*** o *A*)
Wetter *n* pogoda; ***schlechtes ~*** *t.* niepogoda; **~aussichten** *f/pl* przewidywana pogoda; **~bedingungen** *f/pl* warunki *m/pl* pogodowe; **~bericht** *m* komunikat o stanie pogody; **~dienst** *m* służba meteorologiczna; **2fest** odporny na wpływy atmosferyczne; **~karte** *f* mapa synoptyczna; **~lage** *f* stan pogody
wettern (*-re*) (***gegen***) pomstować (na *A*)
Wetter|satellit *m* satelita meteorologiczny; **~vorhersage** *f* prognoza pogody
Wett|kampf *m* zawody *m/pl*; mecz; **~kämpfer(in** *f*) *m* zawodnik (-iczka)
Wett|lauf *m* wyścig (*t. fig*); **2machen** wyrówn(yw)ać, naprawi(a)ć; **~rüsten** *n* wyścig zbrojeń; **~streit** *m* konkurs; ***im ~ liegen*** (***mit***) rywalizować (z *I*)
wich → ***weichen***[2]
wichtig ważny; ***halb so ~*** mało ważny
Wichtig|keit *f* (*0*) ważność *f*, znaczenie; ***von großer ~*** wielkiej wagi; **~tue'rei** *f* (*0*) ważniactwo, dufność *f*
wickeln (*-le*) owijać ⟨owinąć⟩ (***sich*** się; ***um*** dookoła *G*; ***in*** *A* w *A*; ***mit*** *I*); *Haare* zakręcać ⟨-cić⟩ (***sich*** sobie); *Kind* przewijać ⟨-winąć⟩; → ***auf-, einwickeln***
Widder *m* tryk, baran; *astr* Baran
wider *praep* (*A*) przeciw, wbrew (*D*); ***~ Willen*** mimo woli; **~fahren*** (-; *sn*; *D*) *Leid itp.* spot(y)kać (*A*)
Widerhaken *m* wąs (grota, haczyka)
Wider|hall *m* (*-es*; *-e*) oddźwięk, reperkusje *f/pl*; **2hallen** odbi(ja)ć się echem
wider'legen (-) obalać ⟨-lić⟩
widerlich ohydny, obrzydliwy (-wie)
wider|natürlich wynaturzony, nienormalny; **~rechtlich** bezprawny; **2rede** *f*: ***ohne ~*** bez sprzeciwu; **2ruf** *m* odwołanie; ***bis auf ~*** aż do odwołania; **~'rufen*** (-) odwoł(yw)ać; **2sacher(in** *f*) *m* przeciwnik (-iczka); **~'setzen** (-): ***sich ~*** sprzeciwi(a)ć się; **~sinnig** niedorzeczny; **~spenstig** przekorny
wider|spiegeln odbi(ja)ć, odzwierciedl-

lać ⟨-lić⟩ (***sich*** się); **~'sprechen*** (-) przeczyć, zaprzeczać ⟨-czyć⟩ (***sich*** [*D*] samemu sobie); **≈spruch** *m* sprzeczność *f*; (*Äußerung*) sprzeciw; **~sprüchlich** sprzeczny, przeczący sobie
Widerstand *m* opór; *el* opornik; (*des Materials*) oporność *f*
Widerstands|bewegung *f* ruch oporu; **≈fähig** odporny (***gegen*** na *A*), (*t. os.*) wytrzymały; **~kraft** *f* odporność *f*; **≈los** bez oporu, nie opierając się
wider|'stehen* (-; *D*) opierać ⟨oprzeć⟩ się (*D*); (*aushalten*) wytrzym(yw)ać (*A*); ***nicht ~ können*** *fig* ulegać ⟨ulec⟩; **~'streben** (-): ***es widerstrebt mir ...*** mam coś przeciwko (*D*), wzbraniam się (*inf*); **~wärtig** wstrętny; → ***widerlich***; **≈wille** *m* obrzydzenie, wstręt; **~willig** niechętnie, opornie; z obrzydzeniem
widmen (*-e-*) poświęcać ⟨-cić⟩ (***sich*** się); *Buch* ⟨za⟩dedykować
Widmung *f* dedykacja
widrig przeciwny, niesprzyjający
widrigenfalls w przeciwnym razie
wie *adv*, *conj* jak; → ***alt***, ***spät***; ***~ bitte?*** proszę?; F ***und ~!*** jeszcze jak!; ***~ wäre es, wenn ...*** a może by tak ...
wieder znowu, znów; ***immer ~*** wciąż na nowo; ***~ mal*** po raz kolejny
Wieder|'aufbau *m* (*-es*; *0*) odbudowa; **≈'aufbauen** odbudow(yw)ać; **~'aufbereitung** *f* (*v. Brennstäben*) przerób; **~'aufführung** *f* *teatr* wznowienie
Wieder|'aufnahme *f* *jur* wznowienie; **≈'aufnehmen*** wznawiać ⟨wznowić⟩, podejmować ⟨-djąć⟩ na nowo
wieder|bekommen* otrzym(yw)ać z powrotem; **~beleben** przywracać ⟨-wrócić⟩ do życia; *fig* (na nowo) ożywi(a)ć, wskrzeszać ⟨-esić⟩; **≈belebungsversuch** *m* próba reanimacji; **~'einstellen** przyjmować ⟨-jąć⟩ ponownie do pracy; **~erkennen*** znowu pozna(wa)ć; **≈eröffnung** *f* ponowne otwarcie; **~finden*** odnaleźć *pf* (***sich*** się)
Wieder|gabe *f* (*0*) odda(wa)nie; (*Ton≈*, *drk itp.*) odtwarzanie; **≈geben*** odda(wa)ć; odtwarzać ⟨-tworzyć⟩; → ***übersetzen***[2], ***darstellen***; **≈gewinnen*** odzysk(iw)ać (z powrotem); **≈'gutmachen** naprawi(a)ć; **≈'herstellen** przywracać ⟨-wrócić⟩; ***wiederhergestellt sein*** *Kranke*: powrócić do zdrowia
wieder|'holen (-) powtarzać ⟨-tórzyć⟩ (***sich*** się); **~'holt** *adj* kilkakrotny
Wieder'holung *f* powtarzanie, powtórzenie; F (*RTV*, *Lektion*) powtórka
Wiederhören *n*: ***auf ~!*** do usłyszenia!
wieder|käuen przeżuwać; F *fig* powtarzać w kółko (to samo); **≈kehr** *f* powrót; (*e-s Gedenktages*) rocznica; **~kommen*** (*später*, *noch einmal*) przychodzić ⟨przyjść⟩ później/jeszcze raz; → ***zurückkommen***; **~sehen*** ponownie zobaczyć *pf*, spot(y)kać (***sich*** się)
Wiedersehen *n* ponowne zobaczenie się, ponowne spotkanie (się); ***auf ~!*** do widzenia!, F do zobaczenia!
wiederum *adv* znowu; natomiast, zaś
Wiederver|einigung *f* zjednoczenie; **~heiratung** *f* ponowne zawarcie małżeństwa; **~wertung** *f* ponowne wykorzystanie; **≈kaufen** odprzed(aw)ać
Wiederwahl *f* ponowne wybory *m/pl*
Wiege *f* kołyska, (*t. fig*) kolebka
wiegen[1] (*schaukeln*) kołysać (***sich*** się)
wiegen[2] *Fleisch* ⟨po⟩siekać
wiegen[3]* ⟨*v/t t.* z⟩ważyć
Wiegenlied *n* kołysanka
Wiener *adj* wiedeński (po -ku)
wies → ***weisen***
Wiese *f* łąka; F ***auf der grünen ~*** (*bauen*) ... od trawy; **~n-** łąkowy
Wiesel *m* łasica, *dim* łasiczka
wie|'so dlaczego; **~viel** ile, *m-os* ilu; ***~ älter*** o ile starszy
wievielte (**~r**, **~s**) który (która, które); ***den ≈n haben wir heute*** którego dziś mamy
wild dziki (-ko); *Kind*: rozhukany; ***wie ~*** jak szalony; F ***~ werden*** wpaść w pasję; ***~ sein auf*** (*A*) być ciętym na (*A*); ***~e Ehe*** konkubinat, życie na kocią łapę
Wild *n* (*-es*; *0*) zwierzyna łowna; *kulin* dziczyzna; **~bach** *m* górski potok
Wilddieb *m* kłusownik
Wilde(r) dzikus(ka)
wildern (*-re*) kłusować
wild|fremd zupełnie obcy; **≈gans** *f* gęś gęgawa; **≈heit** *f* (*0*) dzikość *f*; **≈hüter** *m* gajowy *m*; **≈katze** *f* żbik; **≈leder** *n* zamsz(owy *w zł.*); **≈nis** *f* (-; *-se*) dzicz (leśna), dzika okolica; **≈park** *m* zwierzyniec otwarty; **≈schwein** *n* dzik
wildwachsend dziko rosnący
will → ***wollen***
Wille *m* (*-ns*; *0*) wola; ***aus freiem ~n***

dobrowolnie; ***beim besten ~n*** mimo najlepszej woli; → ***wider***
willen: ***um*** (*G*) ~ dla (*G*); → ***Gott***, ***um***
willenlos bezwolny
willens: ~ ***sein*** chcieć; **&kraft** *f* (*0*) siła woli; **~stark** energiczny, o silnej woli
willig chętny, ochoczy (-czo)
will'kommen mile widziany, (*t. Anlaß*) porządany; ***herzlich ~!*** serdecznie witam(y)!; ~ ***heißen*** ⟨po⟩witać
Willkür|akt *m* akt samowoli; **&lich** arbitralny, samowolny; (*zufällig*) losowy
willst → ***wollen***
wimmeln (*-le*) (***von***) roić się (*I*, od *G*)
wimmern (*-re*) jęczeć; (*weinen*) kwilić
Wimpel *m* proporczyk; *mar* wimpel
Wimper *f* (-; *-n*) rzęsa; ***ohne mit der ~ zu zucken*** bez drgnienia powiek
Wimperntusche *f* tusz do rzęs
Wind *m* (*-es*; *-e*) wiatr, (*stark*) wicher; ***gegen den ~*** pod wiatr; F ~ ***bekommen*** (***von***) zwąchać (*A*); ~ ***machen*** *fig* narobić szumu
Winde *f* wciągarka; *bot* powój
Windel *f* (-; *-n*) pieluszka, F pampers
Windelhöschen *n* pieluchomajtki *pl*
winden* *Kranz* ⟨u⟩wić; ***sich*** ~ (***vor***) wić się (z *G*); → ***wickeln***, ***ranken***
Wind|energie *f* energia wiatru; **&geschützt** zaciszny; **~hose** *f* trąba powietrzna; **~hund** *m* chart
wind|ig wietrzny; F *fig* niepewny; *os.* lekkomyślny; **&jacke** *f* wiatrówka
Wind|mühle *f* wiatrak; **~pocken** *pl* ospa wietrzna; **~richtung** *f* kierunek wiatru; **~schutzscheibe** *f mot* szyba przednia
Wind|stärke *f* siła wiatru; **&still** bezwietrzny; **~stille** *f* cisza; *mar t.* sztil
Windstoß *m* poryw wiatru
Windung *f* skręt (*t. tech*), zakręt; (*Fluß& t.*) zakole; *el* zwój; *mat* skręcenie
Wink *m* (*-es*; *-e*) skinienie, znak; *fig* → ***Hinweis***; F *gw* cynk
Winkel *m* kąt (*t. mat*); (*Ecke*) kątek, kącik; (*Raum t.*) zakamarek, zakątek; (*Zeichen&*) trójkąt; ***toter*** ~ pole martwe; **&ig** → ***winklig***; **~messer** *m* kątomierz; **~züge** *m/pl* kruczki *m/pl*
winken *v/i* (*D*) kiwać ⟨-wnąć⟩, skinąć *pf* (na *A*); ***ihm winkt ...*** czeka go (*A*); *v/t* ***zu sich*** ~ przywoł(yw)ać skinieniem
winklig *Gasse*: kręty
winseln (*-le*) skowyczeć, skomleć
Winter *m* zima; ***im*** ~ w zimie, zimą; **~fahrplan** *m* zimowy rozkład jazdy; **&fest** *Kleidung*: zimowy; *bot* zimotrwały; **~getreide** *n* zboże ozime; **&lich** zimowy (po -wemu); **~mantel** *m* płaszcz zimowy; **~reifen** *m mot* opona zimowa; **~schlußverkauf** *m* zimowa wyprzedaż posezonowa; **~sport** *m* sporty *m/pl* zimowe; **~zeit** *f* okres zimowy
Winzer *m* (**~in** *f*) właściciel(ka) winnicy; winiarz; **~fest** *n* święto winobrania
winzig mikroskopijny, F malusieńki
Wipfel *m* wierzchołek
wir my; ~ ***kommen*** przyjdziemy
wirb(t) → ***werben***
Wirbel *m* wir; *muz* werbel; (*Geige*) kołek; (*Haar&*) czub; *anat* kręg; F (*Hektik*) zamieszanie, zamęt
wirbeln (*-le*) *v/i* (*sn*) wirować, kręcić się; *v/t Wind*: kłębić
Wirbel|säule *f* kręgosłup; **~sturm** *m* huragan, cyklon; **~tiere** *n/pl* kręgowce *m/pl*; **~wind** *m* wir powietrzny
wird → ***werden***
wirf(s)t → ***werfen***
wirken *v/i* (***auf*** *A*) ⟨po⟩działać, oddział(yw)ać (na *A*); (*Wirkung zeigen*) skutkować; *v/t Wunder* dokaz(yw)ać (*G*)
wirklich rzeczywisty (-ście); *adv t.* doprawdy; **&keit** *f* rzeczywistość *f*
wirksam skuteczny; ~ ***sein*** skutkować
Wirksamkeit *f* (*0*) skuteczność *f*
Wirkstoff *m* substancja czynna
Wirkung *f* działanie; skutek; wrażenie; ***mit ~ von*** z ważnością od (*G*)
wirkungs|los bezskuteczny, nieskuteczny; **~voll** efektywny; wywierający wrażenie; **&weise** *f* sposób działania
Wirkwaren *f/pl* wyroby *m/pl* dziane
wirr bezładny; (*unklar t.*) zagmatwany; *Haar*: rozczochrany
Wirren *pl* zamęt, rozruchy *m/pl*
Wirr|kopf F *m* pomyleniec; **~warr** *m* (*-s*; *0*) gmatwanina; nieład, F bałagan
Wirsing *m* (*-s*; *0*) kapusta włoska
wirst → ***werden***
Wirt *m* (*-es*; *-e*) gospodarz; **~in** *f* gospodyni; → ***Hausbesitzer***, ***Gastwirt***(***in***)
Wirtschaft *f* gospodarka; (*Haushalt*, *Landbetrieb*) gospodarstwo; → ***Wirtshaus***
wirtschaften (*-e-*) gospodarować (***mit*** *I*); F (*beschäftigt sn*) krzątać się
Wirtschafterin *f* gosposia
Wirtschaft|ler(in *f*) *m* ekonomista *m*

W

(-tka); **ㄹlich** gospodarczy (-czo), (*t. sparsam*) ekonomiczny; **~lichkeit** *f* (*0*) ekonomiczność *f*, gospodarność *f*
Wirtschafts|beziehungen *f*/*pl* stosunki *m*/*pl* gospodarcze; **~gemeinschaft** *f* wspólnota gospodarcza; **~kriminalität** *f* przestępczość gospodarcza; **~krise** *f* kryzys ekonomiczny; **~lage** *f* sytuacja gospodarcza; **~politik** *f* (*0*) polityka ekonomiczna; **~prüfer(in** *f*) *m* rewident(ka) księgowy (-wa); **~wachstum** *n* wzrost gospodarczy; **~wissenschaften** *f*/*pl* nauki *f*/*pl* ekonomiczne; **~zweig** *m* gałąź *f* gospodarki
Wirtshaus *n* gospoda; karczma, szynk
Wisch *m* (*-ɇs*; *-e*) *pej* świstek (papieru)
wisch|en *Fußboden* wycierać ⟨wytrzeć⟩; → ***abwischen***; **ㄹer** *m mot* wycieraczka
Wisent *m* (*-s*; *-e*) żubr
wispern (*-re*) ⟨*v*/*t t.* wy⟩szeptać
wißbegierig dociekliwy (-wie)
wissen* wiedzieć (***von***, ***um*** o *L*); → ***kennen***, ***können***; ***soviel ich weiß*** o ile mi wiadomo; *j-n* ~ ***lassen*** dać znać (*D*); ***weißt du noch ...?*** (czy) pamiętasz ...?
Wissen *n* (*-s*; *0*) wiedza; ***ohne mein*** ~ bez mojej wiedzy; ***mit*** ~ (***von***) za wiedzą (*G*); ***meines ~s*** o ile wiem
Wissenschaft *f* nauka; **~ler(in** *f*) *m* naukowiec; **ㄹlich** naukowy (-wo)
Wissens|gebiet *n* dziedzina wiedzy; **ㄹwert** godny poznania; interesujący
wissentlich świadomy (-mie)
wißt → ***wissen***
wittern (*-re*) *v*/*t* ⟨z⟩węszyć, ⟨z⟩wietrzyć (*impf t. v*/*i*); *fig* zwąchać *pf*
Witterung *f* (*0*) pogoda; *łow* wiatr
Witterungs- *w zł.* → ***Wetter-***
Witwe *f* wdowa (**des** *G* po *L*); **~nrente** *f* renta wdowia; **~r** *m* wdowiec
Witz *m* (*-es*; *0*) dowcip; (*t. pl -e*) dowcip, F kawał; ***~e reißen*** opowiadać kawały; **~blatt** *n* pismo humorystyczne; **~bold** *m* (*-ɇs*; *-e*) facecjonista *m*, kawalarz
witz|eln (*-le*) (***über*** *A*) dowcipkować (na temat *G*); **~ig** dowcipny; **~los** daremny
wo *adv* gdzie; F (*zeitlich*) gdy; ***von*** ~ skąd; **~'anders** gdzie indziej
wob, **wöbe** → ***weben***
wo'bei przy czym
Woche *f* tydzień *m*; ***diese***/***nächste*** ~ w tym/przyszłym tygodniu; ***für eine*** ~ na tydzień; ***in 2 ~n*** za dwa tygodnie
Wochen|blatt *n* tygodnik; **~ende** *n* weekend(owy *w zł.*); ***am*** ~, ***fürs*** ~ na weekend; **~karte** *f* bilet tygodniowy; **ㄹlang** całymi tygodniami, (przez) wiele tygodni; **~lohn** *m* płaca tygodniowa; **~markt** *m* targ cotygodniowy; **~tag** *m* dzień *m* tygodnia; dzień powszedni
wöchentlich tygodniowy (-wo); cotygodniowy, co tydzień
Wöchnerin *f* położnica
Wodka *m* (*-s*; *-s*) wódka
wo'durch przez co, czym
wo'für za co; (*wozu*) na co, do czego
wog, **wöge** → ***wiegen***
Woge *f* fala (*t. fig*), bałwan
wo'gegen przeciw czemu
wogen falować; *t.* → ***wiegen***
wo|'her skąd; **~'hin** dokąd
wohl¹ *adv* zdrów, zdrow(a, -e, *m-os* -i); ***sich*** ~ ***fühlen*** czuć się dobrze; ***mir ist nicht*** ~ niedobrze mi; czuję się nieswojo; ***lebe ~!*** żegnaj!
wohl² *part* (*vermutlich*) zapewne, chyba; (*zwar*) wprawdzie
Wohl *n* (*-ɇs*; *0*) dobro, pomyślność *f*; ***zum ~!*** na zdrowie!; **ㄹ'auf:** ~ ***sein*** być zdrowym; **~befinden** *n* zdrowie; dobre samopoczucie; **~behagen** *n* błogie uczucie; **ㄹbehalten** (zdrów i) cały
wohl|bekannt dobrze znany; **ㄹfahrt** *f* (*0*) dobrobyt; † opieka społeczna
Wohlfahrts|staat *m* państwo dobrobytu, państwo opiekuńcze; **~verband** *m* organizacja charytatywna
Wohl|gefallen *n* przyjemność *f*, zadowolenie; **ㄹgemerkt** *adv* notabene
wohl|genährt dobrze odżywiony; **ㄹgeruch** *m* przyjemna woń, miły zapach
wohlhabend zamożny, majętny
wohlig przyjemny, błogi (-go)
Wohl|klang *m* (*-ɇs*; *0*) miły/przyjemny dźwięk; **ㄹmeinend** życzliwy (-wie); **ㄹschmeckend** smaczny, przyjemny w smaku; **~stand** *m* (*-ɇs*; *0*) dobrobyt
Wohl|tat *f* dobrodziejstwo; **ㄹtätig** dobroczynny; **~tätigkeit** *f* (*0*) dobroczynność *f*; **ㄹtuend** przyjemny; przynoszący ulgę; **ㄹüberlegt** dobrze przemyślany; **ㄹverdient** zasłużony; **~wollen** *n* (*-s*; *0*) życzliwość *f*, przychylność *f*; **ㄹwollend** życzliwy (-wie), przychylny
wohn|berechtigt uprawniony do zamieszkania; **ㄹbezirk** *m* dzielnica mieszkaniowa
wohnen mieszkać, zamieszkiwać

Wohn|fläche *f* powierzchnia mieszkalna; **~geld** *n* (*-es; 0*) zasiłek mieszkaniowy, dopłata do czynszu; **~gemeinschaft** *f* grono ludzi mieszkających wspólnie w jednym mieszkaniu
wohn|haft zamieszkały; **Ձhaus** *n* dom mieszkalny, kamienica; **Ձheim** *n* hotel robotniczy/studencki; dom dla azylantów *itp.*; **Ձküche** *f* kuchnia mieszkalna
wohn|lich przytulny; **Ձmobil** *n* (*-s; -e*) samochód/wóz mieszkalny
Wohnort *m* miejsce zamieszkania
Wohn|raum *m* pomieszczenie mieszkalne; **~silo** *n pej* mrówkowiec
Wohnsitz *m* stałe miejsce zamieszkania; (*Domizil*) siedziba
Wohnung *f* mieszkanie
Wohnungs|amt *n* urząd kwaterunkowy; **~bau** *m* (*-es; 0*) budownictwo mieszkaniowe; **Ձlos** nie mający mieszkania, bezdomny; **~not** *f* (*0*) głód mieszkaniowy; **~wechsel** *m* zmiana mieszkania
Wohn|verhältnisse *n/pl* warunki *m/pl* mieszkaniowe; **~viertel** *n* dzielnica mieszkaniowa; **~wagen** *m* przyczepa kempingowa; → ***Wohnmobil***
Wohnzimmer *n* pokój mieszkalny
wölb|en: ***sich*** ~ wyginać ⟨-giąć⟩ się łukiem; **Ձung** *f bud* sklepienie
Wolf *m* (*-es; ⁻e*) wilk; **~s-** wilczy
Wölfin *f* wilczyca
Wolke *f* obłok, chmura
Wolkenbruch *m* oberwanie się chmury
Wolkenkratzer *m* drapacz chmur
wolkenlos bezchmurny
wolkig zachmurzony; *Tag*: pochmurny
Woll|decke *f* wełniany koc; **~e** *f* wełna
wollen[1] *adj* wełniany
wollen[2]* chcieć; → ***wünschen***; ***ich will nicht*** nie chcę; ***wir ~ sehen*** zobaczymy; ***ohne es zu ~*** niechcący; ***~ Sie bitte ...*** zechce pan(i) ...; ***er will dich gesehen haben*** on twierdzi że ciebie widział
wollig wełnisty, jak wełna
Wollkleid *n* sukienka wełniana
wollüstig *praed* z uczuciem rozkoszy
wo|'mit czym; *beginnen*: z czego; (*relativ*) z czym; **~'möglich** być może
wo'nach *riechen*: czym; *fragen*: o co; *sich richten*: do czego; (*relativ*) według którego/której/których
Wonne *f* rozkosz *f*
wo|'ran *denken*: o czym; *arbeiten*: nad czym; *erkennen*: po czym; *glauben*: w co; (*relativ*) na czym; **~'rauf** *warten*: na co; *sich befinden*: na czym; (*relativ*) po czym; **~'raus** z czego; **~'rin** w czym
Wort *n* (*-es; -e/⁻er*) słowo; *jęz t.* wyraz; (*in e-r Versammlung*) głos; **~ für ~** słowo w słowo; ***sein ~ geben*** dać słowo; ***mit anderen ~en*** innymi słowy; ***in ~en*** *Betrag*: słownie; ***das ~ erteilen*** udzielać głosu; ***ums ~ bitten*** prosić o głos; ***zu ~ kommen*** dojść do słowa
Wortart *f gr* część *f* mowy
Wortbruch *m* niedotrzymanie słowa
wortbrüchig niesłowny
Wörter *pl* → ***Wort***; **~buch** *n* słownik
Wortführer(in *f*) *m* rzecznik (-iczka)
Wortgefecht *n* utarczka słowna
wort|getreu wierny; **~karg** małomówny; **Ձlaut** *m* brzmienie (dosłowne)
wörtlich dosłowny
wortlos milcząc(y), bez słowa
Wortmeldung *f* zgłoszenie się do głosu
wort|reich wielosłowny; **Ձschatz** *m* (*-es; 0*) zapas słów; słownictwo; **Ձwechsel** *m* (ostra) wymiana zdań, sprzeczka
wo|'rüber *reden*: o czym; *lachen*: z czego; (*relativ*) z powodu czego; **~'rum** o co; **~'von** o czym; (*relativ*) od czego; **~'vor** *sich fürchten*: czego; **~'zu** na co
Wrack *n* (*-s; -s*) wrak; (*Auto*) F trup
wrang → ***wringen***
wringen* wyżymać ⟨-żąć⟩
Wucher *m* (*-s; 0*) lichwa; *w zł.* lichwiarski; **~er** *m* lichwiarz
wuchern (*-re*) (bujnie) rozrastać ⟨rozrosnąć, -róść⟩ się
Wucherung *f med* guzowaty twór, polip
wuchs, **wüchse** → ***wachsen***
Wuchs *m* (*-s; 0*) wzrost
Wucht *f* (*0*) impet, siła; *fig* F obuch
wuchtig masywny; *Hieb*: potężny, silny
wühl|en *v/i* ryć, (*t. fig*) grzebać (***in*** *D* w *L*); *pej fig* rozrabiać; **Ձmaus** *f* nornik
Wulst *m* (*-es; -e*) *u. f* (*-; ⁻e*) zgrubienie; *mot* (*Reifenwulst*) stopka
wulstig *Lippen itp.*: mięsisty, gruby
wund zraniony; (*weh*) obolały, bolesny
Wunde *f* rana (*t. fig*)
Wunder *n* cud; ***~ wirken*** dokonać cudu; ***kein ~, daß*** nic dziwnego, że
wunderbar cudowny
wunder|hübsch (prze)cudowny; **Ձkind** *n* cudowne dziecko; **~lich** dziwaczny
Wundermittel *n* cudowny środek
wunder|n (*-re*) zadziwi(a)ć, dziwić (***sich***

W

über *A* się *D*); ***es wundert mich*** dziwi mnie; **~schön** prześliczny; **~tätig** *Heiligenbild*: cudowny; **~voll** (prze)cudny
wund|liegen*: ***sich ~*** nabawić się *pf* odleżyn; **≗salbe** *f* maść *f* na rany
Wundstarrkrampf *m* (-*ęs*; *0*) tężec
Wunsch *m* (-*ęs*; *¨e*) życzenie; ***nach ~*** według życzenia; **~denken** *n* (-*s*; *0*) myślenie życzeniowe
wünschen życzyć (***sich*** *etw* sobie *G*); (*verlangen*) życzyć sobie, pragnąć; ***was ~ Sie?*** czego pan(i) sobie życzy?
wünschenswert pożądany
wunsch|gemäß według życzenia, na życzenie; **≗traum** *m* marzenie
Wunschzettel *m* spis życzeń
wurde, **würde** → ***werden***
Würde *f* (*0*) godność *f*; (*t. pl*) zaszczyt
Würdenträger *m* dygnitarz, dostojnik
würdig dostojny; godny, godzien (*G*)
würdig|en *v/t* należycie oceni(a)ć (*A*), wyrażać ⟨-razić⟩ się z uznaniem (o *L*); *j-n* ***keines Blickes ~*** nie raczyć spojrzeć (na *A*); **≗ung** *f* ocena; uznanie, wyrazy *m/pl* uznania
Wurf *m* (-*ęs*; *¨e*) rzut; *zoo* (po)miot
würfe → ***werfen***
Würfel *m mat* sześcian; *og.* kostka
würfel|n (-*le*) *v/i* ⟨za⟩grać w kostki/kości (***um*** o *A*); *v/t kulin* ⟨po⟩krajać w kostkę; **≗spiel** *n* gra w kostki; **≗zucker** *m* cukier w kostkach
Wurf|geschoß *n* pocisk; **~sendung** *f* druk masowy przesyłany pocztą
würgen *v/t* dusić; *v/i* (***an*** *D*) dławić się (*I*)
Wurm *m* (-*ęs*; *¨er*) robak; *med t.* glista
Würmchen *n* robaczek
Wurm|fortsatz *m* (-*es*; *¨e*) *anat* wyrostek robaczkowy; **≗stichig** robaczywy
Wurst *f* (-; *¨e*) kiełbasa; F ***das ist mir ~*** [vurʃt] to mi wszystko jedno
Würstchen *n* kiełbaska; (*heiß*) parówka
Würstchenbude F *f* kiosk z parówkami
wursteln F (-*le*) partolić, grzebać się
Würze *f* pikantność *f*; przyprawa
Wurzel *f* (-; -*n*) korzeń *m*, *dim* korzonek; *mat* pierwiastek; ***~n schlagen*** zakorzeni(a)ć się
wurzel|n (-*le*) być zakorzenionym (***in*** *D* w *L*); **≗werk** *n* korzenie *m/pl*
würz|en (-*zt*) przyprawi(a)ć; **~ig** aromatyczny; pikantny, korzenny
wusch, **wüsche** → ***waschen***
wußte, **wüßte** → ***wissen***
wüst → ***öde***, ***wirr***
Wüste *f* pustynia; **~n-** pustynny
Wüstling *m* (-*s*; -*e*) rozpustnik
Wut *f* (*0*) wściekłość *f*; (*t. Tanzwut itp.*) pasja; ***in ~ geraten*** rozwścieczyć się
Wutanfall *m* napad/wybuch wściekłości
wüten (-*e*-) szaleć; **~d** wściekły (-le); ***~d machen*** doprowadzić do pasji

X

x-Achse [ıks-] *f mat* oś *f* odciętych
Xan'thippe [ks-] *f pej* ksantypa, jędza
X-Beine [ıks-] *n/pl* nogi *f/pl* iksowate
x-beinig [ıks-] z nogami w iks
x-beliebig [ıks-] byle jaki; byle kto
x-mal F [ıks-] niezliczoną ilość razy
x-te [ıks-]: *mat* ***~ Potenz*** potęga o wykładniku x; F ***zum ~n Mal*** po raz nie wiem który/nie wiadomo który
Xylo'phon [ks-] *n* (-*s*; -*e*) ksylofon

Y

y-Achse ['ʏpsilɔn-] *f mat* oś *f* rzędnych
Yen [j-] *m* (-/-*s*; -/-*s*) jen
Yoghurt [j-] *m* → ***Joghurt***
Ypsilon ['ʏp-] *n* (-/-*s*; -/-*s*) ipsilon *n*/*m*, igrek *n*/*m*
Yuan [j-] *m* (-/-*s*; -/-*s*) juan

Z

Zack|e *f*, **~en** *m* ząb(ek); (*im EKG*) załamek; **~enlinie** *f* linia łamana
zackig *fig* F chwacki (-ko)
zaghaft nieśmiały (-ło)
zäh, **~e** mocny, wytrzymały; *Fleisch*: żylasty, łykowaty; (*hart*) twardy; *Widerstand*: uporczywy (-wie); → **~flüssig** ciągliwy, kleisty
Zähigkeit *f* (*0*) wytrzymałość *f*; upór
Zahl *f* liczba; (*Anzahl t.*) ilość *f*; cyfra; ***in großer ~*** w wielkiej ilości; ***in die roten ~en kommen*** znaleźć się pod kreską
zahlbar płatny
zahlen ⟨za⟩płacić (***für*** za *A*)
zählen ⟨*v*/*t t.* po-, z⟩liczyć (*impf t.* ***auf*** *A* na *A*); (**zu**) zaliczać ⟨-czyć⟩ (do *G*; ***sich*** się); ***das zählt nicht*** to się nie liczy
Zahlen|angaben *f*/*pl* dane *pl* liczbowe; **≈mäßig** liczebny, ilościowy (-wo); **~schloß** *n* zamek z kodem liczbowym
Zahler(in *f*) *m* płatnik (-iczka)
Zähler *m* licznik (*t. mat*)
Zahl|karte *f* blankiet na przekaz pieniężny; **≈los** niezliczony, bez liku
zahl|reich liczny; **≈tag** *m* (*v. Lohn*) dzień *m* wypłaty; **≈ung** *f* (o)płacenie, zapłata; płatność *f*; (*Lohn≈*) wypłata; ***in ~ geben*** dać na poczet płatności
Zählung *f* liczenie; (*Volks≈ itp.*) spis
Zahlungs|anweisung *f* polecenie zapłaty; **~aufforderung** *f* wezwanie do zapłaty; **~aufschub** *m* odroczenie terminu płatności; **~bedingungen** *f*/*pl* warunki *m*/*pl* płatności; **~befehl** *m* nakaz płatniczy; **~beleg** *m* dowód zapłaty; **~bilanz** *f* bilans płatniczy; **≈fähig** wypłacalny; **~frist** *f* termin zapłaty
Zahlungs|mittel *n* środek płatniczy; **~rückstände** *m*/*pl* zaległości *f*/*pl* płatnicze; **~unfähigkeit** *f* (*0*) niewypłacalność *f*; **~verkehr** *m* obrót płatniczy
Zahlwort *n* (-*¢s*; *ᵘer*) *gr* liczebnik
zahm oswojony; *fig* potulny; ***~ werden*** oswoić się *pf*; *fig* spotulnieć *pf*
zähmen oswajać ⟨-woić⟩; *fig* poskramiać ⟨-kromić⟩, opanow(yw)ać
Zahn *m* (-*¢s*; *ᵘe*) ząb, *dim* ząbek; **~arzt** *m* (lekarz) dentysta *m*, stomatolog; **~ärztin** *f* (lekarka) dentystka, stomatolog
zahn|ärztlich dentystyczny, stomatologiczny; **≈bürste** *f* szczoteczka do zębów; **≈creme** *f* pasta do zębów
zähne|knirschend ze zgrzytaniem zębów, zgrzytając zębami; **≈putzen** *n* (-*s*; *0*) czyszczenie zębów
Zahn|ersatz *m* proteza/dostawka zębowa; **~fleisch** *n* dziąsła *n*/*pl*; **~klinik** *f* klinika stomatologiczna; **~pflege** *f* higiena zębów; **~rad** *n* koło/kółko zębate; **~radbahn** *f* kolej zębata
Zahnschmerzen *m*/*pl* ból zęba/zębów
Zahnstein *m* kamień nazębny
Zahnstocher *m* wykałaczka
Zander *m* sandacz
Zange *f* szczypce *pl*, kleszcze *pl*
Zank *m* (-*¢s*; *0*) kłótnia; **~apfel** *m* (-*s*; *0*) jabłko niezgody; **≈en** (***mit***) zbesztać (*A*); ***sich ~*** kłócić się (z *I*)
zänkisch swarliwy (-wie)
Zäpfchen *n anat* języczek; *med* czopek
zapfen *Bier itp.* ⟨na⟩toczyć
Zapfen *m* czop; *bot* szyszka; (*Eis≈*) sopel
Zapfenstreich *m* capstrzyk
Zapfsäule *f* dystrybutor paliwa
zappeln (-*le*) *Fisch*: trzepotać się; *Kind*: wiercić/kręcić się (jak na sprężynach)

zart delikatny; (*fein t.*) subtelny; *Fleisch*: kruchy; (*schwächlich*) wątły (-ło)
Zartgefühl *n* (*-s*; *0*) delikatność *f*, takt
zärtlich czuły (-le), pieszczotliwy (-wie); **&keit** *f* (*0*) czułość *f*; (*t. pl*) pieszczota
Zaster F *m* (*-s*; *0*) kasa, szmal
Zauber *m* czary *m/pl*; *fig* urok, czar
Zaube'rei *f* czarodziejstwo; czary *m/pl*
Zauber|er *m* czarodziej; (*Künstler*) iluzjonista *m*; **~flöte** *f* zaczarowany flet; **~formel** *f* czarodziejskie zaklęcie
zauberhaft *fig* uroczy (-czo)
Zauber|in *f* czarodziejka; (*Künstlerin*) iluzjonistka; **~kunststück** *n* sztuczka magiczna/kuglarska; **~stab** *m* różdżka czarnoksięska; **~wort** *n* (*-es*; *-e*) zaklęcie, magiczne słowo
zaudern (*-re*) ociągać się, zwlekać
Zaum *m* (*-es*; *ⁿe*) uzda; *fig* ***im ~ halten*** trzymać na wodzy
Zaun *m* (*-es*; *ⁿe*) płot, ogrodzenie
Zaunkönig *m zoo* strzyżyk
zausen (lekko) targać
Zebra *n* (*-s*; *-s*) zebra
Zebrastreifen F *m* zebra, zebry *f/pl*
Zeche[1] *f gór* kopalnia
Zeche[2] *f* rachunek (w restauracji)
Zechprelle'rei *f* szalbierstwo
Zecke *f* kleszcz; **~n-** *zw.* kleszczowy
Zedernholz *n* (*-es*; *0*) drewno cedrowe
Zehe *f* palec (stopy); (*Knoblauch*) ząbek; ***große ~*** paluch; ***auf ~n*** na palcach
zehn dziesięć, dziesięcioro, *m-os* dziesięciu; → *str 610*
Zehn *f* dziesiątka; *karc* F *t.* dyska
Zehn|er *m* dziesiątka; **&fach** dziesięciokrotny; **&jährig** dziesięcioletni
Zehnkampf *m* dziesięciobój
zehnmal dziesięć razy
zehn|te dziesiąty; → *str. 611*; **~tel**: ***ein ~*** jedna dziesiąta; **&tel** *n* dziesiąta część
Zeichen *n* znak; ***zum ~*** (*G*) w znak (*G*)
Zeichen|block *m* blok rysunkowy; **~papier** *n* papier rysunkowy; **~setzung** *f* (*0*) interpunkcja; **~sprache** *f* mowa palcowa, F porozumiewanie się na migi; **~trickfilm** *m* film rysunkowy
zeichnen (*-e-*) *v/t* ⟨na⟩rysować; *tech, fig* ⟨na⟩kreślić; *v/i* kreślić się; ***verantwortlich ~*** (***für***) brać na siebie odpowiedzialność (za *A*)
Zeichnen *n* (*-s*; *0*) rysowanie; *tech* kreślenie; (*Schule*) rysunki *m/pl*
Zeichner(in *f*) *m* rysownik (-iczka); ilustrator(ka); *tech, bud* kreślarz (-rka)
Zeich|nung *f* rysunek; (*Muster*) wzór, deseń *m*; *fin* subskrypcja; **&nungsberechtigt** uprawniony do podpisywania
Zeigefinger *m* palec wskazujący
zeigen pokaz(yw)ać; *Weg* wskaz(yw)ać (*t. v/i* ***auf*** *A*); *Gefühl* okaz(yw)ać, obja-wi(a)ć; *v/i* (***auf*** *A*) być skierowanym (na *A*); ***sich ~*** pokaz(yw)ać się, ukaz(yw)ać się; ***das wird sich ~*** to się okaże
Zeiger *m* strzałka, (*Uhr&*) wskazówka
Zeile *f* wiersz; (*Reihe*) rząd; ***zwischen den ~n*** między wierszami
Zeisig *m* (*-s*; *-e*) czyżyk
Zeit *f* czas; (*Tages&*) pora; (*Zeitraum*) okres; ***um diese ~*** o tej porze; ***um welche ~?*** o której godzinie?; ***von ~ zu ~*** od czasu do czasu; ***vor langer ~*** dawno temu; ***zur ~*** obecnie; ***höchste ~*** czas najwyższy; ***sich ~ lassen*** nie spieszyć się; ***ich habe keine ~*** nie mam czasu
Zeit|alter *n* epoka, wiek; **~ansage** *f tel* zegarynka; **&aufwendig** czasochłonny; **~bombe** *f* bomba zegarowa; **~dokument** *n* dokument epoki; **~druck** *m*: ***unter ~ stehen*** być pod presją czasu; **~ersparnis** *f* oszczędność *f* na czasie; **~geist** *m* (*-es*; *0*) duch czasu; **&gemäß** zgodny z wymaganiami czasu, na czasie; **&genössisch** współczesny (-śnie); **~geschichte** *f* (*0*) historia najnowsza
Zeitgründe *pl*: ***aus ~n*** z braku czasu
zeitig wczesny (-śnie); → ***beizeiten***
Zeit|karte *f* bilet okresowy; **~lang** *f*: ***e-e ~*** przez pewien czas; **&lich** czasowy (-wo); **~lohn** *m* płaca za czas; **&los** ponadczasowy, zawsze aktualny/modny
Zeitlupe *f*: ***in ~*** w tempie zwolnionym
Zeit|mangel *m* brak czasu; **&nah** aktualny; **~plan** *m* harmonogram; **~punkt** *m* chwila, moment; **~raum** *m* przeciąg czasu, okres; **~rechnung** *f*: ***unserer ~*** naszej ery; **~schrift** *f* czasopismo; **~spanne** *f* przedział czasu; odstęp czasu
Zeitung *f* gazeta, dziennik
Zeitungs|annonce *f* ogłoszenie gazetowe; **~ausschnitt** *m* wycinek z gazety; **~bericht** *m* wiadomość *f* w gazecie, doniesienie prasowe; **~kiosk** *m* kiosk z pismami; **~papier** *n* papier gazetowy; **~schreiber** *m pej* gazeciarz, pismak; **~verkäufer(in** *f*) *m* gazeciarz (-rka)
Zeit|unterschied *m* różnica czasu; **~verlust** *m* strata czasu; **~vertrag** *m*

umowa terminowa; **~vertreib** *m* (*-es*; *0*) rozrywka; **zum ~** dla rozrywki
zeit|weilig czasowy, przejściowy; *adv* → **~weise** czasem, czasami; **2wort** *n* (*-es*; *-er*) czasownik; **2zeichen** *n* sygnał czasu; **2zünder** *m* zapalnik czasowy
Zelle *f biol, el* komórka; (*Raum*) cela; *tel* budka; **~n-** *zw.* komórkowy
Zellkern *m* jądro komórki
Zellstoff *m* (*-es*; *0*) *med* lignina
Zellu'lose *f* (*0*) błonnik, celuloza
Zelt *n* (*-es*; *-e*) namiot
zelt|en (*-e-*) obozować pod namiotem/namiotami; **2lager** *n* obóz pod namiotami; **2platz** *m* pole namiotowe
Ze'ment *m* (*-es*; *-e*) cement(owy *w zł.*)
zemen'tieren (-) ⟨za⟩cementować
Ze'mentwerk *n* cementownia
zen'sieren (-) cenzurować; (*benoten*) ⟨s⟩klasyfikować
Zen'sur *f* (*0*) cenzura; (*t. pl*) cenzura, ocena
Zenti'meter *n/m*, **~maß** *n* centymetr
Zentner *m* ce(n)tnar (*50 kg*); **2schwer** *fig* bardzo/strasznie ciężki
zen'tral centralny; **2e** *f* centrala
Zen'tralheizung *f* ogrzewanie centralne
zentrali'sieren (-) ⟨s⟩centralizować
Zen'tral|nervensystem *n* ośrodkowy układ nerwowy; **~verriegelung** *f mot* zamek centralny
zentri|fu'gal odśrodkowy; **2'fuge** *f* wirówka; **~pe'tal** dośrodkowy
Zentrum *n* (*-s*; *-ren*) centrum *n*, środek; *fig* (*Bereich, Einrichtung*) ośrodek
Zeppelin *m* (*-s*; *-e*) sterowiec
zer'beißen* (-) rozgryzać ⟨-gryźć⟩
zer'bomben (-) zbombardować *pf*
zer'brechen* (-) *v/t* ⟨z⟩łamać (*v/i*; *sn* się); *Tasse itp.* stłuc *pf*, rozbi(ja)ć (się)
zer|'brechlich łamliwy, (*t. fig*) kruchy (-cho); **~'bröckeln** (-) rozkruszać ⟨-szyć⟩ (*v/i*; *sn* się); **~'drücken** (-) rozgniatać, zgniatać ⟨-gnieść⟩
Zeremo'nie [*pl* -'ni:ən] *f* ceremonia
Zer|'fall *m* (*-es*; *0*) rozpad; (*Zersetzung*) rozkład; **2'fallen*** (-) *v/i* rozpadać ⟨-paść⟩ się (*t. fig*); **~'fallsprodukt** *n* produkt rozpadu; **2'fetzen** (-) → ***zerreißen***; = **2'fleischen** (-) rozszarp(y-w)ać; **2'fressen*** (-) *Motten itp.*: stoczyć *pf*; *Rost*: przeżerać ⟨-żreć⟩
zer|gehen* (-) → ***schmelzen***; **~'kleinern** (*-re*; -) rozdrab(n)iać ⟨-drob(n)ić⟩; **~'knüllen** (-) zmiąć *pf*; **~'kratzen** (-) *Wunde* rozdrap(yw)ać; *Gesicht* podrapać *pf*; *Lack* porysować *pf*
zer'lassen* (-) rozpuszczać ⟨-puścić⟩
zer'laufen* (-) rozpływać ⟨-płynąć⟩ się
zer'leg|bar rozbieralny; **~en** (-) *Gerät* rozbierać ⟨rozebrać⟩ (na części); *chem* rozkładać ⟨rozłożyć⟩; *Tier* oprawi(a)ć
zer|'lumpt obszarpany, obdarty; **~'malmen** (-) ⟨z⟩druzgotać; **~'mürben** (-) ⟨z⟩nękać; **~'quetschen** (-) zgniatać ⟨zgnieść⟩, ⟨z⟩miażdżyć
Zerrbild *n* karykatura
zer'reiß|en* (-) *v/t* rozdzierać ⟨rozedrzeć⟩, rozrywać ⟨rozerwać⟩ (*v/i*; *sn* się); **2probe** *f fig* ciężka próba
zerren szarpać ⟨-pnąć⟩, targać ⟨-gnąć⟩ (***an*** *D* za *A*); wywlekać ⟨-wlec⟩ (***aus*** z *G*); ***sich*** *etw* **~** *med* naciągnąć sobie
zer'rinnen* (*-*; *sn*) *Eis*: ⟨s⟩topnieć; *fig t.* rozwi(ew)ać się
zer'rissen *adj* podarty, rozdarty
Zerrung *f med* naciągnięcie
zer|'rütten (*-e-*; -) *ekon* ⟨z⟩dezorganizować; *Nerven* rozstrajać ⟨-stroić⟩; *Gesundheit* podrywać ⟨poderwać⟩; *Ehe* rozbi(ja)ć; **~'sägen** (-) rozpiłow(y-w)ać; **~'schlagen*** (-) rozbi(ja)ć (***sich*** się; *t. fig*); **~'schmettern** (-) roztrzaskać *pf*; *fig* rozgromić *pf*; **~'schneiden*** (-) rozcinać ⟨-ciąć⟩, rozkroić *pf*
zer'setzen (-) *v/t* rozkładać ⟨rozłożyć⟩ (***sich*** się); **~d** *fig* destrukcyjny
Zer'setzung *f* (*0*) rozkład (*t. fig*); **~s-** rozkładowy
zer'splittern (-) *v/t fig* rozdrabniać ⟨-drobnić⟩; rozpraszać ⟨-proszyć⟩; *v/i* (*sn*) rozbić się *pf* na drobne kawałki; *Holz*: rozlecieć się *pf* w drzazgi
zer'springen* *v/i* (*-*; *sn*) pękać ⟨-knąć⟩
Zer'stäuber *m* rozpylacz
zer'stören (-) ⟨z⟩niszczyć, ⟨z⟩rujnować; *Bauten t.* ⟨z⟩burzyć
Zer'störer *m mar* niszczyciel
Zer'störung *f* (z)niszczenie, (z)rujnowanie; (*zw. Umwelt2*) degradacja
Zer'störungskraft *f* siła niszcząca
zer'streuen (-) *Menge, Licht* rozpraszać ⟨-proszyć⟩; *Verdacht* rozwi(ew)ać; *j-n* rozrywać ⟨rozerwać⟩ (***sich*** się)
zer'streut *adj fig* roztargniony
Zer'streuung *f* rozproszenie; rozrywka
zer'stückeln (*-le*; -) ⟨po⟩kawałkować
zer'teilen (-) ⟨po⟩dzielić na części

Z

Zertifi'kat *n* (-*ẹs*; -*e*) świadectwo
zer|'trampeln (-) stratować *pf*, podeptać *pf*; **~'treten*** (-) rozdept(yw)ać
zer|'trümmern (-*re*; -) rozbi(ja)ć, zdruzgotać *pf*; **2'würfnis** *n* (-*ses*; -*se*) rozdźwięk; **~'zausen** (-) ⟨z⟩mierzwić; **~'zaust** *adj* zmierzwiony, rozczochrany
zetern (-*re*) wyrzekać, F psioczyć
Zettel *m* kartka, świstek (papieru)
Zeug *n* (-*ẹs*; *0*) (*Sachen*) rzeczy *f*/*pl*; (*Utensilien*) przybory *m*/*pl*; → **Kleidung**, **Kram**, **dumm** *itd*.; ***er hat das ~ zum guten Arzt*** to materiał na dobrego lekarza; F ***was das ~ hält*** ile się da
Zeuge *m* (-*n*) świadek
zeugen¹ (***von***) świadczyć (o *L*)
zeugen² *Kind* ⟨s⟩płodzić
Zeugen|aussage *f* zeznanie świadka/świadków; **~stand** *m*: ***in den ~ rufen*** wezwać (świadka) do złożenia zeznań
Zeugin *f* świadek
Zeugnis *n* (-*ses*; -*se*) świadectwo; *jur* zeznanie; **~verweigerungsrecht** *n* prawo odmowy zeznań
Zeug|ung *f* (*0*) (s)płodzenie; **2ungsunfähig** niezdolny do rozrodu
Zickzack *m* (-*ẹs*; -*e*) zygzak
Ziege *f* koza; **~n-** kozi
Ziegel *m* cegła; (*Dach2*) dachówka
Ziegeldach *n* dach kryty dachówką
Ziege'lei *f* cegielnia(ny *w zł.*)
ziegel|rot ceglastoczerwony, ceglasty (-to)
Ziegen|- kozi; **~bock** *m* kozioł, cap
Ziegenpeter F (-*s*; *0*) *m med* świnka
ziehen* *v*/*t* ⟨po⟩ciągnąć (*t. v*/*i* ***an*** *D* za *A*; ***nach sich*** za sobą); *Linie*, *Schnur* przeciągać ⟨-gnąć⟩ (***sich*** się, *t. zeitlich*); *Zahn* usuwać ⟨usunąć⟩; *Grenze* wytyczać ⟨-czyć⟩; *Schlüsse* wyciągać ⟨-gnąć⟩; *Bilanz* sporządzać ⟨-dzić⟩; *Mauer* ⟨wy⟩budować; *Pflanzen* hodować; → **an-**, **durch-**, **einziehen** *itd*.; *v*/*i* (*t. sn*) *Pferd*, *Ofen*, *Wolken*: ciągnąć; (*Schach*) ⟨z⟩robić ruch; *Tee*: naciągać ⟨-gnąć⟩; ***es zieht*** tu przeciąg/ciągnie; F ***das zieht nicht*** to nie chwyta
Zieh|harmonika *f* (-; -*s*/-*ken*) harmonia (ręczna); **~ung** *f* ciągnienie
Ziel *n* (-*ẹs*; -*e*) cel; *sport* meta; *hdl* termin (płatności); ***am ~*** u celu, u mety; ***sich zum ~ setzen*** postawić sobie za cel
Zielbahnhof *m* stacja docelowa
zielbewußt *Handeln*: celowy (-wo)
zielen *v*/*i* ⟨wy⟩celować (***auf*** *A* do *G*, w *A*; ***mit*** z *G*); *fig* zmierzać (***auf*** *A* do *G*)
Zielfernrohr *n* celownik optyczny
Ziel|flughafen *m* lotnisko docelowe; **~foto** *n* zdjęcie finiszowe; **~linie** *f* linia mety; **~scheibe** *f* tarcza strzelnicza; *fig* cel; **~setzung** *f* (założony) cel
zielstrebig zdecydowany (osiągnąć wytknięty cel)
ziemlich spory, znaczny; *adv* dość
Zierde *f* ozdoba; ***zur ~*** dla ozdoby
zieren ⟨o⟩zdobić; ***sich ~*** certować się
Zierleiste *f* listwa ozdobna
zierlich drobnej budowy ciała, zgrabny; delikatny, filigranowy
Zierpflanze *f* roślina ozdobna
Ziffer *f* (-; -*n*) cyfra; (*Abschnitt*) punkt; **~n-** cyfrowy; ***mit drei ~n*** trzycyfrowy; **~blatt** *n* tarcza zegarowa, F cyferblat
zig F niezliczony, mnóstwo
Ziga'rette *f* papieros
Ziga'retten|automat *m* automat z papierosami; **~etui** *n* papierośnica
Ziga'retten|papier *n* bibułka papierosowa; **~spitze** *f* cygarniczka, F lufka
Ziga'rillo *m*/*n* (-*s*; -*s*) cygaretka
Zi'garre *f* cygaro; F *fig* bura
Zi'geuner(in *f*) *m* Cygan(ka)
Zi'geunersprache *f* język cygański
Zimmer *n* pokój, *dim* pokoik; *w zł. zw.* pokojowy; **~kellner** *m* kelner hotelowy; **~lautstärke** *f*: ***auf ~ stellen*** przyciszyć głośność; **~mädchen** *n* pokojówka; **~mann** *m* (-*ẹs*; -*leute*) cieśla *m*; **~s-** ciesielski; **~nachweis** *m* biuro zakwaterowania; **~pflanze** *f* roślina pokojowa; **~schlüssel** *m* klucz od pokoju; **~tür** *f* drzwi *pl* od/do pokoju; **~vermietung** *f* wynajmowanie pokoi
zimperlich (przesadnie) wrażliwy; ***nicht ~ sein*** (***bei***) nie przebierać (w *L*)
Zimt *m* (-*ẹs*; *0*) cynamon(owy *w zł.*)
Zink *n* (-*ẹs*; *0*) cynk(owy *w zł.*)
Zinke *f* ząb; (*Holz2*) wczep
Zinn *n* (-*ẹs*; *0*) cyna; *w zł.* cynowy
Zinne *f bud* ząb blanku; (*Berg*) turnia
Zinnsoldat *m* ołowiany żołnierzyk
Zins *m* (-*es*; -*en*) (*Pacht2*) czynsz; **~en** *pl* odsetki *f*/*pl*; **~eszins** *m* odsetki *f*/*pl* składane; **2los** bezprocentowy (-wo)
Zinssatz *m* stopa procentowa
Zio'nismus *m* (-; *0*) syjonizm
Zipfel *m* koniuszek, rożek
zirka około, w przybliżeniu

Zir|kel *m* cyrkiel; (*Kreis*) koło, krąg; *fig* kółko; **≈ku'lieren** (-) cyrkulować
Zirkus *m* (-; *-se*) cyrk(owy *w zł.*)
Zir'rhose *f med* marskość *f*
zir'zensisch cyrkowy
zisch|en syczeć; *Publikum*: sykać ⟨syknąć⟩; **≈en** *n* syczenie, syk; sykanie
Zischlaut *m jęz* głoska sycząca
Zita'delle *f* cytadela
Zi'tat *n* (-*ęs*; -*e*) cytat(a)
Zither *f* (-; *-n*) cytra; **~spieler(in** *f*) *m* cytrzysta *m* (-tka)
zi'tieren (-) ⟨za⟩cytować
Zitro'nat *n* (-*ęs*; *0*) cykata
Zi'trone *f* cytryna; **~n-** cytrynowy
Zitrusfrucht *f* owoc cytrusowy
zitt|ern (*-re*) drżeć, trząść się (*t. fig* ***vor Angst*** ze strachu), dygotać (***vor Kälte*** z zimna); **~rig** drżący
Zitze *f* sutek, cycek, (*t-ko zoo*) strzyk
zi'vil [-v-] cywilny; F *Preis*: przystępny
Zi'vil [-v-] *n* (*-s*; *0*): ***in ~*** po cywilnemu
Zi'vil|bevölkerung [-v-] *f* ludność cywilna; **~courage** [-kuraʒə] *f* (*0*) odwaga cywilna; **~dienst** *m* służba cywilna dla odmawiających pełnienia służby wojskowej
Zivili|sati'on [-v-] *f* cywilizacja; **~s-** cywilizacyjny; **≈'siert** cywilizowany
Zivi'list [-v-] *m* (*-en*) cywil
Zi'vilprozeß [-v-] *m* proces cywilny
Zi'vilrecht [-v-] *n* (-*ęs*; *0*) prawo cywilne
zi'vilrechtlich [-v-] cywilnoprawny
Zoff F *m* (*-s*; *0*) *gw* zadyma, rozróba
zog, **zöge** → ***ziehen***
zögerlich niezdecydowany, chwiejny
zögern (*-re*) ⟨za⟩wahać się; (***mit***) zwlekać (z *I*)
Zögern *n* (*-s*; *0*) wahanie
Zögling *m* (*-s*; *-e*) wychowanek (-nica)
Zölibat *n*/*m* (-*ęs*; *0*) celibat
Zoll[1] *m* (-*ęs*; -) cal; ***e-n ~ lang*** calowy
Zoll[2] *n* (-*ęs*; *⸚e*) cło; **~abfertigung** *f* odprawa celna; **~amt** *n* urząd celny; **~erklärung** *f* deklaracja celna; **~fahndung** *f* ściganie wykroczeń celnych; F policja celna; **≈frei** bezcłowy, wolnocłowy
Zoll|grenzbezirk *m* (przygraniczny) obszar celny; **~grenze** *f* granica celna
Zöllner(in *f*) *m* celnik (-iczka)
zollpflichtig podlegający ocleniu
Zollschranken *f*/*pl* bariery *f*/*pl* celne
Zollstock *m* calówka, metrówka
Zollunion *f* unia celna
Zollvergehen *n* przestępstwo celne
Zollwert *m* wartość celna (towaru)
Zone *f* strefa; **~n-** strefowy
Zoo *m* (*-s*; *-s*) zoo *n*; **~lo'gie** *f* (*0*) zoologia; **≈'logisch** zoologiczny
Zopf *m* (-*ęs*; *⸚e*) warkocz; (*Brot*) chałka
Zöpfchen *n* warkoczyk
Zorn *m* (-*ęs*; *0*) gniew; ***in ~ geraten*** wpaść w gniew, wybuchnąć gniewem
zornig gniewny, rozgniewany
Zote *f* sprośny żart, F tłusty kawał
zottig kosmaty (-to), kudłaty (-to)
zu[1] *praep* (*D*) *wohin*: do (*G*), na (*A*), ku (*D*); *wo*: w, na, po (*L*), u (*G*); *wann*: w, na (*A*); (*Zweck*) dla, do (*G*), na (*A*); (*Anlaß*) na, w, za (*A*); (*Ergebnis*) w, na (*A*); w (*L*); (*mit Zahlen*) do (*G*), po, w (*A*); ***~m Arzt*** do lekarza; ***~ Hause*** w domu; ***~ Beginn*** na początku; ***~m Vergnügen*** dla zabawy; ***~m Geburtstag*** na urodziny; ***~ Asche werden*** obrócić się w popiół; ***Milch ~m Kaffee*** mleko do kawy; ***~ zweit*** we dwójkę; ***~ 2 Mark*** po dwie marki; ***zwei ~ null*** dwa do zera; *keine Entsprechung*/*andere praep*: ***~ Fuß*** piechotą; ***Gasthof ~m Adler*** Gospoda pod Orłem
zu[2] **1.** *adv* (+ *adj*) za, zbyt; ***~ groß*** za duży; ***~ lang*** zbyt długi; ***nach ...*** (*D*) ***~*** w stronę (*G*), ku (*D*); → ***auf***, ***bis***; (*geschlossen*) zamknięty; ***Tür ~!*** zamknąć drzwi!; ***nur ~!*** dalej(że) (...)!; **2.** *conj* (+ *inf*) do (*G*/*su*) *a. t-ko inf*, *np.*: ***nichts ~ sehen*** nic nie widać; → ***ohne***, ***um***[2]
zualler|'erst najpierw; **~'letzt** na samym końcu, jako ostatni(a, -e)
Zubehör *n* (*-s*; *0*) wyposażenie, osprzęt
zubekommen* F zamykać ⟨-mknąć⟩
zu|bereiten przyrządzać ⟨-dzić⟩; **≈bereitung** *f* (*0*) przyrządzenie; **~billigen** przyzna(wa)ć; **~binden*** zawiąz(yw)ać
zu|bleiben* F pozosta(wa)ć zamkniętym; **~bringen*** spędzać ⟨-dzić⟩
Zubringer *m* (*Straße*) droga dojazdowa, dojazd; **~bus** *m* autobus dowożący
Zucht[1] *f* (*0*) hodowla; (*pl -en*) rasa; **~-** *w zł. Tier*: rozpłodowy, zarodowy
Zucht[2] *f* (*0*) karność *f*, dyscyplina
züchten (*-e-*) ⟨wy⟩hodować
Züchter(in *f*) *m* hodowca *m* (-czyni)
Zuchthaus *n* ciężkie więzienie
Züchtigung *f* kara cielesna, chłosta
Zucht|perle *f* perła sztucznie wyhodowana; **~vieh** *n* bydło zarodowe

zucken drgać, *v/s* drgnąć; *Blitz*: przeszy(wa)ć (*A*); → ***Achsel***
zücken *v/t* doby(wa)ć (*G*)
Zucker *m* (*-s*; *0*) cukier; **~dose** *f* cukierniczka; **~fabrik** *f* cukiernia; **~gehalt** *m* zawartość *f* cukru; **~guß** *m* lukier; **~hut** *m* głowa cukru; **2krank** chory na cukrzycę; **~rohr** *n* (*-s*; *0*) trzcina cukrowa
Zuckerrübe *f* burak cukrowy
Zuckung *f* drganie, drżenie, drgnięcie; ***krampfartige ~en*** drgawki *f/pl*
zudecken przykry(wa)ć (***sich*** się)
zu'dem prócz tego, w dodatku
zu|drehen zakręcać ⟨-cić⟩; ***den Rücken ~*** (*D*) odwracać ⟨-rócić⟩ się plecami (do *G*); **~dringlich** natrętny; ***~ werden*** (***zu***) napastować (*A*); **~drücken** przyciskać, ściskać ⟨-snąć⟩; → ***Auge***
zuein'ander jeden / jedno do drugiego, jedna do drugiej, jedni do drugich, względem siebie
zuerkennen* przyzna(wa)ć
zu'erst najpierw, wpierw; po raz pierwszy; ***er kam ~*** on przyszedł pierwszy
zufahren* (*sn*): ***auf ... ~*** jechać w kierunku (*G*), zbliżać się (do *G*)
Zufahrt *f* dojazd, droga dojazdowa
Zufall *m* przypadek, traf; ***durch ~*** przypadkiem
zufallen* *Tür*: zatrzaskiwać ⟨-snąć⟩ się; *Anteil*: wypadać ⟨-paść⟩ (*j-m* na *A*)
Zufalls-, zufällig przypadkowy (-wo), (*Statistik*, *tech*) losowy
zu|fliegen* (*sn*; *D*) przylecieć *pf* (do *G*); ***auf ... ~*** lecieć w kierunku (*G*), podlatywać (do *G*); **~fließen*** (*D*) płynąć ku (*D*); *fig* wpływać ⟨-łynąć⟩ (do *G*)
Zuflucht *f* (*0*) schronienie; *fig* ***~ nehmen*** (***zu***) uciekać ⟨uciec⟩ się (do *G*)
Zufluß *m* dopływ; → ***Zustrom***
zu'folge *praep* (*D*) według (*G*)
zu'frieden zadowolony (***mit*** z *G*)
zu'friedengeben*: ***sich ~*** (***mit***) zadowalać ⟨-wolić⟩ się, kontentować się (*I*)
Zu'friedenheit *f* (*0*) zadowolenie
zu'friedenstellen zadowalać ⟨-wolić⟩
zufrieren* (*sn*) zamarzać ⟨-znąć⟩
zufügen *Schaden* wyrządzać ⟨-dzić⟩; *Schmerz*, *Niederlage* zada(wa)ć
Zufuhr *f* dowóz; (*v. Strom*, *Gas*) dopływ
zuführen doprowadzać ⟨-dzić⟩; ***auf ... ~*** prowadzić (do *G*)
Zug *m* (*-es*; *⸚e*) *kolej* pociąg; *tech* ciąg; *fig* (*Gesichts2 itp.*) rys; (*Kriegs2*) wyprawa; *mil* (*Einheit*) pluton; (*Feder2*, *b. Spiel*) pociągnięcie; (*b. Schach t.*) ruch; (*b. Rauchen*) zaciągnięcie się; (*Schluck*) łyk; → ***Atem-***, ***Durchzug*** *itd.*; ***Sie sind am ~*** kolej na pana/panią; ***im ~e*** (*G*) w toku (*G*); ***in groben Zügen*** w ogólnych zarysach; ***~ um ~*** jedno po drugim; ***zum ~e kommen*** otrzymać możność
Zugabe *f*: ***als ~*** *teatr* na bis
Zu|gang *m* dostęp (*t. fig*); ***sich ~ verschaffen*** (***zu***) otworzyć sobie dostęp (do *G*); **2gänglich** dostępny; *fig* przystępny; ***~ machen*** udostępni(a)ć
Zugbegleiter(in *f*) *m* konduktor(ka)
Zugbrücke *f* most zwodzony
zugeben* doda(wa)ć, dokładać ⟨dołożyć⟩; *Tat* przyzna(wa)ć się (do *G*)
zu'gegen: ***~ sein*** być obecnym
zugehen* F *Tür*: zamykać ⟨-mknąć⟩ się; ***nicht ~*** *Jacke*: nie dopinać się; ***auf j-n ~*** podchodzić ⟨podejść⟩ do (*G*); *fig* szukać kontaktu/-tów (z *I*); ***es geht hier ... zu*** tu jest ...; ***es geht auf den Frühling zu*** ma się ku wiośnie
Zugehörigkeit *f* (*0*) przynależność *f*
Zügel *m*, *zw. pl* cugle *m/pl*; **2los** wyuzdany; **2n** (*-le*) *fig* okiełzn(yw)ać
Zuge|ständnis *n* ustępstwo (***an*** *A* na rzecz, dla *G*); **2stehen*** przyzna(wa)ć
zugetan: ***~ sein*** (*D*) lubić (*A*)
Zugführer *m* kierownik pociągu; *mil* dowódca *m* plutonu
zugießen* dol(ew)ać, dopełni(a)ć
zügig (szybki i) sprawny; *Verkehr*: płynny; *Tempo*: przyspieszony; *praed t.* z rozmachem; bez zakłóceń
Zugkraft *f tech* siła rozciągająca; siła pociągowa; (*0*) *fig* atrakcyjność *f*
zugkräftig atrakcyjny, interesujący
zu'gleich jednocześnie, razem
Zug|luft *f* (*0*) przeciąg; **~maschine** *f* ciągnik; **~personal** *n* drużyna pociągowa; **~pferd** *n* koń pociągowy
zu|greifen* (*schnell reagieren*) ⟨s⟩korzystać z okazji; *Polizei*: dokonać *pf* aresztowania; ***greifen Sie zu*** proszę się poczęstować; **2griff** *m EDV* dostęp; *fig* (zdecydowane) działanie
zu'grunde: ***~ gehen*** ⟨z⟩ginąć; ***~ legen*** (***liegen***) brać (służyć) za podstawę; ***~ richten*** ⟨z⟩rujnować
zugucken F → ***zusehen***
Zugunglück *n* katastrofa kolejowa
zu'gunsten *praep* (*G*) na korzyść (*G*)

Zugverkehr *m* ruch pociągów
Zugvogel *m* ptak przelotny
Zugzwang *m*: ***unter ~ stehen*** być w sytuacji wymagającej działania
zuhaben F *Laden*: być zamkniętym
zu|halten* *Nase*, *Ohren* zat(y)kać; *Augen* zasłaniać ⟨-łonić⟩ (ręką); → ***zugehen***, ***zufahren***; **℞hälter** *m* sutener
zuhängen* zawieszać ⟨-wiesić⟩
Zuhause *n* (-*s*; *0*) dom
zuhör|en (*D*) słuchać (*G*), przysłuchiwać się (*D*); **℞er(in** *f*) *m* słuchacz(ka)
zujubeln (*D*) ⟨po⟩witać okrzykami (*A*)
zu|kehren → ***zudrehen***; **~kleben** zaklejać ⟨-kleić⟩; **~knöpfen** zapinać ⟨-piąć⟩
zukommen* → ***zugehen***, ***zustehen***; ***~ lassen*** przes(y)łać, przekaz(yw)ać; (*geben*) da(wa)ć
Zukunft *f* (*0*) przyszłość *f*; ***in ~*** na przyszłość, w przyszłości
zukünftig przyszły
Zukunfts|aussichten *f/pl* widoki *m/pl* na przyszłość; **~musik** *f* (*0*) muzyka przyszłości; **℞orientiert** przyszłościowy, perspektywiczny
Zukunftsvision *f* wizja przyszłości
zu|lächeln (*D*) uśmiechać ⟨-chnąć⟩ się (do *G*); **℞lage** *f* dodatek; **~lassen*** *v/t* → ***gestatten***; *Auto* ⟨za⟩rejestrować; dopuszczać ⟨-puścić⟩ (*t.* ***zu*** do *G*); F *Tür* pozostawi(a)ć zamkniętym; **~lässig** dopuszczalny; (***nicht*** nie) dozwolony; **℞lassung** *f* dopuszczenie; *mot* rejestracja; F (*Schein*) dowód rejestracyjny
Zulauf *m*: ***großen ~ haben*** cieszyć się dużą frekwencją; **℞en*** *Tier*: przybłąkać się *pf*; (***auf*** *A*) *os.* podbiegać ⟨-gnąć⟩ (do *G*); *Straße*: prowadzić (do *G*); ***spitz ~*** kończyć się szpicem
zulegen *v/t* dokładać ⟨dołożyć⟩ (*G*); F ***sich*** *etw* ~ sprawi(a)ć sobie (*A*); *Namen* przybrać *pf*; F ***e-n Zahn ~*** dodać gazu
zu'leide: *etwas ~ tun* (*D*) ⟨s⟩krzywdzić (*A*), wyrządzać ⟨-dzić⟩ krzywdę (*D*)
zuleit|en *Strom* doprowadzać ⟨-dzić⟩; *fig* → ***übermitteln***; **℞ung** *f* doprowadzenie; przewód doprowadzający
zu'letzt na koniec; jako ostatni; (*zeitlich*) ostatnio; F ***bis ~*** do końca; ***nicht ~*** w znacznym stopniu
zu'liebe: *mir/ihr ~* dla mnie/niej
Zulieferer *m* poddostawca *m*
zum = ***zu dem***; → ***zu***
zumachen zamykać ⟨-mknąć⟩ (*v/i* się); F *Mantel* zapinać ⟨-piąć⟩
zu'mal *part*, *conj* zwłaszcza
zumauern zamurow(yw)ać
zu'meist przeważnie; najczęściej
zu|'mindest co najmniej; **~'mute: *mir ist ... ~*** czuję się, jest mi (+ *adv*)
zumuten (-*e*-) żądać (***j-m*** *A* od k-o *G*); ***sich zu viel ~*** przeceni(a)ć swoje siły
Zumutung *f* bezczelne wymaganie; rzecz nie do wytrzymania, skandal
zu'nächst najpierw; (*anfangs*) wstępnie; (*vorerst*) na razie
zunähen zaszy(wa)ć
Zunahme *f* wzrost, przyrost
Zuname *m* nazwisko
Zündanlage *f mot* układ zapłonowy
zünd|en (-*e*-) *v/t* zapalać ⟨-lić⟩ (*v/i* się); dokon(yw)ać eksplozji (***e-e Bombe*** bomby); *v/i Rede*: być przyjętym entuzjastycznie; **~end** *adj fig* płomienny
Zünd|er *m* zapalnik; **~funke** *m* iskra zapłonowa; **~holz** *n* zapałka; **~kabel** *n* kabel zapłonowy; **~kerze** *f* świeca zapłonowa; **~schloß** *n* włącznik zapłonu; **~schlüssel** *m* kluczyk zapłonowy; **~schnur** *f* lont; **~stoff** *m fig* dynamit
Zündung *f* dokonanie eksplozji; *gór* odpalenie; *mot* zapłon
zunehmen* wzrastać ⟨-rosnąć, -róść⟩; przyb(ie)rać (***an Stärke***, ***Gewicht*** na sile, wadze); ***der Mond/Tag nimmt zu*** przybywa księżyca/dnia; **~d** *adv* coraz
zuneigen → ***neigen***; ***sich dem Ende ~*** mieć / chylić się ku końcowi
Zuneigung *f* sympatia, przychylność *f*
Zunft *f* (-; *⁼e*) *hist* cech; *fig* brać *f*
zünftig F porządny; odpowiedni
Zunge *f* język; (*e-s Tieres*) jęzor, ozór
Zungenspitze *f* koniuszek języka
Zungenwurst *f* ozorowa (kiełbasa)
zu'nichte: *~ machen* ⟨z⟩niweczyć
zu'nutze: *sich* *etw* ***~ machen*** wykorzyst(yw)ać
zu'oberst na sam(ym) wierzch(u)
zuordnen (*D*) przyporządkować *pf* (*D*)
zupacken (u)chwycić *pf*; *fig* przykładać ⟨przyłożyć⟩ ręki
zupfen (***an*** *D*) szarpać, *v/s* szarpnąć (za *A*); (*Unkraut*, *am Bart*) skubać (*A*)
zur = ***zu der***
zurech|nen (***zu***) zaliczać ⟨-czyć⟩ (do *G*); **~nungsfähig** poczytalny
zu'recht|finden*: ***sich ~*** ⟨z⟩orientować

sich; **~kommen*** (**zu**) przyjść *pf* w porę/na czas (na *A*); (**mit**) dochodzić ⟨dojść⟩ do ładu (z *I*); **~legen** przyszykować *pf*; **sich** *etw* **~** ułożyć *pf* sobie (w myśli); **~machen** F naszykować *pf*, przygotować *pf*; **sich ~** wyelegantować się *pf*; **~rücken** *Schlips* poprawi(a)ć; *fig* uregulować *pf*; **~weisen*** upominać ⟨upomnieć⟩, przywołać *pf* do porządku

zu|reden (*D*) perswadować (*D*), nakłaniać (*A*); **~richten:** *j-n* **übel ~** pokaleczyć *pf*, zbić *pf* do krwi

zu'rück z powrotem, F nazad; (*nach hinten*) wstecz, w tył, do tyłu; **hin und ~** tam i z powrotem; **~behalten*** zatrzym(yw)ać (dla siebie); **~bekommen*** otrzym(yw)ać z powrotem; **~bleiben*** pozosta(wa)ć (*t.* **hinter** *D* w tyle za *I*; **nach** po *L*); nie nadążać (za *I*); **~blicken** oglądać ⟨obejrzeć⟩ się; *fig* spoglądać ⟨spojrzeć⟩ wstecz; **~bringen** odnosić ⟨-nieść⟩ (*fahrend*: odwozić ⟨-wieźć⟩) z powrotem; **~datieren** antydatować; **~denken*** → **erinnern**

zu'rück|eilen ⟨po⟩spieszyć z powrotem; **~erbitten*** *v/t* ⟨po⟩prosić o zwrot (*G*); **~erstatten** zwracać ⟨zwrócić⟩; **~fahren*** *v/i* (*sn*) ⟨po⟩jechać z powrotem; (*nach hinten*) cofać ⟨cofnąć⟩ się; *v/t* → **zurückbringen**; **~fallen*** *fig* (**in** *A*) popadać ⟨-paść⟩ znów (w *A*); (**an** *A*) przypadać ⟨-paść⟩ z powrotem (*D*); → **zurückbleiben**; **~fordern** *v/t* domagać się/żądać zwrotu (*G*); **~führen** odprowadzać ⟨-dzić⟩ z powrotem; *Weg*: prowadzić z powrotem; *fig* (*sn*; **auf** *A*) tłumaczyć (*I*), tłumaczyć się (*I*)

zu'rückgeben* odda(wa)ć z powrotem

zu'rückgeblieben *adj* niedorozwinięty

zu'rück|gehen* iść ⟨pójść⟩ z powrotem; *Fieber*: spadać ⟨spaść⟩; *Umsatz*: zmniejszać ⟨-szyć⟩ się; (**auf** *A*) mieć początek (w *L*); **~lassen** zwracać ⟨-rócić⟩; **~gewinnen*** *fig* odzysk(iw)ać z powrotem; **~gezogen** *adj*: **~ leben** żyć samotnie, żyć z dala od świata

zu'rückhalt|en* *v/t* wstrzym(yw)ać, powstrzym(yw)ać (**von** od *G*; **sich** się); → **aufhalten**; **~d** powściągliwy (-wie); z rezerwą; **Ձung** *f* powściągliwość *f*

zu'rück|holen przyprowadzać, sprowadzać ⟨-wadzić⟩ z powrotem; *por* **zurückbringen**; **~kehren** (*sn*) powracać ⟨-rócić⟩ (**nach**, **an** *A* do *G*; **von** z *G*)

zu'rück|kommen* wracać ⟨wrócić⟩ (*t. fig* **auf** *A* do *G*); **~lassen*** pozostawi(a)ć (po sobie); **~legen** kłaść ⟨położyć⟩ z powrotem; odkładać ⟨odłożyć⟩ (**für** *j-n* dla *G*; **für** *etw* na *A*); *Weg* przeby(wa)ć, *w.zn.* ujść *pf*, ujechać *pf*

zu'rück|liegen*: **es liegt zwei Jahre zurück** to było dwa lata temu; **~nehmen*** brać ⟨wziąć⟩ z powrotem; *Auftrag itp.* wycof(yw)ać; → **widerrufen**

zu'rück|prallen odbi(ja)ć się (**von** od *G*); *fig* cofać ⟨-fnąć⟩ się; **~rufen*** ⟨za⟩wołać z powrotem; *fig* odwoł(yw)ać; *v/i* F zadzwonić *pf* z powrotem; **~schicken** odsyłać ⟨odesłać⟩ z powrotem

zu'rück|schlagen* *v/t* odbi(ja)ć; **~schrecken** *v/i* (*sn*) cofać ⟨cofnąć⟩ się (**vor** przed *I*); **~schreiben*** odpis(yw)ać; **~sein*** F wrócić *pf* (**von** z *G*); **~senden*** → **zurückschicken**; **~setzen** *Auto* cofać ⟨cofnąć⟩ (*v/i* się)

zu'rück|stellen postawić *pf* z powrotem; *Uhr* cofać ⟨cofnąć⟩; *Plan* odkładać ⟨odłożyć⟩ na później; **~stoßen*** odpychać ⟨odepchnąć⟩; **~treten*** (*sn*) odstępować ⟨-stąpić⟩ (**e-n Schritt** na krok); *fig* zrezygnować *pf* (**von** z *G*); *Beamte*, *Regierung*: ustępować ⟨ustąpić⟩; **~tun*** → **zurücklegen**, **zurückstellen**

zu'rück|weisen* *Antrag* odrzucać ⟨odrzucić⟩; *Vorwurf* odpierać ⟨odeprzeć⟩; *Geschenk* odmawiać ⟨-mówić⟩ przyjęcia (*G*); **~zahlen** zwracać ⟨-rócić⟩, spłacać ⟨-cić⟩; **~ziehen*** odciągać ⟨-gnąć⟩; *Vorhang* odsuwać ⟨-sunąć⟩; *fig* wycof(yw)ać (**sich von**, **aus** się z *G*)

Zuruf *m* okrzyk; zawołanie

Zusag|e *f* zgoda; (*Versprechen*) obietnica; **Ձen** → **versprechen**, **gefallen**

zu'sammen razem; (*gemeinsam*) wspólnie; wraz (**mit** z *I*); → **insgesamt**

Zu'sammen|arbeit *f* (*0*) współpraca; **Ձarbeiten** współpracować (**mit** z *I*)

zu'sammen|bauen składać ⟨złożyć⟩, ⟨z⟩montować; **~beißen*** *Zähne* zaciskać ⟨-snąć⟩; **~binden*** wiąz(yw)ać; **~brechen*** (*sn*) załam(yw)ać się (*t. fig*); *Bauwerk*: zawalać ⟨-lić⟩ się

zu'sammen|bringen* skontaktować *pf* ze sobą; *Geld itp.* uzbierać *pf*; F → **zustande**; **Ձbruch** *m* załamanie się; upadek; bankructwo; **~drücken** ściskać ⟨-snąć⟩; **~fallen*** → **zusammen-**

stürzen; *Teig*: opadać ⟨opaść⟩; *Termine*: zbiegać ⟨zbiec⟩ się (***mit*** z *I*); **~falten** składać ⟨złożyć⟩; **~fassen** skupi(a)ć (***in*** *D* w *L*); *Rede itp.* zreasumować *pf*
Zu'sammenfassung *f* streszczenie
zu'sammen|fügen ⟨po⟩łączyć (w całość); ***sich ~*** składać ⟨złożyć⟩ się (***zu*** na *A*); **~führen** *v/t* sprowadzać ⟨-dzić⟩ razem/F do kupy; *v/i Wege*: łączyć się; **~gehören** *Sachen*: tworzyć całość; **⁀gehörigkeitsgefühl** *n* (-*es*; *0*) poczucie łączności; **~gesetzt** złożony; **⁀halt** *m* (-*es*; *0*) spoistość *f*; zespolenie; **~halten*** *v/t* utrzymywać (razem); *v/i fig* popierać się wzajemnie, F trzymać sztamę
Zu'sammenhang *m* związek; ***in ~ bringen*** (***mit***) (po)wiązać z (*I*); ***im ~ mit*** w związku z (*I*)
zu'sammen|hängen* wiązać się, mieć związek (***mit*** z *I*); **~heften** spinać ⟨spiąć⟩; **~klappen** *v/t* składać ⟨złożyć⟩; *v/i* F oklapnąć *pf*; **~kommen*** schodzić ⟨zejść⟩ się, (*fahrend*) zjeżdżać ⟨zjechać⟩ się, (*t. Sachen*) zbierać ⟨zebrać⟩ się; **⁀kunft** *f* (-; *ⸯe*) zebranie, spotkanie; **~laufen*** zbiegać ⟨zbiec⟩ się
Zu'sammen|leben *n* (-*s*; *0*) pożycie; **⁀legen** składać ⟨złożyć⟩ (*v/i* się; ***für*** na *A*); **⁀nehmen*** połączyć ze sobą; ***sich ~*** wziąć się *pf* w garść; ***alles zusammengenommen*** wszystko razem wziąwszy; **⁀prallen** → ***zusammenstoßen***
zu'sammen|pressen ściskać ⟨-snąć⟩; **~rechnen** zliczać ⟨-czyć⟩; **~rollen** zwijać ⟨-nąć⟩ (***sich*** się w kłębek); **~rücken** *v/i* (*sn*) przysuwać ⟨-sunąć⟩ się do siebie, ścieśni(a)ć się; **~schieben*** zsuwać ⟨zsunąć⟩, składać ⟨złożyć⟩
zu'sammen|schlagen* F zdemolować *pf*; → ***zurichten***; **~schließen***: ***sich ~*** zjednoczyć się *pf*, ⟨po⟩łączyć się; **~schweißen** zespawać *pf*; *fig* spoić *pf*
Zu'sammensein *n* (-*s*; *0*) przebywanie razem; wspólnie spędzony czas
zu'sammensetz|en składać ⟨złożyć⟩ (*impf t.* ***sich aus*** się z *G*); ***sich ~*** zasiadać ⟨-siąść⟩ (***zu*** do *G*); (*beraten*) naradzać się (***mit*** z *I*); **⁀ung** *f* składanie; (*Teile, Personen*) skład; *jęz* złożenie
zu'sammen|stellen zestawi(a)ć; *Liste itp. t.* układać ⟨ułożyć⟩; **⁀stellung** *f* zestawienie; (*Liste itp. t.*) wykaz
Zu'sammen|stoß *m* zderzenie, F kraksa; *fig* starcie, scysja; **⁀stoßen*** (*sn*) zderzać ⟨-rzyć⟩ się; (*sich treffen*) stykać ⟨zetknąć⟩ się; *fig* ścierać ⟨zetrzeć⟩ się; **⁀stürzen** (*sn*) runąć *pf*, zawalić się *pf*; **⁀suchen** ⟨po⟩zbierać (do kupy)
zu'sammen|treffen* (*sn*) spot(y)kać się; (*zeitlich*) zbiegać ⟨zbiec⟩ się; **⁀treffen** *n* (-*s*; *0*) spotkanie; *fig* zbieg, splot; **~treten*** (*sn*) zbierać ⟨zebrać⟩ się
zu'sammen|wachsen* zrastać ⟨zrosnąć, zróść⟩ się; **~wirken** współdziałać; **~zählen** zliczać ⟨-czyć⟩; → ***addieren***; **~ziehen*** *v/t* ściągać ⟨-gnąć⟩ (***sich*** się); *v/i* (*sn*) zamieszkać *pf* razem (***mit*** *j-m* z *I*); **~zucken** (*sn*) drgnąć *v/s*
Zu|satz *m* dodatek; *w zł.* → **⁀sätzlich** dodatkowy (-wo)
Zusatzsteuer *f* podatek wyrównawczy
zuschau|en → ***zusehen***; **⁀er(in** *f*) *m* widz; **⁀erraum** *m* widownia
zuschicken przes(y)łać
Zuschlag *m* dopłata; (*hdl Preis⁀*) narzut; (*b. Auktion*) ***den ~ geben*** udzielić przybicia
zuschlagen* *v/t Tür* zatrzaskiwać ⟨-snąć⟩ (*v/i*; *sn* się); doliczać ⟨-czyć⟩ (***auf den Preis*** do ceny); *v/i* bić ⟨uderzyć⟩; *Polizei*: podjąć *pf* akcję
Zuschlagkarte *f* bilet dodatkowy
zu|schließen* zamykać ⟨-mknąć⟩ na klucz; **~schnappen** *Tier*: ugryźć *pf*; (*sn*) zatrzaskiwać ⟨-snąć⟩ się; **~schneien** *v/i* (*sn*) zanosić ⟨-nieść⟩ śniegiem
Zuschnitt *m* krój, fason; *fig* pokrój
zuschreiben* przypis(yw)ać
Zuschrift *f* list, pismo
zu'schulden: *sich* *etw* ***~ kommen lassen*** zawinić *pf* (w *I*)
Zuschuß *m* subwencja, dotacja; **~betrieb** *m* przedsiębiorstwo dotowane
zu|schütten zasyp(yw)ać; F (*hinzugeben*) dosyp(yw)ać; **~sehen*** (*D*) przyglądać się (*D*), patrzeć (na *A*); ***sieh zu, daß du ...*** postaraj się (*inf*); **~sehends** z każdą chwilą, w oczach; **⁀seher(in** *f*) *m* Ⓐ → ***Zuschauer***(***in***)
zu|sein* F: ***... ist zu***, ***... sind zu*** ... jest zamknięty, ... są zamknięte; **~senden*** przes(y)łać; **~setzen** *v/t* doda(wa)ć (*A*, *G*); *Geld* dopłacać ⟨-cić⟩; *v/i* dokuczać ⟨-czyć⟩, dopiekać ⟨-piec⟩
zu|sichern zapewni(a)ć; **⁀sicherung** *f* zapewnienie; **~sperren** → ***zuschließen***; **~spielen** *Ball* poda(wa)ć; *fig* pod-

suwać ⟨-sunąć⟩; **~spitzen** zaostrzać ⟨-rzyć⟩ (**sich** się); **~sprechen*** przyzna(wa)ć; *jur* przysądzać, zasądzać ⟨-dzić⟩; *v/i* (*D*, *essen itp.*) raczyć się (*I*)
Zu|spruch *m* (*-es*; *0*) doda(wa)nie otuchy, słowa *n/pl* pocieszenia; ***regen ~ finden*** cieszyć się ogromnym powodzeniem; **~stand** *m* stan; ***Zustände*** *pl* stan rzeczy, warunki *m/pl*
zu'stande: ***~ bringen*** (*A*) zdołać dokonać *pf* (*G*), poradzić sobie (z *I*); ***~ kommen*** dochodzić ⟨dojść⟩ do skutku
zuständig kompetentny, właściwy; **≈keit** *f* kompetencja, właściwość *f*; **≈keitsbereich** *m* zakres kompetencji
zu|'statten: *j-m* ***~ kommen*** przyda(wa)ć się (*D*), odpowiadać (*D*); **~stehen*** (*D*) przysługiwać, należeć się (*D*)
zusteigen* dosiadać ⟨-siąść⟩ (się)
Zustelladresse *f* adres do doręczeń
zustell|en *Gang* zastawi(a)ć (***mit*** *I*); *Post* doręczać ⟨-czyć⟩; **≈gebühr** *f* opłata za doręczenie; **≈ung** *f* doręczenie
zustimmen (*D*) zgadzać ⟨zgodzić⟩ się (na *A*), zaaprobować *pf* (*A*); *j-m* przytakiwać ⟨-knąć⟩ (*D*); **~d** aprobująco
Zustimmung *f* zgoda, aprobata
zustoßen* *v/i* (*D*) zdarzać ⟨-rzyć⟩ się (*D*), spot(y)kać (*A*)
Zustrom *m* (*-es*; *0*) napływ
zu'tage: ***~ fördern/treten*** wydoby(wa)ć/wychodzić ⟨wyjść⟩ na jaw
Zutaten *f/pl* składniki *m/pl*; (*Würze*) przyprawy *f/pl*; *kraw* dodatki *m/pl*
zuteil|en wydzielać ⟨-lić⟩; *Aufgabe itp.* przydzielać ⟨-lić⟩; **≈ung** *f* przydział
zu'tiefst do głębi duszy/serca, głęboko
zutragen*: ***sich ~*** zdarzać ⟨-rzyć⟩ się
zuträglich korzystny, (*gesund*) zdrowy
zutreffen* okaz(yw)ać się słusznym; ***... trifft zu*** słuszne jest; (***auf*** *A*) to odnosi się (do *G*), to dotyczy (*G*)
zutreffend *adj* słuszny, trafny; ***≈es ankreuzen*** odpowiednie zakreśl(ić)
Zutritt *m* wstęp; dostęp (***zu*** do *G*)
Zutun *n* (*-s*; *0*) pomoc *f*, udział
zu|'ungunsten *praep* (*G*) na niekorzyść (*G*); ze szkodą dla (*G*); **~'unterst** *adv* na samym spodzie/dole; **~verlässig** niezawodny; *Quelle*, *Angaben*: pewny
Zuver|sicht *f* (*0*) ufność *f*; **≈sichtlich:** ***~sein*** ufać, być dobrej myśli
zu'viel za dużo, zbyt wiele
zu'vor przedtem; (*früher*) dawniej; **~kommen*** (*D*) wyprzedzać ⟨-dzić⟩ (*A*); (*e-r Sache*) uprzedzać ⟨-dzić⟩ (*A*)
zu'vor|kommend *adj* uprzejmy, usłużny; **≈kommenheit** *f* (*0*) uprzejmość *f*
Zuwachs *m* (*-es*; *0*) (***an*** *D*) przyrost (*G*); F ***~ bekommen*** *Familie*: powiększyć się
zuwachs|en* zarastać ⟨zarosnąć, zaróść⟩; **≈rate** *f* stopa przyrostu
Zuwanderung *f* napływ (ludności)
zu'weilen czasem, niekiedy
zuweisen* wyznaczać ⟨-czyć⟩
zuwend|en(*) *Gesicht*, *Interesse* zwracać ⟨zwrócić⟩ (*j-m* ku *D*, do *G*, *fig* na *A*); → ***zudrehen***; ***sich ~*** (*D*) poświęcać ⟨-cić⟩ się (*D*); **≈ung** *f* (*0*) pieszczotliwość *f*; (*Geld*) dar(owizna)
zu'wenig za mało, zbyt mało
zu'wider (*D*) wbrew (*D*); ***... ist mir ~*** czuję wstręt (do *G*); **~handeln** (*D*) postępować ⟨-stąpić⟩ niezgodnie (z *I*); **~laufen*** (*D*) być sprzecznym (z *I*)
zuzahlen dopłacać ⟨-cić⟩ (***zu*** do *G*)
zuziehen* zaciągać ⟨-gnąć⟩; → ***hinzuziehen***; ***sich*** *etw* ***~*** nabawić się (*G*); *v/i* (*sn*) sprowadzać ⟨-dzić⟩ się (do *G*, tu)
zu|züglich *praep* (*G*, *D*) z doliczeniem (*G*), plus; **≈zugssperre** *f* zakaz meldowania się/osiedlania się
zwang → ***zwingen***
Zwang *m* (*-es*; *⸚e*) przymus; ***unter ~*** pod przymusem; → ***Notwendigkeit***
zwäng|e → ***zwingen***; **~en** przeciskać, wciskać ⟨-snąć⟩ (***sich*** się)
zwanglos niewymuszony (-szenie)
Zwangs|arbeit *f* roboty *f/pl* przymusowe; **~jacke** *f* kaftan bezpieczeństwa; **~lage** *f* kłopotliwa sytuacja; **≈läufig** nieuchronny, *praed* siłą rzeczy; **~maßnahme** *f* sankcja; **~neurose** *f* nerwica natręctw; **~räumung** *f* eksmisja; **~versteigerung** *f* licytacja przymusowa; **~vollstreckung** *f* egzekucja (sądowa)
zwangsweise przymusowy (-wo)
zwanzig dwadzieścia, dwadzieścioro, *m-os* dwudziestu; → *str. 610*; **≈er** F *m* dwudziestka; **~jährig** dwudziestoletni; **~ste** dwudziesty; → *str. 611*
zwar wprawdzie; ***und ~*** a mianowicie
Zweck *m* (*-es*; *-e*) cel; ***zu dem/welchem ~*** w tym/jakim celu; ***es hat k-n ~*** nie ma sensu; **≈dienlich** przydatny; **≈gebunden** przeznaczony na określony cel
zweck|los bezcelowy (-wo); **~mäßig** celowy; odpowiedni, stosowny

zwecks *praep* (*G*) celem, w celu (*G*)
zwei dwa, dwie, dwoje, *m-os* dwóch; → *str. 610*
Zwei *f* dwójka; **2deutig** dwuznaczny
Zweier F *m* dwójka
zweierlei dwojaki; dwa/dwie różne
zwei|fach dwukrotny; **2familienhaus** *n* dom(ek) dwurodzinny
Zweifel *m* wątpliwość *f*; ***ohne ~*** bez wątpienia; ***im ~ sein*** mieć wątpliwości
zweifel|haft wątpliwy (-wie); (*suspekt*) podejrzany; **~los** niewątpliwy (-wie)
zweifeln (*-le*) (**an** *D*) wątpić (w *A*)
Zweifelsfall *m*: ***im ~*** w razie wątpliwości
Zweig *m* (*-ęs*; *-e*) gałąź *f* (*t. fig*), gałązka
Zweiggeschäft *n* filia, oddział
Zweigstelle *f* oddział, ekspozytura
zwei|hundert(ste) → *str. 610*; **~jährig** dwuletni; **~mal** dwa razy, dwukrotnie; **~motorig** dwusilnikowy; **2rad** *n* rower; **~reihig** dwurzędowy; **~seitig** dwustronny; *drk* dwustronicowy; **~sprachig** dwujęzyczny; **~stellig** *Zahl*: dwucyfrowy; **~stöckig** dwupiętrowy
zweit: *zu ~* we dwoje, we dwójkę
zweitbeste drugi (co do jakości); zajmujący drugie (w kolejności) miejsce
zweite drugi; ***wie kein ~r*** jak nikt inny; → *str. 611*
zweiteilig dwuczęściowy
zweitens po drugie, po wtóre
zweit|klassig, **~rangig** drugorzędny
Zwei'zimmerwohnung *f* mieszkanie dwupokojowe
Zwerchfell *n* przepona, diafragma
Zwerg *m* (*-ęs*; *-e*) karzeł; **2enhaft** karłowaty (-to); **~in** *f* karlica
Zwetsch(g)e *f* śliwka; (*Baum*) śliwa
zwick|en szczypać, uszczypnąć *v/s*; **2mühle** F *f*: ***in der ~ sein*** być w opresji
Zwieback *m* (*-s*; *-e/ᵘe*) suchar(ek)
Zwiebel *f* (-; *-n*) cebula; *w zł.* cebulowy
Zwie|licht *n* (*-ęs*; *0*) poświata; **2lichtig** ciemny, podejrzany; **2spältig** zmienny, sprzeczny; **~tracht** *f* (*0*) niezgoda
Zwilling *m* (*-s*; *-e*) bliźniak; **~e** *pl* bliźnięta *n/pl*, bliźniaki *m/pl*; *astr* Bliźnięta
zwingen* przymuszać, zmuszać ⟨-musić⟩ (***sich*** się; ***zu*** do *G*); **~d** *adj Grund*: ważny; *Notwendigkeit*: nieodzowny
zwinkern (*-re*) mrugać, mrugnąć *v/s*
Zwirn *m* (*-ęs*; *0*) nić *f*; **~sfaden** *m* nitka
zwischen *praep* (*A*, *D*) między (*A*, *I*); (*mitten unter*) pomiędzy (*I*), wśród (*G*); **2bescheid** *m* odpowiedź tymczasowa; **~betrieblich** międzyzakładowy; **2ding** F *n* coś pośredniego; **~durch** tymczasem; **2ergebnis** *n* wynik tymczasowy
Zwischenfall *m* incydent, zajście
Zwischengröße *f* rozmiar pośredni
Zwischenhandel *m* handel pośredni
Zwischen|landung *f* międzylądowanie; **~lösung** *f* rozwiązanie tymczasowe; **2menschlich** międzyludzki, interpersonalny; **~raum** *m* odstęp
Zwischen|ruf *m* okrzyk przerywający; **2staatlich** międzypaństwowy
Zwischenzeit *f* (*0*): ***in der ~*** tymczasem, w międzyczasie
Zwist *m* (*-ęs*; *-e*) spór, zatarg
zwitschern (*-re*) szczebiotać
Zwitter *m* obojnak, hermafrodyta *m*
zwo *itd.* → ***zwei***
zwölf dwanaście, dwanaścioro, *m-os* dwunastu; *w zł.* dwunasto-; → *str. 610*
Zwölf *f* dwunastka
Zwölf'fingerdarm *m* dwunastnica
zwölfte dwunasty; → *str. 611*
Zyan'kali *n* (*-s*; *0*) cyjanek (potasu)
Zyklus *m* (-; *-len*) cykl
Zy'linder *m* cylinder; *mat* walec
zy'lindrisch cylindryczny
zynisch cyniczny
Zy'presse *f* cyprys; **~n-** cyprysowy
zyprisch, **zypri'otisch** cypryjski
Zyste *f* cysta, torbiel *f*

Z

Anhang – aneks

Nazwy geograficzne – Geographische Namen

(*nie opatrzone kwalifikatorem niemieckie nazwy miast i krajów są rodzaju nijakiego*)

Afryka Afrika
Akwizgran Aachen
Albania Al'banien
Algeria Al'gerien
Alpy *pl* Alpen *pl*
Alzacja Elsaß
Ameryka A'merika
Anglia England
Antwerpia Ant'werpen
Arabia Saudyjska Saudi-A'rabien
Argentyna Argen'tinien
Ateny *pl* A'then
Australia Au'stralien
Austria Österreich
Azja Asien

Badenia-Wirtembergia Baden-Württemberg
Baskonia, Kraj Basków Baskenland
Bawaria Bayern
Bazylea Basel
Belgia Belgien
Białogard Belgrad
Bieszczady *pl* Ostbeskiden *pl*
Bolesławiec Bunzlau
Bośnia Bosnien
Brandenburgia Brandenburg (*Land*)
Brema Bremen
Bruksela Brüssel
Brunszwik Braunschweig
Brzeg Brieg
Budziszyn Bautzen
Bułgaria Bul'garien
Bydgoszcz Bromberg
Bytom Beuthen

Celowiec Klagenfurt
Chełmno Culm
Chiny *pl* China
Chocieburz Cottbus
Chojnice *pl* Konitz
Chorwacja Kro'atien
Chorzów Königshütte
Choszczno Arnswalde
Cieplice *pl* Teplitz(-Schönau)
Cieszyn Teschen
Cypr Zypern

Czarnogóra Monte'negro
Czechy *pl* Böhmen, Tschechien
Częstochowa Tschenstochau

Damaszek Damaskus
Dania Dänemark
Darłowo Rügen'walde
Dierżoniów Reichenbach
Drawsko Pomorskie Dramburg
Drezno Dresden
Dunaj Donau *f*
Duszniki Zdrój *pl* Bad Reinerz
Działdowo Soldau

Egipt Ä'gypten
Elbląg Elbing (*Ort*)
Ełk Lyck
Estonia Estland
Etiopia Äthi'opien
Europa Eu'ropa

Filipiny *pl* Philip'pinen *pl*
Finlandia Finnland
Florencja Flo'renz
Francja Frankreich
Frankonia Franken
Frombork Frauenburg
Fryburg (**Bryzgowijski**) Freiburg (im Breisgau)
Fryzja Friesland

Głogów Glogau
Głubczyce *pl* Leobschütz
Gdańsk Danzig
Gdynia Gdingen
Genewa Genf
Getynga Göttingen
Giżycko Lötzen
Gliwice *pl* Gleiwitz
Gniezno Gnesen
Goleniów Gollnow
Gorzów Wielkopolski Landsberg
Grecja Griechenland
Grodzisk Wielkopolski Grätz
Grudziądz Graudenz
Gruzja Georgien
Gryfice *pl* Greifenberg

Gryfino Greifenhagen
Gubin Guben

Haga Den Haag
Hawana Ha'vanna
Hawela Havel *f*
Hesja Hessen
Hiszpania Spanien
Holandia Holland

Iława Deutsch-Eylau
India Indien
Irlandia Irland
Islandia Island
Izara Isar *f*
Izrael Israel

Japonia Japan
Jawor Jauer
Jelenia Góra Hirschberg
Jerozolima Je'rusalem
Jezioro Bodeńskie Bodensee *m*
Jutlandia Jütland

Kłodzko Glatz
Kamień Pomorski Cammin
Kamienna Góra Landeshut
Kanał Śródlądowy Mittellandkanal *m*
Kanał Suezki Suezkanal *m*
Karkonosze *pl* Riesengebirge
Karpacz Krummhübel
Karpaty *pl* Kar'paten *pl*
Karyntia Kärnten
Katowice *pl* Kattowitz
Kaukaz Kaukasus *m*
Kętrzyn Rastenburg
Kijów Kiew
Kilonia Kiel
Kluczbork Kreuzburg
Kłajpeda Memel (*Ort*)
Kołobrzeg Kolberg
Koblencja Koblenz
Kolonia Köln
Konstancja Konstanz
Kościerzyna Berent
Kostrzyn Küstrin
Koszalin Köslin
Kowary *pl* Schmiedeberg
Kowno Kaunas
Koźle Cosel
Kraków Krakau
Królewiec Königsberg
Krosno Odrzańskie Crossen
Krym Krim *f*
Kwidzyn Marienwerder

Laponia Lappland
Lejda Leiden
Leodium *n* (*idkl*) Lüttich
Leszno Lissa
Lębork Lauenburg
Liban Libanon
Lidzbark Lautenburg
Lidzbark Warmiński Heilsberg
Lignica Liegnitz
Lipsk Leipzig
Litwa Litauen
Lizbona Lissabon
Londyn London
Lubań Lauban
Lubeka Lübeck
Lubin Lüben
Lubsko Sommerfeld
Lucerna Lu'zern

Łaba Elbe *f*
Łotwa Lettland
Łódź *f* Lodz
Łużyce *pl* Lausitz *f*

Madryt Ma'drid
Malbork Ma'rienburg
Mamry *pl* Mauersee *m*
Mazowsze Ma'sowien
Mediolan Mailand
Meklemburgia Mecklenburg
Meksyk Mexiko
Men Main *m*
Miastko Rummelsburg
Mielno (**Koszalińskie**) Groß'möllen
Międzyrzecz Meseritz
Międzyzdroje *pl* Misdroy
Miśnia Meißen
Moguncja Mainz
Monachium München
Morawy *pl* Mähren
Morze Bałtyckie Ostsee *f*
Morze Karaibskie Ka'ribisches Meer
Morze Śródziemne Mittelmeer
Morze Północne Nordsee *f*
Moskwa Moskau
Mozela Mosel *f*
Mrągowo Sensburg
Myślibórz Sol'din

Nadrenia Północna-Westfalia Nordrhein-West'falen
Nadrenia-Palatynat Rheinland-Pfalz
Namysłów Namslau
Nicea Nizza

Niderlandy *pl* Niederlande *pl*
Niegocin Löwentinsee *m*
Niemen Memel *f* (*Fluß*)
Niemcy *pl* Deutschland
Norwegia Norwegen
Norymberga Nürnberg
Nowa Sól Neusalz
Nowa Zelandia Neuseeland
Nowy Jork New York
Nysa Neiße *f*

Odra Oder *f*
Olecko Treuburg
Oleśnica Oels
Olsztyn Allenstein
Opole Oppeln
Ostróda Oste'rode
Oświęcim Ausschwitz

Paczków Patschkau
Pad Po *m* (*Fluß*)
Palestyna Palä'stina
Paryż Pa'ris
Piła Schneidemühl
Połczyn Zdrój Bad Polzin
Poczdam Potsdam
Pojezierze Mazurskie Ma'surische Seeplatte *f*
Polanica Zdrój Bad Altheide
Polska Polen
Pomorze Pommern
Poznań *m* Posen
Praga Prag
Prowansja Pro'vence
Prudnik Neustadt
Prusy *pl* Preußen
Pyrzyce *pl* Pyritz

Racibórz Ratibor
Ratyzbona Regensburg
Ren Rhein *m*
Rosja Rußland
Rudawy *pl* Erzgebirge
Rugia Rügen
Rumunia Ru'mänien
Ryga Riga
Rzym Rom

Saara Saar *f*
Saksonia Sachsen
Saksonia Dolna Niedersachsen
Sekwana Seine *f*
Serbia Serbien
Siedmiogród Sieben'bürgen
Słońsk Sonnenburg
Słowacja Slowa'kei *f*
Słowenia Slo'wenien
Słupsk Stolp
Smreczany *pl* Fichtelgebirge
Soława Saale *f*
Sopot Zoppot
Spira Speyer
Sprewa Spree *f*
Stambuł Istanbul
Starogard Stargard
Strzelce Opolskie *pl* Groß Strehlitz
Strzelin Strehlau
Styria Steiermark *f*
Sulechów Züllichau
Syberia Si'birien
Sycylia Si'zilien
Szampania Champagne *f*
Szczawno Zdrój Bad Salzbrunn
Szczecin Stet'tin
Szczecinek Neustettin
Szczytno Ortelsburg
Szklarska Poręba Schreiberhau
Szkocja Schottland
Szlezwik-Holsztyn Schleswig-Holstein
Szrenica Reifträger *m*
Szwabia Schwaben
Szwajcaria Schweiz *f*
Szwecja Schweden
Śląsk Schlesien
Ślęża, Sobótka Zobten *m*
Śniardwy Spirdingsee *m*
Śnieżka Schneekoppe *f*
Świdnica Schweidnitz
Świdwin Schivelbein
Świebodzice *pl* Freiburg
Świebodzin Schwiebus
Świecie Schwertburg
Świeradów Zdrój Bad Flinsberg
Świnoujście Swinemünde

Tamiza Themse *f*
Tczew Dirschau
Toruń *m* Thorn
Trewir Trier
Trydent Tren'tino
Trzebnica Trebnitz
Tuchola Tuchel
Turcja Türkei *f*
Turyngia Thüringen
Tybinga Tübingen
Tychy *pl* Tichau
Tyrol Ti'rol

Ustka Stolpmünde
Ustronie Morskie Henkenhagen
Uznam Usedom

Walia Wales
Wałbrzych Waldenburg
Wałcz Deutsch Krone
Warszawa Warschau
Weiherowo Neustadt (*bei Danzig*)
Wełtawa Moldau *f* (*Fluß*)
Wenecja Ve'nedig
Wezera Weser *f*
Wezuwiusz Ve'suv *m*
Węgorzewo Angerburg
Węgry *pl* Ungarn
Wiedeń *m* Wien
Wielka Brytania Großbri'tannien
Wisła Weichsel *f*
Włochy *pl* I'talien
Wołów Wohlau
Wormacja Worms
Wrocław Breslau
Wschowa Fraustadt
Wyspy Normandzkie *pl* Ka'nal-Inseln *pl*

Złocieniec Falkenberg
Złotoryja Goldberg
Ząbkowice Śląskie *pl* Frankenstein
Zabrze Hindenburg
Zagłębie Ruhry Ruhrgebiet
Zagrzeb Zagreb
Zalew Szczeciński Oderhaff
Zatoka Odrzańska Oderbucht *f*
Zelandia Seeland
Zgorzelec Görlitz
Ziębice *pl* Münsterberg
Zielona Góra Grünberg
Żagań *m* Sagan
Żary *pl* Sorau
Żytawa Zittau

Geographische Namen
Nazwy geograficzne

(*nie opatrzone kwalifikatorem niemieckie nazwy miast i krajów są rodzaju nijakiego*)

Aachen Akwizgran
Afrika Afryka
Ä'gypten Egipt
Al'banien Albania
Al'gerien Algeria
Allenstein Olsztyn
Alpen *pl* Alpy *pl*
A'merika Ameryka
Angerburg Węgorzewo
Ant'werpen Antwerpia
Argen'tinien Argentyna
Arnswalde Choszczno
Asien Azja
A'then Ateny *pl*
Äthi'opien Etiopia
Ausschwitz Oświęcim
Au'stralien Australia

Bad Altheide Polanica Zdrój
Bad Flinsberg Świeradów Zdrój
Bad Polzin Połczyn Zdrój
Bad Reinerz Duszniki Zdrój *pl*
Bad Salzbrunn Szczawno Zdrój
Baden-Württemberg Badenia-Wirtembergia
Basel Bazylea
Baskenland Baskonia, Kraj Basków
Bautzen Budziszyn
Bayern Bawaria
Belgrad Białogard
Belgien Belgia
Berent Kościerzyna
Beuthen Bytom
Bodensee *m* Jezioro Bodeńskie
Böhmen Czechy *pl*
Bosnien Bośnia
Brandenburg (*Land*) Brandenburgia
Braunschweig Brunszwik
Bremen Brema
Breslau Wrocław
Brieg Brzeg
Bromberg Bydgoszcz
Brüssel Bruksela
Bul'garien Bułgaria
Bunzlau Bolesławiec

Cammin Kamień Pomorski
Champagne *f* Szampania
China Chiny *pl*
Cosel Koźle

Cottbus Chocieburz
Crossen Krosno Odrzańskie
Culm Chełmno

Damaskus Damaszek
Dänemark Dania
Danzig Gdańsk
Den Haag Haga
Deutsch-Eylau Iława
Deutsch Krone Wałcz
Deutschland Niemcy *pl*
Dirschau Tczew
Donau *f* Dunaj
Dramburg Drawsko Pomorskie
Dresden Drezno

Elbe *f* Łaba
Elbing (*Ort*) Elbląg
Elsaß Alzacja
England Anglia
Erzgebirge Rudawy *pl*
Estland Estonia
Eu'ropa Europa

Falkenberg Złocieniec
Fichtelgebirge Smreczany *pl*
Finnland Finlandia
Flo'renz Florencja
Franken Frankonia
Frankenstein Ząbkowice Śląskie *pl*
Frankreich Francja
Frauenburg Frombork
Fraustadt Wschowa
Freiburg Świebodzice *pl*
Freiburg (im Breisgau) Fryburg (Bryzgowijski)
Friesland Fryzja

Gdingen Gdynia
Genf Genewa
Georgien Gruzja
Glatz Kłodzko
Gleiwitz Gliwice *pl*
Glogau Głogów
Gnesen Gniezno
Goldberg Złotoryja
Gollnow Goleniów
Görlitz Zgorzelec
Göttingen Getynga
Grätz Grodzisk Wielkopolski
Graudenz Grudziądz
Greifenberg Gryfice *pl*
Greifenhagen Gryfino
Griechenland Grecja
Großbri'tannien Wielka Brytania
Groß'möllen Mielno (Koszalińskie)
Groß Strehlitz Strzelce Opolskie *pl*
Grünberg Zielona Góra
Guben Gubin

Ha'vanna Hawana
Havel *f* Hawela
Heilsberg Lidzbark Warmiński
Henkenhagen Ustronie Morskie
Hessen Hesja
Hindenburg Zabrze
Hirschberg Jelenia Góra
Holland Holandia

Indien India
Irland Irlandia
Isar *f* Izara
Island Islandia
Israel Izrael
Istanbul Stambuł
I'talien Włochy *pl*

Japan Japonia
Jauer Jawor
Je'rusalem Jerozolima
Jütland Jutlandia

Ka'nal-Inseln *pl* Wyspy Normandzkie *pl*
Ka'ribisches Meer Morze Karaibskie
Kärnten Karyntia
Kar'paten *pl* Karpaty *pl*
Kattowitz Katowice *pl*
Kaukasus *m* Kaukaz
Kaunas Kowno
Kiel Kilonia
Kiew Kijów
Klagenfurt Celowiec
Koblenz Koblencja
Kolberg Kołobrzeg
Köln Kolonia
Königsberg Królewiec
Königshütte Chorzów
Konitz Chojnice *pl*
Konstanz Konstancja
Köslin Koszalin
Krakau Kraków
Kreuzburg Kluczbork
Krim *f* Krym
Kro'atien Chorwacja
Krummhübel Karpacz
Küstrin Kostrzyn

Landeshut Kamienna Góra
Landsberg Gorzów Wielkopolski
Lappland Laponia
Lauban Lubań
Lauenburg Lębork
Lausitz *f* Łużyce *pl*
Lautenburg Lidzbark
Leiden Lejda
Leipzig Lipsk
Leobschütz Głubczyce *pl*
Lettland Łotwa
Libanon Liban
Liegnitz Lignica
Lissa Leszno
Lissabon Lizbona
Litauen Litwa
Lodz Łódź *f*
London Londyn
Lötzen Giżycko
Löwentinsee *m* Niegocin
Lübeck Lubeka
Lüben Lubin
Lüttich Leodium *n* (*idkl*)
Lu'zern Lucerna
Lyck Ełk

Ma'drid Madryt
Mähren Morawy *pl*
Mailand Mediolan
Main *m* Men
Mainz Moguncja
Ma'rienburg Malbork
Marienwerder Kwidzyn
Ma'sowien Mazowsze
Ma'surische Seeplatte Pojezierze Mazurskie
Mauersee *m* Mamry *pl*
Mecklenburg Meklemburgia
Meißen Miśnia
Memel *f* (*Fluß*) Niemen
Memel (*Ort*) Kłajpeda
Meseritz Międzyrzecz
Mexiko Meksyk
Misdroy Międzyzdroje *pl*
Mittellandkanal *m* Kanał Śródlądowy
Mittelmeer Morze Śródziemne
Moldau *f* (*Fluß*) Wełtawa
Monte'negro Czarnogóra
Mosel *f* Mozela
Moskau Moskwa
München Monachium
Münsterberg Ziębice *pl*

Namslau Namysłów
Neiße *f* Nysa
Neusalz Nowa Sól
Neuseeland Nowa Zelandia
Neustadt Prudnik
Neustadt (*bei Danzig*) Weiherowo
Neustettin Szczecinek
New York Nowy Jork
Niederlande *pl* Niderlandy *pl*
Niedersachsen Saksonia Dolna
Nizza Nicea
Nordrhein-West'falen Nadrenia Północna-Westfalia
Nordsee *f* Morze Północne
Norwegen Norwegia
Nürnberg Norymberga

Oder *f* Odra
Oderbucht *f* Zatoka Odrzańska
Oderhaff Zalew Szczeciński
Oels Oleśnica
Oppeln Opole
Ortelsburg Szczytno
Ostbeskiden *pl* Bieszczady *pl*
Oste'rode Ostróda
Österreich Austria
Ostsee *f* Morze Bałtyckie

Palä'stina Palestyna
Pa'ris Paryż
Patschkau Paczków
Philip'pinen *pl* Filipiny *pl*
Po *m* (*Fluß*) Pad
Polen Polska
Pommern Pomorze
Posen Poznań *m*
Potsdam Poczdam
Prag Praga
Preußen Prusy *pl*
Pro'vence Prowansja
Pyritz Pyrzyce *pl*

Rastenburg Kętrzyn
Ratibor Racibórz
Regensburg Ratyzbona
Reichenbach Dierżoniów
Reifträger *m* Szrenica
Rhein *m* Ren
Rheinland-Pfalz Nadrenia-Palatynat
Riesengebirge Karkonosze *pl*
Riga Ryga
Rom Rzym
Rügen Rugia
Rügen'walde Darłowo

Ruhrgebiet Zagłębie Ruhry
Ru'mänien Rumunia
Rummelsburg Miastko
Rußland Rosja

Saale *f* Soława
Saar *f* Saara
Sachsen Saksonia
Sagan Żagań *m*
Saudi-A'rabien Arabia Saudyjska
Schivelbein Świdwin
Schlesien Śląsk
Schleswig-Holstein Szlezwik-Holsztyn
Schmiedeberg Kowary *pl*
Schneekoppe *f* Śnieżka
Schneidemühl Piła
Schottland Szkocja
Schreiberhau Szklarska Poręba
Schwaben Szwabia
Schweden Szwecja
Schweidnitz Świdnica
Schweiz *f* Szwajcaria
Schwertburg Świecie
Schwiebus Świebodzin
Seeland Zelandia
Seine *f* Sekwana
Sensburg Mrągowo
Serbien Serbia
Si'birien Syberia
Sieben'bürgen Siedmiogród
Si'zilien Sycylia
Slowa'kei *f* Słowacja
Slo'wenien Słowenia
Soldau Działdowo
Sol'din Myślibórz
Sommerfeld Lubsko
Sonnenburg Słońsk
Sorau Żary *pl*
Spanien Hiszpania
Speyer Spira
Spirdingsee *m* Śniardwy
Spree *f* Sprewa
Stargard Starogard
Steiermark *f* Styria
Stet'tin Szczecin
Stolp Słupsk
Stolpmünde Ustka
Strehlau Strzelin
Suezkanal *m* Kanał Suezki
Swinemünde Świnoujście

Teplitz(-Schönau) Cieplice *pl*
Teschen Cieszyn
Themse *f* Tamiza
Thorn Toruń *m*
Thüringen Turyngia
Tichau Tychy *pl*
Ti'rol Tyrol
Trebnitz Trzebnica
Tren'tino Trydent
Treuburg Olecko
Trier Trewir
Tschechien Czechy *pl*
Tschenstochau Częstochowa
Tübingen Tybinga
Tuchel Tuchola
Tür'kei *f* Turcja

Ungarn Węgry *pl*
Usedom Uznam

Ve'nedig Wenecja
Ve'suv *m* Wezuwiusz

Waldenburg Wałbrzych
Wales Walia
Warschau Warszawa
Weichsel *f* Wisła
Weser *f* Wezera
Wien Wiedeń *m*
Wohlau Wołów
Worms Wormacja

Zagreb Zagrzeb
Zittau Żytawa
Zoppot Sopot
Zobten *m* Ślęża, Sobótka
Züllichau Sulechów
Zypern Cypr

Die gebräuchlichsten polnischen Abkürzungen
Najczęściej używane skróty polskie

a. ***albo*** aber
abp ***arcybiskup*** Erzbischof
AK ***Armia Krajowa*** Heimatarmee
al. ***aleja*** Allee
AM ***Akademia Medyczna*** Medizinische Akademie
ang. ***angielski*** englisch
ark. ***arkusz*** Bogen
ASP ***Akademia Sztuk Pięknych*** Kunstakademie
AWF ***Akademia Wychowania Fizycznego*** Sportakademie

b. ***były*** ehemalig, Ex-
bhp, BHP ***bezpieczeństwo i higiena pracy*** Arbeitsschutz und -hygiene
bież. ***bieżący*** laufend
bm. ***bieżącego miesiąca*** dieses Monats
bp ***biskup*** Bischof
bp. ***błogosławionej pamięci*** seligen Angedenkens
br. ***bieżącego roku*** dieses Jahres
b.z. ***bez zmian*** ohne Befund

CBOS ***Centrum Badania Opinii Społecznej*** Zentrum für Meinungsforschung
cdn., c.d.n. ***ciąg dalszy nastąpi*** Fortsetzung folgt
c.o. ***centralne ogrzewanie*** Zentralheizung
cyw. ***cywilny*** Zivil-, bürgerlich
cz. ***część*** Teil

dł. ***długość*** Länge
dn. ***dnia*** am, vom (*1. Mai usw.*)
dn., d.n. ***dokończenie nastąpi*** Schluß folgt
dod. ***dodatek*** Anhang, Beilage
dot. ***dotyczy*** betrifft
dr ***doktor*** Doktor
d/s, d.s. ***do spraw*** (zuständig) für
dw. ***dworzec*** Bahnhof
dyr. ***dyrektor*** Direktor
dz. ***dzień*** Tag; ***dziennie*** pro Tag, täglich; ***dziennik*** Zeitung, Blatt
DzU, Dz.U. ***Dziennik Urzędowy*** *od.* ***Ustaw*** Amts- bzw. Gesetzblatt

egz. ***egzemplarz*** Exemplar(e)
ew(ent). ***ewentualnie*** eventuell

f.dł. ***fale długie*** Langwelle
f-ka ***fabryka*** Fabrik
f.kr. ***fale krótkie*** Kurzwelle
FPD ***Forum Prawicy Demokratycznej*** Forum der Demokratischen Rechten
f.śr. ***fale średnie*** Mittelwelle

g. ***godzina*** Stunde, Uhr
gł. ***główny*** Haupt-
gm. ***gmina*** Gemeinde; ***gminny*** Gemeinde-
godz, godz. → **g.**
GOPR ***Górskie Ochotnicze Pogotowie Ratunkowe*** Bergrettungsdienst
gr. ***grosz(y)*** Groschen
GUS ***Główny Urząd Statystyczny*** Hauptamt für Statistik

hutn. ***hutniczy*** Hütten-

ii., i in. ***i inni, i inne*** und andere
im. ***imię*** Vorname
in. ***inaczej*** anders; → **i in.**
inż ***inżynier*** Ingenieur
itd. ***i tak dalej*** und so weiter
itp. ***i tym podobne*** und ähnliche(s), und der- *od.* desgleichen

jedn. ***jednostka*** Einheit
jez. ***jezioro*** (der) See
j.n. ***jak niżej*** wie unten
j.w. ***jak wyżej*** wie oben

kand. ***kandydat*** Kandidat
k.c. ***kodeks cywilny*** Bürgerliches Gesetzbuch
KC ***Komitet Centralny*** Zentralkomitee; ***Komisja Centralna*** Zentralkommission
kier. ***kierownik*** Leiter; ***kierunek*** Richtung
KIK ***Klub Inteligencji Katolickiej*** Klub der katholischen Intelligenz
k.k. ***kodeks karny*** Strafgesetzbuch
kl. ***klasa*** Klasse
KLD ***Kongres Liberalno-Demokratyczny*** Liberal-Demokratischer Kongreß

KM ***koń mechaniczny*** Pferdestärke
kol. ***kolega, koleżanka*** Kollege, Kollegin; ***kolejowy*** Eisenbahn-; ***kolegium*** Kollegium
kop. ***kopalnia*** Bergwerk, Grube
kor. ***korona*** Krone; ***korespondencja*** Korrespondenz, Bericht
KP ***Komitet Powiatowy*** Kreiskomitee; ***Komenda Powiatowa*** Kreisdirektion (*der Polizei*)
KPN ***Konfederacja Polski Niepodległej*** Konföderation Unabhängiges Polen
kpt. ***kapitan*** Kapitän; Hauptmann
KR ***Kółko Rolnicze*** Bauerngenossenschaft, ***Komisja Rewizyjna*** Kontrollkommission; ***Koalicja Republikańska*** Republikanische Koalition
ks. ***książe*** Fürst, ***ksiądz*** Priester
KUL ***Katolicki Uniwersytet Lubelski*** Katholische Universität Lublin
kw. ***kwadratowy*** Quadrat-; ***kwartał*** Quartal
KW ***Komitet Wojewódzki*** Woiwodschaftskomitee; ***Komenda Wojewódzka*** Woiwodschaftsdirektion

l. ***liczba*** Zahl; Nummer
l.dz. ***liczba dziennika*** Tagebuchnummer
lek. ***lekarz*** Arzt
LK ***Liga Kobiet*** Frauenliga
lm, lm. ***liczba mnoga*** Plural
LOP ***Liga Ochrony Przyrody*** Liga für Naturschutz
lotn. ***lotniczy*** Luft-, Flug(zeug)-
lp. ***liczba porządkowa*** laufende Nummer; ***liczba pojedyncza*** Singular

m. ***miasto*** Stadt; ***miesiąc*** Monat; ***mieszkanie*** Wohnung
m.b. ***metr bieżący*** laufende Meter
m-c, mca ***miesiąc***(*a*) Monat, des Monats
MDM ***Marszałkowska Dzielnica Mieszkaniowa*** Marschalkowska-Wohnsiedlung
mec. ***mecenas*** Rechtsanwalt
mgr ***magister*** Magister
mies. ***miesiąc*** Monat; ***miesięczny*** monatlich; ***miesięcznik*** Monatsschrift
m.in. ***między innymi*** unter anderem *od.* anderen
m-ka ***marka*** Mark
mkw. ***metr kwadratowy*** Quadratmeter
mld ***miliard*** Milliarde
mlm ***milion*** Million
mł. ***młodszy*** der Jüngere; Unter-
m. st. ***miasto stołeczne*** Hauptstadt
MSW ***Ministerstwo Spraw Wewnętrznych*** Ministerium des Innern
MSZ ***Ministerstwo Spraw Zagranicznych*** Außenministerium
MTP ***Międzynarodowe Targi Poznańskie*** Internationale Posener Messe
MZK ***Miejskie Zakłady Komunikacyjne*** Städtische Verkehrsbetriebe

n., n / ***nad*** an, am
nacz. ***naczelny*** Chef-, General-
nad. ***nadawca*** Absender
nazw. ***nazwisko*** Name
NBP ***Narodowy Bank Polski*** Polnische Nationalbank
NIK ***Naczelny Inspektorat Kontroli*** Oberstes Rechnungsprüfungsamt
nin. ***niniejszy*** vorliegend
nm. ***niemiecki*** deutsch
NOT ***Naczelna Organizacja Techniczna*** Verband polnischer Ingenieure und Techniker
np. ***na przykład*** zum Beispiel
n.p.m. ***nad poziomem morza*** über dem Meeresspiegel
nr ***numer*** Nummer
NSA ***Najwyższy Sąd Administracyjny*** Oberstes Verwaltungsgericht
NSZZ ***Niezależny Samorządny Związek Zawodowy*** Unabhängige Selbstverwaltete Gewerkschaft

ob. ***obywatel***(*ka*) Bürger(in)
OBOP ***Ośrodek Badania Opinii Publicznej*** Zentrum für die Erforschung der öffentlichen Meinung
OC: ***ubezpieczenie OC*** (***odpowiedzialności cywilnej***) Haftpflichtversicherung
obr/min ***obrotów na minutę*** Umdrehungen pro Minute
odb. ***odbiorca*** Empfänger
odc. ***odcinek*** Abschnitt
oddz. ***oddział*** Abteilung
OI ***Ośrodek Informacyjny*** Informationszentrum
ok. ***około*** etwa, ungefähr
ONZ ***Organizacja Narodów Zjednoczonych*** Organisation der Vereinten Nationen
OPZZ ***Ogólnopolskie Porozumienie Związków Zawodowych*** Gesamtpolnische Übereinkunft der Gewerkschaften

os. ***osoba, osób*** Person(en); ***osiedle*** Siedlung
ośr. ***ośrodek*** Zentrum (für)
OSP ***Ochotnicza Straż Pożarna*** Freiwillige Feuerwehr

p. ***pan(i), panna*** Herr, Frau, Fräulein; ***patrz*** siehe; ***piętro*** Stockwerk; ***porównaj*** vergleiche; ***punkt*** Punkt; ***pułk*** Regiment; ***po*** nach
PAN ***Polska Akademia Nauk*** Polnische Akademie der Wissenschaften
PAP ***Polska Agencja Prasowa*** Polnische Presseagentur
PC ***Porozumienie Centrum*** Zentrumsallianz
PCK ***Polski Czerwony Krzyż*** Polnisches Rotes Kreuz
PIHM ***Państwowy Instytut Hydrologiczno-Meteorologiczny*** Staatliches Institut für Hydrologie und Wetterkunde
PIHZ ***Polska Izba Handlu Zagranicznego*** Polnische Außenhandelskammer
p-ko ***przeciwko*** gegen
PKO ***Powszechna Kasa Oszczędności*** Allgemeine Sparkasse; ***Polska Kasa Opieki*** Bank Pekao
PKOL ***Polski Komitet Olimpijski*** Polnisches Olympisches Komitee
PKP ***Polskie Koleje Państwowe*** Polnische Staatsbahnen
PKS ***Państwowa Komunikacja Samochodowa*** Staatlicher Omnibusverkehr
pkt ***punkt*** Punkt
pl. ***plac*** Platz
PL ***Porozumienie Ludowe*** Bauernallianz
płd. ***południe*** Süd(en); ***południowy*** südlich
płk. ***pułkownik*** Oberst
płn. ***północ*** Nord(en); ***północny*** nördlich
p.n.e. ***przed naszą erą*** vor unserer Zeitrechnung
p.o., po ***pełniący obowiązki*** stellvertretend
pok. ***pokój*** Zimmer
pol. ***polski*** polnisch
por. ***porównaj*** vergleiche; ***porucznik*** Oberleutnant
pos. ***poseł*** Abgeordnete(r)
pow. ***powiat*** Kreis; ***powierzchnia*** Fläche
pp. ***panowie, państwo*** Herren, Herrschaften
ppłk. ***podpułkownik*** Oberstleutnant
ppor. ***podporucznik*** Leutnant
PPS ***Polska Partia Socjalistyczna*** Polnische Sozialistische Partei
PRL ***Polska Rzeczpospolita Ludowa*** Volksrepublik Polen
proc. ***procent*** Prozent
PSL ***Polskie Stronnictwo Ludowe*** Polnische Bauernpartei
pt. ***pod tytułem*** unter dem Titel
p-ta ***poczta*** Post(amt)
PTTK ***Polskie Towarzystwo Turystyczno-Krajoznawcze*** Polnischer Verband für Touristik und Landeskunde
p.w. ***patrz wyżej*** siehe oben
PZM ***Polski Związek Motorowy*** Polnischer Motorsportverband
PZPR ***Polska Zjednoczona Partia Robotnicza*** Polnische Vereinigte Arbeiterpartei
PZU ***Państwowy Zakład Ubezpieczeń*** Staatliche Versicherungsanstalt

q ***kwintal*** Doppelzentner

r. ***rok*** Jahr
rb. ***roku bieżącego*** dieses Jahres
RDS, RD-S ***Ruch Demokratyczno-Społeczny*** Demokratisch-Soziale Bewegung
red. ***redaktor*** Redakteur; ***redakcja*** Redaktion
reż. ***reżyser*** Regisseur, ***reżyseria*** Regie
RFN ***Republika Federalna Niemiec*** Bundesrepublik Deutschland
r-k ***rachunek*** Rechnung
RP ***Rzeczpospolita Polska*** Republik Polen
RPA ***Republika Południowej Afryki*** Republik Südafrika
ryc. ***rycina*** Abbildung
rys. ***rysunek*** Zeichnung
rz. ***rzeka*** Fluß
rzym.-kat. ***rzymskokatolicki*** römisch-katholisch

s. ***strona*** Seite; ***siostra*** Schwester
SA, S.A. ***spółka akcyjna*** Aktiengesellschaft
SD ***Stronnictwo Demokratyczne*** Demokratische Partei
SdRP ***Socjaldemokracja Rzeczpospolitej Polski*** Sozialdemokratie der Republik Polen

sekr. ***sekretarz*** Sekretär
sen. ***senator*** Senator
ska, s-ka ***spółka*** Gesellschaft
SLD ***Sojusz Lewicy Demokratycznej*** Allianz der Demokratischen Linken
sp. z o.o. ***spółka z ograniczoną odpowiedzialnością*** Gesellschaft mit beschränkter Haftung
st. ***stacja*** Bahnhof, Station; ***starszy*** der Ältere, Ober-; ***stopień*** Grad; ***stulecie*** Jahrhundert
stow. ***stowarzyszenie*** Verein
str. ***strona*** Seite
szer. ***szerokość*** Breite
sześc. ***sześcienny*** Kubik-
szt. ***sztuk(a)*** Stück
ś. ***święty*** heilig, Heilige(r)
śp. ***świętej pamięci*** immer unvergessen
śr. ***średni(o)*** mittlere, Mittel-; ***środa*** Mittwoch; ***średnica*** Durchmesser
św. ***święty*** heilig, Heilige(r); ***świadek*** Zeuge

t. ***tom*** Band
tj. ***to jest*** das ist, das heißt
t.m. ***tego miesiąca*** dieses Monats
tow. ***towarzystwo*** Gesellschaft
TPD ***Towarzystwo Przyjaciół Dzieci*** Gesellschaft der Kinderfreunde
tw.szt. ***tworzywo sztuczne*** Kunststoff
tys. ***tysiąc(e)*** tausend
tzn. ***to znaczy*** das heißt
tzw. ***tak zwany*** sogenannt
ub. ***ubiegły*** vergangen, vorig
UD ***Unia Demokratyczna*** Demokratische Union
UE ***Unia Europejska*** Europäische Union
UJ ***Uniwersytet Jagielloński*** Jagiellonen-Universität
UKF ***ultrakrótkie fale*** Ultrakurzwelle, UKW
ul. ***ulica*** Straße
USC ***Urząd Stanu Cywilnego*** Standesamt
ust. ***ustawa*** Gesetz; ***ustęp*** Abschnitt

w. ***wyspa*** Insel; ***wiek*** Jahrhundert; ***wieś*** Dorf
wg ***według*** laut, gemäß
WK ***Wojewódzki Komitet*** Woiwodschaftskomitee; ***Wojewódzka Komisja*** Woiwodschaftskommission
woj. ***województwo*** Woiwodschaft; ***wojewódzki*** Woiwodschafts-
WOPR ***Wodne Ochotnicze Pogotowie Ratunkowe*** Freiwilliger Dienst zur Rettung Ertrinkender
WP ***Wojsko Polskie*** Polnische Armee
W.P. ***Wielmożny (-na) Pan(i)*** sehr geehrte(r) Herr/Frau
wsch. ***wschód*** Ost(en); ***wschodni*** östlich
WS ***Wyższa Szkoła*** Hochschule
ww. ***wyżej wymieniony*** obenerwähnt
Wwa, W-wa ***Warszawa*** Warschau
wys. ***wysokość*** Höhe
wz., w/z ***w zastępstwie*** in Vertretung
wzgl. ***względnie*** beziehungsweise

z. ***zobacz*** siehe
zach. ***zachód*** West(en); ***zachodni*** westlich
zał. ***załącznik*** Anlage
zarz. ***zarząd*** Verwaltung, Vorstand
ZASP ***Związek Artystów Scen Polskich*** Verband der Schauspieler Polnischer Bühnen
zca, z-ca ***zastępca*** (Stell-)Vertreter
ZChN ***Zjednoczenie Chrześcijańsko-Narodowe*** Christliche Volksunion
z.d. ***z domu*** geborene
ZG ***Zarząd Główny*** Hauptverwaltung, Hauptvorstand
ZHP ***Związek Harcerstwa Polskiego*** Polnischer Pfadfinderverband
ZLP ***Związek Literatów Polskich*** Polnischer Schriftstellerverband
zł ***złoty*** Zloty
zm. ***zmarł(a)*** verstorben
ZNP ***Związek Nauczycielstwa Polskiego*** Polnischer Lehrerverband
zob. ***zobacz*** siehe
ZOZ ***Zakład Opieki Zdrowotnej*** Anstalt für Gesundheitspflege
ZS ***Zrzeszenie Sportowe*** Sportverein
ZUS ***Zakład Ubezpieczeń Społecznych*** Sozialversicherungsanstalt
zw. ***zwany*** genannt; ***zwyczajny*** gewöhnlich
z.z. ***za zgodność*** für die Richtigkeit

Powszechnie używane skróty niemieckie
Gebräuchliche deutsche Abkürzungen

Abb. ***Abbildung*** rycina, ilustracja
Abf. ***Abfahrt*** odjazd, odejście
Abk. ***Abkürzung*** skrót
Abs. ***Absender*** nadawca; ***Absatz*** ustęp, rozdział
Abt. ***Abteilung*** oddział, wydział
a.D. ***außer Dienst*** emerytowany
ADAC ***Allgemeiner Deutscher Automobil-Club*** Powszechny Niemiecki Automobilklub
AG ***Aktiengesellschaft*** spółka akcyjna
allg. ***allgemein*** powszechny; ogólnie
AKW ***Atomkraftwerk*** elektrownia atomowa
AL ***Alternative Liste*** Alternatywna Lista
a.M. ***am Main*** nad Menem
Ank. ***Ankunft*** przybycie
Anm. ***Anmerkung*** uwaga
AOK ***Allgemeine Ortskrankenkasse*** Powszechna Miejscowa Kasa Chorych
ao., a.o. ***außerordentlich*** nadzwyczajny
Apr. ***April*** kwiecień
ARD ***Arbeitsgemeinschaft der öffentlich-rechtlichen Rundfunkanstalten der Bundesrepublik Deutschland*** Wspólnota Publiczno-Prawnych Rozgłośni Republiki Federalnej Niemiec
a.Rh. ***am Rhein*** nad Renem
Art. ***Artikel*** artykuł
AStA ***Allgemeiner Studentenausschuß*** Powszechny Komitet Studencki
Aufl. ***Auflage*** wydanie; nakład
Aug. ***August*** sierpień
AvD ***Automobilclub von Deutschland*** Niemiecki Automobilklub
AZ, Az. ***Aktenzeichen*** numer akt

b. ***bei(m)*** przy, u
Bd., Bde. ***Band, Bände*** tom, tomy
BDI ***Bundesverband der Deutschen Industrie*** Związek Federalny Niemieckiego Przemysłu
BDÜ ***Bundesverband der Dolmetscher und Übersetzer*** Federalny Związek Tłumaczy
beil. ***beiliegend*** w załączeniu
bes. ***besonders*** szczególnie
Best.-Nr. ***Bestellnummer*** numer zamówienia
betr. ***betreffend, betreffs*** dotyczy
bez. ***bezüglich*** odnośnie do; ***bezahlt*** zapłacony
Bez. ***Bezirk*** okręg
BfA ***Bundesversicherungsanstalt für Angestellte*** Federalny Zakład Ubezpieczeń Pracowników Umysłowych
BGB ***Bürgerliches Gesetzbuch*** kodeks cywilny
BGH ***Bundesgerichtshof*** Najwyższy Sąd Federalny
BGBl. ***Bundesgesetzblatt*** Federalny Dziennik Ustaw
BGS ***Bundesgrenzschutz*** Federalne Oddziały Ochrony Granic
BH ***Büstenhalter*** biustonosz
Bhf. ***Bahnhof*** stacja, dworzec
BKA ***Bundeskriminalamt*** Federalny Urząd Policji Kryminalnej
BLZ ***Bankleitzahl*** kod banku
b.w. ***bitte wenden*** patrz na odwrocie
bzw. ***beziehungsweise*** względnie

CD ***compact disc*** płyta kompaktowa
CDU ***Christlich-Demokratische Union*** Unia Chrześcijańsko-Demokratyczna
CSU ***Christlich-Soziale Union*** Unia Chrześcijańsko-Społeczna
CVJM ***Christlicher Verein Junger Menschen*** Chrześcijańskie Stowarzyszenie Młodzieży

D ***Deutschland*** Niemcy
DAG ***Deutsche Angestelltengewerkschaft*** Niemiecki Związek Zawodowy Pracowników Umysłowych
DB AG ***Deutsche Bahn AG*** Niemieckie Koleje SA
DBB ***Deutscher Beamtenbund*** Niemiecki Związek Urzędników
DDR *hist.* ***Deutsche Demokratische Republik*** Niemiecka Republika Demokratyczna
Dez. ***Dezember*** grudzień
DFB ***Deutscher Fußball-Bund*** Niemiecki Związek Piłki Nożnej
DGB ***Deutscher Gewerkschaftsbund*** Zrzeszenie Niemieckich Związków Zawodowych

dgl. ***dergleichen*** tym podobn(i)e
d.Gr. ***der Große*** Wielki
d.h. ***das heißt*** to znaczy
Di. ***Dienstag*** wtorek
Dipl.- ***Diplom-*** dyplomowany
DIW ***Deutsches Institut für Wirtschaftsforschung*** Niemiecki Instytut Badań Ekonomicznych
d.J. ***des Jahres*** tego roku
DJH ***Deutsche Jugendherberge*** Niemieckie Schronisko Młodzieżowe
DKP ***Deutsche Kommunistische Partei*** Niemiecka Partia Komunistyczna
DLRG ***Deutsche Lebens-Rettungs-Gesellschaft*** Niemieckie Towarzystwo Ratowania Tonących
DLV ***Deutscher Leichtathletik-Verband*** Niemiecki Związek Lekkoatletyczny
d.M. ***dieses Monats*** bieżącego miesiąca
DM ***Deutsche Mark*** marka niemiecka
Do. ***Donnerstag*** czwartek
DRK ***Deutsches Rotes Kreuz*** Niemiecki Czerwony Krzyż
DSU ***Deutsche Soziale Union*** Niemiecka Unia Społeczna
Dtzd. ***Dutzend*** tuzin
dz ***Doppelzentner*** ce(n)tnar (*100 kg*)

EDV ***elektronische Datenverarbeitung*** elektroniczne przetwarzanie dannych
EG ***Europäische Gemeinschaft*** Wspólnota Europejska
eh., e.h. ***ehrenhalber*** honoris causa
eh(e)m. ***ehemalig*** były, eks-
einschl. ***einschließlich*** włącznie
EKD ***Evangelische Kirche in Deutschland*** Kościół Ewangelicki w Niemczech
empf. ***empfohlen*** zalecany
Empf. ***Empfänger*** odbiorca
Erdg. ***Erdgeschoß*** parter
EU ***Europäische Union*** Unia Europejska
ev. ***evangelisch*** ewangelicki
e.V. ***eingetragener Verein*** towarzystwo zarejestrowane
Expl. ***Exemplar(e)*** egzemplarz(y)

Fa. ***Firma*** firma
Fam. ***Familie*** rodzina
FC ***Fußballclub*** klub piłki nożnej
FCKW ***Fluorchlorkohlenwasserstoff*** fluorochlorowęglowodór
FDP, F.D.P. ***Freie Demokratische Partei*** Wolna Partia Demokratyczna
Febr. ***Februar*** luty
FGB ***Familiengesetzbuch*** kodeks rodzinny
FKK ***Freikörperkultur*** nudyzm
Fl. ***Flasche*** butelka, flaszka
FPÖ ***Freiheitliche Partei Österreichs*** Partia Wolności Austrii
Fr. ***Frau*** pani; ***Freitag*** piątek
frdl. ***freundlich*** uprzejmy, uprzejmie

GAU ***größter anzunehmender Unfall*** największa hipotetyczna awaria w siłowni jądrowej
geb. ***geboren*** urodzony; *Frau*: z domu; ***gebunden*** oprawny
gegr. ***gegründet*** założony
Ges. ***Gesellschaft*** towarzystwo; *Hdl.* spółka; ***Gesetz*** ustawa
ges. gesch. ***gesetzlich geschützt*** prawnie zastrzeżony/chroniony
gest. ***gestorben*** zmarł(y, -a)
gez. ***gezeichnet*** podpisany
GG ***Grundgesetz*** ustawa zasadnicza
GmbH ***Gesellschaft mit beschränkter Haftung*** spółka z ograniczoną odpowiedzialnością
GUS ***Gemeinschaft Unabhängiger Staaten*** Wspólnota Niezależnych Państw

Hbf. ***Hauptbahnhof*** dworzec główny
HGB ***Handelsgesetzbuch*** kodeks handlowy
Hpst. ***Hauptstadt*** stolica
höfl. ***höflich(st)*** uprzejmie
Hr., Hrn. ***Herr(n)*** pan, panu
Hrsg. ***Herausgeber*** wydawca; redaktor

i.A. ***im Auftrag*** z polecenia
IG ***Industriegewerkschaft*** Przemysłowy Związek Zawodowy
IHK ***Industrie- und Handelskammer*** Izba Przemysłowo-Handlowa
Ing. ***Ingenieur*** inżynier
Inh. ***Inhaber*** właściciel
inkl. ***inklusive*** włącznie
i.R. ***im Ruhestand*** emerytowany
i.V., I.V. ***in Vertretung*** w zastępstwie

Jan. ***Januar*** styczeń
Jg. ***Jahrgang*** rocznik; *Typ.* rok wydania
Jh. ***Jahrhundert*** wiek, stulecie
jr., jun. ***junior*** młodszy, junior

Kap. ***Kapitel*** rozdział
kath. ***katholisch*** katolicki
Kffr., Kfm. ***Kauffrau, Kaufmann*** kupiec
Kfz ***Kraftfahrzeug*** pojazd mechaniczny
KG ***Kommanditgesellschaft*** spółka komandytowa
KKW ***Kernkraftwerk*** siłownia jądrowa
Kl. ***Klasse*** klasa, kategoria
Koll. ***Kollege*** (***-gin***) kolega, koleżanka
KP ***Kommunistische Partei*** Partia Komunistyczna
Kr., Krs. ***Kreis*** powiat
Kto. ***Konto*** rachunek (w banku)
KW ***Kurzwelle***(***n***) fale krótkie
KZ ***Konzentrationslager*** obóz koncentracyjny, kacet

l. ***links*** na lewo, po lewej; ***lies*** czytaj
led. ***ledig*** nieżonaty, niezamężna
lfd.Nr. ***laufende Nummer*** numer bieżący
LG ***Landgericht*** sąd okręgowy
Lkw, LKW ***Lastkraftwagen*** samochód ciężarowy
LSt. ***Lohnsteuer*** podatek od wynagrodzeń
lt. ***laut*** według, zgodnie
LVA ***Landesversicherungsanstalt*** Krajowy Zakład Ubezpieczeń Społecznych Robotników
LW ***Langwelle***(***n***) fale długie
LZB ***Landeszentralbank*** krajowy bank centralny

MA ***Mittelalter*** wieki średnie
MdB, M.d.B. ***Mitglied des Bundestages*** poseł do bundestagu
MdL, M.d.L. ***Mitglied des Landtages*** poseł do landtagu
m.E. ***meines Erachtens*** moim zdaniem
MEZ ***mitteleuropäische Zeit*** czas środkowoeuropejski
Mi. ***Mittwoch*** środa
Mill., Mio. ***Million***(***en***) milion(ów)
MP(**I**) ***Maschinenpistole*** pistolet maszynowy
Mrd. ***Milliarde***(***n***) miliard(ów)
mtl. ***monatlich*** miesięczny, miesięcznie
m.W. ***meines Wissens*** o ile mi wiadomo
MwSt., MWSt. ***Mehrwertsteuer*** podatek od wartości dodanej

N ***Nord***(***en***) północ
N(**a**)**chf.** ***Nachfolger*** następca
nachm. ***nachmittags*** po południu
n.Chr. ***nach Christus*** po Chrystusie
NO ***Nordosten*** północny wschód
NOK ***Nationales Olympisches Komitee*** Narodowy Komitet Olimpijski
Nov. ***November*** listopad
NPD ***Nationaldemokratische Partoi Deutschlands*** Narodowo-Demokratyczna Partia Niemiec
NW ***Nordwesten*** północny zachód

O ***Ost***(***en***) wschód
o.a. ***oben angeführt*** wyżej podany
o.ä. ***oder ähnlich***(***e***) lub podobne
o.B. ***ohne Befund*** *Med.* bez zmian
OB ***Oberbürgermeister*** nadburmistrz
ÖBRD ***Österreichischer Bergrettungsdienst*** Austriackie Górskie Pogotowie Ratunkowe
o.g. ***oben genannt*** wyżej wymieniony
OHG ***offene Handelsgesellschaft*** spółka jawna
Okt. ***Oktober*** październik
OP ***Operationssaal*** sala operacyjna
ORF ***Österreichischer Rundfunk*** Radio Austria
ÖVP ***Österreichische Volkspartei*** Austriacka Partia Ludowa

PA ***Personalausweis*** dowód osobisty
PC ***Personalcomputer*** komputer osobisty
PDS ***Partei des Demokratischen Sozialismus*** Partia Demokratycznego Socjalizmu
Pkt. ***Punkt*** punkt
Pkw, PKW ***Personenkraftwagen*** samochód osobowy
PLZ ***Postleitzahl*** kod pocztowy
Postf. ***Postfach*** skrzynka pocztowa
pp., ppa. ***per prokura*** z upoważnienia
PS ***Pferdestärke*** koń mechaniczny
PVC ***Polyvinylchlorid*** polichlorek winylu, PCW

r. ***rechts*** na prawo; po prawej
RA ***Rechtsanwalt*** adwokat
rd. ***rund*** około, w przybliżeniu
Reg.-Bez. ***Regierungsbezirk*** okręg regencyjny
r.-k., röm.-kath. ***römisch-katholisch*** rzymskokatolicki

S ***Süd***(***en***) południe; ***Schilling*** szyling
s. ***siehe*** patrz, zobacz
S. ***Seite*** strona

Sa. ***Sonnabend*** sobota; ***Sachsen*** Saksonia
SB- ***Selbstbedienungs-*** samoobsługowy
SBZ *hist.* ***Sowjetische Besatzungszone*** radziecka strefa okupacyjna
sen. ***senior, der Ältere*** starszy, senior
Sept. ***September*** wrzesień [szwajcarski
sfr., sFr. ***Schweizer Franken*** frank]
SO ***Südosten*** południowy wschód
So. ***Sonntag*** niedziela
s.o. ***siehe oben*** patrz wyżej
sog. ***sogenannt*** tak zwany
SPD ***Sozialdemokratische Partei Deutschlands*** Socjaldemokratyczna Partia Niemiec
SPÖ ***Sozialdemokratische Partei Österreichs*** Socjaldemokratyczna Partia Austrii
SRG ***Schweizerische Radio- und Fernsehgesellschaft*** Szwajcarskie Radio i Telewizja
St. ***Stück*** sztuk; ***Sankt*** święty; ***Steuer*** podatek
Std. ***Stunde(n)*** godzin(a)
stellv. ***stellvertretend*** zastępca, wice-
StGB ***Strafgesetzbuch*** kodeks karny
Str. ***Straße*** ulica
StVO ***Straßenverkehrsordnung*** kodeks drogowy
s.u. ***siehe unten*** patrz niżej
SVP ***Schweizerische Volkspartei*** Szwajcarska Partia Ludowa
s/w ***schwarzweiß*** czarno-biały
SW ***Südwesten*** południowy zachód

teilw. ***teilweise*** częściowo
tgl. ***täglich*** dziennie
TH ***Technische Hochschule*** wyższa szkoła techniczna
THW ***Technisches Hilfswerk*** Służba Niesienia Pomocy Technicznej
Tsd. ***Tausend(e)*** tysiąc(e), tysięcy
TÜV ***Technischer Überwachungsverein*** Towarzystwo Nadzoru Technicznego

u. ***und*** i; ***u. a. und andere(s)*** i inne/inni; ***unter anderem*** między innymi
u. ä. ***und ähnliches*** i tym podobne
ü.d.M. ***über dem Meeresspiegel*** nad poziomem morza
UHF ***Ultrahochfrequenz*** częstotliwość bardzo wielka, fale decymetrowe
UKW ***Ultrakurzwelle*** fale ultrakrótkie
U/min ***Umdrehungen pro Minute*** obrotów na minutę

usw. ***und so weiter*** i tak dalej
u.U. ***unter Umständen*** ewentualnie
u.v.a. (m.) ***und vieles andere (mehr)*** i inne, i tym podobne
u.zw. ***und zwar*** a mianowicie

v. ***von*** od, z(e); *beim Namen:* von
v.Chr. ***vor Christus*** przed Chrystusem
Verf., Vf. ***Verfasser(in)*** autor(ka)
verh. ***verheiratet*** żonaty, zamężna
verst. ***verstorben*** zmarły, zmarła
verw. ***verwitwet*** wdowa (po), wdowiec
VG ***Verwaltungsgericht*** sąd administracyjny
vgl. ***vergleiche*** porównaj
v.g.u. ***vorgelesen, genehmigt, unterschrieben*** przeczytany, zatwierdzony, podpisany
VHS ***Volkshochschule*** Uniwersytet Ludowy
v.J. ***vorigen Jahres*** ubiegłego roku
v.M. ***vorigen Monats*** ubiegłego miesiąca
vorm. ***vormals*** przedtem; ***vormittags*** przed południem
Vors. ***Vorsitzende(r)*** prezes, przewodniczący
v.T. ***vom Tausend*** pro mille, od tysiąca
v.u. ***von unten*** od dołu

W ***Westen*** zachód; ***Watt*** wat
WEZ ***Westeuropäische Zeit*** czas zachodnioeuropejski
WM ***Weltmeisterschaft*** mistrzostwa świata
w.o. ***wie oben*** jak (podano) u góry
Wo. ***Woche*** tydzień
Wz., WZ ***Warenzeichen*** znak towarowy

z.A. ***zur Ansicht*** "na obejrzenie"
z.B. ***zum Beispiel*** na przykład
z.d.A. ***zu den Akten*** do akt
ZDF ***Zweites Deutsches Fernsehen*** Drugi Niemiecki Program TV
ZGB ***Zivilgesetzbuch*** kodeks cywilny
z.H., z.Hd. ***zu Händen*** do rąk
z.T. ***zum Teil*** częściowo
zus. ***zusammen*** razem, łącznie; ***zusätzlich*** dodatkowo
ZVS ***Zentralstelle für die Vergabe von Studienplätzen*** Centralne Biuro Rozdziału Miejsc na Wyższych Uczelniach
zw. ***zwischen*** między
Zwgst. ***Zweigstelle*** filia, oddział
z.Z., z.Zt. ***zur Zeit*** obecnie, chwilowo
zzgl. ***zuzüglich*** wraz, włączając

Grammatische Hinweise I

A. Konjugation der Verben

Die Reihenfolge der Formen (von links nach rechts): Infinitiv, 1. und 3. Person *sg* und 3. Pers. *pl* Präsens (für perfektive Verben Futur), Imperativ (1. Pers. *sg*), Präteritum (3. Pers. *m, f, n/sg* und *pl m-os*), Partizip der Gleichzeitigkeit. Bildung der übrigen Formen s. S. 603.

I Infinitiv -ać

1. Hinweis beim Stichwort: (***-am***)

koch-***ać***	-am, -a, -ają	-aj!	-ał(a, -o), -ali	-ając

2. Hinweis beim Stichwort: (**-ę**), (**-*ię***), (**-*czę***), (**-*żę***), (**-*rzę***), (**-*szę***), (**-*szczę***), (**-*żdżę***)

łap-***ać***	-ię, -ie, -ią	łap!	-ał(a, -o), -ali	-iąc

Zur Beachtung: -bać, -pać, -mać, -wać : -bię, -pię, -mię, -wię; -jać : -ję; -kać : -czę; -tać : -czę/-cę; -gać, -zać : -żę; -rać : -rzę; -sać : -szę; -stać, -skać : -szczę; -zdać : -żdżę.
sł- wird zu śl-, sp- zu śp-. Alle Präteritumformen werden vom Infinitivstamm abgeleitet!

3. Hinweis beim Stichwort: (***-eję***)

grz-***ać***	-eję, -eje, -eją	-ej!	-ał(a, -o), -ali/-eli	-ejąc

II Infinitiv -wać

Hinweis beim Stichwort: (***-ję***)

da-***wać***	-ję, -je, -ją	daj!	-wał(a, -o), -wali	-jąc

III Infinitiv -iwać, -ować, -ywać

Hinweis beim Stichwort: (***-uję***)

obsług-***iwać***	-uję, -uje, -ują	-uj!	-iwał(a, -o), -iwali	-ując
meld-***ować***	-uję, -uje, -ują	-uj!	-ował(a, -o), -owali	-ując
ukaz-***ywać***	-uję, -uje, -ują	-uj!	-ywał(a, -o), -ywali	-ując

Zur Beachtung: Beim Hinweis ***-wuję*** bleibt das ***-w-*** in den vom Präsens-Futur-Stamm gebildeten Formen: rozstrzeliwać – rozstrzeliwuję. Beim Hinweis **-[*w*]*uję*** bleibt beim imperfektiven Verb das ***-w-*** in den vom Präsens-Stamm gebildeten Formen: wymeldowywać – wymeldowuję (aber: wymeldować – wymelduję). Es sind auch Formen auf -am (wie I, 1) möglich: wykonywać – wykonywam.

IV Infinitiv -ąć

Hinweis beim Stichwort: (*-nę*), (-[e]*pnę*), (-[e]*gnę*), (*-mę*), (-[e]*jmę*)

kl-***ąć***	-nę, -nie, -ną	-nji!	-ął (-ęła, -ęło), -ęli	-nąc
d-***ąć***	-mę, -mie, -mą	-mji!	-ął (-ęła, -ęło), -ęli	-mąc

Zur Beachtung: Bei den vom Futur-Stamm gebildeten perfektiven Formen **e**-Einschub bei Konsonantenhäufung : odpiąć : odepnę (aber: odpiął usw.), zmiąć : zemnę (aber: zmiął), zdjąć : zdejmę (aber: zdjął), objąć : obejmę (aber: objął).

V Infinitiv -nąć

Hinweis beim Stichwort: (*-nę*), (*-nę, ń!*), (*-nę, -ł*)

ciąg-***nąć***	-nę, -nie, -ną	-nij!	-nął (-nęła, -nęło), -nęli	-nąc
sły-***nąć***	-nę, -nie, -ną	-ń!	-nął (-nęła, -nęło), -nęli	-nąc
marz-***nąć***	-nę, -nie, -ną	-nij!	-nął/-ł (-ła, -ło), -li	-nąc

Zur Beachtung: -snąć, -znąć – *3. Pers.* -śnie, -źnie, *Imperativ* -śnij!, -źnij!; Auch bei Verben mit dem Hinweis (*-nę*) feminine Präteritumsform oft -ła statt -nęła, besonders wenn mask. sowohl -nął als auch -ł möglich: kisnął/kisł, kisła. Vokalwechsel o : ó : zmoknąć – zmókł.

VI Infinitiv -eć

1. Hinweis beim Stichwort: (*-em*)

umi-***eć***	-em, -e, -eją	-ej!	-ał(a, -o), -eli	-ejąc

2. Hinweis beim Stichwort: (*-eję*), (*-ieję*)

mdl-***eć***	-eję, -eje, -eją	-ej!	-ał(a, -o), -eli	-ejąc

3. Hinweis beim Stichwort: (*-ę, -i*), (*-cę, -i*), (*-dzę, -i*), (*-szę, -i*), (*-żę, -i*), (*-ę, -mij!*), (*-nę, -nij!*)

myśl-***eć***	-ę, -i, -ą	myśl!	-ał(a, -o), -eli	-ąc
brzm-***ieć***	-ię, -i, -ią	-ij!	-iał(a, -o), -ieli	-iąc
pachn-***ieć***	-ę, -ie, -ą	-ij!	-iał(a, -o), -ieli	-ąc

Zur Beachtung: -cieć : -cę : -ć (lecieć – lecę – leć); -dzieć : -dzę : -dź (siedzieć – siedzę – siedź); -sieć : -szę : -ś (wisieć – wiszę – wiś).

4. Hinweis beim Stichwort: (*-ę, -y*)

słysz-***eć***	-ę, -y, -ą	słysz!	-ał(a, -o), -eli	-ąc

VII Infinitiv -ić

Hinweis beim Stichwort: **(-ę)**, **(*-ię*)**, **(*-ję*)**, **(*-cę*)**, **(*-dzę*)**, **(*-lę*)**, **(*-szę*)**, **(*-szczę*)**, **(*-żę*)**, **(*-żdżę*)**, **(*-ę*, *-nij!*)**, **(*-ę*, *-pij!*)**

bron-***ić***	-ię, -i, -ią	broń!	-ił(a, -o), -ili	-iąc
pros-***ić***	-szę, -i, -szą	proś!	-ił(a, -o), -ili	-sząc

Zur Beachtung: -lić, -cić, -dzić : -lę, -cę, -dzę; -aić, -eić, -oić : -aję, -ai; -eję, -ei; -oję, -oi; -sić : -szę, -si; -ścić : -szczę, -ści; -zić : -żę, -zi; -ździć : -żdżę, -ździ. Imperativ endungslos (erweicht: c : ć, dz : dź, s : ś, z : ź), bei Verben auf -nić entweder -ń oder -nij. Bei Verben auf -aić, -eić, -oić lautet der Imperativ auf -j, wobei Vokalwechsel o : ó stattfindet: kleić – klej, kroić – krój.

VIII Infinitiv -yć

Hinweis beim Stichwort: **(-ę)**

ucz-***yć***	-ę, -y, -ą	ucz!	-ył(a, -o), -yli	-ąc

Zur Beachtung: Im Imperativ Vokalwechsel o : ó (tworzyć – twórz!)

IX Infinitiv -ć

(einsilbige Verben auf -ić, -uć, -yć)

Hinweis beim Stichwort: **(*-ję*)**

pi-***ć***	-ję, -je, -ją	pij!	pił(a, -o), pili	-jąc
żu-***ć***	-ję, -je, -ją	żuj!	żuł(a, -o), żuli	-jąc

Bildung der übrigen Verbformen

Präteritum

An die Form der 3. Pers. Singular maskulin werden angehängt:

1. Pers. *sg/m* **-em**, *sg/f* **-am**; 2. Pers. *sg/m* **-eś**, *sg/f* **-aś**
1. Pers. *pl* Personalform **-iśmy**; Sachform **-yśmy**
2. Pers. *pl* Personalform **-iście**; Sachform **-yście**

Präsens

An die Form der 3. Pers. Singular maskulin werden angehängt:

2. Pers. *sg* **-sz** 1. Pers. *pl* **-my** 2. Pers. *pl* **-cie**

Anmerkung: Die 2. Pers. *sg* von **być** lautet **jesteś**

Imperativ

An die 1. Pers. Singular werden angehängt:

1. Pers. Plural die Endung **-my** 2. Pers. Plural die Endung **-cie**

Verbalsubstantiv

1. Infinitiv auf **-a-ć, -wa-ć, -iwa-ć, -owa-ć, -ywa-ć**: ***-nie***
   (kocha-nie, grza-nie, meldowa-nie, ukazywa-nie usw.)
2. Infinitiv auf **-yć, -eć, -ić**: -(*i*)***enie***
   (myśl-enie, brzm-ienie, słysz-enie, bron-ienie, ucz-enie usw.)
3. Infinitiv auf **-ć**, (einsilbige Verben auf **-ić, -uć, -yć**): ***-cie***
   (pi-cie, żu-cie, szy-cie usw.)
4. Infinitiv auf **-ąć, -nąć**: -(*i*)***ęcie***, -(*ie*)***nie***
   (kl-ęcie, d-ęcie, ż-ęcie, ciągn-ienie/-ięcie, marzn-ięcie, płyn-ięcie usw.)

Partizip Präteritum (Passiv)

1. Infinitiv auf **-ać, -wać, -iwać, -ować, -ywać**: ***-any*** (*sg/m*), ***-ana*** (*sg/f*), ***-ane*** (*sg/n, ż-rzecz*), ***-ani*** (*m-os*)
   (*sg/m* koch-any, daw-any, obsługiw-any, meldow-any, ukazyw-any usw.)
2. Infinitiv auf **-(i)eć**: -(*i*)***any***, -(*i*)***ana***, -(*i*)***ane***, -(*i*)***ani***
   (słysz-any, um-iany, widz-iany usw., s. 1.)
3. Infinitiv auf **-ić**: ***-ony, -ona, -one***, Personalform ***-eni***
   (kupi-ony, zrobi-ony, zaprosz-ony/zaprosz-eni usw., s. 1.)
4. Infinitiv auf **-ić, -uć, -yć** (einsilbige Verben): ***-ty, -ta, -te***, Personalform ***-ci***
   (bi-ty/bi-ci, pi-ty, żu-ty, my-ty usw., s. 1.)

Partizip Präsens (Aktiv)

der (imperfektiven) Verben wird durch Anhängen von **-cy, -ca, -ce**, Personalform **-cy** an die Form der 3. Personal Plural gebildet:
kochają-cy/-ca/-ce, słyną-cy/-ca/-ce, bronią-cy/-ca/-ce usw.

Partizip der Vorzeitigkeit

der (perfektiven) Verben wird von der maskulinen Form der 3. Person Präteritum gebildet, wobei das **-ł** durch **-wszy** (wenn dem **ł** ein Konsonant vorangeht, durch **-szy**) ersetzt wird:
kupił – kupi-wszy, pomógł – pomógł-szy, poszedł – poszedł-szy usw.

B. Deklination der Substantive

I Maskulina

1. Endung: **-c, -cz, -dz, -dż, -rz, -sz, -ż; -g, -k; -ch; -ć, -dź, -j, -ń, -ś, -ź, -l**

Kasus:	N	G	D	A	I	L	V
sg belebt	rycerz	rycerz***a***	rycerz***owi***	=G	rycerz***em***	rycerz***u***	=L
	tatuś	tatus***ia***	tatus***iowi***	=G	tatus***iem***	tatus***iu***	=L
unbelebt	cel	cel***u***	cel***owi***	=N	cel***em***	cel***u***	–
	kamień	kamien***ia***	kamien***iowi***	=N	kamien***iem***	kamien***iu***	–
pl m-os	rycerz***e***	rycerz***y***	rycerz***om***	=G	rycerz***ami***	rycerz***ach***	=N
	tatus***iowie***	tatus***iów***	tatus***iom***	=G	tatus***iami***	tatus***iach***	=N
ż-rzecz	cel***e***	cel***ów***	cel***om***	=N	cel***ami***	cel***ach***	–
	kamien***ie***	kamien***i***	kamien***iom***	=N	kamien***iami***	kamien***iach***	–

1. Unbelebte Maskulina haben im *G/sg* meist **-u**, seltener **-a**. Eine Reihe Maskulina auf **-(i)ec, -(i)eń, -(i)ek** verliert ab *G/sg* das flüchtige **-(i)e-** in der Endsilbe: chłopiec – chłop*ca*, pień – pn*ia*, marzec – mar*ca* (Konsonantenwechsel beachten!), zegarek – zegar*ka*. Das **ó** bzw. **ą** der Endsilbe wird ab *G/sg* zu **o** bzw. **ę**: stóg – stogu, wąż – węża.

2. Nach weichen Konsonanten (außer **l** und **j**) sowie nach **g** und **k** Endung im *Instrumental*: **-iem**.

3. Maskulina auf **-(i)ec**, die männliche Personen bezeichnen, verlieren im *V/sg* **-(i)e** und das **-c** wird in der Endung zu **-cze**: chłopiec – chłop**cze**, goniec – goń**cze** usw.

4. Im *N/sg* haben Maskulina auf **-g, -k, -ch** in der Sachform die Endung **-gi, -ki, -chy**, in der Personalform **-dzy, -cy, -si**. Die Sachform der weich auslautenden Maskulina ist **-ie**, die Personalform – **-iowie**. Die Endung der Substantive auf **-ec** ist mit einigen Ausnahmen **-cy** (Ausnahmen: ojciec – ojc*owie*, piec – piec*e*).

5. Maskulina auf **-g, -k, -ch** sowie auf **-c** und **-dz** haben im *G/pl* die Endung **-ów**, ebenso weich auslautende Substantive, die im *N/pl* auf **-(i)owie** enden. Die Substantive auf **l** und **j** können sowohl die Endung **-i** als auch **-ów** haben.

2. Endung: **-b, -d, -zd, -f, -ł, -m, -n, -p, -r, -s, -t, -st, -w, -z**

Kasus:	N	G	D	A	I	L	V
sg belebt	sołtys	sołtys*a*	sołtys*owi*	=G	sołtys*em*	sołtys*ie*	=L
	Kurp	Kurp*ia*	Kurp*iowi*	=G	Kurp*iem*	Kurp*iu*	=L
unbelebt	staw	staw*u*	staw*owi*	=N	staw*em*	staw*ie*	–
	sklep	sklep*u*	sklep*owi*	=N	sklep*em*	sklep*ie*	–
pl m-os	sołtys*i*	sołtys*ów*	sołtys*om*	=G	sołtys*ami*	sołtys*ach*	=N
	Kurp*iowie*	Kurp*iów*	Kurp*iom*	=G	Kurp*iami*	Kurp*iach*	=N
ż-rzecz	staw*y*	staw*ów*	staw*om*	=N	staw*ami*	staw*ach*	–
	sklep*y*	sklep*ów*	sklep*om*	=N	sklep*ami*	sklep*ach*	–

1. Unbelebte Maskulina enden im *G/sg* meist auf **-u**. Eine Reihe der Substantive auf **-b, -m, -p** und **-w** wird in den abhängigen Kasus erweicht und hat die Endung **-ia, -ie, -iu** usw. Einige Maskulina verlieren ab *G/sg* das **-(i)e-** bzw. **-io-**: orzeł – orła, kocioł – kotła (Konsonantenwechsel beachten!), osioł – osła. Das **ó** bzw. **ą** der Endung wird ab *G/sg* zu **o** bzw. **ę** (jedoch nicht vor s und z): gród – grodu, aber: wąs – wąsa.

2. Maskulina auf **-ł** und **-r** haben im *L/sg* die Endung **-e**. Die weiche Endung **-ie** verwandelt den harten Konsonanten in seine erweichte Entsprechung, die auftretenden Lautveränderungen s. Tabelle S. 609. Maskulina auf **-b, -m, -p, -w** können im *I/sg* die Endung **-ie** und im *L/pl* **-iu** haben (s. Anm. 1).

3. Die Sachform hat im *N/pl* immer die Endung **-y**, die Personalform (außer bei **r**) endet auf **-i**, wobei Lautveränderungen zu beachten sind (s. Tabelle S. 609). Maskulina auf **-b, -m, -p, -w**, die in den abhängigen Kasus erweicht werden, haben sowohl in der Personal- als auch in der Sachform die Endung **-ie**; in der Personalform begegnet auch **-iowie**. Maskulina auf **-ans** enden auf **-e**: awans – awanse.

3. Endung: **-a, -o, -anin**

Kasus:	N	G	D	A	I	L	V
sg	poeta	poety	poecie	poetę	poetą	poecie	poeto!
belebt	cieśla	cieśli	cieśli	cieślę	cieślą	cieśli	cieślo!
	dziadzio	dziadzia	dziadziowi	=G	dziadziem	dziadziu	=L
	Rosjanin	Rosjanina	Rosjaninowi	=G	Rosjaninem	Rosjaninie	=L
m-os	poeci	poetów	poetom	=G	poetami	poetach	=N
	cieśle	cieśli(ów)	cieślom	=G	cieślami	cieślach	=N
	dziadziowie	dziadziów	dziadziom	=G	dziadziami	dziadziach	=N
	Rosjanie	Rosjan	Rosjanom	=G	Rosjanami	Rosjanach	=N

1. Im *G/sg* haben die Endung **-i** die Maskulina, deren Stamm auf einen phonetisch weichen Konsonanten oder auf **-g-** oder **-k-** auslautet. Familiennamen auf **-o** haben im Singular dieselben Endungen wie die hartstämmigen Maskulina auf **-a**, im Plural werden sie nach dem Muster der übrigen Maskulina auf **-o** dekliniert.

2. Bei den Maskulina auf **-anin** wird der Stamm in abhängigen Kasus um die Endung **-in** verkürzt. Im *N/pl* wird das **-n-** des Stammes palatalisiert (erweicht). Der *G/pl* ist endungslos oder endet auf **-ów**: muzułm***anin*** – muzułman***ów***.

3. Man beachte den Konsonantenwechsel (Tabelle auf S. 609).

II Feminina

1. Endung: **-ba, -cha, -da, -fa, -ga, -ka, -ła, -ma, -na, -pa, -ra, -sa, -ta, -wa, -za**

Kasus:	N	G	D	A	I	L	V
sg	głowa	głowy	głowie	głowę	głową	głowie	głowo!
	matka	matki	matce	matkę	matką	matce	matko!
pl	głowy	głów	głowom	=N	głowami	głowach	=N
	matki	matek	matkom	=N	matkami	matkach	=N

1. Die Endung **-ie** im *D/sg* haben alle Feminina mit hartem Konsonant im Stammauslaut mit Ausnahme der auf **-ga, -ka, -cha, -ła** und **-ra**. Zum Konsonantenwechsel s. Tabelle auf S. 609. In einigen Fällen tritt auch Vokalwechsel a : e auf: gwiazda – gwieździe, wiara – wierze.

2. Feminina auf **-ga** und **-ka** haben im *G/sg* und *N/pl* die Endung **-i**; Feminina auf **-ansa** enden im *N/pl* auf **-e** (szansa – szanse). *G/pl* ist endungslos. Bei Feminina, deren Stamm auf zwei Konsonanten endet, findet **-e-** bzw. **-ie**-Einschub statt. In einigen Fällen wird o : ó und ę : ą (Umkehrung des Vokalwechsels bei Maskulina).

2. Endung: **-ca, -cza, -dza, -dża, -rza, -sza, -ża, -la; -bia, -cia, -dzia, -fia, -gia, -ja, -kia, -lia, -mia, -nia, -pia, -ria, -sia, -tia, -wia, -zia** sowie **-i**

Kasus:	N	G	D	A	I	L	V
sg	praca	pracy	pracy	pracę	pracą	pracy	praco!
	ciocia	cioci	cioci	ciocię	ciocią	cioci	ciocio!
pl	prace	prac	pracom	=N	pracami	pracach	=N
	ciocie	cioć	ciociom	=N	ciociami	ciociach	=N

1. Die Endung **-i** im *G/sg* haben Feminina, deren Stamm auf phonetisch weichen Konsonanten oder auf **-l** endet. *G/pl* ist entweder endungslos oder endet auf **-y, -i, -ii** oder **-ji** (in der endungslosen Form ist auch **-ij** bzw. **-yj** möglich). Beim endungslosen Genitiv wird der auslautende Konsonant (mit einigen Ausnahmen) erweicht: dynia – dyń, świnia – świń. Bei Konsonantenhäufung erfolgt der Einschub eines flüchtigen **-(i)e-**: suknia – sukien. Feminina auf **-alnia, -arnia, -ernia** haben neben Formen auf **-i** auch endungslose Formen: kopalnia – kopalni/kopalń, piekarnia – piekarni/piekarń.

2. Feminina auf **-i** werden wie ciocia dekliniert. *G/pl* ist meist endungslos: gospodyni – gospodyń. Nur **pani** hat im *A/sg* die Endung **-ą**: panią. *V/sg* endet auf **-i**: (gospodyni, pani).

3. Endung: **-ć, -ość, -dź, -j, -ń, -ś, -ź, -b, -p, -w, -l; -c, -cz, -dz, -dż, -rz, -sz, -ż**

Kasus:	N	G	D	A	I	L	V
sg	posta**ć**	postac***i***	postac***i***	=N	postaci**ą**	postac***i***	=G
	noc	noc***y***	noc***y***	=N	noc**ą**	noc***y***	=G
pl	postaci**e**	postac***i***	postaci***om***	=N	postaci***ami***	postaci***ach***	=N
	noc**e**	noc***y***	noc***om***	=N	noc***ami***	noc***ach***	=N

1. Die erweichte Aussprache der Konsonanten wird in den abhängigen Kasus durch nachfolgendes -i (+Vokal) ausgedrückt. Feminina auf **-ość** haben im *N/pl* immer die Endung **-i**.

2. Einige, vor allem einsilbige Feminina verlieren ab *G/sg* den Vokal der Wurzelsilbe: wieś – wsi, brew – brwi.

III Neutra

1. Endung: **-ci-, -dzi-, -j-, -ni-, -si-, -zi-, -pi-, -bi-, -mi-, -wi-, -c-, -cz-, -dz-, -dż-, -rz-, -sz-, -ż-, -l-** + **-e** oder **-o** sowie **-go, -ko, -cho**

Kasus:	N	G	D	A	I	L	V
sg	płuc**o**	płuc**a**	płuc***u***	=N	płuc***em***	płuc***u***	=N
	zdani**e**	zdani**a**	zdani***u***	=N	zdani***em***	zdani***u***	=N
	łyk**o**	łyk***a***	łyk***u***	=N	łyk***iem***	łyk***u***	=N
pl	płuc**a**	płuc	płuc***om***	=N	płuc***ami***	płuc***ach***	=N
	zdani**a**	zdań	zdani***om***	=N	zdani***ami***	zdani***ach***	=N
	łyk***a***	łyk	łyk***om***	=N	łyk***ami***	łyk***ach***	=N

G/pl ist endungslos. Einige Neutra haben aber die Endung **-i/-y**: narzędzie – narzędzi, zbocze – zboczy. In einigen Fällen findet Vokalwechsel o : ó bzw. e : o : ó statt: pole – pól, nasienie – nasion, ziele – zioła – ziół. Bei Konsonantenhäufung wird flüchtiges -(i)e- eingeschoben: jabłko – jabłek, jajko – jajek. Zur Erweichung der Konsonanten vor der Endung im *L/sg*. s. Tabelle auf S. 609.

2. Endung: **-bo, -do, -ło, -mo, -no, -po, -ro, -so, -to, -wo, -zo** sowie **-um**

Kasus:	N	G	D	A	I	L	V
sg	drzew**o**	drzew***a***	drzew***u***	=N	drzew***em***	drzew***ie***	=N
	muze***um***	muze***um***	muze***um***	=N	muze***um***	muze***um***	=N
pl	drzew**a**	drzew	drzew***om***	=N	drzew***ami***	drzew***ach***	=N
	muze**a**	muze***ów***	muze***om***	=N	muze***ami***	muze***ach***	=N

G/pl ist außer bei Neutra auf **-um** endungslos. Bei Konsonantenhäufung wird flüchtiges **-(i)e-** eingeschoben: hasło – haseł, okno – okien (nicht bei Neutra auf -stwo). In einigen Fällen kommt Vokalwechsel vor: o : ó bzw. ę : ą: koło – kół, święto – świąt.

3. Endung: **-ę (-ęta), -ę (-ona)**

Kasus:	N	G	D	A	I	L	V
sg	cielę	ciel**ęcia**	ciel**ęciu**	=N	ciel**ęciem**	ciel**ęciu**	=N
	imię	imi**enia**	imi**eniu**	=N	imi**eniem**	imi**eniu**	=N
pl	ciel**ęta**	ciel**ąt**	ciel**ętom**	=N	ciel**ętami**	ciel**ętach**	=N
	imi**ona**	imi**on**	imi**onom**	=N	imi**onami**	imi**onach**	=N

Im *G/pl* findet Vokalwechsel statt: ę : ą.

IV Nur im Plural vorkommende Substantive

1. Endung: **-y, -i, -e**

Kasus:	N	G	D	A	I	L	V
pl	obcęg**i**	obcęg**ów**	obcęg**om**	=N	obcęg**ami**	obcęg**ach**	–
	nożyc**e**	nożyc	nożyc**om**	=N	nożyc**ami**	nożyc**ach**	–

Genitiv ist endungslos oder hat die Endung -ów (auch -y und -i möglich). Bei Konsonantenhäufung wird flüchtiges -e- eingeschoben: widły – wideł, drwa – drew.

V Adjektivische Deklination

Eine Reihe Maskulina auf -y, -i, Feminina auf -a und Neutra auf -e (darunter auch Familien- und Ortsnamen wie Linde, Zakopane) werden wie Adjektive dekliniert. Gewisse Abweichungen sind nur im Instrumental, Vokativ und Lokativ Singular sowie im Nominativ und Vokativ Plural zu beachten:

1. *I/sg* und *L/sg* der Eigennamen auf -e haben die Endung -em: w Zakopanem, o Lindem; *V/sg* der Feminina hat die Endung -o: baronowa – baronowo!

2. *N/pl* und *V/pl* der Maskulina, die eine Würde (Beruf) bezeichnen, sowie der auf -czy, -ży haben die Endung **-owie**: chorążowie, motorniczowie. Alle anderen Maskulina – wenn sie männliche Personen bezeichnen – haben in diesen beiden Kasus die Personalform der Adjektive.

C. Deklination der Adjektive

Hartstämmige Adjektive auf **-y** sowie auf **-gi, -ki**, ***weichstämmige*** Adjektive auf **-i**

	maskulin	*feminin*	*neutral*	*m-os*	*ż-rzecz*
N	nowy, tani	nowa, tania	nowe, tanie	nowi, tani	nowe, tanie
G	nowego, taniego	nowej, taniej	=*maskulin*	nowych, tanich	nowych, tanich

	maskulin	*feminin*	*neutral*	*m-os*	*ż-rzecz*
D	nowemu, taniemu	nowej, taniej	*=maskulin*	nowym, tanim	nowym, tanim
A	*=G oder N*	nową, tanią,	nowe, tanie	nowych, tanich	nowe, tanie
I	nowym, tanim	nową, tanią	*=maskulin*	nowymi, tanimi	nowymi, tanimi
L	nowym, tanim	nowej, taniej	*=maskulin*	nowych, tanich	nowych, tanich

1. Bei Adjektiven auf -ki und -gi bleibt das -i- in den Lautverbindungen k+e und g+e:
   długi – długiego, wysokie – wysokiego usw.
2. *G/sg* der maskulinen Form ist für Menschen und Tiere = Genitiv, für Sachen und Begriffe = Nominativ.
3. Lautwandel im *N/m-os*: -py : -pi, -by : -bi, -wy : -wi, -my : -mi, -ny : -ni, -dy : -dzi, -ki : -cy, -ty : -ci, -sy/-szy/-chy : -si, -ły : -li, -ry : -rzy, -ży : -zi, -gi : -dzy, -sty : -ści, -sły : -śli.
4. Nur als Prädikatsnomen gebrauchte Adjektive: Im *N/sg* der männlichen Adjektive kommen Formen vor, die auf Konsonant enden und nicht deklinierbar sind: ciekaw, świadom, kontent, rad, wart, winien usw. Lautwechsel und (i)e-Einschub sind möglich: zdrowy – zdrów, pełny – pełen, godny – godzien usw.
5. Der *N/m-os* der Komparative auf **-szy** lautet **-si**: stary – starszy – starsi. Dabei wird **ł** zu **l, n** zu **ń, g** zu **ż** und bei einigen Adj. **a, o** zu **e**, und **ą** zu **ę**. Adj. auf **-ki, -eki, -oki** verlieren diese Endung, **s** wird zu **ż**: słodki – słodszy, daleki – dalszy, niski – niższy. Bei Konsonantenhäufung vor dem -y der mask. Form endet der Komparativ auf -ejszy: ładny – ładniejszy.
6. Die Endung der Adverbien, sofern sie von Adjektiven gebildet werden können, wird im Wörterverzeichnis in der Regel nur dann (in runden Klammern nach dem Adjektiv) angegeben, wenn sie auf **-o, -śnie, -źnie** oder **po … -u** (z. B. po polsku – polnisch) auslauten.

D. Konsonantenveränderungen

Zahlreiche Substantive enden im Lokativ (Maskulina auch im Vokativ, Feminina und Maskulina auf **-a** bzw. **-o** auch im Dativ) Singular auf **-e**.
Dabei treten folgende Konsonantenveränderungen ein:

-p(a, -o)	wird zu **-pie**	**-ł**(a, -o)	wird zu **-le**
-b(a, -o)	wird zu **-bie**	**-r**(a, -o)	wird zu **-rze**
-f(a)	wird zu **-fie**	**-st**(a, -o)	wird zu **-ście**
-w(a, -o)	wird zu **-wie**	**-zd**(a, -o)	wird zu **-ździe**
-m(a, -o)	wird zu **-mie**	**-sł**(a, -o)	wird zu **-śle**
-t(a, -o)	wird zu **-cie**	**-sn**(a, -o)	wird zu **-śnie**
-d(a, -o)	wird zu **-dzie**	**-zn**(a, -o)	wird zu **-źnie**
-s(a, -o)	wird zu **-sie**	**-k**(a)	wird zu **-ce**
-z(a, -o)	wird zu **-zie**	**-g**(a)	wird zu **-dze**
-n(a, -o)	wird zu **-nie**	**-ch**(a)	wird zu **-sze**

Zu Konsonantenveränderungen im Nominativ Plural der Personalform und in anderen abhängigen Kasus s. Anmerkung 3. im Abschnitt C (Deklination der Adjektive) und die Anmerkungen zu den einzelnen Deklinationsmustern.

E. Pronomen

Die **Possessivpronomen** werden wie Adjektive dekliniert. Abweichend ist nur die maskuline Form im Nominativ Singular **twój, swój, nasz, wasz**. Die Possessivpronomen der 3. Pers. **jego, jej, ich** sind undeklinierbar. Die zwei- und mehrsilbigen Formen von mój, twój, swój können in abhängigen Kasus verkürzt werden: mojego = mego, mojemu = memu, moim = mym usw.

Demonstrativpronomen. Wie Adjektive der harten Deklination werden im Singular **ten, ta, to** (und die Zusammensetzungen wie tamten, tamta, tamto) sowie **ów, owa, owo** dekliniert.

Der Plural:

Kasus	N	G	D	I	L
m-os	ci, owi	tych, owych	tym, owym	tymi, owymi	tych, owych
ż-rzecz	te, owe	tych, owych	tym, owym	te, owe	tych, owych

F. Zahlwörter – *liczebniki*

1. Grundzahlen – *liczebniki główne*

1 ***eine(r), eins*** jeden, jedna, jedno
2 ***zwei*** dwa, dwie
3 ***drei*** trzy
4 ***vier*** cztery
5 ***fünf*** pięć
6 ***sechs*** sześć
7 ***sieben*** siedem
8 ***acht*** osiem

9 ***neun*** dziewięć
10 ***zehn*** dziesięć
11 ***elf*** jedenaście
12 ***zwölf*** dwanaście

13 ***dreizehn*** trzynaście
14 ***vierzehn*** czternaście
15 ***fünfzehn*** piętnaście
16 ***sechzehn*** szesnaście
17 ***siebzehn*** siedemnaście
18 ***achtzehn*** osiemnaście
19 ***neunzehn*** dziewiętnaście
20 ***zwanzig*** dwadzieścia
21 ***einundzwanzig*** dwadzieścia jeden
22 ***zweiundzwanzig*** dwadzieścia dwa

30 ***dreißig*** trzydzieści
40 ***vierzig*** czterdzieści
50 ***fünfzig*** pięćdziesiąt
60 ***sechzig*** sześćdziesiąt
70 ***siebzig*** siedemdziesiąt
80 ***achtzig*** osiemdziesiąt
90 ***neunzig*** dziewięćdziesiąt
100 ***hundert*** sto
110 ***hundertzehn*** sto dziesięć
122 ***hundertzweiundzwanzig*** sto dwadzieścia dwa
200 ***zweihundert*** dwieście
300 ***dreihundert*** trzysta
400 ***vierhundert*** czterysta
452 ***vierhundertzweiundfünfzig*** czterysta pięćdziesiąt dwa
500 ***fünfhundert*** pięćset
600 ***sechshundert*** sześćset
700 ***siebenhundert*** siedemset
800 ***achthundert*** osiemset
900 ***neunhundert*** dziewięćset
1000 (*ein*) ***tausend*** tysiąc
2000 ***zweitausend*** dwa tysiące
4000 ***viertausend*** cztery tysiące
5000 ***fünftausend*** pięć tysięcy
100 000 ***hunderttausend*** sto tysięcy
200 000 ***zweihunderttausend*** dwieście tysięcy
1 000 000 ***eine Million*** milion

Deklination der polnischen Grundzahlen. Alle Grundzahlen bis 999 haben im Plural eine Personal- und eine Sachform. **jeden** hat maskuline, feminine und neutrale Form (*m-os* **jedni**, *ż-rzecz* **jedne**) und wird wie ein Adjektiv dekliniert. **dwa** hat nur maskuline und feminine Form (*m-os* **dwaj, dwóch, dwu,** *G, A, L* **dwóch**, *D* **dwom**, *I* **dwoma; dwu** bleibt in allen Kasus unverändert; *ż-rzecz* **dwa, dwie**, *G, L* **dwóch, dwu**, *D* **dwom, dwu**, *A* = *N*, *I* **dwiema, dwu**). Die Deklination von **trzy** und **cztery**: *G, L* **trzech, czterech**, *D* **trzem, czterem**, *A* **trzy, cztery**, *I* **trzema, czterema**. Die Personalform hat in allen Kasus die Endung **-u**: **pięciu, siedmiu, ośmiu, dziesięciu**, *A* der Sachform = *N*: **pięć, dziesięć**. Bei den Zahlen 11–19 werden die weichen Konsonanten -ść- vor der Endung -u zu -st-: **jedenastu, piętnastu**. Bei den Zahlen, die mit **dwa, dwie** anfangen, werden beide Teile dekliniert: dwieście, dwustu, bei den Zahlen, die mit **trzy, cztery** anfangen, wird nur der zweite Teil dekliniert. Bei den Zahlen **pięćset, sześćset, siedemset, osiemset** und **dziewięćset** wird nur der erste Teil dekliniert: pięciuset, ośmiuset. Bei zusammengesetzten Zahlen (z. B. 1525) wird entweder jede Zahl oder nur die Zehner und Einer dekliniert.

Odmiana niemieckich liczebników głównych: liczebniki **eins, zwei, drei** odmieniają się we wszystkich przypadkach jak przymiotniki (p. str. 614), **einer** jak zaimek wskazujący **dieser.** Liczby 4–12 przybierają po **zu** w *D* końcówkę ***-t*** lub ***-en***: zu fünf**t** albo zu fünf**en**.

2. Ordnungszahlen - *liczebniki porządkowe*

1. ***erste*** pierwszy
2. ***zweite*** drugi
3. ***dritte*** trzeci
4. ***vierte*** czwarty
5. ***fünfte*** piąty
6. ***sechste*** szósty
7. ***sieb(en)te*** siódmy
8. ***achte*** ósmy
9. ***neunte*** dziewiąty
10. ***zehnte*** dziesiąty
11. ***elfte*** jedenasty
12. ***zwölfte*** dwunasty
13. ***dreizehnte*** trzynasty
14. ***vierzehnte*** czternasty
15. ***fünfzehnte*** piętnasty
16. ***sechzehnte*** szesnasty
17. ***siebzehnte*** siedemnasty
18. ***achtzehnte*** osiemnasty
19. ***neunzehnte*** dziewiętnasty
20. ***zwanzigste*** dwudziesty
21. ***einundzwanzigste*** dwudziesty pierwszy
22. ***zweiundzwanzigste*** dwudziesty drugi
30. ***dreißigste*** trzydziesty
40. ***vierzigste*** czterdziesty
50. ***fünfzigste*** pięćdziesiąty
60. ***sechzigste*** sześćdziesiąty
70. ***siebzigste*** siedemdziesiąty
80. ***achtzigste*** osiemdziesiąty
90. ***neunzigste*** dziewięćdziesiąty
100. ***hundertste*** setny
110. ***hundert(und)zehnte*** sto dziesiąty
122. ***hundertzweiundzwanzigste*** sto dwudziesty drugi
200. ***zweihundertste*** dwóchsetny
300. ***dreihundertste*** trzechsetny
400. ***vierhundertste*** czterechsetny
450. ***vierhundert(und)fünfzigste*** czterechset pięćdziesiąty
500. ***fünfhundertste*** pięćsetny
600. ***sechshundertste*** sześćsetny
700. ***siebenhundertste*** siedemsetny
800. ***achthundertste*** osiemsetny
900. ***neunhundertste*** dziewięćsetny
1000. ***(ein)tausendste*** tysięczny
1401. ***(ein)tausendvierhundert(und)erste*** tysiąc czterysta pierwszy
2000. ***zweitausendste*** dwutysięczny
100 000. ***(ein)hunderttausendste*** stotysięczny
200 000. ***zweihunderttausendste*** dwóchsettysięczny
1 000 000. ***millionste*** milionowy
2 000 000. ***zweimillionste*** dwumilionowy

Polnische Ordnungszahlen über 1000 lauten: dwu-, trzech- (trzy-), cztero-, pięcio- ..., dziesięcio-, jedenasto-, ... dwudziesto-, ... pięćdziesięcio-, ... stu-, dwóchset-, trzechset-, czterechset- usw. Ordnungszahlen werden wie Adjektive dekliniert. Bei Zahlen über 100 werden nur die Zehner und die Einer in die Form der Ordnungszahlen gesetzt und ***nur diese*** werden dekliniert.

Niemieckie liczebniki porządkowe odmieniają się jak przymiotnik (p. str. 614).

3. Uhrzeit und Datum – *oznaczenie godzin i dni miesiąca*

Die vollen Stunden werden durch Ordnungszahlen wiedergegeben, die Minutenangaben erfolgen durch die Grundzahlen:

(godzina) dwunasta piętnaście (minut)	zwölf Uhr fünfzehn (Minuten)
o pierwszej (godzinie) dziesięć (minut)	um ein Uhr zehn (Minuten)

Bei Zählung der Monatstage gebraucht man Ordnungszahlen. Der Monatsname steht im Genitiv: **pierwszy/pierwszego maja** erster/am ersten Mai. Zur Bezeichnung eines bestimmten Datums setzt man den ganzen Ausdruck in den Genitiv bzw. Lokativ.

4. Bruchzahlen – *liczebniki ułamkowe*

$\frac{1}{2}$ **(ein) halb** jedna druga, pół
1 $\frac{1}{2}$ ein(und)einhalb, anderthalb jeden i jedna druga, półtora, półtorej
$\frac{1}{4}$ **ein viertel** jedna czwarta
$\frac{2}{3}$ **zwei drittel** dwie trzecie
$\frac{3}{4}$ **drei viertel** trzy czwarte
0,3 null Komma drei zero przecinek trzy (dziesiąte)
5,03 fünf Komma null drei pięć przecinek zero trzy, pięć i trzy setne

Grammatische Hinweise II

Wskazówki gramatyczne

Ze względu na objętość słownika niezbędną informację podaje się przy wyrazach hasłowych jedynie w tych przypadkach, gdy formy fleksyjne stanowią odchylenie od zamieszczonych niżej paradygmatów, a w wypadku rzeczowników i czasowników złożonych tylko wówczas, gdy wykazują one odstępstwa od informacji, podanej przy formach prostych.

A. Deklinacja rzeczowników

1. Przy hasłach rzeczownikowych rodzaju **żeńskiego**, odmieniających się według następujących wzorców, nie podaje się końcówek przypadkowych:

liczba pojedyncza (*lp*)
N, *G*, *D*, *A* die Frau / Tracht / Sehne / Lehrerin / Kolonie

liczba mnoga (*lm*)
N, *G*, *D*, *A* die Frau***en*** / Tracht***en*** / Sehne***n*** / Lehrerin***nen*** / Kolonie***n***

Wszelkie **odchylenia od powyższych form liczby mnogiej** podawane są przy haśle. Znakiem ˵ oznacza się przegłos w liczbie mnogiej; *0* (zero) oznacza, że rzeczownik w liczbie mnogiej nie używa się:

Leber *f* (-; *-n*) *lm* – Leber***n***
Couch *f* (-; *-s*/*-en*) *lm* – Couchs i Couchen
Tochter *f* (-; ˵) *lm* – Töchter
Atmung *f* (*0*) – bez *lm*

2. **Przymiotniki w funkcji rzeczownika** umieszczone są w słowniku bez dodatkowej informacji fleksyjnej. Wzorzec odmiany: **Reisende**(**r**)

ein Reisende***r***, der/die Reisende, eines/des/einer/der Reisende***n***
einem/einen/dem/den, einer/der Reisende***n***, eine/die Reisende
lm we wszystkich przypadkach: die/der/den/die Reisende***n***

3. Rzeczowniki rodzaju **męskiego**, przy których podaje się końcówkę (*-en*) lub (*-n*), odmieniają się według następującego wzorca:

Student *m* (*-en*) – *G*, *D*, *A lp* des/dem/den Student***en***
Bote *m* (*-n*) – *G*, *D*, *A lp* des/dem/den Bote***n***

lm we wszystkich przypadkach: die/der/den/die Student***en***/Bote***n***

4. Rzeczowniki rodzaju **męskiego i nijakiego**, odmieniające się według następujących wzorców podaje się bez końcówek przypadkowych:

lp N, *D*, *A* der/dem/den Lehrer, das/dem/das Übel, *G* des Lehrer**s**/Übel**s**
lm N, *G*, *A* die/der/die Lehrer/Übel, *D* den Lehrer***n***/Übel***n***

Przy rzeczownikach rodzaju męskiego lub nijakiego, które wykazują odstępstwa od powyższego wzorca, podaje się przy haśle końcówkę drugiego przypadku *lp* i (po średniku) pierwszego przypadku *lm* lub *0*, jeśli rzeczownik używany jest tylko w *lp*:

	Końcówki	*G lp*	*N lm*
Opa *m*	(*-s; -s*)	des Opas	die Opas
Tor *n*	(*-ɇs; -e*)	des Tor(e)s	die Tore
Gast *m*	(*-ɇs; ¨e*)	des Gast(e)s	die Gäste
Zirkus *m*	(*-; -se*)	des Zirkus	die Zirkusse
Atlas *m*	(*-sses; -sse/-lanten*)	des Atlasses	die Atlasse/Atlanten
Gebiß *n*	(*-sses; -sse*)	des Gebisses	die Gebisse
Herz *n*	(*-ens; -en*)	des Herzens	die Herzen
Kind *n*	(*-ɇs; -er*)	des Kind(e)s	die Kinder
Holz *n*	(*-es; ¨er*)	des Holzes	die Hölzer
Mut *m*	(*-ɇs; 0*)	des Mut(e)s	–

B. Odmiana przymiotników

Rozróżnia się trzy kategorie form przymiotnika w funkcji przydawki:

1. Przymiotnik z rodzajnikiem określonym lub innym wyrazem, posiadającym taką samą końcówkę jak rodzajnik (diese, jener, manches, solcher oraz w *lm* alle, keine, meine, deine, seine, ihre, mehrere, eu(e)re, irgendwelche, sämtliche):

   N lp der/die/das dick**e**, klein**e**, jung**e** itp.
   A lp die/das dick**e**, klein**e**, jung**e** itp.

   We wszystkich pozostałych przypadkach *lp* i *lm* końcówka **-en**:

   dem/der/die/den (ihren/meinen/irgendwelchen/manchen) dick***en*** Mann, klein***en*** Kind(ern), jung***en*** Frau(en) itp.

2. Przymiotnik z rodzajnikiem nieokreślonym lub innym wyrazem, posiadającym taką samą końcówkę jak rodzajnik nieokreślony (kein, mein, dein, unser, folgend itp.):

   N lp ein alt**er** (Mann) – eine jung**e** (Frau) – ein klein**es** (Kind);
   A lp ein***en*** alt***en*** (Mann) - eine jung**e** (Frau) – ein klein**es** (Kind)

   We wszystkich pozostałych przypadkach *lp* i *lm* końcówka **-en**:

   eines klein***en*** Kindes, einer jung***en*** Frau, einem alt***en*** Mann itp.

3. Przymiotniki bez rodzajnika odmieniają się jak rodzajnik określony (p. str. 616), i jedynie w *G lp* rodzaju męskiego i nijakiego przybierają końcówkę **-en**: des alt***en*** Weines, des frisch***en*** Brotes. Przymiotniki rodzaju nijakiego przybierają poza tym w *N* i *A lp* końcówkę **-es** (nie – as!): frisch**es** Brot, alt**es** Haus.

C. Stopniowanie przymiotników, imiesłowów i przysłówków

Przy tych wyrazach hasłowych nie podaje się informacji dotyczącej stopniowania, jeżeli tworzą one regularne formy stopnia wyższego za pomocą przyrostka **-er**, a stopnia najwyższego za pomocą **-st** lub **-est-** (zakończone na **s, ß, x** i **z**).

Odchylenia oznaczone są skrótami, podanym w nawiasach przy haśle:

groß (*¨er; ¨ßt-*)	größ**er**, größ***te*** (am größten)
hart (*¨er; ¨est-*)	härt**er**, härt**este** (am härtesten)

klug (*¨er*; *¨st-*)	klüg**er**, klüg**ste** (am klügsten)
gut (*besser*, *best-*)	besser, beste (am besten)

Przymiotniki zakończone na **-el** (czasem też na **-er, -en**) tracą w stopniu wyższym **-e-**:

dunkel (*-kl-*)	dun***kl***er, dunkelste (am dunkelsten)
sauer (*-ur-*)	sa***ur***er, sauerste (am sauersten)

D. Koniugacja czasowników

1. Hasła czasownikowe, odmieniające się podług ***koniugacji słabej*** podaje się bez wskazówek dotyczących tworzenia form koniugacyjnych:

loben:	*czas teraźniejszy*:	ich lobe, du lobst, er (sie, es) lobt, wir loben, ihr lobt, sie (Sie) loben;
	imperfectum:	ich lobte, du lobtest, er (sie, es) lobte, wir lobten, ihr lobtet, sie (Sie) lobten;
	imiesłów bierny:	gelobt; *tryb rozkazujący*: lobe!, lobt!

Odchylenia od powyższego paradygmatu oznaczone są skrótami w nawiasach przy wyrazie hasłowym:

a) (*-e-*) przy czasownikach typu **reden, morden, waten**:

czas teraźniejszy:	du red**e**st, er (sie, es) red**e**t, ihr red**e**t;
imperfectum:	ich, er (sie, es) red**e**te, ihr redet**e**t;
imiesłów bierny:	gered**e**t, *tryb rozk.*: rede!, red**e**t!

b) (*-zt*) przy czasownikach typu **beizen, geizen, reizen**:

czas teraźniejszy:	du, er (sie, es), ihr bei**zt**;
imperfectum:	ich, er (sie, es) bei**zt**e, du bei**zt**est, ihr bei**zt**et, sie (Sie) bei**zt**en;
imiesłów bierny:	gebei**zt**, *tryb rozk.*: beize!, bei**zt**!

Uwaga: Czasowniki, których temat kończy się na **-s** (reisen, losen, rasen itp.), przybierają zwykle (podobnie do czasowników wymienionych wyżej) w 2. osobie *lp* trybu oznajmującego końcówkę **-t**: du **reist** (forma oboczna **reisest**), du **rast** (forma oboczna **rasest**). Hasła te nie opatruje się informacją dot. tworzenia form konjugacyjnych.

c) (*-ßt*) przy czasownikach typu **fassen, hassen, küssen**:

czas teraźniejszy:	du, er (sie, es), ihr fa***ßt***, sie (Sie) fassen;
imperfectum:	ich, er (sie, es) fa***ßt***e, du fa***ßt***est, ihr fa***ßt***et, sie (Sie) fa***ßt***en;
imiesłów bierny:	gefa***ßt***, *tryb. rozk.*: fasse!, fa***ßt***!

d) (*-le*) przy czasownikach typu **handeln, wandeln, trödeln**:

czas teraźniejszy:	ich hand(e)***le***;
tryb rozkazujący:	hand***le***!, handelt!

e) (*-re*) przy czasownikach typu **wandern, fordern, lodern**:

czas teraźniejszy:	ich wand(e)***re***, ford(e)***re***;
tryb rozkazujący:	wand(e)***re***!, ford(e)***re***!

2. Formy konjugacyjne ***odmiany mocnej*** podane są w zestawieniu, umieszczonym na końcu słownika. Czasowniki, umieszczone w wykazie ze względu na sposób ich odmiany, oznaczone są gwiazdką (*). Wykaz obejmuje tylko czasowniki proste, tak więc dla ustalenia odmiany czasownika złożonego należy odszukać w wykazie odpowiednią formę prostą: ankommen → kommen, durchbrechen → brechen itd.

3. Skrót (*sn*) przy formie hasłowej oznacza, że czasownik tworzy czasy złożone przy pomocy słowa posiłkowego **sein**. Kreską (-) oznacza się czasowniki, tworzące imiesłów czasu przeszłego dokonanego (imiesłów bierny) **bez przedrostka ge-**.

Uwaga: Wymienione w p. 2. i 3. wskazówki w zakresie odmiany mogą być podane przy haśle w połączeniu z wymienionymi w p. 1 lub bez nich: **beteuern** (*-re*; -), **sickern** (*-re*; *sn*), **beschaffen** (-) itd.

4. Przy czasownikach złożonych nie podaje się informacji o ich przynależności do grupy czasowników złożonych rozdzielnie bądź nierozdzielnie. Do **czasowników złożonych rozdzielnie** (z akcentem na pierwszym członie) należą czasowniki z przedrostkami **ab, an, auf, aus, bei, dar, ein, fort, her, hin** (oraz ich złożenia **herauf, hinaus** itd.), **mit, nach, nieder, vor, weg, zu, zurück**:

abreisen → ich reise, du reist, er/sie/es reist **ab**

Nierozdzielnie złożone czasowniki z przedrostkami **be, emp, ent, er, ge, miß, ver, zer** mają akcent na drugim członie:

be'gehen → ich be'gehe, du be'gehst, er be'geht itd.

Czasowniki z przedrostkami **durch, hinter, über, um, unter, voll, wider, wieder** są rozdzielne lub nierozdzielne, zależnie od akcentu:

'durchdringen er dringt durch, ist 'durchgedrungen
durch'dringen es durch'dringt, hat/ist durch'drungen

E. Zaimki, rodzajnik określony i nieokreślony

a) Zaimki osobowe

sg	*N*	ich	du	er	sie	es	es (*nieosobowe*)
	G	meiner	deiner	seiner	ihrer	seiner	dessen
	D	mir	dir	ihm	ihr	ihm	–
	A	mich	dich	ihn	sie	es	es
pl	*N*	wir	ihr	Sie	*3. os. m, f, n*		sie
	G	unser	eurer	Ihrer			ihrer
	D	uns	euch	Ihnen			ihnen
	A	uns	euch	Sie			sie

b) Rodzajnik określony i zaimki wskazujące

sg		*m*	*f*	*n*	*pl m, f, n*
	N	der	die	das	die
	G	des	der	des	der
	D	dem	der	dem	den
	A	den	die	das	die

Według tego wzoru odmieniają się również zaimki wskazujące **diese(r, -s), jene(r, -s), solche(r, -s)**: dies*er*, dies*es*, dies*em*, dies*en*, diese itd. Rodzajnik określony występuje również w funkcji zaimka wskazującego:

G *m*: dessen *f*: derer *n*: (dessen) *pl*: derer, deren

D pl denen, deren. (Forma deren używana jest wówczas, gdy odnosi się ona do wymienionych już osób lub przedmiotów).

c) Rodzajnik nieokreślony i zaimki dzierżawcze

sg	*m*	*f*	*n*	*pl m, f, n*
N	ein	eine	eins	meine, keine
G	ein*es*	eine	ein*es*	mein*er*, kein*er*
D	ein*em*	ein*er*	ein*em*	mein*en*, kein*en*
A	ein*en*	eine	ein	meine, keine

Analogicznie: **dein, sein, unser, euer, ihr**. W funkcji rzeczownika zaimki dzierżawcze odmieniają się jak substantywizowane przymiotniki: der/die Dein*e*, die Dein*en*. Bez rodzajnika przybierają one w *N* i *A sg* i *pl* formę rodzajnika określonego: mein*er*, dein*en* itp.

d) Zaimki względne

Zaimek względny **der, die, das, die** odmienia się jak rodzajnik określony.

Wyjątki:						
	G/sg	*m*: dessen	*f*:	deren	*n*:	dessen
	G/pl	*m, f, n*: deren	*D/pl*		*m, f, n*:	denen

Zamiast der, die, das używa się w *N*, *D* i *A* **welche(r, -s)**.

e) Zaimki zwrotne

sg: ich ... *A* **mich**/*D* **mir**, du ... *A* **dich**/*D* **dir**, er/sie/es ... *A* i *D* **sich**;
pl A i *D*: wir ... **uns**, ihr ... **euch**, sie/Sie ... **sich**

f) Zaimki pytajne i nieokreślone

rzeczownikowe		*przymiotnikowe*		
osoba	*przedmiot*	*m/n*	*f*	*pl*
wer?	was?	welcher/welches?	welche?	welche?
wessen?		welches/welchen?	welche?	welcher?
wem?	–	welchem?	welcher?	welchen?
wen?	was?	welchen?	welche?	welche?

Zaimki nieokreślone **etwas** i **nichts** są nieodmienne, **jemand** i **niemand** mogą w *G*, *D* i *A* przybierać końcówki rodzajnika der (-es, -em, -en).

Alphabetisches Verzeichnis der Verben mit unregelmäßigen oder schwer zu bildenden Formen

Das Verzeichnis enthält nur Grundverben (ohne Präfixe o-, po-, prze- usw.), die präfigierten Verben müssen deshalb unter dem Grundverb gesucht werden, z. B.: oprzeć, uprzeć → przeć.

Die Reihenfolge der Formen: (von links nach rechts) Infinitiv, 1. und 3. Pers. *sg* und 3. Pers. *pl* Präsens (für ***perfektive*** Verben – Futur), Imperativ (1. Pers. *sg*), Präteritum (3. Pers. *m* (*f*, *n*)/*sg* und *pl*/*m-os*), Partizip der Gleichzeitigkeit. Bildung der übrigen Formen s. S. 603.

bać się	boję, boi, boją się	bój się	bał(a, -o) się, bali się	bojąc się
boleć	*nur 3. Pers.* boli, bolą	–	bolał(a, -o) –	boląc
bóść	bodę, bodzie, bodą	bódź	bódł (bodła, -ło) –	bodąc
brać	biorę, bierze, biorą	bierz	brał(a, -o), brali	biorąc
być	jestem, jest, są *Futur*: będę, będzie, będą	bądź	był(a, -o), byli	będąc
chcieć	chcę, chce, chcą	chciej	chciał(a, -o), chcieli	chcąc
ciąć	tnę, tnie, tną	tnij	ciął (cięła, -ło), cięli	tnąc
ciec	cieknę, ciecze, ciek(n)ą	cieknij	ciekł(a, -o), ciekli	cieknąc
czcić	czczę, czci, czczą	czcij	czcił(a, -o) czcili	czcząc
dostać	dostanę, dostanie, dostaną	dostań	dostał(a, -o), dostali	dostając
drzeć	drę, drze, drą	drzyj	darł(a, -o), darli	drąc
gnieść	gniotę, gniecie, gniotą	gnieć	gniótł (gniotła, -ło), gnietli	gniotąc
gryźć	gryzę, gryzie, gryzą	gryź	gryzł(a, -o), gryźli	gryząc
grząźć	grzęznę, grzęźnie, grzęzną	grzęźnij	grzązł (grzęzła, -ło), grzęźli	grzęznąc
iść	idę, idzie, idą	idź	szedł (szła, szło), szli	idąc
jechać	jadę, jedzie, jadą	jedź	jechał(a, -o), jechali	jadąc
jeść	jem, je, jedzą	jedz	jadł(a, -o), jedli	jedząc
-jść	-jdę, -jdzie, -jdą	-jdź	-szedł (-szła, -szło), -szli	–
kłaść	kładę, kładzie, kładą	kładź	kładł(a, -o), kładli	kładąc
kraść	kradnę, kradzie, kradną	kradnij	kradł(a, -o), kradli	kradąc
lec, legnąć	legnę, legnie, legną	legnij	legł(a, -o), legli	–
leźć	lezę, lezie, lezą	leź	lazł(a, -o), leźli	leząc
łgać	łżę, łże, łżą	łżyj	łgał(a, -o), łgali	łżąc
mieć	mam, ma, mają	miej	miał(a, -o), mieli	mając
mieść	miotę, miecie, miotą	mieć	miótł (miotła, -ło), mietli	miotąc
mleć	mielę, miele, mielą	miel	mełł(a, -o), mełli	mieląc
móc	mogę, może, mogą	-móż	mógł (mogła, -ło), mogli	mogąc
mrzeć	mrę, mrze, mrą	-mrzyj	marł(a, -o), marli	mrąc

mścić	mszczę, mści, mszczą	mścij	mścił(a, -o), mścili	mszcząc
-naleźć	-najdę, -najdzie, -najdą	-najdź	-nalazł(a, -o), -naleźli	-najdując
nieść	niosę, niesie, niosą	nieś	niósł (niosła, -ło), nieśli	niosąc
oblec	oblokę, oblecze, obloką	oblecz	oblókł (-okła, -okło), oblekli	–
orać	orzę, orze, orzą	orz	orał(a, -o), orali	orząc
paść[1] (*fallen*)	padnę, padnie, padną	padnij	padł(a, -o), padli	–
paść[2] (*weiden*)	pasę, pasie, pasą	paś	pasł(a, -o), paśli	pasąc
piec	piekę, piecze, pieką	piecz	piekł(a, -o), piekli	piekąc
pleć	pielę, piele, pielą	piel	pełł(a, -o), pełli	pieląc
prać	piorę, pierze, piorą	pierz	prał(a, -o), prali	piorąc
pleść	plotę, plecie, plotą	pleć	plótł (plotła, -ło), pletli	plotąc
-prząc	-przęgę, przęże, -przęgą	-przęż	-prządł (-przęgła, -ło), -przęgli	–
prząść	przędę, przędzie, przędą	przędź/ prządź	prządł (przędła, -ło), przędli	przędąc
przeć	prę, prze, prą	przyj	parł(a, -o), parli	prąc
rosnąć, róść	rosnę, rośnie, rosną	rośnij	rósł (rosła, -ło), rośli	rosnąc
roz-postrzeć	-postrę, -postrze, -postrą	-postrzyj	-postarł(a, -o), -postarli	–
rozumieć	rozumiem, rozumie, rozumieją	rozum	rozumiał(a, -o), rozumieli	rozumiejąc
rwać	rwę, rwie, rwą	rwij	rwał(a, -o), rwali	rwąc
rzec	rzeknę, rzeknie, rzekną	rzeknij	rzekł(a, -o), rzekli *pp*	rzeczony
-siąc	-sięgnę, -sięgnie, -sięgną	-sięgnij	-siągł (-sięgła, -ło), -sięgli	-sięgając
siąść	siądę, siądzie, siądą	siądź	siadł(a, -o), siedli	–
siec	siekę, siecze, sieką	siecz	siekł(a, -o), siekli	siekąc
słać[1] (*senden*)	ślę, śle, ślą	ślij	słał(a, -o), słali	śląc
słać[2]	ścielę, ściele, ścielą	ściel	słał(a, -o), słali	ścieląc
spać	śpię, śpi, śpią	śpij	spał(a, -o), spali	śpiąc
spiąć	zepnę, zepnie, zepną	zepnij	spiął (spięła, -ło), spięli	–
ssać	ssę, ssie, ssą	ssij	ssał(a, -o), ssali	ssąc
stać[1]	stoję, stoi, stoją	stój	stał(a, -o), stali	stojąc
stać[2] (się)	stanę, stanie, staną (się)	stań (się)	stał(a, -o), stali (się)	–
strzec	strzegę, strzeże, strzegą	strzeż	strzegł(a, -o), strzegli	strzegąc
strzyc	strzygę, strzyże, strzygą	strzyż	strzygł(a, -o), strzygli	strzygąc
śmieć	śmiem, śmie, śmieją	śmiej	śmiał(a, -o), śmieli	śmiejąc
tlić się	*nur 3. Pers.* tli się, tlą się	–	tlił(a, -o) się, –	tląc się
tłuc	tłukę, tłucze, tłuką	tłucz	tłukł(a, -o), tłukli	tłukąc
trząść	trzęsę, trzęsie, trzęsą	trzęś	trząsł (trzęsła, -ło), trzęśli	trzęsąc

trzeć	trę, trzesz, trą	trzyj	tarł(a, -o), tarli	trąc
wiedzieć	wiem, wie, wiedzą	wiedz	wiedział(a, -o), wiedzieli	wiedząc
wieść	wiodę, wiedzie, wiodą	wiedź	wiódł (wiodła, -ło), wiedli	wiodąc
wieźć	wiozę, wiezie, wiozą	wieź	wiózł (wiozła, -ło), wieźli	wioząc
wlec	wlokę, wlecze, wloką	wlecz	wlókł (wlokła, -ło), wlekli	wlokąc
wrzeć	wrę, wre/wrze, wrą/wrzą	wrzyj	wrzał(a, -o), wrzeli	wr(z)ąc
-wrzeć	-wrę, -wrze, -wrą	-wrzyj	-warł(a, -o), -warli	–
wściec się	wściekne się, wścieknie się, wściekną się	wścieknij się	wściekł(a, -o) się, wściekli się	–
wziąć	wezmę, weźmie, wezmą	weź	wziął (wzięła, -ło), wzięli	–
ząc/zlęknąć się	zlęknę się, zlęknie się, zlękną się	zlęknij się	zląkł się (zlękła, -ło się), zlękli się	–
zwać	zwę/zowię, zwie/zowie, zwą/zowią	zwij	zwał(a, -o), zwali	zwąc
żreć	żrę, żre, żrą	żryj	żarł(a, -o), żarli	żrąc

Bei perfektiven Verben, die vom Präsens-/Futur-Stamm mit Hilfe von Präfixen gebildet werden, ist ein e-Einschub bei Konsonantenhäufung zu beachten: rozebrać – rozbiorę, odeprzeć – odparł, podejść – podeszła (aber: podszedł), rozciąć – rozetnę, zewrzeć – zewrę (aber: zwarł) usw.

Starke und unregelmäßige Verben
Wykaz czasowników mocnych i nieregularnych

Jak należy posługiwać się wykazem:

Wykaz obejmuje tylko czasowniki proste, t.zn. w nim nie uwzględniono (z pewnymi wyjątkami) czasowników złożonych, utworzonych przy pomocy przedrostków.

Dla odnalezienia formy hasłowej czasowników złożonych nierozdzielnie (z przedrostkami **be-**, **ent-**, **er-**, **ge-** i in.) względnie rozdzielnie (z przedrostkami **ab-**, **an-**, **fort-**, **her-**, **hin-**, **weg-** i in.) oraz czasowników złożonych rozdzielnie bądź nierozdzielnie (z przedrostkami **durch-**, **hinter-**, **miß-**, **um-** i in.) **należy:**

a) wychodząc od formy praesens lub imperfectum oddzielić przedrostek: er-hält – hält → halten + er = forma hasłowa w bezokoliczniku: erhalten; emp-fing – fing → fangen + emp = forma hasłowa: empfangen; ab-hob – hob → heben + ab = forma hasłowa: abheben;

b) wychodząc od formy imiesłowu czasu przeszłego dokonanego (Partizip II) zamienić przedrostek be-, emp-, er- i in. nierozdzielnie złożonych czasowników przedrostkiem ge- lub oddzielić przedrostek ab-, an-, weg- itp., występujący przed ge- w rozdzielnie złożonych czasownikach: be-stochen → gestochen → stechen + be = forma hasłowa: bestechen; ab-ge-hoben → gehoben → heben + ab = forma hasłowa: abheben; miß-ver-standen → gestanden → stehen + miß + ver = forma hasłowa: mißverstehen.

W wykazie podaje się następujące formy: 3 os. l.p. czasu teraźniejszego (praesens), 3 os. l.p. czasu przeszłego niedokonanego (imperfectum) [+ tryb warunkowy], imiesłów czasu przeszłego dokonanego (Partizip II).

ausbedingen	bedingt aus	bedingte aus	ausbedungen
backen	backt/bäckt	backte/buk [büke]	gebacken
befehlen	befiehlt	befahl [beföhle]	befohlen
beginnen	beginnt	begann [begänne]	begonnen
beißen	beißt	biß, *pl.* bissen	gebissen
bergen	birgt	barg [bärge]	geborgen
bersten	birst	barst [bärste]	geborsten
bewegen	bewegt	bewog [bewöge]	bewogen
biegen	biegt	bog [böge]	gebogen
bieten	bietet	bot [böte]	geboten
binden	bindet	band [bände]	gebunden
bitten	bittet	bat [bäte]	gebeten
blasen	bläst	blies	geblasen
bleiben	bleibt	blieb	geblieben
bleichen	bleicht	blich	geblichen
braten	brät	briet	gebraten
brechen	bricht	brach [bräche]	gebrochen
brennen	brennt	brannte	gebrannt
bringen	bringt	brachte [brächte]	gebracht
denken	denkt	dachte [dächte]	gedacht
dingen	dingt	dingte/dang [dänge]	gedungen
dreschen	drischt	drosch [drösche]	gedroschen
dringen	dringt	drang [dränge]	gedrungen
dürfen	darf	durfte [dürfte]	gedurft
empfehlen	empfiehlt	empfahl [empföhle]	empfohlen

erlöschen	erlischt	erlosch [erlösche]	erloschen
erschrecken	erschrickt	erschrak [erschräke]	erschrocken
essen	ißt, 2. *pl.* eßt	aß [äße]	gegessen
fahren	fährt	fuhr [führe]	gefahren
fallen	fällt	fiel	gefallen
fangen	fängt	fing	gefangen
fechten	ficht	focht [föchte]	gefochten
finden	findet	fand [fände]	gefunden
flechten	flicht	flocht [flöchte]	geflochten
fliegen	fliegt	flog [flöge]	geflogen
fliehen	flieht	floh [flöhe]	geflohen
fließen	fließt	floß, *pl.* flossen	geflossen
fressen	frißt	fraß [fräße]	gefressen
frieren	friert	fror [fröre]	gefroren
gären	gärt	gärte/gor [göre]	gegoren
gebären	gebiert	gebar [gebäre]	geboren
geben	gibt	gab [gäbe]	gegeben
gedeihen	gedeiht	gedieh	gediehen
gehen	geht	ging	gegangen
gelingen	gelingt	gelang [gelänge]	gelungen
gelten	gilt	galt [gälte]	gegolten
genesen	genest	genas [genäse]	genesen
genießen	genießt	genoß, *pl.* genossen	genossen
geraten	gerät	geriet	geraten
geschehen	geschieht	geschah [geschähe]	geschehen
gewinnen	gewinnt	gewann [gewänne]	gewonnen
gießen	gießt	goß, *pl.* gossen	gegossen
gleichen	gleicht	glich	geglichen
gleiten	gleitet	glitt	geglitten
glimmen	glimmt	glomm [glömme]	geglommen
graben	gräbt	grub [grübe]	gegraben
greifen	greift	griff	gegriffen
haben	hat	hatte [hätte]	gehabt
halten	hält	hielt	gehalten
hängen *v/i*	hängt	hing	gehangen
hauen	haut	haute, hieb	gehauen
heben	hebt	hob [höbe]	gehoben
heißen	heißt	hieß	geheißen
helfen	hilft	half [hülfe]	geholfen
kennen	kennt	kannte [kennte]	gekannt
klimmen	klimmt	klomm [klömme]	geklommen
klingen	klingt	klang [klänge]	geklungen
kneifen	kneift	kniff	gekniffen
kommen	kommt	kam [käme]	gekommen
können	kann	konnte [könnte]	gekonnt
kriechen	kriecht	kroch [kröche]	gekrochen
laden	lädt	lud [lüde]	geladen
lassen	läßt	ließ	gelassen
laufen	läuft	lief	gelaufen
leiden	leidet	litt	gelitten
leihen	leiht	lieh	geliehen
lesen	liest	las [läse]	gelesen
liegen	liegt	lag [läge]	gelegen
lügen	lügt	log [löge]	gelogen

mahlen	mahlt	mahlte	gemahlen
meiden	meidet	mied	gemieden
melken	melkt	melkte/molk [mölke]	gemolken
messen	mißt	maß [mäße]	gemessen
mißlingen	mißlingt	mißlang [mißlänge]	mißlungen
mögen	mag	mochte [möchte]	gemocht
müssen	muß	mußte [müßte]	gemußt
nehmen	nimmt	nahm [nähme]	genommen
nennen	nennt	nannte [nennte]	genannt
pfeifen	pfeift	pfiff	gepfiffen
preisen	preist	pries	gepriesen
quellen	quillt	quoll [quölle]	gequollen
raten	rät	riet	geraten
reiben	reibt	rieb	gerieben
reißen	reißt	riß, *pl.* rissen	gerissen
reiten	reitet	ritt	geritten
rennen	rennt	rannte [rennte]	gerannt
riechen	riecht	roch [röche]	gerochen
ringen	ringt	rang [ränge]	gerungen
rinnen	rinnt	rann [ränne]	geronnen
rufen	ruft	rief	gerufen
salzen	salzt	salzte	gesalzen
saufen	säuft	soff [söffe]	gesoffen
saugen	saugt	sog [söge]	gesogen
schaffen	schafft	schuf [schüfe]	geschaffen
scheiden	scheidet	schied	geschieden
scheinen	scheint	schien	geschienen
scheißen	scheißt	schiß, *pl.* schissen	geschissen
schelten	schilt	schalt [schölte]	gescholten
scheren	schert	schor [schöre]	geschoren
schieben	schiebt	schob [schöbe]	geschoben
schießen	schießt	schoß, *pl.* schossen	geschossen
schinden	schindet	schindete	geschunden
schlafen	schläft	schlief	geschlafen
schlagen	schlägt	schlug [schlüge]	geschlagen
schleichen	schleicht	schlich	geschlichen
schleifen	schleift	schliff	geschliffen
schließen	schließt	schloß, *pl.* schlossen	geschlossen
schlingen	schlingt	schlang [schlänge]	geschlungen
schmeißen	schmeißt	schmiß, *pl.* schmissen	geschmissen
schmelzen	schmilzt	schmolz [schmölze]	geschmolzen
schneiden	schneidet	schnitt	geschnitten
schrecken	-schrickt	-schrak [-schräke]	-schrocken
schreiben	schreibt	schrieb	geschrieben
schreien	schreit	schrie [schriee]	geschrie(e)n
schreiten	schreitet	schritt	geschritten
schweigen	schweigt	schwieg	geschwiegen
schwellen	schwillt	schwoll [schwölle]	geschwollen
schwimmen	schwimmt	schwamm [schwömme]	geschwommen
schwinden	schwindet	schwand [schwände]	geschwunden
schwingen	schwingt	schwang [schwänge]	geschwungen
schwören	schwört	schwor [schwüre]	geschworen
sehen	sieht	sah [sähe]	gesehen
sein	ist	war [wäre]	gewesen

senden	sendet	sandte	gesandt
sieden	siedet	siedete/sott [sötte]	gesotten
singen	singt	sang [sänge]	gesungen
sinken	sinkt	sank [sänke]	gesunken
sinnen	sinnt	sann [sänne]	gesonnen
sitzen	sitzt	saß [säße]	gesessen
sollen	soll	sollte	gesollt
spalten	spaltet	spaltete	gespalten
speien	speit	spie [spiee]	gespie(e)n
spinnen	spinnt	spann [spänne]	gesponnen
sprechen	spricht	sprach [spräche]	gesprochen
sprießen	sprießt	sproß, *pl.* sprossen	gesprossen
springen	springt	sprang [spränge]	gesprungen
stechen	sticht	stach [stäche]	gestochen
stecken	steckt	steckte/stak [stäke]	gesteckt
stehen	steht	stand [stünde, stände]	gestanden
stehlen	stiehlt	stahl [stähle]	gestohlen
steigen	steigt	stieg	gestiegen
sterben	stirbt	starb [stürbe]	gestorben
stieben	stiebt	stob [stöbe]	gestoben
stinken	stinkt	stank [stänke]	gestunken
stoßen	stößt	stieß	gestoßen
streichen	streicht	strich	gestrichen
streiten	streitet	stritt	gestritten
tragen	trägt	trug [trüge]	getragen
treffen	trifft	traf [träfe]	getroffen
treiben	treibt	trieb	getrieben
treten	tritt	trat [träte]	getreten
trinken	trinkt	trank [tränke]	getrunken
trügen	trügt	trog [tröge]	getrogen
tun	tut	tat [täte]	getan
verderben	verdirbt	verdarb [verdürbe]	verdorben
verdrießen	verdrießt	verdroß, *pl.* verdrossen	verdrossen
vergessen	vergißt	vergaß [vergäße]	vergessen
verlieren	verliert	verlor [verlöre]	verloren
verschleißen	verschleißt	verschliß, *pl.* -schlissen	verschlissen
wachsen	wächst	wuchs [wüchse]	gewachsen
-wägen	-wägt	-wog [-wöge]	-gewogen
waschen	wäscht	wusch [wüsche]	gewaschen
weben	webt	webte/wob [wöbe]	gewebt/-woben
weichen	weicht	wich	gewichen
weisen	weist	wies	gewiesen
wenden	wendet	wandte [wendete]	gewandt
werben	wirbt	warb [würbe]	geworben
werden	wird, *2. Sg.* wirst	wurde/ward [würde]	geworden
werfen	wirft	warf [würfe]	geworfen
wiegen	wiegt	wog [wöge]	gewogen
winden	windet	wand [wände]	gewunden
wissen	weiß, *2. Sg.* weißt	wußte [wüßte]	gewußt
wollen	will	wollte	gewollt
wringen	wringt	wrang [wränge]	gewrungen
zeihen	zeiht	zieh	geziehen
ziehen	zieht	zog [zöge]	gezogen
zwingen	zwingt	zwang [zwänge]	gezwungen

Erklärung der Abkürzungen und Zeichen
Objaśnienia skrótów i znaków

a.	albo *oder*
A	biernik *Akkusativ*
Ⓐ	wyraz austriacki *österreichisch*
adj	przymiotnik *Adjektiv*
adv	przysłówek *Adverb*
agr	rolnictwo *Landwirtschaft*
anat	anatomia *Anatomie*
arch	architektura *Architektur*
astr	astronomia *Astronomie*
attr	przydawkowo *attributiv*
b.	bei(m) -
betr.	odnośny, odnośne *betreffende(s)*
biol	biologia *Biologie*
bot	botanika *Botanik*
bud	budownictwo *Bauwesen*
(CH)	wyraz szwajcarski *schweizerisch*
chem	chemia *Chemie*
comp	stopień wyższy *Komparativ*
conj	spójnik *Konjunktion*
d.	der, dem, des, die -
D	celownik *Dativ*
dial	wyraz gwarowy *Dialektausdruck*
dim	zdrobniały *diminutiv*
drk	drukarstwo *Buchdruck*
EDV	przetwarzanie danych *elektron. Datenverarbeitung*
ev.	ewangelicki *evangelisch*
e-e	eine -
ekon	ekonomia *Wirtschaft*
el	elektrotechnika *Elektrotechnik*
e-m, e-n, e-s	einem, einen, eines -
etw	coś, czegoś, czymś *etwas*
f	żeński (rodzaj) *Femininum*
F	wyraz potoczny, poufały *umgangssprachlich, familiär*
fig	w znaczeniu przenośnym *figürlich*
filoz	filozofia *Philosophie*
fin	finansowość, bankowość *Finanz- u. Bankwesen*
fiz	fizyka *Physik*
fot	fotografia, film *Fotografie, Film*
G	dopełniacz *Genitiv*
GDL	dopełniacz, celownik, miejscownik *Genitiv, Dativ, Lokativ*
geogr	geografia *Geographie*
geol	geologia *Geologie*
gór	górnictwo *Bergbau*
gr	gramatyka *Grammatik*
gr-orth	prawosławny *griechisch-orthodox*
gw	gwara *Argot, Jargon*
hdl	handel *Handel*
hist	historyczny *historisch*
I	narzędnik *Instrumental*
idkl	nieodmienny *indeklinabel*
impf	czasownik niedokonany *imperfektives Verb*
(im)pf	czasownik dokonany i niedokonany *imperfektives und perfektives Verb*
inf	bezokolicznik *Infinitiv*
inform	informatyka *Informatik*
int	wykrzyknik *Interjektion*
iron	ironicznie *ironisch*
itp.	i tym podobne *und ähnliche(s)*
itd.	i tak dalej *und so weiter*
j-d	ktoś *jemand*
j-n, j-m	kogoś, komuś, *jemanden, jemandem*
j-s	czyjś *jemandes*
jęz	językoznawstwo *Sprachwissenschaft*
jur	prawo, prawniczy *Rechtsprechung*
karc	wyrażenie karciane *Kartenspielausdruck*
k-o	kogoś *jemanden*
kolej	kolejnictwo *Eisenbahnwesen*
kosm	kosmonautyka *Raumfahrt*
kraw	krawiectwo *Schneiderei*
k-u	komuś *jemandem*
kulin	kucharstwo *Kochkunst*
L	miejscownik *Lokativ*
leśn	leśnictwo *Forstwirtschaft*
lit	wyraz książkowy *hochsprachlich*